Biologia

volume único

4.ª edição

ARMÊNIO UZUNIAN

Professor de Biologia
na cidade de São Paulo.
Cursou Ciências Biológicas
na Universidade de São Paulo e Medicina
na Escola Paulista de Medicina, onde obteve
grau de Mestre em Histologia.

ERNESTO BIRNER

Professor de Biologia
na cidade de São Paulo.
Cursou Ciências Biológicas
na Universidade de São Paulo.

Direção Geral:	Julio E. Emöd
Supervisão Editorial:	Maria Pia Castiglia
Coordenação de Produção e Capa:	Grasiele Lacerda Favatto Cortez
Edição de Texto:	Carla Castiglia Gonzaga
Revisão de Texto:	Patricia Aguiar Gazza
Revisão de Provas:	Benedicto Silvestre Secassi
	Maitê Acunzo
Programação Visual e Editoração:	AM Produções Gráficas Ltda.
Ilustrações:	Luiz Moura
	Vagner Coelho
	Mônica Roberta Suguiyama
Fotografia da Capa:	Fabio Colombini
Impressão e Acabamento:	HRosa Gráfica e Editora Ltda.

Dados Internacionais de Catalogação na Publicação (CIP)
(Câmara Brasileira do Livro, SP, Brasil)

Uzunian, Armênio
 Biologia : volume único / Armênio Uzunian, Ernesto Birner. -- 4. ed. -- São Paulo : HARBRA, 2013.

 Bibliografia.
 ISBN 978-85-294-0415-8

 1. Biologia (Ensino médio) I. Birner, Ernesto. II. Título.

12-06027   CDD-574.07

Índices para catálogo sistemático:
1. Biologia : Ensino médio 574.07

BIOLOGIA – volume único – 4.ª edição
Copyright © 2013 por editora HARBRA ltda.
Rua Joaquim Távora, 629
04015-001 – São Paulo – SP

Tel.: (0.xx.11) 5084-2482. Fax: (0.xx.11) 5575-6876

Todos os direitos reservados. Nenhuma parte desta edição pode ser utilizada ou reproduzida – em qualquer meio ou forma, seja mecânico ou eletrônico, fotocópia, gravação etc. – nem apropriada ou estocada em sistema de banco de dados, sem a expressa autorização da editora.

ISBN 978-85-294-0415-8

Impresso no Brasil   *Printed in Brazil*

Conteúdo

Prefácio XII

Unidade 1 — INTRODUÇÃO 1

Capítulo 1   Biologia – O estudo da vida 2
Afinal, o que é vida? 3
Níveis de organização em Biologia 3
    Do átomo ao organismo 3
    Do organismo à biosfera 4
As áreas de estudo da Biologia 7
Ciência e vida: o método científico 8
    Experimento controlado 8
Efeito estufa e a vida 9
    Aquecimento global: uma ameaça à vida na Terra? 10
    As consequências do aquecimento global excessivo 10
Passo a passo 12
Questões objetivas 13
Questões dissertativas 15
Programas de avaliação seriada 15

Capítulo 2   A química da vida 16
Principais constituintes dos seres vivos 18
Água: essencial para a vida 19
    Características que fazem a diferença 19
    Solvente praticamente universal e meio de transporte 21
Sais inorgânicos: essenciais, mas não os fabricamos 21
Vitaminas: nós precisamos delas 23
Carboidratos: principais fornecedores de energia 24
    Classificação dos carboidratos 25
Lipídios: serão eles vilões? 27
    Como são os lipídios? 27
Proteínas: a construção dos seres vivos 30
    Aminoácidos: os blocos formadores das proteínas ... 30
    Uma visão espacial da proteína 32
    Enzimas: uma classe especial de proteínas 34
    Anticorpos: as proteínas de defesa 38
    As proteínas e a nossa alimentação 41
Ácidos nucleicos 43
    DNA e RNA: qual é a diferença? 44
Passo a passo 45
Questões objetivas 47
Questões dissertativas 50
Programas de avaliação seriada 51

Unidade 2 — O ESTUDO DA CÉLULA 53

Capítulo 3 – A membrana celular 54
A "fábrica" celular 55
    Os modelos celulares 55
    Um pouco da história da Citologia 56
Como se mede uma célula? 57
Microscópios: auxiliares do olho humano 58
Os revestimentos celulares 60
    Membrana plasmática 60
    Glicocálice ou glicocálix 62
    Membrana celulósica 62
Entrada e saída de substâncias da célula 63
    Processos físicos de transporte nas células 63
    Processos biológicos de transporte nas células 67
Passo a passo 71
Questões objetivas 73
Questões dissertativas 76
Programas de avaliação seriada 78

Capítulo 4   O citoplasma 79
"Fábricas" celulares sofisticadas 80
O hialoplasma 81
Como são os organoides? 82
    Os ribossomos 82
    O retículo endoplasmático 83
    Os vacúolos 84
    O sistema golgiense (ou complexo de Golgi) 84
    Os lisossomos 86
    As mitocôndrias 88
    Os peroxissomos: intensa utilização de oxigênio 89
    Os glioxissomos 90
    Os cloroplastos 90
    Os centríolos 91
    Os cílios e flagelos 92
O citoesqueleto 94
As características em comum 95
Passo a passo 97
Questões objetivas 99
Questões dissertativas 102
Programas de avaliação seriada 103

Capítulo 5   O núcleo 105
Núcleo: no comando da célula eucariótica 106
    Cromatina e cromossomos 107
    Nucléolos 108
O DNA e os genes 109
    A duplicação do DNA: uma breve descrição 109
O ciclo celular 110
    Cromátides: componentes do cromossomo duplicado 110
Células haploides e diploides 112
    Cromossomos homólogos: presentes em células diploides ... 112

Genoma: os genes de cada espécie 114
Passo a passo 114
Questões objetivas 116
Questões dissertativas 117
Programas de avaliação seriada 118

Capítulo 6   Divisões celulares: mitose e meiose .. 119
A intérfase – a fase que precede a mitose 120
    A intérfase e a duplicação do DNA 120
As fases da mitose 121
    Prófase – fase de início 121
    Metáfase – fase do meio 122
    Anáfase – fase do deslocamento 122
    Telófase – fase do fim 122
    Citocinese – separação das células 122
A mitose na célula vegetal 122
O controle do ciclo celular e a origem do câncer 123
Meiose e reprodução sexuada 125
    As várias fases da meiose 126
    Crossing-over e variabilidade 129
    Gametogênese 130
    Fecundação: a volta à diploidia 132
Passo a passo 134
Questões objetivas 138
Questões dissertativas 142
Programas de avaliação seriada 144

Unidade 3   O METABOLISMO CELULAR   147

Capítulo 7   Ácidos nucleicos: o controle celular .. 148
Os ácidos nucleicos: DNA e RNA 149
    DNA: uma "escada retorcida" 149
    RNA: uma cadeia (fita) simples 153
    O código genético 154
Tradução: síntese de proteínas 155
    Quem participa da síntese de proteínas? 155
    A tradução passo a passo 156
    Os polirribossomos 158
Mutação gênica: o erro genético 159
    As causas das mutações 161
Passo a passo 161
Questões objetivas 164
Questões dissertativas 167
Programas de avaliação seriada 168

Capítulo 8   Respiração aeróbia e fermentação 169
Respiração aeróbia e fermentação –
    a liberação da energia armazenada 170
    Como os seres vivos conseguem a glicose 171
    Energia sob a forma de ATP 171
Respiração aeróbia 172
    Glicólise 172
    Oxidação do ácido pirúvico 173
    Ciclo de Krebs 173
    Cadeia respiratória e fosforilação oxidativa 174
    Saldo energético da respiração aeróbia 174
    O papel da mitocôndria 175
    E nas células procarióticas, como isso ocorre? 175
Fermentação: outra via para liberação de energia 175
    A fermentação alcoólica 175
    A fermentação láctica 176
Passo a passo 178
Questões objetivas 179
Questões dissertativas 181
Programas de avaliação seriada 182

Capítulo 9   Fotossíntese e quimiossíntese 183
Onde ocorre a fotossíntese? 185
    A estrutura dos cloroplastos 186
    O papel da clorofila e de outros pigmentos 186
    Luz, componente indispensável da fotossíntese 187
As etapas da fotossíntese 188
    Fase de claro ou fotoquímica: quebra da água
        e liberação de oxigênio 189
    Fase de escuro ou química: produção de glicose .. 191
Fotossíntese e quimiossíntese em bactérias 193
Passo a passo 194
Questões objetivas 195
Questões dissertativas 197
Programas de avaliação seriada 198

Unidade 4   REPRODUÇÃO E EMBRIOLOGIA ANIMAL   199

Capítulo 10   Reprodução: mecanismo de perpetuação das espécies 200
Reprodução assexuada 202
Reprodução sexuada 203
    Ciclo haplonte 203
    Ciclo diplonte 203
    Ciclo haplontediplonte 203
Sistema genital 204
    Sistema genital feminino 204
    Sistema genital masculino 205
Do zigoto ao embrião: um longo e delicado processo ... 206
    As três consequências da fecundação 206
Parto 208
Métodos contraceptivos 210
    Métodos naturais 210
    Métodos artificiais 210
Doenças Sexualmente Transmissíveis (DSTs) 212
Passo a passo 214

Questões objetivas 216
Questões dissertativas 219
Programas de avaliação seriada 219

Capítulo 11 Embriologia animal 220
O encontro dos gametas 221
    Os núcleos se fundem 222
    O anfioxo é o nosso modelo 222
O zigoto 223
A segmentação 224
A gastrulação 227
A nêurula: a formação do tubo neural 230

A mesoderme e a notocorda 230
Os anexos embrionários: adaptação ao meio terrestre 232
Mamíferos: surge a placenta 234
Células-tronco: a esperança da medicina 237
    A potência e a obtenção de células-tronco 237
    Aspectos éticos, religiosos e políticos da utilização das células-tronco embrionárias 238
    As alternativas: a procura de células-tronco éticas 238
Passo a passo 240
Questões objetivas 242
Questões dissertativas 245
Programa de avaliação seriada 246

Unidade 5 — HISTOLOGIA ANIMAL 247

Capítulo 12 Um trabalho em equipe 248
Tecido epitelial 249
    Epitélio de revestimento 249
    A união das células no tecido epitelial 250
    Epitélio glandular: secreção 252
Tecidos conjuntivos 253
    Células do tecido conjuntivo 253
    Fibras do tecido conjuntivo 256

    Classificação dos tecidos conjuntivos 257
Tecido muscular 265
    Os tipos de tecido muscular 265
Tecido nervoso 266
    Neurônio: condutor de informação 266
Passo a passo 269
Questões objetivas 272
Questões dissertativas 274
Programas de avaliação seriada 274

Unidade 6 — OS GRUPOS BIOLÓGICOS 277

Capítulo 13 Classificação dos seres vivos 278
Classificação dos seres vivos: uma obra em construção 279
Os vírus: esses seres extraordinários 283
A filogênese dos seres vivos 283
    Estabelecendo filogenias com os cladogramas 284
A nomenclatura biológica 287
    Lineu e o sistema binomial 288
    Outros níveis de classificação 288
Passo a passo 290
Questões objetivas 291
Questões dissertativas 293
Programas de avaliação seriada 294

Capítulo 14 Vírus: diferentes de todos os organismos 295
Vírus são seres vivos? 296
Os vírus precisam entrar em uma célula 297
Bacteriófago: vírus que atacam bactérias 297
Doenças causadas por vírus 299
    Gripe/Influenza 300
    Dengue: preocupação brasileira 302
    AIDS 302
Passo a passo 305
Questões objetivas 306
Questões dissertativas 308
Programas de avaliação seriada 309

Capítulo 15 O reino Monera 310
As bactérias 311
    A estrutura das bactérias 311
    A diversidade metabólica das bactérias 312
    Reprodução e recombinação gênica nas bactérias 314
    Doenças provocadas por bactérias 317
As cianobactérias 319
    A reprodução nas cianobactérias 320
As arqueobactérias e seu incrível modo de viver 320
Passo a passo 321
Questões objetivas 323
Questões dissertativas 325
Programa de avaliação seriada 326

Capítulo 16 O reino Protoctista (Protista) 327
Tipos de protozoário 328
    Rizópodes: os protozoários mais simples 329
    Flagelados: mais rápidos que as amebas 331
    Ciliados: os protozoários mais complexos 332
    Apicomplexos (esporozoários): todos são parasitas 334
Doenças causadas por protozoários 334
    Malária 335
    Amebíase 337
    Doença de Chagas 338
    Giardíase 339
    Leishmaniose cutâneo-mucosa (tegumentar americana) 339

Tricomoníase	340
Toxoplasmose	340
Algas: as florestas aquáticas	341
O *habitat* e a importância das algas	341
Reprodução nas algas	344
Passo a passo	348
Questões objetivas	349
Questões dissertativas	352
Programas de avaliação seriada	352

Capítulo 17   O reino *Fungi* 353

Fungos unicelulares	354
Fungos pluricelulares	356
Tipos de hifa	356
O *habitat* dos fungos	357
A importância dos fungos	357
Ecológica	357
Doenças causadas por fungos	357
Champignons: estes podemos comer	357
Reprodução nos fungos	358
Reprodução assexuada	358
Reprodução sexuada	359
Classificação dos fungos	360
As associações de fungos	361
A reprodução dos liquens: os sorédios	363
Passo a passo	364
Questões objetivas	365
Questões dissertativas	368
Programas de avaliação seriada	369

O que saber sobre… bactérias, vírus, protistas e fungos? **370**

Unidade 7 — REINO *ANIMALIA*   371

Capítulo 18   Grupos animais 372

As características que distinguem os animais	375
Simetria e locomoção	375
Classificação dos animais de acordo com a embriologia	376
Passo a passo	381

Capítulo 19   Poríferos e cnidários 382

Poríferos	383
A reprodução assexuada	386
A reprodução sexuada	386
Cnidários (celenterados)	387
A hidra: um típico representante dos cnidários	388
Classificação dos cnidários	390
Passo a passo	397
Questões objetivas	398
Questões dissertativas	400

Capítulo 20   Platelmintos e nematódeos 401

Filo *Platyhelminthes*: vermes achatados	402
Classificação dos platelmintos	402
A planária como padrão dos platelmintos	402
Doenças causadas por platelmintos	406
Filo *Nematoda* (*Nemata*): vermes em forma de fio	412
A lombriga: um típico representante dos *Nematoda*	412
Doenças causadas por nematódeos	413
Passo a passo	419
Questões objetivas	420
Questões dissertativas	424
Programas de avaliação seriada	424

Capítulo 21   Moluscos e anelídeos 427

Filo *Mollusca*: animais de corpo mole	428
Classificação dos moluscos	428
Os gastrópodos: estômago junto ao pé	429
Os bivalves: duas conchas	432
Os cefalópodos (ou sifonópodos): moluscos exclusivamente marinhos	433
Filo *Annelida*: animais de corpo segmentado	435
Classificação dos anelídeos	435
Minhoca: um típico oligoqueta	436
Os poliquetos: eles são predominantemente marinhos	439
Os hirudíneos: sugadores de sangue	441
Passo a passo	442
Questões objetivas	443
Questões dissertativas	445
Programa de avaliação seriada	446

Capítulo 22   Artrópodes 447

Classificação dos artrópodes	448
Os insetos	449
O tubo digestório é completo	450
A circulação é aberta	451
A excreção é feita pelos túbulos de Malpighi	452
A respiração ocorre com a participação de traqueias	452
O sistema nervoso é semelhante ao dos anelídeos	452
A reprodução nas baratas	453
Os crustáceos	455
Microcrustáceos: constituintes do zooplâncton	456
Os aracnídeos	456
As relações de predatismo e parasitismo	457
Circulação, trocas gasosas e excreção em aracnídeos	457
Sistema nervoso	458
A reprodução nas aranhas	458
Os escorpiões	459
Os carrapatos e os ácaros	460
Os miriápodes: quilópodes e diplópodes	460
Passo a passo	461
Questões objetivas	462
Questões dissertativas	467
Programas de avaliação seriada	470

Capítulo 23   Equinodermos 471

Ouriço-do-mar: padrão dos equinodermos	474
O endoesqueleto	476

O sistema ambulacral 476
A reprodução 478
Passo a passo 478
Questões objetivas 479
Questões dissertativas 481
Programa de avaliação seriada 481

O que saber sobre os… invertebrados? 482

Capítulo 24   Cordados 486
Características e classificação dos cordados 487
Subfilo *Urochordata* 488
Subfilo *Cephalochordata* 491
Subfilo *Craniata* ou *Vertebrata* 491
    Ágnatos ou ciclostomados: "peixes" primitivos e
        sem mandíbulas 491
    Condrictes: os peixes cartilaginosos 492
    Osteíctes: os peixes ósseos 496
Anfíbios: o início da conquista do meio terrestre 499
Répteis: primeiros vertebrados bem-sucedidos
    no meio terrestre 502
    Aves: homeotermos com corpo recoberto por penas 507
    Mamíferos: únicos a apresentar glândulas mamárias 511
Passo a passo 518
Questões objetivas 519
Questões dissertativas 526
Programas de avaliação seriada 529

O que saber sobre os… vertebrados? 531

O vestibular da conquista do meio terrestre 532

Unidade 8 — FISIOLOGIA ANIMAL — 533

Capítulo 25   Digestão e nutrição 534
Digestão: quebra de alimentos 535
    Dois tipos de digestão: extra e intracelular 535
O tubo digestivo humano 536
    A digestão começa na boca 536
    Deglutição: alimento a caminho do estômago 537
    Estômago: o início da digestão de proteínas 537
    Em direção ao intestino delgado 538
    A absorção do alimento digerido 539
    Intestino grosso: absorção de água e sais e formação de fezes .. 539
Os hormônios que controlam a digestão 540
A dieta humana 541
    A necessidade de sais minerais 542
    Vitaminas: necessárias em pequenas quantidades .. 542
    Por que você perde o apetite depois de comer? 544
    Obesidade, um problema genético? 544
Passo a passo 545
Questões objetivas 546
Questões dissertativas 549
Programa de avaliação seriada 551

Capítulo 26   Circulação 553
Os dois tipos de sistema circulatório 554
As características do coração humano 554
    Os movimentos cardíacos: sístole e diástole 556
    A pressão arterial 556
    O controle da contração cardíaca 556
Vasos sanguíneos: condutores de sangue 557
    Diferenças entre artérias e veias 558
    Capilares: as substâncias atravessam suas paredes ... 558
Sangue: tecido de interligação 559
    A coagulação sanguínea 560
    As trocas entre sangue e tecidos 560
O transporte de gases pelo sangue 562
O colesterol e o entupimento das artérias 562
    HDL e LDL 564
O sistema linfático 564
Passo a passo 566
Questões objetivas 568
Questões dissertativas 571
Programas de avaliação seriada 573

Capítulo 27   Respiração 574
As trocas gasosas nos animais 575
    Pele: órgão de respiração para anelídeos e anfíbios .. 576
    As brânquias dos peixes ósseos 576
    As traqueias dos insetos e o transporte de oxigênio ... 576
    O sistema respiratório humano 577
Passo a passo 581
Questões objetivas 583
Questões dissertativas 585
Programas de avaliação seriada 585

Capítulo 28   Excreção e homeostase 587
Mecanismos excretores em animais 588
    Os compostos nitrogenados 588
    A excreção nos seres humanos 589
Manutenção da homeostase e balanço hídrico 592
Passo a passo 594
Questões objetivas 596
Questões dissertativas 598
Programas de avaliação seriada 600

Capítulo 29   Sistema nervoso e fisiologia
                dos órgãos dos sentidos 602
O aumento de complexidade do sistema nervoso 603
Neurônio: a unidade do sistema nervoso 603
    O caminho do impulso nervoso 604
    Sinapses: neurônios em comunicação 606
    Arco reflexo: um trabalho em conjunto 607
A organização do sistema nervoso 607

Sistema nervoso central (SNC) 608
Sistema nervoso periférico (SNP) 611
Órgãos dos sentidos 614
Receptores de contato 614
Receptores de distância 615
A linha lateral dos peixes 619
Termorreceptores e eletrorreceptores 619
Passo a passo 621
Questões objetivas 622
Questões dissertativas 626
Programas de avaliação seriada 627

Capítulo 30   Regulação hormonal 629

As glândulas endócrinas humanas 630
A hipófise 630
A glândula tireóidea 632
O pâncreas 634
As suprarrenais 635
As glândulas paratireóideas e sua relação com o cálcio 635
O controle hormonal na reprodução humana 635
Os hormônios e sua relação com os caracteres sexuais secundários 636
Os hormônios e o ciclo menstrual 636
A ação da oxitocina no trabalho de parto e na ejeção do leite na amamentação 638
Passo a passo 642

Questões objetivas 642
Questões dissertativas 648
Programas de avaliação seriada 650

Capítulo 31   Revestimento, suporte e movimento ... 652

Pele: órgão de contato 653
A histologia da pele 653
Os sensores da pele 654
Os anexos da pele 655
Sistema esquelético 656
Tipos de ossos 656
A formação do tecido ósseo 656
Remodelação óssea 658
Fraturas e osteoclastos 658
O esqueleto humano 659
Principais doenças relacionadas ao sistema esquelético 663
Sistema muscular 664
A contração muscular 665
Tecido muscular estriado esquelético 665
Tecido muscular estriado cardíaco 668
Tecido muscular liso 669
Grupos de ação muscular 669
Passo a passo 672
Questões objetivas 674
Questões dissertativas 678
Programas de avaliação seriada 680

Unidade 9 — REINO PLANTAE   683

Capítulo 32   Briófitas e pteridófitas 684

A presença ou não de vasos condutores 686
A reprodução vegetal 687
O ciclo haplontediplonte 688
Briófitas: plantas sem vasos condutores 689
O ciclo haplontediplonte nos musgos 690
Pteridófitas: o aparecimento de vasos condutores 692
Samambaias: as pteridófitas mais conhecidas 693
O ciclo haplontediplonte nas samambaias 693
Os diferentes tipos de esporos 695
Passo a passo 695
Questões objetivas 696
Questão dissertativa 697
Programa de avaliação seriada 697

Capítulo 33   Gimnospermas e angiospermas 698

Gimnospermas: surgem as sementes 701
O ciclo haplontediplonte nas coníferas 702
As *Cycas* e a dependência da água para a fecundação 704
Angiospermas: surgem as flores e os frutos 705
Características principais de uma angiosperma 705
Diferenças entre mono e eudicotiledôneas 713
A reprodução sexuada nas angiospermas 714
A reprodução assexuada nas angiospermas 718
Passo a passo 720
Questões objetivas 722
Questões dissertativas 725
Programas de avaliação seriada 726

O que saber sobre os… grupos vegetais? 727

Unidade 10 — MORFOFISIOLOGIA VEGETAL   729

Capítulo 34   Os órgãos vegetativos e a nutrição vegetal 730

A raiz: órgão de absorção 731
O caule: via de conexão entre raízes e folhas 734
A folha: local da fotossíntese 738

Os tecidos vegetais de proteção 739
O súber 739
A epiderme 740
Nutrição vegetal 741
Nutrição inorgânica: macro e micronutrientes 742
Nutrição orgânica: a partir da fotossíntese 742

Passo a passo 747
Questões objetivas 750
Questões dissertativas 753
Programas de avaliação seriada 754

Capítulo 35 As trocas gasosas e o transporte vegetal 755

A sustentação das traqueófitas 756
    O colênquima 756
    O esclerênquima 756
Os tecidos condutores de água e de nutrientes em traqueófitas 757
    O xilema 757
    O floema 759
A organização dos tecidos nas raízes e nos caules 760
    A estrutura primária da raiz 760
    A estrutura primária do caule 761
A condução da seiva inorgânica 762
    A ação dos estômatos na regulação hídrica 763
A condução da seiva elaborada 766
    A hipótese de Münch 766
A integração xilema-floema 766
Passo a passo 767
Questões objetivas 770
Questões dissertativas 773
Programas de avaliação seriada 774

Capítulo 36 Crescimento e desenvolvimento 775

Qual a diferença entre crescimento e desenvolvimento? 776
O meristema 776
    Características do meristema: mitoses e diferenciação 776
O crescimento em comprimento 778
O crescimento em espessura de caule e raiz 778
    Cerne, alburno e casca 780
Os hormônios vegetais 781
    As auxinas 781
    As giberelinas 784
    As citocininas 784
    O etileno 784
    O ácido abscísico 784
Fotoperiodismo: a influência da luz no comportamento 785
    O fitocromo e a percepção da luz 785
    A floração depende da fotoperiodicidade 785
    Florígeno: o hormônio desconhecido 786
O efeito do ambiente na germinação das sementes 786
Os movimentos vegetais 788
    Os tactismos 788
    Os tropismos 788
    Os nastismos 789
Passo a passo 791
Questões objetivas 794
Questões dissertativas 797
Programas de avaliação seriada 798

Unidade 11 GENÉTICA 799

Capítulo 37 Primeira Lei de Mendel e probabilidade associada à Genética 800

Mendel, o iniciador da Genética 801
    A escolha das ervilhas para o estudo 801
    Os cruzamentos realizados por Mendel 803
A Primeira Lei de Mendel 806
Conceitos fundamentais em Genética 806
    Genótipo e fenótipo 806
    Homozigotos e heterozigotos 806
    Cromossomos autossômicos 807
    Árvores genealógicas 807
    Dominância incompleta ou parcial 810
    Alelos letais: os genes que matam 812
Como os genes se manifestam 812
Homozigoto dominante ou heterozigoto? 813
    Cruzamento-teste 813
Introdução à probabilidade 815
    Probabilidade de ocorrência de dois ou mais eventos mutuamente excludentes: a regra do "OU" 816
    Probabilidade de ocorrência simultânea de dois ou mais eventos independentes: a regra do "E" 817
Probabilidade condicional 818
Passo a passo 820
Questões objetivas 821
Questões dissertativas 826
Programas de avaliação seriada 827

Capítulo 38 Alelos múltiplos e a herança de grupos sanguíneos 829

Alelos múltiplos na determinação de um caráter 830
    A cor da pelagem em coelhos 830
A determinação dos grupos sanguíneos no sistema ABO 831
    Como ocorre a herança dos grupos sanguíneos no sistema ABO? 832
O sistema Rh de grupos sanguíneos 835
    A herança do sistema Rh 835
O sistema MN de grupos sanguíneos 837
    Transfusões no sistema MN 837
Passo a passo 838
Questões objetivas 840
Questões dissertativas 843
Programas de avaliação seriada 844

Capítulo 39 Herança e sexo 845

Autossomos e heterossomos:
    a fórmula cromossômica das células 846
    Os cromossomos sexuais 846
Determinação genética do sexo 846
    O sistema XY 846
    O sistema X0 848
    O sistema ZW 848
    Abelhas e partenogênese: um caso especial 848
Herança ligada ao sexo 849
    Daltonismo: a incapacidade de enxergar certas cores 849
    Hemofilia: dificuldade na coagulação do sangue 851
    Distrofia muscular de Duchenne: lenta degeneração dos músculos 852
Herança parcialmente ligada ao sexo 852
Herança restrita ao sexo 852
Herança influenciada pelo sexo 853

Herança limitada ao sexo 853
Passo a passo 854
Questões objetivas 855
Questões dissertativas 860
Programas de avaliação seriada 861

Capítulo 40 Segunda Lei de Mendel e *linkage* 863

Os experimentos de Mendel sobre diibridismo 864
    A análise dos resultados 864
    Obtendo a proporção 9 : 3 : 3 : 1 sem utilizar
        o quadro de cruzamentos 866
    Segregação independente e poliibridismo 867
    A relação meiose-2.ª Lei de Mendel 867
    A 2.ª Lei de Mendel é sempre obedecida? 869
Linkage 869
    Genes unidos no mesmo cromossomo 869
    Um dos cruzamentos efetuados por Morgan 869
    Como diferenciar segregação independente
        (2.ª Lei de Mendel) de *linkage*? 871
A ordem dos genes nos cromossomos: a disposição CIS e TRANS .. 873
Mapas genéticos 873
    A unidade do mapa genético 874
Passo a passo 874
Questões objetivas 876
Questões dissertativas 877
Programas de avaliação seriada 879

Capítulo 41 Interações e expressões gênicas e citogenética 881

Interação gênica: quando vários genes
        determinam o mesmo caráter 882
    Os experimentos com crista de galinha 882
    A forma dos frutos de abóbora 883
Epistasia 884
    Epistasia dominante 12 : 3 : 1 884
    Epistasia recessiva 9 : 3 : 4 885
A cor da flor nas ervilhas-de-cheiro: ação gênica complementar 886
Herança quantitativa 889
    Herança da cor da pele no homem 889
Pleiotropia: um par de genes, várias características 891
Mutações e aberrações cromossômicas 891
    Aberrações cromossômicas numéricas 891
    Aberrações cromossômicas estruturais 894
Os erros inatos do metabolismo e a genética 895
    Fenilcetonúria (PKU) 895
    Alcaptonúria 895
Passo a passo 896
Questões objetivas 898
Questões dissertativas 901
Programas de avaliação seriada 902

Capítulo 42 Biotecnologia e engenharia genética .. 903

Melhoramento genético e seleção artificial 904
    Heterozigose ou vigor do híbrido 905
A diferença entre biotecnologia e engenharia genética 905
A manipulação dos genes 905
    Enzimas de restrição: as tesouras moleculares 906
    Eletroforese em gel e a separação
        dos fragmentos de DNA 907
    A multiplicação dos fragmentos de DNA 908
As sondas de DNA e a localização de genes 911
Fingerprint: a impressão digital do DNA 911
    VNTR: as repetições que auxiliam 911
    Exemplo de utilização do *fingerprint* na pesquisa
        de paternidade 911
Projeto Genoma Humano: reconhecendo nossos genes 914
Terapia gênica: DNA para curar doenças 914
Passo a passo 915
Questões objetivas 916
Questões dissertativas 921
Programas de avaliação seriada 922

Unidade 12 — EVOLUÇÃO — 925

Capítulo 43 Origem da vida e evolução biológica 926

Big Bang: a formação do Universo 927
Geração espontânea e abiogênese:
        as primeiras ideias sobre a origem da vida 928
Biogênese: vida a partir de vida preexistente 928
A hipótese de Oparin 931
    A hipótese heterotrófica 934
    E aparecem os autótrofos 934
    O ar é modificado pela vida 934
    Vida multicelular 935
Evolução biológica: uma questão de adaptação 936
    As evidências da evolução 938
Os evolucionistas em ação: Lamarck e Darwin 942
    As ideias de Lamarck 942
    Darwin e a teoria da seleção natural 943
Teoria Sintética da Evolução 946
    O que Darwin não sabia: neodarwinismo 946
    Os três tipos de seleção 948
Passo a passo 950
Questões objetivas 952
Questões dissertativas 954
Programas de avaliação seriada 955

Capítulo 44 Genética de populações e especiação 956

As características dominantes são as mais frequentes? 957
Frequências gênicas em uma população ao longo do tempo ... 958
    Fatores que alteram a frequência gênica 958
    A Lei de Hardy-Weinberg 958
O conceito de espécie biológica e especiação 959
    O surgimento de novas espécies 959
    Poliploidização: especiação sem o
        isolamento geográfico 962
    Isolamento reprodutivo 962
Irradiação adaptativa 964
Convergência adaptativa 965
Homologia e analogia 966
Passo a passo 968
Questões objetivas 969
Questões dissertativas 972
Programas de avaliação seriada 974

Capítulo 45 Tempo geológico e evolução humana.............................. 976

As grandes extinções 979
A origem dos primatas 979
Rumo à espécie humana 980
    Os primeiros antropoides 980
    Os australopitecos 980
    Homo habilis: as primeiras ferramentas................ 981
    Os descendentes do *Homo erectus* 981
    O aparecimento do *Homo sapiens* 981
Passo a passo 984
Questões objetivas 985
Questões dissertativas 987
Programas de avaliação seriada 988

Unidade 13 — ECOLOGIA 989

Capítulo 46 Energia e ecossistemas...................... 990

Alguns conceitos importantes 991
O componente biótico dos ecossistemas 992
Cadeias alimentares: a energia flui ao longo delas 993
    Cadeias de detritívoros 994
    Teia alimentar 995
    Fluxo unidirecional de energia no ecossistema 995
Pirâmides ecológicas: quantificando os ecossistemas ... 995
    Pirâmide de números 995
    Pirâmide de biomassa 996
    Pirâmide de energia 997
Eficiência ecológica 997
    DDT: acúmulo nos consumidores de último nível trófico ... 998
A produtividade e o ecossistema 998
    A elevada produtividade nos trópicos 999
Os fatores limitantes do ecossistema 1000
Os ciclos biogeoquímicos 1001
    Água: a vida em fluxo 1002
    Carbono: incorporação ao mundo orgânico 1002
    Oxigênio: responsável pela vida 1004
    Nitrogênio: a indispensável abundância 1005
    Fósforo: componente estrutural e energético 1007
    Cálcio: um dos minerais mais importantes 1008
    Enxofre: constituinte das proteínas 1008
Solo: as condições para o crescimento da vegetação ... 1009
    Nutrientes minerais 1009
    Capacidade de retenção de água 1010
    Porosidade 1010
    pH 1010
    As propriedades físicas do solo 1010
Passo a passo 1012
Questões objetivas 1014
Questões dissertativas 1018
Programas de avaliação seriada 1019

Capítulo 47 Dinâmica das populações e das comunidades..................................1020

Dinâmica das populações 1021
    Principais características de uma população 1021
    Curvas de crescimento 1021
    Fatores que regulam o crescimento populacional ... 1021
    Os ciclos e os desequilíbrios populacionais 1022
    A espécie humana e a capacidade limite 1023
Dinâmica das comunidades 1024
    Relações intraespecíficas 1025
    Relações interespecíficas 1026
    Mimetismo, camuflagem e coloração de advertência ... 1031
    Sucessão ecológica: comunidade em mudança ... 1034
Passo a passo 1038
Questões objetivas 1040
Questões dissertativas 1045
Programas de avaliação seriada 1046

Capítulo 48 Biomas e fitogeografia do Brasil....1047

Os principais biomas do ambiente terrestre 1048
    Tundra 1049
    Floresta de coníferas (taiga) 1050
    Floresta decídua temperada 1050
    Desertos 1051
    Floresta pluvial tropical 1051
    Savanas, campos e estepes 1052
Os principais biomas do ambiente marinho 1053
    As comunidades marinhas 1053
Os principais biomas de água doce 1055
    Águas paradas 1055
    Águas correntes 1056
Fitogeografia brasileira 1056
    Caatinga 1057
    Cerrado 1058
    Mata Atlântica 1059
    Manguezal 1059
    Pampas 1060
    Mata de Araucárias 1060
    Complexo do Pantanal 1060
    Floresta Amazônica 1061
    Zona de Cocais 1062
Passo a passo 1063
Questões objetivas 1065
Questões dissertativas 1066
Programas de avaliação seriada 1067

Capítulo 49 A biosfera agredida........................1068

Poluição: um problema da humanidade 1069
Inversão térmica: a cidade sufocada 1070
Chuvas ácidas: corroem monumentos e pulmões 1072
O *smog* fotoquímico 1072
Os CFCs e o buraco na camada de ozônio 1073
A poluição da água e a eutrofização 1073
    Eutrofização natural 1073
    Eutrofização causada por poluição 1073
O destino do lixo nas grandes cidades 1075
Controle biológico de pragas 1077
Passo a passo 1078
Questões objetivas 1079
Questões dissertativas 1082
Programas de avaliação seriada 1083

Bibliografia 1084
Crédito das fotos 1084

Prefácio

Relacionar todos os conteúdos da matéria é uma qualidade de um bom livro de Biologia. A outra qualidade é facilitar a compreensão desses conteúdos por meio de uma linguagem acessível, tornando o estudo da Biologia uma atividade agradável. Aliado a essas duas qualidades, o texto desta quarta edição valoriza uma das competências básicas que devem caracterizar todo estudioso: leitura e compreensão de textos associados ao conteúdo da matéria. Você deve gostar de ler, e principalmente, entender o que está escrito. E mais, os textos precisam adaptar-se a uma tendência cada vez mais valorizada na atual educação brasileira: a contextualização, a interdisciplinaridade e o relacionamento com o cotidiano do estudante, ou seja, com seu dia a dia.

Entender com clareza todos os assuntos abordados, desde aqueles relacionados ao estudo da célula e seus componentes, à Genética e à Evolução Biológica, aos grupos de seres vivos e, por fim, como não poderia deixar de ocorrer, à Ecologia e seus temas mais cativantes, como a acentuação do aquecimento global, por exemplo, é a meta deste texto de Biologia, que agora atinge o que os autores e a editora HARBRA consideram uma *edição histórica*. Para isso, valorizamos, como sempre, *boas imagens*, esquemas, gráficos, tabelas, mapas, fundamentais para a correta compreensão dos assuntos. Claro, continuamos com os pequenos lembretes e as seções *Saiba mais*, *Pense nisso*, *A Ciência por trás do fato!* e *Ética e Sociedade*, com textos para reflexão que o estimularão a pensar sobre atuais temas da Biologia, relacionando-os ao seu cotidiano e à análise de assuntos instigantes que afligem a sociedade humana, entre eles os relacionados à saúde e ao ambiente.

Quanto aos exercícios de cada capítulo, o *Passo a passo* foi inteiramente reformulado, e você perceberá que, para resolver cada exercício, precisará ler, inicialmente, o tópico correspondente no texto, como dizemos, *passo a passo*. *Questões objetivas* e *dissertativas* atualizadas dos principais exames de acesso ao ensino superior brasileiro estão presentes em grande número. Agora, uma novidade: questões de *Avaliação seriada* propostas por várias universidades. No Portal do Aluno, que você poderá acessar na página da editora HARBRA na internet, incluímos um banco de questões atualizado do ENEM, com as resoluções.

Aos colegas professores gostaríamos de, inicialmente, agradecer as inúmeras sugestões e críticas, sempre bem-vindas e valorizadas, contribuindo para o aprimoramento constante do nosso texto. Como é bom ouvir o que os nossos parceiros dizem! E, lembrar que, no Portal do Professor, contaremos com o apoio representado por aulas em PowerPoint, respostas detalhadas do *Passo a passo* e das questões das demais seções, atualizações constantes, um banco de questões com inúmeros exercícios, estratégias de aula, aulas em Flash e sugestão de atividades práticas.

Vamos juntos, mais uma vez, enfrentar o desafio de valorizar a vida em todos os seus aspectos, aprendendo Biologia de modo agradável. Todas as espécies da face da Terra, inclusive a nossa, agradecem. Bom trabalho.

Os autores e os editores.

1 Unidade
INTRODUÇÃO

Capítulo 1
Biologia – O estudo da vida

E para você, o que é a vida?

Você poderia achar que essa é uma pergunta fácil de responder.

Vida pode ser caracterizada como o resultado de algumas funções básicas realizadas por um organismo, como comer, metabolizar, respirar, locomover-se, crescer, reproduzir-se, reagir a estímulos externos etc. Mas será só isso?

Para nós, humanos, ela pode significar um processo constante de relacionamentos e de sentimentos. Um conjunto de experiências negativas e positivas, partilhadas com as pessoas que nos cercam. Um caminho pelo qual passamos, permeado por tristezas e alegrias, lágrimas e sorrisos, derrotas e vitórias, frustrações e esperanças, com a certeza de que terá um final.

A partir deste capítulo, iniciaremos o estudo da vida em seus mais diferentes aspectos. Aprenderemos sobre suas características, como se manifesta e sobre como nosso planeta foi – e é! – alterado pela existência de vida.

AFINAL, O QUE É VIDA?

Estudar a vida, compreender suas características e como ela é organizada são alguns objetivos da **Biologia**. Essa palavra vem de duas outras: *bio*, que significa vida, e *logos*, que quer dizer *estudo*. Então, a Biologia estuda a vida e, claro, aqueles em que ela se manifesta, ou seja, os **seres vivos**.

Mais atraente do que conceituar vida é caracterizar os seres vivos, procurando neles alguns *sinais de vida*. Você é capaz de dizer, em poucas palavras, quais as diferenças que existem, por exemplo, entre seu cão e uma pedra? Vamos ajudá-lo nessa tarefa.

Excetuando alguns átomos, presentes tanto no seu cão como na pedra, podemos garantir que a vida possui uma série de características exclusivas. Como exemplo, podemos citar os movimentos de inspiração e expiração executados pelo tórax do animal e os sinais elétricos gerados no seu cérebro. Você seria capaz de reconhecer outros sinais de vida provenientes de seu cão?

Na Tabela 1-1 organizamos as principais características dos seres vivos. Deixamos a você a tarefa de compará-las com as dos objetos inanimados, como a pedra, por exemplo.

Tabela 1-1. Principais características dos seres vivos.

Composição química	Todos os seres vivos são formados por moléculas orgânicas indispensáveis à sobrevivência, entre elas os ácidos nucleicos, as proteínas, os carboidratos (ou glicídios) e os lipídios.
Célula	Excetuando-se os vírus – seres acelulares –, a maioria dos seres vivos da Terra atual possui a célula como unidade fundamental da vida. Há seres vivos formados apenas por uma célula – os unicelulares – e os que são constituídos por diversas células – os pluricelulares.
Metabolismo	Metabolismo é o conjunto das reações químicas que ocorrem em um ser vivo. O metabolismo energético está relacionado à liberação da energia necessária para a sobrevivência. O metabolismo plástico ou estrutural é aquele no qual ocorre a construção do corpo. Cabe ao metabolismo de controle a regulação de todas as atividades que ocorrem na célula.
Reprodução	Por meio de diversas modalidades de reprodução, os seres vivos são capazes de produzir descendentes.
Mutação	Os seres vivos e o ambiente nem sempre foram como hoje. Mudanças genéticas podem ser herdadas pelos descendentes. São importantes para a adaptação dos organismos.
Adaptação	Os seres vivos são capazes de se ajustar continuamente às características do meio.

NÍVEIS DE ORGANIZAÇÃO EM BIOLOGIA

A vida se manifesta desde o nível microscópico, que envolve o estudo de átomos e moléculas, até uma escala global, que abrange os seres vivos em sua totalidade, em interação com os diversos ambientes que compõem o planeta. O estudo da Biologia fica mais fácil com a abordagem dos *níveis de organização*, uma sequência de conceitos, cada qual servindo de ponto de partida para o seguinte.

Do Átomo ao Organismo

Todos os seres vivos da Terra atual são constituídos por *átomos* (carbono, oxigênio, nitrogênio) que, reunidos, servirão para a construção de *moléculas orgânicas* (proteínas, ácidos nucleicos), fundamentais para a sobrevivência.

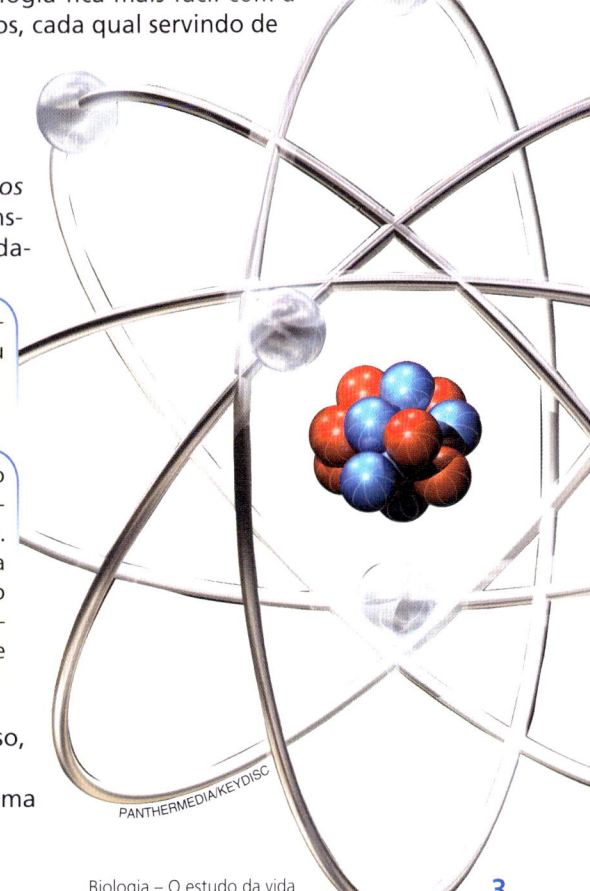

Por sua vez, moléculas orgânicas complexas reúnem-se para a formação de *organoides* (mitocôndria, ribossomo), estruturas que são encontradas no interior da *célula* (glóbulo branco, neurônio).

> Organoides também são conhecidos como organelas ou organulos.

A reunião de células com características quase sempre comuns leva à formação de um *tecido* (sanguíneo, nervoso, muscular). Tecidos diferentes se reúnem em um *órgão* (artéria, cérebro, fígado, pâncreas, baço).

> Os níveis de organização citados não existem em todos os organismos da Terra. Considere, por exemplo, uma bactéria. Ela é um organismo unicelular e, portanto, desprovido de tecidos, órgãos e sistemas.

Diferentes órgãos envolvidos em uma tarefa comum originam um *sistema* (circulatório, nervoso, digestório, respiratório).

A integração de vários sistemas leva ao *organismo* (como uma onça-pintada, por exemplo).

Do Organismo à Biosfera

Em geral, os organismos não vivem isolados – eles se reúnem, interagem uns com os outros e com o meio em que vivem. Os que são constituintes da mesma *espécie* e vivem em uma área perfeitamente delimitada, em determinado tempo, constituem uma *população* (por exemplo, a população de onças-pintadas existentes no Pantanal Mato-grossense).

O conjunto de todas as populações de espécies diferentes encontradas em um ambiente constitui uma *comunidade*. No Pantanal, as onças, os jaburus, as garças, as capivaras, os jacarés, as sucuris, as bactérias, os fungos e os vegetais, entre outros, constituem a comunidade de seres vivos da região. Você pode dizer que a comunidade é a parte *biótica* (viva) do ambiente.

A reunião da comunidade com os componentes *abióticos*, ou seja, com os componentes não vivos (ar, água, sais, solo, luz etc.) do meio ambiente constitui um *ecossistema*. O Pantanal Mato-grossense pode ser considerado um grande ecossistema natural. Nele interagem todos os seres vivos da comunidade com os componentes abióticos.

Os limites entre os ecossistemas são artificiais, pois eles interagem. Uma visão global da Terra atual revela a existência de diversos ecossistemas naturais. A reunião de todos eles – muitos do Pantanal, outros da Floresta Amazônica ou da Mata Atlântica, juntamente com todos os demais ecossistemas terrestres e aquáticos – constitui a *biosfera*.

Átomo
A menor parte de um elemento, que mantém todas as propriedades químicas desse elemento.

Molécula
Conjunto de átomos.

Organoide
Componente da célula, encarregado de executar determinada função. (Também se diz organela ou orgânulo.)

Célula
Entidade encontrada na maioria dos seres vivos da Terra atual e constituída, de modo geral, por membrana plasmática, citoplasma e núcleo.

Tecido
Comumente conceituado como um conjunto de células semelhantes na forma e na função.

Órgão
Conjunto de tecidos.

Sistema
Conjunto de órgãos envolvidos na execução de determinada tarefa.

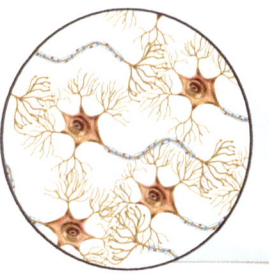

Fique por dentro!

- **Espécie:** grupo de organismos capazes de, em condições naturais, reproduzir-se, produzindo descendentes férteis. Espécie não é nível de organização. Auxilia a conceituar população e comunidade.
- **População:** grupo de organismos da mesma espécie, vivendo em local bem delimitado, em certa época.
- **Comunidade:** conjunto de organismos de diferentes espécies (várias populações) convivendo em certo ambiente. É a parte biótica do meio.
- **Ecossistema:** a interação da parte biótica (comunidade) com os componentes abióticos (não vivos) do meio.
- **Biosfera:** conjunto de todos os ecossistemas da Terra.

Biosfera

Conjunto de todos os ecossistemas da Terra.

Ecossistema

A interação do componente biótico (comunidade) com os fatores abióticos do meio.

Organismo

Qualquer ser capaz de executar um conjunto de reações químicas metabólicas responsáveis pela sobrevivência, crescimento e reprodução.

Comunidade

Conjunto das diferentes populações encontradas em um ambiente perfeitamente delimitado. É a parte biótica do meio.

População

Conjunto de indivíduos de uma espécie, vivendo em local perfeitamente delimitado, em uma determinada época.

> **Saiba mais**

As teias alimentares do ecossistema

Em um ecossistema, as relações alimentares entre os componentes das comunidades são frequentes, constituindo as teias *alimentares*, que, por sua vez, são formadas pela reunião de diversas *cadeias alimentares*. De acordo com o modo de obtenção de alimento, a comunidade, de maneira geral, deve ser constituída por três tipos de seres, que ocupam os chamados *níveis tróficos* de uma cadeia alimentar.

- **Produtores de alimentos:** organismos capazes de produzir o alimento orgânico a partir de substâncias simples obtidas do meio – sendo, por isso, denominados de *autótrofos*. No esquema abaixo, são representados pela vegetação (as árvores e as plantas rasteiras).
- **Consumidores de alimentos:** organismos que obtêm alimento orgânico proveniente de outros organismos, ao longo da cadeia alimentar. No esquema, são representados por preá, gafanhoto, jararaca, perereca, seriema e lobo-guará – todos considerados *heterótrofos*, assim denominados por obterem a matéria orgânica para a sua sobrevivência a partir de outros seres vivos. Os dois primeiros são consumidores primários (ou de primeira ordem), por se alimentarem diretamente de vegetais. Na cadeia alimentar da qual participa o preá, a cobra é consumidora de segunda ordem, a seriema de terceira e o lobo-guará de quarta ordem.
- **Decompositores:** são os microrganismos – representados no esquema por bactérias e fungos, todos heterótrofos – que se alimentam de restos alimentares orgânicos dos demais seres vivos.

Perceba que, no esquema, estão representadas três cadeias alimentares, sendo que o conjunto corresponde a uma *teia alimentar*.

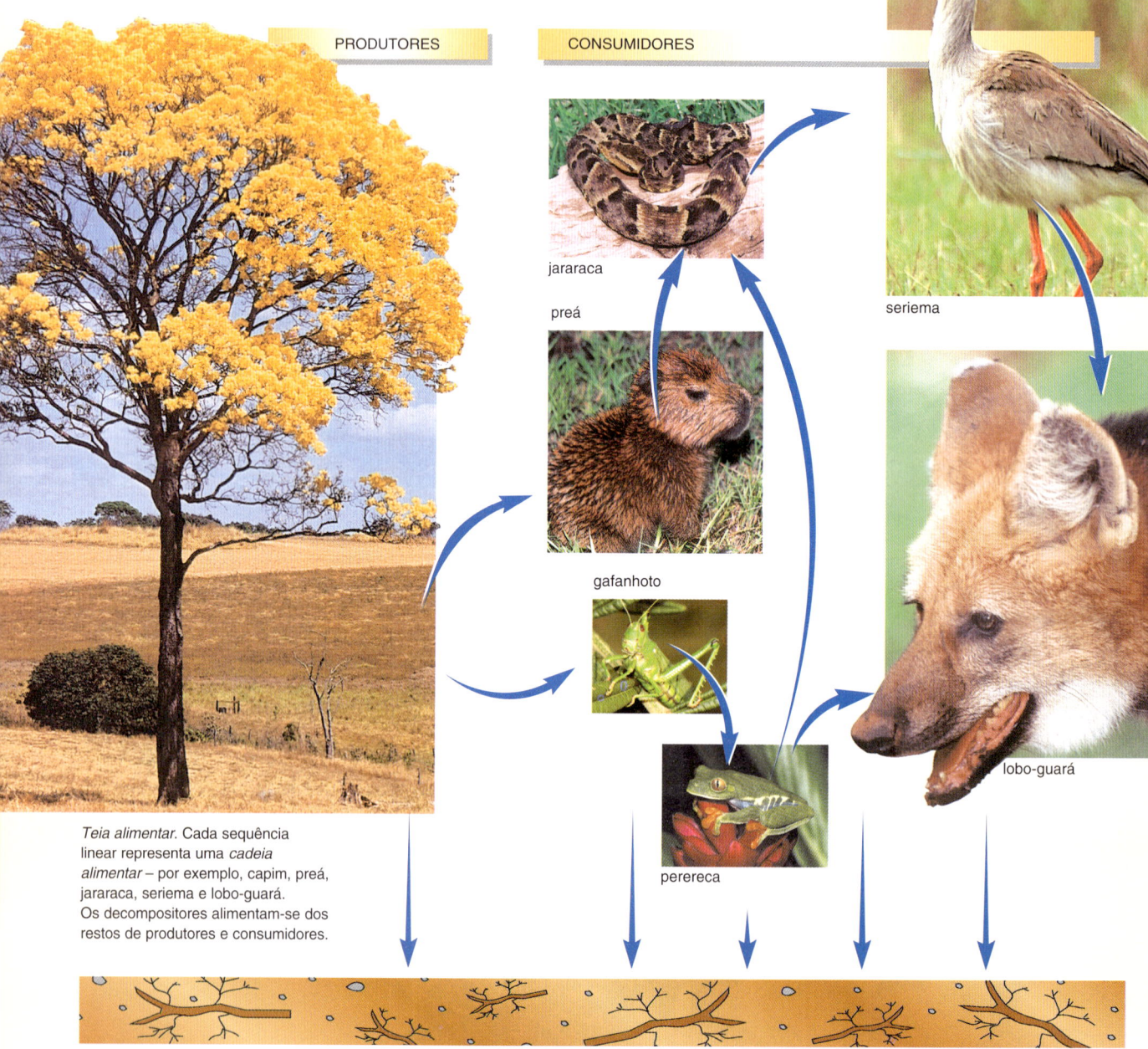

Teia alimentar. Cada sequência linear representa uma *cadeia alimentar* – por exemplo, capim, preá, jararaca, seriema e lobo-guará. Os decompositores alimentam-se dos restos de produtores e consumidores.

AS ÁREAS DE ESTUDO DA BIOLOGIA

Com a ideia de níveis de organização é possível subdividir a Biologia em várias áreas de estudo. Consulte a Tabela 1-2.

Tabela 1-2. Subdivisões da Biologia e as áreas de interesse.

Subdivisão da Biologia	Área de interesse
Bioquímica	Estrutura das moléculas e dos organoides.
Citologia ou Biologia Celular	Tipos celulares e seus componentes.
Histologia (animal ou vegetal)	Tecidos.
Anatomia	Órgãos e sistemas de um organismo.
Embriologia	Desenvolvimento de um organismo pluricelular a partir da fase de zigoto até a formação de todos os órgãos e sistemas.
Fisiologia	Funcionamento de moléculas, células, tecidos, órgãos e sistemas.
Ecologia	Populações, comunidades, ecossistemas e biosfera.

Saiba mais

Bioma: agrupamento de ecossistemas parecidos

Certas regiões da biosfera apresentam o mesmo tipo de clima, temperaturas parecidas e praticamente o mesmo regime de chuvas todos os anos. Então, não é de estranhar que, nessas regiões, haja comunidades vegetais semelhantes. Os ecologistas agrupam essas regiões em uma categoria denominada de **bioma**. Cada bioma, então, corresponde a uma grande subdivisão artificial da biosfera terrestre. De certo modo, podemos considerar um *bioma* como sendo um *conjunto de ecossistemas relacionados*. Um exemplo: *bioma de floresta pluvial tropical latifoliada perenifólia*. Vamos traduzir? *Floresta pluvial tropical* é uma formação cheia de árvores, localizada na região intertropical, sujeita a intenso regime de chuvas. *Latifoliada* quer dizer que as plantas possuem folhas largas. *Perenifólia* significa que as árvores estão sempre cheias de folhas, isto é, as folhas que caem são sempre substituídas por novas folhas, ou seja, as árvores são sempre verdes. A Mata Amazônica pertence a esse tipo de bioma, bem como a Floresta de Kisangani, na República Democrática do Congo, e a de Kuala Lumpur, na Malásia. Assim, *bioma* é o tipo de *formação ecológica caracterizado, principalmente, pelo componente vegetal terrestre*, embora também possamos falar em bioma para o meio aquático doce e para o meio marinho. Veja o esquema ao lado. Os gráficos que o acompanham relacionam-se às médias mensais de temperatura (em vermelho) e às médias mensais de chuva (em azul). As três formações florestais representadas – dizendo de outro modo, os três *ecossistemas* – são componentes do mesmo bioma.

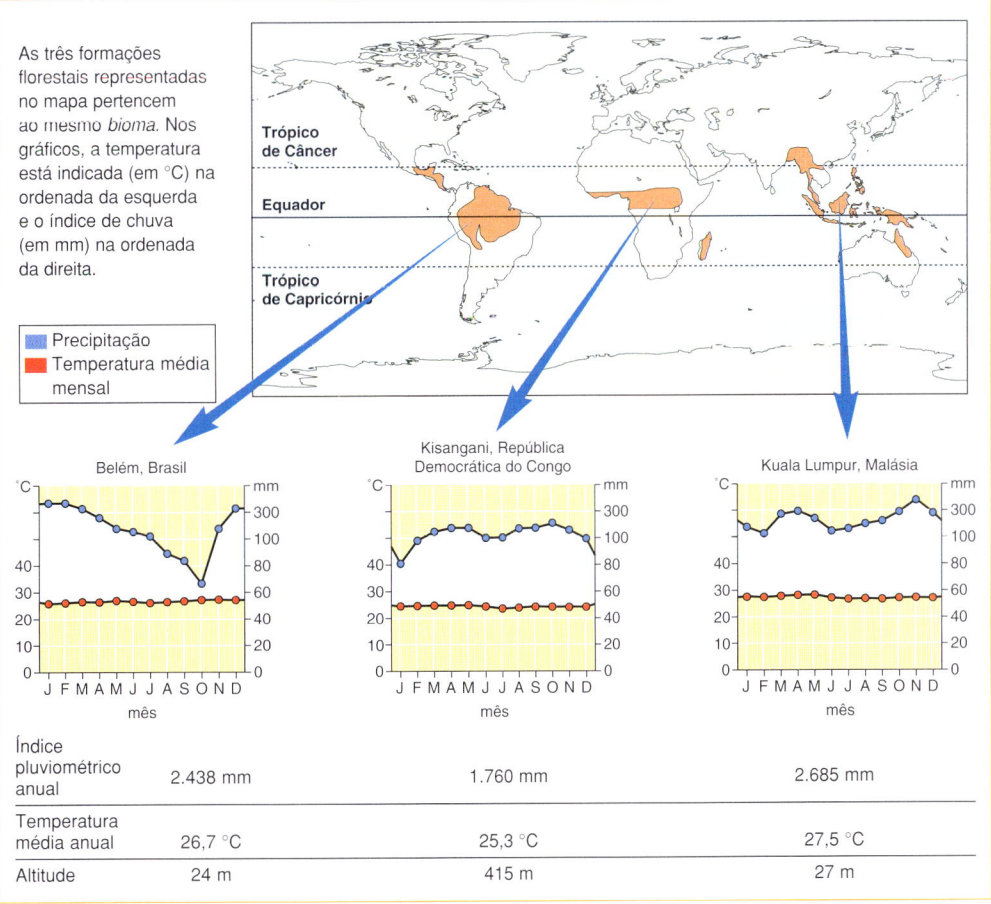

As três formações florestais representadas no mapa pertencem ao mesmo *bioma*. Nos gráficos, a temperatura está indicada (em °C) na ordenada da esquerda e o índice de chuva (em mm) na ordenada da direita.

CIÊNCIA E VIDA: O MÉTODO CIENTÍFICO

A Biologia é uma ciência e, como tal, procura esclarecimentos, respostas, que expliquem as ocorrências do dia a dia. O biólogo, ao atuar como cientista, recorre frequentemente às etapas que caracterizam o *método científico*.

Tudo começa com a **observação dos fatos** e a formulação de uma pergunta ou levantamento de um **problema** para o qual se procura uma resposta. Ao tentar elucidar esse problema, o cientista propõe uma possível resposta, propõe uma **hipótese**. Para saber se sua hipótese é verdadeira, ele utiliza-se de **experimentos controlados**, nos quais ela possa ser testada.

Em um experimento controlado, todos os fatores envolvidos devem ser mantidos inalterados, com exceção de um deles. Por exemplo, se um pesquisador quiser testar a hipótese de que no escuro as violetas não florescem, o único fator em seu experimento controlado que deve variar deve ser a iluminação. Todos os outros – como, por exemplo, temperatura, ambiente e quantidade de rega – devem ser mantidos constantes.

Desses experimentos, o cientista **obtém dados** que, analisados, confirmam ou não a hipótese inicial e elabora suas **conclusões**. Caso os dados obtidos confirmem sua hipótese, o cientista realiza os experimentos várias vezes a fim de se certificar. Em caso negativo, é necessário levantar novas hipóteses e testá-las até que o problema seja solucionado.

Muitas vezes a resolução de um problema é obtida com o levantamento de várias hipóteses, esclarecimentos, evidências, que levam à formulação de uma explicação mais completa do problema. Levam à elaboração de uma **teoria**. Além de explicar determinada questão, a teoria é importante porque pode auxiliar a prever resultados em outros experimentos. *A teoria é uma ideia, apoiada pelo conhecimento científico, que tenta explicar fenômenos naturais relacionados, permitindo fazer previsões sobre eles.* Mas ela não é imutável: como tudo em ciência, ela pode ser modificada a partir de novas evidências.

Nossa vida, bem como a de todos os outros seres vivos da biosfera, depende, em grande parte, das pesquisas realizadas e dos cientistas que buscam a solução para muitos problemas que nos afligem. É o que ocorre com as pesquisas sobre células-tronco para a cura de moléstias até hoje incuráveis, as que visam à descoberta de medicamentos contra a AIDS e, por que não dizer, as que solucionem a ameaça representada pelo aquecimento causado pela acentuação do efeito estufa.

Experimento Controlado

Na minha casa tem um pinheirinho que... não deixa outras plantas crescerem perto dele. Provavelmente você já notou isso ou ouviu isso de alguém. Como um cientista procederia para verificar se a *observação* é verdadeira?

A primeira atitude dele seria procurar uma explicação lógica. Utilizando o raciocínio próprio de um cientista, ele provavelmente sugeriria algum motivo que justificasse por que, afinal, as outras plantas não conseguem crescer perto de um pinheiro. Suponhamos que ele dissesse: "As folhas do pinheiro existentes no chão liberam alguma substância inibidora do crescimento de plantas nas proximidades". Pronto, estaríamos diante de uma *hipótese*, ou seja, de uma sugestão, que pode ou não ser verdadeira.

Para sabermos a resposta, a primeira providência seria elaborar um *experimento controlado*. Explicando melhor: é necessário dispor de pelo menos dois vasos iguais, de mesmo tamanho, nos quais devem ser colocadas plantas do mesmo tipo, em crescimento e que supostamente sofrem a ação inibidora das substâncias liberadas pelas folhas do pinheiro. A terra dos vasos, a umidade, os nutrientes minerais (adubo), a luminosidade e a temperatura em que as plantas são cultivadas devem ser exatamente os mesmos. Quer dizer, todas as condições necessárias para o crescimento das plantas devem ser as mesmas, *exceto uma*. Qual seria? Que tal esmagar folhas de pinheiro e as deixar em água por algum tempo? Esta solução poderia ser adicionada a *apenas um dos vasos*.

Decorrido algum tempo, vamos verificar como estão as plantas nos nossos vasos: se a que recebeu a solução parou de crescer, então a *hipótese* do cien-

Pesquisas envolvendo planta em risco de extinção. As mudas estão se desenvolvendo em meios controlados. Testando-as em diferentes condições, os cientistas esperam determinar qual o melhor produto químico que favoreça seu desenvolvimento.

Fique por dentro!

Muitas descobertas científicas aconteceram em ocasiões em que o cientista não estava diretamente envolvido com o seu trabalho. Foi o que ocorreu com a descoberta da penicilina.

Alexander Fleming (1881-1955), um discreto microbiologista inglês, vivia cultivando bactérias em seu laboratório. Certo dia, em 1928, ao lavar placas de vidro nas quais havia cultivado bactérias, casualmente percebeu que algumas delas estavam contaminadas por um fungo. Verificou que, onde o fungo crescia, as bactérias não conseguiam se desenvolver.

Procurando explicar esse fato, Fleming elaborou a hipótese de que os fungos liberavam, para o meio de cultura, substâncias inibidoras do crescimento bacteriano.

A partir de experimentos efetuados por ele e seus colaboradores, descobriu-se que, realmente, os fungos produziam uma substância inibidora do crescimento bacteriano. A substância foi chamada de antibiótico, palavra que literalmente quer dizer: contra a vida. E recebeu o nome de penicilina por ser produzido pelo fungo *Penicillium*, conhecido na época por provocar a formação de bolores esverdeados em frutas.

tista pode ser aceita – vai ver, alguma substância inibidora, produzida pelas folhas do pinheiro, exerceu seu efeito. Se, por outro lado, as duas plantas cresceram normalmente, então a *hipótese* deve ser rejeitada e alguma outra precisa ser formulada.

Perceba que a planta que recebeu a solução é a *experimental*. A outra, que serve de comparação com a primeira e que *não* recebeu a solução, é a *controle*.

EFEITO ESTUFA E A VIDA

A radiação solar que penetra em nosso planeta atravessa uma camada de vapor-d'água e gases, e é absorvida pela superfície terrestre (rochas, vegetação etc.) sob a forma de calor. Ao retornar para o espaço, uma parte desse calor é retida pelo *cobertor de gases* (entre eles o gás carbônico). Esse calor "aprisionado" por um "cobertor" de gases aquece a Terra, transformando-a em uma *estufa*.

Perceba que essa camada de gases atua como se fosse o vidro das estufas para plantas, que deixa passar a radiação solar e retém dentro delas o calor. Daí chamarmos a esse processo de aquecimento de *efeito estufa*. Alguns gases, dentre eles o gás carbônico e o metano (CH_4), aumentam esse efeito (veja a Figura 1-1).

Figura 1-1. Efeito estufa. (a) Parte da radiação solar atinge a superfície terrestre sob a forma de calor. (b) Grande parcela desse calor é refletida e retida pelo "cobertor" de gases que circunda a atmosfera. (c) O calor retido aquece a Terra, transformando-a em uma estufa.

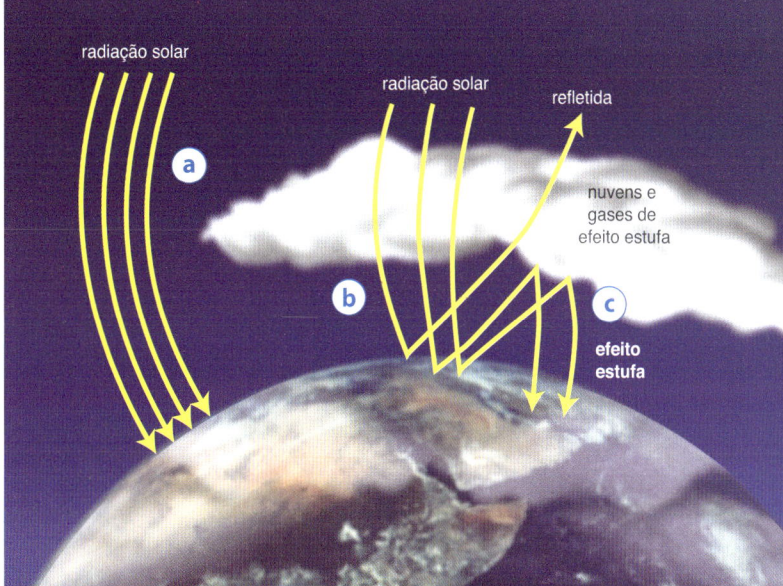

Aquecimento Global: uma Ameaça à Vida na Terra?

É preciso deixar bem claro que o aquecimento da Terra foi e continua sendo fundamental para o desenvolvimento da vida em nosso planeta. Sem ele, a Terra congelaria. Então, por que o receio do efeito estufa? O problema é que a espessura da camada de gases está aumentando. Isso é devido principalmente à crescente emissão de gás carbônico proveniente da queima de combustíveis fósseis (derivados de petróleo, carvão mineral e gás natural) e das queimadas de florestas, notadamente nas regiões tropicais. Mais calor é retido, provocando aumento exagerado da temperatura terrestre. Assim, o que se teme é o aumento exagerado do aquecimento global.

> Em 1997, 141 países assinaram o acordo de Kyoto. O compromisso era reduzir em 5% as emissões de gases de estufa, até o ano de 2012, tomando como base o ano de 1990.

As Consequências do Aquecimento Global Excessivo

As chuvas já não são as mesmas. Com o aquecimento global, parece que estão aumentando em quantidade e, com elas, ocorrem enchentes e deslizamentos de terra. O nível de água dos oceanos tende a se elevar. As neves podem derreter mais rapidamente. Em outras regiões, o período de seca parece estar durando mais tempo. Haverá reflexos na produção agrícola mundial, provável substituição da Floresta Amazônica por cerrado, doenças como malária e dengue poderão ocorrer em países que, até então, não possuíam essas doenças. O que fazer? No Brasil, uma das medidas sugeridas para atenuar os efeitos do aquecimento global excessivo é a redução do desmatamento, o controle rigoroso das queimadas e, mais importante, o estímulo ao reflorestamento com espécies de árvores nativas.

> O metano (CH_4) é um gás de estufa 21 vezes mais potente que o CO_2 na retenção de calor. É produzido por bactérias anaeróbias encontradas em lixões, aterros sanitários e nos tubos digestórios de bois e cupins.

Saiba mais

Biocombustíveis: uma alternativa

A utilização de biocombustíveis tem-se revelado uma excelente alternativa energética aos derivados de petróleo, no que se refere à redução da emissão de gás carbônico. Ocupam posição de destaque o álcool etílico, produzido por microrganismos a partir do açúcar de cana e do milho, bem como o *biodiesel*, obtido do processamento dos óleos de soja, mamona, dendê, palma, entre outros. A queima dessas substâncias libera gás carbônico que, ao ser absorvido por novas plantas constantemente cultivadas para a produção desses biocombustíveis, proporciona um equilíbrio entre absorção e liberação do gás carbônico. Explicando melhor: cada vez que as plantas citadas efetuam o processo de fotossíntese, elas de certo modo absorvem o gás carbônico gerado na queima daquelas substâncias, resultando em equilíbrio entre produção e absorção daquele gás.

Mudas de palma em fazenda do Pará. Oitenta por cento da produção de óleo de palma destina-se à indústria alimentícia; os 20% restantes são empregados na fabricação de cosméticos, sabonetes e biodiesel.

Ética & Sociedade

O governo precisa fazer a parte dele. E nós?

Nós precisamos fazer a nossa! Não podemos esperar sentados que os problemas do aquecimento global e da escassez de água sejam resolvidos apenas e tão somente pelos que dirigem as nações. Nós também somos responsáveis pelo aumento da emissão de gases de efeito estufa e, geralmente, desperdiçamos água. Você acha que não? Então, responda:

- Você utiliza veículos automotores para pequenos deslocamentos que poderiam ser feitos a pé ou de bicicleta?
- O carro de sua família é movido a gasolina ou com biocombustível?
- Você pratica o transporte solidário, ou seja, você e os colegas que moram próximos vão todos juntos em um só carro para o colégio, evitando assim o deslocamento de vários carros com poucos passageiros dentro?
- Enquanto você escova seus dentes, você deixa a torneira aberta ou fechada?
- Seu banho leva mais de 5 minutos?
- Pelos caminhos que você percorre diariamente, seria possível você plantar uma árvore?

Passo a passo

1. "Sobre uma mesa há uma campânula de vidro, dentro da qual um ratinho se desloca de forma sinuosa, vai até a borda da campânula e volta para o centro da mesa. Dirige-se a um punhado de ração localizado na lateral da mesa, raspa os grãos com os dentes e ingere alguns fragmentos. Em seguida, urina e defeca e, depois, dirige-se para junto de seus filhotes. Percebe-se a movimentação intensa do tórax dos animais e a formação de gotículas de água nas paredes de vidro da campânula."

A Biologia estuda a vida. Reconhecer os *sinais* e as *características* de vida é melhor do que conceituar vida. Considerando seus conhecimentos sobre o assunto e as informações do texto acima:

a) Cite os dois *sinais* típicos de vida descritos no texto.
b) Reconheça algumas *características* de um ser vivo descritas no texto.

2. O estudo da Biologia pode ser iniciado de diversas maneiras. Uma delas é por meio da ideia de níveis de organização. A respeito desse assunto:

a) Relacione os níveis de organização biológicos, em ordem crescente, a partir do conhecimento prévio de que todos os seres vivos são constituídos de átomos.
b) Que relação existe entre os conceitos de população, comunidade e ecossistema? Qual deles abrange os outros dois? Qual o nível de organização biológico que corresponde à reunião de todos os ecossistemas existentes na Terra?

3. Pesquisadores demonstraram que o *óxido nítrico* (NO) atua no controle de várias funções orgânicas no corpo de um *ser humano*. Produzido por uma *célula*, atravessa sua membrana e regula a função de outras células. A descoberta teve aplicações no tratamento de doenças *cardiovasculares*, de infecções generalizadas e até no câncer. Medicamentos à base de NO podem auxiliar no tratamento da aterosclerose (endurecimento de uma *artéria*) e, também, no tratamento de transtornos do *intestino* que conduzem a diarreias.

Adaptado de: COLLUCCI, C.
Droga inovadora para diarreia sofre com desinteresse, *Folha de S.Paulo*, São Paulo, 1.º jul. 2011. Caderno Saúde, p. C8.

No texto acima, reconheça os níveis de organização referentes aos termos grifados, na ordem em que são citados.

Leia o texto a seguir e, utilizando as informações nele existentes e os seus conhecimentos sobre o assunto, responda às questões **4**, **5** e **6**.

"Naquela *pequena mata tropical* em equilíbrio, toda vez que os sabiás voam por entre as plantas, alimentando-se dos frutos pendurados nas árvores ou da água coletada nas bromélias, provocam o deslocamento de pequenos gafanhotos e aranhas, pererecas e pequenas cobras que estavam escondidas na vegetação. As plantas – que crescem no solo fofo, rico em água e cheio de nutrientes minerais – realizam fotossíntese. Elas absorvem o gás carbônico do ar, a energia do Sol e produzem o alimento que abastece os gafanhotos, que se nutrem das folhas. As aranhas se alimentam de gafanhotos e servem de alimento para pererecas. Pererecas, juntamente com os sabiás, constituem o alimento das pequenas cobras que podem, também, nutrir-se de gafanhotos e aranhas."

4. a) A que nível de organização ecológico corresponde a *pequena mata tropical* em equilíbrio? Justifique sua resposta, citando os dois componentes que participam da constituição desse ambiente.
b) A que nível de organização ecológico corresponde o conjunto de gafanhotos de determinada espécie que vive na pequena mata tropical, naquele momento? E qual o nível de organização ecológico correspondente ao conjunto de todos os animais e vegetais que existem naquela mata?

5. Na pequena mata os vegetais executam fotossíntese e ocupam, portanto, o nível trófico de *produtores* de alimento.

a) Que nível trófico é ocupado pelos gafanhotos que se alimentam das folhas da vegetação? Que nível trófico é ocupado pelos sabiás, ao se alimentarem de frutos? Cite os níveis tróficos ocupados por pequenas aranhas, pererecas e pequenas cobras.
b) Restos alimentares orgânicos deixados pelos seres vivos citados no texto, são consumidos por microrganismos componentes do ambiente. Quais são esses microrganismos? Qual o nível trófico por eles ocupado?

6. a) O que representa a seguinte sequência alimentar: folha de uma árvore → gafanhoto → perereca → pequena cobra? Reconheça os níveis tróficos ocupados pelos componentes dessa sequência alimentar.
b) Como é denominada a reunião de todas as possíveis sequências alimentares existentes no ambiente representado pelo pasto?

7. Cite as áreas da Biologia relacionadas aos seguintes tópicos de estudo: estudo das células e seus componentes; as relações dos seres vivos (populações e comunidades) entre si e com o meio em que vivem; a estrutura dos diferentes órgãos do ser humano; o funcionamento das diversas estruturas de um organismo; os tecidos; processo de formação e desenvolvimento de um ser pluricelular.

Texto para as questões **8** e **9**:

A radiação solar que chega em nosso planeta é absorvida pela superfície terrestre e transformada em calor, que é parcialmente retido por um *cobertor* de gases atmosféricos. A transformação da Terra em uma estufa, com o consequente aquecimento gerado por essa retenção de calor, possibilitou a existência de vida na Terra. O problema é que, atualmente, a espessura do cobertor de gases está aumentando, ou seja, a "estufa terrestre" está ficando mais quente, está se acentuando o aquecimento global.

8. Utilizando as informações do texto e seus conhecimentos sobre o assunto, responda:

a) Qual o principal gás responsável pela retenção do calor gerado pela radiação solar? Cite o outro gás que participa da retenção de calor gerado pela radiação solar.
b) Qual a consequência do aumento da espessura de gases atmosféricos referido no texto?

9. A vegetação terrestre e inúmeros microrganismos que habitam os oceanos são capazes de captar a energia solar e absorver o gás carbônico atmosférico para a realização de fotossíntese, ou seja, podem contribuir para a redução da taxa de CO_2 atmosférico. Lembrando a atividade desses seres e os princípios estabelecidos no acordo de Kyoto:

a) Cite as possíveis medidas a que podemos recorrer no sentido de atenuar a retenção de calor.
b) Considerados por muitos cientistas como "ecologicamente corretos", os biocombustíveis podem contribuir para atenuar o incremento do efeito estufa e a acentuação do aquecimento global. Por que se diz que os biocombustíveis são "ecologicamente corretos"? Cite os dois tipos de biocombustíveis relacionados no texto desse capítulo.

10. O texto abaixo foi extraído do livro *Descobertas Acidentais em Ciências*, de Royston M. Roberts (Editora Papirus, Campinas, SP, 1993, p. 156) e se relaciona às atividades corriqueiras do trabalho de cientistas:

"Em 1889, em Estrasburgo, então Alemanha, enquanto estudavam a função do pâncreas na digestão, Joseph von Mering e Oscar Minkowski removeram o pâncreas de um cão. No dia seguinte, um assistente de laboratório chamou-lhes a atenção sobre o grande número de moscas voando ao redor da urina daquele cão. Curiosos sobre por que as moscas foram atraídas à urina, analisaram-na e observaram que esta apresentava excesso de açúcar. Açúcar na urina é um sinal comum de diabetes."

A leitura atenta do texto revela que:

a) a maioria das descobertas científicas é precedida de inúmeras observações, seguidas de extenuantes experimentos efetuados em laboratório, que culminam na elucidação do fato pesquisado.
b) é necessário conhecer profundamente as funções de todos os órgãos humanos, antes de elaborar quaisquer hipóteses relacionadas às doenças que afetam os seres humanos de modo geral.
c) a elaboração de uma hipótese deve sempre ser precedida da análise química da urina das pessoas, com a finalidade de descobrir se elas são ou não diabéticas.
d) muitas descobertas científicas são precedidas da observação casual de fatos, como o relatado pelo texto, e que podem conduzir ao aumento do conhecimento sobre a origem das doenças.
e) a aceitação das conclusões de um cientista não é universal, ou seja, depende do prestígio do pesquisador junto à comunidade científica e não das evidências que ele apresenta para justificar a sua descoberta.

11. *Questão de interpretação de texto*

As emissões industriais de dióxido de carbono, principal gás causador da acentuação do aquecimento global, ficaram estacionadas no ano de 2009, devido, principalmente, à crise econômica global, segundo a agência de Avaliação Ambiental da Holanda. Segundo a agência, 2009 foi o primeiro ano desde 1992 que registrou crescimento zero nas emissões de carbono vindas da queima de combustíveis fósseis e atuação de indústrias químicas – fontes-chave de gases-estufa. Mas, o que não entrou na conta da agência são as emissões vindas do desmatamento e liberação de carbono devido à ocorrência de decomposição dos restos vegetais, que poderiam responder por até 20% do total mundial.

Adaptado de: Emissão de gás do efeito estufa estaciona em 2009, *Folha de S.Paulo*, São Paulo, 2 jul. 2010. Caderno Ciência, p. A16.

Utilizando as informações do texto e os seus conhecimentos sobre o assunto, responda:

a) O que significa dizer que o gás carbônico atmosférico é um gás de estufa? Qual a consequência do aumento das emissões de gases de estufa para o nosso planeta?
b) Nos ecossistemas, que seres vivos são responsáveis pela decomposição dos restos vegetais decorrentes do intenso desmatamento florestal atualmente observado?

Questões objetivas

1. (UEPG – PR – adaptada) Sobre as características gerais dos seres vivos, assinale o que for correto, de modo geral:

(01) os seres vivos respondem a estímulos físicos e químicos do ambiente em que vivem.
(02) os seres vivos têm a capacidade de crescer.
(04) os seres vivos podem se reproduzir.
(08) os seres vivos são constituídos por uma ou mais células.

2. (UNESP) A sequência indica crescentes níveis de organização biológica:

célula → I → II → III → população → IV → V → biosfera

Os níveis I, III e IV correspondem, respectivamente, a:

a) órgão, organismo e comunidade.
b) tecido, organismo e comunidade.
c) órgão, tecido e ecossistema.
d) tecido, órgão e bioma.
e) tecido, comunidade e ecossistema.

3. (UFPB) Analise o mapa de conceitos a seguir referente aos níveis de organização e às características gerais dos seres vivos. Dê especial atenção às vias sombreadas e numeradas de 1 a 5.

Considerando as afirmações contidas nessas vias, identifique as verdadeiras com **V** e as falsas com **F**.

( ) via 1
( ) via 2
( ) via 3
( ) via 4
( ) via 5

A sequência correta obtida é:

a) VFFVF
b) FFVFV
c) VFVFV
d) FVFVV
e) FVFVF

4. (PUC – RJ) Durante a aula de campo, a professora chamou a atenção para o fato de que, naquela área, havia inúmeros formigueiros, cada um deles de uma diferente espécie de formiga e todos eles interagindo pelos recursos daquela área.

Em ecologia, cada formigueiro em particular, e o conjunto de formigueiros naquela área, referem-se, respectivamente, a

a) ecossistema e população.
b) comunidade e ecossistema.
c) população e ecossistema.
d) comunidade e população.
e) população e comunidade.

5. (PUC – RJ) Nos últimos anos, observa-se um aumento crescente do percentual de CO_2 na atmosfera. Entre outros efeitos, o excesso de CO_2 pode contribuir para:

a) resfriamento global.
b) diminuição da fotossíntese.
c) aumento da camada de ozônio.
d) aquecimento global.
e) diminuição da camada de ozônio.

6. (UFTM – MG) Sobre a emissão de gases e seus efeitos no planeta Terra, pode-se afirmar que:

a) no caso do Brasil, a queima de combustíveis fósseis libera mais CO_2 para a atmosfera do que as queimadas e desmatamentos.
b) a retenção de ondas de calor na atmosfera é maléfica, independente do aumento nas concentrações de CO_2 na atmosfera.
c) mesmo em áreas degradadas, a emissão de CO_2 é compensada por sua absorção.
d) o avanço da pecuária contribui para a elevação das concentrações de CH_4 na atmosfera, o que também agrava o problema.
e) o "mercado de carbono" se justifica diante do fato de as florestas não serem bons sorvedouros de CO_2.

7. (ENADE) A legislação de trânsito brasileira considera que o condutor de um veículo está dirigindo alcoolizado quando o teor alcoólico de seu sangue excede 0,6 gramas de álcool por litro de sangue. O gráfico abaixo mostra o processo de absorção e eliminação do álcool quando um indivíduo bebe, em curto espaço de tempo, de 1 a 4 latas de cerveja.

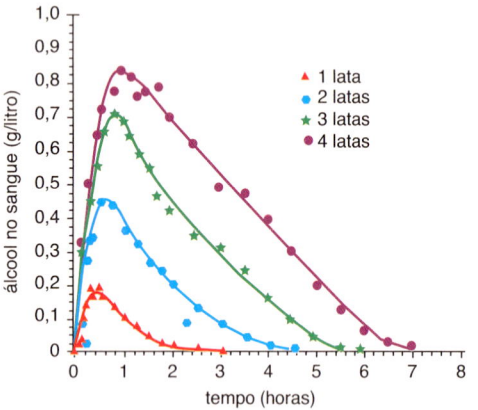

Considere as afirmativas a seguir.

I – O álcool é absorvido pelo organismo muito mais lentamente do que é eliminado.
II – Uma pessoa que vá dirigir imediatamente após a ingestão da bebida pode consumir, no máximo, duas latas de cerveja.
III – Se uma pessoa toma rapidamente quatro latas de cerveja, o álcool contido na bebida só é completamente eliminado após se passarem cerca de 7 horas de ingestão.

Está(ão) correta(s) a(s) afirmativa(s):

a) II, apenas.
b) I e II, apenas.
c) I e III, apenas.
d) II e III, apenas.
e) I, II e III.

8. (UFTM – MG) Espécies invasoras podem exigir medidas extremas. Em Galápagos, arquipélago no Oceano Pacífico, para acabar com ratos que ameaçam a fauna nativa local, um helicóptero despejou um tipo de raticida sobre uma das ilhas. Esses roedores comem os ovos das tartarugas e das aves nativas, e isso está levando espécies típicas ao colapso.

Adaptado de:
Folha de S.Paulo, São Paulo, 20 jan. 2011.

O gráfico que melhor representa a variação numérica dos animais citados, antes e após a aplicação do veneno, é:

a)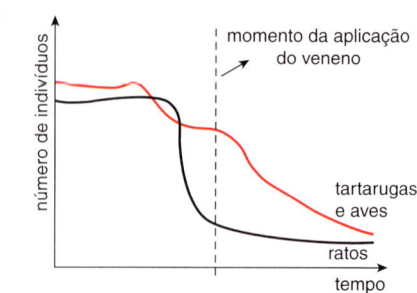

b)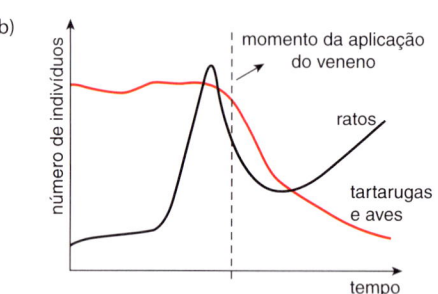

c)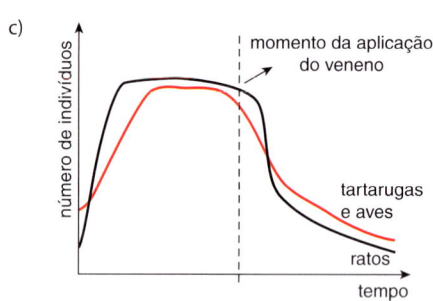

d)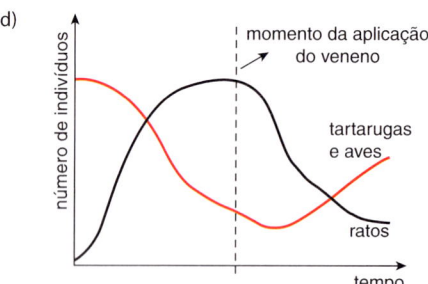

e)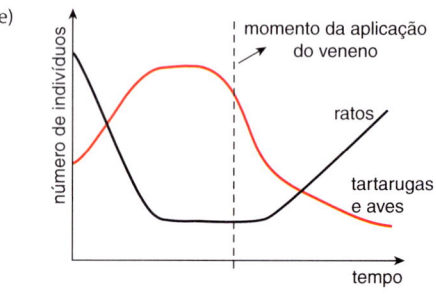

Questões dissertativas

1. (UNICAMP – SP) O aquecimento global é um assunto polêmico e tem sido associado à intensificação do efeito estufa. Diversos pesquisadores relacionam a intensificação desse efeito a várias atividades humanas, entre elas a queima de combustíveis fósseis pelos meios de transporte nos grandes centros urbanos.

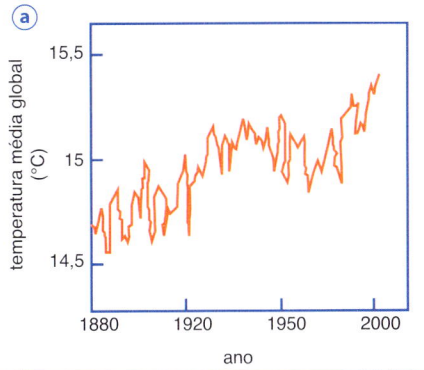
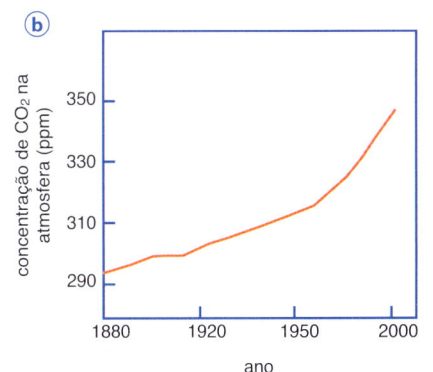

a) Explique que relação existe entre as figuras A e B e como elas estariam relacionadas com a intensificação do efeito estufa.
b) Por que a intensificação do efeito estufa é considerada prejudicial para a Terra?
c) Indique uma outra atividade humana que também pode contribuir para a intensificação do efeito estufa. Justifique.

2. (UNIRIO – RJ – adaptada) Em uma palestra, um ecologista discursou sobre a importância da preservação de cada <u>ecossistema</u> da <u>biosfera</u>. Defina, resumidamente, em cerca de 2 linhas, os níveis de organização grifados na frase anterior.

3. (FUVEST – SP) Num campo, vivem gafanhotos que se alimentam de plantas e servem de alimento para passarinhos. Estes são predados por gaviões. Essas quatro populações se mantiveram em números estáveis nas últimas gerações. Qual o nível trófico de cada uma dessas populações?

Programas de avaliação seriada

1. (PSS – UNIMONTES – MG) "Pesquisa científica é a realização concreta de uma investigação planejada, desenvolvida e redigida de acordo com as normas da metodologia consagradas pela ciência" (Ruiz, 1991). A tabela abaixo contempla vários aspectos relacionados à pesquisa científica. Analise-a.

Aspectos relacionados à pesquisa científica	
I	Busca de trabalhos semelhantes ou idênticos; pesquisas e publicações na área.
II	Vantagens e benefícios que a pesquisa irá proporcionar; importância pessoal ou cultural; deve ser convincente.
III	Definição clara do problema; delimitação do problema em termos de tempo e espaço.
IV	Qual o tipo de pesquisa? Qual o universo da pesquisa? Será utilizada a amostragem? Quais os instrumentos de coleta de dados?

Considerando a tabela apresentada e o assunto abordado, assinale a alternativa que representa o conjunto que **MELHOR** justifica a realização de um trabalho científico.
a) I   b) II   c) III   d) IV

2. (SSA – UPE) O objetivo da ciência é o de fornecer explicações para os fenômenos da natureza. Assim, as explicações são formuladas e testadas rigorosamente. Analise as figuras que ilustram um procedimento científico.

I. 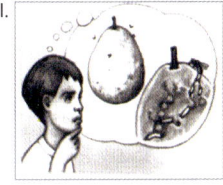   II.    III.    IV.    V.

( ) fato   ( ) hipótese   ( ) dedução   ( ) experimento   ( ) conclusão

Estabeleça a associação correta entre as linhas, seguindo a ordem numérica que descreve a cronologia de um procedimento científico e assinale a alternativa que contém a sequência CORRETA.
a) IV – I – V – II – III   b) IV – III – V – II – I   c) II – IV – III – I – V   d) III – IV – II – V – I   e) II – I – III – IV – V

Capítulo 2
A química da vida

O rótulo dos alimentos e a nossa saúde

Atualmente, a preocupação com a saúde e com a forma física é grande. Por isso, conhecer a informação nutricional dos alimentos tornou-se fundamental para a maioria das pessoas. Os rótulos dos alimentos industrializados, em geral, trazem informações sobre o valor calórico, a quantidade de carboidratos, proteínas, lipídios, fibras e sódio, por exemplo, contidos em determinada quantidade do produto.

Um dos produtos presentes nos alimentos industrializados é a chamada *gordura trans*, produzida a partir dos óleos vegetais líquidos. Esses óleos sofrem um processo de hidrogenação para deixá-los sólidos – com isso, os alimentos que contêm essa gordura parecem estar sempre fresquinhos, crocantes!

Presentes em margarinas, sorvetes, salgadinhos de pacote e biscoitos, entre outros produtos, a gordura trans está associada ao aumento do risco de arteriosclerose, acidente vascular cerebral e, até mesmo, infarto.

A Agência Nacional de Vigilância Sanitária – Anvisa indica que não se deve consumir mais do que 2 g de gordura trans ao dia. Acostume-se a ler o rótulo das embalagens para saber o quanto de carboidrato, proteínas e gorduras, alguns dos temas deste nosso capítulo, estão presentes na composição do produto que você pretende ingerir.

Será que os mesmos elementos químicos que a Terra possui também estão presentes nos seres vivos? Uma olhada na Figura 2-1 ajudará você a responder essa pergunta.

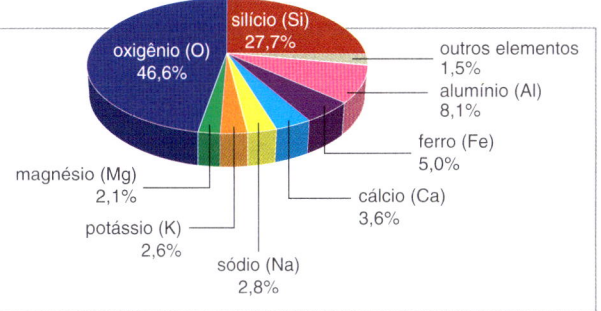

Fonte: NASA.

Figura 2-1. Composição química aproximada (a) da Terra e (b) dos seres vivos.

A composição química da Terra e a dos seres vivos é um pouco diferente. Pouco mais de noventa e oito por cento da composição química terrestre é baseada em cerca de oito elementos químicos, sendo o oxigênio e o silício os mais presentes.

Entre os seres vivos, noventa e nove por cento da composição química utiliza seis elementos químicos, sendo os mais presentes o hidrogênio e o oxigênio.

Assim, embora haja alguma semelhança entre os elementos encontrados na Terra e nos seres vivos, também há diferenças quanto à composição relativa.

> Lembre-se: seis são os elementos mais frequentes: CHONPS. Eles participam da maioria das moléculas biológicas que passaremos a estudar.

A química da vida **17**

Saiba mais

Alguns termos que devemos conhecer

- **Ácidos nucleicos:** macromoléculas que contêm a informação genética dos organismos, constituídas de uma sucessão de nucleotídeos, as unidades fundamentais dessas moléculas.
- **Aminoácidos:** compostos orgânicos que contêm um grupo amina ($-NH_2$) e um grupo carboxila ($-COOH$) ligados ao mesmo átomo de carbono (os aminoácidos podem se ligar uns aos outros formando cadeias que darão origem às moléculas de proteínas).
- **Proteínas:** moléculas orgânicas complexas com importante papel na manutenção da vida, tanto com função reguladora quanto com função estrutural ou de defesa (anticorpos). São compostas por aminoácidos.
- **Carboidratos:** substâncias às quais pertencem os açúcares, formadas por carbono, hidrogênio e oxigênio.
- **Lipídios:** compostos orgânicos constituintes das membranas celulares e importantes como reserva energética. Os lipídios mais comuns são os óleos, as gorduras e as ceras.
- **Sais minerais:** derivados de elementos químicos específicos e que aparecem na composição química das células sob duas formas: imobilizados (em carapaças e esqueletos, por exemplo) e dissolvidos em água, constituindo íons de extrema importância para a atividade química das células (por exemplo, o cálcio).

PRINCIPAIS CONSTITUINTES DOS SERES VIVOS

Se você pegasse uma fatia de fígado de galinha, batesse em um liquidificador, transformando-a em uma pasta homogênea e, a seguir, a entregasse a um químico para que ele fizesse um relatório acerca da composição química, sabe qual seria o resultado? Provavelmente seria algo parecido com a relação abaixo:

Componentes orgânicos
- aminoácidos
- proteínas
- ácidos nucleicos
- carboidratos (açúcares)
- lipídios (gorduras)
- vitaminas

Componentes inorgânicos
- água
- sais inorgânicos

A pasta que utilizamos para análise química foi derivado de uma fatia de fígado de galinha. Será que o resultado seria o mesmo se utilizássemos um pedaço de outro ser vivo qualquer, como, por exemplo, um caldo obtido a partir de uma cultura de bactérias, ou de fígado humano, ou de uma folha de abacateiro? Provavelmente sim. O que certamente ocorreria é que as mesmas substâncias apareceriam em quantidades diferentes. Ou seja, a composição relativa das substâncias (a proporção de cada uma delas) não seria a mesma. Veja a Tabela 2-1, que relaciona a **porcentagem média** da massa dos principais constituintes que aparecem em células animais e em células vegetais.

Tabela 2-1. Porcentagem média dos principais constituintes de células animais e vegetais.

	Constituintes	Células animais	Células vegetais
Inorgânicos	água	60,0%	75,0%
	substâncias minerais	4,3%	2,45%
Orgânicos	proteínas	17,8%	4,0%
	lipídios	11,7%	0,5%
	carboidratos	6,2%	18,0%

Fique por dentro!

Analisando a Tabela 2-1, pode parecer estranho que nas células vegetais haja uma pequena porcentagem de lipídios, uma vez que a maior parte dos temperos empregados em culinária são preparados com óleos vegetais. Vamos lembrar que a quantidade apresentada na tabela é uma porcentagem média, ou seja, a média das porcentagens encontradas nas diferentes partes de um ser vivo. No preparo de óleos vegetais, como, por exemplo, o de soja, ou de milho, ou de arroz etc., utiliza-se, preferencialmente, determinado componente do corpo da planta no qual se encontra em maior abundância o óleo (neste exemplo, utilizam-se os grãos).

Dos grãos da soja, extrai-se óleo utilizado na culinária.

ÁGUA: ESSENCIAL PARA A VIDA

Você já percebeu que toda vez que se pensa na existência de vida em Marte ou em algum outro planeta, a principal preocupação é saber se lá existe água. Por que será que ela é necessária para existir vida como a conhecemos? Para responder a essa pergunta, precisamos, inicialmente, compreender algumas das propriedades que a caracterizam como a substância fundamental da vida: polaridade, coesão, adesão, tensão superficial, capilaridade e capacidade de dissolver a maioria das substâncias hoje conhecidas.

A taxa de água dos seres vivos varia de acordo com a espécie, a idade e o metabolismo celular; quanto mais jovem um organismo e quanto maior a atividade de uma célula, maior sua taxa de água (veja a Tabela 2-2).

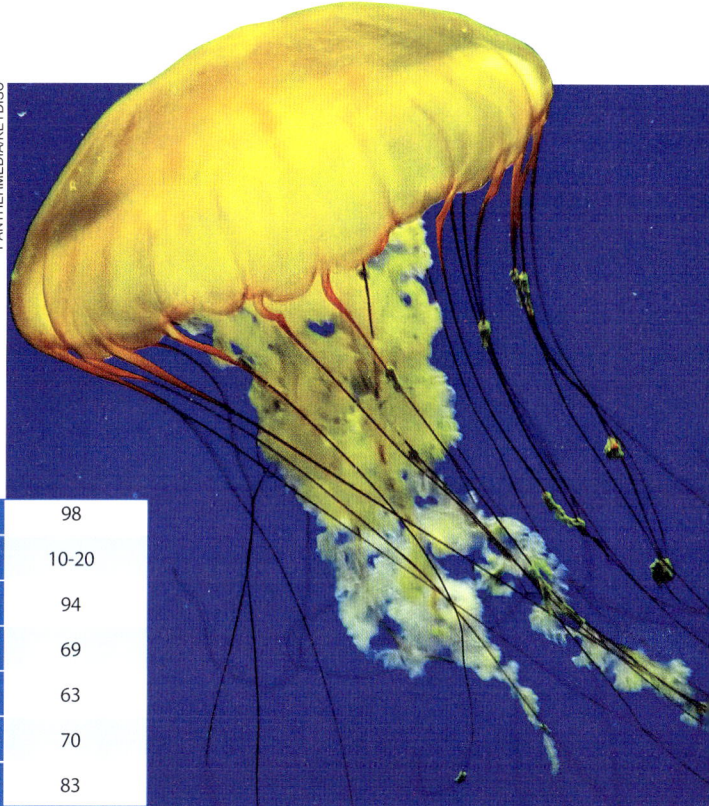

Tabela 2-2. Teor de água em diferentes organismos (em %).

Águas-vivas (organismos marinhos)		98
Vegetais	sementes	10-20
Seres humanos	feto (3 meses)	94
	recém-nascido	69
	adulto	63
	pulmão	70
	músculos	83

Cerca de 97% da água da Terra está nos oceanos. Nos seres vivos, é um dos componentes mais abundantes. Em alguns celenterados, como a água-viva, por exemplo, o teor de água pode chegar a 98% da massa total do corpo!

Características que Fazem a Diferença

A molécula de água lembra um ímã: um polo negativo – o átomo de oxigênio – e um positivo – os átomos de hidrogênio. Por isso, dizemos que a molécula de água apresenta **polaridade**, ela é *polar*. As moléculas de água também se unem umas às outras por meio de *pontes de hidrogênio*, formando uma espécie de "colar de contas" (veja as Figuras 2-2 e 2-3), propriedade que conhecemos como **coesão**. Lembre disso quando pensar no transporte de água em uma planta – a *coesão* entre suas moléculas permite manter a coluna de água no interior dos vasos condutores de diâmetro microscópico, deslocando essa substância da raiz às folhas.

Ao mesmo tempo, as moléculas de água tendem a aderir a outras substâncias também polares. Assim, em nosso exemplo, também existe **adesão** das moléculas de água às paredes celulósicas dos finíssimos vasos. Dessa maneira, moléculas de água que evaporam das folhas e escapam para a atmosfera são prontamente substituídas por outras, fazendo, assim, a coluna de água do colar de contas "andar"!

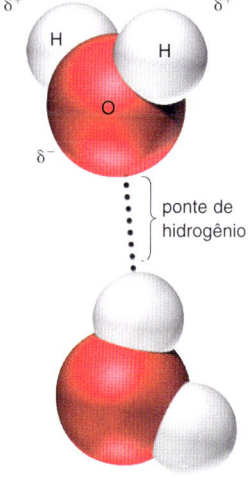

Figura 2-2. Disposição dos átomos de H e de O em uma molécula de água, lembrando uma letra V. Observe que nela o oxigênio tem uma carga negativa (representada por δ^-), enquanto os íons de hidrogênio possuem uma carga positiva (representada por δ^+). A molécula de água é *polar*.

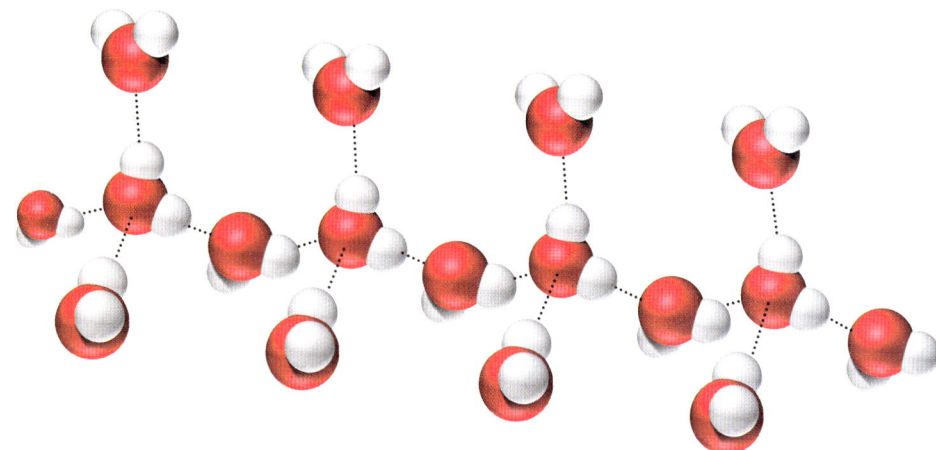

Figura 2-3. As pontes de hidrogênio mantêm unidas as moléculas de água umas às outras, como se fossem um "colar de contas". Observe que cada molécula de água pode ligar-se, no máximo, a quatro outras.

A química da vida

Sabemos que corpos mais densos do que a água afundam nela. Porém, a tensão superficial faz com que corpos relativamente densos, como insetos, flutuem nela.

Pensando ainda na condução de água pelos finíssimos vasos condutores de uma planta, as forças de coesão e de adesão das moléculas de água fazem com que a coluna líquida seja levada para cima por **capilaridade**. É um fenômeno de fácil constatação: emborque um tubo de vidro de diâmetro reduzido em um recipiente contendo água. Você perceberá que, dentro do tubo, a água atinge altura superior à do nível da água do recipiente. As paredes de vidro atraem as moléculas de água, fazendo-a subir. Lembre-se, novamente, de que as paredes celulósicas dos finíssimos vasos de uma planta atraem as moléculas de água neles existentes, fazendo-as deslocar-se por capilaridade.

Provavelmente, você já viu um inseto "caminhando" pela superfície da água de uma lagoa. Por que as patas dele não "rompem" a camada de água e não mergulham nela? Isso ocorre porque a força de coesão entre as moléculas de água é tão grande que produz **tensão superficial**, o que impede que a superfície da água seja rompida pelas patas do inseto.

Por fim, lembre-se de que grandes variações de temperatura podem causar danos ao organismo e, novamente, a água desempenha papel importante para minimizar esses efeitos. Esse papel está relacionado ao seu elevado **calor específico** – *a quantidade de energia que deve ser absorvida por 1 g de uma dada substância para alterar a sua temperatura em 1 grau* Celsius. Novamente, a polaridade da água contribui para essa propriedade. Devido às pontes de hidrogênio que unem as moléculas de água, uma grande quantidade de energia deve ser fornecida para romper essas pontes. Lembre-se disso toda vez que você suar ao correr, por exemplo. A elevada quantidade de energia liberada pelas suas células musculares durante a corrida deve ser prontamente dissipada, evitando um indesejável aumento da temperatura corporal. Graças à evaporação das moléculas de água do suor, fenômeno que consome muita energia, a elevação da temperatura é minimizada e você, afinal, se mantém vivo.

A água eliminada pelo suor evapora graças ao calor retirado da superfície do corpo do atleta, o que contribui para a manutenção de sua temperatura ideal.

Solvente Praticamente Universal e Meio de Transporte

A água, por suas características moleculares, é **solvente praticamente universal nos seres vivos**, facilitando o **transporte** de diversas substâncias para dentro e para fora da célula. Ela dissolve a maioria das substâncias conhecidas. Isso faz com que ela atraia para si outras substâncias, passando a ser um meio que favorece as reações químicas. Os reagentes biológicos atuam sempre dissolvidos em água. Na presença dela certas moléculas sofrem uma espécie de "quebra". Por esse mecanismo, liberam-se íons que, de modo geral, participam das reações mais facilmente.

SAIS INORGÂNICOS: ESSENCIAIS, MAS NÃO OS FABRICAMOS

Você já deve ter visto pessoas adubando plantas com **sais minerais** dissolvidos em água, assim como deve ter ouvido que os médicos orientam as mães a darem "soro" contendo sais para crianças que se encontram desidratadas. Se você examinar a composição dos alimentos que comemos, poderá perceber que a maioria deles possui uma certa quantidade de sais minerais. Eles participam da vida dos seres vivos de duas maneiras principais: na forma imobilizada e dissolvidos na forma iônica.

Na forma imobilizada, insolúveis, participam da estrutura do esqueleto de animais. Por exemplo: o carbonato de cálcio na concha dos caramujos e o fosfato de cálcio nos ossos.

Atuando na forma de íons, muitos sais são extremamente importantes para a vida dos seres vivos. Por exemplo:

- a contração dos músculos do nosso corpo depende da existência de íons de cálcio e de potássio;
- o funcionamento das nossas células nervosas depende da existência de íons de sódio e de potássio;
- certos sais na forma iônica participam da composição de importantes moléculas biológicas, como, por exemplo, os átomos de ferro nas moléculas de hemoglobina, transportadoras de oxigênio no nosso sangue, o magnésio nas moléculas de clorofila dos vegetais, moléculas essas importantes no processo de fotossíntese, e os átomos de iodo presentes no hormônio produzido pela tireoide;
- a entrada e saída de água em uma célula dependem da existência de sais dissolvidos.

Tabela Nutricional	
Cada 100 mL contém:	
Calorias	24 kcal
Carboidratos	6,0 g
Proteínas	0,0 g
Lipídios	0,0 g
Sódio	45,0 mg
Potássio	12,0 mg
Cloreto	42,0 mg
Fibra Alimentar	0,0 g

Os líquidos isotônicos contêm sais minerais úteis para quem pratica intensa atividade esportiva, como o sódio e o potássio.

A concha dos caramujos é rica em carbonato de cálcio.

Saiba mais

Sais minerais

Os animais não fabricam em seu organismo sais minerais. Apesar de necessários em pequenas quantidades, eles são vitais para um organismo saudável e devem ser obtidos pela dieta, ou até mesmo dissolvidos na água que bebemos. Sua deficiência pode causar, entre outros comprometimentos, desmineralização dos ossos, fraqueza, prejuízo no desenvolvimento das glândulas sexuais.

Veja na tabela a seguir a necessidade diária de alguns deles, sua fonte de obtenção e os principais sintomas de sua deficiência.

Mineral	Necessidade diária (em mg)	Fontes de obtenção	Atua na/no	Sua deficiência acarreta
Potássio	2.500	Carne, leite, frutas.	Transmissão de impulsos nervosos, balanço hídrico, equilíbrio ácido-base.	Paralisia, fraqueza muscular.
Sódio	2.500	Sal de cozinha.	Equilíbrio ácido-base, equilíbrio hídrico, transmissão dos impulsos nervosos.	Cãibras, apatia, redução do apetite.
Cloro	2.000	Sal de cozinha.	Formação do suco gástrico, equilíbrio ácido-base.	Apatia, redução do apetite, cãibras.
Cálcio	1.000 (mulheres na pós-menopausa necessitam em torno de 1.300)	Legumes, leite e derivados, vegetais verdes, tomates.	Transmissão de impulsos nervosos, formação dos ossos, coagulação sanguínea, contração muscular.	Osteoporose, convulsões, crescimento prejudicado.
Fósforo	800	Leite e derivados, aves, carne, cereais.	Formação dos ossos, equilíbrio ácido-base.	Desmineralização dos ossos, fraqueza, perda de cálcio.
Magnésio	350	Cereais integrais, vegetais de folhas verdes (participa da molécula de clorofila).	Ativação de enzimas que participam da síntese de proteínas.	Crescimento prejudicado, distúrbios comportametais, fraqueza, espamos.
Zinco	15	Encontrado em muitos alimentos.	Constituinte de enzimas digestivas.	Crescimento prejudicado, glândulas sexuais pequenas.
Ferro	homens: 14 mulheres: 29 mulheres pós-menopausa: 11	Ovos, carnes, legumes, cereais integrais, vegetais verdes.	Participa da molécula de hemoglobina e de enzimas envolvidas no metabolismo energético.	Anemia.
Flúor	2	Água fluoretada, chá, frutos do mar.	Estrutura óssea.	Queda dos dentes.
Iodo	0,14	Frutos e peixes do mar, muitos vegetais, sal iodado.	Constituição dos hormônios fabricados pela tireoide.	Bócio ("papeira").

Sais minerais mais conhecidos.

A ciência por trás do fato!

O soro caseiro

Mais de três diarreias em curto espaço de tempo provocam a perda excessiva de água, sódio e potássio e conduzem a um quadro grave de desidratação, principalmente quando acomete crianças. Os olhos ficam fundos, a pele fica seca, a criança produz pouca lágrima e o xixi escasseia. O bom senso manda repor as substâncias perdidas, que são essenciais para o bom funcionamento do organismo. Nos postos de saúde, pode-se conseguir uma "colher-medida" e, com ela, fazer uma solução de *soro caseiro*. Em um copo comum cheio de água limpa, preferencialmente fervida, adiciona-se uma medida rasa de sal de cozinha e duas medidas rasas de açúcar. É só misturar, provar (deve ser menos salgado que a lágrima) e dar aos poucos para a criança beber.

Outro modo de reidratar uma criança é por meio de envelopes contendo "sais de reidratação oral", também obtidos em postos de saúde. Eles contêm cloreto de potássio, cloreto de sódio, citrato de sódio e glicose. Diluir em um litro de água limpa e dar para a criança beber aos poucos. Este soro só pode ser utilizado por 24 horas. Ultrapassado esse prazo, jogar o soro fora e fazer nova solução. Se o quadro persistir e for acompanhado de vômitos e sangue nas fezes, então é bom se dirigir a um posto de saúde e procurar ajuda médica.

Dados obtidos de: <http://www.unifesp.br> e <http://www.unicef.org/brazil>.
Acesso em: 18 abr. 2012.

VITAMINAS: NÓS PRECISAMOS DELAS

Desde muito pequenos ouvimos falar da importância das **vitaminas** na nossa alimentação.

Mesmo quando estamos assistindo televisão e vemos alguns comerciais de produtos alimentícios, as vitaminas, quando citadas, o são sempre como uma característica boa do produto que está sendo anunciado.

As vitaminas formam um grupo muito especial de substâncias orgânicas que, em geral, não são fabricadas pelo nosso organismo, mas precisam ser obtidas por meio da alimentação. Nem sempre as vitaminas são obtidas na forma em que elas são usadas no nosso corpo; elas podem ser obtidas na forma de provitaminas, isto é, substâncias que darão origem às vitaminas.

Saiba mais

Não posso, não posso!

Antigamente, nas longas viagens oceânicas, uma doença chamada escorbuto ceifava vidas. Seus mais frequentes sinais e sintomas eram: enfraquecimento dos ossos, ruptura das paredes dos vasos sanguíneos, perda dos dentes e gengivas inchadas e doloridas, que sangravam espontaneamente. Para se ter uma ideia da gravidade da situação, em 1741, um navio inglês perdeu, em 10 meses de viagem, 2/3 dos marinheiros que estavam a bordo.

Em 1754, James Lind, um médico da marinha inglesa, afirmou que a alimentação com frutas e verduras cruas evitava o escorbuto, bastando que os marinheiros, ao longo das viagens, consumissem suco de limão. Finalmente, em 1795, o almirantado inglês ordenou que todos os marinheiros deveriam, obrigatoriamente, beber suco de limão. Posteriormente, verificou-se que as frutas cítricas são ricas em vitamina C.

Outro acontecimento importante ocorreu em 1890, na Ilha de Java, então colônia holandesa. Um médico, de nome Eijkman, notou que os nativos da ilha ficavam acometidos de uma doença em que os doentes faziam súplicas com as palavras *beribéri*, *beribéri*, que, em javanês, significavam: "não posso, não posso". A doença afetava os nervos e os doentes não conseguiam permanecer em pé nem levantar a cabeça, e acabavam falecendo. Essa avitaminose (falta de vitamina B1) continua a ser conhecida até hoje pelo nome de **beribéri**.

Eijkman notou que o arroz polido era a dieta predominante dos nativos. O médico, depois de muitas pesquisas em que alimentava galinhas com arroz polido e arroz com casca, percebeu que na casca do arroz devia existir uma substância indispensável à saúde, que evitava que as galinhas que a consumiam ficassem doentes. Na verdade, essa substância encontra-se na película que envolve o grão de arroz, situada sob a casca. Essa película persiste no arroz integral e é removida pelo polimento dos grãos.

Em 1912, os cientistas F. G. Hopkins e Casimir Funk concluíram que, nos alimentos, existem substâncias essenciais à saúde e deram a elas o nome de VITAMINAS, que vem do latim vita (vida) e do termo químico amina, porque se acreditava na presença de um aminoácido nas vitaminas.

As vitaminas também podem ser conseguidas em comprimidos, mas o meio mais saudável de adquiri-las são os alimentos.

As vitaminas podem ser divididas em dois grupos: as hidrossolúveis (solúveis em água) e as lipossolúveis (solúveis em gordura).

A falta de vitaminas acarreta uma situação chamada **avitaminose** ou **doença de carência**. Para que essa situação não ocorra, é necessário ter uma alimentação variada em que entrem todas as fontes de vitaminas de que precisamos. Veja a Tabela 2-3.

Tabela 2-3. Principais vitaminas e sua fonte de obtenção.

Classificação	Nome	Função	Fonte	Sintomas da deficiência
Hidrossolúvel	B_1 (tiamina)	Ajuda a retirar energia dos carboidratos.	Carnes, cereais, verduras e legumes.	Beribéri (inflamação e degeneração dos nervos).
	B_2 (riboflavina)	Ajuda na quebra de proteínas e carboidratos.	Laticínios, carnes, cereais e verduras.	Fissuras na pele e fotofobia.
	B_3 ou PP (niacina ou nicotinamida)	Atua no metabolismo energético.	Nozes, carnes e cereais.	Pelagra (lesões na pele, diarreia e distúrbios nervosos).
	B_5 (ácido pantotênico)	Atua no metabolismo energético.	Carnes, laticínios, cereais e verduras.	Anemia, fadiga, dormência nas mãos e nos pés.
	B_6 (piridoxina)	Ajuda na quebra de proteínas e glicose.	Fígado, carnes, peixes, trigo, leite e batata.	Dermatite, atraso no crescimento, sintomas mentais e anemia.
	B_9 (ácido fólico)	Ajuda a construir DNA e proteínas.	Vegetais, laranja, nozes, legumes e cereais.	Anemia e problemas gastrintestinais.
	B_{12} (cobalamina)	Formação de ácidos nucleicos e de aminoácidos.	Carnes, ovos e laticínios.	Anemia perniciosa e distúrbios do sistema nervoso.
	P (rutina)	Fortalece a parede de vasos sanguíneos.	Legumes e verduras.	Pode causar o aparecimento de varizes.
	H (biotina)	Formação de ácidos nucleicos, aminoácidos e glicogênio.	Legumes, verduras e carnes.	Distúrbios neuromusculares e inflamações na pele.
	C (ácido ascórbico)	Formação de hormônios e colágeno.	Frutas, especialmente as cítricas, verduras e legumes.	Escorbuto (lesões intestinais, hemorragias e fraqueza).
Lipossolúvel	A (retinol)	Essencial para a visão e para uma pele saudável.	Laticínios e cenoura.	Cegueira noturna, pele escamosa e seca.
	D (calciferol)	Absorção de cálcio e fósforo.	Laticínios, gema de ovo, vegetais ricos em óleo.	Raquitismo e enfraquecimento dos ossos.
	E (tocoferol)	Previne problemas nas membranas celulares.	Óleos vegetais, nozes e outras sementes.	Possivelmente anemia e esterilidade.
	K (filoquinona)	Coagulação sanguínea.	Fígado, gorduras, óleos, leite e ovos.	Hemorragias.

CARBOIDRATOS: PRINCIPAIS FORNECEDORES DE ENERGIA

No momento em que você está lendo estas linhas e procurando entender o seu conteúdo, suas células nervosas estão realizando um trabalho e, para isso, utilizam a energia que foi liberada a partir da oxidação de moléculas de um carboidrato chamado **glicose**.

> A principal função biológica dessa categoria de compostos orgânicos é a liberação de energia para o trabalho celular e, nesse caso, a glicose é o principal fornecedor de energia para a célula.

A energia que utilizamos para nossas atividades provém da glicose.

Classificação dos Carboidratos

Uma classificação simplificada dos carboidratos, ou glicídios, consiste em dividi-los em três categorias principais: **monossacarídeos**, **oligossacarídeos** e **polissacarídeos**.

Monossacarídeos: os mais simples

Os monossacarídeos são carboidratos simples, de fórmula molecular $(CH_2O)_n$, onde n é no mínimo 3 e no máximo 8. São os verdadeiros açúcares, solúveis em água e, de modo geral, de sabor adocicado. Os de menor número de átomos de carbono são as *trioses* (contêm três átomos de carbono). Os biologicamente mais conhecidos são os formados por cinco átomos de carbono (chamados de *pentoses*) e os formados por seis átomos de carbono (*hexoses*). A Tabela 2-4 dá uma noção das pentoses e hexoses mais conhecidas, seu papel biológico e a fonte de obtenção. (Não se preocupe com as fórmulas moleculares. Fixe apenas as fontes em que são encontrados os açúcares e o seu papel biológico.)

Fique por dentro!

O nome **carboidratos** (houve época em que eram chamados de **hidratos de carbono**) foi utilizado quando se pensava que essas substâncias seriam formadas por uma combinação de átomos de carbono com água e essa ideia foi reforçada pela fórmula geral $(CH_2O)_n$. Como, porém, há outras substâncias que se enquadram nessa fórmula e não são carboidratos, denomina-se, atualmente, esse grupo de substâncias simplesmente de **glicídios**.

Massas, pães e bolos são ricos em glicídios.

Tabela 2-4. Pentoses e hexoses mais conhecidas.

Pentose	
Ribose	**Desoxirribose**
Papel biológico	*Papel biológico*
Matéria-prima para fabricação do ácido nucleico RNA. Fórmula molecular: $C_5H_{10}O_5$.	Matéria-prima para fabricação do ácido nucleico DNA. Fórmula molecular: $C_5H_{10}O_4$.

Observe que a desoxirribose não segue a fórmula molecular dos monossacarídeos.

Hexose		
Glicose	**Frutose**	**Galactose**
Papel biológico	*Papel biológico*	*Papel biológico*
Principal fornecedor de energia para o trabalho celular. É a base para a formação da maioria dos carboidratos mais complexos. Produzida na fotossíntese pelos vegetais. Encontrada no sangue, no mel e nos tecidos dos vegetais. Fórmula molecular: $C_6H_{12}O_6$.	Também fornece energia para a célula. Encontrada principalmente em frutos doces e também no esperma humano. Fórmula molecular: $C_6H_{12}O_6$.	Papel energético. Encontrada no leite, como componente do dissacarídeo lactose. Fórmula molecular: $C_6H_{12}O_6$.

A química da vida

Cana-de-açúcar: fonte habitual de sacarose, que utilizamos para adoçar o café, os sucos e na confecção de bolos, doces e balas.

Oligossacarídeos: nem tão simples nem tão complexos

Oligossacarídeos são açúcares formados pela união de dois a seis monossacarídeos, geralmente hexoses. O prefixo *oligo* deriva do grego e quer dizer *pouco*. Os oligossacarídeos mais importantes são os dissacarídeos.

Açúcares formados pela união de duas unidades de monossacarídeos, como, por exemplo, sacarose, lactose e maltose. São solúveis em água e possuem sabor adocicado. Para a formação de um dissacarídeo, ocorre reação entre dois monossacarídeos, havendo liberação de uma molécula de água. É comum utilizar o termo **desidratação intermolecular** para esse tipo de reação, em que resulta uma molécula de água durante a formação de um composto originado a partir de dois outros.

Veja o caso do dissacarídeo *sacarose*, que é o açúcar mais utilizado para o preparo de doces, sorvetes, para adoçar refrigerantes não dietéticos e o "cafezinho". Sua fórmula molecular é $C_{12}H_{22}O_{11}$. Esse açúcar é resultado da união de uma frutose e uma glicose. Como você viu na tabela de monossacarídeos (Tabela 2-4), tanto a glicose como a frutose possuem a fórmula molecular $C_6H_{12}O_6$. Como ocorre a liberação de uma molécula de água para a formação de sacarose, a sua fórmula molecular possui dois hidrogênios e um oxigênio a menos.

Na Tabela 2-5, apresentamos dois dissacarídeos conhecidos, sua constituição, papel biológico e fonte de obtenção.

Tabela 2-5. Dissacarídeos mais connhecidos.

Dissacarídeo	Constituição	Papel biológico	Fontes
Sacarose	glicose-frutose	energético	cana-de-açúcar, beterraba e rapadura
Lactose	glicose-galactose	energético	leite

Polissacarídeos: os mais complexos

Como o nome sugere (*poli* é um termo derivado do grego e quer dizer *muitos*), os polissacarídeos são compostos macromoleculares (moléculas gigantes), formados pela união de muitos (centenas) monossacarídeos. Os três polissacarídeos mais conhecidos são *amido*, *glicogênio* e *celulose* (Tabela 2-6).

Ao contrário da glicose, os polissacarídeos dela derivados não possuem sabor doce nem são solúveis em água.

> No esqueleto dos insetos e na parede celular dos fungos existe um complexo polissacarídico chamado de *quitina*.

Tabela 2-6. Os três polissacarídeos mais conhecidos.

Polissacarídeo	O que é importante saber
Amido	É um polissacarídeo de reserva energética dos vegetais. As batatas, o arroz e a mandioca estão repletos de amido, armazenado pelo vegetal e consumido em épocas desfavoráveis pela planta. O homem soube aproveitar essa característica e passou a cultivar os vegetais produtores de amido. Os pães e bolos que comemos são feitos com farinha de trigo, rica em amido. Lembre-se de que, para o amido ser aproveitado pelo nosso organismo, é preciso digeri-lo, o que ocorre primeiramente na boca e depois no intestino, com adição de água e a participação de catalisadores orgânicos.
Glicogênio	É um polissacarídeo de reserva energética dos animais; portanto, equivalente ao amido dos vegetais. No nosso organismo, a síntese de glicogênio ocorre no fígado, a partir de moléculas de glicose. Logo, fígado de boi e fígado de galinha são alimentos ricos em glicogênio.
Celulose	É um polissacarídeo de papel estrutural, isto é, participa da parede das células vegetais. Poucos seres vivos conseguem digeri-lo, entre eles alguns microrganismos que habitam o tubo digestivo de certos insetos (cupins) e o dos ruminantes (bois, cabras, ovelhas, veados etc.).

LIPÍDIOS: SERÃO ELES VILÕES?

As duas substâncias mais conhecidas dessa categoria orgânica são as **gorduras** e os **óleos**. Se, por um lado, esses dois tipos de lipídios preocupam muitas pessoas por estarem associados a altos índices de colesterol no sangue, por outro, eles exercem importantes funções no metabolismo e são fundamentais para a sobrevivência da maioria dos seres vivos. Um dos papéis dos lipídios é funcionar como eficiente reserva energética. Ao serem oxidados nas células, geram praticamente o dobro da quantidade de calorias liberadas na oxidação de igual quantidade de carboidratos. Outro papel dos lipídios é atuar como isolante térmico, notadamente nos animais que vivem em regiões frias. Depósitos de gordura favorecem a flutuação em meio aquático; os lipídios são menos densos que a água.

Além desses dois tipos fundamentais de lipídios, existem outros que devem ser lembrados pelas funções que exercem nos seres vivos. São as ceras, os fosfolipídios, os esteroides, as prostaglandinas e os terpenos:

- as **ceras** existentes na superfície das folhas dos vegetais e nos esqueletos de muitos animais invertebrados (por exemplo, os insetos e os carrapatos) funcionam como material impermeabilizante. Não devemos nos esquecer dos depósitos de cera que se formam em nossas orelhas externas com função protetora;
- os **fosfolipídios** são importantes componentes das membranas biológicas (membrana plasmática e de muitas organelas celulares);
- os **esteroides** são lipídios que atuam como reguladores de atividades biológicas;
- as **prostaglandinas** atuam como mensageiros químicos nos tecidos de vertebrados;
- os **terpenos** estão presentes em alguns pigmentos de importância biológica, como a clorofila e os carotenoides.

Fique por dentro!

Nem todas as substâncias se dissolvem em água. A dissolução só ocorre com as substâncias polares. Substâncias apolares, tais como os óleos, que não formam pontes de hidrogênio com a água, são repelidas por ela. Moléculas não polares tendem a se agregar umas às outras e se afastam da água. Por esse motivo, diz-se que elas são hidrofóbicas (do grego *húdor* = água + *phóbos* = = amedrontar). Por outro lado, moléculas polares, que formam pontes de hidrogênio com a água, são consideradas hidrofílicas (do grego *phílos* = amigo, afinidade).

Essa característica é de extraordinária importância, pois se a água atuasse como solvente universal, ela não poderia ser armazenada em nenhum recipiente, incluindo as nossas células. Nelas, diferentes substâncias hidrofóbicas do grupo das gorduras fazem parte, por exemplo, das membranas celulares. Imagine: o que poderia ocorrer se as membranas se dissolvessem em água?

Como São os Lipídios?

Os lipídios são compostos orgânicos insolúveis em água. Dissolvem-se bem em solventes orgânicos, como o éter e o álcool. A estrutura química molecular dos lipídios é muito variável. Vamos dar a você uma noção da composição química de óleos e gorduras e alguns dos principais componentes desse grupo.

Fique por dentro!

Na pele dos animais mamíferos das regiões polares, como os leões-marinhos, há um espesso depósito de gordura, extremamente eficaz na manutenção da temperatura corporal. Esse depósito de gordura também favorece a capacidade de flutuação destes e de outros animais, como as focas e as baleias.

Leão-marinho e corte da pele e camada subjacente mostrando (em amarelo) o espesso depósito de gordura que atua como um isolante térmico para o animal.

ART WOLF/PHOTORESEARCHERS, INC.

- **Óleos e gorduras** – pertencem à categoria dos ésteres e são formados por meio da reação de um álcool, chamado *glicerol*, com ácidos orgânicos de cadeia longa, conhecidos como *ácidos graxos* (veja a Figura 2-4). A exemplo do que ocorre com os carboidratos, a reação do glicerol com os ácidos graxos é de condensação, havendo liberação de moléculas de água. Como o glicerol é um triálcool (possui três terminações OH na molécula), três ácidos graxos a ele se ligam, formando-se o chamado *triglicerídio*. Nos seres vivos, existem diversos tipos de triglicerídios, uma vez que são muitos os tipos de ácidos graxos deles participantes.

Com relação aos ácidos graxos que participam de um triglicerídio, lembre-se de que são substâncias de cadeia longa. Em uma das extremidades de cada ácido graxo há uma porção ácida (a "cabeça"), seguida de uma longa "cauda" formada por uma sequência de átomos de carbono ligados a átomos de hidrogênio (veja a Figura 2-5).

Nos chamados **ácidos graxos saturados**, todas as ligações disponíveis dos átomos de carbono são ocupadas por átomos de hidrogênio. Já nos **ácidos graxos insaturados**, nem todas as ligações do carbono são ocupadas por hidrogênios; em consequência, forma-se o que em química é conhecido como *dupla-ligação* entre um átomo de carbono e o seguinte (motivo pelo qual o ácido graxo recebe a denominação de *insaturado*). Nos **ácidos graxos poli-insaturados** há mais de uma dupla-ligação (veja a Figura 2-6).

Figura 2-6. (a) A maioria das gorduras de origem animal (manteiga e banha de porco, por exemplo) é formada por ácidos graxos saturados (gordura saturada). Eles se juntam uns aos outros e, como consequência, a gordura permanece no estado sólido à temperatura ambiente. (b) Nas gorduras de origem vegetal (óleos vegetais) e nas de peixes (óleo de fígado de bacalhau), os ácidos graxos poli-insaturados sofrem dobramentos nas regiões das duplas-ligações, o que os impede de se juntarem uns aos outros, fazendo o óleo permanecer no estado líquido à temperatura ambiente.

Nesse pedaço de carne bovina, as partes mais claras, situadas entre os músculos (em vermelho), ou ao seu redor, são formadas por depósitos gordurosos, popularmente chamados de "sebo".

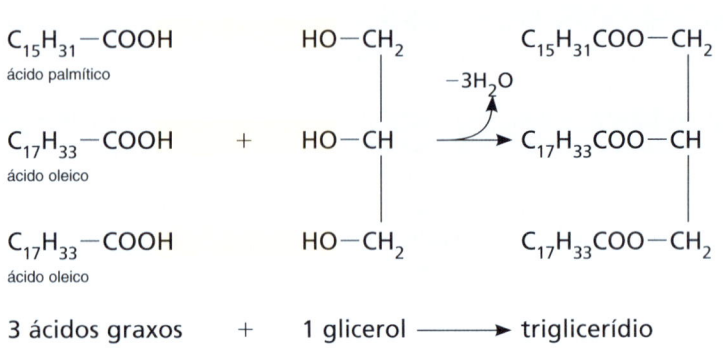

Figura 2-4. Reação química que conduz à síntese de um triglicerídio.

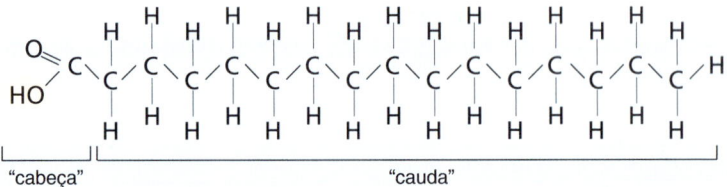

Figura 2-5. O caráter hidrofóbico dos lipídios é consequência de sua estrutura em que em uma das extremidades há uma porção ácida, seguida por uma longa sequência de carbonos (C) ligados a hidrogênios (H).

> **Saiba mais**
>
> **Os lipídios e a saúde humana**
>
> Os lipídios são considerados os vilões ao se analisar alguns aspectos relacionados à saúde humana. Avolumam-se informações científicas relacionadas à obesidade, que pode, por exemplo, condicionar o aparecimento do diabetes, comprometendo o bem-estar individual e pondo em risco a vida. Estimula-se atualmente o consumo de gorduras vegetais insaturadas, de provável efeito benéfico à saúde. Por outro lado, condena-se o consumo de gordura saturada de origem animal, que poderia provocar depósitos (placas) nas artérias do coração e propiciar a ocorrência de infartos cardíacos, embolias e acidentes vasculares cerebrais.
>
> O consumo de substâncias de origem vegetal artificialmente hidrogenadas (margarinas poli-insaturadas, por exemplo) igualmente é considerado benéfico à saúde. Vale lembrar que o exagero no consumo de carboidratos também deve ser evitado, na medida em que se sabe que essas substâncias são convertidas em lipídios pelo nosso metabolismo. Nos primórdios da evolução humana, a procura constante por comida – pela caça ou pela coleta – favorecia o rápido consumo das moléculas ingeridas e pouco sobrava para armazenar. Atualmente, com o conforto propiciado pela vida moderna, o acesso aos alimentos é facilitado. Ingere-se mais do que o necessário para a manutenção de nossas funções vitais e o excesso é armazenado no tecido adiposo, com consequências muitas vezes desagradáveis para a saúde.

- **Fosfolipídios** – as membranas biológicas são constituídas por fosfolipídios. Nos fosfolipídios há apenas duas moléculas de ácidos graxos – de natureza apolar – ligadas ao glicerol. O terceiro componente que se liga ao glicerol é um *grupo fosfato* (daí a denominação *fosfolipídio*) que, por sua vez, pode estar ligado a outras moléculas orgânicas. Assim, cada fosfolipídio contém uma porção hidrofóbica – representada pelos ácidos graxos – e uma porção hidrofílica – correspondente ao grupo fosfato e às moléculas a ele associadas. Um fato notável é que, ao serem colocadas em água, as moléculas de fosfolipídios podem assumir o formato de uma esfera, conhecida como *micela*: as porções polares, hidrofílicas, distribuem-se na periferia, enquanto as caudas hidrofóbicas ficam no interior da micela, afastadas da água (veja a Figura 2-7(a)).

Nas células, os fosfolipídios das membranas biológicas (membrana plasmática e de muitas organelas) dispõem-se formando *bicamadas*. As porções hidrofílicas ficam em contato com a água dos meios interno e externo celular, enquanto as hidrofóbicas situam-se internamente na membrana, afastadas da água, o que faz lembrar um sanduíche de pão de forma (veja a Figura 2-7(b)).

- **Prostaglandinas** – essas substâncias atuam como hormônios em muitos tecidos humanos. Seu nome deriva do fato de terem sido descobertas em componentes do sêmen humano produzidos na glândula próstata.
- **Terpenos** – lipídios de cadeia longa, componentes de pigmentos biologicamente importantes como a *clorofila* (pigmento vegetal participante da fotossíntese). Uma importante categoria de terpenos é a dos *carotenoides* (pigmentos amarelados), dos quais o mais importante é o β-*caroteno* (encontrado em muitos alimentos de origem vegetal, como a cenoura, por exemplo), que é o precursor da vitamina A (retinol).
- **Esteroides** – alguns esteroides são hormônios (por exemplo, a testosterona, o hormônio sexual masculino) e outros são vitaminas (por exemplo, a vitamina D). O colesterol, que para os químicos é um álcool complexo, é outro exemplo de esteroide: é importante componente de membranas celulares, embora hoje seja temido como causador de obstrução (entupimento) em artérias do coração.

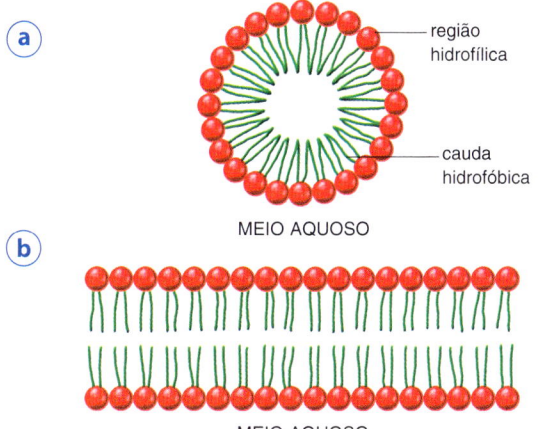

Figura 2-7. (a) Micela. Note que a porção hidrofóbica fica voltada para o centro da esfera. Nas membranas, (b) a camada bilipídica tem a porção hidrofílica em contato com o meio aquoso.

> **Saiba mais**
>
> **Colesterol: bom ou mau?**
>
> O colesterol não "anda" sozinho no sangue. Ele se liga a uma proteína e, dessa forma, é transportado. Há dois tipos principais de combinações: o HDL, que é o **bom colesterol**, e o LDL, que é o **mau colesterol**. Essas siglas derivam do inglês e significam lipoproteína de alta densidade (HDL – *High Density Lipoprotein*) e lipoproteína de baixa densidade (LDL – *Low Density Lipoprotein*).
>
> O LDL transporta colesterol para diversos tecidos e também para as artérias, onde é depositado, formando placas que dificultam a circulação do sangue, daí a denominação *mau colesterol*. Já o HDL faz exatamente o contrário, isto é, transporta colesterol das artérias principalmente para o fígado, onde ele é inativado, justificando o termo *bom colesterol*.

Camarão, fumo, sedentarismo e *stress* propiciam o aumento do mau colesterol.

O colesterol não existe em vegetais, o que não significa que devemos abusar dos óleos vegetais, porque, afinal, a partir deles (ácidos graxos), nosso organismo produz colesterol.

PROTEÍNAS: A CONSTRUÇÃO DOS SERES VIVOS

Você já deve ter ouvido falar de proteínas, certo? As proteínas são compostos orgânicos relacionados ao metabolismo de construção. Durante as fases de crescimento e desenvolvimento do indivíduo, há um aumento extraordinário do número de suas células, aliado a um intenso processo de diferenciação celular em que as células passam a exercer funções especializadas, gerando tecidos e órgãos.

As proteínas possuem um papel fundamental no crescimento, já que muitas delas desempenham **papel estrutural** nas células, isto é, são componentes da membrana plasmática, das organelas dotadas de membrana, do citoesqueleto, dos cromossomos etc. E para produzir mais células é preciso mais proteína. Sem elas não há crescimento normal. A diferenciação e a realização de diversas reações químicas componentes do metabolismo celular dependem da participação de **enzimas**, uma categoria de proteínas – sem elas, a diferenciação não acontece.

O combate a microrganismos causadores de doenças no homem muitas vezes é feito a partir da produção de proteínas de defesa, chamadas **anticorpos**. Sem eles, nosso organismo fica extremamente vulnerável.

Certos **hormônios**, substâncias reguladoras das atividades do nosso organismo, também são proteicos. É o caso da insulina, que controla a taxa de glicose sanguínea.

Aminoácidos: Os Blocos Formadores das Proteínas

As proteínas são macromoléculas formadas por um agregado de moléculas menores conhecidas como aminoácidos. A maioria dos seres vivos, incluindo o homem, utiliza somente cerca de vinte tipos diferentes de aminoácidos para a construção de suas proteínas. Com eles, cada ser vivo é capaz de produzir centenas de proteínas diferentes e de tamanho variável.

Como isso é possível, a partir de um pequeno número de aminoácidos?

Imagine um brinquedo formado por peças de plástico, encaixáveis umas nas outras, sendo as cores em número de vinte, diferentes entre si. Havendo muitas peças de cada cor, como você procederia para montar várias sequências de peças de maneira que cada sequência fosse diferente da anterior? Provavelmente, você repetiria as cores, alternaria muitas delas, enfim, certamente inúmeras seriam as sequências e todas diferentes entre si. O mesmo raciocínio é válido para a formação das diferentes proteínas de um ser vivo, a partir de um conjunto de vinte diferentes aminoácidos.

Cada aminoácido é diferente de outro. No entanto, todos possuem alguns componentes comuns. Todo aminoácido possui um átomo de carbono, ao qual estão ligados uma **carboxila**, uma **amina** e um **hidrogênio**. A quarta ligação é a porção variável, representada por **R**, e pode ser ocupada por um hidrogênio, ou por um metil, ou por outro radical (veja a Figura 2-8). Na Figura 2-9 damos o exemplo de dois aminoácidos – a glicina e o ácido glutâmico – que fazem parte da constituição de nossas proteínas.

A carne é rica em proteínas que contêm aminoácidos úteis para o seu organismo.

Figura 2-8. Porções comuns (em amarelo) e variável (R) de um aminoácido.

glicina (gly)
Fórmula molecular: C_2H_5ON

ácido glutâmico (glu)
Fórmula molecular: $C_5H_9O_4N$

Figura 2-9. Fórmulas estruturais de 2 dos 20 aminoácidos que utilizamos. Em amarelo, a porção comum.

Fique por dentro!

Da massa corporal de um homem adulto, cerca de 10 kg são proteínas. Desse total, aproximadamente 300 g são substituídos diariamente. Parte desses 300 g é reciclada e reutilizada, e o restante deve ser reposto com os alimentos que ingerimos todos os dias.

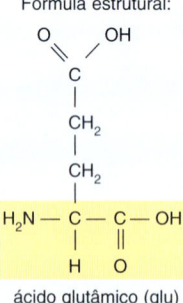

Queijos, derivados do leite e da soja são alimentos ricos em aminoácidos.

Ligação peptídica: unindo aminoácidos

Do mesmo modo que em um trem cada vagão está engatado ao seguinte, em uma proteína cada aminoácido está ligado a outro por uma **ligação peptídica**. Por meio dessa ligação, o grupo amina de um aminoácido une-se ao grupo carboxila do outro, havendo a liberação de uma molécula de água. Os dois aminoácidos unidos formam um dipeptídio (veja a Figura 2-10). A ligação de um terceiro aminoácido ao dipeptídio origina um tripeptídio que, então, contém duas ligações peptídicas. Se um quarto aminoácido se ligar aos três anteriores, teremos um tetrapeptídio, com três ligações peptídicas. Com o aumento do número de aminoácidos na cadeia, forma-se um **polipeptídio**, denominação utilizada até o número de 70 aminoácidos. A partir desse número considera-se que o composto formado é uma **proteína**.

> Polipeptídios e proteínas são polímeros, isto é, compostos formados pela ligação de inúmeras moléculas menores. Os aminoácidos são os monômeros, os "bloquinhos" de construção das proteínas.

Figura 2-10. Na ligação peptídica, o grupo carboxila de um aminoácido reage com um hidrogênio do grupo amina do outro. O carbono do primeiro aminoácido se une ao nitrogênio do segundo. Da reação entre aminoácidos sempre resulta uma molécula de água. No tripeptídio, existem duas ligações peptídicas e três aminoácidos unidos.

Aminoácidos essenciais e naturais

Todos os seres vivos produzem proteínas. No entanto, nem todos produzem os vinte tipos de aminoácidos necessários para a construção das proteínas. O homem, por exemplo, é capaz de sintetizar no fígado apenas onze dos vinte tipos de aminoácidos. Esses onze aminoácidos são considerados **naturais** para a nossa espécie. Os outros nove tipos, os que não sintetizamos, são os **essenciais** e devem ser obtidos de quem os produz (plantas ou animais). É preciso lembrar que determinado aminoácido pode ser essencial para uma espécie e ser natural para outra.

> Os nove aminoácidos essenciais para o homem são: isoleucina, leucina, lisina, metionina, fenilalanina, triptofano, treonina, histidina e valina.

Fique por dentro!

Veja a figura abaixo. Note que o arroz e o feijão contêm 6 dos aminoácidos essenciais para o homem. O arroz não contém lisina nem isoleucina, presentes no feijão. Já o feijão não contém metionina nem triptofano, presentes no arroz. O ideal é, então, fazer, em uma refeição, uma mistura de arroz integral e feijão.

Uma Visão Espacial da Proteína

Uma molécula de proteína tem, grosso modo, o formato de um colar de contas. O fio fundamental da proteína, formado por uma sequência de aminoácidos (cuja sequência é determinada geneticamente), constitui a chamada **estrutura primária** da proteína.

Ocorre, porém, que o papel biológico da maioria das proteínas depende de uma forma espacial muito mais elaborada. Assim, o fio fundamental é capaz de se enrolar sobre si mesmo, resultando em um filamento espiralado que conduz à **estrutura secundária**, mantida estável por ligações que surgem entre os aminoácidos.

Novos dobramentos da espiral conduzem a uma nova forma, globosa, mantida estável graças a novas ligações que ocorrem entre os aminoácidos. Essa forma globosa representa a **estrutura terciária**.

Em certas proteínas, cadeias polipeptídicas em estrutura terciária globosa unem-se, originando uma forma espacial muito mais complexa, determinante do papel bioquímico da proteína. Essa nova forma constitui a **estrutura quaternária** dessas proteínas. A Figura 2-11 ilustra essas quatro estruturas na hemoglobina, uma proteína muito importante no nosso organismo. A hemoglobina está presente nos glóbulos vermelhos do sangue e seu papel biológico é ligar-se a moléculas de oxigênio, transportando-as aos nossos tecidos.

O fio do teclado do microcomputador pode ilustrar bem a ideia das estruturas proteicas. A Figura 2-12(a) ilustra um fio isolado, que corresponde à estrutura primária, e (b) mostra a hélice formada pelo fio enrolado sobre si mesmo, equivalente a uma estrutura secundária. Dobramentos da hélice sobre si mesma conduzem à estrutura terciária (c). A mistura de vários fios de teclado em estrutura terciária ilustraria a estrutura quaternária.

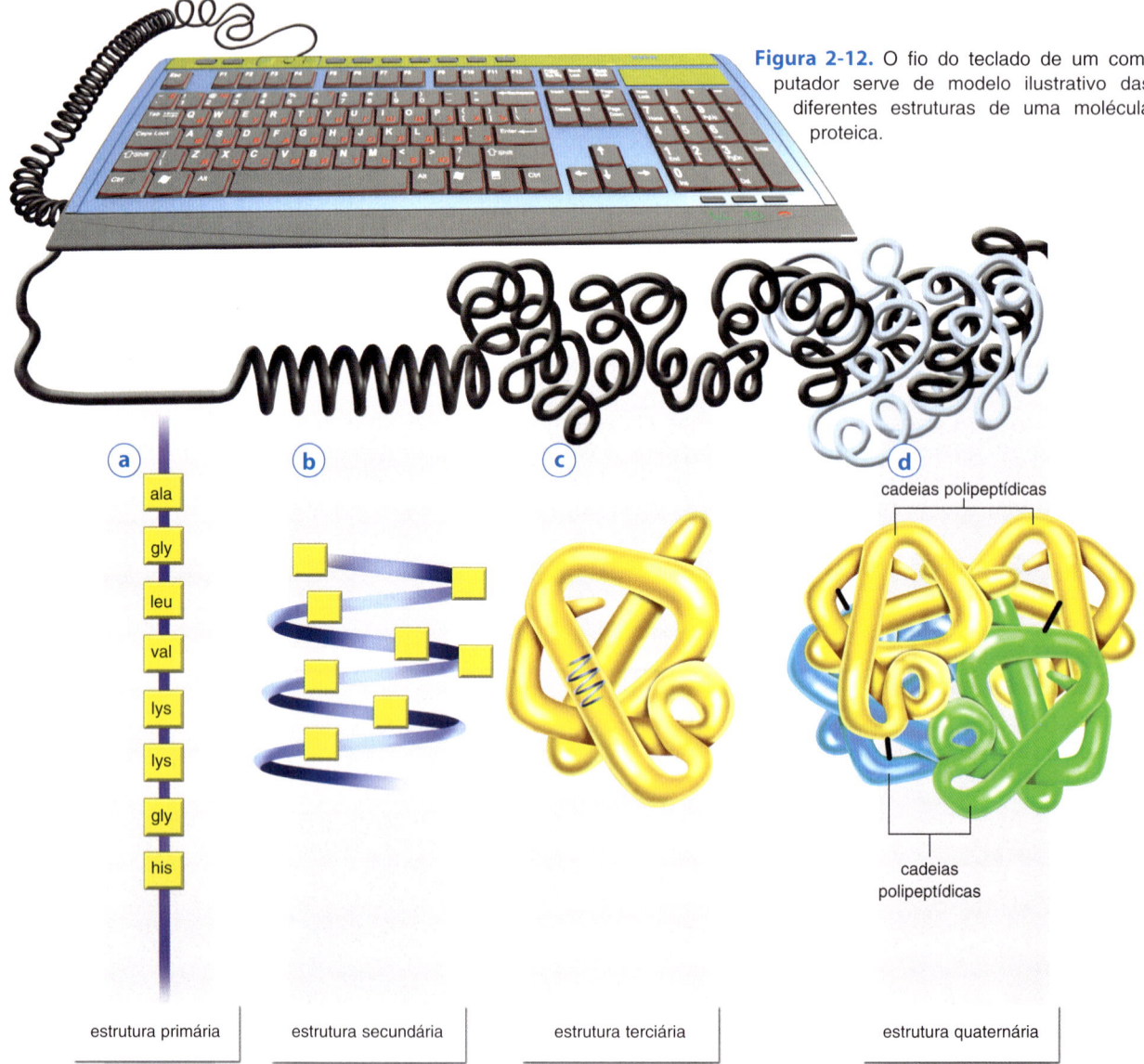

Figura 2-12. O fio do teclado de um computador serve de modelo ilustrativo das diferentes estruturas de uma molécula proteica.

Figura 2-11. A estrutura da molécula de hemoglobina. A estrutura quaternária (d) é especialmente complexa, decorrente da união das formas globosas terciárias (c).

Forma e função: um binômio inseparável

Logo mais você compreenderá de que modo a estrutura espacial de uma proteína está relacionada à função biológica que ela exerce. Por enquanto, lembre-se de que a manutenção das estruturas secundária e terciária deve-se a ligações que ocorrem entre os aminoácidos no interior da molécula proteica, determinando os diferentes aspectos espaciais observados.

O aquecimento de uma proteína a determinadas temperaturas promove a ruptura das ligações internas entre os aminoácidos, responsáveis pela manutenção das estruturas secundária e terciária. Os aminoácidos não se separam, não se rompem as ligações peptídicas, porém a proteína fica "desmantelada", perde a sua estrutura original. Dizemos que ocorreu uma **desnaturação** proteica, com perda da sua forma original (veja a Figura 2-13). Dessa maneira, a função biológica da proteína pode ser prejudicada.

> Certas proteínas também são desnaturadas quando colocadas em meios ácidos ou básicos, o que também pode levar à perda de sua função normal.

Nem sempre, porém, é a temperatura ou a alteração da acidez do meio que provoca a mudança da forma da proteína. Muitas vezes, a substituição de um simples aminoácido pode provocar alteração da forma da proteína. Um exemplo importante é a substituição, na molécula de hemoglobina, do aminoácido ácido glutâmico pelo aminoácido valina. Essa simples troca provoca uma profunda alteração na forma da molécula inteira de hemoglobina, interferindo diretamente na sua capacidade de transportar oxigênio.

Hemácias contendo a hemoglobina alterada adquirem o formato de *foice*, quando submetidas a certas condições, o que deu nome a essa anomalia: *anemia falciforme*.

Saiba mais

Prions: proteínas que causam a doença da vaca louca

Proteínas podem causar doença. A descoberta surgiu a partir dos trabalhos do prêmio Nobel de Medicina de 1997, Stanley Prusiner. Esse pesquisador sugeriu que proteínas chamadas de **prions** causam algumas doenças degenerativas do cérebro, dentre elas a *doença da vaca louca*. Para o pesquisador, formas alteradas dessa proteína aglomeram-se, geram complexos insolúveis que aderem às células nervosas e provocam a sua morte, originando cavidades no cérebro do animal afetado. Nos seres humanos, o equivalente desse mal é a doença de Creutzfeldt-Jacob.

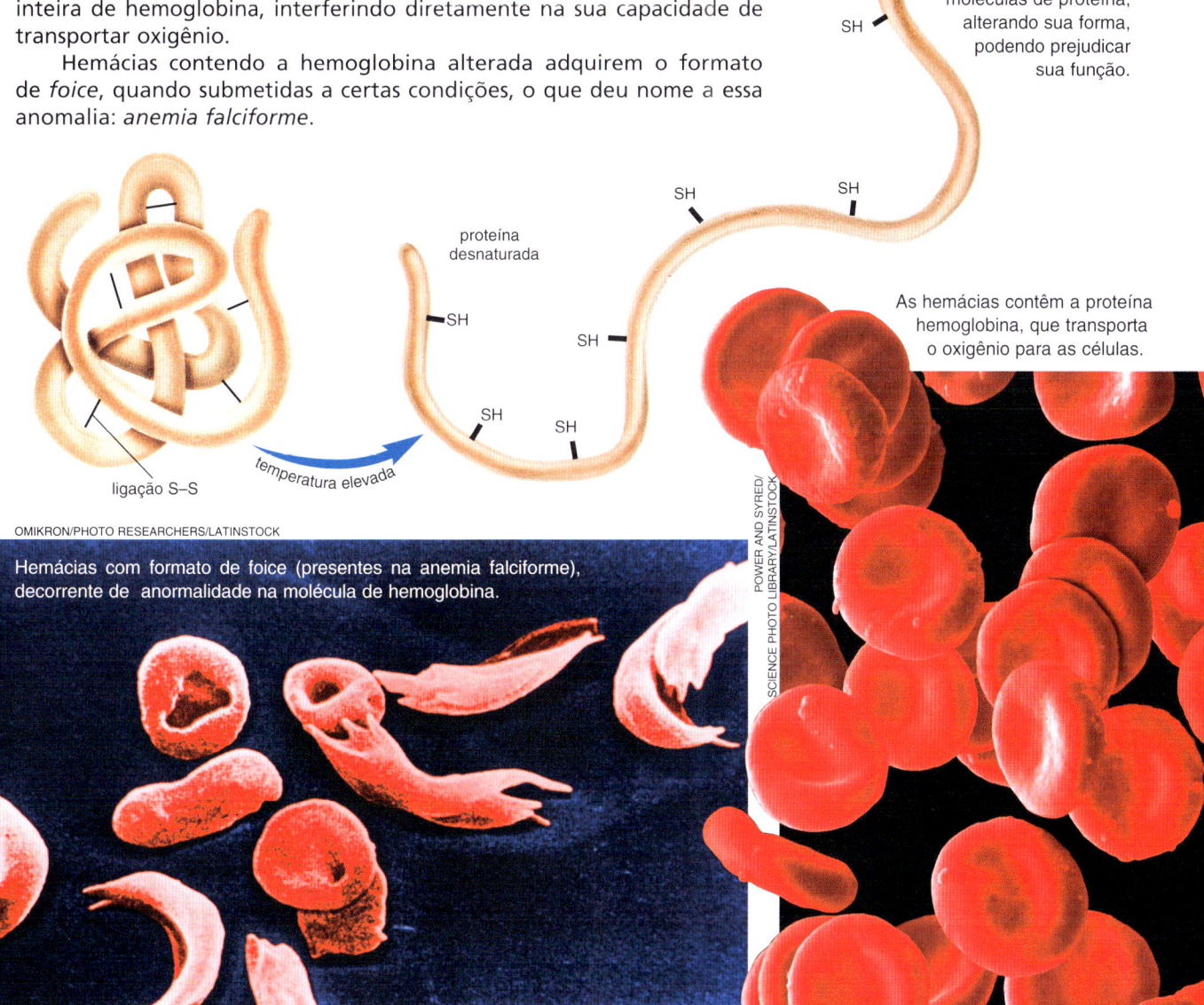

Figura 2-13. Altas temperaturas provocam a desnaturação das moléculas de proteína, alterando sua forma, podendo prejudicar sua função.

As hemácias contêm a proteína hemoglobina, que transporta o oxigênio para as células.

Hemácias com formato de foice (presentes na anemia falciforme), decorrente de anormalidade na molécula de hemoglobina.

> **Saiba mais**

Algumas proteínas importantes e sua função

Tipo de proteína	Exemplos	Onde são encontradas
Estrutural	Colágeno.	Nos ossos, tendões, cartilagens e na pele.
	Queratina.	Agente impermeabilizante da superfície epidérmica da pele de vertebrados; formação de anexos córneos (escamas de répteis, penas, pelos, unhas etc.).
De defesa	Anticorpos.	Na corrente sanguínea dos vertebrados.
Transportadora	Hemoglobina.	Na corrente sanguínea dos vertebrados e de alguns invertebrados.
Reguladora	Hormônio insulina.	No sangue (é hormônio regulador do teor de glicose sanguínea).
De contração	Actina e miosina.	Nos músculos lisos e estriados.
De armazenamento	Ovoalbumina.	Na clara do ovo.
Enzimas	Zeína.	Na semente do milho.
	Pepsina.	No estômago.
	Ptialina.	Na saliva.

> **A ciência por trás do fato!**

Sua mãe tem razão!

Quando ficamos doentes, ao contrair algum tipo de infecção, sentimo-nos enfraquecidos, sem vontade de fazer nada. De modo geral, oferecem-nos um caldo ou uma sopa quente para tomarmos. Por que essa "mania" tão popular?

Como vimos neste capítulo, em ocasiões como essa nosso organismo necessita de proteínas para realizar duas funções básicas: aumentar o número de células de defesa e produzir proteínas especiais, os anticorpos, para combater os microrganismos causadores da doença. É aí que entra a sopa quente! Ela contém alimentos ricos em proteínas – a carne, por exemplo – constituídas por unidades menores chamadas de aminoácidos. Altas temperaturas promovem uma alteração na forma das proteínas contidas nos alimentos e facilitam a "quebra" delas no nosso tubo digestório, disponibilizando os aminoácidos para uso pelo nosso organismo. Assim, nossa recuperação é facilitada e pode até ser mais rápida.

Além disso, é sempre mais fácil (gasta-se menos energia) digerir uma sopa do que uma "pesada" feijoada. Vamos economizar energia para investir na defesa.

Enzimas: Uma Classe Especial de Proteínas

> Uma solução de glicose exposta ao ar levará muitos dias para se oxidar. No entanto, no interior das células, a oxidação da glicose é rápida, graças à existência de enzimas, que atuam como catalisadores biológicos.

A vida depende da realização de inúmeras reações químicas que ocorrem no interior das células e também fora delas (em cavidades de órgãos, por exemplo). Por outro lado, todas essas reações dependem, para sua realização, da existência de determinada enzima. As **enzimas** são substâncias do grupo das proteínas e atuam como *catalisadores* de reações químicas. **Catalisador** é uma substância que *acelera* a velocidade de ocorrência de uma certa reação química.

Muitas enzimas possuem, além da porção proteica propriamente dita, constituída por uma sequência de aminoácidos, uma porção não proteica.

A parte proteica é a **apoenzima** e a não proteica é o **cofator**. Quando o cofator é uma molécula orgânica, é chamado de **coenzima**.

> A enzima se adapta ao substrato de maneira semelhante ao que ocorre com uma chave e a sua fechadura.

O mecanismo de atuação da enzima se inicia quando ela se liga ao reagente, mais propriamente conhecido como *substrato*. É formado um complexo enzima-substrato, *instável*, que logo se desfaz, liberando os produtos da reação e a enzima, que permanece intacta embora tenha participado da reação. Mas para que ocorra uma reação química entre duas substâncias orgânicas que estão na mesma solução é preciso fornecer certa quantidade de energia, geralmente na forma de calor, que favoreça o encontro e a colisão entre elas. A energia também é necessária para romper ligações químicas existentes entre os átomos de cada substância, favorecendo, assim, a ocorrência de outras ligações químicas e a síntese de uma nova substância a partir das duas iniciais.

Essa energia de partida, que dá um "empurrão" para que uma reação química aconteça, é chamada de **energia de ativação** e possui determinado valor.

A enzima provoca uma *diminuição da energia de ativação necessária para que uma reação química aconteça* e isso facilita a ocorrência da reação (veja a Figura 2-14).

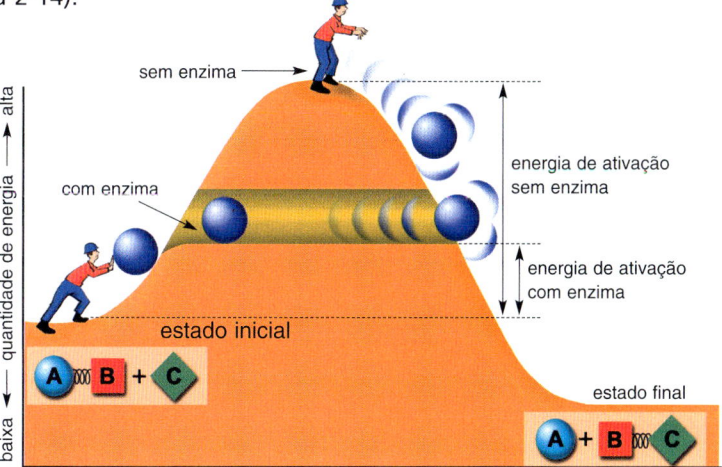

Figura 2-14. Energia de ativação com e sem enzimas. Ilustração baseada em: POSTLETHWAIT, J. *et al. Biology! Bringing Science to Life*. USA: McGraw-Hill, 1991. p. 78.

> **Saiba mais**
>
> ### Biologia e Língua Portuguesa
>
> Interessante notar como a partir do conhecimento de nossa língua podemos deduzir, com alta probabilidade de acerto, o que indica determinado termo de Biologia. Isso é possível porque com o uso de prefixos e sufixos os cientistas deram nomes às estruturas ou aos componentes orgânicos.
>
> No caso da nomenclatura das enzimas, por exemplo, convencionou-se que a raiz da palavra (a parte principal de seu nome) seria a designação do *elemento sobre o qual ela atua*, seguindo-se do sufixo grego *ase* (tirado de palavra grega que significa "ação de separar").
>
>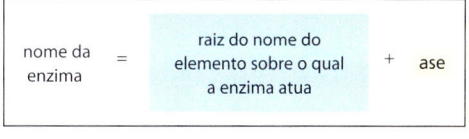
>
> Assim, por exemplo, as enzimas que atuam sobre os lipídios são chamadas de lipases; as que atuam sobre peptídios são peptidases; sobre amido, amilase; sobre proteínas, proteases etc.
>
> Muitas vezes as enzimas não são simples moléculas de proteínas, mas sim "proteínas conjugadas" – além de sua parte proteica (chamada **apoenzima**), possuem uma outra parte não proteica que pode ser uma substância orgânica ou simplesmente um íon. Quando a parte não proteica é uma substância orgânica, como uma vitamina, por exemplo, ela é chamada de **coenzima**; quando é um íon, então essa parte é chamada de **cofator**. Aqui também, veja como o conhecimento da nossa língua auxilia na identificação dessas estruturas. Por quê?
>
>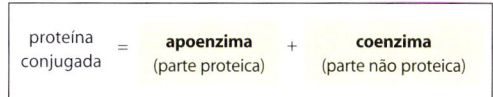
>
> O prefixo grego *apo* significa "proveniente de". Assim, apoenzima significa proveniente de enzima (parte proteica). Já o prefixo latino *co* traz a ideia de "associado a". Coenzima, portanto, é a parte que está associada à enzima, ligada à enzima, não sendo a parte proteica.

O mecanismo "chave-fechadura"

Na catálise de uma reação química, as enzimas interagem com os substratos, formando com eles, temporariamente, o chamado **complexo enzima-substrato**.

Na formação das estruturas secundária e terciária de uma enzima (não esqueça que as enzimas são proteínas), acabam surgindo certos locais na molécula que servirão de encaixe para o alojamento de um ou mais substratos, do mesmo modo que uma chave se aloja na fechadura (veja a Figura 2-15(a)).

> A estrutura terciária da enzima é responsável por sua função.

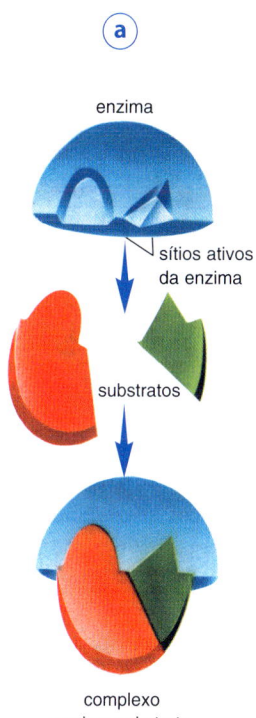

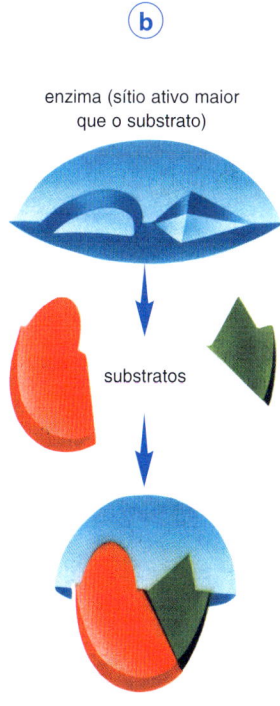

Figura 2-15. Modelo chave-fechadura. Em (a), há interação da enzima com os substratos. Em (b), há deformação da enzima, favorecendo sua ação.

> Uma enzima não é consumida durante a reação química que ela catalisa.

Esses locais de encaixe são chamados de **sítios ativos** e ficam na superfície da enzima. Ao se encaixarem nos sítios ativos, os substratos ficam próximos um do outro e podem reagir mais facilmente.

Assim que ocorre a reação química com os substratos, desfaz-se o complexo enzima-substrato. Liberam-se os produtos e a enzima volta a atrair novos substratos para a formação de outros complexos.

A descrição acima sugere que, assim como em uma fechadura, a forma da enzima e os seus sítios ativos são rígidos. Não é bem assim. Atualmente, acredita-se que, ao haver o ajuste dos substratos nos sítios ativos, ocorre uma mudança na forma da enzima. Essa mudança melhora a interação entre a enzima e os substratos que, mais próximos um do outro, podem reagir mais facilmente. É como se a chave pudesse sofrer uma deformação assim que fosse introduzida na fechadura, aumentando a interação entre elas e otimizando o seu funcionamento (veja a Figura 2-15(b) na página anterior).

Fique por dentro!

O que é substrato? Vimos que é o nome dado à substância sobre a qual uma enzima atua. De maneira geral, o nome da enzima deriva do nome do substrato sobre o qual ela atua, acrescentando-se a terminação *ase*. Por exemplo, a enzima *amilase* intervém, atua, na "quebra" (hidrólise) do amido, liberando moléculas de maltose. Já para a hidrólise da maltose existe outra enzima, a *maltase*. Às vezes, as enzimas possuem nomes particulares: é o caso da ptialina, a enzima existente na saliva e que favorece a hidrólise do amido. Na verdade, a ptialina é uma amilase. Outro exemplo é a pepsina, que favorece a digestão de proteínas. A pepsina é uma *protease*.

Saiba mais

A catalase

Se você pingar algumas gotas de água oxigenada (peróxido de hidrogênio) sobre uma fatia fresca de fígado de boi cru, verá o surgimento de bolhas brancas na superfície da fatia. Isso acontece porque nas células do fígado existe uma enzima, a catalase, que catalisa a decomposição da água oxigenada, transformando-a em água e oxigênio, segundo a reação:

$$2\,H_2O_2 \xrightarrow{\text{catalase}} 2\,H_2O + O_2$$

Peróxidos de hidrogênio são continuamente formados em vesículas chamadas de peroxissomos, principalmente nas nossas células hepáticas. O problema é que esses peróxidos costumam ser prejudiciais para as células e, portanto, precisam ser rapidamente decompostos. A catalase celular é tão eficiente *que apenas uma molécula dessa enzima é capaz de decompor sozinha cerca de um milhão de moléculas de peróxido de hidrogênio em um minuto, a 0 °C!*

Fatores que influenciam a ação das enzimas

A **temperatura** e o **pH** (índice da acidez ou da alcalinidade do meio) são dois dos mais importantes fatores que regulam a atividade das enzimas.

A maioria das enzimas possui uma atividade máxima dentro de uma faixa de temperatura. Nas células humanas, a temperatura ótima de ação das enzimas está em torno de 35 °C a 40 °C. Na Figura 2-16, perceba que a cada 10 °C de aumento de temperatura, a taxa da reação enzimática dobra até um determinado ponto (por **taxa da reação enzimática** entenda a quantidade de produto formado por unidade de tempo). Valores altos de temperatura, no entanto, podem levar à desnaturação das enzimas e, portanto, à sua desativação.

O pH de uma medida reflete o teor de acidez de uma solução. Os valores de pH variam em uma escala de 0 a 14, sendo 7 correspondente à neutralidade. Soluções ácidas têm pH menor que 7, enquanto nas soluções básicas o pH é maior do que 7. A maioria das enzimas possui valor de pH ótimo de ação, ou seja, um valor de pH em que sua atuação é a melhor possível. Entre as enzimas humanas, o pH ótimo para a maioria delas está entre 6,0 e 8,0 (veja as Figuras 2-17 e 2-18).

> O aumento da temperatura favorece a ocorrência das reações químicas, na medida em que provoca um aumento na agitação das moléculas dos substratos, tornando-as mais aptas a reagir.

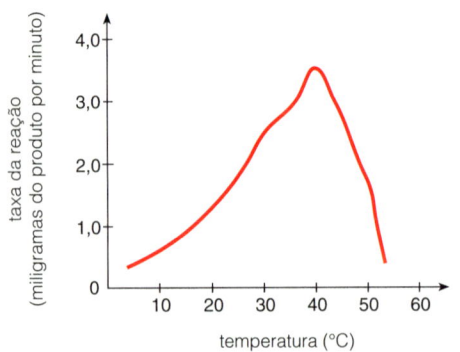

Figura 2-16. Atividade enzimática em função da temperatura.

> Para cada enzima, variações de pH para mais ou para menos afetam sua atividade.

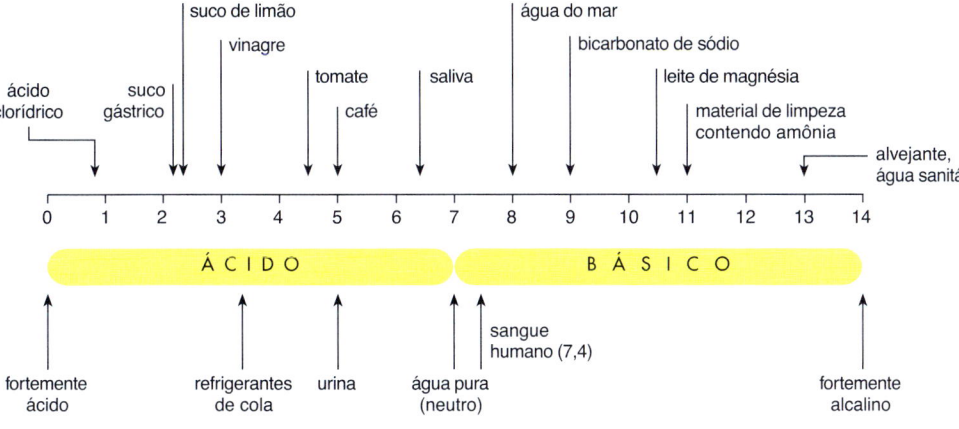

Figura 2-17. A escala de pH e os pHs de diferentes substâncias e fluidos conhecidos.

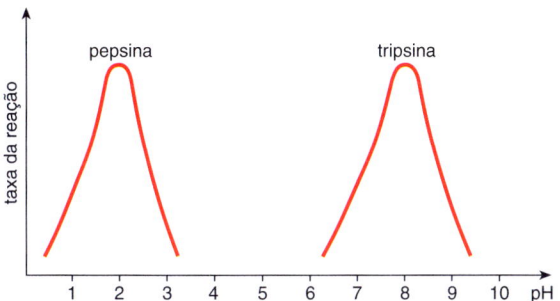

Figura 2-18. Ação de duas enzimas que digerem proteínas no nosso tubo digestório, a pepsina e a tripsina, e as respectivas faixas de pH em que elas atuam.

Saiba mais

As vias metabólicas

Como dissemos no início deste capítulo, muitas reações químicas que ocorrem na célula são sequenciais, com cerca de 20 a 30 reações acontecendo uma após a outra, envolvendo diversas enzimas, até que a última reação resulte em um produto final. Essa sequência de reações químicas compõe a chamada via metabólica. Considere o esquema abaixo:

$$W \xrightarrow{\text{enzima 1}} X \xrightarrow{\text{enzima 2}} Y \xrightarrow{\text{enzima 3}} Z \xrightarrow{\text{enzima 4}} \text{produto final}$$

Nessa via metabólica simples (em que as letras W, X, Y e Z representam um reagente ou um grupo de reagentes), o produto final é formado após uma série de quatro reações químicas sequenciais, em que o produto de cada reação é utilizado na realização da reação seguinte. Foi a partir do estudo de vias metabólicas como essa, em certo tipo de fungo, que alguns pesquisadores conseguiram esclarecer que a síntese de cada enzima é controlada pela ação de determinado gene. Mudanças (mutações) sofridas pelo gene podem afetar a atividade da enzima.

Fique por dentro!

Fenilcetonúria:
A falta que uma enzima faz para o metabolismo

A falta de uma enzima que transforma o aminoácido fenilalanina em tirosina, dois aminoácidos importantes para o metabolismo, é a causa da **fenilcetonúria**. Não havendo a transformação, a fenilalanina e seus derivados se acumulam no sangue, conduzindo a diversos distúrbios no desenvolvimento da criança, tanto físicos como mentais. Nas maternidades, realiza-se, rotineiramente, o "teste do pezinho", no sentido de identificar portadores dessa anomalia genética. Nas latas de refrigerantes, é comum o alerta sobre o conteúdo de fenilalanina, como medida preventiva no sentido de evitar o consumo excessivo do aminoácido pelos fenilcetonúricos. Dietas adequadas devem ser recomendadas para os portadores.

Saiba mais

Ativação enzimática

A tripsina é uma enzima que atua na digestão de proteínas no nosso tubo digestório. É produzida no interior das células do pâncreas, órgão situado no nosso abdômen, junto ao estômago e ao intestino delgado. Se ela atua na digestão proteica, por que não ataca as proteínas existentes no interior das células do pâncreas? Porque no interior da célula ela é produzida sob forma inativa, chamada de *tripsinogênio* (o sufixo *gênio* possui o significado de "gerador de"), sendo incapaz de hidrolisar proteínas. Ao chegar ao intestino delgado, o tripsinogênio é ativado. Isso é feito por outra enzima intestinal, que "quebra" a molécula de tripsinogênio em certo ponto, soltando um pequeno fragmento contendo alguns aminoácidos. O restante da molécula é a tripsina, cujo sítio ativo, agora exposto pela fragmentação ocorrida, é capaz de fazer a enzima atuar na digestão de proteínas.

Inibição enzimática

Certas substâncias podem inibir a ação de enzimas. Por exemplo: alguns medicamentos contendo sulfas são utilizados para o combate a bactérias que provocam infecções no organismo humano. Essas bactérias normalmente produzem uma vitamina do complexo B, o chamado ácido fólico, que atua como coenzima em reações químicas que conduzem à síntese de aminoácidos e ácidos nucleicos, essenciais para a sobrevivência dessas bactérias.

Nós não produzimos ácido fólico e precisamos obtê-lo a partir de alguns alimentos. Pois bem, a síntese do ácido fólico nas bactérias ocorre ao fim de uma via metabólica, na qual um produto intermediário é a substância chamada de ácido *para-aminobenzoico* (PABA). Quando existe PABA, as bactérias conseguem sintetizar o ácido fólico. A sulfa utilizada como medicamento é a *sulfanilamida*, que possui estrutura molecular semelhante à do PABA. Por ser estruturalmente semelhante ao PABA, a sulfanilamida compete com ele e ocupa o sítio ativo da enzima que converteria PABA em ácido fólico. Esse mecanismo é chamado de *inibição competitiva*. As bactérias não conseguem produzir ácido fólico e morrem. A sulfanilamida não nos prejudica, já que não produzimos ácido fólico.

Anticorpos: As Proteínas de Defesa

Diariamente, nosso organismo é invadido por uma infinidade de partículas estranhas chamadas **antígenos**, provenientes do ar que respiramos, da água que bebemos e dos alimentos que comemos. Também somos invadidos, sem perceber, por bactérias, vírus, fungos e protozoários, muitos deles causadores de doenças e produtores de *toxinas* que podem prejudicar seriamente nosso organismo, e até causar a morte.

Qual é a reação do nosso organismo ante essa ameaça proveniente do meio ambiente? Utilizamos o nosso **sistema imunológico** (ou **imunitário**) para combater os agentes estranhos ao nosso corpo e adquirir **imunidade** (o termo provém do latim *immune*, que significa *livre de*). Veja a Figura 2-19.

O sistema imunológico é constituído por um verdadeiro arsenal formado por alguns órgãos, como os nódulos linfáticos (ou linfonodos), o baço e o timo, células brancas do sangue e uma infinidade de substâncias químicas, destacando-se, entre elas, as proteínas de defesa conhecidas como **anticorpos**. Os anticorpos pertencem à categoria de proteínas conhecidas como *imunoglobulinas* (representadas por Ig). A Tabela 2-7 relaciona os cinco tipos de imunoglobulinas, e algumas de suas características.

Tabela 2-7. Tipos de imunoglobulina e suas características.

Imunoglobulina	Característica
IgG	Destinadas ao combate de vírus, bactérias e fungos. São de pequeno tamanho, atravessam as paredes dos capilares sanguíneos e agem nos tecidos. Estimulam células fagocitárias a combater microrganismos. Constituem cerca de 75% das imunoglobulinas produzidas pelo homem.
IgM	Destinadas ao combate de vírus. A exemplo das IgG, estimulam as células fagocitárias a combater os vírus.
IgA	Anticorpos das secreções respiratórias, da parede do tubo digestório e das secreções vaginais. São encontradas na lágrima, na saliva e no leite materno.
IgD	Anticorpos existentes nas membranas celulares dos linfócitos.
IgE	Anticorpos que atuam nas respostas alérgicas.

Saiba mais

O que é um antígeno?

Antígeno é qualquer substância reconhecida como estranha pelo sistema de defesa de um organismo, podendo ser uma molécula de proteína, de polissacarídeo e até mesmo um ácido nucleico. Nas bactérias, nos fungos e nos protozoários que invadem o homem, os antígenos são moléculas que existem nos envoltórios das células invasoras, ou nas toxinas por elas produzidas. Nos vírus, os antígenos estão localizados nas capas que os revestem.

O que são anticorpos?

Anticorpos são moléculas de proteínas produzidas por um organismo e que se destinam a combater os antígenos que o invadiram. Para cada antígeno deve ser produzido um anticorpo específico.

O que são toxinas?

Toxinas são substâncias produzidas por determinados microrganismos, capazes de provocar algum dano ao organismo. Por exemplo, as toxinas produzidas por bactérias do tétano paralisam a nossa musculatura.

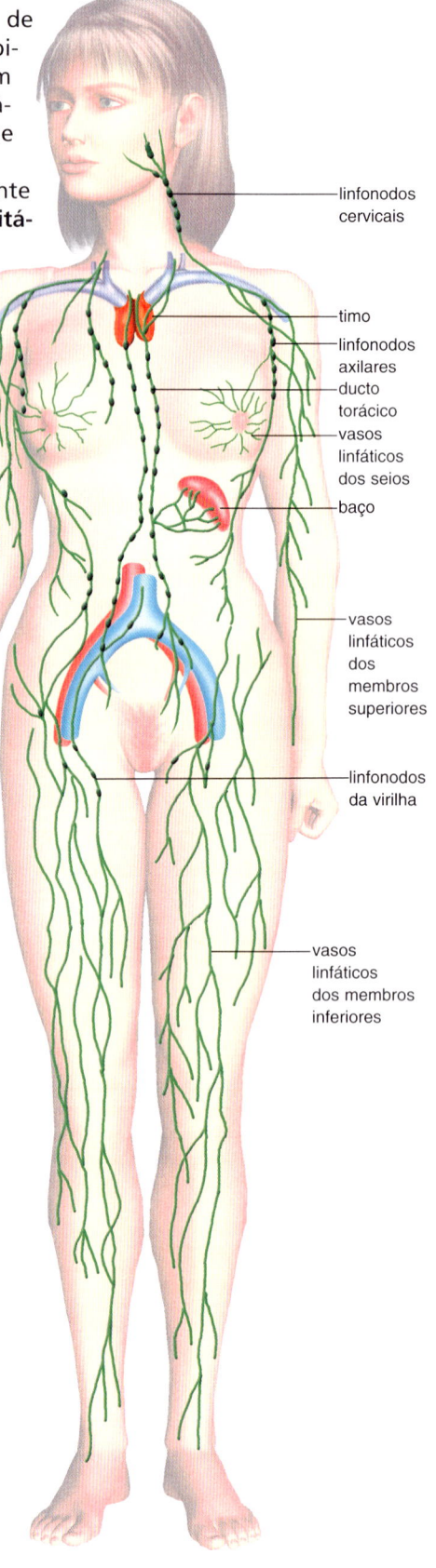

Figura 2-19. Os órgãos do sistema imunológico humano. O ducto torácico conduz a linfa em direção ao coração.

A ligação do antígeno com o anticorpo

A molécula proteica de um anticorpo é complexa e possui o aspecto da letra Y. É formada por quatro cadeias de polipeptídios, duas de pequeno peso molecular e as outras duas de alto peso molecular (veja a Figura 2-20).

Cada cadeia polipeptídica possui uma porção variável, que é a parte da molécula que difere de um anticorpo para outro. Os dois braços do Y são os locais que se ligam ao antígeno. A cauda do Y é o local de ligação do anticorpo a locais específicos da célula de defesa.

A ligação do anticorpo ao antígeno ocorre na região dos dois braços do Y. A porção variável de cada braço encaixa-se especificamente nas porções complementares existentes na molécula de antígeno, de modo semelhante ao encaixe de uma chave na fechadura (veja a Figura 2-21).

Uma vez ligados um ao outro, o *anticorpo* inativa o *antígeno* e o **complexo antígeno-anticorpo** formado pode ser englobado por uma célula fagocitária, por exemplo, um glóbulo branco, que destruirá o complexo.

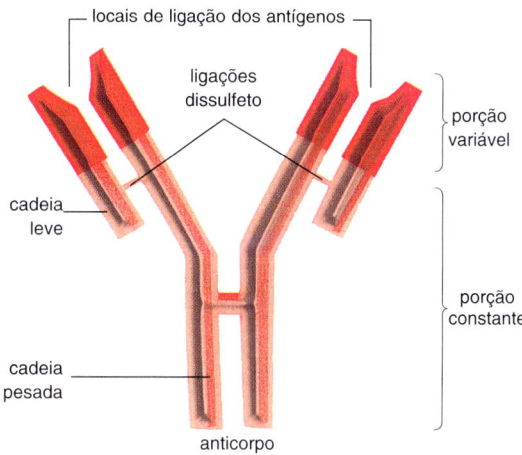

Figura 2-20. A molécula de anticorpo se assemelha à letra Y. A porção variável é específica para cada anticorpo.

Pense nisso

Um assunto que está muito em pauta nesses últimos tempos é a AIDS. Essa doença é causada por um vírus que ataca o sistema imunológico, destruindo um tipo de glóbulos brancos do sangue, responsável pela defesa do organismo. Este é o grande problema de todo o mecanismo: quando o vírus ataca justamente as células de defesa do organismo, a produção de anticorpos – que são tipos especiais de proteínas – fica prejudicada, não dando chance ao corpo para combater a infecção viral e outras possíveis infecções oportunistas.

Imunização: a defesa contra as doenças

As células produzidas pelos órgãos componentes do sistema imunológico atuam na produção de anticorpos. Estes, por sua vez, combatem antígenos existentes nos micróbios causadores de infecção ou nas substâncias tóxicas por eles liberadas.

Passada a infecção, de modo geral, permanece apenas um pequeno número de *células de memória*, isto é, células de defesa que poderão, caso ocorra outra infecção provocada pelo mesmo agente infeccioso, produzir os anticorpos específicos de modo que efetuem um combate rápido e eficiente. Esse processo de **imunização ativa natural** funciona com a maioria das doenças infecciosas provocadas por vírus e bactérias.

Muitos vírus e bactérias, porém, são muito agressivos e é inimaginável esperar que uma pessoa contraia a doença para depois ficar imune a ela. Assim, pensando-se em termos de prevenção de uma doença infecciosa, recorre-se à **imunização ativa artificial** a partir da **vacinação** das pessoas. A quantidade de anticorpos produzidos durante o processo de imunização ativa artificial é ilustrada pela Figura 2-22.

De maneira geral, a primeira inoculação de antígenos em uma pessoa provoca o que se chama de *resposta primária* aos antígenos. Os anticorpos surgem depois de 3 a 14 dias da inoculação, atingem certa concentração no sangue, declinando a seguir. Uma segunda inoculação de antígenos, algum tempo depois, provoca a chamada *resposta secundária*, muito mais rápida e produtora de maior quantidade de anticorpos em relação à resposta primária.

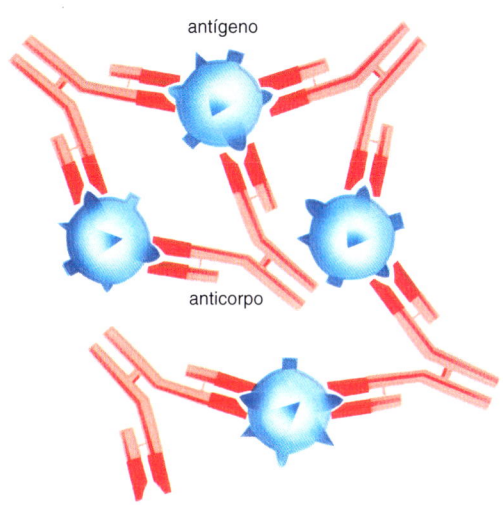

Figura 2-21. Complexo antígeno-anticorpo. Na reação antígeno-anticorpo, do tipo chave-fechadura, as porções variáveis da molécula do anticorpo se encaixam em porções complementares do antígeno, inativando-o.

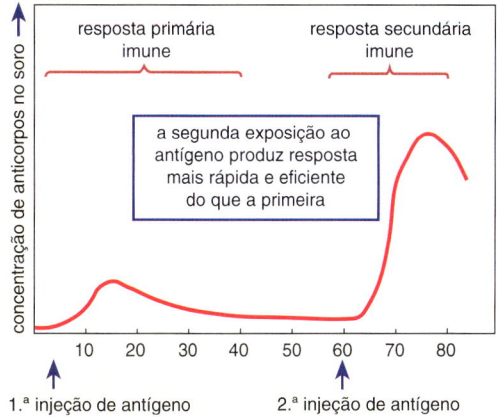

Figura 2-22. A primeira injeção de antígeno provoca a chamada *resposta primária*, em que a produção de anticorpos é pequena. A segunda injeção provoca a *resposta secundária*, em que a quantidade de anticorpos produzidos é maior e a resposta é mais rápida.

Saiba mais

Como são feitas as vacinas?

- Microrganismos patogênicos são multiplicados em condições especiais no laboratório. Posteriormente, esses microrganismos são mortos ou enfraquecidos de modo a que não sejam capazes de provocar doença, mantendo, porém, a capacidade de funcionar como antígenos. Ex.: vacina contra a poliomielite.
- Utiliza-se de apenas uma fração do microrganismo, aquela que contém os antígenos, como componente da vacina. Ex.: vacina contra a meningite meningocócica, em que são utilizados fragmentos das membranas que revestem as bactérias.
- Utilizam-se as substâncais tóxicas, alteradas, produzidas por uma bactéria, como componente da vacina. Ex.: vacina antitetânica, preparada com toxinas alteradas da bactéria que provoca o tétano.

> No leite materno existem inúmeros anticorpos. A amamentação é um tipo de imunização passiva natural.

Certos antígenos são tão agressivos que não é possível aguardar a produção natural de anticorpos para combatê-los. Nesses casos, recorre-se à **imunização passiva**, ou seja, injetam-se anticorpos específicos para combater os antígenos agressivos no organismo doente (pessoas ou animais). Por exemplo: quando ocorrem ferimentos profundos na pele, em regiões em que há bactérias do tétano, é fundamental a injeção de soro antitetânico contendo anticorpos que possam inativar rapidamente as toxinas produzidas pelas bactérias.

Saiba mais

O soro possui finalidade curativa. A vacina é preventiva.

Para a produção de anticorpos contra a toxina do tétano, por exemplo, utilizam-se animais.

Inoculam-se doses pequenas da toxina tetânica no cavalo que, em resposta, produz os anticorpos. Esses anticorpos do sangue do cavalo são extraídos e com eles prepara-se o soro que poderá ser injetado nas pessoas, quando necessário (veja a figura). Note que os anticorpos não foram produzidos pela pessoa ferida. A sua duração no sangue da pessoa que os recebe é pequena, limitando-se ao tempo necessário para inativar as toxinas produzidas pelas bactérias.

O soro, portanto, possui finalidade curativa e não preventiva.

Esse mecanismo também é usado contra venenos de cobras, escorpiões e aranhas.

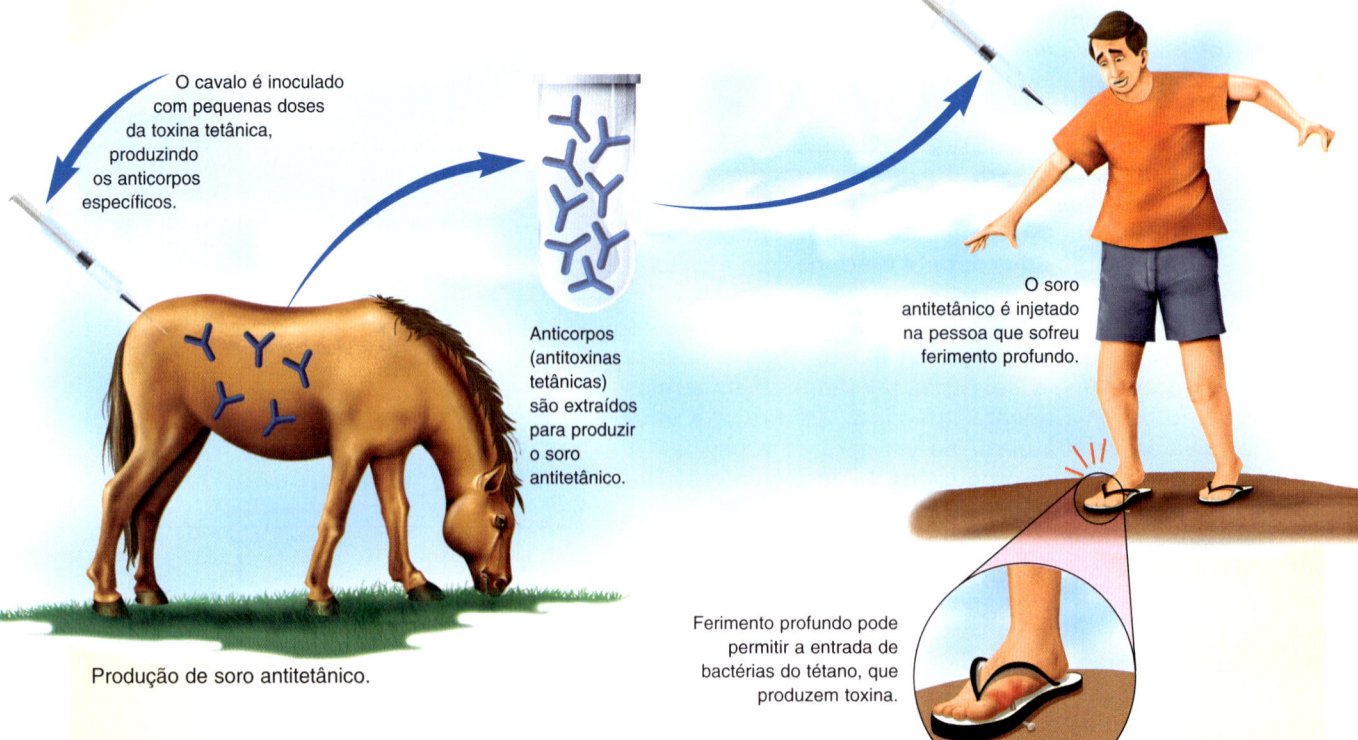

Produção de soro antitetânico.

O cavalo é inoculado com pequenas doses da toxina tetânica, produzindo os anticorpos específicos.

Anticorpos (antitoxinas tetânicas) são extraídos para produzir o soro antitetânico.

O soro antitetânico é injetado na pessoa que sofreu ferimento profundo.

Ferimento profundo pode permitir a entrada de bactérias do tétano, que produzem toxina.

As Proteínas e a nossa Alimentação

O desenvolvimento saudável de uma criança depende do fornecimento de proteínas de qualidade. Por proteínas de qualidade entende-se as que possuem todos os aminoácidos essenciais para a nossa espécie. A maturação cerebral depende do fornecimento correto, na idade certa, das proteínas de alto valor nutritivo. Pobreza de proteínas na infância acarreta sérios problemas de conduta e raciocínio na idade adulta.

A doença conhecida como Kwashiorkor, em que a criança apresenta abdômen e membros inchados, alterações na cor dos cabelos e precário desenvolvimento intelectual, é uma manifestação de deficiência proteica na infância e mesmo em adultos.

As autoridades mundiais estão cada vez mais preocupadas com a correta alimentação dos povos que, normalmente, não dispõem de acesso fácil aos alimentos proteicos.

Em muitas regiões do mundo, as pessoas recorrem a alimentos ricos em carboidratos (excelentes substâncias fornecedoras de energia), porém pobres em aminoácidos.

Elas engordam, mas apresentam deficiência em proteínas. O ideal é incentivar o consumo de mais proteínas e obter, assim, um desenvolvimento mais saudável do organismo.

As proteínas mais "saudáveis", de melhor qualidade, são as de origem animal. As de maior teor em aminoácidos essenciais são encontradas nas carnes de peixe, de vaca, de aves e no leite.

Um aspecto importante a ser considerado no consumo de cereais é que eles precisam ser utilizados sem ser beneficiados. No arroz sem casca e polido, o que sobra é apenas o amido, e o mesmo ocorre com os grãos de trigo no preparo da farinha. Deve-se consumir esses alimentos na forma integral, já que as proteínas são encontradas nas películas que envolvem os grãos. Mais recentemente, tem-se incentivado o consumo de arroz *parboilizado* (do inglês, *parboil* = ferventar), isto é, submetido a um processo em que as proteínas da película interna à casca aderem ao grão. Outra grande fonte de proteínas é a soja e todos os seus derivados.

Fique por dentro!

O termo vacina foi empregado pela primeira vez pelo médico inglês Edward Jenner, em 1796, ao efetuar um célebre experimento relacionado à varíola, uma grave doença virótica que hoje praticamente não existe.

Jenner percebeu que ordenhadores que tinham contato com vacas apresentando varíola bovina – mais suave que a varíola humana – pegavam varíola bovina, mas não pegavam varíola humana.

Então, em certo dia, ele retirou pus de feridas variólicas de um ordenhador e inoculou em um menino de 8 anos de idade, fazendo pequenos arranhões na pele da mão com uma agulha contendo material contaminado. O menino contraiu a varíola bovina.

Meses depois, Jenner inoculou no menino material proveniente de lesões da varíola humana. O menino não contraiu varíola humana. Tinha sido imunizado pela primeira inoculação com vírus de varíola bovina.

O experimento deu certo porque os vírus causadores das duas moléstias são muito parecidos.

Vacina e vacinação são dois termos derivados da palavra latina *vacca*, referindo-se ao animal a partir do qual toda essa série de experimentos teve início.

Saiba mais

O valor proteico da soja

As carnes de peixe e bovina, além do leite de vaca, constituem as melhores fontes de proteínas de qualidade para o homem. No entanto, para as pessoas que desejam evitar o consumo de carne bovina por uma infinidade de motivos, que abrangem desde o custo elevado até o receio de ingerir alimento com alto teor de mau colesterol – LDL –, existe hoje uma alternativa viável: a proteína de soja. As vantagens de se consumir grãos de soja devidamente preparados são várias: ausência de colesterol e presença de razoáveis quantidades de açúcares, sais minerais (cálcio, ferro) e de vitaminas (A, B_1, B_2 e niacina), além de atribuir à soja propriedades relativas à prevenção de câncer de mama, diabetes e osteoporose. A tabela ao lado compara os teores dos aminoácidos existentes nos leites de soja, de vaca e humano. Note, porém, que dois aminoácidos – metionina e cisteína – existem em pequena quantidade no leite de soja, quando comparados à quantidade existente nos outros dois alimentos. No entanto, grãos de milho contêm aqueles dois aminoácidos em teores suficientes, podendo-se, então, fazer uma combinação de grãos de soja e de milho para uma alimentação completa no que se refere à ingestão de proteínas de qualidade.

Teor de aminoácidos (g/16 g N) no extrato solúvel de soja e nos leites de vaca e humano.

Aminoácidos	Tipos de leite			
	Soja caseiro	Soja comercial	Vaca	Humano
Isoleucina	5,1	4,7	7,5	5,5
Leucina	8,3	8,1	11,0	9,1
Lisina	6,2	6,4	8,7	6,6
Metionina	1,4	1,2	3,2	2,0
Cisteína	1,7	0,9	1,0	2,0
Treonina	3,8	3,9	4,7	4,5
Triptofano	1,3	1,1	1,5	1,6
Valina	4,9	5,0	7,0	6,2

Fonte: EMBRAPA – CNPSo. *Soja:* potencial de uso na dieta brasileira. Documento 113, p. 14, abril de 1998.

Tabela 2-8. Gasto de energia (em calorias) por kg de peso e por hora de atividade.

Atividade	Calorias necessárias
Aeróbica de alto impacto	7
Aeróbica de baixo impacto	5,2
Assistir TV	0,9
Caminhar com cachorro	3,5
Caminhar leve/moderado	3,5
Caminhar na grama	5,2
Caminhar rápido	4
Ciclismo (por lazer)	4
Comer	1,5
Compras em supermercado	3,5
Cozinhar e preparar a mesa	2,5
Cuidar de criança	3,5
Dança de salão	5,5
Descer escadas	3
Dormir	0,9
Ginástica localizada, leve ou moderada	4
Hidroginástica intensa	9,9
Hidroginástica lenta	4
Lavar pratos	2,5
Ler	1,3
Nadar (por lazer)	6
Passar roupa	2,4
Tomar banho	2
Trabalhar no computador	1,5
Varrer a casa	2,4
Yoga/alongamentos	4

Fonte: AINSWORTH, BARBARA E. Compendium of Physical Activities: classification of energy costs of human physical activities. *Med Sci Sports Exerc*, 25(1):71-80, Jan. 1993. Disponível em: <http://www.saudeemmovimento.com.br>. Acesso em: 25 jun. 2004.

O que você come diariamente?

Sugere-se hoje que uma pessoa coma, por dia, entre 50 e 60% de carboidratos, dos quais 15% sejam constituídos de açúcares simples; cerca de 30% de gorduras (triglicérides), dos quais menos de 10% deve ser gordura não saturada; e cerca de 12 a 15% de proteínas.

A energia que obtemos diariamente dos alimentos serve para manter nosso metabolismo basal e realizar atividade física. Por metabolismo basal entende-se manter em níveis básicos o funcionamento dos órgãos vitais: batimentos cardíacos, respiração pulmonar, funcionamento dos neurônios e de órgãos como o fígado e os rins.

As atividades físicas envolvem a participação dos músculos esqueléticos e acontecem desde a hora em que você acorda, levanta-se da cama, dirige-se ao banheiro para sua higiene, veste sua roupa, toma seu lanche, dirige-se à escola, andando ou correndo, assiste às aulas, estuda, digita no computador etc. Claro que, ao fazer uma caminhada, você gasta certa quantidade de energia a mais em relação à que você gasta para manter apenas o metabolismo basal.

Veja a Tabela 2-8, em que há uma relação dos gastos energéticos para algumas atividades diárias.

Claro que, se a atividade física for mais intensa, mais calorias serão gastas e, nesse caso, você deve ingerir uma quantidade maior de calorias para repor as que você perdeu para executar essas atividades.

Em média, a necessidade diária de energia para um adolescente de 16 anos é de cerca de 3.000 calorias. Admitindo que você deva ingerir por dia aproximadamente 55% de carboidratos, 30% de gorduras e 15% de proteínas, das calorias ingeridas, então, cerca de 1.650 calorias deverão ser provenientes de carboidratos, 900 de gorduras e cerca de 450 de proteínas.

Se você exceder a ingestão diária indicada de calorias, o excesso será armazenado em seu organismo na forma de gordura. Se ingerir menos calorias do que a necessidade diária, então, o seu organismo passará a queimar as reservas armazenadas e você tenderá a emagrecer. Uma pessoa que deseja manter o "peso", deve consumir exatamente as calorias que gastar durante a atividade diária. Por exemplo, se para você, estudante, a necessidade diária energética – que inclui atividade física, metabolismo basal e crescimento do organismo – é de 2.500 calorias, então você deve ingerir exatamente essa quantidade para se manter com a massa corporal inalterada.

Pense nisso

Diz-se que o metabolismo basal de uma pessoa com 60 kg de massa corporal consome 1.400 calorias, quando ela está em repouso. Se ela fizer uma caminhada durante uma hora, no plano, com ritmo constante, o gasto energético será de aproximadamente 198 calorias. Ou seja, além das 1.400 calorias necessárias para a execução do metabolismo basal, 198 calorias serão gastas para caminhar.

Claro que uma pessoa executa mais atividades durante o dia, além de caminhar, e cada uma delas consome certa quantidade de calorias. Somando-se todas as calorias gastas durante o dia, pode-se ter uma noção de quanto alimento energético essa pessoa deveria ingerir para satisfazer as necessidades calóricas daquele dia.

Agora, veja a Tabela 2-9 para saber a quantidade de calorias de alguns alimentos.

Tabela 2-9. Valor calórico de alguns alimentos e bebidas.

Alimentos e bebidas	Calorias	Alimentos e bebidas	Calorias
Copo de leite integral (240 mL)	149	*Coca-cola* (lata, 350 mL)	137
Bife de alcatra frito (2 fatias, 100 g)	220	*Coca-cola light* (lata, 350 mL)	1,5
Big Mac	563	Banana-prata (unidade, 55 g)	55
Arroz com feijão (2 colheres de sopa, 40 g)	75		
Pão francês (50 g)	135		
Pizza de mussarela (fatia, 140 g)	304		
Açúcar comum (colher de chá, 10 g)	40		
Banana *split* (1 taça)	843		
Chipits queijo e cebolinha (unidade)	19		
Chocolate *Talento* com avelãs (100 g)	507		

Valor calórico dos alimentos

Carboidratos: 1 grama libera cerca de 4 calorias

Gorduras: 1 grama libera cerca de 9 calorias

Proteínas: 1 grama libera cerca de 4 calorias

ÁCIDOS NUCLEICOS

Os **ácidos nucleicos** são moléculas gigantes (macromoléculas), formadas por unidades monoméricas menores conhecidas como **nucleotídeos**. Cada nucleotídeo, por sua vez, é formado por três partes (veja a Figura 2-23):

- um açúcar do grupo das pentoses (monossacarídeos com cinco átomos de carbono);
- um radical "fosfato", derivado da molécula do ácido ortofosfórico (H_3PO_4);
- uma base orgânica nitrogenada.

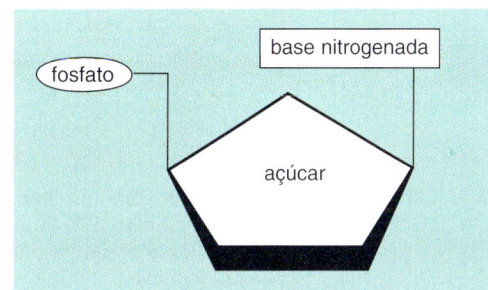

Figura 2-23. Cada nucleotídeo é formado por uma pentose (açúcar de 5 carbonos) ligada a uma base nitrogenada e a um radical fosfato.

Sabia-se de sua presença nas células, mas a descoberta de sua função como substâncias *controladoras da atividade celular* foi um dos passos mais importantes da história da Biologia.

A partir do século XIX, com os trabalhos do médico suíço Miescher, iniciaram-se as suspeitas de que os ácidos nucleicos eram os responsáveis diretos por tudo o que acontecia em uma célula.

Em 1953, o bioquímico norte-americano James D. Watson e o biologista molecular Francis Crick propuseram um modelo que procurava esclarecer a estrutura e os princípios de funcionamento dessas substâncias.

O volume de conhecimentos acumulados a partir de então caracteriza o mais extraordinário acontecimento biológico que culminou, nos dias de hoje, com a criação da *Engenharia Genética*, área da Biologia que lida diretamente com os ácidos nucleicos e o seu papel biológico.

Em 25 de abril de 1953, a revista *Nature* publicou o trabalho de Watson e Crick relativo à estrutura do DNA. Em 25 de abril de 2003 comemorou-se o cinquentenário dessa publicação.

Watson (à esquerda) e Crick (à direita) com o modelo de DNA por eles proposto.

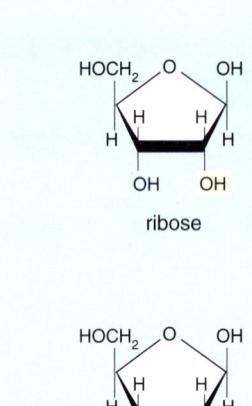

Figura 2-24. Estrutura molecular dos dois açúcares encontrados nos ácidos nucleicos.

De seus três componentes (açúcar, radical fosfato e base orgânica nitrogenada), apenas o radical fosfato não varia no nucleotídeo. Os açúcares e as bases nitrogenadas são variáveis.

Quanto aos açúcares, dois tipos de pentoses podem fazer parte de um nucleotídeo: ribose e desoxirribose (assim chamada por ter um átomo de oxigênio a menos em relação à ribose – veja a Figura 2-24).

Já as bases nitrogenadas pertencem a dois grupos (veja a Figura 2-25):

- as púricas: **adenina (A)** e **guanina (G)**;
- as pirimídicas: **timina (T)**, **citosina (C)** e **uracila (U)**.

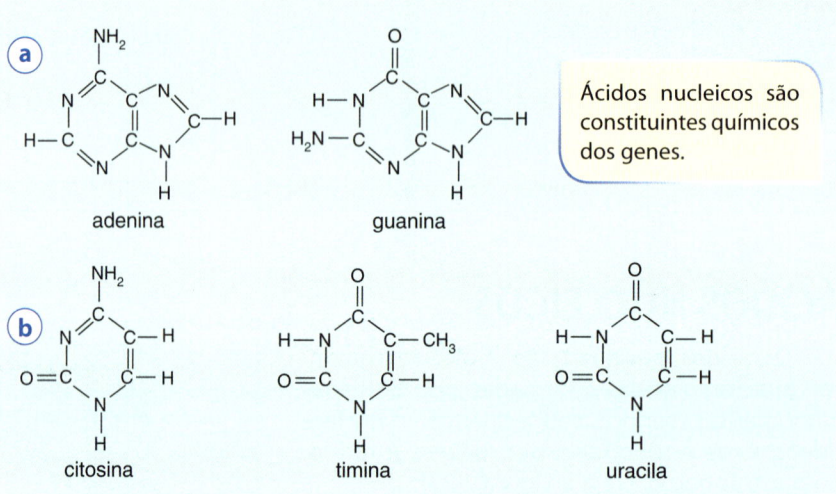

> Ácidos nucleicos são constituintes químicos dos genes.

Figura 2-25. Em (a), encontramos a estrutura molecular das bases nitrogenadas adenina e guanina. Em (b), estão representadas as bases nitrogenadas timina, citosina e uracila. Qual estrutura molecular é a mais complexa: a das bases púricas ou a das bases pirimídicas?

DNA e RNA: Qual É a Diferença?

É da associação dos diferentes nucleotídeos que se formam as macromoléculas dos dois tipos de ácidos nucleicos: o **ácido ribonucleico (RNA)** e o **ácido desoxirribonucleico (DNA)**. Eles foram assim chamados em razão do açúcar presente em suas moléculas: o RNA contém o açúcar **ribose** e o DNA contém o açúcar **desoxirribose**.

Outra diferença importante entre a molécula de DNA e a de RNA diz respeito às bases nitrogenadas: no DNA, as bases são citosina, guanina, adenina e timina; no RNA, no lugar da timina, encontra-se a uracila.

A importância e o funcionamento dos ácidos nucleicos serão estudados no Capítulo 7.

Ética & Sociedade

Infarto, enzimas e *stress*

Popularmente conhecido como ataque cardíaco, o infarto do miocárdio ocorre quando o fluxo de sangue para alguma parte do coração é interrompido, causando a morte das células. Quando o músculo cardíaco é danificado, enzimas são liberadas no sangue e podem ser detectadas em um simples exame de sangue. Alguns estudos apontam uma quantidade anormal de enzima no sangue mesmo algumas vezes em que não se verifica a ocorrência de infarto, mas espasmos decorrentes de situações de grande *stress*, deixando evidente que o *stress* causa um grande "estrago" no equilíbrio do nosso organismo.

Como, em nosso cotidiano, não temos como impedir que situações estressantes ocorram, o ideal é tentarmos amenizar o seu impacto sobre o nosso organismo procurando manter hábitos mais saudáveis de alimentação e a realização de atividade física.

Que situações estressantes você identifica em seu cotidiano? Se seu melhor amigo estivesse submetido a essas mesmas situações, que medidas você indicaria a ele para aliviar o *stress*?

Passo a passo

1. Dos oito elementos químicos comuns na composição química da Terra:
   a) Quais são os dois mais abundantes?
   b) E nos seres vivos, quais são os seis elementos químicos mais frequentes?

2. Um caldo orgânico obtido de um pedaço de fígado de boi, batido em um liquidificador e depois analisado por um químico, revelou a existência de componentes orgânicos e inorgânicos.

   a) Quais são esses componentes?
   b) Se o mesmo procedimento fosse adotado com folhas de alface, o resultado seria o mesmo?
   c) Qual é o *elemento químico* presente em todo e qualquer componente orgânico dos seres vivos? Justifique sua resposta.

3. Nos seres vivos, a taxa de água é variável de acordo com a espécie e a idade do organismo, sendo, de modo geral, maior nos indivíduos mais jovens. Em uma semente que não está em germinação há um embrião e a taxa de água é pequena (10 a 20%), enquanto no feto humano de três meses, que está em desenvolvimento no interior do útero materno, a taxa é elevada (94%). Como justificar essa diferença?

4. O que significa dizer que a molécula de água é polar e que entre moléculas de água existe coesão? Cite as demais propriedades decorrentes dessas duas características das moléculas de água e que estão descritas no item "Características que fazem a Diferença".

5. Cite dois exemplos de sais inorgânicos que se encontram na forma imobilizada e dois exemplos de sais inorgânicos que atuam na forma iônica, nos seres vivos.

6. Cite dois exemplos de vitaminas lipossolúveis e dois exemplos de vitaminas hidrossolúveis. Em cada exemplo, relacione as fontes dessas vitaminas, as funções por elas exercidas e os principais sintomas decorrentes de deficiência dessas vitaminas, no ser humano.

7. Ao estudarem o assunto carboidratos, Mariana, João e Isabela escreveram as seguintes frases:

   Mariana: os carboidratos são classificados em monossacarídeos, oligossacarídeos e polissacarídeos. Um importante exemplo de monossacarídeo é a glicose, que é uma hexose por conter seis átomos de carbono. A glicose é o principal carboidrato utilizado na liberação de energia para o trabalho celular.

   João: dentre os oligossacarídeos mais conhecidos podem ser citados a sacarose, a lactose, a ribose e a desoxirribose. Os dois últimos são componentes de moléculas de ácidos nucleicos. Uma importante fonte de sacarose para o ser humano é o mel de abelhas.

   Isabela: os polissacarídeos são os carboidratos mais complexos. A inicial do seu nome (poli) indica que constituem uma união de muitos monossacarídeos. Como exemplos podemos citar a celulose, o glicogênio e o amido.

   Qual dos três estudantes cometeu erros ao escrever a frase? Justifique os erros, corrigindo a informação contida no texto.

8. Cite dois exemplos de:
   a) monossacarídeos;
   b) dissacarídeos e
   c) polissacarídeos, e as fontes de onde são obtidos.

9. Com relação aos lipídios:
   a) Quais são as duas substâncias mais conhecidas dessa categoria de componentes orgânicos nos seres vivos? Cite outros componentes dessa categoria de compostos orgânicos nos seres vivos.
   b) Como é constituída, quimicamente, uma molécula de um triglicerídio?
   c) Qual o significado de ácidos graxos saturados e ácidos graxos insaturados? Qual dos dois tipos é mais benéfico à saúde.

10. Cite as funções biológicas que você julgar as mais importantes, desempenhadas pelos lipídios nos seres vivos.

11. Qual é o bom colesterol e qual é o mau colesterol? Quais são os fatores que propiciam o aumento do mau colesterol?

12. Com relação às proteínas:
    a) Cite os três papéis básicos desempenhados por essa categoria de compostos orgânicos, nos seres vivos.
    b) Quais são os "tijolos" básicos que constituem uma molécula de proteína?
    c) Como se dá a união de tais "tijolos" básicos em uma molécula de proteína?
    d) Qual o significado de *aminoácidos naturais* e *aminoácidos essenciais*, no caso dos seres humanos? Cite pelo menos dois exemplos de cada uma dessas categorias para o ser humano.
    e) Cite os possíveis tipos de estruturas que podem ocorrer em moléculas de proteínas, nos seres vivos.

13. Qual o significado do termo desnaturação proteica? Cite um fator que pode conduzir a uma desnaturação proteica.

14. Cite um exemplo de cada um dos seguintes tipos de proteína: de *defesa*, *enzima*, *reguladora*, *transportadora* e *estrutural*, no ser humano.

15. Com relação aos componentes que podem fazer parte de uma enzima, diferencie os termos apoenzima, cofator e coenzima.

16. O papel de uma enzima, ao catalisar determinada reação química, é atuar na diminuição da chamada *energia de ativação*. Qual o significado desse termo? Que denominação recebe o reagente sobre o qual atuará uma determinada enzima?

17. A atuação de uma enzima, ao facilitar a ocorrência de determinada reação, conduz a um encaixe prévio da enzima ao substrato no qual atuará.
    a) Como é denominado o conjunto formado pela união da enzima ao seu substrato?
    b) Na molécula da enzima existem determinados locais nos quais se ajusta o substrato. Como são denominados esses locais?

A química da vida **45**

c) Após atuar facilitando a ocorrência de uma reação química, a enzima, intacta, pode atuar em outras reações químicas. Qual a principal conclusão a que se chega com essa descrição?
d) Quais são os dois mais importantes fatores que regulam a atividade das enzimas?

18. Conceitue antígeno, anticorpo e toxina.

19. Como é denominado o sistema constituído de órgãos, células e anticorpos destinados a defender o organismo humano contra antígenos que o invadem? A que categoria de proteínas os anticorpos pertencem?

20. Quando uma criança é vacinada contra determinada doença, por exemplo, o sarampo, os antígenos existentes na vacina induzem a produção de anticorpos contra os antígenos presentes nos vírus causadores dessa doença. Diz-se, então, que a criança está imunizada ou protegida contra futuras contaminações pelo vírus do sarampo. A que tipo de imunização a vacinação se relaciona: natural ou artificial? Qual a diferença existente entre esses dois conceitos?

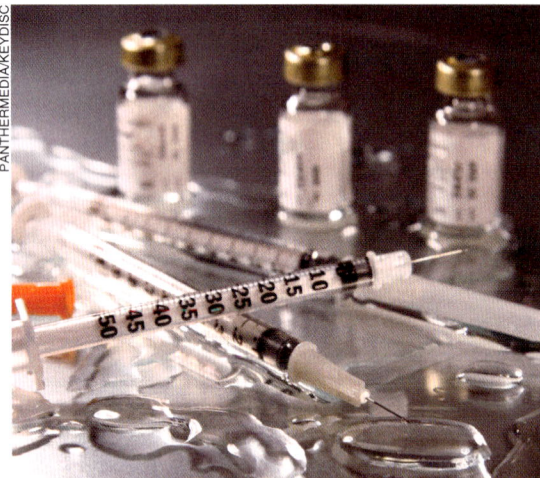

21. Imunização passiva artificial e natural, qual é a diferença entre esses dois conceitos?

22. Soro e vacina, qual a diferença? Por que se diz que a vacinação é preventiva e o soro é curativo?

23. O gráfico abaixo está relacionado à imunização que ocorre, por exemplo, no processo de vacinação. Em A, foi feita a injeção de uma dose inicial da vacina e em B foi feita a injeção de uma dose de reforço. Que termos devem ser utilizados, respectivamente, nas lacunas I e II? Por que a resposta de produção de anticorpos é mais intensa após a segunda injeção de antígenos (na dose de reforço)?

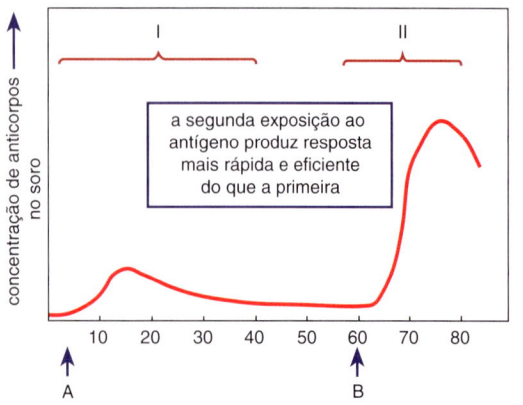

24. Ácidos nucleicos são macromoléculas constituídas de unidades menores denominadas de nucleotídeos. A respeito desse assunto, responda:
a) Quais são os dois tipos de ácidos nucleicos encontrados nos seres vivos?
b) Cite os componentes de um nucleotídeo.
c) Qual o elemento químico participante do radical fosfato nos ácidos nucleicos dos seres vivos atualmente conhecidos na Terra?

25. Descreva as diferenças existentes entre os dois tipos de ácidos nucleicos que você citou na resposta à questão 24.

26. *Questão de interpretação de texto*

Cientistas conseguiram desenvolver um plástico biodegradável utilizando proteína de leite (uma molécula orgânica) e argila (que é um mineral). Por meio de uma reação química, introduziram a caseína (que é o nome dado à proteína do leite) na argila. O resultado foi a produção de um material biodegradável, que é forte o suficiente como o plástico e pode ser degradado em até 30 dias, no caso de ser descartado. O material pode substituir, sem prejuízos, compostos orgânicos como o poliestireno, que é um derivado do petróleo, muito usado no Brasil para a produção de isopor e, também o poliuretano rígido, que é matéria-prima para a fabricação, por exemplo, de cadeiras e mesas de plásticos. O novo material produzido possui muitas vantagens em relação a outros plásticos "verdes" já testados como, por exemplo, os produzidos com amido de trigo.

Adaptado de: RIGHETTI, S. Químicos transformam leite e argila em plástico.
Folha de S.Paulo, São Paulo, 5 dez. 2010. Caderno Ciência, p. C15.

Após a leitura do texto, responda:
a) Quais são os "tijolos" orgânicos básicos que constituem a molécula da proteína caseína? Cite um alimento derivado do leite que é rico em caseína.
b) O texto afirma que a proteína caseína é uma molécula orgânica. É, portanto, constituída de um elemento químico que está presente em toda e qualquer molécula orgânica. Qual é esse elemento químico?
c) A que categoria de compostos orgânicos pertence o amido de trigo citado no texto? Cite outro composto que se enquadre na categoria a que pertence o amido.

Questões objetivas

1. (UFF – RJ) Os seres vivos possuem composição química diferente da composição do meio onde vivem (gráficos abaixo). Os elementos presentes nos seres vivos se organizam, desde níveis mais simples e específicos até os níveis mais complexos e gerais.

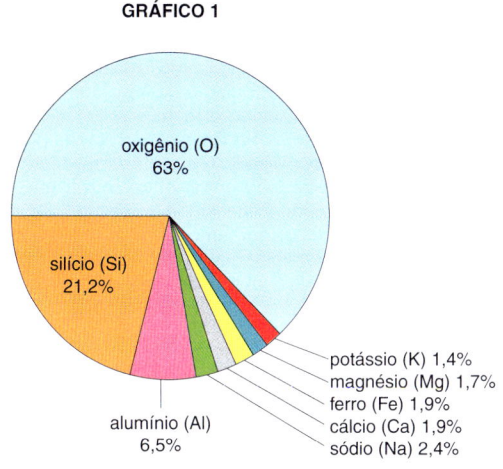

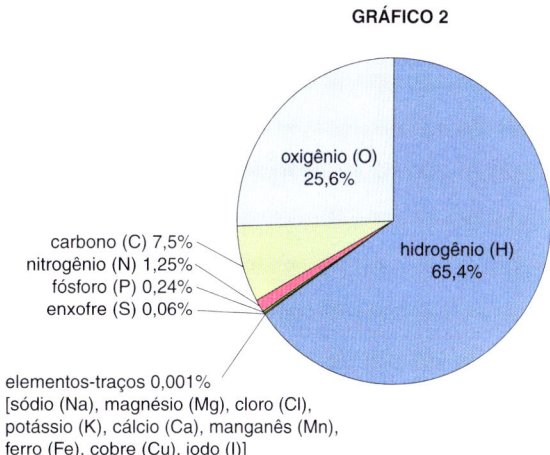

Assinale a opção que identifica o gráfico que representa a composição química média e a ordem crescente dos níveis de organização dos seres vivos.

a) Gráfico 1, molécula, célula, tecido, órgão, organismo, população e comunidade.
b) Gráfico 1, molécula, célula, órgão, tecido, organismo, população e comunidade.
c) Gráfico 2, molécula, célula, órgão, tecido, organismo, população e comunidade.
d) Gráfico 2, molécula, célula, tecido, órgão, organismo, comunidade e população.
e) Gráfico 2, molécula, célula, tecido, órgão, organismo, população e comunidade.

2. (UNEMAT – MT) Carboidratos, que compreendem os açúcares e os lipídios, são substâncias orgânicas fundamentais para a vida.

De maneira geral, os açúcares e os lipídios estão relacionados com:

a) fornecimento de energia e reserva energética.
b) fornecimento de cálcio e reserva de ferro.
c) fornecimento de magnésio e reserva de cobre.
d) fornecimento de manganês e reserva de zinco.
e) fornecimento de ferro e reserva de cálcio.

3. (UFMS) Identifique as alternativas corretas e dê sua soma ao final. Os carboidratos apresentam importantes funções, entre as quais destacam-se as energéticas e as estruturais. Classificam-se em: monossacarídeos, oligossacarídeos (os dissacarídeos são os mais conhecidos nesse grupo) e polissacarídeos. Em relação aos carboidratos, é correto afirmar:

(01) A glicose é classificada como dissacarídeo.
(02) A celulose exerce importante função estrutural, participando da parede celular dos vegetais.
(04) O amido é classificado como polissacarídeo e desempenha importante função de reserva energética em vegetais.
(08) A sacarose, encontrada na cana-de-açúcar e na beterraba, é classificada como monossacarídeo.
(16) A quitina, classificada como polissacarídeo, exerce importante função estrutural, a exemplo do exoesqueleto dos artrópodes e da parede celular dos fungos.
(32) O glicogênio é classificado como oligossacarídeo e apresenta funções energéticas e estruturais em animais e vegetais.

4. (UNESP) As proteínas são moléculas complexas formadas por unidades denominadas ...., que se unem umas às outras por meio de .... Cada unidade é formada por um átomo de carbono, ao qual se ligam um grupo .... e um grupo..............., que apresenta um átomo de nitrogênio e um radical de estrutura variável.

Os termos que completam corretamente os espaços em branco são, pela ordem.

a) monopeptídios... ligação glicosídica... carboxila... amina
b) monopeptídios... ligação peptídica... amina... carboxila
c) aminoácidos... ligação peptídica... carboxila... amina
d) aminoácidos... ligação glicosídica... amina... carboxila
e) nucleotídeos... reação de desidratação... carboxila... amina

5. (UFSC) Um extraterrestre que resolvesse estudar a composição química das formas de vida em nosso planeta poderia concluir, de maneira correta, que ela é baseada em compostos de carbono, água e sais minerais.

Indique a(s) proposição(ões) **CORRETA(S)** e dê sua soma ao final.

(01) Nos seres vivos, as substâncias mais abundantes são: água (70% a 85%), lipídios (10% a 15%), glicídios (7% a 10%) e proteínas (2% a 3%).
(02) Os íons cálcio desempenham importante função nos processos da contração muscular e da coagulação do sangue.
(04) Os compostos proteicos miosina e hemoglobina têm como principal elemento na sua composição os íons magnésio.

(08) Os glicídios desempenham papel importante na estrutura dos ácidos nucleicos, os quais são importantes na transmissão das características dos seres vivos.

(16) Os fosfolipídios, uma classe especial de lipídios, são essenciais na formação das membranas celulares.

(32) Todos os aminoácidos, essenciais e não essenciais, utilizados por nossas células na formação das proteínas, são necessariamente obtidos através da alimentação.

6. (PUC – RJ) Analise a figura a seguir que mostra a mudança da estrutura terciária de uma proteína enzimática, pela modificação das condições às quais ela está exposta.

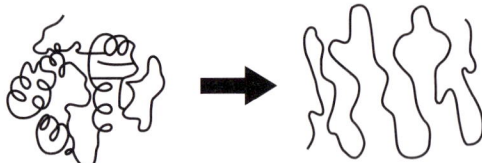

proteína na forma original → proteína após modificação

Esta mudança é chamada de

a) saturação e pode ser causada pela alteração do pH do meio.
b) renaturação e pode ser causada pela alteração da temperatura do meio.
c) saponificação e pode ser causada pela alteração de pH do meio.
d) floculação e pode ser causada pela mudança de densidade do meio.
e) desnaturação e pode ser causada pela alteração de temperatura do meio.

7. (UFAM – adaptada) Dadas as seguintes proteínas: colágeno, hemoglobina e pepsina, é correto afirmar que suas respectivas funções estão relacionadas com:

a) defesa, transporte e sinalização.
b) defesa, transporte e hemostasia.
c) estrutura, transporte e enzima.
d) enzima, defesa e hemostasia.
e) transporte, estrutura e enzima.

8. (PUC – MG) A vacinação é uma maneira de se prevenir contra doenças causadas por vírus ou bactérias.

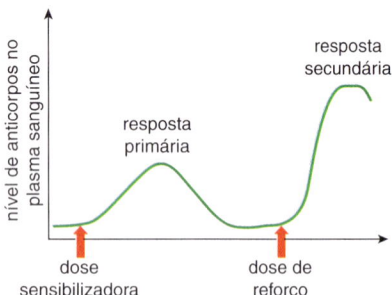

Observe o esquema acima e marque a opção **INCORRETA**.

a) Na recepção do antígeno, pela primeira vez, o tempo para a produção de anticorpos é maior, e sua quantidade é menor que no reforço.
b) A imunização produzida em nosso organismo por vacinas é passiva, e normalmente a doença não se manifesta, nem mesmo de forma branda.
c) A memória imunológica deixa o organismo preparado ou programado para reagir, mais prontamente, contra um determinado antígeno.
d) Na recepção do mesmo antígeno pela segunda vez, o tempo de produção de anticorpos é menor, e a sua quantidade é maior.

9. (UFRGS – RS) Assinale a alternativa que preenche corretamente as lacunas do texto abaixo, na ordem em que aparecem.

Quando se usa........, o sistema de defesa reage produzindo .... e .... que apresentam a capacidade de reconhecer agentes infecciosos.

a) vacina – anticorpos – células de memória
b) soro – antígenos – células fagocitárias
c) soro – anticorpos – células fagocitárias
d) vacina – antígenos – células de memória
e) soro – antígenos – células de memória

10. (UNESP) No filme *Eu sou a lenda*, um vírus criado pelo homem espalhou-se por toda a população de Nova Iorque. As vítimas do vírus, verdadeiros zumbis, vagam à noite pela cidade, à procura de novas vítimas. No filme, Robert Neville (Will Smith) é um cientista que, sem saber como, tornou-se imune ao vírus. A obsessão de Neville é encontrar outros que, como ele, não estão infectados, e possibilitar um mecanismo para a cura. A cura vem através do sangue: amostras de sangue de pessoas doentes que melhoraram depois de infectadas pelo vírus, quando administradas a outros doentes, podem promover a melhora.

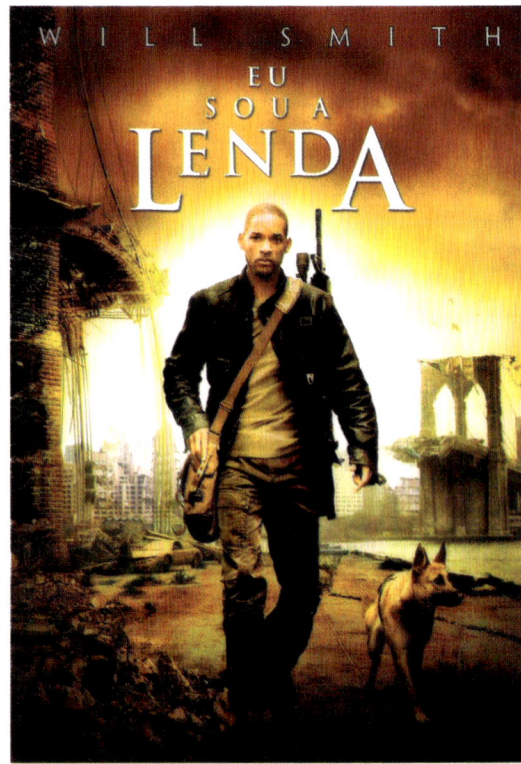

(*I am Legend*, Francis Lawrence, Warner Bros. Pictures, 2007.)

Considerando-se o contido na sinopse do filme, pode-se inferir que, mais provavelmente, o princípio biológico utilizado por Neville para debelar a doença é a administração de

a) soro, composto de anticorpos presentes no sangue de pacientes contaminados.
b) soro, composto de antígenos presentes no sangue de pacientes contaminados.
c) vacina, composta de anticorpos presentes no sangue de pacientes contaminados.
d) vacina, composta de antígenos presentes no sangue de pacientes contaminados.
e) vírus atenuados, presentes no sangue de pacientes que melhoraram ou no sangue de pessoas imunes.

11. (PUC – RJ) Algumas doenças são consideradas autoimunes porque as pessoas que as possuem

a) não são capazes de produzir anticorpos.
b) produzem anticorpos contra medicamentos.
c) produzem poucos glóbulos brancos e vermelhos.
d) produzem anticorpos contra as próprias partes de seu corpo.
e) não podem receber transfusão sanguínea de nenhum doador.

12. (UFT – TO) O processo de imunização de populações é amplamente utilizado para a promoção da saúde. Analise o esquema (simplificado) abaixo e assinale a alternativa errada.

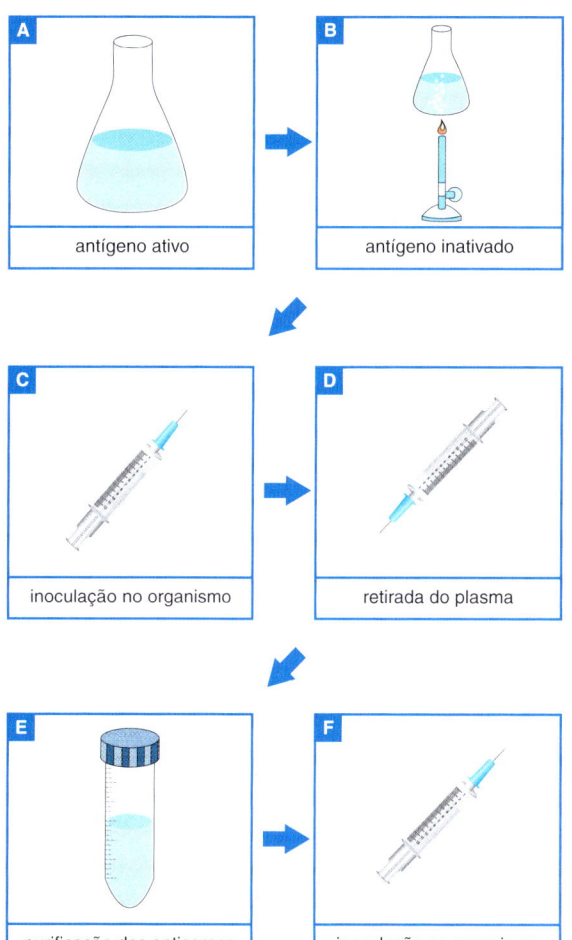

a) As etapas A e B podem corresponder a um processo de produção de uma vacina.
b) As etapas D e E podem corresponder a um processo para obtenção de anticorpos.
c) O evento C desencadeia o processo de imunização ativa.
d) O evento F induz um processo de estimulação do sistema imunológico para produção de anticorpos.

13. (UFOP – MG) As campanhas de vacinação são importantes, pois nos garantem uma proteção maior contra algumas doenças. Abaixo há três afirmações em relação a conceitos envolvendo a vacinação:

I. a vacina pode conter substâncias isoladas de microrganismos causadores de doenças ou os próprios microrganismos previamente atenuados;
II. a vacina desencadeia no organismo vacinado uma resposta imunitária primária;
III. graças à vacinação, o organismo é capaz de reagir com maior rapidez e eficiência contra qualquer patógeno.

Baseando-se nas afirmações acima, assinale a alternativa **correta**.

a) Apenas II e III são afirmações verdadeiras.
b) Apenas as afirmações I e II são verdadeiras.
c) Apenas as afirmações I e III são verdadeiras.
d) I, II e III são afirmações falsas.

14. (UFAM) As proteínas são compostos orgânicos com papéis diversos nos seres vivos. Sua construção se dá no citoplasma das células a partir de unidades fundamentais denominadas aminoácidos. Os organismos animais conseguem sintetizar boa parte dos 20 aminoácidos que, comumente, compõem as proteínas. Contudo, os aminoácidos essenciais devem ser obtidos por meio da dieta. Assinale a alternativa que contém alguns desses aminoácidos essenciais para o ser humano.

a) Glicina, alanina, valina, arginina, ácido aspártico.
b) Cisteína, lisina, histidina, treonina, tirosina.
c) Isoleucina, leucina, valina, alanina, glutamina.
d) Metionina, lisina, histidina, treonina, triptofano.
e) Metionina, lisina, aspartato, treonina, prolina.

15. (UFPR) Testes bioquímicos realizados durante um experimento revelaram a presença, em uma solução, de dois tipos de biopolímeros, um composto por monossacarídeos unidos por ligações glicosídicas e o outro composto por aminoácidos unidos por ligações peptídicas. Além disso, constatou-se que o segundo polímero tinha atividade enzimática glicosidase (quebra ligação glicosídica).

A propósito da situação acima, é correto afirmar que:

a) o material, de acordo com as características bioquímicas descritas, contém um polissacarídeo e enzima capaz de degradá-lo.
b) as características bioquímicas descritas para os dois biopolímeros permitem concluir que se trata de um polissacarídeo e de um ácido nucleico.
c) o material, de acordo com as características bioquímicas descritas, contém um ácido nucleico e enzima capaz de degradá-lo.
d) as biomoléculas encontradas nas análises bioquímicas são carboidratos que formam polímero como a insulina.
e) o biopolímero composto por aminoácidos é uma proteína e todas as proteínas possuem a mesma sequência de aminoácidos, porém peso molecular diferente.

16. (UFPR) Um experimento foi realizado para demonstrar a atividade da enzima catalase, também conhecida como peroxidase: em um recipiente foi colocado um pedaço de fígado bovino fresco (condição A), enquanto que em outro foi colocado um pedaço de fígado bovino cozido (condição B). A seguir, peróxido de hidrogênio (água oxigenada) foi adicionado a cada um dos recipientes. Na condição A, muitas bolhas foram observadas saindo do pedaço de fígado; na condição B não foi observada a formação de bolhas. A partir dessas informações, assinale a alternativa correta.

a) A catalase está ativa na condição A, promovendo a formação de gás oxigênio pela quebra do peróxido de hidrogênio.
b) As bolhas que apareceram na condição A são consequência da formação de vitamina C, pela reação conhecida como peroxidação hepática.
c) A catalase aumentou a energia de ativação da reação do peróxido de hidrogênio, produzindo calor e consequentemente as bolhas no fígado fresco.
d) As bolhas formadas na condição A são de gás hidrogênio, produzido pelo contato do peróxido de hidrogênio com o ar.
e) A água oxigenada foi convertida em gases na condição A e convertida em água pura na condição B.

17. (PUC – MG) O termo **VITAMINA** foi utilizado pela primeira vez em 1911 para designar um grupo de substâncias que eram consideradas vitais; todas elas continham o elemento nitrogênio, na forma de aminas. Embora se saiba que várias das vitaminas hoje conhecidas não possuem grupos aminas em suas estruturas químicas, o termo é usado até hoje. O termo "fator alimentar acessório" tem sido utilizado, algumas vezes, para expressar esse mesmo conjunto de substâncias, mas de uma forma cientificamente correta!

Fonte: Revista Eletrônica do Departamento de Química da UFSC.

Com base nesse assunto, assinale a afirmativa **INCORRETA**.

a) A água resultante do cozimento de legumes pode ser utilizada no cozimento do arroz por representar fonte adicional de vitaminas do grupo B.
b) Hipovitaminoses trazem consequências para o organismo como, por exemplo, a hipovitaminose E, que afeta as gengivas, ricas em vasos sanguíneos, e sujeitas ao atrito durante a escovação, resultando no seu sangramento.
c) Os humanos requerem vitamina C para a formação do colágeno, um componente do tecido conjuntivo, que mantém íntegra a estrutura de tecidos da derme, músculos e vasos sanguíneos.
d) Uma das primeiras consequências de uma dieta deficiente em vitamina A é a cegueira noturna, resultante da redução da acuidade visual na penumbra.

18. (UFV – MG) Abaixo estão esquematizadas as fórmulas (I, II e III) de três biomoléculas.

I   II   III

Com relação a essas moléculas e o papel que desempenham como constituintes no metabolismo celular, assinale a afirmativa que apresenta dois conceitos **INCORRETOS**:

a) I representa uma glicose e II forma a estrutura das proteínas.
b) II é um aminoácido e III participa da cadeia da hemoglobina.
c) III atua como um polímero e II são anéis da cadeia do amido.
d) I e III participam de glicoproteínas e II da molécula de DNA.

Questões dissertativas

1. (UNESP) Em abril de 2007, astrônomos suíços, portugueses e franceses descobriram um planeta semelhante à Terra fora do sistema solar, o Gliese 581c. A descoberta desse planeta representa um salto da ciência na busca pela vida extraterrestre, visto que os cientistas acreditam que há água líquida em sua superfície, onde as temperaturas variam entre 0 ºC e 40 ºC. Tais condições são muito propícias à existência de vida.

Por que a água na forma líquida e temperaturas entre 0 ºC e 40 ºC são propícias para a existência da vida tal como a conhecemos?

2. (UNIRIO – RJ) Música: Jiboia

Autor: Vilani Silva "Bombril"

... Depois que mataram a jiboia
Jararaca deita e rola
Jararaca deita e rola, depois que mataram a jiboia
Jararaca deita e rola, depois que mataram a jiboia
...
Se alguém passa perto, ela arma o bote
Seus olhos ardentes veneno traz morte
Se alguém passa perto, ela arma o bote....

A fundação Oswaldo Cruz (FIOCRUZ) produz vacinas para a prevenção de várias doenças. Além das vacinas, a FIOCRUZ também fabrica soros específicos usados na terapia (tratamento) de várias doenças e para os casos de envenenamento por animais peçonhentos.

Quando a cobra "Jararaca", citada na música interpretada pelo sambista Almir Guineto, morde um ser humano,

a) Qual medicamento, vacina ou soro, deve ser aplicado ao indivíduo? Justifique sua resposta.
b) Como atuam soro e vacina no corpo humano?

3. (UNICAMP – SP) O gráfico abaixo representa a resposta imunitária de uma criança vacinada contra determinada doença, conforme recomendação dos órgãos públicos de saúde.

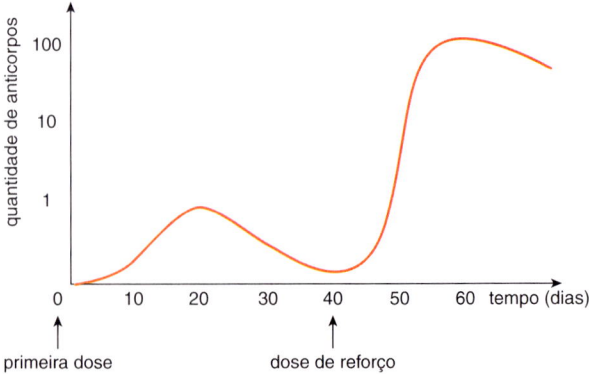

a) Explique o que são vacinas e como protegem contra doenças.
b) Observe o gráfico e explique a que se deve a resposta imunitária da criança após a dose de reforço.

4. (FUVEST – SP) As duas curvas (A e B) do gráfico mostram a concentração de anticorpos produzidos por um camundongo, durante oito semanas, em resposta a duas injeções de determinado antígeno.

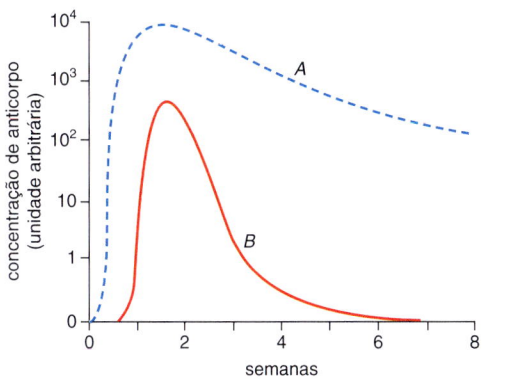

Essas injeções foram realizadas com intervalo de seis meses.
a) Identifique as curvas que correspondem à primeira e à segunda injeção de antígenos.
b) Quais são as características das duas curvas que permitem distinguir a curva correspondente à primeira injeção de antígenos daquela que representa a segunda injeção?
c) Por que as respostas a essas duas injeções de antígenos são diferentes?

5. (UNESP – SP) Em algumas marcas de refrigerantes consta na embalagem a advertência: *Atenção fenilcetonúricos: contém fenilalanina*.
a) A fenilalanina é um aminoácido natural ou um aminoácido essencial? Explique o que é um aminoácido natural ou explique o que é um aminoácido essencial.
b) Por que razão a fenilalanina não é indicada para pessoas portadoras de fenilcetonúria?

Programas de avaliação seriada

1. (PSS – UFAL) A Biologia é a ciência que estuda a vida em seus diversos níveis de organização. Sobre este assunto, é correto afirmar que são características básicas de todos os seres vivos:
a) presença de carbono, hidrogênio, oxigênio e nitrogênio.
b) organização multicelular.
c) metabolismo aeróbio.
d) reprodução sexuada.
e) presença de carioteca.

2. (PISM – UFJF – MG) A participação da água no equilíbrio da temperatura celular, evitando variações bruscas que podem afetar o metabolismo, é consequência do seu:
a) baixo calor de dissociação.
b) baixo calor de liquefação.
c) baixo calor de vaporização.
d) elevado calor de sublimação.
e) elevado calor específico.

3. (PSS – UEPG – PR) O colesterol existente no corpo humano pode ter duas origens: exógena, quando ingerido com alimentos como ovos, leite e derivados, carnes em geral, caranguejos e camarões, entre outros; e endógena, quando fabricado pelo próprio organismo. O fígado é o órgão regulador da quantidade de colesterol no sangue: além de fabricá-lo, também o destrói. Quimicamente, como é considerado o colesterol?
a) um lipídio esteroide
b) uma proteína reguladora
c) um componente inorgânico
d) uma proteína enzimática
e) uma vitamina hidrossolúvel

4. (PEIES – UFSM – RS) A respeito da nutrição humana, alimentos e saúde, assinale V (verdadeira) ou F (falsa) nas afirmativas a seguir.
( ) Proteínas e aminoácidos são nutrientes importantes na estrutura corporal humana, sendo encontrados em abundância na carne e no leite.
( ) Açúcares e gorduras são nutrientes essencialmente estruturais, mas podem desempenhar papel energético às vezes, caso o corpo necessite desses nutrientes.
( ) As vitaminas A, C e D, quando não ingeridas adequadamente, estão relacionadas com as ocorrências de cegueira noturna, escorbuto e fragilidade óssea, respectivamente.
( ) O cálcio, um sal mineral, é importante na composição sanguínea, estando presente no sal de cozinha.

A sequência correta é
a) F – F – V – F.
b) V – F – V – F.
c) F – V – F – V.
d) V – V – F – F.
e) V – V – V – V.

5. (PASES – UFV – MG) Quanto às proteínas, é INCORRETO afirmar que:
a) seus aminoácidos são unidos por pontes (ou ligações) de hidrogênio.
b) os ribossomos são as estruturas celulares responsáveis por sua síntese.
c) aquelas destinadas à secreção são produzidas no retículo endoplasmático rugoso.
d) a sequência de aminoácidos é codificada pelo RNA mensageiro.

6. (PASES – UFV – MG) São exemplos de polissacarídeos formados exclusivamente por glicose:
a) sacarose e amido.
b) glicogênio e celulose.
c) lactose e quitina.
d) celulose e frutose.

7. (PSS – UEPG – PR) Dentro da composição química característica das células animais, 75% é representada por água. Sobre os demais 25% da sua composição, assinale a alternativa correta.
a) Além da água, todas as demais substâncias que constituem as células animais denominam-se substâncias orgânicas. Entre elas estão: ácidos nucleicos, lipídios, carboidratos, proteínas e sais minerais.
b) Os íons de carga elétrica positiva, que participam de funções nas células animais, são formados pelos sais minerais, que geralmente se encontram dissolvidos na água e que por serem essenciais ao metabolismo celular são necessários em grandes quantidades.
c) As proteínas são polímeros constituídos de monômeros chamados aminoácidos. Compõem-se basicamente de carbono, hidrogênio, nitrogênio e oxigênio. Em cada organismo existem milhares de tipos de proteínas, que participam de praticamente todas as reações químicas que acontecem nas células.

d) Os carboidratos, também chamados de hidratos de carbono ou de glicídios, são constituídos apenas de carbono e hidrogênio, todos solúveis na água e que podem ser identificados pelo sabor. As células apresentam desde os carboidratos mais simples, denominados monossacarídeos, até os mais complexos, denominados polissacarídeos.

e) Os ácidos nucleicos estão relacionados à transmissão de características hereditárias. Eles estão presentes em todos os seres vivos e são formados pela repetição de um grupo de moléculas menores, os nucleotídeos, que, por sua vez, são elaborados a partir da combinação de 3 bases nitrogenadas denominadas: adenina, guanina e citosina.

8. (SAS – UEG – GO) O cabelo é composto basicamente de fibras da proteína queratina. As fibras individuais de queratina são ligadas covalentemente umas às outras. Se o cabelo cacheado for tratado com agentes redutores suaves para romper algumas dessas ligações, alisado e, então, oxidado novamente, ele permanecerá liso.

Sobre as biomoléculas descritas acima, é CORRETO afirmar:

a) O colágeno, assim como a queratina, é a proteína mais abundante do corpo humano e forma a molécula de hemoglobina.
b) As propriedades biológicas de uma molécula proteica dependem de suas interações físicas com outras moléculas.
c) A insulina forma a molécula de hemoglobina, pigmento vermelho do sangue humano, responsável pelo transporte de oxigênio e é produzida no pâncreas.
d) As enzimas são proteínas associadas a carboidratos e os seus nomes tipicamente terminam em "ase" com exceção de queratina, triptofano, tripisina e lisozima.

9. (PISM – UFJF – MG) A febre alta (acima de 40 ºC) é muito perigosa para os seres humanos e pode ser fatal. Uma das causas desse problema é o fato de a temperatura alta modificar enzimas do sistema nervoso central. Como a febre alta pode modificar essas proteínas?

a) Induzindo a modificação da sequência de aminoácidos das enzimas.
b) Induzindo a autodigestão das enzimas.
c) Quebrando as ligações covalentes entre os aminoácidos.
d) Induzindo a desnaturação das enzimas.
e) Induzindo a exocitose das enzimas.

10. (PSIU – UFPI) As macromoléculas são construídas pela formação de ligações covalentes entre moléculas menores chamadas monômeros. Observe a estrutura química a seguir e marque a alternativa que contempla a macromolécula correspondente.

a) glicogênio
b) DNA
c) amido
d) RNA
e) ácido fosfórico

11. (PAS – UFLA – MG) Os seres vivos são formados por diferentes combinações moleculares. Por meio de análises das substâncias que resultam dessas combinações, é possível caracterizá-los ao nível de indivíduos. Assinale qual a substância que, por sua especifidade, pode ser utilizada para essa caracterização.

a) Os fosfolipídios da membrana celular.
b) Os aminoácidos essenciais que formam as proteínas.
c) As vitaminas que controlam as atividades celulares.
d) O ácido desoxirribonucleico no interior das células.

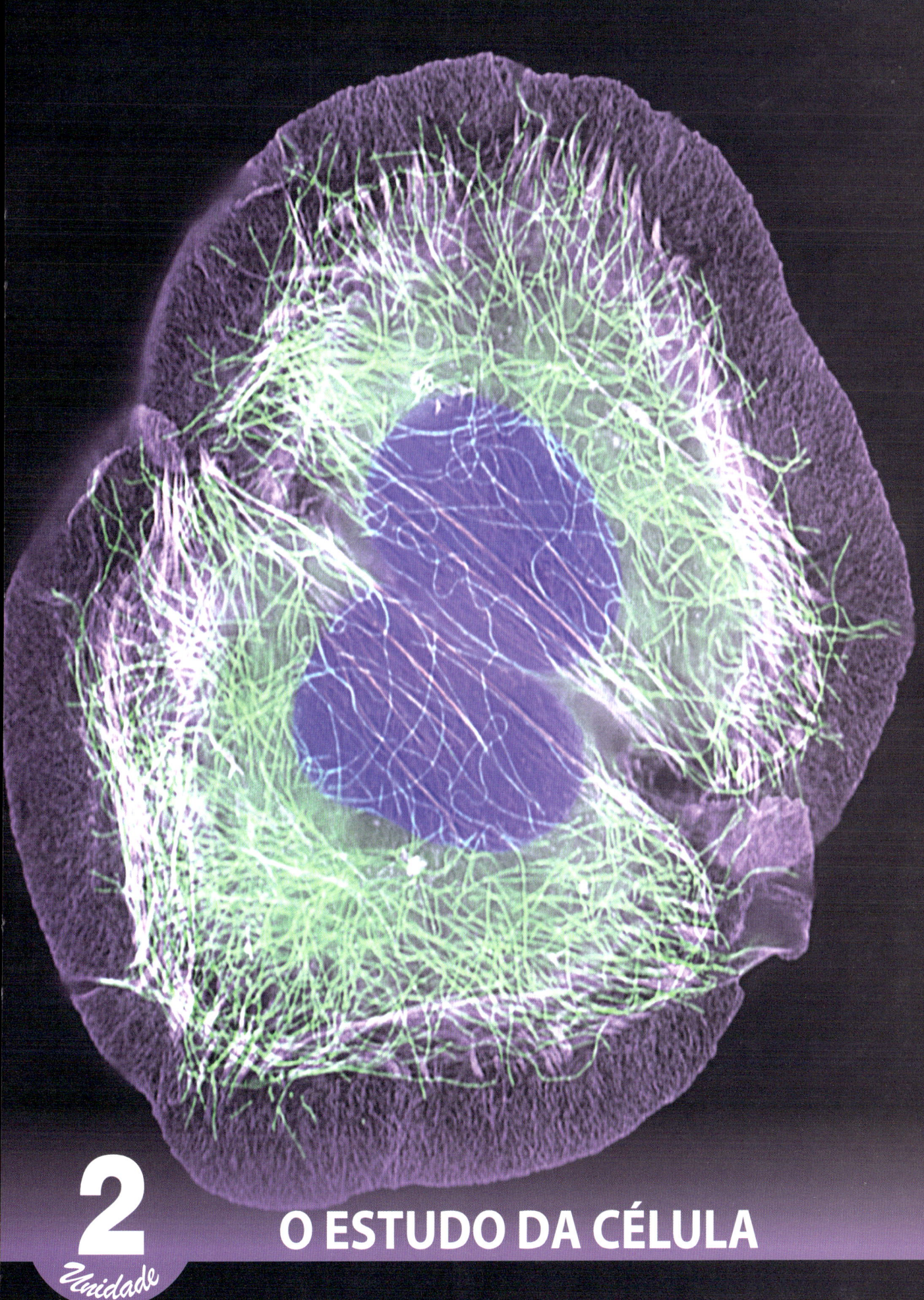

Unidade 2
O ESTUDO DA CÉLULA

Capítulo 3
A membrana celular

Com muros, portões e segurança

Não importa se você mora em um prédio, um condomínio fechado ou até mesmo em uma casa, sua residência é cercada por um muro para sua segurança. Esse muro também determina os limites de uma propriedade. Só que cercar uma propriedade inteira, sem pontos de entrada e saída, não é prático, pois precisamos dar espaço para o movimento de entrada e saída de pessoas e carros, por exemplo. É por isso que em seu prédio ou condomínio existe uma portaria e portões, que permitem movimento controlado de pessoas e veículos. Porém, como a portaria e os portões são pontos vulneráveis quanto à segurança, todo condomínio deve ter regras de controle de acesso.

Com as células não é diferente. Cada uma tem seu próprio sistema de segurança: "muro com portões e portarias", representados pela membrana plasmática e pelas proteínas que estão inseridas nessa membrana. São justamente essas proteínas que controlam e permitem a entrada e saída de substâncias das células. Elas, geralmente, conseguem impedir a entrada de substâncias indesejadas no interior das células e permitem a entrada de água e nutrientes, por exemplo. Esse sistema de segurança de entrada e saída da célula também evita a perda para o meio externo de substâncias importantes para as células.

Neste capítulo, aprenderemos um pouco mais sobre a membrana plasmática, envoltório que faz a mediação entre o meio externo e o interior das células.

A "FÁBRICA" CELULAR

O trabalho realizado em uma célula é semelhante ao que acontece em uma fábrica, como a de televisores, por exemplo. Através dos portões, dá-se a entrada de diversos tipos de peças destinadas à linha de montagem. Para a fabricação e a montagem dos aparelhos, são necessários energia e operários habilitados. É preciso, ainda, um setor de embalagem para preparar a expedição do que é produzido e uma diretoria para comandar todo o complexo fabril e manter o relacionamento com o mundo externo. Tudo dentro dos limites representados pelo muro da fábrica.

Fique por dentro!

- *Procariontes* são os seres cujas células são procarióticas.
- *Eucariontes* são os seres cujas células são eucarióticas.

Os Modelos Celulares

Excetuando os vírus, na maioria dos seres vivos da Terra atual existem três tipos básicos de célula: a bacteriana, a animal e a vegetal. Nos três modelos os componentes comuns são: membrana plasmática, hialoplasma (citosol), ribossomos e cromatina (material genético celular). A célula bacteriana, a mais simples das três, não possui núcleo organizado, o material genético representado pela cromatina fica disperso no citosol e as únicas organelas imersas no hialoplasma são os ribossomos, estruturas desprovidas de envoltório membranoso. Por esse motivo, diz-se que a célula bacteriana é *procariótica* (do grego, *pró* = antes + *káryon* = núcleo). Externamente à membrana plasmática, existe uma *parede celular* (ou *membrana esquelética*), de constituição química exclusiva da célula bacteriana.

Nas células animal e vegetal, mais complexas, existe núcleo organizado (o material genético encontra-se envolvido por uma *membrana nuclear*, também chamada *carioteca*). No hialoplasma, além dos ribossomos, há várias organelas envolvidas por membrana. São células *eucarióticas* (do grego, *eu* = propriamente dito). Elas estão presentes em fungos, algas, protozoários, animais e vegetais.

Existem algumas diferenças entre a célula animal e a vegetal. Na célula animal, nota-se a existência de centríolos (organelas não envolvidas por membrana), inexistentes nas células da maioria dos vegetais. Por sua vez, a célula vegetal contém cloroplastos e um grande vacúolo central, além de possuir uma parede celular (ou membrana esquelética) celulósica. Veja a Figura 3-1.

Na célula bacteriana, a região em que a cromatina se localiza é conhecida como nucleoide.

Citoplasma é o nome dado ao conjunto formado pelo hialoplasma e os organoides celulares. Organoides também podem ser denominados de orgânulos ou organelas.

Célula procariótica é a que não contém núcleo organizado nem organelas envolvidas por membrana. Célula eucariótica é a que possui membrana nuclear (núcleo organizado) e organelas envolvidas por membrana no citoplasma.

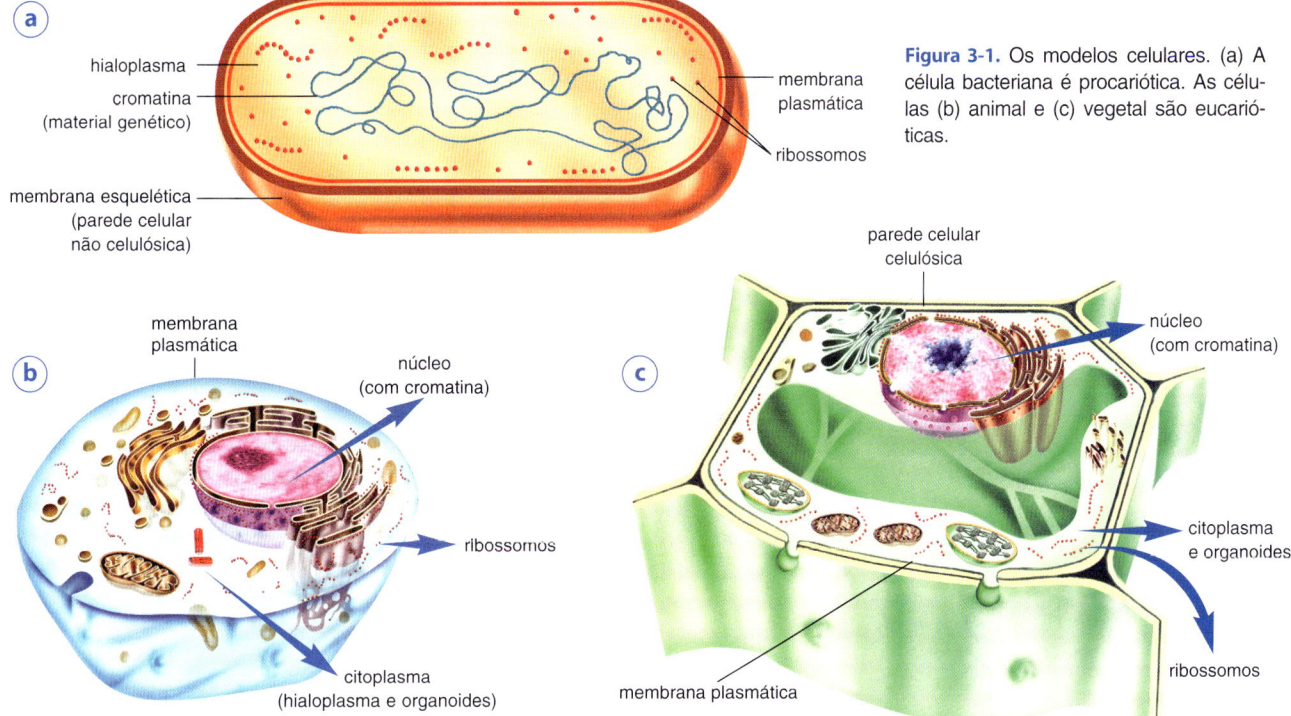

Figura 3-1. Os modelos celulares. (a) A célula bacteriana é procariótica. As células (b) animal e (c) vegetal são eucarióticas.

A membrana celular **55**

Um pouco da História da Citologia

> Microscópios que utilizam a luz como fonte para iluminar o que será estudado são chamados de **microscópios ópticos** ou de **luz**.

Pelos idos do século XVII, o naturalista holandês Anton Van Leeuwenhoek (1632-1723), utilizando-se de microscópios que ele mesmo desenvolveu, foi quem primeiro conseguiu observar pequeníssimos organismos vivos. O aparelho de Leeuwenhoek era o que se chamou de microscópio, porém bastante simples, com uma só lente de aumento, um suporte para colocar o espécime que desejava estudar e uma fonte de luz (veja a Figura 3-2).

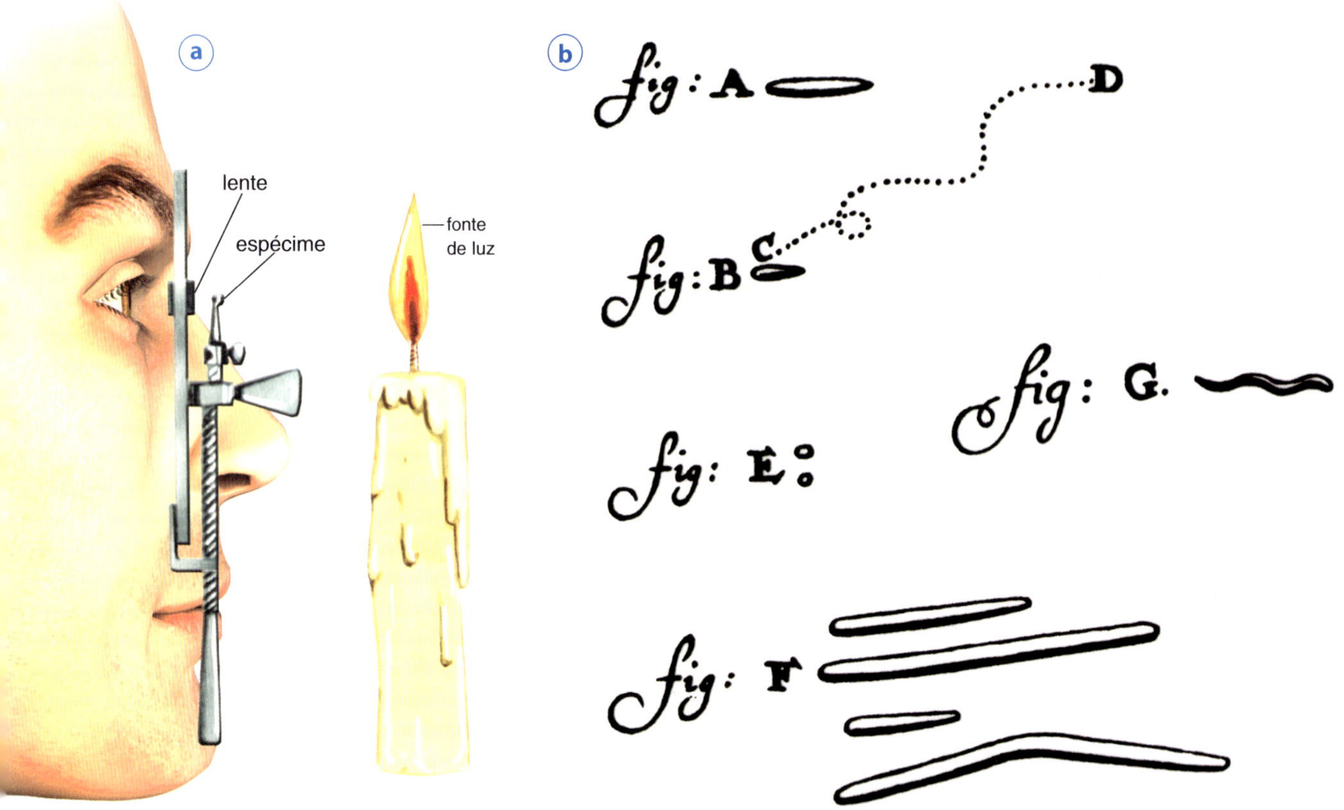

Figura 3-2. Uso do microscópio de Leeuwenhoek (a) e desenhos de organismos vivos feitos com sua observação (b).

Com este tipo de microscópio, Leeuwenhoek conseguia aumentos de até 200 vezes, o suficiente para observar alguns protozoários (chamados por ele de animalículos), o espermatozoide humano e bactérias.

Anos mais tarde, em 1665, outro cientista, o inglês Robert Hooke (1635-1703), aprimorou o microscópio colocando nele duas lentes. Com esse instrumento mais potente, Hooke foi quem primeiro descreveu uma célula (do latim *cellula*, pequeno compartimento) a partir da observação das "pequenas cavidades" existentes em um pedaço de cortiça. Até então não se tinha a ideia de que todos os seres vivos da Terra eram formados por células. Esse princípio só foi estabelecido em 1839 pelo fisiologista alemão Theodor Schwann (1810-1882) que, após muitos estudos e observações, firmou o conceito de que *todos os seres vivos são constituídos de células*. Faltava compreender, no entanto, como eram originadas novas células. Essa descoberta coube ao médico alemão Rudolf Virchow (1821-1902), que, depois de exaustivas observações, concluiu que *todas as células são provenientes de células preexistentes*.

> Nem todos os seres vivos da Terra atual são formados por células. É preciso considerar que os vírus, seres vivos causadores de importantes doenças no homem, animais e plantas, são acelulares.

Assim surgiu a **Teoria Celular**, que se fundamenta nos princípios estabelecidos por Schwann e Virchow.

O aperfeiçoamento dos microscópios de luz, com o uso de mais de uma lente, permitiu uma visibilidade cada vez melhor da célula. Os melhores microscópios de luz permitem aumentos de até duas mil vezes, se bem que raramente sejam ultrapassados aumentos de mil e duzentas vezes. Quase três séculos depois de Hooke, em 1932, começou a ser empregado o microscópio eletrônico para o estudo da célula, trazendo grandes avanços.

Foi com o microscópio eletrônico, que faz uso de elétrons para estudar as estruturas, que se conseguiu elucidar a arquitetura da membrana plasmática e a dos organoides membranosos, cuja visibilidade era praticamente impossível com o microscópio de luz. O hialoplasma, quando observado ao microscópio de luz, era tido como uma espécie de fluido viscoso, homogêneo e gelatinoso. A microscopia eletrônica, porém, revelou a existência de inúmeras fibras proteicas compondo uma rede tridimensional, formada por microfilamentos e microtúbulos, o que originou o termo citoesqueleto para essa complexa rede citoplasmática.

> Com o microscópio eletrônico, podemos obter aumentos de 250.000 vezes e, se considerarmos que a foto obtida pode ser ampliada, chega-se ao formidável aumento de cerca de um milhão de vezes para uma célula!

COMO SE MEDE UMA CÉLULA?

Qual o tamanho do seu pé? Quanto mede a barra horizontal da trave de um gol? Na certa, você responderá que o seu pé mede tantos centímetros e que a trave tem tantos metros. A unidade de medida *metro* não pode ser utilizada na avaliação do tamanho de uma célula nem das estruturas que a compõem. Motivo: a célula e os seus componentes são muito pequenos, medem geralmente bem menos que um milímetro, que é a milésima parte do metro. Por isso, os biólogos costumam utilizar outra unidade de medida, o *micrômetro*, para avaliar o tamanho das estruturas celulares. O micrômetro, que se representa por μm, equivale a *um milionésimo* do metro ou um milésimo do milímetro:

$$1 \mu m = \frac{1}{1.000.000} m$$

ou

$$1 \mu m = \frac{1}{1.000} mm$$

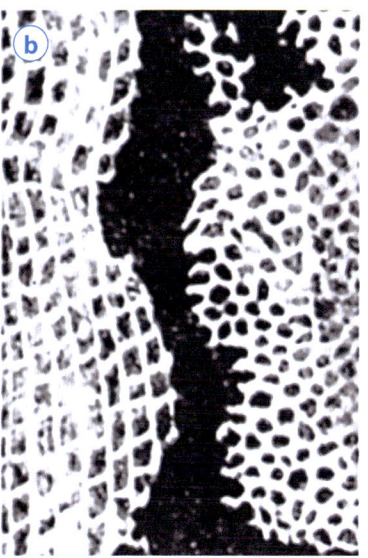

O microscópio utilizado por Hooke (a) e foto da cortiça (b).

Já imaginou um objeto medindo um micrômetro? O incrível é que certas estruturas celulares são ainda menores, o que levou os biólogos a recorrerem a outra unidade de medida, o *nanômetro*. O nanômetro, que se representa por *nm*, equivale a *um bilionésimo* do metro, ou seja,

$$1 \text{ nm} = \frac{1}{1.000.000.000} \text{ m}$$

A Figura 3-3 mostra algumas das dimensões em Biologia.

MICROSCÓPIOS: AUXILIARES DO OLHO HUMANO

Certas células são grandes o suficiente para serem vistas pelos nossos olhos. O óvulo humano, por exemplo, tem cerca de 130 μm de diâmetro, o tamanho do ponto final desta frase. As maiores células conhecidas são os óvulos das aves (gema), se bem que a maior parte deles é material inerte, não vivo, representado pelo vitelo (reserva nutritiva para o desenvolvimento do embrião), que preenche praticamente todo o interior da célula.

O olho humano, porém, não é capaz de enxergar estruturas celulares de pequenas dimensões. Para isso, é preciso recorrer a microscópios, valiosos instrumentos que ampliam o tamanho dos objetos. Os mais comuns são os **microscópios de luz**, que se utilizam de uma fonte de luz e de um conjunto de lentes para ampliar o tamanho das estruturas que se quer observar.

Microscópios de boa qualidade ampliam objetos até cerca de 1.200 vezes. No entanto, a principal qualidade do microscópio de luz não reside tanto na ampliação, mas no **poder de resolução**, ou seja, na habilidade de "tornar visíveis" detalhes muito pequenos, como a distância mínima em que dois pontos podem ser distintos um do outro.

Para entender o que é **poder de resolução**, faça o seguinte: desenhe dois pontos em um papel, distanciados 1 centímetro um do outro. Desenhe outros dois pontos, agora distanciados 1 milímetro. Você consegue ainda enxergá-los? E se você aproximar mais ainda os dois pontos? Provavelmente você não os distinguirá mais, parecerão um só. O olho humano tem pequeno poder de resolução, já um bom microscópio amplia esse poder.

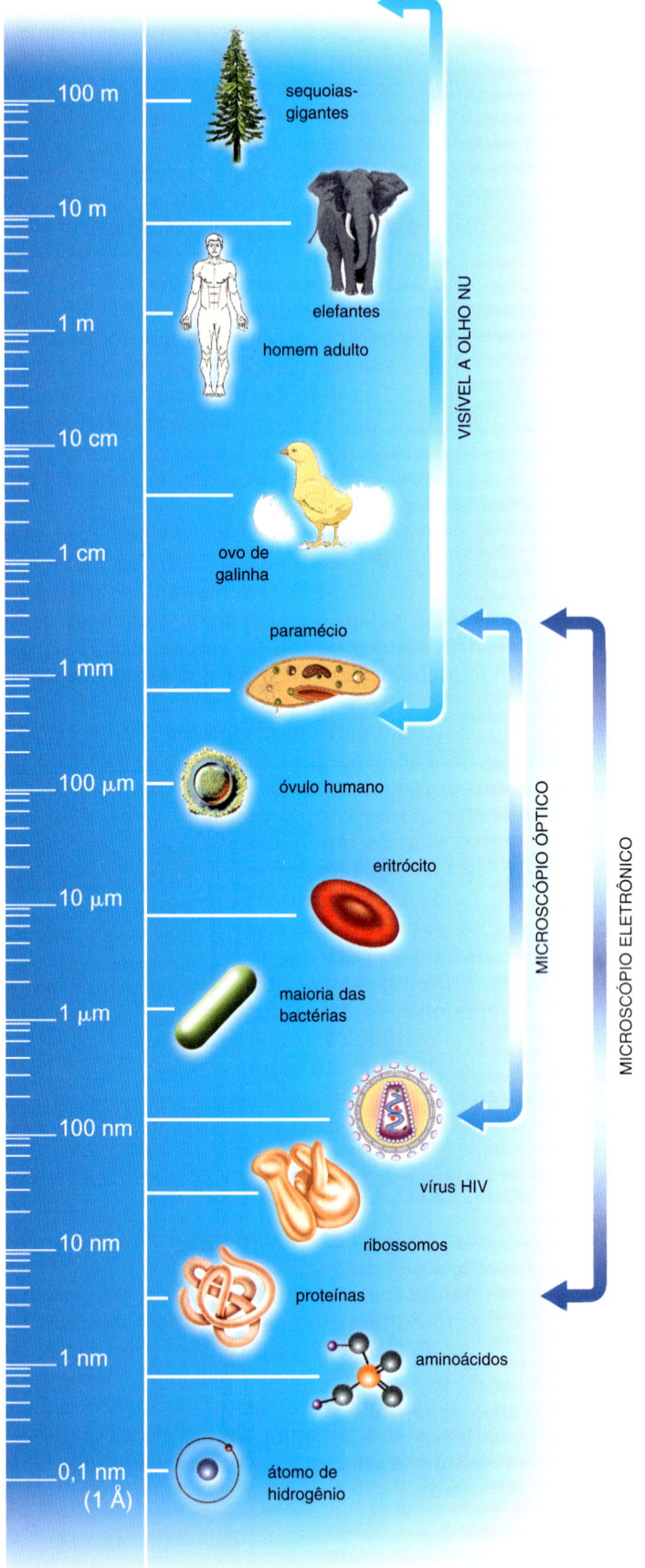

Figura 3-3. As dimensões encontradas em Biologia podem variar de fração de micrômetros a vários metros.

A Figura 3-4 mostra um microscópio de luz, com alguns de seus componentes. Com o microscópio de luz é possível ver células vivas. No entanto, como a maioria das células é transparente, a luz as atravessa e fica difícil distinguir o que se encontra em seu interior. A saída encontrada pelos biólogos foi a utilização de corantes, que destacam certas estruturas. Porém, muitas das substâncias utilizadas matam a célula. A descoberta de corantes vitais, que não interferem na vida da célula, possibilitou a visualização de certas estruturas celulares, mantendo-as vivas.

Figura 3-4. Microscópio de luz.

Saiba mais

Microscópio eletrônico de transmissão: a grande invenção

Felizmente, em 1932 foi inventado o microscópio eletrônico de transmissão, que aumenta consideravelmente o poder de resolução. Nesse tipo de microscópio, além de complexas lentes, são utilizados feixes de elétrons que ampliam o poder de resolução para algo próximo do diâmetro de uma molécula de água.

A imagem gerada por um microscópio eletrônico de transmissão não pode ser vista diretamente, pois o feixe de elétrons é altamente energético. Deve ser canalizado para o interior de um tubo de "vácuo" e dirigido por lentes especiais para o objeto a ser visualizado, que é atravessado pelos elétrons e atinge uma película fotográfica ou uma tela fluorescente e, assim, a imagem é ampliada e visualizada.

O objeto a ser "visto" com esse microscópio deverá ser tratado previamente com substâncias especiais e um finíssimo corte deve ser obtido com a utilização de lâminas de vidro ou diamante. Conclusão: é preciso fatiar o espécime que se quer "ver" e, logicamente, ele deverá estar morto. Não se pode "ver" células vivas com esse microscópio. Em compensação, conseguem-se ampliações até cerca de 250.000 vezes!

Enquanto o melhor microscópio de luz tem poder de resolução 500 vezes maior que o do olho humano, o microscópio eletrônico de transmissão aumenta nosso poder de resolução mais de 10.000 vezes.

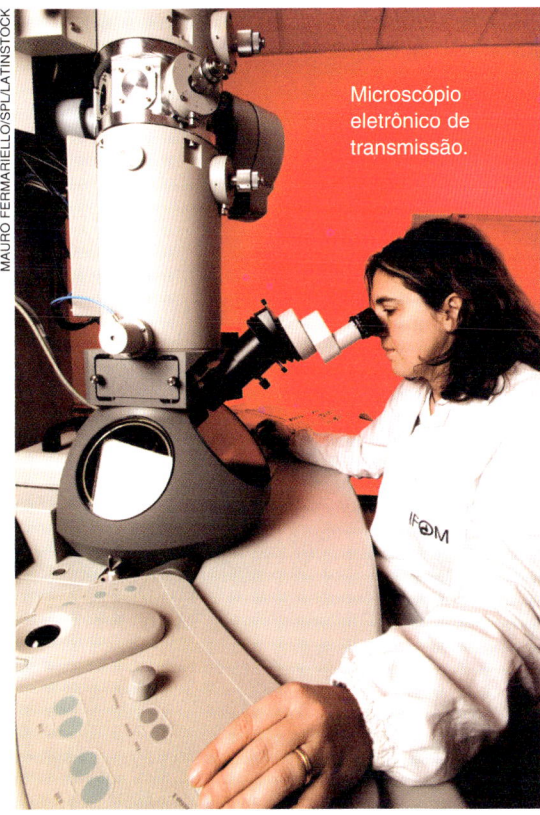

Microscópio eletrônico de transmissão.

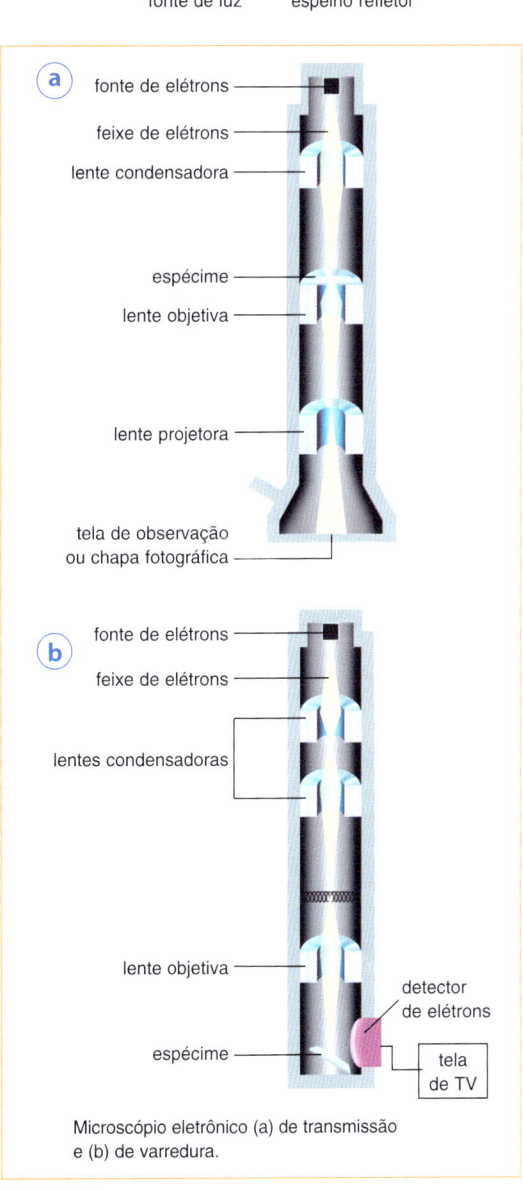

Microscópio eletrônico (a) de transmissão e (b) de varredura.

A membrana celular 59

Microscópio eletrônico de varredura

As fotos obtidas com o microscópio eletrônico de *transmissão* mostram imagens planas, imensamente aumentadas, de estruturas celulares e de tecidos. Com o microscópio eletrônico de *varredura*, as fotos evidenciam detalhes principalmente da superfície externa de células e tecidos, com profundidade e aparentemente tridimensionais, com áreas claras e escuras.

O princípio de funcionamento desse microscópio tem como base a emissão de um feixe de elétrons que "varrem" a superfície do material, que, de modo geral, é revestido por uma fina película de metal. Os elétrons atingem o material, interagem com os átomos e promovem a emissão dos chamados "elétrons secundários". Esses elétrons secundários são coletados por um detector, que os encaminha a um amplificador de sinal acoplado a um monitor. O resultado é uma bonita imagem topográfica, praticamente tridimensional, que mostra detalhes das superfícies de células e tecidos, em preto e branco, podendo ser coloridas por meio de métodos computacionais.

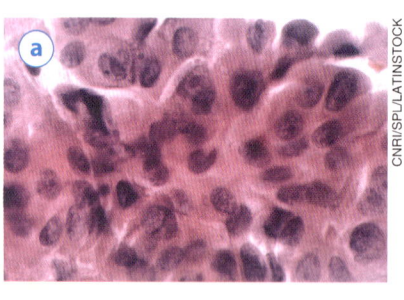
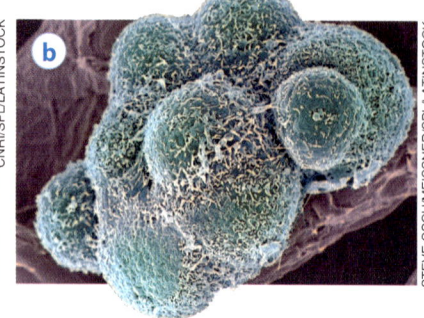
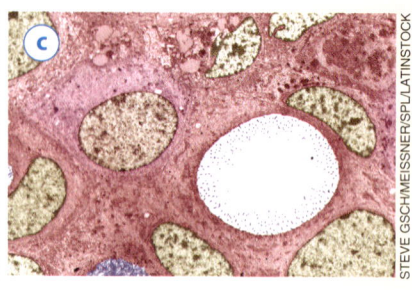

Compare a resolução e as imagens de células de câncer de mama obtidas com diferentes tipos de microscopia: (a) microscópio de luz; (b) microscópio eletrônico de varredura e (c) microscópio eletrônico de transmissão (note que podem ser observados os seus detalhes internos, como os núcleos corados de marrom).

OS REVESTIMENTOS CELULARES

> A membrana plasmática é invisível ao microscópio comum (microscópio óptico), mas foi observada e estudada ao microscópio eletrônico.

Qualquer célula é envolvida pela **membrana plasmática**, uma fina película controladora da entrada e saída de materiais. A membrana plasmática de muitas células animais, por exemplo, as hemácias, é revestida externamente por um material conhecido como **glicocálice** (também chamado de **glicocálix**). Em células vegetais, há um envoltório extra, a **membrana esquelética celulósica** (ou **parede celulósica**), que reforça a parede celular como se fosse um muro adicional.

Membrana Plasmática

A constituição química da membrana plasmática é lipoproteica, isto é, formada de fosfolipídios e proteínas. A disposição dessas moléculas na membrana foi elucidada recentemente, sendo que os lipídios formam uma camada dupla e contínua, no meio da qual se encaixam moléculas de proteína. A dupla camada de fosfolipídios é fluida, de consistência oleosa, e as proteínas mudam de posição continuamente, como se fossem peças de um mosaico. Esse modelo foi sugerido por dois pesquisadores, Singer e Nicholson, e recebeu o nome de **Modelo do Mosaico Fluido** (veja a Figura 3-5).

Os fosfolipídios têm a função de manter a estrutura da membrana, enquanto as proteínas têm diversas funções.

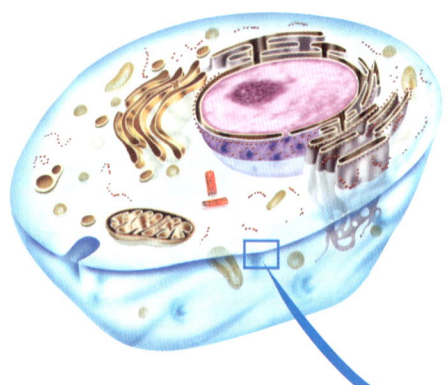
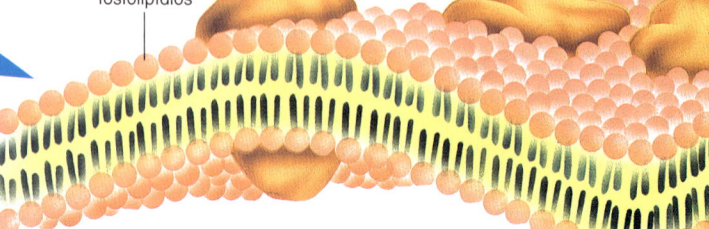

Figura 3-5. Membrana plasmática: o Modelo do Mosaico Fluido.

Saiba mais

Funções das proteínas na membrana plasmática

As proteínas da membrana plasmática exercem grande variedade de funções: atuam preferencialmente nos mecanismos de transporte, organizando verdadeiros túneis que permitem a passagem de substâncias para dentro e para fora da célula; funcionam como receptores de membrana, encarregadas de receber sinais de substâncias que levam alguma mensagem para a célula; favorecem a adesão de células adjacentes em um tecido, servem como pontos de ancoragem para o citoesqueleto etc. (veja a figura ao lado).

(a) **Proteínas de adesão:** em células adjacentes, as proteínas da membrana podem aderir umas às outras.

(b) Proteínas que facilitam o transporte de substâncias **entre células**.

(c) **Proteínas de reconhecimento:** determinadas glicoproteínas atuam na membrana como um verdadeiro "selo marcador", sendo identificadas especificamente por outras células.

(d) **Proteínas receptoras de membrana**.

(e) **Proteínas de transporte:** podem desempenhar papel na difusão facilitada, formando um canal por onde passam algumas substâncias, ou no transporte ativo, em que há gasto de energia fornecida pela substância ATP. O ATP (adenosina trifosfato) é uma molécula derivada de nucleotídeo que armazena a energia liberada nos processos bioenergéticos que ocorrem nas células (respiração aeróbia, por exemplo). Toda vez que é necessária energia para a realização de uma atividade celular (transporte ativo, por exemplo) ela é fornecida por moléculas de ATP.

(f) **Proteínas de ação enzimática:** uma ou mais proteínas podem atuar isoladamente como enzima na membrana ou em conjunto, como se fossem parte de uma "linha de montagem" de determinada via metabólica.

(g) **Proteínas com função de ancoragem para o citoesqueleto.**

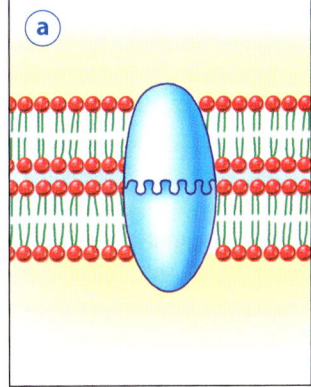
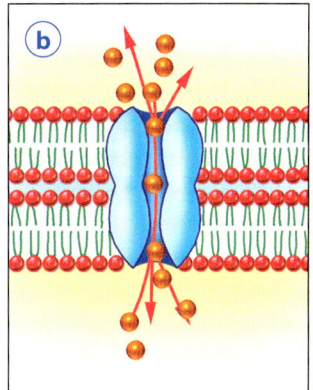
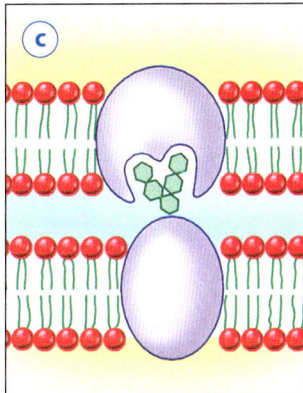
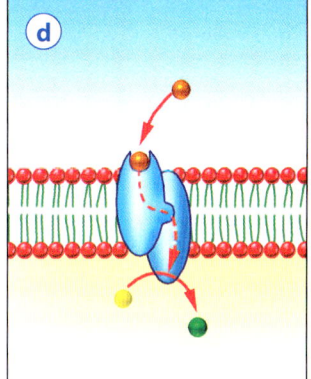
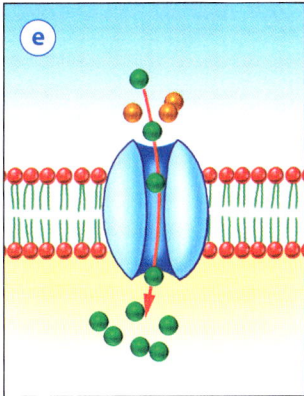
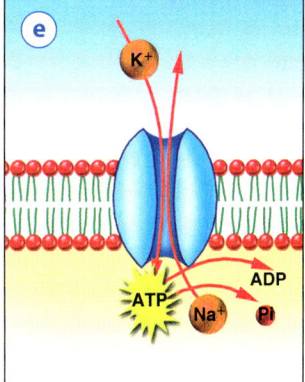
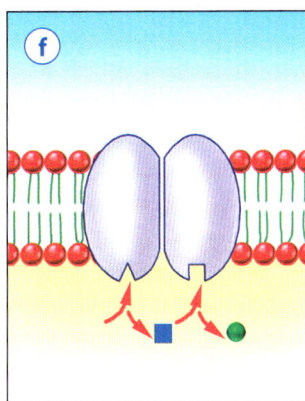
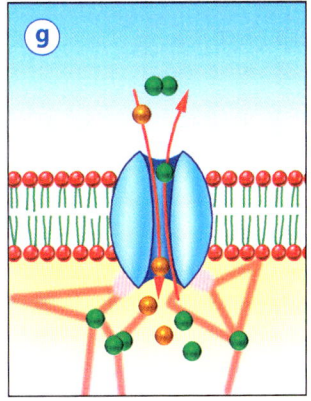

A membrana celular

Glicocálice ou Glicocálix

Essa estrutura externa à membrana plasmática, presente em alguns tipos de célula, é constituída quimicamente por polissacarídeos ligados a proteínas e lipídios. É continuamente renovada e considera-se que esse envoltório facilite a comunicação entre células.

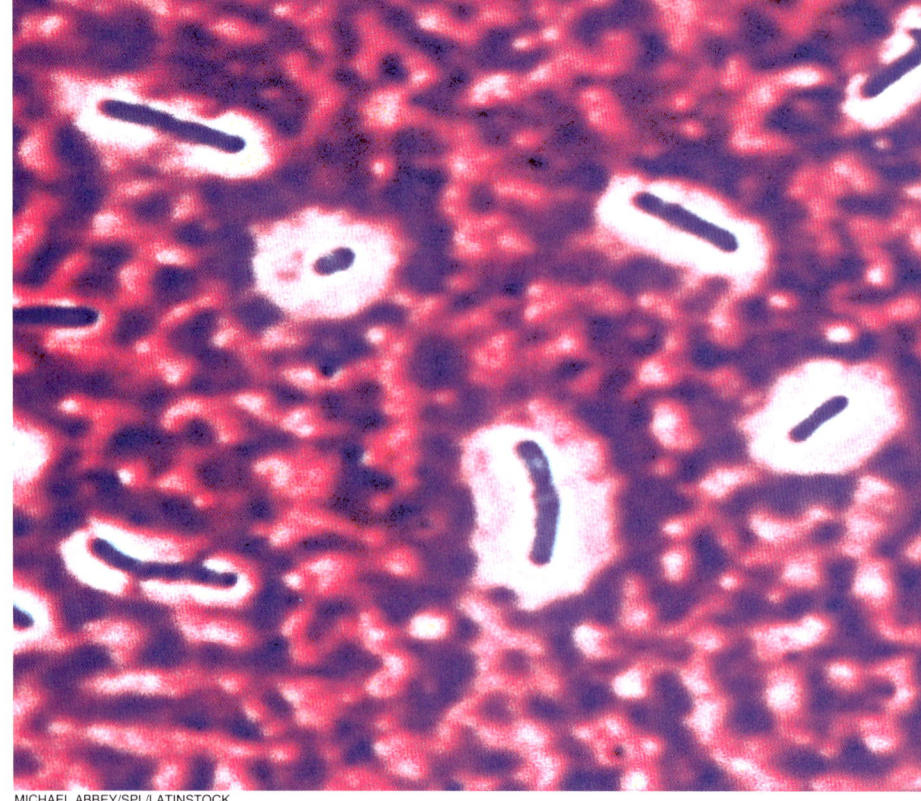

Bactérias (em azul) vistas ao microscópio óptico. O envoltório rosa é o glicocálice e atua na ligação da bactéria à célula hospedeira.

MICHAEL ABBEY/SPL/LATINSTOCK

Membrana Celulósica

A membrana esquelética das células vegetais é constituída de várias camadas de celulose, dispostas do lado externo da membrana plasmática. Nos tecidos vegetais, cada célula fica separada da outra por uma **lamela média**. Na célula vegetal jovem, é depositada uma **parede celulósica primária** distensível e que permite a ocorrência de crescimento celular. No decorrer do processo de diferenciação celular, ocorre a deposição de uma **parede secundária**, rica em celulose e, dependendo do tecido, em outras substâncias, como, por exemplo, a *lignina*, que promove o enrijecimento da parede celular.

As células vegetais se comunicam por meio de **plasmodesmos**, microscópicas aberturas que permitem a conexão dos citoplasmas e favorecem o trânsito de substâncias (veja a Figura 3-6).

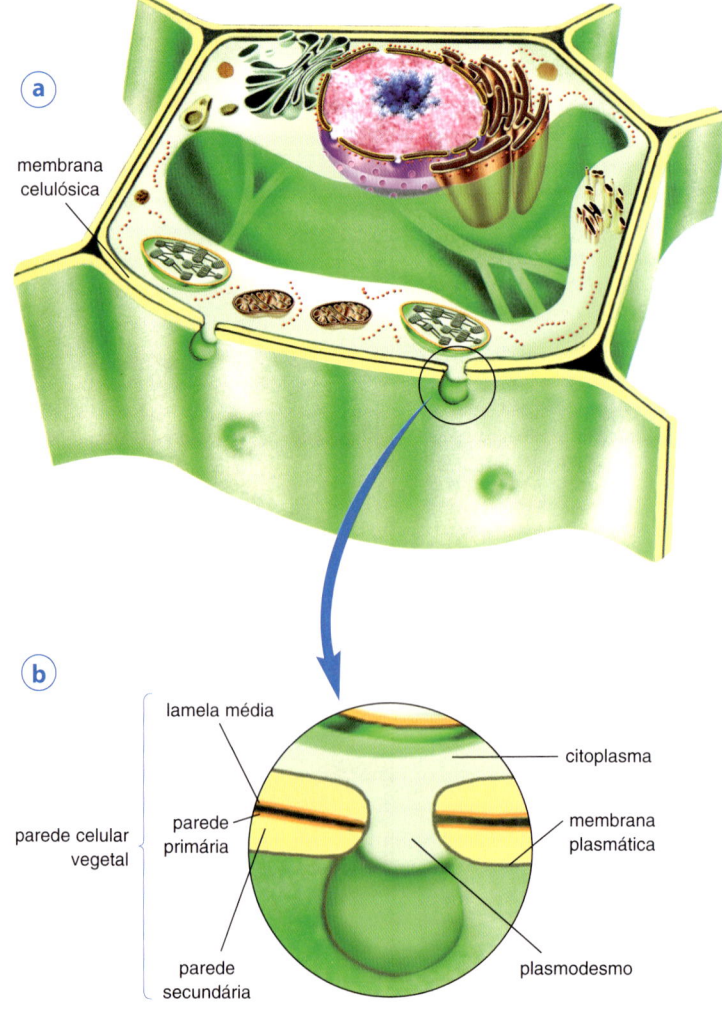

Figura 3-6. (a) Membrana celulósica presente nas células vegetais e (b) plasmodesmo.

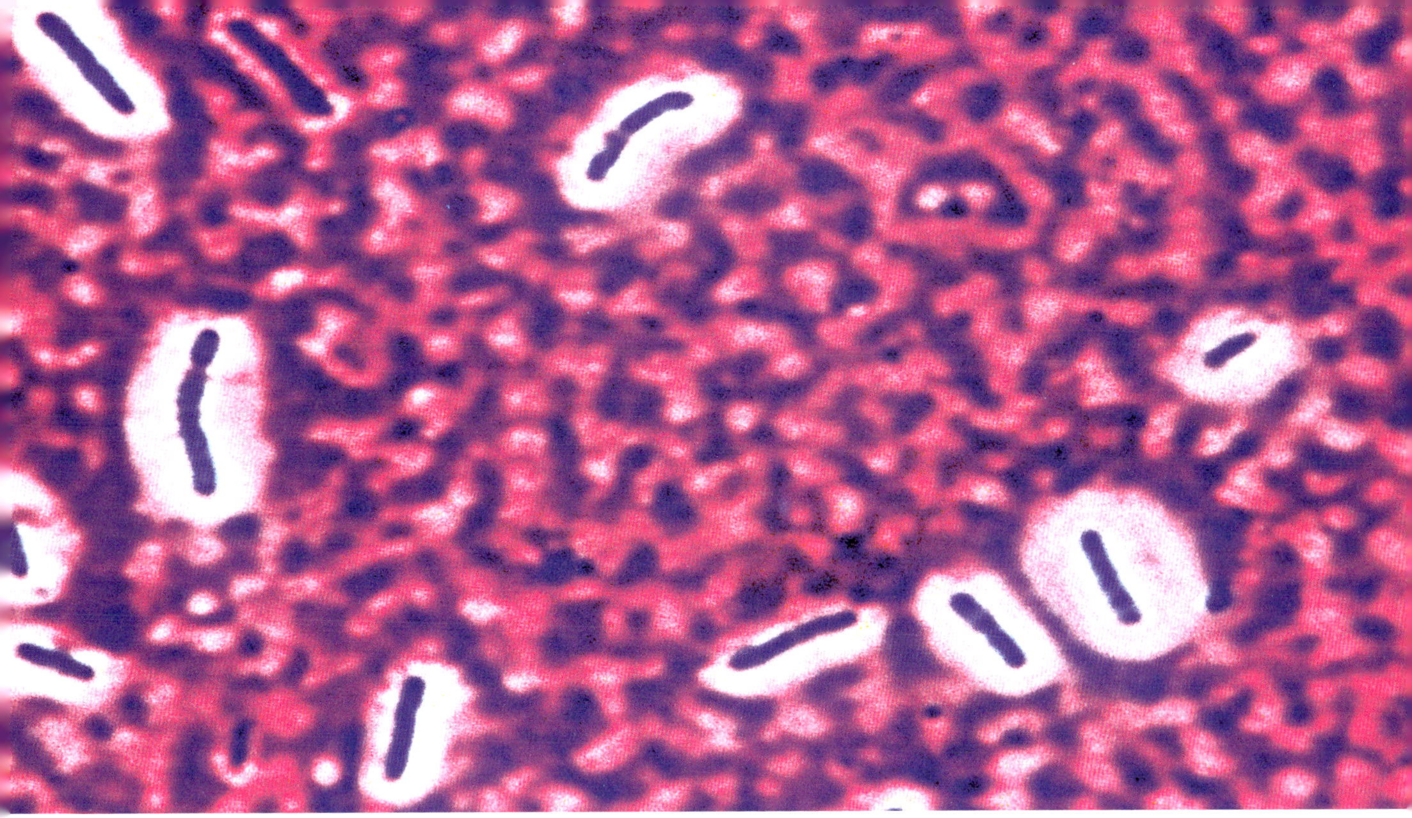

ENTRADA E SAÍDA DE SUBSTÂNCIAS DA CÉLULA

A entrada e a saída de diferentes tipos de substâncias da célula ocorrem através da membrana plasmática e se dão por meio de processos *físicos* ou *biológicos*. No primeiro caso, a célula permanece passiva. No segundo, a célula participa ativamente do transporte. **Difusão** e **osmose** são modalidades de transporte físico. **Transporte ativo, endocitose (fagocitose** e **pinocitose)** e **exocitose** são processos biológicos de transporte de substâncias (veja a Tabela 3-1).

Tabela 3-1. Transporte pela membrana.

Processos físicos	difusão	
	osmose	
Processos biológicos	transporte ativo	
	endocitose	fagocitose
		pinocitose
	exocitose	

Processos Físicos de Transporte nas Células

Difusão

Moléculas e átomos apresentam um movimento constante, contínuo e ao acaso, ocorrendo sempre **de regiões onde essas partículas estão mais concentradas para regiões onde estão menos concentradas**. A esse movimento dá-se o nome de difusão (veja a Figura 3-7).

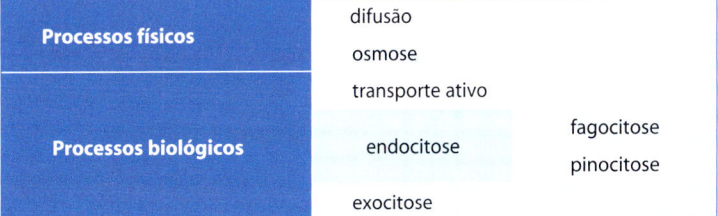

Figura 3-7. Exemplo de difusão: cristais de permanganato de potássio, colocados em um ponto de um copo contendo água, difundem-se em todos os sentidos.

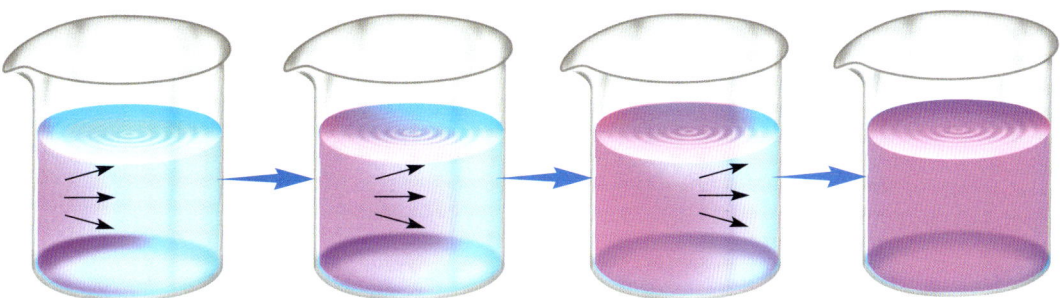

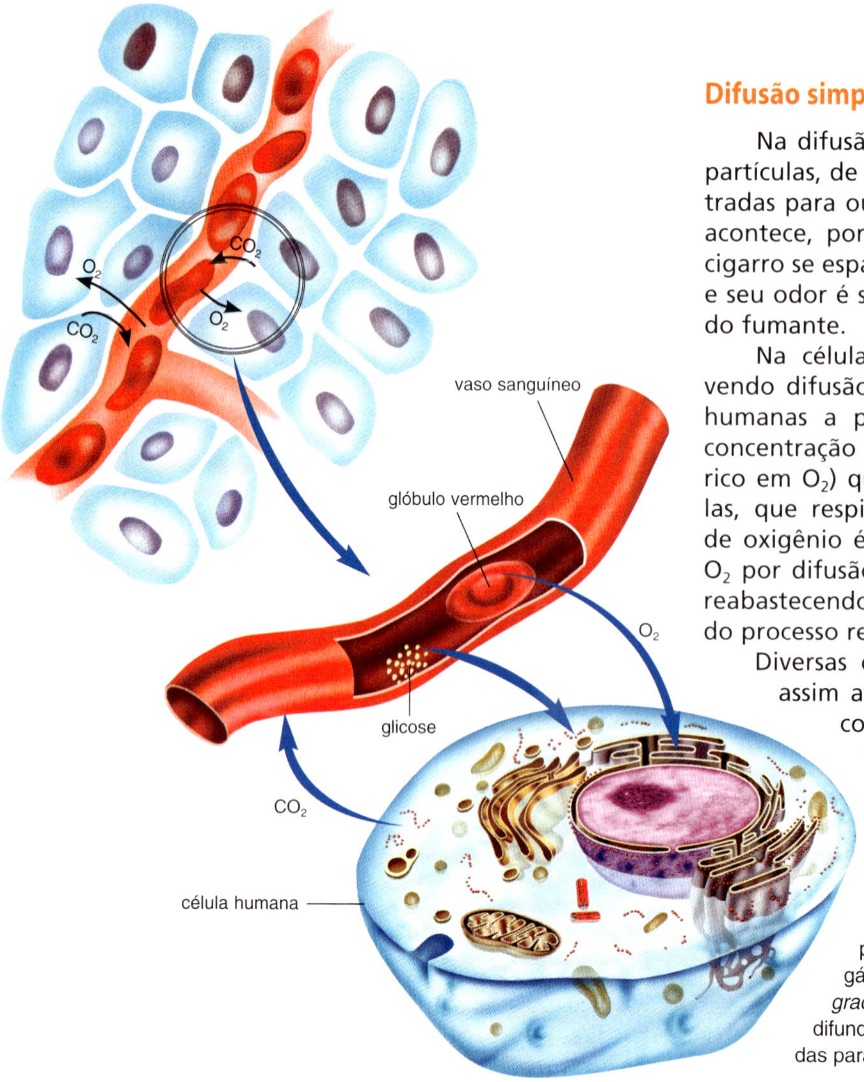

Difusão simples

Na difusão simples, ocorre o espalhamento de partículas, de um local em que estão muito concentradas para outro de menor concentração. É o que acontece, por exemplo, quando a fumaça de um cigarro se espalha por um sala. A fumaça se difunde e seu odor é sentido pelas pessoas que estão longe do fumante.

Na célula, ocorrem diversos processos envolvendo difusão. O ingresso de oxigênio nas células humanas a partir do sangue é um exemplo. A concentração desse gás no sangue arterial (sangue rico em O_2) que banha os tecidos é alta. Nas células, que respiram continuamente, a concentração de oxigênio é baixa. Dá-se, então, a passagem do O_2 por difusão simples, do sangue para as células, reabastecendo-as e assim permitindo a manutenção do processo respiratório.

Diversas outras substâncias são transportadas assim através da membrana. O gás carbônico produzido na respiração celular se difunde das células para o sangue, executando um caminho inverso ao do oxigênio (veja a Figura 3-8).

Figura 3-8. Na difusão, o espalhamento das partículas, como, por exemplo, o oxigênio (O_2), o gás carbônico (CO_2) e a glicose, ocorre a *favor do gradiente de concentração*, isto é, as partículas se difundem de um lugar em que estão mais concentradas para outro em que estão em menor concentração.

Difusão facilitada

Existe um caso particular de difusão em que certas proteínas carregadoras da membrana plasmática "ajudam" o ingresso de determinadas substâncias na célula. É como se, em uma indústria de televisores, um carrinho empurrado por uma pessoa auxiliasse o transporte de peças para dentro da fábrica (veja a Figura 3-9).

A característica mais importante do processo de difusão facilitada é que os carregadores específicos transportam açúcares e aminoácidos sem que ocorra gasto de energia.

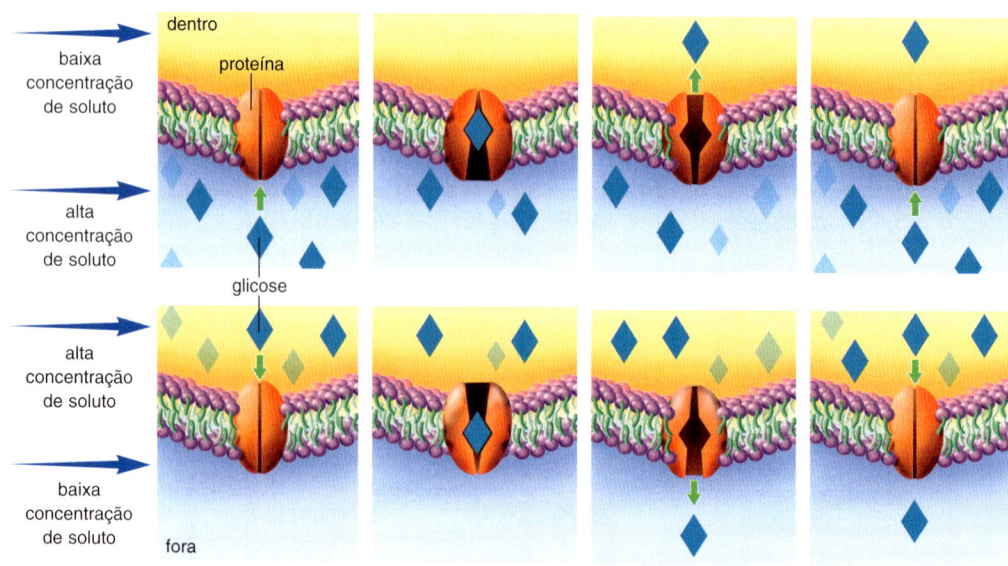

Figura 3-9. Exemplo de difusão facilitada. A molécula de glicose se liga à proteína, cuja forma é alterada de modo a constituir um canal de passagem de açúcares para dentro e para fora da célula.

Osmose: uma particular forma de difusão

A **osmose** é a difusão de moléculas de *solvente*, através de uma membrana semipermeável, de um local com maior concentração de água para outro com menor concentração.

Membrana semipermeável é aquela que deixa passar a água (o solvente), mas não o soluto (as moléculas de substâncias que estão dissolvidas na água). Os poros que ela possui são suficientemente pequenos para não serem atravessados pelo soluto, mas deixam passar a água.

Podemos estudar experimentalmente a osmose colocando uma solução de água e sacarose (açúcar comum), por exemplo, dentro de um tubo de vidro no qual, em uma das extremidades, amarra-se um saco de material semipermeável. A seguir, mergulha-se esse conjunto em um recipiente com água pura. Após certo tempo, verifica-se que o nível de água dentro do tubo começa a subir, mostrando claramente que houve passagem da água do recipiente (que contém apenas água) para o conjunto tubo-membrana semipermeável (que contém água e açúcar). Veja a Figura 3-10.

A osmose e as células animais

A membrana plasmática não é uma membrana semipermeável perfeita, pois deixa passar água e solutos dissolvidos. Em muitos casos, porém, a velocidade com que as moléculas de água atravessam a membrana plasmática é bem maior que a da passagem de solutos. Por isso, pode-se dizer que ocorre osmose em uma célula através da membrana plasmática e sua verificação, em células animais, é bastante simples.

Vamos ver duas situações em que ocorre osmose, utilizando para isso hemácias humanas: em um recipiente contendo uma solução aquosa muito concentrada em sal de cozinha, são colocadas hemácias humanas, cuja concentração é menor que a da solução. Após meia hora, observa-se, ao microscópio óptico, que essas hemácias estão enrugadas (veja, a seguir, a Figura 3-11(a)). Isso ocorreu porque a concentração de sais no interior das hemácias era menor que a concentração de sais na solução do recipiente.

> Osmose é a difusão do solvente através de uma membrana semipermeável.

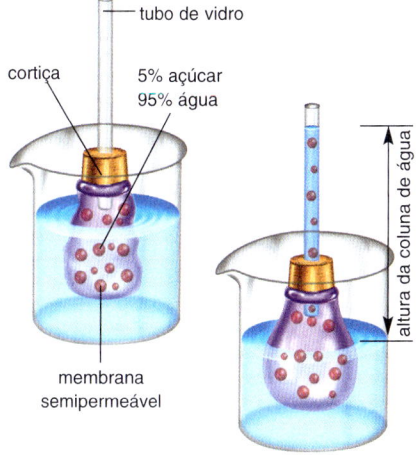

Figura 3-10. Experiência para o estudo da osmose.

Figura 3-11. Esquemas ilustrando as trocas de água que ocorrem entre as hemácias e as soluções, de diferentes concentrações, em que são mergulhadas.

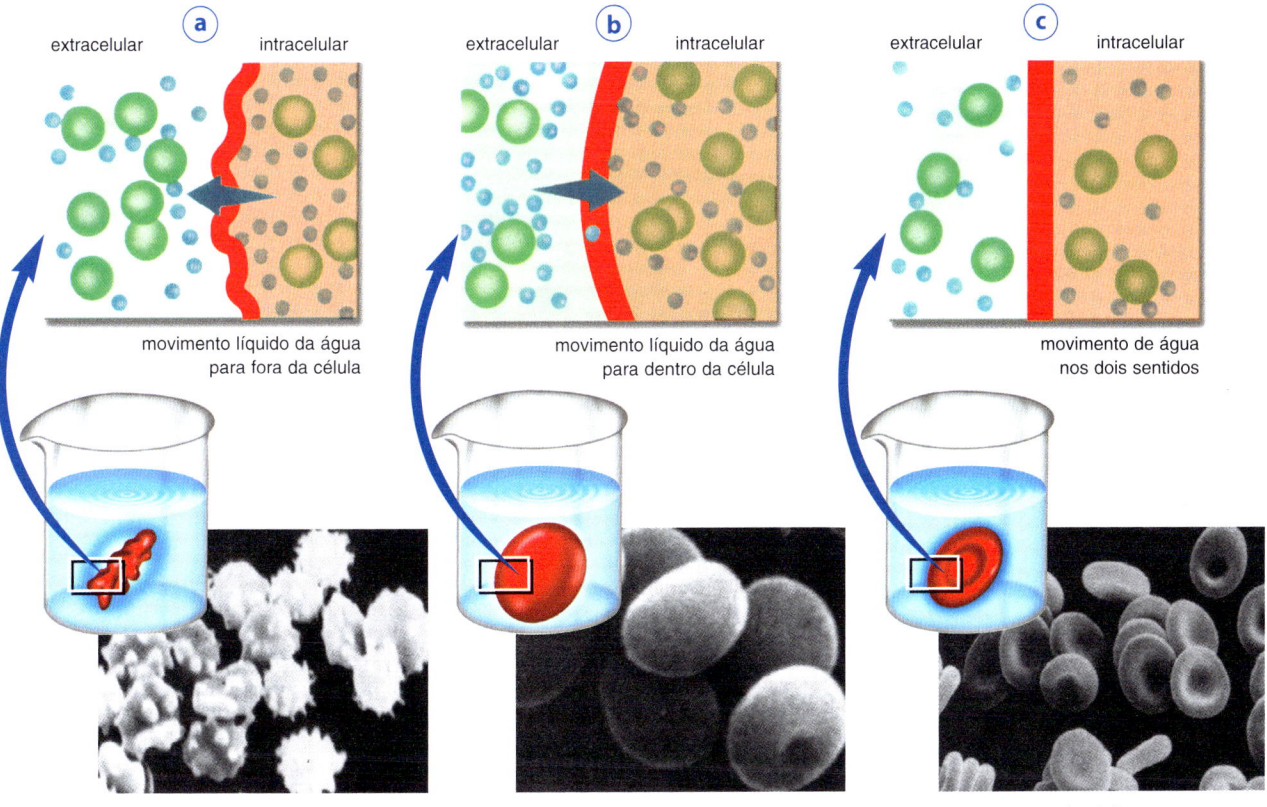

> **Pense nisso**
>
> Vamos imaginar o que acontece a um náufrago que engole o equivalente a dois litros de água do mar. Nos oceanos, a água é muito mais concentrada que a solução existente no interior das células humanas. Assim, logo há excesso de sal no sangue dessa pessoa, como consequência da absorção intestinal. Com a elevada concentração de sal no sangue, os rins precisam excretar sal em grande quantidade. Porém, o trabalho dos rins é limitado: eles só conseguem eliminar sal a um certo ritmo e com uma concentração bem menor que a da água do mar, que é dependente da quantidade de água que existe no sangue. Então, é necessário mais água para efetuar maior eliminação de sal. Essa água extra acaba saindo das células do corpo, que a cedem por osmose para o sangue. Com essa perda, o organismo se desidrata, o náufrago perde muito mais água do que recebe. Ele acaba morrendo de sede em meio à imensidão de água do oceano!

A água atravessou a membrana plasmática com muito maior velocidade de dentro para fora da célula, ou seja, do meio menos concentrado (o interior das hemácias) para o mais concentrado (a solução do recipiente). Então, as hemácias perderam água por osmose e enrugaram. Nesse caso, diz-se que a solução do recipiente era **hipertônica** em relação à solução existente nas hemácias.

Agora, vamos colocar hemácias em um recipiente com 250 mL de água e 1 grama de sal, compondo uma solução de concentração menor que a das hemácias.

Após meia hora, algumas hemácias são observadas ao microscópio óptico. Todas estarão arrebentadas (costuma-se dizer, tecnicamente, que ocorreu **hemólise** – *lise* é um termo derivado do grego e quer dizer destruição).

A solução existente no interior de cada hemácia era muito mais concentrada que a do recipiente. A água passou por osmose em grande quantidade para o interior dos glóbulos vermelhos, acarretando um aumento extraordinário do volume das células, pouco antes de se romperem (é o que se vê na Figura 3-11(b)). Nesse caso, a solução do copo era **hipotônica** em relação à solução contida nas hemácias.

Hemácias mergulhadas em soluções de concentração idêntica à do seu interior não sofrem alterações. Nesse caso, diz-se que as soluções, tanto do meio externo como das hemácias, são **isotônicas** (veja a Figura 3-11(c)).

A ciência por trás do fato!

Gargarejo com água e sal ou solução de vinagre

Quantas vezes alguém já lhe disse para fazer um gargarejo com água e sal, ou com uma solução de água e vinagre, para tratar uma dor de garganta? A ideia intuitiva desse princípio reside no fato de que o sal "pode" impedir a proliferação de bactérias patogênicas que, em contato com ele, perderiam água por osmose e morreriam. No caso do vinagre, a acidez "poderia" exercer efeito inibidor da multiplicação de algumas bactérias. Infecções causadas por vírus dificilmente melhoram com esse procedimento.

Na verdade, esses recursos só deveriam ser utilizados enquanto você não tem condições de procurar um médico que verifique o que está acontecendo com a sua garganta e lhe prescreva os medicamentos adequados.

A osmose em células vegetais

Nos vegetais, a entrada e a saída de água das células é regulada por uma grande estrutura celular, o **vacúolo** (veja a Figura 3-12). Trata-se de uma grande bolsa central, que preenche praticamente toda a célula vegetal adulta. No interior dela há uma solução formada por água e diversas substâncias como cristais, pigmentos, sais etc. A solução vacuolar é importante nas trocas de água que ocorrem entre uma célula vegetal e o meio circundante (solo, outras células de um tecido, por exemplo). No caso, o citoplasma e a membrana plasmática atuam como membrana semipermeável. Além do vacúolo, é preciso destacar o papel da elástica e resistente **membrana celulósica** na manutenção da forma da célula nas trocas hídricas.

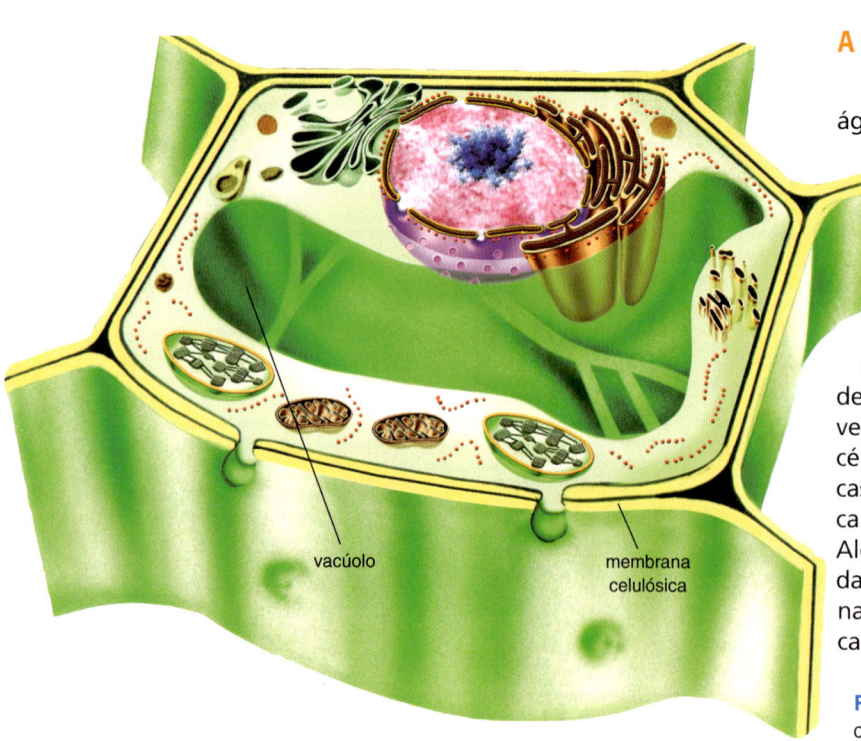

Figura 3-12. Esquema de célula vegetal evidenciando um grande vacúolo.

> ### Saiba mais
>
> **A célula vegetal não arrebenta**
>
>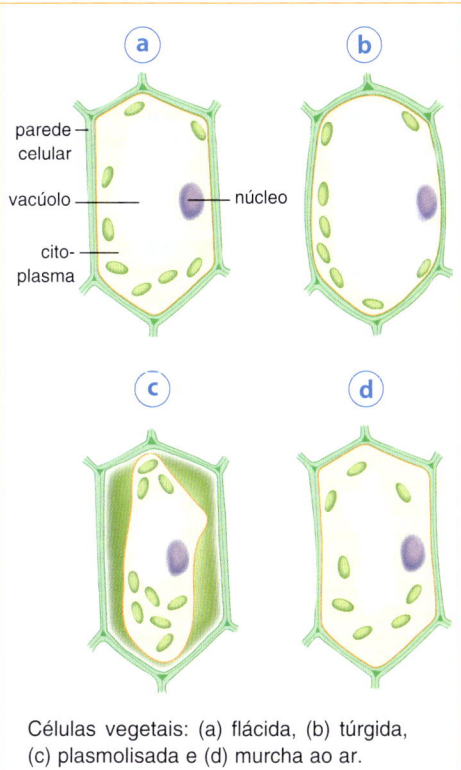
>
> Células vegetais: (a) flácida, (b) túrgida, (c) plasmolisada e (d) murcha ao ar.
>
> Comumente, a célula vegetal se encontra em estado *flácido*, situação em que a parede celular (membrana celulósica) se encontra pouco distendida ("frouxa"). Colocando-se uma célula vegetal nesse estado em água pura, ela absorve água por osmose, uma vez que a solução existente no vacúolo é mais concentrada. À medida que a água penetra na célula, desenvolve-se uma pressão hidrostática interna que tende a fazer a água retornar para o meio externo. Essa pressão interna atua na membrana celulósica que, por sua vez, se distende, até atingir o seu limite de elasticidade. É graças à resistência da membrana celulósica que a célula vegetal não arrebenta. Ocorre, então, um equilíbrio de pressões, estado em que a água que tende a sair é contrabalançada pela que entra. Dizemos, então, que a célula atingiu o seu estado de *turgor* (enchimento) máximo e se encontra *túrgida*. É graças à turgescência celular que muitas plantas herbáceas de pequeno porte se mantêm eretas.
>
> Por outro lado, se a célula vegetal flácida for mergulhada em uma solução hipertônica bem mais concentrada que a solução do vacúolo, ela perde muita água e o vacúolo se retrai, juntamente com o citoplasma e a membrana plasmática, que se descola da membrana celulósica. Nessa situação, dizemos que a célula está *plasmolisada*. Na *plasmólise* de uma célula vegetal, formam-se espaços entre a membrana celulósica e a plasmática, que logo são preenchidos pela solução hipertônica, já que a membrana celulósica é permeável aos solutos. Se, em seguida, a célula plasmolisada for mergulhada em água pura, ela volta a absorver água por osmose, ocorre a *deplasmólise* e a célula pode retornar ao estado túrgido. Fatias de pimentão, colocadas em água salgada, dobram-se como resultado da plasmólise sofrida pelas células. Recolocadas em água pura, ocorre a deplasmólise celular e o turgor é readquirido.
>
> Outra situação que ocorre com frequência com células vegetais é a perda de água para o ar, por evaporação. A intensa perda de água faz ocorrer não só a retração do vacúolo, mas da célula inteira, incluindo a membrana celulósica. Nesse caso, a célula fica *murcha*. O murchamento celular é muito comum em plantas herbáceas de pequeno porte, que vivem em locais de solo seco e atmosfera pouco úmida. Nessas condições, a planta inteira se curva, o que revela a intensa perda de água das células por evaporação, sem haver a reposição pelas raízes.

Processos Biológicos de Transporte nas Células

Transporte ativo

É uma modalidade de transporte biológico em que a célula investe considerável quantidade de energia no transporte de determinada substância existente no meio.

O exemplo mais conhecido de transporte ativo é o que acontece na chamada *bomba de sódio* e *potássio* encontrada em nossas células. Normalmente, o lado externo de uma célula possui grande quantidade de sódio, enquanto o interior celular é rico em potássio. O que se poderia esperar é que o sódio se difundisse para o interior da célula, uma vez que é mais concentrado do lado de fora, o inverso devendo acontecer com o potássio, cuja concentração dentro da célula é grande. Mas íons de sódio são continuamente expulsos da célula, contra um gradiente de concentração, ao mesmo tempo em que íons de potássio são levados para dentro da célula (veja a Figura 3-13).

> No transporte ativo, as moléculas das substâncias movem-se contra um gradiente de concentração, isto é, de um lugar em que se encontram menos concentradas para outro em que se acham em maior concentração. Ocorre gasto de energia.

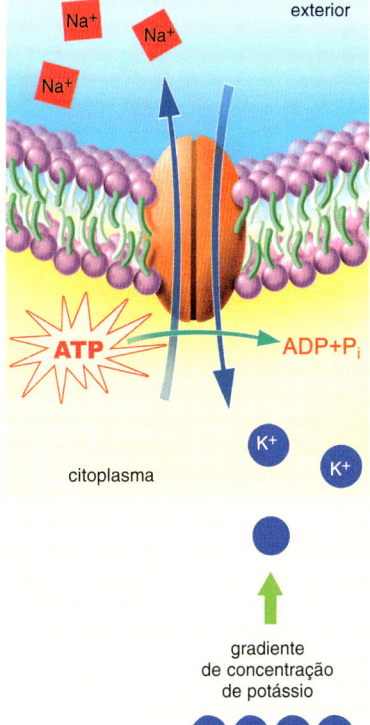

Figura 3-13. Bomba de sódio e potássio, um exemplo de transporte ativo.

Isso envolve gasto de energia, na forma de consumo de moléculas de ATP (adenosina trifosfato ou trifosfato de adenosina). Cada vez que a bomba de sódio é acionada, três íons de sódio se ligam à proteína transportadora (veja a Figura 3-14, 1, 2 e 3). Nesse momento, a energia fornecida por um ATP altera a forma da proteína que, assim, favorece a saída dos íons de sódio. Simultaneamente, dois íons de potássio se ligam à proteína que, retornando à sua forma original, conduz os íons de potássio para o interior da célula (veja a Figura 3-14, 4, 5 e 6). A manutenção da bomba de sódio e potássio permite a muitas células a execução de diversas atividades relacionadas à membrana plasmática, como a condução de impulsos ao longo das células nervosas.

Vários outros exemplos de transporte ativo ocorrem no nosso organismo. É a partir desse tipo de transporte que as células intestinais passam para o sangue a glicose absorvida da luz intestinal, após a digestão dos carboidratos.

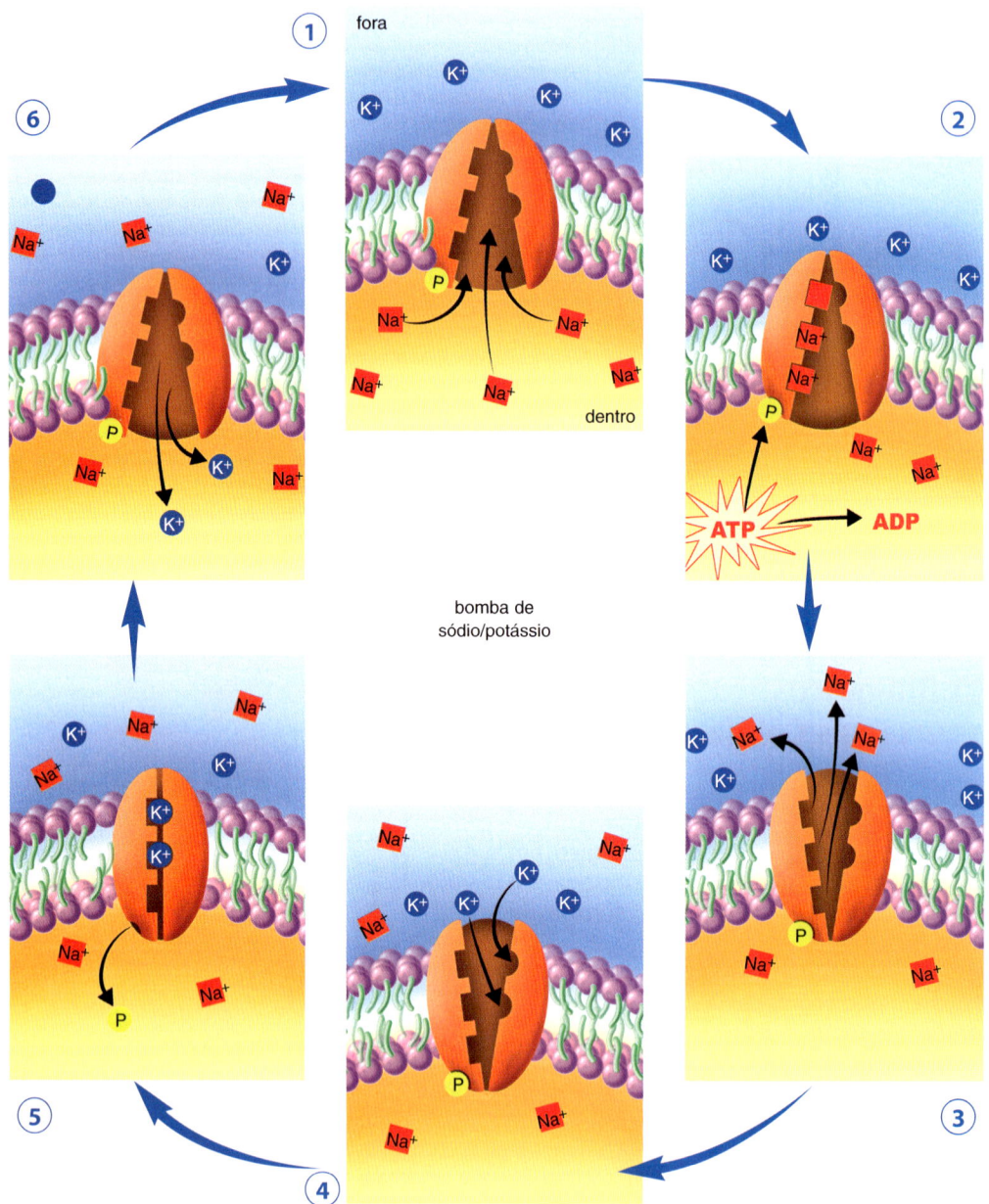

Figura 3-14. Transporte ativo: a eliminação de íons Na+ (sódio) da célula e o ingresso de íons K+ (potássio) ocorrem com gasto de energia.

Transporte acoplado

Muitas moléculas "pegam carona" com outras substâncias ou íons, para entrar ou sair das células, utilizando o mesmo "veículo de transporte". É o que ocorre, por exemplo, com moléculas de açúcar que ingressam nas células contra o seu gradiente de concentração. Como vimos no item anterior, a bomba de sódio/potássio expulsa íons de sódio da célula, ao mesmo tempo em que faz os íons potássio ingressarem, utilizando a mesma proteína transportadora (o mesmo *canal iônico*), com gasto de energia.

Assim, a concentração de íons de sódio dentro da célula fica baixa, o que induz esses íons a retornarem para o interior celular. Ao mesmo tempo, moléculas de açúcar, cuja concentração dentro da célula é alta, aproveitam o ingresso de sódio e o "acompanham" para o meio intracelular. Esse transporte simultâneo ocorre com a participação de uma proteína de membrana "cotransportadora" que, ao mesmo tempo em que favorece o retorno de íons de sódio para a célula, também deixa entrar moléculas de açúcar cuja concentração na célula é elevada. Note que a energia utilizada nesse tipo de transporte é indiretamente proveniente da que é gerada no transporte ativo de íons de sódio/potássio.

Saiba mais

Aquaporinas: proteínas transportadoras de água

Em algumas células de vários seres vivos, incluindo o homem e os vegetais, a passagem de água, por osmose, é favorecida pela existência de poros constituídos de proteínas de membrana transportadoras de água, as **aquaporinas**. Elas formam verdadeiros "túneis" que agilizam a passagem de água para fora ou para dentro da célula, na dependência de um gradiente de concentração. As aquaporinas não bombeiam a água, apenas facilitam a sua passagem, de modo passivo, em ambos os sentidos. A seleção das moléculas de água é feita pelo tamanho e pela carga elétrica, uma vez que os "túneis" são ajustados para permitir apenas o trânsito de moléculas pequenas e de carga elétrica compatível com a existente na porção mais estreita desses poros. No homem, as células dos rins e as de diversas glândulas, entre elas as lacrimais, sudoríparas e salivares são dotadas desse tipo de proteína transportadora. É curioso notar que, por enquanto, elas não foram constatadas nas células nervosas, nem nas que revestem o intestino. Sabe-se que, nos rins, sob a ação de um hormônio (o antidiurético), ocorre uma inserção de aquaporinas nas membranas plasmáticas, facilitando o retorno da água para o sangue. Do mesmo modo, distúrbios relacionados a aquaporinas renais estão envolvidos com grande perda de água em uma doença conhecida como *diabetes insipidus*.

As aquaporinas* foram descobertas em 1988 pelo médico e pesquisador norte-americano Peter Agre que, em 2003, foi agraciado com o prêmio Nobel de Química.

*Se você quiser saber mais sobre aquaporinas, consulte a *Revista Ciência Hoje*, Rio de Janeiro, v. 34, n. 200, p. 8 e 16, dez. 2003.

Endocitose e exocitose

Do mesmo modo que em uma fábrica a entrada e a saída de grandes materiais requerem a existência de portões especiais, as células em geral também possuem mecanismos especializados na introdução ou eliminação de partículas em bloco, sem recorrer aos processos normalmente utilizados no transporte pela membrana. **Endocitose** (do grego, *éndon* = dentro e *kútos* = cavidade, célula) é o termo utilizado para designar o ingresso de macromoléculas e materiais maiores na célula, o que pode ocorrer por três possíveis mecanismos: *fagocitose*, *pinocitose* e *endocitose mediada por receptores*. Nos três processos a membrana participa ativamente, sofrendo modificações que possibilitam o ingresso desses materiais. Por outro lado, a saída de resíduos ou a secreção de substâncias produzidas pela célula ocorre por **exocitose** (do grego, *ékso* = fora, para fora), processo que, embora *aparentemente* corresponda ao inverso da endocitose, envolve a participação de outros componentes da membrana plasmática.

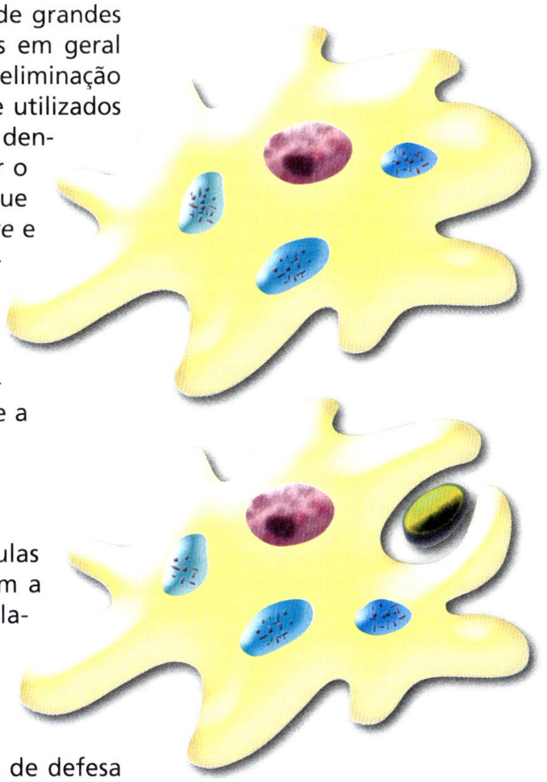

Fagocitose

Fagocitose é o processo pelo qual a célula engloba partículas sólidas (veja a Figura 3-15). A célula, ao entrar em contato com a partícula a ser englobada, emite **pseudópodes** (expansões celulares) para circundá-la e transportá-la para seu interior.

A fagocitose é observada em protozoários e em certas células do nosso organismo, como em determinado tipo de leucócito, sendo que nos protozoários é mais um processo nutritivo, enquanto no homem trata-se, sobretudo, de um processo de defesa contra partículas estranhas ao organismo. Assim, glóbulos brancos do sangue defendem o nosso organismo contra bactérias e outras partículas, englobando-as.

Figura 3-15. Fagocitose: emissão de pseudópodes para o englobamento de partículas grandes.

A expulsão de substâncias residuais pelo processo inverso chama-se **clasmocitose** (ou **exocitose**). Veja a Figura 3-16.

Pinocitose

Pinocitose é o processo usado por células para englobar partículas muito pequenas, de modo geral líquidas.

A membrana celular, na região de contato com a partícula a ser englobada, invagina-se (forma uma reentrância) para o interior do citoplasma. Finalmente, a partícula envolvida por um pedacinho de membrana solta-se no citoplasma, enquanto a superfície da membrana se reorganiza (veja a Figura 3-17).

Endocitose mediada por receptores

Nesse tipo de endocitose, ocorre a ligação da substância que deverá ingressar na célula a proteínas receptoras da membrana plasmática, com a formação de uma vesícula que se interioriza e, posteriormente, funde-se a lisossomos, estruturas celulares que efetuarão a digestão da substância, podendo ser os resíduos utilizados pela célula. Esse é um processo natural de remoção de quantidades indesejáveis de colesterol do sangue, por exemplo.

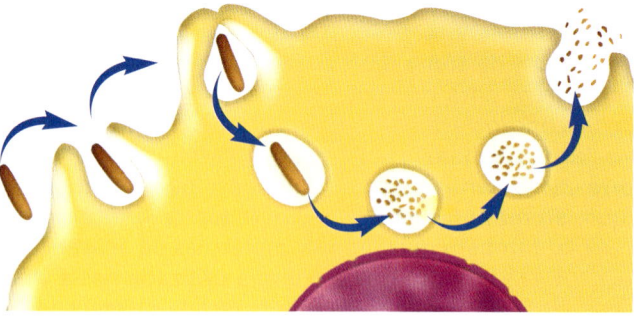

Figura 3-16. Esquema de glóbulo branco envolvendo bactérias. Após a ocorrência de digestão intracelular, os resíduos não digeridos são eliminados da célula por clasmocitose ("defecação" celular).

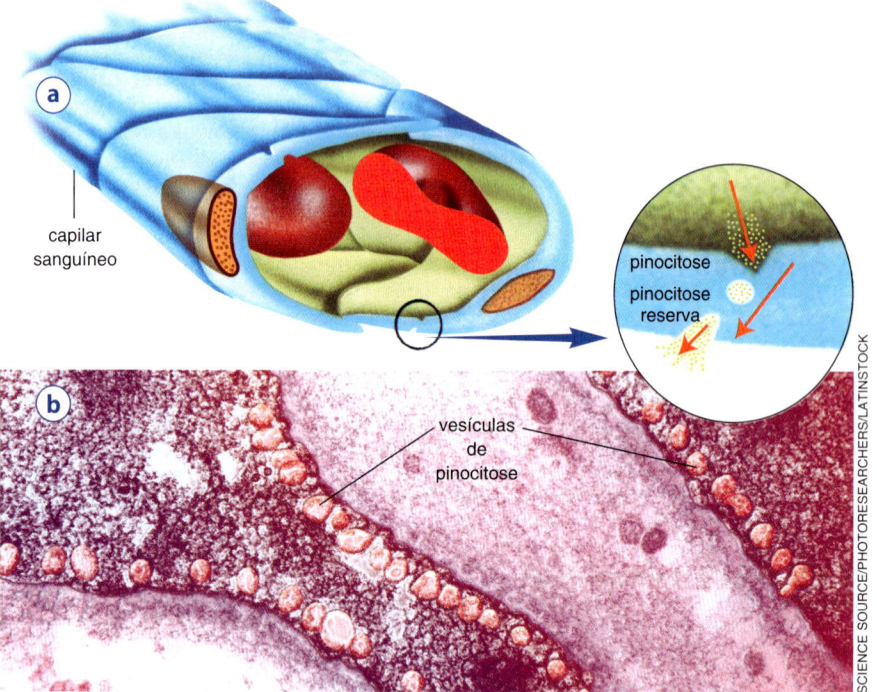

Figura 3-17. Pinocitose: (a) a membrana invagina-se, permitindo o englobamento de partículas pequenas. Observe que chamamos de *pinocitose reversa* ao processo de **eliminar** partículas muito pequenas ou líquidas. (b) Vesículas de pinocitose em célula da parede de um capilar sanguíneo.

Ética & Sociedade

Um defeito no processo de transporte pela membrana é o causador da fibrose cística

Entre as doenças hereditárias humanas, a *fibrose cística* é uma das mais graves e, infelizmente, mais comuns. A doença é causada por defeitos em um gene que comanda a síntese de uma proteína – conhecida como CFTR – reguladora do transporte de íons cloreto e água através das membranas de células pulmonares e intestinais. Esse defeito provoca o acúmulo de muco nos intestinos e nos pulmões, provocando diversos sintomas, entre eles: malnutrição decorrente da precária absorção de nutrientes no intestino, favorecimento de instalação de infecções bacterianas devido ao acúmulo de muco – que propicia um excelente meio de cultura para o crescimento de microrganismos –, dificuldades respiratórias e, eventualmente, lesões pulmonares irreversíveis. Cerca de 30.000 norte-americanos, 3.000 canadenses e 20.000 europeus são afetados pela fibrose cística.

A mutação mais comum no gene que codifica a síntese da CFTR é responsável por cerca de 80% dos casos. Pessoas afetadas por essa forma clássica da doença raramente chegam aos trinta anos de idade. Mas o gene em questão é um dos mais longos e pelo menos 900 mutações que o afetam podem causar a doença. Os sintomas, portanto, variam enormemente, dependendo da mutação herdada por uma pessoa.

Uma criança somente terá fibrose cística se herdar o gene defeituoso de ambos os pais. Assim, o primeiro passo na pesquisa acerca da possibilidade de um feto ter a doença é saber se os pais possuem o gene mutante. Sabe-se, hoje, que cerca de 1 em 29 pessoas porta o gene mutante. Em vista da complexidade do quadro apresentado, discute-se muito hoje a validade dos testes efetuados para detectar precocemente – ainda na fase fetal – a existência do gene alterado. Os cientistas que lidam com o assunto recomendam muito cuidado na execução dos testes que visam confirmar a existência da doença no ser humano em desenvolvimento e temem que condutas impensadas possam provocar a interrupção da gravidez de fetos saudáveis.

Fonte: Test Blunders Risk Needless Abortions. *New Scientist*, London, p. 4-6, 3 May 2003.

Você é contra ou a favor de testes ainda na fase fetal? Por quê?

Passo a passo

1. Em relação ao assunto modelos celulares, responda:
   a) Quais são os três tipos básicos de células existentes na Terra atual?
   b) Qual o significado de *célula procariótica* e *célula eucariótica*? Como é distribuído o material genético celular principal em cada um desses tipos celulares?
   c) Qual é a única organela não envolvida por membrana presente no citosol dos três tipos celulares?
   d) Cite as quatro estruturas presentes em qualquer célula existente na Terra atual.
   e) Cite as diferenças existentes entre a célula animal e a célula vegetal.
   f) Existe uma estrutura presente tanto na célula bacteriana quanto na célula vegetal, embora possua natureza química diferente. Qual é essa estrutura?

2. Associe as personalidades citadas de **1** a **4** com as frases relacionadas de **a** a **d**.

   1) Robert Hooke
   2) Theodor Schwann
   3) Anton Van Leeuwenhoek
   4) Rudolf Virchow

   a) As células são provenientes de células preexistentes.
   b) Minúsculos seres unicelulares pululavam em gotas de água colhidas de uma lagoa.
   c) Observação, em microscópio, das "pequenas cavidades" existentes em um pedaço de cortiça.
   d) Todos os seres vivos são constituídos por células (obs.: na época em que essa frase foi dita, não se sabia, ainda, da existência dos vírus, que são acelulares).

3. Microscópio de luz (óptico), microscópio eletrônico de transmissão e microscópio de varredura são instrumentos que auxiliam os cientistas a visualizar estruturas celulares e de tecidos. Cite a principal vantagem decorrente do uso desses instrumentos (em termos do poder de resolução) e, em poucas palavras, cite a diferença existente entre eles.

4. Em relação aos envoltórios (revestimentos) celulares, cite o nome do:
   a) revestimento presente em qualquer célula, procariótica ou eucariótica;
   b) revestimento externo à membrana, presente nas células vermelhas (hemácias) de muitos animais;
   c) envoltório extra, presente nas células vegetais.

5. Cite a constituição química básica da membrana plasmática encontrada em qualquer célula. Cite e explique, em poucas palavras, o modelo da membrana plasmática atualmente aceito, sugerido pelos pesquisadores Singer e Nicholson.

6. As proteínas existentes na membrana plasmática das células eucarióticas exercem várias funções. Escolha quatro dessas proteínas e cite suas funções.

7. Relativamente ao glicocálice que envolve a membrana plasmática de algumas células, cite:
   a) os seus componentes químicos mais comuns;
   b) a função que se atribui a esse revestimento externo.

8. Em um tecido vegetal, paredes celulares separam uma célula vegetal de outra. Os três componentes básicos são a parede secundária, a lamela média e a parede primária. Utilizando os seus conhecimentos sobre esse assunto, responda:
   a) Como se organizam esses três componentes, de dentro para fora da célula vegetal?
   b) Cite o nome das microscópicas aberturas que possibilitam a conexão dos citoplasmas das células vegetais, favorecendo a ocorrência do trânsito de substâncias entre elas.

9. Relativamente aos mecanismos de entrada e saída de substâncias em uma célula:
   a) Cite os processos físicos e biológicos.
   b) Qual a principal diferença existente entre esses dois processos de transporte?

10. Na série de frases seguintes, indique com **V** as verdadeiras e com **F** as falsas.
   a) A difusão simples é um processo de transporte em que as substâncias se espalham do meio em que estão mais concentradas para outro em que se encontram menos concentradas.
   b) Na difusão facilitada, o transporte de substâncias ocorre com a participação de proteínas transportadoras que "ajudam" o ingresso de determinadas substâncias na célula.
   c) Osmose é a difusão de moléculas de água (solvente) de um meio mais concentrado em solutos para um meio menos concentrado em solutos.
   d) Membrana semipermeável é aquela que deixa passar o soluto, mas não o solvente (água).
   e) Moléculas de oxigênio do sangue rico nesse gás passam para os tecidos (onde a concentração nesse gás é menor) por osmose.

11. A osmose é um tipo de transporte passivo de água (soluto) entre as células e o meio que as circunda. Para ocorrer osmose, é necessário que:
   a) as concentrações de soluto dentro e fora da célula sejam iguais.
   b) haja gasto de energia para acumular água dentro da célula.
   c) as concentrações de soluto dentro e fora da célula sejam diferentes.
   d) toda e qualquer célula seja dotada de parede celular impermeável à água.

12. Hemácias humanas foram acrescentadas a três tubos de ensaio contendo soluções de concentração desconhecida. Após certo tempo, a verificação dos tubos mostrou os seguintes resultados:

   tubo I – as hemácias apresentavam-se enrugadas,
   tubo II – as hemácias mantiveram volume normal,
   tubo III – as hemácias estavam rompidas.

   Com relação às soluções em que as hemácias foram mergulhadas, pode-se dizer que eram, na ordem citada acima,

   a) isotônica, hipertônica e hipotônica.
   b) hipertônica, hipotônica e isotônica.
   c) hipotônica, isotônica e hipertônica.
   d) hipertônica, isotônica e hipotônica.
   e) isotônica, hipotônica e hipertônica.

13. Suponha que fosse possível mergulhar três células vegetais I, II e III em recipientes separados (A, B e C) contendo soluções aquosas de concentração desconhecida. Suponha, também, que após algum tempo, observando-as ao microscópio, os seguintes resultados fossem constatados:

   I – a célula ficou plasmolisada,
   II – o volume celular ficou inalterado,
   III – a célula ficou túrgida.

   Com relação às soluções existentes nos recipientes A, B e C, pode-se afirmar com certeza que elas eram, em relação à concentração da solução dos vacúolos celulares:

   a) hipertônica, isotônica e hipotônica.
   b) hipotônica, isotônica e hipertônica.
   c) isotônica, hipertônica e hipotônica.
   d) isotônica, hipotônica e hipertônica.
   e) hipertônica, hipotônica e isotônica.

A membrana celular

14. Ainda em relação ao experimento anterior, imaginando que a célula I fosse retirada do recipiente A e colocada em outro recipiente, D, e se constatasse que ela readquiriu o turgor, diríamos que a célula:

a) sofreu ruptura e a solução do meio D era hipertônica.
b) sofreu deplasmólise e a solução do meio D era hipotônica.
c) sofreu deplasmólise e a solução do meio D era hipertônica.
d) permaneceu plasmolisada e a solução do meio D era hipotônica.
e) permaneceu plasmolisada e a solução do meio D era hipertônica.

15. Em células vegetais vivas e adultas, um orgânulo volumoso ocupa praticamente todo o espaço disponível na célula e é responsável pela regulação osmótica, isto é, pela regulação da entrada e saída de água entre as células e o meio em que se encontram. Existe, ainda, um envoltório resistente e elástico o suficiente que atua na manutenção da forma das células durante o processo de trocas hídricas. A que estruturas o texto acima faz referência?

16. Em muitas localidades ainda existe o hábito de salgar bastante a carne, no sentido de evitar que ela apodreça devido à ação de bactérias decompositoras. A carne fica preservada porque, ao tentarem sobreviver com o alimento disponível, as bactérias:

a) perdem água por osmose, para o meio menos concentrado, e morrem.
b) ganham água por osmose, do meio mais concentrado, e morrem.
c) perdem água por transporte facilitado, do meio mais concentrado, e morrem.
d) ganham água por transporte facilitado, do meio mais concentrado, e morrem.
e) perdem água por osmose, para o meio mais concentrado, e morrem.

17. Relativamente aos transportes biológicos nas células, responda:

a) Qual a principal característica do transporte ativo?
b) Qual o exemplo mais conhecido de ocorrência de transporte ativo?
c) No transporte ativo, como se dá o movimento de determinado soluto, a favor do gradiente de concentração ou contra o gradiente de concentração?
d) Qual a modalidade de energia utilizada pela célula na realização do transporte ativo?
e) Que característica diferencia o transporte acoplado do transporte ativo? Cite um exemplo de realização de transporte acoplado.

18. Na chamada bomba de sódio e potássio, em que ocorre transporte ativo desses íons em células humanas, constata-se que:

a) três íons sódio penetram na célula e dois de potássio são expulsos.
b) dois íons de potássio penetram na célula, juntamente com três de sódio.
c) três íons de sódio saem da célula e dois de potássio nela penetram.
d) três íons de sódio saem da célula, juntamente com três de potássio.
e) dois íons de potássio penetram na célula, juntamente com dois de sódio.

19. Endocitose e exocitose são dois exemplos de transporte biológico que ocorre nas células. Qual a diferença entre esses dois processos de transporte?

20. Fagocitose e pinocitose são dois mecanismos de endocitose. A respeito desses dois mecanismos de englobamento de substâncias pela célula, responda:

a) Qual a diferença entre eles?
b) Qual o significado de clasmocitose?
c) Qual o significado de endocitose mediada por receptores?
d) O que são aquaporinas?

21. O englobamento de partículas sólidas ou líquidas enquadra-se na categoria de transporte celular denominada de *endocitose* (*endo* = dentro). Por outro lado, a expulsão de resíduos gerados pela destruição das partículas (ou seja, a exocitose), é denominada de:

a) clasmocitose.
b) fagocitose.
c) pinocitose.
d) osmose.
e) citocitose.

22. A membrana plasmática, na região de contato com a pequena partícula a ser englobada, invagina-se (forma uma reentrância para o interior do citoplasma) e a partícula, envolvida por um pedacinho de membrana, solta-se no citoplasma, formando uma vesícula.

O texto acima faz referência a um mecanismo de englobamento de partículas pequenas, de modo geral líquidas, conhecido como:

a) fagocitose.
b) exocitose.
c) clasmocitose.
d) osmose.
e) pinocitose.

23. O glóbulo branco do nosso sangue rodeia as bactérias invasoras e, por meio da emissão de prolongamentos celulares conhecidos como pseudópodes, as introduz em seu interior para que sejam destruídas. É um eficiente mecanismo de defesa do nosso organismo.

O texto acima faz referência a um mecanismo de englobamento de partículas sólidas conhecido como:

a) exocitose.
b) fagocitose.
c) clasmocitose.
d) pinocitose.
e) osmose.

24. Na série de frases a seguir, reconheça as corretas e efetue a soma das alternativas no final.

01) Osmose é um processo de transporte ativo de água, agilizado pela existência de aquaporinas, acompanhado de gasto de energia.
02) Proteínas de membrana efetuam uma diversidade de funções, entre elas a de transporte de substâncias para o interior da célula.
04) O transporte ativo é uma modalidade biológica de transporte de substâncias com gasto de energia.
08) No transporte facilitado de substâncias, proteínas transportadoras facilitam a passagem de substâncias pela membrana plasmática, sem gasto de energia.
16) Células vegetais plasmolisadas são as que ficaram túrgidas por terem sido mergulhadas em soluções isotônicas.
32) Fagocitose e pinocitose são dois processos biológicos de transporte cuja principal finalidade é permitir o ingresso de água na célula por osmose.
64) A doença *fibrose cística* ocorre por defeitos em uma proteína reguladora do transporte de íons cloreto e de água através das membranas de células pulmonares e intestinais.

25. *Questão de interpretação de texto*

O diabetes tipo 2 é um problema de saúde crescente na América Latina. Estima-se que quase 6% da população adulta dessa região sofra de diabetes. Em números absolutos, isso equivale a mais de 16 milhões de pessoas. A doença é resultante da deficiência na produção do hormônio insulina, que facilita o ingresso de glicose nas células. Uma das consequências da deficiência de insulina é a ocorrência de hiperglicemia. Isso quer dizer que a concentração de glicose no sangue fica elevada (acima de 126 mg/dL de sangue, em jejum). Nessas condições, o sangue torna-se hipertônico em relação ao hialoplasma celular, além de resultar na eliminação de quantidades elevadas de glicose na urina, associada a uma eliminação abundante de água.

Adaptado de: América Latina Diabética,
Vestibular PUC-SP, 5 dez. 2010, p. 24.

a) O que significa dizer que, com o excesso de glicose circulante, o sangue fica hipertônico em relação ao hialoplasma celular?
b) Considerando que o sangue fica hipertônico em relação ao hialoplasma, qual será, então, o sentido de movimentação da água entre esses dois compartimentos biológicos?
c) Explique, em poucas palavras, como um médico solucionaria o problema representado pela deficiência na produção de insulina em uma pessoa que apresente esse quadro de diabetes?

Questões objetivas

1. (UFG – GO) As membranas celulares são estruturas que delimitam todas as células vivas, estabelecendo uma interface entre os meios intra e extracelulares. No caso de pessoas portadoras de diabetes tardio, ou tipo II, as membranas de algumas células possuem poucos receptores para a insulina, diminuindo o transporte de glicose. Esses receptores têm característica de
a) fosfolipídios.
b) glicoproteínas.
c) glicolipídios.
d) esteroides.
e) carboidratos.

2. (UFCG – PB) A membrana plasmática é uma fina película lipoproteica que participa do metabolismo celular e atua no processo de seleção de substâncias que transitam entre os ambientes interno e externo da célula. Dessa forma, a membrana separa o conteúdo celular do meio circundante, garantindo a estabilidade do meio interno. O diagrama abaixo mostra o modelo de mosaico fluido da membrana.

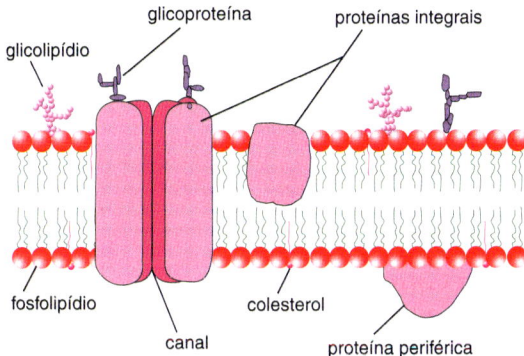

Em relação à membrana plasmática é INCORRETO afirmar:
a) As glicoproteínas são moléculas presentes na membrana plasmática e têm função de mediar mecanismos de transporte passivo de sódio e potássio através da membrana, estabelecendo níveis ótimos de concentração desses íons, e, em última instância, são responsáveis pela homeostase celular.
b) Nas membranas celulares se encontram tipos distintos de lipídios e estes podem ser classificados em dois amplos grupos: os que contêm ácidos graxos (fosfolipídios) e os que não os contêm (colesterol).
c) As proteínas integrais estão incrustadas na membrana plasmática e muitas delas a atravessam completamente, sendo acessíveis por dentro e por fora da membrana.
d) Os fosfolipídios da membrana plasmática são anfipáticos, têm uma cabeça polar hidrofílica e uma região hidrofóbica, devido às longas cadeias hidrocarbonadas dos dois ácidos graxos.
e) As proteínas da membrana plasmática desempenham funções importantes, dentre estas, atividade enzimática, funcionam como carreadores ou canais para o movimento das moléculas e íons, para dentro ou para fora das células.

3. (UNESP) Devido à sua composição química – a membrana é formada por lipídios e proteínas – ela é permeável a muitas substâncias de natureza semelhante. Alguns íons também entram e saem da membrana com facilidade, devido ao seu tamanho. (...) No entanto, certas moléculas grandes precisam de uma ajudinha extra para entrar na célula. Essa ajudinha envolve uma espécie de porteiro, que examina o que está fora e o ajuda a entrar.

CAMARGO, S. S. de. In: *Biologia*, Ensino Médio. 1.ª série, volume 1, SEE/SP, 2009.

No texto, e na ordem em que apareceram, a autora se refere
a) ao modelo mosaico-fluido da membrana plasmática, à difusão e ao transporte ativo.
b) ao modelo mosaico-fluido da membrana plasmática, à osmose e ao transporte passivo.
c) à permeabilidade seletiva da membrana plasmática, ao transporte ativo e ao transporte passivo.
d) aos poros da membrana plasmática, à osmose e à difusão facilitada.
e) aos poros da membrana plasmática, à difusão e à permeabilidade seletiva da membrana.

4. (FMC – SP) O glicocálix
a) é um envoltório das células vegetais, constituído de polissacarídeos.
b) é uma espécie de malha de moléculas de glicídios que envolve a maioria das células animais.
c) facilita a difusão de substâncias através da membrana plasmática.
d) ocorre nas células vegetais e contém grande quantidade de glicídios.
e) é o nome que se dá para o arranjo das moléculas de fosfolipídios e proteínas na membrana plasmática.

5. (UECE) Quando uma célula vegetal túrgida entra em contato com uma solução hipertônica, como mostra a figura

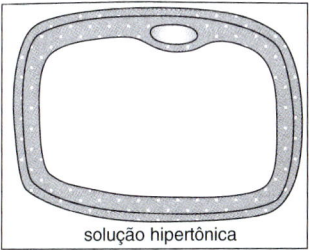

a) ela ficará plasmolisada pois perderá água, desprendendo-se a membrana plasmática da parede celular.
b) não haverá troca d'água com o meio, já que a célula está túrgida, estando o seu espaço interno limitado à entrada de água.
c) ela ganhará água até estourar porque a parede celular não resistirá a pressão da água.
d) a perda da água acarretará a crenação da célula como acontece nas hemácias.

6. (UFSC) Dentre os vários mecanismos de transporte em nível de membrana celular, podemos citar a osmose. De maneira simplificada, a figura abaixo esquematiza as condições para a ocorrência da osmose.

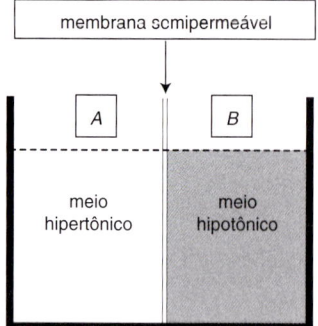

Com relação ao processo osmótico, assinale a(s) proposição(ões) CORRETA(S) e dê sua soma ao final.

(01) Haverá passagem de água do lado A para o lado B.
(02) Na natureza, o meio *hipertônico* cederá moléculas de *soluto* para o meio *hipotônico* até que se estabeleça um equilíbrio.
(04) Se A fosse o meio intracelular de uma célula humana e B, água pura, com certeza esta célula iria estourar.
(08) Se A fosse o meio intracelular de uma célula vegetal e B, água pura, a parede celulósica impediria que sua membrana celular se rompesse.
(16) A pressão osmótica é gerada pela passagem do *solvente* do lado B para o lado A.
(32) As células de nosso corpo encontram-se banhadas por uma solução isotônica; desta forma, a passagem da água do meio extracelular para o intracelular ocorre por osmose.

7. (UNESP) No início da manhã, a dona de casa lavou algumas folhas de alface e as manteve em uma bacia, imersas em água comum de torneira, até a hora do almoço. Com esse procedimento, a dona de casa assegurou que as células das folhas se mantivessem

a) túrgidas, uma vez que foram colocadas em meio isotônico.
b) túrgidas, uma vez que foram colocadas em meio hipotônico.
c) túrgidas, uma vez que foram colocadas em meio hipertônico.
d) plasmolisadas, uma vez que foram colocadas em meio isotônico.
e) plasmolisadas, uma vez que foram colocadas em meio hipertônico.

8. (UNESP) Três amostras de hemácias, A, B e C, foram isoladas do sangue de uma mesma pessoa e colocadas em soluções com diferentes concentrações de sal. A figura apresenta as hemácias vistas ao microscópio quando colocadas nas diferentes soluções. Na linha inferior, há a representação esquemática das células da linha superior. As setas indicam a movimentação de água através da membrana.

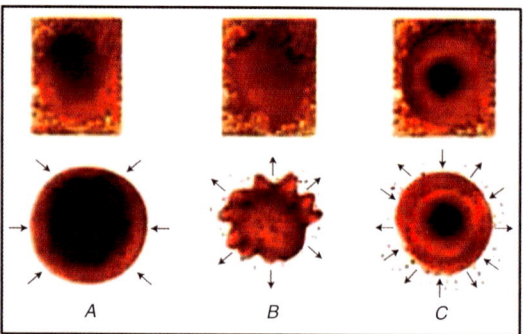

Proposta Curricular do Estado de São Paulo, São Paulo Faz Escola, *Biologia*, Caderno do Aluno, 2.ª série, v. 1, 2009.

Pode-se afirmar que, depois de realizado o experimento,

a) a concentração osmótica no interior da célula A é maior que a concentração osmótica no interior da célula B.
b) a concentração osmótica no interior da célula C é maior que a concentração osmótica no interior da célula B.
c) a concentração osmótica no interior das três células é a mesma, assim como também o era antes de terem sido colocadas nas respectivas soluções.
d) a concentração osmótica no interior das três células não é a mesma, assim como também não o era antes de terem sido colocadas nas respectivas soluções.
e) se as células A e B forem colocadas na solução na qual foi colocada a célula C, as três células apresentarão a mesma concentração osmótica.

9. (UFPR) A seguir, pode-se observar a representação esquemática de uma membrana plasmática celular e de um gradiente de concentração de uma pequena molécula "X" ao longo dessa membrana.

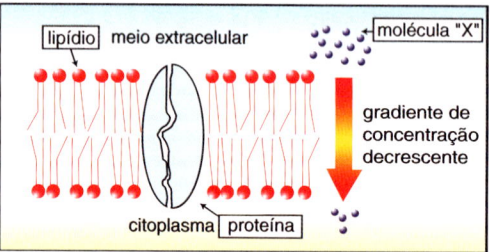

Com base nesse esquema, considere as seguintes afirmativas:

I – A molécula "X" pode se movimentar por difusão simples, através dos lipídios, caso seja uma molécula apolar.
II – A difusão facilitada da molécula "X" acontece quando ela atravessa a membrana com o auxílio de proteínas carreadoras, que a levam contra seu gradiente de concentração.
III – Se a molécula "X" for um íon, ela poderá atravessar a membrana com o auxílio de uma proteína carreadora.
IV – O transporte ativo da molécula "X" ocorre do meio extracelular para o citoplasma.

Assinale a alternativa correta.

a) Somente as afirmativas I e III são verdadeiras.
b) Somente as afirmativas I e II são verdadeiras.
c) Somente as afirmativas II e IV são verdadeiras.
d) Somente as afirmativas I, III e IV são verdadeiras.
e) Somente a afirmativa III é verdadeira.

10. (UEL – PR) Analise a figura a seguir.

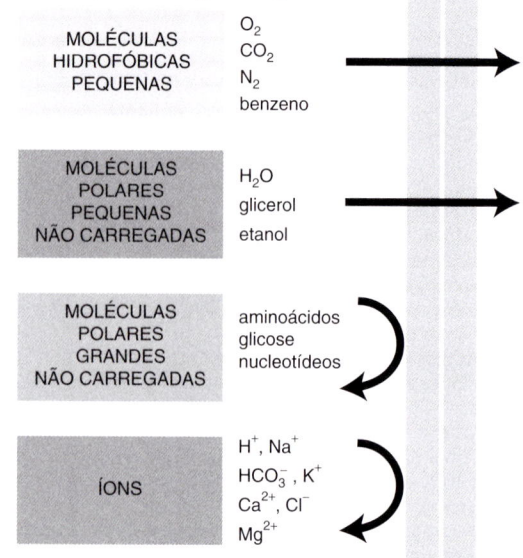

Adaptado de: ALBERTS, B. *et al. Fundamentos da Biologia Celular.* 2. ed. Porto Alegre: Artmed, 2006, p. 391.

Com base na figura e nos conhecimentos sobre transporte de membrana, considere as afirmativas a seguir.

I – As membranas celulares são constituídas por três camadas de moléculas lipídicas, com as cadeias polares (hidrofóbicas) colocadas no interior da membrana e as extremidades apolares (hidrofílicas) voltadas para as superfícies da membrana.

II – Quanto menor a molécula e, mais importante, quanto menores forem suas interações favoráveis com a água, ou seja, quanto menos polar ela for, mais rapidamente a molécula se difundirá através da bicamada lipídica.

III – Moléculas apolares pequenas, tais como o oxigênio molecular (O_2) e o dióxido de carbono (CO_2), prontamente se dissolvem nas bicamadas lipídicas e, dessa forma, rapidamente se difundem através delas. As células requerem essa permeabilidade aos gases para o processo de respiração celular.

IV – Moléculas apolares não carregadas também se difundem rapidamente através de uma bicamada, se são suficientemente pequenas. Por exemplo, a água e o etanol difundem-se com dificuldade, ao passo que o glicerol e a glicose difundem-se rapidamente, pois são importantes fontes de energia para as células.

Assinale a alternativa correta.

a) Somente as afirmativas I e IV são corretas.
b) Somente as afirmativas II e III são corretas.
c) Somente as afirmativas III e IV são corretas.
d) Somente as afirmativas I, II e III são corretas.
e) Somente as afirmativas I, II e IV são corretas.

11. (UERJ) No fígado, o transporte de glicose é realizado por difusão passiva mediada por proteínas transportadoras da membrana plasmática.

Em um experimento, cuja base consistiu em cultivar células hepáticas em um meio adequado, foram seguidos os seguintes passos:

• adicionar ao meio de cultivo uma concentração de glicose suficiente para manter, já no primeiro minuto, seu transportador saturado;
• medir, a partir do primeiro minuto de incubação, a velocidade v do transporte de glicose para o interior dos hepatócitos;
• bloquear, após três minutos de incubação, o metabolismo da glicose já absorvida, por meio da adição de um inibidor da enzima glicoquinase.

Nos gráficos abaixo, os valores de v são medidos em função do tempo de incubação:

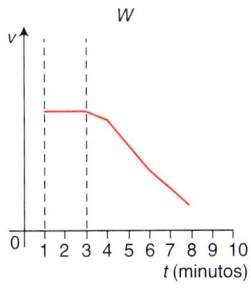
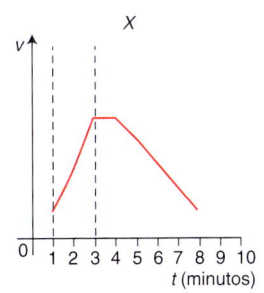
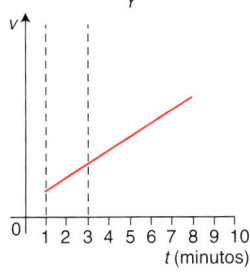
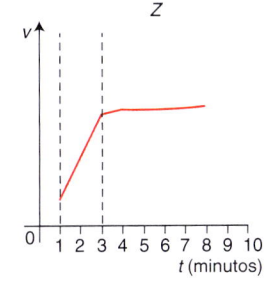

O resultado do experimento descrito está representado na curva do gráfico indicado por:

a) W.
b) X.
c) Y.
d) Z.

12. (UFJF – MG) A distribuição adequada de íons nos espaços intra e extracelular é fundamental para o funcionamento das células. Por exemplo, a transmissão de impulsos nervosos, a contração muscular e a secreção de hormônios são totalmente dependentes dessa distribuição e dos fluxos iônicos. Dois importantes íons envolvidos nos processos celulares são o sódio e o potássio que têm concentrações diferentes nos meios intra e extracelular. Sobre essas diferenças, é CORRETO afirmar que:

a) a concentração de sódio é maior fora da célula, e um importante componente na determinação dessa diferença é a bomba de sódio-potássio que o transporta com gasto de ATP.
b) a concentração de sódio e potássio é maior fora da célula, e um importante componente na determinação dessa diferença é a bomba de sódio-potássio que os transporta com gasto de ATP.
c) a concentração de sódio é maior dentro da célula, e um importante componente na determinação dessa diferença é a bomba de sódio-potássio que o transporta sem gasto de ATP.
d) a concentração de potássio é maior fora da célula, e um importante componente na determinação dessa diferença é a bomba de sódio-potássio que o transporta com gasto de ATP.
e) a concentração de sódio é maior fora da célula, e um importante componente na determinação dessa diferença é a bomba de sódio-potássio que o transporta sem gasto de ATP.

13. (PUC – MG) A membrana plasmática recobre todas as células vivas. Seu papel é controlar, como um porteiro, as substâncias que entram e saem da célula, tornando seu interior diferente do meio externo. Se uma célula média tivesse o tamanho de uma laranja, a espessura de sua membrana não ultrapassaria os 0,04 mm – mais fina que uma folha de papel de seda.

Disponível em: <hhttp://www.revistaescola.abril.com.br>.

Sobre as membranas celulares, é correto afirmar, EXCETO:

a) Duas camadas de fosfolipídios entremeadas de proteínas formam a membrana, que recebe a definição química de lipoproteica.
b) A glicose, importante hexose para o nosso organismo, é disponibilizada dentro da célula através da passagem pela membrana por transporte ativo, em condições normais.
c) Os lipídios, que se movem com liberdade nos planos da membrana sem perder contato íntimo com as outras moléculas, garantem a ela fluidez e alta capacidade de regeneração.
d) As proteínas que ficam incrustadas na membrana podem exercer o papel de transportadoras, permitindo a realização de difusão facilitada.

14. (UFPR – adaptada) A fagocitose de agentes invasores é um processo fundamental nas respostas de defesa dos organismos multicelulares. Escolha a alternativa que apresenta a ordem de eventos, desde o encontro entre uma célula fagocitária e o microrganismo invasor, até a eliminação de resíduos pela célula.

1. Degradação do microrganismo.
2. Formação de uma vesícula contendo o microrganismo.
3. Ação de enzimas digestivas sobre o microrganismo.
4. Adesão e internalização por meio de pseudópodes.
5. Exocitose dos resíduos.

a) 4, 2, 3, 1, 5
b) 5, 3, 2, 1, 4
c) 1, 4, 2, 3, 5
d) 5, 2, 3, 4, 1
e) 4, 2, 5, 3, 1

15. (UFPE) Os componentes mais abundantes nas membranas celulares são os fosfolipídios e as proteínas. A membrana plasmática é de fundamental importância para a vida, uma vez que delimita o espaço interno da célula, isolando-a do ambiente ao redor, mas exercendo uma permeabilidade seletiva. Sobre esse assunto podemos afirmar:

0-0) algumas proteínas existentes na membrana plasmática estão organizadas de modo a formar poros que permitem a passagem de certas substâncias.
1-1) vários elementos químicos chegam ao interior celular através de difusão facilitada, processo passivo que ocorre através das membranas glicoproteicas.
2-2) o transporte ativo ocorre com consumo de energia pela célula. Mesmo existindo uma concentração maior de um determinado íon no interior da célula, pode haver entrada deste íon na célula.
3-3) no organismo humano, os macrófagos realizam fagocitose (um processo de endocitose) de restos celulares e de neutrófilos, constituindo-se em verdadeiras máquinas de limpeza.
4-4) as células de protistas também realizam a ingestão de partículas grandes através de fagocitose.

16. (UFPel – RS) Sabe-se que, para as células exercerem suas funções, é necessário haver um controle da concentração interna de água e íons. Em 2003, o prêmio Nobel de Química foi justamente para dois médicos norte-americanos que estudaram de que forma a água é transportada através da membrana celular de alguns tipos de tecidos, como o epitélio das glândulas lacrimais. Eles descobriram proteínas (aquaporinas), ao nível da membrana plasmática, que formam poros passivos para a água se movimentar. O sentido do movimento é dado pelo gradiente osmótico e a seleção das moléculas de água é feita pelo seu tamanho e carga elétrica.

Ciência Hoje, n. 200, 2003 [adapt.]

Baseado(a) nos textos e nos seus conhecimentos, assinale a alternativa INCORRETA.

a) O processo de difusão de moléculas, representado nas figuras, é chamado de osmose. Em células vegetais, na condição 2 ocorre a plasmólise.
b) Uma das formas de diferenciar o transporte ativo do passivo é quanto ao gasto de energia (ATP) e direção do transporte (contra ou a favor do gradiente osmótico).
c) Células animais e vegetais, na condição 1, absorvem água, por isso 'incham', o que pode levar ao rompimento celular.
d) Na difusão facilitada, um tipo de transporte passivo, as proteínas de membrana transportam substâncias do meio mais concentrado para o menos concentrado.
e) Baseado nas figuras, pode-se considerar que, na condição 1, o meio é hipotônico e, na condição 2, é hipertônico em relação à célula.

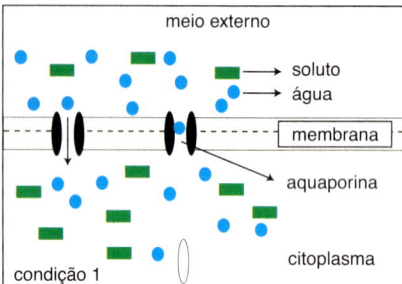

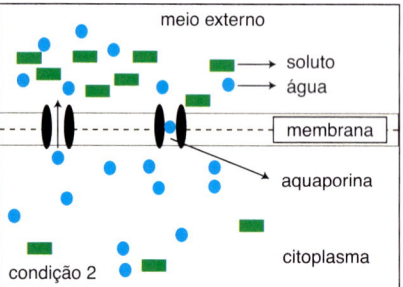

Questões dissertativas

1. (UNICAMP – SP) Duas fatias iguais de batata, ricas em amido, foram colocadas em dois recipientes, um com NaCl 5 M e outro com H₂O. A cada 30 minutos as fatias eram retiradas da solução de NaCl 5 M e da água, enxugadas e pesadas. A variação de peso dessas fatias é mostrada no gráfico abaixo.

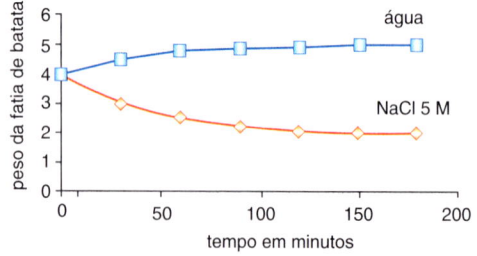

a) Explique a variação de peso observada na fatia de batata colocada em NaCl 5 M e a observada na fatia de batata colocada em água.
b) Hemácias colocadas em água teriam o mesmo comportamento das células da fatia da batata em água? Justifique.

2. (UFRJ) O gráfico a seguir mostra a variação do volume celular em função do tempo em dois tubos contendo suspensões de células animais. A seta indica o momento em que foi adicionada uma solução do soluto A no tubo 1 e uma solução do soluto B no tubo 2.

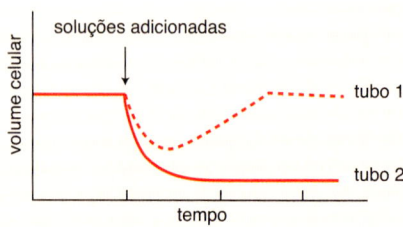

a) As soluções adicionadas eram inicialmente hipertônicas (mais concentradas) ou hipotônicas (menos concentradas) em relação às células? Justifique sua resposta.
b) Qual dos solutos (A ou B) foi capaz de atravessar a membrana plasmática? Justifique sua resposta.

3. (FMTM – MG – adaptada) Colocando-se uma célula vegetal túrgida em solução hipertônica, ela perde água para o meio. Enquanto a concentração do meio externo estiver maior do que a do meio intracelular, ela continuará a perder água, o que pode provocar a separação da membrana plasmática da parede celular.

a) Por meio de que processo de transporte a célula vegetal em questão perdeu água para o meio?
b) A separação da membrana plasmática da parede celular corresponde a um fenômeno importante relacionado à célula vegetal. Que fenômeno é esse?
c) Se a célula em questão fosse, em seguida, mergulhada em um recipiente contendo água destilada, ela ganharia água até romper (sofreria lise). Essa conclusão é correta ou incorreta? Justifique.

4. (UFJF – MG) Todas as células são envolvidas por uma membrana plasmática que controla a entrada e a saída de substâncias. A organização estrutural e funcional da camada fosfolipídica e a presença de proteínas de transporte conferem à membrana plasmática a capacidade de ser permeável apenas a algumas substâncias. Analise e responda as questões abaixo sobre os processos de troca de substâncias entre as células e o meio externo.

a) O salgamento dos alimentos é um recurso que evita a sua putrefação, sendo, por isso, utilizado na preservação de diversos tipos de carnes. **Explique** por que o sal ajuda na preservação desse alimento.
b) A célula vegetal não sofre destruição (lise), ou seja ela não se rompe ao ser colocada numa solução hipotônica. Você concorda com essa afirmativa? **Justifique** sua resposta.
c) A figura ao lado apresenta vários tipos de transporte, que permitem a passagem da glicose, através de uma célula intestinal, da luz do intestino até o sangue. Com base nesta figura, **explique** a participação da bomba de sódio e potássio no mecanismo de transporte da glicose, da luz do intestino até os vasos sanguíneos.

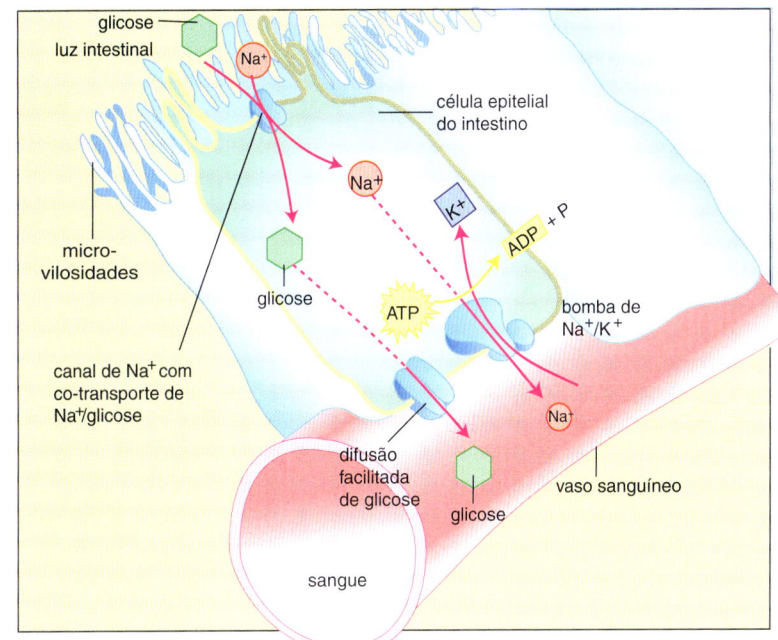

5. (UFRJ) Na membrana citoplasmática existe uma proteína que faz o transporte ativo (com gasto de ATP) de Na⁻ para fora da célula. Outro tipo de proteína da membrana funciona como uma espécie de portão que pode abrir ou fechar, permitindo ou não a passagem do Na⁻. Com o portão fechado, o Na⁺ acumula-se do lado de fora da célula, o que aumenta a pressão osmótica externa, compensando a grande concentração de solutos orgânicos no citoplasma. Isso evita a entrada excessiva de água por osmose.

a) Que estrutura celular torna menos importante essa função de equilíbrio osmótico do Na⁺ nas células vegetais? Justifique sua resposta.
b) Entre as duas proteínas descritas, qual delas permite o movimento do Na⁺ a favor do seu gradiente de concentração? Justifique.

6. (UNICAMP – SP) Ao estudar para o vestibular, um candidato percebeu que ainda tinha dúvidas em relação aos processos de difusão simples, transporte passivo facilitado e transporte ativo através da membrana plasmática e pediu ajuda para outro vestibulando. Este utilizou a figura abaixo para explicar os processos. Para testar se o colega havia compreendido, indicou os processos como A, B e C e solicitou a ele que os associasse a três exemplos. Os exemplos foram: (1) transporte iônico nas células nervosas; (2) passagem de oxigênio pelas brânquias de um peixe; (3) passagem de glicose para o interior das células do corpo humano.

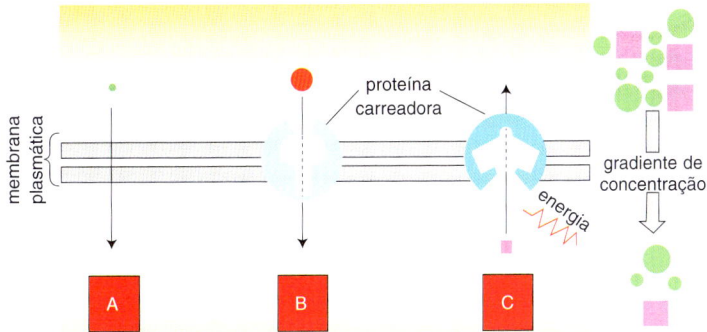

a) Indique as associações que o candidato deve ter feito corretamente. Explique em que cada um dos processos difere em relação aos outros.
b) Em seguida, o candidato perguntou por que a alface que sobrou do almoço, e tinha sido temperada com sal, tinha murchado tão rapidamente. Que explicação correta o colega apresentou?

A membrana celular 77

Programas de avaliação seriada

1. (PEIES – UFSM – RS) Observe a figura:

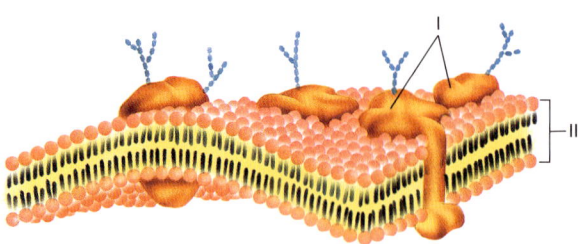

Assinale a alternativa que completa de modo correto as lacunas.

A figura representa a _____ encontrada em _____. Nessa figura, o número I corresponde às moléculas de _____ e o número II indica _____.

a) membrana plasmática – procariontes e eucariontes – proteínas – a bicamada lipídica
b) parede celular – eucariontes – proteínas – a bicamada lipídica
c) membrana plasmática ou parede celular – procariontes – fosfolipídios – o mosaico fluido
d) parede celular – procariontes – fosfolipídios – o mosaico fluido
e) membrana plasmática – eucariontes – fosfolipídios e proteínas – a bicamada lipídica ou o mosaico fluido

2. (PSS – UFAL) Certas pessoas são diabéticas porque possuem células que, em suas membranas plasmáticas, apresentam proteínas que dificultam a passagem de insulina em quantidade suficiente. Outro caso que evidencia a importância de certas proteínas de membrana plasmática está relacionado à rejeição de órgãos: células do sangue do receptor atacam o órgão implantado, uma vez que as proteínas das membranas celulares do doador são estranhas ao organismo do receptor. A diabetes e a rejeição de órgãos apresentadas por essas pessoas devem estar relacionadas com duas das proteínas de membrana, ilustradas na figura abaixo, a saber:

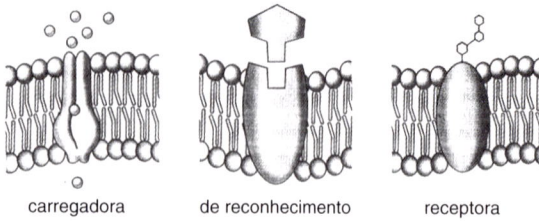

a) Proteínas carregadoras, tanto para a diabetes quanto para a rejeição de órgãos.
b) Proteínas de reconhecimento, tanto para a diabetes quanto para a rejeição de órgãos.
c) Proteínas carregadoras para a diabetes e proteínas receptoras para a rejeição de órgãos.
d) Proteínas receptoras para a diabetes e proteínas de reconhecimento para a rejeição de órgãos.
e) Proteína de reconhecimento para a diabetes e proteínas carregadoras para a rejeição de órgãos.

3. (PSIU – UFPI) Observe o esquema representativo da membrana plasmática de uma célula eucariótica e marque a alternativa com informações corretas sobre o modelo mosaico fluido.

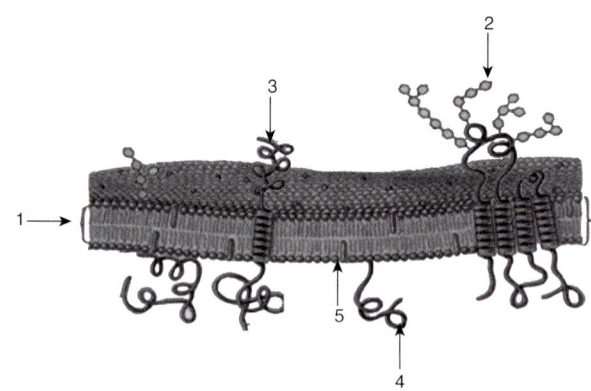

a) O mosaico fluido é descrito como uma bicamada de fosfolipídios (1), na qual as proteínas integrais (4) da membrana atravessam a bicamada lipídica. Os oligossacarídeos (2) estão fixados à superfície somente às proteínas, e o colesterol (5) age somente diminuindo a fluidez da membrana, de forma independente da sua composição de ácidos graxos.
b) As proteínas da membrana (3) estão incrustadas na dupla lâmina de colesterol, aderidas ou atravessando a membrana de lado a lado, como as proteínas transportadoras (4), que facilitam o transporte por difusão facilitada.
c) Os fosfolipídios (1) e os oligossacarídeos (2) que constituem o glicocálix estão associados às proteínas. As proteínas integrais (3) têm regiões polares que penetram na bicamada fosfolipídica, ao contrário das periféricas (4) que apresentam regiões apolares. O colesterol (5) pode somente aumentar a fluidez da membrana, não dependendo de outros fatores como a composição dos ácidos graxos.
d) Os fosfolipídios (1) conferem dinamismo às membranas biológicas e os oligossacarídeos (2) que constituem o glicocálix podem estar associados aos lipídios ou às proteínas. As proteínas integrais (3) têm regiões hidrofóbicas que penetram na bicamada fosfolipídica, ao contrário das periféricas (4) que apresentam regiões polares. O colesterol (5) pode aumentar ou diminuir a fluidez da membrana, dependendo de outros fatores, como da composição dos ácidos graxos.
e) As proteínas da membrana estão incrustadas na dupla lâmina de fosfolipídios, aderidas (1) ou atravessando a membrana de lado a lado, como as proteínas periféricas (4), que facilitam transporte por difusão facilitada. O colesterol (5) não interfere na fluidez da membrana, dependendo de outros fatores, como a composição dos ácidos graxos.

4. (PISM – UFJF – MG) A fagocitose, ao contrário do que ainda se ouve falar, não tem relação com a alimentação na maioria dos animais. Assim, apesar das exceções, ela não tem função nutricional. Assinale a alternativa que apresenta informações **corretas** sobre a fagocitose.

a) Tem a função de defesa e depende de reconhecimento celular.
b) Tem a função de produzir ATP e ocorre principalmente nas células do fígado.
c) Tem a função de aumentar o tamanho dos animais e ocorre, principalmente, nas células musculares.
d) Tem a função de produzir enzimas e é fundamental no processo de síntese de proteínas.
e) Tem a função de englobar líquido e depende, essencialmente, de moléculas de açúcar de membrana.

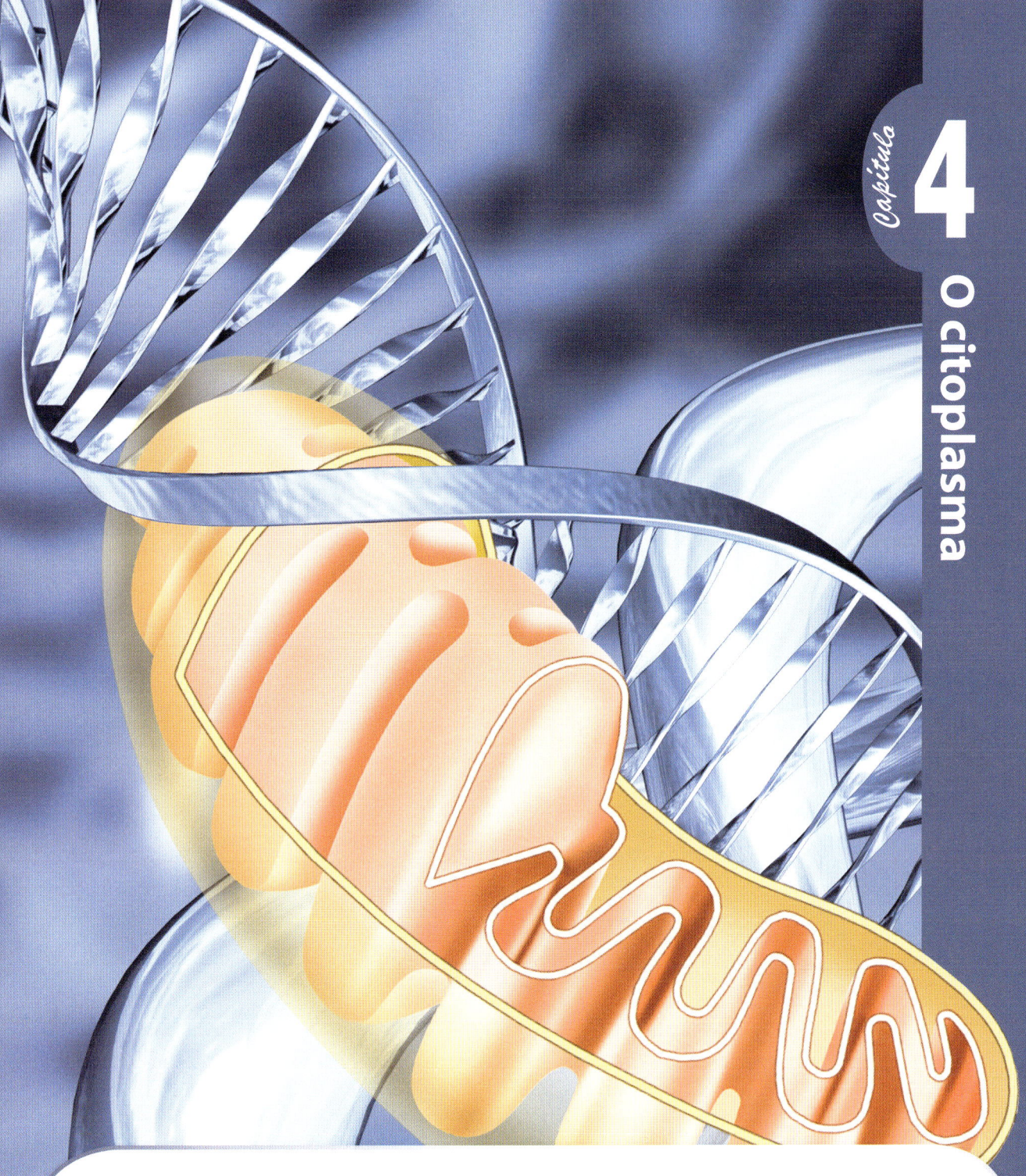

Capítulo 4
O citoplasma

DNA não existe apenas no núcleo!

As mitocôndrias são pequenas organelas encontradas em grande quantidade nas células eucarióticas. Essas estruturas possuem funções importantes, sendo a principal o fornecimento de energia para o crescimento e o metabolismo celular. Mas essas organelas, como veremos neste capítulo, apresentam uma particularidade em relação às demais, pois carregam em seu interior seu próprio material genético.

Esse DNA, presente no interior das mitocôndrias, também pode sofrer mutações, assim como acontece com o DNA presente no núcleo das células. Em geral, as mutações que acontecem no DNA das mitocôndrias alteram seu funcionamento, fazendo com que as células atingidas não consigam mais liberar a energia necessária à realização de suas funções. E essas mutações podem levar ao desenvolvimento de diversas doenças.

Atualmente, estima-se que cerca de 150 doenças são causadas por mutação do DNA mitocondrial, entre elas as relacionadas, principalmente, ao envelhecimento e a diversas doenças degenerativas, como o mal de Alzheimer.

"FÁBRICAS" CELULARES SOFISTICADAS

As células animal e vegetal possuem setores semelhantes aos de uma fábrica. Um limite celular, representado pela **membrana plasmática**, separa o conteúdo da célula, o citoplasma, do meio externo. O **citoplasma**, constituído por **organoides** e **hialoplasma** (ou **citosol**), um material viscoso, representa o setor produtivo. Um **núcleo**, contendo o material genético, representa a "diretoria" da célula. A Figura 4-1 ilustra as estruturas que compõem uma célula.

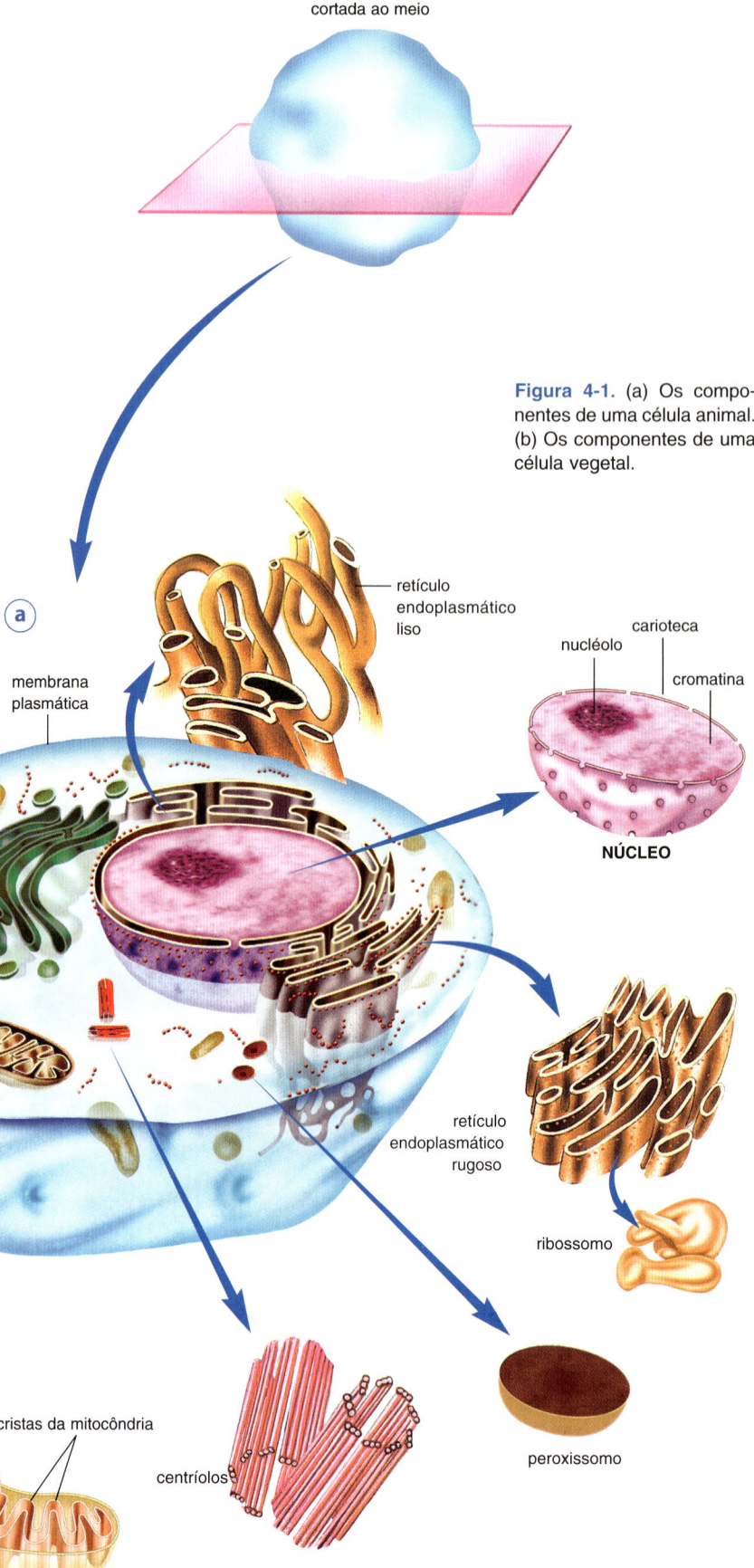

Figura 4-1. (a) Os componentes de uma célula animal. (b) Os componentes de uma célula vegetal.

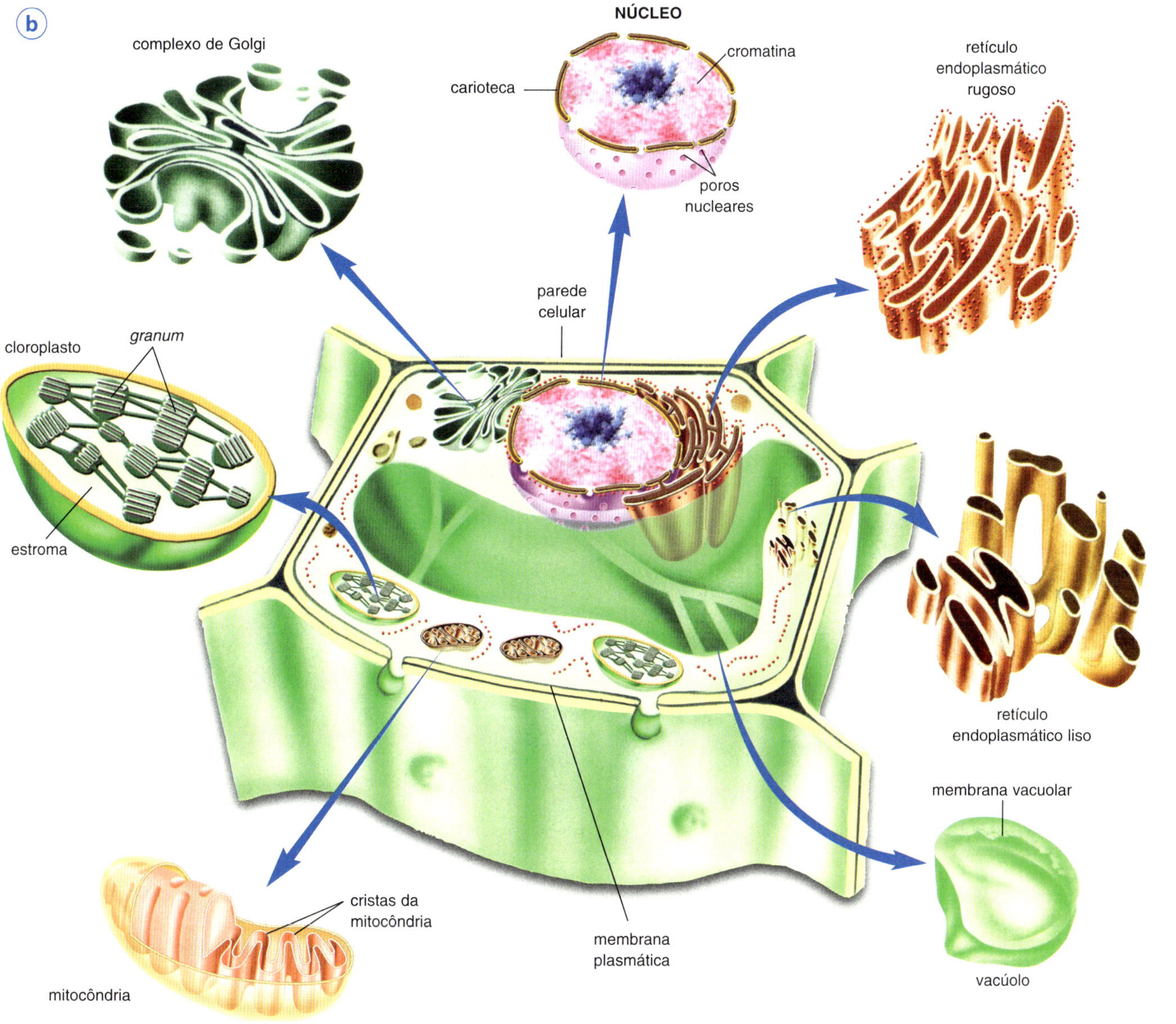

O HIALOPLASMA

A abundância de água no hialoplasma favorece o espalhamento de substâncias e a realização de reações químicas. Observam-se deslocamentos constantes de organoides, a exemplo de uma fábrica em que as pessoas das diversas linhas de montagem se encontram em movimento.

Eles são arrastados por uma corrente orientada em certo sentido, que é facilmente percebida em muitas células. Nas células da folha de elódea, por exemplo, uma planta aquática comumente criada em aquários de água doce, pode-se observar até mesmo com um microscópio comum o arrastamento de organoides chamados cloroplastos (veja a Figura 4-2).

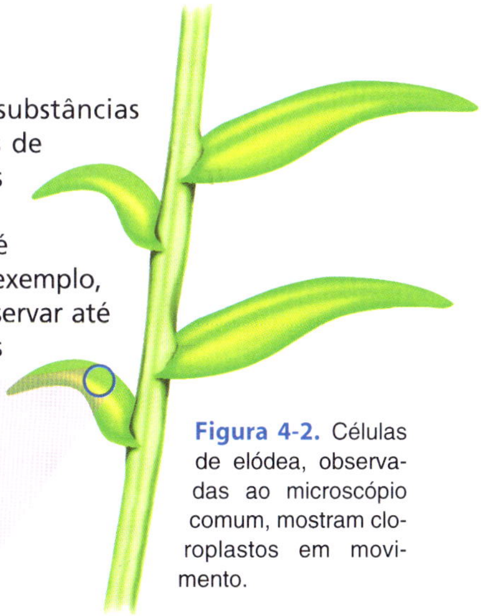

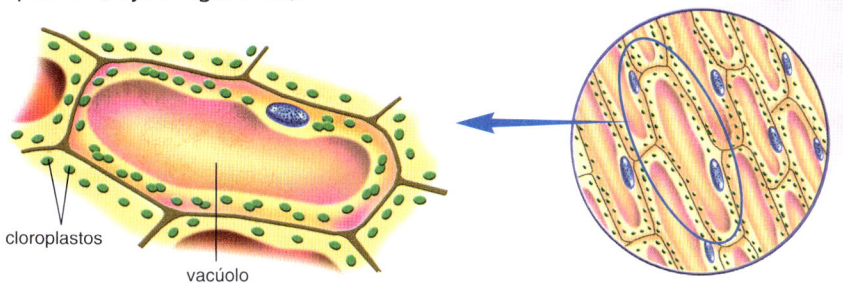

Figura 4-2. Células de elódea, observadas ao microscópio comum, mostram cloroplastos em movimento.

> O deslocamento constante do hialoplasma e dos organoides é conhecido como ciclose.

O deslocamento de certas células, como as amebas e os glóbulos brancos, também é devido a correntes citoplasmáticas que resultam na deformação do citoplasma e na emissão dos chamados **pseudópodes**. Por meio desse mecanismo, glóbulos brancos do sangue humano, por exemplo, podem englobar microrganismos invasores (veja a Figura 4-3).

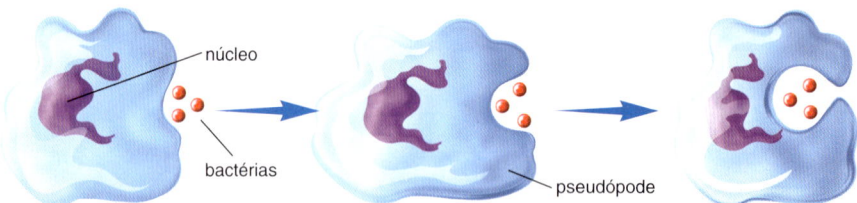

Figura 4-3. Emissão de pseudópodes pelos glóbulos brancos para captura de bactérias.

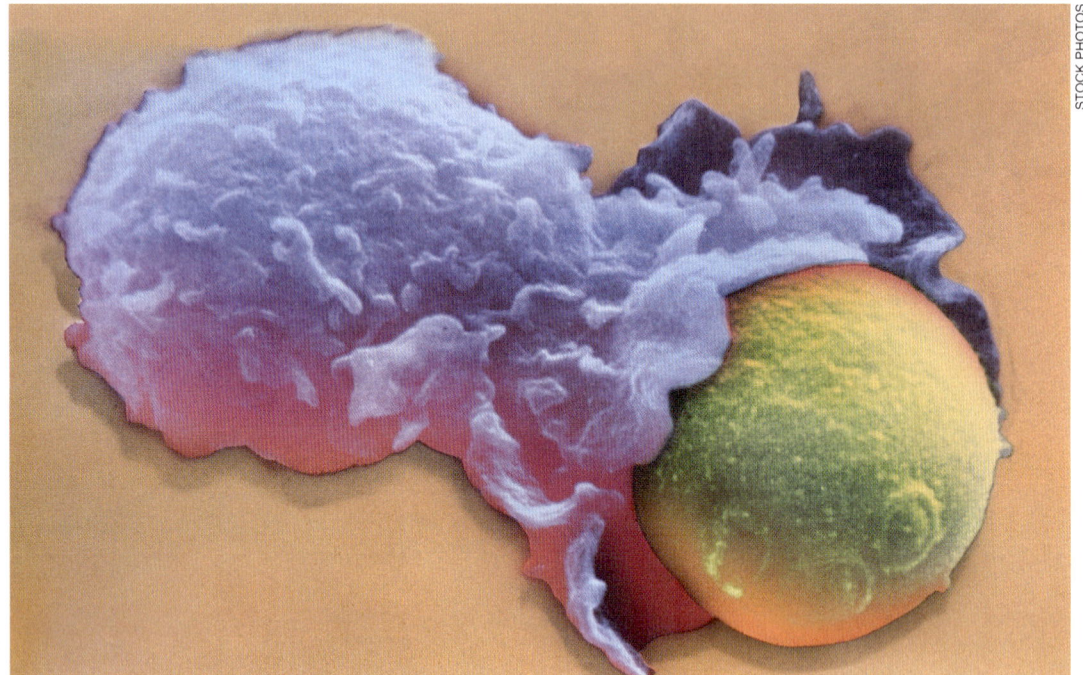

Microscopia eletrônica de varredura em que se observam os pseudópodes emitidos por um glóbulo branco para a captura de fungo unicelular (em amarelo).

COMO SÃO OS ORGANOIDES?

Alguns dos organoides (também chamados de *orgânulos* ou *organelas*) do citoplasma são membranosos, isto é, são revestidos por uma membrana lipoproteica semelhante à membrana plasmática. Estamos nos referindo a **retículo endoplasmático**, **mitocôndrias**, **sistema golgiense** (ou **complexo de Golgi**), **lisossomos**, **peroxissomos**, **glioxissomos**, **cloroplastos** e **vacúolos**. Os organoides não membranosos são os **ribossomos** e os **centríolos**.

Os Ribossomos

Os ribossomos são organoides não membranosos que participam da síntese de proteínas da célula. São orgânulos constituídos por RNA (um tipo de ácido nucleico) e proteínas.

Podem ser encontrados nas células:
- livres, dispersos pelo hialoplasma;
- aderidos às paredes externas do retículo endoplasmático;
- presos uns aos outros por uma fita de RNA, formando conjuntos conhecidos como *polissomos* (também chamados de *polirribossomos*).

Cada ribossomo é uma complexa organela de cuja constituição participam diferentes moléculas de proteína (cerca de cinquenta tipos) e um tipo de molécula de RNA conhecido como RNA ribossômico, que é o componente mais abundante (cerca de 60% da massa do ribossomo).

O ribossomo não é uma peça única (veja a Figura 4-4). Cada um é formado por duas subunidades, de diferentes pesos moleculares.

Quando a proteína é produzida nos polissomos, em geral ela permanece dentro da célula para uso interno. As proteínas de uso externo, enzimas digestivas, por exemplo, são produzidas nos ribossomos ligados ao retículo rugoso.

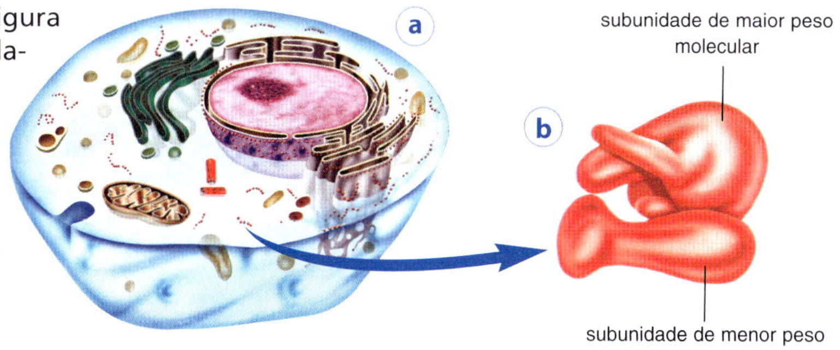

Fique por dentro!

Os ribossomos das células animais e vegetais costumam ser maiores que os de bactérias e também diferem na constituição química. Essa diferença é importante do ponto de vista médico. Certos antibióticos, principalmente a tetraciclina e a estreptomicina, atuam inibindo o trabalho de ribossomos de bactérias e não interferem na ação dos ribossomos das nossas células.

Figura 4-4. (a) Os ribossomos podem estar livres no hialoplasma ou presos às paredes do retículo endoplasmático (alinhados). (b) Estrutura esquemática de um ribossomo.

O Retículo Endoplasmático

O retículo endoplasmático é um organoide membranoso cuja estrutura foi elucidada por meio do uso do microscópio eletrônico. A análise de fotos de certas células, tiradas com esse aparelho, permitiu a descoberta de uma estrutura de membranas duplas, amplamente distribuída pelo interior da célula e em comunicação com a membrana plasmática e com a carioteca (a membrana que envolve o núcleo). Essa intrincada rede de membranas (*retículo* é diminutivo de *rede*) apresenta diversos aspectos: ora são *sacos achatados*, ora são *túbulos* e, ainda, *vacúolos* e *vesículas*.

O retículo endoplasmático é um organoide que apresenta mudança na forma, de acordo com o estado funcional da célula. Substâncias nele produzidas podem circular pelos sacos achatados e túbulos e, ao se acumular em determinado local, podem distender as paredes membranosas, fazendo surgir um vacúolo ou uma vesícula.

Em muitas células, o retículo endoplasmático possui inúmeros ribossomos aderidos às faces externas das membranas. Esse conjunto constitui o **retículo endoplasmático rugoso** (ou **granular** ou **granuloso**), também chamado de **ergastoplasma**. No caso de não haver ribossomos aderidos às membranas, o *retículo* é denominado **liso** (ou **agranular** ou **não granuloso**). Veja a Figura 4-5.

Em células produtoras de muitas enzimas digestivas, as do pâncreas humano, por exemplo, a microscopia eletrônica revela uma riqueza extraordinária em retículo rugoso, o que mostra a intensa síntese de proteínas que ali se realiza.

O retículo endoplasmático corresponde a mais de 50% do sistema membranoso de uma célula eucariótica.

A membrana do retículo endoplasmático é contínua com a membrana nuclear. O espaço existente na dupla membrana nuclear comunica-se com o existente entre as membranas do retículo endoplasmático.

Saiba mais

O retículo endoplasmático liso tem como funções:

- **transporte de materiais** pelo interior da célula e mesmo para fora dela. O retículo corresponde, nesse sentido, aos corredores internos da fábrica;
- **armazenamento de substâncias**. É comum em células vegetais, em que os grandes vacúolos são considerados porções dilatadas do retículo;
- **regulação osmótica**. O retículo retira substâncias do hialoplasma, armazenando-as, o que altera a concentração interna da célula e favorece a ocorrência de osmose;
- **síntese de diversas substâncias**. Alguns tipos de lipídios são produzidos no retículo liso de células do ovário humano.

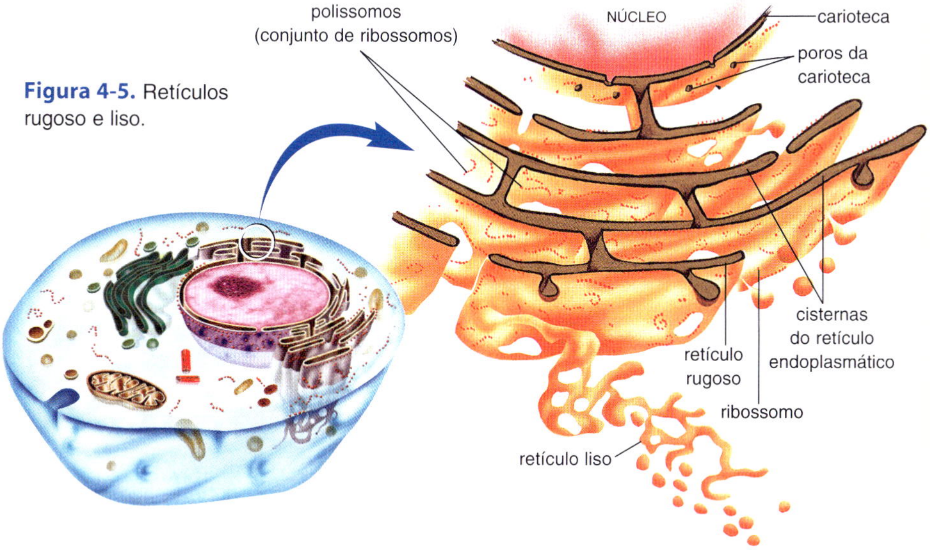

Figura 4-5. Retículos rugoso e liso.

Células da folha de *Zinnia elegans*. Ao centro, pode-se ver o grande vacúolo em azul e, em vermelho, o núcleo celular. Os cloroplastos são as estruturas em verde mais escuro. Em seu interior podem ser vistos, em rosa, os grânulos de amido, substância de reserva. Microscopia eletrônica de transmissão.

Figura 4-6. Esquema e foto do sistema golgiense (microscopia eletrônica).

Os Vacúolos

Os vacúolos das células vegetais são interpretados como regiões expandidas do retículo endoplasmático. Em células vegetais jovens observam-se algumas dessas regiões, formando pequenos vacúolos isolados um do outro. Mas, à medida que a célula atinge a fase adulta, esses pequenos vacúolos se fundem, formando-se um único, grande e central, com ramificações que lembram sua origem reticular. A expansão do vacúolo leva o restante do citoplasma a ficar comprimido e restrito à porção periférica da célula. Como vimos no capítulo anterior, a função do vacúolo é regular as trocas de água que ocorrem na osmose.

Em protozoários de água doce existem vacúolos pulsáteis (também chamados *contráteis*), que exercem o papel de reguladores osmóticos. O ingresso constante de água, do meio para o interior concentrado da célula, coloca em risco a integridade celular. A remoção contínua dessa água mantém constante a concentração dos líquidos celulares e evita o risco de rompimento da célula. É um trabalho que consome energia.

O Sistema Golgiense (ou Complexo de Golgi)

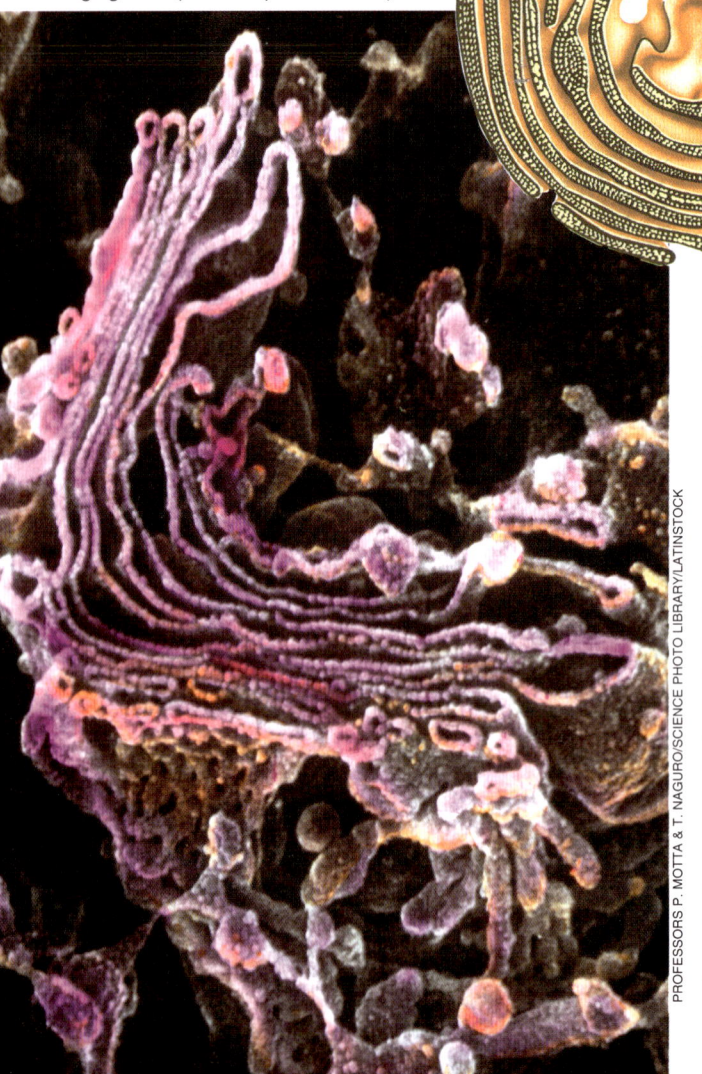

Toda fábrica possui um setor de embalagem, empacotamento e expedição do que produz. Na célula, esse papel cabe ao sistema golgiense, ou aparelho de Golgi, ou complexo de Golgi (em homenagem a Camillo Golgi, seu descobridor).

É um conjunto formado por vários grupos de sacos achatados, empilhados, chamados *dictiossomos*, e lembram uma série de cinco ou mais pratos fundos empilhados (veja a Figura 4-6).

Nas margens de cada conjunto é comum haver vesículas, muitas ainda em formação. Um fato chama a atenção: muitas vezes o sistema golgiense aparece ligado ao retículo endoplasmático, o que sugere que o retículo seja o originador de dictiossomos.

As funções do sistema golgiense são:

- *recepção das proteínas produzidas no ergastoplasma*. O principal papel do sistema golgiense é receber essas proteínas, "empacotá-las" em vesículas de secreção e efetuar sua expulsão (veja a Figura 4-7).

> Secreção é a expulsão de substâncias produzidas por uma célula e que serão utilizadas em outra parte do organismo.

Essa função ficou clara a partir da análise de células do pâncreas, um órgão produtor de enzimas digestivas. Essas células, de aspecto piramidal, agrupam-se formando uma estrutura conhecida como *ácino*. O núcleo dessas células localiza-se na base, circundado pelo retículo rugoso. O sistema golgiense, mais próximo do polo secretor da pirâmide, recebe

> No sistema golgiense não há ribossomos.

as enzimas produzidas no ergastoplasma (ou retículo endoplasmático rugoso), "as empacota" e libera vesículas que se dirigem à superfície celular livre, onde se fundem à membrana plasmática e liberam para o meio externo as enzimas que transportavam (veja a Figura 4-8).

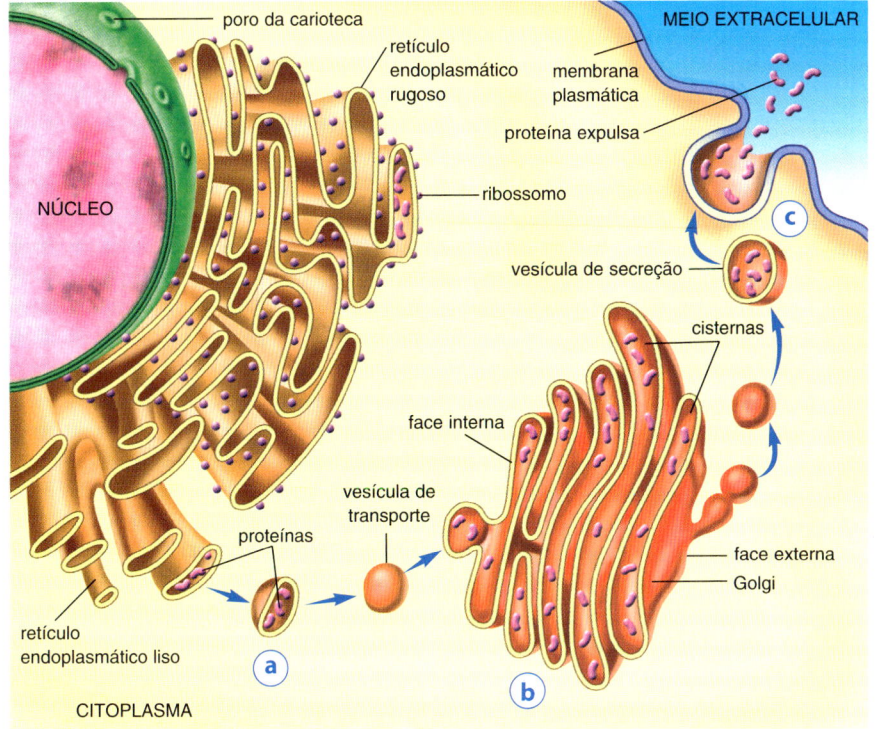

Figura 4-7. (a) Proteínas produzidas nos ribossomos, lançadas no retículo endoplasmático, são envolvidas em vesículas e transferidas para o sistema golgiense. (b) Essas proteínas serão identificadas ou transformadas no sistema golgiense e novamente reunidas em vesículas para atuar dentro (enzimas, por exemplo) ou (c) fora da célula (enzimas digestivas). Da face externa brotam as vesículas de secreção.

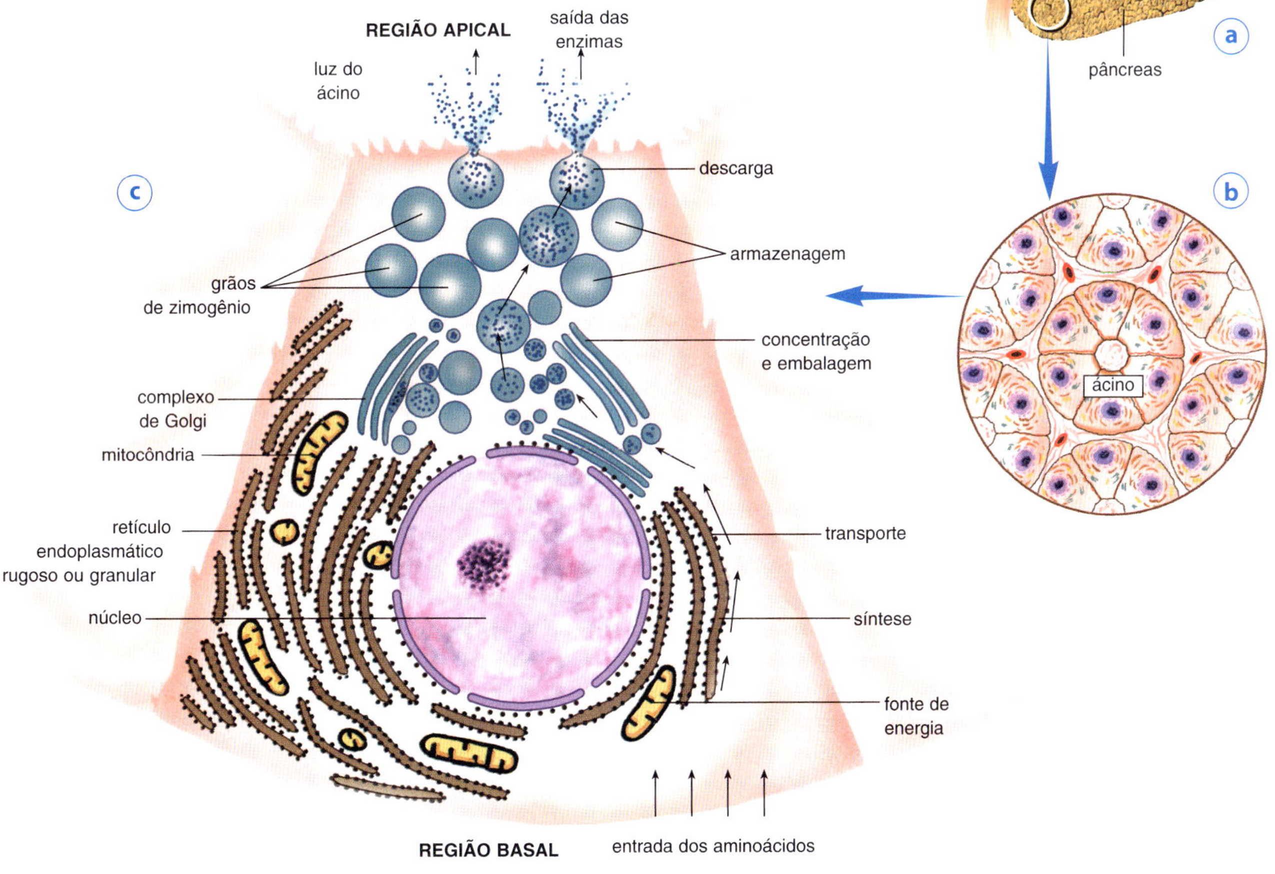

Figura 4-8. No pâncreas, órgão do aparelho digestório (a), grupos de células produtoras de enzimas digestivas dispõem-se formando ácinos (b). Em (c), uma célula secretora muito ampliada possui o núcleo na base, região de ingresso dos aminoácidos cujo destino é o retículo rugoso. Proteínas (enzimas) sintetizadas no retículo rugoso são encaminhadas para o sistema golgiense. Lá, são "empacotadas" e, em seguida, expulsas por vesículas de secreção (os chamados grãos de zimogênio).

O citoplasma

- *Produção de muco em certas células.* Muco é uma substância viscosa, protetora das superfícies internas de alguns órgãos como, por exemplo, os intestinos. Essa substância é formada por uma parte proteica e outra polissacarídica.
- *Formação do acrossomo em espermatozoides.* Nos mamíferos, cada espermatozoide possui um capuz (veja a Figura 4-9), o *acrossomo*, repleto de enzimas que perfurarão os revestimentos do óvulo na fecundação. As enzimas são produzidas no ergastoplasma e transferidas para o Golgi, que se transforma no acrossomo, o qual libera a sua secreção na hora certa.

Os Lisossomos

Lisossomos são organoides membranosos, com formato esférico, e que contêm enzimas digestivas. Acredita-se que essas vesículas sejam originadas de brotamentos a partir de dictiossomos do sistema golgiense (veja a Figura 4-10). Recentemente, foi esclarecido que mesmo em células vegetais existem lisossomos, embora não tão notáveis como nas células animais.

Saiba mais

O retículo endoplasmático, o sistema golgiense, os vacúolos e os lisossomos, entre outras organelas membranosas, fazem parte do **sistema de endomembranas celulares**, cuja composição é praticamente idêntica à da membrana plasmática. É de se acreditar, portanto, que, ao longo da evolução da célula eucariótica, essas organelas se originaram da membrana plasmática.

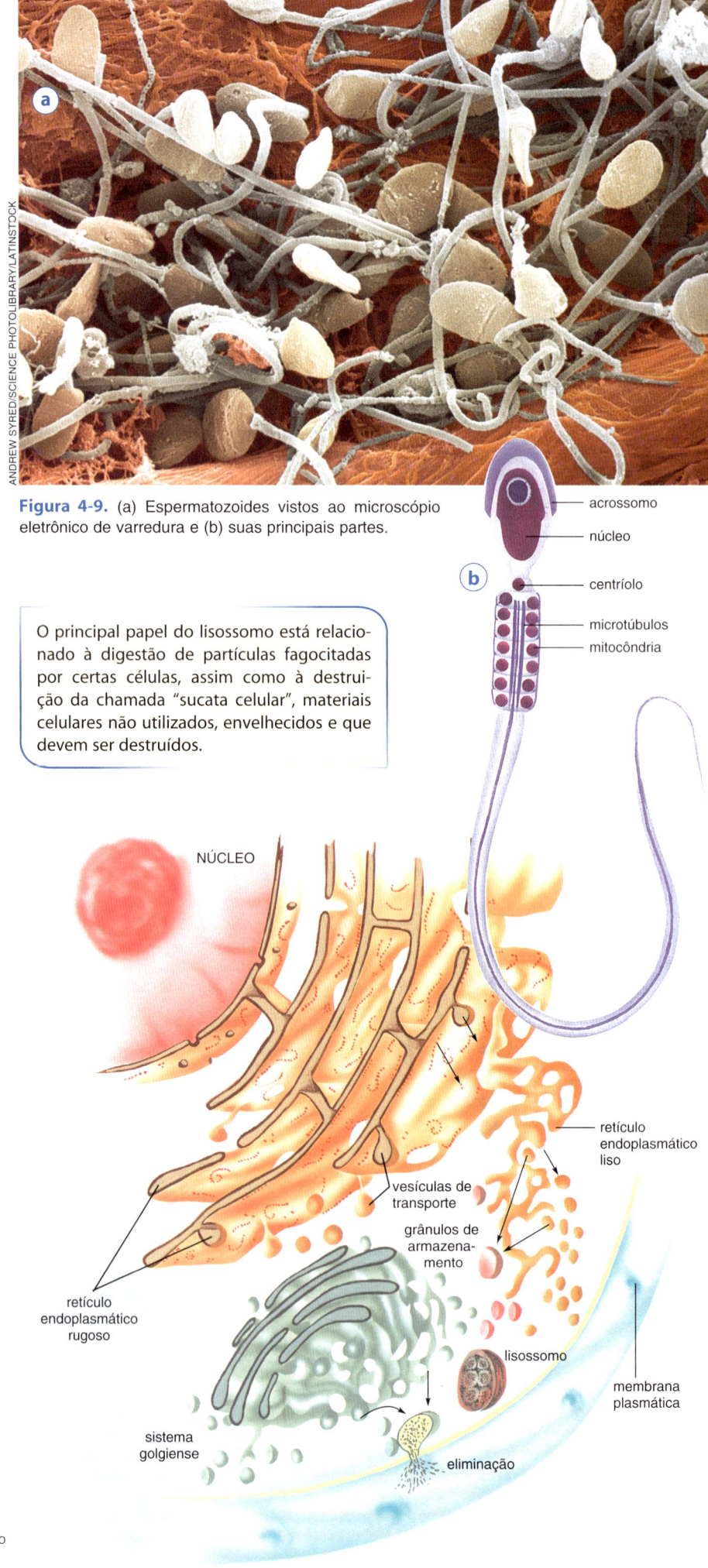

Figura 4-9. (a) Espermatozoides vistos ao microscópio eletrônico de varredura e (b) suas principais partes.

O principal papel do lisossomo está relacionado à digestão de partículas fagocitadas por certas células, assim como à destruição da chamada "sucata celular", materiais celulares não utilizados, envelhecidos e que devem ser destruídos.

Figura 4-10. Interação de retículo, sistema golgiense e lisossomos. As proteínas produzidas pela célula são descarregadas ou, se forem enzimas de uso interno, ficam nos lisossomos que brotam no sistema golgiense.

Fique por dentro!

- Na silicose ("doença dos mineiros"), que ataca os pulmões, ocorre ruptura dos lisossomos de células fagocitárias (macrófagos), com consequente digestão dos componentes e morte celular.
- Certas doenças degenerativas do organismo humano são creditadas à liberação de enzimas lisossômicas dentro da célula; isso aconteceria, por exemplo, em certos casos de artrite, doença das articulações ósseas.
- Na morte dos organismos pluricelulares ocorre um processo de autodestruição das células pelo rompimento das membranas lisossômicas – e consequente liberação de enzimas destrutivas. A destruição das células também ocorre pela ação de bactérias decompositoras.

Saiba mais

Nos glóbulos brancos é possível verificar o trabalho dos lisossomos no combate a microrganismos invasores. Pela emissão de pseudópodes, o glóbulo branco fagocita bactérias. Forma-se um *fagossomo* (também chamado de *vacúolo alimentar*) dentro do glóbulo branco. Lisossomos se aproximam e se fundem ao fagossomo, despejando suas enzimas sobre as bactérias. A fusão do fagossomo com os lisossomos forma o *vacúolo digestivo*, também conhecido como *lisossomo secundário*. Ocorre a digestão dos microrganismos. Das partículas provenientes da digestão, algumas podem ser aproveitadas pela célula. O restante permanece no *vacúolo digestivo*, agora chamado de *vacúolo residual*, que se funde à membrana plasmática e efetua a eliminação dos restos celulares, também chamada **clasmocitose** (veja a figura ao lado), fenômeno inverso ao da fagocitose.

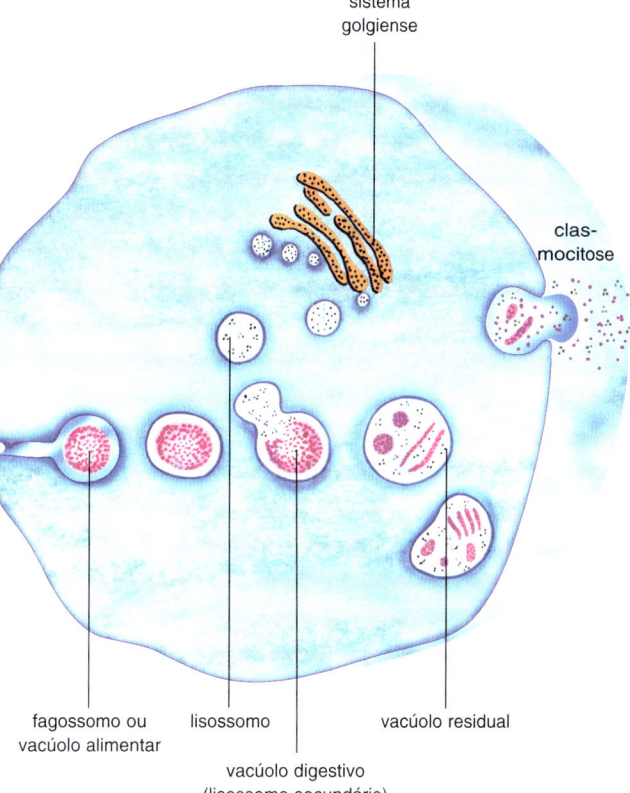

Atuação de um lisossomo no processo de digestão intracelular.

Pense nisso

Combate a microrganismos: tarefa da equipe celular

Nesta imagem, obtida por meio de microscopia eletrônica de varredura, vemos a larva (microfilária) do verme parasita *Wuchereria bancrofti* sendo atacada por vários macrófagos. Para que isso possa acontecer, extensões da célula, os pseudópodes, semelhantes a tentáculos de um polvo, encaminham-se para os microrganismos, tentando engolfá-los. Fibrilas de actina interagem com outros filamentos citoplasmáticos para tornar possível o movimento dos pseudópodes em direção à "vítima". Vacúolos digestivos são formados com a participação de lisossomos, vesículas geradas por brotamento do complexo golgiense e que contêm enzimas produzidas no retículo endoplasmático. A energia necessária para todas essas atividades é gerada, em sua maior parte, no interior das mitocôndrias e é encaminhada para os locais de ação. Para a execução de toda essa tarefa é fundamental a coordenação da central de comando representada pelo núcleo, o responsável por tudo o que se passa na célula.

Como se vê, o trabalho coordenado da equipe celular na maior parte das vezes resulta em vitória nos diversos jogos em que participam nossas células de defesa contra organismos invasores.

Por que nosso organismo é derrotado quando é invadido por microrganismos como o HIV (causador da AIDS), o vírus Ebola, a bactéria da meningite ou, então, quando surgem células cancerosas, que acabam vencendo nosso sistema de defesa?

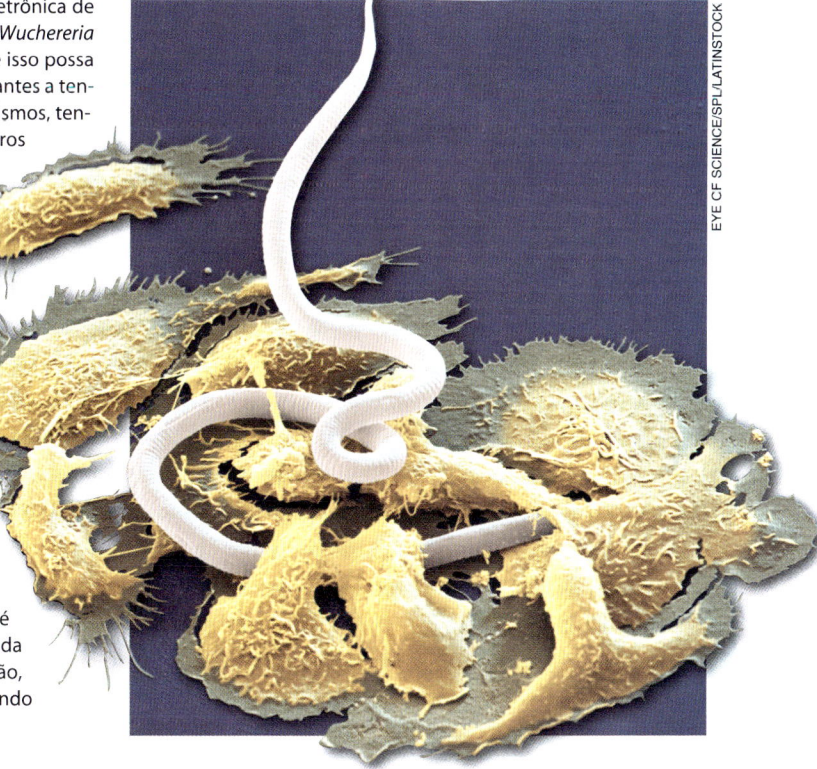

A ciência por trás do fato!

Pano molhado na testa faz passar a febre?

Certamente, você já passou pela experiência – agradável ou não – de colocarem em sua testa um pano molhado em ocasiões em que você tinha febre, não é mesmo? Ou, então, com a mesma finalidade, fazerem você tomar um banho morno?

Ter febre é um bom sinal. Revela que o seu metabolismo acelerou com o aumento de temperatura e que os seus mecanismos de defesa estão atuando no combate a algum agente invasor, de modo geral, microrganismos patogênicos. A elevação da temperatura, no entanto, tem alguns riscos, entre eles o de provocar alterações irreversíveis em enzimas fundamentais para o trabalho celular – lembre-se da ocorrência de desnaturação proteica em altas temperaturas –, notadamente no tecido nervoso. Por isso, temperaturas de 40 °C, 41 °C acarretam muitos riscos à saúde.

A água do pano (ou a do banho) faz você perder calor e, de certo modo, permite que a sua temperatura sofra uma ligeira queda até que um médico o atenda, prescreva um antitérmico e outros medicamentos que possam auxiliar o seu organismo no combate aos invasores.

As Mitocôndrias

> Mitocôndrias possuem DNA próprio, mitocondrial, frequentemente utilizado na identificação genética de um indivíduo e no reconhecimento da origem evolutiva de populações humanas.

A energia necessária para a realização do trabalho celular provém dos "combustíveis" energéticos que ingerimos, principalmente açúcares. Esses "combustíveis" terão de ser trabalhados pela célula, e a maior parte da liberação da energia neles contida ocorre nas mitocôndrias. Cada mitocôndria é um orgânulo globoso ou mais alongado, semelhante a um amendoim com casca. Ao microscópio eletrônico, evidencia-se sua ultraestrutura, que mostra uma membrana lipoproteica dupla; a parte interna é amplamente pregueada, formando as chamadas *cristas mitocondriais*. Entre as cristas, existe um material amorfo, fluido, conhecido como *matriz* (veja a Figura 4-11). As mitocôndrias constituem as baterias da fábrica celular. Em seu interior ocorre a maior parte da respiração aeróbia (que será abordada no Capítulo 8).

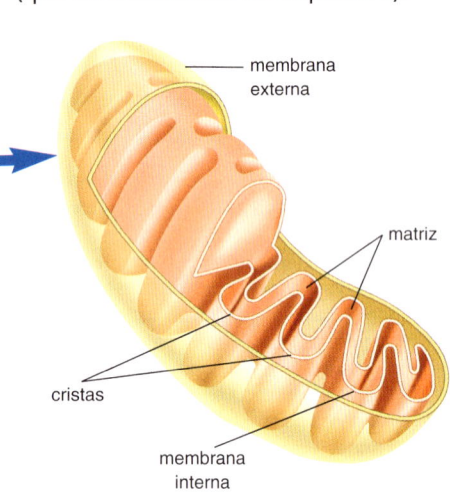

Observe as cristas desta mitocôndria vista ao microscópio eletrônico de varredura. Elas são formadas pelo pregueamento da membrana interna desse organoide.

Figura 4-11. Componentes da mitocôndria.

Saiba mais

Apoptose: a morte celular programada

O que faz a cauda de um girino (estádio larval de sapos) ser reabsorvida, durante a metamorfose que leva ao sapo adulto? De que modo as membranas que existem entre os dedos de um embrião humano são eliminadas durante a modelagem da mão? Essas alterações contam com a participação de enzimas lisossômicas, que atuam no processo de remoção das células que fazem parte dessas estruturas. Mas, como é que o organismo sabe que está na hora de efetuar essas transformações? Esses e outros acontecimentos remodeladores, que são comuns para a maioria dos seres pluricelulares, incluindo as plantas, são característicos da *apoptose* ou *morte celular programada*. Muitas células, durante os diferentes processos de formação dos organismos pluricelulares, são programadas para morrer! Várias pesquisas demonstraram que um dos fatores que conduzem à morte celular é a liberação, pelas mitocôndrias, dos chamados *fatores de indução da apoptose*. Depois de liberados, esses fatores desencadeiam uma série de acontecimentos, com a participação de enzimas, que acabam atingindo o núcleo da célula, que é o local em que a morte celular é programada. Embora o mecanismo exato ainda não seja bem conhecido, o bloqueio de genes nucleares é, provavelmente, uma das etapas importantes desse acontecimento. No organismo humano adulto, são exemplos clássicos de *apoptose* os que ocorrem em células de revestimento que são continuamente renovadas em alguns órgãos, como esôfago, estômago e intestino. Também é verificado esse processo na eliminação de células para que seja esculpida a forma dos órgãos durante o desenvolvimento embrionário, na regressão da mama após o desmame e na do útero pós-parto.

Não se deve confundir *apoptose* com *necrose* celular. A necrose, que também envolve a morte celular, é um processo ativo, em que acontecem reações inflamatórias, com grande gasto de energia, fato que não ocorre na apoptose. Na necrose, as células aumentam de volume, os retículos liso, rugoso e as mitocôndrias vacuolizam, rompem-se as membranas dessas organelas e se verifica a dissolução da estrutura celular. A digestão do DNA e do RNA também ocorre, por meio da ação de enzimas lisossômicas, o que resulta na degradação total da célula.

Você deve estar se perguntando: por que não acontece apoptose nas células cancerosas? Realmente, células cancerosas deveriam morrer ou, como dizem muitos cientistas, deveriam ser induzidas a cometer suicídio. Sabe-se que em muitos tecidos cancerosos existe uma proteína, a *P53*, que induz a ocorrência de morte celular. Pesquisas feitas com células que causam o *melanoma maligno*, um dos piores tipos de câncer, demonstraram que as células cancerosas desenvolveram um mecanismo que bloqueia a ação da *P53*, livrando-as do "suicídio". Muitas pesquisas, atualmente, são dirigidas para o reconhecimento do mecanismo exato de ação que conduz à inibição da *P53*.

Os Peroxissomos:
Intensa Utilização de Oxigênio

Nas células de fígado humano, os **peroxissomos** são pequenas organelas esféricas de cerca de 0,5 a 1,2 μm de diâmetro, dotadas de *uma única membrana envolvente* e que, diferentemente das mitocôndrias e dos cloroplastos, não contêm material genético nem ribossomos. No interior dessas organelas ocorre intensa utilização de oxigênio molecular por algumas enzimas, que removem átomos de hidrogênio de certas substâncias orgânicas, durante reações em que há formação de água oxigenada. Por outro lado, a água oxigenada produzida é utilizada pela enzima *catalase* para inativar substâncias tóxicas existentes em células do fígado e dos rins. Por exemplo, sabe-se que cerca de 25% do álcool etílico ingerido por uma pessoa é destruído por enzimas peroxissômicas, resultando na formação de aldeídos. Se, por outro lado, começar a haver excesso de formação de água oxigenada (que também é tóxica) nessas células, a catalase efetua a sua decomposição em oxigênio e água.

Outra importante função associada aos peroxissomos é a atuação de algumas de suas enzimas na quebra de moléculas de ácidos graxos, processo conhecido como beta-oxidação. Dentre os fragmentos produzidos destacam-se os da substância acetilcoenzima A, que são enviados para o citoplasma (citosol) a fim de serem utilizados em várias reações metabólicas, notadamente nas mitocôndrias, em que participam de processos de liberação de energia. Nas células hepáticas, os peroxissomos também participam da síntese de ácidos biliares e colesterol. É importante destacar que as proteínas existentes nessas organelas são sintetizadas por ribossomos livres no citosol e transportadas para o seu interior. Após atingirem certo tamanho, duplicam-se, originando novos peroxissomos. Veja a Figura 4-12.

A adrenoleucodistrofia (ALD), uma grave doença neurológica relatada no filme *O óleo de Lorenzo*, é associada a defeitos em uma proteína de membrana transportadora de ácidos graxos para o interior dos peroxissomos, nos quais sofreriam a beta-oxidação. O acúmulo de ácidos graxos no tecido nervoso provoca lesões em um revestimento lipídico (bainha de mielina) das células nervosas, acarretando distúrbios no funcionamento dessas células, com vários sintomas neurológicos decorrentes (retardamento mental, deficiências motoras, perturbação da fala, da audição, da visão, entre outros).

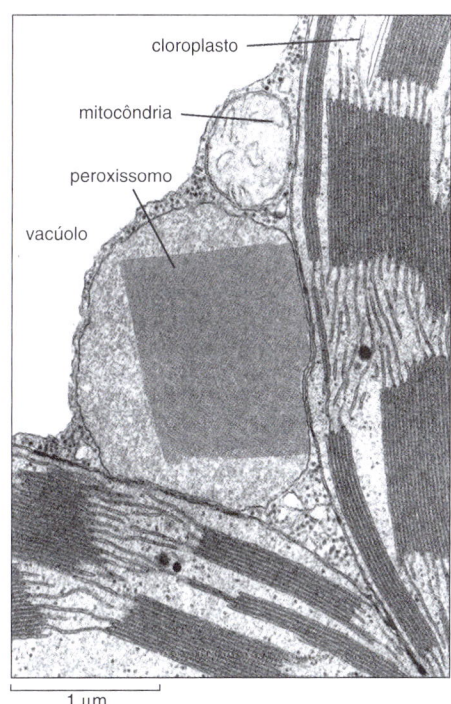

Figura 4-12. Esquema tridimensional de célula animal em corte, ilustrando como seriam visualizados os peroxissomos. O material denso (escuro) no interior dessas organelas corresponde a acúmulo de material proteico. A foto que acompanha o esquema mostra como são visualizadas essas organelas em uma célula vegetal, ao microscópio eletrônico.

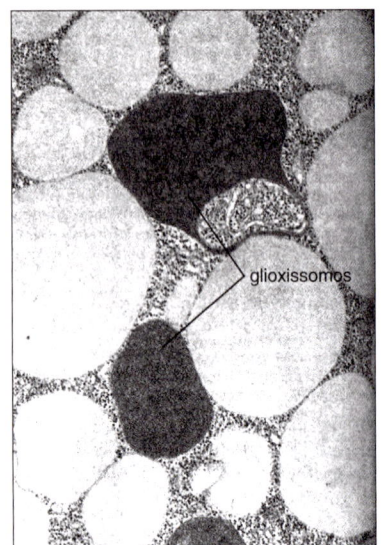

Glioxissomos presentes em célula vegetal. 1 μm

Os Glioxissomos

Em vegetais, as células das folhas e das sementes em germinação possuem peroxissomos especiais, conhecidos como **glioxissomos**. Nas células das folhas, essas estruturas atuam em algumas reações do processo de fotossíntese, relacionadas à fixação de gás carbônico. Nas sementes, essas organelas são importantes na transformação de ácidos graxos em substâncias de menor tamanho, que acabarão sendo convertidas em glicose e utilizadas pelo embrião em germinação.

Os Cloroplastos

As células vegetais de algas contêm organoides que são verdadeiras baterias solares: os cloroplastos. Embora a forma desses orgânulos seja extremamente variável, nos vegetais é mais comum a esférica. Por meio da microscopia eletrônica foi possível descobrir também sua estrutura. A membrana lipoproteica é dupla. A interna é pregueada e forma **lamelas** (que significam *lâminas*) que mergulham no *estroma* (semelhante à matriz na mitocôndria). De cada lamela maior brotam, em certos pontos, pilhas de lamelas menores, semelhantes a moedas.

Cada "moeda" é chamada **tilacoide**. O conjunto de tilacoides é chamado de *granum* (do latim, *granum* = grão). O conjunto de *granum* é conhecido como *grana* (veja a Figura 4-13).

Os cloroplastos estão envolvidos com a fotossíntese. Para que o processo se realize, é importante a participação de moléculas de *clorofila*, que se localizam nos *grana*. No Capítulo 9, estudaremos as diferentes etapas da fotossíntese.

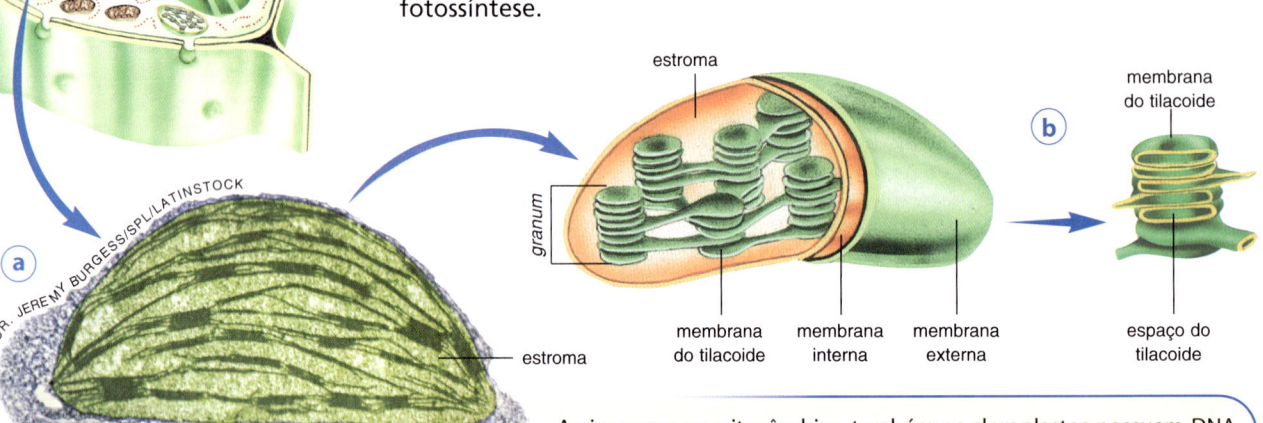

Figura 4-13. (a) Micrografia eletrônica de um cloroplasto (colorida artificialmente). (b) Os componentes do cloroplasto.

Assim como as mitocôndrias, também os cloroplastos possuem DNA próprio e ribossomos, além de outros componentes que lhes permitem realizar a síntese de suas próprias proteínas. A presença de material genético próprio é um apoio à hipótese endossimbiótica (que você lerá no *Pense nisso* da página 96), que propõe que mitocôndrias e cloroplastos são derivados de bactérias que passaram a conviver harmoniosamente em uma célula primitiva. Tanto os cloroplastos como as mitocôndrias são considerados organelas semiautônomas, capazes de se duplicar de modo semelhante ao que ocorre com uma célula bacteriana.

Saiba mais

Plastos (plastídios): origem e destino

Cloroplastos pertencem a uma categoria de organelas membranosas exclusivas de células vegetais e de algas conhecidas como **plastos** (também chamados de **plastídios**). Nessa categoria, incluem-se, também, os **cromoplastos** e os **leucoplastos**.

Cromoplastos não contêm clorofila nem sistema interno de membranas, mas possuem pigmentos do grupo dos carotenoides.

Esses plastos estão presentes em células de flores, frutos, folhas envelhecidas e raízes (como as cenouras). Toda vez que você olhar para uma flor colorida ou para um fruto amadurecido, associe a cor que possuem à presença de cromoplastos nas células dessas estruturas vegetais. Você poderia imaginar alguma função associada à coloração apresentada por elas?

Leucoplastos são pouco diferenciados, sem pigmentos nem sistema interno de membranas. Os mais conhecidos são os **amiloplastos**, presentes em tecidos de armazenamento de raízes (mandioca), caules (batata comum) e muitas sementes (o milho, por exemplo). A riqueza de um polissacarídeo de reserva nos amiloplastos justifica a sua inclusão em nossa alimentação diária.

Em células vegetais jovens, que estão em constante divisão, existem precursores dos plastos, conhecidos como **proplastos** (também chamados de **proplastídios**). São organelas indiferenciadas, de pequeno tamanho, com um rudimentar sistema interno de membranas. O esquema ao lado mostra o processo de origem dos diversos tipos de plastos a partir dos proplastos. Note que há uma possível conversão de mão dupla entre cloroplastos, cromoplastos e amiloplastos. Como exemplo, pense em batatas que ficam por muito tempo expostas à luz. Progressivamente, os amiloplastos sintetizam clorofila e se transformam em cloroplastos. Outro fato curioso é que se a diferenciação de um proplasto (para formar um plasto mais diferenciado) ocorrer no escuro, ele acaba se transformando em um **estioplasto**, que não contém clorofila. Esse fato acontece, por exemplo, em folhas mantidas por muito tempo em escuridão. Colocadas em ambiente dotado de luz, os estioplastos das células dessas folhas sintetizam clorofila e se transformam em cloroplastos.

Em resumo, você precisa saber que sob a denominação *plastos* (ou plastídios) incluem-se três tipos de organelas membranosas: cloroplastos, cromoplastos e leucoplastos (dos quais os mais significativos são os amiloplastos).

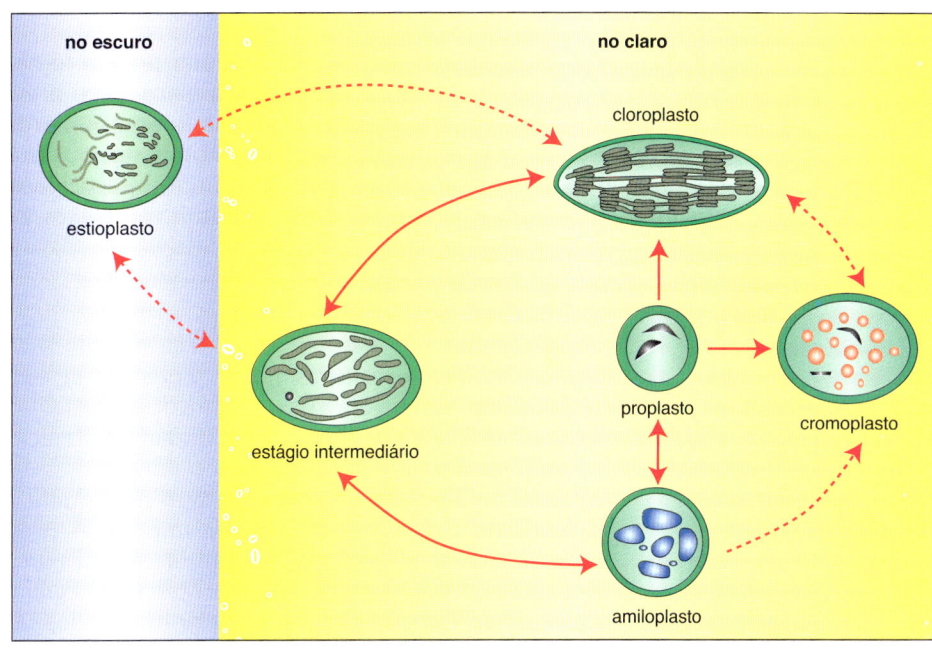

Esquema da origem e interconversão dos diferentes tipos de plastos (plastídios). A fase intermediária ocorre na passagem de amilo para cloroplasto, podendo ser invertida, ou na transformação em estioplasto. *Extraído e modificado de:* MEYER, S.; REEB, C.; BOSDEVEIX, R. *Botanique – Biologie et Physiologie Végétales*. Paris: Maloine, 2004. p. 40.

Os Centríolos

Os centríolos são organelas não envolvidas por membrana e que participam do processo de divisão celular. Nas células de fungos complexos, plantas complexas (gimnospermas e angiospermas) e nematoides não existem centríolos. Eles estão presentes na maioria das células de animais, algas e vegetais pouco complexos como as briófitas (musgos) e pteridófitas (samambaias).

Estruturalmente, são constituídos por um total de nove trios de microtúbulos proteicos, que se organizam em cilindro (veja a Figura 4-14).

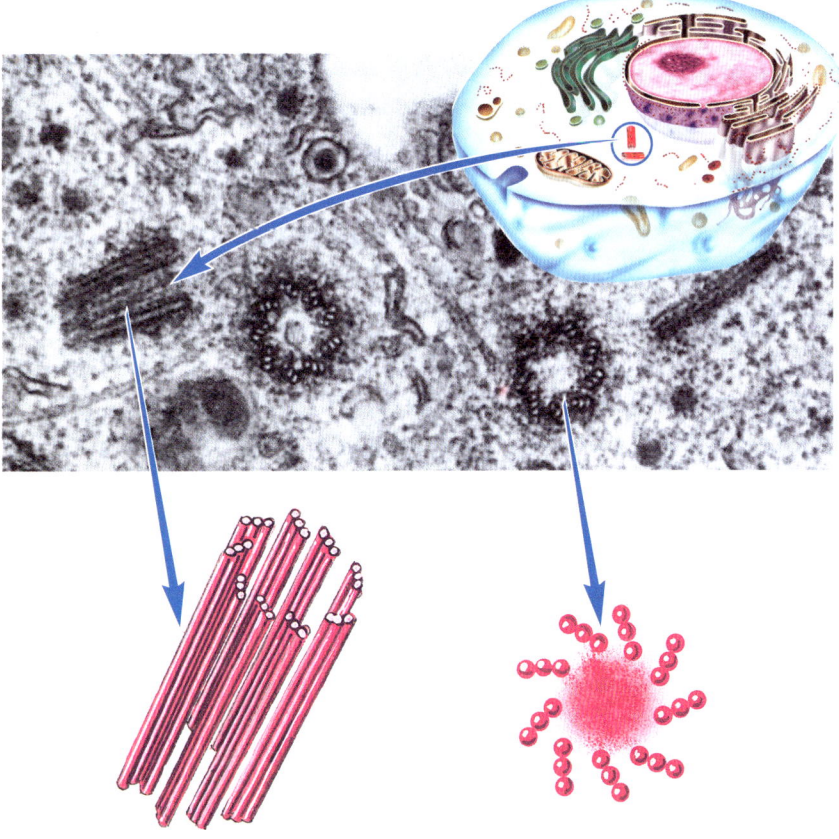

Figura 4-14. Centríolos. Note o arranjo dos nove trios de microtúbulos proteicos. A região central é desprovida de proteínas. Na foto central, obtida em microscopia eletrônica, aparecem 4 centríolos, resultado da duplicação de um par precedente. Questiona-se, hoje, a existência de material genético nessas organelas.

São autoduplicáveis no período que precede a divisão celular, migrando, logo a seguir, para polos opostos da célula.

Uma das providências que a fábrica celular precisa tomar é a construção de novas fábricas, isto é, sua multiplicação. Isso envolve a elaboração prévia de uma série de "andaimes" proteicos, o chamado **fuso de divisão**, formado por inúmeros filamentos de microtúbulos.

Embora esses microtúbulos não sejam originados dos centríolos, e sim de uma região da célula conhecida como **centrossomo**, é comum a participação deles no processo de divisão de uma célula animal. Já em células de vegetais complexos, como não existem centríolos, sua multiplicação se processa sem eles.

Os Cílios e Flagelos

São estruturas móveis, encontradas externamente em células de diversos seres vivos.

Os **cílios** são curtos e podem ser relacionados à locomoção ou à remoção de impurezas.

Nas células que revestem a traqueia humana, por exemplo, os batimentos ciliares empurram impurezas provenientes do ar inspirado, trabalho facilitado pela mistura com o muco que, produzido pelas células traqueais, lubrifica e protege a traqueia. Em alguns protozoários, como o paramécio, por exemplo, os cílios são utilizados para a locomoção.

Os **flagelos** são longos e também se relacionam à locomoção de certas células, como a de alguns protozoários (por exemplo, o tripanossomo causador da doença de Chagas) e a do espermatozoide.

Em alguns organismos pluricelulares, como as esponjas, o batimento flagelar cria correntes de água que percorrem canais e cavidades internas, trazendo, por exemplo, partículas de alimento.

Estruturalmente, cílios e flagelos são idênticos. Ambos são cilíndricos, exteriores às células e cobertos por membrana plasmática. Internamente, cada cílio ou flagelo é constituído por um conjunto de nove pares de microtúbulos periféricos de tubulina, circundando um par de microtúbulos centrais. É a chamada estrutura 9 + 2.

Tanto cílios como flagelos são originados por uma região organizadora no interior da célula, conhecida como **corpúsculo basal**. Em cada corpúsculo basal há um conjunto de nove trios de microtúbulos (em vez de duplas, como nos cílios e flagelos), dispostos em círculo. Nesse sentido, a estrutura do corpúsculo basal é semelhante à de um centríolo. Veja a Figura 4-15.

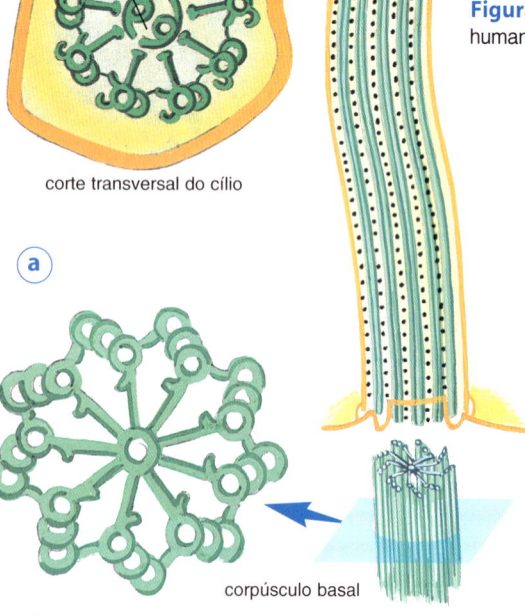
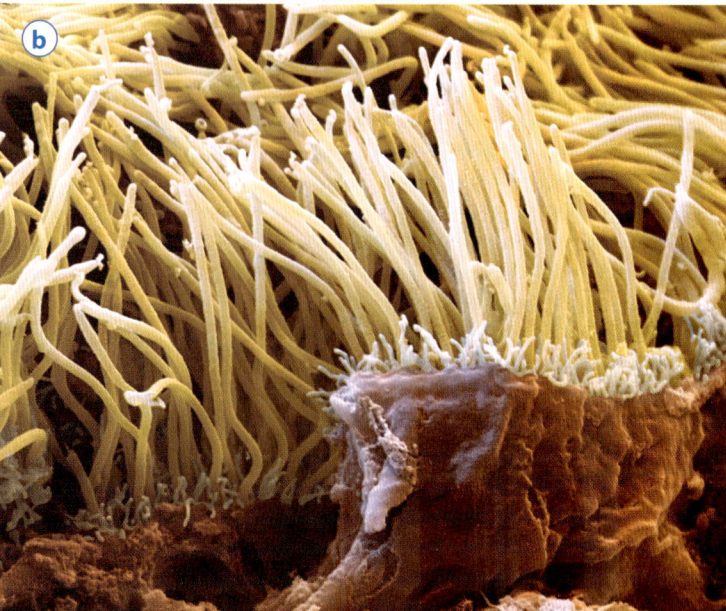

Figura 4-15. (a) Cílio (em destaque, corpúsculo basal) e (b) cílios das células de brônquio humano.

Saiba mais

Os flagelos das bactérias

Muitas bactérias são dotadas de flagelos de natureza diferente em relação aos das células eucarióticas. Surgem da parede celular, são constituídos da proteína *flagelina*, possuem comprimento de cerca de 3 a 12 micrômetros e contêm pequena espessura (cerca de 10 a 20 nm). Efetuam movimentos de rotação graças à existência de "motores rotatórios" – situados na parede celular – que impulsionam a célula bacteriana.

A parede celular bacteriana, que reveste externamente a membrana plasmática, é formada por uma camada de peptidioglicanos e uma membrana externa contendo lipídios e polissacarídeos.

O filamento de flagelina, intimamente ligado a um ducto proteico, passa por uma espécie de roldana existente na membrana externa e, através de um poro na camada de peptidioglicanos, chega à membrana plasmática (veja a figura à direita). Nesta, há proteínas dispostas em anéis, como se fossem rolamentos de esferas. O ducto gira quando o anel proteico interno ligado a ele gira em relação ao anel proteico externo que está fixo na parede celular.

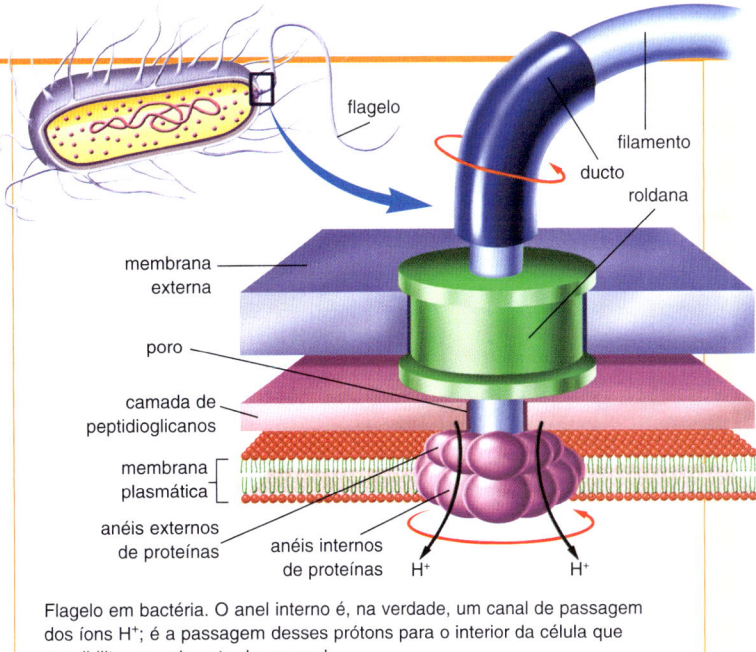

Flagelo em bactéria. O anel interno é, na verdade, um canal de passagem dos íons H^+; é a passagem desses prótons para o interior da célula que possibilita o movimento desse anel.

A Tabela 4-1 apresenta as principais características das organelas estudadas.

Tabela 4-1. Resumo das principais organelas celulares e sua função.

Organela		Tipo	Função/participa do(a)	Observações
Ribossomo		Não membranoso.	• Processo de síntese de proteína.	—
Centríolo		Não membranoso.	• Divisão celular.	Não existe em fungos complexos, gimnospermas, angiospermas e nematoides.
Retículo endoplasmático	liso	Membranoso.	• Transporte de substâncias. • Síntese de lipídios.	—
	rugoso	Membranoso.	• Armazenamento. • Regulação osmótica. • Síntese de substâncias.	—
Sistema golgiense ou de Golgi		Membranoso.	• "Empacotamento" de proteínas. • Produção de muco. • Formação do acrossomo dos espermatozoides.	—
Lisossomo		Membranoso.	• Digestão intracelular.	—
Peroxissomo		Membranoso.	• Produção de oxigênio molecular. • Quebra de moléculas de ácidos graxos.	—
Glioxissomo		Membranoso.	• Fixação de C na fotossíntese.	—
Mitocôndria		Membranosa.	• Liberação de energia.	—
Plastos	cloroplasto	Membranoso.	• Papel na fotossíntese.	—
	cromoplasto	Membranoso.	• Transporte de pigmentos.	—
	leucoplasto	Membranoso.	• Armazenamento de amido.	—
Cílio		Membranoso.	• Remoção de impurezas. • Locomoção.	—
Flagelo		Membranoso.	• Locomoção.	—
Vacúolo		Membranoso.	• Regulação osmótica.	Presente apenas em células vegetais e protozoários de água doce.

O citoplasma

O CITOESQUELETO

Quando se diz que o hialoplasma é um fluido viscoso, fica-se com a impressão de que a célula animal tem uma consistência amolecida e que se deforma a todo momento. Não é assim.

Um verdadeiro "esqueleto" formado por vários tipos de fibras de proteínas cruza a célula em diversas direções, dando-lhe consistência e firmeza (veja a Figura 4-16).

Essa "armação" é importante se lembrarmos que a célula animal é desprovida de uma membrana rígida, como acontece com a membrana celulósica das células vegetais.

Entre as fibras proteicas componentes desse "citoesqueleto" podem ser citados os **microfilamentos de actina**, os **microtúbulos** e os **filamentos intermediários**.

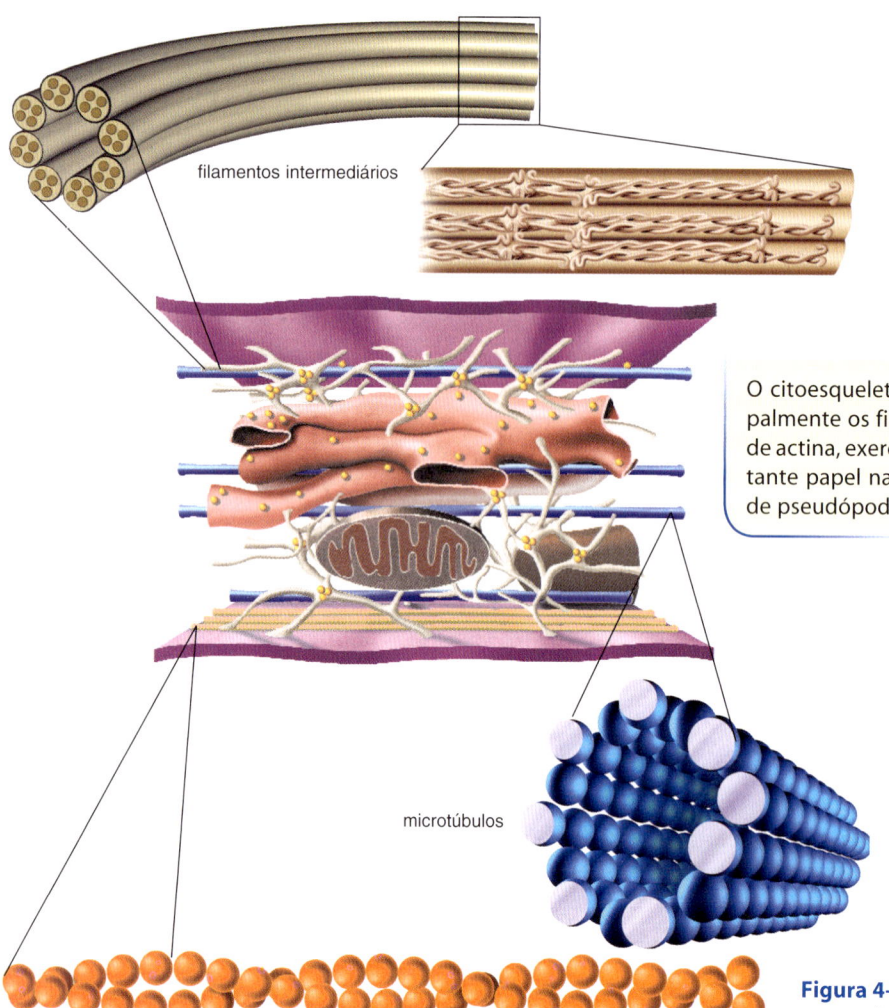

O citoesqueleto, principalmente os filamentos de actina, exerce importante papel na emissão de pseudópodes.

Figura 4-16. Vários filamentos proteicos são componentes do citoesqueleto.

Saiba mais

Nas células musculares, além de microfilamentos de *actina*, existem outros, mais grossos, de *miosina*, também contráteis. Como veremos no estudo do tecido muscular, a interação dos filamentos de *actina* com os de *miosina* possibilita a ocorrência de inúmeros movimentos em órgãos que contêm esses dois componentes contráteis. Por exemplo, neste exato instante, a parede dos seus intestinos deve estar apresentando uma contração rítmica, lenta e suave, muitas vezes imperceptível, conhecida como *peristaltismo*, responsável pelo deslocamento do bolo alimentar neles contido. O mesmo acontece com os movimentos rítmicos apresentados pelo seu coração, no qual existe um tecido rico em células contráteis contendo *actina* e *miosina*. Na musculatura ligada ao seu esqueleto também existem células dotadas de uma grande quantidade desses filamentos.

A movimentação das células brancas do sangue, bem como a fagocitose de partículas estranhas que elas realizam, só é possível graças à ação de moléculas de actina envolvidas nesse movimento.

Os **microfilamentos** são os mais abundantes, constituídos da proteína contrátil **actina** e encontrados em todas as células eucarióticas. São extremamente finos e flexíveis, chegando a ter de 3 a 6 nm (nanômetros) de diâmetro, cruzando a célula em diferentes direções, embora concentrem-se em maior número na periferia, logo abaixo da membrana plasmática. Muitos movimentos executados por células animais e vegetais são possíveis graças aos microfilamentos de actina.

Os **microtúbulos**, por sua vez, são filamentos mais grossos, de cerca de 20 a 25 nm de diâmetro, que funcionam como verdadeiros andaimes de todas as células eucarióticas. São, como o nome diz, tubulares, rígidos e constituídos por moléculas de proteínas conhecidas como **tubulinas**, dispostas helicoidalmente, formando um cilindro. Um exemplo desse tipo de filamento é o que organiza o chamado *fuso de divisão celular*. Nesse caso, inúmeros microtúbulos se originam e irradiam a partir de uma região da célula conhecida como **centrossomo** (ou centro celular) e desempenham papel extremamente importante na movimentação dos cromossomos durante a divisão de uma célula.

Saiba mais

Outro papel atribuído aos microtúbulos é o de servir como verdadeiras "esteiras" rolantes que permitem o deslocamento de substâncias, de vesículas e de organoides como as mitocôndrias e os cloroplastos pelo interior da célula. Isso é possível a partir da associação de **proteínas motoras** com os microtúbulos. Essas proteínas motoras ligam-se, de um lado, aos microtúbulos e, do outro, à substância ou organoide que será transportado, promovendo o seu deslocamento.

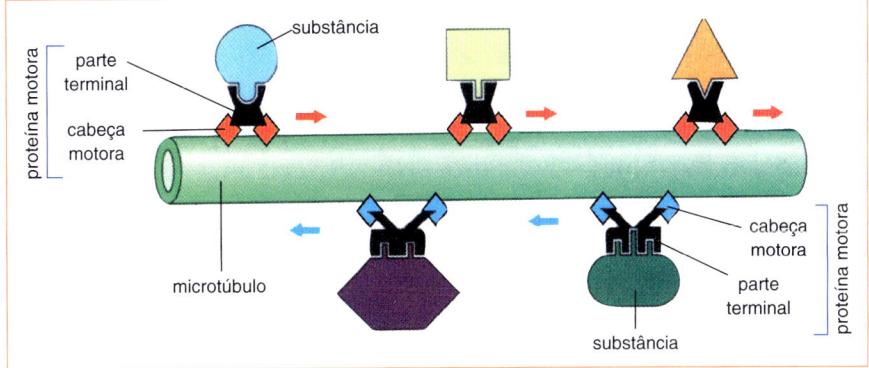

As proteínas motoras favorecem o deslocamento de substâncias ao longo do microtúbulo.

Por exemplo, ao longo do axônio (prolongamento) de um neurônio, as proteínas motoras conduzem, ao longo da "esteira" formada pelos microtúbulos, diversas substâncias para as terminações do axônio e que terão importante participação no funcionamento da célula nervosa.

Os **filamentos intermediários** são assim chamados por terem um diâmetro intermediário – cerca de 10 nm – em relação aos outros dois tipos de filamentos proteicos.

Nas células que revestem a camada mais externa da pele existe grande quantidade de um tipo de filamento intermediário conhecido como **queratina**. Um dos papéis desse filamento é impedir que as células desse tecido se separem ou rompam ao serem submetidas, por exemplo, a um estiramento. Além de estarem espalhadas pelo interior das células, armando-as, moléculas de queratina promovem uma "amarração" entre elas em determinados pontos, o que garante a estabilidade do tecido no caso da ação de algum agente externo que tente separá-las. Esse papel é parecido ao das barras de ferro que são utilizadas na construção de uma coluna de concreto.

Outras células possuem apreciável quantidade de outros filamentos intermediários. É o caso das componentes dos tecidos conjuntivos e dos neurofilamentos encontrados no interior das células nervosas.

> Os filamentos intermediários são os mais rígidos e duráveis de todas as proteínas do citoesqueleto. Encontram-se espalhados no citoplasma da maioria das células animais, concentrando-se preferencialmente na periferia.

AS CARACTERÍSTICAS EM COMUM

Pelo que estudamos neste capítulo, ficou claro que as células vegetal e animal correspondem a células mais complexas que a bacteriana. As três executam as mesmas atividades celulares básicas, porém as primeiras possuem estruturas mais sofisticadas.

Alguns componentes aparecem nos três tipos de células. São eles: *membrana plasmática*, *hialoplasma*, *ribossomos* e *cromatina*. A Tabela 4-2 apresenta, de forma objetiva, as organelas presentes em cada tipo celular.

Tabela 4-2. Comparação entre as células bacteriana, animal e vegetal.

Estrutura	Célula bacteriana	Célula animal	Célula vegetal
Parede celular	Presente (glicopeptídica).	Ausente.	Presente (celulósica).
Membrana plasmática	Presente.	Presente.	Presente.
Hialoplasma	Presente.	Presente.	Presente.
Flagelos	Podem existir.	Podem existir.	Existem apenas em gametas de algumas plantas.
Retículo endoplasmático	Ausente.	Presente.	Presente.
Ribossomos	Presentes.	Presentes.	Presentes.

O citoplasma

Tabela 4-2. (cont.)

Estrutura	Célula bacteriana	Célula animal	Célula vegetal
Microtúbulos	Ausentes.	Presentes.	Presentes.
Centríolos	Ausentes.	Presentes.	Geralmente ausentes; presentes apenas em algas e vegetais inferiores.
Sistema golgiense	Ausente.	Presente.	Presente.
Mitocôndria	Ausente.	Presente.	Presente.
Cloroplasto	Ausente.	Ausente.	Presente.
Peroxissomos	Ausentes.	Presentes.	Podem estar presentes.
Glioxissomos	Ausentes.	Ausentes.	Presentes.
Lisossomos	Ausentes.	Presentes.	Presentes, porém mais raros.
Vacúolos	Ausentes.	Pequenos ou ausentes.	Presentes, grande e central em células adultas.
Cromatina	Presente, sob a forma de anel circular de DNA.	Presente, filamentosa, composta de DNA e proteínas.	Presente, filamentosa, composta de DNA e proteínas.
Núcleo	Ausente (não organizado).	Presente (organizado).	Presente (organizado).

Pense nisso

A hipótese endossimbiótica

A citologista Lynn Margulis é autora da hipótese de que, no passado, células eucarióticas teriam fagocitado células menores de bactérias respiradoras. A convivência das duas teria sido tão proveitosa que as bactérias teriam se transformado nas mitocôndrias das células maiores.

Outras células teriam ingerido tanto bactérias respiradoras como cianobactérias, capazes de fazer fotossíntese. Nova simbiose passou a ocorrer e as cianobactérias ingeridas passaram a constituir os cloroplastos da célula eucariótica.

Essa hipótese possui uma base de sustentação lógica. Tanto cloroplastos quanto mitocôndrias possuem material genético próprio, na forma de pequenas moléculas de DNA e RNA. Também possuem ribossomos, o que lhes permite efetuar sínteses proteicas e ter, assim, uma atividade autônoma em relação à célula hospedeira. Não conseguiriam, porém, viver isolados da célula, assim como esta também não conseguiria viver sem as organelas. Dessa forma teriam surgido, segundo Margulis, os primeiros organismos celulares eucariotos.

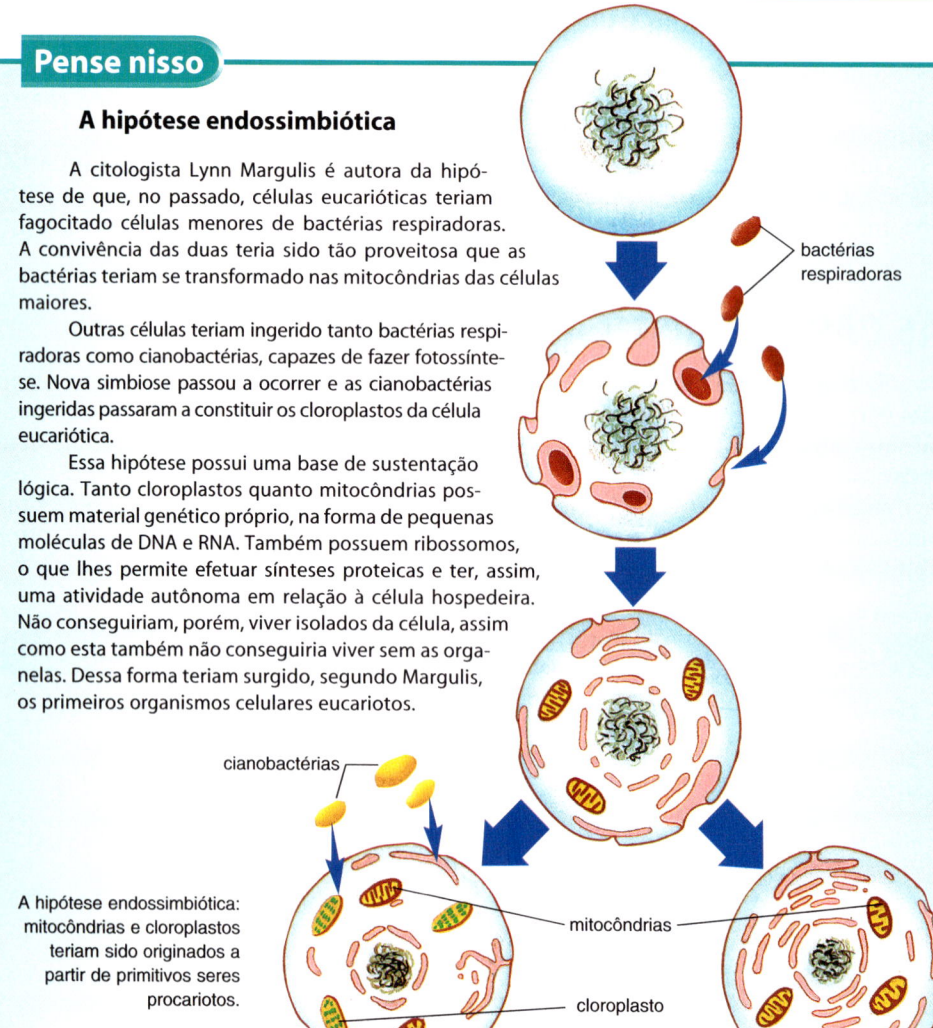

A hipótese endossimbiótica: mitocôndrias e cloroplastos teriam sido originados a partir de primitivos seres procariotos.

Saiba mais

Doenças lisossômicas e mitocondriais

Quando você sente uma dor no estômago, sabe dizer perfeitamente o que o incomoda e de onde a dor vem, não é mesmo? O estômago é um órgão bem conhecido dos médicos e, na maioria das vezes, qualquer situação que provoque algum problema com ele é prontamente resolvida. Agora, já pensou em doenças causadas por defeitos no funcionamento de organelas celulares? Pois elas existem. No item correspondente aos peroxissomos há uma referência à *adrenoleucodistrofia*, doença decorrente do mau funcionamento dessas organelas. Defeitos no funcionamento de lisossomos e mitocôndrias também estão relacionados a doenças.

No caso dos lisossomos, a falha na produção de enzimas é a principal causa do que se conhece como doenças de depósito (ou *acúmulo*) *lisossômico* (também conhecidas como *doenças de inclusão lisossômica*). Três delas são bem significativas:

- **doença de Gaucher** – considerada a principal doença lisossômica, é devida à deficiência na produção da enzima beta-glicocerebrosidase, que acarreta depósitos da substância glicosilamida em células do fígado, baço e da medula óssea, com sérias consequências para o funcionamento desses órgãos;
- **doença de Tay-Sachs** – causada por deficiência na produção da enzima hexosaminidase, que provoca acúmulo de lipídios chamados de gangliosídeos, principalmente em células nervosas. É uma doença de efeito devastador, provocando cegueira, demência e morte precoce;
- **doença de Hurler-Scheie** – tem como causa a deficiência na produção da enzima L-iduronidase, provocando acúmulo de substâncias conhecidas como glicosaminoglicanos (GAGs). As consequências são aumento do tamanho do fígado, do baço, defeitos ósseos, alterações da visão, da audição e retardamento mental progressivo.

O mau funcionamento das mitocôndrias, relacionado a alterações nos genes dessas organelas, também é responsável por doenças, dentre as quais podemos citar:

- **neuropatia óptica hereditária de Leber** – defeitos nos processos de liberação de energia que ocorrem nessas organelas provocam a degeneração do nervo óptico e, como consequência, a cegueira dos portadores dessa anomalia;
- **síndrome de Kearns-Sayre** – anomalias no funcionamento das mitocôndrias resultam em defeitos na musculatura ocular, nos batimentos cardíacos e degeneração do sistema nervoso;
- **miopatia mitocondrial** – defeitos no funcionamento das mitocôndrias causam fraqueza dos músculos esqueléticos, notadamente dos membros superiores. Nota-se aumento do tamanho e da quantidade dessas organelas nas células musculares estriadas, sinal característico da existência de anomalia na função das mitocôndrias.

Passo a passo

1. Do mesmo modo que ocorre em uma fábrica, a célula eucariótica animal é dotada de três componentes básicos: a) um *revestimento* que a separa do meio; b) um *ambiente geral de trabalho que contém orgânulos e diversas substâncias químicas dissolvidas;* c) uma *central de comando*.

Considerando o exposto acima, responda:
a) Cite os nomes correspondentes aos três componentes básicos de uma célula eucariótica animal, na ordem em que comparecem grifados no texto.
b) Qual desses componentes representa o conjunto formado pelo hialoplasma (citosol) e os orgânulos envolvidos ou não por membrana?
c) Por que razão a célula animal é considerada eucariótica?
d) Como caracterizar o hialoplasma, em termos de composição e função?
e) As substâncias químicas dissolvidas e os orgânulos permanecem em constante movimentação no hialoplasma. Que termo é utilizado para descrever esse constante deslocamento?

2. Cite os organoides (orgânulos ou organelas) revestidos por membrana e os que não são revestidos por membrana que podem ser encontrados em uma célula eucariótica.

3. Com relação aos ribossomos:
a) Em termos de constituintes químicos, como são organizados?
b) Como estão distribuídos em uma célula eucariótica?
c) Em relação a uma célula procariótica (bactéria) qual a diferença na distribuição dos ribossomos?
d) Qual a função básica dessa organela celular?

4. Constituído de túbulos, sacos achatados, vesículas e vacúolos, o retículo endoplasmático corresponde a um verdadeiro sistema de comunicação, de síntese e de distribuição interna da célula, conectando-se tanto à membrana plasmática quanto à membrana nuclear (carioteca). Com relação a essa organela celular:
a) Cite as suas duas formas de organização, relacionando a principal diferença existente entre elas.
b) Cite as funções atribuídas a essa organela celular, diferenciando, se for o caso, o papel exercido pelas duas formas de organização.

5. Vacúolos são interpretados como expansões do retículo endoplasmático. São comuns em células vegetais, nas quais costumam ser volumosos, ocupando a maior parte do espaço disponível. Também estão presentes nas células de protozoários de água doce, destacando-se principalmente os vacúolos pulsáteis ou contráteis. Nessas duas ocorrências, a que função essas estruturas são relacionadas?

6. Com relação ao sistema golgiense:
a) Como é organizada essa organela membranosa celular?
b) Cite as funções a ela atribuídas.

7. A que região da célula de um espermatozoide corresponde o acrossomo e que função é atribuída a essa estrutura?

8. Como é originado um lisossomo e que função é atribuída a essa organela celular?

9. O que significa dizer que o retículo endoplasmático, o sistema golgiense, os vacúolos e os lisossomos são componentes do sistema de endomembranas da célula?

10. Organela membranosa que é considerada a bateria da fábrica celular, gerando, por meio da respiração aeróbia, a maior parte da energia necessária à realização do trabalho executado pela célula. Está presente tanto em células animais quanto vegetais. A que organela o texto se refere? Como essa organela é organizada estruturalmente?

O citoplasma

11. Ao estudarem o assunto organelas celulares, Marcelo e Thais escreveram os resumos a seguir, referentes a duas dessas organelas.

Thais – Organela com uma única membrana envolvente, presente em células do fígado, na qual existe intensa atividade da enzima catalase sobre a água oxigenada gerada em reações químicas.

Marcelo – Organela considerada equivalente à descrita no resumo da Thais, só que presente apenas em células vegetais. Nas sementes, atua na transformação de ácidos graxos em substâncias de menor tamanho, que serão convertidas em glicose e utilizadas pelo embrião em germinação.

A quais organelas os resumos dos estudantes se referem?

12. Cloroplasto é uma organela exclusiva das células de vegetais e de algas. Atua como "bateria solar", captando a energia luminosa que será utilizada na realização do processo de fotossíntese. Sua membrana lipoproteica dupla foi visualizada com o auxílio do microscópio eletrônico. A respeito dessa organela:
   a) Cite as estruturas derivadas do pregueamento da membrana interna dessa organela e onde estão mergulhadas.
   b) Qual o principal pigmento nelas existente, relacionado à realização do processo de fotossíntese?

13. Segundo a hipótese endossimbiótica, acredita-se que cloroplasto e mitocôndria são organelas derivadas de bactérias que ingressaram em uma célula primitiva, nela convivendo em harmonia, em uma relação mutuamente vantajosa. Cite os principais argumentos que tornam viável a elaboração dessa hipótese.

14. Caracterize os centríolos quanto a:
   a) possuir ou não membrana envolvente;
   b) função na célula que os possui;
   c) sua organização estrutural.

15. Cílios e flagelos são estruturas móveis encontradas em alguns tipos celulares. Caracterize-os quanto:
   a) ao tamanho (curto ou longo);
   b) a estrutura de organização dos microtúbulos que os constituem;
   c) sua origem.

16. Quais são os três tipos de fibras proteicas componentes do citoesqueleto celular? Cite pelo menos um exemplo de sua localização nas células em que ocorrem.

17. Consulte a Tabela 4-2, encontrada no final deste capítulo e cite:
   a) os componentes comuns às células bacteriana, animal e vegetal.
   b) alguns componentes citoplasmáticos comuns às células animal e vegetal.
   c) os componentes citoplasmáticos exclusivos de uma célula animal, em comparação a uma célula vegetal.
   d) os componentes exclusivos de uma célula vegetal, em comparação a uma célula animal.

18. São exemplos de organoides citoplasmáticos envolvidos por membrana os relacionados na alternativa:
   a) sistema golgiense, retículo endoplasmático, mitocôndria e centríolos.
   b) cloroplasto, ribossomo, lisossomo e peroxissomo.
   c) ribossomos e centríolos, apenas.
   d) retículo endoplasmático, sistema golgiense, mitocôndria e peroxissomo.
   e) peroxissomo, lisossomo, centríolos, sistema golgiense e mitocôndria.

19. Ribossomos são orgânulos citoplasmáticos não membranosos, de cuja constituição participam moléculas de proteínas associadas a moléculas do ácido nucleico RNA. Esses orgânulos:
   a) sempre são encontrados livres no citosol, e atuam no processo de síntese proteica.
   b) ficam sempre aderidos às faces externas da organela retículo endoplasmático e atuam no processo de síntese de lipídios.
   c) podem ser encontrados livres no citosol, ou aderidos às faces externas da organela retículo endoplasmático, e atuam no processo de síntese proteica.
   d) ficam sempre aderidos às faces externas da membrana plasmática e atuam no processo de síntese proteica.
   e) formam apenas conjuntos conhecidos como polirribossomos, responsáveis pela síntese proteica, e nunca ficam aderidos às membranas da organela retículo endoplasmático.

20. Considere os itens seguintes:
   I – Sacos achatados, túbulos, vacúolos e vesículas são componentes de uma extensa rede de membranas de paredes duplas existente no citoplasma celular.
   II – Extensa rede de membranas de paredes duplas contendo ribossomos aderidos nas faces externas das membranas. Local em que ocorre a síntese proteica.
   III – Síntese de lipídios.
   IV – Transporte de materiais.

A que organela celular os itens acima se referem? Cite as duas modalidades básicas relacionadas a essa organela. Para cada modalidade, cite o item que se relacione a uma função por ela desempenhada.

21. Considere os itens seguintes:
   I – Armazenamento e secreção de proteínas.
   II – Produção de muco.
   III – Síntese proteica.
   IV – Formação do acrossomo em espermatozóides.
   V – Liberação de vesículas contendo enzimas.

O sistema golgiense é um conjunto de vários "sacos" achatados, empilhados, chamados de dictiossomos. Dos itens acima, o que não é relacionado às funções normalmente desempenhadas por essa organela celular é o indicado na alternativa:

a) II   d) III
b) I   e) V
c) IV

22. "Usina de força" de qualquer fábrica celular complexa, relacionada aos processos de liberação de energia para a execução do trabalho celular é uma característica relacionada a uma organela citoplasmática de membranas duplas na qual a porção interna é pregueada formando cristas. Essa organela é citada na alternativa:

a) peroxissomo.   d) lisossomo.
b) cloroplasto.   e) glioxissomo.
c) mitocôndria.

23. No interior das "baterias solares" das células de vegetais e de algas, ocorre a absorção de energia luminosa por meio de pigmentos como as clorofilas. O pregueamento da membrana interna origina lâminas que mergulham no estroma, originando os tilacoides e os *grana*. A descrição desse texto se refere à organela citoplasmática membranosa:

a) mitocôndria.   d) cloroplasto.
b) peroxissomo.   e) lisossomo.
c) glioxissomo.

24. Na série de frases a seguir, assinale com **V** as verdadeiras e com **F** as falsas.
   a) Célula procariótica é a que não possui carioteca e organelas envolvidas por membranas.
   b) Os componentes obrigatórios que devem existir em uma célula são: membrana plasmática, citosol (hialoplasma), ribossomos e cromatina.
   c) Célula eucariótica é a que possui carioteca, mas não possui organelas citoplasmáticas envolvidas por membranas.
   d) A célula bacteriana é eucariótica.
   e) Excetuando as bactérias, todos os demais seres vivos celulares da Terra atual são dotados de uma ou mais células eucarióticas.

f) Os componentes exclusivos de uma célula adulta de vegetal complexo são: cloroplastos, membrana esquelética celulósica e um volumoso vacúolo central.
g) Centríolos estão ausentes em células de vegetais complexos, estando presentes em todas as células animais.
h) Se pudéssemos transformar uma célula adulta de vegetal complexo em uma célula procariótica de bactéria, deveríamos retirar, da primeira, todas as estruturas, exceto: cromatina, mitocôndrias, hialoplasma, membrana plasmática e ribossomos.
i) A ocorrência de apoptose (ou morte celular programada) está relacionada à regressão de certas estruturas (por exemplo, o útero após o parto) em organismos animais.
j) Não há registros de que alterações funcionais ou estruturais em organelas possam causar doença em seres humanos.

25. Certas organelas membranosas citoplasmáticas são dotadas de material genético, ribossomos e outras estruturas que lhes permitem ter uma vida semi-autônoma, em relação à célula na qual são encontradas, podendo, inclusive, duplicar-se de modo independente. No entanto, sabe-se, também, que certas proteínas estruturais e enzimas dessas organelas são sintetizadas a partir do comando genético existente no núcleo dessas células. Enquadram-se nesse tipo de situação as organelas:

a) retículo endoplasmático rugoso e sistema golgiense.
b) centríolos e lisossomos.
c) peroxissomos e mitocôndrias.
d) cloroplastos e vacúolos.
e) mitocôndrias e cloroplastos.

26. *Questão de interpretação de texto*

A PRIMEIRA BACTÉRIA "SINTÉTICA"

Não é ainda vida artificial criada do zero, mas é quase. Cientistas deciframon a informação genética principal existente em uma bactéria e armazenaram os dados em um computador. Utilizando um *software* apropriado, promoveram várias alterações nesse material genético e transformaram a informação digital em DNA, tornando real, assim, aquilo que só existia no computador. A seguir, injetaram esse DNA artificialmente produzido em uma bactéria de outra espécie, que tivera o seu DNA extirpado. Sucesso. A bactéria "vazia", que recebeu o DNA produzido artificialmente, sobreviveu e se reproduziu normalmente.

Adaptado de:
BONALUME NETO, R., Grupo nos EUA fabrica 1.ª célula sintética, *Folha de S.Paulo*, São Paulo, 21 maio 2010. Caderno Ciência, p. A19.

Baseando-se nas informações do texto e em seus conhecimentos sobre a célula, responda:

a) Conhecendo os componentes normalmente encontrados em uma célula procariótica de bactéria, qual deles foi decifrado e, depois, produzido em laboratório, pelos cientistas?
b) Para haver a reprodução da bactéria que recebeu o material genético artificialmente produzido é necessário haver síntese de proteínas. Que organelas existentes no citoplasma da célula bacteriana certamente atuaram nessa síntese proteica?
c) Cite os demais componentes normalmente encontrados em uma célula procariótica de bactéria.

Questões objetivas

1. (UFMS) Observe as figuras *A* e *B* que são representações de dois organismos distintos, e assinale a alternativa correta.

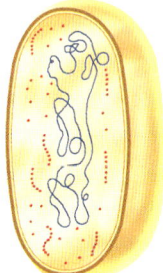

Figura *A*   Figura *B*

a) A Figura *A* representa um organismo eucarionte e a Figura *B* representa um organismo procarionte. Apresentam diferença na forma. Em *B*, há a presença de membrana nuclear e cloroplasto. Em *A*, as enzimas responsáveis pelo processo de respiração localizam-se na mitocôndria.
b) A Figura *A* representa um organismo eucarionte e a Figura *B* representa um organismo procarionte. Apresentam diferença no tamanho. Em *B*, há a presença de membrana plasmática e organelas citoplasmáticas. Em *A*, as enzimas responsáveis pelo processo de respiração localizam-se na membrana plasmática.
c) A Figura *A* representa um organismo procarionte e a Figura *B* representa um organismo eucarionte. Apresentam diferença no tamanho. Em *B*, há a presença de membrana nuclear e organelas citoplasmáticas. Em *A*, as enzimas responsáveis pelo processo de respiração localizam-se na membrana plasmática.
d) A Figura *A* representa um organismo procarionte e a Figura *B* representa um organismo eucarionte. Apresentam diferença na forma. Em *B*, há a presença de membrana nuclear e cloroplastos. Em *A*, as enzimas responsáveis pelo processo de respiração localizam-se no núcleo.
e) A Figura *A* representa um organismo procarionte e a Figura *B* representa um organismo eucarionte. Apresentam diferença no tamanho. Em *B*, há a presença de membrana plasmática e mitocôndrias. Em *A*, as enzimas responsáveis pelo processo de respiração localizam-se no citoplasma.

2. (UEL – PR) Na tabela a seguir, estão assinaladas a presença (+) ou a ausência (–) de alguns componentes encontrados em quatro diferentes tipos celulares (*A*, *B*, *C* e *D*).

Componentes	Tipos Celulares			
	A	B	C	D
envoltório nuclear	+	–	+	–
ribossomos	+	+	+	+
mitocôndrias	+	–	+	–
clorofila	–	+	+	–
retículo endoplasmático	+	–	+	–

Os tipos celulares *A*, *B*, *C* e *D* pertencem, respectivamente, a organismos

a) procarioto heterótrofo, eucarioto heterótrofo, procarioto autótrofo e eucarioto autótrofo.
b) procarioto autótrofo, eucarioto autótrofo, eucarioto heterótrofo e procarioto heterótrofo.

c) eucarioto heterótrofo, procarioto heterótrofo, procarioto autótrofo e eucarioto autótrofo.
d) eucarioto autótrofo, procarioto autótrofo, eucarioto heterótrofo, procarioto heterótrofo.
e) eucarioto heterótrofo, procarioto autótrofo, eucarioto autótrofo e procarioto heterótrofo.

3. (UFT – TO – adaptada) A figura a seguir esquematiza uma célula animal com seus principais compartimentos e organelas. Fundamentando-se na estrutura e função celular, marque a alternativa INCORRETA.

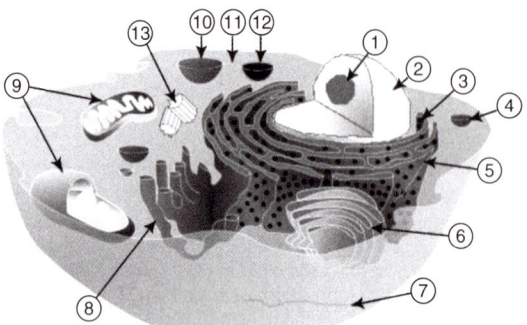

Fonte: http://blogcelulas2010.blospot.com

a) A organela de número 5 é responsável apenas pela síntese de proteínas que serão utilizadas pela própria célula, ou seja, destinadas ao citoplasma.
b) As mitocôndrias (9) são responsáveis pela maior parte das moléculas de ATP (adenosina trifosfato) geradas dentro das células, suprindo a demanda energética das mesmas.
c) O envoltório nuclear (2) protege o material genético da célula e a estrutura de número 1, evidente dentro do mesmo, é o nucléolo.
d) A organela de número 6 é responsável pelo reconhecimento, modificação e empacotamento de proteínas e lipídios recebidos do retículo endoplasmático.
e) A estrutura de número 13 refere-se ao par de centríolos da célula e, durante a divisão celular, possui função principal na formação dos fusos mitóticos.

4. (UFT – TO) Relacione as organelas representadas de I a IV, na figura abaixo, com as respectivas funções celulares e marque a alternativa que apresenta a sequência CORRETA.

Organela **Função**

I

( ) Síntese dos principais componentes lipídicos de todas as membranas celulares. Apresenta também a capacidade de converter substâncias tóxicas (álcool, agrotóxicos, medicamentos) em compostos inócuos.

II

( ) Centro de armazenamento, transformação, empacotamento e endereçamento de substâncias na célula.

III
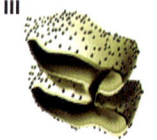

( ) Armazenamento da maior parte do material genético, responsável pelo controle do metabolismo celular.

IV

( ) Local da síntese de proteínas celulares, as quais se deslocam em direção ao aparelho de Golgi. Está associado a ribossomos.

a) II, IV, I e III
b) I, II, IV e III
c) IV, I, II e III
d) II, IV, III e I
e) III, I, II e IV

5. (UFRGS – RS) Em um experimento em que foram injetados aminoácidos radioativos em um animal, a observação de uma de suas células mostrou os seguintes resultados: após 3 minutos, a radioatividade estava localizada na organela X (demonstrando que a síntese de proteínas ocorria naquele local); após 20 minutos, a radioatividade passou a ser observada na organela Y; 90 minutos depois, verificou-se a presença de grânulos de secreção radioativos, uma evidência de que as proteínas estavam próximas de serem exportadas.

As organelas X e Y referidas no texto são, respectivamente,

a) o complexo de golgiense e o lissossomo.
b) o retículo endoplasmático liso e o retículo endoplasmático rugoso.
c) a mitocôndria e o ribossomo.
d) o retículo endoplasmático rugoso e o complexo golgiense.
e) o centríolo e o retículo endoplasmático liso.

6. (UNEMAT – MT) Há dois tipos de retículos endoplasmáticos, o rugoso e o liso. Ambos transportam substâncias no interior das células, mas há diferenças morfológicas e funcionais entre eles.

Sobre as funções dessas estruturas, foram feitas as seguintes afirmações:

I – O retículo endoplasmático liso participa principalmente da síntese de esteroides, fosfolipídios e outros lipídios como o colesterol. Atua também na degradação do álcool ingerido em bebidas. O retículo endoplasmático rugoso participa principalmente na síntese de proteínas para a exportação como, por exemplo, células pancreáticas que produzem enzimas e hormônios proteicos.

II – O retículo endoplasmático rugoso participa principalmente da síntese de esteroides, fosfolipídios e outros lipídios como o colesterol. Atua também na degradação do álcool ingerido em bebidas. O retículo endoplasmático liso participa principalmente na síntese de proteínas para a exportação como, por exemplo, nas células pancreáticas que produzem enzimas e hormônios proteicos.

III – O retículo endoplasmático rugoso participa principalmente das funções heterofágicas e o retículo endoplasmático liso participa principalmente das funções autofágicas.

Assinale a alternativa **correta**.

a) Todas as alternativas estão corretas.
b) Apenas I e II estão corretas.
c) Apenas III está correta.
d) Apenas II está correta.
e) Apenas I está correta.

7. (UFRGS – RS) Considere o diagrama abaixo, sobre as relações e a dinâmica de funcionamento das organelas celulares.

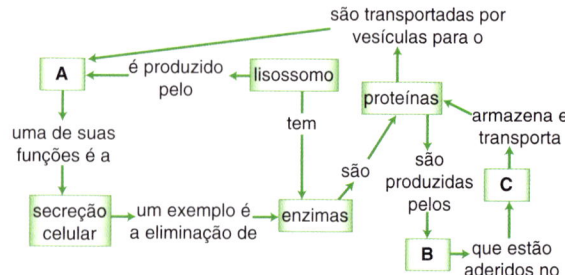

No diagrama, as letras **A**, **B** e **C** substituem, respectivamente,

a) o peroxissomo, os ribossomos e o retículo endoplasmático não granuloso.
b) o citoesqueleto, os centríolos e o retículo endoplasmático granuloso.
c) o complexo golgiense, os ribossomos e o retículo endoplasmático granuloso.
d) o peroxissomo, os vacúolos e o retículo endoplasmático não granuloso.
e) o complexo golgiense, os vacúolos e o cloroplasto.

8. (UFPR) A fagocitose de agentes invasores é um processo fundamental nas respostas de defesa dos organismos multicelulares. Escolha a alternativa que apresenta a ordem de eventos, desde o encontro entre um macrófago e o patógeno até a apresentação deste ao sistema imunológico.

1. Digestão e degradação do patógeno.
2. Formação dos fagossomas.
3. Fusão dos lisossomas ao fagossoma.
4. Adesão e internalização.
5. Exocitose dos produtos.

a) 4, 2, 3, 1, 5.
b) 5, 3, 2, 1, 4.
c) 1, 4, 2, 3, 5.
d) 5, 2, 3, 4, 1.
e) 4, 2, 5, 3, 1.

9. (FUVEST – SP)

Fonte: <http://www2.uol.com.br/niquel/bau.shtml>.
Acesso em: 25 ago. 2009.

Os animais que consomem as folhas de um livro alimentam-se da celulose contida no papel. Em uma planta, a celulose é encontrada

a) armazenada no vacúolo presente no citoplasma.
b) em todos os órgãos, como componente da parede celular.
c) apenas nas folhas, associada ao parênquima.
d) apenas nos órgãos de reserva, como caule e raiz.
e) apenas nos tecidos condutores do xilema e do floema.

10. (UFF – RJ) As células animais, vegetais e bacterianas apresentam diferenças estruturais relacionadas às suas características fisiológicas. A tabela abaixo mostra a presença ou ausência de algumas dessas estruturas.

Estruturas	Células		
	Animal	Vegetal	Bacteriana
centríolos	+	–	–
citoplasma	+	+	+
membrana citoplasmática	+	+	+
núcleo	+	+	–
parede celular	–	+	+
plastos	–	+	–

Legenda: (+) presente (–) ausente

Analisando as informações apresentadas, é correto afirmar que

a) tanto os vegetais quanto as bactérias são autótrofos devido à presença da parede celular.
b) o citoplasma de todas as células são iguais.
c) as bactérias não possuem cromossomos por não possuírem núcleo.
d) a célula animal é a única que realiza divisão celular com fuso mitótico com centríolos nas suas extremidades.
e) todos os plastos estão envolvidos na fotossíntese.

11. (UFF – RJ) Observe a figura a seguir, que ilustra uma célula humana e seus principais constituintes citoplasmáticos, e analise as afirmativas.

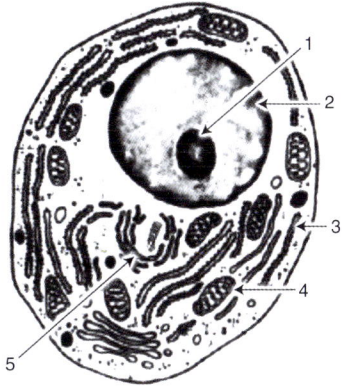

I – As células do fígado inativam substâncias nocivas ao organismo, porque possuem grande quantidade da estrutura 1.
II – As hemácias não se multiplicam, porque não apresentam a estrutura 2.
III – As células do pâncreas possuem acentuada síntese proteica, porque apresentam a estrutura 3 desenvolvida.
IV – As células do músculo estriado utilizam prótons (H^+) liberados pela estrutura 4 para realizar a contração.
V – Os espermatozoides se locomovem, porque possuem flagelos originados da estrutura 5.

Assinale a opção que apresenta somente afirmativas **CORRETAS**.
a) I, II e III
b) I, II e IV
c) I, IV e V
d) II, III e V
e) III, IV e V

12. (UFC – CE) O citoplasma de células eucarióticas apresenta um conjunto de fibras finas e longas, de constituição proteica, chamado de *citoesqueleto*. Assinale a alternativa que apresenta uma função dessa estrutura na célula.

a) Manter a forma e a sustentação de bactérias.
b) Participar da descondensação dos cromossomos.
c) Permitir a digestão de vários compostos nas células.
d) Possibilitar a oxidação de substâncias orgânicas no interior da célula.
e) Permitir a adesão da célula a células vizinhas e a superfícies extracelulares.

13. (UFRR) As membranas biológicas são estruturas dinâmicas nas quais as proteínas nadam em um mar de lipídios. Sobre as membranas biológicas é INCORRETO afirmar:

a) Tanto as proteínas como os lipídios de membranas apresentam uma estrutura dinâmica.
b) São um elemento mediador da comunicação entre a célula e o seu meio externo.
c) Os componentes lipídicos formam a barreira de permeabilidade, e as proteínas agem como sistema de transporte, bombas, canais, receptores.
d) As proteínas, de acordo com sua localização na membrana plasmática, são classificadas em integrais e periféricas.
e) Formam parte da composição dos ribossomos, microtúbulos e grânulos de glicogênio nas células eucarióticas.

14. (PUC – RJ) Em um experimento hipotético, foram retirados os centríolos de uma célula animal. Em seguida, foi observado que essas células haviam perdido a capacidade de realizar

a) divisão celular.
b) respiração aeróbica.
c) eliminação de resíduos.
d) endocitose de partículas granulares.
e) duplicação de seu material genético.

15. (UFJF – MG) A sinusite crônica pode ser causada pela falta de movimento dos cílios do aparelho respiratório. Molecularmente, a afirmativa abaixo que melhor explica esse mau funcionamento é:

a) excesso de ribossomos.
b) falha na despolarização das membranas celulares.
c) aumento da síntese de proteínas.
d) falha no funcionamento dos lisossomos.
e) falha no funcionamento do citoesqueleto.

Questões dissertativas

1. (UFRN) Analise a ilustração que segue.

Com base na ilustração,
a) indique o tipo de célula representado, respectivamente, por I, II e III;
b) justifique a declaração que I faz para II;
c) apresente, sob o ponto de vista estrutural e funcional, as razões que levam III a supor que possui algum grau de parentesco com II.

2. (FUVEST – SP) O esquema abaixo representa um corte de célula acinosa do pâncreas, observado ao microscópio eletrônico de transmissão.

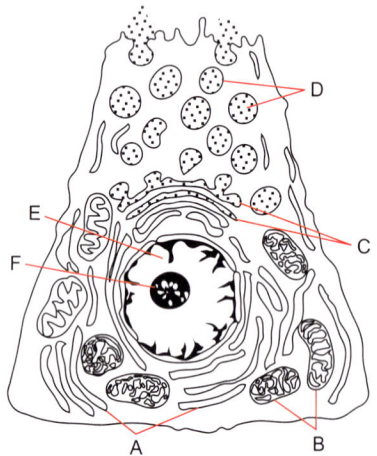

a) Identifique as estruturas apontadas pelas setas A, B e C e indique suas respectivas funções no metabolismo celular.
b) Por meio da ordenação das letras indicadoras das estruturas celulares, mostre o caminho percorrido pelas enzimas correspondentes ao suco pancreático desde seu local de síntese até a sua secreção pela célula acinosa.

3. (UNESP) Um aluno, após ter estudado a organização celular de seres eucariontes e procariontes, elaborou um quadro indicando com sinais (+) e (−), respectivamente, a presença ou ausência da estrutura em cada tipo de célula.

Estrutura celular	Seres procariontes	Seres eucariontes	
		Animais	Vegetais superiores
membrana plasmática	−	+	+
parede celular	+	−	+
complexo de Golgi	−	−	+
centríolos	−	+	+
ribossomos	+	+	+
cromatina	+	+	+
plastos	−	−	+
carioteca	−	+	+
mitocôndrias	−	+	−

a) O aluno, ao construir o quadro, cometeu quatro erros. Quais foram os erros cometidos?
b) A permeabilidade seletiva e a divisão celular estão relacionadas, respectivamente, a quais estruturas citoplasmáticas do quadro?

4. (UERJ) É possível marcar determinadas proteínas com um isótopo radioativo, a fim de rastrear sua passagem através da célula, desde a síntese até a excreção. O gráfico abaixo ilustra o rastreamento da passagem de uma proteína marcada radioativamente por três compartimentos celulares.

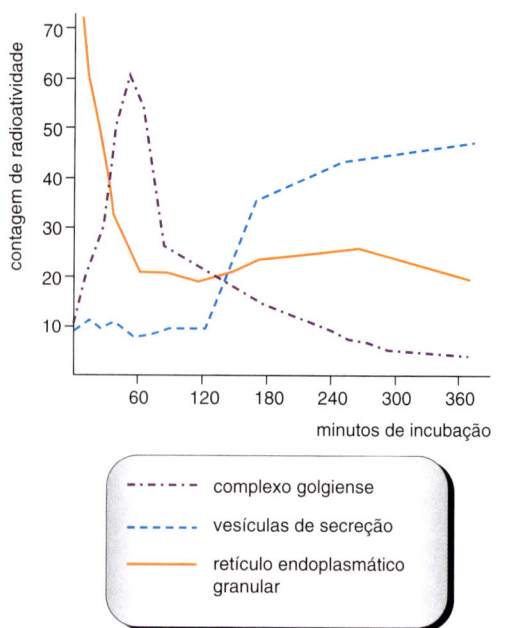

Indique a sequência do percurso seguido por essa proteína através dos três compartimentos celulares citados e a função de cada um dos compartimentos durante o percurso.

5. (UFRJ) A hipótese sobre a origem das células eucarióticas com maior número de adeptos é a hipótese da endossimbiose sequencial proposta pela bioquímica Lynn Margulis. De acordo com essa hipótese, podemos dizer que as células dos animais têm dois genomas e as das plantas têm três; nos dois casos, os genomas funcionam de forma integrada.
Identifique em quais organelas das células dos animais e das plantas estão localizados esses genomas.

6. (UFF – RJ – adaptada) Quando se coloca água oxigenada em um ferimento na pele, uma enzima localizada no interior de determinada organela das células do tecido ferido cliva essa água, provocando um borbulhamento sobre o ferimento.
a) Em que organela a enzima em questão se localiza?
b) Explique por que ocorre o borbulhamento sobre o ferimento, descrevendo a reação e a enzima envolvida.

Programas de avaliação seriada

1. (PISM – UFJF – MG) As figuras abaixo representam duas células e seus principais constituintes citoplasmáticos. Analise-as e assinale a opção **CORRETA**.

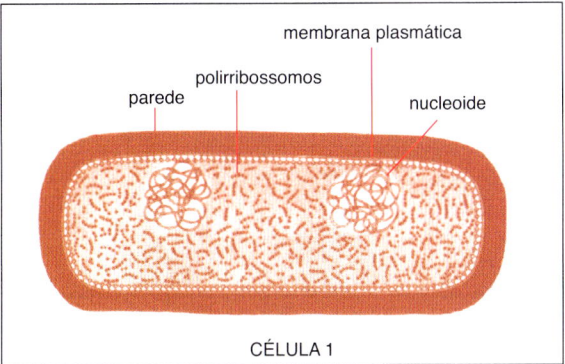
CÉLULA 1

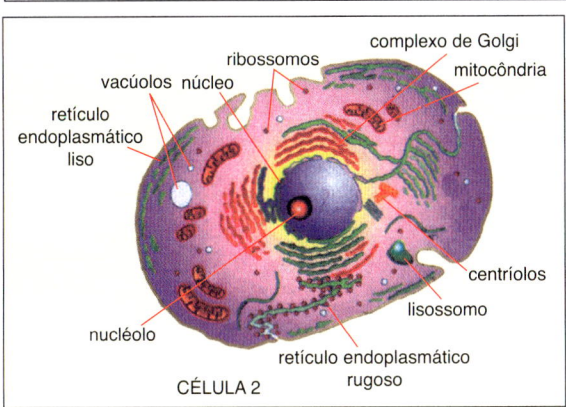
CÉLULA 2

a) A célula 1 é encontrada em bactérias.
b) A célula 2 é encontrada em organismos autotróficos.
c) As células 1 e 2 representam células eucariotas.
d) A célula 1 não possui material genético.
e) A célula 2 possui núcleo, mas o DNA está disperso no citoplasma.

2. (PEIES – UFSM – RS – adaptada) Observe as figuras das células A e B:

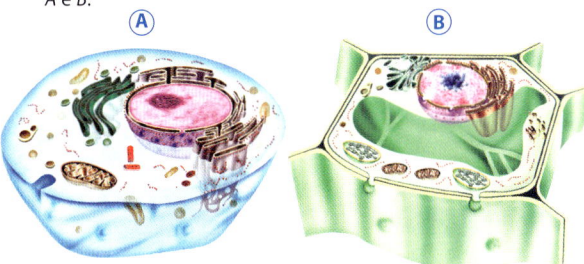

I – A célula representada em B não possui parede celular.
II – As mitocôndrias estão presentes somente na célula A.
III – As duas células representadas em A e B apresentam núcleo.
IV – A célula A representa uma célula animal, possui membrana plasmática e não possui parede celular.

Está(ão) correta(s)
a) apenas I e III.
b) apenas II e III.
c) apenas I, II e IV.
d) apenas III e IV.
e) apenas IV.

3. (PSS – UFAL) Observe as estruturas de 1 a 5 da célula mostrada abaixo e, em seguida, assinale a alternativa que correlaciona corretamente a estrutura com sua respectiva função.

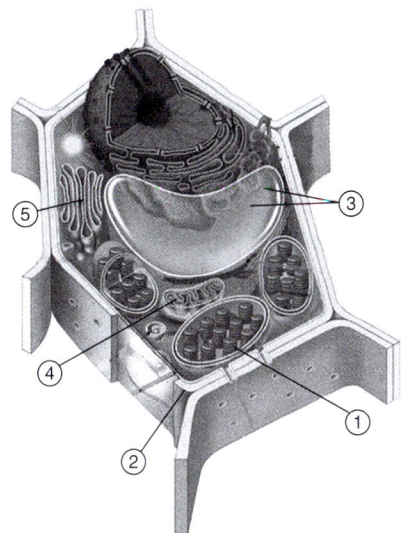

a) 1: mitocôndria, responsável pela síntese energética.
b) 2: membrana plasmática, que funciona como barreira seletiva.
c) 3: o núcleo, que guarda a informação genética.
d) 4: o cloroplasto, responsável pela fotossíntese.
e) 5: o complexo de Golgi, que atua na secreção celular.

4. (PAS – UFLA – MG) De acordo com a teoria ou hipótese endossimbiótica, algumas organelas, que possuem DNA próprio, RNA e ribossomos para síntese de parte das suas proteínas, teriam sido organismos procariontes de vida livre, possivelmente bactérias que se associaram a uma célula eucariótica primitiva, estabelecendo uma endossimbiose.

A quais organelas o texto acima se refere?

a) cloroplastos e mitocôndrias.
b) lisossomos e mitocôndrias.
c) cloroplastos e retículo endoplasmático rugoso.
d) mitocôndrias e centríolos.

5. (UFRR) Uma das características das células eucarióticas é a abundância de membranas formando bolsas e canais citoplasmáticos, denominados organelas, que desempenham funções específicas no metabolismo celular. Com relação a essas organelas, é INCORRETO afirmar que:

a) o aparelho de Golgi, formado por bolsas membranosas achatadas e empilhadas, tem como uma de suas funções a glicosilação de proteínas e lipídios.
b) o retículo endoplasmático liso é uma rede de canais e vesículas que participam da síntese de proteínas destinadas ao meio extracelular.
c) os lisossomos são bolsas membranosas que contêm enzimas capazes de digerir a grande maioria das substâncias orgânicas normalmente encontradas nas células.
d) as mitocôndrias são organelas delimitadas por duas membranas e responsáveis pela produção da maior parte da energia nos organismos aeróbicos.
e) os cloroplastos são organelas delimitadas por duas membranas e possui DNA, RNA e ribossomos próprios.

6. (PISM – UFJF – MG) As mitocôndrias são organelas que participam da respiração celular, que se caracteriza por ser um processo de oxidação biológica. Analise as afirmativas abaixo que trazem informações sobre as mitocôndrias.

I – São encontradas em grande número nas células que apresentam alto gasto energético.
II – São organelas que geram calor durante o processo respiratório.
III – São organelas especializadas na degradação de ATP.
IV – São organelas capazes de sintetizar proteínas.
V – São organelas que quebram moléculas de glicose para obtenção de energia.

Assinale a opção que apresente somente afirmativas **CORRETAS**.

a) I, II e III
b) I, II e IV
c) I, III e V
d) II, IV e V
e) III, IV e V

7. (UFAM – adaptada) As descrições a seguir (I a V) correspondem a organelas e estruturas celulares identificadas de (A) a (E).

I – Organela delimitada por membrana, presente em células eucarióticas, contendo enzimas digestivas, as quais são tipicamente mais ativas em pH ácido.
II – Finas projeções cilíndricas, recobertas por membrana, existentes na superfície de uma célula animal, promovendo aumento da área superficial.
III – Organela delimitada por membrana, com o tamanho aproximado de uma bactéria, que executa a fosforilação oxidativa.
IV – Pequena organela delimitada por membrana contendo algumas enzimas que produzem e outras que degradam (catalase) o peróxido de hidrogênio.
V – Sistema de filamentos proteicos no citoplasma de uma célula que confere a forma celular e a capacidade de movimento direcionado.

a) citoesqueleto
b) mitocôndrias
c) peroxissomos
d) lisossomos
e) microvilosidades

Assinale a correspondência correta:

a) A-V; B-III; C-IV; D-I; E-II.
b) A-II; B-IV; C-II; D-III; E-V.
c) A-III; B-V; C-I; D-II; E-IV.
d) A-V; B-IV; C-III; D-I; E-II.
e) A-V; B-III; C-IV; D-II; E-I.

Capítulo 5
O núcleo

Dois goleiros ou nenhum?!?!

O que acontece com uma família sem alguém que a oriente? com um país sem comando? com um time sem um capitão? Imagine um time de futebol em que os elementos da equipe se posicionassem, a cada partida, como bem entendessem: de repente, poderíamos ter dois goleiros; em outro momento, ninguém no gol!!!

Para que a vida em sociedade funcione minimamente bem é preciso que haja "uma central" que organize as diversas atividades e que faça com que o conjunto trabalhe de forma harmônica. O mesmo ocorre com nossas células.

O núcleo celular é o centro de comando de todas as atividades da célula eucariótica. Dentro dele encontram-se os cromossomos e seus inúmeros genes, responsáveis por nossas características, como o tipo sanguíneo e a cor dos olhos, por exemplo.

Qual a estrutura do núcleo e como ele regula a atividade celular serão os temas centrais deste nosso capítulo.

Vimos que no hialoplasma (citosol) estão dispersas várias organelas celulares, com diferentes funções. Mas nenhuma delas é como o **núcleo**, local de comando de toda a atividade celular.

SCIENCE SOURCE/ PHOTO RESEARCHERS/LATINSTOCK

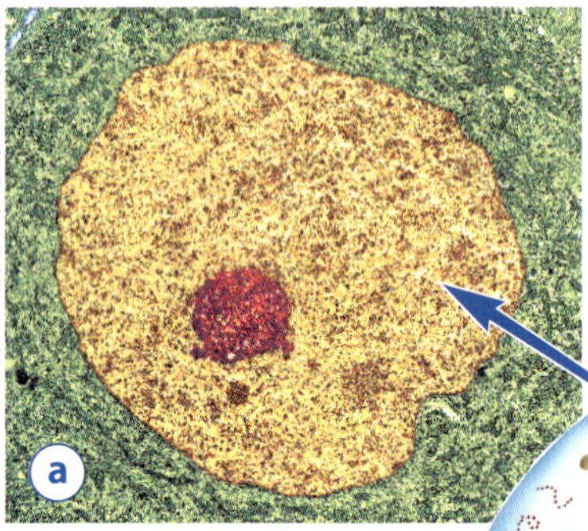

NÚCLEO: NO COMANDO DA CÉLULA EUCARIÓTICA

O núcleo é separado do citoplasma pela **carioteca**, um envoltório membranoso, formado por uma dupla camada lipoproteica. Essa membrana é dotada de inúmeros *poros*, através dos quais se dá a comunicação e a passagem de diversas substâncias entre o núcleo e o citoplasma.

Na parte externa da membrana há ribossomos aderidos, sendo que, em certos locais, nota-se uma continuidade entre a carioteca e o retículo endoplasmático (veja a Figura 5-1).

SCIENCE PHOTO LIBRARY/SPL DC/LATINSTOCK

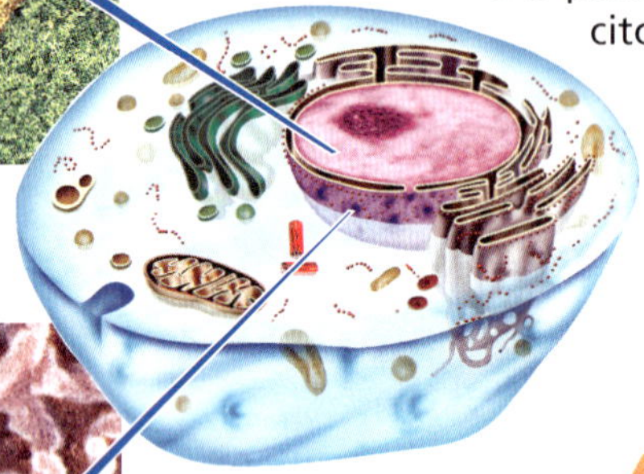

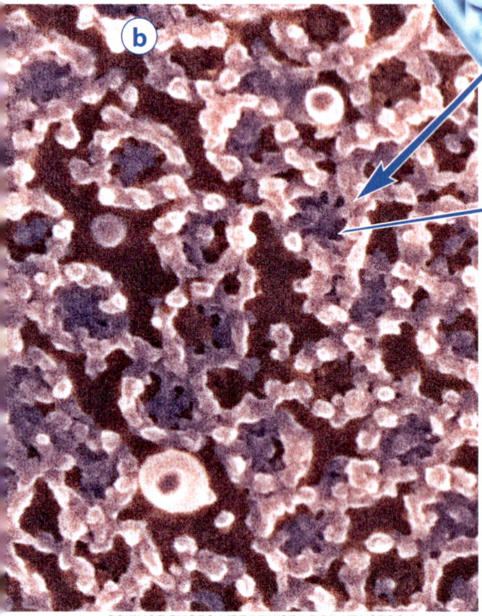

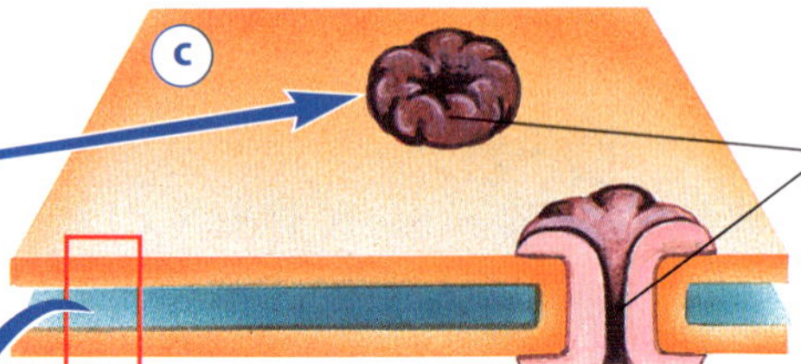

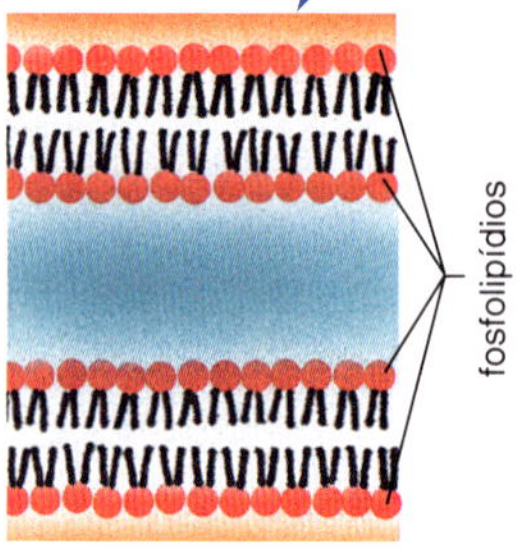

Figura 5-1. (a) Célula nervosa vista ao microscópio eletrônico de transmissão, destacando-se o núcleo (em amarelo) e o nucléolo (em vermelho). (b) A ampliação da superfície da carioteca mostra a existência dos poros e também de ribossomos aderidos a ela. (c) A composição química da carioteca é semelhante à da membrana plasmática. Pelos poros, há passagem de diversas substâncias em ambos os sentidos.

Saiba mais

Trânsito: movimento de moléculas entre núcleo e citoplasma

Você deve estar se perguntando: *como ocorre a passagem de substâncias entre núcleo e citoplasma*? A passagem de micro e macromoléculas entre o núcleo e o citoplasma ocorre através de "portões" conhecidos como *complexos de poros nucleares*. Cada uma dessas vias de passagem – ou seja, cada *complexo de poro* – é recheada de várias cópias (cerca de 30) de subunidades de proteínas, as *nucleoporinas*, compostas predominantemente de repetições dos aminoácidos **F**enilalanina e **G**licina (repetições **FG**). A carioteca de uma célula somática de vertebrado, por exemplo, pode conter entre 1.000 e 10.000 *complexos de poro*, cada qual se comportando como se fosse uma válvula (ou porteira), com cerca de alguns nanômetros de diâmetro. Moléculas pequenas passam livremente em ambos os sentidos. Moléculas maiores só passam pelo *complexo de poro* ao se associarem com *receptores de transporte solúveis* existentes no núcleo, que acompanham a substância na sua passagem para o outro lado da membrana, também em ambos os sentidos.

Fonte: BURKE, B. Nuclear Pore Complex Models Gel. *Science*, EUA, v. 314, n. 5.800, p. 766.

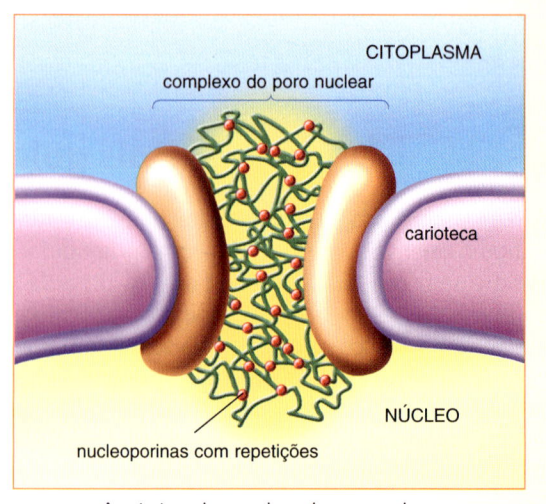

A estrutura do complexo do poro nuclear.

Cromatina e Cromossomos

No interior do núcleo existe um material viscoso, o **nucleoplasma** (equivalente ao hialoplasma), no qual se encontram diversas substâncias e local onde acontecem várias reações químicas.

Mergulhado no nucleoplasma de uma célula que não se encontra em divisão há um conjunto de filamentos conhecido por **cromatina**. Cada filamento de cromatina (ou **cromonema**) é um complexo formado por moléculas de DNA associadas a alguns tipos de proteína, entre as quais se destacam as chamadas **histonas**.

Os filamentos de cromatina são os "dirigentes" da célula. As moléculas de DNA que deles participam são os constituintes dos **genes**, as unidades de informação genética características de todos os seres vivos.

Na fase em que a célula eucariótica não se encontra em divisão, os filamentos de cromatina encontram-se desenrolados, espiralando-se intensamente durante o período em que a célula entra em divisão, passando a ser chamados de **cromossomos** (veja a Figura 5-2). Antes da espiralação, esses filamentos se duplicam, isto é, a informação genética faz cópias de si mesma. Por isso, após a condensação, cada cromossomo mostra-se como na foto "b". Podemos dizer, então, que cromossomos e filamentos de cromatina correspondem ao mesmo material, com aspectos diferentes, dependendo da fase em que a célula é estudada.

O termo *cromossomo* (*crom(o)* = cor; *som(o)* = corpo) tem origem nas pesquisas com células em divisão, realizadas por citologistas. Para melhor visibilidade, eram utilizados corantes especiais que permitiam verificar a presença desses organoides em forma de bastonetes nas células estudadas.

A estrutura da cromatina

A partir de estudos feitos com microscopia eletrônica, verificou-se que o filamento de cromatina é formado por unidades, denominadas de **nucleossomos**. Em cada nucleossomo, a molécula de DNA enrola-se ao redor de oito unidades de histonas (proteína) e cada unidade fica separada da outra por uma molécula de histona intermediária (veja a Figura 5-3).

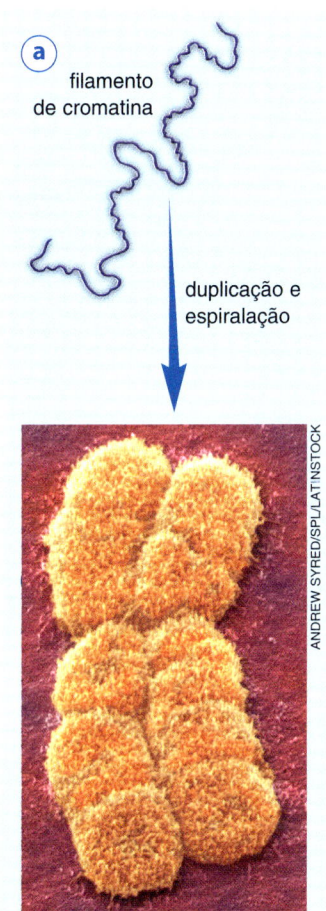

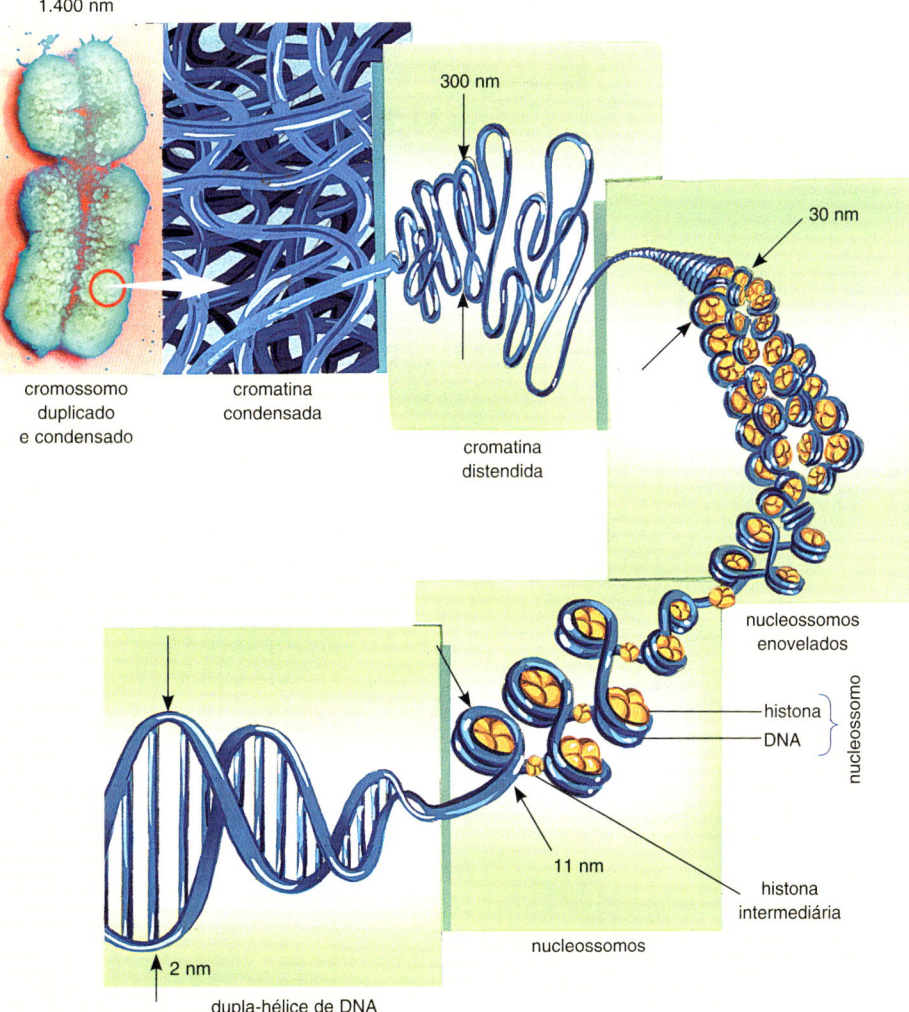

Figura 5-2. O cromossomo e o filamento de cromatina correspondem à mesma estrutura, com aspectos diferentes, dependendo da fase em que a célula é estudada. Na foto, cromossomo condensado, típico de uma célula prestes a se dividir.

Figura 5-3. Estrutura da cromatina.

Heterocromatina e eucromatina

Se você pudesse observar um filamento de cromatina durante a fase em que a célula não se encontra em divisão (fase denominada de intérfase), perceberia que certos trechos ficam permanentemente espiralados, enquanto outros permanecem desespiralados. As regiões espiraladas constituem a **heterocromatina**, enquanto as desespiraladas correspondem à **eucromatina**.

Nos trechos de heterocromatina, os nucleossomos ficam próximos uns dos outros, compactamente unidos, e os genes neles existentes permanecem inativos. Nos de eucromatina, os nucleossomos permanecem afastados uns dos outros, expondo os genes que podem, assim, "trabalhar" (veja a Figura 5-4).

É interessante notar que na fase em que a célula está em divisão, as regiões de eucromatina também se espiralam, dando um aspecto uniforme, de bastão cromossômico, à cromatina.

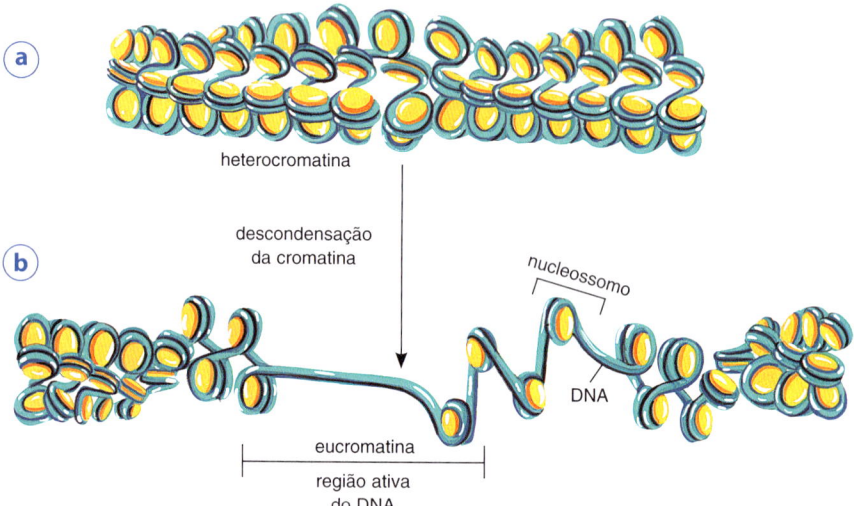

Figura 5-4. (a) Nas regiões de heterocromatina, há condensação dos filamentos e os genes ficam inativos. (b) Nas regiões de eucromatina, os filamentos estão desespiralados e os genes são ativos.

Nucléolos

Na fase em que a célula eucariótica não se encontra em divisão é possível visualizar vários **nucléolos**, associados a algumas regiões específicas da cromatina. Cada *nucléolo* é um corpúsculo esférico, não membranoso, de aspecto esponjoso quando visto ao microscópio eletrônico, rico em *RNA ribossômico* (a sigla RNA provém do inglês <u>Ribo</u><u>N</u>ucleic <u>A</u>cid). Esse RNA é um ácido nucleico produzido a partir do DNA de regiões específicas da cromatina e se constituirá em um dos principais componentes dos ribossomos encontrados no citoplasma. É importante perceber que, ao ocorrer a espiralação cromossômica, os nucléolos vão desaparecendo lentamente. Isso acontece durante os eventos que caracterizam a divisão celular. O reaparecimento dos nucléolos ocorre com a desespiralação dos cromossomos, no final da divisão do núcleo. Veja a Figura 5-5.

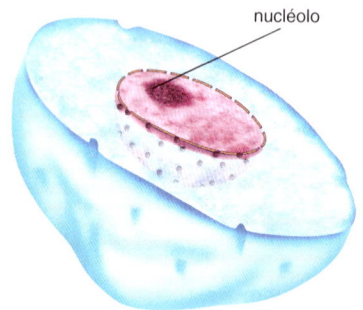

Figura 5-5. Célula em que se evidenciam o núcleo e um nucléolo.

Saiba mais

Nova organela é descoberta dentro do núcleo

O estudo conduzido por três faculdades, duas norte-americanas e uma brasileira, culminou com uma descoberta fantástica: **o retículo nucleoplasmático**, também conhecido pela sigla RN. Este é o nome dado à mais nova organela celular, que parece estar envolvida em processos bastante importantes como morte celular e formação de tumores.

Mas cuidado, não confunda o retículo nucleoplasmático com o retículo endoplasmático. Apesar de terem nomes parecidos e forma e função também semelhantes, suas localizações são distintas. O RE localiza-se no citoplasma, e o RN fica restrito ao núcleo, mas apresenta pontos de contato com a membrana nuclear e com o RE.

O DNA E OS GENES

O DNA (do inglês *DesoxirriboNucleic Acid*) é uma macromolécula constituída pelo ácido desoxirribonucleico. É a molécula portadora das informações de comando da célula. O DNA é um longo filamento, cuja estrutura lembra uma escada retorcida (veja a Figura 5-6). É comum dizer que esse ácido nucleico forma uma dupla-hélice. Ao longo dela, há uma sequência de informações.

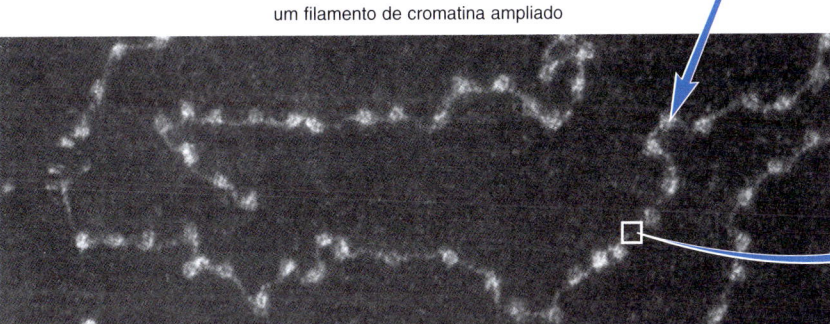

um filamento de cromatina ampliado

Cada trecho de DNA que contém informação é conhecido como **gene**. Assim, em um cromossomo há genes encarregados das mensagens que determinarão as características do ser vivo, como, por exemplo, cor do olho, tipo sanguíneo, habilidade de dobrar a língua longitudinalmente etc.

Figura 5-6. Gene e molécula de DNA.

A Duplicação do DNA: Uma Breve Descrição

É durante a **intérfase**, período de intensa atividade metabólica que precede e prepara a célula para a divisão celular, que a célula duplica a sua "diretoria". Claro que a molécula de DNA componente de cada filamento de cromatina deve se duplicar e produzir duas cópias idênticas, portando a mesma informação. A Figura 5-7 ilustra resumidamente esse processo, que você verá com mais detalhes no Capítulo 6.

A molécula de DNA lembra uma escada retorcida. Dizemos que é uma *dupla-hélice*. Ao ocorrer a duplicação, a escada destorce, separam-se suas duas metades, cada qual servindo de molde para a produção de nova metade complementar. Novos nucleotídeos são adicionados até que se formem duas duplas-hélices, ou seja, duas moléculas de DNA. Perceba que, em cada molécula produzida, um dos filamentos é velho e o outro é novo. Por esse motivo, diz-se que a duplicação da molécula de DNA é *semiconservativa*.

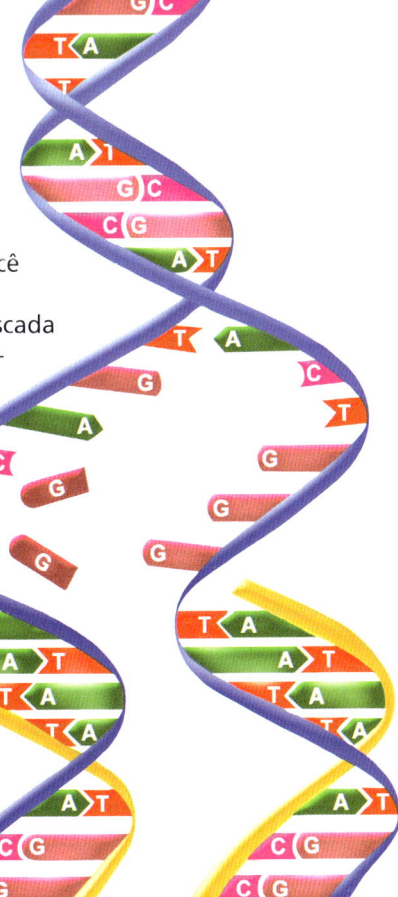

Figura 5-7. Duplicação semiconservativa do DNA. Cada molécula-filha possui uma fita velha (azul) e uma fita nova (amarela).

O núcleo 109

O CICLO CELULAR

A vida da maioria das células eucarióticas, ou seja, o **ciclo celular**, pode ser dividida em dois grandes períodos: **intérfase**, de modo geral o mais longo, em que a célula não está em divisão e os cromossomos encontram-se desespiralados; e o **período de divisão**, em que os cromossomos estão espiralados, os nucléolos e a carioteca desaparecem e ocorrem vários eventos que culminarão com a divisão da célula (veja a Figura 5-8).

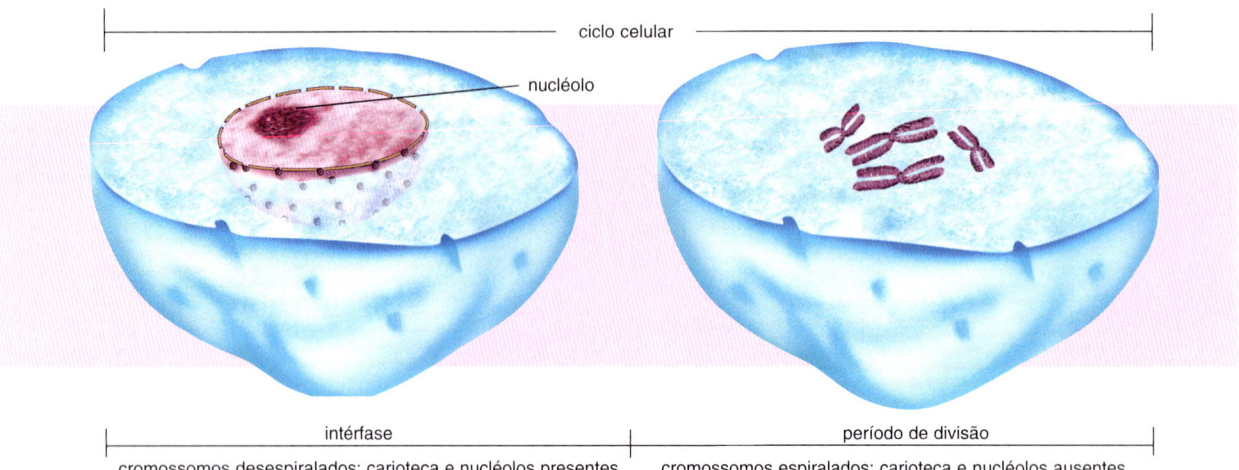

Figura 5-8. O ciclo celular envolve a alternância intérfase/divisão.

> Essas fases da célula, de duração variável, são sucessivas: após a intérfase, ocorre a divisão, a qual, depois de concluída, é seguida de novo período interfásico para cada célula-filha e assim por diante.

Cromátides: Componentes do Cromossomo Duplicado

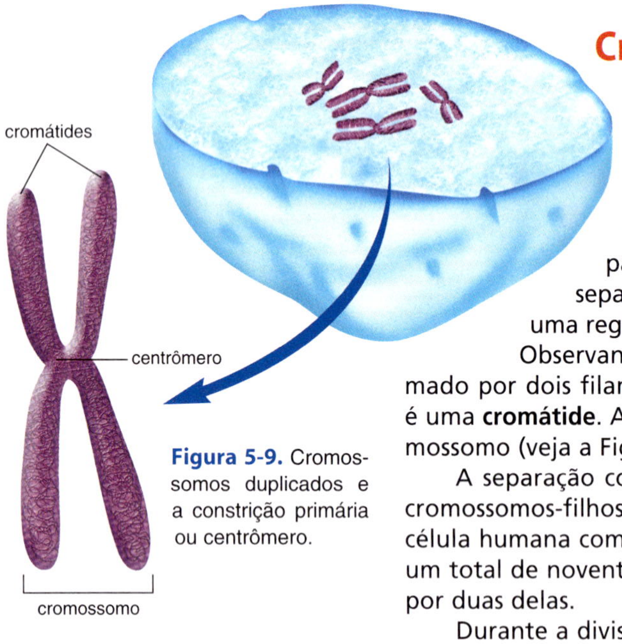

É durante a intérfase que a célula duplica sua "diretoria". Todas as informações contidas nos filamentos cromossômicos devem ser duplicadas. É como se fizéssemos uma cópia do conteúdo de um CD de música para outro. No caso do cromossomo, as duas cópias não se separam de imediato. Permanecem ligadas uma à outra por uma região chamada **centrômero** (ou constrição primária).

Observando-se o cromossomo nesse momento, vê-se que é formado por dois filamentos unidos pelo centrômero. Cada filamento-irmão é uma **cromátide**. As duas cromátides são componentes de um mesmo cromossomo (veja a Figura 5-9).

A separação completa das cromátides-irmãs e sua transformação em cromossomos-filhos ocorrem apenas durante a divisão celular. Em uma célula humana com 46 cromossomos, que esteja prestes a se dividir, existe um total de noventa e duas cromátides, pois cada cromossomo é formado por duas delas.

Durante a divisão, para formar duas células-filhas iguais à célula-mãe, as cromátides-irmãs se separam, formando dois lotes de 46 cromossomos. Cada célula-filha receberá, desse modo, um lote completo de 46 cromossomos ao final da divisão (veja a Figura 5-10, que ilustra a trajetória de um cromossomo hipotético ao longo de um ciclo celular).

Figura 5-9. Cromossomos duplicados e a constrição primária ou centrômero.

Fique por dentro!

Em uma célula humana comum, há 46 cromossomos, nos quais se localizam cerca de 30.000 a 40.000 genes. Entre eles, podem ser citados, como exemplo, os que determinam a cor dos olhos, ou a cor da pele, e os que comandam a síntese de hemoglobina, importante proteína sanguínea responsável pelo transporte de oxigênio para os tecidos.

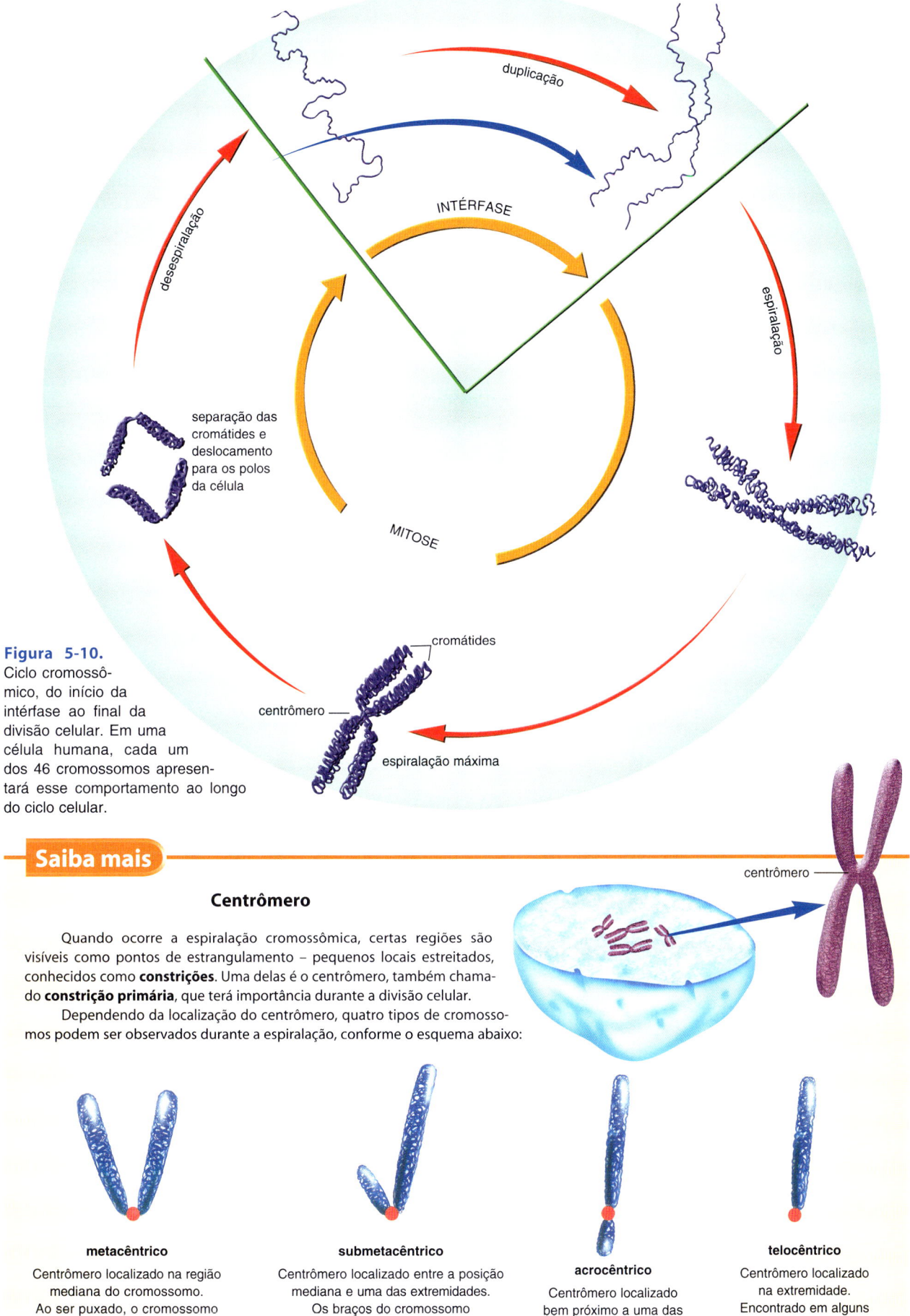

Figura 5-10.
Ciclo cromossômico, do início da intérfase ao final da divisão celular. Em uma célula humana, cada um dos 46 cromossomos apresentará esse comportamento ao longo do ciclo celular.

Saiba mais

Centrômero

Quando ocorre a espiralação cromossômica, certas regiões são visíveis como pontos de estrangulamento – pequenos locais estreitados, conhecidos como **constrições**. Uma delas é o centrômero, também chamado **constrição primária**, que terá importância durante a divisão celular.

Dependendo da localização do centrômero, quatro tipos de cromossomos podem ser observados durante a espiralação, conforme o esquema abaixo:

metacêntrico
Centrômero localizado na região mediana do cromossomo. Ao ser puxado, o cromossomo adquire o formato da letra V.

submetacêntrico
Centrômero localizado entre a posição mediana e uma das extremidades. Os braços do cromossomo apresentam tamanho desigual.

acrocêntrico
Centrômero localizado bem próximo a uma das extremidades.

telocêntrico
Centrômero localizado na extremidade. Encontrado em alguns peixes.

O núcleo

CÉLULAS HAPLOIDES E DIPLOIDES

Tabela 5-1. Número diploide de cromossomos de algumas espécies.

Espécie	N.º de cromossomos (célula diploide)	Representação
Homem	46	$2n = 46$
Chimpanzé	48	$2n = 48$
Boi	60	$2n = 60$
Cachorro	78	$2n = 78$
Sapo	22	$2n = 22$
Cavalo	64	$2n = 64$
Jumento	62	$2n = 62$
Drosófila	8	$2n = 8$
Pernilongo	6	$2n = 6$
Feijão	22	$2n = 22$
Tabaco	24	$2n = 24$
Milho	20	$2n = 20$
Tomate	24	$2n = 24$

Cada espécie de ser vivo possui em suas células um certo número de tipos de cromossomos. Os tipos (cada um contendo uma sequência específica de genes) dos cromossomos em uma célula são evidenciados quando se encontram espiralados.

No homem, as células *somáticas* (responsáveis por todas as funções orgânicas relacionadas à sobrevivência) e as *germinativas* (responsáveis pela formação dos gametas) possuem 23 pares de cromossomos – ou 46 cromossomos –, dois de cada tipo. Chamamos de **diploides** (do grego *diploos*, duplo) as células que possuem dois cromossomos de cada tipo. Se representarmos por *n* o número de tipos de cromossomos, então, uma célula diploide será representada por $2n$. No caso do homem, $2n = 46$.

Já nas células reprodutivas – os *gametas* –, existe apenas um cromossomo de cada par. Ou seja, o *espermatozoide* e o *óvulo* (os gametas humanos) contêm, cada um, 23 cromossomos apenas, um de cada tipo. Cada gameta é uma célula **haploide** (do grego *haploos*, simples) e é representado por $n = 23$.

A Tabela 5-1 mostra o número *diploide* de cromossomos das células de alguns seres vivos. Veja também a Figura 5-11.

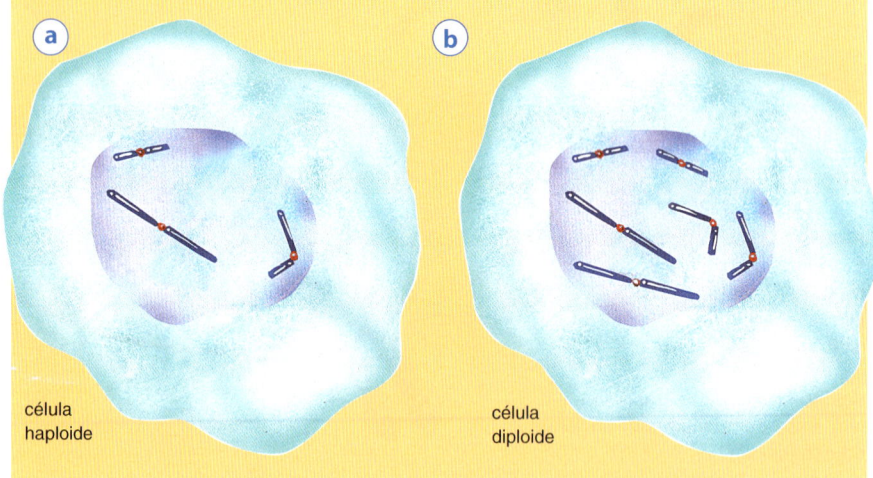

célula haploide

célula diploide

Figura 5-11. (a) Célula haploide com $n = 3$ e (b) diploide com $2n = 6$. Consulte a Tabela 5-1 e verifique a que tipo de organismo corresponde este número de cromossomos.

Fique por dentro!

O uso de uma substância de origem vegetal chamada **colchicina** pode tornar uma célula poliploide (ou seja, célula com mais de $2n$ cromossomos) pelo impedimento da formação das chamadas fibras do fuso, durante a fase em que a célula está em divisão. Se uma célula diploide tratada com essa substância duplicar seus cromossomos mas não conseguir se dividir, então ela ficará com o dobro do número cromossômico, isto é, se transformará em tetraploide. Imaginando-se que novamente ela tentasse se dividir e outra vez usássemos colchicina, essa célula tetraploide teria mais uma vez o dobro do seu número cromossômico, ou seja, a quantidade de cromossomos duplicaria de geração a geração até um certo limite.

Na natureza, a poliploidia é um fenômeno comum entre os vegetais. Alguns tipos de morango ficam com células poliploides após tratamento com colchicina e costumam crescer mais e ficar mais adocicados. Em animais, a poliploidia de modo geral é letal.

Cromossomos Homólogos: Presentes em Células Diploides

Nas células diploides, os dois cromossomos de cada tipo são chamados de cromossomos **homólogos**.

Temos, então, na espécie humana, 23 pares de cromossomos homólogos nas células do corpo, excetuando, claro, os gametas. Em cada par homólogo existe uma correspondência, região por região, dos genes que ele contém. Cada par de genes correspondentes atua no mesmo caráter. Por exemplo, um específico par de genes determina a produção ou não do pigmento melanina na pele, outro atua na cor dos olhos e assim por diante.

Os genes que ocupam posições correspondentes em cada homólogo e que atuam na mesma característica são conhecidos como genes **alelos** (veja a Figura 5-12).

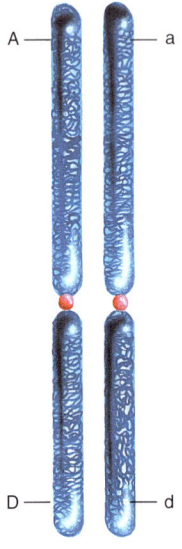

Figura 5-12. Par de cromossomos homólogos: *A* é alelo de *a*; *D* é alelo de *d*.

Saiba mais

Cariótipo: a fotografia dos cromossomos

É possível realizar um estudo dos tipos de cromossomos de uma célula por meio do seu **cariótipo**, que consiste na montagem fotográfica, em sequência, de cada um dos tipos cromossômicos.

Como isso é feito? Na espécie humana, algumas amostras de células brancas do sangue são estimuladas a se dividir em meios apropriados. No momento em que essas células preparam a divisão, ocorre a condensação dos cromossomos. É, então, utilizada a substância *colchicina*, para impedir a formação das chamadas fibras do fuso de divisão celular sem, no entanto, interferir na espiralação cromossômica, que se dá com maior intensidade em determinada etapa da divisão, a metáfase (mais adiante, você aprenderá como ocorre a divisão de uma célula). Sem a formação do fuso de divisão, não haverá distribuição dos cromossomos-filhos para os polos das células, isto é, eles permanecerão em metáfase. Assim, as células podem ser coradas, rompidas a fim de que os cromossomos não fiquem muito aglomerados, e possam ser fotografados ao microscópio comum. A foto obtida é ampliada. Os cromossomos da foto são recortados e montados em sequência, segundo a ordem de tamanho e o tipo de cada um. Essa montagem é o cariótipo.

A partir do cariótipo, obtêm-se informações valiosas, como a existência de cromossomos extras ou de quebras cromossômicas. O cariótipo é um importante auxiliar no diagnóstico de certas anomalias.

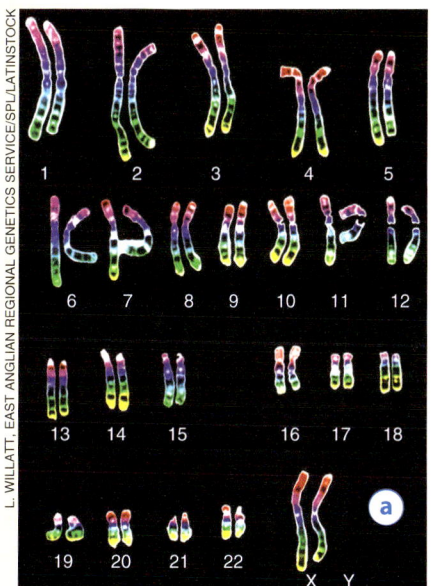
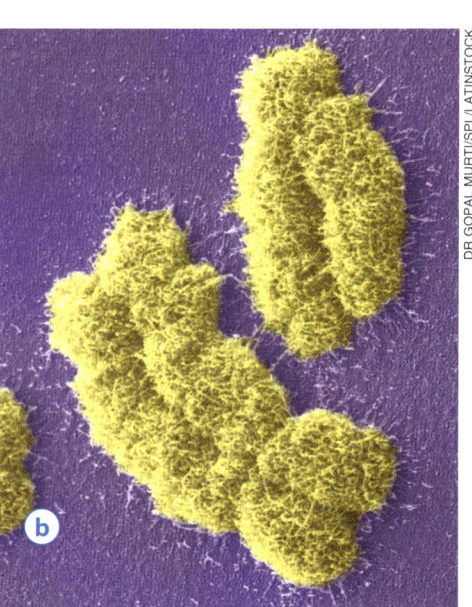

As imagens mostram (a) cariótipo de mulher normal, com os 23 pares de cromossomos numerados, sendo o último formado por dois cromossomos X. O cariótipo de mulher e de homem normal difere apenas por esse último par (cromossomos sexuais); no homem (b) temos um cromossomo X (à esquerda na foto) e um cromossomo Y (à direita na foto). Note que o cromossomo X é bem maior do que o cromossomo Y.

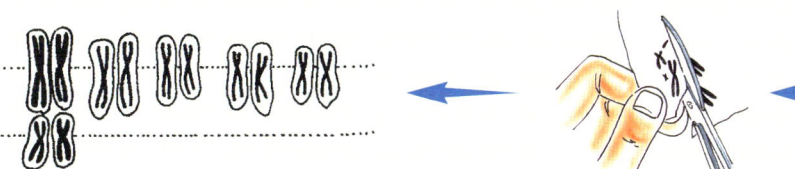

Procedimentos para a obtenção de um cariótipo.

O núcleo **113**

GENOMA: OS GENES DE CADA ESPÉCIE

Genoma é o número total de genes presentes em uma célula. O genoma de vários seres – homem, cana-de-açúcar, milho, arroz, rato, camundongo, plasmódio da malária, ouriço-do-mar, abelha e algumas espécies de bactérias – já foi reconhecido e mapeado.

Ética & Sociedade

Como você argumentaria?

Quem é que, em pleno século XXI, nunca ouviu falar na ovelha Dolly? Ela foi o primeiro mamífero a ser clonado a partir de células adultas, em 1997.

Seu nascimento gerou discussões acaloradas no mundo inteiro, tanto no meio científico quanto nas rodas de amigos. Hoje, 10 anos depois de um feito tão importante para a ciência, clonar ovelhas já não é mais o bastante: dezenas de espécies diferentes de mamíferos já foram clonadas utilizando-se da mesma técnica, entre elas, cães, gatos, cavalos e bois.

Para criar um clone, os pesquisadores retiram o núcleo de uma célula adulta do animal que vai ser clonado. Em seguida, o material genético é transferido para um óvulo sem núcleo de outro animal da mesma espécie. Depois de devidamente preparado, o futuro embrião é implantado no útero de outro animal.

Desde o início do desenvolvimento dessa técnica, muito se tem discutido sobre a possibilidade de clonagem de seres humanos. Qual a sua opinião sobre o assunto? Forme um grupo de discussão com seus colegas, e abordem argumentos a favor e contra este procedimento.

Passo a passo

1. Ao se visualizar a membrana nuclear com a ajuda do microscópio eletrônico, percebe-se que, em sua face externa, ficam aderidas certas *organelas não membranosas*. Ao mesmo tempo, percebe-se a existência de continuidade entre a membrana nuclear e uma *organela membranosa* amplamente espalhada pelo citoplasma. A respeito desse assunto, responda:

   a) A que *organelas não membranosas* o texto se refere?
   b) Qual a organela membranosa que é contínua com a membrana nuclear?
   c) Cite a outra denominação normalmente utilizada para a membrana nuclear.

2. No interior do núcleo existe um *material viscoso* equivalente ao hialoplasma. Mergulhado nesse material viscoso, em uma célula que não se encontra em divisão, há um conjunto *filamentoso* desespiralado, que corresponde ao material genético. Na fase de divisão da célula, esse conjunto filamentoso espirala-se intensamente e passa a receber outra denominação. Na verdade, é o mesmo material, em dois estados diferentes na vida celular. Com relação a esse tema, responda:

   a) A que *material viscoso* o texto se refere?
   b) O *conjunto filamentoso desespiralado* citado no texto corresponde a qual estrutura nuclear?
   c) Qual a outra denominação recebida pelos filamentos na fase em que a célula está em divisão?

3. O trânsito de substâncias entre o núcleo e o citoplasma ocorre por meio de "portões", denominados de *complexos de poros nucleares*. Em cada um desses "portões" existem várias cópias de subunidades de proteínas, que regulam o trânsito de substâncias entre os dois compartimentos celulares. Como são denominadas essas subunidades proteicas?

4. Estudos feitos com utilização do microscópio eletrônico desvendaram a estrutura da cromatina. Por meio dessa visualização foi possível reconhecer a existência de unidades denominadas de *nucleossomos*. Como é constituído o *nucleossomo*?

5. Heterocromatina e eucromatina são regiões observáveis em um filamento de cromatina, na fase em que a célula não se encontra em divisão. A respeito desse assunto, responda:

   a) Como caracterizar essas regiões do filamento de cromatina, nessa fase da vida celular?
   b) Como estão organizados os nucleossomos em cada uma dessas regiões?
   c) Na fase em que a célula está em divisão, como se comportam as regiões de eucromatina?

6. Caracterize um nucléolo quanto à localização na célula, composição e principal função.

7. Nas frases a seguir, assinale as corretas e indique a soma no final.

   (01) Genes, de maneira geral, são trechos de RNA responsáveis pela determinação das características de um ser vivo.
   (02) O DNA é uma macromolécula que, de maneira geral, possui estrutura de fita simples.
   (04) Diversas características humanas, como, por exemplo, a habilidade de enrolar a língua e a pigmentação da pele, são condicionadas pela ação de genes, que são trechos de moléculas de DNA componentes da cromatina.
   (08) O DNA é uma macromolécula cuja estrutura em dupla-hélice lembra uma escada retorcida.
   (16) É no período em que a célula está se dividindo que ela duplica todas as suas moléculas de DNA, fazendo com que as células-filhas recebam cópias idênticas desse ácido nucleico.
   (32) A duplicação do DNA é semiconservativa, ou seja, cada molécula-filha é composta de um filamento velho e um filamento novo.

8. Cite as duas fases características do ciclo celular. Em qual dessas fases se nota a espiralização cromossômica máxima e o desaparecimento dos nucléolos e da carioteca?

9. Observando a Figura 5-10, no seu livro-texto, responda às questões abaixo.

   a) O que são cromátides? Em que fase do ciclo celular são perfeitamente observadas?
   b) O que é centrômero (constrição primária)?
   c) Em que fase do ciclo celular ocorre a separação das cromátides de um cromossomo?

d) Em uma célula de pele humana que esteja no início da fase de divisão, quantas cromátides e quantos centrômeros seriam observados?

10. Cite os quatro tipos de cromossomos, classificados de acordo com a posição do centrômero. Em qual deles o cromossomo possui braços de tamanho aproximadamente equivalente?

11. Com relação ao número de cromossomos encontrados nas células, responda:
a) O que é uma célula diploide? E uma célula haploide?
b) É possível que dois seres vivos, que pertençam a espécies diferentes, possuam o mesmo número cromossômico em uma célula diploide? Em caso afirmativo, cite um exemplo.
c) Explique, em poucas palavras, o mecanismo de ação da colchicina, substância que, utilizada em uma célula diploide em divisão, pode fazer com que a mesma fique com o dobro do número cromossômico. Como é denominada essa situação?

12. Com relação aos cromossomos presentes em uma célula diploide, responda:
a) O que são cromossomos homólogos?
b) Quantos pares de cromossomos homólogos existem em uma célula humana diploide? Como simbolizar o número de cromossomos dessa célula?
c) Conceitue genes alelos.

13. Considerando o esquema a seguir, responda:

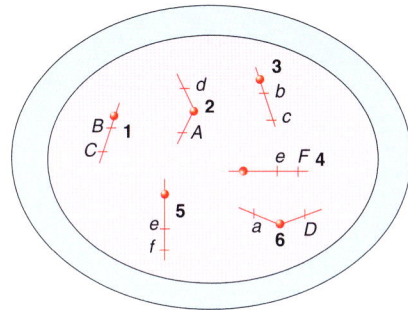

a) O esquema corresponde a uma célula diploide ou haploide? Justifique sua resposta.
b) Cite pelo menos um exemplo de genes alelos nessa célula esquematizada.
c) A célula esquematizada pode ser um gameta? Justifique sua resposta.
d) Como simbolizar o número de cromossomos dessa célula esquematizada?

14. Sabendo que na espécie humana uma célula somática possui $2n = 46$ cromossomos, quantos cromossomos serão encontrados em cada um dos tipos celulares a seguir?
a) neurônio
b) fibra muscular lisa
c) espermatozoide
d) célula da parede do estômago
e) óvulo

15. Células diploides de um jumento possuem 62 cromossomos e células diploides de um cavalo possuem 64 cromossomos. Quantos cromossomos deverão ser encontrados em um espermatozoide de jumento e em um óvulo de égua, respectivamente? Justifique sua resposta.

16. A análise de um cariótipo obtido a partir de uma célula humana, de modo geral:
a) não permite determinar com precisão o sexo a que pertence o indivíduo.
b) possibilita a detecção de cromossomos extras.
c) permite a detecção de genes anômalos.
d) nunca possibilita a visualização de quebras cromossômicas.
e) sempre revela a existência de anomalias cromossômicas.

17. Considere os itens seguintes:
I – A carioteca corresponde ao fluido em que estão mergulhados os cromossomos e as estruturas que formam o nucléolo.
II – A cromatina é formada por uma única e longa molécula de RNA, associada a várias moléculas de proteínas queratinas.
III – Ao se observar o núcleo de uma célula eucariótica em intérfase, em microscópio comum, verifica-se a total compactação da cromatina, que passa a se chamar de cromossomo.
IV – O nucléolo, mergulhado no nucleoplasma, está sempre presente nas células eucarióticas, em qualquer fase do ciclo celular.

Assinale:
a) se somente I e II estiverem corretos.
b) se somente II e III estiverem corretos.
c) se somente um item estiver correto.
d) se todos estiverem corretos.
e) se todos estiverem incorretos.

18. Preencha a coluna (2) da questão a seguir, com as letras que correspondam aos termos relacionados na coluna (1).

(1)
a) genes alelos
b) cromossomos homólogos
c) centrômero
d) célula diploide
e) célula haploide
f) cromossomo
g) filamento de cromatina
h) carioteca
i) intérfase

(2)
( ) n
( ) constrição primária
( ) período em que a célula não está em divisão
( ) o mesmo que cromatina, no período em que a célula está em divisão
( ) 2n
( ) envoltório nuclear
( ) o mesmo que cromossomo, na intérfase
( ) pares de cromossomos em uma célula diploide
( ) genes que ocupam posições correspondentes em cromossomos homólogos

19. *Questão de interpretação de texto*

Dez anos se passaram desde o anúncio da *sequência das bases nitrogenadas do DNA humano*. Um dos grandes líderes da pesquisa com genoma humano no mundo, Eric Green, do Instituto Nacional de Pesquisa do Genoma Humano (EUA), fez, em visita ao Brasil, um *mea-culpa* pelas promessas não cumpridas do genoma humano. "Muitos de nós pensamos que rapidamente entenderíamos como o genoma se relacionava com as doenças, e que muito rapidamente isso mudaria toda a medicina. Agora percebemos que há muito mais passos no caminho e que eles exigirão muito trabalho. Se você olhar para os avanços médicos na história, dificilmente você vai encontrar algo que deixou de ser uma descoberta científica básica e realmente mudou a prática da medicina em uma década. São sempre 20, 30, 40 anos antes de você conseguir isso. Se tivéssemos sido lembrados disso há 10 anos, provavelmente teríamos visto tudo de maneira diferente", diz o cientista.

Adaptado de: MIOTO, R. Fomos ingênuos, diz líder em genômica. *Folha de S.Paulo*, São Paulo, 14 out. 2010. Caderno Ciência, p. A22.

Com relação ao conteúdo do texto e utilizando os seus conhecimentos sobre o assunto, responda:
a) Qual o significado de genoma, relativamente aos seres vivos?
b) Em que compartimento celular se encontra o genoma de um ser humano?
c) O que os cientistas divulgaram em suas pesquisas sobre o genoma humano?
d) Onde se localizam os genes em uma célula humana?

Questões objetivas

1. (PUC – MG) Analise a figura a seguir e assinale a alternativa INCORRETA.

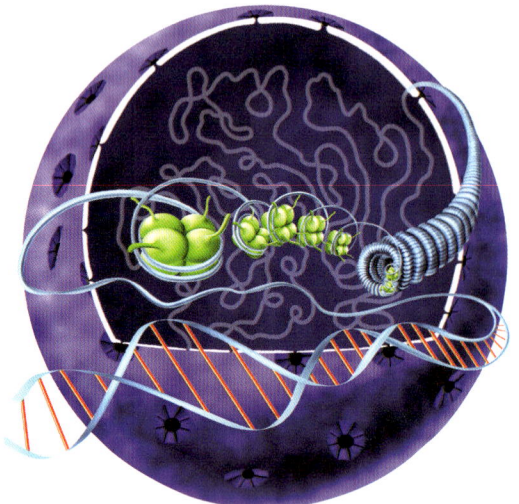

a) A estrutura representada apresenta dupla membrana com poros que permitem a passagem de algumas moléculas.
b) A cromatina é constituída por moléculas de DNA enroladas em torno de histonas e pode apresentar-se em níveis variados de condensação.
c) Durante a divisão celular, a cromatina se desenrola das histonas para que possa ocorrer a duplicação do DNA.
d) Cromatina e cromossomos são encontrados em fases diferentes, na intérfase e na divisão celular, respectivamente.

2. (UFPI) Analisando o desenho esquemático que representa o núcleo de uma célula animal qualquer, podemos identificar que o componente responsável pela síntese de RNA que forma o ribossomo é assinalado pelo número:

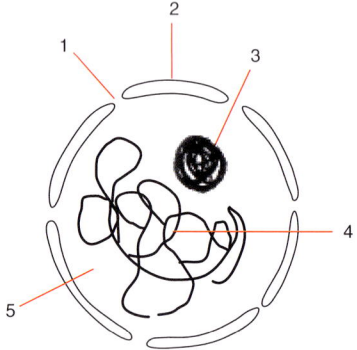

a) 1
b) 2
c) 3
d) 4
e) 5

3. (UFPE) Observe as sentenças abaixo.

1. Corpúsculo nuclear visto somente na intérfase.
2. Estrutura esponjosa sem membrana limitante.
3. Corpúsculo rico em RNA que se origina de certas regiões de cromossomos.

As proposições acima referem-se a(ao):

a) cromatina.
b) complexo de Golgi.
c) nucléolo.
d) cromonema.
e) constrição primária.

4. (UFLA – MG) Para se descobrir a função das estruturas celulares, uma via experimental usada pelos cientistas é a remoção da estrutura celular que se quer estudar e a posterior verificação do que acontece à célula na ausência da estrutura. O uso de organismos mutantes é uma alternativa para a obtenção dessas células modificadas. Embriões de sapos compostos de células sem nucléolos (anucleoladas) foram comparados a embriões normais. O desenvolvimento a partir do zigoto acontece de forma semelhante nos dois casos, mas no momento da eclosão do girino os mutantes anucleolados morrem. Paralelamente a isso, a principal alteração observada nas células de indivíduos normais foi um aumento significativo na concentração de ribossomos no citoplasma, o que não ocorreu nos mutantes anucleolados. Com base nessas informações e nos conhecimentos de Biologia Celular, considere as seguintes afirmativas:

1. Nos indivíduos mutantes anucleolados, a eclosão do girino não acontece, por falta de alimentação adequada do embrião, o que leva à sua morte.
2. O nucléolo é o responsável pela produção dos ribossomos, por sua vez responsáveis pela síntese das proteínas necessárias ao processo de eclosão dos girinos.
3. A eclosão do girino só acontece na presença de uma grande quantidade de energia, na forma de ATP, que é obtida por meio dos ribossomos.
4. Os indivíduos mutantes anucleolados sobreviveram à fase embrionária por já contarem com ribossomos prontos, presentes no óvulo.

Assinale a alternativa correta.

a) Somente a afirmativa 1 é verdadeira.
b) Somente as afirmativas 1 e 2 são verdadeiras.
c) Somente as afirmativas 2 e 4 são verdadeiras.
d) Somente as afirmativas 2, 3 e 4 são verdadeiras.
e) Somente a afirmativa 3 é verdadeira.

5. (UFRO – adaptada) A informação genética é transferida da mãe para as células filhas através de qual organela?

a) lisossomo
b) retículo endoplasmático
c) núcleo
d) centríolo
e) centrômero

6. (PUCCAMP – SP) Os cromossomos das células somáticas de um dado animal foram assim esquematizados:

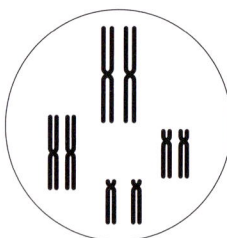

A partir desse esquema, foram feitas as seguintes deduções sobre esse animal:

I – suas células diploides possuem $2n = 16$ cromossomos;
II – suas células haploides possuem $n = 8$ cromossomos;
III – seu cariótipo é formado por 4 cromossomos metacêntricos, 2 cromossomos submetacêntricos e 2 cromossomos acrocêntricos.

Dessas afirmações,

a) apenas I é verdadeira.
b) apenas II é verdadeira.
c) apenas III é verdadeira.
d) apenas I e II são verdadeiras.
e) I, II e III são verdadeiras.

7. (PUCCAMP – SP – adaptada) A análise citogenética realizada em várias células de um mamífero permitiu elaborar o seguinte esquema:

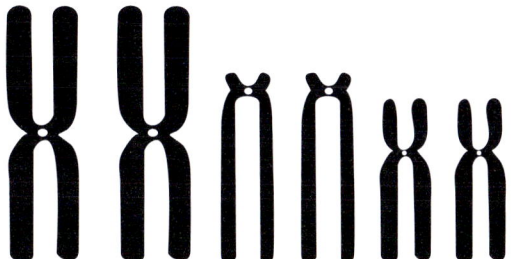

Ele representa

a) o DNA do organismo.
b) o genoma de uma célula haploide.
c) o genoma de uma célula diploide.
d) os cromossomos de uma célula haploide.
e) os cromossomos de uma célula diploide.

8. (UNIRIO – RJ) Os cromossomos são classificados de acordo com a posição do seu centrômero.

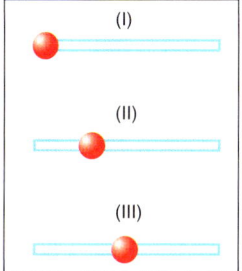

Observe os esquemas anteriores e indique a classificação dos cromossomos representados.

a) telocêntrico, acrocêntrico, acrocêntrico.
b) acêntrico, metacêntrico, metacêntrico.
c) acrocêntrico, acrocêntrico, metacêntrico.
d) telocêntrico, acrocêntrico e metacêntrico.
e) telocêntrico, submetacêntrico, acrocêntrico.

9. (UNIFESP – adaptada) Certos fármacos, como a colchicina, ligam-se às moléculas de tubulina das fibras do fuso de divisão celular e impedem que elas se associem para formar microtúbulos. Quando células em divisão são tratadas com essas substâncias, a divisão celular é interrompida. Células contendo dois pares de cromossomos homólogos foram tratadas com colchicina, durante um ciclo celular. Após o tratamento, essas células ficaram com:

a) quatro cromossomos.   d) dez cromossomos.
b) dois cromossomos.   e) oito cromossomos.
c) seis cromossomos.

10. (UFSM – RS) Associe as colunas.

COLUNA 1

1 – genoma
2 – gene
3 – cromossomo
4 – cariótipo

COLUNA 2

(   ) Segmento de DNA que contém instrução para a formação de uma proteína.
(   ) Estrutura formada por uma única molécula de DNA, muito longa, associada a proteínas, visível durante a divisão celular.
(   ) Conjunto de genes de uma espécie.

A sequência correta é

a) 1 – 2 – 3.   d) 3 – 2 – 4.
b) 2 – 3 – 1.   e) 3 – 4 – 1.
c) 2 – 4 – 1.

Questões dissertativas

1. (UERJ) As células animais possuem núcleo delimitado por um envoltório poroso que funciona como uma barreira entre o material nuclear e o citoplasma. As células vegetais, apesar de possuírem núcleo similar, diferem das animais por apresentarem um envoltório externo à membrana plasmática, denominado parede celular.
Aponte o motivo pelo qual o envoltório nuclear deve apresentar poros. Em seguida, cite as funções da parede celular dos vegetais e seu principal componente químico.

2. (UNICAMP – SP) Comente a seguinte frase: "Cromossomos e cromatina são dois estados morfológicos dos mesmos componentes celulares de eucariotos".

3. (UFPR) O complexo de poro nuclear é a estrutura que regula o trânsito de grandes moléculas (como RNA e proteínas) entre o núcleo celular e o citoplasma. O número de complexos de poro encontrados no envoltório nuclear pode variar entre diversos tipos celulares.

a) Coloque em ordem crescente de número de complexos de poro por núcleo os seguintes tipos celulares: neurônio, espermatozoide, adipócito.
b) Justifique a ordem escolhida, com base nos conhecimentos de biologia e fisiologia celular.

Programas de avaliação seriada

1. (PSS – UFPB) A figura, a seguir, representa uma célula eucariótica com detalhe para o núcleo e seus constituintes.

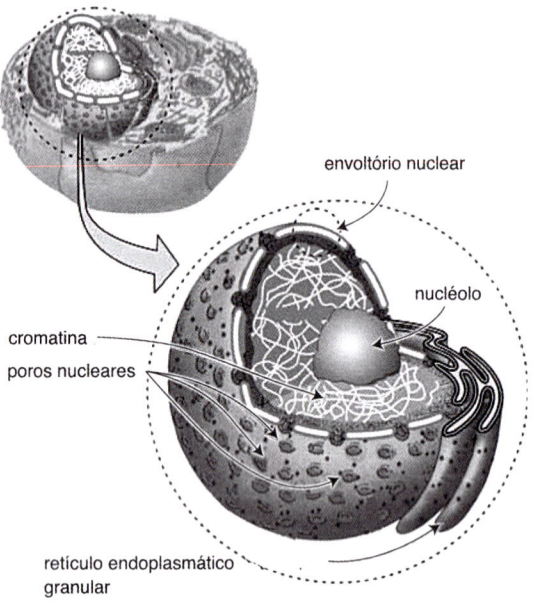

De acordo com as funções desempenhadas pelos constituintes indicados na figura, identifique as afirmativas corretas:

I – O envoltório nuclear comunica-se com o retículo endoplasmático granular.
II – A síntese de proteínas será afetada se o nucléolo for experimentalmente removido ou impedido de funcionar.
III – Os poros permitem a passagem da cromatina para o citosol, fenômeno indispensável para que ocorra a síntese de proteínas.
IV – A cromatina é constituída pelas moléculas de DNA associadas a proteínas.
V – Os poros permitem a entrada das subunidades dos ribossomos para o núcleo.

2. (SSA – UPE) Analise as figuras abaixo:

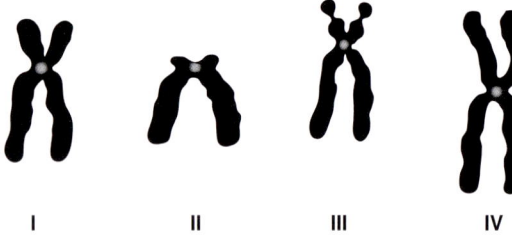

Fonte: biosigma.blogspot.com

Identifique os tipos de cromossomos representados nas figuras I, II, III e IV e assinale a alternativa CORRETA

a) I – submetacêntrico II – telocêntrico III – acrocêntrico IV – metacêntrico.
b) I – submetacêntrico II – acrocêntrico III – telocêntrico IV – metacêntrico.
c) I – metacêntrico II – acrocêntrico III – telocêntrico IV – submetacêntrico.
d) I – acrocêntrico II – submetacêntrico III – metacêntrico IV – telocêntrico.
e) I – submetacêntrico II – metacêntrico III – telocêntrico IV – acrocêntrico.

3. (PEIES – UFSM – RS) Observe a figura dos cromossomos. Assim, é correto afirmar:

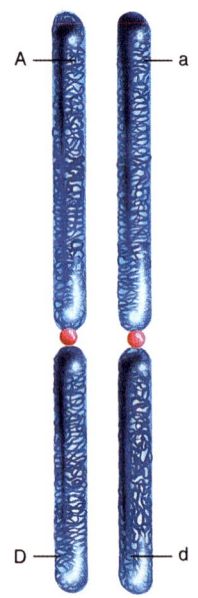

UZUNIAN, Armênio; BIRNER, Ernesto. *Biologia* 2. ed. São Paulo: HARBRA 2004. p. 98.

I – Cada um dos cromossomos apresenta 2 cromátides.
II – Os cromossomos são homólogos.
III – O material genético dos cromossomos é duplicado antes de iniciar a divisão celular.
IV – No meio de cada cromossomo, há uma estrutura denominada centrômero que divide o cromossomo em dois braços.

Está(ão) correta(s)

a) apenas I e II.
b) apenas III.
c) apenas I e IV.
d) apenas II, III e IV.
e) I, II, III e IV.

4. (PAS – UFLA – MG) Um grupo de turistas alemães encontrou, em 1991, um cadáver mumificado congelado nos Alpes do Tirol, perto da fronteira da Áustria e Itália. Vários estudos foram feitos com o intuito de provar que a múmia era descendente de um povo europeu e não uma farsa montada. Um desses estudos foi feito baseado no constituinte celular presente em algumas estruturas, o DNA. Indique quais são as estruturas que contêm DNA em seu espaço interno.

a) Núcleo, peroxissomos e cloroplasto.
b) Ribossomos, núcleo e retículo endoplasmático.
c) Lisossomos, mitocôndrias e núcleo.
d) Núcleo, mitocôndria e cloroplasto.

Capítulo 6
Divisões celulares: mitose e meiose

Por que você não é igual aos seus irmãos?

Com exceção dos gêmeos univitelinos, também chamados de gêmeos idênticos, um casal nunca gera dois filhos geneticamente iguais. É por isso que você e seus irmãos ou irmãs, filhos do mesmo pai e da mesma mãe, podem até ser parecidos, mas não são exatamente iguais.

Cada um de nós é um indivíduo geneticamente único, produzido por reprodução sexuada. Nossos pais e mães produzem os gametas, óvulos e espermatozoides, por um processo de divisão celular chamado *meiose*. Por esse processo, uma célula diploide, ao se dividir, origina células com metade do número de cromossomos. Quando ocorre a fecundação, pela união do óvulo e do espermatozoide, forma-se novamente uma célula diploide, que passará então a se dividir inúmeras vezes, formando um novo indivíduo.

Mas por que os óvulos produzidos pela sua mãe e os espermatozoides produzidos pelo seu pai não são todos iguais? Porque durante a meiose, que é um processo de divisão celular muito especial e que você estudará neste capítulo, ocorre a chamada recombinação gênica. Como as possibilidades de variação são muitas durante a formação dos gametas, podemos dizer então que uma das mais importantes consequências da meiose é o surgimento da diversidade entre os indivíduos que são produzidos na reprodução sexuada.

Do mesmo modo que uma fábrica pode ser multiplicada pela construção de várias filiais, também as células se dividem e produzem cópias de si mesmas.

Nos eucariotos há dois tipos de divisão celular: **mitose** e **meiose**.

Na mitose, a divisão de uma "célula-mãe" gera *duas* "células-filhas" geneticamente idênticas e com o mesmo número cromossômico que existia na célula-mãe. Uma célula *n* produz duas células *n*, uma célula 2*n* produz duas células 2*n* etc. Trata-se de uma divisão *equacional*.

Já na meiose, a divisão de uma "célula-mãe" 2*n* gera *quatro* "células-filhas" *n*, geneticamente diferentes. Neste caso, como uma célula 2*n* produz *quatro células n*, a divisão é chamada *reducional*.

A INTÉRFASE – A FASE QUE PRECEDE A MITOSE

A principal atividade da célula, antes de se dividir, refere-se à duplicação de seus arquivos de comando, ou seja, à reprodução de uma cópia fiel dos dirigentes que se encontram no núcleo.

A **intérfase** é o período que precede qualquer divisão celular, sendo de intensa atividade metabólica. Nesse período, há a preparação para a divisão celular, que envolve a duplicação da cromatina, material responsável pelo controle da atividade da célula. Todas as informações existentes ao longo da molécula de DNA são passadas para a cópia, como se correspondessem a uma cópia fotográfica da molécula original. Em pouco tempo, cada célula formada na divisão receberá uma cópia exata de cada cromossomo da célula que se dividiu.

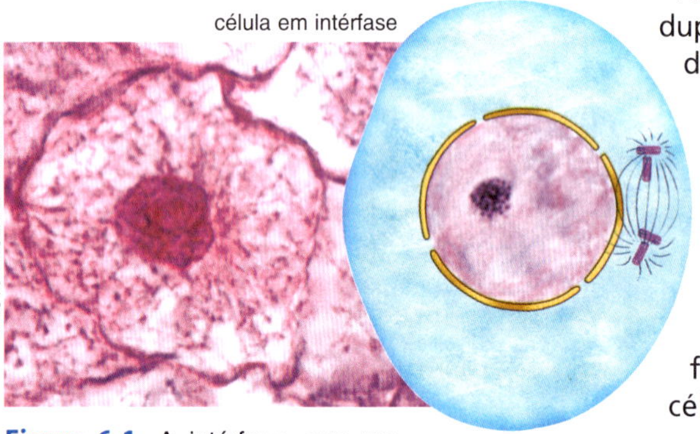

Figura 6-1. A intérfase, que precede a mitose, é um período de intensa atividade celular.

As duas cópias de cada cromossomo permanecem juntas por certo tempo, unidas pelo centrômero comum, constituindo duas cromátides de um mesmo cromossomo. Na intérfase, os centríolos também se duplicam (veja a Figura 6-1).

A Intérfase e a Duplicação do DNA

Houve época em que se falava que a intérfase era o período de "repouso" da célula. Hoje, sabemos que na realidade a intérfase é um período de intensa atividade metabólica no ciclo celular: é nela que se dá a duplicação do DNA, crescimento e síntese. Costuma-se dividir a intérfase em três períodos distintos: G_1, S e G_2.

O intervalo de tempo em que ocorre a duplicação do DNA foi denominado de S (de *síntese*) e o período que o antecede é conhecido como G_1 (G, provém do inglês *gap*, que significa "intervalo"). O período que sucede o S é conhecido como G_2 (veja a Figura 6-2).

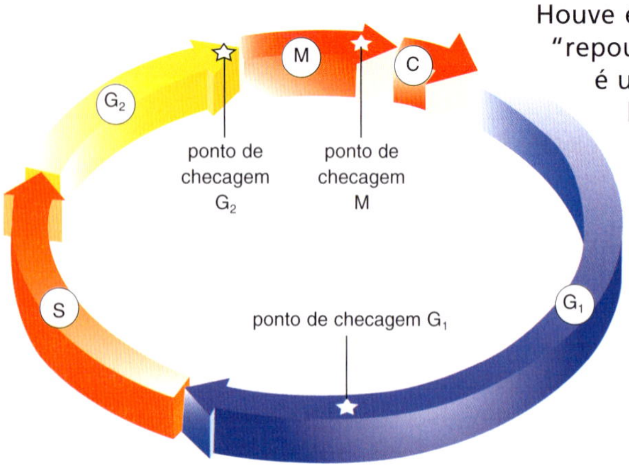

Figura 6-2. Esquema ilustrando a duração relativa dos períodos do ciclo celular (intérfase e mitose). As fases da mitose têm duração curta se comparadas aos períodos da intérfase. A célula também possui pontos próprios em que há controle do processo de divisão celular, os chamados **pontos de checagem**. (Na imagem, M = mitose e C = citocinese.)

Nas células, existe uma espécie de "manual de verificação de erros" que é utilizado em algumas etapas do ciclo celular e que é relacionado aos chamados **pontos de checagem**. Em cada ponto de checagem a célula avalia se é possível avançar ou se é necessário fazer algum ajuste, antes de atingir a fase seguinte. Muitas vezes, a escolha é simplesmente cancelar o processo ou até mesmo conduzir a célula à morte.

O ciclo celular todo, incluindo a *intérfase* (G_1, S e G_2) e a *mitose* (M) – prófase, metáfase, anáfase e telófase –, pode ser representado em um gráfico no qual se colocam a quantidade de DNA na ordenada (*y*) e o tempo na abscissa (*x*). Vamos supor que a célula que vai se dividir tenha, no período G_1, uma quantidade 2*c* de DNA (*c* é uma unidade arbitrária). O gráfico da variação de DNA, então, seria semelhante ao da Figura 6-3.

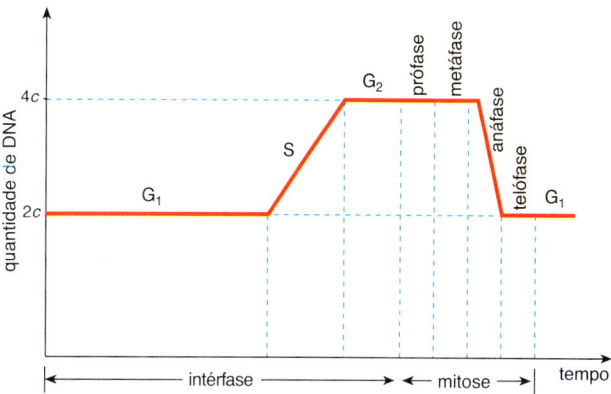

Figura 6-3. Variação da quantidade de DNA durante o ciclo celular.

AS FASES DA MITOSE

A mitose é um processo contínuo de divisão celular, mas, por motivos didáticos, para melhor compreendê-la, vamos dividi-la em fases: **prófase**, **metáfase**, **anáfase** e **telófase**. Alguns autores costumam citar uma quinta fase – a **prometáfase** – intermediária entre a prófase e a metáfase. O final da mitose, com a separação do citoplasma, é chamado de **citocinese**.

A seguir, vamos descrever as diferentes fases da mitose para uma célula 2*n* = 4.

Prófase – Fase de Início

- Os cromossomos começam a ficar visíveis devido à espiralação (veja a Figura 6-4).

- O nucléolo começa a desaparecer.

- Organiza-se em torno do núcleo um conjunto de fibras (nada mais são do que microtúbulos) originadas a partir dos centrossomos, constituindo o chamado **fuso de divisão** (ou fuso mitótico). Embora os centríolos participem da divisão, não é deles que se originam as fibras do fuso. Na mitose em célula animal, as fibras que se situam ao redor de cada par de centríolos opostas ao fuso constituem o **áster** (do grego, *áster* = estrela).

- O núcleo absorve água, aumenta de volume e a carioteca se desorganiza.

- No final da prófase, curtas fibras do fuso, provenientes dos centrossomos, unem-se aos centrômeros. Cada uma das cromátides-irmãs fica ligada a um dos polos da célula. Note que os cromossomos ainda não estão alinhados na região equatorial da célula, o que faz alguns autores designarem essa fase de prometáfase.

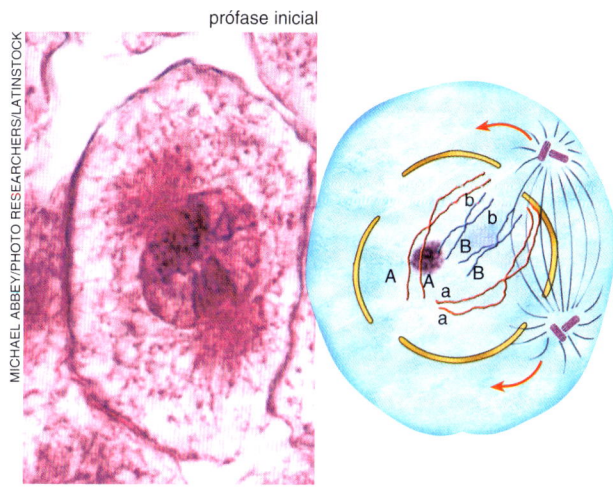
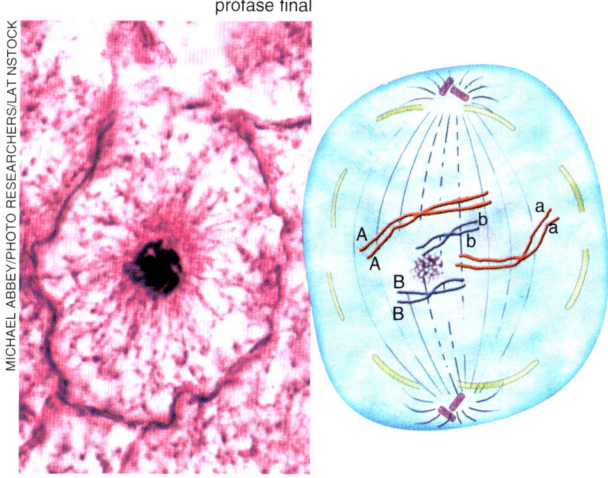

Figura 6-4. Célula em dois momentos de prófase. (Nos esquemas que acompanham cada foto, as letras – A, a, B, b – foram empregadas apenas com o intuito de melhorar a identificação dos pares de cromossomos homólogos.)

Fique por dentro!

A formação de um novo par de centríolos é iniciada na fase G_1, continua na fase S e na fase G_2 a duplicação é completada. No entanto, os dois pares de centríolos permanecem reunidos no mesmo centrossomo. Ao iniciar-se a prófase, o centrossomo parte-se em dois e cada par de centríolos começa a dirigir-se para polos opostos da célula que irá entrar em divisão.

Divisões celulares: mitose e meiose **121**

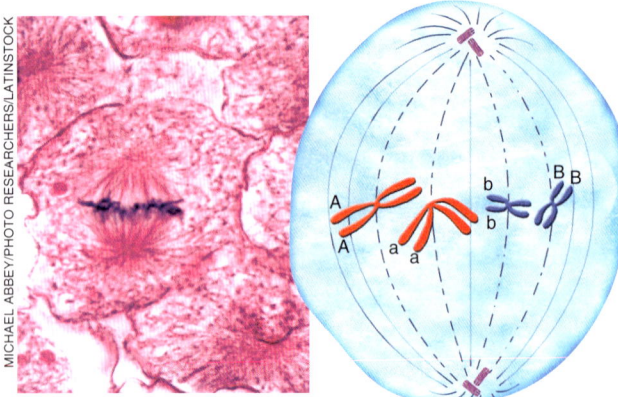
Figura 6-5. Metáfase.

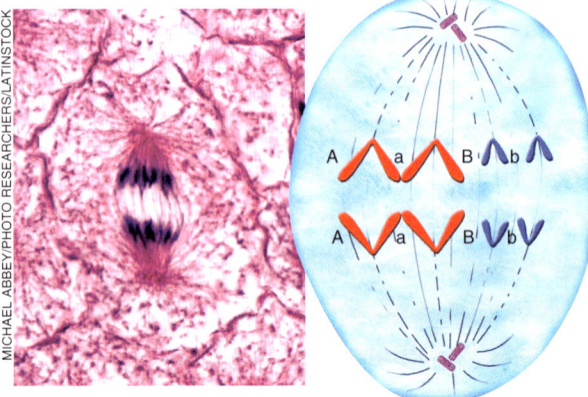
Figura 6-6. Anáfase.

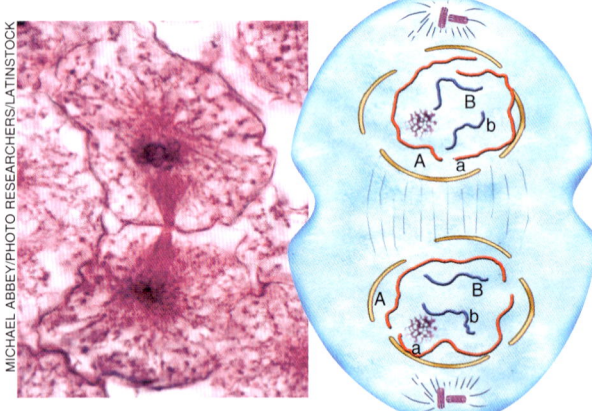
Figura 6-7. Telófase.

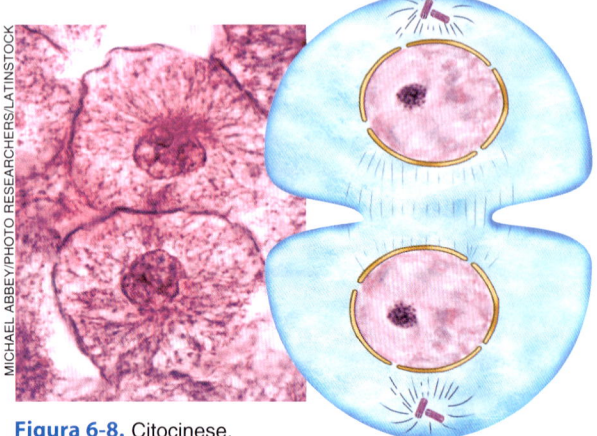
Figura 6-8. Citocinese.

Metáfase – Fase do Meio

- Os cromossomos atingem o máximo em espiralação, encurtam e se localizam na região equatorial da célula (veja a Figura 6-5).
- No início da anáfase ocorre a duplicação dos centrômeros, separando-se as cromátides-irmãs, agora cromossomos.

Anáfase – Fase do Deslocamento

- As fibras do fuso começam a encurtar (veja a Figura 6-6).
- Em consequência, cada lote de cromossomos-irmãos é puxado para os polos opostos da célula.
- Como cada cromátide passa a ser um novo cromossomo, pode-se considerar que a célula fica temporariamente tetraploide.

Telófase – Fase do Fim

- Os cromossomos iniciam o processo de desespiralação (veja a Figura 6-7).
- Os nucléolos reaparecem nos novos núcleos celulares.
- A carioteca se reorganiza em cada núcleo-filho.
- Cada dupla de centríolos já se encontra no local definitivo nas futuras células-filhas.

Citocinese – Separação das Células

A partição em duas cópias é chamada de **citocinese** e ocorre, na célula animal, de fora para dentro, isto é, como se a célula fosse estrangulada e partida em duas (citocinese centrípeta). Veja a Figura 6-8. Há uma distribuição de organelas pelas duas células-irmãs. Perceba que a citocinese é, na verdade, a divisão do citoplasma. Essa divisão pode ter início já na anáfase, dependendo da célula.

A MITOSE NA CÉLULA VEGETAL

Na mitose de células de vegetais superiores, basicamente duas diferenças podem ser destacadas, em comparação ao que ocorre na mitose da célula animal:

- a mitose ocorre sem centríolos. A partir de certos locais, correspondentes aos centrossomos, irradiam-se as fibras do fuso. Uma vez que não há centríolos, então não existe áster. Por esse motivo, diz-se que a mitose em células vegetais é **anastral** (do grego, *an* = negativo);
- a **citocinese** é **centrífuga**, ocorre do centro para a periferia da célula. No início da telófase forma-se o **fragmoplasto**, um conjunto de microtúbulos protei-

cos semelhantes aos do fuso de divisão. Os microtúbulos do fragmoplasto funcionam como andaimes que orientam a deposição de uma *placa celular* mediana semelhante a um disco, originada de vesículas fundidas do sistema golgiense. Progressivamente, a placa celular cresce em direção à periferia e, ao mesmo tempo, no interior das vesículas, ocorre a deposição de algumas substâncias, entre elas pectina e hemicelulose, ambas polissacarídeos. De cada lado da placa celular, as membranas fundidas contribuem para a formação, nessa região, das membranas plasmáticas das duas novas células e que acabam se conectando com a membrana plasmática da célula-mãe. Em continuação à formação dessa *lamela média*, cada célula-filha deposita uma parede celulósica primária, do lado de fora da membrana plasmática. A parede primária acaba se estendendo por todo o perímetro da célula. Simultaneamente, a parede celulósica primária da célula-mãe é progressivamente desfeita, o que permite o crescimento de cada célula-filha, cada qual dotada, agora, de uma nova parede primária. Então, se pudéssemos olhar essa região mediana de uma das células, do citoplasma para fora, veríamos, inicialmente, a membrana plasmática, em seguida a parede celulósica primária e, depois, a lamela média. Eventualmente, uma parede secundária poderá ser depositada entre a membrana plasmática e a parede primária. Veja a Figura 6-9.

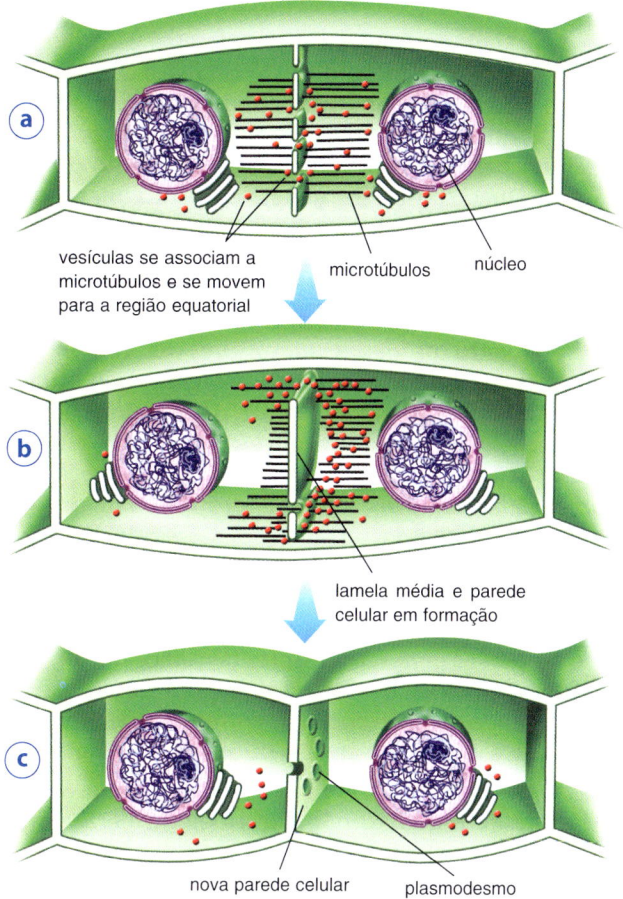

Figura 6-9. Citocinese em célula vegetal.

> **Saiba mais**

A mitose serve para...

A mitose é um tipo de divisão muito frequente entre os organismos da Terra atual. Nos unicelulares, serve à reprodução assexuada e à multiplicação dos organismos. Nos pluricelulares, ela repara tecidos lesados, repõe células que normalmente morrem e também está envolvida no crescimento.

No homem, a pele, a medula óssea e o revestimento intestinal são locais onde a mitose é frequente. Nem todas as células do homem, porém, são capazes de realizar mitose. Neurônios e células musculares são dois tipos celulares altamente especializados em que não ocorre esse tipo de divisão (acontece apenas na fase embrionária). Nos vegetais, a mitose ocorre em locais onde existem tecidos responsáveis pelo crescimento, por exemplo, na ponta das raízes, na ponta dos caules e nas gemas laterais. Serve, também, para produzir gametas, como veremos no Capítulo 35, ao contrário do que ocorre nos animais, em que a meiose é o processo de divisão mais diretamente associado à produção das células gaméticas.

O CONTROLE DO CICLO CELULAR E A ORIGEM DO CÂNCER

Vimos, no começo deste capítulo, que a intérfase é o período de intensa atividade metabólica e o de maior duração do ciclo celular. Células nervosas e musculares, que não se dividem por mitose, mantêm-se permanentemente em intérfase, estacionadas no chamado período G_0. Nas células que se dividem ativamente, a intérfase é seguida da mitose, culminando na citocinese. Sabe-se que a passagem de uma fase para a outra é controlada por *fatores de regulação* – de modo geral proteicos – que atuam nos chamados *pontos de checagem* do ciclo celular. Dentre essas proteínas, destacam-se as *ciclinas*, que controlam a passagem da fase G_1 para a fase S e da G_2 para a mitose. Se em alguma dessas fases houver alguma anomalia, por exemplo, algum dano no DNA, o ciclo será interrompido até que o defeito seja reparado e o ciclo celular possa continuar. Caso contrário, a célula será conduzida à apoptose (morte celular programada). Outro ponto de checagem é o da metáfase, promovendo a distribuição correta dos cromossomos pelas células-filhas. Perceba que o ciclo celular é perfeitamente regulado, está sob controle de vários genes e o resultado final é a produção e diferenciação das células componentes dos diversos tecidos do organismo. Os pontos de checagem correspondem, assim, a mecanismos que impedem a formação de células anômalas (reveja a Figura 6-2).

A origem de células cancerosas está associada a anomalias na regulação do ciclo celular e à perda de controle da mitose. Alterações do funcionamento dos genes controladores do ciclo celular, em decorrência de mutações, são relacionadas ao surgimento de um câncer. Duas classes de genes, os *proto-oncogenes* e os *genes supressores de tumor* são os mais diretamente relacionados à regulação do ciclo celular. Os *proto-oncogenes* são responsáveis pela produção de proteínas que atuam na estimulação do ciclo celular, enquanto os *genes supressores de tumor* são responsáveis pela produção de proteínas que atuam inibindo o ciclo celular. Dizendo de outro modo: os *proto-oncogenes*, quando ativos, estimulam a ocorrência de divisão celular e os *genes supressores de tumor*, quando ativos, inibem a ocorrência de divisão celular. O equilíbrio na atuação desses dois grupos de genes resulta no perfeito funcionamento do ciclo celular. Mutações nos *proto-oncogenes* os transformam em *oncogenes* (*genes causadores de câncer*). As que afetam os *genes supressores de tumor* perturbam o sistema inibidor e o ciclo celular fica desregulado, promovendo a ocorrência desordenada de divisões celulares e o surgimento de células cancerosas, que possuem as seguintes características:

- são indiferenciadas, não contribuindo para a formação normal dos tecidos;
- seus núcleos são volumosos e com número anormal de cromossomos;
- empilham-se umas sobre as outras em várias camadas, originando um aglomerado de células que forma um *tumor*. Se ficar restrito ao local de origem e for encapsulado, diz-se que o tumor é benigno, podendo ser removido;
- nos tumores malignos, ocorre a *metástase*, ou seja, as células cancerosas abandonam o local de origem, espalham-se, por via sanguínea ou linfática, e invadem outros órgãos. Esse processo é acompanhado por uma *angiogênese*, que é a formação de inúmeros vasos sanguíneos responsáveis pela nutrição das células cancerosas.

Outra ocorrência envolvendo alterações do ciclo celular é relativa aos *telômeros*, que são segmentos de moléculas de DNA com repetição de bases que atuam como "capas protetoras" da extremidade dos cromossomos. Em células humanas normais, a cada ciclo celular os telômeros são progressivamente encurtados, as extremidades dos cromossomos ficam cada vez mais curtas, até atingir um limite mínimo de tamanho incompatível com a vida da célula, paralisando-se as divisões celulares e sinalizando o fim da vida da célula. Em células cancerosas, este limite é transposto graças à atividade de uma enzima, a *telomerase*, que atua na reposição constante dos telômeros, mantendo-os sempre com o tamanho original, permitindo, assim, que as células se dividam continuamente e se tornem praticamente "imortais".

A ciência por trás do fato!

Comer tomate ajuda a prevenir o câncer de próstata?

O câncer de próstata é um dos mais incidentes na população masculina adulta, representando praticamente um terço de todos os cânceres entre homens. Estima-se que, ao redor dos 50 anos, ao menos um em cada dez homens desenvolve a doença. Entretanto, esse índice aumenta ainda mais com o avanço da idade. Mas a boa notícia é que, apesar da gravidade dos números, o diagnóstico precoce aumenta muito as chances de cura.

Nos últimos anos, tem-se falado muito sobre o papel da dieta na prevenção do câncer de próstata. Entre os principais alimentos protetores, o tomate é um dos que mais chamam a atenção. Mas será que ele realmente ajuda na prevenção desse tipo de câncer? A resposta é sim. E não só o tomate, mas também outros vegetais de cor vermelha, como a goiaba e a melancia, por exemplo. Esses alimentos são ricos em uma substância chamada licopeno, um pigmento carotenoide com função antioxidante, que auxilia a combater os radicais livres. Os radicais livres são moléculas e átomos extremamente instáveis, sendo que muitos estudos relacionam sua presença no organismo com o desenvolvimento de câncer.

Atualmente, tem-se sugerido que o consumo de 2 unidades de tomate por semana reduziriam significativamente os riscos de se desenvolver câncer de próstata. Outros estudos também mostram que, além do licopeno, uma dieta pobre em gordura, principalmente de origem animal, e rica em frutas, legumes e verduras parece estar associada a uma diminuição no risco para esse tipo de câncer.

Ética & Sociedade

A mulher que atingiu a imortalidade

Henrietta Lacks mudou minha maneira de ver o mundo. Eu a conheci em 1980 e, com toda sua fama, era chamada carinhosamente de HeLa.

Ela teve papel fundamental na elucidação dos mecanismos que controlam a divisão celular, na descoberta dos genes que causam diversos tipos de câncer, além de ter colaborado no desenvolvimento de muitos dos remédios que utilizamos. Apesar de tudo, nunca foi agraciada com o Prêmio Nobel. Faz 50 anos que Henrietta doa seu corpo à ciência. Eu extraí seu DNA (ainda possuo um tubo em meu *freezer*) e alterei seus genes.

Naquela época, não sabíamos que ela era imortal. Mas ela continua viva, colaborando com centenas de cientistas. Apesar de termos convivido por anos, eu jamais soube o que ela sentia.

Nunca dividiu comigo seus pensamentos. Hoje sei que HeLa não possui sentimentos e entendo por que ela se entregava aos experimentos sem questionar meus motivos. Henrietta é imortal, mas está enterrada, desde 1951, em um túmulo em Clover, Virginia. Enlouqueci? Não. Somente me referi às células de Henrietta como se fossem a própria Henrietta.

Henrietta Lacks nasceu em 1920 e morreu de câncer do colo uterino em 1951. A partir de seu tumor, George Gey isolou a primeira linhagem imortal de células humanas, as chamadas células HeLa. Gey não tinha a permissão de Henrietta para utilizar seu tumor e a verdadeira identidade de Henrietta foi escondida durante décadas sob o pseudônimo de Helen Lane.

As células HeLa são imortais e se dividem continuamente. Elas são cultivadas até hoje em laboratórios ao redor do mundo, em frascos de plástico, em um meio contendo soro bovino. Milhares de trabalhos científicos foram realizados com essas células. Durante décadas, as células HeLa têm nos ajudado a entender por que células normais se transformam em tumores.

Hoje, a ciência trilha o caminho inverso, tentando compreender como células-tronco, presentes nos embriões e em tecidos adultos, dão origem aos órgãos do corpo humano. Essas pesquisas têm como objetivo permitir a regeneração dos diversos órgãos do corpo humano. Mas, para isso, os cientistas precisam isolar as células-tronco de embriões humanos, da mesma maneira que George Gey isolou as células HeLa. (...)

Fonte: REINACH, F. *Henrietta, a primeira mulher imortal*.
Disponível em: <http://www.jornaldaciencia.org.br>.
Acesso em: 13 abr. 2012.

Muitas descobertas têm sido conseguidas a partir de estudos de partes de animais mortos ou mesmo em experiências de laboratório com animais vivos. Como você se posiciona ante esses experimentos?

MEIOSE E REPRODUÇÃO SEXUADA

Diferentemente da mitose, em que uma célula *diploide*, por exemplo, se divide formando duas células também *diploides* (divisão equacional), a meiose é um tipo de divisão celular em que uma célula diploide produz quatro células haploides, sendo por este motivo uma divisão reducional (veja a Figura 6-10).

Um fato que reforça o caráter reducional da meiose é que, embora compreenda duas etapas sucessivas de divisão celular, os cromossomos só se duplicam uma vez, durante a intérfase – período que antecede tanto a mitose como a meiose. No início da intérfase, os filamentos de cromatina não estão duplicados (veja a Figura 6-11). Posteriormente, ainda nessa fase, ocorre a duplicação, ficando cada cromossomo com duas cromátides.

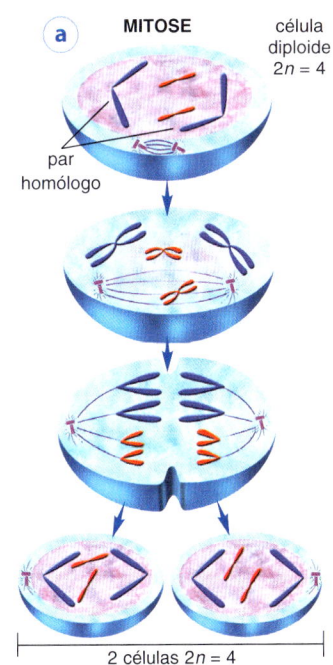

Figura 6-10. Na mitose (a), não há separação dos homólogos: uma célula $2n = 4$ gera duas células $2n = 4$. Na meiose (b), os homólogos se separam: uma célula $2n = 4$ forma quatro células haploides, cada qual $n = 2$.

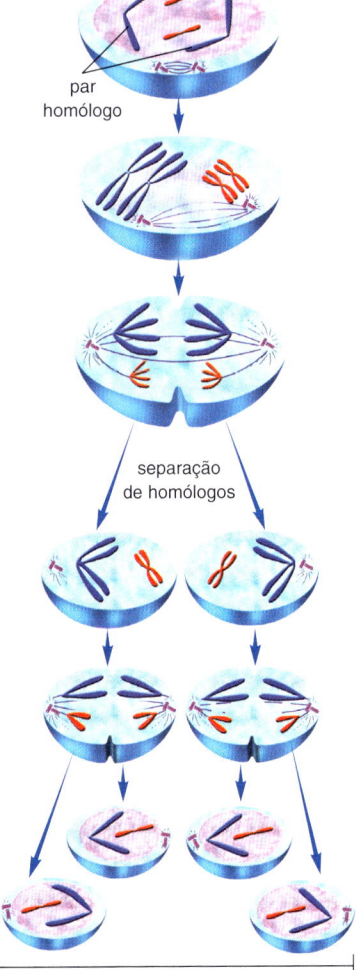

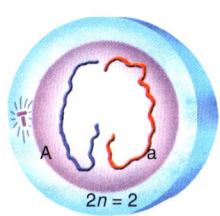

Figura 6-11. Antecedendo a meiose, ocorre a intérfase, período em que se dá a duplicação dos cromossomos.

As Várias Fases da Meiose

Tabela 6-1. Fases da meiose.

Meiose I (primeira divisão meiótica)	• Prófase I • Metáfase I • Anáfase I • Telófase I
INTERCINESE (intervalo entre as duas etapas)	
Meiose II (segunda divisão meiótica)	• Prófase II • Metáfase II • Anáfase II • Telófase II

A redução no número cromossômico da célula é importante fator para a conservação do lote cromossômico das espécies, pois com a meiose formam-se gametas com metade do lote cromossômico. Quando da fecundação, ou seja, do encontro de dois gametas, o número de cromossomos da espécie se restabelece.

Podemos estudar a meiose em duas etapas, separadas por um curto intervalo, chamado **intercinese**. Em cada etapa, encontramos as mesmas fases estudadas na mitose, ou seja, prófase, metáfase, anáfase e telófase (veja a Tabela 6-1).

Vamos supor uma célula $2n = 2$ e estudar os eventos principais da meiose nessa célula. Acompanhe o texto pelas Figuras 6-12 e 6-13.

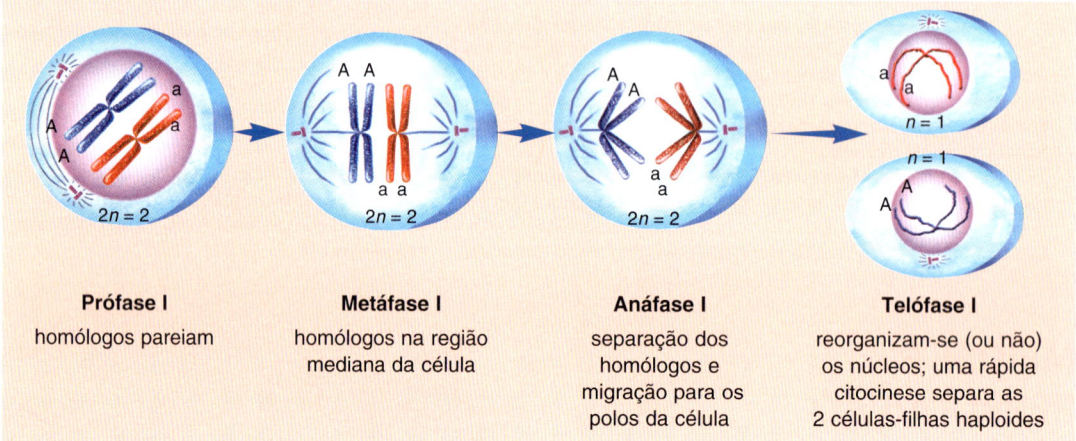

Prófase I — homólogos pareiam

Metáfase I — homólogos na região mediana da célula

Anáfase I — separação dos homólogos e migração para os polos da célula

Telófase I — reorganizam-se (ou não) os núcleos; uma rápida citocinese separa as 2 células-filhas haploides

Figura 6-12. Fases da meiose I.

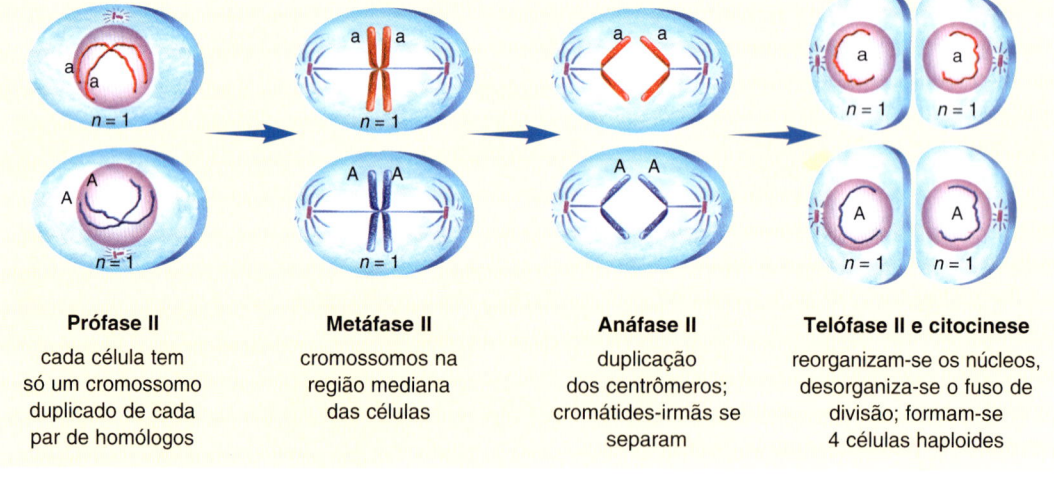

Prófase II — cada célula tem só um cromossomo duplicado de cada par de homólogos

Metáfase II — cromossomos na região mediana das células

Anáfase II — duplicação dos centrômeros; cromátides-irmãs se separam

Telófase II e citocinese — reorganizam-se os núcleos, desorganiza-se o fuso de divisão; formam-se 4 células haploides

Figura 6-13. Fases da meiose II.

Meiose I (Primeira Divisão Meiótica)

- **Prófase I** – os cromossomos homólogos duplicados pareiam devido à atração que ocorre entre eles. Poderá haver o fenômeno chamado *crossing-over*.

- **Metáfase I** – os cromossomos homólogos pareados se dispõem na região mediana da célula; cada cromossomo está preso a fibras de um só polo.

- **Anáfase I** – o encurtamento das fibras do fuso separa os cromossomos homólogos, que são conduzidos para polos opostos da célula; não há separação das cromátides-irmãs. Quando os cromossomos atingem os polos, ocorre sua desespiralação, embora não obrigatória, mesmo porque a segunda etapa da meiose vem a seguir. Às vezes, nem mesmo a carioteca se reconstitui.

- **Telófase I** – no final dessa fase, ocorre a citocinese, separando as duas células-filhas haploides. Segue-se um curto intervalo a **intercinese**, que precede a prófase II.

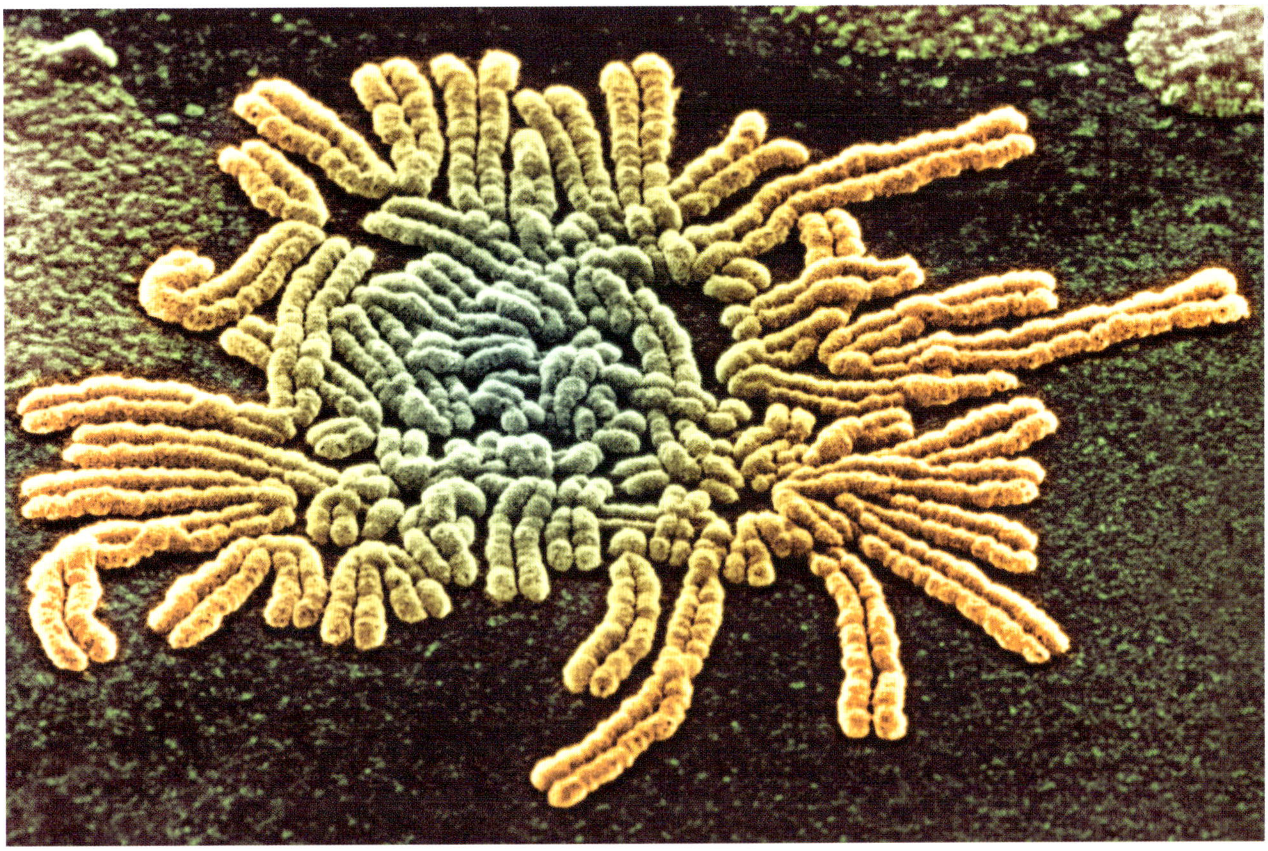
FOTOS: ADRIAN T SUMNER/SPL/LATINSTOCK

Metáfase I. Microscopia eletrônica de varredura de cromossomos durante a meiose. Nesta fase, os cromossomos estão alinhados no centro da célula.

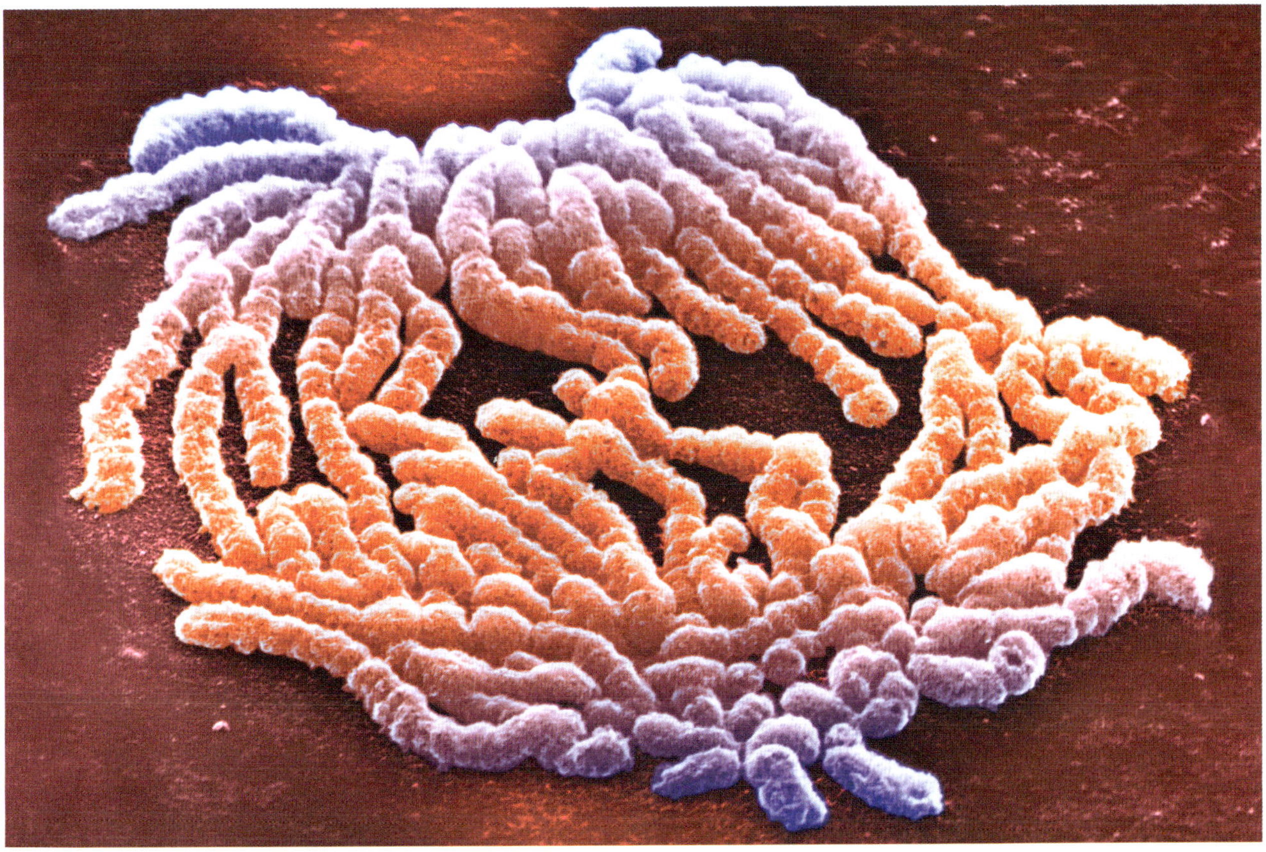

Anáfase I. Cromossomos vistos ao microscópio eletrônico de varredura. Nessa fase da meiose, os cromossomos homólogos são conduzidos para polos opostos da célula, porém as cromátides-irmãs ainda não estão separadas.

Saiba mais

Prófase I: uma fase longa

A prófase I é a etapa mais marcante da meiose. Nela ocorre o *pareamento dos cromossomos homólogos* e pode acontecer um fenômeno conhecido como *crossing-over* (também chamado de **permuta**).

Como a prófase I é longa, há uma sequência de eventos que, para efeito de estudo, pode ser dividida nas seguintes etapas:

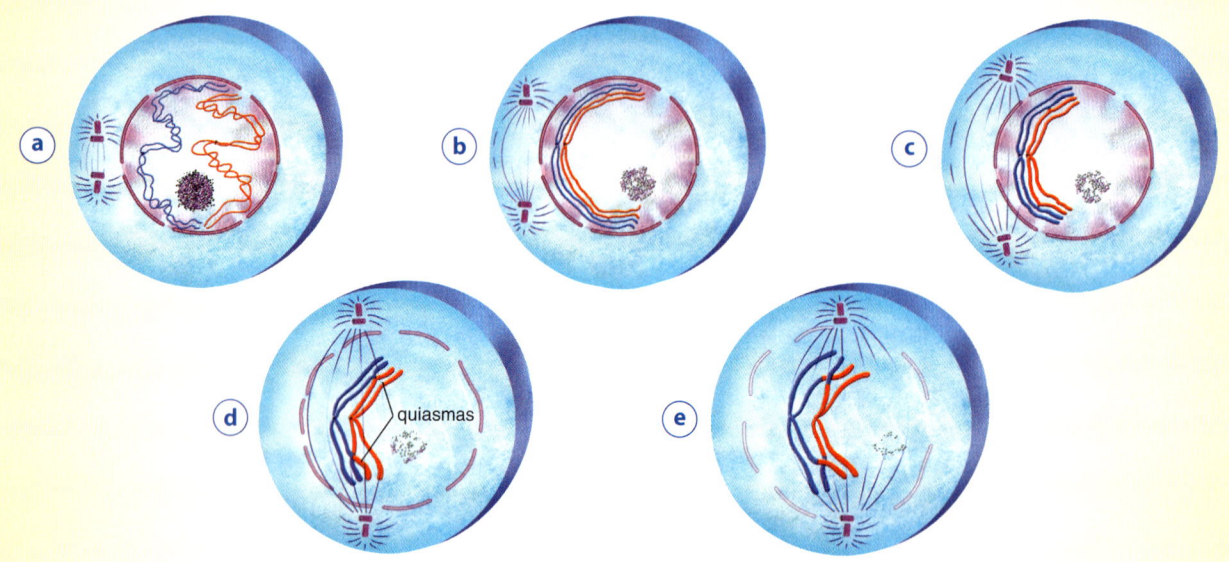

a) Inicia-se a espiralação cromossômica. É a fase de **leptóteno** (*leptós* = fino), em que os filamentos cromossômicos são finos, pouco visíveis e já constituídos cada um por duas cromátides.

b) Começam a atração e o pareamento dos cromossomos homólogos; é um pareamento ponto por ponto conhecido como *sinapse* (o prefixo *sin* provém do grego e significa união). Essa é a fase de **zigóteno** (*zýgós* = par).

c) A espiralação progrediu: agora, são bem visíveis as duas cromátides de cada homólogo pareado; como existem, então, quatro cromátides, o conjunto forma uma **tétrade** ou par **bivalente**. Essa é a fase de **paquíteno** (*pakhús* = espesso).

d) Ocorrem quebras casuais nas cromátides e uma troca de pedaços entre as *cromátides homólogas*, fenômeno conhecido como *crossing-over* (ou **permuta**). Em seguida, os homólogos se afastam e evidenciam-se entre eles algumas regiões em que estão ainda em contato. Essas regiões são conhecidas como **quiasmas** (*qui* corresponde à letra "x" em grego). Os quiasmas representam as regiões em que houve as trocas de pedaços. Essa fase da prófase I é o **diplóteno** (*diplóos* = duplo).

e) Os pares de cromátides afastam-se um pouco mais e os quiasmas parecem "escorregar" para as extremidades; a espiralação dos cromossomos aumenta. É a última fase da prófase I, conhecida por **diacinese** (*diá* = através; *kínesis* = movimento).

Enquanto acontecem esses eventos, os centríolos, que vieram duplicados da intérfase, migram para polos opostos e organizam o fuso de divisão; os nucléolos desaparecem; a carioteca se desfaz após o término da prófase I, prenunciando a ocorrência da metáfase I.

Fique por dentro!

Ocorre meiose em plantas?

Sim. A meiose não é exclusiva dos animais; nos vegetais ela também acontece. Na maior parte das vezes ocorre ao longo de um ciclo de reprodução e, no lugar de gametas, são formadas células chamadas **esporos**. O destino desses esporos será compreendido mais claramente quando estudarmos os ciclos reprodutivos nos vegetais.

Meiose II (Segunda Divisão Meiótica)

- **Prófase II** – cada uma das duas células-filhas tem apenas um lote de cromossomos duplicados. Nesta fase os centríolos duplicam novamente e nas células em que houve formação da carioteca, esta começa a se desintegrar.

- **Metáfase II** – como na mitose, os cromossomos prendem-se pelo centrômero às fibras do fuso, que partem de ambos os polos.

- **Anáfase II** – ocorre duplicação dos centrômeros; só agora as cromátides-irmãs separam-se (lembrando a mitose).

- **Telófase II** e **citocinese** – com o término da telófase II reorganizam-se os núcleos. A citocinese separa as quatro células-filhas haploides, isto é, sem cromossomos homólogos e com a metade do número de cromossomos em relação à célula que iniciou a meiose.

CROSSING-OVER E VARIABILIDADE

A principal consequência da meiose, sem dúvida, é o surgimento da diversidade entre os indivíduos que são produzidos na reprodução sexuada de uma espécie.

A relação existente entre meiose e variabilidade é baseada principalmente na ocorrência de *crossing-over*.

O *crossing* é um fenômeno que envolve cromátides homólogas. Consiste na quebra dessas cromátides em certos pontos, seguida de uma troca de pedaços correspondentes entre elas.

As trocas provocam o surgimento de novas sequências de genes ao longo dos cromossomos. Assim, se em um cromossomo existem vários genes combinados segundo certa sequência, após a ocorrência do *crossing* a combinação pode não ser mais a mesma. Então, quando se pensa no *crossing*, é comum analisar o que aconteceria, por exemplo, quanto à combinação entre os genes alelos *A* e *a* e *B* e *b* no par de homólogos, ilustrado na Figura 6-14.

Nessa combinação, os genes *A* e *b* encontram-se em um mesmo cromossomo, enquanto *a* e *B* estão no cromossomo homólogo. Se a distância entre *A* e *b* for considerável, será grande a chance de ocorrer uma permuta. E, se tal acontecer, uma nova combinação gênica poderá surgir.

As combinações *AB* e *ab* são novas. São recombinações gênicas que contribuem para a geração de maior variabilidade nas células resultantes da meiose. Se pensarmos na existência de três genes ligados em um mesmo cromossomo (*A*, *b* e *C*, por exemplo), as possibilidades de ocorrência de *crossings* dependerão da distância em que esses genes se encontram – caso estejam distantes, a variabilidade produzida será bem maior.

Outro processo que conduz ao surgimento de variabilidade na meiose é a *segregação independente dos cromossomos*. Imaginando-se que *uma* célula com dois pares de cromossomos homólogos (1 e 1', 2 e 2') se divida por meiose, as quatro células resultantes ao final da divisão poderão ter a seguinte constituição cromossômica: (1 e 2), (1 e 2'), (1' e 2) e (1' e 2').

A variabilidade genética existente entre os organismos das diferentes espécies é muito importante para a ocorrência da evolução biológica. Sobre essa variabilidade é que atua a seleção natural, favorecendo a sobrevivência de indivíduos dotados de características genéticas adaptadas ao meio. Quanto maior a variabilidade gerada na meiose, por meio de recombinação gênica permitida pelo *crossing-over*, maiores as chances para a ação seletiva do meio.

Saiba mais

Na meiose, a variação da quantidade de DNA pode ser representada como no gráfico ao lado, partindo-se, por exemplo, de uma célula que tenha uma quantidade 2c de DNA em G_1.

Variação da quantidade de DNA durante a intérfase e a meiose.

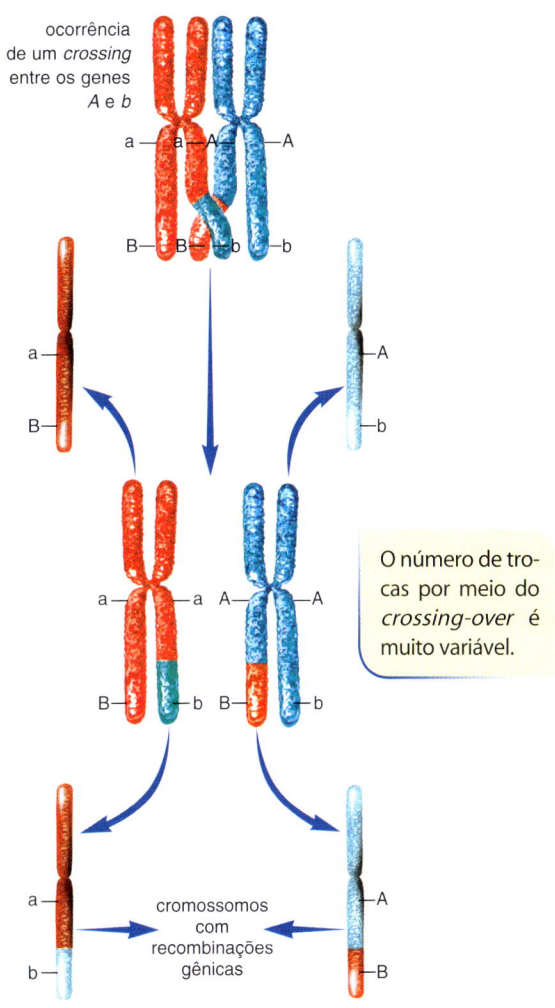

O número de trocas por meio do *crossing-over* é muito variável.

Figura 6-14. A ocorrência de permuta ou *crossing* entre cromátides homólogas (não irmãs) conduz a novas combinações gênicas.

A meiose é, enfim, um tipo de divisão celular que persistiu entre os seres vivos como mecanismo gerador de variabilidade. Pode-se dizer que a seleção natural "preservou" a meiose como método de gerar diferenças entre indivíduos de uma espécie, sobre os quais se dá a ação seletiva do ambiente, fundamental no processo de evolução biológica de qualquer espécie.

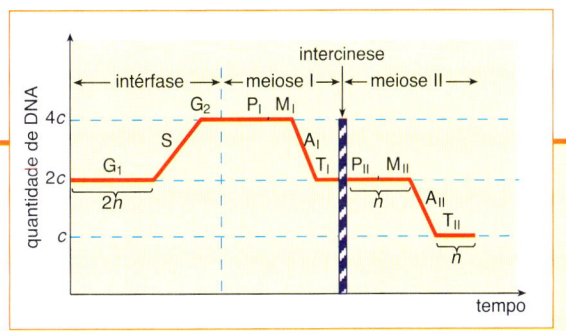

GAMETOGÊNESE

A **gametogênese**, ou seja, a produção de células sexuais no organismo humano, é um processo em que ocorrem os dois tipos de divisão celular estudados (veja a Figura 6-15 ao lado).

A gametogênese masculina, chamada **espermatogênese**, começa na fase embrionária, em que as células diploides germinativas do testículo do embrião multiplicam-se ativamente por mitose. As células assim formadas são as **espermatogônias** ou **espermatócitos jovens**.

Entre o nascimento e a puberdade há um período de atividade lenta nas mitoses formadoras de células jovens. Na puberdade, o processo mitótico é retomado. Formam-se constantemente mais espermatócitos jovens (espermatogônias), que passam por um curto período de crescimento e se transformam em **espermatócitos primários** (ou espermatócitos I). Então, começa a meiose. Cada espermatócito primário efetua a primeira divisão meiótica, originando dois **espermatócitos secundários** (ou espermatócitos II), que farão, em seguida, a segunda divisão meiótica. Originam-se quatro células haploides, as **espermátides**, que, passando por um processo de diferenciação celular, conhecido como **espermiogênese**, transformam-se em **espermatozoides**.

Assim, se imaginarmos 1.000 espermatogônias crescendo e se transformando em espermatócitos primários, e se esses 1.000 espermatócitos terminarem a meiose, então serão formados 4.000 espermatozoides.

No homem, a espermatogênese se processa desde o início da puberdade até o fim da vida. Na mulher, a **ovulogênese** (gametogênese feminina) é um pouco diferente. Toda menina já nasce com um número limitado de ovogônias. Isso quer dizer que as mitoses cessam cedo nas células germinativas dos ovários.

Do nascimento até a puberdade, as ovogônias passam por um longo período de crescimento e acumulam reservas, constituindo-se, então, em **ovócitos primários** (ou ovócitos I).

A partir da puberdade, recomeça a meiose que foi iniciada e interrompida no período fetal na prófase I, mas, em geral, somente um ovócito primário por mês fará meiose. Os demais permanecem dormentes.

Figura 6-15. Gametogênese: as diversas fases características da espermatogênese e da ovulogênese.

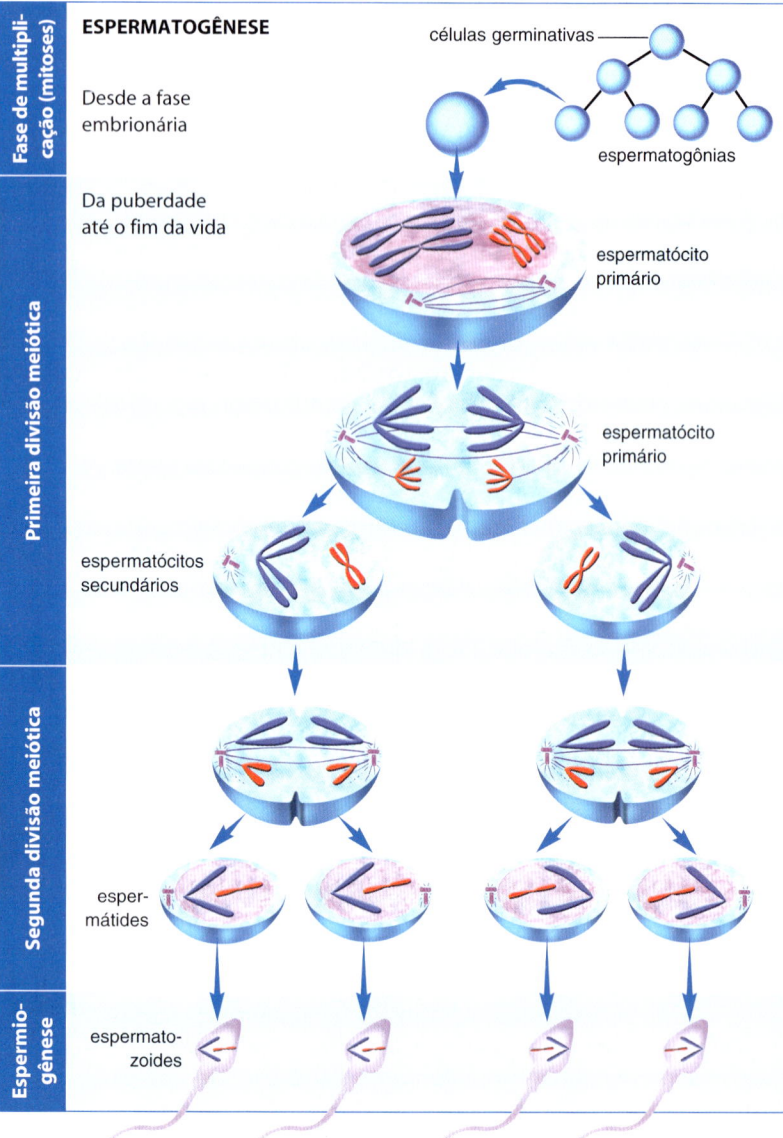

Em cada ejaculação do homem são liberados cerca de 500 milhões de espermatozoides. Quantos espermatócitos devem ter iniciado a meiose para produzir esses 500 milhões de gametas?

Espermatozoides em túbulo seminífero do testículo, local em que são formados. Cada espermatozoide consiste em uma cabeça (em verde), em que está contido o material genético, e uma cauda (em azul). As células de Sertoli (em amarelo e laranja) são responsáveis por manter as condições adequadas para o desenvolvimento e a nutrição dos espermatozoides.

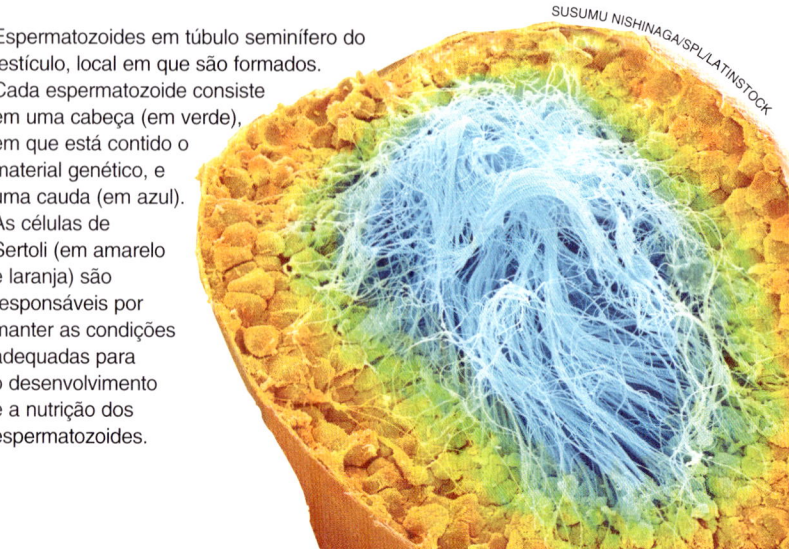

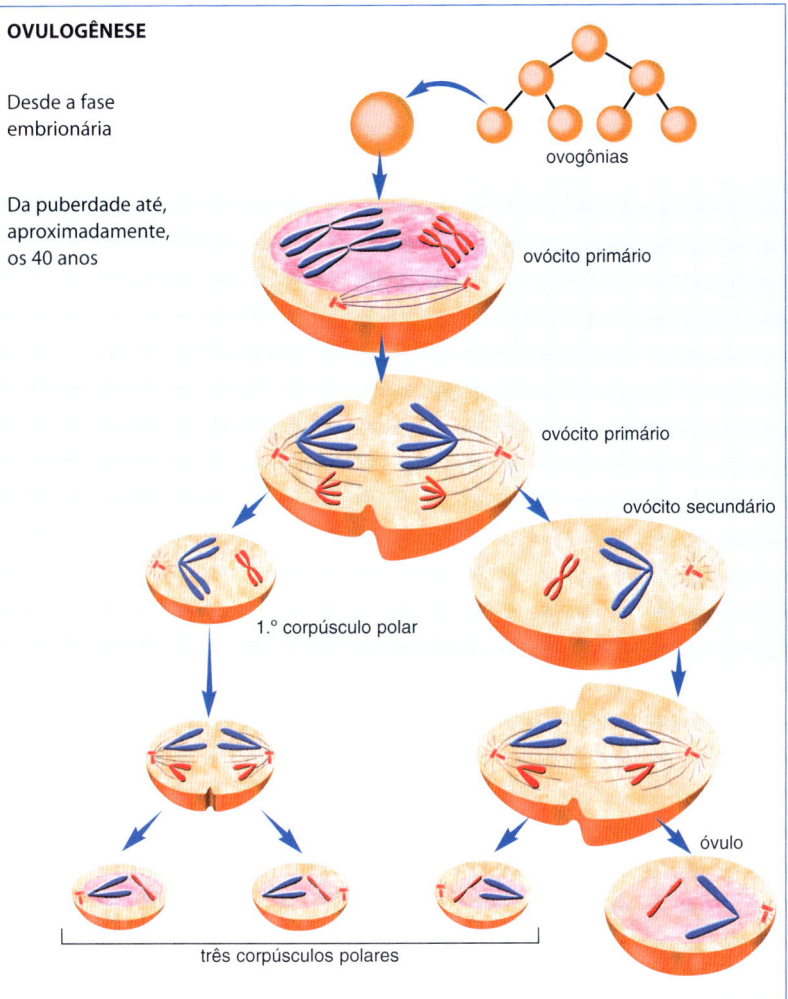

OVULOGÊNESE

Desde a fase embrionária

Da puberdade até, aproximadamente, os 40 anos

ovogônias
ovócito primário
ovócito primário
ovócito secundário
1.º corpúsculo polar
óvulo
três corpúsculos polares

O ovócito primário completa a primeira meiose e – outra diferença em relação à espermatogênese – surge apenas um **ovócito secundário** (ou ovócito II) grande, sendo a outra célula menor e chamada de **primeiro corpúsculo polar** (ou primeiro glóbulo polar). Se o ovócito secundário completar a meiose, forma-se um **óvulo** apenas, funcional, e outro corpúsculo polar. O primeiro corpúsculo polar também pode completar a segunda meiose, formando-se mais dois corpúsculos polares.

Assim, na ovulogênese humana forma-se apenas um gameta funcional, o **óvulo**, e mais três células que degeneram, os **corpúsculos polares**.

Fique por dentro!

Na espécie humana, a ovulação não corresponde à saída de um óvulo do ovário. O que se libera, na verdade, é o ovócito secundário e o primeiro corpúsculo polar. Somente se houver penetração do espermatozoide no ovócito secundário é que este completa a meiose e se transforma em óvulo. Simultaneamente, são formados os três corpúsculos polares. Após a fusão dos *núcleos* do espermatozoide e do óvulo forma-se o **zigoto**, o ponto de partida para um novo organismo.

Saiba mais

Um erro de meiose: a síndrome de Down

Na espécie humana há um caso de erro meiótico que resulta na síndrome de Down (popularmente chamada de mongolismo). Durante o processo de meiose que ocorre no ovário, principalmente de mulher idosa, pode acontecer uma falha na meiose I ou na anáfase II, envolvendo um dos homólogos do par número 21. As duas cromátides-irmãs permanecem juntas em uma das células-filhas – caracterizando uma não disjunção cromossômica – e se transformam em cromossomos que continuarão juntos na mesma célula, que poderá transformar-se no óvulo funcional. Esse óvulo terá, então, 22 cromossomos mais dois de número 21. No total, 24 cromossomos, em lugar dos 23 que seriam esperados em um óvulo normal. Se o núcleo desse óvulo juntar-se com o núcleo de um espermatozoide normal, forma-se um zigoto com 47 cromossomos, ou seja, 23 provenientes do espermatozoide e 24 do óvulo. Os cromossomos 21 serão três (dois do óvulo e um do espermatozoide). Essa anomalia é conhecida como "trissomia do 21" e é responsável pela síndrome de Down.

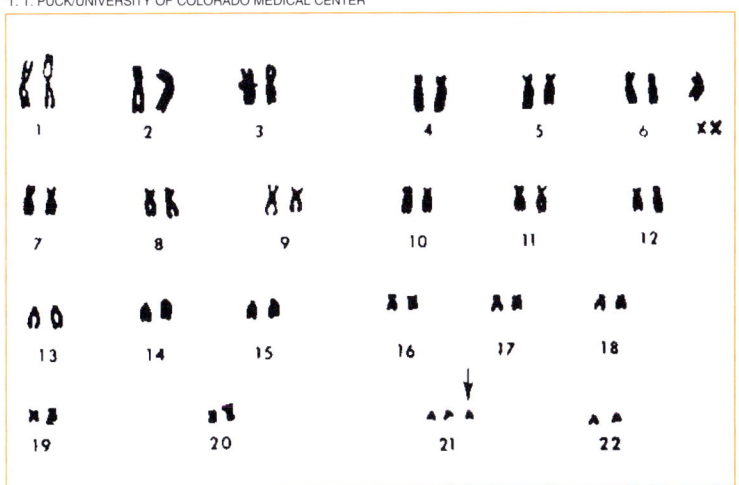

Cariótipo de uma pessoa com síndrome de Down. Note que há três cromossomos 21 (trissomia do 21).

Fique por dentro!

A síndrome de Down ocorre em apenas 0,15% de todos os nascimentos, mas sua incidência aumenta com a idade da mulher. É 100 vezes maior nos filhos de mulheres que possuem 45 anos ou mais do que nas mulheres com cerca de 19 anos de idade. A ocorrência dessa síndrome é menos afetada pela idade do homem.

A não separação dos cromossomos (na meiose I) do par 2, ou das cromátides-irmãs (na meiose II), que resultam na síndrome de Down, caracteriza uma não disjunção cromossômica.

Pode acontecer que, durante as divisões *mitóticas* que ocorrem nas células embrionárias humanas, cromátides-irmãs do cromossomo 21 não se separem, gerando células trissômicas. Então, apenas em certos locais do corpo haverá células com trissomia do cromossomo 21, enquanto nas demais o quadro cromossômico será normal, caracterizando uma situação conhecida como **mosaicismo**.

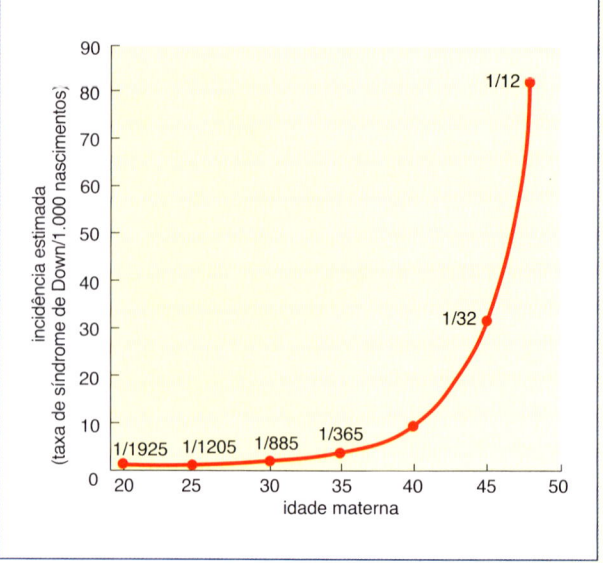

Ocorrência da síndrome de Down.

Saiba mais

Jumentos e éguas, burros e mulas

É conhecido o fato de que o cruzamento de jumento (jegue) e égua, dois animais de espécies diferentes, produz burros ou mulas, descendentes estéreis. A causa dessa esterilidade é a incapacidade, por parte dos descendentes, de realizar meiose nas células de seus órgãos reprodutores.

Cada célula diploide de égua possui 64 cromossomos. Da meiose realizada nas células do ovário, resultam óvulos com 32 cromossomos. No jumento, cujas células diploides possuem 62 cromossomos, a meiose das células testiculares produz espermatozoides com 31 cromossomos. Na fecundação ocorre o encontro de um espermatozoide, carregando um lote de 31 cromossomos, e de um óvulo, contendo um lote de 32. O zigoto formado terá, então, 63 cromossomos. O animal se forma, fica vigoroso e é usado em trabalhos de tração. Sua reprodução, no entanto, é praticamente impossível, já que a meiose nos órgãos reprodutores é anormal. Embora haja alguns cromossomos homólogos, outros não o são. Não existe pareamento entre todos eles. Além disso, há um cromossomo a mais, que não é homólogo a nenhum outro. Por isso, a meiose ocorre de forma anômala, não há produção de gametas e não ocorre a reprodução.

Muito raramente, verifica-se uma meiose que chega até o fim em mulas. Nesse caso, produz-se um óvulo. Se for fecundado por um espermatozoide de cavalo, surge o zigoto. Forma-se um descendente que, porém, é totalmente anormal e com poucas chances de sobrevivência.

FECUNDAÇÃO: A VOLTA À DIPLOIDIA

Já vimos que a meiose é uma divisão celular reducional. De uma célula diploide formam-se quatro células haploides. Por outro lado, é preciso reconstituir o número diploide de cromossomos típicos de cada espécie. A **fecundação** restitui a diploidia ao promover o encontro de um lote cromossômico haploide paterno com outro lote haploide materno (veja a Figura 6-16). Então, o processo da meiose é oposto ao da fecundação.

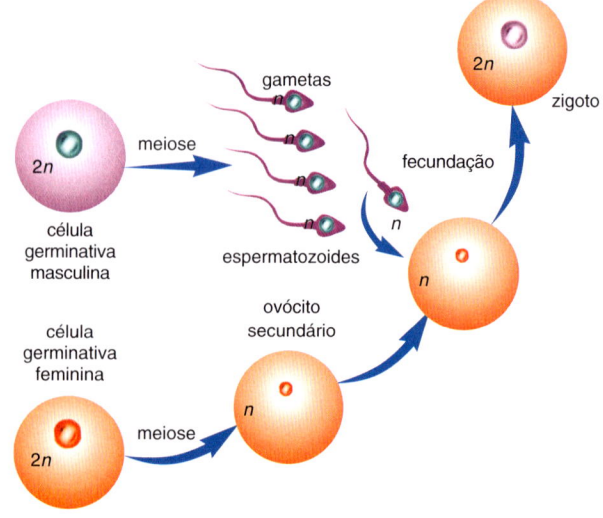

Figura 6-16. Meiose e fecundação são fenômenos opostos. Enquanto a meiose é uma divisão formadora de células haploides a partir de células diploides, a fecundação restabelece a diploidia.

A ciência por trás do fato!

Calça justa causa infertilidade?

Para responder a esta pergunta, primeiro precisamos relembrar alguns conhecimentos que vimos neste capítulo. Aprendemos que os espermatozoides são produzidos por meiose nos testículos. Os testículos (em número de dois) fazem parte do sistema genital masculino e estão contidos em uma estrutura chamada saco escrotal, localizada logo abaixo do pênis. A principal função do saco escrotal é proteger e regular a temperatura dos testículos.

Nosso corpo possui uma temperatura média de cerca de 36,5 °C; entretanto, uma temperatura mais baixa é necessária para ativar a produção de espermatozoides e permitir sua sobrevivência. Como os testículos estão alojados fora da cavidade abdominal, mas dentro do saco escrotal, a temperatura dessa região é sempre aproximadamente 2 °C menor do que a média da temperatura do corpo.

Dessa forma, um aumento de temperatura dos testículos como, por exemplo, uma febre alta, o trabalho por longos períodos de tempo em locais excessivamente quentes e até mesmo uma calça muito justa podem baixar a taxa de fertilidade. O problema da temperatura é tão sério que alguns estudos apontam que os homens que trabalham com *laptops* no colo podem ter sua fertilidade diminuída, já que alguns componentes internos dos computadores podem chegar a 60 °C de temperatura.

Ética & Sociedade

Os números da síndrome de Down

Quantas pessoas portadoras da síndrome de Down você conhece? Muito provavelmente poucas, ou até mesmo nenhuma. Essa é uma realidade muito comum entre os brasileiros e pode levar a uma falsa impressão de que estes casos são bastante raros.

Para termos uma ideia da incidência dessa síndrome, a cada gravidez, independentemente da idade materna, a chance de se ter um bebê portador de Down é de aproximadamente 1,3 para cada 1.000 nascimentos, fazendo com que, anualmente, 8 mil bebês nasçam com esta condição. Como a maioria das mulheres tem filhos com idade inferior a 35 anos, aproximadamente 80% das crianças portadoras dessa síndrome nascem de mulheres jovens. Já para as futuras mamães com idade superior a 35 anos, as chances de gerar um bebê com síndrome de Down aumentam muito, chegando a 1 para 400 nascimentos.

Se você tivesse um filho portador dessa síndrome, que tipo de atividade você conhece que poderia ser realizada por ele? Apesar de algum preconceito que ainda persiste, hoje em dia a síndrome de Down não é mais sinônimo de exclusão social e incapacidade. Essas crianças podem se desenvolver quase normalmente e, se lhes derem chance, vão aprender e trabalhar como qualquer um de nós.

Passo a passo

1. Nos seres eucariontes pode haver dois tipos de divisão celular: mitose e meiose. Com relação a esses dois tipos de divisão celular, responda:
   a) Por que a mitose é um tipo de divisão equacional? Justifique sua resposta utilizando símbolos.
   b) O que significa dizer que a meiose é um tipo de divisão reducional? Qual a condição necessária, quanto à ploidia da célula-mãe, para esse tipo de divisão ocorrer? Justifique sua resposta utilizando símbolos.

2. Do mesmo modo que a abertura da filial de uma empresa envolve intenso trabalho de preparação do novo projeto, também a célula, antes de se dividir, passa por um período de preparação denominado de intérfase. Com relação a esse tema, responda:
   a) O que significa, então, intérfase?
   b) Cite duas ocorrências importantes da intérfase em uma célula animal.
   c) Como estão organizados os cromossomos ao final da intérfase?

3. Considere os itens abaixo:
   I – período de intensa atividade metabólica que precede a divisão celular;
   II – período da vida da célula em que ocorre a duplicação do material genético;
   III – período da vida da célula animal em que os centríolos são duplicados.

   São relacionados à intérfase da mitose:
   a) apenas I.
   b) apenas II.
   c) apenas III.
   d) apenas I e II.
   e) I, II e III.

4. Com relação à intérfase, responda:
   a) É correto dizer que a interfase corresponde a um período de repouso metabólico? Justifique sua resposta.
   b) Quais são os três períodos dessa fase do ciclo celular?
   c) Em qual dos três períodos da interfase ocorre duplicação do DNA?

5. Considere a ilustração a seguir. Utilizando as informações deste, responda:

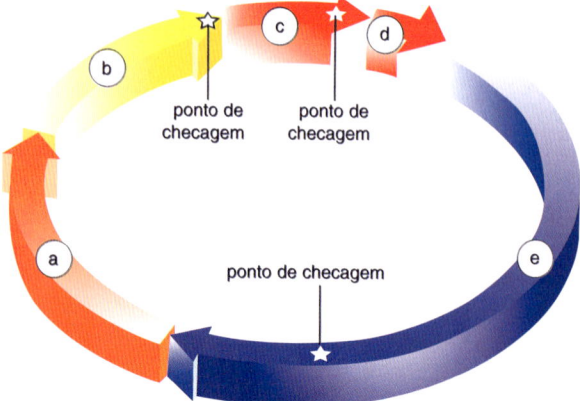

   a) Que fases do ciclo celular estão indicadas pelas setas de *a* até *e*?
   b) Qual o significado de *ponto de checagem*?

6. Considere o gráfico a seguir. Utilizando as informações deste capítulo responda ao que se pede.

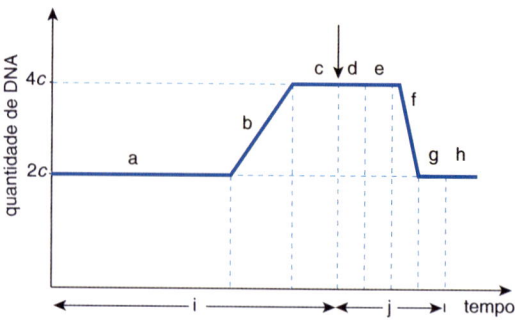

   a) Cite os eventos indicados de *a* até *j*.
   b) A que correspondem as fases *d, e, f* e *g*?
   c) Qual o significado desse gráfico?

7. Ao final da intérfase, cada cromossomo que participará da mitose é formado:
   a) por dois cromossomos, já perfeitamente separados e independentes.
   b) por duas cromátides-irmãs, que se separarão ao longo do processo mitótico.
   c) por uma única cromátide, que se duplicará ao longo do processo mitótico.
   d) por duas cromátides que se converterão em quatro, ao longo do processo mitótico.
   e) por dois cromossomos-irmãos, que se reunirão em um único ao longo do processo mitótico.

8. Embora a divisão celular mitótica seja um processo contínuo, costuma-se dividi-la, por motivos didáticos, em fases, que são, na sequência temporal em que ocorrem, desde o início:
   a) anáfase, prófase, metáfase, telófase.
   b) telófase, metáfase, anáfase, prófase.
   c) prófase, metáfase, anáfase, telófase.
   d) metáfase, prófase, telófase, anáfase.
   e) anáfase, metáfase, prófase, telófase.

9. Relativamente aos eventos que ocorrem na mitose, cite a fase em que:
   a) ocorre a formação do fuso de divisão, a fragmentação da carioteca e o desaparecimento do nucléolo;
   b) os cromossomos iniciam o processo de desespiralação e reaparecem a carioteca e os nucléolos nos novos núcleos celulares.

10. Com relação à mitose, responda:
   a) Qual a principal característica da metáfase mitótica?
   b) Em que momento da mitose ocorre a duplicação dos centrômeros e se separam as cromátides-irmãs?
   c) Como essas cromátides irmãs passam a ser denominadas após sua separação?
   d) A mitose de uma célula animal é muitas vezes designada de *astral*, referindo-se à existência de uma estrutura denominada *áster*. Como é organizada essa estrutura?

11. A anáfase é uma das fases da divisão mitótica mais característica, em vista da ocorrência de um fenômeno envolvendo os cromossomos. Qual é esse fenômeno?

12. Citocinese é o nome dado ao conjunto de acontecimentos que culminam com a formação de duas células. Com relação a essa etapa do ciclo celular:

a) Cite a diferença existente entre a citocinese na célula animal e a citocinese na célula vegetal?
b) Qual o significado de *fragmoplasto* e *lamela média*, relativamente à mitose que ocorre na célula de vegetais complexos?
c) Na célula de vegetais complexos não há centríolos e, portanto, a mitose ocorre sem eles. Que denominação recebe a mitose nesse caso?

13. O esquema abaixo representa uma célula $2n = 4$ em:

a) intérfase, fase G_1.
b) mitose, anáfase.
c) intérfase, fase S.
d) mitose, metáfase.
e) mitose, telófase.

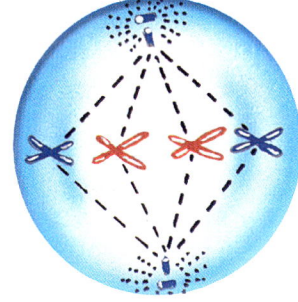

14. A ilustração a seguir representa o esquema de um ciclo celular:

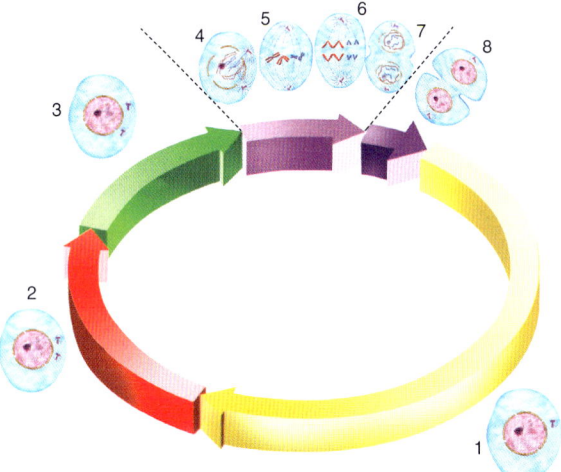

a) Reconheça os eventos indicados de 1 a 8.
b) Quais dos eventos correspondem à intérfase? Quais correspondem à mitose?
c) Cite as duas características que evidenciam que se trata do ciclo de uma célula animal.

15. Considere as afirmações seguintes, relacionadas às características das células cancerosas:

I – São células diferenciadas componentes dos tecidos normalmente encontrados no organismo humano.
II – Dividem-se continuamente, formam camadas sobrepostas e originam aglomerados constituintes dos tumores.
III – Espalham-se por via sanguínea e linfática e invadem órgãos distantes do ponto de origem, fenômeno denominado de *metástase*.

Das afirmações acima, são corretas:

a) I, II e III.
b) I e II, apenas.
c) I e III, apenas.
d) II e III, apenas.
e) I, apenas.

16. Questão de interpretação de texto

Nos últimos 30 anos, a biologia molecular demonstrou que, para se multiplicar, uma célula recebe e responde a sinais que chegam à membrana plasmática e são transmitidos através do citoplasma para que o DNA presente no núcleo inicie o processo de divisão celular. Essenciais na origem do câncer, esses mecanismos envolvem uma cascata de moléculas que se comunicam umas com as outras, em uma rede incrível de complexidade. A indústria farmacêutica decidiu, então, investir na busca de "moléculas inteligentes", capazes de neutralizar a atividade das moléculas responsáveis pela transmissão desses sinais que disparam a multiplicação das células malignas. Para tornar tudo mais difícil, no entanto, as células tumorais se defendem do ataque que as atingiu em determinado alvo. Reagem ao bloqueio daquela via, criando novos caminhos para assegurar-lhes o seu direito de crescer e se multiplicar.

Adaptado de: VARELLA, D. O custo da vida.
Folha de S.Paulo, São Paulo, 18 dez. 2010. Caderno Ilustrada, p. E16.

Responda aos itens a seguir com base nas informações do texto e do item **O Controle do Ciclo Celular e a Origem do Câncer**, que consta do texto deste capítulo.

a) Que tipo de divisão celular é utilizado pelas células cancerosas para sua multiplicação?
b) Cite duas características típicas das células cancerosas.
c) A passagem de uma fase a outra, no ciclo celular, depende da atuação de fatores de regulação proteicos, que atuam nos pontos de checagem. Cite a categoria de proteínas relacionadas a essa regulação.
d) O que significa *metástase*, relativamente a um tumor maligno?

17. Os esquemas abaixo ilustram os dois tipos de divisão celular que ocorrem em seres vivos eucariontes. Utilize-os para responder aos itens:

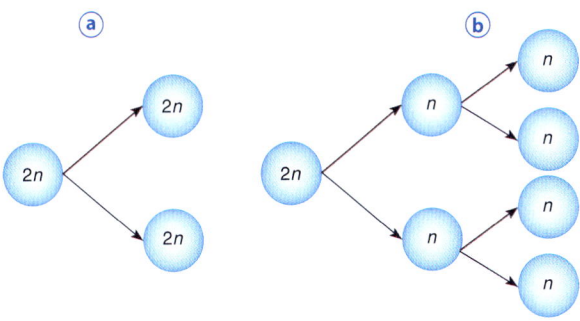

a) Qual deles representa a mitose?
b) Qual deles representa a meiose?
c) Cite duas diferenças entre os tipos de divisão celular representados.

18. O esquema abaixo representa o comportamento dos cromossomos em certo tipo de divisão celular. Utilize-o para elaborar suas respostas.

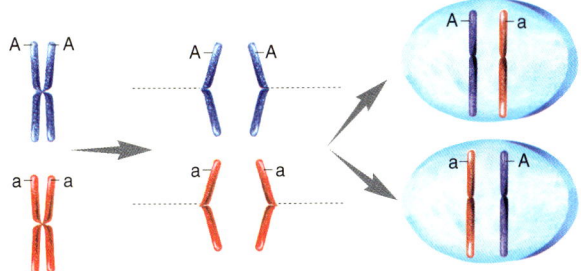

a) Em que tipo de divisão celular ocorre a situação representada? Justifique sua resposta.
b) Como se comportam os cromossomos homólogos no esquema?
c) Qual a consequência do comportamento dos homólogos representados no esquema?
d) Represente em símbolos a ploidia da célula que possui esse par de homólogos.

19. O esquema abaixo representa o comportamento dos cromossomos em certo tipo de divisão celular. Utilize-o para elaborar suas respostas.

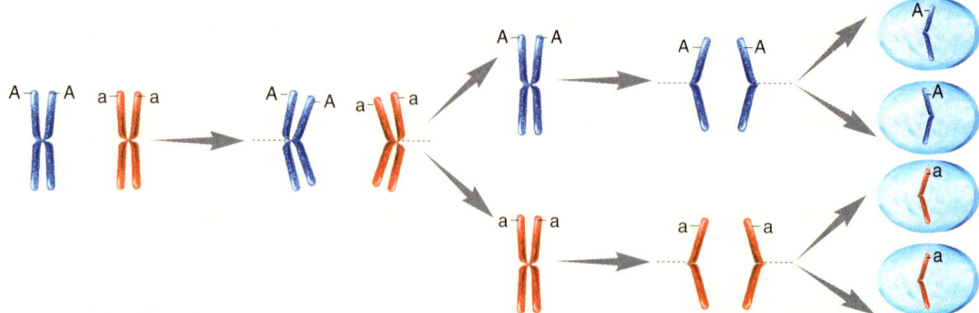

a) Em que tipo de divisão celular ocorre a situação representada?
b) Como se comportam os cromossomos homólogos no esquema?
c) Qual a consequência do comportamento dos homólogos representados no esquema?
d) O comportamento cromossômico representado ocorreria se a célula fosse haploide? Justifique sua resposta.

20. Meiose é um tipo de divisão celular reducional em que a partir de uma célula 2n formam-se quatro células n, em duas etapas de divisão. Com relação a esse tipo de divisão celular:

a) Quais são as duas etapas da divisão meiótica?
b) Como se denomina o intervalo existente entre as duas etapas de divisão?
c) Cada etapa de divisão consiste de quatro fases. Quais são elas?

21. Com relação às duas etapas da divisão meiótica:

a) Cite as duas principais características da primeira etapa de divisão meiótica.
b) Cite as duas principais características da segunda etapa da divisão meiótica.

22. Cada uma das quatro fases da primeira etapa da meiose possui uma característica marcante. Com relação a essas fases:

a) Cite a principal característica da prófase I, da metáfase I e da anáfase I.
b) Cite os dois eventos que ocorrem após a telófase I.

23. A prófase I é uma fase longa, na qual ocorrem importantes eventos em suas subfases. Com relação à prófase I:

a) Cite as subfases que a caracterizam.
b) Qual o evento marcante que ocorre na prófase I entre duas de suas subfases? Caracterize esse evento, o mecanismo de sua ocorrência e sua principal consequência.
c) Qual o significado de *quiasma*?

24. Com relação à segunda etapa da meiose:

a) Cite a fase em que ocorre a duplicação dos centrômeros e a separação das cromátides-irmãs.
b) Cite a consequência da citocinese que sucede a telófase II.
c) É correto dizer que a segunda etapa meiótica assemelha-se a uma mitose? Justifique sua resposta.

Leia atentamente os itens **25** a **30** e associe a relação de eventos antecedidos por letras com as fases características da meiose, descritas pelos números.

a) prófase I
b) metáfase I
c) anáfase I
d) telófase I
e) intercinese
f) prófase II
g) metáfase II
h) anáfase II
i) telófase II
j) citocinese

25. A meiose é um evento de divisão celular contínuo que, por motivos didáticos, é dividido nas mesmas fases da mitose e abrange apenas uma etapa de divisão.

26. A intercinese é um curto intervalo de tempo que ocorre na intérfase de uma célula diploide que vai iniciar o processo de divisão meiótica.

27. A meiose é dividida, por motivos didáticos, nas mesmas fases da mitose e abrange duas etapas de divisão.

28. A meiose I (primeira divisão meiótica) é composta de prófase I, metáfase I, anáfase I e telófase I.

29. A meiose II (segunda divisão meiótica) é composta de prófase II, metáfase II, anáfase II e telófase II.

30. A intercinese é, de maneira geral, um curto intervalo de tempo que ocorre entre a meiose I e a meiose II.

31. Com relação ao esquema a seguir, que ilustra uma célula em meiose, responda:

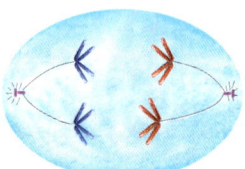

a) Em que etapa, I ou II, da meiose encontra-se a célula esquematizada? E em que fase? Justifique a sua resposta.
b) Qual a fase que antecede a representada no esquema? Como os cromossomos estariam dispostos nessa fase?

32. No desenho seguinte estão representados dois cromossomos de uma célula que resultou da primeira divisão da meiose de um indivíduo cuja constituição genética é AaBb.

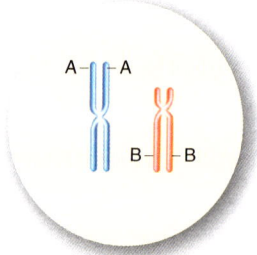

Esquematize esses cromossomos, com os genes mencionados,

a) no final da intérfase da célula que originou a célula do desenho;
b) nas células resultantes da 2.ª divisão meiótica da célula do desenho;
c) em todas as células resultantes da meiose que originou a célula do desenho.

33. Considere os dois gráficos abaixo relacionados, que se referem à quantidade de DNA no núcleo de células nas quais ocorrem divisões celulares.

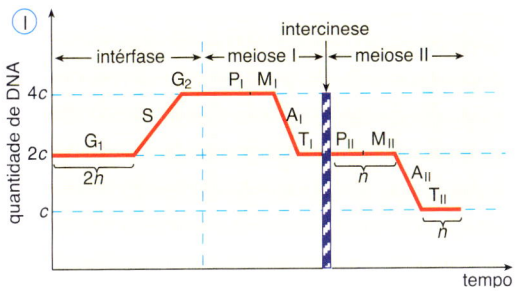

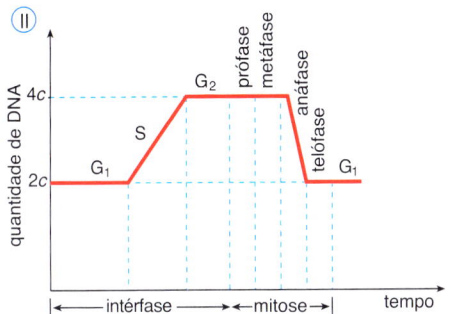

Com relação a esses gráficos, é correto dizer que:

a) I representa o que ocorre na mitose e II o que ocorre na meiose.
b) a quantidade de DNA, em ambos os gráficos, mantém-se constante ao longo do tempo.
c) a redução da quantidade de DNA pela metade ao final do processo, em relação à quantidade inicial, ilustrada no gráfico I, é característica do que ocorre com a meiose.
d) no gráfico II, característico da mitose, não ocorre aumento da quantidade de DNA ao longo do tempo.
e) os dois gráficos simbolizam o que ocorre com a variação do número de cromossomos ao longo do tempo, tanto na mitose (gráfico II) quanto na meiose (gráfico I).

34. Considere as seguintes afirmações:

I – *Crossing-over* (permuta) é a troca de pedaços entre cromátides-irmãs.
II – A principal consequência do *crossing-over* (permuta) é a ocorrência de recombinação entre os genes.
III – A recombinação gênica favorecida pela ocorrência de *crossing-over* contribui para a geração de variabilidade entre as células produzidas na meiose.

Assinale

a) se apenas I e II forem corretas.
b) se apenas I e III forem corretas.
c) se apenas II e III forem corretas.
d) se todas forem corretas.
e) se todas forem incorretas.

35. A seguir estão esquematizadas, lado a lado, a gametogênese masculina e a gametogênese feminina. Observe-as com cuidado e responda às questões:

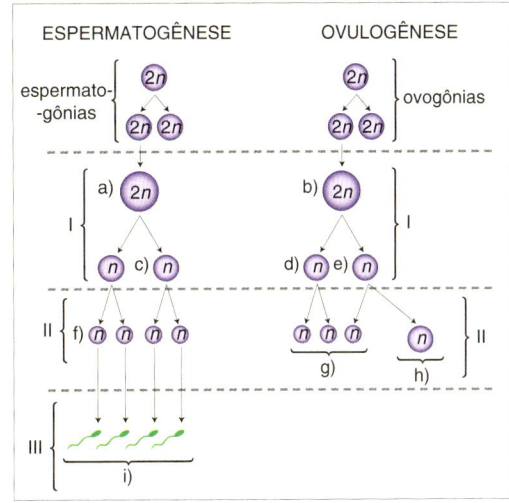

a) O que representam as etapas numeradas I, II e III?
b) Que células estão representadas de *a* até *i*?

36. Por que se diz que, na espécie humana, a ovulação não corresponde à saída de um óvulo do ovário?

37. A partir de um ovo fertilizado de sapo, até a formação do estágio larval, conhecido como girino, ocorre uma série de divisões celulares. Lembrando que o girino é um ser jovem, incapaz de se reproduzir, um estudante afirmou que a distribuição percentual dos tipos de divisão celular que ocorreram até esta fase era: 50% mitose e 50% meiose. O estudante acertou ou errou? Justifique sua resposta.

38. Células diploides de égua possuem 64 cromossomos, enquanto as de um jumento possuem 62. Assinale a alternativa que relacione corretamente o número de cromossomos que se espera encontrar, na ordem, em um óvulo de égua, em um espermatozoide de jumento e no zigoto resultante do encontro desses dois gametas.

a) 32, 31 e 64
b) 31, 32 e 63
c) 32, 32 e 64
d) 32, 31 e 63
e) 31, 32 e 64

39. É comum dizer-se que a fecundação é um fenômeno oposto ao da meiose. Essa afirmação é:

a) verdadeira, porque a meiose, sendo uma divisão reducional, produz gametas com metade do número de cromossomos típico de uma espécie, enquanto a fecundação restitui a diploidia ao promover o encontro de gametas.
b) falsa, já que a meiose é uma divisão equacional que forma células já diploides, enquanto a fecundação apenas permite que os núcleos dos gametas se reúnam.
c) verdadeira, uma vez que a meiose forma gametas haploides que duplicarão os seus lotes cromossômicos durante o processo de fecundação.
d) verdadeira, já que a meiose, um tipo de divisão celular benéfico para o organismo, contrabalança os efeitos negativos gerados na fecundação.
e) falsa, uma vez que tanto a meiose quanto a fecundação são processos de geração de gametas, ou seja, células haploides que originarão zigotos sem necessidade de fusão.

40. Na síndrome de Down, acontece um erro na meiose formadora de gametas, decorrente de uma não disjunção (não separação de cromossomos homólogos ou de cromátides-irmãs na anáfase II). Como consequência, haverá a produção de:

a) zigotos contendo um par a mais de cromossomos número 21 e a célula ficará com 48 cromossomos.
b) zigotos contendo um elemento a mais do par número 21 e a célula ficará com 47 cromossomos.
c) um óvulo contendo três cromossomos número 21 que, juntando se ao existente no espermatozoide, gera um zigoto contendo 48 cromossomos.
d) zigotos normais, uma vez que um dos cromossomos do par número 21 é destruído por ocasião da fecundação, ficando a célula com 46 cromossomos.
e) zigoto normal, uma vez que haverá fusão de dois cromossomos número 21, formando-se uma célula com 46 cromossomos.

41. *Questão de interpretação de texto*

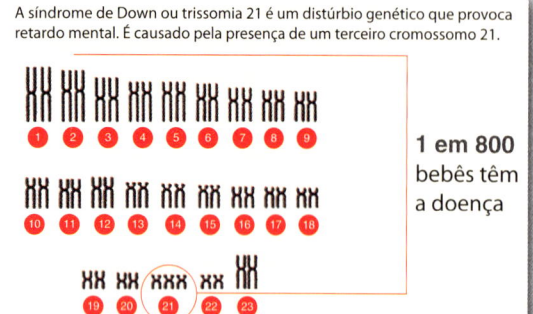

A síndrome de Down ou trissomia 21 é um distúrbio genético que provoca retardo mental. É causado pela presença de um terceiro cromossomo 21.

1 em 800 bebês têm a doença

Utilizando seus conhecimentos sobre o assunto, responda:
a) Que nome é dado à montagem dos cromossomos, como a ilustrada na imagem?
b) Em qual dos tipos de divisão celular é mais frequente ocorrer a situação ilustrada no texto?
c) Imaginando que o erro em questão ocorra em uma das células que passará pela anáfase II, qual será a constituição genética relativa a esse cromossomo nas duas células resultantes?

Extraído de: BONALUME NETO, R. Exame de sangue da mãe detecta síndrome de Down. *Folha de S.Paulo*, São Paulo, 13 jan. 2011. Caderno Ciência, p. C14.

Questões objetivas

1. (UPE) A figura abaixo representa um corte histológico de raiz de cebola, na qual estão enumeradas diferentes fases do ciclo celular.

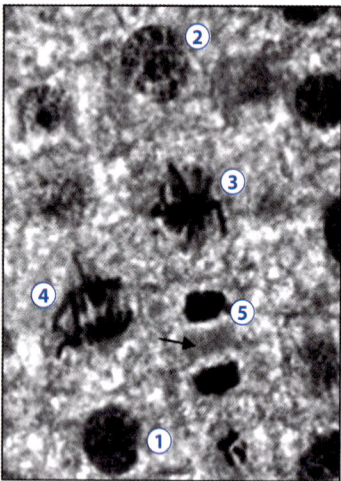

<http://www.mundoeducacao.com.br/upload/conteudo_legenda/46bb800fb7c29b4228969b92cbdbc1b5.jpg>

Assinale a frase que identifica CORRETAMENTE a fase 5 (cinco) e a estrutura apontada com uma seta.

a) A intérfase está subdividida nas fases S, G_1 e G_2. A estrutura apontada é o cloroplasto.
b) Na metáfase, os cromossomos estão alinhados na placa equatorial. A estrutura apontada é o cloroplasto.
c) Na metáfase, os cromossomos estão alinhados na placa equatorial. A estrutura apontada é a parede celular.
d) Na telófase, ocorre a descondensação dos cromossomos e a citocinese centrípeta. A estrutura apontada é o fragmoplasto.
e) Na telófase, ocorre a descondensação dos cromossomos e a citocinese centrífuga. A estrutura apontada é o fragmoplasto.

2. (UEL – PR) O processo de mitose é essencial para o desenvolvimento e o crescimento de todos os organismos eucariotos.

Interfase			Mitose
G_1	S	G_2	M
5	7	3	1

horas

Prófase	Metáfase	Anáfase	Telófase
36	3	3	18

minutos

Tempo despendido em cada intervalo de um ciclo celular completo de uma célula humana em cultura. Esse tempo varia de acordo com os tipos e as condições das células.

Fonte: KLUG, W. et. al. *Conceitos de Genética*. 9. ed. Porto Alegre: Artmed, 2010, p. 24.

Com base na figura e nos conhecimentos sobre o ciclo celular, é correto afirmar:

a) O período durante o qual ocorre a síntese do DNA é maior que o período em que não ocorre síntese alguma de DNA.
b) Ao final de um ciclo celular, a quantidade de material genético, nos núcleos de cada célula-filha, equivale ao dobro da célula parental.
c) O tempo gasto para o pareamento cromossômico na placa equatorial equivale ao tempo gasto para síntese de DNA.
d) Em mais da metade do tempo da mitose, as cromátides estão duplicadas, separadas longitudinalmente, exceto no centrômero.
e) Durante a fase mais longa da mitose, as cromátides-irmãs se separam uma da outra e migram para as extremidades opostas da célula.

3. (PUC – MG) Para a observação de células em divisão, utilizamos cortes de raiz de cebola em lâminas e analisamos no microscópio. Através dessa técnica, um estudante de biologia observou, ao microscópio óptico, células em divisão e montou o seguinte esquema, no qual as diferentes fases estão representadas pelas letras A, B, C, D e E.

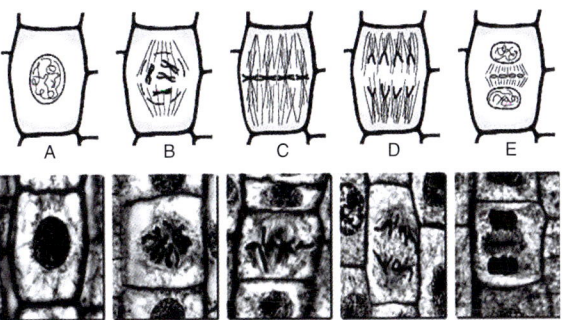

De acordo com o esquema, assinale a alternativa **INCORRETA**.

a) Na metáfase, representada em C, não se observa o pareamento de cromossomos homólogos.
b) Na telófase, o material genético das células-filhas será envolvido por membrana dupla.
c) É possível observar o DNA em duplicação em B, durante a prófase mitótica.
d) Na anáfase, representada em D, observa a separação das cromátides-irmãs puxadas para polos opostos.

4. (UFU – MG – adaptada) O ciclo celular é um processo fisiológico que acontece todos os dias na dinâmica de funcionamento do corpo humano. Seja na reparação, formação ou renovação de tecidos, ou ainda na formação de gametas, a atividade celular é intensa.

Neste processo, são eventos do ciclo celular:

I – Condensação máxima dos cromossomos.
II – Reorganização dos nucléolos.
III – Duplicação semiconservativa do DNA.
IV – Separação das cromátides-irmãs.

Os eventos acima citados correspondem, respectivamente, a:

a) Prófase, fase S da intérfase, telófase, anáfase.
b) Fase S da intérfase, prófase, metáfase, telófase.
c) Metáfase, telófase, fase S da intérfase, anáfase.
d) Metáfase, anáfase, prófase, telófase.

5. (PUC – MG) O câncer é hoje uma das doenças mais preocupantes do mundo não só pelos milhões de mortes que causa a cada ano, mas também pela dificuldade de tratamento e pelas difíceis condições de vida que impõe aos doentes. O número de vítimas vem crescendo e, segundo dados do Ministério da Saúde, o câncer é a segunda doenças que mais mata no Brasil. O número de mortes decorrentes desse mal aumentou 22% nos últimos 25 anos. Os tipos mais comuns são os de pele, mama, próstata, estômago, pulmão e colo de útero.

Disponível em: <http://www.revistaescola.abril.com.br>.

Leia as afirmativas abaixo.

I – O câncer é uma proliferação celular anormal e maligna, em que as células se dividem ao longo da vida de uma pessoa, principalmente durante a fase de crescimento.
II – A mitose é um processo bem controlado pelo organismo normal, de forma que os diferentes tipos de célula podem alcançar números ideais sem interferir no funcionamento dos órgãos, o que garante a saúde do indivíduo.
III – Em determinadas condições, classicamente associadas a mutações na molécula de DNA e anormalidades cromossômicas, uma ou mais células podem "burlar" os mecanismos de controle e começar a se reproduzir além do normal, dando origem ao câncer.
IV – Com o passar dos anos, é o acúmulo de células mutantes que gera o tumor maligno o qual se espalha através da corrente sanguínea, podendo atingir o cérebro.

Estão **CORRETAS** as alternativas:

a) I, II, III e IV.
b) I, II e III, apenas.
c) II e IV, apenas.
d) I e III apenas.

6. (UFTM – MG) A mitose e a meiose ocorrem no organismo humano e possibilitam a formação de diferentes células. A primeira ocorre em células somáticas e a segunda em células germinativas. Existem vários eventos que acontecem de forma semelhante nas duas divisões celulares; dentre eles, pode-se citar:

a) duplicação do DNA, separação dos cromossomos homólogos e duplicação dos centríolos.
b) separação das cromátides-irmãs, duplicação dos centríolos e permutação.
c) condensação cromossômica, duplicação do DNA e desaparecimento do envoltório nuclear.
d) citocinese, duplicação dos centríolos e separação dos cromossomos homólogos.
e) separação das cromátides-irmãs, pareamento dos homólogos e formação das fibras do fuso.

7. (FUVEST – SP) A figura abaixo representa uma célula diploide e as células resultantes de sua divisão.

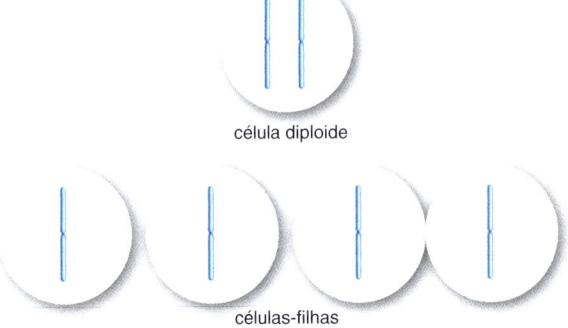

Nesse processo,

a) houve um único período de síntese de DNA, seguido de uma única divisão celular.
b) houve um único período de síntese de DNA, seguido de duas divisões celulares.
c) houve dois períodos de síntese de DNA, seguidos de duas divisões celulares.
d) não pode ter ocorrido permutação cromossômica.
e) a quantidade de DNA das células-filhas permaneceu igual à da célula-mãe.

8. (UFMS) Na meiose, acontecem duas divisões celulares sucessivas denominadas meiose I e meiose II. Observe o esquema abaixo e considere que a célula-mãe (célula 1) apresente o número de dezesseis cromossomos ($2n = 16$).

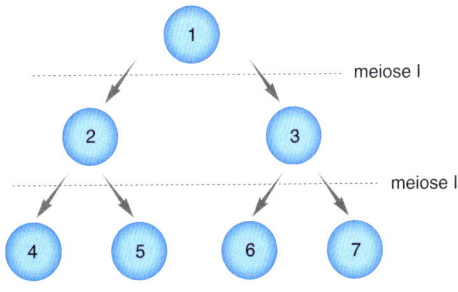

Em relação à meiose, é correto afirmar:

(01) As células 4, 5, 6 e 7 apresentam 8 cromossomos.
(02) As células 1, 2 e 3 apresentam 16 cromossomos.
(04) A célula 1 passa por divisão reducional e equacional para formar as células 2 e 3.
(08) As células 2 e 3 sofrem divisão reducional para formar as células 4, 5, 6 e 7.
(16) As células 2, 3, 4, 5, 6 e 7 apresentam a metade do número de cromossomos da célula 1.
(32) As células 2 e 3 são originadas da célula 1 por divisão reducional.

9. (UFU – MG) Observe o esquema abaixo.

A proposição de modelos explicativos tem sido um dos avanços observados na ciência. Como exemplo desses modelos, podemos citar o sistema XY de determinação do sexo na espécie humana. Observando-se o esquema acima de uma célula diploide humana, formada por 44 autossomos (A) e os cromossomos sexuais X e Y em processo de divisão celular, é correto afirmar que esse esquema refere-se a uma célula.

a) feminina em processo de mitose.
b) feminina em processo de meiose.
c) masculina em processo de mitose.
d) masculina em processo de meiose.

10. (UFPB) A figura abaixo representa uma célula, durante o período G_1 do ciclo celular, com número diploide de cromossomos igual a quatro (2n = 4).

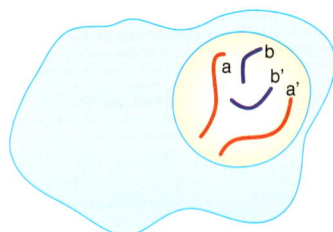

A seguir estão esquematizadas três anáfases possíveis, em **A**, **B** e **C**, caso essa célula se divida por meiose ou mitose.

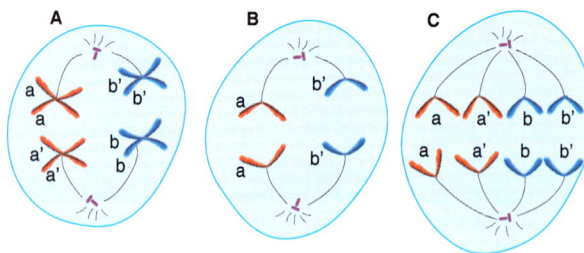

De acordo com os esquemas, identifique as afirmativas corretas:

I – As três anáfases esquematizadas ocorrem durante a meiose.
II – A anáfase esquematizada em **A** representa a anáfase I da meiose.
III – A anáfase esquematizada em **B** representa a anáfase II da meiose.
IV – A anáfase esquematizada em **A** apresenta oito moléculas de DNA.
V – A anáfase esquematizada em **C** corresponde à anáfase da mitose.

11. (UFSC) Assinale a(s) proposição(ões) **CORRETA(S)**.

O ciclo celular é dividido em duas etapas: Divisão Celular e Intérfase. Nesta última etapa (Interfase), subdividida em $G_1 – S – G_2$, a célula realiza seu metabolismo e se prepara, quando necessário, para a etapa da divisão celular.

(01) O tempo que as células permanecem na etapa chamada de Intérfase é o mesmo entre os diferentes tipos celulares.
(02) No período do desenvolvimento embrionário, o ciclo celular e compreende etapas de Interfases longas e etapas de divisões celulares rápidas.
(04) Na fase S da Intérfase ocorre o processo de duplicação do DNA.
(08) Durante a intérfase o DNA está em plena atividade, formando o RNA com as informações para a síntese proteica.
(16) Em G_2 a quantidade de DNA é a mesma que em G_1.
(32) A frequência com que as células entram em divisão celular varia com o tipo e o estado fisiológico de cada uma delas.
(64) Na etapa chamada de divisão celular, pode ocorrer tanto a mitose como a meiose, em qualquer célula do corpo humano.

12. (UFRGS – RS) Observe o quadro abaixo, referente a diferentes fases do ciclo celular de uma célula meiótica de uma determinada espécie.

	A	B	C	D	E	F
Número de cromátides por célula	20	40	40	20	20	10
Número de cromossomos por célula	20	20	20	10	10	10

Com base nos dados apresentados no quadro, assinale a afirmação correta.

a) A separação das cromátides-irmãs é responsável pela redução do número de cromossomos entre as fases **C** e **D**.
b) O aumento do número de cromátides em relação ao número de cromossomos na fase **B** é consequência da separação dos cromossomos homólogos.
c) O valor **n** mantém-se constante em todas as fases do ciclo celular.
d) O número de cromossomos de células haploides desta espécie é 20.
e) A redução do número de cromátides entre as fases **E** e **F** deve-se à separação das cromátides-irmãs.

13. (FUVEST – SP) A planta do guaraná *Paullinia cupana* tem 210 cromossomos. Outras sete espécies do gênero *Paullinia* têm 24 cromossomos. Indique a afirmação correta:

a) As espécies do gênero *Paullinia* que têm 24 cromossomos produzem gametas com 24 cromossomos.
b) Na meiose das plantas do gênero *Paullinia* que têm 24 cromossomos ocorrem 24 bivalentes.
c) *Paullinia cupana* é diploide, enquanto as outras sete espécies são haploides.
d) Os gametas de *Paullinia cupana* têm 105 cromossomos.
e) O endosperma da semente de *Paullinia cupana* tem 210 cromossomos.

14. (UnB – DF – adaptada) As figuras abaixo mostram as principais partes dos gametas masculino (em A) e feminino (em B).

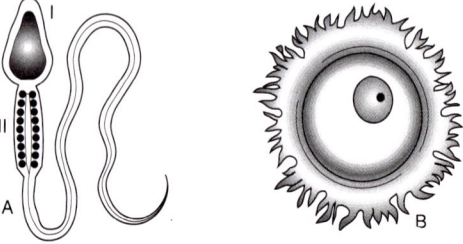

Considerando os dados relativos às figuras apresentadas, julgue os itens que se seguem.

1. A estrutura I é pobre em enzimas.
2. A energia necessária para o batimento do flagelo provém da estrutura II.
3. Na espécie humana, a produção dos gametas representados pela figura A é muito maior que a dos representados pela figura B.
4. No processo de fecundação, a membrana celular da célula B sofre significativas modificações.

(UFT – TO) O esquema abaixo mostra a série de transformações que resultam na formação dos gametas maduros durante a gametogênese. Observe o esquema para responder as questões 15 e 16.

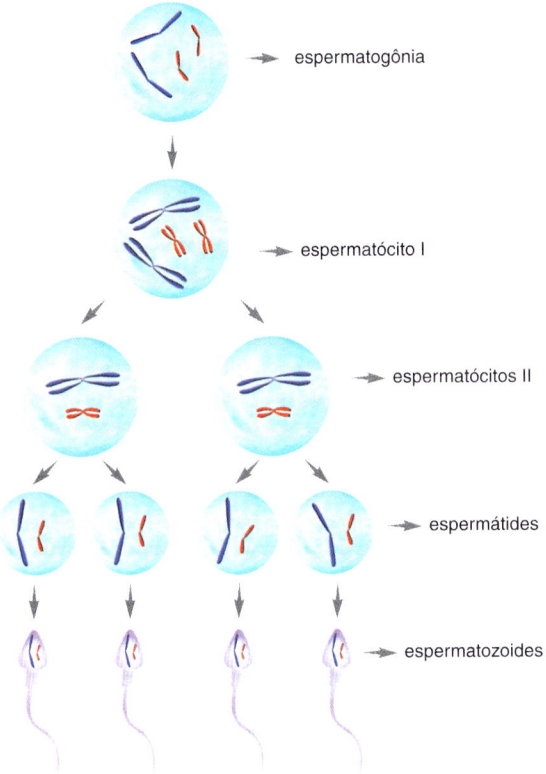

15. Com base no esquema, assinale a alternativa CORRETA.
a) As espermatogônias são células haploides que aumentam em número por meio das divisões mitóticas.
b) O espermatócito I sofre divisão mitótica, originando o espermatócito II.
c) As espermátides são produtos da meiose I da gametogênese masculina.
d) Os espermatozoides são produtos da meiose II.
e) O processo de maturação das espermátides em espermatozoides ocorre por divisão meiótica.

16. Sobre a estrutura do espermatozoide pode-se considerar que:
a) Na espermiogênese ocorre redução do citoplasma, formação do acrossomo, aumento do número de mitocôndrias e aparecimento do flagelo.
b) Na cabeça do espermatozoide situa-se o acrossomo, que contém os cromossomos que transmitem a informação hereditária.
c) O movimento do flagelo que forma a cauda do espermatozoide se dá pela interação dos filamentos de actina e miosina.
d) Na peça intermediária do espermatozoide existe uma bolsa de enzimas digestivas com função de perfurar os envoltórios do óvulo durante a fecundação.
e) As mitocôndrias, responsáveis pela liberação de energia, estão localizadas na cauda do espermatozoide.

17. (UNESP) No homem, a cada ejaculação são liberados milhões de espermatozoides, cada um deles carregando um lote haploide de 23 cromossomos.
Considerando-se apenas a segregação independente dos cromossomos na prófase I da meiose, podemos afirmar corretamente que, em termos estatísticos, no volume de um ejaculado estarão presentes até
a) 2^{23} espermatozoides geneticamente diferentes, cada um deles carregando um conjunto cromossômico que difere do conjunto cromossômico de outro espermatozoide, uma vez que cada um deles carrega cromossomos de diferentes pares.
b) 2^{23} espermatozoides geneticamente diferentes, cada um deles carregando um conjunto cromossômico que difere do conjunto cromossômico de outro espermatozoide na sua composição de alelos.
c) 23^2 espermatozoides geneticamente diferentes, cada um deles carregando um conjunto cromossômico que difere do conjunto cromossômico de outro espermatozoide, uma vez que cada um deles carrega cromossomos de diferentes pares.
d) 23^2 espermatozoides geneticamente diferentes, cada um deles com apenas um dos homólogos de cada par.
e) 23×23 espermatozoides geneticamente diferentes, cada um deles carregando um conjunto cromossômico que difere do conjunto cromossômico de outro espermatozoide na sua composição de alelos.

18. (UNESP) Um pesquisador analisou células em divisão das gônadas e do trato digestório de um macho de uma nova espécie de mosca. A partir de suas observações, fez as seguintes anotações:

Nas células do tecido I, em uma das fases da divisão celular, veem-se 8 cromossomos, cada um deles com uma única cromátide, 4 deles migrando para um dos polos da célula e os outros 4 migrando para o polo oposto.
Nas células do tecido II, em uma das fases da divisão celular, veem-se 4 cromossomos, cada um deles com duas cromátides, 2 deles migrando para um dos polos da célula e os outros 2 migrando para o polo oposto.
Pode-se afirmar que as células do tecido I e as células do tecido II são, respectivamente,
a) da gônada e do trato digestório. Essa nova espécie de mosca tem $2n = 2$.
b) da gônada e do trato digestório. Essa nova espécie de mosca tem $2n = 4$.
c) do trato digestório e da gônada. Essa nova espécie de mosca tem $2n = 8$.
d) do trato digestório e da gônada. Essa nova espécie de mosca tem $2n = 2$.
e) do trato digestório e da gônada. Essa nova espécie de mosca tem $2n = 4$.

19. (UNEMAT – MT) Analise o gráfico a seguir que representa a variação da quantidade de DNA no ciclo de vida de uma célula.

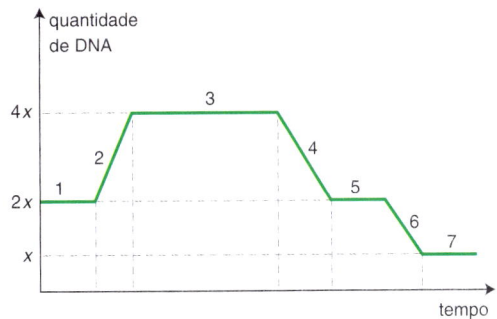

Assinale a alternativa **correta**.

a) As fases 1, 2 e 3 representam o período em que a célula encontra-se em intérfase, e as fases 4, 5, 6 e 7 são características da célula em divisão mitótica.
b) A célula representada no gráfico é uma célula diploide que teve a quantidade de seu DNA duplicada na fase 2, chamada de período de intérfase e, posteriormente passou pela divisão celular, originando células-filhas idênticas a ela.
c) As fases 2, 4 e 6 representam, respectivamente, os períodos S da intérfase, metáfase I e metáfase II da meiose, pois todas têm como característica a intensa síntese de DNA.
d) A fase 3 é caracterizada por um período em que não há variação na quantidade de DNA na célula, portanto, esta fase representa uma célula durante os períodos de G_2 da intérfase, prófase I, metáfase I e anáfase I da meiose.
e) A fase 2 é caracterizada pela duplicação do material genético da célula, conhecida como período S da intérfase, e as fases 4 e 6 mostram a posterior redução da quantidade de DNA, através da separação dos cromossomos homólogos na anáfase I e das cromátides-irmãs na anáfase II da meiose, originando na fase 7 células-filhas haploides.

20. (UFRGS – RS) Assinale com **V** (verdadeira) ou **F** (falso) as afirmações que seguem, referentes às diferenças entre a gametogênese masculina e feminina na espécie humana.

( ) Na mulher, o repertório de células gaméticas nos ovários é determinado ainda no período embrionário.
( ) No homem, a duplicação do DNA ocorre entre a meiose I e a meiose II.
( ) Na mulher, ocorre a formação de um corpúsculo polar ao final da meiose I, ainda na vida embrionária.
( ) No homem, os gametas, ao saírem da gônada, já concluíram sua gametogênese.

A sequência correta de preenchimento dos parênteses, de cima para baixo, é
a) V – F – F – V.
b) F – V – V – F.
c) V – F – V – F.
d) V – V – F – V.
e) F – V – F – F.

21. (UNEMAT – MT) Uma célula animal, diploide, com 20 pares de cromossomos, vai passar pelo processo de divisão celular chamado meiose.

Assinale a alternativa que corresponde corretamente à fase da meiose com os números de cromossomos desta célula.
a) Na fase paquíteno, a célula terá 80 cromossomos.
b) Na fase metáfase I, a célula terá 20 cromossomos.
c) Na fase anáfase I, a célula terá 20 cromossomos.
d) Na fase anáfase II, a célula terá 40 cromossomos.
e) Na fase telófase II, após a citocinese, a célula terá 20 cromossomos.

Questões dissertativas

1. (UNICAMP – SP) A figura ao lado mostra um corte histológico de um tecido vegetal em que estão assinaladas células em diferentes momentos do ciclo celular.

a) Em algumas das células mostradas na figura é esperado encontrar atividades de síntese de RNA mensageiro. Em qual das células, numeradas de 1 a 3, deve ocorrer maior atividade de síntese desse ácido nucleico? Justifique indicando a característica da célula que permitiu a identificação.
b) O que faz com que, em mitose, ocorra a separação das cromátides-irmãs de forma equitativa para os polos das células? Indique em qual das células numeradas na figura está ocorrendo essa separação.

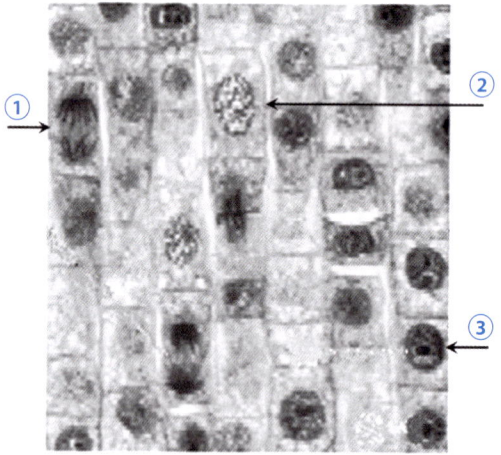

2. (UNICAMP – SP) O esquema abaixo representa três fases do ciclo celular de uma célula somática de um organismo diploide.

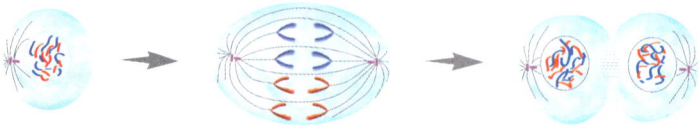

Adaptado de: CARVALHO, H. F. de; RECCO-PIMENTEL, S. M. *A célula.*
São Paulo: Manole, 2007, p. 380.

a) Qual é o número de cromossomos em uma célula haploide do organismo em questão? Justifique sua resposta.
b) Identifique se a célula representada é de um animal ou de uma planta. Aponte duas características que permitam fazer sua identificação. Justifique.

3. (UERJ) Normalmente não se encontram neurônios no cérebro em plena divisão celular. Entretanto, no Mal de Alzheimer, grandes quantidades dessas células iniciam anormalmente o ciclo de divisão. Estudos mostram que até 10% dos neurônios nas regiões atingidas por tal degeneração tentaram iniciar a divisão celular. Contudo, nenhum deles conseguiu terminá-la, pois não foi observado o sinal mais característico da consumação da divisão de uma célula: cromossomos alinhados no meio dos neurônios.

S. Herculano-Houzel
Adaptado de: O cérebro nosso de cada dia.
Rio de Janeiro: Vieira e Lent, 2002.

Nomeie o tipo de divisão celular ao qual o texto faz referência e a fase dessa divisão corresponde ao alinhamento dos cromossomos.

4. (UNESP) A figura representa uma anáfase de uma célula diploide animal. Essa célula está em mitose ou em meiose? Justifique, informando o número diploide de cromossomos em uma célula somática desse animal.

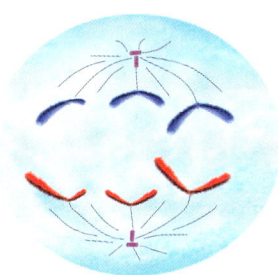

5. (FUVEST – SP) Nas células somáticas de um animal, um cromossomo tem os alelos M_1, Q_1, R_1 e T_1, e seu homólogo possui os alelos M_2, Q_2, R_2 e T_2.

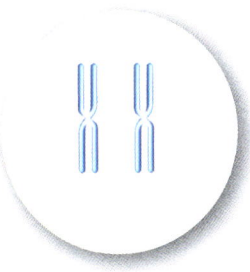

a) Acima, está esquematizada uma célula germinativa desse animal com esses cromossomos duplicados. Ordene os alelos dos locus M, Q, R e T nesses cromossomos.
b) Admitindo a ocorrência de um único *crossing-over* (permutação) entre os locus Q e R na divisão dessa célula germinativa, esquematize as células resultantes dessa divisão com os respectivos alelos dos locus M, Q, R e T.

6. (UNESP) Os gráficos I e II representam o conteúdo de DNA durante divisões celulares.

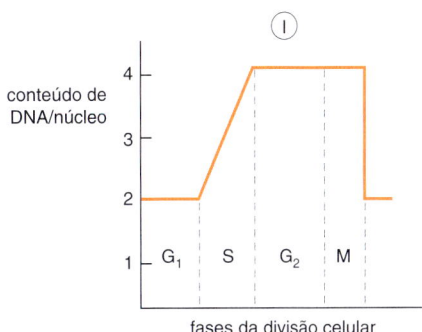

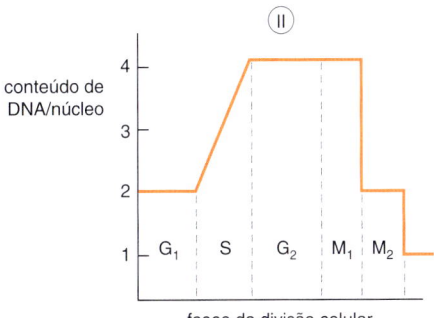

Considerando-se um cromossomo:

a) Quantas cromátides estão presentes no início da fase M do gráfico I? E ao final da fase M_2 do gráfico II?
b) Quantas moléculas de DNA estão presentes no início da fase M do gráfico I? E ao final da fase M_2 do gráfico II?

7. (UnB – DF) A figura abaixo esquematiza a não disjunção cromossômica.

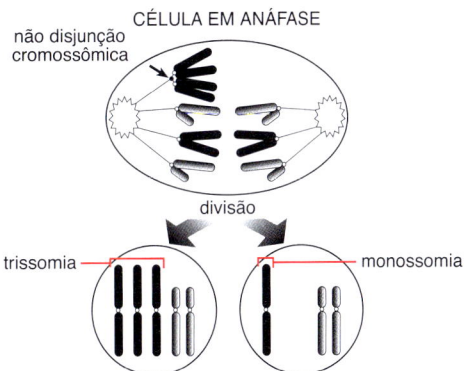

A respeito desse tema, julgue os itens a seguir.

1. As fibras do fuso de divisão são de importância fundamental para as migrações cromossômicas características da anáfase.
2. A síndrome de Down, causada por não disjunção cromossômica, é exemplo de trissomia.

Programas de avaliação seriada

1. (PSS – UFAL) A fase do ciclo celular ilustrada na figura abaixo é:

a) anáfase.   b) metáfase.   c) telófase.   d) prófase.   e) citocinese.

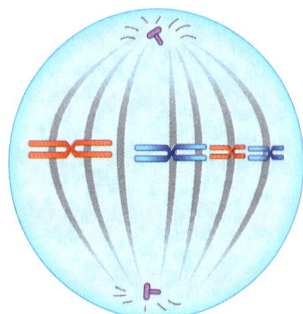

2. (PAIES – UFU – MG) O ciclo celular é um processo fisiológico que acontece todos os dias na dinâmica de funcionamento do corpo humano. Seja na reparação, formação ou renovação de tecidos, ou ainda na formação de gametas, a atividade celular é intensa. Neste processo, são eventos do ciclo celular:

I – Condensação máxima dos cromossomos.
II – Reorganização do nucléolo.
III – Duplicação dos cromossomos.
IV – Separação das cromátides-irmãs.

Os eventos acima citados correspondem, respectivamente, a:

a) prófase, fase S da intérfase, telófase, anáfase.
b) fase S da intérfase, prófase, metáfase, telófase.
c) metáfase, telófase, fase S da intérfase, anáfase.
d) metáfase, anáfase, prófase, telófase.

3. (PAS – UFLA – MG) Uma célula epitelial do estômago replicou recentemente seu DNA, mas o fuso mitótico ainda não se formou. Em qual das seguintes fases do ciclo de divisão celular essa célula se encontra?

a) fase S   b) fase G_2 c) fase G_1 d) fase M

4. (PAS – UEM – PR – adaptada) A questão refere-se ao gráfico a seguir que mostra a variação da quantidade de DNA durante o ciclo celular.

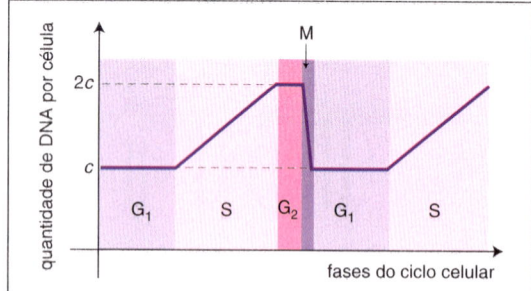

Considerando as fases do ciclo celular, assinale o que for **correto**.

(01) Quando cada cromossomo contém apenas uma molécula de DNA, o gráfico fornece uma função constante em relação às fases do ciclo celular.
(02) Durante a fase M, pode-se dizer que o gráfico corresponde a uma função modular.
(04) As fases G_1, S e G_2 compreendem a intérfase, período em que a célula está metabolicamente inativa.
(08) Durante a fase G_1, os filamentos cromossômicos permanecem descondensados no interior do núcleo, constituindo a cromatina.
(16) A duplicação do DNA ocorre durante o período de intérfase.

5. (SSA – UPE) Durante o ciclo celular, existem momentos chamados de pontos de checagem, em que mecanismos celulares avaliam as condições da célula antes de prosseguirem para outra fase.

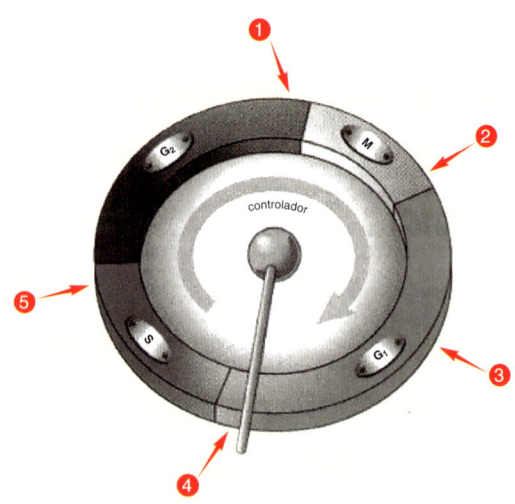

Sobre esses momentos, assinale a alternativa **CORRETA**.

a) No ponto 1 – a célula verifica se o tamanho que atingiu está adequado; o crescimento celular depende de nutrientes e de outros fatores do meio extracelular.
b) No ponto 2 – a célula verifica se o meio externo é adequado à proliferação celular; caso contrário, a célula não prossegue no ciclo celular.
c) No ponto 3 – a célula verifica se o DNA foi danificado; agentes mutagênicos, como a radiação, podem provocar alterações nas sequências de bases; caso isso ocorra, a célula não entra em S.
d) No ponto 4 – tem início a duplicação do centrossomo e dos centríolos.
e) No ponto 5 – corresponde ao principal ponto de checagem do ciclo celular onde a célula avalia se o DNA foi replicado corretamente.

6. (PASES – UFV – MG) O estudo das fases de um ciclo celular completo de 17 h e 30 min, em amostras de tecido cancerígeno, determinou os seguintes períodos para as subfases S = 10 h e 30 min; G_2 = 3 h e 30 min G_2 + ½ mitose = 4 h e 45 min. Com base nesses dados, assinale a alternativa que apresenta CORRETAMENTE o período em horas para a subfase G_1:

a) 2 h e 30 min
b) 2 h
c) 1 h e 30 min
d) 1 h

7. (PISM – UFJF – MG) Os tumores são formados por células que perderam o controle do ciclo celular. Sobre o ciclo celular, é **CORRETO** afirmar que:

a) a fase S corresponde à fase de repouso celular.
b) em todos os tipos celulares que compõem o indivíduo, o ciclo tem aproximadamente o mesmo tempo de duração.
c) em indivíduos adultos, a musculação provoca a hipertrofia muscular porque o exercício físico acelera o ciclo celular.
d) a mitose corresponde à fase do ciclo em que há maior síntese de proteínas.
e) normalmente a mitose é a fase de menor duração do ciclo.

8. (PISM – UFJF – MG) A figura abaixo representa um esquema simplificado de uma célula em meiose. Analise-a e assinale a opção **CORRETA**.

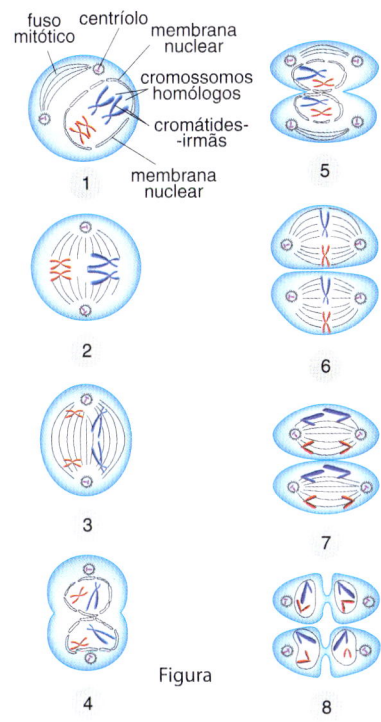

Figura

a) A duplicação do DNA ocorre na fase indicada em **1**.
b) A não separação dos cromossomos nas fases indicadas em **3** ou **7** pode resultar na alteração do número de cromossomos dos gametas.
c) As células que não se encontram em divisão estão na fase indicada em **4**.
d) A descondensação dos cromossomos ocorre na fase indicada em **6**.
e) A divisão celular observada na fase indicada em **8** resulta em quatro células idênticas.

9. (PEIES – UFSM – RS) As figuras mostram células de um indivíduo que possui dois pares de cromossomos. Assinale a alternativa que representa a anáfase da segunda divisão meiótica.

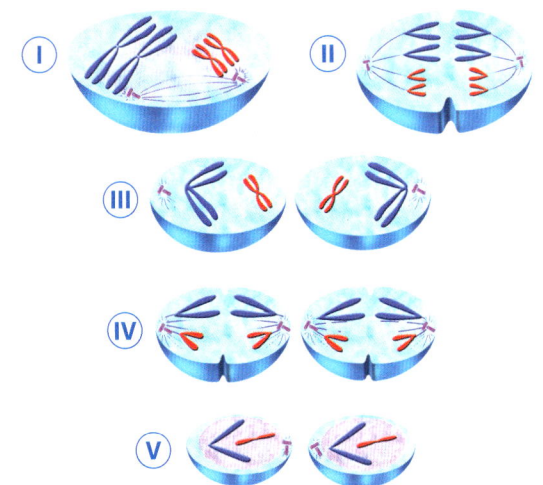

Adaptado de: UZUNIAN, A.; BIRNER, E. *Biologia*. volume único. 3. ed. São Paulo: HARBRA, 2008, p. 163.

a) I   b) II   c) III   d) IV   e) V

10. (PSS – UFAL) Na figura abaixo, estão ilustradas células de um organismo, em diferentes fases da divisão celular. As células 1, 2 e 3 estão, respectivamente, em:

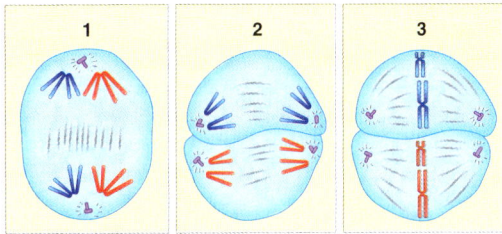

a) anáfase meiótica I, anáfase meiótica II e metáfase meiótica II.
b) anáfase mitótica, anáfase meiótica e metáfase meiótica.
c) metáfase I meiótica, anáfase I meiótica e metáfase meiótica.
d) anáfase mitótica, anáfase meiótica e metáfase mitótica.
e) metáfase meiótica II, metáfase meiótica I e anáfase mitótica.

11. (PAS – UFPA) Células somáticas adultas, embrionárias e gaméticas apresentam ciclo celular dividido em duas fases: na primeira, as células realizam diversas atividades que podem levá-las a um nível de especialização fisiológico ou simplesmente prepará-las para a fase seguinte; na segunda fase, as células realizam atividades específicas que culminam em sua divisão em duas outras células. Em relação a essas duas fases, é correto afirmar que

a) a primeira, denominada intérfase, subdivide-se didaticamente nos estágios G_0, S G_2 e cariocinese.
b) a segunda, denominada citocinese, apresenta etapas sucessivas: prófase, metáfase, anáfase e telófase.
c) a primeira fase é mais longa em células embrionárias e mais curta em células somáticas adultas.
d) células gaméticas se encontram em telófase até o momento da fecundação.
e) microtúbulos e centríolos são componentes do citoesqueleto, importantes para os eventos que ocorrem na segunda fase.

12. (PAS – UFPA) A evolução é um processo cumulativo controlado pela seleção natural que depende da constante geração de variações. Durante a meiose ocorre um fenômeno chamado *crossing-over*, importante fonte de variação genética. Em relação ao referido fenômeno, é correto afirmar que este

a) promove a formação de organismos poliploides.
b) promove a formação de novos genes.
c) promove o surgimento de gametas mutantes.
d) consiste na troca de pedaços entre cromossomos homólogos.
e) induz alterações mutagênicas.

13. (PASES – UFV – MG) Quanto aos processos de divisão celular, é INCORRETO afirmar que:

a) a meiose ocorre em células somáticas e germinativas.
b) na mitose não ocorre troca de fragmentos entre cromossomos homólogos.
c) a meiose é essencial para a formação de gametas.
d) na mitose as duas células-filhas são idênticas à célula-mãe.

14. (PAS – UFLA – MG) Leia as afirmativas seguintes relacionadas à gametogênese.

I – O óvulo é uma célula geralmente volumosa que armazena grânulos de substâncias nutritivas, os quais constituem o vitelo.
II – Os espermatozoides são células pequenas e muito ativas que se movimentam graças ao batimento dos cílios.
III – Em diversos animais, a fêmea libera ovócitos secundários estacionados em metáfase II, só terminando a divisão se houver fecundação.
IV – Os espermatócitos primários são células diploides ($2n$) que passam pela divisão mitótica, originando os espermatócitos secundários, também diploides ($2n$).

Analise essas afirmativas e assinale a opção **CORRETA**.

a) Apenas as afirmativas I e II estão corretas.
b) Apenas as afirmativas II e IV estão corretas.
c) Apenas as afirmativas III e IV estão corretas.
d) Apenas as afirmativas I e III estão corretas.

15. (PSS – UFS – SE) A gametogênese é o processo responsável pela formação e pelo desenvolvimento dos gametas. Analise as seguintes afirmações sobre este processo, nos seres humanos:

(0) A formação dos ovócitos primários ocorre, na puberdade.
(1) Cada espermatogônia forma oito espermatozoides.
(2) Cada ovócito primário origina um óvulo e três corpúsculos polares.
(3) Os espermatozoides são formados nos túbulos seminíferos.
(4) Ao entrar em divisão meiótica, uma célula com 46 cromossomos apresentará 92 cromossomos.

16. (PAS – UEM – PR) Em humanos, durante a meiose, divisão celular que origina os gametas, ocorrem a separação dos cromossomos homólogos e a formação de células haploides. Considerando o enunciado e o comportamento dos cromossomos durante a divisão celular, assinale o que for **correto**.

(01) A função que fornece a quantidade de tipos de células, em relação ao número de pares homólogos, é exponencial.
(02) Os cromossomos homólogos, herdados dos gametas, são iguais quanto ao tamanho e à posição do centrômero.
(04) A quantidade de pares de cromossomos homólogos nas células que originam gametas femininos é um múltiplo de 11.
(08) Somente os pares de autossomos estão relacionados com a determinação do sexo.
(16) A meiose é considerada uma divisão reducional porque produz células que contêm a metade do número de cromossomos da espécie.

17. (PSIU – UFPI) A meiose, um tipo especial de divisão celular, envolve um ciclo de replicação dos cromossomos, seguido de dois ciclos de divisão celular, para produzir as células germinativas haploides, a partir de uma célula pré-meiótica diploide. O esquema abaixo, adaptado de Lodish *et al.* (2005), demonstra e caracteriza os dois ciclos, meiose I e meiose II. Considerando que a célula pré-meiótica tem duas cópias de cada cromossomo, identifique os principais eventos e marque a alternativa que contempla somente as proposições corretas.

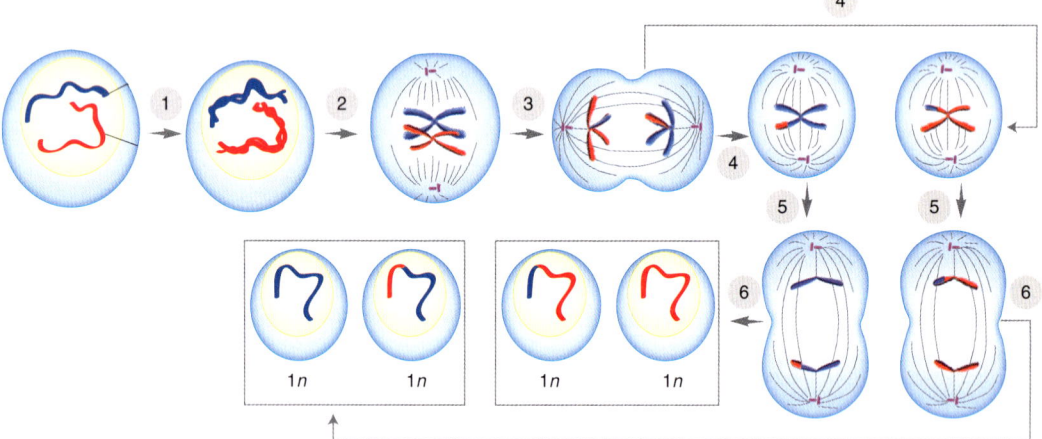

a) 1) Cromossomo replicado (4n), durante fase S; 2) sinapse e recombinação, em metáfase II; 3) anáfase I; 4) células-filha na metáfase I; 5) anáfase II, sem segregação das cromátides e citocinese; 6) células germinativas haploides.
b) 1) Cromossomo não replicado (2n), durante fase M; 2) sinapse sem recombinação, em metáfase I; 3) anáfase I; 4) células-filha na metáfase I, com um número haploide de cromossomos; 5) anáfase II, sem segregação das cromátides e citocinese; 6) células germinativas haploides.
c) 1) Cromossomo replicado (4n), durante fase S; 2) sinapse e recombinação, em metáfase I; 3) anáfase I; 4) células-filha na metáfase II, com 2n cromossomo; 5) anáfase II, com segregação das cromátides e citocinese; 6) células germinativas haploides.
d) 1) Cromossomo replicado (2n), durante a fase S; 2) sinapse e recombinação, em metáfase II; 3) anáfase I; 4) células-filha, na metáfase I; 5) anáfase II, sem segregação das cromátides e citonese; 6) células germinativas haploides.
e) 1) Cromossomo replicado (4n), durante fase M; 2) sinapse, sem recombinação em metáfase I; 3) anáfase I; 4) células-filha, na metáfase II; 5) anáfase II, sem segregação das cromátides e citocinese; 6) células germinativas haploides.

Capítulo 7
Ácidos nucleicos: o controle celular

O dilema do Rei Salomão e o DNA

Você já deve ter ouvido a conhecida história do Rei Salomão e seu dilema quando recebeu duas mulheres que diziam serem mães de um mesmo bebê.

O Rei Salomão, terceiro rei de Israel, tinha a fama de ser sábio e justo. No entanto, toda sua justiça e sabedoria estavam para ser testadas pelas duas mulheres que se apresentaram em seu palácio. Cada uma tinha tido um filho, porém o de uma delas havia morrido durante a noite. As duas, então, se apresentaram ao rei dizendo serem mães do recém-nascido que ainda estava vivo.

Vendo que a situação não apresentaria uma solução simples, Salomão tomou uma decisão inusitada. O rei chamou um empregado e ordenou que este cortasse a criança viva ao meio para que cada mulher recebesse metade dela. Foi então que uma delas começou a chorar e a pedir ao rei que não fizesse isso, pois preferia ver seu filho vivo com a outra a vê-lo morto. A outra mulher, no entanto, não demonstrou nenhum sofrimento com a decisão do rei, pois se a criança fosse cortada ao meio nenhuma delas teria o filho vivo. A partir da reação das mulheres, o rei soube quem era a verdadeira mãe da criança, a quem deu o filho.

Por essa história, o Rei Salomão tomou sua decisão baseado apenas em seu bom senso. Hoje em dia, as dúvidas em relação à maternidade ou paternidade de uma criança podem ser resolvidas por um exame de DNA, um dos ácidos nucleicos que serão estudados neste capítulo.

Nesta unidade, estudaremos o metabolismo celular e como ele é organizado. Em termos didáticos, vamos agrupar os termos em dois blocos distintos: o **metabolismo de controle** (ácidos nucleicos e síntese de proteínas) e o **metabolismo energético** (respiração aeróbia, fermentação, fotossíntese e quimiossíntese).

OS ÁCIDOS NUCLEICOS: DNA E RNA

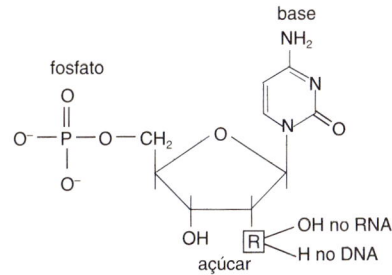

Figura 7-1. A unidade nucleotídeo.

Vimos que os ácidos nucleicos são macromoléculas formadas por unidades menores chamadas nucleotídeos. Cada nucleotídeo, por sua vez, é formado por outras 3 unidades: um açúcar (ribose ou desoxirribose), um radical "fosfato" e uma base nitrogenada (Figura 7-1).

Sequências de desoxirribonucleotídeos são constituintes do DNA, **ácido desoxirribonucleico**. Ribonucleotídeos em sequência formam o RNA, **ácido ribonucleico**.

O DNA se diferencia do RNA por possuir o açúcar desoxirribose e os nucleotídeos adenina, citosina, guanina e timina. No RNA, o açúcar é a ribose e os nucleotídeos são adenina, citosina, guanina e uracila (a uracila entra no lugar da timina). Veja a Figura 7-2.

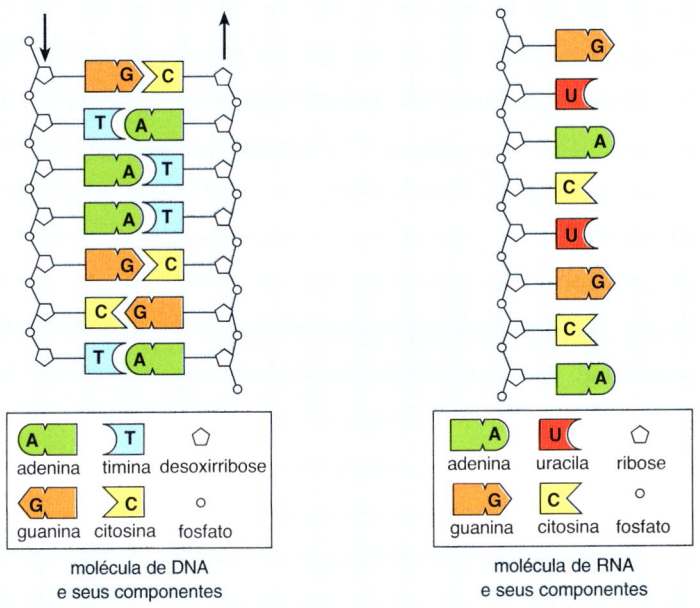

Figura 7-2. Na molécula de DNA, o açúcar é a desoxirribose e existe a base timina. No RNA, o açúcar é a ribose e no lugar da timina entra a uracila.

DNA: Uma "Escada Retorcida"

A partir de experimentos feitos por vários pesquisadores e utilizando os resultados da complexa técnica de *difração com raios X*, Watson e Crick concluíram que, no DNA, as cadeias complementares são helicoidais, sugerindo a ideia de uma escada retorcida.

> O DNA é o constituinte químico dos genes, os determinantes das características hereditárias de todos os seres vivos.

Nessa escada, os corrimãos são formados por fosfatos e desoxirribose, enquanto os degraus são constituídos pelos pares de bases nitrogenadas (veja a Figura 7-3).

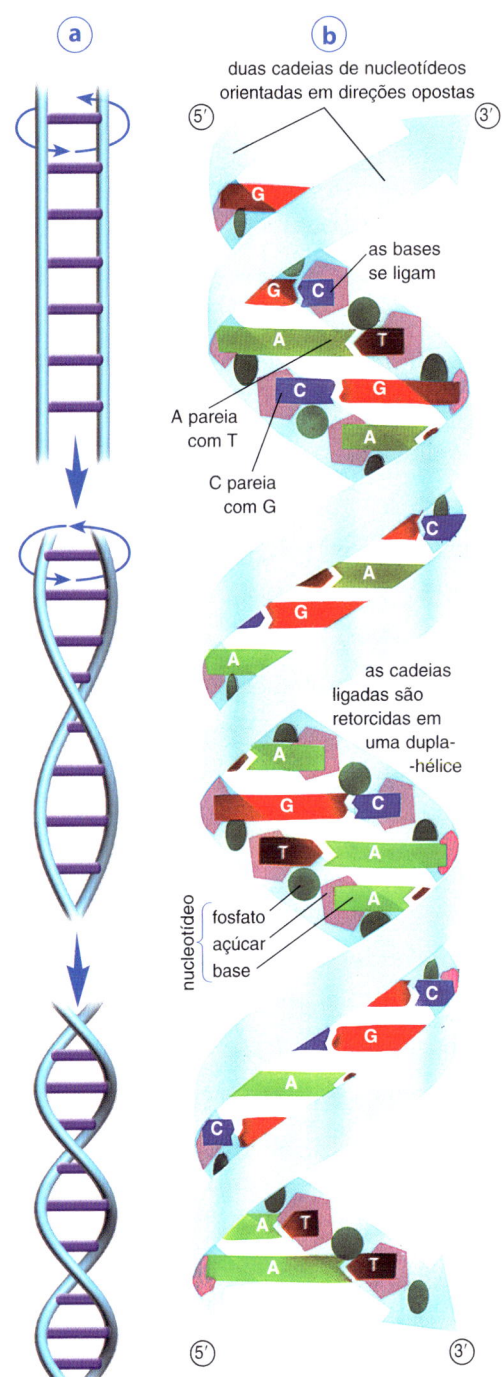

Figura 7-3. (a) A "escada" retorcida representativa da molécula de DNA (b).

Saiba mais

Os átomos de carbono das moléculas de ribose e desoxirribose são numerados conforme a figura abaixo. Observe que os carbonos do açúcar são numerados com uma linha (') a fim de distingui-los dos outros carbonos do nucleotídeo.

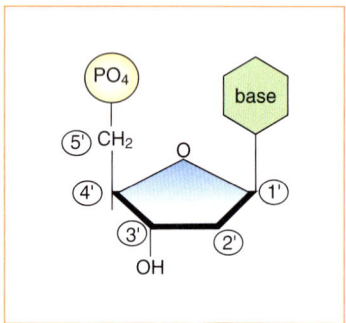

Em cada fita do DNA, o "corrimão" é formado por ligações entre moléculas de açúcar e radicais fosfato. Note, na figura ao lado, que o radical fosfato se liga ao carbono 3' de um açúcar e ao carbono 5' do seguinte.

As duas cadeias de nucleotídeos do DNA são unidas uma à outra por ligações chamadas de *pontes de hidrogênio*, que se formam entre as bases nitrogenadas de cada fita (veja a Figura 7-4).

O pareamento de bases ocorre de maneira precisa: *uma base púrica se liga a uma pirimídica* – adenina (A) de uma cadeia pareia com timina (T) da outra e guanina (G) pareia com citosina (C).

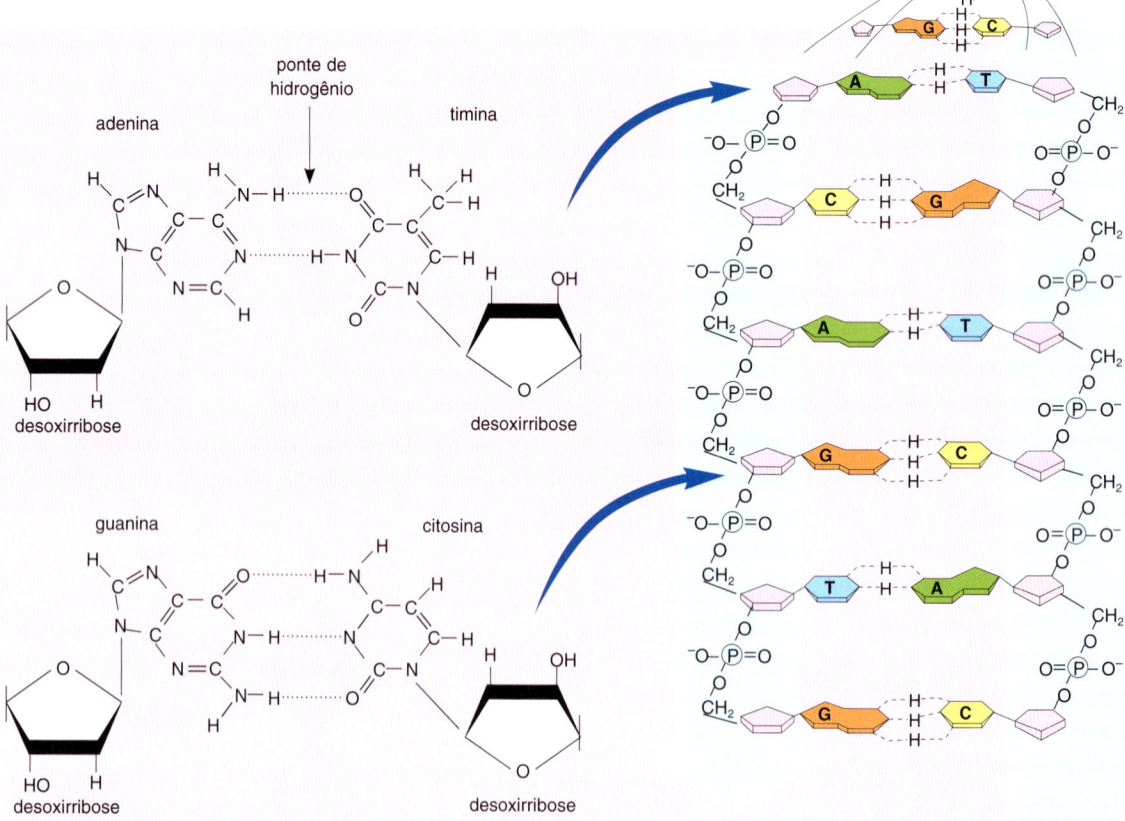

Figura 7-4. Os filamentos de DNA são complementares, um em relação ao outro. Note que entre adenina e timina formam-se duas pontes de hidrogênio; entre citosina e guanina, há 3 pontes de hidrogênio.

O DNA *controla toda a atividade celular*. Ele possui a *"receita"* para o funcionamento de uma célula. Toda vez que uma célula se divide, a *"receita"* deve ser passada para as células-filhas. Todo o "arquivo" contendo as informações sobre o funcionamento celular precisa ser duplicado para que cada célula-filha receba o mesmo tipo de informação que existia na célula-mãe. Para que isso ocorra, é fundamental que o DNA sofra *"autoduplicação"*.

> **Saiba mais**
>
> Fazendo estudos com DNA obtido de células humanas, o bioquímico norte-americano Erwin Chargaff notou que as proporções de adenina e timina eram idênticas, o mesmo acontecendo entre citosina e guanina. No DNA de uma célula humana há cerca de 30% de adenina e 30% de timina e cerca de 20% de citosina e 20% de guanina. A partir desses dados, foram estabelecidas as chamadas regras de Chargaff, ou seja:
>
> 1. <A> = <T> e <C> = <G>, que também pode ser representado como:
>
> $$\frac{A}{T} = 1 \quad e \quad \frac{C}{G} = 1$$
>
> 2. a taxa <A> + <T>/<C> + <G> é constante dentro de uma espécie, embora varie entre diferentes espécies.

A autoduplicação (replicação) do DNA

O esclarecimento da estrutura da molécula de DNA levou à compreensão do seu mecanismo de duplicação. Veja como isso ocorre:

- O primeiro passo para a autoduplicação (replicação) do DNA é o "desenrolamento" da dupla-hélice, separando-se os pares de bases complementares de cada fita. Isso é feito com o auxílio de enzimas, que promovem a quebra das pontes de hidrogênio que unem os pares de bases.

- Cada fita separada funciona, agora, como molde para a produção de uma fita complementar. Nos eucariontes, com o auxílio de enzimas conhecidas como DNA *polimerases*, e iniciando-se em certo ponto, nucleotídeos em solução no nucleoplasma vão sendo encaminhados para o pareamento com nucleotídeos complementares nas fitas-moldes: nucleotídeos de *adenina* são encaminhados para o pareamento com os de *timina*. Nucleotídeos de *timina* são levados para o pareamento com os de *adenina* da fita-molde. O mesmo acontece com nucleotídeos de *citosina*, que são levados para o pareamento com os de *guanina*. E nucleotídeos de *guanina* são conduzidos para o pareamento com os de *citosina* da fita-molde. Isso acontece até que para cada fita-molde original uma nova fita complementar seja construída (veja a Figura 7-5).

- Terminado o processo de pareamento de bases, duas novas moléculas de DNA se formaram, com uma importante particularidade: em cada uma das moléculas, *uma das fitas é inteiramente nova, a outra é a original que serviu de molde* (veja a Figura 7-6).

- A duplicação do DNA é, portanto, *semiconservativa*, ou seja, em cada nova molécula formada, um filamento é velho e o outro é novo.

- Completada a autoduplicação, cada molécula de DNA contendo a "receita" de funcionamento de toda a atividade celular é encaminhada, como parte integrante de cromossomos, para uma célula-filha que está sendo formada no processo de divisão celular.

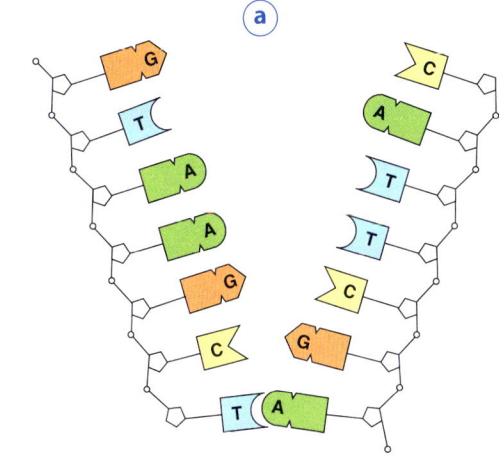

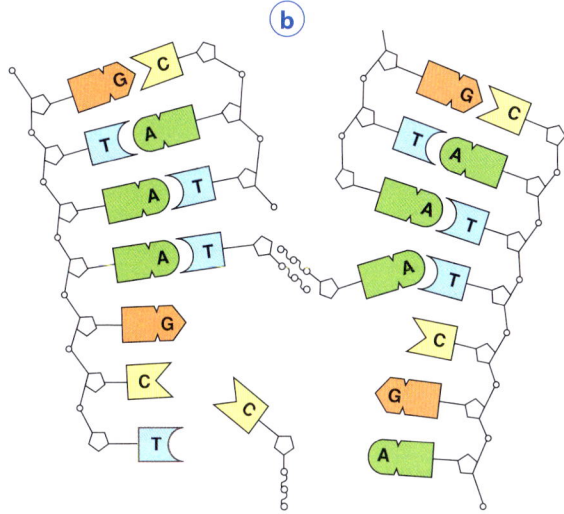

Figura 7-5. Duplicação da molécula de DNA. Em (a), separação das fitas complementares. Em (b), pareamento dos nucleotídeos com as fitas-moldes. Note que as novas moléculas de DNA formadas são exatamente iguais à molécula original.

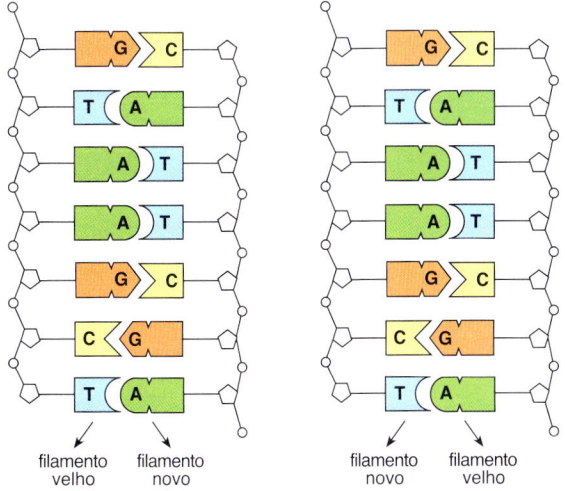

Figura 7-6. A duplicação do DNA é semiconservativa. De cada molécula formada, um dos filamentos é velho e o outro é novo.

Saiba mais

Telômeros e envelhecimento

Telômeros (do grego *télos* = = fim, conclusão + *méros* = parte, porção) são regiões localizadas na extremidade de cromossomos dotadas de repetições de bases TTAGGG e que parecem encurtar à medida que ocorre o envelhecimento celular. Acredita-se que uma porção correspondente a cerca de 100 pares de bases é perdida a cada ciclo celular. Graças à atuação da enzima *telomerase* essas porções podem ser repostas, o que retarda o fim da vida de uma célula. Um fato interessante é que, em células cancerosas, o mecanismo de perda das extremidades teloméricas é retardado, fazendo supor que essas células permanecem sempre jovens por meio de uma ação continuada das enzimas telomerases. Diversas pesquisas têm sido feitas no sentido de compreender a ação dessas enzimas no processo de renovação de células e do envelhecimento celular.

Saiba mais

A prova da duplicação semiconservativa: o experimento de Meselson-Stahl

Em 1957, os cientistas Matthew Meselson e Franklin W. Stahl, trabalhando no Instituto de Tecnologia da Califórnia, descobriram um método engenhoso para testar a hipótese da duplicação semiconservativa do DNA. Acompanhe com as figuras o procedimento dos dois cientistas.

a. Bactérias da espécie *Escherichia coli* foram cultivadas em dois meios de cultura diferentes. Em um deles, adicionaram NH_4Cl contendo ^{15}N, isótopo pesado, não radioativo, do elemento nitrogênio. No outro, foi adicionado NH_4Cl contendo o nitrogênio normal, ^{14}N.

b. Em ambos os meios, as bactérias utilizaram o nitrogênio para a síntese das bases nitrogenadas do DNA. No primeiro caso, todas as moléculas de DNA sintetizadas pelas bactérias deveriam ser do tipo "pesado", por conterem o ^{15}N. No outro, todas as bactérias deveriam ter DNA "leve", por conterem o ^{14}N. Como, porém, descobrir isso?

c. A determinação da massa molecular do DNA foi feita com a dissolução dessas moléculas em soluções contendo o sal cloreto de césio e, em seguida, submetidas a ultracentrifugação em um equipamento semelhante ao esquematizado na Figura 7-7.

d. Verificaram que o DNA contendo ^{15}N (mais denso) formava uma faixa que era visível próximo ao fundo do tubo, enquanto no outro tubo o DNA contendo ^{14}N (menos denso) formava uma faixa mais acima. Assim, com esse procedimento inicial, os cientistas conseguiram distinguir as densidades das moléculas de DNA, de acordo com seu conteúdo de nitrogênio, "leve" ou "pesado".

e. A seguir, os pesquisadores criaram bactérias em um meio de cultivo contendo apenas ^{15}N, deixando-as crescer por diversas gerações.

f. Uma amostra dessas bactérias com praticamente 100% do DNA contendo ^{15}N foi, então, transferida para outro meio, contendo ^{14}N. No momento da transferência (tempo zero), o DNA de algumas bactérias foi colhido e sua densidade foi testada conforme a Figura 7-8(a).

g. Após 20 minutos (tempo que as bactérias "gastam" para se dividir e formar a primeira geração), foram coletadas algumas delas, extraídos os seus DNAs e testadas as suas densidades, conforme a Figura 7-8(b).

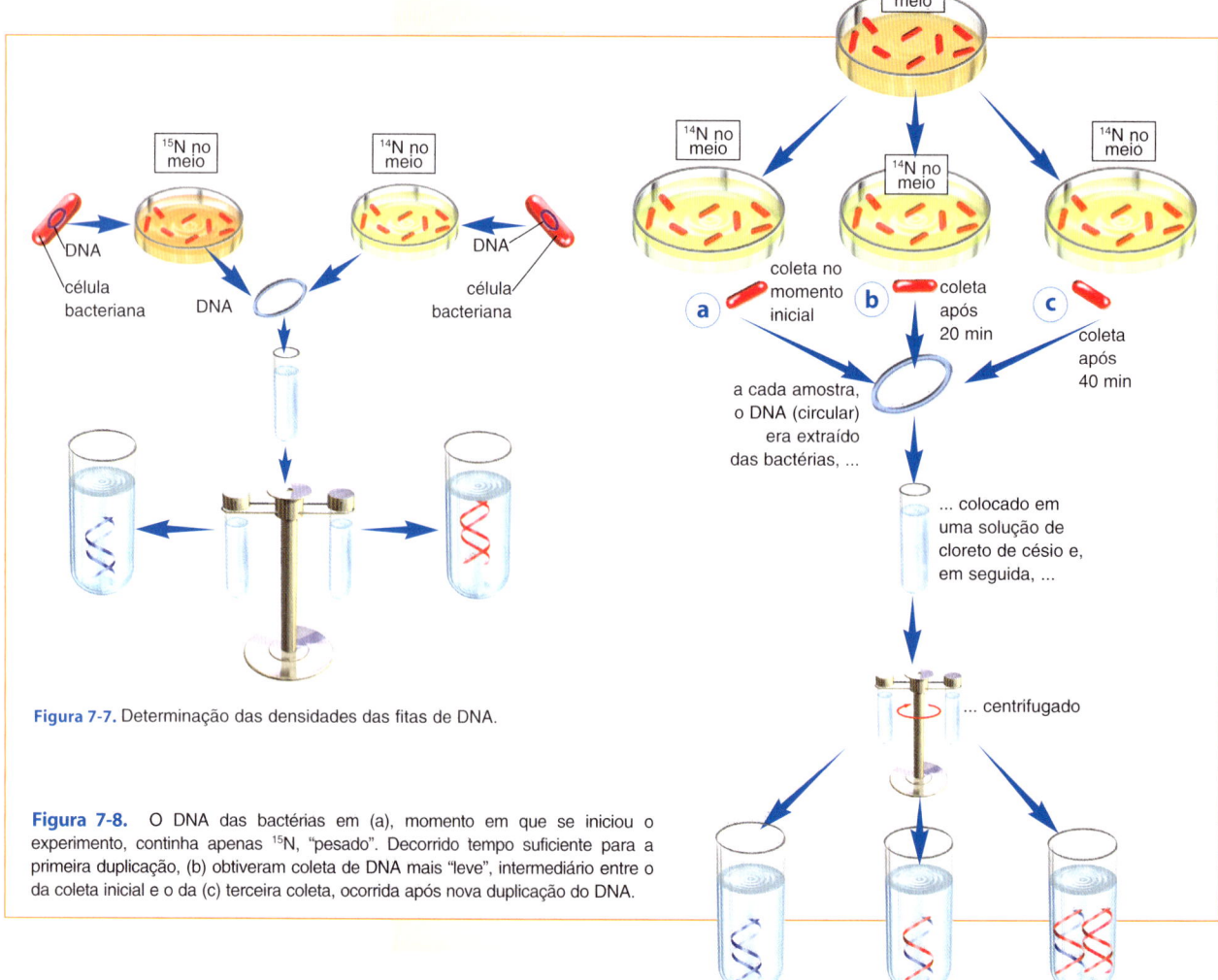

Figura 7-7. Determinação das densidades das fitas de DNA.

Figura 7-8. O DNA das bactérias em (a), momento em que se iniciou o experimento, continha apenas ^{15}N, "pesado". Decorrido tempo suficiente para a primeira duplicação, (b) obtiveram coleta de DNA mais "leve", intermediário entre o da coleta inicial e o da (c) terceira coleta, ocorrida após nova duplicação do DNA.

h. Mais um ciclo de duplicação (segunda geração), nova coleta de células, nova extração de DNA e outro teste de densidade, conforme a Figura 7-8(c).

i. Na amostra inicial, as moléculas de DNA formavam uma faixa próxima ao fundo do tubo, revelando que eram muito densas (DNA do tipo "pesado"), isto é, as duas fitas de DNA eram constituídas de ^{15}N. O DNA colhido da primeira geração de bactérias formava uma faixa intermediária no meio do tubo, revelando que era "intermediário", ou seja, uma das fitas continha o ^{15}N e a outra, ^{14}N. No terceiro tubo, formaram-se duas faixas: uma contendo DNA intermediário e outra contendo DNA do tipo "leve", em que as duas fitas do DNA continham ^{14}N. Veja a Figura 7-9.

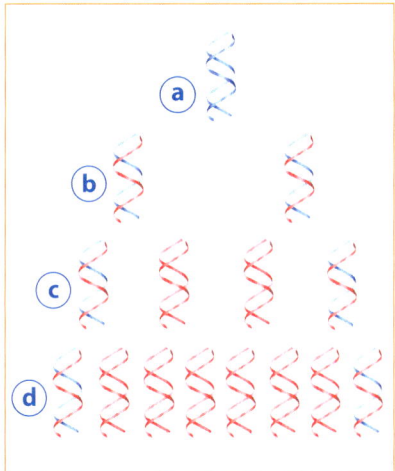

Figura 7-9. (a) No início do experimento, o DNA é do tipo "pesado". (b) Na primeira geração, ele é do tipo "intermediário" e, (c) na segunda, tanto DNA "intermediário" quanto "leve" estão presentes. (d) Na terceira geração há ainda maior proporção de DNA do tipo "leve".

A mensagem do DNA é passada para o RNA

O material genético representado pelo DNA contém uma mensagem em código que precisa ser decifrada e traduzida em proteínas, muitas das quais atuarão nas reações metabólicas da célula. A mensagem contida no DNA deve, inicialmente, ser passada para moléculas de RNA que, por sua vez, orientarão a síntese de proteínas. O *controle* da atividade celular pelo DNA, portanto, é indireto e ocorre por meio da fabricação de moléculas de RNA, em um processo conhecido como **transcrição**.

> O processo de síntese de RNA a partir de DNA é chamado de **transcrição**.

RNA: Uma Cadeia (Fita) Simples

As moléculas de RNA são constituídas por uma sequência de *ribonucleotídeos*, formando uma cadeia (fita) simples (veja a Figura 7-10).

Existem três tipos básicos de RNA, que diferem um do outro no peso molecular: o **RNA ribossômico**, representado por RNAr (ou rRNA), o **RNA mensageiro**, representado por RNAm (ou mRNA), e o **RNA transportador**, representado por RNAt (ou tRNA).

O **RNA ribossômico** é o de maior peso molecular e constituinte majoritário do ribossomo, organoide relacionado à síntese de proteínas na célula. O **RNA mensageiro** é o de peso molecular intermediário e atua conjuntamente com os ribossomos na síntese proteica. O **RNA transportador** é o mais leve dos três e encarregado de transportar os aminoácidos que serão utilizados na síntese de proteínas.

> Os tipos de RNA são:
> RNAr
> RNAm
> RNAt

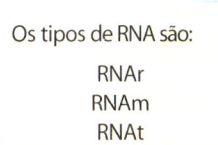

Figura 7-10. O RNA é ácido nucleico de fita (cadeia) simples.

Fique por dentro!

Nas células eucarióticas, o DNA está localizado no interior do núcleo, enquanto nas procarióticas ele fica disperso no hialoplasma. Lembre-se de que o DNA também está presente em mitocôndrias e cloroplastos.

Saiba mais

O funcionamento de uma célula depende de uma série de reações químicas

↓

as reações químicas dependem de enzimas

↓

enzimas são proteínas

↓

as proteínas têm sua síntese orientada por moléculas de RNA

↓

moléculas de RNA são produzidas sob orientação do DNA

↓

então, o funcionamento de uma célula depende do DNA.

> Imaginando um segmento hipotético de um filamento de DNA com a sequência de bases (1) abaixo, o segmento de RNAm formado na transcrição terá a sequência de bases (2):
>
> (1) ATGCCGAAATTTGCG
> (2) UACGGCUUUAAACGC

Transcrição: a síntese de RNA

A síntese de RNA (mensageiro, por exemplo) se inicia com a separação das duas fitas de DNA. Apenas uma das fitas do DNA serve de molde para a produção da molécula de RNAm. A outra fita não é transcrita. Essa é uma das diferenças entre a duplicação do DNA e a produção do RNA.

As outras diferenças são:

- os nucleotídeos utilizados possuem o açúcar *ribose* no lugar da desoxirribose;
- há a participação de nucleotídeos de *uracila* no lugar de nucleotídeos de timina. Assim, se na fita de DNA que está sendo transcrita aparecer adenina, encaminha-se para ela um nucleotídeo complementar contendo uracila;
- a enzima que intervém no processo de polimerização de RNAm é a RNA *polimerase* (veja a Figura 7-11).

Em uma célula eucariótica, o RNAm produzido destaca-se de seu molde e, após passar por um processamento, atravessa a carioteca e se dirige para o citoplasma, onde se dará a síntese proteica. Com o fim da transcrição, as duas fitas de DNA se unem novamente, refazendo-se a dupla-hélice.

O Código Genético

A mensagem genética contida no DNA é formada por um alfabeto de quatro letras que correspondem aos quatro nucleotídeos: A, T, C e G. Com essas quatro letras é preciso formar "palavras" que possuam o significado de "aminoácidos". Cada proteína corresponde a uma "frase" formada pelas "palavras", que são os aminoácidos. De que maneira apenas quatro letras do alfabeto do DNA poderiam ser combinadas para corresponder a cada uma das vinte "palavras" representadas pelos vinte aminoácidos diferentes que ocorrem nos seres vivos?

Uma proposta brilhantemente sugerida por vários pesquisadores, e depois confirmada por métodos experimentais, foi a de que a cada três letras (uma trinca de bases) do DNA corresponderia uma "palavra", isto é, um aminoácido. Nesse caso, haveria 64 combinações possíveis de três letras, o que seria mais do que suficiente para codificar os vinte tipos diferentes de aminoácidos (matematicamente, utilizando o método das combinações, seriam, então, 4 letras combinadas 3 a 3, ou seja, $4^3 = 64$ combinações possíveis).

O código genético do DNA se expressa por *trincas* de bases, que foram denominadas **códons**. Cada códon, formado por três letras, corresponde a certo aminoácido.

> Um códon equivale a uma trinca de bases do DNA ou do RNA mensageiro. Por exemplo: o códon AAA corresponde à colocação do aminoácido lisina na proteína.

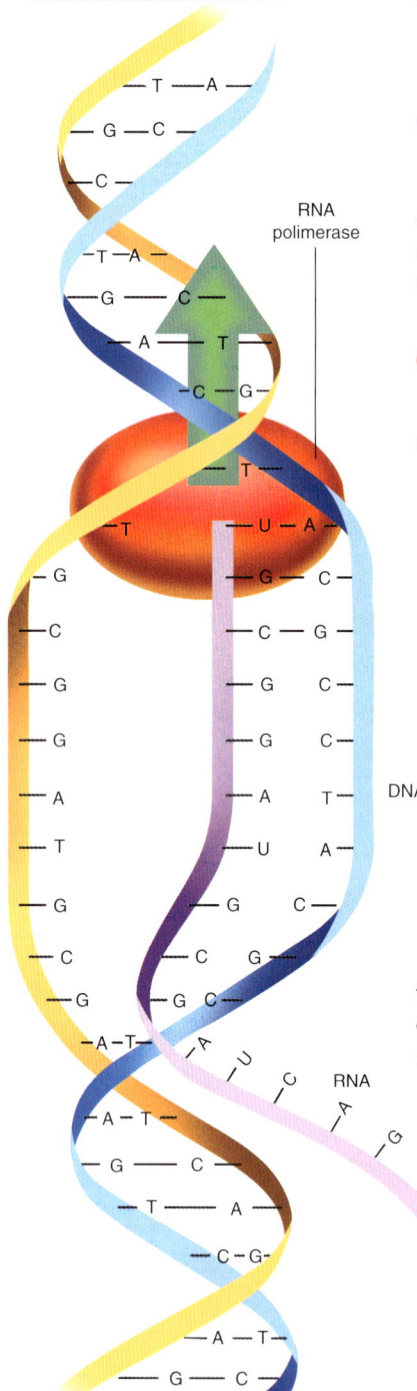

Figura 7-11. Produção de RNA: só uma das fitas de DNA participa.

Fique por dentro!

A correspondência existente entre o trio de bases do DNA, o trio de bases do RNA e os aminoácidos por eles especificados constitui uma mensagem em código que passou a ser conhecida como "código genético".

No entanto, surge um problema. Como são vinte os diferentes aminoácidos, há mais códons do que tipos de aminoácidos! Deve-se concluir, então, que há aminoácidos que são especificados por mais de um códon, o que foi confirmado. A Tabela 7-1 a seguir especifica os códons de RNAm que podem ser formados e os correspondentes aminoácidos que especificam.

Tabela 7-1. Os códons de RNAm e os aminoácidos que especificam.

Primeira Letra	Segunda Letra U	Segunda Letra C	Segunda Letra A	Segunda Letra G	Terceira Letra
U	UUU ⎤ Phe UUC ⎦ UUA ⎤ Leu UUG ⎦	UCU ⎤ UCC ⎥ Ser UCA ⎥ UCG ⎦	UAU ⎤ Tyr UAC ⎦ UAA Parada UAG Parada	UGU ⎤ Cys UGC ⎦ UGA Parada UGG ⎤ Trp	U C A G
C	CUU ⎤ CUC ⎥ Leu CUA ⎥ CUG ⎦	CCU ⎤ CCC ⎥ Pro CCA ⎥ CCG ⎦	CAU ⎤ His CAC ⎦ CAA ⎤ Gln CAG ⎦	CGU ⎤ CGC ⎥ Arg CGA ⎥ CGG ⎦	U C A G
A	AUU ⎤ AUC ⎥ Ile AUA ⎦ AUG ⎤ Met Início	ACU ⎤ ACC ⎥ Thr ACA ⎥ ACG ⎦	AAU ⎤ Asn AAC ⎦ AAA ⎤ Lys AAG ⎦	AGU ⎤ Ser AGC ⎦ AGA ⎤ Arg AGG ⎦	U C A G
G	GUU ⎤ GUC ⎥ Val GUA ⎥ GUG ⎦	GCU ⎤ GCC ⎥ Ala GCA ⎥ GCG ⎦	GAU ⎤ Asp GAC ⎦ GAA ⎤ Glu GAG ⎦	GGU ⎤ GGC ⎥ Gly GGA ⎥ GGG ⎦	U C A G

Abreviações de aminoácidos:

Ala – alanina
Arg – arginina
Asn – asparagina
Asp – ácido aspártico
Cys – cisteína
Gln – glutamina
Glu – ácido glutâmico
Gly – glicina
His – histidina
Ile – isoleucina
Leu – leucina
Lys – lisina
Met – metionina
Phe – fenilalanina
Pro – prolina
Ser – serina
Thr – treonina
Trp – triptofano
Tyr – tirosina
Val – valina

Fique por dentro!

Dizemos que o código genético é **universal**, pois em todos os organismos da Terra atual ele funciona da mesma maneira, quer seja em bactérias, em um abacateiro ou no homem.

O códon AUG, que codifica para o aminoácido metionina, também significa início de leitura, ou seja, é um códon que indica aos ribossomos que é por esse trio de bases que deve ser iniciada a leitura do RNAm.

Note que três códons não especificam nenhum aminoácido. São os códons UAA, UAG e UGA, chamados *códons de ponto final* (parada) durante a "leitura" do RNA pelos ribossomos, na síntese proteica.

Diz-se que o código genético é **degenerado** porque cada "palavra" (entenda-se aminoácido) pode ser especificada por mais de uma trinca.

> Para cada aminoácido pode haver mais de um códon correspondente.

TRADUÇÃO: SÍNTESE DE PROTEÍNAS

Tradução é o nome utilizado para designar o processo de síntese de proteínas. Ocorre no citoplasma com a participação, entre outros, de RNA e de aminoácidos.

Quem Participa da Síntese de Proteínas?

O RNA produzido que contém uma sequência de bases nitrogenadas transcrita do DNA é um RNA mensageiro. No citoplasma, ele será um dos participantes da síntese de proteínas, juntamente com outros dois tipos de RNA, todos de fita simples e produzidos segundo o mesmo processo descrito para o RNA mensageiro:

- RNA ribossômico, RNAr. Associando-se a proteínas, as fitas de RNAr formarão os *ribossomos*, orgânulos responsáveis pela leitura da mensagem contida no RNA mensageiro;

> Cístron (gene) é o segmento de DNA que contém as informações para a síntese de um polipeptídio ou proteína.

- RNAs transportadores, RNAt. Assim chamados porque serão os responsáveis pelo transporte de aminoácidos até o local onde se dará a síntese de proteínas junto aos ribossomos. São moléculas de RNA de fita simples, de pequeno tamanho, contendo, cada uma, cerca de 75 a 85 nucleotídeos. Cada fita de RNAt torce-se sobre si mesma, adquirindo o aspecto indicado na Figura 7-12.

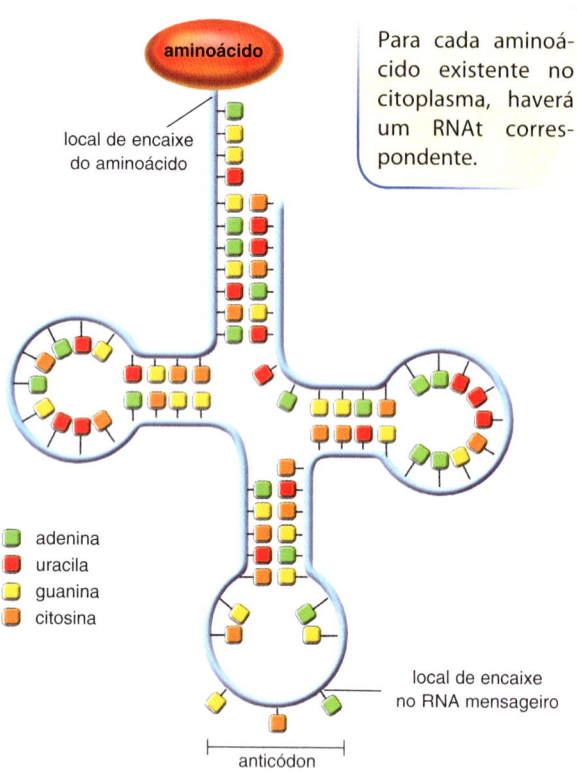

Figura 7-12. Modelo esquemático de uma molécula de RNA transportador.

Duas regiões se destacam em cada transportador: uma é o local em que se ligará o aminoácido a ser transportado e a outra corresponde ao *trio de bases complementares* (chamado **anticódon**) do RNAt, que se encaixará no códon correspondente do RNAm.

> Anticódon é o trio de bases do RNAt, complementar do códon do RNAm.

A Tradução Passo a Passo

A **tradução** é um processo no qual haverá a leitura da mensagem contida na molécula de RNAm pelos ribossomos, decodificando a linguagem de ácido nucleico para a linguagem de proteína.

Cada RNAt em solução liga-se a determinado aminoácido, formando-se uma molécula chamada *aminoacil-RNAt*, que conterá, na extremidade correspondente ao anticódon, um trio de bases que se encaixará ao respectivo códon do RNAm.

Para entendermos bem esse processo, vamos admitir que ocorra a síntese de um peptídio contendo apenas sete aminoácidos, o que se dará a partir da leitura de um RNAm contendo sete códons (21 bases nitrogenadas). A leitura (tradução) será efetuada por um ribossomo que se deslocará ao longo do RNAm.

Esquematicamente, na síntese proteica teríamos (acompanhe pelas figuras da página ao lado):

a) Um RNAm, processado no núcleo, contendo sete códons (21 bases nitrogenadas) se dirige ao citoplasma.

b) No citoplasma, um ribossomo se liga ao RNAm na extremidade correspondente ao início da leitura. Dois RNAt, carregando os seus respectivos aminoácidos (*metionina* e *alanina*), prendem-se ao ribossomo. Cada RNAt liga o seu trio de bases (anticódon) ao trio de bases correspondentes ao códon do RNAm. Uma ligação peptídica une a *metionina* à *alanina*.

c) O ribossomo se desloca ao longo do RNAm. O RNAt que carregava a metionina se desliga do ribossomo e fica livre no citoplasma, podendo ligar-se a outra metionina. Um terceiro RNAt, carregando o aminoácido *leucina*, une o seu anticódon ao códon correspondente do RNAm. Uma ligação peptídica é feita entre a *leucina* e a *alanina*.

d) O ribossomo novamente se desloca. O RNAt que carregava alanina se desliga do ribossomo. O quarto RNAt, transportando o aminoácido *ácido glutâmico*, encaixa-se no ribossomo. Ocorre a união do anticódon desse RNAt com o códon correspondente do RNAm. Uma ligação peptídica une o *ácido glutâmico* à *leucina*.

e) Novo deslocamento do ribossomo. O quinto RNAt, carregando o aminoácido *glicina*, se encaixa no ribossomo. Ocorre a ligação peptídica da *glicina* com o *ácido glutâmico*.

f) Continua o deslocamento do ribossomo ao longo do RNAm. O sexto RNAt, carregando o aminoácido *serina*, se encaixa no ribossomo. Uma ligação peptídica une a *serina* à *glicina*.

g) Fim do deslocamento do ribossomo. O último transportador, carregando o aminoácido *triptofano*, encaixa-se no ribossomo. Ocorre a ligação peptídica do *triptofano* com a *serina*. O RNAt que carregava o triptofano se separa do ribossomo. O mesmo ocorre com o transportador que portava a serina.

h) O peptídio contendo sete aminoácidos fica livre no citoplasma. Claro que outro ribossomo pode se ligar ao RNAm, reiniciando o processo de tradução, que resultará em um novo peptídio. Perceba, assim, que o RNAm contendo sete códons (21 bases nitrogenadas) conduziu a síntese de um peptídio formado por sete aminoácidos.

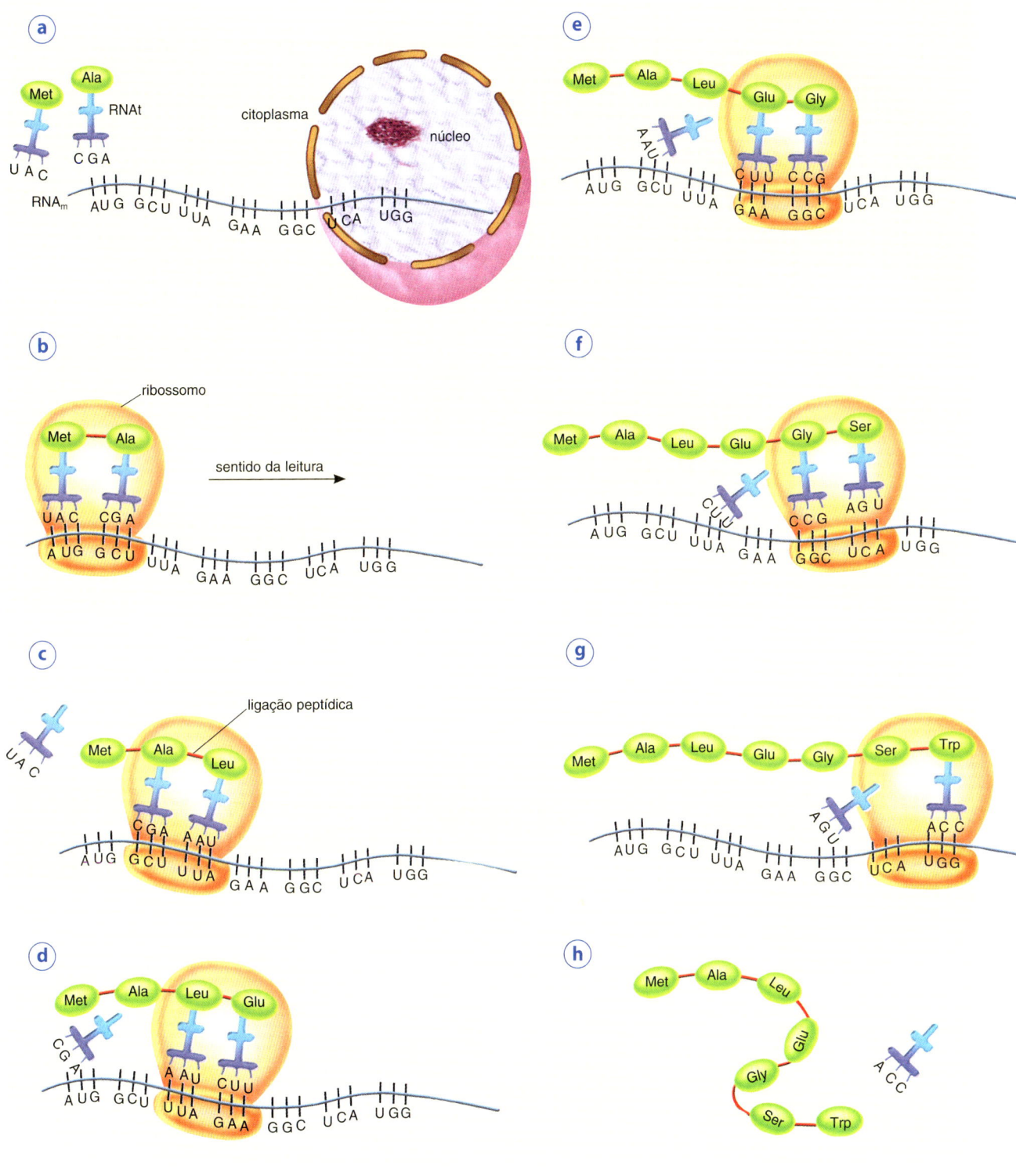

Saiba mais

Síntese de proteínas no núcleo celular

No núcleo de todas as células eucarióticas, a produção de RNA se dá a partir do molde de uma fita do DNA. Então, o RNA sofre algumas alterações e segue para o citoplasma, onde se associa aos ribossomos para a formação das proteínas. Acreditava-se que a síntese de proteínas (tradução) ocorresse somente no citoplasma, mas em recente trabalho publicado na prestigiada revista *Science* foi demonstrado que os elementos necessários à tradução se associam no núcleo, onde proteínas seriam formadas. Além disso, os pesquisadores constataram que as estruturas responsáveis pela tradução estão em atividade no núcleo celular.

Os Polirribossomos

Em algumas células, certas proteínas são produzidas em grande quantidade. Por exemplo, a observação de glândulas secretoras de certos hormônios de natureza proteica (que são liberados para o sangue, indo atuar em outros órgãos do mesmo organismo) mostra, em certos locais, uma fileira de ribossomos efetuando a leitura do mesmo RNA mensageiro. Assim, grandes quantidades da mesma proteína são produzidas.

Esse processo lembra muito o que acontece em uma fábrica de televisores em que uma série de aparelhos é produzida ao longo de uma esteira rolante, à medida que as peças vão sendo encaixadas pelos funcionários durante o processo de produção (veja a Figura 7-13).

Ao conjunto de ribossomos, atuando ao longo de um RNAm, dá-se o nome de **polirribossomos**.

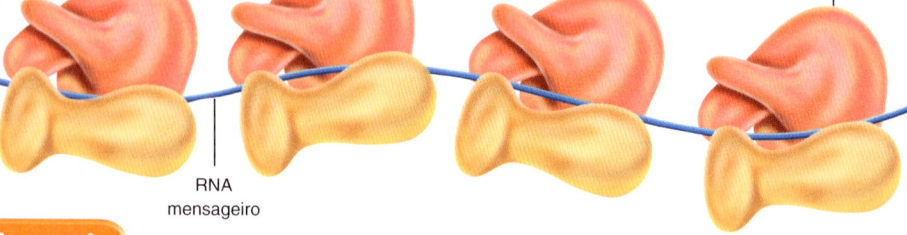

Figura 7-13. Esquema de leitura do RNA mensageiro por vários ribossomos.

Saiba mais

Mais RNA: o RNA de interferência (RNAi)

Quantos tipos de RNA você conhece? Três? Agora, é uma realidade um outro tipo: o RNA de interferência (RNAi). A descoberta é fenomenal. São pequenos fragmentos de *RNA de fita dupla*, com formato de grampo de cabelo, com cerca de 21 a 25 nucleotídeos. Ele interfere na atividade dos genes, por meio da destruição de RNAs mensageiros. Associando-se a complexos proteicos, uma das fitas desses RNAs pareia com a sequência específica de RNAm, provocando sua inativação e destruição. Ou seja, os RNAi atuam como *silenciadores de genes*. É um mecanismo de controle da expressão dos genes. Outra característica notável desses RNAi: eles podem fazer cópias de si mesmos, transitam de uma célula para outra e podem até ser herdados pelos descendentes caso ocorram em um órgão reprodutivo, por exemplo. Acredita-se que esse tipo de mecanismo ocorra nos genes de todas as espécies conhecidas.

As implicações dessa descoberta são fantásticas. Pesquisadores de vários países estão efetuando experimentos com RNAi que podem conduzir à produção de medicamentos para tratamento de várias doenças, entre elas o câncer e viroses que afligem o homem, como a AIDS. O Prêmio Nobel de 2006 foi dado para os Drs. Craig C. Mello e Andrew Z. Fire, que, em 1998, publicaram artigo relatando a sua descoberta.

Fonte: ABBOT, A. Youthful duo snags a swift Nobel for RNA control of genes. *Nature collections, Suplement – RNAi Nobel Prize Celebration*, London, Dec. 2006.

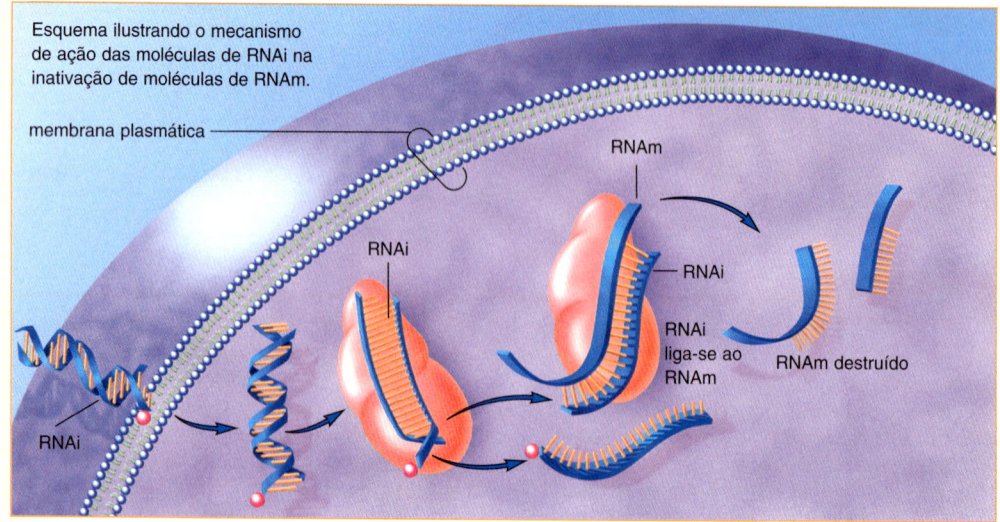

Saiba mais

O processamento do RNAm em eucariotos: introns e exons

Nos eucariotos, o RNAm, antes de ser enviado ao citoplasma para participar da síntese proteica, passa por um *processamento*. Isso ocorre porque, ao longo da fita de DNA que gerou o RNAm – chamado de transcrito primário (ou pré-RNA) – nem toda sequência de bases representa a mensagem para a síntese de um polipeptídio ou proteína. Explicando melhor: ao longo da fita de DNA a ser transcrita existem algumas sequências de bases, conhecidas como **introns**, que representam sequências não codificantes, e outras, os **exons**, que são as sequências realmente codificantes e que resultarão em uma proteína (ou polipeptídio).

Assim, depois que o RNAm (o transcrito primário) é produzido, ele passa por um processamento em que os introns são removidos, por ação de um complexo de natureza enzimática, que, ao mesmo tempo, promove a união dos fragmentos contendo os exons. Os biólogos moleculares denominam essa ação de remover introns e unir exons de "*splicing*" (que, na língua inglesa, possui o significado de *emendar ou unir fragmentos*). Do mesmo modo, o complexo de ação enzimática (na verdade, uma reunião de ribonucleoproteínas) que atua no processamento é denominado de spliceossomo. Agora, um fato notável: nos eucariotos, é comum ocorrer o "*splicing*" alternativo. O que significa isso? Na verdade, a junção dos exons, após a remoção dos introns, pode ser feita em diferentes combinações, cada uma delas resultando em polipeptídios (ou proteínas) diferentes. Por meio desse mecanismo alternativo, os cerca de 30.000 genes humanos, por exemplo, poderiam codificar a síntese de cerca de 120.000 tipos diferentes de RNAm processados! É conhecido o fato de que células de glândulas humanas – a tireoide, por exemplo – efetuam o processamento do mesmo transcrito primário diferentemente, conduzindo, assim, à produção de hormônios diferentes.

A título de comparação, é preciso dizer que na grande maioria dos procariotos (bactérias) o processamento do RNAm é praticamente inexistente. Relembre que nesses seres as células não possuem núcleo organizado. O RNAm produzido (o transcrito primário) contém em sua sequência a informação para a síntese de várias proteínas. Outra importante diferença reside no fato de que, à medida que a transcrição vai acontecendo, ao mesmo tempo ocorre a síntese proteica. Os ribossomos aderem ao RNAm e promovem a tradução da mensagem, o que conduz à síntese de várias proteínas em série. A figura ao lado resume o que ocorre em células de eucariotos e procariotos em termos da produção de RNAm e síntese de proteínas.

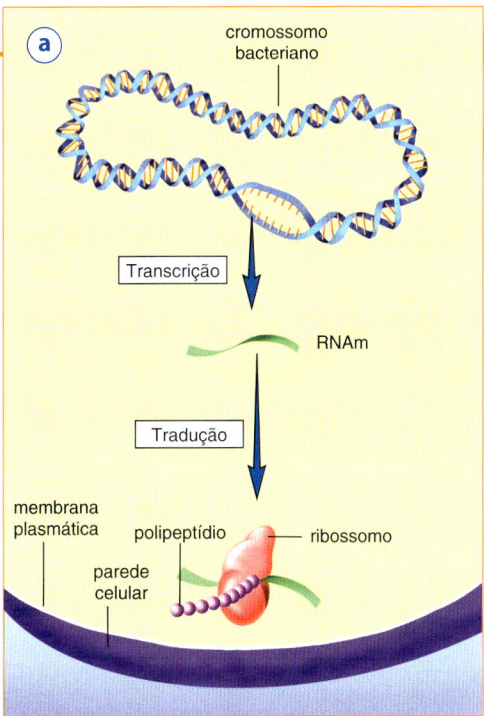
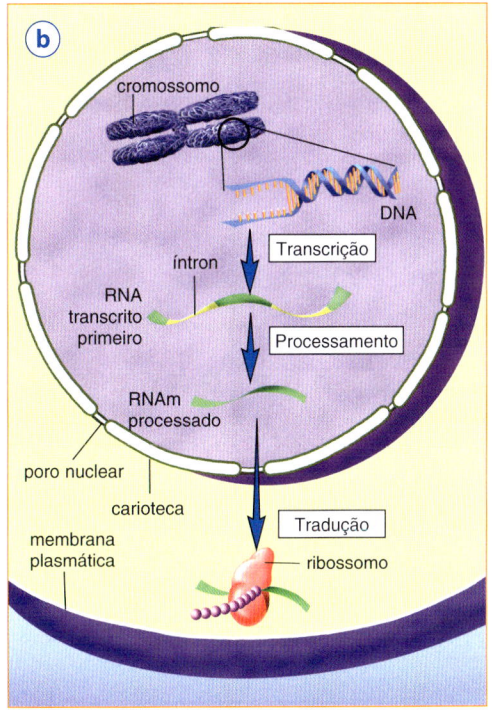

(a) Transcrição e tradução em procariotos: não há processamento de RNAm. (b) Processamento de RNAm em eucariotos.

Baseado em: RAVEN. P. H. *et al. Biology.* 7. ed. New York: McGraw-Hill, 2005.

MUTAÇÃO GÊNICA: O ERRO GENÉTICO

Todos os dias, as suas células produzem proteínas que contêm aminoácidos em uma certa sequência. Imagine, por exemplo, que em certo dia uma célula da epiderme de sua pele produza uma proteína diferente. Suponha também que essa proteína seja uma enzima que atue em uma reação química que leva à produção de um pigmento amarelo, em vez do pigmento normalmente encontrado na pele, a melanina. Essa célula se multiplica e, de repente, aparece uma mancha amarelada em sua pele. Provavelmente, essa enzima pode ter sofrido uma alteração em sua sequência de aminoácidos, tendo havido a substituição de um aminoácido por outro, o que acarretou uma mudança em seu mecanismo de atuação e, como consequência, levou à produção de um pigmento de cor diferente. Agora, como a sequência de aminoácidos em uma proteína é determinada pela ação de um certo gene, é possível que tenha acontecido uma alteração na sequência de bases no gene que conduz à síntese do pigmento.

Essa alteração na sequência de bases na molécula de DNA constituinte do gene é que se chama de **mutação gênica**.

A seguir, apresentamos três tipos de modificação na sequência de bases do DNA, que podem acarretar mudanças na sequência de aminoácidos em uma proteína (acompanhe pela Figura 7-14):

> **Fique por dentro!**
>
> As propriedades do material genético (DNA) são três: autoduplicação, controle do metabolismo celular e possibilidade de sofrer mutações.

1) substituição de um par de bases do DNA original – no lugar do par A-T, entra o par C-G. O códon ACC muda para GCC. Há a substituição do aminoácido triptofano pelo aminoácido arginina. A proteína correspondente não será a mesma;
2) perda (supressão) do par de bases A-T, sem haver substituição por outro par de bases – a partir do segundo códon, muda a sequência de trios de bases, o que conduz à modificação da sequência de aminoácidos na proteína;
3) novo par de bases é adicionado a partir do segundo códon – altera-se a sequência de leitura dos trios de bases. Muda a sequência de aminoácidos na proteína.

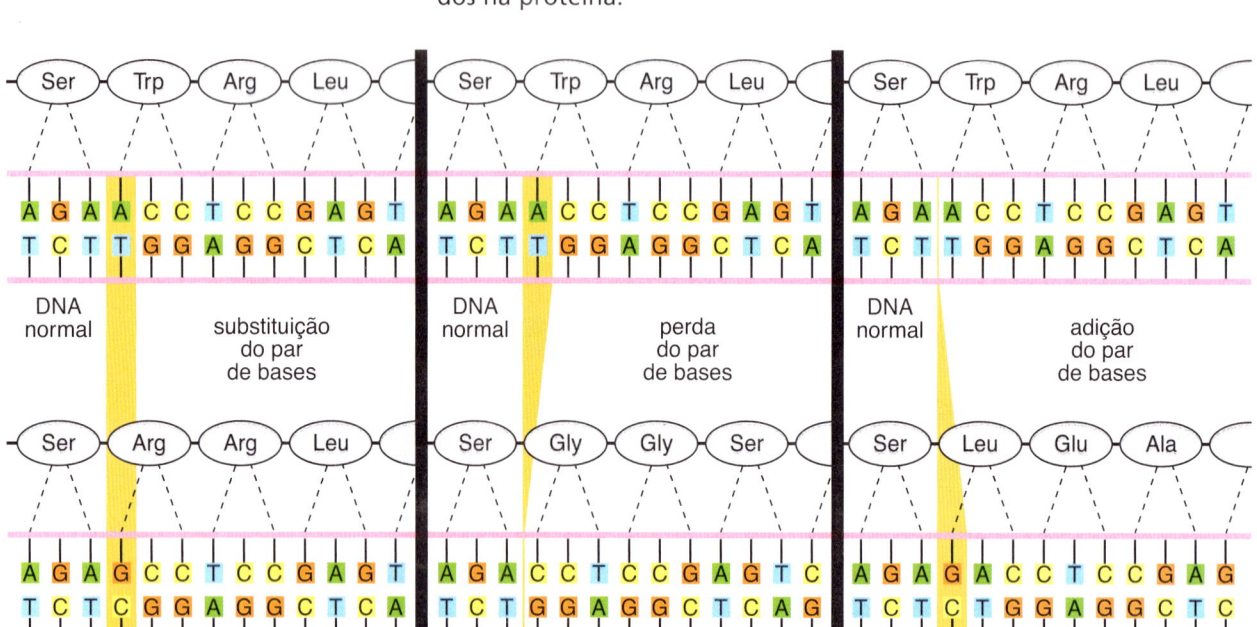

Figura 7-14. Mutações possíveis em uma molécula de DNA envolvendo substituição, perda ou adição de bases.

Saiba mais

A mutação e suas consequências

Se a alteração na sequência de aminoácidos na proteína não afetar o funcionamento da molécula e não prejudicar o organismo, de modo geral ela passa despercebida, é indiferente.

Outras vezes, a alteração leva a um favorecimento. Imagine, por exemplo, que uma certa célula do seu intestino passe a produzir uma enzima chamada celulase, capaz de digerir a celulose dos vegetais que você come. Provavelmente, a mutação que levou a esse erro será vantajosa para você, que poderá eventualmente até alimentar-se de papel picado!

Muitas vezes, porém, a mutação pode ser prejudicial. Na anemia falciforme, a substituição do aminoácido ácido glutâmico pelo aminoácido valina, em uma das cadeias da hemoglobina, conduz a uma alteração na forma da proteína toda. Essa alteração muda o formato do glóbulo vermelho, que passa a ser incapaz de transportar oxigênio. Outra consequência, grave, é que hemácias com formato de foice grudam umas nas outras nos capilares sanguíneos, o que pode provocar obstruções no trajeto para os tecidos.

As mutações são hereditárias

Dependendo da célula em que a mutação ocorre, ela pode ser transmitida à descendência. Nas suposições que fizemos, relacionadas ao pigmento da pele e à enzima celulase, evidentemente que não ocorrerá a transmissão dos genes mutantes para os seus filhos.

Trata-se de *mutações somáticas*, ou seja, ocorreram em células não envolvidas na confecção de gametas.

Já a mutação que conduziu à anemia falciforme deve ter ocorrido, no passado, em células da *linhagem germinativa* de algum antepassado. O gene anômalo, então surgido, deve ter sido transportado por um gameta e daí se espalhou pela espécie humana.

As Causas das Mutações

De maneira geral, as mutações ocorrem como consequência de erros no processo de duplicação do DNA. Acontecem em baixíssima freqüência. Muitas delas, inclusive, são corrigidas por mecanismos especiais, como, por exemplo, a ação do gene p53 que evita a formação de tumores.

Há, no entanto, certos agentes do ambiente que podem aumentar a taxa de ocorrência de erros genéticos. Entre esses agentes mutagênicos podemos citar: benzopireno e alcatrão, que são substâncias existentes no fumo, os raios X, a luz ultravioleta, o gás mostarda, ácido nitroso e alguns corantes existentes nos alimentos. Não é à toa que, em muitos países, é crescente a preocupação com a diminuição da espessura da camada do gás ozônio (O_3), que circunda a atmosfera terrestre. Esse gás atua como filtro de luz ultravioleta proveniente do Sol. Com a diminuição da sua espessura, aumenta a incidência desse tipo de radiação, o que pode afetar a pele das pessoas. Ocorrem lesões no material genético, que podem levar a certos tipos de câncer de pele.

Saiba mais

Epigenética: silenciando ou liberando genes

Pesquisas recentes sugerem que o funcionamento dos genes pode ser modificado por meio da ação de substâncias químicas, e, mais importante, sem alterar a sequência de bases, ou seja, sem causar mutações no material genético. Essa é a base do que hoje é denominado de **epigênese** ou **epigenética** (do grego *epi* = sobre, em cima de).

Obesidade, certos tipos de câncer e distúrbios psiquiátricos, entre outros, estão na mira dos estudos dos cientistas que acreditam que a ação de certas substâncias pode estar envolvida no silenciamento ou na liberação de genes em muitos animais e, inclusive, na espécie humana. Quanto ao mecanismo dessa ação, discute-se hoje, a participação de substâncias relacionadas à dieta humana.

Por exemplo, trabalhos realizados pela geneticista Emma Whitelaw evidenciaram que ratas prenhes alimentadas com uma dieta rica em vitamina B_{12}, ácido fólico e soja tiveram filhotes não obesos, muito embora possuíssem o gene para obesidade. Sabe-se, também, que o principal mecanismo envolvido no silenciamento ou na liberação do trabalho gênico reside na ação de grupos metil. São pequenas moléculas que, ligando-se a uma determinada sequência de bases de DNA, podem promover o seu silenciamento, enquanto a remoção dessas moléculas libera o gene, que pode, então, voltar a funcionar normalmente. O mais curioso nesses trabalhos é que esse tipo de ação pode ser herdado, ou seja, transmitido de geração a geração.

Ética & Sociedade

Elas podem se tornar mais resistentes por nossa causa

É fato: no Brasil, prescreve-se uma quantidade enorme de antibióticos e, o que é pior, muitas vezes são adquiridos e consumidos sem qualquer orientação médica.

Naturais ou sintéticos, os antibióticos seriam nossos grandes aliados no combate a doenças causadas por bactérias, pois agem inibindo a síntese da parede celular bacteriana, ou bloqueando a síntese proteica ou impedindo a replicação dos cromossomos. Porém, o uso indiscriminado desses medicamentos, sem o acompanhamento responsável e criterioso, pode fazer com que microrganismos resistentes aos antibióticos prevaleçam, podendo tornar-se um sério caso de Saúde Pública.

Passo a passo

1. Considere a ilustração ao lado:
 a) Ao se basear na estrutura das moléculas de ácidos nucleicos, um estudante afirmou, corretamente, que em (*a*) está representado um trecho de molécula de DNA e, em (*b*), um trecho de molécula de RNA. Cite a característica estrutural dessas moléculas que foi fundamental para esse reconhecimento.
 b) Cite os três componentes de um nucleotídeo.
 c) Cite as quatro bases nitrogenadas que podem estar presentes em um nucleotídeo de DNA. Quais são bases púricas e quais são pirimídicas?
 d) Cite as quatro bases nitrogenadas que podem estar presentes em um nucleotídeo de RNA. Quais são as bases púricas e quais são as pirimídicas?
 e) Cite a base nitrogenada exclusiva da molécula de DNA e a base nitrogenada exclusiva da molécula de RNA.
 f) Cite a pentose presente em nucleotídeos de DNA e a pentose presente em nucleotídeos de RNA.

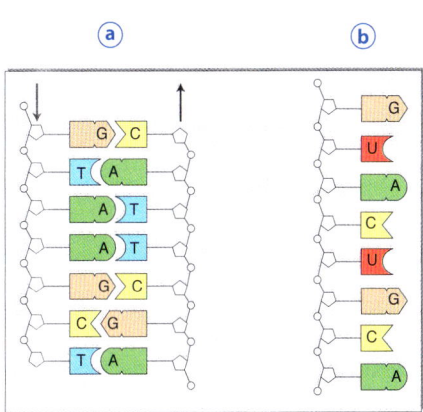

2. Como são unidas as duas cadeias de nucleotídeos na molécula de DNA?

3. Com relação ao pareamento de bases em uma molécula de DNA:
   a) Como ocorre o pareamento de bases nessa molécula, ou seja, que bases participam do pareamento?
   b) Em quais pareamentos se formam duas pontes de hidrogênio e em quais se formam três pontes de hidrogênio?

4. Na sequência de frases a seguir, assinale **C** para as corretas e **E** para as erradas.
   a) Ácidos nucleicos são macromoléculas formadas por uma sucessão de nucleotídeos, cada qual constituído de um açúcar (a glicose), um radical "fosfato" e uma base nitrogenada.
   b) O DNA é uma macromolécula formada por desoxirribonucleotídeos, enquanto o RNA é constituído de ribonucleotídeos.
   c) No DNA, o açúcar é a ribose, enquanto no RNA é a desoxirribose.
   d) Participam da molécula de DNA as bases nitrogenadas adenina, guanina, citosina e uracila. Nos nucleotídeos de RNA participam as bases adenina, timina, guanina e citosina.
   e) O DNA é uma macromolécula de fita dupla, possuindo um aspecto de escada retorcida. O esqueleto básico, correspondente ao "corrimão" de cada fita, é constituído por fosfatos e desoxirribose, enquanto os degraus correspondem às bases nitrogenadas.
   f) O pareamento de bases nitrogenadas entre as duas fitas de DNA ocorre por meio de pontes de nitrogênio. Existem duas pontes de nitrogênio entre adenina e timina, enquanto entre citosina e guanina as pontes de hidrogênio formadas são três.
   g) Se em uma molécula de DNA isolada de uma determinada célula constatar-se a existência de 20% de timina e 30% de citosina, então, as porcentagens de adenina e de guanina serão, respectivamente, de 30% e 20%.

5. Explique em poucas palavras como ocorre a autoduplicação (replicação) da molécula de DNA.

6. Por que a autoduplicação do DNA é considerada *semiconservativa*? Cite o experimento conclusivo que demonstrou essa propriedade.

7. Moléculas de DNA contêm mensagens que devem ser repassadas a moléculas de RNA, para serem executadas. Para isso, há um processo de síntese de moléculas de RNA a partir de moléculas de DNA. Como é denominado esse processo de síntese?

8. Relativamente às moléculas de RNA, responda:
   a) Como caracterizar o filamento de molécula de RNA, em termos estruturais?
   b) Quais são os três tipos de RNA produzidos por uma célula? Utilize símbolos.
   c) Em termos de peso molecular, como diferenciar esses três tipos de moléculas de RNA?

9. A produção de RNA mensageiro a partir de um determinado trecho de molécula de DNA ocorre em uma série de etapas. A respeito desse assunto, responda:
   a) Como se inicia o processo de síntese dessa molécula de RNA?
   b) Ambas as fitas de DNA servem de molde para a síntese da molécula de RNA?
   c) Quanto ao açúcar pentose, que tipos de nucleotídeos participam da síntese da molécula de RNA?
   d) No trecho de DNA que está sendo transcrito, existem nucleotídeos contendo adenina. Que tipo de nucleotídeo de RNA se encaminha para o pareamento com essa base?
   e) Que complexo enzimático atua na síntese do RNA?
   f) Considere que o trecho da fita de DNA a ser transcrito possui a seguinte sequência de bases: ATCGACTAACCTAAATTT. Qual será a sequência de bases na molécula de RNA produzida?
   g) Com o fim da transcrição, o que ocorre com a molécula de RNA produzida? E com a molécula de DNA que serviu de molde para a transcrição?

10. Entender a ação do material genético no controle das atividades celulares depende da compreensão de alguns conceitos básicos. Com relação a esses conceitos:
   a) O que significa códon? Cite um exemplo.
   b) Cite os três códons da Tabela 7-1 conhecidos como códons de parada. Eles especificam algum aminoácido?
   c) O códon AUG é denominado *de início* de leitura, além de especificar um aminoácido. Qual é o aminoácido por ele especificado?
   d) Qual o significado de código genético? Por que se diz que o código genético é universal? Por que se diz que o código genético é degenerado? Cite um exemplo.
   e) Alguns códons diferentes podem especificar o mesmo aminoácido. Cite um exemplo.

11. a) O que é tradução? Onde ocorre esse processo? Quais são os seus participantes?
   b) O que significa anticódon e em qual molécula de RNA está presente?
   c) O que significa cístron?

12. Com relação ao processo de síntese proteica, responda:
   a) Que organela celular participa do processo? Como essa organela atua ao longo do processo?
   b) Como participam as moléculas de RNA transportador no processo?

13. Qual é o significado de polirribossomos? Como atuam no processo de síntese proteica?

14. O desenho representa um processo metabólico realizado em uma célula de organismo procarioto.

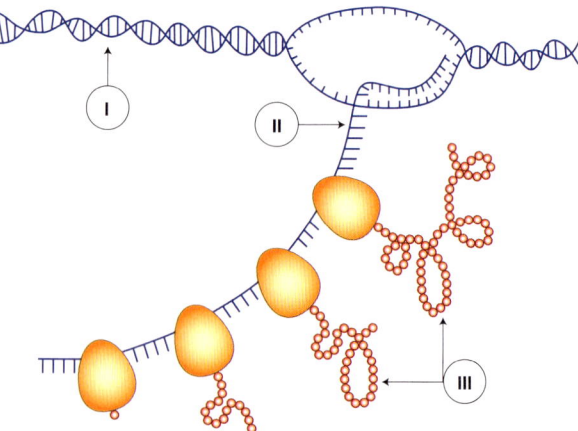

a) Qual o nome do processo?
b) É correto dizer que este processo ocorre no retículo endoplasmático rugoso? Justifique a sua resposta.
c) Cite os nomes das moléculas indicadas, na ordem, em I, II e III.
d) Há alguma diferença relativamente à ocorrência desse processo em uma célula de organismo eucarioto?

Os gráficos que correspondem, respectivamente à primeira, à segunda e à terceira gerações são

a) X, Y, Z.
b) Z, Y, X.
c) Z, X, Y.
d) Y, Z, X.

6. (UFLA – MG) Analise as seguintes proposições em relação à replicação e transcrição do DNA e ao processo de tradução e, a seguir, marque a alternativa **CORRETA**.

I – Nos processos de replicação e transcrição as principais enzimas envolvidas são a RNA polimerase e a DNA polimerase, respectivamente.

II – O processo de tradução ocorre no citoplasma.

III – A replicação do DNA é conservativa.

a) Apenas as proposições II e III estão corretas.
b) Apenas as proposições I e III estão corretas.
c) Apenas a proposição II está correta.
d) As proposições I, II e III estão corretas.

7. (UFMS) Analise os processos A, B e C, conforme esquema abaixo, relacionados aos eventos celulares de síntese de DNA, RNA e proteínas. Sobre tais processos, é correto afirmar:

DNA →B→ RNAm + RNAt + RNAr + aminoácidos →C→ polipeptídios
A↓
DNA

(01) O processo A corresponde à tradução.
(02) O processo B corresponde à replicação (duplicação).
(04) O processo C corresponde à tradução.
(08) O processo B corresponde à transcrição.
(16) O processo A corresponde à replicação (duplicação).
(32) O processo C corresponde à transcrição.

8. (UFF – RJ) "Após o anúncio histórico da criação de vida artificial no laboratório do geneticista Craig Venter — o mesmo responsável pela decodificação do genoma humano em 2001 —, o presidente dos EUA, Barack Obama, pediu a seus conselheiros especializados em biotecnologia para analisarem as consequências e as implicações da nova técnica." (O Globo on line, 22/05/2010)

A experiência de Venter ainda não explica como a vida começou, mas reforça novamente que, sob determinadas condições, fragmentos químicos são unidos para formar a principal molécula responsável pelo código genético da vida.

Para a síntese de uma molécula de DNA em laboratório, a partir de uma fita molde de DNA, além do *primer*, deve-se utilizar

a) nucleotídeos de timina, citosina, guanina e adenina; DNA e RNA polimerase.
b) nucleotídeos de timina, citosina, guanina e uracila; e DNA polimerase.
c) nucleotídeos de timina, citosina, guanina e adenina; e DNA polimerase.
d) nucleotídeos de timina, citosina, guanina e uracila; e RNA polimerase.
e) nucleotídeos de timina, citosina, guanina, uracila e adenina; e DNA polimerase.

9. (UEL – PR) Células epiteliais de cobaia, em diferentes fases do ciclo celular, foram expostas durante alguns minutos à timidina radioativa (nucleotídeo de timina). A sua posterior observação para avaliar a incorporação do nucleotídeo, feita pela técnica de autorradiografia (impressão em película fotográfica), mostrou que o padrão de radioatividade permaneceu difuso em todos os estágios do ciclo celular, exceto nas células que se encontravam no período S. Nestas, a radioatividade concentrou-se no núcleo.

A figura, a seguir, representa esquematicamente os resultados obtidos na experiência:

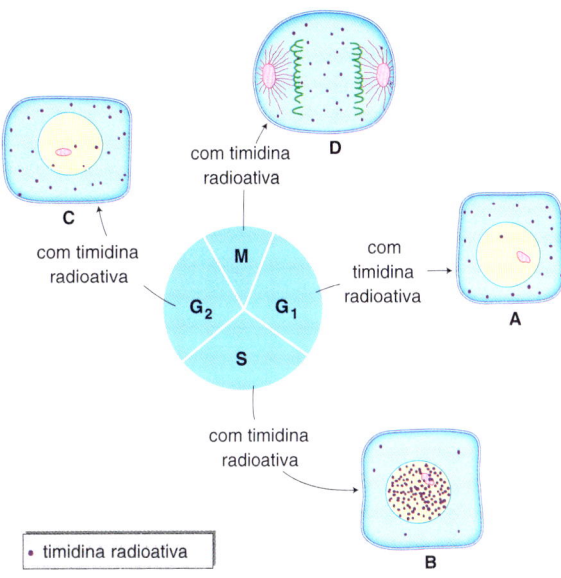

Com base na figura, se na experiência apresentada fosse utilizado nucleotídeo de adenina radioativa em vez de timidina radioativa, os resultados não seriam conclusivos porque o nucleotídeo de

a) timina é comum ao DNA e RNA.
b) adenina existe apenas no DNA.
c) adenina existe apenas no RNA.
d) adenina é comum ao DNA e RNA.
e) timina é complementar de uracila.

10. (UFRGS – RS) O esquema abaixo representa uma etapa do processo de tradução.

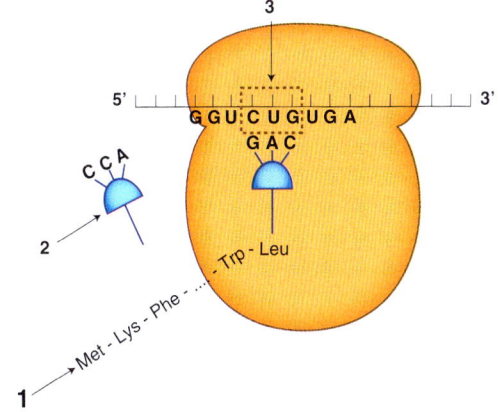

Assinale a alternativa que identifica correta e respectivamente os componentes indicados pelas setas 1, 2 e 3 do esquema.

a) polipeptídio – RNA transportador – códon
b) proteína – RNA mensageiro – anticódon
c) RNA mensageiro – RNA ribossômico – anticódon
d) RNA mensageiro – RNA ribossômico – RNA transportador
e) polipeptídio – RNA mensageiro – aminoácido

11. (UEL – PR) Em uma população, foi identificado um indivíduo que possui resistência genética a um vírus que provoca uma importante doença. Em um estudo comparativo, verificou-se que esse indivíduo produz uma proteína que confere tal resistência, com a seguinte sequência de aminoácidos: serina-tirosina-cisteína-valina-arginina.

A partir da tabela de código genético, a seguir:

AGU – serina	AGC – serina
UAC – tirosina	UAU – tirosina
UGC – cisteína	UGU – cisteína
GUA – valina	GUU – valina
AGG – arginina	CGA – arginina

e considerando que o RNA mensageiro deste gene contém: 46,7% de uracila; 33,3% de guanina; 20% de adenina e 0% de citosina, assinale a alternativa que apresenta a sequência correta de bases de fita-molde deste gene.

a) TCA – ATA – ACA – CAA – TCC
b) TCA – ATA – ACG – CAT – TCC
c) TCA – ATG – ACA – CAT – TGG
d) AGU – UAU – UGU – GUU – AGG
e) AGC – UAC – UGC – CAA – CGA

12. (UFRGS – RS) Leia o quadrinho abaixo.

Adaptado de: <http://clubedamafalda.blogspot.com>.
Acesso em: 8 jan. 2006.

Considere o enunciado abaixo, referente ao significado da resposta de Mafalda, e as três propostas para completá-lo.

A expressão **direção 5' → 3'** refere-se

1 – à ligação entre fosfato e açúcar no processo de replicação do DNA.
2 – à atividade da enzima RNA polimerase no processo de transcrição do RNA.
3 – à união entre os aminoácidos no processo de tradução das proteínas.

Quais propostas estão corretas?

a) Apenas 1.
b) Apenas 2.
c) Apenas 3.
d) Apenas 1 e 2.
e) 1, 2 e 3.

13. (UFMG) A composição de bases nitrogenadas do DNA total isolado de células de tecido epitelial de um vertebrado apresenta estes percentuais: A = 20%; T = 20%; G = 30% e C = 30%. Considerando-se essas informações e outros conhecimentos sobre o assunto, é **INCORRETO** afirmar que essa composição de bases nitrogenadas

a) é igual à de outras células somáticas.
b) permanece inalterada ao longo da vida.
c) se reduz à metade nos gametas.
d) varia entre indivíduos de espécies diferentes.

14. (UEL – PR) Considere as afirmativas a seguir a respeito das propriedades do código genético.

I – Existem vinte e quatro tipos de aminoácidos, que, agrupados em diversas sequências, formam todos os tipos de proteínas que entram na composição de qualquer ser vivo.
II – O código genético é universal, pois vários aminoácidos têm mais de um códon que os codifica.
III – A perda ou a substituição de uma única base nitrogenada na molécula de DNA pode alterar um aminoácido na proteína.
IV – Nos organismos, a relação entre o número de nucleotídeos (*a*) de um mRNA e o número de aminoácidos da proteína formada (*b*) mostrou que $a/b = 3$.

Assinale a alternativa correta.

a) Somente as afirmativas I e IV são corretas.
b) Somente as afirmativas II e III são corretas.
c) Somente as afirmativas III e IV são corretas.
d) Somente as afirmativas I, II e III são corretas.
e) Somente as afirmativas I, II e IV são corretas.

15. (FUVEST – SP) Há uma impressionante continuidade entre os seres vivos (...). Talvez, o exemplo mais marcante seja o da conservação do código genético (...) em praticamente todos os seres vivos. Um código genético de tal maneira "universal" é evidência de que todos os seres vivos são aparentados e herdaram os mecanismos de leitura do RNA de um ancestral comum.

MORGANTE & MEYER. Darwin e a Biologia.
O Biólogo 10: 12-20, 2009.

O termo "código genético" refere-se

a) ao conjunto de trincas de bases nitrogenadas, cada trinca correspondendo a um determinado aminoácido.
b) ao conjunto de todos os genes dos cromossomos de uma célula, capazes de sintetizar diferentes proteínas.
c) ao conjunto de proteínas sintetizadas a partir de uma sequência específica de RNA.
d) a todo o genoma de um organismo, formado pelo DNA de suas células somáticas e reprodutivas.
e) à síntese de RNA a partir de uma das cadeias do DNA, que serve de modelo.

16. (UFPE – adaptada) Diferentes substâncias químicas são capazes de alterar o material genético de uma célula, podendo determinar mutações e o desenvolvimento do câncer. Entre essas substâncias, podem ser citadas:

1. o gás mostarda,
2. o ácido nitroso,
3. diferentes componentes da fumaça do cigarro,
4. alguns corantes alimentares,
5. camada de amido de cereais integrais.

Está(ão) correta(s) apenas:

a) 1.
b) 1 e 3.
c) 3, 4 e 5.
d) 3 e 5.
e) 1, 2, 3 e 4.

Questões dissertativas

1. (UFTM – MG – adaptada) Um segmento de DNA foi utilizado para a síntese de proteínas. Sabendo-se que certo trecho corresponde a uma região chamada introns (expressão derivada do inglês, *intragenic regions*) e outros dois trechos correspondem a regiões chamadas exons (expressão derivada do inglês *expressed regions*), pode-se chegar à sequência de aminoácidos desejada.

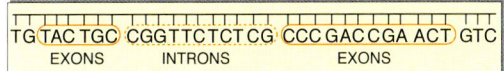
TG (TAC TGC) (CGG TTC TCT CG) (CCC GAC CGA ACT) GTC
EXONS — INTRONS — EXONS

A tabela a seguir mostra alguns códons do RNA mensageiro, códon de parada e os aminoácidos codificados por cada um deles.

Códons de RNA mensageiro	Aminoácidos ou fim da molécula
CUG	leucina (Leu)
ACG	treonina (Thr)
GGG	glicina (Gly)
UGA	códon de parada (fim da cadeia)
AGA	arginina (Arg)
GCC	alanina (Ala)
GCU	alanina (Ala)
AUG	metionina (Met) – códon de iniciação
AAG	lisina (Lis)
CAG	glutamina (Gln)

a) Indique a sequência de nucleotídeos do RNA mensageiro que será formada. Em que local da célula ocorre essa síntese?
b) Qual é a sequência de aminoácidos codificada pelo segmento de DNA fornecido?

2. (UNICAMP – SP – adaptada) Após um surto de uma doença misteriosa (início com febre, coriza, mal-estar, dores abdominais, diarreia, manchas avermelhadas espalhadas pelo corpo) que acometeu crianças com até cinco anos de idade em uma creche, os pesquisadores da UNICAMP conseguiram sequenciar o material genético do agente causador da doença e concluíram que se tratava de um vírus. Um segmento dessa sequência era UACCCGUUAAAG.

a) Explique por que os pesquisadores concluíram que o agente infeccioso era um vírus.
b) Sabendo-se que a sequência mostrada acima (UACCCGUUAAAG) dará origem a uma fita de DNA, escreva a sequência dessa fita complementar.

3. (UNESP) Um cientista analisou a sequência de bases nitrogenadas do DNA de uma bactéria e verificou que era formada pelos códons AGA-CAA-AAA-CCG-AAT. Verificou também que a sequência de aminoácidos no polipeptídio correspondente era serina-valina-fenilalanina-glicina-leucina. Ao analisar o mesmo segmento de DNA de outra bactéria da mesma colônia, verificou que a sequência de bases era AGA-CAA-AAG-CCG-AAT, porém não verificou qualquer alteração na composição de aminoácidos da cadeia polipeptídica. Como você explica o fato de bactérias de uma mesma colônia apresentarem, para o mesmo segmento de DNA, diferentes sequências de bases e o fato dessas bactérias apresentarem a mesma composição de aminoácidos na cadeia polipeptídica correspondente?

4. (UFAL) Como as células vivas não conseguem distinguir os elementos radioativos dos não radioativos, elas os incorporam nas macromoléculas que estão sendo sintetizadas em seu interior. Uma vez que a radioatividade pode ser facilmente detectada, os isótopos radioativos são usados como marcadores celulares.
Para estudar a localização celular de ácidos nucleicos os pesquisadores utilizam nucleotídeos radioativos que são adicionados ao meio de cultura.

a) Qual nucleotídeo deve ser fornecido na forma radioativa para se estudar a localização de RNA? Justifique sua resposta.
b) No caso de RNA mensageiro, qual o primeiro local onde será encontrada marcação radioativa? Explique sua resposta.

5. (UFRJ) As sequências de RNA mensageiro a seguir codificam peptídios com atividades biológicas específicas. Suponha que mutações no DNA tenham causado as seguintes mudanças nas duas moléculas de mRNA (1 e 2):

Molécula 1
UCU GU**U** AUU UAU UCU → UCU GU**C** AUU UAU UCU

Molécula 2
GCU CAU AG**A** GAU GGU → GCU CAU AG**C** GAU GGU

A tabela resumida do código genético mostra alguns códons e seus aminoácidos correspondentes.

Códon	Aminoácido	Códon	Aminoácido
GUU	valina	AGU	serina
GUC	valina	AGC	serina
GUA	valina	AGA	arginina
GUG	valina	AGG	arginina

Em qual das mudanças (1 ou 2) há risco de perda ou de diminuição da atividade biológica? Justifique sua resposta.

Programas de avaliação seriada

1. (PSIU – UFPI) No desenho ao lado, aparece o aparato principal do processo de tradução. Analise as informações e marque a alternativa correta.

a) O código genético consiste de trincas de nucleotídeos chamados de anticódons.
b) O códon AUG do tRNA indica o início da tradução.
c) Os aminoácidos são transportados pelo mRNA e ligados em uma ordem especificada no tRNA.
d) O tRNA possui um códon complementar ao códon do mRNA.
e) Os aminoácidos são ligados quimicamente pela ligação peptídica que acontece nos ribossomos.

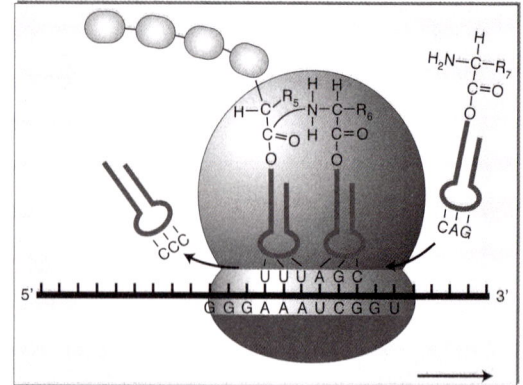

2. (PISM – UFJF – MG) As características fisiológicas e morfológicas de um indivíduo dependem dos tipos de proteínas que são sintetizadas pelo organismo. O núcleo é a estrutura celular que comanda a síntese proteica que, por sua vez, ocorre com a participação dos RNAs mensageiro, transportador e ribossômico.

a) O nucléolo é um corpúsculo visível no núcleo quando a célula não está em divisão. Qual a consequência da inativação do nucléolo para a síntese de proteína? Justifique sua resposta.
b) Considerando o código genético e a sequência de DNA apresentados abaixo, responda:

Código genético					
Primeira base	**Segunda base**				**Terceira base**
	U	**C**	**A**	**G**	
U	fenilalanina	serina	tirosina	cisteína	U
	fenilalanina	serina	tirosina	cisteína	C
	leucina	serina	fim	fim	A
	leucina	serina	fim	triptofano	G
C	leucina	prolina	histidina	arginina	U
	leucina	prolina	histidina	arginina	C
	leucina	prolina	glutamina	arginina	A
	leucina	prolina	glutamina	arginina	G
A	isoleucina	treonina	asparagina	serina	U
	isoleucina	treonina	asparagina	serina	C
	isoleucina	treonina	lisina	arginina	A
	início/metionina	treonina	lisina	arginina	G
G	valina	alanina	ac. aspártico	glicina	U
	valina	alanina	ac. aspártico	glicina	C
	valina	alanina	ac. glutâmico	glicina	A
	valina	alanina	ac. glutâmico	glicina	G

Sequência de DNA: T T A C C G A C G T A G

Qual sequência de bases do RNA mensageiro (RNAm) será formada?
Qual é a sequência de aminoácidos produzida a partir da molécula de RNAm formada?

c) Se uma única base nitrogenada for substituída por outra na molécula de DNA, a sequência de aminoácidos na proteína correspondente será, **obrigatoriamente**, modificada? Justifique sua resposta.

Capítulo 8
Respiração aeróbia e fermentação

A torta é de massa podre!

Sim, é verdade, o nome da massa é esse mesmo: "massa podre". Ela é assim chamada porque, depois de assada, se esfarela com muita facilidade.

Esse tipo de massa contrasta com a dos bolos fofinhos, de consistência bem diferente. Você sabe dizer por quê? Diferentemente das tortas de massa podre, a imensa maioria dos bolos e pães frescos leva em sua composição – além de farinha, leite ou água, e ovos – o conhecido *fermento*, que pode ser químico (no caso dos bolos) ou biológico (para pães). É com o resultado da ação desses fermentos que pães e bolos "crescem", tornando-se macios.

O fermento químico nada mais é do que um composto de algumas substâncias químicas, dentre elas o bicarbonato de sódio, que, ao se decomporem, formam gás carbônico e água, fazendo com que a massa aumente de volume. Já o fermento biológico, como o próprio nome indica, é um microrganismo vivo, a levedura (um tipo de fungo) *Saccharomyces cerevisiae*. Adicionada à massa de pão, essa levedura utiliza a glicose em seu metabolismo, liberando álcool e gás carbônico, em um processo conhecido como fermentação, um dos temas deste nosso capítulo.

Perde-se no tempo a descoberta – acredita-se que por acaso – do processo de fermentação pelos seres humanos. As estimativas giram em torno de 10.000 a 6.000 anos atrás, sendo que foi apenas no século XIX, por meio dos trabalhos do cientista francês Louis Pasteur, que se conheceram os detalhes de como esse processo ocorre.

Os combustíveis mais utilizados nos automóveis, álcool etílico e gasolina, são constituídos de moléculas energéticas. A combustão, que ocorre nas câmaras de explosão do motor, na presença do oxigênio, libera a energia que estava armazenada nas ligações químicas dessas moléculas e produz alguns resíduos, entre eles o gás carbônico, o monóxido de carbono e a água. A energia liberada faz o carro andar, movimenta o limpador de para-brisas, faz funcionar o rádio, e uma boa parte é convertida em calor (basta encostar a mão no capô depois de andar alguns minutos com o carro para sentir o calor).

Nos seres vivos, o combustível mais utilizado é a **glicose**, substância altamente energética cuja quebra no interior das células libera a energia armazenada nas ligações químicas e produz resíduos, entre eles gás carbônico e água.

A energia liberada é utilizada para a execução de atividades metabólicas: síntese de diversas substâncias, eliminação de resíduos tóxicos produzidos pelas células, geração de atividade elétrica nas células nervosas, circulação do sangue etc.

O conjunto de reações químicas e de transformações de energia, incluindo a síntese (anabolismo) e a degradação de moléculas (catabolismo), constitui o **metabolismo**. Essas reações contam com a participação de enzimas.

Toda vez que o metabolismo servir para a *construção* de novas moléculas que tenham uma finalidade biológica, falamos em **anabolismo**. Por exemplo: a realização de exercícios que conduzem a um aumento da massa muscular de uma pessoa envolve a síntese de proteínas nas células musculares.

Por outro lado, a *decomposição* de substâncias, que ocorre, por exemplo, no processo de respiração celular, com a liberação de energia para a realização das atividades celulares, constitui uma modalidade de metabolismo conhecida como **catabolismo**.

Associe anabolismo a *síntese* e catabolismo a *decomposição* de substâncias. De modo geral, essas duas modalidades ocorrem juntas.

Durante o catabolismo, que ocorre nos processos energéticos, por exemplo, a energia liberada em decorrência da utilização dos combustíveis biológicos poderá ser canalizada para as reações de síntese de outras substâncias, que ocorre no anabolismo.

Nos automóveis, dos mais simples aos mais sofisticados, a queima do combustível ocorre somente em um local: o motor. Nos seres unicelulares, como as bactérias, a utilização do combustível ocorre dentro da única célula. Em um ser vivo pluricelular, como você, o combustível é utilizado em cada uma de suas células vivas. É como se em cada célula existisse um "motorzinho" transformador de energia.

> Para que os organismos possam manter-se vivos é preciso de **energia**.

> No **anabolismo** há síntese de moléculas. No **catabolismo** há fragmentação de moléculas.

RESPIRAÇÃO AERÓBIA E FERMENTAÇÃO – A LIBERAÇÃO DA ENERGIA ARMAZENADA

Na maioria dos seres vivos, a liberação da energia contida nas moléculas de glicose pode ocorrer por meio de dois processos: a **respiração celular aeróbia** e a **fermentação**.

Na respiração aeróbia, a "quebra" da glicose é total, há a participação do oxigênio, libera-se muita energia e os resíduos produzidos são o gás carbônico e a água (veja a Figura 8-1).

> Nas trocas gasosas, que ocorrem em nossos pulmões – *respiração orgânica* –, o oxigênio que ingressa no sangue é enviado aos tecidos e utilizado na respiração celular aeróbia.

glicose + oxigênio + água ⟶ gás carbônico + água + energia
$C_6H_{12}O_6$ $6\,O_2$ $6\,H_2O$ $6\,CO_2$ $12\,H_2O$

Figura 8-1. Equação da respiração aeróbia.

Na fermentação, a "quebra" da glicose é parcial, não há participação do oxigênio, libera-se pequena quantidade de energia e também são produzidos alguns resíduos. Na fermentação alcoólica, por exemplo, os resíduos produzidos são o álcool etílico (etanol) e o gás carbônico. Veja a Figura 8-2.

> O álcool etílico (etanol) armazena energia nas ligações químicas que mantêm os dois átomos de carbono unidos. Este é o motivo da utilização do etanol como biocombustível.

glicose ⟶ álcool etílico + gás carbônico + energia
$C_6H_{12}O_6$ $2\,C_2H_5OH$ $2\,CO_2$

Figura 8-2. Equação da fermentação alcoólica.

> **Fique por dentro!**

A fermentação, devido à sua simplicidade, é considerada o mecanismo mais primitivo de obtenção da energia armazenada nos combustíveis biológicos. Na Terra atual, os seres vivos que fazem respiração aeróbia podem também fermentar, se faltar oxigênio. São poucos os organismos exclusivamente fermentadores, como, por exemplo, a bactéria do tétano.

Como os Seres Vivos Conseguem a Glicose

Muitos seres vivos conseguem fabricar a glicose que utilizam nos processos de liberação de energia. Entre eles se destacam desde seres simples, como algumas bactérias e algas, até alguns mais complexos, como as samambaias, os pinheiros e os eucaliptos. Esses organismos são produtores de glicose por meio de um processo chamado de **fotossíntese**.

Seres vivos que conseguem sintetizar glicose a partir da fotossíntese são chamados de **autótrofos** (*trofos* significa *nutrição*; *auto* possui o significado de *a si mesmo* – autótrofos, portanto, são os seres que nutrem a si mesmos, isto é, produzem seu próprio alimento).

Todos os demais seres vivos precisam consumir a glicose contida nos alimentos extraídos de algum outro ser vivo.

Os seres vivos que não conseguem produzir glicose, devendo obtê-la pronta a partir de outra fonte, são chamados de **heterótrofos** (*hetero*, termo grego que significa *outro, diferente*), isto é, que se nutrem a partir de outro.

Energia sob a Forma de ATP

Cada vez que ocorre a desmontagem da molécula de glicose, a energia não é simplesmente liberada para o meio.

A energia é transferida para outras moléculas (chamadas de **ATP**), que servirão de reservatórios temporários de energia, "bateriazinhas" que poderão liberar "pílulas" de energia nos locais em que estiverem.

No citoplasma das células é comum a existência de uma substância solúvel conhecida como **adenosina difosfato, ADP**. É comum também a existência de radicais solúveis livres de **fosfato inorgânico** (que vamos simbolizar por **Pi**), ânions monovalentes do ácido ortofosfórico. Cada vez que ocorre a liberação de energia na respiração aeróbia, essa energia é utilizada para a união de ADP + Pi. Essa combinação resulta em moléculas de **ATP, adenosina trifosfato** (veja a Figura 8-3). Como o ATP também é solúvel, ele se difunde por toda a célula.

A ligação do ADP com o fosfato é reversível. Então, toda vez que é necessária energia para a realização de qualquer trabalho na célula, ocorre a conversão de algumas moléculas de ATP em ADP + Pi e a energia liberada é utilizada pela célula (veja a Figura 8-4). A recarga dos ADP acontece toda vez que há liberação de energia na desmontagem da glicose, o que ocorre na respiração aeróbia ou na fermentação.

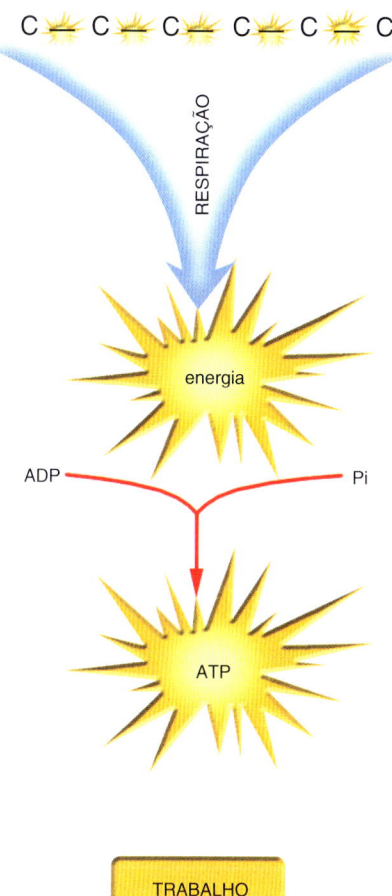

Figura 8-3. A energia que une os átomos de carbono é liberada na respiração aeróbia e armazenada em moléculas de ATP.

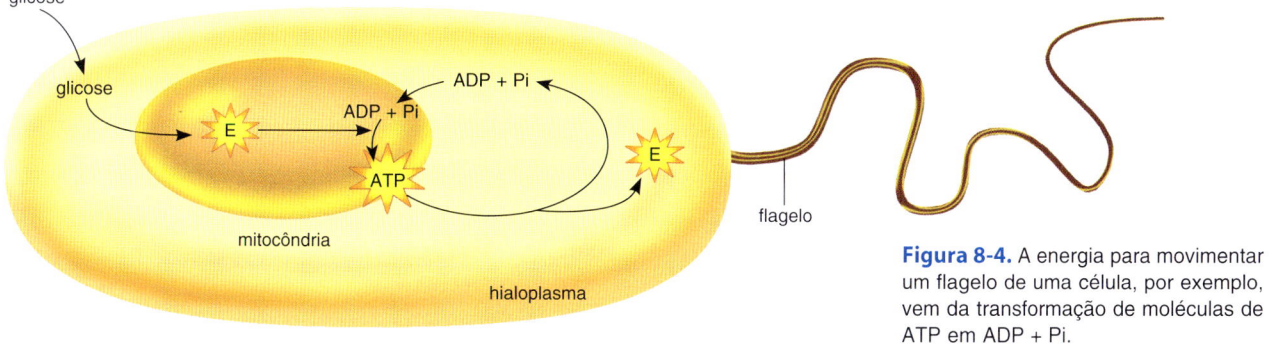

Figura 8-4. A energia para movimentar um flagelo de uma célula, por exemplo, vem da transformação de moléculas de ATP em ADP + Pi.

A estrutura do ATP

O ATP é um composto derivado de nucleotídeo em que a adenina é a base e o açúcar é a ribose. O conjunto adenina mais ribose é chamado de *adenosina*. A união da adenosina com três radicais fosfato leva ao composto *adenosina trifosfato*, ATP (veja a Figura 8-5). As ligações que mantêm o segundo e o terceiro radicais fosfato presos no ATP são altamente energéticas (liberam cerca de 7 kcal/mol de substância).

Assim, cada vez que o terceiro grupo fosfato se desliga do conjunto, ocorre a liberação da energia que o mantinha unido ao ATP. É esta energia que é utilizada quando andamos, falamos, pensamos ou realizamos qualquer trabalho celular.

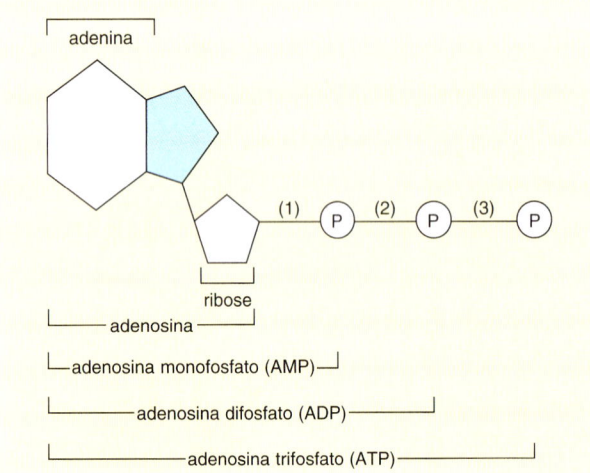

Figura 8-5. Quando se rompe a ligação (1) com o radical fosfato, são liberados 2 kcal/mol de substância. Já as ligações (2) e (3) são mais energéticas, pois a quebra de cada uma delas libera cerca de 7 kcal/mol de substância.

Saiba mais

A transferência de energia de uma substância rica em energia para outra ocorre na forma de liberação de elétrons e prótons.

Na *oxidação* ocorre a saída de um átomo completo de hidrogênio e a *redução* envolve o ganho de um átomo completo de hidrogênio. Quem se oxida perde energia e quem se reduz ganha energia.

Nas reações que acontecem na respiração aeróbia, esses dois processos costumam ocorrer simultaneamente.

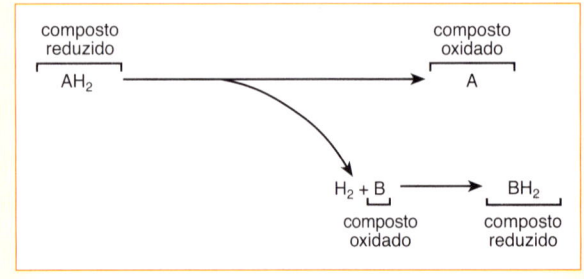

Na respiração aeróbia, para cada molécula que se oxida, liberando energia, outra se reduz, elevando o seu nível energético.

RESPIRAÇÃO AERÓBIA

A vida depende da ocorrência constante de transformações energéticas. Na fotossíntese, a energia do Sol é transformada em energia química armazenada nas ligações que unem, por exemplo, os átomos da molécula de glicose. Na respiração aeróbia, a energia das ligações químicas é liberada e uma porção dela é transferida a moléculas de ATP para que possa ser aproveitada pela célula. A energia não é criada, mas se transforma de uma modalidade em outra.

A respiração aeróbia envolve várias etapas, sendo que a primeira ocorre no hialoplasma e é conhecida como **glicólise** (*lysis* é um termo grego que significa dissolução, destruição, "quebra"); as outras acontecem inteiramente no interior das mitocôndrias.

Glicólise

Nesta fase, em que não ocorre a participação de moléculas de O_2, a glicose é desmontada em duas moléculas de ácido pirúvico, ao final de uma longa sequência de reações químicas, e o saldo energético resultante da glicólise é de duas moléculas de ATP.

Como resultado da oxidação da molécula de glicose, elétrons e hidrogênios são captados por uma substância chamada NAD, que se reduz em $NADH_2$. Essa substância participará, posteriormente, de uma das subfases que acontecerão na mitocôndria (veja a Figura 8-6).

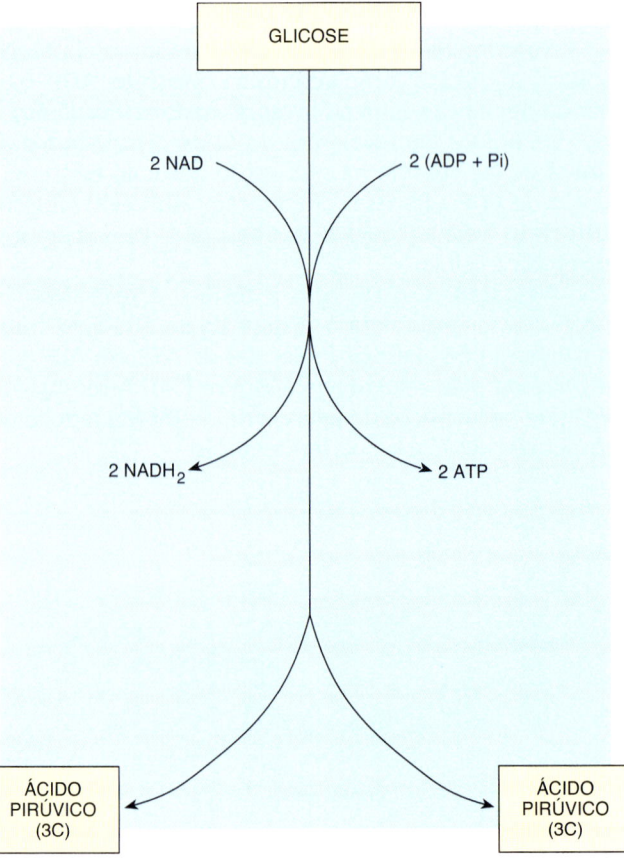

Figura 8-6. A glicólise.

Oxidação do Ácido Pirúvico

Na matriz da mitocôndria, ocorre a seguinte sequência de acontecimentos, que resultarão em muitas moléculas de ATP:

- *ingresso do ácido pirúvico na mitocôndria.* Cada molécula de ácido pirúvico, contendo três átomos de carbono, entra na mitocôndria;
- *transformação do ácido pirúvico em ácido acético.* O ácido pirúvico perde uma molécula de CO_2 (em um processo conhecido como *descarboxilação*) e se converte em ácido acético, contendo dois átomos de carbono;
- *formação de acetilcoenzima A.* O ácido acético se une a uma substância chamada coenzima A (CoA) e se transforma em *acetilcoenzima A (acetilCoA).* Há, também, a produção de um $NADH_2$ a partir de hidrogênios liberados na oxidação do ácido pirúvico (veja a Figura 8-7).

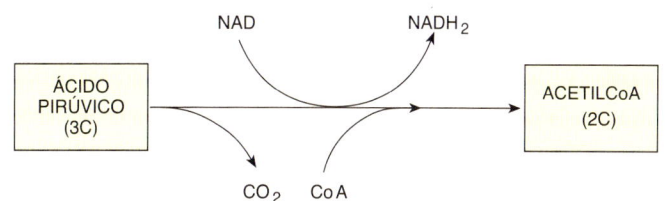

Figura 8-7. Cada molécula de ácido pirúvico, formada no hialoplasma, entra na mitocôndria e sofre transformação, levando à formação de moléculas de acetilcoenzima A.

Saiba mais

NAD é a sigla de Nicotinamida Adenina Dinucleotídeo, substância que atua como coenzima. Da sua estrutura constam dois nucleotídeos, em um dos quais entra a base nitrogenada adenina e no outro entra a substância nicotinamida, que é derivada de uma vitamina do complexo B, a niacina. O modo quimicamente correto de representar o NAD oxidado é NAD^+ e o NAD reduzido é $NADH^+ + H^+$. Para as finalidades deste livro, porém, vamos representá-los simplesmente como NAD e $NADH_2$.

Ciclo de Krebs

Cada acetilCoA entra em um ciclo de reações químicas conhecido como **ciclo de Krebs** (também chamado **ciclo do ácido cítrico** ou **ciclo do ácido tricarboxílico**).

No ciclo de Krebs, o que resta da glicose (acetilCoA) será completamente desmontado. Haverá liberação de 2 CO_2, e os hidrogênios resultantes da desmontagem serão captados por NAD, transformando-se em mais $NADH_2$. Outra substância aceptora de hidrogênio, o FAD, também é reduzida, transformando-se em $FADH_2$ (veja a Figura 8-8).

> O CO_2 gerado na respiração celular é eliminado para o ambiente.

> FAD é a sigla de Flavina Adenina Dinucleotídeo. É um dinucleotídeo contendo em sua composição uma vitamina do complexo B, a riboflavina.

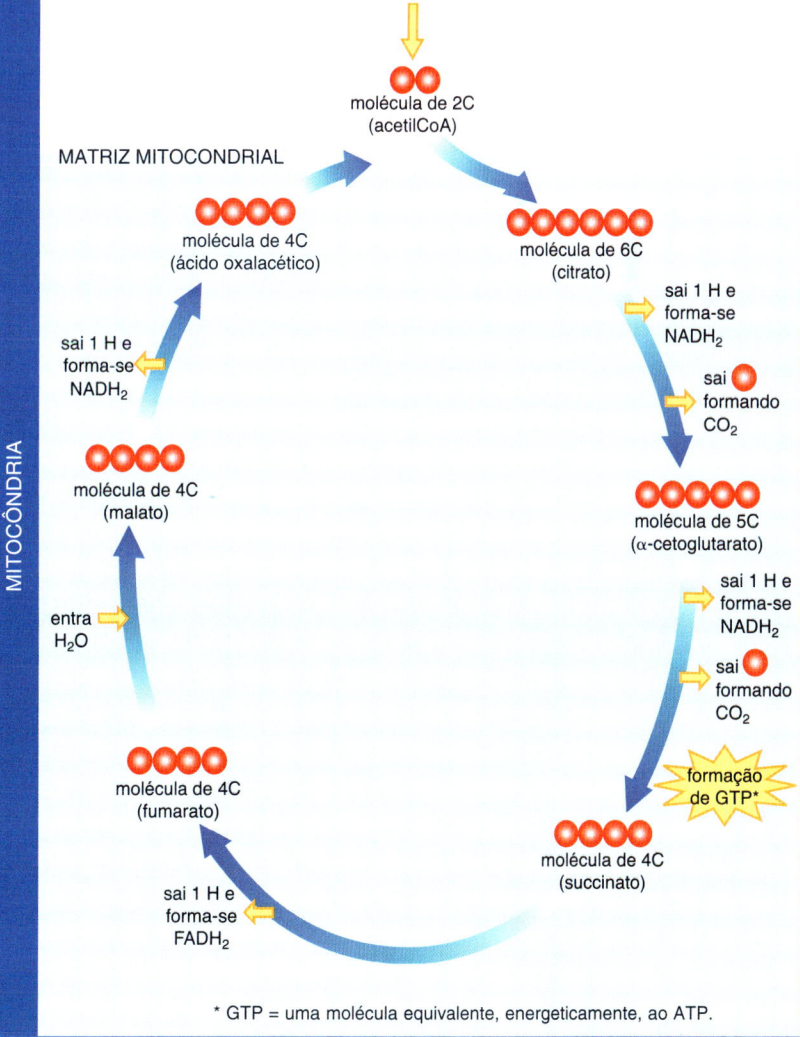

Figura 8-8. No ciclo de Krebs, a desmontagem da acetilCoA é completa.

* GTP = uma molécula equivalente, energeticamente, ao ATP.

Cadeia Respiratória e Fosforilação Oxidativa

Mas o que acontece com os $NADH_2$ e o $FADH_2$ que foram formados no longo processo respiratório?

Essas substâncias sofrem **oxidação**, ou seja, liberam H^+. Além deles, são liberados elétrons com alto nível energético, que são captados por moléculas transportadoras, conhecidas como **citocromos** – em geral, proteínas transportadoras que se encontram nas membranas das cristas mitocondriais.

Por meio, então, de uma sequência desses transportadores, que atuam como uma cadeia (daí o nome **cadeia respiratória**), há a transferência gradativa de elétrons de um nível de maior energia para outro de menor energia. A cada passagem para outro nível, é liberada energia que é canalizada para a produção de ATP, o que ocorre por uma reação de fosforilação (adição de fosfato inorgânico, Pi) do ADP.

Já os H^+ liberados das moléculas de $NADH_2$ e $FADH_2$ unem-se ao oxigênio e formam água ao final do processo (veja a Figura 8-9).

Portanto, na respiração aeróbia, o oxigênio atua como *aceptor final* de hidrogênio, formando, como resultado, moléculas de H_2O.

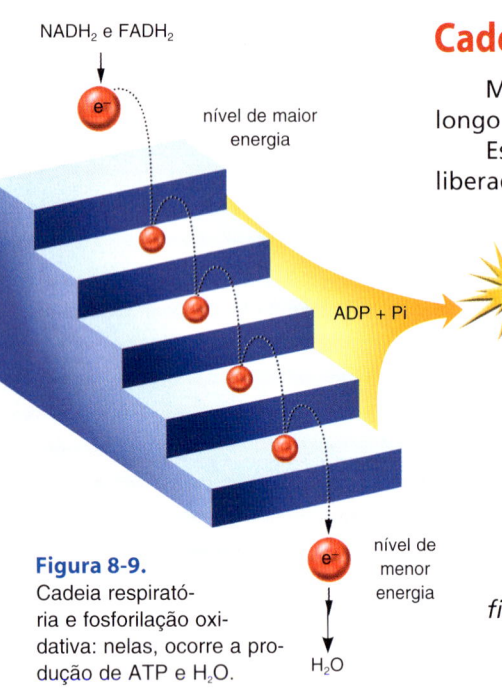

Figura 8-9.
Cadeia respiratória e fosforilação oxidativa: nelas, ocorre a produção de ATP e H_2O.

Saldo Energético da Respiração Aeróbia

- Na glicólise, para cada molécula de glicose resultam 2 ATP e 2 $NADH_2$.
- Na mitocôndria, os 2 ácidos pirúvicos formados na glicólise são transformados em 2 acetil-CoA e 2 $NADH_2$.
- No ciclo de Krebs são produzidos 6 $NADH_2$, 2 $FADH_2$ e 2 ATP livres.
- Cada $NADH_2$ é capaz de gerar, na cadeia respiratória, 3 ATP. Como são formados 10 $NADH_2$, no total são gerados 30 ATP.
- Cada $FADH_2$ é capaz de gerar, na cadeia respiratória, 2 ATP. Como são formados 2 $FADH_2$, então são gerados mais 4 ATP.

Acompanhe pela Tabela 8-1 as várias etapas da quebra da glicose e o saldo energético de todo o processo. O ATP gerado nesse processo atravessa as membranas das mitocôndrias e difunde-se pelo citoplasma, podendo ser utilizado pela célula.

Saiba mais

Quando o oxigênio atua como aceptor final de hidrogênios, a respiração é *aeróbia*. Se o aceptor final de hidrogênios for outra molécula ou íon inorgânico (por exemplo, o íon nitrato, NO^{-3}), a respiração é *anaeróbia*. Se uma molécula orgânica for o aceptor de hidrogênios, então trata-se de *fermentação*.

Tabela 8-1. Quantidade de moléculas de ATP produzidas por molécula de glicose utilizada.

Fase	Onde ocorre	Moléculas de ATP formadas
glicólise	hialoplasma	2
ciclo de Krebs	matriz mitocondrial	2
cadeia respiratória $NADH_2$ $FADH_2$	membrana da crista mitocondrial	30 4
total de moléculas de ATP por molécula de glicose utilizada		38

Em algumas células (musculares esqueléticas e nervosas, por exemplo), o saldo energético da respiração aeróbia é de 36 moléculas de ATP por molécula de glicose utilizada. Em outras células (hepáticas, renais e cardíacas), o total de moléculas de ATP formadas é 38 por molécula de glicose utilizada.

Saiba mais

Valores mais precisos para o saldo energético da respiração aeróbia

Vimos que, em presença de oxigênio, a célula utiliza a energia contida na glicose, por um processo conhecido como respiração aeróbia. A equação resumida desse processo é:

$$C_6H_{12}O_6 + 6\,O_2 \rightarrow 6\,CO_2 + 12\,H_2O + \text{energia}$$

Detalhamos todo o processo e vimos que, ao final dele, espera-se a formação de 38 moléculas de ATP. Porém, na prática, esse número tem se revelado menor.

De alguma forma, nem todos os íons H^+ retornam para a matriz mitocondrial por meio da enzima sintetase do ATP e a grande concentração de íons no espaço entre as membranas das mitocôndrias também pode ser utilizada para o transporte de ácido pirúvico para a matriz mitocondrial. Assim, atualmente, diz-se que a partir de cada molécula de $NADH_2$ são obtidas aproximadamente 2,5 moléculas de ATP e para cada uma de $FADH_2$ obtém-se aproximadamente 1,5 molécula de ATP. Isso resultaria em 30 moléculas de ATP formadas para cada molécula de glicose utilizada.

Esses valores também dependem da célula em questão. Em células musculares esqueléticas e células nervosas, por exemplo, cada $NADH_2$ gera apenas 2 ATP.

O Papel da Mitocôndria

O ciclo de Krebs e a cadeia respiratória (e a fosforilação oxidativa a ela associada) poderiam acontecer no hialoplasma? Sim, poderiam. Mas, então, qual a vantagem de se realizarem dentro das mitocôndrias? A grande vantagem é a rapidez da ocorrência das reações químicas em um "recinto" fechado. No hialoplasma, os reagentes estariam espalhados, o seu encontro seria dificultado e, como consequência, o processo da respiração aeróbia seria muito lento.

O número de mitocôndrias por célula é muito variável, sendo maior naquelas que apresentam intensa atividade de liberação de energia para o trabalho celular, como é o caso das células musculares e das células nervosas.

> O ciclo de Krebs ocorre na matriz mitocondrial e a cadeia respiratória, nas cristas da mitocôndria.

E nas Células Procarióticas, como isso Ocorre?

Nas bactérias, organismos procariotos, não há organoides membranosos. As reações correspondentes à glicólise e ao ciclo de Krebs ocorrem no hialoplasma, e as relacionadas à cadeia respiratória (e à fosforilação oxidativa a ela associada) são efetuadas nos *mesossomos*, que correspondem a dobras existentes em certos locais da membrana plasmática.

Ali, as substâncias envolvidas na ocorrência dessas duas últimas fases estão organizadas de modo semelhante ao que ocorre nas cristas mitocondriais das células dos eucariotos, e a respiração aeróbia se processa normalmente.

FERMENTAÇÃO: OUTRA VIA PARA LIBERAÇÃO DE ENERGIA

A fermentação é um processo de liberação de energia que ocorre **sem a participação do oxigênio**. É importante perceber que as reações químicas da fermentação são equivalentes às da glicólise. A desmontagem da glicose é parcial, são produzidos resíduos de tamanho molecular maior que os produzidos na respiração e o rendimento em ATP é pequeno.

Nos seres vivos, dois tipos de fermentação são mais comuns, a **fermentação alcoólica** e a **fermentação láctica**.

> **Fique por dentro!**
>
> Não confunda fermentação com respiração anaeróbia. Nesta – realizada por algumas bactérias – ocorrem as mesmas etapas da respiração aeróbia, com a diferença de que o aceptor final de elétrons na cadeia respiratória não é o oxigênio.

A Fermentação Alcoólica

Na fermentação alcoólica, as duas moléculas de ácido pirúvico produzidas são convertidas em álcool etílico (também chamado *etanol*), com liberação de duas moléculas de CO_2 e formação de 2 moléculas de ATP (veja a Figura 8-10).

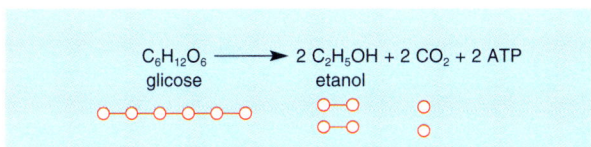

$$C_6H_{12}O_6 \longrightarrow 2\ C_2H_5OH + 2\ CO_2 + 2\ ATP$$
glicose → etanol

Figura 8-10. Esquema de fermentação alcoólica. Note que, ao final, os 6 átomos de carbono (representados por ○) da molécula de glicose estão distribuídos nas duas moléculas de etanol (de 2 carbonos cada) e nas duas moléculas de gás carbônico (de 1 átomo de carbono cada).

Esse tipo de fermentação é realizado por diversos organismos, destacando-se os chamados "fungos de cerveja", da espécie *Saccharomyces cerevisiae*. O homem há tempos aproveita a atividade fermentadora desses fungos para a produção de bebidas (cerveja, vinho, cachaça) e pão. Mais recentemente, tem-se utilizado esses fungos para a produção industrial de álcool combustível.

Os fungos que fermentam são também capazes de respirar aerobicamente, no caso de haver oxigênio no meio de vida. Com isso, a glicose por eles utilizada é mais profundamente transformada e o saldo em energia é maior (38 ATP) do que os 2 ATP obtidos na fermentação.

A Fermentação Láctica

A fermentação láctica é executada por diversos organismos, entre eles lactobacilos (bactérias), que transformam o leite em coalhada. Nesse processo, o açúcar do leite, a lactose, é inicialmente desdobrado, por ação enzimática que ocorre fora das células bacterianas, em glicose e galactose. A seguir, os monossacarídeos entram nas células, onde ocorre a fermentação. Cada molécula de ácido pirúvico é convertida em ácido láctico, que também contém três átomos de carbono.

A acidez decorrente da produção de ácido láctico aumenta e isso provoca a alteração da forma das proteínas do leite que, precipitando-se no meio, acarretam o aumento de consistência, característico da coalhada. O soro que fica na parte superior é água, que existia no leite, com alguns sais minerais e outras substâncias dissolvidas (veja a Figura 8-11).

> Durante a fermentação láctica, não há produção de gás carbônico (lembre-se de que na produção de coalhada não há formação de bolhas gasosas, como na cerveja). Nos vinhos "maduros" e na aguardente, o CO_2 já se desprendeu totalmente. Na água ou nos refrigerantes gaseificados, o CO_2 é adicionado pelo fabricante.

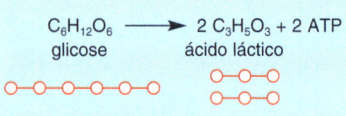

Figura 8-11. Esquema de fermentação láctica, em que, ao final do processo de degradação da glicose, temos a formação de duas moléculas de ácido láctico (de 3 átomos de carbonos cada, representados por O) e 2 ATP.

Saiba mais

No homem existe fermentação láctica?

Sim, existe. Você já deve ter ouvido que é comum a produção de ácido láctico nos músculos de uma pessoa, em ocasiões em que há esforço muscular exagerado. A quantidade de oxigênio que as células musculares recebem para a respiração aeróbia é insuficiente para a liberação da energia necessária para a atividade muscular intensa. Nessas condições, ao mesmo tempo que as células musculares continuam respirando, elas começam a fermentar uma parte da glicose, na tentativa de liberar energia extra.

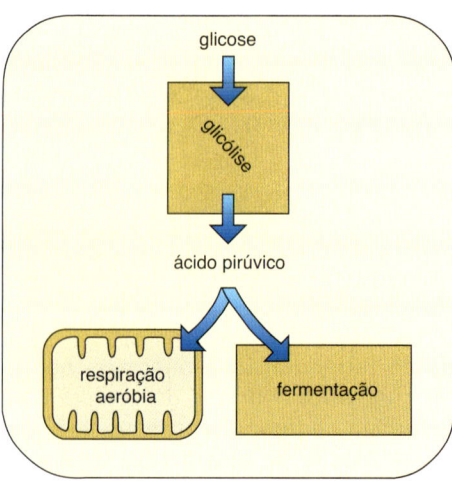

Esforço muscular exagerado resulta em fadiga muscular, levando, muitas vezes, a dores musculares e cãibras.

Pense nisso

Você tem cãibra ou fadiga muscular?

Provavelmente, em algum momento da sua vida, você já teve *cãibra*. E, com certeza, também teve *fadiga muscular*. Como diferenciar essas duas situações?

Cãibra é a **contração** repentina de um músculo ou grupo muscular, sendo, de modo geral, acompanhada de dor. É de curta duração (alguns minutos) e pode acontecer ao ficar parado na mesma posição por muito tempo, dormindo, andando, digitando ou mesmo durante a realização de exercício físico. *Fadiga muscular*, que geralmente também é acompanhada de dor, é a **impossibilidade de manter um músculo ou grupo muscular contraído**.

De modo geral, acontece após a realização de exercícios físicos extenuantes, de longa duração (corridas, maratonas, jogos de futebol etc.).

Os fatores que provocam cãibra são muito discutidos e, entre eles, podemos citar: frio intenso; deficiências na circulação de sangue no músculo; exercícios continuados, realizados principalmente em elevada temperatura ambiente, com sudorese intensa, o que provoca perda de água e de nutrientes minerais (notadamente sódio e potássio).

Os fatores que conduzem à fadiga muscular são, ainda, pouco compreendidos. Pelo menos uma certeza parece existir: ela não é causada pelo acúmulo de ácido láctico (ou o íon lactato) como se acreditou por muito tempo. Supõe-se que o ácido láctico (ou o íon lactato) produzido durante a contração muscular em condições anaeróbias seja prontamente removido pela circulação e enviado ao fígado para reutilização. Assim, dentre as causas sugeridas para a ocorrência de fadiga muscular, a mais valorizada, hoje, é a diminuição do pH (aumento da acidez) do hialoplasma da célula muscular, devido à grande produção de íons hidrogênio (H^+) provenientes de algumas fontes (entre elas a derivada do ácido láctico, que se ioniza em lactato e H^+). Algumas hipóteses foram sugeridas para explicar a ocorrência de fadiga muscular causada pela diminuição do pH (aumento da acidez): inibição da atuação de certas enzimas, interferência na liberação de íons Ca^{2+} necessários para a ocorrência de contração, inibição da liberação da energia contida em moléculas de ATP e, por último, alteração do processo de transmissão dos impulsos nervosos necessários para a ocorrência de contração da célula muscular.

De qualquer modo, uma coisa é certa: a realização de exercícios físicos depende de um bom condicionamento muscular, de uma dieta equilibrada e da reposição constante de líquidos e de nutrientes minerais.

A ciência por trás do fato!

Coma coalhada, ela faz bem

Diarreia é uma alteração intestinal de modo geral provocada por contaminação dos alimentos que consumimos. Frequentemente, as diarreias são causadas por bactérias que produzem toxinas lesivas às células intestinais. E o nosso organismo não está adaptado a esse tipo de bactérias. Qual a solução? Muitas vezes, recorre-se a antibióticos que, embora atuem sobre essas bactérias, também acabam eliminando as chamadas bactérias benéficas que fazem parte da chamada "flora" bacteriana intestinal.

Uma solução milenar que ajuda a combater os efeitos maléficos das bactérias prejudiciais que invadem nosso intestino consiste em ingerir alimentos contendo microrganismos benéficos que ajudam a reconstituir a "flora" intestinal normal. Um desses alimentos é a coalhada. Ela é produzida a partir da ação de bactérias (entre elas os lactobacilos) sobre o leite. Atuando inicialmente na lactose do leite e desdobrando-a em galactose e glicose, essas bactérias *fermentam* os monossacarídeos, produzindo ácido láctico. A acidez decorrente do acúmulo de ácido láctico desnatura as proteínas do leite, fazendo aumentar a consistência e transformando-o em coalhada. Mais recentemente, tem-se proposto a utilização de *probióticos*, ou seja, a adição de microrganismos (entre eles os lactobacilos) à dieta, no sentido de ajudar a refazer a "flora" bacteriana normal. Se você não puder consumi-los, pelo menos comece com a coalhada.

Ética & Sociedade

A hora do "amigo da vez"

O álcool que ingerimos em bebidas como o vinho, a cerveja, entre outras, é o etanol.

O etanol atua sobre as células nervosas retardando, ou seja, deprimindo, os impulsos nervosos. Os efeitos são mínimos quando a concentração desse álcool no sangue é baixa, entretanto concentrações maiores podem causar a morte.

Mas, se o etanol deprime o cérebro, por que, quando bebemos, sentimos certa euforia, desinibição?

Bem, a ação inicial de pequenas quantidades de álcool se dá sobre determinados neurônios que estão relacionados aos nossos sentimentos e às nossas emoções, resultando em desinibição e euforia. Passado algum tempo, e se continuar a ingestão de álcool, outras regiões do cérebro são afetadas e tem início a fase de sonolência, desconcentração e torpor.

São inúmeros os prejuízos ao corpo causados pela bebida, mas um dos mais dramáticos em termos sociais é o fato de a capacidade de julgamento da pessoa que bebe ser bastante afetada; isso faz com que alguém que ingeriu uma dose excessiva de álcool e que esteja com os reflexos comprometidos não tenha o discernimento necessário para perceber sua própria condição, achando que pode, inclusive, dirigir!

Assim começa a história de diversas tragédias que vemos estampadas diariamente nos noticiários. Uma das formas que está sendo difundida na sociedade, inclusive entre os grupos de jovens, para tentar minimizar os acidentes causados pela ingestão de álcool é a de determinação de "o amigo da vez". Você sabe do que se trata? Acredita que essa seja uma boa proposta? Por quê?

Passo a passo

1. No motor de um automóvel, o álcool combustível e a gasolina são submetidos a um processo de "quebra", liberando a energia armazenada nessas moléculas. Na célula, as reações químicas que conduzem à "quebra" de combustíveis liberam a energia necessária para a realização de reações químicas. A respeito desse assunto, responda:

   a) Qual o combustível mais utilizado na liberação da energia necessária à ocorrência do trabalho celular?
   b) Como é designado o conjunto de reações químicas que ocorre em uma célula? Essas reações químicas ocorrem apenas em células de organismos unicelulares ou também ocorrem nas células de organismos pluricelulares?
   c) Na célula, ocorrem reações de síntese e reações de degradação de substâncias. Que denominações são normalmente utilizadas para designar esses dois conjuntos de reações químicas celulares? Esses dois conjuntos ocorrem separadamente ou conjuntamente em uma célula?
   d) Considere os seguintes exemplos de reações químicas: síntese de proteínas celulares; síntese de determinado hormônio; digestão de uma proteína pela ação de uma enzima; produção de glicogênio no fígado, a partir de inúmeras unidades de monossacarídeos; digestão enzimática de um lipídio em seus dois componentes, glicerol e ácidos graxos. Classifique essas reações químicas, associando-as às denominações que você utilizou na resposta do item (c).

2. Na maioria dos seres vivos, a liberação da energia contida nas moléculas de glicose pode ocorrer por meio de dois processos, a respiração aeróbia e a fermentação. Considere as duas equações químicas simplificadas, a seguir representadas, e responda às questões:

   I — $C_6H_{12}O_6 + 6\ O_2 + 6\ H_2O \rightarrow 6\ CO_2 + 12\ H_2O$ + energia
   II — $C_6H_{12}O_6 \rightarrow C_2H_5OH + 2\ CO_2$ + energia

   a) Qual das reações representa simplificadamente a fermentação? Qual representa a respiração aeróbia? Justifique sua resposta.
   b) Em qual dos processos representados ocorre maior liberação de energia? Em qual dos processos formam-se resíduos de tamanho molecular maior e qual é a importância desse conhecimento em termos da liberação de energia ao ocorrer o processo?
   c) Cite os resíduos produzidos em cada um desses processos. Qual será a utilidade da energia liberada nessas reações?

3. A glicose é um carboidrato monossacarídeo e corresponde ao "combustível" utilizado pela maioria das células para a liberação da energia necessária à realização das diversas atividades metabólicas. Quanto ao modo de obtenção desse "combustível", os seres vivos podem ser autótrofos ou heterótrofos. Utilizando os seus conhecimentos sobre o assunto:

   a) conceitue, em poucas palavras, o significado de autótrofo e heterótrofo;
   b) cite o processo bioenergético executado pela maioria dos seres autótrofos para a produção de glicose.

4. "E por falar em moeda energética, aqui temos o ATP. Essa molécula participa de todas as transações energéticas que ocorrem na célula, quer na membrana plasmática, quer no interior celular. É fantástico concluir que, em todo e qualquer ser vivo unicelular ou pluricelular, a modalidade de trânsito de energia, utilizando este tipo de moeda, foi um sucesso absoluto."

   Com base no texto acima e utilizando os conhecimentos sobre o assunto, responda:

   a) A que categoria molecular pertence o ATP? Cite os três componentes dessa molécula.
   b) Por meio de quais processos bioenergéticos pode ocorrer a transferência de energia para a formação da molécula de ATP?
   c) Como se dá a produção de moléculas de ATP, ao ocorrerem os processos bioenergéticos citados no item (b)?

5. Com relação ao processo bioenergético da respiração aeróbia, assinale com **V** as afirmações verdadeiras e com **F** as falsas.

   a) Corresponde a uma oxidação completa da molécula de glicose, com liberação de grande quantidade de energia, resultando na produção de gás carbônico e água.
   b) As fases características desse processo são, apenas, glicólise e ciclo de Krebs.
   c) A glicólise é uma fase anaeróbia da respiração que ocorre no hialoplasma (citosol) e não conta com a participação de oxigênio.
   d) Na glicólise da respiração aeróbia há uma fosforilação oxidativa com produção de duas moléculas de ATP.
   e) Como resultado da oxidação da molécula de glicose na glicólise, elétrons e hidrogênios são captados por uma substância chamada NAD, que se reduz a $NADH_2$.
   f) Na glicólise, ocorre a oxidação parcial da glicose, com produção de apenas uma molécula de ácido pirúvico.
   g) Moléculas de ácido pirúvico produzidas na glicólise dirigem-se à mitocôndria, sendo encaminhadas diretamente para o ciclo de Krebs para a produção de moléculas de ATP.
   h) No interior da mitocôndria, cada ácido pirúvico perde uma molécula de CO_2, converte-se em acetato (ácido acético) e se liga à substância coenzima A (CoA), gerando a substância *acetil-CoA*.
   i) No ciclo de Krebs, cada acetil-CoA entra em um ciclo de reações que resultará na produção de moléculas de CO_2, havendo a formação de moléculas de $NADH_2$ e $FADH_2$.
   j) Na cadeia respiratória, acoplada à fosforilação oxidativa, ocorre a participação de $NADH_2$ e $FADH_2$, resultando na produção de moléculas de ATP e oxigênio.
   k) Na cadeia respiratória, moléculas de oxigênio (O_2) atuam como *aceptores finais* de elétrons e hidrogênios, resultando, ao final, moléculas de H_2O.
   l) Dependendo da célula em que a respiração aeróbia ocorre, o total de moléculas de ATP produzido pode ser 38, 36 ou 30.

6. A respiração aeróbia é processo bioenergético no qual a molécula de glicose é inicialmente fragmentada em dois derivados moleculares. A seguir, esses derivados penetram na mitocôndria, local em que ocorre a maior parte desse processo, resultando, ao final, moléculas de gás carbônico, água e ATP. A respeito desse processo bioenergético, responda:

   a) Por motivos puramente didáticos, costuma-se dividir a respiração aeróbia em três ou quatro etapas, dependendo da abordagem que se faça desse processo bioenergético. Quais são essas etapas?
   b) Em que locais da célula ou da mitocôndria essas etapas ocorrem? Em que compartimento celular ocorre a maior parte da respiração aeróbia?
   c) Qual o destino das moléculas de gás carbônico e de água resultantes do processo respiratório aeróbio?

7. Seres procarióticos, como inúmeras bactérias, por exemplo, também são capazes de realizar a respiração aeróbia. Ao estudar esse tópico do assunto, dois estudantes, Mariana e Felipe, estabeleceram o diálogo a seguir.

   Mariana: na célula bacteriana, as fases da respiração aeróbia ocorrem em locais correspondentes aos da célula eucariótica.

   Felipe: nada disso, na célula bacteriana, que é procariótica, apenas o ciclo de Krebs ocorre em dobras mitocondriais da membrana plasmática, denominadas de mesossomos, enquanto as demais fases ocorrem no hialoplasma.

   Rubens, que ouvia atentamente o diálogo, interferiu e disse que os dois colegas estavam errados. Justifique a interferência de Rubens e relate o que ele deve ter dito aos colegas, no sentido de corrigir as informações incorretas que faziam.

8. Na série de frases a seguir, reconheça as corretas e indique a soma no final.

(01) A fermentação láctica é executada por bactérias (lactobacilos) e resulta na produção de etanol e gás carbônico.
(02) Na fermentação alcoólica, as duas moléculas de ácido pirúvico são convertidas em duas moléculas de álcool etílico e duas moléculas de gás carbônico, resultando em duas moléculas de ATP.
(04) Bactérias que atuam na fermentação láctica produzem ácido láctico a partir da lactose do leite, procedimento que é utilizado pelo homem para a fabricação de coalhada.
(08) Para a fabricação de etanol (álcool etílico) nas usinas brasileiras, utiliza-se o fungo *Saccharomyces cerevisiae*, fungo que atua nos açúcares derivados da sacarose produzida pela cana-de-açúcar.
(16) O fungo *Saccharomyces cerevisiae*, utilizado para a produção de biocombustível (etanol), produz essa substância energética apenas por meio da respiração aeróbia.
(32) Assim como na produção de álcool etílico (etanol), que ocorre por meio da fermentação executada pelo *Saccharomyces cerevisiae*, também na fermentação láctica realizada por lactobacilos existe produção de gás carbônico.
(64) O fungo *Saccharomyces cerevisiae*, comumente existente no fermento biológico, é utilizado na produção de pão. O gás carbônico resultante da atividade metabólica do fungo é produzido por fermentação alcoólica e por respiração aeróbia.

9. Nas ocasiões em que uma pessoa executa exercícios físicos intensos e prolongados, as células musculares envolvidas com o exercício podem recorrer:

a) à fermentação alcoólica, com produção de ácido láctico e gás carbônico.
b) à fermentação láctica, uma vez que o fornecimento de oxigênio pela circulação sanguínea é insuficiente para permitir a ocorrência apenas da respiração aeróbia.
c) somente à respiração aeróbia, uma vez que as células musculares humanas são incapazes de executar a fermentação, seja láctica, seja alcoólica.
d) à produção de glicose a partir do ácido láctico gerado na respiração aeróbia, uma vez que o fornecimento de oxigênio pela circulação sanguínea é interrompido.
e) tanto à respiração aeróbia quanto à fermentação láctica, sendo esta última geradora do ácido láctico que atuará no ciclo de Krebs na geração do ATP necessário à manutenção da contração muscular.

10. Com relação à *cãibra* e à *fadiga muscular* que se relacionam à musculatura de uma pessoa, pode-se dizer corretamente que:

a) ocorrem apenas em ocasiões em que não são realizados exercícios físicos.
b) a cãibra ocorre apenas em ocasiões em que a pessoa se encontra em repouso.
c) em ambas, o ácido láctico produzido é responsável pelos sintomas decorrentes.
d) não há, até o momento, evidências da participação do ácido láctico na ocorrência de ambos.
e) não ocorre respiração celular aeróbia nas células musculares envolvidas em ambas as ocorrências.

11. *Questão de interpretação de texto*

Quem já passou por imensos canaviais conhece o cheiro desagradável da vinhaça, líquido que sobra após a produção de álcool. Cientistas apostam que o "dejeto" pode virar a base de um novo tipo de biodiesel. A vinhaça, que é basicamente a "água suja" que sobra depois da fermentação do açúcar e da destilação do caldo de cana, é muito rica em sais e em compostos orgânicos difíceis de degradar. Por isso mesmo, é poluente e demanda tratamento antes de ser lançada na natureza. Algas microscópicas removeriam parte desses poluentes e, como suas células são ricas em moléculas de gordura, virariam excelente matéria-prima para a produção de biodiesel.

Adaptado de: LOPES, R. J. UFSCar vai transformar alga em biodiesel, *Folha de S.Paulo,* São Paulo, 16 fev. 2011. Caderno Ciência, p. C9.

Utilizando as informações do texto e os seus conhecimentos sobre o assunto, responda:

a) Que microrganismo, também conhecido como "fungo da cerveja", é responsável pela ocorrência de fermentação alcoólica e qual o açúcar citado no texto que é por ele fermentado?
b) Em qual categoria de compostos orgânicos se enquadram as moléculas de gordura existentes nas algas microscópicas e que poderiam servir de matéria-prima para a produção de biodiesel?
c) Além do álcool resultante da fermentação, qual o outro resíduo produzido nesse processo bioenergético? Em termos de rendimento energético, por molécula de açúcar utilizada no processo, a fermentação é mais ou menos rentável que a respiração aeróbia? Justifique sua resposta.

Questões objetivas

1. (UFRGS – RS) Assinale a alternativa que preenche corretamente as lacunas do enunciado abaixo, na ordem em que aparecem.

A fermentação é um processo utilizado por diferentes organismos para obtenção de energia. Ela pode ser láctica ou alcoólica. Na fermentação ...., realizada por ...., ocorre a formação de .... e ....

a) láctica – bactérias – ácido láctico – CO_2
b) alcoólica – leveduras – etanol – CO_2
c) alcoólica – bactérias – etanol – ácido pirúvico
d) láctica – leveduras – ácido láctico – ácido pirúvico
e) láctica – bactérias – ácido pirúvico – CO_2

2. (UFRGS – RS) O bloco superior, abaixo, apresenta quatro equações de processos metabólicos dos seres vivos; o inferior, os nomes de três desses processos. Associe adequadamente o bloco inferior ao superior.

1 – glicose + O_2 → CO_2 + H_2O + ATPs
2 – glicose + nitrato → CO_2 + H_2O + N_2 + ATPs
3 – glicose → C_2H_5OH + CO_2 + ATPs
4 – glicose → $CH_3CH(OH)COOH$ + ATPs

( ) fermentação láctica
( ) respiração aeróbia
( ) fermentação alcoólica

A sequência correta de preenchimento dos parênteses, de cima para baixo, é

a) 1 – 2 – 3.
b) 2 – 4 – 1.
c) 4 – 3 – 2.
d) 3 – 2 – 1.
e) 4 – 1 – 3.

3. (UFV – MG) Alguns processos industriais resultam da atividade fermentativa de microrganismos. Com relação a esse processo biológico, é INCORRETO afirmar que:

a) na produção de iogurte, coalhadas e queijo, a lactose é fermentada por microrganismos, originando o ácido lático.
b) na produção de vinhos, as leveduras presentes nas cascas das frutas convertem a glicose e a frutose em etanol.

c) na produção do álcool etílico, utilizado como combustível, os açúcares da cana-de-açúcar são fermentados aerobicamente.
d) na produção de pães, a fermentação do amido presente no trigo produs etanol e libera CO₂, o que faz a massa crescer.

4. (UNEMAT – MT) Em uma atividade experimental, para constar a fermentação das leveduras que constituem o fermento biológico, foi realizado o seguinte procedimento: primeiramente, dissolveu-se o fermento em um pouco de água; em seguida, foram preparados 5 tubos de ensaio, numerados de 1 a 5 e, no final, adotou-se a forma indicada no quadro abaixo:

Tubos de ensaio	Conteúdo
1	apenas água pura
2	água pura + açúcar
3	água pura + fermento dissolvido
4	água pura + açúcar + fermento dissolvido
5	água pura + açúcar + fermento dissolvido, cujo conjunto foi aquecido até a fervura.

Após a preparação dos tubos, ajustou-se uma bexiga à boca de cada um, amarrando-a firmemente. O conjunto de tubos foi deixado em repouso por algumas horas em temperatura ambiente relativamente alta.
Assinale a alternativa **correta** que indica o que se espera como resultado da experiência.

a) Os tubos 1 e 2 servem de controle para nos certificar de que a água pura e a solução de água pura mais açúcar liberam gás carbônico.
b) A bexiga no tubo 3 irá inflar, pois esse tubo tem a função de controle e mostra que as leveduras fazem fermentação em temperatura ambiente.
c) A bexiga no tubo 4 irá inflar, pois as leveduras realizarão o processo de respiração aeróbica e produzirão oxigênio.
d) A bexiga no tubo 4 irá inflar, pois a presença de açúcar nesse tubo permitirá a realização de fermentação das leveduras, que liberarão o gás carbônico no processo.
e) A bexiga no tubo 5 irá inflar, pois o calor não afeta as leveduras.

5. (UFRGS – RS) Assinale com **V** (verdadeiro) ou **F** (falso) as afirmações que seguem, referentes à respiração celular.

( ) A respiração celular é constituída por três rotas: a oxidação do piruvato, o ciclo do ácido cítrico e o ciclo do ácido cítrico e o ciclo das pentoses.
( ) Nas transferências de íons hidrogênio ao longo da cadeia respiratória, há liberação de elétrons que vão sendo captados por transportadores intermediários como os citocromos.
( ) No ciclo do ácido cítrico, ocorre uma maior produção de ATP do que durante a fase de glicólise.
( ) Nos eucariontes, a fase de glicólise ocorre no interior das mitocôndrias e na ausência de oxigênio.

A sequência correta de preenchimento dos parênteses, de cima para baixo, é
a) F – F – F – V.
b) F – V – F – V.
c) V – V – V – F.
d) V – F – V – V.
e) F – V – V – F.

6. (PUC – MG) Uma encruzilhada metabólica celular interessante, que leva à liberação de energia química para diversos metabolismos celulares, está representada abaixo.

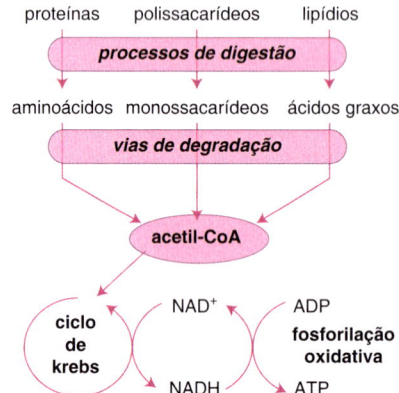

É **INCORRETO** afirmar:

a) O alimento que ingerimos fornece macromoléculas que devem ser hidrolisadas em menores por enzimas digestivas, para a absorção intestinal.
b) Aminoácidos, monossacarídeos e ácidos graxos podem ser usados na respiração celular, e os elétrons removidos são transportados na cadeia respiratória.
c) Carboidratos e ácidos graxos podem ser completamente degradados por processos fermentativos, liberando, contudo, menos energia que a respiração dos mesmos.
d) O ciclo de Krebs é um ponto de encontro de diferentes caminhos metabólicos representando uma economia no número de enzimas para a oxidação completa de diferentes nutrientes.

7. (UEL – PR) Analise o esquema da respiração celular em eucariotos, ao lado:

Com base nas informações contidas no esquema e nos conhecimentos sobre respiração celular, considere as afirmativas a seguir:

I – A glicose é totalmente degradada durante a etapa A que ocorre na matriz mitocondrial.
II – A etapa B ocorre no hialoplasma da célula e produz menor quantidade de ATP que a etapa A.
III – A etapa C ocorre nas cristas mitocondriais e produz maior quantidade de ATP que a etapa B.
IV – O processo anaeróbico que ocorre no hialoplasma corresponde à etapa A.

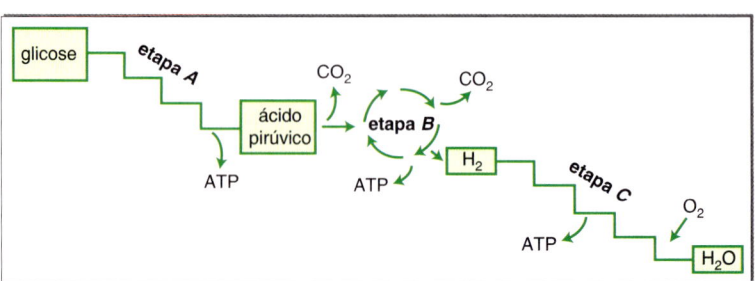

Adaptado de: LOPES, S. Bio 1. São Paulo: Saraiva, 1992, p. 98.

Assinale a alternativa correta.
a) Somente as afirmativas I e II são corretas.
b) Somente as afirmativas I e III são corretas.
c) Somente as afirmativas III e IV são corretas.
d) Somente as afirmativas I, II e IV são corretas.
e) Somente as afirmativas II, III e IV são corretas.

8. (PUC – MG) Observe atentamente o esquema abaixo.

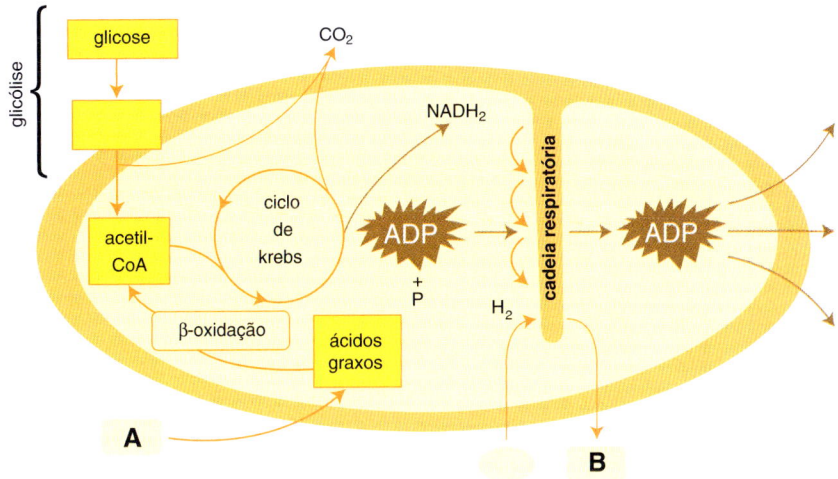

Com base no esquema e em seus conhecimentos sobre o assunto, assinale a alternativa **INCORRETA**.

a) Glicose e ácidos graxos são substratos importantes para iniciar as vias das reações químicas que acontecem dentro das mitocôndrias, porém a glicose não entra nessa organela.
b) A cadeia respiratória, que ocorre nas mitocôndrias, depende de oxigênio para produção de ATP e água, representada por B.
c) O ciclo de Krebs é uma etapa comum para a oxidação completa de carboidratos e de lipídios como os trigicerídeos ou fosfolipídios representados por A.
d) A oxidação de componentes orgânicos para a produção de $NADH_2$ não ocorre fora da matriz mitocondrial.

9. (UFT – TO) Em quase todos os seres vivos, as enzimas que participam da glicólise são muito semelhantes, o que nos dá uma evidência importante da origem comum dos organismos vivos. O esquema ao lado representa a degradação da glicose, que culmina com a formação de duas moléculas de ácido pirúvico, que podem seguir três vias metabólicas distintas.

As vias metabólicas representadas por I e II são formas de fermentação, e a III é a respiração aeróbica. Os processos I, II e III são realizados por:

a) Fungos e bactérias/bactérias, fungos e células musculares/animais, plantas e microrganismos.
b) Fungos/bactérias/somente células musculares.
c) Fungos e bactérias/células musculares/somente animais.
d) Células musculares/fungos/plantas e animais.

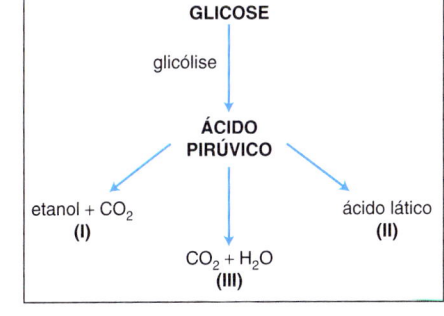

10. (UNIR – RO) Sobre o processo respiratório de uma célula vegetal, analise as afirmativas.

I – Na glicólise, são produzidos ATP e piruvato.
II – A cadeia respiratória ocorre na matriz mitocondrial.
III – Fosforilação oxidativa é quando se dá a liberação de CO_2.
IV – O oxigênio é o aceptor final dos elétrons da cadeia respiratória.

Estão corretas as afirmativas

a) I e II, apenas.
b) II e III, apenas.
c) I e IV, apenas.
d) II, III e IV, apenas.
e) I, II e III, apenas.

Questões dissertativas

1. (UNESP) Tadeu adora iogurte natural, mas considerando o preço do produto industrializado, vendido em copos plásticos no supermercado, resolveu construir uma iogurteira artesanal e produzir seu próprio produto. Para isso, adaptou um pequeno aquário sem uso, no qual havia um aquecedor com termostato para regular a temperatura da água. Nesse aquário, agora limpo e com água em nível e temperatura adequados, colocou vários copos nos quais havia leite fresco misturado a uma colherinha do iogurte industrializado. Passadas algumas horas, obteve, a partir de um único copo de iogurte de supermercado, vários copos de iogurte fresquinho.
Explique o processo biológico que permite ao leite se transformar em iogurte e explique por que Tadeu precisou usar uma colherinha de iogurte já pronto e um aquecedor com termostato na produção do iogurte caseiro.

2. (UFJF – MG – adaptada) O vermelho de cresol (VC) é um indicador de pH (padrão) que, em meio ácido, se apresenta amarelo e, em meio básico, com coloração rósea. Observe o esquema e os resultados do experimento apresentados abaixo, envolvendo o processo da respiração.

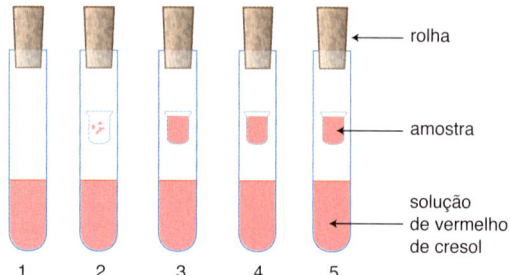

Legenda:

Tubo 1: padrão sem amostras

Tubo 2: padrão + sementes de feijão germinando

Tubo 3: padrão + solução de levedo (fermento) + açúcar

Tubo 4: padrão + solução de levedo (fermento) + adoçante dietético

Tubo 5: padrão + solução fervida de levedo

Resultados após 1 h:

Tubo 1: solução de VC com coloração rósea

Tubo 2: solução de VC com coloração levemente amarela

Tubo 3: solução de VC com coloração muito amarela

Tubo 4: solução de VC com coloração rósea

Tubo 5: solução de VC com coloração rósea

Em um ambiente fechado, o CO_2 produzido pela respiração do levedo e das sementes acidifica a solução de vermelho de cresol (VC), conforme a seguinte equação:

$$CO_2 + H_2O \rightarrow H_2CO_3 \rightarrow HCO_3^- + \mathbf{H^+}$$

a) Considerando as informações fornecidas e os seus conhecimentos relacionados à respiração aeróbia e à fermentação, **explique** a causa das diferenças observadas na coloração da solução de vermelho de cresol (VC) dos tubos **2** e **3**.

b) **Explique** por que a coloração da solução de vermelho de cresol (VC), observada nos tubos **4** e **5**, foi diferente da observada no tubo **3**.

3. (UFRJ) Uma dieta muito popular para perder peso consiste em ingerir alimentação rica em gordura e proteína, mas sem carboidratos. O gráfico a seguir mostra o efeito dessa dieta na recomposição do glicogênio muscular (um polímero de glicose), após duas horas de exercício, e a compara com uma dieta rica em carboidratos.

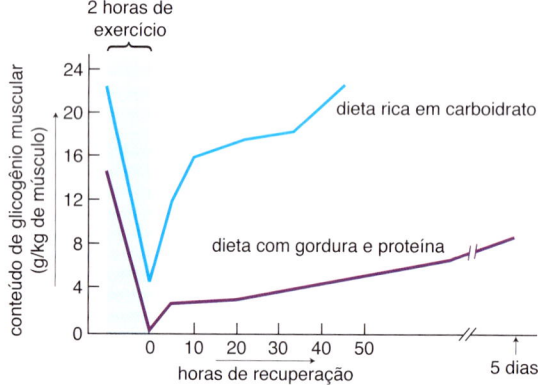

Por que a dieta rica em gordura e proteína, mas sem carboidratos, não é recomendada para atletas?

Programas de avaliação seriada

1. (PISM – UFJF – MG) A fermentação é um processo de liberação de energia que ocorre na ausência de oxigênio. Considere os processos abaixo:

I – Conversão de CO_2 a glicose.
II – Produção de cerveja.
III – Produção de iogurtes.
IV – Síntese de proteínas.

Assinale a alternativa que indica os processos que representam, **corretamente**, exemplos de fermentação.

a) I e II
b) I e III
c) II e III
d) II e IV
e) III e IV

2. (PSC – UFAM) A respiração, que se processa em três etapas distintas: glicólise, ciclo de Krebs e cadeia respiratória, é um processo de liberação de energia através de complexas moléculas orgânicas. Indique a alternativa correta relacionada a esse processo.

a) Os processos de glicólise e de fermentação são idênticos, com exceção da etapa inicial, dependendo apenas da presença de oxigênio.

b) No ciclo de Krebs ocorre a formação de ácido pirúvico em compostos intermediários por várias reações químicas, resultando como produto final o ácido oxalacético e a liberação de CO_2 para a cadeia respiratória.

c) Na glicólise ocorre a quebra da molécula de glicose e a formação de duas moléculas de ácido pirúvico, com lucro de dois ATPs para a célula.

d) Na cadeia respiratória ocorre o transporte de hidrogênio, consumo de oxigênio molecular e produção de CO_2.

e) No ciclo de Krebs ocorre a transformação de glicose em ácido pirúvico e H_2O.

3. (PISM – UFJF – MG) As mitocôndrias são organelas fundamentais para o funcionamento das células por, entre outras coisas, participarem dos processos de produção de energia. Sobre essas organelas, responda às questões abaixo.

a) Apresente duas características das mitocôndrias que reforcem a ideia de que elas se originaram de organismos procariontes que se instalaram em outras células.

b) A maior parte do oxigênio (O_2) que inspiramos é utilizado nas mitocôndrias. Explique qual o principal papel do O_2 nessas organelas.

c) As mitocôndrias são capazes de sintetizar proteínas no seu interior. Você concorda com essa afirmativa? Explique.

Capítulo 9
Fotossíntese e quimiossíntese

Nossa energia também vem da fotossíntese

Toda vez que você realiza uma ação, alguns neurônios seus são acionados. Por exemplo, quando você e seus amigos conversam pela Internet, trocam fotos pelo *facebook*, enviam mensagens pelo celular, jogam e estudam utilizando meios eletrônicos, suas células nervosas estão em ação.

Seus neurônios, bem como todas as outras células de seu organismo, necessitam de energia para "trabalhar". Essa energia você consegue por meio da alimentação: o lanche que você ingeriu ou o suco que você bebeu continham os carboidratos (sacarose, amido etc.) que, por meio da digestão, se transformam em glicose, combustível que suas células nervosas utilizam para liberar a energia necessária à realização do trabalho celular. Os carboidratos foram produzidos por plantas, por meio do processo de fotossíntese, que utiliza a luz do Sol para a sua realização. Assim, a ação de teclar em um computador indiretamente depende de um raio de Sol. A vida na Terra depende da luz solar.

Neste capítulo, você aprenderá os detalhes do processo da fotossíntese, bem como o envolvimento dos cloroplastos na realização desse processo energético celular. Você perceberá que, sem Sol, não há vida.

A **fotossíntese** é um processo de conversão de energia solar em energia química armazenada em alimentos orgânicos.

Por esse processo, todos os dias as plantas fotossintetizantes absorvem a luz do Sol e, utilizando substâncias simples do meio, como o gás carbônico e a água, produzem a matéria orgânica que serve como reservatório de energia, liberando, como subproduto, oxigênio para o ar.

As plantas retiram o gás carbônico do ar, e a água, de modo geral, é retirada do solo pelas raízes. Para absorver a luz do Sol, todas as plantas fotossintetizantes, sem exceção, possuem o pigmento clorofila, de cor verde, que funciona como uma verdadeira "antena" captadora de energia solar. Mesmo nas plantas cuja cor não é verde, há considerável quantidade de clorofila. É que outros pigmentos, de diferentes colorações, por existirem em maior quantidade, mascaram a cor verde da clorofila.

Se você tiver em casa um vaso com *Tradescantia*, pode estar certo de que essa planta está fazendo fotossíntese.

O armazenamento de substâncias orgânicas é muito importante para a planta, principalmente em ocasiões em que ela não pode fazer fotossíntese, o que acontece à noite e em dias muito nublados, em que a quantidade de luz é insuficiente. Assim, a reserva energética contida na matéria orgânica por elas produzida durante o dia é vital para sua sobrevivência. Por outro lado, a produção de matéria orgânica na fotossíntese é fundamental para a sobrevivência dos demais seres vivos que, direta ou indiretamente, dependem das plantas para sobreviver.

Ao fazerem fotossíntese, as plantas renovam o ar que respiramos. Cada vez que elas retiram certo volume de CO_2 do ar, igual volume de O_2 é liberado, renovando continuamente os estoques de oxigênio necessários para a respiração aeróbia das próprias plantas e da maioria dos demais seres vivos do planeta.

A fotossíntese é um complexo processo no qual estão envolvidas várias reações químicas, cada qual contando com a participação de diversas enzimas (veja a Figura 9-1).

$$\text{gás carbônico} + \text{água} + \text{luz} \xrightarrow{\text{clorofila}} \text{glicose} + \text{água} + \text{oxigênio}$$

$$6\ CO_2 \qquad 12\ H_2O \qquad\qquad C_6H_{12}O_6 \quad 6\ H_2O \quad 6\ O_2$$

Figura 9-1. Equação geral da fotossíntese.

ONDE OCORRE A FOTOSSÍNTESE?

Nos organismos mais simples, como as cianobactérias, a fotossíntese ocorre no **hialoplasma**, que é onde se encontram dispersas as moléculas de clorofila, associadas a uma rede interna de membranas, que são extensões da membrana plasmática. Recorde que cianobactérias são procariontes e não possuem organelas dotadas de membranas. Por outro lado, nos organismos autótrofos eucariontes a fotossíntese ocorre totalmente no interior dos **cloroplastos**.

Plantas, algas e inúmeras bactérias fazem fotossíntese.

POTT, V. J.; POTT, A. *Plantas Aquáticas do Pantanal*. Brasília: EMBRAPA, 2000.

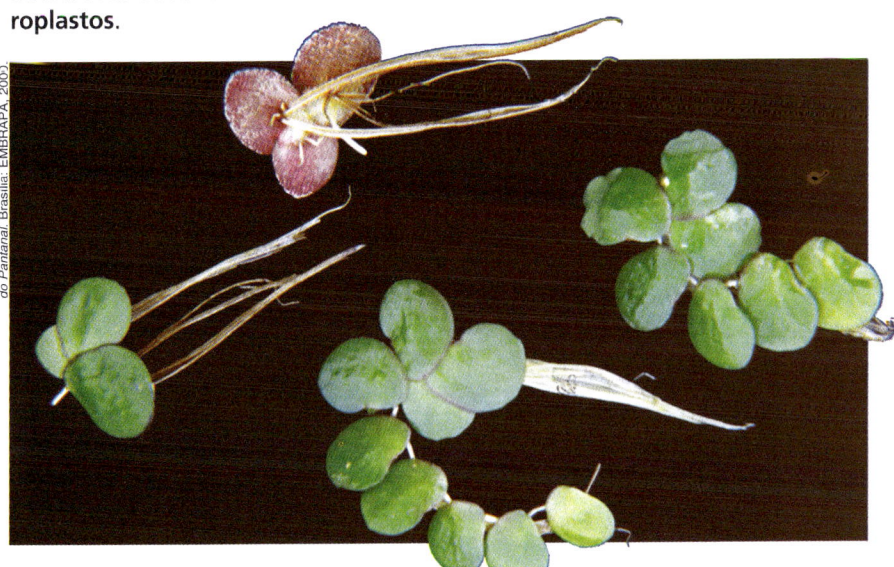

Spirodela intermedia, planta aquática flutuante, muito pequena e de curtas raízes.

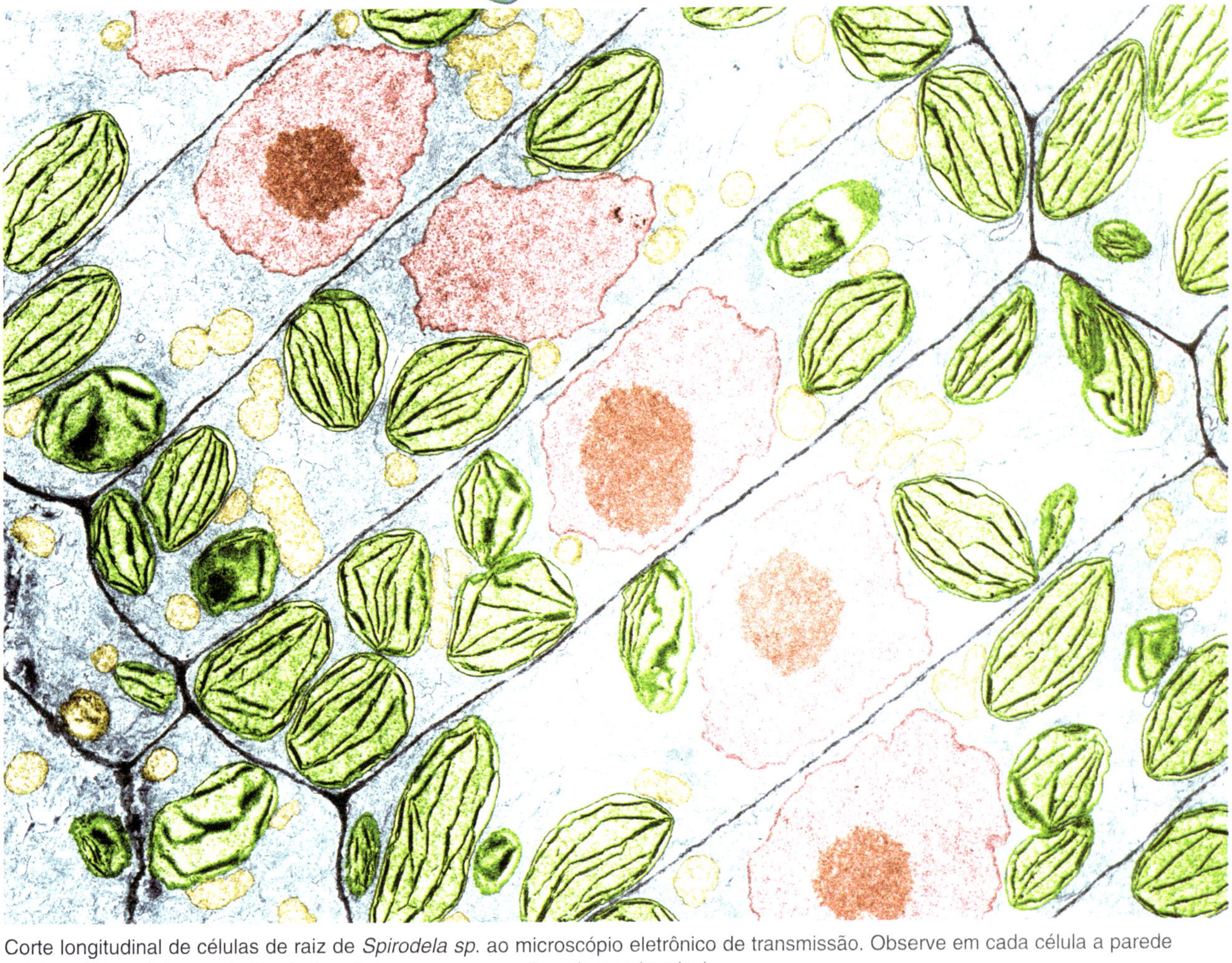

BIOPHOTO ASSOCIATES/PHOTO RESEARCHERS, INC/LATINSTOCK

Corte longitudinal de células de raiz de *Spirodela sp.* ao microscópio eletrônico de transmissão. Observe em cada célula a parede celular nítida, núcleo centralizado (roxo) e os numerosos cloroplastos (verdes).

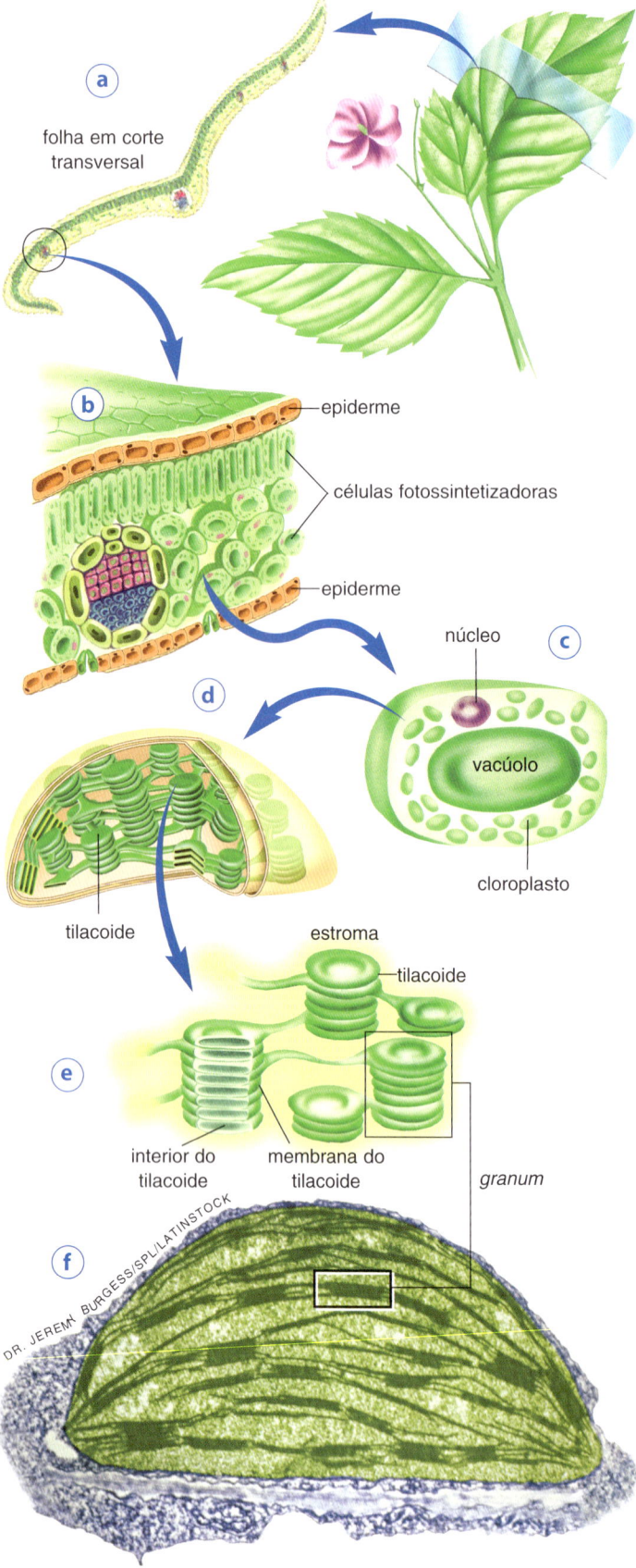

A Estrutura dos Cloroplastos

Os cloroplastos são verdadeiras "fábricas" – são os locais de síntese de matéria orgânica durante a fotossíntese. Nas plantas, são pequenos, com diâmetro médio da ordem de 3 a 10 μm e comprimento de 3 a 8 μm.

Há cerca de 50 cloroplastos por célula. Cada um possui envoltório formado por duas capas membranosas de constituição química lipoproteica, de modo idêntico à membrana plasmática ou à de qualquer organoide membranoso da célula. A observação dessa organela ao microscópio eletrônico revela que a membrana interna é preguead e origina uma rede que se estende para o interior do cloroplasto, constituindo um sistema de **lamelas**.

De intervalo a intervalo, em certos pontos das lamelas, surgem bolsinhas com formato achatado, conhecidas como **tilacoides**, que são os locais em que se situam os pigmentos responsáveis pela captação da energia solar.

Os tilacoides costumam aparecer empilhados, formando um conjunto que lembra moedas colocadas uma em cima da outra. Esse conjunto é chamado de **granum**. Verifique na Figura 9-2 a grande quantidade de grana (plural de granum) presente no cloroplasto representado.

O espaço entre as lamelas é preenchido por um material semelhante ao existente no hialoplasma, e que é conhecido como **estroma**. Nos tilacoides estão arranjados os "pigmentos-antenas", verdadeiros coletores de energia solar. No estroma, ficam as enzimas necessárias para a realização das reações químicas típicas de uma das fases da fotossíntese e que levarão à síntese de carboidratos.

É importante citar que moléculas de clorofila, isoladas do cloroplasto, não conseguem efetuar sozinhas a fotossíntese.

O Papel da Clorofila e de outros Pigmentos

A fotossíntese só pode ocorrer em seres vivos cujas células possuam pigmentos capazes de reter a energia proveniente da luz do Sol.

Dentre os pigmentos capazes de absorver a energia luminosa destaca-se a **clorofila**, de cor verde. Outros pigmentos funcionam como acessórios na captação da energia solar e complementam o papel desempenhado pela clorofila na fotossíntese. Entre esses pigmentos acessórios podemos citar os **carotenoides**, de cor amarelo-alaranjado, encontrados, por exemplo, na cenoura.

Figura 9-2. (a) Porção de uma planta e o corte transversal de uma de suas folhas. (b) Detalhe do corte transversal da folha, mostrando alguns tecidos. Note as células fotossintetizadoras entre as duas epidermes. (c) Detalhe de uma célula fotossintetizadora mostrando cloroplastos, núcleo e o vacúolo. (d) Interior do cloroplasto. Note os grana. (e) Detalhe do interior do cloroplasto. (f) Micrografia eletrônica de transmissão de um cloroplasto. A clorofila localiza-se nas membranas dos tilacoides.

Luz, Componente Indispensável da Fotossíntese

A luz que banha a Terra é componente do amplo espectro de radiações eletromagnéticas provenientes do Sol, e que se propagam como **ondas**. O modo como essas ondas se propagam depende da energia: quanto mais energia uma onda tiver, menor será seu comprimento.

Dentro do amplo espectro de radiações eletromagnéticas, apenas uma pequena parte é visível aos nossos olhos – são as radiações cujos comprimentos de onda vão de 380 a 760 nanômetros. Essa estreita faixa de comprimentos de onda da luz visível corresponde às diferentes cores que são observadas quando se faz passar a luz por um prisma, o que provoca a dispersão (separação) dessas diferentes radiações (veja a Figura 9-3).

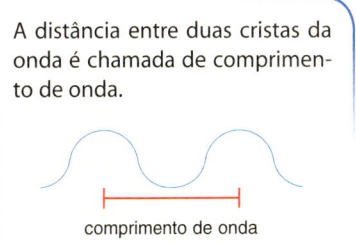

A distância entre duas cristas da onda é chamada de comprimento de onda.

comprimento de onda

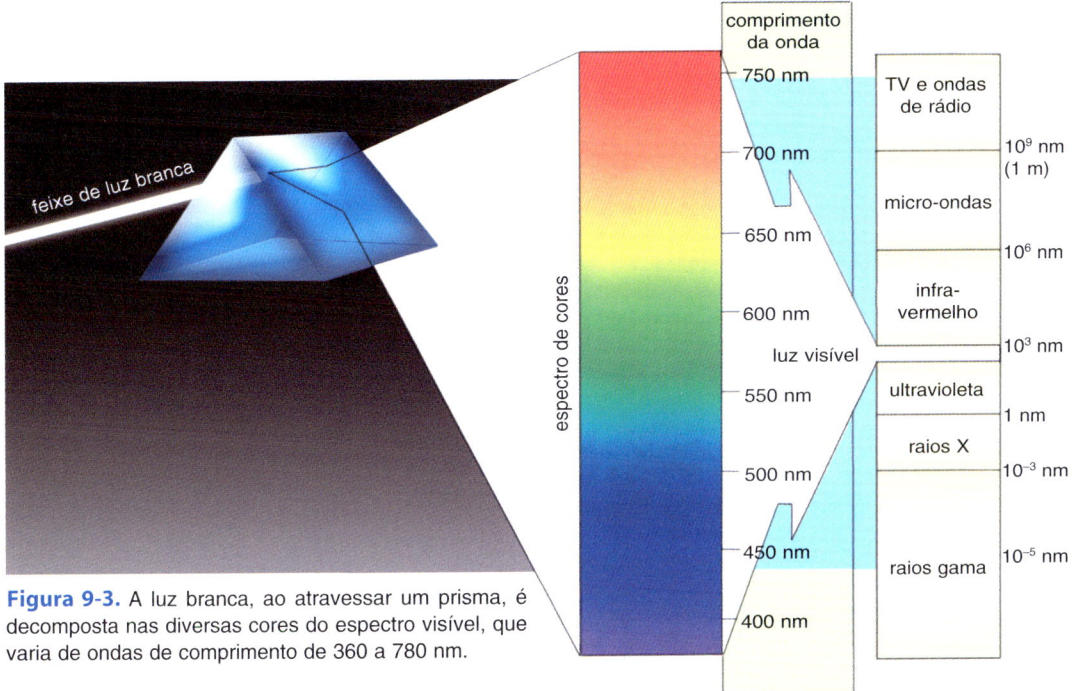

Figura 9-3. A luz branca, ao atravessar um prisma, é decomposta nas diversas cores do espectro visível, que varia de ondas de comprimento de 360 a 780 nm.

Outra característica importante da luz é a sua **natureza corpuscular**, ou seja, a luz é caracterizada por incidir na forma de corpúsculos, conhecidos como **fótons**. Os fótons são considerados "pacotes" de energia associados a cada comprimento de onda particular. Luz de pequeno comprimento de onda, como a luz violeta, possui fótons altamente energéticos. Luz de grande comprimento de onda, como a vermelha e a laranja, possui fótons pouco energéticos. Assim, cada radiação luminosa, cada comprimento de onda luminosa, é portadora de uma certa energia. E o fato notável é que as plantas aproveitam essa energia para a produção de matéria orgânica na fotossíntese.

A interação luz e pigmentos fotossintetizantes

No processo de fotossíntese, por quem é coletada a energia luminosa? Lembre-se de que dissemos que diversos tipos de pigmentos, entre eles a clorofila, funcionam como verdadeiras "antenas" coletoras da energia contida na luz do Sol, e que pigmentos são moléculas formadas por diversos átomos. Quando a luz atinge os pigmentos, ocorre a absorção de energia e um aumento de teor energético dos átomos. Dizemos que os átomos assim energizados ficam "excitados".

Nos átomos excitados, certos elétrons tendem a saltar para níveis mais elevados de energia, mas imediatamente tendem a voltar para os níveis anteriores que ocupavam antes de serem excitados. Nesse retorno, liberam a energia absorvida sob a forma de calor ou de uma radiação visível.

> **Saiba mais**

A história da fotossíntese

Antigamente, os cientistas acreditavam que tudo que as plantas precisavam para o seu crescimento vinha do solo. No início do século XVII, o cientista Van Helmont plantou uma pequena árvore em um vaso acrescentando água apenas quando necessário. Verificou que durante anos a massa da árvore aumentou e chegou a cerca de 74 kg!, enquanto a massa do solo tinha diminuído apenas 57 gramas! Concluiu que toda a massa da planta tinha sido derivada principalmente da água, sendo pequena a participação do solo.

Por volta de 1771, Joseph Priestley, clérigo e químico inglês, propôs claramente a ideia de que a combustão de qualquer objeto tornava o ar impuro. Para provar a sua hipótese, ele colocou (a) uma vela acesa dentro de um recipiente de vidro fechado e percebeu que a vela apagava após algum tempo. Colocou, também, (b) um ratinho dentro do recipiente e ele morreu. A seguir, no mesmo recipiente em que a vela tinha apagado ele colocou um ramo novo de hortelã e verificou que, se tornasse a acender a vela, a chama mantinha-se por algum tempo. Colocando (c) outro rato no recipiente com a planta de hortelã, verificou que o animal vivia por mais tempo do que no primeiro experimento.

Jan Ingenhousz, médico holandês, repetiu os experimentos de Priestley com ramos de hortelã, mas introduziu uma novidade: todos os experimentos foram feitos durante o dia. Sucesso. Não só as velas permaneciam acesas por mais tempo, como os ratos permaneciam vivos. Verificou, também, que somente as partes verdes das plantas eram capazes de restaurar o ar e que o Sol, isoladamente, sem plantas, não tinha o poder de purificar o ar.

Por essa época, o famoso químico francês, Antoine Lavoisier, com o auxílio do matemático Laplace, confinou uma cobaia durante 10 horas em um recipiente de vidro contendo oxigênio e mediu a quantidade de gás carbônico que o animal havia liberado, e também a quantidade de oxigênio que ele havia consumido. Em outra série de experiências, também mediu a quantidade de oxigênio consumido por uma pessoa quando em repouso e em atividade física.

Com seus experimentos, Lavoisier mostrou que o calor que um animal libera durante sua atividade é devido à combustão de compostos orgânicos na presença de oxigênio, o que ocorre no interior do organismo. E concluiu que a respiração é um processo em tudo similar ao que acontece durante a combustão de uma vela.

Ingenhousz repetiu o que Lavoisier fez e concluiu que as plantas não efetuavam simplesmente a troca de um ar ruim por um ar bom. Afirmou que, durante o dia, as plantas absorvem gás carbônico e liberam oxigênio ao mesmo tempo e, além disso, acumulam carbono na forma de alimento.

Como já se sabia da participação da água na sobrevivência das plantas, completava-se, assim, a relação dos componentes necessários para que as plantas pudessem sobreviver: água, gás carbônico e luz.

As experiências de Priestley foram fundamentais para o estabelecimento da relação entre renovação do ar e vegetais.

AS ETAPAS DA FOTOSSÍNTESE

A fotossíntese ocorre em duas grandes etapas, que envolvem várias reações químicas: a primeira é a **fase de claro** (também chamada de fase fotoquímica) e a segunda é a **fase de escuro** (também conhecida como fase química).

Em linhas gerais, os eventos principais da fotossíntese são a **absorção** da energia da luz pela clorofila ❶; a **redução** de um aceptor de elétrons chamado NADP, que passa a $NADPH_2$ ❷; a formação de **ATP** ❸ e a **síntese** de glicose ❹ (veja a Figura 9-4).

> A fase de escuro da fotossíntese não precisa ocorrer no escuro. O que o nome quer indicar é que ela ocorre mesmo na ausência de luz – ela só precisa de ATP e $NADPH_2$ para ocorrer.

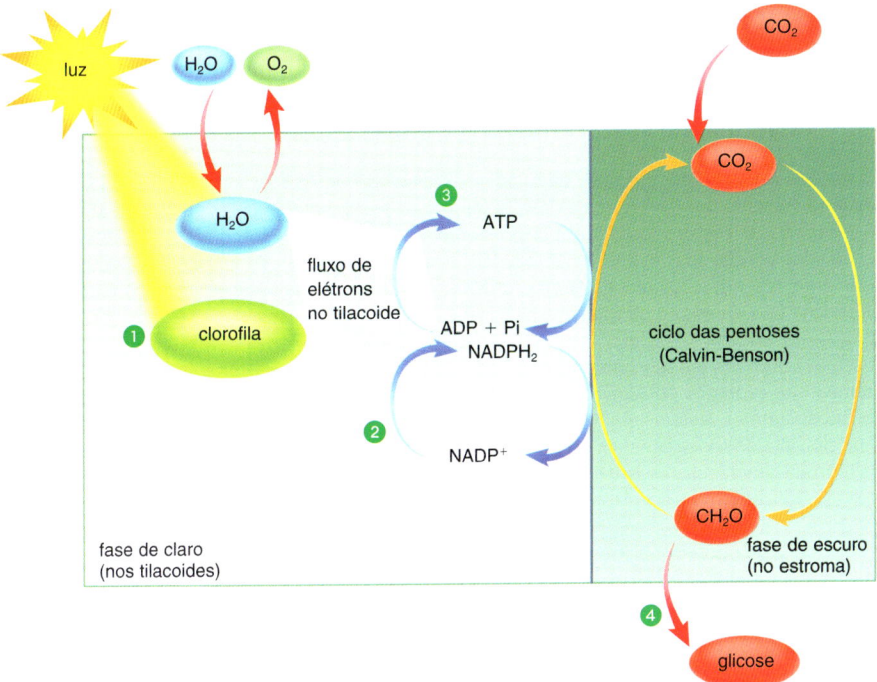

Figura 9-4. As fases da fotossíntese. Na fase de claro, que ocorre nos tilacoides, participam a água e a clorofila. Ocorre produção de oxigênio (que é liberado para o meio), além de ATP e $NADPH_2$, que serão utilizados na fase de escuro. Nessa fase, que ocorre no estroma do cloroplasto, participa o gás carbônico, com produção de glicose no ciclo de Calvin-Benson.

Fase de Claro ou Fotoquímica: Quebra da Água e Liberação de Oxigênio

Essa fase ocorre na membrana dos tilacoides e dela participam um complexo de pigmentos existente nos *grana*, aceptores de elétrons, moléculas de água e a luz. Como resultado dessa fase temos a produção de oxigênio, ATP (a partir de ADP + Pi) e também a formação de uma substância chamada $NADPH_2$. Tanto o ATP quanto o $NADPH_2$ serão utilizados na fase de escuro.

Na fase de claro, a luz penetra nos cloroplastos e atinge o complexo de pigmentos, ao mesmo tempo que provoca alterações nas moléculas de água. De que maneira essa ação da luz resulta em produtos que podem ser utilizados na segunda fase da fotossíntese?

Um dos acontecimentos marcantes da fase de claro são as chamadas **fotofosforilações cíclica** e **acíclica**.

Na fotofosforilação **cíclica**, ao ser atingida pela luz do Sol, a molécula de clorofila ❶ libera elétrons (acompanhe pela Figura 9-5). Esses elétrons são recolhidos por determinadas moléculas orgânicas chamadas de *aceptores de elétrons* ❷, que os enviam a uma cadeia de citocromos ❸ (substâncias associadas ao sistema fotossintetizante e que são assim chamadas por possuírem cor). Daí, os elétrons retornam à clorofila.

Você poderá perguntar: qual a vantagem desse ciclo de transporte de elétrons? A resposta é que, ao efetuar o retorno para a molécula de clorofila, a partir dos citocromos, os elétrons liberam energia, pois retornam aos seus níveis energéticos originais. E essa energia é aproveitada para a síntese de moléculas de ATP, que serão utilizadas na fase de escuro da fotossíntese.

Perceba que o caminho executado pelos elétrons é cíclico. Por esse motivo, costuma-se denominar essa via de *fotofosforilação cíclica*, devido à ocorrência de síntese de inúmeras moléculas de ATP em um processo cíclico, com a participação da luz e de moléculas de clorofila.

Ao mesmo tempo que isso ocorre, moléculas de água – ao serem atingidas pela luz do Sol – são "quebradas" (usa-se o termo **fotólise da água** para designar a quebra das moléculas de água) e liberam prótons (H^+), elétrons (e^-) e moléculas de oxigênio. Os prótons são captados por moléculas de NADP, que se convertem em $NADPH_2$; moléculas de oxigênio são liberadas para o meio; e os elétrons voltam para a clorofila, repondo aqueles que ela perdeu no início do processo.

> NADP é uma substância derivada da vitamina do complexo B, a niacina, também chamada de nicotinamida. A diferença em relação ao NAD, visto na respiração, é que no NADP existe um grupo fosfato a mais.

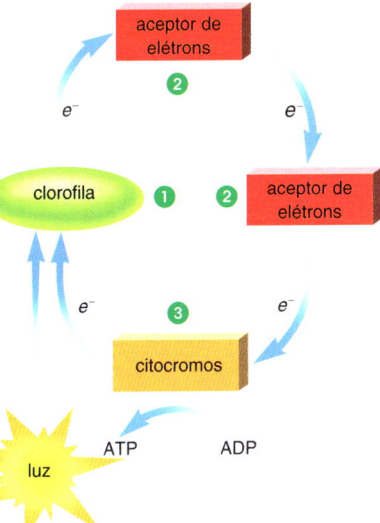

Figura 9-5. Representação simplificada da etapa de fotofosforilação cíclica.

Saiba mais

Fotofosforilação acíclica e fotossistemas: moléculas de açúcar armazenam energia solar

A fotossíntese é realizada graças à existência de duas *antenas* captadoras de energia solar. Cada uma dessas antenas é um **fotossistema**, formado por moléculas de clorofila (tipos *a* e *b*) e outros pigmentos acessórios, acoplados a uma cadeia de transporte de elétrons (constituída basicamente por citocromos). Existem dois fotossistemas: **PII$_{680}$** e **PI$_{700}$**, assim chamados porque suas moléculas de clorofila absorvem o máximo de luz nos comprimentos de onda de, respectivamente, 680 nm e 700 nm. Esses dois fotossistemas trabalham conjuntamente e o resultado é a produção de açúcares na fase de escuro da fotossíntese. Veja, a seguir, como isto acontece (acompanhe pela figura abaixo).

Os dois fotossistemas absorvem energia luminosa, o que resulta na liberação de elétrons. Os liberados pela clorofila do fotossistema II são captados por uma cadeia de transporte ❶ e são conduzidos "de mão em mão" até a clorofila ❷ do fotossistema I. Nesse caminho, são produzidas moléculas de ATP ❸. Simultaneamente, elétrons liberados pela clorofila do fotossistema I, ao receber energia da luz, são captados por outra cadeia de transporte ❹, que os entrega a moléculas de NADP, resultando na produção de NADPH$_2$ ❺. Essas duas substâncias (ATP e NADPH$_2$) serão utilizadas para a síntese de açúcares e outras moléculas orgânicas na fase de escuro da fotossíntese.

Neste ponto, você poderia perguntar: os elétrons perdidos pelas clorofilas não são repostos? Sim. Aí entra o papel da molécula de água. Sob a ação da luz do Sol, ela é "quebrada" ❻, em um processo conhecido como *fotólise da água*, e os elétrons dela liberados repõem os perdidos pela clorofila do fotossistema II, enquanto os prótons são encaminhados, pelo NADPH$_2$, à síntese de açúcar, com a participação do gás carbônico ❼. O subproduto da fotólise da água é a molécula de oxigênio.

> Fotólise da água é a "quebra" de moléculas de água pela luz. O oxigênio liberado na fotossíntese provém da água.

Toda essa descrição caracteriza a chamada **fotofosforilação acíclica**, termo utilizado para se contrapor à fotofosforilação cíclica, que você viu no item anterior. Como você deve ter percebido, os elétrons liberados pela clorofila *b* não retornam para ela. Não há a execução de um ciclo, em que elétrons liberados retornam para a sua fonte. Ao contrário, eles caminham da clorofila *b* para a clorofila *a* e terminam no NADP. Graças à água é que a clorofila *b* recupera os elétrons que perdeu.

Como devem ter se originado esses dois fotossistemas ao longo da evolução vegetal?

Sabe-se que certas espécies de cianobactérias primitivas (que se acredita serem as precursoras dos vegetais e das algas) possuem ou o fotossistema II ou o fotossistema I. Provavelmente, em algum momento do processo evolutivo, os dois coexistiram em uma cianobactéria, constituindo o ponto de partida do processo de fotossíntese acima descrito.

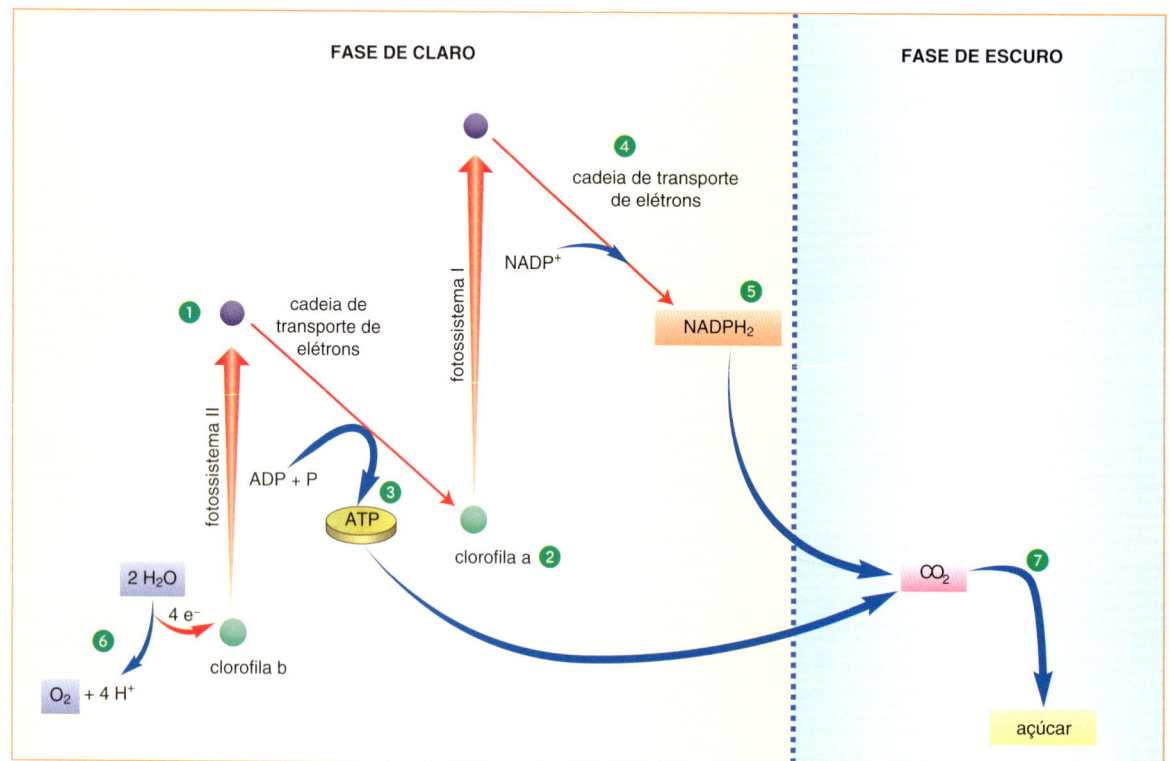

Resumo do que ocorre na fotofosforilação acíclica, com a participação dos fotossistemas. Substâncias produzidas na fase de claro (ATP e NADPH$_2$) atuam na fase de escuro, em que o gás carbônico é utilizado na produção de açúcares.

Fase de Escuro ou Química: Produção de Glicose

Nessa fase, a energia contida nos ATP e os hidrogênios dos $NADPH_2$ serão utilizados para a construção de moléculas de glicose. A síntese de glicose ocorre durante um complexo ciclo de reações (chamado **ciclo das pentoses** ou **ciclo de Calvin-Benson**), do qual participam vários compostos simples.

Durante o ciclo, moléculas de CO_2 unem-se umas às outras formando cadeias carbônicas que levam à produção de glicose. A energia necessária para o estabelecimento das ligações químicas ricas em energia é proveniente do ATP e os hidrogênios que promoverão a redução dos CO_2 são fornecidos pelos $NADPH_2$ (veja a Figura 9-6).

O ciclo de Calvin-Benson também é chamado de **ciclo das pentoses**, porque é iniciado com uma reação química de uma molécula de gás carbônico com uma molécula de 5 átomos de carbono, a ribulose difosfato (uma pentose).

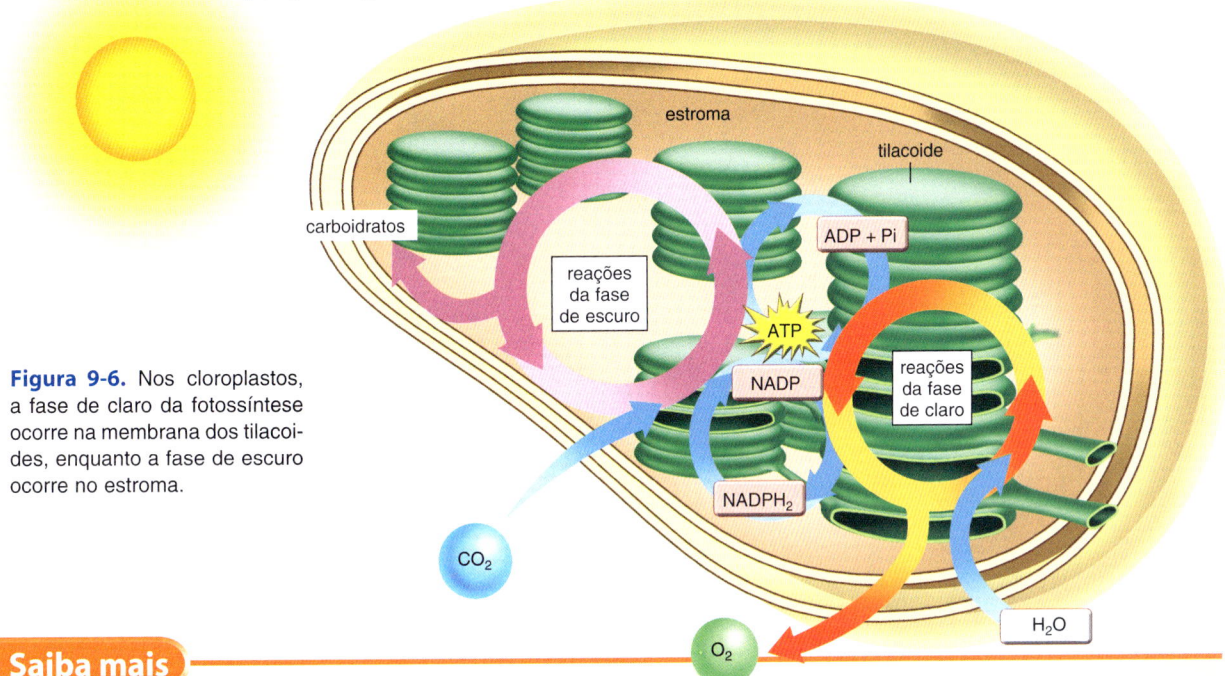

Figura 9-6. Nos cloroplastos, a fase de claro da fotossíntese ocorre na membrana dos tilacoides, enquanto a fase de escuro ocorre no estroma.

Saiba mais

Comparação entre fotossíntese e respiração

Características	Fotossíntese	Respiração
Energia (ε)	Armazenamento de ε nas ligações dos átomos de carbono da glicose, com utilização da luz do Sol.	Liberação de ε por rompimento das ligações entre os átomos de carbono da glicose.
Substâncias consumidas	CO_2 e H_2O	glicose e O_2
Substâncias liberadas	O_2 e glicose	CO_2 e H_2O

A figura abaixo relaciona as atividades da mitocôndria na respiração e do cloroplasto na fotossíntese.

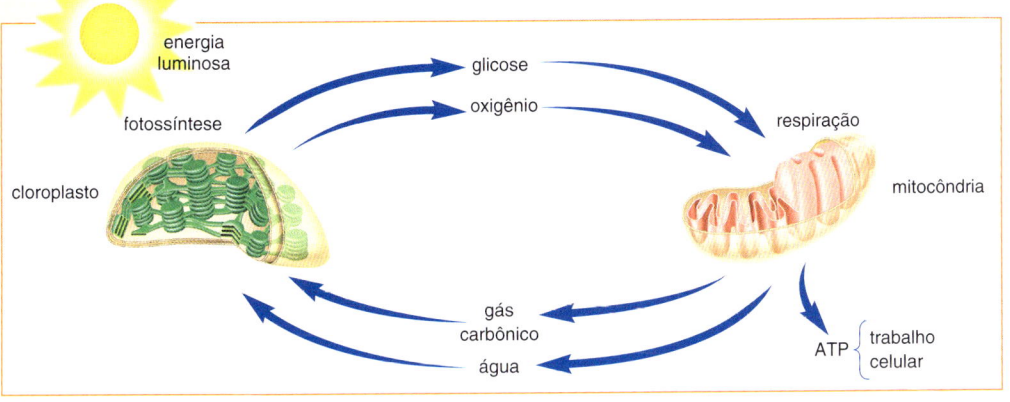

Atividades da mitocôndria na respiração e do cloroplasto na fotossíntese. Os autótrofos clorofilados realizam os dois processos. E os heterótrofos?

Fique por dentro!

Nos cactos, a fotossíntese ocorre no caule

Se alguém perguntar a você em que órgãos de uma planta a fotossíntese ocorre, certamente você responderá: nas folhas. Na maioria das plantas, essa resposta é correta. Lembre-se, porém, de que nos cactos não existem folhas, pelo menos não da forma como as conhecemos. Admite-se que os espinhos dos cactos correspondam a folhas modificadas, o que é uma adaptação para a economia de água em regiões extremamente secas. Nessas plantas, é no caule que a fotossíntese ocorre. É nele que existem as células fotossintetizantes (de modo geral, a coloração do caule é verde) e é através do seu revestimento que se dá o ingresso do gás carbônico necessário para a realização da fotossíntese, bem como a liberação do oxigênio produzido naquele processo. É o que acontece, por exemplo, no mandacaru (*Cereus peruvianus*), um cacto abundante na Região Nordeste do Brasil.

Mandacaru na caatinga de Caicó, Rio Grande do Norte.

> **Pense nisso**
>
> **É correto dizer que a fotossíntese é uma respiração vegetal?**
>
> Não é correto. Como você percebeu, a fotossíntese consiste na produção de matéria orgânica (glicose) e liberação de oxigênio, com a utilização de gás carbônico, água e a participação da energia solar. Por outro lado, a respiração é um processo bioenergético em que ocorre oxidação da glicose, com liberação de gás carbônico e produção de água. O que precisa ficar bem claro para você é que uma célula vegetal clorofilada, durante o período diurno, realiza fotossíntese e também respira. A fotossíntese é realizada nos cloroplastos e a respiração, em sua maior parte, nas mitocôndrias. Durante a noite, na ausência de luz, porém, ela apenas respira.

FOTOSSÍNTESE E QUIMIOSSÍNTESE EM BACTÉRIAS

Os seres autótrofos, como as plantas, as algas e as bactérias denominadas de cianobactérias, realizam a fotossíntese que acabamos de descrever e que pode, simplificadamente, ser representada pela equação química

$$CO_2 + 2\ H_2O + luz \xrightarrow{clorofila} (CH_2O) + H_2O + O_2$$

em que (CH_2O) representa o carboidrato produzido. Outra modalidade de fotossíntese é a realizada por algumas espécies de bactérias, em que a água não é a fonte doadora de hidrogênios. A bactéria *Chlorobium*, por exemplo, utiliza H_2S (sulfeto de hidrogênio) e a clorofila é a *bacterioclorofila*, um pigmento diferente em relação ao existente nas plantas. Esse tipo de fotossíntese não resulta em oxigênio, mas em enxofre, conforme se pode conferir na equação

$$CO_2 + 2\ H_2S + luz \xrightarrow{bacterioclorofila} (CH_2O) + H_2O + 2\ S$$

Outra modalidade de autotrofismo é a **quimiossíntese**, também realizada por bactérias, em que a fonte de energia não é a luz do Sol, mas a liberada em uma reação química inorgânica. É o que ocorre na bactéria *Nitrosomonas*. Ao efetuar a oxidação da amônia, segundo a reação química $2\ NH_3 + 3\ O_2 \rightarrow 2\ NO_2^- + 2\ H_2O + energia$, essa bactéria utiliza a energia liberada para a síntese de matéria orgânica.

> **A ciência por trás do fato!**
>
> **Dormir com plantas no quarto é prejudicial?**
>
> Você certamente já deve ter ouvido algum comentário a respeito do prejuízo de manter plantas em um quarto durante a noite. Existe algum fundamento para esse temor? Para a maioria das plantas, principalmente as dotadas apenas de folhas, não. O metabolismo dos vegetais durante o período noturno é baixo. O consumo de oxigênio para a respiração aeróbia é pequeno. Uma pessoa, no mesmo quarto, à noite, consome muito mais oxigênio e libera mais gás carbônico, em função do seu metabolismo mais elevado. Existe, porém, uma possível restrição. O odor exalado por certas flores, principalmente no período noturno, pode provocar certo desconforto para as pessoas. Nesse caso, é só removê-las para o ambiente externo e dormir sossegado.

> **Ética & Sociedade**
>
> **Madeira de demolição**
>
> Muito se fala sobre desmatamento, efeito estufa e suas consequências para a vida na Terra. Os mais pessimistas lembram que o atual deserto do Saara já foi uma floresta em tempos remotos e que os países do Hemisfério Norte praticamente já dizimaram sua cobertura vegetal. A ênfase na argumentação se dá no aquecimento terrestre e no descongelamento da neve presente no topo das altas montanhas e nas calotas polares. O fato é que quase metade da cobertura vegetal do planeta foi eliminada e o ser humano não vive sem oxigênio, um dos produtos da fotossíntese realizada pelos vegetais e pelas algas.
>
> Em nosso país, o Instituto Brasileiro do Meio Ambiente e dos Recursos Naturais Renováveis (IBAMA) atua na tentativa de coibir a extração ilegal de madeiras, como mogno, cedro, buriti e castanheiras, entre outras.
>
> Uma das formas práticas de auxiliar na diminuição do desmatamento, principalmente quando o produto se destina à indústria moveleira, é utilizar madeira resultante da demolição de casas antigas como matéria-prima. O fato de essa ser uma atitude ecologicamente correta valoriza ainda mais os móveis fabricados com esse produto.
>
> Que outras medidas práticas poderiam ser tomadas para diminuir a extração ilegal de madeira de nossas florestas?

Passo a passo

1. "Ao fazerem fotossíntese, as plantas renovam o ar que respiramos. Cada vez que elas retiram certo volume de CO_2 do ar, igual volume de O_2 é liberado." Considerando o exposto no texto, responda:

   a) Que outra substância inorgânica é essencial para a realização da fotossíntese? Em plantas que vivem em meio terrestre, qual a fonte dessa substância? Que importante carboidrato é produzido por meio desse processo? Qual é a fonte de energia utilizada pelas plantas na realização da fotossíntese? Qual é a importância da fotossíntese para os demais seres vivos?
   b) Escreva a equação geral da fotossíntese. Que pigmento funciona como "antena" ao captar a energia necessária à realização do processo? Cite outros seres vivos capazes de realizar fotossíntese.
   c) Em termos de processo transformador de energia, como você conceituaria a fotossíntese?

2. Além de ser um processo bioenergético característico de plantas que vivem em meio terrestre e aquático, a fotossíntese também é realizada por outros seres vivos.

   a) Quais são esses outros seres vivos?
   b) Em que local da célula a fotossíntese é realizada, nas plantas e nos outros seres vivos em que ela ocorre?

3. Observe as ilustrações a seguir, referentes à organela de plantas e algas em que a fotossíntese ocorre.

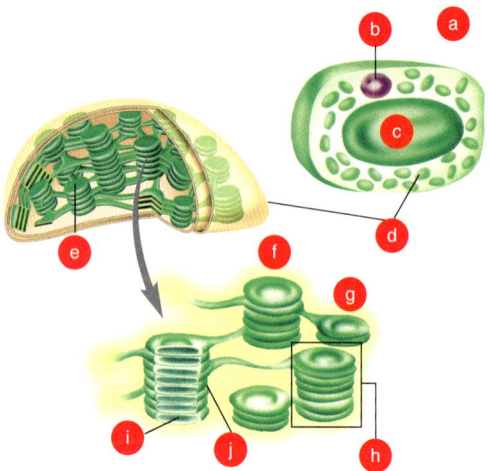

   a) Revendo em seu livro-texto de Biologia o conteúdo deste capítulo, reconheça as estruturas apontadas pelas setas, na ordem em que são citadas.
   b) Onde estão localizadas as moléculas de clorofila que atuam no processo de fotossíntese? Que outros pigmentos podem atuar na fotossíntese como acessórios na captação da energia solar? Que papel é desempenhado pelo estroma?

4. A luz solar é a fonte de energia necessária para a realização da fotossíntese nos seres autótrofos clorofilados. Propagando-se na forma de ondas corpusculares, a energia dos fótons é captada pelos pigmentos "antena" e, assim, canalizada para a síntese de carboidratos. A respeito desse assunto, responda:

   a) Qual a faixa da radiação solar aproveitada pelos seres fotossintetizantes? Cite os comprimentos de onda dessa faixa.
   b) Cite uma radiação de grande comprimento de onda e outra de pequeno comprimento de onda e relacione o teor energético de cada uma delas.
   c) Relate, em poucas palavras, o que ocorre no mecanismo de absorção de energia quando a luz atinge os pigmentos "antena" da fotossíntese.

5. O cientista Van Helmont achava que a massa de uma planta era decorrente da água absorvida do solo. Outro cientista, Joseph Priestley, sugeriu que as plantas renovam o ar que respiramos. Coube a Jan Ingenhousz, no entanto, repetindo experimentos de outro famoso cientista, Antoine Lavoisier, a brilhante conclusão de que durante o dia as plantas absorvem gás carbônico e liberam oxigênio. E, ao realizarem esse processo, acumulam carbono na forma de alimento. Então, considerando a evolução do pensamento científico referente ao processo de fotossíntese:

   a) A que conclusão se pode chegar, relativamente à massa de uma planta?
   b) Que outros componentes foram considerados indispensáveis para a realização da fotossíntese?

6. Revendo em seu livro-texto de Biologia o conteúdo deste capítulo:

   a) Reconheça as fases da fotossíntese, representadas em A e B.
   b) Cite as substâncias participantes e resultantes do processo de fotossíntese, indicadas de b até h.
   c) Qual o participante essencial à ocorrência do processo de fotossíntese que está indicado em a?
   d) Observando atentamente o esquema é possível concluir qual a origem do oxigênio liberado na fotossíntese. Então, qual o a origem do oxigênio e em que fase ele é liberado?

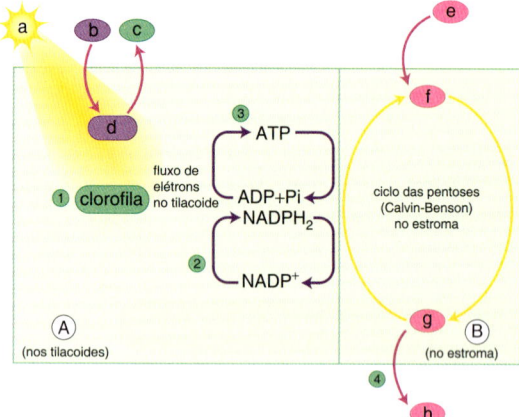

7. A luz do Sol que penetra na célula vegetal atinge os tilacoides existentes nos cloroplastos e dá início a uma série de reações químicas que caracterizam uma das fases da fotossíntese. Utilizando os conhecimentos que você obteve ao ler o texto deste capítulo, responda:

   a) Além da energia da luz solar, quais são os participantes do processo nessa fase?
   b) Quais são as duas importantes substâncias produzidas nessa fase e que serão utilizadas na fase de escuro da fotossíntese?
   c) O que significa *fotofosforilação cíclica*? Descreva brevemente o que ocorre nesse processo.
   d) Qual o significado e a importância da *fotólise da água*?

8. Qual a principal diferença entre a fotofosforilação cíclica e a fotofosforilação acíclica. Cite os dois fotossistemas participantes do processo de fotossíntese. Por que razão eles são assim denominados? Quais as duas modalidades de clorofila participantes dos fotossistemas?

9. Na fase de escuro da fotossíntese ocorre a síntese de moléculas de glicose. A respeito dessa fase, responda:

   a) Quais são as duas substâncias produzidas na fase de claro que participarão dessa fase?
   b) Como é denominado o ciclo de reações na qual ocorrerá, ao final, a produção de moléculas de glicose?
   c) Qual a origem dos átomos de carbono presentes nas moléculas de glicose produzidas nessa fase?

10. No esquema ao lado, estão representados processos bioenergéticos, substâncias deles participantes, fonte de energia radiante e organelas. Reconheça cada um deles a partir dos números que os indicam.

11. Com relação à fotossíntese realizada pelas plantas, a fotossíntese que ocorre na bactéria *Chlorobium* e a quimiossíntese realizada pela bactéria *Nitrosomonas*, cite:

a) as semelhanças que existem entre esses três processos bioenergéticos;
b) as diferenças existentes entre os três processos.

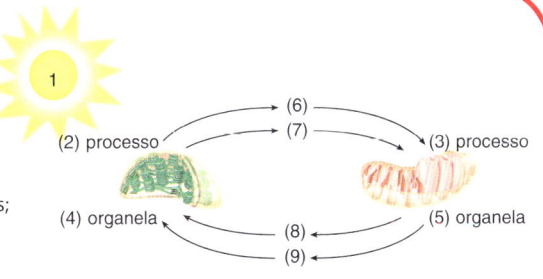

12. Questão de interpretação de texto

País estuda combustível de microalga

"Cientistas brasileiros ingressaram na corrida para tornar economicamente viável a produção de combustível extraído de algas microscópicas. De todas as fontes de biocombustíveis, nenhuma oferece produtividade tão grande. Para comparar, cada hectare de dendê produz 4,4 mil litros de biodiesel por ano. Algumas microalgas produzem até 90 mil litros em idêntica área e no mesmo período: 20 vezes mais!"

Observando a ilustração, responda:

a) Por meio de que processo as microalgas utilizam a água e o gás carbônico na produção de carboidratos?
b) Qual a fonte de energia necessária para a realização desse processo pelas microalgas?
c) Quais são as substâncias orgânicas presentes nas algas, citadas nas ilustração?
d) Cite as possíveis utilidades dessas substâncias orgânicas extraí-das das microalgas.

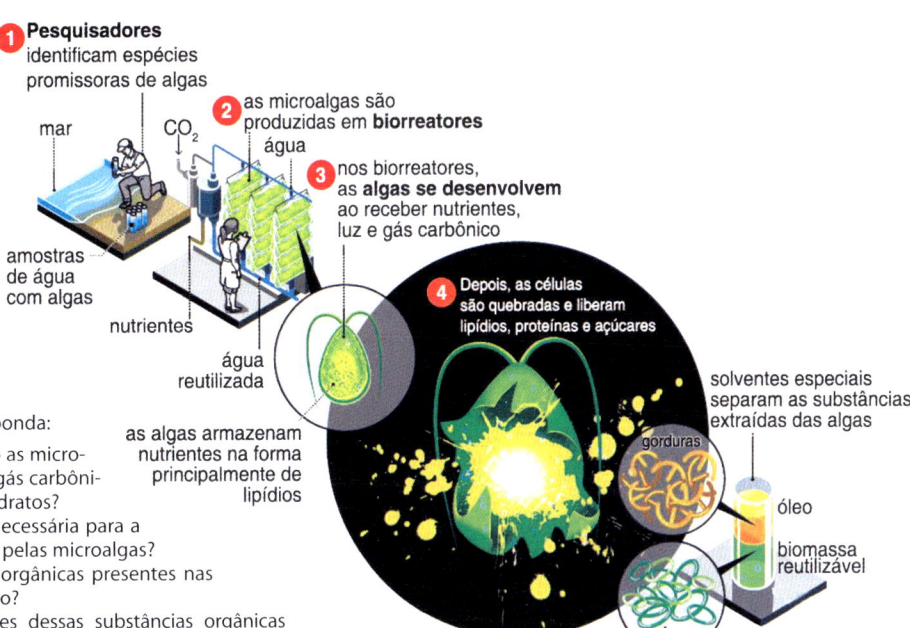

Adaptado de: GONÇALVES, A. País estuda combustível de microalga, *O Estado de S. Paulo*, São Paulo, 18 jan. 2011. Caderno Ambiente, p. A18.

Questões objetivas

1. (UFTM – MG) Considere as reações químicas.

I – $6 CO_2 + 12 H_2O \rightarrow C_6H_{12}O_6 + 6 O_2 + 6 H_2O$
II – $C_6H_{12}O_6 + 6 O_2 \rightarrow 6 CO_2 + 6 H_2O + energia$

A respeito dessas reações, pode-se afirmar que

a) a molécula $C_6H_{12}O_6$, um dos produtos da reação I, é sintetizada na fase fotoquímica e é proveniente da redução da molécula de CO_2.
b) todas as etapas que envolvem o processo representado pela reação II ocorrem exclusivamente no interior das mitocôndrias.
c) o gás oxigênio produzido na reação I é proveniente da fotólise da molécula de gás carbônico e a sua liberação é importante para os seres heterótrofos.
d) o oxigênio da molécula de água formada na reação II é proveniente do gás oxigênio e esse gás poderá ser consumido por seres autótrofos ou heterótrofos.
e) a reação II ocorre nas mitocôndrias de animais, fungos e protozoários, já nos vegetais e algas, essa reação ocorre no interior de seus cloroplastos.

2. (UFF – RJ) De acordo com o tipo de nutrição, os seres vivos podem ser classificados em autotróficos e heterotróficos. Entretanto, ambos sintetizam ATP, principal moeda energética, a partir de diferentes moléculas para manter suas vias metabólicas.

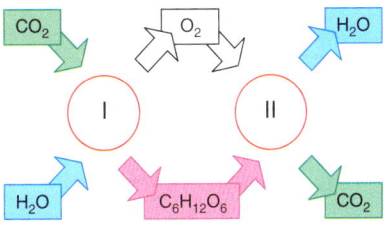

Após a análise das vias metabólicas (I e II) representadas no esquema, é correto afirmar que:

a) I ocorre nos cloroplastos de células vegetais e II ocorre nas mitocôndrias das células animais e vegetais.

b) I ocorre em cloroplastos de células vegetais e II ocorre somente nas mitocôndrias das células animais.
c) I ocorre somente nas mitocôndrias das células animais e II ocorre em cloroplastos de células vegetais.
d) I ocorre nas mitocôndrias das células animais e vegetais e II ocorre somente nos cloroplastos de células vegetais.
e) I e II ocorrem tanto em mitocôndrias como em cloroplastos de células animais e vegetais.

3. (UFF – RJ – adaptada) [Em 13 de junho de 2008], o Jardim Botânico do Rio de Janeiro completou 200 anos de existência. Nele estão situados acervos de mais de 8.000 espécies de plantas nacionais e de várias partes do mundo. O Jardim Botânico foi expandido em 15.000 m² e as estufas de orquídeas, bromélias, cactos e das plantas insetívoras foram reformadas. Este último grupo de plantas, também conhecido como plantas carnívoras, chama muito a atenção por poder obter nutrientes dos animais que capturam e digerem. Entretanto, os organismos do Reino *Plantae* são classificados quanto a sua nutrição como autótrofos.

Os organismos autótrofos são aqueles que sintetizam moléculas orgânicas a partir de:

a) água e glicose.
b) substâncias orgânicas.
c) substâncias inorgânicas.
d) água, O_2 e proteínas.
e) água, CO e proteínas.

4. (UFOP – MG) Com relação à fotossíntese, assinale a afirmativa **correta**.

a) A produção de carboidrato ocorrerá independentemente da etapa fotoquímica da fotossíntese se os cloroplastos forem providos com um suprimento constante de ATP e água.
b) Ao se adicionar $H_2^{18}O$ a uma suspensão de cloroplastos capazes de fazer fotossíntese, a marcação irá aparecer no oxigênio, quando a suspensão for exposta à luz.
c) Na fase de escuro, a energia solar captada pela clorofila é utilizada para sintetizar a ATP, a partir de ADP e Pi (fosfato inorgânico).
d) A membrana tilacoide é a sede das reações do escuro, enquanto no estroma ocorrem as reações de luz da fotossíntese.

5. (FUVEST – SP) A cana-de-açúcar é importante matéria-prima para a produção de etanol. A energia contida na molécula de etanol e liberada na sua combustão foi

a) captada da luz solar pela cana-de-açúcar, armazenada na molécula de glicose produzida por fungos no processo de fermentação e, posteriormente, transferida para a molécula de etanol.
b) obtida por meio do processo de fermentação realizado pela cana-de-açúcar e, posteriormente, incorporada à molécula de etanol na cadeia respiratória de fungos.
c) captada da luz solar pela cana-de-açúcar, por meio do processo de fotossíntese, e armazenada na molécula de clorofila, que foi fermentada por fungos.
d) obtida na forma de ATP no processo de respiração celular da cana-de-açúcar e armazenada na molécula de glicose, que foi, posteriormente, fermentada por fungos.
e) captada da luz solar por meio do processo de fotossíntese realizado pela cana-de-açúcar e armazenada na molécula de glicose, que foi, posteriormente, fermentada por fungos.

6. (UNESP) No quadro negro, a professora anotou duas equações químicas que representam dois importantes processos biológicos, e pediu aos alunos que fizessem algumas afirmações sobre elas.

Equações:

I – $12 H_2O + 6 CO_2 \rightarrow C_6H_{12}O_6 + 6 O_2 + 6 H_2O$

II – $C_6H_{12}O_6 + 6 O_2 \rightarrow 6 H_2O + 6 CO_2$

Pedro afirmou que, na equação I, o oxigênio do gás carbônico será liberado para a atmosfera na forma de O_2. João afirmou que a equação I está errada, pois o processo em questão não forma água. Mariana afirmou que o processo representado pela equação II ocorre nos seres autótrofos e nos heterótrofos. Felipe afirmou que o processo representado pela equação I ocorre apenas em um dos cinco reinos: *Plantae*. Patrícia afirmou que o processo representado pela equação II fornece, à maioria dos organismos, a energia necessária para suas atividades metabólicas.

Pode-se dizer que

a) todos os alunos erraram em suas afirmações.
b) todos os alunos fizeram afirmações corretas.
c) apenas as meninas fizeram afirmações corretas.
d) apenas os meninos fizeram afirmações corretas.
e) apenas dois meninos e uma menina fizeram afirmações corretas.

7. (UPE) Sobre a organela cloroplasto, analise a figura e o texto abaixo.

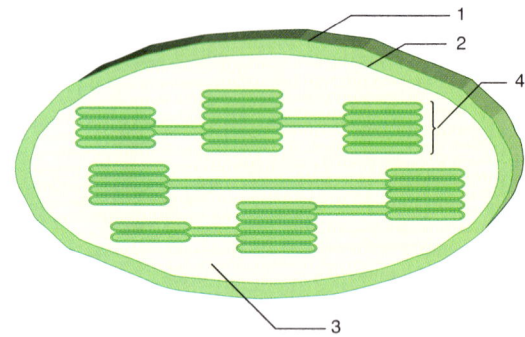

Fonte: <http://web.educastur.princast.es/projectos/biogeo_ov/2bch/B3_METABOLISMO/+32_FOTOSINTESIS/TEST/65_Diapositiva.GIF>.

Os cloroplastos são envoltos por duas membranas, uma __1__ e outra __2__, separadas por um espaço intermembranar. No interior dessa organela, existe uma matriz amorfa __3__, que contém enzimas, amido, ribossomos e DNA. Mergulhado nessa matriz, existe um sistema de membranas que forma um conjunto de vesículas achatadas __4__, em forma de discos, onde se encontra o pigmento clorofila.

Assinale a alternativa que preenche CORRETAMENTE os números das lacunas.

a) 1 – membrana externa, 2 – membrana interna, 3 – estroma, 4 – tilacoide.
b) 1 – membrana interna, 2 – membrana externa, 3 – *grana*, 4 – estroma.
c) 1 – membrana externa, 2 – membrana interna, 3 – estroma, 4 – *granum*.
d) 1 – membrana externa, 2 – membrana interna, 3 – estroma, 4 – lamela.
e) 1 – membrana interna, 2 – membrana externa, 3 – lamela, 4 – tilacoide.

8. (UFPE) A obtenção e a transformação de energia dos seres vivos envolvem diferentes processos. Sobre essa questão analise as afirmativas abaixo.

(0) A fermentação é um processo de obtenção de energia que não necessita do oxigênio, porém, é menos eficiente em termos de energia que a respiração aeróbica, gerando apenas duas moléculas de ATP por molécula de glicose.
(1) A fotossíntese e a respiração são processos antagônicos. Enquanto o primeiro produz matéria orgânica, com armazenamento de energia e liberação de oxigênio, o segundo utiliza matéria orgânica e consome oxigênio, com liberação de energia.
(2) Na clorofila isolada, os elétrons continuam a absorver fótons de luz e, por isso, ela continua a ser eficiente no processo de armazenamento de energia.
(3) A primeira etapa da respiração aeróbica é praticamente idêntica à fermentação, com rendimento de apenas duas moléculas de ATP e produção de ácido pirúvico.
(4) Os seres vivos aeróbicos utilizam o oxigênio diretamente da atmosfera ou dissolvido na água para converter carboidratos e outros constituintes celulares em CO_2 e H_2O, com liberação de energia.

9. (UFRGS – RS) O esquema abaixo representa processos bioquímicos no interior de uma organela.

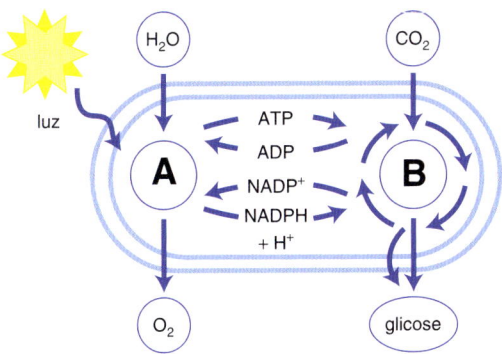

As letras A e B do esquema indicam, respectivamente,
a) cadeia respiratória e o ciclo de Krebs.
b) o ciclo de Krebs e fotossistema.
c) o ciclo de Calvin e o ciclo de Krebs.
d) fotossistema e o ciclo de Calvin.
e) o complexo fosforilativo e a cadeia respiratória.

10. (UFAM) A fotossíntese se realiza em duas etapas. A etapa de claro (fotoquímica) e a etapa de escuro (química). Qual o saldo da etapa de escuro?
a) ATP e $NADPH_2$
b) $C_6H_{12}O_6$, H_2O e NADP
c) ATP e luz
d) $C_6H_{12}O_6$, H^+ e 2 $NADPH_2$
e) ADP e $FADH_2$

11. (UFJF – MG) Em relação ao processo fotossintético, analise as afirmativas a seguir.

I – Na fotossíntese, a produção de ATP, através da fotofosforilação, ocorre tanto durante o dia quanto à noite.

II – Na fotossíntese, a radiação mais absorvida pelas clorofilas é a verde e, em função disso, as folhas das plantas também são verdes.

III – A taxa de fotossíntese nas plantas é afetada pela quantidade de luz, mas não pelas variações na temperatura.

IV – Na fotossíntese, o oxigênio liberado pelas plantas no ambiente é proveniente da H_2O.

V – A fotossíntese pode contribuir para a redução do aquecimento global em decorrência do consumo de gases relacionados ao aumento do efeito estufa.

Assinale a alternativa que contém todas as afirmativas **CORRETAS**.
a) I e II
b) I e IV
c) II, IV e V
d) III e IV
e) IV e V

12. (UFJF – MG) Há autores que tratam a fotossíntese e a respiração aeróbica (síntese de ATP) como fenômenos opostos ou complementares. Um argumento **CORRETO** para tratar esses fenômenos dessa maneira é:
a) a fotossíntese ocorre em plantas, e a respiração aeróbica ocorre somente em animais.
b) na fotossíntese, há a produção de glicose e a liberação de O_2 e, na respiração aeróbica, há o consumo de glicose e de O_2.
c) a fotossíntese ocorre durante o dia e a respiração aeróbica à noite.
d) na fotossíntese, há formação e na respiração aeróbica, o consumo de H_2O.
e) células que fazem fotossíntese não fazem respiração aeróbica.

Questões dissertativas

1. (UFG – GO) Na figura abaixo, estão esquematizados dois importantes processos celulares (I e II).

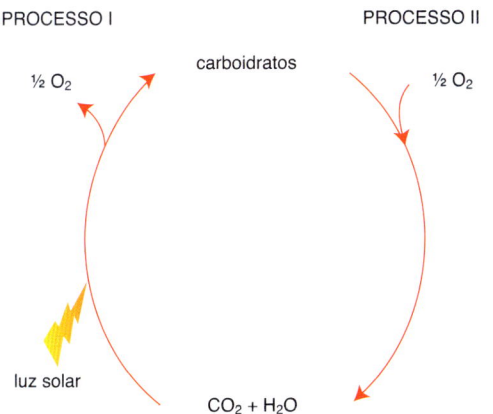

De acordo com a figura, qual processo fisiológico está envolvido nas representações I e II, respectivamente, e qual organela celular é especializada para realização de cada processo?

2. (UEG – GO) A figura abaixo representa estruturas encontradas em vegetais.

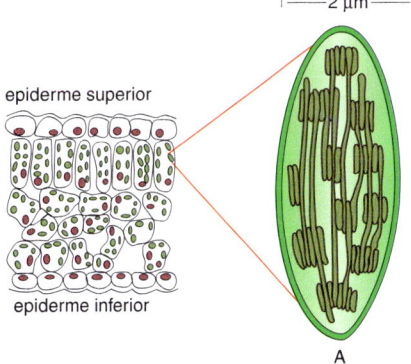

Disponível em: <http://www.terravista.pt/bilene/biologia>.

Com base na figura e em seus conhecimentos, faça o que se pede:
a) Responda qual o nome da estrutura representada em A.
b) Indique o nome do processo biológico realizado por essa estrutura e comente sua importância em relação ao meio ambiente.

3. (UERJ) Uma amostra de mitocôndrias e outra de cloroplastos foram colocadas em meios de incubação adequados ao metabolismo normal de cada organela. As amostras, preparadas na ausência de luz, foram iluminadas do início até o final do experimento. Os gráficos abaixo indicam os resultados obtidos, para cada uma das organelas, nos quatro parâmetros medidos no experimento.

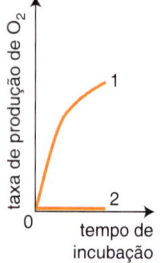 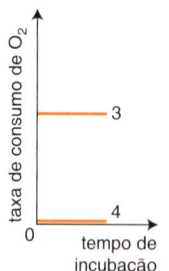 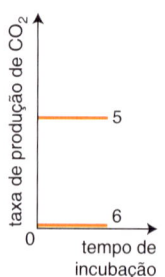 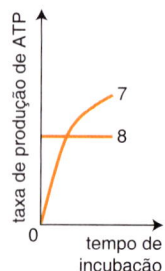

Identifique, por seus números, as curvas que correspondem às amostras de mitocôndrias e as que correspondem às amostras de cloroplastos, justificando sua resposta.

Programas de avaliação seriada

1. (PAS – UFLA – MG) A figura mostra a relação entre os processos de fotossíntese e respiração. Com relação aos produtos formados nesses processos, assinale a alternativa que preenche corretamente os itens I e II.

a) I – glicose e O_2 II – CO_2 e H_2O
b) I – glicose e CO_2 II – H_2O e O_2
c) I – CO_2 e H_2O II – glicose e O_2
d) I – H_2O e O_2 II – glicose e CO_2

2. (PAIES – UFU – MG) O processo de fotossíntese ocorre em duas etapas: a fase fotoquímica e a fase bioquímica, que são responsáveis por:

a) produção de $NADPH_2$ e oxidação do CO_2.
b) produção de $NADH_2$ e redução do CO_2.
c) produção de $NADH_2$ e oxidação do CO_2.
d) produção de $NADPH_2$ e redução do CO_2.

3. (PAIES – UFU – MG) A fotossíntese é um processo de uso de energia luminosa pelas plantas para produzir os compostos ricos em energia, visando manter seu metabolismo. Sobre esse processo, é correto afirmar que:

a) as reações de escuro envolvem a fixação de carbono em um ciclo químico complexo, chamado de ciclo de Calvin, que ocorre no citosol, mediado por enzimas produzidas pelo núcleo da célula.
b) os estômatos são responsáveis pelo controle do processo fotossintético, retendo em suas células-guarda as enzimas necessárias para as reações de claro.
c) os diferentes tipos de clorofila são os únicos pigmentos associados à absorção de luz no processo fotossintético.
d) a etapa fotoquímica ou reações de claro ocorrem nos tilacoides dos cloroplastos, liberando oxigênio resultante da fotólise da água e produzindo NADPH e ATP.

4. (PSS – UFAL) Vida demanda energia. Sem energia, a organização característica dos seres vivos não consegue se manter. Com relação a esse tema, analise as proposições a seguir.

1) Na quimiossíntese, a energia utilizada na formação de compostos orgânicos provém da oxidação de substâncias inorgânicas.
2) Na fotofosforilação, a energia luminosa do Sol, captada pelas moléculas de clorofila, organizadas nas membranas dos tilacoides, é transformada em energia química.
3) Na fermentação, há liberação de energia suficiente para a síntese de duas moléculas de ATP.
4) Ao final do ciclo de Krebs, os elétrons energizados e os íons H^+ produzidos são utilizados para constituir ATP, na cadeia respiratória.

Está(ão) correta(s):

a) 1, 2 e 4 apenas.   c) 1, 3 e 4 apenas.   e) 2 apenas.
b) 2 e 3 apenas.   d) 1, 2, 3 e 4.

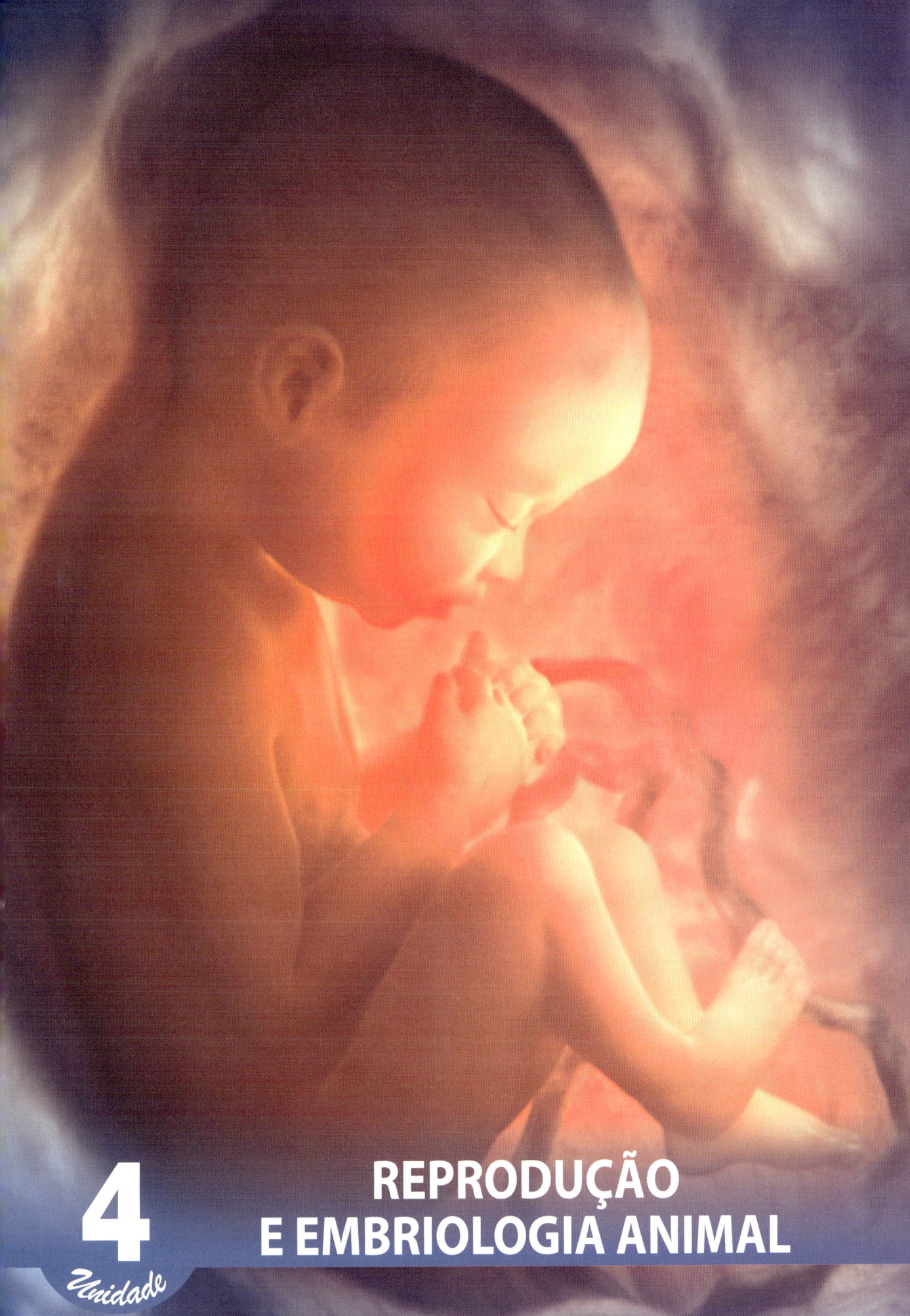

Unidade 4
REPRODUÇÃO E EMBRIOLOGIA ANIMAL

Capítulo 10
Reprodução: mecanismo de perpetuação das espécies

Bebê não é boneca

Teoricamente, segundo a OMS, a adolescência é o período da vida compreendido entre 10 e 19 anos. Nesta fase tão marcante, o adolescente experimenta um turbilhão de sentimentos, passando por momentos de ansiedade, rebeldia e descobertas, na tentativa de encontrar e formar sua própria identidade.

As mudanças físicas tornam esta fase ainda mais especial. Para as meninas, a chegada da puberdade representa o início da vida reprodutiva e, muitas vezes, da vida sexual. Neste momento tão delicado, uma gravidez provocaria mudanças ainda maiores na transformação que já vinha ocorrendo de forma natural. Apesar de termos a impressão de que a gravidez é um problema de poucas adolescentes, só no ano de 2004 o Ministério da Saúde registrou mais de 650.000 nascidos vivos de mães com idades entre 10 e 19 anos, o que equivale a 22% de todos os partos realizados.

Muitas vezes, por vergonha ou pressão da família, a adolescente grávida esconde a barriga, não tendo o acompanhamento médico tão necessário, para ela e para o bebê. A hora do parto não é menos complicada, principalmente para menores de 15 anos, já que a pelve ainda não está completamente desenvolvida e os músculos dessa região não apresentam a elasticidade necessária para a passagem do bebê, além deste momento ser acompanhado de muita ansiedade.

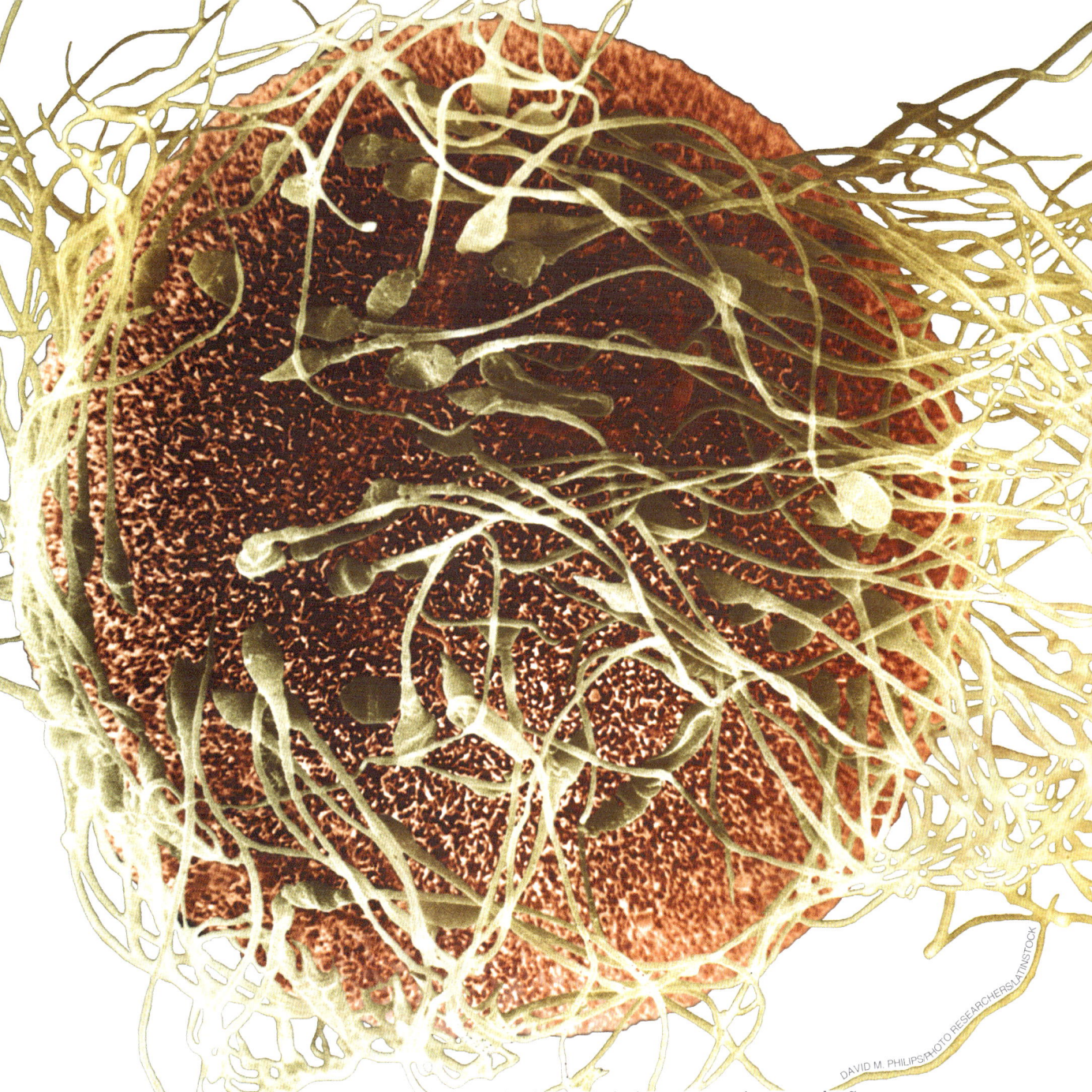

Ao mecanismo pelo qual os seres vivos se multiplicam é dado o nome de **reprodução**. Em muitos seres vivos, ela envolve a formação de células específicas para essa finalidade, chamadas gametas. Neles, estão contidas as informações genéticas necessárias para o desenvolvimento de um novo ser, com as características próprias de sua espécie.

Há duas modalidades básicas de reprodução: a **assexuada** e a **sexuada**.

Na reprodução **sexuada**, existe grande possibilidade de surgimento de variabilidade genética entre os descendentes. Isso se deve à ocorrência de dois eventos fundamentais: meiose e fecundação. No tipo mais frequente de reprodução sexuada, os novos indivíduos originam-se de dois gametas, na maioria das vezes vindos de indivíduos diferentes.

Na reprodução **assexuada**, as chances de ocorrer variabilidade entre os descendentes são menores. De modo geral, os descendentes são geneticamente iguais, já que o tipo de divisão celular utilizado é a mitose. Um único indivíduo origina seus descendentes. Neste caso, a única fonte de variabilidade é a ocorrência casual de **mutações**, que pode levar a diferenças individuais entre os componentes de uma população.

Os dois tipos de reprodução ocorrem em praticamente todos os grupos de seres vivos. Nos mais primitivos, de pequena complexidade, por exemplo, as esponjas, a reprodução assexuada é mais comum, embora também seja constatada em grupos mais complexos, como nos equinodermos (estrelas-do-mar), protocordados (ascídias) e inúmeros vegetais. Nesses últimos grupos, a reprodução sexuada é mais frequente.

REPRODUÇÃO ASSEXUADA

Os tipos mais comuns de reprodução assexuada são: propagação vegetativa dos vegetais, brotamento, cissiparidade, reprodução múltipla e regeneração (quando leva à formação de outros indivíduos). Ao conjunto de indivíduos produzidos assexuadamente por um único ser vivo dá-se o nome de **clone**. A Tabela 10-1 ilustra as principais características dessas modalidades de reprodução.

Tabela 10-1. Tipos de reprodução assexuada.

Tipo	Características e ocorrência
Propagação vegetativa (estaquia)	Plantio de um vegetal a partir de fragmentos do caule ou das folhas. Utilizado pelo homem para a multiplicação de plantas de batata, mandioca, cana-de-açúcar, samambaias, violetas etc. É comum, atualmente, a utilização de tecidos meristemáticos derivados do caule para a obtenção de cultura de tecidos.
Brotamento (gemação ou gemiparidade)	A partir de um indivíduo surge um broto lateral que cresce, podendo permanecer unido ao ser que o formou ou separar-se e viver independentemente. Ocorre em poríferos, cnidários, ascídias, leveduras, entre outros.
Cissiparidade (divisão simples ou divisão binária)	Ocorre a divisão de um indivíduo em dois novos organismos. Embora seja característica de unicelulares (bactérias, paramécios, amebas, algas), também é constatada espontaneamente em planárias e poliquetos (anelídeos marinhos).
Reprodução múltipla	Um organismo se reproduz de maneira que produza vários descendentes simultaneamente. Há várias modalidades: **esporulação**, em que esporos (como na foto) liberados de um organismo se desenvolvem em novos indivíduos (protozoários como o plasmódio da malária e também em fungos), **estrobilização** (cnidários). Também é comum em vermes e alguns vegetais.
Regeneração (fragmentação)	Eventualmente, pode ser utilizada como método reprodutivo. O ser vivo se fragmenta em pedaços, e cada qual regenera as partes que faltam, dando origem a novo indivíduo. Ocorre em platelmintos (planária). Nem sempre, porém, a regeneração é utilizada para a reprodução. Caranguejos que perdem uma pata e lagartixas que perdem a cauda regeneram a porção perdida (pata ou cauda) sem, no entanto, haver reprodução dos indivíduos.

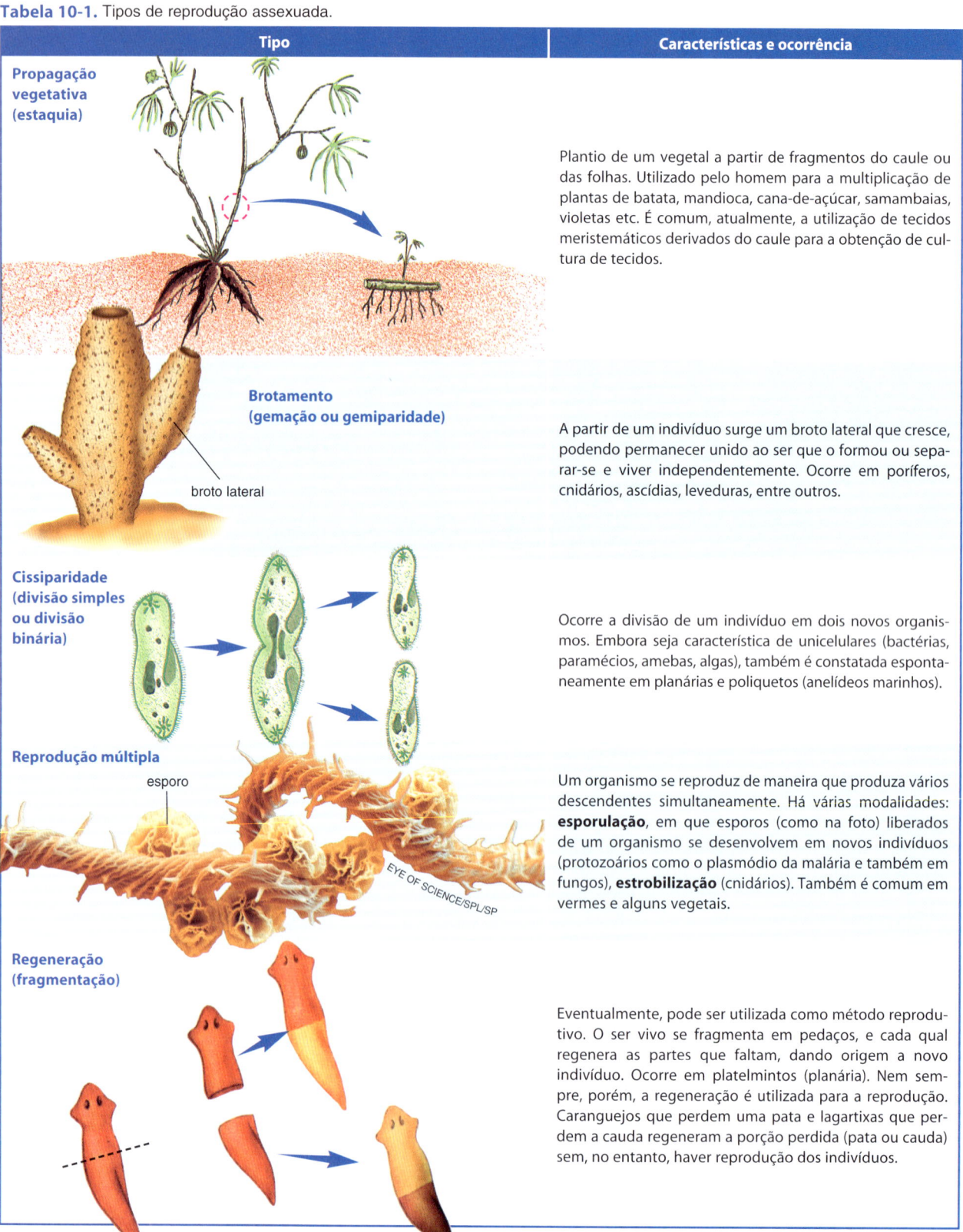

REPRODUÇÃO SEXUADA

Em geral, na reprodução sexuada dos seres vivos pluricelulares eucariontes (aqueles em que as células possuem membrana nuclear e organelas envolvidas por membrana), dois gametas (células haploides) fundem-se para dar origem a um novo organismo diploide ($2n$). Os gametas podem ser iguais na forma e tamanho (isogamia) ou não (heterogamia ou anisogamia), como nos seres humanos.

Três tipos de ciclos reprodutivos sexuados podem ser considerados entre os seres vivos: *haplonte*, *diplonte* e *haplontediplonte*.

> **Fique por dentro!**
>
> Quando os organismos apresentam sexos separados, eles são chamados de **dioicos** (= duas "casas"). Já aqueles em que os diferentes gametas são produzidos por um único organismo são chamados de **monoicos** (= uma "casa").

Ciclo Haplonte

Nesse tipo de ciclo, a geração adulta é haploide (acompanhe pela Figura 10-1). Em certa fase da vida são produzidos gametas, por mitose, que se fundem gerando um zigoto. Esta célula sofre meiose e origina células haploides, chamadas de esporos. Cada esporo gera, então, novo organismo adulto haploide. A meiose é denominada de *zigótica* (porque é executada pelo zigoto) ou *inicial* (os esporos correspondem ao início de um novo indivíduo). Ocorre em algas unicelulares e filamentosas.

Ciclo Diplonte

A geração adulta é diploide e produz gametas por meiose (veja a Figura 10-2). Ocorre a fecundação e é gerado um zigoto e, por mitoses sucessivas, forma-se um novo indivíduo adulto. A meiose é denominada de *gamética* (destina-se a produzir gametas) ou *final* (de modo geral, coincide com a maturidade do indivíduo adulto). Ocorre em algumas espécies de algas e em todos os animais.

Ciclo Haplontediplonte

Duas gerações adultas, uma diploide e outra haploide, alternam-se durante o ciclo reprodutivo. A geração diploide reproduz-se por meio de esporos produzidos por meiose (veja a Figura 10-3). A geração haploide é a responsável pela produção de gametas, por mitose. A meiose é denominada de *espórica* (por servir para a produção de esporos) ou *intermediária* (por ocorrer entre as fases diploide e haploide). Ocorre em algumas espécies de algas e em todos os vegetais. Nesse caso, a fase adulta diploide é chamada de *esporófito* (produz esporos) e a fase adulta haploide é conhecida pelo nome de *gametófito* (produz gametas). Note que o esporo, sozinho, é capaz de gerar novo organismo haploide, enquanto são necessários dois gametas para a produção de novo indivíduo diploide.

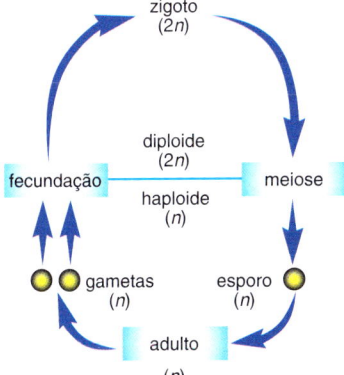

Figura 10-1. Esquema de ciclo de vida haplonte.

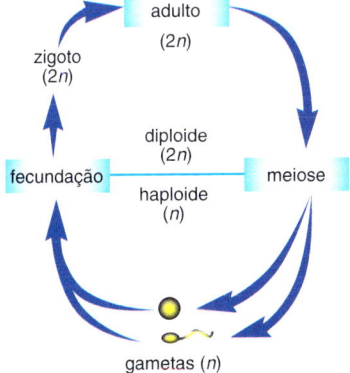

Figura 10-2. Esquema de ciclo de vida diplonte.

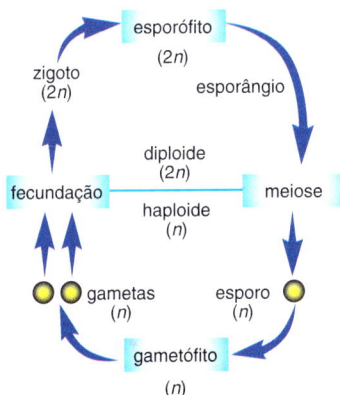

Figura 10-3. Esquema de ciclo de vida haplontediplonte.

Reprodução: mecanismo de perpetuação das espécies

Nos seres humanos, objeto de estudo deste capítulo, a reprodução envolve uma série de órgãos e glândulas acessórias que constituem o **sistema genital**.

Saiba mais

Tipo particular de reprodução

Certos tipos de reprodução fogem à regra comum da reprodução sexuada e adotam vias diferentes das analisadas anteriormente. São eles a *partenogênese*, a *pedogênese*, a *neotenia* e a *poliembrionia*. Dentre elas, vamos explorar um pouco mais a partenogênese.

Na **partenogênese** (do grego, *parthénos* = virgem, e *génesis* = origem) ocorre o desenvolvimento de uma célula sexual feminina sem ser fecundada. É clássico o caso das abelhas, em que os óvulos produzidos pela rainha e que são fecundados dão origem a fêmeas diploides, enquanto os óvulos que não são fecundados desenvolvem-se e originam machos haploides (os zangões). É um caso de partenogênese natural e facultativa, uma vez que há formação de indivíduos diploides e haploides, estes do sexo masculino. Em outros insetos (os pulgões), a partenogênese gera apenas fêmeas. Em algumas espécies de pulgões, no entanto, ocorre partenogênese, que origina tanto machos como fêmeas.

A partenogênese pode também ser induzida artificialmente em laboratório, por meio de picadas com agulhas, tratamentos químicos ou com variações na temperatura.

A **pedogênese** (do grego, *paidós* = criança, e *génesis* = = origem) corresponde a um tipo de reprodução em que óvulos são formados na fase larvária, sem haver fecundação. É considerada um caso de partenogênese que ocorre em larvas de alguns insetos e nas de certos vermes parasitas do homem, como o *Schistosoma mansoni*.

A **neotenia** (do grego, *néos* = novo e *teíno* = estender) é um tipo de reprodução em que ocorre a formação de gametas produzidos por meiose no estágio larval de certos animais. Os gametas são fecundados, formam-se zigotos, que produzirão novos indivíduos diploides. Ocorre em larvas de certos anfíbios do grupo das salamandras.

Na **poliembrionia** (do grego, *polús* = numeroso, e *émbruon* = crescer com abundância), zigotos recém-formados dividem-se por mitose e originam células que, ao se separarem, desenvolvem-se independentemente em novos indivíduos. Essa separação de células pode ser considerada como um processo de reprodução assexuada. Ocorre em tatus, em que as quatro primeiras células resultantes da segmentação (divisão) do zigoto originam quatro filhotes. A formação de gêmeos univitelinos (gemelaridade) em seres humanos também é considerada um caso de poliembrionia.

SISTEMA GENITAL

Na espécie humana, para que se dê a formação de um novo indivíduo, é necessário que haja o encontro dos gametas e a formação de um zigoto. No homem, esses gametas são chamados de espermatozoides e nas mulheres, óvulos. Já vimos, no Capítulo 6, a formação dessas células por meio dos processos de espermatogênese e ovulogênese, respectivamente.

Vamos, a seguir, acompanhar a descrição dos sistemas genitais humanos a fim de entender o caminho que os gametas percorrem até a formação do zigoto.

Sistema Genital Feminino

Na mulher, os **ovários** são responsáveis pela produção de óvulos e hormônios – estrógeno e progesterona – em resposta ao comando da hipófise. Como pode ser visto na Figura 10-4, cada ovário fica localizado perto de uma **tuba uterina**, uma estrutura em forma de funil que, durante a ovulação, recolhe o óvulo e o conduz até o útero.

O **útero** é um órgão com espessas paredes musculares e com uma camada interna, o endométrio, ricamente vascularizada. O embrião se implanta nessa camada, em que completa o seu desenvolvimento. A parte final do útero, que se abre na **vagina**, é chamada de **cérvix** ou **colo do útero**. A vagina é uma estrutura com paredes musculares finas, porém bastante fortes, que serve como canal de parto e também acomoda o pênis (órgão masculino) durante o ato sexual.

Note que a vagina se abre para o meio externo atrás da uretra, canal por onde sai a urina. Duas dobras de pele revestem e protegem a região genital: os **grandes lábios** e os **pequenos lábios**. Glândulas localizadas ao redor da entrada vaginal são responsáveis pela secreção de uma substância lubrificante, que facilita o ato sexual. As paredes vaginais também secretam essas substâncias.

> A abertura da vagina e da uretra e os pequenos e grandes lábios formam a **vulva**.

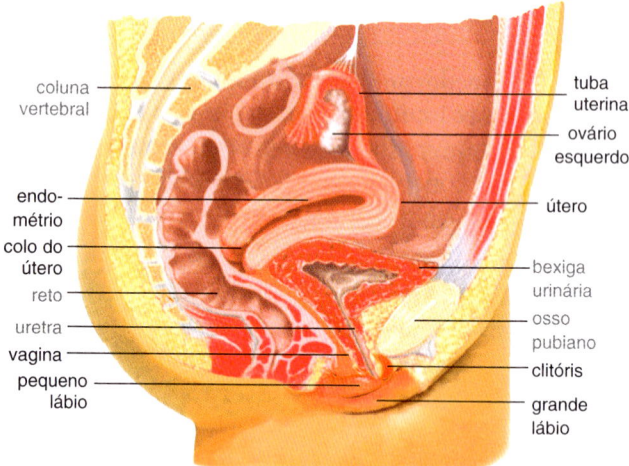

Figura 10-4. Sistema genital feminino em corte. Note que a coluna vertebral, o osso pubiano, a bexiga urinária, a uretra e o reto não fazem parte desse sistema.

Fique por dentro!

Vários órgãos genitais são importantes para o desejo sexual, e sua estimulação provoca sensações de prazer. A vagina, os pequenos e grandes lábios e o clitóris (pequena estrutura com várias terminações nervosas e muito sensível ao toque) recebem maior volume sanguíneo e aumentam de tamanho durante o ato sexual.

> **Saiba mais**

Em cada ovário existem vários *folículos ovarianos*. Cada folículo é uma estrutura repleta de células que circundam o futuro óvulo em formação. Por estímulo do *hormônio folículo estimulante* (FSH), uma gonadotrofina produzida pela hipófise, um dos folículos aumenta de tamanho e as células foliculares iniciam a produção do hormônio *estrógeno*. Esse hormônio atinge o útero pela circulação e estimula o crescimento do endométrio uterino. Outra gonadotrofina hipofisária, o *hormônio luteinizante* (LH), atinge o ovário e estimula a ruptura folicular, promovendo a liberação do ovócito secundário. O folículo rompido se transforma no *corpo lúteo* (ou *corpo amarelo*) que produz um segundo hormônio ovariano, a *progesterona*, que também atinge o útero, fazendo crescer ainda mais a capa endometrial, tornando-a rica em vasos e glândulas, essenciais para a nutrição do futuro embrião que se implantará no endométrio. Portanto, para haver a liberação do ovócito secundário – no processo conhecido como *ovulação* –, é preciso haver a ação de dois hormônios hipofisários sobre o ovário.

> **A ciência por trás do fato!**

Os "banhos de assento"

Em condições normais, a vagina humana contém bactérias denominadas "*bacilos de Döderlein*", lactobacilos que fermentam açúcares derivados do glicogênio normalmente existente no muco vaginal e que produzem ácido láctico, o que faz o pH do fluido vaginal atingir valores entre 4,4 e 4,6.

Diversas alterações, principalmente de natureza hormonal, podem fazer o pH vaginal ficar mais ácido ou menos ácido. Aumento na acidez pode propiciar a ocorrência de "candidíase", uma infecção causada por fungos. Diminuição na acidez pode favorecer a invasão da vagina pelo protozoário *Trichomonas vaginalis*, causador da "tricomoníase". Em ambos os casos, há corrimento vaginal típico.

Por muito tempo, o tratamento médico consistia unicamente na correção da acidez vaginal por meio dos "banhos de assento". No caso da candidíase, recorria-se a soluções de bicarbonato de sódio, em determinada concentração, devendo a mulher banhar o órgão vaginal até obter cura completa. No caso da tricomoníase, recomendava-se o uso de soluções aquosas de vinagre, também em determinada concentração.

Atualmente, a existência de medicamentos específicos e eficientes colocou em segundo plano a utilização dos banhos de assento na cura dessas doenças.

Sistema Genital Masculino

No homem, os testículos, localizados em uma bolsa chamada **escroto**, são responsáveis pela síntese dos hormônios sexuais – andrógenos – e pela produção de espermatozoides.

Ao sair dos **testículos**, os espermatozoides são armazenados no **epidídimo** até que eles atinjam motilidade suficiente para a fertilização. Os espermatozoides saem do epidídimo durante a ejaculação, que é o ato de liberação do esperma pela uretra. Nessa hora, contrações musculares propelem os espermatozoides ao longo dos ductos deferentes, canais que passam pelo abdômen, e que contornam a bexiga urinária. Os **ductos deferentes** se unem à **uretra**, que excreta urina e libera sêmen.

Além dos testículos e ductos, o sistema genital masculino ainda conta com diferentes glândulas: as **vesículas seminais**, a **próstata** e as **glândulas bulbouretrais** (veja a Figura 10-5). As duas vesículas seminais secretam um fluido viscoso e de cor clara que lubrifica e nutre os espermatozoides. A próstata secreta um fluido alcalino e leitoso, que neutraliza a acidez da urina presente na uretra e protege os espermatozoides da acidez natural da vagina. As duas glândulas bulbouretrais secretam poucas gotas de fluido na uretra durante o ato sexual. Este fluido ajuda na lubrificação da uretra durante o estímulo sexual.

Juntos, os espermatozoides e as secreções glandulares formam o **sêmen** (ou esperma), que é expelido na ejaculação durante o orgasmo.

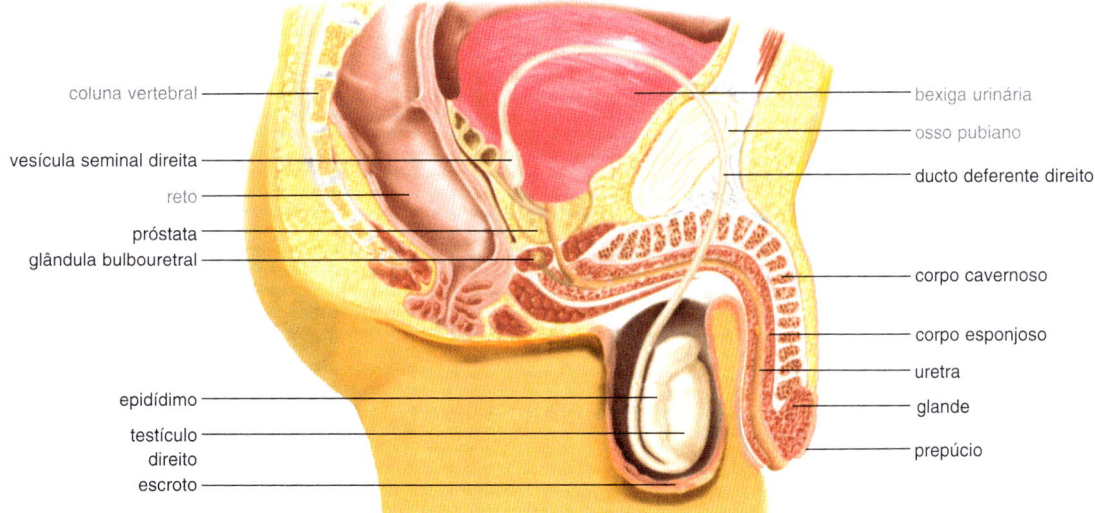

Figura 10-5. Sistema genital masculino em corte. Note que a coluna vertebral, o osso pubiano, a bexiga urinária e o reto não fazem parte desse sistema.

O **pênis** consiste basicamente em tecido que pode ser preenchido por sangue para provocar a ereção durante o ato sexual. A ereção é essencial para a inserção do pênis na vagina. O pênis é formado por **corpos cavernosos** (tecidos esponjosos que se enchem de sangue na ereção) e pela **glande**, localizada na extremidade do pênis. A glande é ricamente enervada e muito sensível à estimulação. Ela é coberta por uma dobra de pele conhecida como **prepúcio**.

Saiba mais

Os testículos se encontram no interior da bolsa escrotal. No interior de cada testículo existem inúmeros *túbulos seminíferos*, dentro dos quais se encontram as células germinativas que originarão os espermatozoides, durante a espermatogênese. Misturados às células germinativas se encontram as *células de Sertoli*, responsáveis pela defesa, nutrição das células gaméticas em formação e pela regulação hormonal no processo de gametogênese. Entre os túbulos seminíferos existe um tecido conjuntivo no qual se situam as *células de Leydig*, responsáveis pela produção dos hormônios sexuais masculinos. Do mesmo modo que o ovário, também a atuação dos testículos está sob controle hormonal da hipófise. O FSH atua nos túbulos seminíferos estimulando a espermatogênese. As células de Leydig, sob influência do LH hipofisário, são as produtoras da *testosterona*, o hormônio sexual masculino.

DO ZIGOTO AO EMBRIÃO: UM LONGO E DELICADO PROCESSO

Dos cerca de 200 milhões a 300 milhões de espermatozoides que são liberados na ejaculação, somente de 300 a 500 conseguem chegar ao terço distal da tuba uterina. Para que ocorra a formação do zigoto é necessário que haja a **fecundação** (ou **fertilização**), em que apenas um dos espermatozoides, sem a cauda, ingressa no citoplasma do ovócito secundário. Após o ingresso, o ovócito secundário completa a meiose e se transforma em óvulo. A seguir, unem-se os núcleos haploides do espermatozoide e do óvulo (**cariogamia** ou **anfimixia**), originando-se o núcleo diploide do zigoto. E esse zigoto, uma célula apenas, será o ponto de partida para a formação de milhares de células que se organizarão, inicialmente, em um ser incapaz de sobreviver por conta própria, chamado de embrião.

Durante a fase embrionária, as células passam por um processo de **diferenciação**, agrupando-se em diversos *tecidos*, formando a seguir os *órgãos* e *sistemas* do futuro indivíduo. Que fantástico processo é esse que, a partir de uma célula, consegue levar à formação de um complexo de múltiplas células que constituirá um novo *organismo*?

Saiba mais

Homúnculo

Houve uma época em que se acreditava que dentro do espermatozoide ou dentro do óvulo haveria uma miniatura de ser vivo já formado (homúnculo) e que bastava haver o encontro dos gametas para o embrião se desenvolver.

No século XX, os cientistas perceberam que não era assim. Os cromossomos existentes no espermatozoide e os existentes no óvulo é que determinarão todo o desenvolvimento embrionário. No fundo, são os genes, existentes nos cromossomos, que comandarão todo o processo. Da interação de genes paternos e maternos é que surgirá o novo ser.

Os fundamentos científicos no passado eram incipientes. E o conhecimento surge aos poucos, à medida que novas conquistas tecnológicas permitem a compreensão de como ocorrem os processos vitais. A Genética Molecular moderna promoveu um grande avanço nos conhecimentos de como ocorre o desenvolvimento embrionário.

Ilustração representativa de espermatozoide com homúnculo.

As Três Consequências da Fecundação

A primeira consequência da fecundação é o *restabelecimento da diploidia*. O espermatozoide é haploide. O óvulo também. Logo, a mistura dos lotes cromossômicos de ambos forma uma célula diploide, a célula-ovo ou zigoto.

A segunda consequência é a *determinação do sexo*, uma ocorrência particularmente importante nos mamíferos. A terceira consequência da fecundação é que ela desencadeia uma série de eventos que permitirão o *desenvolvimento do zigoto em futuro embrião*.

Saiba mais

Gravidez fora do útero

Normalmente, a implantação do embrião ocorre na parede uterina, mais propriamente na camada interna, denominada **endométrio**. Algumas vezes, porém, a implantação ocorre fora do útero e, nesse caso, é conhecida como gravidez extrauterina ou ectópica. De modo geral, esse tipo de gravidez ocorre em 1% das mulheres que engravidam, sendo uma causa comum de mortalidade materna.

O local mais comum de implantação anormal do embrião é a tuba uterina, situação conhecida como *gravidez tubária*. É claro que nesse local o embrião não pode se desenvolver. O grande risco é que, com o progredir do desenvolvimento, a tuba acaba arrebentando, com a ocorrência de grave hemorragia interna, que coloca a vida da mulher em risco. Nesse caso, somente a cirurgia, com a remoção da tuba uterina afetada, pode salvar a vida da gestante. No entanto, procedimentos utilizados na Universidade Federal de São Paulo visam contornar esse quadro por meio da detecção precoce da gravidez tubária. Por meio de exames que confirmam a ocorrência é possível efetuar-se um tratamento medicamentoso que acaba preservando a tuba uterina e, logicamente, impede que a gravidez prossiga. Mas o importante é que a mulher possa novamente engravidar e, dependendo da resolução das causas que provocaram a implantação errada, esperar que, da próxima vez, a implantação do embrião ocorra no lugar certo, ou seja, na parede uterina.

Fonte: <http://www.unifesp.br/comunicacao/jpta/ed165/pesq3.htm>.
Acesso em: 24 maio 2007.

Pense nisso

Mas são *elas* que ficam grávidas

A gravidez precoce é considerada como um problema de saúde pública no Brasil e em outros países. No Brasil, uma em cada quatro mulheres que dão à luz nas maternidades tem menos de 20 anos de idade. Essas meninas, que não são mais crianças, tampouco adultas, estão em processo de transformação e, ao mesmo tempo, prestes a serem mães. O papel de criança que brinca de boneca e o de mãe na vida real se confundem e, na hora do parto, é onde tudo acontece. A fantasia deixa de existir para dar lugar à realidade. É um momento muito delicado para essas adolescentes, e que gera medo, angústia, solidão e rejeição.

As adolescentes grávidas vivenciam dois tipos de problemas emocionais: um, pela perda de seu corpo infantil e outro, por um corpo adolescente recém-adquirido, que está se modificando novamente pela gravidez. Essas transformações corporais rapidamente ocorridas, de um corpo em formação para o de uma mulher grávida, são vividas muitas vezes com certo espanto pelas adolescentes. Por isso é muito importante a aceitação e o apoio quanto às mudanças que estão ocorrendo, por parte do companheiro, dos familiares, dos amigos e principalmente pelos pais.

A escola muitas vezes não dispõe de estrutura adequada para acolher uma adolescente grávida. O resultado é que a menina acaba abandonando os estudos durante a gestação, ou após o nascimento da criança, trazendo consequências gravíssimas para o seu futuro profissional.

Os riscos de complicações para a mãe e a criança são consideráveis quando o atendimento médico pré-natal é insatisfatório. Isso ocorre porque, normalmente, a adolescente costuma esconder a gravidez até a fase mais adiantada, impedindo uma assistência pré-natal desde o início da gestação. É muito comum também o consumo de bebidas alcoólicas e de cigarros, o que aumenta os riscos de problemas.

Ainda existe a possibilidade de gestações sucessivas, os riscos do aborto provocado e as dificuldades para a amamentação. Por isso, a gravidez entre adolescentes deve ser encarada como um problema não apenas médico, mas de toda a sociedade. É importante a participação da família, serviços médicos e instituições, tanto governamentais como não governamentais, no (...) [esclarecimento dos riscos associados] à gravidez precoce e indesejada.

Fonte: De CICCO, L. H. S. *Gravidez Precoce.*
Disponível em: <http://www.saudevidaonline.com.br/gravprec.htm>.
Acesso em: 16 abr. 2012.

> ### Ética & Sociedade
>
> **Sexualidade**
>
> O grande número de adolescentes grávidas dos últimos anos tem sido um fator importante para que se oriente com mais cuidado as atividades sexuais entre adolescentes. É indiscutível o fato de que em nossa cultura as primeiras relações sexuais estão ocorrendo cada vez mais cedo na vida do adolescente.
>
> O desejo de ser considerado adulto, de ser sentido pelo grupo como importante e atraente, de ser abraçado e de abraçar, de "desafiar" a própria família e de provar a sua própria capacidade sexual são fatores importantes para a experimentação sexual cada vez mais cedo. É difícil separar os fatores que são próprios de uma sexualidade em desenvolvimento daqueles que são meramente reações à sociedade e seus padrões culturais.
>
> Na idade adulta, há um conjunto de relacionamentos e responsabilidades que devem ser gerenciados. Algumas das etapas críticas, como escolha da profissão, por exemplo, em geral já foram superadas. No entanto, o adulto sabe que seu futuro depende de seu passado: das escolhas feitas, das escolhas não feitas, das oportunidades perdidas ou aproveitadas, das responsabilidades aceitas.
>
> Nessa fase, há desafios quanto à sexualidade a serem vencidos – a necessidade de intimidade, de ajustar suas necessidades sexuais às da outra pessoa, de empenhar-se constantemente para que a monotonia e o cansaço não se instalem nos relacionamentos afetivos, a necessidade de formação de família e de filhos.
>
> Todos esses desafios trazem para o adulto, cujo modo de sentir é diferente do modo de sentir do adolescente, a possibilidade constante de desenvolvimento e de mudança.

PARTO

O parto normal é o natural. Começa quando ocorre a dilatação do colo uterino e o rompimento da bolsa d'água. Esses são os sinais de que o trabalho de parto está começando. Normalmente, a cabeça do feto é a primeira porção a se exteriorizar.

Fique por dentro!

> A **bolsa d'água**, que é o nome popular da **vesícula amniótica**, é um anexo que desempenha importante função para a **proteção** do embrião. No interior dessa vesícula, cheia de **líquido amniótico**, o embrião, e posteriormente o feto, **flutua** livremente.
>
> Essa bolsa amniótica também ajuda a amortecer possíveis choques que poderiam prejudicar o feto.
>
> Um dos primeiros sinais de que o trabalho de parto está começando é a eliminação de um tampão mucoso protetor, que ocluía o colo do útero. A seguir, ocorre o rompimento da bolsa amniótica, com a saída de pequena quantidade de líquido amniótico. A maior parte do líquido é expulsa após a saída do bebê.

Continuando as contrações uterinas e com o auxílio do médico obstetra ou de uma parteira experiente, o bebê é trazido ao mundo, fazendo-se a seguir o corte do cordão umbilical que o unia à placenta. Logo depois, ocorre a expulsão da placenta (veja a Figura 10-6).

Algumas vezes, para facilitar a passagem do futuro bebê pelo canal vaginal, o médico efetua um pequeno corte (claro que precedido por anestesia local), em geral atingindo o lábio maior direito, principalmente quando o bebê possui dimensões que exijam esse procedimento.

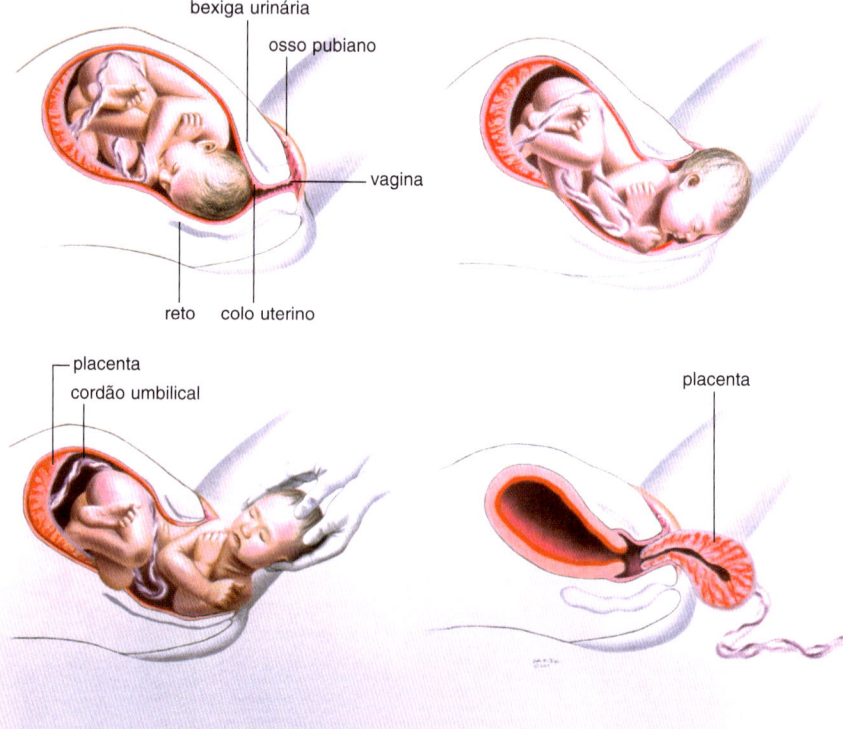

Figura 10-6. Fases do parto e expulsão da placenta.

Fique por dentro!

Parto normal é melhor do que cesariana?

Ultimamente, com o avanço das técnicas cirúrgicas e graças à segurança que a moderna anestesia oferece às pacientes, tem-se recorrido, com frequência, ao parto cesariano. Através de uma incisão na região inferior do abdômen e, depois, do útero, sob anestesia (raquidiana ou peridural), o feto é retirado. É uma maneira de se efetuar o parto principalmente quando o futuro bebê não se apresenta no canal vaginal com a cabeça, mas, sim, pela região pélvica, o que dificulta a sua saída. Muitas vezes, a própria parturiente prefere essa via.

Em virtude do aumento da frequência de partos cesarianos em nosso país, o Ministério da Saúde tem estimulado a ocorrência de partos normais. É a via natural de dar à luz. A recuperação da mulher é mais rápida, não é necessária a realização de anestesia (a não ser que seja preciso dar algum ponto e aplicar anestésico local na região dos grandes lábios, no caso de alguma ruptura) e há pequeno risco de infecção hospitalar.

A cesariana é uma cirurgia e, como se diz na linguagem médica, é invasiva. Há os riscos típicos de uma anestesia, da ocorrência de infecções hospitalares, possíveis lesões de órgãos internos e complicações pós-operatórias, como, por exemplo, as relacionadas a cicatrizações e hemorragias. De qualquer maneira, sempre deve caber ao médico obstetra, em acordo com a mãe, a escolha do método mais adequado para o parto.

Saiba mais

Gêmeos: uma agradável surpresa

A formação de gêmeos é fato comum para algumas famílias. Há dois tipos de gêmeos: univitelinos (monozigóticos) e os bivitelinos (dizigóticos).

No primeiro caso, um único óvulo é fecundado por um único espermatozoide. Normalmente, nesses casos, ao final da primeira semana a massa celular embrionária separa-se em dois grupos celulares equivalentes, cada qual dando origem a um embrião envolto por uma vesícula amniótica própria e, em geral, uma placenta comum. Gêmeos univitelinos possuem o mesmo sexo, são geneticamente idênticos e com uma aparência física similar.

No caso dos gêmeos dizigóticos, dois óvulos diferentes são fecundados, cada um por um espermatozoide diferente. Podem pertencer ao mesmo sexo ou a sexos diferentes. De modo geral, cada feto é envolvido por sua própria vesícula amniótica e as placentas podem ser separadas ou fundidas.

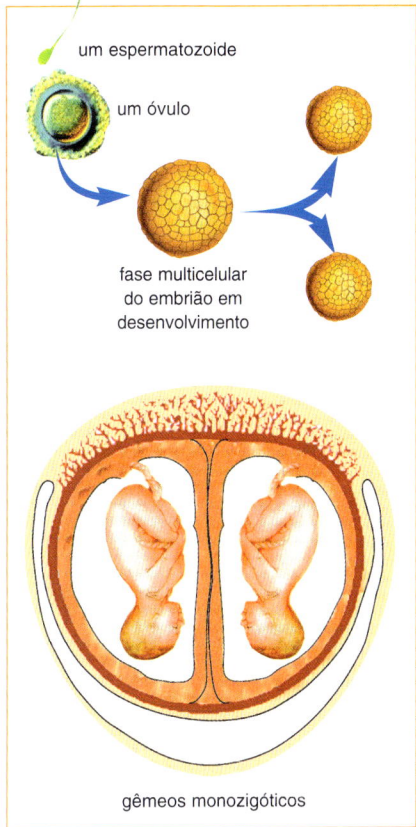

gêmeos monozigóticos

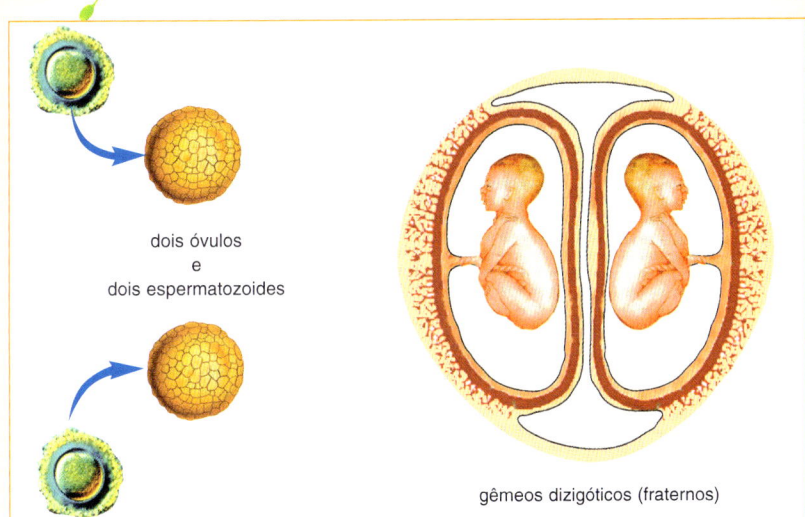

gêmeos dizigóticos (fraternos)

Ética & Sociedade

Os adolescentes agem e se parecem com os adultos, mas em alguns aspectos eles não são adultos.

O aspecto mais problemático em que os adolescentes se parecem com os adultos é o fato de eles serem capazes de se reproduzir.

- *Temos* que fazer hoje o que *queremos* fazer?
- Se ficasse grávida (ou se minha namorada engravidasse), estaria preparada(o) para assumir as responsabilidades de criar um filho?
- Seria importante para mim ter o apoio dos meus amigos e de minha família nesse período? e eu o teria?

MÉTODOS CONTRACEPTIVOS

Sem entrar em considerações a respeito da validade ou não desse procedimento, contracepção significa impedir a formação do zigoto ou, ainda, a implantação do embrião na parede uterina, em caso de sua formação. O impedimento pode ser obtido a partir de métodos naturais ou artificiais. Entre os naturais, destacam-se a abstinência sexual, a "tabelinha" e o coito interrompido. Dos métodos artificiais, podemos citar a realização de vasectomia, a ligadura (laqueadura) das tubas uterinas, a utilização de pílulas anticoncepcionais, o uso de implantes ou adesivos contendo substâncias anticoncepcionais, além do uso de preservativos (camisinhas), de diafragmas, de geleias espermicidas e do DIU (dispositivo intrauterino). É importante alertar que a escolha de qualquer desses métodos deve ser precedida de uma consulta a um profissional médico competente e de confiança, que saberá recomendar o procedimento adequado a cada caso.

Métodos Naturais

- **Abstinência:** evitar o ato sexual com penetração.
- **"Tabelinha":** método natural em que se evita a relação sexual propriamente dita no chamado período fértil da mulher. Esse método não é muito confiável, pois o ciclo da mulher pode apresentar variações.
- **Coito interrompido:** método em que o homem retira o pênis da cavidade vaginal antes da ejaculação. Esse procedimento não é seguro, pois mesmo antes da ejaculação uma pequena quantidade de líquido espermático contendo espermatozoides é liberada na vagina.
- **Muco cervical:** método que se baseia na análise da consistência do muco cervical, uma secreção produzida pelo colo do útero em virtude da ação dos hormônios femininos. Próximo da ovulação, o muco cervical costuma ter consistência elástica, transparente e cor parecida com a da clara de ovo.
- **Temperatura basal (temperatura do corpo em repouso):** método que tem como base as alterações da temperatura do corpo decorrentes da ação dos hormônios femininos. Antes da ovulação, a temperatura basal é mais baixa, assim permanecendo até a ovulação. Após a ovulação, ela sobe alguns décimos de grau até a menstruação.
- **Método sintotérmico:** é uma combinação dos métodos da tabela, muco cervical, temperatura basal e observação de sinais e sintomas que indicam o período fértil da mulher (dor ou aumento do volume abdominal, sensação de peso ou inchaço das mamas, mudanças no humor etc.).

Métodos Artificiais

- **Pílula anticoncepcional:** é uma combinação de hormônios femininos sintéticos que atuam inibindo a liberação de gonadotrofinas pela hipófise (FSH e LH). Sem os hormônios hipofisários, não há ovulação; sem ovulação, não há concepção.

- **Preservativos:** o uso de preservativos visa impedir o encontro dos gametas por meio de barreiras representadas por uma borracha razoavelmente elástica. Existem os preservativos masculinos (também chamados condons) e os femininos (conhecidos por femidons).

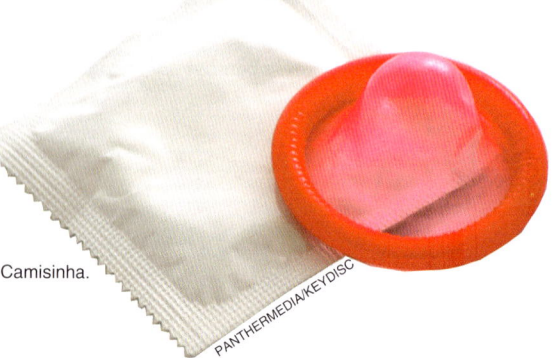

Pílula anticoncepcional.

Camisinha.

- **Diafragma e geleia espermicida:** o diafragma é um objeto de borracha com forma de capuz, que é introduzido na vagina pela própria mulher e se adapta ao colo uterino impedindo que os espermatozoides penetrem no útero. Antes da colocação, unta-se a borracha com creme ou geleia espermicida. Sem espermatozoides, não ocorre a fecundação.

Diafragma.

- **Injeções hormonais:** aplicação de injeções de hormônios sintéticos, semelhantes ao estrogênio e à progesterona. Impedem a ovulação e também atuam dificultando a passagem de espermatozoides para o interior do útero. Podem ser aplicadas mensalmente ou trimestralmente.

- **Dispositivo intrauterino (DIU):** é uma peça de plástico da qual sai um eixo de aproximadamente 3,5 cm de comprimento, circundado por um filamento de cobre. Essa peça é inserida na cavidade uterina por um profissional médico especializado. Ela impede a implantação de possível embrião e, para muitos, é considerado um método abortivo.

- **Vasectomia:** método cirúrgico em que são seccionados os ductos deferentes, impedindo, assim, que os espermatozoides atinjam o pênis durante a ejaculação, que, neste caso, elimina apenas os líquidos prostático e seminal, sem os espermatozoides. Não causa impotência, uma vez que não há qualquer interferência na produção hormonal dos testículos.

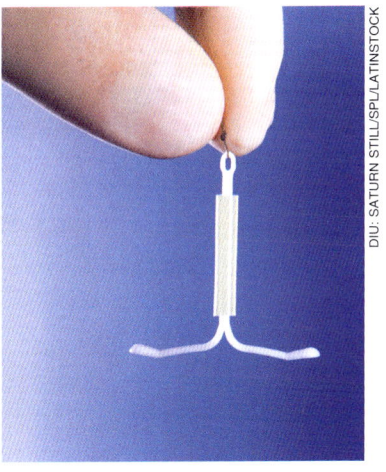
Dispositivo intrauterino.

- **Ligadura (laqueadura) de tubas uterinas:** procedimento cirúrgico que consiste na secção das tubas uterinas, seguida da oclusão, por meio de fios cirúrgicos, das extremidades resultantes. Evita a descida do ovócito pela tuba seccionada e ligada, prevenindo a ocorrência de fecundação. É considerado um método de esterilização voluntária, definitiva e irreversível.

- **Implantes e adesivos contraceptivos:** utilização de substâncias hormonais semelhantes às utilizadas nas pílulas anticoncepcionais, de aplicação cutânea. Inibem a liberação de ovócitos e considera-se que possuem elevada eficiência.

Adesivo contraceptivo.

Para mais informações acesse o portal do Ministério da Saúde, em especial o endereço
<http://portal.saude.gov.br/portal/arquivos/pdf/cartilha_direitos_sexuais_2006.pdf>.
(*Acesso em:* 25 ago. 2011.)

Saiba mais

Aborto e pílula do dia seguinte

O aborto é a perda do embrião nas fases precoces do desenvolvimento. Na maioria das vezes é natural e devido a alguma anomalia quer do embrião, quer do sistema genital feminino.

O aborto provocado, prática não permitida pela legislação brasileira, a não ser em casos especiais, pode implicar risco de vida para a mulher, visto que, muitas vezes, são utilizados métodos totalmente inadequados para a sua execução.

Anticoncepção de emergência, ou pílula do dia seguinte, é a utilização de medicamentos de natureza hormonal, assim que possível, em ocasiões em que houve relação sexual indesejada ou desprotegida. Possui múltiplas ações, dentre as quais podemos citar a interferência na capacidade de fertilização dos espermatozoides e a supressão ou alteração da liberação de ovócitos. É considerada, por muitos, um método de interrupção de gravidez. Pode acarretar efeitos colaterais indesejáveis.

DOENÇAS SEXUALMENTE TRANSMISSÍVEIS (DSTs)

Se é verdade que podemos dizer que algumas doenças que acometem o homem são, ainda hoje, inevitáveis – como é o caso de alguns tipos de câncer –, acreditamos que o mesmo não se aplica às doenças sexualmente transmissíveis – DSTs (veja a Tabela 10-2). Embora algumas delas sejam reconhecidas desde os primórdios da civilização humana, os métodos diagnósticos hoje disponíveis, aliados a inúmeros métodos preventivos, nos autorizam a concluir que as DSTs são perfeitamente evitáveis.

Tabela 10-2. Principais doenças sexualmente transmissíveis.

Doenças	Agente causador	Sintomas	Prevenção
Condiloma acuminado (crista-de-galo)	HPV (vírus)	Formação de verrugas na região anogenital ou colo do útero.	Evitar o contato com pessoas contaminadas; usar camisinha. Há vacina.
Herpes genital	HSV tipo 2 (vírus)	Aparecimento de vesículas (bolhas) típicas na região anogenital.	Evitar a autoinoculação, ou seja, evitar que, ao manipular as lesões, a pessoa espalhe o agente causador para outros locais; evitar o contágio por meio do ato sexual.
AIDS	HIV (retrovírus)	Queda de imunidade, perda de peso, fraqueza, febre, gânglios. Aparecimento de infecções oportunistas.	Não entrar em contato com os líquidos transmissores de HIV (sangue, esperma, líquido da vagina, leite materno contaminado); usar camisinha independentemente de quem seja o parceiro; não compartilhar agulhas ou seringas.
Cancro mole	*Haemophilus ducreyi* (bactéria)	Formação de uma ferida no pênis ou na região anal, dolorosa, com secreção clara. Predomina no sexo masculino.	Evitar a autoinoculação; evitar o contágio por meio de parceiros portadores.
Gonorreia (blenorragia)	*Neisseria gonorrhoeae* (bactéria)	Coceira, corrimento purulento, ardor ao urinar, várias micções (urinar várias vezes). Pode levar à infertilidade.	Evitar a multiplicidade de parceiros; usar camisinha; em recém-nascidos, gotejar solução diluída de nitrato de prata na conjuntiva do olho (método de Credé).
Sífilis	*Treponema pallidum* (bactéria)	Ferida coberta de secreção clara, com pus (cancro duro), pouco dolorosa. Pode levar a complicações no sistema nervoso central e sistema cardiovascular.	Usar preservativos regularmente; reduzir o número de parceiros sexuais; fazer diagnóstico precoce em mulheres em idade reprodutiva e em seus parceiros; realizar o teste VDRL (para identificação de sífilis) em mulheres que manifestem intenção de engravidar.
Tricomoníase	*Trichomonas vaginalis* (protozoário)	Corrimento vaginal amarelado, fétido e dor ao urinar. O homem, geralmente, é portador assintomático.	Evitar o contato sexual com portadores.
Linfogranuloma venéreo, buba, "mula" (doença de Nicolas-Favre-Durand)	*Chlamydia trachomatis* (bactéria)	De início, vesículas no local de penetração das bactérias. A seguir, formação de ínguas (inchaços dos linfonodos), que evoluem para o bubão, inchaço avermelhado e doloroso, conhecido como "mula".	Evitar o contato sexual com portadores.
Pediculose pubiana (ftiríase)	*Phthirus pubis* ("chato", um artrópode)	Prurido (coceira), ferimentos leves (escoriações) e infecções bacterianas secundárias.	Evitar contato com portadores e incentivar a higiene pessoal e a lavagem adequada de roupas.
Hepatite tipo B	Vírus da hepatite B	Icterícia (amarelecimento da pele e da conjuntiva ocular). Dores abdominais. Cirrose hepática. Insuficiência hepática. Câncer hepático.	Evitar contato sexual com portadores. Existe vacina.
Hepatite tipo C	Vírus da hepatite C	Icterícia, febre, cansaço fácil. Pode evoluir para câncer hepático.	Evitar contato sexual com portadores. Por ora, não há vacina.

Fique por dentro!

Ardor ao urinar e corrimento purulento na uretra são sinais sugestivos de gonorreia no homem.

Uma vez confirmado, por exames laboratoriais, que o agente causador do corrimento é o gonococo, a parceira também deve ser tratada, já que na mulher os sintomas muitas vezes passam despercebidos.

Saiba mais

AIDS

Até o momento, não há um tratamento para a AIDS. Desde o momento em que uma pessoa é infectada pelo vírus HIV, ela passa a transmitir esse vírus para outras pessoas. O que deve ser temido não é a pessoa portadora ou doente de AIDS, mas sim o vírus HIV.

Algumas importantes formas de não contrair o vírus HIV são:

- NÃO entrar em contato com os líquidos transmissores de HIV, ou seja:
  * **sangue**
  * **esperma**
  * **líquido da vagina**
  * **leite materno contaminado**;
- usar camisinha sempre que tiver relações sexuais, independentemente de quem seja o parceiro ou a parceira;
- NÃO compartilhar agulhas ou seringas.

Um fator importantíssimo de transmissão do vírus HIV é sangue contaminado, e isso muitas vezes independe do cuidado do doente. A vigilância dos bancos de sangue é uma obrigação do governo, que deve zelar para que todos os exames diagnósticos sejam feitos nos doadores.

A mulher infectada com o vírus HIV pode transmiti-lo para seu bebê na gravidez, no parto e na amamentação. Essa transmissão se dá:

- durante a gestação, por meio da placenta;
- na hora do parto, porque o sangue e as secreções da mãe podem infectar o bebê;
- na amamentação, por meio do leite materno contaminado que é sugado pelo bebê.

Ética & Sociedade

Criança × adulto

Uma importante diferença entre a criança e o adulto é que a criança faz afirmações constantemente, mesmo sem ter como sustentá-las.

Já o adulto, por meio do contato com os outros e do conhecimento, é capaz de dar base às suas opiniões. É também mediante esse contato constante com outras pessoas que conseguimos desenvolver nosso autocontrole.

- O que faz com que pessoas bem informadas a respeito de DST não levem em conta as medidas de segurança para evitá-las?
- Se as complicações das DST são tantas e tão sérias – esterilidade no homem ou na mulher; inflamação nos órgãos genitais do homem, podendo levar à impotência; inflamação no útero, nas tubas uterinas e nos ovários da mulher, podendo levar à infecção generalizada e morte; maiores possibilidades de câncer de colo de útero e no pênis; nascimento de bebês prematuros, ou com deficiências físicas ou natimortos; destruição das defesas do organismo, abrindo as portas para doenças e, muitas vezes, para a morte –, como fazer para evitar a contaminação se meu parceiro (ou parceira) não aceita ter relações com camisinha?

Passo a passo

1. A tirinha abaixo ilustra um fenômeno comum aos seres vivos celulares, a reprodução. Utilize-a para responder aos itens a seguir:

Fonte: Folha de S.Paulo, São Paulo, 18 nov. 2011. Caderno Ilustrada, p. E9.

a) Qual o significado de reprodução, relativamente aos seres vivos?

b) Nos seres vivos celulares há dois tipos básicos de reprodução: sexuada e assexuada. Caracterize esses tipos de reprodução em termos de ocorrência de variabilidade. Em qual dos tipos de reprodução é utilizada a meiose? Em qual deles é utilizada a mitose? Em qual deles é comum a produção de gametas e a ocorrência de fecundação? A aranha representada na ilustração reproduziu-se de modo sexuado ou assexuado? Justifique as respostas a essa questão utilizando os conhecimentos que possui sobre a vida dos animais. Se necessitar, procure o auxílio do seu professor.

2. Associe as modalidades de reprodução assexuada que se encontram numeradas, com a relação de características antecedidas por letras.

  I – propagação vegetativa
  II – brotamento
  III – reprodução múltipla
  IV – cissiparidade (divisão binária)
  V – regeneração (fragmentação)

  a) Divisão simples de um indivíduo em dois novos organismos.
  b) Produção simultânea de vários descendentes a partir de um único indivíduo.
  c) Utilização de um fragmento de vegetal (caule, folha) na obtenção de um clone de indivíduos.
  d) Modalidade de reprodução em que se forma um broto lateral que cresce a partir de um único indivíduo.
  e) Modalidade eventual de reprodução em que um indivíduo se parte em dois fragmentos que originam dois novos organismos.

3. Para cada uma das modalidades de reprodução assexuada relativa à questão anterior, cite um exemplo de ser vivo que a executa.

4. Nos seres vivos celulares, a reprodução sexuada ocorre ao longo de um ciclo reprodutivo. Na natureza, existem três possíveis tipos de ciclos: haplonte, diplonte e haplonte/diplonte. Relativamente a esses ciclos:

  a) Em quais deles há apenas uma geração adulta? Cite a ploidia das células da geração adulta. Em qual deles há duas gerações somáticas? Como elas são denominadas? Cite as ploidias das células dessas duas gerações. Cite exemplos de seres vivos que os executam.
  b) Quais são os dois eventos fundamentais, de certo modo antagônicos, que ocorrem em todos esses ciclos reprodutivos?
  c) Como é denominada a meiose em cada um desses ciclos? Justifique a razão da denominação utilizada.
  d) Em algum desses ciclos ocorre produção de gametas por mitose? Em caso afirmativo, cite o ciclo em que essa produção mitótica de gametas ocorre.

5. Associe a relação numerada, correspondente aos tipos particulares de reprodução, com a relação de características que se encontram antecedidas por letras.

  I – partenogênese
  II – pedogênese
  III – neotenia
  IV – poliembrionia

  a) Produção de novos indivíduos a partir do desenvolvimento de óvulos no estádio larval, sem haver fecundação.
  b) Reprodução por meio da produção de gametas, com fecundação, no estádio larval de certos animais.
  c) Desenvolvimento de óvulos, gerando novos indivíduos, por uma fêmea adulta, sem haver fecundação.
  d) Produção de vários indivíduos a partir de um único zigoto.

6. Para cada uma das estruturas relacionadas a seguir, referentes ao item sistema genital feminino, cite *uma* função ou característica a elas associadas.

  a) ovário
  b) tuba uterina
  c) útero
  d) endométrio
  e) vagina
  f) grandes e pequenos lábios
  g) colo do útero

7. No interior do ovário, várias estruturas estão relacionadas ao desenvolvimento de futuros óvulos. Em cada uma dessas estruturas, a ação de hormônios regula essa produção e também as modificações que ocorrem no útero. Utilizando as informações obtidas no texto do capítulo, responda:

  a) A que estruturas o texto da questão se refere?
  b) Qual o hormônio estimulante do desenvolvimento dos óvulos nessas estruturas? Qual a origem desse hormônio?
  c) Em resposta à ação do hormônio citado no item anterior, o ovário produz um hormônio que, entre outras funções, estimula o crescimento do endométrio uterino. Qual é esse hormônio?

d) Um segundo hormônio atua nas estruturas a que se refere o texto da questão e promove a sua ruptura, liberando o ovócito secundário. Qual é esse hormônio e qual a sua origem?

e) Após a ruptura das referidas estruturas, elas recebem outra denominação, além de produzir outro hormônio. Qual é a denominação e que hormônio é produzido? Qual a ação desse hormônio no endométrio uterino?

8. Cada órgão do sistema genital masculino exerce determinada função. Consultando o texto do livro e a figura desse sistema, responda aos itens a seguir:

a) Que órgão de natureza glandular é produtor de espermatozoides e onde se localiza?

b) Que estruturas tubulares conduzem os espermatozoides até a uretra?

c) Que estruturas produzem secreções que banham os espermatozoides e, juntamente com essas células, constituem o sêmen (ou esperma)?

d) Que estruturas são preenchidas por sangue e possibilitam a ereção do pênis?

9. No interior do órgão de natureza glandular referido na questão anterior, existem inúmeros túbulos dentro dos quais se encontram as células germinativas que originarão espermatozoides. Misturadas às células germinativas, encontram-se células responsáveis pela defesa e nutrição dos gametas em formação. A respeito desse tema, responda:

a) Quais são os túbulos a que se refere o texto da questão e quais as células nutridoras dos gametas masculinos em formação?

b) Entre os referidos túbulos existem células responsáveis pela síntese do hormônio sexual masculino. Quais são essas células e o hormônio produzido?

c) Do mesmo modo que ocorre no ovário, dois hormônios liberados pela hipófise também atuam no órgão sexual masculino responsável pela produção de espermatozoides. Quais são esses hormônios e qual sua ação básica?

10. Qual o significado dos termos fecundação (fertilização), cariogamia e zigoto? Em que local da célula gamética feminina ocorre a cariogamia?

11. Cite as três consequências resultantes da fecundação na espécie humana.

12. As autoridades de Saúde Pública recomendam que, sempre que possível, seja estimulado o parto normal. Nessa situação, dois sinais principais indicam que o nascimento do bebê está próximo.

a) Quais são esses sinais?

b) O que é "bolsa d'água", qual a sua outra denominação e sua função?

c) Normalmente, a implantação do embrião ocorre no endométrio uterino. No entanto, em aproximadamente 1% das mulheres que engravidam a implantação do embrião ocorre fora do útero. Como é denominado esse tipo de gravidez? Qual o local fora do útero em que essa implantação costuma ocorrer com mais frequência?

13. A ocorrência de parto cesariano tem-se acentuado em nosso país. Qual a diferença entre esse tipo de parto e o parto normal? Quais os riscos associados a esse tipo de parto? Cite uma vantagem para a mulher e para o bebê. Em sua opinião, qual das duas modalidades deveria ser mais incentivada? Justifique sua resposta.

14. As ilustrações mostram duas situações que podem propiciar o nascimento de gêmeos.

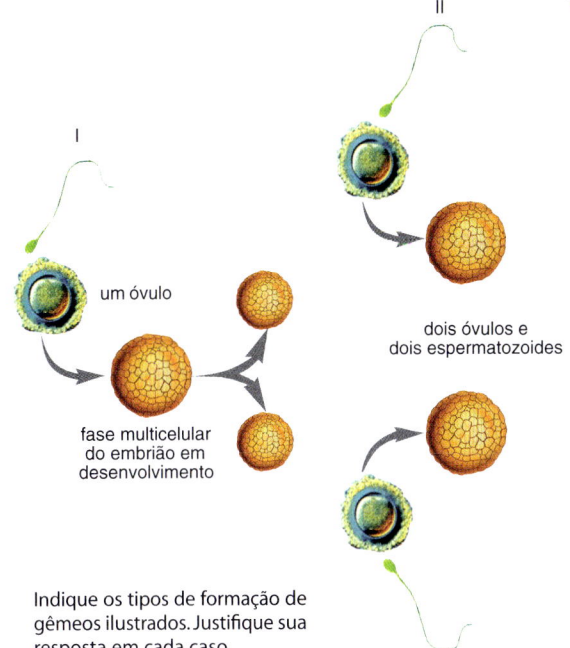

Indique os tipos de formação de gêmeos ilustrados. Justifique sua resposta em cada caso.

15. Considere os itens seguintes, relacionados aos métodos contraceptivos:

I – utilização da tabelinha
II – ligadura (laqueadura) de tubas uterinas
III – coito interrompido
IV – uso de pílulas anticoncepcionais

São considerados métodos contraceptivos naturais os relacionados nos itens:

a) I e II.   c) I e III.   e) III e IV.
b) II e III.   d) II e IV.

16. As pílulas anticoncepcionais, bem como os adesivos e implantes contraceptivos, contêm substâncias hormonais sintéticas que, de modo geral:

a) não causam nenhum mal à saúde da mulher, devendo ser ingeridos sem consulta médica prévia.

b) evitam a liberação de ovócitos pelo ovário, por meio da inibição da liberação de gonadotrofinas pela glândula hipófise.

c) inibem a ocorrência de fecundação, por meio da criação de uma barreira mecânica mucosa que impede o encontro dos gametas.

d) não evitam a liberação de ovócitos pelo ovário, mas dificultam a implantação do embrião no endométrio uterino.

e) atuam como espermicidas, destruindo os espermatozoides liberados na ejaculação, que porventura tentem alcançar o ovócito.

17. Considere os itens seguintes, relativos aos métodos contraceptivos:

I – implantação de dispositivo intrauterino (DIU)
II – vasectomia
III – utilização de diafragma e geleia espermicida
IV – ligadura (laqueadura) de tubas uterinas

São consideradas modalidades cirúrgicas de contracepção:

a) I e II.   c) II e IV.   e) II e III.
b) I e III.   d) III e IV.

18. Considerando as doenças sexualmente transmissíveis citadas no texto desse capítulo:

a) Cite as causadas por bactérias e por vírus.

b) Das DSTs constantes da Tabela 10-2 (página 212) existente no texto do livro, duas não são causadas nem por bactérias nem por vírus. Quais são elas?

c) Para quais DSTs causadas por vírus citadas na Tabela 10-2 existe vacina preventiva?
d) Em relação a todas as DSTs elencadas na Tabela 10-2, qual o melhor procedimento no sentido de não ocorrer o contágio?

19. Considere os itens seguintes, relativos a possíveis vias de contaminação de determinada doença:

I – sangue contaminado
II – contaminação por via placentária
III – contaminação pelo esperma
IV – compartilhamento de agulhas ou seringas

São possíveis vias de transmissão do vírus HIV (causador da AIDS):

a) I e II, apenas.
b) II e III, apenas.
c) I e III, apenas.
d) I, II e III, apenas.
e) I, II, III e IV.

20. As hepatites B e C e a AIDS são doenças que possuem muitos pontos em comum relativamente aos meios de transmissão, sendo consideradas sexualmente transmissíveis. Com relação a essas três doenças, pode-se dizer corretamente que:

a) apenas uma delas é causada por vírus.
b) duas delas são causadas por bactérias.
c) todas são causadas por bactérias.
d) todas são causadas por vírus.
e) apenas uma delas é causada por bactéria.

21. *Questão de interpretação de texto*

Pela primeira vez, um gel vaginal contendo uma droga contra o HIV se mostrou seguro e eficaz na prevenção da contaminação pelo agente causador da AIDS. Isso é o que revela um estudo conduzido na África do Sul. O gel também reduziu o risco de transmissão de herpes genital. Para chegar ao resultado, pesquisadores sul-africanos acompanharam um grupo de 889 mulheres com alto risco de infecção pelo HIV, durante dois anos e meio. Todas receberam orientações sobre métodos de prevenção, como o uso de preservativos.

Adaptado de:
CUPANI, G. Gel vaginal diminui pela metade risco de contágio pelo HIV.
Folha de S. Paulo, 20 jul. 2010.
Caderno Saúde,
p. C7.

Utilizando as informações do texto e os seus conhecimentos sobre o assunto, responda:

a) Os agentes causadores da AIDS e do herpes genital são bactérias ou vírus?
b) A utilização do gel vaginal é um método preventivo ou curativo? Justifique sua resposta. Cite outro método preventivo útil na prevenção dessas doenças.
c) Como se denominam doenças que, como a AIDS e o herpes genital, são transmitidas por via sexual?

Questões objetivas

1. (UFRN) Bactérias, hidras e paramécios são organismos que apresentam reprodução assexuada.

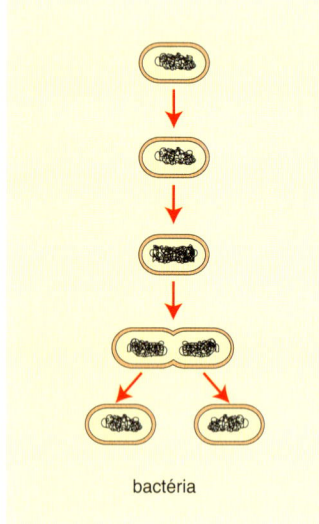
bactéria

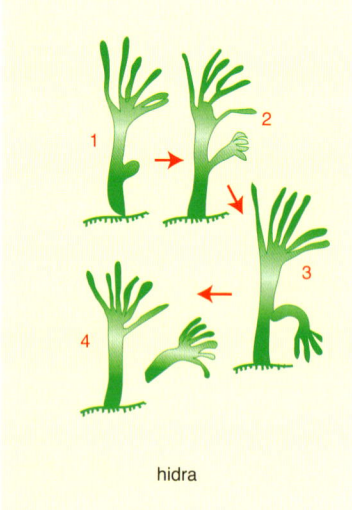
hidra

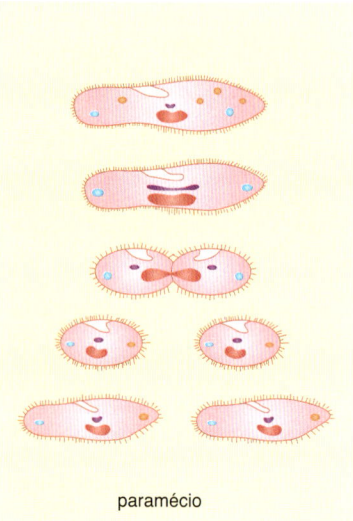
paramécio

Na figura acima, o tipo de reprodução de cada um desses organismos é, respectivamente,

a) conjugação, esporulação e conjugação.
b) conjugação, brotamento e conjugação.
c) divisão simples, brotamento e divisão simples.
d) divisão simples, esporulação e divisão simples.

2. (UFMG) Analise as figuras abaixo: a partir dessa análise, é **INCORRETO** afirmar que a variabilidade genética observada

I II

a) em **II** se explica por mutação e recombinação.
b) em **I** decorre da troca de material genético.
c) em **II** possibilita a sobrevivência em vários ambientes.
d) em **I** resulta de um processo de mutação.

3. (FCC) Assinale o conceito **errado**:
a) Pedogênese é um fenômeno de reprodução sexual na fase de larva.
b) Partenogênese é o desenvolvimento embrionário de óvulo virgem.
c) Conjugação é a penetração do espermatozoide no óvulo.
d) Poliembrionia é a produção de mais de um embrião a partir de um único ovo.
e) Polispermia é o fenômeno de penetração de mais de um espermatozoide num mesmo óvulo.

4. (UFAC) Até meados do século XVIII, discutiam-se os papéis, hoje plenamente esclarecidos, do homem e da mulher na formação de um novo indivíduo. Analise as afirmações a seguir, que apresentam a evolução do conhecimento sobre esse tema.

I – O pré-formismo defendia que nos gametas havia miniaturas de seres humanos – os homonúnculos.
II – O esclarecimento sobre este tema deu-se com o estabelecimento da teoria celular.
III – Atualmente, sabe-se que a estrutura celular provém da célula germinativa masculina, e a ativação do metabolismo, que inicia o processo de cariogamia e clivagem, é desempenhada pelo gameta feminino.

Assinale a alternativa que apresenta todas as afirmações verdadeiras.
a) Apenas II e III.   d) Apenas I e II.
b) Apenas III.   e) Apenas I e III.
c) Apenas II.

5. (UFPR) O esquema abaixo representa o ciclo reprodutivo de uma pteridófita (samambaia), um representante vegetal.

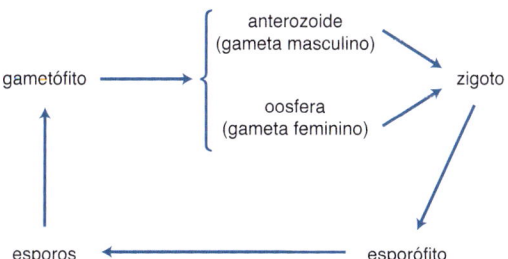

Neste ciclo reprodutivo, a meiose ocorre
a) no esporófito, para a formação dos esporos.
b) no gametófito, para a formação de gametas.
c) logo após a fecundação.
d) durante o desenvolvimento do zigoto.
e) durante a germinação dos esporos.

6. (UFV – MG) Com relação ao esquema de parte do aparelho reprodutor humano (I, II e III), representados a seguir, assinale a alternativa CORRETA:

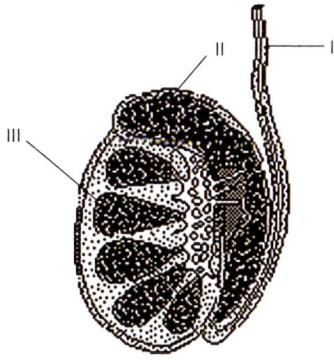

a) As células de Sertoli encontram-se em III.
b) Os túbulos seminíferos percorrem a estrutura indicada por I.
c) A liberação dos espermatozoides ocorre na sequência II, III e I.
d) O epidídimo está representado por III.
e) Os espermatozoides são produzidos em II.

7. (UDESC – adaptada) Analise cada proposição em relação ao processo de embriogênese e assinale (V) para verdadeira ou (F) para falsa.

( ) A fecundação é a união entre os gametas masculino e feminino, que são haploides, para formar um zigoto (diploide).
( ) Quando vários espermatozoides se aproximam do óvulo, ocorre o processo chamado de polispermia.
( ) A monoespermia ocorre quando o espermatozoide é formado por apenas um flagelo.
( ) A anfiximia consiste na mistura dos núcleos dos gametas masculino e feminino.
( ) A partenogênese é o desenvolvimento sem fecundação do óvulo pelo espermatozoide. Este processo ocorre, por exemplo, nas abelhas.

Assinale a alternativa que contém a sequência **correta**, de cima para baixo.
a) V – V – V – V – V   d) F – V – F – V – V
b) V – F – F – F – F   e) V – F – F – V – V
c) V – F – V – F – F

8. (UEL – PR – adaptada) Analise a figura a seguir.

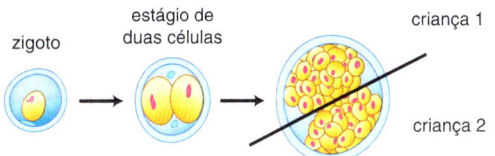

MOORE, K. L.; PERSAUD, T. V. N. *Embriologia Clínica*. Rio de Janeiro: Elsevier, 2008. p. 141.

Com base na figura e nos conhecimentos sobre o tema, marque a alternativa que distingue corretamente as crianças 1 e 2.
a) Os gêmeos originados no esquema são um exemplo de unidade de poliespermia.
b) São gêmeos originados da fecundação de uma célula totipotente com espermatozoide.
c) São gêmeos originados da fecundação de um óvulo por um espermatozoide, e as duas células iniciais transformam-se em embriões diferentes.
d) Se a criança 1 tivesse uma doença hereditária, a criança 2 não seria acometida pela anomalia.
e) São crianças do mesmo sexo e muito semelhantes no aspecto físico, e a divisão desse tipo de gêmeos ocorre na fase inicial do desenvolvimento embrionário.

9. (IFSP – adaptada) Um professor de Biologia, em uma aula sobre Sistema Reprodutor, explicou a formação de gêmeos univitelinos e fraternos, a partir do momento da fecundação. Alguns alunos, após ouvirem as explicações, fizeram as seguintes afirmativas.

– Maria: os gêmeos univitelinos são geneticamente idênticos e possuem, entre outras características, o mesmo sexo.
– Cristina: os gêmeos fraternos, apesar de não serem geneticamente idênticos, sempre compartilham a mesma placenta.
– Renato: os gêmeos fraternos também podem ser chamados de dizigóticos, pois são resultantes da fecundação de dois óvulos por dois espermatozoides.
– Ivan: a formação de gêmeos univitelinos pode ser considerada um exemplo de clonagem por apresentar o desenvolvimento de dois embriões iguais entre si, porém diferentes do pai e da mãe.

Assinale a alternativa que indica os estudantes que fizeram as afirmativas corretas.

a) Maria e Renato, apenas.
b) Maria e Ivan, apenas.
c) Maria, Renato e Ivan, apenas.
d) Maria, Cristina e Renato, apenas.
e) Cristina e Ivan, apenas.

10. (UFRGS – RS) Assinale com **V** (verdadeiro) ou **F** (falso) as afirmações que seguem, referentes a métodos contraceptivos.

( ) A laqueadura tubária, ao interromper a passagem do ovócito pela tuba uterina, impede a fecundação.
( ) A anticoncepção oral de emergência, ou "pílula do dia seguinte", impede a gastrulação no embrião.
( ) A vasectomia, cirurgia para a retirada da vesícula seminal, impede a produção de espermatozoides.
( ) O dispositivo intrauterino impede a implantação do embrião no útero.

A sequência correta de preenchimento dos parênteses, de cima para baixo, é

a) F – F – F – V.
b) F – V – F – V.
c) V – V – V – F.
d) V – F – F – V.
e) F – V – V – F.

11. (UFSC) As DSTs (doenças sexualmente transmissíveis) constituem um dos grandes problemas de saúde pública mundial. É direito e dever de todo cidadão manter-se informado sobre as doenças sexualmente transmissíveis, de forma a se proteger do contágio e evitar a sua transmissão.

Sobre elas, é CORRETO afirmar que:

(01) caso uma gestante tenha DST, seu filho não corre perigo de contrair a doença, pois não há contato entre o sangue da mãe e do bebê.
(02) a AIDS (em português, síndrome da imunodeficiência adquirida) sempre causa lesões nos órgãos genitais.
(04) a grande maioria das DSTs pode ser prevenida com o uso de preservativo (camisinha) durante a relação sexual.
(08) as DSTs ocorrem apenas em pessoas que mantêm relações sexuais.
(16) toda DST causa lesões nos órgãos genitais.
(32) a AIDS pode ser transmitida por meio do contato direto com o paciente, como um aperto de mão, ou por meio do contato indireto, como o uso dos mesmos pratos, copos e talheres.
(64) a AIDS é causada pelo vírus HIV (em português, vírus da imunodeficiência humana), que ataca as células do sistema imunológico, diminuindo a capacidade do organismo de reagir às infecções mais comuns.

12. (UPE)

A Lei Maria da Penha em cordel Trechos do cordel		
I	XVIII	XIX
A Lei Maria da Penha Está em pleno vigor Não veio pr'a prender homem Mas pr'a punir agressor **Pois em "mulher não se bate** Nem mesmo com uma flor".	Violência Sexual Dá-se pela coação Ou uso da força física **Causando intimidação** E obrigando a mulher Ao ato da relação.	Qualquer ação que impeça Esta mulher de usar **Método contraceptivo** Ou para engravidar Seu direito está na lei Basta só reivindicar.

Por Tião Simpatia. *Disponível em:* <http://www.mariadapenha.org.br/a-lei/a-lei-maria-da-penha-em-cordel>.

Na estrofe XIX do cordel acima, é destacado o direito do uso de métodos contraceptivos. A contracepção é a prevenção deliberada da gravidez por meio destes. Em relação ao tema, analise as afirmativas e conclua. (Assinale as verdadeiras em I e as falsas em II.)

I	II	
0	0	Os métodos contraceptivos podem atuar em etapas diversas do processo reprodutivo, como, por exemplo, evitar o encontro dos gametas ou a produção destes e impedir a implantação do embrião recém-formado na mucosa uterina.
1	1	O DIU ou dispositivo intrauterino pode ser de material plástico ou metálico, em formato de "T" e impede a nidação do embrião.
2	2	A vasectomia e a laqueadura são processos cirúrgicos de secção das tubas uterinas e dos ductos deferentes, respectivamente.
3	3	As pílulas anticoncepcionais inibem a secreção de FSH e LH pela tireoide, impedindo a maturação do folículo e sua ovulação.
4	4	São exemplos de prática anticoncepcional pelo uso de barreiras mecânicas: a camisinha, o preservativo feminino e o coito interrompido.

Questões dissertativas

1. (UNIRIO – RJ)

Fêmeas "virgens" de lagartos dão à luz na Grã-Bretanha

No início de 2007, no Zoológico de Chester (Inglaterra), uma fêmea de dragão-de-komodo (*Varanus komodensis*) teve quatro filhotes, dois anos após seu último contato com um macho da espécie. Uma das explicações para os nascimentos pode ser o fato de algumas fêmeas terem sido mantidas em cativeiro por muitos anos sem a presença de machos.

Fonte: <http://www.bbc.co.uk/>.

a) Descreva que processo reprodutivo possibilitou a geração destes filhotes.
b) Qual a vantagem evolutiva deste processo?

2. (UDESC – adaptada) Os hormônios controlam os processos reprodutivos nos mamíferos, assim como em outros vertebrados. Alguns hormônios são produzidos pelas glândulas do aparelho reprodutor, como os ovários nas fêmeas e os testículos nos machos.

Em relação ao enunciado:

a) Que órgãos constituem o aparelho reprodutor feminino dos mamíferos?
b) Que hormônios reprodutivos são produzidos pelo ovário?

3. (UFV – MG) Na primeira aula de anatomia e reprodução humana, um grupo de calouros universitários deparou-se com o esquema parcial do sistema reprodutivo, em corte anatômico, representado a seguir. O objetivo da aula era verificar se alguns deles já tinham conhecimentos básicos desse assunto. Observe o esquema e resolva os itens.

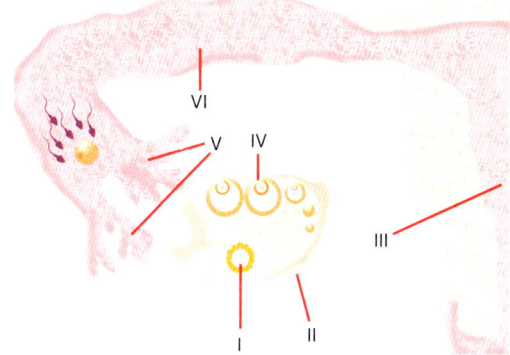

a) A gônada está indicada pelo número: _____.
b) Cite um número que indica a tuba uterina: _____.
c) Observa-se que o número IV indica uma das etapas que antecede a ovulação. Que tipo de divisão celular está ocorrendo nessa etapa?
d) O local de implantação normal do embrião, no endométrio, está mais próximo do número: _____.

4. (UFPR) Um dos dogmas centrais da Biologia é que, na reprodução em humanos, todas as mitocôndrias têm origem materna. Embora, atualmente, saiba-se que é possível herdar mitocôndrias paternas, ainda assim a grande maioria delas provém da mãe. O que justifica a predominância de herança materna dessa organela, uma vez que se sabe que tanto os gametas femininos quanto os masculinos contribuem para a formação do zigoto?

Programas de avaliação seriada

1. (PAS – UFLA – MG – adaptada) No século XIX, o químico francês Louis Pasteur (1822-1895) demonstrou que uma vida sempre se origina de outra preexistente pelo processo da reprodução. Atualmente, sabemos que a capacidade de gerar novos indivíduos é o resultado dos mecanismos de reprodução assexuada e sexuada.
Em relação aos mecanismos de reprodução, considere as proposições abaixo e, a seguir, marque a alternativa CORRETA.

I – A divisão binária ou bipartição consiste na divisão de um microrganismo em dois descendentes geneticamente diferentes do original, o que ocorre frequentemente em bactérias.
II – Na laceração (fragmentação), o animal alonga-se intensamente e divide-se ao meio, e cada porção resultante poderá formar um novo indivíduo.
III – A partenogênese consiste na formação de um ser vivo haploide a partir do óvulo, sem que ocorra a fecundação pelo espermatozoide.
IV – No hermafroditismo, o animal possui os dois sistemas reprodutores atuantes, sendo as minhocas hermafroditas autofecundantes, porque fecundam o próprio óvulo.

a) Apenas as afirmativas I e III estão corretas.
b) Apenas as afirmativas II e IV estão corretas.
c) Apenas as afirmativas I e IV estão corretas.
d) Apenas as afirmativas II e III estão corretas.

2. (PASES – UFV – MG) Quanto à reprodução, é INCORRETO afirmar que:

a) na sexuada, duas células haploides se fundem formando uma célula diploide denominada zigoto.
b) na sexuada, duas células, de um ou de dois progenitores, se fundem para gerar um novo indivíduo.
c) tanto na sexuada como na assexuada é formado um indivíduo geneticamente idêntico ao progenitor.
d) na assexuada, uma ou mais células de desprendem de um indivíduo e se desenvolvem em um novo ser.

3. (SAS – UEG – GO) A reprodução sexual ocorre em organismos diploides, no qual cada célula contém dois conjuntos de cromossomos, cada um herdado do pai e da mãe, respectivamente. Sobre estas células, é CORRETO afirmar:

a) as células germinativas ou gaméticas, na espécie humana, são diploides e contêm 46 cromossomos, no espermatozoide e no óvulo.
b) em animais, o espermatozoide é uma célula haploide, maior e sem motilidade, e o óvulo, também haploide, é menor e móvel.
c) as células germinativas haploides são geradas quando uma célula diploide inicia o processo de divisão conhecido como meiose.
d) a meiose gera células diploides a partir de células haploides, enquanto a mitose gera células diploides a partir de células haploides.

4. (PSIU – UFPI – adaptada) Sobre o ciclo de vida dos animais, assinale **V**, para verdadeiro, ou **F**, para falso.

( ) No ciclo de vida diplonte, um novo ser surge pela fusão de duas células haploides, com formação de gametas diploides.
( ) A meiose gamética ocorre principalmente em células somáticas, com a participação de duas células haploides originando uma célula haploide.
( ) No ciclo haplonte, os indivíduos haploides formam gametas por divisão mitótica de algumas de suas células; a união desses dois gametas origina um zigoto diploide que se divide por meiose e origina células haploides.
( ) No ciclo haplontediplonte, ocorre a alternância de gerações de indivíduos haploides e de indivíduos diploides.

Capítulo 11

Embriologia animal

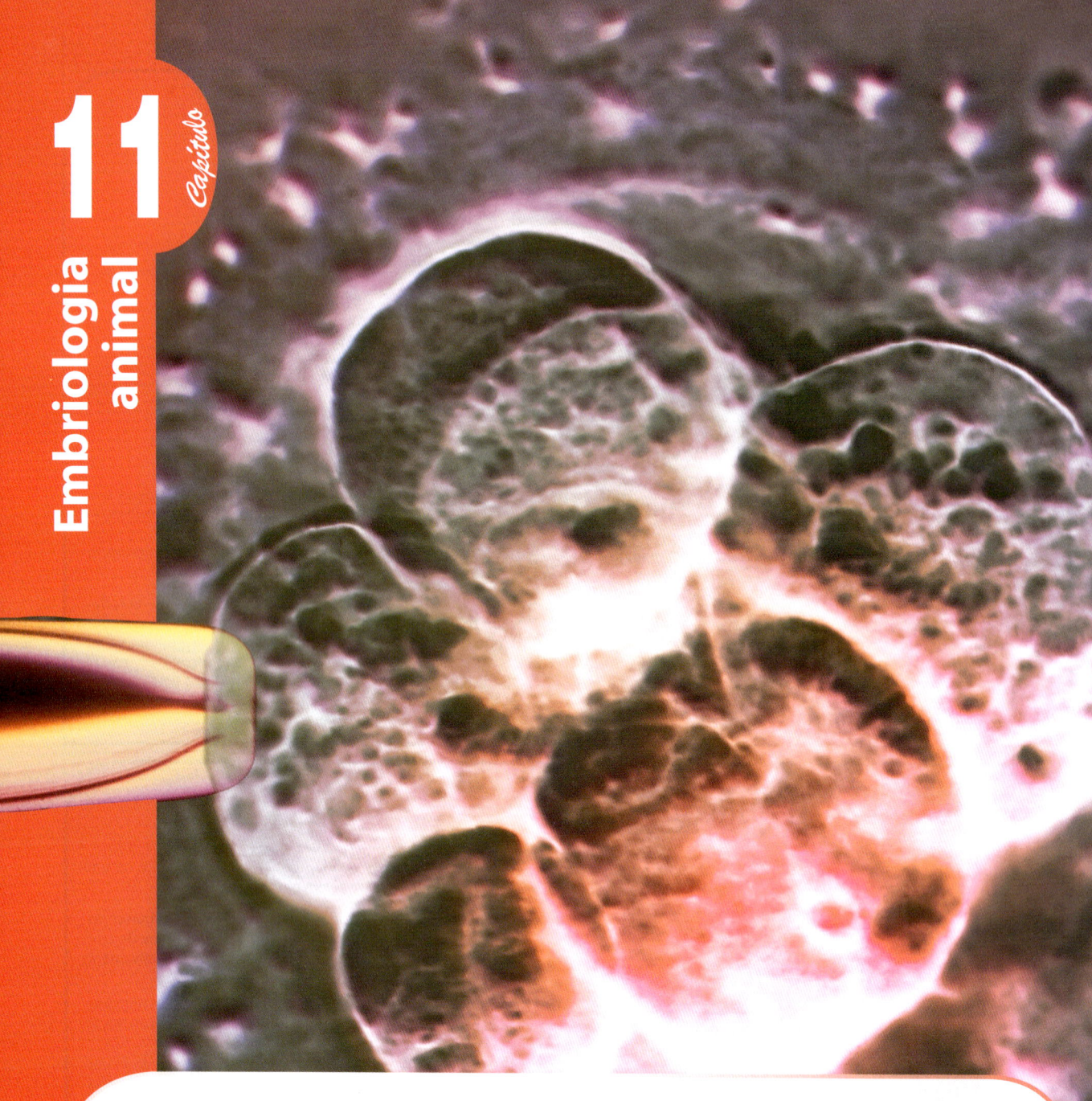

Quando a fecundação acontece fora do corpo da mulher

Hoje em dia é comum a mulher, mesmo que sonhe em ser mãe, deixar a maternidade para idades mais avançadas. Nossas bisavós e avós, por exemplo, começaram a ter filhos quando eram bastante jovens e, muitas vezes, tiveram um grande número de gestações.

A mulher moderna passou a investir em sua educação e carreira, deixando para se casar com mais idade. O problema é que, às vezes, depois do casamento bem estabelecido, da carreira consolidada, os casais descobrem que nem sempre a gravidez se apresenta com facilidade e, então, começa uma verdadeira batalha em busca da fertilidade.

Uma das possibilidades para um casal que não consegue conceber naturalmente pode ser a fertilização *in vitro*. Por essa técnica, a mulher recebe, durante o ciclo menstrual, medicamentos para induzir a ovulação.

Uma vez que os ovócitos estejam maduros, eles são removidos do ovário e fecundados em laboratório, com os espermatozoides do companheiro. Dessa união são formados os embriões que, depois de poucos dias, são implantados no útero. Geralmente, como esse tratamento apresenta um custo elevado, para aumentar as chances de gravidez pelo menos dois ou três embriões são implantados no útero a cada tentativa. E, ainda assim, as chances de sucesso variam entre 15 e 20%.

A Embriologia Animal é o estudo do desenvolvimento de um ser pluricelular, desde o estádio de uma célula (zigoto) até a diferenciação e especialização das células, tecidos e órgãos que conduzem à construção do corpo de um ser jovem. Dependendo da espécie, o novo ser pode apresentar-se como uma larva independente (girino, por exemplo), ou ter características muito semelhantes à fase adulta de sua espécie (embrião humano, por exemplo).

A embriologia da maioria dos animais é extremamente parecida. Começa com a fecundação, originando a célula-ovo (ou zigoto), passando, a seguir, por algumas fases características do desenvolvimento embrionário, que serão descritas logo mais.

O ENCONTRO DOS GAMETAS

De maneira geral, o óvulo das diferentes espécies de mamíferos é circundado por alguns envoltórios protetores, destacando-se, em primeiro lugar, a membrana plasmática, componente obrigatório em qualquer célula. Externamente à membrana plasmática existe um envoltório gelatinoso, a **zona pelúcida**. Ao redor da zona pelúcida há uma **corona radiata**, formada por uma ou mais camadas de células derivadas do folículo ovariano.

O espermatozoide também possui características próprias e fundamentais para a ocorrência de fecundação. Ao abrir caminho pelas células da corona radiata e entrar em contato com a zona pelúcida, ocorre a chamada *reação acrossômica*. O que é isso? O acrossomo possui várias enzimas que, em contato com o envoltório gelatinoso da zona pelúcida, são liberadas. Elas digerem o envoltório gelatinoso e abrem uma passagem (veja a Figura 11-1(a, b)). A seguir, proteínas efetuam a ligação da membrana plasmática do espermatozoide com a membrana plasmática do óvulo. É um complexo processo em que as proteínas são específicas para cada espécie e garantem que o ingresso do espermatozoide só ocorrerá se o óvulo pertencer à mesma espécie dele.

> Não confunda óvulo com ovócito! Na espécie humana, o óvulo só é formado depois de o ovócito ser fecundado.

Ocorrida a junção das membranas plasmáticas das duas células, a seguir surgem várias microvilosidades na membrana plasmática do óvulo que rodeiam o espermatozoide e promovem a fusão da membrana plasmática do gameta masculino com a membrana plasmática do gameta feminino (veja a Figura 11-1(c)). Tudo está pronto para o citoplasma do espermatozoide entrar em contato com o citoplasma do óvulo. Isso acontece a partir da contração de fibras de actina que trazem para o interior do óvulo a maior parte da célula do gameta masculino. Entram o citoplasma e o núcleo. A membrana plasmática do espermatozoide fundiu-se com a do óvulo.

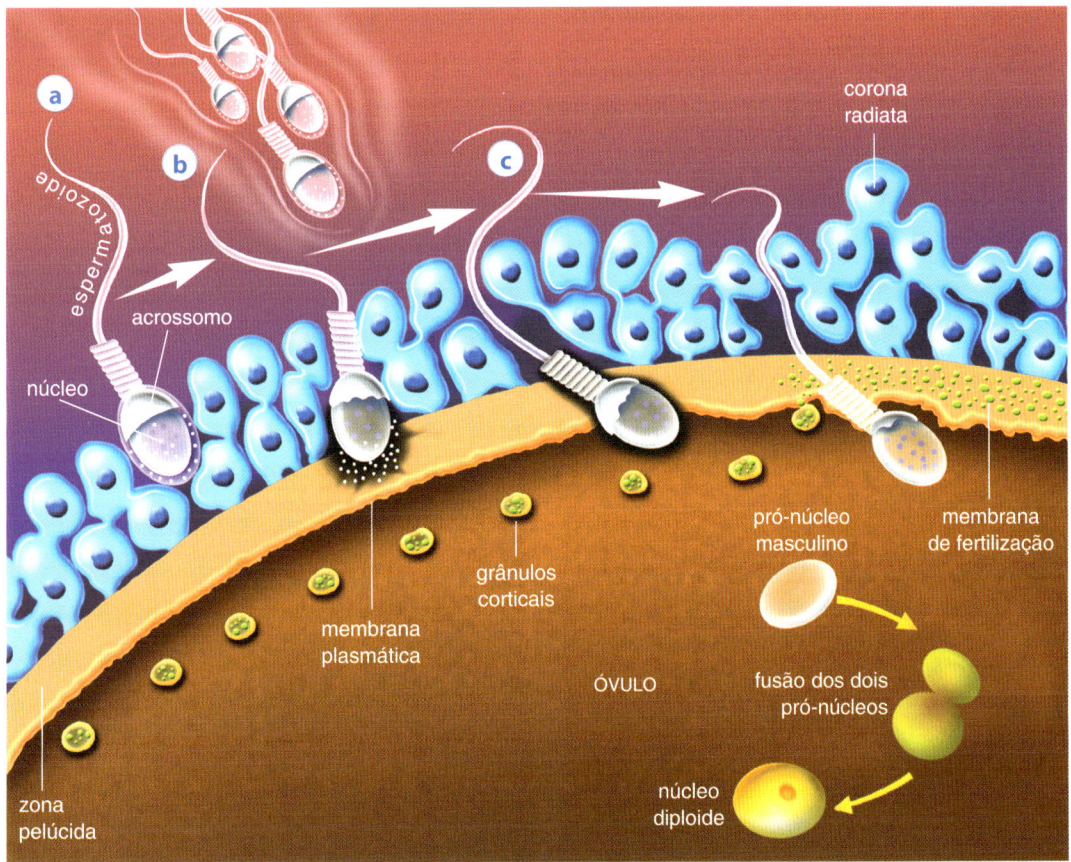

Figura 11-1. O ingresso do espermatozoide no óvulo.

Fique por dentro!

Na espécie humana, as mitocôndrias do zigoto são provenientes do ovócito. Nesse aspecto, a participação do espermatozoide é desprezível. Esse fato é importante em pesquisas genéticas relacionadas principalmente à evolução humana.

Saiba mais

Só um espermatozoide penetra no ovócito?

Assim que o espermatozoide entra, ocorrem algumas reações na membrana do ovócito humano, e também no seu citoplasma, cuja finalidade é evitar o ingresso de mais espermatozoides, isto é, impedir a chamada **polispermia**.

Essas reações são chamadas coletivamente de **reação cortical** e se resumem em:

- alteração da polaridade elétrica da membrana plasmática do ovócito. Antes da fecundação, o interior da membrana plasmática do ovócito é carregado negativamente. Havendo o contato com o espermatozoide, há um ingresso intenso de íons sódio, tornando o interior da célula positivo, em relação ao lado externo. Essa alteração de polaridade acaba impedindo o ingresso de mais espermatozoides;
- liberação de enzimas pelos grânulos ovulares. Essas enzimas atuam na zona pelúcida, transformando-a em uma, praticamente impermeável, *membrana de fertilização*. Essa espessa membrana impede o contato de outros espermatozoides com os receptores existentes na membrana plasmática do ovócito, garantindo, assim, a **monospermia**, isto é, a participação de apenas um espermatozoide na fecundação.

Os Núcleos se Fundem

Dentre os vários eventos que acontecem no citoplasma do óvulo, o mais importante é a cariogamia, ou seja, fusão dos dois núcleos (do espermatozoide e do óvulo) e o encontro dos cromossomos masculinos com os cromossomos femininos. Está formada a célula diploide, o **zigoto**.

Nesse momento, ocorre a ativação do zigoto. Diversas substâncias que já existiam no citoplasma do óvulo, principalmente os RNAs mensageiros e os ribossomos, entram em atividade. Imediatamente aciona-se o mecanismo da mitose. Começa a multiplicação do zigoto em inúmeras células-filhas. Inicia-se o longo caminho que levará à formação do embrião e do futuro indivíduo. Está dada a partida para o desenvolvimento embrionário. É esse desenvolvimento que passaremos a analisar e que é o objeto de estudo da *Embriologia*.

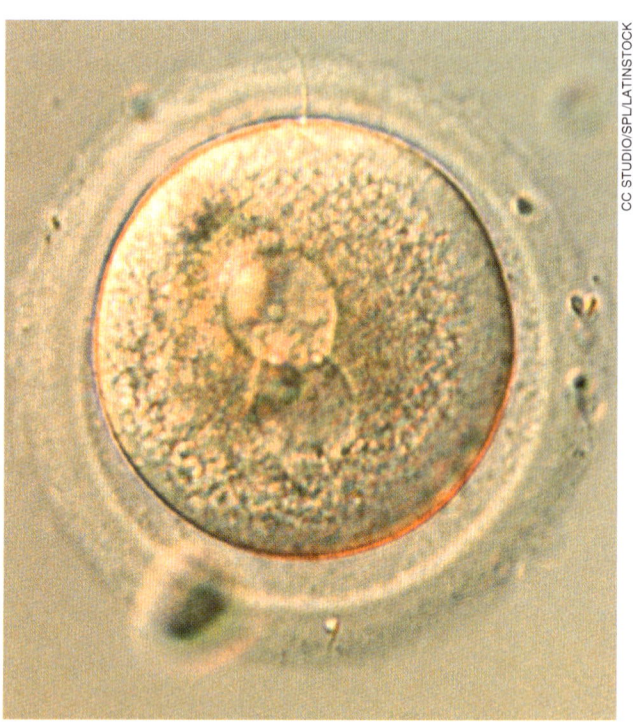

Observe nesta imagem, de microscopia óptica, os dois pró-núcleos (no centro, levemente deslocados para a esquerda). Quando eles se fundirem, o zigoto humano conterá 46 cromossomos – 23 vindos de cada genitor. Pode-se ver nitidamente, em torno da célula-ovo, a espessa *zona pelúcida*, agora membrana de fertilização, circundada por vários espermatozoides.

O Anfioxo É o nosso Modelo

Este capítulo será dedicado ao estudo da Embriologia dos cordados. Para compreender como ocorre o desenvolvimento embrionário, é preciso escolher um modelo que sirva para todo o grupo. O *anfioxo*, um pequeno animal marinho que mede, na fase adulta, cerca de 5 cm de comprimento e possui formato semelhante ao de uma lâmina de canivete, é o escolhido porque o seu desenvolvimento se assemelha – pelo menos na maioria das fases – ao dos demais animais que pertencem ao seu grupo, dentre eles o homem.

Anfioxo.

O ZIGOTO

O óvulo é o gameta que armazena o alimento a ser utilizado pelo embrião durante seu desenvolvimento. Após a fecundação (que, no anfioxo, é externa e ocorre na água), forma-se o *zigoto*, ou *célula-ovo*, que contém toda a reserva alimentar do óvulo. Essa reserva servirá para nutrir as células do embrião, um organismo desprovido de condições de sobrevivência independente.

O alimento ou substância nutritiva, composto principalmente de proteínas e lipídios, é conhecido pelo nome de **vitelo**.

No anfioxo, o ovo é pobre em vitelo. Em compensação, o desenvolvimento embrionário é rápido e logo surge uma larva, que se alimentará por conta própria.

Apesar de possuir pequena quantidade de vitelo, há uma ligeira irregularidade na distribuição dessa reserva no ovo do anfioxo, definindo-se, assim, um **polo inferior** ou **vegetativo**, no qual a quantidade de vitelo é um pouco maior do que no polo oposto – o **polo superior** ou **animal**. O núcleo do zigoto fica, então, um pouco deslocado para o polo superior.

Fique por dentro!

O ovo humano também é pobre em vitelo (quantidade suficiente apenas para as fases iniciais do desenvolvimento), porém, o desenvolvimento do embrião humano ocorrerá dentro do útero materno e sua nutrição, até o nascimento, será garantida por meio de um órgão chamado placenta.

Saiba mais

Tipos de ovos

	Tipo de ovo	Características	Ocorrência
	Oligolécito *sem* diferenciação polar (isolécito).	Pouco vitelo uniformemente distribuído.	Equinodermos, homem.
	Oligolécito *com* diferenciação polar.	Pouco vitelo com distribuição ligeiramente irregular.	Anfioxo.
	Heterolécito (mediolécito, telolécito incompleto).	Quantidade média de vitelo, concentrado no polo inferior (polo vegetativo) do ovo.	Anfíbios.
	Megalécito (telolécito completo).	Quantidade máxima de vitelo.	Peixes, répteis, aves, mamíferos ovíparos (ornitorrinco, por exemplo).
	Centrolécito.	Vitelo relativamente abundante, ocupando a região central do ovo.	Insetos.

Obs.: as figuras não obedecem a uma escala de proporcionalidade.

A SEGMENTAÇÃO

Assim que é formado, o zigoto se divide por mitose e origina duas células-filhas. Cada uma dessas células é chamada de blastômero (veja a Figura 11-2). No desenvolvimento embrionário, as primeiras divisões celulares caracterizam uma etapa conhecida pelo nome de **segmentação** ou **clivagem**.

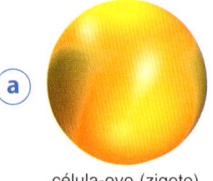

célula-ovo (zigoto)

2 blastômeros

Figura 11-2. (a) Ovo oligolécito. (b) A primeira segmentação ocorre de polo a polo; surgem os dois primeiros blastômeros (c).

Saiba mais

Tipo de ovo	Características e ocorrência		
Oligolécito *sem* diferenciação polar (isolécito).	Pouco vitelo uniformemente distribuído. Equinodermos, homem.	SEGMENTAÇÃO TOTAL	IGUAL
Oligolécito *com* diferenciação polar.	Pouco vitelo com distribuição ligeiramente irregular. Anfioxo.		DESIGUAL
Heterolécito (mediolécito, telolécito incompleto).	Quantidade média de vitelo, concentrado no polo inferior (polo vegetativo) do ovo. Anfíbios.		
Megalécito (telolécito completo).	Quantidade máxima de vitelo. Peixes, répteis, aves, mamíferos ovíparos (ornitorrinco, por exemplo).	SEGMENTAÇÃO PARCIAL	DISCOIDAL
Centrolécito.	Vitelo relativamente abundante, ocupando a região central do ovo. Insetos.		SUPERFICIAL

É evidente que a segmentação promove aumento da quantidade de blastômeros. A rapidez da segmentação depende estritamente do tipo de ovo, que é classificado de acordo com a quantidade de vitelo e da maneira como essa reserva se distribui no citoplasma do ovo. Fica fácil compreender que ovos com pouco vitelo dividem-se mais rapidamente do que aqueles que o têm em grande quantidade.

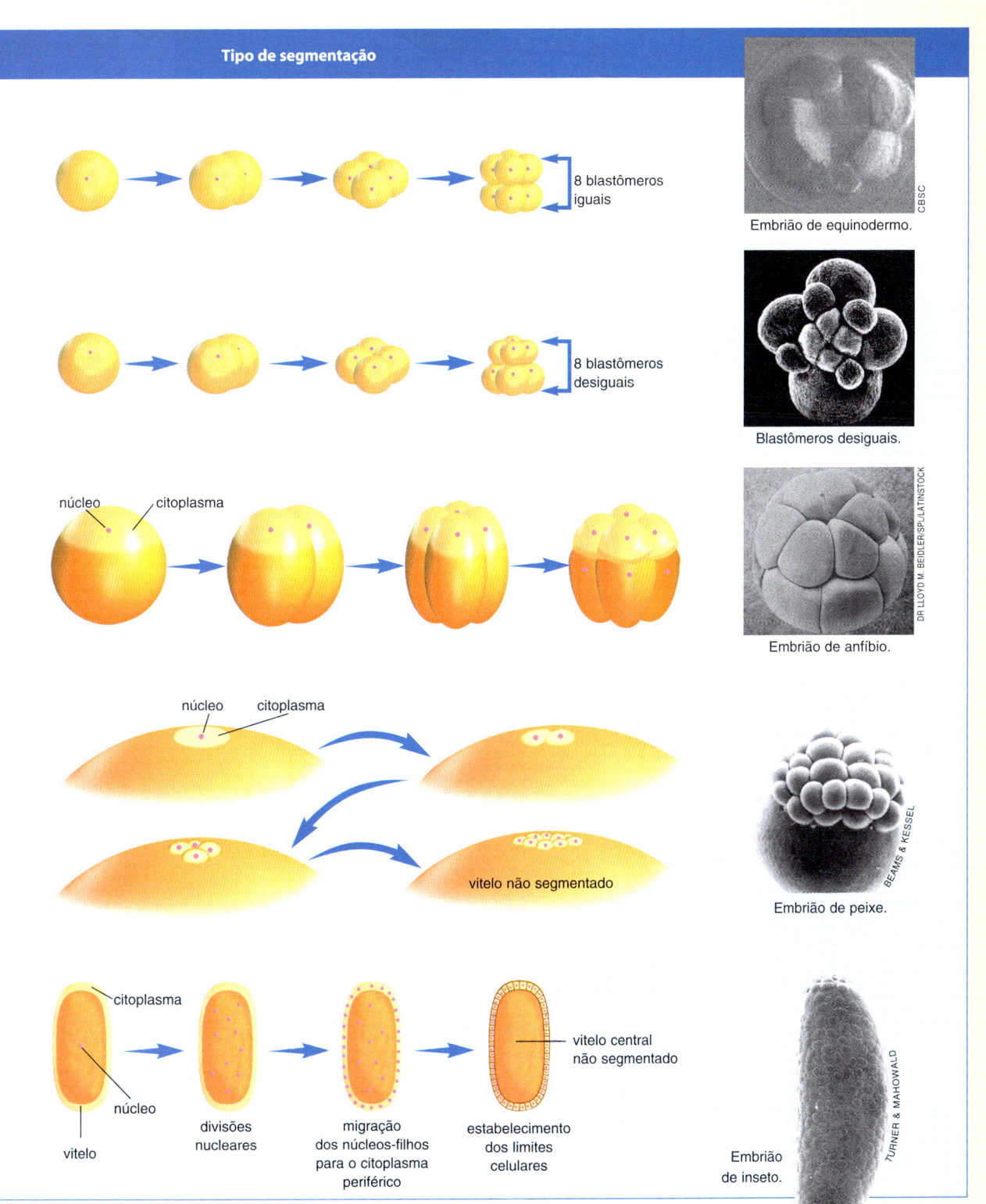

Embriologia animal

O tamanho da mórula é igual ao do zigoto. Durante as fases iniciais da segmentação, não ocorre aumento do tamanho das células, apenas aumento do número delas.

À medida que aumenta o número de blastômeros, o conjunto adquire forma aproximadamente esférica, compacta e o aspecto de uma amora, o que lhe deu o nome de **mórula**. A mórula é uma fase embrionária em que há vários blastômeros e nenhuma cavidade (veja a Figura 11-3).

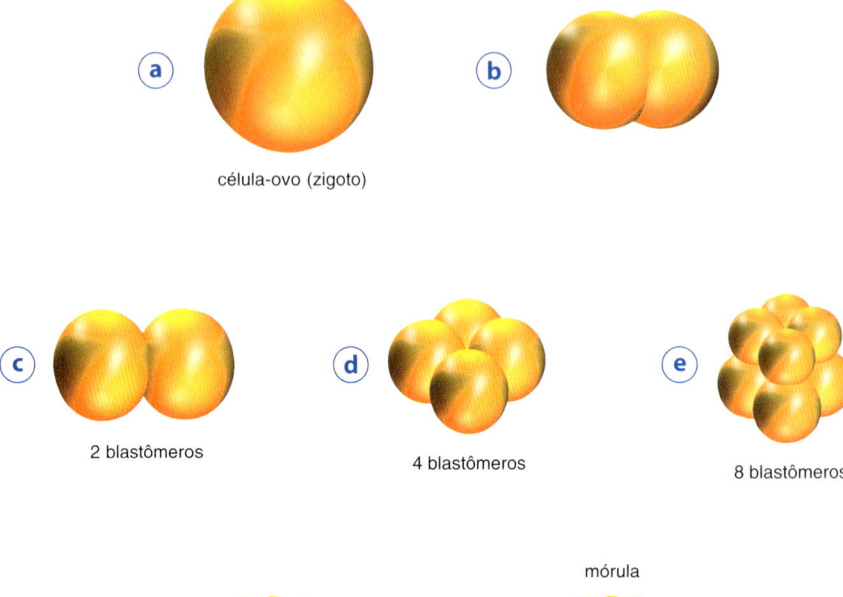

Figura 11-3. Do ovo à mórula: (a) o ovo é oligolécito. (b) A primeira segmentação ocorre de polo a polo. (c) Surgem os dois primeiros blastômeros. (d) Em seguida, quatro, por segmentação também de polo a polo. (e) A terceira segmentação, porém, ocorre segundo um plano transversal, determinando o aparecimento de quatro micrômeros em cima e quatro macrômeros embaixo. (f) A partir daí, as segmentações prosseguem até a formação da mórula (g).

Após a formação da mórula, chega um momento em que as células começam a se dispor na superfície da esfera.

Define-se, então, uma cavidade interna onde, inicialmente, havia células (veja a Figura 11-4). A partir desse instante, o conjunto de células passa a receber o nome de **blástula** e a cavidade, **blastocela**.

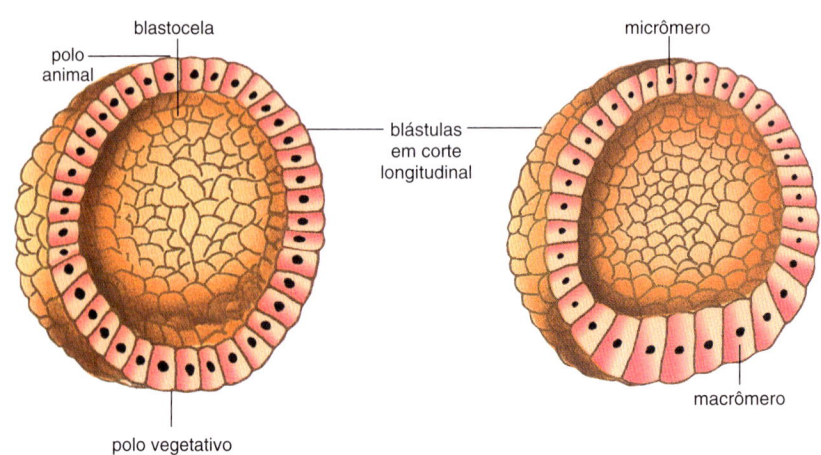

Figura 11-4. Pouco a pouco vai aumentando a quantidade de células, a partir da mórula. Em determinado momento, surge uma cavidade no interior do que era antes uma esfera compacta, solidamente preenchida por células. A partir de agora, o embrião está em fase de blástula (aqui, vista em corte) e sua cavidade denomina-se blastocela.

A GASTRULAÇÃO

A etapa seguinte do desenvolvimento embrionário do anfioxo é aquela em que acontecerá um conjunto de movimentos celulares que darão ao embrião um aspecto inteiramente novo.

Os movimentos celulares consistem em migrações de células, levando, ao final do processo migratório, à formação de uma fase embrionária denominada **gástrula**, em que a principal novidade é o surgimento de três camadas de células: **ectoderme**, **mesoderme** e **endoderme**. Essas três camadas constituem os **folhetos embrionários primordiais**, e originarão os tecidos e órgãos do animal.

Para entender esse processo, imagine o polo vegetativo de uma blástula de anfioxo sendo empurrado em direção ao polo animal, o que é possível graças à existência da blastocela. Na verdade, isso ocorre porque o ritmo de divisão celular dos micrômeros é mais intenso do que o dos macrômeros. Assim, o polo inferior da blástula é empurrado em direção ao superior, com a invasão da blastocela. Esse tipo de movimento celular, que conduzirá a uma nova fase embrionária, é conhecido como **gastrulação por embolia**, por sugerir que um hipotético êmbolo desloca o polo inferior em direção ao superior. Como resultado, a forma do embrião, que era de uma esfera oca, passa a ser, aproximadamente, a de uma hemisfera de paredes duplas, determinando, assim, a origem da fase **gástrula** (veja a Figura 11-5).

Perceba que, com a ocorrência da migração celular, a blastocela aos poucos desaparece e surge outra cavidade. Essa nova cavidade, contendo uma abertura, recebe o nome de **arquêntero** – também é comum chamá-la de *intestino primitivo*. Veja ainda que já se definem pelo menos duas camadas: a **ectoderme** e a **mesendoderme**. Posteriormente, a partir da mesendoderme serão destacadas as células que originarão a camada mesodérmica e a camada endodérmica. Note, nas figuras, que o arquêntero se comunica com o exterior por uma abertura circular, o **blastóporo**.

> A gastrulação é importante porque define os folhetos embrionários responsáveis pela formação futura de todos os tecidos e órgãos, que fazem parte do corpo do animal.

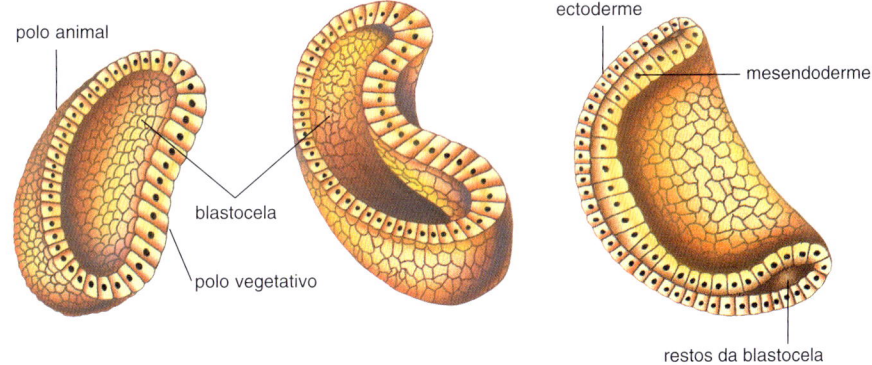

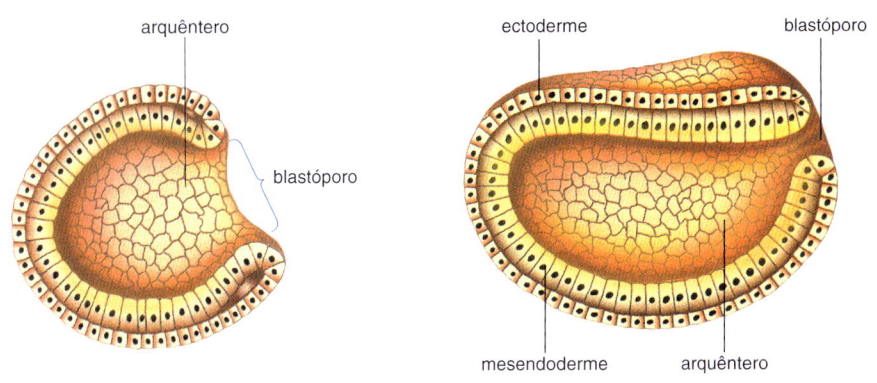

Figura 11-5. O polo vegetativo da blástula desloca-se em direção ao polo animal. É como se alguém, com o punho cerrado, empurrasse um polo em direção ao outro. Como resultado, surge uma figura embrionária em que há duas camadas celulares, uma sobreposta à outra. A de fora é a ectoderme. A de dentro é a mesendoderme, que recebe esse nome porque suas células originarão a mesoderme e a endoderme. Nova cavidade, o arquêntero (também chamado de intestino primitivo), surge como resultado do deslocamento celular característico da gastrulação. Blastóporo é o nome do orifício que comunica o arquêntero com o meio externo.

Saiba mais

Os diferentes tipos de gastrulação

Gastrulação por	Ocorrência	Características	
Embolia ou invaginação	Ouriço-do-mar, anfioxo.	O hemisfério vegetativo aprofunda-se na blastocela. A cavidade da blástula desaparece gradativamente; surge uma nova cavidade, o arquêntero (intestino primitivo), dotado de uma abertura, o blastóporo (futuro ânus dos equinodermos e cordados).	blastocela / blástula
Epibolia (e embolia)	Anfíbios.	Micrômeros periféricos multiplicam-se, recobrindo os macrômeros do polo vegetativo, os quais se tornam internos. Inicia-se uma invaginação de células superficiais para o interior da blastocela, definindo-se a cavidade do arquêntero e uma *fenda* blastoporal. As células que invaginam formam a mesoderme. Os macrômeros menores, no assoalho do arquêntero, elevam-se bilateralmente, formando a endoderme.	blastocela / blástula
Migração	Peixes, répteis, aves.	Células da "calota" discoidal (disco embrionário) no topo da gema (vitelo) migram para o interior da pequena blastocela, subdividindo-a: a cavidade acima do forro celular é a blastocela secundária; abaixo do forro, tendo como assoalho o vitelo, forma-se o arquêntero. Através de um sulco (linha primitiva) na camada de células superficiais, há migração de células que, interpondo-se entre as 2 camadas anteriores, constituem a mesoderme.	blastocela / blástula
Migração	Mamíferos primatas.	Forma-se uma nova cavidade na massa celular acima da blastocela – é a cavidade amniótica precoce. A lâmina de tecido que separa ambas as cavidades constitui a região embrionária propriamente dita. Células da face inferior da plataforma embrionária (endoderme) migram e forram o interior da blastocela primitiva. A cavidade passa a saco vitelínico (vazio).	cavidade do blastocisto (blastocela) / blástula (blastocisto)

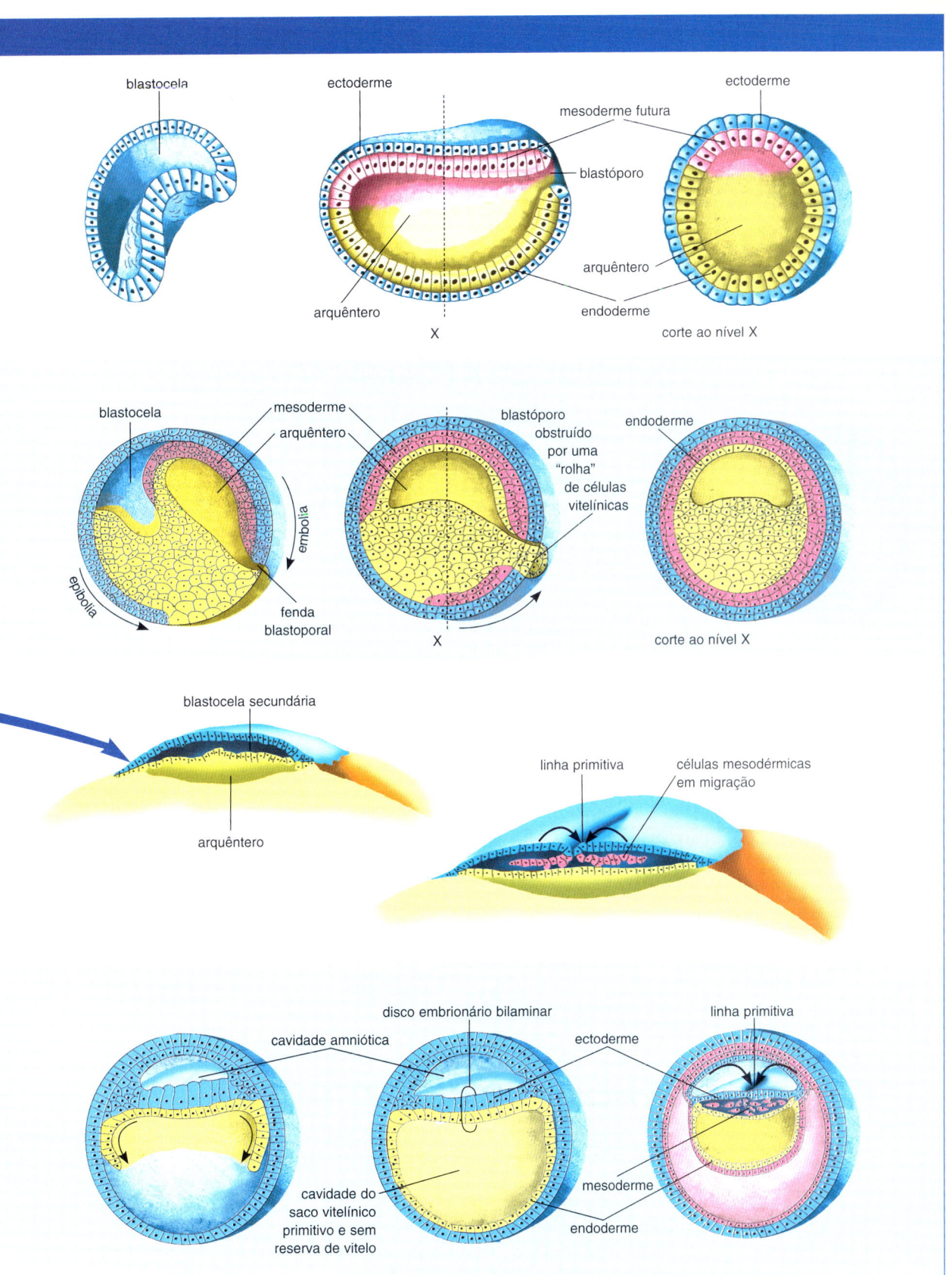

> **Saiba mais**
>
> Uma classificação dos diversos grupos animais pode ser feita tendo como base alguns critérios embriológicos. Nos cnidários, apenas a ectoderme e a endoderme são formadas. É um grupo de animais **diploblásticos** (do grego, *diplóos* = = duplo).
>
> Animais que possuem os três folhetos embrionários – ectoderme, mesoderme e endoderme – são considerados **triploblásticos**. Nesse grupo, estão incluídos os vermes, os moluscos, os artrópodes, os equinodermos e os cordados, como o anfioxo.
>
> Outra caracterização que se aplica aos triploblásticos é referente ao destino do blastóporo ao longo do desenvolvimento. Em muitos grupos animais o blastóporo diferencia-se em boca. Esses animais são denominados de **protostômios** (*proto* = primitivo; *stoma* = boca), o que inclui os vermes (platelmintos, nematelmintos e anelídeos), os moluscos e os artrópodes. Nos cordados – grupo do anfioxo – e nos equinodermos (grupo do ouriço-do-mar), o blastóporo diferencia-se em ânus. A boca forma-se em etapa posterior, na região oposta. Esses animais são conhecidos como **deuterostômios** (do grego, *deúteros* = secundário).
>
> | cnidários | vermes | moluscos | artrópodes | equinodermos | cordados |
> |---|---|---|---|---|---|
> | diploblásticos | | triploblásticos | | | |
> | | protostômios | | | deuterostômios | |
>
> No Capítulo 18, *Grupos Animais*, você terá mais detalhes sobre a classificação animal, tendo como base os vários critérios embriológicos.

A NÊURULA: A FORMAÇÃO DO TUBO NEURAL

Ao terminar a gastrulação, o embrião já apresenta forma ovoide. Em sua região dorsal, ocorrem achatamentos nas células ectodérmicas, levando à formação de uma placa que recebe o nome de **placa neural**. Progressivamente, a placa afunda e novas células ectodérmicas passam a cobri-la, escondendo a placa na região dorsal do embrião (veja a Figura 11-6). Com o tempo, os bordos da placa neural se fundem e ela se transforma em **tubo neural** (veja a Figura 11-7(b-e)).

O recobrimento da placa neural por células ectodérmicas é notado também na região do blastóporo, que permite a comunicação temporária do arquêntero com o tubo neural.

> A fase de nêurula é aquela em que é iniciada a diferenciação do sistema nervoso. É preciso entender que, concomitantemente, outras estruturas também se formam.

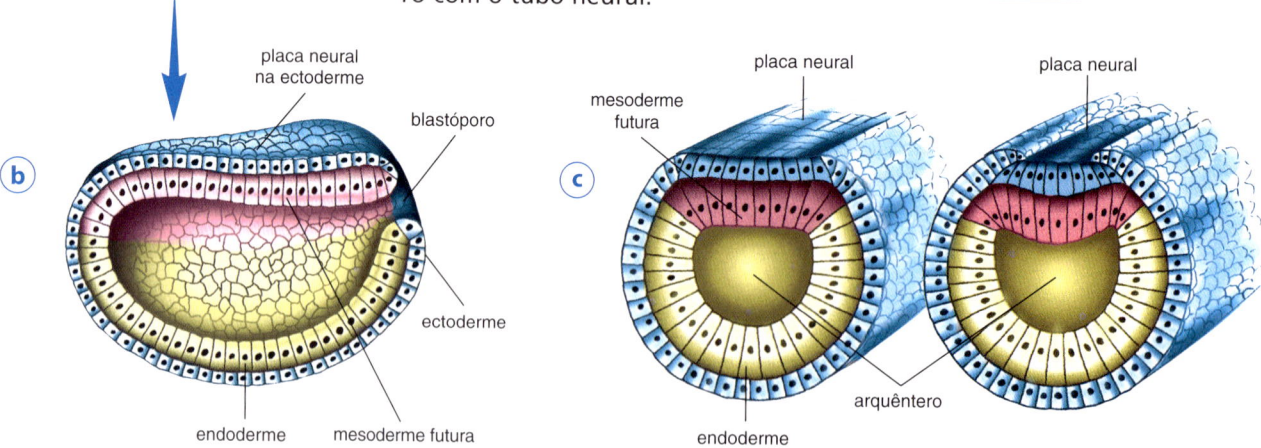

Figura 11-6. Nêurula: (a) vista dorsal; (b) corte longitudinal; (c) cortes transversais.

A MESODERME E A NOTOCORDA

Simultaneamente a essas transformações na placa neural, a **mesoderme** (teto do arquêntero) inicia um processo de separação de grupos de células ao longo de todo o comprimento do embrião, determinando a diferenciação delas em **somitos** e **notocorda**. Essa última estrutura consiste em um bastão cilíndrico, localizado logo abaixo do tubo neural. A notocorda é típica dos animais classificados dentro do filo dos Cordados. Nos vertebrados, ela será substituída, totalmente ou em parte, pela coluna vertebral. Tem a função primordial de sustentação.

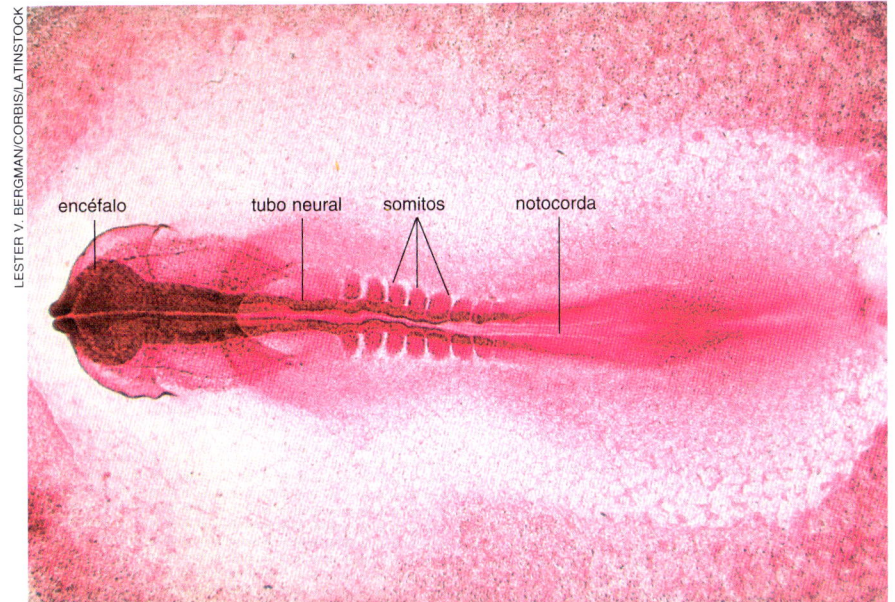

Vista dorsal de embrião de galinha em que se observam a notocorda, a formação do tubo neural e os somitos. Animal com 28 h de desenvolvimento embrionário.

Os somitos, tal como a notocorda, são formados pela mesoderme e, de início, assemelham-se a bolsas esféricas, dispostas de maneira segmentada de ambos os lados do eixo formado pela notocorda e pelo tubo neural. A pequena cavidade de cada somito chama-se **celoma**.

À medida que os somitos crescem bilateralmente, no sentido dorsiventral, interpondo-se entre a ectoderme e a endoderme, até se encontrarem ventralmente na linha média, a cavidade celomática de cada somito amplia-se.

As células constituintes de cada somito, em contato com a endoderme, constituem a **mesoderme visceral** ou **esplancnopleura** (esta camada revestirá a endoderme do tubo digestivo). Aquelas células do somito que aderem internamente à ectoderme constituem a **mesoderme parietal** ou **somatopleura**, que participará da formação de tecidos e órgãos da parede do corpo do adulto.

As cavidades dos somitos juntam-se em uma só, pois as paredes somíticas que se tocam no sentido longitudinal desaparecem. No adulto, o celoma passa a ser chamado de **cavidade geral do organismo** – trata-se de um espaço totalmente forrado por mesoderme (veja a Figura 11-7) e importante para a disposição dos diversos órgãos internos do animal.

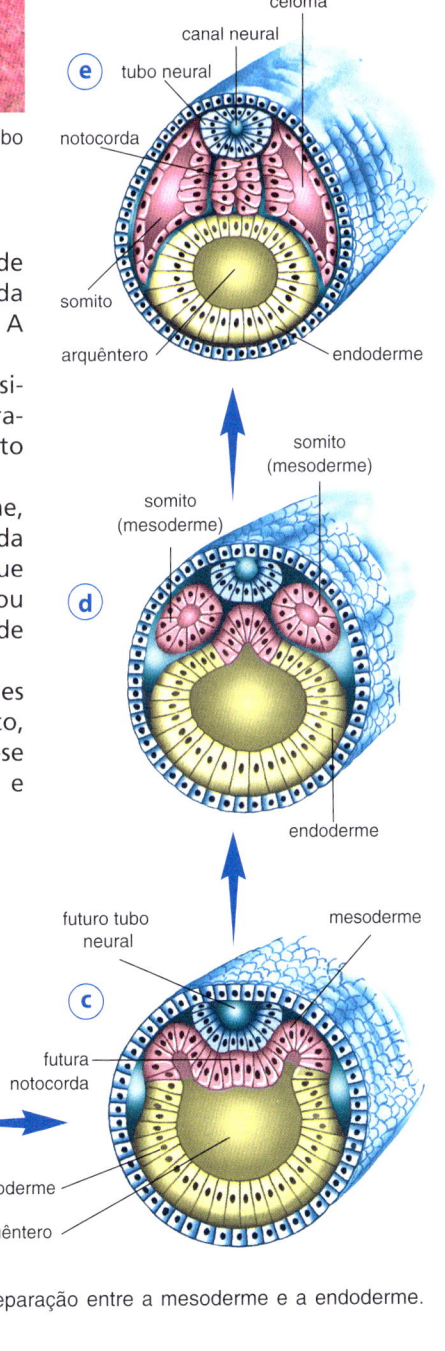

Figura 11-7. Diferenciação da mesoderme e do tubo neural. Note em (c) o início da separação entre a mesoderme e a endoderme. A notocorda e os somitos são de origem mesodérmica.

A partir dos folhetos embrionários primordiais surgirão todos os tecidos e órgãos componentes do animal adulto. A Figura 11-8 resume as estruturas deles derivadas em um cordado.

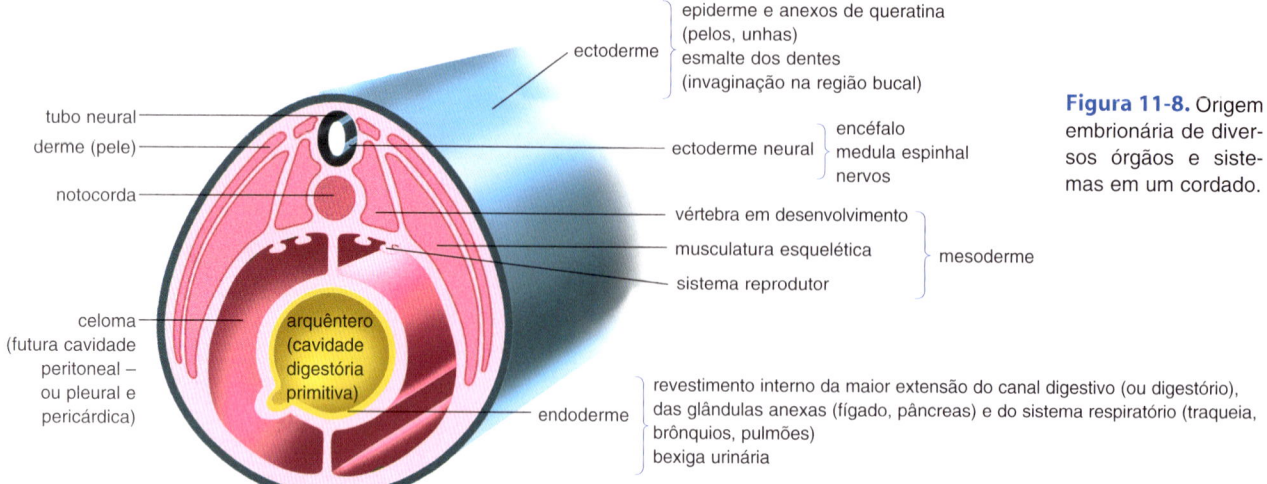

Figura 11-8. Origem embrionária de diversos órgãos e sistemas em um cordado.

Saiba mais

Acelomados, pseudocelomados e eucelomados

Você deve estar pensando que toda vez que existir *mesoderme* em um animal triploblástico ele deve possuir celoma, certo? A resposta é não. Existem animais triploblásticos que, embora possuam mesoderme, são *acelomados*. É o que ocorre nos vermes platelmintos, cuja mesoderme é um tecido que não forma cavidade, ou seja, não há celoma. Na maioria dos animais pertencentes a esse grupo (e um dos exemplos mais conhecidos é a planária, um pequeno verme achatado que vive em ambientes de água-doce), a única cavidade corporal é o intestino, revestido pela endoderme. Por outro lado, nos animais que possuem celoma ele nem sempre é uma cavidade inteiramente revestida pela mesoderme. Nos vermes nematelmintos (por exemplo, a lombriga, um dos mais conhecidos desse grupo), a cavidade geral do corpo é um *pseudoceloma*. Isso porque a mesoderme reveste apenas a parede corporal interna, deixando de fazê-lo na endoderme que circunda o intestino desses animais. Celoma verdadeiro, ou seja, cavidade revestida inteiramente por mesoderme, existe apenas nos animais *eucelomados* (ou celomados verdadeiros), representados, hoje, por componentes dos moluscos (caramujos), anelídeos (minhocas), artrópodes (baratas e pernilongos), equinodermos (ouriços e estrelas-do-mar) e cordados (homem, galinha, anfioxo).

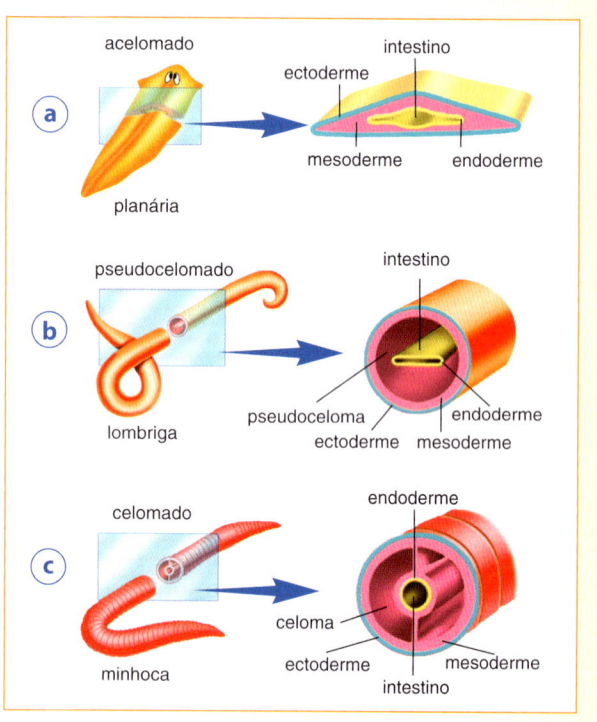

Os animais triblásticos podem ser (a) acelomados, (b) pseudocelomados ou (c) celomados verdadeiros.

OS ANEXOS EMBRIONÁRIOS: ADAPTAÇÃO AO MEIO TERRESTRE

Na maioria dos répteis, em todas as aves e em alguns mamíferos ovíparos (ornitorrinco e equidna), o desenvolvimento embrionário ocorre inteiramente no interior de um ovo dotado de *casca protetora calcária porosa*, que permite a ocorrência de trocas gasosas. Nos mamíferos placentários, o desenvolvimento ocorre no interior do corpo materno, dentro de um útero. A efetiva conquista do meio terrestre pelos vertebrados, iniciada pelos répteis, envolveu a ocorrência de fecundação interna e o desenvolvimento de estruturas associadas ao embrião, os **anexos embrionários**, características que se repetem nas aves e nos mamíferos. Os anexos são o **âmnio**, o **cório**, o **saco vitelínico** e a **alantoide** (veja a Figura 11-9). Embora não façam parte do corpo embrionário, são indispensáveis para o desenvolvimento do embrião, exercendo várias funções.

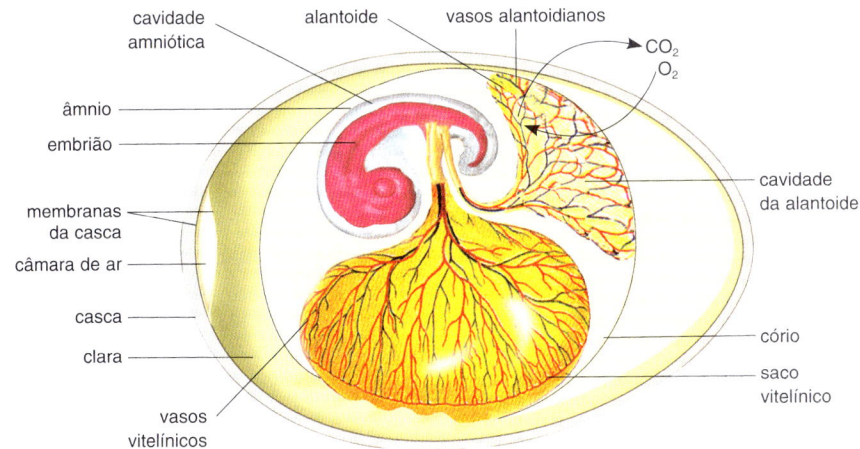

Figura 11-9. Esquema de ovo de réptil ou ave. Observe os anexos embrionários: saco vitelínico, âmnio, cório e alantoide. A casca, e suas membranas, e a clara são secretadas pelo oviduto. O saco vitelínico, também chamado de vesícula vitelínica, é a membrana extraembrionária que envolve a gema original.

Diferenciando-se a mesoderme e o tubo neural, parte dos folhetos germinativos desenvolve-se formando uma membrana que envolve toda a gema, constituindo (membrana + gema) o **saco vitelínico**, um anexo embrionário, que permanece ligado ao intestino do embrião. À medida que este se desenvolve, há o consumo do vitelo e, consequentemente, o saco vitelínico vai se reduzindo até desaparecer.

Além do saco vitelínico, todos os répteis e aves apresentam outros três anexos embrionários: a alantoide, o âmnio e o cório (veja a Figura 11-10).

> A vesícula vitelínica ocorre em peixes, mas não em anfíbios. No desenvolvimento embrionário de sapos e rãs, o vitelo fica contido no interior de macrômeros e os nutrientes resultantes da digestão enzimática são distribuídos para as demais células.

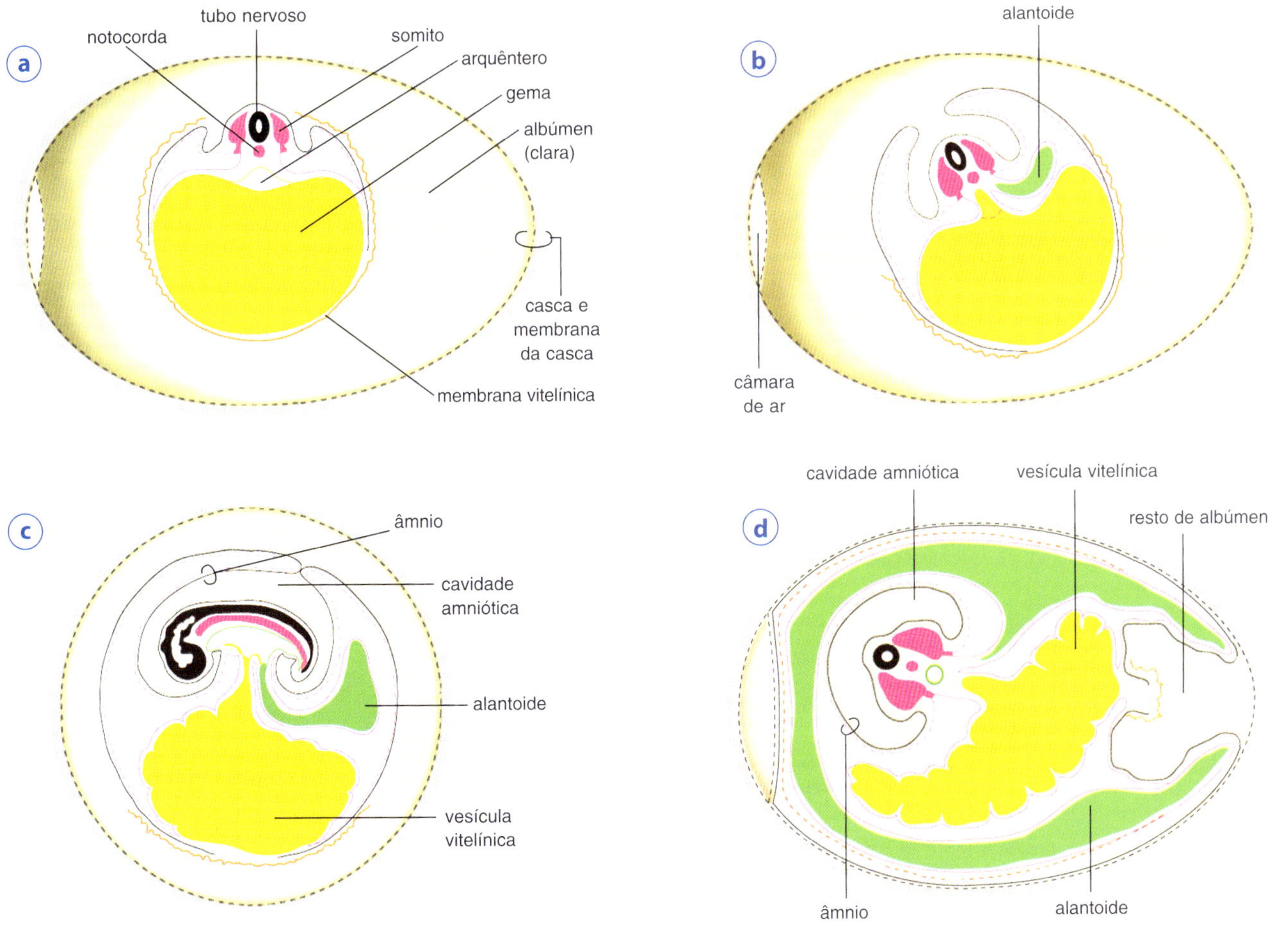

Figura 11-10. (a-b) Observe que as regiões laterais do disco embrionário formam dobras que se elevam e recobrem dorsalmente o embrião, criando uma bolsa, cujo revestimento é formado por ectoderme mais mesoderme. (c-d) Com o desenvolvimento do embrião, há um aumento da alantoide e uma redução da vesícula vitelínica.

Embriologia animal 233

A **alantoide** surge como um divertículo do intestino do embrião e aumenta consideravelmente de tamanho durante o desenvolvimento embrionário. Está intimamente relacionado às funções de:

- *armazenar os produtos de excreção* produzidos pelo embrião (ácido úrico);
- *transferir parte dos sais de cálcio*, presentes na casca, para o embrião, que utilizará esses sais na formação de seu esqueleto;
- *trocas gasosas da respiração* – o O_2 passa da câmara de ar para a alantoide e desta para o embrião, enquanto o CO_2 produzido percorre o caminho inverso;
- *transferir* para o embrião as *proteínas* presentes na clara.

Quanto ao **âmnio**, é uma membrana que envolve o embrião. Entre ela e o embrião há uma cavidade (amniótica) preenchida pelo líquido amniótico. Âmnio mais cavidade amniótica formam a chamada **vesícula amniótica**. Seu papel é *amortecer os choques*, além de constituir *um meio líquido de desenvolvimento* e permitir a *flutuação e a mobilidade* do embrião. Ao final do desenvolvimento de répteis e aves, todo o líquido da cavidade amniótica foi absorvido pelo animal.

O último dos anexos embrionários é a **serosa** ou **cório**, membrana que circunda o âmnio, a alantoide e o saco vitelínico e fica justaposta à membrana da casca. A princípio, entre ela e os demais anexos existe uma cavidade. Porém, com o desenvolvimento do embrião, essa cavidade passa a ser ocupada pela alantoide. Quando o ovo eclode, o âmnio, a alantoide e o cório são eliminados juntamente com a casca.

Fique por dentro!

No desenvolvimento embrionário das aves, os ovos são chocados. O calor emanado da fêmea (às vezes, do macho) é fundamental para o desenvolvimento desses animais, pois trata-se de homeotermos, cuja temperatura corporal deve permanecer relativamente constante. Assim, para que durante o desenvolvimento embrionário as reações enzimáticas do metabolismo ocorram satisfatoriamente, essa temperatura deve ser mantida. Nas aves, assim como nos répteis, não há fase larval.

Concluído o desenvolvimento, o jovem indivíduo, com as características do adulto, quebra a casca e sai do ovo.

MAMÍFEROS: SURGE A PLACENTA

Na maioria dos mamíferos, o desenvolvimento embrionário ocorre no interior do corpo materno, dentro de um órgão musculoso, o **útero**. Excetuando os mamíferos que botam ovos (ornitorrinco e equidna), todos os demais formam uma **placenta**, órgão constituído pela parede interna vascularizada do útero (endométrio) e por estruturas derivadas do trofoblasto ou trofoderme embrionário (nos mamíferos, nome dado à camada mais externa de revestimento do embrião). Alimentos, oxigênio, anticorpos e hormônios passam do sangue materno para o embrionário, pela placenta, que, em troca, transfere para a mãe as excretas e o gás carbônico.

No homem, o ovo é do tipo oligolécito e a segmentação (clivagem) é total e igual, logo se formando a fase de mórula. Atingida essa fase, o embrião ingressa na cavidade uterina. No interior dessa cavidade, surge a fase correspondente à blástula, que, nos mamíferos, é denominada de *blastocisto*. Nesse estádio, o embrião é dotado de uma camada externa de células, o *trofoblasto*, que envolve um aglomerado interno de células, a *massa celular interna*. Cabe a essa massa celular a formação do corpo do embrião, enquanto o trofoblasto será o responsável pela penetração do embrião no interior do *endométrio* (a camada interna da parede uterina) e pela organização da parte embrionária da placenta. Veja a Figura 11-11.

No embrião humano, o trofoblasto e a mesoderme extraembrionária formam o **cório**. Esse duplo revestimento é responsável pela organização das **vilosidades coriônicas**, que invadem o endométrio uterino; o blastocisto, então, aprofunda-se nesse endométrio. À medida que a invasão prossegue, os vasos e glândulas do endométrio podem ser corroídos por enzimas embrionárias e o sangue materno acaba jorrando nas lacunas que estão se formando. Essas lacunas fornecem a nutrição inicial e oxigênio ao embrião. No entanto, os sangues materno e embrionário não se misturam. Existe uma barreira separando-os, constituída pela parede das vilosidades.

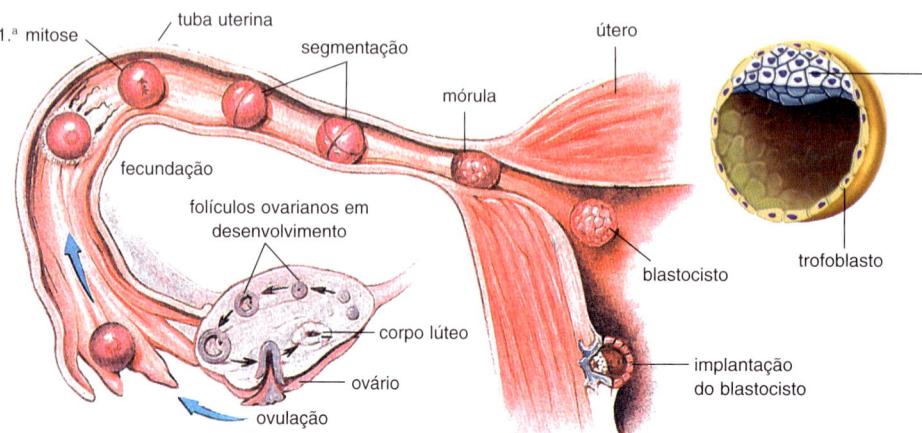

Figura 11-11. Início do desenvolvimento embrionário humano. O blastocisto – constituído da *massa celular interna* e do *trofoblasto* – se implanta no endométrio uterino. As células dessa camada de revestimento organizam a parte embrionária da placenta.

Como se pode notar, a placenta é construída com a participação de tecidos maternos e embrionários. Ao contrário do que se poderia pensar, a placenta não envolve o embrião. Essa função é exercida pelo **âmnio** (bolsa d'água), dentro do qual o embrião fica imerso. Esse anexo, cuja origem estudamos anteriormente, é muito desenvolvido nos mamíferos. O cório adere ao âmnio e ambos contornam a cavidade amniótica, preenchida pelo *líquido amniótico* (veja a Figura 11-12).

Nos mamíferos placentários, o saco vitelínico e a alantoide possuem pequeno tamanho e deixam de exercer a função desempenhada em répteis e aves. Contribuem, no entanto, para a formação do **cordão umbilical**, uma espécie de pedúnculo que liga a placenta ao embrião e é forrado pela membrana do âmnio, que reveste o saco vitelínico e a alantoide regredidos. No interior do cordão umbilical, duas artérias conduzem sangue do embrião para a mãe, enquanto uma veia transporta sangue em sentido contrário. Veja as Figuras 11-12 e 11-13.

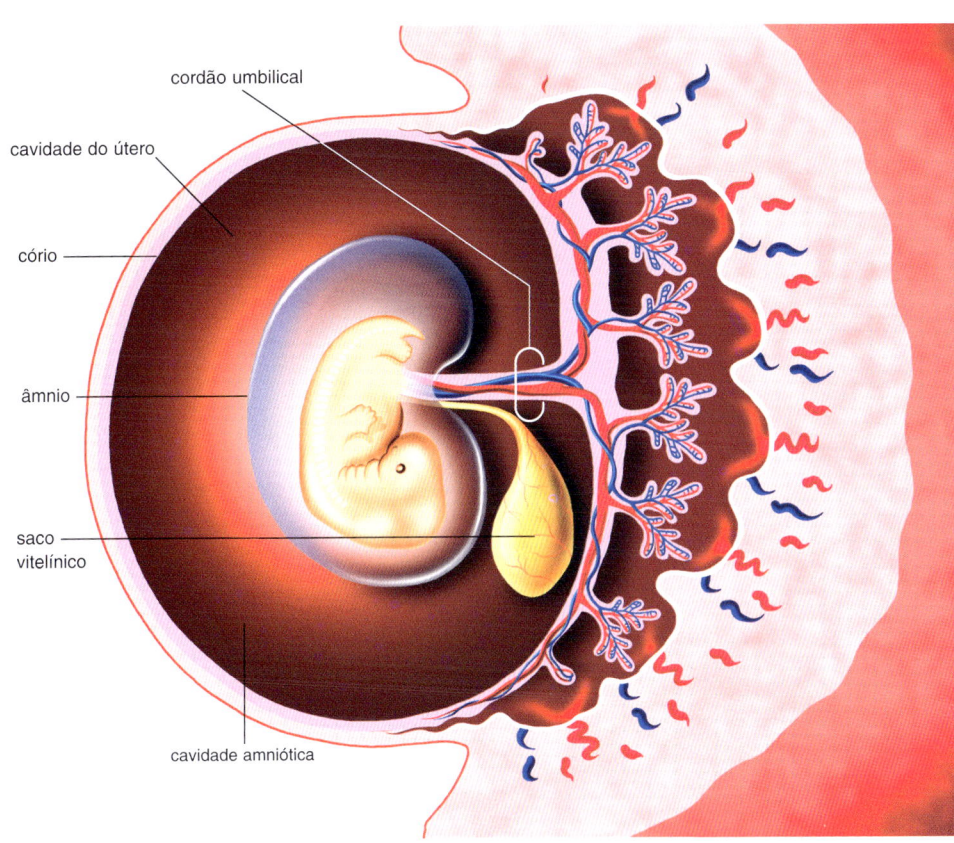

Figura 11-12. O feto humano ocupa a cavidade uterina. É banhado pelo líquido amniótico contido na cavidade do âmnio, cuja membrana acabará por encostar no cório à medida que o crescimento prosseguir. O saco vitelínico e a alantoide possuem tamanho reduzido, porém contribuem para a formação do cordão umbilical. A placenta também secreta hormônios que contribuem para a manutenção da gravidez.

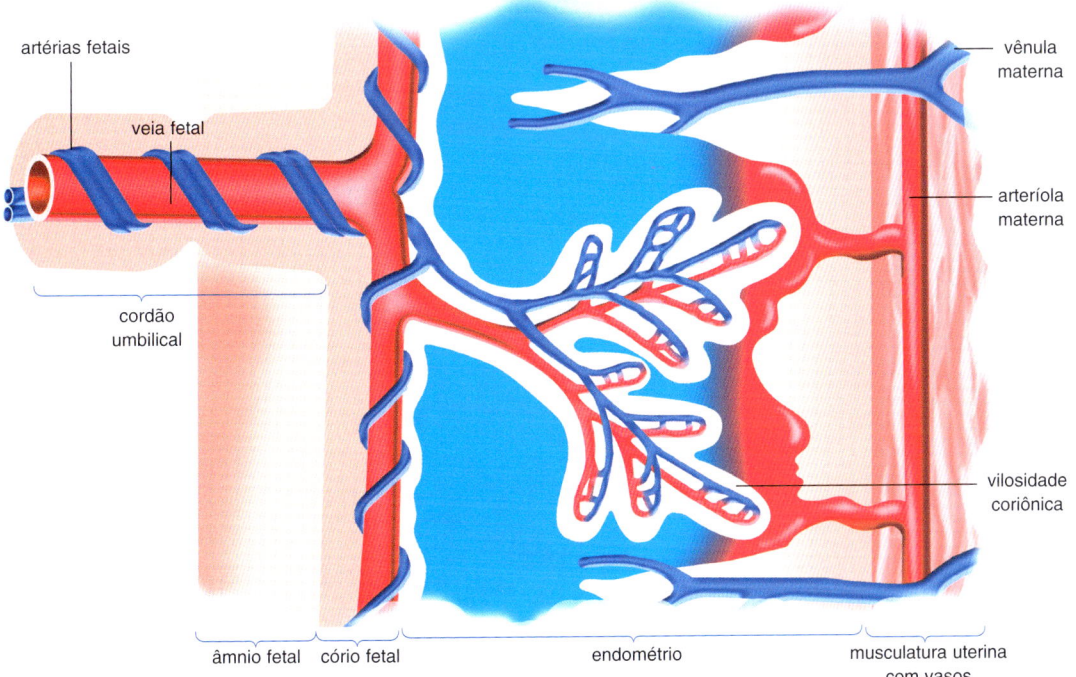

Figura 11-13. Detalhe esquemático dos vasos sanguíneos no cordão umbilical e nas vilosidades coriônicas. Observe, também, à direita, os vasos da parede uterina.

A ciência por trás do fato!

Existe relação entre o volume da barriga de uma mulher grávida e o sexo do bebê?

Muita gente acredita que, dependendo do volume da barriga de uma mulher grávida, é possível prever o sexo do recém-nascido. Será que isso é verdade? Antes de responder, pense no seguinte: o tamanho de uma pessoa depende da carga genética herdada dos pais e dos avós – portanto, há homens pequenos e mulheres pequenas, bem como homens e mulheres grandes também – e o estado nutricional da gestante é um fator importante a ser considerado.

Claro que nos tempos em que não havia os métodos diagnósticos baseados em imagens – a ultrassonografia, por exemplo – qualquer pessoa, utilizando critérios puramente aleatórios, poderia fazer a previsão que bem entendesse. Embora muita gente garanta que médicos experientes, de tanto atender gestantes, acabam acertando, o bom senso indica que se trata meramente de um palpite.

O melhor mesmo, se você conhecer alguma mulher grávida que lhe dirija essa pergunta, é recomendar-lhe que procure fazer as consultas de rotina no período pré-natal e, certamente, o médico que a atender solicitará a ela que faça os exames necessários que possibilitem o reconhecimento do sexo do futuro recém-nascido. E, aí, é só comprar as roupas de cores adequadas e festejar bastante.

Pense nisso

Síndrome alcoólica fetal

Você já ouviu falar na síndrome alcoólica fetal? Fique tranquilo, a maioria das pessoas também não conhece este problema tão importante que pode acometer fetos de mães que ingerem álcool durante a gestação. Para se ter uma noção da gravidade do problema, a Organização Mundial da Saúde (OMS) revela que, a cada ano, nascem entre 10 mil e 15 mil bebês afetados em algum grau por esta síndrome, que tem, como características, a presença de malformações, atraso mental e deficiências orgânicas. Ainda de acordo com as estatísticas da OMS, dentre todos os casos de bebês que apresentam defeitos congênitos ao nascer, aproximadamente 20% são devidos ao consumo de alguma bebida alcoólica pela mãe.

Engana-se quem pensa que só as gestantes com problemas de alcoolismo ou que ingerem grande quantidade de bebida é que correm mais riscos. Hoje, sabe-se que qualquer quantidade de álcool pode comprometer o desenvolvimento do feto. Isso porque as bebidas alcoólicas chegam à criança através da corrente sanguínea da mãe, só que a mulher, adulta, consegue eliminar duas vezes mais rapidamente o álcool do organismo do que o feto, forçando seus órgãos ainda em formação a realizar a mesma tarefa.

CÉLULAS-TRONCO: A ESPERANÇA DA MEDICINA

A cura ou a simples melhora de inúmeras doenças humanas – dentre elas as que afetam o coração, o cérebro, o pâncreas e muitos outros órgãos – conta com a esperança do desenvolvimento da *terapia* com **células-tronco**.

Células-tronco são células *indiferenciadas* (não especializadas), *autorrenováveis* (multiplicam-se constantemente gerando novas células-tronco) e capazes de originar, por *diferenciação*, as células dos diversos tecidos do organismo humano.

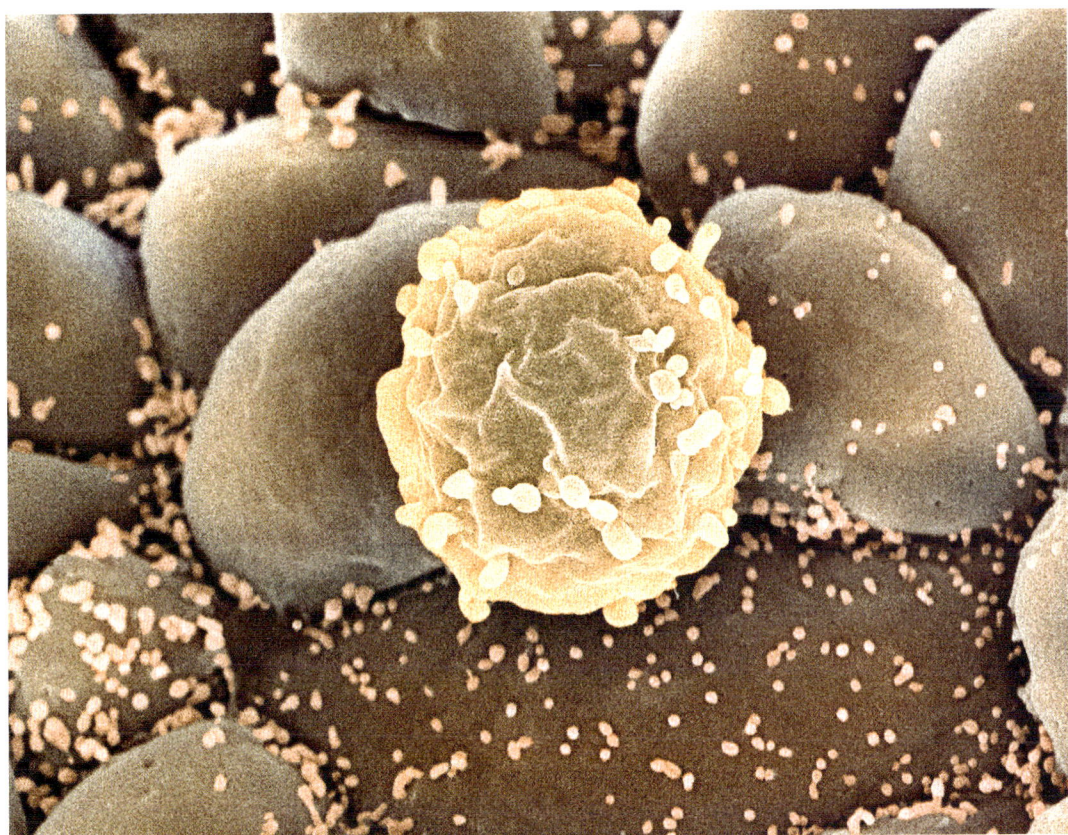

Células-tronco embrionárias (micrografia eletrônica de varredura). O tipo de célula em que se diferenciam depende de estímulos (sinais) bioquímicos recebidos pelas células imaturas.

A Potência e a Obtenção de Células-tronco

A célula-tronco prototípica é o *zigoto*. É uma célula *totipotente* (do latim, *totus* = todo) da qual resultam *todas* as células do organismo. Ao longo do desenvolvimento embrionário humano, os blastômeros resultantes da segmentação do zigoto organizam-se em mórula e, depois, em blastocisto. Dessa última estrutura, mais propriamente da *massa celular interna*, é que se obtêm as chamadas *células-tronco embrionárias*, que são consideradas *pluripotentes* (do latim *plus, pluris* = mais) ou *multipotentes* (do latim, *multus* = abundante, numeroso). São células de potência menor, relativamente ao zigoto, mas que ainda são capazes de gerar as células de todos os tecidos humanos.

Outras fontes de células-tronco utilizáveis para fins terapêuticos são as que se encontram no *cordão umbilical* e na *medula óssea vermelha*. São células de potência menor e, de maneira geral, capazes de gerar apenas elementos sanguíneos. Costuma-se denominá-las de *células-tronco adultas* e, mais recentemente, tem-se aceito a denominação de *células-tronco pós-natais* (obtidas após o nascimento do indivíduo).

Sabe-se que em muitos outros tecidos e órgãos existem *células-tronco residentes adultas*. É o caso da epiderme, tecido muscular, tecido nervoso, pâncreas, fígado, revestimento do intestino etc., porém, de difícil acesso e extração. Por isso, atualmente, para fins de terapia, prefere-se a utilização das células-tronco embrionárias ou, na impossibilidade de seu uso por vários motivos, as originadas da medula óssea e do cordão umbilical.

Saiba mais

A utilização de células diferenciadas visando à obtenção de células-tronco já é uma realidade. Cientistas têm reprogramado células já diferenciadas, no sentido de fazê-las voltar ao estágio indiferenciado. Tais células, denominadas **células-tronco pluripotentes induzidas** (da sigla em inglês iPS), são obtidas por meio da utilização de vários mecanismos. Dentre eles, a inserção de moléculas de RNA em vírus modificados, que direcionam essas moléculas a certos locais do genoma da célula diferenciada, fazendo-a retornar ao estágio indiferenciado e, assim, possibilitando a sua utilização como células-tronco para fins terapêuticos.

Fonte: Nature, Research Highlights, London, v. 467, n. 7.316, p. 637, Oct. 2010.

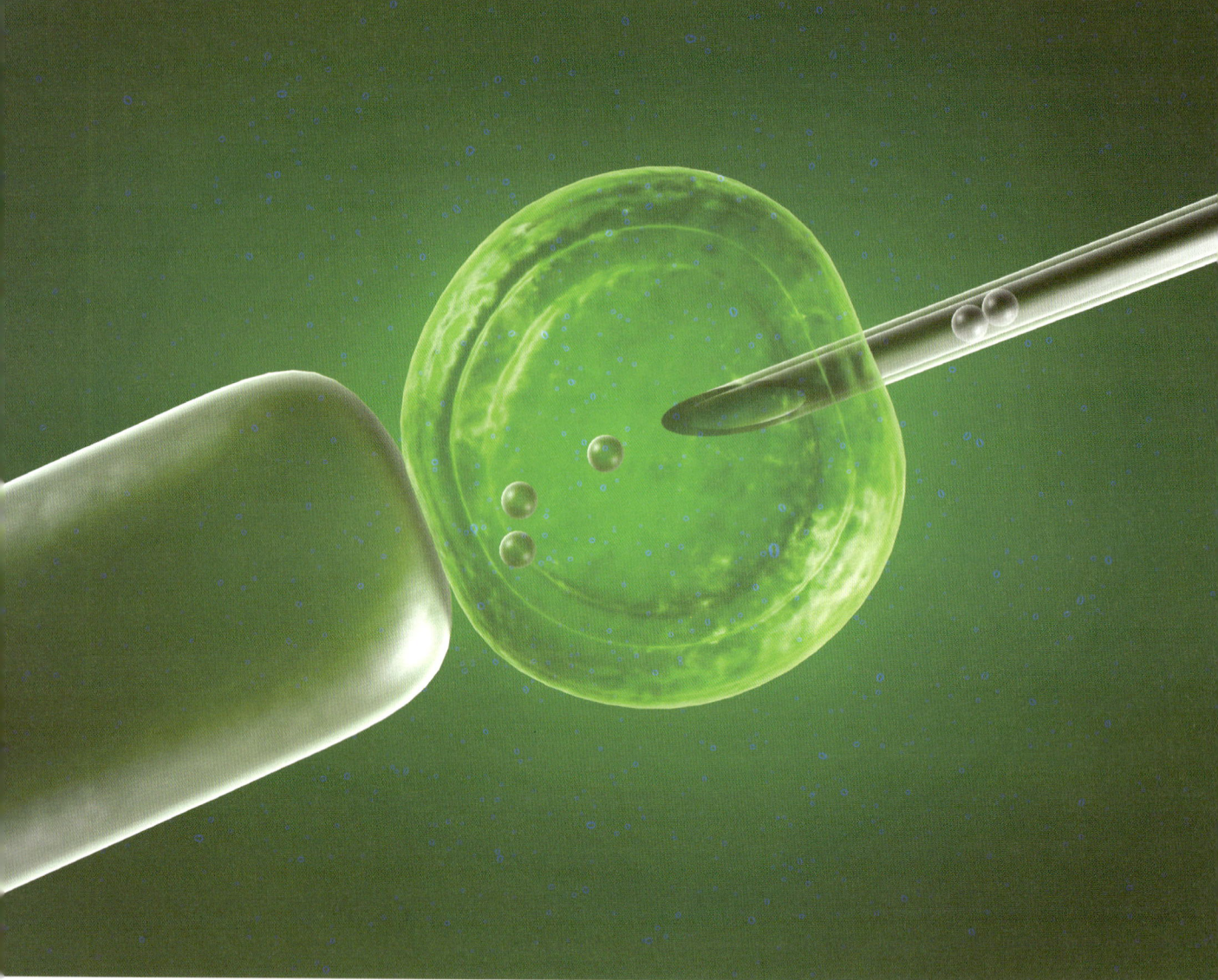

PANTHERMEDIA/KEYDISC

Aspectos Éticos, Religiosos e Políticos da Utilização das Células-tronco Embrionárias

Sem dúvida, as melhores células-tronco são as embrionárias, provenientes do blastocisto (massa celular interna). No entanto, a sua extração resulta em morte do embrião. É válido provocar a morte do embrião, ao se retirar dele as células-tronco embrionárias, para tentar corrigir uma lesão no coração, uma lesão cerebral resultante de acidente vascular ou a degeneração do tecido nervoso característica do mal de Alzheimer? Para muitos, a resposta é não. Aí é que surgem os aspectos éticos, religiosos e políticos resultantes da utilização dessas células. Muitos países, entre eles o nosso, proíbem a utilização de embriões recém-produzidos para fins de extração de células-tronco embrionárias. No Brasil, a Lei de Biossegurança autoriza o uso de células-tronco apenas de embriões congelados há 3,5 anos ou mais em clínicas de fertilização artificial, já que, após certo tempo, esses embriões não seriam mais viáveis e, portanto, descartados.

As Alternativas: a Procura de Células-tronco Éticas

Várias pesquisas têm sido feitas no sentido de aprimorar o uso de células-tronco de cordão umbilical e de medula óssea, que, como vimos, têm potencial limitado. No Brasil, alguns procedimentos estão em andamento e, segundo os seus executores, com resultados ainda incertos.

Outra alternativa refere-se à técnica de *transferência nuclear*. Por meio dessa técnica, frequentemente denominada de *clonagem terapêutica*, retira-se o núcleo de uma célula somática (de pele, por exemplo) e se faz a sua transferência para o citoplasma de um ovócito do qual se extraiu o núcleo (ovócito enucleado). Claro que, nesse caso, é necessário recorrer a uma doadora de ovócitos, procedimento também envolvido por problemas éticos. A célula assim obtida é estimulada a se dividir, gerando células-tronco que poderiam ser utilizadas para fins terapêuticos. As objeções levantadas por pessoas contrárias a essa técnica referem-se à eventual possibilidade de se efetuar a chamada *clonagem reprodutiva*. A célula obtida geraria um embrião que poderia originar um clone do indivíduo doador do núcleo.

Estão em andamento pesquisas que extraem blastômeros (células resultantes da segmentação do zigoto) de mórula, no sentido de se gerar um conjunto de células-tronco sem interferir na sobrevivência do embrião. Em muitas clínicas de fertilização artificial é comum o procedimento de se retirar um blastômero na fase em que o embrião possui de 8 a 10 células. Qual é a proposta dos cientistas? Uma vez obtido o blastômero, ele é cultivado em meio apropriado e estimulado a se dividir. Uma das células seria destinada ao chamado Diagnóstico Genético de Pré-implantação (DGP). É feita uma análise genética, em que se verifica a existência de alguma anomalia. Não existindo, o embrião é implantado no útero da doadora. A outra célula seria estimulada a se dividir várias vezes, gerando uma linhagem de células-tronco. Como se pode perceber, tal procedimento não afetaria a sobrevivência do embrião. Espera-se, assim, por meio dessa técnica, resolver os obstáculos éticos ao uso de células-tronco embrionárias. Veja a Figura 11-14.

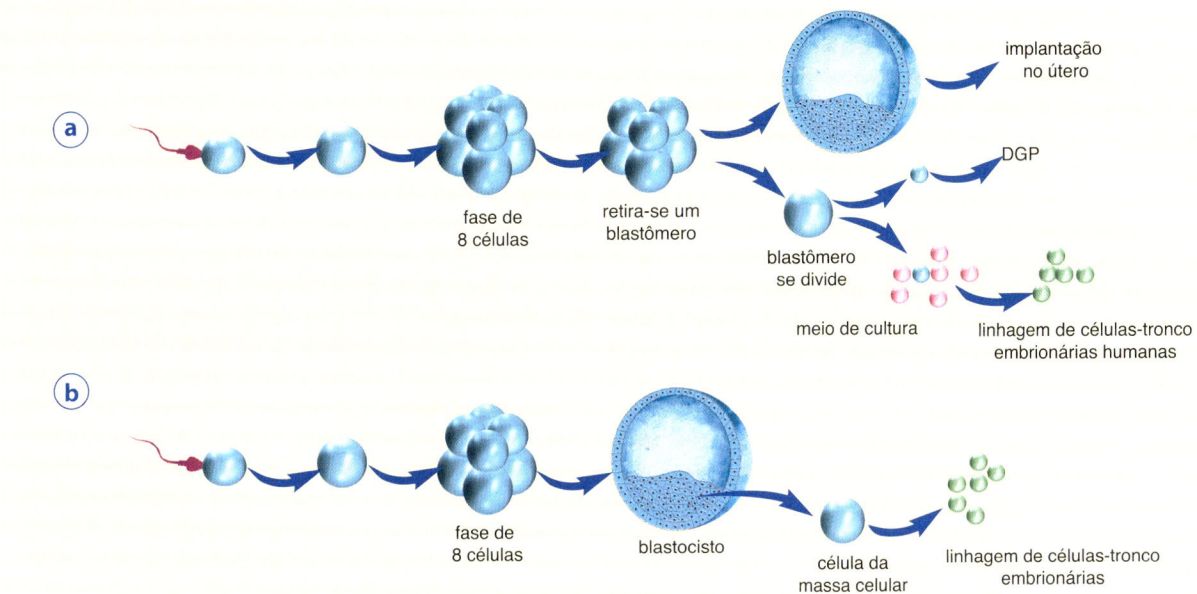

Figura 11-14. Esquema da técnica de produção de células-tronco (a) a partir de um blastômero e (b) a partir da massa interna celular. Neste caso, são obtidas as melhores células-tronco, porém levam à destruição do blastocisto.

Fique por dentro!

Os meios de comunicação (jornais e telejornais) frequentemente fazem referência a esse polêmico assunto e divulgam novidades a respeito de novas fontes de células-tronco. Acompanhe esses relatos e tente formar uma opinião a respeito. É um tema que veio para ficar. É uma esperança para muitas pessoas que têm, na utilização dessas células, uma perspectiva de remediar o sofrimento delas e dos familiares.

Ética & Sociedade

Uma questão polêmica

Hoje em dia, todo o mundo já ouviu falar de células-tronco. São células que têm sido apontadas como as grandes armas para a cura de inúmeras doenças em um futuro próximo como, por exemplo, diabetes, infarto cardíaco e mal de Alzheimer.

As pesquisas com células-tronco têm levantado muita polêmica, principalmente com relação às células embrionárias. A maior fonte de células-tronco embrionárias são os embriões que não foram utilizados nos processos de fertilização artificial, porém, para a remoção dessas células, é preciso destruí-los. Essa discussão tem dividido a sociedade: alguns acham que esses embriões devem ser utilizados para a pesquisa, uma vez que os resultados poderiam trazer muitos benefícios e cura de várias doenças; outros acreditam que a vida se inicia na fecundação e que a destruição desses embriões significa acabar com uma vida humana.

E você, o que acha? É a favor ou contra o uso, nessas pesquisas, de embriões que não foram utilizados nos processos de fertilização?

Passo a passo

1. A vida animal começa com uma célula. Depois, surgem duas, quatro, oito e assim sucessivamente. Ao longo do desenvolvimento, as células se diferenciam, formam-se tecidos, órgãos e sistemas. O processo se completa ao se originar o novo ser. Esse texto é a descrição resumida do processo de origem de seres vivos pluricelulares animais.

   a) Qual é o processo? Como ele se inicia?
   b) Qual a área da Biologia que se encarrega de seu estudo? Como conceituar essa área da Biologia?

Texto para as questões 2 e 3

"Para haver fecundação, o espermatozoide humano precisa superar "barreiras" que envolvem o ovócito. Substâncias liberadas pelo acrossomo favorecem a penetração do espermatozoide. Uma sequência de eventos garante o ingresso de apenas um espermatozoide. É uma reação do ovócito que evita a polispermia. A seguir, o acontecimento fundamental: o encontro dos núcleos. Com a formação do zigoto, é dado o pontapé inicial para o desenvolvimento embrionário."

2. Com base nas informações do texto:

   a) Cite e descreva as "barreiras" que envolvem o ovócito.
   b) Que substâncias liberadas pelo acrossomo atuam no processo de superação das barreiras? Como se denomina essa fase do encontro gamético, em que o espermatozoide abre caminho em direção ao citoplasma do ovócito?

3. Ainda com base no texto, responda:

   a) Como se denomina o ingresso de apenas um espermatozoide no citoplasma do ovócito? O que significa reação cortical?
   b) Como se denomina o encontro dos núcleos masculino e feminino? Que substâncias e organelas citoplasmáticas ovulares entram em atividade com a formação do zigoto?

4. "O desenvolvimento embrionário do anfioxo é o modelo de estudo da embriologia. Esse pequeno animal marinho pertence ao grupo dos Cordados. A fecundação é externa. Reservas existentes no zigoto garantem o desenvolvimento do embrião."

   A respeito desse tema, responda:

   a) Qual a denominação dada ao conjunto das reservas nutritivas que garantem o desenvolvimento embrionário e qual a sua origem? Qual a localização dessas reservas na célula-ovo do anfioxo? Como é designado esse ovo?
   b) Cite os demais tipos de ovos relacionados no texto desse capítulo e o grupo animal em que são encontrados. Faça a comparação desses ovos com o do anfioxo, relativamente à quantidade de reservas nutritivas e sua localização.

5. Começa o desenvolvimento embrionário. O zigoto se divide por mitose e origina duas células geneticamente equivalentes.

   a) Como é designada essa primeira etapa do desenvolvimento embrionário? Como são denominadas as células-filhas?
   b) Compare essa primeira etapa nos ovos de anfioxo, equinodermos (e também no ovo humano) e anfíbios. Como ela é designada?
   c) Como é designada essa primeira etapa nos ovos de aves (ou répteis) e de insetos?

As ilustrações a seguir representam fases iniciais do desenvolvimento embrionário do anfioxo. Utilize-as para responder aos itens das questões **6** e **7**.

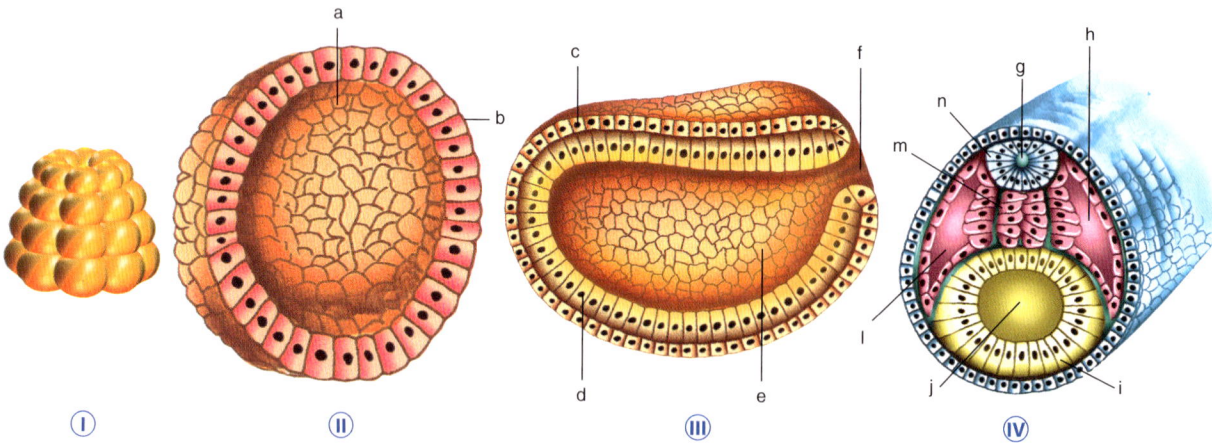

6. Com base nas ilustrações, responda:

   a) Que fases estão representadas nas ilustrações I, II, III e IV?
   b) Cite a característica principal de cada uma dessas fases.

7. Ainda tendo como base as ilustrações:

   a) Reconheça as camadas ou cavidades apontadas pelas setas. Na fase IV, qual a posição da notocorda, em relação ao tubo nervoso dorsal?
   b) Como é denominado o movimento de células característico da fase III, que conduz à formação dos folhetos embrionários primordiais?

8. A ilustração a seguir representa uma das fases do desenvolvimento embrionário de um anfíbio.

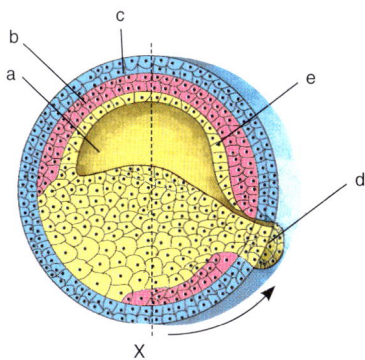

a) Qual a fase representada? Reconheça as estruturas e a cavidade apontadas pelas setas.
b) Como se denomina o tipo de movimento celular que culmina na origem dos folhetos germinativos?

9. As ilustrações a seguir representam uma das fases do desenvolvimento embrionário de aves e mamíferos.

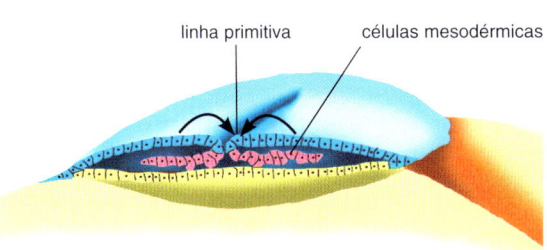

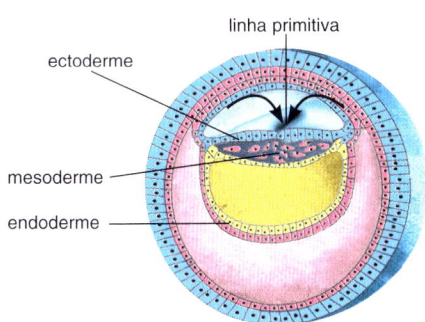

a) Qual a fase representada?
b) Como são denominados os movimentos celulares que culminam com a formação dos folhetos germinativos primordiais? Quais são os folhetos germinativos primordiais?

10. Na figura abaixo, que representa o embrião de cordado em uma determinada fase do desenvolvimento, cite os nomes das estruturas numeradas de 1 a 9.

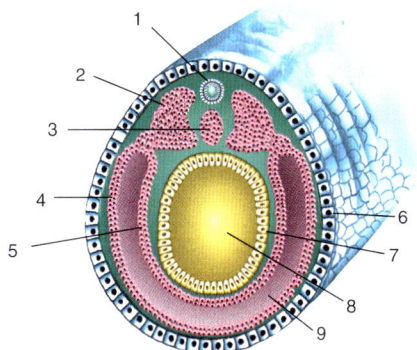

A ilustração a seguir representa um esquema de embrião de anfioxo em fase final do desenvolvimento. Utilize-a para responder aos itens das questões **11** e **12**.

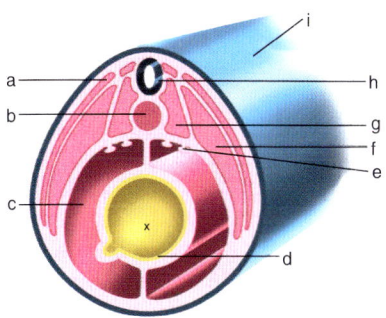

11. Com relação a essa ilustração:
   a) Cite as letras correspondentes aos derivados mesodérmicos.
   b) Que folhetos embrionários são apontados pelas setas *d* e *i*?

12. Ainda com base na ilustração acima, responda:
   a) Que seta aponta o tubo neural? De qual folheto germinativo ele é derivado?
   b) Que cavidade é apontada pela letra *c*? Que folheto foi responsável pela sua formação? Que cavidade é representada pela letra X? Que folheto é responsável pelo revestimento dessa cavidade?

13. Relativamente ao número de folhetos embrionários primordiais, os animais podem ser *diploblásticos* ou *triploblásticos*. Utilizando os seus conhecimentos sobre o assunto:
   a) Explique o significado desses termos. Quais folhetos embrionários existem em cada caso?
   b) Cite os grupos animais que se enquadram em cada uma dessas categorias.

14. O destino do *blastóporo* é outro critério utilizado para caracterizar os grupos de animais triploblásticos. Nesse caso, eles podem ser divididos em *protostômios* e *deuterostômios*. Com relação a essa caracterização:
   a) Explique o significado dos termos *protostômios* e *deuterostômios*.
   b) Cite os grupos animais que se enquadram em cada uma dessas categorias.

15. Utilizando o critério *existência de celoma verdadeiro*, os animais triploblásticos podem ser classificados em *acelomados*, *pseudocelomados* e *eucelomados (celomados verdadeiros)*. Com base nesse critério embriológico de classificação animal:
   a) Explique o significado desses termos.
   b) Cite os grupos animais que se enquadram em cada uma dessas categorias.

16. A ilustração se refere a um ovo de ave ou réptil, com um embrião em desenvolvimento. Nota-se a existência de anexos embrionários. Relativamente a essa ilustração:

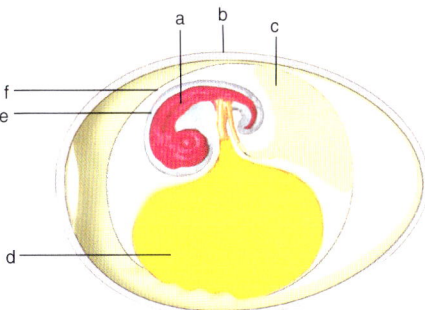

a) Reconheça as estruturas apontadas pelas setas.
b) Qual o significado de *anexo embrionário*? Cite pelo menos uma função desempenhada por ele.

Embriologia animal **241**

17. A ilustração representa, esquematicamente, uma fase do desenvolvimento embrionário humano.

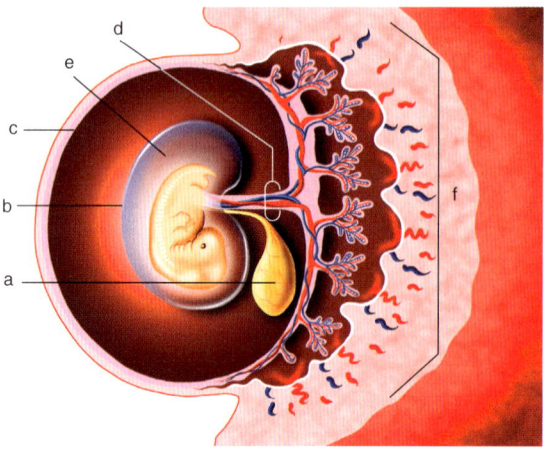

a) Reconheça o que está apontado pelas setas.
b) Que órgão substitui os papéis desempenhados pela alantoide e pelo saco vitelínico nas aves e nos répteis? Nesse órgão, através de quais estruturas ocorrem as trocas entre o sangue materno e o sangue fetal? Por que se diz que esse é um órgão de dupla natureza?

18. A ilustração é o esquema de um embrião humano com aproximadamente uma semana de idade.

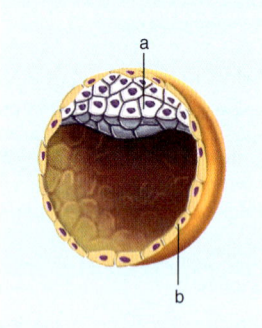

a) Reconheça as estruturas apontadas pelas setas. Qual o destino das células presentes nessas estruturas? Que fase do desenvolvimento embrionário está representada?
b) De qual dessas estruturas podem ser extraídas células-tronco com finalidade terapêutica?

19. As células-tronco constituem uma esperança de cura ou melhora de várias doenças humanas. São indiferenciadas, auto-renováveis e capazes de gerar as células, que, por meio do processo de diferenciação, constituirão as células de diversos tecidos humanos. Estas células podem, habitualmente, ser obtidas:

a) do sangue do cordão umbilical e da medula óssea, apenas.
b) da massa celular interna do embrião e da medula óssea, apenas.
c) da medula óssea, do trofoblasto embrionário e do sangue do cordão umbilical.
d) da massa celular interna do embrião, do sangue do cordão umbilical e da medula óssea.
e) do sangue do cordão umbilical, da massa celular interna e do trofoblasto embrionário.

20. *Questão de interpretação de texto*

Cientistas da UFRJ (Universidade Federal do Rio de Janeiro) desenvolveram um método para regenerar o pulmão de pacientes com asma, usando células-tronco obtidas da medula óssea. As células-tronco do teste – injetadas no pulmão por meio da traqueia – conseguiram reconstruir com sucesso células lesadas do revestimento pulmonar. Aparentemente, tais células-tronco tanto podem produzir substâncias que facilitam a regeneração celular quanto, em alguns casos, assumir o papel das células que tinham sumido.

Adaptado de: MIRANDA, J. UFRJ vai usar célula-tronco contra asma.
Folha de S.Paulo, São Paulo, 27 ago. 2010.
Caderno Ciência, p. A22.

Utilizando as informações do texto e os seus conhecimentos sobre o assunto, responda:

a) O que são células-tronco? De que fontes mais comuns podem ser obtidas? Qual a célula-tronco que é considerada prototípica?
b) O texto informa que as células-tronco obtidas no método descrito podem assumir o papel das células de revestimento pulmonar que haviam sumido devido à doença. Que nome é utilizado para simbolizar essa modificação no comportamento celular que leva a célula, por meio da ação de genes, a desempenhar uma função específica?

Questões objetivas

1. (UFPA) Em humanos, a fecundação ou fertilização é o evento responsável pela origem de um novo ser. Os principais eventos que ocorrem após a entrada do espermatozoide no óvulo são:

I – O óvulo termina a divisão meiótica, ocorre a formação do pró-núcleo feminino e a união desse com o pró-núcleo masculino.
II – O zigoto contém uma nova combinação de cromossomos diferente de ambos os pais.
III – O zigoto sofre a primeira divisão mitótica, a qual resulta na formação de dois blastômeros, que é o início do desenvolvimento embrionário.

A(s) afirmativa(s) correta(s) é(são)

a) I e II.   c) II e III.   e) I, II e III.
b) I e III.   d) somente III.

2. (UFPB) Graças ao desenvolvimento da Biologia Molecular, sabe-se que, no interior das mitocôndrias, existem moléculas de ácido desoxirribonucleico (DNA), com alguns genes relacionados à síntese de proteínas envolvidas nas etapas da respiração celular.
Mutações ocorridas nos genes mitocondriais estão associadas ao aparecimento de doenças humanas, como o mal de Alzheimer, diabetes melito e muitas outras enfermidades.
Nesses casos, essas doenças são transmitidas apenas pelas mães aos seus descendentes porque

a) essas enfermidades só ocorrem no sexo feminino.
b) a quantidade de mitocôndrias é maior nos óvulos do que nos espermatozoides.
c) as mitocôndrias dos espermatozoides desintegram-se no citoplasma dos óvulos após a fecundação.
d) as mitocôndrias são responsáveis pela produção de energia nas células.
e) as mitocôndrias nos indivíduos do sexo masculino não possuem DNA.

3. (UFMS) Considere os seguintes organismos: anfioxo (animal A); galinha (animal B); jacaré (animal C); aranha (animal D); sapo (animal E); e cão (animal F). Em função da quantidade e da distribuição do vitelo nos óvulos, é correto afirmar:

(01) O animal C apresenta óvulo do tipo alécito.

(02) O animal B apresenta óvulo do tipo telolécito.

(04) O animal A apresenta óvulo do tipo heterolécito.

(08) O animal D apresenta óvulo do tipo centrolécito.

(16) O animal E apresenta óvulo do tipo heterolécito.

(32) O animal F apresenta óvulo do tipo telolécito.

4. (UFRGS – RS) Assinale a alternativa correta a respeito dos ovos de diferentes espécies de animais.

a) Ovos de aves apresentam segmentação total, originando blastômeros de tamanhos iguais.
b) Ovos de insetos têm vitelo distribuído de forma homogênea.
c) Ovos de moluscos apresentam vitelo abundante distribuído de forma heterogênea.
d) Ovos de anfíbios apresentam segmentação total, originando blastômeros de tamanhos diferentes.
e) Ovos de mamíferos realizam mitoses na região do disco germinativo.

5. (UFRO) As etapas sequenciais no desenvolvimento dos organismos, do zigoto até o nascimento, são:

a) fecundação, crescimento, gastrulação, clivagem e organogênese.
b) fecundação, clivagem, gastrulação, organogênese e crescimento.
c) fecundação, gastrulação, crescimento, clivagem e organogênese.
d) fecundação, clivagem, crescimento, organogênese e gastrulação.
e) fecundação, gastrulação, organogênese, clivagem e crescimento.

6. (UFPE) Na figura a seguir estão ilustrados diferentes estádios do desenvolvimento embrionário do anfioxo, animal considerado padrão para o estudo de embriologia de vertebrados.

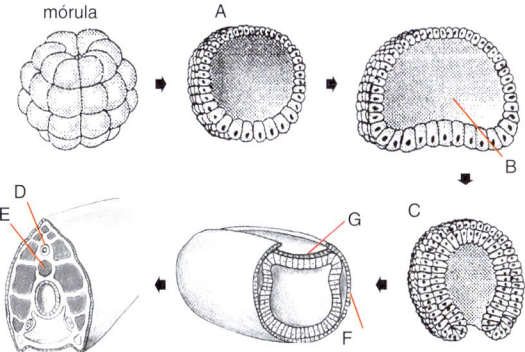

As primeiras células formadas pelas divisões do zigoto – os blastômeros – sofrem mitoses, que se sucedem com rapidez, de modo que o embrião logo se constitui em um agregado maciço de células, a mórula. Sobre este assunto, podemos afirmar:

(0) células da superfície da blástula (A) iniciam um processo de migração para o interior da blastocele (B), processo que conduzirá ao estado de gástrula.

(1) na fase de gástrula (C), as células embrionárias começam a se diferenciar nos primeiros tecidos embrionários (folhetos germinativos).

(2) na continuidade do desenvolvimento embrionário, a gástrula se alonga e o plano corporal básico se define pouco a pouco no dorso do embrião. Formam-se duas estruturas: o tubo nervoso (D) e a notocorda (E).

(3) o tubo nervoso, que originará todo o sistema nervoso do animal adulto, se origina da ectoderme (F), enquanto células da mesoderme (G) se diferenciam na notocorda.

(4) epitélio do tubo digestivo, assim como epitélios de brânquias e de pulmões, nos animais adultos (inclusive no homem) são originados a partir da endoderme.

7. (UFMS) Em relação aos folhetos embrionários, também denominados folhetos germinativos, que durante o desenvolvimento do organismo darão origem a diferentes tecidos, assinale a(s) proposição(ões) correta(s).

(01) Animais diploblásticos apresentam apenas o ectoderma e o endoderma.

(02) Os músculos apresentam origem endodérmica.

(04) Os ossos e o sistema urogenital apresentam origem mesodérmica.

(08) A fase de segmentação (clivagem) do embrião é caracterizada pela formação de uma cavidade denominada blastocele e pelo início da formação do endoderma e do ectoderma.

(16) O sistema nervoso apresenta origem ectodérmica.

(32) Animais triploblásticos apresentam somente o mesoderma e o ectoderma.

8. (UFSC) As figuras a seguir representam cortes transversais de dois momentos da organogênese, em anfioxo. Considerando as características dessa etapa do desenvolvimento embrionário e as figuras, assinale a(s) proposição(ões) **CORRETA(S)**.

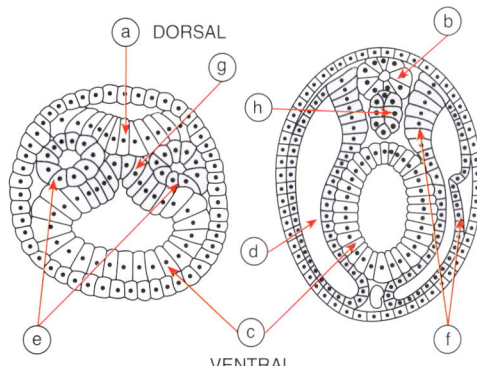

(01) A organogênese precede a mórula e caracteriza-se pela diferenciação dos órgãos a partir dos folhetos embrionários formados no período da gastrulação.

(02) A partir do achatamento da ectoderme da região dorsal do embrião, diferencia-se a placa neural (a) e, posteriormente, o tubo neural (b), que dará origem ao sistema nervoso do indivíduo.

(04) Da endoderme (c) deriva o epitélio de revestimento do tubo digestivo, exceto as cavidades oral e anal, que são formadas a partir da ectoderme.

(08) O celoma (d) é uma cavidade do embrião, derivado das bolsas mesodérmicas (e), e está delimitado pela mesoderme (f).

(16) Do teto do arquêntero (g) diferencia-se a notocorda (h), que é uma estrutura maciça, localizada na região dorsal, logo abaixo do tubo neural (b).

9. (UFPE) Nas figuras a seguir, vemos dois modelos de desenvolvimento que mostram diferenças significativas em relação aos anexos embrionários. Podemos afirmar, então, que:

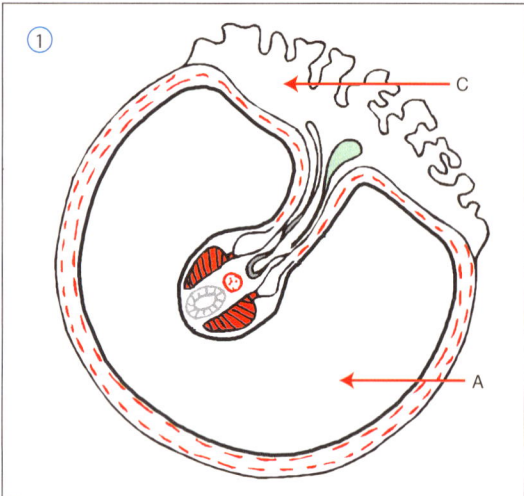
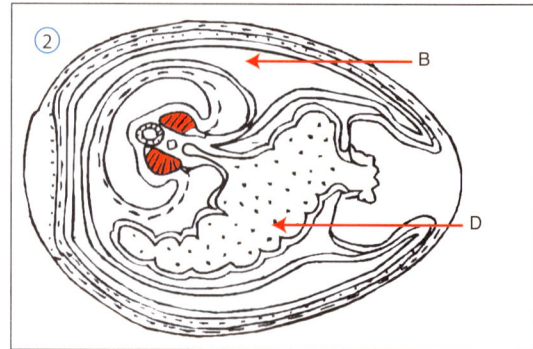

( ) na figura 1, a cavidade amniótica (A) desenvolve-se muito, envolvendo totalmente o embrião e garantindo desta forma sua nutrição.
( ) na figura 2, vemos o alantoide (B) que garante a troca de gases e o armazenamento de resíduos. Isto em répteis e aves.
( ) na figura 1, o aparecimento da placenta (C) garante as trocas gasosas e a nutrição do embrião, substituindo as funções do alantoide e da vesícula vitelínica.
( ) na figura 2, podemos observar a vesícula vitelínica (D), bastante desenvolvida, que ocupa toda a área central e garante a proteção do embrião contra choques mecânicos.
( ) as figuras apresentadas não podem ser associadas ao desenvolvimento embrionário de peixes, uma vez que estes apresentam apenas a vesícula vitelínica como anexo embrionário.

10. (UEL – PR) Analise a figura ao lado.

Com base na figura que ilustra a ovulação, fecundação e nidação (ou implantação) na espécie humana e nos conhecimentos sobre o tema, considere as afirmativas a seguir.

I – As fímbrias da tuba uterina varrem o óvulo para a ampola, onde ele será fecundado.
II – À medida que um zigoto passa pela tuba em direção ao útero, sofre uma série de divisões mitóticas originando os blastômeros.
III – Logo que se forma uma cavidade na mórula, esta é convertida em um blastômero que consiste no embrioblasto, numa cavidade blastocística e num trofoblasto.
IV – O trofoblasto formará a parte embrionária da placenta enquanto o embrioblasto corresponderá à formação do primórdio do embrião.

MOORE, K. L.; PERSAUD, T. V .N. *Embriologia clínica*. Rio de Janeiro: Elsevier, 2008, p. 41.

Assinale a alternativa CORRETA.
a) Somente as afirmativas I e II são corretas.
b) Somente as afirmativas I e III são corretas.
c) Somente as afirmativas III e IV são corretas.
d) Somente as afirmativas I, II e IV são corretas.
e) Somente as afirmativas II, III e IV são corretas.

11. (UNEMAT – MT) A reprodução é o mecanismo responsável pela perpetuação da espécie e consiste fundamentalmente no processo em que um ou os dois organismos originam um novo indivíduo.

Sobre a reprodução humana e o desenvolvimento embrionário, é correto afirmar.
a) Os espermatozoides são produzidos no epidídimo.
b) A fecundação ocorre no útero.
c) É através da placenta que o organismo materno fornece ao embrião nutrientes e oxigênio, e o embrião elimina excretas na circulação materna.
d) Após a formação do zigoto, inicia-se o processo de gastrulação, onde a célula-ovo sofre sucessivas divisões mitóticas, proporcionando um aumento significativo do número de células.
e) A segmentação é o estágio embrionário que se caracteriza pela formação dos folhetos embrionários: ectoderme, mesoderme e endoderme.

12. (UNESP) Um bebê apresenta cerca de 1 trilhão de células. Esse mesmo indivíduo, quando adulto, irá apresentar

a) menor número de células, pois, com o tempo, ocorre perda de células por apoptose.
b) menor número de células, pois, com o tempo, ocorre perda de células por descamação de superfície (pele e vias respiratória e digestória).
c) o mesmo número de células, porém elas serão maiores em decorrência de especialização, nutrientes e organelas.
d) o maior número de células, em decorrência de divisões mitóticas, que permitem o crescimento de órgãos e tecidos.
e) maior número de células, em decorrência da ingestão, na alimentação, de células animais e vegetais, as quais se somam àquelas do indivíduo.

13. (UEL – PR) Pesquisas recentes mostraram que células-tronco retiradas da medula óssea de indivíduos com problemas cardíacos foram capazes de reconstituir o músculo do coração, o que abre perspectivas de tratamento para pessoas com problemas cardíacos. Células-tronco também podem ser utilizadas no tratamento de doenças genéticas, como as doenças neuromusculares degenerativas.

A expectativa em torno da utilização das células-tronco decorre do fato de que essas células

a) incorporam o genoma do tecido lesionado, desligando os genes deletérios.
b) eliminam os genes causadores da doença no tecido lesionado, reproduzindo-se com facilidade.
c) alteram a constituição genética do tecido lesionado, pelo alto grau de especialização.
d) sofrem diferenciação, tornando-se parte integrante e funcional do tecido lesionado.
e) fundem-se com o tecido lesionado, eliminando as possibilidades de rejeição imunológica.

14. (UFRGS – RS) "O aproveitamento dos embriões nas pesquisas científicas com células-tronco é infinitamente mais útil e nobre do que seu descarte vão", declarou a ministra Ellen Gracie, do Supremo Tribunal Federal (STF).

Adaptado de: Veja, 4 jun. 2008.

Considere as seguintes afirmações sobre o uso de células-tronco embrionárias.

I – Os embriões devem estar congelados há mais de três anos.
II – A retirada de células-tronco fica limitada àquelas que não comprometam o desenvolvimento embrionário.
III – A utilização dos embriões depende do consetimento dos genitores.

Quais estão de acordo com o artigo 5.º da Lei de Biossegurança, que regulamenta o uso de células-tronco embrionárias para a pesquisa científica, ratificado pelo STF em 2008?

a) Apenas I.
b) Apenas II.
c) Apenas I e III.
d) Apenas II e III.
e) I, II e III.

15. (UFPR) Os métodos de reprodução assistida vêm se popularizando e sendo tecnicamente aprimorados. À medida que o sucesso desses métodos aumenta, a frequência de gestações múltiplas decorrentes da fertilização *in vitro* vem diminuindo, embora ainda apresente taxas acima da média, quando comparada à fertilização natural. Com relação aos motivos do aumento de incidência de gestações múltiplas após a fertilização *in vitro*, considere as seguintes afirmativas:

1. A grande proporção de gametas masculinos em relação aos femininos disponíveis *in vitro* aumenta as chances de polispermia, ou seja, de que mais de um espermatozoide fecunde o mesmo ovócito.

2. A separação das células da massa celular interna do blastocisto produz duas populações de células totipotentes, sendo que cada uma dessas populações irá originar um organismo completo. Substâncias presentes no meio de cultura estimulam essa separação em taxa acima do esperado naturalmente.

3. Geralmente, são transferidos mais de um concepto para o útero, para aumentar as chances de sucesso do procedimento *in vitro*. Assim, com frequência, múltiplos conceptos desenvolvem-se e chegam a termo.

4. A implantação do único zigoto produzido pela fertilização com frequência estimula mecanicamente a dissociação das células de massa celular interna do blastocisto, gerando células totipotentes que se desenvolverão em organismos completos.

Assinale a alternativa correta.

a) Somente a afirmativa 3 é verdadeira.
b) Somente as afirmativas 2 e 3 são verdadeiras.
c) Somente as afirmativas 1 e 4 são verdadeiras.
d) Somente as afirmativas 1, 3 e 4 são verdadeiras.
e) Somente as afirmativas 1 e 2 são verdadeiras.

Questões dissertativas

1. (UFF – RJ) Os seres vivos apresentam diferenças importantes no desenvolvimento embrionário. Quanto à distribuição do vitelo, os ovos são classificados em oligolécitos, heterolécitos, telolécitos e centrolécitos.

a) Complete a figura abaixo, identificando sua origem (humano, anfíbio, ave e artrópode) na caixa 1 e sua classificação na caixa 2 (oligolécito, heterolécito, telolécito, centrolécito).

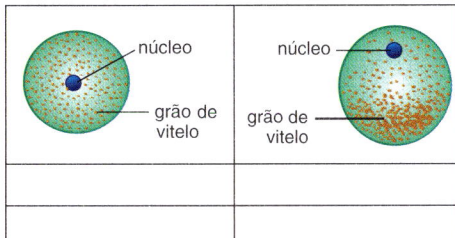
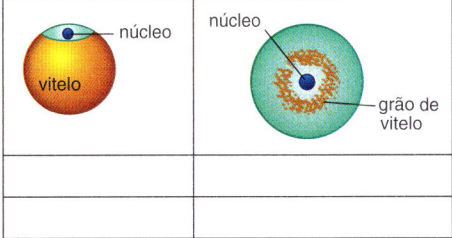

b) Classifique os ovos dos seres humanos, anfíbios, aves e artrópodes, respectivamente, quanto à segmentação.

2. (UFJF – MG) O desenvolvimento embrionário dos animais envolve três processos celulares fundamentais: multiplicação, crescimento e especialização. As figuras abaixo ilustram algumas etapas desse desenvolvimento:

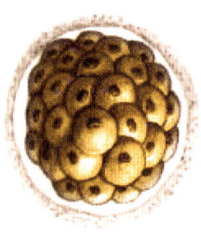  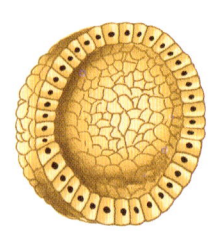 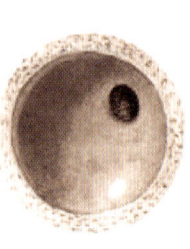 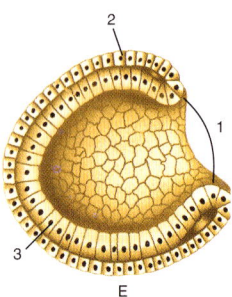

A   B   C   D   E

a) Ordene corretamente, em sequência cronológica, as etapas, numerando-as e identificando cada uma delas.

Sequência cronológica das etapas	Identificação das etapas
1.ª –	
2.ª –	
3.ª –	
4.ª –	
5.ª –	

b) Identifique as estruturas indicadas pelos números 1, 2 e 3 na figura **E** e cite um tecido ou órgão animal, derivado a partir de cada uma delas.

Estrutura	Tecido ou órgão derivado
1	
2	
3	

c) A figura **B** representa uma etapa do crescimento embrionário de um cordado. Você concorda com essa afirmativa? Justifique sua resposta.

3. (UNICAMP – SP) Recentemente pesquisadores brasileiros conseguiram produzir a primeira linhagem de células-tronco a partir de embrião humano. As células-tronco foram obtidas de um embrião em fase de blástula, de onde foram obtidas as células que posteriormente foram colocadas em meio de cultura para se multiplicarem.

a) As células-tronco embrionárias podem solucionar problemas de saúde atualmente incuráveis. Quais características dessas células-tronco permitem que os pesquisadores possam utilizá-las no futuro para este fim?
b) Blástula é uma etapa do desenvolvimento embrionário de todos os animais. Identifique entre as figuras abaixo qual delas corresponde à fase blástula e indique uma característica que a diferencia da fase anterior e da posterior do desenvolvimento embrionário.

    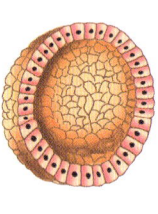 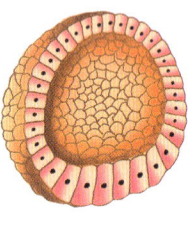

A   B   C   D   E   F

4. (UFPR) Após a fecundação, o zigoto humano passa por um período de intensa proliferação celular, denominado clivagem, originando um concepto multicelular conhecido como blastocisto. Mais tarde, esse concepto sofrerá o processo de gastrulação e prosseguirá em diversas etapas de desenvolvimento, com uma duração média total de 38 semanas contadas a partir da fecundação.

a) Em que locais do aparelho reprodutor feminino humano normalmente ocorrem a fecundação, a clivagem e a gastrulação?
b) Que partes dos embriões humanos estão formadas ao final da gastrulação?

Programa de avaliação seriada

1. (PASES – UFV – MG) Ao necropsiar um feto humano de quatro meses foram identificadas atipias na formação de células musculares, neurônios e hepatócitos. É CORRETO afirmar que houve problemas, respectivamente, no desenvolvimento dos seguintes folhetos:
a) mesoderma, ectoderma e endoderma.
b) endoderma, mesoderma e ectoderma.
c) mesoderma, endoderma e ectoderma.
d) ectoderma, endoderma e mesoderma.

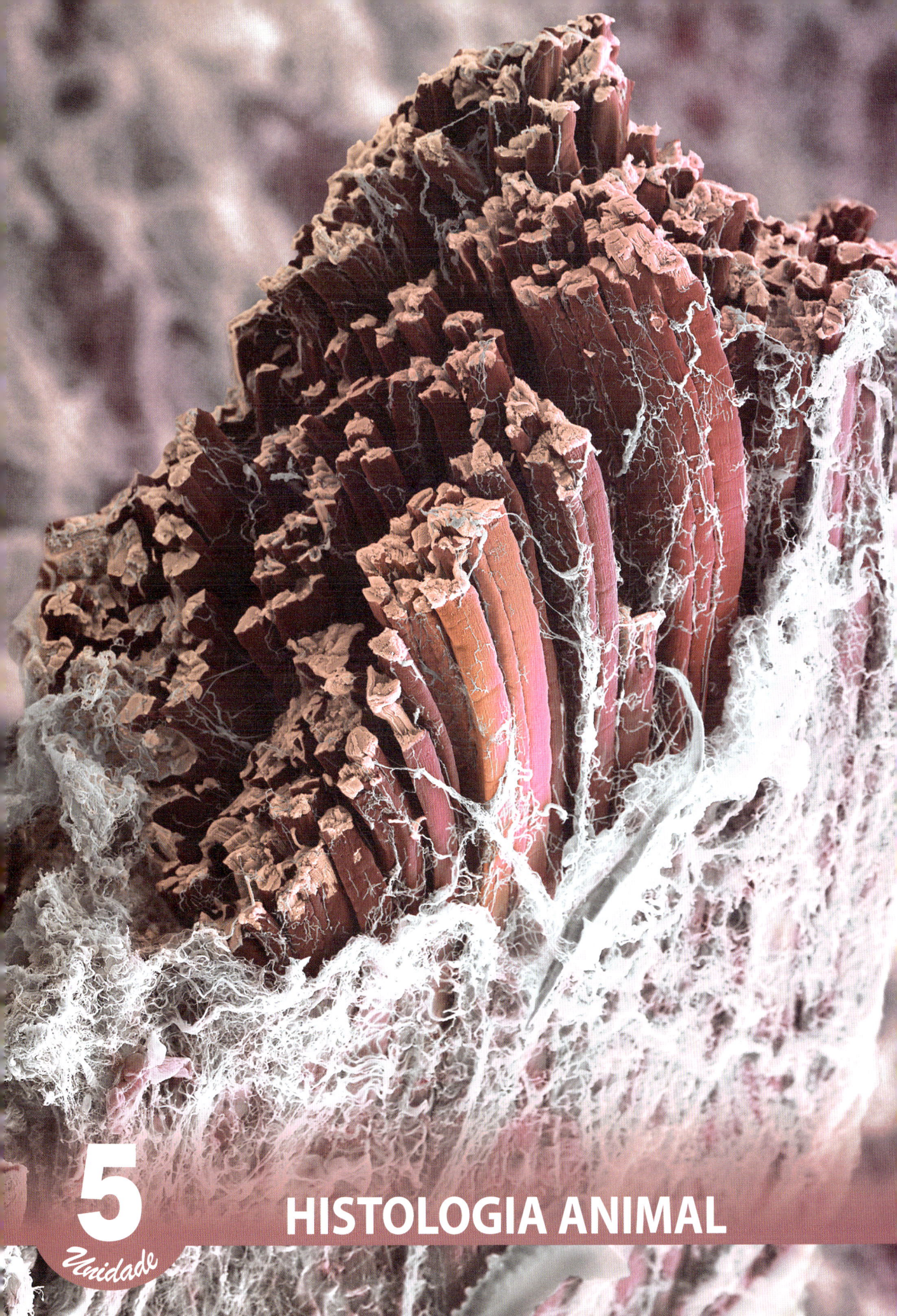

5
Unidade
HISTOLOGIA ANIMAL

Capítulo 12

Um trabalho em equipe

Diga adeus à gordura abdominal!

Que o aumento de peso é uma das principais causas de preocupação atual, isso todos nós já sabemos. Mas outro fator tem chamado a atenção dos médicos e da população de uma maneira geral: é o aumento da gordura abdominal. Afinal, quem não conhece alguém (ou até mesmo a si próprio) que está com aquela barriguinha mais saliente ou com aqueles pneuzinhos que não param de crescer?

O ganho de peso é resultado de uma série de fatores, sendo os principais o excesso na ingestão de calorias e, em um dia a dia cada vez mais corrido, a falta de exercícios físicos. A conta é simples, pois se ingerimos mais calorias do que gastamos, o excesso de energia tende a se acumular em nosso corpo na forma de tecido adiposo. Mas qual o problema do acúmulo da gordura abdominal? A gordura mais amarelada, que normalmente temos sob a pele, é bastante diferente da gordura abdominal (também chamada de gordura visceral), que apresenta uma cor mais escurecida pela presença de muitos vasos sanguíneos. Hoje se sabe que o acúmulo de gordura abdominal contribui significativamente para o aumento na chance de se desenvolver infarto, lesão na parede dos vasos sanguíneos e aumento dos trombos (coágulos).

Uma forma fácil de saber se o acúmulo de gordura abdominal é excessivo é, com o auxílio de uma fita métrica, medir a cintura na altura do umbigo (com o abdômen relaxado). Para as mulheres, o ideal é que a medida seja menor que 80 cm e para os homens, menor que 94 cm.

Histologia é o estudo dos **tecidos**. Tecidos são conjuntos de células semelhantes na forma e que desempenham o mesmo tipo de função. Esse é o conceito *tradicional* de tecido, embora seja forçoso reconhecer que, em cada um deles, existem células diferentes, como ocorre, por exemplo, com o tecido sanguíneo.

No organismo humano, costuma-se admitir a existência de quatro tecidos fundamentais: **epitelial**, **conjuntivo** (abrangendo também os tecidos ósseo, cartilaginoso e sanguíneo), **muscular** e **nervoso**. Ao tecido conjuntivo pertencem, entre outros, o tecido conjuntivo propriamente dito e os tecidos adiposo, ósseo, cartilaginoso e o hemocitopoético (ou reticular).

Em um tecido, as células trabalham integradas, como se fossem componentes de uma equipe. Do trabalho conjunto resulta a eficiente execução de uma tarefa que, juntamente com as outras, realizadas pelos demais tecidos, possibilita a sobrevivência do ser vivo e facilita a sua adaptação ao meio. É preciso lembrar, também, que a reunião de tecidos diferentes é uma característica da maioria dos órgãos humanos.

TECIDO EPITELIAL

A principal característica do tecido epitelial (epitélio) é a existência de células firmemente unidas umas às outras, com pouquíssimo espaço intercelular. Essa disposição confere grande resistência à ação de forças mecânicas que poderiam acarretar a separação das células. Os epitélios não são *vascularizados* e não sangram quando feridos. A nutrição das células se faz por difusão a partir de capilares existentes em outro tecido, o conjuntivo, adjacente ao epitélio e a ele ligado.

As duas categorias de tecido epitelial são:
- epitélio de revestimento e
- epitélio glandular.

Epitélio de Revestimento

Funciona como uma membrana que isola o organismo, ou parte dele, do meio externo. Está relacionado ao revestimento e proteção de superfícies externas (por exemplo, na pele) e internas (por exemplo, no estômago). Atua, também, na absorção de substâncias, na secreção de diversos produtos, na remoção de impurezas e pode conter vários tipos de receptores sensoriais (notadamente na pele).

Os tipos de epitélio de revestimento

Há dois tipos básicos de epitélio de revestimento: o **simples** e o **estratificado**.

No epitélio simples (*uniestratificado*), há apenas uma camada de células. É o caso do epitélio relacionado às funções de proteção, absorção e secreção, existente no intestino delgado humano.

No *estratificado* (*pluriestratificado*), há mais de uma camada de células. A epiderme – epitélio de revestimento encontrado na pele – enquadra-se nessa categoria e exerce função protetora. Na bexiga urinária existe um *epitélio estratificado de transição*, distensível, em que as células se achatam quando a bexiga está cheia.

Existe uma categoria de epitélio simples, o *pseudoestratificado*, encontrado no revestimento da traqueia e dos brônquios, em que as células parecem estar dispostas em camadas. Na verdade, há apenas um estrato de células – estas não possuem todas a mesma altura, o que dá a falsa impressão de epitélio estratificado.

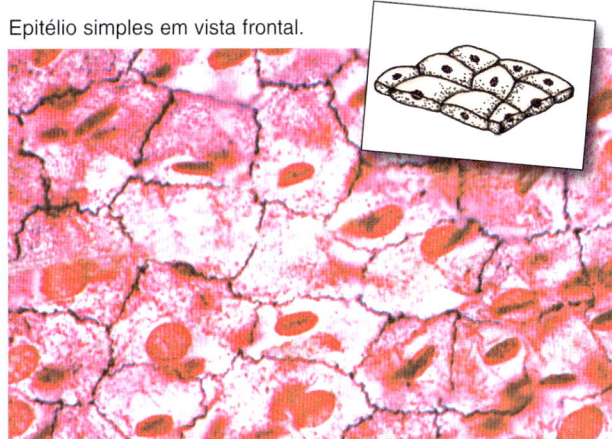
Epitélio simples em vista frontal.

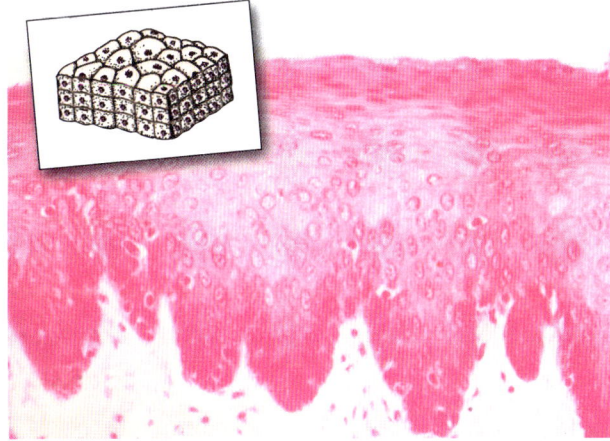
Epitélio estratificado visto em corte.

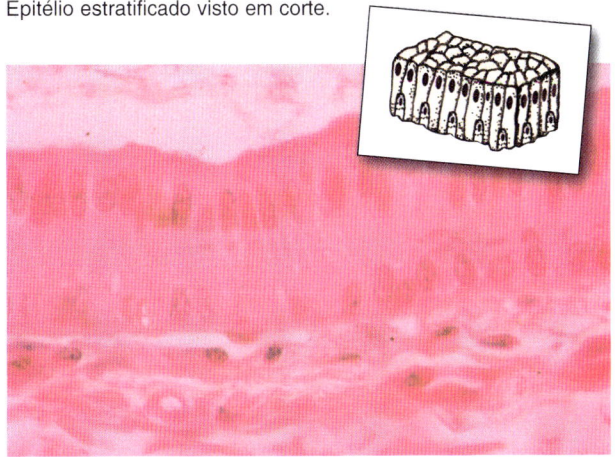
Epitélio pseudoestratificado visto em corte.

> **Saiba mais**
>
> **Os formatos celulares nos epitélios simples**
>
> Nos epitélios simples, três formas básicas de células podem ser encontradas: pavimentosa, cúbica e colunar.
>
> **Epitélio pavimentoso simples**
>
> Células achatadas e delgadas, assemelhando-se a escamas.
>
> **Local:** revestimento dos alvéolos pulmonares e do interior dos vasos sanguíneos (nesse caso, constituem uma camada conhecida como *endotélio*).
>
> **Função:** favorecem a difusão de diversos tipos de substâncias (água, gases, nutrientes etc.).
>
>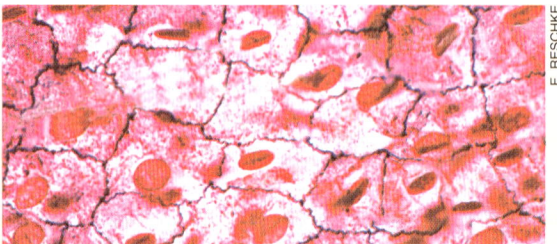
>
> Epitélio pavimentoso simples.
>
> **Epitélio cúbico simples**
>
> Células cúbicas e baixas. Ao corte transversal, são poliédricas.
>
> **Local:** revestem ductos de glândulas e os túbulos renais.
>
> **Função:** secreção ou absorção.
>
>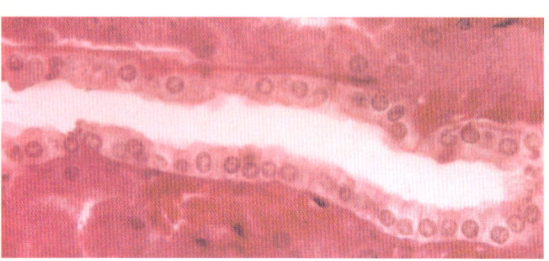
>
> Epitélio cúbico simples.
>
> **Epitélio colunar (prismático) simples**
>
> Células altas, cilíndricas e hexagonais ao corte transversal. O núcleo localiza-se geralmente na porção basal da célula. É comum a existência de células caliciformes contendo vesículas de secreção cheias de muco e complexo de Golgi bem desenvolvido. Em certos órgãos, as células possuem cílios na porção livre.
>
> **Local:** é o tipo celular do revestimento intestinal e traqueal.
>
> **Função:** absorção, secreção e remoção de partículas estranhas (traqueia).
>
>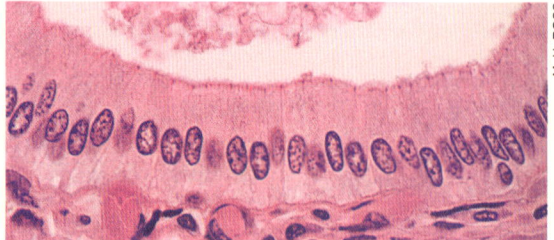
>
> Epitélio colunar simples.

Microvilosidades e cílios: especializações das células epiteliais

Microvilosidades são inúmeros pregueamentos da membrana plasmática, comuns, por exemplo, nas células do epitélio de revestimento simples do intestino. Elas *ampliam a superfície de absorção das células* (veja a Figura 12-1).

Cílios são projeções da membrana plasmática, livres, alongadas e móveis, comuns, por exemplo, no epitélio de revestimento da traqueia, onde são recobertos por muco. Batimentos coordenados e em uma só direção auxiliam a *remoção de partículas estranhas* (veja a Figura 12-2).

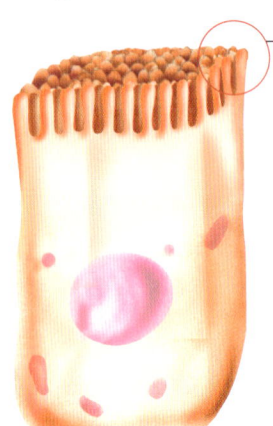

Figura 12-1. Microvilosidades ampliam a superfície de absorção.

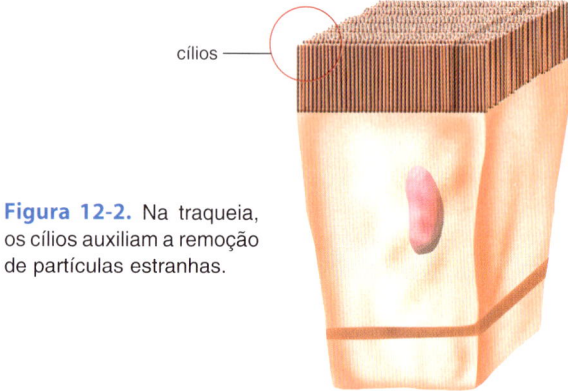

Figura 12-2. Na traqueia, os cílios auxiliam a remoção de partículas estranhas.

A União das Células no Tecido Epitelial

Estudos efetuados a partir de fotos obtidas ao microscópio eletrônico revelam, principalmente no epitélio de revestimento do intestino, a existência de um **complexo unitivo** entre as células. Desse complexo, fazem parte as estruturas chamadas **zônula de oclusão**, **desmossomo**, **junção tipo *gap*, zônula de adesão** e **hemidesmossomo** (veja a Figura 12-3 e a Tabela 12-1).

A existência dessas estruturas regula a passagem de substâncias pelo interior das células, o que resulta em um eficiente mecanismo de seleção do que pode e do que não pode ser absorvido pelos órgãos e/ou estruturas que são revestidas pelo tecido epitelial.

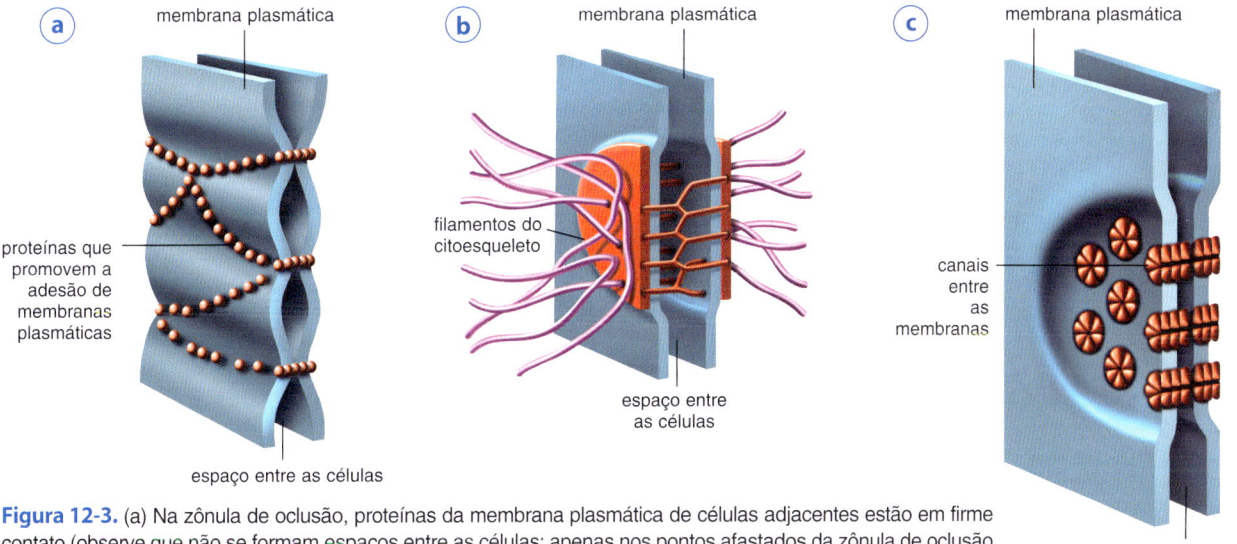

Figura 12-3. (a) Na zônula de oclusão, proteínas da membrana plasmática de células adjacentes estão em firme contato (observe que não se formam espaços entre as células; apenas nos pontos afastados da zônula de oclusão é que eles existem). (b) Note que nos desmossomos há filamentos do citoesqueleto transpassando as células adjacentes. (c) As junções tipo *gap* permitem a comunicação entre células adjacentes por meio de canalículos que possibilitam a passagem de substâncias entre essas células.

Tabela 12-1. As estruturas componentes do complexo unitivo.

Estrutura	Tipo de junção	Característica
Zônula de oclusão	Ocupa todo o perímetro celular.	As membranas plasmáticas ficam intimamente aderidas, não permanecendo nenhum espaço entre elas.
Desmossomos	Pontos de junção descontínuos.	Microfilamentos proteicos cruzam as duas células nessa região e "amarram" as membranas plasmáticas.
Junções tipo *gap*	Pontos de junção descontínuos.	Canais de comunicação entre duas células, que permitem a passagem de pequenas moléculas e íons entre elas.
Zônula de adesão	Ocupa todo o perímetro celular.	Presença de pequeno espaço entre as células; nota-se a existência de um material denso do lado de dentro da membrana plasmática.
Hemidesmossomos	Nas regiões de contato com a membrana basal.	Servem de ligação entre o epitélio e o tecido adjacente.

Célula da pele vista ao microscópio eletrônico de varredura (em laranja, núcleo central). Os filamentos que se estendem de uma célula a outra são os chamados desmossomos.

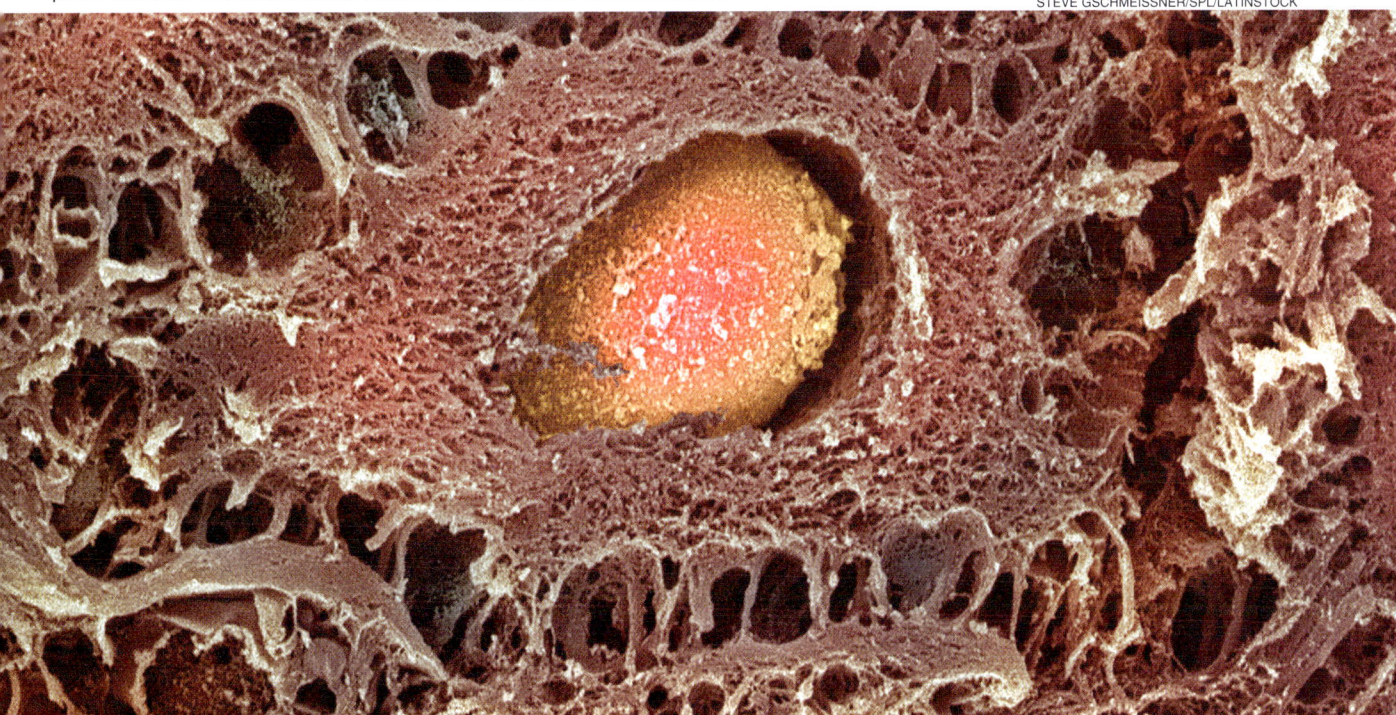

Interdigitações: aumento da superfície de contato

É comum observar-se a ocorrência de pregueamentos entre as membranas plasmáticas de duas células adjacentes. Esses pregueamentos, conhecidos como **interdigitações** (à maneira dos dedos das mãos colocados uns entre os outros), ampliam a superfície de contato entre as células e facilitam a passagem de substâncias de uma para outra (veja a Figura 12-4).

Figura 12-4. A superfície de contato entre células é ampliada por interdigitações.

Membrana basal: é sobre ela que o epitélio se assenta

Todo epitélio está assentado em um material acelular por ele produzido, a **membrana basal**, constituída de complexas substâncias de natureza polissacarídica e delicadas fibras. Na região de contato entre o epitélio e a membrana basal, frequentemente existem **hemidesmossomos** (*hemi* = metade). São estruturas que lembram um desmossomo e que são originadas apenas das células epiteliais, uma vez que a membrana basal é acelular. Acredita-se que essas estruturas sirvam de ligação entre o epitélio e algum outro tecido.

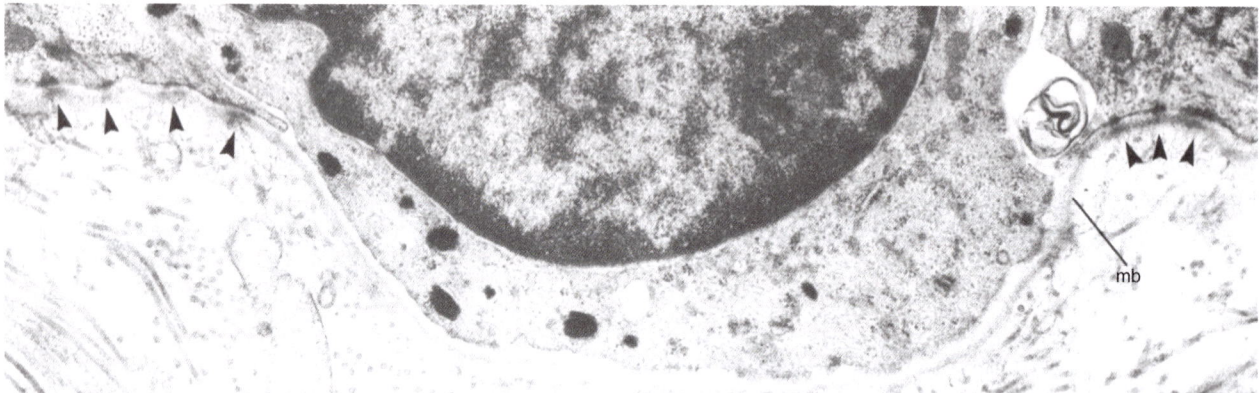

Micrografia eletrônica de epiderme humana, mostrando os hemidesmossomos (apontados por setas) e membrana basal (mb).

Epitélio Glandular: Secreção

Há dois tipos de glândulas de origem epitelial. As que têm um *ducto* através do qual saem as secreções são as **glândulas exócrinas** e as que lançam suas secreções diretamente no sangue, chamadas de **glândulas endócrinas**.

Ambos os tipos glandulares, com algumas pequenas exceções, originam-se a partir de um epitélio. As glândulas exócrinas ficam ligadas a ele através do *ducto* secretor de eliminação da secreção. Já as endócrinas separam-se do epitélio e constituem bloquinhos de células rodeadas por capilares, no interior dos quais eliminam suas secreções. Veja a Figura 12-5.

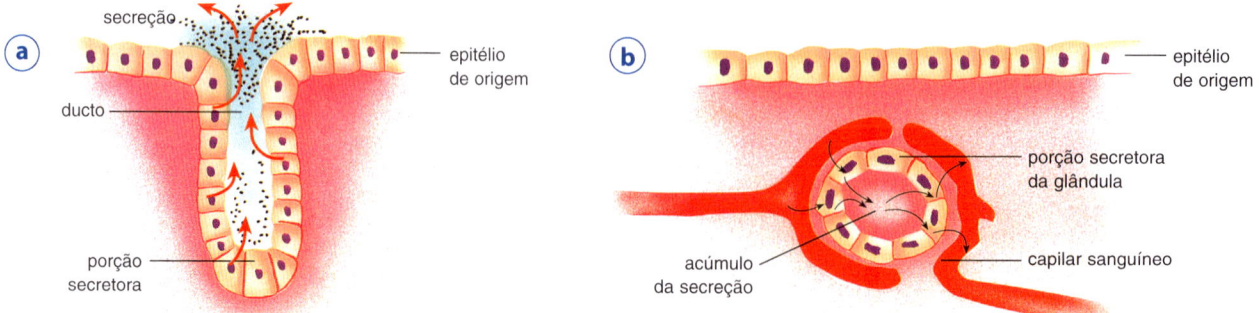

Figura 12-5. (a) Esquema de glândula exócrina. Observe que a porção secretora elimina sua secreção para o exterior através de um ducto. Já nas glândulas endócrinas (b), a porção secretora é rodeada por vasos sanguíneos que lhes fornecem substâncias. A secreção glandular é eliminada diretamente para o interior dos capilares sanguíneos.

> **Saiba mais**

Classificação das glândulas

Critérios	Classificação	Característica
Quantidade de células	Unicelulares.	Formadas por 1 só célula.
	Pluricelulares.	Formadas por várias células.
Produto de secreção	Merócrinas.	Apenas o produto de secreção é liberado. Ex.: glândulas sudoríparas.
	Holócrinas.	A célula toda é eliminada levando junto o produto de secreção. Ex.: glândulas sebáceas do couro cabeludo.
	Apócrinas.	Apenas uma pequena parte do citoplasma das células é perdida, junto com o produto de secreção. Ex.: glândulas axilares.
Natureza das secreções	Serosas.	Secreção fluida, aquosa e clara. Ex.: glândulas secretoras do pâncreas.
	Mucosas.	Secreção viscosa, grande quantidade de mucina. Ex.: glândulas salivares sublinguais.
	Seromucosas.	Secreção mista. Ex.: glândulas salivares parótidas.
Estrutura da glândula	Endócrinas.	Não têm ducto para a eliminação de secreções. Ex.: hipófise, tireoide.
	Exócrinas.	Possuem ducto por onde as secreções são lançadas para o meio externo ou para cavidades dos órgãos. Ex.: glândulas sudoríparas, fígado.

Obs.: o pâncreas é uma glândula mista, pois possui uma porção endócrina e outra exócrina.

TECIDOS CONJUNTIVOS

A principal característica dos tecidos conjuntivos é a existência de tipos diferentes de células, separadas entre si por abundante material extracelular, conhecido como **substância fundamental amorfa** (ou **matriz**).

O tecido conjuntivo, como o nome deixa claro, é um tecido de conexão entre outros tecidos. É comum também denominá-lo tecido **conectivo**.

Células do Tecido Conjuntivo

As principais células do tecido conjuntivo são: **fibroblastos**, **macrófagos**, **mastócitos** e **plasmócitos**. A Tabela 12-2 resume as características e funções dessas células.

> Conjuntivo possui o significado de "chegar junto", enquanto conectivo lembra "conexão", ligação de um tecido a outro.

Tabela 12-2. Principais características e funções das células do tecido conjuntivo.

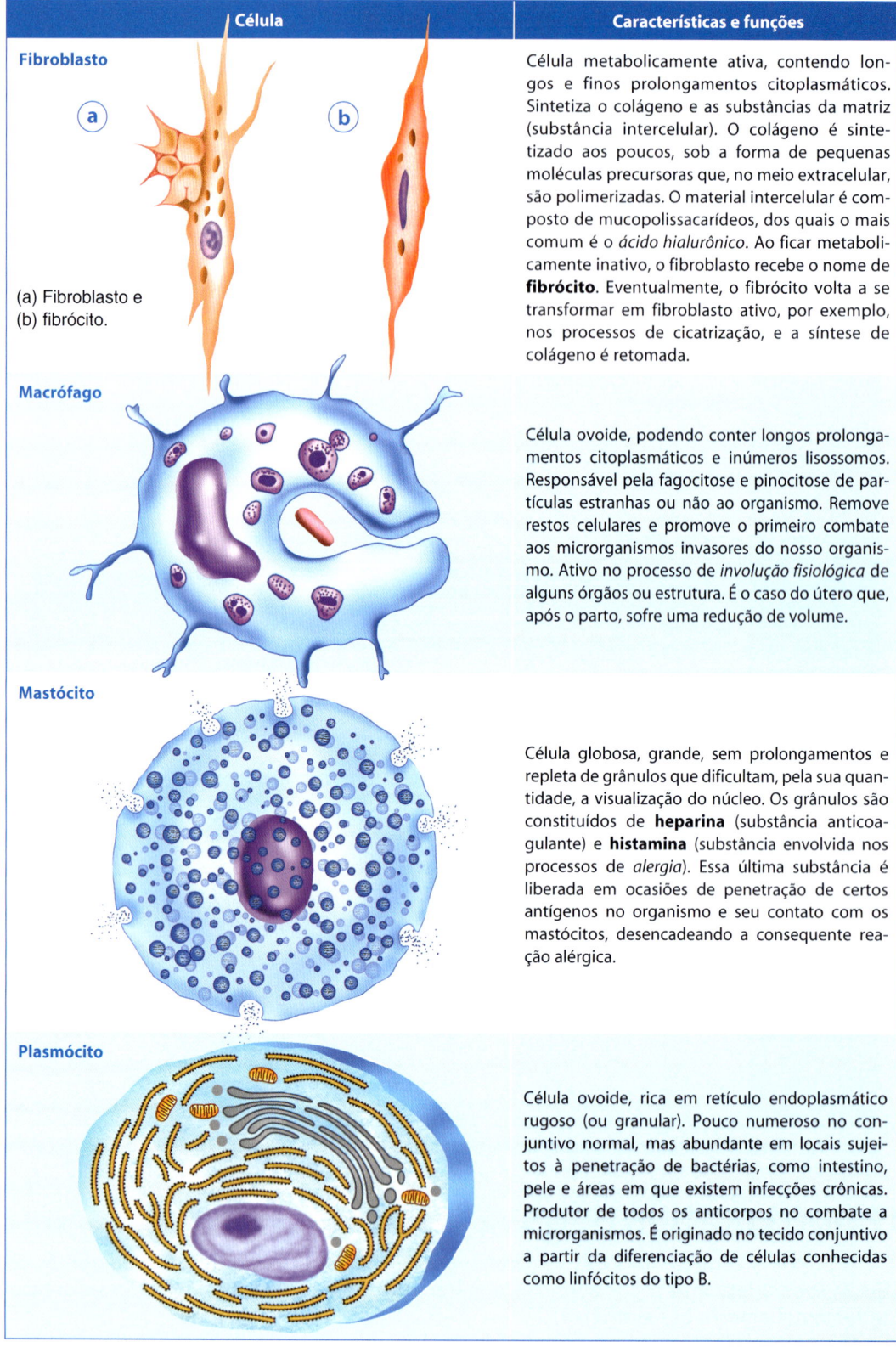

Célula	Características e funções
Fibroblasto (a) Fibroblasto e (b) fibrócito.	Célula metabolicamente ativa, contendo longos e finos prolongamentos citoplasmáticos. Sintetiza o colágeno e as substâncias da matriz (substância intercelular). O colágeno é sintetizado aos poucos, sob a forma de pequenas moléculas precursoras que, no meio extracelular, são polimerizadas. O material intercelular é composto de mucopolissacarídeos, dos quais o mais comum é o *ácido hialurônico*. Ao ficar metabolicamente inativo, o fibroblasto recebe o nome de **fibrócito**. Eventualmente, o fibrócito volta a se transformar em fibroblasto ativo, por exemplo, nos processos de cicatrização, e a síntese de colágeno é retomada.
Macrófago	Célula ovoide, podendo conter longos prolongamentos citoplasmáticos e inúmeros lisossomos. Responsável pela fagocitose e pinocitose de partículas estranhas ou não ao organismo. Remove restos celulares e promove o primeiro combate aos microrganismos invasores do nosso organismo. Ativo no processo de *involução fisiológica* de alguns órgãos ou estrutura. É o caso do útero que, após o parto, sofre uma redução de volume.
Mastócito	Célula globosa, grande, sem prolongamentos e repleta de grânulos que dificultam, pela sua quantidade, a visualização do núcleo. Os grânulos são constituídos de **heparina** (substância anticoagulante) e **histamina** (substância envolvida nos processos de *alergia*). Essa última substância é liberada em ocasiões de penetração de certos antígenos no organismo e seu contato com os mastócitos, desencadeando a consequente reação alérgica.
Plasmócito	Célula ovoide, rica em retículo endoplasmático rugoso (ou granular). Pouco numeroso no conjuntivo normal, mas abundante em locais sujeitos à penetração de bactérias, como intestino, pele e áreas em que existem infecções crônicas. Produtor de todos os anticorpos no combate a microrganismos. É originado no tecido conjuntivo a partir da diferenciação de células conhecidas como linfócitos do tipo B.

Fique por dentro!

Deficiências de vitamina C causam escorbuto, doença que envolve a degeneração do tecido conjuntivo, e os fibroblastos param de sintetizar colágeno, provavelmente por deficiência no sistema enzimático, onde a vitamina atua como coenzima.

Pense nisso

Silicose, macrófagos e lisossomos

A silicose é uma doença ocupacional que afeta os pulmões de pessoas que trabalham com cerâmica, pedreiras, jatos de areia, perfuração de poços artesianos, minas profundas, vidraçarias etc. Ao trabalharem desprotegidas, sem a utilização de máscaras apropriadas, ocorre a inalação de finíssimos cristais de sílica (SiO_2), que penetram nos alvéolos pulmonares.

Fagocitados por *macrófagos*, os cristais de sílica interagem com as membranas dos *lisossomos*, provocando a sua ruptura e a liberação de enzimas lisossômicas, que acabam por provocar a morte das células. Concomitantemente, são liberados fatores de atração de *fibroblastos* que, acumulando-se na área lesada, produzem e liberam grande quantidade de colágeno, responsável pelo quadro de fibrose pulmonar típico dessa anomalia. Outras substâncias liberadas atraem inúmeros *neutrófilos*, *linfócitos* – B e T – e *mastócitos*, o que caracteriza a reação inflamatória típica dessa doença.

A silicose progride ao longo dos anos de atividade dos trabalhadores, podendo manifestar sintomas após cerca de 20 a 30 anos. Considera-se que as lesões fibróticas produzidas podem facilitar a ocorrência de infecções bacterianas – tuberculose, por exemplo –, além de propiciar o surgimento de câncer pulmonar.

Fonte: MURRAY, J. F.; NADEL, J. A. Textbook of Respiratory Medicine. 3. ed. Philadelphia: W. B. Saunders, 2000. p. 1816.

Segundo a Fundacentro, organismo ligado ao Ministério do Trabalho e Emprego, a silicose é a pneumoconiose mais frequente no Brasil. Segundo a OIT (Organização Internacional do Trabalho), pneumoconioses são "doenças pulmonares causadas pelo acúmulo de poeira nos pulmões e reação tissular à presença dessas poeiras". Mais de 6 milhões de trabalhadores são expostos a poeiras de sílica no Brasil, sendo que, destes, cerca de 4 milhões são trabalhadores da construção civil.

Na sua opinião, que ações, tanto do governo quanto da sociedade, poderiam ser tomadas para evitar essa doença?

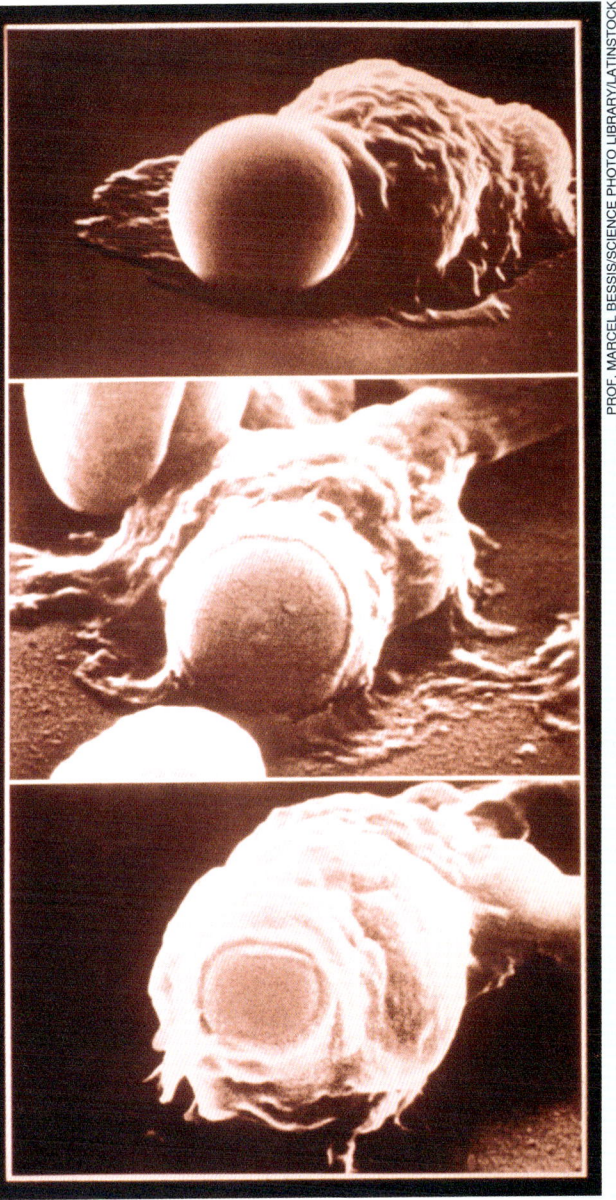

Sequência de micrografia eletrônica de varredura mostrando um macrófago ao se aproximar, emitir pseudópodos e englobar um glóbulo vermelho. Os eritrócitos vivem, em média, 120 dias e depois são retirados da circulação pelos macrófagos ou pelos neutrófilos (outro tipo de glóbulo branco).

Saiba mais

Outras células do tecido conjuntivo

Além das células estudadas (fibroblastos, macrófagos, mastócitos e plasmócitos), outras células ou elementos celulares são encontrados nos diferentes tipos de tecido conjuntivo, e cada uma com sua função. Veja a tabela ao lado.

Tipo celular	Presente(s) no tecido	Função
Adipócitos.	Adiposo.	Armazenamento de lipídios.
Condrócitos.	Cartilaginoso.	Síntese da substância intercelular da cartilagem.
Osteoblasto, osteócito e osteoclasto.	Ósseo.	Formação e reabsorção do tecido ósseo.
Glóbulos vermelhos ou eritrócitos.	Sanguíneo.	Transporte de oxigênio.
Glóbulos brancos ou leucócitos.	Sanguíneo.	Defesa do organismo.
Plaquetas ou trombócitos (fragmentos celulares).	Sanguíneo.	Coagulação sanguínea.

Fibras do Tecido Conjuntivo

O tecido conjuntivo possui numerosas fibras proteicas entremeadas com as células e a substância fundamental amorfa (ou matriz). As fibras são de três tipos: **colágenas**, **elásticas** e **reticulares**, cujas principais características constam da Tabela 12-3. Veja também a Figura 12-6.

Tabela 12-3. Principais características das fibras do tecido conjuntivo.

Fibras	Constituição química e características
Colágenas	

Constituídas da proteína *colágeno*, a mais abundante do corpo humano. Assemelhadas a cordas, as moléculas são alongadas e paralelas umas às outras, constituindo feixes. À microscopia eletrônica percebe-se que são formadas por unidades menores – as fibrilas – que, por sua vez, são constituídas por unidades ainda menores, as microfibrilas (tropocolágeno), extremamente delgadas. Fibroblastos secretam as microfibrilas de tropocolágeno, ocorrendo a polimerização fora das células para a formação das fibrilas e dos feixes colágenos. Presentes, por exemplo, nos tendões.

Elásticas

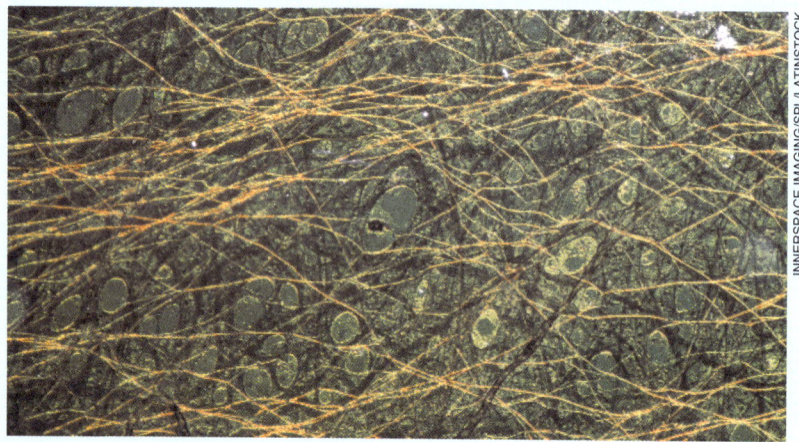

Constituídas da proteína *elastina*. À microscopia eletrônica, percebe-se que são constituídas de fibrilas, a exemplo do colágeno. Sua principal função é proporcionar elasticidade nos locais em que são encontradas. Pulmões, fígado e artérias são ricos nesse tipo de fibra. São facilmente deformadas quando sujeitas a forças de tração, mas logo retomam sua forma assim que cessa o agente gerador da deformação. Essa propriedade é útil em órgãos sujeitos à expansão de volume, como os pulmões.

Na foto, fibras elásticas em dourado. Em marrom, suprimento sanguíneo.

Reticulares

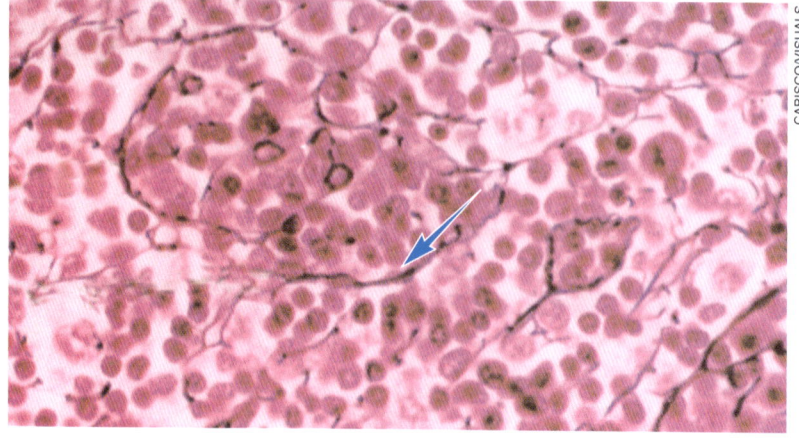

Constituídas da proteína *colágeno*, são extremamente delicadas e possuem diâmetro semelhante ao das fibrilas colágenas. Nos locais em que ocorrem, frequentemente ficam interligadas aos feixes de fibras colágenas. As fibras reticulares organizam uma trama de sustentação das células de determinados órgãos, como o baço, gânglios (linfonodos) linfáticos, fígado, rins e glândulas endócrinas.

Quantidades grandes de colágeno proporcionam pouca elasticidade ao tecido. A disposição dos feixes nos tecidos é variável. Nos tendões, como o da foto, dispõem-se em apenas uma direção. Em outros tecidos, fazem-no irregularmente, constituindo malhas difusas misturadas às células.

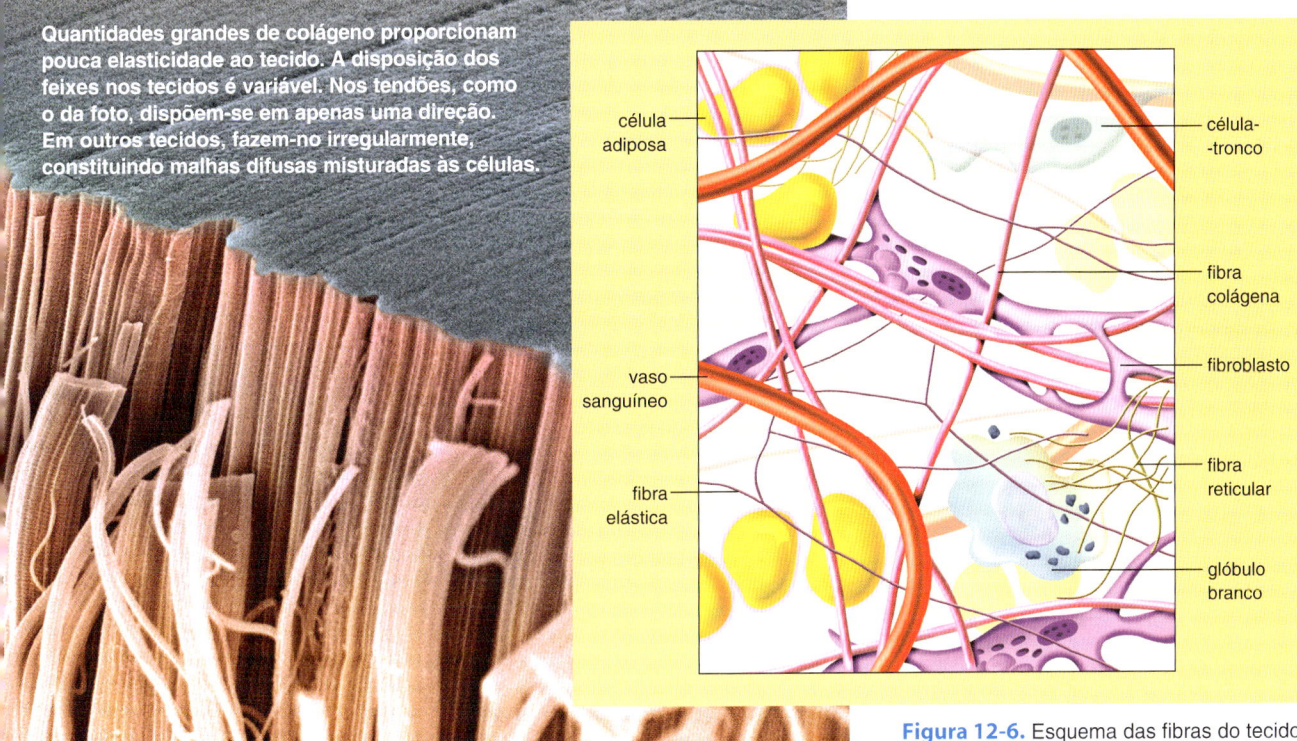

Figura 12-6. Esquema das fibras do tecido conjuntivo.

Fique por dentro!

As fibras de colágeno são assim chamadas por fornecerem, após fervura prolongada, uma gelatina que atua como cola. No estado fresco, essas fibras possuem coloração esbranquiçada. A consistência de uma carne está na dependência da quantidade de colágeno que ela possui. É válido dizer que carne de primeira tem pouco colágeno e a de terceira, muito. Associe isso com a dificuldade de mastigação.

Tendões possuem muito colágeno. Cozinhar joelho ou pé de boi, com os respectivos tendões, por longo tempo – o conhecido *mocotó* –, acaba liberando o colágeno, um alimento rico em proteínas.

Já as fibras elásticas, no estado fresco, possuem coloração amarelada. Por esse motivo, são conhecidas como fibras amarelas do tecido conjuntivo.

Classificação dos Tecidos Conjuntivos

Os termos utilizados na classificação dos tecidos conjuntivos levam em conta os componentes predominantes desses tecidos, ou seja, as células ou as fibras. A classificação que veremos a seguir, na Tabela 12-4, é resumida e, embora não seja a mais completa, serve para os nossos propósitos de descrição desse tecido.

Tabela 12-4. Características dos principais tipos de tecido conjuntivo.

Tipo			Características
T E C I D O C O N J U N T I V O	Propriamente dito	Frouxo	Há mais células que fibras. É o mais comum. Preenche espaços entre as fibras (células) e feixes musculares. Serve de apoio aos epitélios e envolve vasos sanguíneos, vasos linfáticos e nervos.
		Denso	Há predomínio de fibras. Podem ser orientadas todas na mesma direção (nos tendões) ou em várias direções (no tecido conjuntivo da derme, importante componente da pele).
	De propriedades especiais	Adiposo	Grande quantidade de células armazenadoras de lipídios. Unilocular (amarelo) e multilocular (pardo). É o tecido encontrado na hipoderme (também chamado de tecido celular subcutâneo) associada à pele humana. O "toucinho" da pele do porco é tecido adiposo.
		Sanguíneo (tecido reticular ou hemocito-poiético)	Células banhadas por abundante material extracelular que se desloca nos vasos sanguíneos, banhando praticamente todos os órgãos do corpo. Os elementos celulares são: glóbulos vermelhos (eritrócitos), glóbulos brancos (leucócitos) e plaquetas (ou trombócitos, que, na verdade, são restos celulares).
	De suporte	Cartilaginoso	Células conhecidas como *condrócitos*, imersas em uma matriz cartilaginosa de natureza orgânica. Tecido flexível e maleável encontrado em várias partes do organismo humano.
		Ósseo	Células – osteoblastos, osteócitos e osteoclastos – contidas em matriz orgânica (osseína) e inorgânica (fosfato de cálcio). Função de suporte e proteção de órgãos internos e reservatório de cálcio.

> **Saiba mais**

Os principais tipos de tecido conjuntivo

Tecido conjuntivo frouxo

Fibroblastos imersos em abundante substância intercelular e entremeados com fibras.
Local: vasos sanguíneos, vasos linfáticos, nervos.
Função: preenchimento.

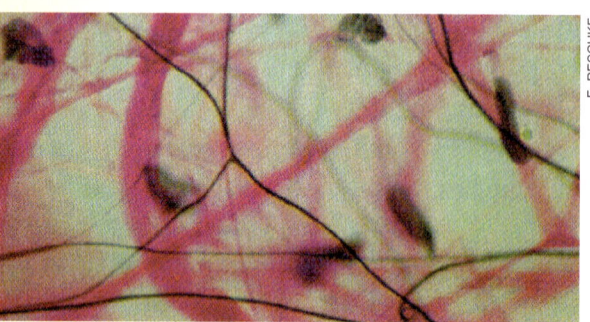

Tecido conjuntivo frouxo.

Tecido conjuntivo denso

Fibras de colágeno orientadas em uma (tendões) ou várias direções (derme).
Local: tendões, ligamentos e derme.
Função: preenchimento, suporte.

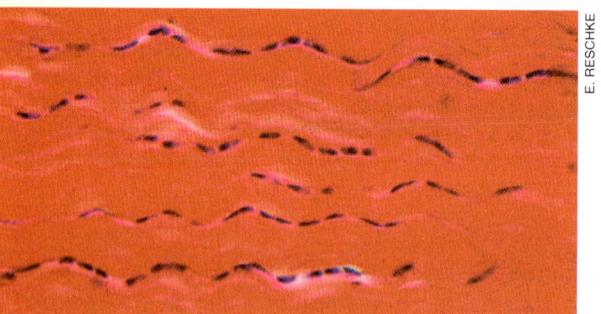

Tecido conjuntivo denso.

Tecido adiposo

a) *Amarelo* (unilocular): uma gotícula de gordura preenche quase toda a célula adiposa (adipócito).
  Local: pele, ao redor dos rins e coração, medula óssea.
b) *Pardo* (multilocular): várias gotículas de gordura no adipócito.
  Local: pele de animais hibernantes e algumas áreas do feto humano.
Função: proteção, armazenamento (fonte de energia), secreção de hormônios, isolamento térmico.

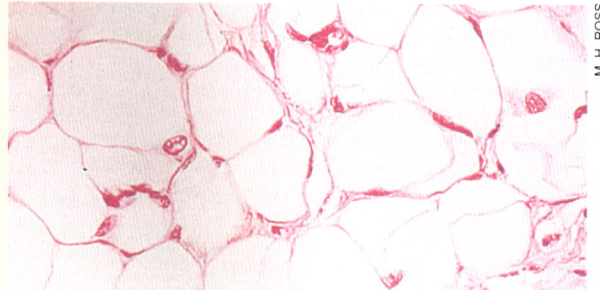

Tecido adiposo.

Tecido cartilaginoso

Matriz cartilaginosa e células cartilaginosas (condrócitos).
Local: esqueleto dos peixes cartilaginosos, discos intervertebrais, pavilhão auditivo, anéis das traqueias, abas do nariz.
Função: suporte flexível, diminuição de atrito entre os ossos.

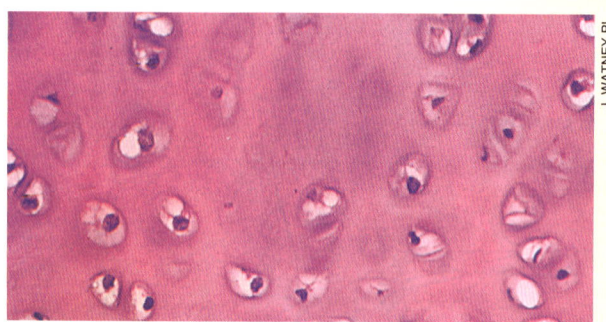

Tecido cartilaginoso.

Tecido ósseo

Matriz óssea orgânica (osseína) e inorgânica (Ca_3PO_4), osteócitos, osteoblastos e osteoclastos.
Local: esqueleto.
Função: suporte e proteção de órgãos internos, reserva de cálcio, apoio dos músculos esqueletais.

Tecido ósseo.

Tecido sanguíneo

Abundante fluido intercelular. Glóbulos brancos (leucócitos), glóbulos vermelhos (hemácias ou eritrócitos) e plaquetas.
Local: vasos e coração.
Função: transporte (hormônios, excretas, gases, alimentos etc.), defesa, coagulação.

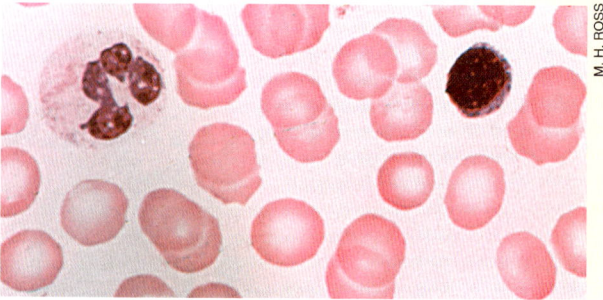

Tecido sanguíneo.

Tecido cartilaginoso

O tecido cartilaginoso, ou *cartilagem*, é um tecido maleável de sustentação, constituído de abundante substância intercelular e poucas células.

As células cartilaginosas são conhecidas como **condrócitos**. Sempre se encontram agrupadas, formando pilhas de células. São responsáveis pela síntese da substância intercelular que, na cartilagem, é também conhecida como **matriz**.

Toda cartilagem é revestida externamente por um tecido conjuntivo chamado **pericôndrio** (do grego, *peri* = ao redor de; *chondros* = cartilagem).

A matriz é rica em mucopolissacarídeos (complexas substâncias de natureza polissacarídica) e fibras (colágenas e elásticas), responsáveis pela elasticidade.

> Quanto maior o número de fibras colágenas, mais rígida é a cartilagem. Quanto maior a quantidade de fibras elásticas, mais flexível é o tecido.

Saiba mais

Os tipos de cartilagem e onde são encontrados

Cartilagem hialina

Possui moderada quantidade de fibras colágenas. Forma o primeiro esqueleto do embrião, que, depois, é substituído por osso. Mesmo assim, alguns locais dos ossos (as regiões de crescimento) ainda mantêm esse tipo de cartilagem. É encontrada também nos anéis da traqueia, brônquios e nas superfícies articulares dos ossos longos.

Cartilagem fibrosa

Apresenta abundante quantidade de fibras colágenas. Encontrada nos chamados discos intervertebrais. Suportam altas pressões; mesmo assim, os discos intervertebrais podem achatar-se, formando as hérnias de disco, que podem comprimir a medula espinhal.

Cartilagem elástica

Pequena quantidade de colágeno, grande quantidade de fibras elásticas. Encontrada no pavilhão auditivo e nas abas do nariz.

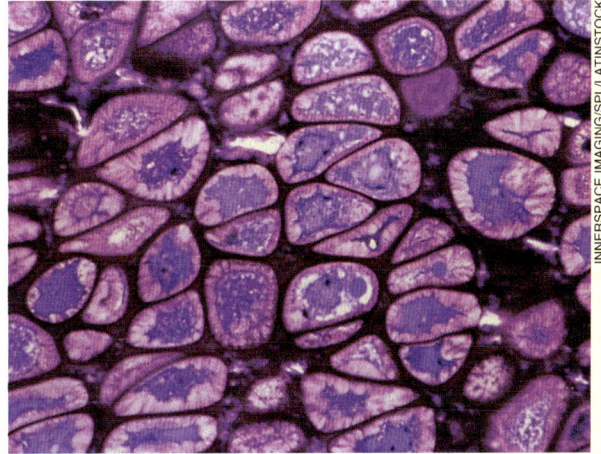
Cartilagem hialina.

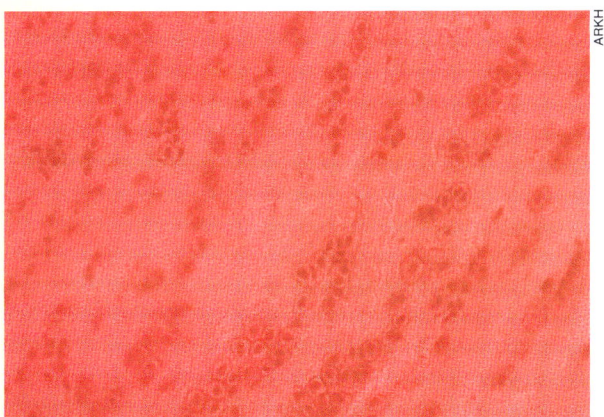
Cartilagem fibrosa.

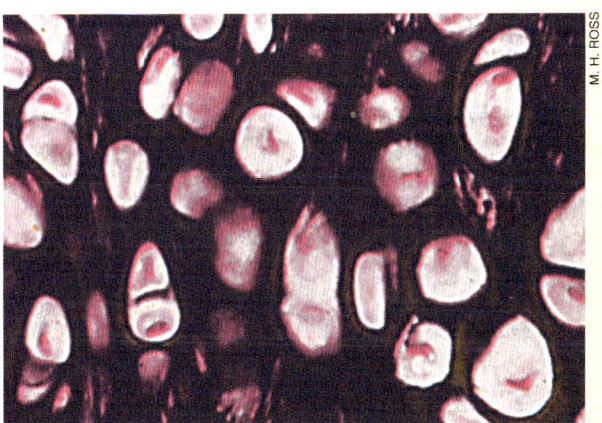
Cartilagem elástica.

Pense nisso

Cuidado: é difícil regenerar cartilagem

Cartilagens não recebem vasos sanguíneos. Como o pericôndrio (que é tecido conjuntivo) possui capilares, os alimentos e gases saem deles e lentamente, por difusão, dirigem-se aos condrócitos.

O metabolismo das células cartilaginosas é baixo. Acidentes que afetam esse tecido, como fraturas, por exemplo, são muito preocupantes, uma vez que, devido ao baixo metabolismo, a regeneração é muito vagarosa.

O crescimento de uma cartilagem se dá principalmente pela aposição de novo tecido cartilaginoso ao preexistente. As células do pericôndrio diferenciam-se em condrócitos, que sintetizam abundante matriz, o que leva ao aumento de tamanho da peça cartilaginosa.

Tecido ósseo

O tecido ósseo é rígido, especializado na sustentação do organismo, no suporte de partes moles e na proteção de órgãos vitais, como o encéfalo, que fica contido na caixa craniana. Excetuando-se os peixes cartilaginosos, nos demais vertebrados esse tecido surge nos locais anteriormente ocupados por cartilagem.

O tecido ósseo é componente dos ossos, órgãos que, juntamente com a cartilagem, constituem o esqueleto de um vertebrado. No interior de muitos ossos fica alojada a **medula óssea vermelha**, produtora de sangue.

Os ossos não são completamente homogêneos e compactos: todos eles possuem espaços entre seus elementos sólidos. São esses espaços que permitem a circulação do sangue por meio de vasos sanguíneos que levam nutrientes às células do tecido ósseo.

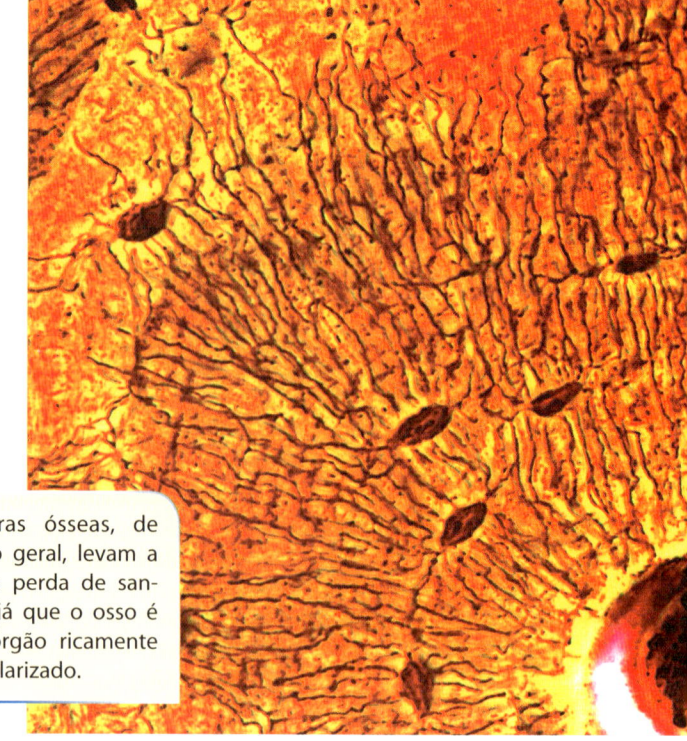

Fraturas ósseas, de modo geral, levam a muita perda de sangue, já que o osso é um órgão ricamente vascularizado.

Componentes do tecido ósseo

O tecido ósseo é formado por células e por uma matriz orgânica calcificada. As células são:

- **osteoblasto:** célula óssea jovem e secretora da matriz orgânica, que é conhecida como osteoide ou pré-osso;
- **osteócito:** é o osteoblasto maduro, que parou de secretar matriz orgânica;
- **osteoclasto:** célula gigante, multinucleada. Atua como macrófago e reabsorve constantemente tecido ósseo nos processos de remodelação do osso e no reparo de fraturas.

A camada compacta de um osso é constituída por anéis concêntricos (**lamelas**) de substância intercelular dura; **lacunas**, que são pequenos espaços entre as lamelas onde estão alojados os osteócitos (veja a Figura 12-7); uma rede de **minúsculos canais** que percorrem a matriz, interligando os osteócitos, permitindo que os nutrientes alcancem essas células. No centro de cada conjunto de lamelas e lacunas concêntricas há um canal, chamado **canal de Havers**, e ligando os inúmeros canais de Havers encontramos pequenos canais transversais, denominados **canais de Volkmann**. Pelos canais de Havers e de Volkmann passam os vasos sanguíneos e nervos.

A existência de um tecido conjuntivo de suporte, o periósteo, garante o contínuo fornecimento de células e nutrientes ao tecido ósseo.

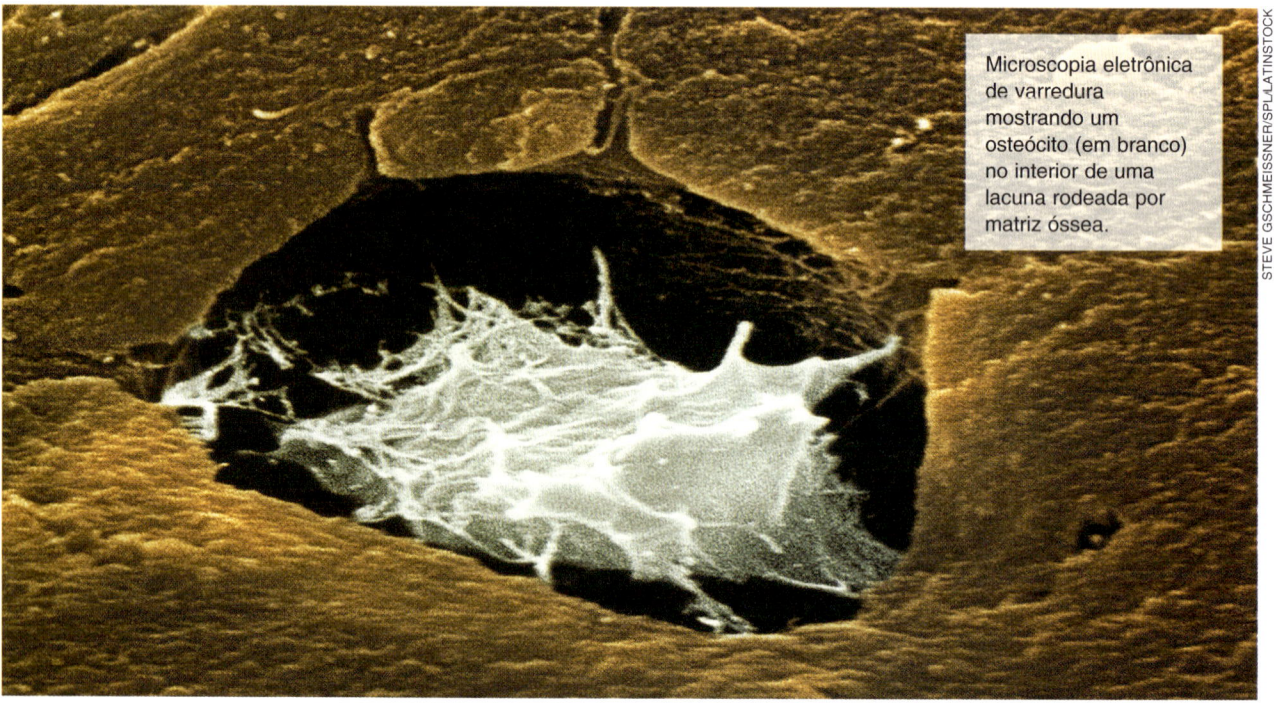

Microscopia eletrônica de varredura mostrando um osteócito (em branco) no interior de uma lacuna rodeada por matriz óssea.

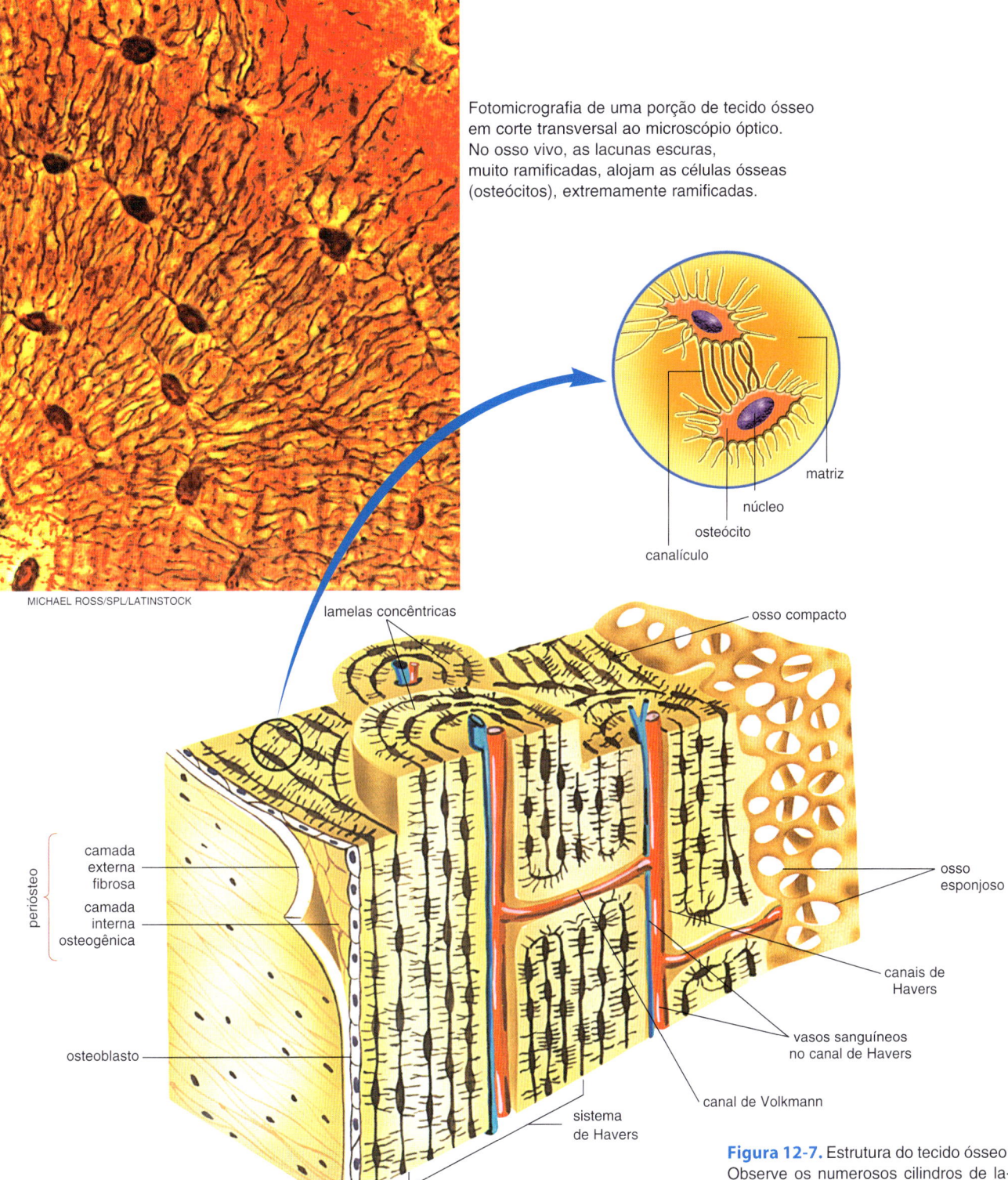

Fotomicrografia de uma porção de tecido ósseo em corte transversal ao microscópio óptico. No osso vivo, as lacunas escuras, muito ramificadas, alojam as células ósseas (osteócitos), extremamente ramificadas.

Figura 12-7. Estrutura do tecido ósseo. Observe os numerosos cilindros de lamelas ósseas concêntricas. Cada cilindro com seu canal central constitui um sistema de Havers.

A medula óssea

No interior de muitos ossos existe uma formação esponjosa, constituída por traves ósseas que deixam muitos espaços entre si. Esses espaços são preenchidos pela **medula óssea**, conhecida popularmente por "tutano".

Na medula óssea há células gordurosas que constituem a chamada *medula branca* e inúmeros vasos sanguíneos em formação que constituem a *medula vermelha*. Na medula vermelha são produzidos os elementos do sangue.

Tecido sanguíneo

O sangue (originado pelo tecido hemocitopoiético) é um tecido altamente especializado, formado por alguns tipos de células, que compõem a *parte figurada*, dispersas em um meio líquido – o *plasma* –, que corresponde à *parte amorfa*.

Os constituintes celulares são: **glóbulos vermelhos** (também denominados *hemácias* ou *eritrócitos*); **glóbulos brancos** (também chamados *leucócitos*); e **plaquetas** (também conhecidas como *trombócitos*). Veja a Figura 12-8. O plasma compõe-se principalmente de água com diversas substâncias dissolvidas, que são transportadas através dos vasos do corpo (veja a Figura 12-9).

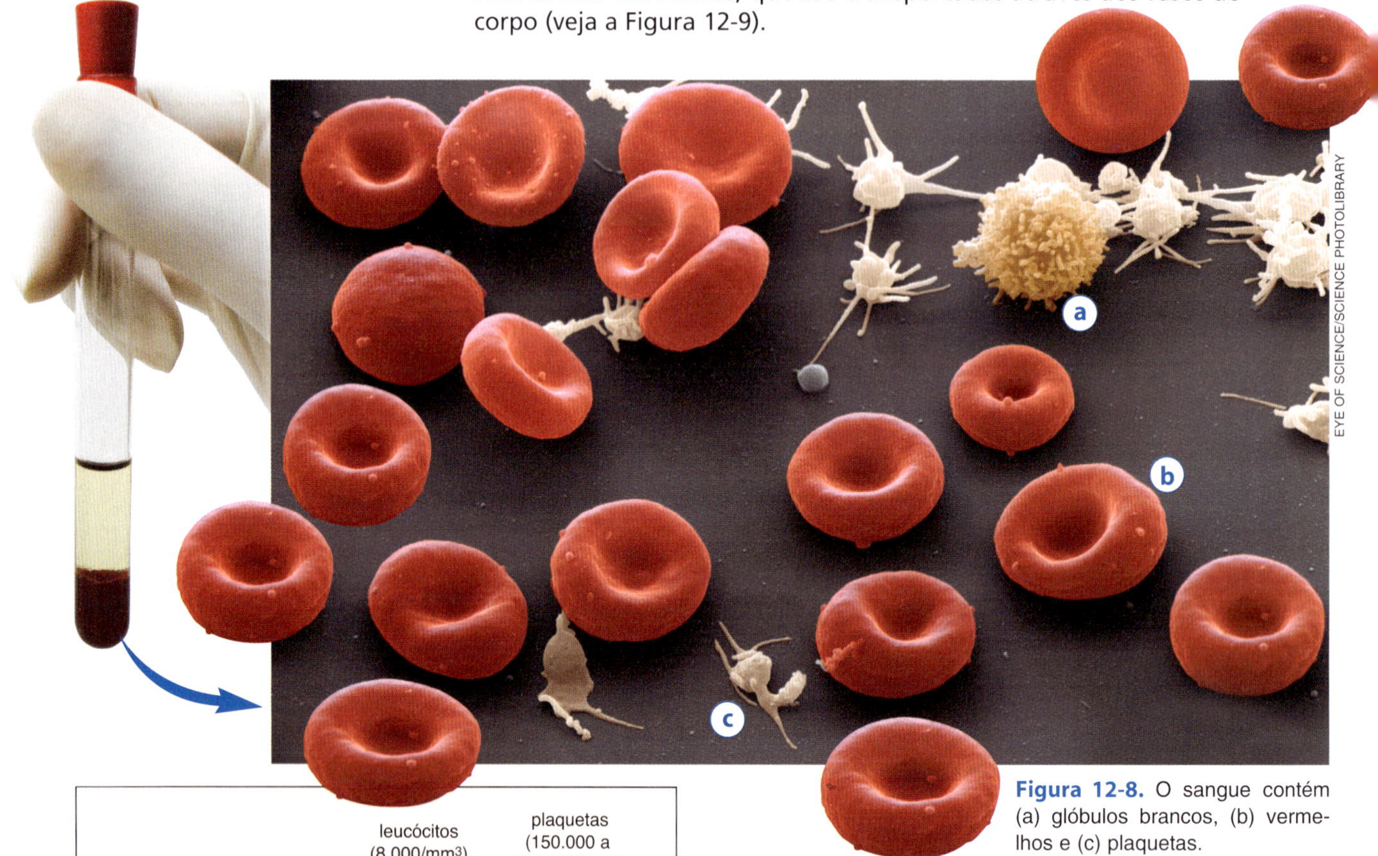

Figura 12-8. O sangue contém (a) glóbulos brancos, (b) vermelhos e (c) plaquetas.

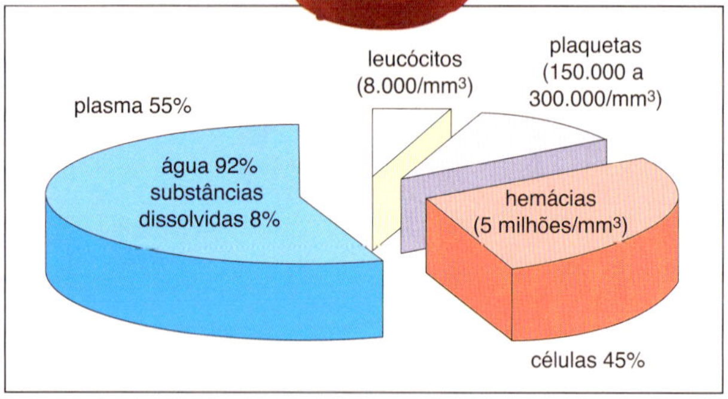

Figura 12-9. Quantidade relativa dos componentes do sangue.

Todas as células do sangue são originadas na medula óssea vermelha a partir de células indiferenciadas pluripotentes (células-tronco). Como consequência do processo de diferenciação celular, as células-filhas indiferenciadas assumem formas e funções especializadas (veja a Figura 12-10).

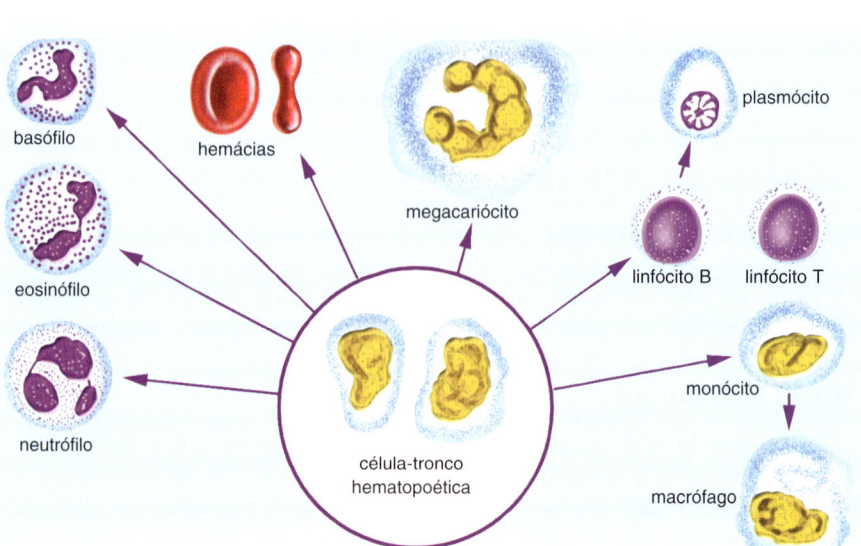

Figura 12-10. Diferenciação dos eritrócitos e leucócitos a partir de célula-tronco hematopoética. (*Baseado em:* JUNQUEIRA, L. C.; CARNEIRO, J. *His-tologia básica.* 10. ed. Rio de Janeiro: Guanabara Koogan, 2004, p. 93.)

Os glóbulos vermelhos

Glóbulos vermelhos, hemácias ou eritrócitos (do grego, *eruthrós* = vermelho e *kútos* = célula) são anucleados, possuem aspecto de disco bicôncavo e diâmetro de cerca de 7,2 µm. São ricos em hemoglobina, a proteína responsável pelo transporte de oxigênio, a importante função desempenhada pelas hemácias.

Os glóbulos brancos

Glóbulos brancos, também chamados de leucócitos (do grego, *leukós* = branco), são células sanguíneas envolvidas com a defesa do organismo.

Essa atividade pode ser exercida por fagocitose ou por meio da produção de proteínas de defesa, os anticorpos.

Costuma-se classificar os glóbulos brancos de acordo com a presença ou ausência, em seu citoplasma, de grânulos específicos na forma e no tamanho e, também, pela afinidade que possuem a determinados corantes.

Assim, os glóbulos brancos são classificados em: **granulócitos**, os que possuem granulações específicas, e **agranulócitos**, os que não contêm granulações específicas no seu citoplasma, podendo ter outras granulações, inespecíficas, comuns a qualquer célula. (Veja a Tabela 12-5.)

> A quantidade média de glóbulos vermelhos varia com o sexo, sendo de 4,5 milhões por mm³ de sangue na mulher e 5,5 milhões por mm³ de sangue no homem.

> A quantidade média de leucócitos em um indivíduo normal varia de 6.000 a 10.000 por mm³ de sangue.

Tabela 12-5. Classificação e tipos dos glóbulos brancos.

	Glóbulos brancos	Características	Função
G R A N U L Ó C I T O S	Neutrófilo	Célula com diâmetro entre 10 e 14 µm; núcleo pouco volumoso, contendo de 2 a 5 lóbulos, ligados por pontes cromatínicas. Cerca de 55% a 65% do total dos glóbulos brancos.	Atuam ativamente na fagocitose de microrganismos invasores, a partir da emissão de pseudópodes. Constituem a primeira linha de defesa do sangue.
	Eosinófilo	Célula com diâmetro entre 10 e 14 µm; núcleo contendo dois lóbulos. Cerca de 2% a 3% do total de leucócitos.	Células fagocitárias. Atuação em doenças alérgicas. Abundantes na defesa contra diversos parasitas.
	Basófilo	Célula com diâmetro que varia entre 10 e 14 µm. Núcleo volumoso, com forma de letra S. Cerca de 0,5% do total de glóbulos brancos.	Acredita-se que atuem em processos alérgicos, a exemplo dos mastócitos.
A G R A N U L Ó C I T O S	Linfócito	Célula com diâmetro que varia de 8 a 10 µm. Dois tipos básicos: B e T. Núcleo esférico. Cerca de 25% a 35% do total de leucócitos.	Responsáveis pela defesa imunitária do organismo. Linfócitos B diferenciam-se em plasmócitos, as células produtoras de anticorpos. Linfócitos T amadurecem no timo, uma glândula localizada no tórax.
	Monócito	Célula com diâmetro entre 15 e 20 µm. Núcleo em forma de rim ou de ferradura. Cerca de 3% a 10% do total de glóbulos brancos.	Acredita-se que atravessem as paredes dos capilares sanguíneos e, nos tecidos, diferenciam-se em macrófagos ou osteoclastos, células especializadas em fagocitose.

Os linfócitos T (em roxo) e B (em azul) se diferenciam principalmente por suas propriedades bioquímicas e funcionais.

> **Saiba mais**
>
> ### Os linfócitos
>
> Certos linfócitos, antes de irem para a circulação sangüínea periférica, passam por um estágio de maturação e multiplicação na glândula timo. São os linfócitos T. Outros não passam por essa glândula, indo diretamente para a circulação periférica sanguínea e linfática (baço, amígdalas etc.). São os linfócitos B.
>
> Os linfócitos B transformam-se em plasmócitos, que são as células produtoras de anticorpos. Os linfócitos T controlam as várias células do sistema imunitário, inclusive os linfócitos B e os macrófagos. Outra categoria de linfócitos, os *matadores*, destroem células portadoras de microrganismos invasores.

As plaquetas

A quantidade normal de plaquetas oscila entre 150.000 e 300.000 por mm³ de sangue.

Plaquetas são restos celulares originados da fragmentação de células gigantes da medula óssea, conhecidas como *megacariócitos*. Possuem substâncias ativas no processo de coagulação sanguínea, sendo, por isso, também conhecidas como **trombócitos** (do grego, *thrómbos* = coágulo), que impedem a ocorrência de hemorragias.

> **A ciência por trás do fato!**
>
> ### Panela de ferro é que faz comida boa
>
> A anemia ferropriva é o tipo de anemia mais comum, sendo causada pela deficiência de ferro. O ferro é um dos principais constituintes da hemoglobina, responsável pelo transporte de oxigênio do sangue para os tecidos.
>
> Há muito tempo nossas avós já comentavam que cozinhar utilizando panelas de ferro poderia auxiliar muito no combate à anemia, já que o ferro contido na panela poderia ser transferido para a comida, enriquecendo-a com este nutriente. Mas será que isso realmente acontece?
>
> Sim, essa é uma tradição que comprovadamente dá certo. O ferro presente na panela consegue migrar para o alimento, tornando-o mais rico neste mineral. Os adeptos das delícias feitas em panela de ferro garantem que, além do benefício do ferro, o sabor dos alimentos cozidos nesse tipo de panela é ainda melhor. Também é importante ressaltar que a quantidade de ferro que pode ser transferida para a comida depende do tipo de alimento que está sendo preparado. De maneira geral, quanto mais ácido for o alimento (menor o pH), maior a transferência de ferro. Por isso, para quem está precisando de um reforço de ferro, cozinhar, por exemplo, molho de tomate (pH de cerca de 4) em panela de ferro é uma das melhores pedidas.

TECIDO MUSCULAR

A movimentação do organismo, os batimentos cardíacos, o pulsar de uma artéria, a contração do útero e o chamado movimento peristáltico apresentado pelo intestino relacionam-se à existência de células alongadas contráteis componentes do *tecido muscular*.

A contração é um evento fisiológico do qual participam microfibrilas proteicas de **actina** e de **miosina**, e sua ocorrência envolve o consumo de muita energia. Conclui-se, portanto, que as células musculares (também chamadas de **fibras musculares**) são ricas em mitocôndrias. O mecanismo de contração muscular será visto no Capítulo 31.

Os Tipos de Tecido Muscular

Três tipos de tecido muscular são encontrados nos vertebrados: **estriado esquelético**, **estriado cardíaco** e **visceral liso** (veja a Tabela 12-6 a seguir).

Tabela 12-6. Principais características dos tipos musculares.

	Tecido muscular		
	Esquelético	**Cardíaco**	**Liso**
Localização	Junto ao esqueleto.	Parede do coração.	Parede do intestino, do útero, de artérias etc.
Controle da contração	Voluntária.	Involuntária.	Involuntária.
Forma das células	Alongadas, cilíndricas, unidas.	Alongadas, ramificadas, unidas longitudinalmente, com discos intercalares.	Isoladas, alongadas, fusiformes.
Estriações transversais	Presentes.	Presentes.	Ausentes.
Número e localização dos núcleos por célula	Muitos, periféricos.	Um ou dois, centrais.	Um, central.
Velocidade da contração	Rápida.	Rápida (rítmica).	Lenta.
Habilidade em se manter contraído	Pequena.	Pequena.	Grande.

STEVE GSCHMEISSNER/SCIENCE PHOTO LIBRARY/LATINSTOCK

Células nervosas vistas ao microscópio eletrônico de varredura. Neste caso, cada célula tem um corpo celular e, a partir dele, vários prolongamentos, sendo um de maior calibre (chamado axônio) e outros menores, chamados dendritos.

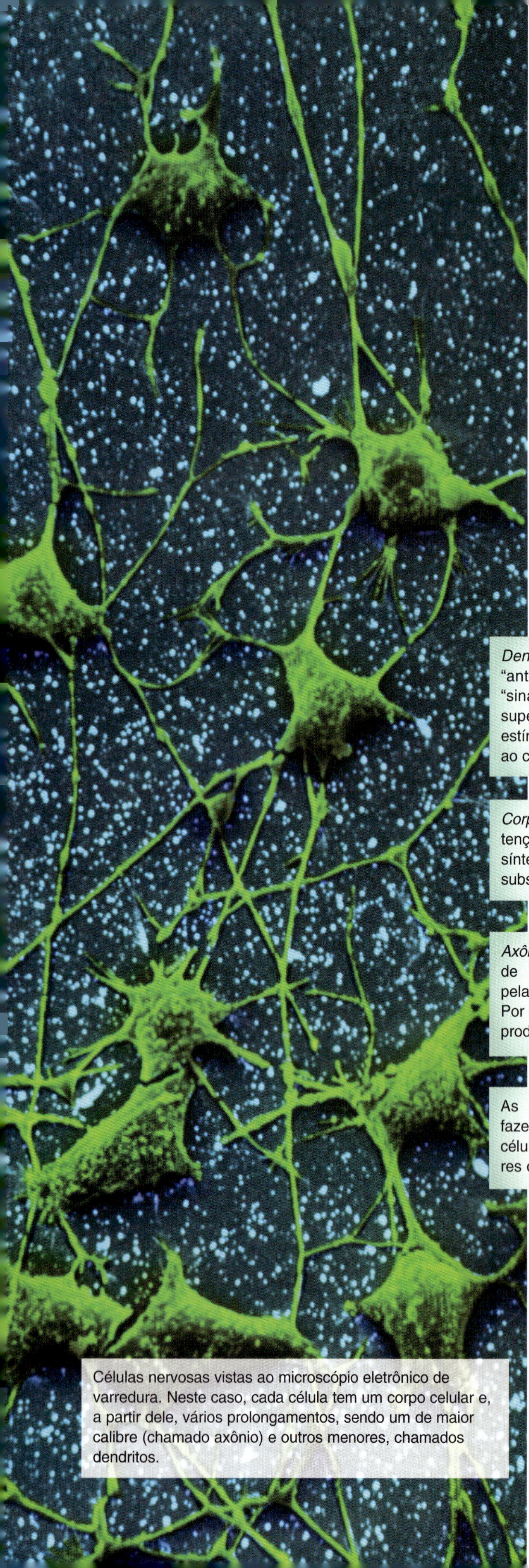

TECIDO NERVOSO

A maioria dos animais pluricelulares relaciona-se com o ambiente de forma dinâmica, recebe diferentes tipos de estímulo e elabora sofisticadas respostas. A percepção da luz, de variações de temperatura, de sons, de substâncias químicas, de variados tipos de toque, assim como a integração dos setores componentes do organismo pluricelular, ficam a cargo de um fascinante tecido de relação, o *tecido nervoso*.

O tipo celular responsável por essas atividades recebe o nome de **neurônio**, também conhecido como **célula nervosa**.

Neurônio: Condutor de Informação

O neurônio é uma célula ramificada, ao longo da qual ocorre a transmissão de informação, ou mensagem, na forma de uma corrente elétrica. De modo geral, possui três partes: **dendrito**, **corpo celular** e **axônio** (veja a Figura 12-11).

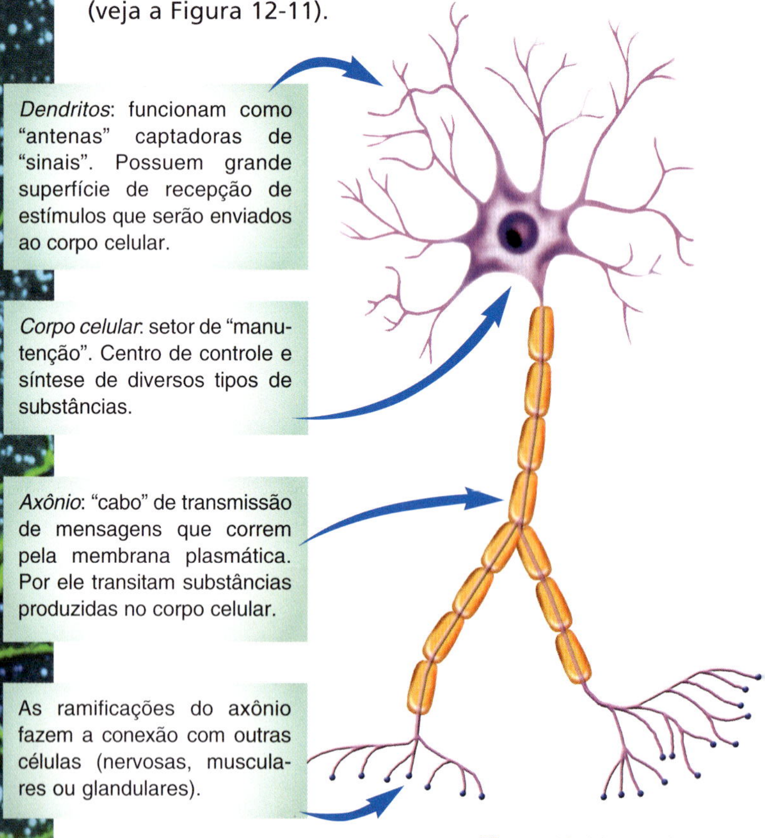

Dendritos: funcionam como "antenas" captadoras de "sinais". Possuem grande superfície de recepção de estímulos que serão enviados ao corpo celular.
Corpo celular: setor de "manutenção". Centro de controle e síntese de diversos tipos de substâncias.
Axônio: "cabo" de transmissão de mensagens que correm pela membrana plasmática. Por ele transitam substâncias produzidas no corpo celular.
As ramificações do axônio fazem a conexão com outras células (nervosas, musculares ou glandulares).

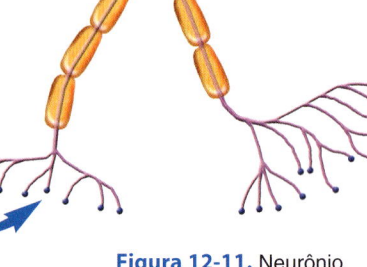

Figura 12-11. Neurônio.

O revestimento isolante

Assim como um fio elétrico possui um material isolante, os prolongamentos (axônios, dendritos) dos neurônios costumam ser rodeados por material lipídico proveniente do enrolamento de células especiais, as **células de Schwann**, que atuam como isolantes da fibra nervosa e garantem uma condução adequada da corrente elétrica nela gerada (a esse "revestimento" do axônio formado pelas células de Schwann dá-se o nome de bainha de mielina (veja a Figura 12-12).

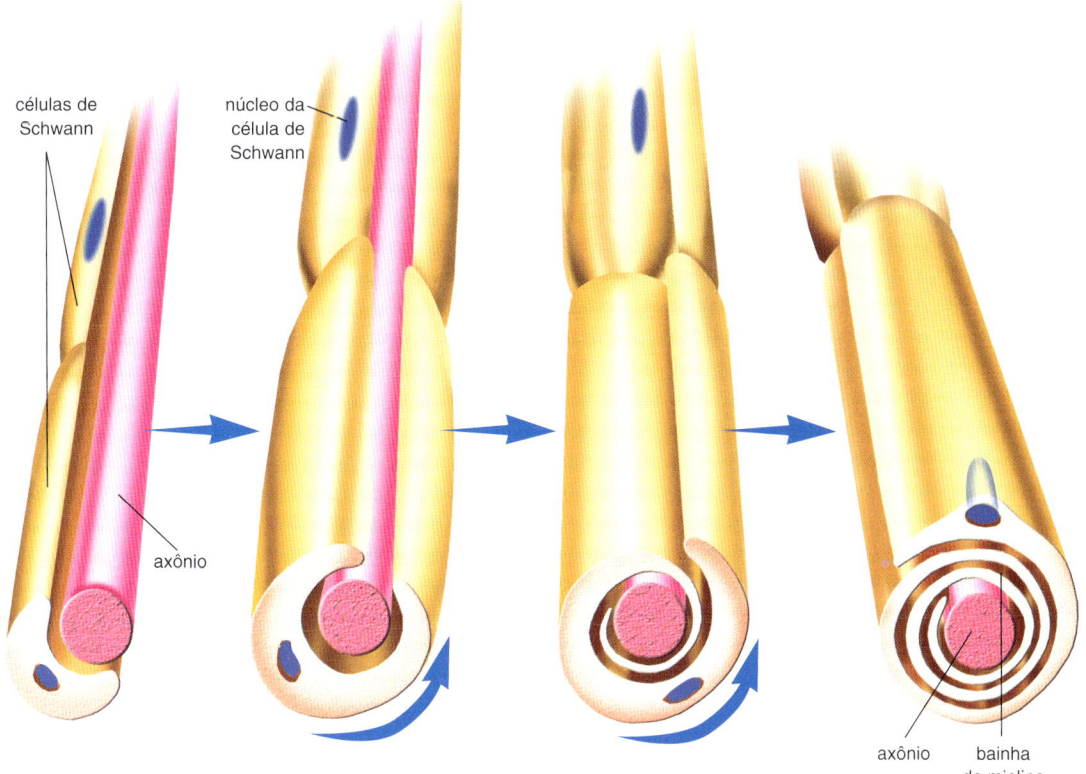

Figura 12-12. Células de Schwann e o isolamento de um axônio.

Microscopia eletrônica de varredura de uma secção transversal de célula nervosa. O axônio (região central, em vermelho) está envolvido por uma camada de mielina (em marrom), substância que, além de isolar a célula nervosa, aumenta a velocidade de transmissão dos impulsos nervosos.

STEVE GSCHMEISSNER/SPL/LATINSTOCK

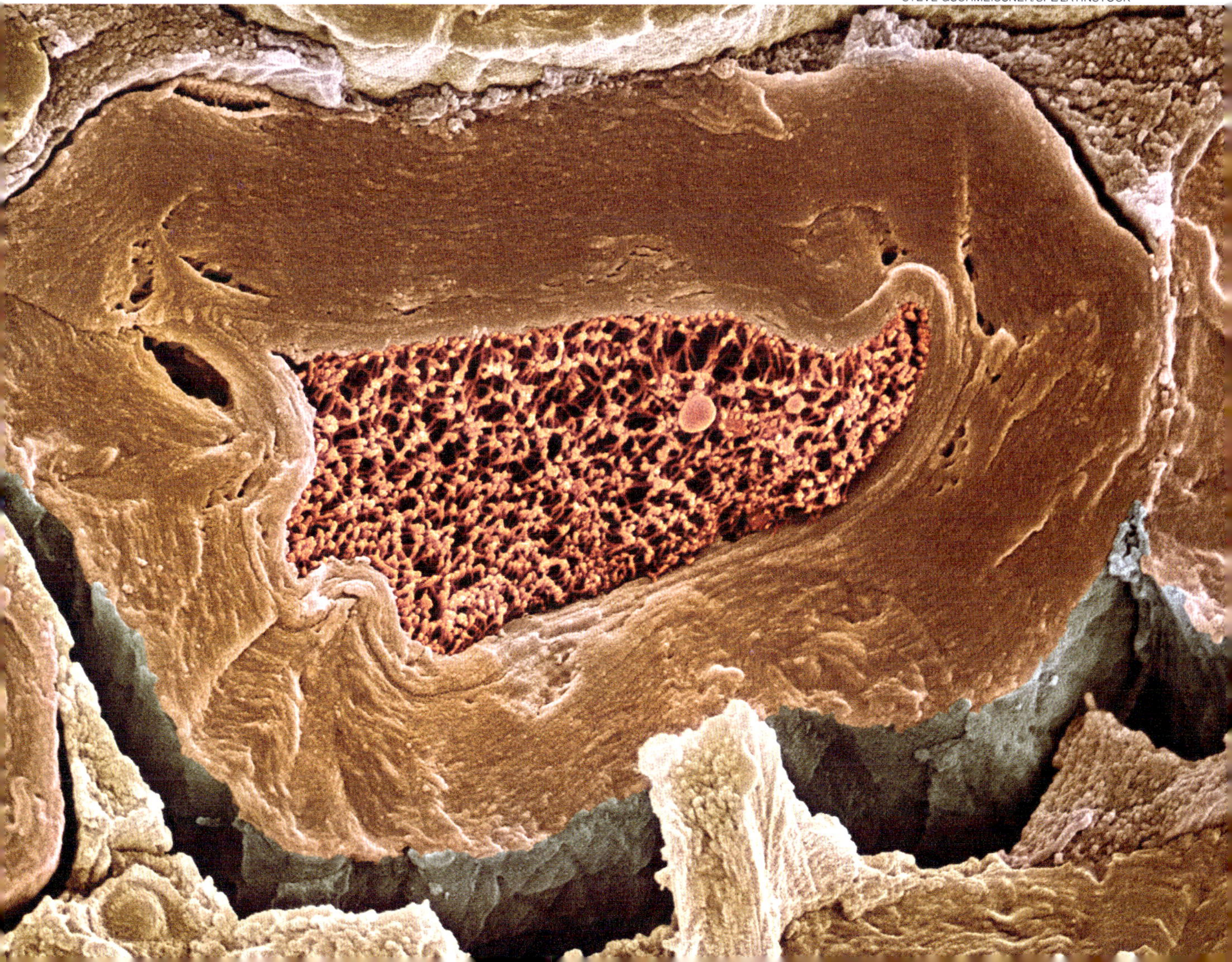

Sinapse: a comunicação entre os neurônios

A passagem da informação, isto é, a propagação de um *impulso nervoso* em um neurônio, sempre se dá no sentido *dendrito → corpo celular → axônio*, qualquer que seja o tipo de neurônio.

Porém, como se dá a transmissão da mensagem de um neurônio para outro? Isso ocorre em uma área de contato de uma terminação de axônio com um dendrito ou com o próprio corpo celular e, às vezes, até com o axônio do neurônio seguinte. Essa região de contato é chamada de **sinapse** (veja a Figura 12-13).

Na verdade, na região da sinapse não há um contato íntimo entre as células. Fica um espaço da ordem de 20 nanômetros entre uma e outra. Substâncias químicas liberadas pelo axônio, que atuam como "transportadoras" da mensagem proveniente dele, ligam-se à membrana plasmática do neurônio seguinte e, assim, transferem-lhe a informação.

> Acetilcolina e noradrenalina são dois tipos de substâncias liberadas na sinapse. Por isso, são chamadas de *mediadores químicos* ou *neurotransmissores*.

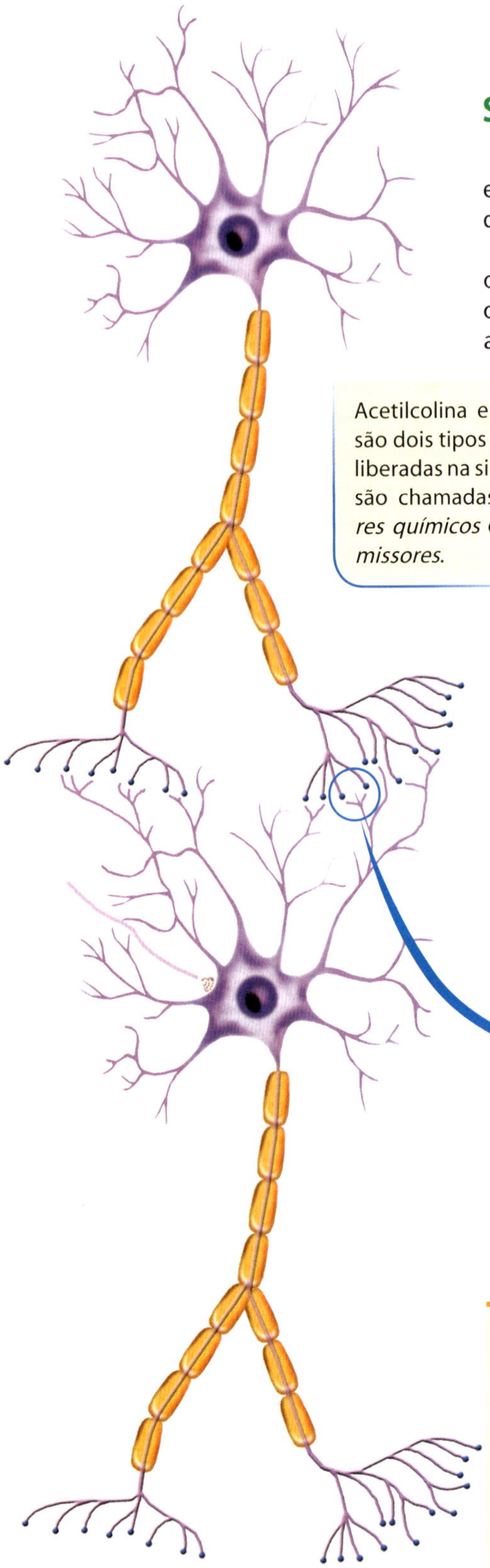

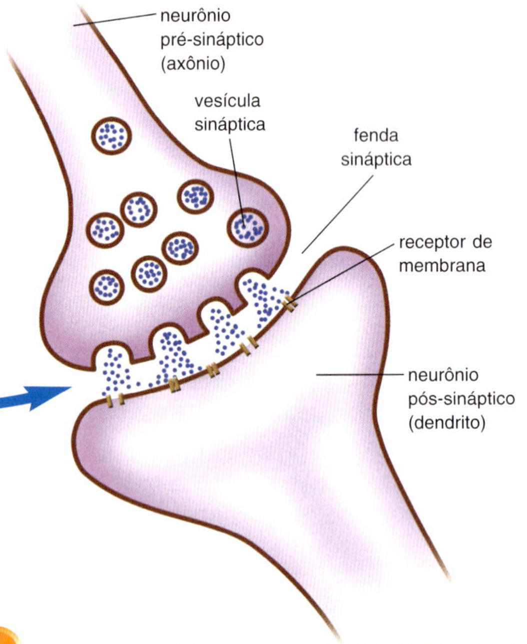

Figura 12-13. Na sinapse, substâncias liberadas pelas terminações do axônio ligam-se à membrana do outro neurônio.

Saiba mais

Neurônios e neuróglia

O elevado grau de especialização apresentado pelos neurônios durante a evolução dos seres vivos teve duas importantes consequências: *a perda da capacidade de se dividir por mitose* e a *dificuldade de se alimentar por conta própria*.

Além dos neurônios, o tecido nervoso possui outros tipos celulares, componentes da *neuróglia*. Diferentemente dos neurônios, células da *neuróglia* podem se dividir. Em ocasiões de traumatismos, em que muitos neurônios morrem, o espaço deixado por eles é ocupado por células neurogliais. Certos tumores são também originados por células desse componente do tecido nervoso. Considera-se que a neuróglia é responsável pela sustentação do tecido nervoso. Suas principais células são:
a) *micróglia*: pequenas células que exercem papel de macrófagos, fagocitando restos celulares mortos e microrganismos que invadem o tecido nervoso;
b) *oligodendrócitos*: células que revestem neurônios com uma bainha de mielina semelhante à da célula de Schwann;
c) *astrócitos*: células responsáveis pela nutrição dos neurônios. Prolongamentos dessas células ligam-se a capilares sanguíneos, de onde retiram os nutrientes que serão transferidos para os neurônios. Recentemente, descobriu-se que os astrócitos parecem induzir a proliferação de células-tronco do sistema nervoso, estimulando-as a se transformarem em novos neurônios, bem como em outras células da neuróglia.

Ética & Sociedade

Casaco de pele é coisa do homem das cavernas

Houve um tempo em que nossos longínquos ancestrais viviam em cavernas, se alimentavam do que conseguiam caçar ou coletar, e se aqueciam vestindo a pele de animais caçados ou encontrados mortos. Nesse tempo, utilizar a pele animal era uma necessidade – era uma questão de sobrevivência!

Com o tempo, o homem passou a criar animais exclusivamente para utilizar a sua pele na confecção de peças do vestuário. As peles passaram a ser consideradas símbolos de *status* e a ser desejadas por muitos.

O mundo evoluiu. A indústria têxtil desenvolveu tecidos com estampas e cores das mais variadas, conseguindo se aproximar de tal forma ao que existe na natureza, inclusive no que diz respeito ao tato, que muitos confundem as peles artificiais com as naturais. Esses "couros" e "peles" artificiais podem ser utilizados na confecção do mesmo tipo de peça (sapatos, bolsas, casacos) que os naturais, e, em geral, têm maior resistência, durabilidade, qualidade térmica e são muito mais fáceis de conservar. Assim, tendo isso em mente, qual seria uma possível causa para a persistente matança de animais a fim de comercializar sua pele? Sugira um mecanismo para evitar o sacrifício desses animais.

Passo a passo

Utilize o texto a seguir para responder às questões 1 e 2

"Sabe aquelas corridas de revezamento, em que um atleta passa o bastão para o outro? É um trabalho em equipe. O trabalho em conjunto resulta em benefícios, principalmente se, no final, a equipe for vencedora. A histologia animal é assim. Trabalho em conjunto das 'atletas', que são as células. Nesse caso, não há perdedores. O organismo, como um todo, é beneficiado. Claro que o estudo da histologia só faz sentido em organismos pluricelulares."

1. a) O que é histologia? Qual o conceito tradicional de tecido? Que reparo deve ser feito em relação a esse conceito tradicional?
b) Cite os quatro tecidos considerados fundamentais presentes no organismo humano.

2. a) Qual a principal característica do tecido epitelial?
b) Cite as duas categorias de tecido epitelial. É correto dizer que epitélios são ricamente vascularizados e sangram quando feridos? Justifique a resposta a essa questão.

3. Nas frases seguintes, assinale com **V** as verdadeiras e com **F** as falsas.
a) No organismo humano, basicamente são quatro os tipos de tecidos: epitelial, conjuntivo, muscular e nervoso.
b) Os tecidos cartilaginoso, sanguíneo e ósseo são componentes do tecido epitelial.
c) As células do tecido epitelial são unidas umas às outras, havendo entre elas grande abundância de substância intracelular.
d) A abundância de capilares sanguíneos que existe no tecido epitelial é a explicação para a ocorrência de sangramento em ocasiões de ferimentos nesse tecido.
e) Epitélio de revestimento e epitélio glandular são as duas categorias de tecido epitelial.
f) O epitélio de revestimento corresponde a uma camada protetora que atua também na secreção de impurezas, porém não está envolvido na absorção de substâncias.

4. Associe os itens precedidos por algarismos romanos aos itens precedidos por letras da relação de características celulares relativas ao tecido epitelial.

I – epitélio pavimentoso simples
II – cílios
III – epitélio colunar (prismático) simples
IV – microvilosidades
V – epitélio cúbico simples

a) Inúmeros pregueamentos da membrana plasmática existentes nas células do epitélio de revestimento simples do intestino.
b) Células achatadas e delgadas, assemelhando-se a escamas, presentes nos alvéolos pulmonares.
c) Células altas, cilíndricas e hexagonais, típicas do revestimento intestinal e traqueal. Presença de células caliciformes, decorrentes de um sistema golgiense bem desenvolvido.
d) Projeções livres, alongadas e móveis, encontradas em células do revestimento da traqueia. Batimentos coordenados dessas projeções auxiliam a remoção de partículas.

5. Relacione os itens relativos ao *complexo unitivo* das células do tecido epitelial, numerados com algarismos romanos, com as características abaixo:

I – zônula de adesão
II – hemidesmossomos
III – zônula de oclusão
IV – desmossomos
V – junções tipo *gap*

- microfilamentos proteicos que cruzam duas células, amarrando as membranas plasmáticas;
- canais de comunicação que permitem a passagem de pequenas moléculas entre as células;
- adesão íntima entre membranas plasmáticas, sem haver espaço entre as células.

A alternativa que indica a relação correta é:

a) I, II e III.
b) IV, V e II.
c) III, V e II.
d) IV, V e III.
e) II, III e I.

6. Considere os dois itens a seguir: I – Certas células epiteliais de revestimento encontram-se firmemente unidas umas às outras por meio de pregueamentos que ampliam a superfície de contato entre elas; II – Todo epitélio está assentado em um material acelular por ele produzido. Na região de contato entre o epitélio e a região em que está assentado existem estruturas que servem de ligação entre o epitélio e algum outro tecido.

a) Quais são as estruturas a que se refere o texto do item I? Por que são assim denominadas?
b) Relativamente ao contido no texto do item II, como se denomina o material acelular sobre o qual está assentado o epitélio? Quais são as estruturas que servem de ligação entre o epitélio e algum outro tecido?

7. No esquema a seguir, reconheça os tipos glandulares numerados de 1 a 6.

Glândula	Produto da secreção	Apenas a secreção é liberada. (1) A célula toda é eliminada, junto com a secreção. (2) Uma porção do citoplasma é perdida com a secreção. (3)
	Natureza da secreção	Fluida, aquosa, clara. (4) Viscosa, com muco. (5) Mista (fluida e viscosa). (6)

8. Conexão, interligação, suporte. Essas são as principais funções do tecido conjuntivo. É um tecido de preenchimento de espaços. Relativamente a esse tecido, responda:

a) Qual a principal característica do tecido conjuntivo? Cite os outros tecidos que pertencem a essa categoria.
b) Cite os quatro principais tipos de células pertencentes a esse tecido.
c) Além dos quatro tipos celulares principais, existem outras células, presentes nos demais tipos de tecido conjuntivo. Cite pelo menos três desses tipos diferentes de células.

9. Associe a coluna numerada, que relaciona os quatro principais tipos celulares encontrados no tecido conjuntivo, à relação de características, antecedidas por letras.

I – fibroblasto
II – macrófago
III – mastócito
IV – plasmócito

a) Célula globosa, sem prolongamentos, contendo grânulos constituídos de heparina e histamina.
b) Célula ovoide (podendo conter prolongamentos), responsável pela fagocitose de partículas estranhas.
c) Célula ovoide rica em retículo endoplasmático rugoso, responsável pela síntese de anticorpos.
d) Célula contendo longos e finos prolongamentos, responsável pela síntese de colágeno e de abundante matriz acelular (substância intracelular).

10. Além de ser constituído de células, o tecido conjuntivo também possui fibras proteicas.

a) Quais são esses tipos de fibras proteicas? Que tipo de proteína as constitui?
b) Cite pelo menos uma característica associada a essas fibras e pelo menos um órgão ou estrutura do organismo humano em que são encontradas.

11. Considere os itens a seguir, referentes à classificação dos tecidos conjuntivos:

I – Mais células que fibras. Preenche espaços entre as fibras e células. Apoio aos epitélios.
II – Predomínio de fibras, orientadas na mesma ou em várias direções.
III – Grande quantidade de células armazenadoras de lipídeos. Unilocular e multilocular.
IV – Células banhadas por abundante material extracelular que se desloca nos vasos sanguíneos.
V – Tecido flexível, maleável, matriz de natureza orgânica, rica em colágeno.
VI – Células contidas em matriz de osseína e fosfato de cálcio. Função de suporte.

a) Reconheça os tipos de tecido conjuntivo, na ordem em que são relacionados nos itens. Cite as grandes categorias a que pertencem os tecidos descritos nos itens I e II, III e IV, V e VI.
b) Cite pelo menos um local ou órgão em que esses tipos de tecidos conjuntivos estão presentes. No caso dos itens III, IV, V e VI, cite pelo menos um tipo celular típico do tecido.

12. Com relação às características do tecido cartilaginoso, assinale a alternativa correta:

a) É um tecido que contém abundante matriz intercelular orgânica, na qual estão imersas as células conhecidas como osteoblastos.
b) Toda cartilagem é revestida externamente por um tecido conjuntivo denominado de periósteo.
c) A matriz orgânica existente na cartilagem é rica em mucopolissacarídeos e fibras.
d) Os condrócitos secretam uma matriz orgânica rica em fosfato de cálcio.
e) É um tecido elástico dotado de poucas células e rico em fibras reticulares principalmente.

13. No organismo humano, as cartilagens hialina, fibrosa e elástica são encontradas, na ordem, nos seguintes locais:

a) discos invertebrais, anéis da traqueia e superfícies articulares dos ossos longos.
b) anéis da traqueia, discos invertebrais e pavilhão auditivo.
c) pavilhão auditivo, superfícies articulares de ossos longos e anéis da traqueia.
d) abas do nariz, anéis dos brônquios e discos invertebrais.
e) discos invertebrais, anéis da traqueia e abas do nariz.

14. Considere os itens abaixo, relativos a um determinado tecido encontrado no homem.

I – Tecido rígido, especializado na sustentação do organismo e na proteção de órgãos vitais.
II – Juntamente com o tecido cartilaginoso, esse tecido é componente do esqueleto de um vertebrado.
III – As células típicas desse tecido são osteoblastos, osteócitos e osteoclastos.

Os itens acima estão relacionados ao tecido:

a) conjuntivo frouxo.   d) cartilaginoso.
b) conjuntivo denso.   e) ósseo.
c) sanguíneo.

15. O tecido ósseo é componente dos ossos, órgãos rígidos que contribuem para a sustentação do organismo e para a proteção de órgãos vitais. A respeito desses órgãos, é CORRETO o que se afirma na alternativa:

a) a camada compacta do osso é constituída de anéis concêntricos conhecidos como periósteo.
b) a medula óssea existente no interior dos ossos é branca e responsável pela produção de inúmeros elementos do sangue, como os fibroblastos e macrófagos.
c) os canais sanguíneos existentes nos ossos são responsáveis pelo trânsito do sangue que conduz nutrientes para os elementos celulares do tecido ósseo.
d) o periósteo que envolve um osso é o tecido epitelial de suporte que garante o envio de grandes quantidades de fibras para a matriz óssea.
e) as células secretoras da matriz óssea orgânica são os osteoclastos.

Texto para as questões de números 16 a 19

Em acidentes graves, é comum recorrer-se a transfusões sanguíneas. É preciso repor os componentes essenciais desse tecido. Determinando-se o tipo sanguíneo do receptor, procura-se um doador cujo tipo sanguíneo seja compatível e se faz a transfusão. Esse procedimento é possível por ser o sangue um tecido líquido.

16. a) Cite os dois importantes componentes do tecido sanguíneo circulante.
b) Cite os três grandes grupos de elementos figurados do sangue e pelo menos uma função associada a cada um deles.

17. Todos os elementos celulares do sangue humano são originados na:

a) medula óssea vermelha, a partir de células-tronco hematopoiéticas.
b) medula óssea vermelha, a partir de fibroblastos e osteoblastos.

c) no tecido conjuntivo frouxo, a partir de plasmócitos indiferenciados.
d) na medula óssea vermelha, a partir de linfócitos do tipo B.
e) no tecido conjuntivo denso, a partir de células-tronco hematopoiéticas.

18. Neutrófilos, linfócitos, eosinófilos, mocócitos e basófilos são células sanguíneas que se enquadram, nessa ordem, na categoria de glóbulos brancos:

a) granulócitos, agranulócitos, agranulócitos, granulócitos e agranulócitos.
b) agranulócitos, granulócitos, granulócitos, agranulócitos e granulócitos.
c) granulócitos, agranulócitos, granulócitos, granulócitos e agranulócitos.
d) agranulócitos, agranulócitos, agranulócitos, granulócitos e agranulócitos.
e) granulócitos, agranulócitos, granulócitos, agranulócitos e agranulócitos.

19. Glóbulos brancos que passam por um estágio de maturação na glândula timo e aqueles que se diferenciam em plasmócitos, produtores de anticorpos, são, respectivamente:

a) linfócitos B e linfócitos T.   d) linfócitos T e linfócitos B.
b) neutrófilos e monócitos.   e) basófilos e linfócitos B.
c) linfócitos T e eosinófilos.

20. As células desse tecido contêm microfibrilas proteicas de actina e miosina. Esse tecido é componente de órgãos que possibilitam a movimentação do corpo (I), os batimentos cardíacos (II) e o pulsar de uma artéria ou o movimento peristáltico dos intestinos (III).

Utilizando os seus conhecimentos sobre o assunto, responda:

a) A que tecido se refere o texto?
b) A que categorias desse tecido referem-se itens I, II e III?
c) Cite a organela celular, presente nesse tecido, que possibilita o fornecimento da energia necessária à realização das funções descritas.

21. A ilustração representa, esquematicamente, os tipos de fibras encontradas em determinado tecido do organismo humano. Utilizando os seus conhecimentos sobre o assunto, responda:

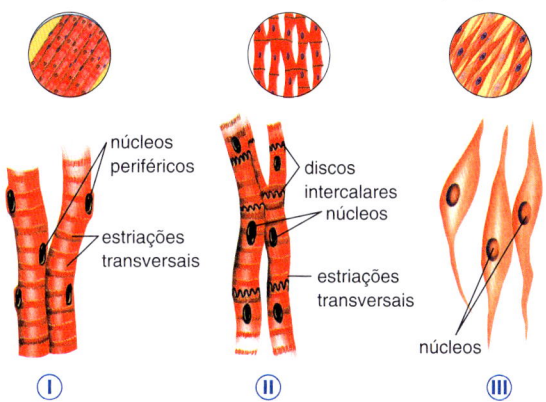

a) A que tecido pertencem os três tipos de fibras representados?
b) Cite os tipos de fibras esquematizadas em I, II e III.
c) Cite uma característica exclusiva de cada tipo de fibra esquematizado.

22. A ilustração mostra, esquematicamente, dois neurônios conectados, e deverá ser utilizada para responder aos itens a seguir.

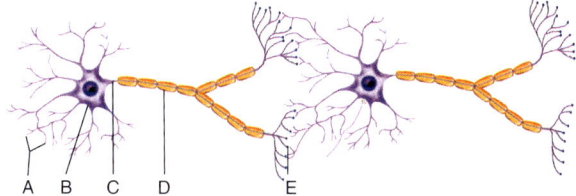

a) A que tecido pertencem essas células?
b) Reconheça as partes do neurônio superior apontadas pelas setas A, B, C e D.
c) O que representa a região de contato indicada pela letra E? Que substâncias liberadas pelo neurônio superior na região indicada em E atuam como mensageiras e possibilitam a transmissão de informação de um neurônio a outro?

23. Considere os itens a seguir:

I – células que revestem axônios e atuam como isolantes da fibra nervosa por meio da bainha de mielina;
II – acetilcolina e noradrenalina são dois neurotransmissores liberados nessa região;
III – dentrito → corpo celular → axônio.

Os itens I, II e III se referem, na ordem, a:

a) Células de Schwann, sinapse e sentido do impulso em um neurônio.
b) astrócitos, sentido do impulso em um neurônio e sinapse.
c) fibra nervosa, axônio e sentido do impulso em um neurônio.
d) células de Schwann, sentido do impulso em um neurônio e sinapse.
e) células microgliais, sinapse e componentes de um neurônio típico.

24. Micróglia, oligondendrócitos e astrócitos são células componentes do tecido nervoso, relacionadas, nessa ordem, a:

a) isolamento das fibras nervosas, fagocitose e nutrição dos neurônios.
b) nutrição dos neurônios, fagocitose e isolamento das fibras nervosas.
c) fagocitose, isolamento das fibras nervosas e nutrição dos neurônios.
d) nutrição dos neurônios, isolamento das fibras nervosas e fagocitose.
e) fagocitose, nutrição dos neurônios e isolamento das fibras nervosas.

25. *Questão de interpretação de texto*

Pesquisadores da Unesp (Universidade Estadual Paulista) de Botucatu (SP) desenvolveram uma nova linha de curativos à base de sangue, capazes de curar até 75% das feridas crônicas. Os biocurativos usam plasma e plaquetas, obtidos em bancos de sangue. São três tipos de curativo: com plasma, com plaquetas e com os dois componentes na mesma fórmula. A ideia dos curativos nasceu em 2001, a partir do inconformismo dos pesquisadores com o descarte rotineiro dos derivados do sangue usados em transfusões. As hemácias são as mais aproveitadas. Já as plaquetas e o plasma têm prazo de validade reduzido e nem sempre são utilizados.

Adaptado de: COLLUCCI, C.
"Pomada" à base de sangue trata feridas persistentes.
Folha de S.Paulo, São Paulo, 19 fev. 2011.
Caderno Saúde, p. C10.

Utilizando as informações do texto e os seus conhecimentos sobre o assunto, responda:

a) Em que local do organismo humano ocorre produção dos elementos figurados do sangue? Qual o nome do tecido produtor desses elementos figurados? Qual é a célula a partir da qual se originam todos os elementos figurados do sangue? Qual é a porcentagem normal do plasma e dos elementos figurados do sangue?
b) Plaquetas são restos celulares resultantes da fragmentação de células gigantes da medula óssea. Como são denominadas essas células? Hemácias circulantes possuem uma característica celular importante. Qual é essa característica?
c) No texto não são citadas as células do terceiro tipo celular do tecido sanguíneo. Quais são essas células? Cite as duas grandes categorias de células pertencentes a esse tipo celular e pelo menos um exemplo de cada uma delas.

Questões objetivas

1. (UFRGS – RS) Assinale, no quadro abaixo, a alternativa que apresenta a correta correspondência entre o tipo de epitélio, seu local de ocorrência e a função que exerce.

	Epitélio	Ocorrência	Função
a)	Simples pavimentoso	vasos sanguíneos e linfáticos	plasticidade
b)	Pseudo-estratificado colunar ciliado	sistema respiratório	limpeza
c)	Estratificado pavimentoso queratinizado	pele grossa e pele fina	absorção
d)	Simples colunar	vias urinárias	plasticidade
e)	De transição	tubo digestório	limpeza

2. (UFG – GO) As glândulas multicelulares se formam a partir da proliferação celular de um tecido e, após a sua formação, ficam imersas em outro tecido, recebendo nutrientes e oxigênio. De acordo com o tipo de secreção que é produzido, as glândulas são classificadas basicamente em endócrinas e exócrinas. Entretanto, existe uma glândula que possui duas partes, uma exócrina e outra endócrina.

A figura abaixo mostra um esquema comparativo da formação de dois tipos de glândulas.

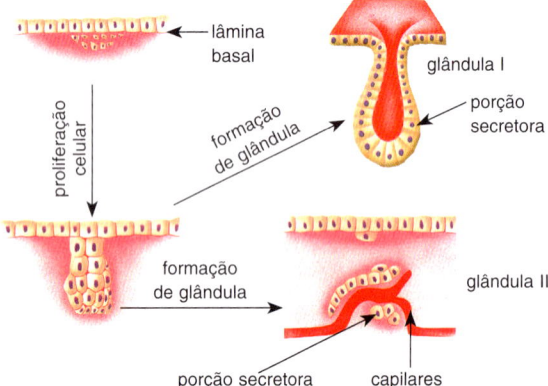

Com base na figura, assinale a opção que identifica, respectivamente, o tecido de onde as glândulas se originam, o tecido onde elas ficam imersas, a glândula I, a glândula II e um exemplo de uma glândula exócrina.

a) Tecido epitelial, tecido conjuntivo, glândula exócrina, glândula endócrina e glândula salivar.
b) Tecido conjuntivo, tecido epitelial, glândula exócrina, glândula endócrina e tireoide.
c) Tecido epitelial, tecido conjuntivo, glândula endócrina, glândula exócrina e pâncreas.
d) Tecido conjuntivo simples, tecido epitelial, glândula endócrina, glândula exócrina e paratireoide.
e) Tecido conjuntivo frouxo, tecido epitelial, glândula endócrina, glândula exócrina e glândula lacrimal.

3. (UFJF – MG) O câncer é consequência de falhas no controle do ciclo celular e consequentes mitoses em excesso. Sobre a mitose é **CORRETO** afirmar que:

a) acontece exclusivamente nas células epiteliais.
b) origina os gametas.
c) provoca a separação dos cromossomos homólogos.
d) provoca grande variabilidade genética.
e) origina duas células iguais entre si e a célula de origem.

4. (UFPR) O esquema abaixo é representativo de um epitélio de revestimento estratificado. Pode-se observar que as camadas superiores, em contato com o meio externo, são compostas por células cada vez mais achatadas. Além disso, essas células achatadas geralmente estão mortas e descamam do tecido. Um exemplo desse tipo de epitélio é encontrado no esôfago de animais carnívoros.

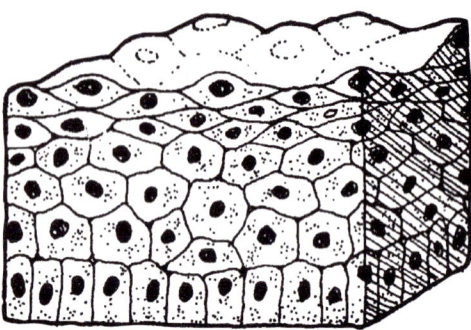

Qual o principal motivo que leva essas células a morrerem e descamarem do epitélio?

a) O atrito causado pelos componentes de meio externo que entram em contato com o epitélio.
b) A justaposição das células, que cria uma falta de espaço para que todas se acomodem na superfície do epitélio.
c) O contato com o meio externo, que leva a uma hiperoxigenação das células.
d) A distância dessas células em relação às fontes de oxigênio e alimento, trazido pelos tecidos adjacentes ao epitélio.
e) O deslocamento da posição das organelas intracelulares, por conta do achatamento promovido pelo citoesqueleto.

5. (PUC – RJ) A membrana plasmática de seres pluricelulares é capaz de apresentar modificações para atender as necessidades da célula e do organismo. Um exemplo de uma dessas adaptações são os chamados desmosomas, cuja representação gráfica encontra-se ao lado.

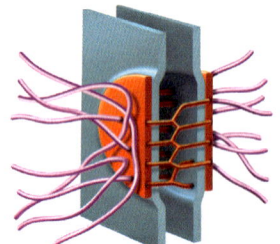

Disponível em:
<http://www.google.com.br/imgres?imgurl=http://lacelula.udl.es/
/micrograf/images/desmosoma.jpg.-com modificações>.
Acesso em: 15 ago. 2010.

A estrutura apresentada na figura tem como função:

a) garantir a passagem de estímulos de natureza elétrica entre duas células vizinhas.
b) permitir o trânsito de substâncias hidrossolúveis entre células do mesmo tecido.
c) controlar a passagem de macromoléculas entre células de diferentes tecidos.
d) manter a adesão entre células de um mesmo tecido submetido a pressões.
e) estabelecer ligações entre células com diferentes funções em tecidos diferentes.

6. (UFLA – MG) O tecido conjuntivo encontrado nos tendões que unem os músculos aos ossos é classificado como

a) tecido conjuntivo frouxo.
b) tecido conjuntivo cartilaginoso.
c) tecido conjuntivo denso modelado.
d) tecido conjuntivo denso não modelado.

7. (UFMS) Com relação ao tecido epitelial, é correto afirmar:

(01) O tecido epitelial é caracterizado por conter grande quantidade de matriz extracelular (material intercelular), com pouca justaposição entre as células.
(02) O estômago é revestido internamente por tecido epitelial classificado como simples prismático.
(04) A nutrição do tecido epitelial é realizada por sua rica vascularização sanguínea.
(08) As glândulas sebáceas, salivares e sudoríparas, as quais apresentam origem epitelial, são exemplos de glândulas exócrinas.
(16) A derme é constituída por tecido epitelial e forma uma das camadas da pele.
(32) O epitélio de revestimento interno dos vasos sanguíneos é denominado endotélio.

8. (UNEMAT – MT) Dois amigos estão estudando para a prova de histologia e se depararam com a figura abaixo.

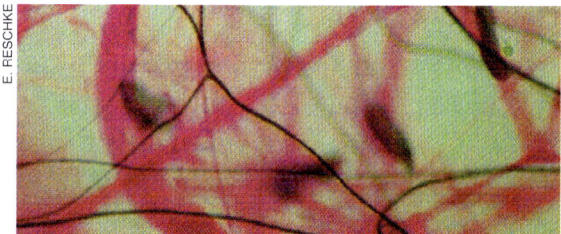

Figura A

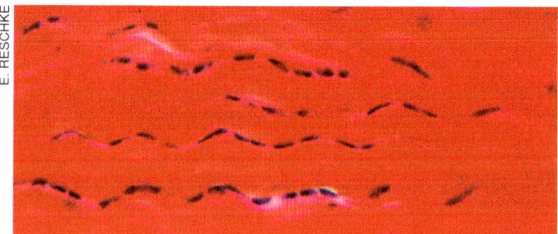

Figura B

Fonte: LAURENCE, J. *Biologia Ensino Médio.* volume único. São Paulo, 2005.

Após a análise da figura chegaram à conclusão de que se trata de tecido conjuntivo.

De acordo com o modo de organização de suas fibras e células, é **correto** afirmar:

a) Figura *A* é um tecido conjuntivo denso não modelado, Figura *B* é um tecido conjuntivo denso modelado.
b) Figura *A* é um tecido conjuntivo denso modelado, Figura *B* é um tecido conjuntivo denso não modelado.
c) Figura *A* é um tecido conjuntivo denso não modelado, Figura *B* é um tecido conjuntivo adiposo.
d) Figura *A* é um tecido conjuntivo denso modelado, Figura *B* é um tecido conjuntivo ósseo.
e) Figura *A* é um tecido conjuntivo mieloide, Figura *B* é um tecido conjuntivo linfoide.

9. (UFRGS – RS) Um indivíduo adulto submeteu-se a uma lipoaspiração para a retirada de 700 mL de gordura.

A respeito da gordura retirada no procedimento, é correto afirmar que ela é

a) armazenada no tecido muscular, rico em mitocôndrias que metabolizam as reservas de gorduras.
b) composta de ácidos graxos capazes de liberar mais energia que a glicose, em reações de oxidação nas mitocôndrias.
c) estocada nos adipócitos sob a forma de glicogênio.
d) utilizada pelas células do sistema nervoso para a produção de ATP.
e) removida do tecido conjuntivo denso modelado.

10. (UPE) O quadro apresenta, na coluna I, os tipos de tecidos musculares e, na coluna II, seus esquemas; na coluna III, a forma das células, o número e a localização do núcleo e, na coluna IV, o tipo de contração. Associe CORRETAMENTE essas colunas.

I tecido	II esquema	III forma da célula e número e localização do núcleo	IV tipo de contração
1 muscular estriado esquelético	A	I cilíndrica, vários núcleos e periféricos	a involuntária
2 muscular liso (não estriado)	B	II cilíndrica ramificada com um núcleo central	b involuntária
3 muscular estriado cardíaco	C	III fusiforme com um ou dois centrais	c voluntária

Assinale a alternativa que contém a associação CORRETA.

a) 1 C I c / 2 A III b / 3 B II a.
b) 1 B I c / 2 A II b / 3 C III a.
c) 1 A II a / 2 B I c / 3 C III b.
d) 1 A III a / 2 C I c / 3 B II b.
e) 1 C II b / 2 B III a / 3 A I c.

11. (UFG – GO) Leia o trecho de reportagem a seguir.

Os riscos da lipoaspiração

Já existe até consórcio para fazer plástica. Mas casos recentes lembram que toda cirurgia pode trazer perigo. Recentemente foi noticiada a morte de uma paciente após intervenção cirúrgica para a retirada de umas gordurinhas do abdome e das costas.

Disponível em: <http://revistaepoca.globo.com/revista/Epoca/0>. *Acesso em:* 3 mar. 2010. (Adaptado.)

Quando se realiza uma cirurgia como a mencionada no texto, retira-se do organismo do paciente, principalmente, células do tecido

a) muscular.
b) epitelial.
c) hematopoiético.
d) adiposo.
e) cartilaginoso.

12. (FUVEST – SP) Em um organismo, células musculares e células nervosas diferem principalmente por:

a) possuírem genes diferentes.
b) possuírem ribossomos diferentes.
c) possuírem cromossomos diferentes.
d) expressarem genes diferentes.
e) utilizarem código genético diferente.

Questões dissertativas

1. (UFJF – MG) Os tecidos de revestimento nos animais são especializados na proteção do organismo, embora sejam capazes de exercer outras funções importantes para a manutenção da vida celular.

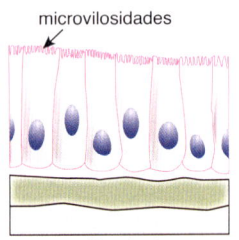
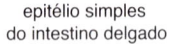
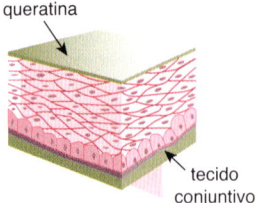

a) Analise as figuras acima, que ilustram um epitélio cilíndrico simples e um epitélio estratificado pavimentoso queratinizado e responda:
1. Qual a importância das microvilosidades no epitélio intestinal humano?
2. Apresente **duas** funções da camada de queratina para a proteção do organismo.
3. Por que o tecido conjuntivo é importante para a sobrevivência do tecido epitelial?

b) A pele, o maior órgão do corpo humano, é constituída pela epiderme e pela derme. Nas camadas mais profundas da epiderme é produzida a melanina, pigmento responsável pela cor da pele no homem. Por que pessoas de pele escura, que ficam expostas muito tempo ao sol, têm menor propensão a desenvolver câncer de pele do que as pessoas de pele clara?

2. (UFPR) O colágeno é uma importante proteína componente da matriz extracelular dos organismos animais. É encontrado em abundância nos tecidos conjuntivos. Fibroblastos, as principais células produtoras de colágeno, foram cultivados por algum tempo em um meio de cultura contendo aminoácidos radioativos, o que permite localizá-los depois, com o uso de técnicas especiais, em imagens de microscopia eletrônica. Ao observar as imagens dos fibroblastos, pode-se constatar a presença dos aminoácidos radioativos dentro de alguns compartimentos celulares e nas fibras colágenas secretadas pelas células. Acerca disso, faça o que se pede.

a) Cite dois compartimentos intracelulares nos quais foram observados os aminoácidos radioativos. Justifique sua resposta.
b) Explique qual a relação entre colágeno e cicatrizes que podem surgir após algum ferimento.

3. (UFRJ) Sabe-se que uma característica importante dos seres pluricelulares é a divisão de trabalho entre suas células. Essas células se reúnem e formam diversos tecidos que vão desempenhar, assim, funções bem específicas.

Considerando a afirmativa acima, identifique a que tecido pertencem os tipos de células abaixo relacionados, citando a sua principal função.

a) macrófago b) osteoclasto

4. (UFV – MG) Com relação ao tecido nervoso humano, resolva os seguintes itens:

a) Além dos neurônios, o tecido nervoso apresenta outras células fundamentais para o seu funcionamento. Como se denominam, em conjunto, essas células?
b) Na sinapse química, a transmissão do impulso nervoso ocorre pela liberação de mediadores químicos. Cite dois exemplos desses mediadores.

Programas de avaliação seriada

1. (PSIU – UFPI) Os epitélios de revestimento são tecidos cujas células estão dispostas em camadas, recobrindo as superfícies externas ou as cavidades do corpo. Esses epitélios são classificados tendo em vista o número de camadas constituintes e a forma das células na camada mais superficial. Observe o desenho esquemático e analise as proposições abaixo como verdadeiras, se totalmente corretas, ou como falsas.

Adaptado de: JUNQUEIRA, L. C.; CARNEIRO, J. Histologia Básica. 10. ed. Rio de Janeiro: Guanabara Koogan, 2004, p. 76.

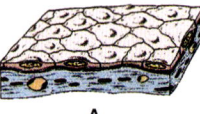
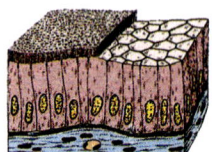
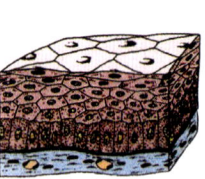
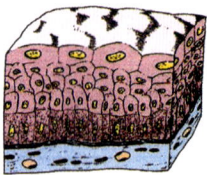

( ) Os endotélios dos vasos e as cavidades peritoneal e pericárdica são exemplos de epitélio estratificado pavimentoso (Fig. **F**), ao passo que os mesotélios da cavidade pleural são exemplos de epitélio simples cúbico (Fig. **C**).

( ) O revestimento do ovário é constituído por epitélio prismático (Fig. **F**), ao passo que o revestimento do intestino é de epitélio simples cúbico (Fig. **D**).

( ) O epitélio da pele, da boca e do esôfago está caracterizado na Figura **D**; os de revestimento da bexiga e de parte das vias urinárias, bem como da traqueia e dos brônquios, estão demonstrados nas Figuras **E** e **F**, respectivamente.

( ) Os epitélios simples subdividem-se, de acordo com as formas de suas células, em epitélios simples pavimentoso, cúbico e prismático (Fig. **A**, **B** e **C**, respectivamente). Os epitélios estratificados podem ser pavimentoso (Fig. **D**) e de transição (Fig **E**). O epitélio pseudoestratificado está representado na Figura **F**, sendo este último encontrado no revestimento da traqueia e dos brônquios.

2. (PISM – UFJF – MG) A membrana plasmática é determinante para o correto funcionamento das células e do organismo.

a) Os desmossomos são especializações da membrana plasmática. No câncer, falhas na formação e/ou funcionamento dos desmossomos podem provocar a liberação de células tumorais (metástases) para outras partes do organismo. Você concorda com essa afirmativa?

b) Qual é a diferença entre difusão simples e difusão facilitada através da membrana plasmática?

Difusão simples	
Difusão facilitada	

c) O modelo que melhor explica a organização da membrana plasmática é o do mosaico fluido. O que significa a membrana ser fluida?

3. (PAS – UFLA – MG) As figuras ao lado representam cortes transversais de uma glândula exócrina e outra endócrina. Com base nas figuras, assinale a alternativa **CORRETA**.

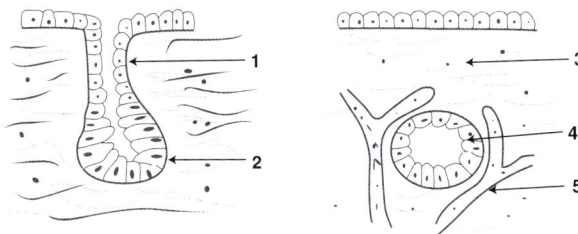

a) As glândulas exócrinas são as que possuem um canal, representado em **2**, para a saída das secreções.
b) As secreções das glândulas endócrinas são genericamente chamadas de hormônios, sendo produzidas na estrutura representada em **5**.
c) A principal diferença entre glândulas exócrinas e endócrinas é a falta de ligação da glândula endócrina com a superfície, representada em **3**.
d) As células secretoras das glândulas exócrinas, representadas em **1**, produzem substâncias que são eliminadas do corpo ou secretadas para cavidades externas de órgãos.

4. (PISM – UFJF – MG) Os tecidos conjuntivos originam-se do mesoderma e caracterizam-se por apresentarem diversos tipos de células imersas em grande quantidade de material extracelular. Observe a figura abaixo, que ilustra diferentes tipos de tecidos conjuntivos, e analise as afirmativas.

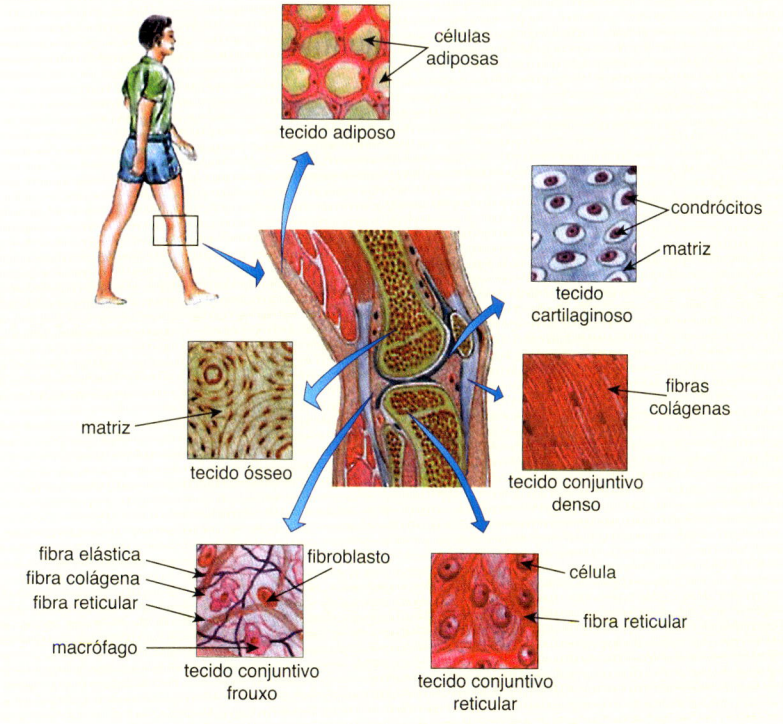

 I – O tecido cartilaginoso é muito vascularizado e transforma-se em tecido ósseo.
 II – O tecido conjuntivo denso forma feixes resistentes de fibras que unem os músculos aos ossos.
 III – O tecido conjuntivo frouxo preenche espaços não ocupados por outros tecidos.
 IV – O tecido ósseo, por não apresentar inervação e vasos sanguíneos, não se regenera.
 V – O tecido adiposo exerce funções de reserva de energia e isolamento térmico.

Assinale a opção que apresenta somente afirmativas **CORRETAS**.

a) I, II e III.
b) I, IV e V.
c) II, III e IV.
d) II, III e V.
e) III, IV e V.

5. (SSA – UPE) Leia o texto a seguir:

Estrias – inestéticas cicatrizes dérmicas

As estrias são cicatrizes cutâneas da pele, relacionadas com pequenas fraturas causadas à derme, por fenômenos de distensão.

Segundo o Dr. Miguel Trincheiras, dermatologista, a distensão dos tecidos é comum na adolescência, quando há aumentos bruscos de massa gorda ou massas musculares (engordar/emagrecer, musculação) e por ocasião da gravidez. O aparecimento das estrias ocorre na região glútea (nádegas) e nas ancas, já que são zonas de grande concentração de tecido adiposo.

A hidratação cutânea condiciona a elasticidade da pele e a sua capacidade de sofrer distensões sem haver ruptura dos tecidos. Os derivados da vitamina A têm a capacidade de estimular as células da derme na produção fibras elásticas, colágeno e todas as substâncias fundamentais para a retenção de moléculas de água no seu seio.

Adaptado de: Medicina & Saúde. Publicada por Isabel Perregil.

Algumas palavras destacadas do texto foram comentadas, explicadas e/ou justificadas nas alternativas abaixo. Identifique a CORRETA.

a) O tecido adiposo é formado por adipócitos, células derivadas dos lipoblastos, que se especializaram em armazenar ácidos graxos que provêm, essencialmente, da alimentação.
b) A pele é formada por um epitélio simples, pavimentoso, de origem endodérmica, cuja função é a de conferir proteção mecânica e de proteção contra a perda de água.
c) As fibras elásticas são formadas pela proteína colágeno; são fibras resistentes à tração, sendo mais abundantes na pele de pessoas idosas.
d) O colágeno é a proteína mais abundante do corpo humano e é sintetizada pelos plasmócitos, células frequentemente encontradas no tecido conjuntivo frouxo.
e) A derme é um tecido conjuntivo, que garante suporte e nutrição às células da epiderme; é rica em terminações nervosas, vasos sanguíneos, glândulas sudoríparas e sebáceas, fibras elásticas, colágenas e reticulares, que conferem à pele sua resistência e elasticidade típicas.

6. (PSS – UEPG – PR) A longevidade das células é muito variável, conforme a espécie e o tipo considerado. No organismo humano, há células que duram vários anos, células que duram dias e células que acompanham o indivíduo por toda a vida. O médico italiano Giulio Bizzozero classificou essas células, respectivamente, como lábeis (pequeno tempo de vida), estáveis e permanentes. Assinale a alternativa em que os dois elementos citados constituem células lábeis.

a) fibras estriadas cardíacas e células epiteliais
b) glóbulos vermelhos e fibras musculares lisas
c) células epiteliais e células vegetais
d) gametas e hemácias
e) hemácias e células conjuntivas

7. (PISM – UFJF – MG) O tecido ósseo é componente dos ossos, órgãos que, juntamente com a cartilagem, constituem o esqueleto de um vertebrado. As alternativas abaixo apresentam informações corretas sobre o tecido ósseo e o sistema esquelético, com **exceção de**:

a) os ossos são órgãos ricos em vasos sanguíneos e, além do tecido ósseo, apresentam também os tecidos reticular, adiposo, cartilaginoso e nervoso.
b) são funções do sistema esquelético a sustentação e movimentação do corpo, proteção de órgãos internos, armazenamento de minerais e íons e produção de células sanguíneas.
c) no interior dos ossos, encontra-se a medula óssea amarela, cuja função é a produção de células especializadas na regeneração dos ossos.
d) a ossificação endocondral é o processo mais comum de formação dos ossos e se caracteriza pela substituição da cartilagem hialina por tecido ósseo.
e) para evitar ou minimizar os efeitos da osteoporose destacam-se a prática de atividade física, exposição ao sol em horários adequados e uma alimentação saudável.

8. (PSC – UFAM) Com relação ao tecido muscular, analise as seguintes proposições:

I – Na constituição do músculo liso aparecem as fibras musculares lisas, células alongadas com as extremidades afiladas e um núcleo central alongado.

II – A musculatura estriada caracteriza-se pela disposição das fibras em feixes verticais e a coincidência das faixas produz as estrias.

III – O aumento da massa muscular, verificado em decorrência da prática de exercícios físicos, é determinado pelo aumento do número de células musculares.

IV – Nos adultos, as células musculares não sofrem mitoses devido à sua alta especialização. Assim, quando lesados, os músculos não se regeneram, sendo então substituídos por tecido conjuntivo.

Podemos afirmar que:

a) apenas I e IV são corretas.
b) apenas I é correta.
c) apenas II e III são corretas.
d) apenas IV é correta.
e) apenas III e IV são corretas.

9. (PSIU – UFPI) Os epitélios de revestimento fazem parte de diversas estruturas do organismo, tais como:

a) mucosa nasal, esôfago e pulmão.
b) músculos lisos, músculos esqueléticos e cardíaco.
c) derme, hipoderme e fibras colágenas.
d) osteoclastos, cartilagem e tecido hematopoiético.
e) hemáceas, derme e cartilagem.

10. (PSS – UFS – SE) Os vertebrados são animais complexos. Seu corpo é constituído de diversos órgãos e tecidos. Analise as afirmações abaixo sobre os tecidos dos vertebrados.

(0) O tecido nervoso é constituído por neurônios, células com intensa atividade multiplicativa nos adultos.

(1) No movimento dos vertebrados, proteínas como a actina e a miosina são fundamentais no processo de contração das células musculares.

(2) O sangue dos vertebrados não pode ser considerado um tecido porque tem constituição líquida.

(3) Microvilosidades são projeções alongadas presentes na superfície das células de tecidos epiteliais especializados em absorver substâncias.

(4) O tecido ósseo é um tecido acelular, pois contém somente uma rígida matriz inorgânica composta por fosfato de cálcio.

Unidade 6
OS GRUPOS BIOLÓGICOS

Capítulo 13
Classificação dos seres vivos

Uma caixa de tipos

No passado, para se produzir um texto impresso, como a página de um livro, por exemplo, se utilizavam "tipos" móveis. Tipos são moldes com o formato de cada letra que, depois de receberem uma camada de tinta, eram calcados sobre uma superfície, como, por exemplo, um papel de impressão ou um acetato. Funcionava mais ou menos como se fossem carimbos.

Cada um desses tipos, conforme a característica de seu desenho, pertence a uma "família" ou fonte. Assim, temos a "família" das letras Times Roman, Baskerville, Tahoma, *Brush Script* etc. No tempo em que os textos eram reproduzidos utilizando-se de tipos móveis, cada "família" era guardada em uma caixa com divisórias, e em cada uma dessas divisões eram colocados vários exemplares de um mesmo tipo (uma mesma letra). Assim, de forma organizada, rapidamente podia-se fazer uso dos tipos e compor uma palavra, uma linha ou mesmo uma página de texto.

Essa tão necessária organização também tem sido utilizada pelos cientistas para nomear e identificar mais rapidamente os seres vivos, agrupando-os segundo as características que têm em comum.

A grande "caixa de tipos" da mãe Natureza será o tema deste nosso capítulo.

Já pensou se cada bibliotecária resolvesse arrumar os livros de uma biblioteca pública segundo seus próprios critérios, segundo sua preferência? Já imaginou se ela resolvesse agrupar os livros pela cor da capa ou pelo tamanho da obra? Como localizar um livro de Biologia, por exemplo, dentre milhares de obras, usando esses critérios? Para que haja uma catalogação de modo racional e seja reconhecida por diferentes bibliotecárias é que se elaboraram normas para a classificação dos livros, seguindo uma sistemática para identificar as obras.

O mesmo ocorre com os seres vivos. Para que possam ser identificados corretamente, independentemente do país em que a pessoa viva ou da língua que fale, foram elaborados normas e critérios para a sua classificação.

CLASSIFICAÇÃO DOS SERES VIVOS: UMA OBRA EM CONSTRUÇÃO

Por muito tempo, os biólogos consideraram a existência de apenas **dois** grandes reinos de seres vivos: o reino *Animalia* e o reino *Plantae*. Para a maioria dos seres, essa maneira de classificá-los não era problemática.

Ninguém teria dúvida em considerar o sapo como animal e a samambaia como vegetal. Os critérios então utilizados para essa divisão eram simples: os animais *andam* e são *heterótrofos* (ou seja, são incapazes de produzir seu alimento orgânico, devendo obtê-lo pronto de outras fontes). Os vegetais são *imóveis* e *autótrofos* (ou seja, são capazes de produzir seu alimento orgânico a partir de substâncias simples do meio, com a utilização da luz do Sol, em um processo conhecido como *fotossíntese*).

Mas a partir do momento em que surgiram os primeiros microscópios começou a descoberta de seres até então desconhecidos. Um deles foi a euglena, um microrganismo que, em presença de luz, atua como autótrofo, sendo capaz de realizar fotossíntese. Quando colocada no escuro, ela é capaz de se alimentar, como qualquer heterótrofo. Além disso, possui um flagelo, que permite a sua locomoção, como um animal. Outro caso paradoxal é o dos fungos (cogumelos, bolores, orelhas-de-pau). São fixos, parecendo-se, assim, a vegetais. São, porém, incapazes de fazer fotossíntese, por serem aclorofilados. Alimentam-se de restos orgânicos. Os fungos são heterótrofos. Assim como as euglenas e os fungos, há outros casos de seres vivos que não se enquadram nem no reino animal nem no reino vegetal (Figura 13-1).

Tendo em vista a existência desses problemas, os cientistas decidiram criar o reino **Protista**. Nele, enquadraram as bactérias, os protozoários, os fungos e as algas, ou seja, seres que não se encaixavam na ideia de animal ou vegetal. A partir do século XIX, portanto, passou-se a falar na existência de **três** reinos: *Animalia*, *Plantae* e *Protista*.

Figura 13-1. A euglena (a) e o cogumelo (b) possuem, simultaneamente, características de animais e vegetais. Em qual dos reinos devem ser colocados?

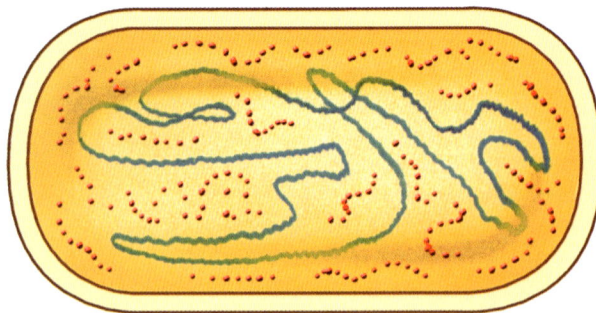

Figura 13-2. Esquema de bactéria, baseado em foto obtida com microscópio eletrônico.

Célula procariótica é a que não contém núcleo organizado, presente nas células eucarióticas.

Com o progresso da Ciência e a descoberta do microscópio eletrônico, pôde-se visualizar melhor a célula, componente praticamente universal dos seres vivos da Terra atual. Verificou-se, assim, que as bactérias e as cianobactérias possuíam células desprovidas de núcleo organizado. O material genético ficava disperso no interior da célula. Criou-se o termo *célula procariótica* para designar essa organização celular primitiva (veja a Figura 13-2).

Já nas células dos demais seres vivos, percebeu-se a existência de um núcleo organizado, perfeitamente delimitado por uma membrana, a chamada *carioteca*. Esse tipo celular passou a ser chamado de *célula eucariótica*.

A partir dessa descoberta, fez-se nova redistribuição dos seres vivos. As bactérias e todos os demais seres que possuem célula procariótica passaram a compor um **quarto** reino: o reino **Monera**.

A partir de 1969, admitiu-se um **quinto** reino, englobando os fungos, que passaram a pertencer ao reino *Fungi*. Recorrendo a critérios morfológicos, fisiológicos e comportamentais, em 1982 as pesquisadoras Lynn Margulis e Karlene Schwartz propuseram uma modificação no sistema de cinco reinos, incluindo as algas unicelulares e pluricelulares no reino **Protoctista**, juntamente com os protozoários. Ficamos, então, com os reinos Monera, Protoctista, *Fungi*, *Plantae* e *Animalia*.

Mas a classificação dos seres vivos é uma "obra em eterna construção". Novas descobertas sugerem novas ideias. Graças à comparação da sequência dos genes que levam à produção do RNA ribossômico, Carl Woese propôs seis reinos, agora com a separação de Monera em dois outros reinos de seres procarióticos: ***Eubacteria*** e ***Archaebacteria*** (veja a Figura 13-3). No primeiro reino, estão inclusas as bactérias e cianobactérias. Já em *Archaebacteria* estão inclusas as bactérias que habitam locais extremamente específicos e que possuem metabolismo altamente especializado. É o caso das metanogênicas (produtoras de metano), termófilas (habitantes de locais de temperaturas elevadas) e halófitas (que vivem em locais de elevada salinidade).

A partir da crescente utilização do sequenciamento do DNA das bactérias e dos demais seres vivos, os biólogos passaram, cada vez mais, a adotar uma nova categoria de classificação, acima do reino: o **Domínio**. Assim, seriam três os domínios: **Bacteria**, **Archaea** e **Eukarya**. Os dois primeiros incluem todos os seres procarióticos, enquanto o último agrupa todos os seres eucarióticos (veja a Figura 13-4).

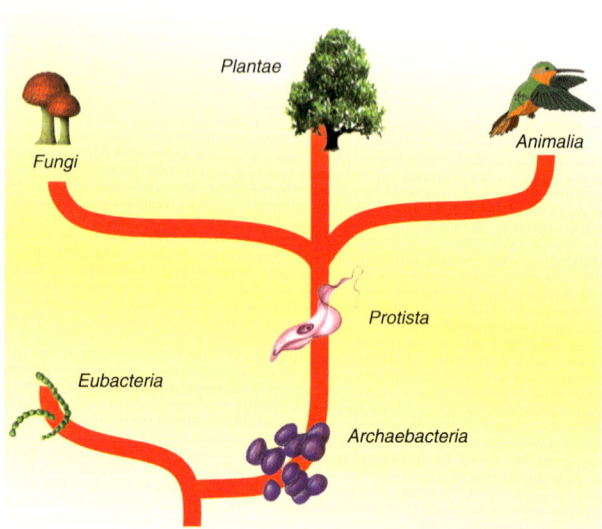

Figura 13-3. O sistema de seis reinos proposto por Woese.

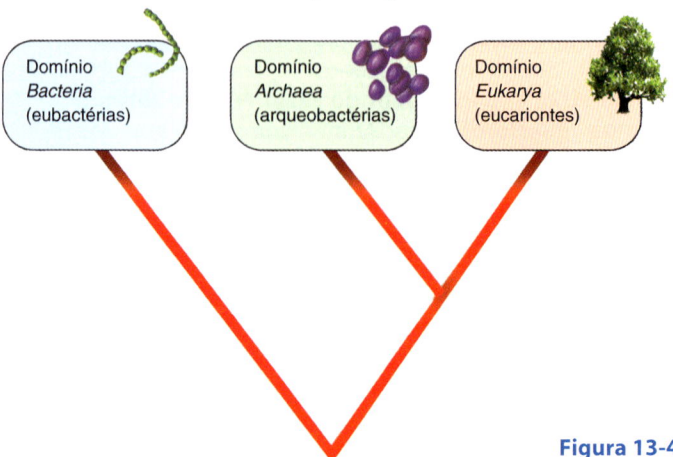

Figura 13-4. Os três domínios de Woese.

Levando em conta as constantes modificações decorrentes de novas descobertas, utilizaremos a classificação da Tabela 13-1.

Tabela 13-1. Os cinco grandes reinos para a classificação dos seres vivos. Os termos *metafita* e *metazoa* continuam sendo utilizados para designar, respectivamente, os vegetais e os animais.

Domínio	Reino	Características	Exemplos
BACTERIA (eubactérias)	Monera — bactérias, cianobactéria	Seres com célula procariótica.	Bactérias e cianobactérias (que já foram chamadas de algas azuis).
ARCHAEA (arqueobactérias)	Monera — arqueobactérias	Seres com célula procariótica.	Bactérias metanogênicas, termófilas e halófilas.
EUKARYA	*Protoctista (Protista)* — paramécio (protozoário), alga	Inclui seres com célula eucariótica, podendo ser autótrofos ou heterótrofos; unicelulares ou pluricelulares e, nesse caso, não possuindo tecidos verdadeiramente organizados.	Protozoários, bolores aquáticos, algas macroscópicas e microscópicas.
	Fungi — cogumelo, orelha-de-pau	Inclui organismos com célula eucariótica, heterótrofos, aclorofilados, unicelulares ou pluricelulares, sem tecidos organizados. A maioria vive da absorção de matéria orgânica morta por eles decomposta.	Cogumelos, orelhas-de-pau, mofos, bolores e leveduras.
	Plantae (metafita) — musgo, pinheiro, samambaia, milho	Inclui seres com célula eucariótica, autótrofos pluricelulares, com tecidos organizados. Dele fazem parte todos aqueles seres que normalmente são chamados de "plantas".	Briófitas (musgos), pteridófitas (samambaias), gimnospermas (pinheiros) e angiospermas (todas as demais plantas conhecidas).
	Animalia (metazoa) — esponja, caracol, sapo	Inclui seres com célula eucariótica, heterótrofos e pluricelulares, com tecidos organizados. Dele fazem parte aqueles seres que sempre nos acostumamos a considerar como animais.	Esponjas, cnidários, platelmintos, nematódeos, anelídeos, moluscos, artrópodes, equinodermos e cordados.

Pense nisso

A construção do sistema de classificação dos seres vivos é bem antiga. O cientista Ernest Haeckel (1834-1919) foi o primeiro a sugerir a criação do reino Protista, para incluir seres que não eram considerados nem animais nem vegetais, ou seja, as bactérias, os protozoários, as algas e os fungos. Propôs, até, a criação do grupo Monera (que inclui as bactérias), considerando-o como componente do reino Protista, o que na época não foi aceito. Coube a Herbert Copeland (1902-1968) a tarefa de propor a criação de uma classificação dos seres vivos em quatro reinos: **Monera** (os seres com célula procariótica), **Protoctista** (as algas unicelulares e os fungos), **Metaphyta** (as algas pluricelulares e as plantas) e **Metazoa** (os animais, todos pluricelulares). Em 1969, Robert H. Whittaker (1924-1980) modificou a proposta de Copeland, sugerindo uma classificação com cinco reinos: **Monera**, **Protista**, *Fungi*, *Plantae* e *Animalia*. O que mudou? Whittaker voltou a utilizar o termo Protista, no lugar de Protoctista. Substituiu o termo *Metaphyta* por *Plantae* e *Metazoa* por *Animalia*. As algas pluricelulares, no entanto, continuaram no reino *Plantae*. Para Whittaker, o que importava era o critério **nutrição**: *produção* (fotossíntese) caracterizava os vegetais, *ingestão* era típico de animais e *absorção* era uma característica de fungos. Note que no reino Protista de Whittaker as três modalidades de nutrição estão presentes. Em 1982, as biólogas Lynn Margulis e Karlene Schwartz, utilizando também uma classificação em cinco reinos, propuseram uma modificação no sistema de Whittaker. Voltaram a utilizar o termo Protoctista, nele incluindo as algas pluricelulares, que foram retiradas do reino *Plantae*. Veja a Figura.

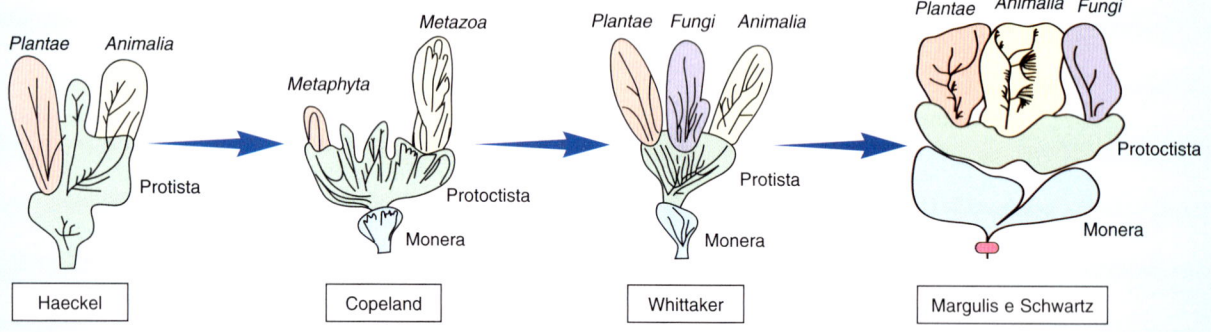

Saiba mais

Novas ideias sobre classificação

Como vimos neste capítulo, algumas normas foram adotadas para a classificação dos seres vivos. Uma das mais conhecidas e usadas é a clássica divisão em 5 reinos: *Monera*, *Protista*, *Fungi*, *Animalia* e *Plantae*. Os vírus acabam sendo deixados à parte devido às suas características especiais.

Recentemente alguns autores têm preferido usar outra forma de classificação. É a divisão em 8 reinos. O reino *Monera* seria dividido em 2: o reino *Bacteria* e o reino *Archaea*. O reino Protista seria também subdividido em outros: o reino *Archaezoa*, o *Protista* (*Protozoa*) e o *Chromista*. O reino *Plantae*, *Animalia* e *Fungi* ficariam do mesmo jeito.

Além dessa divisão em 8 reinos, existe ainda outra classificação que sugere a criação de 3 domínios: o domínio **Bacteria**, o domínio **Archaea** e o domínio **Eucarya** (Eucariontes). Este último teria 8 divisões principais: *Archaezoa*, *Euglenozoa*, *Alveolata*, *Stramenopila*, *Rhodophyta*, *Plantae*, *Fungi* e *Animalia*.

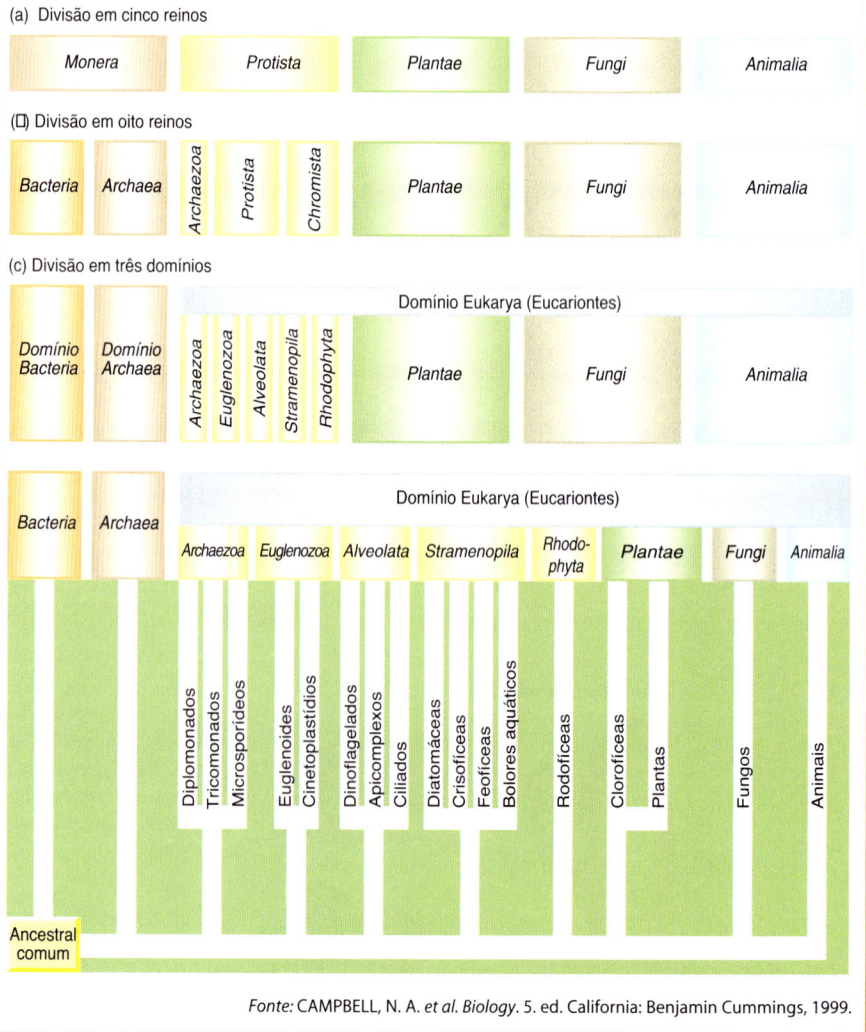

Fonte: CAMPBELL, N. A. *et al. Biology.* 5. ed. California: Benjamin Cummings, 1999.

OS VÍRUS: ESSES SERES EXTRAORDINÁRIOS

Os vírus são seres microscópicos e acelulares. Seu "corpo" é formado por material genético envolvido por proteína. Muitos vírus possuem envoltórios adicionais, de natureza lipoproteica (veja a Figura 13-5).

Diferem de todos os demais seres atualmente existentes na Terra. Em que reino enquadrá-los? Uma solução possível é formar com eles um novo reino. Outra solução, conveniente em termos didáticos, é considerá-los como um grupo à parte, não os enquadrando em nenhum dos reinos existentes.

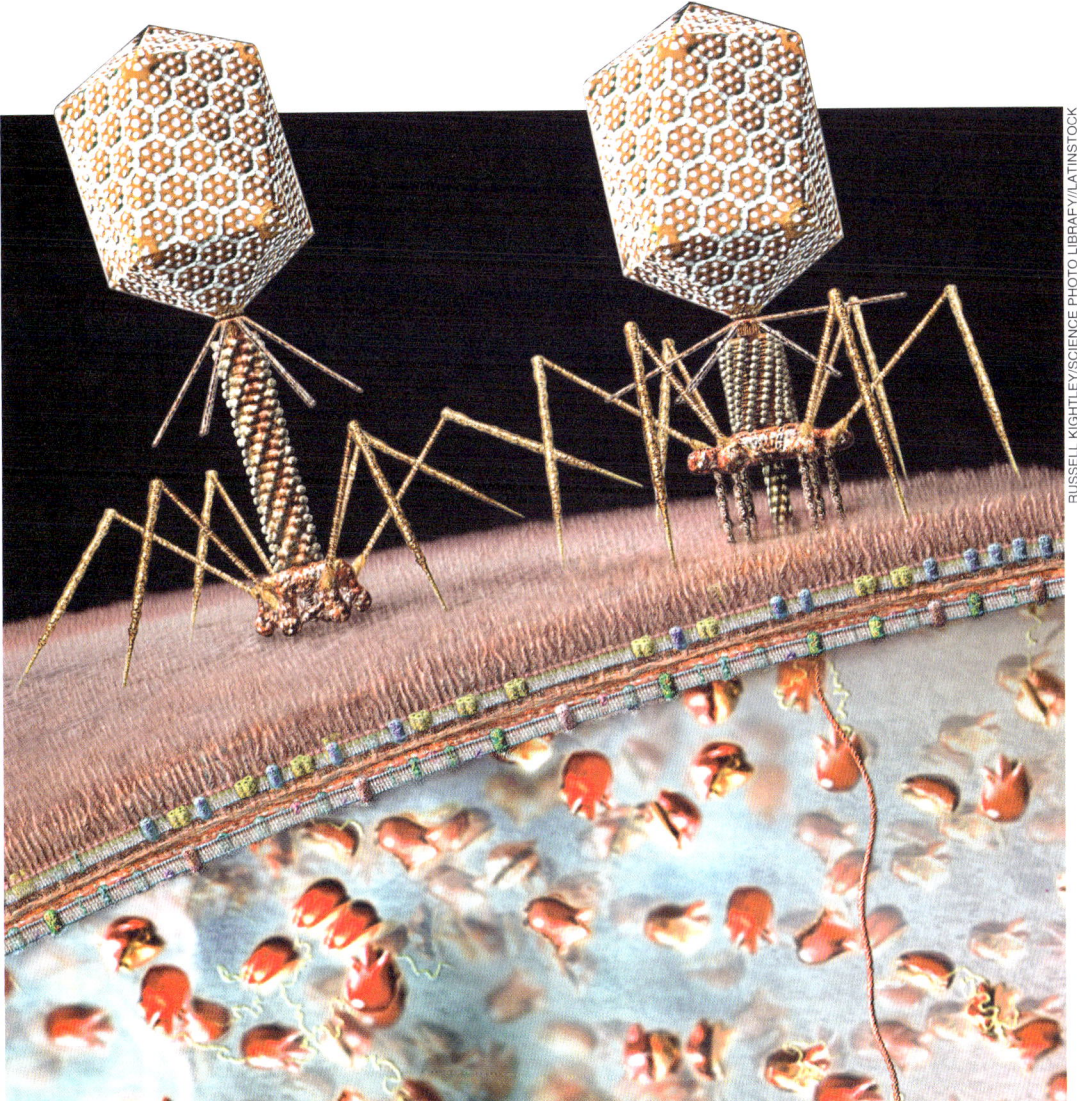

Figura 13-5. Ilustração do vírus T4 na superfície de uma bactéria. Conhecido como bacteriófago, por atacar bactérias, nessa imagem pode-se ver dois deles: o da esquerda está ligado à superfície da bactéria (sua "cabeça" poligonal envolve uma molécula de DNA) e o da direita está introduzindo seu DNA (fio vermelho) na bactéria. Os bacteriófagos utilizam material da própria bactéria para produzir mais vírus.

A FILOGÊNESE DOS SERES VIVOS

Qual foi o ancestral dos anfíbios (sapos, rãs) que vivem na Terra atual? Essa e outras perguntas relativas à origem dos grandes grupos de seres vivos eram difíceis de serem respondidas até surgir, em 1859, a Teoria da Evolução Biológica por Seleção Natural, proposta por Charles Darwin e Alfred Russel Wallace. Com a compreensão de "como" a evolução biológica ocorre, os biólogos passaram a sugerir hipóteses para explicar a possível relação de parentesco entre os diversos grupos de seres vivos.

Diagramas em forma de árvore – elaborados com dados de anatomia e embriologia comparadas, além de informações derivadas do estudo de fósseis – mostravam a hipotética origem de grupos a partir de supostos ancestrais. Essas supostas "árvores genealógicas" ou "filogenéticas" (do grego, *phýlon* = raça, tribo + *génesis* = fonte, origem, início) simbolizavam a história evolutiva dos grupos que eram comparados, além de sugerir uma provável época de origem para cada um deles. Como exemplo, veja o esquema da Figura 13-6.

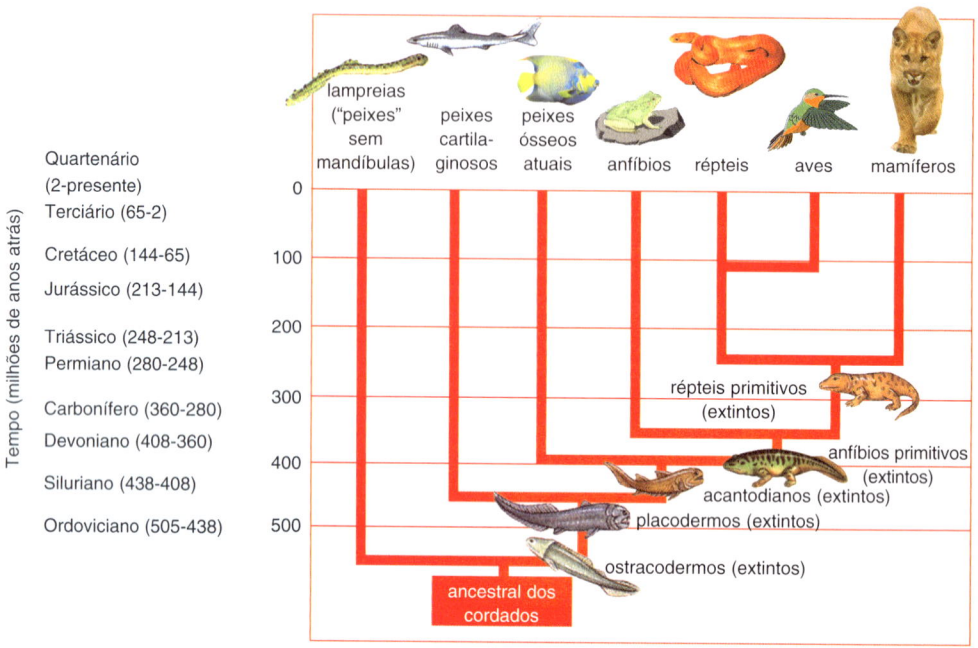

Figura 13-6. Exemplo de árvore filogenética dos cordados, importante grupo animal ao qual pertencem os seres humanos.

O esquema representa a provável "história evolutiva" dos vertebrados. Note que estão representados os grupos atuais – no topo do esquema – bem como os prováveis ancestrais. Perceba que o grupo das lampreias (considerados "peixes" sem mandíbula) é bem antigo (mais de 500 milhões de anos). Já o das aves é mais recente e sua origem é admitida como tendo ocorrido há cerca de 150 milhões de anos, provavelmente a partir de um grupo de dinossauros ancestrais. Note, ainda, que o parentesco existente entre aves e répteis é maior do que o existente entre mamíferos e répteis, e que os três grupos foram originados de um ancestral comum.

A partir de 1950, com o acúmulo de novos dados, as árvores filogenéticas começaram a ficar mais sofisticadas. Termos como *sistemática* (área da Biologia que classifica os seres vivos por meio do estudo comparativo de suas características) e *taxonomia* (área da Biologia que lida com a descrição, identificação e classificação dos organismos) se tornaram mais populares e contaram com um número crescente de interessados, que passaram a utilizar dados gerados em computador para estabelecer as inúmeras relações entre os seres vivos.

Atualmente, são muito utilizados os *cladogramas* (do grego, *clade* = bifurcação), diagramas filogenéticos que, na forma de ramos bifurcados, procuram estabelecer as relações que existem entre os diversos grupos de seres vivos.

Estabelecendo Filogenias com os Cladogramas

Ao dispor de um grande número de características comparativas, mais confiáveis – anatômicas, embriológicas, funcionais, genéticas, comportamentais etc. –, os biólogos interessados na classificação dos seres vivos puderam elaborar hipóteses mais consistentes a respeito da evolução dos grandes grupos. Influenciados pelo trabalho de Willi Hennig – um cientista alemão, especialista em insetos –, passaram a representar as filogenias por meio de *cladogramas*. Nesse tipo de diagrama, utiliza-se uma linha, cujo ponto de origem – a raiz – simboliza um provável grupo (ou espécie) ancestral. De cada *nó* surge um *ramo*, que conduz a um ou a vários *grupos terminais* (veja a Figura 13-7).

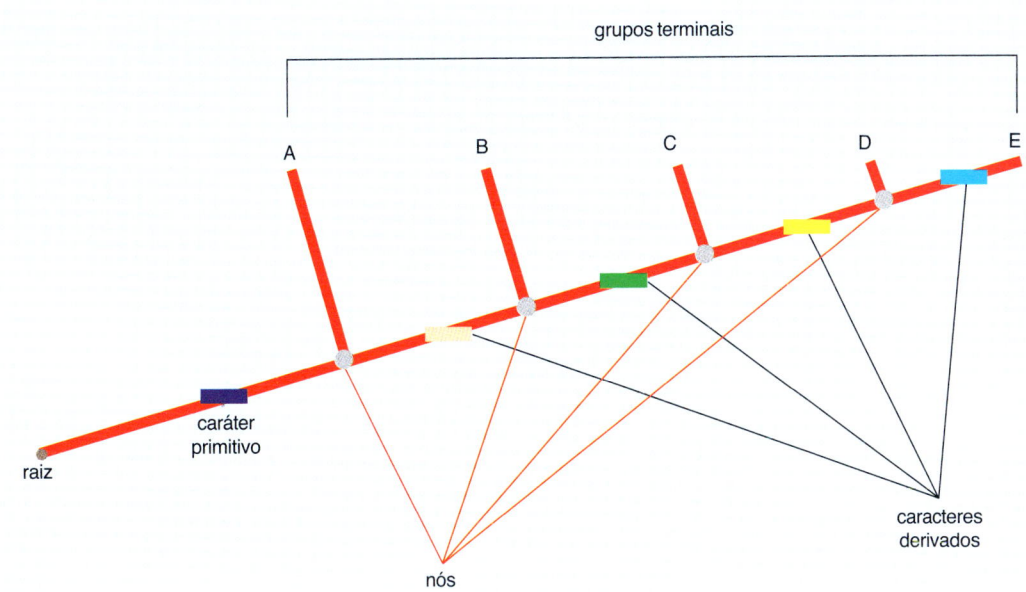

Figura 13-7. Esquema de um cladograma.

Saiba mais

Politomias e grupos monofiléticos

Em um cladograma, às vezes não é possível estabelecer uma correta relação de parentesco entre grupos terminais. Nesse caso, os grupos ficam conectados em uma *politomia*, representada na figura por (a). No entanto, algumas hipóteses podem ser sugeridas a respeito de um possível parentesco entre esses grupos. Três dessas hipóteses estão representadas em (b), (c) e (d). Note, em (b), que os grupos 1 e 2 agora partem de um ponto comum e são, nesse caso, considerados grupos *monofiléticos* (são grupos irmãos) e compartilham um ancestral comum. Em (c), a hipótese propõe que os grupos 2 e 3 são monofiléticos e, em (d), é proposta a hipótese de que são monofiléticos os grupos 1 e 3.

(a) Representa uma politomia. Em (b), os grupos 1 e 2 são monofiléticos. Em (c), são monofiléticos os grupos 2 e 3. Em (d), os grupos 1 e 3 são monofiléticos.

Com os cladogramas, pode-se estabelecer uma comparação entre as características *primitivas* – que existiam em grupos ancestrais – e as *derivadas* – compartilhadas por grupos que os sucederam.

De modo geral, cladogramas são acompanhados de *matrizes*, que correspondem a tabelas que relacionam os grupos comparados e as características analisadas. Vejamos um exemplo: imagine que estejamos interessados em estabelecer a relação filogenética existente entre os quatro grupos de plantas atualmente conhecidos – briófitas, pteridófitas, gimnospermas e angiospermas –, comparando-os a um *grupo externo* (ancestral, não considerado planta), o das algas verdes. Mais adiante, neste livro, você terá a oportunidade de conhecer melhor as características de cada um dos grupos vegetais, todos pertencentes ao reino *Plantae*. Por ora, basta saber que, em todos, o desenvolvimento envolve a existência de um embrião nutrido por tecido materno. Tecidos condutores de seivas existem em representantes de apenas três desses grupos: pteridófitas, gimnospermas e angiospermas. Sementes são produzidas apenas por gimnospermas e angiospermas, enquanto o fruto é constatado somente em angiospermas. Ao construir a matriz, indicaremos com o número *1* a presença da característica no grupo, enquanto a ausência será indicada com o número *0*. No caso, presença de clorofila será considerado um caráter *primitivo*. As demais características serão derivadas. A matriz obtida será a seguinte:

Características / Grupo	Presença de clorofila	Embrião nutrido por tecido materno	Tecido condutor	Semente	Fruto
Algas verdes	1	0	0	0	0
Briófitas	1	1	0	0	0
Pteridófitas	1	1	1	0	0
Gimnospermas	1	1	1	1	0
Angiospermas	1	1	1	1	1

O cladograma gerado por essa matriz será:

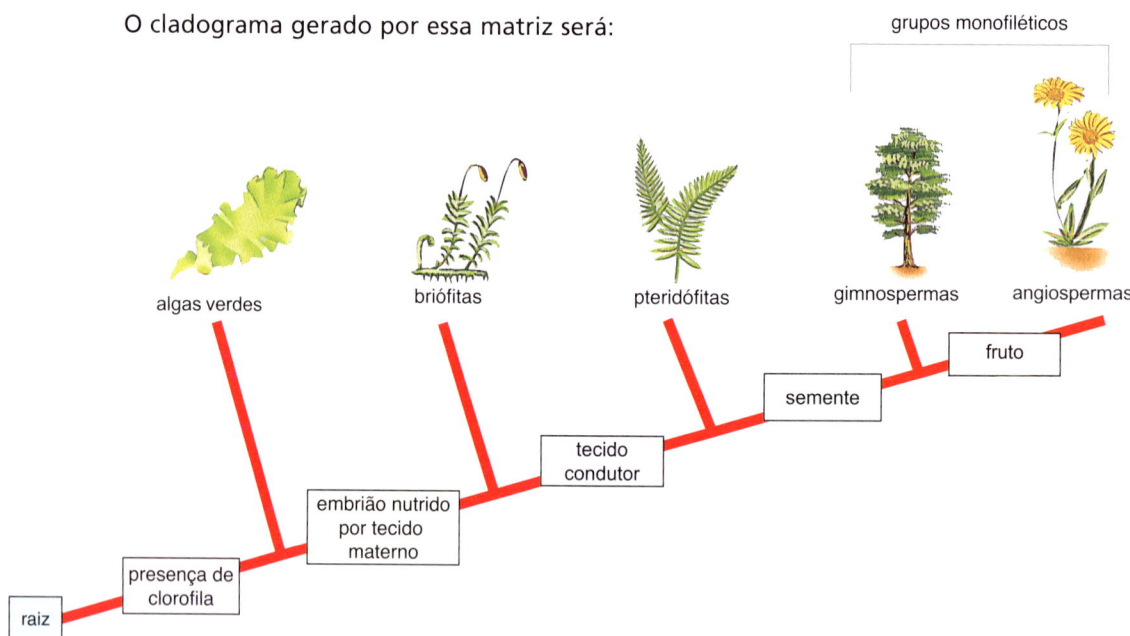

Note que a raiz simboliza um suposto grupo ancestral. O caráter "presença de clorofila" é *primitivo* e está presente em todos os grupos. O caráter "tecido condutor", por exemplo, é *derivado* e está presente apenas nos grupos localizados acima do seu ponto de aparecimento.

Nos cladogramas não existe, de modo geral, a preocupação de estabelecer relações de parentesco, mas a de comparar grupos terminais que compartilham determinadas características. Por fim, note que gimnospermas e angiospermas, por compartilharem a característica "presença de sementes", são considerados *grupos monofiléticos*, ou seja, são derivados de um ancestral comum. Se considerarmos a característica "tecido condutor", então pteridófitas, gimnospermas e angiospermas seriam grupos monofiléticos e o caráter em questão teria surgido em um ancestral comum que não seria necessariamente uma briófita.

Nesse ponto, você poderia perguntar qual a diferença entre as árvores filogenéticas tradicionais e os cladogramas. Lembre-se de que dissemos que as árvores tradicionais eram elaboradas com poucas informações, que permitiam a formulação de hipóteses pouco confiáveis, mas que eram aceitas como válidas para a época em que foram propostas. Já para a elaboração dos cladogramas, os biólogos recorrem a uma base muito maior de dados, o que enriqueceu sobremaneira a comparação entre os grupos de seres vivos, embora nem sempre o interesse seja o de estabelecer relações de parentesco, mas, simplesmente, a comparação de características compartilhadas pelos grupos ou espécies de seres vivos.

Ao estudar os diversos grupos biológicos constantes deste livro, você terá a oportunidade de entrar em contato com vários cladogramas, cuja finalidade básica é facilitar a compreensão do assunto.

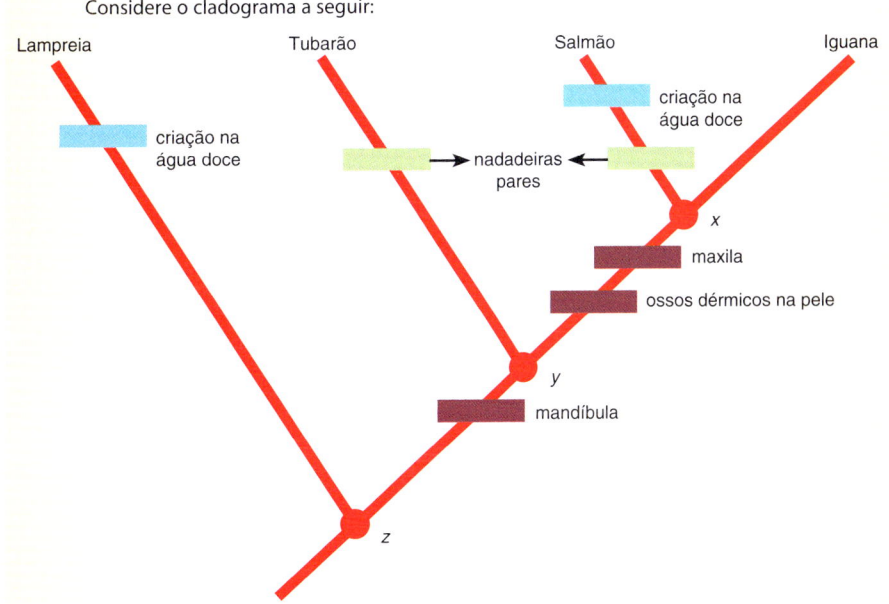

Saiba mais

Grupos monofilético, parafilético e polifilético

Considere o cladograma a seguir:

a) **Monofilético** é o grupo natural formado por salmão e iguana. Possuem um ancestral comum, x, e compartilham as características *maxila* e *ossos dérmicos na pele*. Também é monofilético o grupo formado por tubarão, salmão e iguana, com o ancestral comum y. Nesse caso, a característica derivada, por eles compartilhada, é *mandíbula*.
b) **Parafilético** (do grego *para* = junto, ao lado de) é o grupo artificial formado por tubarão e salmão. Ambos foram retirados dos seus respectivos grupos naturais monofiléticos. Compartilham a característica *nadadeiras pares*, comuns nos peixes. Constituem, assim, um grupo à parte.
c) **Polifilético** é o grupo artificial formado por lampreia e salmão. Nesse caso, foram agrupados por se desenvolverem em meio aquático doce. Note que ambos foram retirados do grupo monofilético maior, cujo ancestral é z. Trata-se de um caso de *convergência*, por apresentarem desenvolvimento em um mesmo tipo de meio. Claro que a característica que os uniu artificialmente no mesmo grupo não é anatômica.

A NOMENCLATURA BIOLÓGICA

Os reinos dos seres vivos são formados por uma infinidade de representantes, cada qual pertencendo a "tipos" que apresentam características comuns.

Cada "tipo" corresponde a uma **espécie biológica**, que pode ser conceituada como um *conjunto formado por organismos capazes de se intercruzar livremente na natureza, produzindo descendentes férteis*.

As espécies são consideradas as unidades básicas da classificação biológica, do mesmo modo que os nomes específicos de medicamentos o são em uma farmácia. Aí surge outro problema. Como nomear as diferentes espécies de seres vivos que existem atualmente? De que maneira um cientista australiano, um russo ou um brasileiro "chamam" cientificamente, por exemplo, o lobo?

Também se verificou que seres pertencentes a *espécies diferentes* podem apresentar algumas características comuns, como, por exemplo, o cão doméstico, o coiote e o lobo. Assim, pode-se agrupar as espécies aparentadas em categorias maiores, estas em outras maiores ainda, e assim por diante. É claro que, quanto mais abrangente for a categoria, menor a quantidade de características comuns aos elementos por elas englobados.

Lineu e o Sistema Binomial

No século XVII, Carlos Lineu, um botânico sueco, propôs um sistema de nomenclatura dos seres vivos que, embora tenha sofrido algumas modificações, tem sido utilizado até hoje. Esse sistema, conhecido como **sistema binomial**, tem como base o conceito de espécie e utiliza a ideia de gênero (conjunto de espécies com certo grau de semelhança).

Foi preciso escolher uma língua que fosse de conhecimento universal e que não sofresse modificações. Era necessário escolher uma língua morta. O latim foi eleito. Cada espécie passou a ter um nome formado por duas palavras:

- a primeira palavra, iniciada por letra maiúscula, indica o gênero e corresponde a um substantivo escolhido pelo autor que cria o nome; o gênero pode ser abreviado por sua letra inicial maiúscula;
- a segunda palavra corresponde à espécie e é um adjetivo. Em geral, o autor designa uma característica marcante do ser vivo que ele estuda ou um lugar ou uma personalidade.

É preciso destacar o nome científico no texto. Isso é feito grifando as duas palavras ou escrevendo-as em itálico ou negrito. Ex.: Canis familiaris, *Canis lupus*, **Felis catus**.

Outros Níveis de Classificação

Os biólogos que se preocupam em ordenar a coleção de seres vivos trabalham em um ramo da Biologia conhecido como *Taxonomia*. Esse trabalho consiste em reconhecer espécies semelhantes e agrupá-las em gêneros. Os gêneros são reunidos, se tiverem algumas características comuns, formando uma **família**. Famílias, por sua vez, são agrupadas em uma **ordem**. Ordens são reunidas em uma **classe**. Classes de seres vivos são reunidas em **filos**. E os filos são, finalmente, componentes de algum dos seis **reinos** que descrevemos anteriormente.

Todas essas categorias de classificação (*espécie*, *gênero*, *família*, *ordem*, *classe*, *filo* e *reino*) são conhecidas como categorias taxonômicas. A Figura 13-8 ilustra a classificação completa de alguns animais pertencentes à ordem dos carnívoros, entre eles o cão, o gato, o lobo, a pantera e o urso.

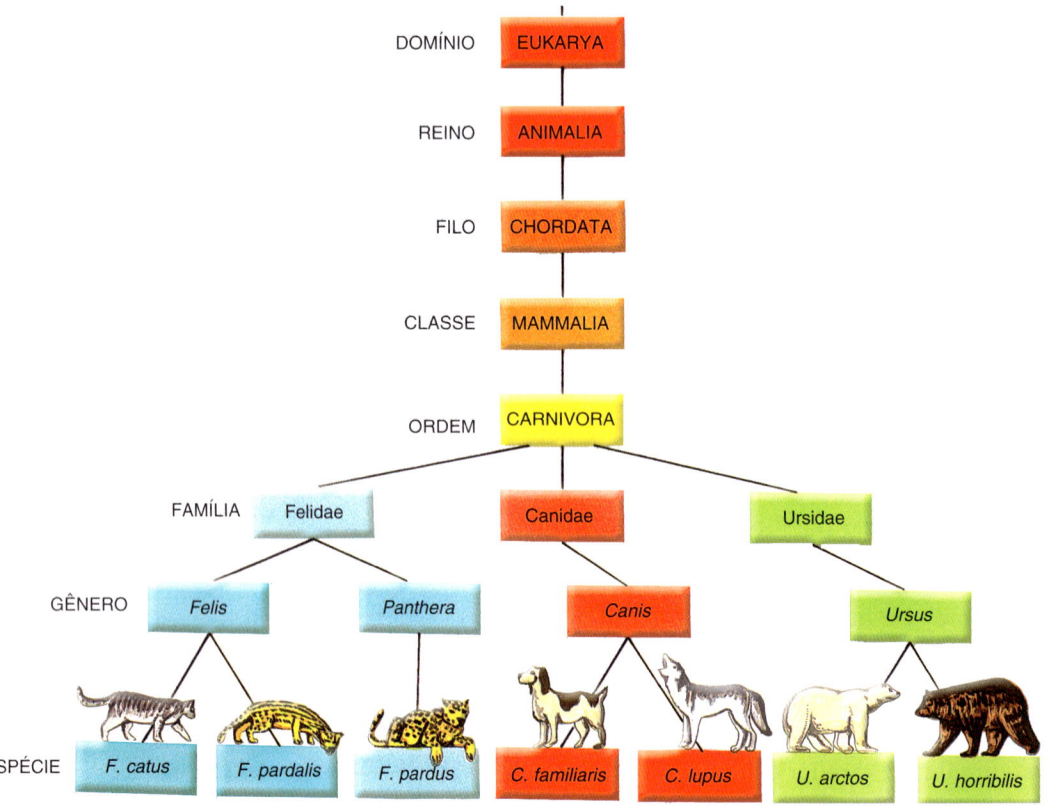

Figura 13.8. Comparação da classificação do cão doméstico (*Canis familiaris*) com outros animais pertencentes à ordem dos carnívoros.

Saiba mais

Os nomes em Botânica

Em Botânica, os nomes de *famílias* terminam em *–aceae*, enquanto para *ordem* a terminação utilizada é *–ales*. O termo *divisão* é equivalente a *filo*, embora se recomende a utilização do segundo termo a fim de uniformizar a nomenclatura. Veja, a seguir, a título de curiosidade, a classificação do milho:

Domínio – *Eukarya*   Filo (Divisão) – *Anthophyta*   Ordem – *Commelinales*   Gênero – *Zea*
Reino – *Plantae*   Classe – *Monocotyledoneae*   Família – *Poaceae*   Espécie – **Zea mays**

As categorias taxonômicas e a classificação completa do milho

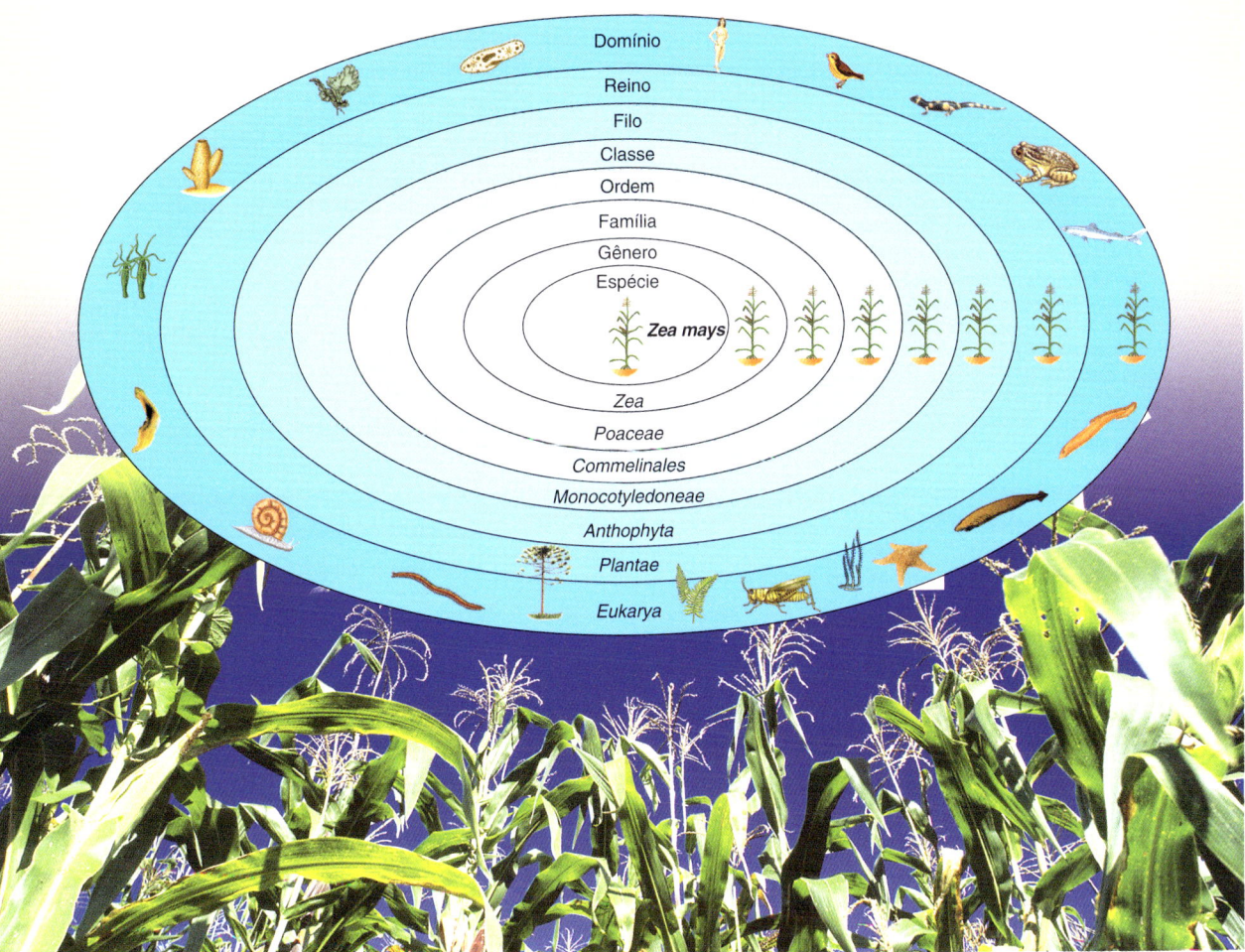

Ética & Sociedade

Espécies da Fauna Brasileira Ameaçadas de Extinção

O Brasil é o 5.º maior país do mundo, abrangendo uma área de 8,5 milhões de km², possuindo cerca de 3,5 milhões de km² de área costeira, seis grandes biomas terrestres e disputando com a Indonésia o primeiro lugar em biodiversidade entre as nações do planeta. Projetando o número conhecido de espécies em nosso país, estima-se que devam existir no total cerca de 1,8 milhões de espécies. Dessa diversidade total estimada, conhecemos menos de 10%.

A primeira avaliação da situação brasileira, feita em 1964, culminou com a publicação em 1968 do que se chamou a primeira "lista vermelha" em que se indicavam 45 espécies da nossa fauna ameaçadas de extinção. A lista atual (2005) da fauna brasileira ameaçada de extinção aponta 627 espécies. Porém, a ameaça não está homogeneamente distribuída no território nacional: notadamente a Mata Atlântica e o Cerrado respondem por mais de 72% das espécies da lista, em um total de 458 espécies. Entre outros motivos, a acentuada devastação e fragmentação florestal fazem com que a Mata Atlântica apresente os mais elevados números de espécies ameaçadas. Mais de 60% das espécies presentes na lista têm distribuição conhecida nesse bioma.

Adaptado de: MACHADO, A. B. M.; DRUMMOND, G. M.; PAGLIA, A. P. *Livro Vermelho da Fauna Brasileira Ameaçada de Extinção.* Brasília, DF: MMA; Belo Horizonte, MG: Fundação Biodiversitas, 2008. 2v.

Que políticas públicas você poderia propor e o que o cidadão civil poderia fazer para minimizar os riscos de extinção de espécies?

Passo a passo

1. Nas primeiras classificações dos seres vivos costumava-se considerar a existência de apenas dois reinos, o animal e o vegetal. Nesse caso, o sapo era considerado animal e a samambaia, vegetal. Que critérios foram utilizados para essa caracterização?

2. Com a utilização dos primeiros microscópios, ficou claro que a classificação em dois reinos já não fazia mais sentido. Descobriram-se seres que se movimentavam e eram autótrofos. E seres que eram fixos e heterótrofos. A partir dessa constatação:
   a) Que novo reino foi proposto? Quais eram os seus componentes?
   b) Quantos reinos, então, foram propostos, com a criação do novo reino?

3. Com a utilização do microscópio eletrônico, a célula passou a ser visualizada com mais detalhes. Dois modelos celulares passaram a ser claramente considerados.
   a) Quais os dois modelos celulares que passaram a ser considerados, após a utilização do microscópio eletrônico?
   b) Após a constatação da existência de dois modelos celulares, passou-se a considerar a existência de quatro reinos. Quais são esses quatro reinos?

4. Novas descobertas levaram à separação dos fungos, que passaram a ser constituintes de um reino próprio, completando, assim, a ideia de cinco reinos. Por outro lado, as pesquisadoras Lynn Margulis e Karlene Schwartz propuseram uma modificação relativamente à denominação de um dos cinco reinos.
   a) Quais são os cinco reinos?
   b) Que denominação foi proposta pelas duas pesquisadoras, para um dos cinco reinos?

5. Carl Woese foi o proponente da ideia de seis reinos, ao separar um dos cinco reinos em dois, Archaebacteria e Eubacteria.
   a) Que critério foi utilizado pelo pesquisador para essa separação?
   b) Quais são os componentes dos reinos Archaebacteria e Eubacteria, segundo essa caracterização?

6. A partir da crescente utilização do sequenciamento do DNA das bactérias e dos demais seres vivos, os biólogos adotaram uma nova categoria de classificação: o Domínio.
   a) Quais são os três domínios de seres vivos que passaram a ser considerados?
   b) Cite os reinos componentes dos sistemas de classificação propostos por Haeckel, Copeland, Whittaker e Margulis/Schwartz.

7. Assinale a alternativa que relaciona corretamente algumas características encontradas nos cinco reinos de seres vivos relacionados na Tabela 13-1 deste capítulo.

	Monera	Protoctista	Fungi	Plantae	Animalia
a)	Célula procariótica	Apenas seres heterótrofos	Célula procariótica	Unicelulares autótrofos	Unicelulares heterótrofos
b)	Célula procariótica	Célula eucariótica, seres autótrofos e heterótrofos	Célula eucariótica, absorção de matéria orgânica por eles decomposta	Célula eucariótica, pluricelulares autótrofos, com tecidos organizados	Célula eucariótica, pluricelulares heterótrofos, com tecidos organizados
c)	Célula eucariótica	Célula eucariótica, apenas pluricelulares	Pluricelulares autótrofos, com tecidos organizados	Pluricelulares heterótrofos, com tecidos organizados	Pluricelulares heterótrofos, sem tecidos organizados
d)	Célula procariótica e eucariótica	Célula eucariótica, apenas unicelulares	Célula eucariótica, todos unicelulares	Célula eucariótica, autótrofos unicelulares	Célula procariótica, heterótrofos pluricelulares
e)	Célula procariótica	Célula eucariótica, unicelulares e pluricelulares	Célula eucariótica, absorção de matéria orgânica	Célula eucariótica, autótrofos e heterótrofos	Célula eucariótica, todos autótrofos

8. Admitindo-se a hipótese de que os vírus são seres vivos microscópicos e que, a exemplo de muitas bactérias, também microscópicas, são causadores de inúmeras doenças no homem, dê uma razão pela qual você não os acrescentaria ao reino Monera.

9. Consultando a árvore filogenética (Figura 13-6) constante do item *A filogênese dos seres vivos*, assinale com V as frases que considerar verdadeiras e com F, as falsas.
   a) O grupo dos mamíferos surgiu há exatos 500 milhões de anos.
   b) Répteis e aves surgiram a partir de um ancestral comum há aproximadamente 100 milhões de anos.
   c) Os ancestrais de todos os vertebrados representados no esquema devem ter vivido há mais de 500 milhões de anos.
   d) Os anfíbios atuais não possuem nenhuma característica em comum relativamente aos demais vertebrados.

10. Considere o esquema ao lado, relativo a um cladograma representativo de determinado grupo de seres vivos. Utilizando os seus conhecimentos a respeito do assunto, responda:

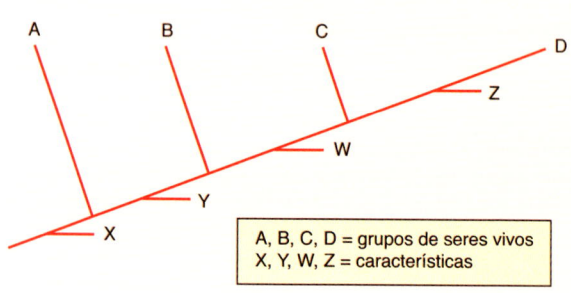

A, B, C, D = grupos de seres vivos
X, Y, W, Z = características

a) Qual das características derivadas é exclusiva dos grupos C e D?
b) Pode-se dizer que B, C e D constituem um grupo monofilético. Que características são por eles compartilhadas?

11. Considere o cladograma a seguir e responda:

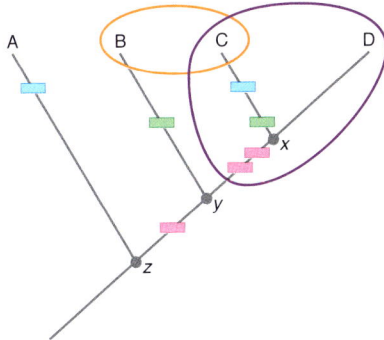

a) Que tipo de grupo natural é constituído pelos grupos C e D?
b) Que tipo de grupo artificial é constituído pelos grupos B e C?
c) Que tipo de grupo artificial é constituído pelos grupos A e C?

12. As espécies são consideradas as unidades básicas da classificação biológica. Qual o conceito usual de espécie que pode ser utilizado para finalidades didáticas?

13. No Sistema Binomial sugerido pelo botânico sueco Carlos Lineu, o nome que designa uma determinada espécie é constituído basicamente por duas palavras, sendo a primeira referente:

a) à espécie e a segunda à classe.
b) ao gênero e a segunda à espécie.
c) à espécie e a segunda ao gênero.
d) à classe e a segunda ao filo.
e) ao gênero e a segunda à ordem.

14. Cite a ordem crescente das principais categorias taxonômicas mais comumente utilizadas na caracterização dos seres vivos.

15. Caneleiro, canela-de-velho, fava do campo e maraximbé são nomes populares da *Cenostigma macrophyllum*, árvore que ocorre nos Estados do Mato Grosso, Mato Grosso do Sul, Pará, Rondônia, Tocantins, Goiás, Minas Gerais, Maranhão, Ceará, Pernambuco, Bahia e Piauí (sendo considerada a árvore símbolo da cidade de Teresina). De suas folhas e da casca do tronco são extraídas diversas substâncias de suposta utilização medicinal. Em sua opinião, qual é a razão para a existência de mais de um nome popular para a mesma árvore?

16. A cana-de-açúcar (*Saccharum officinalis*) e o milho (*Zea mays*) são dois vegetais dos quais são extraídos carboidratos utilizados na produção do biocombustível etanol (álcool etílico). A respeito dessas duas plantas é correto dizer que ambas pertencem:

a) ao mesmo domínio e à mesma espécie.
b) ao mesmo domínio e ao mesmo gênero.
c) ao mesmo domínio e ao mesmo reino.
d) ao mesmo reino e à mesma espécie.
e) ao mesmo reino e ao mesmo gênero.

17. *Questão de interpretação de texto*

Os macacos-pregos da América do Sul estão mais perto de empatar com os chimpanzés na arte de usar ferramentas. Nova tecnologia dos bichos brasileiros: pescar cupins com galhinhos. É o que faz o macaco-prego-galego (*Cebus flavius*), espécie criticamente ameaçada de extinção que só existe num punhado de fragmentos de mata atlântica do nordeste. Os macacos-pregos já carregam há tempos a fama de "chimpanzés das Américas", graças à inteligência e habilidade com ferramentas. A espécie mais comum, a *Cebus apella*, tem como truque famoso quebrar coquinhos usando pedras como "martelo" – coisa que os grandes macacos africanos também fazem.

Adaptado de: LOPES, R. J. Macaco-prego pesca cupins com galho. Folha de S.Paulo, São Paulo, 9 mar. 2011. Caderno Ciência, p. C11.

Utilizando as informações do texto e os seus conhecimentos sobre o assunto, responda:

a) Qual o significado dos dois termos utilizados para a designação do nome científico de uma espécie, como, por exemplo, *Cebus flavius*? A que categoria taxonômica pertencem os dois macacos-pregos, cujos nomes científicos são citados no texto? Cite a categoria mais próxima e comum a que ambos pertencem.
b) Cite as categorias taxonômicas que você conheceu, ao ler o texto desse capítulo.

Questões objetivas

1. (UFG – GO – adaptada) Os reinos monera, protista, fungo, vegetal e animal constituem cinco categorias que agrupam os seres vivos. Embora os indivíduos apresentem diferentes níveis de organização, eles compartilham a seguinte característica:

a) parede celular.
b) carioteca.
c) vacúolo contráctil.
d) membrana citoplasmática.
e) plastídeo com pigmentos (cloroplastos).

2. (UFTM – MG) O estudo dos fungos, protozoários, vegetais e animais revela detalhes interessantes. São seres que apresentam semelhanças e diferenças. A respeito desses seres, pode-se afirmar que os

a) fungos e protozoários são heterótrofos e possuem várias organelas membranosas em suas células. Os primeiros realizam a digestão intracelular e os segundos, a digestão extracelular.
b) fungos e animais são heterótrofos e possuem várias organelas membranosas em suas células. Os primeiros obtêm nutrientes do meio por absorção e os segundos, em sua maioria, por ingestão.
c) vegetais e fungos são eucariontes e reservam carboidratos. Ambos possuem envoltório nuclear e conseguem reservar amido em suas organelas citoplasmáticas.
d) protozoários e animais são multicelulares e não possuem plastos em suas células. São formados por tecidos verdadeiros e podem realizar a respiração celular ou a fermentação.
e) vegetais e animais são eucariontes, multicelulares e possuem várias organelas citoplasmáticas. Possuem em comum o envoltório nuclear, centríolos, lisossomos e plastos.

3. (UFSC) A distribuição dos seres vivos em cinco Reinos (Monera, Protista, Fungi, Vegetal, Animal) foi proposta em 1969 pelo cientista norte-americano Robert H. Whittaker, amplamente aceita na época e atualmente utilizada pela maioria dos autores de livros didáticos. Para fazer esta divisão, o cientista levou em conta, principalmente, os seguintes critérios: a) número de células do organismo; b) presença de carioteca; c) autotrofismo ou heterotrofismo; d) forma de incorporação dos alimentos.

Com relação aos cinco reinos e aos critérios adotados por Whittaker, assinale a(s) proposição(ões) **CORRETA(S)**.

(01) Os seres dos Reinos Monera e Protista são procariontes, ao passo que os seres dos outros reinos são eucariontes.
(02) Dos cinco reinos, o Reino Animal é o único a ser formado por indivíduos exclusivamente heterótrofos.

(04) O único reino formado por seres unicelulares e pluricelulares autótrofos é o Reino Fungi.
(08) Os organismos que pertencem ao reino dos fungos apresentam as seguintes características: são uni ou pluricelulares, autótrofos ou heterótrofos e eucariontes.
(16) Todos os indivíduos do Reino Animal e Vegetal são pluricelulares.
(32) Podemos encontrar seres autótrofos nos Reinos Monera e Vegetal.

4. (UnB – DF – adaptada) **Você pode ser imortal**

Morte morrida é coisa que a *Turritopsis dohrnii* não conhece. A vida dessa espécie de água-viva só acaba se ela for ferida gravemente. Do contrário, a *T. dohrnii* vai vivendo, sem prazo de validade. Suas células mantêm-se em um ciclo de renovação indefinidamente, como se voltassem à infância. Podem aprender qualquer função de que o corpo precise. É uma verdadeira (e útil) mágica evolutiva, parecida com a do *Seabates aleutianus*, um peixe do Pacífico conhecido como *rockfish*, e com a de duas espécies de tartaruga, a *Emydoidea blandingii* e a *Chrysemys picta* (ambas da América do Norte). Esse segundo grupo tem o que a ciência chama de envelhecimento desprezível. Suas células ficam sempre jovens, por motivo que a ciência ainda quer descobrir.
A imortalidade existe na natureza. Não tem nada de utopia. Pena que nós não desfrutemos dessa vantagem. Ao longo do tempo, nosso corpo se deteriora. Perdemos os melanócitos que dão cor aos cabelos, o colágeno da pele, a cartilagem dos ossos – ficamos frisados, enrugados, com dores nas juntas. Velhos. Em uma sucessão de baixas, células e órgãos vão deixando de cumprir funções cruciais para o corpo. Até que tudo isso culmina em uma pane geral. E nós morremos.

João Vito Cinquepalmi. Você pode ser imortal.
In: *SuperInteressante*, fev. 2010 (com adaptações).

Tendo como referência o texto acima e os múltiplos aspectos que ele suscita, julgue os itens a seguir.

(1) As células da *T. dohrnii* permanecem em constante ciclo de renovação, que decorre dos processos celulares mitose e meiose.
(2) A capacidade de regeneração da *T. dohrnii*, assim como a dos demais cnidários, está relacionada à complexidade de seus tecidos, devendo-se considerar que, quanto maior for a complexidade de um tecido, maior será sua capacidade de regeneração.
(3) Por pertencerem a gêneros diferentes, as duas espécies de tartarugas citadas no texto fazem parte de famílias distintas.
(4) O nome científico *Seabates aleutianus* poderia também ser corretamente atribuído a um vegetal.
(5) Os melanócitos e o colágeno são estruturas celulares presentes nos tecidos conjuntivos.

5. (UFRGS – RS) A árvore filogenética abaixo, que é baseada em dados moleculares, reúne em um mesmo grupo os grandes felinos. O nó 2 reúne as espécies que rugem; o nó 3, as que não têm essa capacidade.

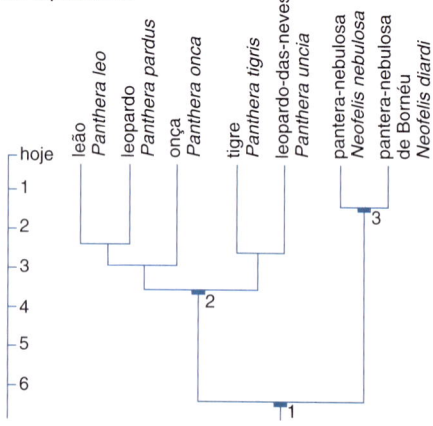

Adaptado de: O'BRIEN, S.; JOHNSON, W. A Evolução dos gatos. *Scientific American Brasil*, ano 6, n. 63, p. 56-63, ago. 2007.

Com relação a essa árvore filogenética, é correto afirmar que
a) a *Panthera leo* é mais aparentada com a pantera-nebulosa do que com o tigre.
b) os felinos rugidores surgiram depois dos não rugidores.
c) as panteras-nebulosas representam o gênero *Panthera*, que não tem a capacidade de rugir.
d) cada nó representa um evento de especiação por anagênese.
e) o leão e o leopardo compartilham mais características entre si do que a onça e o leopardo.

6. (UFRGS – RS) Os cinco cladogramas das alternativas ilustram relações filogenéticas entre os táxons hipotéticos 1, 2, 3, 4 e 5. Quatro desses cladogramas apresentam uma mesma hipótese filogenética.

Assinale a alternativa que contém o cladograma que apresenta hipótese filogenética diferente das demais.

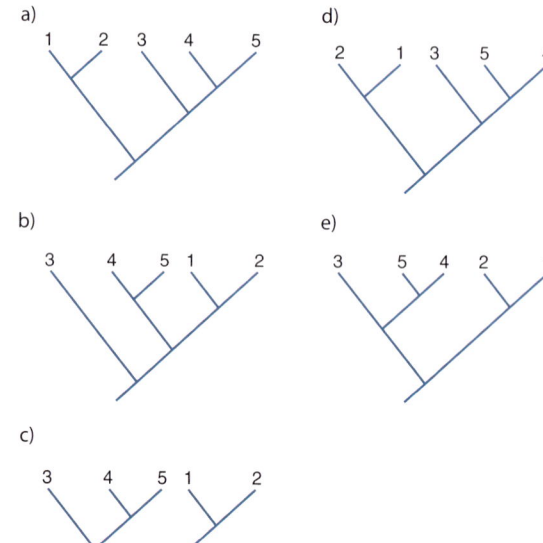

7. (PUC – RS – adaptada) A ilustração representa as relações evolutivas de um conjunto de espécies (SP1 a SP5) pertencentes ao mesmo gênero. As letras "A" a "F" representam características genéticas ou morfológicas surgidas ao longo do processo evolutivo destas espécies.

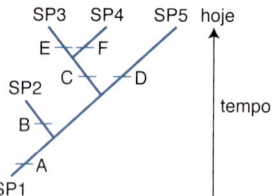

Com base na figura, foram feitas cinco afirmações:

I – As espécies SP2, SP3, SP4 e SP5 compartilham um ancestral comum e a característica "A".
II – As espécies SP3, SP4 e SP5 estão presentes atualmente.
III – A espécie SP2 encontra-se extinta.
IV – As espécies SP3 e SP4 compartilham uma característica comum "C".
V – As espécies SP3 e SP4 são mais semelhantes à espécie ancestral SP1 do que a espécie SP5.

Estão corretas as afirmações:
a) I, II, III, IV e V.
b) II, III, IV e V, apenas.
c) I, III e V, apenas.
d) II, IV e V, apenas.
e) I, II, III e IV, apenas.

8. (UNESP) No ano de 1500, os portugueses já se referiam ao Brasil como a "Terra dos Papagaios", incluindo nessa designação os papagaios, araras e periquitos. Estas aves pertencem a uma mesma família da ordem Psittaciformes. Dentre elas, pode-se citar:

Araras	Papagaios	Periquitos
Arara-vermelha *Ara chloroptera*	Papagaio-verdadeiro *Amazona aestiva*	Periquito-de-cabeça-azul *Aratinga acuticaudata*
Arara-canga *Ara macau*	Papagaio-da-cara-roxa *Amazona brasiliensis*	Periquito-rei *Aratinga aurea*
Arara-canindé *Ara ararauna*	Papagaio-chauá *Amazona rhodocorytha*	Periquito-da-caatinga *Aratinga catorum*

O grupo de aves relacionadas compreende
a) 3 espécies e 3 gêneros.
b) 9 espécies e 3 gêneros.
c) 3 espécies de uma única família.
d) 9 espécies de um mesmo gênero.
e) 3 espécies de uma única ordem.

Questões dissertativas

1. (UNESP) O que divide os especialistas não é mais se o aquecimento global se abaterá sobre a natureza daqui a vinte ou trinta anos, mas como se pode escapar da armadilha que criamos para nós mesmos nesta esfera azul, pálida e frágil, que ocupa a terceira órbita em torno do Sol – a única, em todo o sistema, que fornece luz e calor nas proporções corretas para a manutenção da vida baseada no carbono, ou seja, nós, os bichos e as plantas.

Veja, 21 jun. 2006.

Na expressão "vida baseada no carbono, ou seja, nós, os bichos e as plantas" estão contemplados dois reinos: *Animalia* (nós e os bichos) e *Plantae* (plantas). Que outros reinos agrupam organismos com vida baseada no carbono? Que organismos fazem parte desses reinos?

2. (UNICAMP – SP – adaptada) De acordo com o sistema binomial de nomenclatura estabelecido por Linnaeus, o nome científico *Felis catus* aplica-se a todos os gatos domésticos como angorás, siameses, persas, abissínios e malhados. O gato selvagem (*Felis silvestris*), o lince (*Felis lynx*) e o puma ou suçuarana (*Felis concolor*) são espécies relacionadas ao gato.
a) A que gênero pertencem os animais mencionados?
b) Por que todos os gatos domésticos são designados por um mesmo nome científico?

3. (UFPR) O esquema abaixo apresenta a divisão dos diversos reinos de seres vivos, de acordo com algumas características marcantes.

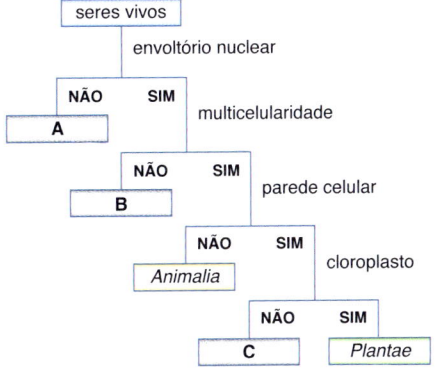

a) Identifique os reinos A, B e C do esquema.
b) Além de envoltório nuclear, cite mais duas características que permitem diferenciar o reino A dos demais.

4. (UFBA) Há 100 anos, o médico brasileiro [Carlos Chagas] descobria o ciclo completo da doença que leva o seu nome

Como resultado de suas pesquisas, em 14 de abril de 1909, ele publicou uma nota no periódico Brazil Médico comunicando a descoberta de uma nova doença, do parasita que a provoca e do inseto [*Triatoma infestans*] que a transmite. O achado é considerado, desde então, um feito único na história da medicina, por ter descrito o ciclo completo da moléstia – a doença de Chagas – e sido realizado por uma única pessoa.
No centenário de sua descoberta, à primeira vista, parece que a doença de Chagas deixou de ser um problema no Brasil [...] Ocorre que há cerca de 3 milhões de pessoas infectadas no país e o parasita *Trypanosoma cruzi* está muito longe de ser vencido.
(MARCOLIN, 2009, p. 56-62)

Com base nessas informações, justifique a inclusão de organismos tão distintos quanto *Trypanosoma cruzi* e *Triatoma infestans* em um mesmo Domínio (Woese, 1990).

5. (UFRJ – adaptada) Um aluno observou células de organismos representantes de vários reinos e estabeleceu a tabela a seguir

Organismo A	Eucariótico
Organismo B	Procariótico
Organismo C	Eucariótico
Organismo D	Eucariótico
Organismo E	Procariótico
Organismo F	Eucariótico

a) Explique o critério de classificação utilizado pelo aluno.
b) A que reino pertencem os organismos B e E?

Programas de avaliação seriada

1. (PAS – UFPA) Após anos de viagem uma sonda espacial retorna à Terra com amostras colhidas do solo de um planeta distante. Durante a análise de uma das amostras constatou-se a presença de seres vivos unicelulares com capacidade de produzir compostos orgânicos a partir de compostos inorgânicos e luz, e com material genético (DNA) disperso na porção líquida envolvida por uma membrana lipídica. Na Terra, esses seres seriam enquadrados no grupo

a) *Plantae*.
b) *Animalia*.
c) *Fungi*.
d) Vírus.
e) Monera.

2. (PAS – UFLA – MG) O sistema de classificação dos seres vivos em cinco reinos é, ainda hoje, o mais conhecido e amplamente aceito pela comunidade científica. No entanto, as tendências atuais de classificação apontam para um sistema de classificação baseado em três domínios, dentro dos quais são distribuídos os diferentes reinos. Nesse contexto, considere as proposições abaixo.

I – O sistema é baseado na história evolutiva dos seres vivos.
II – Nesse sistema, as arqueobactérias passaram a formar um grupo à parte, porque são muito diferentes dos demais procariotos, tanto em termos bioquímicos como evolutivos.
III – As cianobactérias passaram a ser classificadas juntamente com as algas porque, pelo fato de serem fotossintetizantes, estão mais próximas das algas do que das bactérias.

Pode-se afirmar que

a) apenas a proposição III está incorreta.
b) apenas a proposição II está incorreta.
c) apenas a proposição I está incorreta.
d) apenas as proposições II e III estão incorretas.
e) apenas as proposições I e III estão incorretas.

3. (PAS – UFLA – MG) Linnaeus estabeleceu, a partir de 1735, um sistema de nomenclatura para as espécies de seres vivos, que é a base do que se utiliza até os dias atuais.

Para o lobo-guará, animal da fauna brasileira ameaçado de extinção, assinale a alternativa que apresenta de forma correta o nome da espécie e a justificativa dessa denominação.

a) *Chrysocyon brachyurus*, pois o sistema proposto para denominar as espécies é binomial.
b) *Brachyurus*, pois a espécie é sempre referida pelo segundo nome, escrito após o nome genérico.
c) *Brachyurus*, pois a espécie é sempre referida pelo segundo nome, escrito entre o nome do gênero e o nome da subespécie.
d) *Crysocyon brachyurus*, pois o segundo nome deve sempre ser diferente do primeiro (gênero).

4. (PSS – UFS – SE) A imensidão de seres vivos começou a ser classificada, ou seja, agrupada ou separada segundo determinado critério, por Lineu. Aos poucos, os organismos foram reunidos em Reinos, alguns deles ainda válidos atualmente.

(0) Lineu publicou um trabalho no qual propôs a classificação dos seres vivos em grupos ou categorias, constituindo uma hierarquia. O critério básico de sua classificação foi a semelhança anatômica entre os organismos.

(1) Considere o esquema abaixo.

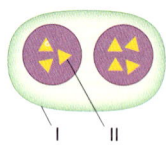

Se **I** representa a categoria taxonômica de família,
II só poderá ser a de espécie.

(2) Antigamente as bactérias foram incluídas no reino vegetal porque sua parede celular é constituída por celulose.
(3) Os protistas podem ser procariontes ou eucariontes dependendo do seu modo de vida. Os procariontes sempre são parasitas de plantas e animais e os eucariontes são de vida livre.
(4) Os animais costumam ser divididos nos subreinos de invertebrados e vertebrados.

Capítulo 14
Vírus: diferentes de todos os organismos

Pesquisadores desenvolvem vacina contra a dengue a partir do feijão de corda

A dengue é uma doença causada por um vírus, cujo material genético é uma fita de RNA. Os principais sintomas da doença incluem febre alta, muita dor de cabeça e manchas na pele. A transmissão da dengue ocorre pela picada de fêmeas do mosquito *Aedes aegypti* e o controle do mosquito é o único método eficaz de impedir novos casos da doença. Por isso, medidas preventivas como evitar o acúmulo de água em recipientes e tampar as caixas-d'água são muito importantes e devem ser realizadas por toda a população, pois os ovos depositados pelas fêmeas dos mosquitos nesses locais com água limpa originam larvas que se transformarão em adultos.

Até o momento não existe uma vacina para a dengue, mas essa situação pode estar prestes a mudar. Pesquisadores do Laboratório de Bioquímica Humana, da Universidade Estadual do Ceará (UECE) desenvolveram, a partir do feijão de corda (*Vigna unguiculata*), uma vacina para o vírus da dengue. Por esse processo, os cientistas injetaram genes do vírus da dengue na planta, a qual desenvolveu anticorpos contra a doença. A partir daí, os antígenos foram isolados e incorporados a uma vacina. Nos testes em animais, os resultados já foram positivos, pois os animais passaram a produzir anticorpos protetores contra a dengue. O próximo passo é iniciar testes clínicos em seres humanos.

Adaptado de: <http://fciencia.funcap.ce.gov.br>. Acesso em: 5 maio 2011.

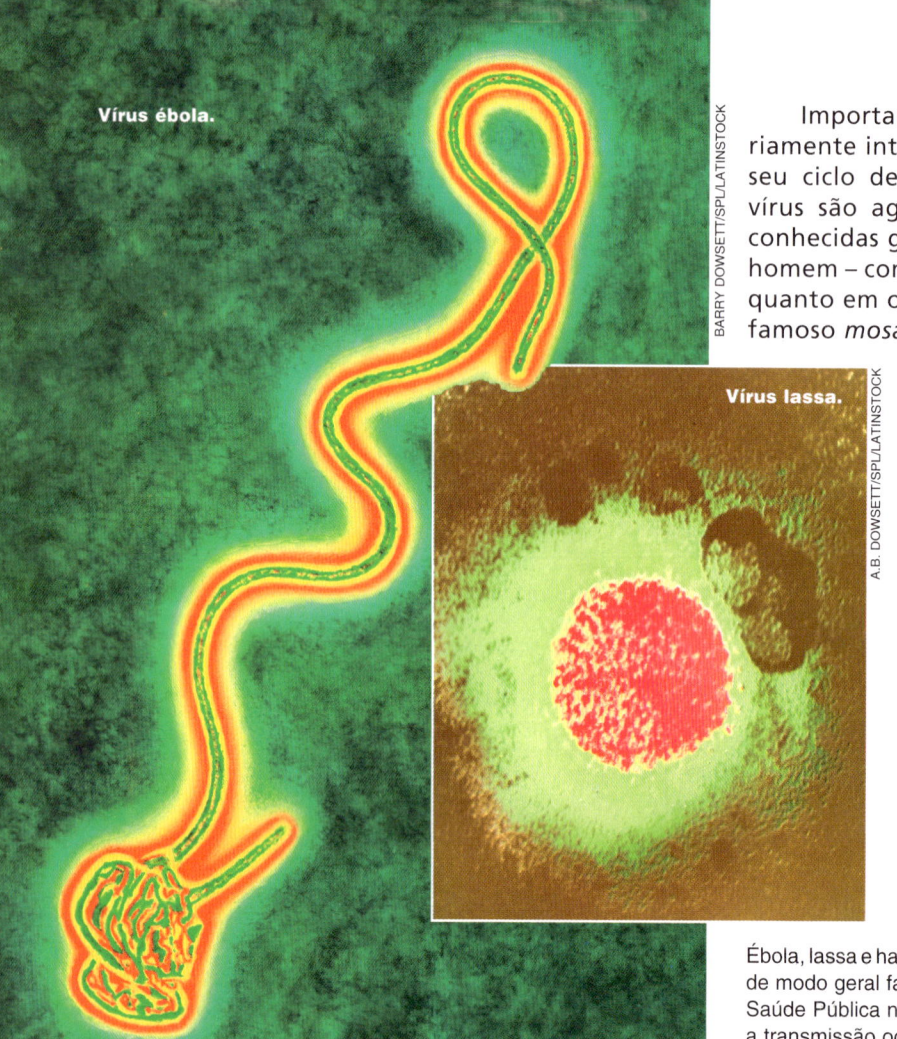

Vírus ébola.

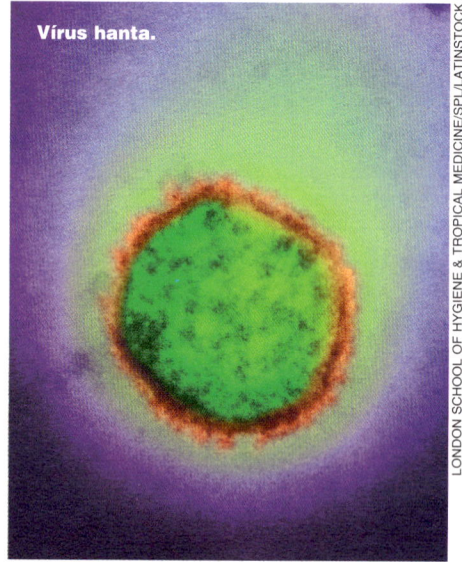

Vírus lassa.

Vírus hanta.

Importantes agentes parasitários, obrigatoriamente intracelulares, já que só podem executar seu ciclo de vida no interior de uma célula, os vírus são agentes causadores de várias doenças, conhecidas geneticamente como **viroses**, tanto no homem – como AIDS, gripe, dengue, entre outras – quanto em outros animais e em vegetais – como o famoso *mosaico do tabaco*.

Ébola, lassa e hanta são novos vírus – causadores de hemorragias, de modo geral fatais – que preocupam as autoridades de Saúde Pública no mundo inteiro. No caso da hantavirose, a transmissão ocorre pelo contato das fezes misturadas com urina, muitas vezes dispersas pelo vento, em locais onde o vírus é eliminado por saliva, fezes e urina de roedores (ratos) infectados. Supostamente, é o que ocorreu em Brasília, em 2004.

VÍRUS SÃO SERES VIVOS?

Essa é uma pergunta para a qual pode haver duas respostas: sim ou não. Depende da argumentação utilizada.

Vírus são as únicas entidades *acelulares* da Terra atual. Extremamente simples e pequenos (medem menos do que 0,2 μm), são constituídos apenas por uma carapaça proteica (capsídeo) envolvendo uma molécula de ácido nucleico que pode ser DNA ou RNA, nunca os dois juntos (veja a Figura 14-1). Em alguns vírus, outros envoltórios de natureza lipoproteica podem estar presentes, como é o caso do vírus HIV e do vírus da gripe.

> Vírus são parasitas intracelulares obrigatórios.

Vírus são parasitas intracelulares obrigatórios: a falta de hialoplasma e ribossomos impede que eles tenham metabolismo próprio. Assim, para executar o seu ciclo de vida e se reproduzir, os vírus precisam de um ambiente que tenha esses componentes. Esse ambiente precisa ser o interior de uma célula que, contendo ribossomos e outras substâncias, efetuará a síntese de todos os componentes dos vírus, incluindo o material genético. E, simultaneamente, claro, ocorrerá a reprodução dos vírus.

Se o critério para a caracterização dos seres vivos for **existência de célula e de metabolismo próprio, então os vírus não são seres vivos**. No entanto, se o critério for o da **existência de material genético e possibilidade de reprodução, então podemos considerar os vírus como seres vivos**. Mesmo que a reprodução ocorra no interior de uma célula. O que importa é o argumento utilizado nessa caracterização.

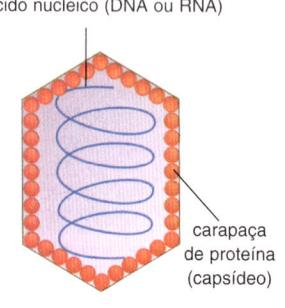

Figura 14-1. Estrutura viral.

OS VÍRUS PRECISAM ENTRAR EM UMA CÉLULA

Em muitos casos, os vírus modificam o metabolismo da célula que parasitam, podendo provocar sua degeneração e morte. Para isso, é preciso que o vírus inicialmente entre na célula: muitas vezes ele adere à parede da célula e "injeta" o seu material genético (veja a Figura 14-2) ou então entra na célula por englobamento – por um processo que lembra a fagocitose, a célula "engole" o vírus e o introduz no seu interior (veja a Figura 14-3).

O HIV, vírus causador da AIDS, possui um mecanismo peculiar de ingresso na célula. Ocorre fusão da capa lipoproteica do vírus com a membrana plasmática da célula e o subsequente ingresso do HIV na célula hospedeira (veja a Figura 14-4).

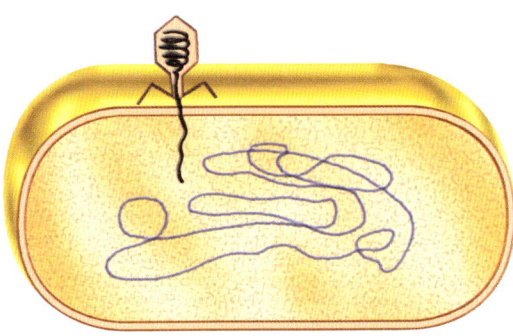

Figura 14-2. Muitas vezes, o vírus injeta na célula apenas o seu material genético.

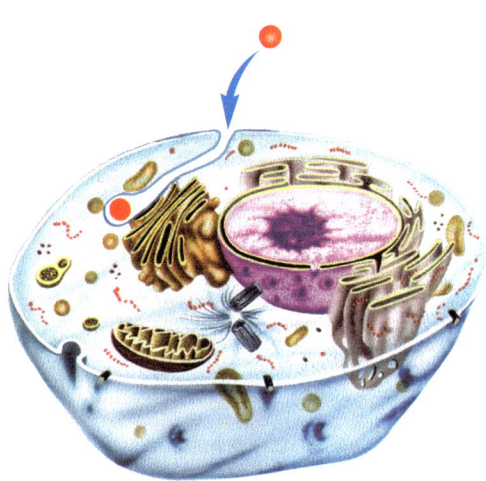

Figura 14-3. Para ingressar em uma célula, muitas vezes o vírus é englobado por ela.

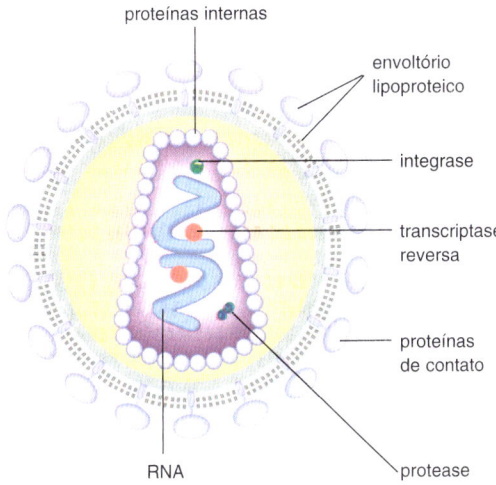

Figura 14-4. Esquema do vírus HIV. Pelas proteínas de contato o vírus liga-se à célula que será infectada.

BACTERIÓFAGO: VÍRUS QUE ATACAM BACTÉRIAS

O vírus bacteriófago T4, um dos mais antigos e conhecidos, é parasita de bactérias. Possui uma estrutura peculiar e exclusiva, formada por uma carapaça proteica (capsídeo) de aspecto geométrico, dotada de uma cauda na qual há fibras de fixação, de "ancoragem", específicas para a parede bacteriana. No interior da carapaça existe uma molécula de DNA e, na cauda, há uma proteína que fará contato com proteínas da membrana plasmática da bactéria.

O encontro do bacteriófago com a bactéria é meramente casual e as fibras de fixação prendem o vírus à parede. A cauda do vírus atravessa a membrana esquelética da bactéria e uma proteína da cauda estabelece contato com a membrana plasmática bacteriana.

Ocorre o ingresso apenas do DNA no hialoplasma, ficando a carapaça do lado de fora. Normalmente, após curto intervalo de tempo, o DNA viral assume o comando da célula e inicia duplicações sucessivas à custa de substâncias da bactéria. Simultaneamente, ribossomos bacterianos efetuam a síntese de proteínas virais. Ocorre a montagem de novos vírus

> Nos bacteriófagos, o material genético pode ser RNA ou DNA. No bacteriófago T4, que iremos estudar, o material genético é DNA.

Basicamente, o mesmo mecanismo reprodutor ocorre com os vírus causadores de algumas doenças humanas, como, por exemplo, os do resfriado comum, da rubéola e do sarampo.

e, sob a ação de enzimas líticas, ocorre a *lise* (destruição) da bactéria com liberação de dezenas de vírus, apenas meia hora após o ingresso do vírus que iniciou o processo (veja a Figura 14-5).

Fique por dentro!

Bacteriófagos podem curar infecções

Bacteriófagos têm sido utilizados no tratamento de infecções provocadas por bactérias. Constituem uma arma a mais para combater microrganismos resistentes aos antibióticos de última geração.

Relatos de sucesso nesse tipo de terapia têm animado os cientistas a utilizar com mais frequência esse tipo de vírus, pelo menos em infecções cutâneas superficiais. Há dúvidas quanto ao uso sistêmico desses microrganismos em ocasiões em que a ação das bactérias ocorre em órgãos internos.

Fonte: Stalin's Forgotten Cure. *Science,* v. 298, p. 728, 25 Oct. 2002.

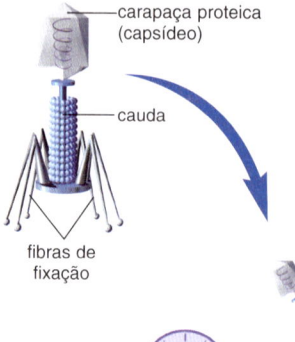

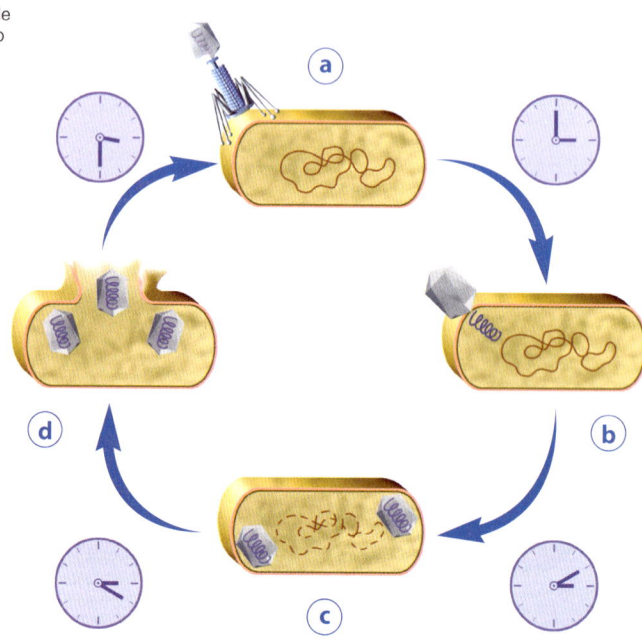

Figura 14-5. Multiplicação do bacteriófago T4. Em (a), ocorre o contato entre o vírus e a célula hospedeira e, em (b), o consequente ingresso de DNA na bactéria. (c) O DNA do vírus comanda a fabricação de unidades virais, utilizando matérias-primas, energia e equipamento enzimático da bactéria. (d) As novas unidades virais são liberadas depois da lise da bactéria, agora morta.

Saiba mais

Ciclo lítico e ciclo lisogênico

Ao adotar o comportamento destruidor, um vírus executa o *ciclo lítico*, em que a célula é lisada, liberando dezenas de vírus. No *ciclo lisogênico*, o material genético viral incorpora-se ao DNA da célula, que, ao se dividir, transmite o material genético viral às células-filhas. Sabe-se, hoje, que muitos vírus parasitas do homem, entre eles os causadores de câncer, possuem esse comportamento.

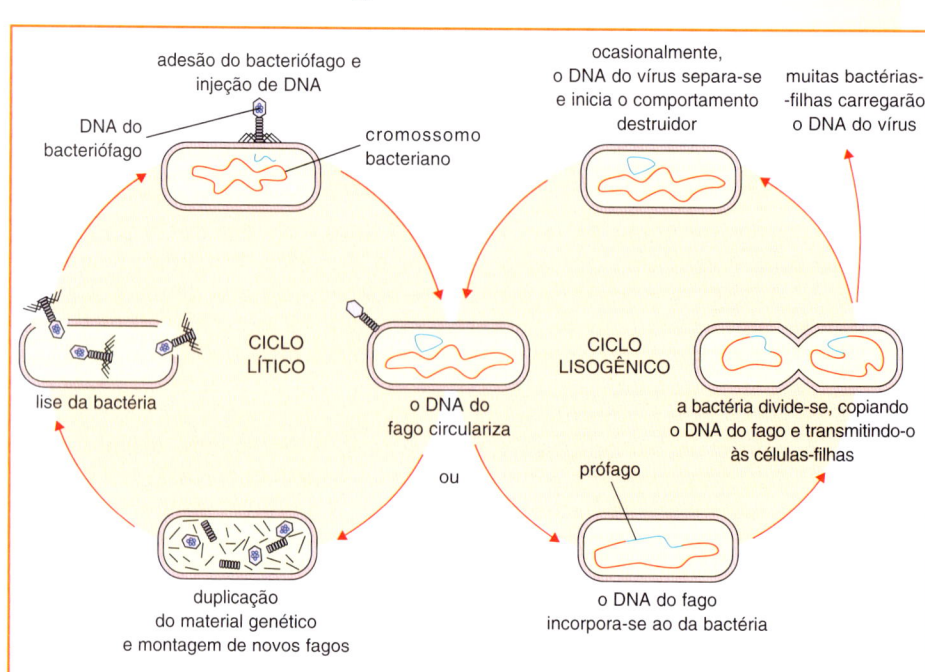

No ciclo lítico, o vírus adota o comportamento destruidor. No ciclo lisogênico, o DNA viral incorpora-se ao bacteriano. A bactéria divide-se e transmite o DNA viral às suas filhas. Eventualmente, em uma das bactérias, o DNA "acorda", separa-se do DNA bacteriano e inicia o comportamento destruidor.

DOENÇAS CAUSADAS POR VÍRUS

Recorde que os vírus são parasitas intracelulares obrigatórios. No homem, inúmeras doenças são causadas por esses seres acelulares. Praticamente todos os tecidos e órgãos humanos são afetados por alguma infecção viral. Na Tabela 14-1, você tem uma relação de viroses mais frequentes na nossa espécie. Valorize principalmente os mecanismos de transmissão e de prevenção. Note que febre amarela e dengue são duas viroses que envolvem a transmissão por insetos (mosquitos da espécie *Aedes aegypti*). Para a primeira, existe vacina. Duas viroses relacionadas na tabela – AIDS e condiloma acuminado (crista-de-galo) – são Doenças Sexualmente Transmissíveis (DSTs). A tabela também relaciona viroses comuns na infância – rubéola, caxumba, sarampo, poliomielite – para as quais existem vacinas.

Com relação às hepatites, destaque a do tipo B, de transmissão semelhante ao que ocorre com a AIDS. Diferencie resfriado comum de gripe, esta de sintomas mais severos e contra a qual anualmente é aplicada, em nosso país, uma vacina preventiva renovada (em função das frequentes mutações que ocorrem nos vírus), principalmente para a população idosa.

Tabela 14-1. Algumas das principais viroses que acometem os seres humanos.

Doença viral	Sinais e sintomas	Transmissão	Prevenção
Resfriado comum	Afeta partes altas do aparelho respiratório. Coriza. Raramente, febre. Vírus de DNA.	Direta, pessoa a pessoa.	Evitar contato com pessoas acometidas.
Gripe	Dores no corpo, fraqueza, prostração, dor de cabeça, espirros. Febre (> 38 °C). Influenza. Vírus de RNA.	Direta, pessoa a pessoa.	Vacina. Evitar contato com pessoas acometidas.
Rubéola	Avermelhamento da pele durante 3 a 5 dias, principalmente na face, no pescoço, tronco e nos membros.	Direta. Na gravidez, pode provocar anomalias no feto, nos primeiros meses.	Vacina.
Sarampo	Erupções avermelhadas na pele. Febre e dores de cabeça. Corrimento ocular com pus e sintomas respiratórios.	Direta. A conjuntiva do olho é a principal via de contaminação.	Vacina.
Caxumba	Afeta comumente as glândulas salivares parótidas. Pode afetar gônadas e pâncreas.	Direta (gotículas de saliva).	Vacina.
Catapora (varicela-zóster)	Vírus VZV (varicela-zóster). Febre baixa, dor de cabeça, falta de apetite, vômitos. Lesões no couro cabeludo, na face e no tronco, com prurido. Erupções avermelhadas na pele e mucosa que evoluem para vesículas claras repletas de líquido.	Secreções respiratórias e pelo líquido das lesões cutâneas. Pelo ar ou contato direto.	Evitar contato pessoal. Existe vacina.
Varíola (bexiga)	*Pox virus*. Febre, dor de cabeça, dores pelo corpo e mal-estar geral, com náuseas e vômitos. Lesões cutâneas (vesículas, pústulas) que evoluem para uma cicatriz.	De modo geral, contato direto entre as pessoas.	Evitar contato pessoal. Pode ser administrada vacina. No Brasil, a varíola foi erradicada por meio de vacinação intensiva.
Mononucleose infecciosa	Vírus Epstein-Barr (vírus de DNA, da família do herpes vírus). Infecção primária nas células da mucosa bucal ou das glândulas salivares. Dor de cabeça, cansaço, dor muscular. Inchaço dos gânglios (linfonodos) situados atrás das orelhas e faringite.	Saliva de indivíduos com infecção sintomática ou assintomática.	Cuidados gerais e evitar doar sangue. Às vezes, há necessidade de internação.
Gastrenterite por rotavírus	Vírus de RNA. Vômitos, diarreia intensa e febre alta.	Contaminação fecal de alimentos e água de recreação e consumo.	Cuidados sanitários gerais. A vacina é o modo mais eficaz de prevenção.
Hepatites	Tipos A, B e C. Icterícia (amarelecimento da pele e da conjuntiva ocular). Fezes claras. Lesões no fígado. Dores abdominais. Nas hepatites B e C, pode ocorrer cirrose hepática, insuficiência hepática e câncer hepático.	No tipo A, via oral, por contaminação de água e alimentos. Nos tipos B e C, por seringas e sangue contaminado.	Cuidados sanitários e esterilização de objetos na hepatite A. Nas dos tipos B e C, transfusões seguras e utilização de seringas descartáveis. Evitar contato sexual com portadores. Existe vacina para hepatite B.
Raiva (hidrofobia)	Afeta o sistema nervoso central. É fatal.	Saliva de seres humanos, cães e morcegos contaminados.	Vacinação dos cães. Em caso de mordida, limpeza da lesão, observação e, se necessário, soro e vacina.

Tabela 14-1. (Cont.)

Doença viral	Sinais e sintomas	Transmissão	Prevenção
Poliomielite	Paralisia infantil: a musculatura fica paralisada por causa da destruição dos neurônios motores periféricos. Vírus de RNA. Duas fases: a) intestinal, com proliferação do vírus nas células intestinais; b) neurológica, com proliferação do vírus nos neurônios.	Oral, por contágio direto e, muitas vezes, via fezes.	Vacina Sabin.
Herpes	Afeta a pele, as mucosas oral e conjuntiva (olho), e os genitais. Virose muito disseminada.	Direta, pessoa a pessoa.	Evitar contato com pessoas e objetos contaminados.
Febre amarela	Pele amarelada (icterícia). Afeta rins, fígado, coração e outros órgãos.	Picada de mosquito *Aedes*.	Vacina. Controle dos insetos transmissores, tanto na fase larval (aquática) quanto na adulta (terrestre).
Dengue	Virose que provoca hemorragias na pele, no nariz e em outros locais. Febre, fraqueza, dores musculares.	Picada de mosquito *Aedes*.	Controle dos insetos transmissores.
AIDS	Deficiência nas defesas imunitárias. Baixa produção de anticorpos. Desenvolvem-se doenças oportunistas, que se instalam com facilidade em um organismo debilitado.	Através de sêmen de portadores, de sangue e seringas contaminados. Por meio do leite materno e através da placenta de mãe portadora que pode contaminar o filho.	Cuidados com transfusões sanguíneas e na escolha do parceiro sexual. Utilização de camisinha.
Condiloma (crista-de-galo)	Formação de verrugas na região anogenital ou no colo do útero. Vírus de DNA.	Direta, de pessoa a pessoa.	Uso de camisinha. Evitar contato com pessoas contaminadas. Existe vacina.
Hantavirose	Febre alta, dor muscular, tosse, falta de ar, hemorragias, hipotensão, diminuição do volume urinário. Letalidade de 3 a 5%.	Contato com excretas de roedores infectados ou por aerossóis, em locais onde o vírus é eliminado por saliva, fezes e urina dos animais.	Evitar contato com excretas dos roedores. Medidas de controle de roedores. Uma vacina está em teste.

Gripe/Influenza

O vírus da influenza, também conhecido como causador de gripe, é um dos mais bem-sucedidos. Todos os anos, centenas de pessoas são afetadas por ele ao redor do mundo. É vírus conhecido pelas siglas H e N. A letra H corresponde à *hemaglutinina*. É uma proteína de superfície que estabelece contato com receptores da célula-alvo do vírus. Quer dizer, é a proteína que permite a *entrada* do vírus na célula. A letra N refere-se à proteína *neuraminidase*. É uma enzima que atua na *saída* de novos vírus da célula.

O material genético do vírus da gripe é representado por oito moléculas de RNA, contendo 10 genes. Um dos genes é responsável pela síntese da *hemaglutinina* e outro é responsável pela síntese da enzima *neuraminidase*. Os demais genes atuam na produção dos demais componentes do vírus. Mutações gênicas são responsáveis pela variedade de tipos de hemaglutinina e neuraminidase.

Há dois grupos básicos de vírus da gripe: A e B. Os do grupo A são mais comuns na espécie humana. De modo geral, esse tipo de vírus é causador de *pandemias*. A mais famosa delas foi a da *gripe espanhola*, causada pelo vírus A (H1N1). Essa grave pandemia ocorreu entre os anos de 1918 e 1919, causando cerca de 50 milhões de mortes. Como comparação, a gripe asiática, de 1957, causada pelo vírus A (H2N2), causou a morte de cerca de 70 mil pessoas. A gripe sazonal, causada pelo vírus A (H3N2), afeta muitas pessoas anualmente, mas causa pouquíssimas mortes. Recentemente, foi preocupante a pandemia da chamada *gripe suína*, mais conhecida como influenza A (H1N1). Até 29 de novembro de 2009, foram registradas no mundo todo aproximadamente 8.768 mortes devidas a essa doença. No Brasil, até aquela data, foram 1.632 mortes.

> *Pandemia* é uma situação em que ocorrem epidemias em vários países, simultaneamente.

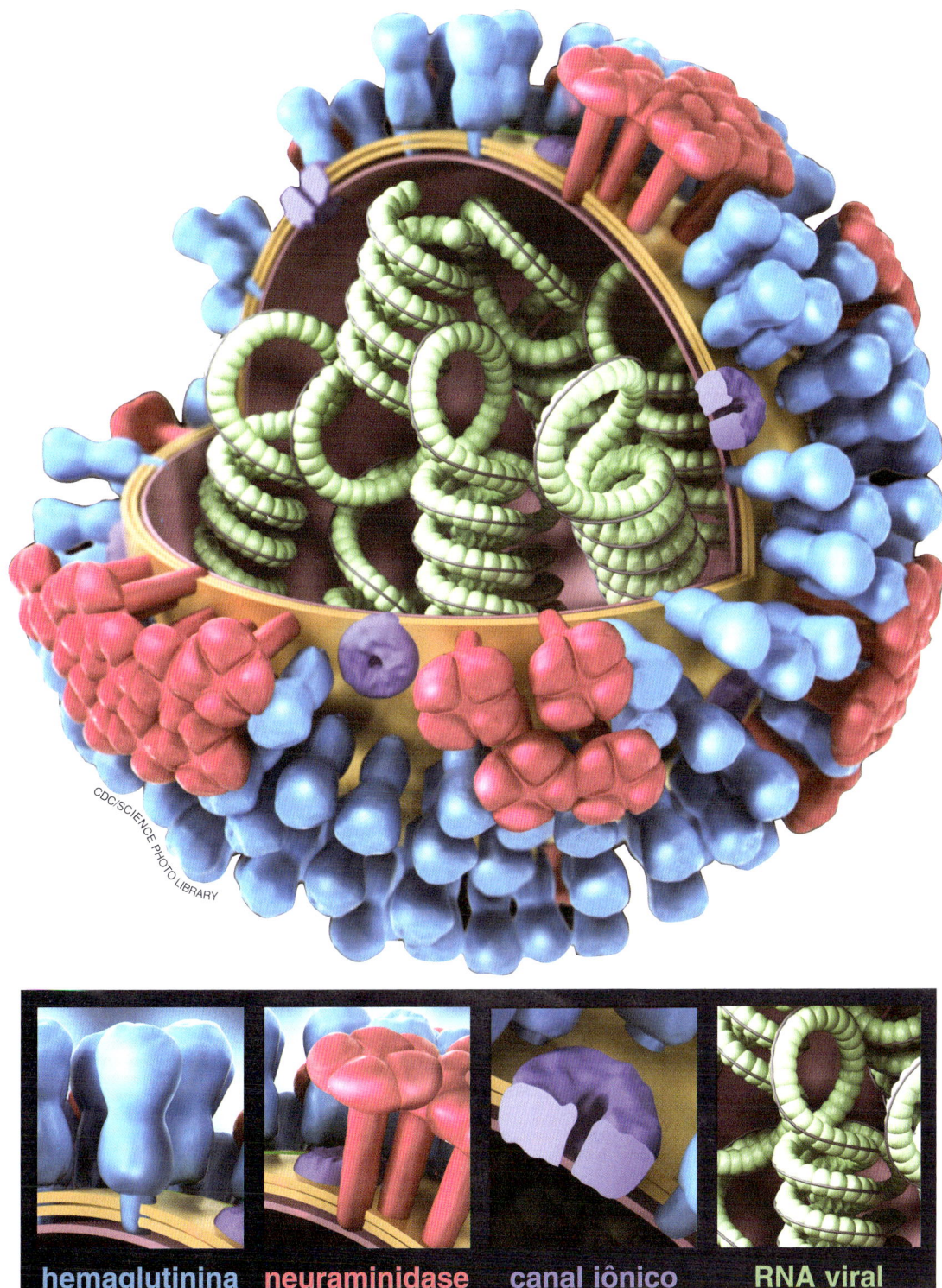

Esquema genérico do vírus da influenza. Em sua parte interna encontram-se cadeias de RNA viral (em verde) e em seu revestimento externo as proteínas hemaglutinina (em azul) e neuraminidase (em vermelho). Observe os canais iônicos (em roxo) na superfície do vírus.

Vacinas e antivirais

Todos os anos, novas formulações de vacinas são rapidamente produzidas. Aproveitam-se, para isso, as novas variedades virais resultantes das mutações gênicas que afetaram as moléculas de RNA dos vírus. A vacina induz a pessoa a produzir anticorpos preventivos contra a *hemaglutinina* e a *neuraminidase*. Além disso, substâncias antivirais são constantemente produzidas por laboratórios de pesquisa farmacêutica. Uma delas impede justamente a ação das enzimas *neuraminidases*. Inibindo-se a ação dessas enzimas, os vírus não podem ser liberados, "morrendo dentro da célula". Não se esqueça: as vacinas são preventivas.

> **Saiba mais**
>
> **Mosquitos resistentes aos vírus da dengue**
>
> Cientistas australianos introduziram a bactéria *Wolbachia pipientis*, variedade não patogênica, em mosquitos *Aedes aegypti*, transmissores do vírus da dengue. Resultado: os mosquitos ficaram resistentes aos vírus da dengue, não sendo mais capazes de transmiti-los aos seres humanos. A explicação para essa resistência é simples de entender: as bactérias *Wolbachia* modificam o citoplasma das células dos mosquitos, acarretando uma mudança de comportamento celular que rejeita os vírus da dengue. Como a transmissão dessa bactéria é materna, ela é facilmente espalhada para a descendência dos mosquitos.
>
> Os cientistas liberaram mosquitos modificados na região de Cairns, na Austrália, e, ao longo de vários dias, verificaram a substituição completa de mosquitos não infectados por mosquitos infectados, resultando em mais um eficiente controle na transmissão da dengue. O importante, nesse caso, é que o ecossistema da região não foi afetado, uma vez que os mosquitos continuam existindo, propiciando a continuidade da existência das teias alimentares das quais participam. A meta, agora, é solicitar a autorização de autoridades competentes no sentido de liberar os mosquitos modificados em outras regiões endêmicas, tais como as localizadas na América do Sul e o sudeste da Ásia.
>
> Fonte: RASGON, J. L. Mosquitoes attacked from within. *Nature*, London, v. 476, n. 7.361, p. 407, 25 Aug. 2011.

Dengue: preocupação brasileira

País tropical é assim mesmo. Muitas matas, muita água de chuva e... muitos mosquitos vetores, transmissores de microrganismos. Incluindo os da dengue. A dengue é uma doença causada por vírus da família dos flavivírus, comumente conhecidos como arbovírus. Este último nome é fácil de entender. A palavra se origina do inglês *ARthropod BOrn Virus*. Quer dizer, vírus veiculados, transmitidos, por animais artrópodes. O mosquito transmissor da dengue, o *Aedes aegypti*, é um inseto artrópode. Há quatro variedades de vírus de dengue e, em todas elas, o material genético é o RNA. Três deles são comuns no Brasil. O quarto tipo andava sumido. Reapareceu. Quem contrai um dos tipos fica imunizado a ele. Contraindo outro tipo, porém, pode ocorrer o quadro de dengue hemorrágica. Isso está relacionado a problemas imunológicos que surgem, visto que os quatro vírus são muito parecidos. Anticorpos produzidos contra o primeiro vírus poderiam, teoricamente, proteger contra o segundo. Como, nesse caso, a imunização não é completa, acabam ocorrendo lesões nos capilares sanguíneos, provocadas pelo segundo tipo de vírus, acarretando hemorragias.

A Organização Mundial da Saúde estima que três bilhões de pessoas encontram-se em área de risco para contrair dengue no mundo e que, anualmente, ocorram 50 milhões de infecções, com 500.000 casos de febre hemorrágica da dengue (FHD) e 21.000 mortes, principalmente em crianças. No Brasil, desde 1986 vêm ocorrendo epidemias de dengue nos principais centros urbanos do país, com cerca de 5 milhões de casos. No período de 1990 a 2008, segundo o Ministério da Saúde, foram registrados 12.681 casos de FHD, principalmente em adultos, com ocorrência de 786 mortes. Como a dengue só se espalha se houver o mosquito vetor, é claro que a diminuição de casos da doença depende da ação conjunta da sociedade e autoridades de saúde pública. Isso quer dizer que o controle do mosquito vetor é essencial para ocorrer diminuição de casos da doença. Como toda fêmea de mosquito, o da dengue deposita ovos em locais de água parada. Então, todo procedimento preventivo deve ser dirigido a evitar as condições para a reprodução do mosquito. Se nas matas isso é impossível, nos centros urbanos é um procedimento perfeitamente viável.

Lembrar que a dengue também é conhecida como "febre quebra ossos", uma vez que a pessoa tem dores pelo corpo todo e, principalmente, nas juntas. Infelizmente, ainda não há vacina contra essa virose. A mensagem é: *todos contra a dengue*.

AIDS

A AIDS é uma doença causada pelo vírus HIV. Ele parasita linfócitos do tipo T (células sanguíneas relacionadas à defesa imunitária) dotados de receptores de membrana denominadas de CD4. Esse vírus é dotado de três envoltórios: um externo, de natureza lipoproteica, e dois internos, proteicos. Eles protegem o material genético (duas moléculas de RNA) e uma enzima chamada de *transcriptase reversa*.

Ocorrida a infecção de uma pessoa com o HIV, pode haver o encontro do vírus com os linfócitos na corrente sanguínea. Para ingressar no linfócito, inicialmente ocorre o encontro de uma proteína de contato do vírus com o receptor CD4 do linfócito. A seguir, o HIV encosta no linfócito e funde o seu envoltório externo lipoproteico com a membrana plasmática da célula, penetrando no citoplasma celular. Ali os envoltórios proteicos são destruídos por enzimas da célula, liberando o RNA viral juntamente com a transcriptase reversa. A transcriptase começa a agir e produz uma molécula de DNA tendo como molde o RNA viral. Esse é um processo reverso ao da transcrição normal, motivo pelo qual a enzima recebe aquele nome. O DNA sintetizado dirige-se ao núcleo da célula e se incorpora ao material genético nuclear.

> O HIV é chamado de retrovírus por ser um vírus de RNA capaz de efetuar a transcrição reversa, ou seja, produzir DNA a partir de seu próprio RNA.

Cedo ou tarde ele inicia a transcrição de moléculas de RNA virais. Essas moléculas difundem-se para o hialoplasma onde ocorrem as sínteses das proteínas virais, seguidas da montagem de novos HIVs. Para abandonar o linfócito, esses vírus "encostam" na membrana plasmática e, envolvendo-se com fragmentos dela, abandonam a célula que, assim, acaba arrebentando.

Na corrente sanguínea, novos linfócitos poderão ser parasitados, em uma reação em cadeia que acaba levando a pessoa à perda da imunidade e, como consequência, poderá levá-la à morte (veja a Figura 14-6).

Fique por dentro!

O controle da reprodução do HIV tem sido feito com o uso de substâncias antirretrovirais. Duas delas, o tenofovir e o emtricitabine, agem inibindo a atuação da enzima transcriptase reversa. Desse modo, não ocorre produção de DNA a partir das moléculas de RNA virais. Trata-se de mecanismo denominado de *prevenção pós-infecção*. Enquanto não se dispõe de vacina imunizante, é valioso recurso que impede a reprodução do HIV.

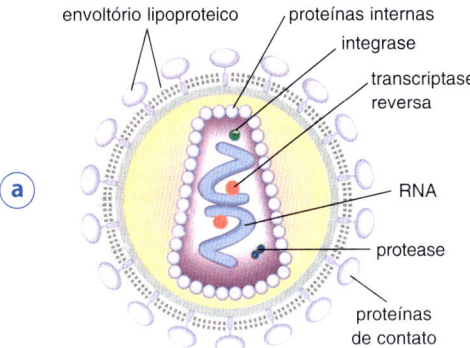

Figura 14-6. Esquema do HIV (a) e ciclo do HIV no linfócito (b). A enzima integrase favorece a instalação do DNA produzido pelo vírus no DNA da célula. A enzima protease é fundamental para a maturação e liberação de novos vírus.

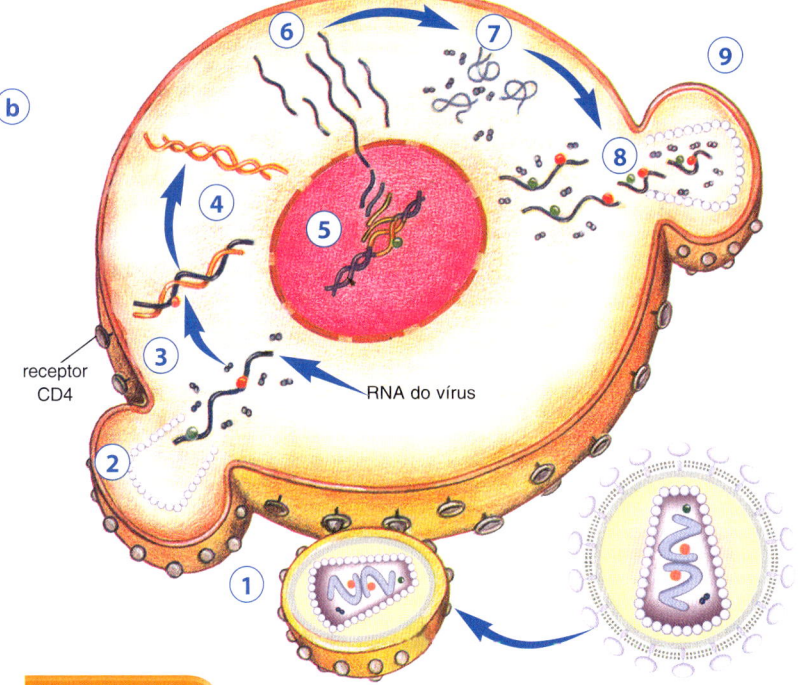

1. Fusão do HIV com a célula.
2. Descapeamento do HIV dentro da célula.
3. Síntese de DNA a partir de RNA.
4. Síntese de DNA de dupla-hélice.
5. Pró-vírus incorporado ao DNA celular.
6. Montagem de novos RNAs do vírus.
7. Síntese de componentes do vírus.
8. Formação de novo vírus.
9. Liberação de HIV da célula.

Fique por dentro!

Descobertas recentes vinculam a origem do HIV aos chimpanzés. Sugeriu-se que a contaminação com o sangue desses símios teria ocorrido durante os rituais de caça. Por mutação, o SIV (*Simian Imunodeficiency Virus*) teria originado o HIV.

Saiba mais

Existem vírus, viroides, virusoides e prions!

Você já sabe como é constituído um vírus, não é mesmo? São seres dotados de apenas um dos tipos de ácido nucleico (DNA ou RNA, nunca os dois juntos), circundado por um capsídeo proteico que, em vírus mais complexos, ainda pode ser envolvido por envoltórios adicionais, de modo geral lipoproteicos. Neste capítulo, vimos inúmeros exemplos, todos parasitas intracelulares obrigatórios de plantas, animais e bactérias.

Agora, uma interessante novidade: **viroides** e **virusoides**.

Viroides são partículas nuas de RNA circular e que, de modo geral, atuam como parasitas de plantas, causando inúmeras doenças, principalmente em citros, palmeiras, abacateiros etc. Espalham-se pelas plantas por meio de mudas, sementes e pólen, sendo capazes de se autoduplicar geralmente no interior dos cloroplastos das células que infectam, utilizando a enzima RNA-polimerase existente nessas organelas.

Já os **virusoides** são partículas de RNA circular, também denominadas de RNA-satélites, incapazes de se autoduplicar de forma autônoma. Dependem, para isso, da existência de um vírus auxiliar, com a ajuda do qual eles se duplicam. Considera-se que os virusoides são parasitas moleculares dos vírus auxiliares.

Acredita-se que viroides e virusoides sejam muito antigos, fato que reforça a ideia do chamado *mundo de RNA*, uma hipótese atualmente muito utilizada por cientistas que estudam a origem da vida em nosso planeta.

E os **prions**? São moléculas de *proteína* capazes de causar doença! *A doença da vaca louca* (encefalopatia espongiforme), o *scrapie* dos carneiros e a doença de *Creutzfeldt-Jakob* (em seres humanos), todas degenerativas do cérebro, são alguns exemplos. Essa descoberta surgiu a partir dos trabalhos do Prêmio Nobel de Medicina de 1997, Stanley Prusiner. O que se sabe é que formas alteradas dessas proteínas aglomeram-se e geram complexos que modificam prions normais. Esses complexos insolúveis aderem aos neurônios, provocando a sua morte e originando cavidades (em forma de esponja) no cérebro do animal afetado.

Devemos considerar viroides, virusoides e prions seres vivos? Quanto aos dois primeiros, parece não haver dúvida de que sim. Com relação aos prions, não há consenso entre os pesquisadores. Nem todos os cientistas aceitam a ideia de que constituam moléculas proteicas infecciosas. Acreditamos que futuras descobertas poderão esclarecer a exata posição dessas partículas no *mundo dos seres vivos*.

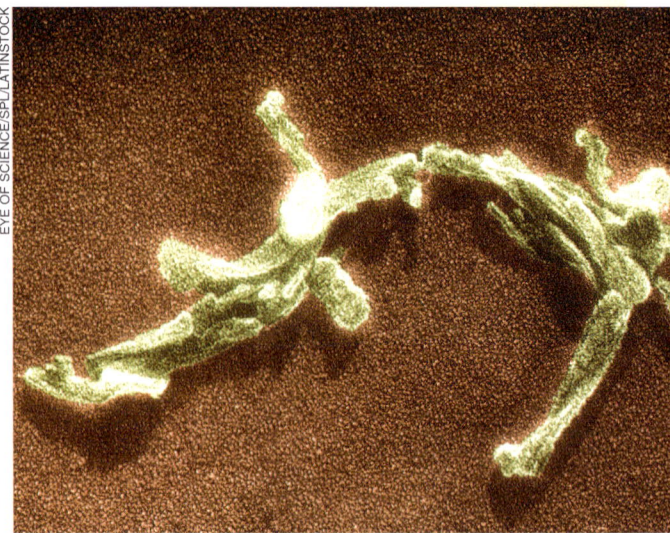

Prions, vistos em microscopia eletrônica de varredura, retirados de cérebro de hâmster infectado. Essa proteína está associada à doença da "vaca louca", que causa a degeneração do cérebro em muitos animais.

Pense nisso

O tratamento de infecções virais não é feito com antibióticos

O tratamento de infecções bacterianas é feito com antibióticos. Essas substâncias "combatem" as bactérias em diversos locais da célula bacteriana, interferindo na síntese de sua parede ou atuando em certos setores do metabolismo bacteriano. Com os vírus é diferente. Como atuar nos ácidos nucleicos virais, paralisando sua atividade, sem provocar danos aos ácidos nucleicos das nossas células? Por esse motivo, a cura de uma infecção viral depende da atuação dos nossos mecanismos de defesa. Cada vez que vírus da gripe invadem nosso organismo, inicia-se a lenta produção de anticorpos, que combaterão os agentes até sua completa inativação. Por outro lado, certas doenças virais podem ser evitadas por meio da vacinação, um processo de imunização ativa que protege o organismo humano das infecções virais.

A ciência por trás do fato!

Na gripe, vitamina C e cama!

Você já deve ter ouvido alguém dizer que para prevenir ou tratar a gripe é útil tomar vitamina C. Deve ter ouvido, também, a famosa frase: "para curar gripe, vitamina C e cama!". Existe alguma verdade nisso?

A vitamina C, ingerida em doses adequadas, atua como antioxidante, quer dizer, livra as nossas células dos famosos e prejudiciais radicais livres gerados nas reações metabólicas, desde que associada a outras vitaminas e substâncias presentes na nossa dieta, sempre – é bom repetir – em doses adequadas.

A suposta ação protetora da membrana plasmática atribuída à vitamina C não é conclusiva e parece ser objeto de pura especulação, sem confirmação experimental. Assim, o melhor é acreditar que para não "pegar" gripe o importante mesmo é não entrar em contato com o(s) vírus da gripe. Além disso, o correto estado nutricional do organismo – e, porque não dizer, emocional –, associado a bons hábitos de higiene, contribui, mas não evita, que fiquemos gripados. Sabe-se que qualquer alteração das defesas do organismo (muitas delas decorrentes do famoso *stress* a que estamos sujeitos na vida diária) predispõe a contaminações e infecções, virais ou bacterianas, entre elas pelos vírus da gripe.

Uma atitude cientificamente correta e que tem sido utilizada por inúmeros países, dentre eles, o nosso, é recorrer à vacinação periódica contra a gripe, com excelentes resultados, notadamente no sentido de evitar epidemias indesejáveis. As poucas reações decorrentes do uso da vacina não invalidam esse recurso na prevenção da gripe.

Assim, se você não quiser ter gripe, procure alimentar-se de modo saudável, desenvolva hábitos adequados de vida (atividades físicas regulares, por exemplo) e, preventivamente, procure um centro de saúde que lhe administre a vacina. No caso de ter uma gripe e surgir alguma complicação (uma infecção bacteriana secundária, por exemplo), o melhor mesmo é procurar um médico que saberá orientá-lo e instituirá o tratamento adequado. Sem mistérios.

Ética & Sociedade

Vacina é coisa de criança!

Quem acha que vacina é coisa de criança, engana-se redondamente. Pessoas de todas as faixas etárias devem estar atentas ao calendário de vacinação, especialmente os idosos, grupo mais recentemente incluído e alvo das campanhas de vacinação. Todos os anos, a campanha nacional de vacinação do idoso contra a gripe ganha bastante destaque na mídia. Mas se a gripe é uma doença viral que raramente leva a maiores complicações, por que tanta preocupação?

Os dados da OMS mostram que a gripe atinge, a cada ano, 10% da população mundial, e que cerca de 1,5 milhão de pessoas morre em decorrência de complicações da doença. No Brasil, as estatísticas mostram que a gripe e suas complicações são responsáveis pelo óbito, ao ano, de aproximadamente 10 mil a 15 mil pessoas.

Os idosos com mais de 60 anos de idade são o principal alvo da campanha, pois, nessa fase da vida, estão mais vulneráveis ao agravamento de doenças, como diabetes ou problemas cardíacos, e apresentam maior risco de complicações, como pneumonia. A vacina contra a gripe deve ser tomada todos os anos, já que a gripe é uma doença viral, caracterizada principalmente pelo fato de o vírus influenza sofrer mutações com relativa facilidade.

Passo a passo

1. O que significa dizer que os vírus são agentes parasitários, obrigatoriamente intracelulares? Cite algumas doenças causadas por vírus, no homem. Como são denominadas doenças causadas por vírus?

2. Para considerar os vírus como seres vivos ou não, o primeiro passo é entender como são organizados. Considerando esse tema, responda:
   a) Como é a organização básica de um vírus? Por que se diz que os vírus são acelulares? Que outro envoltório pode existir em um vírus complexo?
   b) Qual a razão de se dizer que os vírus não têm metabolismo próprio? Em que condições o metabolismo de um vírus pode ser realizado? Em que condições a reprodução de um vírus pode ocorrer?
   c) Cite dois argumentos favoráveis e dois desfavoráveis na consideração de que os vírus são seres vivos ou não.

3. Os vírus modificam o metabolismo das células que parasitam e, de modo geral, multiplicam-se produzindo inúmeras cópias. No entanto, para que isso possa ocorrer, o primeiro passo é o ingresso deles na célula-alvo. Utilizando os seus conhecimentos sobre o assunto, cite os três mecanismos básicos por meio dos quais os vírus penetram nas células que, porventura, parasitarão.

4. Bacteriófagos são vírus que atacam bactérias. Considerando o bacteriófago T4, citado nesse capítulo, responda:
   a) Qual o material genético desse bacteriófago? Que estruturas do bacteriófago T4 são utilizadas no encontro e na fixação do vírus à parede celular bacteriana? Qual o componente que penetra no citoplasma bacteriano e qual o que permanece aderido à parede celular da bactéria?
   b) Cite as quatro etapas correspondentes ao ciclo vital do bacteriófago T4, desde o seu ingresso na célula bacteriana até a liberação de várias cópias virais. Costuma-se dizer que o bacteriófago atua como um vírus de computador. Qual a razão para essa afirmação?
   c) O que significa dizer que o bacteriófago T4 pode executar ciclo lítico ou ciclo lisogênico?

5. Na série de frases seguintes, reconheça as corretas e indique a soma no final.
   (01) Sarampo, rubéola e catapora são viroses para as quais não existe vacina preventiva.
   (02) As hepatites B e C possuem mecanismo de transmissão semelhante ao do vírus HIV, causador da AIDS.
   (04) Condiloma acuminado (crista-de-galo) e AIDS são duas doenças consideradas sexualmente transmissíveis. Apenas para a primeira existe, por enquanto, vacina.
   (08) Gripe e resfriado comum são duas viroses que afetam o aparelho respiratório em que o material genético do vírus é o DNA.
   (16) Poliomielite e raiva são duas viroses para as quais existe vacina.
   (32) A mononucleose infecciosa é causada pelo rotavírus, causador de grave gastrenterite humana.
   (64) A varíola humana é uma virose que, felizmente, está erradicada em muitos países graças à utilização intensiva de vacina.
   (128) Febre amarela e dengue são duas viroses que acometem o ser humano, em que a transmissão ocorre por meio das fezes contaminadas por partículas virais encontradas na água de consumo.

6. A gripe, também chamada de influenza, é uma das viroses mais comuns nos seres humanos. A última epidemia foi causada pelo vírus A H_1N_1, que, na época de sua manifestação, recebeu o nome de "gripe suína". Com relação a esse vírus e à virose que causa, responda:
   a) Qual o significado das letras H e N? Qual o papel representado pelas proteínas simbolizadas por essas siglas?
   b) Qual a natureza do material genético desse vírus? Onde ocorre a multiplicação desse material genético na célula infectada? Que medidas existem para a prevenção e a cura da gripe causada por essa categoria de vírus? No caso da prevenção, qual a consequência para o ser humano? No caso dos medicamentos curativos, qual o seu mecanismo de ação?
   c) Cite a diferença existente entre o material genético dos vírus da gripe e o dos causadores do resfriado comum.

7. Dengue, também chamada de "febre quebra ossos", é uma das viroses mais comuns atualmente no território brasileiro. Relativamente a essa doença, responda:
   a) Qual o agente transmissor dos vírus da dengue? Quais as variedades existentes desse vírus?
   b) Considerando que ainda não existe vacina disponível, que medidas preventivas devem ser utilizadas no sentido de evitar novos casos dessa virose?

8. Na série de frases a seguir, assinale com **C** as corretas e com **F** as falsas.
   a) O HIV, causador da AIDS, é um vírus que parasita, preferencialmente, células sanguíneas relacionadas à defesa imunitária, conhecidas como linfócitos.

b) A enzima transcriptase reversa, presente no vírus HIV, possibilita a síntese de uma molécula de DNA a partir da molécula de RNA típica desse vírus.
c) Após a síntese da molécula de DNA a partir do RNA do HIV, o DNA produzido permanece no citoplasma da célula, comandando a síntese de novas moléculas de RNA virais.
d) Os novos vírus HIV produzidos no linfócito abandonam a célula e se espalham pela corrente sanguínea, sendo sempre prontamente destruídos pelos outros elementos de defesa do organismo humano.
e) Para o tratamento da AIDS, utilizam-se substâncias antirretrovirais. Para a prevenção, utiliza-se vacina recentemente obtida, com sucesso, em vários países afetados pela doença.

9. Com relação aos vírus, viroides, virusoides e prions, pode-se dizer corretamente que:
a) todos são dotados de material genético, que pode ser DNA e RNA.
b) apenas os prions, pelo que se sabe até o momento, não são dotados de material genético.
c) apenas os viroides e virusoides são partículas dotadas de material genético.
d) apenas os vírus são dotados de material genético, que pode ser DNA ou RNA.
e) todos são dotados de um capsídeo proteico que protege o material genético.

10. O tratamento de infecções exclusivamente virais, no ser humano,
a) é feito por meio da utilização de antibióticos.
b) não é feito por meio da utilização de antibióticos.
c) é feito por meio da utilização de vírus bacteriófagos.
d) é feito por meio da vacinação em qualquer caso.
e) nunca é feito por meio de substâncias antivirais.

11. *Questão de interpretação de texto*

Do mesmo modo que os vírus de computador estragam programas inteiros e podem comprometer seriamente o disco rígido, tornando-o imprestável, os vírus biológicos funcionam como verdadeiros *hackers* da célula. Ao abrir inadvertidamente um programa de computador, colocamos em risco a saúde do aparelho. Do mesmo modo, ao se deixar penetrar por um vírus, a célula acaba perdendo todos os seus "programas" e, de modo geral, é destruída. Os vírus podem "sobreviver" no seu próprio ambiente, fora de uma célula viva, mas aumentam em número somente por multiplicação em células adequadas. Fora da célula, os vírus consistem em partículas microscópicas metabolicamente inertes. Tais partículas não possuem membrana plasmática, citoplasma com ribossomos e enzimas necessárias para a síntese de proteínas e liberação de energia.

Utilizando as informações do texto e os seus conhecimentos sobre o assunto, responda:

a) No trecho "ao se deixar penetrar por um vírus, a célula acaba perdendo todos os seus "programas" e, de modo geral, é destruída", destaca-se uma importante característica biológica dos vírus. Qual é essa característica que, com frequência, é destrutiva?
b) O que significa dizer que os vírus não possuem membrana plasmática e citoplasma com ribossomos? Se os vírus não possuem as enzimas necessárias para a liberação de energia, de onde provém a energia necessária à sua reprodução?
c) É certo que os vírus não possuem as estruturas celulares relacionadas no texto. No entanto, são dotados de importante componente interno, que é comum também a todas as células vivas. Qual é esse componente interno e qual pode ser a sua composição química?

Questões objetivas

1. (UFAM) Existem organismos que, embora possuam propriedades como reprodução, hereditariedade e mutação, são dependentes de células hospedeiras e considerados parasitas obrigatórios. São eles:

a) Procariontes e vírus
b) Bactérias e micoplasmas
c) Bactérias e vírus
d) Somente bactérias
e) Somente vírus

2. (UNESP)

Um ovo = uma dose de vacina contra a gripe

O ovo de galinha é a principal matéria-prima da nova fábrica de vacinas contra a gripe do Instituto Butantan, inaugurada na quinta (26) na Avenida Brasil... O vírus da doença é injetado no ovo... Depois de uma semana, o microorganismo está formado... O vírus passa por outros processos industriais e vira vacina mais tarde.

Veja, São Paulo, 2 maio 2007.

Considerando-se as condições necessárias à replicação dos vírus, pode-se dizer que o Instituto Butantan utiliza ovos

a) não fertilizados, nos quais não há um embrião que possa apresentar reação imunológica à presença do vírus, impedindo sua replicação.
b) não fertilizados, os quais mantêm um ambiente interno estéril propício à replicação viral e protegido pela casca do ovo, que impede eventual contaminação bacteriana.
c) fertilizados, que contêm um embrião, de cujas células os vírus podem se utilizar para sua replicação.
d) fertilizados ou não fertilizados, nos quais os vírus se utilizam do vitelo da gema e das proteínas da clara para obterem os nutrientes necessários à sua replicação.
e) fertilizados ou não fertilizados pois, nas duas situações, haverá presença de um núcleo celular, no qual os vírus realizam sua replicação.

3. (PUC – MG) A Influenza A (H_1N_1) é uma doença respiratória causada pelo vírus tipo A, que normalmente provoca surtos de gripe entre os suínos. Em 24 de abril de 2009, a partir das análises das amostras colhidas de casos de síndrome gripal, notificados pelos governos do México e dos Estados Unidos da América, foi identificado um novo subtipo do vírus, classificado como A/CALIFORNIA/04/2009, que não havia sido detectado previamente em humanos ou suínos.

Segundo dados oficiais do governo do México, os sintomas podem iniciar no período de 3 a 7 dias e a transmissão ocorre principalmente em locais fechados. De acordo com a OMS, não há registro de transmissão deste novo subtipo da influenza para pessoas por meio da ingestão de carne de porco e produtos derivados.

Disponível em:
<http://portal.saude.gov.br/portal/arquivos/pdf/protocolo_influenzaa_aps_atualizado.pdf>.

Sobre esse assunto, assinale a afirmativa **INCORRETA**.

a) O antibiótico específico para o tratamento da doença deve ser administrado mesmo em casos leves a moderados.
b) Este novo subtipo do vírus Influenza A (H_1N_1) é transmitido de pessoa a pessoa, principalmente por meio da tosse ou espirro e secreções respiratórias de pessoas infectadas.
c) Tendo em vista a incidência e a distribuição geográfica de casos novos confirmados para o novo vírus Influenza A (H_1N_1), classifica-se essa doença como pandemia.
d) A produção de uma vacina eficaz e definitiva para a influenza é dificultada pela grande capacidade de mutação e de recombinação dos vírus causadores da doença.

4. (PUC – MG) A gripe suína, que também afeta seres humanos, é uma doença causada pelo vírus da *Influenza A*, dito H_1N_1 em função da presença de duas proteínas, Hemoaglutinina e Neuraminidase, na superfície do patógeno. O genoma viral é composto por oito fragmentos de RNA fita simples, que podem ser recombinados quando diferentes cepas virais infectam simultaneamente a mesma célula.

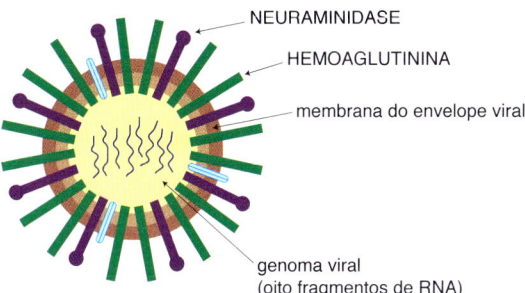

A esse respeito, é **INCORRETO** afirmar:

a) Os genes que codificam para as proteínas Neuraminidase e Hemoaglutinina encontram-se no genoma viral.
b) A recombinação de diferentes cepas virais dificulta a produção de uma vacina definitiva para a gripe.
c) O RNA viral deve primeiro ser transformado em DNA para que o vírus possa produzir suas próprias proteínas.
d) A membrana do envelope viral é produzida pela célula hospedeira.

5. (PUC – MG) A dengue é uma virose transmitida para uma pessoa através da picada da fêmea contaminada do *Aedes aegypti*. Essa doença pode se manifestar de duas formas: a dengue clássica (com sintomas mais brandos) e a dengue hemorrágica (forma mais grave da doença), que ocorre quando a pessoa pega a doença pela segunda vez. No verão, essa doença faz uma quantidade maior de vítimas, pois o mosquito transmissor encontra ótimas condições de reprodução.
O problema é que uma vacina teria que proteger ao mesmo tempo contra os quatro subtipos de vírus sem, no entanto, desencadear o mecanismo que leva à forma hemorrágica. Se não ocorrer a imunização quádrupla, teoricamente o indivíduo vacinado teria maior risco de desenvolver a dengue hemorrágica.

Assinale a alternativa **INCORRETA**.

a) Quando o mosquito pica uma pessoa infectada, o vírus se instala e se multiplica em suas glândulas salivares.
b) *Aedes aegypti* é um mosquito peridoméstico, que se multiplica em depósitos de água parada, acumulada nos quintais e dentro das casas.
c) Embora apresentem agentes etiológicos diferentes, a dengue e a febre amarela podem ser transmitidas pelo mesmo vetor.
d) Todas as medidas preventivas contra a febre amarela protegem também contra a dengue.

6. (UFRR) O vírus da dengue possui o material genético formado por uma única molécula de ácido ribonucleico (RNA). São conhecidos quatro sorotipos do vírus da dengue, VDEN1, VDEN2, VDEN3, VDEN4, muito relacionados, porém antigenicamente diferentes, pelo que pessoas vivendo em área endêmica, como Roraima, podem ter até quatro infecções durante sua vida. Dentre as alternativas abaixo, é **CORRETO** afirmar que:

a) A capacidade de reprodução em células hospedeiras sem sofrerem mutação permitiu a existência de quatro sorotipos.
b) Os quatro sorotipos do vírus da dengue possuem a mesma sequência de bases nitrogenadas no seu RNA.
c) O vírus da dengue precisa de células hospedeiras para se reproduzir.
d) As proteínas do vírus da dengue não induzem o organismo à produção de anticorpos.
e) O vírus da dengue apresenta quatro sorotipos por não apresentar capsídeo nem envoltório nuclear.

7. (UNESP) Entra ano, sai ano, e a dengue reaparece como um importante problema de saúde pública. A reincidência de focos de dengue nas mais diferentes cidades deve-se a

a) novas mutações no vírus causador da dengue.
b) resistência desenvolvida pelo mosquito *Aedes aegypti* aos pesticidas.
c) população humana apresentar baixa resistência imunológica ao vírus.
d) aglomerações humanas em ambientes urbanos, o que facilita o contágio pessoa a pesssoa.
e) presença de pessoas infectadas próximas aos locais onde há o mosquito e condições para sua reprodução.

8. (UERJ) Outra doença encontrada no Brasil causada por um arbovírus da mesma família do vírus da dengue, e que também pode ter como vetor o *Aedes aegypti*, é a febre denominada:

a) terçã.   c) amarela.
b) palustre.   d) maculosa.

9. (UNESP) O dogma central da biologia, segundo o qual o DNA transcreve RNA e este orienta a síntese de proteínas, precisou ser revisto quando se descobriu que alguns tipos de vírus têm RNA por material genético. Nesses organismos, esse RNA orienta a transcrição de DNA, num processo denominado transcrição reversa. Ela só é possível quando

a) a célula hospedeira do vírus tem em seu DNA nuclear genes para a enzima transcriptase reversa.
b) a célula hospedeira do vírus incorpora ao seu DNA o RNA viral, que codifica a proteína transcriptase reversa.
c) a célula hospedeira do vírus apresenta no interior de seu núcleo proteínas que promovem a transcrição de RNA para DNA.
d) o vírus de RNA incorpora o material genético de um vírus de DNA, que contém genes para a enzima transcriptase reversa.
e) o vírus apresenta no interior de sua cápsula proteínas que promovem na célula hospedeira a transcrição de RNA para DNA.

10. (UPE) Os textos a seguir apresentam notícias na mídia sobre duas doenças: a AIDS e a Dengue.

HIV-2 é identificado em 15 pacientes no Brasil

São Paulo – estudo realizado pela Fiocruz confirmou a presença de um segundo tipo de vírus da AIDS em 15 pacientes do Brasil, todos com coinfecção com o vírus 1, que circula no país. O estudo tem impacto sobre as políticas de prevenção, reforçando o uso de camisinhas. Mesmo infectada, uma pessoa tem de usar camisinha, afirmou o diretor do departamento de DST, Dirceu Greco. (...) Ele destacou que esse vírus tem evolução lenta, mas é resistente a medicamentos contra a AIDS.

Jornal do Commercio. Caderno Brasil/saúde, 2 set. 2010.

Dengue tipo 4 tem mais nove casos suspeitos

Brasília – o Ministério da Saúde divulgou mais nove casos de pessoas contaminadas com vírus da dengue tipo 4. O sorotipo 4 representa um risco muito grande, porque a população brasileira é 100% vulnerável a ele. Se ocorrer uma epidemia, o número de infectados e mortes será muito maior, diz o infectologista da UFRJ, Edimilson Migowski. A doença provoca dor de cabeça, dores no corpo e articulações, febre...

Jornal do Commercio. Caderno Brasil/saúde, 20 ago. 2010.

Sobre essas doenças, assinale a alternativa **CORRETA**.

a) A AIDS e a dengue são causadas por vírus, organismos procarióticos simples que possuem o material genético do tipo DNA envolto por uma cápsula proteica, denominada de capsídeo.
b) A dengue é transmitida ao homem pela picada de fêmeas hematófagas do mosquito *Culex fatigans*. O mosquito pica durante o dia e tem o abdome rajado de preto e branco.
c) A maneira mais eficiente de evitar a dengue é o controle da população do mosquito vetor da doença, tais como não deixar água parada em vasos, pneus, usar repelentes de insetos no corpo e proteger portas e janelas com telas.

d) Como a infecção pela AIDS ocorre apenas por meio de relações sexuais, recomenda-se o uso de preservativos ou caminhas como formas mais eficientes de evitar o contágio.
e) Para o tratamento da dengue e da AIDS, é recomendado o uso de medicamentos denominados antirretrovirais, inibidores da transcriptase reversa, que impedem a síntese do DNA viral.

11. (UFMS) A AIDS é uma doença que representa um dos maiores problemas de saúde da atualidade em virtude de sua gravidade e de seu caráter pandêmico. Sobre essa doença, é correto afirmar:

(01) Os vírus HIV-1 e HIV-2 pertencem ao grupo dos retrovírus oncogênicos e não citopáticos, necessitando de uma enzima denominada transcriptase reversa para multiplicarem-se.
(02) Esses vírus são inativados por uma variedade de agentes físicos (calor), mas são resistentes a agentes químicos.
(04) O HIV pode ser transmitido pelo sangue (via parenteral e vertical), esperma, secreção vaginal (via sexual), mas não pelo leite materno (via vertical).
(08) O indivíduo infectado pode transmitir o HIV durante todas as fases da infecção, risco esse proporcional à magnitude da viremia, principalmente na doença avançada e na infecção aguda.
(16) Com os testes atualmente disponíveis, o tempo necessário para que a sorologia anti-HIV se torne positiva é de 6 a 12 semanas, após a aquisição do vírus, com período médio de aproximadamente 2 meses. Esse tempo, compreendido entre a aquisição da infecção e a detecção da soroconversão, é chamado de janela imunológica.
(32) São várias as doenças oportunistas que estão associadas à AIDS, podendo ser causadas por vírus, bactérias, fungos e protozoários. Só não há, por enquanto, descrição de neoplasias associadas à AIDS.

12. (UFRGS – RS) Em 2006, chegaram ao Brasil dois tipos de vacinas para prevenir a infecção por HPV, que é a doença viral sexualmente transmissível mais comum. O HPV é causador

a) da sífilis.
b) da gonorreia.
c) da AIDS.
d) do câncer de útero.
e) do cancro mole.

13. (UFPE) Em outubro de 2008, a imprensa local noticiou um novo caso de raiva humana: um garoto de 15 anos foi mordido por um morcego. Em relação a essa doença, podemos afirmar o que segue.

(0) A raiva é uma doença viral que atinge seres humanos e animais, sendo o cão e o gato os principais responsáveis por sua transmissão ao homem nas áreas urbanas; por isso a importância das campanhas de vacinação desses animais.
(1) Mamíferos, tais como macaco, rato ou morcego, podem contrair e transmitir pela saliva o vírus rábico, o qual se localiza no sistema nervoso central e provoca uma encefalite mortal.
(2) O principal mecanismo de prevenção da raiva, em humanos, é a realização de campanhas de vacinação infantil contra a doença.
(3) Ocorrendo o ferimento e o contato com saliva de mamíferos selvagens ou domésticos, com suspeita de contaminação, deve-se iniciar imediatamente o tratamento com o soro antirrábico e, ao mesmo tempo, com as vacinas.
(4) A hidrofobia ou raiva só pode ser eficazmente combatida graças ao trabalho de Louis Pasteur, que inventou a vacina antirrábica, ao utilizar a saliva de um cão raivoso para salvar a vida de um menino que havia sido contaminado pelo vírus.

14. (UFTM – MG) As hepatites virais vêm sendo chamadas de a AIDS do século 21. Tratadas dessa forma, parecem uma ameaça distante. Puro engano de ótica. Já há sete vezes mais portadores da hepatite C do que gente vivendo com HIV/AIDS.

Folha de S.Paulo, 21 mar. 2004.

Em relação à hepatite C e à AIDS, pode-se afirmar que

a) os seus respectivos agentes etiológicos pertencem ao reino Protista.
b) se reproduzem no interior de várias células do corpo humano.
c) os seus respectivos agentes etiológicos apresentam DNA, RNA e capsídeo, simultaneamente.
d) o contágio dessas doenças pode se dar, respectivamente, pelo ar e pelo leite materno contaminados.
e) a fiscalização rigorosa de bancos de sangue auxilia na prevenção dessas doenças.

15. (UFRGS – RS) Assinale, no quadro abaixo, a alternativa que apresenta a correta correspondência entre presença ou ausência das estruturas celulares referidas e os tipos de entidades citadas.

	Entidades	Membrana plasmática	Carioteca
a)	príon	sim	não
b)	retrovírus	sim	não
c)	eucarioto	não	sim
d)	procarioto	sim	sim
e)	bacteriófago	não	não

Questões dissertativas

1. (UFG – GO) A maioria dos pesquisadores da área biológica considera complexa a tarefa de definir se os vírus são seres vivos ou seres não vivos. Apresente dois argumentos a favor e dois contra a inclusão dos vírus na categoria dos seres vivos.

2. (UFC – CE) Leia o texto a seguir: "Um exame, ainda que em linhas gerais, do panorama da saúde dos brasileiros ao longo dos últimos 500 anos, revela uma história de descaso e sofrimento (...). A varíola teve papel destacado na rápida redução da população indígena, extinguindo tribos inteiras. Os colonizadores logo perceberam essa vulnerabilidade dos nativos e, segundo registros históricos, intencionalmente disseminaram certas doenças entre eles, para diminuir sua resistência aos europeus. No final do século 18, uma violenta epidemia nas áreas colonizadas do Brasil levou Portugal a ordenar uma 'variolização'. Essa medida começava com a infecção de jovens escravos que, se não morriam, ficavam com bolhas de pus pelo corpo. Um pouco desse pus era posto em contato com um arranhão na pele de pessoas sadias, para imunizá-las."

Ciência Hoje, Rio de Janeiro, v. 28, n. 165, p. 34, 36, out. 2000.

a) Que categoria de organismos é causadora da varíola?
b) Cite uma característica que identifique essa categoria de organismo.
c) Qual a explicação para imunização das pessoas com o pus? Que tipo de imunização ocorreu?
d) Qual a explicação para a vulnerabilidade das populações indígenas à varíola?

3. (UFTM – MG) Para a OMS (Organização Mundial da Saúde), ainda é cedo demais para baixar a guarda em relação à gripe suína, embora as piores previsões associadas à doença não tenham se concretizado. Apesar da relativa lentidão da chegada das vacinas ao público, dezenas de milhões de unidades já terão sido administradas até o fim de 2009. A vacina se mostrou bastante segura, com poucas dezenas de casos de reações adversas, mesma proporção da vacina sazonal.

Folha de S.Paulo, 5 jan. 2010.

a) As vacinas contêm substâncias que estimulam o corpo a produzir alguns tipos de leucócitos. Considerando os principais leucócitos: monócito, neutrófilo, linfócito B, basófilo e eosinófilo, qual deles é fundamental para a memória imunológica? Por que essa célula é importante para a defesa do corpo?

b) Utilizam-se ovos embrionados para a multiplicação do vírus da gripe e, posteriormente, para a produção da vacina. Explique por que se utilizam esses ovos para a produção de novos vírus.

4. (UFG – GO) A dengue é uma doença caracterizada, dentre outros sintomas, por fortes dores de cabeça, febre e diminuição das plaquetas sanguíneas. Uma dificuldade no combate ao *Aedes aegypti*, mosquito vetor dessa doença, é sua elevada capacidade de reprodução em ambientes com água parada.

A tabela a seguir apresenta dados sobre as fases do ciclo de vida desse vetor.

Relação de diferentes temperaturas do ar e do número de indivíduos das diferentes fases do ciclo de vida de *Aedes aegypti* em ambiente urbano e natural.						
Temperatura do ar (°C)	Número de ovos		Número de larvas		Número de adultos	
	Cidade	Floresta	Cidade	Floresta	Cidade	Floresta
25 °C	1.379	466	565	185	52	15
30 °C	1.755	591	781	258	68	24
35 °C	2.245	737	908	300	89	31
40 °C	2.978	993	1.076	363	111	39

Com base nos dados apresentados, explique:

a) a relação direta entre a temperatura e o número de indivíduos observados nas diferentes fases desses insetos;

b) a causa da maior incidência das diferentes fases desses insetos em ambientes urbanos quando comparados com o ambiente natural.

5. (UNESP) Os morcegos, únicos mamíferos capazes de voar, têm-se adaptado ao espaço urbano e passado a viver em casas e galpões abandonados. A consequência imediata desse processo é o aumento do número de ataques de morcegos hematófagos ao homem e a outros animais. Esses morcegos podem transmitir a raiva quando estão contaminados pelo agente causador dessa doença.

a) Indique o agente causador da raiva e explique como a doença é transmitida.

b) Os morcegos exercem papéis importantes nos ecossistemas. Indique dois desses papéis.

c) As asas são estruturas presentes nos morcegos, aves e insetos e são consideradas evidências do processo evolutivo. Explique por quê.

6. (UFRJ) O gráfico a seguir mostra a variação do número de um tipo de leucócitos, os linfócitos T CD4, e da quantidade de vírus HIV no sangue de um indivíduo ao longo do tempo. Esse indivíduo, portador da síndrome de imunodeficiência causada pelo vírus HIV (AIDS/SIDA), não teve acesso a tratamento algum durante o período mostrado.

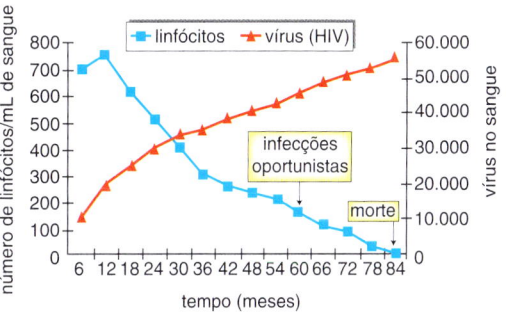

Note que, somente após cerca de 60 meses, apareceram, nesse indivíduo, infecções oportunistas por fungos, parasitas e bactérias. Foram essas infecções, e não o vírus propriamente dito, que levaram o paciente à morte.

Por que pacientes infectados com HIV e não tratados sofrem, em geral, de infecções oportunistas?

Programas de avaliação seriada

1. (SSA – UPE) A pandemia de gripe de 2009 (inicialmente designada como gripe suína e, em abril de 2009, como gripe A) é um surto global de uma variante de gripe suína, cujos primeiros casos ocorreram no México em meados do mês de março de 2009, vindo a espalhar-se pelo mundo. O vírus foi identificado como Influenza A subtipo H_1N_1, uma variante nova da gripe suína. Os sintomas da doença são o aparecimento repentino de febre, tosse, dor de cabeça intensa, dores musculares e nas articulações, irritação nos olhos e fluxo nasal.

Disponível em: <pt.wikipedia.org/wiki/Gripe_suína>.

Sobre os vírus, assinale a alternativa **CORRETA**.

a) Os vírus são organismos acelulares, com metabolismo próprio, formados por uma cápsula de proteínas – o capsídeo.

b) Os vírus contêm, no interior do capsídeo, DNA e RNA. O conjunto formado pelo capsídeo e pelo ácido nucleico é denominado de cápsula proteica.

c) Sua reprodução ocorre no interior da célula hospedeira: fora desta não possuem metabolismo e permanecem inertes, razão por que são denominadas parasitas intracelulares obrigatórios.

d) Os novos vírus formados são semelhantes ao original, pois não são capazes de sofrerem mutações.

e) A medida profilática mais eficiente no combate às infecções virais, como a da gripe H_1N_1 A, é o uso de antibióticos que estimulam nosso organismo a produzir interferon.

2. (PAS – UFLA – MG) O HIV, causador da AIDS, é um vírus caracterizado como um retrovírus por ser

a) um vírus DNA, que precisa retroceder ao estado de RNA, com a participação da enzima transcriptase reversa.

b) um vírus RNA, que precisa da enzima transcriptase reversa para fazer cópias do seu RNA.

c) um vírus que retroage ao estado mais primitivo quando está fora do hospedeiro.

d) um vírus cujo RNA serve de molde para a síntese de DNA, com a participação da enzima transcriptase reversa.

e) um vírus DNA, cuja atividade depende da enzima transcriptase reversa para síntese de RNA.

Capítulo 15

O reino Monera

Você nasceu 100% humano, mas vai morrer 90% microbiano!

É quase só uma forma de expressão. Na verdade, pode-se dizer que o único estádio em que estamos livres de bactérias é no útero. Depois, nosso contato e convívio com elas aumentam com o passar do tempo.

Algumas estimativas indicam que o organismo humano é formado por algo em torno de 10 trilhões de células (o número 1 seguido de 13 zeros), porém o número de bactérias que o habitam pode chegar a 100 trilhões! Ou seja, 10 vezes o número de nossas células! É isso mesmo: existem mais bactérias em nosso corpo do que células humanas! Há quem afirme que se pudéssemos juntar todas essas bactérias e pesá-las, teríamos aproximadamente 1,25 kg delas.

A relação entre nosso organismo e a flora intestinal, que é o conjunto das bactérias presentes em nosso intestino, é benéfica para ambos. As bactérias colaboram em nossos processos de digestão e reabsorção de alguns nutrientes, além de, por competição, auxiliarem na defesa de nosso organismo contra microrganismos causadores de algumas doenças. Já as bactérias se beneficiam do abrigo, pois – não se sabe ao certo como – nossos anticorpos não as veem como elementos prejudiciais e, com isso, não são importunadas e podem habitar nosso organismo tranquilamente!

Adaptado de: <http://www.estadao.com.br>. *Acesso em:* 16 abr. 2012.
AINSWORTH, C. I am legion. *New Scientist*, London, n. 2.812, p. 42-45, 14 May, 2011.

O reino Monera é formado por **bactérias**, **cianobactérias** e **arqueobactérias** (também chamadas **arqueas**), todos seres muito simples cuja característica mais marcante é o fato de possuírem célula procariótica (sem núcleo diferenciado).

AS BACTÉRIAS

De grande importância para a saúde, para o ambiente e para a economia, as bactérias são encontradas em praticamente qualquer tipo de meio: mar, água doce, solo, ar e, até, no interior de muitos seres vivos. São importantes:

a. em **processos industriais**, como, por exemplo, os lactobacilos, utilizados na indústria de transformação do leite em coalhada;
b. na **decomposição** de matéria orgânica morta. Esse processo é efetuado tanto aeróbia como anaerobiamente;
c. no chamado **ciclo do nitrogênio**, em que atuam em diversas fases, fazendo com que o nitrogênio atmosférico possa ser utilizado pelas plantas;
d. agentes que provocam **doenças** no homem;
e. em **Engenharia Genética** e **Biotecnologia** para a síntese de várias substâncias, entre elas a insulina e o hormônio de crescimento.

> Na fabricação de coalhada, a fermentação dos açúcares do leite pelas bactérias leva à produção de ácido láctico. A acidez decorrente dessa produção leva à precipitação das proteínas do leite, conduzindo ao aumento da consistência, típica da coalhada.

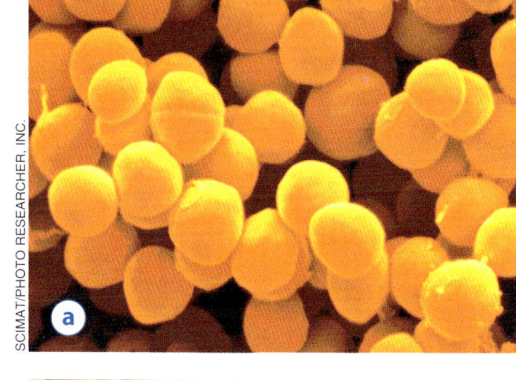

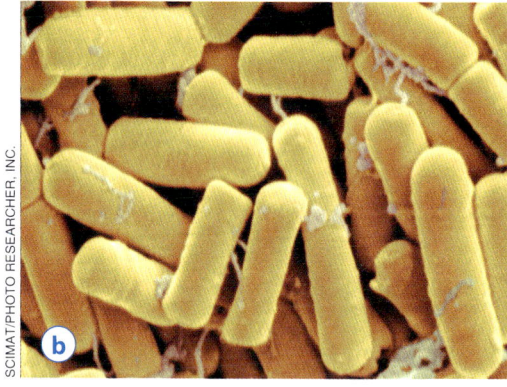

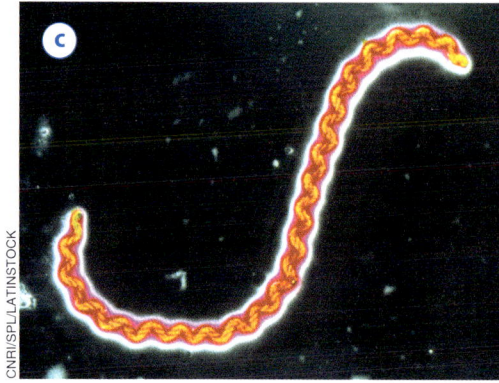

A Estrutura das Bactérias

Bactérias são microrganismos unicelulares, procariotos, podendo viver isoladamente ou constituir agrupamentos coloniais de diversos formatos. A célula bacteriana contém os quatro componentes fundamentais a qualquer célula: membrana plasmática, hialoplasma, ribossomos e cromatina (uma molécula de DNA circular, que constitui o único cromossomo bacteriano). A região ocupada pelo cromossomo bacteriano costuma ser denominada de **nucleoide**. Externamente à membrana plasmática existe uma parede celular (membrana esquelética, de composição química específica das bactérias). É comum existirem **plasmídios** – moléculas de DNA não ligado ao cromossomo bacteriano –, espalhados pelo hialoplasma. Plasmídios costumam conter genes para resistência a antibióticos. Veja a Figura 15-1.

Algumas espécies de bactérias possuem, externamente à membrana esquelética, outro envoltório, mucilaginoso, chamado de **cápsula**. É o caso dos *pneumococos* (bactérias causadoras de pneumonia). Descobriu-se que a periculosidade dessas bactérias reside na cápsula: em um experimento, ratos infectados com pneumococos sem cápsula tiveram a doença, porém não morreram, enquanto pneumococos capsulados causaram pneumonia letal.

A parede da célula bacteriana, também conhecida como membrana esquelética, reveste externamente a membrana plasmática, e é constituída de uma substância química exclusiva das bactérias conhecida como *mureína* (ácido n-acetil murâmico).

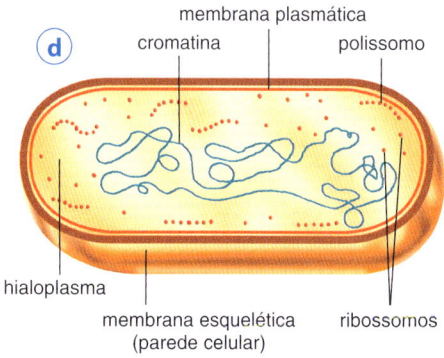

Figura 15-1. (a) Cocos (isolados e agrupados), (b) bacilos, (c) espirilo e (d) esquema de célula bacteriana.

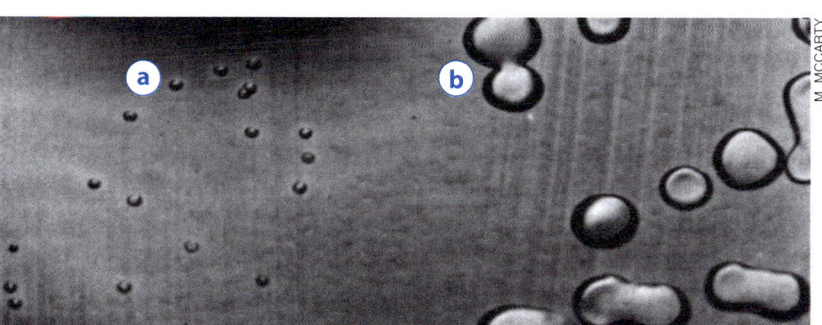

Os pneumococos capsulados (b) são mais perigosos que os sem cápsula (a).

O reino monera **311**

> ### Saiba mais
>
> **A coloração das bactérias**
>
> Em 1884, o médico dinamarquês Christian Gram desenvolveu um corante até hoje utilizado para a separação das bactérias em dois grandes grupos: Gram-positivas e Gram-negativas. As Gram-positivas, devido às características típicas de sua parede celular (veja a figura abaixo), retêm o corante de Gram, o que não ocorre com as Gram-negativas.
>
> Considera-se que as bactérias patogênicas (causadoras de doenças) mais agressivas são as Gram-negativas, em função da natureza tóxica da parede lipopolissacarídica que as reveste, além de serem mais resistentes aos antibióticos utilizados para o seu combate.
>
> Por outro lado, o antibiótico *penicilina* é indicado principalmente para o combate de infecções causadas por bactérias Gram-positivas, uma vez que interfere com a formação da parede celular. Sem a proteção conferida pela parede celular, essas bactérias não conseguem sobreviver e acabam por estourar em meios hipotônicos.
>
> Nem toda bactéria é reconhecida por meio do método de Gram. É o caso da bactéria causadora da tuberculose, conhecida como *Mycobacterium tuberculosis*, cujo reconhecimento em exames de laboratório depende da utilização de métodos de coloração mais sofisticados que os de Gram.
>
>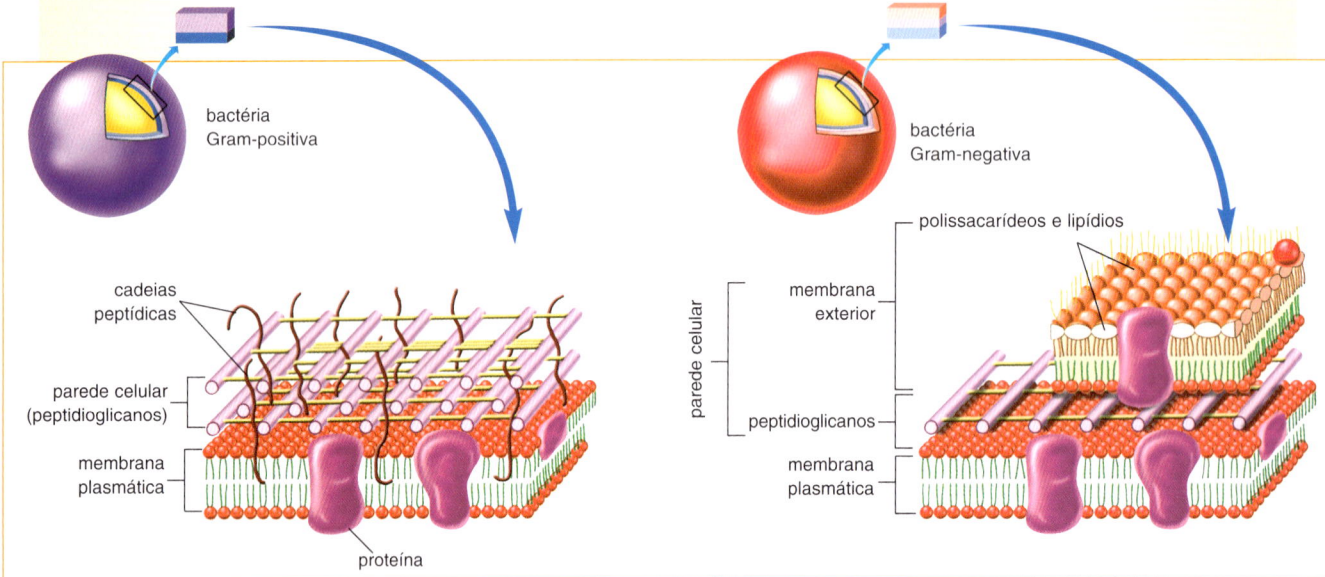
>
> Em virtude da estrutura da parede bacteriana, as bactérias, quando submetidas à coloração pelo método de Gram, apresentam respostas diferentes.

A Diversidade Metabólica das Bactérias

Se há um grupo de seres que apresenta grande diversidade metabólica, certamente é o das bactérias. Existem espécies heterótrofas e espécies autótrofas. Dentre as primeiras, destacam-se as parasitas, as decompositoras de matéria orgânica e as que obtêm matéria orgânica de outros seres vivos, com os quais se associam, sem prejudicá-los. Dentre as autótrofas, existem espécies que produzem matéria orgânica por fotossíntese e outras que a produzem por quimiossíntese.

As bactérias heterótrofas

As bactérias **parasitas** são as que, por meio de inúmeros mecanismos, agridem outros seres vivos para a obtenção de alimento orgânico e causam inúmeras doenças. As **decompositoras** (frequentemente denominadas de *sapróvoras*, *saprofíticas* ou *saprofágicas*) obtêm o alimento orgânico recorrendo à decomposição da matéria orgânica morta e são importantes na reciclagem dos nutrientes minerais na biosfera. As que vivem associadas a outros seres vivos são denominadas de **simbiontes**, e não agridem os parceiros. É o caso das bactérias encontradas no estômago dos ruminantes (bois, cabras), que se nutrem da celulose ingerida por esses animais, fornecendo, em troca, aminoácidos essenciais para o metabolismo proteico deles.

Muitas bactérias heterótrofas são **anaeróbias obrigatórias**, como o bacilo do tétano. São bactérias que morrem na presença de oxigênio. Nesse caso, a energia dos compostos orgânicos é obtida por meio de fermentação. As **anaeróbicas facultativas**, por outro lado, vivem tanto na presença como na ausência de oxigênio. Outras espécies só sobrevivem em presença de oxigênio – são as **aeróbias obrigatórias**. Um curioso grupo de bactérias é o que realiza a **respiração anaeróbia**. Nessa modalidade de metabolismo energético existem todas as etapas típicas da respiração celular. Muda apenas o aceptor final de elétrons na cadeia respiratória. No lugar do oxigênio, essas bactérias utilizam nitrato, nitrito ou sulfato, obtendo, no final, praticamente o mesmo rendimento energético verificado na respiração celular aeróbia. É o que ocorre com as **bactérias desnitrificantes**, que participam do ciclo do nitrogênio na natureza. Nelas, o aceptor final de elétrons é o nitrato.

> **Saiba mais**

As bactérias e a vida latente

Em condições desfavoráveis, muitas bactérias são capazes de formar **esporos**: espessam seu envoltório, interrompem bruscamente seu metabolismo e iniciam um processo de "vida latente", em que as atividades vitais são paralisadas.

Quando as condições do meio voltam à normalidade, elas retornam à sua atividade biológica (veja figura abaixo). É o caso da bactéria causadora do tétano, por exemplo, que – em presença de oxigênio – esporula. Nos solos agrícolas, há muitos esporos tetânicos. A desesporulação ocorre quando há anaerobiose, o que pode acontecer em casos de ferimentos profundos.

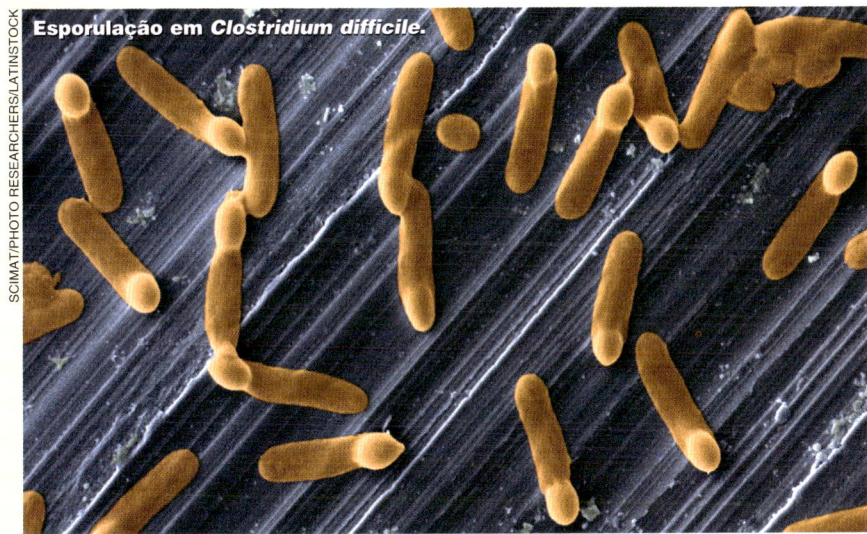

Esporulação em *Clostridium difficile*.

Esporulação: uma característica das bactérias é a formação de endósporos.

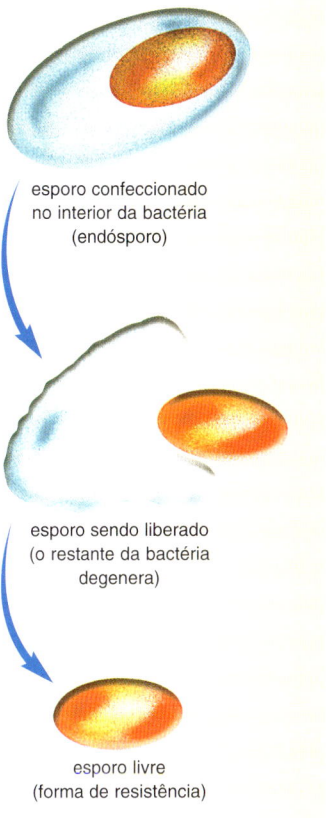

esporo confeccionado no interior da bactéria (endósporo)

esporo sendo liberado (o restante da bactéria degenera)

esporo livre (forma de resistência)

As bactérias autótrofas

Fotossintetizantes

Nas bactérias que realizam fotossíntese, a captação da energia solar fica a cargo de uma clorofila conhecida como *bacterioclorofila*.

A partir da utilização de substâncias simples do meio, ocorre a síntese do combustível biológico. De maneira geral, não há liberação de oxigênio. Como exemplo, podemos citar as bactérias sulfurosas do gênero *Chlorobium*, que efetuam esse processo com a utilização de H_2S e CO_2, segundo a equação:

$$2\ H_2S + CO_2 + luz \xrightarrow{bacterioclorofila} (CH_2O) + 2\ S + H_2O$$

Note que é o gás sulfídrico, e não a água, que atua como fornecedor dos hidrogênios que servirão para a redução do gás carbônico. Não há liberação de oxigênio. O enxofre permanece no interior das células bacterianas sendo, posteriormente, eliminado para o meio em que vivem esses microrganismos, em geral fontes sulfurosas. Nesse processo, CH_2O representa a matéria orgânica produzida.

Quimiossíntese: uma alternativa

A quimiossíntese é um processo efetuado por um pequeno número de espécies de bactérias, que se utilizam do gás carbônico para a produção do seu combustível biológico. A energia necessária para a síntese da matéria orgânica é proveniente de reações químicas inorgânicas liberadoras de energia. Como exemplo, podemos citar as bactérias do gênero *Nitrosomonas*, que oxidam a amônia segundo a equação:

$$2\ NH_3 + 3\ O_2 \rightarrow 2\ HNO_2 + 2\ H_2O + energia$$

A energia liberada é canalizada para a produção de compostos orgânicos, que atuarão como combustíveis biológicos.

Veja, portanto, que o nome *quimiossíntese* é aplicado para a *síntese de matéria orgânica com utilização da energia proveniente de uma reação química inorgânica* (*quimio* sugere a fonte de energia utilizada; *síntese*, fabricação ou produção). É um processo que não utiliza a luz solar e, portanto, nem a clorofila.

Um caso curioso é o representado pela versátil bactéria *Beggiatoa sp*. Algumas linhagens podem viver de modo autotrófico por meio da utilização da energia gerada pela oxidação de compostos inorgânicos (por exemplo, o H_2S), para a síntese de compostos orgânicos. No entanto, outras variedades recorrem ao heterotrofismo e obtêm energia por meio da oxidação de compostos orgânicos.

Pense nisso

As bactérias super-resistentes

Acredita-se que, antes da descoberta dos antibióticos, de cada 10 pessoas acometidas por infecção grave, 8 morriam. Essas substâncias trouxeram um grande alívio, uma vez que em sua descoberta se supôs que o homem finalmente dispunha de "balas mágicas" para combater qualquer tipo de bactéria causadora de doença.

No entanto, logo surgiriam relatos de resistência bacteriana aos antibióticos.

Uma das mais conhecidas bactérias causadoras de infecção hospitalar, o *Staphylococcus aureus*, apresenta resistência múltipla a vários antibióticos, exceto à vancomicina, uma droga de última geração de combate à bactéria.

A situação é preocupante porque bactérias conhecidas como *Enterococcus*, aparentadas ao *S. aureus*, já apresentam resistência inclusive à vancomicina e podem transferir o gene para resistência ao *S. aureus*.

Para muitos cientistas, a situação lembra uma corrida: os antibióticos partiram na frente das bactérias, sofreram algumas ultrapassagens, voltaram eventualmente à dianteira, mas estão ficando para trás neste começo de século. Será que a batalha contra as bactérias poderá ser um dia vencida? A transmissão de resistência por métodos de recombinação em bactérias constitui uma séria ameaça e nos deve fazer refletir cada vez mais sobre a necessidade de usar corretamente os antibióticos.

Saiba mais

O mecanismo de ação dos antibióticos

Dentre os antibióticos utilizados no tratamento de infecções bacterianas, destacam-se os que impedem a síntese da parede bacteriana (penicilina), os que atuam na membrana plasmática (polimixina), os que inibem a síntese proteica das bactérias (tetraciclina e cloranfenicol), os que provocam a síntese de proteínas defeituosas (aminoglicosídeos), os que agem nos ácidos nucleicos bacterianos (rifampicina e quinolona) e os que interferem nas reações metabólicas, atuando como competidores de substâncias normalmente utilizadas pelas bactérias (sulfamídicos).

Reprodução e Recombinação Gênica nas Bactérias

A reprodução **assexuada** nas bactérias ocorre por **divisão binária**: a célula bacteriana divide-se em duas por *amitose*. É um processo que ocorre rapidamente: em condições favoráveis, uma bactéria produz duas em cerca de 20 minutos. A separação dos cromossomos-irmãos conta com a participação de *mesossomos*, pregas internas da membrana plasmática nas quais existem também as enzimas participantes da maior parte da respiração celular. Repare que não existe a formação de fuso de divisão nem de figuras clássicas e típicas de mitose. Logo, não é mitose. Veja a Figura 15-2.

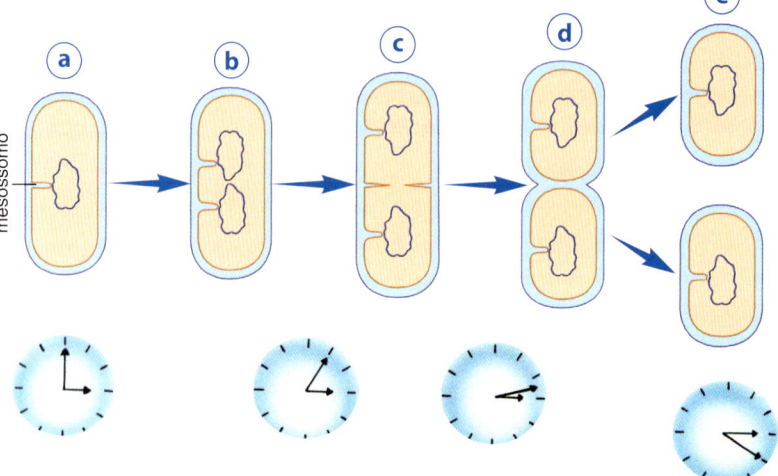

Figura 15-2. (a) Amitose em bactérias, caracterizando a divisão binária. Em (b) ocorreu duplicação do mesossomo e da cromatina. A divisão da célula (c-d) completa-se após 20 minutos (e).

Em bactérias, os processos de recombinação gênica* são relativamente comuns. Há três processos conhecidos: **conjugação**, **transdução** e **transformação**.

---

*Alguns autores ainda consideram essas modalidades de recombinação como processos de reprodução sexuada.

Conjugação

Na conjugação, ocorre a passagem de um pedaço de DNA – muitas vezes plasmidial – de uma bactéria para outra, através de um canal de comunicação (pili) que se forma entre elas por fusão de suas paredes em determinado ponto. O DNA transferido incorpora-se ao cromossomo da bactéria receptora (veja a Figura 15-3). Essa bactéria, agora com novos genes, divide-se e origina uma população com novas características.

> A conjugação é um dos processos de transferência de genes entre as bactérias e que gera variabilidade e a possibilidade de resistência a antibióticos.

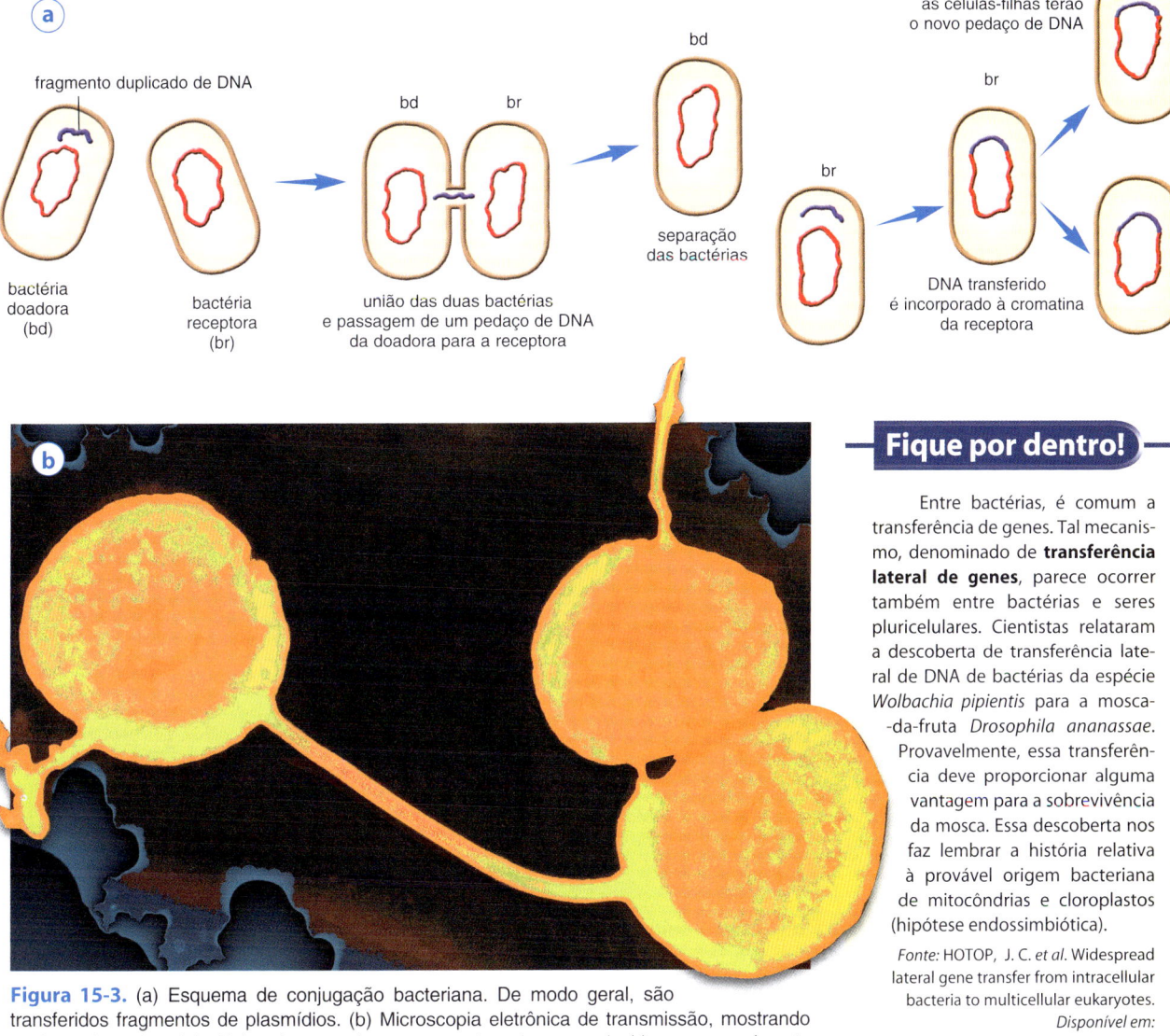

Figura 15-3. (a) Esquema de conjugação bacteriana. De modo geral, são transferidos fragmentos de plasmídios. (b) Microscopia eletrônica de transmissão, mostrando conjugação na bactéria *Neisseria gonorrhoeae*, causadora da gonorreia (doença sexualmente transmissível). Note o pili sexual, por meio do qual ocorre a transferência do fragmento de material genético.

Fique por dentro!

Entre bactérias, é comum a transferência de genes. Tal mecanismo, denominado de **transferência lateral de genes**, parece ocorrer também entre bactérias e seres pluricelulares. Cientistas relataram a descoberta de transferência lateral de DNA de bactérias da espécie *Wolbachia pipientis* para a mosca-da-fruta *Drosophila ananassae*. Provavelmente, essa transferência deve proporcionar alguma vantagem para a sobrevivência da mosca. Essa descoberta nos faz lembrar a história relativa à provável origem bacteriana de mitocôndrias e cloroplastos (hipótese endossimbiótica).

Fonte: HOTOP, J. C. *et al.* Widespread lateral gene transfer from intracellular bacteria to multicellular eukaryotes. *Disponível em:* <http://www.scienceexpress.org>. *Acesso em:* 18 abr. 2012.

Saiba mais

A bactéria KPC$^+$

Surgiu nos EUA no ano de 2000. Está presente no intestino humano, no solo e em alimentos. Recentemente, a bactéria *Klebsiella pneumoniae carbapenemase*, mais conhecida como KPC$^+$, ganhou destaque por ser uma espécie multirresistente a antibióticos. Essa variedade é provavelmente uma bactéria mutante, cujo gene para a resistência a antibióticos está localizado em plasmídios.

A ação do gene consiste em codificar a síntese de enzimas capazes de anular o efeito de antibióticos. É preocupante destacar que a variedade é capaz de passar o plasmídio, na conjugação, para outras bactérias, inclusive de espécies diferentes. No Brasil, alguns casos de infecções fatais por essa variedade resistente de bactéria já foram registrados.

> ### Saiba mais
>
> **A toxina do SARM**
>
> Pesquisadores descreveram uma toxina – chamada de leucocidina – secretada por algumas linhagens da ameaçadora bactéria *Staphylococcus aureus* resistente ao antibiótico meticilina (SARM, **S**taphylococcus **a**ureus **R**esistente à **M**eticilina, veja foto ao lado). Essas linhagens causam uma forma grave de pneumonia e são encontradas tanto em hospitais (infecção hospitalar) como fora deles. A toxina estimula a expressão de duas outras proteínas bacterianas: uma delas promove inflamação e a outra aumenta a capacidade de adesão das bactérias nos órgãos lesados das vias aéreas inferiores.
>
> O receio dos cientistas é que essas linhagens propaguem o gene responsável pela produção da toxina. Isso pode ocorrer por **conjugação** (veja novamente a Figura 15-3). A conjugação é um mecanismo de *recombinação gênica*, gerando variabilidade. Como vimos, nesse processo duas bactérias se aproximam e uma delas, através de uma ponte de conexão (**pili**), transfere genes – *de modo geral plasmidiais* – para a outra. Por meio desse mecanismo ocorre a passagem de genes – muitos deles relacionados à resistência a antibióticos.
>
> Adaptado de: MRSA toxin characterized. *Nature, Research Highlights*, London, v. 445, n. 7126, p. 342, 25 Jan. 2007.

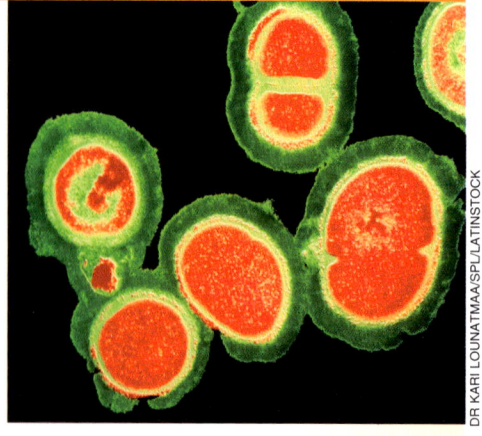

Bactérias do gênero *Staphylococcus*, resistentes à meticilina, vistas ao microscópio eletrônico de transmissão (imagem colorida artificialmente). Pode-se ver algumas delas em divisão.

Transdução

Modalidade de recombinação gênica que depende da "ajuda" de um vírus. Quando novos bacteriófagos estão sendo montados no interior de uma bactéria, pode acontecer que um pedaço de DNA da bactéria seja montado juntamente com o DNA viral. Esse vírus, parasitando posteriormente outra bactéria, poderá efetuar a transferência do DNA estranho para a nova bactéria. Esse DNA estranho incorpora-se ao cromossomo bacteriano e, assim, pode ser gerada uma população de bactérias com características genéticas novas (veja a Figura 15-4).

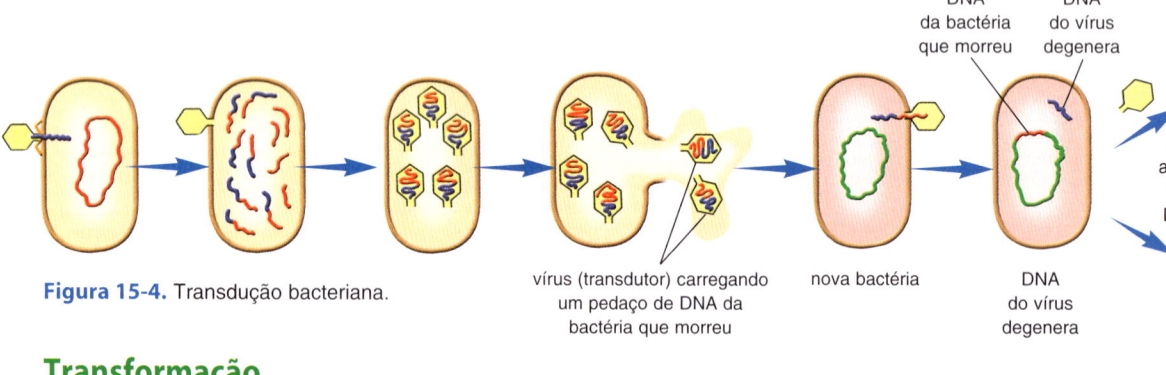

Figura 15-4. Transdução bacteriana.

Transformação

Pedaços de DNA estranhos, existentes no meio, entram nas bactérias e se incorporam à cromatina. Esse processo ocorre espontaneamente na natureza, podendo ser constatado de forma experimental: ao meio de cultivo em que estão crescendo bactérias são adicionados pedaços de DNA estranhos. Esses fragmentos de DNA penetram nas bactérias, incorporam-se aos cromossomos e condicionam novas características genéticas à população bacteriana (veja a Figura 15-5).

Figura 15-5. Transformação bacteriana.

> ### Fique por dentro!
>
> Os processos de recombinação gênica em bactérias geram variabilidade.
>
> A transmissão de resistência bacteriana a antibióticos está cada vez mais relacionada às trocas de genes durante esses eventos.

Doenças Provocadas por Bactérias

A Tabela 15-1 relaciona as principais doenças bacterianas que você precisa conhecer. Entre elas, as doenças seculares tétano, gonorreia, sífilis e tuberculose ainda são muito frequentes. Cólera e leptospirose são doenças associadas a locais de precárias condições sanitárias. Água e alimentos contaminados podem favorecer a ocorrência de salmonelose e botulismo. A meningite meningocócica (epidêmica) é causada por uma bactéria extremamente agressiva e comum em ocasiões de temperatura ambiental baixa e em locais de grandes aglomerados humanos. Ao consultar a tabela, valorize os mecanismos de transmissão e a prevenção.

Tabela 15-1. Principais doenças causadas por bactérias.

Doença	Agente causador	Sinais e sintomas	Tratamento	Transmissão	Prevenção
Tuberculose	Mycobacterium tuberculosis	Afeta pulmões (cavernas), rins, intestinos, ossos.	Cura total com antibióticos.	Tosse, saliva, expectoração. Leite de vaca contaminado.	Vacina BCG.
Hanseníase (lepra)	Mycobacterium leprae	Afeta pele (lesões variáveis, com alterações na sensibilidade) e órgãos viscerais.	Cura total com vários medicamentos.	Direta (contato com lesões, muco nasal) e indireta (objetos contaminados).	Educação sanitária.
Cólera	Vibrio cholerae	Grave infecção intestinal, diarreias e desidratação.	Antibióticos.	Água, alimentos, moscas, contato com pessoas infectadas.	Saneamento básico.
Meningite meningocócica (epidêmica)	Neisseria meningitidis (o agente mais frequente)	Afeta meninges. Provoca septicemia (infecção generalizada), com manchas na pele e hemorragias digestivas etc. Lesões encefálicas (sequelas graves).	Antibióticos.	Direta.	Vacinação preventiva contra Neisseria meningitidis.
Leptospirose	Leptospira interrogans e Leptospira biflexa	Afeta fígado, rins e provoca icterícia (pele amarelada).	Antibióticos.	Contato com urina de rato contaminada.	Saneamento básico.
Gonorreia (blenorragia)	Neisseria gonorrhoeae	Pus espesso e amarelado na uretra.	Antibióticos.	Contato sexual.	Evitar contato com pessoas contaminadas.
Sífilis	Treponema pallidum	Primeira manifestação: cancro duro. Depois, lesões progressivas na pele e nos sistemas nervoso e circulatório.	Antibióticos.	Contato sexual. Contaminação do feto por passagem de bactérias pela placenta.	Evitar contato com pessoas contaminadas.
Botulismo	Clostridium botulinum	A toxina afeta o sistema nervoso e a musculatura estriada (provoca relaxamento muscular). A bactéria é anaeróbia obrigatória.	Lavagem gástrica, purgativos. Soro antibotulínico. Antibióticos. Assistência respiratória.	Adquirida por ingestão de alimentos enlatados contaminados com toxina botulínica.	Cuidados na conservação de alimentos; recusar latas de conservas abauladas e com odores suspeitos.
Tétano	Clostridium tetani	Afeta musculatura estriada. Toxina tetânica liberada pela bactéria (que é anaeróbia) em ferimentos profundos. Contração violenta e generalizada de músculos estriados.	Sedativos, relaxantes musculares, antibióticos, soro antitetânico.	Ferimentos profundos causados por objetos contaminados por esporos tetânicos. Tétano umbilical por contaminação da área de corte do cordão umbilical.	Presente normalmente nas fezes de cavalo: cuidados na manipulação do esterco. Cuidado com locais onde existem esporos tetânicos. Ferrugem, isoladamente, não provoca tétano. Vacinação antitetânica.
Febre maculosa	Rickettsia rickettsii	Hemorragias na pele com manchas (máculas), febre, dor de cabeça, confusão mental.	Antibióticos.	Picada do carrapato-estrela (Amblyomma cajennense).	Evitar contato com carrapatos.

Tabela 15-1. (Cont.).

Doença	Agente causador	Sinais e sintomas	Tratamento	Transmissão	Prevenção
Salmonelose (gastrenterite aguda)	Salmonella typhimurium	Náuseas, vômitos, diarreia líquida, dor abdominal, febre.	Correção da desidratação. Antibióticos apenas em casos graves.	Alimentos (ovos) e água contaminados.	Beber água tratada. Lavar as mãos. Não ingerir ovos crus ou mal cozidos.
Peste bubônica	Yersinia pestis	Febre, calafrios, bubão (inchaço de nódulos linfáticos da região inguinal). Existe fase pulmonar e sistêmica.	Antibióticos.	Picada de pulgas Xenopsylla brevis (que vivem em ratos).	Controle da população de roedores (ratos).

Saiba mais

Helicobacter pylori e úlcera estomacal

Em 1984, o jovem médico australiano Barry Marshall engoliu uma solução de bactérias. Ele queria provar que essas bactérias eram causadoras de úlcera estomacal. Já em 1981, o patologista Robin Warren havia detectado a presença delas em pacientes acometidos de úlcera no estômago. Marshall queria confirmar a hipótese de que a *Helicobacter pylori* era realmente a causadora da doença. Hoje, sabe-se que aproximadamente metade da população humana abriga essa bactéria em seus estômagos, muito embora uma pequena quantidade desenvolva a doença. A descoberta e a confirmação do médico australiano contribuíram para aliviar o sofrimento de milhares de pessoas, que, tratadas com antibióticos específicos, veem-se livres da bactéria causadora de úlcera em seres humanos.

Fonte: Le PAGE, M. A cure for ulcers. *New Scientist*, London, p. 39, 11 Sept. 2010.

Fique por dentro!

O "microbioma" humano

Acredita-se que a massa de bactérias que vivem na superfície ou no interior do corpo dos seres humanos chegue a incríveis 1,25 kg! Nosso corpo serve de residência para bilhões de bactérias, muitas delas úteis.

Fonte: AINSWORTH, C. I am legion. *New Scientist*, London, n. 2812, p. 44,14 May, 2011.

Você é um "microbioma"

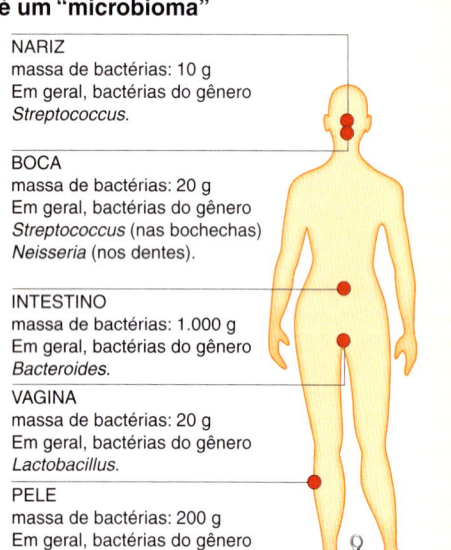

NARIZ
massa de bactérias: 10 g
Em geral, bactérias do gênero *Streptococcus*.

BOCA
massa de bactérias: 20 g
Em geral, bactérias do gênero *Streptococcus* (nas bochechas) *Neisseria* (nos dentes).

INTESTINO
massa de bactérias: 1.000 g
Em geral, bactérias do gênero *Bacteroides*.

VAGINA
massa de bactérias: 20 g
Em geral, bactérias do gênero *Lactobacillus*.

PELE
massa de bactérias: 200 g
Em geral, bactérias do gênero *Staplylococcus* (nas áreas oleosas) e *Corynebacteria* (nas áreas mistas).

A ciência por trás do fato!

Cuidado com as latas estufadas

Não consuma alimentos (palmito, milho, ervilha, aspargos, cogumelos, alcachofras) contidos em latas estufadas. Podem estar contaminados com a bactéria *Clostridium botulinum*, causadora do *botulismo*. Trata-se de uma bactéria anaeróbia obrigatória, em cujo metabolismo são produzidos gases que pressionam as paredes da lata e a estufam. Os esporos dessa bactéria são disseminados pelo vento e atingem alimentos enlatados antes do seu fechamento. No interior do recipiente, favorecidos pela ausência de oxigênio, os microrganismos atingem a forma ativa, não esporulada, e produzem a *toxina botulínica* que se mistura aos alimentos. Ingeridas, as toxinas são levadas pela circulação a alguns órgãos, como os músculos estriados esqueléticos, provocando inúmeros transtornos, notadamente relaxamentos que poderão causar a morte se afetarem a musculatura respiratória.

A toxina é sensível a altas temperaturas (80 °C, durante 30 minutos) e é considerada veneno biológico. Os principais sintomas decorrentes da ingestão acidental da toxina são, entre outros: boca seca, flacidez muscular generalizada, vertigens, alterações visuais, rouquidão e fala lenta. O tratamento, de modo geral, consiste em se fazer lavagem gástrica e cuidados gerais. Pode ser administrado o *soro antibotulínico*. A prevenção consiste em instituir a educação sanitária da população e dos produtores e manipuladores de alimento. Nos Estados Unidos, desde 1979 existe uma vacina para uso em seres humanos, aplicada preferencialmente a profissionais de laboratório que trabalham com a toxina e para uso militar. É curioso destacar que a toxina botulínica (o Botox) tem sido utilizada em cosmética, com a finalidade de corrigir as chamadas *rugas de expressão*.

Saiba mais

Riquétsias, clamídias e micoplasmas: bactérias simples

Existem microrganismos que podem ser considerados bactérias simples. Muitos são causadores de sérias doenças no homem. Veja abaixo um resumo das características desses microrganismos, enfatizando o seu tamanho e as doenças que provocam na espécie humana.

Grupo	Características
Riquétsias	Parasitas intracelulares muito pequenos: 1 μm de comprimento por 0,3 μm de diâmetro. Possuem parede celular. Não crescem em meios de cultura artificiais, somente no interior de células. Provocam tifo (são transmitidas por piolhos) e febre maculosa (transmitida por carrapatos). Prováveis causadoras das "pestes" do passado.
Clamídias	Parasitas intracelulares obrigatórios. Possuem parede celular e o diâmetro não passa de 0,5 μm. Causadores de tracoma (doença que afeta os olhos, podendo provocar cegueira) e pneumonias. Por provocarem doenças venéreas, são consideradas sexualmente transmissíveis.
Micoplasmas (também conhecidas como PPLO, do inglês *PleuroPneumonia Like Organisms*)	As menores células atualmente conhecidas. Os micoplasmas foram descobertos a partir da análise de casos de pleuropneumonia bovina. Não ultrapassam 0,2 μm de diâmetro. Não possuem parede celular. Possuem menos da metade de todo o DNA existente em outros procariotos. O DNA desses seres é capaz de codificar apenas a síntese de substâncias absolutamente essenciais para a sua sobrevivência. Atuam como parasitas intracelulares obrigatórios de plantas e animais. No homem, são causadores de pneumonias. Por não possuírem parede celular, não são atacados pela penicilina.

AS CIANOBACTÉRIAS

Extremamente parecidas com as bactérias, as cianobactérias são também procariontes. São todas autótrofas fotossintetizantes, mas suas células não possuem cloroplastos. A clorofila, do tipo *a*, fica dispersa pelo hialoplasma e em lamelas fotossintetizantes, que são ramificações da membrana plasmática.

Além da clorofila, possuem outros pigmentos acessórios, como os *carotenoides* (pigmentos semelhantes ao caroteno da cenoura), a *ficoeritrina* (um pigmento de cor vermelha, típico das cianobactérias encontradas no Mar Vermelho) e a *ficocianina* (um pigmento de cor azulada, que originou o nome das cianobactérias, anteriormente denominadas "algas azuis"). Elas vivem no mar, na água doce e em meio terrestre úmido (veja a Figura 15-6).

Há espécies que possuem células isoladas e outras que formam colônias de diferentes formatos.

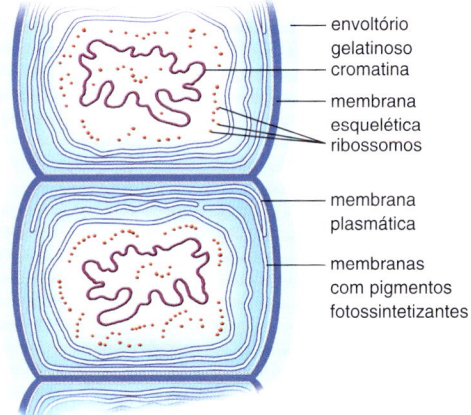

Figura 15.6. Esquema de células de cianobactéria, ampliado e baseado em fotografia feita ao microscópio eletrônico.

Duas espécies de cianobactérias filamentosas vistas ao microscópio eletrônico de varredura: *Microcoleus* (mais larga) e *Anabaena* (suas células formam um "colar de contas"). Na *Anabaena*, algumas células deixam de realizar fotossíntese, especializando-se no processo de fixação de nitrogênio.

Fique por dentro!

Nas cianobactérias existem os carboxissomos, ou seja, microcompartimentos citoplasmáticos armazenadores de íons bicarbonato, decorrentes da reação de gás carbônico com água. Sob a ação da enzima anidrase carbônica, íons bicarbonato são convertidos em gás carbônico, facilitando a ocorrência de fotossíntese.

Fonte: HOLMES, B. Billion-year upgrade. *New Scientist*, London, p. 43, 19 Feb. 2011.

> **Saiba mais**
>
> *Microcistina* é uma toxina produzida pela cianobactéria *Microcystis aeruginosa*, cuja população costuma aumentar em lagoas, represas e estuários poluídos. Sua presença na água de consumo é revelada por um odor característico e desagradável. A toxina é liberada ao ocorrer lise das cianobactérias. É extremamente tóxica para animais e para populações humanas que utilizam as águas daqueles locais para pesca e lazer. Causa irritação da pele, lesões no fígado (hepatotóxica) e no sistema nervoso (neurotóxica).

A Reprodução nas Cianobactérias

> Desconhece-se, atualmente, a ocorrência de reprodução sexuada entre as cianobactérias.

Nas cianobactérias unicelulares, a reprodução assexuada dá-se por **divisão binária** da célula. Nas espécies filamentosas, é comum a ocorrência de fragmentação do filamento, produzindo-se vários descendentes semelhantes geneticamente uns aos outros. A esses fragmentos contendo muitas células dá-se o nome de **hormogônios**.

> **Saiba mais**
>
> **A fixação de nitrogênio nas cianobactérias**
>
> Assim como algumas espécies de bactérias, as cianobactérias também são capazes de fixar nitrogênio atmosférico.
>
> Em muitas plantações de arroz (como a da foto), a água em que os pés de arroz crescem (lugares brejosos) fica repleta de cianobactérias. Os compostos nitrogenados por elas produzidos fertilizam a água e são aproveitados pelas plantas de arroz.

AS ARQUEOBACTÉRIAS E SEU INCRÍVEL MODO DE VIVER

Viver em *condições extremas*, altamente específicas, é o hábito de inúmeras espécies de arqueobactérias. Comparadas às eubactérias, as arqueobactérias apresentam diferenças na natureza da parede celular, na composição gênica, no metabolismo e abrangem:

- **halófilas extremas** (do grego, *halós* = sal + *philos* = amigo), também chamadas de halobactérias, vivem em ambientes de alta salinidade, típicos das salinas decorrentes da evaporação da água do mar. Em ambientes artificialmente salgados (molhos e carnes salgadas) também pode haver halobactérias. Algumas espécies contêm um pigmento proteico; a maioria é aeróbia, mas algumas espécies são *quimiorganotróficas* (utilizam aminoácidos, ácidos orgânicos e açúcares para a obtenção de energia). A bactéria *Halobacterium salinarum* utiliza o pigmento *bacteriorodopsina* para a produção de ATP, com a utilização de luz solar;

- **termófilas** (do grego, *thermós* = quente) e **acidófilas extremas** são as que vivem em ambientes de temperatura elevada (até cerca de 113 °C!) ou em meios extremamente ácidos (até em pH próximo de zero!). Muitas espécies são *quimiolitotróficas* (quimiossintetizantes) e utilizam sais de ferro ou de enxofre para a obtenção de energia;
- **metanogênicas** (do grego, *génesis* = geração) são as produtoras de metano. Vivem em aterros sanitários, fontes hidrotermais, plantações de arroz e no tubo digestório de bois, cavalos, cupins e do homem. São heterótrofas, anaeróbias obrigatórias, comuns em ambientes anóxicos ricos em matéria orgânica, que é convertida em metano.

Ética & Sociedade

Armas para uma guerra biológica

Ainda está muito vivo em nossa memória o pânico que se instaurou após o ataque terrorista ao *World Trade Center*, em 11 de setembro de 2001.

Uma nova arma, desta vez biológica, espalhou terror entre as pessoas. A bactéria *Bacillus anthracis*, causadora do antraz, encontrada nos EUA após o atentado, em envelopes enviados por correio, fez ressurgir a lembrança de uma possível guerra biológica.

Essa bactéria provoca infecções em seres humanos, afetando vários órgãos do corpo humano, dependendo da via de contaminação, mas atinge de forma mais grave os pulmões.

Acredita-se que o ataque com essa bactéria tenha sido feito por meio de seus esporos para contaminar pessoas. Felizmente, existem tratamentos com antibióticos específicos, se o diagnóstico for feito precocemente.

Mas fica em nossa mente a pergunta: como poderemos nos proteger de extremistas, tanto de direita quanto de esquerda, que não pouparão armas biológicas para dizimar seus oponentes e atingir seus objetivos?

Passo a passo

1. O reino Monera engloba numerosas espécies de microrganismos, talvez os mais abundantes, em valores absolutos, da Terra atual. Todos os componentes desse reino possuem "célula procariótica". A respeito desse reino:

a) Cite os seus componentes.
b) Qual o significado de "célula procariótica", estrutura comum a todos os componentes do reino Monera?

2. As bactérias são encontradas em praticamente todos os lugares da Terra, habitando uma infinidade de meios, inclusive o interior de muitos seres vivos. Cite pelo menos três itens de importância relacionados a esse grupo, sendo um deles referente à saúde humana.

3. Considere a ilustração a seguir, que representa o esquema de uma célula bacteriana.

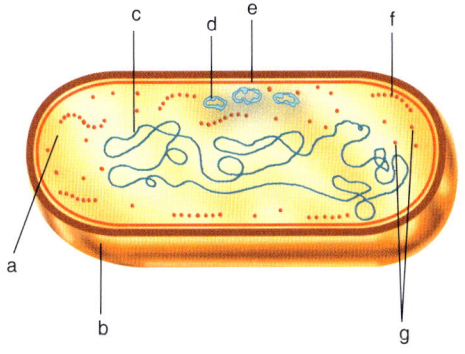

a) Reconheça as estruturas apontadas pelas setas. Por que se diz que o esquema ilustrado é o de uma célula procariótica?
b) Que denominação recebe a região ocupada pelo material genético principal da célula bacteriana? Quais os quatro componentes fundamentais presentes na célula bacteriana e em qualquer outra célula de ser vivo?
c) Cite os três tipos básicos de bactérias, considerando o formato das células.

4. "Se há um grupo de seres vivos que apresenta grande diversidade metabólica, certamente é o das bactérias. Existem espécies heterótrofas e bactérias autótrofas." Com relação a esse assunto:

a) Quais as modalidades de bactérias heterótrofas citadas nesse capítulo? Cite a principal característica de cada uma dessas modalidades.
b) Fotossíntese e quimiossíntese são dois processos bioenergéticos executados por diferentes espécies de bactérias e que resultam na síntese de matéria orgânica. Qual a principal diferença entre esses dois processos?
c) Em muitas espécies de bactérias existe a capacidade de elaborar formas de resistência, em condições desfavoráveis do meio. Quais são essas formas de resistência? São elaboradas externamente ou no interior das bactérias?

5. I – A bactéria *Clostridium botulinum* vive em alimentos enlatados. Quando a lata é aberta, ocorre a penetração do ar, que é letal para essas bactérias.

II – Bactérias do gênero *Pseudomonas sp.* participam do ciclo do nitrogênio como desnitrificantes. Nesse processo, íons nitrato atuam como aceptores finais de elétrons na cadeia respiratória.

III – A bactéria *Bacteroides gingivalis* vive nas regiões mais profundas de uma cárie dentária. Nessas regiões não existe o oxigênio, que é letal para elas.

O reino monera **321**

Assinale, na tabela abaixo, a alternativa correta relativamente ao metabolismo dessas três espécies de bactérias.

	C. botulinum	Pseudomonas sp.	B. gingivalis
a)	anaeróbia obrigatória	respiradora anaeróbia	anaeróbia facultativa
b)	anaeróbia facultativa	anaeróbia facultativa	anaeróbia obrigatória
c)	anaeróbia obrigatória	respiradora anaeróbia	anaeróbia obrigatória
d)	respiradora anaeróbia	aeróbia obrigatória	anaeróbia obrigatória
e)	aeróbia obrigatória	respiradora anaeróbia	anaeróbia facultativa

6. I – *Chlorobium* é uma bactéria que utiliza H_2S e CO_2, em presença de luz solar e com a participação de bacterioclorofila, para a produção de matéria orgânica.

II – Em fontes hidrotermais existentes em regiões oceânicas profundas, algumas espécies de bactérias realizam reações químicas inorgânicas que liberam energia, utilizando-a para a síntese de matéria orgânica.

III – *Nitrosomonas sp.* é um gênero de bactérias em que as espécies são capazes de oxidar amônia a nitritos, numa reação liberadora de energia que, a seguir, é utilizada para a síntese de matéria orgânica.

Assinale, na tabela abaixo, a alternativa correta relacionada ao tipo de metabolismo energético autotrófico executado pelas bactérias citadas.

	I	II	III
a)	quimiossintetizante	quimiossintetizante	fotossintetizante
b)	fotossintetizante	fotossintetizante	quimiossintetizante
c)	quimiossintetizante	fotossintetizante	quimiossintetizante
d)	fotossintetizante	quimiossintetizante	quimiossintetizante
e)	fotossintetizante	quimiossintetizante	fotossintetizante

7. Observe a tirinha a seguir, que ilustra uma população bacteriana em que um dos indivíduos se encontra em divisão celular:

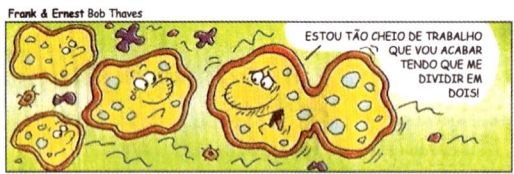

O Estado de S. Paulo, São Paulo, 28 out. 2010. Caderno 2, p. D6.

a) A divisão celular bacteriana é utilizada no processo de reprodução. Que tipo de reprodução (assexuada ou sexuada e o subtipo), executado com frequência pelas bactérias, é ilustrado na tirinha?

b) Qual o tipo celular que permite a divisão da célula bacteriana em duas? Qual a diferença entre esse tipo de divisão celular e o que ocorre na maioria das células eucarióticas?

8. Na série de frases a seguir, assinale com **V** as verdadeiras e com **F** as falsas.

a) Todos os antibióticos utilizados no tratamento de infecções bacterianas atuam impedindo a síntese da parede celular das bactérias.

b) Na reprodução assexuada das bactérias, que ocorre por divisão binária, os mesossomos e os centríolos organizam um fuso de divisão mitótico que atua na separação dos cromossomos bacterianos.

c) Os processos de recombinação gênica em bactérias são: conjugação, transdução e transformação.

d) Na conjugação, processo de recombinação gênica em bactérias, um fragmento de material genético, acompanhado de ribossomos, é transferido para a outra bactéria.

e) Na transdução, a passagem de um fragmento de material genético de uma bactéria para outra ocorre por meio de um vírus.

f) Na transformação, duas bactérias conjugam e uma delas transfere um fragmento de material genético para a outra.

g) Por meio do processo de conjugação, genes para resistência a antibióticos podem ser transferidos de uma bactéria para outra.

9. Com relação às doenças causadas por bactérias, reconheça as frases corretas e indique a soma no final.

(01) Para a prevenção da tuberculose pulmonar e da meningite meningocócica, é necessária a construção de eficientes redes de esgotos e de água tratada para o consumo humano.

(02) A febre maculosa, causada pela bactéria *Rickettsia rickettsii*, é transmitida ao homem por carrapatos-estrela.

(04) Gonorreia (blenorragia), sífilis e leptospirose são doenças sexualmente transmissíveis.

(08) Cólera, salmonelose e botulismo são doenças transmitidas pelo consumo de alimentos enlatados contaminados por bactérias cujas toxinas causam enrijecimento muscular.

(16) A bactéria do tétano é anaeróbia obrigatória. Na fase ativa produz toxinas que, conduzidas pela circulação sanguínea, atingem a musculatura esquelética, enrijecendo-a.

(32) A hanseníase é uma doença para a qual não existe tratamento, mas conta com uma vacina preventiva denominada de BCG.

(64) Para o tratamento do tétano e do botulismo pode-se recorrer aos soros antitetânico e antibotulínico, respectivamente.

10. Assinale a alternativa correta da tabela, referente a riquétsias, clamídias e micoplasmas.

	Riquétsias	Clamídias	Micoplasmas
a)	parasitas intracelulares	parasitas intracelulares	possuem parede celular
b)	possuem parede celular	causam tracoma	parasitas intracelulares
c)	parasitas intracelulares	não são parasitas	não possuem DNA
d)	causadoras de tifo	não possuem parede celular	causam tracoma
e)	parasitas intracelulares	parasitas intracelulares	não possuem parede celular

11. A proliferação de certas espécies de cianobactérias que vivem em água doce de represas e lagoas provoca um odor característico e desagradável. As toxinas por elas liberadas são frequentemente tóxicas para muitos animais, inclusive o homem. Com relação a essas bactérias:

a) Qual a semelhança celular básica existente entre elas e as demais bactérias? Cite pelo menos uma diferença entre esses dois grupos de bactérias.

b) Cianobactérias são fotossintetizantes, talvez as formas mais abundantes de bactérias autótrofas, pelo menos nos oceanos. Em que local da célula é executada a fotossíntese nessas bactérias? Possuem cloroplastos? Que pigmentos atuam no processo de fotossíntese nesses seres?

c) Como são organizadas as células desses seres, isoladas ou em conjuntos? Qual o tipo de reprodução mais frequentemente reconhecido nesses seres? O que representam os fragmentos denominados de hormogônios?

12. As arqueobactérias abrangem várias espécies, muitas das quais vivem em *condições extremas*. São componentes desse grupo as bactérias halófilas, termófilas, acidófilas e metanogênicas, que vivem, na ordem, em ambientes:

a) salinos, ácidos, de temperatura elevada e ricos em matéria orgânica.
b) ricos em matéria orgânica, salinos, de temperatura elevada e ácidos.
c) salinos, de temperatura elevada, ácidos e ricos em matéria orgânica.
d) ácidos, salinos, ricos em matéria orgânica e de temperatura elevada.
e) salinos, de temperatura elevada, ricos em matéria orgânica e ácidos.

13. Questão de interpretação de texto

Combater o mosquito da dengue com inseticidas é guerra perdida. Popularmente conhecido como fumacê, a eficácia do método de espalhar nuvens de inseticida pelas ruas é comprometida porque os moradores fecham as janelas assim que o caminhão aparece na esquina. E o *Aedes aegypti* não é bobo, corre para se esconder nas frestas e nos cantos das casas. Um curioso método foi descrito para reduzir o impacto da dengue em alguns países. Tendo como base a descoberta de que a infecção pela bactéria *Wolbachia pipientis* torna os mosquitos resistentes ao vírus da dengue, cientistas australianos pretendem testar se é possível disseminá-la entre os mosquitos que infestam as cidades. O raciocínio é simples: se os mosquitos são resistentes ao vírus, estes não conseguem se reproduzir e, assim, a propagação da doença é evitada.

Adaptação de: VARELLA, D. Mata-mosquitos modernos. *Folha de S.Paulo*, São Paulo, 12 fev. 2011. Caderno Ilustrada, p. E16.

Com base nas informações do texto e os seus conhecimentos sobre o assunto, responda:

a) A bactéria *Wolbachia pipientis* é uma espécie de ser vivo unicelular cuja célula é procariótica. O que significa dizer que a célula dessa espécie é procariótica? Por meio de qual processo ocorre a reprodução assexuada em bactérias?
b) Suponha que bactérias da espécie *Wolbachia pipientis* transfiram o gene para a resistência aos vírus da dengue para outras espécies de bactéria. Nesse caso, por meio de qual mecanismo direto essa transferência entre bactérias poderia ocorrer? Que processo genético é resultante desse tipo de transferência?

Questões objetivas

1. (FUVEST – SP) Considere as seguintes características atribuídas aos seres vivos:

I – Os seres vivos são constituídos por uma ou mais células.
II – Os seres vivos têm material genético interpretado por um código universal.
III – Quando considerados como populações, os seres vivos se modificam ao longo do tempo.

Admitindo que possuir todas essas características seja requisito obrigatório para ser classificado como "ser vivo", é correto afirmar que

a) os vírus e as bactérias são seres vivos, porque ambos preenchem os requisitos I, II e III.
b) os vírus e as bactérias não são seres vivos, porque ambos não preenchem o requisito I.
c) os vírus não são seres vivos, porque preenchem os requisitos II e III, mas não o requisito I.
d) os vírus não são seres vivos, porque preenchem o requisito III, mas não os requisitos I e II.
e) os vírus não são seres vivos, porque não preenchem os requisitos I, II e III.

2. (UFPel – RS) Um pequeno número de bactérias não causa problemas para o hospedeiro; elas só começam a fazer o hospedeiro adoecer quando estão em um número alto (*quorum*). As bactérias conseguem 'perceber' se há um número suficiente de indivíduos através da comunicação intracelular.
O tratamento com antibiótico nem sempre é eficiente, pois ele mata as bactérias ou impede que elas cresçam, mas isso permite que algumas bactérias resistentes ao antibiótico prosperem. Alguns cientistas estão desenvolvendo uma segunda geração de medicamentos, que não atacam as bactérias diretamente, mas a sua comunicação entre os indivíduos.

Scientific American Brasil, n. 85, jun. 2009 (adaptado).

Analise as seguintes afirmativas sobre as bactérias.

I – Organismos unicelulares e todos causam algum tipo de doença, que pode ser transmitida através da saliva ou ar contaminado.
II – Procariotos e o tratamento com antibiótico é ineficiente, pois ele é específico para os seres eucariotos, como os fungos.
III – Multicelulares e a comunicação entre as células ocorre através da matriz extracelular. O antibiótico faz surgir espécies resistentes.
IV – Unicelulares, mas a comunicação entre elas é importante para a formação do *quorum*; só nesse estado as bactérias levam o organismo a adoecer.
V – Procariotos e algumas espécies podem formar colônias, como os estreptococos e os estafilococos.

Estão corretas apenas as afirmativas

a) I e II.   c) III e V.   e) I e III.
b) IV e V.   d) II e IV.   f) I. R.

3. (UFRGS – RS) O bloco superior, abaixo, apresenta quatro tipos de organismos primitivos, classificados de acordo com seu metabolismo; o inferior, características de dois desses organismos.

Associe adequadamente o bloco inferior ao superior.

1 – fermentadores heterótrofos
2 – aeróbios heterótrofos
3 – quimiossintetizantes autótrofos
4 – fotossintetizadores autótrofos

( ) Na ausência de luz, em ambientes com temperatura elevada, obtinham energia para sintetizar seus materiais orgânicos essenciais a partir de reações envolvendo sulfeto de hidrogênio e compostos de ferro.
( ) Na ausência de oxigênio, degradavam o alimento absorvido do meio para liberar etanol, gás carbônico e energia, aproveitada para realizar seus processos vitais.

A sequência correta de preenchimento dos parênteses, de cima para baixo, é

a) 1 – 2.   c) 1 – 4.   e) 2 – 3.
b) 4 – 2.   d) 3 – 1.

4. (UFRGS – RS) O domínio *Archaea* consiste principalmente de organismos procarióticos que vivem em ambientes extremos, como fontes termais, vulcões ou águas hipersalinas. Os *Archaea* são encontrados também dentro do trato digestivo de alguns animais, onde produzem metano. Os organismos metanogênicos são capazes de produzir energia segundo a seguinte reação:

$$4\,H_2 + CO_2 \rightarrow CH_4 + 2\,H_2O$$

Em relação ao seu metabolismo energético, os *Archaea* metanogênicos podem ser caracterizados como

a) heterótrofos por absorção e anaeróbios.
b) autótrofos e anaeróbios.
c) heterótrofos por ingestão e aeróbios.
d) autótrofos e aeróbios.
e) heterótrofos por absorção e aeróbios.

5. (UFAM) Muitas bactérias não clorofiladas realizam a síntese de substâncias orgânicas através da oxidação de compostos inorgânicos. Dá-se a este processo o nome de quimiossíntese. Em relação às bactérias quimiossintetizantes, qual das alternativas está **INCORRETA**?

a) Tiobactérias oxidam compostos de enxofre a sais ferrosos.
b) Tiobactérias oxidam compostos de enxofre.
c) Ferrobactérias oxidam compostos de ferro.
d) Bactérias nitrosas oxidam amônia a nitritos.
e) Bactérias nítricas oxidam nitritos a nitratos.

6. (UERJ) A influência de fatores ambientais, como a disponibilidade de alimentos, sobre o crescimento dos seres vivos pode ser avaliada experimentalmente. Considere, por exemplo, um inóculo da bactéria *E. coli* que foi introduzido em um meio nutritivo adequado. O tempo de geração, ou seja, o intervalo de tempo necessário para que uma célula se duplique, foi medido durante a fase de crescimento exponencial e durante a fase estacionária.

Observe os gráficos abaixo:

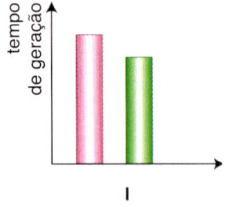
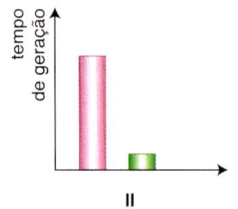
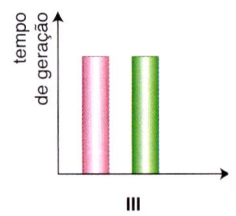
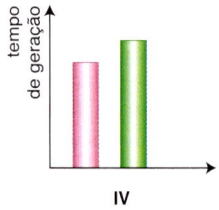
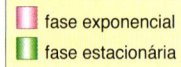

O resultado desse experimento, em relação à influência de fatores ambientais no crescimento bacteriano, está representado pelo gráfico de número:

a) I
b) II
c) III
d) IV

7. (UFLA – MG) As bactérias apresentam os mecanismos de transferência de genes, transformação, transdução e conjugação, que aumentam a diversidade genética. Com relação a esses processos, assinale a afirmativa **CORRETA**.

a) A transdução consiste na transferência de fragmentos de DNA diretamente de uma bactéria doadora para uma receptora.
b) A conjugação ocorre pela transferência de fragmentos de DNA de uma bactéria para outra por meio de vírus (bacteriófagos).
c) A transformação bacteriana se dá pela absorção de fragmentos de DNA que estão dispersos no ambiente, provenientes de bactérias mortas e decompostas.
d) A transdução é um processo em que o material genético é transferido através de um canal que conecta duas bactérias denominado "pelo sexual" ou "pili".

8. (UFTM – MG) Pode-se afirmar que os antibióticos

a) tornam as bactérias menos resistentes com o tempo, e as vacinas atuam na produção de eritrócitos específicos para várias doenças causadas por diferentes microrganismos patogênicos.
b) atuam direta e somente sobre as bactérias, possuindo ação bactericida, e as vacinas estimulam a produção de anticorpos específicos que tornam uma pessoa imune à ação de microrganismos patogênicos.
c) atuam diretamente sobre vírus e bactérias, sendo específicos para as reações em que há participação de ribossomos, impedindo a sua reprodução, e as vacinas estimulam a produção de leucócitos específicos que tornam uma pessoa imune à ação de microrganismos patogênicos.
d) atuam direta e somente sobre as bactérias, sendo apenas bactericidas, e as vacinas contêm os anticorpos específicos que vão neutralizar e desencadear a lise celular de diversos microrganismos patogênicos.
e) estimulam a produção de anticorpos específicos que tornam uma pessoa imune à ação de bactérias patogênicas, e as vacinas estimulam a formação de linfócitos específicos a diversas patologias.

9. (UFU – MG) A produção e o uso de antibióticos representou um avanço da ciência no controle de doenças bacterianas. Entretanto, ainda são observados, no Brasil, altos índices de doenças provocadas por bactérias, como pneumonia e tuberculose, por exemplo. Muitas vezes, após serem administrados diferentes antibióticos nas mais variadas doses, ainda são encontradas bactérias resistentes.

Assinale a alternativa que justifica corretamente a resistência de bactérias e antibióticos.

a) O uso indiscriminado de antibióticos provoca mutações nas bactérias.
b) Os antibióticos selecionam as bactérias resistentes.
c) Os antibióticos levam à formação de bactérias resistentes.
d) As bactérias se acostumam aos antibióticos.

10. (UFMS) Assinale a(s) alternativa(s) que indica(m) doenças, nos seres humanos, causadas por bactérias. Dê como resposta a soma das alternativas assinaladas.

(01) Rubéola e catapora.
(02) Cólera e botulismo.
(04) Febre tifoide e difteria.
(08) Mononucleose e poliomielite.
(16) Sífilis e hanseníase.
(32) Dengue e febre amarela.

11. (UFJF – MG) A Diretoria de Vigilância Sanitária de Santa Catarina informou que estão confirmados 242 casos de leptospirose nos municípios atingidos pelas enchentes provocadas pelas chuvas no estado (http://ultimosegundo.ig.com.br), divulgado em 21/12/2008). A leptospirose é uma doença infecciosa causada por um(a):

a) bactéria presente na urina do rato.
b) vírus existente na urina do rato.
c) protozoário presente na urina do rato.
d) helminto existente na urina do rato.
e) fungo presente na urina do rato.

12. (UFPR) Doenças e agentes infecciosos sexualmente transmissíveis, como Herpes, HIV, HPV, Sífilis e Gonorreia, são frequentes na população. Sobre seus agentes etiológicos e características das doenças, é correto afirmar que o

a) papilomavírus humano (HPV) invade tecidos de revestimento (pele e mucosas) levando à formação de lesões

decorrentes do crescimento celular irregular, formando verrugas genitais, que podem levar ao câncer de colo de útero.
b) vírus de herpes, membro da família de vírus conhecida como Retroviridae (retrovírus), apresenta longo período de incubação, produz infecção das células do sangue e do sistema nervoso e supressão do sistema imunológico.
c) *Treponema pallidum* pode infectar tanto a mucosa oral quanto a genital, lesionando células epiteliais e fibroplastos, ou pode tornar-se latente em neurônios, desenvolvendo ciclos de infecção quando o indivíduo passa por estresse fisiológico, febre, exposição excessiva ao sol.
d) vírus da imunodeficiência humana (HIV) invade submucosas e pode passar por um curto período de incubação até o início dos primeiros sinais e sintomas, caracterizados por pequena ulceração firme e dura que ocorre no ponto de invasão do agente, geralmente na área genital ou na boca.
e) *Neisseria gonorrhoeae* invade tanto o sistema urinário quanto o reprodutor, pode se disseminar através da circulação, afetando principalmente a pele, as articulações, o cérebro, as válvulas cardíacas, a faringe e os olhos.

13. (MACKENZIE – SP) Gripe aviária, febre maculosa e dengue são algumas doenças que têm preocupado o homem ultimamente. A respeito delas, é correto afirmar que:
a) duas são transmitidas por insetos.
b) apenas uma é causada por vírus.
c) apenas uma é transmitida ao homem por um ácaro.
d) duas são causadas por bactérias.
e) duas são causadas por vírus e uma por protozoário.

14. (UNESP) Considere os dois textos seguintes.

Confirmadas mais mortes por febre maculosa no Estado de São Paulo. O IBAMA autorizou pesquisadores a capturar e abater capivaras. Esses animais serão utilizados em estudos sobre a febre maculosa. A capivara é um dos principais hospedeiros do carrapato-estrela, transmissor da doença. Os pesquisadores querem descobrir por que as capivaras não morrem ao serem picadas pelo inseto.

Na região nordeste dos Estados Unidos, o carrapato-dos-cervos transmite a doença de Lyme ao homem. Depois que o minúsculo carrapato *Ixodes* suga o sangue de um animal infectado, a bactéria se aloja permanentemente no corpo do inseto. Quando o carrapato mais tarde pica outro animal ou uma pessoa, ele pode transmitir a bactéria para a corrente sanguínea da vítima. O principal reservatório local da bactéria causadora dessa doença é um rato silvestre (*Peromyscus leucopus*). O roedor também é hospedeiro de carrapatos.

Sobre essas doenças e quanto às informações apresentadas nos textos, pode-se afirmar que

a) o agente causador de ambas as doenças é uma bactéria que pode se alojar em roedores silvestres, no caso brasileiro, a capivara.
b) os agentes causadores de ambas as doenças são os carrapatos, corretamente classificados nos textos como insetos.
c) os agentes causadores de ambas as doenças são os carrapatos, erroneamente classificados nos textos como insetos.
d) o agente causador da febre maculosa é um vírus e o da doença de Lyme, uma bactéria, ambos transmitidos ao homem por carrapatos.
e) os agentes causadores de ambas as doenças são vírus, o que indica uma informação incorreta apresentada no segundo texto.

Questões dissertativas

1. (UFABC – SP) Os desenhos representam microrganismos que apresentam características específicas e conseguem se reproduzir de modo peculiar. Analise-os e, em seguida, responda:
a) Quais tipos de microrganismos estão representados pelas letras X e Z, respectivamente?
b) O microrganismo X pode parasitar e destruir o microrganismo Z. Explique como isso pode ocorrer.

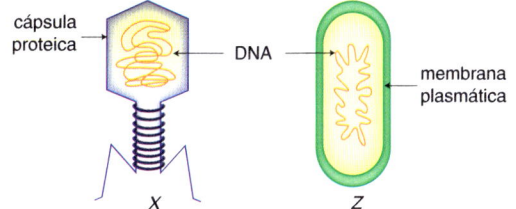

2. (UFRJ) Os gráficos a seguir apresentam o crescimento de uma espécie de bactéria e de um vírus bacteriófago em ciclo lítico, ambos em ambientes sem limitação de recursos.

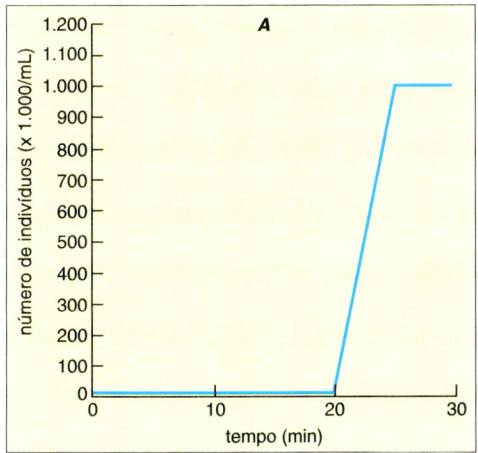
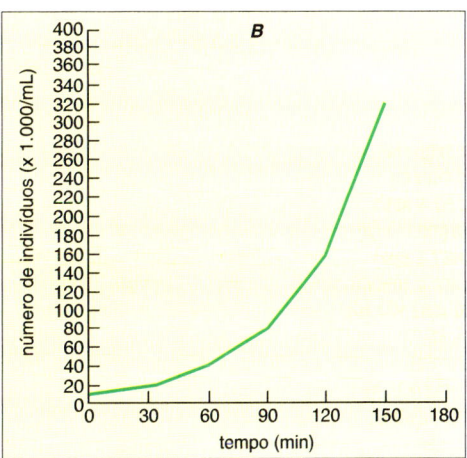

Identifique qual gráfico (A ou B) representa o crescimento das bactérias e qual representa o crescimento dos bacteriófagos. Justifique sua resposta.

3. (UNICAMP – SP) Doenças graves como o botulismo, a lepra, a meningite, o tétano e a febre maculosa são causadas por bactérias. As bactérias, no entanto, podem ser úteis em tecnologias que empregam a manipulação de DNA, funcionando como verdadeiras "fábricas" de medicamentos como a insulina.

a) Explique como a bactéria pode ser utilizada para a produção de medicamentos.
b) O botulismo e o tétano decorrem da ação de toxinas produzidas por bactérias que são adquiridas de diferentes formas pelos seres humanos. Como pode ocorrer a contaminação por essas bactérias?

4. (UFBA) A figura ilustra mecanismos moleculares de resistência bacteriana a antibióticos, a saber:

a) o recrutamento de uma enzima que destrói ou incapacita a droga;
b) o uso de uma bomba no envoltório celular que expulsa a droga antes que ela aja;
c) a substituição da proteína-alvo da droga por uma versão que a droga não reconhece.

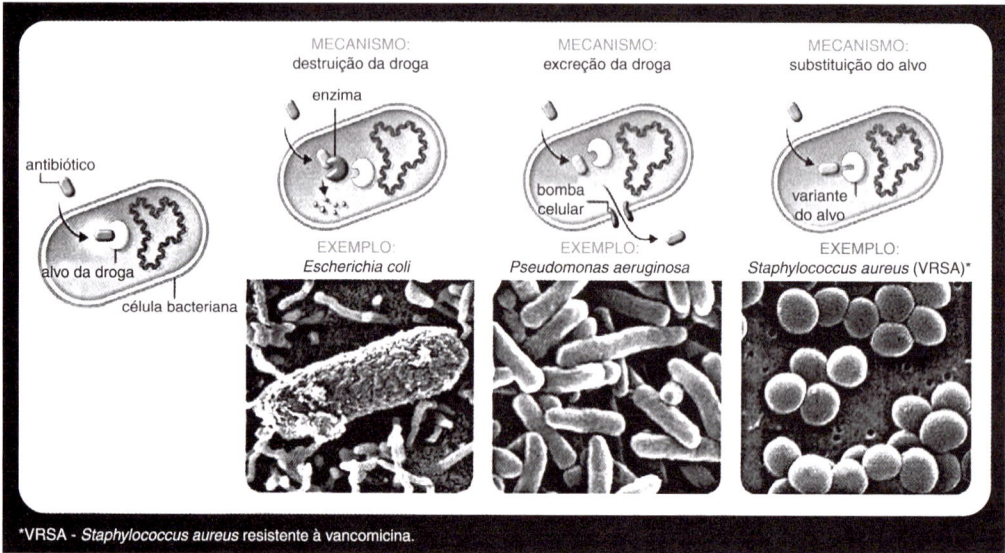

A partir da análise das informações, explique a resistência bacteriana e antibióticos, relacionando-a à estratégia reprodutiva do grupo.

5. (UFG – GO) Os gráficos abaixo representam o efeito inibitório de dois antibióticos (I e II) sobre a síntese proteica em culturas de *Staphylococcus aureus*. As setas nos gráficos indicam o momento em que foram administrados os antibióticos nas culturas.

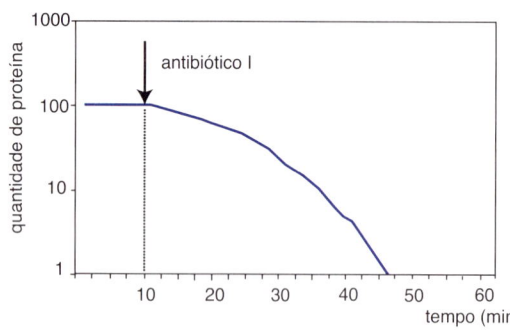
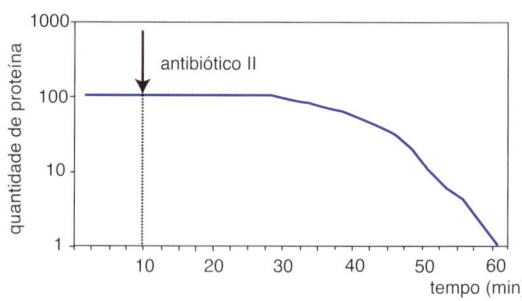

Com base nos gráficos, explique a atuação dos antibióticos I e II sobre a síntese proteica.

Programa de avaliação seriada

1. (PISM – UFJF – MG) Antibióticos do grupo das penicilinas têm sido usados no combate às doenças bacterianas. Sobre as bactérias, é **CORRETO** afirmar que são classificadas como:

a) procariontes, pois não possuem parede celular.
b) eucariontes, devido à presença de carioteca (envoltório nuclear).
c) eucariontes, porque fazem respiração celular.
d) procariontes, pois não possuem sistema de endomembranas.
e) eucariontes, devido à ausência de citoesqueleto.

Capítulo 16
O reino Protoctista (Protista)

Os perigos da toxoplasmose na gravidez

Talvez pouco conhecida da população em geral, a toxoplasmose é uma doença infecciosa causada por um protozoário conhecido como *Toxoplasma gondii*. Por ter os gatos como hospedeiros principais, seu nome mais popular é "doença dos gatos".

Em muitos casos, para a grande maioria das pessoas, contrair a toxoplasmose não apresenta maiores problemas. Na verdade, muitas podem nem se dar conta que já tiveram a doença, afinal seus sintomas são inespecíficos e podem ser confundidos com os de uma gripe. Somente nos casos mais sérios é que aparecem gânglios e febre, mas que podem regredir depois de algumas semanas.

O problema principal é que a toxoplasmose pode ter implicações graves para o feto durante a gestação, como diversas malformações e até morte fetal e abortamento. Por isso, a realização do exame de toxoplasmose faz parte dos exames de rotina que devem ser realizados durante o pré-natal.

Vale lembrar que as complicações para o feto variam de acordo com o estádio da gravidez. Quanto mais para o final da gestação, maior o risco de transmissão para o feto, mas menor a gravidade da doença e as complicações para a criança.

Toxoplasma gondii e outros protozários serão o tema deste nosso capítulo.

A complexidade da célula eucariótica de um protozoário é tão grande, que ela – sozinha – executa todas as funções que tecidos, órgãos e sistemas realizam em um ser pluricelular complexo.

Locomoção, respiração, excreção, controle hídrico, reprodução e relacionamento com o ambiente, tudo é executado pela única célula, que conta com algumas estruturas capazes de realizar alguns desses papéis específicos, como em um organismo pluricelular (veja a Figura 16-1).

Muitos protozoários vivem livremente na natureza. Alguns, porém, associam-se a outros seres vivos. Dentre estes, muitos adotam a vida **parasitária**, enquanto outros vivem em uma relação de simbiose, atuando como **mutualistas** (benefício para ambos) ou como **comensais** (benefício apenas para o protozoário, sem prejuízo para o hospedeiro).

Figura 16-1. Em um protozoário, todas as atividades vitais são executadas pela única célula.

TIPOS DE PROTOZOÁRIO

Dentre os protozoários mais conhecidos estão as amebas, os tripanossomos, os paramécios e os plasmódios, causadores da malária. Cada um é representante de uma categoria de protozoários em função do mecanismo de locomoção que apresentam (veja Tabela 16-1 e Figura 16-2).

Tabela 16-1. Classes dos protozoários e seu mecanismo de locomoção.

Classe	Mecanismo de locomoção	Exemplo
Rizópodes (ou sarcodíneos)	Pseudópodes.	Ameba.
Flagelados	Flagelos.	Tripanossomo.
Ciliados	Cílios.	Paramécio.
Apicomplexos (esporozoários)	Ausente.	Plasmódio.

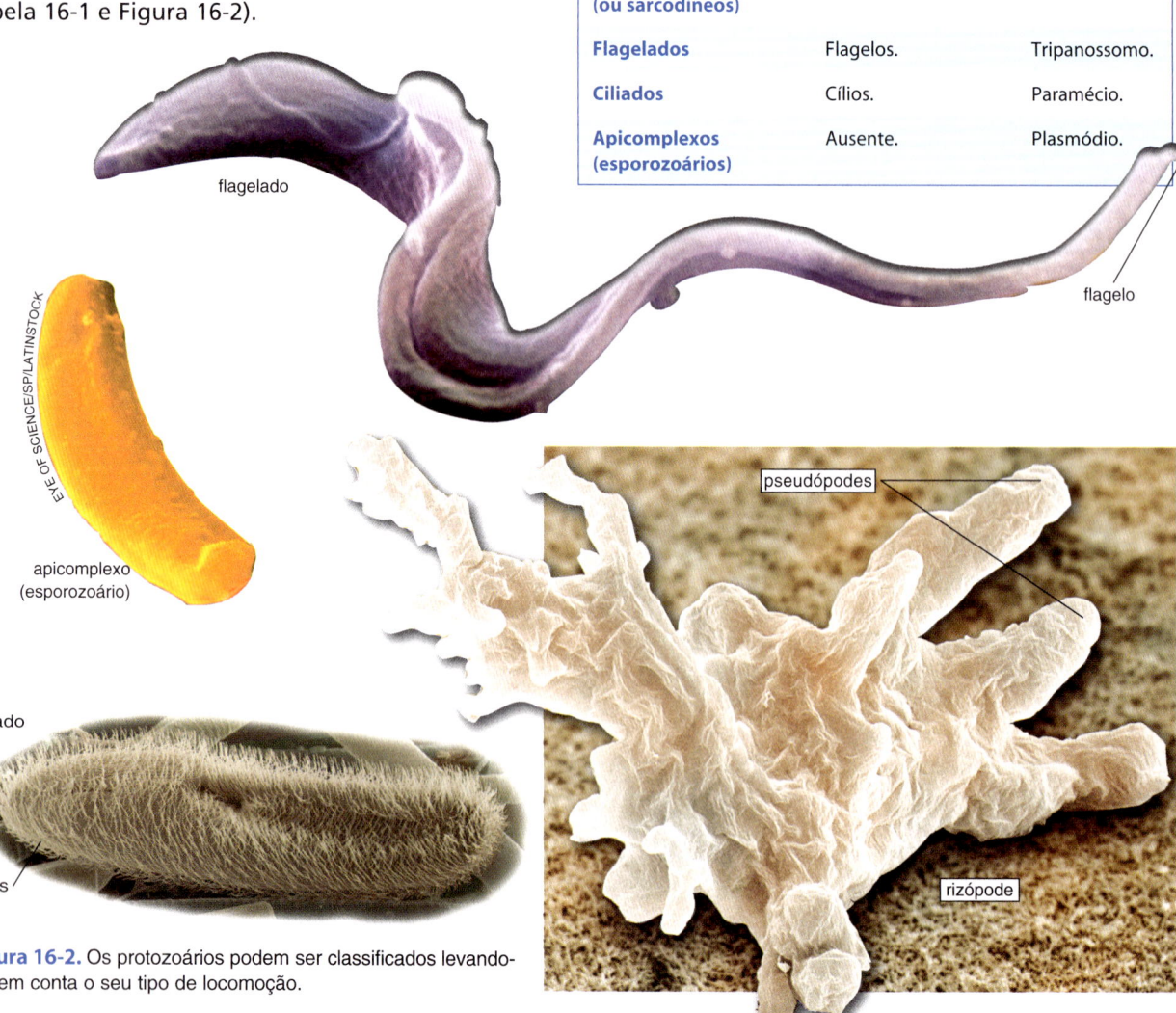

Figura 16-2. Os protozoários podem ser classificados levando-se em conta o seu tipo de locomoção.

Rizópodes: Os Protozoários mais Simples

Amebas são protozoários muito simples e servem como introdução ao estudo dos rizópodes. As de vida livre são aquáticas e podem ser facilmente encontradas e coletadas junto às folhagens velhas ou sobre o lodo de lagoas. Embora muito pequenas, algumas delas podem ser vistas a olho nu, movimentando-se muito lentamente no fundo do recipiente de coleta.

Uma organela chama a atenção do observador mais atento: o **vacúolo pulsátil**, também chamado de *vacúolo contrátil* que atua como uma "bombinha", que se contrai e se relaxa (veja a Figura 16-3).

Sua função é regular o conteúdo de água que penetra nas amebas que vivem na água doce. Como nesses organismos o citoplasma é mais concentrado do que a água circundante, há um fluxo contínuo de água, por osmose, para o interior da célula. É preciso, então, remover o excesso de água. Essa função osmorreguladora é executada com eficiência pelo vacúolo pulsátil (pode haver mais de um).

> Por possuírem mecanismo de locomoção dependente da formação de pseudópodes (= falsos pés), as amebas são classificadas como rizópodes. É um termo originado do grego, onde *rizo* = raiz e *podos* = pés ("pés em forma de raiz").

> Em amebas que vivem no mar não se constata a presença de vacúolos pulsáteis. O motivo é simples: a concentração do citoplasma é a mesma do meio circundante. Colocadas em água doce, porém, essas amebas formam vacúolos pulsáteis.

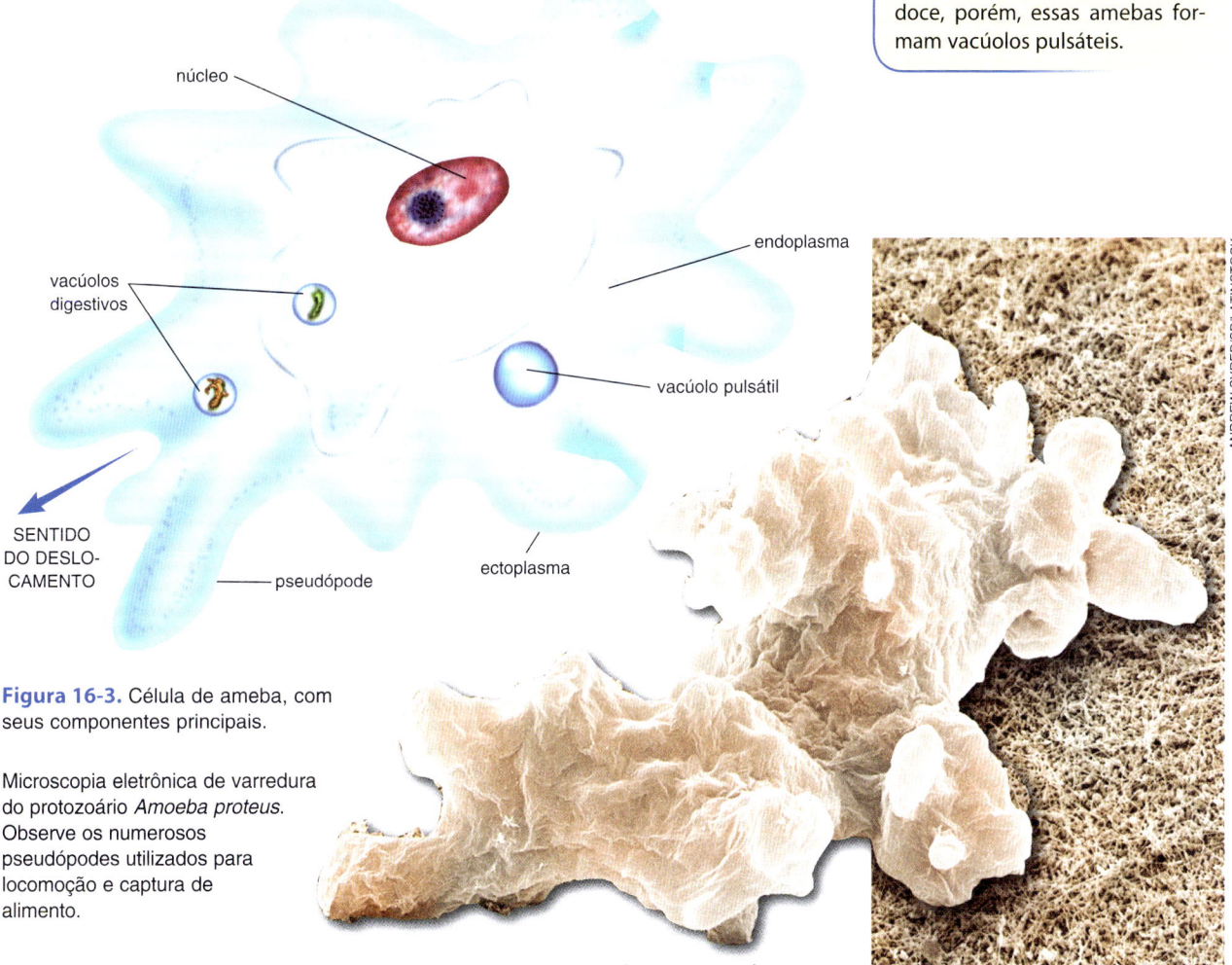

Figura 16-3. Célula de ameba, com seus componentes principais.

Microscopia eletrônica de varredura do protozoário *Amoeba proteus*. Observe os numerosos pseudópodes utilizados para locomoção e captura de alimento.

A ameba locomove-se muito lentamente por meio da emissão de **pseudópodes**. São projeções da célula, que se deforma toda, que encaminham a ameba para várias direções. Ao microscópio, nota-se que a célula de uma ameba é transparente, confundindo-se com uma partícula gelatinosa em movimento. À primeira vista, parece que a célula não possui nenhum envoltório. Na realidade, ele é tão delgado que realmente não é visível ao microscópio óptico. A microscopia eletrônica, porém, revelou a presença de uma película semelhante à membrana plasmática.

O citoplasma da ameba possui duas regiões bem diferenciadas. Uma periférica, mais viscosa, e outra interna, mais fluida, respectivamente, **ectoplasma** e **endoplasma**.

> Uma espécie de ameba, a *Entamoeba histolytica*, atua como parasita do tubo digestório do homem e provoca a doença conhecida por amebíase ou disenteria amebiana.

As amebas se alimentam por fagocitose

O mecanismo que leva à formação dos pseudópodes está hoje razoavelmente esclarecido: na região de formação de uma dessas projeções, a parte viscosa do citoplasma torna-se fluida, permitindo que o restante da célula flua nessa direção. Vários pseudópodes podem ser formados ao mesmo tempo, modificando constantemente a forma da ameba.

Os pseudópodes, na ameba, não servem apenas à locomoção. Também são utilizados para a captura de alimento: pequenas algas, bactérias, partículas soltas na água etc. Eles rodeiam o alimento e o englobam (veja a Figura 16-4).

O **vacúolo alimentar** formado (também chamado de *fagossomo*) une-se a lisossomos e se transforma em **vacúolo digestivo**. Inicia-se a digestão, a partir de enzimas lisossômicas que atuam em meio ácido. Progressivamente, o conteúdo do vacúolo digestivo torna-se alcalino, até completar-se a digestão.

Partículas digeridas atravessam a membrana do vacúolo, espalham-se pelo citoplasma e vão participar do metabolismo celular. Partículas residuais são expelidas da célula pela fusão da parede do vacúolo com a superfície da célula, em um processo inverso ao da fagocitose.

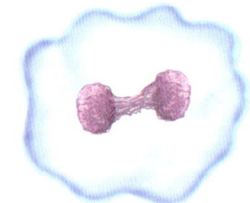

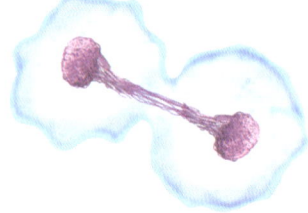

Figura 16-4. A alimentação da ameba envolve participação de pseudópodes e a formação de vacúolos digestivos.

A reprodução

A reprodução da ameba, de maneira geral, ocorre assexuadamente, por divisão binária (veja a Figura 16-5). Por um mecanismo semelhante à mitose, uma ameba se divide em duas, que passam a viver livremente como a ameba antecessora.

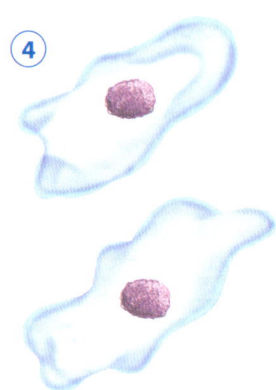

Figura 16-5. Ameba em divisão binária. A divisão da célula em duas ocorre por um processo semelhante à mitose.

Saiba mais

Existem protozoários com esqueleto

A ameba que acabamos de estudar não possui nenhum outro envoltório além da membrana que rodeia a célula. Existem, no entanto, outros rizópodes, dotados de carapaças que funcionam como esqueletos. Dentre estes, podemos citar os *foraminíferos* encontrados nos oceanos, cujo esqueleto é constituído de uma ou mais "lojas" calcárias com uma ou várias aberturas (do latim, *foramen* = orifício; e do grego, *ferre* = portador de).

São protozoários muito antigos, que existem desde o período Pré-cambriano. Quando morrem, seus esqueletos afundam e passam a compor os sedimentos oceânicos.

Os foraminíferos são protozoários marinhos com carapaças de diferentes formatos. Na foto, microscopia eletrônica de varredura do protozoário *Elphidium crispum*.

Flagelados: Mais Rápidos que as Amebas

Muitos protozoários flagelados vivem como parasitas no organismo de animais, neles causando diversos tipos de moléstias. O *Trypanosoma cruzi*, causador da doença de Chagas, é um deles. Sua célula é alongada, dotada de um flagelo que se origina em uma das extremidades e que, antes de emergir da célula, provoca a formação de uma **membrana ondulante**. Próximo ao ponto de origem do flagelo, existe o **cinetoplasto**, organela que contém DNA, capaz de se autoduplicar e que fica incluído no interior de uma longa mitocôndria de formato irregular que se estende por toda a célula (veja a Figura 16-6(a)).

A forma acima descrita é encontrada nadando livremente no sangue de hospedeiros vertebrados. Reproduz-se por divisão binária e, ao atingir outros tecidos (por exemplo, o cardíaco), modifica-se e adquire forma esférica (veja a Figura 16-6(b)), não flagelada, provocando graves lesões no órgão afetado.

Entre as espécies parasitas, podemos citar:

- *Trypanosoma gambiense*, causador da doença do sono, comum na África e transmitida pela mosca tsé-tsé; e
- *Trypanosoma cruzi*, causador da doença de Chagas, comum em nosso país e na América do Sul e transmitida por percevejos popularmente conhecidos como barbeiros.
- *Leishmania braziliensis*, causadora da úlcera de Bauru ("ferida brava") e transmitida pelo mosquito-palha (birigui). Vive no interior das células da pele.

> No intestino dos cupins e das baratas que comem madeiras, existem flagelados. Essa convivência é pacífica e caracteriza uma associação em que ambos os participantes são beneficiados (**mutualismo**). A madeira ingerida pelos insetos é digerida por enzimas produzidas pelos flagelados. Ambos aproveitam os produtos da digestão.

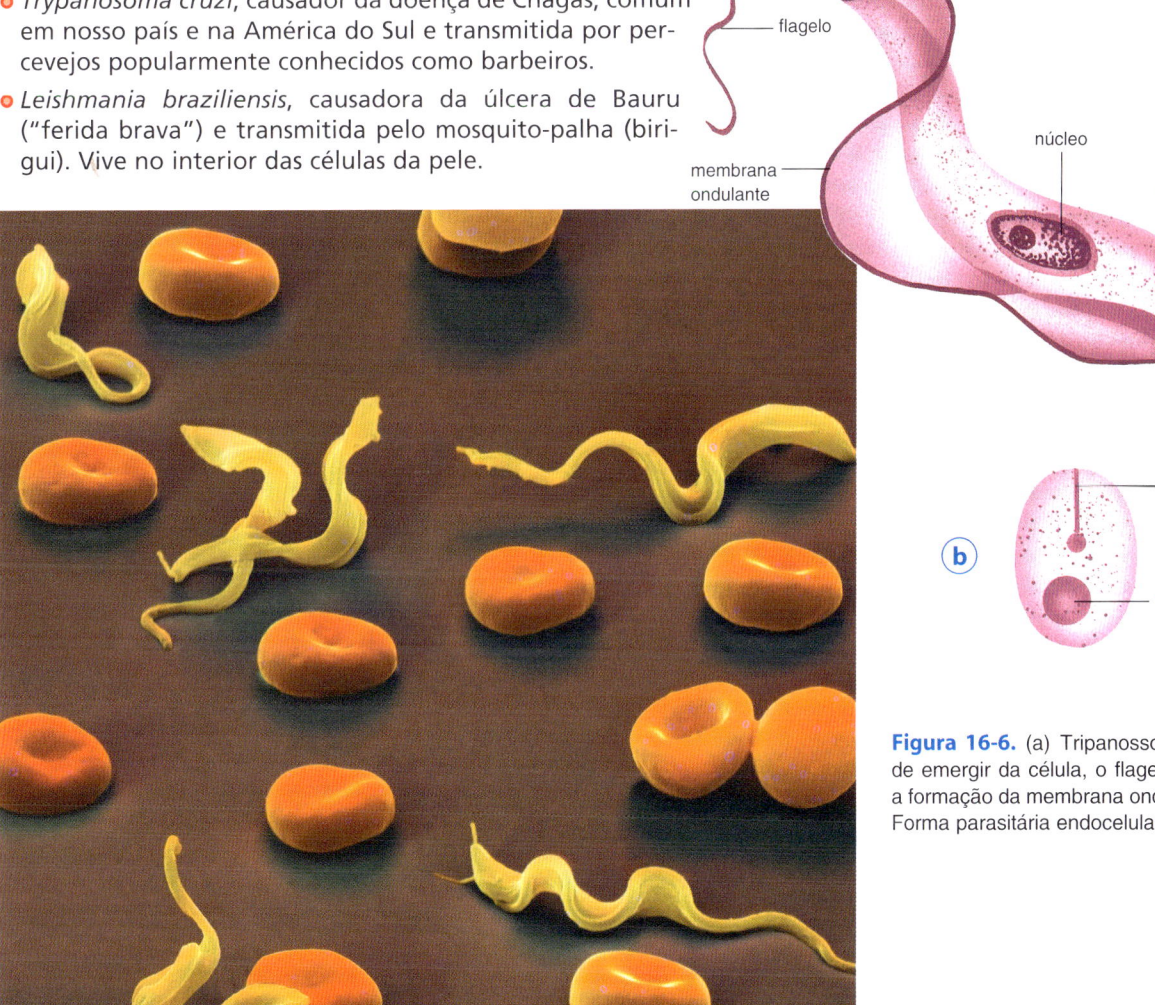

Figura 16-6. (a) Tripanossomo: antes de emergir da célula, o flagelo provoca a formação da membrana ondulante. (b) Forma parasitária endocelular imóvel.

Trypanosoma brucei, causador da doença do sono, próximo a glóbulo vermelho (ampliado 5.500 vezes), visto ao microscópio eletrônico de varredura.

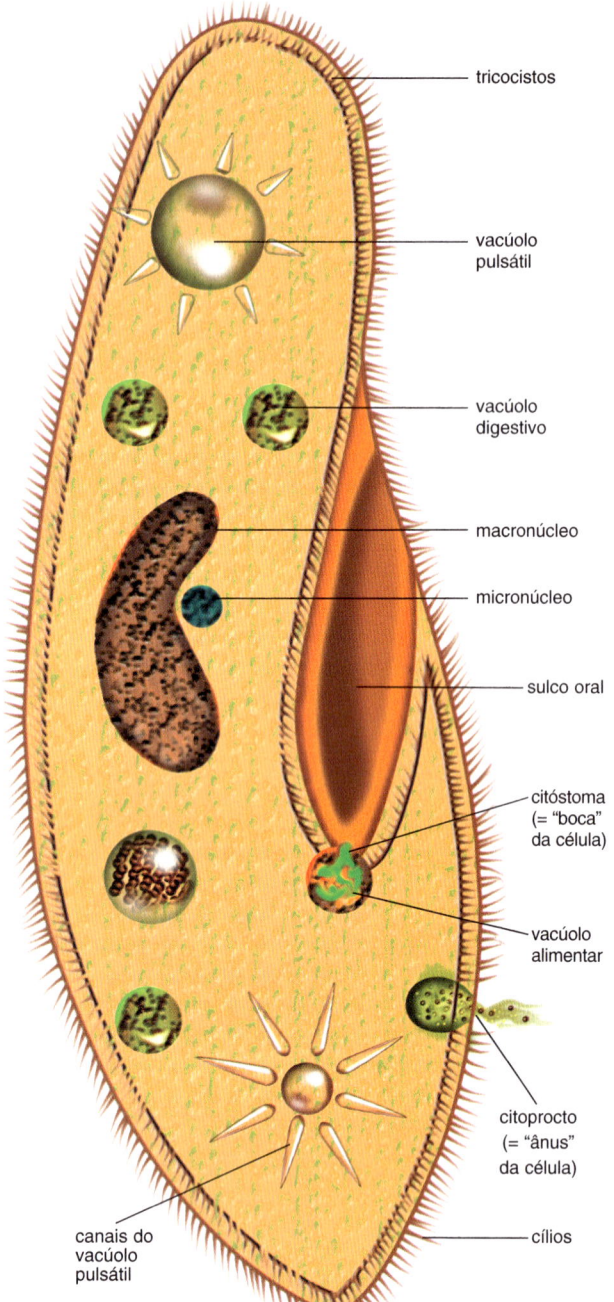

Figura 16-7. Esquema de paramécio com seus componentes principais.

Ciliados: os Protozoários mais Complexos

Os ciliados são, seguramente, os mais complexos protozoários conhecidos. Como exemplo, podemos fazer o estudo do paramécio, encontrado em lagoas de água parada e facilmente mantido em meios de cultura contendo água e grãos de arroz.

Os paramécios deslocam-se muito mais rapidamente que os flagelados e as amebas. A razão para isso é a existência de inúmeros cílios, que se projetam da parede do corpo e permitem o deslocamento em várias direções. A Figura 16-7 evidencia importantes modificações em relação aos flagelados:

- *dois vacúolos pulsáteis* funcionam alternadamente, efetuam a regulação osmótica e possivelmente a expulsão de toxinas. Cada vacúolo possui canais que recolhem a água celular, encaminhando-a para um reservatório que efetua a sua expulsão da célula;
- *dois núcleos*, sendo um maior, o **macronúcleo**, e outro menor, o **micronúcleo**. O primeiro possui função reguladora das atividades metabólicas do paramécio. O micronúcleo está relacionado à atividade reprodutiva e atua em um processo reprodutivo denominado conjugação, que será estudado mais adiante;
- uma verdadeira "*boca celular*" (citóstoma), localizada no fim de um sulco existente na região central da célula, forrado de cílios. O alimento, em geral bactérias ou partículas em suspensão, é encaminhado para a boca pelo batimento dos cílios. Formam-se vários vacúolos digestivos que circulam pela célula durante a digestão do alimento;
- a *expulsão dos restos alimentares* se dá por um orifício que se forma na membrana plasmática, quando um vacúolo contendo resíduos funde-se a ela. Localiza-se lateralmente e funciona como se fosse um ânus (poro anal ou *citoprocto*).

Trocas gasosas e excreção, como nos demais protozoários, ocorrem pela superfície da célula. A reprodução assexuada, como na ameba e na euglena, ocorre por divisão binária (veja a Figura 16-8).

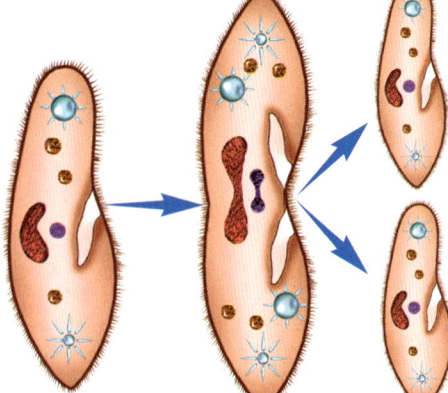

Figura 16-8. Divisão binária em paramécio.

A reprodução sexuada: conjugação

A conjugação é um tipo de reprodução sexuada que consiste na união temporária de dois paramécios, com troca de material genético micronuclear entre eles. É um processo complexo e que envolve vários passos, ao final dos quais surgem descendentes que apresentam grande variabilidade em relação aos progenitores (veja a Figura 16-9, que ilustra esse processo em *Paramecium caudatum*).

Fique por dentro!

Os ciliados são, na maioria, aquáticos, de vida livre. Pouquíssimas espécies são parasitas, ao contrário dos rizópodes, dos flagelados e dos esporozoários, que apresentam muitas espécies parasitas, principalmente do homem.

> ### Pense nisso
>
> #### O significado adaptativo da conjugação
>
> Qual o significado desse complexo processo de reprodução? Acredita-se que sirva como rejuvenescimento da espécie. A reprodução assexuada por divisão binária é um processo repetitivo que não envolve a ocorrência de variabilidade. Isso pode provocar o envelhecimento e a degeneração da população ao longo do tempo. A conjugação, por sua vez, envolve a ocorrência de *meiose* e de *fusão micronuclear*. Esse fato promove grande variabilidade e revigora a espécie, favorecendo seu ajuste constante ao meio.

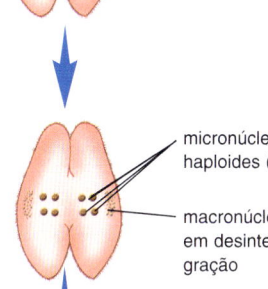

1. Os dois paramécios ficam praticamente "colados" pela região oral. — micronúcleo (2n)

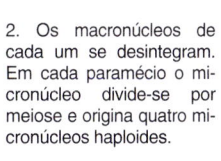

2. Os macronúcleos de cada um se desintegram. Em cada parâmecio o micronúcleo divide-se por meiose e origina quatro micronúcleos haploides. — micronúcleos haploides (n); macronúcleo em desintegração

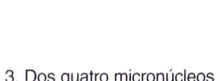

3. Dos quatro micronúcleos formados, três deles degeneram. — micronúcleo remanescente

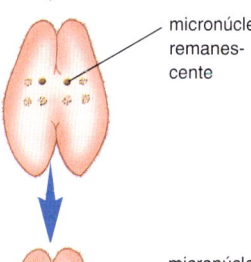

4. O micronúcleo remanescente divide-se por mitose e origina dois micronúcleos diferentes em tamanho: o maior é estacionário enquanto o outro (migrante) será transferido na conjugação. — micronúcleo migrante; micronúcleo estacionário

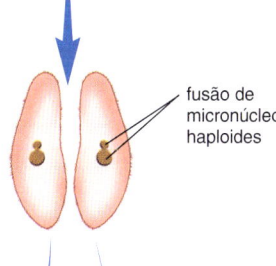

5. Os micronúcleos de cada paramécio se fundem e se forma um núcleo diploide (forma-se um núcleo zigótico). Logo após a fusão, os paramécios se separam e passam a ser conhecidos como exconjugantes. — fusão de micronúcleos haploides

6. Três mitoses sucessivas do micronúcleo diploide originam oito núcleos diploides em cada exconjugante.

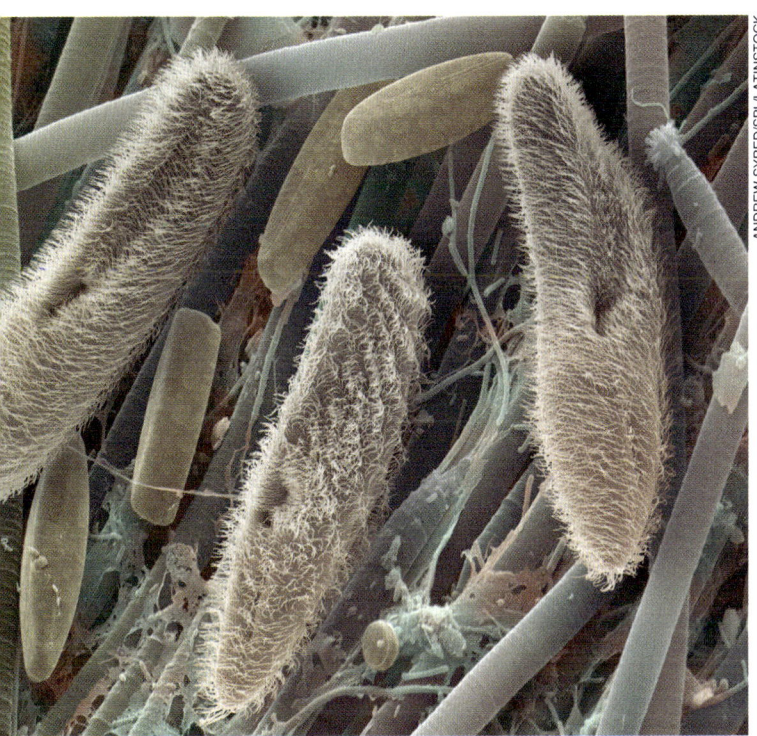

Micrografia eletrônica de varredura de três exemplares de *Paramecium sp.* sobre filamentos de alga. Observe os numerosos cílios que revestem o corpo dos protozoários.

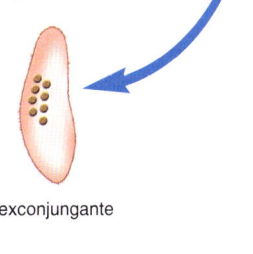
exconjungante

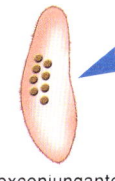
exconjungante

8. A seguir, cada exconjugante sofre duas divisões binárias, originando quatro paramécios geneticamente iguais. Cada um deles possui um macronúcleo e um micronúcleo.

7. Quatro dos micronúcleos transformam-se em macronúcleos. Dos outros quatro, três degeneram e o que restou passa a constituir um novo micronúcleo.

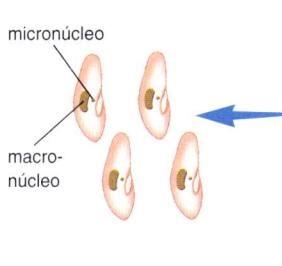
micronúcleo
macronúcleo

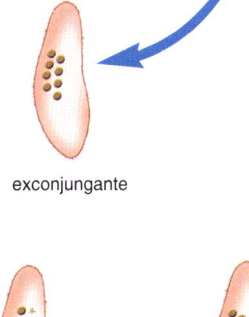
micronúcleos em desintegração
micronúcleo remanescente

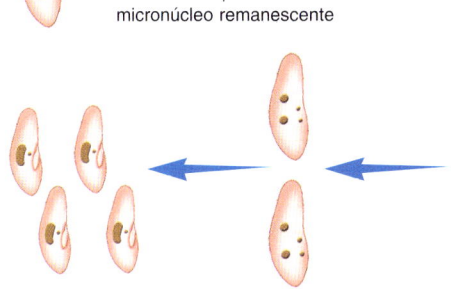

Figura 16-9. Conjugação em *Paramecium caudatum*. Ao final do processo, originam-se oito paramécios.

Apicomplexos (Esporozoários): Todos são Parasitas

Ao contrário dos demais protozoários já estudados, os apicomplexos não possuem organelas especializadas para locomoção. Todas as espécies dessa classe são parasitas. Como exemplo, podemos citar as *gregarinas*, esporozoários de alguns milímetros de comprimento que parasitam o tubo digestório de minhocas, baratas, besouros e piolhos-de-cobra.

Sem dúvida, os esporozoários mais importantes para o homem são as espécies de *plasmódios*, causadoras de malária.

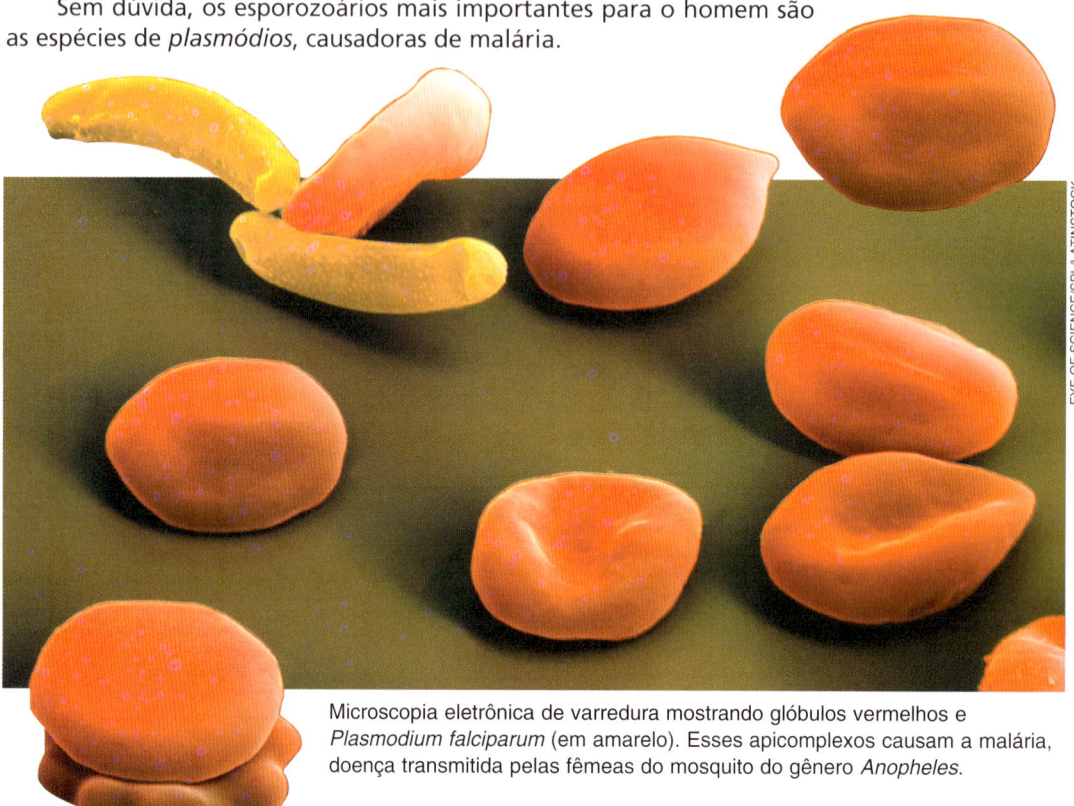

Microscopia eletrônica de varredura mostrando glóbulos vermelhos e *Plasmodium falciparum* (em amarelo). Esses apicomplexos causam a malária, doença transmitida pelas fêmeas do mosquito do gênero *Anopheles*.

DOENÇAS CAUSADAS POR PROTOZOÁRIOS

Doenças causadas por protozoários parasitas envolvem, basicamente, dois locais de parasitismo: o sangue e o tubo digestório (veja Tabela 16-2). No entanto, a pele, o coração, os órgãos do sistema genital e o sistema linfático também constituem locais em que os parasitas podem se instalar. Essas doenças envolvem, em seu ciclo, hospedeiros, isto é, organismos vivos em que os parasitas se desenvolvem.

Tabela 16-2. Parasitoses mais frequentes no Brasil causadas por protozoários.

Parasitose	Nome	Causador
Sanguínea	Malária.	*Plasmodium sp.*
	Doença de Chagas.	*Trypanosoma cruzi.*
Intestinal	Amebíase.	*Entamoeba histolytica.*
	Giardíase.	*Giardia lamblia.*
Da pele e mucosas	Leishmaniose.	*Leishmania braziliensis.*
Das vias genitais	Tricomoníase.	*Trichomonas vaginalis.*
Diversos tecidos e órgãos	Toxoplasmose.	*Toxoplasma gondii.*

Caso o agente parasitário utilize dois hospedeiros para completar seu ciclo de vida, considera-se como **hospedeiro definitivo** aquele no qual o parasita se reproduz *sexuadamente*. **Hospedeiro intermediário** é aquele no qual o parasita se reproduz *assexuadamente*.

Quase sempre o homem atua como hospedeiro definitivo; na malária, no entanto, a reprodução *sexuada* dos parasitas ocorre nos pernilongos que são, então, considerados hospedeiros definitivos, sendo o homem o hospedeiro intermediário.

Malária

Causadores: *Plasmodium vivax, Plasmodium malariae, Plasmodium falciparum, Plasmodium ovale.*

Hospedeiro definitivo (invertebrado): mosquitos do gênero *Anopheles*. Só as fêmeas sugam sangue humano e podem atuar como transmissoras dos parasitas. Os machos se alimentam de seiva vegetal. O sangue humano contém nutrientes essenciais para a maturação e fertilidade das fêmeas desses insetos.

Hospedeiro intermediário (vertebrado): homem.

Locais de parasitismo: glóbulos vermelhos do sangue, fígado e baço.

> Desde a década de 1970, a substância artemisina tem sido utilizada contra os plasmódios causadores da malária. Essa substância é derivada da planta chinesa *qinghao* (*Artemisia annua*) e constitui um recurso poderoso à crescente resistência dos plasmódios aos derivados de quinino, habitualmente utilizados no tratamento e na prevenção da doença.

CICLO DA MALÁRIA

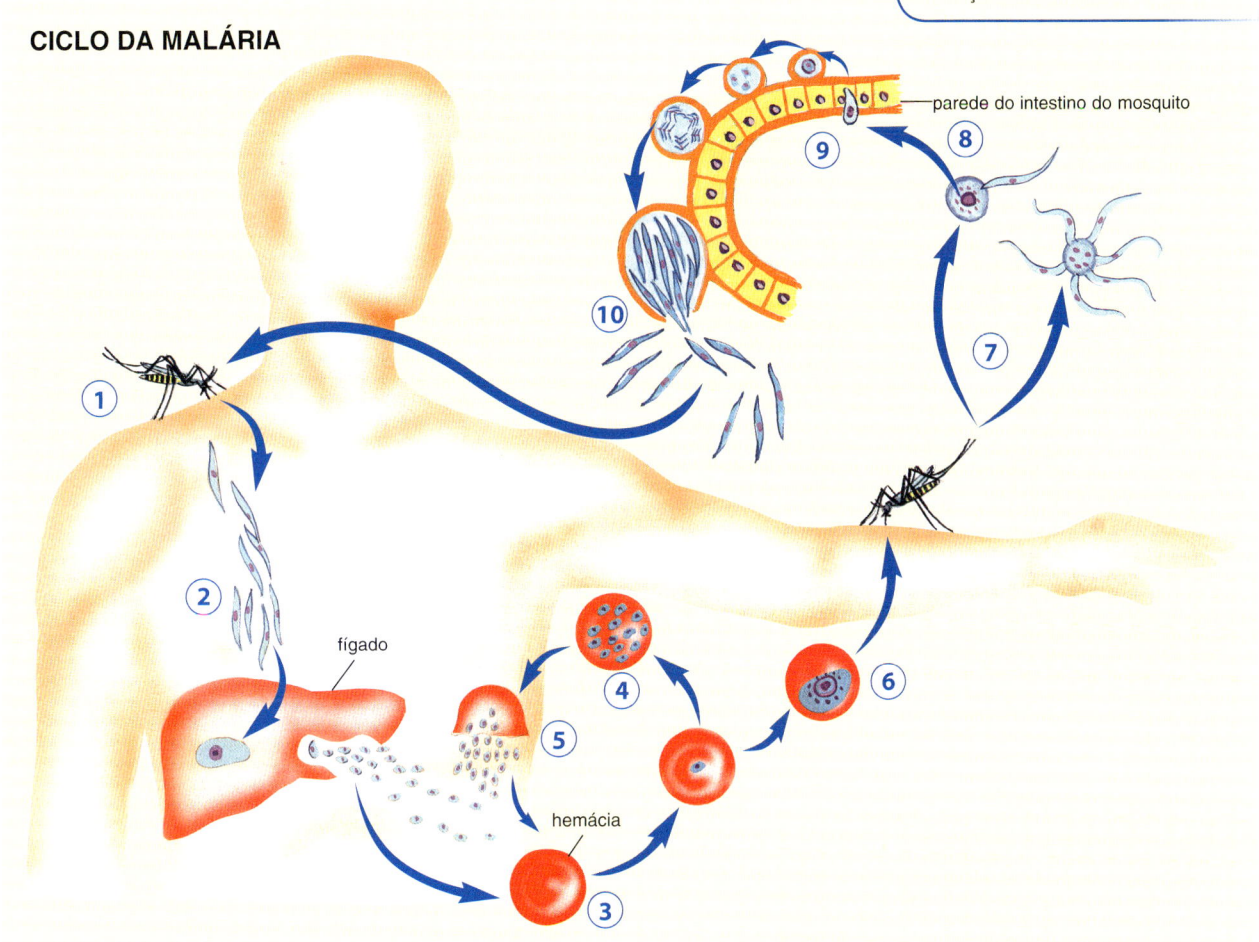

1. **No homem**: por ocasião da picada do pernilongo, formas infectantes do parasita, conhecidas como **esporozoítos**, abandonam as glândulas salivares do inseto e invadem o organismo humano.
2. Dirigem-se, pelo sangue, às células do fígado, onde se multiplicam.
3. A seguir, abandonam o fígado e se espalham pelo sangue, invadindo glóbulos vermelhos.
4. Em cada glóbulo vermelho, consomem a hemoglobina, sendo então chamados de **trofozoítos**. Por um processo de reprodução assexuada múltipla (conhecido como **esquizogonia**) cada trofozoíto dá origem a cerca de 36 células-filhas chamadas de **merozoítos**.
5. Esses merozoítos provocam a ruptura do glóbulo vermelho, ficam livres no sangue e invadem novos glóbulos vermelhos. Nova reprodução múltipla ocorre e o ciclo se repete.
6. Após alguns ciclos de esquizogonia nas hemácias humanas, certos merozoítos transformam-se em células sexuais, os **gametócitos**; porém, não formam gametas no organismo humano.
7. **No pernilongo**: sugadas por um *Anopheles* fêmea, hemácias contendo gametócitos chegam ao tubo digestório do inseto. Os gametócitos femininos (macrogametócitos) crescem e se transformam em megagametas. Cada gametócito masculino (microgametócito) divide-se e origina de 6 a 8 microgametas, com forma de espermatozoide.
8. As fecundações ocorrem no tubo digestório do inseto, caracterizando-o, assim, como hospedeiro definitivo do ciclo vital do plasmódio.
9. Os zigotos formados penetram na parede intestinal e se encistam. Dentro de cada cisto ocorre uma reprodução múltipla (a **esporogonia**), com formação de milhares de esporozoítos.
10. Os esporozoítos arrebentam a parede do cisto e migram em direção às glândulas salivares do inseto. Ali permanecem até que o inseto os introduza, por meio de uma picada, no corpo de outra pessoa para, assim, darem continuidade ao ciclo vital da espécie. A duração do ciclo no mosquito é de 7 a 19 dias, após os quais o pernilongo é capaz de inocular esporozoítos na próxima vítima.

Prevenção da malária

- Controle dos insetos transmissores adultos, com utilização de inseticidas não agressivos ao meio ambiente ou de controle biológico (incentivo ao emprego de inimigos naturais dos insetos transmissores).
- Controle das larvas dos pernilongos, que se desenvolvem em meio aquático doce. Para isso, deve-se evitar água parada em vasos de plantas, pneus vazios ou qualquer objeto que sirva de depósito de água.
- Tratamento adequado da água de piscina.
- Utilização de telas (mosquiteiros) nas janelas de residências para impedir o ingresso de pernilongos.
- Não exposição nos horários em que os pernilongos são mais ativos, principalmente ao amanhecer e ao entardecer.
- Utilização de medicamentos antimaláricos quando se precisa viajar para regiões endêmicas, além do uso de repelentes, quando necessário.

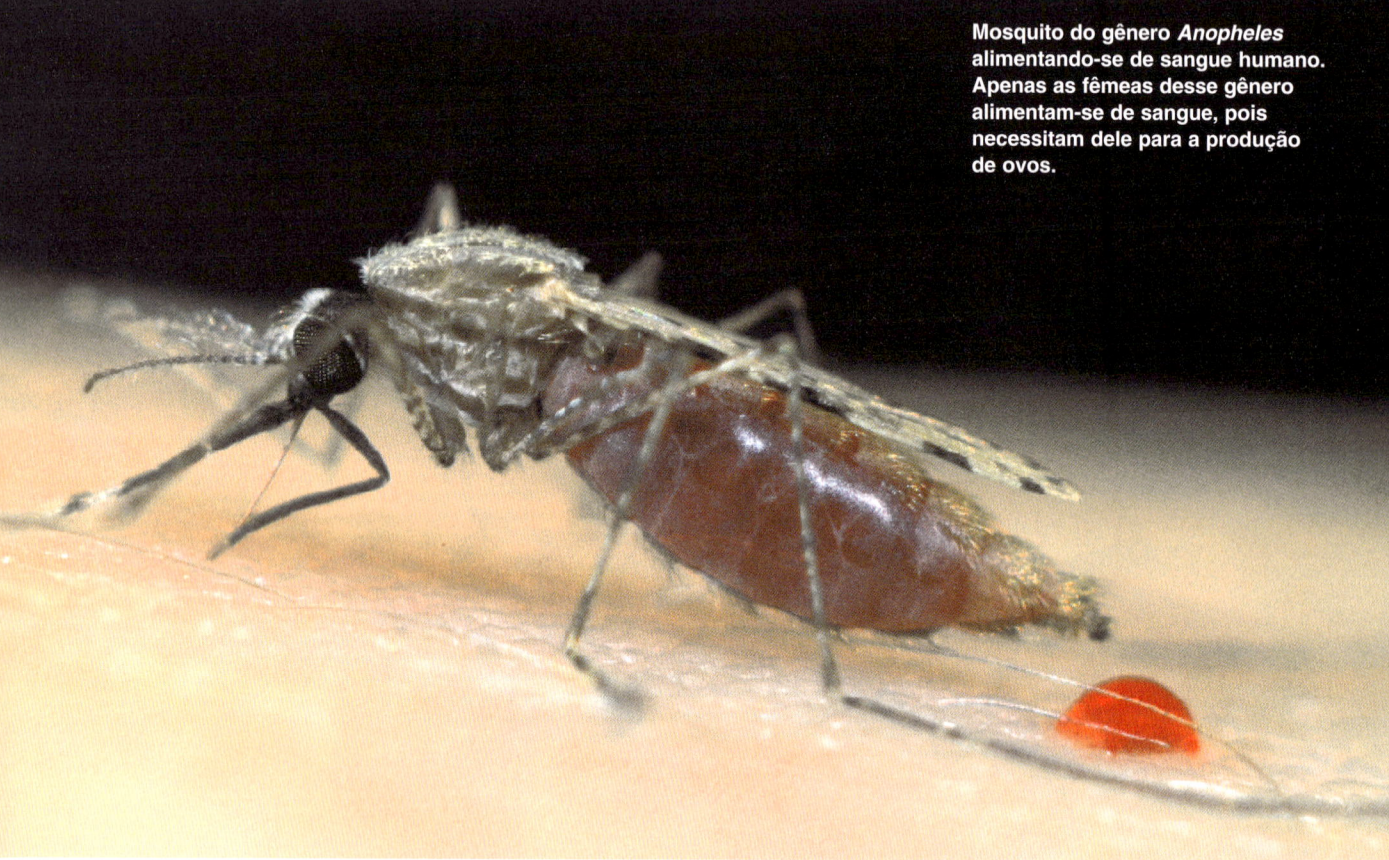

Mosquito do gênero *Anopheles* alimentando-se de sangue humano. Apenas as fêmeas desse gênero alimentam-se de sangue, pois necessitam dele para a produção de ovos.

SINCLAIR STAMMERS/SPL/LATINSTOCK

Saiba mais

Terçã e quartã

Alguns dias após os ciclos de reprodução múltipla, a quantidade de parasitas da malária é tão grande que as toxinas liberadas no sangue, com a ruptura das hemácias, provocam episódios de febre alta, com calafrios. Cessando a febre, novos ciclos irão ocorrer, dependendo da espécie de plasmódio que invadiu o organismo:

- no **P. vivax**, o ciclo se repete a cada 48 horas e a malária é conhecida como terçã benigna (ciclos a cada três dias sem afetar o sistema nervoso);
- o **P. malariae** provoca ciclos a cada 72 horas e a malária, nesse caso, é conhecida como quartã (ciclos a cada quatro dias);
- na malária terçã maligna, provocada pelo **P. falciparum**, o ciclo é de 36 a 48 horas. Esta malária é assim chamada porque os glóbulos vermelhos infectados aderem uns aos outros e ao endotélio dos vasos, obstruindo capilares sanguíneos e comprometendo a circulação encefálica. Coma e morte, se não diagnosticada e tratada a tempo;
- na espécie **P. ovale**, o ciclo dura 48 horas, os sintomas são leves e a infecção, de modo geral, termina após 15 dias.

Amebíase

Causador: *Entamoeba histolytica*.
Hospedeiro definitivo (vertebrado): homem.
Hospedeiro intermediário (invertebrado): não há.
Local do parasitismo: intestino grosso. Podem, também, ser afetados o fígado, os pulmões e o cérebro.

CICLO DA AMEBÍASE

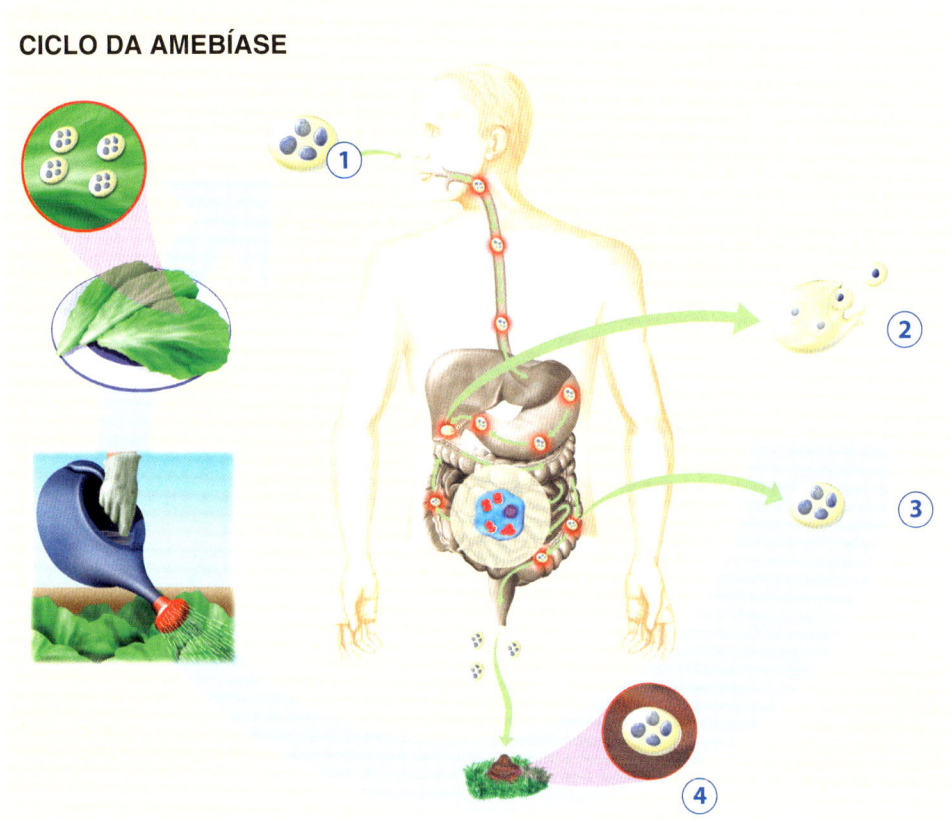

1. A ingestão de água ou alimentos (frutas e verduras) contaminados pode introduzir cistos de amebas no tubo digestiório humano.
2. Atingindo o intestino grosso, cada cisto se rompe, liberando quatro amebas. Cada uma delas permanece no estado vegetativo, conhecido como **trofozoíto**, desloca-se com pseudópodes, fagocita bactérias e restos alimentares existentes nas fezes e, eventualmente, hemácias obtidas de lesões efetuadas na parede intestinal.
3. Antes de ser eliminada do intestino, cada ameba sintetiza um envoltório proteico altamente resistente e passa a constituir um **cisto**, dentro do qual permanece em repouso metabólico. Ao mesmo tempo, o núcleo divide-se duas vezes, formando-se quatro núcleos, característicos de cistos tetranucleados da *Entamoeba histolytica*.
4. Eliminados com as fezes, os cistos atingem a água de consumo e diversos alimentos utilizados pelo homem, contaminando-os.

Prevenção da amebíase

- Construção de uma rede de esgotos adequada, que possa destinar as fezes para lugar seguro.
- Controle da qualidade da água, na medida em que muitas pessoas se utilizam de água de poço que não deve, de modo algum, ser contaminada por fezes humanas.
- Fervura da água de locais suspeitos, correta lavagem de verduras com água não contaminada e hábitos de higiene pessoal, como lavar as mãos após o uso do sanitário e antes das refeições.

Saiba mais

Os problemas da amebíase

No intestino grosso, as amebas se nutrem de bactérias e restos alimentares contidos nas fezes. Nesse estado são inofensivas e permanecem perfeitamente adaptadas ao nosso intestino. Eventualmente, por algum fator ainda desconhecido, podem assumir a forma invasiva e penetrar na parede intestinal. Provocam microferimentos e se alimentam de células intestinais e sanguíneas. Nessa fase, os principais sintomas são cólicas abdominais e eliminação de fezes mucosas e sanguinolentas, características da disenteria ameniana (*dis* = desarranjado e *enteron* = intestino). Encontrando condições favoráveis, as amebas podem invadir o sangue e atingir o fígado, os pulmões e o cérebro, agravando de forma dramática uma doença que deveria se restringir ao intestino grosso.

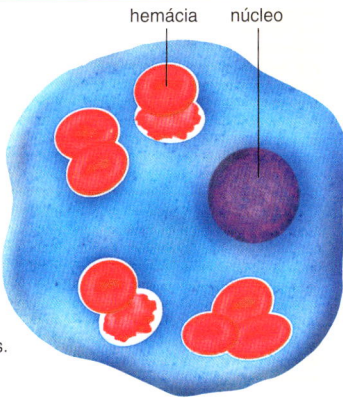

Forma vegetativa da *Entamoeba histolytica*. Observe o núcleo e as hemácias fagocitadas.

Doença de Chagas

> O nome *barbeiro* foi dado devido ao hábito que o inseto possui de sugar sangue do rosto de pessoas que estão dormindo.

Causador: *Trypanosoma cruzi*.

Hospedeiro vertebrado: homem.

Hospedeiro invertebrado: inseto percevejo, hematófago (alimenta-se de sangue), popularmente conhecido como barbeiro, chupança, chupão, fincão, bicudo ou procotó. Três gêneros de barbeiros são conhecidos como transmissores dos parasitas: *Triatoma sp.*, *Rhodnius sp.* e *Panstrongylus sp.*

Local de parasitismo: principalmente o coração e as paredes do esôfago e do intestino grosso (os cólons).

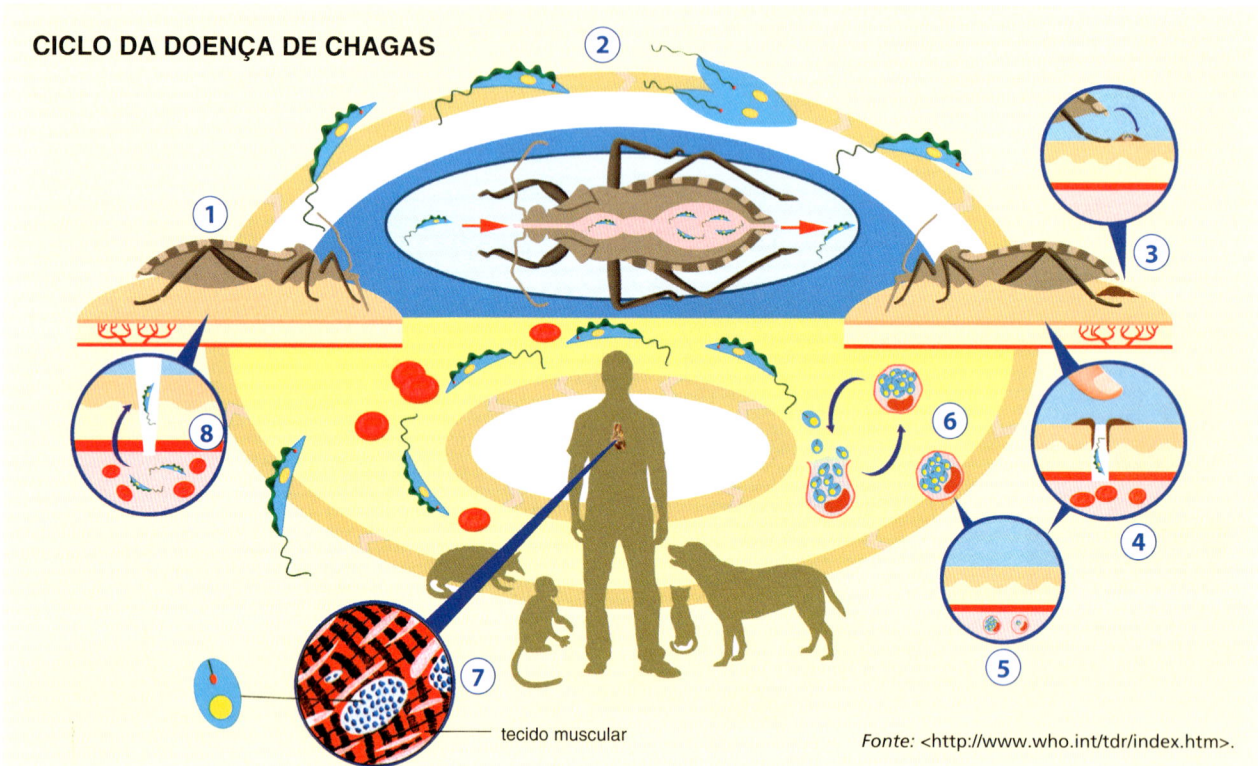

CICLO DA DOENÇA DE CHAGAS

Fonte: <http://www.who.int/tdr/index.htm>.

1. Os barbeiros possuem hábitos noturnos. À noite, saem de suas tocas à procura de alimento, de preferência, a pele delicada do rosto. Ao picarem pessoas cujo sangue esteja contaminado com tripanossomos, adquirem o parasita.
2. Os tripanossomos se multiplicam assexuadamente (divisão binária) no intestino do percevejo, cuja porção final fica repleta de formas infectantes.
3. Ao picarem, os barbeiros defecam e libertam as formas infectantes do parasita. A picada não dói, pois os insetos possuem na saliva uma substância anestésica.
4. Passado o efeito do anestésico, a pessoa se coça e introduz os tripanossomos que estavam nas fezes do barbeiro no local da picada. Portanto, **a transmissão dos parasitas não ocorre pela picada**.
5. Uma vez na pele, os tripanossomos invadem células do tecido conjuntivo e assumem a forma esférica, intracelular, multiplicando-se ativamente.
6. Após alguns dias, as células arrebentam e libertam no sangue os tripanossomos, agora com a forma alongada. Pela corrente sanguínea espalham-se e atingem outros órgãos, dentre eles o coração.
7. No tecido cardíaco, assumem novamente a forma esférica, proliferam, formam ninhos cheios de parasitas e destroem inúmeras células cardíacas, a principal consequência dessa lamentável parasitose.
8. Os barbeiros, ao picarem pessoas contaminadas, dão continuidade ao ciclo vital do parasita.

Saiba mais

Os problemas da doença de Chagas

Os *tripanossomos* destroem o tecido cardíaco. À medida que as fibras doentes vão morrendo, as células sãs tentam compensar o prejuízo, trabalhando mais ativamente, o que leva a um aumento generalizado do volume do coração. Com o tempo, advém uma insuficiência cardíaca que ou é corrigida com transplante ou leva a pessoa à morte.

O marca-passo e suas ramificações, que geram os batimentos cardíacos do coração, também são afetados. Os batimentos cardíacos ficam irregulares, sem comando próprio e muitas vezes o coração apresenta ritmo lento.

O tubo digestório humano pode ser outro local de ataque dos parasitas. As paredes do esôfago e do intestino grosso, principalmente os cólons, têm a sua inervação lesada pelos tripanossomos, retardando os movimentos peristálticos, levando ao aumento de volume desses órgãos, situação conhecida, respectivamente, como megaesôfago e megacólon.

Prevenção da doença de Chagas

- Melhoria das condições habitacionais da população.
- Controle dos insetos transmissores.
- Inspeção do sangue utilizado para transfusões.

Giardíase

Causador: *Giardia lamblia*.

Hospedeiro definitivo: homem.

Hospedeiro intermediário: não há.

Local do parasitismo: intestino delgado, preferencialmente o duodeno. Pode, excepcionalmente, afetar o intestino grosso.

Ciclo da giardíase: os parasitas (veja a Figura 16-10) vivem livremente na luz intestinal. Ao serem eliminados do intestino pelas fezes, encontram-se na forma de cistos. A ingestão de alimentos e água contaminados por cistos reintroduz giárdias no intestino humano.

Prevenção da doença: valem as mesmas medidas descritas para a amebíase.

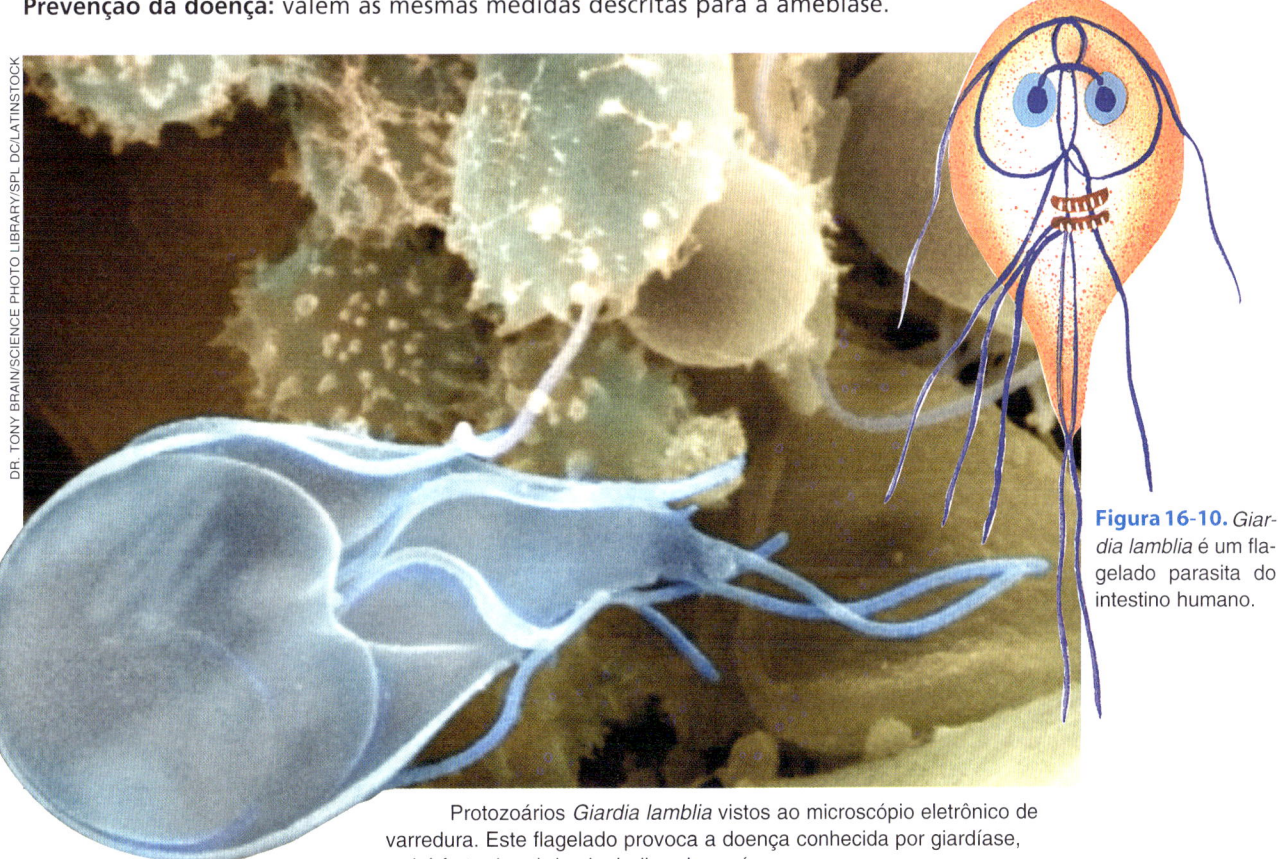

Figura 16-10. *Giardia lamblia* é um flagelado parasita do intestino humano.

Protozoários *Giardia lamblia* vistos ao microscópio eletrônico de varredura. Este flagelado provoca a doença conhecida por giardíase, em que há forte dor abdominal, diarreia e náusea.

Leishmaniose Cutâneo-Mucosa (Tegumentar Americana)

Causador: *Leishmania braziliensis*.

Hospedeiro vertebrado: homem.

Hospedeiro invertebrado: inseto conhecido como birigui ou mosquito-palha, pertencente ao gênero *Lutzomyia*. Faz parte de um grupo de insetos conhecidos vulgarmente como flebótomos.

Ciclo da leishmaniose: os parasitas se reproduzem no corpo dos insetos e são inoculados durante a picada. Os ferimentos provocados pela picada ulceram e neles os parasitas se multiplicam. Novas picadas espalham as leishmânias de pessoa a pessoa.

Prevenção da doença: controle dos insetos transmissores, além de medidas que impeçam o contato dos insetos com os habitantes de regiões afetadas (matas tropicais).

Fique por dentro!

A leishmaniose cutânea é uma parasitose restrita à pele e mucosas (nasal, oral). Os órgãos internos não são afetados. No local da picada, onde se multiplicam as leishmânias, surge uma ferida arredondada, com forma de moeda. O tratamento eficiente leva à cura total, porém a ferida cicatriza e deixa a marca arredondada.

Saiba mais

Existem duas outras leishmanioses, provocadas por espécies diferentes de flagelados pertencentes ao gênero *Leishmania*, e transmitidas por insetos vulgarmente conhecidos como flebótomos:

- *botão-do-oriente*, uma leishmaniose cutânea típica de muitos países orientais. Agente causador: *Leishmania tropica*;
- leishmaniose visceral, também conhecida como calazar (termo africano proveniente de *Kala-azar*, que significa febre negra) ou febre Dum-Dum. Agente causador: *Leishmania chagasi*. Afeta órgãos internos (baço e fígado, entre outros). No Brasil, vários casos foram detectados no ano de 1999, causados por *L. chagasi*. Cães e raposas costumam abrigar esses protozoários.

Tricomoníase

A tricomoníase, cujo causador é o *Trichomonas vaginalis* (veja a Figura 16-11), protozoário flagelado, atualmente é considerada doença sexualmente transmissível (DST), embora raramente possa também ser transmitida por vias não sexuais como, por exemplo, objetos contaminados (toalhas, vasos sanitários etc.). Afeta os órgãos genitais (vagina, colo uterino, uretra, próstata). Na mulher, o sintoma mais comum é um corrimento esverdeado. O homem é, quase sempre, portador assintomático. Facilmente tratável.

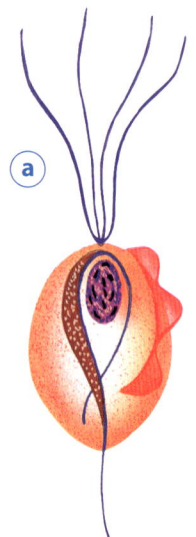
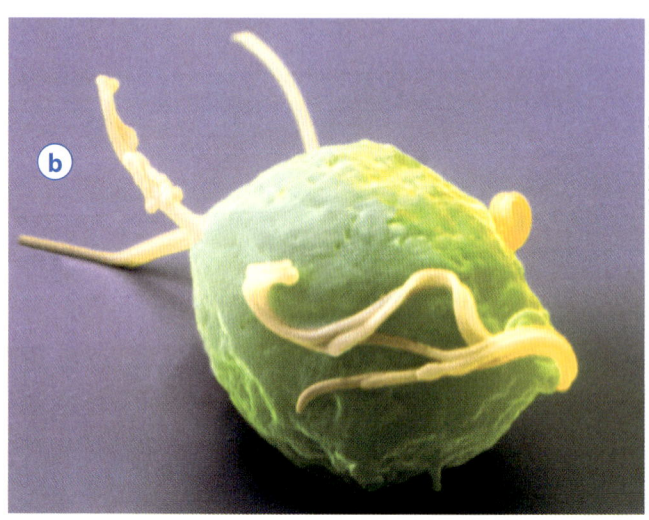

Figura 16-11. (a) Esquema e (b) micrografia eletrônica de varredura do flagelado *Trichomonas vaginalis*.

Toxoplasmose

A toxoplasmose é uma doença humana causada pelo esporozoário *Toxoplasma gondii*, transmitido por fezes contaminadas de cães e gatos. Também pode ocorrer a transmissão pela placenta e, provavelmente, por algumas aves. Afeta os olhos, o fígado, os pulmões, o sistema nervoso (encefalite) e o sistema linfático.

Saiba mais

Toxoplasmose e mudança de comportamento de seus hospedeiros

O protozoário *Toxoplasma gondii*, causador da toxoplasmose, é responsável por uma atividade, no mínimo, curiosa. A execução bem-sucedida do ciclo reprodutivo desse parasita envolve sua penetração no intestino de gatos, um de seus hospedeiros. Como fazer para neles penetrar? Inicialmente, infectando um rato.

Normalmente, ratos não contaminados pelo *Toxoplasma gondii*, ao verem um gato, fogem. No entanto, quando esse protozoário é ingerido pelo roedor (por meio de alimentos contaminados com as fezes de gatos) ele provoca uma mudança radical de comportamento dos ratos, que passam a ficar dóceis e não mais fogem ao verem um gato. O felino, ao se alimentar de roedores contaminados, ingere os protozoários, que, conseguindo atingir o intestino do animal, podem prosseguir com seu ciclo vital.

O curioso é que cientistas constataram que seres humanos afetados por toxoplasmose também demonstram alterações em sua personalidade e comportamento.

Fonte: KAPLAN, M. Befriending the body snatchers. *New Scientist*, London, p. 41, 27 Aug. 2011.

ALGAS: AS FLORESTAS AQUÁTICAS

Nos ecossistemas aquáticos marinhos, existe uma comunidade formadora de uma verdadeira floresta. Ao contrário do que acontece no meio terrestre, essa floresta não é formada por árvores espessas, enormes e cheias de galhos. Ela é constituída por inúmeros protistas conhecidos simplesmente como algas. Assim como as florestas terrestres, essa comunidade aquática contribui para o abastecimento do oxigênio da biosfera.

Afinal, como são os componentes dessa floresta? Vamos conhecer um pouco as principais características das algas.

O *Habitat* e a Importância das Algas

Sob a denominação *algas* enquadram-se diversos grupos de *protoctistas* diferentes entre si, mas que mantêm uma característica em comum: são todos **eucariontes, autótrofos fotossintetizantes dotados de clorofila**. Existem algas formadas somente por uma célula. Outras são organizadas em diferentes tipos de *colônias*. E ainda há as que são macroscópicas, pluricelulares, **sem**, porém, **formar tecidos ou órgãos**. O corpo de uma alga é um talo, ou seja, não possui raiz, caule ou folha, mesmo que seja gigante.

Embora sejam encontradas no meio terrestre úmido, é nas águas doces e no mar que as algas são mais abundantes.

No meio aquático, dependendo do local onde vivem, podem constituir comunidades conhecidas como **fitoplâncton** e **fitobentos**.

O fitoplâncton é uma comunidade formada principalmente por numerosas microalgas que *flutuam livremente* ao sabor das ondas. São importantes produtoras de alimento orgânico e liberam oxigênio para a água e a atmosfera. Constituem a base das cadeias alimentares aquáticas, formando o que se denomina de "pasto marinho".

O fitobentos é uma comunidade de algas, em geral macroscópicas (algumas atingem dezenas de metros), *fixas no solo marinho* (principalmente em rochas).

As algas apresentam grande diversidade, desde as unicelulares (a) *Chlamydomonas sp.* (algas verdes), até as coloniais e macroscópicas (b) *Ulva sp.* (alga verde), (c) *Palmaria sp.* (alga vermelha) e (d) *Laminaria sp.* (alga parda). As três últimas são comestíveis.

O reino Protoctista (Protista)

Saiba mais

Principais grupos das algas

A tabela a seguir resume as principais características de alguns filos de algas. No conjunto, todos eles fazem parte do reino Protoctista. Admite-se atualmente que as clorofíceas (algas verdes) foram as ancestrais das plantas, com as quais compartilham muitas características.

Em muitas algas, embora se constate a presença de clorofila, a cor predominante é determinada por outro pigmento, que mascara a cor verde da clorofila.

Filo	N.º de espécies	Características	Habitat/importância
Clorofíceas (verdes)	17.000	Clorofilas *a* e *b*. Carotenoides. Amido armazenado nos cloroplastos. Parede celular celulósica ou não. Unicelulares, coloniais ou pluricelulares.	Mar e água doce. Também na neve, troncos de árvores e em associação com fungos (liquens). Muitas fazem parte do fitoplâncton.
Feofíceas (pardas)	1.500	Clorofilas *a* e *c*. Fucoxantina (um carotenoide). Reserva de laminarina (um carboidrato). Parede celular celulósica embebida em algina (uma mucilagem). Pluricelulares (as maiores algas conhecidas).	Maioria no mar. Algas macroscópicas (*kelps*). Algina utilizada na confecção de alimentos e tintas. Algumas comestíveis (*kombu*).
Rodofíceas (vermelhas)	4.000 a 6.000	Clorofila *a* e ficobilinas (pigmentos vermelhos) em cloroplastos. Reserva de amido (*das florídeas*) no citoplasma. Parede celulósica embebida em ágar, carragenina ou calcário (em algumas espécies). Todas pluricelulares.	Maioria marinha. O ágar é utilizado para confecção de meios de cultivo ou medicamentos. Algumas comestíveis (*nori*).
Bacilariofíceas (diatomáceas)	100.000	Clorofilas *a* e *c*. Carotenoides (fucoxantina). Parede celular não celulósica, impregnada de sílica. Unicelulares e coloniais.	Mar e água doce. Principais componentes do fitoplâncton.
Haptofíceas (cocolitoforídeos)	300	Clorofilas *a* e *c*, fucoxantinas. Presença de *haptonema*, que lembra um flagelo, de função sensorial. Muitos possuem escamas de calcário (*cocolitos*) revestindo a célula. Unicelulares, coloniais e formas imóveis.	Marinhas, água doce e alguns terrestres. Importantes componentes do fitoplâncton. Constituem depósitos de carbono orgânico e carbonatos. Ameaçadas pela acidez da água decorrente do excesso de CO_2.
Crisofíceas (douradas)	1.000	Clorofilas *a* e *c*. Carotenoides (fucoxantina). Parede celular de celulose, com escamas de sílica. Unicelulares.	Maioria na água doce. Componentes do fitoplâncton.
Dinofíceas (dinoflagelados)	2.000 a 4.000	Clorofilas *a* e *c* (podem estar ausentes em muitas espécies). Parede celular contendo placas de celulose. Unicelulares com dois flagelos. Algumas (*Noctiluca*) emitem luz.	Maioria marinha. Em recifes de coral associam-se aos pólipos (zooxantelas). Algumas espécies causam as "marés vermelhas".
Euglenofíceas (euglenas)	900	Clorofilas *a* e *b* (podem estar ausentes). Parede celular ausente. Membrana celular revestida por fina película proteica. Unicelulares.	Maioria na água doce. As espécies heterótrofas alimentam-se de partículas orgânicas existentes na água.

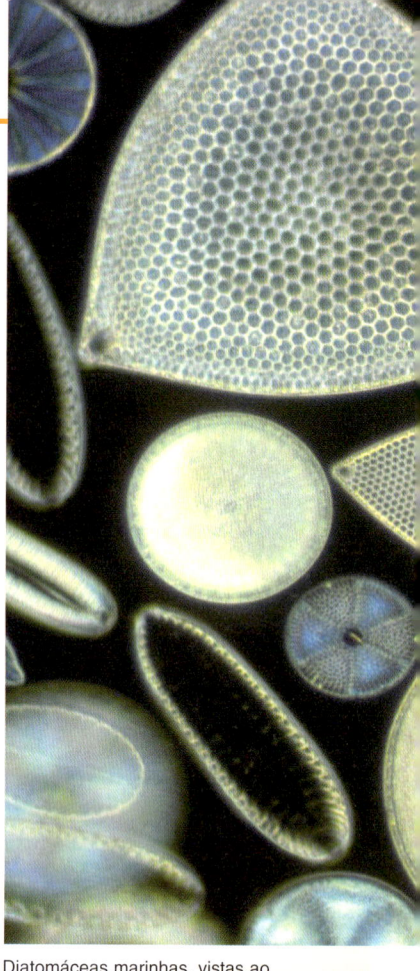

Diatomáceas marinhas, vistas ao microscópio óptico. Essas algas unicelulares são encontradas em abundância tanto em água salgada como em água doce. A célula é envolvida por duas valvas impregnadas por sílica que encaixam uma na outra pelas bordas. Essas valvas acumuladas durante milhões de anos formam um tipo de rocha chamada *diatomito*, que serve para produzir abrasivos usados no polimento de metais (prata, por exemplo) e em dentifrícios.

Fique por dentro!

Algas e maré vermelha

Um importante fenômeno associado à proliferação de algas, provavelmente devido à poluição orgânica, é a *maré vermelha*. Nesse caso, devido ao excesso de nutrientes, ocorre aumento de algas fitoplanctônicas do filo das dinofíceas (dinoflagelados) e que liberam um pigmento tóxico avermelhado. Essa toxina provoca a morte de peixes, crustáceos, moluscos etc., e prejudica o homem quando este consome esses animais intoxicados. No Brasil, esse fenômeno ocorre ocasionalmente no litoral sul do país.

Muitas são as possibilidades de utilização das algas, o que justifica sua importância. A Tabela 16-3 explora algumas delas.

Tabela 16-3. Segmentos em que as algas têm particular importância.

Importância	Característica
Ecológica	Por serem autótrofas fotossintetizantes, as algas (principalmente as do fitoplâncton) abastecem os ecossistemas de alimento e oxigênio. Há quem diga que as algas são responsáveis por cerca de 70% da fotossíntese mundial.
Uso industrial	Extraem-se das algas diferentes tipos de substâncias de uso industrial. A **algina**, das algas pardas, é utilizada em cremes, sorvetes, maionese e cosméticos. O **ágar**, das algas vermelhas (*Gelidium*), é usado para a produção de medicamentos e como meio de cultivo para a criação de bactérias e fungos. Os **esqueletos silicosos**, de algas diatomáceas (algas unicelulares do fitoplâncton), são utilizados em dentifrícios, filtros, tintas etc.
Alimento	Algumas algas são comestíveis, principalmente as pardas, vermelhas e verdes. No Japão existem diversos criadouros de algas para essa finalidade.

Saiba mais

Você sabe o que é cariocleptia?

Recentemente, descobriu-se que um protoctista ciliado (*Myrionecta rubra*) fagocita uma alga (também protoctista) unicelular (*Geminigera cryophila*) e, em vez de digeri-la, sequestra o seu núcleo, utilizando-o para manter em funcionamento os cloroplastos da alga! Quer dizer, o ciliado "rouba" o núcleo da alga, fazendo-o trabalhar para ele. Esse fenômeno foi denominado de **cariocleptia** (do grego, *káryon* = núcleo + *klépto* = roubar) ou **nucleocleptia**. A atividade do núcleo sequestrado dura cerca de 30 dias. Você poderia perguntar: mas, e depois que o núcleo deixa de funcionar? A resposta é fácil. O ciliado se "alimenta" continuamente de algas, de modo que ele sempre terá núcleos sequestrados em funcionamento. Essa descoberta é um apoio à hipótese *endossimbiótica* de Lynn Margulis, que sugere que cloroplastos são organelas derivadas de cianobactérias, ao longo do surgimento e evolução da célula eucariótica.

Extraído de: JOHNSON, M. D. Retention of transcriptionally active cryptophyte nuclei by the ciliate *Myrionecta rubra*. *Nature*, London, v. 445, n. 7.126, p. 426, 25 Jan. 2007.

Reprodução nas Algas

Reprodução assexuada

Nas algas há dois tipos básicos de reprodução assexuada:
- **divisão binária:** comum nas formas unicelulares, que recorrem à mitose para efetuar a divisão da célula (veja a Figura 16-12);
- **zoosporia:** comum em algas multicelulares aquáticas. Cada zoósporo, dispersando-se pelo meio, é capaz de gerar nova alga (veja a Figura 16-13).

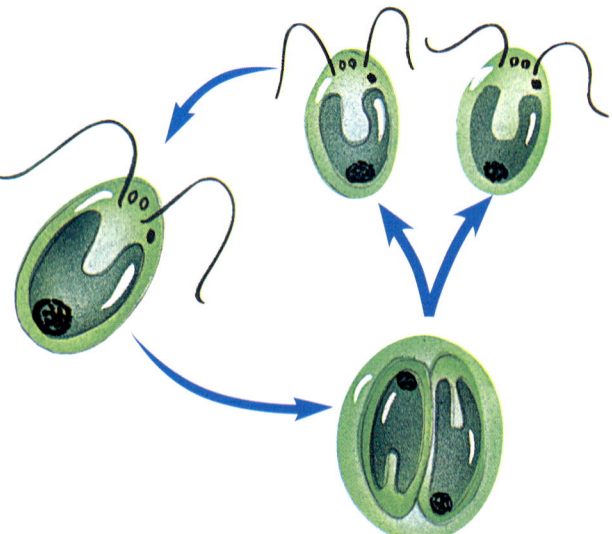

Figura 16-12. Divisão binária em *Chlamydomonas*, uma clorofícea unicelular.

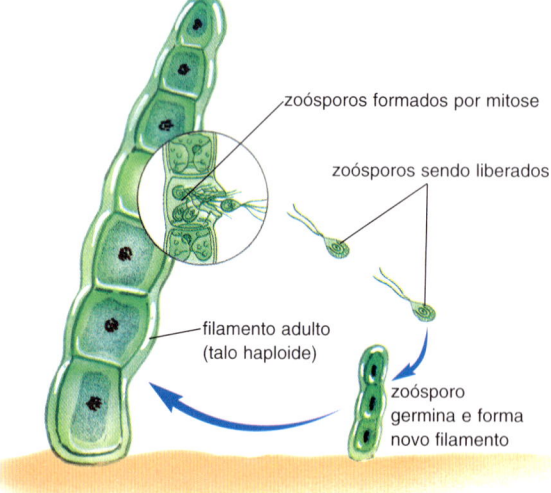

Figura 16-13. Reprodução assexuada por meio da produção de zoósporos em uma alga verde filamentosa de água doce (*Ulothrix*).

Alga verde unicelular de água doce *Chlamydomonas chlorostellata* (micrografia eletrônica de varredura).

Reprodução sexuada

Os gametas e os ciclos reprodutivos

Em muitas algas aquáticas há a produção de gametas que, fundindo-se, originarão zigotos. Esses zigotos, após curto período de dormência, sofrem meiose com produção de quatro células (zoósporos). Cada uma dessas células originará nova alga, necessariamente haploide. Note que, neste caso, temos um ciclo reprodutivo no qual o organismo adulto é haploide (veja a Figura 16-14).

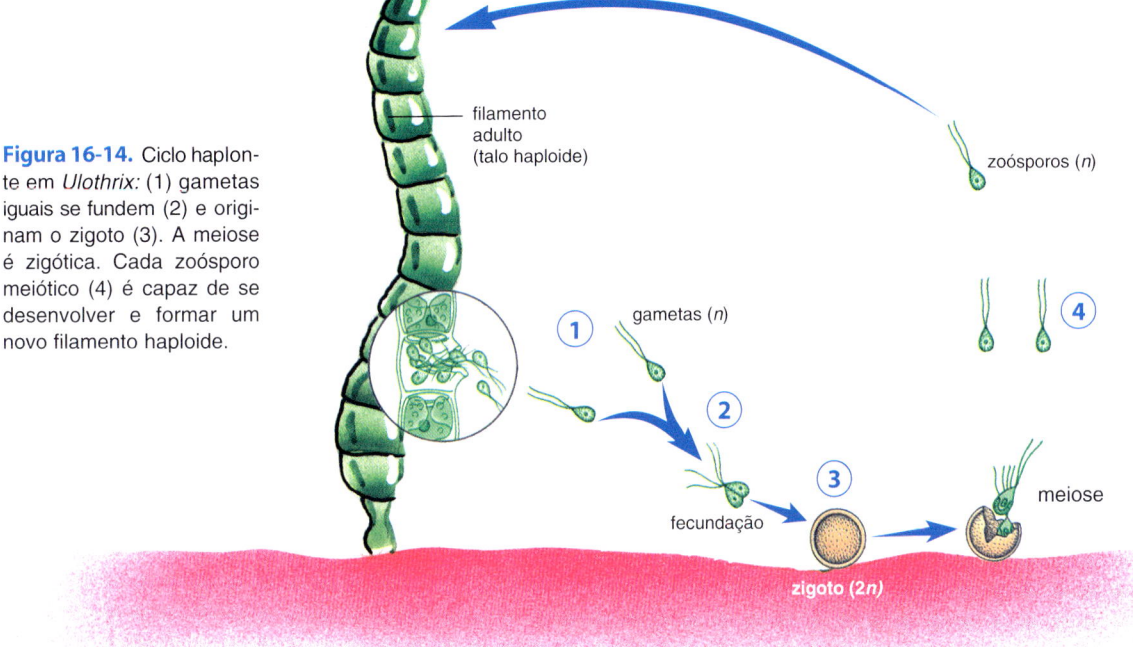

Figura 16-14. Ciclo haplonte em *Ulothrix*: (1) gametas iguais se fundem (2) e originam o zigoto (3). A meiose é zigótica. Cada zoósporo meiótico (4) é capaz de se desenvolver e formar um novo filamento haploide.

O ciclo é chamado de **haplonte**. A meiose ocorre na fase de zigoto, sendo chamada **zigótica**. Também é chamada **meiose inicial**, uma vez que cada célula iniciará a formação de novo organismo adulto.

Em outras algas, a geração adulta é diploide e produz gametas por meiose. Do encontro de gametas na fecundação, surge um zigoto que acaba originando um adulto diploide. O ciclo reprodutivo é **diplonte**. A meiose é **gamética**, pois serviu para formar gametas. Também é chamada de **meiose final** porque ocorre no fim do período de desenvolvimento do indivíduo adulto diploide (veja a Figura 16-15). No Capítulo 34, estudaremos o ciclo haplontediplonte que ocorre também em algumas algas.

Quanto aos gametas produzidos pelas algas, há casos de:

- **isogamia** – gametas masculinos e femininos iguais;
- **heterogamia** – gametas masculinos e femininos móveis, flagelados, porém o masculino bem menor em tamanho do que o feminino; e
- **oogamia** – gameta masculino é pequeno e móvel e o gameta feminino é grande e imóvel.

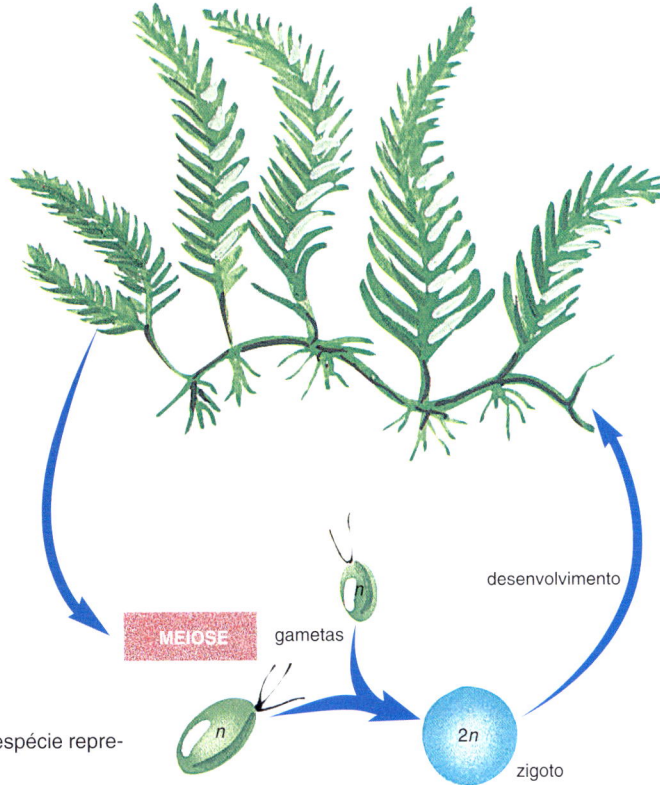

Figura 16-15. Ciclo reprodutivo diplonte na alga verde *Caulerpa*. A espécie representada é monoica (ou hermafrodita). O adulto é diploide.

A conjugação

Em algumas algas filamentosas de água doce ocorre pareamento de dois indivíduos com a passagem, por um canal de comunicação, de células inteiras de um para outro filamento.

As células são haploides e após se juntarem originam zigotos. Os zigotos dividem-se por meiose e cada célula formada será capaz de originar novo filamento haploide. Note que essa conjugação faz parte do ciclo haplonte e a meiose do zigoto contribui para o surgimento de variabilidade.

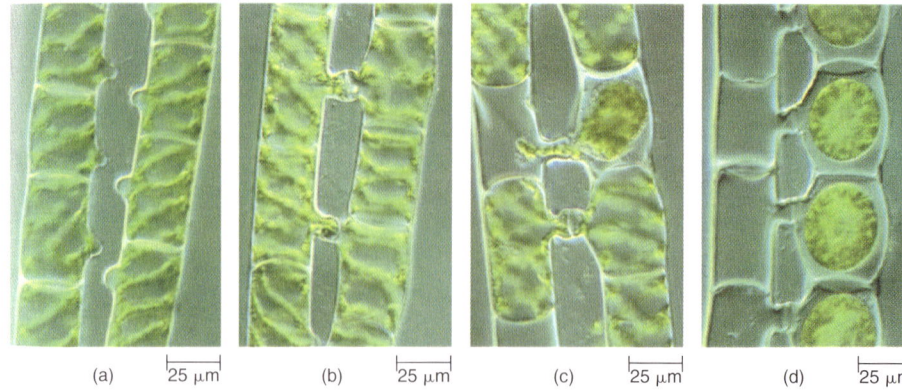

(a)
25 μm
(b)
25 μm
(c)
25 μm
(d)
25 μm

Conjugação na alga verde *Spirogyra*. Observa-se a passagem de células do filamento da esquerda para o da direita.

Saiba mais

Mixomicetos e oomicetos

Mixomicetos e oomicetos são dois pequenos grupos (contendo, respectivamente, cerca de 500 e 580 espécies) de protoctistas heterótrofos, que já foram considerados fungos, o que pode ser percebido pela terminação *miceto* (do grego, *múkes* = fungo). Diferenças estruturais e funcionais, em relação aos fungos, promoveram o seu deslocamento provisório para o reino Protoctista.

Mixomicetos (do grego, *múksa* = muco) são encontrados sob as folhas e galhos em decomposição de bosques e matas úmidas. Possuem aspecto mucoso, são semelhantes a amebas multinucleadas e se nutrem de bactérias e partículas orgânicas do meio. Em condições ambientais desfavoráveis, os movimentos ameboides cessam e são produzidas estruturas pedunculadas que produzem esporos por meiose. Ao retornarem às condições ambientais favoráveis, os esporos germinam e originam pequenas células ameboides que se fundem e geram um novo organismo diploide.

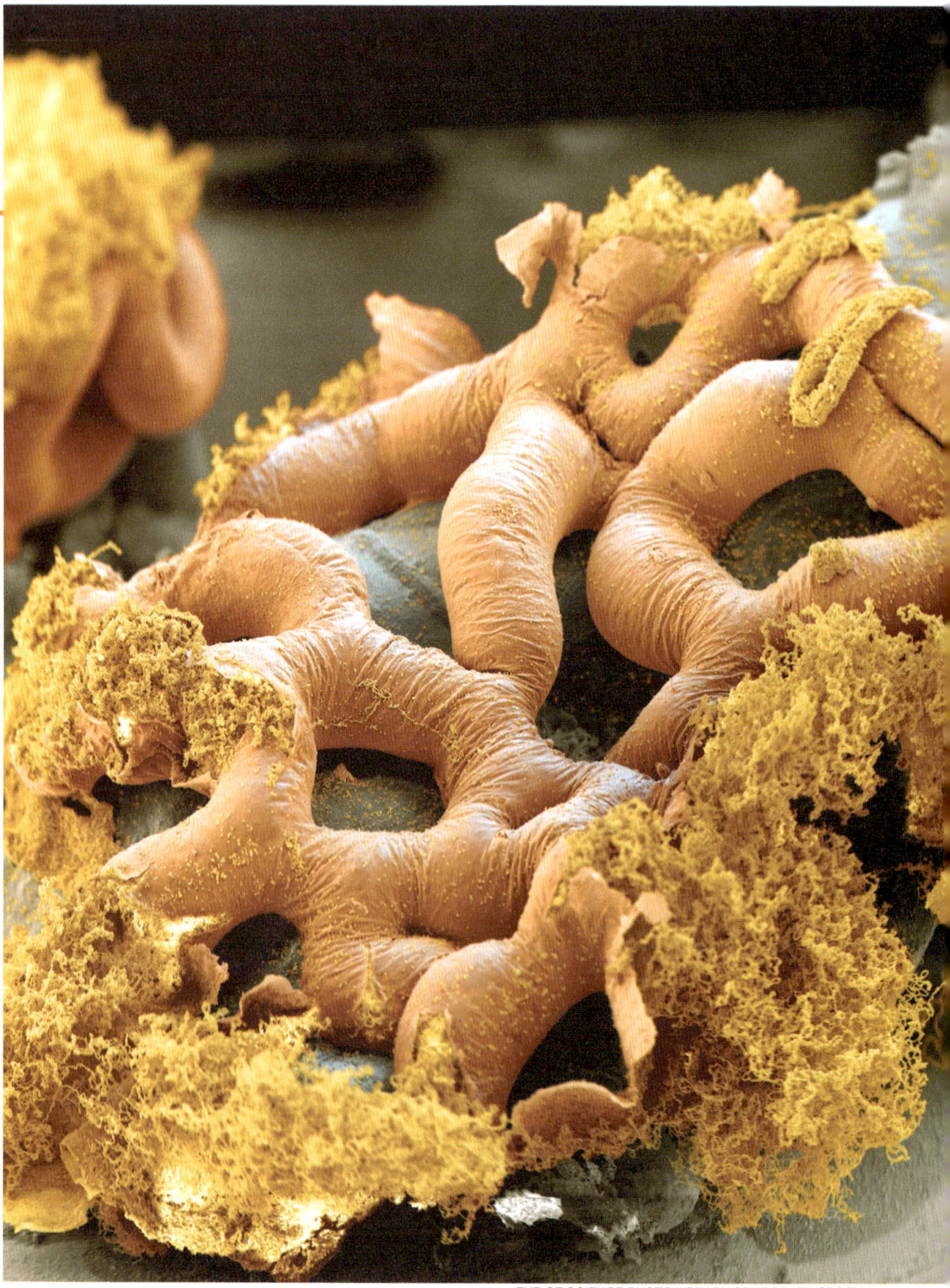

Micrografia eletrônica de varredura de esporângios rompidos do mixomiceto *Hemitrichia serpula*, mostrando uma "rede" de filamentos que auxilia na dispersão dos esporos liberados (pequenos pontos em laranja).

EYE OF SCIENCE PHOTO LIBRARY/SPL DC/LATINSTOCK

Saiba mais

Oomicetos (do grego, *oión* = ovo) vivem em meio aquático (os "mofos" aquáticos) e terrestre. As paredes celulares contêm celulose. No meio aquático, podem decompor matéria orgânica ou parasitar outros seres vivos. Dentre esses últimos, destaca-se o gênero *Saprolegnia*, parasita de peixes de aquário, nos quais provoca a formação de manchas esbranquiçadas. Uma espécie terrestre de importância econômica é a *Phytophthora infestans*, causadora da severa epidemia que dizimou as plantações de batata, em 1846, na Irlanda.

Na metade inferior dessa micrografia eletrônica de varredura observa-se um corte transversal de folha de batata, infectada pelo oomiceto *Phytophthora infestans*. As estruturas produtoras de esporos (em cinza, na metade superior da foto) emergem da folha através dos poros formados pelos estômatos, componentes do revestimento da folha relacionados às trocas gasosas. No interior da folha, notam-se, em roxo, os filamentos do oomiceto. Observe, também, os espaços (lacunas) existentes entre as células do interior da folha.

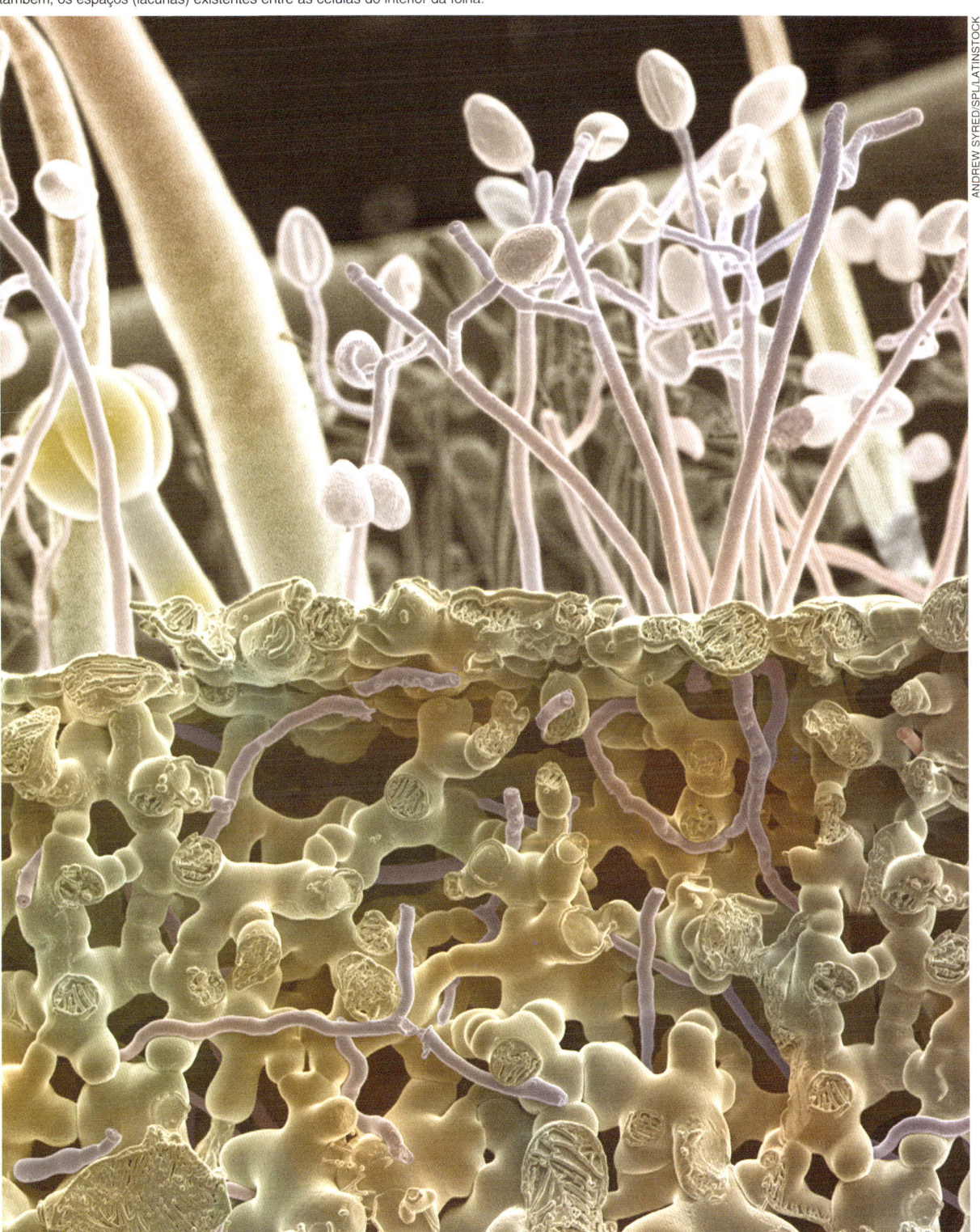

O reino Protoctista (Protista)

Passo a passo

1. No ser humano, todas as funções vitais são executadas pelo conjunto de tecidos e órgãos. Em cada tecido, as células são especializadas em uma função específica. Já no organismo de um protozoário, todas as funções vitais são executadas pela única célula.

  a) Compare a célula de um protozoário com a célula epidérmica de um ser humano, quanto à complexidade (número e diversidade de organelas) e à especialização. Qual a relação correta que se pode estabelecer entre as duas células, relativamente às duas características citadas?
  b) Muitos protozoários vivem livremente na natureza. Alguns, porém, associam-se a outros seres vivos e adotam um tipo de vida diferente. Que tipos de vida podem ser adotados por esses protozoários?
  c) Ameba, tripanossomo, paramécio e plasmódio causador da malária são protozoários. Para cada um desses protozoários, cite a classe a que pertence e o mecanismo de locomoção, se existir.

2. Na série de frases a seguir, relacionadas aos protozoários rizópodes, assinale com **V** as verdadeiras e com **F** as falsas.

  a) Amebas são protozoários que se locomovem por meio de pseudópodes.
  b) Nas amebas, os vacúolos pulsáteis exercem a função de nutrição.
  c) Os pseudópodes que se projetam de uma ameba são utilizados na obtenção de alimento.
  d) Os vacúolos pulsáteis de uma ameba possuem função osmorreguladora.
  e) Na fagocitose realizada por uma ameba, o vacúolo alimentar une-se a um vacúolo digestivo e origina um lisossomo.
  f) Em amebas que vivem no mar não se constata a presença de vacúolos pulsáteis.
  g) De modo geral, a reprodução de uma ameba é assexuada e ocorre por divisão binária.

3. Com relação à fagocitose executada por uma ameba, ao obter alimento, e à sua reprodução:

  a) Descreva a sequencia de eventos que se iniciam com a obtenção do alimento, a participação das estruturas envolvidas na digestão, a utilização dos nutrientes pela célula e a expulsão dos resíduos não aproveitados.
  b) Sabendo-se que o conteúdo do vacúolo digestivo de uma ameba é inicialmente ácido, tornando-se, a seguir, progressivamente alcalino, o que ocorreria com o processo digestivo se pequenas quantidades de ácido clorídrico diluído fossem constantemente adicionadas ao conteúdo do vacúolo digestivo?
  c) Por meio de qual mecanismo ocorre a reprodução assexuada de uma ameba?

4. *Trypanosoma cruzi* é o protozoário causador da doença de Chagas. A respeito desse protozoário, responda:

  a) Qual a estrutura que possibilita a sua locomoção? Que componente essa estrutura origina antes de emergir da célula? Como ocorre a reprodução assexuada desse parasita?
  b) Quais as duas formas celulares que podem ser adotadas por esse protozoário parasita? Cite um tecido humano normalmente atingido pelo parasitismo desse protozoário?
  c) Cite os outros dois protozoários que pertencem à mesma classe do *T. cruzi* em seres humanos e as respectivas doenças que causam.
  d) No intestino de cupins e baratas que "comem" madeira existem flagelados, caracterizando uma convivência pacífica. Qual o tipo de relação por eles estabelecida e que vantagens os participantes obtêm com a convivência?

5. Na série de frases a seguir, relacionadas aos protozoários ciliados, assinale com **V** as verdadeiras e com **F** as falsas.

  a) Na célula do paramécio existem dois núcleos: macronúcleo e micronúcleo.
  b) No paramécio, embora existam dois vacúolos pulsáteis, apenas um deles funciona. O outro serve de reserva caso o primeiro pare de funcionar.
  c) Os vacúolos pulsáteis do paramécio atuam na regulação osmótica e possivelmente na expulsão de toxinas.
  d) O citóstoma, ou "boca celular" do paramécio, é um vacúolo digestivo que fagocita bactérias que servem de alimento para esse protozoário.
  e) O "poro anal" (citoprocto) do paramécio é um orifício que se destina à expulsão dos resíduos alimentares.
  f) As trocas gasosas e a excreção no paramécio ocorrem pela superfície corporal, por simples difusão.
  g) A reprodução assexuada do paramécio ocorre por divisão binária.

6. A conjugação em paramécios é uma modalidade de reprodução sexuada que rejuvenesce a espécie que o pratica. Com relação a essa modalidade de reprodução:

  a) Cite os três eventos básicos desse processo que conduzirão, ao final, à ocorrência do rejuvenescimento da espécie.
  b) O que significa dizer que a conjugação em paramécios conduz ao rejuvenescimento da espécie?

7. Cite as duas características básicas dos protozoários apicomplexos (também denominados de esporozoários), sendo uma delas relacionada ao modo de vida.

8. Doenças causadas por protozoários envolvem alguns tecidos e órgãos humanos. A respeito desse assunto:

  a) Cite pelo menos uma doença causada por protozoários que envolva o tecido sanguíneo, o tecido cardíaco, o intestino, a pele e as vias genitais.
  b) Qual a diferença entre os conceitos de hospedeiro definitivo e hospedeiro intermediário?

9. Malária e doença de Chagas são duas doenças que ainda afligem milhares de brasileiros. Para cada uma dessas doenças cite:

  a) O agente causador, o agente transmissor (vetor), o mecanismo de transmissão e o tecido ou órgão mais comumente afetado no ser humano.
  b) Pelo menos duas medidas preventivas relacionadas a cada uma delas.

10. Na série de frases a seguir, relacionadas às doenças causadas por protozoários, reconheça as corretas e indique a soma ao final.

  (01) Amebíase e giardíase são doenças que, embora causadas por protozoários diferentes, possuem em comum o mesmo local de parasitismo, ou seja, o intestino humano.
  (02) Os vários tipos de leishmaniose e a tricomoníase são considerados atualmente modalidades de doenças sexualmente transmissíveis.
  (04) Amebíase, giardíase, tricomoníase, leishmaniose e toxoplasmose são doenças em que os vetores (agentes transmissores) são as fêmeas do pernilongo *Anopheles*.
  (08) A toxoplasmose é uma doença causada pelo apicomplexo (esporozoário) *Toxoplasma gondii*, transmitido por fezes contaminadas de cães e gatos.
  (16) O controle dos insetos transmissores é uma medida útil na prevenção da malária, da leishmaniose e da doença de Chagas.
  (32) Construção de rede de esgotos e controle da qualidade da água são procedimentos preventivos para evitar a amebíase, a giardíase e a tricomoníase.
  (64) A prevenção da malária envolve os mesmos procedimentos adotados no controle da dengue e da febre amarela, já que são doenças transmitidas por pernilongos.

11. O grupo das algas é bastante heterogêneo. No texto do livro é relatado que elas são componentes das chamadas "florestas aquáticas". A respeito dos componentes desse grupo:
a) Cite as características relacionadas ao tipo de célula, nutrição, quantidade de células e possibilidade de formar tecidos.
b) Fitoplâncton e fitobêntos são componentes das comunidades aquáticas. Caracterize esses dois componentes. Qual a importância do fitoplâncton marinho para a biosfera terrestre?

12. Consultando o *Saiba mais* "Principais grupos das algas" e a tabela 16-3:
a) Cite os quatro filos mais numerosos de algas em termos de número de espécies. Quais os filos que possuem representantes macroscópicos, pluricelulares?
b) A que filo as algas causadoras da maré vermelha pertencem? Que filo de algas possui representantes associados aos pólipos formadores dos recifes de coral?
c) Cite as importâncias atribuídas às algas, de modo geral.

13. Na série de frases a seguir, assinale com **V** as verdadeiras e com **F** as falsas.
a) As algas são importantes do ponto de vista ecológico, alimentar e industrial.
b) A maré vermelha é causada pela proliferação de algas clorofíceas do grupo das dinofíceas.
c) A reprodução assexuada das algas pode ocorrer apenas por divisão binária.
d) Nas algas, a reprodução sexuada ocorre por meio da execução de ciclos reprodutivos haplonte, diplonte e haplontediplonte.
e) No ciclo reprodutivo haplonte da alga clorofícea *Ulothrix*, gametas se fundem e originam um zigoto que realiza meiose e produz esporos haploides.
f) Na isogamia característica de alguns grupos de algas, há produção de gametas masculinos e femininos móveis de mesmo tamanho.
g) Na conjugação que ocorre na alga clorofícea filamentosa *Spirogyra*, há troca de micronúcleos, fenômeno semelhante ao que se verifica no paramécio.

14. Mixomicetos e oomicetos são dois grupos de protoctistas:
a) heterótrofos, causadores de marés vermelhas.
b) parasitas de plantas de batata.
c) heterótrofos, semelhantes a fungos.
d) semelhantes a amebas causadoras de doenças no homem.
e) autótrofos, cujas paredes celulares contêm celulose.

15. *Questão de interpretação de texto*

Pesquisadores da UnB (Universidade de Brasília) inocularam o parasita causador da doença de Chagas em embriões de galinha. Os embriões eliminaram os parasitas, mas, utilizando uma técnica de rastreamento de DNA, os pesquisadores perceberam que pedaços do material genético dos parasitas se inseriram no DNA das hospedeiras. Muitas das aves com o DNA dos parasitas chegaram à fase adulta, porém acabaram morrendo com coração aumentado além do tamanho normal, sofrendo de arritmia e dificuldade respiratória. São basicamente os mesmos fatores que podem matar os portadores humanos de Chagas. Os sintomas derivam do fato de que o DNA do parasita se enfia no meio de genes cruciais, bagunçando seu funcionamento. E, por causa disso, como propõem os cientistas, o corpo do hospedeiro deixa de "enxergar" corretamente seus próprios tecidos e os ataca, causando danos ao coração.

Adaptado de: LOPES, R. J. Matar micróbio não basta para acabar com mal de Chagas. *Folha de S.Paulo*, São Paulo, 30 mar. 2011. Caderno Ciência, p. C11.

Utilizando as informações do texto e seus conhecimentos sobre o assunto, responda:
a) Qual o causador da doença de Chagas? Como ele é classificado? Normalmente, qual é o mecanismo de transmissão desse parasita no ser humano?
b) Explique por que o título do artigo diz que "não basta matar o micróbio para acabar com o mal de Chagas"? Nesse caso, cite duas medidas preventivas que poderiam evitar a ocorrência de novos casos da doença em seres humanos.

Questões objetivas

1. (UFRO) Com relação ao *Paramecium* podemos afirmar que:
a) é um protozoário que se locomove por pseudópodos.
b) é um protozoário que se locomove por flagelos.
c) é um platelminto que se locomove por cílios.
d) é um platelminto que se locomove por flagelos.
e) é um protozoário que se locomove por cílios.

2. (UFAL) Observe as figuras abaixo que representam três grandes grupos de organismos. Com relação às características e classificação dos seres mostrados abaixo, é correto afirmar que:

vírus da Hepatite B

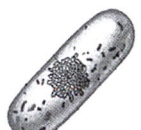
Escherichia coli

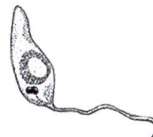
Leishmania

a) o vírus da hepatite B é um parasita intracelular obrigatório, classificado em um dos cinco reinos.
b) a *Escherichia coli* e a *Leishmania* são protistas que causam doenças transmitidas por insetos.
c) bactérias e vírus possuem uma parede celular rígida encobrindo o material genético.
d) a *Leishmania* possui arquitetura celular semelhante à *Escherichia coli*.
e) o vírus da Hepatite B e a *Leishmania* possuem uma estrutura lipoproteica na sua porção mais externa envolvendo seus conteúdos internos.

3. (UFPel – RS) A Malária ou Paludismo é uma doença infecciosa aguda ou crônica causada por protozoários parasitas, transmitido através da picada do mosquito. Segundo dados da Organização Mundial da Saúde – OMS –, a malária mata 2 milhões de pessoas no mundo por ano, (uma criança africana a cada 30 segundos), que quando sobrevivem a casos severos, sofrem danos cerebrais graves e têm dificuldades de aprendizagem.

Baseado no texto e em seus conhecimentos, indique a alternativa que cita o agente causador (parasita) e o agente transmissor (vetor) desta doença, respectivamente:
a) o esporozoário do gênero 'Plasmodium' e o inseto do gênero 'Phlebotomus'.
b) o flagelado do gênero 'Tricomona' e o inseto do gênero 'Aedes'.

O reino Protoctista (Protista) **349**

c) o flagelado do gênero 'Trichonympha' e o inseto do gênero 'Culex'.
d) o esporozoário do gênero 'Plasmodium' e o inseto do gênero 'Anopheles'.
e) o esporozoário do gênero 'Trypanosoma' e o inseto do gênero 'Triatoma'.

4. (UFF – RJ) Hoje em dia, a África é quase toda atingida pela malária, com exceção apenas da África do Sul, onde aconteceu a copa mundial de futebol, e dos países localizados no norte do continente africano junto ao Mediterrâneo. No Brasil, além dos casos de malária notificados anualmente na Amazônia, doenças sazonais como a dengue ainda afetam grande parte da população.

Quanto aos agentes transmissores e aos agentes etiológicos da malária e da dengue, pode-se afirmar que

a) essas doenças são transmitidas pelos mosquitos *Anopheles* e *Aedes*, respectivamente; mas os causadores são de origens diferentes. Enquanto a malária é causada pelo protozoário do gênero *Leishmania*, a dengue tem o parasita do gênero *Plasmodium* como agente causador.
b) essas doenças são transmitidas pelos mosquitos *Aedes* e *Anopheles*, respectivamente; mas os causadores são de origens diferentes. Enquanto a malária é causada por protozoários do gênero *Plasmodium*, a dengue tem o vírus do gênero *Flavivirus* como agente causador.
c) essas doenças são transmitidas pelos mosquitos *Anopheles* e *Aedes*, respectivamente; mas os causadores são de origens diferentes. Enquanto a malária é causada por protozoários do gênero *Plasmodium*, a dengue tem o vírus do gênero *Flavivirus* como agente causador.
d) essas doenças são transmitidas pelos mosquitos *Aedes* e *Anopheles*, respectivamente; mas os causadores são de origens diferentes. Enquanto a malária é causada pelo vírus do gênero *Flavivirus*, a dengue tem o parasita do gênero *Plasmodium* como agente causador.
e) essas doenças são transmitidas pelos mosquitos *Aedes* e *Anopheles*, mas os causadores são de origens diferentes. Enquanto a malária, é causada pelo protozoário do gênero *Leishmania*, a dengue tem o vírus da família *Flavivirus* como agente causador.

5. (UNESP) **As outras chagas de Chagas**

Em abril será lançada a primeira cartilha médica sobre a infecção causada pelo barbeiro. A doença sempre esteve associada à zona rural... e graças a um intenso programa de erradicação do barbeiro na zona rural, em 2006 a Organização Panamericana da Saúde havia decretado o fim no país da infecção pelo contato direto com o inseto. Porém, nos últimos anos as contaminações ressurgiram. Agora elas ocorrem por via oral e estão disseminadas também nas zonas urbanas. Os casos mais recentes aconteceram pelo consumo de restos do barbeiro misturados a alimentos como açaí e caldo de cana. Os novos doentes já somam 600.

O número de casos registrados cresce, em média, 20% ao ano.

Veja, 24 fev. 2010. Adaptado.

Sobre a notícia, pode-se afirmar corretamente:

a) substituição de alimentos manufaturados, como o açaí e o caldo de cana, por alimentos industrializados, poria fim à doença de Chagas no Brasil.
b) a transmissão via oral só acontece quando, junto com os alimentos, também forem ingeridos insetos ainda vivos.
c) a transmissão via oral traz uma forma mais agressiva da doença, pois o sistema digestório humano não tem defesas imunológicas contra o barbeiro.
d) na transmissão via oral, o organismo humano recebe uma carga de parasitas maior que aquela que receberia pelos modos convencionais de transmissão da doença.
e) se nada for feito em termos de saúde pública, em cinco anos o número de casos registrados terá quase que dobrado.

6. (UEL – PR) A doença de Chagas, segundo a Organização Mundial da Saúde, constitui uma das principais causas de morte súbita na fase mais produtiva do cidadão. No Brasil, esta doença atinge cerca de 6 milhões de habitantes, principalmente populações pobres que residem em condições precárias. Muitas vezes, não é dada uma possibilidade de emprego, ao chagásico, mesmo que adequado à sua condição clínica, que quase sempre não é devidamente avaliada (...).

Adaptado de: NEVES, D. P. *et al.*
Parasitologia Humana.
São Paulo: Atheneu, 2005, p. 86.

Com base no texto e nos conhecimento sobre o tema, analise as afirmativas a seguir:

I – A transmissão da doença de Chagas pode se dar por via oral em várias situações como, por exemplo: amamentado, pois o Tripanosoma cruzi já foi encontrado em leite materno na fase aguda a infecção; pessoas ingerindo alimentos contaminados com fezes ou urina de "barbeiros" infectados.
II – Os indivíduos que sobrevivem à fase aguda assintomática ou sintomática evoluem para a fase crônica e podem permanecer assintomáticos ou com infecção latente por várias anos ou durante toda a sua vida.
III – A profilaxia da doença de Chagas pode se dar pela melhoria das habitações, com adequada higiene e limpeza da mesma, combate ao "barbeiro" por meio de inseticidas e outros métodos auxiliares e a identificação e seleção dos doadores de sangue.
IV – A espoliação sanguínea realizada pelas fêmeas dos "barbeiros" é tão marcante, que ocasiona internamentos de pessoas e afastamento de profissionais da agricultura e pecuária.

Neste aspecto, o Estado do Paraná, por ser predominantemente agrícola, concentra a maioria dos casos da doença de Chagas no País.

Assinale a alternativa que contém todas as afirmativas corretas.

a) I e II.
b) II e IV.
c) III e IV.
d) I, II e III.
e) I, III e IV.

7. (UFMS) Com relação aos protozoários que afetam a população brasileira, assinale a(s) afirmativa(s) correta(s):

(01) A doença de Chagas, nome adotado em homenagem ao pesquisador Carlos Chagas, é causada pelo protozoário *Trypanosoma cruzi*.
(02) A Amebíase (Disenteria Amebiana) e a Giardíase são causadas, respectivamente, pela *Entomoeba histolytica* e pela *Giardia lamblia*, sendo a transmissão para o ser humano, de ambas as doenças, causada pela ingestão de água e alimentos contaminados por cistos desses protozoários.
(04) A Leishmaniose Tegumentar Americana (LTA), conhecida por calazar, é causada pelo protozoário *Leishmania chagasi*.
(08) A malária é causada por um protozoário do gênero *Plasmodium* do qual existem três espécies encontradas no Brasil: *Plasmodium vivax*, *Plasmodium malariae* e *Plasmodium falciparum*.
(16) A transmissão da Toxoplasmose, causada pelo *Toxoplasma gondii*, é realizada por um mosquito do gênero *Anopheles*, conhecido popularmente como mosquito-prego.
(32) A Malária é transmitida por um mosquito do gênero *Lutzomyia* (flebótomos), denominado popularmente mosquito-palha.

8. (UEL – PR) A análise citológica realizada em uma população de algas verdes de uma determinada espécie verificou que alguns indivíduos apresentavam 80 cromossomos, enquanto outros, apenas 40.

Com base nessas informações, considere as afirmativas a seguir:

I – Trata-se de indivíduos que se reproduzem por um ciclo haplontediplonte, no qual a geração diploide é resultante da fecundação de esporos.
II – Trata-se de indivíduos haploides que sofrem meiose gamética para produzirem gametas diploides.
III – Trata-se de indivíduos diploides que sofrem meiose espórica para produzirem esporos haploides.
IV – Trata-se de indivíduos que se reproduzem por um ciclo haplontediplonte, no qual a geração haploide é resultante da germinação de esporos.

Assinale a alternativa correta.

a) Somente as afirmativas I e II são corretas.
b) Somente as afirmativas I e III são corretas.
c) Somente as afirmativas III e IV são corretas.
d) Somente as afirmativas I, II e IV são corretas.
e) Somente as afirmativas II, III e IV são corretas.

9. (UFAC) As algas microscópicas que flutuam nas camadas superiores das águas dos lagos e mares, fazem parte da comunidade aquática denominada plâncton. Essas algas constituem o plâncton fotossintetizante ou fitoplâncton. A vida nos mares depende das algas do fitoplâncton, constituídos principalmente por:

a) diatomáceas e dinoflagelados
b) diatomáceas e sarcodíneos
c) dinoflagelados e sarcodíneos
d) dinoflagelados e esporozoários
e) sarcodíneos e esporozoários

10. (UFRGS – RS) Assinale a alternativa que preenche corretamente as lacunas do enunciado abaixo, na ordem em que aparecem.

As algas podem apresentar três tipos de ciclos de vida diferentes. No ciclo haplonte, a condição diploide (2n) ocorre apenas no zigoto, e a meiose é .... No ciclo diplonte, a meiose é .... ou final. No ciclo haplontediplonte, há uma fase com indivíduos diploides e outra com indivíduos haploides, o que caracteriza a alternância de gerações. Os indivíduos diploides são denominados ....

a) zigótica – gamética – esporófitos
b) zigótica – zigótica – esporófitos
c) gamética – zigótica – gametófitos
d) gamética – gamética – gametófitos
e) gamética – zigótica – esporófitos

11. (UPE) O reino Protoctista agrupa organismos com origens evolutivas distintas. Inclui os protozoários e as algas. Associe corretamente alguns dos diferentes filos desse reino listados na coluna A, com seus representantes distribuídos na coluna B e suas respectivas características contidas na coluna C.

Coluna A	Coluna B	Coluna C
I. Chlorophyta	1. Algas marinhas	A Apresentam flagelos, que permitem a natação ou a captura de alimento. Possuem espécies de vida livre e parasitas.
II. Euglenophyta	2. Algas verdes	B Locomoção e captura de alimentos por meio de pseudópodes. Há espécies de vida livre e parasitas.
III. Foraminifera	3. *Amoeba proteus*	C Multicelular, com parede celular composta por celulose e algina; substâncias de reserva – óleos e laminarina.
IV. Phaeophyta	4. Euglenoides	D Possuem esqueleto perfurado, de quitina ou de carbonato de cálcio.
V. Sarcodina	5. Foraminíferos	E Unicelular; sem parede celular; substância de reserva – paramilo.
VI. Zoomastigophora	6. *Trypanosoma cruzi*	F Unicelular ou multicelular; substância de reserva – amido; clorofilas a, b.

Assinale a alternativa que contém a associação CORRETA.

a) I-1-F; II-4-C; III-5-B; IV-3-E; V-2-A; VI-6-D.
b) I-6-D; II-5-E; III-4-A; IV-3-B; V-1-C; VI-2-F.
c) I-4-A; II-3-B; III-2-E; IV-5-D; V-6-C; VI-1-F.
d) I-2-F; II-4-E; III-5-D; IV-1-C; V-3-B; VI-6-A.
e) I-5-C; II-6-A; III-2-E; IV-4-F; V-1-D; VI-3-B.

12. (UNIFESP) Nos acidentes com derramamento de petróleo em grandes extensões no mar, alguns dos principais impactos negativos estão relacionados à formação de uma camada de óleo sobre a área atingida. Sobre tais acidentes, pode-se dizer que

a) a camada de óleo impede a penetração de luz e, com isso, a realização de fotossíntese pelas algas bentônicas, que são os principais organismos fotossintetizantes do sistema oceânico.
b) o óleo derramado impedirá a dissolução do oxigênio atmosférico na água, causando a morte de peixes em grande extensão, mesmo daqueles que não tiveram contato com o óleo.
c) ao ser derramado, o óleo forma uma película superficial que não afeta tanto os organismos marinhos, pois eles se deslocam, mas atinge principalmente as aves pescadoras, pois o óleo impregna suas penas e elas morrem afogadas.
d) a camada de óleo atinge diretamente o plâncton, que é a principal fonte de produção primária para o ambiente marinho e configura-se como a base da cadeia trófica oceânica.
e) o zooplâncton é a porção mais afetada, pois os organismos morrem impregnados pelo óleo, ao contrário do fitoplâncton, que possui parede celular que os impermeabiliza e permite sua sobrevivência nesses casos.

13. (UDESC) Analise as proposições a respeito dos organismos do reino Protista.

I – Os protozoários são eucariontes unicelulares heterótrofos.
II – A organela de locomoção dos protozoários é apenas do tipo flagelado.
III – O *Trypanosoma cruzi* é o protozoário flagelado causador da doença de Chagas.
IV – As diatomáceas são algas do grupo das crisófitas; têm parede celular rígida por causa da presença de celulose.
V – Nos protistas predomina a reprodução assexuada por cissiparidade, que se inicia com a divisão do núcleo e depois em divisão do citoplasma.

Assinale a alternativa correta.

a) Somente as afirmativas I, III e V são verdadeiras.
b) Somente as afirmativas I, II, III e V são verdadeiras.
c) Somente as afirmativas II e IV são verdadeiras.
d) Somente a afirmativa III é verdadeira.
e) Todas as afirmativas são verdadeiras.

Questões dissertativas

1. (UFG – GO) Os protozoários são organismos unicelulares e predominantemente heterotróficos, com maioria de vida aquática e apresentam diversificadas relações com os demais seres vivos. Esses organismos, embora unicelulares, são complexos, pois desempenham todas as funções de animais pluricelulares, como a respiração, a alimentação e a reprodução. Em uma experiência laboratorial, protozoários coletados em uma represa foram colocados num recipiente com água do mar. Dessa forma, explique:

a) o que acontecerá a esses protozoários;
b) o mecanismo celular relacionado a essa experiência.

2. (UFTM – MG) Leia o trecho, que retrata a descrição de uma investigação científica do começo do século passado.

Anteriormente havia eu encontrado nova espécie de trypanozoma *nos macacos do gênero* Callitrix (Callitrix penicilata) *e dada a frequência da infecção dos saguis pelo* Trypanozoma minasensi, *espécie por mim descrita de modo minuncioso, suspeitei fossem as crithidias, observadas no intestino posterior do barbeiro, fase evolutiva desse* trypanozoma, *que seria então transmitido pelo inseto. E como na região todos os macacos se mostrassem parasitados, as experiências de transmissão, visando a hipótese formulada, não poderiam ser realizadas, em virtude de uma causa de erro inevitável. Foi essa a razão de haverem sido enviados por mim diversos insetos ao meu inolvidável mestre Oswaldo Cruz, a fim de que fossem eles alimentados em macacos do gênero* Callitrix, *e que estivessem livres de infecção pelo* Trypanozoma (...).

Carlos Chagas Filho. *Meu Pai*, 1993. Adaptado.

a) A que reino pertence o agente etiológico da doença de Chagas? Pessoas com essa doença podem exercer sua cidadania doando sangue? Justifique sua resposta.
b) Considerando o modo como foi conduzido o experimento descrito, qual seria a *hipótese formulada*? Justifique sua resposta.

3. (UFG – GO) Quando o computador é invadido por um vírus, o usuário ativa um antivírus para removê-lo. No sistema biológico, os vírus não são os únicos agentes etiológicos causadores de doenças. No Brasil, doenças como AIDS, rubéola, tuberculose e malária são problemas de saúde pública. Indique o tipo de agente etiológico, um sintoma característico e uma medida profilática para cada uma dessas doenças.

4. (UFF – RJ) Um gel antiviral vem sendo produzido a partir de substâncias extraídas de uma espécie de alga marinha parda encontrada em diversos pontos do litoral brasileiro. Este gel vem se mostrando um agente promissor na prevenção da AIDS. Desenvolvida em conjunto pela Universidade Federal Fluminense (UFF) e pelo Instituto Oswaldo Cruz (IOC), a substância está sendo testada na Saint George's Medical School, na Inglaterra, e já revelou eliminar em 95% a replicação do vírus HIV nos testes *in vitro* feitos com células humanas. (Adaptado da *Revista da Faperj*, 2008.)

a) A que filo pertencem as algas pardas? Explique o papel da fucoxantina geralmente presente nestes seres.
b) O gel citado age sobre a transcriptase reversa do vírus HIV. Descreva qual a principal reação catalisada por esta enzima.
c) Se o gel agisse na enzima integrase do vírus HIV, como ficariam os níveis de DNA viral e RNA mensageiro (RNAm) viral que codificam as proteínas virais? Justifique.

Programas de avaliação seriada

1. (PSS – UFAL) As doenças sexualmente transmissíveis podem trazer sérios comprometimentos ao sistema genital, levar à infertilidade e/ou prejudicar a saúde geral de um organismo. Assinale a alternativa que indica a única doença citada que **não** é transmitida sexualmente.

a) Sífilis, causada por bactéria.
b) Blenorragia, causada por bactéria.
c) Tricomoníase, causada por protozoário flagelado.
d) Botulismo, causada por bactéria.
e) Condiloma acuminado (crista-de-galo), causada pelo papiloma vírus humano.

2. (PSS – UFRR) Em determinadas regiões do país ocorre o fenômeno denominado Maré Vermelha, produzindo coloração avermelhada na água e responsável pela morte de um grande número de organismos marinhos. Esse fenômeno é causado por:

a) toxinas eliminadas por uma espécie de crustáceo.
b) toxinas produzidas pela proliferação de algas vermelhas.
c) toxinas eliminadas pela proliferação maciça de algas pelágicas, geralmente dinoflagelados.
d) derramamento de petróleo no mar.
e) toxinas produzidas pela proliferação de algas azuis.

Capítulo 17 — O reino *Fungi*

Queijos misturados com... fungos!

Muitas pessoas já devem estar torcendo o nariz sobre a possibilidade de pensar em comer algum alimento mofado, embolorado ou com fungos. Mas certos alimentos, como alguns queijos especiais, são iguarias finas da culinária mundial. Vamos conhecer alguns deles.

O queijo *roquefort* é um queijo de origem francesa, produzido a partir de leite de ovelha, enquanto o *gorgonzola*, de origem italiana, é feito com leite de vaca. Ambos possuem gosto característico, cheiro forte, e são recortados por veios esverdeados ou azulados. Aliás, esses veios coloridos são fruto da participação dos fungos, neste caso, do *Penicillium roqueforti* e *Penicillium glaucum*.

Da produção dos queijos franceses *camembert* e *brie* também participam fungos. No caso do *camembert*, sua casca é produzida pelo fungo *Penicillium camemberti*, que também contribui para que o interior do queijo fique cremoso, já que as enzimas produzidas pelo fungo digerem as proteínas do queijo. No caso do queijo *brie*, mais suave que o *camembert*, é o fungo *Penicillium candidum* que realiza o trabalho.

Para os que depois desta leitura ainda se incomodam com a presença dos fungos nesses alimentos, é importante lembrar que esses microrganismos não são prejudiciais à saúde e são responsáveis por dar um sabor todo especial a esses queijos. Vale a pena experimentar!

O bolor que cresce no pão representa apenas a parte visível do corpo de um fungo, componente de um grupo atualmente muito numeroso, formado por cerca de 200.000 espécies espalhadas por praticamente qualquer tipo de ambiente.

Os fungos mais conhecidos são os formadores de bolores, mofos, cogumelos, orelhas-de-pau e o *Saccharomyces cerevisiae* (a levedura, utilizada como fermento biológico).

FUNGOS UNICELULARES

À primeira vista, parece que todo fungo é macroscópico. Existem, porém, fungos microscópicos, unicelulares. Entre estes, pode ser citado o *Saccharomyces cerevisiae*. Esse fungo é utilizado para a fabricação de pão, cachaça, cerveja etc., graças à fermentação que ele realiza.

Os 16 bilhões de litros de etanol produzidos pelo Brasil em 2006 resultaram da fermentação alcoólica executada pelo fungo *Saccharomyces cerevisiae*. O fungo desdobra a sacarose produzida pela cana-de-açúcar em glicose e frutose, obtém na fermentação desses monossacarídeos a energia para a sua sobrevivência e elimina, como resíduo, o álcool etílico utilizado nos automóveis.

Saccharomyces: fungos unicelulares. Note que os pequenos brotos são novos indivíduos que estão sendo formados por reprodução assexuada.

A diversidade dos fungos macroscópicos.

FOTOS: PHOTOS.COM

FOTOS: PHOTOS.COM

FUNGOS PLURICELULARES

Os fungos pluricelulares possuem uma característica morfológica que os diferencia dos demais seres vivos.

Seu corpo é constituído por dois componentes: **o corpo de frutificação** e o **micélio**. O corpo de frutificação é responsável pela reprodução do fungo, por meio de células reprodutoras especiais, os **esporos**, e o micélio é constituído por uma trama de filamentos, em que cada filamento é chamado de **hifa** (veja a Figura 17-1).

Na maioria dos fungos, a parede celular é complexa e constituída de **quitina**, a mesma substância encontrada no esqueleto dos artrópodes.

O carboidrato de reserva energética da maioria dos fungos complexos é o **glicogênio**, do mesmo modo que acontece nos animais.

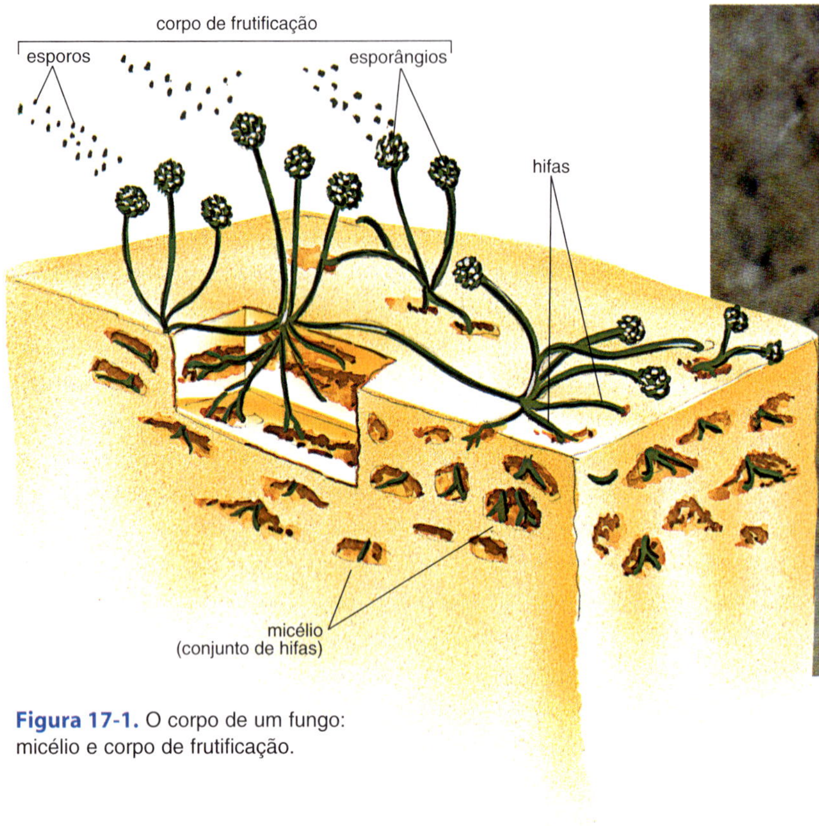

Figura 17-1. O corpo de um fungo: micélio e corpo de frutificação.

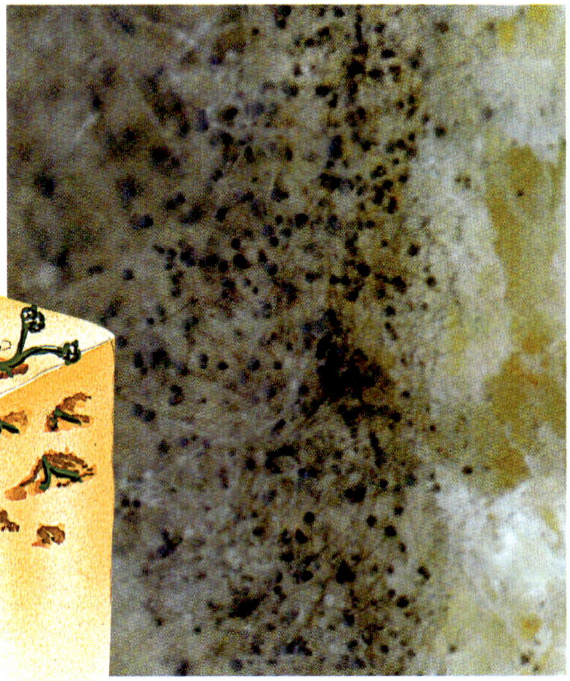

Quando você vê um bolor de pão, de mamão, ou um cogumelo, você está vendo o corpo de frutificação. Já o micélio está dentro do pão e do mamão embolorados e dentro do solo, no caso do cogumelo.

Tipos de Hifa

Dependendo do grupo de fungos, as hifas podem apresentar diferentes tipos de organização. Nas **hifas cenocíticas**, presentes em fungos simples, o fio é contínuo e o citoplasma contém numerosos núcleos nele inseridos. Fungos mais complexos possuem **hifas septadas**, isto é, há paredes divisórias (septos) que separam o filamento internamente em segmentos mais ou menos parecidos. Em cada septo há poros que permitem o livre trânsito de material citoplasmático de um compartimento a outro (veja a Figura 17-2).

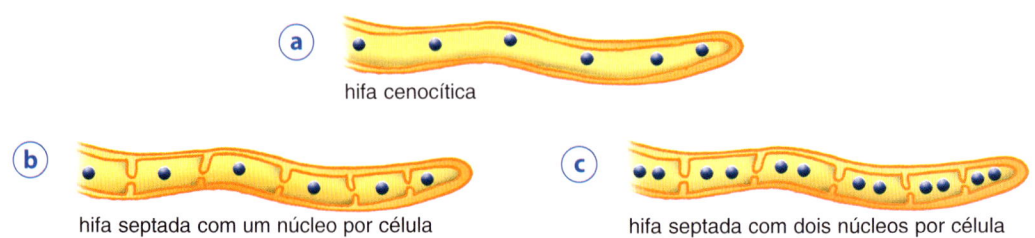

Figura 17-2. Tipos de hifa. Pelos poros das hifas septadas ocorre trânsito de citoplasma e de núcleos de uma célula para outra. Nos fungos, os núcleos são haploides.

O *Habitat* dos Fungos

Como você viu, o micélio fica dentro do pão, do mamão, do solo etc., e em contato íntimo com o alimento que interessa ao fungo. Todo fungo é heterótrofo e precisa retirar do local em que está o micélio as substâncias de que precisa para viver. Assim, os fungos alimentam-se por *absorção* da matéria orgânica por eles decomposta.

> Em determinados momentos, o micélio libera substâncias metabólicas, muitas vezes toxinas, que se espalham no meio em que se encontram as hifas.

As partículas de alimento são grandes demais para entrarem nas hifas e serem digeridas. Assim, dá-se o contrário: as hifas liberam enzimas digestivas para o meio que as rodeia, já que estão em íntimo contato com o alimento, e dessa forma ocorre uma digestão extracelular.

Efetuada a digestão, os produtos digeridos são absorvidos, *difundindo-se* para todo o corpo do fungo que pode, assim, crescer.

A IMPORTÂNCIA DOS FUNGOS

Ecológica

A principal atividade dos fungos é o "desmanche" de moléculas orgânicas. Isso corresponde à decomposição de matéria orgânica. Junto com as bactérias, os fungos são importantes agentes de reciclagem de nutrientes na biosfera terrestre.

> Umidade e matéria orgânica abundante são os dois requisitos fundamentais para a sobrevivência dos fungos.

Essa atividade decompositora pode até parecer prejudicial para o homem que, anualmente, perde alimentos, móveis de madeira, máquinas fotográficas, filmes, roupas, vê paredes emboloradas, mofadas, devido à ação dos fungos.

Cabe ao homem proteger-se da atividade dos fungos, mantendo o que se quer preservar em lugar seco, uma vez que até em geladeiras e câmaras frigoríficas observa-se o crescimento de mofo nos alimentos.

Doenças Causadas por Fungos

No homem, as micoses são provocadas por fungos. Frieiras, pé de atleta, sapinhos (candidíase causada pela levedura *Candida albicans*), unhas deformadas, micose de piscina (pitiríase) e micose pulmonar (blastomicose) são causadas por eles.

Nas plantas, também acarretam prejuízos incalculáveis. Em plantações de laranja, os fungos provocam

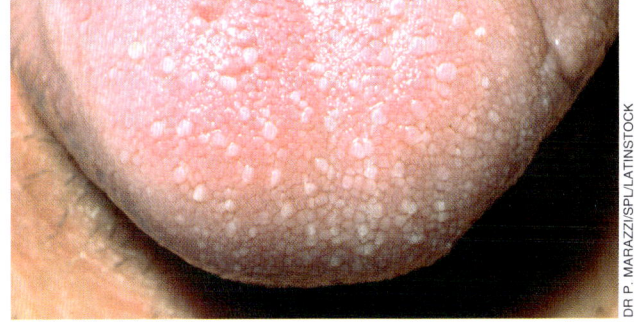

Língua de homem adulto, afetada por candidíase (manchas esbranquiçadas), doença causada pelo fungo unicelular *Candida albicans*.

o escurecimento das folhas e os milharais podem ser totalmente destruídos pelo fungo que cresce nas espigas, assemelhando-se a carvão. A uva e o trigo estão entre os cultivares humanos afetados por esses fungos, que causam consideráveis estragos nas folhas e diminuem sobremaneira a produtividade vegetal. O fungo *Aspergillus flavus* – que cresce em grãos de amendoim e de soja, entre outros – libera toxinas chamadas *aflatoxinas*, comprovadamente cancerígenas. A ferrugem do cafeeiro é causada pelo fungo *Hemileia vastatrix*.

Champignons: Estes Podemos Comer

O *champignon* é um cogumelo tradicionalmente cultivado pelo homem para fins alimentares. Há, porém, cogumelos semelhantes ao *champignon* que produzem substâncias extremamente tóxicas, podendo causar a morte.

Morchellas são fungos cujos corpos de frutificação são muito apreciados pelos "*gourmets*", assim como o *champignon* e os *shiitake*.

> **Saiba mais**
>
> **Cuidado com os cogumelos que provocam alucinações**
>
> Dentre as substâncias produzidas por fungos, descobriu-se que algumas têm efeitos alucinógenos. Destacam-se os cogumelos que crescem sobre esterco de gado, cuja ingestão é extremamente perigosa, podendo levar à morte.
>
> O LSD (dietilamida do ácido lisérgico) é uma substância alucinógena sintética, produzida a partir de um composto normalmente elaborado por um fungo (*Claviceps sp.*), causador do chamado esporão do centeio e que afeta as espigas dessa planta. A ergotamina, substância produzida pelo fungo, foi descoberta a partir do estudo de animais mortos que haviam se alimentado do centeio parasitado pelo fungo. Constatou-se que a ergotamina possuía ação vasoconstritora e, em grandes doses, era mortal. A partir dela, bioquímicos sintetizaram o LSD. Como essa droga passou a ser usada de forma indiscriminada e abusiva, com efeitos desastrosos para a vida, ela foi proibida.
>
> Esporão do centeio.

> **Pense nisso**
>
> **A medicina, a genética e os fungos**
>
> A fabricação do antibiótico **penicilina** deve-se à descoberta, pelo cientista britânico **Alexander Fleming**, de que fungos do gênero **Penicillium** liberam substâncias derivadas do seu metabolismo e que possuem ação bactericida. Essa descoberta aliviou a espécie humana de muitas doenças infecciosas de difícil cura e abriu a porta para a síntese de novos antibióticos de amplo uso atual.
>
> A Genética experimental faz uso de alguns fungos para suas pesquisas de elucidação da ação gênica.
>
> A ingestão de certos fungos pode prejudicar a saúde. Sem dúvida, a maioria não é prejudicial quando ingerida acidentalmente. É provável que muitos dos alimentos que comemos devam ter algum tipo de contaminação por fungo. No entanto, raramente temos algum tipo de sintoma que revele a presença deles no alimento.
>
> Placas de Petri com cultura de *Staphylococcus aureus*. Uma pastilha de penicilina foi colocada ao centro de cada cultura. Acima, o antibiótico produzido a partir de fungos inibe o crescimento das bactérias que estão em cultura na placa. Observe o halo escuro em torno da pastilha, indicativo de ausência de bactérias. Abaixo, as bactérias mostram resistência ao antibiótico.

REPRODUÇÃO NOS FUNGOS

Reprodução Assexuada

Pode se dar por:

- **brotamento:** brotos ou gêmulas são formados nos fungos e podem manter-se unidos a eles, ou separar-se, formando novo indivíduo. Ocorre, por exemplo, em *Saccharomyces cerevisiae*;
- **fragmentação:** um micélio se parte, formando novas hifas e micélios;
- **esporulação:** nos fungos aquáticos é comum a formação de esporos flagelados (**zoósporos**) mitóticos, que se dispersam pelo meio e geram novos fungos. Nos fungos terrestres, os corpos de frutificação produzem, por mitose, células abundantes, leves, que são espalhadas pelo meio. Cada célula dessas, um esporo conhecido como **conidiósporo** (do grego, *kónis* = = poeira), ao cair em um material apropriado, é capaz de gerar sozinha um novo mofo, bolor etc. Para a produção desse tipo de esporo, a ponta de uma hifa destaca-se do substrato e, repentinamente, produz centenas de conidiósporos, que permanecem unidos até serem liberados. É o que acontece no fungo *Penicillium*, que assim foi chamado devido ao fato de a estrutura produtora de esporos – o conídio – se assemelhar a um pincel, como mostra a Figura 17-3.

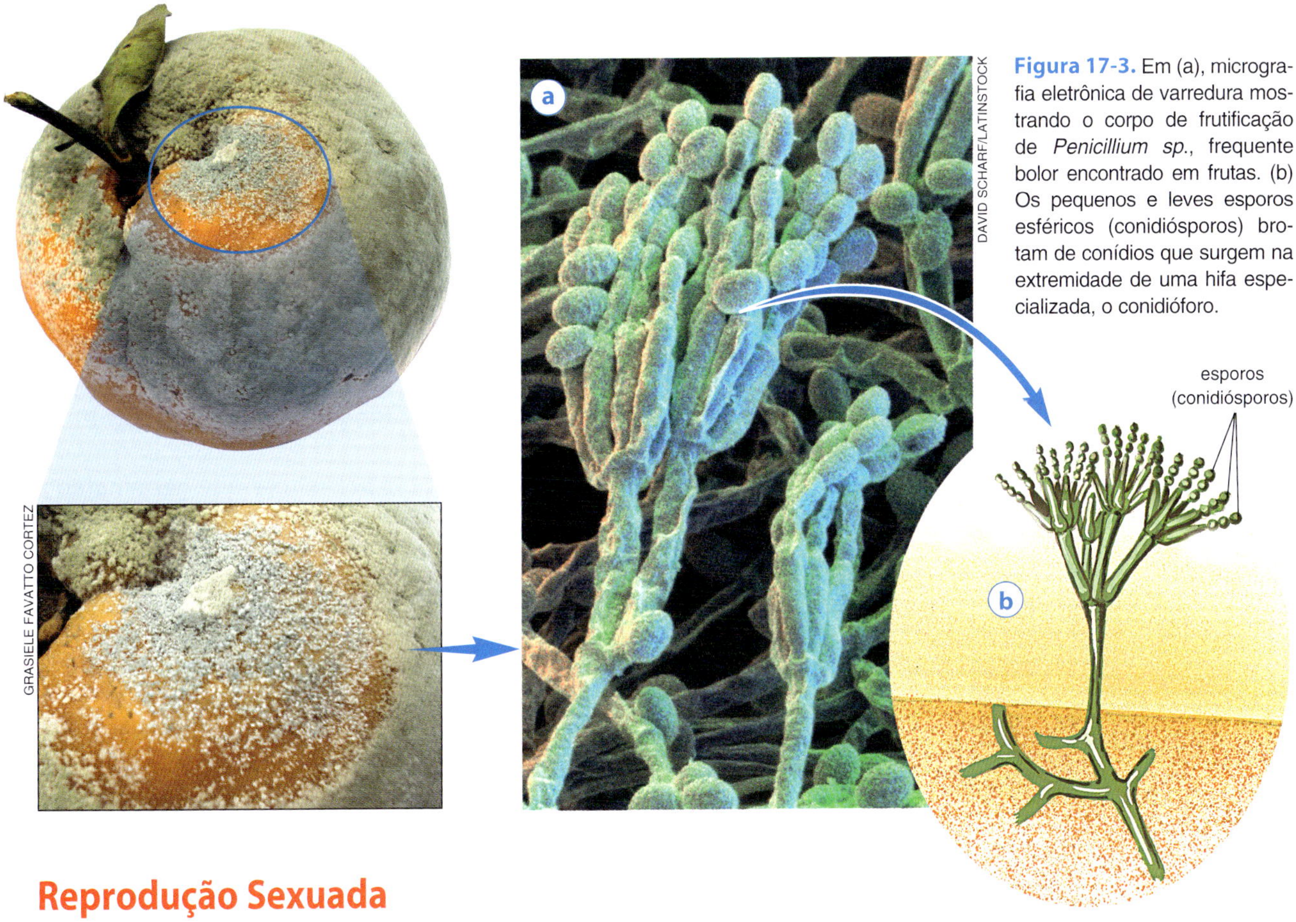

Figura 17-3. Em (a), micrografia eletrônica de varredura mostrando o corpo de frutificação de *Penicillium sp.*, frequente bolor encontrado em frutas. (b) Os pequenos e leves esporos esféricos (conidiósporos) brotam de conídios que surgem na extremidade de uma hifa especializada, o conidióforo.

Reprodução Sexuada

No ciclo reprodutivo de alguns fungos aquáticos, há a produção de gametas flagelados, que se fundem e geram zigotos que produzirão novos indivíduos. Nos fungos terrestres, existe um ciclo de reprodução no qual há produção de esporos por meiose. Desenvolvendo-se, esses esporos geram hifas haploides que posteriormente se fundem e geram novas hifas diploides, dentro das quais ocorrerão novas meioses para produção de mais esporos meióticos. A alternância de meiose e fusão de hifas (que se comportam como gametas) caracteriza o processo como sexuado.

O esquema da Figura 17-4 ilustra um ciclo de reprodução genérico, válido para a maioria dos fungos. Muitos alternam a reprodução sexuada com a assexuada. Em outros, pode ocorrer apenas reprodução sexuada ou apenas a reprodução assexuada.

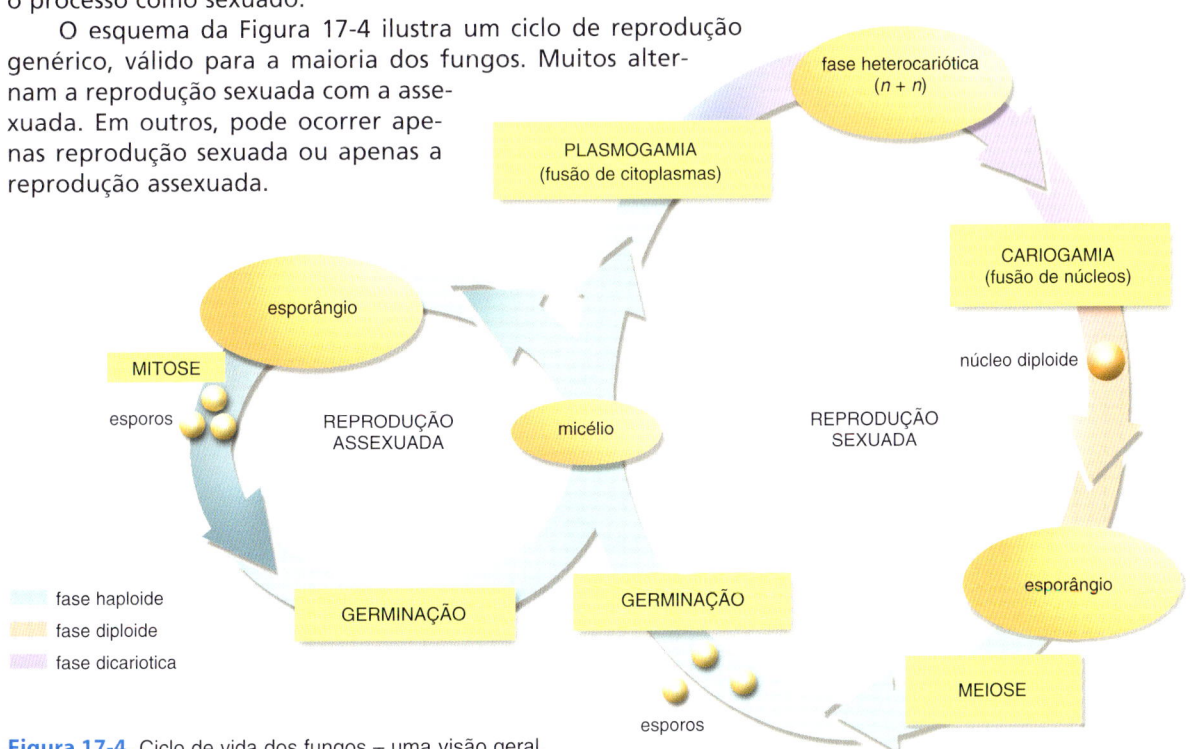

Figura 17-4. Ciclo de vida dos fungos – uma visão geral.

O reino *Fungi* 359

De modo geral, a *reprodução sexuada* dos fungos se inicia com a fusão de hifas haploides, caracterizando a **plasmogamia** (fusão de citoplasmas). Os núcleos haploides geneticamente diferentes, provenientes de cada hifa parental, permanecem separados (**fase heterocariótica**, $n + n$). Posteriormente, a fusão nuclear (**cariogamia**) gera núcleos diploides que, dividindo-se por meiose, produzem esporos haploides. Esporos formados por meiose são considerados sexuados (pela variabilidade decorrente do processo meiótico).

Algumas curiosidades merecem ser citadas a respeito da *fase sexuada* da reprodução:

- antes de ocorrer plasmogamia, é preciso que uma hifa "atraia" a outra. Isso ocorre por meio da produção de *feromônios*, substâncias de "atração sexual" produzidas por hifas compatíveis;
- em muitos fungos, após a plasmogamia decorre muito tempo (dias, meses, anos) até que aconteça a cariogamia;
- a produção de esporos meióticos, após a ocorrência de cariogamia, se dá em estruturas especiais, frequentemente chamadas de **esporângios**.

Na *reprodução assexuada*, ocorre a produção de esporos por mitose que germinarão e produzirão novos micélios. Os esporos produzidos por mitose são considerados assexuados (a mitose, de modo geral, não produz variabilidade nas células formadas).

Também aqui, alguns fatos devem ser lembrados: em certos fungos (por exemplo, o causador do sapinho da boca, *Candida albicans*), só se conhece a fase de reprodução assexuada. Os vários tipos de *Penicillium*, entre os quais os produtores de penicilina e os utilizados na produção dos famosos queijos Camembert e Roquefort, também apresentam esse tipo de reprodução.

CLASSIFICAÇÃO DOS FUNGOS

Classificar fungos não é tarefa fácil. Trata-se de um grupo muito antigo (mais de 540 milhões de anos) e existem muitas dúvidas a respeito de sua origem e evolução. A Figura 17-5 estabelece uma possível filogenia desses seres. Sem dúvida, os fungos mais conhecidos são os **ascomicetos** e **basidiomicetos**. Como curiosidade, citaremos também o grupo dos **quitridiomicetos** e o dos **zigomicetos**.

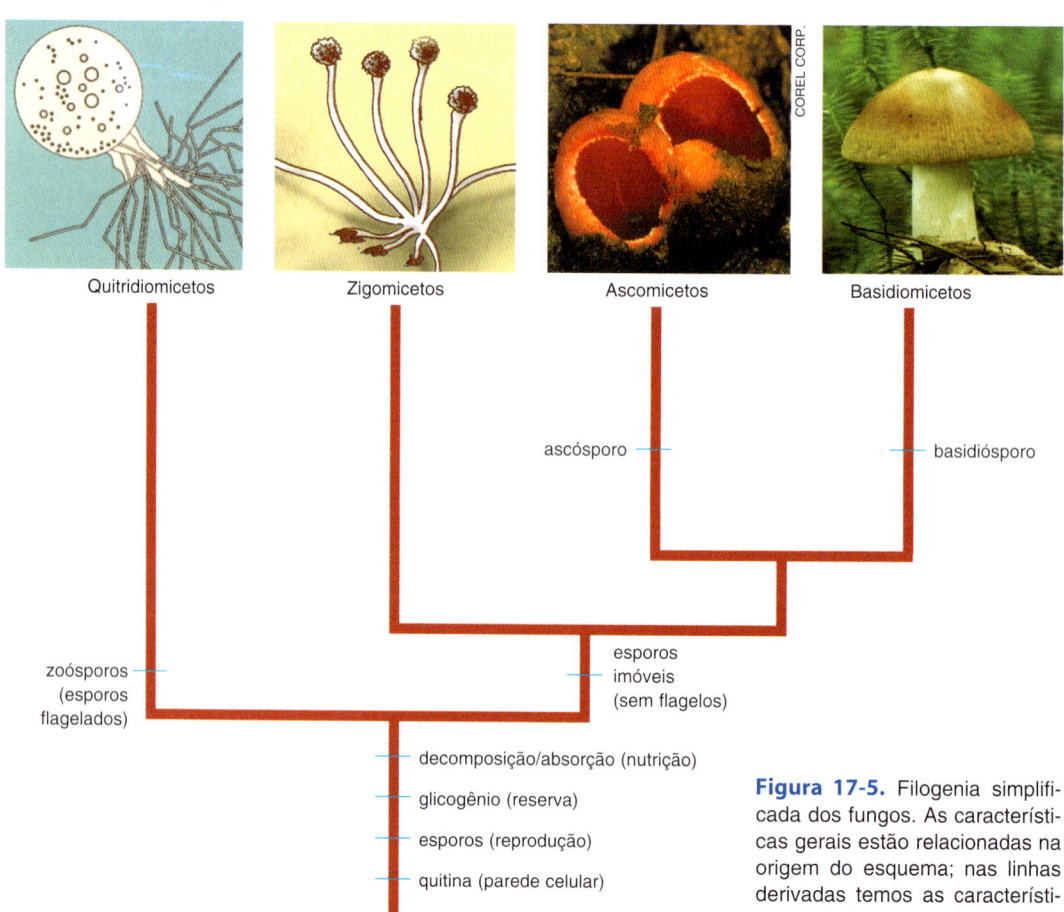

Figura 17-5. Filogenia simplificada dos fungos. As características gerais estão relacionadas na origem do esquema; nas linhas derivadas temos as características exclusivas de cada filo.

Os **quitridiomicetos**, constituídos por cerca de 790 espécies, são os prováveis ancestrais dos fungos. Vivem em meio aquático e em solos úmidos próximos a represas, rios e lagos. Vivem da absorção da matéria orgânica que decompõem e, muitas vezes, parasitam algas, protozoários, outros fungos, plantas e animais. Algumas espécies causam considerável prejuízo em plantas de cultivo (alfafa e milho).

Os **ascomicetos**, com cerca de 32.000 espécies, são os que formam estruturas reprodutivas sexuadas, conhecidas como **ascos**, dentro das quais são produzidos esporos meióticos, os **ascósporos**. Incluem diversos tipos de bolores, as trufas, as *Morchellas*, todos filamentosos, e as leveduras (*Saccharomyces sp.*), que são unicelulares.

Os **basidiomicetos**, com cerca de 22.000 espécies, são os que produzem estruturas reprodutoras sexuadas, denominadas de **basídios**, produtores de esporos meióticos, os **basidiósporos**. O grupo inclui cogumelos, orelhas-de-pau, as ferrugens e os carvões, esses dois últimos causadores de doenças em plantas.

Os **zigomicetos**, com cerca de 1.000 espécies, são fungos profusamente distribuídos pelo ambiente, podendo atuar como decompositores ou como parasitas de animais. O mais conhecido é o *Rhizopus stolonifer*, bolor que cresce em frutas, pães e doces – seu corpo de frutificação é uma penugem branca que lembra filamentos de algodão, recheados de pontos escuros que representam os esporângios.

Os **deuteromicetos**, ou fungos conidiais, que já foram conhecidos como *fungos imperfeitos*, constituem um grupo de fungos que não se enquadra no dos anteriormente citados. Em muitos deles, a fase sexuada não é conhecida ou pode ter sido simplesmente perdida ao longo do processo evolutivo. De modo geral, reproduzem-se assexuadamente por meio da produção de **conidiósporos**. A esse grupo pertencem diversas espécies de *Penicillium* (entre as quais a que produz penicilina) e *Aspergillus* (algumas espécies produzem toxinas cancerígenas).

Fique por dentro!

A diminuição das populações de algumas espécies de sapos é associada ao parasitismo causado por fungos quitridiomicetos. Essa é uma provável consequência do aquecimento global que atinge o nosso planeta e que favorece a proliferação dos fungos em locais quentes e úmidos.

A ciência por trás do fato!

Saquinhos de pano com cal ajudam a evitar o mofo?

Que casa já não teve problemas com mofo em alguma ocasião? Provavelmente todas, uma vez que o mofo, um problema dos mais inconvenientes, relacionado aos fungos, está intimamente ligado à presença de umidade.

O mofo costuma tomar armários, gavetas e paredes, causando diversos estragos. Para combatê-lo, a principal medida a ser tomada é arejar o ambiente, abrindo todas as janelas do cômodo afetado. Ao abrir a janela e entrar a luz do Sol, acontece a troca de ar do ambiente e você permite que a insolação retire a umidade.

Quando o ambiente não tem janelas, existem outras formas práticas de se auxiliar no controle de mofos e bolores. Uma das mais comuns é a utilização de cal virgem, aquela usada na construção civil. A cal é um material higroscópico, isto é, absorve umidade do ambiente, controlando a proliferação do mofo. Dependendo do ambiente, você pode colocar, por exemplo, em uma gaveta, saquinhos de pano com cal. Para ambientes maiores, como armários ou cômodos, você pode colocar recipientes maiores ou até bandeja com cal virgem. Porém, deve-se lembrar que, como este material absorve umidade, vai chegar um momento em que a cal ficará saturada, e não mais conseguirá absorver a umidade, devendo ser substituída de tempos em tempos.

AS ASSOCIAÇÕES DE FUNGOS

Muitos fungos estabelecem associações com outros seres vivos. Há os que se associam a algas, formando os **liquens**, e os que o fazem com raízes de muitas plantas superiores, constituindo as **micorrizas**.

Nessas duas situações, há vantagens para ambos os participantes da associação, que é um caso de mutualismo.

Várias espécies de formigas, entre elas as saúvas, mantêm em seus formigueiros um verdadeiro "jardim" de fungos. Fragmentos de folhas trazidos pelas formigas servem de alimento para os fungos, cujos corpos de frutificação são comidos pelas formigas, caracterizando um tipo de interação obrigatória (mutualismo) para ambas as espécies.

Os fungos das micorrizas ampliam a superfície de absorção de nutrientes minerais pelas plantas da direita. Em troca recebem nutrientes orgânicos das plantas, caracterizando um caso de mutualismo. As da esquerda não receberam os fungos da micorriza.

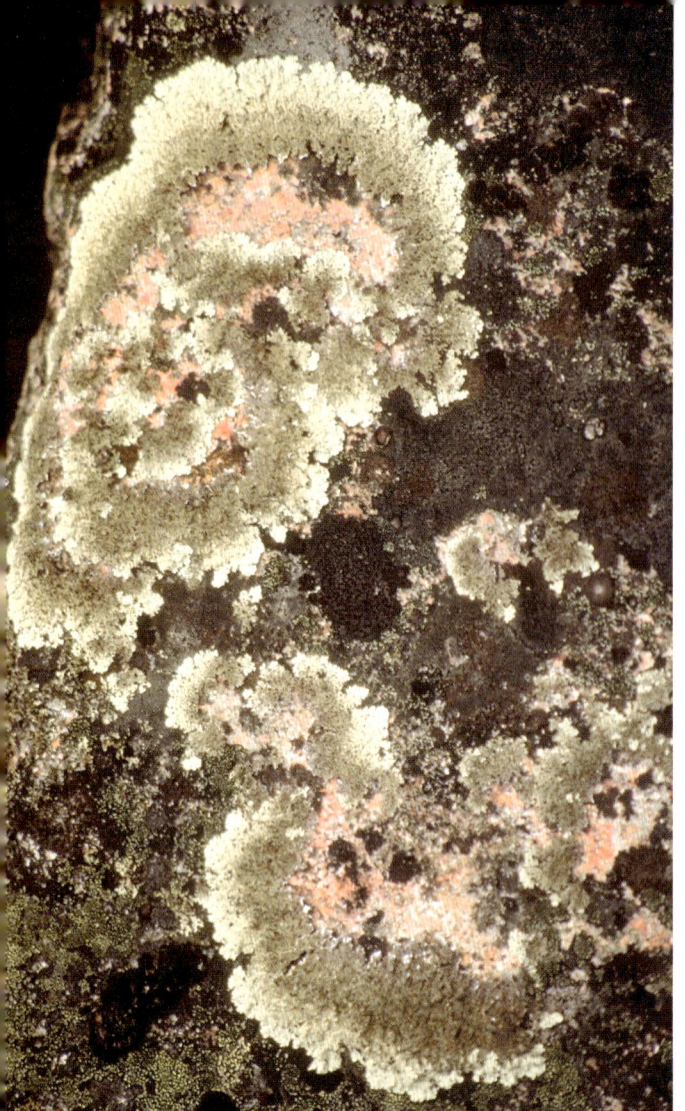

Os liquens são formados pela associação de uma alga com um fungo. Nessa associação, um tipo de simbiose com mutualismo, a alga fornece alimento orgânico ao fungo que, por sua vez, é encarregado de fornecer umidade à alga. Assim, ambos têm vantagem na associação.

FOTOS: PHOTOS.COM

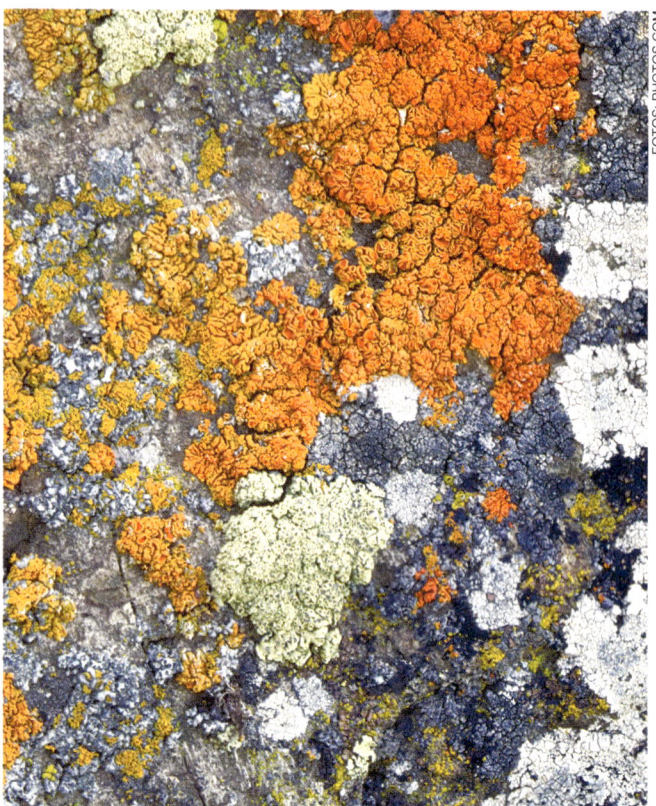

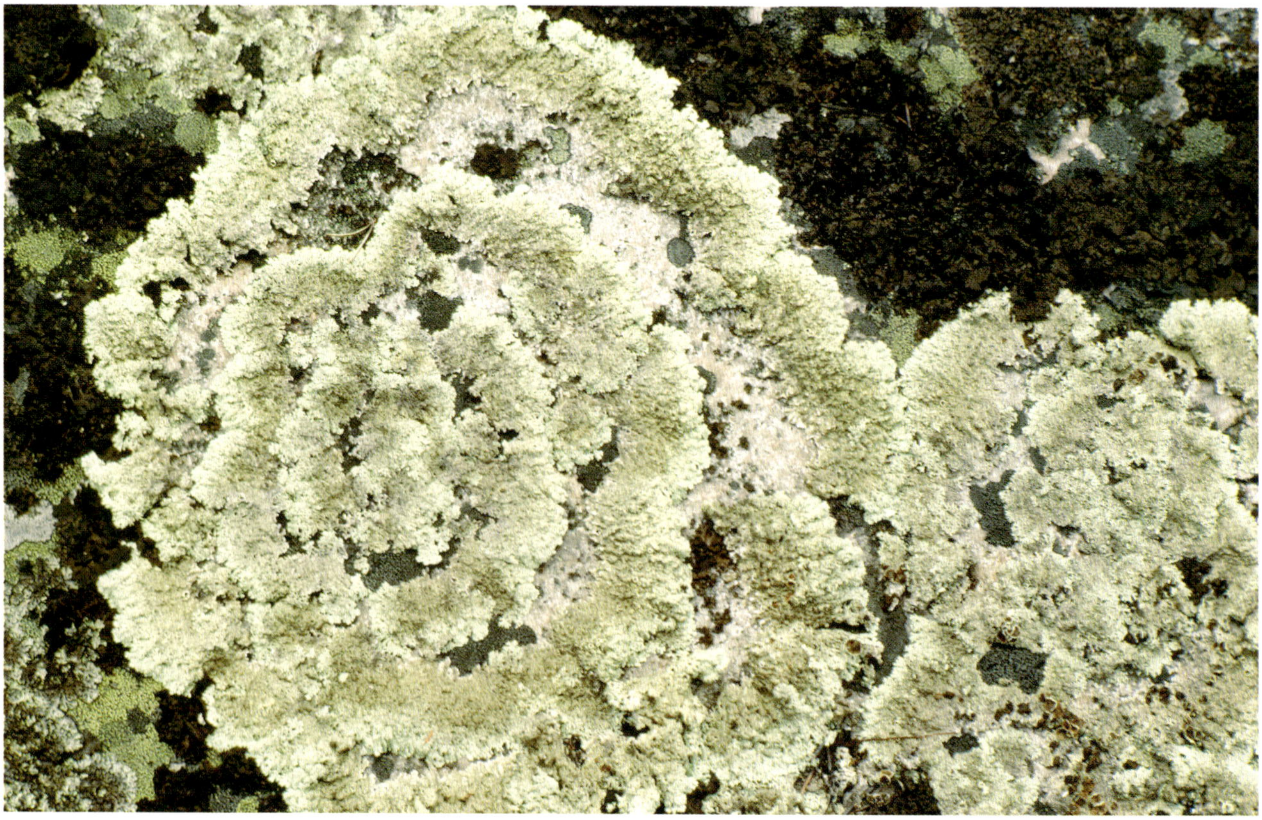

Há diversos tipos de liquens: os crostosos, os folhosos, os que lembram fios de barba etc. A cor em geral é verde, devido à clorofila existente na alga, mas há um número grande de liquens vermelhos, alaranjados, entre outros. Os liquens vivem presos em árvores ou em rochas de regiões não poluídas.

> Os liquens crescem lentamente, menos de 1 cm de diâmetro por ano.

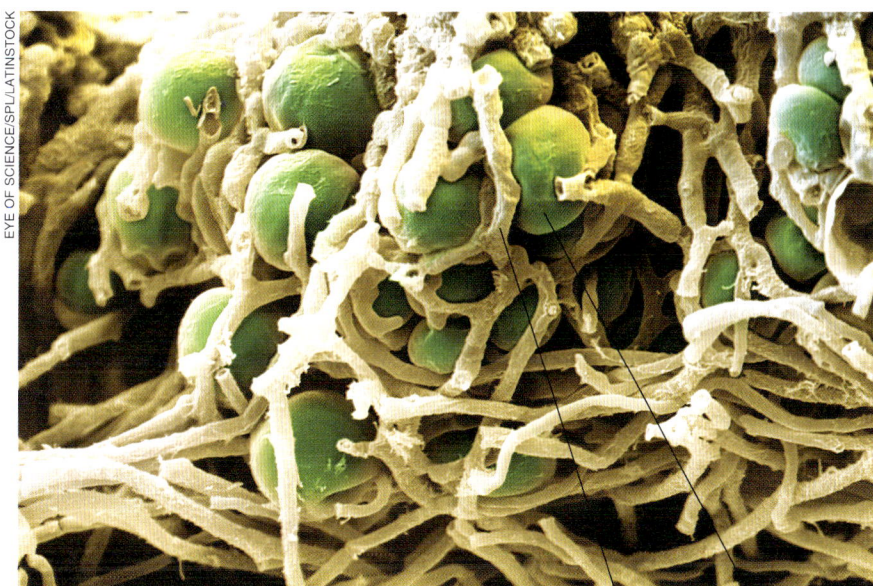

Líquen em casca de árvore. O detalhe mostra hifas de fungos, entrelaçadas com as algas.   hifa do fungo   alga

A Reprodução dos Liquens: Os Sorédios

A maneira mais comum de reprodução dos liquens ocorre por fragmentação do talo, produzindo-se vários pedaços que se espalham pelos ambientes. Outra modalidade reprodutiva comum nesses organismos é a produção de **sorédios**: grupos de uma ou mais células de alga, circundados por hifas do fungo.

Ambos os processos constituem mecanismos de propagação vegetativa, sendo, portanto, considerados modalidades de reprodução assexuada.

Fique por dentro!

Os liquens e a poluição

Se você mora em uma grande cidade e não encontra liquens nas árvores, isso não é um bom sinal, pois sua ausência é considerada um excelente indicador de poluição atmosférica por gases. Os liquens são incapazes de "excretar" as substâncias tóxicas que absorvem, porém, são extremamente sensíveis a gases poluentes liberados por indústrias e veículos movidos a derivados de petróleo, especialmente ao dióxido de enxofre (SO_2).

Saiba mais

Fungo que modifica o comportamento de sua formiga hospedeira

Parece um filme de terror. Ao se introduzir no corpo de sua formiga hospedeira, o esporo do fungo parasita *Ophicordyceps camponotibalzani* germina e cresce, originando o micélio nutridor. Aparentemente, não causa muitos danos à formiga, que permanece viva. Ao atingir a maturidade sexual, porém, o fungo libera substâncias que atuam nos gânglios cerebrais da hospedeira, modificando o seu comportamento. A formiga sobe em uma planta, onde crava suas mandíbulas na face inferior de uma folha, ali permanecendo por algum tempo. Dias depois, um elaborado corpo de frutificação emerge do corpo desgastado do inseto e libera inúmeros esporos que se disseminam no ambiente, eventualmente atingindo novas hospedeiras. E o ciclo recomeça!

Fonte: KAPLAN, M. Befriending the body snatchers. *New Scientist*, London, p. 37, 27 Aug. 2011.

Ética & Sociedade

Verão e micose: uma combinação nada agradável

A associação é bastante frequente: sempre que chega o verão, a preocupação com as micoses aumenta, e muito. As micoses são doenças causadas por diversos gêneros de fungos que costumam se alimentar de queratina, uma proteína frequentemente encontrada na pele, nas unhas e nos cabelos. No verão, época mais quente do ano, as micoses aparecem mais, já que os fungos, de um modo geral, preferem ambientes quentes e úmidos.

Tendo em vista que os principais ambientes úmidos públicos frequentados no verão são praias, piscinas, vestiários e banheiros de clubes, que medidas você conhece e quais você sugere implantar para que não ocorra a disseminação de micoses?

O reino *Fungi*   **363**

Passo a passo

1. Estamos rodeados de fungos por todos os lados. São numerosas espécies, espalhadas por praticamente qualquer tipo de ambiente. Considerando essas informações e seus conhecimentos sobre o assunto, responda:

   a) Qual o número aproximado de espécies de fungos atualmente existente? Cite os fungos mais conhecidos relacionados no início desse capítulo.
   b) Embora pareçam todos pluricelulares, um fungo unicelular é, há séculos, utilizado pelo homem com finalidades alimentares e industriais. Qual é esse fungo? Cite a sua utilidade e o mecanismo bioenergético que realiza e é aproveitado pelo homem. A célula desse e de todos os demais fungos é procariótica ou eucariótica?

2. Os fungos pluricelulares possuem uma característica morfológica que os diferencia de todos os demais organismos. A respeito desse assunto, responda:

   a) Quais são os dois componentes típicos do organismo de um fungo pluricelular, um deles relacionado à sobrevivência e o outro à reprodução? Por meio de qual tipo de célula reprodutora ocorre a dispersão dos fungos na natureza.
   b) Que substância química reveste a parede celular dos fungos? Qual a reserva energética polissacarídica encontrada nas células dos fungos pluricelulares?
   c) Cite os dois tipos de hifas que podem ser encontradas nos fungos pluricelulares.

3. Do ponto de vista de um fungo pluricelular, sobreviver no solo, em uma fruta ou pedaço de pão e mesmo na pele humana depende da existência de condições específicas. As hifas precisam penetrar nesses locais e deles obter os nutrientes essenciais à sobrevivência. Considerando esse aspecto da vida dos fungos, responda:

   a) Quais são os dois requisitos básicos indispensáveis para a sobrevivência dos fungos nos locais em que se desenvolvem? Em termos de nutrição, qual é a característica básica de todo e qualquer fungo?
   b) Como atuam as células das hifas no sentido de obterem os nutrientes que existem nos meios de vida? Como caracterizar essa atividade das hifas ao atuarem no alimento orgânico de grande tamanho molecular que existe nos meios em que vivem?
   c) A atividade das hifas, relatada no item anterior, permite fazer uma generalização acerca da atividade biológica de qualquer fungo. Qual é essa generalização? Essa generalização está relacionada à principal importância dos fungos nos ambientes naturais. Qual é essa importância?

4. Na série de frases seguintes, reconheça as corretas e efetue a soma no final.

   (01) O sapinho bucal é causado pelo fungo *Candida albicans*.
   (02) Os fungos não causam doenças em vegetais.
   (04) O fungo *Aspergillus flavus* é causador de sapinho bucal e micose de unha.
   (08) O *champignon* e o *shiitake* são exemplos de cogumelos comestíveis.
   (16) A penicilina é um antibiótico produzido por algumas espécies de *Penicillium*.
   (32) A ingestão de certos fungos pode ser prejudicial à saúde humana.

5. A reprodução dos fungos pluricelulares pode ser assexuada ou sexuada. Em cada uma dessas modalidades há eventos característicos que devem ser considerados. A respeito desse tema:

   a) Cite as três modalidades de reprodução assexuada encontradas entre os fungos. O que representam os conidiósporos? Por meio de qual tipo de divisão celular são produzidos?
   b) Pelo menos três eventos fundamentais caracterizam a reprodução sexuada de um fungo pluricelular. Cite esses eventos e explique o seu papel na geração de variabilidade constatada entre os fungos. O que representam os esporângios produzidos ao longo desses eventos?

6. Fungos pluricelulares crescem sobre alimentos e formam corpos de frutificação (mofos e bolores) de diversas colorações. Cite as etapas do desenvolvimento de um fungo, desde a fixação de um esporo a um substrato, até o aparecimento do corpo de frutificação.

7. Trufas, cogumelos e orelhas-de-pau são nomes populares de fungos que pertencem aos filos:

   a) ascomicetos, basidiomicetos e ascomicetos.
   b) deuteromicetos, zigomicetos e quitridiomicetos.
   c) basidiomicetos, ascomicetos e ascomicetos.
   d) zigomicetos, deuteromicetos e quitridiomicetos.
   e) ascomicetos, basidiomicetos e basidiomicetos.

8. Micorrizas e liquens são dois exemplos de interações em que os fungos participantes se associam com:

   a) algas no primeiro caso e com outros fungos no segundo.
   b) raízes de plantas no primeiro caso e com bactérias no segundo.
   c) raízes de plantas no primeiro caso e com protozoários no segundo.
   d) algas no primeiro caso e com raízes de plantas no segundo.
   e) raízes de plantas no primeiro caso e com algas no segundo.

9. Os fungos participantes das micorrizas são extremamente importantes para o crescimento das plantas com que estão associadas, uma vez que:

   a) ampliam a superfície de absorção de nutrientes minerais pelas raízes dos vegetais.
   b) efetuam a fixação do nitrogênio do solo, tornando-o disponível para as raízes dos vegetais.
   c) eliminam substâncias tóxicas para o meio, impedindo o crescimento de plantas competidoras dos vegetais com os quais se associam.
   d) sintetizam a matéria orgânica por fotossíntese, fornecendo-a às plantas com as quais se associam.
   e) protegem as raízes das plantas com as quais se associam do ataque de outros fungos e de muitas espécies de bactérias.

10. Com relação aos liquens, que constituem uma associação mutuamente vantajosa entre certas espécies de fungos e algas, assinale a alternativa correta.

   a) Os fungos sintetizam a matéria orgânica que é fornecida à alga e, em troca, recebem nutrientes minerais para o seu crescimento e reprodução.
   b) A reprodução dos liquens ocorre apenas pela produção de sorédios, que correspondem a grupos de esporos liberados e dispersados pelos fungos para o meio.
   c) São importantes indicadores de poluição atmosférica, uma vez que são extremamente sensíveis a gases poluentes liberados na queima de combustíveis derivados de petróleo.
   d) Possuem crescimento rápido e revestem inteiramente as cascas das árvores nas quais se apoiam, prejudicando o crescimento vegetal.
   e) Do mesmo modo que as micorrizas, prendem-se às raízes das árvores e ampliam a superfície de absorção de nutrientes minerais.

11. ***Questão de interpretação de texto***

"Pesquisa realizada na USP de Piracicaba – SP apontou a viabilidade da produção de etanol a partir de cinco milhões de cascas de eucalipto descartadas anualmente pelas fábricas de papel e celulose. Segundo os pesquisadores, o processo de produção é semelhante ao da cana-de-açúcar, com vantagens, considerando a enorme quantidade de celulose ainda existente nas células das cascas de eucalipto. É bom recordar que atualmente, em nosso país, o etanol é produzido a partir do açúcar de cana fornecido a fungos microscópicos. Os microrganismos precisam, antes, digerir a sacarose da cana, liberando moléculas de glicose. A seguir, realizam o processo de fermentação que resulta na produção do álcool etílico."

Utilizando as informações do texto e seus conhecimentos sobre o assunto, responda:

a) Quais os microrganismos normalmente utilizados na produção de álcool combustível? A que reino de seres vivos eles pertencem? Que denominação recebe o processo bioenergético realizado por esses microrganismos para a produção de álcool combustível?

b) Plantas de cana-de-açúcar armazenam moléculas de sacarose em seus caules. Por sua vez, a sacarose é sintetizada a partir de moléculas de glicose produzidas em um importante processo bioenergético realizado pelas folhas da cana-de-açúcar. Qual é esse processo bioenergético e qual é a fonte de energia necessária à sua realização?

c) Cascas de celulose contêm grande quantidade de celulose, que, como sabemos, é um polímero de glicose. Que procedimento químico deve ser adotado previamente, no sentido de fornecer as moléculas de glicose aos microrganismos que atuarão nessas moléculas de glicose na produção de etanol (álcool etílico)?

Questões objetivas

1. (UNESP) No sistema de classificação de Lineu, os fungos eram considerados vegetais inferiores e compunham o mesmo grupo do qual faziam parte os musgos e as samambaias. Contudo, sistemas de classificação modernos colocam os fungos em um reino à parte, reino *Fungi*, que difere dos vegetais não apenas por não realizarem fotossíntese, mas também porque os fungos

a) são procariontes, uni ou pluricelulares, enquanto os vegetais são eucariontes pluricelulares.
b) são exclusivamente heterótrofos, enquanto os vegetais são autótrofos ou heterótrofos.
c) não apresentam parede celular, enquanto todos os vegetais apresentam parede celular formada por celulose.
d) têm o glicogênio como substância de reserva energética, enquanto nos vegetais a reserva energética é o amido.
e) reproduzem-se apenas assexuadamente, enquanto nos vegetais ocorre reprodução sexuada ou assexuada.

2. (UPE) Muitos fungos são utilizados na produção de bebidas e no preparo de alimentos. O gênero *Saccharomyces*, por exemplo, compreende inúmeras espécies, sendo uma das principais a levedura de cerveja. Sabe-se que o levedo de cerveja é um fermento inativo, resultante do processo de fermentação da cevada, durante a produção de cerveja. É uma das fontes naturais de vitaminas do complexo B, de proteínas, fibras e vitaminas.

Tendo em vista o tema apresentado acima, analise as proposições abaixo:

I – O termo levedura é usado para nomear espécies de fungos unicelulares.
II – A *Saccharomyces cerevisiae* é capaz de realizar fermentação alcoólica na presença de oxigênio, degradando o açúcar em álcool etílico e gás carbônico.
III – Leveduras se reproduzem assexuadamente por brotamento, em que ocorre uma projeção, separando-se depois da célula-mãe e originando um novo indivíduo.
IV – Leveduras são representantes dos zigomicetos que reúnem o maior número de espécies entre os fungos.

Somente está CORRETO o que se afirma em

a) I e II.
b) I e III.
c) I e IV.
d) II e III.
e) II e IV.

3. (FUVEST – SP) O quadro seguinte lista características que diferenciam os reinos dos fungos, das plantas e dos animais, quanto ao tipo e ao número de células e quanto à forma de nutrição de seus integrantes.

Característica	I	II	III
Tipo de célula	Exclusivamente procarióticos	Maioria eucarióticos	Exclusivamente eucarióticos
Número de célula	Exclusivamente unicelulares	Unicelulares ou pluricelulares	Exclusivamente pluricelulares
Forma de nutrição	Exclusivamente heterotróficos	Autotróficos ou heterotróficos	Exclusivamente autotróficos

Com relação a essas características, os seres vivos que compõem o reino dos fungos estão indicados em:

	Tipo de célula	Número de células	Forma de nutrição
a)	I	III	II
b)	II	III	I
c)	III	II	I
d)	III	I	II
e)	II	II	III

4. (UFOP – MG) A produção de álcool pelas leveduras, como produto final do metabolismo, é uma característica microbiana que vem sendo explorada pelas indústrias interessadas nesse produto. Observe a curva de crescimento hipotética de uma espécie de levedura em diferentes concentrações de um novo carboidrato em experiência inédita.

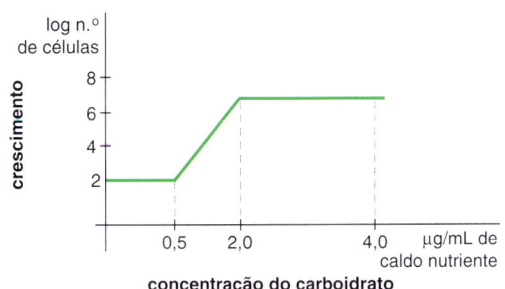

Essa curva é obtida quando se estuda o crescimento de uma espécie microbiana em presença de seus fatores de crescimento, incluindo o novo carboidrato, que por conseguinte auxilia na avaliação sobre os metabólitos produzidos. Sabendo-se que os demais fatores foram mantidos constantes no experimento, a observação do gráfico no permite fazer as seguintes afirmações, **exceto**:

a) Nas concentrações de 0,5 a 2,0 µg/mL de caldo nutriente, a cultura apresenta um índice de crescimento mais acelerado.
b) Há correlação entre concentração do carboidrato, número de célula microbiana e produção de álcool na faixa de 0,5 a 2,0 µg/mL de caldo nutriente.
c) A partir de 2,0 µg/mL de caldo nutriente, o metabolismo está estável e, a cada momento, a cultura produz mais álcool.
d) Se for usada a concentração de 8,0 µg/mL de caldo nutriente, certamente não haverá aumento significativo no crescimento.

5. (MACKENZIE – SP) Os fungos são seres vivos bastante diversificados quanto à sua organização e aos seus relacionamentos com outros seres. A respeito deles, são feitas as seguintes afirmações:

I – A maioria apresenta tanto reprodução sexuada como assexuada.
II – Suas hifas são constituídas basicamente de celulose.
III – Nas relações com outros seres vivos, nunca exercem o papel de produtor.
IV – Numa cadeia alimentar, eles podem ocupar os níveis de produtor, consumidor e decompositor.

Das afirmações acima, estão corretas apenas

a) I e II
b) I e III
c) II e III
d) I e IV
e) III e IV

6. (UFRGS – RS) Assinale com **V** (verdadeiro) ou **F** (falso) as afirmações que seguem, referentes aos fungos.

( ) Sua reprodução se dá mediante a formação de esporos, que são células haploides.
( ) Suas paredes celulares são formadas por quitina.
( ) Sua substância de reserva é o amido.
( ) Seu alimento é obtido por absorção de nutrientes do meio.

A sequência correta de preenchimento dos parênteses, de cima para baixo, é

a) V – V – F – V.
b) F – F – V – V.
c) F – V – V – F.
d) V – F – F – V.
e) V – V – F – F.

7. (UFRGS – RS) Assinale a alternativa correta sobre fungos.

a) Trata-se de organismos heterotróficos, cuja nutrição ocorre por absorção de substâncias orgânicas.
b) Incluem espécies parasitas que podem causar doenças como, por exemplo, a herpes.
c) Possuem queratina nas paredes celulares, o que lhes confere maior resistência estrutural.
d) Apresentam hifas que, no processo de reprodução assexuada, formam corpos de frutificação.
e) As leveduras são exemplos de fungos multicelulares que fazem fermentação.

8. (UFTM – MG) Um meio de cultura contendo proteínas, lipídios, glicose e amido recebeu uma espécie de fungo unicelular, geneticamente modificado. Ao longo de alguns dias, foram medidas as taxas das substâncias contidas na cultura, além do gás CO_2 produzido. Os resultados foram expressos no gráfico.

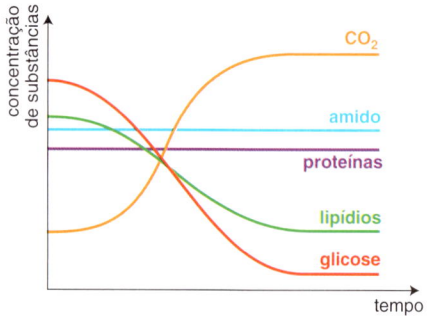

A partir da análise do gráfico, foram feitas as seguintes afirmações.

I – O fungo realizou a respiração celular ou a fermentação.
II – A glicose foi absorvida e utilizada como combustível celular.
III – O fungo apresentava genes capazes de produzir amilases e proteases, que foram secretadas no meio.
IV – As células do fungo secretaram lipases no meio de cultura.

Está correto apenas o que se afirma em

a) II.
b) IV.
c) I e III.
d) II e III.
e) I, II e IV.

9. (UFPE) Os fungos têm grande importância na agricultura, na indústria e na medicina. Sobre essa questão, considere o que é afirmado a seguir.

(0) Sua importância para a agricultura é reconhecida devido às doenças causadas em plantas cultivadas, a exemplo de milho, feijão, batata, café e algodão. Além disso, os fungos causam prejuízo na conservação de sementes, a exemplo do *Aspergillus flavus*, que produz potentes toxinas que podem causar lesões hepáticas graves.

(1) Os fungos são também aliados dos interesses humanos na agricultura. É o caso da associação de fungos com as raízes da planta hospedeira formando as micorrizas, onde os fungos obtêm nutrientes e aumentam a capacidade de absorção de sais minerais do solo pelas raízes.

(2) Doenças causadas por fungos, que são chamadas micoses, ocorrem no homem; as mais comuns são o "sapinho" ou candidíase, causada pelo fungo *Candida albicans*, e a "frieira" ou pé de atleta, provocada pelo fungo *Tinea pedis*.

(3) Na fabricação do álcool e de bebidas alcoólicas como o vinho e a cerveja, é fundamental a participação dos fungos da espécie *Agaricus campestris*, que realizam fermentação alcoólica, convertando açúcar em álcool etílico.

(4) Os fungos são enquadrados num reino exclusivo: o reino Fungi, devido às suas especificidades. Sua reprodução normalmente envolve esporos, como ocorre entre algumas plantas; mas armazenam glicogênio e, como os animais, apresentam nutrição heterótrofa.

10. (UFV – MG) Nos dias atuais, nota-se que a liberdade sexual é algo comum e que vem sendo disseminada em várias culturas. É importante ressaltar que, além de uma gravidez indesejada, o risco de se adquirir doenças sexualmente transmissíveis (DSTs) aumenta quando a prática sexual acontece de maneira desprotegida. Tendo em vista que as DSTs são tratadas de diferentes maneiras, analise as tabelas abaixo e assinale a opção que, corretamente, as correlaciona.

Tabela 1

DST	
A	AIDS
B	Sífilis
C	Herpes genital

Tabela 2

Reino a que pertence o agente causador	
1	Monera
2	*Fungi*
3	Protista

Tabela 3

	Tratamento
I	Aguardar a reação do sistema imunológico sem uso de medicação
II	Administração de soros e vitaminas
III	Antibiótico

a) C – 3 – I
b) A – 2 – II
c) B – 1 – III
d) A – 3 – I

11. (UFSC) Atualmente são conhecidas mais de 70 mil espécies de fungos e, a cada ano, são descritas entre 1,5 e 2 mil novas espécies. Estimativas conservadoras calculam em mais de 1,5 milhão o número de espécies de fungos viventes, número só superado pelo de espécies de insetos.

AMABIS & MARTHO. *Biologia dos Organismos*.
São Paulo: Moderna, 2005, p. 117. v. 2.

A respeito desses seres vivos, assinale a(s) proposição(ões) **CORRETA(S)**.

(01) A parede celular dos fungos é composta por quitina, enquanto a dos vegetais é formada por celulose.

(02) A substância de reserva dos fungos é o glicogênio, presente também em animais e plantas.

(04) Alguns tipos de fungos apresentam um modo de vida conhecido como saprofagia, que é responsável pela decomposição de matéria orgânica.

(08) Alguns tipos de fungos associam-se a determinadas algas formando os liquens; quando a associação com a alga é permanente, os fungos adquirem a capacidade de realizar a fotossíntese.

(16) Micorrizas são associações entre as raízes de certas plantas e fungos, nas quais somente o fungo tem vantagens.

(32) Nas plantas, os fungos podem provocar doenças como a ferrugem, que ataca o cafeeiro e outras plantas economicamente importantes.

12. (UFF – RJ) As Doenças Sexualmente Transmissíveis (DSTs) se tornaram um problema de Saúde Pública na faixa etária de 12 a 16 anos, dada a ilusão dos jovens em considerar que outras formas de sexo (oral, anal, coito interrompido) não apresentam riscos e que metodologias exclusivamente contraceptivas (tabelinha, pílula anticoncepcional) são suficientes para protegê-los.

Três adolescentes que se consideravam contaminados por alguma DST resolveram se automedicar, usando um antifúngico (adolescentes A e B) ou um antibiótico (adolescente C). A tabela abaixo mostra a análise dos três adolescentes para identificação das respectivas DSTs.

	Agente causativo (Nível = UA*)		
Adolescente	Neisseria gonorrhoeae	Candida albicans	Vírus da Imunodeficiência Adquirida
A	5,60	0,10	0,12
B	0,20	8,50	0,18
C	0,08	2,03	13,00

*Unidades arbitrárias – positivo > 3,00 UA.

De acordo com a tabela anterior, pode-se afirmar que:

a) os medicamentos escolhidos pelos adolescentes A e B podem ter um efeito benéfico, visto que a gonorreia e a candidíase são causadas por fungos.
b) os medicamentos escolhidos pelos adolescentes A e C não terão qualquer efeito benéfico, visto que a gonorreia é causada por bactéria, enquanto a AIDS é causada por um vírus.
c) o medicamento escolhido pelo adolescente C pode ter um efeito benéfico, visto que a AIDS é causada por uma bactéria.
d) os medicamentos escolhidos pelos adolescentes B e C não terão qualquer efeito benéfico, visto que a candidíase é causada por um fungo, enquanto a gonorreia é causada por um vírus.
e) o medicamento escolhido pelo adolescente A pode ter um efeito benéfico, visto que a gonorreia é causada por um fungo.

13. (UEL – PR) As micoses de pele, como "frieira" ou "pé de atleta", são causadas por fungos deuteromicetos que se desenvolvem no calor e na umidade. Os medicamentos antimicóticos de uso externo de aplicação sobre a pele, como é o caso de pomadas e cremes, agem impedindo a proliferação dos fungos.

Com base nessas informações, considere as ações dos fármacos ativos desses medicamentos sobre as micoses:

I – Degradam o polissacarídeo nitrogenado quitina da parede celular.
II – Impedem a formação das membranas dos cloroplastos.
III – Fragmentam a molécula de DNA dispersa no citoplasma.
IV – Digerem o glicogênio utilizado como reserva de energia.

Assinale a alternativa correta.

a) Somente as afirmativas I e IV são corretas.
b) Somente as afirmativas II e III são corretas.
c) Somente as afirmativas III e IV são corretas.
d) Somente as afirmativas I, II e III são corretas.
e) Somente as afirmativas I, II e IV são corretas.

14. (UFC – CE) O pesquisador Gustavo obtém pectinase, no meio de cultura líquido, produzida pelo fungo *Aspergillus niger*, para ser empregada na indústria de sucos. Gustavo não precisa destruir o fungo para obter a enzima; ele simplesmente separa o meio de cultura do microrganismo e isola a enzima deste meio. De acordo com o texto, assinale a alternativa correta.

a) O *Aspergillus niger* é um organismo que possui mesossomo; desta forma, a síntese da enzima ocorre nas membranas do mesossomo e depois ela é secretada para o meio de cultura.
b) O caminho da produção da pectinase começa com a transcrição, no citoplasma, do seu RNAm, que é traduzido por ribossomos e depois é ancorado nas membranas do retículo endoplasmático rugoso, onde a tradução é concluída.
c) A síntese da pectinase começa no citoplasma e termina nas membranas do retículo endoplasmático rugoso. Em seguida, esta enzima passa para o complexo de Golgi e é secretada, via vesículas de secreção, para o meio de cultura.
d) A síntese da pectinase começa no núcleo e termina nas membranas do retículo endoplasmático liso. Em seguida, esta enzima passa para o lisossomo, depois para o complexo de Golgi e é secretada, via vesículas de secreção, para o meio de cultura.
e) A síntese da pectinase começa no mesossomo e termina nas membranas do retículo endoplasmático rugoso. Em seguida, esta enzima passa para o complexo de Golgi e é secretada, via vesículas de secreção, para o meio de cultura.

15. (UEL – PR) A figura a seguir representa o ciclo de vida da ferrugem do trigo *Puccinia graminis* (filo *Basidiomycota*, classe *Tellomycetes*). A ferrugem do trigo é heteroécia, isto é, parte do ciclo de vida passa sobre Berberis e parte, sobre uma gramínea (neste caso, o trigo).

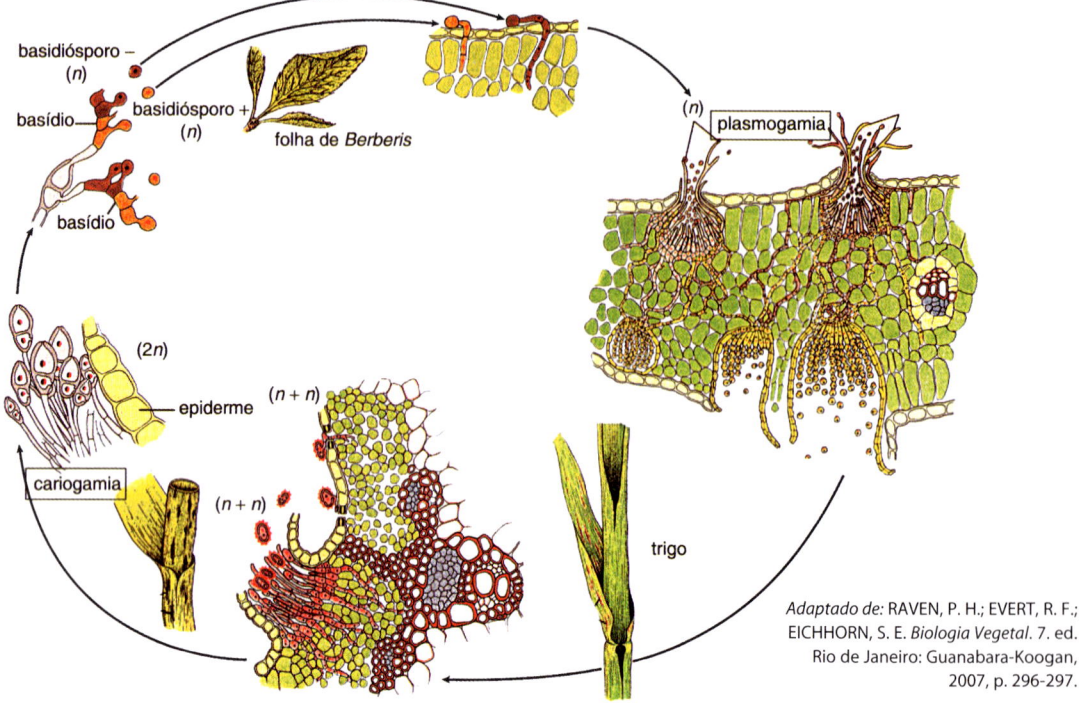

Adaptado de: RAVEN, P. H.; EVERT, R. F.; EICHHORN, S. E. *Biologia Vegetal*. 7. ed. Rio de Janeiro: Guanabara-Koogan, 2007, p. 296-297.

Com base na figura e nos conhecimentos sobre o tema, assinale a alternativa correta.

a) A germinação de um esporo origina hifas constituídas por células dotadas de um único núcleo (monocarióticas), as quais constituem o micélio primário.
b) A reprodução assexuada deste fungo começa pela cariogamia, ou seja, fusão de dois micélios compatíveis, originando hifas dicarióticas.
c) A figura é uma representação esquemática do ciclo assexuado de fungos basidiomicetos, constituído por duas fases distintas, ambas formadas por hifas monocarióticas.
d) O micélio constituído por hifas monocarióticas, conhecido como micélio secundário, cresce e se desenvolve depois que ocorre a fusão dos núcleos.
e) Plasmogamia é a fusão dos pares de núcleos diploides, que originam núcleos zigóticos diploides, os quais podem se dividir imediatamente por mitose.

Questões dissertativas

1. (UFG – GO) Na busca de novos medicamentos, pesquisadores brasileiros procuram encontrar em plantas nativas moléculas com ação antimicrobiana. Para tanto, avalia-se o crescimento de microrganismos patogênicos na presença ou não do extrato vegetal diluído. Na tabela ao lado, são apresentados os dados da concentração mínima do extrato da casca da aroeira-do-sertão e da folha da goiabeira, necessária para inibir o crescimento dos microrganismos causadores de cárie e da candidose oral.

Adaptado de: REVISTA DA SOCIEDADE BRASILEIRA DE MEDICINA TROPICAL, Uberaba, v. 42, n. 2, p. 222-224, mar./abr. 2009.

Microrganismo	Concentração do Extrato Vegetal (mg/mL)	
	Aroeira-do-sertão	Goiabeira
Bactérias		
Streptococcus mutans	1 : 8	1 : 32
Streptococcus sobrinus	1 : 4	1 : 16
Fungos		
Candida albicans	1 : 8	1 : 32
Candida tropicalis	1 : 16	1 : 32

Com base no exposto,

a) apresente duas características dos reinos aos quais pertencem os microrganismos utilizados no experimento;
b) explique qual extrato tem melhor potencial para inibir o crescimento desses microrganismos.

2. (UFABC – SP) O *Saccharomyces* é fermento biológico, usado pelas donas de casa na produção de pão. Normalmente, após manusear a massa, e tendo feito os pães, antes de assá-los, ela pega um pedaço da massa e faz uma bolinha que é colocada num copo com água. Quando a bolinha sobe, ela coloca os pães para assar. Considere a figura a seguir que representa a célula do *Saccharomyces* e algumas regiões indicadas por números.

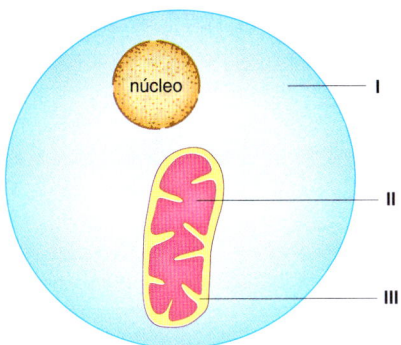

a) Considerando o *Saccharomyces* que se encontra no interior da massa, escreva a reação responsável pela diminuição da densidade da bolinha e indique a região numerada onde ela ocorre.
b) Sendo o *Saccharomyces* um organismo anaeróbico facultativo, qual deles consome mais glicose: os que estão no interior da massa ou os que ficam na superfície? Explique.

3. (UFTM – MG) Enzimas produzidas por um fungo e uma bactéria são a base de novos detergentes desenvolvidos no Brasil, destinados a higienizar instrumentos cirúrgicos, desobstruir sondas com resíduos coagulados e digerir e dissolver restos orgânicos, como manchas de sangue e outras. A principal vantagem da formulação de detergentes contendo enzimas é sua característica biodegradável.

Adaptado de: Pesquisa FAPESP, maio 2005.

a) Apresente duas diferenças intracelulares que podem ser observadas nas células de fungos e bactérias.
b) Por que o fato desses detergentes serem biodegradáveis os torna vantajosos? Explique a frase: *Os fosfatos presentes nos detergentes industrializados não atuam como materiais tóxicos no meio ambiente, mas sim como nutrientes.*

Programas de avaliação seriada

1. (SSA – UPE) O que o bolor do pão, a ferrugem do cafeeiro e o champignon têm em comum?

I – São fungos, organismos eucariontes que se alimentam por absorção de nutrientes do meio onde vivem.
II – Têm o corpo formado por filamentos delgados chamados de hifas, que, em conjunto, formam um tecido verdadeiro denominado de micélio.
III – As células dos fungos apresentam uma parede celular formada por quitina, polissacarídeo também presente na carapaça de artrópodes.
IV – A substância de reserva é o amido, a mesma dos vegetais.

Assinale a alternativa CORRETA.

a) Estão corretas II e IV.
b) Estão corretas III e IV.
c) Estão corretas I e III.
d) Estão corretas I, II e IV.
e) Está correta, apenas, a IV.

2. (PASES – UFV – MG) Observe abaixo as fotos da microscopia de dois tipos de fungos e a numeração I, II, III e IV indicada.

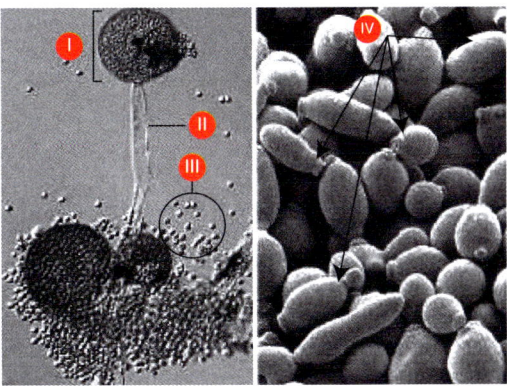

Assinale a afirmativa INCORRETA:

a) IV indica forma sexuada por gemulação de leveduras formando brotos.
b) I indica um esporângio em cujo interior se formam esporos haploides.
c) II indica uma hifa especial que cresce ereta, chamada de esporangióforo.
d) III indica os aplanósporos que são adaptados à disseminação pelo ar.

O que saber sobre... bactérias, vírus, protistas e fungos?

Grupo	Características
Bactérias	**Reino *Monera*.** • Eubactérias: bactérias e cianobactérias. • Arqueobactérias: metanogênicas, halófilas, acidófilas e termófilas. Procariontes. Unicelulares, algumas coloniais. • Fotossíntese (bactérias e cianobactérias, abundantes no meio aquático), quimiossíntese (bactérias). • Participação no ciclo do nitrogênio (fixação biológica, nitrificação e desnitrificação). Decomposição de matéria orgânica. • Doenças: cólera, botulismo, tétano, salmonelose, tuberculose, meningite meningocócica, sífilis e gonorreia (blenorragia), sendo as duas últimas transmitidas sexualmente. Importância industrial (medicamentos, derivados de laticínios, vinagre). • Utilização em engenharia genética para síntese de insulina e hormônio do crescimento.
Vírus	**Sem reino.** • Acelulares. • Material genético: DNA ou RNA (nunca os dois juntos), envolvido por proteína (como no bacteriófago) e outros envoltórios (como no HIV, no vírus da gripe). • Retrovírus: produção de DNA a partir de RNA. • Importância médica, doenças: AIDS, caxumba, catapora, sarampo, rubéola, poliomielite, hepatites, raiva, gripes, dengue e febre amarela (as duas últimas, transmitidas por pernilongos *Aedes aegypti*).
Algas	**Reino *Protoctista*.** • Eucariontes, unicelulares ou pluricelulares, sem tecidos verdadeiros. • *Habitat:* aquático (doce e marinho) e algumas no meio terrestre úmido. • Autótrofas fotossintetizantes. • Fitoplâncton: comunidade em geral de microalgas (juntamente com as cianobactérias), base das teias alimentares aquáticas, "pasto" marinho. • Fitobentos: algas de grande porte, fixas no substrato oceânico. Derivados de paredes celulares: ágar (polissacarídeo derivado de algas vermelhas), algina (polissacarídeo derivado de algas pardas), terra de diatomáceas (esqueletos silicosos de bacilariofíceas). • Reprodução sexuada por ciclo haplonte e haplontediplonte. Vários filos: clorofíceas, euglenofíceas, crisofíceas, bacilariofíceas, pirrofíceas, feofíceas ("florestas" de algas pardas) e rodofíceas.
Protozoários	**Reino *Protoctista*.** • Eucariontes, unicelulares, alguns coloniais. • Vida livre e parasitária. • Classificação segundo o mecanismo locomotor: flagelados (tripanossomo), ciliados (paramécio), rizópodes (amebas), esporozoários ou apicomplexos, sem organelas locomotoras (plasmódio). • Doenças: amebíase, malária, toxoplasmose, doença de Chagas, leishmaniose, giardíase, tricomoníase (doença sexualmente transmissível).
Mixomicetos e oomicetos	**Reino *Protoctista*.** • Eucariontes, heterótrofos. • Já foram considerados fungos. • Mixomicetos: massa citoplasmática multinucleada mucosa, esporângios produtores de esporos meióticos. • Oomicetos: "mofos" aquáticos, parede celular celulósica. No meio aquático, atuam como decompositores de matéria orgânica ou parasitas. • *Saprolegnia*: parasita e decompositor de peixes de aquário. Zoósporos e oósporos produzidos na reprodução assexuada e sexuada, respectivamente.
Fungos 	**Reino *Fungi*.** • Eucariontes, heterótrofos. • Parede celular de quitina. • Reserva energética: glicogênio. • Maioria com hifas, micélio e variados corpos de frutificação (esporocarpos). • *Saccharomyces sp.*: lêvedos unicelulares fermentadores (etanol, pão, vinho e cerveja). • Grupos principais: quitridiomicetos, zigomicetos, ascomicetos, basidiomicetos e deuteromicetos. • Grande maioria: decompositores de matéria orgânica. • Reprodução sexuada com produção de esporos meióticos e fusão de hifas haploides (ciclo haplontediplonte). • Algumas espécies causam micoses.

Unidade 7
REINO *ANIMALIA*

Capítulo 18
Grupos animais

Proteger e conservar a fauna brasileira: obrigação de todos

A exploração desordenada do território brasileiro é uma das principais causas de extinção de espécies. O desmatamento e a degradação dos ambientes naturais, o avanço da fronteira agrícola, a caça – tanto de subsistência como a predatória – e a introdução de espécies exóticas em território nacional são fatores que participam de forma efetiva do processo de extinção. Esse processo vem crescendo nas últimas duas décadas à medida que a população e os índices de pobreza aumentam.

O efeito deletério da exploração desordenada das áreas nativas ficou evidente com o acréscimo significativo do número de espécies na lista oficial de fauna silvestre ameaçada de extinção. Essa lista, revista pelo IBAMA e Ministério do Meio Ambiente, em parceria com outras entidades, nos aponta alguns caminhos: com ela podemos definir melhor quais espécies e ecossistemas devem ser prioritariamente protegidos e conservados e aqueles que poderiam ser utilizados dentro de princípios sustentáveis.

Proteger e utilizar racionalmente os recursos faunísticos são ações de manejo que demandam conhecimento, técnica, controle e monitoramento. Porém, a busca pela conservação da fauna silvestre **pode** e **deve** ser feita pelo Governo e pela sociedade, de forma integrada, no sentido de defender o que é de todos: o patrimônio natural do Brasil, bem de uso comum de todos os brasileiros e garantia para as futuras gerações.

Adaptado de: <http://www.ibama.gov.br/fauna/home.php>.
Acesso em: 16 maio 2011.

Neste capítulo, iniciaremos nosso estudo sobre os grupos animais.

A partir deste capítulo, iniciaremos o estudo da Zoologia, ou seja, dos integrantes do reino *Animalia*. É um reino constituído basicamente pelos **invertebrados**, com seus oito filos principais, e pelo filo dos **cordados**, com seus subfilos *protocordados* e *vertebrados* (veja a Figura 18-1 e a Tabela 18-1).

Tabela 18-1. Filos que compõem o reino *Animalia*.

Grupo	Filo	Exemplos
Invertebrados	Poríferos.	Esponjas.
	Cnidários (celenterados).	Hidras, águas-vivas, corais, anêmonas.
	Platelmintos.	Planárias, esquistossomo, tênias.
	Nematelmintos (nematódeos).	Áscaris, ancilóstomo, oxiúro, filárias.
	Moluscos.	Caramujos, ostras, lulas, polvos.
	Anelídeos.	Minhocas, sanguessugas, poliquetos.
	Artrópodes.	Insetos, crustáceos, aracnídeos.
	Equinodermos.	Estrelas-do-mar, ouriços-do-mar.
Protocordados (cordados invertebrados)	Cordados.	Anfioxo, ascídias.
Vertebrados	Cordados.	Ciclóstomos.
		Peixes cartilaginosos.
		Peixes ósseos.
		Anfíbios.
		Répteis.
		Aves.
		Mamíferos.

Os invertebrados e os vertebrados são considerados metazoários (animais pluricelulares, cujas células se organizam em conjuntos com diferentes funções) e heterotróficos.

PANTHERMEDIA/KEYDISC

Figura 18-1. Grupos animais: invertebrados e vertebrados que fazem parte do estudo da Zoologia.

AS CARACTERÍSTICAS QUE DISTINGUEM OS ANIMAIS

Vamos apresentar algumas das características ou critérios gerais que servem para separar os filos que serão estudados nos próximos capítulos.

Simetria e Locomoção

Animais de organização mais simples, como diversas esponjas, possuem formas irregulares, sendo, por isso, chamados **assimétricos** (veja a Figura 18-2(a)).

Em outros animais, podemos passar por seus corpos diversos planos verticais de simetria que passam pelo eixo central longitudinal (como nos tipos de esponjas que crescem com a forma aproximada de vasos, nos cnidários e na maioria dos equinodermos, por exemplo); cada plano permite a separação do animal em metades equivalentes. São os chamados **simétricos radiais**, em geral animais cilíndricos ou em forma de sino (veja a Figura 18-2(b, c, d)). Os animais simétricos radiais, em sua maioria, são fixos ao substrato (esponjas adultas, pólipos de cnidários etc.), ou movem-se com lentidão (medusas, estrelas e ouriços-do-mar etc.).

No entanto, a simetria predominante no reino animal é a **bilateral**. Os animais bilaterais possuem *lados esquerdo* e *direito*, *faces ventral* e *dorsal* e *extremidades anterior* e *posterior*. A extremidade anterior é aquela em que fica localizada a cabeça, que contém a central de comando nervoso. A extremidade posterior é aquela em que, na maioria das vezes, se situam o ânus e os orifícios reprodutores.

Nesse tipo de simetria existe somente um plano sagital que divide o animal em duas metades equivalentes (veja a Figura 18-2(e, f, g)). De modo geral, a simetria bilateral é relacionada ao modo de vida de "ir em busca" do alimento de uma forma mais dirigida.

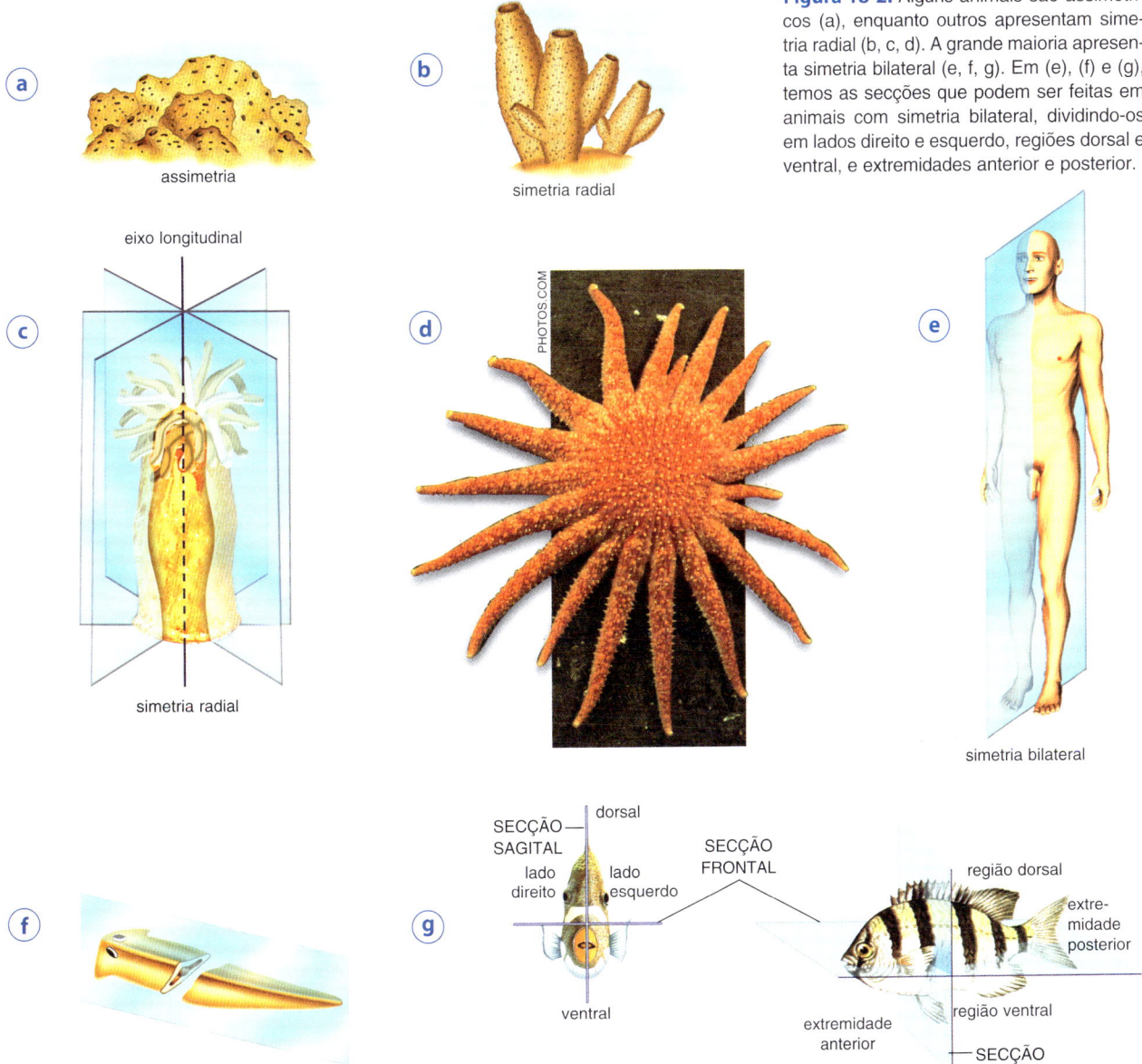

Figura 18-2. Alguns animais são assimétricos (a), enquanto outros apresentam simetria radial (b, c, d). A grande maioria apresenta simetria bilateral (e, f, g). Em (e), (f) e (g), temos as secções que podem ser feitas em animais com simetria bilateral, dividindo-os em lados direito e esquerdo, regiões dorsal e ventral, e extremidades anterior e posterior.

Grupos animais **375**

Classificação dos Animais de Acordo com a Embriologia

Número de folhetos germinativos

Alguns animais são formados, em sua fase embrionária, por apenas duas camadas de células (derivadas da ectoderme e da endoderme). Esses animais são considerados **diblásticos** (ou **diploblásticos**), como, por exemplo, os cnidários (veja a Figura 18-3).

Outros animais, em sua fase embrionária, são constituídos por três camadas de células, derivadas da ectoderme, da endoderme e da mesoderme. São os chamados **triblásticos** (ou **triploblásticos**), como, por exemplo, os vermes, os moluscos, os artrópodes, os equinodermos e os cordados.

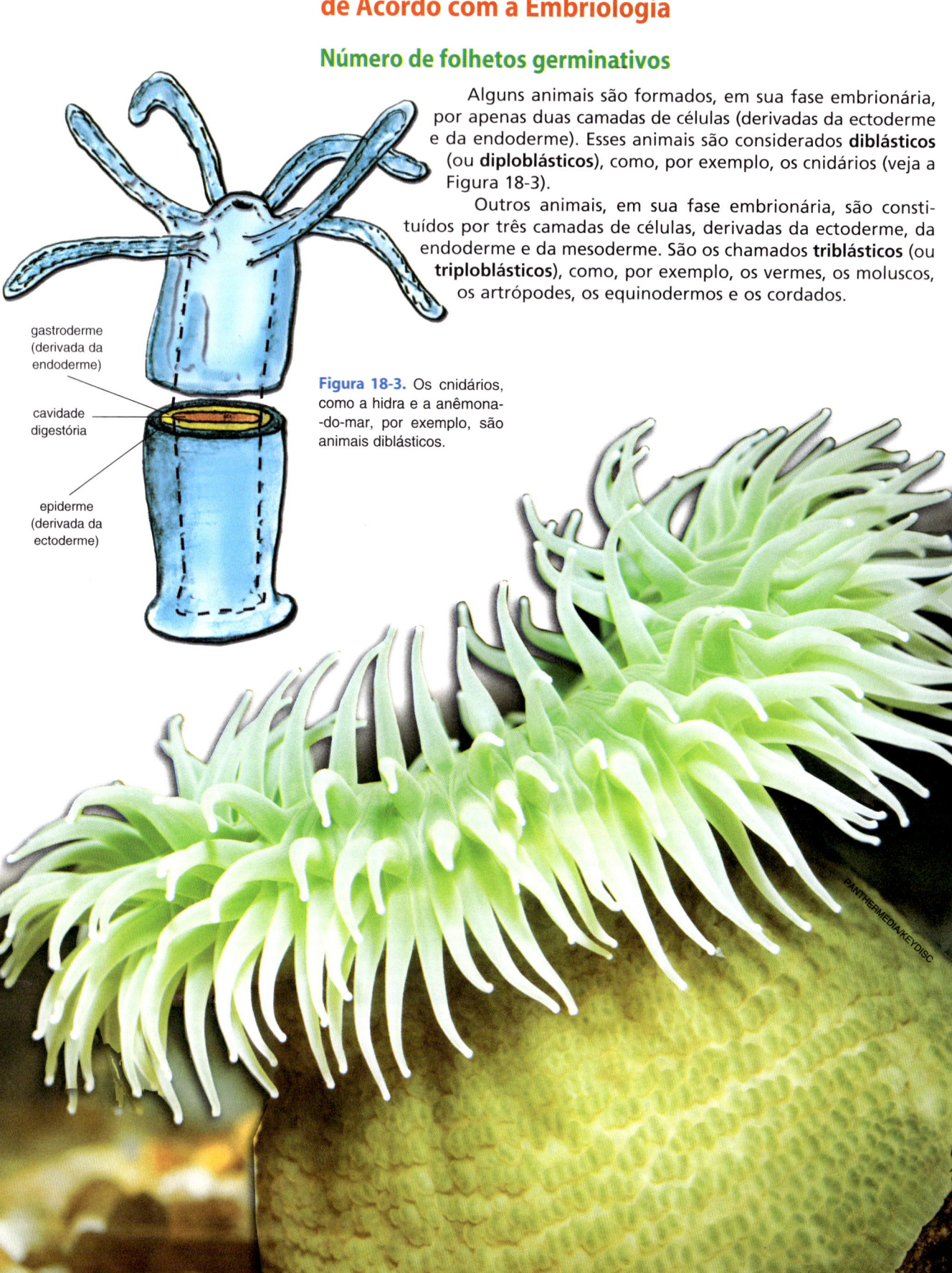

Figura 18-3. Os cnidários, como a hidra e a anêmona-do-mar, por exemplo, são animais diblásticos.

Celoma

Nos animais triblásticos, pode ou não existir **celoma**, a cavidade geral do corpo, que serve de espaço para os órgãos internos (vísceras). Quando não há celoma, os animais são ditos **acelomados**, como os vermes de corpo achatado – os platelmintos (veja a Figura 18-4(a)).

Entre os que possuem cavidade geral do corpo, é preciso distinguir entre os **pseudocelomados** e os **celomados verdadeiros** (ou, simplesmente, **celomados**). Os primeiros possuem falso celoma, assim chamado por não ser uma cavidade inteiramente forrada por tecido mesodérmico. A mesoderme apenas reveste a superfície interna da parede do corpo, deixando de fazê-lo na parede intestinal, como acontece com os vermes de corpo cilíndrico, chamados nematelmintos (veja a Figura 18-4(b)). Nos celomados verdadeiros, tanto a face interna da parede do corpo como a face externa da parede intestinal são revestidas por mesoderme e a cavidade geral do corpo é, assim, um verdadeiro celoma – como, por exemplo, nos vermes segmentados, nos artrópodes, nos moluscos, nos equinodermos e nos cordados (veja a Figura 18-4(c)).

Fique por dentro!

O celoma constitui uma importante novidade no reino animal. Uma das principais vantagens dessa cavidade é favorecer a acomodação de órgãos internos, o que resultou em um aumento da complexidade e possibilitou o surgimento de um tamanho corporal maior. O celoma ainda pode ser preenchido por líquido, o que favorece a remoção de substâncias tóxicas e, muitas vezes, auxilia a locomoção, ao funcionar como verdadeiro esqueleto hidrostático, a exemplo do que ocorre nas minhocas.

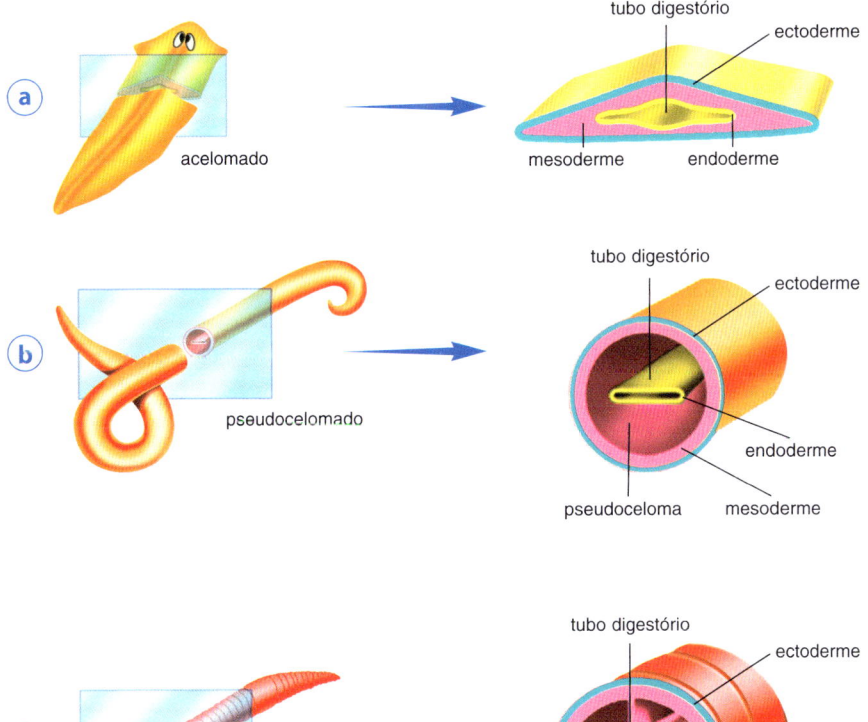

Figura 18-4. Os animais triblásticos podem ser (a) acelomados, (b) pseudocelomados ou (c) celomados verdadeiros.

Destino do blastóporo

Outra característica embriológica dos animais triblásticos é a relacionada ao surgimento da boca.

Quando a boca é derivada do *blastóporo* (a abertura do arquêntero para o meio externo), dizemos que os animais são **protostômios** (do grego, *proto* = primitivo, *stoma* = boca), o que inclui desde os platelmintos até os artrópodes (veja a Figura 18-5). Se o blastóporo originar o ânus (e a boca se originar na extremidade oposta, como um novo orifício), dizemos que os animais são **deuterostômios** (do grego, *deutero* = secundário, o que veio depois).

Cavidade digestória

Também é utilizado o critério de *existência* ou *ausência* de cavidade digestória na classificação dos grupos animais: os **enterozoários** (do grego, *énteron* = intestino) são os que possuem cavidade digestória e os **parazoários** (do grego, *pará* = ao lado de) não a possuem (esponjas).

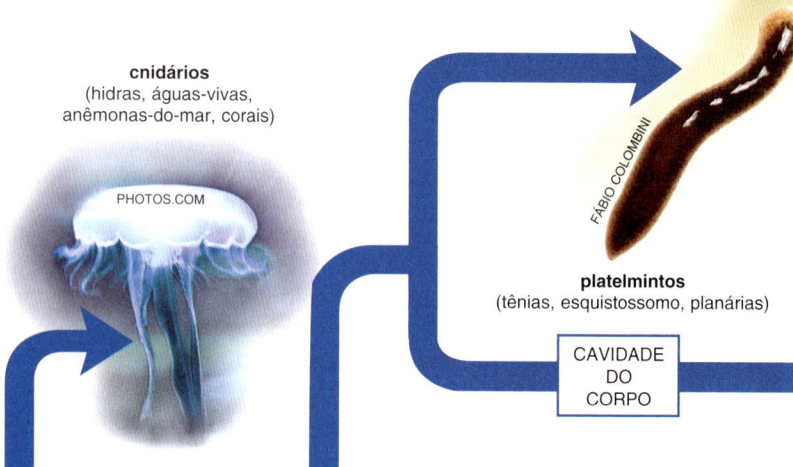
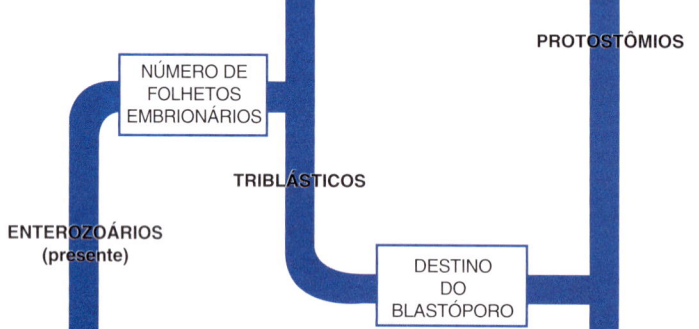

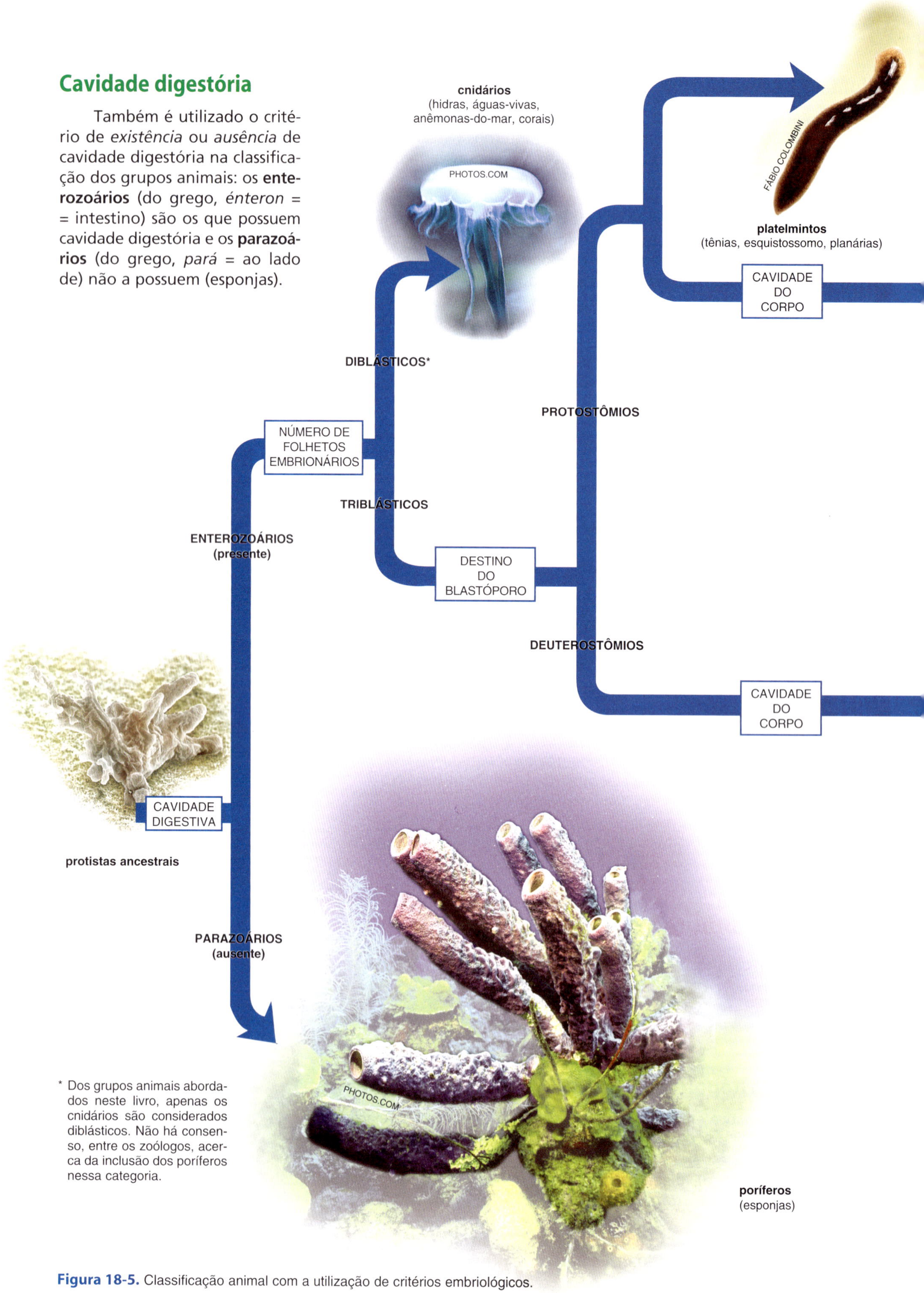

* Dos grupos animais abordados neste livro, apenas os cnidários são considerados diblásticos. Não há consenso, entre os zoólogos, acerca da inclusão dos poríferos nessa categoria.

Figura 18-5. Classificação animal com a utilização de critérios embriológicos.

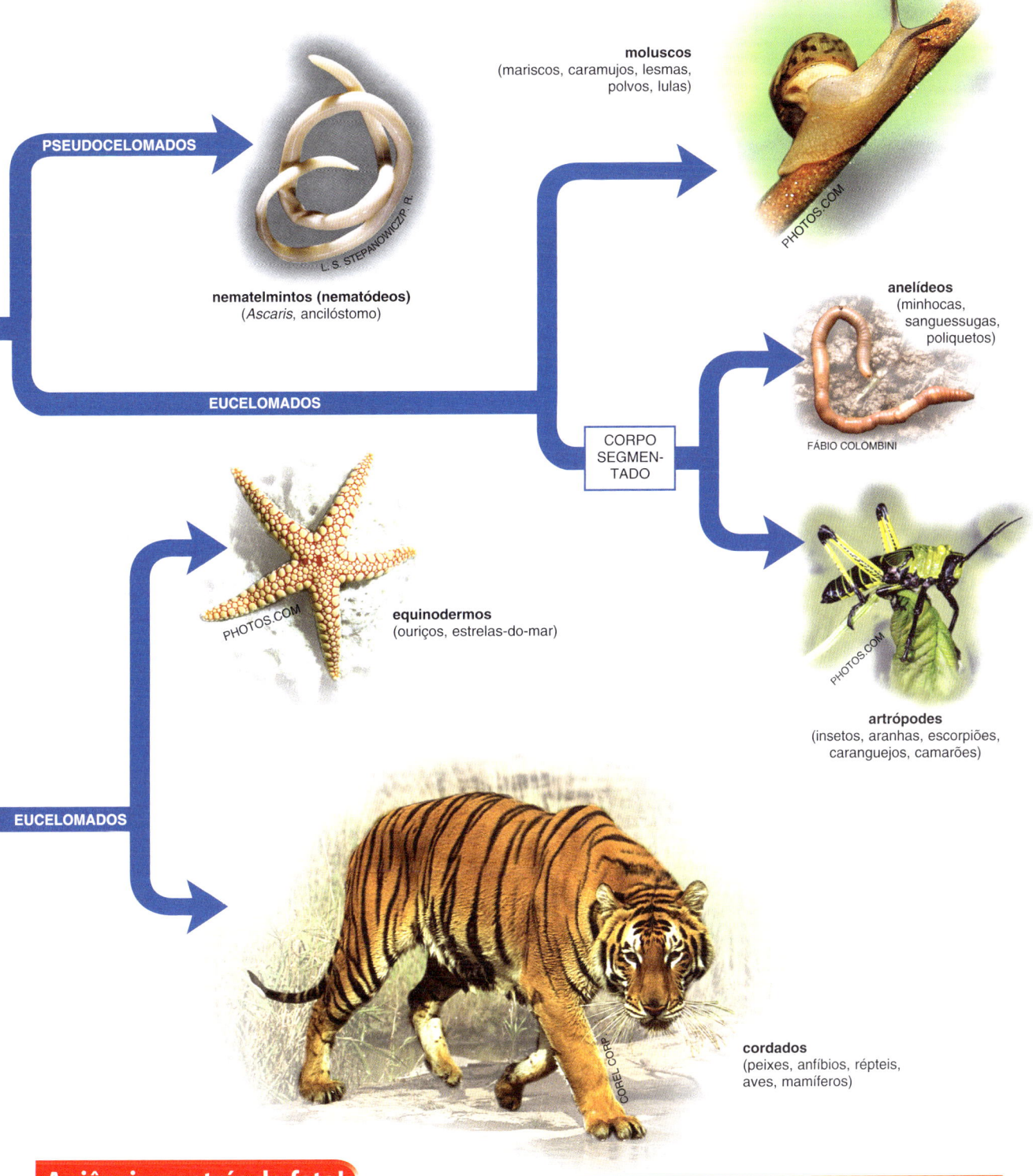

A ciência por trás do fato!

Será verdade que fazer "caretas" pode deixar o rosto torto?

Esta observação tem um fundo de verdade, porque o uso exagerado das contrações dos músculos faciais pode causar alterações na simetria da face ao longo do tempo. Essas alterações poderão acontecer se houver um exagero no uso diário de expressões faciais, como, por exemplo, contrair constantemente o canto da boca ou os músculos em volta de um dos olhos.

Comunicar-se por meio de expressões faciais é absolutamente normal, pois estas correspondem a cerca de 65% a 70% de toda a mensagem transmitida pelas pessoas durante uma conversa. Porém, os reflexos faciais são muitas vezes inconscientes, relacionados com questões emocionais e difíceis de serem eliminados.

Os fonoaudiólogos desenvolveram manobras visando inibir esses hábitos. Durante as sessões de massagem facial, preparatórias para o trabalho de motricidade orofacial, o paciente é treinado no sentido de aprender a controlar e monitorar seus hábitos de expressão facial e diminuir os atritos na derme, propiciando melhores respostas aos tratamentos dermatológicos ou estéticos.

Baseado em: MENDES, V. Fonoaudiologia pode diminuir rugas desprogramando hábitos e vícios expressivos.
Disponível em:
<http://www.hospitalar.com/opiniao/opiniao_1174.html>.
Acesso em: 18 abr. 2012.

Saiba mais

Reveja, no mapa de conceitos a seguir, a classificação dos animais, tendo como base critérios embriológicos.

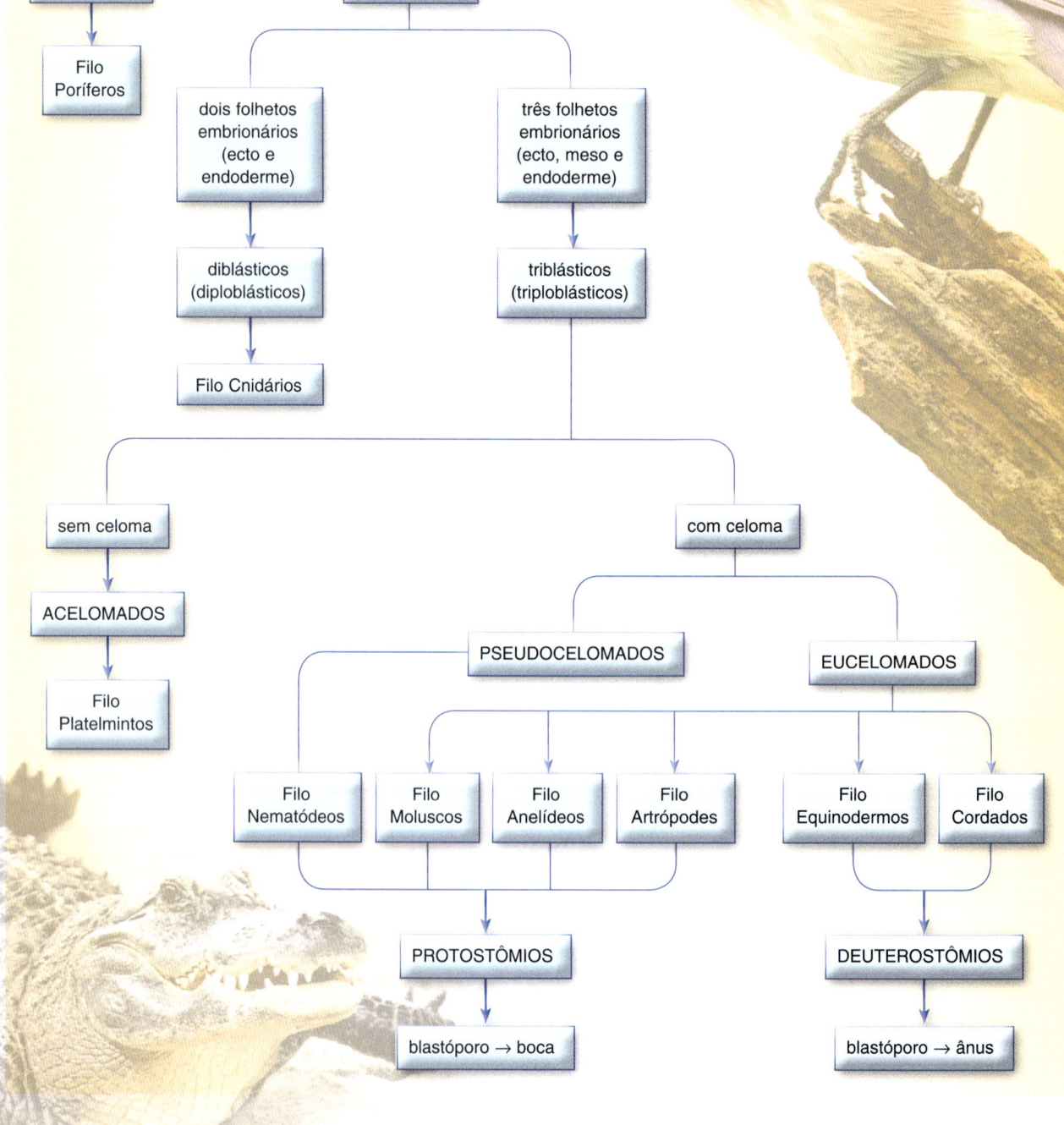

Passo a passo

1. A ordem crescente de complexidade corporal nos animais está descrita na alternativa:
   a) acelomado, celomado e pseudocelomado.
   b) pseudocelomado, acelomado e celomado.
   c) acelomado, pseudocelomado e celomado.
   d) celomado, pseudocelomado e acelomado.

2. Em um passeio pela floresta, alguns alunos de biologia encontraram uma espécie de animal com pseudoceloma e simetria bilateral. Um dos estudantes sugeriu que essa espécie pertencia ao grupo do anelídeos, fato rejeitado pelo grupo porque os anelídeos:
   a) possuem simetria radial.
   b) são acelomados.
   c) apresentam celoma e simetria radial.
   d) são assimétricos.
   e) possuem celoma.

3. Identifique as frases corretas a respeito das planárias e indique a soma no final.
   (01) São vermes achatados dorsiventralmente, acelomados, bilaterais e com extremidade anterior e posterior.
   (02) São triblásticos, acelomados e com simetria radial.
   (04) Apresentam uma extremidade anterior com estruturas adaptadas para receber estímulos químicos e físicos do ambiente, tendo assim o papel de "investigar" o ambiente.
   (08) São helmintos achatados dorsiventralmente, providos de pseudoceloma.
   (16) Sua simetria radial permite ampla investigação do ambiente à sua volta.

Assinale **C** para as alternativas corretas e **E** para as erradas.

4. A simetria radial favorece a locomoção rápida dos animais.

5. Os animais podem ser diblásticos, como a hidra, ou triblásticos, como os insetos.

6. Existem animais diblásticos acelomados, pseudocelomados ou celomados.

7. O celoma pode ser preenchido por líquido, o que pode funcionar como esqueleto hidrostático.

8. Os animais celomados possuem uma cavidade inteiramente revestida pela mesoderme.

9. O blastóporo origina a boca em todos os animais.

10. Cavidade digestória é constatada apenas nos animais parazoários.

11. São animais triblásticos, celomados, radialmente simétricos:
    a) esponja e estrela-do-mar.
    b) hidra e esponja.
    c) estrela-do-mar e ouriço-do-mar.
    d) lesma-marinha e hidra.
    e) anêmona-do-mar e estrela-do-mar.

12. Quanto ao blastóporo, podemos afirmar:
    a) está presente em todos animais.
    b) ocorre em todos animais com cavidade digestória.
    c) origina a boca nas esponjas.
    d) origina o ânus nos animais pseudocelomados.
    e) pode originar a boca em alguns animais.

13. Quanto aos animais abaixo, identifique as alternativas corretas e dê a soma ao final.

    anêmona-do-mar

    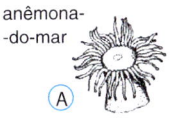
    A
    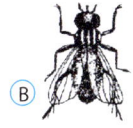
    B

    C

    (01) Todos são enterozoários.
    (02) Somente o animal "A" é parazoário.
    (04) "A" e "C" são parazoários.
    (08) "B" é protostômio e "C" pertence ao grupo dos deuterostômios.
    (16) "B" e "C" são triblásticos, enquanto "A" é diblástico.

Assinale **C** para as frases corretas e **E** para as erradas.

14. A simetria bilateral está relacionada ao modo de vida de procura de alimento.

15. Os animais simétricos radiais podem ser móveis ou fixos.

16. A extremidade anterior de um animal pode ter a boca originada pelo blastóporo.

17. Os animais diblásticos podem ter simetria bilateral.

18. O celoma está presente em todos os animais triblásticos com simetria bilateral.

19. Observe as ilustrações a seguir:

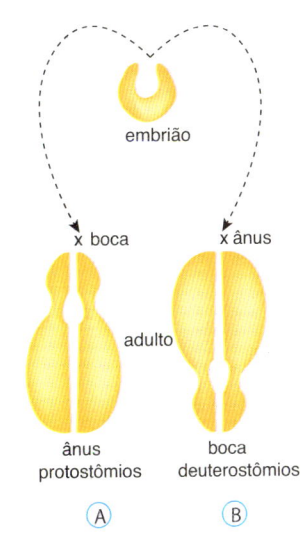

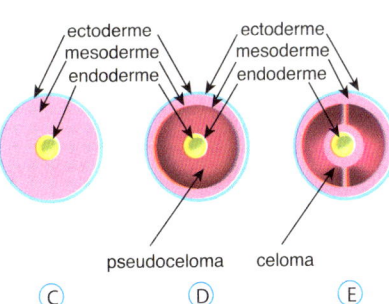

Um animal com a característica "B" e outro com a "C" poderiam ser:
   a) peixe, sapo ou estrela-do-mar.
   b) ouriço-do-mar, cavalo ou minhoca.
   c) lagartixa, macaco ou lesma.
   d) água-viva, esponja ou planária.
   e) minhoca, planária ou lesma.

20. Considerando as ilustrações da questão anterior, pode-se dizer que um animal com a característica:
   a) "A" possui simetria radial.
   b) "C" possui simetria bilateral.
   c) "D" é deuterostômio.
   d) "B" é assimétrico.
   e) "E" possui simetria radial.

Grupos animais **381**

Capítulo 19
Poríferos e cnidários

Camafeus, delicadas obras de arte

Poríferos e cnidários são os invertebrados mais simples que conhecemos. Poríferos, também conhecidos por esponjas, são animais que possuem várias formas, cores e tamanhos. Só para termos uma ideia da diversidade dos poríferos, já foram descritas aproximadamente 7.000 espécies de esponjas em todo o mundo. Dentre os cnidários (ou celenterados), famosos pelas toxinas que injetam quando, por um descuido, encostamos neles, os mais conhecidos são as águas-vivas, as anêmonas e os corais.

Corais são seres coloniais, dotados de um exoesqueleto de calcário. Podem formar grandes recifes, chegando a formar verdadeiras barreiras, atóis ou até mesmo pequenas ilhas. Para se ter ideia das dimensões que podem atingir, a Grande Barreira de Coral, próxima à Austrália, possui 2.300 km de comprimento e sua largura varia entre 20 km e 240 km. Mas, além das barreiras, os corais têm grande importância na joalheria: com eles são feitos colares, brincos e famosos camafeus.

Conhecidos desde séculos antes de Cristo, os camafeus são finas lâminas de pedra esculpidas e montadas sobre uma base, para formarem joias, ou sobre cálices, vasos e outros objetos de decoração.

Ainda hoje, os centros reconhecidos como referência mundial na produção de camafeus utilizam os corais, um dos temas deste nosso capítulo, para a produção dessas joias.

Neste capítulo, estudaremos as principais características dos animais pertencentes aos filos *Porifera* e *Cnidaria*.

PORÍFEROS

Os representantes do filo *Porifera* são as *esponjas*, os primeiros animais pluricelulares a surgirem na Terra. São animais aquáticos, fixos na fase adulta, a maioria habita o ambiente marinho e sua nutrição é dependente da filtração de alimentos trazidos pela água. Por isso, é impossível pensar na existência de esponjas no *habitat* terrestre, uma vez que dependeriam da chegada de alimentos pelo ar, cuja filtração seria inimaginável. Além disso, não têm proteção contra a desidratação e seu esqueleto não tem a resistência necessária para mantê-las erguidas fora da água.

Não possuem órgãos, nem sistemas, nem tecidos rudimentares. Não possuem boca, nem cavidade digestória e muito menos as células que caracterizam animais mais complexos, como as musculares e as nervosas.

Como padrão, vamos descrever uma esponja de estrutura simples, cujo aspecto lembra um vaso aberto em uma das extremidades, e que corresponde ao chamado tipo **asconoide** (veja a Figura 19-1).

Em esponjas desse tipo, a superfície externa é constituída por células denominadas **pinacócitos** e a superfície interna é formada por células flageladas chamadas **coanócitos**, que forram uma cavidade interna, o **átrio** (ou **espongiocela**). Entre as duas superfícies existe um preenchimento gelatinoso proteico contendo componentes do esqueleto e um grupo de células circulantes, os **amebócitos**. Atravessando a parede do corpo, inúmeros *poros*, formados por células tubulares especiais, os **porócitos**, permitem a entrada de água para o átrio. A água que chega ao átrio abandona a esponja por um orifício presente em sua extremidade livre, o **ósculo**.

O esqueleto das esponjas é constituído por finíssimas **espículas**, que podem ser de natureza calcária ou silicosa e são produzidas por amebócitos especiais.

Muitas esponjas apresentam esqueleto orgânico formado por fibras de espongina, outras têm um esqueleto misto de espículas e espongina.

Nas esponjas, não há tecidos. Suas células são praticamente todas totipotentes e podem sofrer mudanças na forma e na função.

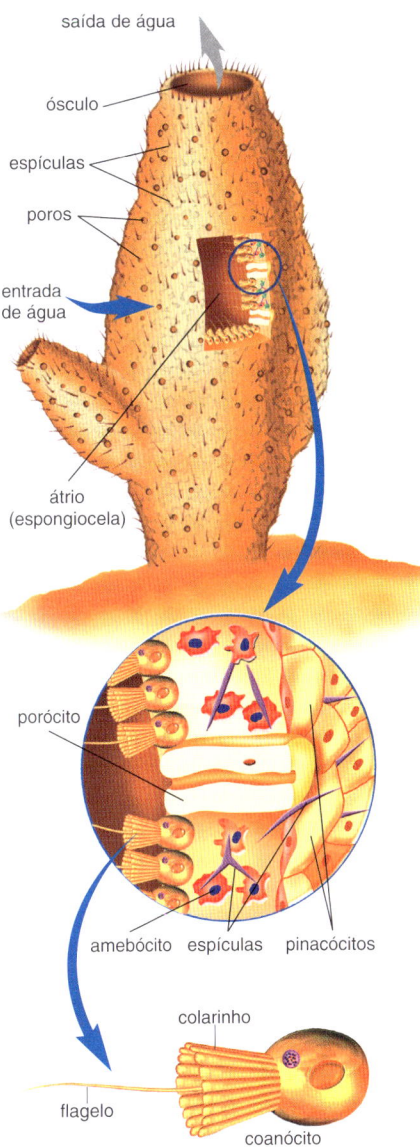

Figura 19-1. Esquema de esponja asconoide com os principais constituintes celulares e espículas. Os coanócitos, células com colarinho e flagelo, são exclusivos das esponjas.

Fique por dentro!

As espículas de carbonato de cálcio são características das *esponjas calcárias*. Já as espículas silicosas caracterizam as chamadas *esponjas-de-vidro*, por analogia à participação dos silicatos na confecção de vidros. Muitas espículas se projetam para fora da camada externa e podem ser sentidas ao se passar a mão delicadamente pela superfície da esponja.

PHOTOS.COM

Saiba mais

Estruturas típicas

A organização das esponjas forma estruturas típicas, conhecidas como **asconoide**, **siconoide** e **leuconoide**. As esponjas *asconoides* são as mais simples. As *siconoides* possuem paredes pregueadas com a formação de canais internos e externos. Já nas *leuconoides*, o pregueamento é muito mais intenso, com verdadeiras câmaras internas flageladas, repletas de coanócitos.

A água e os alimentos penetram nas esponjas pelos poros ou pelos canais externos e atingem os canais ou câmaras internas flageladas. Filtrada pelos coanócitos, a água atinge o átrio e abandona a esponja por um ou por diversos ósculos.

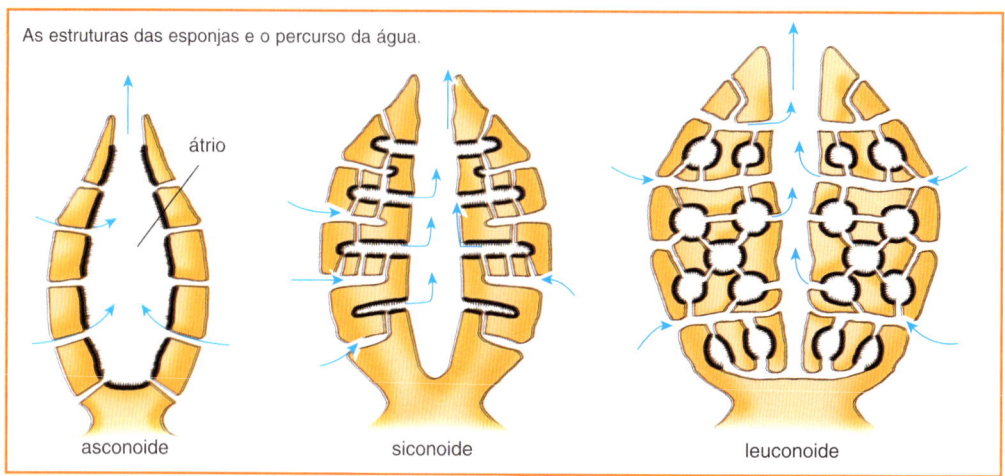

As estruturas das esponjas e o percurso da água.

asconoide — siconoide — leuconoide

Como as esponjas adultas são imóveis e não podem sair à procura do alimento, elas possuem adaptações para fazer com que a água chegue até elas, trazendo partículas de alimento. Esse papel é exercido pelos coanócitos. Cada coanócito possui um flagelo, circundado por um colarinho, que é um prolongamento da membrana celular.

Os movimentos flagelares dos diversos coanócitos criam uma corrente de água que penetra pelos poros, atinge o átrio e sai da esponja pelo ósculo. Nesse fluxo, partículas de alimento são encaminhadas para o colarinho, que as retém e as encaminha para a base da célula. Por fagocitose, o coanócito engloba o alimento e dá início à *digestão intracelular* do alimento ingerido. Essa adaptação caracteriza as esponjas como animais exclusivamente filtradores de alimento contido na água. O alimento, parcialmente digerido pelos coanócitos, é lançado na camada gelatinosa média e a digestão termina em amebócitos, que também o distribuem a outras células.

> É importante salientar que o átrio não é uma cavidade digestória e o ósculo não é boca ou ânus. Nas esponjas, não existe tubo digestório. A digestão é intracelular.

Fique por dentro!

Atualmente existem cerca de 7.000 espécies de esponjas. Podem ter diferentes cores, como o amarelo, vermelho, pardo, alaranjado etc. As pequenas esponjas não excedem 10 cm, as maiores podem atingir até 100 cm. A maioria vive em mares rasos. Algumas, porém, podem ser encontradas em profundidades que variam de 200 a 2.000 m.

Saiba mais

O banho já não é o mesmo!

Andando em um supermercado, no setor de produtos para limpeza, você verá esponjas para limpar panelas, frigideiras, vidros, copos, refratários etc.

Passando pelas prateleiras de produtos para higiene pessoal, você encontrará uma esponja especial desenvolvida para o contato com a pele. Todas essas esponjas são produzidas a partir de poliuretanos.

Houve uma época, no entanto, em que não existiam esponjas sintéticas, e as pessoas utilizavam as esponjas encontradas na natureza para tomar banho. Elas eram coletadas em águas rasas no Mediterrâneo, golfo do México e nas Caraíbas. Após a coleta, as esponjas eram limpas para remover os restos celulares ou de invertebrados que se abrigavam na esponja viva. Depois de secas, estavam prontas para serem vendidas nos mercados. Hoje, você pode encontrá-las em algumas lojas de cosméticos. Não estranhe se as encontrar também em lojas de materiais para construção; elas são usadas para aplicação de massas ou tintas, criando efeitos especiais de texturização. As buchas de origem vegetal são frutos secos e fibrosos.

A Reprodução Assexuada

Brotamento

É a forma mais comum de reprodução assexuada. A partir desse processo, uma esponja produz brotos, que se desenvolvem a partir da esponja-mãe (veja a Figura 19-2).

Esses brotos podem permanecer ligados uns aos outros, organizando uma **colônia**.

> Colônia é um agrupamento de indivíduos "grudados" uns aos outros e que apresentam elevado grau de interdependência.

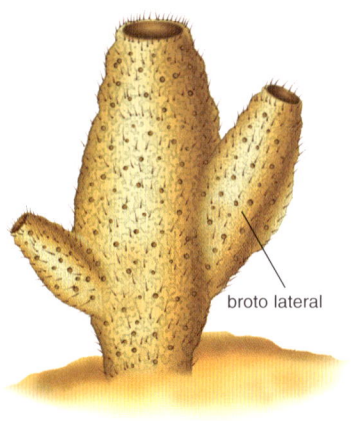

Figura 19-2. Brotamento em esponja.

Formação de gêmulas

Outro processo de reprodução assexuada é a **formação de gêmulas**, fenômeno que ocorre principalmente em esponjas de água doce. Nesse processo, grupos de amebócitos e outras células não diferenciadas se isolam e elaboram uma espessa membrana protetora contendo espongina e espículas (veja a Figura 19-3). Isso acontece à medida que a esponja morre e se desintegra.

Essas gêmulas, formadas principalmente em épocas de condições ambientais desfavoráveis, são verdadeiras formas de resistência – persistem longo tempo no ambiente e ficam em estado de repouso metabólico até que as condições externas ambientais voltem ao normal. Nesse momento, a espessa membrana é rompida e as células retomam a atividade normal e reorganizam uma ou mais novas esponjas.

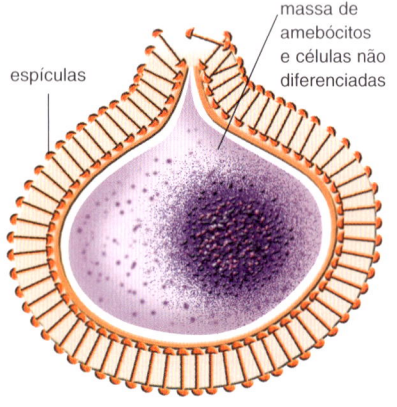

Figura 19-3. Esquema de secção transversal em gêmula de esponja-d'água-doce.

A Reprodução Sexuada

As esponjas podem ser monoicas (hermafroditas) ou dioicas (sexos separados). Não há órgãos reprodutores permanentes. Tanto os espermatozoides como os óvulos são formados principalmente a partir de coanócitos, que se diferenciam em gametas na estação reprodutiva.

Nas esponjas monoicas não há autofecundação. Os espermatozoides são liberados antes que ocorra a formação dos óvulos. A liberação de espermatozoides ocorre pela corrente de água que abandona a esponja pelo ósculo. Eles penetram em outra esponja pelos poros e, no átrio, são capturados por coanócitos. Nesse momento, o coanócito contendo um espermatozoide no seu interior perde o seu flagelo e circula na camada média gelatinosa até encontrar um óvulo. A seguir, ele transfere o espermatozoide ao óvulo e, assim, ocorre a fecundação, com a formação de um zigoto.

De modo geral, o desenvolvimento embrionário ocorre no interior da esponja, até que se forme uma fase larval que possui muitos flagelos (**anfiblástula**). A larva, então, é liberada pelo ósculo, nada durante certo tempo até que se fixa no substrato e origina uma nova esponja.

> ### Fique por dentro!
>
> O pequeno grau de diferenciação apresentado pelas esponjas é responsável por um dos mais fascinantes fenômenos a elas relacionado: a regeneração. Normalmente, muitas esponjas soltam pedaços de si mesmas que prontamente regeneram esponjas inteiras. O incrível é que se uma esponja for amassada e passada por uma peneira de malhas finas, sendo completamente fragmentada, ainda assim o que restou acabará reconstituindo uma ou mais esponjas.

A água-viva é um representante típico dos cnidários.

PANTHERMEDIA/KEYDISC

CNIDÁRIOS (CELENTERADOS)

Este é um filo de animais aquáticos, predominantemente marinhos. As *hidras* são praticamente as únicas representantes de água doce. Além delas, fazem parte desse filo as *medusas* (popularmente conhecidas como águas-vivas); as *anêmonas-do-mar* e os *corais*, dos quais a maioria é colonial, formadora de recifes. Quando comparados aos poríferos, observamos muitas novidades, sendo que duas se destacam: a presença de uma *cavidade digestória*, "inaugurando" a digestão extracelular, e a existência de *células nervosas*.

Os cnidários são animais diblásticos, visto que seus tecidos originam-se apenas de dois folhetos germinativos, a ectoderme e a endoderme.

Outra característica marcante do grupo é a existência de duas formas corporais típicas: a forma **pólipo** e a forma **medusa**. O pólipo é cilíndrico, oco e possui uma abertura em uma de suas extremidades, a boca, rodeada de inúmeros **tentáculos**. A medusa lembra um guarda-chuva cujas margens apresentam tentáculos e a boca situa-se no centro da face inferior. Ambas as formas são radialmente simétricas (veja a Figura 19-4).

Na verdade, pólipo e medusa são variações do mesmo tema. Se imaginarmos um pólipo achatado e invertido, com a boca para baixo, teremos a imagem perfeita de uma medusa. Em vários grupos de cnidários só existe a forma pólipo. Em poucas espécies, mais raras, só a forma medusa. Em muitos deles, porém, essas duas formas aparecem alternadamente em um mesmo ciclo vital, ora predominando uma, ora a outra, em um fenômeno conhecido por **alternância de gerações** (ou **metagênese**). De modo geral, a medusa é a forma móvel, e o pólipo costuma ser fixo. Há, porém, vários casos em que a medusa costuma ser fixa e o pólipo apresenta certo grau de mobilidade.

Fique por dentro!

A origem do nome

O nome *cnidários* refere-se à existência de um tipo de célula, o **cnidócito** (do grego, *knide* = urtiga), especializada principalmente na captura de alimentos e na defesa contra agressores. Cnidócitos são células diferenciadas derivadas de células indiferenciadas, os cnidoblastos. Por sua vez, os cnidoblastos são derivados de células *intersticiais* indiferenciadas existentes na epiderme e, muitas vezes, na gastroderme. O nome **celenterado** (do grego, *koîlos* = oco e *enteron* = = intestino) está relacionado à existência, pela primeira vez, evolutivamente, entre os animais, de uma cavidade digestória, um intestino primitivo. Na verdade, o corpo de um cnidário lembra um saco oco: a cavidade do saco é o intestino, aberto em uma extremidade pela boca, que serve simultaneamente à entrada de alimentos e à saída de resíduos. É, portanto, um tubo digestório incompleto.

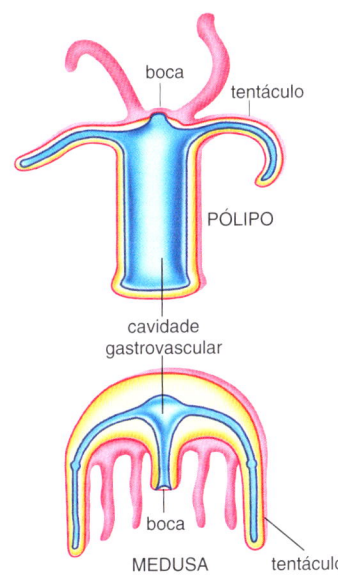

Figura 19-4. Pólipo e medusa possuem o mesmo padrão estrutural.

Essa associação hidra-alga é benéfica para ambas. A alga fornece oxigênio e alimento orgânico para a hidra que, em troca, oferece residência e gás carbônico para as algas. Uma associação em que há benefício mútuo é conhecida como **mutualismo**.

A Hidra: Um Típico Representante dos Cnidários

A hidra verde, pólipo comumente encontrado em lagoas, lagos e pequenos riachos de água limpa, serve muito bem como representante dos cnidários e será estudada como padrão do grupo. Dentro dela vivem algas verdes microscópicas que necessitam da energia luminosa para a realização da fotossíntese.

O corpo da hidra é cilíndrico e extremamente delicado; a extremidade inferior se apoia no substrato (base à qual se prendem os animais sedentários ou fixos) e a outra, superior, apresenta uma boca rodeada por 6 a 8 tentáculos longos (veja a Figura 19-5). O tamanho da hidra é variável, chegando a 1,5 cm com os tentáculos distendidos.

A cavidade intestinal é conhecida como **cavidade gastrovascular** e estende-se até os tentáculos que são, assim, ocos.

O surgimento dos tecidos

Um exame na organização da parede do corpo da hidra revela a existência de tecidos verdadeiros, formados por diferentes tipos de células, organizadas em duas camadas: uma interna, a **gastroderme**, forrando a cavidade digestória, e a outra externa, a **epiderme**, de relação com o meio.

Entre as duas existe uma camada gelatinosa, a **mesogleia**. Em outros cnidários, principalmente nas medusas, a mesogleia é muito espessa e pode ou não conter células dispersas, derivadas da epiderme.

Na camada externa, destacam-se dois tipos celulares: as **células mioepiteliais** (que, como o nome diz, servem como células musculares e de revestimento ao mesmo tempo) e os **cnidócitos**. As células mioepiteliais possuem filamentos contráteis na base e servem às contrações e aos movimentos do corpo (veja a Figura 19-6).

Os cnidócitos são células dotadas de um cílio (cnidocílio) na sua porção livre e de uma vesícula interna, o **nematocisto**, contendo um filamento enovelado.

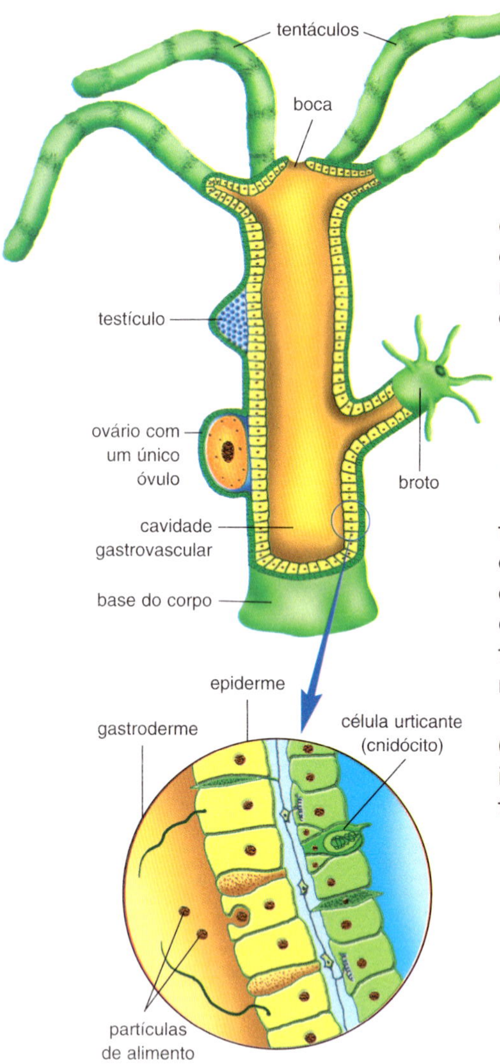

Figura 19-5. A hidra é um representante típico dos cnidários.

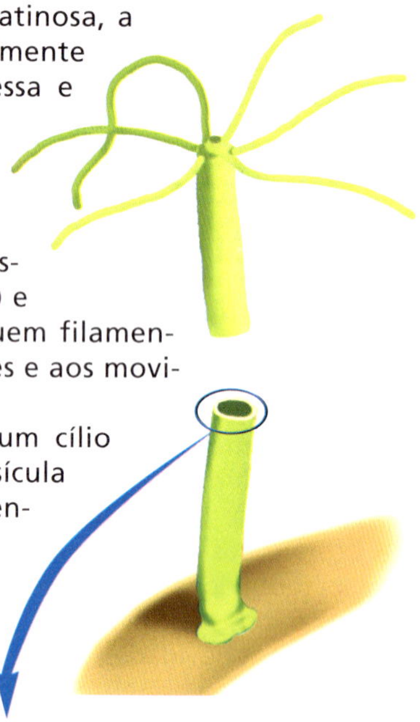

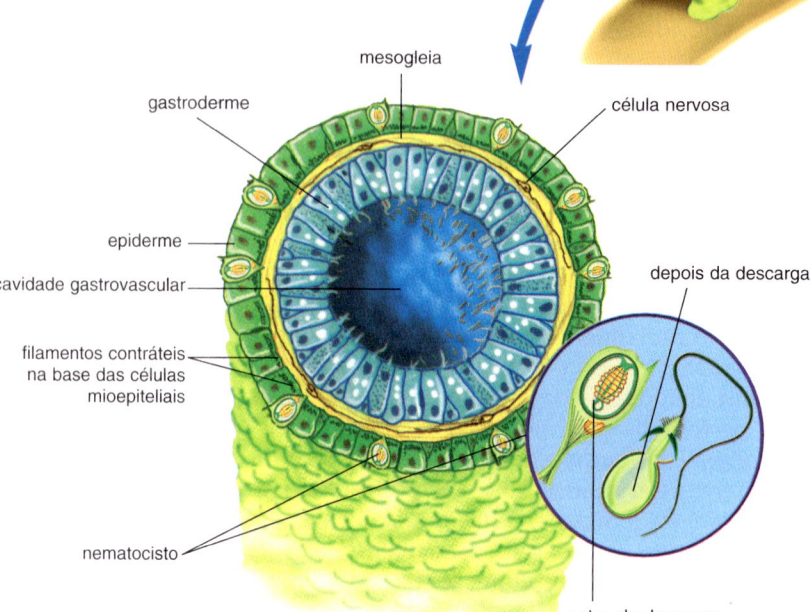

Figura 19-6. A organização estrutural da hidra: vários tipos celulares desempenham funções específicas. No detalhe, um cnidócito e sua cápsula, o nematocisto, antes e depois de acionado.

Quando estimulado, o cnidócito funciona como uma verdadeira mina explosiva: o filamento é bruscamente liberado juntamente com uma substância irritante, uma toxina, que paralisa as presas (veja a Figura 19-7). Alguns nematocistos não liberam toxinas; servem, por exemplo, para laçar a presa.

Entre as células mioepiteliais e os cnidócitos existem várias células sensoriais, dotadas de cílios, e que ficam conectadas ao tecido nervoso da hidra. Essas células estabelecem um importante mecanismo de relação da hidra com o meio ambiente, permitindo que ela atue como carnívora predadora, que caça praticamente parada.

A camada interna de células é semelhante à externa, destacando-se dois tipos celulares: as células **glandulares** e as **epitélio-digestivas**.

As células glandulares possuem várias vesículas de secreção cheias de enzimas digestivas e que são eliminadas para a cavidade digestória. A digestão do alimento é assim iniciada fora das células (*digestão extracelular*), na cavidade.

As células epitélio-digestivas possuem dois cílios e assemelham-se a células da camada externa por também serem dotadas, em sua base, de filamentos contráteis, o que torna elástico o corpo da hidra, principalmente quando o alimento ingerido é volumoso.

O batimento dos cílios promove a circulação constante do fluido contendo alimento e justifica assim o nome de **cavidade gastrovascular** dado à cavidade digestória da hidra. A digestão dos alimentos, que foi iniciada extracelularmente na cavidade digestória, termina no interior de células que revestem essa cavidade.

Junto à mesogleia, localiza-se uma **rede de neurônios** que forma o tecido nervoso da hidra. Esse *tecido nervoso em rede* é conectado às diversas células sensoriais espalhadas pelo corpo da hidra e à base contrátil das células epiteliais.

Estímulos aplicados em qualquer parte do organismo produzem impulsos que são propagados de maneira semelhante aos círculos concêntricos originados quando se joga uma pedra em um lago. O organismo reage aos estímulos obedecendo ao seguinte princípio: a amplitude das respostas é proporcional à intensidade dos estímulos.

Não há um centro de controle, não há cérebro; trata-se de uma rede nervosa difusa de neurônios. É um mecanismo de coordenação primitivo, o primeiro que surge entre os animais pluricelulares.

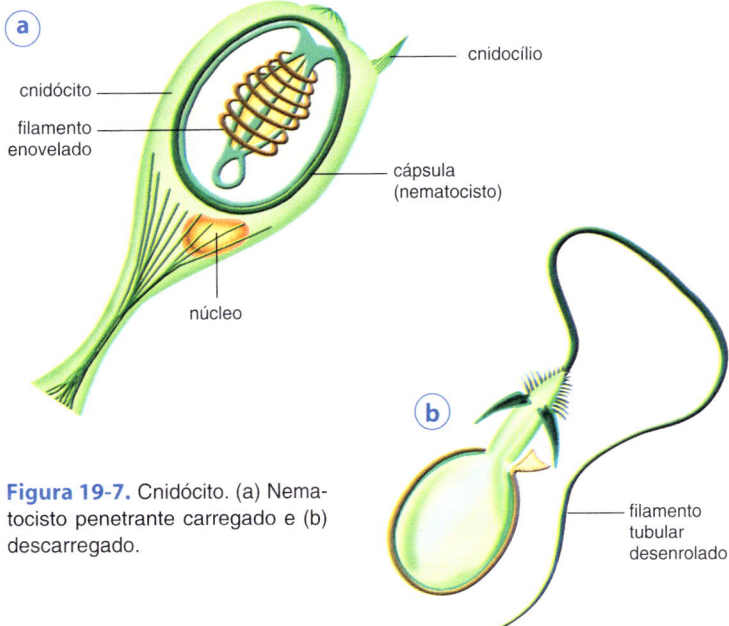

Figura 19-7. Cnidócito. (a) Nematocisto penetrante carregado e (b) descarregado.

Fique por dentro!

Um espetáculo fascinante é observar uma hidra caçando uma presa sem se deslocar. Ao tocar em cnidócitos localizados nos tentáculos, a presa rapidamente é imobilizada pelos filamentos liberados pelos nematocistos. A ação das toxinas inoculadas é rápida e a presa, paralisada, é encaminhada à boca pelos tentáculos que a prenderam. Após a demorada digestão, os objetos são eliminados pela própria boca.

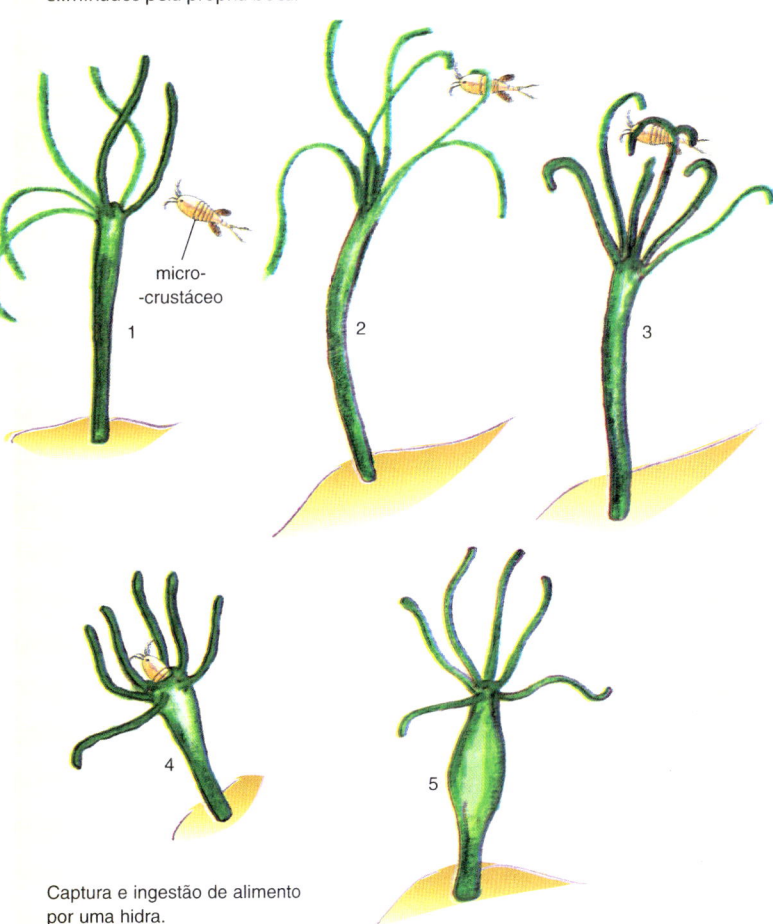

Captura e ingestão de alimento por uma hidra.

A reprodução assexuada

A reprodução assexuada em hidras pardas ou verdes é, em geral, feita por brotamento. Brotos laterais, em várias fases de crescimento, são comumente vistos ligados à hidra-mãe e dela logo se destacam.

Esse processo de multiplicação, em que não ocorre variabilidade genética, é propício nos ambientes estáveis e em épocas favoráveis do ano, em que as hidras estão bem alimentadas.

A reprodução sexuada

A hidra é hermafrodita. Alguns testículos e apenas um ovário são formados, principalmente em épocas desfavoráveis do ano, a partir de células indiferenciadas existentes no corpo.

O único óvulo produzido é retido no ovário. Os espermatozoides são liberados na água e vão à procura do óvulo. A fecundação ocorre no corpo da hidra. O zigoto formado é circundado por uma espessa casca quitinosa (de consistência semelhante ao esqueleto de quitina dos insetos) e, após certo tempo de desenvolvimento, o embrião, envolto pela casca protetora, destaca-se do corpo da hidra e permanece dentro da casca durante toda a época desfavorável.

Com a chegada da estação favorável, rompe-se a casca e emerge uma pequena hidra que cresce até atingir a fase adulta. Não há larva. O desenvolvimento é direto (veja a Figura 19-8).

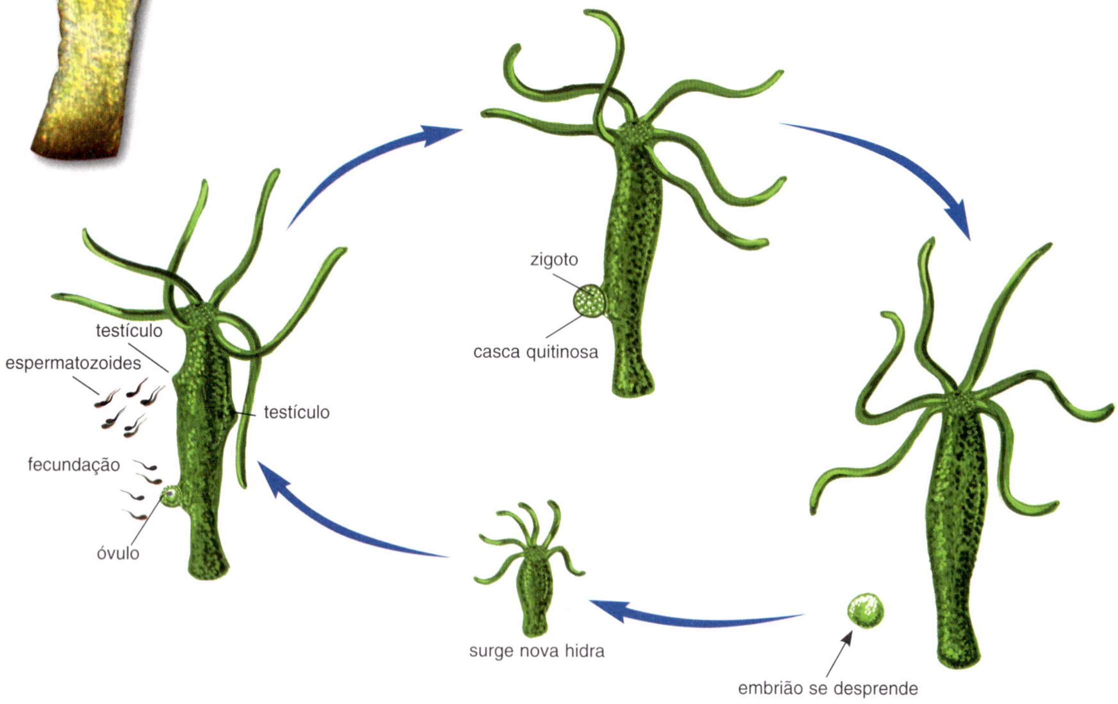

Brotamento em hidra.

Figura 19-8. Reprodução sexuada em hidra.

Classificação dos Cnidários

As principais classes dos cnidários são:

- **Hydrozoa** – hidras e caravelas;
- **Scyphozoa** – águas-vivas;
- **Anthozoa** – anêmonas e corais; e
- **Cubozoa** – cubozoários, como a vespa-do-pacífico.

Os hidrozoários

A classe dos hidrozoários possui inúmeros representantes, além da hidra. Todos os demais componentes dessa classe são marinhos. Dentre eles, podemos citar como exemplos a *Obelia* e a caravela (*Physalia*), esse um indivíduo colonial muito comum nos mares tropicais e temperados.

Na *Obelia*, a reprodução ocorre durante um ciclo em que se alternam pólipos (fase assexuada e duradoura) e medusas (fase sexuada e pouco duradoura). Dois tipos de pólipos existem em um polipeiro (colônia): o nutridor e o reprodutor. Os reprodutores geram medusas por brotamento. Estas, de pequeno tamanho, produzem gametas que se encontram na água (fecundação externa). Forma-se o zigoto, ocorre o desenvolvimento embrionário e surge uma larva ciliada, a **plânula**, que constitui uma importante forma de dispersão da espécie. Fixando-se a um substrato apropriado, a larva transforma-se em um novo pólipo, que acaba gerando novo polipeiro (veja a Figura 19-9).

Caravela.

Figura 19-9. Ciclo reprodutivo com alternância de reprodução sexuada e assexuada em *Obelia*.

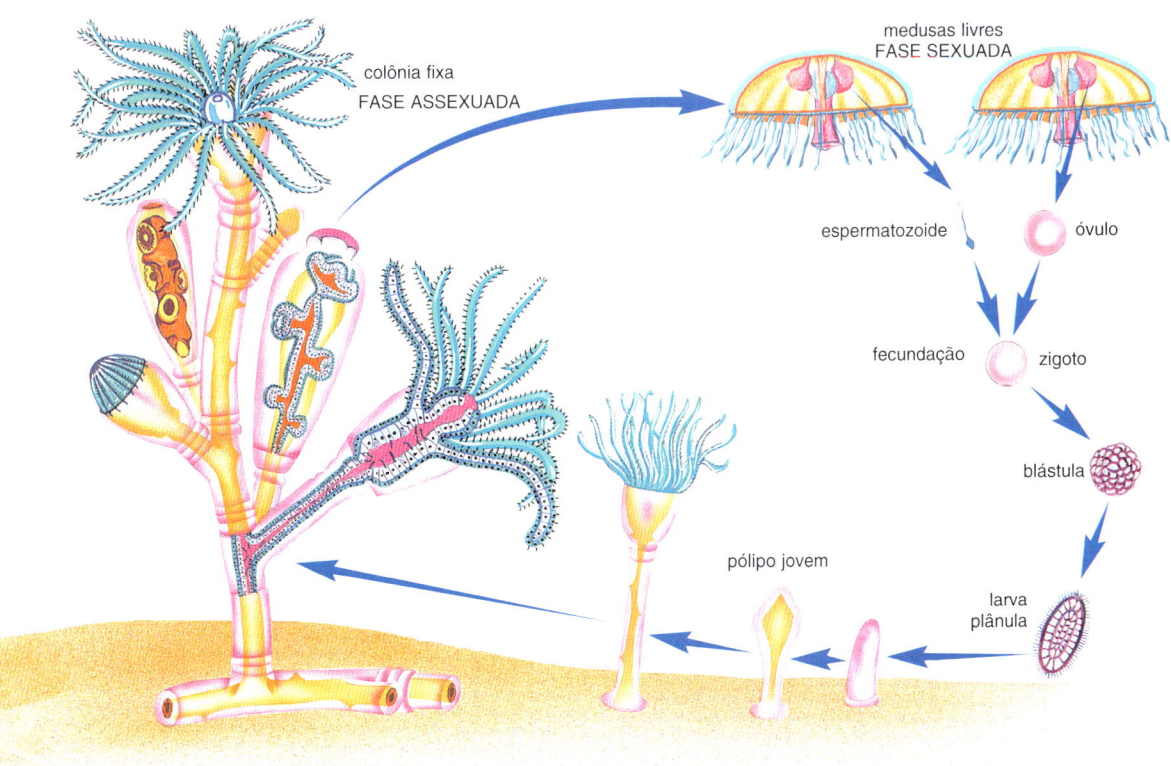

Os cifozoários

> De modo algum deve-se pegar uma medusa pelos braços. O perigo de queimaduras é muito grande. Deve-se segurá-las, sem medo, apenas pela região superior da umbrela (a porção mais larga).

Na classe dos cifozoários, as formas predominantes e sexuadas são bonitas medusas de cores variadas, as verdadeiras "águas-vivas", frequentemente vistas em nosso litoral. Os pólipos são pequenos e correspondem à fase assexuada, pouco duradoura.

As medusas têm formato de guarda-chuva e são diferentes das do grupo dos hidrozoários (veja a Figura 19-10). Podem alcançar de 2 a 40 cm de diâmetro. A gigante do grupo é uma medusa do Atlântico Norte, que chega a ter 2 m de diâmetro.

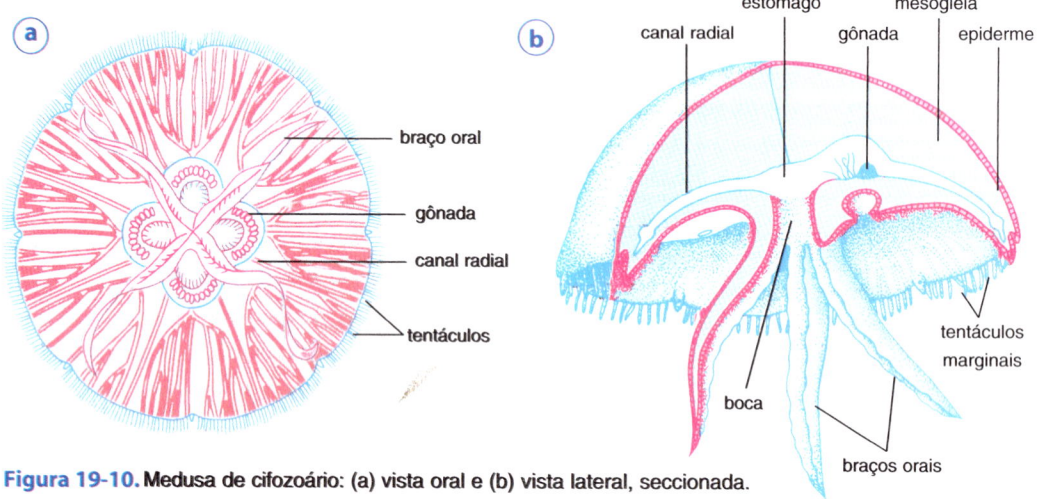

Figura 19-10. Medusa de cifozoário: (a) vista oral e (b) vista lateral, seccionada.

No caso da espécie *Aurelia aurita*, a fecundação é interna. A plânula nada durante certo tempo e origina um pólipo fixo, o **cifístoma**. Esse pequeno pólipo é a geração assexuada e se reproduz por um processo conhecido por **estrobilização**. Nesse processo, fragmentações sucessivas do corpo do pólipo formam uma pilha de discos que permanecem amontoados uns sobre os outros. Cada disco, uma **éfira** (medusa jovem), destaca-se e, após certo tempo de crescimento, origina uma medusa adulta, fechando-se o ciclo (veja a Figura 19-11).

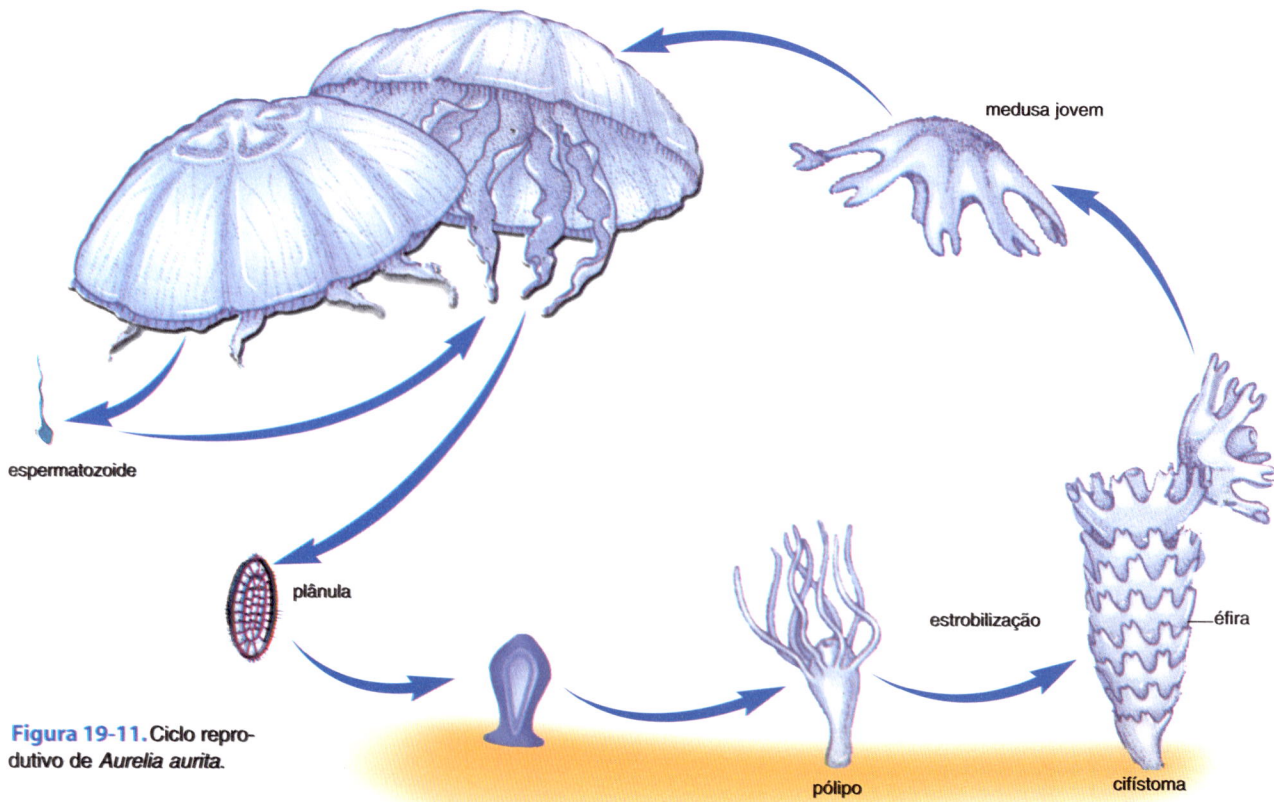

Figura 19-11. Ciclo reprodutivo de *Aurelia aurita*.

Os antozoários

Anêmonas e corais são os representantes mais conhecidos dessa classe. As anêmonas são facilmente vistas no nosso litoral, principalmente na maré baixa, sobre rochas emersas ou enterradas na areia por entre as rochas.

A forma de muitos corais é variada. Alguns possuem formato de pequenas árvores, outros lembram grandes penas coloridas e outros, ainda, possuem formato escultural, como é o caso do famoso coral-cérebro, cujo aspecto lembra os sulcos e circunvoluções existentes no cérebro humano.

Os antozoários frequentemente se reproduzem por brotamento ou fragmentação. A reprodução sexuada envolve a formação e fusão de gametas e habitualmente existe uma larva plânula antecedendo a fase adulta.

Como na classe dos antozoários só há a forma pólipo, não existe metagênese. Após a reprodução sexuada dos pólipos, as larvas plânulas se diferenciam diretamente em novos pólipos. A organização dos pólipos dessa classe é mais complexa que nas outras classes (veja a Figura 19-12).

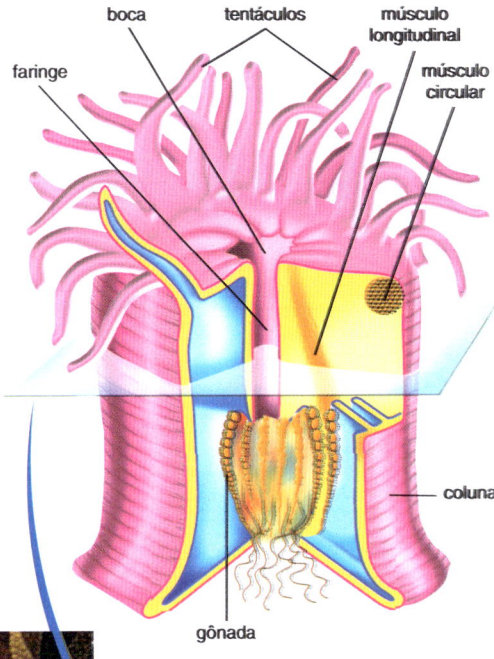

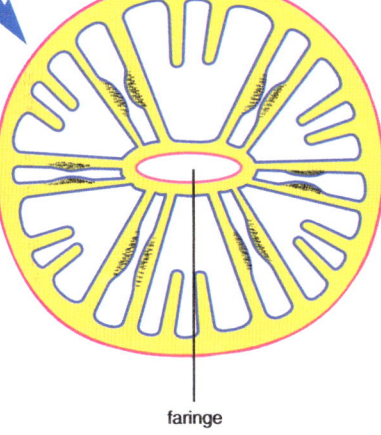

Figura 19-12. Esquema de pólipo de anêmona-do-mar, um antozoário, e corte transversal na altura da faringe.

Fique por dentro!

A alternância de duas gerações, uma assexuada, representada pelos pólipos, e outra sexuada, representada pelas medusas, é conhecida como **metagênese**, uma das importantes características dos cnidários.

Saiba mais

Muitas anêmonas se alimentam de pequenos peixes e crustáceos. Os nematocistos descarregados pelos tentáculos paralisam a vítima e, do mesmo modo que ocorre na hidra, os tentáculos levam o alimento à boca. Existe, porém, um peixinho colorido, conhecido como peixe-palhaço, que vive tranquilamente entre os tentáculos da anêmona sem ser molestado. Provavelmente, as toxinas dos nematocistos não exercem nenhum efeito sobre ele.

Essa associação é benéfica tanto para a anêmona como para o peixe. Este funciona como uma isca viva: ele atrai outros peixes que procuram caçá-lo, mas rapidamente se esconde entre os tentáculos da anêmona, enquanto o predador toca inadvertidamente os tentáculos e fica preso e paralisado pelos filamentos dos nematocistos, o que, evidentemente, é bom para a anêmona. Em troca, o peixe-palhaço recebe proteção e restos alimentares da anêmona.

PANTHERMEDIA/KEYDISC

Os corais

Ao contrário das anêmonas, geralmente solitárias, os corais são coloniais na imensa maioria das espécies. São pólipos muito pequenos, bem menores que as anêmonas.

Como se reproduzem assexuadamente por brotamento e os brotos não se separam, eles vão constituindo grandes agrupamentos coloniais. E, como cada pólipo constrói ao redor de si um esqueleto geralmente constituído de calcário (carbonato de cálcio), todos os esqueletos acabam se juntando, o que origina uma grande formação calcária comum à colônia.

Fique por dentro!

A cor de muitos corais pode ser devida a pigmentos produzidos por eles mesmos. Com muita frequência, porém, deve-se à existência de algas microscópicas, conhecidas como zooxantelas, que vivem no interior dos pólipos. Nesse caso, a relação entre os pólipos e as algas é benéfica para ambos, acreditando-se até que muitos corais formadores de recife só conseguem estabelecer-se graças a certas condições de vida oferecidas pelas algas que com eles interagem simbioticamente.

FOTOS: PHOTOS.COM

Saiba mais

Os recifes: mares rasos e quentes, água limpa

Os corais formadores de recifes são comuns em mares rasos (entre 10 e 60 m), quentes (de 23 a 28 °C) e de água límpida e transparente. Como as microscópicas algas que vivem no interior dos corais necessitam de luz para a realização da fotossíntese, a pequena profundidade e a limpidez da água são fundamentais para a penetração de luz. A temperatura também é fator de extrema importância, já que a sobrevivência das algas associadas aos pólipos depende de uma faixa térmica adequada. Por esse motivo, os recifes são encontrados em oceanos de águas quentes tropicais e semitropicais e são comuns no Caribe e nos oceanos Índico e Pacífico tropical.

Três principais tipos de recifes são hoje reconhecidos: **em franja**, **em barreira** e **atóis**. *Recifes em franja*, como os existentes no Nordeste brasileiro, são os que margeiam litorais e costas oceânicas e se projetam em direção ao mar, a partir da praia; *recifes em barreira* são os paralelos à costa e ficam separados da praia por um grande lago. O mais conhecido, e talvez o mais rico, é a Grande Barreira de recifes da Austrália, que se estende por mais de 1.600 km ao longo da costa nordeste da Austrália. Os *atóis* são recifes circulares ou ovais, que cresceram ao redor de vulcões submersos e subiram em direção à superfície. Possuem um grande lago central e pequenas ilhas podem ser formadas a partir da plataforma principal. Esse mecanismo de origem foi sugerido pela primeira vez por Charles Darwin, no século XIX, a partir de dados obtidos durante sua célebre viagem ao redor do mundo a bordo do navio inglês *Beagle*. Recentes pesquisas, com perfuração dos atóis por sondas, confirmaram que em sua base existe rocha vulcânica.

Pense nisso

Branqueamento de recifes e a acidificação da água dos oceanos

As crescentes emissões de gases de estufa, notadamente o gás carbônico, podem colocar em risco os recifes de corais. Por dois motivos. O primeiro é que a elevação da temperatura da água dos oceanos acima de certo limite faz com que, por motivos ainda não bem compreendidos, os pólipos dos corais expulsem as zooxantelas que com eles vivem e acabem morrendo. Como consequência, muitas áreas dotadas de recifes sofrem um processo de "branqueamento", revelador do dano, muitas vezes irreversível, que acomete esses ecossistemas. Esse fenômeno não é desconhecido dos cientistas. É o que ocorreu, por exemplo, em 1998, ano em que um episódio de aquecimento das águas do Pacífico, provocado pela ocorrência do fenômeno El Niño, seguido do fenômeno La Niña, acarretou a morte de 16% dos corais de várias localidades, com o consequente branqueamento dos recifes.

O outro motivo é a possível "acidificação" das águas oceânicas devido ao excesso de gás carbônico nelas dissolvido. A produção de maiores quantidades de ácido carbônico, consequência da reação do gás carbônico com a água, pode ajudar a dissolver os esqueletos de carbonato de cálcio dos pólipos formadores dos recifes e constitui uma ameaça a mais para a manutenção desses ecossistemas. Nem só os pólipos sofrem com a acidificação. O mesmo ocorre com diversos outros seres dotados de "esqueletos" calcários. É o caso dos cocolitóforos, algas do fitoplâncton, e de diversos animais, como, por exemplo, os ouriços-do-mar, que também possuem esqueletos calcários.

Branqueamento de coral. Parte do coral já perdeu sua cor devido à expulsão, em virtude do aquecimento da água, das algas unicelulares zooxantelas que viviam em seu interior.

Os cubozoários

Cnidários semelhantes aos cifozoários por apresentarem fase medusoide bem desenvolvida e uma fase polipoide reduzida. Algumas espécies são extremamente virulentas.

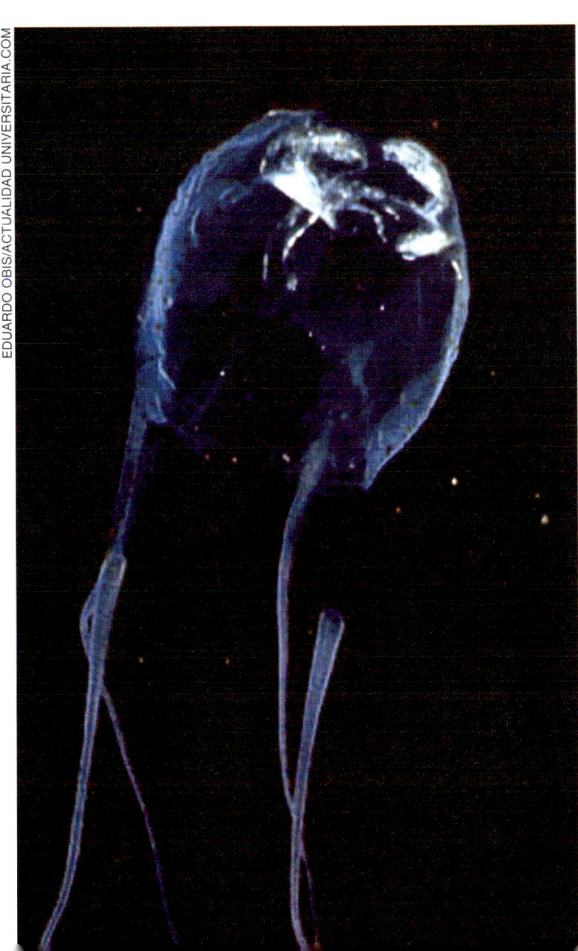

Carybdea marsupialis, um cubozoário.

Saiba mais

Staurozoa: nova classe de cnidários

Os cnidários têm uma nova classe, chamada de **Staurozoa**, identificada pelo biólogo Antonio Carlos Marques, do Instituto de Biociências da USP, em colaboração com outros pesquisadores do Brasil e do exterior. É formada por duas ordens, sendo uma delas constituída apenas por fósseis. A outra ordem, *Stauromedusae*, com cerca de 50 espécies vivas, é constituída apenas de medusas, com uma particularidade: são fixas, *agarradas a rochas ou algas por meio de uma estrutura semelhante a uma ventosa, o pedúnculo*. Atingem até 5 cm de comprimento, possuem cores variadas (de vermelho ou laranja vivos a um marrom pálido), são carnívoras (alimentam-se de larvas de crustáceos e outros animais) e habitam águas frias do litoral do Japão, do Canadá e dos Estados Unidos. O Brasil possui apenas uma espécie, a *Kishinouyea corbini*, cujos representantes têm, no máximo, 1 cm de comprimento. O pesquisador acredita que o ancestral comum desse filo deve ter sido uma "linhagem que vivia fixa, sem se deslocar".

Com essa descoberta, passam a ser cinco as classes de cnidários: *Anthozoa* (anêmonas e corais), *Scyphozoa* (grupo de águas-vivas), *Hydrozoa* (hidras, caravelas), *Cubozoa* (como a vespa-do-pacífico, *Chironex fleckeri*, que habita os mares próximos à Austrália), e, agora, *Staurozoa*, que inclui as espécies de medusas fixas.

Fonte: Testemunhas da terra primitiva.
Revista Pesquisa Fapesp, São Paulo, n. 100, jun. 2004, p. 102.

A ciência por trás do fato!

Compressas de água doce pioram as "queimaduras" das águas-vivas e das caravelas?

Em determinadas épocas do ano é comum aparecerem águas-vivas e caravelas em nosso litoral. Muitas vezes, inadvertidamente, banhistas entram em contato com os tentáculos desses cnidários, cujos nematocistos liberam substâncias que causam "queimaduras" muito dolorosas e formação de bolhas. Frequentemente, também ocorrem reações alérgicas, vômitos, espasmos musculares e, nos casos mais graves, desorganização geral da atividade nervosa, queda da pressão arterial e insuficiência renal, que podem ocasionar a morte dos afetados.

Para o tratamento desse tipo de acidente, recomenda-se a utilização de compressas de água gelada marinha no local, por períodos de 10 a 20 minutos, no sentido de aliviar a dor. Deve-se evitar o uso de água doce, que pode ingressar, por osmose, nos nematocistos ainda existentes, provocando o seu rompimento e a liberação de mais substâncias tóxicas. A utilização de soluções de ácido acético ou pastas contendo bicarbonato de sódio é recomendada por alguns especialistas, no sentido de inativar as substâncias liberadas pelos nematocistos. Analgésicos também são indicados no alívio da dor. Nos casos graves, é necessário o atendimento por centros especializados de urgência, notadamente nas situações em que ocorrem hipotensão arterial e sintomas decorrentes de falha na função dos rins.

Dados extraídos de: HADDAD JÚNIOR, V. *Atlas de Animais Aquáticos Perigosos do Brasil* – guia médico de diagnóstico de tratamento de acidentes. São Paulo: Roca, 2000. p. 10-14.

Ética & Sociedade

Até onde temos o direito?

A fauna marinha é maravilhosa, com espécimes coloridos, de formas variadas. Os corais e as anêmonas, por exemplo, são muito apreciados pelos mergulhadores. Não é incomum, dentre aqueles com pouca consciência de preservação ambiental, a prática de coletar "souvenirs", pequenas lembranças – como pedaços de coral, por exemplo –, nos mergulhos que fazem.

Essa mesma falta de respeito pelo patrimônio ambiental vê-se naqueles que visitam as reservas ecológicas e deixam suas marcas sobre pedras, esculpidas durante milhares de anos pelo vento, ou suas pichações sobre pinturas rupestres, como, por exemplo, as que se encontram no Parque Nacional da Serra da Capivara* (PI), muitas vezes pichações feitas com tinta a óleo, impossíveis de retirar sem danificar as pinturas originais.

Até onde temos o direito de pichar o patrimônio que pertence a toda a humanidade? A pichação é uma forma de arte ou é simplesmente uma agressão por parte daqueles que não sabem conviver em sociedade? Qual seria a sua reação se alguém lhe pichasse sua jaqueta ou tênis preferido?

---

* As pinturas rupestres desse parque, um dos maiores conjuntos desse tipo no mundo, são tidas como evidências da presença do homem em solo americano há cerca de 50.000 anos.

Passo a passo

1. Identifique o filo que possui as seguintes características: não possuem órgãos, nem sistemas, nem tecidos rudimentares. A digestão é exclusivamente intracelular e não existem células musculares e nervosas.

2. Qual o nome das células presentes nos poríferos cujos movimentos flagelares criam uma corrente de água que penetra no organismo?

3. Onde está localizado o esqueleto dos poríferos? Qual a sua constituição?

4. Brotamento é um tipo de reprodução sexuada ou assexuada?

5. Cite um exemplo de um celenterado que habita na água doce.

6. Nos celenterados, cite o nome da célula responsável pela captura dos alimentos e pela defesa contra agressores.

7. Quais são as duas formas corporais dos celenterados?

8. Qual o nome da célula responsável pela secreção de enzimas que atuam na digestão extracelular? Ela está presente nos poríferos? Justifique sua resposta.

9. Qual o nome do tubo digestório que possui apenas uma abertura na extremidade da boca?

10. Presença de neurônios (células nervosas) sem um centro de controle é uma característica dos poríferos ou dos celenterados?

11. Cite o nome das duas formas corporais que se alternam no processo da metagênese nos celenterados. Em qual delas ocorre a fase sexuada e assexuada?

12. Assinale **E** para as alternativas incorretas e **C** para as corretas a respeito dos poríferos.
    a) São animais aquáticos, exclusivamente marinhos.
    b) Possuem tecidos simples como uma rede de neurônios.
    c) Apresentam diferentes tipos de células.
    d) O ósculo pode ser considerado como boca.
    e) O átrio é um tipo de intestino.

13. A respeito dos cnidários, assinale **E** para as alternativas incorretas e **C** para as corretas.
    a) Apresentam simetria bilateral.
    b) São animais de vida livre ou parasitas.
    c) Todas as espécies são de vida aquática, principalmente marinha.
    d) Possuem cavidade digestória chamada átrio.
    e) Esses animais vivem fixos ou são nadantes, mas todos são heterótrofos.

14. Os poríferos são os primeiros animais pluricelulares a surgirem na Terra. Dentre as diferentes funções de suas células, os
    a) pinacócitos apresentam poros para a passagem de água.
    b) coanócitos produzem espículas.
    c) amebócitos revestem externamente o corpo.
    d) neurônios realizam condução do impulso nervoso.
    e) coanócitos revestem o átrio.

15. Segundo o esquema do ciclo dos poríferos representado ao lado:
    a) a reprodução apresentada é do tipo assexuada.
    b) ocorre desenvolvimento direto.
    c) a larva se locomove na água.
    d) a reprodução por brotamento está representada.
    e) o gameta masculino e o feminino são móveis.

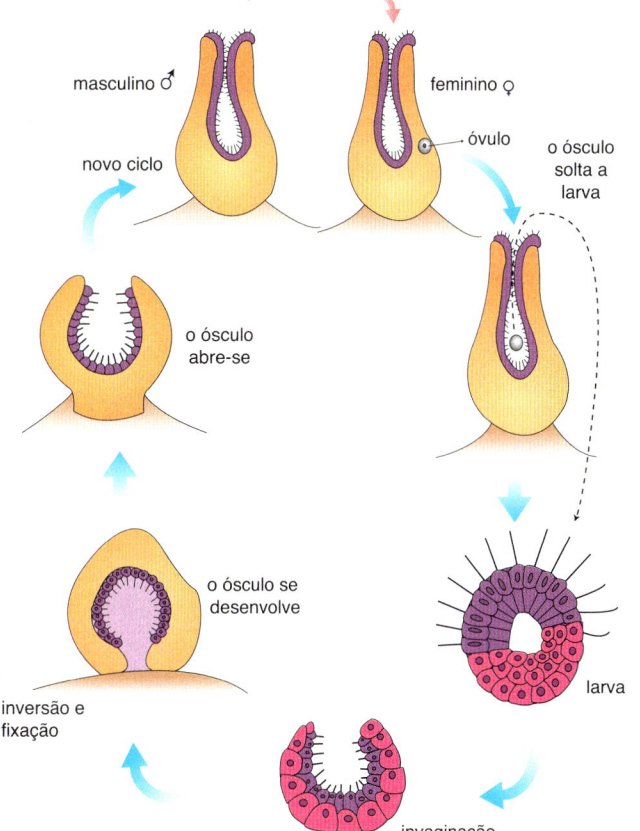

Reprodução sexuada de esponjas.

16. Sobre os cnidários são feitas as seguintes afirmações:

I – Os indivíduos de vida terrestre são representados pelos pópilos.
II – As células que liberam toxinas, chamadas coanócitos, são responsáveis pela defesa e captura de alimento.
III – São representadas por diferentes animais, sendo que algumas espécies, como a dos corais, apresentam alternância de gerações.

Assinale:

a) se apenas uma afirmativa estiver correta.
b) se as afirmativas I e II estiverem corretas.
c) se as afirmativas I e III estiverem corretas.
d) se as afirmativas II e III estiverem corretas.
e) se as três afirmativas estiverem incorretas.

17. Os ciclos esquematizados a seguir pertencem a dois filos distintos de animais. Exclusivamente a partir dessas figuras podemos afirmar que no ciclo "A" ocorre __1__ e no ciclo "B" ocorre __2__. A alternativa que preenche corretamente os espaços 1 e 2 é:

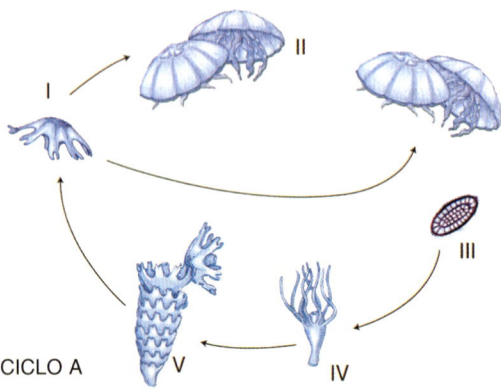

CICLO A

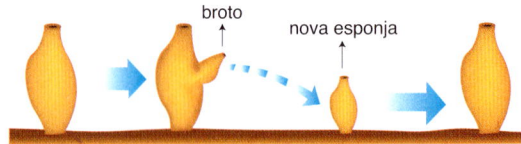

CICLO B

a) reprodução assexuada, reprodução assexuada.
b) alternância de gerações, metagênese.
c) alternância de gerações, reprodução sexuada.
d) reprodução sexuada, produção de larva.
e) produção de larva, produção de gametas.

18. *Questão de interpretação de texto*

(UFLA – MG) Os celenterados (*Cnidaria*) formam um dos grupos mais antigos de metazoários e apresentam dois tipos morfológicos, polipoide e medusoide.

A figura seguinte ilustra uma das hipóteses de relações filogenéticas entre as classes de *Cnidaria*, e os pontos numerados de 1 a 4 assinalam possibilidades de surgimento de novidades evolutivas em cada linhagem.

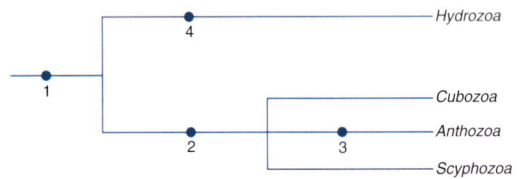

Com base na figura, é **CORRETO** afirmar que

a) na linhagem 1 ocorreu apenas a fase medusoide.
b) na linhagem 3 ocorreu a perda da fase medusoide.
c) na linhagem 4 ocorreu perda da fase medusoide.
d) na linhagem 2 surgiu a fase medusoide.

Questões objetivas

1. (UEL – PR) Os efeitos do aquecimento global podem ser percebidos na região tropical dos oceanos, mais precisamente nos recifes de coral. O fenômeno é conhecido como branqueamento, que é consequência da exposição dos esqueletos calcários após a morte dos corais.

Com base nos conhecimentos sobre os celenterados, considere as afirmativas a seguir:

I – O aquecimento global provoca a morte de algas simbióticas, essenciais para a vida de certas espécies de coral.
II – Os recifes são constituídos por grandes colônias de pólipos, que são formas sésseis de celenterados.
III – As células-flama são características dos celenterados e utilizadas para defesa e captura de alimentos.
IV – O sistema nervoso dos celenterados é centralizado, sendo os primeiros animais a apresentá-lo.

Assinale a alternativa correta.

a) Somente as afirmativas I e II são corretas.
b) Somente as afirmativas I e III são corretas.
c) Somente as afirmativas III e IV são corretas.
d) Somente as afirmativas I, II e IV são corretas.
e) Somente as afirmativas II, III e IV são corretas.

2. (UEL – PR) Invertebrados sésseis, sem órgãos e sem tecidos, com digestão exclusivamente intracelular, são classificados como:

a) esponjas.
b) anêmonas-do-mar.
c) lírios-do-mar.
d) cracas.
e) mexilhões.

3. (UFPel – RS) As esponjas constituem o filo *Porifera* do reino *Animalia*, sendo indivíduos de organização corporal simples, consideradas um ramo primitivo na evolução dos metazoários. Os poríferos são usados pelos pintores para obter certos efeitos especiais na técnica de aquarela; antigamente, eram usados também como esponjas de banho.

Quanto às esponjas, é correto afirmar que:

a) não possuem tecidos verdadeiros e apresentam apenas espículas silicosas.
b) possuem tecidos verdadeiros e podem apresentar espículas calcárias ou silicosas.
c) não possuem tecidos verdadeiros e podem apresentar espículas calcárias ou silicosas.
d) não possuem tecidos verdadeiros e apresentam espículas calcárias.
e) possuem tecidos verdadeiros e apresentam apenas espículas silicosas.

4. (UNESP) O fenômeno de alternância de gerações com as formas pólipo e medusa, que correspondem, respectivamente, às formas de reprodução assexuada e sexuada, ocorre em muitas espécies de:

a) equinodermos.
b) protozoários.
c) platelmintos.
d) cnidários.
e) poríferos.

5. (UFMG) Observe o esquema a seguir do ciclo vital de um animal de vida aquática.

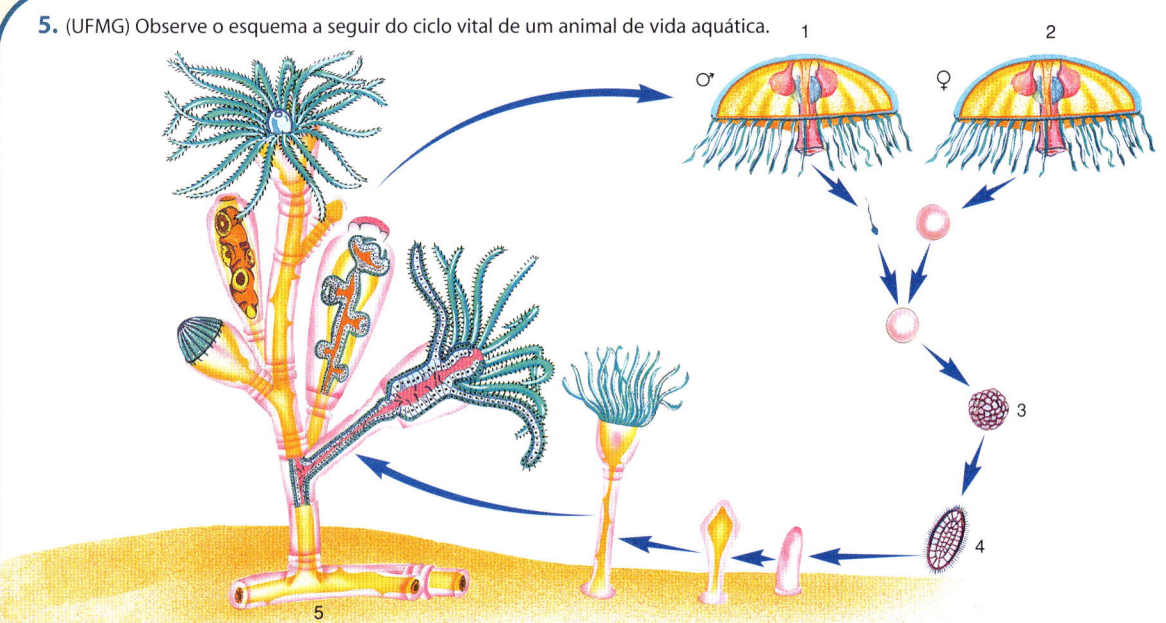

Com base na análise desse esquema, todas as afirmativas estão corretas, EXCETO:

a) 1 e 2 são resultantes de reprodução assexuada.
b) 3 representa uma fase embrionária.
c) 4 representa fase larvária diploide de vida livre.
d) 5 é um indivíduo adulto fixo, em que ocorre meiose.
e) no ciclo ocorre alternância de gerações.

6. (FMTM – MG) Se você tivesse de justificar a seguinte frase: "Os cnidários são mais evoluídos que os poríferos", você usaria como argumento o fato de os

a) cnidários apresentarem sistema excretor com células-flama.
b) poríferos realizarem as trocas gasosas por difusão.
c) cnidários terem reprodução assexuada e sexuada.
d) poríferos apresentarem simetria radial.
e) cnidários apresentarem cavidade digestória.

7. (UFPR) Dois estudantes de Biologia encontraram no mar, próximo à praia, um organismo que nunca tinham visto antes, mas que pelos seus conhecimentos prévios supuseram que poderia ser um porífera ou um urocordado. Como eles devem proceder para decidir a qual grupo pertence esse organismo?

a) Verificar se é unicelular ou pluricelular.
b) Verificar se é um procarioto ou um eucarioto.
c) Descobrir se ele é séssil ou se se desloca em um substrato.
d) Descobrir se ele é predominantemente aquático ou terrestre.
e) Verificar se possui tubo digestivo.

8. (UNICAMP – SP – adaptada) O vazamento de petróleo no Golfo do México, em abril de 2010, foi considerado o pior da história dos EUA. O vazamento causou o aparecimento de uma extensa mancha de óleo na superfície do oceano, ameaçando a fauna e a flora da região. Estima-se que o vazamento foi da ordem de 800 milhões de litros de petróleo em cerca de 100 dias.

Os corais, espalhados por grande extensão de regiões tropicais dos oceanos e mares do globo terrestre, formam os recifes ou bancos de corais e vivem em simbiose com alguns tipos de algas. No caso do acidente no Golfo do México, o risco para os corais se deve

a) às substâncias presentes nesse vazamento, que matariam vários peixes que serviriam de alimento para os corais.
b) ao branqueamento dos corais, causado pela quantidade de ácido clorídrico liberado juntamente com o óleo.
c) à redução na entrada de luz no oceano, que diminuiria a taxa de fotossíntese de algas, reduzindo a liberação de oxigênio e nutrientes que seriam usados pelos pólipos de corais.
d) à absorção de substância tóxica pelos pólipos dos cnidários, formados por colônias de protozoários que se alimentam de matéria orgânica proveniente das algas.

9. (FGV – SP) PLANTA OU ANIMAL? CONHEÇA ALGUNS DOS MISTÉRIOS DOS CERIANTOS, ESTES SERES TÃO DIFERENTES DAS DEMAIS ESPÉCIES MARINHAS.

Terra da Gente, ago. 2008.

Os ceriantos pertencem ao filo *Cnidaria*, o mesmo das águas-vivas e das anêmonas marinhas. Desse modo, é correto dizer que os ceriantos

a) são animais, reino *Animalia*, cujos representantes são eucariontes, multicelulares e heterótrofos.
b) são animais, reino *Animalia*, cujos representantes podem ser unicelulares ou multicelulares, mas exclusivamente eucariontes e heterótrofos.
c) são plantas, reino *Plantae*, cujos representantes são eucariontes, multicelulares e autótrofos.
d) são plantas, reino *Plantae*, cujos representantes podem ser unicelulares ou multicelulares, mas exclusivamente eucariontes e autótrofos.
e) não são plantas nem animais, mas pertencem ao reino *Protista*, cujos representantes podem ser eucariontes unicelulares heterótrofos ou multicelulares autótrofos.

10. (UFMS) Anêmonas e corais... podem causar dermatites tão severas como aquelas provocadas por águas-vivas e caravelas. No local estabelecem-se edema e eritema que podem persistir por dias, sendo o acidente muito doloroso no início.

Adaptado de: <http://www.anaisdedermatologia.org.br/artigo imprimir.php?artigoid=122>.

Todos os animais citados no trecho acima estão incluídos no Filo *Cnidaria*. Sobre os cnidários, é correto afirmar:

(01) São animais triploblásticos.
(02) No ciclo de vida, há uma forma livre natante, a medusa, e uma forma fixa com pouco movimento, o pólipo. Uma das formas pode estar ausente em algumas espécies.
(04) Todas as espécies se alimentam de partículas de origem vegetal.
(08) Possuem células chamadas de cnidócitos, que abrigam estruturas urticantes localizadas principalmente nos tentáculos.
(16) Possuem um sistema nervoso periférico em forma de malha e um cérebro pouco desenvolvido próximo da boca.
(32) Todas as espécies são aquáticas, sendo a maioria marinha.

Questões dissertativas

1. (UNICAMP – SP) Alguns hidrozoários coloniais, como a *Obelia sp.*, ocorrem na natureza sob a forma de pólipos e medusas.
   a) Como uma colônia desses hidrozoários se origina? E como essa colônia dá origem a novas colônias?
   b) Que estrutura comum aos pólipos e medusas é encontrada somente nesse filo? Qual a sua função?

2. (FMTM – MG) O esquema abaixo representa o ciclo de vida de um invertebrado.

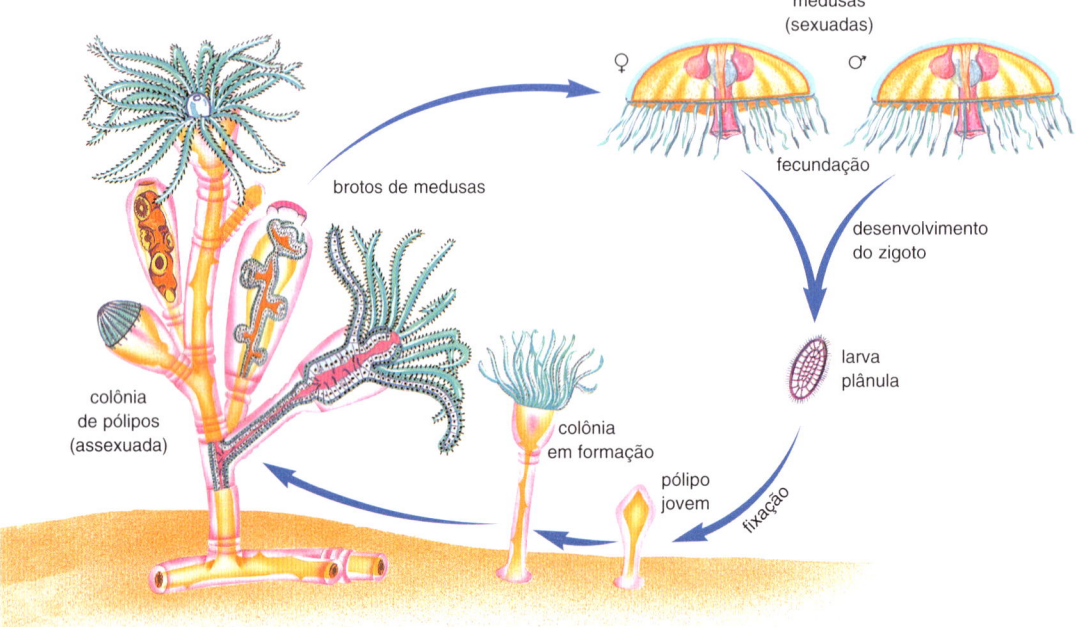

   a) A que filo pertence esse invertebrado?
   b) Como é o tubo digestório e como se dá a digestão nesse invertebrado?

3. (FUVEST – SP – adaptada) Recifes de coral são rochas de origem orgânica, formadas principalmente pelo acúmulo de exoesqueleto de carbonato de cálcio secretado por alguns cnidários que vivem em colônias. Em simbiose com os pólipos dos corais, vivem algas zooxantelas. Encontrados somente em mares de águas quentes, cujas temperaturas, ao longo do ano, não são menores que 20 ºC, os recifes de coral são ricos reservatórios de biodiversidade. Como modelo simplificado para descrever a existência dos recifes de coral nos mares, pode-se empregar o seguinte equilíbrio químico:

$$CaCO_3(s) + CO_2(g) + H_2O(l) \rightleftharpoons Ca^{2+}(aq) + 2\ HCO_3^-(aq)$$

Descreva o mecanismo que explica o crescimento mais rápido dos recifes de coral em mares cujas águas são transparentes.

4. (FUVEST – SP) Os acidentes em que as pessoas são "queimadas" por cnidários ocorrem com frequência no litoral brasileiro. Esses animais possuem cnidoblastos ou cnidócitos, células que produzem uma substância tóxica, composta por várias enzimas e que fica armazenada em organelas chamadas nematocistos. Os cnidários utilizam essa substância tóxica para sua defesa e captura de presas.
   a) Em que organela(s) do cnidoblasto ocorre a síntese das enzimas componentes da substância tóxica?
   b) Após a captura da presa pelo cnidário, como ocorrem sua digestão e a distribuição de nutrientes para as células do corpo do animal?

Capítulo 20
Platelmintos e nematódeos

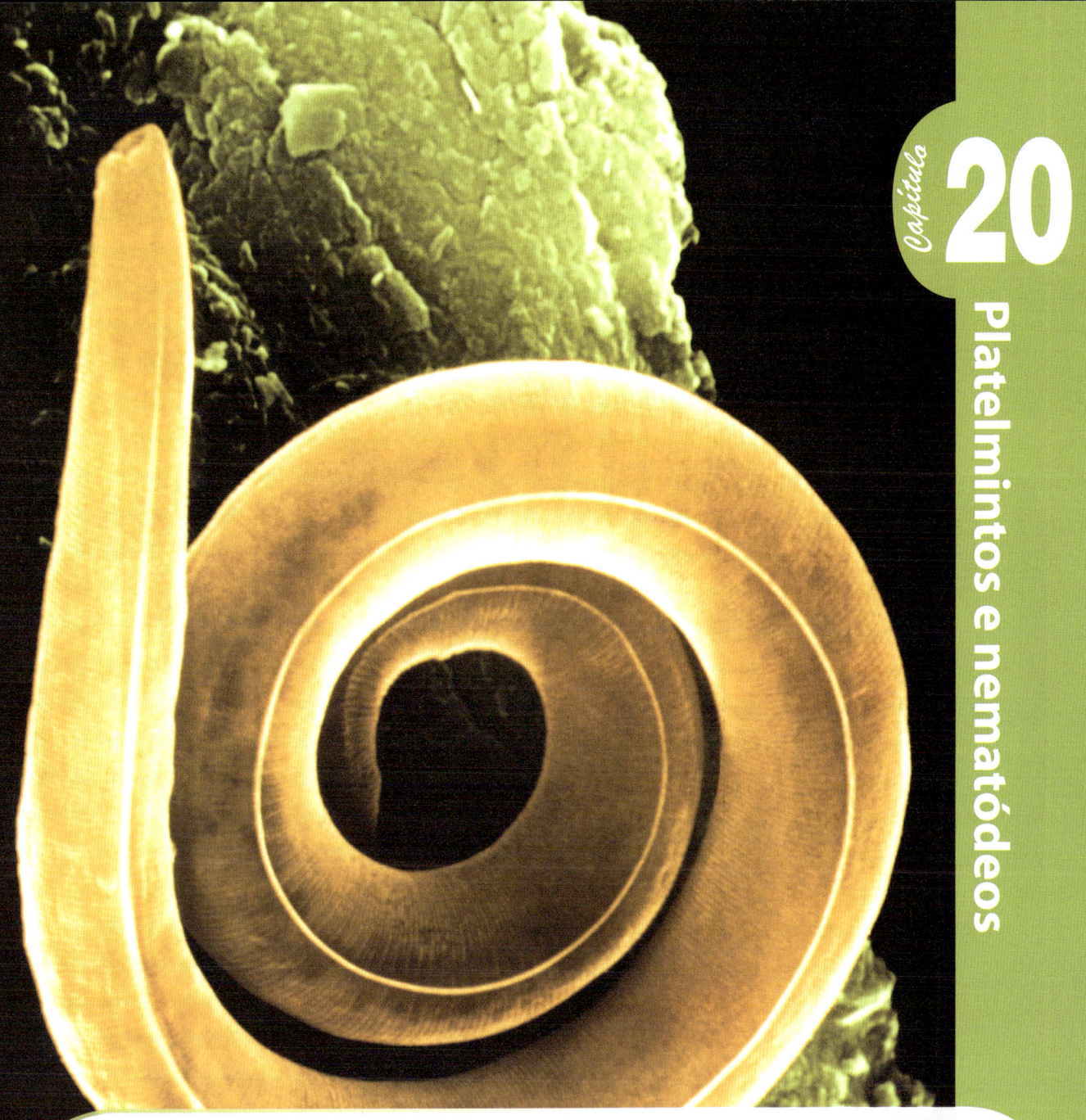

Vermes devoradores de seres humanos: vida real ou ficção?

Imagine uma pequena cidade norte-americana, isolada no meio de um deserto, com menos de 50 habitantes. A cidade é tranquila e a vida dos moradores é pacata até que ela passa a sofrer uma série de tremores e abalos sísmicos estranhos. É quando entra em cena uma estudante de sismologia para investigar esses fenômenos e descobre que embaixo da cidade existem vermes gigantes devoradores de seres humanos, com tentáculos e dentes afiados na boca, e que se movem por debaixo da terra. É nessa hora que os habitantes da cidade se unem para encontrar uma solução e se livrar das criaturas.

A descrição parece o cenário de um filme, certo? E é mesmo! Uma série de quatro filmes de terror e ficção científica, chamada de "O ataque dos vermes malditos", fez bastante sucesso na década de 1990 e contava justamente essa história de vermes gigantes que aterrorizavam a população de uma pequena cidade.

Mas, na vida real, fora da ficção científica, os vermes podem causar muitos problemas para a nossa saúde. Eles apresentam formato alongado e podem variar muito de tamanho, desde alguns milímetros até alguns metros de comprimento. Alguns deles percorrem nosso corpo e podem se alojar em diversos órgãos, como o intestino, cérebro e vasos linfáticos, por exemplo.

Neste capítulo, você irá aprender sobre os vermes, as doenças causadas por eles e como se prevenir delas, conhecendo as medidas para evitar a sua contaminação.

As pessoas costumam reagir com alguma repugnância ao ouvirem a palavra "vermes". A impressão que têm é de algo viscoso, rastejante e perigoso à saúde. A palavra *verminose*, aplicada a doenças causadas por alguns desses animais, contribui para essa noção. Realmente, alguns vermes são causadores de doenças, principalmente em populações que vivem em condições de saúde pública precárias. No entanto, há numerosos vermes que são totalmente inofensivos e de aparência não repugnante.

Três são os filos de animais que mais frequentemente são reconhecidos como vermes: *Platyhelminthes*, *Nematoda* (*Nemata*) e *Annelida* (que estudaremos no próximo capítulo).

FILO *PLATYHELMINTHES*: VERMES ACHATADOS

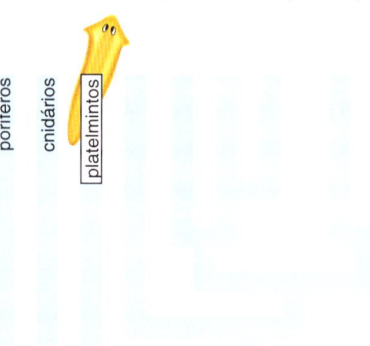

Os platelmintos (organismos pertencentes ao filo *Platyhelminthes*) são vermes de corpo achatado. Seu nome é derivado do grego (*platys* = chato, e *helminthos* = verme).

São indivíduos bem-sucedidos em meio aquático, tanto de água doce como marinho, e habitam o meio terrestre com relativo sucesso, sendo encontrados em locais de razoável umidade (veja a Figura 20-1).

tênia

planária

casal de esquistossomos

Figura 20-1. Platelmintos podem ser encontrados vivendo livremente na natureza, como é o caso da planária, ou parasitando outros seres vivos, como fazem o esquistossomo e a tênia (ou solitária).

Classificação dos Platelmintos

As cerca de 20.000 espécies de platelmintos podem ser agrupadas em três grandes classes:

- classe **Cestoda** – endoparasitas, geralmente com hospedeiros intermediários. Exemplo: tênias;
- classe **Trematoda** – parasitas, a maioria dos ciclos de vida inclui a presença de um hospedeiro intermediário. Exemplo: *Schistosoma mansoni*;
- classe **Turbellaria** – animais de vida livre, sendo a maioria de ambiente aquático, apenas alguns terrestres; são predadores e necrófagos. Exemplo: planárias.

A Planária como Padrão dos Platelmintos

O estudo dos platelmintos pode ser feito a partir de um padrão, representado pela planária, que vive em lagoas e riachos de pequena profundidade, próximo da vegetação e dos detritos do fundo.

Planária (*Dugesia tigrina*), o padrão de estudo dos platelmintos.

Simetria bilateral e cefalização, as novidades do filo

A primeira grande novidade desse grupo é o aparecimento, pela primeira vez entre os animais, de **simetria bilateral**. Na planária, isso é evidenciado por uma região ventral mais clara, que se apoia no substrato, e outra dorsal mais escura, que possui duas formações correspondentes aos "olhos". Além disso, a planária possui lados direito e esquerdo e extremidades anterior e posterior. Um animal assim só admite um plano de simetria, que o separa em duas metades equivalentes (veja a Figura 20-2).

Outra característica marcante é a **cefalização**: a existência de uma "cabeça" como centro de comando do corpo.

A cefalização envolve o surgimento de um centro de controle, localizado na cabeça, representado por um par de massas globosas – na verdade, uma concentração de corpos celulares de neurônios – responsáveis pela organização dos chamados **gânglios "cerebroides"**, que funcionam como "cérebro" da planária. Dois cordões nervosos paralelos e ventrais partem dos gânglios cerebroides e se dirigem para a extremidade posterior, interligando-se um ao outro, como uma escada de corda. Curtos ramos nervosos dirigem-se também à cabeça (veja a Figura 20-3).

A percepção da luz é função dos olhos simples (ocelos); estes enviam estímulos ao "cérebro", que aciona a musculatura do animal e possibilita seu afastamento da fonte luminosa. A percepção de substâncias químicas fica a cargo de receptores localizados nas duas expansões laterais situadas na cabeça.

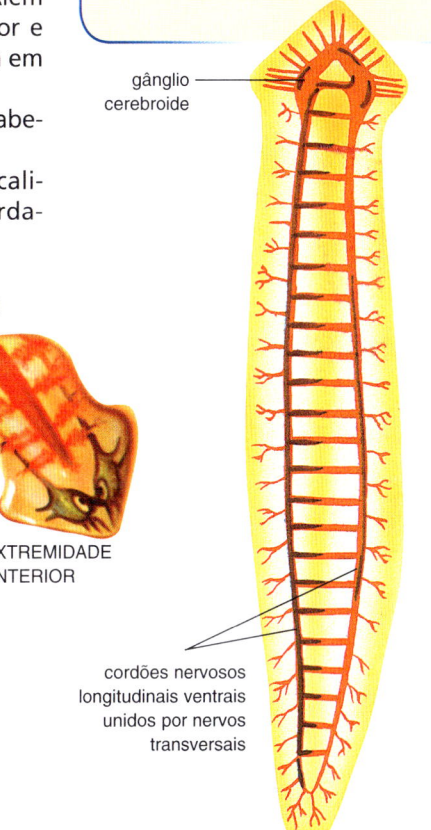

O animal bilateralmente simétrico desloca-se com a cabeça para a frente, explorando seu ambiente.

Figura 20-2. Nos animais, a simetria bilateral surge pela primeira vez nos platelmintos.

Figura 20-3. Sistema nervoso da planária.

Saiba mais

A planária é acelomada

Na planária e em todos os platelmintos existem três camadas de células constituindo o corpo: uma externa, a epiderme, que reveste o corpo, derivada da ectoderme; uma interna, que reveste o intestino, derivada da endoderme; e entre as duas encontra-se um tecido de preenchimento (parênquima) de origem mesodérmica e que constitui um verdadeiro tecido conjuntivo frouxo. Não se constata, portanto, uma cavidade celomática. Considera-se que os platelmintos são vermes acelomados.

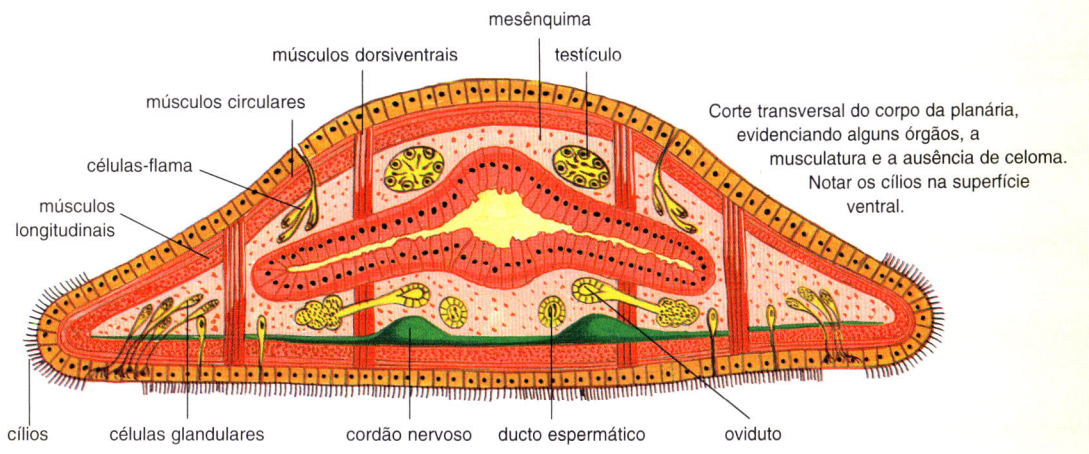

Corte transversal do corpo da planária, evidenciando alguns órgãos, a musculatura e a ausência de celoma. Notar os cílios na superfície ventral.

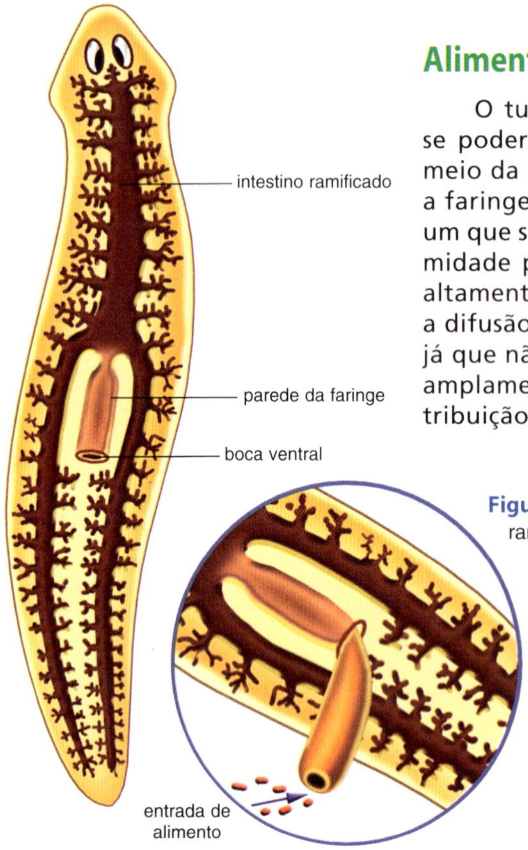

Alimentação e digestão

O tubo digestório da planária é **incompleto**. Ao contrário do que se poderia esperar, a boca não é encontrada na cabeça. Ela surge no meio da região ventral e fica na ponta de um tubo musculoso protrátil, a faringe. O intestino (cavidade digestória) possui três ramos principais: um que se dirige para a extremidade anterior e outros dois, para a extremidade posterior (veja a Figura 20-4). Os três ramos, por sua vez, são altamente ramificados, o que representa uma excelente adaptação para a difusão de alimento para todas as células do corpo. Isso é importante, já que não existe sistema circulatório que exerça esse papel. O intestino amplamente ramificado é, assim, um órgão de digestão, absorção e distribuição de alimento.

Figura 20-4. Tubo digestório incompleto da planária. Note o intestino formado por três ramos principais, cada qual altamente ramificado. Não há ânus.

Fique por dentro!

As planárias de água doce conseguem ficar um tempo prolongado sem se alimentar, tempo esse que é fatal para a maioria dos animais. É que, nos casos extremos, elas reabsorvem e utilizam parte do intestino e todos os tecidos parenquimais e do sistema reprodutivo! Evidentemente, o volume corporal do animal fica bem mais reduzido.

Além da planária, outros platelmintos de vida livre são encontrados em meio terrestre e aquático, inclusive marinho. Algumas espécies chamam atenção por atuarem como parasitas da espécie humana. Entre elas podemos citar os esquistossomos e as tênias.

Trocas gasosas e excreção

As trocas gasosas – eliminação de CO_2 e entrada de O_2 – se dão pela superfície corporal e ocorrem por simples difusão.

Surgem, pela primeira vez, estruturas especializadas na osmorregulação e remoção de resíduos tóxicos. Dois cordões laterais longitudinais se abrem em orifícios na parede do corpo e eliminam o excesso de água que penetra, por osmose, no corpo da planária.

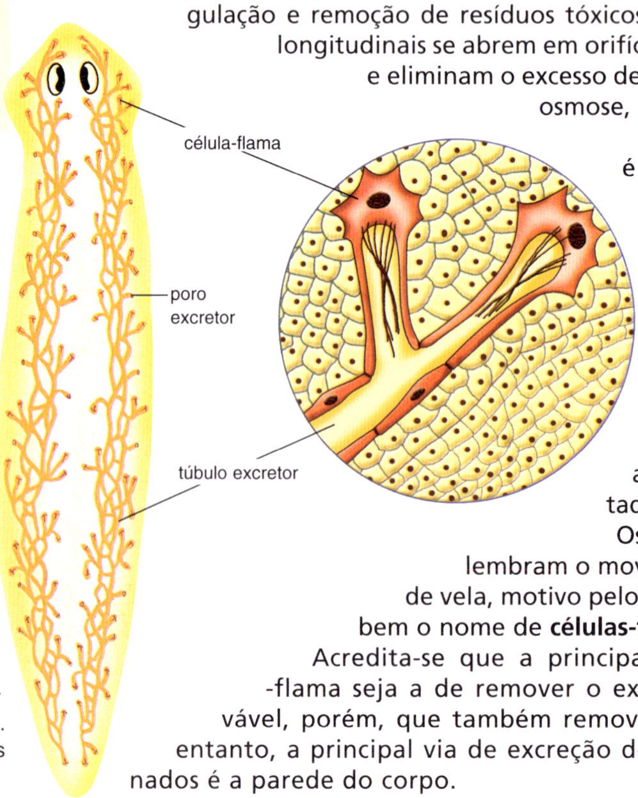

Esse excesso de água é removido por células especiais, que contêm uma porção em forma de tubo, no interior do qual vários flagelos ficam em constante batimento, direcionando a água para os túbulos laterais longitudinais, aos quais estão conectados (veja a Figura 20-5). Os batimentos flagelares lembram o movimento de uma chama de vela, motivo pelo qual essas células recebem o nome de **células-flama** (*flama* = chama). Acredita-se que a principal função das células-flama seja a de remover o excesso de água. É provável, porém, que também removam amônia e sais. No entanto, a principal via de excreção dos compostos nitrogenados é a parede do corpo.

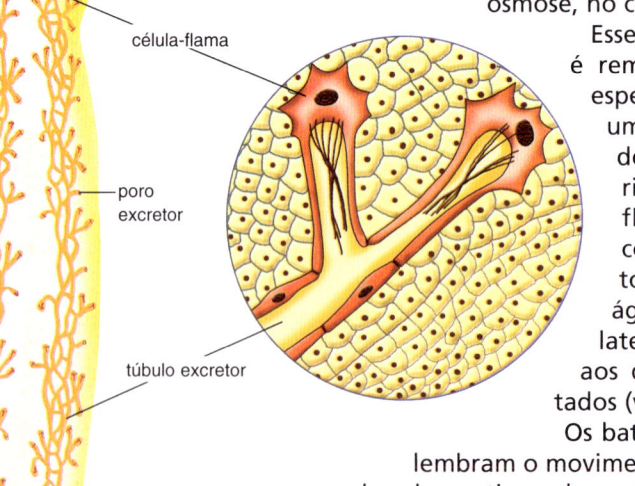

Figura 20-5. Excreção na planária. O sistema excretor é formado por células-flama e túbulos excretores. À direita, mostra-se um detalhe das células-flama.

Reprodução em planárias

A reprodução assexuada pode ocorrer por simples **fragmentação**. As duas metades, aos poucos, reconstituem as porções faltantes, sendo que o fragmento anterior reconstitui o posterior com maior rapidez (veja a Figura 20-6).

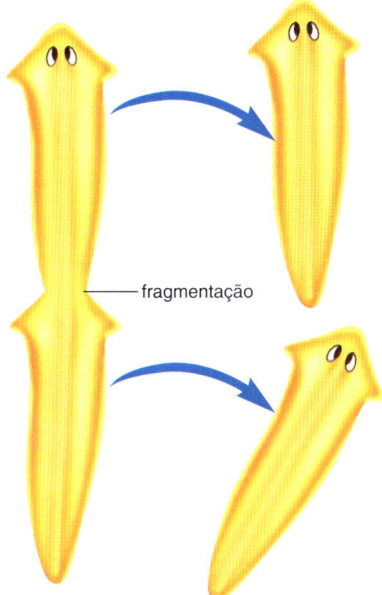

Figura 20-6. Reprodução assexuada em planária: fragmentação e reconstituição.

A reprodução sexuada também é de ocorrência frequente. Planárias são seres hermafroditas (veja a Figura 20-7).

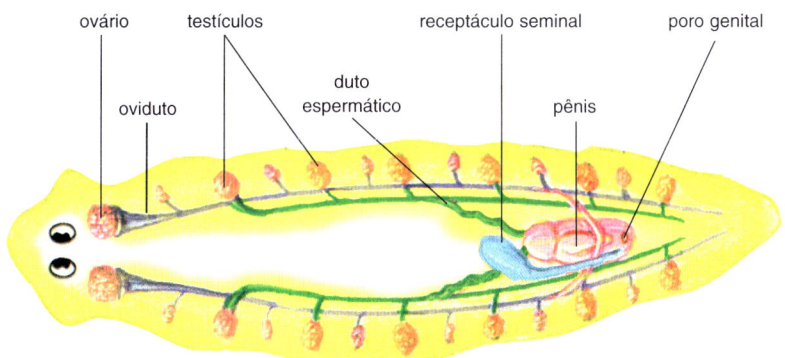

Figura 20-7. O sistema reprodutor da planária inclui tanto os órgãos femininos como os masculinos.

Dois animais encostam-se ventre a ventre e trocam espermatozoides, que são armazenados em vesículas apropriadas (veja a Figura 20-8). Após as trocas gaméticas, separam-se, ocorrem as fecundações internas dos óvulos e cada animal deposita os ovos junto à vegetação existente no *habitat*.

De cada ovo emerge uma pequena planária, que crescerá até atingir o tamanho normal da fase adulta. O desenvolvimento, portanto, é direto, não há larva.

> **Saiba mais**
>
> **Planária: reprodução no verão ou no inverno?**
>
> Nas planárias de água doce, a reprodução depende da duração do dia e da temperatura. Assim, no verão (em que a duração do dia é maior do que a da noite), as planárias se reproduzem assexuadamente por fissão. No inverno, quando a temperatura é mais baixa e os dias são mais curtos, a reprodução é sexuada.
>
> Foi realizado um experimento em que culturas de determinados tipos de planária foram mantidas no laboratório durante seis anos em um ambiente de "verão" e, evidentemente, não houve reprodução sexuada desses animais.

Figura 20-8. Reprodução sexuada em planária (posição de cópula).

Doenças Causadas por Platelmintos

A esquistossomose: barriga-d'água e caramujos

Causador: Schistosoma mansoni.
Hospedeiro definitivo (vertebrado): homem.
Hospedeiro intermediário (invertebrado): caramujos do gênero Biomphalaria.
Local de parasitismo: veia porta hepática, um vaso de grosso calibre, que encaminha o sangue proveniente do intestino para o interior do fígado.

Saiba mais

Os sexos do Schistosoma são separados. O macho mede de 6 a 10 mm de comprimento. É robusto e possui um sulco ventral, o **canal ginecóforo**, que abriga a fêmea durante o acasalamento. A fêmea é mais comprida e delgada que o macho. Ambos possuem ventosas de fixação, localizadas na extremidade anterior do corpo e que facilitam a adesão dos vermes às paredes dos vasos sanguíneos.

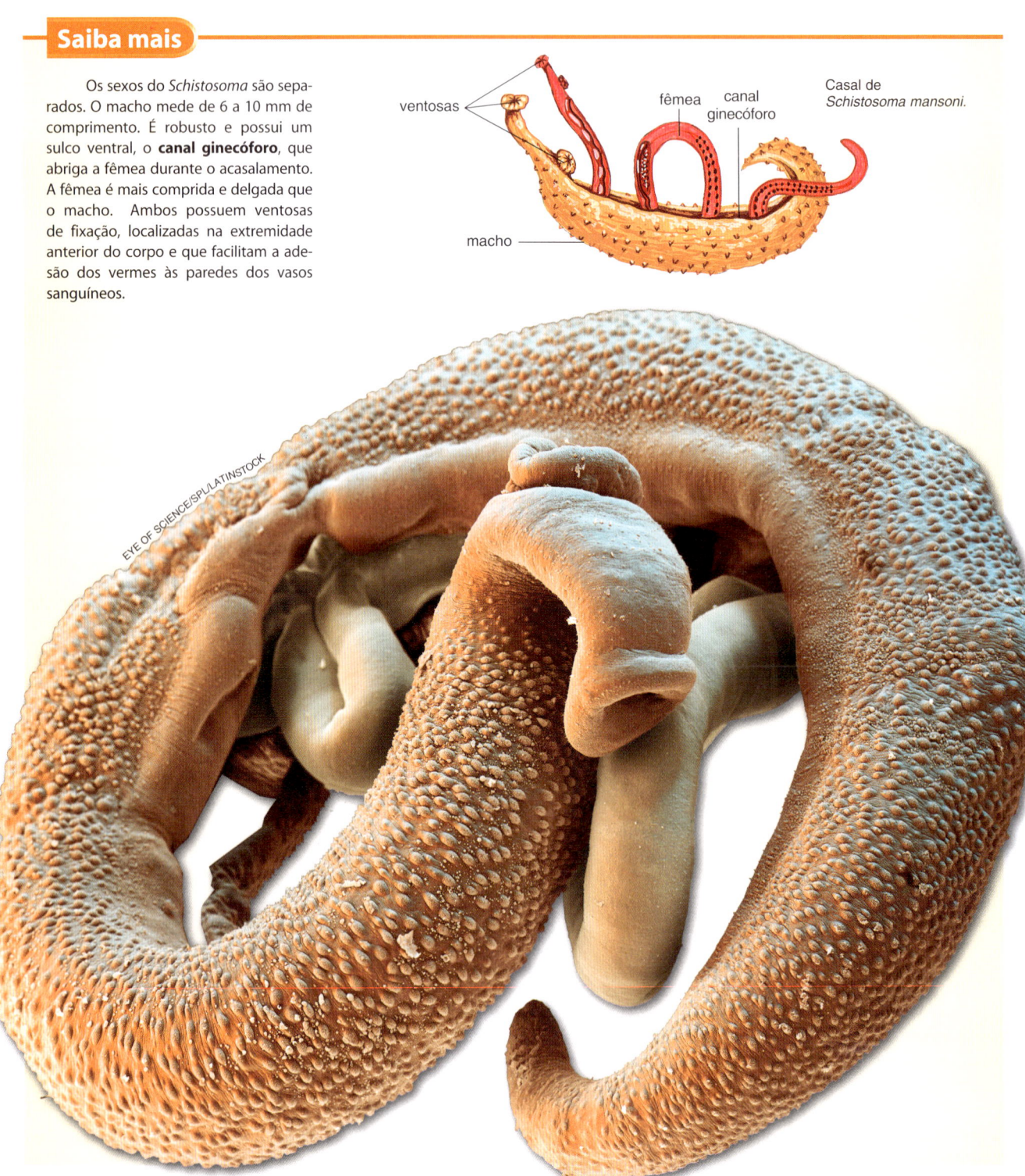

Casal de Schistosoma mansoni.

CICLO DA ESQUISTOSSOMOSE

1. Os vermes adultos vivem no interior das veias da parte interna do fígado. Durante o acasalamento, encaminham-se para as veias da parede intestinal executando, portanto, trajeto inverso ao do fluxo sanguíneo.
2. Lá chegando, separam-se e a fêmea inicia a postura de ovos (mais de 1.000 por dia) em veias de pequeno calibre que ficam próximas à parede do intestino grosso. Os ovos ficam enfileirados e cada um possui um pequeno espinho lateral. Cada um deles produz enzimas que perfuram a parede intestinal e um a um vão sendo liberados na luz do intestino.
3. Misturados com as fezes, alcançam o meio externo. Caindo em meio apropriado, como lagoas, açudes e represas de água parada, cada ovo se rompe e libera uma larva ciliada, o **miracídio**, que permanece vivo por apenas algumas horas.
4. Para continuar o seu ciclo vital, cada miracídio precisa penetrar em um caramujo do gênero *Biomphalaria*. Dentro do caramujo, perde os cílios e passa por um ciclo de reprodução assexuada que gera, depois de aproximadamente 30 dias, numerosas larvas de cauda bifurcada, as **cercárias**.
5. Cada cercária permanece viva de 1 a 3 dias. Nesse período, precisa penetrar através da pele de alguém, por meio de movimentos ativos e utilizando enzimas digestivas que abrem caminho entre as células da pele humana. No local de ingresso, é comum haver coceira. Atingindo o sangue, são encaminhadas ao seu local de vida.

A esquistossomose é uma verminose que afeta milhões de brasileiros. Dos sintomas da doença, o mais conhecido é a "barriga-d'água": inchaço do abdômen, em consequência de acúmulo de líquido na cavidade abdominal e aumento de tamanho do fígado e do baço.

Fique por dentro!

O ditado popular *"se nadou e depois coçou, é porque pegou"*, é uma alusão à contaminação por cercárias, comuns nas chamadas *"lagoas de coceira"*, que abrigam os caramujos hospedeiros intermediários desses vermes.

A prevenção da esquistossomose

- Saneamento básico: construção de fossas e rede de esgotos.
- Evitar exposição da pele em locais suspeitos de contaminação por cercárias.
- Não nadar ou lavar roupas em açudes, represas ou lagoas contaminadas.
- Controle dos caramujos hospedeiros intermediários por meio de métodos químicos (moluscocidas) ou biológicos (utilização de animais que se alimentem de caramujos, como peixes ou outras espécies de caramujos).
- Realização periódica de exame de fezes para a procura de ovos de esquistossomos.
- Tratamento dos portadores.

A teníase: cuidado com a carne de porco ou de boi

Causadores: *Taenia solium* (tênia do porco) e *Taenia saginata* (tênia do boi).

Hospedeiro definitivo (vertebrado): homem.

Hospedeiros intermediários (vertebrados): porco (para a *Taenia solium*) e boi (para a *Taenia saginata*).

> A tênia também é conhecida como solitária, pois só um verme costuma viver no intestino delgado da pessoa afetada.

Local de parasitismo: intestino delgado.

Características dos vermes: vermes achatados, em forma de fita, hermafroditas e de grande tamanho, podendo atingir alguns metros de comprimento. O corpo começa com uma pequena cabeça, o **escólex**, de cerca de 1 mm de diâmetro, seguida de um curto pescoço liso e de uma longa série de anéis, as **proglotes** (veja a Figura 20-9).

O primeiro metro após o pescoço contém *proglotes imaturas*. Nos metros seguintes, as proglotes são *maduras*, contêm testículos e ovários, podendo haver fecundações cruzadas entre proglotes. Nos metros finais, as proglotes são *grávidas* e possuem inúmeros *ovos embrionados microscópicos*.

No desenvolvimento das tênias, os ovos microscópicos originam uma fase larval chamada **cisticerco** – uma vesícula esférica, semelhante a um grão de milho de pipoca, em cujo interior há um escólex (cabeça) da futura solitária adulta. Para situar essas fases da metamorfose das tênias, como e onde se desenvolvem, acompanhe o ciclo de vida da *Taenia solium* na página 410.

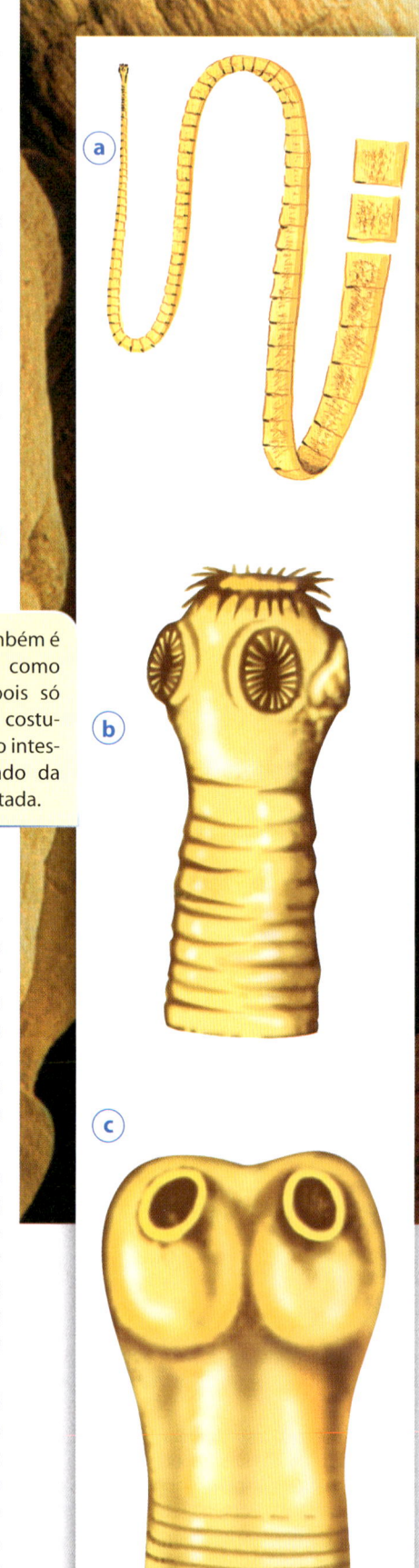

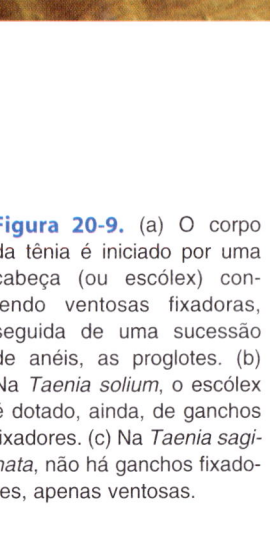

Figura 20-9. (a) O corpo da tênia é iniciado por uma cabeça (ou escólex) contendo ventosas fixadoras, seguida de uma sucessão de anéis, as proglotes. (b) Na *Taenia solium*, o escólex é dotado, ainda, de ganchos fixadores. (c) Na *Taenia saginata*, não há ganchos fixadores, apenas ventosas.

ANDREW SYRED/SCIENCE PHOTO LIBRARY

> ### Pense nisso
>
> **"Jeca não é assim, ele está assim!"**
>
> Parasitoses – uma presença constante em nosso país. Dentre tantas, como teníase, ascaridíase (lombriga), ancilostomíase (amarelão), a esquistossomose afeta mais de 10 milhões de brasileiros! Em 2004, dados do Ministério da Saúde indicavam que, da população brasileira examinada, 6,08% era portadora de esquistossomose.
>
> Mas o que fazer para erradicar essas doenças? Vários caminhos são possíveis, porém – com certeza – sem uma nutrição adequada, uma educação escolar que prepare o indivíduo para exercer a cidadania, erradicação dos focos das doenças, esclarecimento da população, estaremos eternamente discutindo o que fazer com os milhões de brasileiros com esquistossomose.
>
> Investir em saúde pública e em medicina preventiva é fundamental. Caso contrário, a célebre frase do grande escritor Monteiro Lobato continuará sempre atual.

> ### Saiba mais
>
> **Tênias não possuem tubo digestivo**
>
> As tênias não possuem tubo digestivo. Vivem da absorção do alimento digerido pelo seu hospedeiro. É como se o intestino do homem passasse a ser o intestino das tênias. É um parasitismo altamente especializado. Muitas pessoas nem percebem que têm solitária. Tampouco percebem que entre suas fezes existem pedaços de proglotes. Com frequência, proglotes saem espontaneamente e são encontradas nas roupas íntimas ou na cama.

CICLO DA TENÍASE

Proglote grávida.

poro genital

1. Ao se alimentar de carnes cruas ou malpassadas, o homem pode ingerir *cisticercos* (larvas da tênia).
2. No intestino, a larva se liberta, fixa o escólex, cresce e origina a tênia adulta.
3. Proglotes maduras, contendo testículos e ovários, reproduzem-se entre si e originam proglotes grávidas, cheias de ovos. Proglotes grávidas desprendem-se unidas em grupos de 2 a 6 e são liberadas durante ou após as evacuações.
4. No solo, rompem-se e liberam ovos. Cada ovo é esférico, mede cerca de 30 μm de diâmetro, possui 6 pequenos ganchos e é conhecido como **oncosfera**. Espalham-se pelo meio e podem ser ingeridos pelo hospedeiro intermediário.
5. No intestino do animal, os ovos penetram no revestimento intestinal e caem no sangue. Atingem principalmente a musculatura sublingual, diafragma, sistema nervoso e coração.
6. Cada ovo se transforma em uma larva, uma tênia em miniatura, chamada **cisticerco**, cujo tamanho lembra o de um pequeno grão de canjica. Essa larva contém escólex e um curto pescoço, tudo envolto por uma vesícula protetora.
7. Por autoinfestação, ovos passam para a corrente sanguínea e desenvolvem-se em cisticercos (larvas) em tecidos humanos, causando uma doença – a **cisticercose** – que pode ser fatal.

A oncosfera (esfera com "garras") também é chamada de **embrião hexacanto** (seis espinhos).

A prevenção da teníase

- Controle sanitário das carnes que são vendidas em açougues.
- Um perfeito cozimento das carnes é outra medida útil. O congelamento e o descongelamento brusco são, igualmente, medidas satisfatórias para matar os cisticercos que, porventura, existam nas carnes de porcos ou bois.
- Tratamento dos portadores e saneamento básico.

Saiba mais

A sutil diferença entre cisticercose e teníase

Uma pessoa que hospede uma *Taenia solium* ou solitária fixada à parede de seu intestino apresentará sintomas de uma doença a que os médicos chamam de *teníase*.

Ocorre que, muitas vezes, há a ingestão e/ou absorção intestinal de ovos embrionados de tênia, que passam à corrente sanguínea indo se alojar em vários tecidos. Neste caso, a doença que ocasionam é a cisticercose.

No homem, para ocorrer cisticercose basta que os ovos embrionados se instalem no organismo humano, o que não é difícil de ocorrer, pois muitos alimentos, como verduras e frutas, podem estar contaminados. Por isso, é preciso lavá-las muito bem antes de serem ingeridas. Outra possibilidade é a autoinfestação (ovos nas mãos contaminadas pelas próprias fezes ou passagem dos ovos do intestino para a corrente sanguínea e dela para diversos tecidos do corpo). A modalidade mais grave da doença é a **neurocisticercose**, aquela em que os ovos desenvolvem cisticercos no tecido nervoso e podem, em consequência, acarretar diversos tipos de anomalias, como dores intensas de cabeça, convulsões, desmaios, distúrbios psíquicos, perda de sensações (visão, audição etc.) e paralisias. Muitas vezes provocam a morte por lesão cerebral irreversível.

Saiba mais

Outras doenças relevantes causadas por platelmintos

Doença	Causador/transmissão	Características	Prevenção/tratamento
Difilobotríase (esparganose, tênia do peixe)	– *Diphyllobothrium latum* (tênia do peixe). – Cestódeo – Consumo de peixes crus, defumados ou mesmo malcozidos.	Verme adulto hermafrodita, vive no intestino humano e pode ter de 3 a 10 m de comprimento. Duas fases larvais: a primeira em um microcrustáceo e a segunda na musculatura de peixes (salmão, robalo).	– Congelamento e cozimento adequados da carne de peixe. – Inspeção sanitária do pescado. – Rede de esgotos. – Tratamento: anti-helmínticos.
Fasciolíase	– *Fasciola hepatica* – Trematódeo – Ingestão de cistos (contendo formas larvais – *metacercárias*) existentes no capim e nas hortaliças (agrião).	Vermes adultos, de 2 a 4 cm de comprimento por 1 ou 2 cm de largura, hermafroditas, vivem na vesícula e canais biliares do boi, carneiro e raramente no homem. Ovos expelidos com as fezes. Miracídios (em meio aquático), penetram em caramujos do gênero *Lymnaea* (hospedeiros invertebrados). Cercárias perdem as caudas e se transformam em metacercárias encistadas na vegetação das margens.	– Lavar bem as hortaliças (agrião). – Impedir contaminação da água de consumo. – Fervura e filtragem da água. – Rede de esgotos. – Tratamento: anti-helmínticos.
Equinococose (hidatidose)	– *Echinococcus granulosus* – Cestódeo – Ingestão de ovos liberados por fezes de cães.	Vermes adultos, de 0,5 cm de comprimento, vivem no intestino de cães. Ovos ingeridos por carneiros geram formas larvais contidas em cistos hidáticos (hidátides), no fígado. No homem, são afetados principalmente o fígado e os pulmões.	– Tratamento de cães contaminados. – Evitar que cães consumam vísceras de carneiros contaminadas. – Congelamento de vísceras (–18 °C) oferecidas aos cães. – Educação sanitária. – Tratamento cirúrgico e anti-helmínticos.

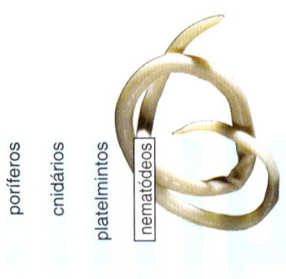

FILO *NEMATODA* (*NEMATA*): VERMES EM FORMA DE FIO

Os **nematódeos**, organismos pertencentes ao filo *Nematoda* (do grego, *nematos* = fio), também conhecidos como **nemátodos** ou **nematoides**, são vermes cilíndricos, de corpo liso, alongado. Nesse grupo, o tubo digestório é **completo** e termina em ânus, *característica que aparece pela primeira vez entre os animais*.

Os nematódeos conquistaram com sucesso os *habitats* marinho, de água doce e terrestre. Embora a maioria seja de vida livre, há muitos representantes parasitas de praticamente todos os tipos de plantas e animais. Seu tamanho é muito variável, indo de aproximadamente 1 mm até cerca de oito metros de comprimento.

A Lombriga: Um Típico Representante dos *Nematoda*

Uma doença muito comum no homem é a ascaridíase, causada pelo nematódeo *Ascaris lumbricoides*, popularmente conhecido como lombriga, que utilizaremos como exemplo para o estudo do filo.

Seu corpo cilíndrico alongado, em forma de barbante, pode ser considerado um tubo dentro de outro tubo. O tubo externo é a parede do corpo. O tubo interno é o intestino retilíneo, que se estende da boca ao ânus.

Entre os dois tubos existe uma cavidade, o **pseudoceloma**, na qual se localizam principalmente os órgãos reprodutores, e um líquido que favorece a distribuição de nutrientes após a absorção intestinal, a remoção de toxinas, além de atuar como esqueleto hidrostático.

A parede do corpo é revestida por uma cutícula espessa e não ciliada. Frequentemente, durante o crescimento do animal, a cutícula é trocada.

O poder de locomoção da lombriga é pequeno. Suas células musculares são simples e dispostas apenas no sentido longitudinal, permitindo somente movimentos de flexão.

Fique por dentro!

No homem, os nematódeos são causadores de doenças como a ascaridíase, o amarelão, a oxiuríase e a elefantíase.

O pseudoceloma possui mesoderme forrando apenas a parede interna do corpo. A parede intestinal não possui revestimento mesodérmico, como acontece nos animais que possuem celoma verdadeiro.

Nematódeo parasita do intestino de diversos animais.

Alimentação, excreção e sistema nervoso

A lombriga é parasita do tubo digestório humano, vive no intestino delgado e *se nutre de substâncias* já digeridas pelo *hospedeiro*.

A boca possui três lábios carnosos, seguida de uma faringe musculosa que efetua a sucção de alimento, bombeando-o para o intestino (veja a Figura 20-10).

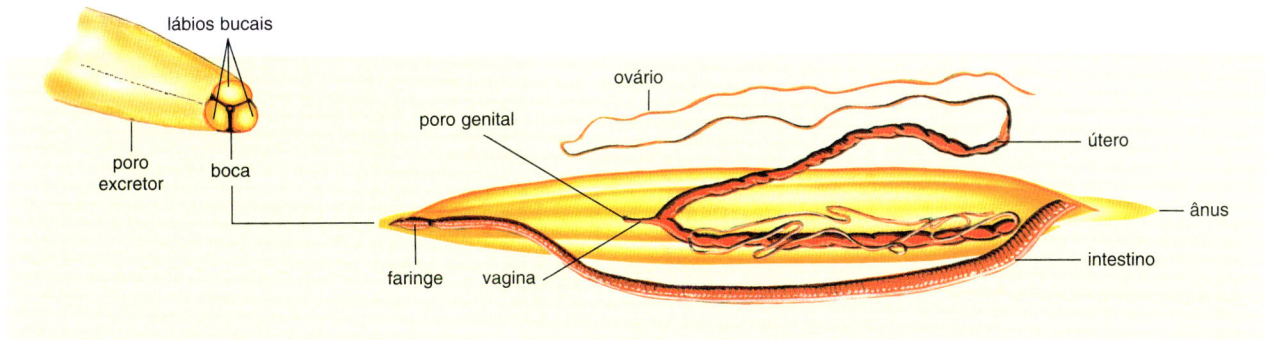

Figura 20-10. Fêmea de *Ascaris* dissecada, evidenciando tubo digestório completo e retilíneo, e o sistema reprodutor.

O recolhimento de excretas existentes no líquido do pseudoceloma é feito por canais longitudinais que eliminam o seu conteúdo por um poro excretor único que se localiza ventralmente depois da boca.

O sistema nervoso é formado por um anel nervoso ao redor da faringe e dois ramos nervosos longitudinais, um dorsal e outro ventral (veja a Figura 20-11).

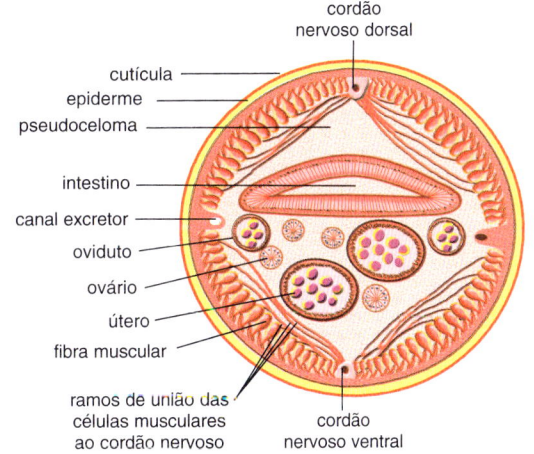

Figura 20-11. Corte transversal do corpo de *Ascaris* fêmea, evidenciando os cordões nervosos dorsal e ventral, os canais excretores laterais, o intestino e o pseudoceloma.

Reprodução em nematódeos

Os sexos são separados. A fecundação é interna. De modo geral, ocorre postura de ovos e o desenvolvimento é indireto, com fases larvais.

> Na lombriga, os sexos são separados; o macho, menor que a fêmea, possui a extremidade posterior em forma de gancho com espículas copulatórias, com as quais se prende à fêmea durante a cópula.

Doenças Causadas por Nematódeos

A oxiuríase: coceira anal

Causador: *Oxyurus vermicularis* (também chamado de *Enterobius vermicularis*).

Hospedeiro definitivo: homem.

Hospedeiro intermediário: não há.

Local de parasitismo: intestino grosso e ânus.

Ciclo da oxiuríase: após o acasalamento, as fêmeas dirigem-se para a região anal e liberam grande quantidade de ovos. Isso provoca muita coceira e especialmente as crianças, ao se coçarem, infectam os dedos com os ovos e, levando as mãos à boca, se autoinfestam.

A prevenção da oxiuríase

A higiene pessoal é fundamental, além de cuidado com as verduras, que devem ser bem lavadas. Limpeza profunda em ambientes onde moram pessoas afetadas.

Saiba mais

Os problemas da elefantíase

O acúmulo de vermes nos vasos linfáticos provoca seu entupimento. Fica impossível a drenagem da linfa, que passa a se acumular nos locais afetados, provocando inchaços. Pernas, braços, escroto e seios são os principais locais afetados. A manifestação mais comum é o exagerado aumento de volume das pernas, que lembram as patas de elefante. Daí se originou o nome **elefantíase**, dado a esta verminose.

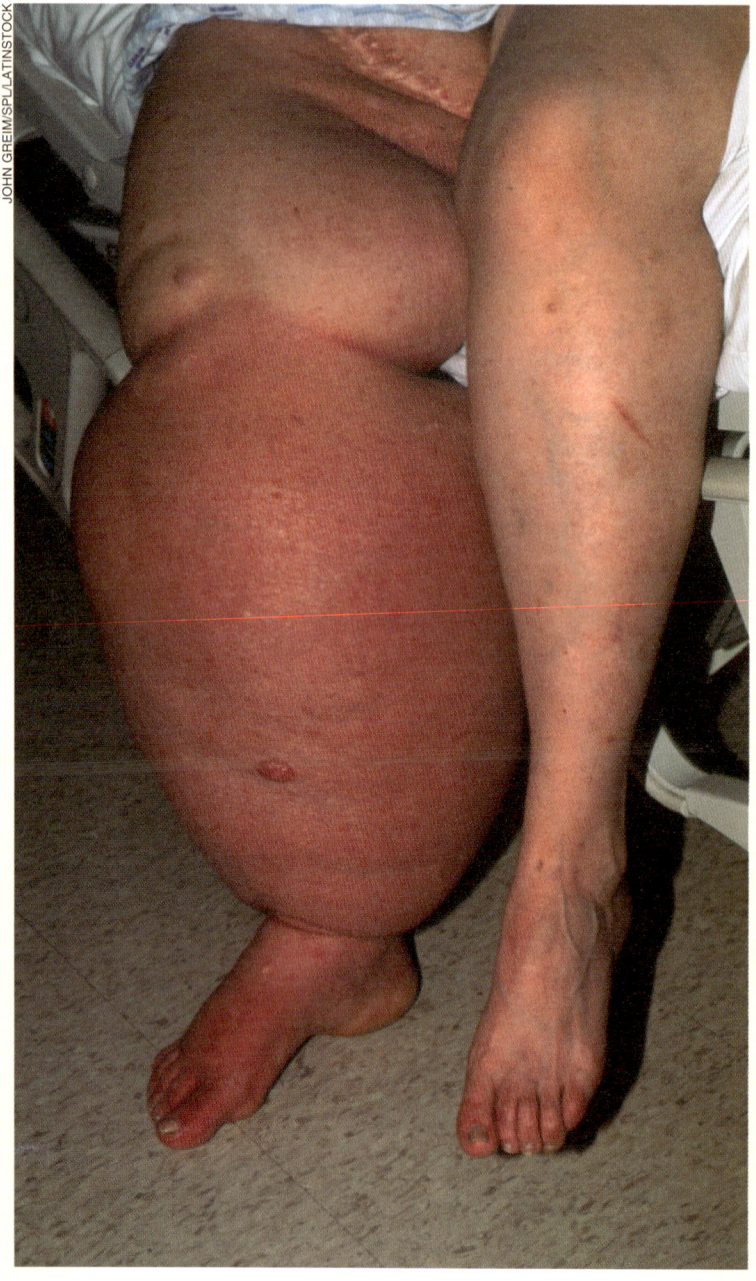

Inchaço em perna de mulher, causado pela doença conhecida como elefantíase ou filaríase, que ataca o sistema linfático.

A filaríase (ou elefantíase): grandes edemas

Causador: *Wuchereria bancrofti*.
Hospedeiro vertebrado: homem.
Hospedeiro invertebrado: pernilongos comuns, do gênero *Culex* (podem existir outros).
Local de parasitismo: vasos do sistema linfático.
Ciclo da filaríase: os vermes adultos vivem no interior dos vasos linfáticos do homem. Após o acasalamento, as fêmeas liberam diretamente as larvas, **microfilárias**, que possuem o hábito de migrar para regiões periféricas do corpo, principalmente a pele, em determinadas horas do dia. Essa periodicidade coincide com o hábito sugador de sangue dos pernilongos. Sugados pelos insetos, passam por um amadurecimento e migram para suas glândulas salivares. A contaminação de novas pessoas ocorre quando pernilongos sugam sangue e inoculam microfilárias na pele. Elas migram em direção aos vasos linfáticos e se transformam em adultos, reiniciando o ciclo.

A prevenção da filaríase

- Evitar ser picado por pernilongos comuns em áreas endêmicas da doença.
- Efetuar o controle dos insetos por meio da eliminação dos criadouros naturais dos pernilongos. As larvas desses insetos são aquáticas.

A ascaridíase: lombriga, quase todos já tiveram uma

Causador: *Ascaris lumbricoides*.
Hospedeiro definitivo: homem.
Hospedeiro intermediário: não há.
Local de parasitismo na fase adulta: intestino delgado.

CICLO DA ASCARIDÍASE

1. A ingestão de água ou alimentos (frutas e verduras) contaminados pode introduzir ovos de lombriga no tubo digestório humano (setas azuis).
2. No intestino delgado, cada ovo se rompe e libera uma larva.
3. Cada larva penetra no revestimento intestinal e cai na corrente sanguínea, atingindo fígado, coração e pulmões (setas vermelhas), onde sofre algumas mudas de cutícula e aumenta de tamanho.
4. Permanecem nos alvéolos pulmonares podendo causar sintomas semelhantes aos de pneumonia.
5. Ao abandonar os alvéolos, passam para os brônquios (setas amarelas), traqueia, laringe (onde provocam tosse com os movimentos que executam) e faringe.
6. Em seguida, são deglutidas (setas rosas) e atingem o intestino delgado, onde crescem e se transformam em vermes adultos.
7. Após o acasalamento, a fêmea inicia a liberação de ovos (setas verdes). Cerca de 15.000 por dia (há quem diga que são 200.000 por dia!). Todo esse ciclo que começou com a ingestão de ovos, até a formação de adultos, dura cerca de 2 meses.
8. Os ovos são eliminados com as fezes. Dentro de cada ovo, dotado de casca protetora, ocorre o desenvolvimento de um embrião que, após algum tempo, origina uma larva.
9. Ovos contidos nas fezes contaminam a água de consumo e os alimentos utilizados pelo homem.

Fique por dentro!

Algumas vezes, há tantas lombrigas adultas no intestino de uma pessoa, que pode formar um novelo que chega a provocar obstrução intestinal. Muitas vezes, é necessária uma cirurgia para a retirada desse acúmulo de vermes no intestino.

Fêmea de *Ascaris lumbricoides*, popularmente conhecida como lombriga. Uma fêmea adulta, como a da foto, pode medir cerca de 35 cm.

A prevenção da ascaridíase

- Instalação de uma adequada rede de esgotos e de água tratada.
- Cuidados na higiene pessoal e com os alimentos crus consumidos.

Fique por dentro!

O tratamento da ascaridíase, do amarelão, da oxiuríase e de outras verminoses é feito hoje com a utilização de vermífugos polivalentes. Extremamente eficazes, esses vermífugos são utilizados também com sucesso no controle de vermes em diversos animais de criação, como bois, cavalos e cães.

A ancilostomíase: amarelão, a verminose da anemia

Causadores: *Ancylostoma duodenale* e *Necator americanus*.
Hospedeiro definitivo: homem.
Hospedeiro intermediário: não há.
Local de parasitismo dos vermes adultos: intestino delgado.

A prevenção da ancilostomíase

- Saneamento básico, com a construção de fossas e rede de esgotos.
- Andar calçado em solos sujeitos à ocorrência das larvas.

A ciência por trás do fato!

Tijolinhos de barro curam o amarelão?

A ancilostomíase é conhecida popularmente como *amarelão*, *opilação*, *anemia dos agricultores* etc. Não é para menos: os vermes se instalam no intestino delgado e corroem a parede intestinal à procura de alimento. Ocorrem pequenos sangramentos que, associados à subnutrição de algumas populações, conduzem à anemia ferropriva. Um dos sinais de anemia é o amarelecimento da pele.

Em algumas localidades do nosso país, tijolinhos de barro são comumente vendidos para serem ingeridos por pessoas que sofrem de anemia provocada por ancilóstomos. Evidentemente, essa é uma medida folclórica que tem valor na reposição do ferro perdido na hemorragia provocada pelos vermes. Porém, não leva à cura da verminose, que só pode ser combatida por medicamentos específicos.

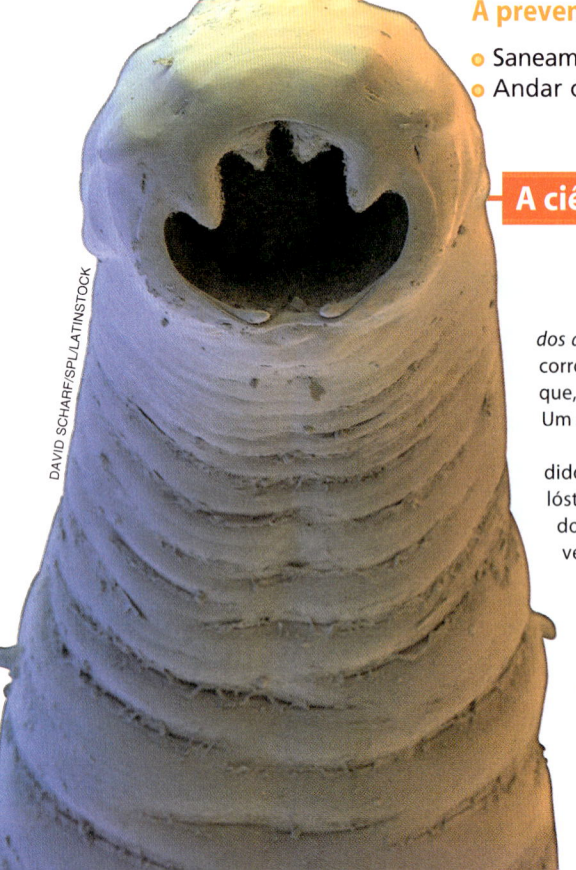

Porção anterior de *Ancylostoma duodenale*, mostrando boca com dentículos dilacerantes.

CICLO DA ANCILOSTOMÍASE

Na ascaridíase e na ancilostomíase ocorre ciclo pulmonar.

Pessoas que andam descalças em solos úmidos e sombreados estão sujeitas à contaminação.

1. As larvas penetram ativamente através da pele, atingem a circulação (setas azuis) e executam uma viagem semelhante àquela realizada pelas larvas de lombriga, migrando do coração para os alvéolos pulmonares.

2. Dos alvéolos, seguem pelos brônquios (setas laranjas), traqueia, laringe, faringe, esôfago, estômago e intestino delgado, local em que se transformam em adultos.

3. Após acasalamento no intestino, as fêmeas iniciam a postura dos ovos, que, misturados às fezes, são eliminados para o solo. A diferença em relação à ascaridíase é que, neste caso, os ovos eclodem no solo e liberam uma larva.

4. Em solos úmidos e sombrios, as larvas permanecem vivas e se alimentam. Sofrem muda da cutícula durante esse período.

> **Saiba mais**

Outras doenças relevantes causadas por nematódeos

Doença	Causador/transmissão	Características	Prevenção/tratamento
Estrongiloidíase (estrongilodiose)	– *Strongyloides stercoralis* – Penetração de larvas através da pele ou auto-infestação.	Apenas fêmeas adultas (2,2 mm), partenogenéticas, vivem no intestino delgado humano. Fixam-se na mucosa e se alimentam do tecido intestinal. Geram ovos que liberam larvas, expelidas pelas fezes. No meio externo, larvas geram machos (0,7 mm) e fêmeas (1,5 mm). Há ciclo pulmonar. Os sintomas mais comuns são cólicas e diarreias.	– Educação sanitária. – Rede de esgotos. – Evitar contato com solos contaminados (uso de calçados). – Tratamento: anti-helmínticos.
Triquinelose (triquinose)	– *Trichinella spiralis* – Ingestão de carne de porco crua ou malcozida contendo cistos com larvas encistadas (carne triquinada).	Machos (1,5 mm) e fêmeas (3,5 mm) adultos vivem na mucosa do intestino delgado. Larvas migram para músculos estriados e se encistam. Dor abdominal, dor muscular e febre. Porcos e cavalos também são infestados.	– Educação sanitária. – Inspeção sanitária da carne de consumo. – Tratamento: anti-helmínticos, corticosteroides e ácido acetilsalicílico.
Tricuríase (tricurose)	– *Trichocephalus trichiurus* – Ingestão de ovos embrionados que liberam larvas no intestino grosso.	Vermes adultos (3 a 5 cm de comprimento) fixam-se na mucosa do intestino grosso.	– Educação sanitária. – Rede de esgotos. – Tratamento: anti-helmínticos.
Larva migrans cutânea (dermatite serpiginosa, bicho-geográfico)	– *Ancylostoma braziliense* (parasita habitual do intestino de cães e gatos, cujas fezes contêm ovos. Destes, surgem larvas que contaminam o solo). – Penetração ativa de larvas na pele humana.	As larvas caminham ("migram") entre a epiderme e a derme e constroem túneis sinuosos. Mãos, pés, antebraços e perna são os locais mais atingidos. Sintomas mais frequentes: coceira (prurido) intensa e avermelhamento da pele no local afetado.	– Evitar contato da pele em locais frequentados por cães e gatos (praias, jardins, bancos de areia de escolas etc.). – Controle dos parasitas em cães e gatos, com anti-helmínticos. – Tratamento: anti-helmínticos via oral ou aplicação local. Muitas vezes, há cura espontânea.

> **Ética & Sociedade**

Jeca Tatu e o amarelão

O famoso personagem Jeca Tatu surge pela primeira vez em uma carta enviada por Monteiro Lobato e publicada no jornal *O Estado de S. Paulo* em 1914.

Representativo da situação de pobreza em que vivem nossos peões da agricultura, inicialmente o caipira, na figura de Jeca Tatu, foi ironizado por Monteiro Lobato que o comparou a um parasita: "Este funesto parasita da terra é o caboclo, inadaptável à civilização... Começa na morada. Sua casa de sapé e lama faz sorrir os bichos que moram em toca... Só ele não fala, não canta, não ri, não ama. Só ele, no meio de tanta vida, não vive".

Posteriormente, Lobato passa a participar de campanhas de saúde pública para a prevenção da doença de Chagas e da esquistossomose e percebe que esse "funesto parasita" – preguiçoso e apático – era, na verdade, uma pessoa doente. Conhecendo melhor a realidade do caboclo, Lobato em novo texto escreve: "Jeca não é assim, ele está assim".

Quase um século depois, o brasileiro continua doente...

Passo a passo

1. Cite o nome dos filos que são reconhecidos como vermes.

2. Vermes de corpo achatado e vermes cilíndricos de corpo liso e alongado correspondem respectivamente a que filos?

3. Cite as principais evidências da planária que justifique o fato de ela ser um animal de simetria bilateral.

4. As hidras e a planárias são dotadas de neurônios (células nervosas), no entanto existe uma diferença em sua organização nos animais citados. Que diferença é essa?

5. Cite o nome dos filos cujos representantes possuem um tubo digestório incompleto e a digestão é inicialmente extracelular e, em seguida, intracelular.

6. Cite o nome das células responsáveis pela eliminação do excesso de água nas planárias.

7. As planárias e as tênias são hermafroditas. No entanto existe uma diferença no processo reprodutivo delas. Que diferença é essa?

8. Qual o nome da larva que penetra no caramujo e no homem no ciclo da esquistossomose?

9. Um indivíduo, ao se alimentar com carne de porco crua ou malpassada, infectada com larvas de tênia, poderá ter teníase ou neurocisticercose? Justifique a resposta.

10. Cite o nome do filo que lembra um tubo dentro de outro tubo onde entre eles existe uma cavidade forrada parcialmente pela mesoderme.

11. Os nematódeos comparados aos platelmintos deram um passo à frente no que diz respeito à digestão. Que passo foi esse?

12. Dos parasitas nematódos estudados, qual é o verme que para terminar o ciclo de vida necessita passar duas vezes pelo tubo digestório do homem?

13. A penetração ativa através da pele, devido ao fato de o indivíduo andar descalço em solos sujeitos a ocorrência de larvas de vermes, é uma maneira de se adquirir a doença conhecida como ascaridíase? Justifique a resposta.

14. Qual o nome da doença causada por um verme que vive nos vasos linfáticos e que é transmitido ao homem por um mosquito?

15. Assinale **E** para as alternativas incorretas e **C** para as corretas.
    a) Todos os platelmintos são animais de vida livre.
    b) Os platelmintos vivem em meio aquático, terrestre e no interior de animais.
    c) As planárias apresentam corpo achatado, simetria bilateral e tubo digestório incompleto.
    d) Nos platelmintos, os produtos da digestão são distribuídos para todas as partes do corpo por meio de um sistema circulatório muito simples.
    e) O pseudoceloma dos platelmintos possui líquido que atua como esqueleto hidrostático.

16. Assinale **E** para as alternativas incorretas e **C** para as corretas.
    a) Os nematódeos são vermes exclusivamente parasitas.
    b) Os nematódeos são vermes de corpo cilíndrico e segmentado.
    c) Os nematódeos são animais diblásticos e pseudocelomados.
    d) Os nematódeos possuem uma cavidade preenchida por fluidos.
    e) O intestino da lombriga não é envolvido pela mesoderme.

17. Para prevenir a população humana de uma região endêmica de esquistossomose, os agentes de saúde devem:
    a) alertar quanto ao perigo de contágio direto, pessoa a pessoa.
    b) orientar as pessoas para usarem repelentes de insetos.
    c) utilizar o apoio dos jornais para comunicar a existência de áreas de risco.
    d) educar as crianças e adultos para lavarem as mãos frequentemente.
    e) estimular as pessoas a não consumir carne malpassada de boi e porco.

18. A atuação do poder público é fundamental para diminuir a incidência de casos de teníase entre as pessoas. Dentre as ações que podem ser tomadas, podemos citar:
    a) manter equipes de vigilância sanitária fiscalizando criadouros e abatedouros.
    b) construir estações de tratamento de água e esgoto.
    c) patrocinar para que casas com parede de barro sejam revestidas com cimento.
    d) o envio de equipes de pulverização de inseticidas.
    e) a fixação de cartazes e placas nas lagoas de coceira.

19. A respeito da elefantíase, assinale as alternativas corretas e dê a soma delas ao final.
    (01) As larvas microfilárias são ingeridas por mosquito à noite.
    (02) Apresenta vermes em fase adulta, que habitam o intestino delgado humano e periodicamente os vasos linfáticos.
    (04) No sistema linfático humano os vermes adultos realizam reprodução sexuada.
    (08) O causador é um platelminto chamado *Wuchereria bancrofti*.
    (16) O hospedeiro intermediário é o percevejo chamado *Culex fatigans*.

20. Em um folheto criado por alunos de uma escola de nível médio, estão as seguintes medidas de prevenção contra ascaridíase:
    I – lave frutas e verduras antes de consumi-las;
    II – use calçados para caminhar;
    III – coma somente carne bem passada;
    IV – ferva e filtre a água antes de beber.
    Quais delas são eficientes contra esta verminose?
    a) I e II.
    b) III e I.
    c) IV e II.
    d) I e IV.
    e) II e III.

21. Em uma viagem à zona rural, um amigo diz ao outro "— A vida no interior é que é boa, veja só a criançada bonita, brincando ao ar livre, barrigudinhas, respirando ar puro".

    O amigo respondeu: "— Na verdade, essas crianças que você viu estão doentes".

    Segundo a história real acima, podemos concluir que a doença mencionada é __1__ e uma forma de contágio é __2__. Assinale a alternativa que preenche corretamente as lacunas.
    a) amarelão – andar descalço
    b) ascaridíase – ingerir ovos presentes em água contaminada
    c) malária – picada do *Anopheles sp.*
    d) doença de Chagas – picada do barbeiro
    e) esquistossomose – nadar em lagoas

22. A proibição da presença de cães e gatos nas praias, mesmo em presença de seus donos e com o uso de coleiras-guias, tem por finalidade:
    a) diminuir o contágio de pessoas por vermes do gênero *Ancylostoma*.
    b) reduzir o índice de infecções pelo vírus da raiva.
    c) prevenir uma possível epidemia de leishmaniose visceral.
    d) evitar o contato de pessoas com a urina de animais com larvas de bicho-geográfico.
    e) reduzir a infestação de pulgas transmissoras de peste.

23. Questão de interpretação de texto

(UNESP) Observe a tabela.

Doença	Agente etiológico ou causador	Forma de transmissão ou infestação	Medida profilática
I	vírus	principalmente pelo contato com secreções das vias respiratórias de doentes	por meio de vacina
II	bactéria	principalmente pelo contato com secreção das vias respiratórias de doentes	por meio de vacina e tratamento de doente
III	helminto (verme)	penetração de larvas existentes no solo através da pele	saneamento básico e uso de calçados
IV	protozoário	principalmente pela ingestão de cistos presentes nos alimentos	higiene dos alimentos e das mãos

As doenças I, II, III e IV podem ser, respectivamente,

a) tuberculose, blenorragia, ascaridíase e malária.
b) rubéola, tuberculose, ancilostomose e amebíase.
c) rubéola, difteria, ascaridíase e giardíase.
d) sarampo, sífilis, cisticercose e chagas.
e) poliomielite, tuberculose, esquistossomose e úlcera de Bauru.

Questões objetivas

1. (UFU – MG) Com relação aos platelmintos, assinale a alternativa correta.

a) O sistema nervoso dos platelmintos é bem mais desenvolvido que o dos cnidários, possuem duas pequenas "estações nervosas", os gânglios cerebroides, ligadas entre si por cordões nervosos.
b) Menos complexos que os antozoários, os platelmintos têm sistema excretor primitivo, formado por células que se assemelham a uma vela acesa – as células-flama.
c) Não reagem à luz, nem apresentam quimiorreceptores; toda a sensibilidade do animal é puramente tátil, com exceção das planárias, que possuem ocelos.
d) Apresentam reprodução por esporulação e bipartição. A reprodução sexual é semelhante a uma conjugação.

2. (FMTM – MG) O esquema refere-se ao ciclo de vida de um platelminto que parasita o homem e causa a esquitossomose.

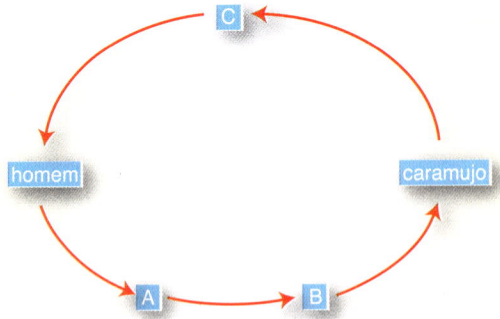

As três formas A, B e C, sob as quais o parasita pode ser encontrado, podem corresponder, respectivamente, a

a) miracídio, cercária e ovo.
b) ovo, miracídio e cercária.
c) cercária, miracídio e ovo.
d) ovo, cercária e miracídio.
e) miracídio, ovo e cercária.

3. (VUNESP) Existe uma frase popular usada em certas regiões, relativa a lagos e açudes: "Se nadou e depois coçou, é porque pegou". Essa frase refere-se à contaminação por:

a) *Plasmodium vivax*.
b) *Trypanosoma cruzi*.
c) *Schistosoma mansoni*.
d) *Taenia solium*.
e) *Ancylostoma duodenale*.

4. (PUC – SP – adaptada)

GARFIELD - JIM DAVIS

Folha de S.Paulo, São Paulo, 9 set. 2006.

Na tira de quadrinhos, faz-se referência a um verme parasita. Sobre ele, foram feitas cinco afirmações. Assinale a única **correta**.

a) Trata-se de um nematódeo hermafrodita.
b) Apresenta simetria bilateral, corpo cilíndrico e amplo celoma.
c) Várias espécies desse verme, que utilizam o ser humano como hospedeiro definitivo, têm o porco como hospedeiro intermediário.
d) É o verme causador da esquistossomose no ser humano.
e) Ao ingerir ovos do parasita, o ser humano comporta-se como se fosse seu hospedeiro intermediário, podendo apresentar cisticercose.

5. (UFPE) Filariose, tuberculose, malária e febre amarela são, respectivamente, causadas por:

a) protozoário, bactéria, vírus e vírus.
b) nematódeo (verme), bactéria, protozoário e vírus.
c) bactéria, vírus, protozoários e vírus.
d) verme (platelminto), vírus, bactérias e protozoário.
e) protozoário, bactéria, vírus e bactéria.

6. (UNESP) Segundo a Organização Mundial da Saúde (OMS), dentre as principais doenças parasitárias da atualidade podem ser citadas malária, esquistossomose, filariose, giardíase, ascaridíase e ancilostomíase.

Considerando essas parasitoses, pode-se dizer que

a) os protozoários são responsáveis por pelo menos três dessas doenças.
b) pelo menos quatro dessas doenças são transmissíveis por picada de insetos.
c) pelo menos uma dessas doenças é causada por vírus.
d) pelo menos uma dessas doenças é causada por bactéria.
e) pelo menos quatro dessas doenças são causadas por helmintos (vermes).

7. (UFCG – PB) Os nematódeos, importantes invertebrados, estão presentes no solo, na água e parasitando outros animais e vegetais. São causadores de várias parasitoses de ocorrência no Brasil e no mundo, a maioria das doenças em humanos está relacionada, principalmente, à falta de saneamento básico e de medidas de higiene pessoal, entre outras. Sobre os nematódeos agentes de doenças humanas é correto afirmar que:

I – *Ascaris lumbricoides*, conhecida como lombriga, é o agente causador da ascaridíase.
II – *Ancylostoma duodenale* é o agente causador das doenças ancilostomose ou ancilostomíase, amarelão ou opilação, e da tricocefalose.
III – A *Wuchereria bancrofti* é o agente causal da filariose linfática ou elefantíase, de ocorrência, principalmente, em países tropicais, inclusive no Brasil.
IV – *Strongiloides stercoralis* está relacionado à enterobiose, muito conhecida por oxiurose.

Assinale a alternativa correta:

a) I, II, III e IV.
b) I e II.
c) I, II e III.
d) II, III e IV.
e) I e III.

8. (UFOP – MG) Monteiro Lobato criou o personagem Jeca Tatu, o brasileiro do meio rural que andava descalço e, por isso, era acometido por uma verminose que o deixava fraco, pálido (com características de anemia) e magro. Monteiro Lobato retratava o personagem: "ele está assim; ele não é assim". Os vermes causadores dos sintomas apresentados pelo personagem criado pelo escritor são:

a) *Balantidium coli* e *Taenia saginata*.
b) *Ascaris lumbricoides* e *Toxoplasma gondii*.
c) *Necator americanus* e *Ancylostoma duodenale*.
d) *Giardia intestinalis* e *Enterobius vermicularis*.

9. (UEL – PR) No ciclo biológico dos parasitas, considera-se hospedeiro intermediário aquele no qual ocorre a reprodução assexuada do agente causador e que, portanto, abriga as formas assexuadas do parasita. Já o hospedeiro definitivo é aquele no qual ocorre a reprodução sexuada do agente causador, abrigando, então, as formas sexuadas do parasita.

Com base nessas informações, considere as afirmativas a seguir:

I – No ciclo biológico do *Ancylostoma duodenalis*, causador do amarelão, o ser humano é hospedeiro definitivo, enquanto que o porco é hospedeiro intermediário.
II – No ciclo biológico da *Leishmania braziliensis*, causadora da úlcera de Bauru, o ser humano é hospedeiro intermediário, enquanto que o mosquito flebótomo é o hospedeiro definitivo.
III – No ciclo biológico do *Plasmodium vivax*, causador da malária, o ser humano é hospedeiro intermediário, enquanto que o mosquito do gênero *Anopheles* é o hospedeiro definitivo.
IV – No ciclo biológico da *Wuchereria bancrofti*, causadora da elefantíase, o ser humano é hospedeiro definitivo, enquanto que o mosquito do gênero *Culex* é o hospedeiro intermediário.

Assinale a alternativa correta.

a) Somente as afirmativas I e II são corretas.
b) Somente as afirmativas I e III são corretas.
c) Somente as afirmativas III e IV são corretas.
d) Somente as afirmativas I, II e IV são corretas.
e) Somente as afirmativas II, III e IV são corretas.

10. (UFPE) Os vermes podem ser livres ou parasitários em homens e animais. Apesar dos sintomas das verminoses variarem de acordo com cada tipo de verme, eles podem provocar graves problemas de saúde. Em relação a esses invertebrados, podemos afirmar o que se segue.

(0) Muitas espécies de nematelmintos são parasitas de plantas; outras, parasitam os mais diferentes animais, vertebrados e invertebrados. O exemplo mais comum que parasita o intestino humano é o *Ascaris lumbricoides*, que apresenta reprodução sexuada e monoica com desenvolvimento direto.
(1) Os platelmintos são vermes de corpo achatado. Podem ser monoicos, como as planárias e tênias, ou dioicos, como os esquistossomos, mas sempre apresentam estádio larval.
(2) Os nematelmintos pertencem ao primeiro grupo, na escala evolutiva, que apresenta sistema circulatório fechado e sistema respiratório estruturado.
(3) Os platelmintos têm o sistema nervoso mais complexo que os celenterados; nas planárias podemos observar gânglios cerebrais na região anterior e dois cordões nervosos longitudinais.
(4) Os platelmintos foram os primeiros seres a apresentarem um tubo digestivo completo, com boca e ânus, de modo que o alimento se desloca em um só sentido, o que gera uma maior eficiência do processo digestivo.

11. (UNIR – RO) O esquema abaixo representa um verme capaz de parasitar o intestino humano.

Assinale a opção que corresponde a uma adaptação desse verme à vida parasitária.

a) circulação aberta
b) pigmentos respiratórios
c) excreção por células-flama
d) ausência do tubo digestivo
e) fecundação cruzada

12. (UFPR) Observe as figuras abaixo, extraídas de folhetos distribuídos à população por órgãos públicos.

Ⓐ 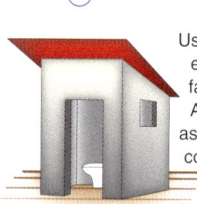 Use sempre a privada e faça com que sua família use também. Assim impedirá que as fezes se espalhem, contaminando o solo e a água.

Ⓑ  Fure ou guarde os pneus em local coberto.

As figuras A e B representam, respectivamente, medidas de prevenção da:

a) doença de Chagas e cisticercose.
b) ancilostomose e cólera.
c) malária e dengue.
d) esquistossomose e febre amarela.
e) teníases e ascaridíase.

13. (UNIR – RO) Impedir que as larvas penetrem na pele, que os ovos caiam na água e destruir os caramujos são maneiras de controlar a transmissão da:

a) esquistossomose.
b) febre amarela.
c) doença de Chagas.
d) cisticercose.
e) malária.

14. (UNIR – RO) Sobre os anelídeos, podemos afirmar que são animais:

a) triblásticos, acelomados, com tubo digestivo incompleto.
b) triblásticos, pseudocelomados, com tubo digestivo incompleto.
c) triblásticos, celomados, com tubo digestivo completo.
d) triblásticos, celomados, com tubo digestivo incompleto.
e) triblásticos, pseudocelomados, com tubo digestivo completo.

15. (UFT – TO) Doenças negligenciadas é a denominação dada pela Organização Mundial de Saúde (OMS) para as doenças típicas de países subdesenvolvidos. Uma característica comum a todas essas doenças é o baixo investimento em pesquisas que resultem em seu controle. Isto se deve principalmente ao desinteresse da indústria farmacêutica em investir recursos sem a garantia de retorno econômico, já que as pessoas, que se beneficiariam diretamente dos seus produtos, não possuem um alto poder de compra. Sendo assim, uma das alternativas que possibilitaria reverter esse quadro é o investimento em pesquisas pelos próprios países onde essas doenças ocorrem. Dentre as doenças negligenciadas, que ocorrem no Brasil, podemos citar: dengue, doença de Chagas, esquistossomose, hanseníase, leishmanioses, malária e tuberculose.

Utilizando como base as informações contidas na coluna A, preencha os parênteses presentes na coluna B e assinale a alternativa que contém a sequência correta.

Coluna A	Coluna B
(1) Dengue	( ) Doença adquirida quando o hospedeiro expõe a pele em uma lâmina d´água contaminada com a forma infectante do parasita.
(2) Doença de Chagas	( ) O agente etiológico é a bactéria denominada *Mycobacterium leprae*.
(3) Esquistossomose	( ) O agente etiológico está presente nas fezes do vetor e atinge a corrente sanguínea quando o hospedeiro coça o local da lesão provocada pela picada do vetor.
(4) Hanseníase	( ) Doença transmitida pelos mosquitos dos gêneros *Phlebotomus* ou *Lutzomyia*.
(5) Leishmaniose	( ) Doença viral.
(6) Malária	( ) Os canídeos são reservatórios do parasita.
(7) Tuberculose	( ) Doença caracterizada por acessos febris cíclicos.

a) 3, 4, 2, 5, 1, 5, 6
b) 3, 7, 2, 7, 1, 2, 6
c) 4, 4, 2, 5, 1, 3, 7
d) 3, 4, 2, 5, 7, 5, 3

16. (UNIR – RO) O ciclo de vida de um verme que exige dois hospedeiros – o homem e o porco – é do parasita denominado:

a) *Taenia saginata*.
b) *Taenia solium*.
c) *Ascaris lumbricoides*.
d) *Ancylostoma duodenale*.
e) *Ancylostoma braziliensis*.

17. (UNIR – RO) NÃO apresentam tubo digestivo completo:
a) nematódeos.
b) platelmintos.
c) moluscos.
d) anelídeos.
e) aracnídeos.

18. (UFPR) A tabela abaixo mostra o número de casos de cinco doenças notificadas pelo Hospital de Clínicas da UFPR entre os anos 2004 e 2007.

	2004	2005	2006	2007	TOTAL
cisticercose	23	12	24	13	72
dengue	1	3	3	12	19
esquistossomose	1	0	1	1	3
leishmaniose tegumentar	13	13	9	8	43
malária	12	5	3	2	22
TOTAL ANUAL	50	33	40	36	159

Boletim Epidemiológico HC – out. 2008.

A partir dos dados da tabela, é correto afirmar que entre 2004 e 2007:

a) o número de casos de doenças causadas por protozoários superou o número de casos de doenças causadas por vírus.
b) o número de casos de doenças causadas por bactérias superou o número daquelas causadas por vírus.
c) o número de casos de doenças causadas por vermes representou mais da metade do número total de casos apresentados.
d) o número de casos de doenças causadas por fungos superou o número de casos de doenças causadas por protozoários.
e) o número de casos de doenças transmitidas por mosquitos representa menos da metade do número total de casos apresentados.

19. (UNICAMP – SP) A teníase e a cisticercose são doenças parasitárias que ainda preocupam as entidades sanitaristas. São medidas que controlam a incidência de casos dessas parasitoses: lavar bem os alimentos e tomar água fervida ou filtrada, para evitar a

a) ingestão de ovos dos platelmintos causadores dessas doenças; e controlar as populações de caramujos, que são hospedeiros intermediários dos platelmintos.
b) ingestão de ovos dos nematelmintos, além de cozinhar bem as carnes de porco e de boi, ambos portadores desses nematelmintos.
c) ingestão de cisticercos; e controlar a população de insetos vetores, como o barbeiro, que transmite os ovos do parasita ao picar o homem.
d) ingestão de ovos do parasita; e cozinhar adequadamente as carnes de porco e de boi para evitar a ingestão de cisticercos.

20. (MACKENZIE – SP) O *Ascaris lumbricoides* é um verme causador da ascaridíase, uma verminose muito comum em países subdesenvolvidos. Quando adultos, esses vermes se instalam no intestino, onde se reproduzem. Assinale a alternativa **correta**.

a) Uma vez instalados, esses vermes provocam, com seus dentes, lesões na parede do intestino, causando disenterias.
b) Essa verminose é contraída quando as larvas penetram pela pele.
c) No intestino, os vermes competem com o hospedeiro pelo alimento digerido, provocando quadros de desnutrição.
d) As larvas desses vermes podem se instalar no cérebro, condição conhecida como cisticercose cerebral.
e) Esses vermes são hermafroditas e podem se reproduzir por autofecundação ou por fecundação cruzada.

21. (MACKENZIE – SP) As verminoses representam um grande problema de saúde, principalmente nos países subdesenvolvidos. A falta de redes da água e de esgoto, de campanhas de esclarecimento público, de higiene pessoal e de programas de combate aos transmissores, leva ao aparecimento de milhares de novos casos na população brasileira.

Dentre as verminoses humanas causadas por nemátodos, citam-se corretamente

a) teníase, ascaridíase e ancilostomose.
b) filariose, ancilostomose e ascaridíase.
c) esquistossomose, ascaridíase e ancilostomose.
d) esquistossomose, filariose e oxiurose.
e) teníase, filariose e esquistossomose.

22. (UNEMAT – MT) Sobre os platelmintos, é **correto** afirmar que todos são:

a) poliquetas, celomados, não possuem células-flama e pertencem à classe de hirudíneos.
b) poliquetas, acelomados possuem células-flama e pertencem à classe dos tremátodos e céstodes.
c) triblásticos, celomados, possuem células-flama e pertencem à classe dos tremátodos e céstodes.
d) triblásticos, acelomados, possuem células-flama e não pertencem à classe dos tremátodos e céstodes.
e) triblásticos, acelomados, possuem células-flama e pertencem à classe de tremátodos e céstodes.

23. (PUC – RJ) O cuidado na lavagem de frutas e verduras e o cozimento apropriado de carnes que se pretende ingerir são algumas medidas preventivas de doenças causadas por helmintos e protozoários. Essas medidas não serão eficazes contra:

a) amebíase.
b) ascaridíase.
c) elefantíase.
d) giardíase.
e) teníase.

24. (UFMS) Em relação às doenças parasitárias que afetam o homem, é correto afirmar:

(01) O nematódeo *Necator americanus* é causador da oxiurose no homem.
(02) O popular "bicho-geográfico" é causado por larvas do nematódeo *Ancylostoma duodenale* que penetram na pele humana causando intensa coceira e deixam linhas sobre o corpo semelhantes a traçados de mapas.
(04) O trematódeo *Schistosoma mansoni* provoca no homem a esquistossomose, caracterizada por aumento abdominal, popularmente conhecida como "barriga-d'água".
(08) No Brasil, o nematódeo *Wuchereria bancrofti* causa a filariose, doença também conhecida como "elefantíase".
(16) No caso da teníase no homem, o bovino é hospedeiro intermediário da *Taenia solium* e o suíno é hospedeiro intermediário da *Taenia saginata*.
(32) A doença ancilostomíase, conhecida por "amarelão", é causada pelo nematódeo *Ascaris lumbricoides*.

25. (FUVEST – SP) Ao noticiar o desenvolvimento de mecanismos de prevenção contra a esquistossomose, um texto jornalístico trouxe a seguinte informação:

Proteína do parasita da doença "ensina" organismo a se defender dele.
Folha de S.Paulo, São Paulo, 6 ago. 2010.

Traduzindo a notícia em termos biológicos, é correto afirmar que uma proteína, presente

a) no platelminto causador da doença, ao ser introduzida no ser humano, estimula resposta imunológica que, depois, permite o reconhecimento do parasita no caso de uma infecção.
b) no platelminto causador da doença, serve de modelo para a produção de cópias de si mesma no corpo do hospedeiro que, então, passa a produzir defesa imunológica contra esse parasita.
c) no molusco causador da doença, estimula a produção de anticorpos no ser humano, imunizando-o contra uma possível infecção pelo parasita.
d) no molusco causador da doença, atua como anticorpo, no ser humano, favorecendo a resposta imunológica contra o parasita.
e) no nematelminto causador da doença, pode ser utilizada na produção de uma vacina capaz de imunizar o ser humano contra infecções por esses organismos.

Questões dissertativas

1. **(UNIFESP)** Agentes de saúde pretendem fornecer um curso para moradores em áreas com alta ocorrência de tênias (*Taenia solium*) e esquistossomos (*Schistosoma mansoni*). A ideia é prevenir a população das doenças causadas por esses organismos.

   a) Em qual das duas situações é necessário alertar a população para o perigo do contágio direto, pessoa-a-pessoa? Justifique.
   b) Cite duas medidas – uma para cada doença – que dependem de infraestrutura criada pelo poder público para preveni-las.

2. **(UFSCar – SP)** Em termos populacionais, as doenças causadas por agentes patogênicos podem existir no estado endêmico ou epidêmico. Uma das doenças endêmicas do Brasil é a esquistossomose, popularmente conhecida como barriga-d'água, e que afeta mais de 10 milhões de brasileiros. É causada pelo *Schistosoma mansoni*, um endoparasita platelminto da classe dos trematódeos, que utiliza o homem (hospedeiro definitivo) e um caramujo planorbídeo (hospedeiro intermediário) para completar seu ciclo de vida.

   a) O que define um hospedeiro como definitivo ou como intermediário?
   b) O que caracteriza uma doença como endêmica ou epidêmica?

3. **(FUVEST – SP)** Esquistossomose, teníases, cisticercose, gonorreia, malária, filariose e amebíase são doenças parasitárias humanas.

   a) Quais delas podem ser diagnosticadas por exame parasitológico de fezes?
   b) Quais delas são causadas por protozoários?

4. **(UFPR – MG)** Sobre as parasitoses humanas amebíase, giardíase, ascaridíase e enterobíase, responda:

   a) Em que aspectos os mecanismos de transmissão dessas parasitoses e os *habitats* dos respectivos parasitas são similares? Justifique sua resposta.
   b) Com relação à ascaridíase e à enterobiose, em qual delas a autoinfecção é mais fácil? Por quê?

5. **(UNICAMP – SP)** Notícias recentes informam que, no Brasil, há mais de quatro milhões de pessoas contaminadas pela esquistossomose. A doença, que no século passado era comum apenas nas zonas rurais do país, já atinge mais de 80% das áreas urbanas, sendo considerada pela Organização Mundial da Saúde uma das doenças mais negligenciadas no mundo. A esquistossomose é causada pelo *Schistosoma mansoni*.

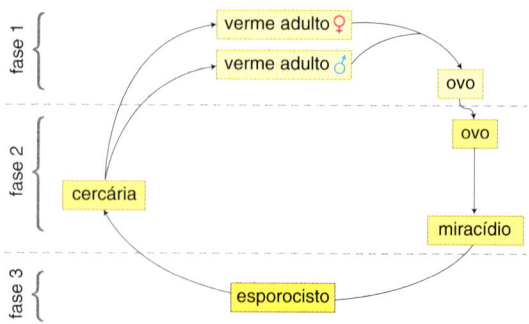

   a) O ciclo do *Schistosoma mansoni*, anteriormente esquematizado, está dividido em três fases. Em qual das três fases ocorre a infestação do homem? Explique como ocorre a infestação.
   b) O *Schistosoma mansoni* pertence ao filo *Platyhelminthes*, assim como outros parasitas, como *Taenia saginata*, *Taenia solium* e *Fasciola hepatica*. Esses parasitas apresentam características relacionadas com o endoparasitismo. Indique duas dessas características e dê sua função.

6. **(UFES)** Um turista veio para Vitória pela primeira vez em sua vida para conhecer o mar. Quando chegou à praia, observou cada detalhe e notou, entre tantas coisas, que havia placas com o indicativo de proibição de cachorros na praia, de acordo com uma lei municipal. Ele não entendeu bem o significado daquilo, mas, independentemente disso, aproveitou ao máximo seus dias de lazer. Alguns dias após retornar para sua cidade, ele percebeu o surgimento de uma pequena ferida na pele de sua perna, que se desenvolveu na forma de linhas tortuosas. Essa ferida foi diagnosticada como uma doença parasitária.

   Com base nessas informações, faça o que se pede.

   a) Indique o nome da doença parasitária (ou do parasita) de que trata o texto acima.
   b) Indique a relação existente entre a proibição da lei municipal mencionada e essa parasitose.
   c) Esse parasita pertence a um filo que apresenta o preenchimento da cavidade corporal bastante típico, quando comparado com a cavidade corporal de outros parasitas humanos. Explique como a cavidade corporal do parasita em questão está preenchida e indique uma de suas funções.

Programas de avaliação seriada

1. **(PSIU – UFPI)** Desde o período Cambriano, os protostomados e os deuterostomados, linhagens monofiléticas, vêm evoluindo separadamente. Os protostomados possuem sistema nervoso ventral, cordões nervosos pareados e larvas com cílios compostos, ao passo que os deuterostomados apresentam um sistema nervoso dorsal e larvas com um único cílio. São exemplos de protostomados pseudocelomados os filos:

   a) *Rotífera*, *Nematoda* e *Nematomorpha*.
   b) *Annelida*, *Mollusca* e *Nemertea*.
   c) *Echinodermata*, *Hemichordata* e *Chordata*.
   d) *Uniramia*, *Crustacea* e *Chelicerata*.
   e) *Bryozoa*, *Brachiopoda* e *Phoronida*.

2. **(PASES – UFV – MG)** Das doenças parasitárias abaixo, assinale aquela em que o agente etiológico NÃO depende de hospedeiro intermediário.

   a) esquistossomose   c) ascaridíase
   b) teníase   d) toxoplasmose

3. **(PAS – UFLA – MG)** Qual das parasitoses é causada por um animal acelomado, hermafrodita e com o corpo dividido em proglotes e escólex?

   a) esquistossomose
   b) teníase
   c) amarelão
   d) filariose

4. (PAS – UFLA – MG) Os representantes do filo *Nematoda* são encontrados no mar, na água doce e na terra, podendo ser de vida livre, parasitas de plantas ou parasitas de animais. Sobre esse filo, é correto afirmar que

a) são todos monoicos, com desenvolvimento indireto.
b) possuem corpo coberto por cutícula resistente, são cilíndricos e alongados, com simetria radial.
c) suas excretas são eliminadas pelas células-flama.
d) não possuem estruturas especiais para trocas gasosas.

5. (PAES – UNIMONTES – MG) A *Taenia solium* é um verme platelminto que pode causar dois tipos de doenças em humanos. A figura abaixo ilustra o ciclo de transmissão dessas doenças. Analise-a.

Considerando a figura e o assunto abordado, analise as afirmativas abaixo e assinale a alternativa **INCORRETA**.

a) A forma larvária do verme é causadora da doença representada por 1.
b) O homem é o hospedeiro definitivo do verme apresentado.
c) A doença representada por 2 é denominada cisticercose.
d) Lavar bem as mãos e os alimentos previne as duas doenças.

6. (PSS – UFAL) A figura abaixo está relacionada a uma doença humana causada por um verme platelminto, cujo ciclo vital envolve um tipo de hospedeiro intermediário (porco ou boi), e no hospedeiro definitivo são produzidas as proglótides.

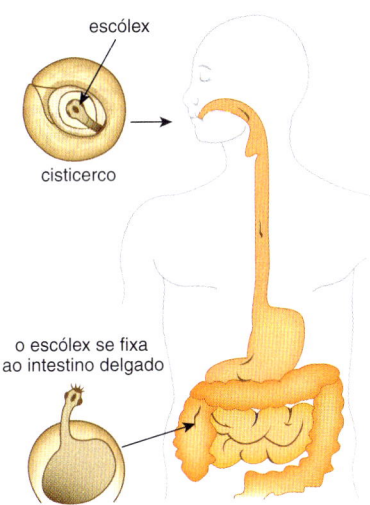

A doença de que trata a questão consta na alternativa:

a) esquistossomose
b) teníase
c) malária
d) amebíase
e) filariose

7. (SSA – UPE) Assinale na coluna I as afirmativas verdadeiras e, na coluna II, as falsas.

Extra, Extra: Pernambuco e sua capital continuam sofrendo com doenças que já deveriam ter sido erradicadas ou controladas, com medidas profiláticas simples, mas que continuam afetando a população.

Leia as reportagens a seguir.

PE no combate à esquistossomose – Estado é o pior no controle da doença que vitimou 1,2 mil pessoas em 12 anos

Pernambuco é o pior estado do País no controle à esquistossomose, mais conhecida como "doença do caramujo" ou "barriga-d'água. "Antigamente, no interior, quando a gente ia tomar banho de rio, todo o mundo avisava para ter cuidado em não ficar doente. (...)

"(...) a base do problema é muito mais séria, como, por exemplo, a falta de saneamento básico em diversos lugares", explicou a gerente geral de Vigilância em Saúde, Zailde Carvalho.

Adaptado de: Folha digital por Jones Albuquerque.

Recife inicia nova estratégia para erradicar a filariose

Uma nova estratégia para tratar a filariose, uma doença transmitida pela muriçoca, está sendo colocada em prática no Recife. De todas as capitais brasileiras, o Recife é a única que continua a registrar casos de filariose. A filariose é causada por um verme que é transmitido pela muriçoca. A doença tem diversas consequências... "Para prevenir, é preciso excluir a muriçoca, limpando as canaletas e retirando a sujeira.

Adaptado de: <tribunapopular.wordpress.com/.../recife-inicia-nova-estrategia-para-erradicar-a-filariose/>.

Sobre os vetores, os modos de transmissão e as formas de combate, analise as afirmativas e conclua.

I	II	
0	0	A esquistossomose é causada por platelmintos do gênero *Schistosoma mansoni*, enquanto a filariose é causada pelo nematelminto *Wuchereria bancrofti*.
1	1	Ao atingirem a água, os ovos de *Schistosoma mansoni*, eliminados pelas fêmeas do esquistossomo, eclodem e liberam as larvas ciliadas, denominadas de cercárias; essas se alojam nos caramujos do gênero *Biomphalaria*, onde se tornam miracídios, larvas dotadas de cauda. Livres do caramujo, nadam livremente e podem penetrar através da pele em pessoas que usam águas contaminadas.
2	2	A filária é transmitida ao homem pela picada do mosquito *Culex fatigans*. No corpo humano, as filárias passam do sangue para a linfa, onde formas adultas masculinas fecundam as femininas e liberam ovos embrionados. Esses evoluem para as larvas denominadas de microfilárias, que permanecem durante o dia nos vasos linfáticos e, à noite, deslocam-se para vasos sanguíneos.
3	3	Os sintomas mais comuns na esquistossomose são, na fase aguda, coceiras, diarreia, enjoos e, na fase crônica, há aumento do fígado e baço. A filariose provoca obstrução dos vasos linfáticos, dor, vermelhidão e edema, geralmente nos membros inferiores.
4	4	O tratamento mais indicado para a esquistossomose é o uso de drogas capazes de matar o verme no organismo humano e a aplicação de medidas preventivas, como o combate ao caramujo transmissor. No combate à filariose, devem ser empregados antibióticos para tratar os doentes.

8. (SSA – UPE) O lema "conhecer para preservar" pode ser utilizado na formação de condutas ecologicamente corretas bem como em uma visão preventiva de preservação da saúde. Várias doenças podem ser evitadas por métodos simples de higiene pessoal e alimentar, quando se têm conhecimentos primários da epidemiologia. O quadro abaixo apresenta cinco parasitas ocorrentes em nossa região, que causam doenças no homem, associados a alguns aspectos epidemiológicos.

Parasita e doença	Modo de transmissão	Sintomatologia	Tratamento/profilaxia
Toxoplasma gondii (protozoário) **Toxoplasmose**	3	Lesão ocular, alterações neurológicas. Abortamento.	Medicamentos específicos/ hábitos de higiene, cuidados com animais domésticos.
Schistosoma mansoni (verme platelminto) **Esquistossomose**	Penetração de cercárias através da pele.	4	Medicamentos específicos/ saneamento básico.
Entamoeba histolytica (1) **Amebíase**	Ingestão de água e alimentos contaminados.	Diarreia, lesões intestinal e hepática.	Medicamentos específicos/ saneamento básico.
2 (bactéria) **Leptospirose**	Contaminação com urina de ratos.	Febre alta, calafrios, dores de cabeça e musculares.	Antibiótico/controle da população de roedores.
Neisseria meningitidis (bactéria) **Meningite**	Contato direto com doentes.	Vômito em jato, febre alta, afeta as meninges e provoca septicemia.	5

Assinale a alternativa que apresenta CORRETAMENTE a sequência de palavras e expressões que preenchem corretamente os espaços em branco, numerados de 1 a 5.

a) 1 – vírus; 2 – *Yersinia pestis*; 3 – contato com doentes; 4 – bolhas e úlceras na pele; 5 – isolamento/vacinação.
b) 1 – protozoário; 2 – *Leptospira interrogans*; 3 – ingestão de cistos contidos nas fezes de cães e gatos, transplacentária; 4 – aumento do volume do fígado e baço; 5 – antibióticos/vacinação.
c) 1 – bactéria; 2 – *Leptospira interrogans*; 3 – contato direto com doentes; 4 – bolhas e úlceras na pele; 5 – antibióticos/vacinação.
d) 1 – verme nematelminto; 2 – *Leptospira interrogans*; 3 – ingestão de cistos contidos nas fezes de cães e gatos, transplacentária; 4 – aumento do volume do fígado e baço; 5 – antibióticos/eliminação dos vetores.
e) 1 – protozoário; 2 – *Leptospira interrogans*; 3 – ingestão de cistos contidos nas fezes de cães e gatos, transplacentária; 4 – febre alta, perda da sensibilidade e manchas na pele; 5 – antibióticos/eliminação dos vetores.

Capítulo 21
Moluscos e anelídeos

Moluscos à mesa!

Caramujos, caracóis, lesmas, búzios, ostras, mexilhões, mariscos, lulas e polvos. O que os animais dessa lista têm em comum?

Se você respondeu que são moluscos, acertou uma parte da resposta. Afinal, todos são animais de corpo mole e que podem ser encontrados em diversos ambientes, como o terrestre e em águas doces ou marinhas. Mas essa parte da resposta não é muito difícil de acertar, pois esses animais são bastante característicos do seu filo, que é extremamente numeroso em espécies.

A segunda parte da resposta vem do fato de que todos esses moluscos são utilizados na alimentação humana. Em nosso país, o consumo de polvos, lulas, mariscos, mexilhões e ostras é mais comum, sendo esses alguns dos moluscos mais consumidos nas grandes cidades e na extensa região litorânea nacional.

Já os caracóis e lesmas não são tão consumidos aqui no Brasil, mas são bastante tradicionais na culinária europeia, principalmente nos pratos franceses, portugueses e espanhóis. A carne desses animais tem um alto teor proteico, apresenta baixo nível de colesterol e é rica em vitaminas e sais minerais.

Se quiser experimentar, sua saúde agradecerá.

Se você observar um jardim, muito provavelmente encontrará minhocas, alguns caracóis e lesmas, dentre outros animais. As minhocas, esses animais de corpo segmentado, pertencem ao filo *Annelida* (anelídeos), que, como vimos no capítulo anterior, é o terceiro grupo dos vermes. Já os caracóis de jardim e as lesmas pertencem a outro filo, o dos *Mollusca* (moluscos), grupo cujo nome é devido à consistência macia de seu corpo.

FILO *MOLLUSCA*: ANIMAIS DE CORPO MOLE

Caracóis de jardim, caramujos, mariscos, ostras, lesmas, lulas e polvos pertencem ao filo *Mollusca*.

Muitos moluscos podem ter uma concha calcária única, ou formada por duas metades articuladas revestindo o corpo, que funciona como um esqueleto externo (exoesqueleto). Internamente, um conjunto de órgãos, conhecido como **massa visceral**, é coberto por uma dobra de pele chamada **manto**.

A locomoção da maioria dos representantes é lenta e devida a um **pé musculoso**. Os que são rápidos, como as lulas e os polvos, locomovem-se graças à expulsão de jatos de água que saem através de um **sifão**. Muitos, porém, são fixos ao substrato, como as ostras e os mariscos na fase adulta.

Didaticamente, podemos considerar o corpo dos moluscos como composto de **cabeça** (às vezes, reduzida), **massa visceral** e **pé musculoso**.

(a) Concha de molusco univalve e (b) mexilhão, molusco bivalve.

Classificação dos Moluscos

As seis principais classes dos moluscos e seus representantes são:

- **Polyplacophora** (ou **Amphineura**): quíton;
- **Monoplacophora**: *Neopilina*;
- **Gastropoda**: caramujos, caracóis, lesmas;
- **Cephalopoda** (ou **Siphonopoda**): lulas, polvos, náutilos;
- **Bivalvia** (ou **Pelecypoda**): ostras, mexilhões, mariscos;
- **Scaphopoda**: *Dentalium* (dentálio ou dente-de-elefante).

Os moluscos possuem uma grande diversidade de formas. Em (a) um caracol (gastrópodo); (b) polvo (cefalópodo); (c) quíton (anfineuro) e (d) mexilhões (bivalves).

Conchas de *Dentalium*, molusco da classe *Scaphopoda* (do grego, *skáphos* = quilha de barco + *podos* = pés). Os exemplares que encontramos no Brasil (a) são de pequeno tamanho quando comparados aos da Indonésia (b). O palito de fósforo (à direita, nas fotos) serve como referência de tamanho.

Os Gastrópodos: Estômago junto ao Pé

O caracol de jardim ilustra bem a classe dos gastrópodos (do grego, *gastros* = estômago + *podos* = pé). Quando o caracol está se movimentando, é possível perceber o **pé musculoso** estendido, uma verdadeira *sola musculosa* que, ao movimentar o animal, deixa um rastro mucoso (pode-se perceber a ação desse pé colocando-se um caracol sobre uma placa de vidro e observando-se por baixo a sua movimentação).

Acima do pé musculoso e cobertos pela concha calcária única, existem os órgãos internos, cujo conjunto é conhecido como **massa visceral** (veja a Figura 21-1). Tudo está lá: estômago, intestino, coração, rim, pulmão etc. Toda essa massa visceral fica coberta pela epiderme dorsal, o **manto**, que também possui a função de produzir a concha. Uma dobra lateral (reentrância) do manto forma uma *cavidade interna*, localizada à direita da concha e *que atua como um pulmão*. Lateralmente, na porção do manto que acompanha a borda da concha é possível ver um orifício respiratório por onde o ar penetra, passando à cavidade pulmonar. Em gastrópodos marinhos, essa cavidade abriga uma brânquia. Junto ao orifício respiratório existe outro, o ânus, destinado à eliminação dos restos alimentares.

A **cabeça** é outro importante componente do caracol. É o centro de comando do animal e possui dois pares de **tentáculos** de função sensorial. Na ponta de cada tentáculo longo existe um olho.

A boca é ventral e no seu interior existe uma língua raspadora (**rádula**) que executa movimentos de vaivém durante a alimentação do caracol. A rádula é uma adaptação fundamental para a alimentação (folhas de plantas) dos caracóis: a celulose precisa ser bem fragmentada antes de ser encaminhada ao tubo digestório.

Fique por dentro!

Você deve ter percebido que os caracóis de jardim sempre são encontrados debaixo de pedras, de madeiras e da vegetação. Esse *habitat* mais úmido e a atividade noturna reduzem a possibilidade de perderem água do corpo por evaporação.

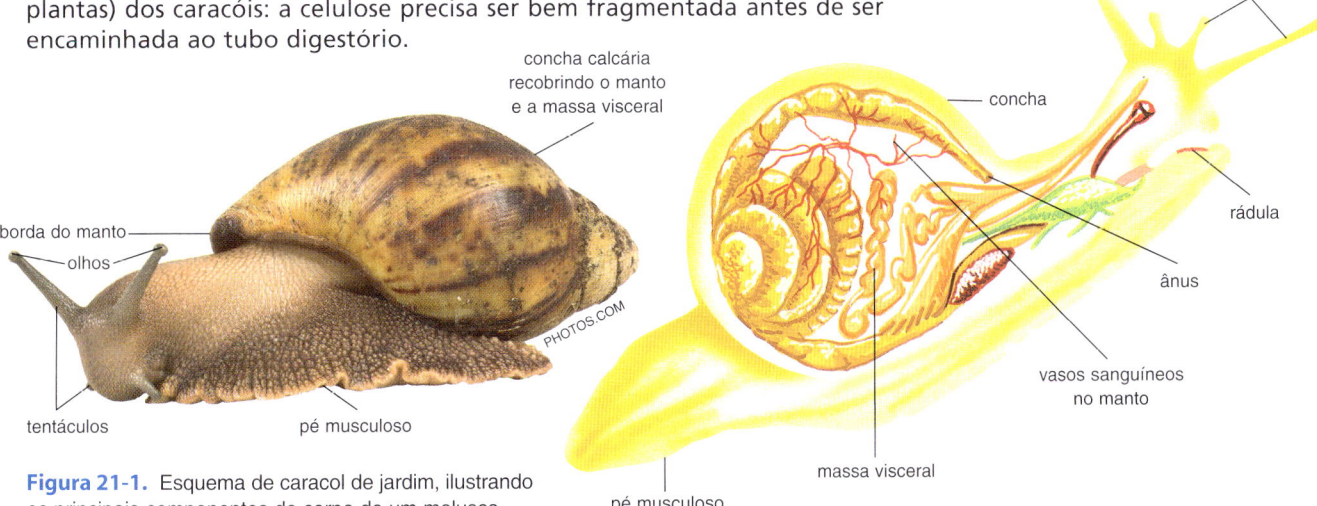

Figura 21-1. Esquema de caracol de jardim, ilustrando os principais componentes do corpo de um molusco.

Circulação, excreção e sistema nervoso

O **sistema circulatório** dos gastrópodos é do tipo **lacunar** ou **aberto**. Um vaso sai de um coração simples e distribui o sangue para lacunas, nas quais o contato com os tecidos possibilita a difusão de nutrientes, excretas e gases de respiração (veja a Figura 21-2). Daí o sangue retorna ao coração, após ser oxigenado na cavidade pulmonar ou branquial, se for um caramujo marinho. O sangue da maioria dos moluscos contém um pigmento respiratório conhecido como **hemocianina**.

A excreção é efetuada por rins simples, formados por estruturas chamadas **metanefrídios**. O sistema nervoso é basicamente constituído por pares de gânglios ligados às três principais regiões do caramujo: cabeça, massa visceral e pé musculoso. Cordões nervosos conectam os diversos gânglios entre si.

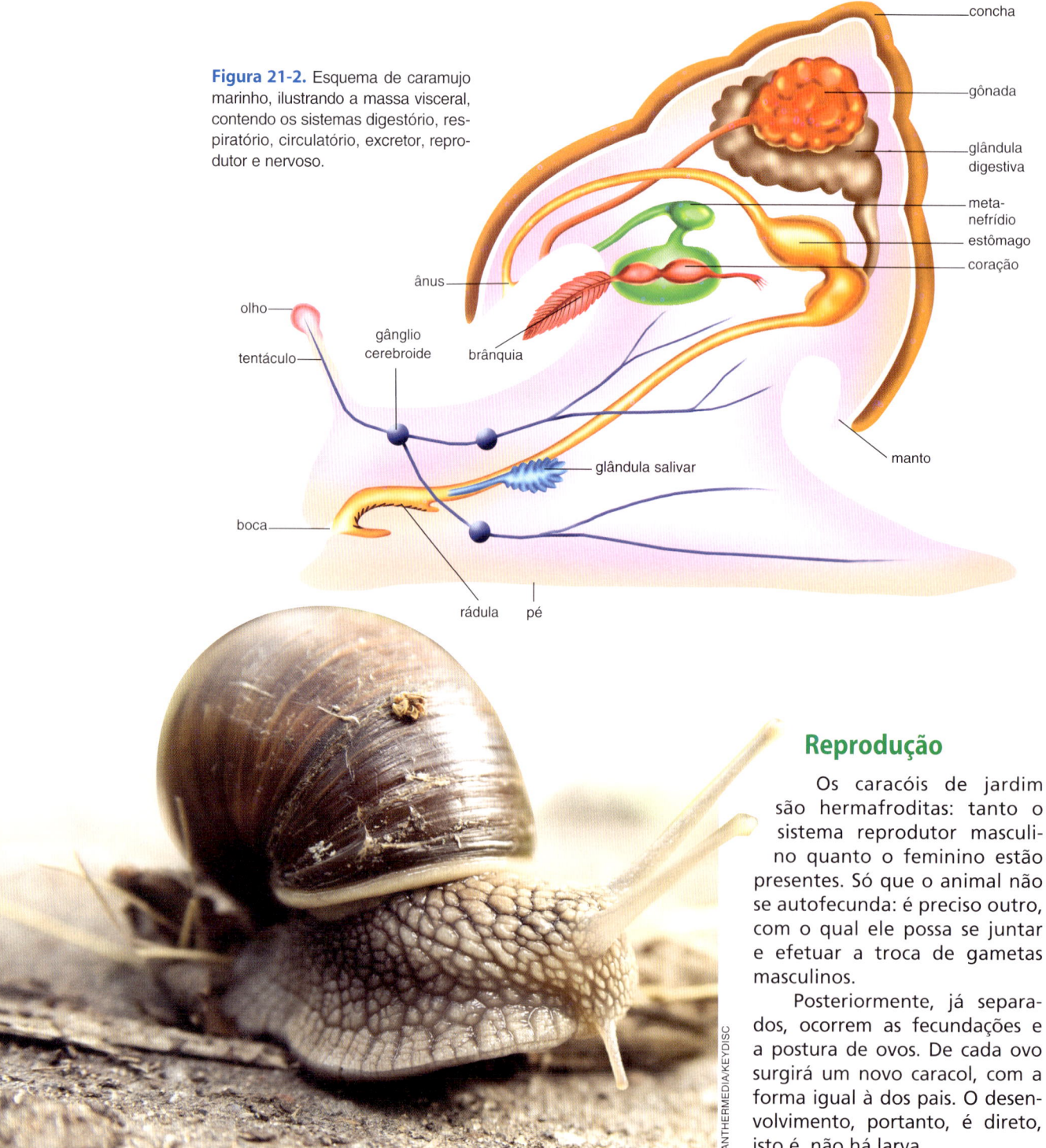

Figura 21-2. Esquema de caramujo marinho, ilustrando a massa visceral, contendo os sistemas digestório, respiratório, circulatório, excretor, reprodutor e nervoso.

Reprodução

Os caracóis de jardim são hermafroditas: tanto o sistema reprodutor masculino quanto o feminino estão presentes. Só que o animal não se autofecunda: é preciso outro, com o qual ele possa se juntar e efetuar a troca de gametas masculinos.

Posteriormente, já separados, ocorrem as fecundações e a postura de ovos. De cada ovo surgirá um novo caracol, com a forma igual à dos pais. O desenvolvimento, portanto, é direto, isto é, não há larva.

Saiba mais

Esses coloridos nudibrânquios

Há uma ordem dos gastrópodos que chama a atenção por seu atraente colorido. São os nudibrânquios, também conhecidos como lesmas-marinhas. Os adultos não têm conchas e, por não possuírem brânquias verdadeiras, respiram pela pele. Podem apresentar brânquias modificadas no dorso ou na borda lateral do manto ou mesmo ao redor do ânus.

Fique por dentro!

Os bivalves também costumam ser chamados de **lamelibrânquios** e de **pelecípodos**. O primeiro nome refere-se ao fato de que muitos possuem brânquias formadas por delgadas lâminas (também denominadas de lamelas; daí, lamelibrânquios). O segundo nome é derivado da forma do pé musculoso existente em alguns bivalves. Como esse pé se projeta na areia, durante a locomoção, de forma parecida a um machado (*pélekys*, em grego), os bivalves que o possuem passaram a receber a designação de pelecípodos.

Os Bivalves: Duas Conchas

Vamos supor que o nosso molusco-padrão pudesse ser bilateralmente comprimido com as nossas duas mãos e tivesse sua concha partida em duas. O resultado seria um molusco achatado, cuja concha passaria a ter duas metades articuladas entre si. A massa visceral ficaria comprimida entre as duas conchas e protegida pelo manto que acompanha cada uma delas. O pé musculoso passaria a se projetar por uma abertura ventral. Teríamos, assim, uma ideia de como seria um bivalve, molusco que apresenta duas conchas.

Exclusivamente aquáticos, os bivalves são adaptados à filtração do alimento contido na água. Não há cabeça diferenciada; na região anterior há uma boca circundada por palpos labiais sensoriais. Não há rádula. A respiração é efetuada por brânquias que recebem água que entra na câmara branquial (cavidade do manto) através de uma abertura ou **sifão inalante**, localizado na extremidade posterior e formado por uma extensão do manto. A expulsão da água, que oxigenou as brânquias e deixou alimento, é efetuada por outra abertura ou sifão, o **exalante**, localizado dorsalmente em relação ao inalante (veja a Figura 21-3).

Mexilhões fixos em rocha. Guarapari, ES.

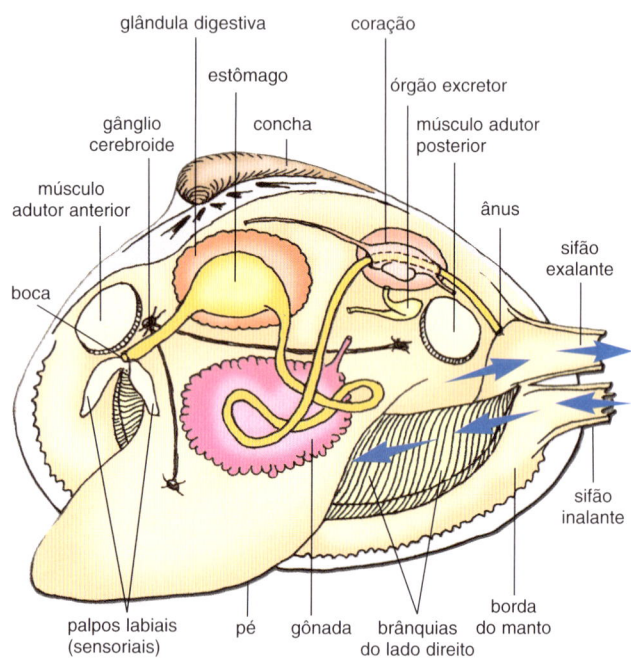

Figura 21-3. Esquema de um bivalve sem a representação das brânquias, do manto e da concha do lado esquerdo.

Saiba mais

Pérolas

As pérolas são formadas pela deposição de camadas de material calcário ao redor de um grão de areia ou qualquer objeto estranho que se aloje entre o manto e a concha de um molusco.

Comercialmente, as pérolas podem ser produzidas ("cultivadas") introduzindo-se um pequeno pedaço de concha envolvido por um saco de manto entre o manto e a concha de outra ostra.

Leva-se aproximadamente três anos para se obter uma pérola cultivada de tamanho comercialmente interessante.

Os Cefalópodos (ou Sifonópodos): Moluscos Exclusivamente Marinhos

A classe dos cefalópodos inclui as lulas, os polvos, as sépias e os náutilos. São todos dotados de locomoção por *jato-propulsão*, graças à eliminação de água, em jatos, por um **sifão**. A cabeça é muito modificada e rodeada por vários "braços" longos, os **tentáculos**.

A concha externa só existe mesmo nos náutilos, que a têm espiralada, dotada de várias câmaras, sendo que a última abriga o animal e as demais ficam cheias de gás, o que contribui para sua flutuação. Nas sépias, a concha é interna e constitui o chamado "osso de siba". Pode ser encontrado em lojas de pássaros – pendura-se um pedaço na gaiola e o pássaro tem uma fonte de cálcio, além de manter o bico afiado. Nas lulas, a concha interna é bem reduzida e nos polvos, a concha é inexistente.

Nos cefalópodos, durante a evolução, o manto praticamente envolveu a concha, que sofreu redução ou desapareceu.

Fique por dentro!

Com o pé na cabeça?

O nome cefalópodos sugere que, durante o alongamento do corpo, o pé tenha se ligado à cabeça e se transformado nos tentáculos. No entanto, atualmente há um consenso em considerar que, na realidade, o pé acabou se transformando no sifão usado na locomoção desses animais. Por isso, hoje, prefere-se denominar essa classe de **Siphonopoda**.

(a) Lula, (b) polvo, (c) sépia e (d) náutilo são também chamados de sifonópodos. Em (e), concha seccionada de náutilo, em que se evidenciam os septos que separam as câmaras.

A famosa tinta nanquim chinesa é derivada das tintas encontradas em bolsas de sépias que vivem no litoral chinês.

Para compreender a forma do corpo de um cefalópodo como a lula, suponha que o corpo do nosso molusco-padrão seja "espichado", alongado, no sentido anteroposterior.

A cabeça, volumosa, sofre modificações consideráveis e fica rodeada por diversos "braços" longos, os *tentáculos* (veja a Figura 21-4). O *pé*, também modificado, passa a constituir o *sifão*. O manto envolve todo o corpo, o que inclui a massa visceral e a concha interna muito reduzida. Duas expansões laterais do manto, em forma de nadadeira, direcionam a natação da lula em baixas velocidades.

Interna e lateralmente, na cavidade do manto, existem duas brânquias que recebem continuamente água para oxigenação.

Figura 21-4. Esquema ilustrando a organização do corpo de uma lula. A rádula é composta de sete dentes e um bico quitinoso.

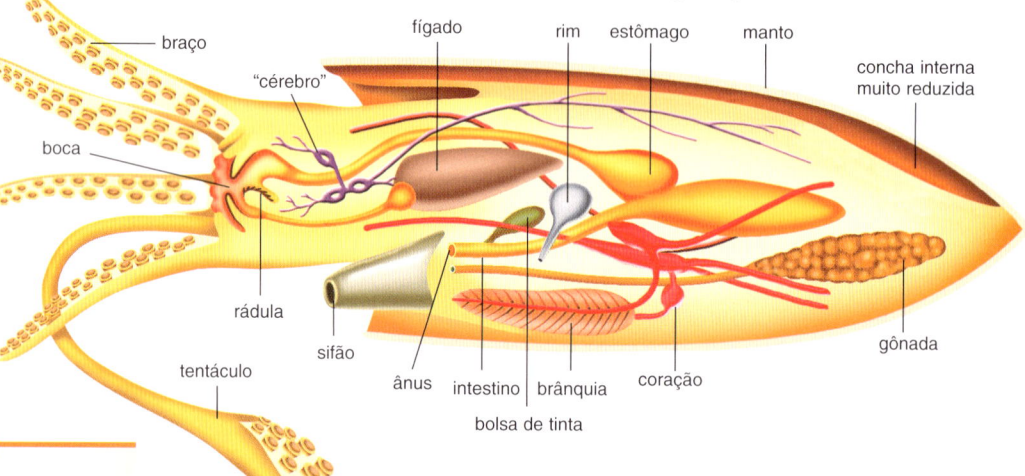

Saiba mais

Bolsa de tinta: proteção

Entre os órgãos que compõem a massa visceral, a lula possui uma bolsa de tinta. Esta é comprimida toda vez que o animal se sente ameaçado por algum inimigo, o que provoca a liberação da tinta que sai em jatos pelo sifão. A mancha que a tinta deixa na água confunde o predador, enquanto a lula escapa rapidamente.

Há provas experimentais de que nos polvos existe o reconhecimento perfeito de objetos e, até mesmo, a visão em cores.

Circulação, excreção e sistema nervoso

Ao contrário dos demais moluscos, o sistema circulatório da lula é do tipo **fechado**. Um sistema de circulação fechado possibilita o desenvolvimento de maior pressão sanguínea, favorece o metabolismo e permite maior rapidez do animal. Do coração sai sangue oxigenado que se dirige a vasos que o distribuirão, por capilares, a todas as partes do corpo. O retorno do sangue ao coração, depois de oxigenado nas brânquias, ocorre por veias.

Envolvidos com a excreção, temos as estruturas conhecidas como metanefrídios, reunidos em dois rins.

A cabeça da lula, a exemplo dos demais sifonópodos, é altamente diferenciada. Dois olhos laterais permitem a construção de imagens. Muitos estudos revelam a sua semelhança com o olho humano.

O sistema nervoso é bastante desenvolvido. Uma organização ganglionar que se assemelha a um verdadeiro cérebro permite a execução de atividades altamente elaboradas, a exemplo do que ocorre no ser humano.

Neurônios gigantes conectam o cérebro a diversas partes do corpo. Certos neurônios gigantes de lulas são muito utilizados nos estudos de neurofisiologia.

Fique por dentro!

Na lula, existem 10 tentáculos e dois deles são mais desenvolvidos que os demais. No polvo, os tentáculos são oito e todos iguais. Em cada tentáculo existem ventosas que aderem ao substrato, o que favorece a locomoção do polvo sobre rochas. As ventosas também são úteis na apreensão do alimento que, depois, é conduzido à boca pelos tentáculos.

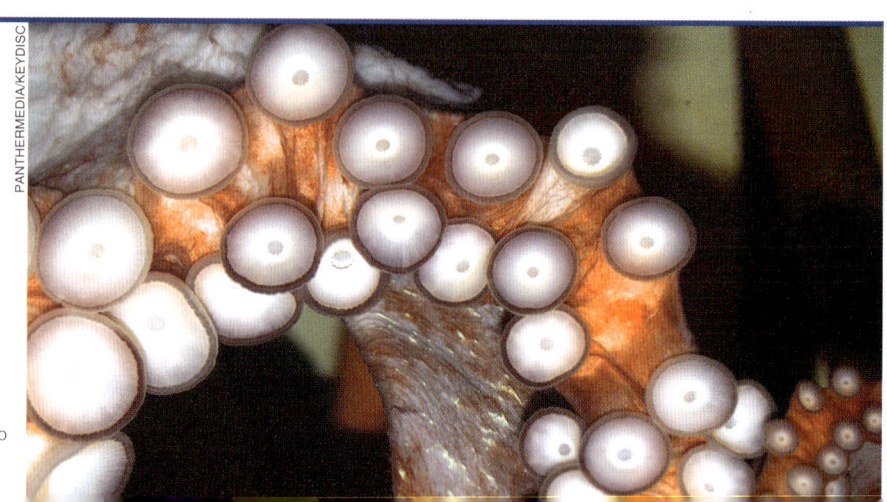

Reprodução

Na reprodução sexuada, um dos tentáculos do macho carrega um pacote de espermatozoides, que é introduzido na cavidade do manto da fêmea para as fecundações. Após as fecundações, são liberados milhares de ovos, dotados de casca gelatinosa. As fêmeas de muitas espécies depositam os ovos em lugares protegidos, debaixo de rochas, no interior de cavernas etc. Certas fêmeas de polvos até cuidam dos ovos, "arejando-os" com jatos de água expelida pelo sifão. O desenvolvimento é direto, sem larva. A maioria dos filhotes que nascem servirá de alimento para diversos predadores. Poucos polvos e lulas chegam à vida adulta, pois a morte da progenitora coincide com o nascimento dos filhotes.

FILO *ANNELIDA*: ANIMAIS DE CORPO SEGMENTADO

A característica marcante do grupo é o **corpo segmentado**, visível externamente na forma de *anéis*, com sulcos bem marcados separando uns dos outros. Algumas estruturas, como os órgãos excretores e os gânglios do sistema nervoso, se repetem internamente em cada segmento, também chamado de **metâmero** (veja a Figura 21-5). Dizemos, por isso, que o corpo dos anelídeos é *metamerizado*. Internamente, os metâmeros são separados uns dos outros por paredes divisórias conhecidas como **septos**.

Classificação dos Anelídeos

Três são as classes mais importantes pertencentes ao filo *Annelida*:

- classe **Oligochaeta** (do grego, *oligos* = pouco, e *chaite* = cerda): possui representantes terrestres (as conhecidas minhocas) e de água doce (os tubifex, dados como alimento a peixes). Esses animais apresentam corpo uniformemente segmentado, contendo **cerdas curtas** no meio de cada segmento; possuem uma porção bem diferenciada na região anterior do corpo, o **clitelo**, resultado da fusão de alguns segmentos e que desempenha importante papel na reprodução (veja a Figura 21-6(a));
- classe **Polychaeta** (do grego, *polys* = muitos e *chaite* = cerda): com representantes predominantemente marinhos. Possuem expansões laterais em cada segmento do corpo, os **parapódios**, dotados de muitas cerdas auxiliares da locomoção. Os organismos **errantes** deslocam-se livremente pelo solo oceânico e saem à procura de alimento (veja a Figura 21-6(b)). Outros, os *sedentários*, vivem em tubos construídos por eles, onde esperam pelo alimento;
- classe **Hirudinea** ou **Achaeta**: representada pelas sanguessugas, encontradas principalmente em meio aquático doce. Há algumas espécies marinhas, outras terrestres. Não possuem cerdas segmentares. Possuem clitelo. O exemplar mais conhecido é a sanguessuga medicinal, *Hirudo medicinalis*, muito utilizada no passado para extrair sangue de pessoas (veja a Figura 21-6(c)) e, ainda hoje, em hospitais de outros países, para ajudar nos processos de cicatrização e redução de edemas.

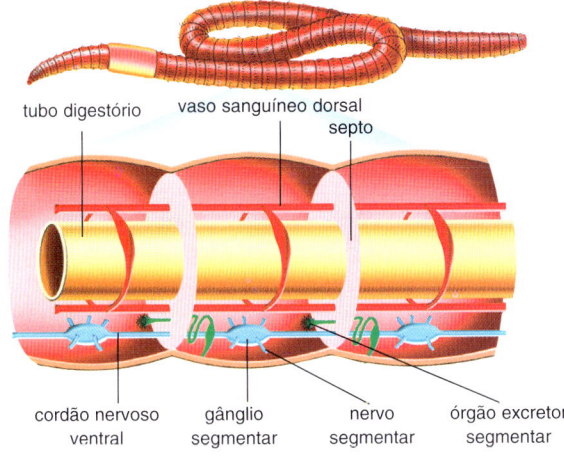

Figura 21-5. Em cada metâmero (segmento) do corpo dos anelídeos há repetição de algumas estruturas.

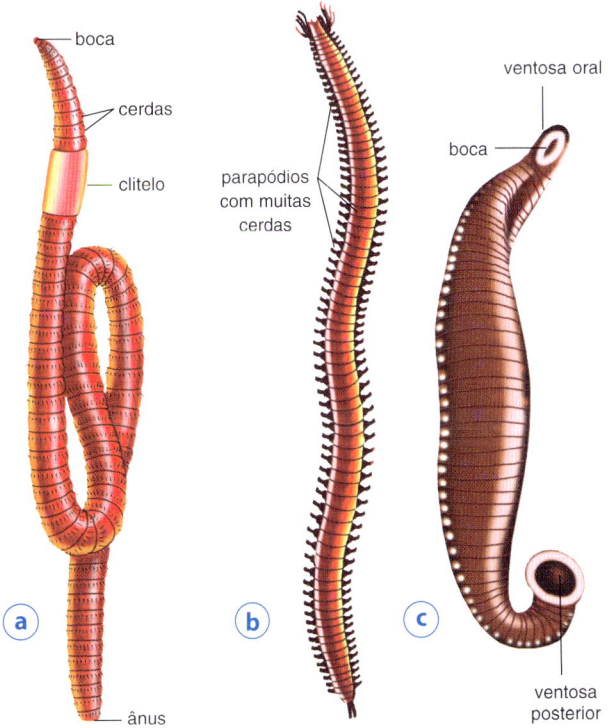

Figura 21-6. Anelídeos: (a) oligoqueta, (b) poliqueta e (c) hirudíneo.

Moluscos e anelídeos

Minhoca: Um Típico Oligoqueta

Olhando-se uma minhoca, comumente encontrada nos solos brasileiros, a *Pheretima hawayana*, nota-se, na região dorsal, uma linha mediana escura vista por transparência, que se estende da extremidade anterior à posterior. É o vaso sanguíneo dorsal, revelador da existência de sistema circulatório. Nele, o sangue flui de trás para frente.

Na região ventral, mais clara que a dorsal, pode-se ver outra linha mediana, correspondente ao vaso sanguíneo ventral. Nesse vaso, o sangue flui em sentido contrário, da frente para trás.

O sangue é vermelho e contém o pigmento hemoglobina dissolvido no plasma. Não há glóbulos vermelhos. O vaso dorsal é contrátil. O sangue é impelido para a frente e atinge o vaso ventral por meio de quatro pares de vasos laterais de ligação, também contráteis e considerados os **corações laterais** da minhoca (veja a Figura 21-7).

Vários vasos, em cada segmento, emergem dos vasos principais e são, por sua vez, conectados a capilares sanguíneos que se espalham pelos tecidos.

É um **sistema circulatório fechado**. O sangue nunca abandona os vasos e as trocas entre ele e os tecidos ocorrem pelas paredes delgadas dos capilares sanguíneos.

A pele da minhoca é constituída por uma epiderme revestida por uma fina cutícula, umedecida pela secreção mucosa de glândulas espalhadas pela parede do corpo. Essa umidade favorece a ocorrência das trocas gasosas respiratórias entre o sangue e o ar e reduz o atrito com o solo. A umidade do solo em que vive a minhoca também contribui para o umedecimento da pele e facilita a troca de gases.

Passando-se suavemente a mão na superfície do corpo da minhoca, da extremidade posterior à anterior, pode-se sentir certa aspereza da pele, decorrente da existência de finíssimas **cerdas**.

Próximo à extremidade anterior, nota-se uma região mais clara, que fica mais nítida na época da reprodução. É o **clitelo**, cujo papel na reprodução será esclarecido mais adiante.

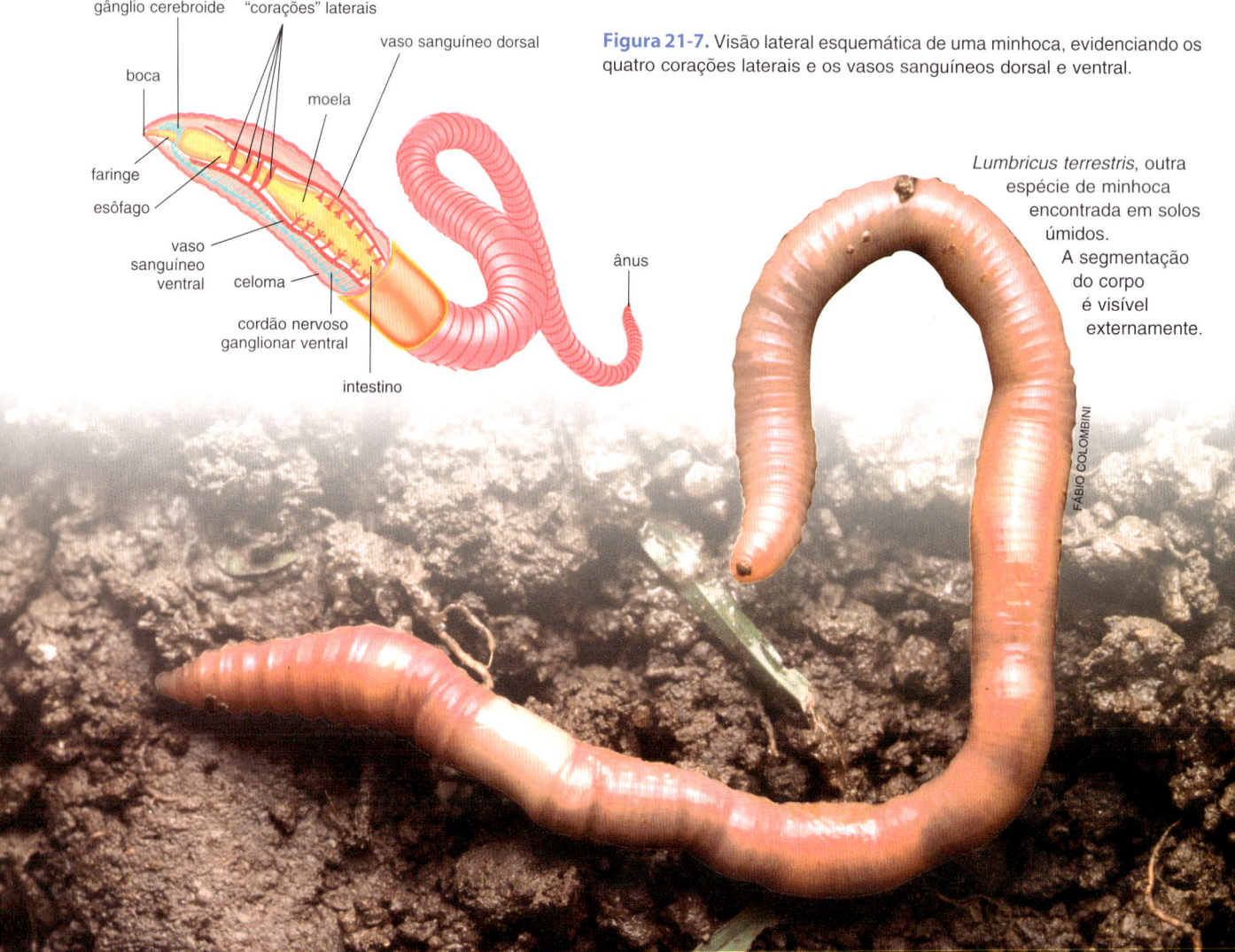

Figura 21-7. Visão lateral esquemática de uma minhoca, evidenciando os quatro corações laterais e os vasos sanguíneos dorsal e ventral.

Lumbricus terrestris, outra espécie de minhoca encontrada em solos úmidos. A segmentação do corpo é visível externamente.

Digestão e excreção

O tubo digestório da minhoca é **completo**. À boca, segue-se uma *faringe* sugadora de alimento, continuada por um longo esôfago, no meio do qual surge uma *moela*, que tem por função triturar os alimentos. Após o *esôfago*, o tubo digestório alarga-se e constitui o longo *intestino*, que se abre no ânus (veja a Figura 21-8(a)).

A meio caminho do intestino, existem os chamados **cecos intestinais**, bolsas de fundo cego que ampliam a superfície de absorção de alimentos. Outro recurso destinado a ampliar a superfície de digestão e absorção do intestino é uma dobra chamada **tiflossole**, um pregueamento para dentro da parede intestinal, que aparece depois do ponto de surgimento dos cecos (veja a Figura 21-8(b)).

A excreção na minhoca é efetuada por pares de unidades que se repetem na maioria dos segmentos, os chamados **nefrídios segmentares** (também conhecidos por **metanefrídios**). Cada um possui um funil ciliado (**nefróstoma**) mergulhado na cavidade celomática do segmento, cheia de líquido (veja a Figura 21-9).

Do funil emerge um tubo enovelado que perfura o septo do segmento seguinte e termina em um poro que se abre na parede lateral desse segmento. O funil recolhe substâncias do líquido contido na cavidade celomática e, ao longo do tubo, ocorrem reabsorções de substâncias úteis que retornam ao sangue pelos capilares que o envolvem.

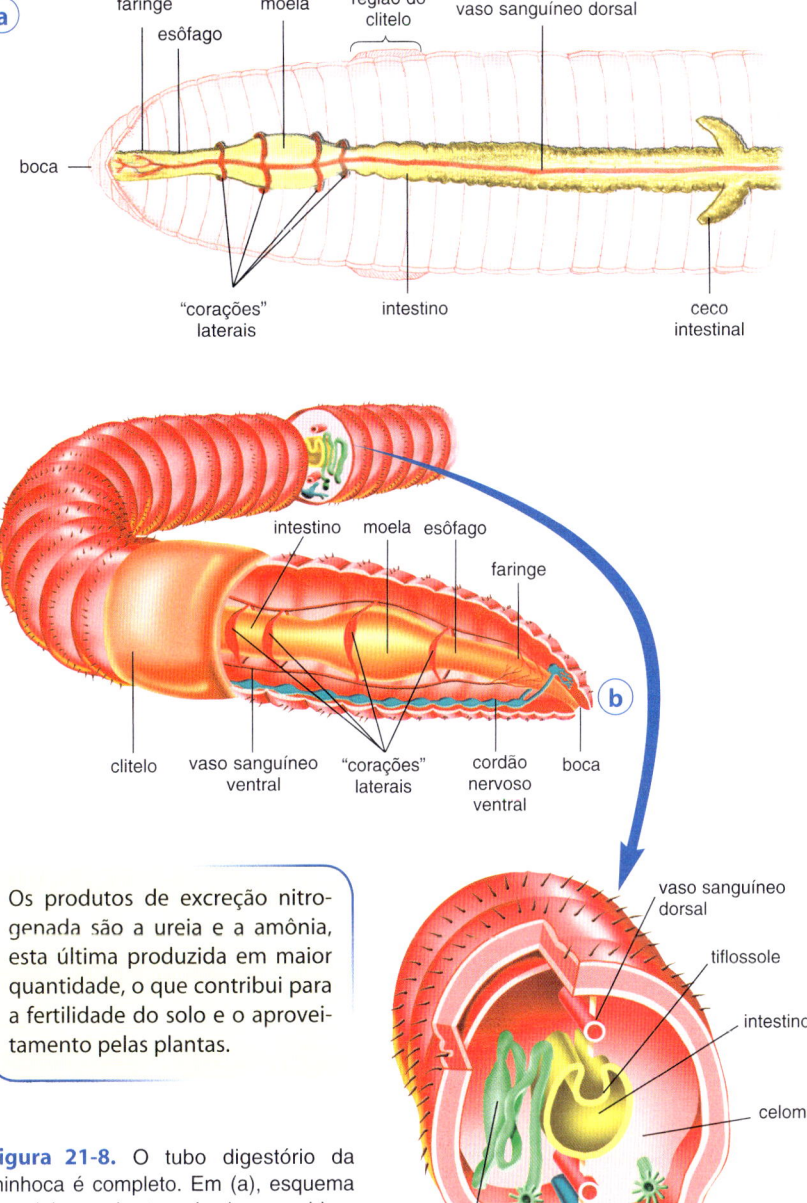

Os produtos de excreção nitrogenada são a ureia e a amônia, esta última produzida em maior quantidade, o que contribui para a fertilidade do solo e o aproveitamento pelas plantas.

Figura 21-8. O tubo digestório da minhoca é completo. Em (a), esquema de minhoca aberta pelo dorso, evidenciando componentes do tubo digestório; em (b), corte transversal em segmento posterior ao clitelo, onde se nota a tiflossole intestinal.

Figura 21-9. Sistema excretor de minhoca. Os nefrídios (um par por segmento) são invisíveis a olho nu, tendo sido ampliados nessa representação.

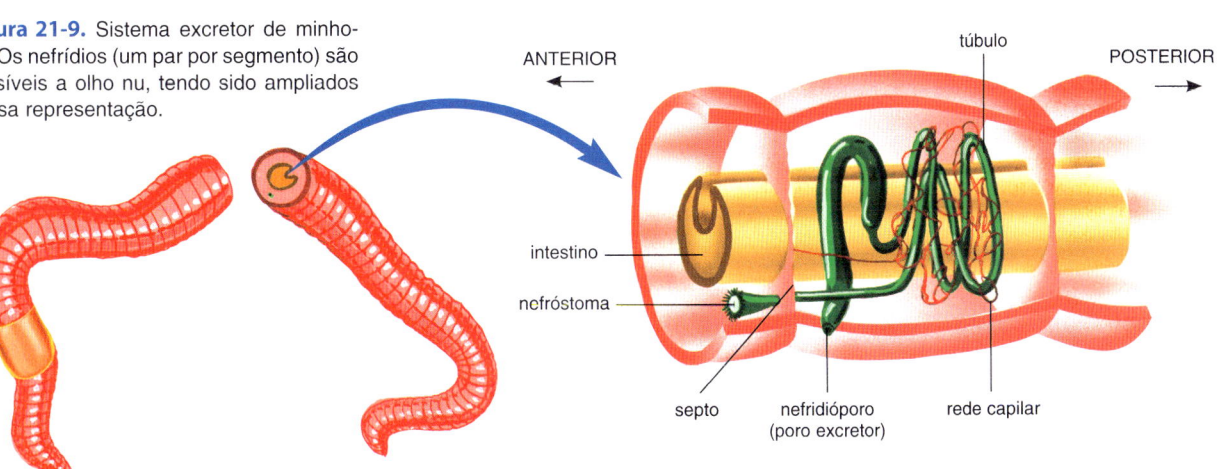

Moluscos e anelídeos **437**

A ciência por trás do fato!

As minhocas favorecem o solo e as plantações?

As minhocas podem ocorrer aos milhares por alqueire. Os buracos que cavam são quase verticais na parte de cima e depois ficam sinuosos, podendo atingir mais de 2 metros de profundidade, contribuindo para a ventilação do solo e das raízes das plantas.

A minhoca é detritívora: come restos de alimentos contidos no solo, quer de origem vegetal, quer de origem animal. Sugados pela ação muscular da faringe, esses detritos são encaminhados para a moela, onde são triturados. A seguir, passam ao intestino para digestão e absorção. As fezes, ricas em restos alimentares fragmentados, são liberadas pelo ânus, o que favorece a ação de bactérias decompositoras. Esse fato justifica a extraordinária importância ecológica desses anelídeos. O processo de transformação dos resíduos orgânicos realizado pelas minhocas é conhecido como *vermicompostagem* e o produto final como *vermicomposto* ou *húmus de minhoca*.

Há, no entanto, quem considere que o grande número de buracos produzidos pelas minhocas pode acelerar a erosão do solo de terras em declive e provocar também uma drenagem da água da chuva muito rápida, causando prejuízos para as plantas.

Sistema nervoso

Dois gânglios localizados dorsalmente à faringe constituem o "cérebro" da minhoca. Eles estão ligados por um anel nervoso a dois outros, situados na região ventral da faringe.

A partir daí, surge uma **cadeia ganglionar ventral**, com dois gânglios para cada segmento, unidos entre si por cordões nervosos (veja a Figura 21-10).

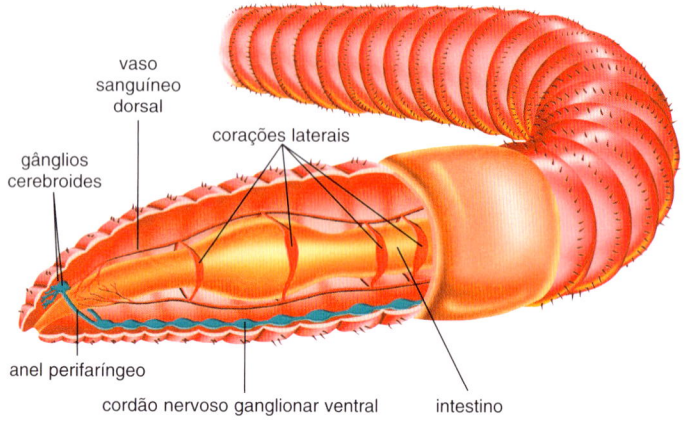

Figura 21-10. O sistema nervoso da minhoca é ganglionar e ventral em relação ao tubo digestório.

Fique por dentro!

Os movimentos da minhoca são resultantes da ação coordenada da musculatura corporal, das cerdas e do líquido celomático, sob comando do sistema nervoso. A musculatura encontra-se abaixo da epiderme e consta de duas camadas: uma **circular**, externa, e outra interna, **longitudinal**. Essas duas camadas trabalham de maneira antagônica, gerando **ondas peristálticas** de contração que resultam no deslocamento da minhoca. Quando uma camada contrai, a outra relaxa, e vice-versa.

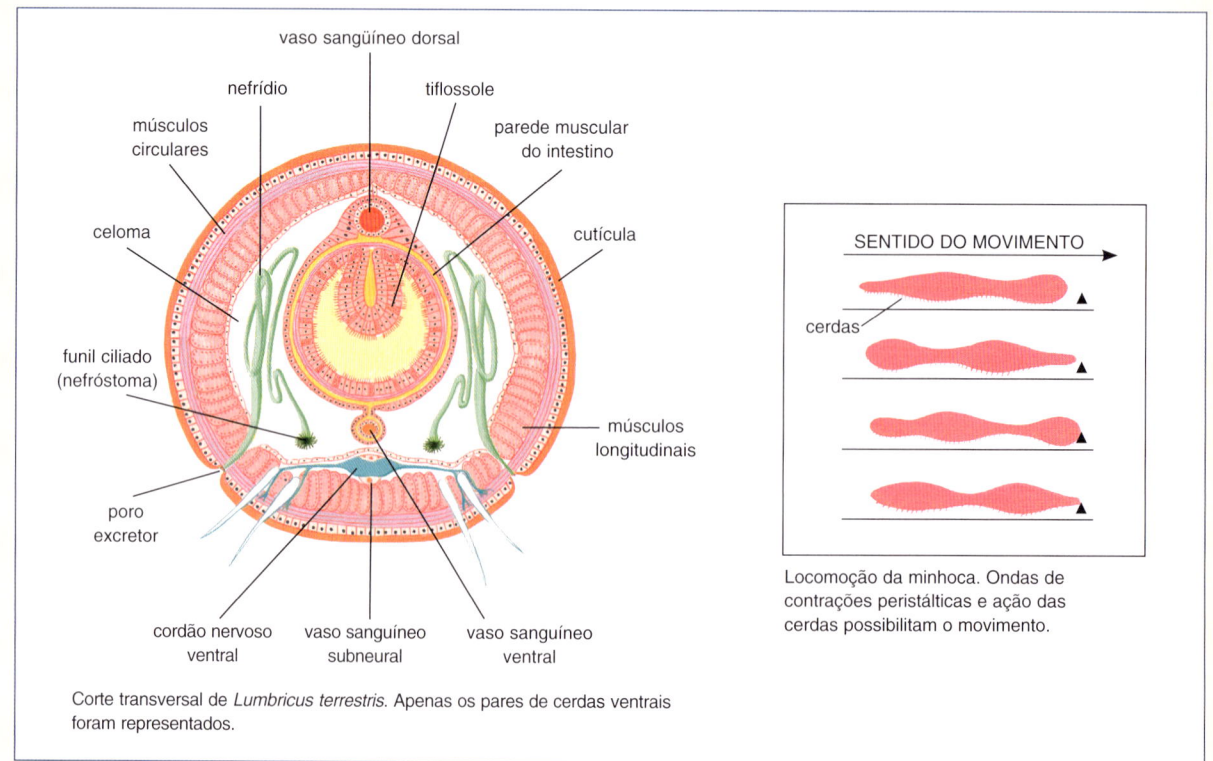

Corte transversal de *Lumbricus terrestris*. Apenas os pares de cerdas ventrais foram representados.

Locomoção da minhoca. Ondas de contrações peristálticas e ação das cerdas possibilitam o movimento.

Reprodução em minhocas

A minhoca é hermafrodita. Isso quer dizer que em um mesmo animal existem os órgãos reprodutores masculino e feminino. No entanto, não ocorre autofecundação.

Os espermatozoides amadurecem antes que os óvulos, havendo, durante a cópula, a troca de gametas entre dois animais, favorecendo a fecundação cruzada (maior variabilidade nos descendentes).

O aparelho reprodutor masculino é formado por *testículos* e glândulas acessórias, entre as quais as *vesículas seminais*, ambos localizados em segmentos imediatamente anteriores ao clitelo. Túbulos condutores de espermatozoides (dois ductos espermáticos) atravessam internamente os segmentos clitelares e se abrem, após se unirem, no segundo segmento após o clitelo. O aparelho reprodutor feminino consta de um par de *ovários* localizados no segmento anterior ao clitelo. Os túbulos condutores de óvulos (ovidutos) se abrem no primeiro segmento do clitelo, em um poro genital único. Nos primeiros segmentos localizados na extremidade anterior existem vesículas, três de cada lado, cada qual se exteriorizando por um poro, e conhecidas como *receptáculos seminais*. Os receptáculos seminais de cada parceiro receberão os espermatozoides do outro e os armazenarão até que ocorra a fecundação.

> Não confunda receptáculos seminais, cuja função é a recepção de espermatozoides oriundos do parceiro, com vesículas seminais, que são aquelas associadas aos testículos.

Por ocasião da cópula, dois animais com testículos amadurecidos saem da terra e pareiam ventre-a-ventre. Nessa ocasião, os clitelos de ambos produzem uma secreção mucosa que os mantém unidos. A extremidade anterior de um volta-se para a posterior do outro, e vice-versa. O poro genital masculino de uma minhoca coincide com os poros dos receptáculos seminais da outra, e vice-versa.

Os espermatozoides de cada uma passam para os receptáculos seminais da outra e lá são armazenados. Em seguida, os animais se separam.

Inicia-se o amadurecimento dos óvulos que são liberados pelo poro genital feminino no interior de um casulo aberto em ambas as extremidades e produzido pelo clitelo, constituindo uma espécie de bracelete ao redor da minhoca (veja a Figura 21-11).

Esse "bracelete" produzido pelo clitelo começa a ser deslocado para a extremidade anterior da minhoca por movimentos de contração muscular do corpo do animal. Ao passar pelos receptáculos seminais, recebe os espermatozoides ali armazenados, ocorrendo a fecundação. O anel mucoso continua escorregando e, ao ser liberado da minhoca, se fecha e passa a constituir um casulo esbranquiçado de mais ou menos 0,5 cm de diâmetro, contendo ovos.

No interior do casulo ocorre o desenvolvimento dos embriões. Em geral, cada minhoca produz 50 a 60 casulos fertilizados por ano, mas apenas um filhote emerge de cada casulo, após certo tempo de desenvolvimento. Nas minhocas, não há reprodução assexuada, mas pode haver regeneração de segmentos das extremidades, principalmente os posteriores.

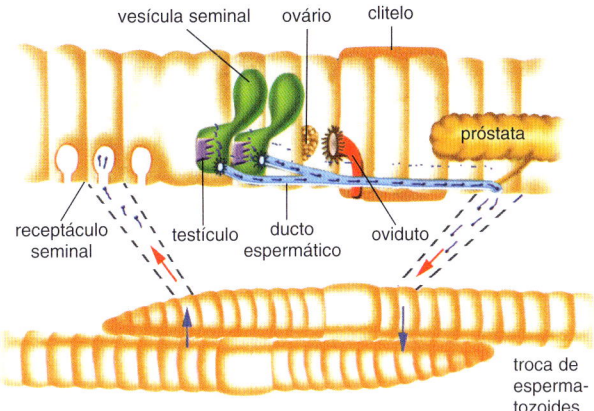

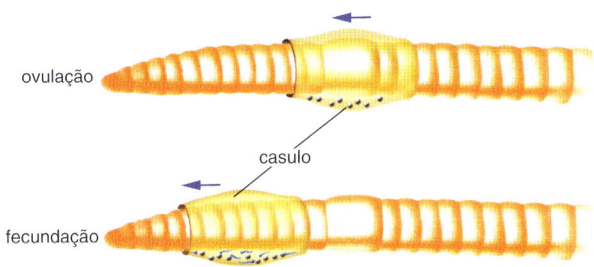

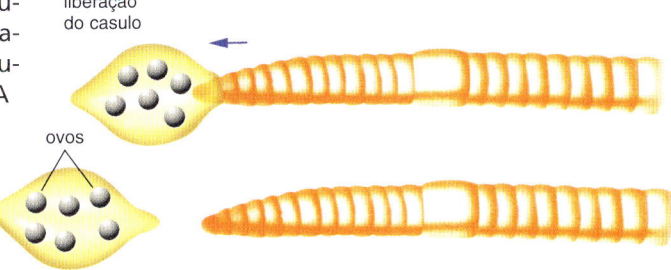

Figura 21-11. Minhocas em cópula. Depois da separação, os óvulos são liberados para o casulo que, ao ser deslocado para a extremidade anterior, recebe os espermatozoides. Ao ser liberado para o meio, o casulo se fecha e o desenvolvimento dos ovos ocorre em seu interior.

Os Poliquetas: Eles São Predominantemente Marinhos

A adaptação dos poliquetas à vida marinha ocorreu em dois modos diferentes. Alguns, os **errantes**, caminham livremente pelo solo oceânico e saem à procura do alimento. Outros, os **sedentários**, constroem galerias na areia ou diferentes tipos de tubos dentro dos quais habitam e aguardam a chegada de alimento trazido pela água.

Os poliquetas errantes possuem comprimento variável (alguns chegam a medir até 1 m) e corpo uniformemente segmentado. Cada segmento possui um par de expansões laterais bem desenvolvidas, os **parapódios**, dotadas de finíssimas cerdas e que são usadas para andar, nadar ou escavar. Movimentam-se ativamente e saem à procura de alimento. Os parapódios também auxiliam nas trocas gasosas, já que são ricos em capilares sanguíneos. A cabeça é bem diferenciada, com tentáculos, olhos e uma faringe que se exterioriza e contém fortes mandíbulas para trituração do alimento (veja a Figura 21-12).

Nos poliquetas sedentários, o alimento precisa chegar até eles. Nas praias brasileiras, destacam-se os que constroem verdadeiros castelos de tubos de areia apoiados em rochas. A areia é cimentada pela secreção de glândulas especiais. A violência das ondas não consegue desmanchar esses "castelos". Dentro deles vivem grupos de poliquetas, que retiram da água que os banha o alimento necessário para a sobrevivência.

Outros poliquetas sedentários vivem no interior de tubos ou galerias feitos de outros materiais.

Em todos os poliquetas sedentários, os parapódios são pouco desenvolvidos.

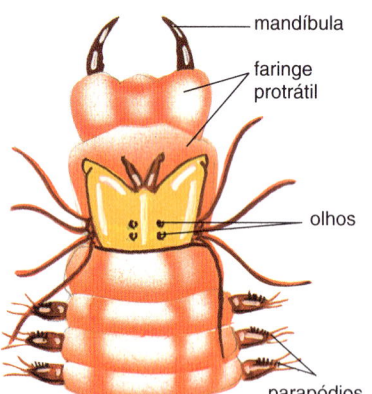

Figura 21-12. Cabeça bem diferenciada e parapódios desenvolvidos caracterizam os poliquetos errantes.

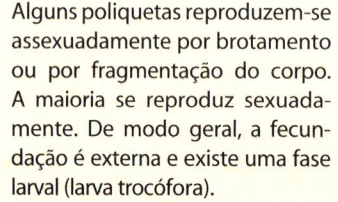

Alguns poliquetas reproduzem-se assexuadamente por brotamento ou por fragmentação do corpo. A maioria se reproduz sexuadamente. De modo geral, a fecundação é externa e existe uma fase larval (larva trocófora).

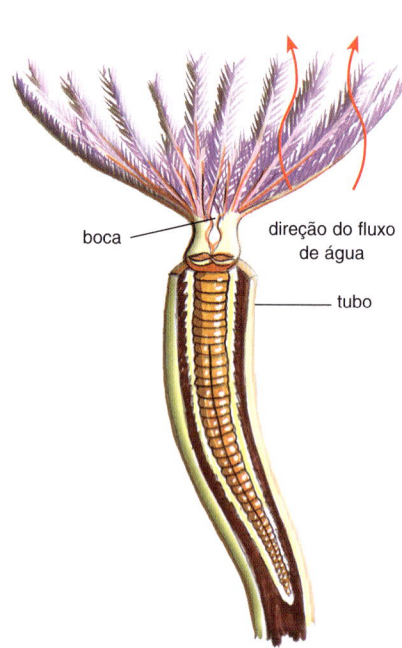

Poliqueta-de-penacho. Para os poliquetas construtores de galerias ou tubos, a estratégia é fazer o alimento chegar até eles. Os penachos são irrigados por sangue, servindo também como brânquias.

Os Hirudíneos: Sugadores de Sangue

As sanguessugas pertencem à classe dos hirudíneos e são encontradas no mar, na água doce e em meio terrestre úmido. Do mesmo modo que as minhocas, possuem corpo segmentado, clitelo e não têm nem cabeça diferenciada e muito menos parapódios. São hermafroditas e a reprodução sexuada inclui os mesmos passos descritos para as minhocas. Diferentemente das minhocas, porém, não possuem cerdas nos segmentos, sendo por isso também chamadas de anelídeos **aquetas** (= sem cerdas). O corpo é levemente achatado dorsiventralmente.

A principal diferença, porém, entre as sanguessugas e os outros anelídeos é a presença de **ventosas** fixadoras, que funcionam como "desentupidores de pia" e que se localizam nas duas extremidades do corpo (veja a Figura 21-13). A da região anterior abriga a boca e possui alguns dentículos raspadores. A da extremidade posterior não abriga o ânus, que se abre dorsalmente, antes da ventosa.

A maioria das sanguessugas, como o nome deixa claro, atua como ectoparasita de outros animais. Algumas espécies são predadoras de pequenos invertebrados. Quanto à locomoção, ela se dá com a utilização das duas ventosas alternadamente, em um mecanismo conhecido por "mede-palmos", embora muitos hirudíneos possam nadar por ondulações dorsiventrais do corpo (veja a Figura 21-14). Em alguns lagos e riachos do nosso país, é muito comum ver animais vertebrados e mesmo pessoas saindo da água com sanguessugas, presas nas mucosas bucal e nasal ou na pele.

> A existência de ventosas é uma característica adaptativa ao predatismo, parasitismo e locomoção.

> Uma sanguessuga é capaz de ingerir uma quantidade de sangue três vezes maior que o seu próprio peso. Dessa forma, o animal pode ficar bastante tempo sem se alimentar, podendo, muitas vezes, levar até 9 meses para nutrir-se novamente.

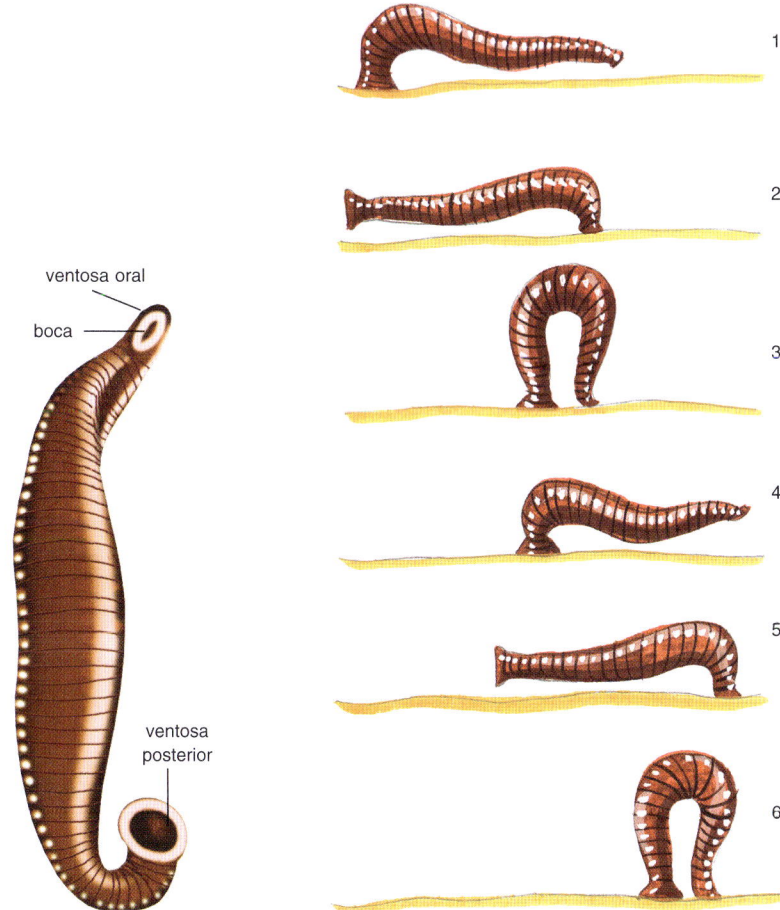

Figura 21-13. As ventosas voltam-se para o ventre da sanguessuga.

Figura 21-14. Locomoção da sanguessuga por "mede-palmos".

Saiba mais

Uma espécie de sanguessuga, a *Hirudo medicinalis*, foi por muito tempo utilizada para fazer sangrias. Toda vez que era preciso retirar sangue de pessoas que, por exemplo, tinham pressão alta ou cuja pele estava inflamada em consequência de retenção de sangue após cirurgia, colocavam-se algumas sanguessugas na pele do doente. Este não sentia dor porque, ao rasparem a pele com os dentes, as sanguessugas liberam uma substância ao mesmo tempo anestésica e anticoagulante, a hirudina. Farmacêuticos criavam esses animais em aquários e os alugavam para as sangrias. Ao sugarem o sangue, o corpo das sanguessugas inchava em consequência do enchimento do intestino e, espontaneamente, elas se desprendiam da pele.

O problema para os farmacêuticos é que a digestão do sangue no intestino desses anelídeos demorava meses. Para que os animais ficassem prontos mais rapidamente para outra sucção, os farmacêuticos os colocavam em cinza de carvão que, por motivo desconhecido, as fazia liberar o sangue ingerido.

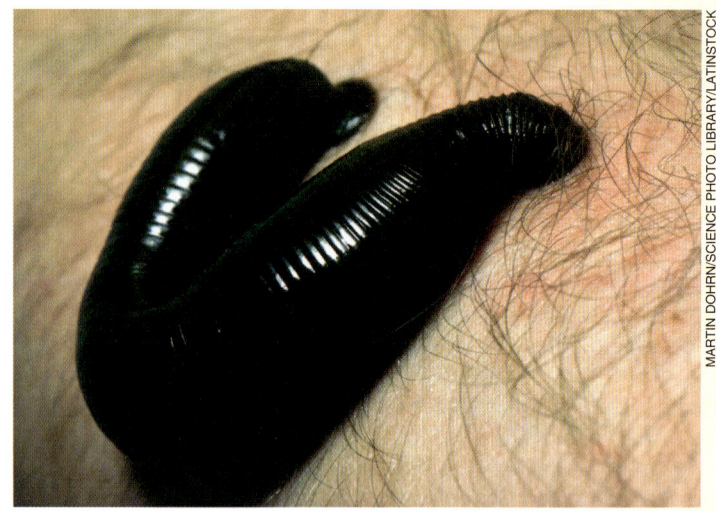

As sanguessugas, como a *Hirudo medicinalis* da foto, foram muito usadas no passado para sangrias.

Passo a passo

1. Cite 5 exemplos de animais do Filo *Mollusca*.
2. Quais são as três principais partes do corpo de um molusco?
3. Qual o nome da estrutura que produz a concha dos moluscos?
4. Qual o nome da estrutura das lulas que se origina do pé musculoso e é responsável pela locomoção desses animais?
5. A que classe de moluscos pertencem, respectivamente, os mexilhões, as lulas e as lesmas?
6. Cite alguns órgãos que compõem a massa visceral dos gastrópodos.
7. Nos gastrópodos terrestres, a cavidade do manto atua como um pulmão. Cite o nome do órgão ocupado por essa cavidade nos gastrópodos marinhos.
8. É correto afirmar que a rádula é uma estrutura do aparelho respiratório? Justifique a resposta.
9. Cite o nome da classe dos moluscos cujas características são: presença de sifão inalante e exalante, ausência de rádula, animais filtradores.
10. Qual o nome da estrutura responsável pela formação da pérola?
11. Qual a função da bolsa de tinta presente nas lulas?
12. Com relação aos moluscos, assinale **E** para as alternativas incorretas e **C** para as corretas.
    a) A cavidade do manto pode apresentar brânquias ou atuar como pulmão.
    b) A concha está presente em todos os moluscos.
    c) A massa visceral apresenta exclusivamente órgãos digestivos.
    d) Os moluscos são animais celomados e triblásticos.
    e) Rádula está presente nos cefalópodos e gastrópodos somente.
13. Assinale **E** para as alternativas incorretas e **C** para as corretas.
    a) Ostras, mexilhões e mariscos vivem fixos e são animais filtradores.
    b) Os tentáculos dos polvos apresentam ventosas que podem prender peixes.
    c) Rádula e bico estão presentes somente nos cefalópodos.
    d) As lulas não apresentam concha.
    e) Os moluscos apresentam tubo digestório completo e circulação aberta ou fechada.
14. Cite alguns moluscos cuja cabeça é bem diferenciada do resto do corpo e outros cuja cabeça é bem reduzida.
15. Qual a característica externa marcante nos anelídeos e ausente nos demais vermes (platelmintos, nematelmintos)?
16. Cite o nome da classe dos anelídeos cujos representantes possuem as seguintes características:
    a) epiderme revestida por uma fina cutícula umedecida, poucas cerdas e curtas, presença de clitelo e que favorecem a agricultura;
    b) presença de ventosas fixadoras, ausência de cerdas, presença de clitelo, hermafroditas, produzem e liberam uma substância anticoagulante;
    c) presença de expansões laterais em cada segmento, muitas cerdas, sexos separados, errantes ou fixos.
17. Qual a característica do corpo das minhocas que favorece as trocas gasosas entre o sangue e o ar e reduz o atrito com o solo?
18. Qual o nome do produto final do processo, realizado pelas minhocas, de transformação dos resíduos orgânicos?
19. A respeito da reprodução das minhocas, responda os itens abaixo.
    a) Qual a função dos receptáculos seminais?
    b) Cite o nome da estrutura que produz o "bracelete", local onde ocorre o encontro dos espermatozoides com os óvulos.
    c) Após o encontro dos gametas, qual o destino do "bracelete"?
20. Por que quando se coloca uma *Hirudo medicinalis* sobre a pele humana o paciente não sente dor?

Questões objetivas

1. (UNIRIO – RJ – adaptada) Relacione os diagnósticos numerados de I a V com os filos de invertebrados designados de P a T.

I – Animal filtrador, com nível de organização corporal simples.
II – Animal com forma de pólipo ou de medusa, formado por duas camadas celulares (diblástico).
III – Animal de corpo achatado, formado por três tecidos embrionários (triblástico).
IV – Animal de corpo fino e tubular, triblástico, cavidade corporal denominada pseudoceloma.
V – Animal de corpo mole, com ou sem concha, triblástico, cavidade corporal denominada celoma.

P. *Porifera*
Q. *Coelenterata*
R. *Platyhelminthes*
S. *Nemathelminthes*
T. *Mollusca*

a) I – P; II – Q; III – R; IV – S; V – T
b) I – P; II – Q; III – R; IV – T; V – S
c) I – Q; II – T; III – P; IV – S; V – R
d) I – P; II – T; III – S; IV – R; V – Q
e) I – Q; II – T; III – S; IV – T; V – S

2. (UFC – CE) Que diferença característica permite considerar os moluscos mais complexos que os cnidários?

a) Os cnidários apresentam apenas reprodução assexuada, enquanto os moluscos apresentam reprodução sexuada.
b) Os cnidários possuem simetria bilateral, enquanto os moluscos, simetria radial.
c) Os cnidários possuem circulação aberta, enquanto todos os moluscos têm circulação fechada.
d) Os cnidários possuem sistema nervoso difuso, enquanto os moluscos o possuem bastante desenvolvido.
e) Os cnidários não apresentam defesa química, enquanto os moluscos a têm como principal arma de proteção.

3. (UERJ – adaptada) Acrescente **C** (certo) ou **E** (errado) adiante das frases:

a) Moluscos são animais invertebrados de corpo mole, possuidores de manto, podendo ou não ter concha calcária.
b) O corpo dos moluscos é segmentado.
c) A locomoção de muitos moluscos é permitida graças à eficiência de um "pé" musculoso.
d) O filo *Mollusca* foi bem-sucedido apenas nos ambientes marinho e terrestre, não sendo encontrados representantes na água doce.
e) Ostras, mexilhões e mariscos são moluscos fixos, não possuidores de pé musculoso desenvolvido, podendo ser definidos mais apropriadamente como "animais filtradores".
f) As lulas e os polvos são os únicos moluscos comestíveis e participantes da classificação "frutos do mar", nos cardápios dos restaurantes.

4. (UFF – RJ) Em uma aula de ciências, os alunos buscaram informações em jornais e revistas sobre a importância de espécies animais para o homem. Ao final da aula, entregaram um exercício no qual classificaram como corretas ou incorretas as informações encontradas. Algumas dessas informações são apresentadas abaixo.

I – Cnidários possuem células especializadas, os cnidoblastos, capazes de causar queimaduras e irritações dolorosas na pele de pessoas que os tocam.

II – Algumas espécies de moluscos gastrópodes podem formar pérola a partir de algas raspadas pela rádula (dentes raspadores).
III – Protozoários flagelados causam a inflamação dos ossos das pernas, tornando-as deformadas e provocando uma doença conhecida como elefantíase.
IV – Devido ao seu hábito alimentar, as sanguessugas foram muito utilizadas no passado na prática de sangrias, em pacientes com pressão alta.

Assinale a opção que apresenta somente afirmativas **CORRETAS**.

a) I e II
b) I, II e III
c) I e IV
d) II e IV
e) III e IV

5. (UFAC – adaptada) Evidências moleculares, baseadas em sequências de RNA, sugerem o parentesco entre moluscos e anelídeos. Esses dados reforçam a hipótese de que esses grupos apresentam um ancestral comum. O parentesco entre esses grupos pode ser evidenciado também levando-se em consideração características biológicas tais como:

a) protostomia, cordão nervoso dorsal e desenvolvimento direto.
b) metameria, presença de celoma e desenvolvimento indireto.
c) presença de celoma, simetria bilateral.
d) pseudoceloma, simetria bilateral e respiração branquial.
e) protostomia e metameria.

6. (FUVEST – SP) Um determinado animal adulto é desprovido de crânio e apêndices articulares. Apresenta corpo alongado e cilíndrico. Esse animal pode pertencer ao grupo dos

a) répteis ou nematelmintos.
b) platelmintos ou anelídeos.
c) moluscos ou platelmintos.
d) anelídeos ou nematelmintos.
e) anelídeos ou artrópodes.

7. (UFPel – RS – adaptada) As minhocas são animais do filo *Annelida*, da classe *Oligochaeta*. Analise a figura que representa dois indivíduos em cópula:

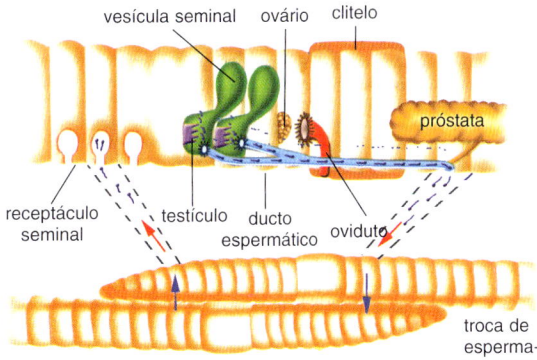

Sobre as minhocas, é correto afirmar que elas são

a) heterossexuais e, para se reproduzirem, realizam a partenogênese.
b) hermafroditas e, para se reproduzirem, realizam a fecundação cruzada mútua.
c) assexuadas e, para se multiplicarem, realizam a fissão binária.
d) monogaméticas, por isso a sua multiplicação pode ocorrer com apenas uma minhoca.
e) bissexuais e, para se reproduzirem, realizam a autofecundação.

Moluscos e anelídeos **443**

8. (UPE) Células ou estruturas especializadas em invertebrados são apresentadas na coluna A, definidas na coluna B e relacionadas a filos ou classes de organismo na coluna C, cujos representantes estão exemplificados na coluna D.

A	B	C	D
1. Coanócitos	1. Células com nematocistos, com função de secretar substâncias tóxicas e paralisantes sobre pequenos organismos.	1. *Oligochaeta*	1. Esponja
2. Clitelos	2. Estruturas com dentes quitinosos, situadas na faringe e com função de ralar o alimento.	2. *Platyhelminthes*	2. Minhoca
3. Células-flama	3. Células flageladas com colarinho membranoso que envolve o flagelo, cujos batimentos favorecem a saída de água do interior da cavidade do organismo.	3. *Coelenterata*	3. Hidra
4. Rádulas	4. Espessamentos glandulares com função de formar casulo que envolve os ovos.	4. *Porifera*	4. Caracol
5. Cnidócitos	5. Células que formam um tubo no interior do qual um grupo de cílios, em constante batimento, expele, para tubos longitudinais, as excreções recolhidas pelas células.	5. *Gastropoda*	5. Planária

Indique a alternativa que contenha 3 associações verdadeiras dentre as 5 que são possíveis.

	Associações		
	A B C D	A B C D	A B C D
a)	1 3 4 1	3 5 2 5	5 1 3 3
b)	1 5 3 1	2 4 1 2	5 3 5 3
c)	3 1 4 3	4 2 5 4	5 4 3 1
d)	1 3 2 5	2 4 3 1	3 2 5 4
e)	1 5 2 3	3 2 5 5	5 3 3 1

9. (UNESP) Observe o esquema

Suponha que o pássaro, se quiser comer a minhoca, tenha que passar por seis círculos que contenham pistas (informações) com características deste anelídeo, não podendo pular nenhum círculo. Um caminho correto a ser percorrido é

a) 2, 3, 6, 9, 8 e 11.
b) 2, 3, 6, 5, 8 e 11.
c) 1, 4, 7, 8, 9 e 11.
d) 2, 3, 6, 5, 8 e 10.
e) 3, 2, 1, 4, 7 e 10.

10. (UFMG – adaptada) Observe esta figura:

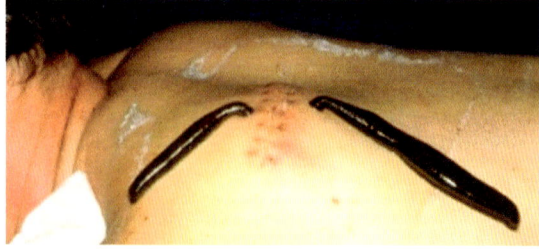

Na prática médica, a utilização de sanguessugas como agentes indutores de sangramento remonta ao ano 180 a.C. Atualmente, as sanguessugas têm sido usadas na prevenção de necrose tecidual, após cirurgias reparadoras.

Considerando-se essa situação, é **CORRETO** supor que o uso de sanguessuga se deve à

a) redução da oxigenação dos tecidos lesados.
b) estimulação da atividade coaguladora do sangue.
c) ação anestésica, visando-se à redução da dor.
d) prevenção da coagulação sanguínea.

Questões dissertativas

1. (UNICAMP – SP) Explique, de maneira comparativa, duas características que permitem considerar moluscos como animais mais complexos que celenterados.

2. (UFPR) A figura abaixo representa esquematicamente cortes do corpo de três diferentes grupos de animais multicelulares: anelídeos, platelmintos e nematelmintos (não necessariamente nessa ordem). Elas representam o processo evolutivo que levou ao surgimento de cavidade no corpo dos animais.

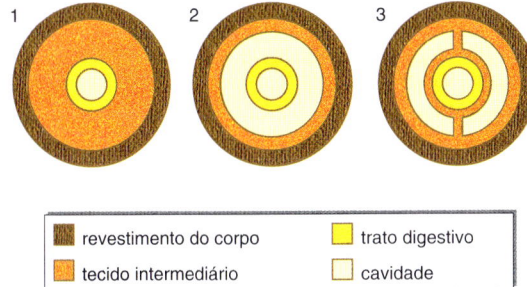

■ revestimento do corpo ■ trato digestivo
■ tecido intermediário □ cavidade

a) Correlacione cada figura com os grupos animais apresentados no enunciado.
Figura 1:
Figura 2:
Figura 3:

b) Discorra sobre duas vantagens trazidas pelo surgimento de cavidade corpórea.

3. (UNESP) Considere os versos da canção infantil:

Minhoca, minhoca, me dá uma beijoca
Não dou, não dou
Então eu vou roubar
Minhoco, minhoco, você é mesmo louco
Beijou o lado errado, a boca é do outro lado

Disponível em:
<www.escolapaulofreire.com.br/infantil/musica_amarelo.htm>.

a) Qual a importância das minhocas para as plantas?
b) Com relação à organização do corpo das minhocas (*Annelida*), justifique a frase "beijou o lado errado". Com relação à reprodução das minhocas, justifique a correção ou incorreção dos termos "minhoco" (macho) e minhoca (fêmea).

4. (UNICAMP – SP) Sob a denominação de "vermes", estão incluídos invertebrados de vida livre e parasitária, como platelmintos, nematódeos e anelídeos.

a) Os animais citados no texto apresentam a mesma simetria. Indique qual é essa simetria e dê duas novidades evolutivas associadas ao aparecimento dessa simetria.
b) *Hirudo medicinalis* (sanguessuga), *Ascaris lumbricoides* (lombrigas) e *Taenia saginata* (tênia) são exemplos de parasitas pertencentes a cada um dos filos citados que podem ser diferenciados também pelo fato de serem endoparasitas ou exoparasitas. Identifique o filo a que pertencem e separe-os quanto ao modo de vida parasitária.

5. (UFLA – MG) A metameria é um processo que ocorre em determinados grupos animais, como os protostômios celomados e cordados, influenciando acentuadamente a estruturação corpórea e seu funcionamento. Ela pode ser mais facilmente observada nas fases juvenis, mas também na fase adulta de algumas espécies. Por metameria, entende-se:

a) divisão superficial do corpo, com repetição de alguns órgãos.
b) divisão completa do corpo formando os metâmeros, mas sem a repetição estrutural ou de órgãos.
c) divisão completa de parte do corpo em segmentos homólogos, com mesmo aspecto e estrutura.
d) divisão superficial do corpo, resultando na aparência anelada externamente, não havendo, entretanto, divisão interna.

6. (MACKENZIE – SP) A respeito dos moluscos, é correto afirmar que

a) são de simetria bilateral, celomados e não segmentados.
b) são encontrados, unicamente, no ambiente marinho.
c) todos apresentam sistema circulatório aberto.
d) a maioria é hermafrodita (monoicos).
e) têm excreção por túbulos de Malpighi.

7. (UFMS) O mexilhão-dourado tem causado certo pânico entre a comunidade científica e empresários, principalmente do setor elétrico. (...) O prejuízo, tanto ambiental como econômico, será incalculável se medidas de controle da dispersão não forem tomadas. Este informativo tem o objetivo de deixar a sociedade esclarecida sobre a ocorrência do mexilhão-dourado para que a mesma possa ajudar no controle da dispersão. O mexilhão-dourado (*Limnoperna fortunei*) é um bivalve da família *Mytilidae* de, no máximo, 4 cm de comprimento. (...). O mexilhão-dourado foi registrado no rio Miranda recentemente, em 2003, e foi observado até a altura do Passo do Lontra. Provavelmente veio do rio Paraguai e chegou ao Miranda, incrustado nos cascos das embarcações, em plantas e equipamentos de pesca (adultos) ou dentro de reservatórios de água (larvas) abastecidos no rio Paraguai. Outra forma de dispersão é através de barcos transportados em rebocadores via terrestre pela BR-262. Larvas e adultos do mexilhão-dourado podem ficar em plantas e água, no motor e dentro do barco, e na vegetação presa ao reboque. Estima-se que o mexilhão-dourado pode sobreviver até 7 dias fora do seu ambiente natural.

Disponível em: <http://www.agronline.com.br/artigos/artigo.php?id=159>.

Sobre o mexilhão-dourado, indique as alternativas corretas e dê sua soma ao final.

(01) Como a maioria dos moluscos, possui no estágio imaturo uma larva trocófora.
(02) A troca gasosa é realizada por brânquias.
(04) São predadores ativos apresentando uma cabeça e uma rádula bem desenvolvidas.
(08) São identificados por apresentar uma concha de carbonato de cálcio espiralada.
(16) O adulto pode se fixar no substrato (casco das embarcações, plantas, equipamento de pesca etc.) por meio de uma estrutura filamentosa denominada bisso.
(32) São moluscos bivalves; os bivalves podem ser encontrados em águas marinhas e continentais.

Programa de avaliação seriada

1. (PSS – UFPA) *Achatina fulica*, caramujo originário da África e introduzido no Brasil, tornou-se uma praga em todas as regiões, podendo ser encontrado nos jardins, praças e principalmente em áreas rurais, onde provoca os maiores danos. Esse animal apresenta algumas características que permitem enquadrá-lo em um filo predominantemente marinho. As características desse animal, que foram usadas para enquadrá-lo em seu filo, estão referidas na alternativa

a) presença de cabeça e pé, de massa visceral e de concha; respiração pulmonar.
b) corpo segmentado; presença de concha; respiração por difusão.
c) corpo achatado; digestão extracelular; respiração branquial.
d) presença de cabeça, tórax e abdome e de concha; respiração branquial.
e) presença de cabeça, tórax e massa visceral; respiração pulmonar; tubo digestório completo.

Capítulo

22

Artrópodes

É verdade que só as baratas sobreviveriam a um desastre nuclear?

É mentira. Tudo indica que esse mito tenha nascido na década de 1960, com o relato nunca confirmado de que baratas teriam sobrevivido às bombas atômicas jogadas sobre Hiroshima e Nagasaki.

A crença até que teria fundamento: baratas são mais resistentes que os humanos e que quase todos os outros animais não insetos. Além do tamanho diminuto, a bichinha se vira muito bem em um ambiente hostil. Mas a suposta resistência à radioatividade estaria relacionada à sua constituição: por serem organismos muito simples, elas têm poucos genes sujeitos a mutação.

Isso tudo faz das baratas cerca de 20 vezes mais resistentes à radiação que o homem, mas não basta para sobreviverem a uma bomba atômica como a lançada sobre Hiroshima.

Os verdadeiros heróis da resistência seriam os mais simples dos seres, como musgos, algas e protozoários. É provável que a última das sobreviventes seria a bactéria *Deinococcus radiodurans*, presente em ambientes ricos em matéria orgânica, que consegue se multiplicar até sobre lixo radioativo. Coitada da barata...

Adaptado de: <http://super.abril.com.br/mundo-animal>.
Acesso em: 25 maio 2011.

O filo *Arthropoda* (do grego, *arthron* = articulação + *podos* = pés) é o mais numeroso da Terra atual. Contém cerca de 1.000.000 de espécies conhecidas, o que é pelo menos quatro vezes o total de todos os outros grupos animais reunidos.

Seus representantes conquistaram eficientemente todos os *habitats* disponíveis: marinho, água doce e terrestre. Não existe um lugar sequer no planeta que não contenha um artrópode.

Os artrópodes possuem **corpo segmentado** (corpo metamerizado), **apêndices articulados** (patas, antenas, palpos etc.) e corpo coberto com **exoesqueleto de quitina** (veja a Figura 22-1). O esqueleto externo é uma característica adaptativa importante, uma verdadeira armadura protetora rígida composta de **quitina**, um polímero nitrogenado de polissacarídeos, impregnada de camadas de cera. Em alguns, o exoesqueleto é reforçado pela deposição de carbonato de cálcio (calcário). O esqueleto cobre todo o corpo e em cada segmento corporal forma verdadeiras placas.

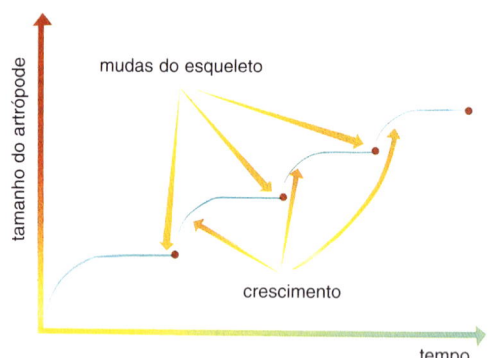

Figura 22-1. (a) Esquema dos componentes da pata de barata, ilustrando as articulações existentes entre elas. (b) Note a segmentação do corpo do gafanhoto e os apêndices articulados.

Um dos problemas do esqueleto externo, porém, é a limitação que ele oferece ao crescimento. Durante a fase jovem, ocorre um ciclo que envolve descarte do esqueleto, crescimento, construção de novo esqueleto, novo descarte e assim por diante até atingir a fase adulta, em que não há mais crescimento – são as **mudas** ou **ecdises** (veja a Figura 22-2).

As carapaças deixadas por ocasião das mudas são as EXÚVIAS (do latim *exuviae*, "vestidos largados", "despojos").

Figura 22-2. Gráfico ilustrando o padrão de crescimento de um artrópode.

CLASSIFICAÇÃO DOS ARTRÓPODES

Costuma-se classificar os artrópodes levando-se em conta as divisões do corpo, o número de patas e a existência ou não de antenas e de outros apêndices (pedipalpos e quelíceras, por exemplo). Levando-se em conta esses elementos e a abordagem evolutiva, os representantes do filo *Arthropoda* seriam agrupados em cinco subfilos, sendo um desses já extinto, e algumas classes principais (veja a Figura 22-3 e a Tabela 22-1).

Figura 22-3. Cladograma com os subfilos de *Arthropoda* e as principais ocorrências diferenciadoras. Para alguns autores, hexápodes e miriápodes são reunidos sob a denominação de *Uniramia*, por possuírem apêndices unirremes (do latim, *unus* = um + *remus* = remo), ou seja, não bifurcados. Por outro lado, crustáceos, hexápodes e miriápodes, segundo outros autores, são agrupados e constituem o subfilo *Mandibulata*, por serem dotados de peças bucais conhecidas como mandíbulas. Neste livro, preferimos utilizar a classificação atualizada do filo *Arthropoda* nos cinco subfilos indicados neste cladograma.

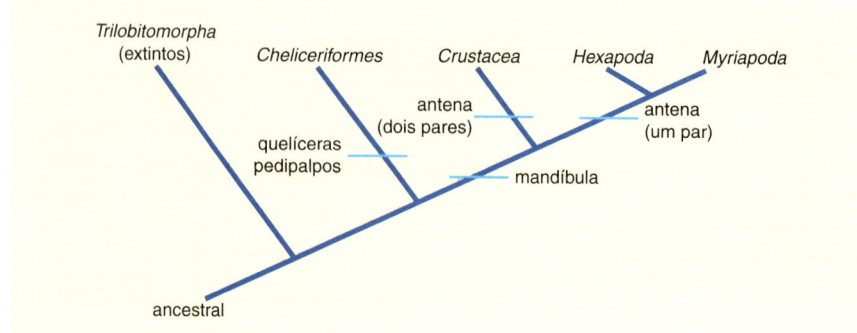

Tabela 22-1. Subfilos e principais classes do filo *Arthropoda*, com algumas características diferenciais e exemplos.

Subfilo	Classe	Divisão do corpo	Número de patas	Asas	Antenas	Exemplos
Cheliceriformes	*Chelicerata* (subclasse *Arachnida*)	Cefalotórax (fusão da cabeça com o tórax) e abdômen.	4 pares no cefalotórax.	Não há.	Não há.	Aranhas, escorpiões, carrapatos, ácaros.
Crustacea	*Malacostraca*	Cefalotórax e abdômen.	5 ou mais pares.	Não há.	2 pares.	Camarões, siris, lagostas, caranguejos, cracas, tatuzinho-de-jardim.
Hexapoda	*Insecta*	Cabeça, tórax e abdômen.	3 pares no tórax.	Pode haver 1 ou 2 pares no tórax. Há espécies que não as possuem.	1 par.	Abelhas, baratas, pulgas, cupins, gafanhotos, piolhos.
Myriapoda	*Chilopoda*	Cabeça e tronco.	1 par por segmento corporal.	Não há.	1 par de antenas longas.	Lacraias, centopeias.
	Diplopoda	Cabeça, tórax e abdômen.	1 par em cada segmento do tórax e 2 pares em cada segmento abdominal.	Não há.	1 par de antenas curtas.	Piolhos-de-cobra (embuás ou gongolôs).

Saiba mais

Trilobitas

Os artrópodes mais antigos conhecidos, todos extintos, pertencem ao grupo dos trilobitas, animais marinhos do Paleozoico. O corpo era composto de uma cabeça, um tronco com segmentos não fundidos e uma pequena região posterior. Possuíam um par de antenas e um par de olhos na cabeça, além de um par de apêndices em cada segmento do tronco.

OS INSETOS

Vamos utilizar a barata e o gafanhoto como exemplos para o estudo dos insetos. Neles, o corpo é segmentado e dividido em *cabeça*, *tórax* e *abdômen*. Os metâmeros são desiguais em tamanho e, durante o desenvolvimento embrionário, alguns deles podem se fundir (veja a Figura 22-4).

Essa fusão acontece na formação da cabeça, resultando em uma peça de pequeno tamanho. Nela, a boca é ventral e rodeada por pares de peças bucais de função mastigadora e outros apêndices articulados, modificados para a preensão do alimento, os chamados **palpos maxilares**.

Na cabeça encontram-se ainda um par de **antenas articuladas** (de função sensorial) e, lateralmente, duas manchas correspondentes aos **olhos**. São *olhos compostos* de diversas unidades hexagonais, conhecidas como **omatídios**, responsáveis pela composição da imagem de objetos vistos pela barata.

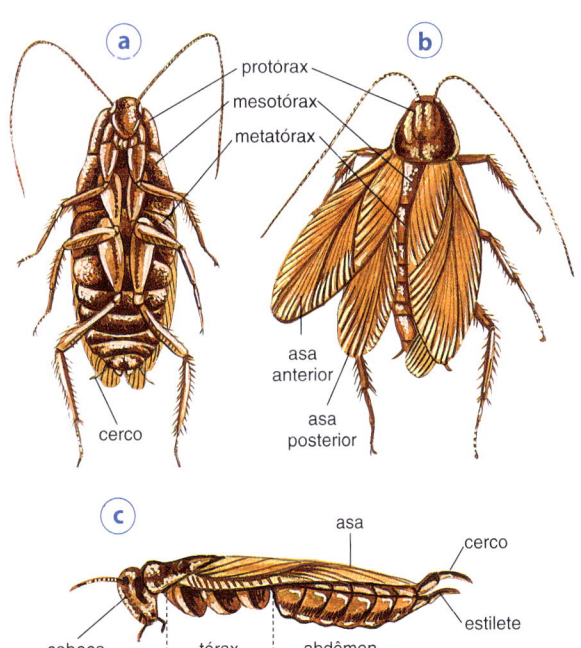

Figura 22-4. Visão ventral (a), dorsal (b) e lateral (c) da barata, ilustrando as divisões corporais e os apêndices articulados. O cerco é uma estrutura sensorial.

Artrópodes **449**

O Tubo Digestório é Completo

Didaticamente, podemos distinguir três porções do tubo digestório: *anterior*, *média* e *posterior*. As porções anterior e posterior são revestidas internamente por quitina.

A porção anterior é a responsável principalmente pelo tratamento mecânico dos alimentos, embora possa haver a atuação de enzimas digestivas produzidas na porção média. É na porção média que acontece a digestão química, a partir da ação de enzimas provenientes de suas paredes ou de pregueamentos formados nessa região. A porção posterior é a responsável pela reabsorção de água e elaboração das fezes.

Na boca, desembocam duas glândulas salivares cuja secreção inicia o processo de digestão química. Destacam-se ainda, no tubo digestório, um **papo**, de paredes finas, e uma **moela**, de paredes grossas (veja a Figura 22-5). No papo ocorre a ação de diversas enzimas digestivas e na moela se dá a trituração do alimento.

A seguir, o alimento é conduzido para o intestino, onde existem algumas projeções tubulares em fundo cego, os **cecos**. Nesses dois locais, a digestão química prossegue e ocorre a absorção do alimento digerido, que é enviado para o sangue. Na porção posterior do intestino, como já dissemos, ocorre absorção de água e formação das fezes, eliminadas na forma de grânulos secos, típicos da barata.

Saiba mais

O aparelho bucal dos insetos

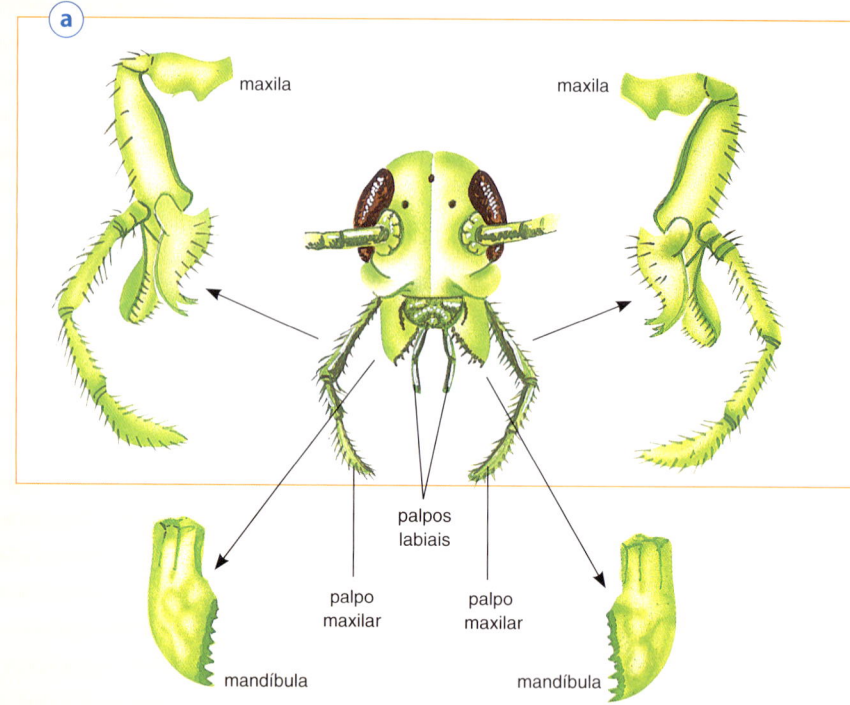

As peças bucais dos insetos: (a) aparelho mastigador de baratas e gafanhotos; (b) espirotromba sugadora de borboletas e mariposas; (c) aparelho lambedor/recolhedor de abelhas e moscas; (d) aparelho perfurador de mosquitos e motucas.

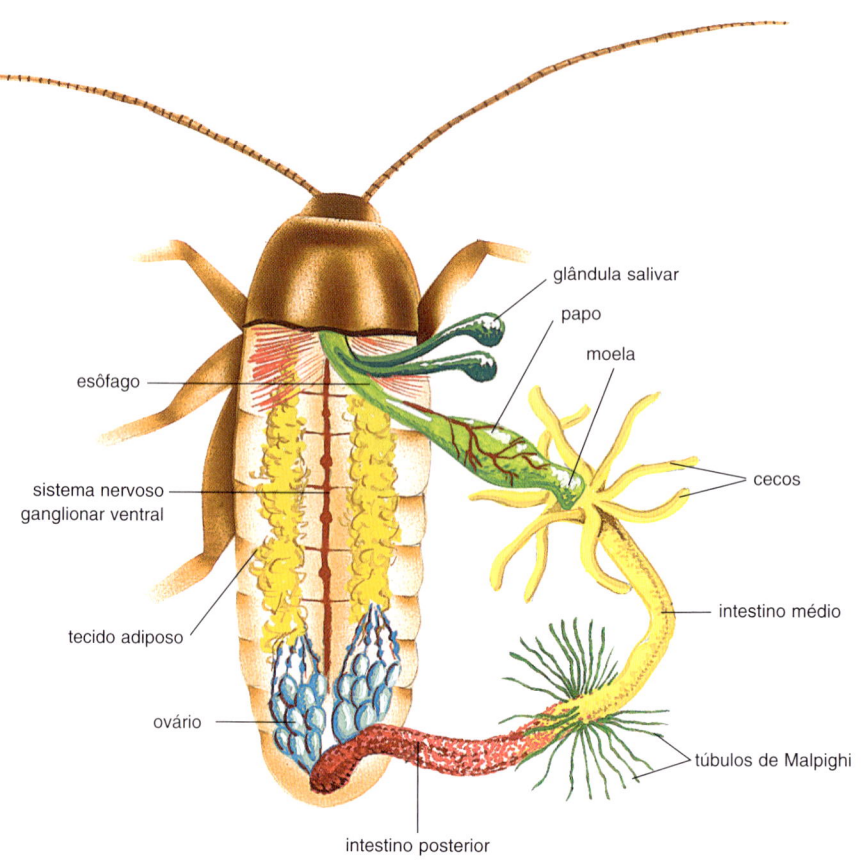

Figura 22-5. O interior da barata. O tubo digestório é completo e nele desembocam os túbulos de Malpighi, componentes do sistema excretor.

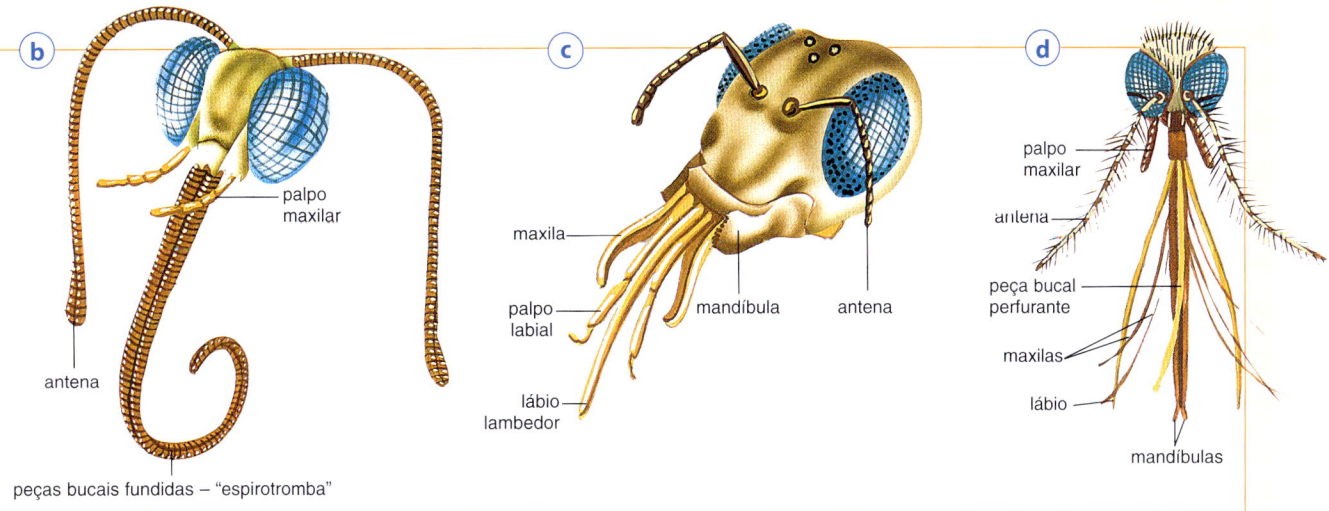

Na barata, a boca é rodeada por algumas peças bucais bilaterais com função mastigadora. Elas incluem mandíbulas, maxilas e peças manipuladoras de alimentos, os **palpos** maxilares e labiais. Além da barata, o gafanhoto, a libélula, o louva-a-deus, o cupim e o besouro, entre outros, também possuem peças bucais mastigadoras.

Em outros insetos, há consideráveis modificações nas peças bucais, reveladoras das adaptações alimentares de cada um deles.

Nas mariposas e borboletas, por exemplo, o aparelho bucal forma uma longa tromba enrolada em espiral, a **espirotromba sugadora**, e que se distende para a coleta do néctar das flores.

Nas abelhas, as peças bucais modificadas funcionam como se fossem uma **língua** recolhedora do alimento (néctar das flores). Nas moscas, que costumam pousar nas mesas de bares e das nossas casas, a língua atua como verdadeiro instrumento **lambedor**.

O aparelho bucal pode também sofrer modificações e atuar como instrumento perfurante. É o caso dos barbeiros (percevejos transmissores da doença de Chagas), das cigarras (que perfuram as raízes de plantas à procura de seiva), dos mosquitos, dos borrachudos e das motucas, cujo aparelho bucal é, portanto, do tipo **perfurante** e **sugador**.

A Circulação é Aberta

Na barata e na maioria dos insetos, o "sangue" é incolor e chamado de **hemolinfa**. A circulação é do tipo lacunar ou aberta. O coração é dorsal e bombeia a hemolinfa para a extremidade anterior, fazendo-a atingir **lacunas corporais** ou **hemocelas** onde, lentamente, ocorrem as trocas (nutrientes por excretas) com os tecidos (veja a Figura 22-6). Nos insetos, o transporte de gases da respiração não é feito pelo sistema circulatório. O retorno da hemolinfa ao coração se dá por pequenos orifícios laterais (óstios) existentes nas paredes do órgão.

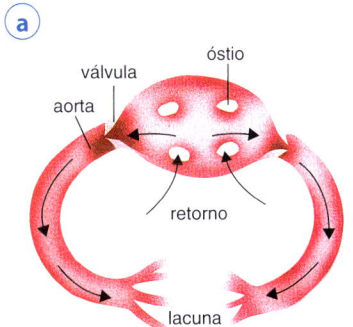
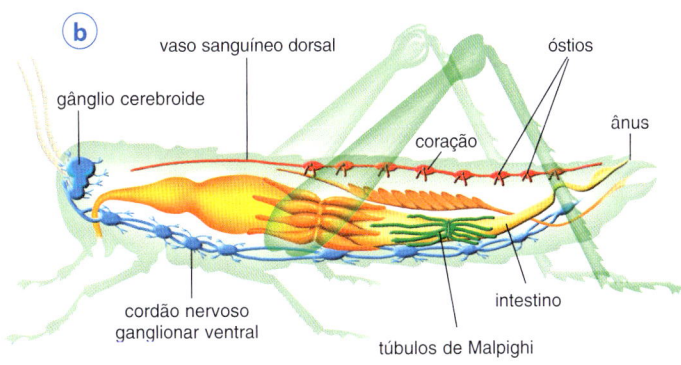

Figura 22-6. (a) A circulação nos insetos é aberta com (b) um coração dorsal. A excreção se dá pelos túbulos de Malpighi (observe sua localização neste esquema de gafanhoto) e o sistema nervoso é ganglionar ventral.

Artrópodes

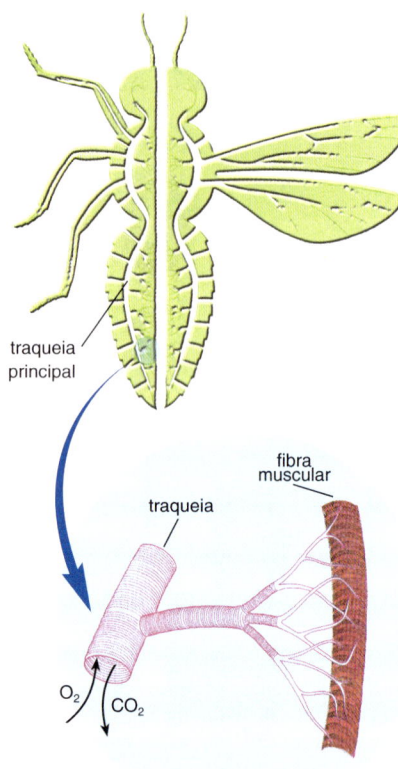

A Excreção é Feita pelos Túbulos de Malpighi

Os túbulos de Malpighi se localizam no limite entre a porção média e a porção posterior do intestino (reveja a Figura 22-5). Cada túbulo possui fundo cego e mergulha nas lacunas do corpo, de onde retira as impurezas e as descarrega no intestino para serem eliminadas com as fezes.

O produto de excreção nitrogenada das baratas é o *ácido úrico*, substância que requer pequeníssima quantidade de água para sua eliminação (outro fator importante de adaptação dos insetos ao meio terrestre).

A Respiração Ocorre com a Participação de Traqueias

Os finíssimos túbulos traqueais contêm reforços de quitina em anel (veja a Figura 22-7). O ar penetra nesses túbulos a partir de orifícios que existem no tórax e no abdômen.

Cada túbulo, então, ramifica-se inúmeras vezes e gera túbulos cada vez mais delgados que penetram nas células, oxigenando-as e removendo o gás carbônico resultante da respiração celular. Movimentos de contração dos músculos abdominais renovam continuamente o ar das traqueias, de modo semelhante a um fole.

Figura 22-7. Traqueias de insetos: o ar é enviado diretamente às células.

Fique por dentro!

O sistema circulatório dos insetos não participa da condução de gases respiratórios nem das trocas gasosas. O sistema traqueal funciona independentemente do sistema circulatório, permitindo diretamente a troca dos gases da respiração entre o meio e os tecidos, adaptando esses animais à execução de atividades rápidas, principalmente a do voo.

O Sistema Nervoso é Semelhante ao dos Anelídeos

Dois gânglios localizados na região dorsal do esôfago, considerados como *gânglios cerebroides*, ligam-se a dois outros, localizados ventralmente, abaixo do esôfago. A partir daí surge uma **cadeia ganglionar ventral**, existindo praticamente um par de gânglios para cada segmento corporal (reveja a Figura 22-5).

Saiba mais

Os olhos dos artrópodes

Entre os artrópodes, há dois tipos de olhos: **simples**, também chamados de **ocelos** (conjuntos de células fotossensíveis), e **compostos**.

Os olhos simples são conjuntos de células fotossensíveis, pequenos, revestidos por células pigmentadas, que se conectam ao nervo óptico. Esses olhos simples não têm a capacidade de formar imagens – apenas detectam a direção e a intensidade da luz.

Já os olhos compostos, comuns nos insetos, são assim chamados por serem constituídos por unidades menores, os **omatídios**. Cada omatídio é um tubo contendo células pigmentadas e um eixo, que recebe o estímulo luminoso e o envia a uma célula sensitiva. Vários omatídios compõem uma estrutura esférica, e cada um deles é responsável por um pedaço da imagem do objeto que o inseto enxerga. Transmitidas ao sistema nervoso, essas imagens são integradas em uma imagem total.

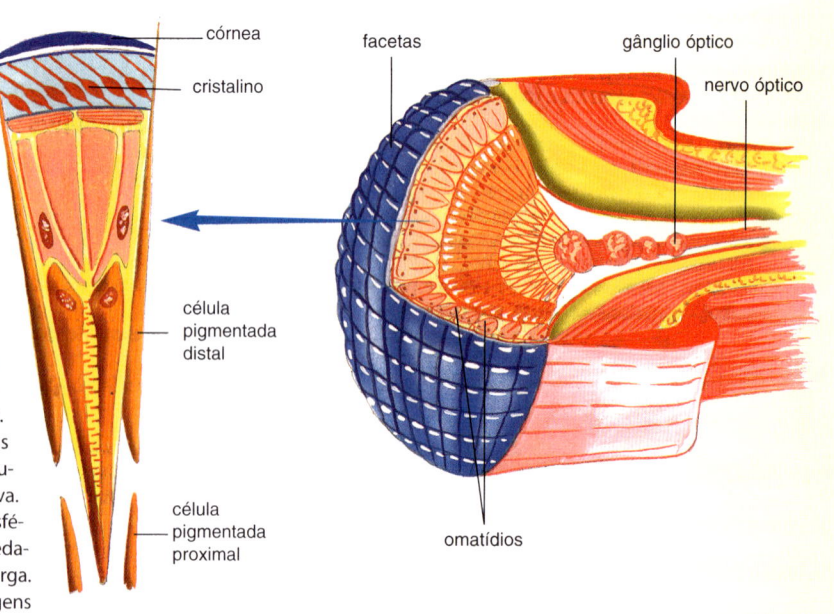

Nos insetos, os olhos são compostos de inúmeras unidades menores, os omatídios.

A Reprodução nas Baratas

Os sexos são separados e a fecundação é interna. A fêmea coloca os ovos fecundados dentro de uma ooteca, que ela costuma carregar por algum tempo, antes de depositá-la em alguma fresta de armário, em um canto de sala etc. Após algum tempo, eclodem pequenas baratas que possuem todas as características externas dos adultos, porém, não possuem asas nem conseguem se reproduzir. Essas formas jovens, conhecidas como **ninfas**, passam por um processo que envolve vários ciclos de **mudas** (ou **ecdises**) **do esqueleto** e crescimento corporal, até atingirem a fase adulta. Nesta, não mais ocorrem mudas do esqueleto, diferenciam-se as asas, os animais amadurecem sexualmente e podem se reproduzir.

Pense nisso

Insetos sociais

Muitos insetos são solitários. É o caso dos gafanhotos. Alimentam-se por conta própria e só procuram um parceiro no momento do acasalamento. Reproduzem-se e cada qual segue o seu caminho.

Outros insetos, porém, vivem em grupos. É o que acontece com formigas, abelhas e cupins, considerados *insetos sociais*.

Assim como nas sociedades humanas, a vida em conjunto envolve divisão de trabalho entre os insetos, na qual grupos de indivíduos executam funções específicas que resultam em benefícios para o conjunto.

Em uma sociedade de insetos há categorias ou *castas*, executando funções especializadas. Em uma colmeia, essas castas são representadas por uma **rainha**, numerosas fêmeas **operárias** e, dependendo da época, alguns machos, os **zangões**. A rainha é a abelha reprodutora. Durante sua vida, ela produz dois tipos de "ovos", que são depositados nos favos: os fecundados – diploides – e óvulos não-fecundados (haploides). Os primeiros originarão fêmeas: a rainha (fértil) e as operárias (estéreis). Os outros se desenvolvem, por **partenogênese**, em machos haploides férteis, os zangões.

Partenogênese é um tipo de reprodução sexuada em que óvulos se desenvolvem sem serem fecundados, originando indivíduos haploides. Dependendo da espécie, são produzidos apenas machos, como nas abelhas, apenas fêmeas ou indivíduos de ambos os sexos (caso de muitas espécies de pulgões).

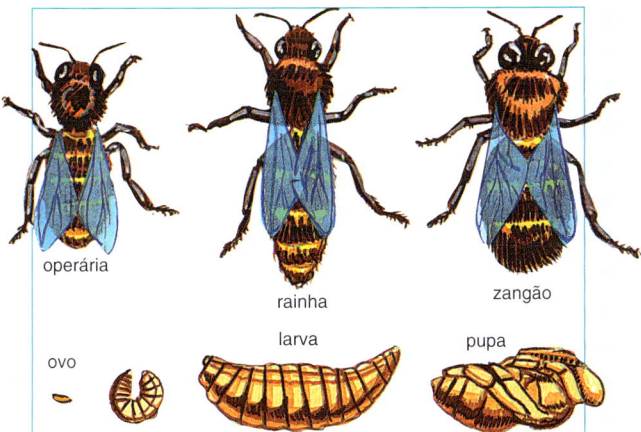

Nas abelhas, diferentes tipos de indivíduos compõem a sociedade existente na colmeia.

Saiba mais

Os insetos em reprodução

Após a fecundação, o desenvolvimento do embrião se dá no interior de um ovo. Ao sair do ovo e até chegar à fase adulta, o inseto pode ou não passar por um processo de metamorfose (ou seja, *mudança de forma*). Os insetos que não passam por metamorfose são conhecidos como **ametábolos** e os que sofrem metamorfose são os **metábolos**.

Nos insetos ametábolos, o jovem que sai do ovo possui todas as características morfológicas do adulto. Apenas troca de esqueleto várias vezes até atingir o tamanho definitivo. É o caso das conhecidas traças-dos-livros (as lepismas).

Os insetos metábolos, isto é, os que sofrem metamorfose, pertencem a dois grandes grupos:

- aqueles nos quais a metamorfose é incompleta, chamados de **hemimetábolos**: o organismo que emerge do ovo, chamado de *ninfa*, é muito parecido com o adulto, apenas não possui asas nem é capaz de se reproduzir. Passa por várias fases de muda do exoesqueleto e crescimento, até atingir a fase adulta, em que se definem as asas, ocorre o amadurecimento sexual e cessam as mudas do esqueleto. Os insetos hemimetábolos incluem as baratas, os gafanhotos (as ninfas são os saltões), as cigarras, os percevejos, as libélulas e os cupins.

Insetos (a) ametábolos: sem metamorfose; e (b) hemimetábolos: metamorfose incompleta.

Artrópodes **453**

- aqueles nos quais a metamorfose é completa, chamados de **holometábolos**: do ovo emerge uma **larva**, cuja forma é totalmente diferente do animal adulto. As larvas das diversas espécies de insetos holometábolos variam muito na aparência, no tamanho e na cor. Algumas possuem patas verdadeiras (como os adultos, três pares), outras possuem patas falsas e muitas não as possuem (como as larvas vermiformes das moscas). A larva se alimenta ativamente, efetua trocas periódicas de esqueleto e cresce até atingir certo tamanho. Em determinada época, ela entra na fase de **pupa**, ocasião em que permanece em aparente repouso. O processo de empupação pode, em certas espécies, como o do bicho-da-seda, se dar dentro de um casulo previamente secretado pelas glândulas salivares da lagarta. No interior da pupa, lentamente, o corpo vai sofrendo modificações radicais, até se diferenciar no animal adulto (também chamado de **imago**), com asas, patas longas e aparelho reprodutor desenvolvido. Os adultos não mais sofrem mudas do esqueleto e, muitas vezes, morrem após a reprodução. Pertencem a esse grupo as borboletas e mariposas (cujas larvas são as taturanas), moscas e mosquitos, os besouros, as abelhas e formigas.

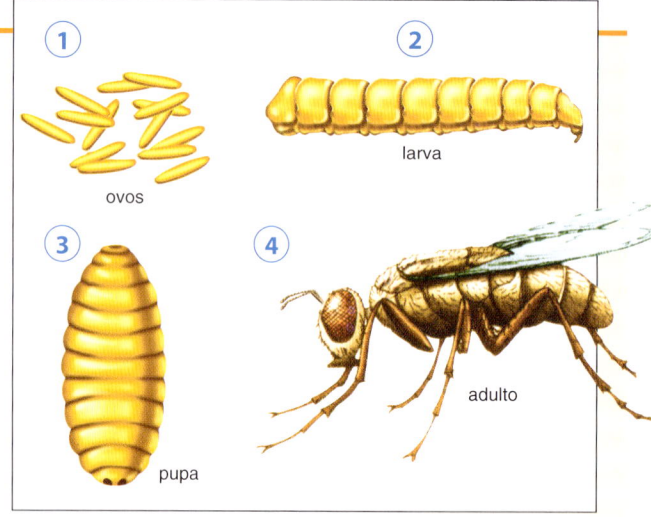

Holometábolo: inseto com metamorfose completa (1, 2, 3 e 4 – fases do desenvolvimento da mosca doméstica).

(a) Casulo (contém a pupa) e (b) lagarta (larva) do bicho-da-seda.

Pense nisso

Moscas varejeiras e berne

Duas espécies de moscas – insetos da ordem dos dípteros – chamam a atenção pelo caráter médico-veterinário que possuem: a mosca varejeira e a mosca do berne. As varejeiras, das espécies *Cochliomyia hominivorax* e *Cochliomya macellaria*, de coloração azul ou verde-metálica, são as causadoras das bicheiras ou miíases que afetam animais e mesmo o homem. Depositam os ovos em feridas, nas quais se desenvolvem as inúmeras larvas que se alimentam dos tecidos sãos ou em decomposição.

Já as moscas da espécie *Dermatobia hominis* são responsáveis pelo "berne", que afeta bois, cães e mesmo o homem. O "berne" é a larva da mosca, que se desenvolve nas camadas profundas da pele e tem grande importância econômica, uma vez que provoca perfurações na pele, deixando cicatrizes praticamente permanentes. Nem sempre é a mosca "berneira", porém, que deposita seus ovos na pele humana ou de algum animal. De modo geral, ela captura um "transportador" – mosca comum, borrachudo, motuca – que frequentemente visita a pele dos animais e deposita nele vários ovos na região abdominal que, após alguns dias, já tem larvas formadas. Com o contato do "transportador" na pele do hospedeiro (boi, cão, homem), as larvas se libertam e iniciam a perfuração da pele, nutrindo-se e se desenvolvendo, com muitas mudas. Pouco antes de se transformarem em pupas, caem no chão e após algumas semanas originam as moscas, cujo tórax possui coloração cinza-escuro, com estrias cinzentas longitudinais, e abdômen azul-escuro. O tratamento do berne consiste na retirada da larva através do orifício de abertura; esta manobra deve ser feita cuidadosamente, de preferência por médicos e veterinários, uma vez que a retirada incompleta pode conduzir a outros problemas, como, por exemplo, infecções secundárias.

OS CRUSTÁCEOS

Assim como a barata, o camarão – exemplo para nosso estudo dos crustáceos (do latim, *crusta* = crosta) possui **apêndices articulados**, **corpo segmentado** e **exoesqueleto**. Há, porém, algumas diferenças. No camarão, a cabeça e o tórax estão fundidos em uma peça única, o **cefalotórax**; na cabeça, há dois pares de antenas e o abdômen apresenta apêndices articulados natatórios birremes (dois ramos presos a uma base). Veja a Figura 22-8.

O exoesqueleto é constituído de quitina espessada com carbonato de cálcio. Uma placa contínua cobre grande parte do cefalotórax e termina na extremidade anterior em um **rostro** serrilhado.

Na cabeça, há um par de olhos pedunculados e dois pares de antenas: um longo, de função tátil, e outro, curto, de função provavelmente olfativa.

As trocas gasosas respiratórias são efetuadas por **brânquias** localizadas bilateralmente sob a carapaça cefalotorácica. A corrente de água que as oxigena continuamente é criada por apêndices modificados.

O camarão é comedor de detritos que encontra no lodo oceânico. A excreção é efetuada pelas chamadas **glândulas verdes** (veja a Figura 22-9), cujo orifício excretor se abre na base das antenas maiores. O produto de excreção nitrogenada é a amônia.

A reprodução sexuada ocorre com o encontro de machos e fêmeas ao longo da costa litorânea e em profundidades que não ultrapassam 50 metros. A fecundação é interna e a fêmea carrega os ovos nas patas abdominais por algum tempo. Dos ovos surgem larvas que habitam a região costeira de manguezais e estuários de rios. Após o ciclo de crescimento, os jovens dirigem-se para regiões mais profundas e se misturam com os adultos.

> Os apêndices articulados exercem diversas funções e muitos estão relacionados à locomoção, enquanto outros são modificados para manipular e triturar alimentos.

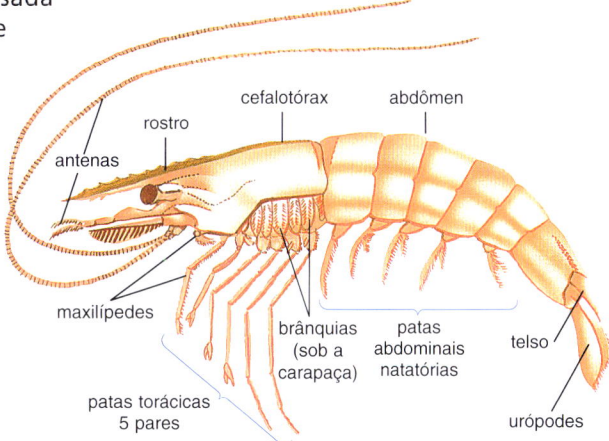

Figura 22-8. No camarão, o corpo é dividido em cefalotórax e abdômen. Na extremidade anterior, correspondente à cabeça, destacam-se os olhos pedunculados e dois pares de antenas. As patas locomotoras, localizadas na parte correspondente ao tórax, são em número de cinco pares. No abdômen, destacam-se cinco pares de apêndices adaptados à natação. Na fêmea, também servem para carregar ovos.

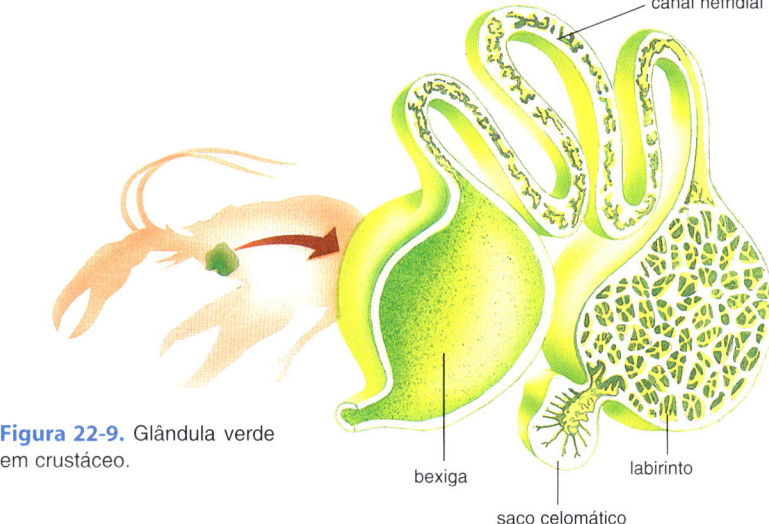

Figura 22-9. Glândula verde em crustáceo.

Fique por dentro!

Cracas são crustáceos marinhos, filtradores de alimento, que constroem estruturas calcárias em forma de pequenos vulcões, fixos em uma rocha, no interior dos quais vivem os animais. Por outro lado, **tatuzinhos-de-jardim** são os únicos crustáceos encontrados em meio terrestre. Vivem em locais úmidos e respiram por brânquias protegidas em uma câmara branquial.

Microcrustáceos: Constituintes do Zooplâncton

Os microcrustáceos, entre os quais podemos citar as artêmias, os copépodes e as dáfnias, vivem livremente na água, junto a um grande número de larvas e espécimes adultos de diferentes grupos animais.

Conjuntamente, todas essas formas pequenas de animais, incluindo os microcrustáceos, são componentes do **zooplâncton**, comunidade de animais de dimensões reduzidas e que são movimentados pelas ondas e correntes aquáticas. O zooplâncton participa das chamadas cadeias alimentares aquáticas, ao se alimentar das pequenas algas produtoras de alimento desses ecossistemas. Por sua vez, os animais do zooplâncton são comidos por animais maiores e constituem, assim, verdadeiro elo entre os produtores de alimento e os consumidores de ordens superiores.

Microcrustáceos do zooplâncton em meio a algas filamentosas. Na foto, veem-se quatro microcrustáceos: uma pulga-d'água (à direita, superior), um *Cyclops* (à esquerda, inferior), um ostrácode (à direita, inferior) e uma larva de copépode (à esquerda, superior).

OS ARACNÍDEOS

A aranha, típico representante dos aracnídeos, possui **corpo segmentado**, **apêndices articulados**, um **exoesqueleto quitinoso** e abdômen **sem** apêndices articulados.

Há, no entanto, algumas diferenças em relação à barata. O corpo da aranha é dividido em cefalotórax e abdômen (como no camarão); há quatro pares de patas cefalotorácicas; não há antenas; como apêndices na extremidade anterior do corpo, existe um par de **pedipalpos** preensores e um par de **quelíceras**, inoculadoras de veneno (veja a Figura 22-10).

Figura 22-10. Nas aranhas, o corpo é dividido em cefalotórax e abdômen. Um par de pedipalpos preênseis e um par de quelíceras inoculadoras de veneno caracterizam as aranhas como carnívoras predadoras (acúleos inoculadores ficam dobrados sob as quelíceras).

As Relações de Predatismo e Parasitismo

Na classe dos aracnídeos, que além das aranhas inclui os escorpiões, os carrapatos e os ácaros, a atividade da grande maioria dos representantes está voltada para o predatismo ou para o parasitismo. Essas adaptações ficam bem evidentes a partir da compreensão de como funcionam certos apêndices articulados.

Na aranha, a tática predatória envolve a utilização dos pedipalpos como instrumento de preensão e das quelíceras como via de inoculação de veneno. Cada quelícera contém uma glândula de veneno, cuja secreção flui por um canal que percorre um aguilhão (ferrão) inoculador. A ação paralisante do veneno permite a imobilização das vítimas (insetos e pequenos vertebrados).

A aranha não mastiga o alimento. Enzimas digestivas, provenientes do tubo digestório, são liberadas pela boca e atuam nos tecidos da vítima, em um processo de digestão extracorpórea. O caldo resultante é sugado pela aranha e enviado ao tubo intestinal para digestão final e absorção.

> Aranhas e escorpiões são carnívoros predadores, enquanto os carrapatos e a maioria dos ácaros atuam como parasitas.

Circulação, Trocas Gasosas e Excreção em Aracnídeos

Como nos outros artrópodes, o coração é dorsal e bombeia o sangue para lacunas, onde são feitas as trocas de substâncias com os tecidos.

As trocas gasosas podem ser efetuadas por dois tipos de estruturas: **filotraqueias (pulmões foliáceos)** e **traqueias**. Os pulmões foliáceos são formações existentes na região ventral do abdômen, constituídos por finíssimas lâminas de tecido irrigadas por hemolinfa (uma importante diferença em relação às traqueias). O ar penetra por orifícios existentes no abdômen e as trocas gasosas ocorrem com a participação da hemolinfa (veja a Figura 22-11).

As traqueias são semelhantes às dos insetos e, nesse caso, as trocas gasosas independem do sistema circulatório.

A excreção é feita a partir da ação dos **túbulos de Malpighi** e das **glândulas coxais**. Os túbulos de Malpighi funcionam de modo análogo aos dos insetos. As glândulas coxais são vesículas que lembram as glândulas verdes dos crustáceos. Recolhem os resíduos corporais das lacunas e os eliminam por ductos que se abrem na base das coxas. O produto de excreção nitrogenada é a guanina, eliminada como cristais brancos. Muitas aranhas possuem estrias brancas no corpo, em conseqüência da excreção dessa substância.

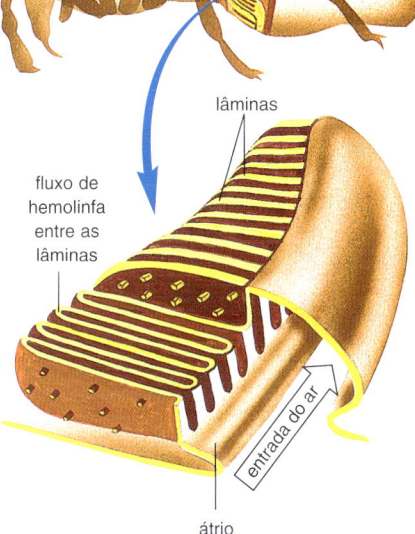

Figura 22-11. Nas aranhas, as trocas gasosas também são efetuadas por pulmões foliáceos que, diferentemente das traqueias, são irrigados pela hemolinfa.

Saiba mais

As aranhas e a construção de teias

O abdômen das aranhas não é segmentado e, assim como o cefalotórax e as patas, é dotado de muitos pêlos (cerdas quitinosas). Na extremidade posterior e ventral, chamam a atenção as **fiandeiras**, cerca de 6, responsáveis pela confecção das teias. As fiandeiras são ligadas às **glândulas sericígenas**, localizadas no interior do abdômen. Essas glândulas secretam o material proteico que servirá para a confecção da seda das teias, a partir de uma ação semelhante a agulhas de tricotar.

Para muitas aranhas, a teia funciona como uma verdadeira rede de caça, principalmente de insetos que, uma vez imobilizados, podem ser facilmente digeridos e sugados.

Sistema Nervoso

Muitos gânglios fundidos estão concentrados em determinados pontos do cefalotórax.

O sistema nervoso da aranha é bem desenvolvido. De modo geral, existem oito olhos simples, localizados dorsalmente na metade anterior da placa cefalotorácica, com variada capacidade de elaboração de imagens, nem sempre bem interpretadas. Porém, são capazes de discriminar movimentos, razão pela qual devemos oferecer-lhes presas vivas, que se movam.

Nas aranhas há muitos pelos sensoriais (cerdas táteis) espalhados pelo corpo, principalmente nos apêndices articulados. Como as aranhas não têm antenas, esses pelos e outras estruturas sensoriais representam importante mecanismo de relacionamento desses animais com o meio ambiente e são excelentes auxiliares na percepção da existência de presas e inimigos. Certas estruturas sensoriais em forma de fendas, localizados nas patas, são responsáveis pela percepção de vibrações. É por isso que se diz que as aranhas "ouvem" pelas patas.

A Reprodução nas Aranhas

A reprodução sexuada nas aranhas envolve complexos mecanismos de cortejamento e acasalamento. A fecundação é interna e, de maneira geral, os pedipalpos funcionam como instrumento de injeção de gametas masculinos na fêmea. Para isso, há bulbos copulatórios na extremidade dos pedipalpos onde é recolhido o esperma para posterior fecundação. De modo geral, a fêmea deposita centenas de ovos em um casulo (ovissaco) de seda. Dentro dele, o desenvolvimento é direto. É comum ver aranhas que tecem teias elaborarem o casulo no qual existem dezenas de jovens aranhas. Pouco a pouco, elas vão se libertando e se dispersam pelo ambiente. Certas aranhas carregam filhotes no dorso até que eles se libertem e passem a viver uma vida independente. O tempo de vida das aranhas é variável. Caranguejeiras mantidas em cativeiro podem durar até 25 anos. Mas, na natureza, a média parece ser de dois anos. Durante a fase de crescimento ocorrem várias mudas do exoesqueleto, até atingirem o estado final, adulto, quando ocorre a maturidade sexual.

Aranha carregando um ovissaco (casulo onde estão os ovos).

Os Escorpiões

No escorpião, o cefalotórax é curto e formado por um escudo único, não segmentado. Na extremidade anterior, há um par de quelíceras trituradoras. No dorso, há um par de olhos medianos e alguns outros olhos simples, situados lateralmente. As patas localizam-se no cefalotórax e isso pode ser mais bem observado quando se olha a região ventral do animal, na qual sobressaem as volumosas coxas dos quatro pares de patas.

O abdômen é dividido em duas partes. A anterior, mais larga, o pré-abdômen, é composta de sete segmentos. A outra, impropriamente chamada de cauda, é o pós-abdômen, formada por cinco segmentos. Na extremidade do último segmento do pós-abdômen existe uma dilatação, o *télson*, dotado de um aguilhão. Por ele corre o veneno secretado por uma glândula localizada nesse apêndice.

No escorpião, os pedipalpos são longos e terminam em pinças – eles prendem a presa enquanto o pós-abdômen encurva, cravando o aguilhão, e então o veneno é inoculado. As quelíceras também são dotadas de pinças muito pequenas que esmagam a presa, extraindo-lhe os caldos nutritivos que são, então, sugados pelo escorpião.

Atingida a maturidade sexual, ocorrem o cortejo e o acasalamento, que envolvem complexos mecanismos de atração e aproximação. A fecundação é interna e, de modo geral, as fêmeas são vivíparas, isto é, libertam escorpiões diminutos completamente formados no interior da mãe. As fêmeas costumam carregar dezenas de jovens no dorso, até que se complete o desenvolvimento e que estes possam ter vida independente.

No escorpião, os pedipalpos são os maiores apêndices articulados e terminam em pinças.

A ciência por trás do fato!

É verdade que os escorpiões, quando acuados por fogo, se matam utilizando o próprio ferrão?

Costuma-se afirmar que, se você cercar um escorpião em um círculo de fogo, o animal se matará usando seu próprio veneno. Mas será que esta história tem algum fundo de verdade?

Na realidade, não. Ao encontrar-se acuado em uma situação de perigo como esta, o escorpião, em um ato de desespero, tenta se defender de seu inimigo balançando a cauda, o que causa, em quem vê a cena, a impressão de que ele está tentando se picar. Mesmo que isto acontecesse por acaso, sabe-se atualmente que o escorpião é imune ao próprio veneno, não podendo, dessa forma, sofrer a ação de suas toxinas. Ao ser cercado por fogo, o escorpião pode morrer por asfixia, pela fumaça ou por desidratação, em função do calor gerado pelo fogo.

> **Ética & Sociedade**
>
> **Cuidado ao calçar seu sapato**
>
> Você acorda, se veste e, finalmente, calça seus sapatos. Sente que tem algo errado, talvez uma pedrinha incomodando. Ao começar a descalçar, vem uma dor intensa: a picada. Você tira o sapato em tempo de ver o escorpião saindo.
>
> Houve um tempo em que essa cena somente aconteceria em sítios, fazendas e outros locais fora do contexto urbano. Atualmente, até é possível achar escorpiões em casas das grandes cidades. O crescimento desordenado dos centros urbanos, atingindo o *habitat* natural desses animais, acabou por criar condições para a sua proliferação. Esses aracnídeos se alimentam de insetos, e se regalam nas cidades, onde encontram fartura, por exemplo, de baratas.
>
> Esse problema, que vem atingindo os centros urbanos, é preocupante, pois apesar de a picada do escorpião, normalmente, se limitar a provocar dor intensa, se a quantidade de veneno inoculado for grande pode causar um estado mais grave levando, até mesmo, à morte.
>
> Que providências poderiam ser tomadas pelos habitantes das cidades para evitar que esses seres indesejáveis invadam suas residências?

Os Carrapatos e os Ácaros

Nos carrapatos e ácaros, a principal modificação do corpo, em comparação às aranhas, é a fusão total do cefalotórax com o abdômen, formando um escudo dorsal contínuo.

Esses aracnídeos são predominantemente parasitas de animais domésticos, do homem e de plantas por ele cultivadas. Nas espécies parasitas, as peças bucais são adaptadas à perfuração e sucção e, nas demais, o hábito alimentar lembra o das aranhas, com liberação de enzimas sobre o alimento e posterior sucção do caldo formado.

Nas espécies de carrapatos que parasitam o homem, cavalos, bois, cachorros etc., o alimento preferido é o sangue. O carrapato incha à medida que suga o sangue, adquirindo tamanho que não excede 1 cm de comprimento.

OS MIRIÁPODES: QUILÓPODES E DIPLÓPODES

Se você comparar um piolho-de-cobra com uma lacraia (veja a Figura 22-12), notará algumas semelhanças: ambos possuem um grande número de patas locomotoras, corpo alongado contendo muitos segmentos e uma cabeça com um par de olhos e um par de antenas.

Diferem, no entanto, em muitos aspectos: a lacraia é achatada e tem o corpo dividido em cabeça e tronco; o piolho-de-cobra é cilíndrico e apresenta o corpo dividido em cabeça, tórax (contendo quatro segmentos) e abdômen. No primeiro segmento do corpo da lacraia há um par de garras inoculadoras de veneno. Nos demais, excetuando-se o último, há um par de patas locomotoras por segmento. O piolho-de-cobra não possui garras inoculadoras de veneno (ele não é venenoso) e dois dos segmentos torácicos apresentam um par de patas cada um. Já no abdômen, cada segmento possui dois pares de patas cada um.

Ambos preferem lugares úmidos e escuros, sob troncos caídos, madeira, pedras, vasos, e têm hábito predominantemente noturno.

Respiram por traqueias, excretam por meio de túbulos de Malpighi. Os sexos são separados (dioicos) e os jovens, quanto à forma, se assemelham aos adultos.

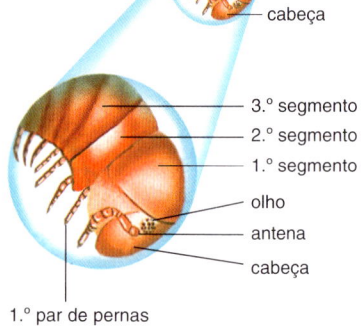

Figura 22-12. Os miriápodes. Lacraia (a) e piolho-de-cobra (b).

> **Fique por dentro!**
>
> A lacraia atua como predadora e vai rapidamente em busca de presas, pequenos roedores, insetos e minhocas; os piolhos-de-cobra movem-se lentamente e são comedores de detritos vegetais.

Saiba mais

A origem do termo miriápode

O nome "miriápode" (do grego, *myriás* = dez mil, numeroso + + *podos* = pés) sugere **uma infinidade de patas**. Nem sempre, porém, há tantas patas.

Diferentes espécies de lacraias podem ter de 15 a 181 segmentos, com um par de patas por segmento. Os piolhos-de-cobra podem ter de 9 a 100 segmentos, com 2 pares de patas por segmento.

Passo a passo

1. Cite o nome do filo cujo número de espécies conhecidas é, pelo menos, quatro vezes o total de todos os outros grupos animais reunidos.

2. Cite as três principais características dos artrópodes. Entre elas, qual aproxima evolutivamente os artrópodes dos anelídeos?

3. Qual estrutura constitui um problema no crescimento dos artrópodes?

4. Quais são as principais características usadas para classificar os artrópodes?

5. Cite o nome da(s) classe(s) de animais cujo corpo é dividido em cefalotórax e abdômen; possui três pares de patas; não têm antenas e possuem um par de patas por segmento.

6. Qual é a única classe dos artrópodes que é dotada de 2 pares de antenas?

7. Indique o tipo de respiração em que um túbulo se ramifica inúmeras vezes em túbulos cada vez mais finos, que chegam até as células.

8. É correto afirmar que nos insetos o sistema respiratório não tem relação com o sistema circulatório? Justifique sua resposta.

9. Qual o nome do inseto em cuja metamorfose passa por uma ninfa? E por uma larva?

10. Cite o nome do tipo de reprodução em que óvulos se desenvolvem sem serem fecundados, originando os zangões (machos existentes na sociedade das abelhas).

11. Que estrutura realiza as trocas gasosas nos crustáceos?

12. Qual a importância dos microcrustáceos, componentes do zooplâncton da cadeia alimentar nos ambientes aquáticos?

13. Qual a função das quelíceras na aranha e no escorpião?

14. Qual a principal diferença entre a respiração por pulmão foliáceo (estrutura filotraqueal) e a respiração traqueal?

15. Qual o nome da glândula responsável pela secreção do material que servirá para a confecção das teias das aranhas?

16. Qual a modificação que se observa no corpo dos ácaros quando comparados às aranhas?

17. Qual o nome do filo do grupo miriápode, que possui apêndices inoculadores de veneno e, portanto, engloba animais predadores?

18. A respeito dos artrópodes, assinale **E** para as alternativas incorretas e **C** para as corretas:

a) Os artrópodes são, de longe, o maior de todos os filos animais.
b) Os artrópodes e os anelídeos possuem corpo segmentado e exoesqueleto, o que sugere terem ancestrais comuns.
c) A queratina presente no exoesqueleto dos artrópodes proporciona impermeabilidade à água.
d) Todas as suas classes podem apresentar asas.
e) Apresentam patas articuladas que proporcionam ágil movimentação nos diferentes ambientes.

Questões objetivas

1. (UFJF – MG) Os quadrinhos de Fernando Gonsales abaixo fazem referência a duas espécies de aranhas. Embora no desenho seja possível visualizar algumas características das aranhas, outras não estão representadas. Assinale a alternativa que apresenta características que identificam esse grupo animal.

a) Ausência de pedipalpos (palpos), ausência de quelíceras, ausência de antenas, seis pares de patas, corpo dividido em cefalotórax, abdome e pós-abdome.
b) Um par de pedipalpos (palpos), um par de quelíceras, ausência de antenas, quatro pares de patas, corpo dividido em cefalotórax e abdome.
c) Dois pares de pedipalpos (palpos), um par de quelíceras, ausência de antenas, quatro pares de patas, cefalotórax fundido com abdome.
d) Um par de pedipalpos (palpos), um par de quelíceras, um par de antenas, quatro pares de patas, corpo dividido em cefalotórax e abdome.
e) Ausência de pedipalpos (palpos), dois pares de quelíceras, ausência de antenas, três pares de patas, corpo dividido em cefalotórax, abdome e pós-abdome.

2. (UFSC) Comparando-se evolutivamente os diversos grupos de animais invertebrados, indique as alternativas corretas e dê sua soma ao final.
(01) Os invertebrados celomados tiveram vantagens evolutivas, pois o celoma permitiu acomodar e proteger melhor os órgãos internos do animal.
(02) Entre os invertebrados é possível distinguir pelo menos três tipos diferentes de esqueleto: o hidrostático, o exoesqueleto e o endoesqueleto.
(04) Uma das características que todos os invertebrados têm em comum é a presença de um sistema circulatório do tipo aberto.
(08) Poríferos e cnidários são exemplos de filos invertebrados celomados.
(16) O grupo dos invertebrados com maior diversidade de espécies é representado pelos moluscos, no qual se incluem o polvo e a lula.
(32) Os artrópodes são considerados os invertebrados com parentesco evolutivo mais próximo dos vertebrados.
(64) Entre as diversas formas de respiração nos invertebrados estão a respiração cutânea, a branquial, a pulmonar e a traqueal.

3. (UFF – RJ) Os insetos reúnem maior número de espécies animais conhecidas, sendo, portanto, o grupo mais diversificado dentro dos artrópodes e, consequentemente, dentre todos os animais.

Os diferentes grupos de artrópodes podem ser identificados com base nas características de sua morfologia externa. A tabela abaixo descreve as características das classes *Insecta*, *Chilopoda*, *Diplopoda* e *Arachnida*.

Classes	Características	
	Divisão do corpo	Número de pernas
A	cabeça e tronco	1 par por segmento do tronco
B	cefalotórax e abdome ou prossoma e opistossoma	4 pares
C	cabeça, tórax e abdome	3 pares
D	cabeça e tronco	2 pares por segmento do tronco

Assinale a alternativa que identifica corretamente as classes A, B, C e D respectivamente.

a) *Arachnida*, *Insecta*, *Chilopoda* e *Diplopoda*.
b) *Chilopoda*, *Diplopoda*, *Arachnida* e *Insecta*.
c) *Chilopoda*, *Arachnida*, *Insecta* e *Diplopoda*.
d) *Diplopoda*, *Chilopoda*, *Insecta* e *Arachnida*.
e) *Diplopoda*, *Arachnida*, *Chilopoda* e *Insecta*.

4. (UNESP) Observe os quadrinhos.

Fernando Gonsales, *Folha de S.Paulo*, São Paulo, 18 jun. 2009.

Sobre o contido nos quadrinhos, os alunos em uma aula de biologia afirmaram que:

I – O besouro, assim como a borboleta, apresenta uma fase larval no início de seu desenvolvimento.
II – As lagartas são genética e evolutivamente mais aparentadas às minhocas que os besouros.
III – Ao contrário dos besouros, que possuem sistema circulatório fechado, com hemoglobina, as borboletas e as minhocas possuem sistema circulatório aberto, sem hemoglobina.

É correto apenas o que se afirma em
a) I.
b) III.
c) I e II.
d) I e III.
e) II e III.

5. (FUVEST – SP) O esquema abaixo representa uma das hipóteses para explicar as relações evolutivas entre grupos de animais. A partir do ancestral comum, cada número indica o aparecimento de determinada característica. Assim, os ramos anteriores a um número correspondem a animais que não possuem tal característica e os ramos posteriores, a animais que a possuem.

As características "cavidade corporal" e "exoesqueleto de quitina" correspondem, respectivamente, aos números

a) 1 e 6.
b) 2 e 4.
c) 2 e 5.
d) 3 e 4.
e) 3 e 5.

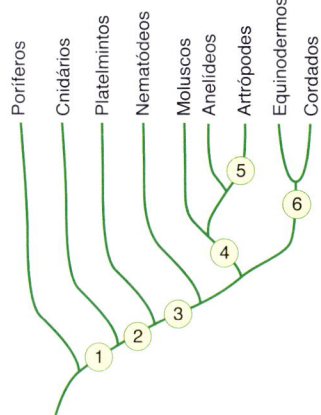

6. (UNESP) Para voar, os insetos consomem muito oxigênio, em consequência da elevada atividade muscular necessária para o movimento de suas asas. Para suprir a intensa demanda, o oxigênio é levado às células musculares

a) pelo sangue, através de um sistema cardiovascular fechado, o que favorece um rápido aporte desse gás aos tecidos.
b) pelo sangue, através de um sistema cardiovascular aberto, o que favorece um rápido aporte desse gás aos tecidos.
c) através de um sistema de túbulos denominados traqueias, o qual leva o sangue rico nesse gás aos tecidos musculares.
d) através de um conjunto de túbulos denominados traqueias, o qual transporta esse gás desde orifícios externos até os tecidos, sem que o sangue participe desse transporte.
e) através de um coração rudimentar dividido em câmaras, das quais partem túbulos, chamados traqueias, que distribuem o sangue rico nesse gás aos tecidos do corpo.

7. (UFOP – MG) A seguir, estão representadas três classes do filo *Arthropoda*.

Com relação aos animais representados, assinale a afirmativa **incorreta**.

a) I só apresenta asas na fase adulta.
b) II excreta por túbulos de Malpighi.
c) III é peçonhento.
d) III apresenta respiração pulmonar.

8. (UFLA – MG)

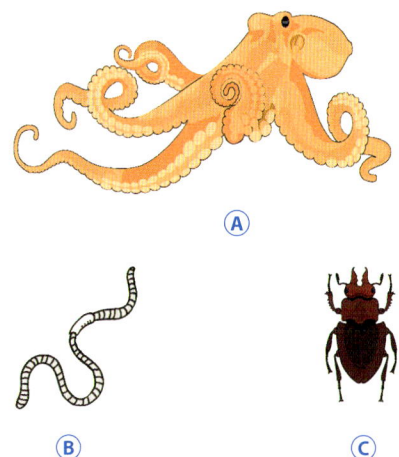

A figura indica três espécies de invertebrados. Em relação ao sistema circulatório, é **CORRETO** afirmar que:

a) o animal **A** apresenta sistema circulatório aberto, com hemocianina no sangue.
b) o animal **B** apresenta sistema circulatório fechado, com hemoglobina no sangue.
c) o animal **C** apresenta sistema circulatório aberto, rico em hemoglobina no sangue.
d) o animal **C** apresenta sistema circulatório fechado, com hemoeritrina no sangue.

9. (UFAM) Os artrópodes estão distribuídos em cinco classes principais:

a) moluscos, crustáceos, aracnídeos, quilópodes e diplópodes.
b) insetos, crustáceos, aracnídeos, quilópodes e diplópodes.
c) moluscos, crustáceos, anelídeos, nematelmintos e cnidários.
d) insetos, crustáceos, anelídeos, nematelmintos e cnidários.
e) insetos, crustáceos, aracnídeos, quilópodes e cnidários.

10. (UFAC) Os insetos são extremamente importantes no desempenho de funções relacionadas à polinização de, aproximadamente, dois terços das plantas com flores. Esses animais possuem uma diversidade dos aparelhos bucais e hábitos alimentares. Mediante tais afirmações, indique a alternativa que possui um exemplo de inseto portador de aparelho bucal do tipo "mastigador".

a) borboleta
b) percevejo
c) abelha
d) vespa
e) gafanhoto

11. (UFG – GO) Em uma visita à Floresta Tropical Atlântica, Darwin escreveu o seguinte trecho:

> Ao atravessarmos a floresta, tudo estava imóvel, com exceção das borboletas grandes e brilhantes que esvoaçavam preguiçosamente de um lado para o outro.

O sucesso desses invertebrados no ambiente terrestre deve-se à presença de

a) órgãos sexuais, que permitem a fecundação externa e o desenvolvimento direto.
b) glândulas antenais, que permitem parte da excreção de amônia.
c) aparelho circulatório fechado, que possibilita uma troca mais eficiente de nutrientes entre os tecidos.
d) pulmões, que permitem a troca gasosa em uma maior superfície de contato.
e) aparelho bucal diversificado e asas, que aumentam a dispersão e a chance de conseguir alimento.

12. (MACKENZIE – SP) O quadro abaixo mostra algumas características (indicadas por A, B, C, D, E, F, G e H), referentes aos sistemas circulatório, excretor e respiratório, encontradas em animais invertebrados.

Sistema Circulatório	Sistema Excretor	Sistema Respiratório
A – aberto	C – protonefrídio	F – traqueal
B – fechado	D – metanefrídio	G – cutânea
	E – túbulos de Malpighi	H – branquial

A respeito das características acima, são feitas as seguintes afirmações:

I – Insetos possuem A, E e F.
II – Anelídeos possuem B, D, G e H.
III – Moluscos possuem A, B, D e H.

Assinale:

a) se somente I estiver correta.
b) se somente I e II estiverem corretas.
c) se somente II e III estiverem corretas.
d) se todas estiverem corretas.
e) se todas estiverem incorretas.

13. (UEL – PR) Considerando um artrópode com cefalotórax e abdômen, de respiração branquial e com um tipo básico de apêndice birreme, é correto afirmar que este também possui:

a) dois pares de antenas.
b) um par de antenas.
c) excreção por túbulos de Malpighi.
d) sistema circulatório fechado.
e) cérebro bipartite.

14. (UEM – PR) Um colecionador de aranhas e gafanhotos possui 18 exemplares e informa que o total de pares de patas é 61. Com esses dados, é correto afirmar que o colecionador possui

a) 7 aranhas e 11 gafanhotos.
b) 8 aranhas e 10 gafanhotos.
c) 9 aranhas e 9 gafanhotos.
d) 10 aranhas e 8 gafanhotos.
e) 11 aranhas e 7 gafanhotos.

15. (UFJF – MG) O esquema abaixo ilustra algumas das etapas da reprodução em abelhas sociais.

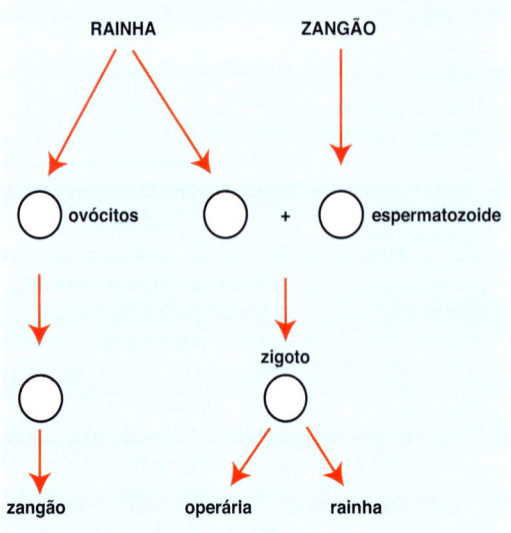

Considerando-se a alteração do número cromossômico e analisando o esquema acima, pode-se concluir que:

I – O zangão é haploide, enquanto a operária e a rainha são diploides.
II – O zangão é produzido por partenogênese, ou seja, a partir de um ovócito não fecundado.
III – Todos os ovócitos produzidos pela rainha são fecundados.
IV – As operárias são estéreis, pois são produzidas a partir de ovócitos não fecundados.
V – Ovócitos e espermatozoides são formados por divisões meióticas e mitóticas, respectivamente.

Assinale a opção que apresenta somente afirmativas **CORRETAS**.

a) I, II e V
b) I, II e IV
c) I, III e IV
d) II, III e V
e) III, IV e V

16. (UNIFESP) O termo "vermes" é aplicado indistintamente para designar invertebrados alongados e de corpo mole, principalmente do grupo dos anelídeos. Na charge, os "vermes" desenhados provavelmente são larvas de insetos.

Fernando Gonsales,
Níquel Náusea –
botando os bofes de fora.
Devir 2002.

Sobre esses dois grupos, anelídeos e insetos, podemos afirmar corretamente que

a) ambos apresentam o corpo segmentado e revestido por um exoesqueleto. Nos anelídeos terrestres esse exoesqueleto é bastante fino e flexível e nos insetos é quitinoso e rígido, conferindo proteção e sustentação.
b) o padrão vermiforme das larvas de insetos é a principal evidência de que os artrópodes, grupo ao qual os insetos pertencem, surgiram a partir dos anelídeos, pois reproduzem um estágio anterior da evolução.
c) observamos mais insetos, o que nos dá a falsa impressão de um maior número de espécies desse grupo. Porém, o número de espécies de anelídeos conhecidas é superior, pois inclui muitos grupos marinhos e terrestres.
d) a segmentação do corpo está presente em ambos e a organização do sistema nervoso é semelhante. Os insetos, porém, possuem exoesqueleto, caráter evolutivo de importância fundamental no grupo.
e) os anelídeos são terrestres e aquáticos e a maioria das espécies alimenta-se de detritos, estando no final da cadeia alimentar. Já os insetos são aéreos e terrestres e a maioria é herbívora, sendo, portanto, consumidores primários.

17. (UFPE) Analise as proposições a seguir, em que são apresentadas algumas características de grupos de animais e os respectivos filos biológicos aos quais pertencem, e reconheça as corretas.

( ) São parasitas, principalmente de vertebrados, como é o caso do agente etiológico da esquistossomose (ou barriga-d'água) – Filo *Cnidaria*.

( ) Foram antigamente usados em Medicina para sangrias, pois liberam um anticoagulante, produzindo assim hemorragias de difícil hemostase – Filo *Annelida*.

( ) Liberam toxinas que ao entrar em contato com a pele de outros animais, incluindo o homem, provoca uma reação urticante – Filo *Mollusca* (Bivalvia).

( ) Grupo com maior número de espécies bem-sucedidas na exploração dos mais variados ambientes: terrestre, aéreo, marinho e de água doce – Filo *Arthropoda*.

( ) Responsáveis pela produção das pérolas – Filo *Platyhelminthes* (Trematoda).

18. (UFF – RJ) Durante dois meses, 80 milhões de caranguejos invadem a Ilha Christmas, território australiano, no Oceano Índico. Ocupam estradas, devoram a vegetação e entram nas casas. Parece pesadelo, mas não é.

Superinteressante, jul. 1999.

Pode-se afirmar que, em sua grande maioria, os caranguejos apresentam respiração:
a) pulmonar.
b) traqueal.
c) cutânea.
d) branquial.
e) traqueopulmonar.

19. (UFT – TO) Os insetos têm sexos separados e sua fecundação é interna. São animais ovíparos, que podem apresentar três tipos de desenvolvimento: ametábolo, hemimetábolo e holometábolo. Assinale na tabela ao lado a alternativa com a associação **CORRETA**.

	ametábolo	hemimetábolo	holometábolo
a)	traça de livro	barata	pulga
b)	mosca	gafanhoto	borboleta
c)	traça de livro	mosca	pulga
d)	gafanhoto	percevejo	borboleta
e)	percevejo	traça de livro	mosca

20. (UFT – TO) Em um trabalho de campo, realizado na Serra do Lajeado no município de Palmas, foram coletados alguns organismos invertebrados. Estes foram identificados, contados e liberados. O resultado obtido está disposto na tabela abaixo:

Invertebrados	Quantidade
formigas	100
aranhas	10
ácaros	5
caracóis	20
gafanhoto	50

Os grupos registrados representam respectivamente a:
a) Ordem *Coleoptera* – Classe *Arachnida* – Classe *Arachnida* – Classe *Gastropoda* – Ordem *Orthoptera*.
b) Ordem *Hymnoptera* – Classe *Arachnida* – Classe *Arachnida* – Classe *Gastropoda* – Ordem *Orthoptera*.
c) Ordem *Hymnoptera* – Classe *Arachnida* – Classe *Arachnida* – Classe *Cephalopoda* – Ordem *Orthoptera*.
d) Ordem *Hymnoptera* – Classe *Arachnida* – Ordem *Insecta* – Classe *Gastropoda* – Classe *Orthoptera*.

---

21. (UFABC – SP) O cartunista Fernando Gonsales é o criador do personagem Benedito Cujo, que retrata o eterno candidato a uma vaga numa universidade.

www.2.uol.com/br/níquel/benedito

Além de saber o número de patas que ocorre no grupo dos aracnídeos, Benedito Cujo deve saber que esse grupo também se caracteriza por

a) respiração filobranquial na fase larval e corpo dividido em cefalotórax e abdome.
b) antenas muito reduzidas e corpo dividido em cabeça, tórax e abdome.
c) glândulas coxais e túbulos de Malpighi, que realizam a excreção, e corpo dividido em cefalotórax e abdome.
d) mandíbulas especializadas como pedipalpos e quelíceras, que manipulam e inoculam veneno nas presas.
e) olhos compostos em número de cinco a oito e as fiandeiras, responsáveis pela construção das teias.

22. (UNEMAT – MT) Para conhecer a diversidade de artrópodes de uma determinada região, um grupo de pesquisadores coletou vários desses animais e os organizou em grupos conforme a tabela abaixo:

Características	Grupo I	Grupo II	Grupo III	Grupo IV
habitat principal	terrestre	terrestre	água doce	terrestre
divisão do corpo	cefalotórax e abdome	cabeça, tórax e abdome	cefalotórax e abdome	cabeça e tronco
n.º de pernas	oito	seis	variável	muitos (variável)
n.º de antenas	ausente	um par	dois pares	um par
respiração	pulmotraqueal	traqueal	branquial	traqueal

Assinale a alternativa que associa **corretamente** a classe dos artrópodes com as características descritas em cada grupo na tabela.
a) Grupo I – *Insecta*; Grupo II – *Arachnida*; Grupo III – *Crustacea*; Grupo IV – *Chilopoda*
b) Grupo I – *Arachnida*; Grupo II – *Insecta*; Grupo III – *Crustacea*; Grupo IV – *Chilopoda*
c) Grupo I – *Arachnida*; Grupo II – *Chilopoda*; Grupo III – *Crustacea*; Grupo IV – *Insecta*
d) Grupo I – *Chilopoda*; Grupo II – *Insecta*; Grupo III – *Arachnida*; Grupo IV – *Crustacea*
e) Grupo I – *Insecta*; Grupo II – *Chilopoda*; Grupo III – *Arachnida*; Grupo IV – *Crustacea*

23. (PUC – RJ) A figura abaixo mostra um exemplo típico de um animal da classe *Crustacea*.

Fonte: <http://1.bp.blogspot.com/caranguejo.jpg>.

Considerando as características morfológicas desse animal, indique a opção que cita outros exemplos pertencentes à mesma classe.
a) Aranhas e formigas.
b) Camarão e lagostas.
c) Lagostas e mexilhões.
d) Siris e estrelas-do-mar.
e) Polvos e estrelas-do-mar.

24. (UFMS) O gráfico abaixo mostra o padrão de crescimento corporal de dois organismos.

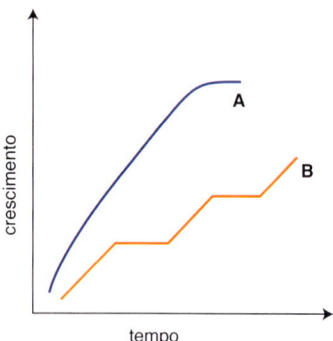

Analisando o gráfico acima, indique a(s) proposição(ões) correta(s) e dê sua soma ao final.
(01) Os dois animais apresentam o mesmo padrão de crescimento.
(02) O crescimento corporal da baleia pode ser representado pela linha A.
(04) O crescimento corporal do caranguejo pode ser representado pela linha B.
(08) A linha A representa o crescimento corporal de um animal que possui exoesqueleto.
(16) A linha B representa o crescimento corporal de um animal com coluna vertebral.
(32) O crescimento corporal no animal, representado pela linha A, é contínuo, enquanto, no animal da linha B, há períodos sem crescimento.

25. (UFMS) As aranhas são aracnídeos muito comuns e podem ser encontradas em áreas bem preservadas, rurais e urbanas. Sobre as aranhas, é correto afirmar:
(01) Todas as aranhas são carnívoras.
(02) A maioria das espécies tem peçonha.
(04) Somente as fêmeas possuem estruturas especiais para produção de seda, localizadas na região posterior do abdômen, denominadas fiandeiras.
(08) O sistema respiratório é extremamente especializado com a presença de uma rede de traqueias que desembocam em brânquias foliares no abdômen.
(16) O corpo é dividido em cefalotórax e abdômen.
(32) As fiandeiras podem ser utilizadas como ovipositores em algumas espécies.

26. (UPE) Assinale, na coluna I, as afirmativas verdadeiras e, na coluna II, as falsas.

A cigarra e a formiga

Era uma vez uma cigarra que vivia cantando, sem se preocupar com o futuro. Encontrando uma formiga que carregava uma folha pesada, falou:
— Para que todo esse trabalho? O verão é para a gente aproveitar!
— Nós, formigas, não temos tempo para diversão. É preciso guardar comida para o inverno.
— Deixa esse trabalho para as outras! Vamos nos divertir.
— Se não mudar, você há de se arrepender, cigarra! Vai passar fome e frio.

— O inverno ainda está longe, querida!
O inverno chegou, e a cigarra começou a passar frio e fome. Desesperada, foi bater na casa da formiga. Abrindo a porta, a formiga viu na sua frente a cigarra quase morta. Puxou-a para dentro, agasalhou-a e alimentou-a. Porém, disse à cigarra:
— No mundo das formigas, todos trabalham e, se você quiser ficar conosco, cumpra seu dever: toque e cante para nós.
Para a cigarra e para as formigas, aquele foi o inverno mais feliz de suas vidas.

Adaptado da obra de La Fontaine.

A cigarra e a formiga já foram tema de lendas, músicas e de contos. Analisando as proposições abaixo sobre esses artrópodes, pode-se concluir que

I	II	
0	0	A divisão do corpo desses exemplares de Chilopoda restringe-se à cabeça e ao tronco.
1	1	A formiga e a cigarra são hexápodes e díceros.
2	2	A respiração desses insetos é do tipo traqueal.
3	3	A alimentação desses exemplares de crustáceos ocorre por filtração.
4	4	Aranhas e embuás são representantes da mesma classe de artrópodes que a cigarra e a formiga.

27. (UNESP) Moscas podem dizer onde, quando e como uma pessoa morreu.

As moscas são as principais estrelas de uma área relativamente nova no Brasil, a entomologia forense. ... A presença de insetos necrófagos em um cadáver pode dar pistas valiosas sobre a hora da morte ou o local do crime...

Adaptado de: Insetos Criminalistas. Unesp Ciência, Bauru, set. 2009.

Três crimes foram cometidos, e os cadáveres foram encontrados pela polícia no mesmo dia. Assim que encontrados, sobre eles foram obtidas as seguintes informações:

Crime 1
O cadáver foi encontrado na zona rural, apresentava larvas, mas não ovos, de uma espécie de mosca que só ocorre na zona urbana. Apresentava também ovos e larvas de uma espécie de mosca típica da zona rural. No solo ao redor do cadáver, não havia pupas dessas espécies.

Crime 2
O cadáver foi encontrado na zona urbana, em um matagal. No corpo havia ovos e larvas de moscas comuns na região, e pupas estavam presentes no solo ao redor do cadáver.

Crime 3
O cadáver foi encontrado na zona urbana, em área residencial, em um terreno pavimentado. Sobre o cadáver, moscas e baratas, poucos ovos, mas nenhuma larva encontrada.

A partir dos dados disponíveis sobre esses três crimes, e considerando-se que nos três casos as moscas apresentam ciclos de vida de mesma duração, pode-se dizer que, mais provavelmente,

a) o crime 1 aconteceu na zona urbana, mas o cadáver foi removido para a zona rural vários dias depois do crime ter sido cometido. O cadáver permaneceu no local onde foi encontrado por não mais que um dia.
b) os crimes 2 e 3 foram cometidos no mesmo dia, com intervalo de poucas horas entre um e outro. O crime 1 foi cometido dias antes dos crimes 2 e 3.
c) os crimes 1 e 3 foram cometidos no mesmo dia, com intervalo de poucas horas entre um e outro. O cadáver do crime 1 foi removido do local do crime e ambos os crimes foram cometidos no máximo no dia anterior ao do encontro dos corpos.
d) o crime 2 aconteceu vários dias antes do corpo ser encontrado e antes de terem sido cometidos os crimes 1 e 3. Estes últimos aconteceram também a intervalo de dias um do outro, sendo que o crime 1 foi cometido antes que o crime 3.
e) o crime 3 foi cometido antes de qualquer outro, provavelmente em um matagal, onde o corpo permaneceu por alguns dias. Contudo, o corpo foi removido desse local e colocado no terreno pavimentado poucas horas antes de ser encontrado.

Questões dissertativas

1. (UFPR) Os artrópodes representam um dos grupos zoológicos com maior número de espécies, vivendo nos mais diferentes *habitats*.
   a) Discorra sobre três aspectos biológicos desse grupo que permitiram seu grande sucesso evolutivo.
   b) Cite dois exemplos de animais artrópodes para cada aspecto biológico abordado na resposta anterios.

2. (UFES)

PANTHERMEDIA/KEYDISC

PANTHERMEDIA/KEYDISC

FABIO COLOMBINI

As figuras acima apresentam um inseto, um crustáceo e um anelídeo, respectivamente, que, apesar de serem animais metaméricos, podem ter estruturas corpóreas bem diferenciadas. Compare esses três animais quanto aos seus sistemas respiratórios e circulatórios.

3. (UNICAMP – SP) Doenças transmitidas por picadas de artrópodes são comuns ainda nos dias de hoje, como é o caso da malária, da dengue e da febre maculosa. Outra doença transmitida por picada de artrópode é a peste bubônica, também conhecida como peste negra, epidemia que causou a morte de parte da população europeia na Idade Média. A peste bubônica é provocada por uma bactéria transmitida pela picada de pulga, o hospedeiro intermediário, que se contamina ao se alimentar do sangue de ratos infectados.

a) Aponte, entre as doenças citadas, aquela transmitida de forma semelhante à peste bubônica e explique como ela é transmitida.
b) Indique duas características exclusivas dos artrópodes, que os diferenciam dos outros invertebrados.

4. (FUVEST – SP) A figura mostra um artrópode.

a) A que grupo de artrópodes pertence esse animal? Cite uma característica observável na figura e que permite chegar a essa conclusão.
b) Em algumas espécies desse grupo, os machos cuidam dos ovos. Em experimentos laboratoriais, quando fêmeas foram colocadas em situação de escolha de um macho para a cópula, elas escolheram aqueles que estavam cuidando dos ovos. Qual seria a vantagem adaptativa desse comportamento de escolha de machos cuidadores de ovos?

5. (UNICAMP – SP) As figuras abaixo mostram o crescimento corporal de dois grupos de invertebrados até atingirem a fase adulta.

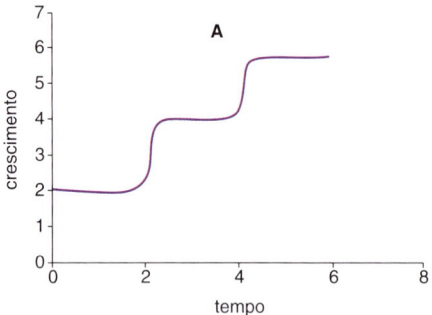

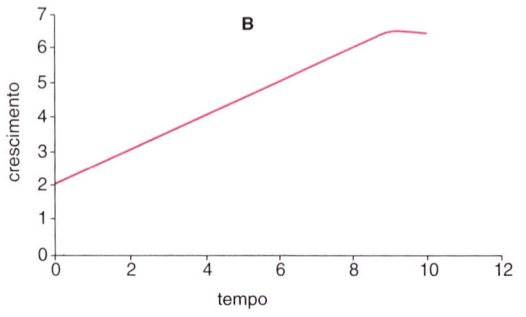

a) Identifique um grupo de invertebrados que pode ter o crescimento corporal como o representado na figura **A** e outro como o representado na figura **B**. Justifique.
b) Dê duas características morfológicas que permitam diferenciar entre si dois grupos de invertebrados relacionados com o gráfico **A**.

6. (UFJF – MG) O estado de conservação das espécies de invertebrados terrestres brasileiros foi recentemente publicado pelo Ministério do Meio Ambiente. Na lista oficial da fauna brasileira ameaçada de extinção, constam 55 espécies de borboletas, 16 espécies de besouros, 11 espécies de gastrópodes, 8 espécies de aranhas, 5 espécies de oligoquetas, 4 espécies de formigas e 3 espécies de abelhas.

a) Classifique os animais listados na 2.ª coluna de acordo com os grupos zoológicos numerados de 1 a 7, na 1.ª coluna.

Grupo Zoológico	Animais Ameaçados de Extinção	Classificação
1. *Arthropoda*	formigas	Exemplo: 1 e 5 (**ou**) *Arthropoda* e *Insecta*
2. *Anellida*	borboletas	
3. *Platyhelminthes*	besouros	
4. *Mollusca*	gastrópodes	
5. *Insecta*	aranhas	
6. *Coleoptera*	oligoquetas	
7. *Arachnida*	abelhas	

b) A extinção desses invertebrados pode afetar importantes processos ecológicos. Dentre esses animais, apresente um que esteja diretamente envolvido em cada processo ecológico listado a seguir.

Processos Ecológicos	Animais Envolvidos
produção de húmus	
aeração do solo	
polinização	

c) Como adaptação ao ambiente terrestre, observa-se que, na maioria desses invertebrados, os órgãos respiratórios estão localizados no interior do corpo. Por que essa adaptação é importante no ambiente terrestre?

d) Nos besouros, por exemplo, a presença de um exoesqueleto rígido e articulado é também reconhecida como uma adaptação à vida terrestre. Entretanto, o exoesqueleto é um fator limitante para alguns processos vitais dos besouros. Por que as ecdises do exoesqueleto são importantes para esses animais?

Texto para as questões **7** e **8**.

(UFBA) A figura ilustra a diversidade em número de espécies de seres vivos, considerando a classificação em cinco reinos de Whittaker.

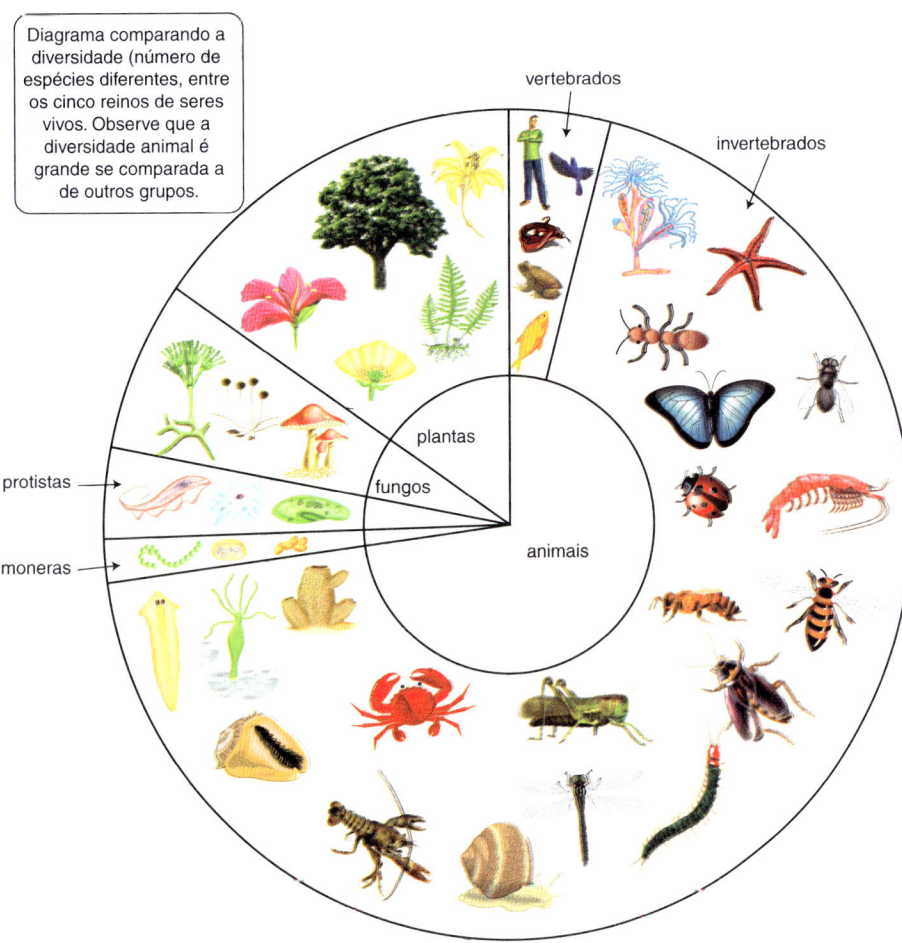

7. Justifique a maior diversidade de artrópodos entre os animais, relacionando **duas aquisições** que marcam a evolução do grupo a estratégias de sobrevivência.

8. Embora representado na ilustração por um pequeno número de espécies, o reino Monera inclui organismos que se distribuem nos mais diferentes *habitats* da biosfera, ocupando uma grande diversidade de nichos ecológicos. Tendo colonizado a Terra, sozinhos, por quase dois bilhões de anos, continuam a se adaptar a um planeta em constante mudança.

   Explique o sucesso evolutivo dos procariotos, considerando suas habilidades metabólicas desde que iniciaram a colonização do planeta e destaque a que exerceu o maior impacto sobre a biosfera.

9. (UFG – GO) Durante trabalho de campo, um biólogo realizou coleta de invertebrados, obtendo os seguintes indivíduos: abelha, aranha, besouro, camarão, caranguejo, escorpião, formiga, grilo, lagosta e mosca.
   a) Agrupe estes animais segundo a classe taxonômica a qual pertencem. Nomeie estas classes.
   b) Os invertebrados relacionados acima percebem os estímulos luminosos por meio de diferentes tipos de órgãos visuais; dentre eles, descreva o ocelo e o olho composto.

Programas de avaliação seriada

1. (PAS – UFLA – MG) Assinale a alternativa **CORRETA** com relação à digestão nos metazoários.
 a) Nos crustáceos, não existe digestão mecânica, e a digestão química ocorre no intestino por ação de enzimas produzidas no hepatopâncreas.
 b) Os cnidários possuem uma cavidade digestiva e os materiais não digeríveis são eliminados pela abertura anal por contração muscular.
 c) Nos insetos, o alimento trazido à boca passa pela faringe, esôfago e, no intestino, o tiflossole absorve os nutrientes que serão levados para todo o corpo.
 d) Os moluscos possuem tubo digestivo completo, e os resíduos sólidos são descarregados na cavidade do manto.

2. (PAS – UFLA – MG) A dengue é transmitida pela picada do mosquito *Aedes aegypti* infectado com vírus, sendo os sintomas mais comuns da doença: febre e dores na cabeça, no corpo e por trás dos olhos.
Considere as proposições abaixo sobre o *Aedes aegypti* e, a seguir, marque a alternativa CORRETA.
 I – Apresenta exoesqueleto quitinoso; corpo dividido em cefalotórax e abdome; e um par de antenas no cefalotórax.
 II – Corpo dividido em cabeça, tórax e abdome; tórax dividido em protórax, mesotórax e metatórax; e dois pares de antenas na cabeça.
 III – Corpo dividido em cabeça, tórax e abdome; e o tórax possui três pares de patas, um par de asas membranosas e um segundo par de asas transformadas em órgãos de equilíbrio.
 a) Somente as proposições I e II são corretas.
 b) Somente as proposições I e III são corretas.
 c) Somente a proposição II é correta.
 d) Somente a proposição III é correta.

3. (PSS – UFAL) Os animais são amplamente disseminados no planeta. Sobre a biologia desses organismos, podemos afirmar que:

 a) os animais 1 e 2 pertencem ao filo *Arthropoda* e se caracterizam por possuírem simetria bilateral, sistema digestório completo e corpo segmentado.
 b) 1 e 2 são animais triblásticos, assim como os poríferos.
 c) os platelmintos, como o esquistossomo (*Schistosoma mansoni*), causador da esquistossomose, têm como reservatório intermediário o porco, que transmite a doença ao homem quando este consome a carne contaminada com cisticerco.
 d) a lombriga (*Ascaris lumbricoides*), um platelminto, apresenta respiração cutânea e tem como hospedeiro natural o homem e o porco.
 e) no desenvolvimento embrionário humano, o ectoderma formará os neurônios, o mesoderma formará as células intestinais, e o endoderma formará as hemácias.

4. (PSIU – UFPI) Os biólogos avaliam diversas características para inferir sobre a filogenia animal, as quais são evidenciadas, em primeiro lugar, em registros fósseis, por meio da observação de padrões de desenvolvimento embrionário, da morfologia, e fisiologia e, em segundo lugar, em estruturas moleculares. Analise as características dos diversos filos protostomados e assinale V, para as verdadeiras, ou F, para as falsas.
 1 ( ) Os rotíferos são animais, em sua maioria, marinhos, celomados e segmentados, com sistema digestivo completo.
 2 ( ) Os anelídeos são vermes segmentados que vivem somente em ambientes marinhos, acelomados, assegmentados e com tubo digestivo completo.
 3 ( ) Os crustáceos são os artrópodes marinhos dominantes, possuem corpo segmentado e dividido em cabeça, tórax e abdome, ou em cefalotórax e abdome, e apresentam sistema digestivo completo.
 4 ( ) Os moluscos sofreram uma das maiores radiações evolutivas, com base em um plano corporal, com pé, manto e massa visceral, e possuem celoma reduzido e sistema digestivo completo.

5. (PSC – UFAM) O animal na figura a seguir pertence a um grupo de organismos que presta a maior contribuição para a biodiversidade, sendo o seu sistema respiratório típico do grupo a que pertence. Com base nestas afirmativas a proposição correta é:

 a) A ordem *Insecta* é o maior grupo de organismos existentes na biosfera e o sistema respiratório das espécies desta ordem pode ser do tipo cutânea ou branquial.
 b) A classe *Arthropoda* é o maior grupo de organismos existentes na biosfera e o sistema respiratório de todas as espécies terrestres deste grupo é do tipo cutâneo.
 c) Este animal é da ordem *Insecta* assim como as formigas, que são animais muito diversificados e têm respiração do tipo branquial.
 d) Este animal é da classe *Insecta* assim como as aranhas, que são animais muito diversificados e têm respiração do tipo branquial.
 e) A classe *Insecta* é o maior grupo de organismos existentes na biosfera e o sistema respiratório de todas as espécies desta classe é do tipo traqueal.

Capítulo 23
Equinodermos

Você e um ouriço-do-mar: muitos genes em comum

A frase acima parece estranha, mas é isso mesmo que você leu. Um pequeno ouriço-do-mar de coloração púrpura e arroxeada da Califórnia (*Strongylocentrotus purpuratus*) é o invertebrado com o genoma mais próximo daquele do ser humano.

Apesar de fisicamente sermos muito diferentes dos ouriços-do-mar, geneticamente partilhamos uma significativa parte do DNA com esse representante do filo dos equinodermos. Só para termos uma ideia, essa espécie de ouriço-do-mar apresenta 23.300 genes, dos quais 7.077 podem ser encontrados em humanos.

A explicação para esse fato parece ser a de que ouriços-do-mar e seres humanos apresentam um ancestral em comum, que teria vivido há mais de 500 milhões de anos. É justamente a partir desse ancestral comum que teriam surgido os equinodermos e os vertebrados.

O interessante é que os ouriços-do-mar, apesar de não terem os sentidos da visão e do olfato desenvolvidos, apresentam os mesmos genes que possibilitam que os seres humanos consigam enxergar e sentir cheiros, assim como um dos sistemas imunológicos mais complexos entre os animais.

Neste capítulo, você aprenderá um pouco mais sobre os animais que fazem parte do filo dos equinodermos, entre eles os ouriços-do-mar.

poríferos | cnidários | platelmintos | nematódeos | moluscos | anelídeos | artrópodes | **equinodermos**

Os equinodermos são conhecidos por não possuírem representantes em outro ambiente que não o marinho. É o caso, por exemplo, do *ouriço-do-mar* (muitas vezes encontrado na praia sob uma pedra, enfiado em um buraco), da *estrela-do-mar*, dos *pepinos-do-mar* (também conhecidos como holotúrias, encontrados junto às pedras que emergem da areia e cobertos pela água), ou das *bolachas-da-praia* ou corrupios dispersos pela areia. Não é muito incomum encontrar, também entre as pedras mergulhadas na água do mar, algumas formas que se locomovem serpenteando, sendo, por isso, conhecidas como *serpentes-do-mar* ou *ofiuroides*. Para aqueles que gostam de mergulhar, um bonito espetáculo é ver certos animais, presos nas rochas do fundo, que os biólogos, pela sua semelhança com flores, chamam de *lírios-do-mar*.

Todos esses animais, restritos ao mar, pertencem ao filo *Echinodermata*, assim chamados pelo fato de a maioria dos seus representantes possuir pele dotada de espinhos (do grego, *echinos* = espinho; *derma* = pele). Podemos agrupar esses animais em cinco classes:

- classe **Asteroidea** (estrelas-do-mar);
- classe **Echinoidea** (ouriços-do-mar e bolachas-da-praia);
- classe **Holothuroidea** (pepinos-do-mar);
- classe **Crinoidea** (lírios-do-mar); e
- classe **Ophiuroidea** (serpentes-do-mar).

> Nos equinodermos, a simetria é pentarradiada, ou seja, muitas das estruturas e órgãos que participam da organização desses indivíduos aparecem em número de 5 ou múltiplo de 5: 5 dentes ao redor do orifício bucal, 5 ovários, 5 zonas ambulacrais, 5 nervos radiais etc.

Equinodermos: (a) estrela-do-mar, (b) ouriço-do-mar visto pela face oral (inferior), (c) bolacha-da-praia, (d) pepino-do-mar, (e) lírio-do-mar e (f) serpente-do-mar.

OURIÇO-DO-MAR: PADRÃO DOS EQUINODERMOS

Dos diversos ouriços conhecidos, o mais facilmente encontrado nas praias é o pindá ou ouriço-preto, assim chamado por ser rodeado por inúmeros espinhos pretos pontiagudos que, ao penetrarem na pele, causam muita dor e inflamação. De modo geral, os ouriços são encontrados dentro de tocas por eles cons-truídas.

São esféricos, apresentando-se achatados na face oral (inferior), com a qual se apoiam no substrato. A face oral contém a boca; nesta, uma estrutura dotada de cinco dentes, a **lanterna-de-Aristóteles**, é a responsável pela obtenção do alimento e pela corrosão da rocha em que o animal se instala. Na face oposta, a aboral (superior), fica o ânus. O sistema digestório é **completo**: à boca, seguem-se esôfago, estômago, intestino e ânus.

Possuem espinhos móveis. Observando-se cuidadosamente o ouriço, percebe-se, entre os espinhos, uma grande quantidade de pequenas estruturas longas, finas e tubulares móveis, com ventosas, conhecidas como **pés ambulacrais**, responsáveis pela fixação e locomoção do animal no substrato rochoso (veja a Figura 23-1).

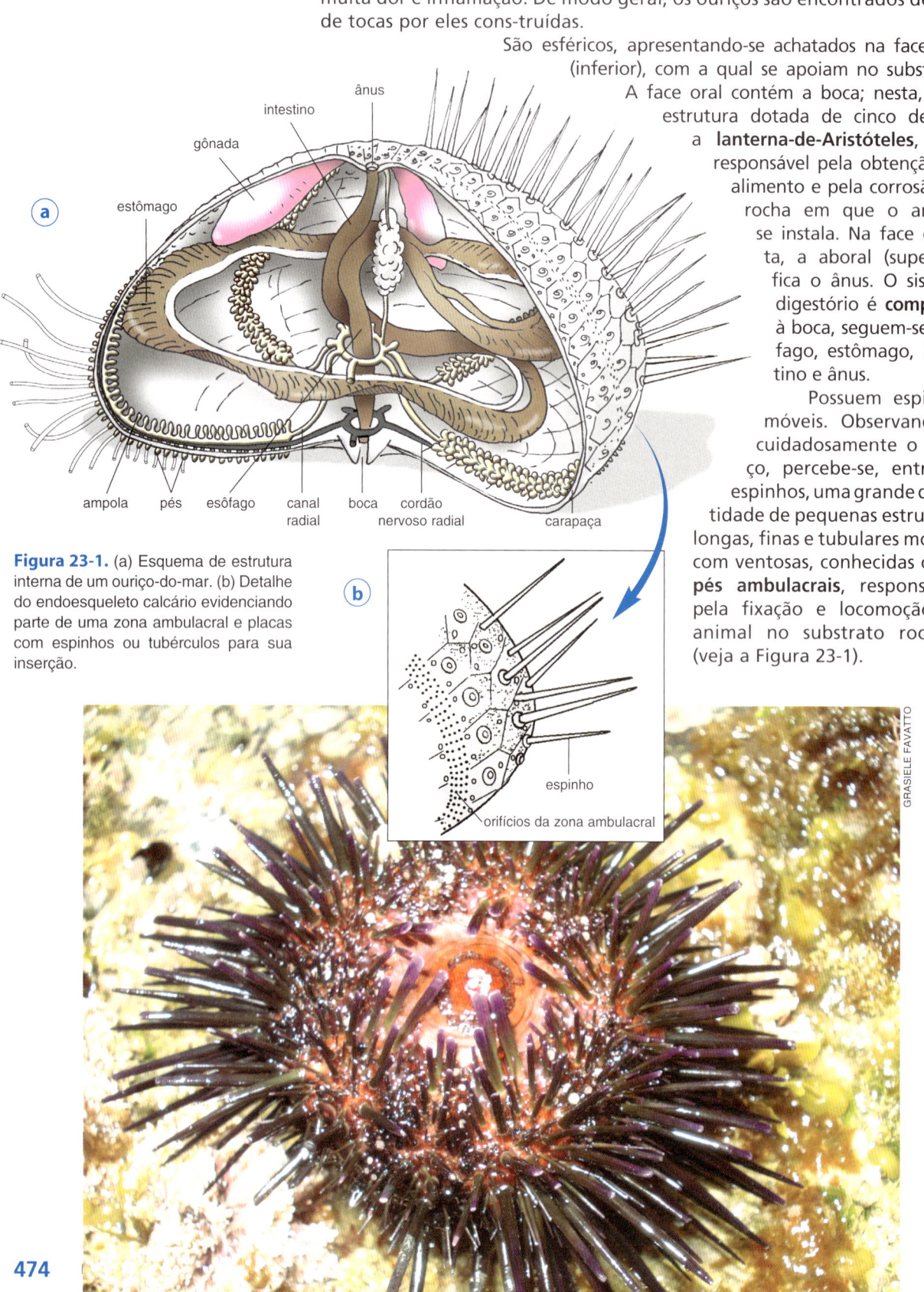

Figura 23-1. (a) Esquema de estrutura interna de um ouriço-do-mar. (b) Detalhe do endoesqueleto calcário evidenciando parte de uma zona ambulacral e placas com espinhos ou tubérculos para sua inserção.

Localizadas entre os espinhos e os pés ambulacrais, encontram-se as **pedicelárias**, pequenos filamentos com ponta em forma de pinça de três pontas, destinadas à defesa e remoção de partículas estranhas que aderem à superfície do ouriço.

Ao redor da boca encontram-se as brânquias, que se encarregam das trocas respiratórias entre a água e o líquido que preenche internamente o **celoma** do animal. O sistema circulatório é extremamente reduzido.

O sistema nervoso restringe-se a um anel nervoso em torno da boca, de onde partem cinco nervos radiais que se ramificam pelo corpo.

Fique por dentro!

Em alguns vilarejos litorâneos, ouriços e pepinos-do-mar são utilizados como alimento por algumas pessoas. Do pepino-do-mar os orientais fazem sopa e do ouriço comem-se as gônadas.

Ouriços-do-mar apoiados no substrato pela face oral (inferior). Na face aboral (superior) está o ânus.

Endoesqueleto de ouriço.

O Endoesqueleto

Tratando-se um ouriço com água sanitária, a epiderme e os espinhos se desprendem e seu esqueleto, depois de lavado, pode ser estudado. A face oral é mais achatada e nela encontra-se a lanterna-de-Aristóteles.

Na outra face, chama a atenção uma placa calcária central dotada de um orifício correspondente à abertura do ânus. Rodeando essa placa central, há cinco outras, as **placas genitais** (veja a Figura 23-2), cada uma com um orifício destinado à saída de gametas.

Uma dessas cinco placas genitais é toda perfurada e conhecida como **placa madrepórica** ou **madreporito**, que participa do sistema hidrovascular, uma exclusividade dos equinodermos. O restante do esqueleto é formado por séries de placas calcárias soldadas umas às outras, formando faixas que se estendem até a região oral.

Dois tipos de faixas alternadas são fáceis de perceber: as **faixas ambulacrais**, que contêm placas com muitos orifícios, por onde emergem os pés ambulacrais, e as **faixas interambulacrais**, com placas dotadas de nódulos onde os espinhos se articulam.

O Sistema Ambulacral

Tudo começa na **placa madrepórica**, a partir da qual se origina um tubo longitudinal, o **canal madrepórico**, também chamado de **canal pétreo**, por possuir concreções calcárias em suas paredes. Esse canal se comunica com um canal circular, que circunda o esôfago, nas proximidades das faces internas dos dentes da lanterna-de-Aristóteles. Cinco canais radiais emergem do canal circular, passam por dentro da lanterna-de-Aristóteles e correm pela face interna do esqueleto. De ambos os lados de cada canal radial, emergem curtos **canais laterais**, que terminam em **ampolas**. Cada ampola fica na extremidade superior de um pé ambulacral. Os pés ambulacrais, por sua vez, atravessam os orifícios da faixa ambulacral existentes no esqueleto e se exteriorizam. A extremidade de cada pé ambulacral termina em um disco adesivo, semelhante a uma ventosa.

> O sistema ambulacral também é chamado de sistema vascular **aquífero** ou **hidrovascular**.

A água penetra pela placa madrepórica, preenchendo todo o sistema. Para a fixação em algum suporte do ambiente, a musculatura da ampola contrai e injeta água no pé ambulacral, que se distende. Simultaneamente, a ventosa existente na ponta do pé ambulacral adere firmemente ao substrato. Em seguida, a musculatura longitudinal da parede do pé ambulacral se contrai, a água retorna para a ampola e o pé, agora encurtado e flácido, solta-se.

Funcionando coordenadamente, os pés ambulacrais possibilitam o deslocamento do ouriço pelo ambiente. Essa atividade é também auxiliada pelos espinhos que, sendo móveis, favorecem a locomoção do animal pelo meio.

Figura 23-2. Esqueleto de ouriço-do-mar onde se notam as faixas ambulacrais e interambulacrais.

> **Saiba mais**

As estrelas-do-mar

As estrelas-do-mar são tão conhecidas quanto os ouriços-do-mar. O padrão geral da organização do corpo é praticamente o mesmo. Boca na face oral do disco e ânus, quando existente, na face aboral. Os braços, frequentemente em número de cinco, irradiam-se do disco central. Na região ventral dos braços, emergem inúmeros pés ambulacrais, de organização e funcionamento semelhantes aos dos ouriços-do-mar. Na estrela-do-mar existem **pápulas**, extensões do celoma cobertas por epiderme e que atuam nas trocas gasosas.

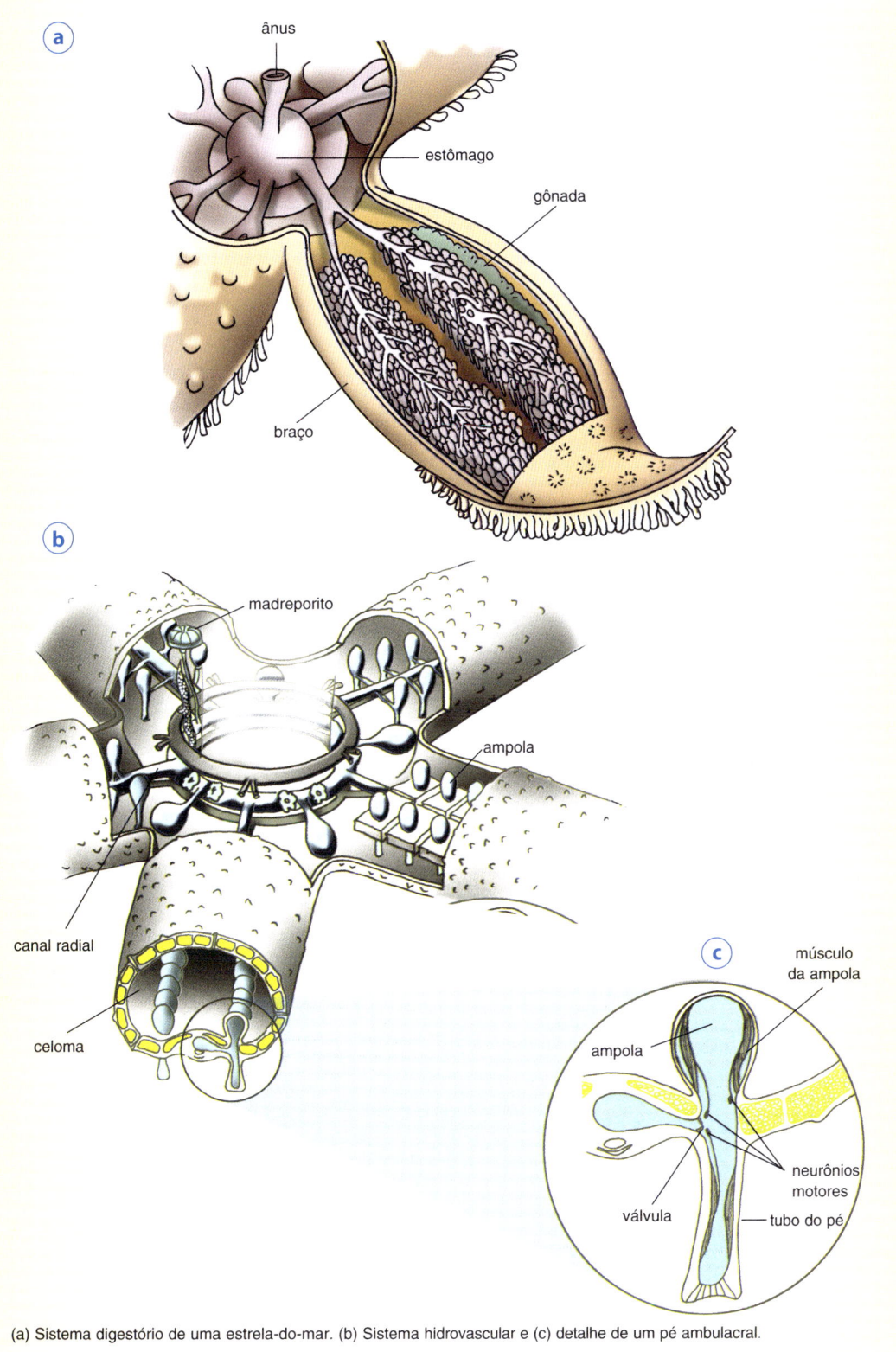

(a) Sistema digestório de uma estrela-do-mar. (b) Sistema hidrovascular e (c) detalhe de um pé ambulacral.

Equinodermos

A Reprodução

Os sexos são separados. A fecundação é externa. Os gametas são liberados na água, onde ocorre a fecundação. Após o desenvolvimento embrionário, forma-se uma larva que possui simetria bilateral. Metamorfoseando-se, a larva origina o adulto de simetria pentarradial.

É interessante lembrar que os equinodermos, juntamente com os cordados, são deuterostômios, ou seja, o blastóporo, durante o desenvolvimento embrionário, diferencia-se em ânus e a boca surge na extremidade oposta, a partir de um novo orifício.

Fique por dentro!

A larva dos ouriços assemelha-se bastante às larvas de certos grupos de cordados primitivos. Esse fato tem sido utilizado por alguns zoólogos para sugerir um possível parentesco dos equinodermos com os cordados.

Pense nisso

Acidentes na praia com espinhos do ouriço-do-mar

Se alguém lhe perguntar qual o principal acidente que acontece na praia, com os banhistas, envolvendo algum animal marinho, o que você responderia? A maioria pensaria logo nas águas-vivas, que podem provocar queimaduras ao encostar seus tentáculos na pele de um banhista. Mas, para surpresa geral, o ouriço-do-mar é o campeão dos acidentes, segundo uma pesquisa realizada na Santa Casa de Misericórdia, em Ubatuba, pelo dermatologista Vidal Haddad Júnior. O médico constatou que quase metade de todos os acidentes ocorrem com ouriços-do-mar, que se encontram em pequenas "piscinas" formadas entre as pedras. O desavisado banhista, ao procurar estes represamentos de água, pisa acidentalmente nos ouriços, fazendo com que seus espinhos se quebrem e penetrem na planta do pé, causando dores.

A retirada dos espinhos deve ser feita sempre com acompanhamento médico, pois, se não forem removidos corretamente, podem se fragmentar, dificultando ainda mais sua futura retirada. A remoção deve ser feita o mais rápido possível, por causa do veneno liberado por pedicelárias e da possibilidade de causar infecções secundárias. Para aliviar as fortes dores após este tipo de acidente, pode-se fazer a imersão da parte afetada (principalmente o pé) em água quente (não escaldante) por 30 a 90 minutos. Mas lembre-se de que esta manobra é apenas paliativa e não deve substituir a procura por um profissional de saúde para a remoção dos espinhos.

Adaptado de: <http://www.unifesp.br>. Acesso em: 7 ago. 2007.

Passo a passo

1. Cite o nome do filo que só possui representantes marinhos.

2. Cite 5 representantes do filo dos equinodermos.

3. Qual o nome da estrutura do ouriço-do-mar que é responsável pela obtenção de alimento e pela corrosão da rocha onde se instala esse animal?

4. Nos equinodermos, a localização da epiderme é externa ou interna ao esqueleto? Trata-se, então, de um exoesqueleto ou de um endoesqueleto?

5. Qual o nome do sistema formado por uma placa perfurada, vários canais que terminam em um disco adesivo e é percorrido pela água do mar?

6. A simetria da larva do ouriço-do-mar é a mesma da forma adulta? Justifique a resposta.

7. Qual o motivo de alguns zoólogos sugerirem um parentesco entre os equinodermos e animais mais complexos, como os cordados?

8. Por que os equinodermos são conhecidos como animais dotados de simetria pentarradiada?

9. A respeito dos equinodermos, assinale **E** para as alternativas erradas e **C** para as corretas.
    a) O seu sistema de locomoção é exclusivo dentre os filos animais.
    b) A água do mar penetra em seu corpo através da placa madrepórica.
    c) Realizam fecundação externa.
    d) Possuem tubo digestório completo.
    e) Possuem um cérebro e um sistema nervoso bem desenvolvido.

10. Assinale **E** para as alternativas erradas e **C** para as corretas a respeito dos equinodermos.
    a) São animais pluricelulares, celomados e deuterostômios.
    b) São animais exclusivamente aquáticos, sendo que algumas espécies habitam a água doce.
    c) Os ouriços-do-mar, baratinhas-da-praia, estrelas-do-mar e pepinos-do-mar pertencem a esse grupo.
    d) A presença de um esqueleto externo formado por ossículos calcários é uma característica típica desse filo.
    e) Hidras são celenterados que se assemelham aos ouriços-do-mar quanto à simetria corporal.

Questões objetivas

1. (MACKENZIE – SP) Alguns filos animais foram agrupados da seguinte forma:
– grupo 1: equinodermos e cnidários
– grupo 2: moluscos, nematodos e platelmintos
– grupo 3: cordados, artrópodes e anelídeos

Os indivíduos dos grupos 1, 2 e 3 apresentam, respectivamente:

	Grupo 1	Grupo 2	Grupo 3
a)	simetria radial no adulto	presença de metameria	protostomia
b)	deuterostomia	simetria bilateral no adulto	três tecidos embrionários
c)	dois tecidos embrionários	protostomia	presença de metameria
d)	ausência de metameria	três tecidos embrionários	deuterostomia
e)	simetria radial no adulto	ausência de metameria	presença de metameria

2. (UNIFESP) Esta é a turma do Bob Esponja:

Bob Esponja   Patrick

Lula Molusco   Sr. Sirigueijo

Lula Molusco é supostamente uma lula; Patrick, uma estrela-do-mar; o Sr. Sirigueijo, um caranguejo; e Bob é supostamente uma esponja-do-mar. Cada um, portanto, pertence a um grupo animal diferente. Se eles forem colocados segundo a ordem evolutiva de surgimento dos grupos animais a que pertencem, teremos respectivamente:
a) esponja-do-mar, estrela-do-mar, lula e caranguejo.
b) esponja-do-mar, lula, caranguejo e estrela-do-mar.
c) estrela-do-mar, esponja-do-mar, caranguejo e lula.
d) estrela-do-mar, lula, caranguejo e esponja-do-mar.
e) lula, esponja-do-mar, estrela-do-mar e caranguejo.

3. (UFV – MG) Observe as figuras dos quatro invertebrados (I, II, III, e IV).

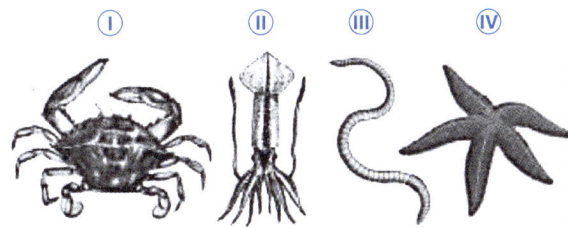

Assinale a alternativa que contém duas associações INCORRETAS:
a) I: presença da proteína quitina no exoesqueleto e abdome expandido.
b) II: presença de cromatóforos no tegumento e sistema nervoso difuso.
c) III: presença de cutícula na epiderme e sistema circulatório fechado.
d) IV: presença de gânglios no sistema nervoso e fecundação externa.

4. (UFPE) Os animais pertencentes aos diferentes filos apresentam características anatômicas e embrionárias que permitem distingui-los. Após analisar as figuras abaixo, analise as proposições seguintes.

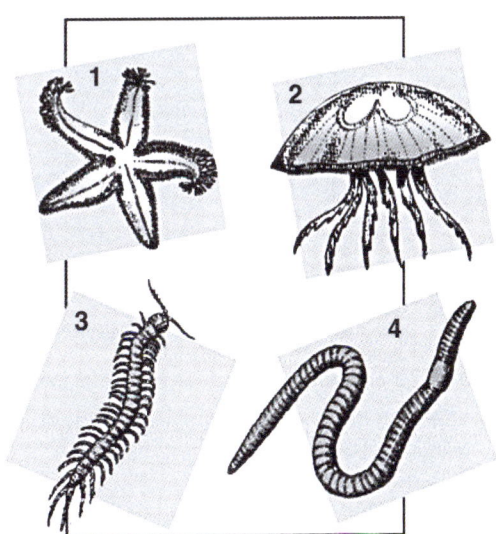

(0) O filo, representado pelo animal da Figura 1, apresenta algumas características de vertebrados, tais como ter esqueleto interno e ser deuterostômio.
(1) Os animais do filo representado na Figura 2 apresentam simetria radial e um anel nervoso do qual partem os nervos radiais.
(2) A principal característica do filo representado na Figura 4 é o corpo segmentado em anéis, nos quais existe um par de órgãos excretores e um par de gânglios nervosos.
(3) Também pertencem ao filo representado na Figura 3 as aranhas e os caranguejos, que apresentam esqueleto externo e são segmentados.
(4) O animal representado na Figura 4 é hermafrodita e seu desenvolvimento é direto, mas, no filo ao qual pertence, existem espécies dioicas e com estágios larvais.

5. (UFG – GO)

Adaptado de: QUINO. *Toda a Mafalda*.
São Paulo: Martins Fontes, 2001, p. 67.

O invertebrado, observado por Mafalda, pertence ao filo que, evolutivamente, é mais próximo ao dos cordados, por apresentarem, ambos,

a) *habitat* marinho.
b) mesoderme.
c) deuterostomia.
d) fecundação externa.
e) simetria radial.

6. (UFSC) Dê a soma da(s) proposição(ões) que completa(m) de forma CORRETA a tabela abaixo.

	Filos		
Características	Poríferos	Artrópodes	Equinodermos
habitat	aquáticos, fixos	A	B
esqueleto	C	exoesqueleto de quitina	D
excreção	difusão	E	difusão
reprodução	F	fecundação interna	fecundação externa
digestão	intracelular	tubo digestório completo	G

(01) A – grande diversidade.
(02) E – glândulas especiais e túbulos de Malpighi.
(04) C – espículas e fibras de espongina.
(08) D – exoesqueleto de placas calcárias e espinhos.
(16) B – águas doces, salgadas e salobras.
(32) F – fecundação interna.
(64) G – intracelular.

7. (UFSM – RS) Na coluna I, é apresentada uma lista de invertebrados marinhos e, na coluna II, uma lista taxonômica.

Coluna I
1. bolacha-da-praia ou corrupio
2. lesma-do-mar
3. coral
4. lula
5. caravela

Coluna II
a. *Asteroidea*
b. *Anthozoa*
c. *Gastropoda*
d. *Hydrozoa*
e. *Echinoidea*
f. *Cephalopoda*
g. *Porifera*

A associação correta é
a) 1a – 2c – 3d – 4e – 5g.
b) 1e – 2c – 3b – 4f – 5d.
c) 1e – 2f – 3b – 4c – 5d.
d) 1a – 2c – 3b – 4f – 5d.
e) 1e – 2f – 3g – 4c – 5b.

8. (UFPI) Os termos: lanterna-de-Aristóteles, manto, coanócitos, célula-flama e túbulos de Malpighi estão relacionados, respectivamente, aos seguintes invertebrados:

a) moluscos, poríferos, equinodermos, insetos e platelmintes.
b) moluscos, insetos, poríferos, equinodermos e platelmintes.
c) poríferos, moluscos, equinodermos, platelmintes e insetos.
d) equinodermos, moluscos, poríferos, platelmintes e insetos.
e) equinodermos, insetos, poríferos, platelmintes e moluscos.

Questões dissertativas

1. (UNICAMP – SP – adaptada) O número de espécies dos grandes grupos de animais está proporcionalmente representado no diagrama ao lado.

   a) Cite dois filos em que os representantes possuam sistema circulatório aberto e dois filos em que os representantes possuam sistema circulatório fechado.
   b) Um dos filos representados no esquema possui representantes de *habitat* exclusivamente marinho, dotados de endoesqueleto e de sistema digestório de modo geral completo. Qual é esse filo? Cite dois exemplos de animais pertencentes a ele.
   c) Um dos filos representados no esquema inclui a classe mais abundante em número de espécies. Qual é essa classe? Indique duas características que contribuíram para o sucesso dessa classe.

   EISNER, T.; WILSON, E. O. In: *Readings in Scientific American:* The Insects. W. H. Freeman, 1972, p. 3.

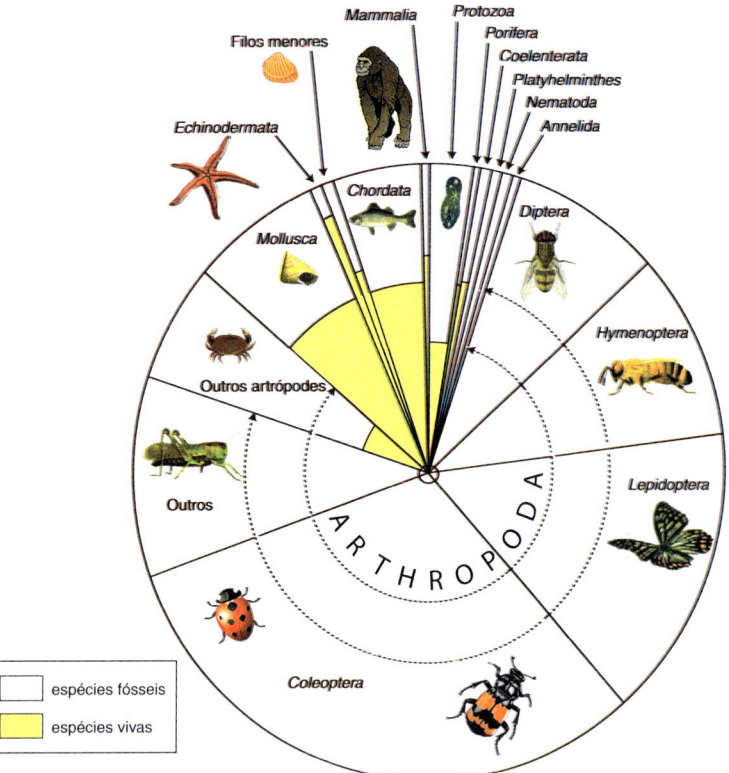

2. (UFABC – SP) Um aluno montou uma tabela comparativa entre dois filos de animais invertebrados e pediu para que seu colega de classe completasse com informações, de forma que ficasse correta.

Filos	Metameria	Destino do blastóporo	Presença de clitelo (importante para reprodução)
1	presença	protostomado	apresenta
2	ausência	deuterostomado	não apresenta

   a) A quais filos correspondem os números 1 e 2, respectivamente?
   b) Que filo indicado na tabela é considerado o parente mais próximo dos cordados? Que critério da tabela foi utilizado para se determinar esse grau de parentesco?

Programa de avaliação seriada

1. (PEIES – UFMS – RS) Sobre a organização morfológica e funcional dos animais referente à estruturação, sustentação e movimento corporal, assinale a alternativa correta.

   a) Os *Cnidaria* apresentam estruturas duras e rígidas no corpo, ou seja, os nematocistos, que possibilitam movimentos rápidos de deslocamento.
   b) *Platyhelminthes* diferem dos *Nematoda* por apresentarem mesoderma e celoma.
   c) *Annelida* e *Arthropoda* compartilham características semelhantes, como a segmentação corporal e o exoesqueleto.
   d) Filos com representantes sésseis (fixos em substrato) geralmente apresentam simetria radial.
   e) Filos com representantes móveis (de vida livre), como os *Mollusca* e os *Echinoderma*, apresentam um sistema ambulacral que auxilia na locomoção.

O que saber sobre os...

Características	Poríferos	Cnidários	Platelmintos	Nematódeos
Sistema digestório/digestão	• Filtradores. • Digestão intracelular.	• Cavidade gastrovascular (incompleta). • Digestão extra e intracelular. • Carnívoros predadores.	• **Vida livre:** digestão extra e intracelular. Tubo digestório incompleto. Carnívoros predadores ou não. • **Parasitas:** absorção do alimento digerido pelo hospedeiro ou de nutrientes do sangue do hospedeiro. Tênia: sem tubo digestório.	• **Vida livre:** digestão extra e intracelular. Tubo digestório completo (boca e ânus). Carnívoros e herbívoros. • **Parasitas:** alimentam-se dos tecidos ou do conteúdo intestinal do hospedeiro ou de nutrientes da linfa (filárias).
Respiração/trocas gasosas	• Difusão simples.	• Difusão pela superfície corporal.	• Difusão pela superfície corporal. • Parasitas: anaeróbios facultativos.	• Difusão pela superfície corporal.
Sistema circulatório/circulação		• Cavidade gastrovascular funciona na distribuição de alimentos.	• Intestino amplamente ramificado compensa ausência de sistema circulatório.	• Fluido que preenche o pseudoceloma atua também no transporte dos alimentos absorvidos pelo intestino.
Excreção	• Difusão de excretas nitrogenadas (NH$_3$).	• Difusão de excretas nitrogenadas (NH$_3$).	• Células-flama (protonefrídios) removem NH$_3$, sais e excesso de água.	• Células glandulares excretoras, canais excretores. • NH$_3$ (principalmente).

invertebrados?

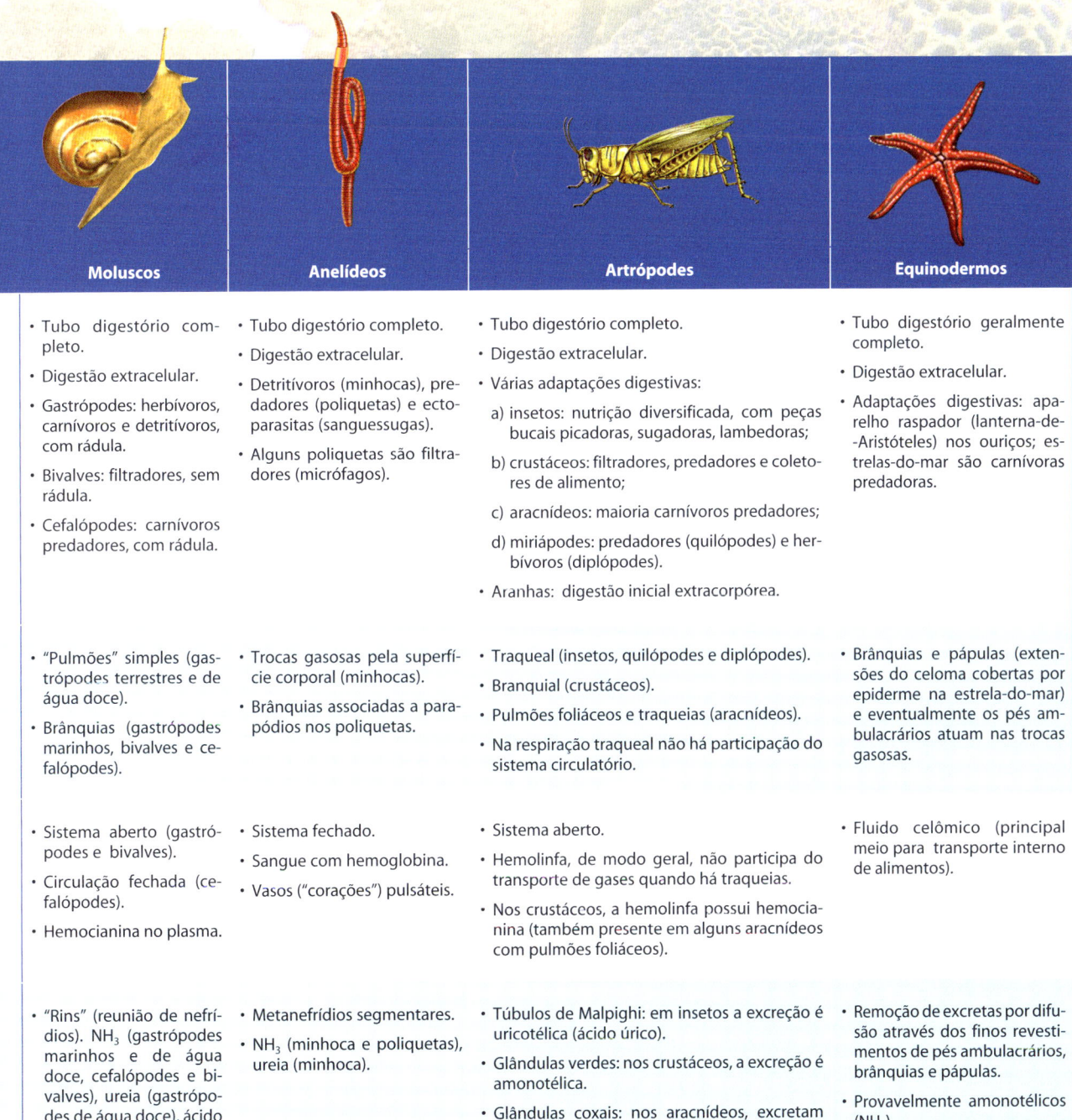

Moluscos	Anelídeos	Artrópodes	Equinodermos

• Tubo digestório completo.
• Digestão extracelular.
• Gastrópodes: herbívoros, carnívoros e detritívoros, com rádula.
• Bivalves: filtradores, sem rádula.
• Cefalópodes: carnívoros predadores, com rádula.
	• Tubo digestório completo.
	• Digestão extracelular.
	• Detritívoros (minhocas), predadores (poliquetas) e ectoparasitas (sanguessugas).
	• Alguns poliquetas são filtradores (micrófagos).
		• Tubo digestório completo.
		• Digestão extracelular.
		• Várias adaptações digestivas:
		  a) insetos: nutrição diversificada, com peças bucais picadoras, sugadoras, lambedoras;
		  b) crustáceos: filtradores, predadores e coletores de alimento;
		  c) aracnídeos: maioria carnívoros predadores;
		  d) miriápodes: predadores (quilópodes) e herbívoros (diplópodes).
		• Aranhas: digestão inicial extracorpórea.
			• Tubo digestório geralmente completo.
			• Digestão extracelular.
			• Adaptações digestivas: aparelho raspador (lanterna-de-Aristóteles) nos ouriços; estrelas-do-mar são carnívoras predadoras.

• "Pulmões" simples (gastrópodes terrestres e de água doce). • Brânquias (gastrópodes marinhos, bivalves e cefalópodes).	• Trocas gasosas pela superfície corporal (minhocas). • Brânquias associadas a parapódios nos poliquetas.	• Traqueal (insetos, quilópodes e diplópodes). • Branquial (crustáceos). • Pulmões foliáceos e traqueias (aracnídeos). • Na respiração traqueal não há participação do sistema circulatório.	• Brânquias e pápulas (extensões do celoma cobertas por epiderme na estrela-do-mar) e eventualmente os pés ambulacrários atuam nas trocas gasosas.
• Sistema aberto (gastrópodes e bivalves). • Circulação fechada (cefalópodes). • Hemocianina no plasma.	• Sistema fechado. • Sangue com hemoglobina. • Vasos ("corações") pulsáteis.	• Sistema aberto. • Hemolinfa, de modo geral, não participa do transporte de gases quando há traqueias. • Nos crustáceos, a hemolinfa possui hemocianina (também presente em alguns aracnídeos com pulmões foliáceos).	• Fluido celômico (principal meio para transporte interno de alimentos).
• "Rins" (reunião de nefrídios). NH_3 (gastrópodes marinhos e de água doce, cefalópodes e bivalves), ureia (gastrópodes de água doce), ácido úrico (gastrópodes terrestres).	• Metanefrídios segmentares. • NH_3 (minhoca e poliquetas), ureia (minhoca).	• Túbulos de Malpighi: em insetos a excreção é uricotélica (ácido úrico). • Glândulas verdes: nos crustáceos, a excreção é amonotélica. • Glândulas coxais: nos aracnídeos, excretam guanina e ácido úrico. • Nos miriápodes (túbulos de Malpighi), amônia e ácido úrico.	• Remoção de excretas por difusão através dos finos revestimentos de pés ambulacrários, brânquias e pápulas. • Provavelmente amonotélicos (NH_3).

Características	Poríferos	Cnidários	Platelmintos	Nematódeos
Sistema nervoso		• Rede nervosa difusa. • Estruturas sensoriais (equilíbrio, luz) na margem da umbrela das medusas.	• Cordões nervosos longitudinais, ventrais. • Cefalização. • Gânglios cerebroides. • Órgãos sensoriais (quimiorreceptores e receptores de luz).	• Cordões nervosos (dorsal e ventral) longitudinais. • Anel nervoso ao redor do esôfago.
Reprodução	• Regeneração. • Brotamento. • Gêmulas. • Reprodução sexuada: hermafroditas. • Fecundação interna. • Larvas: anfiblástula e estereoblástula.	• Regeneração. • Brotamento. • Reprodução sexuada: em muitos, metagênese. • Larva plânula.	• Fragmentação, regeneração (planária). • Reprodução sexuada: hermafroditas (tênia com autofecundação e planária com fecundação cruzada). • Sexos separados: esquistossomo. • Várias formas larvais nos parasitas.	• Reprodução sexuada: maioria de sexos separados. • Fecundação interna. • Várias formas larvais nos parasitas.
Simetria	• Assimétricos ou radiais.	• Radial.	• Bilateral.	• Bilateral.
Celoma/diferenciação do blastóporo		• Diblásticos.	• Triblásticos acelomados. • Protostômios.	• Triblásticos pseudocelomados. • Protostômios.
Lembrar	• Esponjas. • Filtradores (micrófagos). • Célula típica: coanócito.	• Célula típica: cnidócito. • Pólipo e medusa: formas corporais típicas. • Metagênese. • Hidra, água-viva, anêmona, corais.	• Célula-flama. • Planária, tênia, esquistossomo, equinococo. • Miracídio e cercária (esquistossomo). • Oncosfera e cisticerco (tênias).	• Ascáride, ancilóstomo, filariose, oxiurose.

Moluscos	Anelídeos	Artrópodes	Equinodermos
• Pares de gânglios (cabeça, pé e massa visceral). • Altamente desenvolvido nos cefalópodes, com olhos complexos.	• Ganglionar ventral. • Gânglios cerebroides dorsalmente à faringe, anel perifaríngeo. • Cordão nervoso ventral.	• Ganglionar ventral. • Nos insetos e crustáceos, semelhante ao dos anelídeos. • Nos aracnídeos, muitos gânglios fundidos, concentrados no cefalotórax.	• Pouco desenvolvido. • Anéis nervosos centrais e nervos radiais.
• Sexos separados (maioria) ou hermafroditas (gastrópodes terrestres e dulcícolas). • Fecundação interna ou externa. • Estádios larvais em bivalves, gastrópodes marinhos e grupos menores. • Em cefalópodes, o desenvolvimento é direto.	• Hermafroditismo (minhocas e sanguessugas), com desenvolvimento direto. • Sexos separados (poliquetas) com larva trocófora.	• Sexos geralmente separados. • Dimorfismo sexual. • Fecundação interna. • Desenvolvimento direto (alguns insetos, ametábolos). • Desenvolvimento indireto (insetos hemimetábolos e holometábolos). • Nos crustáceos, muitos tipos larvais com metamorfose. • Nos aracnídeos, ácaros e carrapatos, presença de formas jovens (ninfas).	• De modo geral, sexos separados. • Fecundação externa com desenvolvimento indireto (variados tipos de larvas).
• Bilateral.	• Bilateral.	• Bilateral.	• Pentarradial, como regra, na maioria dos adultos. • Larvas com simetria bilateral.
• Triblásticos celomados. • Protostômios.	• Triblásticos celomados. • Protostômios.	• Triblásticos celomados. • Protostômios.	• Triblásticos celomados. • Deuterostômios.
• Manto, massa visceral, concha, pé musculoso e rádula (exceto bivalves). • Ostra, marisco, mexilhão, caramujo, lesma, polvo, lula.	• Minhoca: clitelo, papo, moela, cecos intestinais, tiflossole, cerdas e húmus. • Poliquetas: parapódios, cerdas. • Sanguessuga: ventosas.	• Apêndices articulados. • Exoesqueleto de quitina. • **Divisão corporal:** a) insetos: cabeça, tórax, abdome; b) crustáceos e aracnídeos: cefalotórax e abdome; c) quilópodes: cabeça e tronco; d) diplópodes: cabeça, tórax, abdome. • **N.º de patas:** a) insetos: 3 pares; b) aracnídeos: 4 pares; c) crustáceos: 5 pares ou mais; d) miriápodes: várias. • **Antenas:** ausentes apenas nos aracnídeos. • **Quelíceras e pedipalpos:** presentes apenas nos aracnídeos. • **Asas:** apenas nos insetos.	• Ouriços, bolachas-da-praia, estrelas, pepinos, lírios-do-mar e ofiuroides. • Endoesqueleto calcário. • Sistema ambulacral (hidrovascular), pés ambulacrários; pápulas. • Pedicelárias.

Capítulo 24
Cordados

Montanha-russa da Flórida é inspirada em guepardo

Esta é para aqueles que gostam da adrenalina provocada pelas montanhas-russas. No final de maio de 2011, um parque temático da Flórida, nos Estados Unidos, inaugurou uma montanha-russa inspirada no animal terrestre mais rápido do mundo: o guepardo.

O guepardo, cujo nome científico é *Acinonyx jubatus*, é um felino que vive na África, em meio às savanas. Esses animais têm cerca de 2 m da cabeça à cauda, até 70 kg e um tempo médio de vida de 20 anos.

A Cheetah Hunt, nome do brinquedo que pode ser traduzido para o português como a "caça do guepardo", usa a moderna tecnologia dos trens-bala para arremessar os corajosos a velocidades superiores a 100 quilômetros por hora. Além da incrível velocidade, o traçado dessa montanha-russa, que também é uma das mais longas do mundo, foi desenvolvido em uma tentativa de simular os movimentos e as características do guepardo durante a caça a uma presa.

Além das tradicionais subidas e decidas, os três arranques prometem deixar os participantes com um friozinho na barriga. Mas as surpresas não param aí, os carrinhos ainda simulam o animal no topo das árvores ao subir uma rampa alta, e imitam uma perseguição e uma corrida do guepardo, que acontece em alta velocidade, com o carrinho mudando de direção diversas vezes, como se cortasse a savana africana atrás de uma presa.

Ficou com vontade de encarar uma aventura? Se não puder experimentar essa montanha-russa, aproveite para conhecer um pouco mais sobre os cordados, entre eles os mamíferos, como os guepardos, que serão o assunto deste capítulo.

Cachorro, sapo, jacaré, tartaruga, sardinha, tubarão, galinha e canário pertencem ao filo *Chordata* (cordados). Nós mesmos, seres humanos, também somos cordados. Fica fácil aprender as características de um grupo formado por seres tão familiares.

poríferos | cnidários | platelmintos | nematódeos | moluscos | anelídeos | artrópodes | equinodermos | **cordados**

CARACTERÍSTICAS E CLASSIFICAÇÃO DOS CORDADOS

Todo cordado apresenta, pelo menos em alguma fase da sua existência:

- **notocorda** situada ao longo do eixo mediano dorsal do animal;
- um **tubo nervoso** localizado dorsalmente, acima da notocorda;
- **fendas** situadas bilateralmente na faringe;
- **cauda pós-anal**, primariamente importante para a propulsão no meio aquático. Dela, apenas um vestígio – o *cóccix*, formado por um conjunto de pequenas vértebras no fim da coluna vertebral – restou nos seres humanos.

Nos grupos de invertebrados, as características morfológicas sempre foram definidas a partir do estudo de animais adultos. Nos cordados, no entanto, a caracterização do grupo deve ser procurada na fase embrionária. É nessa fase que todo cordado apresenta as quatro características típicas do grupo: *notocorda, tubo nervoso dorsal, fendas na faringe* e *cauda pós-anal* (veja a Figura 24-1). Na fase adulta dos vertebrados mais complexos, essas estruturas ou desaparecem, como é o caso da notocorda e das fendas na faringe, ou sofrem consideráveis modificações, como é o caso do tubo nervoso, que passa por uma grande expansão, levando à diferenciação do encéfalo e da medula espinhal.

> Os protocordados não possuem crânio, nem cartilagem, tampouco ossos.

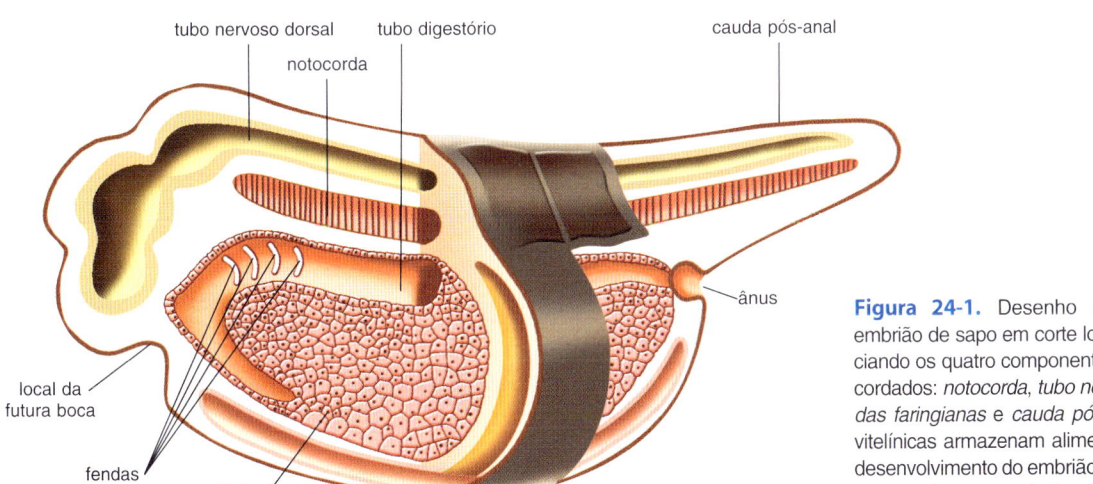

Figura 24-1. Desenho esquemático de embrião de sapo em corte longitudinal evidenciando os quatro componentes exclusivos dos cordados: *notocorda, tubo nervoso dorsal, fendas faringianas* e *cauda pós-anal*. As células vitelínicas armazenam alimento e garantem o desenvolvimento do embrião até o surgimento, no caso dos sapos, da fase larval, o girino.

Uma classificação satisfatória dos cordados consiste em agrupá-los em três subfilos: *Urochordata, Cephalochordata* e *Vertebrata* (ou *Craniata*). Os urocordados e cefalocordados também são conhecidos como **protocordados**.

Entre os **vertebrados**, os mais primitivos são os que possuem boca circular, não dotada de mandíbulas. Estes compõem o grupo dos vertebrados amandibulados ou **ágnatos** (do grego, *a* = ausência de + *gnathos* = maxila). Por possuírem boca circular, também são conhecidos por **ciclostomados** (do grego, *kúklos* = círculo + *stoma* = boca). Os exemplares mais conhecidos atualmente são as lampreias.

Nos vertebrados mais complexos, a boca possui mandíbulas. São os **gnatostomados**, que incluem dois grupos: o dos **peixes** – que, por sua vez, contém a classe dos peixes cartilaginosos e dos peixes ósseos – e o dos **tetrápodos** (do grego, *tetra* = quatro + *podos* = pés), assim chamados por possuírem apêndices locomotores pares (inclui os anfíbios, répteis, aves e mamíferos). Veja a Tabela 24-1 e a Figura 24-2.

Cordados **487**

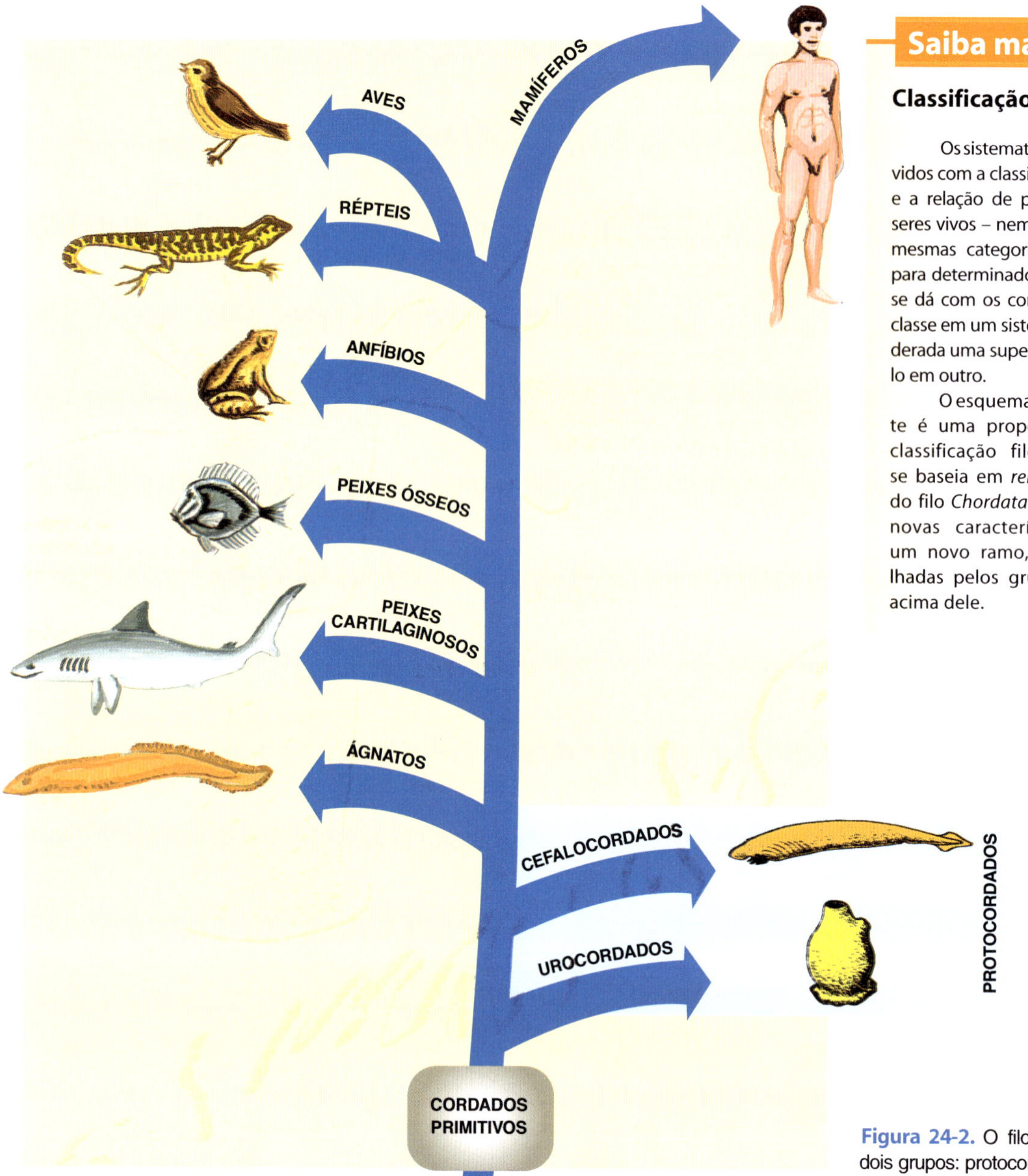

Figura 24-2. O filo dos cordados inclui dois grupos: protocordados e vertebrados.

Saiba mais

Classificação dos cordados

Os sistematas – cientistas envolvidos com a classificação (taxonomia) e a relação de parentesco entre os seres vivos – nem sempre adotam as mesmas categorias de classificação para determinado grupo e o mesmo se dá com os cordados. Assim, uma classe em um sistema pode ser considerada uma superclasse ou um subfilo em outro.

O esquema da página seguinte é uma proposta resumida de classificação filogenética – que se baseia em *relações evolutivas* – do filo *Chordata*. O surgimento de novas características determina um novo ramo, sendo compartilhadas pelos grupos que surgem acima dele.

Tabela 24-1. A divisão do filo *Chordata*.

Subfilo	Superclasse	Classe	Conhecidos como
Urochordata (Tunicata)			Urocordados (tunicados).
Cephalochordata			Cefalocordados.
Vertebrata (Craniata)	Agnatha.	Cyclostomata.	Ciclostomados.
	Gnathostomata.	Chondrichthyes.	Peixes cartilaginosos.
		Osteichthyes.	Peixes ósseos.
		Amphibia.*	Anfíbios.
		Reptilia.*	Répteis.
		Aves.*	Aves.
		Mammalia.*	Mamíferos.

* Anfíbios, répteis, aves e mamíferos formam o grupo dos tetrápodos.

SUBFILO *UROCHORDATA*

Também conhecidos como tunicados, nome que se deve ao envoltório do corpo, uma *túnica* espessa, de cuja composição química participa a *tunicina*, uma substância semelhante à celulose.

Os representantes mais conhecidos desse grupo são as ascídias, cordados marinhos que podem viver isolados ou formando colônias. Uma das formas isoladas muito encontrada nas praias brasileiras lembra, no adulto, um pedaço de piche de aproximadamente 8 cm de altura, preso por uma de suas extremidades ao substrato (rochas, cascos de navios etc.).

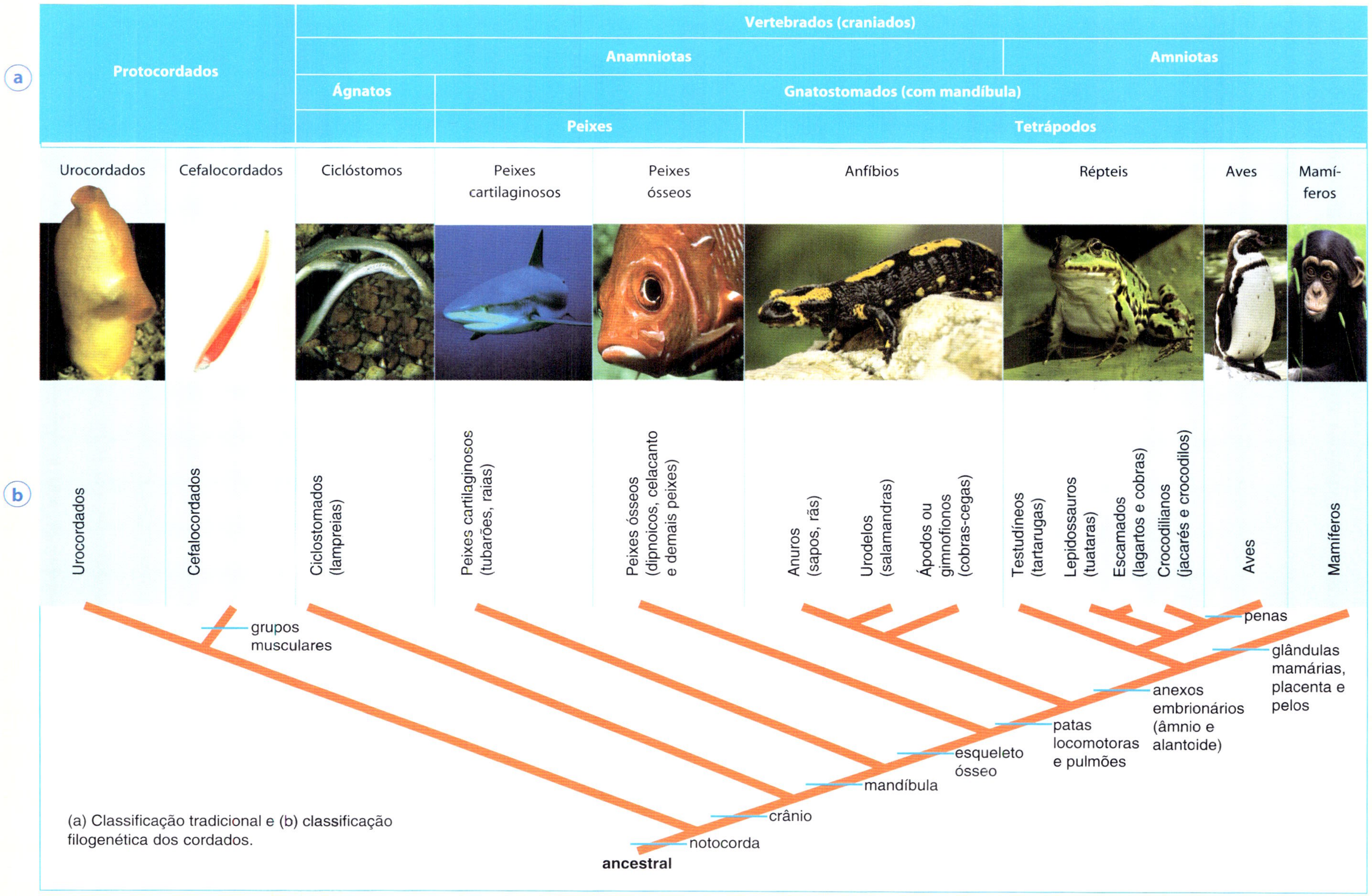

Protocordados		Vertebrados (craniados)								
		Ágnatos	Gnatostomados (com mandíbula)							
			Anamniotas				Amniotas			
			Peixes			Tetrápodos				
Urocordados	Cefalocordados	Ciclóstomos	Peixes cartilaginosos	Peixes ósseos	Anfíbios		Répteis		Aves	Mamíferos

(a) Classificação tradicional e (b) classificação filogenética dos cordados.

- Urocordados
- Cefalocordados — grupos musculares
- Ciclostomados (lampreias)
- Peixes cartilaginosos (tubarões, raias)
- Peixes ósseos (dipnoicos, celacanto e demais peixes)
- Anuros (sapos, rãs)
- Urodelos (salamandras)
- Ápodos ou gimnofionos (cobras-cegas)
- Testudíneos (tartarugas)
- Lepidossauros (tuataras)
- Escamados (lagartos e cobras)
- Crocodilianos (jacarés e crocodilos)
- Aves
- Mamíferos

notocorda — crânio — mandíbula — esqueleto ósseo — patas locomotoras e pulmões — anexos embrionários (âmnio e alantoide) — penas — glândulas mamárias, placenta e pelos

ancestral

Cordados **489**

Observe na Figura 24-3 a existência de dois orifícios. O primeiro, o **sifão inalante**, permite o ingresso de água trazendo oxigênio e partículas alimentares que ficam retidas na faringe perfurada por fendas. Por batimento ciliar, o alimento é levado da faringe ao estômago. A água que entrou no animal sai pelo segundo sifão, o **sifão exalante**, levando os produtos de excreção. São, portanto, animais filtradores.

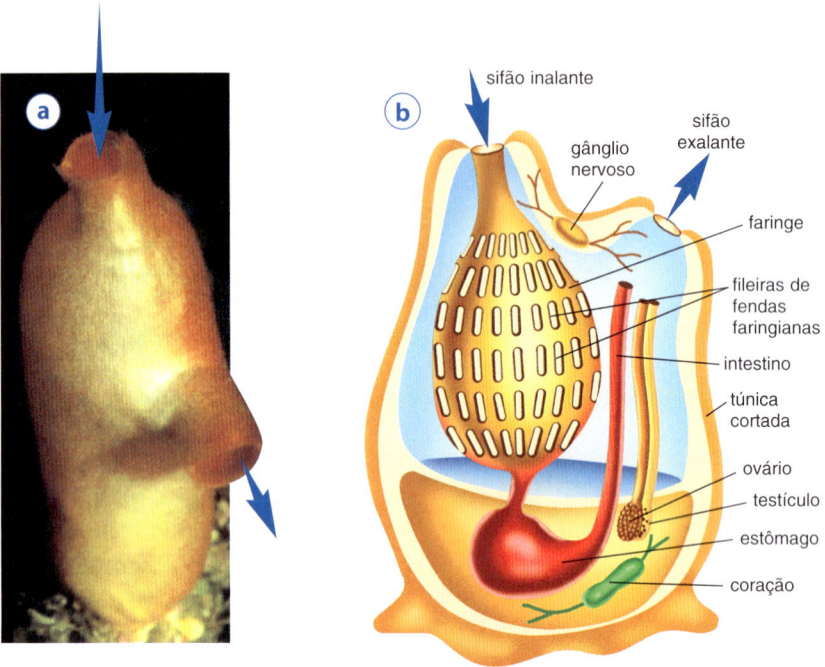

Figura 24-3. Em (a), foto de *Ascidia sp.* Em (b), esquema de *Ascidia* aberta, evidenciando a circulação de água a partir do sifão inalante, atravessando a cesta branquial e saindo pelo sifão exalante.

As ascídias são hermafroditas. A fecundação é externa. Os gametas são levados pela água através do sifão exalante. Os ovos fertilizados geram larvas, de pequeno tamanho.

Consulte a Figura 24-4 e observe que a larva apresenta todas as características de um cordado. Uma característica marcante dessa fase é que a larva se assemelha bastante às larvas (girinos) de sapos e rãs (veja a Figura 24-5), o que sugere forte parentesco com os vertebrados.

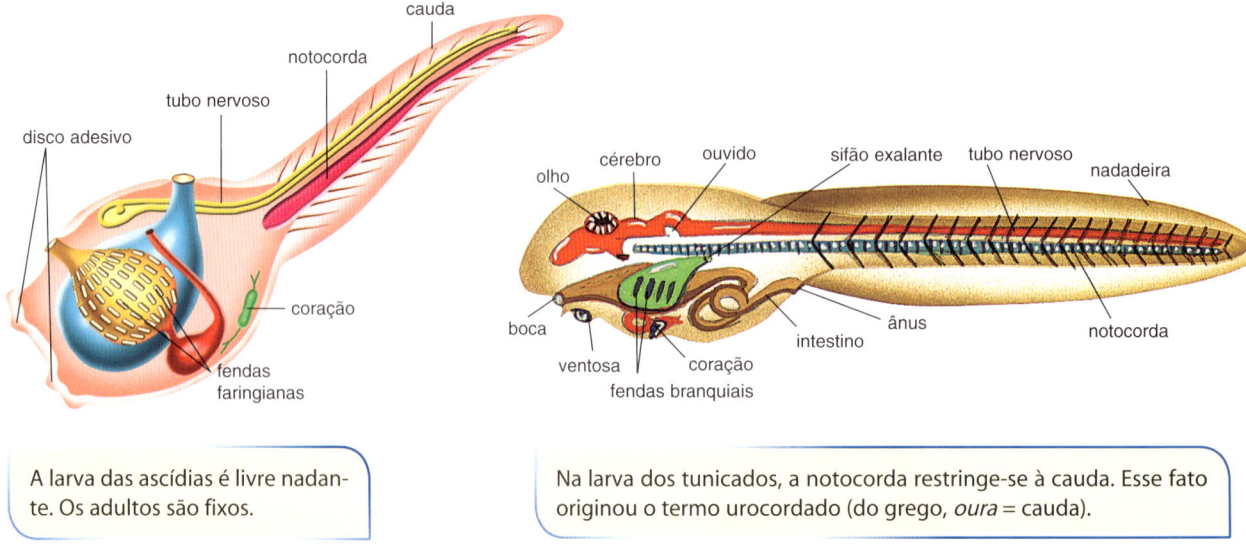

A larva das ascídias é livre nadante. Os adultos são fixos.

Na larva dos tunicados, a notocorda restringe-se à cauda. Esse fato originou o termo urocordado (do grego, *oura* = cauda).

Figura 24-4. Larva de ascídia. A notocorda se restringe à cauda.

Figura 24-5. Larva (girino) de sapo, evidenciando características semelhantes à larva dos tunicados.

SUBFILO *CEPHALOCHORDATA*

O anfioxo é o principal representante desse subfilo. Esse animal mede aproximadamente 5 cm, possui a aparência perfeita de um pequeno peixe, é achatado lateralmente e pode ser encontrado entre os grãos de areia grossa de algumas praias brasileiras.

A extremidade anterior não possui cabeça diferenciada. Nela, destacam-se os chamados **cirros bucais**, uma espécie de "peneira" na região da boca cuja função é filtrar partículas de alimento contidas na água (veja a Figura 24-6). Não possui apêndices locomotores, mas finas expansões, as chamadas **nadadeiras dorsal**, **caudal** e **ventral**, auxiliares da locomoção. O ânus abre-se próximo da extremidade posterior. Por transparência, veem-se pacotes musculares segmentares, de cada lado do corpo, e na região ventral de ambos os lados veem-se as gônadas.

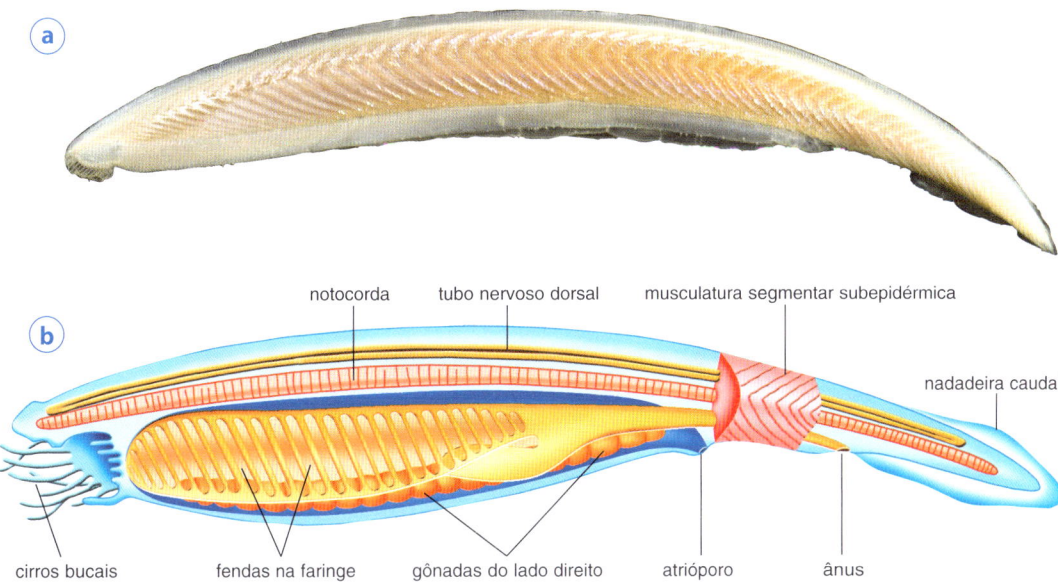

Figura 24-6. (a) Foto e (b) aspecto esquemático de anfioxo, um cefalocordado.

São animais filtradores. A água, contendo partículas alimentares e oxigênio, penetra pela boca, passa pelas fendas da faringe onde o alimento é retido e sai pelo **atrióporo**, uma abertura na região ventral do anfioxo, levando os produtos de excreção. A notocorda estende-se da extremidade anterior até a cauda. Por esse motivo, esse animal é classificado no grupo dos **cefalocordados**, ou seja, *com notocorda na "cabeça"* (do grego, *kephalé* = cabeça). É discutível o papel da notocorda como eixo de sustentação.

SUBFILO *CRANIATA* OU *VERTEBRATA*

Os cordados vertebrados apresentam uma série de avanços com relação aos protocordados: massa encefálica protegida por uma caixa craniana e uma coluna segmentada em vértebras. O subfilo *Vertebrata* possui aproximadamente 40.000 espécies vivas e é o maior subfilo dos *Chordata*.

A abordagem que faremos será preferencialmente relacionada às adaptações que neles existem e que favorecem a sua sobrevivência nos diversos meios em que são encontrados.

Ágnatos ou Ciclostomados: "Peixes" Primitivos e sem Mandíbulas

Atualmente, os vertebrados aquáticos mais primitivos são os **ciclostomados**, representados principalmente pelas lampreias, não encontradas em nosso meio. São alongados, de corpo vermiforme, cujo comprimento alcança quase um metro. Possuem nadadeiras ímpares, e o número de fendas branquiais é reduzido, de 6 a 14 pares. O esqueleto é formado por uma coluna vertebral com peças cartilaginosas simples circundando a notocorda que, nesses animais, persiste a vida toda. O encéfalo é pequeno e não possui as subdivisões comuns nos vertebrados.

As lampreias são ectoparasitas, adaptação alimentar rara entre os vertebrados. Vivem grudadas em outros peixes. A boca, desprovida de mandíbulas, é circular e funciona como ventosa.

Pequenos dentes existentes na boca e na língua raspam a pele do peixe que parasitam e permitem que se alimentem de sangue e tecidos da vítima. Uma substância anticoagulante impede a coagulação do sangue. Muitos prejuízos têm sido causados por lampreias que parasitam peixes, notadamente na região dos Grandes Lagos dos Estados Unidos.

Os sexos são separados. A fecundação é externa. Existe a fase larval (**larva amocetes**) que, ao contrário dos adultos, faz escavações no solo lodoso de lagos e oceanos e se alimenta de detritos.

(a) Lampreias e (b) detalhe de sua boca circular.

> ### Saiba mais
>
> #### Os gnatostomados
>
> Há evidências fósseis de que os peixes mais antigos são primitivos ágnatos, conhecidos como **ostracodermos**, assim chamados por seu esqueleto em forma de concha (do grego *ostrakon* = concha), que teriam surgido a partir de cordados sem vértebras, há 500 milhões de anos. Só posteriormente é que teriam surgido as lampreias, hoje representadas por poucas espécies.
>
> No final do período Devoniano, também chamado de *Período dos Peixes*, há cerca de 400 milhões de anos, os ostracodermos se extinguiram. A partir deles, provavelmente surgiram peixes mais complexos, os **placodermos**, dotados de mandíbulas e nadadeiras pares. Os placodermos foram os primeiros vertebrados **gnatostomados** (do grego, *gnathos* = maxila + *stoma* = boca). Deles se originaram todos os peixes atuais e os tetrápodos.

Condrictes: Os Peixes Cartilaginosos

Os peixes cartilaginosos (classe *Chondrichthyes*) são vertebrados dotados de **mandíbulas**, fortes peças forradas de dentes que habilitam os seus portadores a recorrer a uma variedade maior de alimentos, tanto no tamanho quanto na qualidade. Essa característica, associada à maior mobilidade devida à ação de grupos musculares segmentares distribuídos ao longo do corpo, favorece a atividade predatória que passa a ser comum à maioria dos vertebrados.

Tubarões, cações e raias são os representantes mais conhecidos dessa classe de peixes, encontrados principalmente nos mares. Poucas espécies foram bem-sucedidas na água doce, como é o caso de algumas raias da região amazônica. Várias características revelam o aumento de complexidade dos peixes cartilaginosos em relação aos ciclostomados (veja a Figura 24-7):

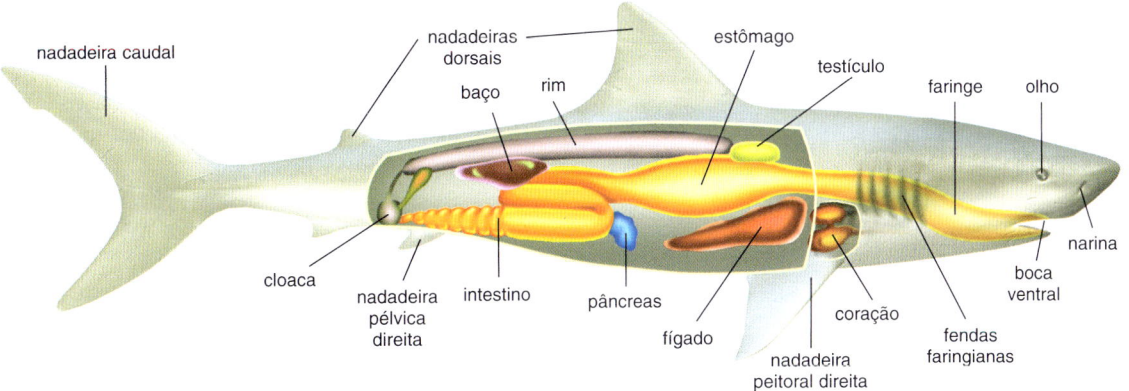

Figura 24-7. Esquema de tubarão evidenciando a boca ventral e as cinco fendas faringianas do lado direito.

- *O esqueleto é inteiramente cartilaginoso.*
- O tubo nervoso, bem desenvolvido, apresenta um *encéfalo protegido pelo crânio.*
- *A natação torna-se mais ágil*, não só por causa dos grupos musculares segmentares, existentes ao longo do corpo, mas porque passam a existir nadadeiras pares, peitorais e pélvicas, que agilizam a movimentação do peixe, dando a ele uma impulsão, inexistente nos ciclostomados. Uma nadadeira caudal, cujas porções dorsal e ventral são diferentes em tamanho, favorece rápidas mudanças de direção.
- A pele é revestida por diminutas **escamas placoides** de estrutura semelhante à dos nossos dentes, que possuem origem dermoepidérmica (veja a Figura 24-8). O esmalte tem origem epidérmica; a dentina e a polpa são formadas pela derme.
- *A boca é ventral e as fendas faringianas estão reduzidas a cinco pares.* As trocas gasosas respiratórias ocorrem nas brânquias, constantemente oxigenadas pela água que ingressa na boca e flui em direção às fendas.

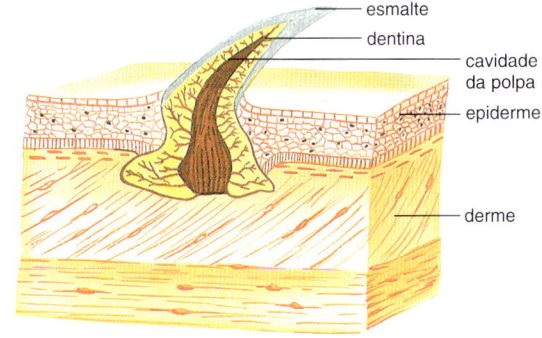

Figura 24-8. Escama placoide de tubarão. É dermo-epidérmica e possui a estrutura de um dente.

A nadadeira caudal do tubarão não é simétrica! Por isso diz-se que ela é **heterocerca**. Sua porção superior é maior que a inferior.

Nos peixes, a circulação é simples e completa. O coração é dotado de duas câmaras: **um átrio** e **um ventrículo**.

- A circulação é **simples** e **completa**: simples, porque o sangue passa apenas uma vez pelo coração, a cada ciclo de circulação, e completa porque o sangue rico em oxigênio não se mistura com o que contém grande quantidade de gás carbônico (veja a Figura 24-9).

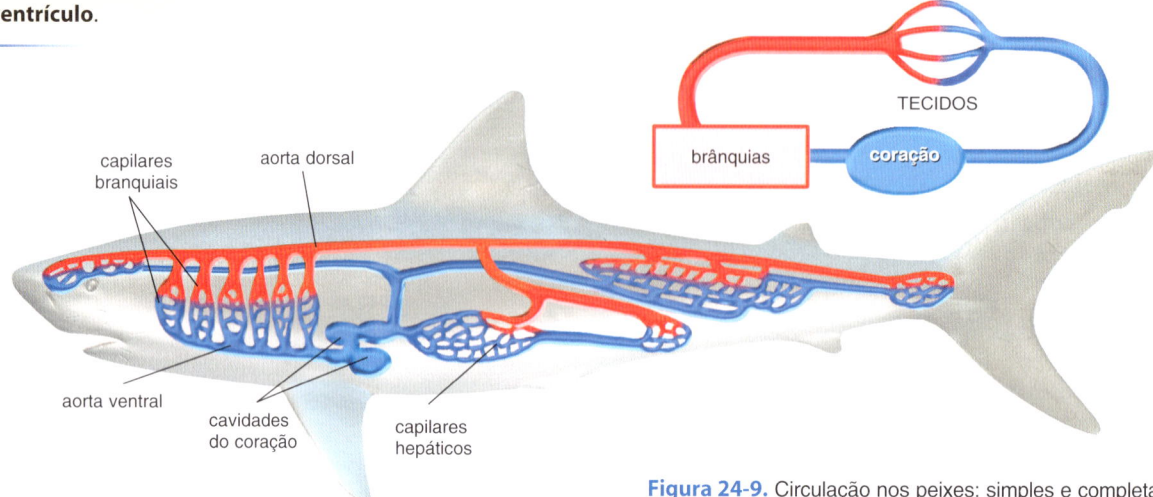

Figura 24-9. Circulação nos peixes: simples e completa.

- A *circulação é fechada, como em todos os vertebrados*. O sangue circula o tempo todo no interior de vasos. As trocas de alimentos, gases e excretas entre o sangue e os tecidos são efetuadas pelas paredes de finíssimas ramificações de vasos, os *capilares sanguíneos*.
- São heterotermos: a temperatura corporal oscila de acordo com a variação da temperatura do ambiente.
- Na cabeça dos condrictes veem-se inúmeros pontinhos escuros onde se situam as chamadas **ampolas de Lorenzini**, que adaptam esses peixes à percepção de correntes elétricas de baixa intensidade, geradas pelas contrações musculares de outros animais, facilitando sua captura.

JEFFREY L. ROTMAN/CORBIS/STOCK PHOTOS

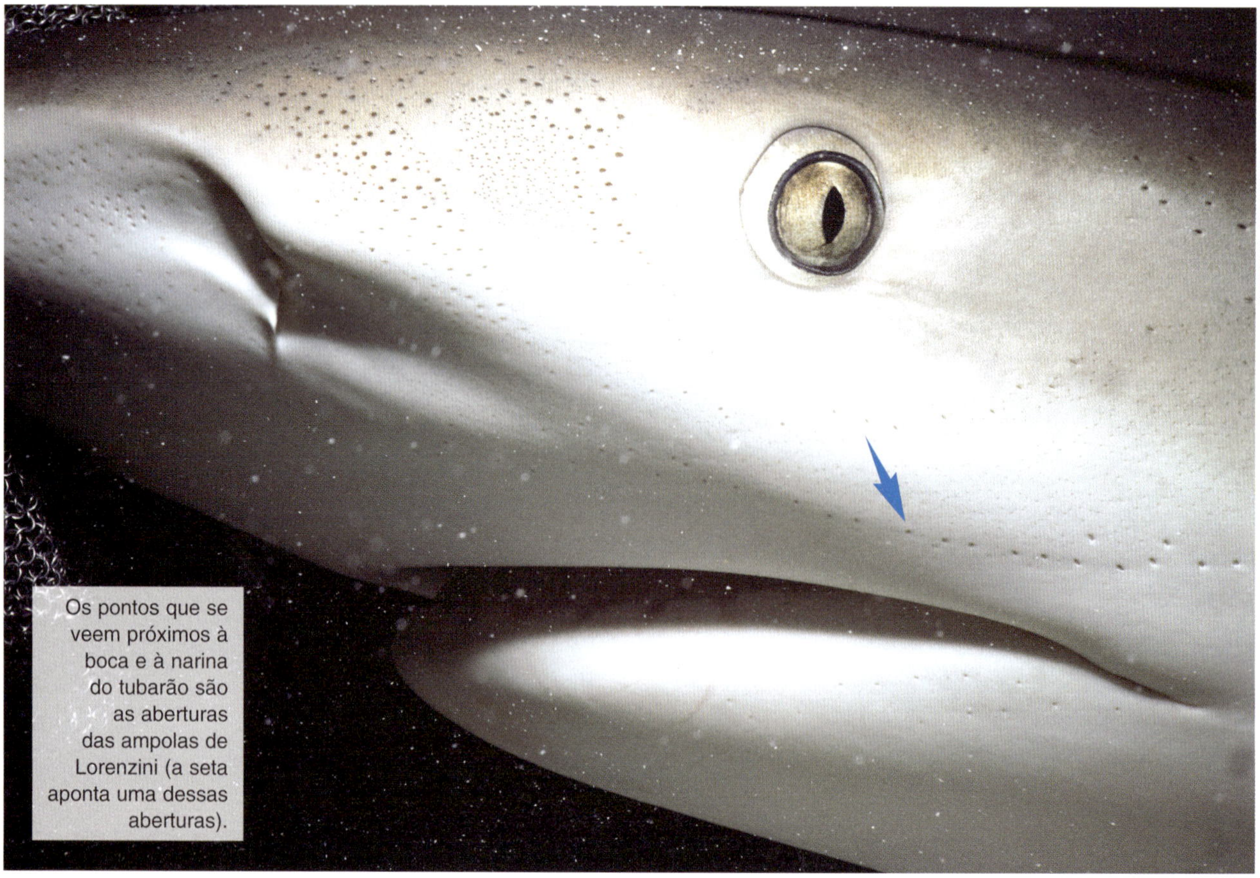

Os pontos que se veem próximos à boca e à narina do tubarão são as aberturas das ampolas de Lorenzini (a seta aponta uma dessas aberturas).

- Presença de *linha lateral*: inúmeros orifícios por onde a água penetra e que captam os estímulos do meio e os encaminham a nervos conectados ao encéfalo. Seu nome deriva de sua localização nas laterais do animal, embora não forme uma linha definida como nos peixes ósseos.
- *Os sexos são separados*. A fecundação é interna e facilitada pela existência de um órgão copulador no macho, o **clásper**, na verdade um prolongamento de cada uma das nadadeiras pélvicas. O desenvolvimento embrionário pode ocorrer no interior de um ovo, nas espécies ovíparas, ou no interior do corpo materno, nas espécies ovovivíparas. Há casos de viviparidade, em que o desenvolvimento do embrião ocorre preso ao oviduto e nutrido por meio de uma estrutura semelhante à placenta dos mamíferos. Porém, não se trata de uma placenta verdadeira, esta exclusiva dos mamíferos placentários.

Saiba mais

A regulação da temperatura corporal

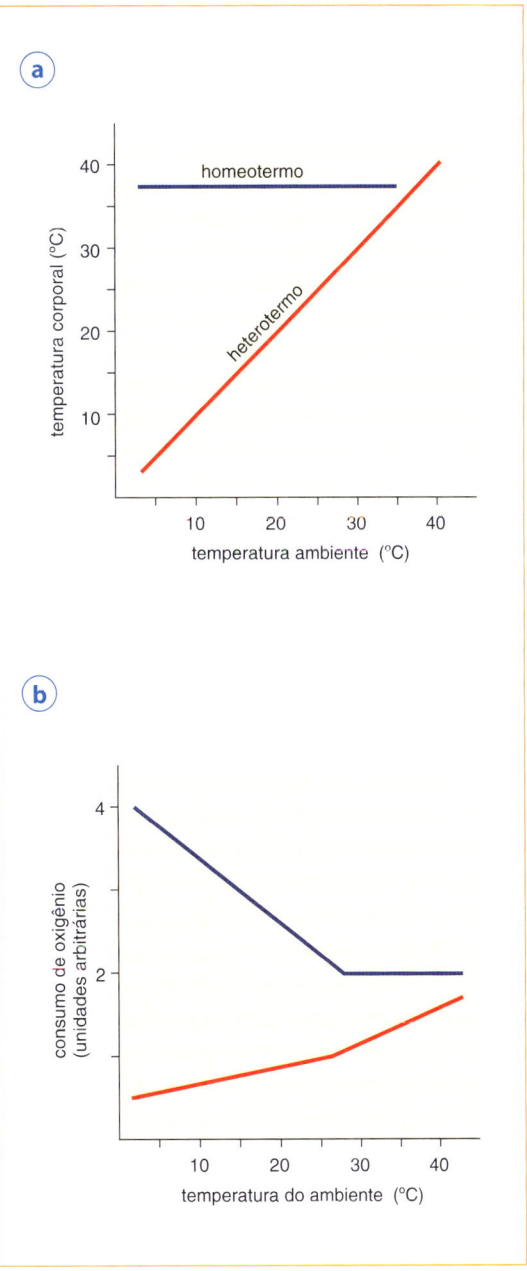

Nos homeotermos (de *homoios* = o mesmo), também chamados de "animais de sangue quente", a temperatura corporal permanece praticamente a mesma, a despeito de ocorrerem variações na temperatura ambiental. Enquadram-se nessa categoria as aves e os mamíferos. Nos heterotermos, também chamados de pecilotermos (de *poikilo* = variável), ou "animais de sangue frio", a temperatura corporal varia em função da variação da temperatura do meio. Nesse caso, incluem-se os peixes, os anfíbios, os répteis e os invertebrados.

Atualmente, prefere-se o uso dos termos *endotermo* e *ectotermo*, ao se referir à regulação da temperatura corporal dos vertebrados. Nos endotermos (aves e mamíferos), a manutenção da temperatura corporal depende em grande parte da produção metabólica de calor, por meio da oxidação de alimentos. Nos ectotermos (principalmente peixes, anfíbios e répteis), por outro lado, a maior parcela de calor provém de fontes externas. É o que acontece, por exemplo, com muitos lagartos que permanecem horas com o corpo exposto ao sol. Utilizando-se essa nova conceituação, a origem da fonte do calor necessário para manter o corpo aquecido é a maior diferença existente entre endotermos e ectotermos.

Neste livro, continuamos a utilizar os termos homeotermos e heterotermos, mas fique atento a textos que recorram à nova conceituação.

Pode-se representar graficamente a resposta à temperatura ambiental. No gráfico (a), relaciona-se temperatura do corpo em função da temperatura ambiental. Em (b), a relação é feita entre o consumo de oxigênio e a variação da temperatura do meio. Nesse caso, note que, nos heterotermos, o consumo de oxigênio aumenta à medida que cresce a temperatura ambiental. Nos homeotermos, o consumo é maior em temperaturas menores, em função de ser necessária a geração de energia metabólica para manter constante a temperatura corporal. Note, porém, que há diminuição do consumo de oxigênio à medida que a temperatura ambiental aumenta, até certo limite a partir do qual o consumo de oxigênio passa a ser constante. Esse ponto, em que a geração de energia para a regulação da temperatura corporal atinge um valor mínimo, é conhecido como zona de neutralidade térmica.

Osteíctes: Os Peixes Ósseos

Os peixes ósseos (classe *Osteichthyes*) são hoje representados por diversas espécies que habitam tanto os mares quanto a água doce. Essa classe pode ser dividida em duas subclasses:

- *Sarcopterygii* (do grego, *sarkós* = carne + *pterúgion* = barbatana) – peixes ósseos conhecidos como peixes de nadadeiras lobadas, típicas dos *dipnoicos* (peixes pulmonados) e dos *actinístias*, representados pelos celacantos; e
- *Actinopterygii* (do grego, *aktis* = raio + *pterúgion* = barbatana) – peixes ósseos que possuem nadadeiras raiadas, características dos demais peixes conhecidos.

São as mais diversas as cores dos peixes ósseos atuais e suas nadadeiras raiadas.

Saiba mais

Piramboias, os nossos "peixes pulmonados"

Peixes *dipnoicos* (do grego, *di* = duas + *pnoé* = respiração), também chamados de *peixes pulmonados*, são os atualmente representados por gêneros encontrados na África (*Protopterus*), na Austrália (*Neoceratodus*) e na América do Sul (*Lepidosiren*). A esse último gênero pertencem as piramboias, encontradas principalmente na Amazônia, na Ilha de Marajó e no delta do Paraná. O corpo é alongado, de cerca de 1,20 m de comprimento, coberto de pequenas escamas e alimentam-se predominantemente de moluscos. Em condições de seca, introduzem-se na lama, a uma profundidade de até 50 cm, enrolam-se e produzem um muco que origina uma espécie de "casulo" protetor, assim permanecendo por cerca de 5 a 6 meses. Nesse período, obtêm o oxigênio diretamente do ar por meio de um "pulmão" primitivo e consomem as reservas acumuladas durante a estação favorável. Em meio aquático, a respiração "pulmonar" ocorre simultaneamente com a branquial (que parece não ser tão eficiente na obtenção de oxigênio), principalmente quando os animais atingem a superfície da água. Na reprodução, os ovos são postos em ninhos construídos na lama, a uma profundidade de 25 cm. Cabe aos machos o papel de vigiar os ovos e cuidar dos filhotes recém-nascidos (alevinos).

Piramboia.

Celacanto, um fóssil vivo?

Celacanto.

Em 1938, o pesquisador J. L. B. Smith anunciou a descoberta, nos mares da África do Sul, do **celacanto**, um tipo de peixe que se supunha extinto desde o Eoceno, há 70 milhões de anos. O peixe foi denominado de *Latimeria chalumnae*, em homenagem a uma aluna (de sobrenome Latimer) do pesquisador. Posteriormente, outros exemplares – de tamanho variando entre 75 cm a 2 m e pesando de 13 a 80 quilos – foram capturados no Arquipélago de Comoro, em Madagascar e em Moçambique. Vivem em grandes profundidades, são fortes, agressivos, de cor azul acinzentada e são predadores de peixes e cefalópodes. A fecundação supostamente é interna (não se sabe ainda como ocorre a cópula, uma vez que os machos não possuem órgão especializado para essa função) e tudo leva a crer que sejam vivíparos.

Discute-se atualmente sobre a importância desses peixes – para muitos pesquisadores, são verdadeiros "fósseis vivos" – na evolução dos outros grupos de vertebrados. A razão para isso é que possuem características que se assemelham à dos peixes cartilaginosos, outras lembram as encontradas nos dipnoicos e algumas se relacionam às existentes nos actinopterígios. Muitos pesquisadores admitem que os celacantos constituam um grupo irmão da linhagem que originou os peixes pulmonados e os tetrápodos.

Com relação aos peixes cartilaginosos, os peixes ósseos apresentam as seguintes diferenças:

- *A boca é terminal* e as fendas branquiais, agora em número de quatro pares, não mais se exteriorizam. São protegidas por uma placa óssea, o **opérculo**, que protege a câmara branquial, onde se localizam as guelras (brânquias). Veja a Figura 24-10.

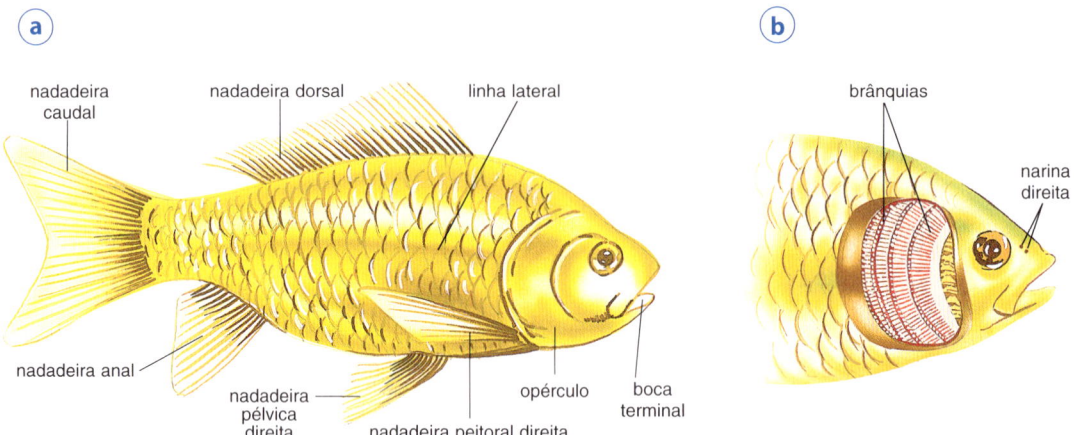

Figura 24-10. (a) Características externas de peixe ósseo: opérculo, nadadeiras e boca terminal. (b) Opérculo removido expondo as brânquias.

- *A pele quase sempre tem escamas de origem dérmica e é lubrificada com muco que facilita o deslocamento na água, ao promover a diminuição do atrito.*
- *Apresentam linha lateral.* Além da visão e da olfação, extremamente apuradas nesses seres vivos, também as variações de pressão da água e pequenas vibrações são captadas por um eficiente mecanismo sensorial localizado nas **linhas laterais**. Cada linha lateral é constituída de inúmeros orifícios enfileirados, com acesso a terminações nervosas, que captam os estímulos do meio e os encaminham a nervos conectados ao encéfalo (veja a Figura 24-11).

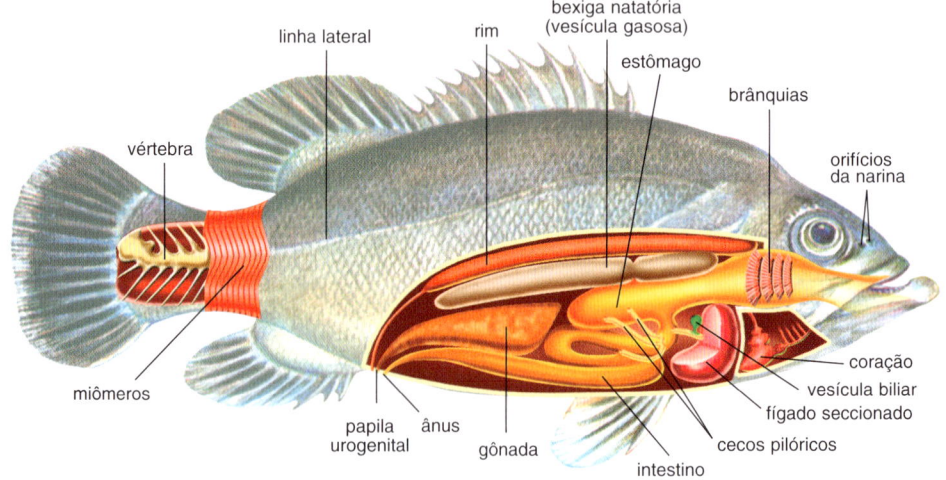

Figura 24-11. Peixe ósseo aberto. Note uma linha lateral estendendo-se até a cauda.

- *A circulação é fechada,* como nos peixes cartilaginosos, *e completa.* O coração possui duas cavidades: um átrio e um ventrículo.
- *O esqueleto ósseo é formado pelo crânio, protetor do encéfalo, e pela coluna vertebral.*
- *Vesícula gasosa*: dorsalmente ao tubo digestório, na porção anterior, nota-se uma bolsa cheia de gases, a **bexiga natatória**, também denominada de **vesícula gasosa**. É um órgão de equilíbrio hidrostático: por meio dela, o peixe pode ajustar a sua posição na água, permanecendo em equilíbrio e ficando praticamente parado, em diferentes profundidades. A secreção de gases, principalmente oxigênio, é efetuada por uma rede de capilares sanguíneos localizada na parede interna da vesícula gasosa (veja a Figura 24-12).
- São heterotermos, a exemplo dos peixes cartilaginosos.

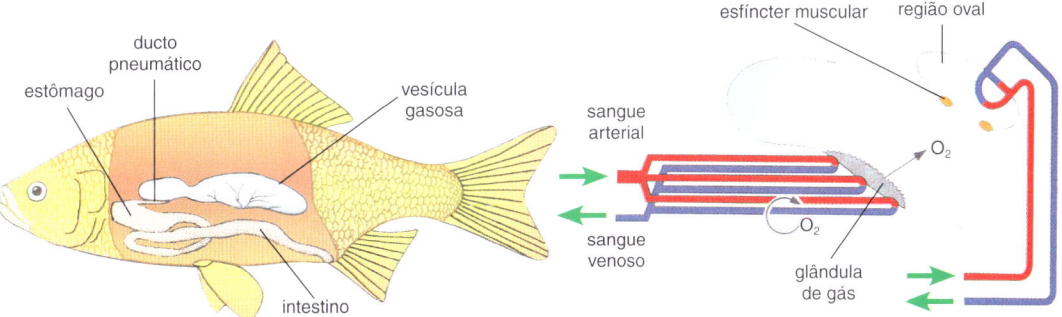

Figura 24-12. Vesícula gasosa de peixes ósseos. A glândula de gás "secreta" gases para o interior da vesícula. A região oval favorece a entrada de oxigênio no sangue.

A ciência por trás do fato!

É verdade que comer peixe regularmente faz bem para o cérebro?

Quando criança, todos nós cansamos de ouvir nossas mães insistirem para comermos peixe. De maneira geral, as crianças já não são muito fãs dos pescados, mas, prevendo a situação, as mães já têm uma explicação pronta (que vem de muitas gerações) para estimular seus filhos: comer peixe faz bem para o cérebro. Mas será que isso é exagero de mãe ou realmente é verdade?

As pesquisas têm mostrado que o hábito de comer peixes realmente faz bem à saúde, e não só ao cérebro. Os peixes são alimentos ricos em proteínas, ômega 3, vitaminas e minerais. O ômega 3 é um ácido graxo com funções variadas em nosso organismo. Sabe-se que ele atua na prevenção de infartos, pode auxiliar no combate ao câncer e é importantíssimo para o bom funcionamento da retina e do cérebro.

Uma dieta rica em peixes, principalmente os de águas salgadas e frias, como atum, salmão, arenque e bacalhau, ajuda a manter a memória em dia, retarda o declínio mental relacionado ao avanço da idade e reduz o risco de mal de Alzheimer e de derrames.

Anfíbios: O Início da Conquista do Meio Terrestre

Os anfíbios não são encontrados no ambiente marinho, apenas na água doce e em ambiente terrestre. O nome do grupo, anfíbios (do grego, *amphi* = = dos dois lados + *bios* = vida), foi dado em razão de a maioria de seus representantes possuir a fase larval aquática e de respiração branquial (lembre-se dos girinos) e uma fase adulta, de respiração pulmonar e cutânea, que habita o meio terrestre úmido. São heterotermos, como os peixes.

Qualquer um de nós é capaz de lembrar dos locais em que sapos, rãs e pererecas são encontrados – brejos, lagos, córregos e mesmo no interior de banheiros úmidos das casas de praia, de sítios e de chácaras.

Alguns representantes dos anfíbios atuais: (a) perereca, (b) rã, (c) salamandra e (d) cobra-cega.

> **Saiba mais**
>
> **Classificação dos anfíbios**
>
> Os sapos, as rãs e as pererecas são anfíbios que pertencem à ordem dos **anuros**, assim chamados por não possuírem cauda na fase adulta (do grego, *a* = ausência de + *oura* = cauda).
>
> Na Terra atual, duas outras ordens de anfíbios são comuns: a dos **urodelos** (do grego, *oura* = cauda + *delos* = aparente) e a dos **ápodos** (do grego, *a* = ausência de + *podós* = pés).

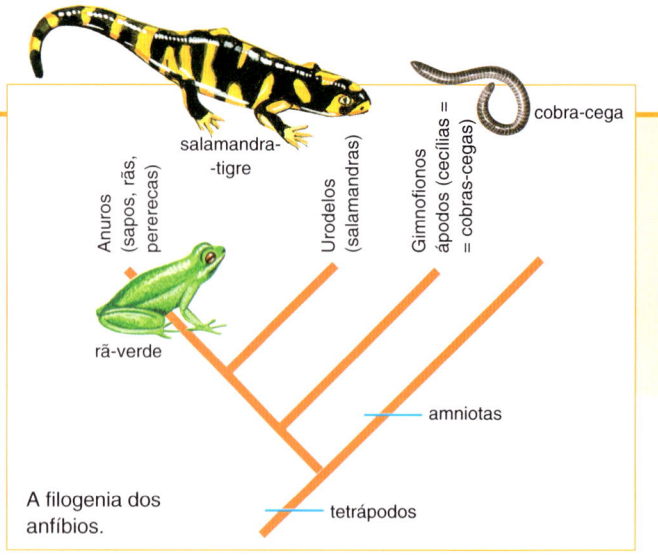

A filogenia dos anfíbios.

As trocas gasosas: pulmões simples e pele

Os anfíbios adultos precisam viver perto da umidade: sua pele é fina e pobremente queratinizada, muito sujeita à perda de água. Uma delgada epiderme, dotada de inúmeras glândulas mucosas, torna a pele úmida e lubrificada, constituindo-se em um importante órgão respiratório (veja a Figura 24-13).

> Queratina é uma proteína da pele de vertebrados terrestres.

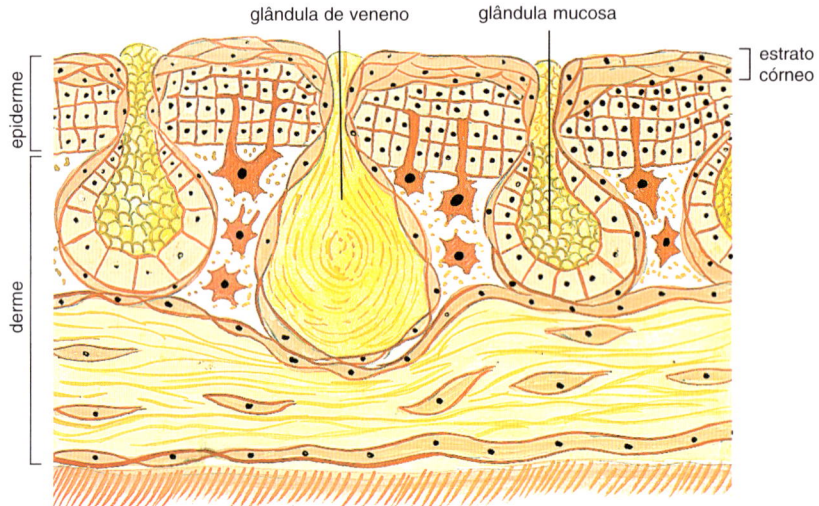

Figura 24-13. Corte transversal da pele de sapo, mostrando a pequena espessura da epiderme e as glândulas mucosas e de veneno.

Nos sapos, os pulmões são extremamente simples, equivalem a dois "sacos" de pequeno volume e de pequena superfície de trocas gasosas (veja a Figura 24-14). Essa característica é que aumenta a importância da pele como órgão respiratório.

A circulação: dupla e incompleta

O coração apresenta três cavidades: dois átrios (um direito e um esquerdo) e um ventrículo. O sangue venoso, pobre em O_2, penetra no átrio direito. Sangue arterial, rico em O_2, vindo dos pulmões, penetra no átrio esquerdo. Os dois tipos de sangue passam para o único ventrículo onde se misturam, ainda que parcialmente (veja a Figura 24-15). Do ventrículo, o sangue é bombeado para um tronco arterial (conjunto de vasos) que distribui sangue para a cabeça, tronco e pulmões. A circulação é **dupla** e **incompleta**: dupla, porque o sangue passa duas vezes pelo coração a cada ciclo de circulação; incompleta, porque o ventrículo é único e nele os sangues arterial e venoso se misturam.

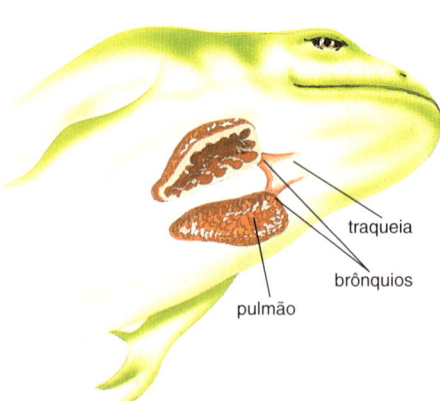

Figura 24-14. Os pulmões do sapo apresentam pequena superfície interna para as trocas gasosas, o que é compensado pela importância das trocas respiratórias que ocorrem na pele.

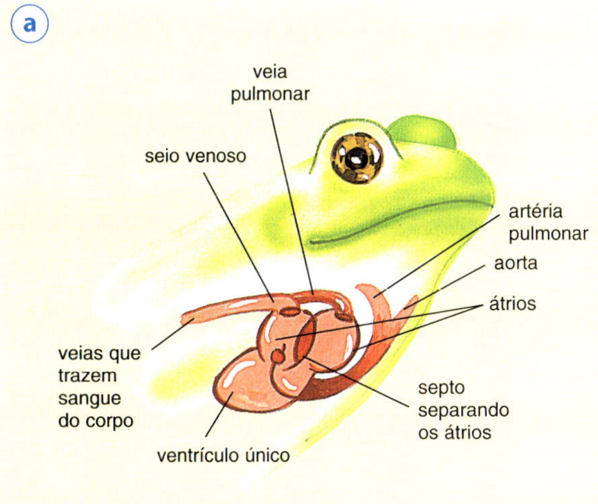

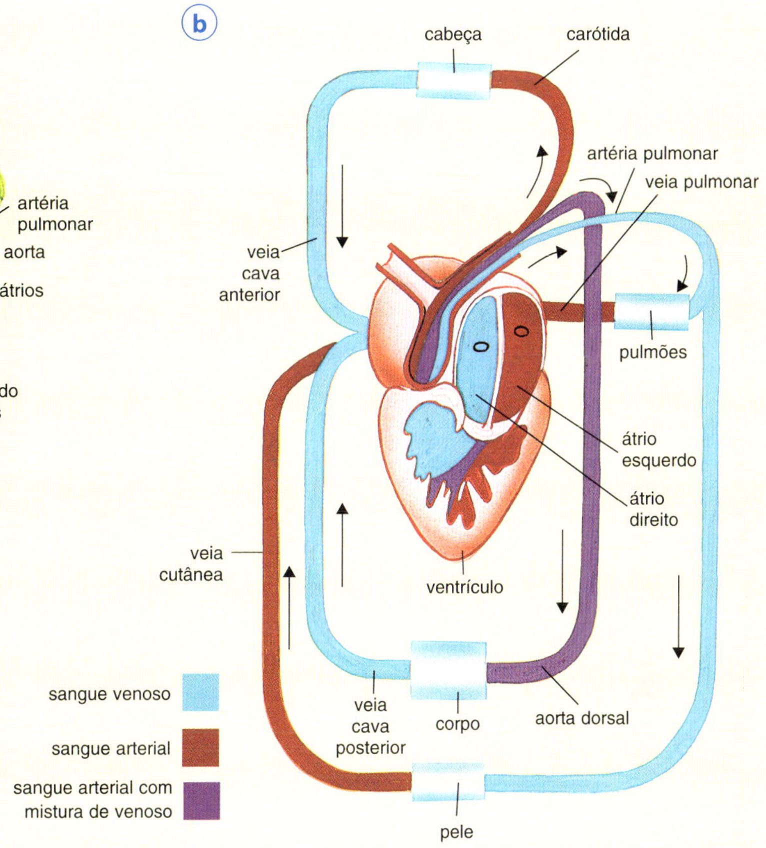

Figura 24-15. Circulação em anfíbios. (a) Posição do coração no tórax. (b) Esquema da circulação: no ventrículo único provavelmente ocorre mistura de sangues. O sangue oxigenado na pele é encaminhado ao átrio direito pela veia cutânea, que desemboca na veia cava posterior (inferior).

sangue venoso
sangue arterial
sangue arterial com mistura de venoso

A reprodução: fecundação externa e desenvolvimento geralmente indireto

Nos sapos, rãs e pererecas, os sexos são separados. A fecundação é externa, em meio aquático. As fecundações vão ocorrendo, e cada ovo possui uma membrana transparente que contém, no seu interior, um embrião em desenvolvimento que consome, para sua sobrevivência, alimento rico em reservas originadas do óvulo.

Após certo tempo de desenvolvimento, de cada ovo emerge uma larva sem patas, o **girino**, contendo cauda e brânquias (veja a Figura 24-16). Após certo tempo de vida na água, inicia-se uma série de modificações no girino, que prenunciam a fase adulta. A **metamorfose** consiste na reabsorção da cauda e das brânquias e no desenvolvimento de pulmões e das quatro patas.

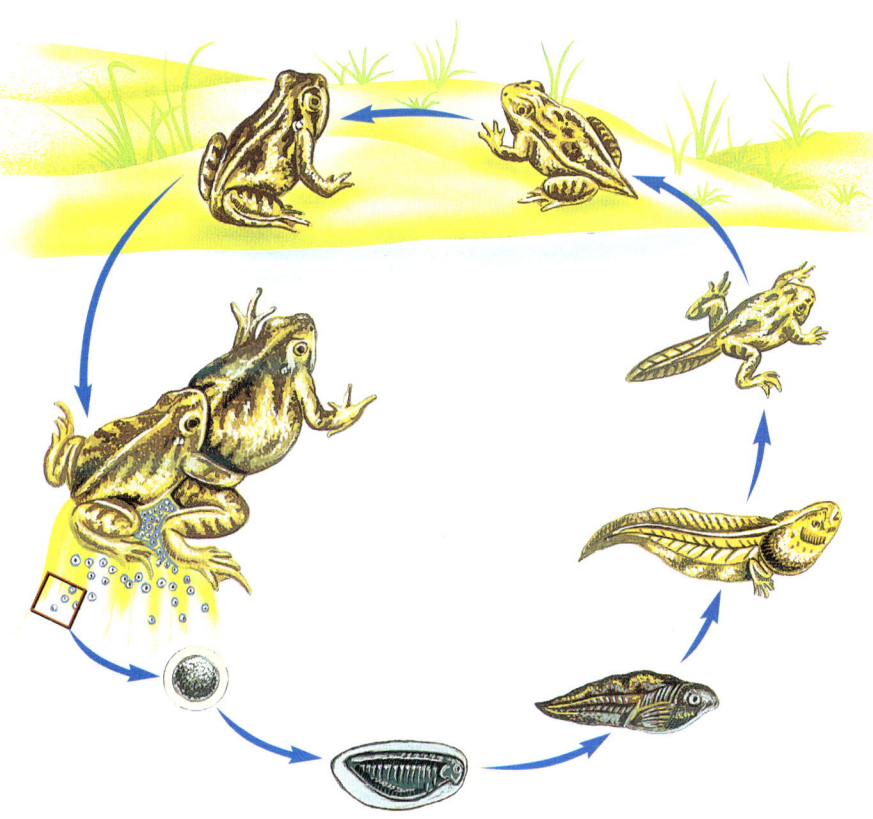

Figura 24-16. A reprodução no sapo. A fecundação é externa (dependente da água ambiental) e o desenvolvimento é indireto (com larva – girino).

Cordados

Fique por dentro!

Pele fina e permeável, fecundação externa e girino totalmente dependente do meio aquático são os principais fatores que impedem os anfíbios de se afastarem da água ambiental.

Fase embrionária de girino de rã ainda preso ao envoltório gelatinoso do ovo. O embrião nutre-se à custa da reserva vitelínica contida em células (macrômeros) derivadas da etapa de segmentação do ovo, enquanto vão se sucedendo as modificações: as brânquias tornam-se internas, os olhos tornam-se funcionais, boca e ânus são formados, e a cauda se alonga. Finalmente, surge a larva (girino) livre-natante, que se alimenta principalmente de algas.

Répteis: Primeiros Vertebrados Bem-Sucedidos no Meio Terrestre

Tartarugas, jabutis, cágados, lagartos, lagartixas, camaleões, cobras, jacarés e crocodilos são os principais representantes atuais dessa classe de vertebrados tetrápodos.

Em termos evolutivos, os répteis são os primeiros vertebrados bem-sucedidos no meio terrestre, embora alguns representantes, por causa da locomoção e/ou alimentação, vivam em ambiente aquático doce ou marinho, como os crocodilos, cágados, jabutis, tartarugas e algumas serpentes (ou cobras).

Alguns répteis atuais: (a) tuatara, (b) monstro-de-gila, (c) lagarto, (d) serpente, (e) cágado e (f) crocodilo.

502 BIOLOGIA • volume único • 4.ª edição

PANTHERMEDIA/KEYDISC

PHOTOS.COM

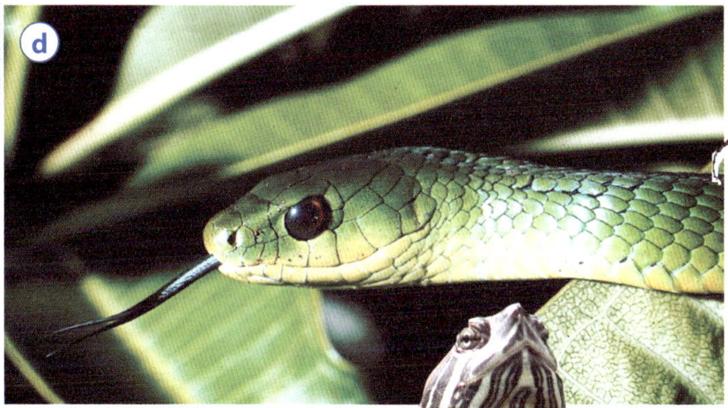

PANTHERMEDIA/KEYDISC

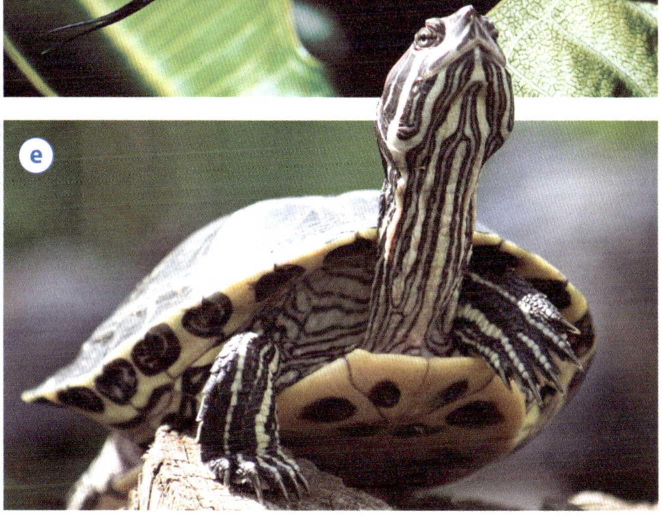

PANTHERMEDIA/KEYDISC

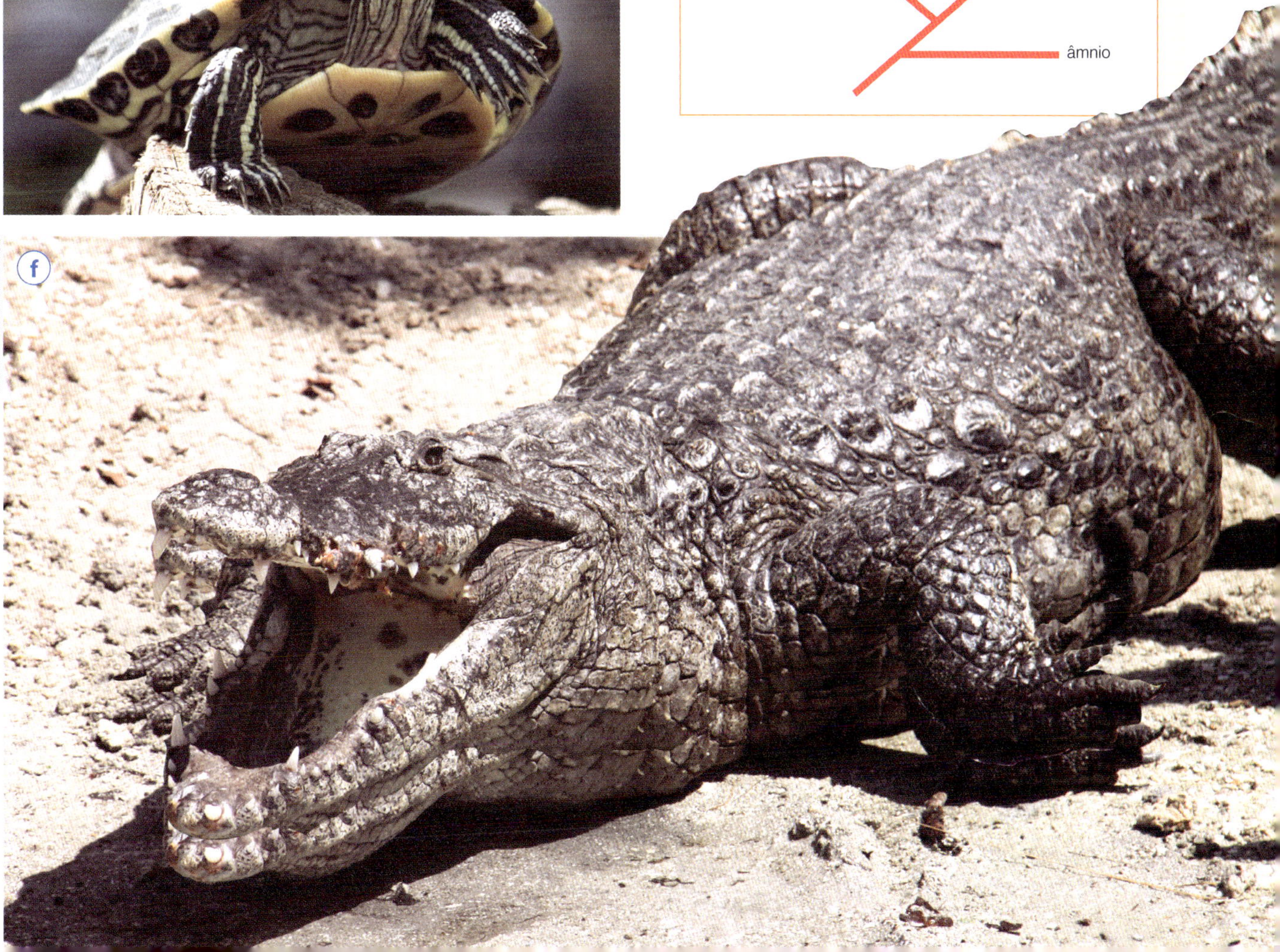

Saiba mais

Classificação filogenética dos répteis

O surgimento de membranas extraembrionárias durante o desenvolvimento do embrião (âmnio, cório e alantoide) é uma característica que diferencia os vertebrados vistos até agora daqueles pertencentes às classes *Reptilia*, *Aves* e *Mammalia* (répteis, aves e mamíferos, respectivamente). A figura abaixo apresenta, de forma simplificada, a árvore filogenética dos répteis. Observe que aves, répteis e mamíferos são amniotas, pois seu desenvolvimento embrionário ocorre dentro de uma bolsa cheia de líquido, limitada pelo âmnio.

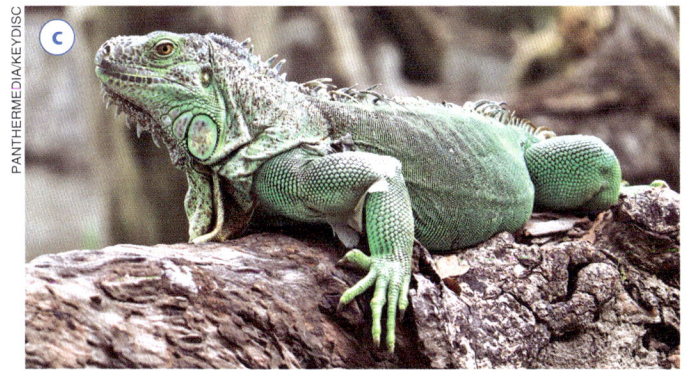

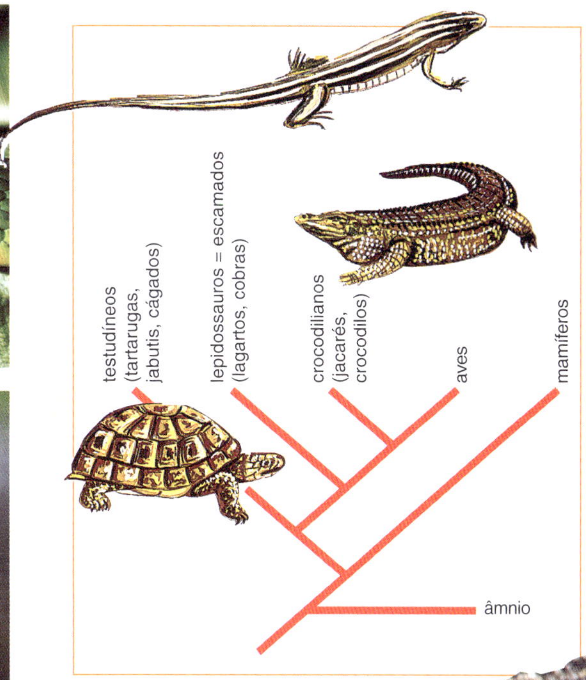

> **Saiba mais**
>
> **Fosseta loreal: um termorreceptor**
>
> A exemplo dos peixes e anfíbios, os répteis também são heterotermos.
>
> A atividade de caça noturna de muitas serpentes venenosas envolve uma adaptação que lhes facilita encontrarem presas: a *fosseta loreal*. Localizada a meio caminho entre a narina e o olho, a fosseta loreal é dotada de receptores de calor e pode localizar, por exemplo, um roedor situado a distâncias de 1 a 2 metros.
>
>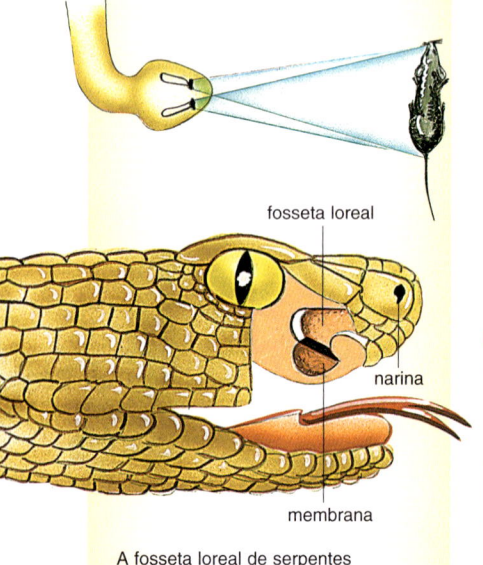
>
> A fosseta loreal de serpentes venenosas possui termorreceptores que registram a radiação térmica de presas homeotermas como o rato da figura.

Economia de água: uma adaptação importante

A impermeabilização da pele ocorreu graças à intensa produção de uma molécula proteica, a **queratina**, a grande novidade bioquímica produzida em grande quantidade pela epiderme dos répteis, fato que se repetirá também nas aves e nos mamíferos. Na verdade, na pele dos anfíbios, essa molécula já existe, só que em pequeníssima quantidade, sendo incapaz de tornar a pele impermeável à água e aos gases da respiração (veja a Figura 24-17).

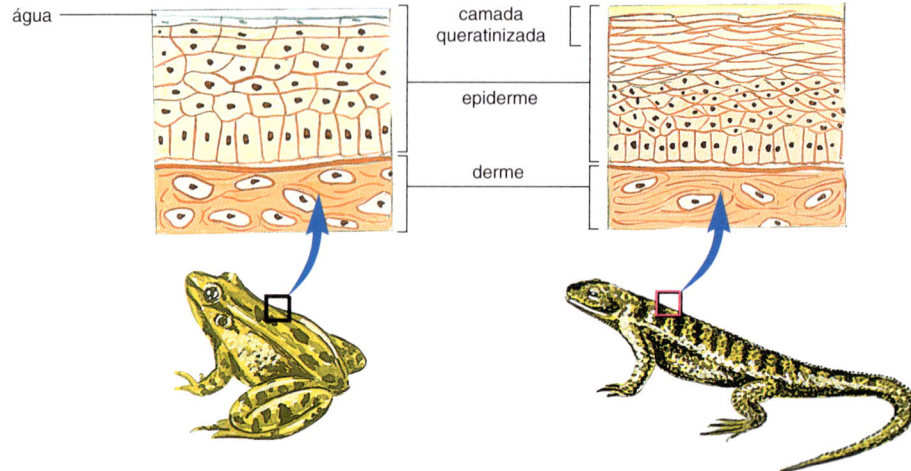

Figura 24-17. A adaptação dos répteis ao meio terrestre contou com a participação da pele seca, extremamente queratinizada, quando comparada à pele fina dos anfíbios.

Essa adaptação permitiu aos répteis a economia de água, possibilitando a vida em *habitats* os mais diversos, até mesmo desérticos. Por outro lado, a secura da pele e a riqueza em queratina impedem as trocas gasosas que, assim, passaram a ser executadas exclusivamente por pulmões.

Respiração, excreção e circulação em répteis

Em comparação aos anfíbios, os pulmões dos répteis possuem maior superfície de trocas gasosas e compensam a perda da capacidade respiratória da pele (veja a Figura 24-18).

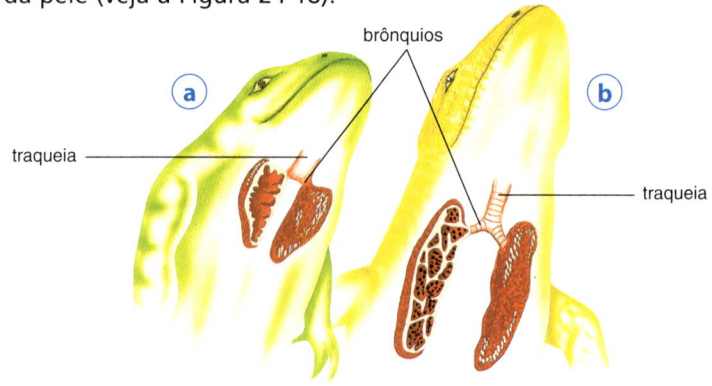

Figura 24-18. Os pulmões dos répteis (b) possuem maior superfície interna de trocas gasosas, comparados aos dos anfíbios (a).

Outra característica adaptativa dos répteis ao meio terrestre está relacionada com a excreção. O produto de excreção nitrogenada é o ácido úrico, eliminado pela cloaca, juntamente com as fezes, na forma de uma pasta semissólida, o que envolve perdas mínimas de água.

Na maioria dos répteis, o coração ainda possui três cavidades, como nos anfíbios. Há, porém, uma importante modificação no ventrículo: uma parede divisória incompleta separa parcialmente o ventrículo em metades direita e esquerda (veja a Figura 24-19).

> Muitas tartarugas (quelônios marinhos) são capazes de efetuar trocas gasosas respiratórias pelo revestimento da faringe e da cloaca, ricamente vascularizado.

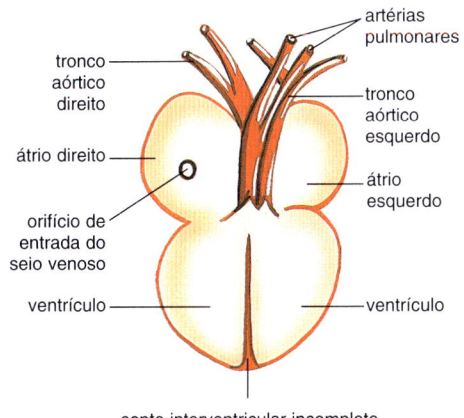

Figura 24-19. No coração dos répteis, o ventrículo é incompletamente dividido e ocorre mistura de sangues. Observe os dois troncos aórticos emergindo do coração.

Como é uma divisão **incompleta**, há mistura de sangues rico e pobre em oxigênio no coração. Nos *crocodilianos*, porém, a separação ventricular em metades direita e esquerda é *completa* e, pelo menos no coração, a mistura não existe. No entanto, ela acontece fora do coração por meio de uma comunicação que existe entre as duas artérias aortas.

A circulação dos répteis é **dupla** e **incompleta**, como nos seus ancestrais, os anfíbios.

A reprodução: fecundação interna e desenvolvimento dentro de um ovo

Os sexos são separados. A fecundação é interna, o que garante maior proteção aos gametas e torna o seu encontro independente da água ambiental.

Os jabutis, assim como a maioria dos répteis, são ovíparos. O desenvolvimento embrionário ocorre inteiramente no interior de um ovo dotado de *casca protetora calcária porosa*, que permite a ocorrência de trocas gasosas.

Uma bolsa cheia de líquido, a **vesícula amniótica**, garante o desenvolvimento do embrião em meio aquoso (veja a Figura 24-20). Uma **vesícula vitelínica** repleta de reservas alimentares, o **vitelo**, garante a sobrevivência do embrião com alimentos provenientes do óvulo. E, para completar a eficiência desse novo método reprodutivo, uma bolsa excretora, a **alantoide**, recolhe o ácido úrico e o imobiliza na forma de cristais que não interferem na vida do embrião. Aderido à membrana da casca, encontra-se mais um anexo embrionário, o **cório**, sob a forma de uma membrana ricamente vascularizada, que garante as trocas gasosas respiratórias com o sangue que encaminha o oxigênio para as células embrionárias.

Não há fase larval. Terminado o desenvolvimento, o jovem indivíduo, com as características do adulto, quebra a casca e sai do ovo.

> A impermeabilização da pele, a respiração pulmonar, a fecundação interna e o embrião protegido foram os principais fatores que permitiram aos répteis se afastarem do ambiente aquático e se aventurarem no ambiente terrestre.

Fique por dentro!

A temperatura e o sexo das tartarugas

Em algumas espécies de tartarugas que depositam seus ovos em praias, há uma relação entre a temperatura e a determinação do sexo. A postura de ovos em locais sombreados, de menor temperatura ambiental, favorece o nascimento de mais machos do que fêmeas. Ao contrário, em locais ensolarados, em que a temperatura é maior, nascem mais fêmeas do que machos.

Onde ocorre o desenvolvimento embrionário

Os vertebrados em que a fecundação é interna podem ser *ovíparos*, *vivíparos* ou *ovovivíparos*, de acordo com o local em que ocorre o desenvolvimento embrionário.

Nos *ovíparos*, o desenvolvimento embrionário completo acontece fora do organismo materno, no interior de um ovo, à custa das reservas nutricionais do próprio ovo. Exemplos: muitos répteis, todas as aves, mamíferos monotremados (ornitorrinco e equidna). Nos *vivíparos*, o desenvolvimento embrionário ocorre inteiramente no organismo materno, que libera um ser inteiramente formado, cópia do adulto. Nesse caso, a nutrição é fornecida pelo organismo materno, através de uma placenta verdadeira (exclusiva dos mamíferos placentários), ou de uma estrutura que a ela se assemelha (em algumas espécies de peixes cartilaginosos; no caso desses peixes, usa-se a denominação *vivíparos aplacentários*). São vivíparas algumas espécies de peixes cartilaginosos (tubarões) e todos os mamíferos placentários. Nos vertebrados *ovovivíparos*, o desenvolvimento dos ovos ocorre no interior do corpo materno, porém à custa das reservas do ovo, sendo eliminados os organismos nas fases finais do desenvolvimento. Nesse grupo incluem-se alguns peixes ósseos e cartilaginosos e algumas espécies de serpentes.

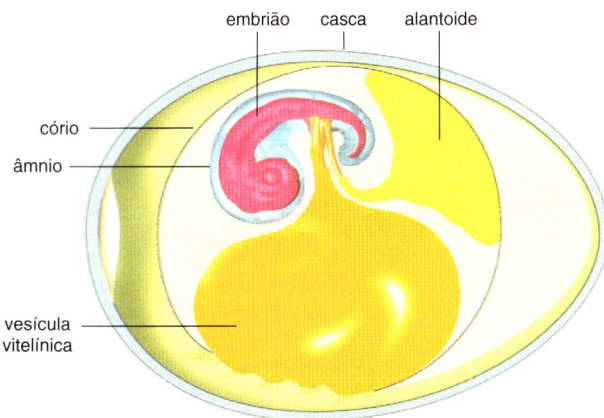

Figura 24-20. O ovo reptiliano apresenta adaptações para o desenvolvimento do embrião no meio terrestre: alantoide, cório, âmnio e vesícula vitelínica.

> **Saiba mais**

Partenogênese no dragão-de-komodo

Uma fêmea solitária de dragão de komodo (*Varanus komodoensis*) – o maior lagarto vivo na Terra, habitante da ilha do mesmo nome na Indonésia – produziu descendentes por partenogênese em zoológico de Londres, na Inglaterra. De um total de 22 ovos não fecundados que ela produziu, apenas 4 se desenvolveram em filhotes viáveis. A análise genética dos descendentes – todos machos – revelou que o seu genótipo combinado geral era exatamente igual ao da mãe. Nessa espécie de lagarto a partenogênese é facultativa, alternando-se com a reprodução sexuada normal, em que os filhotes são produzidos após acasalamento. Para os cientistas, essa estratégia de reprodução é altamente adaptativa, uma vez que, em ilhas isoladas, uma fêmea sozinha pode gerar uma população na ausência de machos.

Fonte: WATTS, P. C. *et al*. Parthenogenesis in Komodo dragons – Brief Communications. *Nature*, London, v. 444, n. 7.122, p. 1.021.

Dragão-de-komodo, o maior lagarto vivo da Terra. Assim como as serpentes, possui língua bífida (ou seja, partida em duas).

PANTHERMEDIA/KEYDISC

> **Saiba mais**

Dinossauros: eles dominaram a Terra

Há aproximadamente 350 milhões de anos, no período Carbonífero, teriam surgido os dinossauros, segundo registros fósseis atualmente disponíveis. Eles dominaram a Era Mesozoica (que inclui três períodos: Triássico, Jurássico e Cretáceo). De repente, ao final do período Cretáceo, cerca de 70 milhões de anos atrás, todos desapareceram.

A hipótese mais aceita atualmente é que teria havido o choque de um meteorito gigante com a Terra. Tal impacto teria levantado uma nuvem de poeira que escureceu a atmosfera terrestre, impedindo a passagem dos raios solares, com prejuízos para a realização de fotossíntese pelos vegetais, e diminuindo a temperatura terrestre durante meses. Com a diminuição do alimento disponível, os dinossauros não resistiram e, aos poucos, foram desaparecendo. Essa hipótese é sustentada pelo achado de um metal, o irídio, em alguns lugares da Terra, elemento comum em meteoritos, mas que não faz parte da composição química da crosta terrestre.

O desaparecimento dos dinossauros favoreceu o processo evolutivo de aves e mamíferos que, naquela época, já existiam.

Pense nisso

Os cuidados com a picada de cobras e algumas medidas preventivas

A principal característica das cobras é a capacidade ou não de inocular veneno, produzido por um par de glândulas salivares modificadas, localizadas uma em cada lado do maxilar superior, ligadas ou não a dentes especiais (presas) por um ducto. Muito temidas pelas pessoas, são, no entanto, de extrema importância na manutenção do equilíbrio ecológico dos ecossistemas.

Na ocorrência de uma picada de cobra, é preciso tomar algumas medidas importantes quanto ao socorro da vítima: mantenha-a deitada. Evite que ela se movimente para não favorecer a absorção do veneno. Se a picada for na perna ou no braço, mantenha-os em posição elevada. Não faça torniquete; impedindo a circulação do sangue, você pode ajudar a causar gangrena ou necrose. Não corte o local da ferida nem aplique folhas, pó de café ou terra sobre ela, para não provocar infecção. Não dê à vítima pinga, querosene ou fumo, como é costume em algumas regiões do País. Leve-a imediatamente ao serviço de saúde mais próximo, para que possa receber o soro em tempo.

Seguem algumas medidas preventivas:

1. **Use botas:** o uso de botas de cano alto evita até 80% dos acidentes (geralmente as cobras picam do joelho para baixo). Botinas e sapatos evitam até 50% dos acidentes. Mas, antes de calçá-los, verifique se dentro deles não há cobras, aranhas ou outros animais peçonhentos.
2. **Proteja as mãos:** não enfie as mãos em tocas, cupinzeiros, ocos de troncos etc. Use um pedaço de pau. É preciso estar sempre atento para evitar surpresas. Protegendo as pernas e as mãos, você reduzirá ao máximo o risco de acidentes.
3. **Acabe com os ratos:** eles atraem cobras. Mantenha sempre limpos os terrenos, quintais, paióis e plantações. A maioria das cobras alimenta-se de roedores.
4. **Preserve os predadores:** emas, seriemas, gaviões, gambás e a cobra muçurana são os predadores naturais das cobras venenosas e garantem o equilíbrio do ecossistema.
5. **Conserve o meio ambiente:** desmatamentos e queimadas devem ser evitados; além de destruir a natureza, provocam mudanças de hábitos de animais, que se refugiam em paióis, celeiros ou mesmo dentro das casas. Também não se deve matar as cobras. Elas contribuem para o equilíbrio ecológico, alimentando-se de ratos.

Fonte: Evite Acidentes. São Paulo: Divisão Desenvolvimento Cultural, Instituto Butantan.

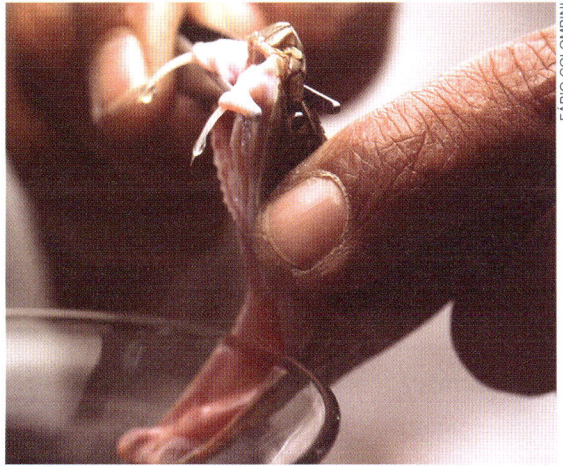

Extração de veneno de cobra. O veneno, encontrado nas glândulas modificadas, escorre, no caso da serpente da foto, por um canal existente nas presas do animal.

Aves: Homeotermos com Corpo Recoberto por Penas

As aves conquistaram o meio terrestre de modo muito mais eficiente que os répteis.

A principal característica que permitiu essa conquista foi, sem dúvida, a **homeotermia**, a capacidade de manter a temperatura corporal relativamente constante à custa de uma alta taxa metabólica gerada pela intensa combustão de alimento energético nas células.

Essa característica permitiu às aves, juntamente com os mamíferos, a invasão de qualquer ambiente terrestre, inclusive os permanentemente gelados, até então não ocupados pelos outros vertebrados.

As características marcantes do grupo são: *corpo coberto por penas*, *membros anteriores transformados em asas*, *circulação sanguínea eficiente (dupla e completa)* e *ossos pneumáticos*.

A circulação: dupla e completa

Uma característica que favorece a homeotermia nas aves é a existência de um coração totalmente dividido em quatro cavidades: **dois átrios** e **dois ventrículos** (veja a Figura 24-21).

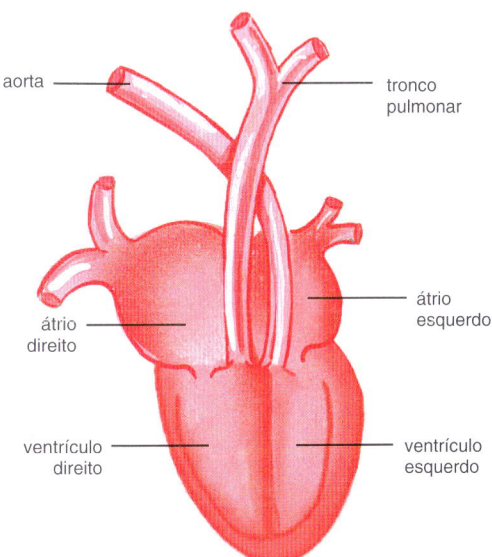

Figura 24-21. Coração das aves. A artéria aorta está voltada para o lado direito do coração. Note a maior espessura da parede do ventrículo esquerdo.

Não ocorre mistura de sangues. A metade direita (átrio e ventrículo direitos) trabalha exclusivamente com sangue pobre em oxigênio, encaminhando-o aos pulmões para oxigenação. A metade esquerda trabalha apenas com sangue rico em oxigênio. O ventrículo esquerdo, de parede musculosa, bombeia o sangue para a artéria aorta. Assim, a todo momento, os tecidos recebem sangue ricamente oxigenado, o que garante a manutenção constante de altas taxas metabólicas. Esse fato, associado aos mecanismos de regulação térmica, favorece a sobrevivência em qualquer tipo de ambiente. A circulação é dupla e completa.

A cor das penas das aves deve-se a pigmentos, principalmente melanina e carotenoides.

A respiração: pulmões e sacos aéreos

O sistema respiratório também contribui para a manutenção da homeotermia. Embora os pulmões sejam pequenos, existem **sacos aéreos**, ramificações pulmonares membranosas que penetram por entre algumas vísceras e mesmo no interior de cavidades de ossos longos.

A movimentação constante de ar dos pulmões para os sacos aéreos e destes para os pulmões permite um suprimento renovado de oxigênio para os tecidos, o que contribui para a manutenção de elevadas taxas metabólicas.

Exclusividade das aves: corpo coberto por penas

A pele das aves é seca, não dotada de glândulas e rica em queratina que, em alguns locais do corpo, se organiza na forma de placas, garras, bico córneo e é o constituinte fundamental das penas.

As aves não têm glândulas na pele. No entanto, há uma exceção: a **glândula uropigial** (ou **uropigiana**), localizada na porção dorsal da cauda e cuja secreção oleosa lubrificante é espalhada pela ave, com o bico, nas penas (veja a Figura 24-22). Essa adaptação impede o encharcamento das penas em aves aquáticas e ajuda a entender por que as aves não se molham, mesmo que fiquem desprotegidas durante uma chuva.

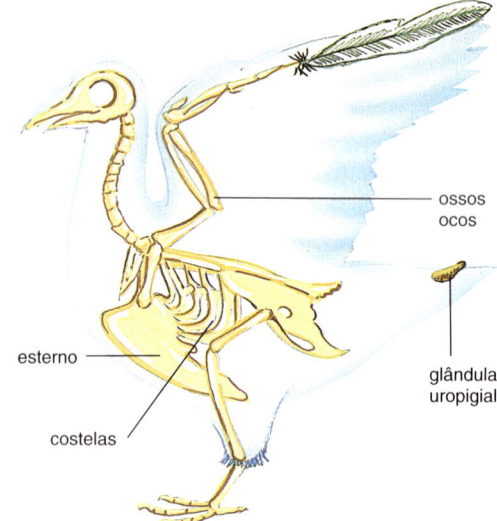

Figura 24-22. Penas (anexos queratinizados) são uma exclusividade das aves. A pele é seca, desprovida de glândulas, com exceção da glândula uropigial.

Saiba mais

A manutenção da homeotermia

Em dias muito frios, as aves se utilizam de recursos que evitam a dissipação do calor do corpo para o ambiente. As penas são "eriçadas" por ação muscular e favorecem a formação de uma camada de ar isolante que impede a irradiação do calor para o meio. Em dias muito quentes, ao contrário, as aves dissipam calor do corpo com facilidade.

Isso é conseguido com o abaixamento das penas, que são mantidas em contato íntimo com o corpo, o que favorece a irradiação térmica. Além disso, é comum ver aves com o bico aberto, "ofegando". A ofegação facilita a saída de vapor-d'água, cuja eliminação requer energia retirada do corpo. Os sacos aéreos contribuem para a dissipação de calor.

Digestão e excreção em aves

O aparelho digestório possui, em sua porção inicial, um **papo (dilatação do esôfago)** armazenador de alimento (veja a Figura 24-23). A seguir, o **estômago químico (proventrículo)**, estreito e curto, produz suco gástrico, que é lançado e atua na porção seguinte, uma **moela** trituradora, local em que o alimento é "esmagado" (digestão mecânica) e dirigido ao **intestino**, onde a digestão química prossegue.

É comum o hábito de certas aves (a galinha, por exemplo) engolirem pequenas pedras, que são utilizadas na moela como se fossem "dentes". Os restos alimentares são conduzidos para uma **cloaca**, onde também são descarregadas as excretas nitrogenadas, representadas por uratos (sais de coloração esbranquiçada derivados do ácido úrico, cuja eliminação requer pouquíssima quantidade de água).

Embora não sejam os únicos seres capazes de voar, as aves possuem extraordinárias adaptações corporais que favorecem a ocorrência dessa atividade:

- o esqueleto é leve e dotado de ossos longos e ocos, os chamados **ossos pneumáticos**, parcialmente cheios de ar (veja a Figura 24-24);
- os sacos aéreos contribuem para a diminuição da densidade corporal, aumentam a capacidade respiratória e favorecem a dissipação de calor (veja a Figura 24-25);
- não existe bexiga urinária, uma vez que o acúmulo de urina elevaria a massa corporal;
- a forma do corpo é aerodinâmica;
- as asas são forradas de penas que ampliam a superfície de ação durante o voo; a cobertura plumosa é leve e atua como excelente isolante térmico;
- quilha (ou carena) no osso esterno para a inserção da musculatura peitoral, que movimenta as asas;
- ausência de dentes;
- oviparidade.

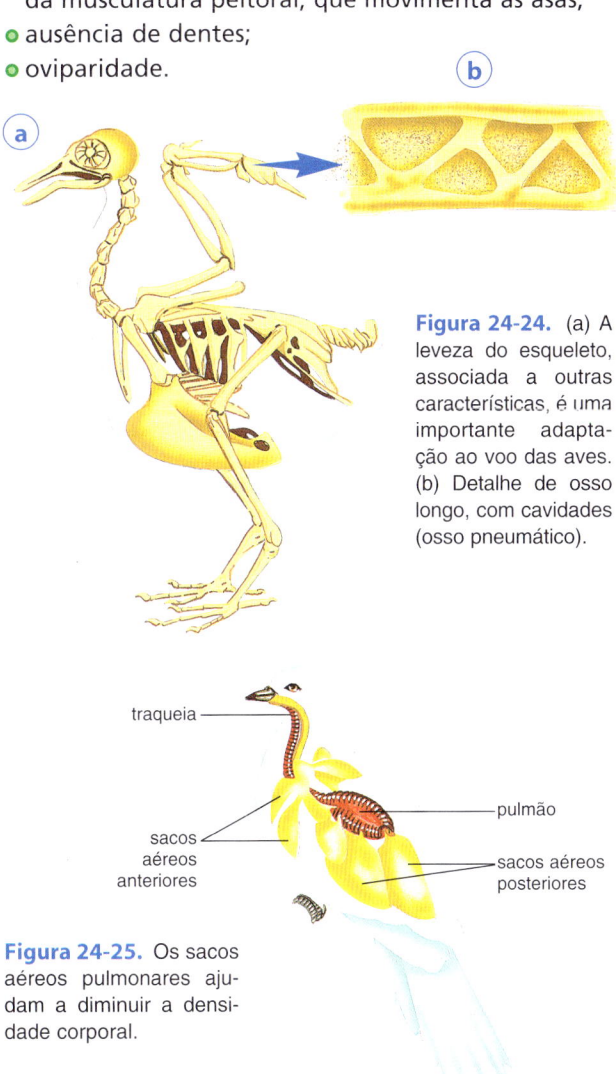

Figura 24-23. O papo e a moela são adaptações digestivas nas aves. O intestino termina na cloaca, onde também são lançadas as excreções nitrogenadas (ácido úrico). As fezes são pastosas.

Figura 24-24. (a) A leveza do esqueleto, associada a outras características, é uma importante adaptação ao voo das aves. (b) Detalhe de osso longo, com cavidades (osso pneumático).

Figura 24-25. Os sacos aéreos pulmonares ajudam a diminuir a densidade corporal.

A reprodução: fecundação interna e ovos chocados

Os sexos são separados, a fecundação é interna e ocorre a postura de ovos, como na maioria dos répteis. Os ovos são chocados (lembre-se de que são animais homeotermos) fora do corpo do animal. O ovo é protegido por uma casca calcária porosa e internamente, como nos répteis, formam-se os mesmos anexos embrionários: vesícula amniótica, vesícula vitelínica, alantoide e cório. Não há fase larval.

Adaptações ao voo

Nas aves que *voam bem*, o osso esterno possui uma porção bem desenvolvida e saliente – a *quilha* ou *carena* (do latim, *carina* = quilha do navio) –, local em que se inserem os poderosos músculos do voo. Por esse motivo, essas aves são denominadas de *carenadas* (ou *carinatas*). Nas aves não voadoras (por exemplo, avestruz, ema), o esterno é achatado, desprovido de quilha, sendo, nesse caso, conhecidas como aves *ratitas* (do latim, *ratis* = jangada).

Fique por dentro!

Assim como nos peixes, eficientes nadadores, o encéfalo das aves é dotado de um *cerebelo* muito desenvolvido. Esse órgão nervoso está relacionado ao controle do equilíbrio, o que é fundamental durante a natação e o voo.

> **Saiba mais**

Conheça algumas ordens de aves

Dentre as várias ordens de aves carenadas, podemos citar:

- **Anseriformes:** cisnes, patos, gansos, marrecos, irerês;
- **Apodiformes:** beija-flores (também chamados de colibris), andorinhões;
- **Charadriiformes:** gaivotas, trinta-réis;
- **Ciconiiformes:** garças, socós, colhereiros, flamingos, guarás;
- **Columbiformes:** pombos e rolinhas;
- **Falconiformes:** urubu-rei, carcará, gaviões, águias, urubus;
- **Galliformes:** galinhas, perus, mutuns, jacutingas;
- **Gruiformes:** saracuras, seriemas;
- **Passeriformes:** pardal, sabiá, tico-tico, joão-de-barro, bem-te-vi, canário-da-terra, sanhaço;
- **Pelecaniformes:** biguás, atobás, pelicanos;
- **Piciformes:** tucanos, pica-paus, araçaris;
- **Procellariiformes:** albatrozes, andorinha-do-mar;
- **Psittaciformes:** araras, periquitos, papagaios, maritacas, tuins;
- **Strigiformes:** corujas.

Dentre as aves que não voam, sem quilha no esterno, podemos citar as ordens:

- **Apterygiformes:** quivis (Nova Zelândia);
- **Casuariiformes:** casuares e emus (Nova Guiné);
- **Rheiformes:** emas ou nhandus;
- **Struthioniformes:** avestruzes (África e Arábia).

Pinguins são aves carenadas (ordem **Sphenisciformes**), com músculos peitorais e quilha bem desenvolvidos, embora não voem. Os membros anteriores assemelham-se a remos, adaptados à natação. As penas são pequenas e iguais, e se distribuem por todo o corpo.

Garça.

Cisne.

Coruja.

Pica-pau.

Pelicano.

Mamíferos: Únicos a Apresentar Glândulas Mamárias

As aves e os mamíferos são os únicos homeotermos da Terra atual. A capacidade de manter a temperatura do corpo elevada e constante foi o principal fator adaptativo dos representantes desses grupos a praticamente qualquer ambiente terrestre.

Muitos mamíferos voltaram para o meio aquático (baleia, foca, golfinho, peixe-boi) e outros adaptaram-se ao voo (morcego) e compartilham o meio aéreo com as aves e os insetos.

Saiba mais

A origem dos mamíferos

Os mamíferos provavelmente foram originados de um grupo de répteis – os *Dicinodontes* –, que viveram durante o período Triássico, entre 250 milhões a 200 milhões de anos atrás. No final desse período, a maioria das espécies pertencentes a esse grupo se extinguiu – tendo sido substituídas pelos dinossauros –, mas algumas delas, com representantes de pequeno tamanho, sobreviveram e persistiram ao longo do Jurássico. A linhagem que deu origem aos mamíferos foi denominada de *Mammaliformes*.

A partir do início até meados do Jurássico a evolução desse pequeno grupo de espécies culminou na origem dos verdadeiros mamíferos (observe a figura abaixo). Os monotremados – grupo que conta hoje com 5 espécies viventes – foram os primeiros a se fragmentar, em relação ao grupo ancestral. Os mamíferos placentários e os marsupiais originaram-se mais tarde, no começo do Cretáceo.

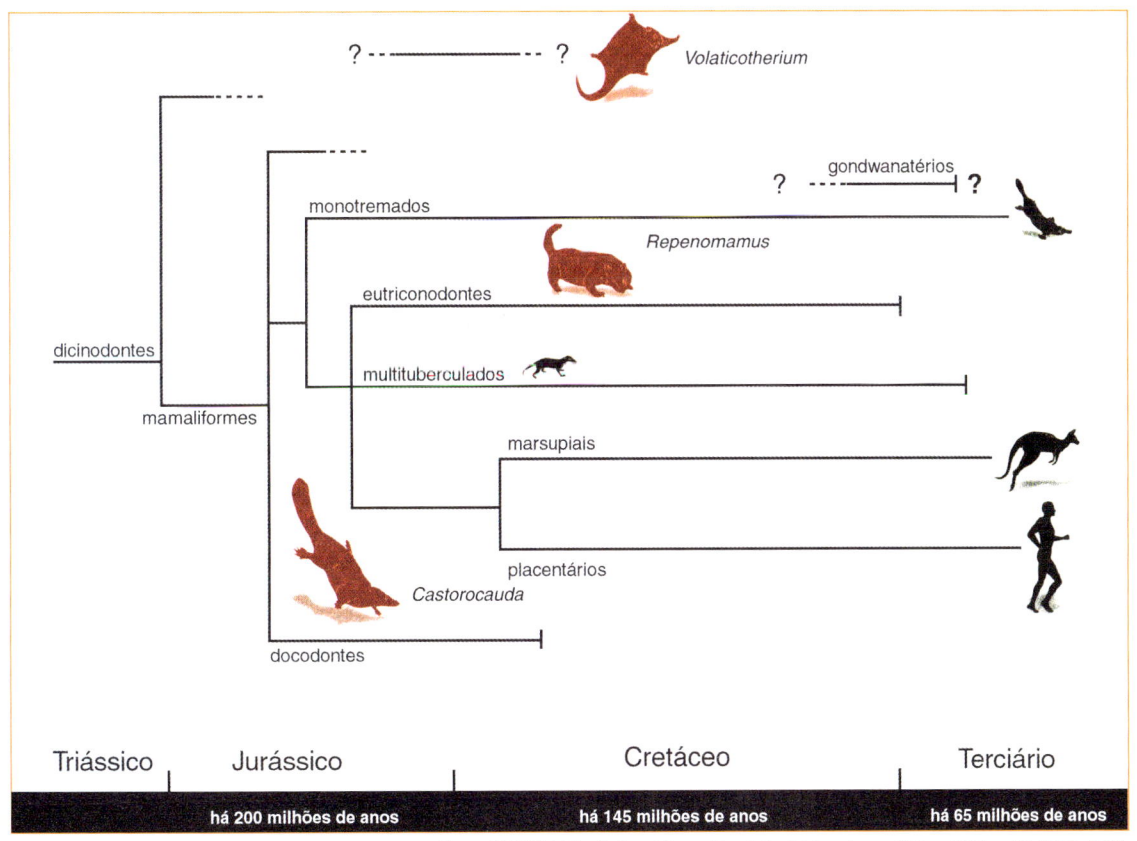

Fonte: HECHT, J. Big, Bad and Furry. *New Scientist*, London, v. 193, n. 2589, p. 33, 3 Feb. 2007.

Diagrama hipotético sobre a evolução dos mamíferos. Observe a ocorrência de extinções de alguns grupos, como, por exemplo, o dos multituberculados, que, surgidos no Triássico, persistiram até 30 milhões de anos atrás.

As características dos mamíferos

Algumas características diferenciam os mamíferos de todos os outros vertebrados:

- **glândulas mamárias** produtoras de leite com substâncias nutritivas para alimentação dos recém-nascidos;
- corpo coberto por **pelos**, estruturas de origem epidérmica, ricas em queratina, e elaboradas por folículos pilosos;
- pele contendo **glândulas sebáceas**, cuja secreção oleosa lubrifica os pelos e a própria pele, e **glândulas sudoríparas**, produtoras de suor (na verdade, um filtrado de água, sais e ureia), recurso de manutenção da homeotermia e via de eliminação de excretas. Ambas as glândulas têm origem epidérmica;
- **músculo diafragma**, localizado entre o tórax e o abdômen, utilizado na ventilação pulmonar;

Nas aves, a aorta é voltada para o lado direito do coração.

- **artéria aorta** voltada para o lado **esquerdo** do coração;
- **placenta**, órgão que regula as trocas de alimento entre o sangue materno e o sangue fetal, presente na maioria dos mamíferos, chamados placentários;
- coluna vertebral com **7 vértebras cervicais** (da região do pescoço).

Saiba mais

Chifre cai e cresce novamente. Corno é para sempre

Chifre e corno: existe diferença? Sim. **Chifre** (presente nos alces, por exemplo) é o osso frontal, coberto por uma pele (o "veludo"), que cai à medida que ele se desenvolve ou como resultado do hábito do animal ao roçar o chifre em árvores ou outros objetos. Chifres caem e crescem novamente, ramificando-se. De modo geral, só os machos os possuem.

Corno é uma formação óssea permanente, cresce a vida inteira e é coberto por uma pele que fica fortemente queratinizada. Presente, por exemplo, nos bovinos e caprinos, tanto nos machos como nas fêmeas.

(a) Animal com chifre. Observe o aspecto aveludado, em virtude da pele que recobre o osso do chifre, que cai à medida que ele se desenvolve. (b) Animal com corno. A pele que recobre o osso do corno torna-se fortemente queratinizada e permanece.

Respiração, excreção e circulação em mamíferos

As trocas gasosas respiratórias ocorrem exclusivamente nos pulmões, cuja superfície é ampliada por alvéolos ricamente vascularizados. Os movimentos respiratórios de inspiração e expiração ocorrem graças à ação de músculos localizados entre as costelas (musculatura intercostal) e, também, pela ação do diafragma, importante músculo estriado que separa o tórax do abdômen.

Nos mamíferos, o principal produto de excreção nitrogenada é a ureia, substância sintetizada no fígado e filtrada no rim.

O coração dos mamíferos, a exemplo das aves, possui quatro cavidades: **dois átrios** e **dois ventrículos** (veja a Figura 24-26). Não há mistura de sangues. A diferença em relação ao coração das aves é que a artéria aorta, que encaminha sangue oxigenado para o corpo, é curvada para o lado esquerdo do coração. A circulação é dupla e completa.

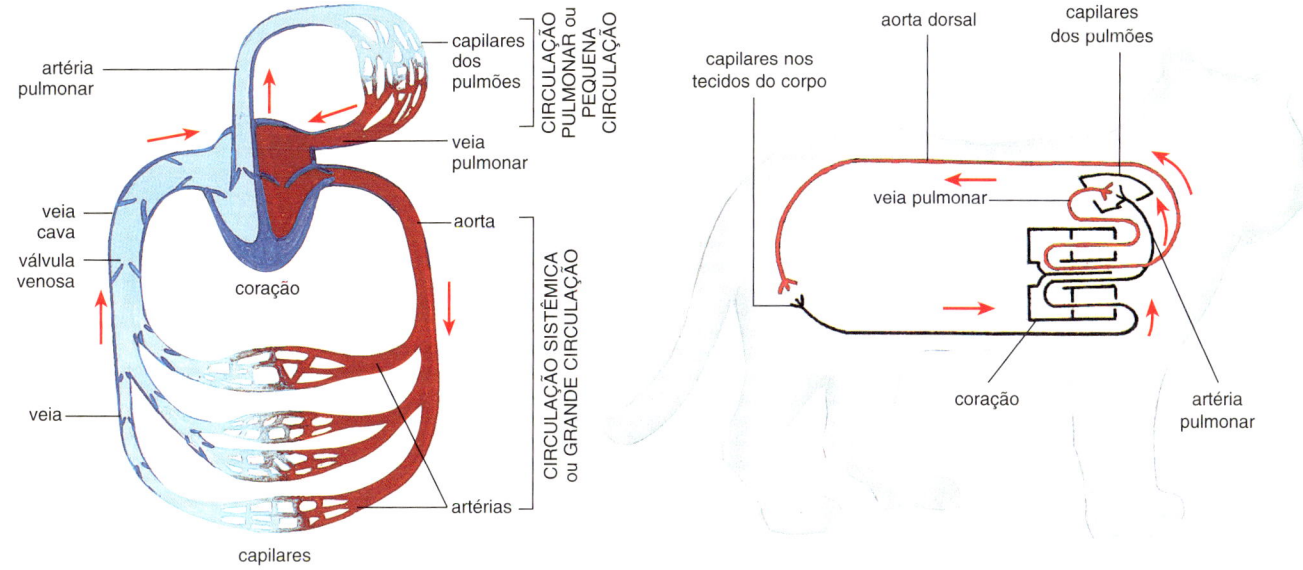

Figura 24-26. Nos mamíferos, a circulação é dupla e completa. A artéria aorta é voltada para o lado esquerdo do corpo.

A reprodução: surge a placenta

Os sexos são separados. O dimorfismo sexual é acentuado, isto é, as fêmeas possuem características externas que as diferenciam dos machos e vice-versa. A fecundação é interna. Na maioria, o desenvolvimento embrionário ocorre no interior do corpo materno, em um órgão musculoso chamado **útero**. Surge um órgão de trocas metabólicas, a **placenta**, organizada por tecidos maternos e tecidos do embrião (veja a Figura 24-27). Alimentos, oxigênio, anticorpos e hormônios são passados do sangue materno para o embrionário que, em troca, transfere para a mãe excretas e gás carbônico.

A **vesícula amniótica**, muito desenvolvida, desempenha importante papel protetor ao amortecer choques que incidem contra a parede abdominal da fêmea e também ao possibilitar um meio aquático para o desenvolvimento embrionário. A vesícula vitelínica e a alantoide perdem sua função, que passa a ser desempenhada pela placenta.

Classificação dos mamíferos

Na Terra atual existem três subclasses de mamíferos:

- *monotremados*. São mamíferos primitivos cuja boca possui bico córneo e que se reproduzem por meio da postura de ovos. Os representantes atuais, os ornitorrincos e as equidnas, restringem-se à região australiana (Austrália e Nova Guiné);
- *marsupiais*. Esse grupo inclui representantes da fauna australiana, como os cangurus e os coalas, e representantes norte-americanos e sul-americanos, como os nossos gambás e cuícas. Após curta fase de desenvolvimento em um pequeno útero materno, os embriões são expulsos e terminam o desenvolvimento em uma dobra da pele do abdômen da mãe, com aspecto de bolsa, o marsúpio;
- *placentários*. Inclui a maioria dos mamíferos, separados em ordens como a dos carnívoros, roedores, ungulados, cetáceos, quirópteros e a dos primatas, à qual pertence a espécie humana. Nesses animais, útero e placenta são bem desenvolvidos, o que permite o desenvolvimento no interior do organismo materno.

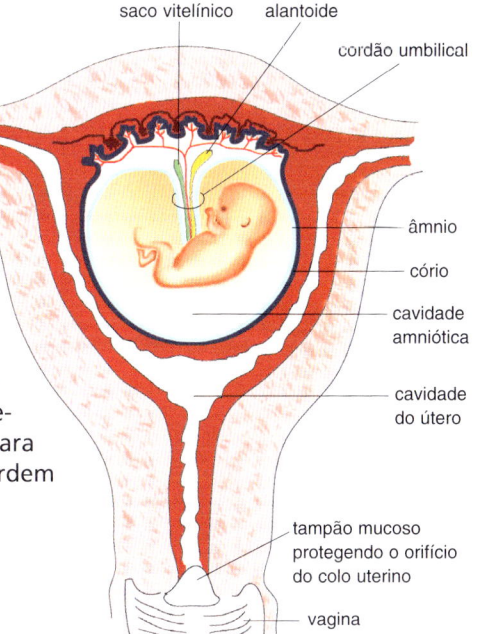

Figura 24-27. Na maioria dos mamíferos, o desenvolvimento do embrião ocorre no interior do útero materno. A bolsa amniótica funciona como amortecedor de choques e a placenta é o órgão de trocas metabólicas materno-fetais. A vesícula vitelínica e a alantoide contribuem para a formação do cordão umbilical.

Representantes dos mamíferos: (a) ornitorrinco, subclasse dos monotremados; (b) canguru, representante dos marsupiais – observe, em (c), o filhote de canguru no marsúpio; e (d) cavalo, pertencente à subclasse dos placentários.

Saiba mais

As principais ordens de mamíferos placentários

Ordem	Número aproximado de espécies	Exemplos e características
Xenarthra (Desdentados) — Tamanduá.	30	Tamanduá (recorre a cupins e formigas para sua nutrição), preguiça (alimenta-se de folhas, frutos e ovos de pássaros) e tatu (comedor de pequenos invertebrados do solo, como as minhocas). O nome dessa ordem pode dar a falsa impressão de que não possuem dentes. Na verdade, eles são ausentes nos tamanduás. Nos demais eles existem em número reduzido, sendo que no tatu não há esmalte e são todos iguais. Presentes na América do Sul e no sul dos Estados Unidos.
Rodentia (Roedores) — Esquilo.	1.814	Rato, camundongo, preá, cotia, capivara, esquilo, castor. Alimentam-se de sementes, grãos, madeira e uma infinidade de materiais duros, graças a um par de incisivos em forma de cunha, muito afiados, localizados no maxilar superior. Ampla distribuição pelos ambientes terrestres, exceto a Antártida.
Lagomorpha (Lagomorfos) — Coelho.	69	Coelhos e lebres. Herbívoros (alimentam-se de folhas, cascas e ramos). Um par de dentes incisivos em forma de cunha, que crescem continuamente, localizados no maxilar superior (um segundo par de dentes incisivos menores, atrás do primeiro, os diferencia dos roedores). Amplamente distribuídos pela Terra, exceto na Antártida. Na Austrália, foram introduzidos pelo homem.
Insectivora (Insetívoros) — Toupeira.	390	Musaranho e toupeira. Longos focinhos e dentes pequenos e pontiagudos. Alimentam-se de insetos e pequenos invertebrados (vermes, moluscos). Exclusivos do Hemisfério Norte, Índias Ocidentais e África.

Saiba mais

Ordem	Número aproximado de espécies	Exemplos e características
Primates (Primatas) Chimpanzé.	235	Lêmures, macacos, orangotangos, gorilas, társios, chimpanzés, homem. Olhos frontais, conferindo visão binocular (em profundidade). Oponência de polegares. Regiões tropicais e subtropicais. Muitos são adaptados à vida em árvores.
Chiroptera (Quirópteros) Morcego.	986	Morcegos. Membros anteriores transformados em asas, o que lhes permite voar. Herbívoros (alimentam-se de pólen, frutos e néctar de flores), insetívoros e algumas espécies hematófagas (alimentam-se de sangue). É a segunda maior ordem de mamíferos em número de espécies. Encontrados em vários ambientes terrestres, exceto Antártida.
Carnivora (Carnívoros) Urso.	274	Cão, gato, urso, hiena, leão, tigre, foca, ariranha, raposa, coiote, lobo. Dentes caninos pontiagudos perfurantes. Pré-molares e molares carniceiros (rasgar carne). Ampla distribuição por vários ambientes terrestres.
Artiodactyla (Artiodáctilos) Girafa.	213	Boi, cabra, ovelha, porco, javali, hipopótamo, camelo, dromedário, girafa, veado, lhama. Apoiam-se sobre um número par de dedos (dois ou mais, revestidos por um casco córneo, conhecido como casco fendido). Herbívoros, muitos deles com estômago formado por vários compartimentos. Juntamente com os perissodáctilos, compõem o grupo dos ungulados (animais que se locomovem apoiados sobre as unhas). No mundo todo, exceto Antártida e Austrália.

Saiba mais

Ordem	Número aproximado de espécies	Exemplos e características
Perissodactyla (Perissodáctilos) — Cavalo.	17	Cavalo, asno (jumento), zebra, anta, tapir, rinoceronte. Ungulados de dedos ímpares (um ou três, revestidos por casco, não fendido). Ampla distribuição pelos ambientes terrestres, exceto Antártida.
Proboscidea (Proboscídeos) — Elefante.	2	Elefantes. Tromba formada pelo nariz e lábio superior modificados, com várias funções. Herbívoros (alimentam-se de folhas e ervas). Dentes incisivos superiores modificados em presas. Apenas África e Ásia.
Cetacea (Cetáceos) — Orca.	80	Baleias, golfinhos, botos. Mamíferos que retornaram secundariamente para o meio aquático. Respiração pulmonar (retornam periodicamente à superfície nas ocasiões em que necessitam respirar). Alimentação diversificada (plâncton, peixes, focas etc.). Muitas espécies caçadas impiedosamente e ameaçadas de extinção.
Sirenia (Sirênios) — Peixe-boi.	4	Peixe-boi, manati. Aquáticos, herbívoros, com membros anteriores adaptados à natação. Cauda achatada. Lentos e dóceis, correm perigo de extinção devido à caça impiedosa promovida pelo homem. Regiões costeiras e estuários de regiões tropicais e subtropicais.

Ética & Sociedade

Os seres humanos, como espécie biológica, são bastante complexos. Comparados com alguns grandes animais, nós não somos tão fortes ou tão rápidos, nem possuímos presas ou garras. A diferença é o cérebro humano que, com seu córtex cerebral bastante desenvolvido, nos separa dos outros animais. Nosso cérebro dá vazão à nossa mente, que foi capaz de criar maravilhas. Sozinhos, podemos controlar a transmissão de doenças, domesticar outras formas de vida, ir ao espaço a bordo de naves espaciais e voar até as estrelas com nossa imaginação.

Mesmo assim, somos nós a mais bem-sucedida forma de vida? A duração da existência humana é um pequeno instante nos 3,5 bilhões de anos da vida na Terra. Mas, pelos últimos 300 anos, a população humana cresceu de 0,5 bilhão para 5,5 bilhões e, atualmente, cresce à taxa de um milhão a cada 4 dias. É esta uma medida do nosso sucesso? Durante a nossa vida, a rápida destruição das florestas tropicais e outros *habitats* pode arrasar milhões de espécies de plantas, invertebrados e vertebrados, muitos dos quais nós nunca conheceremos.

Muitas das nossas atividades alteraram o meio ambiente, tornando-o desfavorável à vida – até mesmo para nós. Desertos se espalham enquanto o solo sofre erosão devido, por exemplo, à demanda por madeira. Chuvas ácidas com poluentes vindos de usinas e automóveis ameaçam as florestas e os lagos. *Habitats* anteriormente contínuos são constantemente fragmentados pela ação humana, ameaçando a manutenção da biodiversidade.

Esse comportamento agressivo, empurrado por pressões para o progresso, nos deu a capacidade de destruir a nós mesmos e a muitas outras formas de vida.

A mente humana é a fonte de muitos desses problemas – e da esperança de resolvê-los também.

Será que utilizaremos toda nossa capacidade para reduzir o impacto ambiental, controlar nosso crescimento e preservar a biosfera que sustenta a todos os seres? Será que somos um grande sucesso biológico – ou uma tremenda catástrofe? Talvez tenhamos as respostas nos próximos tempos...

Passo a passo

1. Quais são as principais características que estão presentes nos cordados em alguma fase de sua existência?

2. Quais são os dois subfilos que constituem o grupo dos protocordados?

3. Qual a principal diferença entre os vertebrados mais primitivos, como a lampreia, por exemplo, e os vertebrados mais complexos, como os peixes, anfíbios etc.?

4. Cite as classes dos vertebrados com mandíbula.

5. Em que fase da vida da ascídia (urocordado) se observam todas as características de um cordado?

6. É correto afirmar que no anfioxo (cefalocordado) a notocorda é substituída pela coluna vertebral? Justifique a resposta.

7. A respeito das classes dos peixes, preencha o quadro abaixo.

	Condrichthyes (peixes cartilaginosos)	**Osteichthyes (peixes ósseos)**
Localização da boca		
N.º de pares de fendas branquiais		
Presença de opérculo		
Presença de linha lateral		
Presença de vesícula gasosa		
Escamas semelhantes aos nossos dentes		
Tipo de circulação sanguínea		
Temperatura corporal		
Habitat		

8. Qual é o ambiente ocupado pelos anfíbios?

9. Qual é o motivo dos anfíbios adultos necessitarem viver em ambientes úmidos?

10. Explique a razão de a pele ter uma importância enorme como órgão respiratório.

11. Cite o tipo de circulação sanguínea que se observa nos anfíbios.

12. Cite os três principais fatores que impedem os anfíbios de se afastarem do ambiente aquático.

13. Entre os vertebrados qual é a primeira classe que possui a pele ricamente queratinizada?

14. Explique por que os pulmões dos répteis possuem maior superfície de trocas gasosas quando comparados ao dos anfíbios.

15. A circulação dos anfíbios e répteis é do tipo dupla e incompleta, porém existe uma diferença estrutural no coração desses dois grupos de animais. Que diferença é essa?

16. Cite as principais características que permitiram aos répteis se afastarem do ambiente aquático e conquistarem o ambiente terrestre.

17. Qual a diferença entre desenvolvimento embrionário do tipo ovíparo, vivíparo e ovovivíparo?

18. Qual o nome do anexo da pele exclusivo das aves?

19. Qual a principal característica que permitiu às aves conquistarem o meio terrestre de modo mais eficiente do que os répteis?

20. Como se explica que as aves têm uma respiração muito eficiente (contribui para a manutenção da homeotermia) com pulmões tão pequenos?

21. Qual a característica presente no coração das aves que favorece a homeotermia?

22. Qual a importância da quilha para as aves voadoras?

23. Cite 4 características que favorecem o voo das aves, além da presença da quilha.

24. Veja abaixo algumas estruturas exclusivas dos mamíferos. Cite a função de cada uma delas.
    a) glândulas mamárias
    b) pelos
    c) glândulas sebáceas
    d) glândulas sudoríparas
    e) músculo diafragma

25. É possível diferenciar uma ave de um mamífero por meio do sentido da aorta? Justifique a resposta.

26. Qual a função da placenta?

27. Todos os mamíferos possuem placenta? Justifique sua resposta.

28. Assinale **E** para as alternativas erradas e **C** para as corretas a respeito dos cordados.
    a) São animais celomados, deuterostômios, com notocorda durante toda a vida.
    b) Protocordados têm uma coluna vertebral formada por tecido cartilaginoso.
    c) Os protocordados são animais aquáticos de água doce e de ambiente marinho.
    d) Anfioxo é um pequeno peixe que vive a maior parte do tempo enterrado no fundo arenoso.
    e) O anfioxo na fase adulta mantém as características típicas dos cordados: tubo nervoso dorsal, fendas na faringe, notocorda e cauda pós-anal.

29. Assinale **E** para as alternativas erradas e **C** para as corretas a respeito dos ciclostomados.
    a) A lampreia é um peixe ectoparasita de outros peixes.
    b) Podem perfurar a pele de peixes por meio de pequenos dentes existentes na boca circular.
    c) Apresentam desenvolvimento direto como todos os peixes.
    d) São animais muito pequenos e por isso quase não causam prejuízo a seus hospedeiros.
    e) Possuem boca que pode servir como ventosa.

30. Assinale **E** para as alternativas erradas e **C** para as corretas.
    a) Os pulmões dos répteis apresentam maior superfície de trocas gasosas do que o dos anfíbios.
    b) A excreção dos répteis é mais vantajosa para a vida no meio terrestre do que a dos anfíbios.
    c) Os anfíbios apresentam pele mais adaptada ao ambiente terrestre do que os répteis.
    d) Tanto anfíbios quanto répteis apresentam fecundação interna.
    e) A metamorfose observada no ciclo de vida dos répteis lhes possibilita viver em ambiente terrestre na fase adulta.

31. A respeito das aves, assinale **E** para as alternativas erradas e **C** para as corretas.
    a) Seus ossos são leves, porém resistentes.
    b) A glândula uropigial, localizada na cauda, secreta proteínas lubrificantes.
    c) A ação trituradora de seus dentes é auxiliada pela ação da moela.
    d) São os únicos animais a apresentar papo.
    e) Muito espaço interno de seu corpo é ocupado pelos sacos aéreos.

32. Assinale **E** para as alternativas erradas e **C** para as corretas.
    a) Somente mamíferos apresentam pulmões alveolares.
    b) Todos os mamíferos são triblásticos e deuterostômios.
    c) Não são todas as espécies de mamíferos que produzem leite.
    d) Assim como os peixes, as baleias respiram por brânquias.
    e) Pinguins possuem pelos que os ajudam a viver na Antártida.

Questões objetivas

1. (UEL – PR) Os zoólogos consideram o *Chordata* como um grupo filogeneticamente mais próximo de *Echinodermata* do que de *Arthropoda*.
   Assinale a alternativa que contém uma característica comum aos grupos *Chordata* e *Echinodermata* que não ocorre no grupo *Arthropoda*.
   a) Três folhetos germinativos.
   b) Simetria bilateral no estágio adulto.
   c) Formação da boca na extremidade oposta ao blastóporo.
   d) Tubo digestivo completo.
   e) Celoma.

2. (UFJF – MG) São características evolutivas comuns aos grupos apresentados na figura abaixo pelas letras A, B e C, respectivamente:

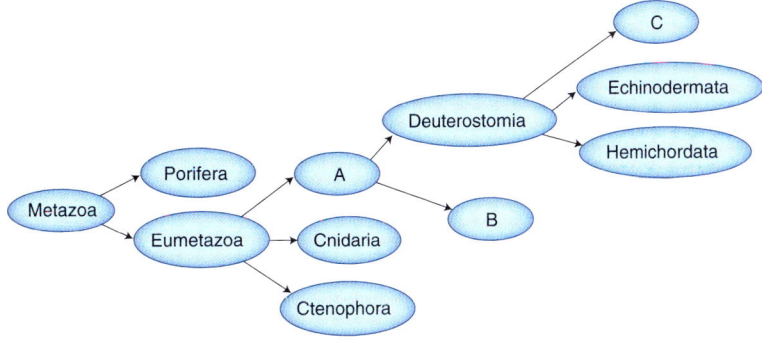

   a) Radiada, Protostomia, *Arthropoda*.
   b) Bilateria, Acelomados, *Nematoda*.
   c) Bilateria, Metameria, *Annelida*.
   d) Bilateria, Protostomia, *Chordata*.
   e) Pentarradiada, Protostomia, *Chordata*.

3. (UFF – RJ) Os vertebrados aquáticos podem ser divididos em três grupos, que apresentam particularidades biológicas. As informações abaixo se referem a características de cada um desses grupos.

I – Esqueleto ósseo; brânquias protegidas por opérculos; fecundação geralmente externa e desenvolvimento com fase larvar.

II – Corpo alongado, cilíndrico, desprovido de escamas; pele recoberta por muco; boca que funciona como uma ventosa.

III – Esqueleto cartilaginoso; presença de espiráculos; fecundação interna e desenvolvimento sem fase larvar.

Escolha a alternativa que apresenta exemplos de animais com as características das afirmativas **I, II e III, RESPECTIVAMENTE.**

a) Tubarão, bagre e lampreia.
b) Sardinha, raia e lampreia.
c) Atum, lambari e raia.
d) Raia, lampreia e lambari.
e) Bacalhau, lampreia e tubarão.

4. (UFPR) Relacione os grupos animais da coluna da esquerda com as estruturas que os caracterizam, indicados na coluna da direita.

1. moluscos   ( ) tubo nervoso dorsal
2. anelídeos   ( ) rádula
3. crustáceos   ( ) um par de nervos por segmento
4. equinodermos   ( ) segundo par de antenas
5. cordados   ( ) sistema ambulacral

Assinale a alternativa que apresenta a sequência correta da coluna da direta, de cima para baixo.

a) 5 – 1 – 2 – 3 – 4
b) 5 – 2 – 1 – 3 – 4
c) 2 – 1 – 3 – 4 – 5
d) 3 – 4 – 1 – 2 – 5
e) 2 – 3 – 5 – 1 – 4

5. (UFG – GO) Os cardumes deslocam-se sincronizadamente na água, sem colisões entre os peixes. Esse fato deve-se à presença de

a) cóclea.
b) glândulas mucosas.
c) opérculo.
d) fosseta loreal.
e) linha lateral.

6. (UFMG) Analise estas características de um animal na fase adulta:

• *Habitat*: brejos
• Trocas gasosas: pele e/ou pulmões
• Nutrição: carnívoros
• Anatomia da boca: ausência de dentes e presença de língua protátil

Considerando-se tais características, é **INCORRETO** afirmar que esse animal

a) apresenta variação de temperatura corporal.
b) se alimenta de insetos capturados com a língua.
c) se reproduz por fecundação interna e possui ovo com casca.
d) utiliza o oxigênio presente no ar ou dissolvido na água.

7. (UNICAMP – SP) Os anfíbios foram os primeiros vertebrados a ocupar o ambiente terrestre, principalmente pela presença de pulmões e dois pares de patas, os quais ainda são dependentes da água, pelo menos durante uma fase da vida. Esses aspectos, portanto, estabeleceram o nome "anfíbio" que significa, em grego, duas vidas, referindo-se às fases aquática e terrestre. Nesse cenário, indique a alternativa abaixo que **NÃO** representa um tipo de anfíbio.

a) rã
b) muçurana
c) salamandra
d) sapo
e) tritão

8. (UFJF – MG) Atualmente, existem cerca de 5.700 espécies de anfíbios que estão ameaçadas pela poluição e degradação ambiental. Analise as afirmativas abaixo, que apresentam informações sobre os anfíbios.

I – A presença de pulmões e dois pares de membros permitiu que os anfíbios fossem os primeiros vertebrados a ocuparem o ambiente terrestre.

II – A pele dos anfíbios é úmida, pouco vascularizada e rica em queratina, o que a torna impermeável.

III – Os ovos dos anfíbios não possuem casca protetora, sendo envoltos por uma camada gelatinosa.

IV – As larvas dos anfíbios possuem respiração traqueal, enquanto os adultos respiram por pulmões em terra e, quando na água, respiram somente pela pele.

Assinale a alternativa que apresenta somente afirmativas CORRETAS.

a) I e II.
b) I e III.
c) I, III e IV.
d) II e IV.
e) II, III e IV.

9. (UFSCar – SP) Considere as seguintes características:

I – Respiração pulmonar e ectotermia.
II – Pele seca revestida por escamas, carapaças ou placas dérmicas.
III – Fecundação interna.
IV – Excreção predominante de amônia.
V – Presença de ovo amniótico.

As principais características evolutivas que proporcionaram aos répteis vida mais independente do ambiente aquático e a conquista do ambiente terrestre são, apenas,

a) I e II.
b) I e III.
c) II e IV.
d) IV e V.
e) III e V.

10. (UFMG)

A ruazinha **lagarteando** ao sol.
O coreto de música deserto
Aumenta ainda mais o silêncio.

Mário Quintana

A expressão **lagartear** – 'deitar-se ao sol' – resultou da observação de um comportamento comum aos lagartos.

É **CORRETO** afirmar que, **do ponto de vista biológico**, esse comportamento se explica com base no fato de que os lagartos

a) dependem de fonte externa de calor para a regulação da temperatura, o que os torna muito ativos ou muito lentos.
b) evitam a dessecação por meio de placas córneas e de corpo revestido por pele grossa, o que lhes dificulta a locomoção.
c) excretam ureia, composto volátil e tóxico, que requer água para ser eliminada e induz a um estado de paralisia.
d) possuem pequena superfície pulmonar para uma troca gasosa eficiente, o que os torna sonolentos e preguiçosos.

11. (UFSC) A figura abaixo representa uma das hipóteses para explicar a filogenia animal.

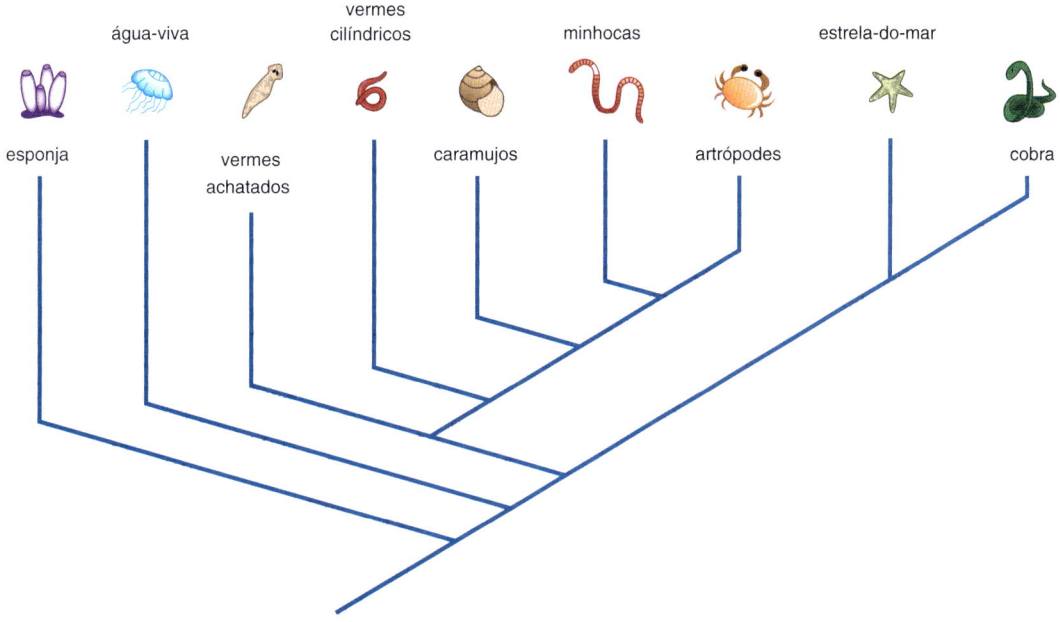

Adaptado de: <www.biosonialopes.editorasaraiva.com.br/sonialopes/site/apoioaoprofessor/aulasempowerpoint.cfm>.
Acesso em: 14 set. 2009.

Após analisar o gráfico, indique a(s) proposição(ões) **CORRETA(S)** quanto à evolução dos animais e dê sua soma ao final.

(01) Todos os animais representados possuem ancestralidade comum.
(02) A característica mais importante usada para separar os animais em filos distintos é a sua distribuição no ambiente.
(04) Os equinodermos são representados na figura acima por animais como minhocas, caramujos e vermes cilíndricos.
(08) Peixes, anfíbios e cobras são animais cordados.
(16) Os répteis não aparecem representados nesta figura.
(32) Os cnidários, representados pelas esponjas do mar, são animais muito simples e não apresentam tecidos verdadeiros.
(64) Os animais se caracterizam por serem pluricelulares, eucariontes e heterótrofos.

12. (FUVEST – SP) Qual das alternativas abaixo é a melhor explicação para a expansão e domínio dos répteis durante a Era Mesozoica, incluindo o aparecimento dos dinossauros e sua ampla distribuição em diversos nichos do ambiente terrestre?

a) Vantagens sobre os anfíbios na competição pelo alimento.
b) Extinção dos predadores naturais e consequente explosão populacional.
c) Abundância de alimento nos ambientes aquáticos abandonados pelos anfíbios.
d) Prolongado cuidado com a prole, garantindo proteção contra os predadores naturais.
e) Aparecimento de ovo com casca, capaz de evitar o dessecamento.

13. (UFPB) Considerando aspectos morfológicos, funcionais e evolutivos de cordados, é INCORRETO afirmar:

a) cláspers são modificações das nadadeiras pélvicas dos indivíduos machos dos peixes cartilaginosos, cuja função é realizar a transferência de esperma para o corpo das fêmeas.
b) o pulmão é uma estrutura que apareceu nas linhagens mais primitivas dos peixes ósseos, sendo mantido com a função respiratória em alguns grupos de peixes e herdados pelos tetrápodes; na maioria dos peixes ósseos, este pulmão transformou-se em um órgão hidrostático denominado bexiga natatória.
c) a maioria dos anfíbios possui a pele lisa e permeável, rica em vasos sanguíneos e glândulas. Estas últimas atuam na manutenção da umidade da pele e na defesa do animal, por meio da produção de veneno.
d) a faringe dos anfioxos é uma estrutura com fendas branquiais, envolvida pelo átrio, um espaço localizado entre a faringe e a parede corporal. A água que entra pela boca destes animais passa pelas fendas branquiais e cai no átrio, de onde sai para o exterior através de uma abertura denominada atrióporo.
e) anfíbios e répteis são vertebrados endotermos porque utilizam o próprio metabolismo como fonte principal de calor, enquanto aves e mamíferos são denominados ectotermos porque utilizam o Sol como fonte principal de obtenção de calor.

14. (UEL – PR) Leonardo da Vinci acreditava que o homem poderia voar e, para isso, estudou detalhadamente o voo das aves, conforme se pode notar em suas anotações sobre a "Estrutura das asas dos pássaros", em que aponta que se deve "Estudar a anatomia das asas de um pássaro junto com os músculos do peito, que são movedores destas asas".

DA VINCI, L. *Da Vinci por ele mesmo*. Trad. Marcos Malvezi.
São Paulo: Madras, 2004, p. 351.

Com base no texto e nos conhecimentos sobre as aves e o seu voo, considere as afirmativas a seguir.

I – Os músculos peitorais das aves voadoras devem ser ricos em mitocôndrias, uma vez que apresentam um metabolismo muito alto.
II – As aves voadoras possuem sacos aéreos e ossos pneumáticos que auxiliam a reduzir o peso específico do corpo.
III – O grupo de aves que não voam tem os membros posteriores adaptados para a marcha e é conhecido como "ratitas".
IV – As asas das aves são homólogas às das borboletas, pois ambas são utilizadas para o voo batido e não planado.

Assinale a alternativa correta.

a) Somente as afirmativas I e IV são corretas.
b) Somente as afirmativas II e III são corretas.
c) Somente as afirmativas III e IV são corretas.
d) Somente as afirmativas I, II e III são corretas.
e) Somente as afirmativas I, II e IV são corretas.

15. (UFT – TO) Leia com atenção o poema abaixo.

Leilão de Jardim

Quem me compra um jardim com flores?
Borboletas de muitas cores.
Lavadeiras e passarinhos, ovos azuis nos ninhos?
Quem me compra este caracol?
Quem me compra um raio de sol?
Um lagarto entre o muro e a hera
Uma estátua da Primavera.
Quem me compra este formigueiro?
E este sapo, que é jardineiro?
E a cigarra e sua canção?
E o grilinho dentro do chão?
Este é o meu leilão!

MEIRELES, C. *Ou isto ou aquilo*. Rio de Janeiro: Nova Fronteira, 1987.

Com base nas informações desse texto e em outros conhecimentos sobre o assunto, julgue os itens.

a) Todos os animais citados nesse poema caracterizam-se por ter fecundação externa.
b) O sapo é chamado de jardineiro porque se alimenta de insetos e, assim, controla as pragas.
c) O comportamento da cigarra e do grilinho são exemplos de adaptação.
d) Entre os animais referidos no texto, inexistem representantes do filo cordados.
e) Um dos animais mencionados no poema caracteriza-se como homeotérmico.

16. (UNESP) Um pesquisador, ao acompanhar o desenvolvimento de ovos de um determinado grupo de animais, encontrou as seguintes características:

I – presença de âmnio e alantoide;
II – grande quantidade de vitelo;
III – fragmentos de casca calcária;
IV – ácido úrico armazenado na alantoide.

Baseado nessas características, o pesquisador concluiu que os ovos estudados poderiam ser de:

a) peixe ou anfíbio.
b) ave ou réptil.
c) réptil ou anfíbio.
d) peixe ou réptil.
e) ave ou anfíbio.

17. (UFJF – MG) A pele e os anexos (glândulas, escamas córneas, penas, pelos etc.) constituem o tegumento que exerce diferentes funções nos diversos grupos de vertebrados. Com relação às funções do tegumento, é **CORRETO** afirmar que:

a) em peixes e mamíferos, participa do processo digestivo.
b) em aves e mamíferos, atua na manutenção da temperatura.
c) em anfíbios e répteis, realiza trocas gasosas.
d) em anfíbios e aves, contribui com a locomoção.
e) em peixes e répteis, protege contra desidratação.

18. (UFSCar – SP) Considere o modo de reprodução de peixes, anfíbios, répteis, aves e mamíferos. Pode-se dizer que na maioria das espécies de cada uma dessas classes de vertebrados encontramos, respectivamente,

a) oviparidade, larvas aquáticas, larvas terrestres, viviparidade e viviparidade.
b) oviparidade, ovos sem casca, fecundação interna, oviparidade e útero.
c) oviparidade, larvas aquáticas, fecundação externa, oviparidade e mamas.
d) larvas aquáticas, fecundação externa, oviparidade, cuidado parental e oviparidade.
e) larvas aquáticas, fecundação interna, oviparidade, cuidado parental e viviparidade.

19. (UEMT – adaptada) Em relação à estrutura, formação e biologia de animais, julgue as alternativas.

1 É considerado TRIBLÁSTICO, CELOMADO e ENDOTÉRMICO, o animal que tem 3 folhetos germinativos no embrião, é formado por uma cavidade corpórea e cuja temperatura do corpo varia com a do ambiente, respectivamente.
2 Após a fecundação, o zigoto é formado e em seguida ocorrem sucessivas mitoses com diferenciação até a formação do embrião.
3 Qualquer organismo pluricelular realiza meiose para crescer e desenvolver como também para regenerar um tecido lesado.
4 Machos e fêmeas de animais realizam reprodução sexuada com várias estratégias: um exemplo são os peixes, sem dimorfismo sexual, que possuem fecundação externa e desenvolvimento direto, já os répteis têm fecundação interna mas com desenvolvimento indireto.
5 As aves e os mamíferos são os dois únicos grupos de animais (homotérmico) cuja temperatura é sempre constante, usando, cada grupo, penas, pelos e tecido adiposo como auxiliares nessa característica.

20. (UEL – PR) Durante o desenvolvimento embrionário de peixes, anfíbios, répteis, aves e mamíferos surgem estruturas que permitem a sobrevivência do embrião, denominadas de anexos embrionários.

Com base nessas informações, considere as afirmativas sobre o anexo embrionário alantoide:

I – Em embriões de peixes e anfíbios, o alantoide tem a função de permitir as trocas gasosas com o meio aquático.
II – Nas aves, o alantoide possui a função de armazenar os excretas nitrogenados do embrião.
III – Na maioria dos embriões de mamíferos, o alantoide é reduzido e participa da formação da placenta e cordão umbilical.
IV – Nos répteis, o alantoide tem a função de proteger o embrião contra a dessecação.

Assinale a alternativa correta.

a) Somente as afirmativas I e IV são corretas.
b) Somente as afirmativas II e III são corretas.
c) Somente as afirmativas III e IV são corretas.
d) Somente as afirmativas I, II e III são corretas.
e) Somente as afirmativas I, II e IV são corretas.

21. (UFAC) Leia o texto a seguir e assinale a alternativa correta.

Um fóssil extremamente bem conservado, de 380 milhões de anos, achado no noroeste da Austrália, é agora o exemplo mais antigo de uma mãe grávida vivípara.

Ciência Hoje, jul. 2008.

a) O fóssil provavelmente é de um mamífero, uma vez que a viviparidade é característica exclusiva desse grupo.
b) A presença de um saco vitelino no embrião fóssil seria uma característica segura para determinar o fóssil como vivíparo.
c) A conclusão de que o fóssil é de um animal vivíparo veio da observação de que o embrião estava se desenvolvendo dentro do corpo da mãe.
d) Uma das características que levaria à conclusão de que se tratava de um animal vivíparo seria a presença de um resquício de cordão umbilical.
e) O fóssil em questão poderia também ser de um animal ovovivíparo, pois, assim como os vivíparos, os ovovivíparos apresentam nutrição maternal durante o desenvolvimento embrionário.

22. (PUC – MG)

O que surgiu antes? O ovo ou a galinha?

Esse é um problema retórico que parece insolúvel apenas se desconsiderarmos a evolução dos organismos como descrita por Charles Darwin (1809-1882) há quase 150 anos. Antes que as galinhas surgissem, outros animais já se reproduziam por meio de ovos. Assim, o ovo, como estrutura reprodutiva, surgiu antes da galinha.

Ciência Hoje, jul. 2008.

Sobre a reprodução animal, assinale a afirmativa **INCORRETA**.

a) Ovo com casca foi um passo evolucionário que permitiu o desenvolvimento embrionário de répteis e aves em ambientes terrestres.
b) Animais que botam ovos com casca obrigatoriamente possuem fertilização interna.
c) Todos os mamíferos são vivíparos, ou seja, o embrião é retido dentro do corpo da fêmea.
d) Animais ovíparos liberam ovos no ambiente, e os embriões desenvolvem-se fora do corpo da mãe.

23. (UFAM) Observe atentamente as colunas abaixo:

1. baleia   ( ) marsupial
2. morcego   ( ) proboscídeo
3. macaco   ( ) cetáceo
4. elefante   ( ) perissodáctilo
5. anta   ( ) carnívoro
6. tamanduá   ( ) monotremado
7. canguru   ( ) quiróptero
8. lobo-guará   ( ) xenartro
9. ornitorrinco   ( ) sirênio
10. peixe-boi   ( ) primata

Assinale a alternativa que relaciona corretamente a coluna da esquerda com a da direita.

a) 7; 4; 10; 5; 8; 9; 2; 6; 1; 3.   d) 7; 6; 1; 5; 8; 9; 2; 4; 10; 3.
b) 7; 5; 1; 4; 9; 8; 2; 6; 10; 3.   e) 7; 4; 1; 2; 9; 8; 5; 6; 10; 3.
c) 7; 4; 1; 5; 8; 9; 2; 6; 10; 3.

24. (UFF – RJ) No meio ambiente coexistem seres com diferentes características e que estão sujeitos a diversos fatores abióticos. Dentre eles, destacam-se as variações de temperatura, que são maiores no ambiente terrestre do que no ambiente aquático. A manutenção da temperatura do corpo é fundamental para os vertebrados terrestres, sendo mantida por dois tipos de mecanismos termorreguladores: a ectotermia e a endotermia.

A tabela abaixo mostra a quantidade de calorias diárias retiradas dos alimentos para manter a temperatura corpórea de dois animais terrestres A e B.

Animal	Calorias Diárias	Peso Corpóreo (g)
A	20	500
B	100	500

Analisando o texto e a tabela, pode-se afirmar que:

a) o animal B é ectotérmico, pois a maioria das calorias necessárias para manter a sua temperatura corpórea é obtida do meio ambiente.
b) o animal A é ectotérmico, pois a maioria das calorias necessárias para manter a sua temperatura corpórea é obtida do meio ambiente.
c) o animal A é endotérmico, pois a maioria das calorias necessárias para manter a sua temperatura corpórea é obtida do meio ambiente.
d) o animal B é endotérmico, pois a maioria das calorias necessárias para manter sua temperatura corpórea é obtida do meio ambiente.
e) os animais A e B são endotérmicos, pois a maioria das calorias necessárias para manter suas temperaturas corpóreas é obtida do meio ambiente.

25. (PUCCAMP – SP) O gráfico apresenta a taxa metabólica basal, de sete diferentes animais, medida em duas diferentes condições ambientais (A e B).

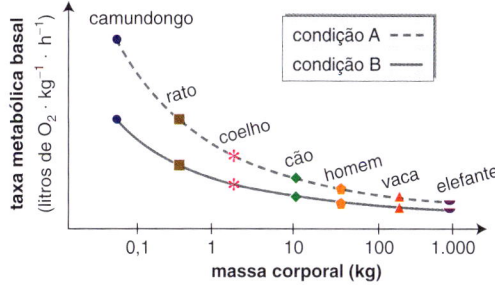

Analisando o gráfico com base em seus conhecimentos, é correto afirmar, **EXCETO**:

a) A condição A deve apresentar temperaturas ambientais mais elevadas do que a condição B.
b) Para todos os animais representados, alterações na taxa metabólica basal podem estar ligadas à manutenção da homeotermia.
c) A demanda de nutrição calórica para a manutenção do metabolismo basal, por unidade de massa corporal, decresce do camundongo para o elefante.
d) Quanto maior é o animal representado, menor é o seu metabolismo basal por unidade de massa corporal.

26. (UFPR) Os cordados compõem um dos mais heterogêneos grupos da zoologia, o filo *Chordata*. Não é o filo com o maior número de espécies, entretanto seus integrantes apresentam elementos anatômicos notavelmente variados. Com relação aos cordados, considere as seguintes afirmativas:

1. Nós próprios, mamíferos, estamos incluídos no filo *Chordata*, assim como os peixes, as aves, outros vertebrados e até certos animais aquáticos (como as ascídias), que não possuem coluna vertebral.
2. São elementos presentes em apenas parte do filo *Chordata*: âmnio, mandíbula e coração tetracavitário.
3. São elementos comuns a todos os cordados: notocorda, encéfalo e cordão nervoso ventral.
4. Para a troca de gases com o meio, são utilizados, por exemplo, a pele em anuros, as brânquias nas tartarugas marinhas e os sacos aéreos nas aves.

Assinale a alternativa correta.

a) Somente as afirmativas 1 e 2 são verdadeiras.
b) Somente as afirmativas 1 e 3 são verdadeiras.
c) Somente as afirmativas 2 e 3 são verdadeiras.
d) Somente as afirmativas 2 e 4 são verdadeiras.
e) Somente as afirmativas 3 e 4 são verdadeiras.

27. (FUVEST – SP) Durante a gestação, os filhotes de mamíferos placentários retiram alimento do corpo materno. Qual das alternativas indica o caminho percorrido por um aminoácido resultante da digestão de proteínas do alimento, desde o organismo materno até as células do feto?

a) Estômago materno → circulação sanguínea materna → placenta → líquido amniótico → circulação sanguínea fetal → células fetais.
b) Estômago materno → circulação sanguínea materna → placenta → cordão umbilical → estômago fetal → circulação sanguínea fetal → células fetais.
c) Intestino materno → circulação sanguínea materna → placenta → líquido amniótico → circulação sanguínea fetal → células fetais.
d) Intestino materno → circulação sanguínea materna → placenta → circulação sanguínea fetal → células fetais.
e) Intestino materno → estômago fetal → circulação sanguínea fetal → células fetais.

28. (UEL – PR) Esporadicamente a imprensa divulga acidentes de banhistas atacados por tubarões. Alguns especialistas supõem que estejam relacionados com a destruição de ambientes naturais, principalmente de manguezais, que esses animais utilizariam para a reprodução e obtenção de alimentos. A procura por outros locais onde possam conseguir esses recursos promove o encontro com os banhistas, provocando acidentes.

Com os conhecimentos sobre o sistema sensorial dos tubarões, identifique as estruturas que eles podem utilizar para localizar suas presas:

I – ampolas de Lorenzini;
II – válvula espiral;
III – linha lateral;
IV – narinas.

Assinale a alternativa correta.

a) Somente as afirmativas I e II são corretas.
b) Somente as afirmativas II e IV são corretas.
c) Somente as afirmativas III e IV são corretas.
d) Somente as afirmativas I, II e III são corretas.
e) Somente as afirmativas I, III e IV são corretas.

29. (UFPR) O gráfico abaixo mostra a temperatura de dois animais expostos ao Sol durante a manhã.

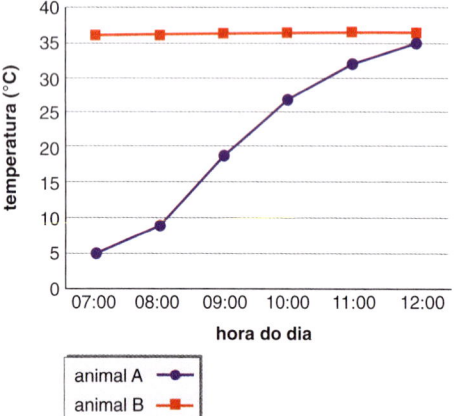

Os animais A e B podem ser, respectivamente:

a) uma galinha e uma tartaruga.
b) uma lagartixa e um cavalo.
c) um pato e um cachorro.
d) um gato e um sapo.
e) um jacaré e uma cobra.

30. (UFRR) A saída da água em busca de alimentos levou os animais à conquista da terra firme. Mas a independência da água para a reprodução foi crucial para a conquista definitiva. Considere o cladograma sobre a provável origem evolutiva dos cordados atuais e indique o grupo referente aos números de 1 a 5 na sequência correta.

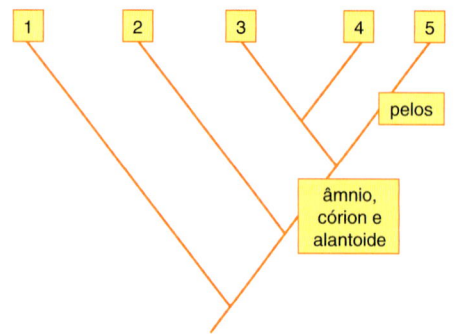

a) Aves, mamíferos, anfíbios, peixes e répteis.
b) Peixes, anfíbios, répteis, aves e mamíferos.
c) Peixes, répteis, anfíbios, aves e mamíferos.
d) Répteis, peixes, anfíbios, mamíferos e aves.
e) Mamíferos, aves, répteis, anfíbios e peixes.

31. (UFT – TO) Com relação à reprodução de elasmobrânquios, pode-se afirmar:

I – São animais de sexo separados e apresentam dimorfismo sexual.
II – No macho, a nadadeira pélvica está modificada num órgão copulador, denominado clásper.
III – A fecundação é interna, com desenvolvimento indireto.
IV – Existem espécies ovíparas, ovovíparas e vivíparas.

Aponte a alternativa que traz as assertivas CORRETAS:

a) I, II, III e IV.
b) I, II e IV apenas.
c) II, III e IV, apenas.
d) I e II, apenas.
e) I, III e IV, apenas.

32. (UNICAMP – SP) Para suprirem suas células com oxigênio e removerem o gás carbônico dos tecidos, os animais realizam trocas gasosas com o ambiente, processo denominado de respiração. Na tabela abaixo estão listados 4 grupos de animais e 4 tipos de respiração:

Grupo de Animais	Tipo de Respiração
I – Poríferos	A – Branquial
II – Crustáceos	B – Traqueal
III – Insetos	C – Cutânea
IV – Répteis	D – Pulmonar

As relações corretas entre os grupos de animais mencionados à esquerda e os tipos de respiração mencionados à direita são:

a) IC; IIA; IIIB; IVD.
b) IB; IIA; IIIC; IVD.
c) IA; IIB; IIIC; IVD.
d) IC; IID, IIIA; IVB.

33. (UFT – TO) A transição dos seres vivos da água para a terra levou milhões de anos para acontecer. Nesse período, uma série de alterações ajustou gradualmente o plano estrutural dos organismos, permitindo a resolução de problemas de adaptação ao ambiente terrestre.

O ambiente terrestre oferece vantagens como maior disponibilidade de oxigênio e exposição à radiação solar. Por outro lado, a baixa disponibilidade de água aumenta o risco de desidratação e impõe restrições à reprodução das espécies.

Dentre os eventos que permitiram o sucesso na transição dos seres vivos do ambiente aquático para o terrestre, podemos citar:

I – O surgimento do ovo amniótico.
II – O surgimento do tubo polínico.
III – A presença de um rim que excreta amônia.
IV – A presença de pele seca e queratinizada.

Das assertivas acima, são verdadeiras:

a) I, II, III e IV.
b) I, III e IV.
c) I, II e IV.
d) I, II e III.

34. (UCS – RS) Muitas aves nutrem-se de alimentos duros como grãos. Para nutrirem-se desse mesmo tipo de alimento, os mamíferos desenvolveram um aparelho mastigador formado por dentes fortes. Nas aves, esse aparelho mastigador corresponde a uma zona do tubo digestivo denominada

a) intestino.
b) bico.
c) cloaca.
d) esôfago.
e) moela.

35. (UCS – RS) O reino animal é dividido em invertebrados e vertebrados. Os vertebrados, por sua vez, estão divididos em cinco grandes grupos, assim caracterizados:

GRUPO 1: temperatura do corpo variável, fecundação externa e diferentes tipos de respiração, dependendo do seu estágio de desenvolvimento;
GRUPO 2: corpo recoberto por escamas, circulação fechada, com coração de apenas um átrio e um ventrículo;
GRUPO 3: reprodução independente do ambiente aquático;

GRUPO 4: endotérmico e portador de glândula uropigial; e
GRUPO 5: placentário, com corpo coberto de pelos.

Considerando a história evolutiva dos vertebrados, pode-se afirmar que o **GRUPO 3** surgiu

a) depois dos grupos **4** e **5**.
b) antes do **GRUPO 1** e depois do **GRUPO 2**.
c) antes dos grupos **1** e **2**.
d) antes do **GRUPO 4** e depois do **GRUPO 1**.
e) antes do **GRUPO 1** e depois do **GRUPO 4**.

36. (UEMT) É comum a observação de jacarés aquecendo-se ao sol nas margens dos rios, durante o dia, no Pantanal mato-grossense. À noite, os jacarés submergem nas águas mais cálidas do rio, pois a água esfria mais lentamente que a terra.

Assinale a alternativa que explica esse comportamento dos jacarés no Pantanal mato-grossense.

a) Nos répteis não há respiração cutânea, apenas a pulmonar, pois a pele é seca, protegida por escamas de origem epidérmica ou placas ósseas de origem dérmica.
b) Os seres ectotérmicos, como os jacarés, dependem de fontes externas de calor como a energia do sol e as superfícies aquecidas do solo ou da água para a regulação da temperatura corporal.
c) Eliminam ureia na excreção, composto nitrogenado de alta toxicidade.
d) Produzem ovos grandes, ricos em matéria nutritiva, resistentes e permeáveis aos gases respiratórios, que necessitam de cuidados.
e) Os jacarés são ovovivíparos, e a temperatura mais alta do ambiente está relacionada ao desenvolvimento de machos.

37. (UNEMAT – MT) Em uma loja de animais estava exposta uma placa com as seguintes informações:

Vendem-se animais vertebrados, de pele úmida, intensamente vascularizada e pobre em queratina. São pecilotérmicos e dependem da água para sua reprodução. Têm fecundação externa e desenvolvimento indireto. As larvas respiram por meio de brânquias e os adultos realizam trocas gasosas por meio de pulmões rudimentares dotados de pequena superfície, e através da pele. O coração apresenta 3 câmaras, sendo 2 átrios e 1 ventrículo. A circulação sanguínea é fechada, dupla e incompleta. – PREÇOS PROMOCIONAIS –

O texto acima refere-se a que animal?

a) peixe   c) papagaio   e) iguana
b) rã   d) cachorro

38. (UFMS) Leia o texto abaixo e, a seguir, indique a(s) proposição(ões) correta(s) e dê sua soma ao final.

Um sapo sem pulmão acaba de ser descoberto na ilha de Bornéu, na Indonésia. Trata-se do primeiro caso confirmado do tipo e, segundo os cientistas responsáveis pelo estudo, a espécie aquática *Barbourula kalimantanensis* aparentemente respira através da pele. (...) Duas populações da espécie, sobre a qual havia relatos, foram encontradas durante recente expedição dos pesquisadores. (...) De todos os tetrápodes, vertebrados terrestres com quatro membros, sabe-se que a ausência de pulmões ocorre apenas em anfíbios. São conhecidas algumas espécies de salamandras sem o órgão, além de uma cobra-cega. Para os autores do estudo, a descoberta de uma rara espécie de sapo em Bornéu reforça a ideia de que os pulmões sejam uma característica maleável nos anfíbios. Como a *B. kalimantanensis* vive em água corrente e fria, a ausência de pulmões poderia ser uma adaptação para uma combinação de fatores, como um meio com mais oxigênio, o baixo metabolismo do animal, o achatamento do corpo que aumenta a área superficial da pele e a preferência por afundar em relação a boiar.

Agência FAPESP.
Disponível em: <http://www.agencia.fapesp.br/materia/8679/divulgacao-cientifica/sapo-sem-pulmao-e-descoberto.htm>.

(01) Os sapos, as salamandras e as cobras-cegas são anfíbios.
(02) Além dos anfíbios, minhocas também possuem respiração cutânea.
(04) Apesar do baixo metabolismo, a *B. kalimantanensis* é animal endotérmico, como todos os anfíbios.
(08) Por ter somente respiração cutânea, a *B. kalimantanensis* precisa manter a pele sempre úmida. Por essa razão, sua dependência de viver no meio aquático é maior do que a dos sapos que possuem pulmões.
(16) Nos anfíbios, quando os pulmões estão ausentes, há apenas a circulação do sangue venoso.
(32) O baixo metabolismo está associado com rápida digestão do alimento e alta taxa de natalidade.

39. (UFMS) A figura abaixo, extraída e adaptada de www.educacaopublica.rj.gov.br, demonstra o relacionamento filogenético de alguns grupos de animais. Com base nessa figura, analise as proposições a seguir e assinale a(s) correta(s).

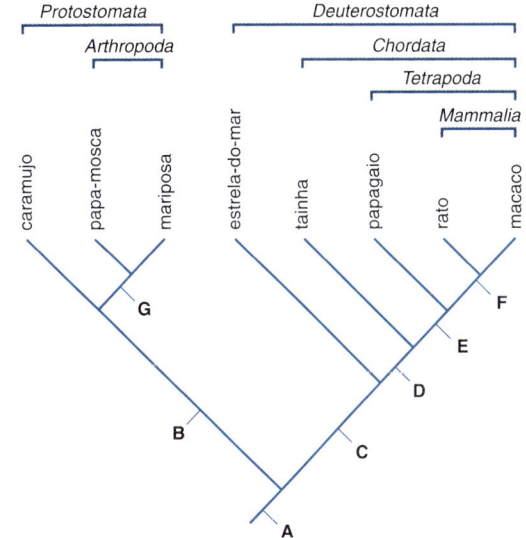

(01) A estrela-do-mar tem um ancestral comum com os *Chordata*, representado na figura pela letra C.
(02) Todos os invertebrados estão reunidos em um único agrupamento.
(04) O papagaio é mais próximo, filogeneticamente, do rato do que do macaco.
(08) A papa-mosca é mais próxima, filogeneticamente, da borboleta do que do caramujo.
(16) Todos os organismos possuem um ancestral comum, representado na figura pela letra A.
(32) O ancestral comum dos Protostomata é representado na figura pela letra G.

40. (UFMS) Cientistas dos institutos Adolfo Lutz e Butantan isolam, a partir das toxinas da pele do sapo-cururu, dois esteroides capazes de matar o parasita causador da leishmaniose, cujos casos estão aumentando no Brasil. Uma das moléculas também é eficaz contra a doença de Chagas.

Disponível em: <http://www.agencia.fapesp.br/materia/9276/especiais/esteroide-anfibio.htm>.

Sobre o anfíbio citado na notícia acima, indique a(s) proposição(ões) correta(s) e dê sua soma ao final.

(01) Estão incluídos no grupo natural anura.
(02) Respiram pela pele e através dos pulmões.
(04) O coração de um adulto apresenta dois ventrículos e um átrio e nele não ocorre mistura do sangue venoso com o arterial.
(08) As toxinas da pele são geralmente associadas a uma estrutura inoculadora de veneno semelhante aos dentes de uma cobra.
(16) A cauda está ausente em todas as fases do ciclo de vida.
(32) A dieta de um adulto é composta principalmente por itens com baixa quantidade de proteínas, como algas e musgos.

41. (UFMS) Leia o trecho a seguir, extraído e adaptado do *informativo Notícias da Onça-pintada* do Instituto Onça-pintada.

No Rio Araguaia, os pesquisadores têm observado botos acuando peixes em águas rasas com parte de seu corpo para fora da água. É durante esse momento, de acordo com os pescadores locais, que as onças-pintadas pulam, mordem e arrastam os botos para fora do rio. Eles dizem ter visto a onça sobre o boto se alimentando da carcaça ao longo do dia, e defendendo-a dos jacarés.

Sobre os animais que participam do episódio acima, indique a(s) proposição(ões) correta(s) e dê sua soma ao final.

(01) A onça-pintada, o boto-rosa e o jacaré são animais típicos encontrados no Pantanal sul-mato-grossense.

(02) Apesar de ser um animal aquático, o boto-rosa apresenta, como órgão responsável pelas trocas gasosas, o pulmão.

(04) Na cadeia trófica, quando a onça-pintada preda o boto-rosa, ela é um consumidor de terceira ordem ou de qualquer nível acima.

(08) O boto-rosa, por ser um animal aquático, é ovíparo, como o jacaré e a maioria dos peixes de água-doce.

(16) O boto-rosa e a onça-pintada são mamíferos, e as fêmeas alimentam seus filhotes com leite produzido por glândulas mamárias.

(32) A interação entre a onça-pintada e o jacaré, na disputa pela carcaça do boto-rosa, é benéfica para ambos e é denominada amensalismo.

42. (UFMS) Os anexos embrionários são responsáveis por diversas funções durante o desenvolvimento embrionário. Qual das funções relacionadas a seguir corresponde ao anexo embrionário alantoide de um embrião de uma ave?
a) defesa imunológica
b) armazenamento de excretas nitrogenadas
c) proteção contra dessecação
d) armazenamento de reservas nutritivas lipídicas
e) proteção contra choques mecânicos

43. (UFMS) Atualmente, foram descritas 4.500 espécies viventes de mamíferos. Entre essas espécies, está incluído o *Homo Sapiens* (o ser humano). Assinale abaixo a(s) característica(s) que o ser humano divide com os outros mamíferos.

(01) Tegumento com uma epiderme mucosa.
(02) Presença de pelos e glândulas mamárias.
(04) Respiração pulmonar.
(08) Alimentação onívora.
(16) Coração com quatro cavidades, portanto com o sistema circulatório duplo e completo.
(32) Presença de eritrócitos ovais e nucleados.

Questões dissertativas

1. (UNICAMP – SP) "Cientistas buscam remédios no mar" é o título de uma reportagem (*O Estado de S. Paulo*, 02/05/2005, p. A16) sobre pesquisas que identificaram moléculas com atividade farmacológica presentes em animais marinhos, como esponjas e ascídias, contra agentes patogênicos causadores de tuberculose, leishmaniose e candidíase. Os agentes patogênicos causadores das doenças citadas na reportagem são, respectivamente, bactérias, protozoários e fungos.

Notícias sobre animais marinhos estão sempre em destaque na imprensa, como exemplificam a reportagem acima e as notícias listadas a seguir.

I – Uma lula gigante foi capturada em Macaé (RJ) e levada para Niterói. A lula pesa 130 quilos e mede aproximadamente 4 metros. (Em www.estadao.com.br/vidae/not_vid71173,0.htm, 26/10/2007.)

II – A presença de uma medusa mortal levou à interrupção das filmagens de um longa-metragem na Austrália. (Em www1.folha.uol.com.br/folha/ilustrada/ult90u69858.shtml, 30/03/2007.)

III – Cientistas do Museu Victoria, na Austrália, divulgaram hoje imagens da menor estrela-do-mar do mundo, que mede menos de 5 mm. (Em notícias.terra.com.br/ciencia/interna/0Ol2039629-El8145,00.html, 01/11/2007.)

a) Agrupe os filos aos quais pertencem os animais citados (esponjas, ascídias, lulas, medusas e estrelas-do-mar) de acordo com a presença de tecidos verdadeiros e o número de folhetos germinativos. Caracterize cada grupo formado segundo o critério indicado.

b) A diferenciação dos folhetos germinativos no desenvolvimento embrionário permite a formação de uma cavidade do corpo, o celoma. Que folheto germinativo está diretamente relacionado com a formação do celoma? Dê uma vantagem que a formação do celoma trouxe para os animais.

2. (UNICAMP – SP) Uma dona de casa, querendo preparar uma caldeirada de frutos do mar, obteve uma receita que, além de vegetais e temperos, pedia a inclusão de cação, camarão, lagosta, mexilhão e lula. Ela nunca havia preparado a receita e não conhecia os animais. O filho explicou que esses animais eram: um peixe cartilaginoso (cação), crustáceos (camarão e lagosta) e moluscos (mexilhão e lula).

a) Indique duas características exclusivas dos moluscos que poderão permitir sua identificação pela dona de casa.

b) Ao comprar o peixe, a dona de casa não encontrou cação e comprou abadejo, que é um peixe ósseo. Além da diferença quanto ao tipo de esqueleto, indique outras duas diferenças que os peixes ósseos podem apresentar em comparação com os peixes cartilaginosos.

3. (UNESP) Em uma conhecida canção do cancioneiro popular de Minas Gerais são feitas as perguntas:

Como pode um peixe vivo viver fora d´água fria?
Como poderei viver sem a tua companhia?

a) Que órgão permite a um peixe respirar e manter-se vivo na água, mas não lhe permite viver fora dela? Como esse órgão exerce essa função?

b) Qual a razão do termo água fria, ou seja, por que há restrições à temperatura da água?

4. (FUVEST – SP) O quadro a seguir mostra diferenças que ocorrem no reino animal quanto ao plano corporal e aos sistemas digestório, circulatório e nervoso:

	1	2	3
A – Simetria na fase adulta	ausente	radial	bilateral
B – Sistema digestório	ausente	incompleto	completo
C – Sistema circulatório	ausente	aberto	fechado
D – Sistema nervoso	ausente	cordão nervoso ventral	dorsal

Os anelídeos, por exemplo, apresentam as características A3, B3, C3 e D2.

a) Que grupo animal apresenta as características A1, B1, C1 e D1?
b) Que características de A, B, C e D estão presentes em um crustáceo?
c) Que características de A, B, C e D estão presentes em um anfíbio?

5. (UFJF – MG) Os cordados compreendem uma enorme variedade de organismos, sendo o terceiro filo animal em número de espécies. Com aproximadamente 40.000 espécies descritas, esse filo é o maior e o ecologicamente mais diversificado da linha deuterostômica.

a) Os animais do filo *Chordata*, do qual fazem parte os vertebrados, mantêm certas características presentes em invertebrados e outras exclusivas que, às vezes, estão presentes apenas na fase embrionária. Apresente duas características comuns entre os cordados e os invertebrados e duas exclusivas dos cordados.
b) Até há alguns anos, acreditava-se que, pelo fato de os tubarões não possuírem bexiga natatória, eles necessitavam nadar ativamente para se manterem na coluna de água sem afundar. Explique como os tubarões controlam sua flutuabilidade.
c) Os anfíbios fazem parte do cardápio alimentar de um grande número de predadores. Qual é a principal estrutura de defesa dos anfíbios contra os predadores? Explique o funcionamento desse mecanismo de defesa.

6. (UNESP) Em algumas espécies de tartarugas marinhas que usam as areias da praia para desovar, a determinação do sexo dos embriões, se machos ou fêmeas, está relacionada com a temperatura.
A figura mostra a porcentagem de machos e fêmeas eclodidos de ovos incubados a diferentes temperaturas.

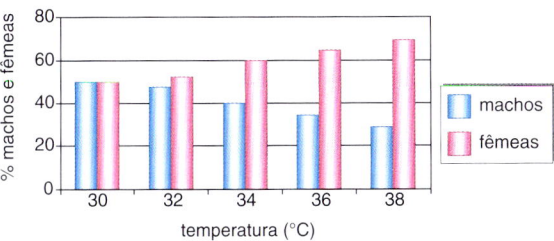

Tendo como referência as informações presentes na figura e considerando o aquecimento global causado pelo efeito estufa, qual seria a consequência mais imediata para as populações dessas espécies de tartarugas? Se um gráfico de mesmo tipo fosse construído para representar a porcentagem de embriões machos e fêmeas que se desenvolvem a partir de ovos das aves, na faixa de temperatura correspondente a 38 graus Celsius, quais seriam as porcentagens esperadas para cada um dos sexos? Justifique.

7. (UNICAMP – SP) Ao estudar os animais de uma mata, pesquisadores encontraram borboletas cuja coloração se confundia com a dos troncos em que pousavam mais frequentemente; louva-a-deus e mariposas que se assemelhavam a folhas secas; e bichos-pau semelhantes a gravetos. Observaram que muitas moscas e mariposas assemelhavam-se morfologicamente a vespas e a abelhas e notaram, ainda, a existência de sapos, cobras e borboletas com coloração intensa, variando entre vermelho, laranja e amarelo.

a) No relato dos pesquisadores estão descritos alguns exemplos de adaptações por eles caracterizadas como mimetismo e camuflagem. Identifique no texto um exemplo de camuflagem. Explique uma vantagem dessas adaptações para os animais.
b) No texto são citados vários animais, entre eles sapos e cobras. Esses animais pertencem a grupos de vertebrados que apresentam diferenças relacionadas com a reprodução. Indique duas dessas diferenças.

8. (UFG – GO) Leia o trecho do poema a seguir.

A seca de setenta

O sertanejo assistido
Não quer guerra, só paz
Não carece fugir da seca
Sua terra lhe satisfaz
Molhada, nela dá tudo
Com labuta lhe dá mais.
Chove, por exemplo, hoje
eis o festim do agreste
canta o sapo na lagoa
e o passarinho no cipreste
cupim cria asa e voa
com pouco o mato se veste.

BANDEIRA, P. F. Disponível em:
<http://www.jangadabrasil.com.br/marco43/cn43030.htm>.
Acesso em: 29 set. 2008.

a) O trecho do poema apresenta vários organismos do reino *Animalia*. Identifique quais são esses organismos e classifique-os pelas classes, destacando duas características típicas de cada uma delas.
b) Explique a importância da lagoa para o sucesso reprodutivo do sapo, referido no poema.

9. (UFG – GO – adaptada) "E os passarinhos do gigante eram cobras e lagartos."

Macunaíma, Mário de Andrade

O romance de Mário de Andrade é povoado de espécies animais. Na frase acima, por exemplo, há referência a dois grupos de animais que possuem características morfofisiológicas distintas. Com base nesses caracteres, complete: os passarinhos conquistaram o meio terrestre de modo mais eficiente que as cobras e os lagartos, porque...

10. (UFJF – MG – adaptada) Os mamíferos apresentam mais de quatro mil espécies, incluindo a baleia azul, com 160 toneladas de peso e 30 metros de comprimento, e o pequeno musaranho, com 3 gramas e 8 centímetros. Seus representantes possuem uma grande diversidade morfofisiológica, o que permitiu a ocupação de diferentes ambientes (terra, ar, água doce e mar).

a) Cite duas características que distinguem os mamíferos dos demais vertebrados.
b) Algumas espécies de mamíferos, como os ratos silvestres, que vivem em regiões de clima temperado, onde o frio é intenso, apresentam uma estratégia para suportar este período de condições climáticas desfavoráveis. Essa estratégia é conhecida como hibernação. Qual é o mecanismo fisiológico envolvido nesse processo e qual é a sua vantagem para o animal?

11. (UNICAMP – SP) Várias evidências científicas comprovam que as aves são descendentes diretas de espécies de dinossauros que sobreviveram ao evento de extinção em massa que assolou o planeta 65 milhões de anos atrás. O achado mais recente, um dinossauro emplumado chamado *Epidexipteryx hui*, foi apresentado na revista *Nature*. Alguns dinossauros menores adquiriram a capacidade de voar, e foram eles, provavelmente, que sobreviveram ao cataclismo e deram origem às aves modernas.

Adaptado de:
ESCOBAR, H. Curiosidades e maravilhas científicas do mundo em que vivemos.
Disponível em:
<http://www.estadao.com.br/vidae/imagineso_265208,0.htm>.
Acesso em: 27 out. 2008.

a) Conforme o texto, as aves provavelmente seriam descendentes de um grupo de dinossauros, relação cada vez mais evidenciada pelo estudo dos fósseis. Contudo, as aves modernas diferem dos répteis quanto ao sistema respiratório, diferença essa que pode ser considerada uma adaptação ao voo. Que diferença é essa e como ela está relacionada ao voo?

b) A capacidade de voar ocorre não só em aves mas também em mamíferos, como os morcegos, e em insetos. Os pesquisadores explicam que as asas podem ser órgãos homólogos, em alguns casos, e órgãos análogos, em outros. Indique em quais dos animais citados as asas são órgãos homólogos e em quais são órgãos análogos. Em que diferem esses dois tipos de órgãos?

12. (UNICAMP – SP) Os vertebrados surgiram há cerca de 500 milhões de anos, e os primeiros fósseis não possuíam mandíbulas. Posteriormente, ocorreram inovações evolutivas que permitiram aos vertebrados ocuparem o meio terrestre.

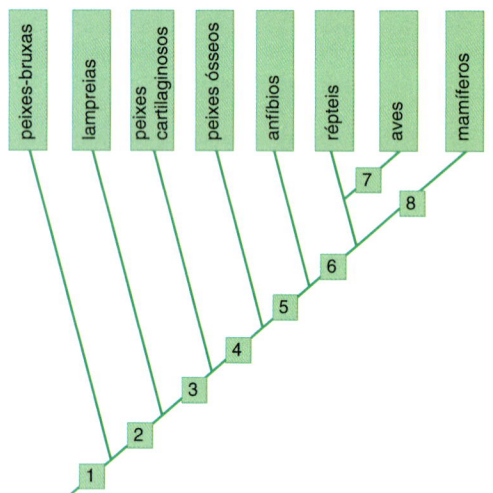

a) Explique por que a aquisição da mandíbula foi importante para os vertebrados. Indique em qual número mostrado na figura surgiu essa novidade evolutiva.

b) Indique em que números mostrados na figura abaixo surgiram inovações evolutivas que permitiram aos vertebrados ocuparem o meio terrestre. Quais foram essas inovações? Por que essas inovações foram importantes nessa ocupação?

13. (UNICAMP – SP) O gráfico abaixo mostra a variação da temperatura corporal de dois grupos de animais em relação à variação da temperatura do ambiente..

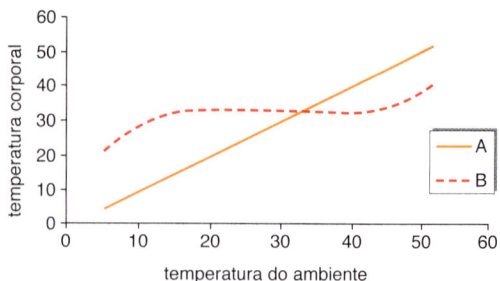

a) Dentre os anfíbios, aves, mamíferos, peixes e répteis, quais têm variação de temperatura corporal semelhante ao traço A e quais têm variação semelhante ao traço B? Justifique.

b) Como cada um desses grupos de animais (A e B) controla sua temperatura corporal?

14. (UNICAMP – SP) Os anfíbios foram os primeiros vertebrados a habitar o meio terrestre. Provavelmente surgiram de peixes crossopterígeos que eventualmente saíam da água à procura de insetos. Antes de ganharem o meio terrestre, esses ancestrais dos anfíbios passaram por modificações em sua estrutura e em sua fisiologia.

a) Mencione duas modificações importantes nessa transição.

b) Os anfíbios são classificados em três ordens: *Gymnophiona* ou *Apoda* (cobras-cegas), *Urodela* (salamandras) e *Anura* (sapos, rãs e pererecas). Mencione uma característica exclusiva de cada uma delas.

15. (FUVEST – SP) Quanto à termorregulação, os animais são classificados em endotérmicos, ou seja, dependentes da produção metabólica de calor, e ectotérmicos, que utilizam fontes ambientais de calor para manter seu metabolismo.

a) Um *habitat* com baixo suprimento de alimentos favorece o estabelecimento de animais endotérmicos ou ectotérmicos? Justifique sua resposta.

b) Considerando as características do primeiro grupo de vertebrados a conquistar definitivamente o ambiente terrestre, seus representantes viviam em um clima mais próximo ao tropical ou ao temperado? Justifique sua resposta.

16. (UNICAMP – SP) As aves migratórias voam muitas vezes a grandes altitudes e por longas distâncias sem parar. Para isso, elas apresentam adaptações estruturais e também fisiológicas, como a maior afinidade da hemoglobina pelo oxigênio.

a) Explique a importância da maior afinidade da hemoglobina pelo oxigênio nas aves migratórias.

b) Indique duas adaptações estruturais que as aves em geral apresentam para o voo e qual a importância dessas adaptações.

17. (UFBA) Há mais de 120 milhões de anos, enquanto gigantescos dinossauros destroçavam as florestas em combates titânicos, um drama mais silencioso se desenrolava sob os arbustos do Cretáceo: uma linhagem de seres minúsculos e peludos parou de pôr ovos e deu à luz seres jovens. Foram os progenitores de praticamente todos os mamíferos modernos. (CASTELVECCHI, 2009, p. 68).

No contexto da história reprodutiva dos vertebrados,
• identifique o órgão que torna possível "dar à luz seres jovens", caracterizando-o quanto à origem embriológica;
• explique o significado evolutivo do órgão referido, destacando as vantagens que ele confere aos mamíferos em relação aos organismos que põem ovos com casca.

Programas de avaliação seriada

1. (PAS – UFLA – MG)

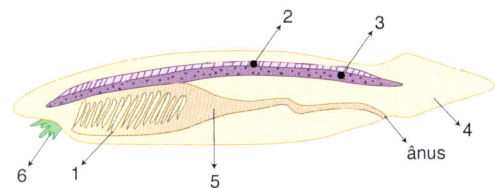

O desenho mostra um anfioxo (cefalocordado) em vista lateral. Entre as estruturas enumeradas, quais correspondem **CORRETAMENTE** às características (novidades evolutivas) que definem os cordados?

a) 1 – fendas faringeanas; 3 – notocorda; 5 – intestino.
b) 2 – notocorda; 3 – tubo nervoso dorsal; 1 – fendas faringeanas.
c) 6 – cirros bucais; 3 – notocorda; 4 – cauda pós-anal.
d) 1 – fendas faringeanas; 2 – tubo nervoso dorsal; 3 – notocorda.

2. (PSIU – UFPI) A maioria dos peixes ósseos apresenta sacos similares a pulmões, que permitem o controle da flutuação e da profundidade em que pode ficar na água, sem gastar energia. Marque a alternativa que contém a estrutura em questão.

a) nadadeira ventral
b) nadadeira lobada
c) nadadeiras pélvicas
d) nadadeiras peitorais
e) bexiga natatória

3. (PASES – UFV – MG) Os sapos são dotados de elegante movimento saltatório, visão relativamente acurada, agilidade para captura de alimento e capacidade de vocalização, mas, em geral, apresentam hábito predominantemente noturno, o que pode ser visto como uma estratégia comportamental que:

a) evita competidores alimentares.
b) evita perda de água.
c) evita predadores.
d) facilita a percepção dos sons emitidos.

4. (PSS – UFS – SE) Os seres vivos formam cinco reinos, atualmente aceitos, podendo diferir ou assemelhar-se dependendo de suas características.

Analise as proposições que seguem.

(0) Nas grandes cidades, principalmente nas portuárias, ocorrem *Rattus rattus* e *Rattus norvegicus* que pertencem a subespécies diferentes.
(1) Dos cinco reinos de organismos vivos, um é formado exclusivamente por seres procarióticos, outro é formado tanto por seres procarióticos como eucarióticos e os três restantes são constituídos exclusivamente por seres eucarióticos.
(2) Musgos, samambaias, pinheiros e eucaliptos são organismos incluídos no reino *Plantae*. A disseminação dos dois primeiros é efetuada por meio de esporos e a dos outros ocorre por meio de sementes.
(3) A tainha e a sardinha são animais incluídos no táxon dos peixes ósseos porque ambos possuem esqueleto ósseo, corpo revestido com escamas dérmicas e um órgão especial para a flutuação, a bexiga natatória.
(4) Minhocas e sanguessugas são anelídeos que compartilham os seguintes caracteres: "metameria", "hermafroditismo" e "presença de ventosa nas duas extremidades do corpo".

5. (PISM – UFJF – MG)

"Os anfíbios, que sobreviveram aos dinossauros, às erupções vulcânicas e a outras catástrofes, estão se extinguindo rapidamente por não conseguirem se adaptar às modificações ambientais no mundo contemporâneo."

Para muitos anfíbios anuros, como as rãs, a principal causa de extinção é a poluição do ambiente aquático, do qual dependem para a sobrevivência das espécies. Considere as características abaixo:

I – Respiração cutânea e pulmonar das rãs adultas.
II – Fecundação externa e ovos envoltos em cápsula gelatinosa.
III – Endotermia e respiração cutânea das larvas.
IV – Pele lisa e pobre em queratina nas rãs adultas.
V – Respiração branquial das larvas.

Assinale a alternativa que apresenta características que explicam **corretamente** a dependência que as rãs têm do ambiente aquático.

a) I, III e IV
b) I, IV e V
c) II, III e V
d) II, IV e V
e) III e V

6. (PISM – UFJF – MG) Um bebê de apenas algumas horas de vida, abandonado à noite pela mãe de 14 anos, foi encontrado por um fazendeiro junto de uma cadela com sua ninhada, na cidade de La Plata, Argentina. A menina, sem roupas, era aquecida pelos filhotes da cadela. Segundo o jornal "La Nación", a criança foi levada a um hospital e apresentava boa saúde e apenas alguns arranhões.

Adaptado de: Folha online, 25 ago. 2008.

a) Considerando os conceitos de ectotermia e endotermia, classifique os mamíferos citados no texto. Explique.
b) Os cães e os humanos são mamíferos com formas similares de reprodução. Justifique a inclusão dos mesmos na subclasse *Eutheria*.
c) Qual é a característica morfológica que permite a inclusão dos cães na ordem *Carnivora*?
d) Qual a aquisição evolutiva no sistema nervoso de mamíferos que lhes confere a capacidade de inteligência, memória e aprendizagem maior que a dos outros vertebrados?

7. (SSA – UPE) A conquista do meio terrestre pelos vertebrados, iniciada pelos répteis, envolveu a ocorrência da fecundação interna e o desenvolvimento de estruturas associadas ao embrião, os anexos embrionários. Embora não façam parte do corpo embrionário, são indispensáveis para o desenvolvimento do embrião, pois exercem várias funções, como, por exemplo, armazenar os produtos de excreção produzidos pelo embrião, principalmente ácido úrico. Por qual dos anexos embrionários abaixo essa função é realizada?

a) placenta
b) alantoide
c) saco vitelínico
d) âmnio
e) cório

8. (PISM – UFJF – MG) Considerando-se que os anfíbios adultos realizam as trocas gasosas pela pele e/ou pulmões, que são carnívoros, que apresentam língua protrátil e não possuem dentes, é **INCORRETO** afirmar que a maioria desses animais:

a) pode viver tanto em ambientes terrestres como aquáticos.
b) se alimenta de insetos capturados com a língua.
c) apresenta larvas com respiração branquial.
d) utiliza o oxigênio presente no ar ou dissolvido na água.
e) possui ovos envolvidos por casca calcárea.

9. (PISM – UFJF – MG) Uma transição evolutiva importante para as aves foi a conquista do meio aéreo. Marque a alternativa em que todas as adaptações morfológicas estão relacionadas à conquista do meio aéreo por esse grupo animal.

a) Penas, papo e bexiga urinária.
b) Penas, quatro dedos e postura de ovos.
c) Asas, moela e ossos pneumáticos.
d) Penas, ossos pneumáticos e asas.
e) Cloaca, penas e asas.

O que saber sobre os...

Características	Peixes cartilaginosos	Peixes ósseos	Anfíbios
Sistema digestório/digestão	• Tubo digestório completo. • Digestão extracelular.	• Tubo digestório completo. • Digestão extracelular.	• Tubo digestório completo. • Digestão extracelular.
Respiração/trocas gasosas	• Brânquias.	• Brânquias. • Alguns pulmonados.	• Brânquias (fase larval), pulmões, epitélio da boca e da faringe, pele (adultos).
Sistema circulatório/circulação	• Fechado. • Coração com duas cavidades (A e V). • Circulação simples e completa. • Sangue com hemoglobina. • Heterotermos.	• Fechado. • Coração com duas cavidades (A e V). • Circulação simples e completa. • Sangue com hemoglobina. • Heterotermos.	• Fechado. • Coração com três cavidades (2A + V). • Circulação dupla e incompleta. • Sangue com hemoglobina. • Heterotermos.
Excreção	• Rins. Cloaca. • Excreta nitrogenada principal: ureia.	• Rins/bexiga urinária. • Excreta nitrogenada principal: amônia (NH_3).	• Rins/bexiga urinária/cloaca. • Excreta nitrogenada principal: ureia.
Sistema nervoso	• Tubular, dorsal. • Encéfalo e medula espinal.	• Tubular, dorsal. • Encéfalo e medula espinal.	• Tubular, dorsal. • Encéfalo e medula espinal.
Reprodução	• Sexos separados. • Fecundação interna.	• Sexos geralmente separados. • Fecundação externa ou interna. • Ovíparos ou ovovivíparos. • Alevino (estágio larval).	• Sexos separados. • Fecundação, de modo geral, externa. • Larvas (girinos) em espécies aquáticas.
Simetria	• Bilateral.	• Bilateral.	• Bilateral.
Celoma/diferenciação do blastóporo	• Triblásticos celomados. • Deuterostômios.	• Triblásticos celomados. • Deuterostômios.	• Triblásticos celomados. • Deuterostômios.
Lembrar	• Esqueleto cartilaginoso. • Boca ventral. • Cinco pares de fendas faringianas. • Escamas dermoepidérmicas (placoides). • Linha lateral nos cações ou tubarões e arraias.	• Esqueleto ósseo. • Boca terminal. • Quatro pares de fendas branquiais. • Opérculo e câmara branquial. • Escamas dérmicas. • Vesícula gasosa ("bexiga natatória"). • Linha lateral.	• Pele fina e úmida (trocas gasosas). • Não há anfíbios no mar. • Sapos, rãs, pererecas, salamandras, cobras-cegas (terrestres).

vertebrados?

Répteis	Aves	Mamíferos
		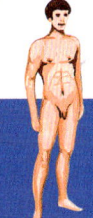

Répteis
- Tubo digestório completo.
- Digestão extracelular.
- Pulmões.

- Fechado.
- Coração com três cavidades (2A + V), quatro (2A + 2V) nos crocodilianos.
- Circulação dupla e incompleta.
- Sangue com hemoglobina.
- Heterotermos.

- Rins/cloaca.
- Excreta nitrogenada principal: ácido úrico.

- Tubular, dorsal.
- Encéfalo e medula espinal.

- Sexos separados.
- Fecundação interna.
- Ovíparos.

- Bilateral.
- Triblásticos celomados.
- Deuterostômios.
- Pele seca, ricamente queratinizada.
- Anexos embrionários: âmnio, cório, vesícula vitelínica, alantoide.

Aves
- Tubo digestório completo.
- Digestão extracelular.
- Pulmões.
- Sacos aéreos.

- Fechado.
- Coração com quatro cavidades (2A + 2V).
- Aorta para a direita.
- Circulação dupla e completa.
- Sangue com hemoglobina.
- Homeotermos.

- Rins/cloaca.
- Excreta nitrogenada principal: ácido úrico.

- Tubular, dorsal.
- Encéfalo e medula espinal.

- Sexos separados.
- Fecundação interna.
- Ovíparos.

- Bilateral.
- Triblásticos celomados.
- Deuterostômios.
- Pele ricamente queratinizada, penas, ossos pneumáticos, bico córneo.
- Anexos embrionários: âmnio, cório, vesícula vitelínica, alantoide.
- Papo e moela.

Mamíferos
- Tubo digestório completo.
- Digestão extracelular.
- Pulmões.

- Fechado.
- Coração com quatro cavidades (2A + 2V).
- Aorta para a esquerda.
- Circulação dupla e completa.
- Sangue com hemoglobina.
- Homeotermos.

- Rins/bexiga urinária.
- Excreta nitrogenada principal: ureia

- Tubular, dorsal.
- Encéfalo e medula espinal.

- Sexos separados.
- Fecundação interna.
- Ovíparos (ornitorrinco) e vivíparos (demais grupos), a maioria com útero e formação de placenta.

- Bilateral.
- Triblásticos celomados.
- Deuterostômios.
- Glândulas sudoríparas, sebáceas e mamárias.
- Pelos, diafragma.
- Âmnio, cório. Alantoide e vesícula vitelínica reduzidos.
- Placenta, cordão umbilical.

O vestibular da Conquista do Meio Terrestre

Se tivéssemos que "avaliar" a passagem do meio aquático para o terrestre pelos vertebrados, que grupo você diria que possui o melhor "equipamento" que possibilitou a efetiva conquista do meio terrestre? Vamos tentar?

Os anfíbios constituem um grupo de "transição" do meio aquático para o terrestre. Embora possuam um esqueleto adequado à locomoção no meio terrestre, a excreção de ureia (amônia nas formas aquáticas), que exige muita água para a sua eliminação, a pele fina, os pulmões de pequena superfície de trocas gasosas e a dependência da água ambiental para ocorrer o encontro de gametas (destaque para a fecundação externa), além da heterotermia, são fatores que limitaram a distribuição geográfica dessa classe.

Os répteis deram um "salto de qualidade". A pele é espessa, os pulmões são mais eficientes, a excreção tem como base o ácido úrico (economia de água), o encontro de gametas deixa de ser dependente da existência da água ambiental (a fecundação é interna) e, na reprodução, existem ovos dotados de casca calcária (muitas vezes membranácea) e anexos embrionários que possibilitam o desenvolvimento do embrião em meio terrestre. A heterotemia, porém, limita a sua ampla distribuição pelos ambientes terrestres.

As aves dão inveja. A leveza do esqueleto, a excreção de ácido úrico (economia de água), pulmões extremamente eficientes, as penas, os bicos leves, a reprodução – fecundação interna e postura de ovos dotados de casca calcária porosa e dos mesmos anexos embrionários existentes nos répteis –, a capacidade de voo e, também, a homeotermia possibilitaram, sem dúvida, uma ampla distribuição geográfica.

E os mamíferos? Pulmões certamente eficientes, pelos, reprodução – fecundação interna e, em muitos deles, existência de útero com formação de placenta e alguns dos anexos embrionários bem desenvolvidos, a exemplo do que ocorre com répteis e aves – e homeotermia também possibilitaram uma eficiente distribuição geográfica. No entanto, a excreção nitrogenada tem como base a ureia, que exige muita água para a sua eliminação.

E então? Que grupo de vertebrados, em sua opinião, merece nota dez no "vestibular" de acesso aos diversos ambientes terrestres?

Unidade 8
FISIOLOGIA ANIMAL

Capítulo 25

Digestão e nutrição

Beber ou não beber durante as refeições, eis a questão...

É hora do almoço e você pega seu prato, se serve, enche seu copo com água, suco ou refrigerante e começa a comer. Só que o copo fica vazio muito antes do prato, certo? Algumas pessoas até ingerem vários copos de bebida durante as refeições. Mas será que é correto beber à vontade durante o almoço ou o jantar?

Na verdade, o líquido consumido durante as refeições pode dilatar momentaneamente o estômago, porém esse não é o principal problema.

Nosso estômago contém suco gástrico, que é um dos responsáveis pela digestão dos alimentos ingeridos. Esse ácido quebra os alimentos em moléculas menores, para que possam ser absorvidas pelo organismo. Mas se muito líquido for ingerido durante a refeição, o excesso de água pode diluir esse suco e comprometer a boa digestão e absorção dos nutrientes, principalmente de vitaminas e minerais.

No entanto, não pense que é preciso eliminar completamente a bebida durante o almoço ou o jantar: o consenso atual é que não se deve ultrapassar os 200 mL, ingeridos em pequenos goles, de maneira a não diluir significativamente o suco gástrico e atrapalhar a digestão.

Nos seres unicelulares, todos os problemas de sobrevivência são resolvidos pela única célula. Nos pluricelulares, a execução de todas as tarefas relacionadas à sobrevivência é dificultada pelo grande número de células. Nem todas ficam próximas das fontes de alimento e oxigênio. A distância das células mais internas em relação ao meio ambiente é grande. A remoção das excretas passa a ser trabalhosa. A divisão do trabalho, exercida por diferentes tecidos e sistemas, passou a ser uma das principais características desses seres.

A adaptação à vida pluricelular envolveu, então, a organização de diferentes sistemas, cada qual destinado a determinada tarefa, mas todos mantendo relações de interdependência a fim de exercerem eficazmente suas funções.

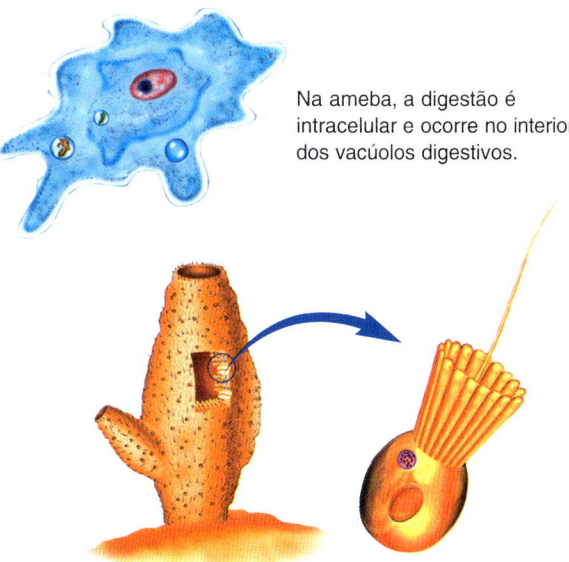

Na ameba, a digestão é intracelular e ocorre no interior dos vacúolos digestivos.

Na esponja, a digestão é intracelular e ocorre em vacúolos digestivos dos coanócitos e amebócitos.

DIGESTÃO: QUEBRA DE ALIMENTOS

Digestão é o processo de *transformação* de moléculas de *grande tamanho*, por *hidrólise enzimática*, liberando unidades *menores* que possam ser *absorvidas* e *utilizadas* pelas células. Dessa forma, proteínas, gorduras e carboidratos, por exemplo, são desdobrados em aminoácidos, ácidos graxos e glicerol, glicose e outros monossacarídeos, respectivamente.

Dois Tipos de Digestão: Extra e Intracelular

Nos protozoários, a digestão do alimento deve ser efetuada no interior da célula, caracterizando o processo de **digestão intracelular**. De modo geral, são formados *vacúolos digestivos* no interior dos quais a digestão é processada.

Nos animais pluricelulares mais simples, como as esponjas, a digestão é exclusivamente intracelular e ocorre no interior de células especiais conhecidas como *coanócitos* e amebócitos.

Nos celenterados e platelmintos, já existe uma *cavidade digestiva incompleta*, isto é, com uma única abertura – a boca. Nesses animais, portanto, o início da digestão é **extracelular**, mas o término ainda é **intracelular**.

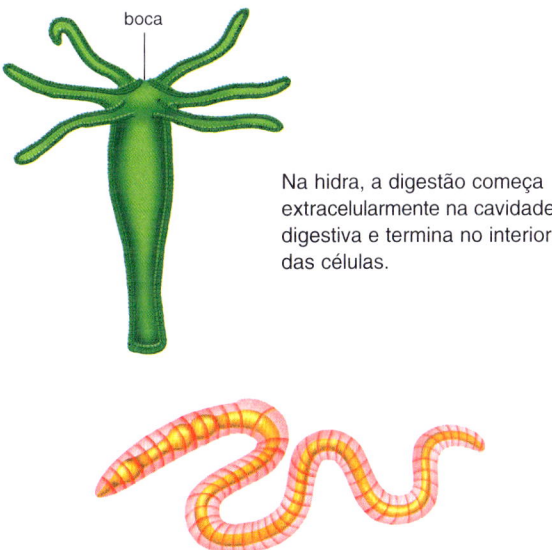

Na hidra, a digestão começa extracelularmente na cavidade digestiva e termina no interior das células.

Na minhoca e em outros invertebrados complexos (moluscos, artrópodes), a digestão é inteiramente extracelular e ocorre na cavidade digestiva.

À medida que os grupos animais ficam mais complexos, a digestão ocorre exclusivamente na cavidade digestiva, ou seja, é totalmente **extracelular** (veja a Figura 25-1). É o que acontece a partir dos nematelmintos, nos quais a eficiência do processo digestivo garante a fragmentação total do alimento na cavidade digestiva. Os resíduos alimentares não digeridos são eliminados pelo ânus. Os primeiros animais com cavidade digestiva completa (boca e ânus) pertencem ao grupo dos nematelmintos.

No homem e em todos os vertebrados, a digestão é extracelular e ocorre inteiramente na cavidade do tubo digestório.

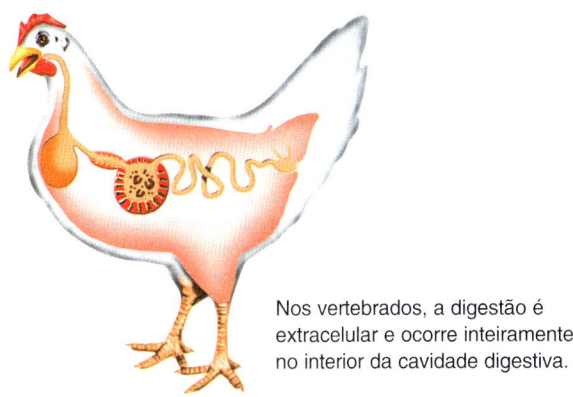

Nos vertebrados, a digestão é extracelular e ocorre inteiramente no interior da cavidade digestiva.

Figura 25-1. A digestão no reino animal.

O TUBO DIGESTIVO HUMANO*

O tubo digestivo humano é composto pela seguinte sequência de órgãos: boca, faringe, esôfago, estômago, intestino delgado, intestino grosso e ânus (veja a Figura 25-2).

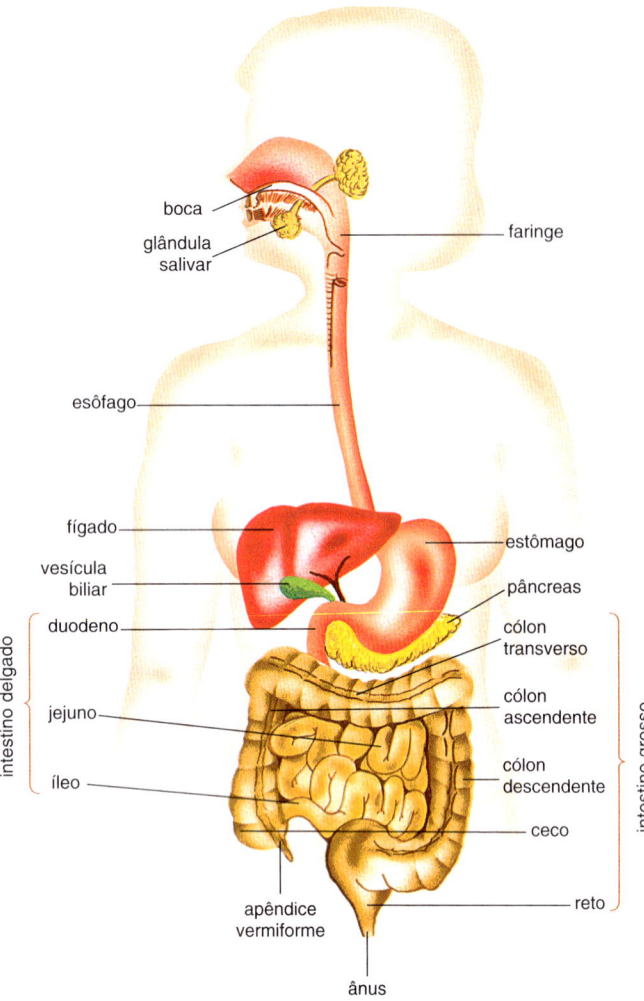

Figura 25-2. Sistema digestivo humano.

A Digestão Começa na Boca

O alimento ingerido é fragmentado pelos dentes – em um processo denominado **mastigação** – promovendo um aumento da superfície de ação para a enzima presente na saliva. A saliva – líquido viscoso contendo água (99%), sais inorgânicos, muco e a enzima **ptialina** (ou **amilase salivar**) – é liberada por três pares de glândulas salivares (**parótidas**, **sublinguais** e **submandibulares**) e é fundamental no amolecimento e na lubrificação do alimento (**insalivação**), favorecendo as condições para a atividade da ptialina.

> O muco salivar lubrifica o alimento.

Saiba mais

Dentes: uma diversidade de funções

A boca de uma pessoa adulta possui 32 dentes. Em cada arcada, dispõem-se dezesseis dentes: 4 incisivos, 2 caninos, 4 pré-molares e 6 molares. Os incisivos cortam o alimento. Os caninos são perfurantes. Os pré-molares e molares trituram o alimento.

Cada dente possui uma *raiz* de implantação na arcada, uma *coroa* revestida por esmalte e uma base dura, a *dentina*, semelhante a um osso. Na *polpa*, há vasos sanguíneos que nutrem os dentes e terminações nervosas receptoras dos estímulos que sobre eles incidem.

Em outros mamíferos, há uma variação considerável na distribuição dos dentes – nem todos estão presentes e alguns sofrem modificações notáveis, adaptando-se a funções específicas.

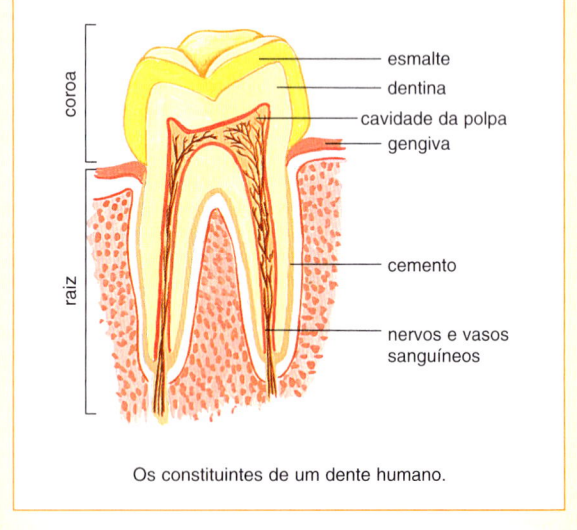

Os constituintes de um dente humano.

A ptialina atua em pH neutro ou ligeiramente alcalino (pH de 6,8 a 7,2) e promove a hidrólise do amido em moléculas menores de maltose. A digestão do amido é iniciada na boca e deve ser concluída no intestino delgado.

Saiba mais

Processos físicos e químicos envolvidos na digestão

É costume considerar a digestão dos alimentos no nosso organismo como dependente de fenômenos físicos e químicos.

Mastigação, deglutição, peristaltismo e ação da bile são considerados fenômenos físicos. Os fenômenos químicos são aqueles em que há a participação de enzimas digestivas e incluem a insalivação, a quimificação e a quilificação. A fase química se processa em três órgãos principais: boca, estômago e intestino delgado.

---

* Apesar da proposta de um grupo de anatomistas sugerir que se utilize o termo "digestório" em lugar de "digestivo", por uma questão didática também empregaremos o termo "digestivo" para caracterizar órgãos ou processos relacionados à digestão, independentemente se em seres humanos ou não.

Deglutição: Alimento a Caminho do Estômago

Após ter sido devidamente umedecido e lubrificado pela saliva, o bolo alimentar passa pela **faringe** em direção ao **esôfago** (**deglutição**), sob a ação da musculatura faringiana.

Para não haver passagem de alimento em direção ao sistema respiratório, a epiglote (uma pequena cartilagem) fecha a glote (abertura da laringe), orientando a passagem do bolo alimentar para o esôfago (veja a Figura 25-3).

Estômago: O Início da Digestão de Proteínas

A musculatura lisa do esôfago contrai-se lenta e ritmicamente, empurrando o bolo alimentar em direção ao estômago. Essa contração, conhecida como **peristaltismo**, chega à junção do esôfago com o estômago e favorece o relaxamento de um esfíncter (anel muscular), a **cárdia**, permitindo a passagem do bolo alimentar (veja a Figura 25-4).

No estômago, o suco gástrico, produzido pelas glândulas da parede do órgão (em células parietais), passa a exercer sua ação digestiva. A **pepsina** é a principal enzima do suco gástrico, atuando em meio ácido, com pH ao redor de 2. Ela converte proteínas em moléculas menores (peptídios, proteoses e peptonas).

O meio ácido é conseguido mediante a secreção de ácido clorídrico por parte de células estomacais que, além de favorecer a atuação da pepsina, também contribui para a destruição de microrganismos. A pepsina é secretada na forma inativa, o *pepsinogênio*, que, em contato com o ácido clorídrico, se modifica na forma ativa.

O bolo alimentar, misturado ao suco gástrico e umedecido pelo muco secretado pela parede estomacal, transforma-se em uma pasta ácida, chamada **quimo**. Esse processo chama-se **quimificação**. O alimento permanece no estômago em torno de 4 horas.

A visão e/ou odor dos alimentos podem ser suficientes para estimular, via terminações nervosas, a secreção de suco gástrico pelo estômago.

> O esôfago secreta somente muco. Portanto, não atua na digestão química dos alimentos.

Figura 25-3. *Mastigação*: na boca, os alimentos são triturados pela ação dos dentes. Potentes músculos promovem os movimentos mastigatórios. *Deglutição*: durante a deglutição, a epiglote fecha o orifício de acesso à traqueia, impedindo que o alimento atinja a árvore respiratória. O bolo alimentar segue o caminho do esôfago.

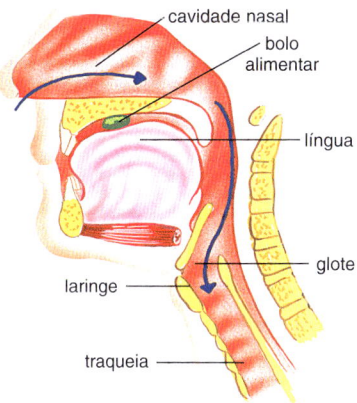
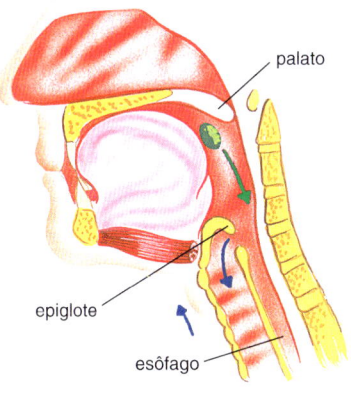
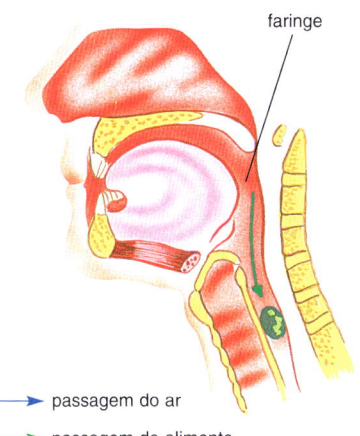

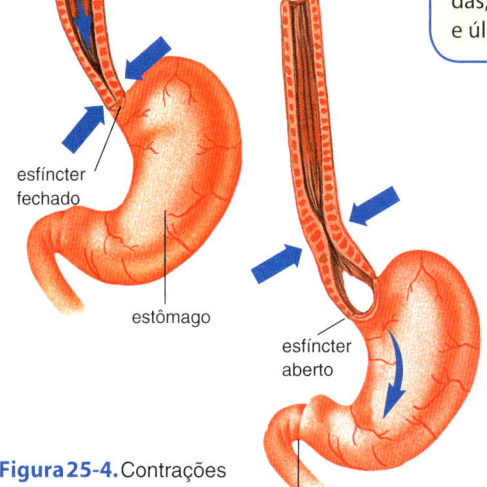

Figura 25-4. Contrações peristálticas da musculatura do esôfago encaminham o alimento até o estômago.

> O muco estomacal é importante na proteção da parede estomacal contra a ação corrosiva do ácido clorídrico, prevenindo, assim, o aparecimento de feridas, conhecidas como gastrites e úlceras.

Fique por dentro!

Nos recém-nascidos, também está presente no estômago, em grandes quantidades, a enzima **renina**, que atua na coagulação da proteína solúvel do leite, o *caseinogênio*, transformando-a em um precipitado, a *caseína*. Isso faz com que o leite permaneça mais tempo no estômago, facilitando a ação da pepsina. O indivíduo adulto secreta muito pouca renina.

Digestão e nutrição

Em Direção ao Intestino Delgado

A passagem do bolo alimentar (isto é, do quimo) para o duodeno é regulada por outro esfíncter, o **piloro**, que separa o estômago do intestino delgado. Relaxamentos desse esfíncter permitem a passagem de pequenas porções de quimo ácido para o duodeno. Três sucos digestivos atuarão conjuntamente no intestino delgado para finalizar a digestão dos alimentos: **suco pancreático**, **suco entérico** (ou intestinal) e **bile** (veja a Figura 25-5).

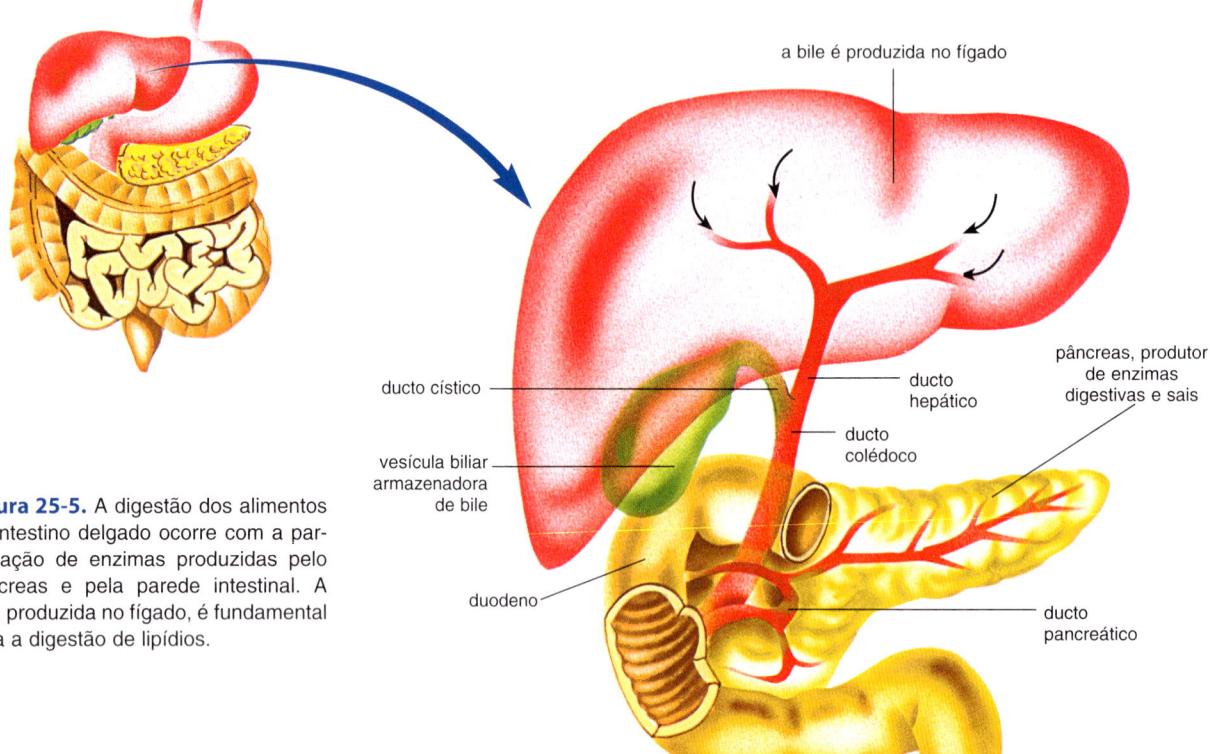

Figura 25-5. A digestão dos alimentos no intestino delgado ocorre com a participação de enzimas produzidas pelo pâncreas e pela parede intestinal. A bile, produzida no fígado, é fundamental para a digestão de lipídios.

O suco pancreático

O pâncreas secreta o **suco pancreático**, uma solução alcalina formada por sais (dentre eles o bicarbonato de sódio), água e diversas enzimas, cujas principais são:

- **tripsina** e **quimotripsina**, duas proteases que desdobram as proteínas em peptídios. Essas enzimas são liberadas pelo pâncreas na forma inativa de *tripsinogênio* e *quimotripsinogênio*, respectivamente;
- **lipase pancreática**, que atua na digestão de lipídios (triglicerídios);
- **amilase pancreática** (ou **amilopsina**), que atua sobre o amido, transformando-o em maltose;
- diversas **peptidases**, que rompem ligações peptídicas existentes nos peptídios formados na digestão de proteínas, levando à liberação de aminoácidos;
- **nucleases**, que digerem ácidos nucleicos.

Saiba mais

O tripsinogênio liberado pelo pâncreas é ativado pela ação de uma enzima produzida pelas células da parede do intestino delgado, a **enteroquinase**. Essa enzima atua separando uma pequena porção do tripsinogênio, liberando a tripsina e um pequeno fragmento peptídico. Uma vez formada, a própria tripsina ativa mais moléculas de tripsinogênio.

O quimotripsinogênio é ativado pela tripsina, liberando-se a quimotripsina, que também atuará na digestão de proteínas.

Fique por dentro!

As enzimas do suco pancreático, bem como as do suco entérico, atuam em meio básico, pH ao redor de 8,0. Essa condição é favorecida pela secreção de bicarbonato de sódio por parte do pâncreas e pela existência de sais contidos na bile produzida pelo fígado. O bicarbonato de sódio ($NaHCO_3$) reage com ácido clorídrico (HCl) do quimo para formar cloreto de sódio (NaCl), água (H_2O) e gás carbônico (CO_2).

O suco entérico

O suco entérico (ou intestinal) é produzido pelas células da parede do intestino delgado. Em sua composição, existem muco e enzimas que deverão completar a digestão dos alimentos. As principais enzimas presentes são:

- **sacarase**, que atua na digestão da sacarose, liberando glicose e frutose;
- **lactase**, que atua na lactose (dissacarídeo presente no leite), desdobrando-a em galactose e glicose;
- **maltase**, que atua nas moléculas de maltose formadas na digestão prévia do amido, liberando moléculas de glicose;
- **nucleotidases**, que atuam nos nucleotídeos formados na digestão dos ácidos nucleicos, liberando pentoses, fosfatos e bases nitrogenadas;
- **peptidases**, que atuam nos peptídios, levando à liberação de aminoácidos.

Bile: ação física na digestão dos lipídios

A bile é um líquido esverdeado produzido no fígado. Não contém enzimas digestivas. É rica em água e sais de natureza alcalina. É armazenada na vesícula biliar, onde é concentrada para posterior liberação no intestino delgado.

A ação da bile no processo digestivo é física. Age como um detergente e provoca a emulsificação das gorduras ao reduzir a tensão superficial existente entre as moléculas lipídicas. Isso promove a formação de gotículas, o que aumenta a superfície total de exposição dos lipídios, favorecendo, assim, a ação das lipases.

> A cor da bile é devida à presença do pigmento bilirrubina, derivado da destruição de glóbulos vermelhos no fígado.

A Absorção do Alimento Digerido

Assim que são liberados, os produtos finais da digestão vão sendo absorvidos pelas células da parede do intestino delgado que contém inúmeras evaginações, as chamadas **vilosidades intestinais**, que aumentam a superfície de absorção (veja a Figura 25-6).

Aminoácidos, monossacarídeos (glicose, galactose, frutose), ácidos graxos e glicerol, vitaminas, sais minerais e água são absorvidos pelas células e passam diretamente para o sangue. Dali, são enviados para todas as células do corpo pelo sistema circulatório.

Intestino Grosso: Absorção de Água e Sais e Formação de Fezes

Após a absorção dos resíduos úteis pelo intestino delgado, os restos alimentares são enviados – por movimentos peristálticos – ao intestino grosso, misturados com grande quantidade de água e sais, que são quase totalmente absorvidos pelas paredes do intestino grosso.

A perda dessas substâncias pelas fezes seria desastrosa para o nosso organismo. Assim, o bolo fecal é compactado. Sua cor característica deve-se à presença de pigmentos provenientes da bile. Atingindo o reto, as fezes são, por fim, liberadas pelo ânus.

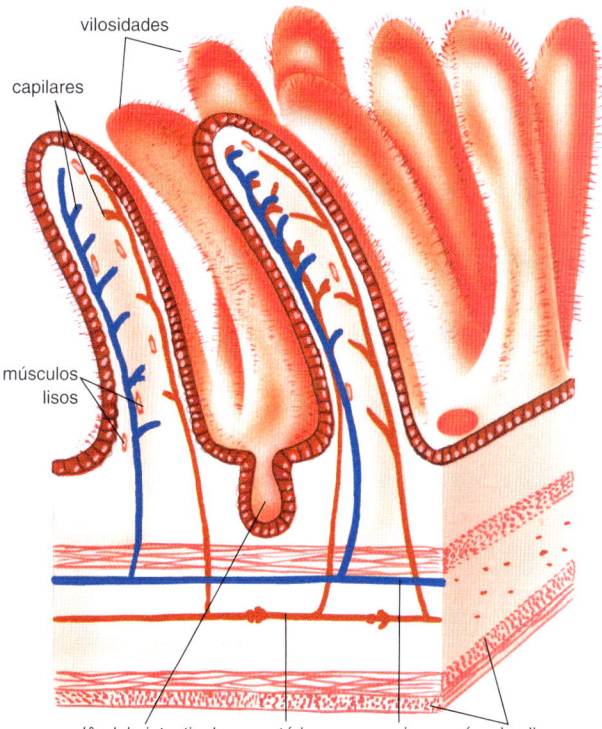

Figura 25-6. A absorção dos alimentos digeridos é facilitada pela ampla superfície de absorção promovida pela existência das vilosidades intestinais. As células epiteliais das vilosidades apresentam microvilosidades na face voltada para a luz do canal alimentar.

Fique por dentro!

O intestino humano é o *habitat* de muitas bactérias que vivem simbioticamente com o nosso organismo. Muitas delas sobrevivem de restos não aproveitados dos alimentos que ingerimos. Em troca, produzem substâncias úteis ao nosso organismo, como as vitaminas K e B_{12}. A esse grupo benéfico de bactérias dá-se o nome genérico de *flora intestinal*.

Celulose: as fibras que favorecem a evacuação

A celulose sai do tubo digestivo humano praticamente como entrou. Não possuímos uma enzima, a celulase, que poderia digeri-la. No entanto, a celulose possui papel fundamental na motilidade da parede intestinal: como ela possui grande afinidade por água, formam-se verdadeiras "bolas" de celulose hidratada na luz intestinal. Essas formações forçam a passagem pela luz intestinal, e a parede do intestino, em reação, contrai-se ritmicamente, bombeando-as para a frente.

> Há muitas evidências indicando o papel das fibras vegetais na prevenção do câncer de cólon (ou colo): uma dieta rica em fibras favorece o peristaltismo intestinal, impedindo a presença demorada de substâncias nocivas que poderiam provocar lesões nas paredes do tubo intestinal.

Saiba mais

O aproveitamento da celulose por alguns vertebrados

Em alguns vertebrados, adaptações digestivas maximizam a utilização da celulose contida nos alimentos. Nos ruminantes (bovinos, caprinos, ovinos, cervídeos e camelídeos), o estômago é dividido em quatro compartimentos: a grande **pança** (ou rúmen), o **barrete** (ou retículo), o **folhoso** (ou omaso) e o **coagulador** (ou abomaso).

O capim ingerido é enviado para as duas primeiras câmaras do estômago, a pança (rúmen) e o retículo (barrete), onde é retido e sofre a ação de microrganismos anaeróbios que efetuam a digestão de celulose e também das proteínas vegetais. Periodicamente, o alimento é regurgitado e retorna à boca em porções pequenas para ser novamente mastigado e fragmentado (ruminação).

Ao retornar ao estômago – para a pança (rúmen) e para o retículo (barrete) –, o alimento fragmentado sofre novamente a ação digestiva das bactérias. A digestão da celulose é acompanhada da liberação de grande quantidade de substâncias ácidas, que são neutralizadas por bicarbonato de sódio ($NaHCO_3$) contido em enormes volumes de saliva produzida por glândulas salivares. Os aminoácidos resultantes da digestão das proteínas são absorvidos pelas bactérias e participam do metabolismo desses microrganismos. A amônia resultante é enviada pelo sistema circulatório do ruminante para o fígado, onde é convertida em ureia. A ureia retorna, via circulação do boi, para o estômago, onde é aproveitada pelas bactérias para a síntese de aminoácidos e proteínas dos microrganismos. Muitos criadores acrescentam quantidades controladas de ureia às rações consumidas pelo rebanho, o que resulta em mais proteínas de qualidade a serem aproveitadas pelos animais.

A seguir, o alimento fragmentado poderá passar ao folhoso (omaso), onde se acredita que ocorra absorção de água.

Saindo do folhoso (omaso), o alimento atinge o coagulador (abomaso), o verdadeiro estômago, no qual há a produção de suco gástrico ácido. No coagulador, muitas bactérias (as mesmas que efetuaram a digestão da celulose e das proteínas) são digeridas, aproveitando-se os aminoácidos por elas sintetizados. A digestão química dos alimentos e das bactérias continua e termina no intestino delgado, assim como acontece no homem. Embora muitas bactérias morram nas porções finais do estômago do ruminante, o ritmo de multiplicação delas na pança (rúmen) é enorme. Desse modo, a reposição de microrganismos é contínua, garantindo aos ruminantes o fornecimento constante de proteínas e de açúcares. Na verdade, a associação ruminante/bactérias ilustra um interessante caso de simbiose mutualística (uma relação harmônica interespecífica), em que ambos são beneficiados.

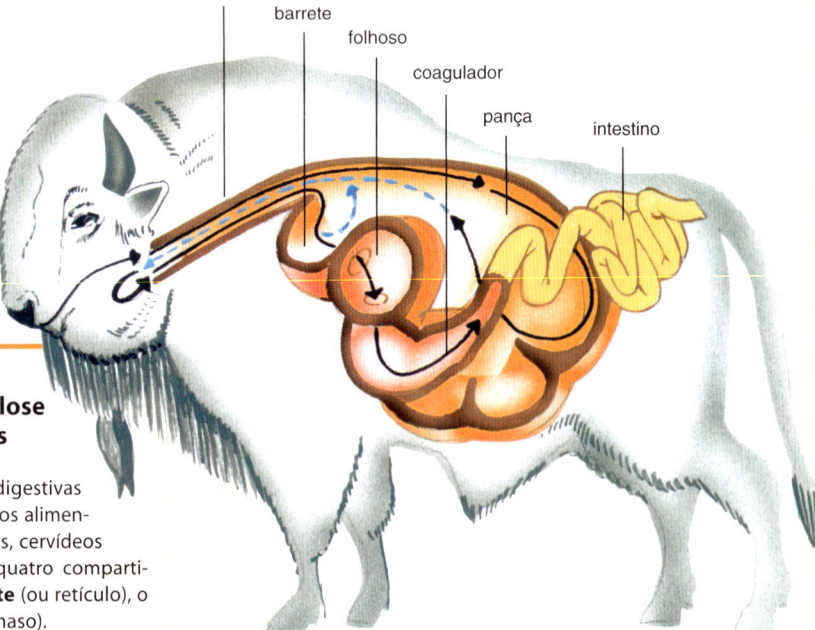

O estômago composto dos ruminantes é formado por 4 câmaras. A digestão da celulose é feita por microrganismos que também sintetizam proteínas a partir da ureia ou da amônia.

OS HORMÔNIOS QUE CONTROLAM A DIGESTÃO

Vários hormônios regulam a atividade digestiva, estimulando ou inibindo tanto o peristaltismo como a secreção enzimática. Circulando pelo sangue, atuam nos órgãos envolvidos com a digestão, provocando vários estímulos e respostas.

Os hormônios que participam do processo digestivo estão apresentados na Tabela 25-1. Acompanhe também pela Figura 25-7.

Tabela 25-1. Principais hormônios que atuam no controle do processo digestivo.

Hormônio	Fonte	Estímulo	Modo de ação
Gastrina	Estômago.	Contato de alimentos proteicos com a parede do estômago.	• Estimula a secreção de suco gástrico e o peristaltismo, o que favorece o esvaziamento do estômago.
Secretina	Intestino delgado (duodeno).	Contato do HCl proveniente do estômago nas células do duodeno.	• Estimula o pâncreas a produzir suco rico em bicarbonato de sódio e o fígado a secretar bile; • inibe a produção de suco gástrico e o esvaziamento do estômago; • estimula a secreção enzimática do duodeno.
Colecistoquinina (CCK)	Intestino delgado (duodeno).	Contato de gordura e aminoácidos na parede intestinal.	• Estimula a liberação de enzimas digestivas do pâncreas e a contração da vesícula biliar, fazendo-a liberar bile no duodeno; • inibe a ação da gastrina no peristaltismo do estômago; • estimula o peristaltismo e a secreção do intestino delgado.
Insulinotrópico glicose-dependente – GIP* (peptídio inibidor gástrico – PIG)	Intestino delgado (duodeno).	Contato de gordura e carboidratos na parede intestinal.	• Inibe a secreção gástrica e o esvaziamento do estômago; • estimula a secreção de insulina pelo pâncreas.

*Ex-enterogastrona.

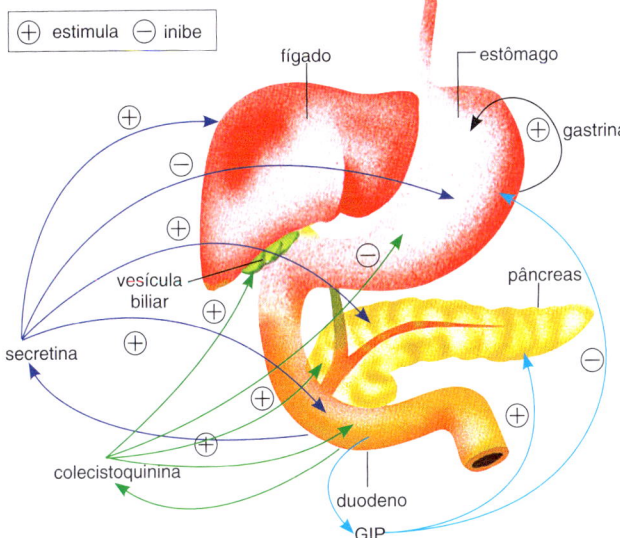

Figura 25-7. O controle hormonal da digestão envolve a participação de hormônios produzidos pelos órgãos digestivos.

A DIETA HUMANA

Indigestão é uma perturbação das funções digestivas. É muito difícil encontrar uma pessoa que alguma vez não teve indigestão, sendo que para a maioria das pessoas não passa de um incômodo passageiro. No entanto, para algumas pessoas os sintomas da indigestão podem ser tão severos que interferem na atividade diária, prejudicando a qualidade de vida.

Na indigestão breve, podemos nos sentir estufados depois de uma refeição opulenta, daí sentirmos certo alívio depois de eliminarmos alguns "arrotos". Uma parte do ar arrotado provém do próprio ar que engolimos e uma outra parte, significativa, resulta das reações químicas no estômago e também da ingestão de bebidas gaseificadas.

Uma indigestão mais persistente pode ocasionar graves problemas de saúde que estão ligados à produção excessiva de ácido pelo estômago. Assim, se "a válvula" que separa o esôfago do estômago estiver com problema, o suco produzido pelo estômago pode subir para o esôfago, provocando sensação de "queimação", que pode se irradiar até a garganta. À noite, esse fato costuma ser um problema, pois prejudica o descanso. O refluxo constante de ácido e pepsina no esôfago pode provocar uma inflamação conhecida como *esofagite*. Além disso, a indigestão mais persistente pode ocasionar uma doença muito disseminada na população, a úlcera.

Saiba mais

Úlcera

Úlcera é uma escavação ou ferida em uma pequena área, devido à perda de tecido de suas camadas superiores. Uma úlcera ocorre, por exemplo, quando a camada de muco que protege o estômago e o intestino é rompida, permitindo a entrada de sucos digestivos que vão agredir os tecidos inferiores.

Um fator que pode desencadear essa doença é um estilo de vida estressante. No entanto, por volta de 1980, dois médicos australianos, Warren e Marshall, verificaram a existência de uma bactéria presente na camada interna do estômago, a *Helicobacter pylori*, que pode provocar úlcera.

Estudos recentes revelaram que por volta de 50% da população é portadora dessa bactéria, porém apenas 10% das pessoas infectadas apresentarão a doença. A *Helicobacter pylori* estimula a secreção de sucos digestivos sem necessidade, podendo levar o indivíduo a manifestar a doença.

Indigestão e úlcera são perfeitamente curáveis – existe uma droga feita a partir de algas (alginato), associada a um antiácido, que protege a camada interna do estômago. Outras drogas reduzem a secreção do suco gástrico; há também medicação natural, como o óleo de hortelã-pimenta, que reduz a tensão na camada muscular do estômago, aliviando a indigestão. Antibióticos são usados no combate à bactéria.

Porém, o ideal é prevenir-se contra a doença. Para isso, podemos, por exemplo,

- diminuir frituras (dar preferência aos cozidos, assados ou grelhados) e alimentos gordurosos em geral, carne vermelha, café, chás e bebidas alcoólicas em demasia;
- nas saladas, diminuir ou evitar pimenta, sal e vinagre;
- reduzir a ingestão de líquidos às refeições.

A Necessidade de Sais Minerais

Cada vez mais fica evidente a importância de certos elementos químicos e substâncias minerais para o metabolismo humano. A Tabela 25-2 resume os principais elementos químicos necessários ao organismo humano. Dentre eles, os macronutrientes são os que utilizamos em grande quantidade e os micronutrientes, em pequenas quantidades.

Vitaminas: Necessárias em Pequenas Quantidades

As vitaminas são substâncias utilizadas em pequeníssimas doses no metabolismo celular. Quase sempre atuam como coenzimas de importantes sistemas enzimáticos do nosso metabolismo. Como não as produzimos – a exceção é a vitamina D, que depende, para sua síntese, de exposição ao Sol –, é preciso obtê-las dos alimentos que consumimos, frequentemente crus, uma vez que algumas são muito sensíveis a altas temperaturas, que provocam a sua inativação.

> Inicialmente, pensava-se que as vitaminas pertenciam ao grupo das aminas orgânicas, daí o nome do grupo. Na verdade, são componentes de diversos grupos químicos e são reunidas apenas pela afinidade de função que possuem.

As vitaminas de utilização mais frequentes são divididas em dois grupos:

- *lipossolúveis*, cuja absorção pelo intestino é facilitada pela existência de lipídios na alimentação. São as vitaminas K, E, D e A;
- *hidrossolúveis*, as que são absorvidas em solução aquosa. São as vitaminas do complexo B e a vitamina C.

Tabela 25-2. Principais elementos químicos necessários na dieta humana.

Macronutrientes		
Elemento	**Fontes principais**	**Funções principais**
Cálcio	Leite, ovos, verduras, cereais integrais.	Fortalecer ossos e dentes; atuar na coagulação do sangue e na contração muscular.
Cloreto (íon Cl⁻)	Carnes, sal de cozinha.	Atuar na digestão (componente do HCl do suco gástrico) e na condução nervosa.
Magnésio	Verduras, carnes, cereais integrais, leite, legumes.	Auxiliar no trabalho de muitas enzimas.
Fósforo	Ovos, carnes, cereais integrais.	Constituinte dos ácidos nucleicos e do ATP; constituinte dos ossos, juntamente com o cálcio.
Potássio	Carnes, cereais integrais, frutas, ovos, verduras.	Participar da condução nervosa e da contração muscular.
Sódio	Sal de cozinha, ovos, carnes, verduras.	Participar da condução nervosa e da contração muscular.
Enxofre	Ovos, carnes, legumes.	Participar de importantes aminoácidos; atuar como coenzima.
Micronutrientes		
Elemento	**Fontes principais**	**Funções principais**
Cromo	Carnes, cereais integrais, levedura de cerveja.	Atuar no metabolismo da glicose.
Cobalto	Carnes.	Essencial para a síntese da vitamina B_{12} e para a formação de glóbulos vermelhos.
Cobre	Fígado, peixes, cereais integrais, carnes em geral.	Produção de hemoglobina; ativador de muitas enzimas.
Iodeto (íon I⁻)	Peixes, mariscos.	Componente dos hormônios tireoidianos.
Fluoreto (íon F⁻)	Água de abastecimento.	Fortalecer os dentes e prevenir as cáries.
Manganês	Vísceras, cereais integrais, legumes, café, chás.	Ativador de muitas enzimas.
Ferro	Fígado, carnes, verduras, ovos, cereais integrais.	Constituinte da hemoglobina.
Molibdênio	Vísceras, verduras, cereais integrais, legumes.	Essencial para o funcionamento de algumas enzimas.
Selênio	Carnes, frutos do mar, ovos, cereais integrais.	Participar do metabolismo de gorduras.
Zinco	Fígado, peixes, mariscos.	Participar do metabolismo da insulina.

Fonte: PURVES, W. K. *et al. Life* – The Science of Biology. 3. ed. USA: W. H. Freeman, 1992.

As Tabelas 25-3 e 25-4 apresentam um resumo das principais vitaminas.

Tabela 25-3. Principais vitaminas lipossolúveis.

Vitamina	Papel	Deficiências/sintomas	Fontes
A (retinol)	Componente dos pigmentos visuais; essencial para a integridade da pele.	Cegueira noturna, lesões das membranas mucosas; pele e córnea secas.	Fígado, óleo de fígado de peixe, tomate, gema de ovo, cenoura (contém caroteno, a pró-vitamina A).
D (calciferol)	Absorção de cálcio e fosfato no intestino; fixação de cálcio nos ossos e dentes.	Raquitismo (fraqueza óssea); descalcificação óssea.	Margarinas, gema de ovo, leite, produzida na pele por meio da exposição à luz do Sol.
E (tocoferol)	Antioxidante de componentes celulares; fortificante muscular; provável auxiliar da fertilidade.	Anemia.	Carnes, germe de trigo, cereais integrais, nozes, ovos.
K (menadiona)	Atua na coagulação do sangue.	Hemorragias.	Fígado, verduras, ovos; sintetizada por bactérias intestinais.

Fontes: PURVES, W. K. *et al. Op. cit.* GANON, W. F. *Fisiologia Médica.* 3. ed. São Paulo: Ateneu, 1974. MOUNTCASTLE, V. B. *Fisiologia Médica.* 13. ed. Rio de Janeiro: Guanabara-Koogan, 1974. *A Boa Mesa.* São Paulo: Nova Cultural, 1990.

Tabela 25-4. Principais vitaminas hidrossolúveis.

Vitamina	Papel	Deficiências/sintomas	Fontes
B_1 (tiamina)	Coenzima na respiração celular.	Beribéri; fraqueza muscular; perda de apetite.	Gema de ovo, cereais integrais, fígado.
B_2 (riboflavina)	Coenzima na respiração celular.	Dermatites (ferimentos na pele).	Fígado, verduras, levedura de cerveja, ovos.
B_3 (niacina)	Coenzima no metabolismo dos aminoácidos.	Pelagra; distúrbios digestivos; lesões na pele.	Fígado, cereais integrais, levedura de cerveja, ovos.
B_6 (piridoxina)	Coenzima no metabolismo dos aminoácidos.	Anemia; convulsões; deficiências no crescimento.	Fígado, cereais integrais, banana.
B_{12} (cobalamina)	Atua no metabolismo dos ácidos nucleicos; essencial na produção de glóbulos vermelhos.	Anemia perniciosa.	Fígado, aveia, ovos, peixes.
Ácido pantotênico	Coenzima.	Fadiga; perturbações da reprodução e nervosas.	Fígado, ovos, levedura de cerveja, trigo integral, brócolis.
Biotina	Coenzima no metabolismo de proteínas.	Perda de cabelos; descamação da pele; falta de apetite.	Fígado, rim de boi, amendoim, levedura de cerveja.
Ácido fólico	Atua na formação dos glóbulos vermelhos.	Anemia.	Verduras escuras, melão, banana, fígado, leguminosas.
C (ácido ascórbico)	Antioxidante de componentes celulares; atua na manutenção da integridade do tecido conjuntivo; provável atuação na resistência a infecções.	Escorbuto; lesões nas gengivas; deficiência no desenvolvimento ósseo.	Frutos cítricos, tomate, caju, acerola, kiwi, goiaba.

Fontes: PURVES, W. K. *et al. Op. cit.* GANON, W. F. *Op. cit.*

Por que você Perde o Apetite depois de Comer?

A regulação do apetite conta com a participação de três hormônios: **grelina**, **PYY** e **leptina**. O primeiro é estimulador do apetite, enquanto os dois últimos o inibem:

- a *grelina* é secretada pela parede do estômago e sua concentração no sangue aumenta antes das refeições. Atua estimulando neurônios do hipotálamo – órgão do nosso encéfalo onde se localiza o centro regulador da fome e da saciedade – desencadeando a sensação de fome. A grelina é, portanto, o *hormônio da fome*;
- *PYY* é produzido pelo intestino (delgado e grosso) e sua concentração sanguínea aumenta ao longo da refeição. Também atua no centro regulador da fome e da saciedade localizado no hipotálamo, porém inibindo o apetite. O PYY é o *hormônio da saciedade*, o oposto do hormônio grelina;
- a *leptina* é um hormônio produzido pelo tecido adiposo (que, nesse sentido, funciona como uma glândula endócrina) e atua igualmente como inibidor do apetite, também agindo no hipotálamo. Quando a gordura corporal diminui, caem os níveis de leptina no sangue e o apetite aumenta.

> Em uma dieta para emagrecimento, os níveis de grelina no sangue encontram-se elevados, causando desconforto para a manutenção da dieta.

Obesidade, um Problema Genético?

Obesidade, atualmente, é caso de Saúde Pública, pois os obesos estão mais sujeitos a doenças, algumas muito graves, até mesmo fatais. Mas quais são os fatores que determinam nosso peso? São vários, dentre eles herança genética (herança quantitativa), dieta alimentar e elementos hormonais.

A herança genética, no entanto, nem sempre é a grande vilã no caso de obesidade, pois a ingestão de alimentos em quantidades exageradamente acima das necessárias para executar as atividades diárias é fator importantíssimo para acarretar sobrepeso. (Para estimar quantas calorias você precisa por dia, consulte a Tabela 2-8). Um exemplo de cardápio balanceado, que permite ao indivíduo levar uma vida saudável e apreciar o sabor dos diferentes pratos, inclui 40% de carboidratos, 40% de vegetais, legumes e frutas, e 20% de proteínas (carnes, peixes, ovos, queijos).

Evidentemente, em casos de obesidade é importantíssimo consultar um médico e um nutricionista para que o paciente receba a orientação correta para perder peso.

Ética & Sociedade

Imagem corporal e distúrbios alimentares

É normal, principalmente na adolescência, quando atravessamos um momento de intensa transformação física, sentirmos alguma insatisfação com nossos corpos. Querer emagrecer quando realmente se está um pouco fora do peso, fazer ginástica para definir melhor o corpo, procurar estabelecer hábitos alimentares mais equilibrados que lhes permitam um bom desenvolvimento é saudável e recomendado.

Entretanto, padrões estéticos impostos pela sociedade atual e reforçados pela mídia acabam por induzir alguns desses adolescentes a desenvolver uma visão exagerada e distorcida de seu corpo (dismorfia), levando-os a um enorme sofrimento, perda significativa de sua capacidade de convívio e um medo mórbido de engordar, que pode acarretar distúrbios alimentares como anorexia e bulimia.

E você, qual é a sua relação com o seu corpo? A opinião dos seus amigos sobre a sua imagem é capaz de mudar essa relação?

A ciência por trás do fato!

Manga com leite faz mal?

A menos que haja alergia a algum dos produtos, a resposta é não. Essa crença antiga, que se tornou um dos tabus alimentares mais conhecidos no Brasil, teria se originado no tempo do Brasil Colônia. Os fazendeiros da época, para evitar que os escravos tomassem leite às escondidas, por ocasião das ordenhas, diminuindo assim o volume do produto que chegava à casa-grande, disseminaram essa crença entre os escravos, afirmando que a mistura poderia até matar.

Adaptado de:
<http://www.fundaj.gov.br>.
Acesso em: 13 set. 2007.

Passo a passo

1. Qual o nome do processo pelo qual os animais quebram os tecidos de outros organismos em moléculas que possam ser utilizadas pelas suas próprias células?

2. No processo citado na pergunta 1, qual a importância das enzimas e do pH? Cite um exemplo de uma enzima digestiva com seu respectivo pH.

3. Cite o nome do filo cujos representantes digerem o alimento dentro de suas próprias células.

4. Nos celenterados e platelmintos a cavidade digestiva é completa ou incompleta? Justifique a resposta.

5. Qual o nome do filo que inicia a digestão exclusivamente extracelular?

6. Esquematize com legendas o sistema digestório humano. Quando terminar, compare com o esquema da página 536.

7. A mastigação está associada a um processo físico ou químico? Justifique sua resposta.

8. Defina peristaltismo. Trata-se de um processo físico ou químico?

9. A respeito do esquema abaixo, responda:

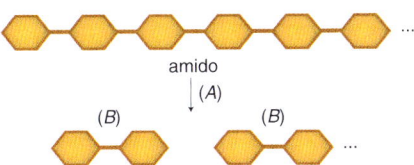

   a) A letra (A) representa uma enzima. Qual o seu nome e onde ela é produzida?
   b) Cite o nome da molécula representada pela letra (B).
   c) Analisando cuidadosamente o esquema, você conclui que houve digestão total ou parcial? Justifique sua resposta.

10. A respeito do estômago, responda as perguntas abaixo:
    a) Qual o nome da principal enzima do suco gástrico? Em que pH ela atua?
    b) Cite o nome da substância química responsável pelo pH do quimo. Onde ela é produzida?
    c) É correto dizer que no estômago ocorre a digestão total das proteínas? Justifique sua resposta.
    d) O ácido e a pepsina poderiam seriamente agredir as células da parede estomacal. Isso não acontece devido a uma substância protetora que reveste a mucosa gástrica. Qual o nome dessa substância?
    e) Caso a produção da substância citada no item d fosse deficiente e, consequentemente, a parede do estômago ficasse exposta ao ácido e à pepsina, isso resultaria em feridas. Que nome elas recebem?

11. A respeito do intestino delgado, responda as perguntas abaixo:
    a) Cite os três sucos digestivos que atuam no intestino delgado, finalizando a digestão.
    b) Qual o nome da enzima sintetizada pelo pâncreas que produz pequenos peptídeos?
    c) É correto associar a bile com a lipase? Justifique a resposta.
    d) No duodeno, as enzimas atuam em pH básico. No entanto, o alimento chega ácido no estômago. Qual é a substância responsável pela transformação do pH ácido em básico? Onde é produzida?
    e) Qual a importância das vilosidades intestinais?

12. Analise cuidadosamente os esquemas ao lado.

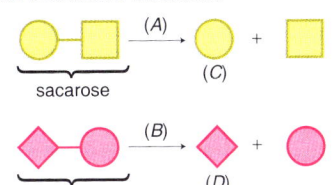

    a) Cite o nome das enzimas representadas por (A) e (B).
    b) Cite o nome das moléculas representadas por (C) e (D).

13. Durante a digestão, grande quantidade de água entra no estômago e no intestino delgado, secretada pelas glândulas digestivas. A perda dessa água pelas fezes seria desastrosa para o nosso organismo. Qual o nome do órgão que reabsorve essa água, evitando a desidratação?

14. Relacione corretamente as duas colunas abaixo.

    1. boca   ( ) microvilosidades
    2. estômago   ( ) absorve água e sais
    3. intestino delgado   ( ) produz lactase
    4. intestino grosso   ( ) secreta bicarbonato de sódio
    5. fígado   ( ) produz enzimas digestivas
    6. pâncreas   ( ) não produz enzimas digestivas

    A alternativa que preenche corretamente os espaços entre parênteses de cima para baixo é:

    a) 3, 4, 3, 3, 6, 5.   d) 3, 4, 3, 3, 2, 5.
    b) 3, 4, 4, 6, 6, 5.   e) 4, 4, 3, 3, 6, 5.
    c) 3, 4, 3, 6, 2, 5.

15. Assinale **E** para as alternativas erradas e **C** para as corretas a respeito das vitaminas.
    a) Leite, ovos e fígado são alimentos importantes na dieta, pois podem fornecer vitaminas como A, B, D, E e K.
    b) A falta de vitamina A pode causar xeroftalmia (secura da córnea) e cegueira.
    c) A anemia pode ser curada com a ingestão de carne.
    d) A dificuldade de cicatrização de um corte pode ser causada pela falta de vitamina K.
    e) Vitamina C é fundamental para se evitar a cegueira noturna.

16. Que argumentos você pode apresentar para o fato de que o fenômeno da digestão química de alguns alimentos é reversível?

17. Após triturarem o revestimento interno do intestino delgado, os cientistas isolaram um extrato, que foi injetado no sangue de outro animal. O animal que recebeu o extrato passou a produzir suco pancreático. Pergunta-se:
    a) Por que o extrato foi injetado no sangue do animal?
    b) Qual o nome da substância que estimula o pâncreas a produzir suco pancreático?
    c) É correto afirmar que no suco pancreático existe a enzima celulase, que digere a celulose no homem? Justifique a resposta.

18. O esôfago, um tubo muscular de 25 centímetros de comprimento, conduz o alimento da boca até o estômago. Porém, às vezes, ocorre o inverso: secreções do estômago refluem para o esôfago, podendo provocar uma doença conhecida como refluxo gastroesofágico. Trata-se da alteração orgânica mais frequente do sistema digestório, cujos principais sintomas são: regurgitação, sensação do retorno dos alimentos ou da secreção ácida do estômago para o esôfago, azia acompanhada de uma sensação de queimação do esôfago, que pode chegar até a garganta.

    Pergunta-se: por que a secreção ácida não causa, normalmente, problemas no revestimento interno (mucosa) do estômago e provoca danos no esôfago?

19. A principal função do aparelho digestório é a de fornecer nutrientes para as células do organismo. Para isso, o alimento ingerido é submetido a ações físicas e químicas. Entre os fenômenos físicos, podemos destacar a ação dos músculos. Pergunta-se:
    a) Quais são as duas funções dos músculos no processo digestivo?
    b) É correto afirmar que a passagem do alimento no esôfago é lenta, enquanto no estômago e no intestino é rápida? Justifique a resposta.

Questões objetivas

1. (MACKENZIE – SP) A respeito das glândulas anexas do tubo digestório, é correto afirmar que
 a) todas produzem enzimas digestivas.
 b) o alimento passa pelo interior delas para receber sua secreção.
 c) a secreção das glândulas salivares é responsável por iniciar a digestão de proteínas.
 d) a secreção do fígado se relaciona à digestão de carboidratos.
 e) o pâncreas produz a maior parte das enzimas digestivas.

2. (UNESP) No homem, o processo químico da digestão pode ser dividido em três etapas: insalivação, que ocorre na boca; quimificação, que ocorre no estômago; quilificação, que ocorre no intestino.

Em cada uma dessas etapas, enzimas específicas atuam a um determinado pH ótimo. O pH ótimo em cada uma dessas etapas é, respectivamente,
 a) 2, 7 e 8.   d) 8, 7 e 2.
 b) 7, 2 e 8.   e) 8, 2 e 7.
 c) 7, 8 e 2.

3. (UFF – RJ) O ser humano está adaptado estrutural e funcionalmente aos seus hábitos e ao meio em que vive. Para isso, foi necessário o desenvolvimento de diversas características e processos metabólicos.

Aristóteles.

Secreções salivar, gástrica, pancreática, bile e intestinal foram adicionadas respectivamente aos tubos I, II, III, IV e V, contendo lipídio, açúcar e proteína. Em seguida, os tubos foram submetidos às condições de pH e temperatura, sendo monitorados por um período de 10 min, representadas na figura abaixo:

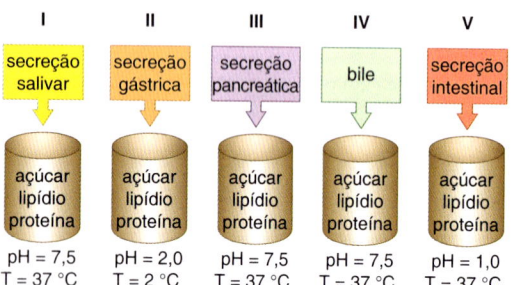

Analise a figura acima e assinale a alternativa que indica onde ocorre clivagem enzimática de macromoléculas, considerando as condições ideais para cada tipo de secreção durante o período avaliado.
 a) Nos tubos I e III.   d) Nos tubos IV e V.
 b) Nos tubos II e IV.   e) Nos tubos V e I.
 c) Nos tubos III e V.

4. (FGV – SP) Para demonstrar a ação da saliva na etapa inicial do processo digestivo, um professor de biologia realizou o seguinte experimento:

Em um tubo de ensaio (tubo I) adicionou uma solução de água e amido. Em outro tubo de ensaio (tubo II) fez o mesmo, mas adicionou ao tubo um pouco de saliva de um dos alunos. O professor informou aos alunos que manteria os tubos à temperatura ambiente por 30 minutos, após os quais pingaria em cada tubo uma gota de iodo, o qual é capaz de identificar a presença de amido na solução, tornando-a roxa.

Enquanto aguardavam os 30 minutos, o professor solicitou aos alunos que discutissem o experimento.

Marcelo disse que, após pingar o iodo, a solução do tubo I continuaria incolor, e a do tubo II ficaria roxa. Paulo, contudo, disse que ocorreria exatamente o contrário.

Mirela disse que, como o dia estava frio, se, ao invés de se manter os tubos à temperatura ambiente, estes fossem mantidos a 37 ºC, não seria necessário esperar 30 minutos para concluir o experimento.

Renato discordou de Mirela, argumentando que, tal como ocorre na boca, a 37 ºC o amido se degrada, assim, não seria possível observar qualquer diferença entre os tubos I e II.

Carlos disse que o professor deveria adicionar ao tubo II algumas gotas de uma solução básica, uma vez que, na boca, a digestão do amido acontece em pH bem acima de 7.

Patrícia discordou, informando que a digestão sempre acontece em pH ácido, como o do estômago, e por isso, no tubo II, também deveriam ser colocadas algumas gotas de uma solução ácida.

Pode-se dizer que estão corretos em suas observações os alunos
 a) Paulo e Mirela.
 b) Paulo e Renato.
 c) Paulo, Renato e Carlos.
 d) Marcelo, Mirela e Carlos.
 e) Marcelo, Renato e Patrícia.

5. (VUNESP) O sanduíche que João comeu foi feito com duas fatias de pão, bife, alface, tomate e bacon. Sobre a digestão desse sanduíche, pode-se afirmar que
 a) os carboidratos do pão começam a ser digeridos na boca e sua digestão continua no intestino.
 b) as proteínas do bife são totalmente digeridas pela ação do suco gástrico no estômago.
 c) a alface é rica em fibras, mas não tem qualquer valor nutricional, uma vez que o organismo humano não digere a celulose.
 d) as vitaminas do tomate, por serem hidrossolúveis, têm sua digestão iniciada na boca, e são totalmente absorvidas ao longo do intestino delgado.
 e) a maior parte da gordura do bacon é emulsificada pelo suco pancreático, facilitando a ação de lipases.

6. (FUVEST – SP) Enzimas digestivas produzidas no estômago e no pâncreas foram isoladas dos respectivos sucos e usadas no preparo de um experimento, conforme mostra o quadro abaixo:

Decorrido certo tempo, o conteúdo dos tubos foi testado para a presença de dissacarídeos, peptídios, ácidos graxos e glicerol. Esses quatro tipos de nutrientes devem estar

Tubo 1	Tubo 2	Tubo 3	Tubo 4
Arroz, clara de ovo, óleo de milho e água	Arroz, clara de ovo, óleo de milho e água	Arroz, clara de ovo, óleo de milho e água	Arroz, clara de ovo, óleo de milho e água
Extrato enzimático do estômago	Extrato enzimático do estômago	Extrato enzimático do pâncreas	Extrato enzimático do pâncreas
pH = 2	pH = 8	pH = 2	pH = 8

 a) presentes no tubo 1.
 b) presentes no tubo 2.
 c) presentes no tubo 3.
 d) presentes no tubo 4.
 e) ausentes dos quatro tubos.

7. (FUVEST – SP) O fígado humano é uma glândula que participa de processos de digestão e absorção de nutrientes, ao
   a) produzir diversas enzimas hidrolíticas que atuam na digestão de carboidratos.
   b) produzir secreção rica em enzimas que digerem as gorduras.
   c) produzir a insulina e o glucagon, reguladores dos níveis de glicose no sangue.
   d) produzir secreção rica em sais que facilita a digestão e a absorção de gorduras.
   e) absorver excretas nitrogenadas do sangue e transformá-las em nutrientes proteicos.

8. (UFCG – PB) Os seres vivos necessitam de um suprimento de energia capaz de manter sua integridade metabólica. Os seres humanos extraem essa energia dos alimentos pelo processo da digestão, através do qual as grandes moléculas orgânicas são transformadas em compostos mais simples de forma a serem assimiladas pelo organismo.
   Do ponto de vista da morfologia e fisiologia humana, analise as assertivas abaixo e marque as corretas:
   I – O trato gastrintestinal é completo, pois é constituído de boca e ânus. Esse tipo anatômico de aparelho não é restrito apenas ao homem.
   II – A digestão é exclusivamente extracelular, ou seja, todo o processo de digestão se processa fora da célula e no interior de cavidades dos organismos.
   III – A digestão dos nutrientes é processada por substâncias orgânicas específicas, as enzimas, que atuam sobre elas e as transformam em compostos mais simples, por exemplo, o amido em glicose pela amilase.
   IV – Na digestão estão envolvidos os mecanismos de mastigação, deglutição e movimentos peristálticos dos segmentos intestinais.
   V – A digestão ocorre inicialmente na boca, por meio da mastigação e insalação, onde se situam-se as estruturas anexas como a língua, os dentes e as glândulas salivares (parótidas, submaxilares e sublinguais).
   Estão corretas as assertivas:
   a) I e V.   b) II, III e IV.   c) I, II, III, IV e V.   d) V.   e) II e V.

9. (UEL – PR) As vitaminas são usualmente classificadas em dois grupos, com base em sua solubilidade, o que, para alguns graus, determina sua estabilidade, ocorrência em alimentos, distribuição nos fluidos corpóreos e sua capacidade de armazenamento nos tecidos.
   MAHAN, L. K.; ESCOTT-STUMP, S. *Alimentos, nutrição e dietoterapia*. 9. ed. São Paulo: Roca, 1988. p. 78.
   Com base no texto e nos conhecimentos sobre o tema, assinale a alternativa correta.
   a) A vitamina E é lipossolúvel, age como um antioxidante, protege as hemácias da hemólise, atua na reprodução animal e na manutenção do tecido epitelial.
   b) A vitamina A é hidrossolúvel, auxilia na produção de protrombina – um composto necessário para a coagulação do sangue – e apresenta baixa toxicidade quando consumida em grande quantidade.
   c) A vitamina D é hidrossolúvel, auxilia no crescimento normal, melhora a visão noturna, auxilia o desenvolvimento ósseo e influencia a formação normal dos dentes.
   d) A vitamina B6 é lipossolúvel, auxilia na resposta imunológica, na cicatrização de feridas e reações alérgicas, além de estar envolvida na glicólise, na síntese de gordura e na respiração tecidual.
   e) A vitamina C é lipossolúvel, auxilia na resposta imunológica, na cicatrização de feridas e reações alérgicas, na síntese e quebra de aminoácidos e na síntese de ácidos graxos insaturados.

10. (MACKENZIE – SP) Assinale a alternativa correta a respeito do processo digestivo.
    a) A digestão enzimática de carboidratos só se inicia no duodeno.
    b) O pH ácido do estômago inativa todas as enzimas digestivas.
    c) A retirada da vesícula biliar pode provocar dificuldade de digestão de lipídios, devido à falta de enzimas.
    d) A superfície interna do jejuno-íleo apresenta dobras para facilitar a absorção de nutrientes.
    e) As bactérias presentes no intestino grosso são parasitas, mas só provocam sintomas quando seu número se eleva muito.

11. (UNEMAT – MT) Os animais obtêm materiais e fonte de energia para suas células por meio dos alimentos. E até que eles estejam disponíveis às células, precisarão ser ingeridos, digeridos e absorvidos, através de processos que envolvem órgãos do sistema digestório.
    Com relação à digestão e o sistema digestório humano, foram feitas as seguintes afirmações:
    I – A presença de alimentos na cavidade bucal estimula a liberação da saliva, que contém a enzima amilase salivar ou ptialina, que atua na digestão do amido.
    II – No estômago, o bolo alimentar deglutido se mistura com o suco gástrico produzido por glândulas da parede desse órgão.
    III – O intestino delgado apresenta 3 segmentos: o duodeno, onde ocorre a digestão dos componentes do alimento que ainda não haviam sido digeridos, e o jejuno e o íleo, onde ocorre a absorção de nutrientes.
    Assinale a alternativa **correta**.
    a) Apenas I está correta.
    b) Apenas II está correta.
    c) Apenas III está correta.
    d) Todas estão corretas.
    e) Todas estão incorretas.

12. (UFMS) As vitaminas podem ser classificadas, quanto à solubilidade, em hidrossolúveis ou lipossolúveis. Considerando tal classificação e observando que as deficiências vitamínicas, ou seja, as hipoavitaminoses ou avitaminoses, podem causar doenças, assinale a(s) proposição(ões) correta(s).
    (01) A deficiência de vitamina B_1 (tiamina), classificada como hidrossolúvel, causa o beribéri.
    (02) A pelagra é causada pela deficiência de vitamina E (tocoferol), classificada como hidrossolúvel.
    (04) O escorbuto é causado pela deficiência de vitamina B_9 (ácido fólico), classificada como lipossolúvel.
    (08) A vitamina A (retinol), classificada como hidrossolúvel, previne a anemia perniciosa.
    (16) A deficiência de vitamina D (calciferol), classificada como lipossolúvel, causa o raquitismo.
    (32) A vitamina C (ácido ascórbico), classificada como lipossolúvel, previne a cegueira noturna.

13. (UPE) Bebê anencéfalo completa nove meses e está bem de saúde.

    (...) Superando todas as expectativas médicas, a menina M. de J. F. chegou ao seu nono mês de vida. Ela nasceu portadora de anencefalia. Ao nascer, segundo os médicos, a garotinha teria apenas algumas horas de vida, mas ela continua crescendo e se desenvolvendo (...)
    Fonte: CN Notícias – Patrocínio Paulista, SP. *Disponível em:* <http://notícias.cancaonova.com/noticia>. Por Luciano Batista.

    (...) Anencefalia é uma desordem cerebral, que resulta de defeito no tubo neural. Acredita-se que a dieta da mãe e sua ingestão de vitaminas possam ter alguma influência. Estudos recentes têm mostrado que a suplementação de vitamina _____ ou _____ na dieta da mulher em idade reprodutiva possa reduzir significativamente a incidência de defeitos no tubo neural (...).
    Disponível em: <http://www.revistaneurociencias.com.br/edicoes/2010>.

Assinale a alternativa que preenche CORRETAMENTE as lacunas e que contém a vitamina envolvida na formação do tubo neural.

a) Vitamina A ou retinol.
b) Vitamina B3 ou niacina.
c) Vitamina B5 ou ácido pantotênico.
d) Vitamina B9 ou ácido fólico.
e) Vitamina C ou ácido ascórbico.

14. (PUC – SP) "No duodeno ocorre grande parte da digestão enzimática dos alimentos. Nessa região do trato digestório, a enzima __I__, presente no suco __II__, digere __III__."

No trecho acima, as lacunas I, II e III podem ser preenchidas correta e respectivamente por:

a) amilase, gástrico e amido.
b) pepsina, entérico e gorduras.
c) tripsina, entérico e gorduras.
d) pepsina, pancreático e proteínas.
e) tripsina, pancreático e proteínas.

15. (UFT – TO) O termo vitamina é empregado para substâncias orgânicas necessárias em pequenas quantidades, desempenhando importante função biológica. Abaixo temos exemplos de vitaminas, principais funções e sintomas de deficiência.

Vitamina	Principais Funções	Sintomas de Deficiência
I	Mantém a integridade da pele e de epitélios	Cegueira noturna, pele escamosa e seca
C – Ácido ascórbico	II	Escorbuto
D – Calciferol	Absorção de cálcio e fósforo	III
E – Tocoferol	IV	Anemia e esterilidade

Assinale a alternativa que apresenta a sequência CORRETA para I, II, III e IV.

a) A – retinol; Síntese de queratina; Raquitismo; Pró-oxidante.
b) B_8 – biotina; Síntese de colágeno e antioxidante; Raquitismo; Pró-oxidante.
c) A – retinol; Síntese de colágeno e antioxidante; Raquitismo; Antioxidante.
d) A – retinol; Síntese de queratina e antioxidante; Raquitismo; Antioxidante.
e) B_8 – biotina; Síntese de colágeno e antioxidante; Cegueira noturna; Antioxidante.

16. (UNESP) O gráfico representa o efeito do pH em duas enzimas digestivas: uma, estomacal, e outra, intestinal.

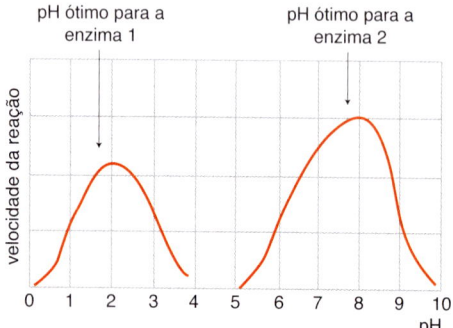

Comparando-se as informações do gráfico com o processo de digestão no organismo humano, pode-se inferir que a enzima 1 corresponde à:

a) pepsina, que atua com eficácia no pH fortemente ácido do estômago, enquanto a enzima 2 corresponde à tripsina, que atua com bons resultados no pH levemente básico do intestino.
b) tripsina, que age com eficiência no ambiente ácido do estômago, enquanto a enzima 2 corresponde à pepsina, que tem o seu melhor desempenho no pH levemente básico do intestino.
c) amilase pancreática, que atua com eficácia no ambiente fortemente ácido do estômago, enquanto a enzima 2 corresponde à tripsina, que atua com bons resultados no pH levemente ácido no intestino.
d) pepsina, que atua com eficácia no pH levemente básico do estômago, enquanto a enzima 2 corresponde à tripsina, que atua com bons resultados no pH fortemente ácido do intestino.
e) ptialina, que atua com bons resultados no ambiente fortemente ácido do estômago, enquanto a enzima 2 corresponde à lipase gástrica, que atua eficientemente no ambiente alcalino do intestino.

17. (UFSC) Os seres vivos necessitam de um suprimento de energia capaz de manter sua atividade metabólica. Essa energia é extraída dos alimentos, que podem ser produzidos pelos próprios organismos, no caso dos autótrofos, ou obtidos a partir de uma fonte orgânica externa, no caso dos heterótrofos. As substâncias orgânicas, tais como proteínas, carboidratos e lipídios, devem ser desdobradas em compostos mais simples e mais solúveis, de tal maneira que possam ser assimiladas pelo organismo. A esse processo de transformação dos alimentos em compostos relativamente mais simples, absorvíveis e utilizáveis denominamos digestão.

PAULINO, W. R. *Biologia Atual*. São Paulo: Ática, 1996. p. 296.

Com relação a esse assunto, assinale a(s) proposição(ões) VERDADEIRA(S) e dê a soma ao final.

(01) A mastigação, a deglutição e os movimentos peristálticos constituem a digestão química.
(02) A água e os sais minerais são absorvidos, pelo tubo digestivo, sem transformação química.
(04) A digestão do amido é rápida e ocorre em dois momentos: na boca, pela ação da amilase salivar, e no estômago, sob a ação das peptidases.
(08) A bile não tem enzimas, mas apresenta sais biliares, que emulsificam os lipídios, transformando-os em gotículas menores que facilitam a digestão das gorduras.
(16) Os nutrientes digeridos são absorvidos principalmente no intestino delgado, onde as células epiteliais das vilosidades apresentam expansões digitiformes – as microvilosidades –, que aumentam, consideravelmente, a superfície de absorção dos nutrientes.
(32) Pessoas que tiveram sua vesícula biliar extirpada não apresentam dificuldade em digerir lipídios e, por isso, podem fazer uma dieta rica em gorduras.

18. (FATEC – SP) O gráfico a seguir registra a integridade química do alimento (sanduíche feito de carne, alface e pão) ingerido, em relação aos órgãos do aparelho digestivo que ele percorrerá.

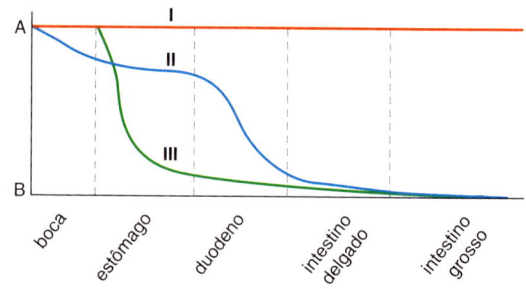

A = ponto no qual o alimento está quimicamente íntegro.
B = ponto no qual o alimento foi degradado em sua maior porcentagem.

Analise a alternativa que relaciona o gráfico com o alimento.

a) I – amido do pão; II – celulose da alface; III – proteína da carne.
b) I – proteína da carne; II – celulose da alface; III – amido do pão.
c) I – celulose da alface; II – proteína da carne; III – amido do pão.
d) I – amido do pão; II – proteína da carne; III – celulose da alface.
e) I – celulose da alface; II – amido do pão; III – proteína da carne.

Questões dissertativas

1. (UNESP) Ao comermos uma fatia de pão, a ptialina (ou amilase salivar) presente na saliva inicia a digestão do amido contido no pão. Na nossa boca, o pH situa-se ao redor de 7, pH ótimo para ação da ptialina. Contudo, ao chegar ao estômago, esse alimento é envolvido pelo suco gástrico, de pH ao redor de 2, que inibe a ação da ptialina e impede o prosseguimento da digestão do amido nesse local.

O que acontece com o amido a partir do estômago, até chegar ao nosso sangue?

2. (UNICAMP – SP) Ao ingerirmos alimentos, o trato digestório secreta enzimas digestivas e outras substâncias de acordo com a característica química desses alimentos. Foram analisadas as diferentes secreções encontradas ao longo do trato digestório de 3 grupos de indivíduos. Cada grupo foi submetido separadamente a dietas ricas em gorduras, ou em carboidratos, ou em proteínas. Os resultados estão mostrados na tabela abaixo.

Grupos \ Secreções	Enzima salivar	Enzima gástrica	Enzimas pancreáticas			Secreção hepática
			Enzima I	Enzimas II e III	Enzima IV	
1	+	–	+	–	–	–
2	–	+	–	+	–	–
3	–	–	–	–	+	+

a) Indique o tipo de alimento ingerido pelo grupo 1 e o tipo ingerido pelo grupo 2. Explique por que na digestão do alimento do grupo 1 não foram secretadas as mesmas enzimas secretadas pelos indivíduos do grupo 2.

b) Qual a relação entre a secreção hepática e a secreção pancreática na digestão do alimento ingerido pelo grupo 3?

3. (UNESP) Um estudante levantou a hipótese de que a digestão do alimento no sistema digestório de um anelídeo ocorre na mesma sequência que em um ser humano. Para isso, analisou o conteúdo do trato digestório do anelídeo, segmento por segmento, à medida que a digestão progredia, e encontrou o seguinte resultado:

Segmento	Conteúdo químico
3	Dissacarídeos, gorduras, polipeptídios longos.
5	Dissacarídeos, gorduras, ácidos graxos, glicerol, polipeptídios curtos, aminoácidos.
7	Monossacarídeos, ácidos graxos, glicerol e aminoácidos.
11	Nada digerível, pequena quantidade de água.

a) Com base nos dados obtidos, a hipótese do estudante deve ser aceita ou rejeitada? Justifique.
b) Após o final da digestão, que tipo de sistema promoverá o transporte dos nutrientes até as células do anelídeo? Explique.

4. (UFABC – SP) O local onde ocorrem os principais eventos da digestão humana é o intestino delgado. Nele são encontradas as microvilosidades e uma mistura de sucos digestivos. No esquema simplificado a seguir, está representada por setas a trajetória de algumas substâncias para os capilares sanguíneos e destes para as células intestinais.

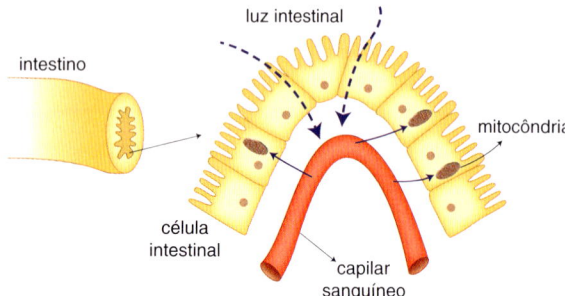

a) Mencione uma substância orgânica, resultante da digestão de proteínas, que pode seguir a trajetória da seta pontilhada e uma substância inorgânica que pode seguir a trajetória da seta contínua.
b) Suponha que uma pessoa tivesse perdido a capacidade de gerar células com microvilosidades. Que consequências ela teria no aproveitamento dos nutrientes? E se as células intestinais deixassem de receber a substância inorgânica do sangue, que problema ocorreria? Explique cada situação.

5. (UFU – MG) A obesidade começa a preocupar os governantes no momento em que passa a ser de alta incidência entre crianças, jovens e adultos. Essa preocupação se justifica porque tal problema pode levar ao surgimento de patologias como hipertensão, diabetes, entre outras.

A reeducação alimentar baseada numa dieta balanceada em que carboidratos, proteínas, lipídeos e vitaminas estejam presentes é o que se prega como método eficaz para a resolução inicial do problema.

a) Quanto à solubilidade, que grupo de vitaminas, se consumido em excesso, mais comumente poderá causar distúrbios orgânicos? Por quê?
b) Quais vitaminas pertencem a cada grupo de acordo com a solubilidade?
c) Numa dieta balanceada, qual grupo de nutrientes deve ser consumido em maior quantidade diariamente? Por quê?
d) Considerando a presença da vitamina D como importante na prevenção do raquitismo, por que se indica tomar sol como parte da prevenção e do tratamento desta patologia?

6. (FUVEST – SP – adaptada) Uma enzima, extraída da secreção de um órgão abdominal de um cão, foi purificada, dissolvida em uma solução fisiológica com pH 8 e distribuída em seis tubos de ensaio. Nos tubos 2, 4 e 6, foi adicionado ácido clorídrico (HCl), de modo a se obter um pH final em torno de 2. Nos tubos 1 e 2, foi adicionado macarrão; nos tubos 3 e 4, foi adicionada carne; nos tubos 5 e 6, foi adicionada manteiga. Os tubos foram mantidos por duas horas à temperatura de 36 ºC. Ocorreu digestão apenas no tubo 1.

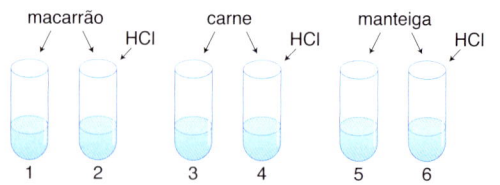

a) Qual foi o órgão do animal utilizado na experiência?
b) Que alteração é esperada na composição química da urina de um cão que teve esse órgão removido cirurgicamente? Por quê?
c) Qual foi a substância que a enzima purificada digeriu?

7. (UFF – RJ) Para estudar a ação de agentes estimulantes da secreção exócrina do pâncreas, foram introduzidos diretamente no duodeno de uma pessoa em jejum alguns mililitros de óleo de milho. Em outra pessoa, nas mesmas condições, o óleo foi substituído por alguns mililitros de uma solução de HCl ajustada a um pH 2,0. Em cada caso, foi coletada uma amostra do suco pancreático produzido. Os gráficos I e II abaixo apresentam os resultados das análises de componentes dessas amostras.

gráfico I

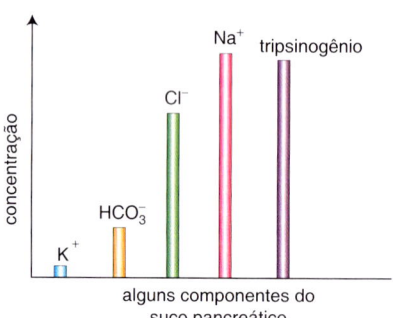

gráfico II

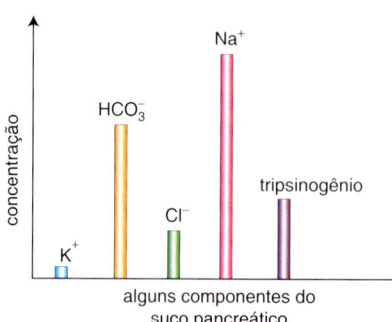

a) Identifique os gráficos que correspondem, respectivamente, aos resultados obtidos após a introdução do óleo de milho e da solução de HCl. Descreva o mecanismo de estimulação da secreção exócrina do pâncreas, em cada caso.
b) Em qual das duas situações há, também, um aumento na liberação de bile no duodeno? Justifique sua resposta.

Programas de avaliação seriada

1. (PAS – UFLA – MG) A digestão da celulose nos ruminantes ocorre graças às condições especiais existentes no trato digestivo desses animais. Da ação ordenada de seus quatro estômagos, os ruminantes obtêm substâncias de alto valor energético e aminoácidos que são absorvidos. Com relação aos mecanismos de digestão desses animais, são apresentadas abaixo três proposições.

I – A celulose é degradada pela ação direta de enzimas secretadas por glândulas presentes na mucosa dos dois primeiros estômagos (rúmen e retículo).

II – Bactérias e protozoários são digeridos nos dois primeiros estômagos (rúmen e retículo) e seus produtos absorvidos nos dois últimos (omaso e abomaso).

III – Microrganismos que proliferam nos dois primeiros estômagos (rúmen e retículo) aí degradam gorduras e celulose em ácidos graxos simples, açúcares e gases, como gás carbônico e metano.

Assinale a alternativa **CORRETA**.

a) Somente a proposição I está correta.
b) Somente a proposição II está correta.
c) Somente a proposição III está correta.
d) Somente as proposições I e II estão corretas.
e) Somente as proposições II e III estão corretas.

2. (PSIU – UFPI) No sistema gastrintestinal, as secreções são necessárias para digerir e absorver nutrientes dos alimentos ingeridos diariamente. Analise as afirmativas a seguir e assinale **V**, para as verdadeiras, ou **F**, para as falsas.

1 ( ) As secreções são produzidas pelas células endócrinas secretoras de enzimas.
2 ( ) A saliva produzida pelas glândulas sublinguais é, principalmente, de natureza serosa.
3 ( ) A secreção gástrica de pepsinogênio e de ácido ocorre dentro das depressões gástricas.
4 ( ) As oligossacaridases completam, no intestino delgado, a digestão de carboidratos devido ao pouco significado fisiológico da amilase, que requer um pH quase neutro e que para de agir quando o alimento entra no estômago.

3. (PAS – UFLA – MG) No Egito, muitos pequenos artefatos de pedras vendidos como provenientes dos tempos dos faraós são falsificados. O processo de falsificação consiste em esculpir pequenas pedras e misturá-las com a comida oferecida às galinhas. Atravessando todo o tubo digestivo da galinha, as pedras adquirem o aspecto de objetos antigos e desgastados pelo uso. Esse processo de "envelhecimento mecânico" deve-se principalmente à ação

a) do papo.
b) do bico.
c) do estômago químico.
d) do intestino.
e) da moela.

4. (PSS – UFAL) Além da hereditariedade, outros fatores são responsáveis pela manifestação de problemas circulatórios, especialmente acidentes vasculares cerebrais (AVC) e cardiopatias. Dentre os fatores abaixo relacionados:

(1) obesidade;
(2) dieta rica em sal e gorduras saturadas;
(3) dieta rica em vitaminas D e B;
(4) sedentarismo;
(5) fumo;
(6) dieta rica em proteína vegetal;
(7) pressão arterial de 120 por 80 mm Hg;
(8) stress,

predispõem o homem a essas doenças:

a) 1, 3, 4 apenas.
b) 1, 2, 4, 5 e 8 apenas.
c) 2, 3, 5 e 6 apenas.
d) 2 e 5 apenas.
e) 1, 2, 3, 4, 5, 6, 7 e 8.

5. (SSA – UPE) Assinale, na coluna I, as afirmativas verdadeiras e, na coluna II, as falsas.

Shii...take!

Em Cunha, produtores ensinam receitas com shiitake (a pronúncia é chiitaque), cogumelo supernutritivo que pode substituir a carne.

O *shiitake*, um dos cogumelos mais importantes do mercado, é um fungo que se "alimenta" de celulose e lignina, contidas na madeira. Segundo a engenheira agrícola e ambiental Suzana Lopes de Araújo, o cogumelo *shiitake* é um alimento funcional rico em proteína. Seria, de acordo com Suzana, mais nutritivo que o trigo e o arroz. Rico em vitaminas, em aminoácidos essenciais para a saúde humana, carboidratos e fibras, bem como minerais, ferro, fósforo, cálcio e potássio, o *shiitake* tem poucas calorias. É bom para o sistema imunológico, melhora os níveis de colesterol, ajuda em tratamentos de asma, úlcera e no controle da pressão arterial.

Fonte: Rita Grimm, de Cunha, especial para o iG São Paulo, 28 ago. 2010.

Baseando-se no texto acima, analise as afirmativas abaixo.

I	II	
0	0	A celulose é um polissacarídeo estrutural, que participa da constituição da parede celular de plantas.
1	1	O arroz consiste em excelente fonte de vitamina B12 ou biotina, que atua na respiração celular e na produção de glóbulos vermelhos. Sua deficiência pode causar anemia e lesões na pele.
2	2	O cálcio e o fósforo são micronutrientes importantes na formação e manutenção dos ossos e dentes; ambos são encontrados em leite e derivados.
3	3	O potássio é uma importante vitamina lipossolúvel que participa do processo de contração muscular; sua carência pode provocar formigamentos e câimbras.
4	4	O colesterol é um esteroide, produzido principalmente no fígado ou obtido em alimentos de origem animal. As células o utilizam como matéria-prima para a produção das membranas celulares e dos hormônios esteroides, como estrógeno e testosterona.

6. (PSS – UEPG – PR) O intestino delgado é um importantíssimo órgão do sistema digestório. Dentre suas funções, assinale o que for correto.

(01) Absorção de nutrientes.
(02) Adição da bile e do suco pancreático ao suco digestivo.
(04) Desdobramento das substâncias pela ação do suco entérico, que contém várias glucidases (lactase, maltase, sacarase).
(08) Iniciar a digestão de alimentos mais complexos como as proteínas e o amido.

7. (PSS – UFPB) O sistema digestório é formado por um conjunto de órgãos que transformam o alimento ingerido em moléculas menores. Estas podem ser absorvidas e utilizadas para a obtenção de energia necessária às funções vitais e como matéria-prima para a síntese de novas moléculas. A figura abaixo ilustra etapas do processo de digestão das proteínas presentes na dieta humana.

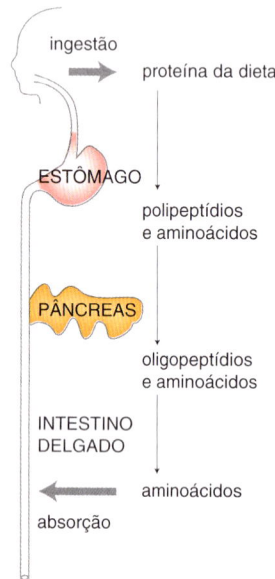

Adaptado de: CHAMPE, HARVEY e FERIER. *Bioquímica Ilustrada*. 3. ed. Porto Alegre: Editora Artes Médicas, 2006, p. 246.

Com base na figura apresentada e nos aspectos fisiológicos gerais da digestão das proteínas, identifique as afirmativas corretas:

I – A digestão das proteínas tem início na boca por ação das enzimas encontradas na saliva.
II – A renina, no estômago, realiza a quebra das ligações peptídicas das proteínas, o que leva à produção de cadeias polipeptídicas menores.
III – O pâncreas libera, no duodeno, proteínas precursoras inativas, que, ao se tornarem ativas, originam as enzimas tripsina, quimotripsina e carboxipeptidase, responsáveis pela quebra dos polipeptídios e oligopeptídios em cadeias menores.
IV – A parede do intestino delgado, além de produzir a enzima enteroquinase, que age ativando a forma inativa da tripsina, produz também as aminopeptidases, que agem liberando aminoácidos dos oligopeptídios.
V – Proteínas parcialmente digeridas presentes no quimo estimulam células do duodeno a liberar, no sangue, o hormônio colecistoquinina, que estimula a liberação das enzimas pancreáticas.

8. (SSA – UPE) O cancioneiro popular é rico em músicas que retratam nossos hábitos, inclusive alimentares. Observe a letra desta música de Luiz Gonzaga e Humberto Teixeira.

> **Baião de Dois/Baião**
> Capitão que moda é essa
> Deixe a tripa e a cuié
> Homem não vai na cozinha
> Que é lugar só de mulhé
> Vô juntá feijão de corda
> Numa panela de arroz
> Capitão vai já pra sala
> Que hoje tem baião de dois
> Ai, ai, ai
> Ai baião que bom tu sois
> Ó baião é bom sozinho
> Que dirá baião de dois

Comida típica do sertão do Nordeste, o feijão é cozido em uma panela de ferro, e só depois acrescenta-se o arroz e deixa-se cozinhar. Sucesso antigo da dupla Luiz Gonzaga e Humberto Teixeira, honra e glória da música popular brasileira.

> O feijão e o arroz são alimentos ricos em vitamina B1 ou ...., cuja principal função é a produção de .... pela .... celular e que previne a doença chamada de ...., que causa inflamação dos .... e atrofia muscular.

Assinale a alternativa que completa, CORRETAMENTE, as lacunas.
a) tiamina – energia – respiração – beribéri – nervos
b) cobalamina – colágeno – regeneração – escorbuto – neurônios
c) retinol – energia – cicatrização – raquitismo – nervos
d) riboflavina – fagocitose – respiração – xeroftalmina – epitélios
e) piridoxina – aminoácidos – regeneração – pelagra – epitélios

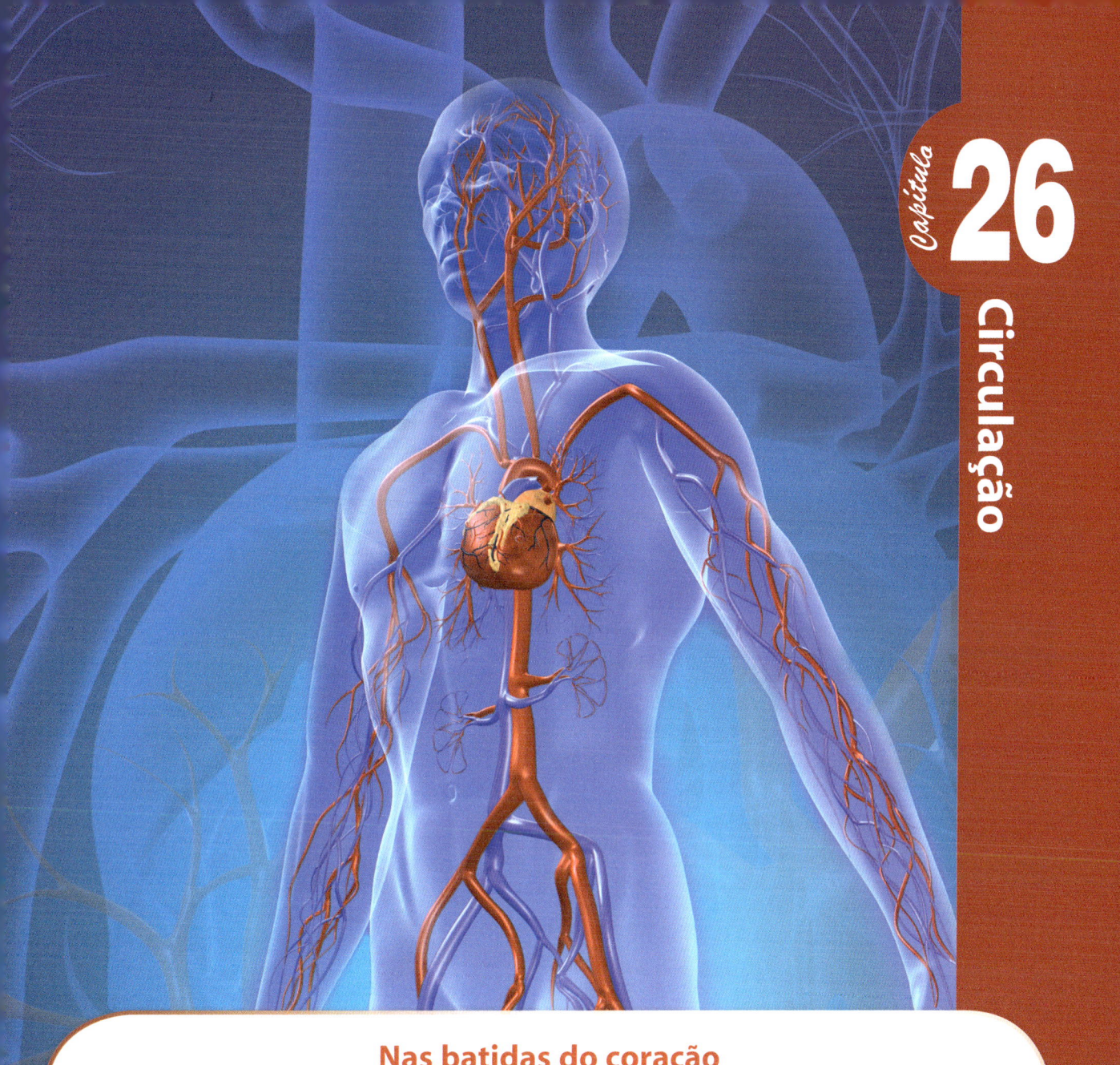

Capítulo 26
Circulação

Nas batidas do coração

Que o coração é um dos mais importantes órgãos do nosso corpo, isso você já sabe. Aliás, desde os tempos antigos, o homem já havia percebido que o coração, esse órgão muscular situado entre os pulmões próximo ao centro do peito, é o principal responsável pela circulação sanguínea.

O coração humano pesa cerca de 300 a 400 g e, em geral, é do tamanho de seu punho fechado. Ele é formado por um forte músculo, que se contrai e se relaxa ritmicamente, caracterizando os batimentos cardíacos. Chamamos de frequência cardíaca ou ritmo cardíaco o número de vezes que o coração bate por minuto. Em um adulto normal, em repouso, o coração bate entre 60 e 100 vezes por minuto. Mas quando uma pessoa passa por algum estresse emocional ou realiza algum exercício físico, o ritmo cardíaco pode aumentar para até 200 batidas por minuto.

Pare para pensar um momento nesses números e faça algumas contas: se seu coração bater 70 vezes por minuto e você viver até os 70 anos de idade, quantas vezes seu coração, esse trabalhador incansável, terá batido durante sua vida?

Vamos lá, se seu coração bater 70 vezes por minuto, ao final de 24 horas ele terá batido cerca de 100 mil vezes. Em um ano terão sido quase 37 milhões de batidas e ao final de 70 anos, mais de 2,5 bilhões de batimentos cardíacos!

A cada batimento, cerca de 70 mL de sangue são bombeados para nosso corpo. Refazendo as contas, iremos perceber que, em média, um coração bombeia 5 litros de sangue por minuto, cerca de 7 mil litros por dia, mais 2,5 milhões de litros por ano, chegando a impressionantes 180 milhões de litros em 70 anos.

Esse importante órgão dos animais e a circulação serão os temas deste nosso capítulo.

As células de todos os seres vivos precisam receber nutrientes e eliminar os resíduos de seu metabolismo. Nos animais mais complexos e que possuem sistemas especializados no transporte de inúmeras substâncias, há um coração que bombeia o líquido circulante para as células com determinada frequência.

> Nos crustáceos, a coloração do sangue é azulada devido à presença de hemocianina, que contém átomos de cobre.

O líquido circulante pode ser incolor, chamado de **hemolinfa**, presente nos insetos, ou colorido, e neste caso recebe o nome de **sangue**. A cor é determinada pela existência de pigmentos, como é o caso da hemoglobina presente em muitos invertebrados e em todos os vertebrados, que contém átomos de ferro responsáveis pela coloração avermelhada do sangue.

A Tabela 26-1 apresenta um resumo da evolução da circulação de nutrientes nos animais.

Tabela 26-1. Como se dá a circulação nos diferentes filos animais.

Filo	Como é a circulação
Poríferos	Circulação de água pelo átrio; amebócitos móveis na camada gelatinosa da parede do corpo.
Cnidários	Cavidade gastrovascular – digestão de alimento e circulação de água e substâncias dissolvidas.
Platelmintos	Cavidade digestiva ramificada (cavidade gastrovascular).
Anelídeos em diante	Sistema circulatório – vasos favorecem o fluxo contínuo de material dissolvido em água.

OS DOIS TIPOS DE SISTEMA CIRCULATÓRIO

Nos animais, há dois tipos de sistema circulatório: **sistema aberto** e **sistema fechado** (veja a Figura 26-1).

No **sistema circulatório aberto**, o líquido bombeado pelo coração periodicamente abandona os vasos e cai em **lacunas corporais**. Nessas cavidades, as trocas de substâncias entre o líquido e as células são lentas. Vagarosamente, o líquido retorna para o coração, que novamente o bombeia para os tecidos. Esse sistema é encontrado entre os artrópodes e na maioria dos moluscos. A lentidão de transporte de materiais é fator limitante ao tamanho dos animais. Além disso, por se tratar de um sistema aberto, a pressão não é grande, suficiente apenas para o sangue alcançar pequenas distâncias.

No **sistema fechado**, o sangue nunca abandona os vasos. No lugar das lacunas corporais, existe uma grande rede de vasos de paredes finas, os **capilares**, pelos quais ocorrem trocas de substâncias entre o sangue e os tecidos.

Nesse tipo de sistema, o líquido circulante fica constantemente em movimento, a circulação é rápida. A pressão desenvolvida pela bomba cardíaca é elevada e o sangue pode alcançar grandes distâncias. O tamanho dos animais pode ser maior. Esse tipo de sistema circulatório é encontrado nos anelídeos, em alguns moluscos ágeis (lulas e polvos) e em todos os vertebrados.

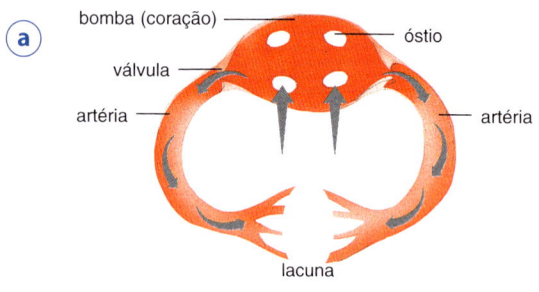

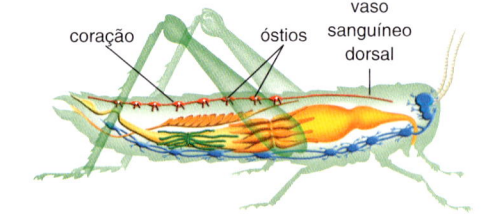

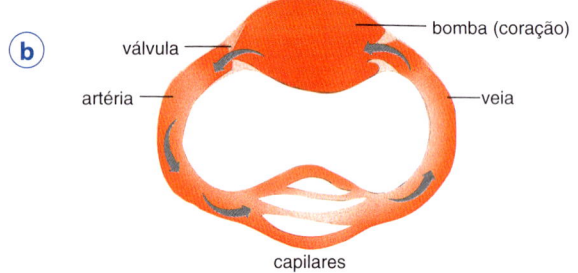

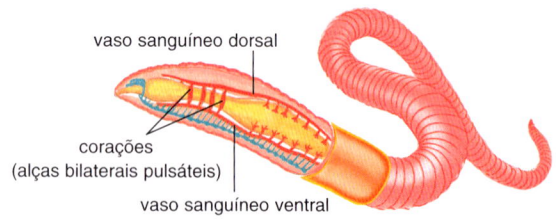

Figura 26-1. (a) Esquema de circulação aberta, como em insetos, e de (b) circulação fechada, como em anelídeos.

AS CARACTERÍSTICAS DO CORAÇÃO HUMANO

O coração humano é uma potente bomba propulsora de sangue (veja a Figura 26-2). Assim como nas aves, ele é formado por quatro cavidades, duas localizadas à direita e duas, à esquerda.

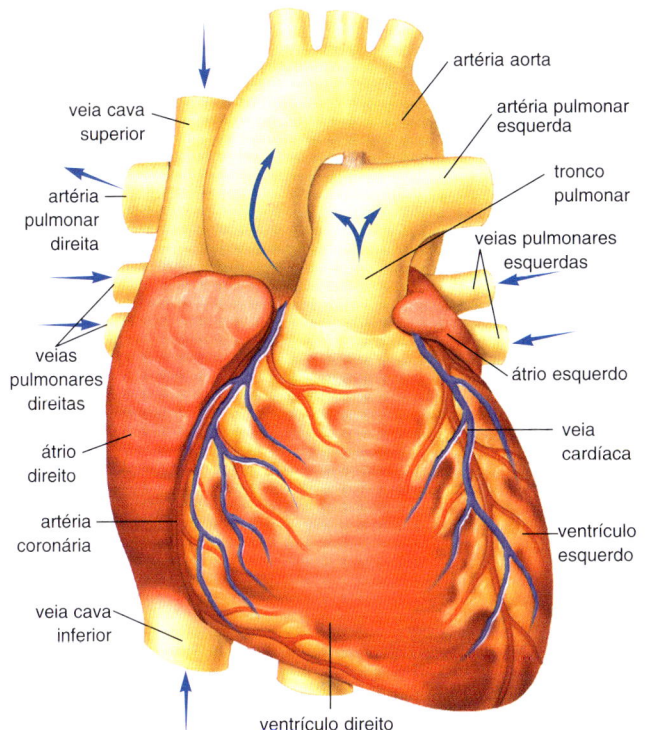

Figura 26-2. Coração humano: aspecto externo.

A espessura da parede ventricular esquerda é muito maior que a da parede do ventrículo direito. Isso é uma adaptação à maior pressão exercida pelo ventrículo esquerdo, uma vez que o sangue impulsionado por ele deve percorrer uma distância bem maior e a resistência ao fluxo é mais elevada.

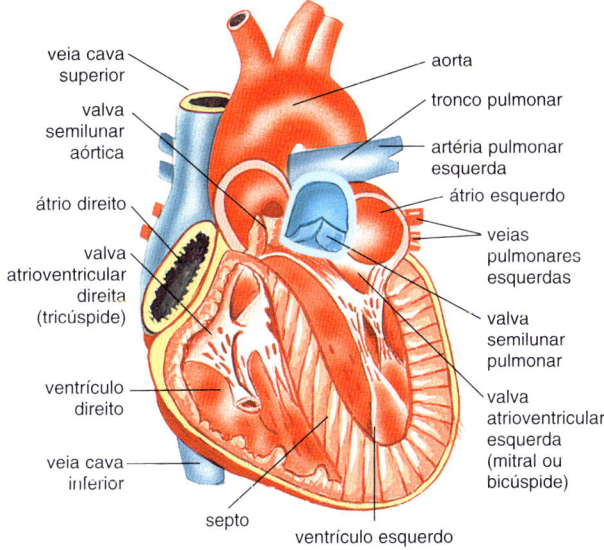

Figura 26-3. Coração humano: aspecto interno.

A metade direita do coração é constituída por um **átrio** e um **ventrículo direitos**. A metade esquerda é formada por um **átrio** e um **ventrículo esquerdos**.

O átrio direito recebe sangue proveniente do corpo, através de duas grandes veias que nele desembocam: **veia cava superior** e **veia cava inferior**. A primeira traz sangue da região superior do corpo, enquanto a segunda conduz o sangue que retorna da parte inferior do corpo.

Do átrio direito, o sangue passa para o ventrículo direito, atravessando uma válvula (ou valva) atrioventricular direita (chamada de **tricúspide** por ser composta de três partes – veja a Figura 26-3). A contração do ventrículo direito direciona o sangue para uma **artéria pulmonar**, que se bifurca em ramos direito e esquerdo, levando o sangue aos pulmões para oxigenação. O retorno do sangue oxigenado dos pulmões ocorre pelas **veias pulmonares**, que desembocam no átrio esquerdo. Este, contraindo-se, encaminha o sangue para o ventrículo esquerdo, atravessando a válvula (ou valva) atrioventricular esquerda (também chamada de válvula **mitral** ou **bicúspide**). O ventrículo esquerdo se contrai fortemente e impulsiona o sangue para a **artéria aorta**, o vaso mais calibroso do corpo, encaminhando sangue ricamente oxigenado para a cabeça (através da artéria carótida, que é ramo da aorta) e para todo o restante do corpo (veja a Figura 26-4).

> Átrio significa espaço, cavidade. Antigamente falava-se em **aurícula**, que quer dizer **pequena orelha**. Esse termo, hoje, é restrito a uma pequena bolsa ligada a cada um dos átrios.

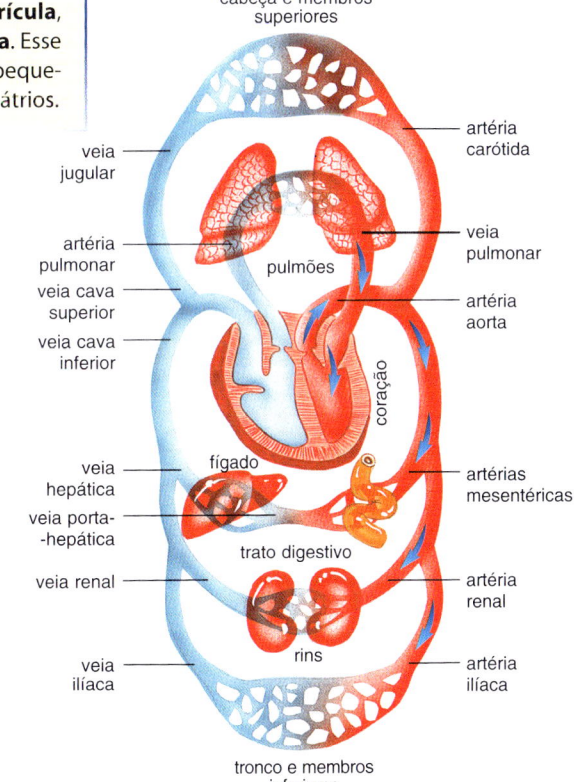

Figura 26-4. Esquema da circulação no homem, evidenciando as artérias e veias.

Os Movimentos Cardíacos: Sístole e Diástole

A *contração ventricular* é conhecida como **sístole** e nela ocorre o esvaziamento dos ventrículos. O relaxamento ventricular é conhecido como **diástole** e é nessa fase que os ventrículos recebem sangue dos átrios.

A contração ventricular força, então, a passagem de sangue para as artérias pulmonar e aorta, cujas válvulas semilunares (três membranas em forma de meia-lua) se abrem para permitir a passagem de sangue. Uma vez no interior desses vasos, o retorno do sangue (refluxo) para os ventrículos a partir das artérias aorta e pulmonar é evitado pelo súbito fechamento dessas mesmas válvulas.

> De forma bastante simplista, podemos dizer que artéria é um vaso de parede espessa que conduz sangue **para fora** do coração e veia é um vaso de parede menos espessa que conduz sangue **em direção** ao coração.

A Pressão Arterial

É a pressão exercida pelo sangue contra as paredes de uma artéria. Chama-se **pressão máxima** (ou sistólica) a pressão durante a sístole. Normalmente, é de 120 mmHg, ou seja, é suficiente para elevar uma coluna de mercúrio a 120 mm acima dos 760 mm a que essa coluna é elevada pela pressão atmosférica, nas condições normais de temperatura e pressão. A pressão durante a diástole é chamada de **pressão mínima** (ou diastólica), sendo da ordem de 80 mmHg.

O Controle da Contração Cardíaca

Os batimentos cardíacos são controlados por marca-passos. Em um marca-passo, células cardíacas altamente diferenciadas são capazes de gerar impulsos elétricos que se irradiam para as demais fibras cardíacas, fazendo-as contrair.

Temos dois importantes marca-passos: um fica próximo do local onde as grandes veias (as cavas) desembocam, na parede do átrio direito (nó sinoatrial), e o outro fica na junção atrioventricular direita (nó atrioventricular). Veja a Figura 26-5.

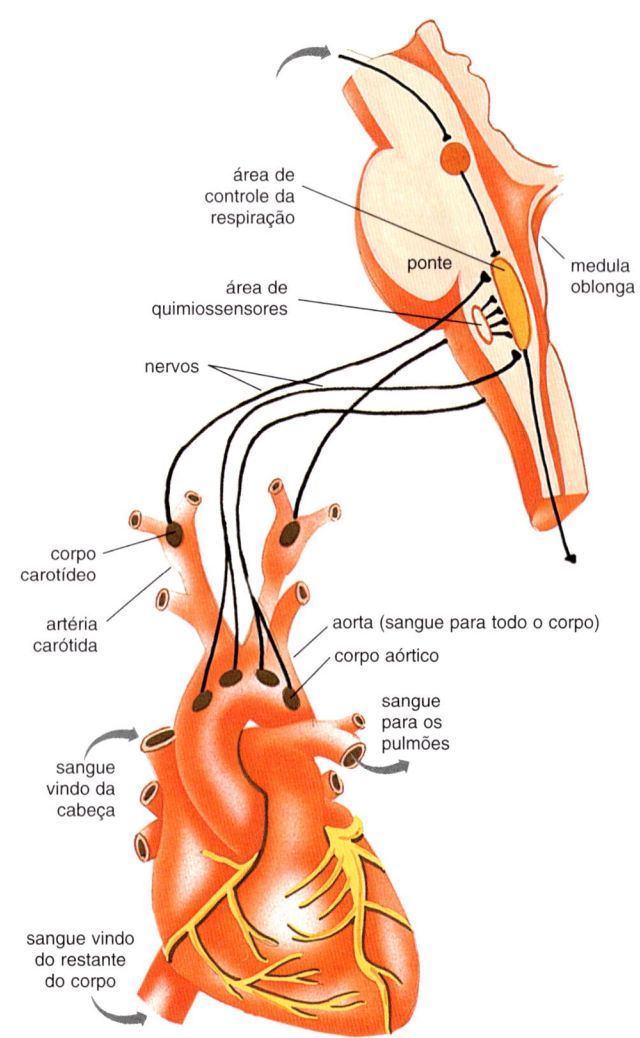

Figura 26-5. Controle nervoso da contração cardíaca: quimiossensores nas artérias aorta e carótida são sensíveis à quantidade de O_2 no sangue; outros, na medula, são sensíveis à quantidade de CO_2 no sangue. A partir dessas informações, o centro regulador da respiração determina a taxa respiratória para regularizar o metabolismo.

> **Saiba mais**
>
> ### Vertebrados: a evolução culminou com um coração de quatro câmaras
>
> Nos peixes, o coração é bicavitário: possui um átrio e um ventrículo, apenas. Não há mistura de sangues. Um seio venoso recebe sangue proveniente do corpo e o introduz no átrio, e deste para o ventrículo único. Um cone arterial emerge do ventrículo e conduz sangue para as brânquias e daí para o restante do corpo.
>
> Nos anfíbios, o coração passa a ter uma cavidade a mais: dois átrios e um ventrículo. Um seio venoso introduz sangue vindo do corpo no átrio direito. O sangue que retorna dos pulmões desemboca pelas veias pulmonares no átrio esquerdo. Essa é uma importante novidade na circulação dos vertebrados: a pequena circulação (o sangue vai do coração aos pulmões para oxigenação e retorna ao coração, antes de ser conduzido ao corpo). O ventrículo único recebe sangue dos dois átrios. Certo grau de mistura de sangues sempre existe, compensado, no entanto, pela respiração cutânea, que renova o oxigênio do sangue nos capilares da pele.
>
> Nos répteis, começa a divisão ventricular, com um septo incompleto. A mistura de sangues rico e pobre em oxigênio ainda ocorre no coração. Nos crocodilianos, a separação ventricular é completa, porém continua a haver mistura de sangues fora do coração (uma comunicação entre vasos que emergem do coração favorece essa mistura).
>
> É nas aves e nos mamíferos que o coração atinge o máximo em eficiência: ele passa a ter quatro cavidades e os ventrículos estão completamente separados. Não há mistura de sangues. A metade direita trabalha com sangue pobre em oxigênio (sangue venoso), que está retornando do corpo em direção aos pulmões. A metade esquerda recebe sangue ricamente oxigenado (sangue arterial), proveniente dos pulmões, e que será enviado para o corpo pela artéria aorta.
>
> A evolução do coração nas aves e mamíferos acompanhou a evolução do metabolismo desses animais, todos homeotermos. A ausência de mistura sanguínea garante o envio constante de sangue rico em oxigênio aos tecidos, favorecendo a manutenção da taxa metabólica elevada, característica da homeotermia.
>
>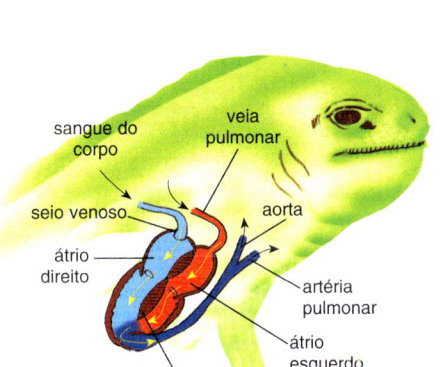
>
>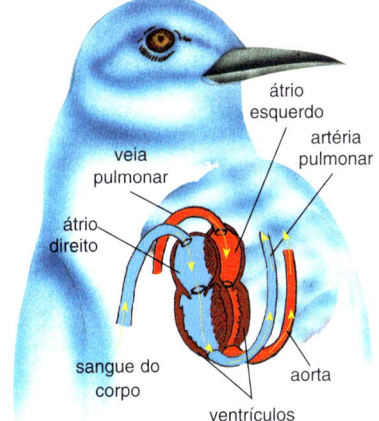

VASOS SANGUÍNEOS: CONDUTORES DE SANGUE

Saindo do coração, a artéria aorta origina ramos de menor calibre que se dirigem para a cabeça (artérias carótidas) e membros superiores e segue conduzindo sangue para o resto do corpo. As artérias sofrem cada vez mais ramificações, até se formarem as arteríolas e, por fim, os capilares. Pela parede finíssima dos capilares, ocorrem as trocas de materiais entre o sangue e os tecidos.

Para o retorno do sangue ao coração, os capilares se reúnem, formando vênulas, que originam veias de calibre progressivamente maior, até se formarem as duas veias cavas, que desembocam no átrio direito.

Diferenças entre Artérias e Veias

Importantes diferenças podem ser encontradas entre esses dois tipos de vaso. Uma delas refere-se à estrutura da parede. Nas artérias, ela costuma ser mais espessa e rica em tecido elástico e fibras musculares lisas (veja a Figura 26-6).

Recorde que a parede das artérias deverá suportar maior pressão sanguínea derivada do bombeamento sistólico do coração. Nas veias, o retorno venoso ocorre sob baixa pressão. Não há refluxo de sangue, pois a parede de muitas veias é dotada de *válvulas* que, quando se abrem, permitem o fluxo de sangue em um único sentido (a caminho do coração).

> Os vasos linfáticos possuem parede menos espessa que a de veias e artérias, contendo praticamente as mesmas camadas.

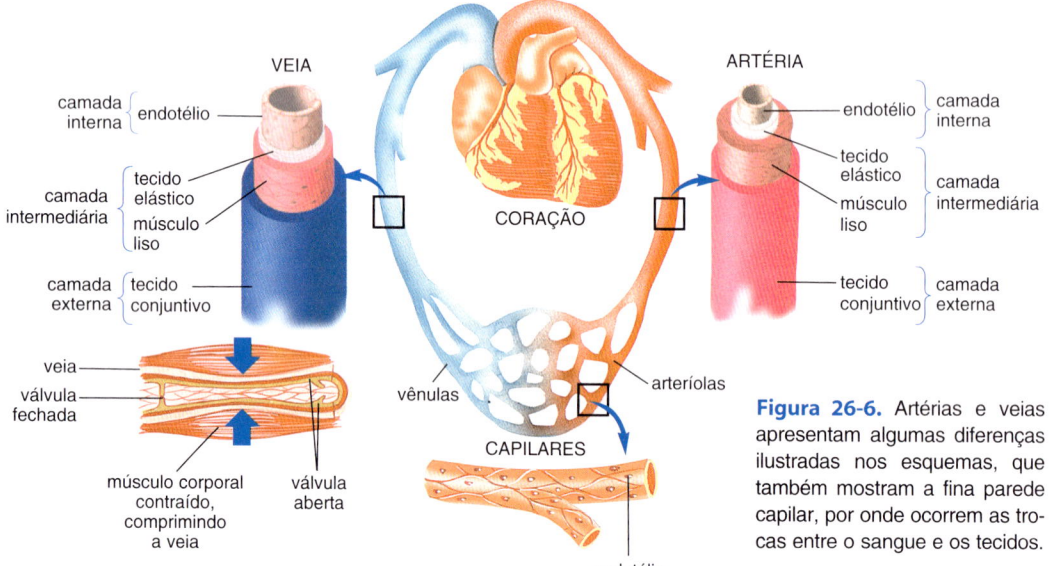

Figura 26-6. Artérias e veias apresentam algumas diferenças ilustradas nos esquemas, que também mostram a fina parede capilar, por onde ocorrem as trocas entre o sangue e os tecidos.

Capilares: As Substâncias Atravessam suas Paredes

O sangue precisa nutrir os tecidos e deles retirar toxinas produzidas no metabolismo. As paredes das veias e artérias são muito espessas e, por isso, não permitem trocas de substâncias com os tecidos pelos quais passam.

Os capilares possuem paredes delgadíssimas, formadas por uma só camada de células achatadas, possibilitando que moléculas de tamanho pequeno possam atravessá-las. É o caso da glicose, aminoácidos, sais, água, amônia etc. Macromoléculas proteicas (albumina, anticorpos) e células (hemácias e glóbulos brancos) não as atravessam, a não ser por processos especiais de transporte.

A ciência por trás do fato!

Salto alto causa varizes?

Varizes são veias cujas paredes são fracas e que, com o tempo, se dilatam. Nem todas apresentam qualquer aumento visível. Consideradas um defeito genético, atingem mais de 70% das pessoas e podem representar problemas sérios de saúde quando provocam edema. Quando isso acontece, invariavelmente, há a necessidade de tratamento.

Pesquisas realizadas pelo professor e cirurgião vascular João Potério Filho, do Departamento de Cirurgia Vascular do Hospital das Clínicas (HC) da Unicamp [SP], mostram que o uso do salto alto proporciona maior contração muscular, o que aumenta em até 30% a eficiência do bombeamento do sangue. Esse movimento, que ocorre por ação direta da contração muscular das pernas atuando sobre as veias, faz com que o sangue retorne para o coração com maior pressão, não permitindo a sua volta por ação das válvulas. Dessa forma, enquanto a pessoa anda, ocorrerá o bombeamento e a pressão nas veias das pernas permanece muito baixa, diminuindo a chance de aparecer qualquer edema (infiltração de líquido semelhante ao soro sanguíneo).

Fonte: FAVA, A. R. Pesquisa conclui que uso do salto alto é benéfico.
Disponível em: <http://www.unicamp.br>. *Acesso em:* 20 abr. 2012.

SANGUE: TECIDO DE INTERLIGAÇÃO

O plasma, uma complexa mistura de substâncias químicas em água, representa 55% do volume total do sangue. Dele fazem parte aminoácidos, glicose, proteínas, triglicerídios, lipoproteínas, anticorpos, hormônios, ureia, sais minerais, gases etc. (veja a Tabela 26-2).

Os 45% restantes correspondem à parte figurada, formada por três tipos de elementos celulares: **glóbulos vermelhos** (hemácias ou eritrócitos), **glóbulos brancos** (leucócitos) e **plaquetas** (trombócitos, na verdade, fragmentos de células).

Esses elementos são todos produzidos na medula óssea dos ossos longos e chatos. Desempenham as seguintes funções:

- *glóbulos vermelhos*: transporte de gases respiratórios, O_2 e CO_2;
- *glóbulos brancos*: defesa fagocitária (realizada pelos neutrófilos e monócitos) e defesa imunitária (realizada pelos linfócitos) do organismo;
- *plaquetas*: atuam no processo de coagulação do sangue.

Fique por dentro!

Existem aproximadamente 5,6 L de sangue no corpo de um homem de 70 kg, o que corresponde a cerca de 8% do peso corporal.

Algumas situações podem provocar aumento ou diminuição do número das células sanguíneas. A produção de glóbulos vermelhos, por exemplo, aumenta em resposta à diminuição da pressão parcial de oxigênio em regiões de grande altitude. É comum, por exemplo, atletas brasileiros que vão participar de competições em La Paz (altitude de 3.650 m) terem de passar por um período de "aclimatação". Durante esse período, a medula óssea reage à diminuição do teor de oxigênio e produz mais glóbulos vermelhos. Com mais hemácias circulando pelo sangue, aumenta a capacidade de captação do oxigênio.

A diminuição no número de hemácias acontece nas anemias (do grego, *an* = sem e *haîma* = sangue). Essa condição é comum em verminoses (tipo amarelão), hemorragias, tumores da medula óssea e falta de vitamina B_{12}.

Tabela 26-2. Composição e funções do sangue.

Composição
água
sais (Na^+, Cl^-, HCO_3^-, Ca^{++})
glicose
aminoácidos
proteínas (fibrinogênio, protrombina, anticorpos, albumina)
lipoproteínas (LDL, HDL)
triglicérides
hormônios
ureia
gases (O_2, CO_2)

Funções
transporte de nutrientes às células
remoção de resíduos metabólicos das células
transporte de hormônios e de anticorpos
distribuição de calor
transporte de gases respiratórios
coagulação
defesa

A forma bicôncava das hemácias aumenta a relação superfície/volume das células, o que torna possível que um número maior de moléculas de O_2 e de CO_2 se difunda através da membrana.

Saiba mais

Os elementos do sangue

Tipos	Quantidade média/mL	Funções	Variações
Glóbulos vermelhos (hemácias)	homem: 5,4 milhões mulher: 4,8 milhões	Transporte de O_2 e CO_2.	*Diminuição:* anemia (verminoses, hemorragias, deficiências de vitamina B_{12}). *Aumento:* pessoas que vivem em regiões de grande altitude.
Glóbulos brancos (leucócitos)	4.000 a 11.000	Defesa fagocitária e imunitária.	*Diminuição:* lesões na medula óssea e algumas infecções. *Aumento:* infecções e leucemia.
Plaquetas (trombócitos)	250.000 a 400.000	Coagulação do sangue.	*Diminuição* e *aumento* provocados por certas doenças.

A Coagulação Sanguínea

Após um ferimento, as plaquetas desencadeiam o processo de coagulação do sangue por meio da liberação dos fatores de coagulação. O coágulo detém uma eventual hemorragia.

Inicialmente, as plaquetas liberam a enzima *tromboplastina* que, em presença de íon cálcio, converte a proteína solúvel *protrombina*, presente no plasma, na enzima *trombina*. A trombina catalisa a transformação da proteína solúvel *fibrinogênio*, presente no plasma, em *fibrina*, proteína insolúvel. A fibrina forma uma rede fibrosa (coágulo), que adere à região da ferida, estancando a perda de sangue.

Veja o esquema abaixo:

> A protrombina (do grego, pró = = antes, e thrómbos = coágulo) é produzida no fígado com auxílio de vitamina K. Essa vitamina é sintetizada por bactérias que vivem no nosso intestino.

```
                plaquetas desintegradas
                         ↓
                 tromboplastina + Ca⁺⁺
protrombina ─────────────────────────→ trombina
                         fibrinogênio ──↓──→ fibrina
```

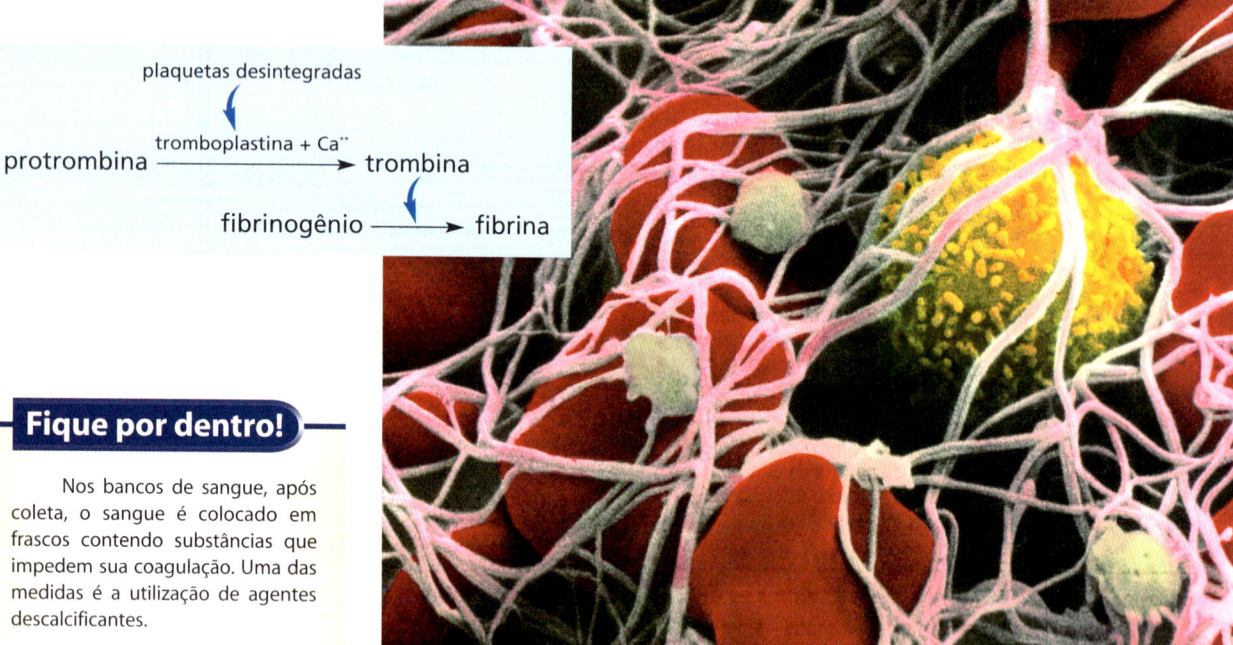

Coágulo sanguíneo visto ao microscópio eletrônico de varredura. Glóbulos vermelhos estão "aprisionados" em uma rede de fibrina, uma proteína insolúvel. Pequenas plaquetas (em verde) e um glóbulo branco (em amarelo) também podem ser vistos neste coágulo.

Fique por dentro!

Nos bancos de sangue, após coleta, o sangue é colocado em frascos contendo substâncias que impedem sua coagulação. Uma das medidas é a utilização de agentes descalcificantes.

Saiba mais

A hemofilia

A hemofilia é uma anomalia genética em que o sangue não coagula. No tipo mais comum de hemofilia, um dos fatores de coagulação – o *fator VIII* –, é produzido com defeito. Toda a cadeia que depende desse fator fica prejudicada. Não há produção de fibrina. O tratamento de pessoas com essa deficiência pode ser feito com injeções de fator VIII, obtido do sangue de pessoas normais. Tem-se procurado fazer a síntese desse fator por meio de técnicas de Engenharia Genética, evitando-se, assim, riscos de doenças, como, por exemplo, a AIDS e as hepatites, que podem ser contraídas durante uma transfusão.

As Trocas entre Sangue e Tecidos

Nas trocas entre o sangue e os tecidos, que ocorrem pelas paredes capilares, duas pressões estão em jogo, exercendo efeitos opostos: a *pressão sanguínea*, que tende a "empurrar" água e substâncias dissolvidas através da parede dos capilares, e a *pressão osmótica* de proteínas (determinada principalmente pela *albumina*), que tende a "puxar" de volta a água e demais substâncias que estão banhando os tecidos. Da relação de forças exercidas por essas duas pressões é que os tecidos são nutridos.

Assim, na extremidade inicial do capilar, a pressão sanguínea é maior que a osmótica. Como resultado, água e moléculas pequenas atravessam a parede capilar, em direção aos tecidos. Com a saída de água, porém, o sangue se concentra e, então, a pressão osmótica, que até então era baixa e constante, eleva-se superando a pressão sanguínea. Com a elevação da pressão osmótica de proteínas, ocorre o retorno da água carregando alguns nutrientes, assim como restos metabólicos. Veja a Figura 26-7.

Certa quantidade de líquido sempre permanece nos tecidos após as trocas entre eles e os capilares sanguíneos. Esse líquido residual é conhecido como **linfa** e sua absorção é feita por vasos linfáticos, componentes do sistema linfático.

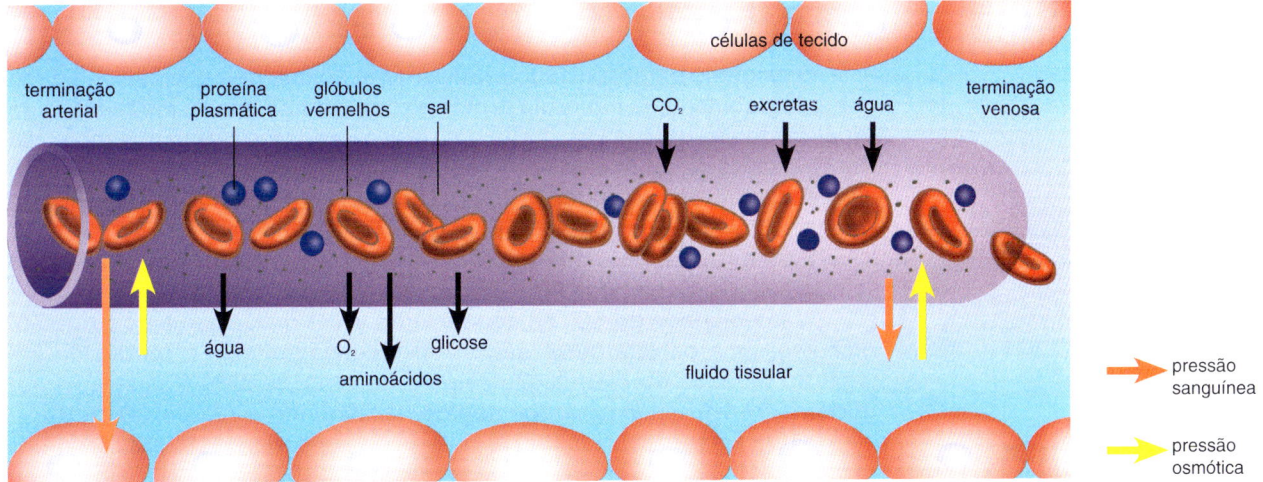

Figura 26-7. Ilustração das várias forças que interagem entre o fluxo capilar e o fluido que o envolve. Observe que na terminação arterial do capilar a pressão sanguínea é maior do que a pressão osmótica, o que faz com que a água tenda a sair do capilar em direção ao fluido circundante. O oposto ocorre na terminação venosa: com a pressão osmótica maior do que a pressão sanguínea, a água tende a voltar ao capilar. Entre as extremidades, há entrada e saída de moléculas, segundo o gradiente de concentração, mas não há entrada ou saída de glóbulos vermelhos e de proteínas plasmáticas em virtude do tamanho dessas estruturas.

Saiba mais

A pressão e a velocidade do sangue nos vasos sanguíneos

Com que velocidade o sangue flui pelos vasos sanguíneos? E qual a relação da pressão do sangue com a velocidade? Para responder a essas duas perguntas, você só precisa ter conhecimentos básicos de matemática, física, biologia e química. Veja como é fácil. A figura abaixo mostra a área da secção transversal de alguns vasos sanguíneos componentes do sistema circulatório de um vertebrado. Note que a área total dos capilares é maior do que as correspondentes da artéria e da veia.

como a área total da secção transversal é maior do que a da artéria, a *velocidade* se *reduz*, o que favorece a lenta passagem e a troca de substâncias (por exemplo, gases) entre o sangue que percorre os capilares e os tecidos. Na veia, a *área diminui*, o que faz a *velocidade crescer* – embora a pressão permaneça baixa – e permite que ocorra o retorno do sangue ao coração.

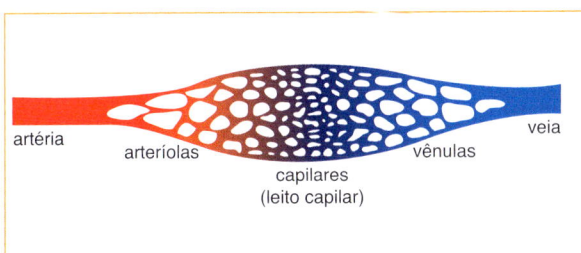

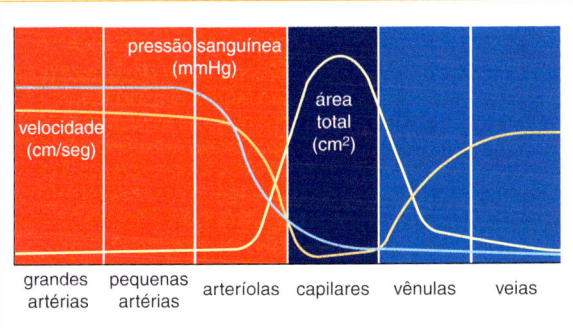

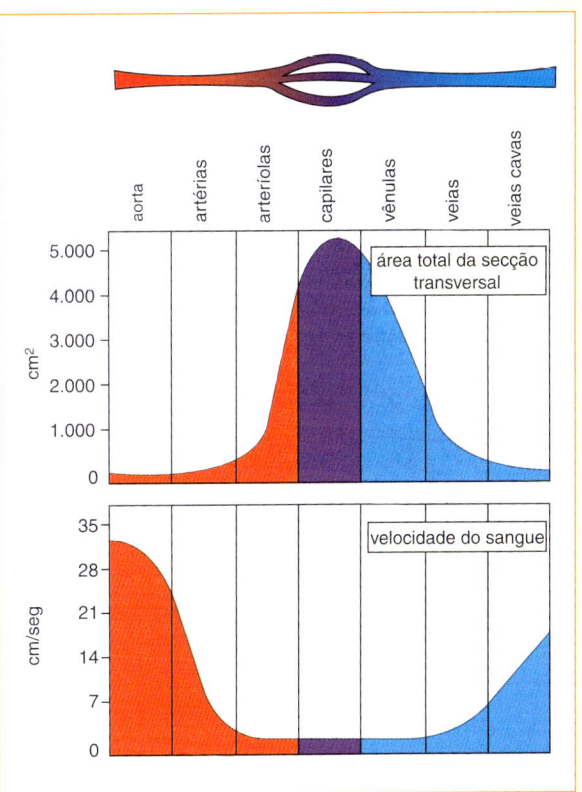

Agora, consulte os gráficos a seguir. Neles relacionamos a pressão arterial e a velocidade do sangue com a área total dos vasos. Perceba que, na artéria, de *pequena área* de secção transversal, a *pressão* e a *velocidade* são elevadas, fazendo ocorrer o fluxo de sangue em direção aos capilares. Nestes, a *pressão* do sangue é *menor* e,

Circulação **561**

O TRANSPORTE DE GASES PELO SANGUE

O oxigênio é transportado praticamente apenas pelas hemácias, ligado à hemoglobina, uma molécula proteica composta de quatro unidades, cada qual contendo um íon Fe^{++}. Cada um desses íons associa-se a uma molécula de O_2. Forma-se assim a *oxiemoglobina*.

A reação de associação (oxigenação) da hemoglobina é, simplificadamente, assim representada: $Hb + 4\ O_2 \rightarrow Hb(O_2)_4$.

É uma reação reversível e, uma vez nos tecidos ávidos por oxigênio, o gás se dissocia da hemoglobina, encaminhando-se às células.

A solubilidade do CO_2 na água é vinte vezes maior que a do oxigênio. Por isso, uma parcela desse gás, aproximadamente 9%, é conduzida em solução na água do plasma. Outra parcela, cerca de 27%, liga-se à hemoglobina, constituindo a *carboemoglobina*, segundo a reação $CO_2 + Hb \rightarrow HbCO_2$. Essa reação também é reversível: a associação do gás carbônico com a hemoglobina ocorre nos tecidos e sua dissociação, nos alvéolos pulmonares.

A maior parcela de CO_2, porém, cerca de 64%, é transportada no plasma na forma de íons bicarbonato, HCO_3^-. Esses íons são formados quando o gás carbônico entra na hemácia e reage com água, formando ácido carbônico, H_2CO_3.

A reação é catalisada pela enzima *anidrase carbônica*, existente na hemácia. O H_2CO_3, um ácido instável, logo se ioniza em H^+ e HCO_3^-. O H^+ é preso pela hemoglobina. O HCO_3^- difunde-se no plasma, sendo assim transportado até os pulmões. Chegando aos capilares alveolares, o HCO_3^- volta a ingressar na hemácia. Sob a ação da mesma anidrase carbônica, a reação acontece em sentido contrário. Forma-se CO_2, que se difunde para o ar alveolar.

> HbO_2 é conhecida como oxiemoglobina e $HbCO_2$ como carboemoglobina.

Fique por dentro!

O monóxido de carbono, CO, é um gás que possui cerca de 200 vezes mais afinidade pela hemoglobina que o oxigênio. Ele se liga à hemoglobina formando um composto estável, a *carboxiemoglobina* (HbCO). Nesse caso, com menos oxigênio ligado à hemoglobina, diminui a quantidade de oxigênio liberado aos tecidos.

Motores a explosão, que utilizam derivados de petróleo, e a queima de madeira ou carvão liberam monóxido de carbono. Uma causa provável das tonturas e dores de cabeça que as pessoas sentem nas grandes cidades é o elevado teor de CO existente no ar que elas respiram.

$$H_2O + CO_2 \underset{}{\overset{\text{anidrase carbônica}}{\rightleftarrows}} \langle H_2CO_3 \rangle \underset{\text{PULMÕES}}{\overset{\text{TECIDOS}}{\rightleftarrows}} H^+ + HCO_3^-$$

Saiba mais

Mal dos mergulhadores e gases no sangue

Quanto maior a profundidade, maior é a pressão a que um mergulhador está submetido – a cada 10 metros que ele desce, a pressão aumenta em 1 atmosfera.

O equipamento de mergulho deve fornecer ar à mesma pressão do local em que o mergulhador se encontra. Além de O_2 e CO_2, o ar do cilindro de mergulho também possui nitrogênio, um gás biologicamente inerte; porém, quanto maior a pressão a que o mergulhador está submetido, maior a dissolução de N_2 em seu sangue. Se o mergulhador subir rapidamente em direção à superfície, o N_2 tende a reverter rapidamente sua dissolução e a descompressão brusca do nitrogênio leva à formação de bolhas desse gás. O sangue borbulha, como quando abrimos bruscamente uma garrafa de refrigerante – as bolhas de nitrogênio deslocam-se pelo sangue, podendo obstruir importantes vasos, o que leva a uma embolia gasosa particularmente grave se ocorrer nos vasos que irrigam o cérebro. Outro problema grave é o referente à *narcose* gerada por esse gás, ao agir no sistema nervoso do mergulhador.

O COLESTEROL E O ENTUPIMENTO DAS ARTÉRIAS

A obstrução das artérias que irrigam o coração impede a passagem de sangue e a área à frente do bloqueio deixa de receber oxigênio, ocasionando a morte de parte do tecido cardíaco (**infarto do miocárdio**). Dependendo da extensão da morte das fibras cardíacas, o coração pode ficar muito comprometido e parar de funcionar. Se o bloqueio ocorrer em artérias que irrigam o cérebro, pode acontecer "derrame cerebral" ou AVC (acidente vascular cerebral).

Uma das causas do entupimento de artérias é a formação de coágulos em algum lugar do corpo, que podem "viajar" pelo sangue, bloqueando um vaso. Outra causa é o *depósito de colesterol* que se forma na parede das artérias (veja a Figura 26-8).

O colesterol, para os químicos um álcool complexo e para os biólogos um lipídio, é normalmente sintetizado no fígado e participa da composição da membrana plasmática e de alguns hormônios. O depósito de colesterol nas artérias conduz à **aterosclerose**: a passagem do sangue fica cada vez mais dificultada até a artéria se entupir, ocasionando o infarto ou derrame.

> **Fique por dentro!**
>
> No Brasil, cerca de 30% das internações hospitalares são devidas às doenças cardiovasculares, sendo que 40.000 pessoas morrem, por ano, devido a um ataque cardíaco.
>
> As principais causas de ataque cardíaco são: fatores genéticos, colesterol, fumo, hipertensão arterial, *stress*.

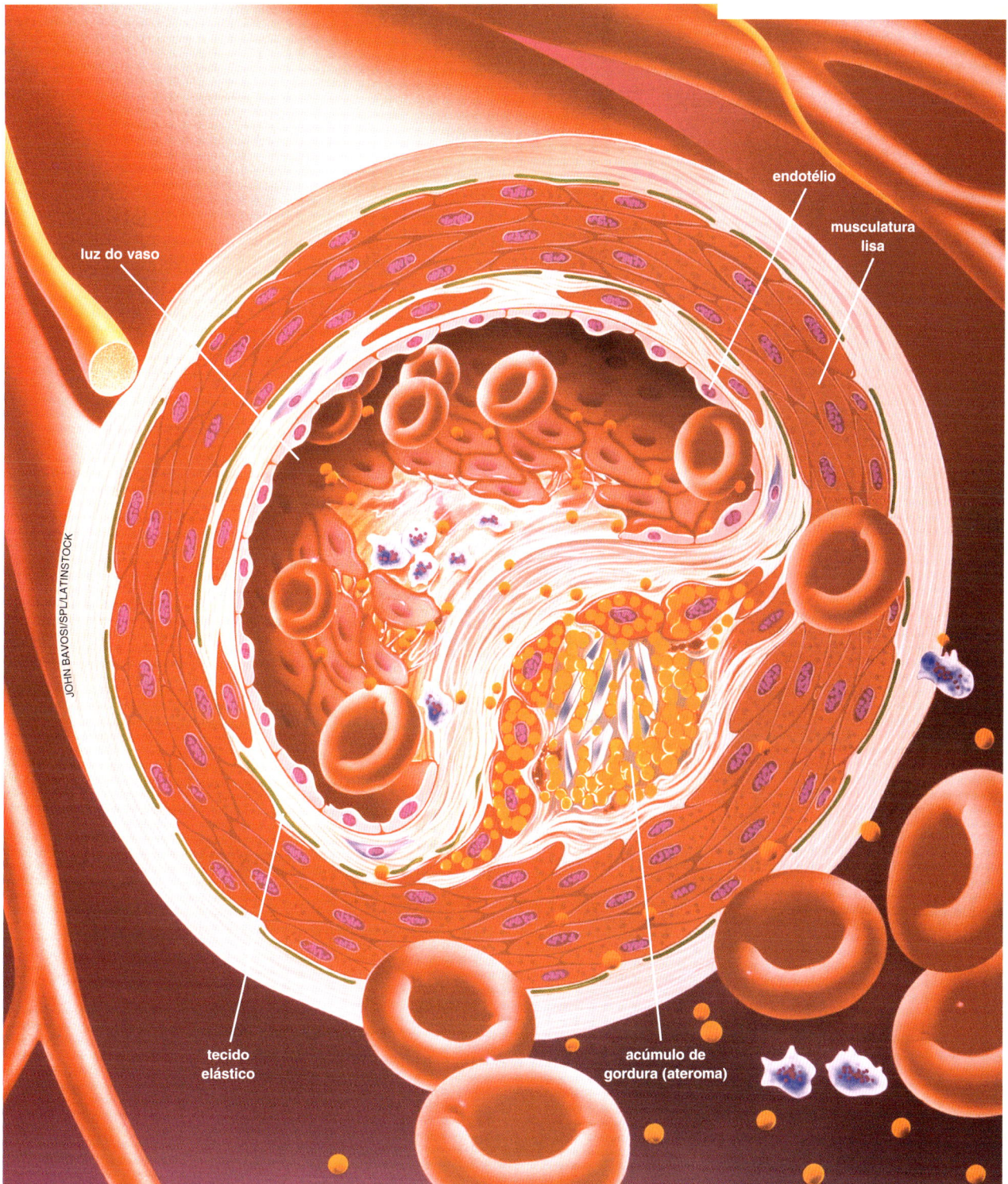

Figura 26-8. Deposição de colesterol na parede de artérias: um problema do homem moderno.

HDL e LDL

Recentemente, descobriram-se dois tipos de colesterol, de acordo com a proteína que o transporta: o primeiro, o "bom" colesterol (proteína HDL) e o outro, o "mau" colesterol (proteína LDL).

A LDL (do inglês, *Low Density Lipoprotein* = lipoproteína de baixa densidade) transporta o colesterol para diversos tecidos e para glândulas endócrinas, onde é utilizado. Acontece, porém, que a LDL também conduz colesterol para as artérias. Quando há excesso, esse colesterol começa a ser depositado nas paredes arteriais, podendo levar à aterosclerose.

A HDL (do inglês, *High Density Lipoprotein* = lipoproteína de alta densidade) faz exatamente o contrário: transporta colesterol das artérias e outros órgãos para o fígado, onde é inativado.

Sabe-se hoje que uma dieta não adequada, rica em ácidos graxos saturados (carnes vermelhas, miúdos), *stress*, fumo e vida sedentária são fatores que promovem aumento de LDL. Por outro lado, dieta à base de óleos vegetais insaturados, carnes brancas (peixe e frango) e exercícios físicos regulares (andar, por exemplo) são fatores estimulantes da produção de HDL.

Pense nisso

O ômega-3 vai salvar seu coração?

O ácido graxo ômega-3 se mostrou capaz de prevenir infartos e também pode ser um aliado na luta contra o câncer e o mal de Alzheimer. Já é comum vermos leite, ovos e margarinas trazerem o ômega-3 como um de seus componentes. Suas moléculas tiram de circulação os triglicérides, substâncias que estimulam a produção de coágulos que podem entupir as artérias. O ômega-3 também é uma barreira contra outras substâncias formadoras de coágulos. Os peixes são a melhor fonte de ômega-3, sugerindo-se consumi-los 3 vezes por semana. Deve-se evitar a fritura do peixe, pois isso pode levar à oxidação do ômega-3.

Pesquisadores observaram, durante um ano, o comportamento de 100 cardíacos. Durante esse tempo, metade deles comeu peixe todo dia. Os demais mantiveram seu cardápio normal. O resultado apontou que o consumo diário de peixes reduziu as placas de gordura existentes. Outros estudos mostram que o ômega-3 é fundamental para o funcionamento do cérebro e da retina.

O SISTEMA LINFÁTICO

O sistema linfático está ligado ao sistema cardiovascular e suas principais funções são:
- coletar e fazer retornar ao sangue a linfa retida nos tecidos;
- defender o organismo contra microrganismos;
- absorver lipídios resultantes da digestão de gorduras, que ocorre no duodeno.

O sistema linfático (veja a Figura 26-9) é composto de finos vasos, os **capilares linfáticos** (ou vasos linfocapilares). A **linfa** que banha os tecidos é absorvida por esses finíssimos vasos. Capilares linfáticos se reúnem formando vasos maiores, que terminam por formar um grande vaso linfático, o **ducto torácico**, que, por sua vez, desem-

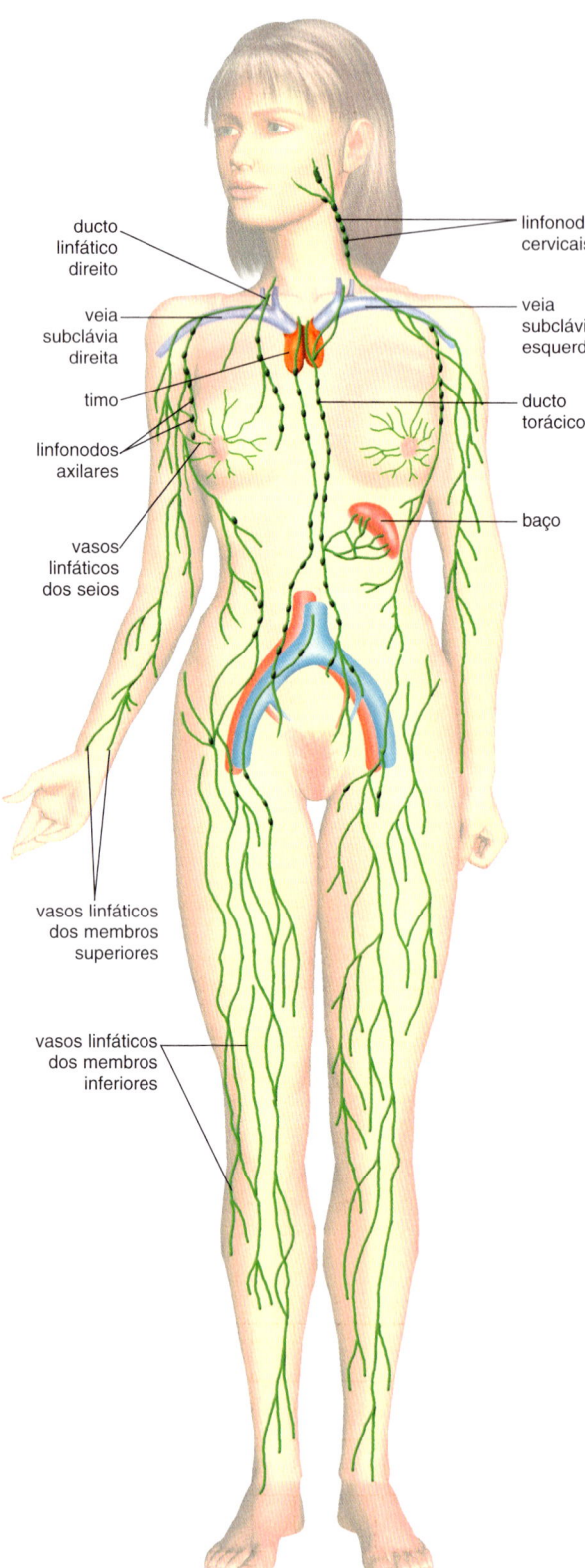

Figura 26-9. Sistema linfático humano.

boca em uma veia que se dirige ao coração. Qualquer obstrução ou lesão dos vasos linfáticos leva a inchaços (também conhecidos como *edemas linfáticos*).

Em muitos lugares do corpo, os vasos linfáticos penetram em **linfonodos** (também chamados de *nódulos* ou *gânglios linfáticos*), onde há grupamentos de linfócitos, estrategicamente situados no circuito linfático.

Os linfonodos, resumidamente, possuem duas importantes funções:

- filtrar a linfa que por eles passa lentamente e
- ser o local de amadurecimento de linfócitos, importantes células de defesa do corpo.

Fique por dentro!

Uma infecção viral ou bacteriana pode provocar aumento de volume de nódulos linfáticos, pois os linfócitos dos linfonodos começam a se multiplicar rapidamente. São as conhecidas *ínguas*.

Os linfonodos são inúmeros no pescoço, nas axilas, na região inguinal, no tórax e no abdômen. As *amígdalas* (ou tonsilas palatinas), por exemplo, são massas de tecido linfático e a *amigdalite* é o crescimento das amígdalas em virtude da reação à grande quantidade de bactérias ou vírus presentes.

Ética & Sociedade

Vinho: amigo ou inimigo da saúde?

Diversas pessoas defendem a ingestão de um copo de vinho por dia, alegando que "faz bem ao coração". Pois bem, os flavonoides e o resveratrol presentes nas uvas podem realmente ser benéficos ao nosso organismo. Os flavonoides são substâncias de ação antioxidante, que agem aumentando a quantidade de HDL ("colesterol bom"), diminuindo o risco de entupimento das artérias e baixando a pressão arterial. O resveratrol, por sua vez, tem demonstrado, em testes, propriedades anticancerígenas e anti-inflamatórias. Mas será que essas características justificam a ingestão do "copo de vinho"?

O vinho contém álcool que, além de causar diversos problemas para o nosso organismo, é apontado, muitas vezes, como responsável por acidentes de trânsito, problemas de relacionamento etc.

Publicações científicas mostram que pacientes com histórico de consumo crônico de álcool têm cérebro com dimensões reduzidas e funções comprometidas, além de alterações no diabetes e aumento de pressão arterial. Isso sem contar os novos estudos que indicam que "consumir uma dose de álcool por dia" aumenta o risco de alguns tipos de câncer em até 168%.

Então, será que não podemos usufruir dos benefícios dos flavonoides e do resveratrol? Podemos, sim! Estudos recentes indicam que o suco natural de uva pode ter os mesmos benefícios cardiovasculares do vinho tinto.

Em sua família, é habitual o consumo de vinho? Com qual justificativa?

Passo a passo

1. A respeito da passagem do sangue representada no esquema abaixo, assinale **E** para as alternativas erradas e **C** para as corretas.

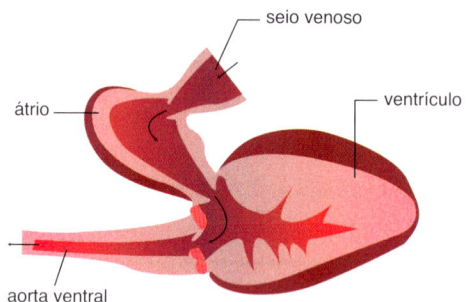

a) Ocorre presença de sangue arterial no seio venoso, átrio, ventrículo e aorta ventral.
b) A artéria aorta conduz sangue venoso para as brânquias.
c) O seio venoso recebe o sangue que circulou pelo corpo do peixe e por isso está rico em gás carbônico.
d) O átrio é responsável pelo bombeamento de sangue diretamente para as brânquias.
e) Ao se contrair, o músculo cardíaco da região do ventrículo provoca aumento de pressão no interior de sua câmara.

2. Cite o nome do líquido circulante incolor e colorido bombeado pelo coração.

3. Esquematize a circulação aberta de um inseto. Compare o seu desenho com a Figura 26-1(a) da página 554.

4. No sistema circulatório aberto existem capilares? Justifique sua resposta.

5. Cite o nome da estrutura presente na circulação fechada que substitui as lacunas da circulação aberta.

6. Observe o esquema de um coração de mamífero, no qual os nomes dos vasos sanguíneos são substituídos por letras. Identifique o nome de cada vaso.

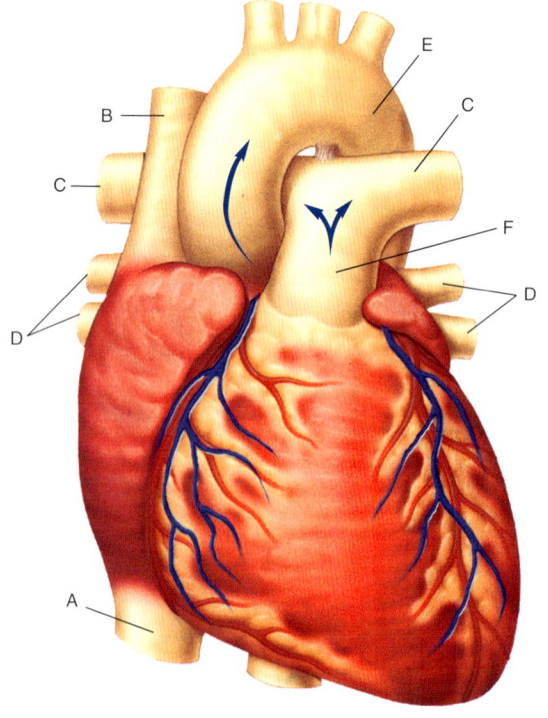

7. Defina sístole e diástole.

8. Cite o nome da estrutura localizada no coração responsável pelos impulsos que originam os batimentos cardíacos.

9. É correto dizer que a estrutura solicitada na pergunta 8 é responsável pelo ritmo da respiração? Justifique a resposta.

10. Qual o nome do vaso que troca substâncias com os tecidos?

11. Explique o motivo de a artéria ser rodeada por grande quantidade de musculatura lisa.

12. Cite os componentes da parte figurada do sangue.

13. É correto dizer que a única função do plasma é transportar nutrientes às células? Justifique sua resposta.

14. A respeito dos glóbulos vermelhos, responda as perguntas:
a) Onde são produzidos?
b) Quanto tempo dura um glóbulo vermelho no ser humano?
c) Cite o nome da molécula responsável pelo transporte dos gases da respiração.
d) O que acontece com o número de glóbulos vermelhos em região de grande altitude? Justifique a resposta.

15. Com relação ao transporte de oxigênio e de gás carbônico pelo sangue:
a) Cite uma evidência de que a ligação do oxigênio à hemoglobina é reversível.
b) É correto dizer que ocorre uma reação química entre as moléculas de oxigênio e a de hemoglobina?
c) Sob que forma ocorre o transporte da maior porcentagem de gás carbônico?
d) Qual a diferença entre os termos carboemoglobina e carboxiemoglobina?
e) Que tipo de prejuízo ao organismo é causado pela união estável do monóxido de carbono à hemoglobina?

16. Cite o nome dos glóbulos brancos que, ao abandonarem os capilares, fagocitam bactérias e daqueles que defendem o organismo produzindo anticorpos.

17. Qual a função da tromboplastina e da trombina no processo de coagulação do sangue?

18. Um fluido é forçado a sair dos capilares pela pressão sanguínea para banhar os tecidos. Ocorre que de 1 a 2% desse fluido não voltam para os capilares sanguíneos. Cite o nome da estrutura que recolhe esse fluido, encaminhando-o para o sistema circulatório, que o leva de volta ao coração.

19. Cite o nome do parasita que bloqueia os vasos linfáticos, impedindo o bombeamento de linfa, originando enormes edemas (elefantíase).

20. Quem é o responsável pelo depósito de colesterol que pode entupir os vasos sanguíneos, HDL ou LDL? Justifique sua resposta.

21. A sequência correta dos vasos sanguíneos percorridos pelo sangue no sistema circulatório humano é:
a) veias cavas, veias pulmonares, artéria pulmonar, artéria aorta.
b) veias cavas, artéria pulmonar, veias pulmonares, artéria aorta.
c) artéria aorta, artéria pulmonar, veias pulmonares, veias cavas.
d) artéria pulmonar, veias pulmonares, veias cavas, artéria aorta.
e) veias cavas, artéria aorta, artéria pulmonar, veias pulmonares.

22. Assinale as alternativas corretas e dê a soma ao final. Os artrópodes e os moluscos, representados pelos dois animais ilustrados a seguir, apresentam:

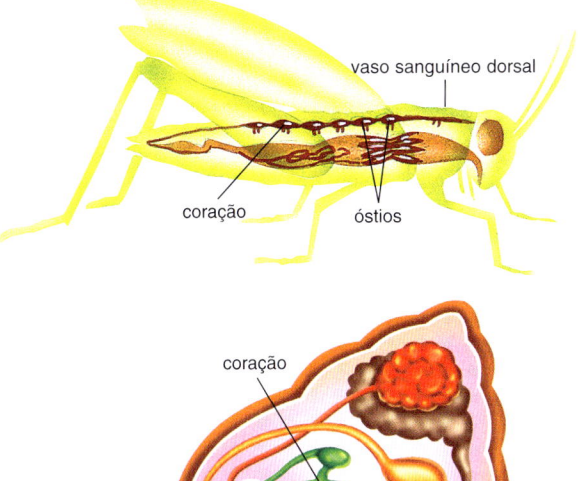

(01) circulação aberta.
(02) sangue com proteína responsável pelo transporte de oxigênio.
(04) trocas gasosas entre o sangue e os órgãos respiratórios.
(08) ausência de coração para impulsionar linfa ou sangue.
(16) menor pressão sanguínea do que a de um rato.

23. A sístole e a diástole, isto é, a contração e o relaxamento cardíaco, respectivamente, só são normais quando o miocárdio conduz os impulsos elétricos ordenadamente. Os estímulos são captados por feixes que se espalham pelos dois ventrículos, promovendo a contração simultânea e ordenada deles. Pergunta-se: é correto afirmar que os impulsos responsáveis pelo automatismo do coração (sístoles e diástoles) são gerados pelo sistema nervoso central? Justifique a resposta.

24. O coração dos mamíferos tem 4 cavidades, sendo dois ventrículos independentes um do outro e dois átrios também independentes um do outro. A comunicação entre o átrio e o ventrículo direito é feita pela válvula tricúspide, enquanto a comunicação entre o átrio e o ventrículo esquerdo é feita pela válvula bicúspide ou mitral. Explique a relação da abertura e do fechamento das válvulas com a sístole e a diástole.

25. O coração dos peixes é formado por quatro cavidades: um átrio, um ventrículo, o seio venoso, que se comunica com o átrio, e o cone arterial, que está em contato com o ventrículo. Apesar de os peixes possuírem quatro cavidades, qual a diferença entre a circulação deles e a dos mamíferos?

26. A função do sistema circulatório é manter um ambiente adequado para o funcionamento dos tecidos do corpo por meio do sangue. Esse ambiente consiste das células sanguíneas e do plasma.

Como as células do organismo trabalham continuamente, o sangue tem de ser reabastecido para os tecidos receberem as substâncias de que necessitam para manter o seu metabolismo.

a) Cite o nome das estruturas que abastecem o plasma com nutrientes (glicose, por exemplo), eletrólitos (Na^+, K^+, Ca^+ etc.), vitaminas, hormônios, fatores coagulantes (protrombina, por exemplo), anticorpos e albumina (responsável pela pressão osmótica do sangue).
b) Cite os nomes das estruturas que abastecem o sangue com glóbulos vermelhos, glóbulos brancos e plaquetas.
c) Como o plasma é abastecido pelo bicarbonato (HCO_3^-)?
d) Qual o nome dos órgãos que retiram as excretas CO_2 e ureia?

27. *Questão de interpretação de texto* (UNIRIO – RJ)

> Pesquisadores da Universidade de Cambridge, na Inglaterra, sugerem que o uso de *estatinas*, substâncias utilizadas no combate ao colesterol, podem retardar o envelhecimento das artérias.

As artérias dos pacientes que sofrem de doenças cardíacas (pressão alta, diabetes, colesterol alto) e têm hábitos desaconselhados (tabagismo, pouca ou nenhuma atividade física) envelhecem em uma progressão mais acelerada do que o resto do corpo.
As células das artérias mais "envelhecidas" não funcionam tão bem quanto as mais jovens. Por isso, são menos capazes de combater a ruptura dos depósitos de gordura, chamados de placas arterioscleróticas, o que pode bloquear as artérias e causar ataques cardíacos e derrames.
De acordo com o estudo, ao aumentar os níveis da proteína NBS-1, as estatinas aceleram a recuperação do DNA das células, aumentando o tempo de vida das artérias e prevenindo seu envelhecimento prematuro.

Disponível em: <http://www.bbc.co.uk>.

Em nível estrutural, os vasos sanguíneos aos quais o texto se refere diferenciam-se das veias porque

a) nas artérias o sangue circula mais lentamente por estar sob baixa pressão.
b) as artérias possuem paredes mais espessas e ricas em fibras elásticas.
c) em geral, as artérias são bem mais visíveis e superficiais que as veias.
d) nas artérias o fluxo do sangue é impulsionado pela contração da musculatura estriada.
e) as artérias só transportam sangue arterial, rico em oxigênio.

Circulação **567**

Questões objetivas

1. (PUC – MG) Assinale o animal cujo sistema circulatório NÃO tem a função de transporte de gases.
a) minhoca
b) barata
c) polvo
d) lagosta
e) rã

2. (UNESP) O esquema representa uma visão interna do coração de um mamífero.

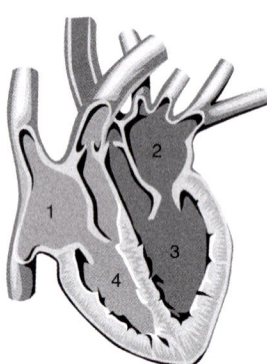

Considerando-se a concentração de gás oxigênio presente no sangue contido nas cavidades 1, 2, 3 e 4, pode-se dizer que
a) 2 = 3 < 1 = 4.
b) 2 = 3 > 1 = 4.
c) 2 = 1 > 3 = 4.
d) 2 > 3 = 1 > 4.
e) 2 < 3 = 1 < 4.

3. (UEL – PR) Analise a figura a seguir

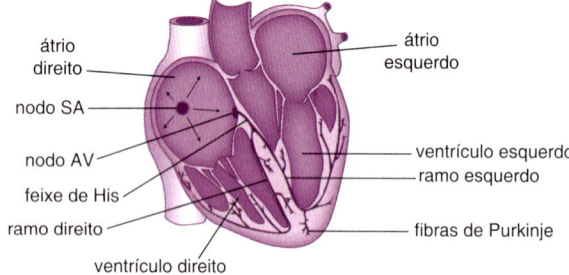

ASTRAND, P. O. et al. Tratado de Fisiologia do Trabalho: bases fisiológicas do exercício. 4. ed. Porto Alegre: Artmed, 2006, p. 126.

Com base na figura e nos conhecimentos sobre o tema, considere as afirmativas a seguir.

I – O ciclo cardíaco é uma sequência completa de sístoles e diástoles das câmaras do coração. O início do ciclo é marcado pela diástole dos átrios, que bombeiam sangue para o interior dos ventrículos, que estão em sístole.

II – A circulação é organizada de tal modo que o lado direito do coração bombeia sangue para os pulmões, fenômeno chamado de circulação pulmonar, e o lado esquerdo bombeia sangue para o resto do corpo, fenômeno chamado de circulação sistêmica.

III – O coração propriamente dito consiste em quatro câmaras: dois átrios e dois ventrículos. Os átrios estão separados dos ventrículos pelas valvas mitral e tricúspide, que impedem o refluxo do sangue para os átrios quando os ventrículos se contraem. O refluxo de sangue da artéria pulmonar e da aorta para os ventrículos é impedido pelas valvas pulmonar e aórtica.

IV – Os principais tipos de vasos sanguíneos são as artérias, as arteríolas, os capilares, as vênulas e as veias, os quais são constituídos por três camadas: a túnica íntima, a túnica média e a túnica adventícia. Esses vasos sanguíneos são inervados por fibras nervosas parassimpáticas.

Assinale a alternativa correta.
a) Somente as afirmativas I e IV são corretas.
b) Somente as afirmativas II e III são corretas.
c) Somente as afirmativas III e IV são corretas.
d) Somente as afirmativas I, II e III são corretas.
e) Somente as afirmativas I, II e IV são corretas.

4. (UFV – MG) Durante a realização de atividade física, é natural que ocorra um aumento da pressão arterial. Esse aumento fisiológico difere do quadro de hipertensão durante atividades cotidianas e até quando se está em repouso. Por ser um quadro patológico e de evolução silenciosa, merece atenção e correta interpretação.

Considerando uma pressão arterial de 120 mmHg por 80 mmHg, assinale a alternativa correta.

a) No momento da sístole ventricular, a força que o sangue exerce na parede do vaso para passar pela área (artéria) comprimida (obliterada), como resultado do enchimento da bolsa de ar inflável que envolve o braço, é de 120 mmHg, representado no manômetro.
b) No momento da sístole atrial, a força que o sangue exerce na parede do vaso para passar pela área (artéria) comprimida (obliterada), como resultado do enchimento da bolsa de ar inflável que envolve o braço, é superior a 120 mmHg.
c) A bolsa de ar inflável que comprime o braço, quando exerce uma pressão acima de 120 mmHg, já permite um fluxo de sangue durante a diástole.
d) A bolsa de ar inflável que comprime o braço, quando exerce uma pressão abaixo de 80 mmHg, não permite um fluxo de sangue durante a sístole atrial.

5. (FGV – SP) Em condições normais de saúde e repouso, o número de pulsações de um homem adulto é da ordem de 70 por minuto. Após um abundante almoço ou jantar, em que se ingerem carnes, conservas, pães e doces, o que se espera em relação ao número de pulsações por minutos é que

a) haja aumento desse número, devido à atividade cardíaca que se acelera em razão da diminuição da temperatura interna do corpo.
b) haja aumento desse número devido à maior necessidade de irrigação sanguínea dos tecidos do trato digestivo.
c) haja redução desse número, uma vez que a temperatura do corpo sofrerá pequena redução e, com isso, a atividade cardíaca diminui.
d) não haja qualquer alteração, uma vez que os alimentos ingeridos sofrerão digestão no estômago e intestino, sem qualquer interferência com a atividade cardíaca.
e) não haja qualquer alteração desse número, mas que haja aumento da pressão sanguínea em decorrência da quantidade de sal ingerida.

6. (F. CARLOS CHAGAS) O esquema da página seguinte resume o sistema circulatório em um mamífero. Assinale a alternativa da tabela que indica corretamente os vasos que transportam sangue arterial e os que transportam sangue venoso.

	Sangue Arterial	Sangue Venoso
a)	I e II	III e IV
b)	I e III	II e IV
c)	I e IV	II e III
d)	II e III	I e IV
e)	III e IV	I e II

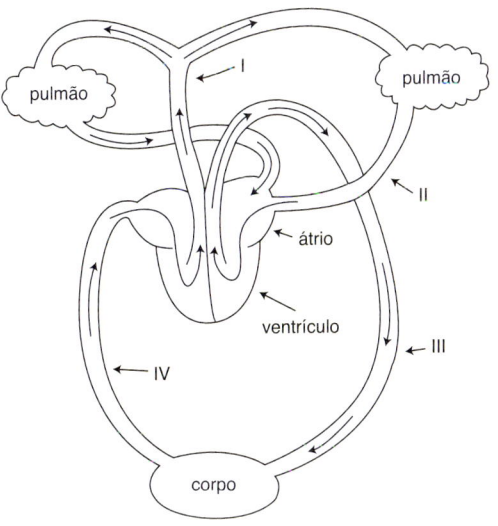

a) peixes, anfíbios, aves e mamíferos.
b) peixes, anfíbios e mamíferos.
c) peixes, répteis e aves.
d) anfíbios, répteis e mamíferos.
e) anfíbios, répteis e aves e mamíferos.

9. (UFSCar – SP) O sistema circulatório dos vertebrados mostra uma evolução ocorrida entre os grandes grupos. Na maioria das espécies de cada grupo, há um padrão na divisão das cavidades do coração. Isto pode ser confirmado na frase:

a) O coração dos peixes tem dois átrios e um ventrículo, ocorrendo a mistura do sangue venoso com o sangue arterial nos primeiros.
b) O coração dos anfíbios tem dois átrios e um ventrículo, ocorrendo a mistura de sangue venoso com o sangue arterial neste último.
c) O coração dos répteis tem dois átrios e um ventrículo, não ocorrendo mistura do sangue venoso com o sangue arterial.
d) O coração dos répteis é igual ao das aves, ocorrendo em ambos mistura do sangue venoso com sangue arterial.
e) O coração dos mamíferos apresenta dois átrios e dois ventrículos, parcialmente separados, ocorrendo mistura do sangue venoso com o sangue arterial em pequena escala.

7. (UFPR – adaptada) Considere a tabela abaixo, com informações sobre o sistema circulatório de vertebrados:

	Coração	Circulação
I –	dois átrios e dois ventrículos	dupla e completa, com aorta curvada para a direita
II –	um átrio e um ventrículo	simples e completa
III –	dois átrios e dois ventrículos	dupla e incompleta
IV –	dois átrios e dois ventrículos	dupla e completa, com aorta curvada para a esquerda
V –	dois átrios e um ventrículo trabeculado	dupla e incompleta

Assinale a alternativa com a sequência correta de animais a que corresponderiam as características indicadas de I a V.

a) I – bem-te-vi; II – truta; III – crocodilo; IV – homem; V – rã.
b) I – foca; II – sardinha; III – jacaré; IV – pato; V – sapo.
c) I – sabiá; II – salmão; III – rã; IV – boi; V – jabuti.
d) I – pardal; II – baleia; III – tartaruga; IV – onça; V – girino.
e) I – gato; II – atum; III – cascavel; IV – quero-quero; V – enguia.

8. (UFT – TO) O transporte de substâncias pelo corpo é de extrema importância para levar os nutrientes, gases e resíduos pelo organismo e varia de acordo com a complexidade de cada ser, seguindo uma escala evolutiva. No esquema abaixo as letras A, B e C representam padrões de coração vertebrado e correspondem respectivamente a:

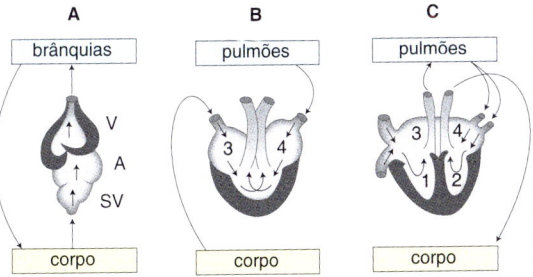

10. (FUVEST – SP) A figura abaixo representa, em corte longitudinal, o coração de um sapo.

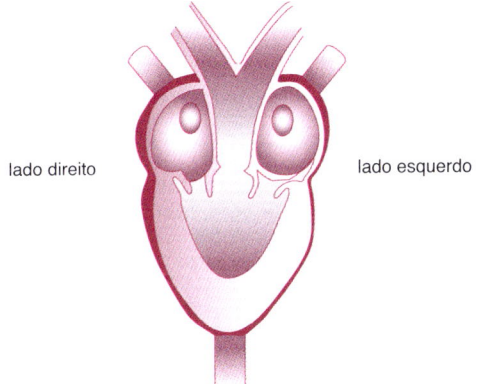

Comparando o coração de um sapo com o coração humano, pode-se afirmar que

a) não há diferenças significativas entre os dois quanto à estrutura das câmaras.
b) enquanto no sapo o sangue chega pelos átrios cardíacos, no coração humano o sangue chega pelos ventrículos.
c) ao contrário do que ocorre no sapo, no coração humano o sangue chega sempre pelo átrio direito.
d) ao contrário do que ocorre no sapo, nas câmaras do coração humano por onde passa sangue arterial não passa sangue venoso.
e) nos dois casos, o sangue venoso chega ao coração por dois vasos, um que se abre no átrio direito e o outro no átrio esquerdo.

11. (U. ANHEMBI MORUMBI – SP) O plasma sanguíneo apresenta na sua constituição substâncias diversas como: nutrientes, hormônios, gases, produtos de excreção, água e proteínas. Entre as proteínas, podemos citar as imunoglobulinas, o fibrinogênio e a albumina, que desempenham as respectivas funções:

a) defesa, coagulação e controle da pressão osmótica.
b) coagulação, controle da pressão osmótica e defesa.
c) controle da pressão osmótica, defesa e coagulação.
d) defesa, controle da pressão hidrostática e coagulação.
e) controle da pressão osmótica, controle da pressão hidrostática e coagulação.

12. (UNIR – RO) A respeito das funções desempenhadas pelo aparelho cardiovascular ou circulatório, marque V para as verdadeiras e F para as falsas.

( ) Levar a linfa para nutrir as células nos diferentes tecidos do organismo.
( ) Conduzir e distribuir continuamente o volume sanguíneo.
( ) Promover a troca de gases, nutrientes e substâncias com as células.
( ) Gerar e manter diferença de pressão interna ao longo do seu circuito.

Assinale a sequência correta.

a) F, F, F, V
b) V, V, F, F
c) V, F, V, F
d) F, V, V, F
e) F, V, V, V

13. (UNIR – RO) A hemoglobina é um pigmento vermelho dissolvido no plasma sanguíneo das minhocas. Sua função é o(a):

a) transporte de alimentos.
b) fagocitose.
c) transporte de gases.
d) digestão.
e) defesa.

14. (UNESP) Enquanto coletava plantas para a aula de botânica, Pedrinho acidentalmente perfurou o dedo com um espinho. Antes mesmo que providenciasse um curativo, percebeu que o sangue parara de escorrer pela pele perfurada. A formação do coágulo que estancou o sangue ocorreu porque

a) o fibrinogênio converteu-se em fibrina, por ação da enzima trombina.
b) a fibrina converteu-se em fibrinogênio, por ação da enzima tromboplastina.
c) a tromboplastina converteu-se em fibrina, por ação da enzima trombina.
d) a protrombina converteu-se em trombina, por ação da enzima fibrina.
e) a trombina converteu-se em fibrinogênio, por ação da enzima tromboplastina.

15. (UFAC) Os seres vivos necessitam de diversos tipos de sais minerais para o funcionamento eficaz das células. Na espécie humana, por exemplo, os íons de cálcio, dentre outras funções, participam da:

a) contração muscular e da formação do ácido clorídrico no estômago.
b) coagulação do sangue e da molécula dos ácidos nucleicos.
c) coagulação do sangue e da contração muscular.
d) composição do osso e da forma da hemoglobina.
e) forma da hemoglobina e da constituição dos hormônios da tireoide.

16. (FGV – SP) O gráfico ilustra a concentração de duas substâncias (I e II) no processo de coagulação sanguínea.

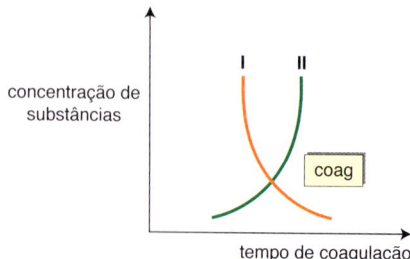

As substâncias I e II são, respectivamente,

a) fibrina e fibrinogênio.
b) protrombina e vitamina K.
c) protrombina e trombina.
d) trombina e cálcio.
e) protrombina e tromboplastina.

17. (MACKENZIE – SP) *Um grupo de substâncias conhecidas como polissacarídeos sulfatados está envolvido em diversos processos como adesão, proliferação e diferenciação celular. Além disso, apresenta propriedades farmacológicas, podendo agir como anticoagulantes, anti-inflamatórios e antitumorais. Essas substâncias vêm sendo pesquisadas em animais, como ouriços-do-mar, pepinos-do-mar e ascídias.*

Um dos mecanismos pesquisados está relacionado com o fato de que um espermatozoide de ouriço só fecunda um óvulo da mesma espécie. Em outro estudo, foi descoberto em ascídias uma substância semelhante à heparina, utilizada no tratamento de trombose.

Agência FAPESP, 10 set. 2010.

Assinale a alternativa correta.

a) Ouriços apresentam fecundação interna, exigindo um mecanismo de identificação dos gametas.
b) Mecanismos de identificação dos gametas têm como objetivo garantir a variabilidade genética.
c) A utilização de heparina no tratamento da trombose se deve ao fato de que essa substância impede a formação de fibrina.
d) Ouriços-do-mar, pepinos-do-mar e ascídias pertencem ao mesmo filo.
e) Os animais citados no texto são celomados e protostômios, como os demais invertebrados.

---

18. (PUCCAMP – SP) O esquema ao lado ilustra a difusão de gás carbônico para dentro e para fora dos capilares sanguíneos dos tecidos alimentados pela grande circulação e pela pequena circulação, respectivamente. De acordo com o esquema, as difusões podem deslocar o equilíbrio da reação de formação do ácido carbônico.

Com base no esquema, é **INCORRETO** afirmar que:

a) nos capilares de tecidos com altas taxas de oxidação de componentes orgânicos, deve ocorrer acidificação do sangue.
b) o aumento da frequência respiratória pulmonar decorrente de exercícios físicos é um mecanismo que favorece a acidificação sanguínea.
c) parte do CO_2 produzido na respiração celular pode ser liberada no intestino delgado.
d) de uma maneira geral, deve-se esperar que o sangue venoso seja mais ácido que o sangue arterial.

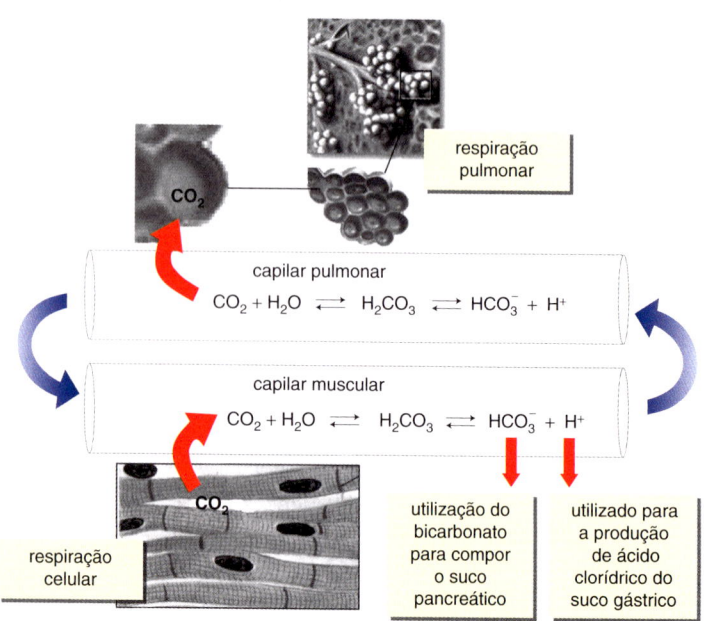

19. (UFOP – MG) Durante a respiração celular, será produzido gás carbônico, que se difunde para o líquido que banha os tecidos e é reabsorvido pelos capilares. A maior parte do gás carbônico penetra nos (1), onde reage com (2), formando (3), que se dissocia em (4) e (5).

Marque a alternativa que contém as palavras que completam corretamente a frase, substituindo os números entre parênteses.

a) leucócitos, água, íon bicarbonato, ácido carbônico, íon hidrogênio
b) eritrócitos, íon hidrogênio, ácido carbônico, água, íon bicarbonato
c) eritrócitos, água, ácido carbônico, íon hidrogênio, íon bicarbonato
d) leucócitos, íon hidrogênio, ácido carbônico, água, íon bicarbonato

20. (PUC – MG) Injeção de RNA diminui colesterol de animais

Bloqueio da síntese de proteína pode ser método alternativo para controlar substância no sangue

Uma nova estratégia para controlar o colesterol pode surgir de uma descoberta feita por um grupo internacional de pesquisadores. Eles mostraram que o bloqueio da síntese de uma única proteína é capaz de diminuir o colesterol sanguíneo de animais. O feito foi obtido com o uso da técnica conhecida como interferência de RNA (RNAi), cuja descoberta valeu a dois cientistas norte-americanos o Nobel de Medicina de 2006. Esse método permite "silenciar um gene" com a injeção de uma sequência de RNAi capaz de bloquear e eliminar um RNA mensageiro (RNAm) específico. No caso, a técnica foi usada para silenciar o gene responsável pela síntese da proteína que controla a quantidade de receptores de Lipoproteínas de Baixa Densidade (LDL). Esse bloqueio aumenta a quantidade de receptores de LDL nas membranas das células do fígado.

Adaptado de: Ciência Hoje online, 27 ago. 2008.

A esse respeito, é **INCORRETO** afirmar:

a) As partículas de lipoproteínas LDL transportam colesterol e outros lipídios na corrente sanguínea.
b) Os RNAi não impedem a transcrição, mas sim a tradução da mensagem genética.
c) Os animais normalmente produzem colesterol e sua ingestão pode contribuir para o aumento dos níveis sanguíneos desse lipídeo.
d) Excesso de receptores de LDL hepático aumenta os níveis de colesterol sanguíneo e o risco de enfarto do miocárdio.

21. (UNESP) Dados da Organização Mundial de Saúde indicam que crianças filhas de mães fumantes têm, ao nascer, peso médio inferior ao de crianças filhas de mães não fumantes. Sobre esse fato, um estudante fez as seguintes afirmações:

I – O cigarro provoca maior concentração de monóxido de carbono (CO) no sangue e provoca constrição dos vasos sanguíneos da fumante.
II – O CO se associa à hemoglobina formando a carboxiemoglobina, um composto quimicamente estável que favorece a ligação da hemoglobina ao oxigênio.
III – O oxigênio, ligado à hemoglobina, fica indisponível para as células e desse modo o sangue materno chega à placenta com taxas reduzidas de oxigênio.
IV – A constrição dos vasos sanguíneos maternos diminui o aporte de sangue à placenta, e desse modo reduz-se a quantidade de oxigênio e nutrientes que chegam ao feto.
V – Com menos oxigênio e menos nutrientes, o desenvolvimento do feto é mais lento, e a criança chegará ao final da gestação com peso abaixo do normal.

Sabendo-se que a afirmação I está correta, então podemos afirmar que

a) a afirmação II também está correta, mas esta não tem por consequência o contido na afirmação III.
b) as afirmações II e III também estão corretas, e ambas têm por consequência o contido na afirmação V.
c) a afirmação III também está correta, mas esta não tem por consequência o contido na afirmação V.
d) a afirmação IV também está correta e tem por consequência o contido na afirmação V.
e) as afirmações II, III e IV estão corretas e têm por consequência o contido na afirmação V.

Questões dissertativas

1. (FUVEST – SP) O esquema abaixo representa o coração de um mamífero.

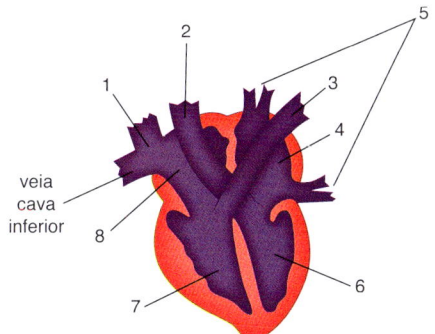

Indique, com os números correspondentes,

a) as câmaras do coração em que o sangue apresenta maior concentração de gás carbônico;
b) as câmaras do coração às quais chega sangue trazido por vasos;
c) o vaso que sai do coração com sangue venoso;
d) a câmara pela qual o sangue arterial sai do coração.

2. (UNICAMP – SP) Horas depois de uma pequena farpa de madeira ter espetado o dedo e se instalado debaixo da pele de uma pessoa, nota-se que o tecido ao redor desse corpo estranho fica intumescido, avermelhado e dolorido, em razão dos processos desencadeados pelos agentes que penetraram na pele juntamente com a farpa.

a) Indique quais células participam diretamente do combate a esses agentes externos. Explique o mecanismo utilizado por essas células para iniciar o processo de combate aos agentes externos.
b) Ao final do processo de combate forma-se muitas vezes uma substância espessa e amarelada conhecida como pus. Como essa substância é formada?

3. (UFRJ) O gráfico a seguir mostra a relação entre a disponibilidade de oxigênio na atmosfera e sua dissolução no sangue de indivíduos de duas populações. A curva A é típica de indivíduos aclimatados a grandes altitudes; já a curva B foi obtida em indivíduos que vivem ao nível do mar.

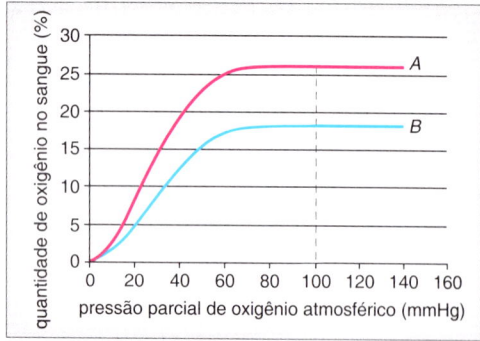

Observe que, por exemplo, sob uma pressão parcial de oxigênio de 100 mm Hg, a quantidade de O_2 no sangue é de cerca de 18% na curva B, ao passo que, na curva A, à mesma pressão, há aproximadamente 26% de oxigênio no sangue.

Explique por que as quantidades de oxigênio dissolvido no sangue dos indivíduos A e B são diferentes.

4. (UERJ) Existem diferentes tipos de hemoglobina, inclusive entre indivíduos da mesma espécie. Essas diferenças nas cadeias polipeptídicas interferem nas propriedades da ligação reversível da hemoglobina com o oxigênio. Tal ligação, por sua vez, depende da pressão parcial de oxigênio – PO_2.

Observe o gráfico abaixo, que indica as diferenças de afinidade entre a hemoglobina fetal e a materna.

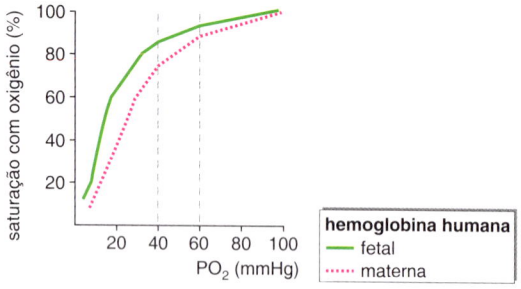

Para valores de PO_2 entre 40 e 60 mmHg, indique qual das duas moléculas de hemoglobina humana conseguirá captar mais O_2, apontando a vantagem da diferença de afinidade em relação a esse gás.

5. (PUC – RJ) O *stress* tem sido apontado como responsável por boa parte das doenças que afligem o homem moderno. Agora, entra na lista de mazelas mais um (e terrível) efeito colateral: o *stress* engorda. E não apenas porque o estressado costuma atirar-se avidamente sobre uma torta de chocolate. Num processo perverso, a vítima pode engordar mesmo com a boca fechada. O processo corre a sua revelia, porque a tensão contínua faz o organismo liberar, em maior quantidade, dois hormônios responsáveis pela obesidade – a adrenalina e a cortisona. Quanto mais tensão, maior o risco de engordar. Pior. Esse tipo de obesidade invariavelmente desencadeia doenças como diabetes, hipertensão arterial, infarto e derrame.

Revista *ISTOÉ*, 15 ago. 2010.

Considerando as doenças cardiovasculares destacadas na matéria jornalística:

a) Esquematize as circulações sistêmica e pulmonar nos seres humanos, indicando os principais componentes e os tipos de sangue em cada um deles.
b) Explique como ocorre o infarto do miocárdio.

6. (UNICAMP – SP) A alimentação rica em gordura, o sedentarismo e o consumo de cigarro são hábitos presentes na sociedade atual, sendo responsáveis, em parte, pela hipertensão arterial, que, por sua vez, favorece o acúmulo de placas de gordura na parede interna das artérias, causando a arterosclerose.

a) O que ocorre com o fluxo sanguíneo nas artérias em que há acúmulo de placas de gordura? Justifique.
b) Em situação normal, quando o sangue bombeado pelo coração passa pelas artérias, esses vasos sofrem alterações estruturais, que permitem sua adaptação ao aumento da pressão. Explique como as artérias se alteram para se adaptar a esse aumento da pressão arterial. Que componente da parede da artéria permite essa adaptação?

7. (FUVEST – SP) O esquema abaixo mostra um coração humano em corte. O gráfico mostra a variação da pressão sanguínea no ventrículo esquerdo durante um ciclo cardíaco, que dura cerca de 0,7 segundo.

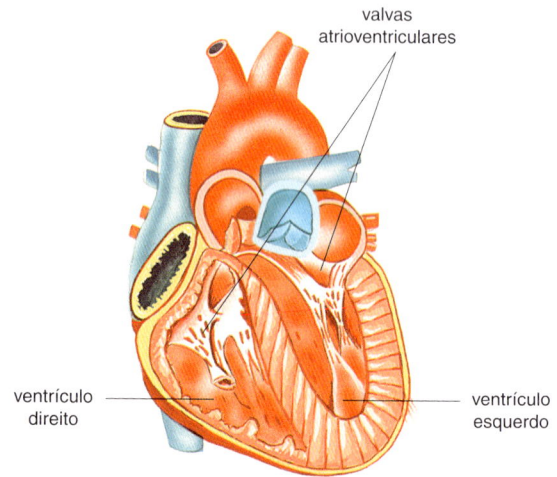

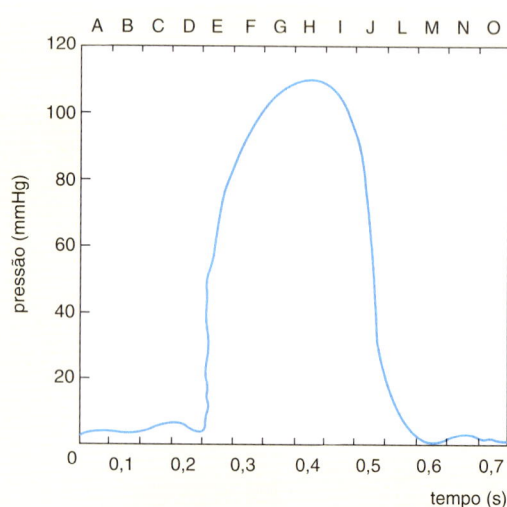

a) Em qual das etapas do ciclo cardíaco, indicadas pelas letras A a O, ocorre o fechamento das valvas atrioventriculares?
b) Os ventrículos direito e esquerdo possuem volume interno similar e ejetam o mesmo volume de sangue a cada contração. No entanto, a parede ventricular esquerda é cerca de 4 vezes mais espessa do que a direita. Como se explica essa diferença em função do trabalho realizado pelos ventrículos?

Programas de avaliação seriada

1. (PSS – UFAL) O tecido sanguíneo é caracterizado pela presença de diferentes tipos celulares. Sobre este assunto, assinale a alternativa que apresenta a correta correlação funcional das células abaixo.

a) Hemácia – transporte de hemoglobina.
b) Plaquetas – transporte de gás carbônico.
c) Macrófagos – coagulação sanguínea.
d) Linfócitos B – produção de anticorpos.
e) Neutrófilos – produção de histamina.

2. (PSS – UFAL) O corpo humano desenvolve uma série de processos simultaneamente que se articulam, na maioria das vezes, de forma equilibrada. Sobre este assunto, assinale a afirmativa correta:

a) as artérias pulmonares recebem sangue venoso dos órgãos e tecidos e as veias pulmonares bombeiam sangue para todo o corpo humano.
b) os pulmões são irrigados por vasos sanguíneos que captam oxigênio atmosférico através dos alvéolos e o transportam associado à hemoglobina presente nas hemácias para todos os tecidos.
c) o sistema nervoso periférico (SNP) controla os batimentos cardíacos e os movimentos respiratórios.
d) o exercício aumenta os batimentos cardíacos e movimentos respiratórios, consumindo energia e induzindo à fome. Esta condição estimula o pâncreas a produzir glucagon, que promoverá a quebra de triglicerídeos, disponibilizando mais energia ao organismo.
e) o alimento ingerido sofre digestão pela amilase salivar no intestino delgado e é conduzido ao intestino grosso por movimentos peristálticos controlados pelo sistema nervoso periférico.

3. (PSS – UFS – SE) Os animais desenvolveram uma série de características que possibilitaram sua sobrevivência em diversos tipos de ambientes. Julgue as afirmativas a seguir como verdadeiras (V) ou falsas (F).

(0) O urso polar possui uma camada de ar, entre os pelos de seu corpo, que funciona como isolante térmico.
(1) Todos os peixes, como atuns, tubarões e raias, possuem esqueleto ósseo interno.
(2) O amido é um carboidrato presente no pão, no macarrão, na batata e nas massas em geral. Sua digestão inicia-se na boca, com a ação da amilase salivar, e termina no pâncreas, com a ação da amilase pancreática.
(3) Todos os animais que apresentam sistema circulatório possuem hemoglobina como transportador de oxigênio das superfícies respiratórias para as células dos tecidos que compõem seu corpo.
(4) O sangue de um mamífero, que chega à veia cava inferior, vindo do fígado, contém grande quantidade de gás carbônico e pequena de ureia.

4. (PISM – UFJF – MG) A entrada de um microrganismo patogênico no nosso corpo pode causar as reações abaixo, **EXCETO**:

a) deslocamento de neutrófilos até o local infectado.
b) produção de anticorpos pelos plasmócitos.
c) fagocitose dos microrganismos invasores pelos macrófagos.
d) ativação de linfócitos T.
e) produção de antígenos pelas hemácias.

5. (PSIU – UFPI) O organismo dos mamíferos é suscetível à infecção por muitos agentes patogênicos, os quais devem, em primeiro lugar, fazer contato com o hospedeiro, para então estabelecer um foco de infecção, causando a doença. Tais microrganismos diferem muito em seus estilos de vida, nas estruturas de suas superfícies e nos métodos patogênicos, exigindo respostas diferentes do sistema imunológico. Sobre a imunidade, é correto afirmar:

a) A imunidade inata funciona como primeira linha de defesa pela habilidade de reconhecer certos patógenos e de permitir uma imunidade protetora específica.
b) A imunidade adaptativa está baseada na seleção clonal de um repertório de linfócitos portadores de diferentes receptores antígeno-específicos que permitam ao sistema imune reconhecer qualquer antígeno estranho.
c) A imunidade adquirida não é específica e não muda de intensidade com a exposição ao agente invasor, depende da produção de substâncias e da ação de células fagocitárias.
d) Os linfócitos B, que sofrem maturação no timo, diferenciam-se em células de memória, que reconhecem os antígenos na resposta imune primária.
e) Os linfócitos T, que sofrem maturação na própria medula óssea, diferenciam-se em plasmócitos, que podem produzir anticorpos, liberando-os no plasma sanguíneo para a imunidade humoral.

6. (PAS – UEM – PR) Indique as alternativas **corretas** e dê sua soma ao final.

(01) O cátion Ca^{2+} é importante para a contração muscular.
(02) O elemento ferro é um componente da hemoglobina e de enzimas respiratórias.
(04) O íon K^+ está relacionado com a transmissão do impulso nervoso e, em geral, apresenta boa reatividade com elementos pertencentes à família dos halogênios.
(08) Os elementos C, H, O e N faziam parte das substâncias da atmosfera primitiva.
(16) O elemento cloro pertence à família dos halogênios e não tem função no corpo humano.

7. (PAIES – UFU – MG) O gráfico a seguir representa a concentração de CO_2 no sangue em diferentes compartimentos do sistema circulatório humano.

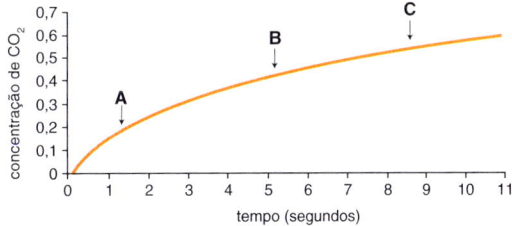

Com base nas informações gráficas, analise as seguintes afirmativas:

I – A concentração de CO_2 do sangue contido em capilares do fígado pode ser representada por A.
II – A concentração de CO_2 do sangue na aorta pode ser representada por B.
III – A concentração de CO_2 no sangue contido na veia cava inferior pode ser representada por C.

Assinale a alternativa correta.

a) I, II e III são verdadeiras.
b) Apenas I e II são verdadeiras.
c) Apenas II e III são verdadeiras.
d) Apenas I e III são verdadeiras.

8. (PSS – UFAL) Sabe-se que há uma relação direta entre a incidência de depósitos de placas gordurosas nas paredes das artérias e altas taxas de colesterol no sangue, onde ele se associa a lipídios e proteínas. Com relação a esse tema, é correto afirmar que:

(1) o colesterol é um constituinte das membranas celulares.
(2) os níveis plasmáticos de colesterol não dependem só de uma alimentação com maior ou menor ingestão de lipídios.
(3) as lipoproteínas de baixa densidade (LDL) têm um percentual de colesterol bem mais alto do que as de alta densidade (HDL).
(4) alta concentração de HDL no sangue e baixa concentração de LDL representam um maior risco de ateromas e enfartes.

Está(ão) correta(s):

a) 1, 2, 3 e 4.
b) 1, 2 e 4 apenas.
c) 3 e 4 apenas.
d) 1, 2 e 3 apenas.
e) 2 apenas.

Capítulo 27 — Respiração

Precisando relaxar? Então, respire!

Respirar parece um ato simples e automático de nossa vida. Quando respiramos, inalamos e exalamos o ar através da boca e do nariz para que as trocas gasosas que envolvem o oxigênio e o gás carbônico possam acontecer nos pulmões. Respiramos inúmeras vezes por dia e raramente nos damos conta desse ato. A respiração é realmente um ato automático, controlado por um centro nervoso localizado no bulbo cerebral.

Em algum momento de nossa vida, ficamos sob estresse, experimentamos tensão, ansiedade, pressão na escola ou no trabalho e falta de tempo. Por exemplo, diante de uma prova de vestibular temos de controlar nossa ansiedade a fim de respondermos às questões o mais adequadamente possível. Diante dessa situação, existe, sim, uma forma simples que nos ajuda a controlar nossa ansiedade. É só respirar!

Tomar consciência da nossa respiração e torná-la mais profunda pode ser uma forma simples e prática para nos ajudar a relaxar e acalmar quando necessário: em algum momento de ansiedade ou tensão, experimente inspirar e expirar mais profundamente, tomando consciência da entrada e da saída de ar do seu corpo, enchendo o peito e o abdômen enquanto inala o ar e, expirando vagarosamente, deixe-o sair lentamente. Com essa técnica simples você começa a relaxar e a aumentar a oxigenação do sangue pelas respirações mais profundas.

Os animais dependem de nutrientes orgânicos para seu metabolismo. Nas células, a oxidação desses nutrientes ocorre quase sempre em presença de oxigênio.

Excetuando alguns vermes parasitas intestinais, que independem de oxigênio para sobreviver, a maioria dos animais precisa obter do meio esse gás e conduzi-lo às células para utilização no metabolismo aeróbio.

A tomada de oxigênio e a remoção de gás carbônico, ou seja, as *trocas gasosas* efetuadas pelos animais, caracterizam o que se conhece por **respiração**.

AS TROCAS GASOSAS NOS ANIMAIS

Nos organismos de pequeno porte e/ou com atividade metabólica menor, que vivem em ambiente aquático, as trocas gasosas não constituem problema. Elas simplesmente ocorrem pela superfície do corpo, por simples difusão. É o que acontece com a única célula dos protozoários e com os invertebrados como esponjas, cnidários, platelmintos e nematódeos.

Nos animais de organização mais complexa, muitas vezes maiores em tamanho e mais ativos, a distância entre as células mais internas e o meio aumenta, o que constitui um fator limitante da difusão de gases pelo corpo. Nesse caso, diversas adaptações, representadas pelos **órgãos respiratórios**, como pele, traqueias, brânquias e pulmões, facilitam a ocorrência de trocas gasosas (veja a Figura 27-1). Neles, uma característica básica é mantida: as trocas gasosas continuam se realizando por simples difusão, através de superfícies finas, úmidas e permeáveis. Os gases precisam estar em solução na água para entrar ou sair das células, por isso a superfície de trocas gasosas deve estar sempre umedecida.

Nas esponjas, a troca gasosa ocorre diretamente entre o meio e as células; portanto, não há um sistema respiratório.

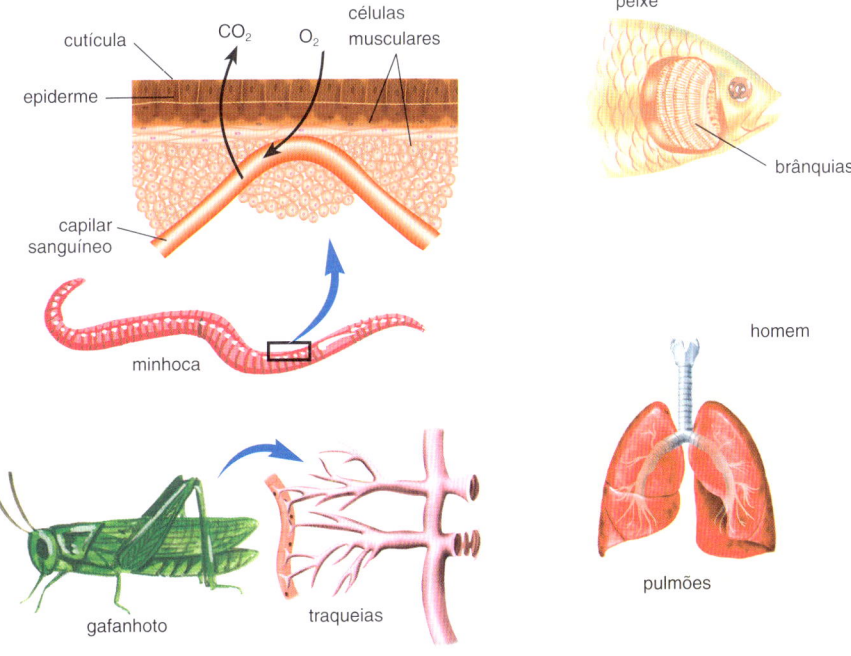

Figura 27-1. Nos animais pluricelulares mais complexos, existem órgãos responsáveis pelas trocas de gases respiratórios.

Respiração

> A interiorização dos pulmões e das traqueias é uma eficiente proteção contra a dessecação no meio aéreo, o que possibilitou aos animais portadores desses órgãos a independência do ambiente aquático.

Pele: Órgão de Respiração para Anelídeos e Anfíbios

A *pele* é um eficiente órgão de trocas gasosas nos anelídeos, como as minhocas, e nos anfíbios, como os sapos. É ricamente vascularizada e contém inúmeros capilares sanguíneos espalhados por ela, o que amplia consideravelmente a capacidade para a troca de gases.

Os animais que respiram pela pele precisam viver em ambientes dotados de muita umidade e manter a pele constantemente umedecida para facilitar as trocas gasosas.

As Brânquias dos Peixes Ósseos

As brânquias (popularmente conhecidas como *guelras*) dos peixes ósseos são projeções laterais da faringe, localizadas em uma **câmara branquial**. Para encontrá-las, é preciso levantar o **opérculo**, uma tampa óssea protetora situada lateralmente, próxima à cabeça. Cada brânquia é constituída por delicados filamentos branquiais que se originam dos chamados arcos branquiais. Por sua vez, esses filamentos contêm várias lamelas, ricamente vascularizadas (veja a Figura 27-2). Através dessa rede capilar, de paredes extremamente finas, dá-se a troca de gases do sangue.

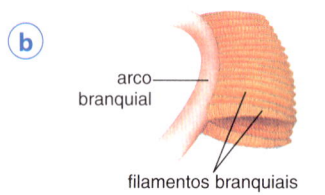

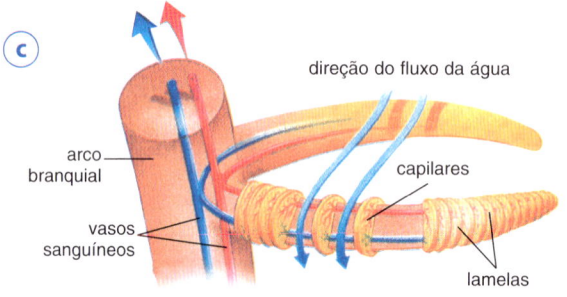

Figura 27-2. As brânquias dos peixes (a) são formadas por vários arcos aos quais se prendem filamentos branquiais (b). Esses filamentos têm sua superfície aumentada pelas inúmeras lamelas ricamente vascularizadas (c).

O fluxo de sangue em cada lamela segue em direção oposta à direção da água que a banha. Esse *fluxo em contracorrente* garante a perfeita oxigenação. Ao mesmo tempo, o gás carbônico é expulso para a água. Depois de passar pelas brânquias, o sangue ricamente oxigenado é conduzido diretamente para todo o corpo, sem passar pelo coração.

As Traqueias dos Insetos e o Transporte de Oxigênio

As traqueias dos insetos são finíssimos túbulos condutores. Originam-se de minúsculos orifícios, os espiráculos, localizados nas regiões laterais do tórax e abdômen, e terminam nas células (veja a Figura 27-3). As contrações da musculatura corporal funcionam como fole, bombeando e expulsando ar dos túbulos. Dessa forma, o ar entra com oxigênio e sai com gás carbônico. As traqueias estão diretamente em contato com os tecidos. Isso quer dizer que, nos insetos, o sistema respiratório funciona independentemente do sistema circulatório.

Fique por dentro!

O plasma sanguíneo, isto é, a parte líquida do sangue, não é bom meio transportador de oxigênio, que se dissolve em uma proporção de apenas 0,3 mL em 100 mL de plasma. Mas o sangue torna-se um excelente transportador desse gás quando apresenta substâncias transportadoras de oxigênio, os chamados **pigmentos respiratórios**, que podem estar contidos em células especiais, como as hemácias, presentes em todos os vertebrados, ou dissolvidos no plasma, como nos anelídeos.

Os pigmentos respiratórios são moléculas orgânicas que se ligam ao oxigênio reversivelmente. A hemoglobina, por exemplo, é capaz de transportar até 25 mL de O_2 por 100 mL de plasma, muito mais do que o oxigênio transportado dissolvido no plasma.

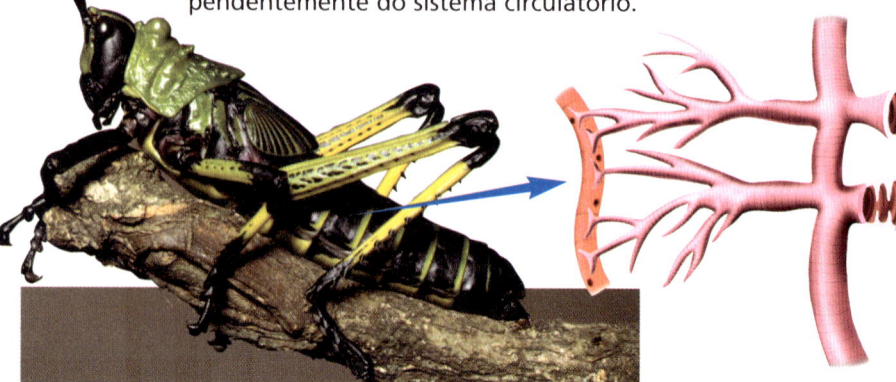

Figura 27-3. As traqueias dos insetos conduzem o ar diretamente às células, que são oxigenadas sem a participação do sangue.

O Sistema Respiratório Humano

As fossas nasais (ou cavidades nasais) e a boca são os locais de entrada do ar que se dirige ao nosso sistema respiratório. O ar que entra pelas fossas nasais é filtrado, umedecido e aquecido, antes de ir para a traqueia. Cílios que revestem o epitélio das fossas nasais retêm partículas de sujeira e microrganismos que existem no ar. As partículas aderem ao muco produzido pelas células epiteliais e, posteriormente, são expelidas das fossas nasais. Em seguida, o ar passa pela faringe, ingressa na **laringe** (local em que se encontram nossas cordas vocais – ou pregas vocais), atravessando a glote, que é a entrada da laringe. Logo acima dela há uma estrutura cartilaginosa, a epiglote, que fecha a passagem do alimento para a laringe, não havendo perigo de o alimento entrar nas vias respiratórias. A seguir, o ar penetra na **traqueia**, que se bifurca em dois brônquios principais (veja a Figura 27-4). Cada brônquio ramifica-se inúmeras vezes e origina **bronquíolos** progressivamente menos calibrosos, até se formarem os **bronquíolos terminais**. Estes, por sua vez, terminam em bolsinhas, de parede extremamente delgada, os **alvéolos pulmonares**.

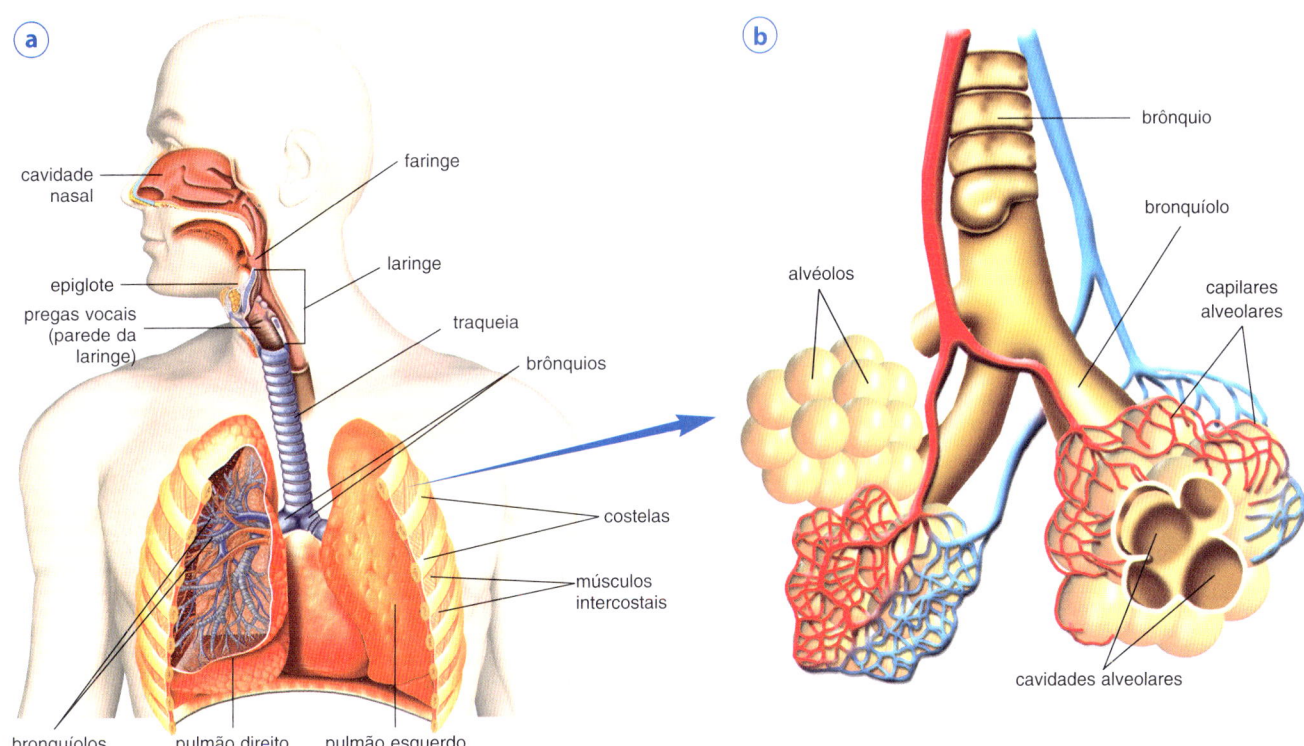

Figura 27-4. (a) A árvore respiratória humana e (b) detalhe dos alvéolos.

Trocas gasosas: acontecem nos alvéolos

As trocas gasosas se dão entre o ar alveolar e o sangue contido nos capilares. O sangue proveniente dos tecidos é rico em gás carbônico e pobre em oxigênio. O ar alveolar é rico em oxigênio e pobre em gás carbônico.

O gás carbônico se difunde do sangue para o ar alveolar, deixando livres as moléculas de hemoglobina existentes nas hemácias. Por sua vez, o oxigênio difunde-se do ar alveolar para o sangue, ocupando os lugares vagos existentes nas moléculas de hemoglobina (veja a Figura 27-5).

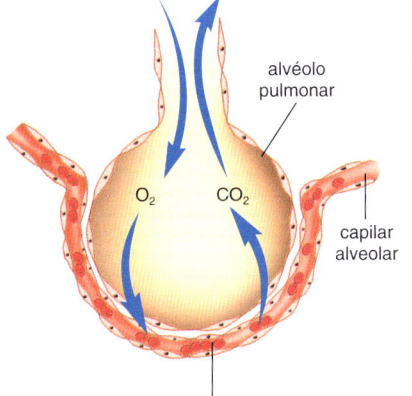

No ar inalado, a porcentagem de O_2 é de aproximadamente 21% e de apenas 0,03% de CO_2. Já no ar exalado, a porcentagem de CO_2 é muito superior (5,6%). Engana-se quem acredita que não há O_2 no gás exalado: há sim, em torno de 14%.

Figura 27-5. Trocas gasosas nos alvéolos. A *hematose*, ou seja, a oxigenação do sangue, ocorre ao mesmo tempo em que o CO_2 abandona o sangue e se encaminha para o alvéolo.

Respiração

Fique por dentro!

Pleurite

Externamente, cada pulmão é revestido por uma membrana, a *pleura*, formada por dois folhetos praticamente unidos. Em processos inflamatórios da pleura, causados por pneumonia, tuberculose, tumores etc., os dois folhetos podem se separar, levando, algumas vezes, ao acúmulo de sangue, líquido, pus ou ar entre eles, condição conhecida como *pleurite*. Os principais sintomas dessa doença são dor torácica intensa, dificuldade para respirar, febre e dor de cabeça.

Pense nisso

O fumo e o enfisema pulmonar

Além de ser importante causa de câncer pulmonar, o fumo exerce outros efeitos significativos no nosso sistema respiratório. Está provado que certas substâncias originadas da queima do cigarro inibem a movimentação dos cílios que revestem as células do epitélio traqueal. Essa inibição provoca acúmulo de muco e partículas danosas ao organismo, e é uma das causas do pigarro dos fumantes. Outra consequência mais séria é a ruptura dos alvéolos pulmonares, provocada pelo excesso de gás inalado com a fumaça do cigarro. A ruptura dos alvéolos diminui a eficiência das trocas gasosas ao reduzir a superfície disponível para o intercâmbio de gases, além de promover uma perda de elasticidade pulmonar. A caixa torácica acaba tendo um aumento permanente de volume pela criação de um espaço morto e sem função. Essa situação é típica da doença conhecida como *enfisema pulmonar*, que reduz bastante a capacidade de ventilação dos pulmões, levando, até mesmo, a comprometimento da função do coração.

Não se deve esquecer, ainda, que a fumaça inalada do cigarro envolve a presença de monóxido de carbono. Como se sabe, esse gás liga-se estavelmente à hemoglobina, prejudicando a oxigenação dos tecidos.

Saiba mais

A evolução dos pulmões

A evolução dos pulmões entre os vertebrados guarda relação com o aumento de complexidade do metabolismo desses animais (acompanhe pelas figuras ao lado):

a. nos anfíbios, os pulmões são simples "sacos" aéreos apresentando pequena superfície de trocas gasosas. Nesses animais, a relativa ineficiência dos pulmões quanto à superfície de trocas é compensada pela respiração efetuada pela pele umedecida;
b. nos répteis, a pele é impermeabilizada por grossas camadas de queratina. Os pulmões apresentam pregueamentos que ampliam a superfície de trocas gasosas, compensando a ausência da pele como órgão respirador;
c. nas aves, os pulmões, associados aos sacos aéreos pulmonares, garantem a eficiência das trocas gasosas, essencial para o fornecimento constante de altas taxas de oxigênio aos tecidos, além de facilitar o voo desses animais;
d. nos mamíferos, os pulmões alveolares correspondem a uma brilhante adaptação para aumento da superfície destinada às trocas gasosas. Os pulmões desses animais não são sacos ocos. No homem, existem cerca de 750 milhões de alvéolos, perfazendo uma área disponível de 80 m², o equivalente à de uma quadra de tênis.

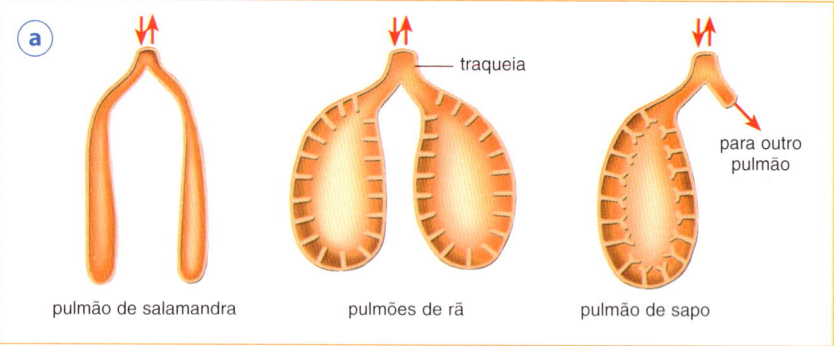
a) pulmão de salamandra — pulmões de rã — pulmão de sapo (traqueia)

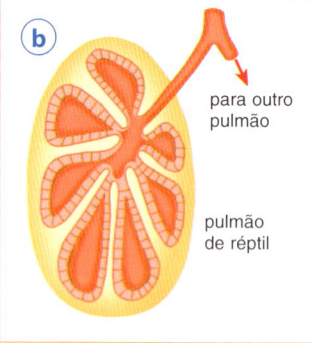
b) pulmão de réptil (para outro pulmão)

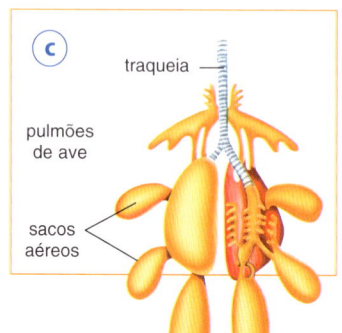
c) traqueia — pulmões de ave — sacos aéreos

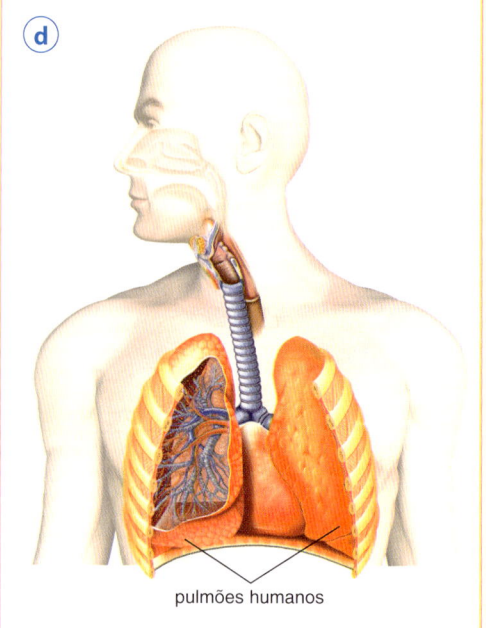
d) pulmões humanos

Ventilação pulmonar humana: a ação do diafragma

Na inspiração, ocorre a contração da musculatura respiratória. O diafragma se achata e desce. Os músculos intercostais dirigem as costelas para cima e para a frente. Como consequência, amplia-se a caixa torácica, aumentando o seu volume interno. A pressão interna da caixa torácica se reduz e fica menor que a pressão atmosférica. O ar, então, penetra nos pulmões, como se fosse sugado (veja a Figura 27-6).

Na expiração, os músculos respiratórios relaxam. O diafragma fica abaulado e sobe. Os intercostais fazem com que as costelas voltem à posição original. O volume da caixa torácica diminui e a pressão interna aumenta, forçando a saída do ar.

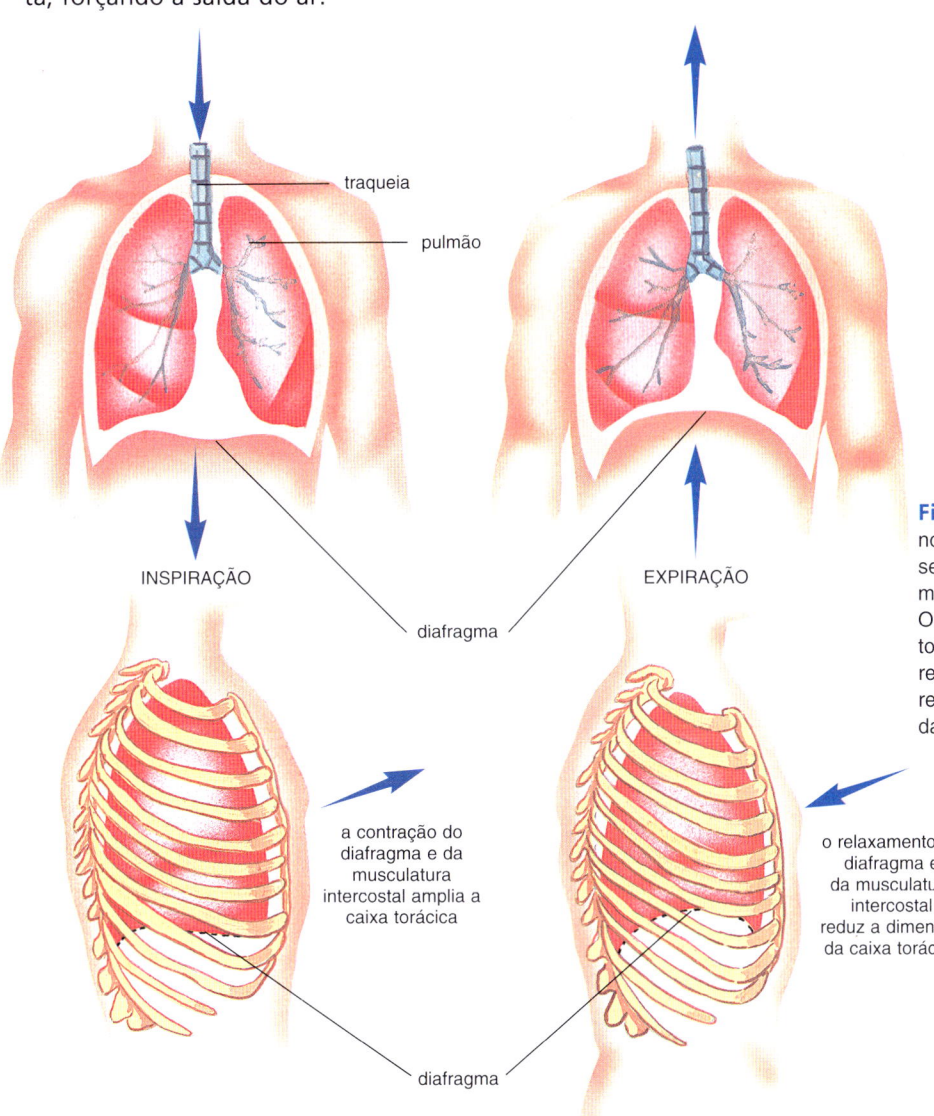

Figura 27-6. Movimentos respiratórios no homem. Na inspiração, o diafragma se contrai e desce. A contração dos músculos intercostais eleva as costelas. Ocorre aumento do volume da caixa torácica. Na expiração, o diafragma relaxa e sobe; a musculatura intercostal relaxa e as costelas abaixam. O volume da caixa torácica diminui.

Regulação: o bulbo como regulador da respiração

O que aconteceria a uma pessoa se ela tentasse segurar a respiração voluntariamente por algum tempo? Imediatamente, um comando localizado no bulbo – ou medula oblonga – (um órgão componente do nosso sistema nervoso central) enviaria mensagem aos músculos respiratórios, fazendo com que se contraíssem. Esse centro de comando, conhecido como **centro respiratório bulbar**, é altamente sensível ao aumento de CO_2 no sangue e à diminuição do pH sanguíneo decorrente do acúmulo desse gás.

Hipoxia: deficiência de O_2 no sangue, tecidos ou células.

Anoxia: hipoxia que resulta em dano permanente para o indivíduo.

Lembre-se de que o CO_2 em solução aquosa forma H_2CO_3, ácido carbônico, que se ioniza em H^+ e HCO_3^-. O aumento da acidez e o próprio CO_2 em solução física no plasma estimulam os neurônios do centro respiratório.

Consequentemente, impulsos nervosos seguem pelo nervo que inerva o diafragma e a musculatura intercostal, promovendo a sua contração e a realização involuntária dos movimentos respiratórios. De início, ocorre uma hiperventilação, ou seja, o ritmo dos movimentos respiratórios aumenta na tentativa de expulsar o excesso de gás carbônico. Lentamente, porém, a situação se normaliza e a respiração volta aos níveis habituais (veja a Figura 27-7).

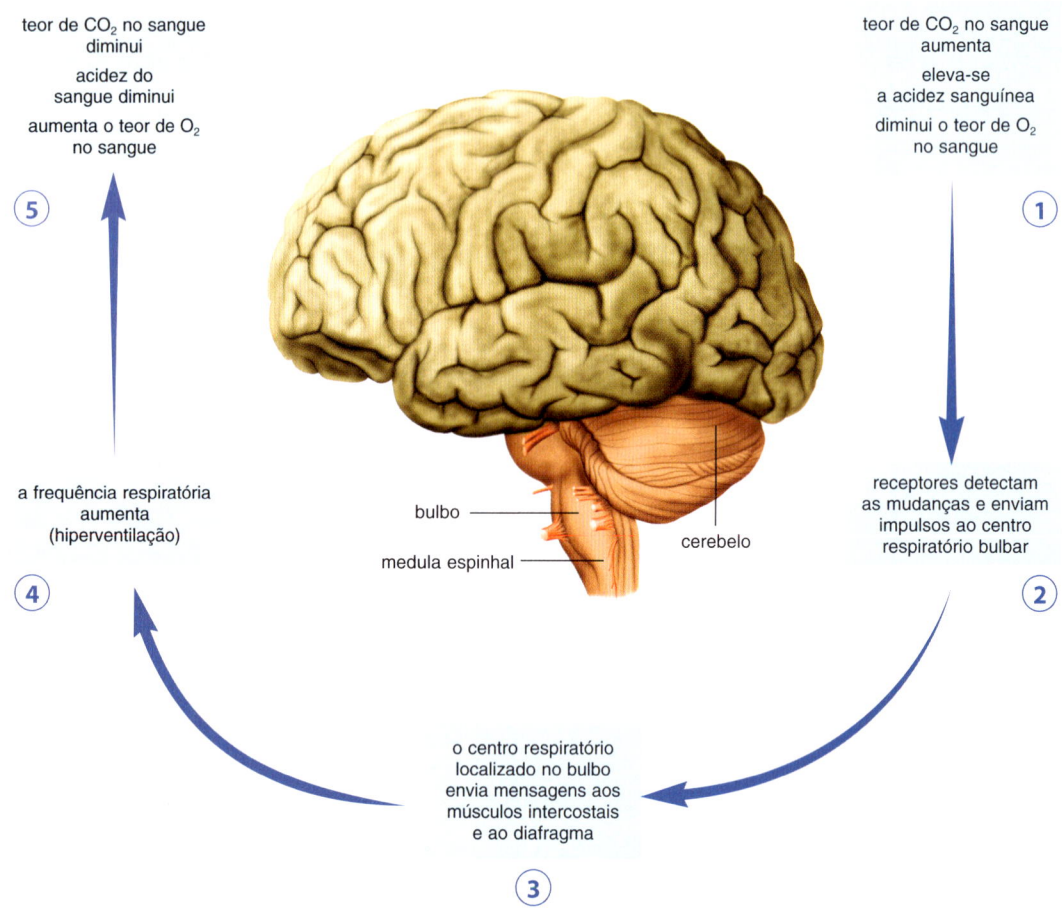

Figura 27-7. Regulação da respiração.

A ciência por trás do fato!

Prender a respiração acaba com os soluços?

O soluço nada mais é do que um descompasso entre os músculos intercostais (localizados no tórax, entre as costelas) e o diafragma (músculo que divide o tórax e o abdômen). A dilatação da caixa torácica estimula o nervo frênico; começa a expiração que é interrompida por novo estímulo para a contração muscular. Quer dizer, a expiração é interrompida bruscamente por nova inspiração. Este descompasso resulta em uma inspiração rápida e curta, não coincidente com o ciclo respiratório normal. O som característico que emitimos ao soluçar nada mais é do que uma vibração das cordas vocais ocasionada pelo fechamento repentino da glote.

O soluço pode estar ligado a alguns fatores desencadeantes como, por exemplo, distensão gástrica (aumento do volume do estômago) pela ingestão de bebidas com gás, deglutição de ar ou alimentação em grande volume, mudanças súbitas de temperatura de alimentos ingeridos ou mesmo da pele, ingestão de álcool e, acredite, gargalhadas.

Algumas das manobras que caíram no conhecimento popular realmente podem ajudar a acabar com os soluços, como, por exemplo, prender a respiração. Ao fazermos isso, forçamos o diafragma e os músculos intercostais a trabalharem juntos.

Ética & Sociedade

Vegetação, urbanismo e qualidade de vida

É indiscutível que a presença de áreas verdes (parques, praças e arborização pública) influencia a qualidade de vida da população de uma cidade, um ambiente já extremamente impactado pela ação humana.

Essas áreas representam núcleos em que a fauna encontra abrigo e consegue se desenvolver, equilibrando cadeias alimentares e diminuindo a ocorrência de pragas e de agentes vetores de doenças, e a qualidade do ar que respiramos é melhor. Mas, além de regiões biologicamente ricas, no aspecto social e psicológico esses espaços verdes garantem à população a possibilidade de lazer e de prática de atividade física em ambiente com maior umidade relativa e menos calor.

A ampliação e a manutenção desse tipo de espaço dependem, em muito, da participação da população que pode se manifestar por meio das organizações comunitárias, como associações de moradores. Existem comunidades desse tipo no local onde você vive? Que sugestões você apresentaria a essas organizações visando ampliar ou manter os espaços verdes da região em que vive?

Passo a passo

1. Qual o nome da molécula que armazena energia proveniente da oxidação da glicose?
2. Cite 5 exemplos de animais que conseguem oxigênio por simples difusão.
3. Como o oxigênio consegue entrar em organismos tão complexos como as minhocas, os insetos, os peixes, as aves e os mamíferos?
4. Esquematize o aparelho respiratório do homem, indicando com legendas os diferentes órgãos. Compare o seu esquema com o desenho da página 577 Figura (27-4).
5. Qual é o caminho das moléculas de O_2 do ar para uma célula do corpo humano?
6. É correto afirmar que nos insetos o sistema respiratório funciona independentemente do sistema circulatório? Justifique a resposta.
7. A respeito do aparelho respiratório humano, responda as perguntas abaixo:
    a) Onde ocorre a troca de gases?
    b) Por que é preferível inspirar pelas fossas nasais em vez de pela boca?
    c) Qual o papel do diafragma na ventilação pulmonar?
    d) Qual a mudança que ocorre no sangue quando o indivíduo segura a respiração voluntariamente?
    e) Cite o nome do órgão que é sensível a essa mudança.
8. Por que os pulmões dos sapos são ineficientes para a sua sobrevivência?
9. Existe uma relação entre a pele dos anfíbios e os seus pulmões? Justifique sua resposta.
10. Como se explica que as aves com pulmões pequenos quando comparados com os dos mamíferos conseguem uma quantidade de O_2 que contribui para a manutenção da homeotermia?
11. É possível associar o sistema respiratório das aves com o voo? Justifique a resposta.
12. O que é enfisema pulmonar?
13. A pressão atmosférica ao nível do mar eleva uma coluna de Hg a 760 mm de altura. Dos 760 mm, 155 mm resultam da pressão exercida pelo O_2 do ar (pressão parcial de O_2). A hemoglobina, molécula do glóbulo vermelho, combina-se com moléculas de O_2. Quanto maior a pressão do O_2, maior a facilidade da hemo-

globina captar O_2 e, inversamente, quanto menor a pressão, a hemoglobina dissocia-se com mais facilidade desse gás.

Analise com cuidado a curva do gráfico abaixo, que revela a relação entre a pressão do O_2 e a hemoglobina.

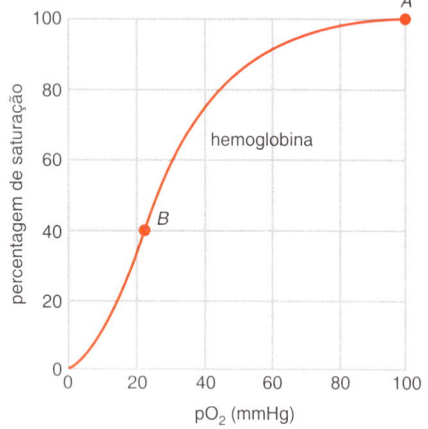

Pergunta-se:

a) O ponto A da curva pode ser associado aos capilares, vasos sanguíneos que alimentam os tecidos do corpo em geral? Justifique a resposta.

b) O ponto B do gráfico pode ser associado aos pulmões? Justifique a resposta.

c) O que acontece com a pressão do O_2 à medida que o sangue caminha dos pulmões até os tecidos? Qual a vantagem desse fato?

14. Na respiração humana, para que os eventos indicados respectivamente pelas letras **A** e **B** ocorram, é preciso:

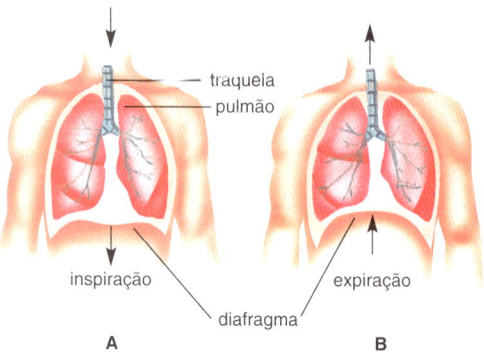

a) Contração do diafragma, relaxamento do diafragma.
b) Aumento da pressão interna nos pulmões, diminuição da pressão interna.
c) Relaxamento dos músculos intercostais, contração dos músculos intercostais.
d) Aumento do volume dos pulmões, diminuição do volume dos pulmões.
e) Contração do diafragma e relaxamento dos músculos intercostais, relaxamento do diafragma e contração dos músculos intercostais.

15. Qual das alternativas abaixo completa corretamente a frase: "__I__ ocorrem reações enzimáticas catalisadas pela __II__, que produzem __III__ e este se ioniza, ocorrendo formação de __IV__, que é transportado __V__".

a) I = nas hemácias; II = lisozima; III = gás carbônico; IV = hidroxilas; V = por hemácias.
b) I = no plasma e nas hemácias; II = anidrase carbônica; III = ácido carbônico; IV = bicarbonato; V = por hemácias.
c) I = plasma e nas hemácias; II = anidrase carbônica; III = ácido carbônico; IV = bicarbonato; V = pelo plasma.
d) I = apenas nas hemácias; II = anidrase carbônica; III = ácido carbônico; IV = bicarbonato; V = pelo plasma.
e) I = apenas no plasma; II = anidrase carbônica; III = ácido carbônico; IV = bicarbonato; V = por hemácias.

16. Na inspiração, os músculos intercostais e o diafragma se contraem, puxando a caixa torácica para cima e para fora, o que alarga a cavidade torácica, aumentando o seu volume. Disso resulta uma pressão negativa na cavidade. Explique o que significa pressão negativa na cavidade e qual a sua importância.

17. É possível deliberadamente aumentar o ritmo respiratório até certos limites; portanto, trata-se de um ato voluntário. Normalmente, porém, a respiração está sob controle involuntário. Explique por meio de um exemplo o significado da expressão controle involuntário da respiração.

18. Num animal, quanto maior seu volume, tanto menor, proporcionalmente, é a área da superfície exposta ao ambiente. Alguns animais respiram através da superfície externa, por simples difusão. É o caso do verme chamado *tubifex*, vendido frequentemente como comida de peixe. Quando esse verme é colocado em água pobre em O_2, como a de um aquário mal ventilado, por que ele se estica e pode atingir um comprimento dez vezes maior que o normal?

19. *Questão de interpretação de texto*

(UNESP) João, com o sobrenome de Limeira, agrediu e insultou a moça, irritado naturalmente com os seus desdéns. Martinha recolheu-se à casa. Nova agressão, à porta. Martinha, indignada, mas ainda prudente, disse ao importuno: "Não se aproxime, que eu lhe furo". João Limeira aproximou-se, ela deu-lhe uma punhalada, que o matou instantaneamente.

Machado de Assis.
O Punhal de Martinha, 1894.

Perfurações no tórax, provocadas por objetos pontiagudos como facas e punhais, ainda que não atinjam qualquer órgão vital, se permanecerem abertas podem matar o sujeito por asfixia. Explique por que isso pode ocorrer.

Questões objetivas

1. (UFOP – MG) Os vertebrados podem apresentar respiração:
a) apenas pulmonar.
b) cutânea, traqueal e pulmonar.
c) cutânea, branquial e pulmonar.
d) cutânea, traqueal, branquial e pulmonar.

2. (UFCG – PB) O processo de troca gasosa (aquisição de gás oxigênio e eliminação de gás carbônico), ou seja, a respiração, ocorre de várias maneiras entre os animais. São conhecidos 4 mecanismos básicos: respiração tegumentar ou cutânea, branquial, traqueal e pulmonar. De acordo com esses tipos de respiração, relacione-os aos respectivos organismos, podendo ocorrer mais de um mecanismo para o mesmo animal.

A) tegumentar ou cutânea (1) peixes
B) branquial (2) minhocas
C) traqueal (3) cão
D) pulmonar (4) mosca

Assinale a associação correta:
a) A-2; B-1; C-4; D-1; D-3.   d) A-2; B-1; C-2; C-3; D-4.
b) A-1; A-2; B-2; C-3; D-4.   e) A-3; B-4; C-4; D-2; D-1.
c) A-4; B-1; C-2; D-3; D-2.

3. (UCS – RS) A evolução deu origem a vários tipos de sistema respiratório. A maior parte deles atua em conjunto com os sistemas circulatórios, permitindo o contato do meio exterior com o meio interior de cada célula, com **EXCEÇÃO** do(s) sistema(s)
a) branquial.
b) branquial e tegumentar.
c) traqueal e cutâneo.
d) traqueal.
e) cutâneo.

4. (UCS – RS) Embora exista uma crescente propaganda informativa sobre os malefícios causados pelo hábito de fumar, muitas pessoas ainda não se deram conta de que esse hábito é o principal responsável pelo enfisema pulmonar, doença que compromete
a) as coronárias.
b) os alvéolos.
c) as pleuras.
d) os lobos.
e) os linfonodos.

5. (MACKENZIE – SP) Suponha que uma pessoa, que morava no litoral, se mude para uma cidade situada a 2.000 m de altitude. Depois de algum tempo de adaptação, seu organismo apresenta alterações fisiológicas. Dentre essas alterações, podemos, corretamente, citar
a) o aumento da quantidade de hemácias no sangue.
b) a diminuição da frequência respiratória.
c) a diminuição da pressão arterial.
d) a diminuição na taxa de filtração renal.
e) o aumento da permeabilidade dos capilares para facilitar absorção de oxigênio.

6. (UFV – MG) Observe o esquema apresentado abaixo, de parte do sistema respiratório humano, e assinale a alternativa INCORRETA.

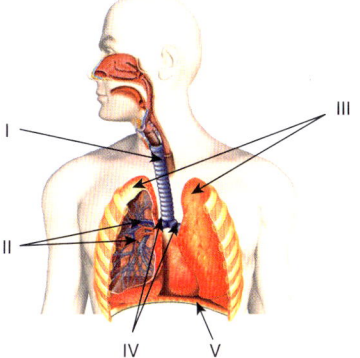

a) O ar chega aos pulmões pelo esôfago, indicado por I.
b) O diafragma, indicado por V, auxilia nos movimentos respiratórios.
c) Os pulmões e brônquios estão indicados por III e IV, respectivamente.
d) Embora não esteja indicada, a laringe se localiza acima da traqueia.
e) Os bronquíolos, indicados por II, conduzem ar aos alvéolos.

7. (UFSC – adaptada) O esquema abaixo apresenta um modelo simplificado de nosso sistema respiratório.

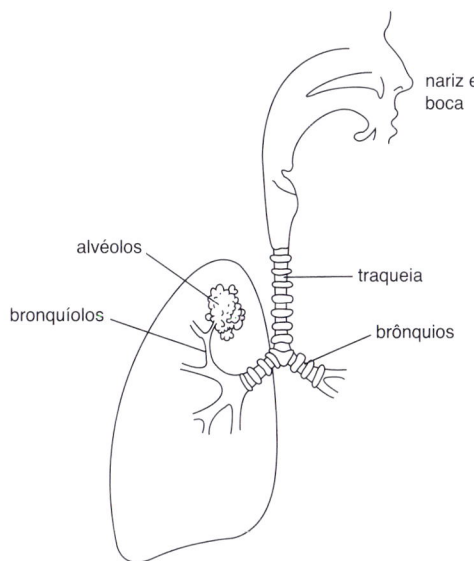

Assinale a(s) proposição(ões) **CORRETA(S)** sobre o sistema respiratório e suas relações com os demais sistemas orgânicos e dê a soma ao final.
(01) Separadas pelo palato ("céu da boca"), as fossas nasais e a boca servem de entrada para o ar inspirado.
(02) A traqueia é um tubo formado por anéis ósteo-cartilaginosos que lhe dão rigidez e boa sustentação.
(04) A hematose ocorre nos alvéolos, com a troca do oxigênio atmosférico pelo gás carbônico sanguíneo.
(08) Pessoas portadoras de fenda palatina produzem sons anasalados, pois, quando falam, o ar sai tanto pela boca como pelo nariz.
(16) O esquema apresenta apenas o pulmão direito, visto ser ele o principal, tendo o esquerdo função secundária.

8. (UFG – GO) PNEUMOTÓRAX

Febre, hemoptise, dispneia e suores noturnos.
A vida inteira que podia ter sido e que não foi.
Tosse, tosse, tosse.
Mandou chamar o médico:
– Diga trinta e três.
– Trinta e três.
– Trinta e três... trinta e três... trinta e três...
– Respire.
....
– O senhor tem uma escavação no pulmão esquerdo e o pulmão direito infiltrado.
– Então, doutor, não é possível tentar o pneumotórax?
– Não. A única coisa a fazer é tocar um tango argentino.

Respire. A respiração é uma função vital. A propósito da anatomia e fisiologia dessa característica dos seres vivos,

( ) o órgão respiratório dos anfíbios é separado do abdômen por uma estrutura muscular, o diafragma.
( ) a respiração das aves e dos répteis é do tipo pulmonar.

( ) a respiração aeróbia nos mamíferos ocorre no interior das mitocôndrias.

( ) a respiração nos vegetais ocorre em períodos alternados com a fotossíntese, ou seja, a primeira ocorre durante o dia, e a segunda, à noite.

9. (UERJ) Uma pessoa em repouso respira normalmente. Em determinado momento, porém, ela prende a respiração, ficando em apneia pelo maior tempo que consegue suportar, provocando, daí em diante, hiperventilação pulmonar. As curvas mostradas no gráfico abaixo representam alterações de pH do sangue num determinado período de tempo, a partir do início da apneia.

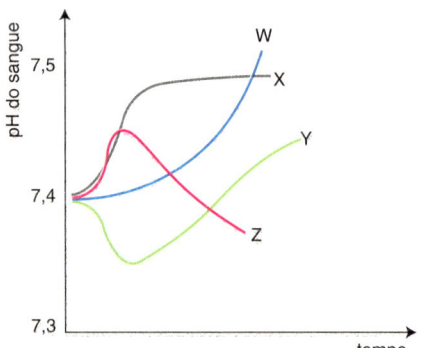

A única curva que representa as alterações do pH do sangue dessa pessoa, durante a situação descrita, é a identificada pela seguinte letra:

a) W.   b) X.   c) Y.   d) Z.

10. (PUC – RJ) Em junho de 2010, foi encontrado, em uma represa, o corpo de uma advogada desaparecida no mês anterior. Apesar de passado tanto tempo, o laudo do Instituto Médico Legal (IML) mostrou que a vítima, apesar de atingida por um tiro, teve o afogamento como causa de sua morte.

Disponível em: <http://noticias.r7.com/sao-paulo/noticias/laudo-da-causa-da-morte-de-mercia-nakashima-ajuda-defesa-de-ex-namorado-diz-advogado-20100721.html>.

Qual a evidência que os peritos devem ter encontrado para que pudessem afirmar o motivo da morte?

a) O sangue das artérias pulmonares da vítima estava coagulado.
b) Os alvéolos pulmonares da vítima estavam cheios de bolhas de ar.
c) Os fluidos corporais da vítima apresentavam traços químicos da água do lago.
d) O pulmão da vítima tinha água doce com características da água do lago.
e) O pH do sangue estava ácido em consequência do acúmulo de ácido carbônico.

11. (FGV – SP) Desde o dia 07 de agosto último, uma lei estadual proíbe o fumo em ambientes fechados coletivos no Estado de São Paulo. A medida é bem-vinda, pois se sabe que dentre os inúmeros problemas de saúde causados ou agravados pelo fumo, um deles é o fato de o monóxido de carbono (CO), presente na fumaça do cigarro,

a) causar irritação no epitélio das vias aéreas superiores, favorecendo infecções e dificultando o aporte de oxigênio aos pulmões.
b) provocar lesões nas paredes dos alvéolos, que se rompem e ampliam a superfície do tecido para trocas gasosas.
c) provocar lesões nas organelas das células das mucosas das vias aéreas e dos pulmões, que é a causa primária do câncer.
d) provocar rigidez dos brônquios e do diafragma, comprometendo a capacidade de inspiração e expiração.
e) estabelecer uma ligação química com a hemoglobina, resultando em hemácias com baixo potencial de oxigenação.

12. (PUC – MG) O pH do sangue pode ser afetado pela concentração de CO_2 de acordo com o esquema a seguir.

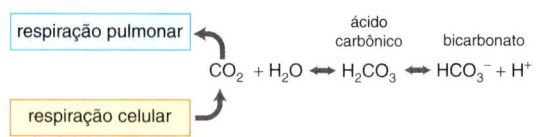

A afinidade da hemoglobina pelo oxigênio depende tanto da concentração relativa deste gás (PO_2) nos pulmões e nos tecidos quanto do pH do sangue, de acordo com o gráfico:

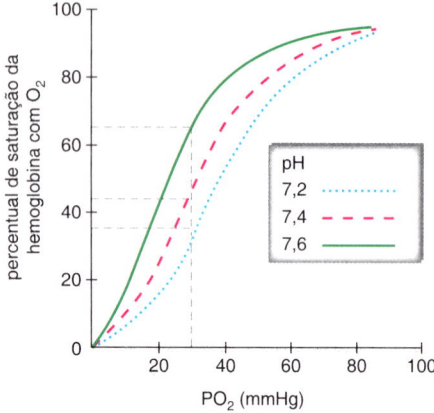

Analisando as informações acima de acordo com seus conhecimentos, é correto afirmar, **EXCETO**:

a) A eliminação de CO_2 nos pulmões tende a alcalinizar o sangue, aumentando a afinidade da hemoglobina pelo O_2.
b) O aumento da respiração pulmonar decorre do aumento das atividades físicas aeróbias e contribui para a manutenção do pH sanguíneo.
c) A alcalinização do sangue favorece a liberação de oxigênio nos tecidos.
d) A liberação de O_2 pelas hemácias pode ser influenciada pela redução da concentração de oxigênio (PO_2) nos tecidos.

13. (PUC – PR) A respiração é o fenômeno vital pelo qual os seres vivos extraem a energia química armazenada nos alimentos e a utilizam nos seus diversos processos metabólicos. No mecanismo respiratório, os animais podem efetuar as trocas gasosas com o ambiente, de várias maneiras. Assim, temos os exemplos de animais com o correspondente tipo de respiração:

(1) minhoca   ( ) respiração filotraqueal
(2) tubarão   ( ) respiração traqueal
(3) gafanhoto   ( ) respiração cutânea
(4) galinha   ( ) respiração branquial
(5) aranha   ( ) respiração pulmonar

Assinale a alternativa que apresenta a sequência correta:

a) 3 – 5 – 4 – 2 – 1   d) 5 – 3 – 1 – 2 – 4
b) 5 – 3 – 2 – 4 – 1   e) 1 – 2 – 3 – 4 – 5
c) 3 – 4 – 5 – 2 – 1

14. (MACKENZIE – SP) Aprender a nadar envolve, além de coordenação motora, o controle do ritmo respiratório. A respeito desse controle, considere as afirmações:

I – A alteração no ritmo respiratório é provocada principalmente pela diminuição da quantidade de oxigênio no sangue.
II – Receptores presentes na parede de vasos sanguíneos percebem alterações no pH sanguíneo e transmitem essas informações para o bulbo, que é o responsável pelo controle desse ritmo.
III – Esse controle é feito de forma voluntária pelo sistema nervoso central.

Assinale

a) se todas forem corretas.
b) se somente II for correta.
c) se somente II e III forem corretas.
d) se somente I e III forem corretas.
e) se somente III for correta.

Questões dissertativas

1. (UNIRIO – RJ)

Os atletas vão enfrentar um adversário inusitado nas Olimpíadas de Pequim: a poluição

A capital chinesa apresenta níveis de poluentes no ar superiores aos considerados seguros pela Organização Mundial da Saúde (OMS). A poluição, proveniente de indústrias, da queima do carvão e de grande número de veículos em circulação, pode causar problemas respiratórios e comprometer o desempenho dos competidores nas provas.

ComCiência, SBPC/LABJOR.

É sabido que a poluição mencionada no texto pode interferir numa série de processos fisiológicos ligados à respiração, dentre eles, a hematose. O que acontece nas hemácias e no plasma quando ocorre a hematose nos capilares dos alvéolos pulmonares, sob condições normais?

2. (UNICAMP – SP) A FIFA, entidade que dirige o futebol mundial, há alguns meses proibiu inicialmente jogos de futebol em altitudes acima de 2.500 m e, posteriormente, acima de 3.000 m. Essa medida foi tomada em função de tontura, cansaço, enjoo e dificuldades respiratórias sentidas pelos jogadores provindos de locais de baixas altitudes, o que provoca menor rendimento esportivo dos atletas.

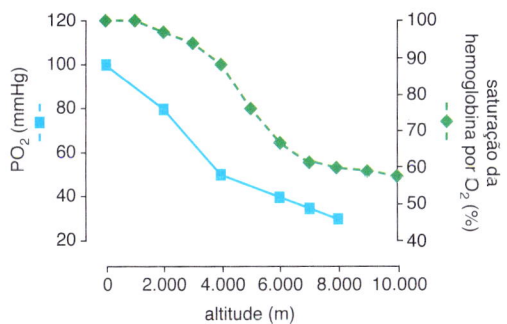

a) Observe o gráfico e explique o baixo rendimento dos jogadores de futebol em altitudes elevadas.
b) No período de aclimatação dos jogadores visitantes às altas altitudes, ocorre aumento da frequência respiratória. Que estímulo, recebido pelo centro respiratório do sistema nervoso central, acarreta tal fenômeno e como ele foi gerado?

3. (FUVEST – SP) De que maneira o gás oxigênio e os nutrientes resultantes da digestão dos alimentos chegam às diversas células do corpo de
a) uma planária?   b) um inseto?

4. (UFSCar – SP) O desenho representa um corte longitudinal de uma célula secretora de mucopolissacarídeos da parede interna de nossa traqueia.

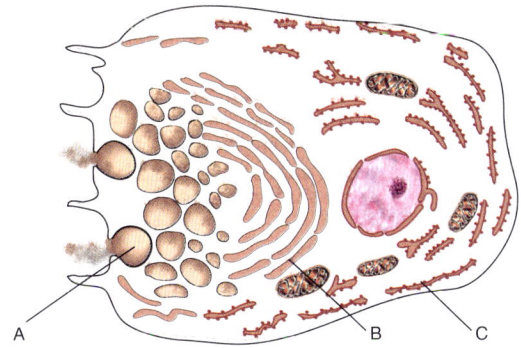

a) De que maneira o muco produzido por esse tipo celular protege nosso aparelho respiratório?
b) Que estruturas celulares estão indicadas pelas linhas A, B e C, respectivamente? Quais são as funções das estruturas B e C?

5. (UFRJ) O Ministério da Saúde adverte: FUMAR PODE CAUSAR CÂNCER DE PULMÃO, BRONQUITE CRÔNICA E ENFISEMA PULMONAR.

Os maços de cigarros fabricados no Brasil exibem advertências como essa. O enfisema é uma condição pulmonar caracterizada pelo aumento permanente e anormal dos espaços aéreos distais do bronquíolo terminal, causando a dilatação dos alvéolos, a destruição da parede entre eles e formando grandes bolsas, como mostram os esquemas a seguir:

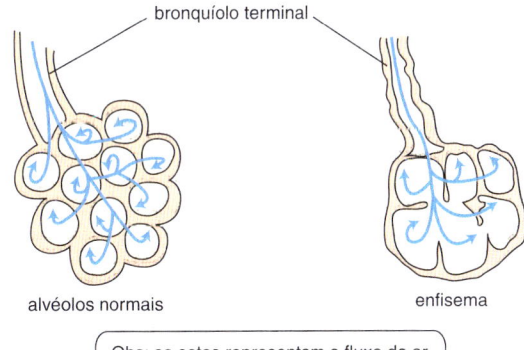

Obs: as setas representam o fluxo de ar.

Explique por que as pessoas portadoras de enfisema pulmonar têm sua eficiência respiratória muito diminuída.

Programas de avaliação seriada

1. (PEIES – UFSM – RS) O vírus da gripe H1N1 se liga às células que revestem o aparelho respiratório e as agride. Causa inflamação do sistema respiratório e pode acometer pulmões, ocorrendo pneumonia viral (Revista *Viva Saúde*, 2009).

Cada pulmão humano é constituído por cerca de 150 milhões de minúsculas bolsas de paredes finas, formadas por células achatadas. Essas bolsinhas são denominadas

a) pleuras.
b) bronquíolos.
c) capilares.
d) traqueídeos.
e) alvéolos.

2. (PSS – UFPB) Uma pessoa acometida pela gripe suína teve o quadro clínico agravado por uma pneumonia viral que levou à inflamação pulmonar, com acúmulo de líquido e decorrente obstrução nas unidades funcionais dos pulmões. Nessas circunstâncias, é correto afirmar que ficou prejudicado o acesso do oxigênio à(aos)

a) laringe e à faringe.
b) traqueia e aos alvéolos.
c) faringe e aos bronquíolos.
d) bronquíolos e aos alvéolos.
e) brônquios e à traqueia.

3. (SSA – UPE) Assinale, na coluna I, as afirmativas verdadeiras e, na coluna II, as falsas. Por que é perigoso deixar o motor de veículos ligado em ambiente fechado?

I	II	
0	0	A afinidade da hemoglobina com o oxigênio varia com a concentração desse gás, ou seja, quando a concentração de O_2 é alta, a hemoglobina se une fortemente a ele e, quando a concentração do O_2 diminui, a afinidade da hemoglobina ao oxigênio também diminui, e ele é liberado.
1	1	O controle do ritmo involuntário da respiração é exercido, principalmente, pela medula oblonga (bulbo). O aumento da concentração de CO_2 no sangue provoca a redução de pH, o que estimula os centros respiratórios do bulbo, que, por sua vez, determinam o aumento na frequência respiratória.
2	2	A concentração de O_2 é percebida pelas células quimiorreceptoras da aorta e das carótidas. Quando ocorre a diminuição da concentração de O_2, essas células enviam estímulo ao bulbo, que determina o aumento do ritmo respiratório.
3	3	O monóxido de carbono (CO) lançado pelos escapamentos dos automóveis tem pouca afinidade com a hemoglobina, formando um composto instável, a carboxiemoglobina (HbCO), que impede o transporte de oxigênio para as células.
4	4	Quanto maior a pressão do oxigênio, maior a percentagem de moléculas de hemoglobina combinadas a esse gás, ou seja, maior a saturação da hemoglobina. Nos tecidos onde a pressão de oxigênio é baixa, a hemoglobina libera a maior parte do oxigênio que a ela estava ligado.

Capítulo 28
Excreção e homeostase

Bactérias na urina?

A urina é um dos produtos de excreção e é composta principalmente de água e outras substâncias, como ureia e ácido úrico, por exemplo. O que pouca gente sabe é que, apesar de ser um produto de metabolismo, ela é uma solução estéril, isto é, sem a presença de microrganismos, como bactérias.

Mas, em algumas situações, microrganismos podem estar presentes na urina, quando se instala um quadro de infecção bacteriana urinária. Por causa das particularidades do sistema urinário feminino, como a uretra mais curta, essa infecção é três vezes mais comum em mulheres do que em homens.

Entre os sintomas mais comuns da infecção urinária baixa, que atinge somente a bexiga, não afetando os rins, estão o incômodo (ou ardência e dor) ao urinar, o aumento da frequência urinária, a urgência na hora de urinar (quando não se consegue segurar a urina) e, em alguns casos, a presença de sangue na urina e até febre.

Para confirmar o diagnóstico, é necessário um exame de urina para detectar a presença de bactérias. Além disso, um antibiograma poderá determinar a qual antibiótico as bactérias são sensíveis, possibilitando que se escolha o medicamento correto para o tratamento.

A estrutura e o funcionamento dos órgãos relacionados com a excreção e a manutenção do equilíbrio interno serão o tema deste nosso capítulo.

Excreção é o mecanismo pelo qual as estruturas ou órgãos excretores removem excretas, verdadeiros "lixos" celulares do organismo, como amônia (NH_3), ureia, CO_2, sais e H_2O. Dessa forma, o organismo manterá o equilíbrio do meio interno, isto é, a **homeostase**.

MECANISMOS EXCRETORES EM ANIMAIS

> Os **vacúolos pulsáteis** dos protozoários de água doce, bem como os **protonefrídios** dos platelmintos, estão envolvidos na eliminação de certa quantidade de sais e amônia, embora sejam considerados primariamente estruturas de regulação osmótica.

Nos animais pouco complexos que vivem em meio aquático, de modo geral a eliminação do lixo celular resultante do metabolismo dá-se por **simples difusão** pela superfície corporal. Assim, nas esponjas e nos cnidários, os sais, a amônia e o CO_2 são excretados pela parede do corpo.

Nos platelmintos, como a planária, os **protonefrídios** são formados por células flageladas (células-flama) ligadas a túbulos e poros excretores que se distribuem longitudinalmente em ambos os lados do corpo.

Nos anelídeos, os **nefrídios segmentares** – complexas estruturas associadas a capilares sanguíneos – encarregam-se da expulsão dos resíduos nitrogenados. Nos artrópodes, várias estruturas estão relacionadas à excreção nitrogenada. Dentre elas, podemos citar as **glândulas verdes** dos crustáceos, as **glândulas coxais** dos aracnídeos e os **túbulos de Malpighi**, encontrados tanto em aracnídeos como em insetos.

Nos vertebrados, os principais órgãos excretores são os **rins**. Ao receber sangue contendo diferentes tipos de substâncias, úteis ou não, os rins efetuam um processo de filtragem, selecionando o que será eliminado e devolvendo ao sangue o que poderá ser reutilizado.

Os Compostos Nitrogenados

A metabolização de aminoácidos e proteínas nas células resulta na formação de moléculas de amônia como resíduo nitrogenado. A amônia é uma molécula muito solúvel em água e extremamente tóxica.

Muitos animais, principalmente os que vivem no meio aquático, excretam amônia diretamente na água. É o que ocorre com invertebrados aquáticos, peixes ósseos e girinos.

A invasão do meio terrestre e a pequena disponibilidade de água, porém, passaram a depender de adaptações que envolvem a produção de resíduos nitrogenados menos tóxicos e que possam ser eliminados sem muita perda de água. Uma dessas adaptações é a síntese de ureia a partir de amônia. Embora também muito solúvel em água, ela pode ser retida por mais tempo no organismo e ser eliminada com menor dispêndio de água. Anfíbios adultos e mamíferos recorrem a esse mecanismo para remover excretas nitrogenadas geradas no metabolismo.

Animais que vivem em regime de intensa economia de água recorrem a outra via de excreção: a amônia e outros resíduos nitrogenados são convertidos em sais derivados do ácido úrico, eliminados praticamente cristalizados, sem serem veiculados pela água e, em geral, misturados às fezes. É o tipo de excreção nitrogenada eliminada por insetos, caracóis e lesmas terrestres, répteis e aves.

Saiba mais

Ninguém come amônia, ureia ou ácido úrico...

A principal função dos carboidratos, como, por exemplo, a glicose, é ser fonte para a produção de ATP pelas células.

Os ácidos graxos, originados a partir da digestão de gorduras, e alguns aminoácidos também são utilizados pelas células para a obtenção de ATP (com exceção dos neurônios cerebrais). Para isso, os aminoácidos sofrem inicialmente **desaminação**, isto é, perdem o radical amina. O restante da molécula pode ser "quebrado" pelo processo da respiração celular em CO_2 e H_2O com liberação de grande quantidade de ATP. A desaminação do aminoácido ocorre no fígado, e o radical amina é convertido em *amônia*, substância tóxica que rapidamente no próprio fígado é convertida em **ureia**, substância relativamente pouco tóxica que, via sangue, chega aos rins para depois ser eliminada pela urina. Alguns animais transformam a amônia em *ácido úrico*, substância menos tóxica e que pode ser eliminada com um mínimo de desperdício d'água.

A Excreção nos Seres Humanos*

O principal produto de excreção nitrogenado nos seres humanos é a ureia. Ela é sintetizada no fígado, a partir de amônia, em uma série de reações químicas conhecidas como *ciclo da ureia*.

As excretas produzidas em nosso metabolismo são eliminadas por diversos órgãos, entre eles a pele, os pulmões e principalmente os rins (veja a Figura 28-1). Pigmentos biliares, produzidos no fígado, são eliminados juntamente com as fezes, dando a elas a coloração marrom característica.

Os rins

Localizados abaixo do diafragma, próximo à parede posterior do abdômen, os rins possuem o tamanho de um punho fechado e seu formato assemelha-se ao de um grão de feijão. Cada um deles, quando aberto longitudinalmente, apresenta uma região periférica, o **córtex renal**, e outra mais interna, a **medula renal** (veja a Figura 28-2).

No córtex renal estão as unidades funcionais dos rins, os néfrons. Cada néfron é um tubo longo e enovelado, com uma porção inicial semelhante a uma taça, a **cápsula de Bowman**.

Em cada rim há mais de um milhão de néfrons.

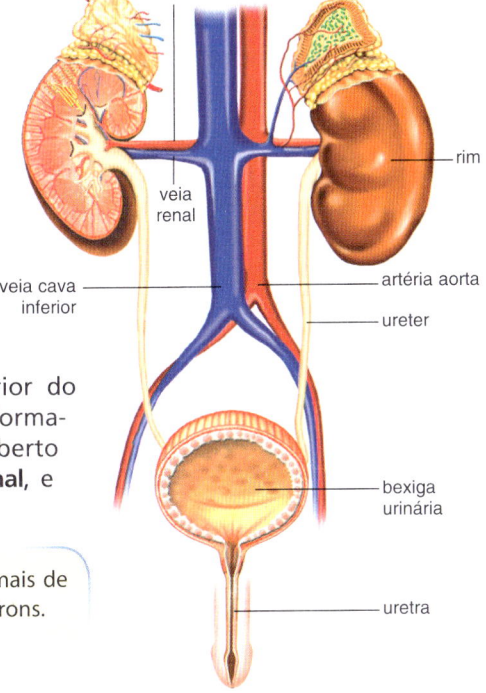

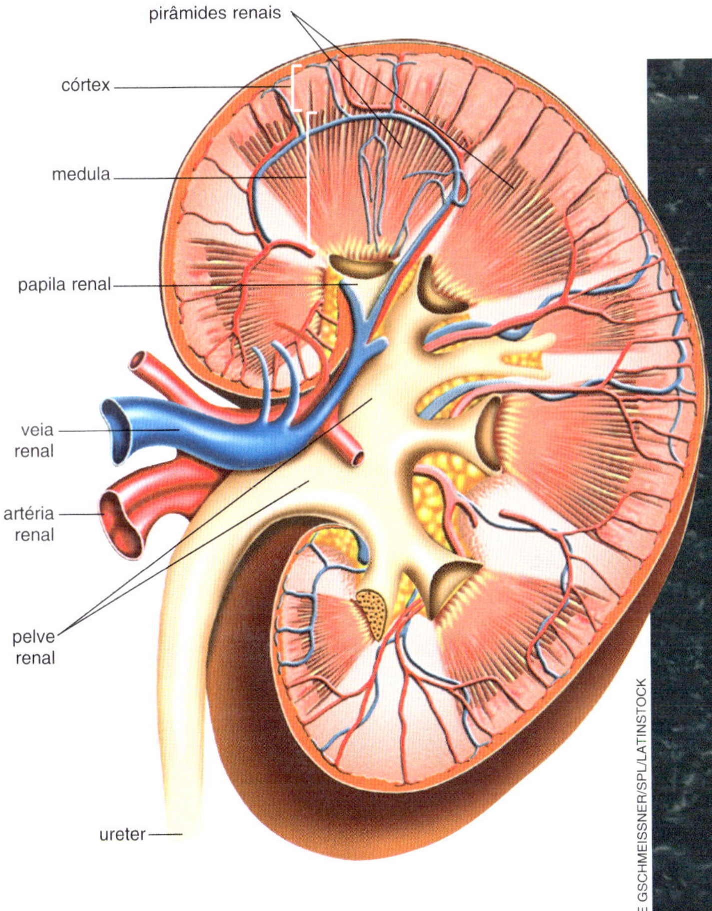

Figura 28-1. O sistema excretor humano.

Figura 28-2. A morfologia interna do rim humano.

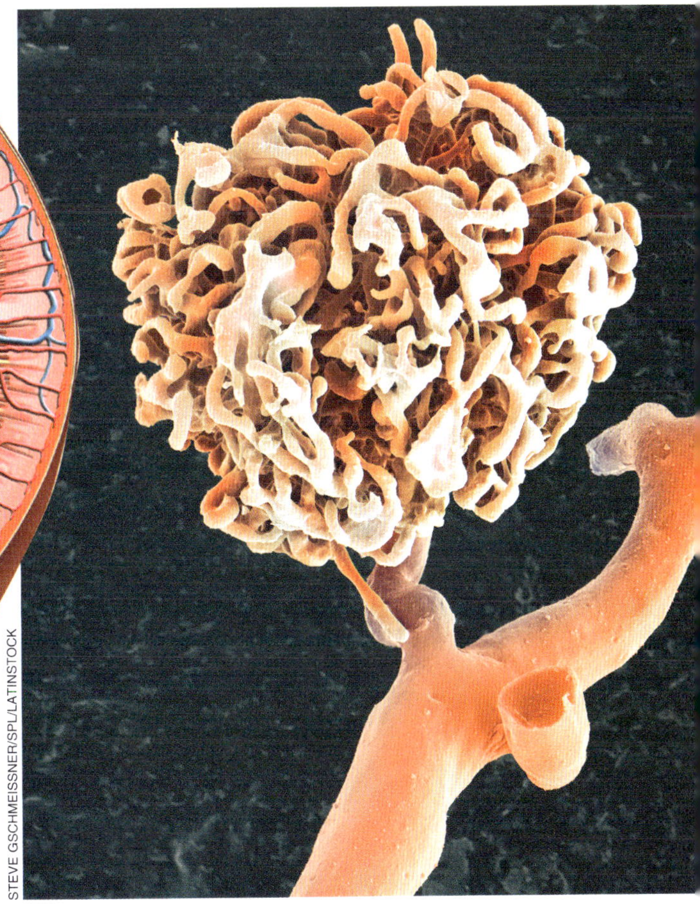

Glomérulo renal, visto ao microscópio eletrônico de varredura. Esse tubo longo e enovelado é envolvido pela cápsula de Bowman (que foi retirada para uma melhor visualização).

---

* Apesar de a proposta de um grupo de anatomistas sugerir que se utilize o termo "urinário" em lugar de "excretor", por uma questão didática empregaremos o termo "excretor" para caracterizar órgãos ou processos relacionados à excreção, independentemente se em seres humanos ou não.

Excreção e homeostase

A continuação da cápsula é o **túbulo contorcido proximal**, seguido da **alça de Henle** (ou segmento delgado) e de um **túbulo contorcido distal** (veja a Figura 28-3). Essa última porção desemboca em um ducto coletor (ou túbulo coletor reto), onde terminam os túbulos distais dos outros néfrons.

A urina formada nos néfrons flui pelos túbulos coletores em direção à pelve renal e desta para os **ureteres**. Em seguida, a urina desce à **bexiga urinária**, que é capaz de armazenar até 800 mL de urina. O esvaziamento da bexiga ocorre com o fluxo da urina ao longo de um canal, a **uretra**, que corre pelo pênis ou abre-se na região à frente da abertura vaginal.

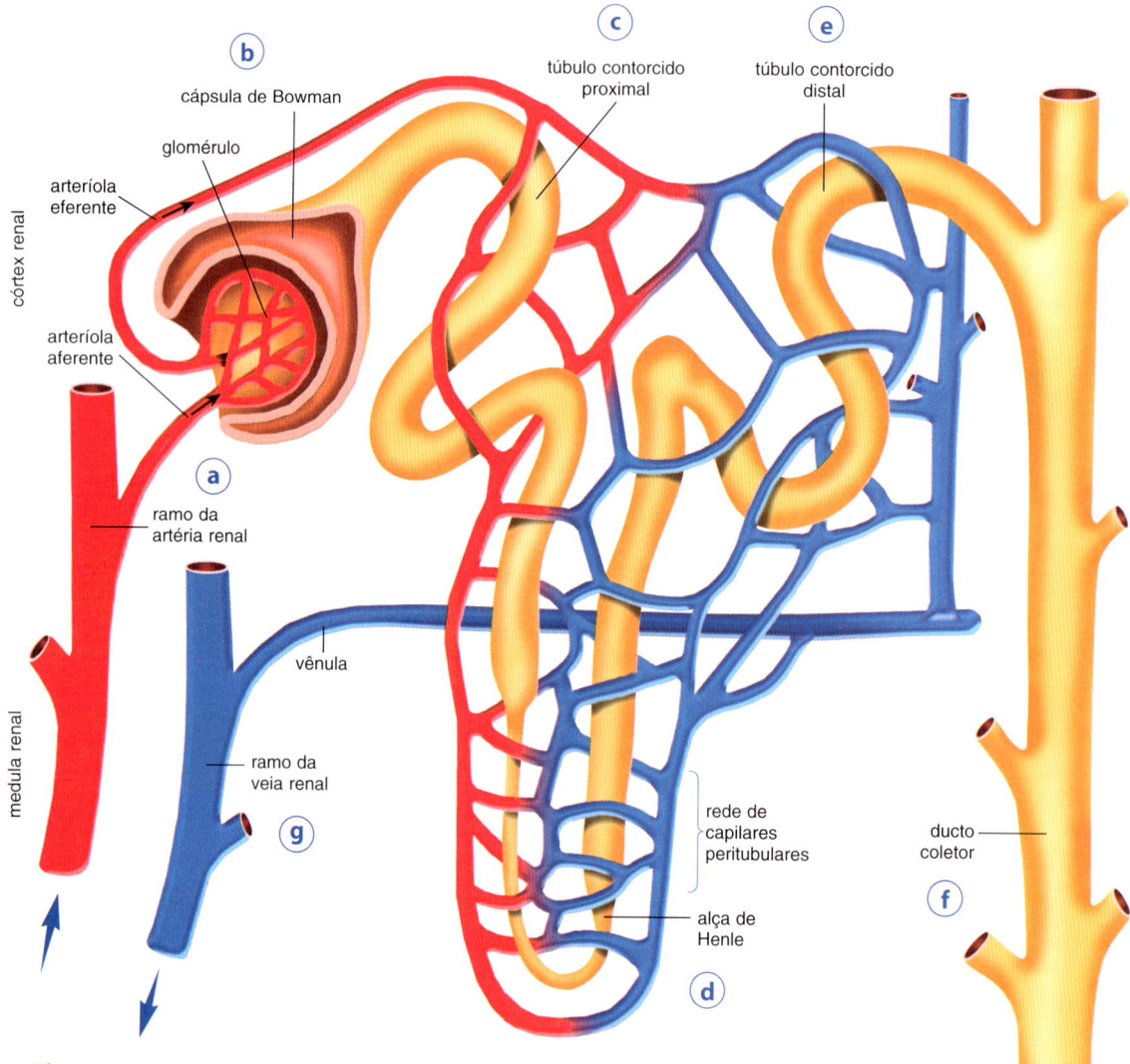

Figura 28-3. Néfron de rim humano. A (a) artéria renal entra no rim humano e sofre modificações até formar glomérulos que serão envolvidos por (b) cápsulas de Bowman. De cada cápsula emerge um longo tubo formado por uma porção (c) proximal, uma (d) alça de Henle e (e) uma porção distal, que desemboca em (f) um ducto coletor. A pressão de filtração força a passagem de água e de pequenas moléculas para a cápsula de Bowman. Diversas substâncias são reabsorvidas (por difusão ou por transporte ativo) e retornam para o sangue: a água é reabsorvida principalmente ao longo da alça de Henle; células tubulares distais, por processo ativo, removem substâncias do sangue. A veia renal (g) encaminha para o corpo o sangue "depurado".

A filtração do sangue

O sangue que será filtrado entra no rim pela artéria renal. Essa artéria sofre várias ramificações e os seus ramos terminais, as **arteríolas aferentes**, originam **glomérulos renais** (também conhecidos como **glomérulos de Malpighi**) que penetram nas cápsulas de Bowman.

Cada glomérulo é uma rede de capilares altamente ramificada através da qual o sangue será filtrado. Uma **arteríola eferente** emerge da cápsula, sofre inúmeras ramificações e origina uma rede de capilares que circunda os túbulos renais e a alça de Henle.

> O volume sanguíneo que passa pelos rins humanos é de 1.200 mL/min.

Todos os capilares acabarão desembocando em vênulas que, fundindo-se umas às outras, formarão a veia renal, que possibilitará o retorno do sangue para a veia cava inferior, que se dirige ao coração.

A formação da urina

O sangue que entra no glomérulo está sob alta pressão, cerca de 75 mmHg. Essa pressão força a passagem de água e moléculas de pequeno tamanho (aminoácidos, glicose, sais, ureia etc.) para o interior da cápsula de Bowman. As células (glóbulos brancos e vermelhos) e as moléculas de grande tamanho (proteínas) não atravessam a parede glomerular. Ocorre uma filtração do sangue no glomérulo e o líquido filtrado é chamado de **filtrado glomerular** (ou urina inicial). Sua composição é semelhante à do plasma, exceto pela ausência de proteínas.

Ao longo dos túbulos renais, glicose, aminoácidos, sais e também pequena fração de ureia são ativamente reabsorvidos, retornando ao sangue dos capilares peritubulares juntamente com a água.

Feita a reabsorção, o que restou é a urina, líquido hipertônico contendo, entre outras substâncias, água, sais, ureia, ácido úrico e produtos de degradação da hemoglobina, que será encaminhada para o ducto coletor.

Dessa forma, os rins desempenham dupla função: eliminam as substâncias que não devem ser aproveitadas e reabsorvem os nutrientes úteis, devolvendo-os ao sangue. Assim, os rins contribuem para a manutenção da composição química do meio interno.

> O volume urinário médio produzido por uma pessoa normal é de 1 L/dia.

Fique por dentro!

Normalmente, a urina não contém glicose. Após uma refeição rica em carboidratos, no entanto, é comum e normal o surgimento de glicose na urina – é que os túbulos renais possuem um limite de reabsorção de açúcar. Quando há excesso de glicose no sangue, os túbulos não dão conta de reabsorvê-la e o excedente é perdido pela urina.

Em pessoas diabéticas, em que a taxa de glicose sanguínea é constantemente elevada, deixa de haver reabsorção de toda a glicose que passa pelos glomérulos e um excedente sempre aparece na urina desses indivíduos.

O ADH

O volume de água eliminado pela urina é também controlado pelo **hormônio antidiurético** (**ADH** – do inglês, *AntiDiuretic Hormone*), também conhecido como vasopressina. Produzido pelo hipotálamo e liberado pela porção posterior da hipófise, atua nas paredes dos túbulos coletores, aumentando a permeabilidade à água.

O ADH promove a reabsorção de água, que é enviada de volta para os capilares sanguíneos. A secreção de ADH é inibida em temperaturas baixas (em dias frios a diurese é maior), pelo álcool e pela cafeína.

Fique por dentro!

A água gerada na oxidação dos alimentos contribui para o equilíbrio hídrico. Na combustão de 1 g de glicose, por exemplo, gera-se cerca de 0,6 g de água. Cada 1 g de gordura leva à produção de 1,1 g de água, enquanto 1 g de proteína produz cerca de 0,3 g de água. Ao se alimentar diariamente com 350 g de carboidratos, 100 g de gorduras e 100 g de proteínas, uma pessoa geraria cerca de 340 g de água.

Fonte: SCHMIDT-NIELSEN, K. *Fisiologia Animal.* São Paulo: Edgard Blücher/EDUSP, 1972.

Saiba mais

A história do rato que jamais bebe água

Nos desertos, a disponibilidade de água é muito pequena, o que não quer dizer que não haja vida nesses ambientes. Os seres que lá vivem possuem adaptações que possibilitam sua sobrevivência. É o caso do rato-canguru, um roedor que se mantém basicamente à custa de sementes que encontra durante sua atividade noturna. A água para sua sobrevivência é obtida da oxidação dos compostos orgânicos contidos no alimento. As perdas pelas fezes e pela urina, extremamente concentrada, são mínimas; as maiores perdas ocorrem pela respiração, sob a forma de vapor-d'água. No entanto, a água gerada no metabolismo é suficiente para manter o equilíbrio hídrico, conservando a homeostase.

MANUTENÇÃO DA HOMEOSTASE E BALANÇO HÍDRICO

Não é somente a remoção de excretas que contribui para a manutenção da homeostase. A regulação do teor de água do organismo, mantendo-a em níveis constantes, também é fundamental para a sobrevivência.

Nos invertebrados marinhos, a concentração da água do mar em que vivem é praticamente a mesma do interior de suas células e essa isotonicidade garante a sobrevivência do organismo sem problemas. O mesmo já não ocorre com muitos vertebrados marinhos, entre eles os *peixes ósseos*. Nestes, a concentração salina dos fluidos corporais é bem menor que a da água que os banha. Como o sangue desses animais é menos concentrado em sais que a água que os rodeia, eles perdem água constantemente, por osmose, para o meio, especialmente através de superfícies permeáveis, tais como as das brânquias. É preciso, então, repor a água perdida, o que se dá pela ingestão de água do mar. Juntamente com a água, porém, entra grande quantidade de sais, fazendo o sangue ficar muito concentrado. O excesso de sais é eliminado por transporte ativo pelas brânquias, cujas superfícies extremamente finas e ramificadas estão expostas na água (veja a Figura 28-4).

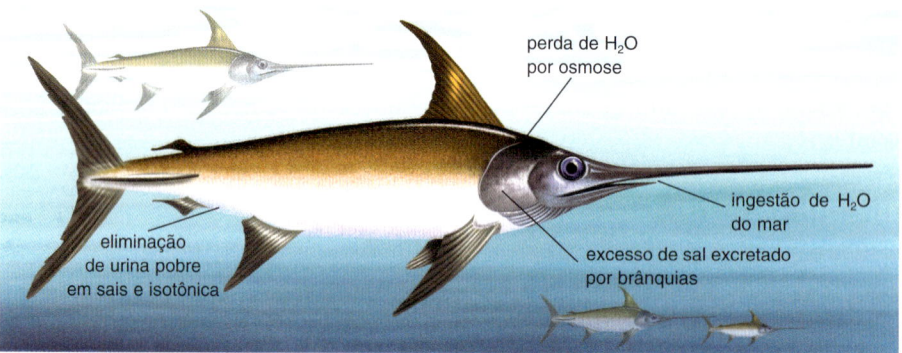

Figura 28-4. Regulação osmótica em peixe ósseo marinho, em que os rins possuem poucos glomérulos.

Nos peixes ósseos que vivem em água doce, a situação é inversa. A concentração salina dos fluidos corporais é maior do que a da água que os banha. Há entrada de água em grande quantidade, por osmose. Os rins, que, nesses animais, possuem glomérulos muito desenvolvidos, produzem urina rica em água, muito diluída. Nessa excreção de água os peixes perdem, também, uma certa quantidade de sais. Novamente entram em ação as brânquias, que retiram sais ativamente da água e ajudam a manter o equilíbrio salino (veja a Figura 28-5).

Nos vertebrados terrestres, a manutenção do equilíbrio hídrico foi uma das conquistas evolutivas mais importantes na adaptação ao meio. Embora não haja mais trocas osmóticas de água pela pele, que em muitos deles é impermeável à água, há o risco de desidratação por conta de outros mecanismos, como sudorese, evaporação respiratória, fezes e urina. Essa água deve ser reposta por ingestão (o que inclui a existente nos alimentos) e/ou pela água gerada no próprio metabolismo celular.

Figura 28-5. Regulação osmótica em peixe de água doce, em que os rins possuem glomérulos muito desenvolvidos. O excesso de água é eliminado pelos rins, ao elaborarem urina diluída. As brânquias retiram íons ativamente da água.

Fique por dentro!

Tartarugas e aves que choram

Aves marinhas (por exemplo, gaivotas e albatrozes) e tartarugas marinhas eliminam o excesso de sal, obtido da água ou dos alimentos salinos que ingerem, por meio de glândulas secretoras de sal. Localizadas na cabeça, dentro ou ao redor da região orbital (a que contém o olho), essas glândulas produzem uma secreção fluida extremamente concentrada em sais que escorre pelo bico, no caso das aves. Nas tartarugas, a secreção é eliminada pelo canto do olho, o que é observável na época da reprodução, ocasião em que saem da água para efetuar a postura de ovos nas praias, dando a impressão de que estão chorando. Essas glândulas constituem uma alternativa à pobreza em alças de Henle no rim desses animais, o que dificulta a produção de uma urina concentrada. Assim, o excesso de sais existentes no sangue é retirado pelas glândulas, que eliminam um fluido altamente concentrado em sais.

Saiba mais

Desidratação

Quando a perda de água ultrapassa sua ingestão, começa a se instalar no corpo um estado de desidratação. No início, a pele e os músculos fornecem o líquido para os órgãos vitais. Persistindo a falta de água, ocorre redução do líquido que banha as células dos tecidos (líquido intersticial); além disso, a água do plasma (constituinte do sangue) também começa a sofrer redução, tornando o sangue cada vez mais concentrado.

O próximo passo, caso prossiga a falta de ingestão ou perda excessiva de água, ou ambos, é as células iniciarem uma perda muito grande de água, e aí começam a aparecer os sintomas da desidratação: aparência enrugada da face e do corpo; a pele perde sua elasticidade, tornando-se endurecida – semelhante ao couro –; ocorre perda rápida de peso corporal. Prosseguindo a desidratação, haverá um momento em que a quantidade de água é tão pequena que ela não é mais suficiente para a remoção do calor do metabolismo, podendo ocorrer febres altas; à medida que o estado se agrava, há desenvolvimento de insuficiência circulatória, resultando em supressão ou diminuição de urina, o que leva o paciente a ter dor de cabeça violenta, náusea, vômitos, distúrbios visuais e, finalmente, o paciente entra em estado de coma.

O equilíbrio da água no organismo é obtido pela ingestão de água, manifestada pela sede; pela água produzida pelo metabolismo e pela água contida nos alimentos. Em contrapartida, as perdas de água ocorrem através da pele, pulmões, tubo digestivo e, claro, via sistema urinário.

A sede deve-se a uma impressão sensorial subjetiva, que resulta do excesso de sal ou falta de água. A base para o estímulo da sede é a sensação de sequidão das mucosas da boca e da faringe. As áreas do sistema nervoso central que estão envolvidas na sede estão localizadas em uma região do encéfalo chamada hipotálamo.

Em condições normais, as perdas diárias médias são as seguintes: 800 a 1.200 mL pela vaporização da pele e dos pulmões, 1.500 mL pela urina e de 100 a 200 mL via fezes. É evidente que o débito de perda de água apresenta-se grandemente aumentado em temperaturas elevadas e com o exercício físico (a transpiração aumenta), podendo a perda chegar a mais de 2 litros por hora. É por esse motivo que os maratonistas não correm agasalhados e a cada etapa vencida do percurso eles se hidratam.

A ciência por trás do fato!

Chá de quebra-pedra funciona mesmo?

O conhecimento popular diz que chá de "quebra-pedra" é ótimo para curar as pessoas com pedras nos rins. Mas, será verdade?

A eficácia da *Phyllantus niruri*, nome científico da "quebra-pedra", foi testada pela química Ana Maria Freitas, em sua dissertação de mestrado defendida na Nefrologia da Unifesp. Seu trabalho demonstrou, em ratos, como a planta pode beneficiar o tratamento dos pacientes com cálculo.

Ao término do estudo, a pesquisadora obteve dados indicativos de que esse chá ajuda a evitar que pedras já existentes se tornem maiores ou mesmo dificultar a formação de novas. Quando há a formação de um cristal mineral no rim, por exemplo, em torno dele também se agregam moléculas orgânicas, fazendo com que essa "pedra" (também chamada "cálculo") vá aumentando de tamanho. A hipótese mais provável sugere que é aí que o chá atua: ele impediria que novas moléculas orgânicas se agregassem em torno do cálculo, impedindo seu crescimento.

Fonte: CASTRO, I. Estudo comprova que chá de quebra-pedra combate cálculo renal.
Disponível em: <http://www.unifesp.br> *Acesso em:* 25 abr. 2012.

Ética & Sociedade

Diálise

A urina é sangue altamente modificado. O sistema excretor humano funciona de modo a manter praticamente constante a composição do sangue. Viver sem rins é impossível. Felizmente, métodos de filtragem do sangue, conhecidos coletivamente como *diálises*, permitem a sobrevivência de pessoas com lesões renais.

Há dois tipos de diálise: a *peritoneal* e a *sanguínea* (esta utiliza complexa aparelhagem pela qual o sangue é forçado a passar). São dois recursos temporários que favorecem a sobrevivência de doentes renais. Um recurso considerado quase definitivo para a solução dos doentes renais crônicos é o *transplante renal*, cuja técnica está tão avançada que oferece praticamente 100% de sobrevivência para os transplantados. Mas, para isso, são necessários doadores, sendo que no caso de transplante renal é possível doar um rim enquanto a pessoa está viva e gozando de boa saúde.

Caso você precisasse de um transplante renal e um parente seu fosse compatível e estivesse disposto a doar-lhe o órgão você aceitaria? E se você precisasse doar um de seus rins para salvar a vida de uma pessoa, você também o faria?

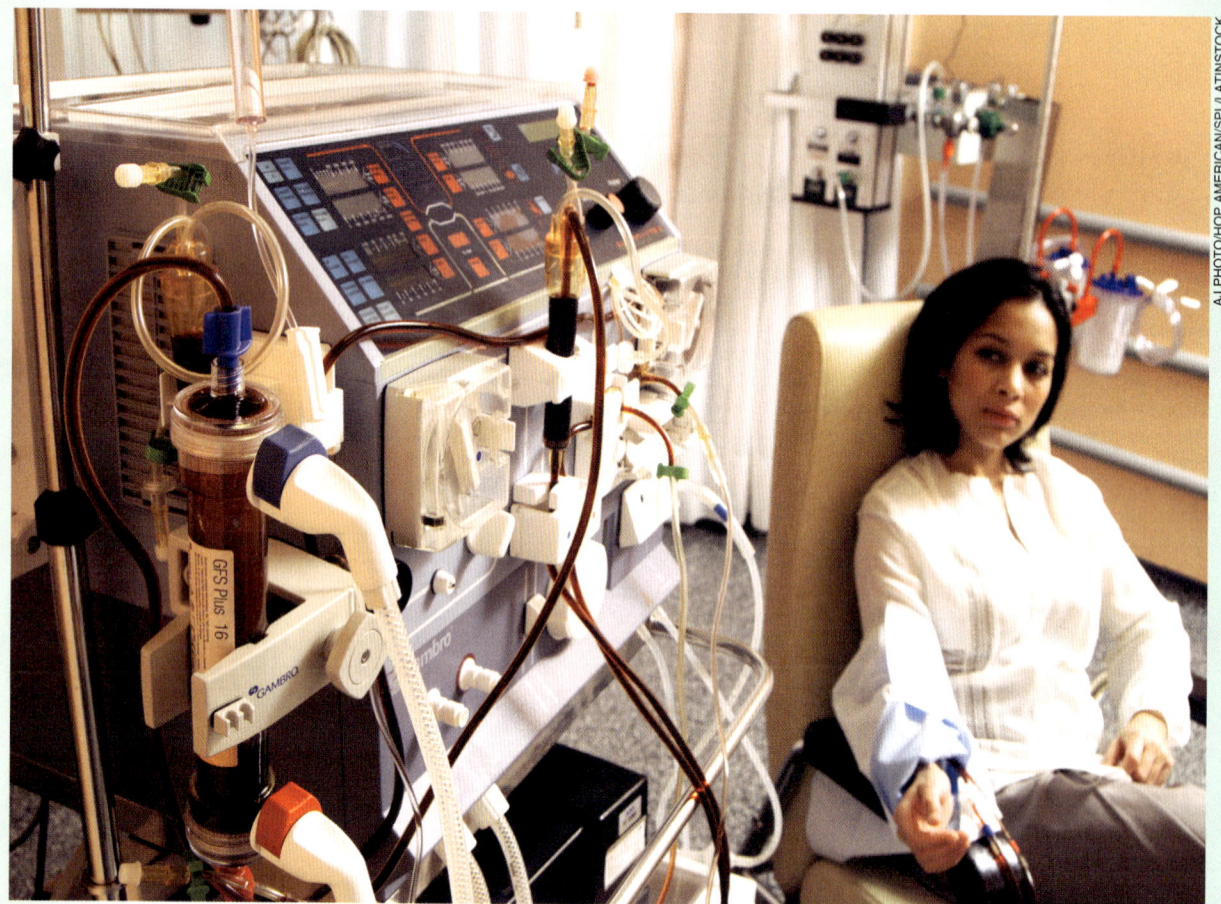

Paciente sendo submetida à hemodiálise, um procedimento que leva várias horas e é repetido, em média, três vezes por semana. A máquina de diálise (à esquerda na foto) trabalha como se fosse um rim artificial. O sangue da paciente passa por uma membrana semipermeável do equipamento, em que ficam retidos os produtos de excreção. O sangue "tratado" retorna ao paciente também por via endovenosa.

Passo a passo

1. Cite o grupo de animais que possuem células-flama (protonefrídeos), nefrídeos, túbulos de Malpighi e glândulas verdes.

2. Assinale **V** para as alternativas verdadeiras e **F** para as falsas.
   a) A amônia é resultante da metabolização dos aminoácidos.
   b) A amônia é excretada principalmente por animais aquáticos.
   c) Resíduos nitrogenados menos tóxicos favorecem a sobrevivência em ambiente terrestre.
   d) O ácido úrico é mais tóxico do que a ureia.
   e) Ácido úrico é excretado por aves, insetos, répteis e moluscos terrestres.

3. Qual a vantagem de transformar a amônia em ureia ou ácido úrico? Onde ocorre essa transformação?

4. Esquematize o sistema excretor humano. Compare o seu esquema com o da página 589, Figura 28-1.

5. Identifique, na figura abaixo, as estrutura de *a* a *f*.

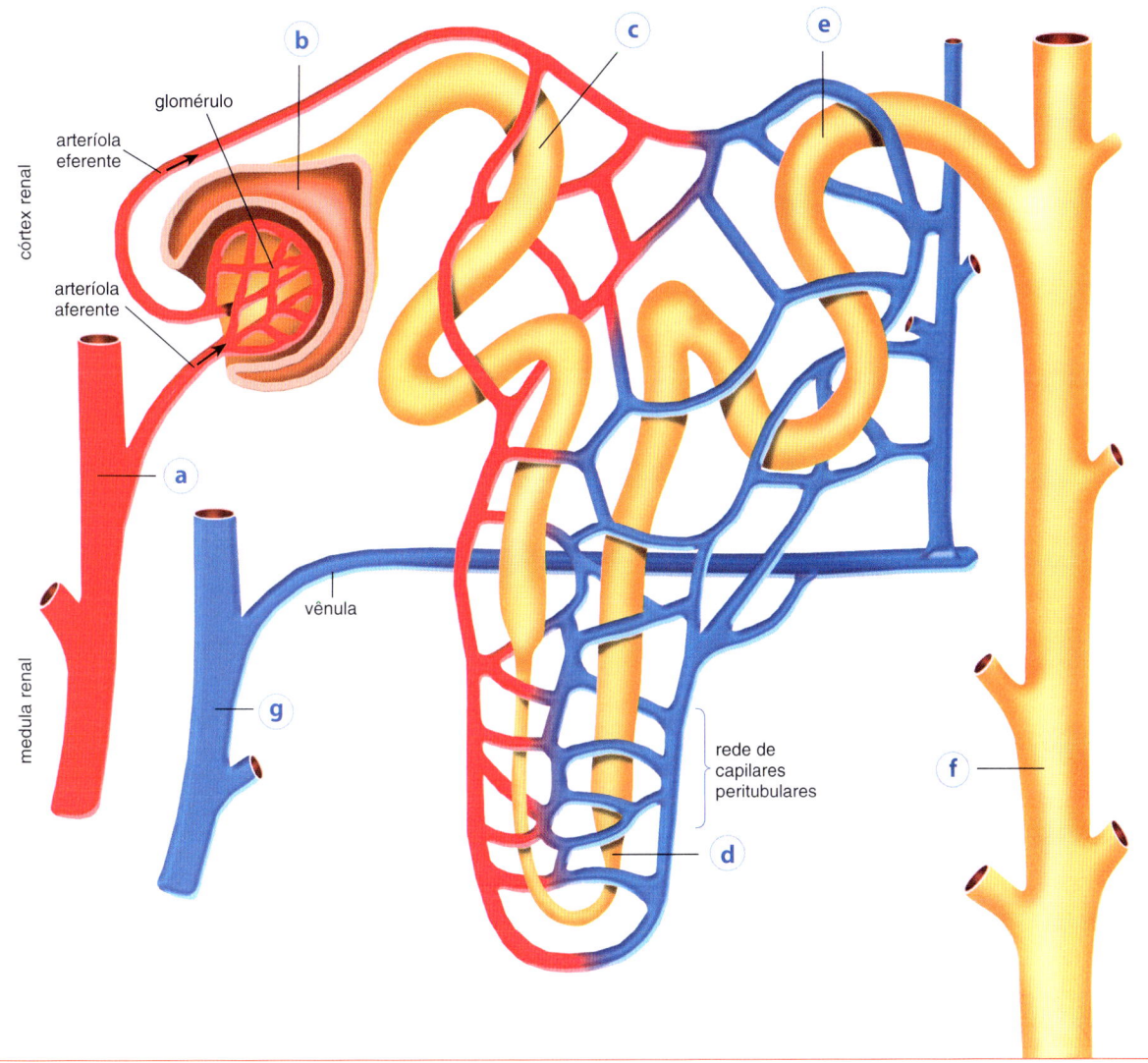

6. A respeito do funcionamento do rim humano:
   a) Cite o nome do vaso sanguíneo que entra no rim para ser filtrado.
   b) Defina filtrado glomerular.
   c) Ao longo do néfron o filtrado glomerular sofre alguma modificação? Justifique sua resposta.
   d) Defina ADH e explique a sua função no néfron.

7. Cite o percurso da ureia e das glicoses no rim humano.

8. Como se explica que os peixes ósseos marinhos estão "sujeitos a desidratação", fato que não ocorre com os peixes ósseos de água doce?

9. Leia com atenção o texto:

Pela artéria renal o sangue chega ao rim e se ramifica, originando um número muito grande de arteríolos aferentes. Cada arteríolo, por sua vez, ramifica-se no interior da cápsula de Bowman, formando o glomérulo, que é um enovelado de capilares.

Pergunta-se:
   a) É correto afirmar que a artéria renal e os glomérulos são ricos em oxigênio e pobres em ureia? Justifique sua resposta.
   b) Nos glomérulos, o sangue encontra-se sob alta ou baixa pressão? Por quê?

10. A alanina é um aminoácido usado no processo de síntese proteica. É correto afirmar que, na produção de proteínas pelas células, duas moléculas de alanina combinam-se com uma de oxigênio, originando duas moléculas de amônia e duas de ácidos pirúvicos? Justifique sua resposta.

11. A partir do enunciado da questão 10, é correto afirmar que as proteínas podem ser usadas como fonte de ATP? Justifique sua resposta.

12. O filtrado glomerular percorre o néfron passando por vários túbulos. Um deles é o túbulo contorcido proximal, que é formado por uma parede cujas células estão adaptadas ao transporte ativo. Nesse túbulo ocorre reabsorção ativa de sódio, que por sua vez promove a remoção de cloro. Pergunta-se:
   a) A saída de sódio e cloro faz com que a concentração do líquido dentro desse túbulo fique hipotônica ou hipertônica em relação ao plasma dos capilares que o envolvem? Justifique a resposta.
   b) Com a saída de sódio e cloro, qual o destino da água que percorre o túbulo contorcido proximal? Justifique a resposta.

13. Acompanhe o resumo de uma das etapas da regulação da função renal feita por um aluno:

O plasma encontra-se com pouca água → os receptores do hipotálamo (região do cérebro) são ativados → a produção de ADH é inibida → o túbulo distal e o coletor celular são mais impermeáveis à água → a reabsorção de água ocorre → a urina fica mais diluída.

O professor constatou que o aluno cometeu um ou mais erros. Qual é ou quais são?

14. *Questão de interpretação de texto*

A água do mar contém, aproximadamente, três vezes mais sais que o nosso sangue e o dos peixes. Nossos rins podem excretar uma solução salina de concentração intermediária entre a água do mar e a do nosso sangue. Caso um náufrago não tenha água doce para beber, para se hidratar seria a melhor opção:

a) beber água do mar.
b) ingerir peixes.
c) ingerir seu suor.
d) ingerir sua urina.
e) não tomar nenhuma das atitudes citadas.

Questões objetivas

1. (UFRGS – RS) Quando analisamos os diferentes tipos de estruturas excretoras, encontramos os nefrídios, os túbulos de Malpighi e os rins. Assinale a alternativa que contém, respectivamente, os animais que apresentam tais estruturas.

a) sanguessuga – gafanhoto – peixe
b) aranha – jacaré – tartaruga
c) mosca – borboleta – sapo
d) estrela-do-mar – barata – baleia
e) minhoca – caranguejo – cobra

2. (UFSCar – SP) Do metabolismo das proteínas pelos animais resultam produtos nitrogenados, como a amônia, a ureia e o ácido úrico. Sobre a toxicidade, solubilidade e excreção desses produtos, pode-se dizer que

a) a amônia é o mais tóxico deles, o que implica que deve ser eliminada praticamente à medida que vai sendo produzida, resultando em perda de grande quantidade de água pelo animal. Os peixes ósseos apresentam amônia como excreta nitrogenado.
b) a ureia é praticamente insolúvel em água, o que implica que o animal não precisa recrutar grande quantidade de água para promover sua excreção. Por ser pouco tóxica, pode ser retida pelo organismo por mais tempo. Aves e répteis apresentam excretas desse tipo.
c) o ácido úrico é o mais tóxico dos excretas nitrogenados, o que implica em ter que ser eliminado rapidamente do organismo. Contudo, por apresentar alta solubilidade, necessita de pequenas quantidades de água para ser eliminado. Essa economia hídrica mostra-se adaptativa ao modo de vida dos insetos.
d) a ureia apresenta o maior grau de toxicidade e a mais baixa solubilidade, o que implica na necessidade de grandes volumes de água para sua diluição e excreção. A excessiva perda de água representa desvantagem aos organismos com excretas desse tipo, tais como os mamíferos.
e) a amônia apresenta baixa toxicidade e é praticamente insolúvel em água, o que permite que seja mantida por mais tempo no organismo. Além disso, a amônia é compatível com o desenvolvimento do embrião fora do corpo materno e dentro de um ovo fechado, o que ocorre nas aves e répteis. Esse embrião morreria caso produzisse ureia ou ácido úrico.

3. (MACKENZIE – SP) Durante a evolução, a colonização do ambiente terrestre exigiu várias adaptações. Dentre elas,

a) a presença de tubo digestório completo.
b) a maior produção de gametas.
c) a presença de pigmentos respiratórios no sangue.
d) a eliminação de ureia ou ácido úrico como excreta nitrogenado.
e) a presença de anexos epidérmicos como penas e pelos.

4. (UFMS) Identifique as alternativas corretas e dê sua soma ao final. Denomina-se sistema excretor o conjunto de órgãos responsáveis, num organismo, pela manutenção do meio interno, regulação do teor de água e sais minerais e eliminação de resíduos nitrogenados formados durante o metabolismo celular. Os resíduos nitrogenados que podem ser formados são amônia, ureia e ácido úrico.

São exemplos de animais que excretam amônia, ureia e ácido úrico, respectivamente:
(01) sapo, grilo, tubarão.
(02) anêmona-do-mar, cavalo e formiga.
(04) peixe, crocodilo e rato.
(08) mexilhão, cão e urubu.
(16) homem, polvo e minhoca.
(32) água-viva, porco e escorpião.

5. (FUVEST – SP) No esquema abaixo, as letras **R** e **S** representam substâncias orgânicas, enquanto **X**, **Y** e **Z** referem-se a grupos de animais.

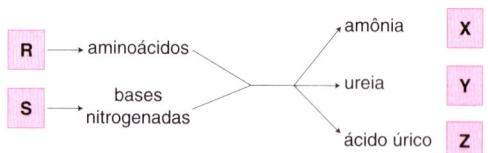

O metabolismo das substâncias **R** e **S** produz excretas nitrogenados. A amônia, a ureia e o ácido úrico são as substâncias nitrogenadas predominantes nos excretas dos animais dos grupos **X**, **Y** e **Z**, respectivamente. As letras **R**, **S**, **X**, **Y** e **Z** correspondem a:

	R	S	X	Y	Z
a)	proteínas	ácidos graxos	mamíferos	peixes ósseos	répteis
b)	ácidos nucleicos	proteínas	aves	anfíbios	répteis
c)	proteínas	ácidos nucleicos	peixes ósseos	mamíferos	aves
d)	ácidos graxos	proteínas	anfíbios	mamíferos	aves
e)	proteínas	ácidos nucleicos	peixes ósseos	aves	mamíferos

6. (PUC – MG) Na figura, está representada a estrutura anatômica de um rim humano e de um néfron.

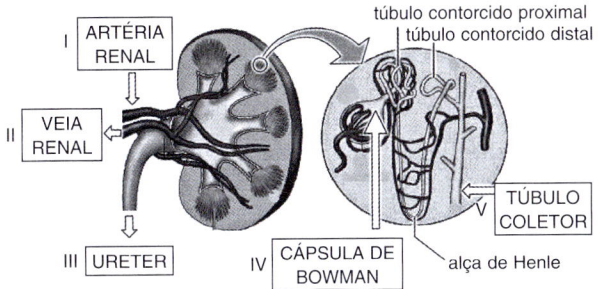

Com base na figura e em seus conhecimentos sobre o funcionamento renal, é correto afirmar, **EXCETO**:

a) O sangue coletado em II deve apresentar menor conteúdo de ureia e maior conteúdo de CO_2 do que o sangue coletado em I.
b) A presença de glicose em I e IV é normal, mas sua presença em III e V é indicativa de hiperglicemia.
c) O líquido coletado em III é normalmente mais concentrado do que o líquido coletado em IV.
d) O aumento da permeabilidade do túbulo coletor contribui para aumentar a diurese, que torna o líquido coletado em III mais diluído.

7. (MACKENZIE – SP) Os néfrons humanos são responsáveis pela eliminação de excretas nitrogenados e pela manutenção do equilíbrio osmótico do corpo.

Assinale a alternativa correta a respeito desses processos.

a) Os excretas são trazidos para os néfrons através de capilares nos quais circula sangue venoso.
b) Quando ingerimos uma grande quantidade de água, a alça renal aumenta a taxa de reabsorção.
c) O principal excreta nitrogenado existente na urina humana é o ácido úrico.
d) Quanto maior for a pressão nos capilares do glomérulo, menor será a quantidade de urina produzida.
e) O aumento de sudorese (produção de suor) provoca a diminuição do volume de urina produzido.

8. (UERJ) Como consequência dos mecanismos que regulam a pressão osmótica dos peixes marinhos, os peixes ósseos precisam beber água do mar, enquanto os cartilaginosos não.

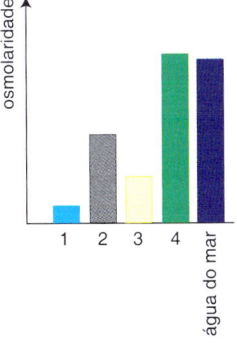

O gráfico ao lado mostra o osmolaridade do plasma sanguíneo de peixes marinhos, em relação à da água do mar.

A coluna do gráfico que representa a osmolaridade do plasma dos elasmobrânquios e a substância orgânica importante para a manutenção da pressão osmótica nesses animais estão indicadas em:

a) 1 – ácido úrico.   c) 3 – glicose.
b) 2 – glicina.   d) 4 – ureia.

9. (FUVEST – SP) O sangue, ao circular pelo corpo de uma pessoa, entra nos rins pelas artérias renais e sai deles pelas veias renais. O sangue das artérias renais

a) é mais pobre em amônia do que o sangue das veias renais, pois nos rins ocorre síntese dessa substância pela degradação de ureia.
b) é mais rico em amônia do que o sangue das veias renais, pois nos rins ocorre degradação dessa substância, que se transforma em ureia.
c) é mais pobre em ureia do que o sangue das veias renais, pois os túbulos renais secretam essa substância.
d) é mais rico em ureia do que o sangue das veias renais, pois os túbulos renais absorvem essa substância.
e) tem a mesma concentração de ureia e de amônia que o sangue das veias renais, pois essas substâncias são sintetizadas no fígado.

10. (UEL – PR) A ingestão de álcool inibe a liberação de ADH (hormônio antidiurético) pela hipófise. Assim sendo, espera-se que um homem alcoolizado:

a) produza grande quantidade de urina concentrada.
b) produza grande quantidade de urina diluída.
c) produza pequena quantidade de urina concentrada.
d) produza pequena quantidade de urina diluída.
e) cesse completamente a produção de urina.

11. (UFMG) Observe este esquema, em que está representado um procedimento clínico:

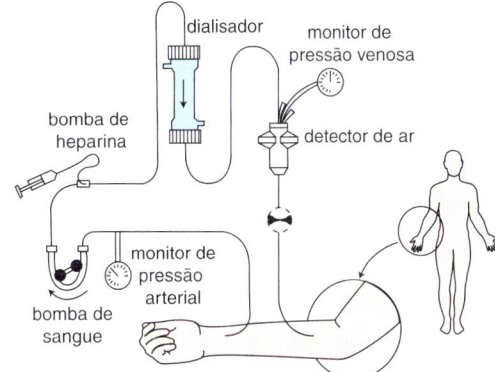

É **INCORRETO** afirmar que esse procedimento possibilita a

a) redução de ureia presente no sangue periférico.
b) remoção de água do plasma sanguíneo.
c) retirada de proteínas do sangue periférico.
d) simulação de funcionamento do néfron.

12. (UFPE) Há uma relação direta entre a eliminação de urina e o volume de líquidos corporais, tanto intersticiais quanto do próprio plasma. Quando a concentração do sangue circulante aumenta, como em caso de grande perda de água, é correto afirmar que:

a) a urina torna-se mais diluída.
b) há aumento da produção do hormônio secretina.
c) a hipófise não libera o hormônio antidiurético (ADH).
d) as células dos túbulos renais ficam menos permeáveis à água.
e) há maior reabsorção de água do filtrado glomerular.

13. (UEL – PR) A caatinga nordestina é um ambiente caracterizado por um clima de temperatura média anual alta, baixo índice pluviométrico e de baixa umidade relativa do ar. Nesse ambiente, um pesquisador identificou 5 espécies de lagartos, dos quais foram examinados as porcentagens de excretas nitrogenados encontrados na urina, conforme a tabela a seguir:

Lagartos	Ácido úrico	Amônia	Ureia
I	0,7	24,0	22,9
II	2,5	14,4	47,1
III	4,2	6,1	61,0
IV	6,7	6,0	29,1
V	56,1	6,2	8,5

Excreção e homeostase **597**

Analisando os dados da tabela, conclui-se que a espécie melhor adaptada ao ambiente da caatinga é a do lagarto número:

a) I.
b) II.
c) III.
d) IV.
e) V.

14. (UERJ) Os répteis se adaptam com facilidade à vida em regiões desérticas. Por excretarem o nitrogênio pela urina incorporado em uma substância pouco solúvel em água, seu volume de urina diário é pequeno e, consequentemente, sua ingestão de água é menor. Esse não é o caso do homem, que excreta o nitrogênio através de um produto muito solúvel em água.

Os gráficos abaixo representam a excreção urinária de produtos nitrogenados. Em cada um deles, no eixo da abscissa, estão indicados os produtos eliminados e, no eixo da ordenada, as respectivas quantidades excretadas em 24 horas.

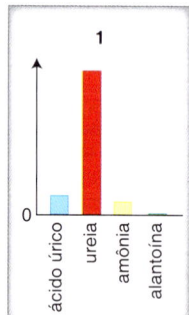
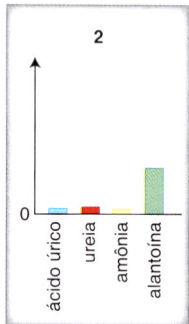
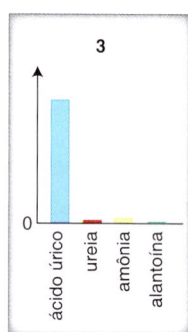
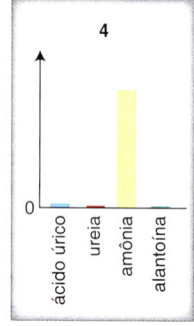

Os gráficos que correspondem, respectivamente, aos seres humanos e aos répteis são os de números:

a) 1 e 3.
b) 1 e 4.
c) 3 e 2.
d) 4 e 2.

15. (FMTM – MG) Os peixes ósseos marinhos conseguem viver no oceano porque sendo

a) isotônicos em relação ao seu *habitat*, vivem sempre perdendo ou absorvendo água dependendo da pressão, da salinidade e da temperatura. Dessa forma, não sofrem grandes alterações osmóticas, e os rins desses animais precisam ter alta atividade metabólica.
b) hipertônicos em relação ao seu *habitat*, vivem sempre perdendo água e sais por osmose. Compensam essa perda absorvendo água e sais no intestino por transporte ativo. Seus rins têm alta atividade metabólica para evitar a absorção excessiva de água.
c) hipotônicos em relação ao seu *habitat*, vivem sempre perdendo água e sais por osmose. Compensam essa perda absorvendo água e sais pelas brânquias por transporte ativo. Seus rins têm alta capacidade de produzir urina concentrada.
d) hipertônicos em relação ao seu *habitat*, vivem sempre absorvendo água. As células evitam a lise celular eliminando água pelo ânus e os sais são eliminados por transporte ativo pelas brânquias. Seus rins também têm alta capacidade de produzir urina diluída.
e) hipotônicos em relação ao seu *habitat*, vivem sempre perdendo água por osmose. Evitam a desidratação bebendo água salgada e absorvendo-a no intestino. O excedente de sais, presentes no sangue, é eliminado por transporte ativo pelas brânquias.

16. (UFC – CE) O rato-canguru tem mecanismos fisiológicos surpreendentes. Consome água como qualquer animal, mas nunca a bebe. Ainda assim, sua água corpórea é similar a de qualquer outro mamífero. Este roedor se hidrata oxidando o hidrogênio de seus alimentos. Além disso, seu sistema regulador é tão especial que ele poderia se abastecer com água do mar. A alimentação deste roedor é composta exclusivamente de grãos de cevada, muito secos. O rato-canguru é, entre os roedores, aquele que possui menos glândulas sudoríparas.

Baseando-se no texto acima, analise, a seguir, as explicações para o sucesso do rato-canguru no ambiente árido onde vive.

I – Os carboidratos de sua dieta produzem grande parte da água, durante o processo de respiração celular.
II – Seus rins são especiais, conseguindo concentrar a urina mais eficientemente do que o homem consegue.
III – O rato-canguru consegue minimizar a perda de água através da superfície cutânea.

Considerando-se as três afirmações, assinale a alternativa correta.

a) Somente I é verdadeira.
b) Somente I e II são verdadeiras.
c) Somente II e III são verdadeiras.
d) Somente I e III são verdadeiras.
e) I, II e III são verdadeiras.

Questões dissertativas

1. (FUVEST – SP – adaptada) A tabela a seguir reúne algumas características de quatro animais não cordados: A, B, C e D.

Animal	Sistema Digestivo	Sistema Circulatório	Sistema Respiratório	Sistema Excretor	Habitat
A	incompleto	ausente	ausente	células-flama	aquático
B	ausente	ausente	ausente	ausente	aquático
C	completo	aberto	traqueal	túbulos de Malpighi	terrestre
D	completo	fechado	ausente	nefrídio	terrestre

Quais podem ser, respectivamente, os animais A, B, C e D?

2. (UFPR) Observe o diagrama abaixo, que mostra a evolução dos grupos animais e a correspondência com substâncias nitrogenadas excretadas.

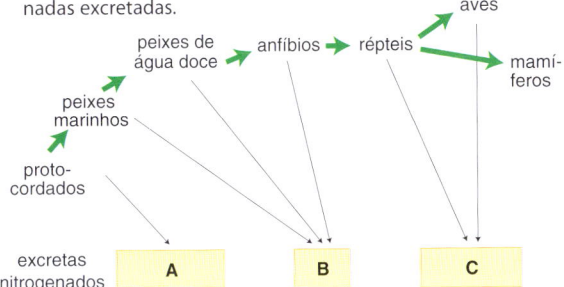

a) Identifique as substâncias indicadas por A, B e C.
b) Qual das letras corresponde ao principal excreta de mamíferos?
c) Qual a vantagem adaptativa da substância C em relação à substância A?

3. (UFV – MG – adaptada) Enquanto esperavam o resultado do exame de urina no laboratório, algumas senhoras faziam comentários sobre os rins. Uma delas disse que esse órgão parecia um filtro de água ao contrário, considerando que o organismo elimina aquilo que não é bom para o organismo e retém o que é útil. Para ajudar a esclarecer este ponto, observe o esquema de um corte anatômico de rim humano, e resolva os itens.

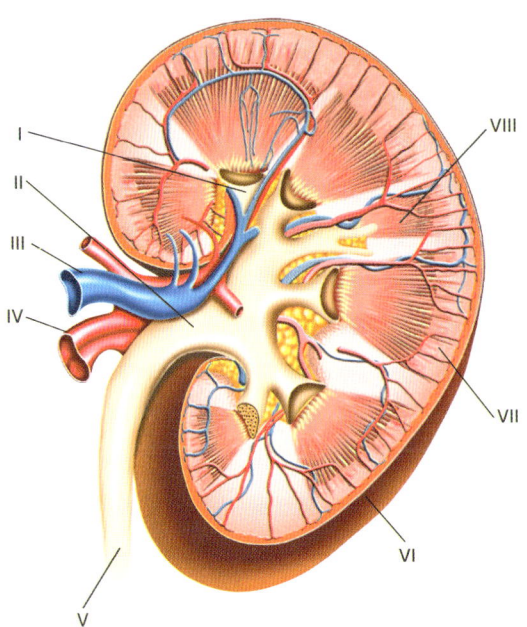

a) Os poros são as unidades filtradoras nos filtros de água, mas a unidade de filtração dos rins é mais complexa, envolvendo várias estruturas. Qual é o nome desta unidade?
b) A mulher tem razão, pois de 160 litros de sangue que são filtrados pelos rins, diariamente, apenas 1,0 litro de urina é formado. Cite o número que indica o local principal onde esse filtrado é reabsorvido.
c) O sangue arterial passa pela sua primeira filtração na região indicada pelo número ___.
d) A mulher deve ter considerado os catabólitos das proteínas, que são eliminados pela urina, como "aquilo que não é bom para o organismo". Exemplifique um desses principais catabólitos.
e) A urina chega à bexiga por meio da estrutura indicada pelo número V. Cite o nome dessa estrutura.

4. (UNICAMP – SP) Na tabela abaixo são apresentados os resultados das análises realizadas para identificar as substâncias excretadas por girinos, sapos e pombos.

Amostras	Substâncias excretadas Quantidade de água	Amônia	Ureia	Ácido úrico
1	grande	+	–	–
2	pequena	–	–	+
3	grande	–	+	–

a) Identifique, na tabela, qual amostra corresponde às substâncias excretadas por pombos. Explique a vantagem desse tipo de excreção para as aves.
b) Identifique, na tabela, qual amostra corresponde às substâncias excretadas por girinos e qual corresponde às dos sapos. Explique a relação entre o tipo de substância excretada por esses animais e o ambiente em que vivem.

5. (UFLA – MG)

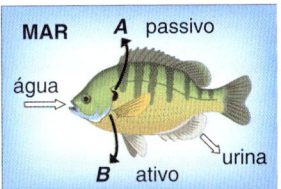

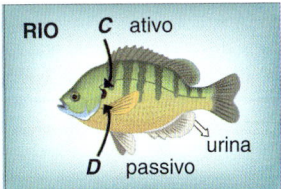

A figura ilustra duas espécies de peixes ósseos (teleostei) vivendo em ambientes distintos: água salgada (mar) e doce (rio). Entre os mecanismos de regulação osmótica e iônica, estão a ingestão de substâncias pela boca, eliminação delas pela urina e o transporte pelas suas brânquias, como indicados pelas setas.

Com base na figura, responda:

a) Que substâncias seriam A, B, C e D?
b) Com relação à concentração de soluto, como seria o sangue em relação ao meio nas duas espécies de peixes? Como seria a urina com relação à concentração de soluto?
c) Considerando que ambas as espécies de peixes apresentam mesmo tamanho corpóreo, qual delas teria a bexiga natatória com maior volume? Por quê?

6. (UERJ) A amônia é produzida pelos organismos vivos, especialmente durante o catabolismo dos aminoácidos. Por ser muito tóxica, alguns vertebrados a incorporam, antes da excreção, como ácido úrico ou como ureia.

Cite um vertebrado que excreta diretamente amônia e identifique o principal órgão excretor dessa substância. Aponte, também, uma vantagem de adaptação ambiental relativa às aves e outra relativa aos répteis, por excretarem ácido úrico, substância pouco solúvel em água.

7. (UFRJ) A passagem de água através da membrana plasmática se dá principalmente por canais proteicos específicos denominados *aquaporinas*. A vasopressina, também conhecida como ADH, regula a diurese (produção de urina) nas diversas situações fisiológicas, alterando a quantidade de aquaporinas na membrana das células do túbulo renal responsáveis pela reabsorção de água.

A tabela a seguir mostra as concentrações normais de alguns solutos no plasma e as respectivas concentrações apresentadas por um paciente com diarreia.

Soluto	Valores normais	Paciente
Glicose	100	130
Na^+	135 a 145	155
K^+	3,5 a 5,0	7,0

Determine se a quantidade de aquaporinas na membrana plasmática das células dos túbulos renais do paciente, considerando os padrões mais regulares, deve estar maior ou menor do que a de um indivíduo normal. Justifique sua resposta.

8. (UNESP) A Falsa Tartaruga suspirou profundamente e enxugou os olhos com o dorso de uma patinha. Ela olhou para Alice e tentou falar, mas, durante um ou dois minutos, soluços impediram-na de dizer qualquer coisa.

CARROLL, L.
Alice no País das Maravilhas.

Suspeita-se que o autor criou tal personagem observando tartarugas marinhas que derramam "lágrimas" ao desovar nas praias. A que correspondem as "lágrimas" das tartarugas marinhas e por que essas tartarugas "choram"?

9. (FUVEST – SP) Os néfrons são as unidades funcionais dos rins, responsáveis pela filtração do sangue e pela formação da urina.

a) Complete a tabela abaixo, comparando as concentrações de aminoácidos, glicose e ureia no sangue que chega ao néfron com as concentrações dessas substâncias na urina e no sangue que deixa o néfron, em uma pessoa saudável. Marque com "X" os espaços da tabela correspondentes às alternativas corretas.

Substância	Concentração no sangue que chega ao néfron relativa à concentração na urina			Concentração no sangue que chega ao néfron relativa à concentração no sangue que deixa o néfron		
	Maior	Menor	Equivalente	Maior	Menor	Equivalente
aminoácidos						
glicose						
ureia						

b) Cerca de 30% da água presente no sangue que chega ao néfron passa para a cápsula renal, onde se inicia a filtração. Entretanto, a quantidade de água no sangue que sai do néfron é praticamente igual à quantidade de água do sangue que chega a ele. Explique como ocorre a recomposição da quantidade de água no sangue.

Programas de avaliação seriada

1. (PASES – UFV – MG) Em relação ao equilíbrio osmótico dos protozoários de água doce, é **CORRETO** afirmar que:

   a) perdem água por osmose, pois apresentam o meio interno menos concentrado que o meio externo, sendo o excesso de água obtido dos vacúolos digestivos.
   b) perdem água por osmose, pois apresentam o meio interno mais concentrado que o meio externo, sendo a água obtida pelos vacúolos contráteis.
   c) ganham água por osmose, pois apresentam o meio interno mais concentrado que o meio externo, sendo o excesso de água eliminado pelos vacúolos contráteis.
   d) ganham água por osmose, pois apresentam o meio interno mais concentrado que o meio externo, sendo o excesso de água usado pelos vacúolos digestivos.

2. (PASES – UFV – MG) Com relação ao sistema excretor humano, é **CORRETO** afirmar que:

   a) o hormônio antidiurético regula a reabsorção de sódio nos rins.
   b) o hormônio aldosterona regula a absorção de água nos rins.
   c) a principal excreta nitrogenada eliminada na urina é a amônia.
   d) a principal excreta nitrogenada eliminada na urina é a ureia.

3. (PSS – UEPG – PR) O sistema urinário está envolvido com a excreção, que é o mecanismo de eliminação de substâncias em excesso e de substâncias tóxicas. A excreção garante, assim, o equilíbrio das condições fisiológicas do organismo. A respeito da anatomia e da fisiologia do sistema urinário, indique as alternativas corretas e dê sua soma ao final.

   (01) A ureia é a mais tóxica e a mais solúvel das excretas nitrogenadas. Ela é resultado da degradação de proteínas e ácidos nucleicos no fígado e precisa ser eliminada, pois seu acúmulo é tóxico para o organismo.
   (02) A quantidade de água na urina é regulada pelo hormônio antidiurético (sigla inglesa: ADH), que é produzido pelas glândulas suprarrenais.
   (04) O sistema urinário é o principal responsável pelo controle da quantidade de água eliminada pelo organismo e pela excreção de sais minerais e excretas nitrogenadas.
   (08) A espécie humana apresenta sistema urinário formado por dois rins e pelas vias uriníferas formadas pelas pelves renais, ureteres, bexiga urinária e uretra. Cada rim é constituído por milhares de unidades microscópicas denominadas néfrons.

4. (PAS – UFLA – MG) Nas planárias (*Platyhelminthes*), a eliminação do excesso de água e de outros produtos do metabolismo é realizada por

   a) células-flama.
   b) nefrídios.
   c) glândulas verdes.
   d) glândulas coxais.

5. (PSC – UFAM) O objetivo da produção de urina é manter a homeostase através da regulação do volume e da composição do sangue. Enquanto alguns produtos orgânicos devem ser excretados, outros devem ser retidos. Em um laboratório de

análises clínicas, três amostras de urina de indivíduos distintos foram processadas com o seguinte resultado:

Amostra A: ureia, ácido úrico, cloreto de sódio, creatinina e água.
Amostra B: ácido úrico, cloreto de sódio, creatinina, glicose e água.
Amostra C: grandes proteínas, ureia, glicose e água.

Qual(ais) amostra(s) poderia(m) pertencer a um indivíduo normal:

a) apenas a amostra C.   d) amostras A e B.
b) apenas a amostra B.   e) amostras A, B e C.
c) apenas a amostra A.

6. (UFLA – MG) Os mamíferos e aves são os únicos vertebrados que produzem urina hiperconcentrada em relação aos fluidos corpóreos, mediante um mecanismo complexo de reabsorção e secreção nos néfrons.

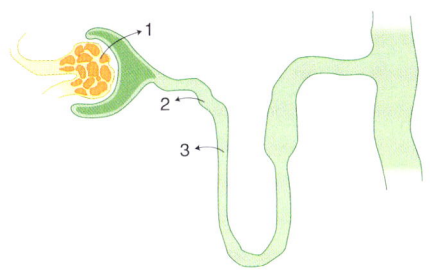

Os números 1, 2 e 3 na figura acima indicam, respectivamente, os processos de

a) 1. filtração glomerular; 2. reabsorção ativa de sódio; 3. reabsorção ativa de água.
b) 1. filtração pela cápsula de Bowman; 2. reabsorção ativa de água; 3. secreção de ureia.
c) 1. filtração pela cápsula de Bowman; 2. reabsorção passiva de glicose; 3. reabsorção passiva de água.
d) 1. filtração glomerular; 2. reabsorção ativa de glicose; 3. reabsorção passiva de água.

7. (PSS – UFAL) Há cerca de um milhão de néfrons em cada rim. A filtragem do plasma sanguíneo ocorre nos glomérulos dos néfrons, cada um envolvido por uma cápsula de Bowman. O filtrado glomerular contém várias substâncias, exceto:

a) água.   b) sais.   c) glicose.   d) proteína.   e) aminoácidos.

8. (PSS – UFS – SE) As características estruturais e fisiológicas dos diferentes animais refletem adaptações a diferentes ambientes e estilos de vida.

(0) Nos invertebrados cujo corpo é sustentado por estruturas duras, o esqueleto é externo, ao passo que nos vertebrados é interno. Os músculos utilizados na locomoção sempre se inserem no esqueleto, tanto nos invertebrados como nos vertebrados.
(1) Nas esponjas, toda a digestão é intracelular. Nos cnidários, esse processo inicia-se extracelularmente e termina intracelularmente. Já nas aranhas, sempre se inicia como digestão extracorpórea porque esses animais só conseguem ingerir líquidos.
(2) Considerando-se os tipos de respiração cutânea, traqueal, branquial e pulmonar, constata-se que as trocas gasosas são efetuadas por superfícies úmidas somente no caso dos tipos branquial e cutâneo. Nos dois outros tipos, a superfície de trocas gasosas é seca.
(3) Nos seres humanos, todas as artérias transportam sangue arterial e todas as veias transportam sangue venoso.
(4) A excreção é o processo pelo qual os animais eliminam substâncias nitrogenadas tóxicas produzidas pelo metabolismo celular. Alguns animais excretam amônia e outros transformam essa substância em ureia e ácido úrico. A ureia é menos tóxica do que a amônia, sendo o principal produto de excreção de aves, répteis e insetos.

9. (PSS – UFAL) Um néfron é uma estrutura tubular que possui, em uma extremidade, uma expansão em forma de taça, a cápsula de Bowman, a qual se conecta ao túbulo renal, que desemboca em um duto coletor. O túbulo renal, conforme ilustrado esquematicamente na figura, compreende três regiões diferenciadas: o túbulo contornado proximal, a alça de Henle e o túbulo contornado distal.

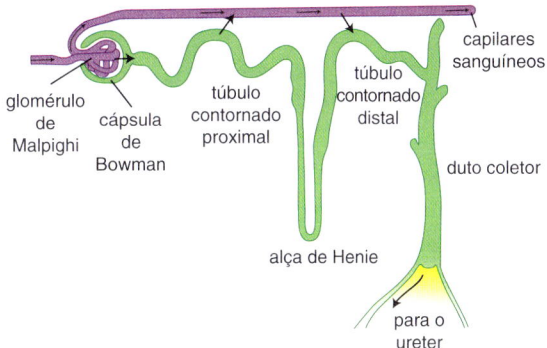

Com relação às informações apresentadas, analise as proposições a seguir

1. Nos capilares dos glomérulos de Malpighi, a pressão do sangue força a saída de proteínas e glicose existentes no sangue, substâncias que passam entre as células da parede da cápsula de Bowman e atingem o túbulo renal.
2. No túbulo contornado proximal, as células reabsorvem ativamente glicose, aminoácidos, vitaminas, parte dos sais e a maior parte da água do filtrado glomerular, devolvendo essas substâncias ao sangue dos capilares que envolvem o néfron.
3. Na região da alça de Henle ocorre, principalmente, reabsorção de água do filtrado glomerular.
4. No túbulo contornado distal ocorre a eliminação passiva de água, e as células da parede do túbulo absorvem as vitaminas e os sais minerais para então o filtrado desembocar no duto coletor.

Estão corretas:

a) 1, 2, 3 e 4.
b) 1, 2 e 4 apenas.
c) 2 e 3 apenas.
d) 1 e 2 apenas.
e) 3 e 4 apenas.

10. (PSS – UNIMONTES – MG) A figura abaixo ilustra a osmorregulação de um peixe ósseo que vive em ambiente marinho. Analise-a.

Considerando a figura e o assunto abordado, analise as afirmativas abaixo e assinale a alternativa **CORRETA**.

a) Os fluidos corporais desses animais são hipertônicos em relação ao meio.
b) A perda de água pelas brânquias deve ocorrer por transporte ativo.
c) Esses animais possuem glomérulos muito desenvolvidos.
d) Ocorre eliminação de grande quantidade de urina muito diluída.

29 Capítulo

Sistema nervoso e fisiologia dos órgãos dos sentidos

Papai Noel existe. E é brasileiro!

Glee é um seriado de TV que mostra as aventuras de adolescentes que integram o coral de uma escola. Esse grupo é formado por estudantes bem heterogêneos: gordos, magros, altos, baixos, dançarinos, cadeirante, loiros, morenos, rapazes, moças etc. Um de seus episódios, que se passava perto da época de Natal, girou em torno do fato de uma das adolescentes do grupo pedir "ao bom velhinho" que fizesse com que seu amigo cadeirante pudesse andar.

A mensagem que poderia ser retirada do episódio não era, naturalmente, a questão se Papai Noel existe, mas, principalmente, o que ele representa para cada um de nós: a possibilidade de tornar nossos sonhos realidade e acreditar que tudo é possível, por mais improvável que possa parecer.

Embarcando na fantasia do seriado, como poderia uma pessoa paralítica andar da noite para o dia? Depois de muita trama, o segredo para esse "milagre" se revelou dentro de uma grande caixa de presente que se encontrava sob a árvore de Natal: nela, uma "roupa", desenvolvida por neurocientistas, permitiu que, ao vesti-la, o adolescente paralítico pudesse ficar em pé para dar alguns passos.

A "roupa", na verdade uma "veste robótica", é um projeto cujas bases estão no consórcio científico internacional *The Walk Again* (Andar Novamente), que o neurocientista brasileiro Dr. Miguel Nicolelis, professor da Universidade de Duke (EUA), ajudou a fundar.

A Ciência, esse verdadeiro Papai Noel, a cada dia que passa aproxima ainda mais nossos sonhos da realidade.

O relacionamento do organismo com o ambiente e a coordenação do trabalho dos diversos órgãos internos ficam a cargo de dois importantes sistemas: o **nervoso** e o **hormonal**. A coordenação nervosa envolve a participação das células nervosas, os chamados **neurônios**. A coordenação hormonal conta com a participação de **hormônios**, substâncias químicas que se espalham pelo sangue e conectam diversos órgãos, controlando as suas ações.

O AUMENTO DA COMPLEXIDADE DO SISTEMA NERVOSO

A coordenação nervosa nos animais pluricelulares surge pela primeira vez nos cnidários e é representada por um tecido formado por células nervosas que se organizam como uma rede (veja a Figura 29-1). Tocando-se uma hidra com uma pequena agulha em determinado ponto do corpo, o impulso nervoso gerado se propaga como uma onda. Não existe um centro de comando do organismo.

Com o aparecimento de animais com simetria bilateral, há duas novidades: uma cabeça (cefalização) e a centralização do sistema nervoso. A cabeça passa a abrigar a porção mais desenvolvida do sistema nervoso. Na planária, por exemplo, um platelminto, inicia-se uma central de coordenação do organismo, na forma de massas globosas, os **gânglios cerebroides**, que atuam como um "cérebro". Os movimentos já são mais coordenados e as respostas, mais controladas e eficientes.

Nos anelídeos e artrópodes, além das centrais representadas pelos gânglios "cerebrais", existem **gânglios segmentares** na região ventral do corpo, constituindo um sistema de coordenação do organismo mais eficiente, ampliando a capacidade de resposta ante os estímulos ambientais.

Nos moluscos, a coordenação nervosa continua a ser feita por um sistema ganglionar; nos mais complexos, como os polvos e lulas, há verdadeiros "cérebros" controladores das atividades dos animais, que são capazes de executar ações altamente complexas, como, por exemplo, o reconhecimento da forma de objetos e de cores.

Nos vertebrados, o sistema nervoso é muito mais elaborado e complexo. O tubo nervoso dorsal sofre considerável aperfeiçoamento desde os grupos mais simples até os mais complexos, formando-se órgãos especializados no controle de diversas funções sensoriais e motoras, facilitando o ajuste do organismo desse grupo animal aos mais diversos meios.

Foi no homem, porém, que o sistema nervoso atingiu o máximo em complexidade, dotando-nos de uma característica inexistente nos outros vertebrados: a capacidade de discernimento, de julgamento e de raciocínio lógico, que nos habilita a pensar e a elaborar ações conscientes diante dos estímulos ambientais, favorecendo sobremaneira a dominação do ambiente, típica da espécie humana.

NEURÔNIO: A UNIDADE DO SISTEMA NERVOSO

O neurônio, a célula comum a todo e qualquer sistema nervoso existente no reino *Animalia*, assemelha-se, em sua função, a um fio condutor de eletricidade. Três componentes chamam a atenção: os **dendritos**, o **corpo celular** e o **axônio** (também conhecido como fibra nervosa). Os dendritos constituem locais de captação dos estímulos. No corpo celular estão localizados o núcleo e a maior parte dos orgânulos celulares (veja a Figura 29-2).

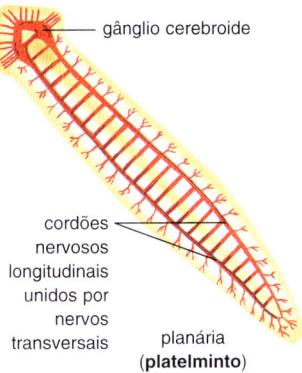
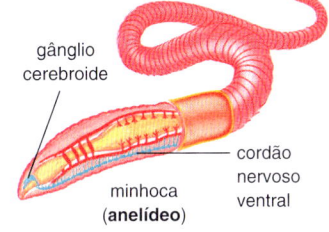
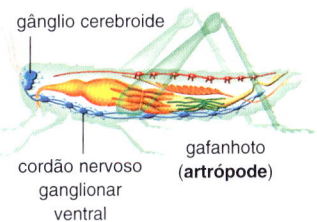
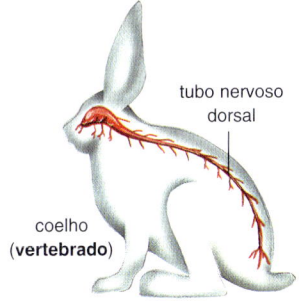

Figura 29-1. Evolução do sistema nervoso nos animais, culminando com o sistema nervoso dos vertebrados, altamente complexo.

Figura 29-2. Um tipo de neurônio.

Sistema nervoso e fisiologia dos órgãos dos sentidos

O axônio é o eixo de condução das mensagens geradas no corpo celular. Os axônios e os dendritos podem apresentar um revestimento externo lipídico, conhecido como **bainha de mielina** (volte ao Capítulo 12 e reveja a Figura 12-11 à página 266). Decorrente do enrolamento de células especiais ao redor desses prolongamentos, essa bainha funciona como material isolante, como nos fios elétricos encapados. Os neurônios mielinizados conduzem impulsos nervosos mais rapidamente que os não mielinizados.

O Caminho do Impulso Nervoso

O neurônio, no estado de repouso, apresenta-se polarizado, isto é, a membrana plasmática é carregada positivamente do lado externo e negativamente do lado interno, devido à diferença de concentração de íons sódio e potássio dentro e fora da célula, e do predomínio de íons negativos (ânions orgânicos, HCO_3^-, Cl^-) dentro dela. Essa diferença, conhecida como **diferença de potencial**, é mantida à custa de ATP, pois o sódio é ativamente retirado da célula, enquanto o potássio é "puxado" para dentro dela.

Ao potencial da célula em repouso é dado o nome de **potencial de membrana** ou **potencial de repouso**. Quando, de alguma maneira, se estimula o neurônio, o potencial de repouso muda bruscamente. O sódio que estava em maior concentração do lado de fora da célula penetra pela membrana – permutando-se com os íons K^+ que, agora, fazem o caminho inverso –, fazendo com que ocorra uma inversão de polaridade em um fenômeno conhecido por **despolarização** (veja a Figura 29-3). O novo potencial recebe o nome de **potencial de ação** e se propaga através da membrana do axônio na forma de um impulso **nervoso**.

> A despolarização acontece aos poucos, isto é, o potencial de ação vai despolarizando a membrana à medida que ele caminha.

Neste caso, ocorre uma total mudança na disposição das cargas elétricas, tanto fora como dentro da membrana celular: o interior da membrana se torna positivo, enquanto a parte de fora se torna negativa.

Note que a despolarização acontece aos poucos, isto é, o potencial de ação desloca-se pela membrana até alcançar a terminação do axônio (veja a Figura 29-4).

Observe que o impulso nervoso se propaga em um único sentido: do(s) dendrito(s) para o corpo celular e, deste, para o axônio. Ao chegar às extremidades do axônio, são liberados neurotransmissores, substâncias que permitem ao impulso nervoso ser transmitido a outro neurônio.

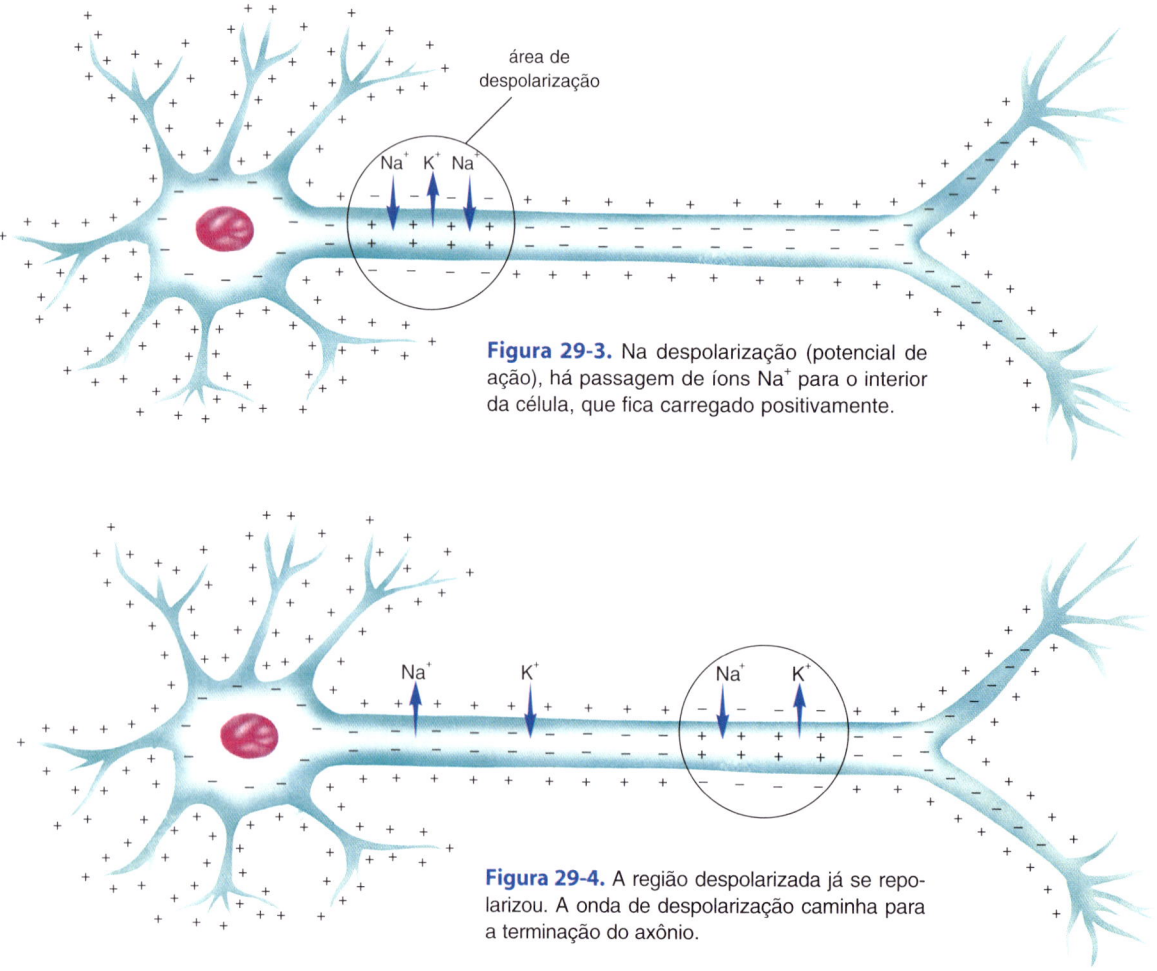

Figura 29-3. Na despolarização (potencial de ação), há passagem de íons Na^+ para o interior da célula, que fica carregado positivamente.

Figura 29-4. A região despolarizada já se repolarizou. A onda de despolarização caminha para a terminação do axônio.

Fique por dentro!

Existe uma anomalia do sistema nervoso, conhecida como ALD (adrenolipodistrofia), que se caracteriza pela dissolução da bainha de mielina dos axônios. Nessas condições, a pessoa inicialmente apresenta movimentos descoordenados, culminando com paralisia. Essa situação foi bem caracterizada no filme *O Óleo de Lorenzo*.

Saiba mais

A condução saltatória

A velocidade de condução de impulsos é variável, sendo maior em neurônios mielinizados e de maior diâmetro. A mielina envolve todas as grandes fibras nervosas. É uma substância lipídica que não conduz corrente elétrica e atua como um isolante. A bainha de mielina é produzida pelas células de Schwann. Como a bainha de mielina é interrompida de intervalo a intervalo pelos chamados **nódulos de Ranvier**, a condução dos impulsos nervosos é feita aos "pulos" nos locais onde há as interrupções da mielina. Por esse motivo, dizemos que em um neurônio a condução é saltatória (veja a figura abaixo). A velocidade de condução do impulso nervoso é da ordem de 0,5 m/s até 120 m/s.

Há fibras sem bainha de mielina, conhecidas por **amielínicas**, que conduzem estímulos com uma velocidade bem mais lenta que as mielinizadas, pois não existe o efeito "saltatório". As fibras amielínicas não determinam reações rápidas, controlam as contrações dos vasos sanguíneos, os movimentos gastrintestinais, o esvaziamento da bexiga. Já as fibras mielínicas estão associadas a estímulos cerebrais, que são extremamente rápidos.

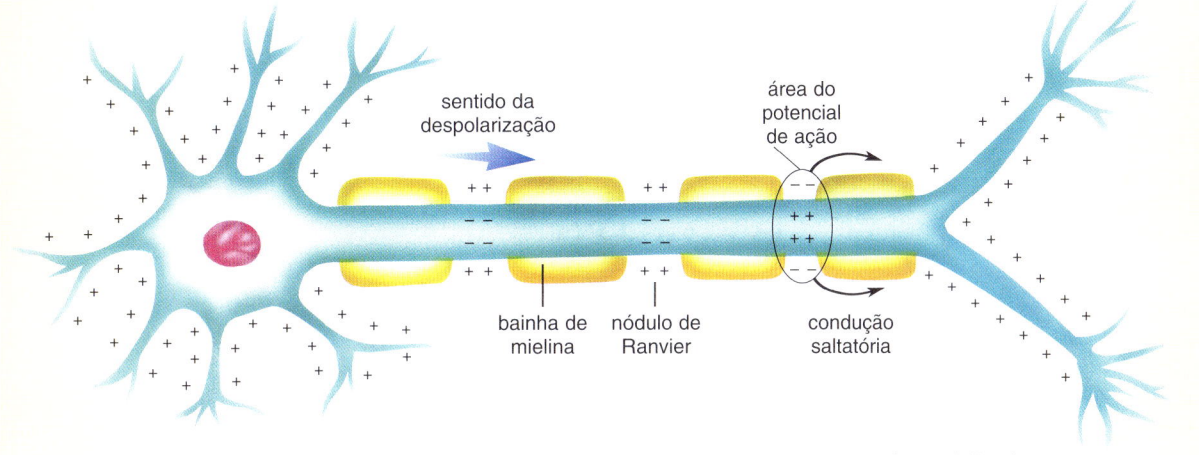

Na condução saltatória, que ocorre em neurônios mielinizados, a condução acontece "aos pulos" na região dos nódulos de Ranvier.

Períodos refratários

Enquanto o impulso nervoso está se propagando, a membrana celular – na região imediatamente anterior ao impulso – está despolarizada: quer dizer, após a passagem do impulso, o axônio deve recuperar aos poucos a sua polaridade, o que ocorre depois de certo intervalo de tempo durante o qual o neurônio não é excitável, por maior que seja o estímulo. Dizemos que, durante esse curto intervalo de tempo, o neurônio é refratário a novo estímulo. Perceba que a repolarização é iniciada a partir da extremidade que se despolarizou primeiro. Isso significa que haverá parte do neurônio já repolarizada, enquanto o restante ainda não está. Nesse momento, embora o neurônio não esteja totalmente repolarizado, é possível, com estímulo mais forte que o primeiro, fazer com que ele se despolarize.

Lei do tudo ou nada

Nem todo estímulo que atinge o neurônio é capaz de gerar potenciais de ação, ou seja, nem todo estímulo despolariza a membrana, originando um impulso. Para que isso aconteça, é necessário que o estímulo atinja certo valor a partir do qual a despolarização seja conseguida. Esse valor é denominado **limiar de excitação** ou **de estimulação** e o estímulo leva o nome de **estímulo limiar**. Estímulos subliminares não provocam resposta. Em resumo, ou o estímulo não consegue atingir o limiar de excitação e não gera impulso, ou é suficiente para atingir o limiar e gera impulso, sendo que aumentos sucessivos da intensidade do estímulo não mudarão a magnitude ou a velocidade do impulso, nem a intensidade da resposta obtida. Esse fenômeno obedece à chamada *lei do tudo ou nada*.

Fique por dentro!

Alguns neurônios, em vez de responder a estímulos aplicados constantemente, acabam sofrendo o que se denomina de *acomodação*. Eles acabam se "acostumando" com os estímulos, não mais respondendo a eles. Isso se aplica muito aos órgãos sensoriais. É o que acontece, por exemplo, quando ouvimos música com um volume muito alto. De início, o som é irritante. Progressivamente, porém, ocorre uma acomodação dos receptores auditivos e o volume exagerado acaba passando despercebido.

Sinapses: Neurônios em Comunicação

A comunicação do axônio de um neurônio com o corpo celular ou dendritos do outro, ou mesmo com a membrana de uma célula muscular, ocorre através de uma região conhecida como **sinapse** (do grego, *synapsis* = = ação de juntar). Nesta, uma diminuta fenda sináptica de aproximadamente 20 nm separa as duas células (veja a Figura 29-5). A mensagem do axônio é liberada na forma de **mediadores químicos**, também conhecidos como **neurotransmissores** ou **neuro-hormônios**, substâncias químicas que entram em contato com receptores localizados nas membranas pós-sinápticas e desencadeiam uma alteração no comportamento do segundo neurônio ou célula muscular. Os neurotransmissores mais conhecidos no sistema nervoso dos vertebrados são a **acetilcolina** e a **noradrenalina** (ou **epinefrina**).

Fique por dentro!

Além da acetilcolina e da noradrenalina (ou epinefrina), vários outros neurotransmissores são hoje conhecidos. Entre eles, podemos citar as dopaminas e as endorfinas. Teores aumentados de dopaminas podem estar relacionados à esquizofrenia, enquanto a diminuição é comum nos casos de mal de Parkinson. Endorfinas são neurotransmissores associados ao aprendizado e à memória, sendo também ativas em ocasiões em que se realizam exercícios físicos. Também se relacionam à supressão da dor de cabeça.

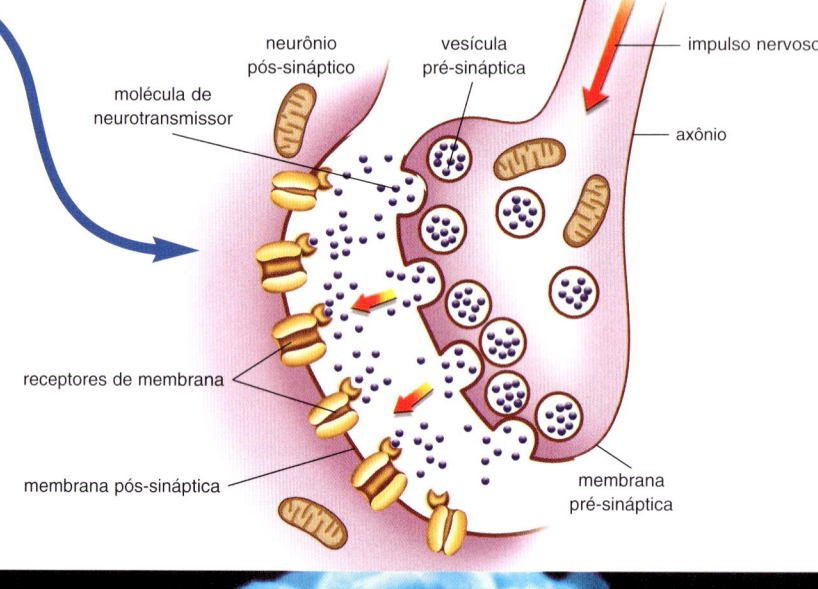

Figura 29-5. Na sinapse, uma diminuta fenda permite a liberação e a ação de mediadores químicos do axônio de um neurônio sobre o corpo celular ou dendritos de outro.

Sinapses, coloridas artificialmente, entre terminações de axônios de várias células nervosas (em azul) e o corpo celular de outro neurônio (em laranja). Os "botões terminais" são conhecidos como botões sinápticos.

Arco Reflexo: Um Trabalho em Conjunto

Nenhum outro tecido ilustra tão bem o conceito de trabalho em equipe quanto o tecido nervoso. A transmissão de informação pelas células nervosas lembra uma verdadeira *corrida de revezamento*, em que um neurônio fica conectado a outro, cada qual executando determinado papel no circuito por eles organizado. Três tipos de neurônio podem ser reconhecidos com relação à atividade que desempenham:

- **neurônios sensoriais:** transmitem impulsos dos receptores sensoriais (por exemplo, nos órgãos dos sentidos) aos outros neurônios do percurso;
- **neurônios de associação (interneurônios):** recebem a mensagem dos neurônios sensoriais, processam-na e transferem um comando para as células nervosas seguintes do circuito. Alguns circuitos nervosos podem não ter esse tipo de neurônio;
- **neurônios efetores (ou motores):** são os que transmitem a mensagem para as células efetuadoras de resposta, isto é, células musculares ou glandulares que respondem por meio de contração ou secreção, respectivamente.

> Dos cerca de 10 bilhões de neurônios existentes no sistema nervoso humano, cerca de 90% são interneurônios.

Suponha que você leve uma pancada no joelho, logo abaixo da rótula ou patela (nomes dados a um osso que fica na frente do joelho). A pancada estimula um receptor localizado no interior do músculo da coxa (o quadríceps). Esse receptor está ligado aos dendritos de um **neurônio sensorial** – aferente –, também chamado de neurônio sensitivo, que recebe a mensagem e a encaminha para o corpo celular e, deste, para o axônio. Por sua vez, o axônio do neurônio sensorial estabelece uma sinapse com um **neurônio motor** – eferente (um neurônio de resposta). O axônio do neurônio motor é conectado ao músculo quadríceps e encaminha a resposta "mexa-se". De imediato, esse músculo se contrai e você movimenta a perna. Perceba que o ato de mexer a perna para a frente envolve o trabalho de apenas dois neurônios: o sensorial e o motor. No entanto, para que isso possa acontecer, é preciso que o músculo posterior da coxa permaneça relaxado. Então, ao mesmo tempo, o axônio do neurônio sensorial estabelece uma sinapse com um **interneurônio** (neurônio de associação) que, por sua vez, faz uma conexão com um segundo neurônio motor. O axônio desse neurônio motor se dirige para o músculo posterior da coxa, inibindo a sua contração (veja a Figura 29-6).

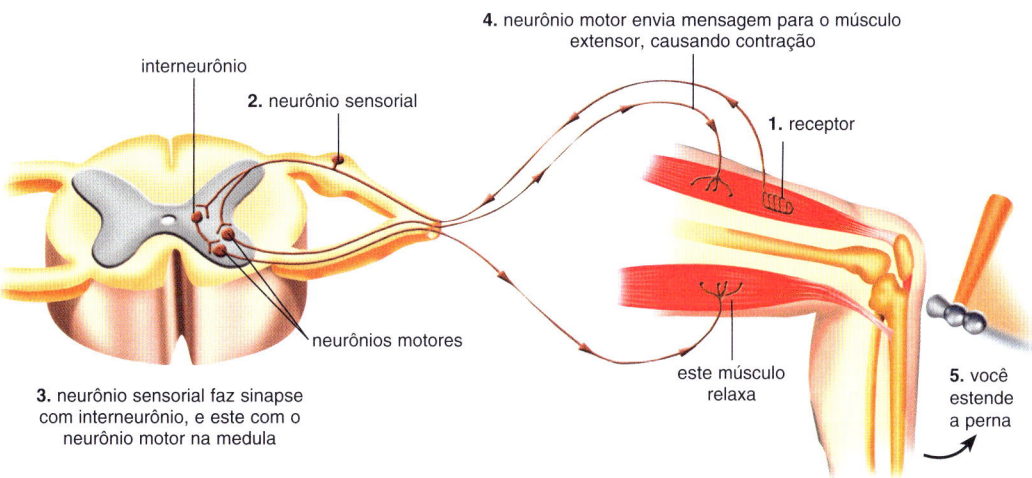

Figura 29-6. Esquema de arco reflexo. Dele participam receptores, neurônio sensorial, interneurônio e neurônio motor.

A ORGANIZAÇÃO DO SISTEMA NERVOSO

Dois grandes componentes fazem parte do sistema nervoso humano: sistema nervoso central (SNC) e sistema nervoso periférico (SNP).

O sistema nervoso central é formado pelo **encéfalo** e pela **medula espinhal**. O encéfalo é composto de vários órgãos, entre eles os dois **hemisférios cerebrais** (conjuntamente conhecidos como "cérebro"), o **diencéfalo**, o **cerebelo** e o **bulbo**. O encéfalo e a medula espinhal são os locais para onde são encaminhadas todas as informações captadas pelo organismo, quer se originem no meio externo, quer surjam no próprio organismo. São também os centros de processamento dessas informações e de elaboração de respostas.

O sistema nervoso periférico inclui os **receptores** espalhados pelo corpo, além dos **gânglios nervosos** e **todos os nervos** que chegam aos órgãos centrais trazendo informações ou que deles se originam, levando respostas.

Em resumo, o sistema nervoso compreende, de acordo com sua localização:

- sistema nervoso
  - central
    - encéfalo: cérebro, diencéfalo, cerebelo e bulbo
    - medula espinhal
  - periférico
    - receptores
    - nervos
    - gânglios

Sistema Nervoso Central (SNC)

Nosso SNC é protegido por caixas ósseas. O **crânio** envolve o encéfalo, enquanto a medula espinhal corre pelo interior dos orifícios existentes nas vértebras da **coluna vertebral**. **Meninges** (do grego, *meningos* = membrana) são membranas semelhantes a capas que envolvem os órgãos do sistema nervoso central. A mais externa, em contato com as caixas ósseas, é a **dura-máter**. A intermediária é a **aracnoide**. A interna, em contato direto com os delicados órgãos centrais, é a **pia-máter**. Entre a aracnoide e a pia-máter existe um espaço no qual corre o líquido cefalorraquidiano (ou cerebroespinhal), o líquor.

> A meningite meningocócica é uma doença na qual as meninges são atingidas por meningococos, bactérias que provocam infecção e inflamação das meninges.

Principais órgãos do sistema nervoso central

Bulbo

O bulbo (ou medula oblonga) é o órgão que está em contato direto com a medula espinhal, é via de passagem de nervos para os órgãos localizados mais acima (veja a Figura 29-7). No bulbo estão localizados corpos celulares de neurônios que controlam funções vitais, como os batimentos cardíacos, o ritmo respiratório e a pressão sanguínea. Também contém corpos celulares de neurônios relacionados ao controle da deglutição, da tosse e do vômito.

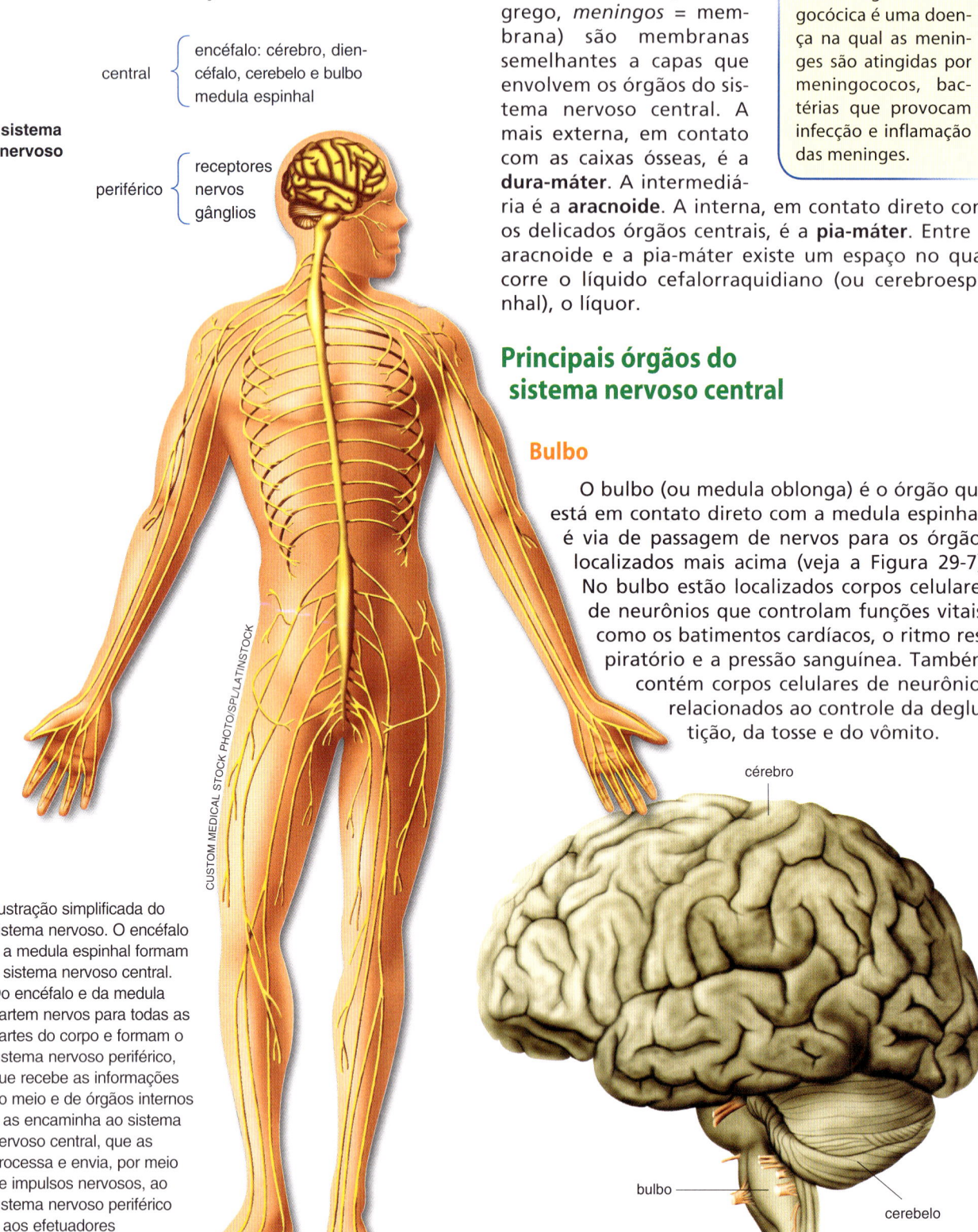

Ilustração simplificada do sistema nervoso. O encéfalo e a medula espinhal formam o sistema nervoso central. Do encéfalo e da medula partem nervos para todas as partes do corpo e formam o sistema nervoso periférico, que recebe as informações do meio e de órgãos internos e as encaminha ao sistema nervoso central, que as processa e envia, por meio de impulsos nervosos, ao sistema nervoso periférico e aos efetuadores de respostas.

Figura 29-7. Principais órgãos do sistema nervoso central.

Cerebelo

Órgão que regula o equilíbrio e a postura corporal no ambiente. Está ligado a receptores periféricos, localizados no ouvido interno (labirinto), que enviam mensagens aos centros de controle do equilíbrio localizados no cerebelo. O sucesso de um equilibrista que cruza dois prédios, apoiado em um simples fio esticado entre eles, depende de uma boa atividade cerebelar.

> O álcool interfere nas funções cerebelares, o que é fácil notar em pessoas que abusam da bebida.

Diencéfalo

Órgão encefálico formado principalmente pelo **tálamo** e **hipotálamo** (veja a Figura 29-8). O hipotálamo contém centros de controle da temperatura corporal, do apetite, da sede, do sono e de certas emoções. Principal intermediário entre o sistema nervoso e o sistema hormonal, o hipotálamo está ligado à hipófise, principal glândula endócrina. Quando o hipotálamo detecta alterações no corpo, libera neurotransmissores que atuam sobre a hipófise. Por sua vez, esta libera ou inibe a secreção de seus próprios hormônios que regulam diversas atividades metabólicas.

Fique por dentro!

Animais que sobem em árvores, voam, nadam e executam complexas atividades que requerem um perfeito equilíbrio durante os movimentos corporais possuem *cerebelo* bem desenvolvido. É o que acontece com as aves, os peixes e os mamíferos. Lesões no cerebelo de uma ave, por exemplo, conduzem à total incapacidade de voar. Anfíbios e répteis em geral, que passam a maior parte do tempo imobilizados, possuem cerebelo pouco desenvolvido.

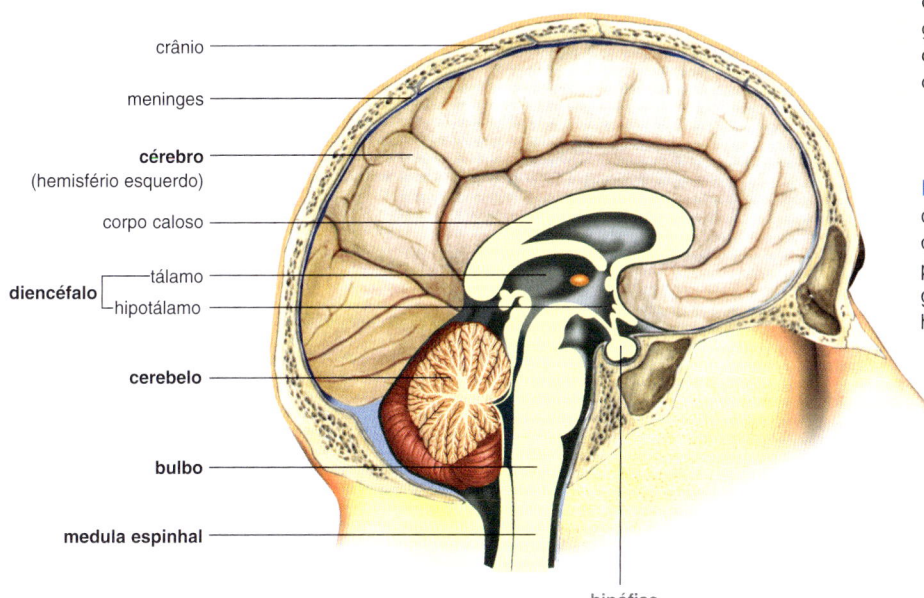

Figura 29-8. Principais estruturas do sistema nervoso central. Observe que o crânio é uma caixa óssea que protege o encéfalo. A hipófise é uma glândula que pertence ao sistema hormonal.

Cérebro

É o centro do intelecto, da memória, da consciência e da linguagem. Controla as nossas sensações e funções motoras. Cerca de 70% das células nervosas do encéfalo estão localizadas no cérebro, a parte mais desenvolvida do nosso sistema nervoso e que é separada em dois hemisférios, unidos um ao outro por uma região conhecida como corpo caloso. Cada hemisfério cerebral, por sua vez, possui inúmeras invaginações chamadas **sulcos**.

Sulcos mais profundos dividem cada hemisfério em quatro regiões denominadas **lobos**: o *frontal*, o *parietal*, o *temporal* e o *occipital* (veja a Figura 29-9). O sulco central é o mais acentuado e separa os lobos frontal e parietal.

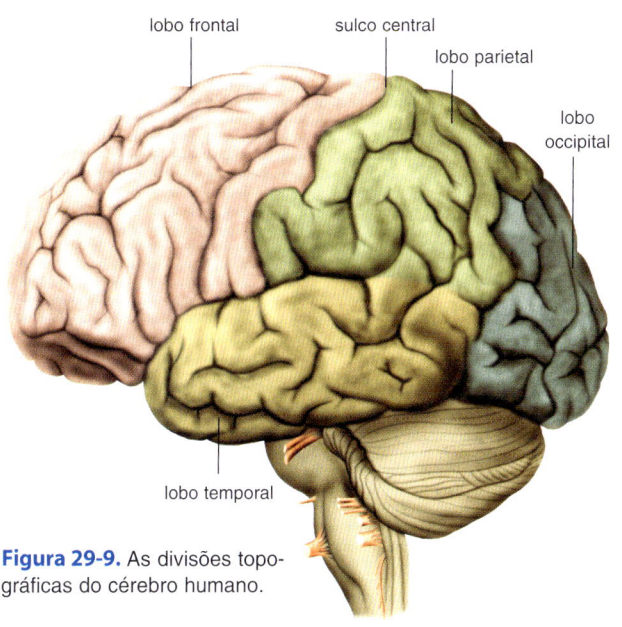

Figura 29-9. As divisões topográficas do cérebro humano.

Córtex Cerebral

A superfície do cérebro, de 2 mm a 4 mm de espessura, é conhecida como **córtex cerebral**, e consiste de várias camadas de corpos celulares de milhões de neurônios, dando a essa região uma coloração acinzentada, de onde vem a denominação *substância cinzenta* do cérebro.

As fibras (axônios e dendritos) dos neurônios que saem e chegam ao córtex cerebral estão localizadas mais internamente, e constituem a *substância branca* do cérebro, em função da existência de mielina que envolve essas fibras.

Medula Espinhal

Cortada transversalmente, a medula espinhal revela uma estrutura em forma de H que corresponde à substância cinzenta e onde estão localizados corpos celulares de neurônios. Externamente a esse H medular fica a substância branca, composta de fibras mielinizadas que levam informações às partes superiores do SNC e de outras que trazem as respostas destinadas aos órgãos motores (veja a Figura 29-10). Note que a disposição interna da substância cinzenta e externa da substância branca é o oposto da encontrada no cérebro.

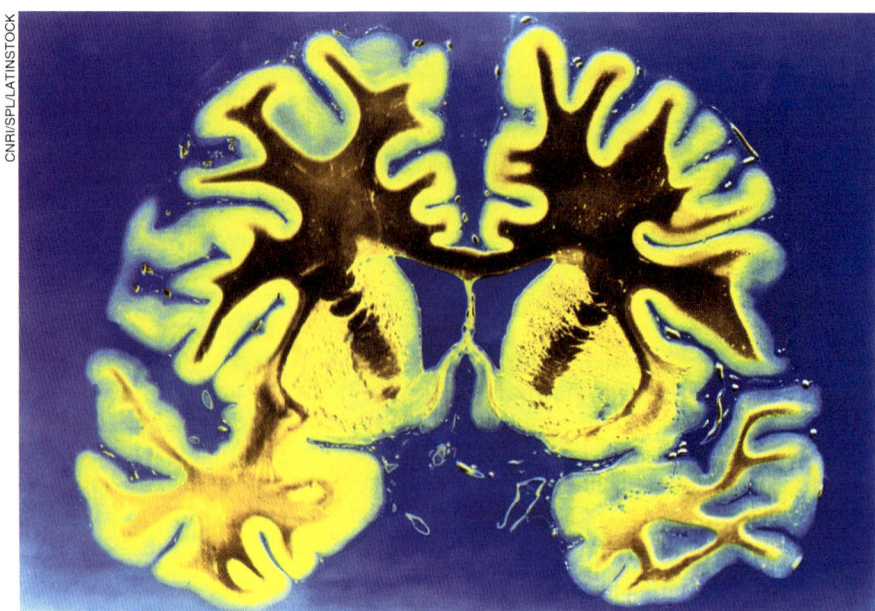

Secção transversal de cérebro, colorida artificialmente para salientar as estruturas: em amarelo, córtex cerebral, formado por substância cinzenta, onde se concentram corpos celulares dos neurônios; em marrom, substância branca formada pelas fibras (prolongamentos) dos neurônios.

Saiba mais

As áreas funcionais do cérebro

O córtex dos lobos cerebrais é o local de controle das atividades vitais – sensoriais e motoras – do nosso organismo.

Córtex do lobo	Regula a(s)
Frontal	Emoções e a agressividade.
Parietal	Informações sensoriais relacionadas a calor, frio, pressão e toque.
Vários lobos	Memória, fala, aprendizagem, linguagem, comportamento e personalidade.
Occipital	Visão.
Temporal	Audição.

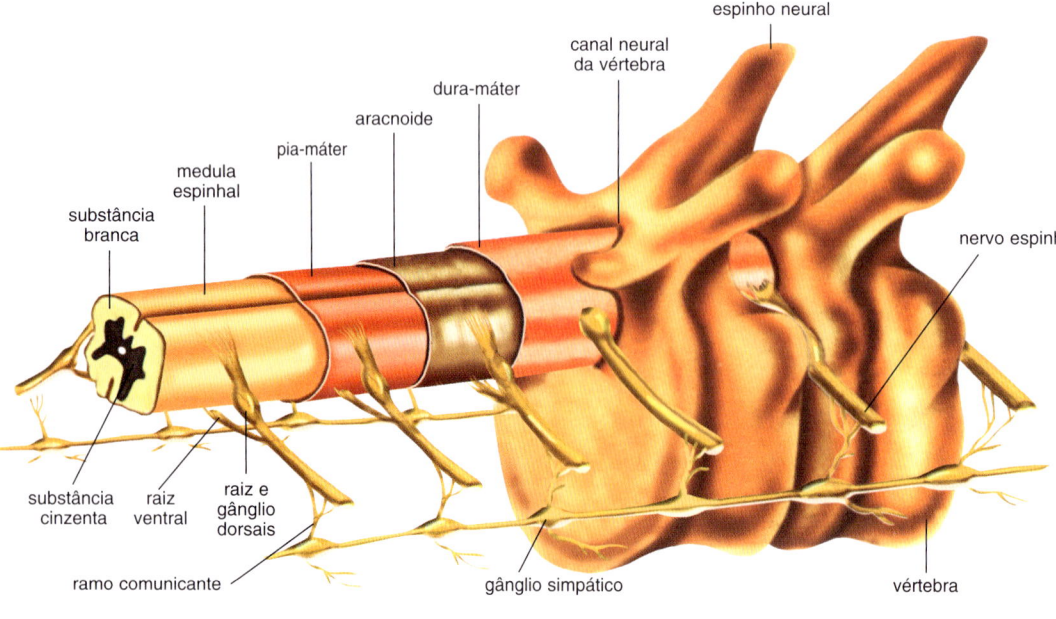

Figura 29-10. Medula espinhal: note o H medular e as raízes dorsal e ventral dos nervos medulares. As meninges (pia-máter, aracnoide e dura-máter) protegem a medula espinhal. No espaço da aracnoide corre o líquor.

Ao longo da medula, há 31 pares de nervos. Cada nervo está ligado à medula como um "Y", isto é, apresenta duas raízes: uma *raiz dorsal* na qual existe um gânglio (dilatação), que contém os corpos celulares de neurônios sensoriais provenientes da periferia do corpo; e uma *raiz ventral* pela qual emergem feixes de axônios de neurônios motores, cujos corpos celulares estão situados na substância cinzenta da medula. Essas duas raízes se juntam formando o "cabo" único do "Y", percorrido tanto pelos feixes sensitivos como pelos feixes motores.

Fique por dentro!

Em acidentes envolvendo lesões da medula, todo cuidado é necessário na remoção da vítima. Em caso de lesões que afetem a região cervical (do pescoço) pode ocorrer secção da medula com conseqüente *tetraplegia*, isto é, paralisia total dos membros superiores e inferiores. Essa infeliz ocorrência costuma ser comum em nadadores desavisados que, ao saltarem em piscinas ou lagos, batem com a cabeça em regiões rasas, provocando fraturas da coluna vertebral que, muitas vezes, causam lesões irreversíveis na medula.

Saiba mais

Miguel Nicolelis

Nascido em São Paulo, Miguel Nicolelis formou-se em Medicina pela Universidade de São Paulo e está à frente de um dos grandes laboratórios de pesquisa nos Estados Unidos (o Duke's Center for Neuroengineering, da Universidade de Duke). Reconhecido internacionalmente e considerado pela *Scientific American* como um dos vinte cientistas mais influentes do mundo, suas pesquisas foram publicadas na *Science* e na *Nature*, duas das maiores revistas científicas.

Em seu livro *Muito além do nosso eu*, Miguel Nicolelis explica os avanços da neurociência e o que está sendo feito em termos de comunicação cérebro-máquina. Relata os trabalhos desenvolvidos com macacos que demonstraram a possibilidade de conectar tecido nervoso vivo com próteses ou ferramentas artificiais. O objetivo de sua equipe é possibilitar aos paralíticos restaurar sua mobilidade. Para isso, os cientistas que integram o consórcio científico internacional *The Walk Again*, do qual é um dos fundadores, estão empenhados na construção da "veste robótica" (criada pelo roboticista Gordon Cheng, professor da Universidade Técnica de Munique) da qual falamos na abertura deste capítulo. Essa "roupa" permitirá que os próprios pacientes controlem seus membros, sua postura e sua movimentação, tudo determinado por seus próprios pensamentos.

Ilustração do exoesqueleto de corpo inteiro a ser utilizado pelo projeto *Andar de Novo* (cortesia do doutor Gordon Cheng, Universidade Técnica de Munique). In: NICOLELIS, M. *Muito além do nosso eu*. São Paulo: Companhia das Letras, 2011, p. 474.

Sistema Nervoso Periférico (SNP)

É a parte do sistema nervoso localizada fora do encéfalo e da medula espinhal. É constituído por **receptores sensoriais**, **nervos** e **gânglios**. Os receptores estão espalhados pelo corpo e sua função é captar informações originadas do ambiente, ou em órgãos internos. Essas informações são passadas para neurônios sensoriais que entram na medula espinhal pela raiz dorsal. A medula espinhal processa a informação e dela emergem, pela raiz ventral, neurônios motores, que atingirão órgãos musculares, provocando a movimentação do organismo.

Quando você fica na frente de um aparelho de TV acionando o controle do seu *videogame*, você está pondo em funcionamento o seu sistema nervoso somático. Quando, porém, se trata de estimular o seu estômago a produzir suco digestivo para atuar nos alimentos que você comeu, entra em ação o sistema nervoso autônomo.

A porção do sistema nervoso periférico que regula o nosso contato com o meio externo e a movimentação da musculatura esquelética de todo o corpo (juntamente com o encéfalo e a medula) constitui o **sistema nervoso somático**, também conhecido como **sistema nervoso voluntário**, **não autônomo** ou **da vida de relação**.

É a porção do sistema nervoso que nos põe em contato com o mundo, com a realidade das coisas. Costuma-se dizer que essa porção do nosso sistema nervoso regula as ações que estão sob o controle da nossa vontade, ou seja, ações voluntárias.

O trabalho das glândulas do nosso corpo e dos órgãos dos sistemas digestivo, circulatório, respiratório e excretor é regulado pela porção do sistema nervoso periférico conhecida como **sistema nervoso autônomo**. Costuma-se dizer que essa porção do nosso sistema nervoso regula as ações que não estão sob controle da nossa vontade, ou seja, as ações involuntárias. É importante ressaltar que os centros de controle autônomo situam-se no sistema nervoso central, especificamente na base do encéfalo e na medula.

Sistema nervoso somático

Sensações de toque, paladar, odor e luz estão relacionadas com nosso sistema nervoso periférico.

Vários nervos (sensoriais, motores ou mistos) fazem parte do sistema nervoso somático. Do encéfalo, cerca de **doze pares** de nervos, conhecidos como **nervos cranianos**, inervam a cabeça e o pescoço (órgãos dos sentidos, musculatura, dentes, faringe). Alguns desses nervos são formados apenas por fibras sensitivas (como o olfativo); outros são formados por fibras motoras (como o motor ocular, por exemplo) e há, ainda, os mistos (como o facial, por exemplo). O 10.º par de nervos cranianos, chamado nervo vago, constitui uma exceção no conjunto de nervos cranianos por conter apenas fibras envolvidas com controle involuntário: inerva os pulmões, coração, esôfago, estômago e intestino. Já os **nervos medulares** (**raquidianos** ou **espinhais**) são em número de **trinta e um pares** e todos são mistos, isto é, formados por feixes de fibras sensoriais e motoras. Porém, ainda nesse caso, esses nervos também servem como vias para a saída de fibras do sistema nervoso autônomo, que partem dos centros localizados na medula.

Sistema nervoso autônomo (SNA)

O sistema nervoso autônomo controla as atividades involuntárias, como, por exemplo, os batimentos cardíacos, peristaltismo do tubo digestório etc.

A respiração, digestão, circulação, excreção e reprodução funcionam perfeitamente bem, sem qualquer esforço consciente. Portanto, todos os órgãos desses aparelhos estão sob controle do **sistema nervoso autônomo**. No entanto, o termo autônomo pode dar a impressão de que funciona independentemente do controle do sistema nervoso central, o que nem sempre é verdade. Quando interrompemos os movimentos respiratórios durante um mergulho, estamos exercendo um controle voluntário sobre uma função que, *a priori*, é comandada pelo SNA.

O sistema nervoso autônomo divide-se em dois ramos: **simpático** e **parassimpático**. Ambos são formados por nervos, sendo que os nervos simpáticos liberam noradrenalina como mediador químico nas sinapses, enquanto os nervos parassimpáticos liberam acetilcolina. Seus efeitos são opostos: assim, por exemplo, o efeito da estimulação simpática acelera o ritmo do músculo cardíaco, enquanto a estimulação do parassimpático provoca uma diminuição do ritmo cardíaco.

Os centros de controle do simpático situam-se na medula e, do parassimpático, nas partes do encéfalo mais próximas da medula (como, por exemplo, o bulbo) e na porção sacral da própria medula.

A maioria dos principais órgãos internos do corpo está inervada por nervos dos dois sistemas. Observe na Tabela 29-1 as principais funções do sistema nervoso autônomo e repare que nem sempre os nervos simpáticos são estimuladores e os parassimpáticos inibidores; é o caso do peristaltismo, em que o simpático provoca diminuição e o parassimpático, aumento do processo. Os efeitos do simpático fazem-se notar especialmente nas situações de emergência e de estresse.

> ### Saiba mais
>
> ### Reflexos inatos e reflexos adquiridos
>
> Se passarmos suavemente o dedo no rosto de uma criança recém-nascida, ela vira o rosto e simula com os lábios um movimento de sucção. Esse ato reflexo, entre outros, aparece nos seres vivos desde o nascimento e sem ele seria difícil a sobrevivência. Podemos classificá-lo como pertencente aos *reflexos inatos*, aqueles com os quais nascemos e que nos adaptam à sobrevivência no ambiente. Alguns desses reflexos são controlados apenas pela medula, enquanto outros ficam sob controle do cérebro. Um reflexo inato dependente do controle cerebral é o movimento das nossas pálpebras. Sem percebermos, as pálpebras abaixam e levantam dezenas de vezes ao longo do dia, atividade que independe da vontade e é controlada por centros superiores do nosso cérebro.
>
> Ao longo da nossa vida adquirimos, por treinamento e condicionamento, uma série de reflexos. Dirigir um automóvel, por exemplo, depende da atuação perfeita dos pés nos pedais de embreagem, freio e acelerador. Esse e outros *reflexos adquiridos* fazem parte da nossa vida diária.

Tabela 29-1. Principais ações dos sistemas simpático e parassimpático em alguns órgãos.

Local de atuação	Parassimpático	Simpático
Olhos	Contrai pupila.	Dilata pupila.
Glândulas salivares	Estimula salivação.	Inibe salivação.
Coração	Retarda os batimentos.	Acelera os batimentos.
Brônquios	Contrai.	Relaxa.
Estômago e pâncreas	Estimula.	Inibe.
Fígado	Inibição da quebra de glicogênio.	Aumento da quebra de glicogênio.
Rins		Estimula intensa constrição dos vasos sanguíneos renais, diminuindo a produção de urina.
Bexiga urinária	Contrai.	Relaxa.
Órgãos genitais	Estimula.	Inibe.

Saiba mais

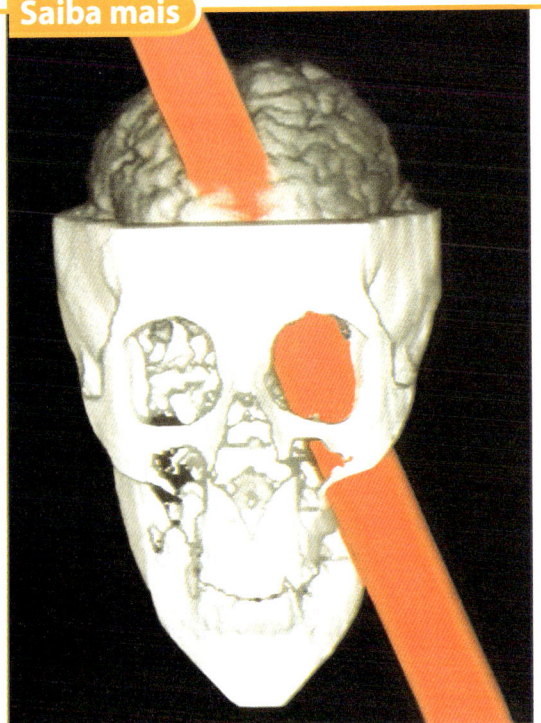

Um acidente revelador

Um exemplo impressionante de como a estrutura física do cérebro está relacionada com a personalidade foi, acidentalmente, dado por Phineas Gage em 1848. Um terminal explosivo que ele estava preparando foi disparado prematuramente. A explosão atirou contra a cabeça de Phineas uma barra de metal medindo mais de 1 metro e pesando 6 quilos, atingindo os dois lobos frontais de seu cérebro. Incrivelmente, ele levantou-se, foi até a cidade e disse ao médico local: "– Há aqui bastante trabalho para você". Embora Gage tenha sobrevivido por muitos anos depois do acidente, sua personalidade mudou radicalmente. Antes do acidente, Gage era conscencioso, trabalhador e bem relacionado. Após sua recuperação, tornou-se impetuoso, irreverente e incapaz de trabalhar para alcançar um objetivo. Pesquisas subsequentes ligaram o lobo frontal à expressão de emoções, controle da agressão e habilidade de trabalhar por recompensas posteriores.

Fonte: AUDESIRK, T. & AUDESIRK, G. *Biology – Life on Earth.* 5. ed. New Jersey: Prentice-Hall, 1999.

Com base nos estudos do crânio de Phineas Gage, os cientistas chegaram à reconstrução, por computador, do caminho feito pela barra de metal que foi atirada contra sua cabeça pela explosão. Ele sobreviveu, mas os dois hemisférios do lobo frontal foram grandemente atingidos.

> **Pense nisso**
>
> **Depressão – um estado em que a sensação da existência é penosa**
>
> Problemas com o sono, alterações no peso, dores de cabeça, opressão no peito, distúrbios intestinais diários, pouco interesse pela vida sexual. Sentimento confuso em relação às outras pessoas, um sentimento de descompasso junto aos familiares, aos amigos, no trabalho. Dificuldades para se concentrar, problemas de memória.
>
> Todos esses sinais e sintomas poderiam levar à conclusão de que o indivíduo está em uma fase de "baixo astral" e que, quando as "coisas" mudarem, ele voltará a ter um comportamento normal e a se sentir bem.
>
> Infelizmente, os sintomas citados acima revelam uma depressão, distúrbio da mente e do corpo, mas para o qual, felizmente, existem tratamentos médico e psicológico que podem reverter esse quadro. Muitas vezes, medicamentos que atuam em neurotransmissores fazem o ajuste necessário para minimizar o estado depressivo.
>
> Também há fatores genéticos ligados à depressão – pesquisadores perceberam que a influência genética é mais acentuada na depressão grave do que na leve, e são mais relevantes nos jovens do que nos idosos deprimidos.
>
> Naturalmente, acontecimentos na vida – como morte na família, divórcio, aposentadoria, insegurança financeira, sucesso a qualquer preço etc. – também podem funcionar como um gatilho para o estado de depressão.
>
> Diante de um quadro depressivo, é preciso buscar ajuda médica para aliviar o sofrimento do indivíduo.

ÓRGÃOS DOS SENTIDOS

Há várias maneiras de classificar os órgãos dos sentidos. Uma delas leva em conta a localização dos estímulos:

- **receptores de contato:** informam a respeito de estímulos que incidem sobre a superfície do organismo. São enquadrados nesse tipo os receptores de pressão (táteis), térmicos (termorreceptores) e químicos (quimiorreceptores);
- **receptores de distância:** informam a respeito de estímulos que se desenvolvem sem estarem em contato direto com o organismo: luz, som e alguma substância química (olfato);
- **proprioceptores:** os que fornecem informações a respeito do próprio organismo (equilíbrio, postura, dor etc.).

Quanto aos proprioceptores, é importante lembrar a existência de receptores desse tipo em vertebrados e invertebrados.

Receptores de Contato

Formados por células espalhadas ou localizadas, recebem estímulos específicos de pressão, térmicos e químicos, enviando-os a centros superiores de comando do organismo.

A língua de muitos vertebrados possui grupos de células, organizadas em *papilas gustativas* (ou gustatórias), responsáveis pelo reconhecimento do sabor de determinadas substâncias, evidentemente em solução aquosa (veja a Figura 29-11)

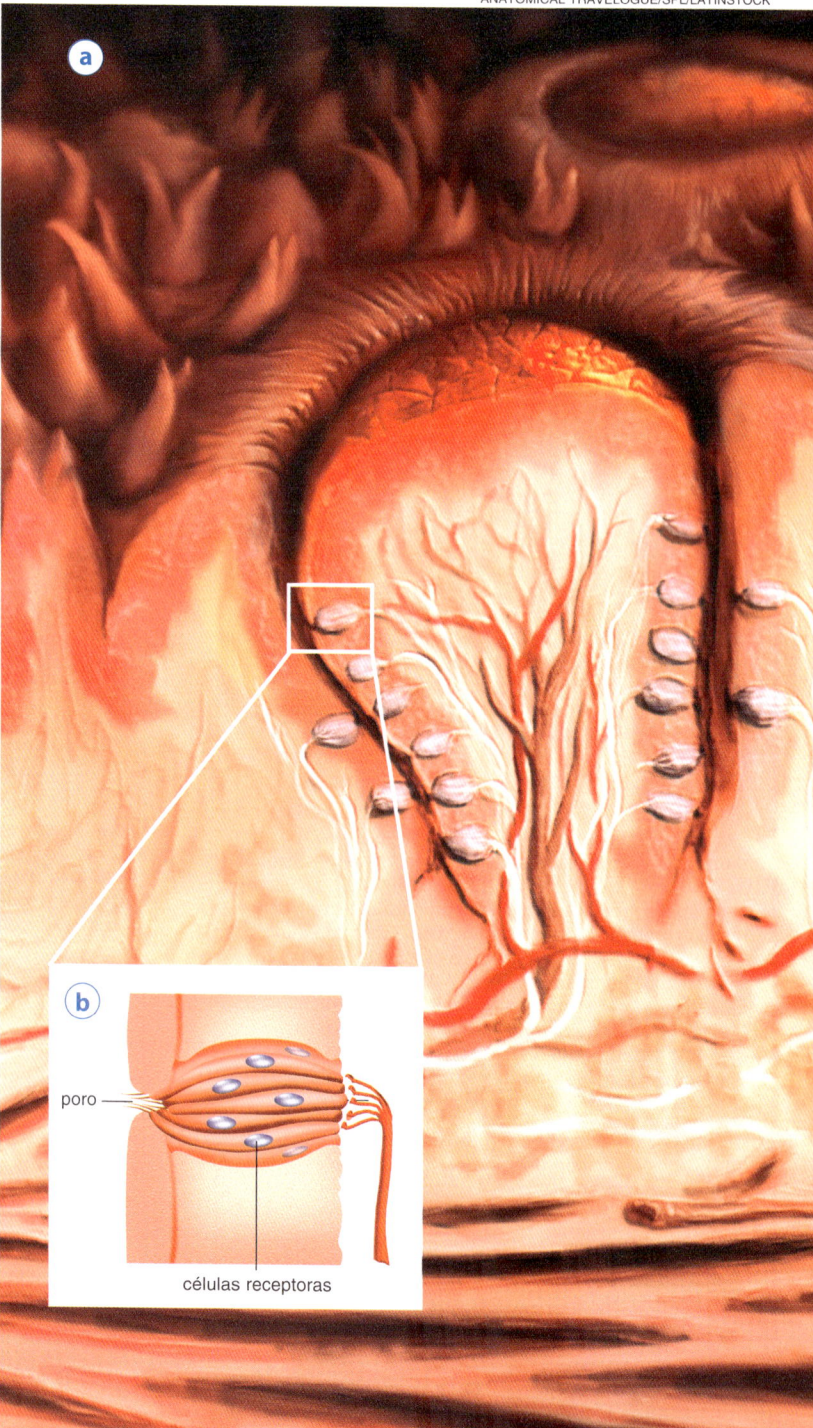

Figura 29-11. (a) Superfície da língua em que se encontram papilas de diferentes formatos e tamanhos. Nelas encontram-se os (b) botões gustativos com as células quimiorreceptoras.

Receptores de Distância

Os receptores olfativos

O epitélio olfativo localizado nas fossas nasais da maioria dos vertebrados, por exemplo, é dotado de células especializadas na captação de odores de vários tipos, mesmo em concentrações muito pequenas.

Saiba mais

Olfato e gustação: um ajuda o outro

Admite-se, hoje, que a língua humana é capaz de distinguir cinco sabores básicos: *amargo*, *doce*, *azedo*, *salgado* e *umami* (este último relacionado ao reconhecimento de aminoácidos ou seus derivados, como, por exemplo, o monoglutamato de sódio, utilizado em culinária para realçar o sabor dos alimentos). Esses sabores são reconhecidos por *papilas gustativas* (ou gustatórias), localizadas em determinados locais da superfície da língua. Por sua vez, cada papila é constituída de *botões gustativos* repletos de *células receptoras* de sabor. Um modelo atualmente sugerido para a ação dessas células propõe que, no botão gustativo, existe uma mistura delas, cada qual responsável pelo reconhecimento de um sabor. Descobertas recentes sugerem não haver uma região preferencial na língua para o reconhecimento de cada sabor. Ou seja, a resposta para as cinco modalidades básicas deve ocorrer em todas as áreas da língua (veja a figura ao lado).

Na verdade, o sabor final de uma substância é devido à ação conjunta desses receptores associados aos receptores olfativos e térmicos. No teto das fossas nasais, o epitélio olfativo registra os diferentes tipos de odores, **de alimentos**, por exemplo, que chegam ao nosso corpo, **integrando-os aos alimentos** por nós ingeridos e dando uma noção do tipo de substância que está chegando ao nosso organismo. Ao contrário dos receptores gustativos, que reconhecem basicamente cinco sabores, nosso epitélio olfativo é capaz de reconhecer uma grande diversidade de substâncias na forma gasosa, cerca de 50. Essa capacidade nos habilita não só a selecionar o que é útil para a nossa nutrição e deleite, como, também, para evitar substâncias tóxicas que poderiam pôr em risco nossa saúde.

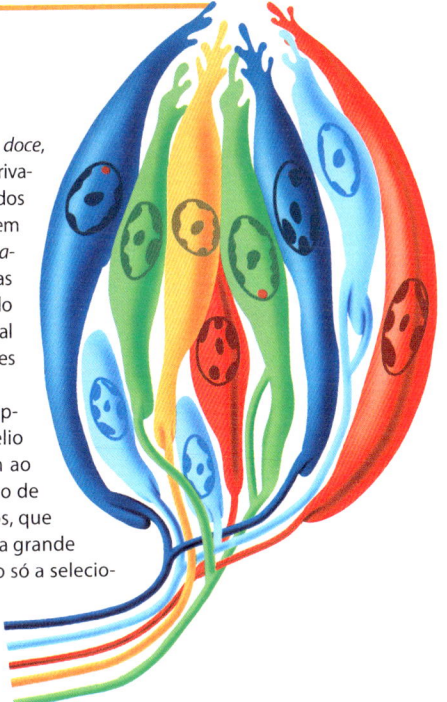

Os receptores de luz

Praticamente todos os animais possuem mecanismos para reconhecer luz. Poucos, porém, têm olhos. Na base de qualquer estrutura receptora de estímulos luminosos, entretanto, existem pigmentos fotossensíveis que, ao serem atingidos por radiações de determinados comprimentos de onda, sofrem modificações energéticas, transmitindo-as a células sensitivas. Nos cnidários medusoides, encontram-se grupos de células dotadas de pigmentos que simplesmente reconhecem a existência de luz. A partir daí, na escala zoológica, observam-se estruturas cada vez mais complexas.

Sempre que existe olho na escala animal, sua estrutura assemelha-se bastante à de um cálice voltado para o interior do corpo, sendo a superfície coberta pela epiderme ou cutícula. Qualquer olho funciona como se fosse uma máquina fotográfica. Na superfície interna do cálice existem células pigmentadas ligadas a sensitivas, que levam informações a centros superiores (veja a Figura 29-12).

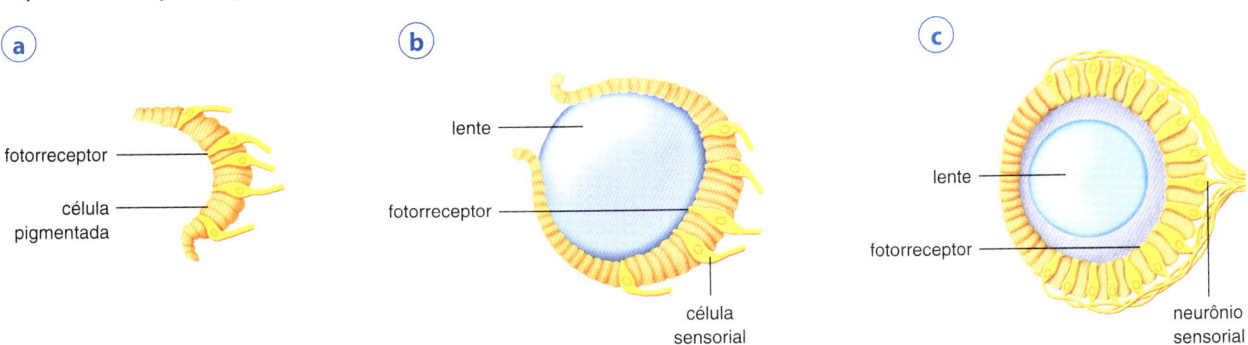

Figura 29-12. Cortes através de olhos primitivos: (a) e (b) gastrópodes; (c) oligoqueto.

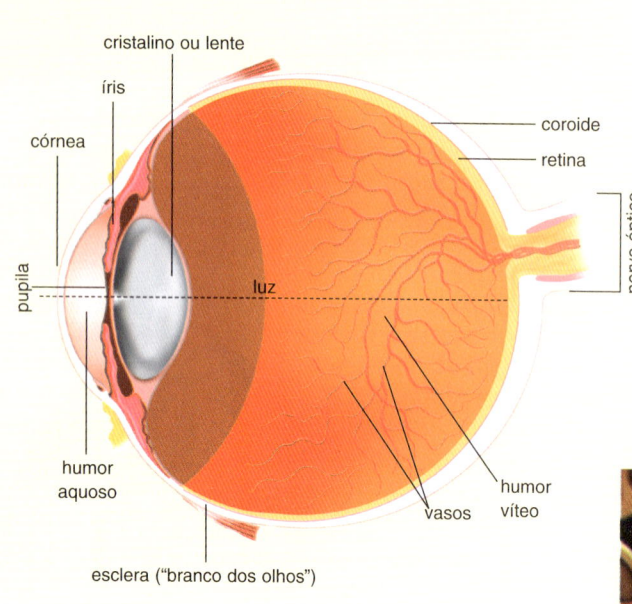

Figura 29-13. Secção transversal de olho humano.

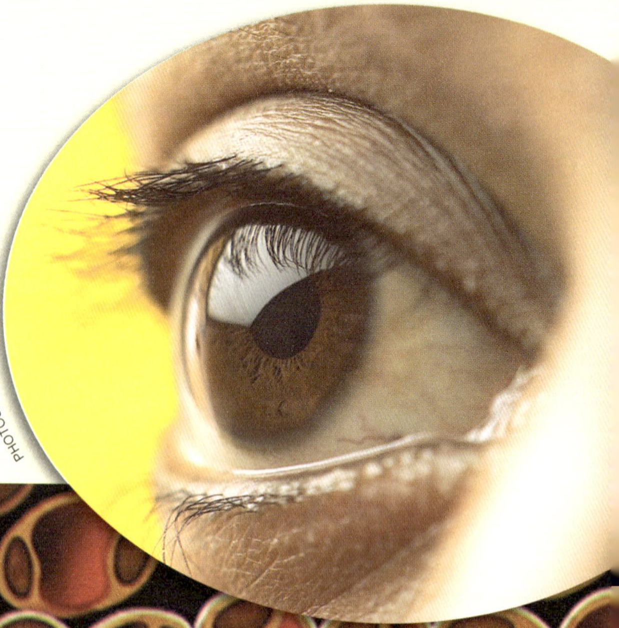

De modo geral, na frente do olho existe uma **córnea** (veja a Figura 29-13), membrana epitelial protetora e transparente. A seguir, há um músculo, a íris, que funciona como se fosse um diafragma de máquina fotográfica. O orifício central é a **pupila**. A íris possui fibras musculares lisas dispostas em círculo e radialmente. O diâmetro da pupila é regulado pela ação conjunta desses músculos, de acordo com a luminosidade do ambiente, ajustando, assim, a quantidade de radiação luminosa que incide sobre a parte sensível do globo ocular.

A variação do diâmetro da pupila regula a quantidade de luz que incide no interior do olho. Em seguida vem uma lente, o **cristalino** ou **lente**, ligada a músculos que regulam a sua curvatura, o que é importante para o mecanismo de focalização de objetos. Junto com a córnea e com líquidos que existem no olho, essa lente constitui o meio a ser atravessado pela luz, no caminho em direção a uma camada contendo células pigmentadas, chamada **retina**.

Na retina, dois tipos de células que contêm pigmentos em seu interior chamam a atenção: os *cones* e os *bastonetes*. Os bastonetes existem em maior quantidade na periferia da retina e são estimulados com luz de baixa intensidade. É frequente dizer que são usados para visão no escuro e não registram cores. Os cones, por sua vez, ocorrem principalmente na região central da retina e seu estímulo depende de altas intensidades luminosas, reconhecem cores e diz-se que são células utilizadas quando há claridade (veja a Figura 29-14).

Praticamente no centro da retina há uma pequena área circular em que há grande concentração de cones e poucos bastonetes, chamada **fóvea**.

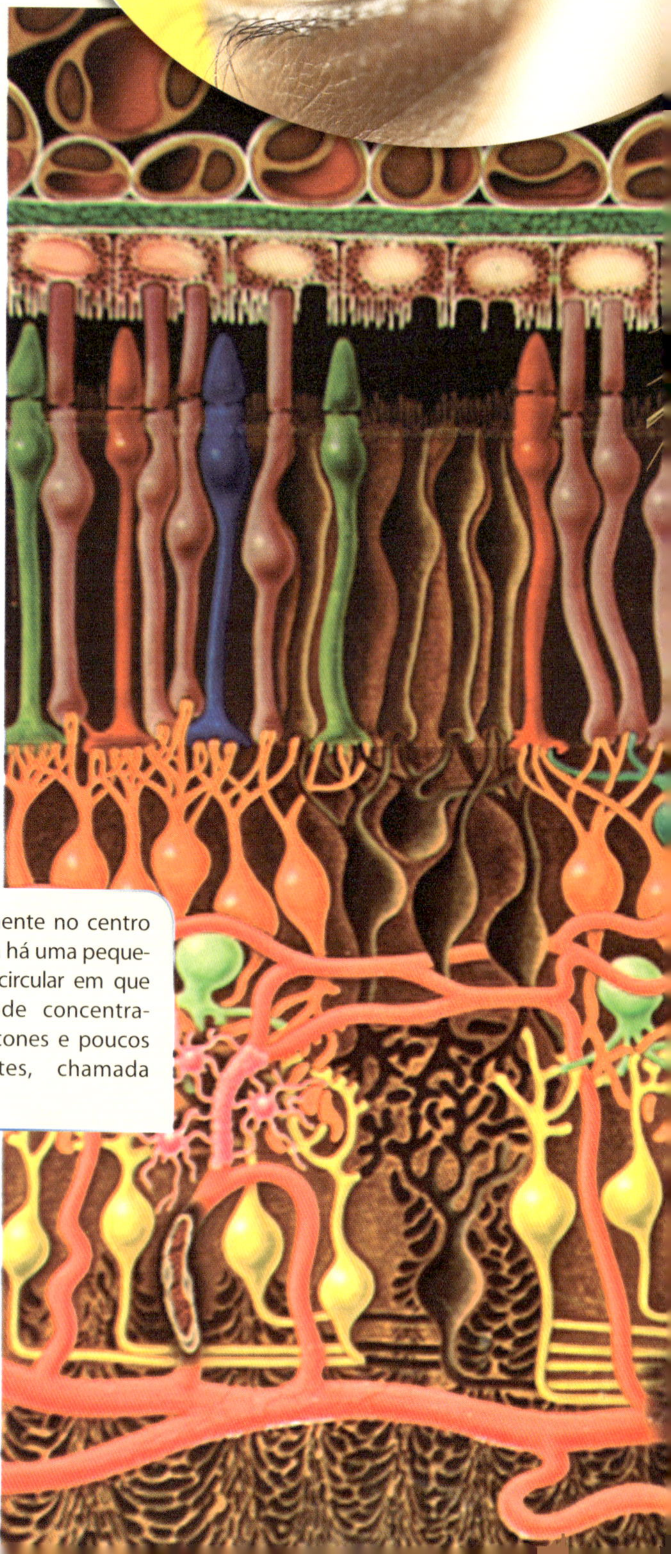

Figura 29-14. Esquema ilustrando a estrutura da retina, em que podem ser vistos o epitélio pigmentado (em verde) e as células fotorreceptoras (bastonetes e cones). Os cones (em vermelho, verde e azul) estão relacionados com a visão de cores e os bastonetes (em rosa) auxiliam a visão em ambientes mais escuros. Células nervosas (em laranja) transmitem os impulsos ao cérebro.

Quando os pigmentos são estimulados, eles geram modificações energéticas que são transmitidas a células sensitivas, cujos prolongamentos se reúnem, formando o **nervo óptico**. Este conecta-se com o cérebro, conduzindo os impulsos para determinada área do lobo occipital, onde as informações são decodificadas e as imagens são reconhecidas.

Observe que no ponto de onde sai o nervo óptico em direção ao cérebro não há bastonetes ou cones – portanto, nesse local não há formação de imagens, sendo chamado de **ponto cego**.

Saiba mais

Entre os artrópodes, há dois tipos de olho: **simples** (conjuntos de células fotossensíveis) e **compostos**. Os olhos compostos, comuns nos insetos, são assim chamados por serem constituídos por unidades menores, os **omatídios**. Cada omatídio é um tubo contendo células pigmentadas e um eixo, que recebe o estímulo luminoso e o envia a uma célula sensitiva. Vários omatídios compõem uma estrutura esférica, e cada um deles é responsável por um pedaço da imagem do objeto que o inseto enxerga.

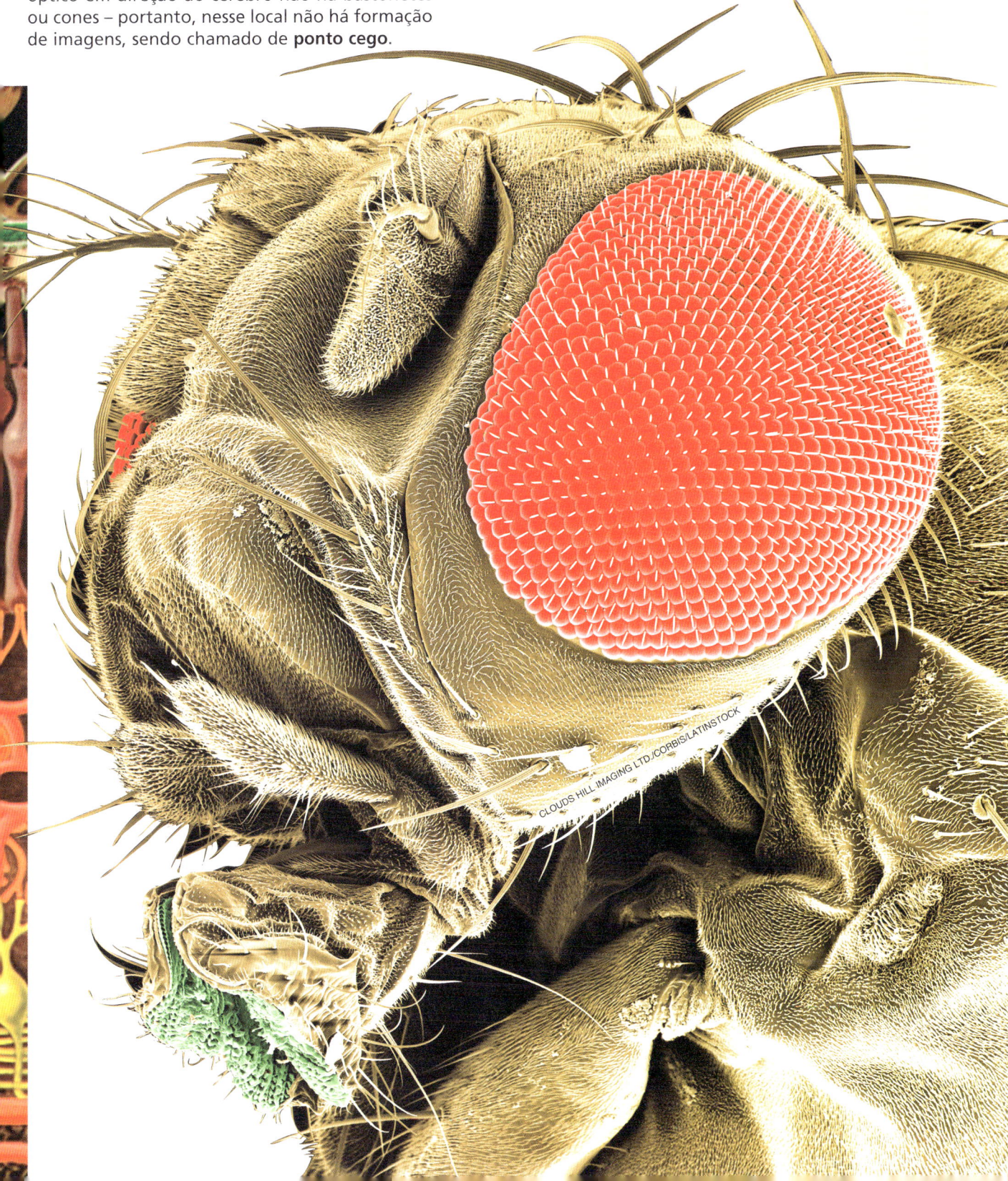

Os receptores de ondas sonoras

Nos ouvidos (ou orelhas) do homem, as ondas sonoras atingem a **membrana timpânica** (ou tímpano), fazendo-a vibrar (veja a Figura 29-15). A vibração é transmitida por meio de três ossículos existentes no ouvido médio (ou orelha média) – o *martelo*, a *bigorna* e o *estribo* – à **cóclea** (um dos componentes do ouvido interno, ou orelha interna), assim chamada por ser parecida com a concha de um caracol. Da cóclea, a mensagem é conduzida pelo nervo auditivo até o cérebro, na região do lobo temporal.

A principal característica da audição humana é a sua possibilidade de detectar ondas sonoras, distinguir e analisar diferentes frequências (tons) e também determinar a direção de onde vem o som.

Nem todos os vertebrados possuem ossículos auditivos. Nos anfíbios, répteis e aves, por exemplo, o que existe é um osso só. Na maioria dos vertebrados, a cóclea é pouco desenvolvida, com exceção de aves e mamíferos. E quase todos possuem membrana timpânica.

> O homem é capaz de ouvir sons de frequências entre 16 Hz e 20.000 Hz. Os cães são capazes de ouvir até 30.000 Hz, enquanto os morcegos podem tanto ouvir como produzir sons de até 100.000 Hz.

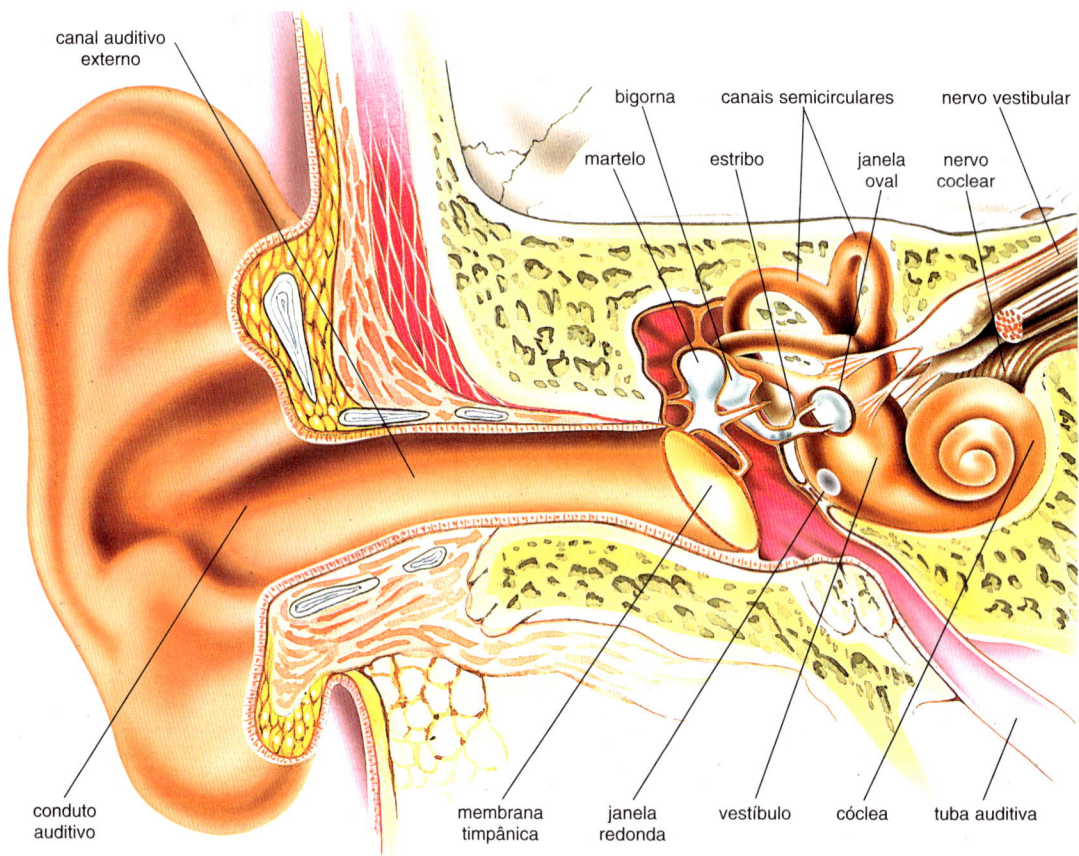

Figura 29-15. Esquema de ouvido (ou orelha) humano, destacando-se a membrana timpânica, os ossículos do ouvido médio e os componentes do ouvido interno (cóclea e canais semicirculares).

Os proprioceptores

Os mais importantes são os relacionados ao equilíbrio. Nos mamíferos, o ouvido interno possui, ligados à cóclea, três canais semicirculares dispostos perpendicularmente um ao outro. No interior de cada um há um líquido e concreções calcárias, os **otólitos**. Normalmente, essas pedrinhas ocupam posições características no interior dos canais. Fibras sensitivas registram as informações dos deslocamentos dos otólitos, o que pode ser obtido pela mudança de posição da cabeça. A sensação de desequilíbrio surge principalmente quando a posição normal dos otólitos é afetada.

A Linha Lateral dos Peixes

É comum verificar, principalmente em ambos os lados de peixes ósseos, a existência de uma linha mais escura que o resto do corpo, chamada **linha lateral**. A análise dessa linha mostra que, de intervalo a intervalo, há orifícios que conduzem a um canal onde há grupamentos de células sensitivas relacionadas ao reconhecimento da mudança de pressão da água, bem como de vibrações de baixa frequência (veja a Figura 29-16). As fibras que partem dessas células formam um nervo que se liga ao sistema nervoso central, de modo que a alteração de pressão na água seja prontamente reconhecida, fazendo o peixe mudar sua posição no meio.

Figura 29-16. Sistema de linha lateral em peixe ósseo.

Termorreceptores e Eletrorreceptores

A atividade de caça noturna de muitas cobras peçonhentas envolve uma adaptação que facilita o encontro de presas: a **fosseta loreal**. Situada a meio caminho entre a narina e o olho, a fosseta loreal é dotada de receptores de calor e pode localizar, por exemplo, um roedor situado a distâncias de 1 a 2 m. Os pernilongos e outros insetos possuem mecanismos de percepção do calor irradiado por suas vítimas. Em muitos deles, variações de cerca de 0,5 °C são captadas por receptores localizados nas antenas.

Em mamíferos, terminações nervosas localizadas na pele e na língua detectam mudanças de temperatura. Além delas, receptores de temperatura localizados no hipotálamo detectam variações da temperatura corporal, integrando-se aos receptores de temperatura localizados na superfície externa do organismo. Esse reconhecimento é fundamental para a geração de mecanismos de regulação térmica existentes em animais homeotermos, como é o caso do homem.

Em muitos peixes, existem órgãos receptores de correntes elétricas emanadas do meio ambiente. Esses receptores são ligados aos neurônios que correm pela linha lateral e auxiliam a recepção de corrente elétrica em meios em que a olfação e a visão ficam prejudicadas pela turvação da água. Alguns peixes, como arraias e enguias, possuem verdadeiros órgãos geradores de corrente elétrica, úteis na paralisação de presas e no combate a possíveis inimigos.

Ética & Sociedade

É preciso pensar com a própria cabeça

Muito se tem falado a respeito do efeito das drogas no organismo, a maior parte das vezes no intuito de alertar sobre as consequências de seu uso. Em primeiro lugar, vamos estabelecer em que contexto estamos considerando a palavra "droga". Ela tanto pode ser um princípio ativo, ou seja, uma substância que acarreta uma reação orgânica benéfica – como o componente de um remédio, por exemplo –, como pode se referir a uma substância que provoca o entorpecimento da consciência e dos sentidos. E é neste sentido que estamos usando esta palavra.

Ao lado da violência, da conduta sem limites para conseguir dinheiro para comprar as drogas, da dependência, do sofrimento que advém quando passa o seu efeito e da escravidão – no sentido exato da palavra – que gera no usuário, é preciso raciocinar, enquanto a droga ainda não tomou conta de nosso cérebro e inutilizou nossa capacidade de pensar. Leia a tabela a seguir e analise os efeitos de cada droga. Observe se as sensações que produzem são agradáveis ou desagradáveis.

Agora, responda: você se operaria com um médico sob efeito de cocaína? Voaria com um piloto sob os efeitos do *crack*? Andaria de carro com um motorista "viajando" com LSD? Por quê?

É bom lembrar que um usuário de droga é um indivíduo que precisa de ajuda profissional e há várias clínicas especializadas que fazem um bom trabalho no sentido de recuperá-lo e afastá-lo definitivamente do caminho das drogas. Acreditar que dominamos a droga e que não nos tornaremos dependentes dela é como acreditar em contos de fadas: o final soa feliz, mas é bem pouco verdadeiro... É compreensível que o grupo exerça pressão, e durante toda a nossa vida isto acontece. Mas ninguém pode nos forçar a fazer algo que, de fato, não queremos fazer.

Na vida, cada um escolhe o caminho que quer trilhar – e é responsável por ele!

Droga	Fonte	Efeitos
Álcool	• Etanol produzido por fermentação.	• Em doses baixas (um ou dois *drinks* leves), atua como estimulante. • Em doses maiores, entorpece o raciocínio, a coordenação, a memória e a visão. • Altas doses podem levar ao coma e à morte por problemas respiratórios.
Anfetaminas	• Drogas sintéticas, desenvolvidas como coadjuvantes para regimes de emagrecimento.	• Provocam sensação de euforia e estado de alerta. • Aceleram os batimentos cardíacos, aumentam a pressão sanguínea, ocasionam náuseas e irritabilidade. Cansaço ao final da "viagem". • A overdose varia brutalmente de pessoa para pessoa, sendo que reações agudas podem ocorrer com 2 mg, levando a convulsões, problemas cardíacos, coma e morte.
Cafeína	• Alcaloide encontrado no café, chá, sementes de *Cola vera* e de guaraná. Muitas vezes encontrado em bebidas energéticas e remédios para gripe.	• Atua como estimulante. Em pequenas doses, como uma xícara de café (cerca de 150 mg), aumenta o estado de alerta. Acelera os batimentos cardíacos e o ritmo da respiração, além de aumentar a produção de urina. • Altas doses levam à sensação de ansiedade. • A dose fatal está em torno de 10 g.
Cocaína e crack	• Alcaloides extraídos das folhas de coca (*Erythroxylon coca*), planta nativa dos Andes.	• Uma dose rapidamente conduz à sensação de autoconfiança e energia, o que dura aproximadamente 45 minutos. Depois, sobrevêm o cansaço e a melancolia. Aceleram o ritmo cardíaco e respiratório. • A dose fatal varia de indivíduo para indivíduo, mas foram constatados casos de morte com pequena quantidade da droga.
Ecstasy	• Derivado de anfetamina.	• Sentimentos de euforia, energia e desejo de contato com outras pessoas, além de alucinações auditivas, seguidas por letargia e depressão. • Pode ser letal em virtude do aumento da temperatura e da desidratação que acarreta, ou por falência dos órgãos do sistema excretor.
Alucinógenos	• Um grande número de compostos sintéticos faz parte desse tipo de droga. As mais usadas são as do grupo do LSD.	• Alucinações auditivas e visuais (as superfícies ondulam e tremem, as cores tornam-se mais intensas), sinestesia (um estímulo provoca uma sensação que viria de outro tipo de estímulo), distorção do tempo, alteração da personalidade. Objetos são vistos com sua forma alterada. A experiência pode ser aterrorizante. Depois, sobrevêm a fadiga e um sentimento de desligamento.
Maconha e haxixe	• Folhas, brotos, flores e resinas da planta *Cannabis sativa*, originária da Ásia Central. Normalmente, fumam-se suas folhas e brotos. Sua resina seca é conhecida como haxixe.	• Em pequenas quantidades, podem oferecer sensação de bem-estar, porém interferem com a memória e aumentam desesperadamente o apetite. São frequentes as sensações de náusea, ansiedade e paranoia. Afeta espermatozoides, reduzindo a fertilidade.
Opiáceos	• Resinas extraídas da papoula (*Papaver somniferum*). Incluem alcaloides como a morfina, heroína e metadona.	• A heroína pode induzir sensação de euforia e bem-estar. Passado seu efeito, sobrevêm náusea, constipação intestinal, intensa sudorese, coceira, diminuição nos ritmos cardíaco e respiratório. • A dose fatal varia de indivíduo para indivíduo, mas têm sido constatados casos de morte com doses pequenas.
Tabaco	• Extraída das folhas secas da planta de tabaco (*Nicotiana tabacum*), nativa da América do Sul. As folhas podem ser fumadas ou mascadas. O principal ingrediente ativo é o alcaloide nicotina.	• Estimulante, aumenta o estado de alerta, a energia e a memória. Paradoxalmente, também são relatados efeitos de relaxamento. Aumenta a pressão sanguínea e a taxa respiratória. Diminui o apetite. Em altas doses pode causar alucinação, náusea, vômito e morte. • Seu uso constante leva ao desenvolvimento de enfisema pulmonar e câncer.

Baseado em: Drugs. The Intoxication Instinct. *New Scientist*, London, v. 184, n. 2.473, p. 32-41, 13 Nov. 2004.

Passo a passo

1. Explique o significado de rede nervosa difusa.
2. Qual a vantagem da cefalização observada pela 1.ª vez nos platelmintos?
3. Cite o nome do filo cujos representantes são dotados de tubo nervoso dorsal.
4. O sistema nervoso e o têm hormonal basicamente a mesma função. Que função é essa? E qual a diferença entre os dois?
5. Esquematize um neurônio e compare com a Figura 29-2 da página 603.
6. Qual a diferença entre potencial de repouso e potencial de ação dos neurônios?
7. É possível associar a velocidade de condição do impulso nervoso com os nódulos de Ranvier? Justifique a resposta.
8. Qual o nome da região que comunica o axônio de um neurônio com os dendritos do outro neurônio?
9. Cite quatro neurormônios ou mediadores químicos que agem na sinapse.
10. Qual a função dos neurônios sensoriais, motores e associativos (interneurônios) no arco reflexo?
11. Cite as duas principais estruturas que constituem o sistema nervoso central.
12. Onde se localizam as meninges? E qual a sua função?
13. Cite o nome do órgão do encéfalo que controla os batimentos cardíacos, o ritmo respiratório e a pressão sanguínea.
14. Cite o nome do órgão que regula o equilíbrio e a postura corporal no ambiente.
15. Qual a diferença entre a substância branca e a substância cinzenta?
16. Cite o nome dos dois ramos que constituem o sistema nervoso autônomo.
17. Cite e explique a função dos dois ramos do S.N.A. em relação ao coração.
18. É correto afirmar que os dois ramos do S.N.A. agem do mesmo modo no coração e no estômago? Justifique a resposta.
19. A respeito da figura abaixo, identifique a alternativa verdadeira.

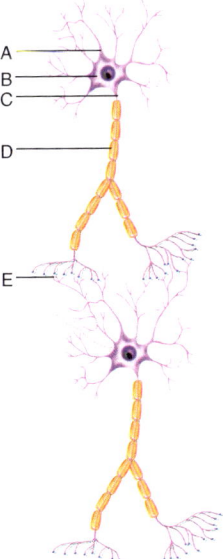

   a) *A* envia neurotransmissores para um dendrito.
   b) *B* é um corpo celular.
   c) *C* é a bainha de mielina.
   d) *D* é um axônio.
   e) *E* é a região de transmissão de neurotransmissores de um dendrito para axônio.

20. Assinale **V** para as afirmações verdadeiras e **F** para as falsas.
   a) Em estado de repouso, o neurônio encontra-se polarizado.
   b) Durante a propagação do impulso nervoso ocorre rápida saída de íons de sódio do axônio.
   c) O impulso nervoso é caracterizado pela despolarização da membrana plasmática.
   d) A repolarização retoma o estado de repouso do neurônio.
   e) Para ocorrer o impulso nervoso há utilização de ATP.

21. Levando em conta a localização dos estímulos, cite os tipos dos órgãos de sentidos, exemplificando cada um.

22. É correto afirmar que o sabor dos alimentos depende exclusivamente da gustação? Justifique a resposta.

23. Quais são os cinco sabores básicos que a língua humana distingue?

24. Esquematize um corte transversal de olho humano. Compare-o com a Figura 29-13 da página 616.

25. A respeito da estrutura e funcionamento do olho humano, responda às perguntas abaixo:
   a) Qual o nome da estrutura do branco dos olhos?
   b) Qual a função do cristalino?
   c) Onde se localizam os fotopigmentos que absorvem determinados comprimentos de onda (cones e bastonetes)?
   d) Qual o nome do nervo que conduz os impulsos até a "região da visão" do cérebro?
   e) Esquematize um olho normal vendo um objeto, uma miopia, miopia corrigida, hipermetropia e hipermetropia corrigida.

26. A respeito da estrutura e funcionamento do ouvido, responda às perguntas abaixo:
   a) Qual a função da membrana timpânica?
   b) Cite o nome dos três ossículos localizados no ouvido médio.
   c) Onde está localizada a cóclea?
   d) Qual o nome do nervo que conduz as mensagens provenientes da cóclea até a "região da audição" do cérebro?
   e) Qual a função dos três canais semicirculares dispostos perpendicularmente um ao outro?

27. Indique as alternativas corretas e dê sua soma ao final. A respeito das estruturas indicadas pelas setas:

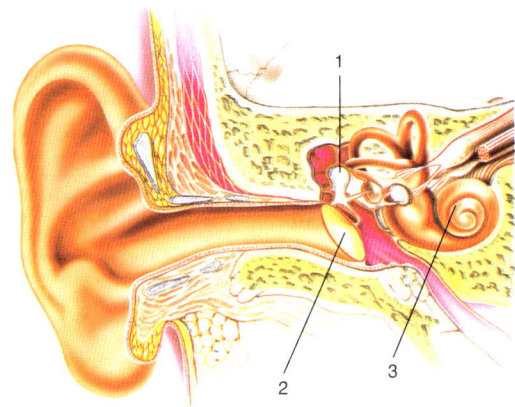

(01) 1 é constituído por três ossos: estribo, martelo e bigorna.
(02) 2 recebe as ondas mecânicas do ar.
(04) 3 possui células sensitivas relacionadas com o equilíbrio corporal.
(08) 1 transmite vibrações para o osso chamado tímpano.
(16) 3 está diretamente ligado à membrana timpânica.

28. Ao pisar descalço sobre um prego, você provavelmente terá uma sensação de dor. Imediatamente o seu joelho dobra e consequentemente você levanta o pé. Esse ato chama-se reflexo de flexão, porque provoca o dobramento da perna. Esse tipo de reflexo ocorre com participação do cérebro? Justifique a resposta.

29. Muitos reflexos são inatos, isto é, um indivíduo pode efetuá-los assim que ele nasce. Um exemplo é o reflexo causado por uma pancada no joelho, logo abaixo da rótula. Um outro exemplo é o fechamento imediato dos olhos, isto é, os músculos das pálpebras são ativados quando um objeto se aproxima de seu rosto a uma certa velocidade. Pergunta-se: É possível mudar um reflexo inato? Justifique a resposta.

30. *Questão de interpretação de texto*

(FMTM – MG) A figura representa o encéfalo humano em vários ângulos.

O grande número de circunvoluções (dobras sinuosas) do encéfalo humano garante

a) uma extensa região de substância cinzenta, que representa uma grande área cortical, rica em corpos celulares.
b) um maior número de arcos reflexos, permitindo maior rapidez nas atividades motoras e reflexas.
c) uma menor área com neurônios sensitivos e motores, organizando melhor o número de conexões entre neurônios.
d) uma grande distribuição de nervos raquidianos ou espinhais, evitando, assim, paralisias e movimentos involuntários.
e) uma rica área com dendritos e axônios dos neurônios, permitindo maior acuidade visual, atividade motora e formação de longos nervos raquidianos.

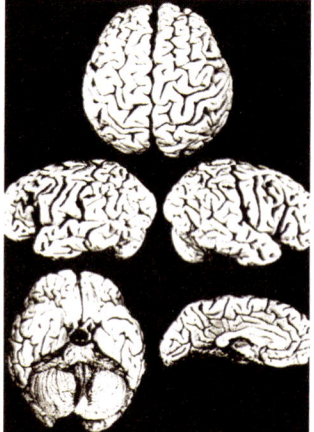

Questões objetivas

1. (UFRGS – RS) O que platelmintos e moluscos possuem em comum?
a) o sistema respiratório
b) a presença de celoma
c) o tipo de sustentação
d) o sistema digestivo
e) a ocorrência de cefalização

2. (UFPE) Assinale a alternativa que completa corretamente a afirmação: "O impulso nervoso apresenta duas etapas chamadas de despolarização e repolarização, causadas, respectivamente, por:
a) entrada de íons sódio e saída de cloro."
b) entrada de íons potássio e saída de sódio."
c) entrada de íons cloro e saída de sódio."
d) entrada de íons potássio e saída de cloro."
e) entrada de íons sódio e saída de potássio."

3. (UFF – RJ) Os sais minerais são de importância vital para o bom funcionamento de diversos processos fisiológicos, sendo necessária a reposição da concentração de cada íon para que seja mantida a homeostasia do organismo. O gráfico e a tabela abaixo mostram a concentração e algumas atividades biológicas de três íons em seres humanos.

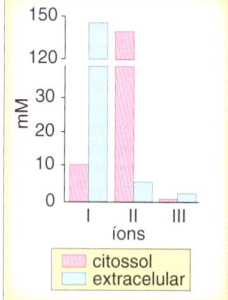

Atividade Biológica	Íon envolvido
Condução nervosa	I, II
Contração muscular	III
Coagulação	III

Analisando o gráfico e a tabela anterior, pode-se afirmar que os íons representados por I, II e III são, respectivamente:
a) Ca^{+2}, Na^+ e K^+
b) Na^+, K^+ e Ca^{+2}
c) K^+, Ca^{+2} e Na^+
d) K^+, Na^+ e Ca^{+2}
e) Na^+, Ca^{+2} e K^+

4. (UFAM) A membrana plasmática separa dois compartimentos bem distintos quanto à composição iônica: o meio intracelular e o meio extracelular. Isso somente é possível devido à característica de semipermeabilidade da membrana. Como consequência, um gradiente eletroquímico é mantido e utilizado pelas células para a geração e propagação de sinais elétricos. Das afirmativas abaixo, assinale a alternativa **INCORRETA** em relação à geração do potencial de ação nas células nervosas.

a) A despolarização da membrana coincide com a abertura total dos canais de K^+ regulados por voltagem.
b) A despolarização da membrana coincide com a abertura dos canais de Na^+ regulados por voltagem.
c) A inativação dos canais de Na^+ regulados por voltagem e a abertura dos canais de K^+ regulados por voltagem marcam o início da repolarização da membrana.
d) O potencial de ação é o resultado de alterações na permeabilidade da membrana que levam a um aumento do potencial transmembrana celular (mais positivo).
e) A ação da proteína Na^+/K^+ ATPase em bombear 3 Na^+ para fora e 2 K^+ para dentro da célula contribui para restabelecer o gradiente elétrico de repouso.

5. (MACKENZIE – SP) Algumas drogas utilizadas no tratamento de alguns tipos de depressão agem impedindo a recaptação do neurotransmissor serotonina, no sistema nervoso central. Assinale a alternativa correta.

a) Neurotransmissores são substâncias que agem no citoplasma do corpo celular dos neurônios, provocando o surgimento de um impulso nervoso.

b) Numa sinapse, os neurotransmissores são liberados a partir de vesículas existentes nos dendritos.
c) Após sua liberação, o neurotransmissor provoca um potencial de ação na membrana pós-sináptica e é recaptado pelo neurônio pré-sináptico.
d) Somente as sinapses entre dois neurônios utilizam neurotransmissores como mediadores.
e) Neurotransmissores diferentes são capazes de provocar potenciais de ação de intensidades diferentes.

6. (PUC – SP)

Folha de S.Paulo, São Paulo, 4 ago. 2009.

O que é mostrado na tira, de forma espirituosa, é conhecido em humanos por reflexo patelar, sendo testado por um médico ao bater com um martelo no joelho de uma pessoa. Este reflexo envolve

a) um neurônio sensitivo que leva o impulso até a medula espinhal, onde se conecta com um neurônio motor, que conduz o impulso até o órgão efetuador.
b) vários neurônios sensitivos, que levam o impulso até a medula espinhal, onde fazem conexão com inúmeros neurônios, que levam o impulso até o órgão efetuador.
c) um neurônio sensitivo, que leva o impulso até o lobo frontal do cérebro, onde faz conexão com um neurônio motor, que conduz o impulso até o órgão efetuador.
d) um neurônio sensitivo, vários neurônios medulares e um neurônio motor localizado no lobo frontal do cérebro.
e) vários neurônios sensitivos localizados na medula espinhal, onde se conectam com neurônios motores, que levam o impulso nervoso ao cérebro e, posteriormente, até o órgão efetuador.

7. (PUC – SP) O esquema abaixo representa um arco reflexo simples. O conhecimento sobre reflexos medulares deve-se a trabalhos pioneiros feitos, no início deste século, pelo fisiologista inglês C. S. Sherrington.

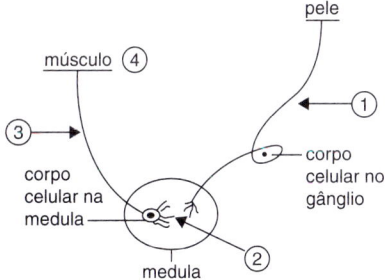

No esquema 1, 2, 3 e 4 indicam, respectivamente,

a) neurônio aferente, sinapse, neurônio sensorial e órgão receptor.
b) sinapse, neurônio aferente, neurônio motor, e órgão efetuador.
c) neurônio motor, sinapse, neurônio aferente e órgão receptor.
d) neurônio aferente, sinapse, neurônio motor e órgão efetuador.
e) neurônio motor, neurônio aferente, sinapse e órgão receptor.

8. (UFAM) O sistema nervoso cefalorraquidiano é formado por:

a) gânglios e terminações nervosas periféricas.
b) plexo branquial e nervos cranianos.
c) nervo pudendo e nervo ciático.
d) encéfalo e medula espinhal.
e) encéfalo e nervos cranianos.

9. (UFV – MG) O sistema nervoso dos vertebrados pode ser subdividido em central (SNC) e periférico (SNP). O SNC é constituído pelo encéfalo e medula espinhal. A figura abaixo representa o encéfalo humano com algumas regiões indicadas (I, II, III, IV e V).

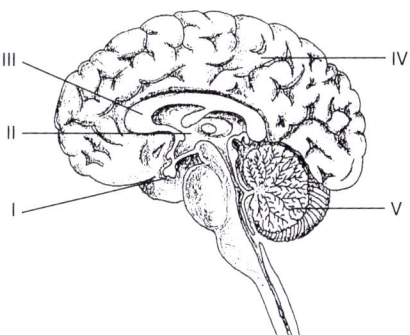

Observe a figura e assinale a alternativa **CORRETA**.

a) O cerebelo tem função de regular o equilíbrio e está indicado por I.
b) O encéfalo é formado apenas por II, III e IV.
c) A hipófise, indicada por III, tem função endócrina.
d) O diencéfalo, localizado na posição mediana, corresponde a II.
e) O centro da memória e da inteligência está localizado em V.

10. (UFG – GO) Analise a figura a seguir.

Disponível em:
<http://www.avesderapinabrasil.com/metodos_de_caca.htm>.
Acesso em: 8 mar. 2010.

A figura ilustra dois exemplos de predação: a de um roedor no solo e a de um pássaro voando, feita por uma ave de rapina. Dentre outros fatores, esse comportamento é possível porque, nesses animais predadores,

a) a medula espinhal é desenvolvida, favorecendo elaboradas manobras de voo.
b) as asas possuem penas uniformes, aumentando a eficiência de voos carpados.
c) o lobo olfativo é desenvolvido, permitindo a localização de presas pelos odores exalados.
d) o bico córneo é desenvolvido, favorecendo a aerodinâmica do voo de fuga.
e) o lobo óptico é desenvolvido, permitindo a localização de presas a longas distâncias.

11. (UFG – GO) Um chimpanzé com lesão no cerebelo tem comprometida a sua capacidade de

a) mastigar e engolir alimentos.
b) equilibrar-se sobre os galhos de árvores.
c) enxergar a fêmea para o acasalamento.
d) ouvir o som dos predadores.
e) sentir o odor dos feromônios.

12. (UFRR) O vestibular é um momento importante na vida de uma pessoa, a qual pode apresentar certa ansiedade antes e durante as provas. Nesta situação o organismo sofre intensas alterações fisiológicas. Considerando as alterações estimuladas pelo Sistema Nervoso Periférico Autônomo Simpático, classifique as afirmativas abaixo como verdadeiras (V) ou falsas (F) e marque a alternativa que representa a sequência **CORRETA**.

I – Aumento da frequência cardíaca
II – Aumento da peristalte intestinal
III – Diminuição da pressão sanguínea
IV – Dilatação da pupila
V – Contração da bexiga

a) V, V, F, V, V.
b) F, V, V, F, V.
c) V, F, V, V, F.
d) F, V, F, F, V.
e) V, F, F, V, F.

13. (UPE) A música *Bate coração* refere-se aos batimentos cardíacos. Mas por que o coração bate?

> **Bate coração**
> (Elba Ramalho)
> "Bate, bate, bate, coração
> Dentro desse velho peito...
> Tum, tum, bate coração
> Oi, tum, coração pode bater
> Oi, tum, tum, tum, bate, coração
> Que eu morro de amor com muito prazer"

Assinale a alternativa que explica **CORRETAMENTE** o evento relacionado aos batimentos cardíacos.

a) A atividade parassimpática reduz os batimentos cardíacos, contribuindo para o repouso do coração.
b) A atividade simpática, sob ação da noradrenalina, diante de situações de defesa ou ataque, diminui a frequência cardíaca.
c) A contração do coração – diástole – e seu relaxamento – sístole – são controlados por fenômenos miogênicos.
d) Apesar de sua contração voluntária, os batimentos cardíacos têm mecanismos reguladores relacionados com o sistema nervoso autônomo, e a atuação desses nervos ajusta a frequência conforme as necessidades do organismo.
e) O nervo vago, cardiomediador, libera adrenalina como mediador químico, e os nervos cardíacos, cardioaceleradores, liberam acetilcolina.

14. (UFPE) Otto Loewi realizou um experimento clássico que comprovou, de maneira incontestável, que existia a mediação química no Sistema Nervoso Autônomo. Ele isolou dois corações de sapo, os perfundiu com uma solução fisiológica morna (Ringer) e registrou a atividade cardíaca. A experiência demonstrou que: ao estimular determinado nervo (A) do coração 1, ocorre uma forte inibição das contrações cardíacas espontâneas daquele coração; ao perfundir o coração 2 com o líquido efluente do coração 1, ocorre, no segundo coração, o mesmo efeito inibidor. Analise a figura abaixo e as afirmações correspondentes.

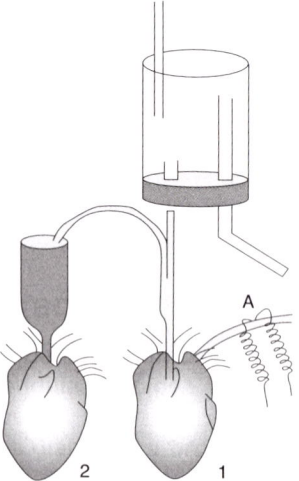

(0) O nervo estimulado (A), que provocou a diminuição dos batimentos cardíacos, faz parte do Sistema Simpático, pois ele tem um efeito inibidor sobre o coração.

(1) A inibição do coração 2 pelo líquido efluente do coração 1 ocorre devido à presença de acetilcolina liberada pela estimulação do Parassimpático, no coração 1.
(2) A inibição do coração 2 ocorre devido à condução do impulso nervoso através do líquido (Ringer), pois este é um bom condutor elétrico.
(3) Se o nervo estimulado fosse do Simpático, teríamos um aumento da atividade cardíaca e não uma inibição, pois este ramo do sistema nervoso autônomo tem uma ação excitatória sobre o coração.
(4) O resultado dessa experiência demonstra que a frequência cardíaca não depende do controle neural.

15. (UFF – RJ)

> Os betabloqueadores são empregados na terapêutica para o tratamento de hipertensão, arritmias cardíacas, enxaquecas e tremores musculares. Por outro lado, eles têm sido utilizados para dopagem de atletas de esportes como tiro ao alvo, o arco e flecha e o golfe, para melhorar o desempenho através da redução dos batimentos cardíacos, tremores e efeitos de ansiedade. Esta utilização tem sido motivo de preocupação nos grandes eventos esportivos como os Jogos Panamericanos.

Os betabloqueadores atuam sobre os receptores de:

a) histamina e noradrenalina.
b) serotonina e histamina.
c) histamina e adrenalina.
d) serotonina e adrenalina.
e) adrenalina e noradrenalina.

16. (UFV – MG) Sabe-se que a atividade física é algo de muita importância para a saúde física e mental. Durante a realização desta saudável prática, vários sistemas do corpo humano são utilizados.

Sobre estes sistemas e suas inter-relações, leia as afirmativas abaixo.

I – Quando nos exercitamos, as células musculares passam a respirar mais, buscando obter mais energia para seu trabalho adicional.
II – O aumento da respiração celular leva à liberação de mais gás carbônico pelas células, o que eleva a concentração desse gás no sangue. Como resultado dessa elevação, o sangue torna-se mais ácido.
III – O aumento de acidez no sangue, devido à elevação da concentração de gás carbônico, estimula os centros respiratórios encefálicos localizados no bulbo (medula oblonga) a orientarem o aumento da frequência respiratória, objetivando a obtenção de mais oxigênio.
IV – Para que o oxigênio inspirado seja conduzido às células musculares que dele necessitam, tem-se uma aceleração do coração (taquicardia). Assim, o sangue circula mais rápido, levando com maior rapidez o oxigênio até as regiões que dele necessitam.
V – Em uma situação em que o organismo está realizando atividades físicas, o controle da frequência (ritmo) respiratória e cardíaca é involuntário, e, como tal, é controlado pelo Sistema Nervoso Autônomo, cuja porção simpática leva ao aumento, e a porção parassimpática leva à redução destas frequências.

Assinale a alternativa correta.

a) Todas as afirmativas estão corretas e se relacionam.
b) Apenas II e IV estão corretas.
c) Apenas IV e V estão corretas.
d) Apenas I e II estão corretas.

17. (UFSC) O meio ambiente pode influenciar o funcionamento do nosso organismo de várias formas, desde a alteração de funções fisiológicas, das quais geralmente não nos damos conta, até alterações na nossa percepção sensorial e estado de ânimo. Por exemplo, nas grandes festas musicais que se estendem madrugada adentro, conhecidas como "raves", o consumo de álcool e bebidas estimulantes, como os "energéticos", chega a níveis alarmantes. No contexto da ideia e diversão, a mistura destas duas substâncias pode trazer consequências devastadoras para o organismo humano. A pessoa que consome o energético junto com o álcool reduz o efeito deste, uma vez que o estimulante diminui o efeito depressor do álcool sobre o sistema nervoso. Esta ação dos energéticos reduz a percepção da embriaguez, e leva as pessoas a ingerir mais álcool, as quais não se dão conta dos riscos envolvidos. Uma superdosagem desta substância aumenta a frequência cardiorrespiratória e pode provocar irritação estomacal e intestinal. O que a princípio é euforia e excitação, pode transformar-se em tontura e desmaio.

Sobre o assunto do texto acima, pode-se afirmar **CORRETAMENTE** que (indique as alternativas corretas e dê sua soma ao final) que:

(01) o sistema nervoso responde pela coordenação e controle do funcionamento do organismo, independentemente da ação do sistema endócrino.
(02) o efeito estimulante das "bebidas energéticas" é consequência da liberação de neurotransmissores, como a dopamina, que provocam sensação de prazer.
(04) glicídios ou carboidratos são fontes de energia para o nosso organismo.
(08) em nível celular, a organela citoplasmática responsável pela produção de energia é o lisossomo.
(16) a longo prazo, o consumo de álcool em grandes quantidades não provoca alterações cardiovasculares, nem prejuízo nas funções hepáticas.
(32) o controle da frequência cardiorrespiratória é uma das funções que podem ser atribuídas ao sistema nervoso autônomo.
(64) a interação entre o consumo excessivo de álcool e bebida energética não traz danos fisiológicos ao organismo.

18. (UEL – PR) Apesar de sua grande complexidade, o organismo humano é constituído por apenas quatro tipos básicos de tecidos: epitelial, conjuntivo, muscular e nervoso.

Com base nos conhecimentos sobre a histologia dos tecidos, considere as afirmativas a seguir.

I – Os tecidos epiteliais são estruturas dinâmicas cujas células são continuamente renovadas por atividade mitótica. A taxa de renovação é variável, podendo ser rápida em tecidos como o epitelial intestinal, que é totalmente substituído a cada semana, ou lenta, como no fígado e no pâncreas.
II – Além de desempenhar uma função estrutural, a grande variedade de moléculas do tecido conjuntivo desempenha importantes papéis biológicos, como, por exemplo, o de ser importante reserva para muitos fatores de crescimento que controlam a proliferação e a diferenciação celular.
III – O tecido muscular é constituído por células cúbicas mononucleadas, que contêm pequena quantidade de filamentos citoplasmáticos de proteínas contráteis, geradoras das forças necessárias para a contração desse tecido, oriunda do metabolismo anaeróbico.
IV – Quando cortados, o cérebro, o cerebelo e a medula espinhal mostram regiões de substância branca e regiões de substância cinzenta. Os principais constituintes da substância branca são axônios mielinizados, oligodendrócitos e outras células da glia.

Assinale a alternativa correta.

a) Somente as afirmativas I e II são corretas.
b) Somente as afirmativas I e III são corretas.
c) Somente as afirmativas III e IV são corretas.
d) Somente as afirmativas I, II e IV são corretas.
e) Somente as afirmativas II, III e IV são corretas.

19. (MACKENZIE – SP) Um estudo publicado recentemente revelou que as amostras de alimentos preparados em domicílios apresentavam teores de ferro abaixo do recomendado, mas quantidade excessiva de sódio. O estudo mostrou, também, quantidades insuficientes de lipídios nesses alimentos, alertando para a necessidade desse nutriente na maturação do sistema nervoso. A respeito desses fatos, considere as afirmativas abaixo.

I – As crianças que recebem esses alimentos podem apresentar quadros de atraso de desenvolvimento devido à falta de oxigenação dos tecidos.
II – O sódio é necessário para o funcionamento dos neurônios, mas, em excesso, pode prejudicar o funcionamento dos rins.
III – No processo de maturação do sistema nervoso, há produção de mielina, um lipídio responsável por acelerar a condução do impulso.
IV – A falta de lipídios pode também acarretar doenças provocadas pela falta de vitaminas, uma vez que algumas delas são lipossolúveis e somente são absorvidas se dissolvidas em lipídios.

Assinale

a) se todas estiverem corretas.
b) se somente II e III estiverem corretas.
c) se somente I, II e IV estiverem corretas.
d) se somente II e IV estiverem corretas.
e) se somente I e III estiverem corretas.

20. (PUC – PR – adaptada) Com relação ao sistema nervoso, pode-se afirmar:

I – As meninges – a dura-máter, a aracnoide, e a pia-máter – envolvem o encéfalo e a medula espinhal.
II – A substância branca, no sistema nervoso central, é formada principalmente pelos corpos celulares dos neurônios, enquanto a substância cinzenta é formada principalmente pelos axônios.
III – Do encéfalo partem 12 pares de nervos cranianos sensitivos e da medula, 31 pares de nervos mistos.
IV – O sistema nervoso autônomo simpático e parassimpático inervam apenas órgãos do sistema digestório, do respiratório e do excretor.
V – A sinapse ocorre entre dois axônios de neurônios distintos.

Está ou estão corretas:

a) todas.
b) apenas I.
c) apenas I e II.
d) apenas I, II e IV.
e) apenas III, IV e V.

21. (UFAM) Os corpúsculos sensoriais de Meissner, Vater-Paccini, Ruffini e Krause são responsáveis, respectivamente, pela sensação de:

a) dor, calor, pressão e frio.
b) frio, calor, dor e pressão.
c) calor, frio, pressão e oxigenação.
d) pressão, calor, dor e acidez.
e) tato superficial, pressão, calor e frio.

22. (UFF – RJ) "Dizer que o som das vuvuzelas usadas pelos sul-africanos nos estádios é ensurdecedor não é exagero. Uma fundação suíça ligada a uma empresa fabricante de aparelhos auditivos alertou os torcedores da Copa que uma vuvuzela faz mais barulho que uma motosserra e que tal barulho pode prejudicar a audição de espectadores e jogadores."

Supondo que um torcedor tenha a orelha média afetada pelo som da vuvuzela, as estruturas que podem sofrer danos, além do tímpano, são as seguintes:

a) pavilhão auditivo e cóclea.
b) ossículos e tuba auditiva.
c) meato acústico e canais semicirculares.
d) pavilhão auditivo e ossículos.
e) nervo coclear e meato acústico.

23. (FUVEST – SP) O esquema mostra algumas estruturas presentes na cabeça humana.

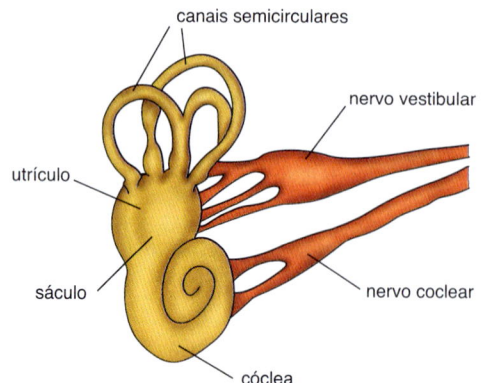

O nervo cócleo-vestibular compõe-se de dois conjuntos de fibras nervosas: o nervo coclear, que conecta a cóclea ao encéfalo, e o nervo vestibular, que conecta o sáculo e o utrículo ao encéfalo. A lesão do nervo vestibular deverá causar perda de

a) audição. c) olfato. e) visão.
b) equilíbrio. d) paladar.

24. (UFABC – SP)

Segundo pesquisas recentes, 20% da população brasileira é míope

Pode-se corrigir a miopia com o uso de óculos, lentes de contato ou cirurgicamente. A cirurgia a *laser* consiste em esculpir e modelar a curvatura da córnea com a tecnologia do laser frio, chamado Excimer Laser. O epitélio do olho (camada superficial sobre a córnea) é raspado para receber o laser. As células da córnea são pulverizadas com a aplicação do laser, e a córnea é aplanada, tornando-se menos curva. O epitélio, com o tempo, se regenera.

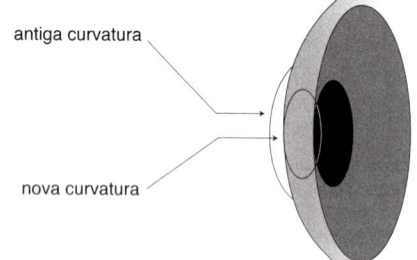

O fato de a córnea ter sido aplanada corrige a miopia porque

a) seu índice de refração fica menor, causando menos desvio nos raios luminosos.
b) seu índice de refração fica maior, causando mais desvio nos raios luminosos.
c) diminuindo a curvatura da córnea, o globo ocular torna-se menos convergente.
d) diminuindo a curvatura da córnea, o globo ocular torna-se mais convergente.
e) a córnea, mais fina, permite a entrada de mais luz no globo ocular.

25. (UFABC – SP) "Todo tremia, quase sem coragem de dizer o que tinha vontade. Por fim, disse, pediu. O doutor entendeu e achou graça. Tirou os óculos, pôs na cara de Miguilim..."
"Miguilim olhou. Nem não podia acreditar! Tudo era uma claridade, tudo novo e lindo e diferente, as coisas, as árvores, as caras das pessoas. Via os grãozinhos de areia, a pele da terra, as pedrinhas menores, as formiguinhas passeando no chão de uma distância. E tonteava. Aqui, ali, meu Deus, tanta coisa, tudo..."

João Guimarães Rosa

Os fragmentos de textos sugerem que Miguilim era portador de miopia. Quando o doutor José Lourenço empresta-lhe os óculos, um novo mundo descortina-se diante dele.
A miopia é uma deficiência que tem como causa uma

a) anormalidade no bulbo ocular, que é mais curto, assim a imagem de um objeto é projetada depois da retina; a correção é feita com o uso de lentes divergentes.
b) anormalidade no bulbo ocular, que é mais longo, assim as imagens formam-se antes da retina; a correção é feita com o uso de lentes divergentes.
c) assimetria na curvatura da córnea, projetando imagens sem nitidez; a correção é feita com lentes convergentes.
d) disfunção na lente que projeta a imagem no ponto cego ou fóvea; a correção é feita com lentes cilíndricas.
e) incapacidade de acomodação da lente, gerando dificuldade na focalização de objetos; a correção é feita com lentes convergentes.

26. (UFMG) A visão é um dos sentidos mais importantes para a espécie humana, e o olho é um dos órgãos mais complexos do nosso corpo. Quando uma pessoa idosa perde a capacidade de enxergar devido à catarata, a estrutura que perdeu a sua função é:

a) a pálpebra.
b) a córnea.
c) a retina.
d) o cristalino.
e) o ponto cego.

Questões dissertativas

1. (UFF – RJ) A figura abaixo mostra as regiões de um neurônio.

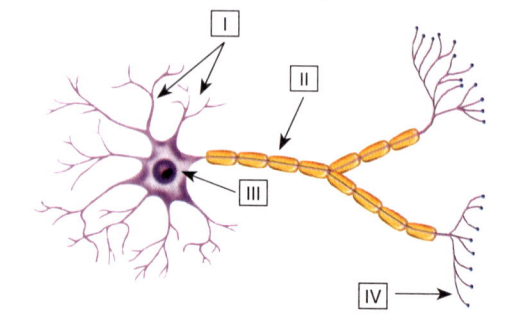

a) Nomeie as estruturas indicadas.
b) Como é denominada a estrutura envolvida na sinapse entre o neurônio e uma célula do músculo estriado esquelético? Que neurotransmissor está geralmente envolvido nesta sinapse e como a célula muscular responde ao seu estímulo?
c) Como estão organizadas as cargas elétricas e a concentração de íons nas superfícies interna e externa de uma membrana polarizada e de uma membrana despolarizada do axônio de um neurônio? Justifique.
d) A tabela na página seguinte apresenta a relação entre a velocidade do impulso nervoso e o diâmetro de dois tipos de fibras nervosas denominadas *A* e *B*. Analise a tabela e identifique qual grupo de fibras (*A* ou *B*) apresenta bainha de mielina. Justifique.

Diâmetro (mm)	Velocidade de Impulso (m/s⁻¹)	
	A	B
1,5	5	2,6
2	8	3
3	> 8	3,8
4	> 8	4,2

2. (UFU – MG) Existem problemas cardíacos que impedem a indicação de atividades físicas rotineiras ou até mesmo eventuais, até que sejam tratados. Um destes problemas é a alteração na origem e controle de propagação dos impulsos elétricos que determinam a contração do músculo cardíaco.

Todas as regiões do corpo recebem informações e passam orientações ao Sistema Nervoso Central também através de impulsos elétricos.

   a) Explique como acontecem os batimentos cardíacos, abordando a origem e propagação dos impulsos elétricos que os determinam.
   b) O que é sistema nervoso autônomo? Abordando suas divisões e a atuação no coração de cada uma destas divisões, explique como ele age em momentos de estresse, exemplificando sua resposta.

3. (UFPR) Há aproximadamente 90 anos, o farmacologista alemão Otto Loewi realizou experimentos que o credenciaram a receber o Prêmio Nobel de Medicina em 1936. Em um dos experimentos, ele retirou os corações de dois sapos, deixando-os em solução fisiológica em recipientes separados. Em um dos corações, um nervo do sistema nervoso autônomo foi preservado. Loewi estimulou eletricamente o nervo e observou a redução da frequência cardíaca. Depois, ele injetou a solução do coração estimulado no outro coração e observou o mesmo efeito, ou seja, o outro coração também apresentou uma redução da frequência de seus batimentos.

   a) A qual divisão do sistema nervoso autônomo pertence o nervo preservado?
   b) Explique por que a solução do coração estimulado provocou o mesmo efeito no outro coração.
   c) O que aconteceria se a solução do coração estimulado fosse injetada em uma fibra muscular esquelética?

4. (UNIFESP) A tabela mostra os efeitos da ação de dois importantes componentes do sistema nervoso humano.

X	Y
contração da pupila	dilatação da pupila
estímulo da salivação	inibição da salivação
estímulo do estômago e dos intestinos	inibição do estômago e dos intestinos
contração da bexiga urinária	relaxamento da bexiga urinária
estímulo à ereção do pênis	promoção da ejaculação

   a) A que correspondem **X** e **Y**?
   b) Em uma situação de emergência, como a fuga de um assalto, por exemplo, qual deles será ativado de maneira mais imediata? Forneça um outro exemplo, diferente dos da tabela, da ação desse componente do sistema nervoso.

5. (UNICAMP – SP) Na Olimpíada de Pequim ocorreram competições de tiro ao alvo e de arco e flecha. O desempenho dos atletas nessas modalidades esportivas requer extrema acuidade visual, além de outros mecanismos fisiológicos.

   a) A constituição do olho humano permite ao atleta focar de maneira precisa o objeto alvo. Como a imagem é formada? Quais componentes do olho participam dessa formação?
   b) Os defeitos mais comuns na acomodação visual são miopia e hipermetropia. Por que as imagens não são nítidas no olho de uma pessoa míope e de uma pessoa hipermétrope? Como os óculos podem corrigir esses dois problemas?

Programas de avaliação seriada

1. (PAS – UFLA – MG) Uma característica típica dos animais é reagir rapidamente a estímulos ambientais, sendo o tecido nervoso o responsável por sua recepção e pela escolha da resposta mais adequada aos estímulos. Com base nas características do tecido nervoso, assinale a alternativa **CORRETA**.

   a) Os axônios são prolongamentos longos, cuja função é conduzir os impulsos até o corpo celular do neurônio.
   b) Os neurônios relacionam-se uns com os outros pelas extremidades das ramificações dos dendritos, passando os estímulos através das sinapses.
   c) As células de Schwann e os oligodendrócitos são responsáveis pela formação da bainha de mielina ao redor dos axônios.
   d) Feixes de axônios revestidos por tecido conjuntivo formam os nervos, que podem ser classificados em mielínicos (nervos cinzentos) e amielínicos (nervos brancos).

2. (PSS – UEPG – PR) Se até mesmo quando estamos sóbrios superestimamos nossa performance ao volante, imagine quando bebemos. Quando bebemos, nosso organismo fica descontrolado biologicamente, principalmente nosso cérebro, o que provoca perda da coordenação motora, raciocínio mais lento e desorientação espacial e temporal. Em condições de normalidade, em que consiste a transmissão do impulso nervoso?

   a) Na inversão da polaridade do corpo celular do neurônio.
   b) No transporte ativo da bomba de sódio na membrana do neurônio.
   c) Na participação de íons potássio na polarização da membrana do neurônio.
   d) Na inversão da polaridade da membrana do neurônio, o que gera um potencial de ação.
   e) Na despolarização da membrana do neurônio, com passagem de sódio para a face interna.

3. (PAS – UFLA – MG) Considerando o neurônio esquematizado abaixo, é correto afirmar que

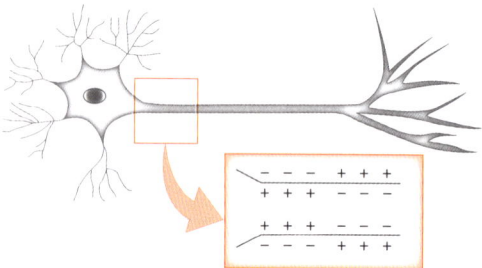

a) o neurônio está pronto para conduzir um novo impulso.
b) o impulso está se propagando pelo neurônio devido à mudança de polaridade entre o meio interno e externo.
c) o impulso nervoso restringe-se à região estimulada do neurônio.
d) a saída de potássio da célula impede a propagação do impulso.

4. (PSIU – UFPI) Observe o esquema relativo à sinapse neuronal e marque a alternativa que contém somente informações corretas sobre os mecanismos funcionais pré e pós-sináptico.

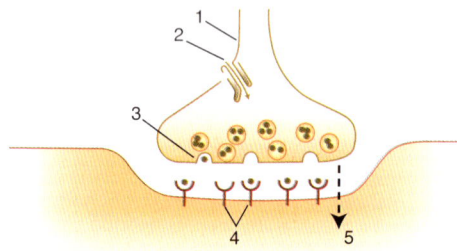

Sinapse neuronal. Adaptado de Lodish et al., 2005.

a) A polarização da membrana **(1)** induz a abertura de canais de cálcio **(2)**, nos quais o influxo promove a endocitose das vesículas **(3)**, com a abertura das vesículas sinápticas e a liberação dos neurotransmissores, que se ligam aos receptores **(4)**, e os íons Na$^+$ polarizam a membrana pós-sináptica **(5)**, ocasionando o impulso nervoso.
b) A polarização da membrana **(1)** ocasiona a liberação das vesículas sinápticas **(3)**, as quais contêm substâncias denominadas neurotransmissores, que são mediadores químicos responsáveis pela transmissão do impulso nervoso, por meio de junções comunicantes que unem as células nervosas, permitindo a passagem de íons, o que ocasiona uma conexão elétrica, promotora da transmissão do impulso nervoso, com a polarização da membrana pós-sináptica **(5)**.
c) A despolarização da membrana **(1)** ocasiona a abertura dos canais de cálcio **(2)** e o influxo de cálcio promove a exocitose das vesículas sinápticas com liberação de neurotransmissores **(3)**, que se ligam aos receptores **(4)**, deixando entrar íons Na$^+$, o que promove a despolarização da membrana pós-sináptica **(5)**, ocasionando a transmissão do impulso nervoso.
d) A união do neurotransmissor com o receptor **(4)** ocasiona somente efeitos excitatórios **(3)** sobre o neurônio seguinte do circuito, por causa da abertura de canais iônicos **(1)**, os quais promovem a polarização da membrana e a transmissão do impulso nervoso **(5)**.
e) O impulso nervoso **(5)**, em todas as sinapses **(4)**, transmite-se por meio de mediadores químicos, os quais vão ativar receptores de outros neurônios ou de células efetoras, por meio da polarização das membranas (**1** e **5**).

5. (PSS – UFAL) O corpo humano desenvolve uma série de processos simultaneamente que se articulam, na maioria das vezes, de forma equilibrada. Sobre este assunto, considere as afirmativas abaixo:

a) as artérias pulmonares recebem sangue venoso dos órgãos e tecidos e as veias pulmonares bombeiam sangue para todo o corpo humano.
b) os pulmões são irrigados por vasos sanguíneos que captam oxigênio atmosférico através dos alvéolos e o transportam associado à hemoglobina presente nas hemácias para todos os tecidos.
c) o sistema nervoso periférico (SNP) controla os batimentos cardíacos e os movimentos respiratórios.
d) o exercício aumenta os batimentos cardíacos e movimentos respiratórios, consumindo energia e induzindo a fome. Esta condição estimula o pâncreas a produzir glucagon, que promoverá a quebra de triglicerídeos, disponibilizando mais energia ao organismo.
e) o alimento ingerido sofre digestão pela amilase salivar no intestino delgado e é conduzido ao intestino grosso, por movimentos peristálticos controlados pelo sistema nervoso periférico.

6. (PEIES – UFSM – RS) De uma atividade física que envolve o ato de elevar a perna participam diferentes sistemas, tecidos e células. Considerando essa informação, analise as afirmativas:

I – O encéfalo, situado no Sistema Nervoso Central, pode coordenar a ação de elevar a perna através de impulsos nervosos que viajam, por meio de nervos motores, até os músculos estriados esqueléticos.
II – Independentemente dessa atividade física, as batidas involuntárias do coração são controladas pelo Sistema Nervoso Periférico autônomo, através de nervos motores e gânglios.
III – O reflexo patelar poderia ser responsável pela elevação da perna, que ocorreria com a participação da medula espinal, através de neurônios sensitivos e motores que conduziriam os impulsos nervosos.

Está(ão) correta(s)

a) apenas I.   c) apenas III.   e) I, II e III.
b) apenas II. d) apenas I e II.

7. (PSS – UFS – SE) Sem sistema nervoso e órgãos dos sentidos, os animais estão impossibilitados de relacionar-se com o ambiente e de coordenar muitas das funções de seu corpo.

(0) Um leão, ao ser transportado de um circo para um zoológico, apresentou problemas na manutenção do tônus muscular, na coordenação motora e no equilíbrio ao andar. O veterinário conclui que esse animal provavelmente sofreu uma lesão em seu bulbo.
(1) Numa sinapse, a propagação do impulso nervoso passa do dendrito de um neurônio para o axônio de outro neurônio.
(2) No homem os canais semicirculares, responsáveis pela manutenção do equilíbrio, estão situados no ouvido interno.
(3) As células fotorreceptoras de nossos olhos estão localizadas na retina.
(4) Normalmente, paladar e olfato interagem, resultando daí a percepção da qualidade química dos alimentos ingeridos.

8. (PSS – UFS – SE) A coordenação entre as diferentes partes do corpo é exercida pelo sistema nervoso e o relacionamento do corpo com o ambiente é efetuado pelos órgãos sensoriais.

Analise as afirmações a seguir como verdadeiras (V) ou falsas (F)

(0) O sistema nervoso central do homem é composto pelo encéfalo e medula espinhal.
(1) No reino animal, a organização do sistema nervoso é geralmente correlacionada com a simetria do corpo.
(2) O ouvido interno é formado por duas partes: o vestíbulo, responsável pela audição, e a cóclea, responsável pelo equilíbrio.
(3) O sabor dos alimentos é produzido pela estimulação conjunta das células gustativas e das olfativas.
(4) A capacidade de focalizar adequadamente um objeto, isto é, de acomodar a imagem sobre a retina, depende principalmente do cristalino.

Capítulo 30 — Regulação hormonal

Menstruação cada vez mais cedo

Um estudo feito na Califórnia, Estados Unidos, com 17 mil garotas mostrou que a primeira menstruação está ocorrendo cada vez mais cedo. Na década de 1970, a primeira menstruação, chamada de *menarca*, acontecia aos 14 anos; já na década de 1980, as meninas menstruavam com 13 anos; na década de 1990, mais cedo ainda, entre os 11 e os 12 anos.

Muitas meninas menstruam pela primeira vez aos 9 anos. Os médicos ainda não conhecem todos os motivos dessa chegada antecipada do fluxo menstrual, mas sabem que ela não aparece se o corpo ainda não tiver desenvolvido outras características da adolescência. O crescimento dos seios é uma delas.

Nos países de clima mais quente, as meninas costumam menstruar mais cedo do que as que cresceram em lugares mais frios. Os especialistas acreditam que a luz e o calor influenciam as glândulas do corpo. Eles também acham que o organismo das meninas que estão acima do peso – principalmente entre 6 e 11 anos – amadurece mais rápido. Junto, vem a menstruação.

Outro fator que anteciparia a menarca seria o tipo de alimentação atual. Como isso acontece? Os cientistas acreditam que algumas substâncias usadas nas rações para animais e fertilizantes aplicados no cultivo de alimentos possivelmente interferem no organismo, aumentando a produção de hormônios. Também já foi detectado que meninas que comem mais carne geralmente têm a primeira menstruação mais cedo.

Adaptado de: <http://www.klickeducacao.com.br>.
Acesso em: 9 jun. 2011.

Glândulas exócrinas são as que produzem secreções que serão lançadas para o meio externo ou para o interior de uma cavidade, através de um ducto secretor.

As *glândulas endócrinas* ou de *secreção interna* são os componentes do **sistema endócrino**. Elas são assim chamadas porque produzem substâncias químicas secretadas diretamente para o sangue, denominadas hormônios. Atuando como moléculas mensageiras, os hormônios circulam pelo sangue e atingem outros órgãos (órgãos-alvo), glandulares ou não, onde exercerão os seus efeitos. O controle hormonal é lento e possui efeito duradouro, se comparado à coordenação nervosa.

AS GLÂNDULAS ENDÓCRINAS HUMANAS

A Figura 30-1 mostra as principais glândulas endócrinas encontradas no organismo humano.

A **hipófise** ou **glândula pituitária** foi durante muito tempo considerada a glândula-mestra do sistema endócrino, por controlar a atividade de outros órgãos, glandulares ou não. Sabe-se, hoje, que mesmo ela fica sob controle do **hipotálamo**, uma estrutura pertencente ao sistema nervoso central, à qual a hipófise está ligada. Esse controle é exercido por meio dos chamados *fatores de liberação* (estimulantes ou inibidores) hipotalâmicos, que regulam a síntese dos hormônios hipofisários. Na região de união entre hipotálamo e hipófise, uma rica rede de vasos sanguíneos favorece a chegada dos fatores de liberação hipotalâmicos às células hipofisárias. Daí, os diversos hormônios produzidos pela hipófise caem na corrente sanguínea e são encaminhados para os diferentes locais de ação. Veja a Figura 30-2.

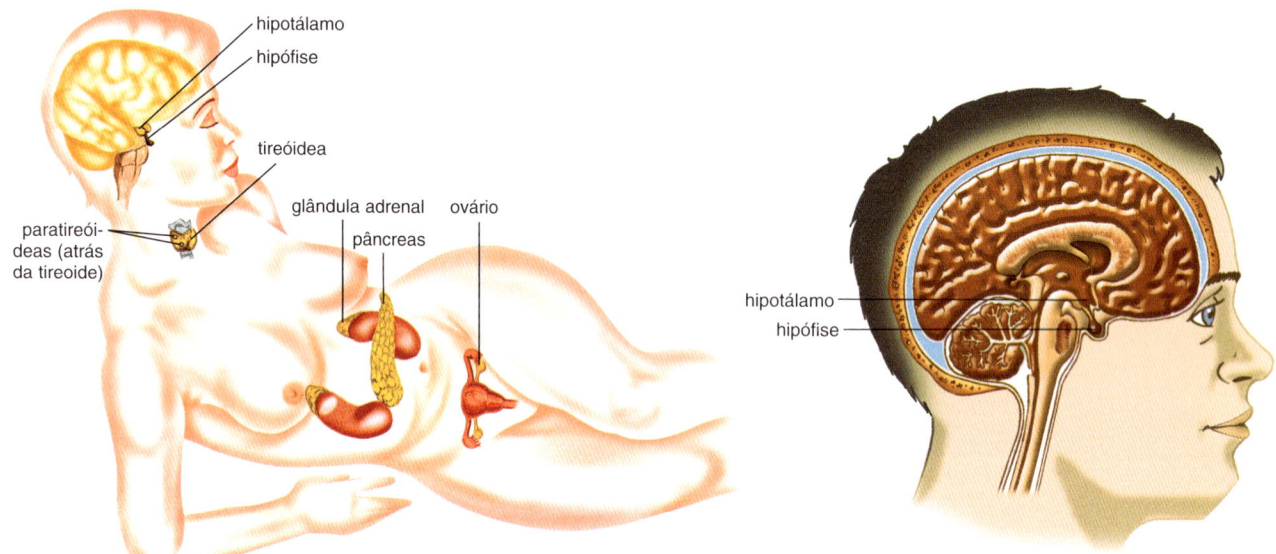

Figura 30-1. As glândulas endócrinas humanas na mulher; no homem, os ovários são substituídos pelos testículos.

Figura 30-2. Localização do hipotálamo e da hipófise.

A Hipófise

Do tamanho de um grão de ervilha e localizada na base do encéfalo, a hipófise possui uma porção anterior (também conhecida como adenoipófise) e outra posterior (neuroipófise), entre as quais fica uma porção média, pouco desenvolvida na espécie humana. Os hormônios da adenoipófise são conhecidos coletivamente como *trofinas* (do grego, *trophé* = nutrição), assim chamados por atuarem estimulando a atividade de outros órgãos ou glândulas. Os hormônios da porção posterior são, na verdade, produzidos pelo hipotálamo. A Figura 30-3 e a Tabela 30-1 mostram os hormônios liberados por essas diferentes porções e seus locais de atuação.

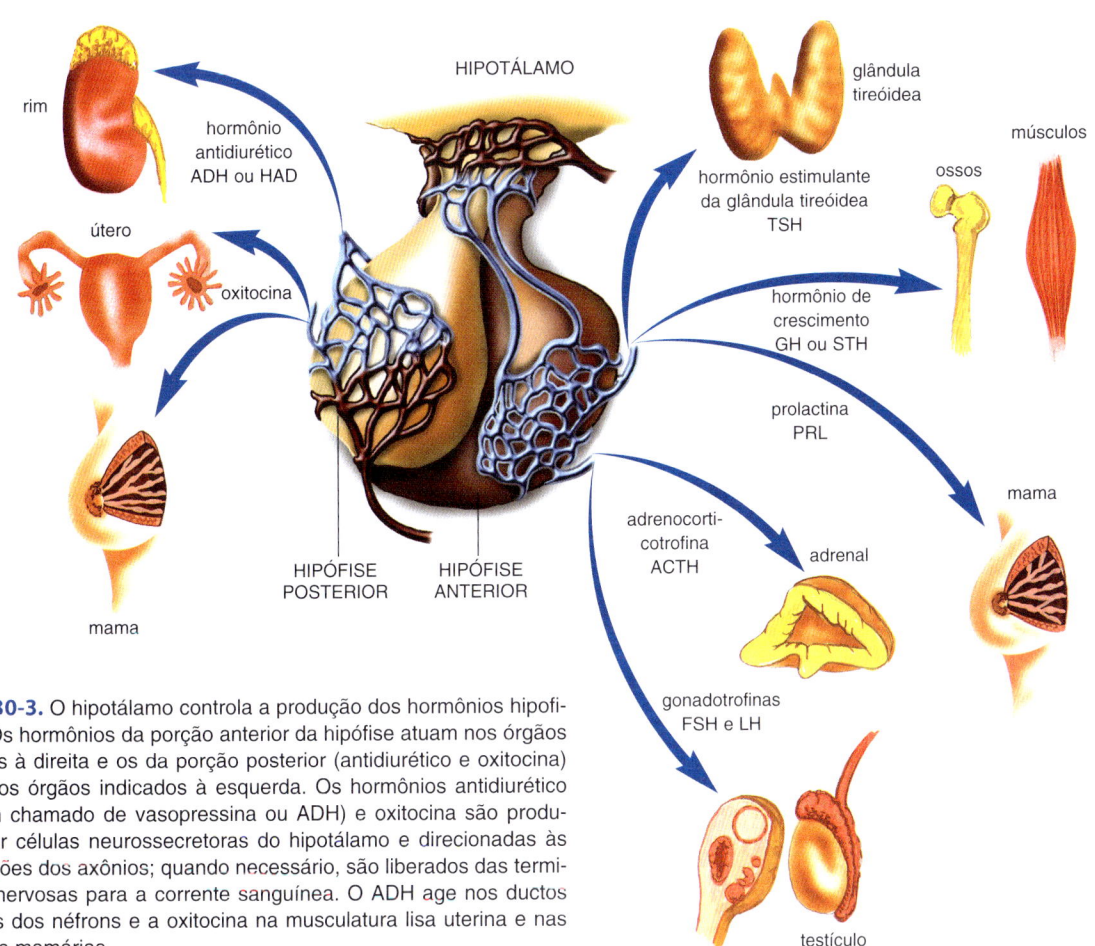

Figura 30-3. O hipotálamo controla a produção dos hormônios hipofisários. Os hormônios da porção anterior da hipófise atuam nos órgãos indicados à direita e os da porção posterior (antidiurético e oxitocina) atuam nos órgãos indicados à esquerda. Os hormônios antidiurético (também chamado de vasopressina ou ADH) e oxitocina são produzidos por células neurossecretoras do hipotálamo e direcionadas às terminações dos axônios; quando necessário, são liberados das terminações nervosas para a corrente sanguínea. O ADH age nos ductos coletores dos néfrons e a oxitocina na musculatura lisa uterina e nas glândulas mamárias.

Tabela 30-1. O que saber sobre os hormônios hipofisários.

	Hormônios	Atuação
PORÇÃO ANTERIOR	De crescimento – GH (somatotrofina)	Age no crescimento de vários tecidos e órgãos, particularmente ossos, como resultado da estimulação da síntese proteica (é considerado, por isso, um hormônio anabolizante). Na infância, sua deficiência leva a um quadro de *nanismo hipofisário*, provocando baixa estatura, e seu excesso leva a um quadro de *gigantismo*, caracterizado por crescimento exagerado de todo o organismo. O excesso, no adulto, provoca aumento das extremidades (mãos, pés, mandíbulas), conhecido como *acromegalia*. Atualmente, utilizando-se técnicas de engenharia genética, também é sintetizado por bactérias.
	Adrenocorticotrófico – ACTH	Age na região cortical da glândula suprarrenal (adrenal), estimulando-a a produzir os hormônios cortisol e aldosterona.
	Prolactina – PRL	Atua estimulando a produção de leite pelas glândulas mamárias, durante a lactação.
	Folículo estimulante – FSH (gonadotrofina)	Age nos ovários, estimulando o desenvolvimento dos folículos ovarianos, no interior dos quais ocorre a maturação dos óvulos. No homem, estimula a formação dos espermatozoides.
	Luteinizante – LH (gonadotrofina)	Age na ruptura dos folículos ovarianos, o que resulta na liberação do óvulo. Após a ruptura, o folículo transforma-se no corpo lúteo (corpo amarelo). No homem, age nos testículos, estimulando a síntese de testosterona (hormônio sexual masculino).
	Estimulante da glândula tireóidea – TSH (tireotrofina)	Age estimulando a síntese dos hormônios tireoidianos, os quais atuarão na regulação do metabolismo celular.
PORÇÃO MÉDIA	Melanotrófico – MSH	Relacionado à coloração da pele em anfíbios e répteis, principalmente em ocasiões de camuflagem ou de corte nupcial. No homem, não há função conhecida.
PORÇÃO POSTERIOR	Oxitocina – OT e Antidiurético – ADH ou HAD	A porção posterior libera dois hormônios que, na verdade, são produzidos pelo hipotálamo: a *oxitocina* e o *hormônio antidiurético*. O primeiro estimula a contração uterina durante o trabalho de parto e a contração dos músculos lisos das glândulas mamárias na expulsão do leite. O segundo, cuja sigla é *ADH* (ou *HAD*), atua nos túbulos renais, promovendo a reabsorção de água.

O mecanismo de *feedback*

Tomemos, como exemplo, o que acontece com o TSH, hormônio produzido pela porção anterior da hipófise e que regula a síntese de tiroxina pela glândula tireóidea. Acompanhe pela Figura 30-4. Um fator de liberação, produzido pelo hipotálamo, estimula a síntese de TSH pelas células hipofisárias. Espalhando-se pelo sangue, o TSH atinge a glândula tireóidea, estimulando-a a produzir tiroxina, cuja concentração no sangue se eleva. O teor aumentado de tiroxina no sangue alcança o hipotálamo e a hipófise, inibindo a produção de TSH. O consumo de tiroxina nos tecidos faz diminuir sua concentração no sangue, o que provoca novo estímulo para produção de TSH pela hipófise que, novamente, estimula a glândula tireóidea a produzir tiroxina.

Esse mecanismo de regulação hormonal, em que a produção de hormônios por uma glândula interfere na produção hormonal por outra, é conhecido como mecanismo de *feedback* (em português, *retroalimentação*).

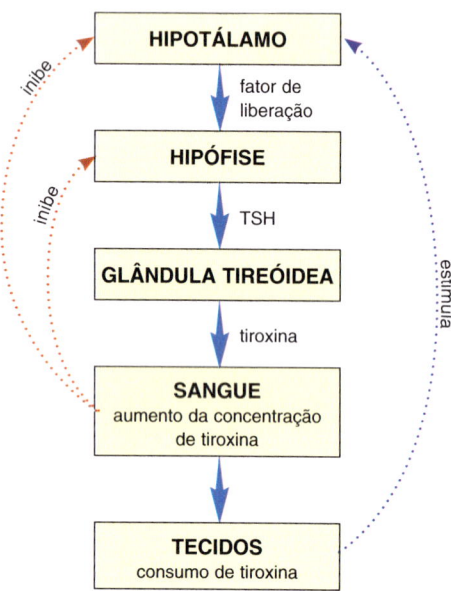

Figura 30-4. Esquema ilustrando o mecanismo de *feedback* envolvendo o controle do hormônio TSH no sangue.

A Glândula Tireóidea

Localizada no pescoço, junto à região ventral da traqueia, a glândula tireóidea tem a aparência de uma letra H (veja a Figura 30-5). Os hormônios produzidos por essa glândula, a *tiroxina* (tetraiodotironina) e a *triiodotironina*, são derivados do aminoácido tirosina, ligado a quatro ou três átomos de iodo, respectivamente. A produção de tiroxina é maior; porém, a triiodotironina é cerca de cinco a dez vezes mais ativa.

MICHELE S. GRAHAM/PHOTO RESEARCHERS/LATINSTOCK

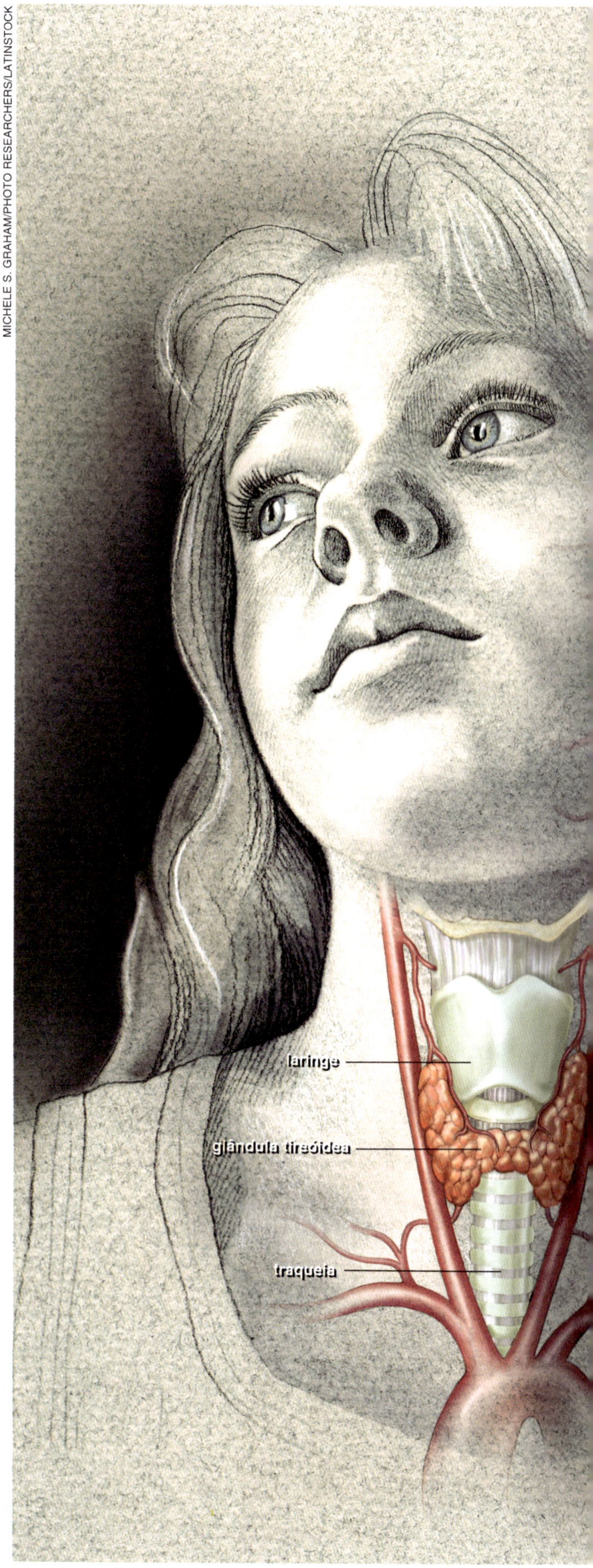

Figura 30-5. Localização da glândula tireóidea.

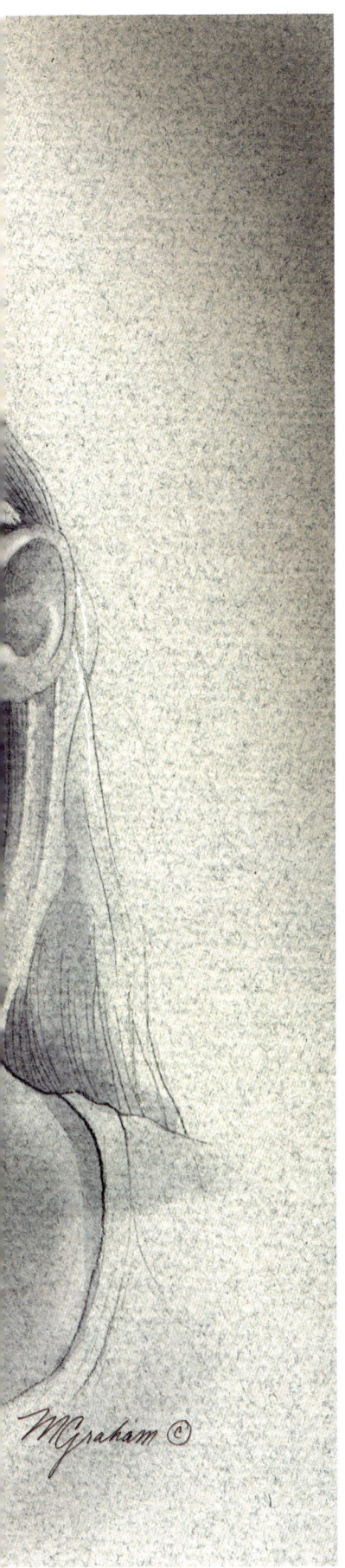

Esses hormônios estimulam o metabolismo. Atuam acelerando a taxa de respiração das células. Sua deficiência, na infância, leva a um quadro conhecido como *cretinismo*, em que ocorre retardamento físico e mental. No adulto, o *hipotireoidismo*, ou seja, a pequena produção dos hormônios tireoidianos, conduz a um estado de pouca atividade, sonolência e a um tipo de inchaço característico, conhecido como *mixedema*. No hipertireoidismo, em que há grande produção desses hormônios, ocorre uma aceleração do metabolismo. A pessoa fica hiperativa, tem muita fome (gasta rápido o que come), emagrece, fica nervosa, irritável, apresenta muita instabilidade emocional e o número de batimentos cardíacos aumenta.

A glândula tireóidea também produz o hormônio *calcitonina*, cuja principal função é permitir uma deposição rápida de sais de cálcio nos ossos (reduz o teor de cálcio no sangue, favorecendo a calcificação).

Saiba mais

Bócio

Em muitas regiões do Brasil e de outros países, onde o acesso das pessoas ao iodo é precário (vivem longe do mar), desenvolve-se o *bócio endêmico*. A glândula tireóidea aumenta muito de tamanho e se desenvolve um quadro de hipotireoidismo. A glândula passa a produzir grande quantidade de secreção coloidal com pouca tiroxina e, como consequência de uma estimulação constante do TSH hipofisário, aumenta de tamanho. Uma lei brasileira, há muito decretada, obriga os ensacadores de sal de cozinha a adicionarem ao produto certa quantidade de iodeto de potássio, prática que tem evitado novos casos da doença.

O bócio também pode se desenvolver como consequência de hipertireoidismo. Nesse caso, a hiperfunção da tireoide, causada por vários fatores, é responsável por grande secreção de tiroxina.

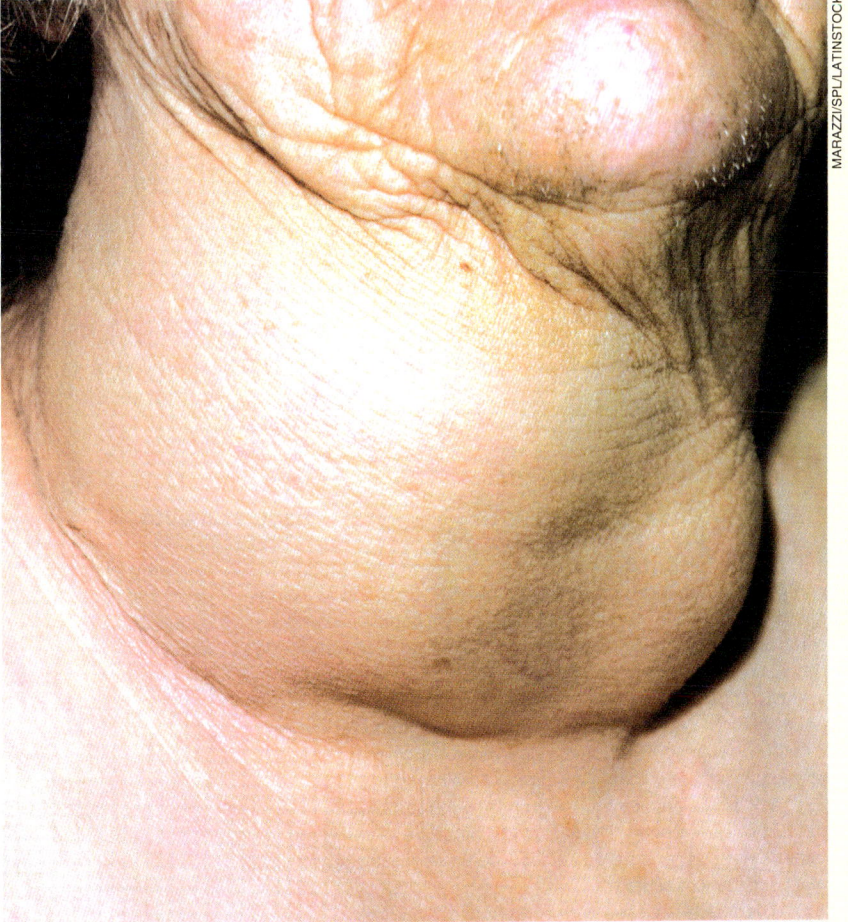

Bócio endêmico: glândula tireóidea hipertrofiada.

O Pâncreas

No fim do século dezenove, na Alemanha, o estudante de Medicina Paul Langerhans estudava lâminas contendo cortes de tecido pancreático ao microscópio e verificou uma profusão de grupos de células pancreáticas circundadas por vasos sanguíneos. Esses agrupamentos, que mais tarde receberam o nome de **ilhotas de Langerhans** (ou ilhotas pancreáticas), são os locais de produção de dois hormônios, *insulina* (do latim, *insula* = ilha) e *glucagon*.

Em cada ilhota de Langerhans, dois tipos de células são responsáveis pela síntese dos hormônios pancreáticos: as *células alfa*, que produzem *glucagon*, e as *células beta*, responsáveis pela síntese de *insulina*.

A insulina é um hormônio hipoglicemiante: ela facilita o ingresso da glicose existente no sangue em diversos tipos de célula, principalmente as musculares e as do fígado, onde moléculas de glicose são armazenadas sob a forma de uma substância de reserva, insolúvel, o glicogênio. O glucagon, ao contrário, é um hormônio hiperglicemiante, ao favorecer a hidrólise de glicogênio hepático, o que leva à liberação de glicose para o sangue. São, portanto, hormônios de ação antagônica (veja a Figura 30-6). O glucagon atua em condições normais; seu efeito é reforçado pela adrenalina nas situações de estresse ou emergência.

Fique por dentro!

Após uma refeição rica em carboidratos, aumenta o teor de glicose no sangue, isto é, aumenta a glicemia, provocando a liberação de insulina pelo pâncreas. A insulina favorece o ingresso da glicose nas células, principalmente musculares e hepáticas, ao mesmo tempo em que estimula a formação de glicogênio, reduzindo, assim, a glicemia. Com a redução da glicemia, reduz-se o teor de insulina e tudo volta ao normal.

Em ocasiões em que você demora a fazer uma refeição, temporariamente seu sangue fica com baixa taxa de glicose, isto é, ocorre uma hipoglicemia. É normal, nessa ocasião, haver certa tontura e sonolência. De imediato, o pâncreas libera glucagon que, dirigindo-se às células hepáticas, favorece a hidrólise do glicogênio armazenado e a liberação de glicose para o sangue, regularizando a glicemia.

Fique por dentro!

Atualmente, utilizando técnicas de Engenharia Genética, a insulina humana para uso por diabéticos é produzida por bactérias.

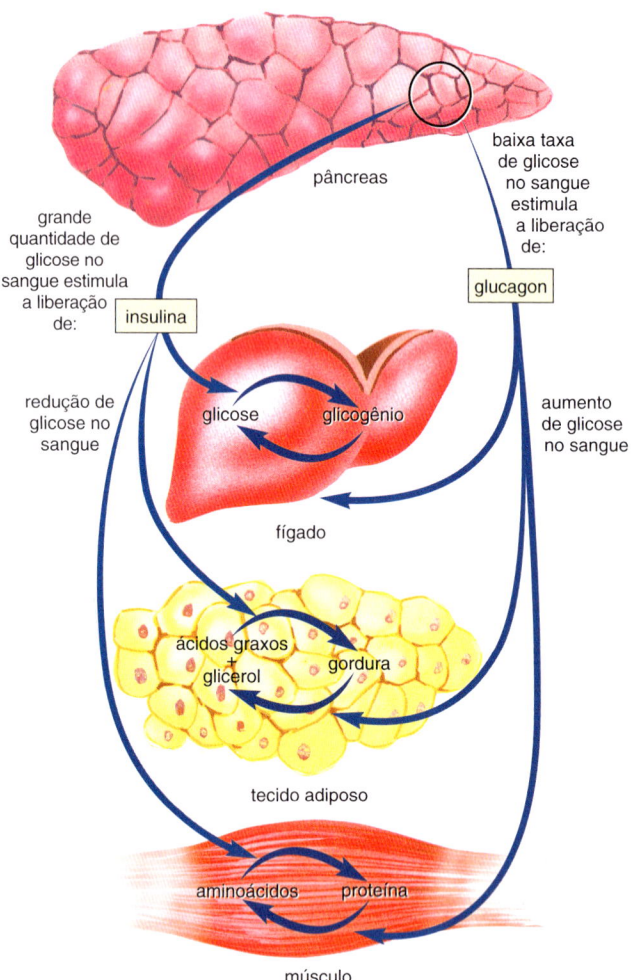

Figura 30-6. O pâncreas e a sua relação com o teor de glicose no sangue.

Saiba mais

Diabetes melito

A insuficiente produção de insulina leva a um aumento da glicemia. Embora haja uma fartura de glicose no sangue, as células não podem utilizá-la – são obrigadas a recorrer a outros combustíveis, como, por exemplo, ácidos graxos e proteínas. Isso acarreta a formação dos chamados *corpos cetônicos*, de natureza ácida, gerando uma acidose sanguínea. Como esses corpos cetônicos são voláteis, ocorre a sua liberação para os alvéolos pulmonares e daí para o ar expirado. É comum sentir-se o hálito de maçã verde em pessoas diabéticas, consequência da eliminação de corpos cetônicos na expiração.

Por outro lado, os rins não conseguem reabsorver o excesso de glicose que é neles filtrado. Ocorre perda de glicose na urina, juntamente com grande quantidade de água, justificando a sede que os diabéticos sentem.

Diabetes e a visão – o diabetes pode afetar os olhos de várias maneiras: pode provocar a desidratação do cristalino dos olhos, causando embaçamento da vista; a catarata devido ao acúmulo de açúcar no cristalino, tornando-o opaco; a retinopatia, em que pequenos vasos que nutrem a retina vazam, causando hemorragia, o que afeta seriamente a visão.

Diabetes e o rim – o acúmulo de glicose nos vasos sanguíneos, onde acontece a filtração, pode causar uma lesão. Isso permite que substâncias que normalmente seriam retidas passem para a urina, principalmente as proteínas, como é o caso da albumina (daí o nome de **albuminúria** para essa ocorrência).

Diabetes e o sistema cardiovascular – devido ao excesso de glicose no sangue, existe a possibilidade de ocorrer um endurecimento dos grandes vasos sanguíneos, o que pode levar o paciente a ter um *acidente vascular cerebral, ataque cardíaco* e *problemas de circulação nas pernas*. Evidentemente, nível de colesterol alto, excesso de peso e fumo aumentam mais esse risco.

As Suprarrenais

As *suprarrenais*, também chamadas de *adrenais*, lembram pequenas "boinas" cobrindo o polo superior dos rins. Cada uma delas é formada por duas regiões, uma periférica – chamada *córtex* – e outra central – chamada *medula* (veja a Figura 30-7). A medula produz os hormônios *adrenalina* (ou epinefrina) e *noradrenalina* (ou norepinefrina). O córtex é estimulado pelo hormônio ACTH da hipófise e produz hormônios conhecidos como *corticosteroides*, sendo os principais a *aldosterona* e o *cortisol*. Pequenas quantidades de hormônios sexuais são também produzidas.

A *aldosterona* atua nos rins, promovendo a reabsorção de íons Na^+ pelos túbulos renais, o que favorece a retenção de água nos vasos e o aumento da pressão sanguínea. Esse hormônio promove, simultaneamente, a eliminação de íons K^+. O *cortisol* (hidrocortisona) é conhecido como hormônio anti-inflamatório. Em processos como bronquites, sinusites ou alergias, ele atua promovendo a desinflamação dos tecidos, favorecendo a cura mais rápida da doença.

A ciência por trás do fato!

Água com açúcar é solução para a tontura?

Muitas vezes, sonolência e tontura são causadas pela hipoglicemia, isto é, a baixa taxa de glicose no sangue. Ocorre que o cérebro depende, quase que inteiramente, da glicose para seu funcionamento normal e, se seu nível cai muito, o cérebro trabalha com mais dificuldade e surgem os sintomas da hipoglicemia: suor frio, tremores, sensação de fraqueza, vista embaraçada, dificuldade de concentração, palidez e sonolência, com possibilidade de perda de consciência. Quando esses sintomas começam a aparecer, um copo de algum suco com açúcar ou apenas água com açúcar já faz com que, após certo tempo, a taxa de glicose no sangue se eleve.

Porém, o mais importante é descobrir o motivo para essa hipoglicemia, como, por exemplo, alimentação abaixo do mínimo necessário, prática exagerada de exercícios físicos, algumas doenças e até mesmo um diabetes descontrolado.

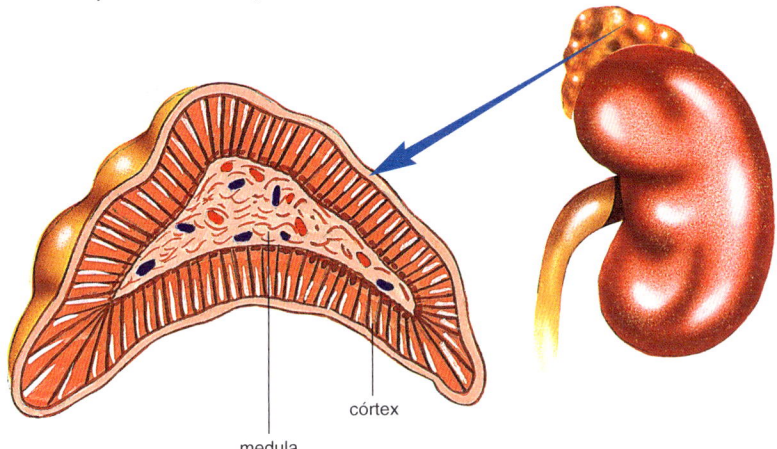

Figura 30-7. A glândula suprarrenal ou adrenal.

As Glândulas Paratireóideas e sua Relação com o Cálcio

As paratireóideas são quatro ou mais pequenas glândulas localizadas atrás de cada ramo da tireoide (veja a Figura 30-8). O hormônio produzido por essas glândulas é o *paratormônio*, cuja principal função é regular o teor de cálcio no sangue. Quando, por algum motivo, o teor desse elemento no sangue é baixo, o paratormônio atua liberando o cálcio dos ossos e favorecendo a reabsorção desse elemento nos túbulos renais (aumenta o teor de cálcio sanguíneo, levando à descalcificação dos ossos; logo, tem ação contrária à da calcitonina produzida pela glândula tireóidea).

O CONTROLE HORMONAL NA REPRODUÇÃO HUMANA

As gonadotrofinas *FSH* (hormônio folículo-estimulante) e *LH* (hormônio luteinizante) são produzidas pela porção anterior da hipófise e regulam a atividade dos ovários e testículos. Esses órgãos, por sua vez, produzirão hormônios que atuarão no surgimento dos caracteres sexuais secundários e no processo de reprodução humana.

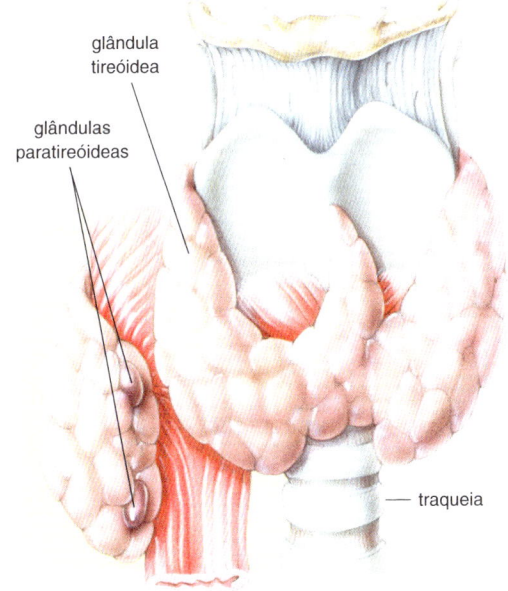

Figura 30-8. As glândulas paratireóideas, produtoras de paratormônio, estão situadas na porção posterior da glândula tireóidea.

No homem, o FSH estimula a produção de espermatozoides. O LH age no testículo favorecendo a produção de *testosterona*, o hormônio sexual masculino.

Na mulher, o FSH e o LH participam do ciclo menstrual. Nesse ciclo haverá a formação do ovócito e a produção dos hormônios ovarianos *estrógeno* e *progesterona*, que preparam o útero para uma possível gravidez. Na puberdade, os estrógenos atuam no surgimento dos caracteres sexuais secundários.

Os Hormônios e sua Relação com os Caracteres Sexuais Secundários

Os hormônios sexuais masculinos são coletivamente chamados de *andrógenos*. São esteroides derivados do colesterol. Deles, o mais conhecido é a *testosterona*. Além de serem necessários para a maturação dos espermatozoides, atuam na puberdade fazendo surgir os caracteres sexuais secundários, como engrossamento da voz, distribuição típica de pelos, aumento no tamanho do esqueleto e estímulo da biossíntese de proteínas do tecido muscular (são, por isso, considerados hormônios *anabolizantes*).

Na mulher, os estrógenos, dos quais o mais conhecido é o *estradiol*, estão relacionados à preparação do útero para a reprodução e a determinação dos caracteres sexuais secundários, como crescimento das mamas, alargamento da bacia e deposição de gordura em determinados locais do organismo.

Os Hormônios e o Ciclo Menstrual

No início de cada ciclo menstrual (veja a Figura 30-9), que coincide com o começo da menstruação, a hipófise produz pequenos teores de *FSH* e *LH*. O FSH age estimulando o crescimento de um *folículo ovariano* (também chamado de *folículo de Graaf* ou folículo ovárico),

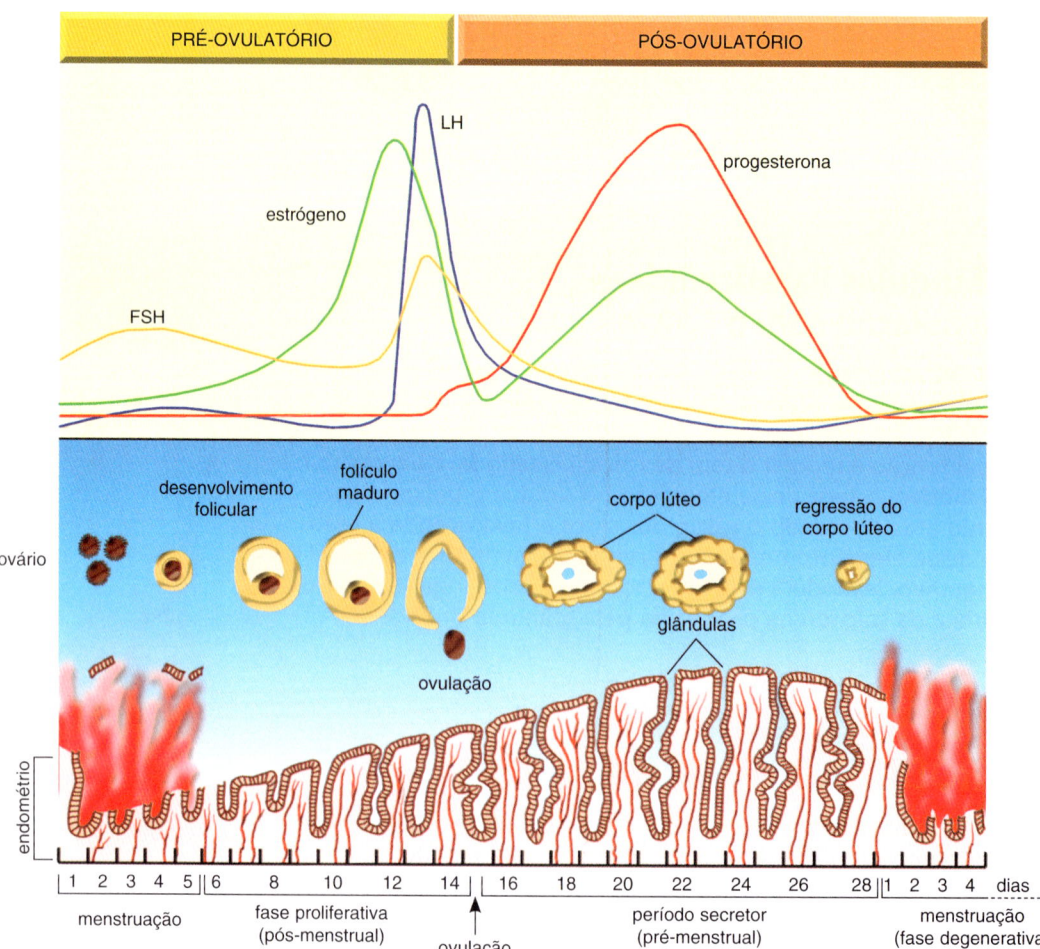

Figura 30-9. Gráfico ilustrativo do ciclo menstrual na mulher, com duração aproximada de 28 dias.

dentro do qual há um ovócito em formação. Ao mesmo tempo em que cresce, o folículo produz estrógeno. Pelo sangue, o estrógeno atinge o útero, fazendo crescer o endométrio, a forração interna uterina rica em glândulas e vasos sanguíneos. Por volta da metade do ciclo (14.º dia na Figura 30-9), ocorre um súbito aumento na produção de LH, que coincide com a ruptura do folículo e a liberação de um ovócito secundário. Diz-se, por isso, que o *LH é o hormônio da ruptura folicular*.

O folículo rompido permanece no ovário e se transforma em *corpo lúteo* (também chamado de *corpo amarelo*). O corpo lúteo passa a produzir grande quantidade de progesterona, além de continuar a produção de estrógeno. A progesterona atinge o útero e promove maior crescimento do endométrio, cujas glândulas e vasos sanguíneos aumentam de tamanho e ficam mais congestos. Diz-se, assim, que a *progesterona é o hormônio da manutenção do endométrio crescido*. Ao mesmo tempo, por um mecanismo de *feedback* promovido pelo estrógeno e pela progesterona, os teores de FSH e LH ficam baixos, o que impede a maturação de novo folículo.

Se não houver fecundação, ao redor do 28.º dia, o corpo lúteo degenera, cai bruscamente a síntese de progesterona, provocando a ruptura do endométrio e o início da menstruação. Ao mesmo tempo, com a queda das taxas de progesterona e estrógeno, a hipófise inicia a liberação de FSH e LH. Começa, então, um novo ciclo menstrual.

Havendo fecundação, o corpo lúteo não degenera. A produção de progesterona permanece alta e constante. O embrião formado e em implantação no útero (veja a Figura 30-10) começa a fabricar o hormônio *gonadotrofina coriônica* (HCG). O papel do HCG é manter o corpo lúteo em funcionamento. A produção de progesterona permanece alta e constante, mantendo, assim, o endométrio crescido. A partir do terceiro mês de gravidez, o corpo lúteo degenera. No entanto, é a própria placenta, em início de formação, que produzirá estrógeno e progesterona, garantindo a continuidade da gravidez.

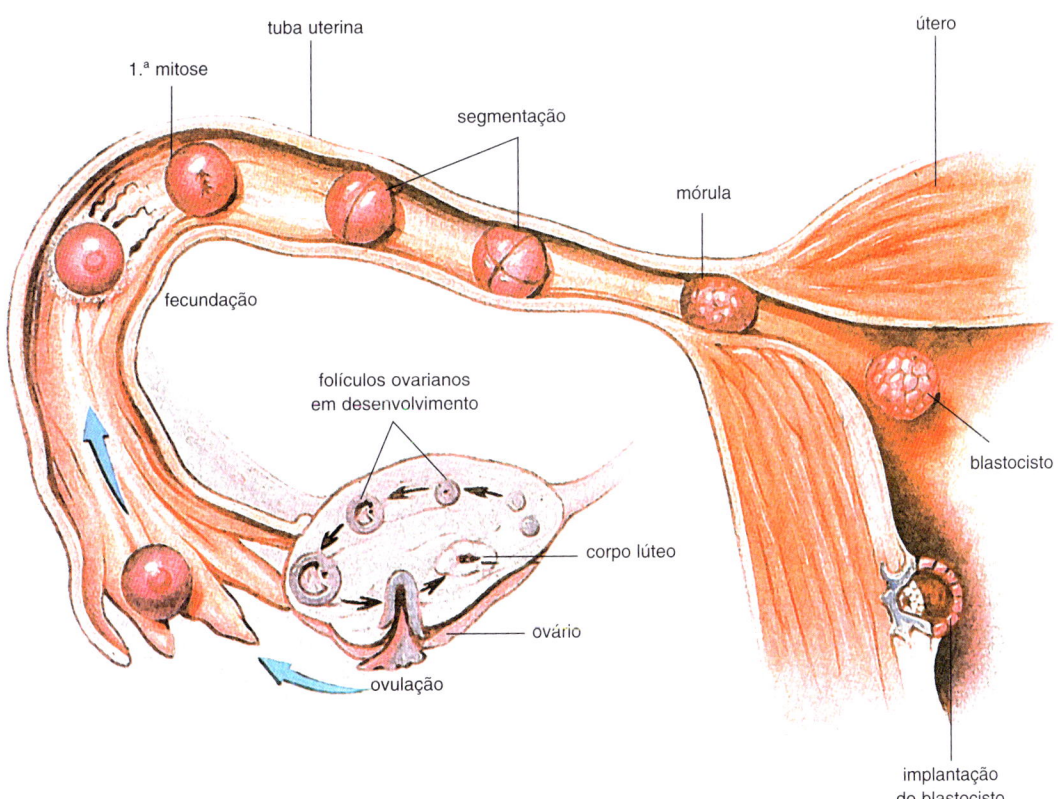

Figura 30-10. Início do desenvolvimento embrionário humano. O blastocisto – constituído da massa celular interna e do trofoblasto – se implanta no endométrio uterino. As células do trofoblasto, camada de revestimento, organizam a parte embrionária da placenta.

A Ação da Oxitocina no Trabalho de Parto e na Ejeção do Leite na Amamentação

Acompanhe pela Figura 30-11 as etapas do trabalho de parto e a ação do hormônio oxitocina, liberado pela porção posterior da hipófise.

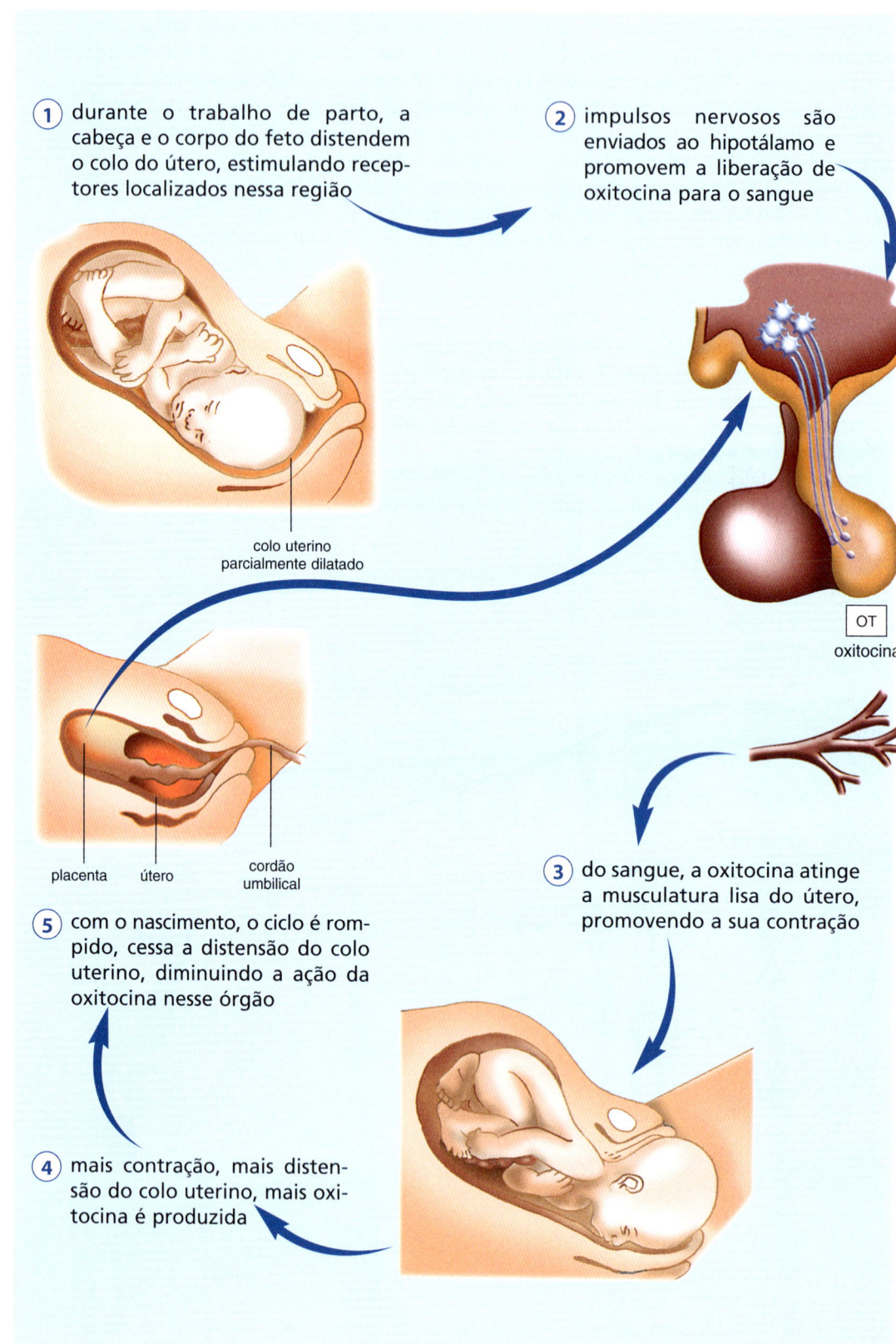

Figura 30-11.

Esse hormônio também tem importante papel na ejeção do leite durante a amamentação (acompanhe pela Figura 30-12).

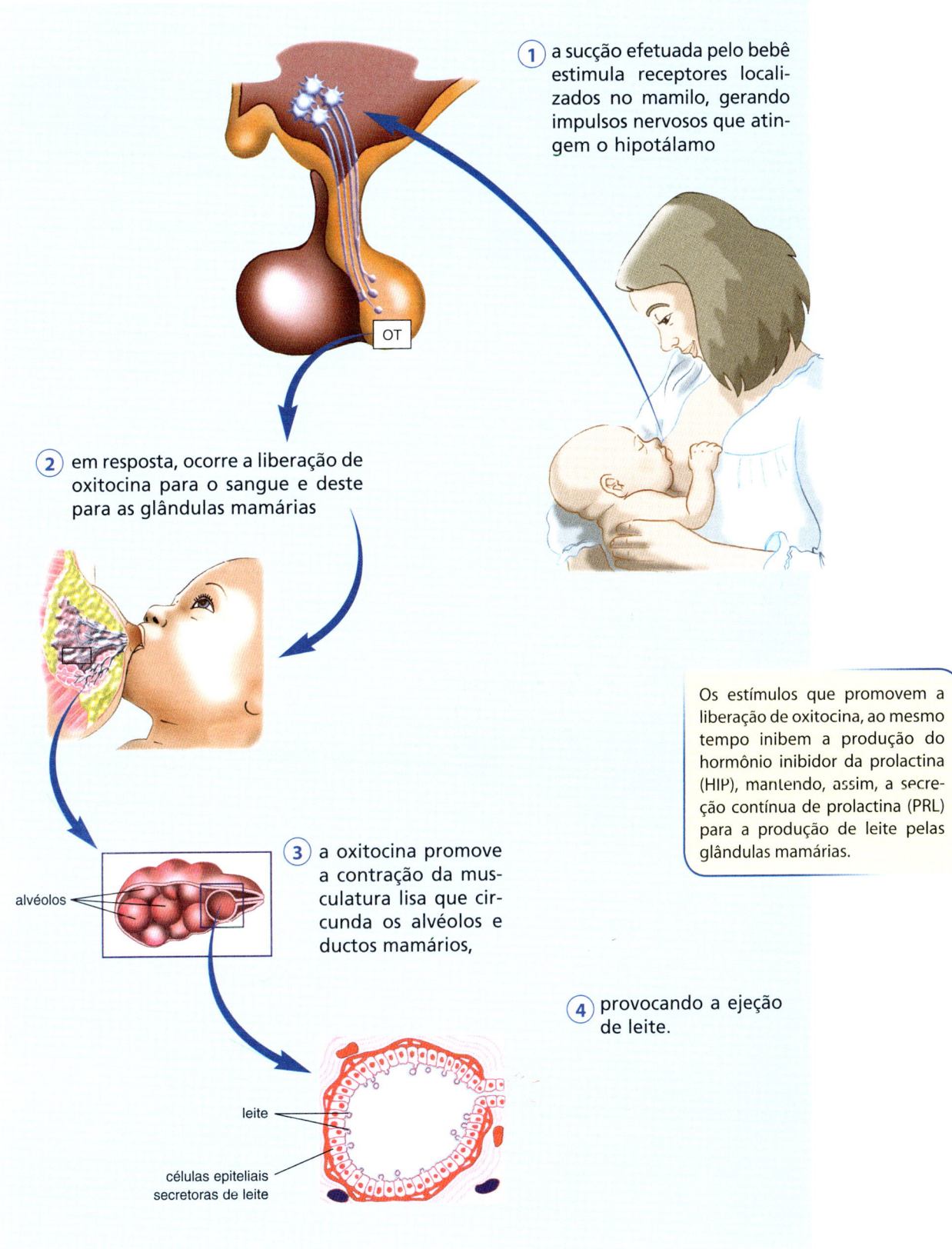

Figura 30-12.

A Tabela 30-2 apresenta um resumo da natureza química e da ação dos principais hormônios vistos neste capítulo.

Tabela 30-2. Principais hormônios, local de produção, natureza química e ação.

Produzido por	Hormônio	Natureza química	Modo de ação
ADENOIPÓFISE	Do crescimento – GH (somatotrofina)	Proteína.	Crescimento de vários tecidos e órgãos, particularmente ossos.
	Adrenocorticotrófico – ACTH	Peptídio.	Age na região cortical da glândula suprarrenal (adrenal), estimulando-a a produzir os hormônios cortisol e aldosterona.
	Prolactina – PRL (luteotrófico)	Proteína.	Atua estimulando a produção de leite pelas glândulas mamárias, durante a lactação.
	Folículo estimulante – FSH (gonadotrofina)	Glicoproteína.	Age nos ovários, estimulando o desenvolvimento dos folículos ovarianos, no interior dos quais ocorre a maturação dos óvulos. No homem, estimula a formação dos espermatozoides.
	Luteinizante – LH	Glicoproteína.	Age na ruptura dos folículos ovarianos, o que resulta na liberação do óvulo. Após a ruptura, o folículo transforma-se no corpo lúteo (corpo amarelo). No homem, age nos testículos, estimulando a síntese de testosterona (hormônio sexual masculino).
	Estimulante da glândula tireóidea – TSH (tireotrofina)	Glicoproteína.	Age estimulando a síntese dos hormônios tireoidianos, que atuarão na regulação do metabolismo celular.
NEUROIPÓFISE	Antidiurético – ADH (vasopressina)	Peptídio.	Atua nos túbulos renais, promovendo a reabsorção de água, e nas glândulas sudoríparas, diminuindo a sudorese. Em elevadas concentrações provoca aumento da pressão sanguínea.
	Oxitocina – OT	Peptídio.	Estimula a contração uterina durante o trabalho de parto e a contração da musculatura lisa das glândulas mamárias na expulsão do leite. No homem, pode aumentar a motilidade dos túbulos seminíferos e auxiliar a expulsão do esperma na ejaculação.
GLÂNDULA TIREÓIDEA	Triiodotironina – T3 e tiroxina – T4	Aminoácido com iodo.	Estimulantes do metabolismo. Essenciais para o crescimento e o desenvolvimento.
	Calcitonina	Peptídio.	Regulação do teor de cálcio e de fósforo sanguíneos. Inibe a perda de cálcio dos ossos.
GLÂNDULAS PARATIREÓIDEAS	Paratormônio	Peptídio.	Regulação do teor de cálcio no sangue. Libera cálcio dos ossos e favorece a reabsorção de cálcio pelos rins.
SUPRARRENAL	Epinefrina e norepinefrina (medula)	Derivados de aminoácidos.	Liberados em situações de estresse e de emergência (aceleram os batimentos cardíacos e a taxa metabólica).
	Cortisol (córtex)	Esteroide.	Proporciona resistência ao estresse, atua como anti-inflamatório, favorece a lipólise e a síntese de glicose a partir de aminoácidos, lactato e glicerol. Deprime a resposta imunitária.
	Aldosterona (córtex)	Esteroide.	Reabsorção de água e íons sódio nos túbulos renais.
PÂNCREAS	Insulina	Peptídio.	Reduz o teor de glicose do sangue. Estimula o armazenamento de glicogênio no fígado.
	Glucagon	Peptídio.	Eleva o teor de glicose no sangue. Estimula a quebra de glicogênio no fígado.
OVÁRIO	Estradiol (estrógeno)	Esteroide.	Características sexuais secundárias no sexo feminino. Crescimento inicial do endométrio no ciclo menstrual.
	Progesterona	Esteroide.	Completa a preparação do endométrio para a recepção do embrião. Mantém a gravidez.
TESTÍCULOS	Testosterona	Esteroide.	Características sexuais secundárias no sexo masculino. Estimula a maturação dos espermatozoides.

Saiba mais

As glândulas mamárias e a importância da amamentação

As glândulas mamárias são glândulas sudoríparas modificadas que produzem leite. Cada glândula mamária consiste de compartimentos chamados lobos, separados por tecido adiposo, cuja quantidade é responsável pelo volume da mama. Em cada lobo, numerosas estruturas alveolares, com formato de cacho de uva, constituem as unidades produtoras do leite materno. Circundando os alvéolos, células musculares lisas auxiliam a expulsão do leite produzido em direção aos mamilos durante a sucção exercida pelo bebê. À medida que o leite é produzido pelas glândulas, ele passa dos alvéolos para ductos mamários e, em seguida, para seios lactíferos, ali permanecendo até que o leite seja passado para ductos lactíferos, em direção à boca do bebê.

PANTHERMEDIA/KEYDISC

A produção de leite é estimulada pelo hormônio hipofisário *prolactina*, enquanto a ejeção é induzida pelo hormônio neuroipofásico *oxitocina*, que atua na musculatura lisa que circunda os alvéolos, fazendo-a contrair, estimulando, assim, a expulsão do leite. Nos últimos dias de gravidez e nos primeiros dias após o parto, as glândulas mamárias liberam o *colostro*, um fluido que contém pequeno teor de lactose e quase nenhuma gordura, embora seja rico em anticorpos protetores para o recém-nascido. Ao longo dos dias, é iniciada a produção copiosa de leite, rico em cálcio, gorduras, lactose e proteínas, dentre as quais os anticorpos, que são fundamentais para a proteção do bebê durante as primeiras semanas após o nascimento.

Pense nisso

Reposição hormonal também é assunto de homem!

Na puberdade, o hormônio testosterona produzido e secretado pelo testículo é o responsável pela transformação do menino em homem, com todas as modificações corporais que esse processo implica (engrossamento da voz, distribuição típica dos pelos, aumento do tamanho do esqueleto).

Na vida adulta, o hormônio atua sobre os músculos, ossos, desejo sexual, memória, disposição e humor. Assim, uma queda na produção de testosterona implica sintomas típicos como cansaço, falta de disposição para exercer as atividades diárias, diminuição da densidade óssea, menor força muscular, mau humor constante, diminuição no desejo sexual e problemas com a memória. Então, caso apareçam os sintomas e o nível de testosterona esteja abaixo do nível normal, a *reposição hormonal* é um tratamento indicado.

É importante destacar que a reposição com testosterona não é um tratamento rejuvenecedor, isto é, o indivíduo não voltará a ter, por exemplo, a memória de 20 anos atrás.

A reposição de testosterona evita uma piora nos sintomas da doença.

Ética & Sociedade

O papel do indivíduo no bem-estar social

O uso de contraceptivos ultrapassa o componente puramente fisiológico – a decisão passa por questões religiosas, filosóficas e sociais.

As diferentes religiões mostram a seus seguidores os caminhos indicados por seus fundadores, apóstolos, mentores. E há que se respeitar toda e qualquer diferença de credo ou de filosofia de vida que tenha como fim último o bem de todos.

A questão social envolve o planejamento familiar – consequentemente o uso de algum tipo de contraceptivo, natural ou não – e a possibilidade de um casal, ou um indivíduo sozinho, sustentar de forma adequada mais uma pessoa em sua casa. E isso envolve despesas com alimentação, saúde, educação, entre outras.

Em nosso país, segundo dados da FGV, 50 milhões de brasileiros vivem abaixo da linha de pobreza – ou seja, dispõem de menos de R$ 80,00 por mês para gastar com alimentação. Essa é a nossa realidade!

Equivoca-se aquele que vai ao *shopping* de uma grande cidade e encanta-se com nossa "pujança", com as vitrines coloridas com doces saborosos, roupas atraentes, calçados da última moda.

Existe um "outro lado", com milhões de pessoas que esperam por ações sociais efetivas para tirá-los da miséria absoluta, quer essas ações venham da área governamental, quer dos pequenos grupos sociais (e neles inclui-se o núcleo familiar). O que importa é a solução do problema.

Passo a passo

1. Qual a diferença entre uma glândula exócrina e uma endócrina?

2. Assinale **E** para as alternativas erradas e **C** para as corretas:
a) Todas as glândulas endócrinas secretam hormônios, que são transportados pela corrente sanguínea.
b) São exemplos de glândulas endócrinas a hipófise, o ovário, o testículo e a tireoide.
c) "Feedback" é um mecanismo de regulação da atividade das glândulas endócrinas.
d) O pâncreas é uma glândula que tem todos seus produtos transportados pela corrente sanguínea.
e) A atuação do controle hormonal sobre os órgãos do corpo humano tende a ser de duração mais longa do que o controle exercido pelo sistema nervoso.

3. Explique o mecanismo de *feedback* envolvendo o controle do hormônio TSH no sangue.

4. É possível associar nanismo e gigantismo com a hipófise? Justifique sua resposta.

5. Qual o papel das ilhotas de Langherhans, também conhecidas como ilhotas pancreáticas, no controle da taxa de glicose no sangue?

6. Paratormônio, hormônio produzido pelas paratireoides, atua liberando o cálcio dos ossos para o sangue. Cite o nome do hormônio que atua na deposição de sais de cálcio nos ossos. Que estrutura o produz?

7. Assinale **F** para as alternativas falsas e **V** para as verdadeiras:
a) Alta taxa de glicose no sangue pode ser reduzida após a liberação de insulina pelo pâncreas.
b) A produção de glicogênio no fígado é estimulada pelo hormônio glucagon produzido pela hipófise.
c) A adrenalina estimula a produção de glicogênio em situações de estresse.
d) Taxas de insulina no sangue humano, consideradas acima do normal, geram hipoglicemia.
e) Caso uma pessoa fique muitas horas sem se alimentar, sua glicemia pode ser mantida normal devido à liberação de glicose pelo fígado.

8. Por que uma lei brasileira obriga os ensacadores de sal de cozinha a adicionarem ao produto certa quantidade de iodeto de potássio?

9. A respeito do ciclo menstrual, reponda aos itens abaixo.
a) Qual o nome da glândula produtora de FSH e LH e qual a função de cada um deles?
b) Qual o nome da glândula que produz o estrógeno e a progesterona e qual o papel deles?
c) Se não houver fecundação, o que ocorre com a taxa de progesterona ao redor do 28.º dia do ciclo, e qual a consequência para o endométrio?
d) É possível associar o hormônio gonadotrofina coriônica com gravidez? Justifique a resposta.

10. Qual a relação entre os hormônios hipofisários FSH e LH e o funcionamento dos testículos?

Questões objetivas

1. (UFC – CE) Um amigo meu ficou sabendo que estava com câncer na tireoide e teria que se submeter a uma cirurgia para a retirada desse órgão. Ele foi informado de que, como consequência da cirurgia, teria que tomar medicamentos, pois a ausência dessa glândula:
a) provocaria a ocorrência do aumento do volume do pescoço, caracterizando um quadro clínico conhecido como bócio endêmico.
b) reduziria a produção do hormônio de crescimento, provocando a redução de cartilagens e ossos, fenômeno conhecido como nanismo.
c) diminuiria a concentração de cálcio no sangue, levando à contração convulsiva das células musculares lisas, o que provocaria a tetania muscular.
d) comprometeria a produção do hormônio antidiurético, aumentando a concentração de água no sangue e diminuindo o volume de urina excretado.
e) levaria a uma queda generalizada na atividade metabólica, o que acarretaria, por exemplo, a diminuição da temperatura corporal.

2. (UFCG – PB – adaptada) Os sistemas endócrino e nervoso atuam na coordenação e regulação das funções corporais. Enquanto as mensagens nervosas são de natureza eletroquímica, as mensagens transmitidas pelo sistema endócrino têm natureza química – os hormônios. Estes são produzidos pelas glândulas endócrinas e se distribuem pelo sangue, modificando o funcionamento de outros órgãos, denominados órgãos-alvo.

No que diz respeito à relação entre os sistemas nervoso e endócrino, analise as assertivas.

I – O sistema nervoso pode fornecer ao endócrino a informação sobre o meio externo, ao passo que o sistema endócrino regula a resposta interna do organismo a esta informação.
II – O hipotálamo controla as atividades da hipófise posterior (neuroipófise), enquanto o controle da hipófise anterior (adenoipófise) é feito diretamente por neurônios oriundos do córtex cerebral.
III – Os hormônios produzidos pela hipófise anterior podem atuar diretamente sobre as células em diversas partes do organismo (ex. hormônio do crescimento) ou sobre outras glândulas endócrinas (ex. hormônios gonadotrófico e tireotrófico).
IV – O sistema porta-hipofisário (vasos sanguíneos que irrigam a hipófise) é o meio pelo qual os fatores de liberação oriundos do sistema nervoso chegam até a hipófise anterior, local em que exercem seus efeitos de liberação ou inibição.

Estão **CORRETAS**:
a) III e IV.
b) I, II e IV.
c) II e IV.
d) I, II e III.
e) I, III e IV.

3. (UEL – PR) A homeostase é a capacidade do organismo de manter condições internas constantes em face de um ambiente externo variante. Todos os organismos apresentam homeostase em algum grau, embora, nas mais diferentes espécies, a ocorrência e a efetividade desse mecanismo possam variar.

Com base no texto e nos conhecimentos sobre o tema, considere as afirmativas a seguir.

I – A despeito de como os organismos regulam seus ambientes internos, todos os sistemas homeostáticos exibem uma retroalimentação negativa, ou seja, quando o sistema se desvia da sua norma ou estado desejado, mecanismos de resposta interna agem para restaurá-lo.

II – A ligação do oxigênio com a hemoglobina nas células vermelhas do sangue aumenta a concentração do oxigênio dissolvido no plasma sanguíneo, retardando sua difusão dos pulmões para o sistema circulatório. Nos tecidos corporais, o oxigênio é desligado da hemoglobina e se difunde para regiões de baixas taxas metabólicas.

III – Produtos de rejeito nitrogenado e do metabolismo de proteínas são excretados na forma: de ureia, pela maioria dos organismos aquáticos; de ácido úrico, pelos mamíferos; e de amônia, pelas aves e répteis. Como a amônia se cristaliza, as aves e os répteis podem excretá-la em altas concentrações, economizando água.

IV – O equilíbrio de água nos animais aquáticos está intimamente ligado às concentrações de sais e outros solutos em seus tecidos corporais e no ambiente. Assim sendo, animais considerados hiperosmóticos em relação ao seu meio apresentam, em seus tecidos, concentrações mais altas de sais do que na água circundante.

Assinale a alternativa correta.

a) Somente as afirmativas I e III são corretas.
b) Somente as afirmativas I e IV são corretas.
c) Somente as afirmativas II e IV são corretas.
d) Somente as afirmativas I, II e III são corretas.
e) Somente as afirmativas II, III e IV são corretas.

4. (UERJ) Isótopos radioativos de diversos elementos têm grande importância na medicina, já que podem ser usados no diagnóstico ou no tratamento de algumas doenças.

O uso do radioisótopo ^{131}I é adequado para o diagnóstico de tumores no seguinte tecido:

a) hepático.
b) ovariano.
c) tireoidiano.
d) pancreático.

5. (UEL – PR) Há dois tipos de diabetes: o tipo I, que surge em jovens e se caracteriza pela menor produção de insulina, e o tipo II, que aparece na idade adulta, em que os níveis de insulina estão normais, mas os receptores tornam-se resistentes à insulina. Nos últimos anos, tem aumentado o número de adolescentes obesos que desenvolvem diabetes tipo II.

Sobre diabetes, insulina e controle da glicemia (nível de glicose no sangue), é correto afirmar:

a) Em condições normais, a insulina é liberada pelo pâncreas para controlar o nível elevado de glicose sanguínea.
b) Um indivíduo que passa horas sem se alimentar apresenta aumento da produção de insulina.
c) A insulina tem como principal ação a liberação de glicose pelo pâncreas.
d) Entre as refeições, o fígado armazena glicose, mantendo-a na sua forma original para sua imediata liberação quando necessária.
e) A diabetes tipo II, precoce ou não, é consequência de uma hipofunção das células pancreáticas.

6. (MACKENZIE – SP) O quadro abaixo apresenta algumas doenças provocadas por alterações hormonais.

	Glândula afetada	Hormônio	Alteração na secreção
Diabetes melito	pâncreas	A	B
Gigantismo		C	D	aumento
Bócio		E	F	diminuição

Os espaços A, B, C, D, E e F serão preenchidos correta e respectivamente por

a) glucagon, diminuição, hipófise, GH, paratireoide e calcitonina.
b) T4, aumento, hipotálamo, FSH, medula da suprarrenal e oxitocina.
c) insulina, diminuição, hipófise, GH, tireoide e tiroxina.
d) glicocorticoide, aumento, paratireoide, adrenalina, tireoide e LH.
e) insulina, diminuição, hipotálamo, ADH, tireoide e ACTH.

7. (UNICAMP – SP) Os gráficos A, B e C mostram as variações da secreção de insulina e glucagon em função da concentração de glicose, e as variações da concentração de glicose no sangue, após uma refeição rica em carboidratos.

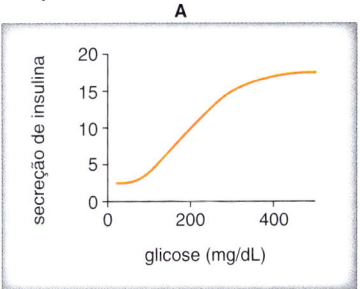

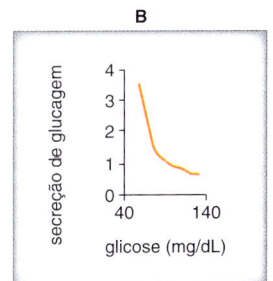

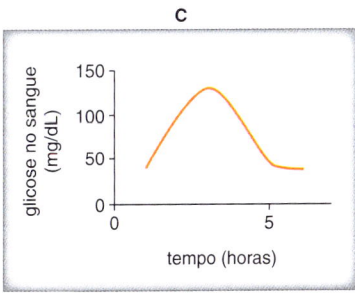

Com base nos gráficos acima, pode-se afirmar que

a) se os níveis de glicose no sangue estão altos, a secreção de insulina aumenta para permitir que as moléculas de glicose sejam absorvidas pelas células, e os níveis de glucagon permanecem baixos, pois não há necessidade de o glicogênio ser transformado em glicose.
b) o aumento dos níveis de glicose no sangue causa um aumento da secreção de insulina e de glucagon por células do pâncreas, pois ambos os hormônios contribuem para que as moléculas de açúcar atravessem a membrana plasmática das células.
c) a secreção de glucagon é alta em indivíduos que tenham se alimentado de carboidrato duas horas antes, pois muitos desses carboidratos acabam se transformando em glicose; já com relação à insulina, ocorre um aumento porque os níveis de glicose estão elevados.
d) as células secretoras do pâncreas estão sempre produzindo grandes quantidades de insulina e de glucagon, pois esses dois hormônios são responsáveis pela captura de glicose do sangue para as células.

8. (UFF – RJ) Na paixão, ocorre a desativação de áreas ligadas ao juízo crítico (André Palmini, neurocientista). Conjuntamente, os batimentos cardíacos aumentam e diferentes sensações têm sido descritas na literatura científica e poética em resposta ao estímulo da pessoa amada. Nesse processo, moléculas como a oxitocina, considerado o hormônio do amor, atuam para que essas diferentes sensações atraiam os indivíduos.

Um pesquisador, estudando esse tipo de sinalização, aplicou uma concentração fixa de três hormônios em três grupos experimentais, separadamente, e observou o efeito de cada hormônio sobre alguns parâmetros fisiológicos, apresentados nos gráficos abaixo. A linha tracejada marca o nível basal do parâmetro avaliado antes do tratamento.

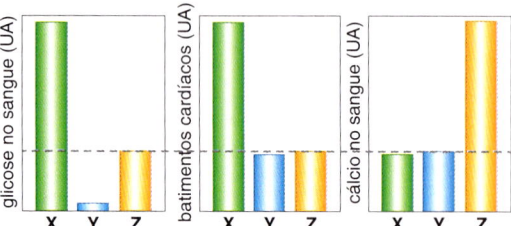

UA = unidades arbitrárias

Observando os resultados acima, pode-se afirmar que os hormônios X, Y e Z, avaliados pelo pesquisador, são, respectivamente:

a) adrenalina, paratormônio e insulina.
b) insulina, paratormônio e adrenalina.
c) adrenalina, insulina e paratormônio.
d) paratormônio, insulina e adrenalina.
e) paratormônio, adrenalina e insulina.

9. (UFV – MG) A base para toda atividade física é a contração muscular. Sem ela, os movimentos inexistem. Observa-se que o íon Ca^{++} é de fundamental importância nas contrações musculares.

Sobre a ação deste íon na contração muscular, a regulação de sua quantidade no sangue, os hormônios que fazem tal regulação e sua carência, assinale a alternativa correta.

a) A partir da sinapse neuromuscular, o impulso nervoso propaga-se pela membrana da fibra muscular e daí para o retículo sarcoplasmático, fazendo com que o cálcio ali armazenado seja liberado. O cálcio, então, migra para a sinapse, agindo como neurotransmissor, permitindo que um novo impulso do nervo seja conduzido ao ventre muscular, originando nova contração. Cessadas as contrações musculares, o cálcio é reabsorvido pelos rins e integralmente eliminado pela urina.
b) O paratormônio é produzido pelas paratireoides e é o responsável por retirar o cálcio dos ossos e lançá-lo no sangue quando sua concentração está baixa. O excesso deste hormônio pode causar fragilidade dos ossos e cálculos renais.
c) Durante a atividade física, como a contração muscular está sendo mais exigida, muito cálcio é retirado dos ossos, para que seja utilizado na ação da musculatura. Desta forma, o excesso de atividade física resulta em enfraquecimento dos ossos, pois a calcitonina estará retirando muito cálcio de sua reserva, para conduzi-lo à ação praticada durante a atividade física.
d) Quando existe grande quantidade de hormônios que regulam a taxa do cálcio no sangue, este íon sempre será retirado em excesso. Tanto o excesso quanto a falta de cálcio, ofertado para a contração muscular, resultará num quadro clínico conhecido como tetania, que é o relaxamento de todos os músculos do corpo em um mesmo momento.

10. (UERJ) O metabolismo energético do organismo varia em função dos níveis de hormônios na circulação sanguínea. Por sua vez, a produção hormonal está relacionada com fatores como existência de doenças, escolhas alimentares e estado de atividade ou de inatividade física.

O esquema abaixo mostra transformações metabólicas predominantes em determinada condição do organismo, envolvendo algumas substâncias em diferentes tecidos.

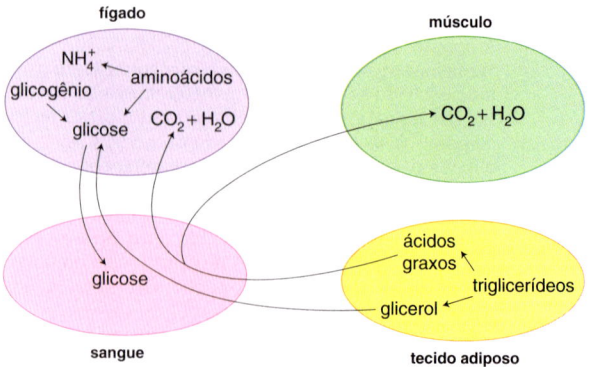

A condição representada pelo esquema é:

a) repouso
b) diabetes melito
c) hiperinsulinismo
d) dieta hiperglicídica

11. (UFSC) Considere as afirmativas abaixo:

Glândula A – produz hormônio do crescimento, prolactina, folículo estimulante, luteinizante, melanotrófico.
Glândula B – produz tiroxina.
Glândula C – produz insulina e glucagon.
Glândula D – produz hormônios conhecidos como corticosteroides, adrenalina e noradrenalina.

Sobre essas glândulas e os hormônios que elas produzem, indique as alternativas corretas e dê sua soma ao final.

(01) A localização das glândulas **A**, **B** e **C** no corpo humano é, respectivamente, no pescoço, na base do cérebro e no abdome.
(02) A localização das glândulas **A** e **B** no corpo humano é, respectivamente, na base do cérebro e no pescoço, e das glândulas **C** e **D** é no abdome.
(04) As glândulas **A**, **B**, **C** e **D**, são respectivamente, a tireoide, a hipófise, o pâncreas e as suprarrenais.
(08) O hormônio FSH ou folículo estimulante, produzido pela glândula **A**, promove o crescimento e a regeneração do tecido ósseo.
(16) O hormônio insulina, produzido pela glândula **C**, atua diminuindo a glicemia do sangue.
(32) A glândula **A** é responsável pela produção dos hormônios conhecidos como trofinas, que são responsáveis pela estimulação de outros órgãos ou glândulas.

12. (UFAM) Hormônios são mensageiros químicos produzidos, geralmente, por glândulas endócrinas, que, uma vez lançadas na corrente sanguínea, irão atuar em órgãos distantes de seu local de produção. Complete a tabela abaixo indicando os respectivos termos correspondentes aos números indicados (n.º 1, 2, 3, 4, 5).

Glândula	Hormônio	Efeito após estimulação
adeno-hipófise	1	secreção de glicocorticoides
neuro-hipófise	oxitocina	2
3	epinefrina	aumento na atividade cardíaca
pâncreas	4	redução dos níveis de glicose plasmática
5	peptídio atrial natriurético	aumento na perda de H_2P e Na^+ pelos rins

a) 1 – FSH; 2 – ejeção de leite materno; 3 – pituitária; 4 – glucagon; 5 – rins.
b) 1 – MSH; 2 – secreção de estrogênio; 3 – timo; 4 – LH; 5 – estômago.
c) 1 – ACTH; 2 – aumento na utilização de energia; 3 – tireoide; 4 – tiroxina; 5 – paratireoides.
d) 1 – LH; 2 – contração da próstata; 3 – tireoide; 4 – insulina; 5 – coração.
e) 1 – ACTH; 2 – ejeção de leite materno; 3 – medula da adrenal; 4 – insulina; 5 – coração.

13. (PUCCAMP – SP) **Porcos podem ser a salvação de diabéticos**

A maioria das pessoas provavelmente vê os porcos, na melhor das hipóteses, como uma fonte de subsistência ou, na pior, como animais glutões. Mas parece que nossos amigos suínos podem também ser valiosos na luta contra o diabetes tipo 1. Pesquisadores estão realizando experiências com novas maneiras de colher células de ilhotas produtoras de insulina em porcos para transplantá-las em portadores do diabetes – na esperança de um dia reduzir a necessidade de doses diárias de insulina e até mesmo substituí-las por tratamentos com células de ilhotas duas vezes ao ano.

Scientific American Brasil, online, 5 mar. 2008.

Sobre esse assunto, assinale a afirmativa **INCORRETA**.

a) No diabetes tipo 1, o sistema imunológico ataca e destrói as células produtoras de insulina localizadas nas ilhotas pancreáticas.
b) O pâncreas é uma glândula produtora dos hormônios insulina e glucagon, que atuam no controle da glicemia.
c) A ação da insulina depende da circulação desse peptídio pela corrente sanguínea e de sua ligação em receptores na superfície de células-alvo, como as hepáticas e musculares.
d) Os indivíduos diabéticos apresentam normalmente altas concentrações de glicogênio hepático e muscular.

14. (UFMG) Pesquisadores franceses identificaram um gene chamado de RN, que, quando mutado, altera o metabolismo energético do músculo de suínos, provocando um acúmulo de glicogênio muscular, o que prejudica a qualidade da carne e a produção de presunto.

Pesquisa FAPESP, n. 54, p. 37, 2000.

Com base nos conhecimentos sobre o glicogênio e o seu acúmulo como reserva nos vertebrados, é correto afirmar:

a) é um tipo de glicolipídio de reserva muscular acumulado pela ação da adrenalina.
b) é um tipo de glicoproteína de reserva muscular acumulado pela ação do glucagon.
c) é um polímero de glicose estocado no fígado e nos músculos pela ação da insulina.
d) é um polímero de frutose, presente apenas em músculos de suínos.
e) é um polímero proteico estocado no fígado e nos músculos pela ação do glucagon.

15. (FGV – SP) O gráfico mostra os níveis sanguíneos de hormônios sexuais durante o ciclo menstrual.

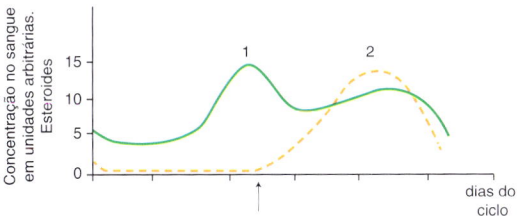

Pode-se dizer que as curvas 1 e 2 correspondem, respectivamente,

a) ao hormônio luteinizante (LH) e ao hormônio folículo estimulante (FSH); a seta indica a ovulação.
b) ao hormônio folículo estimulante (FSH) e ao hormônio luteinizante (LH); a seta indica a menstruação.
c) à progesterona e aos estrógenos; a seta indica a ovulação.
d) aos estrógenos e à progesterona; a seta indica a menstruação.
e) aos estrógenos e à progesterona; a seta indica a ovulação.

16. (UPE) Assinale na coluna I as afirmativas verdadeiras e, na coluna II, as falsas.

A mulher entra na fase reprodutiva, na puberdade, quando ocorre a primeira menstruação ou menarca. Em geral, o ciclo dura 28 dias. O primeiro dia da menstruação marca o início do ciclo. A respeito dos hormônios que atuam nesse ciclo, analise as proposições e conclua.

I	II	
0	0	Na primeira metade do ciclo, o hormônio folículo-estimulante (FSH) e o estrógeno são responsáveis, respectivamente, pelo crescimento e amadurecimento folicular e pelo espessamento (proliferação) do endométrio.
1	1	Por volta do 14.º dia, ocorre um aumento do hormônio luteinizante (LH), responsável pela ovulação.
2	2	O LH atua na formação do folículo ovariano, que se rompe e passa a ser o corpo lácteo ou corpo-amarelo, que ocasiona a descamação do endométrio.
3	3	Os ovários produzem o estrógeno, responsável pelas características sexuais secundárias, como o desenvolvimento das mamas e o arredondamento das formas da mulher.
4	4	A progesterona, produzida na hipófise, é o principal hormônio da gravidez, mantendo o endométrio preparado para a recepção do embrião.

17. (UFSC)

A jovem mãe suspendeu o filho à teta; mas a boca infantil não emudeceu. O leite escasso não apojava o peito. O sangue da infeliz diluía-se todo nas lágrimas incessantes que não estancavam dos olhos; pouco chegava aos seios, onde se forma o primeiro licor da vida.

ALENCAR, José de. *Iracema*. São Paulo, Ática, 1992. p. 77.

Após ler o excerto acima, identifique a(s) proposição(ões) **CORRETA(S)** e dê sua soma ao final.

(01) O leite materno, tratado na obra *Iracema* como "licor da vida", é considerado um alimento completo para o recém-nascido, contendo água, sais minerais e até anticorpos fundamentais para sua saúde.
(02) As glândulas sudoríparas, que produzem o suor, são um exemplo de glândula endócrina.
(04) Quando o autor diz que o sangue diluía-se todo nas lágrimas e não chegava aos seios, está afirmando que o funcionamento da glândula mamária não tem relação com a circulação sanguínea.
(08) A oxitocina é o hormônio que, além de estimular os movimentos de contração uterina no parto, estimula a contração da musculatura lisa das glândulas mamárias na expulsão do leite materno.
(16) A produção do leite materno não tem relação direta com o ato de sucção do seio materno pelo recém-nascido.
(32) As lágrimas e o leite produzidos pela mãe são exemplos de secreções produzidas pelas glândulas exócrinas.

18. (MACKENZIE – SP) A respeito dos hormônios envolvidos no controle do ciclo ovulatório humano, é correto afirmar que

a) os testes de gravidez se baseiam na identificação de um hormônio conhecido como gonadotrofina coriônica, ou β-HCG, que pode ser filtrado pelos rins e ser eliminado pela urina.
b) a pílula anticoncepcional é composta por hormônios que agem estimulando a secreção de hormônios hipofisários.
c) durante a gravidez, as taxas de progesterona e de estrógeno são mantidas baixas.
d) a produção de hormônios ovarianos é controlada por hormônios da neurohipófise.
e) os hormônios ovarianos provocam a maturação de folículos e a ovulação.

19. (UNESP) Observou-se em uma gestante de 8 meses a existência de um tumor na neuro-hipófise, o que resultou na impossibilidade dessa região liberar para o sangue os hormônios que ali chegam. Em razão do fato, espera-se que

I – quando do parto, essa mulher tenha que receber soro com oxitocina, para assegurar que ocorram as contrações uterinas.
II – depois de nascida, a criança deva ser alimentada com mamadeira, uma vez que as glândulas mamárias da mãe não promoverão a expulsão do leite.
III – a mãe não produza leite, em razão da não liberação de prolactina pela neuro-hipófise.
IV – a mãe possa desenvolver uma doença chamada diabetes insípido.
V – a mãe apresente poliúria (aumento no volume urinário) e glicosúria (glicose na urina), uma vez que a capacidade de reabsorção de glicose nos rins é insuficiente.

É correto o que se afirma apenas em

a) I, II e IV.
b) I, II e V.
c) I, III e IV.
d) II e V.
e) III e V.

20. (UFPB)

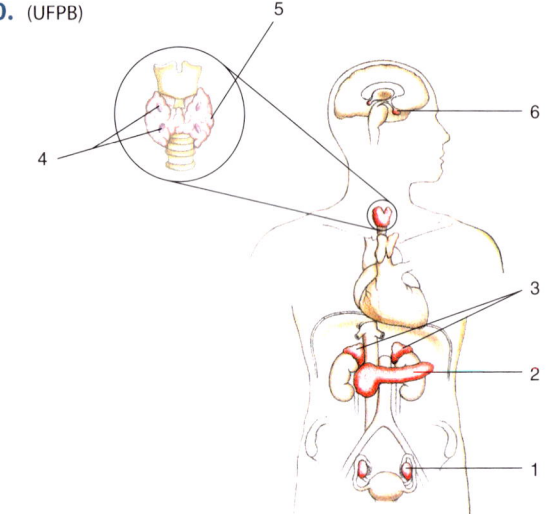

A espécie humana possui diversas glândulas endócrinas, algumas responsáveis pela produção de mais de um tipo de hormônio que, juntamente com o sistema nervoso, coordenam a atividade sincrônica e equilibrada de vários sistemas do corpo. A ocorrência de uma anormalidade nessas glândulas afeta a sua atividade funcional.

A figura acima, mostra a localização de importantes glândulas endócrinas, que aparecem numeradas de 1 a 6. Nesse sentido, é **INCORRETO** afirmar que a ocorrência de uma anormalidade na glândula identificada pelo número

a) 1 pode afetar o desenvolvimento das características sexuais secundárias nos indivíduos do sexo feminino.
b) 2 pode levar ao descontrole do nível normal de glicose no sangue, mantido pela ação conjunta dos hormônios glucagon e insulina.
c) 3 pode inibir a produção de insulina e de glucagon pelo pâncreas.
d) 4 pode afetar o controle da concentração de cálcio no sangue.
e) 5 pode retardar o crescimento dos ossos e causar debilidade mental.
f) 6 pode afetar o crescimento, ocasionando nanismo ou gigantismo.

21. (UNIFESP – adaptada) Um homem dosou a concentração de testosterona em seu sangue e descobriu que esse hormônio encontrava-se num nível muito abaixo do normal esperado. Imediatamente buscou ajuda médica, pedindo a reversão da vasectomia a que se submetera havia dois anos. A vasectomia consiste no seccionamento dos ductos deferentes que saem dos testículos. Diante disso, o pedido do homem

a) não tem fundamento, pois a testosterona é produzida por glândulas situadas acima dos ductos, próximo à próstata.
b) não tem fundamento, pois o seccionamento impede unicamente o transporte dos espermatozoides dos testículos para o pênis.
c) tem fundamento, pois a secção dos ductos deferentes impede o transporte da testosterona dos testículos para o restante do corpo.
d) tem fundamento, pois a produção da testosterona ocorre nos ductos deferentes e, com seu seccionamento, essa produção cessa.
e) tem fundamento, pois a testosterona é produzida no epidídimo e dali é transportada pelos ductos deferentes para o restante do corpo.

22. (UFMS) As glândulas podem ser classificadas em exócrinas, mistas ou endócrinas. As glândulas endócrinas caracterizam-se por secretarem hormônios diretamente na corrente sanguínea, não possuindo ducto.

São exemplos de glândulas endócrinas: tireoide, paratireoide, adrenal e hipófise. Em relação à hipófise, assinale a alternativa que indica os hormônios produzidos por essa glândula.

a) tiroxina e calcitonina
b) estrógeno e progesterona
c) insulina e glucagon
d) adrenalina e noradrenalina
e) prolactina e oxitocina

23. (UNESP) Paula não toma qualquer contraceptivo e tem um ciclo menstrual regular de 28 dias exatos. Sua última menstruação foi no dia 23 de junho. No dia 06 de julho, Paula manteve uma relação sexual sem o uso de preservativos. No dia 24 de julho, Paula realizou um exame de urina para verificar se havia engravidado.

Em função do ocorrido, pode-se dizer que, no dia 06 de julho, Paula

a) talvez ainda não tivesse ovulado, mas o faria um ou dois dias depois. Considerando que o espermatozoide pode permanecer viável no organismo feminino por cerca de dois dias, há a possibilidade de Paula ter engravidado. O exame de urina poderia confirmar essa hipótese, indicando altos níveis de gonadotrofina coriônica.
b) já teria ovulado, o que teria ocorrido cerca de dois dias antes. Contudo, considerando que depois da ovulação o óvulo permanece viável no organismo feminino por cerca de uma semana, há a possibilidade de Paula ter engravidado. O exame de urina poderia confirmar essa hipótese, indicando redução no nível de estrógenos.
c) já teria ovulado, o que teria ocorrido há cerca de uma semana. Portanto, não estaria grávida, o que poderia ser confirmado pelo exame de urina, que indicaria altos níveis de estrógenos e LH.
d) estaria ovulando e, portanto, é quase certo que estaria grávida. Com a implantação do embrião no endométrio, ocorre um aumento na secreção de LH e diminuição nos níveis de gonadotrofina coriônica, o que poderia ser detectado pelo exame de urina já na semana seguinte à nidação.
e) ainda não teria ovulado, o que só iria ocorrer dias depois. Portanto, não estaria grávida, o que poderia ser confirmado pelo exame de urina, que indicaria altos níveis de gonadotrofina coriônica.

24. (PUC – RJ) A frequência do câncer da próstata na espécie humana aumentou de forma explosiva nos últimos anos. Notícias e reportagens inundaram os meios de comunicação, mas informações desencontradas têm gerado aflições indevidas pela importância funcional deste órgão.

Adaptado de: <http://www.uronline.unifesp.br/uronline/ed1098/caprostata.htm>.

Quanto à função da próstata, é correto afirmar que é

a) uma glândula exócrina responsável pela produção de um fluido cuja alcalinidade ajuda a neutralizar o pH do trato vaginal, prolongando a vida dos espermatozoides.
b) um órgão sexual localizado abaixo da bexiga urinária cuja principal função é produzir líquido seminal responsável pelo movimento das espermátides.
c) uma glândula endócrina responsável pela produção de hormônios que estimulam a maturação das espermatogônias em espermatozoides.
d) uma parte modificada da uretra cuja principal função é armazenar espermatozoides maduros até a ejaculação do sêmen.
e) um órgão do aparelho genito-urinário masculino, protegido por uma bolsa externa ao corpo e responsável pela produção de testosterona.

25. (UFTM – MG) Analise o gráfico de um experimento, onde o hormônio utilizado foi aplicado em mamíferos.

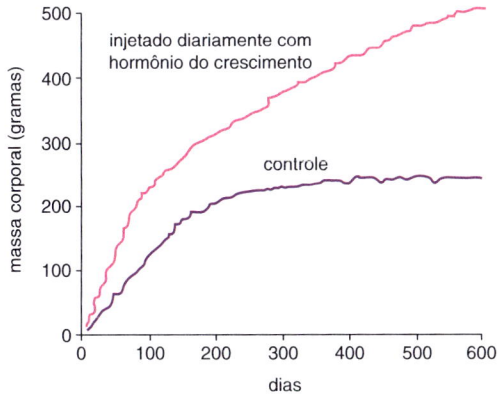

Adaptado de: GUYTON, A. C.; HALL, J. E. *Tratado de Fisiologia Médica.*

Com base no gráfico e em seus conhecimentos sobre o assunto, é possível afirmar que

a) a deficiência desse hormônio acarreta diminuição da atividade anabólica, reduzindo a síntese proteica.
b) o crescimento no grupo experimental foi possível devido ao aumento de células e do número de meioses promovido pelo hormônio.
c) o grupo controle não é significativo para se chegar às conclusões do teste experimental realizado.
d) injeções desse hormônio em pessoas desprovidas de receptores para eles, nas membranas das células, contribuiriam para elevar sua estatura.
e) o referido hormônio possui seu lócus de produção na tireoide, contribuindo também para o controle do metabolismo basal.

26. (UNESP) Leia o texto.

Esqueci a pílula! E agora?

Tomo pílula há mais de um ano e nunca tive horário certo. Em geral, tomo antes de dormir, mas, quando esqueço, tomo de manhã ou, na noite seguinte, uso duas de uma só vez. Neste mês, isso aconteceu três vezes. Estou protegida?

Carta de uma leitora para a coluna Sexo & Saúde, de Jairo Bouer,
Folhateen, 26 jun. 2009.

Considerando que a pílula à qual a leitora se refere é composta por pequenas quantidades dos hormônios estrógeno e progesterona, pode-se dizer à leitora que

a) sim, está protegida de uma gravidez. Esses hormônios, ainda que em baixa dosagem, induzem a produção de FSH e LH e estes, por sua vez, levam à maturação dos folículos e à ovulação. Uma vez que já tenha ocorrido a ovulação, não corre mais o risco de engravidar.
b) sim, está protegida de uma gravidez. Esses hormônios, ainda que em baixa dosagem, induzem a produção de FSH e LH e estes, por sua vez, inibem a maturação dos folículos, o que impede a ovulação. Uma vez que não ovule, não corre o risco de engravidar.
c) não, não está protegida de uma gravidez. Esses hormônios, em baixa dosagem e a intervalos não regulares, mimetizam a função do FSH e LH, que deixam de ser produzidos. Desse modo, induzem a maturação dos folículos e a ovulação. Uma vez ovulando, corre o risco de engravidar.
d) não, não está protegida de uma gravidez. Esses hormônios, em baixa dosagem e a intervalos não regulares, inibem a produção de FSH e LH os quais, se fossem produzidos, inibiriam a maturação dos folículos. Na ausência de FSH e LH ocorre a maturação dos folículos e a ovulação. Uma vez ovulando, corre o risco de engravidar.
e) não, não está protegida de uma gravidez. Esses hormônios, em baixa dosagem e a intervalos não regulares, não inibem a produção de FSH e LH os quais, sendo produzidos, induzem a maturação dos folículos e a ovulação. Uma vez ovulando, corre o risco de engravidar.

27. (UnB – DF) A menarca de uma mulher ocorreu na festa do seu 12.º aniversário e o seu último ciclo menstrual, aos 42 anos de idade completos. Ela teve 12 ciclos menstruais por ano, que só falharam pelo período de nove meses, iniciado aos 20 anos e 3 meses de idade, quando esteve grávida do seu único filho, nascido ao término desse período.

Considerando essa situação hipotética, julgue os itens a seguir.

1. Somente as fêmeas de determinados primatas apresentam ciclo menstrual, o que justifica que as cadelas, por exemplo, não apresentam variações de hormônios sexuais durante a vida reprodutiva.
2. Na situação em questão, é possível estimar que a referida mulher tenha ovulado 351 folículos ovarianos durante sua fase reprodutiva.
3. Se, na primeira fase de um ciclo menstrual, a espessura do útero da referida mulher era de 5 mm, então, sob a ação do hormônio progesterona, a espessura do útero, no início da terceira fase desse ciclo, deve ter sido menor que 5 mm.
4. Considere que a referida mulher tenha entrado em trabalho de parto juntamente com outra grávida e que uma delas tenha apresentado 6 contrações por minuto, e a outra, 4 contrações por minuto. Nesse caso, se, em determinado instante, elas tiveram contrações simultaneamente, então outras contrações simultâneas ocorreram a cada meio minuto após esse instante.
5. O gráfico a seguir descreve corretamente o perfil dos níveis de progesterona plasmática de uma mulher durante sua gravidez.

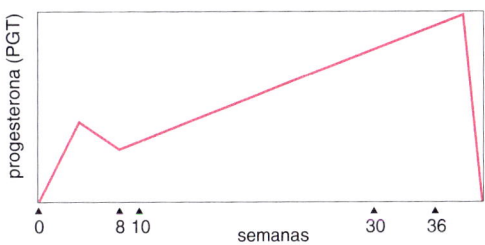

Questões dissertativas

1. **(UFF – RJ)** Após a 2.ª Guerra Mundial se observou que o índice de natalidade da população afetada aumentou de forma significativa, como se representasse um recomeço da nossa espécie, um evento denominado *babyboom*. Na população humana, o processo de reprodução, que envolve o aparecimento de caracteres sexuais secundários e a formação de gametas, depende da ação sequencial de alguns hormônios.

   a) Observe o esquema e preencha os espaços 1, 2, 3, 4 e 5 com os nomes dos hormônios correspondentes.

   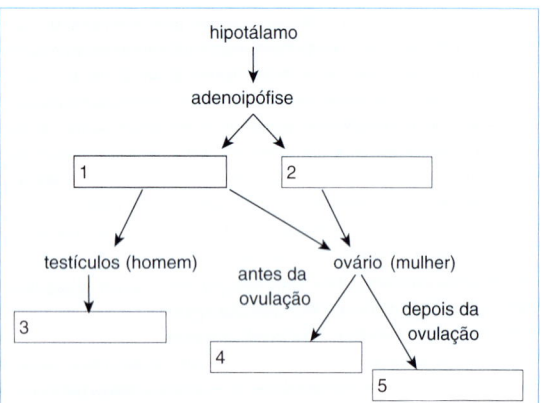

   b) Supondo que ocorra a fecundação após a ovulação, como ficarão os níveis dos hormônios 4 e 5 durante a gravidez? Justifique.
   c) Identifique as fases, dos ciclos ovariano e uterino, respectivamente, nos quais uma mulher, que não está grávida, se encontra no período entre o vigésimo e o vigésimo quinto dia do ciclo menstrual regular (28 dias).

2. **(FUVEST – SP)** O gráfico mostra os níveis de glicose medidos no sangue de duas pessoas, sendo uma saudável e outra com diabetes melito, imediatamente após uma refeição e nas cinco horas seguintes.

   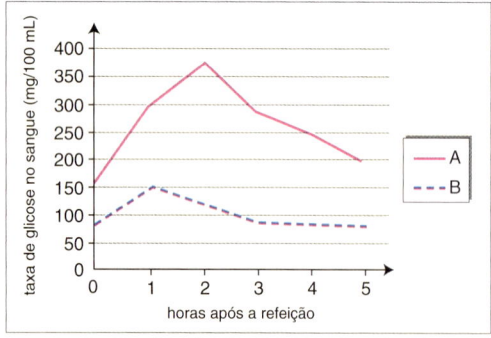

   a) Identifique a curva correspondente às medidas da pessoa diabética, justificando sua resposta.
   b) Como se explicam os níveis estáveis de glicose na curva B, após 3 horas da refeição?

3. **(UNIRIO – RJ) O mundo vai se vestir de azul: monumentos receberão a cor azul para simbolizar a doença**

   Nesta sexta-feira, vários monumentos do mundo serão iluminados em azul para marcar o Dia Mundial do Diabetes. No Brasil estão confirmados 91 monumentos, entre eles o Cristo Redentor, no Rio de Janeiro, o MASP, em São Paulo, e o Elevador Lacerda, em Salvador.

   Desde 2007, a data passou a fazer parte do calendário oficial das Nações Unidas, que reconheceu o diabetes como doença crônica que traz graves efeitos econômicos e sociais. (...)
   A insulina foi descoberta há 87 anos, mesmo assim muitos doentes ainda não têm acesso a ela. O dia 14 de novembro foi escolhido para ser o Dia Mundial do Diabetes por ser o dia do nascimento do descobridor da insulina, Frederick Bantang, em 1921, no Canadá.
   O diagnóstico de diabetes em uma criança tem um peso muito grande para o dia a dia dela, pois obriga a mudanças de comportamento, injeções de insulina e controle dos níveis de açúcar no sangue.
   Participe, se informe e ajude a divulgar as informações sobre o diabetes para que essas doença não avance mais no mundo.

   <http://g1.globo.com/Noticias/Ciencia>.

   Que explicação você oferece a uma pessoa leiga, que o aborda e pergunta:

   a) O que é insulina?
   b) Onde ela é produzida?

4. **(UFPR)** Na década passada, foi identificado um hormônio produzido pelas células gástricas, denominado grelina, que participa do controle do comportamento alimentar. As Figuras A e B representam as curvas da concentração de dois hormônios (insulina e grelina), ao longo de 24 horas. As linhas tracejadas representam três refeições do dia: café da manhã, almoço e jantar.

   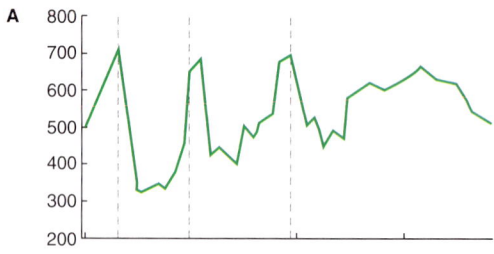

   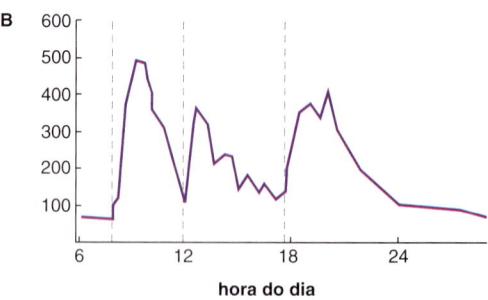

   a) Com base no conhecido efeito das refeições sobre a secreção de insulina, identifique as figuras que representam as curvas da insulina e da grelina.
   b) Sabendo que a grelina atua sobre o sistema nervoso central no controle do comportamento alimentar, qual é seu efeito sobre a fome?

5. **(UERJ)** Com o objetivo de estudar a influência de hormônios sobre o metabolismo da glicose, foram utilizados os seguintes procedimentos experimentais:

   – manter inicialmente em jejum um animal adequado ao estudo;
   – injetar nesse animal, por via subcutânea, e em diferentes intervalos de tempo, os hormônios A, B e C, que atuam no metabolismo dos carboidratos.

O gráfico abaixo apresenta as alterações da taxa de glicose no sangue do animal em função da inoculação de cada um desses hormônios.

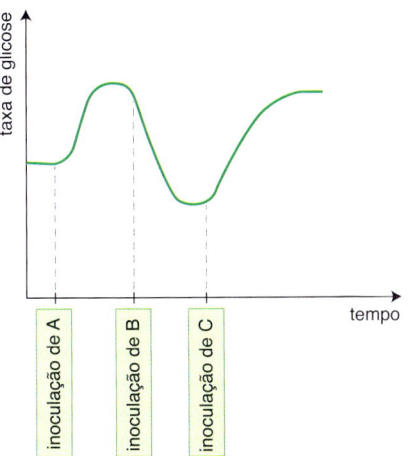

Nomeie os hormônios A e B, produzidos pelo pâncreas, e identifique o órgão que produz o hormônio C. Indique, ainda, o que ocorre com o glicogênio muscular após a administração do hormônio A.

6. (UNICAMP – SP) O gráfico abaixo mostra a variação na concentração de dois hormônios ovarianos, durante o ciclo menstrual em mulheres, que ocorre aproximadamente a cada 28 dias.

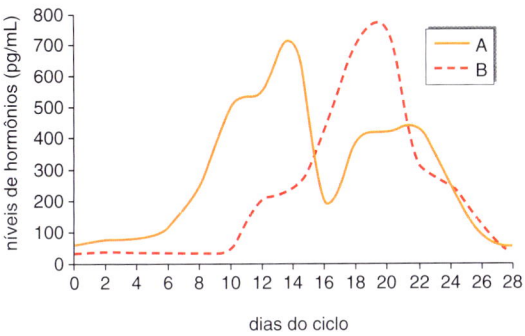

a) Identifique os hormônios correspondentes às curvas A e B e explique o que acontece com os níveis desses hormônios se ocorrer fecundação e implantação do ovo no endométrio.
b) Qual a função do endométrio? E da musculatura lisa do miométrio?

7. (UNESP) **Vigilância sanitária de SP interdita lotes de anticoncepcional injetável**

O centro de Vigilância Sanitária da Secretaria da Saúde de São Paulo decidiu proibir a comercialização e o uso de três lotes de determinado anticoncepcional injetável, à base de medroxiprogesterona, um hormônio sintético que, se administrado na dose recomendada, inibe a secreção dos hormônios FSH e LH pelo organismo feminino. Análises feitas pelo Instituto Adolfo Lutz apontaram que ampolas do produto contêm menor quantidade hormonal do que o previsto.
Na prática, isso coloca em risco a eficácia do medicamento na prevenção da gravidez.

Folha de S.Paulo, São Paulo, 8 nov. 2007.

Do ponto de vista fisiológico, explique por que o medicamento com quantidades menores de medroxiprogesterona, interditado pela Vigilância Sanitária, coloca em risco a eficácia na prevenção da gravidez.

8. (UNESP) A figura mostra os níveis de diferentes hormônios ao longo do ciclo menstrual de uma mulher: em A, os hormônios gonadotróficos e, em B, os hormônios esteroides.

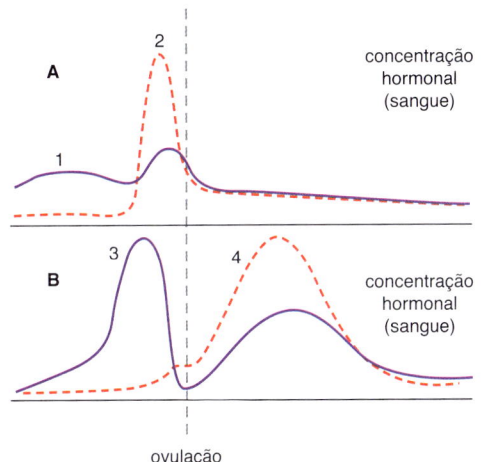

a) A que hormônios correspondem, respectivamente, as curvas 2 e 3? Qual a função desses hormônios?
b) Após a ovulação dessa mulher, teria havido fertilização do óvulo e nidação? Justifique.

9. (UFPR) Em 2008, comemora-se o centenário da morte de Machado de Assis, o Bruxo do Cosme Velho. O trecho abaixo usa diálogos presentes na obra machadiana e retrata uma informação biológica interessante.

> *Pena irônica molhada na tinta de melancolia – lições de um bruxo*
> "– Perdão, mas o senhor não tem filhos?
> – É verdade. Não transmiti a nenhuma criatura o legado da nossa miséria.
> – Mas evitou-se por intenção ou acaso?
> O velho inclina a cabeça e medita um pouco.
> – Creio que por acaso. Ou por força da natureza, que tudo pode e tudo transforma.
> Não vá pensar que Carolina e eu recorremos ao remédio que previne a concepção para sempre, e de que ouço falar na rua do Ouvidor."

PÓLVORA, H. *Disponível em:*
<http://www.vidaslusofonas.pt/machado_de_assis.htm>.
Acesso em: 29 set. 2008.

a) Considerando que as personagens do texto não possuam nenhuma alteração cromossômica ou mutação nas células germinativas, cite duas causas biológicas da infertilidade.
b) Na época em que estas frases foram escritas, a pílula anticoncepcional feminina ainda não havia sido desenvolvida, contudo a técnica da vasectomia já era conhecida. Descreva como esses dois métodos podem prevenir a concepção.

Programas de avaliação seriada

1. (PAS – UFLA – MG) A tireoide ou um órgão homólogo está presente nos cefalocordados e vertebrados. É **CORRETO** afirmar que a tireoide secreta

a) glucagon, responsável pelo metabolismo da glicose.
b) tiroxina, que estimula o desenvolvimento e regula o metabolismo.
c) paratormônio, que regula a taxa de cálcio e crescimento.
d) vasopressina, que regula o volume da urina.

2. (PSS – UFAL) O nível normal de glicose no sangue é mantido graças à ação conjunta de dois hormônios produzidos por células que constituem a parte endócrina do pâncreas, constituída por centenas de aglomerados celulares, as ilhotas de Langerhans, onde são encontradas células do tipo beta e do tipo alfa. Com relação à regulação de concentração de glicose no sangue, é correto afirmar que:

a) o aumento no nível de glicose no sangue estimula as células alfa a secretarem o hormônio glucagon, o qual atua na permeabilidade da membrana plasmática, facilitando a entrada da glicose nas células.
b) sob a ação do hormônio glucagon, todas as células passam a absorver mais glicose, e a concentração desse açúcar no sangue diminui, havendo o retorno ao padrão normal de concentração.
c) se uma pessoa passa muitas horas sem se alimentar, a concentração de glicose no sangue diminui, fazendo com que as células alfa aumentem a secreção de insulina para estimular as células do fígado.
d) após muitas horas sem alimento, sob a ação do hormônio insulina, o fígado passa a armazenar energia em forma de glicose, e, assim, o organismo atinge o estado de equilíbrio bioquímico.
e) o aumento na concentração de glicose no sangue, resultante da absorção de açúcar dos alimentos pelas células do intestino, estimula a secreção de insulina pelas células beta.

3. (PISM – UFJF – MG) As glândulas do nosso corpo são estruturas que se originam de células que proliferam a partir dos epitélios de revestimento. Em relação aos diferentes tipos de glândulas e suas secreções, é **CORRETO** afirmar que:

a) as glândulas endócrinas apresentam dutos que levam as secreções para a cavidade corporal.
b) as glândulas exócrinas são glândulas unicelulares que secretam hormônios na corrente sanguínea.
c) as glândulas sebáceas são glândulas endócrinas cujas secreções atuam na diminuição da temperatura corporal.
d) a saliva é uma secreção glandular endócrina eliminada em vasos sanguíneos localizados na cavidade oral.
e) o fígado é um órgão glandular com características endócrinas e exócrinas.

4. (PSS – UFAL) Com relação à atuação dos hormônios no ciclo menstrual feminino, é correto afirmar que:

a) o aumento de progesterona estimula a ovulação.
b) o aumento de estrógeno estimula a formação do corpo lúteo (amarelo).
c) o aumento do hormônio progesterona inibe a produção de hormônio folículo estimulante (FSH) e de hormônio luteinizante (LH).
d) o aumento do hormônio luteinizante (LH) estimula a produção de estrógeno no início do ciclo menstrual.
e) o aumento de estrógeno no sangue estimula a menstruação.

5. (PSIU – UFPI) A vasopressina causa a reabsorção de água pelos rins; a oxitocina aumenta a contração do músculo uterino, durante o parto, e a ejeção de leite pela glândula mamária, durante a lactação. Marque a alternativa que contém a informação correta sobre o local que armazena e libera os hormônios citados.

a) adeno-hipófise.
b) neuro-hipófise.
c) córtex adrenal.
d) paratireoide.
e) ovários.

6. (PSIU – UFPI) Sobre reprodução humana, assinale V, para verdadeiro, ou F, para falso.

1 ( ) O útero é um órgão oco formado por músculo, denominado miométrio; a porção mais afilada do órgão, o colo uterino, é rica em tecido conjuntivo fibroso e tem consistência mais firme que o restante do útero.

2 ( ) O processo de formação dos gametas femininos chama-se ovulogênese e tem início antes do nascimento da mulher; as células precursoras desses gametas são os ovócitos primários.

3 ( ) O epidídimo é uma estrutura localizada acima dos testículos e tem como função armazenar os espermatozoides até o momento de sua liberação.

4 ( ) As glândulas bulbo uretrais eliminam diretamente na uretra, durante a excitação sexual, um líquido incolor que tem como função limpar o canal da uretra antes da passagem do esperma.

7. (PSS – UNIMONTES – MG) O gráfico a seguir mostra as mudanças do número de células germinativas de acordo com a idade. Analise-o.

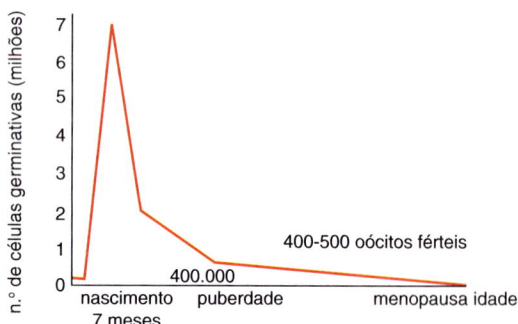

De acordo com o gráfico e o assunto abordado, analise as afirmativas e assinale a **CORRETA**.

a) A diminuição de oócitos deve-se à sua destruição pelo processo de fagocitose.
b) Uma avaliação desse declínio pode ser realizada por critérios hormonais e ultrassonográficos.
c) A relação entre a diminuição do número de oócitos e a idade é diretamente proporcional.
d) Mesmo com a diminuição do número de oócitos, a função endócrina ovariana é igual nas diferentes idades apresentadas.

8. (PEIES – UFSM – RS) A gravidez precoce tornou-se um problema de saúde pública no Brasil e em outros países. Para evitar uma gravidez não programada, as adolescentes dispõem de métodos anticoncepcionais. Em relação a esses métodos, assinale a alternativa que apresenta **SOMENTE** métodos contraceptivos artificiais.

a) Tabelinha, preservativo, coito interrompido.
b) Coito interrompido, tabelinha, pílula anticoncepcional.
c) Diafragma, preservativo, tabelinha.
d) Pílula anticoncepcional, diafragma, coito interrompido.
e) Diafragma, preservativo, pílula anticoncepcional.

9. (PASES – UFV – MG) Quanto aos métodos contraceptivos, é CORRETO afirmar que:

a) a pílula anticoncepcional é um método de esterilização que não impede a produção de gametas.
b) a camisinha feminina é uma barreira mecânica que evita a implantação do embrião no útero.
c) na vasectomia, a secção dos ductos deferentes impede a produção de espermatozoides.
d) na esterilização, a secção de partes do sistema reprodutor impede o encontro dos gametas.

10. (SSA – UPE) Leia o texto abaixo:

> **É o fim do ciclo?**
>
> Para o ginecologista Elsimar Coutinho em seu livro: *Menstruação, a Sangria Inútil* (Editora Gente, 1996), suspender a menstruação não só livra a mulher de um incômodo mensal como é o melhor tratamento contra anemia, endometriose, mioma, cólica e tensão pré-menstrual. Para alguns médicos, com a suspensão, perde-se o papel sinalizador da menstruação de que o óvulo não foi fecundado ou ainda que está tudo correndo bem com o organismo – a ausência do sangramento regular pode indicar, por exemplo, problemas nas glândulas tireoide e suprarrenal.

Assinale a alternativa que descreve **CORRETAMENTE** os eventos que envolvem o ciclo menstrual.

a) O hormônio LH atua sobre os ovários, promovendo o desenvolvimento dos folículos ovarianos, enquanto o hormônio FSH é responsável pelo rompimento do folículo maduro e liberação do óvulo, além de estimular a transformação do folículo rompido em corpo-amarelo.
b) No primeiro dia do ciclo uterino, a parede do útero, denominada endométrio, que se encontra pouco vascularizada, sofre descamação, dando origem à menstruação, que consiste na liberação de sangue e de restos do endométrio pela vagina.
c) Estrógeno e progesterona atuam, em conjunto, sobre o útero para uma eventual gravidez; no entanto, alta taxa desses dois hormônios exerce efeito inibidor sobre a hipófise, que aumenta a produção de FSH e LH, e uma redução na taxa de LH provoca a regressão do corpo amarelo, que deixa de produzir os dois hormônios.
d) O estrógeno induz o desenvolvimento do endométrio, que se torna rico em vasos sanguíneos e glândulas, o nível alto de estrógeno estimula a hipófise a liberar FSH e LH, que induzem à ovulação, geralmente entre o 10.º e 14.º dia do ciclo menstrual.
e) Durante o ciclo menstrual, ocorrem variações nas taxas de gonadotrofinas hipofisárias e de hormônios sexuais. A menstruação ocorre porque, não havendo gravidez, as taxas desses hormônios tornam-se baixas no sangue da mulher, um novo ciclo começa com aumento de LH pela hipófise, que induz o folículo ovariano a produzir progesterona.

11. (PEIES – UFSM – RS) Analise as afirmativas a seguir, considerando a reprodução humana.

I – O hormônio secretado nos testículos e responsável por características como voz grossa e crescimento de barba no homem é a testosterona.
II – O hormônio secretado principalmente após a ovulação na mulher, o qual auxilia no desenvolvimento do útero visando à gestação, é o estrógeno.
III – O uso de preservativo, ou camisinha, é um método anticoncepcional eficaz, agindo também na prevenção de doenças sexualmente transmissíveis, como a AIDS.
IV – A pílula anticoncepcional consiste geralmente de uma mistura de hormônios sintéticos (progesterona e estrógeno), que inibem a secreção de FSH e LH pela hipófise, impedindo a ovulação.

Estão corretas

a) apenas I e II.
b) apenas II e III.
c) apenas I, II e IV.
d) apenas I, III e IV.
e) apenas III e IV.

12. (PSS – UFS – SE) Todos os seres vivos são capazes de reproduzir-se, mas as formas empregadas variam na natureza.

Analise as proposições a seguir.

(0) Os indivíduos de organismos com ciclo de vida haplonte são todos haploides e, por isso, não apresentam meiose, reproduzindo-se assexuadamente.
(1) Partenogênese é a formação de um ser vivo a partir do óvulo sem que esse seja fecundado. Um exemplo desse processo é o macho da abelha melífera, que é haploide.
(2) O sêmen na espécie humana é constituído por espermatozoides contidos numa espessa massa líquida formada pelas secreções produzidas pela próstata, vesícula seminal e glândulas bulbouretrais.
(3) Na primeira metade do ciclo menstrual aumenta continuadamente a produção de estrógeno, promovendo o espessamento do endométrio, enquanto que a produção de progesterona é baixa.
(4) As contrações uterinas que ocorrem por ocasião do parto são estimuladas pelo hormônio adrenalina.

Capítulo 31
Revestimento, suporte e movimento

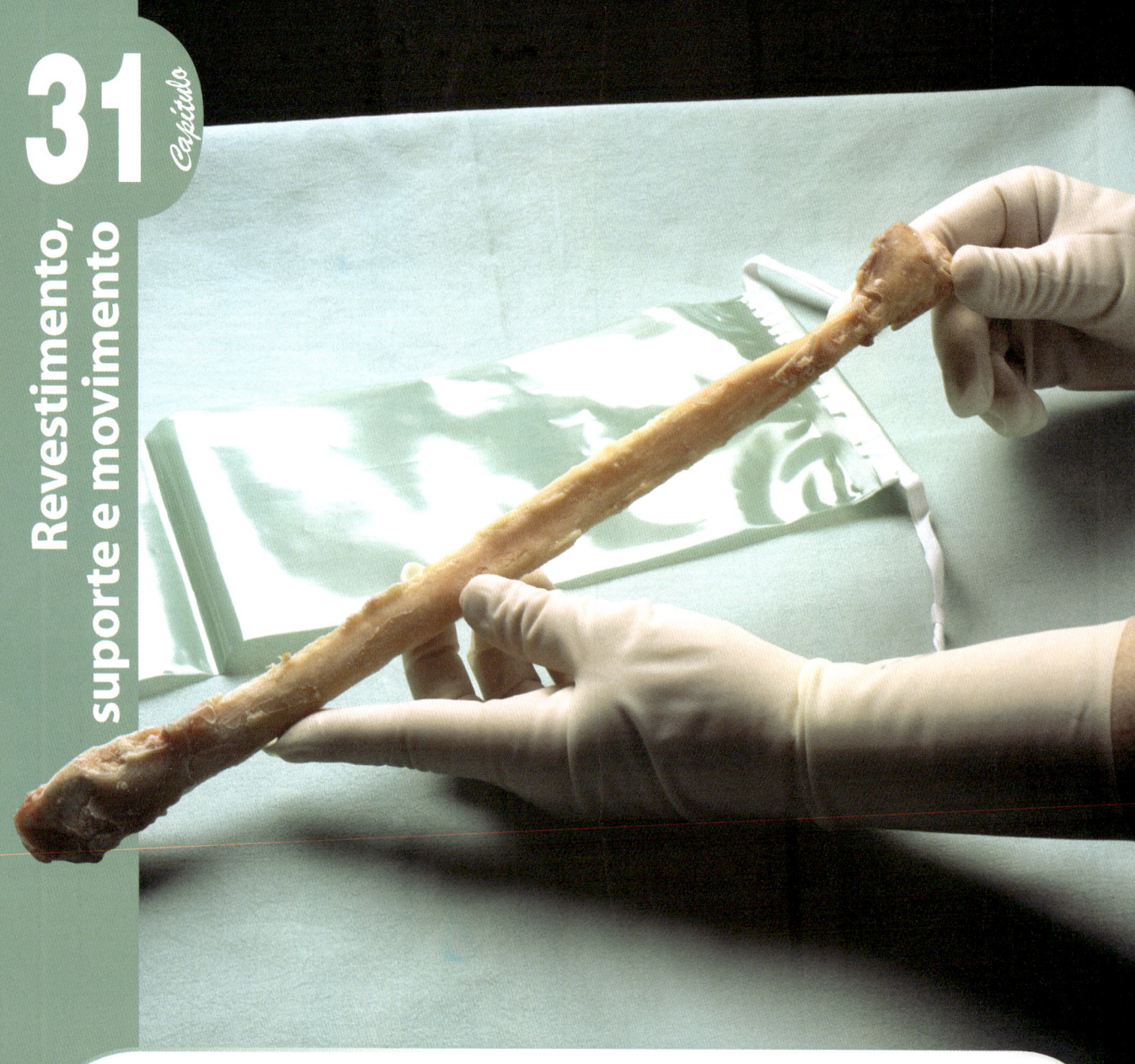

Doação de ossos – você já ouviu falar?

Campanhas de doação de órgãos já são bastante conhecidas da população. Coração, medula, fígados, pulmões, rins e córneas, por exemplo, podem e devem ser doados, pois esse ato pode salvar a vida de muitos portadores de doenças graves cuja única alternativa para resolver seu problema de saúde é um transplante.

Mas você sabia que outros tecidos, como os musculoesqueléticos, principalmente os ossos, também podem ser doados? Os ossos doados, depois de devidamente tratados, são armazenados em bancos de ossos. Algumas patologias e doenças que tenham como consequência perda óssea requerem um transplante de ossos. É o caso, por exemplo, de certos tumores e até mesmo de procedimentos odontológicos, como o de implantes dentários em pacientes que não apresentam suporte ósseo adequado para sua instalação.

O processo de doação de ossos é simples e qualquer pessoa pode se tornar um doador, bastando atender a algumas condições: ausência de história de câncer, osteoporose ou doenças infecciosas de transmissão sanguínea (AIDS, hepatite e malária, por exemplo) e que o possível doador também não tenha feito uso recente e prolongado de corticoides.

Assim como a doação de outros órgãos, a de ossos deve ser autorizada pela família depois de confirmada a morte do doador. Portanto, as pessoas que querem ser doadoras devem informar seus familiares sobre esse desejo e tomar as medidas necessárias para autorizar a doação.

Dentre as diversas adaptações que favoreceram a conquista do meio terrestre pelos vertebrados destacam-se um eficiente revestimento corporal impermeabilizado, um adequado sistema esquelético de suporte do organismo e de seus órgãos e um hábil mecanismo que permite a movimentação do organismo pelo meio. No homem, essas três tarefas são desempenhadas, na ordem, pela pele, pelo conjunto de ossos do sistema esquelético e pelos inúmeros músculos componentes do sistema muscular. Ossos e músculos constituem o sistema locomotor.

PELE: ÓRGÃO DE CONTATO

Nos vertebrados, a pele é importante órgão de contato com o meio. A conquista do ambiente terrestre pelos vertebrados tornou-se possível, entre outras coisas, a partir do isolamento e da proteção do corpo e de mecanismos de relação do ser vivo com o meio. O tato, a visão, a olfação, a gustação e a audição são úteis no relacionamento do animal com o ambiente. A pele, órgão responsável pelas sensações táteis, apresenta diferentes tipos de "sensores", que registram e informam ao ser vivo variações de temperatura (calor ou frio) e pressão (toques, choques, pancadas). A pele é, ainda, importante órgão de defesa contra diversos tipos de agentes infecciosos.

> Considerando o corpo inteiro, a pele de uma pessoa chega a pesar 5 kg e tem uma área total de 12 m². É, portanto, o maior órgão do nosso corpo.

A Histologia da Pele

Nos mamíferos, a pele é um órgão composto de duas camadas: **epiderme** e **derme**.

A **epiderme** é um tecido epitelial pluriestratificado (tecnicamente, se diz que é *estratificado pavimentoso queratinizado*). É formada por estratos (ou camadas), dos quais destaca-se o *estrato basal* (também chamado de *estrato germinativo*), que fica apoiado na derme e é formado por células de aspecto cúbico. Nessa camada é intensa a atividade de divisão celular mitótica, que repõe constantemente as células perdidas no desgaste diário a que a superfície desse tecido está sujeito. À medida que novas células são formadas, elas vão sendo "empurradas" para formar as demais células, até ficarem expostas na superfície da pele (veja a Figura 31-1).

> Apoptose é a morte programada de uma célula. Ocorre nas células mais superficiais da epiderme, que originam a camada córnea, queratinizada.

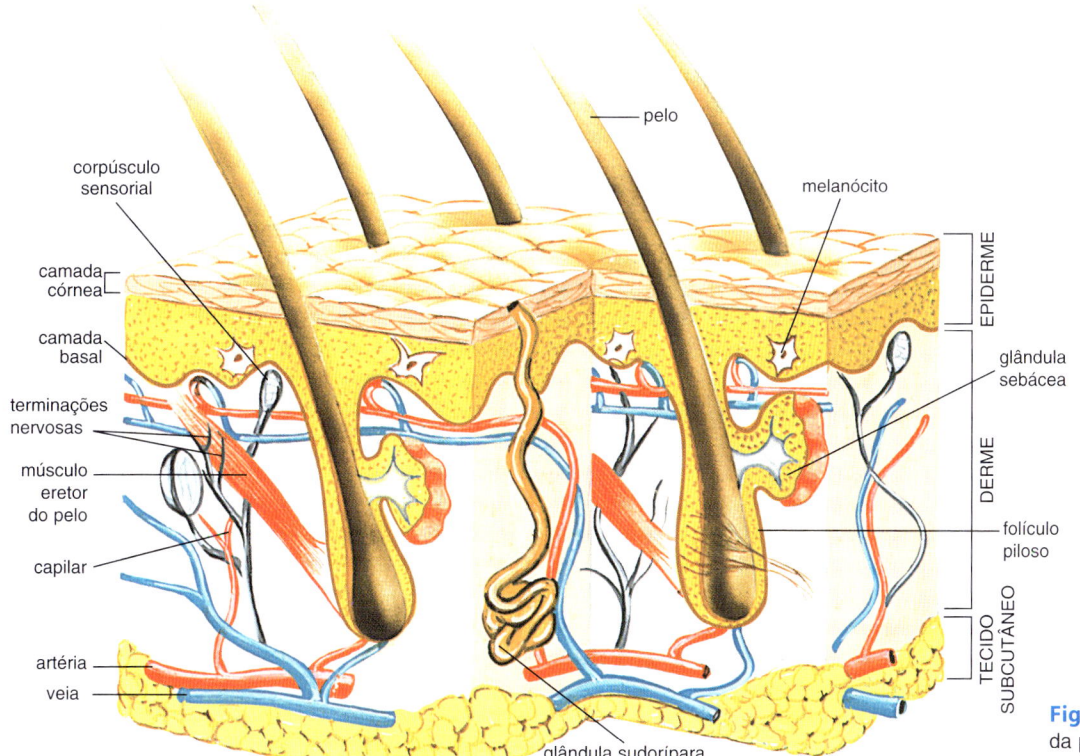

Figura 31-1. Estrutura da pele humana.

Fique por dentro!

Melanócitos são células produtoras de melanina (pigmento escuro que confere cor à pele). Encontram-se distribuídos na camada basal da epiderme ou na junção epiderme-derme.

Embora o número de melanócitos nas pessoas seja praticamente o mesmo, a quantidade de melanina produzida é variável, em função de muitos fatores, entre eles o genético.

A exposição à luz solar desencadeia síntese de melanina, que se espalha pela pele e confere proteção relativa à ação danosa dos raios ultravioleta provenientes do Sol.

A **derme** é uma camada formada por tecido conjuntivo do tipo denso, cujas fibras ficam orientadas em diversas direções. Vários tipos de células são encontrados, destacando-se os fibroblastos e os macrófagos. Nervos, terminações nervosas, diferentes tipos de corpúsculos sensoriais e uma ampla rede de capilares sanguíneos cruzam a derme em várias direções. Ela é um importante tecido de manutenção e de apoio. Os nutrientes existentes no sangue difundem-se para as células epidérmicas.

Nos mamíferos, a derme é atravessada por finas faixas de células musculares, os *músculos eretores dos pelos*, cuja contração é involuntária e permite aumentar a camada de ar retida entre os pelos, que contribui para o isolamento térmico. Mecanismo semelhante ocorre nas aves, com as penas.

Abaixo da derme, há uma camada de tecido conjuntivo frouxo, o *tecido celular subcutâneo* (também conhecido como *tela subcutânea* ou *hipoderme*), que **não faz parte da pele**, mas estabelece a sua ligação com as estruturas adjacentes, permitindo o seu deslizamento. Em determinadas regiões do corpo, a hipoderme contém um número variável de camadas de células adiposas, formando o *panículo adiposo* (o popular "toucinho do porco"), importante como reserva de energia, isolante térmico e facilitador da flutuação na água.

Os Sensores da Pele

Diversos tipos de estruturas sensoriais conferem à pele a função de relacionamento com o meio ambiente. Distribuídos por toda a pele, são basicamente dendritos de neurônios sensoriais (**terminações nervosas livres**), sendo que alguns são envoltos por uma cápsula de células conjuntivas ou epiteliais e, por isso, esses receptores são chamados **capsulados** (veja a Figura 31-2 e a Tabela 31-1).

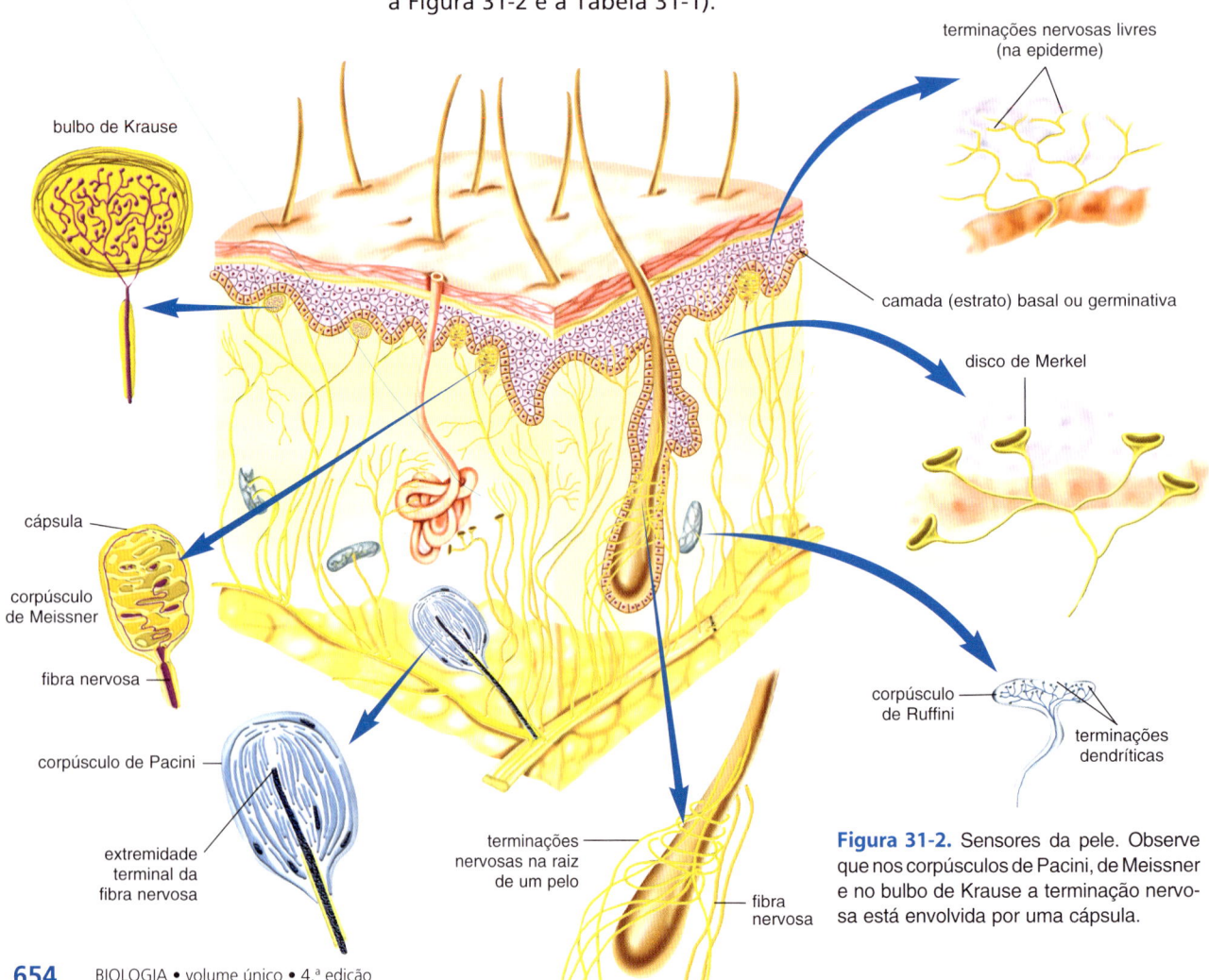

Figura 31-2. Sensores da pele. Observe que nos corpúsculos de Pacini, de Meissner e no bulbo de Krause a terminação nervosa está envolvida por uma cápsula.

Tabela 31-1. Principais sensores da pele.

Sensores	Sensível a estímulos	
Terminações nervosas livres	• Mecânicos (toque e pressão). • Dor.	• Variação de temperatura. • Coceira.
Disco de Merkel (célula de Merkel e terminações nervosas discoidais)	• Mecânicos (pressão e tração).	
Corpúsculo de Meissner	• Mecânicos (toques leves).	
Bulbos (ou receptores) de Krause	• Mecânicos.	• Frio.
Corpúsculos de Pacini	• Mecânicos (pressão e vibrações).	
Corpúsculos de Ruffini	• Mecânicos.	• Calor.

Saiba mais

Diferentes tipos de receptores

É usual designarmos os receptores dos diversos órgãos dos sentidos (não só os da pele) segundo o tipo de estímulo sensorial a que respondem. Assim, temos em nosso corpo:

- **mecanorreceptores** – respondem a estímulos mecânicos, como toque, pressão, movimento e mudanças de posição;
- **nociceptores** – sensíveis à dor;
- **quimiorreceptores** – detectam substâncias químicas dissolvidas nos fluidos que banham os receptores;
- **termorreceptores** – detectam variações de temperatura.

A palavra **nociceptor** tem a mesma origem da palavra "nocivo". Isto se explica porque, no passado, acreditava-se que a dor fosse ruim, algo "nocivo" (do latim, *nocivus* = prejudicial). Hoje, sabe-se que não é este o caso – na verdade, a dor nos alerta para algo que não está bem, o que nos possibilita resolver alguma disfunção ainda em seu início.

Os nociceptores são ativados por estímulos mecânicos, elétricos, térmicos ou químicos, quando – de alguma forma – estes lesam os tecidos.

Os Anexos da Pele

Três estruturas da pele, derivadas da epiderme, são extremamente importantes na adaptação dos mamíferos ao meio terrestre: **pelos**, que auxiliam no isolamento térmico; **glândulas sudoríparas**, que desempenham um papel importante na regulação da temperatura corpórea; e **glândulas sebáceas**, que lubrificam a pele e estruturas anexas (veja novamente a Figura 31-1).

Saiba mais

Está na hora de cuidar da pele

160.000. Este é o número de novos casos de câncer de pele por ano, no Brasil. E 1.000 mortes anuais. Culpa de quem? Da exposição direta e sem cuidado à radiação ultravioleta do Sol. É bom saber que existem três faixas da radiação ultravioleta: UVA, UVB e UVC. A primeira, de menor energia, penetra profundamente na pele, bronzeia mas danifica as fibras elásticas e colágenas, contribuindo para a ocorrência de envelhecimento precoce da pele. A UVB é de intensidade energética intermediária e a principal causa de câncer de pele. A UVC, de maior energia, felizmente é barrada pela camada de ozônio que circunda a nossa biosfera.

Qual a solução? Conhecer o Índice Ultravioleta (IUV) desenvolvido há mais de dez anos pela Organização Mundial da Saúde (OMS) e seguir as suas recomendações.*

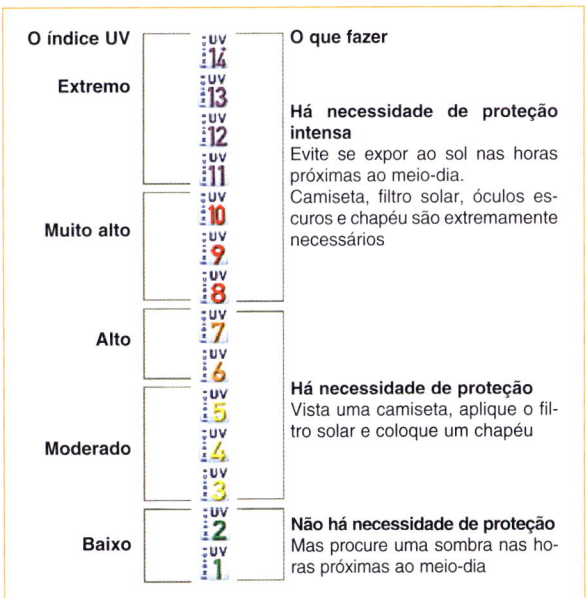

Fonte: TÓFOLI, D; LEITE, F. Brasil ignora alerta sobre os riscos causados pelo Sol. *Folha de S.Paulo*, São Paulo, 11 fev. 2007. Caderno Cotidiano, p. C9.

---

* O índice observado durante o dia e informado pelo Cptec (Centro de Previsão de Tempo e Estudos Climáticos), do Inpe (Instituto Nacional de Pesquisas Espaciais), depende de informações transmitidas por satélite. Podem ocorrer atrasos. Não há cálculo do índice ultravioleta após o por do Sol.

> **Pense nisso**
>
> **Pessoas com tatuagem ou *piercing* sofrem discriminação no México**
>
> Cerca de 90% das pessoas com tatuagem ou *piercing* sofrem algum tipo de discriminação no México. O número foi divulgado durante o I Encontro Nacional contra a Discriminação e dos Direitos pelas Pessoas Tatuadas e Perfuradas.
>
> A pesquisa foi apresentada durante uma entrevista coletiva na Assembleia Legislativa do Distrito Federal mexicano, onde o deputado Miguel Angel Errasti, conservador do Partido Acción Nacional, anunciou que apresentou um projeto de lei para incluir esse grupo entre os suscetíveis a tratamento discriminatório.
>
> A pesquisa realizada entre dezembro de 2006 e março de 2007 destaca que, em virtude dos adornos, quase 45% dos entrevistados sofreram discriminação no trabalho, 37,6% nas ruas, 37,4% na escola, 34,7% em casa, 20,5% em algum órgão do governo e 17,2% em postos de saúde, entre outros lugares. Quase 50% dos entrevistados asseguraram ter sido revistados pela polícia porque tinham tatuagens ou *piercings*, 24,5% foram mal tratados, 21% detidos, 9,2% presos, 6,5% agredidos e 2% torturados.
>
> Adaptado de: <www.oglobo.globo.com/saude/vivermelhor/mat/2007/06/13/296152699asp>. *Acesso em:* 25 jun. 2007.

SISTEMA ESQUELÉTICO

O conjunto de ossos e cartilagens que protegem os órgãos e permitem os movimentos forma o **sistema esquelético**, cujas funções básicas são suporte, proteção, movimento, reserva de minerais (principalmente cálcio e fósforo) e produção de células sanguíneas (hematopoiese).

Tipos de Ossos

Quase todos os ossos do corpo podem ser classificados em 4 tipos, de acordo com sua forma:

- **longos** – mais compridos do que largos. Por exemplo, ossos das pernas, dos braços, antebraços e dedos;
- **curtos** – aproximadamente de mesmo comprimento e largura. Por exemplo, ossos do calcanhar e do pulso;
- **chatos** ou **achatados** – finos, em forma de lâmina. Por exemplo, ossos do crânio, das costelas e do esterno;
- **irregulares** – não podem ser inseridos nos grupos anteriores. Por exemplo, vértebras e ossos da face.

A Formação do Tecido Ósseo

A *ossificação* – formação de tecido ósseo – pode se dar por dois processos: **ossificação intramembranosa** e **ossificação endocondral**.

> Fraturas de ossos em pessoas idosas liberam gordura para o sangue, o que pode conduzir à ocorrência de embolia gordurosa nos vasos sanguíneos.

No primeiro caso, o tecido ósseo surge aos poucos em uma membrana de natureza conjuntiva, não cartilaginosa. Na ossificação endocondral, uma peça de cartilagem, com formato de osso, serve de molde para a confecção de tecido ósseo. Nesse caso, a cartilagem é gradualmente destruída e substituída por tecido ósseo.

Crescimento nos ossos longos

A ossificação endocondral ocorre na formação de ossos longos, como os das pernas e os dos braços.

Nesses ossos, duas regiões principais sofrerão a ossificação: o cilindro longo, conhecido como **diáfise**, e as extremidades dilatadas, que correspondem às **epífises**.

Entre a epífise de cada extremidade e a diáfise é mantida uma região de cartilagem, conhecida como **cartilagem de crescimento**, que possibilitará a ocorrência de crescimento ósseo durante a fase de crescimento de uma pessoa (veja a Figura 31-3). Novas células cartilaginosas são constantemente geradas, seguidas da ocorrência constante de ossificação endocondral, levando à formação de mais osso. Nesse processo, os osteoclastos desempenham papel importante. Eles efetuam constantemente a reabsorção de tecido ósseo, enquanto novo tecido ósseo é formado.

Os osteoclastos atuam como verdadeiros demolidores de osso, enquanto os osteoblastos exercem papel de construtores de mais osso. Nesse sentido, o processo de crescimento de um osso depende da ação conjunta de reabsorção de osso preexistente e da deposição de novo tecido ósseo. Considerando, por exemplo, o aumento de diâmetro de um osso longo, é preciso efetuar a reabsorção da camada interna da parede óssea, enquanto na parede externa deve ocorrer deposição de mais osso.

O crescimento ocorre até que se atinja determinada idade, a partir da qual a cartilagem de crescimento também sofre ossificação e o crescimento do osso em comprimento cessa.

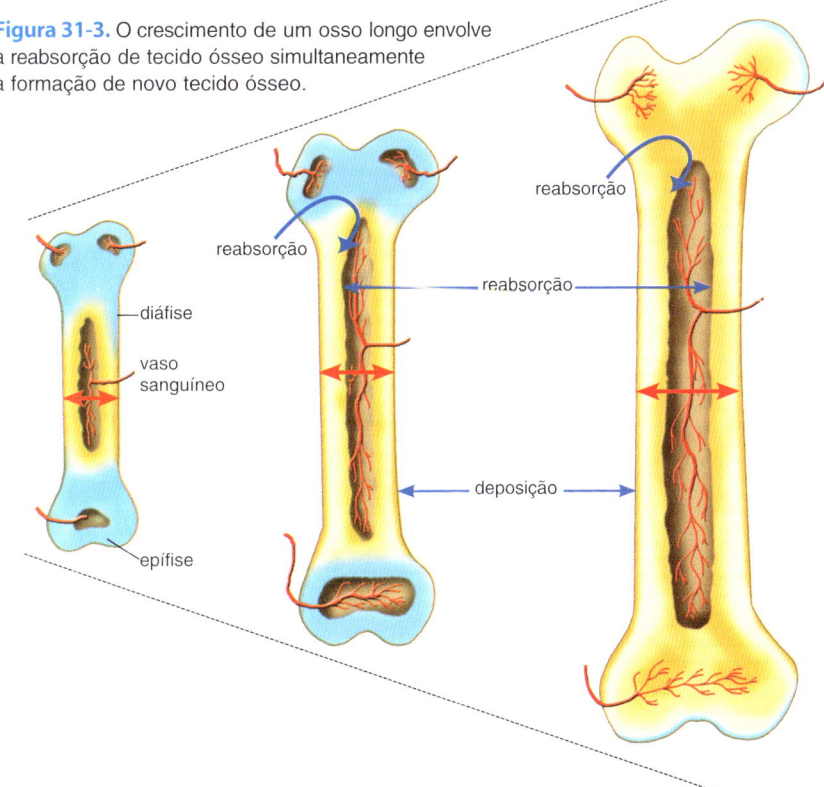

Figura 31-3. O crescimento de um osso longo envolve a reabsorção de tecido ósseo simultaneamente à formação de novo tecido ósseo.

Saiba mais

Sustentação e armazenamento de cálcio é com o tecido ósseo

Além de servir à sustentação do organismo, proteger órgãos e servir de apoio à musculatura esquelética, o tecido ósseo está relacionado a diversos outros papéis fisiológicos.

É o maior reservatório de cálcio e fosfato do organismo. Cerca de 99% desses elementos se encontram no esqueleto. Nos casos de necessidade de cálcio para o organismo, ocorre uma transferência do elemento para o sangue. Dois mecanismos podem estar envolvidos nessa transferência:

- a remoção simples de íons cálcio para a corrente sanguínea; e
- a ação do *paratormônio*, hormônio produzido pelas glândulas paratireoides (localizam-se atrás da tireoide), que conduz a um aumento do número de osteoclastos, com consequente reabsorção óssea e elevação do teor de cálcio no sangue.

Por outro lado, uma dieta pobre em proteínas acarreta a deficiência de síntese da matriz óssea orgânica. A deficiência de vitamina D leva a uma deposição insuficiente de cálcio no osso, já que essa vitamina favorece a absorção de cálcio no intestino. A ausência de vitamina D conduz ao *raquitismo* e, consequentemente, a defeitos na confecção da matriz óssea.

Fique por dentro!

Fornecer ossos longos de boi (costelas, por exemplo) a um cão é medida saudável, uma vez que o tutano (medula vermelha ou amarela) é rico em alimento. O osso também é fonte de cálcio e fosfato, o que é importante para animais em crescimento.

Remodelação Óssea

Depois que o osso atinge seu tamanho e forma adultos, o tecido ósseo antigo é constantemente destruído e um novo tecido é formado em seu lugar, em um processo conhecido como **remodelação**.

A remodelação ocorre em diferentes velocidades nas várias partes do corpo. Por exemplo, a porção distal do fêmur é substituída a cada 4 meses; já os ossos da mão são completamente substituídos durante a vida inteira do indivíduo. A remodelação permite que tecidos já gastos ou que tenham sofrido lesões sejam trocados por tecidos novos e sadios. Ela também permite que o osso sirva como reserva de cálcio para o corpo.

Em um adulto saudável, uma delicada homeostase (equilíbrio) é mantida entre a ação dos osteoclastos (reabsorção) durante a remoção de cálcio e a dos osteoblastos (aposição) durante a deposição de cálcio. Se muito cálcio for depositado, podem se formar calos ósseos ou esporas, causando interferências nos movimentos. Se muito cálcio for retirado, há o enfraquecimento dos ossos, tornando-os flexíveis e sujeitos a fraturas.

O crescimento e a remodelação normais dependem de vários fatores:

- suficientes quantidades de cálcio e fósforo devem estar presentes na dieta alimentar do indivíduo;
- deve-se obter suficiente quantidade de vitaminas, principalmente vitamina D, que participa na absorção do cálcio ingerido;
- o corpo precisa produzir os hormônios responsáveis pela atividade do tecido ósseo:
  - o hormônio de crescimento (somatotrofina), secretado pela hipófise, é responsável pelo crescimento dos ossos;
  - a calcitonina, produzida pela tireoide, inibe a atividade osteoclástica e acelera a absorção de cálcio pelos ossos;
  - o paratormônio, sintetizado pelas paratireoides, aumenta a atividade e o número de osteoclastos, elevando a taxa de cálcio na corrente sanguínea;
- os hormônios sexuais também estão envolvidos nesse processo, ajudando na atividade osteoblástica e promovendo o crescimento de novo tecido ósseo.

Com o envelhecimento, o sistema esquelético sofre a perda de cálcio. Ela começa geralmente aos 40 anos nas mulheres e continua até que 30% do cálcio nos ossos seja perdido, por volta dos 70 anos. Nos homens, a perda não ocorre antes dos 60 anos. Essa condição é conhecida como *osteoporose*.

Outro efeito do envelhecimento é a redução na síntese de proteínas, o que diminui a produção da parte orgânica da matriz óssea. Como consequência, há um acúmulo da parte inorgânica da matriz. Em alguns indivíduos idosos, esse processo causa uma fragilização dos ossos, que se tornam mais suscetíveis a fraturas.

Fraturas e Osteoclastos

De forma bem simplista, podemos dizer que fratura é a quebra de um osso. Quando ocorre, o procedimento normal é a redução dessa fratura, isto é, a aproximação dos cotos (partes fraturadas), e a imobilização até a formação do calo ósseo e sua completa calcificação.

Os osteoclastos também estão envolvidos na reparação de fraturas. Após a quebra do osso, ocorre uma intensa proliferação do periósteo (Figura 31-4(a)). Isso leva à formação de um anel, o **calo ósseo**, que envolve os pedaços quebrados (Figura 31-4(b)). Simultaneamente, os osteoclastos iniciam a remoção de células ósseas mortas e do coágulo formado, já que na fratura há uma hemorragia considerável. O periósteo fornece novas células iniciadoras de osso imaturo, que une provisoriamente os pedaços separados (Figura 31-4(c)). Com o passar do tempo, ocorre uma remodelação do calo ósseo e, aos poucos, a estrutura óssea é refeita, com a participação de osteoclastos e osteoblastos, até que a fratura esteja consolidada (Figura 31-4(d)).

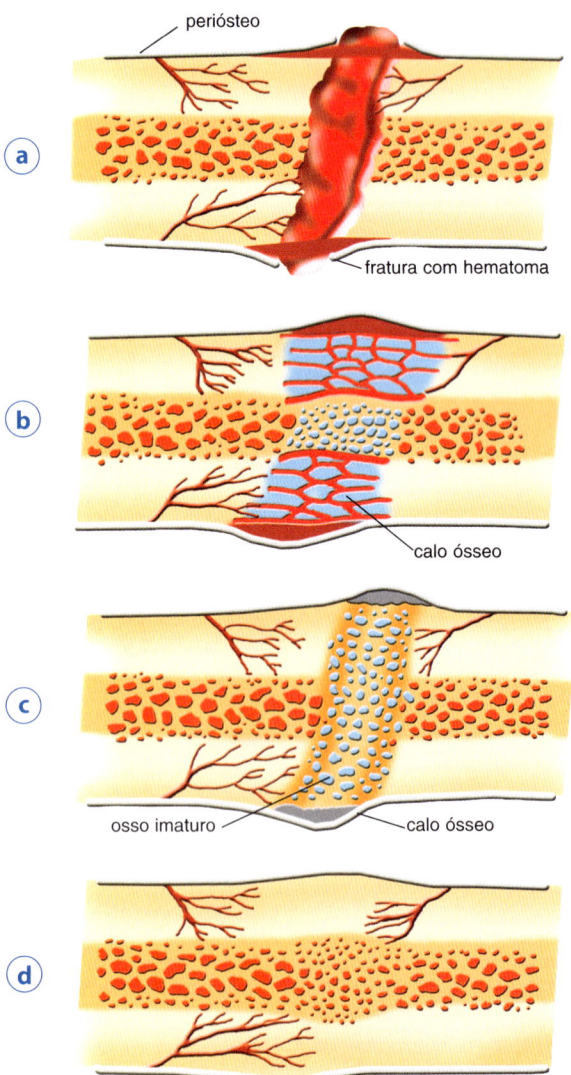

Figura 31-4. Fratura óssea: osteoblastos e osteoclastos estão envolvidos na remodelação do osso.

A ciência por trás do fato!

É verdade que andar, correr, auxilia no retardamento da osteoporose?

A resposta é sim. Antes de explicar a relação entre o exercício físico que utiliza o peso do corpo com a osteoporose, é importante caracterizar essa doença que provoca 100.000 fraturas por ano no Brasil.

A osteoporose significa redução da quantidade de massa óssea, qualquer que seja a causa, e aparece em quase todos os idosos. A fragilidade óssea é a marca registrada da osteoporose sendo mais frequente no pulso, na coluna e nos quadris, podendo levar a fraturas. Aos 80 anos, uma em cada 3 mulheres e um em cada 5 homens têm a possibilidade de fraturar o quadril. A idade crítica para as mulheres, com relação à osteoporose, é a menopausa, e para os homens, os 80 anos. Nas mulheres, a perda óssea começa aos 35 anos e progride 1% ao ano até a menopausa; no período pós-menopausa, a perda aumenta de 2% a 4% ao ano nos primeiros 5 anos e depois retorna aos níveis de perda em torno de 1% ao ano. Nos homens, a perda começa aos 45 anos e é cerca de 0,5% ao ano, continuamente.

O exercício físico é uma medida preventiva contra a osteoporose em qualquer idade e pode aumentar a massa óssea especialmente em crianças e adolescentes. Em pessoas idosas, o exercício pode desacelerar as perdas ósseas. Assim, uma caminhada vigorosa por cerca de 30 minutos, duas ou três vezes por semana, pode reduzir a perda óssea na coluna e nos quadris em mulheres idosas. A natação não traz benefícios para a massa óssea porque não utiliza o peso do corpo, o que ocorre, por exemplo, em uma caminhada.

Mas qual a relação entre o exercício físico que utiliza o peso do corpo com a osteoporose? Ocorre que o impacto físico produz microlesões; os *osteoclastos*, células ósseas que atuam na remodelação dos ossos e no reparo de fraturas, removem as estruturas lesadas; os *osteoblastos*, células ósseas jovens, repõem a matriz calcificada *em maior quantidade do que a removida*. É preciso chamar atenção para o fato de que um excesso de destruição, devido à prática de exercício físico inadequado, levaria ao enfraquecimento do osso em virtude da incapacidade de os osteoblastos repararem as microlesões. Então, o exercício físico deve ser monitorado por um profissional qualificado.

Uma estrutura óssea adequada também depende de fatores genéticos, nutricionais, hormonais e da prática de exercícios físicos desde a infância, considerada uma medida profilática para essa doença.

O Esqueleto Humano

Os sistemas muscular e esquelético estão intimamente relacionados. Para entender como os músculos promovem certos movimentos, é necessário que se saiba que esses músculos estão unidos aos ossos em determinadas partes.

Nas suas extremidades, os músculos que revestem o esqueleto (veja a Figura 31-5) se inserem ou se ligam firmemente aos ossos por meio de tendões. Os tendões são constituídos por um tipo de tecido conjuntivo muito resistente, que não apresenta elasticidade.

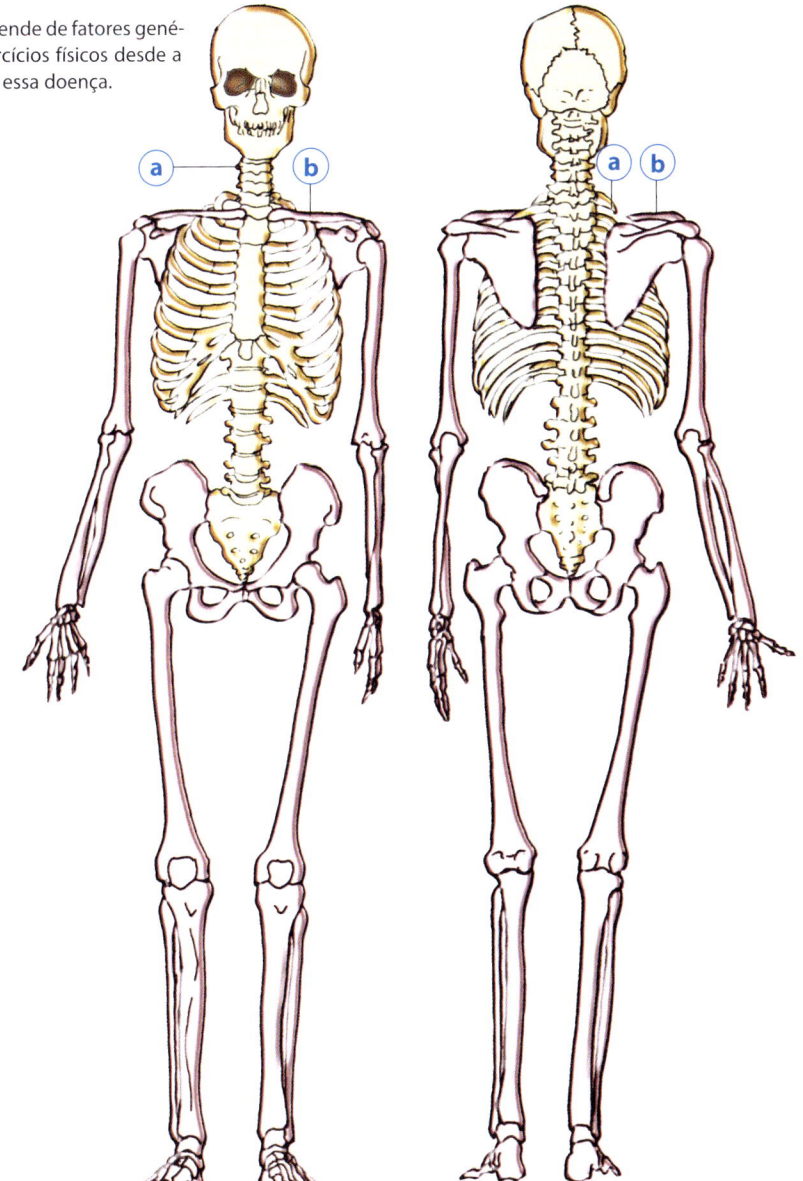

Figura 31-5. Esqueleto axial em amarelo (a) e esqueleto apendicular em rosa (b).

O esqueleto humano consiste em 206 ossos e estes, para efeitos didáticos, podem ser agrupados em duas divisões principais: o esqueleto **axial** (80 ossos) e o esqueleto **apendicular** (126 ossos). Veja a Figura 31-6.

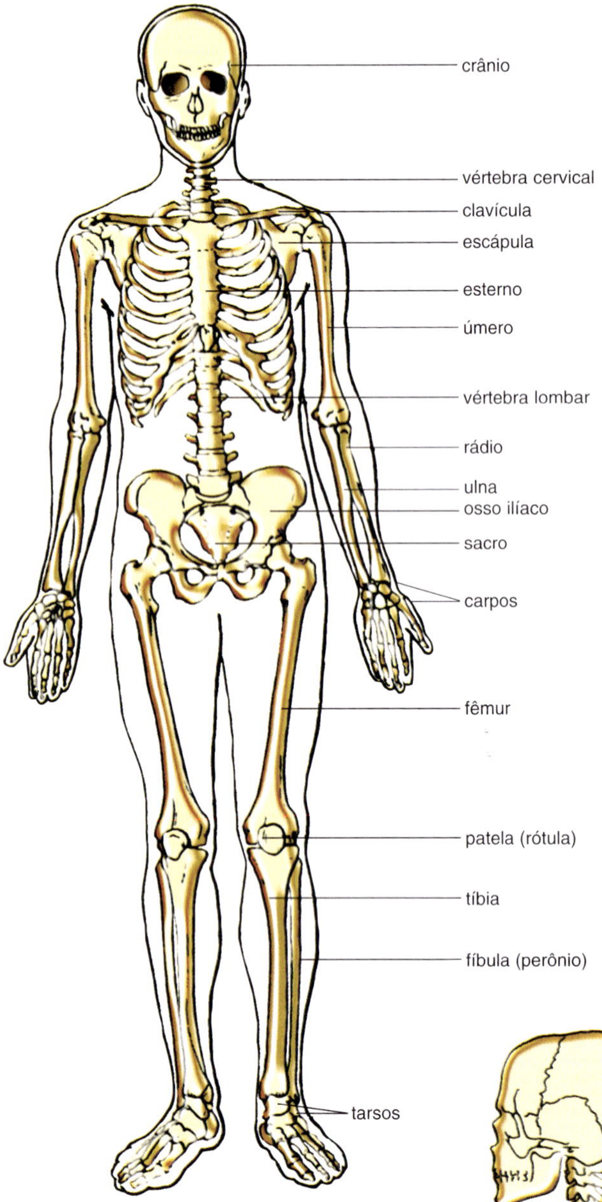

É composto de:
- **esqueleto cefálico** – formado pelos 22 ossos do crânio (21 firmemente unidos e um, a mandíbula, móvel, que se articula com outros ossos do crânio);
- **osso hioide** – pequeno osso que se situa na parte anterior do pescoço. Note que ele não está ligado a nenhum outro osso, sendo sua sustentação feita única e exclusivamente por músculos;
- **coluna vertebral** – formada por uma série de ossos chamados *vértebras*. Estrutura forte e flexível, entre as funções da coluna destacam-se a de proteção à medula espinhal, suporte da cabeça e, ainda, ponto de junção para as costelas e os músculos das costas;
- **esterno** – osso achatado e estreito, medindo cerca de 15 cm, localizado na linha média da parede anterior da caixa torácica;
- **costelas** – em número de 24, ligam-se ao esterno pelas cartilagens costais. Protegem os órgãos torácicos. Destas, as 5 inferiores de cada lado são chamadas de *falsas*, pois não estão diretamente ligadas ao esterno: 3 ligam-se à sétima cartilagem costal e as 2 últimas, chamadas de *flutuantes*, terminam na parede muscular da porção inferior da caixa torácica (veja a Figura 31-8).

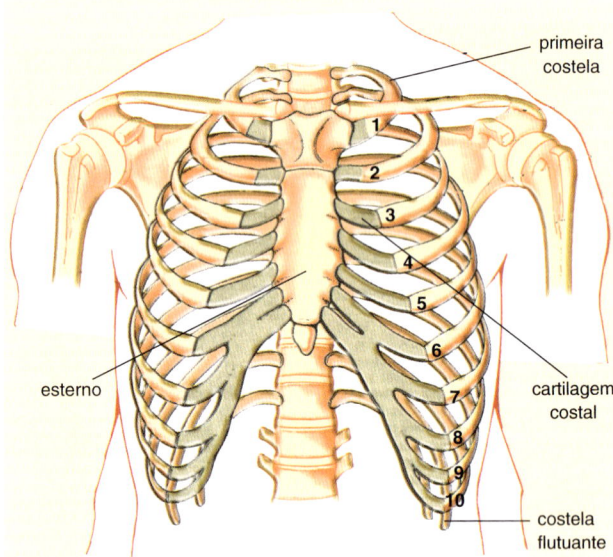

Figura 31-8. Parte esquelética do tórax.

Figura 31-6. Vista anterior do esqueleto humano.

O esqueleto axial

É a principal estrutura de sustentação do corpo, sendo orientado ao longo de seu eixo longitudinal mediano (veja a Figura 31-7).

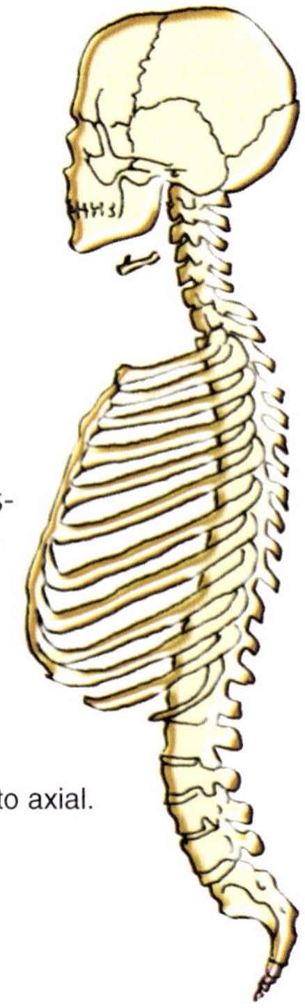

Figura 31-7. Esqueleto axial.

Fique por dentro!

Punção esternal

Já que o esterno contém medula óssea vermelha e é um local de fácil acesso, ele é comumente usado para biópsias de medula e coleta de amostras do tecido produtor de células sanguíneas. Sob anestesia local, uma agulha apropriada é introduzida no esterno para aspiração de uma amostra da medula. Esse procedimento, conhecido como punção esternal, permite detectar anomalias, como a leucemia, por exemplo.

> **Saiba mais**
>
> Entre as vértebras existem aberturas chamadas *foramens*. Os nervos que ligam a medula espinhal às várias partes do corpo passam por esses foramens.
>
> Entre vértebras adjacentes (exceto a primeira e a segunda cervicais) existem *discos intervertebrais*, que atuam como amortecedores, possibilitando vários movimentos da coluna vertebral e absorvendo choques verticais. Cada disco contém um núcleo gelatinoso dotado de proteínas e água (núcleo pulposo), rodeado por um resistente anel fibroso. Na *hérnia de disco*, por exemplo, na região lombar, ocorre ruptura do disco, o núcleo pulposo vaza, ultrapassa os limites do anel fibroso e pode comprimir a medula espinhal ou nervos que dela emergem nessa região. Pode ocorrer dor no local ou irradiar-se para coxas e pernas, sintoma típico da conhecida *dor ciática*.

(a) Vértebra típica, destacando-se o forâmen, por onde passa o cordão nervoso; (b) coluna vertebral em vista lateral; (c) disco intervertebral em posição normal e (d) comprimido.

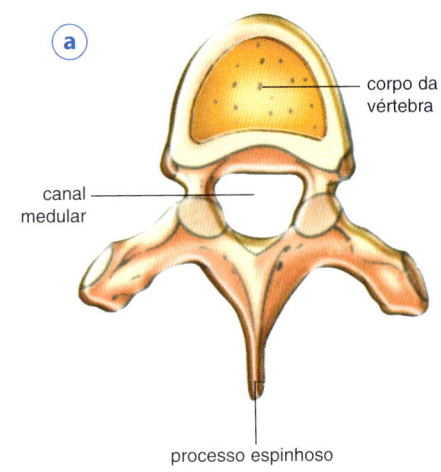
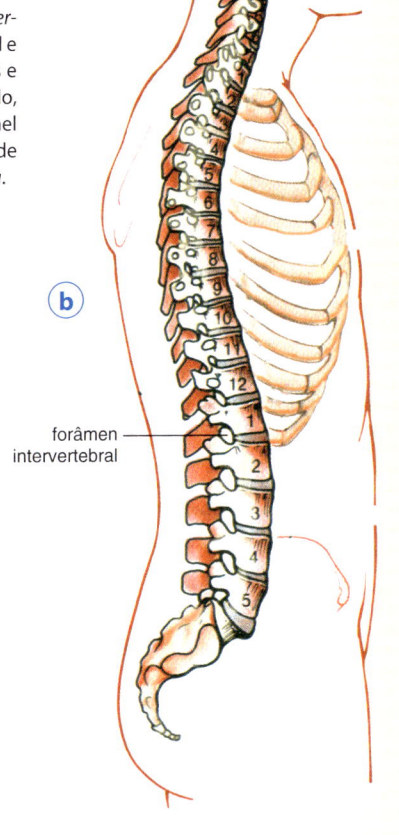
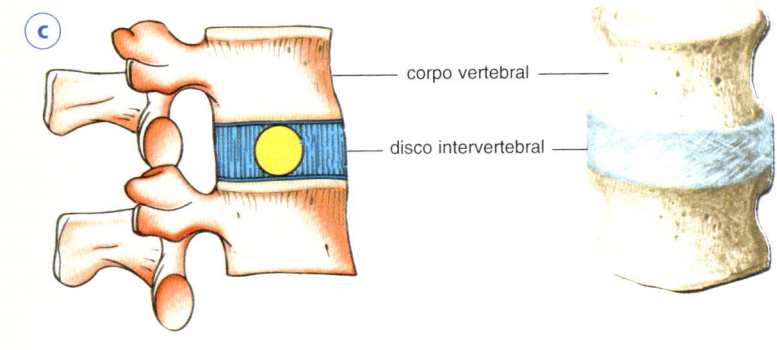
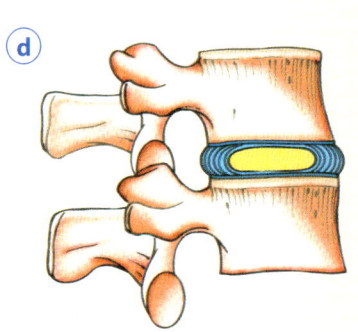

O esqueleto apendicular

É composto de ossos dos membros e das articulações que os unem ao esqueleto axial:

- **membros superiores e cintura** – a mobilidade dos membros superiores está diretamente relacionada à cintura (escapular) formada pela clavícula e escápula (ou omoplata). A única ligação óssea com o esqueleto axial e essa cintura é feita pela clavícula com o esterno (veja a Figura 31-9);
- **membros inferiores e sua cintura** – os ossos do quadril (ilíaco, púbis e ísquio) se unem e formam a cintura (pélvica) dos membros inferiores (veja a Figura 31-10).

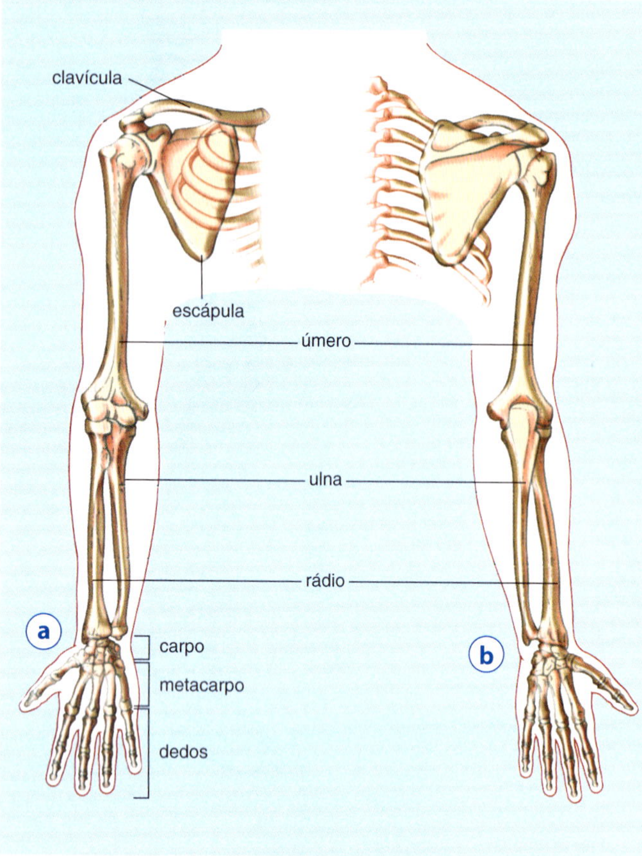

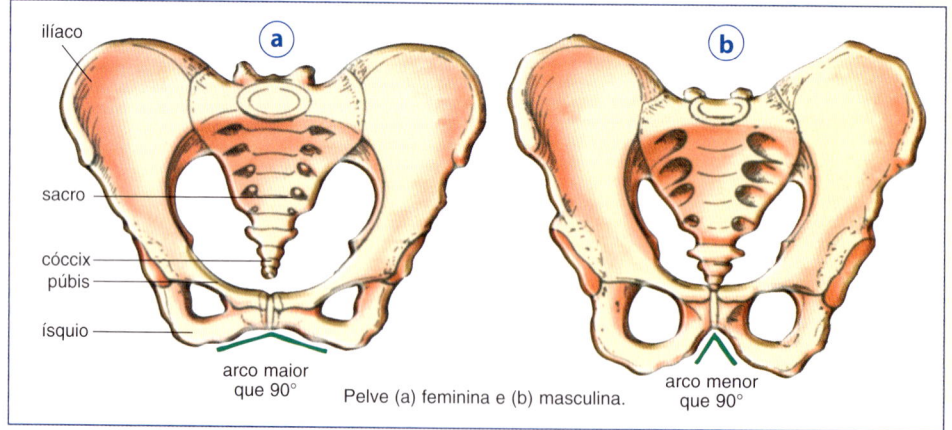

Figura 31-9. (a) Cintura e ossos dos membros superiores em vista anterior e (b) em vista posterior.

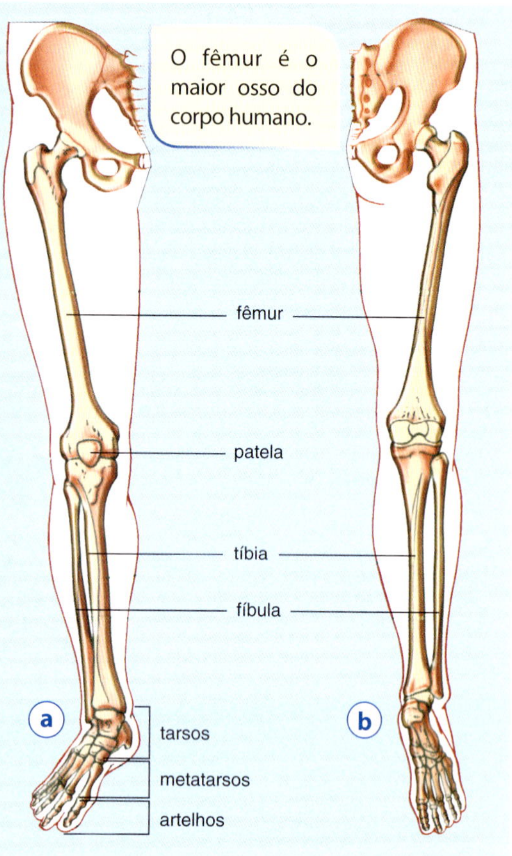

Figura 31-10. (a) Cintura e ossos dos membros inferiores em vista anterior e (b) em vista posterior.

Fique por dentro!

Pelve

Os ossos do quadril, sacro e cóccix formam uma bacia, chamada *pelve*. A pelve feminina é mais arredondada e mais larga que a masculina, característica que permite uma melhor acomodação do feto durante seu desenvolvimento e o parto.

Pelve (a) feminina e (b) masculina.

Saiba mais

Articulações

Os ossos são estruturas bastante rígidas que permitem dobras e movimentos sem danos. É por essa razão que a ligação entre os ossos se dá por tecido conjuntivo, formando as articulações. São elas que permitem os movimentos. Nas articulações, as extremidades dos ossos deslizam facilmente umas sobre as outras, pois estão recobertas por cartilagem, que é um tecido menos rígido do que o tecido ósseo.

No revestimento interno das articulações existe um líquido especial que preenche a cavidade das articulações, o **líquido sinovial**, que age como um verdadeiro "lubrificante" das articulações.

A articulação do joelho é uma das mais complexas do corpo. Ela sustenta o peso corporal e confere equilíbrio e liberdade de movimento.

Principais Doenças Relacionadas ao Sistema Esquelético

A Tabela 31-2 apresenta os principais problemas relacionados com a ossificação, esqueleto axial e articulações presentes nos seres humanos.

Tabela 31-2. Características das principais doenças relacionadas ao sistema esquelético.

Distúrbio em	Doença	Características
Ossificação	Raquitismo.	• Causa: deficiência de vitamina D. • Os ossos não são tão fortes em decorrência da falta de cálcio e de fósforo. • Pernas arqueadas e pode ocorrer má-formação na cabeça, peito e pélvis.
	Osteomalacia.	• Desmineralização dos ossos por falta de vitamina D. • Mesmos efeitos do raquitismo.
	Osteomielite.	• Doenças infecciosas dos ossos.
	Osteoporose.	• Decréscimo da massa óssea. • Relacionada com a idade, mas também pode ocorrer durante a gravidez. • Afeta, principalmente, quadris, coluna, pernas e pés.
Esqueleto Axial	Fraturas da coluna vertebral.	• Em geral, decorrentes de queda sobre os pés ou glúteos, podendo, às vezes, danificar nervos cervicais.
	Hérnia de disco.	• Deslocamento de parte do disco intervertebral em direção à medula espinhal ou aos nervos, provocando fortes dores.
	Cifose.	• Conhecida como corcunda. • Pode ser causada por raquitismo e deficiências posturais.
	Escoliose.	• Curvatura lateral da coluna. Podem surgir curvas compensatórias para o restabelecimento do equilíbrio entre a cabeça e a pelve.
	Lordose.	• Exagerada curvatura para a frente, geralmente na região lombar da coluna. • O excesso de peso abdominal pode levar a essa condição, como ocorre na gravidez.
Articulações	Reumatismo.	• Qualquer manifestação dolorosa das estruturas de suporte do corpo, sejam ossos, ligamentos, articulações, tendões ou músculos.
	Artrite.	• Forma de reumatismo em que as articulações estão inflamadas.
	Bursite.	• Inflamação da bolsa sinovial.
	Luxação.	• Deslocamento do osso de sua articulação com dano para ligamentos, tendões e cápsulas articulares.

Fique por dentro!

Laptoptite?

O uso prolongado dos *notebooks* tem aumentado os casos de dores e lesões em ligamentos e articulações. O formato do aparelho dificulta uma boa postura durante a digitação e pode causar problemas nos ombros, cotovelos, punhos e na coluna vertebral, além de dor de cabeça. Preocupado com a popularização dos *PCs* portáteis entre estudantes norte-americanos, o especialista em reabilitação Kevin Carneiro, da Universidade da Carolina do Norte (EUA) cunhou o termo "*laptoptite*" – em analogia a doenças como tendinite – para designar os problemas causados pelo uso do aparelho em posturas inadequadas.

Adaptado de: A doença do laptop.
Folha de S.Paulo, São Paulo, 28 mar. 2011.
Caderno Saúde, p. C8.

Saiba mais

Implantes dentários

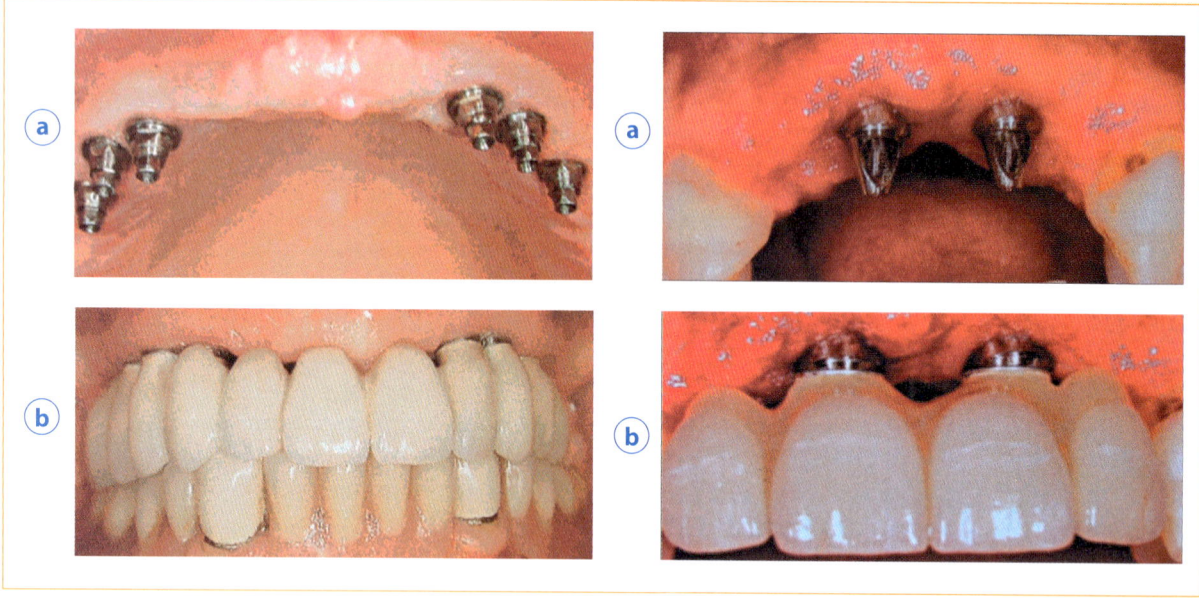

Nos implantes dentários, a parte fixada ao osso (não mostrada na foto) possui em sua extremidade (a) suporte em que serão fixadas as próteses, como se vê em (b).

Os dentes são extremamente importantes para a mastigação, para uma correta fonação (fala), além de contribuírem para a estética facial. A perda dos elementos dentais pode trazer problemas físicos, nutricionais, psicológicos e sociais. Atualmente, a perda de dentes pode ser solucionada de várias maneiras, sendo a mais moderna delas o implante dentário.

A descoberta do implante deu-se no começo da década de 1960, pelo pesquisador sueco Per-Ingvar Branemark.

Em seus estudos sobre microcirculação de animais, Branemark percebeu, por acaso, a possibilidade de se obter uma íntima conexão entre o tecido ósseo e o titânio.

A esse fenômeno, Branemark deu o nome de *osseointegração*. O titânio é, atualmente, o material preferido para ser usado em situações em que é necessário um íntimo contato com tecidos vivos, já que ele é um material inerte e biocompatível, o que significa que o organismo não o reconhece como um corpo estranho e, portanto, não o rejeita.

O implante é constituído de um cilindro de titânio que é colocado no osso, cumprindo a função de raiz do dente, e sobre ele é colocada uma prótese, tendo como objetivo devolver ao indivíduo as funções estética e mastigatória, além de melhorar a autoestima.

Mas não podemos esquecer que o mais importante é evitar que o implante seja necessário, tendo todos os cuidados essenciais com os dentes e com os tecidos que os circundam.

SISTEMA MUSCULAR

O movimento é uma função essencial do corpo, resultante de contrações e relaxamentos musculares. O tecido muscular representa de 40% a 50% do peso corporal total e é composto de células altamente especializadas.

Os músculos estão relacionados, basicamente, com as funções de movimento, manutenção da postura e produção de calor.

> Foi estimado que 85% de todo o calor gerado no corpo vem de contrações musculares.

> **Saiba mais**
>
> **Revendo conceitos**
>
> O *tecido muscular estriado esquelético periférico* (sob a pele) é aquele presente nos músculos ligados aos ossos e que movimentam o esqueleto. Ele é denominado estriado porque, quando é visto ao microscópio, apresenta estriações – bandas ou faixas transversais – em sua estrutura. É uma musculatura voluntária, já que pode ser comandada conscientemente pelo sistema nervoso somático (SNS).
>
> O *tecido muscular cardíaco* forma a parede do coração. Essa musculatura é estriada e de contração involuntária, pois é inervada pelo SNA simpático e parassimpático.
>
> O *tecido muscular liso* ou *visceral* está relacionado com a manutenção dos processos do meio interno. Ele está localizado nas paredes dos órgãos ocos, como estômago e intestino, bexiga urinária, útero, artérias e veias etc. É chamado de liso por não apresentar estriações transversais e é involuntário, isto é, suas contrações independem de comandos conscientes, uma vez que é inervado pelo SNA simpático e parassimpático.
>
>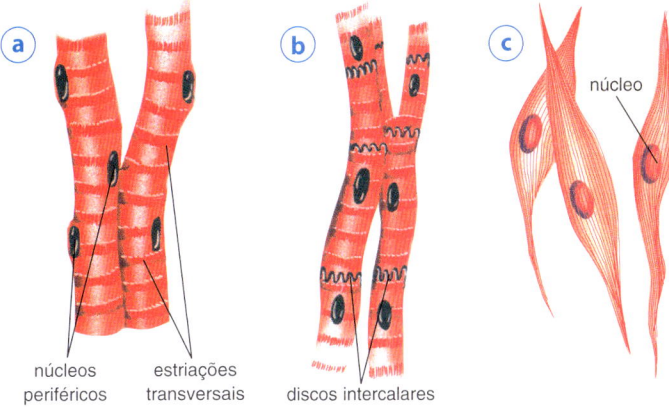
>
> Fibras musculares esqueléticas (a), fibras musculares cardíacas (b) e fibras musculares lisas (c).

A Contração Muscular

A maioria dos animais possui células nervosas e musculares. Em todos eles, o mecanismo de funcionamento dessas células é exatamente o mesmo. A coordenação interna do organismo e o seu relacionamento com o meio ambiente são funções exercidas pelo sistema nervoso.

Ao sistema sensorial cabe a recepção das mensagens provenientes do meio ambiente. A resposta, muitas vezes representada por um movimento, é papel dos tecidos musculares.

Os miofilamentos: actina e miosina

Toda célula muscular contém filamentos proteicos contráteis de dois tipos: *actina* e *miosina*. Esses **miofilamentos** (ou miofibrilas) são diferenciados um do outro pelo peso molecular, maior nos filamentos de miosina.

Ao microscópio eletrônico, a *actina* aparece sob a forma de *filamentos finos*, enquanto a *miosina* é representada por *filamentos grossos*. A interação da actina com a miosina é o grande evento desencadeador da **contração muscular**.

> Onde houver movimento de contração, haverá células musculares envolvidas. Em qualquer animal que possua células musculares, o mecanismo de contração é o mesmo.

Tecido Muscular Estriado Esquelético

Nas células musculares estriadas, o arranjo das moléculas de actina e miosina é bem definido. Esses dois miofilamentos estão dispostos no sentido longitudinal da célula, sobrepondo-se em intervalos regulares de modo que constituam as estrias transversais características desse tipo celular.

A repetição periódica desses elementos contráteis leva à formação de unidades conhecidas como **sarcômeros** (veja a Figura 31-11). Em cada sarcômero, filamentos finos de actina alternam-se com filamentos grossos de miosina.

As linhas Z constituem o ponto onde se originam os filamentos de actina. Os filamentos de miosina ficam intercalados com os de actina. Note que de ambos os lados dos filamentos de miosina existe um espaço. Essa é a conformação quando a célula muscular está relaxada. Na contração, o sarcômero encurta e as moléculas de miosina "encostam" nas linhas Z. Nesse caso, a estriação típica modifica-se momentaneamente. Retornando ao estado de relaxamento, tudo volta à posição original.

> Nas células musculares lisas não existe o arranjo descrito. Os filamentos de actina e miosina não se organizam em estriações transversais típicas das células musculares estriadas.

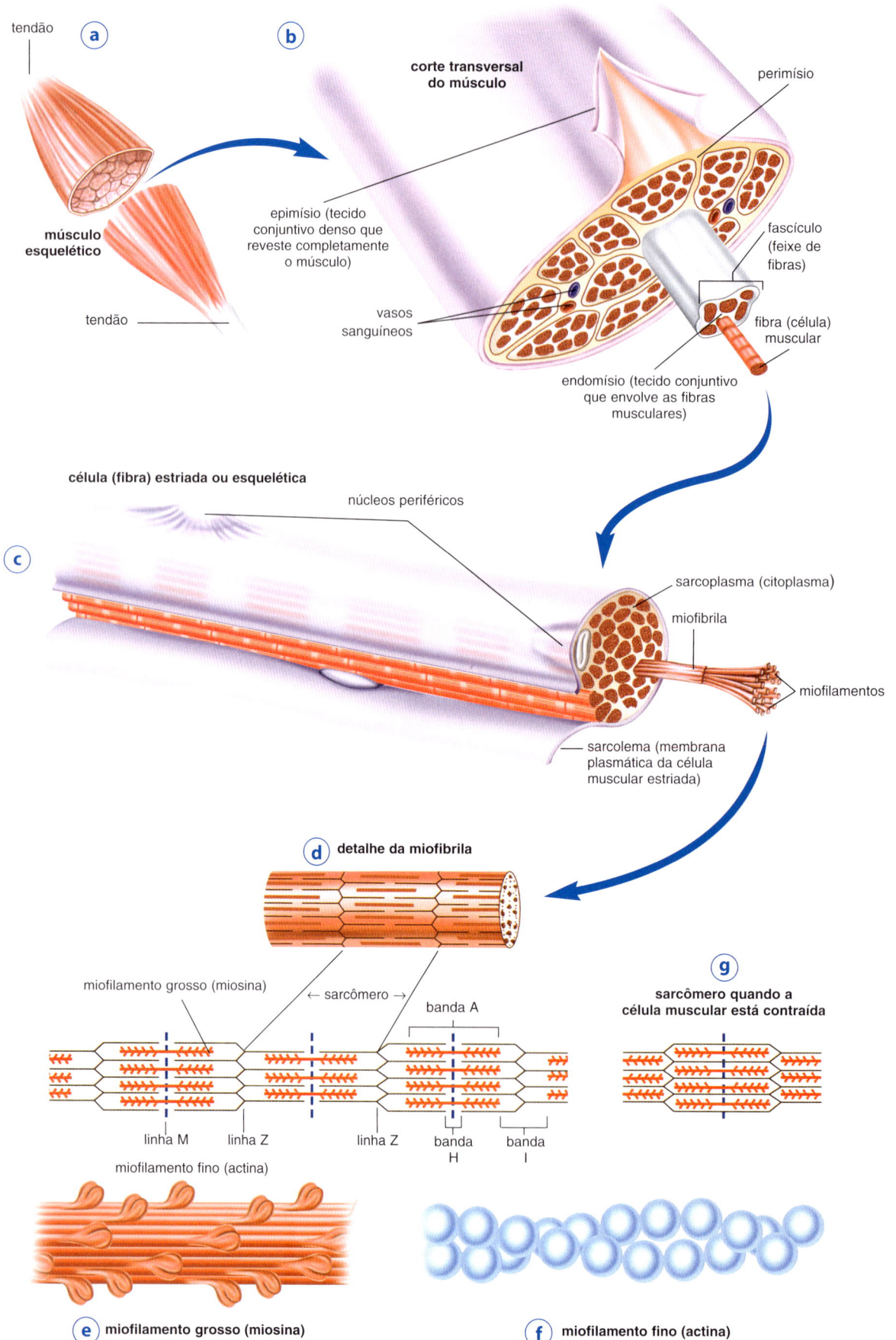

Figura 31-11. Estrutura de um músculo esquelético (a-b) e detalhes de uma célula muscular estriada (c). Detalhes do arranjo das moléculas de actina e miosina em uma miofibrila (d-g).

O mecanismo da contração muscular

Na contração das fibras musculares esqueléticas, ocorre o encurtamento dos sarcômeros: os filamentos de actina "deslizam" sobre os de miosina, graças a certos pontos de união que se formam entre esses dois filamentos, levando à formação da **actomiosina**. Para esse deslizamento acontecer, há a participação de grande quantidade de dois elementos importantes: íons Ca^{++} e ATP. Nesse caso, cabe à molécula de miosina o papel de "quebrar" (hidrolisar) o ATP, liberando a energia necessária para a ocorrência de contração.

Resumidamente, a atividade de contração muscular pode ser representada por:

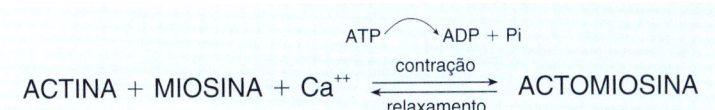

O estímulo à contração muscular

A musculatura lisa é controlada pelos nervos do sistema nervoso autônomo. As divisões simpática e parassimpática atuam sobre a atividade da musculatura lisa dos órgãos digestivos e excretores. No entanto, o tecido muscular liso também pode ser estimulado a funcionar pela distensão da parede do órgão. É o que acontece, por exemplo, quando o bolo alimentar está passando pelo tubo digestivo. A distensão causada pelo alimento na parede intestinal provoca uma resposta de contração da musculatura lisa dessa parede. Como resultado, gera-se uma onda de peristaltismo, que impulsiona o alimento "para a frente".

Por outro lado, a musculatura estriada, na maior parte das vezes, fica sob controle voluntário. Ramos nervosos se encaminham para o tecido muscular e se ramificam, atingindo células musculares individuais ou grupos delas.

Cada ponto de junção entre uma terminação nervosa e a membrana plasmática da célula muscular corresponde a uma sinapse. Essa junção é conhecida pelo nome de **placa motora**. O impulso nervoso propaga-se pelo neurônio e atinge a placa motora (veja a Figura 31-12). A membrana da célula muscular recebe o estímulo. Gera-se uma corrente elétrica que se propaga por essa membrana, atinge o citoplasma e desencadeia o mecanismo de contração muscular.

O ATP necessário para a contração é produzido na respiração aeróbia, com a utilização de glicose trazida pelo sangue. Se mais glicose for necessária, uma quantidade adicional será gerada a partir do glicogênio armazenado na célula muscular. Outra fonte extra de energia é gerada pela molécula de **fosfocreatina**, uma espécie de "reserva" energética da célula muscular. Ao ser "quebrada", a fosfocreatina libera o seu fosfato rico em energia, que se une ao ADP, formando mais ATP para a contração muscular.

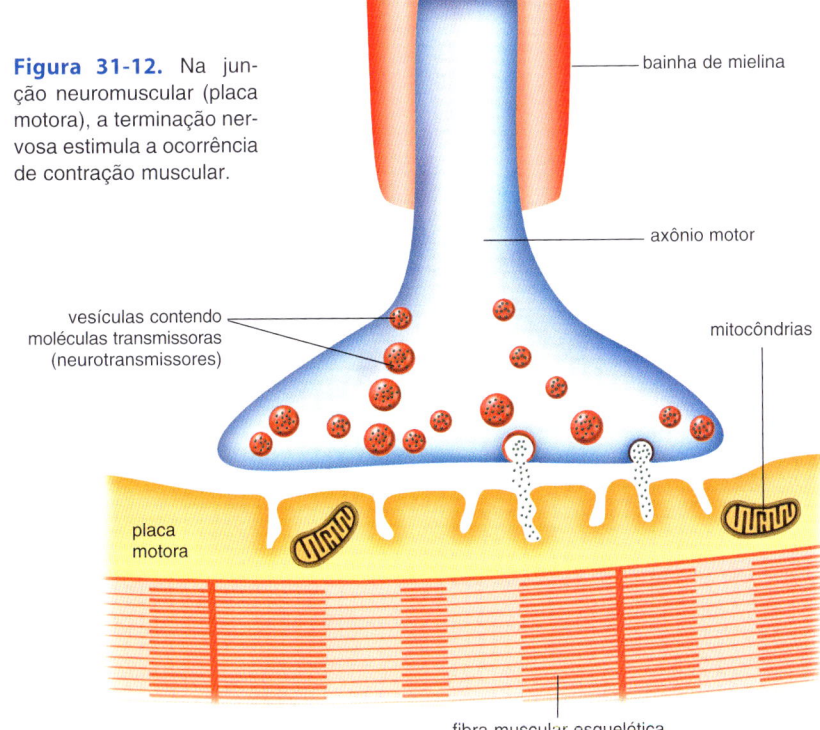

Figura 31-12. Na junção neuromuscular (placa motora), a terminação nervosa estimula a ocorrência de contração muscular.

Saiba mais

Tônus muscular

O músculo pode estar em um estado de contração parcial, em que algumas fibras estão contraídas e outras, relaxadas. É o que se chama *tônus muscular*.

Essa contração enrijece o músculo, mas não há fibras contraídas em número suficiente para a realização de movimento.

O tônus é essencial na manutenção da postura. Por exemplo, o tônus da musculatra do pescoço é responsável por manter a cabeça na posição anatômica normal, sem deixar que ela caia sobre o peito, mas não exerce força suficiente para levá-la para trás em hiperextensão.

Tecido Muscular Estriado Cardíaco

Esse tecido é o principal constituinte da parede do coração. Embora ele seja estriado, seu controle é involuntário (ele é inervado pelos dois ramos do sistema nervoso autônomo – o simpático e o parassimpático). As fibras do músculo cardíaco são quadrangulares e apresentam um ou dois núcleos localizados no centro da fibra. Já as células musculares esqueléticas contêm vários núcleos distribuídos pela periferia da célula (veja a Figura 31-13).

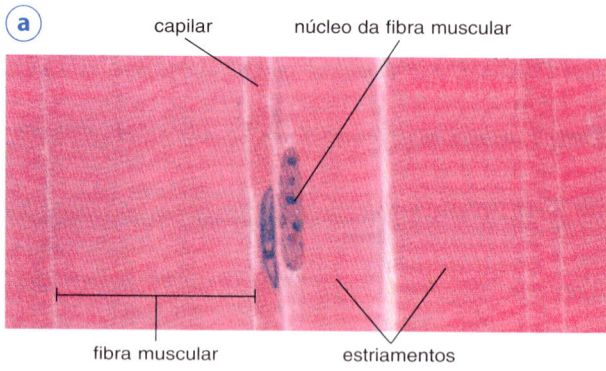

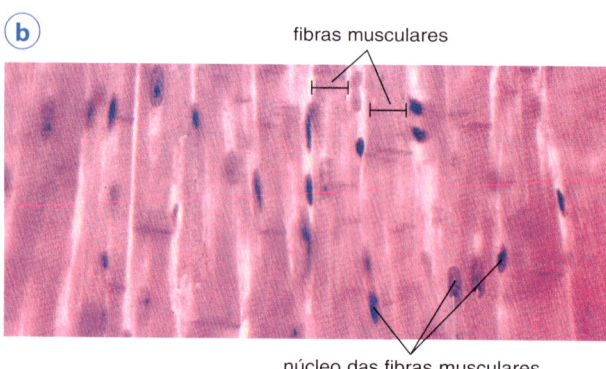

Figura 31-13. (a) Tecido muscular esquelético. (b) Tecido muscular cardíaco.

As fibras cardíacas estão interconectadas umas com as outras. Essas fibras estão organizadas paralelamente, e fisicamente conectadas por junções que permitem a condução de um estímulo de uma fibra para outra. Entre as fibras, há a interposição de um disco intercalar, que nada mais é do que o espessamento da membrana da célula. Esse disco é característico do tecido muscular cardíaco. Sua função é aumentar a força do músculo e facilitar a condução do impulso de uma fibra para outra. Quando uma fibra do tecido é estimulada, todas as outras também o são.

O tecido muscular cardíaco normal se contrai e se relaxa de forma rápida, contínua e rítmica por volta de 75 vezes por minuto. Para esse trabalho, a demanda por oxigênio é bem maior do que a do tecido muscular esquelético. As mitocôndrias também são maiores e em grande número quando comparadas às dos músculos esqueléticos.

Saiba mais

Os tipos de fibra muscular utilizados nos exercícios físicos

As fibras musculares não são idênticas na estrutura e na função. As principais diferenças entre elas são: a coloração (resultante do teor de mioglobina), a quantidade de mitocôndrias, a quantidade de capilares sanguíneos e a velocidade de contração. Admite-se, atualmente, a existência de três tipos básicos de fibra muscular: lenta (vermelha, tipo I), intermediária (rosácea, tipo IIa) e rápida (branca, tipo IIb).

Corte transversal de um músculo esquelético, submetido à coloração. Nele, podem ser observadas as fibras lentas (tipo I, mais escuras), as intermediárias (tipo IIa, mais claras) e as rápidas (tipo IIb, coloração marrom).

Fonte: POWERS, S. K.; HOWLEY, E. T. In: *Exercise Physiology* – Theory and Application in Fitness and Performance. USA: McGraw-Hill, 1977.

Conceitualmente, as fibras intermediárias (rosáceas, tipo IIa) podem ser vistas como possuindo uma mistura das características das fibras lentas (vermelhas, tipo I) e rápidas (brancas, tipo IIb). No entanto, as fibras IIa são extremamente adaptáveis, isto é, com o treinamento de "endurance", elas podem elevar a sua capacidade oxidativa a níveis iguais aos das fibras lentas (vermelhas, tipo I). De modo geral, as fibras do tipo I possuem muitas mitocôndrias e as do tipo II possuem poucas mitocôndrias. Em maratonistas, é maior a porcentagem de fibras do tipo I e o metabolismo é aeróbico. Em velocistas, ocorrem fibras do tipo II e o metabolismo é predominantemente anaeróbico. De modo geral, as fibras do tipo I possuem muitas mitocôndrias e as do tipo II possuem poucas mitocôndrias. A tabela abaixo relaciona a composição de tipos de fibras musculares de atletas e não atletas.

Composição típica da musculatura dos atletas de elite de diferentes esportes e de não atletas.

Modalidade esportiva	% de fibras lentas (Tipo I)	% de fibras rápidas (Tipos IIa e IIb)
Corredores de longa distância	70-80	20-30
Corredores de curta distância	25-30	70-75
Halterofilismo	45-55	45-55
Não atletas	47-53	47-53

Fonte: POWERS, S. K.; HOWLEY, E. T. In: *Exercise Physiology* – Theory and Application in Fitness and Performance. USA: McGraw-Hill, 1977.

Tecido Muscular Liso

As células musculares lisas são involuntárias, não estriadas e menores do que as fibras estriadas esqueléticas. Elas apresentam um núcleo único e central. Seus filamentos de actina e miosina estão espalhados no citoplasma, sem o arranjo visto para as células musculares esqueléticas. A contração muscular se dá de modo semelhante ao visto anteriormente.

> A partir dos 30 anos de idade, há uma progressiva perda de massa muscular, que é reposta por tecido adiposo. Acompanhando a perda de massa muscular, há a diminuição da força e dos reflexos.

A musculatura lisa é controlada pelos nervos do sistema nervoso autônomo (simpático e parassimpático). Ela está presente, por exemplo, na parede dos órgãos digestivos, dos vasos sanguíneos, da bexiga urinária e do útero. O tecido muscular liso também pode ser estimulado a funcionar pela distensão da parede do órgão.

Grupos de Ação Muscular

O músculo esquelético é um agrupamento de células musculares (fibras) envoltas em um delicado tecido fibroso. À medida que um músculo esquelético se aproxima da sua inserção, a massa formada por elementos contráteis, chamada de *ventre*, termina abruptamente e é continuada por fibras do tecido conjuntivo, conhecidas como *tendões de inserção*. Os tendões planos se chamam *aponeuroses*. As fibras colágenas do tendão se ligam com as do periósteo e do osso propriamente dito, fazendo a união entre os sistemas ósseo esquelético e muscular (veja a Figura 31-14).

A maioria dos movimentos é coordenada por vários músculos esqueléticos atuando em grupos. Dependendo do tipo de movimento, há diferentes grupos de músculos em cada lado de uma articulação. Assim, em uma articulação, os músculos flexores estão do lado oposto ao dos extensores, o dos adutores em oposição ao dos abdutores etc. O músculo que causa a ação desejada é chamado de *agonista*. Simultaneamente, o grupo que faz oposição ao agonista é chamado de *antagonista*. Assim, se o grupo agonista se contrai, o antagonista se relaxa e permite o movimento desejado.

Além dos agonistas e antagonistas, existem os *sinergistas*. Esses músculos servem para firmar, uniformizar o movimento, além de prevenir movimentos indesejados e promover uma ação agonista eficiente.

O último grupo é o dos *fixadores*. Sua função é estabilizar a origem dos movimentos agonistas para que eles sejam realizados de forma eficiente.

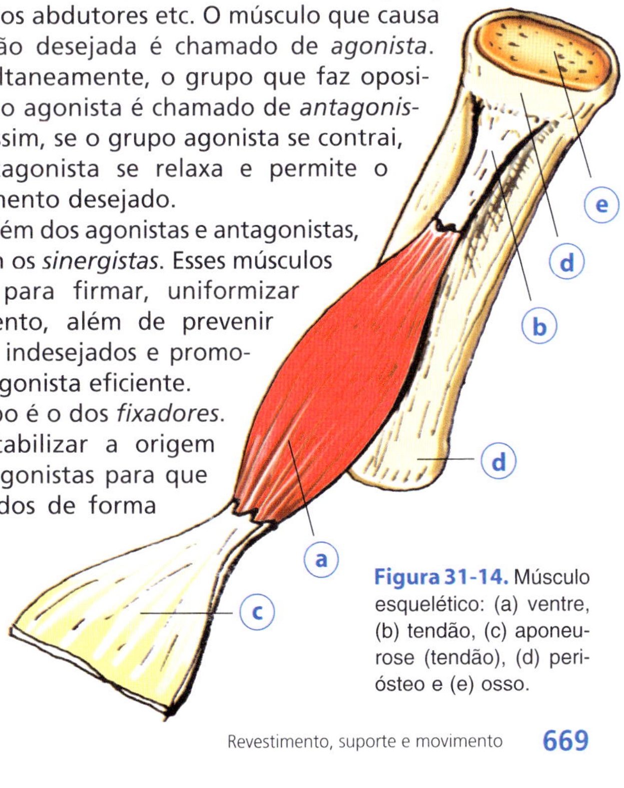

Figura 31-14. Músculo esquelético: (a) ventre, (b) tendão, (c) aponeurose (tendão), (d) periósteo e (e) osso.

Saiba mais

Os principais músculos do corpo

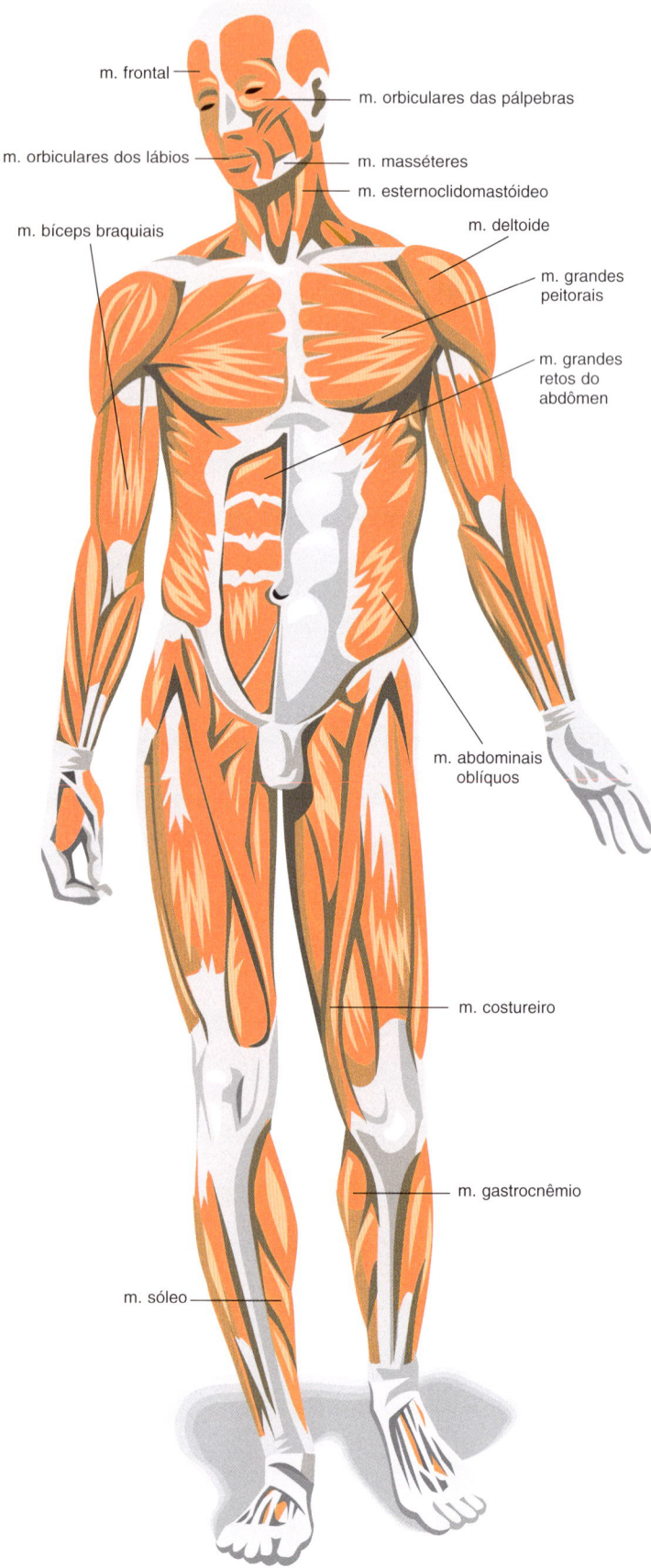

	Principais músculos	Ação
cabeça	Frontal	Eleva as sobrancelhas; sua contração produz rugas horizontais na testa.
	Orbiculares das pálpebras	Permitem a abertura e o fechamento dos olhos.
	Orbiculares dos lábios	Fecham os lábios; são contraídos no assobio, na sucção etc.
	Masséteres	Movimentam a mandíbula.
	Temporal	Movimenta a mandíbula.
pescoço	Esternoclidomastóideos	Produzem, por contração, a rotação da cabeça.
tórax	Trapézio	Eleva os ombros e movimenta para trás a cabeça.
	Grandes dorsais	Levam, ao se contraírem, os braços para trás.
	Grandes denteados	Auxiliam a inspiração do ar, pois elevam as costelas.
	Grandes peitorais	Movimentam para a frente os braços.
abdômen	Grandes retos do abdômen	Dobram o tórax sobre o abdômen e auxiliam na inspiração forçada.
	Diafragma	Auxilia na inspiração; separa internamente a caixa torácica da cavidade abdominal.
	Oblíquos	Contraem o abdômen.
membros superiores	Deltoides	Levantam os braços.
	Bíceps braquiais	Aproximam os antebraços dos braços.
	Tríceps	Afastam os antebraços dos braços.
	Flexores dos dedos	Flexionam ou dobram os dedos.
	Extensores dos dedos	Provocam a extensão dos dedos.
membros inferiores	Grandes glúteos	Músculos extensores das coxas.
	Gastrocnêmio	Flexiona pernas e pés.
	Costureiros	Flexionam as pernas sobre as coxas.
	Sóleo	Flexiona os pés.

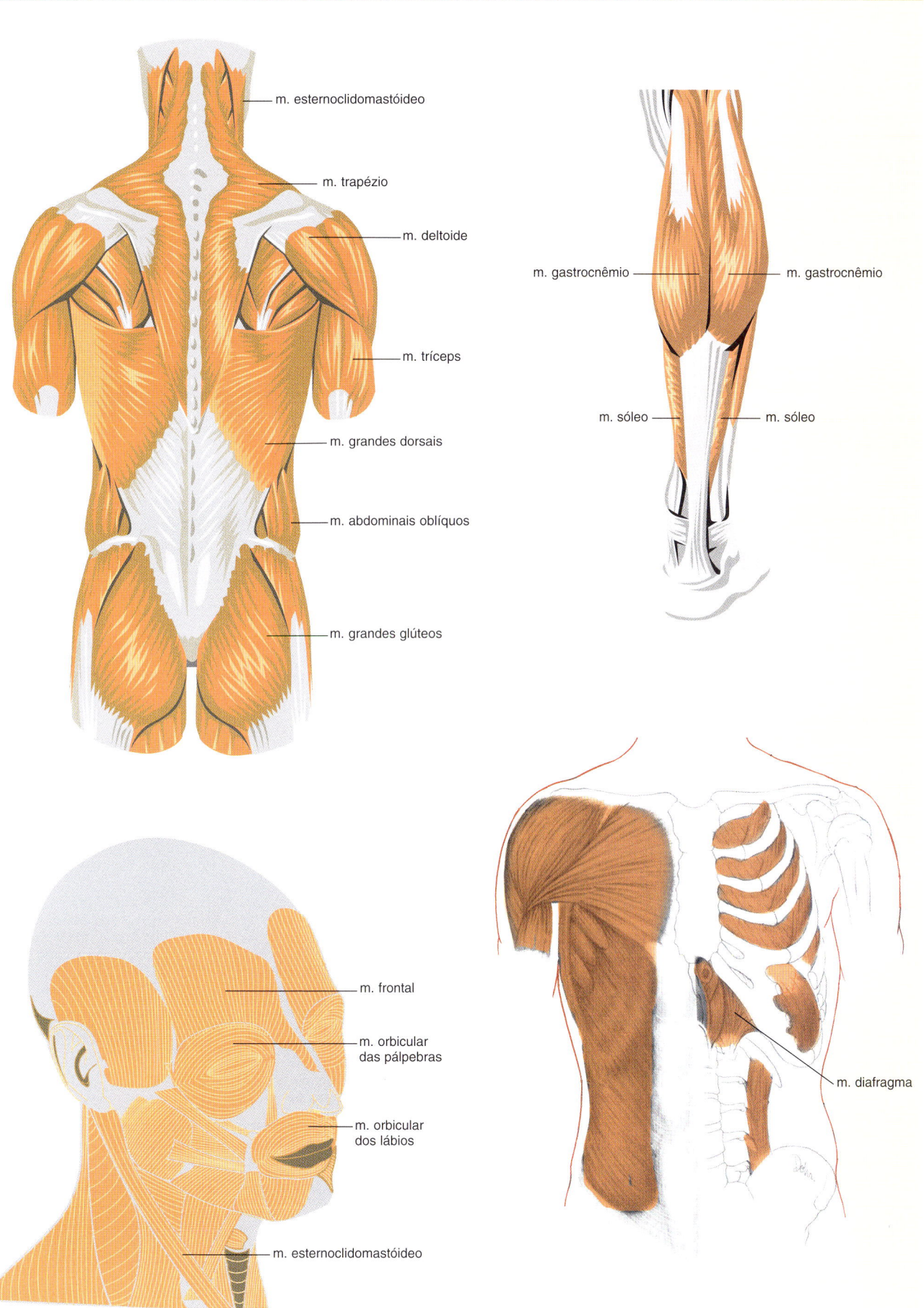

Ética & Sociedade

Lixo ou saúde?

No nosso organismo, o cálcio é um elemento imprescindível para o bom funcionamento de nossos sistemas nervoso, muscular e esquelético. Mais de 90% do total de cálcio corporal concentra-se no nosso esqueleto. Quando, por falta de uma nutrição adequada ou por problemas de saúde vemos diminuído o cálcio plasmático, as reservas existentes nos ossos podem ser requisitadas.

Em comunidades carentes, é comum encontrarmos pessoas que apresentem grave carência de cálcio, principalmente entre as crianças. Para viabilizar a melhoria na qualidade de alimentação desses indivíduos, foi desenvolvido um suplemento alimentar à base de pó de casca de ovo. Assim, aquilo que antes seria considerado lixo, aparece como determinante na manutenção da saúde da população.

Observe, em sua casa, o que é descartado como lixo. Procure imaginar formas de reaproveitar algum desses itens.

Passo a passo

1. A conquista do meio terrestre pelos vertebrados contou com um revestimento corporal impermeabilizado, um sistema de sustentação no meio aéreo e um eficiente sistema locomotor.

  a) No ser humano, que componentes são responsáveis por essas adaptações?
  b) Além de o revestimento corporal constituir uma adaptação protetora do organismo no meio aéreo, ele desempenha outras funções. Quais são essas funções?

2. A pele humana é uma eficiente adaptação do ser humano e de outros vertebrados ao meio aéreo. É o maior órgão do organismo humano. A respeito desse importante órgão, responda:

  a) Quais são as suas duas camadas, partindo do exterior para o interior? Caracterize resumidamente cada uma dessas camadas, citando os seus principais componentes. Considerando que uma dessas camadas não possui capilares sanguíneos, como ocorre a nutrição de suas células? Sobre qual camada se assenta o segundo componente da pele?
  b) Cite pelo menos três "sensores" encontrados na pele humana e pelo menos uma função por eles desempenhada.
  c) Cite as estruturas anexas à pele humana e pelo menos uma função a elas atribuída.

3. A pele humana contém células denominadas de melanócitos.

  a) Cite a função atribuída a essas células e sua localização na pele humana.
  b) Explique por que evitar se expor ao Sol nas horas próximas ao meio-dia, vestir camiseta, utilizar protetor solar, óculos escuros e chapéu são medidas protetoras da pele.

4. Cite os dois componentes do sistema esquelético humano e uma função comum por eles desempenhada.

5. Cite os quatro tipos de ossos comumente encontrados no esqueleto humano e as principais características a eles associadas.

6. A ossificação, processo de formação de tecido ósseo, pode se dar por meio de dois eventos básicos. No primeiro, o tecido ósseo surge aos poucos, em uma membrana de natureza conjuntiva, não cartilaginosa. No segundo, uma peça cartilaginosa, com formato de osso, serve de molde para a confecção de tecido ósseo. Com relação ao exposto nesse texto, cite as denominações referentes a esses dois processos de ossificação.

7. Na ossificação dos ossos longos, há duas regiões principais – uma relacionada ao longo cilindro ósseo e a outra relativa à extremidade óssea –, bem como há células "demolidoras" de osso. Ao mesmo tempo, há células responsáveis pela deposição constante de novo tecido ósseo. Utilizando essas informações e o seu conhecimento sobre o assunto, responda:

  a) Quais são as duas regiões ósseas referidas no texto?
  b) Quais são as duas células, uma "demolidora" e a outra "construtora" de novo tecido ósseo, citadas no texto?

8. Considere os itens seguintes:

  I – taxas adequadas de cálcio e fósforo;
  II – existência de vitamina D;
  III – ação de hormônios (crescimento, calcitonina e paratormônio);
  IV – taxas normais de hormônios sexuais.

  Dos itens citados, constituem fatores que possibilitam, normalmente, a ocorrência de crescimento e remodelação dos ossos:

  a) I e II, apenas.
  b) I, III e IV, apenas.
  c) I, II, III e IV.
  d) II e III, apenas.
  e) II e IV, apenas.

9. As duas células participantes da reparação de fraturas que incidem nos ossos são:

  a) osteoclasto e osteoblasto.
  b) neutrófilo e osteoclasto.
  c) calo ósseo e osteoclasto.
  d) hemácia e linfócito B.
  e) mastócito e periósteo.

10. A osteoporose possui o significado de *redução da quantidade de massa óssea* e acomete, de modo geral, as pessoas idosas. Assinale a alternativa que relacione o elemento mineral mais diretamente relacionado a essa redução de massa óssea e a medida mais recomendada no sentido de prevenir essa ocorrência.

  a) cálcio e repouso absoluto
  b) sódio e exercícios físicos moderados
  c) cálcio e caminhadas vigorosas
  d) magnésio e musculação
  e) potássio e natação

11. O esqueleto humano consiste em 206 ossos que podem ser agrupados, para efeitos didáticos, em duas grandes categorias. Quais são essas duas categorias?

12. Nas frases a seguir, reconheça as corretas e indique a soma no final.

  (01) São componentes do esqueleto axial apenas a coluna vertebral, o osso esterno e as costelas.
  (02) De maneira geral, no ser humano existem 24 costelas, sendo as duas últimas denominadas de flutuantes.

(04) O osso hioide é livre e, de modo geral, é confundido com a mandíbula.
(08) A punção esternal é um procedimento que visa coletar sangue da medula óssea vermelha, para fins de diagnóstico de possíveis anomalias.
(16) A hérnia de disco é uma ruptura de vértebras, cujos resíduos pressionam a medula espinhal e o nervo ciático.
(32) Os ossos dos membros superiores e os dos membros inferiores são componentes do esqueleto apendicular.
(64) Os ossos do quadril, do sacro e do cóccix formam a bacia, ou pelve, repleta de líquido sinovial, que permite a ocorrência de articulação desses ossos na movimentação de uma pessoa.

13. Com relação às características das principais doenças relacionadas ao sistema esquelético, listadas na Tabela 32-1, as referentes à *carência de vitamina D* (I), *doenças infecciosas dos ossos* (II) e *inflamação da bolsa sinovial* (III) são reconhecidas, na ordem em que são citadas, como:

a) I = raquitismo e osteomalacia, II = osteomielite e III = bursite.
b) I = cifose e escoliose, II = bursite e III = osteomalacia.
c) I = artrite e raquitismo, II = luxação e III = bursite.
d) I = raquitismo e osteomalacia, II = osteomielite e III = artrite.
e) I = osteoporose e osteomielite, II = bursite e III = artrite.

14. O tecido muscular representa de 40% a 50% da massa corporal total e é constituído de células altamente especializadas. A respeito desse tecido e utilizando os seus conhecimentos sobre o assunto, responda:

a) Quais são as três modalidades de tecido muscular? Caracterize-os quanto ao tipo celular, localização e se a contração é voluntária ou involuntária.
b) Os músculos estão relacionados basicamente a três funções específicas. Quais são essas funções?

15. Nas frases a seguir, relacionadas ao mecanismo de contração muscular, relacione as corretas e indique a soma no final.

(01) Cada miofibrila da célula muscular é formada por dois tipos de unidades: finas (miosina) e grossas (actina), ambas de origem lipídica.
(02) A miofibrila é composta de unidades de contração, os sarcômeros, que são delimitados por duas linhas **Z**.
(04) No sarcômero, a faixa clara é chamada de banda **I**, no meio dela existe uma linha escura, linha **Z**. A banda escura é chamada de faixa **A**, dividida pela banda central **H**.
(08) A banda **A** ou banda escura é formada por miofilamentos de actina, enquanto o miofilamento miosina se estende por toda a faixa **I**.
(16) No processo de contração muscular, os miofilamentos de miosina e actina não diminuem de comprimento, apenas a miosina desliza pelos miofilamentos de actina.
(32) Na contração muscular ocorre encurtamento dos sarcômeros e, assim, as miofibrilas se contraem como um todo, visto que os miofilamentos de actina estão ancorados em cada linha **Z** e deslizam entre as miosinas.
(64) Íons de cálcio combinam-se com a miosina, que funciona como enzima, "quebrando" o ATP em ADP com liberação de energia para a ocorrência de contração muscular.

16. Analise cuidadosamente as reações abaixo e julgue se a frase que a acompanha está certa ou errada:

$$\text{ATP + creatina} \underset{2}{\overset{1}{\rightleftarrows}} \text{ADP + fosfocreatina}$$

Quando os músculos estão em repouso, ocorre a reação **1** e quando estão ativos ocorre a reação **2**.

17. O assunto é o estímulo à contração, que depende do tipo de tecido muscular. No caso:

a) Qual ramo do sistema nervoso controla a musculatura lisa? Que outro tipo de estímulo propicia a contração desse tipo de tecido? O que significa "peristaltismo"?
b) Qual o significado de "placa motora", relativamente ao tecido muscular estriado esquelético? Como é propagado o estímulo nesse caso?

c) Qual ramo do sistema nervoso está relacionado ao controle da musculatura estriada cardíaca? Sabe-se que a demanda de oxigênio para ocorrer contração desse tipo de musculatura é elevada. Como são as mitocôndrias presentes nas células desse tecido, comparadas às existentes nas células do tecido muscular estriado esquelético?

18. A tabela a seguir relaciona as características funcionais dos tipos de fibras musculares comumente encontradas em músculos estriados esqueléticos de atletas.

Fibra muscular tipo I	Fibra muscular tipo II
contração lenta	contração rápida
metabolismo aeróbico	metabolismo anaeróbico
alta densidade de mitocôndrias	baixa densidade de mitocôndrias

Adaptado de: FOX, E. L; MATHEWS, D. K. *Bases Fisiológicas da Educação Física e dos Desportos.* Rio de Janeiro: Guanabara Koogan, 1986, p. 72-74.

Analisando a tabela e utilizando os seus conhecimentos sobre o assunto, cite o tipo de fibra muscular predominantemente presente em corredores de longa distância (maratonistas) e o tipo de fibra muscular predominantemente presente em corredores de curta distância (velocistas).

19. Associe os termos que são antecedidos por números com os que são antecedidos por letras.

I – músculo agonista
II – tendão
III – músculo antagonista
IV – ventre do músculo

a) massa muscular formada pelos elementos contráteis
b) músculo que causa a ação desejada
c) fixação do músculo ao osso
d) grupo muscular que faz oposição ao agonista

20. Os músculos tríceps, costureiro, masséter e trapézio são encontrados, na ordem em que são citados, no(a):

a) membro superior, membro inferior, cabeça e tórax.
b) membro inferior, membro superior, tórax e cabeça.
c) membro superior, tórax, cabeça e membro inferior.
d) pescoço, abdômen, cabeça e membro superior.
e) membro superior, membro inferior, tórax e cabeça.

21. *Questão de interpretação de texto*

Exercícios são bons para quase tudo, mas até pouco tempo acreditava-se que não eram bons para os joelhos. Recente revisão sobre o assunto diz que atividade física não só não prejudica o joelho, mas ajuda a mantê-lo saudável, desde que o esporte não seja de alto risco. Pesquisas envolvendo 10 mil pessoas, com idade entre 45 e 79 anos, analisaram os efeitos, no joelho, de atividades físicas como corrida e futebol. A artrose (desgaste de uma articulação) é a lesão do joelho mais comum em idosos, mas, problemas como ruptura de ligamentos e do menisco, costumam causar esse desgaste no futuro. Entre as causas que predispõem o joelho a lesões estão os esportes de alto impacto, principalmente se feitos sem orientação.

Adaptado de: VERSOLATO, M. Estudo desfaz associações entre atividade física e lesão no joelho. *Folha de S.Paulo,* São Paulo, 17 mar. 2011. Caderno Saúde, p. C10.

Utilizando as informações do texto e os seus conhecimentos sobre o sistema esquelético e o muscular, responda:

a) O que é uma "articulação", relativamente ao sistema esquelético? Cite os ossos que participam da articulação do joelho. O que significa o osso patela?
b) Qual o papel desempenhado pelos músculos relacionados à articulação do joelho? A que tipo de tecido muscular essa musculatura é relacionada?

Questões objetivas

1. (PUC – MG) A pele humana é um órgão complexo, responsável por funções fundamentais à vida. Recentemente, um estudo molecular identificou cerca de 182 espécies de bactérias presentes na pele de indivíduos sadios.

Sobre esse assunto, assinale a afirmativa **INCORRETA**.

a) Queratina e melanina presentes nas três camadas da pele funcionam como mecanismos de resistência e agressões externas.
b) Células de defesa estão presentes na pele e podem ser ativadas pela presença de patógenos.
c) Além de adaptações para evitar lesões, a pele apresenta tecidos capazes de regenerar-se após danos.
d) Apesar da diversa composição da microbiota da pele, a maioria das bactérias encontradas na superfície da pele não é normalmente patogênica.

2. (UFJF – MG) A pele, o maior órgão do corpo humano, se apresenta constituída por uma região de tecido epitelial, a epiderme, e uma região de tecido conjuntivo, a derme. Observe a figura e analise as afirmativas abaixo:

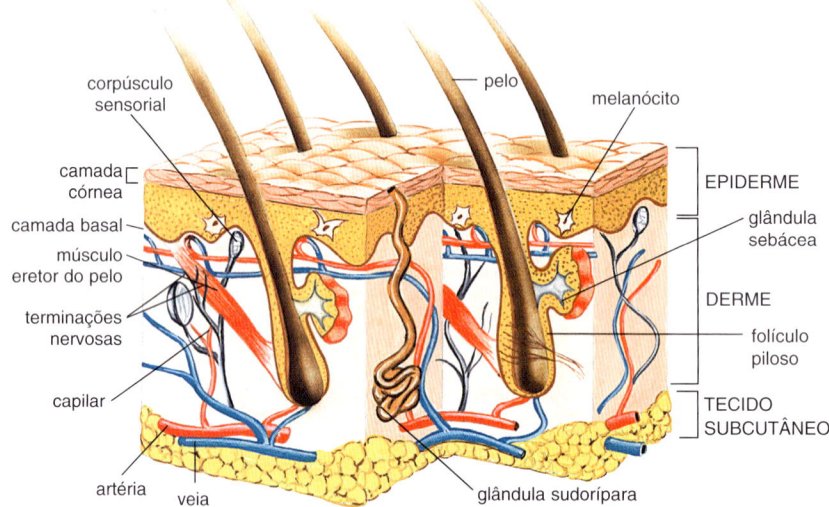

I – A epiderme apresenta um epitélio estratificado pavimentoso, característico de um tecido que exerce a função de proteção.
II – As glândulas sudoríparas e sebáceas são exemplos de glândulas que secretam hormônios.
III – A percepção da dor, frio e calor pela pele ocorre por meio das terminações nervosas localizadas na derme.
IV – O escurecimento da pele por exposição à luz solar é decorrente da produção de melanina nos melanócitos.
V – O tecido conjuntivo, localizado na hipoderme, é constituído de células especializadas no armazenamento de proteínas.

Assinale a opção que apresenta somente afirmativas **CORRETAS**:

a) I, II e III.
b) I, III e IV.
c) I, IV e V.
d) II, IV e V.
e) III, IV e V.

3. (UPE – adaptada) Os portadores de deficiência visual podem aprender a ler pelo método Braille, utilizando a ponta dos dedos, graças a receptores nervosos específicos, localizados no tecido dérmico e responsáveis pelo sentido do tato.

Identifique, nas ilustrações abaixo, aquela que representa o receptor em questão.

Figura 1   Figura 2   Figura 3   Figura 4   Figura 5

a) Fig. 1 – Corpúsculo de Meissner.
b) Fig. 2 – Corpúsculo de Krause.
c) Fig. 3 – Corpúsculo de Pacini.
d) Fig. 4 – Corpúsculo de Ruffini.
e) Fig. 5 – Terminações nervosas livres.

4. (UFPR) "O bronzeamento artificial faz mal à saúde? Segundo a Sociedade Brasileira de Dermatologia, as lâmpadas das máquinas de bronzear lançam raios ultravioleta (UV) em uma quantidade duas a três vezes maior que a emitida pelo Sol. Os raios UV estimulam a produção de melanina. O bronzeamento é uma reação de defesa. 'O problema mesmo é quando você se expõe demais a essa energia concentrada', disse o dermatologista paulista Eduardo Lacaz Martins. Os raios atravessam a epiderme e chegam às camadas mais profundas da pele."

Superinteressante, São Paulo, n. 5, maio 2000.

Com base no texto acima e analisando a pele sob o ponto de vista histológico, é correto afirmar:

(01) A pele é constituída de diferentes tipos de tecido, dentre os quais dois são básicos: o tecido epitelial e o conjuntivo.
(02) Os raios UV podem causar alterações no material genético das células.
(04) Caso ocorra uma lesão na derme, causando perda de células e de substância intercelular, o reparo poderá ser efetuado pelos fibroblastos, dentre outras células.

(08) As glândulas sudoríparas, existentes na pele, são classificadas como exócrinas e desempenham papel importante na manutenção da temperatura corpórea, eliminando o suor.
(16) Lesões na epiderme são reparadas pelas células do próprio tecido, as quais têm grande capacidade de regeneração.
(32) A alta incidência de raios UV pode causar câncer de pele, pela multiplicação descontrolada das células desse órgão.

5. (FUVEST – SP) Além da sustentação do corpo, são funções dos ossos:

a) armazenar cálcio e fósforo; produzir hemácias e leucócitos.
b) armazenar cálcio e fósforo; produzir glicogênio.
c) armazenar glicogênio; produzir hemácias e leucócitos.
d) armazenar vitaminas; produzir hemácias e leucócitos.
e) armazenar vitaminas; produzir proteínas do plasma.

6. (PUC – MG) No processo de ossificação, o papel dos osteoclastos é:

a) promover a deposição de cálcio nas epífises.
b) reabsorver a matriz óssea.
c) revestir o periósteo.
d) reforçar as suturas cranianas.
e) formar, por mitoses, os osteócitos.

7. (PUC – RJ) A leucemia é um tipo de câncer relacionado aos glóbulos brancos do sangue. Uma das possibilidades de cura para a essa doença é transfusão de parte da medula óssea de um indivíduo sadio para outro com esse problema de saúde.

Em relação à medula óssea, é correto afirmar que ela se situa na região

a) central da coluna vertebral, é formada de tecido nervoso e é responsável pela transmissão de impulsos nervosos.
b) central de ossos largos, é formada por tecido hematopoiético e é responsável pela produção de células brancas e vermelhas do sangue.
c) periférica do cérebro, é formada de tecido conjuntivo vascularizado e é responsável pela transmissão de impulsos nervosos.
d) mais externa dos ossos, é formada de tecido muscular e é responsável pela formação de células brancas do sangue.
e) entre os ossos, é formada de tecido cartilaginoso e é responsável pelos movimentos voluntários do indivíduo.

8. (UEL – PR) Osteogênese é o termo que define a formação dos ossos. Este processo ocorre devido à transformação do tecido conjuntivo, rico em matriz extracelular orgânica, em um tecido abundante em matriz inorgânica.

Com base nos conhecimentos sobre a formação dos ossos, considere as afirmativas a seguir:

I – A matriz extracelular glicoproteica é a responsável pela retenção de sais de cálcio trazidos pelos capilares sanguíneos durante o processo de formação dos ossos.
II – Os ossos longos e curtos são formados a partir do processo de ossificação intramembranosa, enquanto os ossos chatos são resultantes da ossificação endocondral.
III – Osteoblastos são células do tecido ósseo reconhecidas por terem livre movimentação e metabolismo ativo, ao contrário dos osteócitos, que permanecem presos ao tecido calcificado.
IV – Na organogênese, os ossos funcionam como um molde para a produção dos tecidos cartilaginosos e conjuntivos relacionados, como os discos invertebrais e tendões.

Assinale a alternativa correta.

a) Somente as afirmativas I e II são corretas.
b) Somente as afirmativas I e III são corretas.
c) Somente as afirmativas III e IV são corretas.
d) Somente as afirmativas I, II e IV são corretas.
e) Somente as afirmativas II, III e IV são corretas.

9. (PUC – RJ) Em agosto de 2010, foi publicada a notícia de que o governador do Estado do Rio de Janeiro teria sofrido uma ruptura do menisco do joelho direito. A figura a seguir mostra a localização da estrutura do menisco, que é constituída por um tecido elástico e flexível, composto por células, fibras proteicas, substância intercelular e sem vascularização.

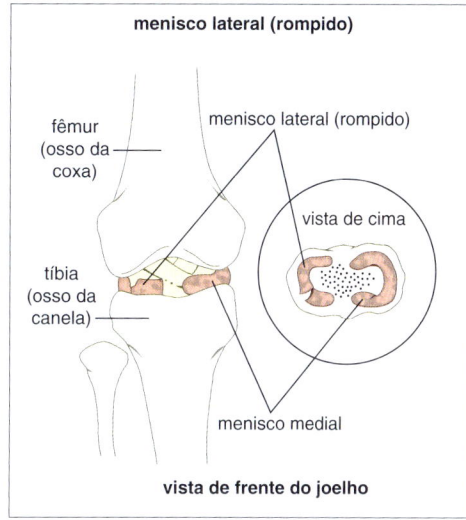

Disponível em: <http://www.clinicadeckers.com.br/ /imagens/orientacoes/66_ruptura_menisco.jpg>.

Considerando as informações acima, indique o tipo de tecido que forma o menisco.

a) cartilaginoso
b) sanguíneo
c) muscular
d) adiposo
e) ósseo

10. (UFPE) Com relação a diferentes tecidos observados no corpo humano, é correto afirmar que:

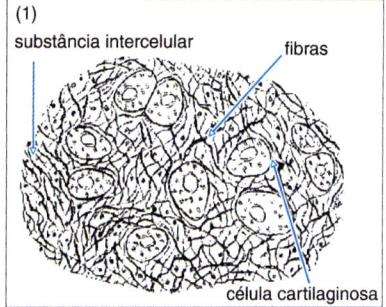

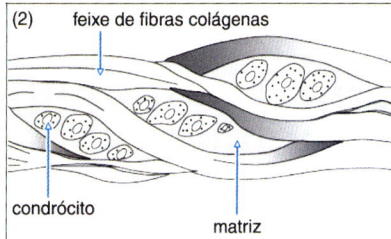

(0) Um tipo especial de tecido epitelial cúbico simples, o endotélio, reveste a camada fibrosa conjuntiva dos capilares sanguíneos, garantindo maior proteção e flexibilidade aos vasos de calibre inferior.
(1) Enquanto na epiderme, que se origina da ectoderme, há epitélio estratificado pavimentoso, queratinizado; na derme, que tem origem mesodermal, há tecido conjuntivo com grande quantidade de fibras.

(2) O tecido muscular, de origem mesodermal, é composto por células alongadas, as fibras musculares, que são células semelhantes às fibras conjuntivas.

(3) No tecido nervoso, além dos neurônios, há as células da **glia**; as quais ocorrem tanto na substância branca quanto na cinzenta. Dentre suas funções, está o isolamento dos neurônios, uns dos outros e desses com outros tecidos.

(4) A cartilagem elástica (1), que forma os discos intervertebrais, é mais resistente que a cartilagem fibrosa (2), que ocorre, por exemplo, na orelha.

11. (UFSCar – SP) No corpo humano,

a) actina e miosina são duas proteínas existentes no citoplasma das células musculares, que participam do mecanismo de contração muscular.
b) os neurônios são células constituintes da bainha que envolve e protege as células nervosas.
c) a tireoide é uma glândula exócrina, que produz e secreta a tiroxina no sangue.
d) as plaquetas dificultam a formação de coágulos, propiciando a defesa do organismo.
e) o tecido ósseo se diferencia do cartilaginoso, por apresentar mais colágeno, que lhe confere maior resistência.

12. (UFOP – MG) Sobre as células do tecido muscular esquelético, indique a alternativa **incorreta**.

a) Possuem filamentos finos de actina ancorados à linha Z.
b) Regulam a contração por meio do controle da liberação de cálcio do retículo sarcoplasmático.
c) São cilíndricas e bem alongadas.
d) Contêm um único núcleo central.

13. (UFSC)

> **Para o alto e avante!**
> **Mecanismo único permite que um inseto salte mais de cem vezes sua própria altura.**
>
> Um inseto de apenas seis milímetros de comprimento é capaz de pular proporcionalmente mais alto do que qualquer outro animal na natureza. O salto da cigarra da espuma (*Philaenus spumarius*) pode chegar a 70 centímetros – mais de 100 vezes sua própria altura. Isso seria o equivalente a um homem que saltasse uma altura de 200 metros, ou um prédio de cerca de 70 andares. A execução dos enormes saltos da cigarra da espuma requer uma grande quantidade de energia, que não pode ser obtida pela contração direta dos músculos em um curto espaço de tempo. A força muscular do inseto é gerada lentamente antes do pulo e é estocada. Assim que os músculos da cigarra geram força suficiente para o salto, ela "solta" suas pernas, que disparam como um gatilho e a projetam no ar.
>
> Disponível em: <http://www.cienciahoje.uol.com.br/3819>. Acesso em: 15 set. 2009.

Sobre o assunto do texto, indique a(s) proposição(ões) **CORRETA(S)** e dê sua soma ao final.

(01) A energia necessária para o movimento descrito é gerada pela musculatura do tipo lisa, já que o movimento é lento e contínuo.
(02) A fonte primária de energia dos músculos provém da molécula de adenosina trifosfato (ATP), presente nas células.
(04) A cigarra mencionada no texto (*Philaenus spumarius*) é um artrópode, pertencente ao grupo dos aracnídeos.
(08) Os mecanismos de produção de energia na célula envolvem a participação direta de organelas celulares, como os lisossomos.
(16) O exemplo de movimento citado no texto (salto) é incomum e pode parecer desnecessário entre os insetos, já que todos possuem asas e podem voar.
(32) Em geral uma contração muscular é resultado da interação entre filamentos contráteis que deslizam em direções contrárias.

14. (UFPE – adaptada) Considere as seguintes representações de um músculo esquelético e as faixas indicadas pelas letras.

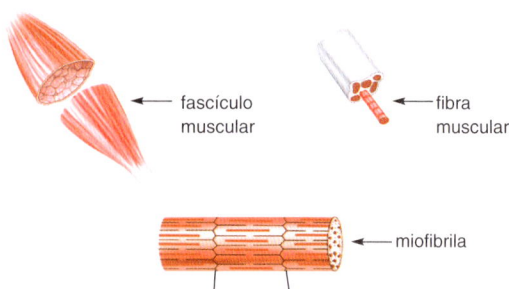
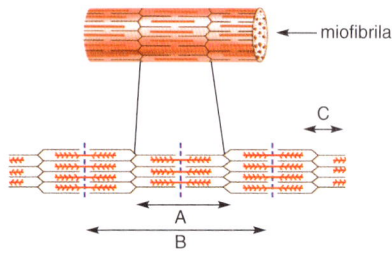

0-0) A faixa A, denominada banda A, corresponde à justaposição de moléculas de actina e miosina.
1-1) A faixa B corresponde ao sarcômero, que vai de uma linha Z a outra.
2-2) A faixa C, denominada banda I, corresponde a uma região onde são encontradas apenas moléculas de miosina.
3-3) A faixa C (banda I) reduz de tamanho na contração muscular.
4-4) A zona H situa-se no centro da banda A (faixa A) e se reduz na contração muscular.

15. (FMC – SP) A teoria mais aceita para explicar o mecanismo da contração muscular afirma que os filamentos

a) de actina e miosina contraem-se estimulados por estímulos nervosos.
b) de actina estão fixos e os de miosina deslizam sobre eles.
c) fixos de actina emitem projeções que se fixam aos filamentos de miosina, encurtando-os.
d) de actina deslizam ao longo da miosina puxados por esta, sucessivamente.
e) de actina e miosina dobram-se, reduzindo o seu comprimento.

16. (UNIDERP – MS) A contração muscular é o mais importante mecanismo de ação que os animais têm como resposta a seu ambiente. Todas as respostas comportamentais e a maior parte das respostas fisiológicas dependem das células musculares. Mas, como um músculo realmente se contrai? Uma fibra muscular relaxada possui íons cálcio (Ca^{2+}) em uma concentração 50.000 vezes maior do que a do meio que a rodeia. Os íons cálcio ficam concentrados em regiões do retículo endoplasmático, deixando o citossol com baixa concentração desse íon. Quando a fibra é estimulada, os íons cálcio retornam ao citoplasma, iniciando, assim, o processo de concentração.

PURVES *et al.*, p. 977.

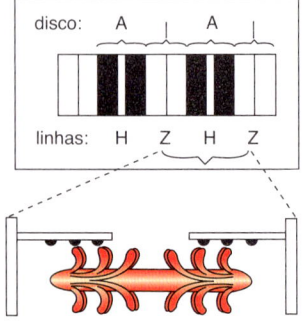

A partir da análise da figura, que esquematiza o sarcômero, e de aspectos morfofisiológicos de uma fibra estriada, pode-se afirmar:

a) os miofilamentos de actina constituem a unidade estrutural da contração muscular.
b) as linhas Z são pontos de inserção entre miofilamentos de actina, em um sarcômero.
c) as linhas H tendem a desaparecer em fibras musculares distendidas.
d) os discos A correspondem às regiões em que há coincidência dos miofilamentos de actina e de miosina.
e) a disposição dos miofilamentos de actina e de miosina está associada à contração involuntária.

17. (UFU – MG) Para que um velocista (atleta corredor de 100 metros) e um maratonista (atleta que chega a correr 10 km) tenham um bom desempenho em suas competições, é necessário que a fonte de energia para atividade muscular seja adequada. As células musculares esqueléticas do velocista e do maratonista utilizam como fonte de energia, respectivamente:

a) reserva de ATP e fosfocretinina.
b) reserva de ATP e sistema aeróbio.
c) sistema aeróbio e fosfocreatinina.
d) sistema aeróbio e reserva de ATP.

18. (UERJ) O *aldicarb*, conhecido popularmente como chumbinho, é uma substância de alta toxicidade, derivada do ácido carbâmico. Ele age inibindo a acetilcolinesterase, enzima que, hidrolisando o mediador químico acetilcolina, desempenha um papel importante no processo de transmissão do impulso nervoso em sinapses como as encontradas nas junções neuromusculares.

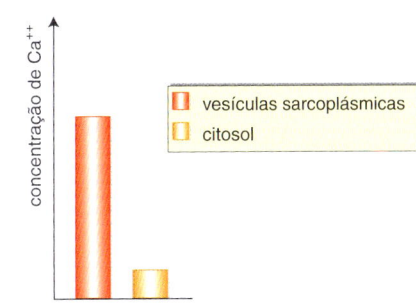

Observe ao lado a concentração de Ca^{++} medida em dois compartimentos de células musculares, em repouso, na ausência de *aldicarb*.

Nos gráficos a seguir, representados na mesma escala do anterior, observe algumas alterações na concentração de Ca^{++} nesses compartimentos:

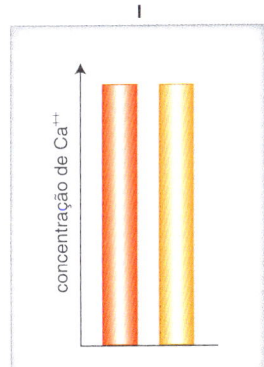
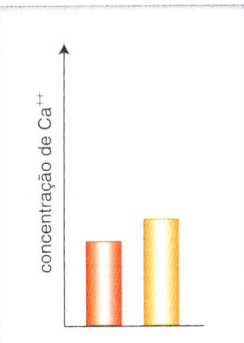
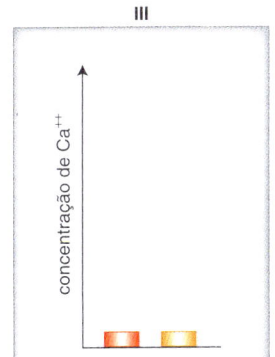
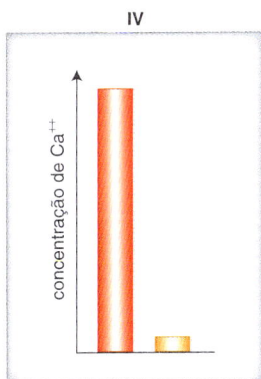

I II III IV

O gráfico que mostra a ação do *aldicarb*, logo após sua penetração na junção neuromuscular, é o de número:

a) I   b) II   c) III   d) IV

19. (PUC – MG) Nos últimos anos, a creatina tem sido livremente comercializada, principalmente nas academias de ginástica, e usada na dieta para melhorar a performance muscular. Sua ingestão, sem a conclusão de estudos que comprovem os benefícios reais ou a ausência de riscos à saúde, é no mínimo temerária.

A creatina é um composto orgânico derivado de aminoácidos. É convertida pela enzima creatina cinase em fosfocreatina, utilizada como reserva de energia, principalmente nas células do músculo esquelético.

O esquema ao lado resume o metabolismo da creatina em relação às reservas energéticas musculares, em que **I** e **II** representam processos metabólicos relacionados. No esquema as diferenças no tamanho das letras representam diferenças nas concentrações relativas de ATP e de ADP.

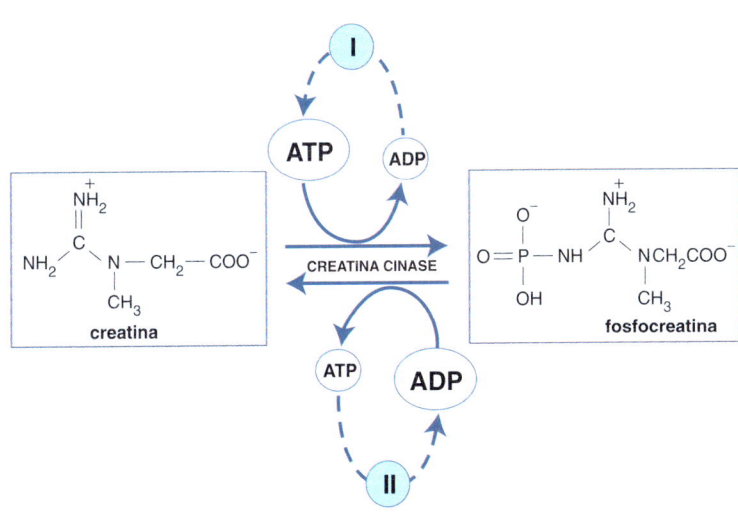

Com base nas informações acima e em seus conhecimentos sobre o assunto, é **INCORRETO** afirmar:

a) A ocorrência do processo I normalmente depende de um investimento inicial de ATP para gerar mais moléculas de ATP.

b) O processo II poderia ser a contração muscular, que pode utilizar o ATP produzido a partir da fossocreatina.
c) A produção de ATP no processo I pode depender em grande parte da oxidação de compostos orgânicos como a glicose e os ácidos graxos.
d) Em condições de anaerobiose, o processo I não poderia ocorrer nos músculos que ficam restritos à utilização da fosfocreatina como fonte energética.

20. (UFMS) O peristaltismo proporciona a condução dos alimentos pelo tubo digestório. Assinale a alternativa que indica o tipo muscular e o controle do músculo (voluntário ou involuntário) que ocorre durante o peristaltismo, respectivamente:

a) estriado e voluntário.
b) liso e voluntário.
c) liso e involuntário.
d) cardíaco e involuntário.
e) estriado e involuntário.

21. (FUVEST – SP) A arte de Leonardo da Vinci se beneficiou de seus estudos pioneiros de anatomia, que revelam como músculos, tendões e ossos constituem sistemas mecânicos de trações, alavancas e torques, como é possível ver em alguns dos seus desenhos.

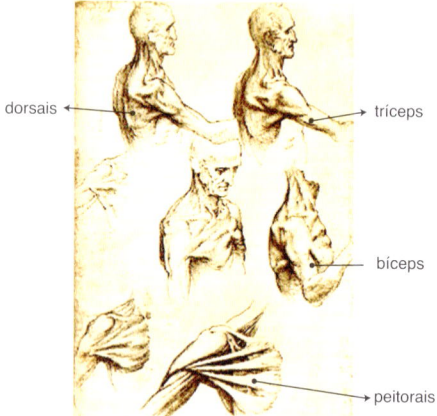

Para que Leonardo da Vinci pudesse representar ações de abraçar-se ou abrirem os braços, foi importante saber que entre os principais músculos contraídos em cada situação estão, respectivamente,

	Músculos contraídos Abraçar-se	Músculos contraídos Abrirem-se os braços
a)	os peitorais e os tríceps	os dorsais e os bíceps
b)	os peitorais e os bíceps	os dorsais e os tríceps
c)	os dorsais e os tríceps	os peitorais e os bíceps
d)	os dorsais e os bíceps	os peitorais e os tríceps
e)	os peitorais e os dorsais	os bíceps e os tríceps

Questões dissertativas

1. (UNICAMP – SP) Todos os anos, cerca de 1.500 novos casos de câncer de pele surgem no Brasil. A grande maioria da população brasileira se expõe ao Sol sem qualquer proteção. Dessa forma, os dermatologistas recomendam o uso de filtros solares e pouca exposição ao Sol entre 10 e 16 horas, período de maior incidência dos raios ultravioletas A e B (UVA e UVB). Os raios UVB estimulam a produção de vitamina D, entre outros benefícios, mas em doses excessivas causam vermelhidão, queimaduras e o câncer de pele.

a) Pessoas com pele clara são mais sujeitas a queimaduras pelo Sol e ao câncer de pele que pessoas com pele mais escura. Explique por quê.
b) Raios UVA, ao penetrarem na derme, podem danificar as fibras e dessa forma causar o envelhecimento precoce. Indique que fibras podem ser encontradas na derme e por que o seu dano causa envelhecimento precoce.
c) A deficiência da vitamina D pode provocar problemas de desenvolvimento em crianças. Explique por quê.

2. (UFU – MG) Durante uma partida de futebol, após uma violenta disputa de bola, um jogador sofre fratura da fíbula. O tecido ósseo, apesar de ser duro, repara-se sem a formação de cicatriz.

Com relação ao tecido ósseo, responda:

a) Para que ocorra o processo de reparo de fraturas, é necessária a participação de todas as células do tecido ósseo. Quais são as células do tecido ósseo? Dê a função de cada uma delas.
b) Quais são os tipos de ossificação que ocorrem no tecido ósseo? Explique a diferença entre esses processos.
c) Durante o reparo da fratura, o atleta é submetido a exercícios de fisioterapia para que o osso passe por um processo de remodelação. Defina este processo.

3. (UNICAMP – SP) Com a manchete "O Voo de Maurren", *O Estado de S. Paulo* noticiou, no dia 23 de agosto de 2008, que a saltadora Maurren Maggi ganhou a segunda medalha de ouro para o Brasil nos últimos Jogos Olímpicos. No salto de 7,04 m de distância, Maurren utilizou a força originada da contração do tecido muscular estriado esquelético. Para que pudesse chegar a essa marca, foi preciso contração muscular e coordenação dos movimentos por meio de impulsos nervosos.

a) Explique como o neurônio transmite o impulso nervoso ao músculo.
b) Para saltar, é necessária a integração das estruturas ósseas (esqueleto) com os tendões e os músculos. Explique como ocorre a integração dessas três estruturas para propiciar à atleta a execução do salto.

4. (UFOP – MG) O corpo humano é constituído por aproximadamente 240 diferentes tipos de células, organizadas em quatro principais tecidos: epitelial, conjuntivo, muscular e nervoso.

Sobre esses tecidos, assinale a alternativa **errada**:

a) O tecido epitelial tem origem ectodérmica e é formado por células fortemente aderidas umas às outras, o que lhes permite conferir proteção contra o atrito e contra a entrada de microrganismos no corpo.
b) O tecido conjuntivo tem origem ectodérmica e mesodérmica e compreende uma grande variedade de tipos celulares, como os fibroblastos, osteoclastos e plaquetas, envolvidos por uma matriz extracelular abundante e diversificada.
c) O tecido muscular tem origem mesodérmica e é formado por três tipos diferentes de fibras musculares, que em comum têm o fato de conterem grande quantidade de proteínas do tipo actina e miosina em seus citoplasmas.
d) O tecido nervoso tem origem ectodérmica e sua principal célula é o neurônio. Estes neurônios frequentemente apresentam bainha de mielina produzida por dois outros tipos celulares, os oligodendrócitos e as células de Schwann.

5. (UFG – GO)

BRASIL NA COPA DA ÁFRICA

A seleção brasileira de futebol é a única a participar de todas as copas mundiais. Sua estreia na copa da África do Sul foi no dia 15 de junho de 2010 contra a Coreia do Sul. Como um dos esportes símbolos nacionais, o futebol promove um elevado desgaste físico aos seus atletas, pois é uma modalidade esportiva intermitente e de longa duração, exigindo movimentos com elevadas ações de contração muscular durante a partida, como esquematizado na figura.

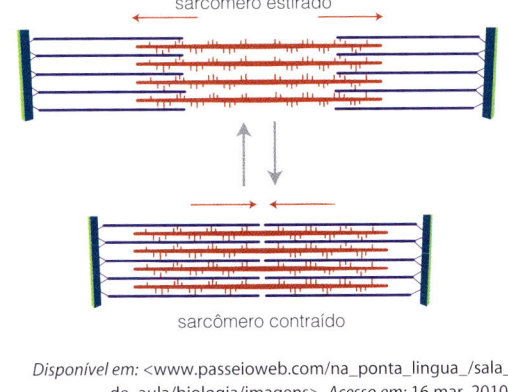

Disponível em: <www.passeioweb.com/na_ponta_lingua_/sala_de_aula/biologia/imagens>. *Acesso em:* 16 mar. 2010.

Considerando o exposto, explique como ocorre, no atleta, o movimento de contração da unidade representada na figura durante uma partida de futebol.

6. (UNICAMP – SP) As pessoas são incentivadas a praticar atividades físicas visando a uma vida saudável. Especialistas em fisiologia do exercício determinaram a porcentagem de fibras do tipo I e do tipo II encontradas em músculos estriados esqueléticos de quatro grupos de pessoas: atletas maratonistas(*), atletas velocistas(**), pessoas sedentárias, e pessoas com atividade física moderada. Os resultados desse estudo são mostrados na figura abaixo. As características funcionais de cada uma das fibras estão listadas na tabela.

(*) corredores de longas distâncias; (**) corredores de curtas distâncias (exemplo: 100 m rasos)

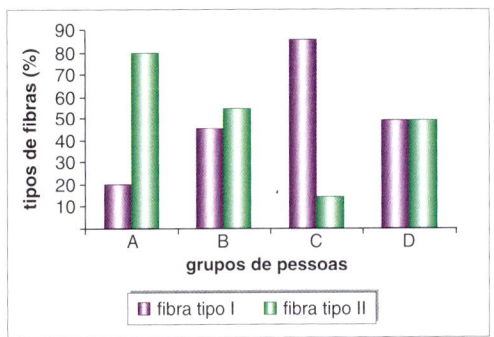

Tabela

Fibra muscular tipo I	Fibra muscular tipo II
Contração lenta	Contração rápida
Metabolismo aeróbico	Metabolismo anaeróbico
Alta densidade de mitocôndrias	Baixa densidade de mitocôndrias

Figura e tabela adaptadas de FOX, E. L; MATHEWS, D. K. *Bases Fisiológicas da Educação Física e dos Desportos.* Rio de Janeiro: Guanabara-Koogan, 1986, p. 72-74.

a) Analise as informações da Tabela e indique, entre os quatro grupos de pessoas (A, B, C ou D) mostrados na Figura, qual grupo corresponde aos maratonistas e qual grupo corresponde aos velocistas. Justifique.
b) Se os dois grupos de atletas não fizerem um treinamento adequado, pode ocorrer nesses atletas dor muscular intensa durante ou após uma competição. A que se deve essa dor muscular? Explique.

7. (UNIRIO – RJ) **Ginástica rítmica na infância e adolescência: características e necessidades nutricionais**

Recomenda-se que a dieta para atletas jovens forneça de 55 a 60% da energia total na forma de carboidratos, 12 a 15% de proteínas e 25 a 30% de lipídeos. Os carboidratos devem ser preferencialmente complexos. A ingestão inadequada de carboidratos pode resultar em estoques insuficientes de glicogênio muscular e fadiga precoce, além do uso de estoques proteicos para fins de produção de energia.

Fonte: www.efdeportes.com

a) Onde estão localizados os estoques proteicos disponíveis para a produção de energia, mencionados no texto?
b) Qual seria uma da consequências do uso continuado deste recurso?

8. (UNESP) A realização dos jogos pan-americanos no Brasil, em julho de 2007, estimulou muitos jovens e adultos à prática de atividades físicas. Contudo, o exercício físico não orientado pode trazer prejuízos e desconforto ao organismo, tais como as dores musculares que aparecem quando de exercícios intensos. Uma das possíveis causas dessa dor muscular é a produção e o acúmulo de ácido láctico nos tecidos musculares do atleta.

Por que se forma ácido láctico durante os exercícios e que cuidados um atleta amador poderia tomar para evitar a produção excessiva e o acúmulo desse ácido em seu tecido muscular?

Programas de avaliação seriada

1. (PISM – UFJF – MG) Os tecidos de revestimento nos animais são especializados na proteção do organismo, embora sejam capazes de exercerem outras funções importantes para a manutenção da vida celular.

a) Analise as figuras abaixo que ilustram um epitélio cilíndrico simples e um epitélio estratificado pavimentoso queratinizado e responda:

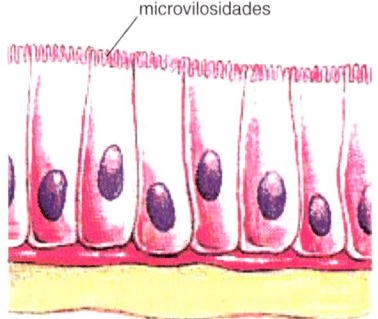
epitélio simples do intestino delgado

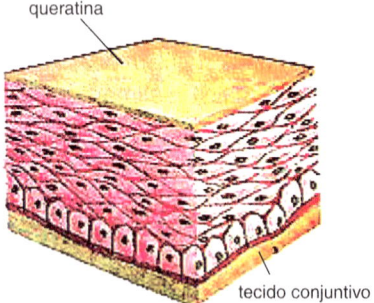
epitélio estratificado pavimentoso (epiderme)

Qual a importância das microvilosidades no epitélio intestinal humano?

Apresente **duas** funções da camada de queratina para a proteção do organismo.

Por que o tecido conjuntivo é importante para a sobrevivência do tecido epitelial?

b) A pele, o maior órgão do corpo humano, é constituída pela epiderme e pela derme. Nas camadas mais profundas da epiderme é produzida a melanina, pigmento responsável pela cor da pele no homem.
Por que pessoas de pele escura, que ficam expostas muito tempo ao sol, têm menor propensão a desenvolver o câncer de pele do que as pessoas de pele clara?

2. (PSS – UEPG – PR) Assinale a alternativa que identifica, respectivamente, as alterações de curvatura da coluna vertebral mostradas nas figuras A, B e C, abaixo.

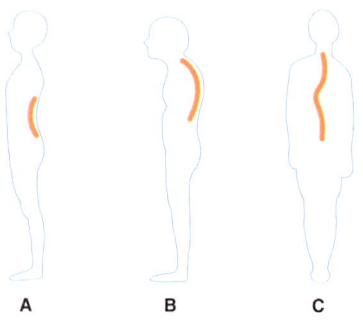

a) lordose – escoliose – cifose
b) cifose – escoliose – lordose
c) escoliose – lordose – hipercifose
d) lordose – cifose – escoliose
e) cifose – hipercifose – hiperlordose

3. (PAS – UFLA – MG)

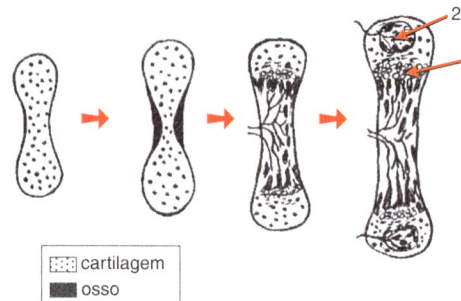

A ilustração acima mostra o processo de ossificação de um osso longo a partir de uma matriz cartilaginosa. A respeito desse processo, afirma-se:

I – O processo de ossificação ilustrado é denominado endocondral.
II – A região 1 é a cartilagem de conjugação responsável pelo crescimento em comprimento do osso.
III – Os osteoblastos no interior da matriz originam-se da modificação dos condrócitos pré-existentes.
IV – Na região 2 ocorre a ossificação das epífises.

Pode-se afirmar que

a) somente as proposições II, III e IV estão corretas.
b) somente as proposições I, III e IV estão corretas.
c) somente as proposições I, II e III estão corretas.
d) somente as proposições I, II e IV estão corretas.

4. (PAS – UFLA – MG) Quanto à morfofuncionalidade do sistema muscular, afirma-se:

I – A câimbra se deve à presença de lactato resultante da respiração anaeróbica da fibra muscular.
II – O processo de contração se dá pelo encurtamento do miofilamento actina sobre a miosina.
III – Na contração muscular, há gasto de ATP e a participação do íon cálcio.
IV – As fibras vermelhas recebem esse nome pois apresentam quantidade elevada de mioglobinas.

Pode-se afirmar que

a) somente as proposições II, III e IV estão corretas.
b) somente as proposições I, II e IV estão corretas.
c) somente as proposições I e III estão corretas.
d) somente as proposições I, III e IV estão corretas.
e) somente as proposições II e IV estão corretas.

5. (PISM – UFJF – MG) A actina e a miosina são proteínas citoplasmáticas que integram o citoesqueleto de células animais. O deslizamento dos filamentos de miosina sobre os filamentos de actina é responsável por grande parte dos movimentos celulares. A deficiência dessas proteínas pode interferir em todos os processos abaixo, **EXCETO**:

a) formação de microtúbulos.
b) formação de pseudópodes.
c) deslocamento de organelas no citoplasma.
d) divisão do citoplasma.
e) contração e distensão da célula.

6. (PSS – UFAL) No quadro a seguir, faz-se uma sumária descrição de características observadas em quatro preparações microscópicas, mostradas em uma aula de histologia animal. As lâminas 1, 2, 3 e 4 correspondem a quatro diferentes tecidos.

Lâmina 1	Células justapostas, com pouca substância intercelular, observando-se projeções da membrana plasmática, em forma de dedos de luva.
Lâmina 2	Células com diferentes formas, imersas em grande quantidade de substância intercelular, destacando-se células alongadas, com núcleo oval e grande, e células grandes e de contornos irregulares.
Lâmina 3	Células fusiformes, onde são observados vários núcleos dispostos na periferia, observando-se estrias longitudinais e transversais.
Lâmina 4	Células grandes que apresentam um corpo celular de onde partem prolongamentos; substância intercelular praticamente inexistente.

Esses tecidos são, respectivamente:

a) muscular cardíaco, cartilaginoso, nervoso e muscular.
b) nervoso, muscular, conjuntivo e epitelial.
c) epitelial, conjuntivo, muscular e nervoso.
d) conjuntivo reticular, cartilaginoso, nervoso e muscular.
e) epitelial, cartilaginoso, nervoso e muscular cardíaco.

7. (PAS – UFLA – MG)

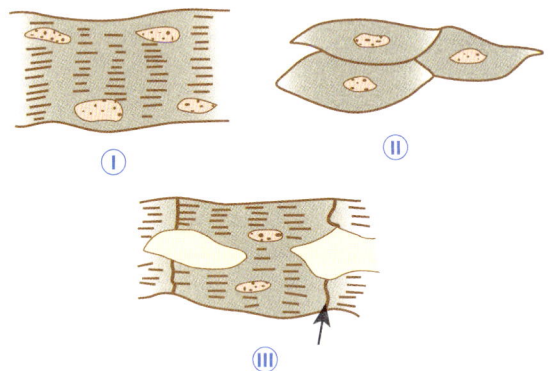

A figura mostra os três tipos de tecido muscular de um mamífero. É correto afirmar que

a) o tecido muscular em **I** é do tipo estriado esquelético, cuja contração é involuntária e rápida.
b) o tecido muscular em **II** é do tipo liso, cuja principal característica é ter núcleo central e contração voluntária e principalmente neurogênica.
c) o tecido muscular em **I** é do tipo estriado cardíaco e tem como características a contração miogênica e muitos núcleos periféricos.
d) o tecido muscular em **III** é do tipo estriado cardíaco e a seta indica o disco intercalar.

8. (PSS – UFPA) Sobre a estrutura e a fisiologia dos tecidos musculares, é correto afirmar que

a) a musculatura esquelética estriada se ancora aos ossos por meio de tendões e desenvolve movimentos voluntários, controlados apenas pelo sistema nervoso periférico.
b) todo o tubo digestivo é revestido por camadas de fibras musculares lisas, que possuem movimentação voluntária, à exceção da atividade de deglutição e defecação.
c) a musculatura estriada cardíaca e a musculatura lisa possuem, em comum, movimentos involuntários controlados pelo sistema nervoso autônomo.
d) os três tipos de tecidos musculares possuem citoesqueleto altamente organizado e rico em actina, microtúbulos e miosina, importantes para a condução de sinais reguladores da contração.
e) os três tecidos musculares possuem a mesma origem ectodérmica.

9. (PSS – UFS – SE) Nos organismos multicelulares os tecidos são formados por um conjunto organizado de células especializadas.

(0) O tecido conjuntivo é caracterizado por uma matriz extracelular, que não ocorre nos tecidos muscular, epitelial e nervoso.
(1) O tecido epitelial dos animas e a epiderme dos vegetais têm em comum a função de absorção e secreção de substâncias e a proteção do organismo.
(2) As plantas adultas apresentam tecidos de crescimento apenas nas extremidades dos ramos e das raízes.
(3) As células da Glia são células do tecido conjuntivo associadas aos neurônios.
(4) Na contração muscular os sarcômeros encurtam por deslizamento das fibras de actina sobre as de miosina.

10. (SSA – UPE) Há algum motivo para o tenista Gustavo Kuerten, o Guga, comer bananas durante intervalos de partidas de tênis. Leia o seguinte texto:

> (...) câimbras são contrações dos músculos do nosso corpo que acontecem de forma involuntária, intensa e contínua, causando dor no músculo afetado, geralmente nos músculos inferiores. As causas das câimbras são muitas, dentre elas, podemos citar a falta de alongamento antes dos exercícios, interrupção de fluxo sanguíneo, falta de potássio, sódio, cálcio, água (...) A banana é uma fruta rica em potássio e fonte de carboidratos, principais fornecedores de energia para o corpo (...).
>
> Fonte: A Ciência por trás dos fatos. In: UZUNIAN, A.; BIRNER, E. Biologia – volume único. 3. ed. São Paulo: HARBRA, 2008, p. 797.

Assinale, na coluna I, as afirmativas verdadeiras e, na coluna II, as falsas.

I	II	
0	0	Exercícios físicos extenuantes esgotam a fonte de oxigênio para atividade aeróbica do músculo; assim, a célula passa a realizar fermentação láctica, gerando dores e fadiga muscular.
1	1	Potássio é um importante micronutriente encontrado nas verduras, frutos do mar e leguminosas. Participa do mecanismo da contração muscular, da regulação do equilíbrio hídrico e da manutenção do esmalte dos dentes.
2	2	Nos músculos esqueléticos, as reservas de ATP e de fosfocreatina constituem um suprimento imediato de energia para a contração muscular, ou seja, a sua utilização não depende da respiração, é anaeróbica.
3	3	Os íons cálcio são essenciais à contração muscular, pois promovem a ligação dos miofilamentos de actina com os de miosina. Na fibra muscular lisa e na muscular estriada esquelética, ficam armazenados em cisternas do retículo sarcoplasmático granular.
4	4	Carboidratos são moléculas orgânicas constituídas de carbono, oxigênio e hidrogênio. Constituem a principal fonte de energia para os seres vivos, estão presentes no mel como glicose, na cana-de-açúcar como sacarose e em frutos adocicados, como a banana na forma de frutose.

11. (PAS – UFLA – MG) A figura mostra um sarcômero, unidade funcional da musculatura estriada esquelética.

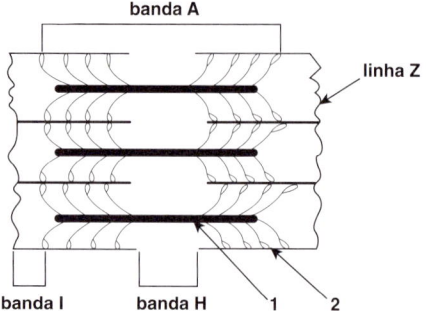

Analise as proposições e marque a alternativa **CORRETA**.

I – Durante a contração muscular, as Bandas **I** e **H** reduzem de tamanho e a Banda **A** não se altera.

II – Durante a contração muscular, o miofilamento de miosina (indicado em **2**) desliza sobre a actina (indicado por **1**).

III – O acoplamento da cabeça da miosina na actina ocorre na presença de cálcio e ATP.

a) Somente as proposições II e III estão corretas.
b) Somente as proposições I e III estão corretas.
c) Somente as proposições I e II estão corretas.
d) Somente a proposição III está correta.

12. (PISM – UFJF – MG) Os músculos correspondem a, aproximadamente, 40% da massa corporal em humanos. Alguns remédios utilizados para tratar arritmias cardíacas agem bloqueando canais de cálcio e, consequentemente, inibindo o aumento da concentração desse íon no citoplasma da célula muscular.

a) Como essa ação afeta o processo de contração do músculo cardíaco?
b) E se for utilizada uma droga que bloqueia canais de sódio, o que acontecerá?
c) O músculo cardíaco é do tipo estriado, enquanto que a musculatura das vísceras é do tipo lisa. Apresente uma diferença funcional entre esses dois tipos de tecido muscular.

UNIDADE 9

REINO *PLANTAE*

Capítulo 32
Briófitas e pteridófitas

As briófitas servem para quê?

Com certeza, você já viu as pequenas plantas que crescem como tufos, almofadas ou extensos tapetes, em diferentes tonalidades de verde, amarelo, branco, vermelho e marrom. São as briófitas, plantas que formam dois grandes grupos, musgos e hepáticas, e um grupo menor, antóceros, com características comuns.

As briófitas ocorrem no mundo todo, inclusive no Brasil, nos mais diversos *habitats* e sobre os mais diferentes substratos, como troncos e galhos de árvores, madeira podre, solo, muros, pedras e areias. Outras são aquáticas ou vivem nas tundras árticas, no pico de montanhas nevadas, nos desertos etc.

Agora que você já conseguiu identificar as briófitas, deve estar se perguntando: mas por que estudar essas pequenas plantas que, muitas vezes, nos passam despercebidas? Porque se descobriu que as briófitas produzem várias substâncias biologicamente ativas como fontes de antibióticos e, mais recentemente, úteis no combate ao câncer. Auxiliam no controle da erosão do solo e podem indicar a presença de poluentes, de depósitos minerais e da qualidade do solo em florestas. Isso tudo sem falar que elas podem ser usadas em decorações, como aditivo do solo e meio de cultura para orquídeas, como embalagem e como combustíveis (turfeiras).

Adaptado de: <http://www.radiobras.gov.br>. *Acesso em:* 25 jul. 2007.

O reino *Plantae* engloba **briófitas, pteridófitas, gimnospermas** e **angiospermas** (antófitas). As plantas desse reino surgiram no meio aquático e evidências permitem supor que elas foram originadas a partir das algas verdes, as clorofíceas (veja a Figura 32-1).

Figura 32-1. Provável evolução das plantas rumo ao meio terrestre. Cianobactérias primitivas foram prováveis ancestrais de todos os grupos constantes do esquema. As clorofíceas foram prováveis ancestrais dos componentes do reino *Plantae*. A semelhança bioquímica entre as clorofilas *a* e *b* neles existentes dá suporte a essa hipótese.

No meio aquático, as algas são constantemente banhadas pela água e dela retiram *gases* e *materiais* necessários à sobrevivência. Ao mesmo tempo, a água é um eficiente *meio de sustentação* do corpo, graças ao empuxo por ela exercido. A *reprodução* é facilitada pela confecção de gametas móveis que têm na água um eficiente meio de *locomoção*.

A conquista do meio terrestre pelos vegetais dependeu de algumas adaptações morfológicas e fisiológicas que possibilitaram:

- absorção da água do solo;
- condução de água e materiais até as células mais distantes dos centros de absorção;
- impermeabilização das superfícies expostas, o que evita a perda excessiva de água;
- trocas gasosas que permitam o ingresso de gás carbônico, facilitando, assim, a ocorrência de fotossíntese;
- sustentação do corpo por meio de tecidos rígidos, já que o ar, pouco denso, é incapaz de exercer essa tarefa;
- reprodução, mesmo na ausência de água. As primeiras plantas com vasos condutores ainda dependem da água para o deslocamento dos gametas. Por isso vivem em meios razoavelmente úmidos. Já plantas vasculares mais "modernas" dispensam a água do ambiente para o transporte e o encontro de gametas;
- adaptação dos embriões ao meio terrestre, mediante a produção de sementes em alguns grupos vegetais. Não adianta apenas o vegetal adulto estar adaptado ao meio terrestre – é preciso que o jovem também esteja, o que garantirá a continuidade da espécie. Os embriões são vulneráveis à falta de água. O surgimento de sementes resolveu esse problema. O embrião fica dentro de um meio desidratado, rico em alimento e envolvido por um revestimento protetor. Nesse meio ele permanece inativo até que as condições do ambiente sejam satisfatórias.

A PRESENÇA OU NÃO DE VASOS CONDUTORES

As briófitas não têm vasos condutores – são consideradas, por isso, avasculares, ao contrário dos demais representantes do reino *Plantae*. Embora as briófitas também existam no meio terrestre, as plantas com vasos condutores foram as que invadiram com maior sucesso esse meio, dispersando-se pelas diferentes áreas geográficas da Terra.

As plantas **vasculares** atuais englobam três grupos:

- **pteridófitas**,
- **gimnospermas** e
- **angiospermas (antófitas)**,

sendo que esses dois últimos grupos são os únicos a formar sementes.

Modernamente, esses três grupos foram reunidos e passaram a ser chamados de **traqueófitas**. No corpo de uma traqueófita há dois tecidos condutores encarregados do transporte de água e materiais, que são:

- **xilema:** cujos vasos transportam água e sais minerais dissolvidos (*seiva bruta*) da raiz às folhas;
- **floema:** cujos vasos transportam água e compostos orgânicos dissolvidos (*seiva elaborada*) das folhas ao caule e às raízes.

A existência de tecidos especializados na condução rápida de água pelo corpo é um dos fatores responsáveis pela grande dispersão das traqueófitas (veja a Tabela 32-1).

> O nome *traqueófitas* é derivado do nome do vaso, traqueia (ou traqueíde). A rigidez dos tecidos esqueléticos de uma traqueófita deve-se à *lignina*, uma substância que reforça as paredes celulares.

Tabela 32-1. Comparação de algumas características das plantas sem e com vasos condutores.

Características	Avascular	Vasculares (traqueófitas)		
	briófita	pteridófita	gimnosperma	angiosperma
Tamanho	Reduzido.	Variável.		
Vasos condutores	Ausentes.	Presentes.		
Transportes de água e materiais	Lento, por difusão de célula a célula.	Rápido, por difusão de célula a célula e por vasos.		
Habitat	Aquático ou meio terrestre úmido.	Variável (aquático e terrestre).		
Reprodução	Dependência de água para o encontro de gametas.	Só as primitivas (pteridófitas e algumas gimnospermas) dependem da água para o encontro de gametas.		

A REPRODUÇÃO VEGETAL

Na reprodução *assexuada*, as chances de ocorrer variabilidade entre os descendentes são muito menores. De modo geral, os descendentes são geneticamente iguais, já que o tipo de divisão celular utilizado é a mitose. A propagação vegetativa (clonagem) permite que pedaços de uma planta adulta, principalmente do caule, originem novas plantas com as mesmas características genéticas da planta original.

Nos processos de reprodução *sexuada* existe grande possibilidade de surgimento de variabilidade genética entre os descendentes. Isso é devido à ocorrência de dois eventos fundamentais: (1) a meiose e (2) a fecundação, na qual há encontro de gametas e mistura de material genético. Nos vegetais, os processos de reprodução sexuada são característicos e diferem acentuadamente do que ocorre nos animais, em muitos aspectos. Uma das diferenças mais importantes é que, na maioria dos vegetais, a reprodução sexuada envolve um ciclo reprodutivo no qual, diferentemente dos animais, há uma *alternância* de dois organismos adultos. Esse ciclo, conhecido como **haplontediplonte**, é a característica marcante dos componentes do reino *Plantae* e de algumas algas.

> A única fonte de variabilidade na reprodução assexuada é a ocorrência casual de *mutações*, que pode levar a diferenças individuais entre os componentes de uma população.

Na mandioca, a reprodução assexuada consiste em se plantar pedaços de caule, que originarão raízes comestíveis. Todos os vegetais assim originados serão geneticamente idênticos.

O Ciclo Haplontediplonte

Muitos grupos de algas e todos os componentes do reino *Plantae* reproduzem-se sexuadamente por meio de um ciclo reprodutivo no qual ocorre uma alternância de dois tipos de organismos adultos diferentes, um *haploide* e outro *diploide*.

O organismo haploide, conhecido como **gametófito**, produz *gametas* por mitose. A fusão dos gametas origina um zigoto diploide. Multiplicando suas células, o zigoto cresce e se transforma em **esporófito**. O esporófito maduro forma esporos por meiose no interior de **esporângios**. Cada esporo, haploide, multiplica-se por mitose e, então, surge novo gametófito (veja a Figura 32-2).

A meiose que serviu para a produção de esporos é chamada *espórica*, por dar origem a esporos, ou *intermediária*, por ocorrer entre a geração esporofítica e a gametofítica. Essa alternância de gerações ou *metagênese* caracteriza o ciclo haplontediplonte. Note o seguinte:

- *um esporo* sozinho é capaz de gerar um organismo adulto;
- *dois gametas* (de modo geral) são necessários para gerar um organismo.

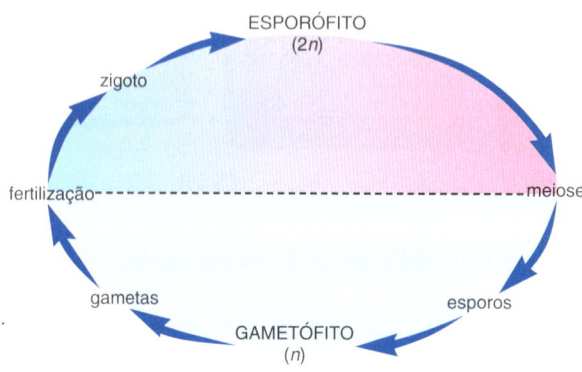

Figura 32-2. Ciclo haplontediplonte.

Saiba mais

A evolução dos grupos vegetais

Evidências permitem supor que as primeiras plantas foram originadas das algas verdes – *clorofíceas*. Entre as evidências, pode-se citar a existência de **clorofilas a e b**, de **carotenoides** (pigmentos acessórios da fotossíntese) e **depósitos de amido no interior de cloroplastos**, tanto nas células de muitas espécies de algas verdes como nas células de todos os vegetais atuais. A partir das briófitas, todos os vegetais possuem tecidos verdadeiramente organizados e embriões nutridos por tecido materno. Os tecidos condutores são constatados a partir de pteridófitas. Sementes surgiram no grupo das gimnospermas, enquanto flor e fruto são característicos de angiospermas.

Os primeiros registros fósseis de plantas – esporófitos das primeiras traqueófitas (plantas dotadas de vasos condutores) – datam do período Siluriano, há cerca de 430 milhões de anos. Gametófitos são conhecidos em fósseis do período Devoniano, alguns com até 400 milhões de anos.

O esquema abaixo resume a provável relação filogenética existente entre as clorofíceas e os diversos grupos vegetais. O grupo ancestral procarionte, dotado apenas de **clorofila a**, foi o provável ancestral de todos os grupos constantes do esquema.

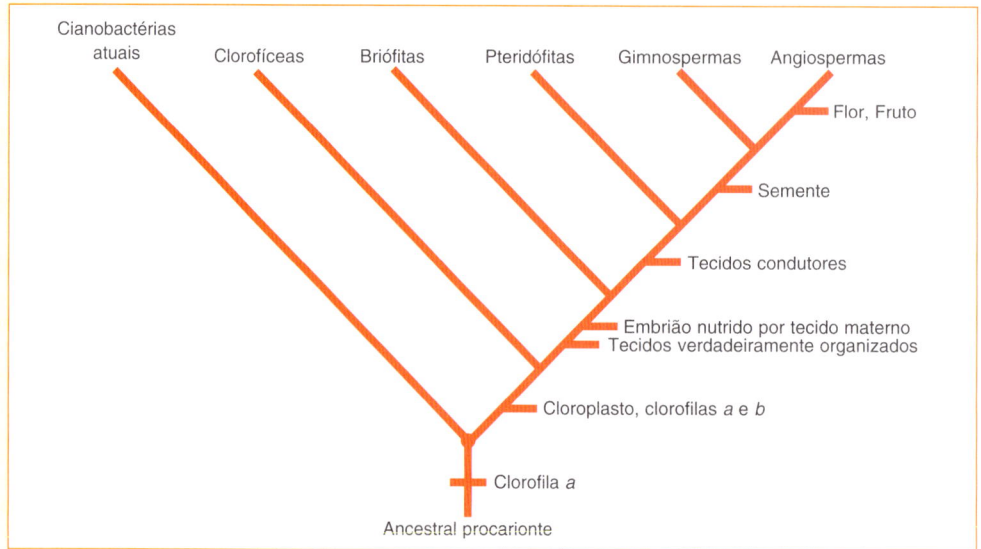

BRIÓFITAS: PLANTAS SEM VASOS CONDUTORES

Briófitas são plantas avasculares de pequeno porte, encontradas em meio aquático doce e terrestre úmido. Assim como as algas, o corpo das briófitas, desprovido de raízes, caule e folhas, é um **talo**, porém com duas diferenças básicas:

- as briófitas possuem alguns tecidos simples, organizados, mas não há o tecido condutor;
- nas células das briófitas há muitos e pequenos cloroplastos, ao contrário das algas onde a regra é haver apenas um cloroplasto grande por célula.

O tamanho das briófitas está relacionado à ausência de vasos condutores, chegando no máximo a 10 cm em ambientes extremamente úmidos. A evaporação remove considerável quantidade de água para o meio aéreo. A reposição – por absorção – é um processo lento. O transporte de água ao longo do corpo desses vegetais ocorre por difusão de célula a célula, já que não há vasos condutores e, portanto, é lento (veja a Figura 32-3).

As briófitas mais conhecidas são as hepáticas e os musgos. As hepáticas são tanto aquáticas como terrestres e seu talo é uma lâmina extremamente delgada. Os musgos são mais comuns. Seu talo lembra muito um vegetal superior: apresenta-se ereto, crescendo a partir do solo. Nos musgos, como, aliás, em todas as briófitas, há duas gerações adultas somáticas com aspectos totalmente diferentes (veja a Figura 32-4) e que se alternam em um ciclo reprodutivo. Uma das gerações (o gametófito) é verde, clorofilada, normalmente mais frequente e haploide. A outra, diploide (o esporófito), cresce apoiada sobre a primeira e, por ser menos duradoura, é menos frequente.

> **Fique por dentro!**
>
> Embora simples, as briófitas possuem importância ecológica e auxiliam na manutenção da integridade de uma encosta, pelo entrelaçamento dos rizoides. As briófitas e pteridófitas também têm uma importância evolutiva: foram os primeiros vegetais complexos a surgirem na Terra.

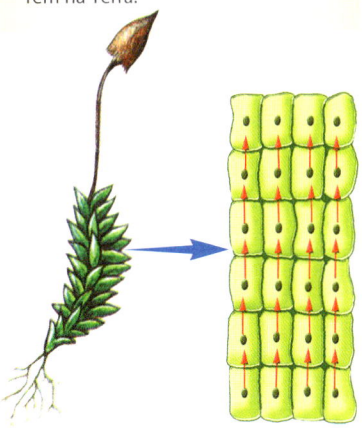

Figura 32-3. Nas briófitas não há tecidos condutores. O transporte de água e materiais se faz de célula a célula, por difusão.

Sphagnum sp. A geração ou fase diploide, com hastes e esporângios, cresce sobre a geração haploide feminina.

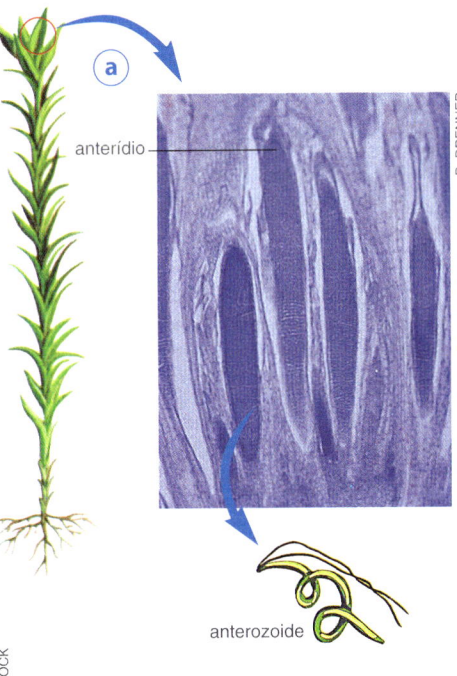

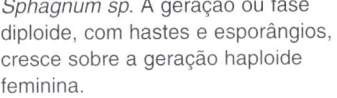

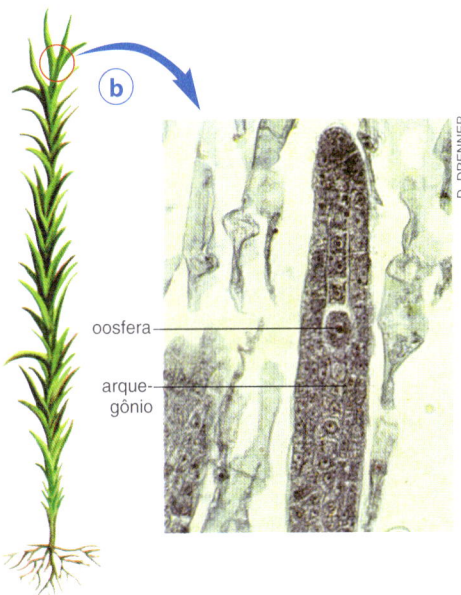

Figura 32-4. Gametófitos (a) masculino e (b) feminino de musgo. À direita, detalhes do ápice, ao microscópio óptico.

Briófitas e Pteridófitas

Marchantia, uma hepática comum em meio terrestre úmido. As estruturas em forma de taça abrigam os *propágulos* – grupos de células responsáveis pela reprodução assexuada.

> **Saiba mais**
>
> Antocerófilas (antóceros) constituem um pequeno grupo (cerca de 100 espécies) de briófitas, sendo as do gênero *Anthoceros* as mais conhecidas. O talo dos gametófitos lembra o das hepáticas, porém não possui a aparência de lâmina bifurcada. Os esporófitos são alongados e emergem dos gametófitos femininos.

O Ciclo Haplontediplonte nos Musgos

Nos musgos e em todas as briófitas, a metagênese envolve a alternância de duas gerações diferentes na forma e no tamanho. Os gametófitos, verdes, são de sexos separados e duram mais que os esporófitos.

Existem órgãos especializados na produção de gametas chamados **gametângios** e que ficam localizados no ápice dos gametófitos. O gametângio masculino é o **anterídio** e seus gametas, os **anterozoides**. O gametângio feminino é o **arquegônio** que produz apenas um gameta feminino, a **oosfera**.

> Anterídios e arquegônios são órgãos reprodutores dotados de uma camada de revestimento estéril que protege os gametas no seu interior.

Para ocorrer o encontro dos gametas é preciso, inicialmente, que os anterozoides saiam dos anterídios. Gotículas de água do ambiente que caem nos arterídios libertam os gametas masculinos. Deslocando-se na água, os anterozoides entram no arquegônio e apenas um deles fecunda a oosfera. Forma-se o zigoto que, dividindo-se inúmeras vezes, origina o embrião. Este, no interior do arquegônio, cresce e forma o esporófito. O jovem esporófito, no seu crescimento, rompe o arquegônio e carrega em sua ponta dilatada um pedaço rompido do arquegônio, em forma de "boné", conhecido como **caliptra** (veja a Figura 32-5, na página seguinte). Já como adulto, o esporófito, apoiado no gametófito feminino, é formado por uma haste e, na ponta, uma cápsula (que é um esporângio) dilatada, dotada de uma tampa, coberta pela caliptra. No esporângio, células 2n sofrem meiose e originam esporos haploides. Para serem liberados, é preciso inicialmente que a caliptra seque e caia. A seguir, cai a tampa do esporângio. Em tempo seco e preferencialmente com vento, os esporos são liberados e dispersam-se. Caindo em locais úmidos, cada esporo germina e origina um filamento semelhante a uma alga, o **protonema**. Do protonema brotam alguns musgos, *todos idênticos geneticamente e do mesmo sexo*. Outro protonema, formado a partir de outro esporo, originará gametófitos do outro sexo e, assim, completa-se o ciclo. Note que a determinação do sexo ocorre, então, já na formação dos esporos.

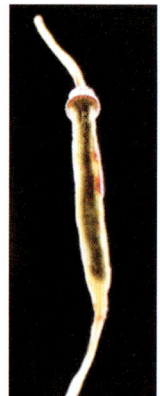

Esporângio com caliptra.

Cápsula de esporângio de *Bryum caespiticium*.

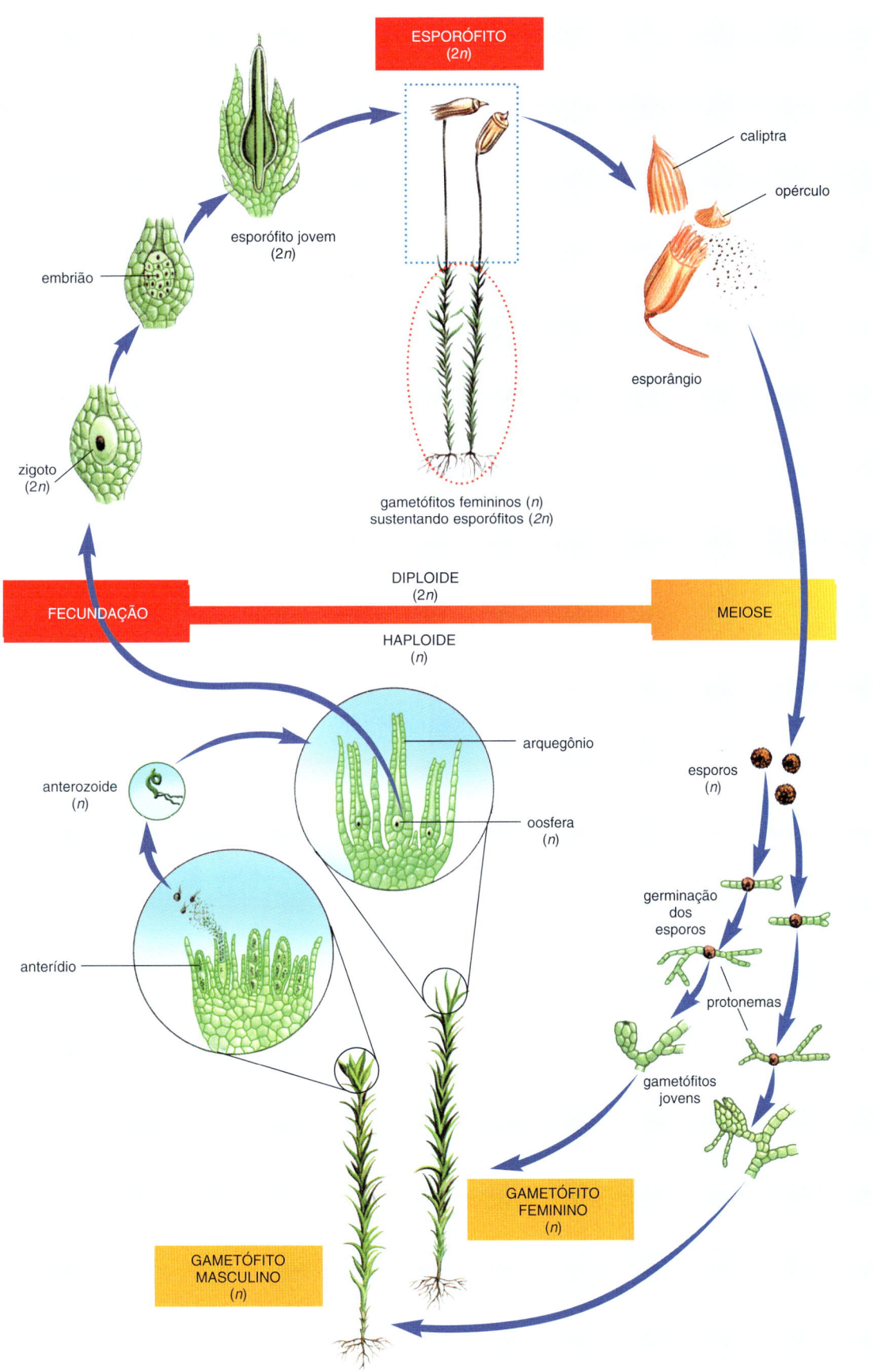

Figura 32-5. Ciclo haplontediplonte nos musgos. Os gametófitos são mais duradouros que os esporófitos.

PTERIDÓFITAS: O APARECIMENTO DE VASOS CONDUTORES

Samambaia.

> Pteridófitas não produzem flores, nem sementes, nem frutos.

As pteridófitas constituem um grupo de plantas pioneiro, na medida em que foram as primeiras a possuir tecidos especializados na condução de água.

Atualmente, as mais conhecidas são as cavalinhas, as selaginelas, os licopódios e os diferentes tipos populares de samambaias. Suas características principais são:

- *cavalinha:* porte pequeno, caule subterrâneo e que forma ramos aéreos eretos que lembram vagamente o caule de cana-de-açúcar com cerca de 1 cm de diâmetro. Folhas em forma de fios, agrupadas em feixes, emergem do caule e lembram uma cauda de cavalo;
- *selaginela:* erroneamente vendida como musgo nas floriculturas. Folhas miúdas que saem de caule cilíndrico bem fino;
- *licopódio:* caule subterrâneo e que dá ramos aéreos eretos dos quais saem folhas bem menores que as da selaginela. É comum formarem-se "buquês" de rosa acompanhados de ramos de licopódios.

Em todas as pteridófitas, há duas gerações adultas que se alternam em um ciclo de reprodução. Aqui, porém, a geração diploide (ou esporofítica) é maior e mais duradoura que a haploide (ou gametofítica).

Cavalinha

Licopódio.

Selaginela

Samambaias: As Pteridófitas mais Conhecidas

As pteridófitas mais modernas são popularmente conhecidas como samambaias e pertencem à classe das *filicíneas*. Incluem as rendas-portuguesas, as avencas, os xaxins, as samambaias de metro etc.

Na maioria delas, o caule subterrâneo, chamado de **rizoma**, forma folhas aéreas. No xaxim, o caule é aéreo, ereto e pode atingir 2 a 3 metros de altura.

As folhas são muitas vezes longas, apresentam divisões (folíolos) e crescem em comprimento pelas pontas, que são enroladas, lembrando a posição do feto no interior do útero. Na época da reprodução, os folíolos ficam férteis e neles surgem pontos escuros, os **soros**, verdadeiras unidades de reprodução (veja a Figura 32-6).

> Briófitas e pteridófitas são **criptógamas**, termo que se refere a plantas em que o encontro de gametas não se dá em estruturas visíveis (como as flores, por exemplo, presentes nas angiospermas).

Figura 32-6. (a) Uma samambaia adulta diploide típica; (b) folha jovem; (c) folíolos com soros.

O Ciclo Haplontediplonte nas Samambaias

No esporófito adulto surgem os *soros*, locais onde existem muitos esporângios. Células diploides dividem-se por meiose e originam esporos haploides. A liberação dos esporos ocorre pela ruptura dos esporângios secos. Dispersados e caindo em local apropriado e úmido, germinam produzindo o gametófito, uma lâmina delgada, com aspecto de coração. Recebe, também, o nome de **protalo**, um nome que só é usado para o gametófito de traqueófitas (veja a Figura 32-7). O protalo não possui vasos condutores, ao contrário do esporófito. Além disso, ele é hermafrodita e produz tanto anterozoides como oosferas. Anterídios e arquegônios ficam na face ventral do protalo, aquela que está em contato com o substrato. Se houver uma película de água adequada, os anterozoides, soltos, nadam em direção ao arquegônio, fecundando a oosfera. Desenvolve-se um jovem esporófito. Ao mesmo tempo, começa a degeneração do protalo. O esporófito cresce e surge a samambaia adulta, fechando o ciclo. Note que é muito provável a ocorrência de autofecundação. Mas é também comum a fecundação cruzada, já que muitos protalos crescem juntos, o que promove o aparecimento de variabilidade entre os esporófitos.

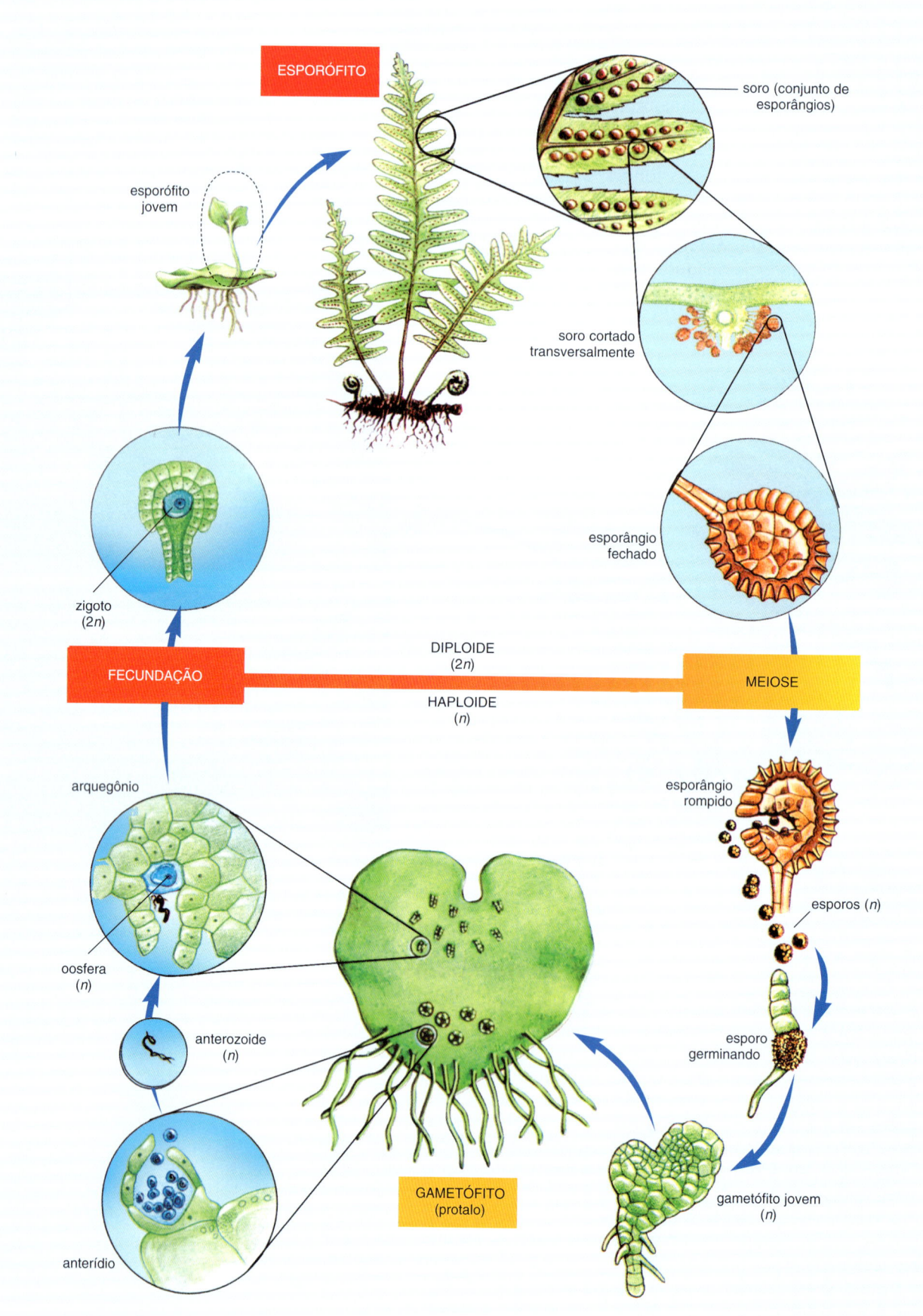

Figura 32-7. Estrutura e reprodução de uma samambaia.

OS DIFERENTES TIPOS DE ESPOROS

Nos musgos e nas samambaias os esporos são todos iguais em tamanho, sendo conhecidos como **isósporos**. Essas plantas são ditas *isosporadas*.

Mas algumas pteridófitas primitivas, como a selaginela, produzem esporos de dois tipos: os de pequeno tamanho, chamados de **micrósporos**, formarão gametófitos masculinos; os grandes, chamados **megásporos** ou **macrósporos**, formarão gametófitos femininos. Então, a selaginela é uma planta *heterosporada*, por formar esporos diferentes (**heterósporos**). Essa diferenciação dos esporos também será observada, como veremos, nas gimnospermas e nas angiospermas.

O encontro de gametas, tanto em briófitas como em pteridófitas, depende da água do ambiente.

Selaginela. PANTHERMEDIA/KEYDISC

Passo a passo

1. O assunto da aula era A Conquista do Meio terrestre pelas plantas. Após a explicação, o Professor Paulo fez as perguntas a seguir, a respeito do tema:
   a) Quais os grupos de seres vivos que pertencem ao reino *Plantae*? Que grupo de algas é considerado o suposto ancestral de todos os vegetais hoje existentes?
   b) Provavelmente, os primeiros vegetais se originaram em meio aquático, a partir de algas já dotadas de adaptações que possibilitaram a sobrevivência em meio terrestre. Cite as características que favorecem a sobrevivência das algas em meio aquático, relativamente à obtenção de gases e nutrientes, à sustentação e à reprodução.
   c) Cite pelo menos quatro adaptações morfológicas que possibilitaram a conquista bem sucedida dos vegetais ao meio terrestre. Uma dessas adaptações deve necessariamente referir-se à sobrevivência do estágio embrionário no novo meio.

2. A presença ou não de tecidos condutores é uma das importantes diferenças existentes entre os grupos vegetais atualmente existentes. A respeito desse assunto, responda:
   a) O que significam os termos *plantas avasculares* e *plantas vasculares*? Que grupos se enquadram em cada uma dessas categorias? Cite a outra denominação dada ao grupo de plantas vasculares e justifique a utilização dessa denominação.
   b) Quais são os dois tecidos condutores presentes em plantas vasculares? Que seiva é transportada por esses tecidos condutores? Como ocorre a condução de água e nutrientes em plantas avasculares?

3. Considerando a ocorrência de reprodução nos vegetais:
   a) Cite a principal diferença relacionada à reprodução sexuada e à reprodução assexuada nesses seres. Qual a principal modalidade de divisão celular envolvida nesses dois tipos de reprodução?
   b) Qual a principal fonte de variabilidade na reprodução assexuada, que pode levar a diferenças individuais entre os componentes de uma população? Quanto à propagação vegetativa dos vegetais (na verdade uma clonagem), qual sua principal consequência, em termos da composição genética nas plantas resultantes?

4. Nas briófitas, e em todos os vegetais, a reprodução sexuada ocorre por meio da execução de um ciclo em que se alternam uma geração adulta diploide e outra adulta haploide. Relativamente às briófitas e à execução desse ciclo alternante, responda:
   a) Quais são as briófitas atualmente mais conhecidas e em que *habitats* podem ser encontradas?
   b) Quais são as denominações utilizadas, respectivamente, para a geração adulta haploide e para a geração adulta diploide. Que tipo de célula reprodutiva cada uma dessas gerações produz? Em que órgãos essas células reprodutivas são produzidas? Por meio de qual tipo de divisão celular as células reprodutoras são produzidas? Como se dá o encontro de gametas nas briófitas? Qual a consequência do encontro gamético nas briófitas?
   c) Explique em poucas palavras o significado de caliptra e protonema, relativamente ao ciclo reprodutivo do musgo.

5. Na série de frases a seguir, reconheça as corretas e indique a soma no final.

   (01) A organização corporal das briófitas inclui a existência de raiz, caule e folhas.
   (02) Nas briófitas, estão presentes alguns tecidos organizados, embora não existam tecidos condutores responsáveis pelo transporte rápido de nutrientes e água.
   (04) Nas células das briófitas não existem cloroplastos, ao contrário do que ocorre nas algas, em que aquelas organelas estão presentes em grande quantidade.
   (08) O tamanho de uma briófita é limitado pela ausência de vasos condutores.
   (16) O transporte de água ao longo do corpo de uma briófita ocorre por difusão célula a célula.
   (32) As briófitas mais conhecidas são os musgos e as hepáticas, encontradas apenas em meio terrestre úmido.
   (64) A importância ecológica e evolutiva das briófitas é pequena, uma vez que essas plantas sucederam as angiospermas ao longo da evolução vegetal.

6. No cladograma ao lado está representada a relação filogenética existente entre as clorofíceas (algas verdes) e os diversos grupos vegetais.

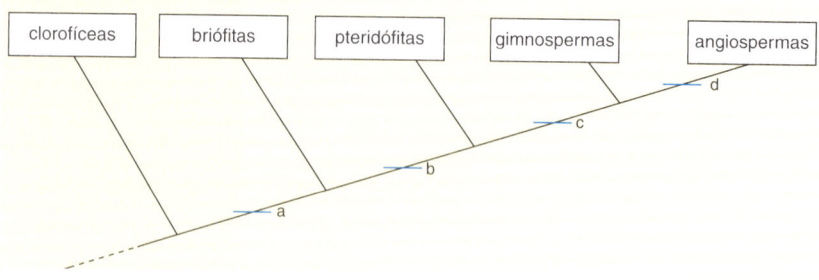

a) Associe as seguintes palavras com as letras de *a* até *d*: flor/fruto, tecidos condutores, embrião nutrido por tecido materno, semente.

b) Existem razoáveis evidências bioquímicas (moleculares) – tanto nas células de muitas espécies de algas verdes como nas células de todos os vegetais – que permitem supor que as primeiras plantas foram originadas das algas verdes (clorofíceas). Cite três dessas evidências.

---

7. As pteridófitas constituem um grupo pioneiro, na medida em que foram as primeiras a possuir tecidos condutores de seivas. Em todas as pteridófitas, há duas gerações adultas – uma diploide e outra haploide – que se alternam em um ciclo reprodutivo.

a) Cite os principais componentes desse grupo vegetal que você conheceu ao ler o texto deste capítulo.
b) Nas briófitas, a geração dominante no ciclo reprodutivo é o gametófito. E nas samambaias, qual das duas gerações é dominante, o esporófito ou o gametófito? No caso, uma das duas gerações é avascular, ou seja, não possui vasos condutores. Qual é essa geração? Cite a denominação popularmente utilizada para essa geração.

8. Nas frases a seguir, indique com **V** as verdadeiras e com **F** as falsas.

a) Pteridófitas filicíneas são, entre outras, as samambaias, os xaxins e as rendas portuguesas.
b) Cada soro é um conjunto de esporângios encontrados em folíolos férteis de uma samambaia.
c) O protalo da samambaia corresponde à geração gametofítica e é bissexuado, ou seja, hermafrodita.
d) Nas samambaias, a exemplo do que ocorre nos musgos, o encontro de gametas depende da presença de água ambiental.
e) Nas samambaias, a exemplo do que ocorre nos musgos, a geração duradoura é o gametófito (protalo).
f) Musgos e samambaias são plantas isosporadas, ou seja, produzem esporos de igual tamanho (isósporos), ao contrário das selaginelas, que são heterosporadas, ou seja, produzem esporos de tamanhos diferentes (heterósporos).

9. Com relação ao ciclo reprodutivo com alternância de gerações em uma samambaia, responda:

a) Em que local ocorre divisão celular redutora (meiose) e quais as células produzidas em consequência desse tipo de divisão celular? Como ocorre o encontro de gametas nas samambaias?

b) Qual o significado de *isósporos* e *heterósporos*? Quais os tipos de heterósporos produzidos por uma planta? Como se denominam as plantas que produzem *isósporos*? Como se denominam as plantas que produzem *heterósporos*?

10. Questão de interpretação de texto

Nos musgos do gênero *Sphagnum*, esporos são produzidos em pequenas cápsulas esféricas, dotadas de uma minúscula tampa. Cada cápsula, de 2 mm de diâmetro, forma-se no ápice de um pedúnculo de 1 a 2 cm de altura e carrega em seu interior 200.000 esporos. Somente a parte superior da cápsula é por eles ocupada. A parte inferior é preenchida por ar. Como as paredes da cápsula são impermeáveis, o ar não escapa quando a luz do Sol incide sobre ela. Em alguns minutos, a água evapora da parede da cápsula e ela diminui de volume, transformando-se em um cilindro estreito. O ar na parte inferior é comprimido com a diminuição de volume. Mais alguns minutos, e a tampa se abre. O ar comprimido ejeta os esporos. Essa força faz com que os esporos atinjam 120 km/h em menos de 0,1 milissegundo. O resultado final é que os esporos são lançados a 20 cm de altura, atingindo as correntes de vento e dispersando a espécie para longe.

Adaptado de: REINACH, F. A 'pistola' dos musgos.
O Estado de S. Paulo, São Paulo, 19 ago. 2010.
Caderno Vida.

Com as informações do texto e utilizando os seus conhecimentos sobre o assunto, responda:

a) No ciclo reprodutivo dos musgos, os esporos desempenham dois papéis. Quais são eles?
b) A que estrutura corresponde a cápsula citada no texto? A que geração ela pertence? Por meio de que divisão celular os esporos são produzidos? Atingindo um ambiente favorável, cada esporo divide-se por mitose e origina organismos da geração duradoura haploide. Qual é essa geração?

Questões objetivas

1. (UDESC – adaptada) Assinale a alternativa **correta** a respeito das características gerais das briófitas.

a) Apesar de a maioria dos musgos preferir locais úmidos e sombreados, podem ser encontradas espécies adaptadas a ambientes desérticos e polares.
b) A fixação do vegetal ocorre pela ação de raízes verdadeiras, as quais também desempenham o importante papel de absorver a água e os sais minerais essenciais à sobrevivência da planta.
c) O ciclo de vida das briófitas caracteriza-se pela alternância de gerações com uma fase esporofítica, haploide; e uma fase gametofítica, diploide.
d) O esporófito das briófitas é uma forma duradoura do vegetal, sendo responsável por garantir a sua sobrevivência. A partir dele desenvolve-se o gametófito, com função reprodutiva.

2. (UFAM) No ciclo de vida das briófitas, podem ser consideradas as seguintes etapas:

I – Produção de esporos
II – Produção de gametas
III – Formação de um organismo haploide
IV – Formação de um organismo diploide

A sequência correta em que ocorrem essas etapas é:

a) I – III – II – IV.
b) I – IV – II – III.
c) II – III – IV – I.
d) II – I – III – IV.
e) III – I – IV – II.

3. (PUC – PR) As briófitas são um grupo de plantas pouco especializadas, algumas extremamente simples, revelando nitidamente a sua relação filogenética com as algas verdes.

De todas as plantas atraqueófitas, os musgos são as mais familiares, mas existem outros grupos importantes, como os antóceros e as hepáticas. Existem mais de 9.500 espécies de briófitas, cuja distribuição vai desde as zonas tropicais úmidas a desertos (quentes ou frios). A grande maioria dos musgos, hepáticas e antóceros forma densos tapetes de pequenas plantas, raramente maiores que alguns centímetros de altura, cobrindo o chão das matas e outras superfícies úmidas e sombreadas.

Sobre as briófitas, analise as seguintes proposições:

I – Seus gametófitos dioicos representam a fase duradoura, sendo que o esporófito haploide é parasita temporário do gametófito feminino.
II – Os gametângios masculino e feminino são denominados arquegônio e anterídeo respectivamente, produzindo oosfera e anterozoides.
III – Os esporófitos diploides resultam da fecundação da oosfera pelo anterozoide flagelado que atinge a célula feminina com o auxílio da água.
IV – Assim como nas pteridófitas, as briófitas apresentam alternância de gerações em seus processos de reprodução com esporófitos dioicos diploides e gametófitos monoicos haploides.
V – O gênero 'Sphagnum' parcialmente decomposto, encontrado em camadas, geralmente em regiões pantanosas, constitui a turfa. Sob condições geológicas adequadas, transforma-se em carvão sendo utilizada como combustível para aquecimento doméstico.

Estão corretas:

a) II e IV.
b) I, II e III.
c) II, III e IV.
d) I, IV e V.
e) III e V.

4. (UFRGS – RS) Briófitas e pteridófitas apresentam várias características em comum, mas também diferem em muitos aspectos. Assinale a característica que pertence apenas um desses grupos de plantas.

a) Crescer preferencialmente em solos úmidos e sombreados.
b) Necessitar de água para reproduzir-se.
c) Não ter flores, sementes e frutos.
d) Ser criptógama.
e) Ser portadora de tecidos de transporte.

5. (UECE) As plantas, assim como todos os demais seres vivos, possuem ancestrais aquáticos e desta forma sua história evolutiva encontra-se relacionada à ocupação progressiva do ambiente terrestre. Para que isso pudesse acontecer algumas características foram selecionadas e dentre elas podemos destacar:

I – sistema vascular
II – esporófito dominante
III – filoides
IV – esporófito não ramificado

São características próprias de pteridófitas e briófitas, respectivamente:

a) I e II; III e IV.
b) I e III; II e IV.
c) II e IV; I e III.
d) III e IV; I e II.

6. (UFRGS – RS) Percorrendo uma trilha em uma floresta úmida do Sul do Brasil, um estudante encontrou duas plantas pequenas crescendo sobre uma rocha. Observando-as, concluiu que se tratava de um musgo (*Briophyta*) e de uma samambaia (*Pteridophyta*).

Considere as afirmações a seguir, sobre essas plantas.

I – As pteridófitas, ao contrário das briófitas, apresentam vasos condutores de seiva.
II – As pteridófitas e as briófitas são plantas de pequeno porte por não apresentarem tecidos de sustentação.
III – Na face inferior das folhas da pteridófita, encontram-se soros nos quais ficam armazenados os esporos.

Quais estão corretas?

a) Apenas I.
b) Apenas II.
c) Apenas I e III.
d) Apenas II e III.
e) I, II e III.

Questão dissertativa

1. (UFJF – MG – adaptada) Os mais antigos fósseis conhecidos de pteridófitas são do período Siluriano (400 milhões de anos atrás), de plantas com poucos centímetros de altura, que viviam sempre associadas a ambientes com alta disponibilidade hídrica. Do final do período Devoniano até o final do Carbonífero (entre 375-290 milhões de anos), as pteridófitas formaram grandes florestas, sendo as plantas mais abundantes.

Considerando os aspectos expostos no texto sobre pteridófitas responda às questões propostas a seguir:

a) A proximidade da água favoreceu a reprodução sexuada das primeiras pteridófitas, sendo ainda necessária para as espécies atuais desse grupo. Explique por quê.
b) Classifique as seguintes estruturas das pteridófitas, de acordo com a ploidia de suas células (haploide = n; diploide = $2n$).

Protato	Soro

Programa de avaliação seriada

1. (PSIU – UFPI – adaptada) As plantas são eucariotos fotossintetizantes que utilizam as clorofilas a e b, armazenam carboidratos na forma de amido e se desenvolvem a partir de embriões protegidos pelo tecido parental. Os 12 (doze) filos de sobreviventes de plantas podem ser agrupados em duas categorias atraqueófitas e traqueófitas. Sobre as atraqueófitas, analise as proposições seguintes e assinale **V**, para as verdadeiras, ou **F**, para as falsas.

1 ( ) Os licopodes e as cavalinhas são atraqueófitas sem sementes que apresentam folhas simples, ao passo que as samambaias possuem folhas complexas.
2 ( ) Os gametófitos mais simples das hepáticas são placas achatadas que produzem os anterídeos, na superfíce superior, e os rizoides, na superfície inferior, para a absorção de água.
3 ( ) As filicíneas são atraqueófitas que possuem apenas um sistema rudimentar de células condutoras de água e alimento.

Capítulo 33
Gimnospermas e angiospermas

Você sabe de onde vem o café?

O popular "cafezinho" não é um hábito somente brasileiro. Pode-se dizer que ele ultrapassou as fronteiras da Europa, Ásia e Américas. Essa infusão é feita a partir dos grãos torrados (sementes) do cafeeiro, uma das angiospermas mais conhecidas em todo o mundo. Ninguém sabe ao certo como se deu a introdução dessa bebida na vida social, mas uma lenda, que remonta à região da atual Etiópia, nos fala sobre esses grãos.

Conta a lenda que um pastor ficou intrigado com o fato de animais de seu rebanho mostrarem-se muito dispostos depois de mascarem as folhas e os frutos de determinada planta. Curioso, resolveu também ele experimentar – e o resultado não foi outro: ele também se sentiu muito bem-disposto e alerta. Animado com sua descoberta, ele teria comentado o ocorrido com um sacerdote da região, que passou a cultivar a planta e a disseminar o costume.

Para alguns, a palavra "café" origina-se do nome da região – Kaffa – em que hipoteticamente se passou a lenda; para outros, vem da palavra árabe "qahwa", que significa vinho. Independentemente da origem da palavra, o certo é que os árabes foram grandes apreciadores da bebida obtida da planta, o que resultou no nome científico do cafeeiro: *Coffea arabica*, ou seja, vinho árabe.

Das 650 espécies atuais de gimnospermas, as mais conhecidas são as do grupo coníferas, cujas espécies formam árvores de grande porte – como os pinheiros, ciprestes, sequoias, tuias etc. –, tronco espesso e muitos galhos, com folhas longas e finas em forma de agulhas (acículas) ou curtas e espessas em forma de escamas.

São também gimnospermas as *Cycas*, popularmente conhecidas como palmeira-de-ramos ou palmeira-de-sagu, comuns em alguns lugares do Brasil. O tronco costuma ser espesso, a folha é parecida com a das palmeiras, porém, é muito mais rígida.

Florestas de coníferas de regiões temperadas são ricas em árvores do grupo das gimnospermas. No Brasil, destaca-se a Mata de Araucárias do Sul do país.

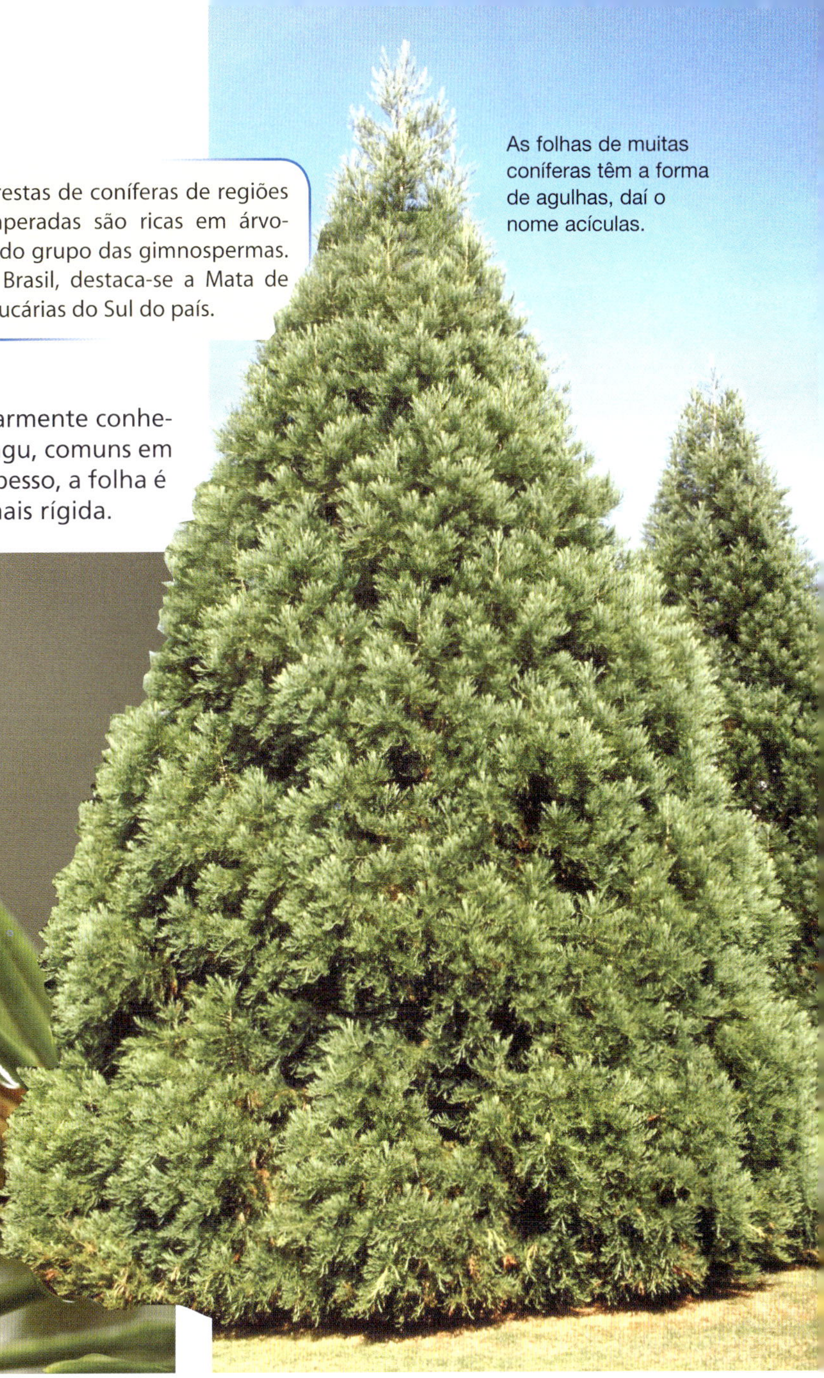

As folhas de muitas coníferas têm a forma de agulhas, daí o nome acículas.

PHOTOS.COM

PHOTOS.COM

PHOTOS.COM

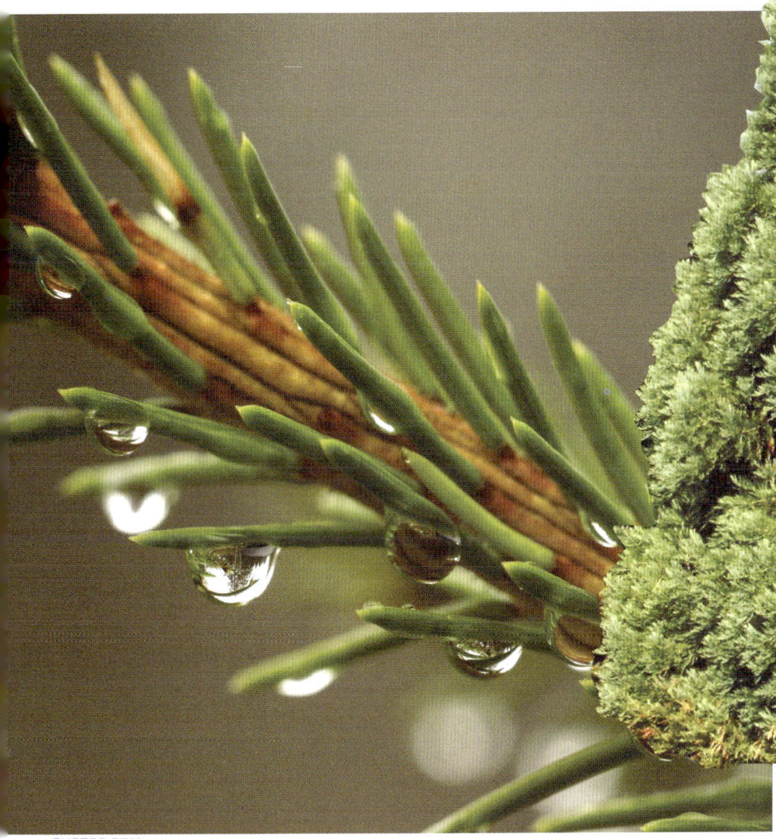

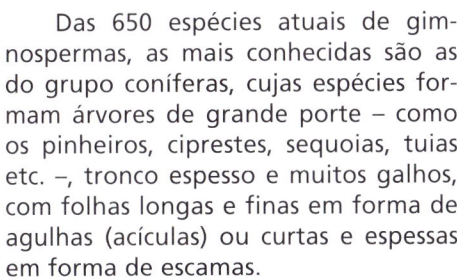

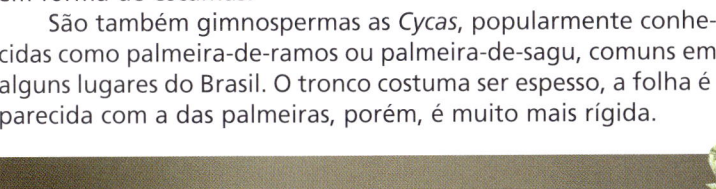

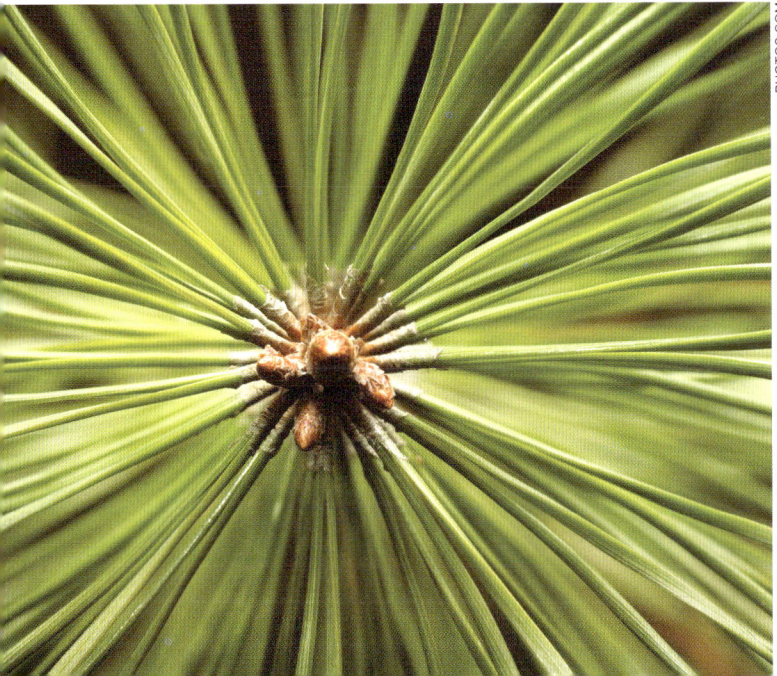

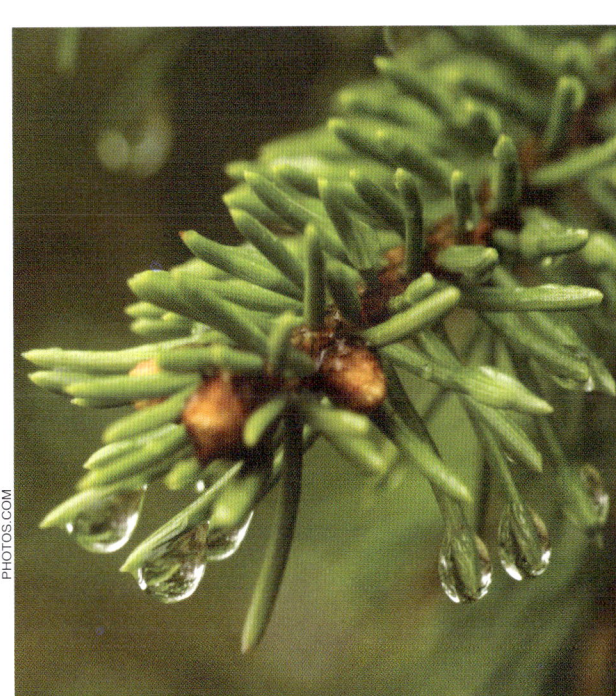

Fique por dentro!

As sequoias-gigantes

As sequoias são gimnospermas gigantescas (árvores com mais de 80 m de altura), fabricam o seu próprio alimento pela fotossíntese e podem viver centenas de anos. Na verdade, o sucesso dessas árvores dependeu, também, de um fungo microscópico formador de micorriza, que beneficia as sequoias ao promover aumento de absorção de nutrientes minerais.

GIMNOSPERMAS: SURGEM AS SEMENTES

A principal característica das gimnospermas é a produção de sementes nuas, isto é, não protegidas por fruto (do grego, *gymnos* = nu). São produzidas em estruturas conhecidas como **cones** ou **estróbilos**, que para alguns autores correspondem às flores das gimnospermas, e dão o nome *coníferas* ao grupo formado pelos pinheiros (veja a Figura 33-1).

> **Espermáfitas** é o nome dado a plantas produtoras de sementes. Inclui gimnospermas e angiospermas.

Figura 33-1. (a) Estróbilos masculinos e (b) femininos de araucária, em que as sementes (c) são os pinhões comestíveis.

O Ciclo Haplontediplonte nas Coníferas

No pinheiro comum, *Pinus sp.*, pequenos e grandes cones ficam na mesma árvore. Essa espécie, portanto, é **monoica**. Em araucária, uma árvore carrega-se com cones femininos, enquanto outra se carrega com cones masculinos. Dizemos, então, que a araucária é **dioica**.

Comparando-se a reprodução das gimnospermas coníferas com o que ocorre nas pteridófitas, notam-se algumas novidades evolutivas (acompanhe pela Figura 33-2). Os **estróbilos** (**cones**) são equivalentes aos soros, na medida em que constituem estruturas correspondentes a conjuntos de esporângios. Existem dois tipos de estróbilos, um grande e outro, pequeno e, como consequência, há dois tipos de esporângios e de esporos. Nos estróbilos maiores, considerados femininos, cada esporângio – chamado de óvulo – produz, por meiose, um **megásporo** (ou **macrósporo**). O megásporo fica retido no esporângio, não é liberado, como ocorre com os esporos das pteridófitas. Desenvolvendo-se no interior do óvulo, o megásporo origina um gametófito feminino. Nesse gametófito surgem arquegônios e, no interior de cada um deles, diferencia-se uma **oosfera** (que é o gameta feminino).

Nos estróbilos menores, considerados masculinos, cada esporângio – também chamado de **saco polínico** – produz, por meiose, numerosos **micrósporo**s. Desenvolvendo-se no interior do saco polínico, cada micrósporo origina um gametófito masculino, também chamado de **grão de pólen** (ou gametófito masculino jovem). A ruptura dos sacos polínicos libera inúmeros grãos de pólen, leves, dotados de duas expansões laterais, aladas. Carregados pelo vento, podem atingir os óvulos que se encontram nos estróbilos femininos. O processo de transporte de grãos de pólen (não se esqueça de que eles representam os gametófitos masculinos) constitui a **polinização**, que, nesse caso, ocorre pelo vento.

Cones (a) masculinos e (b) femininos de conífera.

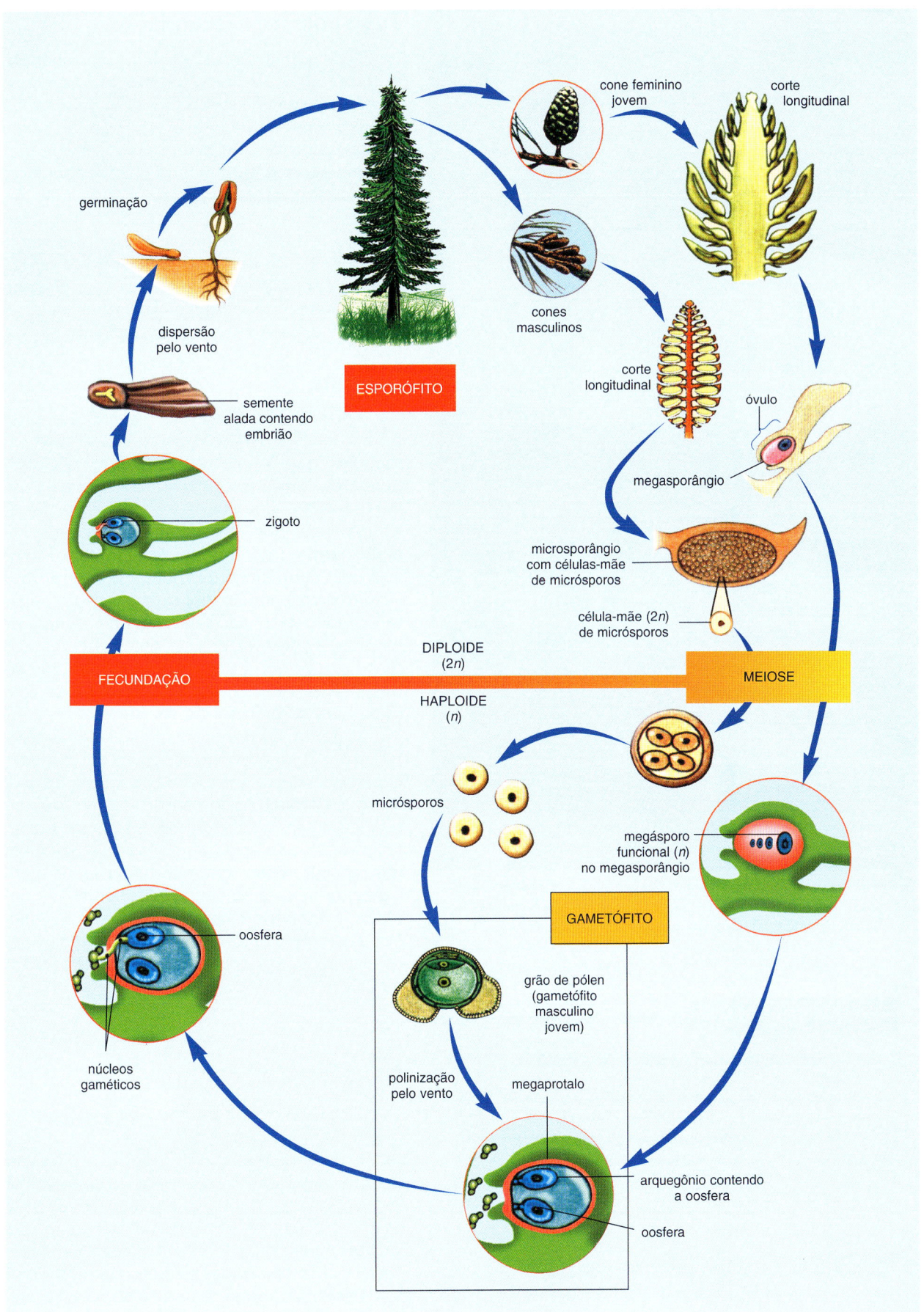

Figura 33-2. Síntese do ciclo reprodutivo em *Pinus sp.*

Cycas sp. com estróbilo masculino. Essas plantas formam sementes, um caráter que lembra as modernas espermáticas. Sua fecundação, no entanto, depende da água, um caráter de primitividade.

Tubo polínico e fecundação

Cada grão de pólen, aderido a uma abertura existente no óvulo, inicia um processo de crescimento que culmina com a formação de um **tubo polínico**, correspondente a um grão de pólen adulto (gametófito masculino adulto). No interior do tubo polínico, existem dois núcleos gaméticos haploides, correspondentes aos anterozoides das pteridófitas. Apenas um dos núcleos gaméticos fecunda a oosfera, gerando o zigoto (o outro núcleo gamético degenera). Dividindo-se repetidamente por mitose, o zigoto acaba originando um **embrião**, que mergulha no tecido materno correspondente ao gametófito feminino.

Semente

Após a ocorrência da fecundação e da formação do embrião, o óvulo converte-se em **semente**, que é uma estrutura com três componentes: uma casca (também chamada de integumento), um embrião e um tecido materno haploide, que passa a ser denominado de **endosperma** (ou endosperma primário), por acumular substâncias de reserva que serão utilizadas pelo embrião durante a sua germinação. A dispersão das sementes, em condições naturais, pode ocorrer pelo vento, no caso do pinheiro comum, ou com a ajuda de animais (gralhas-azuis ou esquilos), como acontece com os pinhões do pinheiro-do-paraná.

Portanto, ao comparar gimnospermas coníferas com as pteridófitas, as seguintes novidades podem ser citadas: estróbilos produtores de óvulos (que, depois, serão convertidos em sementes), estróbilos produtores de grãos de pólen, polinização, diferenciação do grão de pólen em tubo polínico e, por fim, a fecundação independente da água ambiental (esse tipo de fecundação é conhecido por **sifonogamia**). Perceba que as árvores coníferas representam a geração duradoura, o esporófito, sendo os gametófitos reduzidos e pouco duradouros.

As *Cycas* e a Dependência da Água para a Fecundação

A independência da água para a fecundação, comum nas gimnospermas coníferas, não é verificada em outro grupo, o das *Cycas*. Nestas, há uma cavidade no interior do óvulo repleta de líquido e que banha os arquegônios. O grão de pólen, ao crescer ao longo do óvulo e formar um tubo polínico, atinge essa câmara líquida e libera dois anterozoides ciliados. Deslocando-se pelo líquido, um deles fecunda a oosfera. Forma-se a semente contendo embrião, endosperma e revestimento protetor.

Ética & Sociedade

Pinhão: uma delícia das festas juninas

Todo mês de junho, temos os alimentos típicos das festas juninas e que já são tradicionais em várias partes do nosso país.

Nessa época do ano, são preparados muitos pratos com pinhões, que – como vimos – são as sementes da araucária, cujo nome científico é *Araucaria augustifolia*, uma gimnosperma imponente, bastante alta e com a copa em forma de taça.

As araucárias já cobriram os três estados da Região Sul do Brasil, mas hoje, por causa do desmatamento e exploração ilegal das árvores, restam menos de 2% do bioma original.

Se nada for feito, a Mata de Araucárias será perdida. O desafio não é só dos governantes, mas de toda a sociedade. Em que você pode ajudar?

ANGIOSPERMAS: SURGEM AS FLORES E OS FRUTOS

O grupo das angiospermas (também chamadas de **antófitas**, de *anthós* = = flor) é o mais numeroso entre os vegetais da Terra atual em termos de espécies. Alguns exemplos? Feijão, arroz, milho, trigo, banana, café, amendoim, mandioca, batata, camomila, canela, tomate, alface, pimenta, beterraba, palmito, castanha-do-pará, coco, manga, laranja e muitos outros, cuja relação ocuparia uma extensa lista.

A característica mais marcante do grupo é a produção de **frutos** protegendo as sementes. O nome do grupo sugere essa ideia (do grego, *aggeion* = = vaso, urna). As sementes e os frutos são formações derivadas das flores.

> Gimnospermas e angiospermas são **fanerógamas**, termo que se refere a plantas que possuem estruturas visíveis (estróbilos e flores) nas quais ocorre o encontro de gametas.

Note a diferença entre as pétalas (amarelas) e as sépalas (verdes).

Características Principais de uma Angiosperma

As angiospermas arborescentes possuem três componentes principais: **raízes**, **tronco** e **folhas**. As *raízes* são os órgãos fixadores da árvore ao solo e absorvem água e sais minerais, indispensáveis para a sobrevivência da planta. O *tronco*, constituído de inúmeros galhos, é o órgão aéreo responsável pela formação das folhas, efetuando também a ligação delas com as raízes. E as *folhas* são os órgãos onde ocorrerá a fotossíntese, ou seja, o processo em que se produzem os compostos orgânicos essenciais para a manutenção da vida da planta.

Cada flor, que aparece periodicamente nos galhos, é um sistema de reprodução e é formada pela reunião de folhas modificadas presas ao *receptáculo floral*, que possui formato de um disco achatado (veja a Figura 33-3). Por sua vez, o receptáculo floral fica no topo do *pedúnculo floral*, que é o "cabinho" da flor. No receptáculo há uma série de círculos concêntricos nos quais estão inseridas as peças florais. De fora para dentro, são quatro os tipos de folhas modificadas constituintes da flor: **sépalas**, **pétalas**, **estames** e **carpelos**.

As sépalas são as mais externas, geralmente de cor verde, e exercem a função de proteção do botão floral, fase em que a flor ainda não se abriu. O conjunto de sépalas é chamado de **cálice**. As pétalas vêm a seguir. São brancas ou coloridas e formam a **corola** (nome derivado de *coroa*), com função de atrair os chamados *agentes polinizadores*, muitas vezes insetos. O alimento que esses insetos procuram é uma solução açucarada, o **néctar**, produzido por glândulas de modo geral existentes na base das pétalas.

> Dá-se o nome de **perianto** ao conjunto cálice mais corola (do grego, *peri* = ao redor e *anthós* = flor).

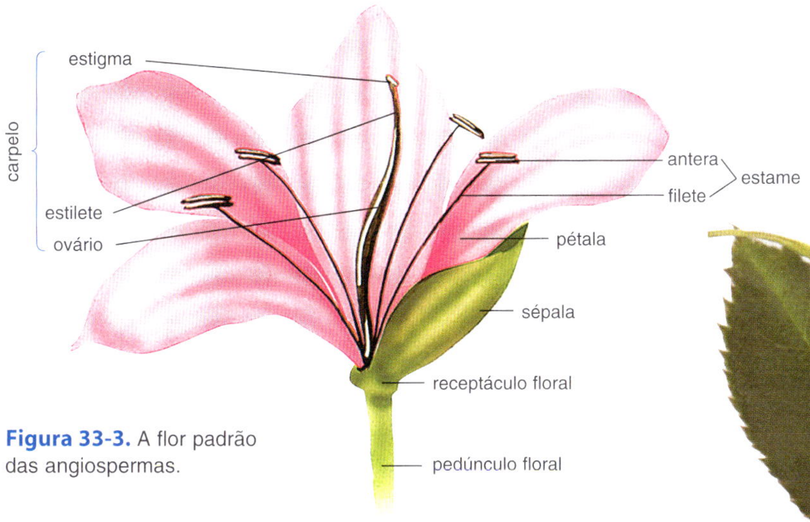

Figura 33-3. A flor padrão das angiospermas.

> **Saiba mais**
>
> **Tépalas**
>
> Em muitas flores, e como exemplo pode ser citado o lírio, sépalas e pétalas possuem a mesma cor e praticamente o mesmo tamanho. Então, passam a ser chamadas de **tépalas**, e a reunião de cálice e corola, equivalentes, passa a ser o **perigônio** (do grego, *peri* = ao redor e *gónos* = geração).
>
>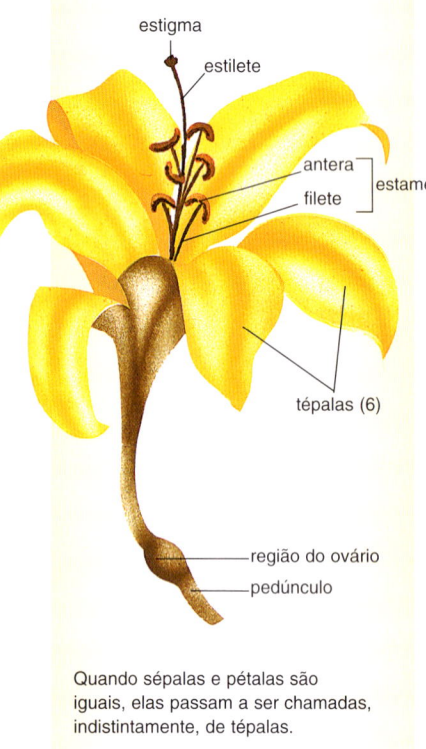
>
> Quando sépalas e pétalas são iguais, elas passam a ser chamadas, indistintamente, de tépalas.

Os estames ficam dispostos mais internamente no receptáculo. Cada estame possui aspecto de um palito, com uma haste, o **filete**, sustentando uma porção dilatada, a **antera** (veja a Figura 33-4). O conjunto de estames forma o **androceu**, considerado o componente masculino da flor. Na antera são produzidos os *grãos de pólen*.

O carpelo ocupa o centro do receptáculo floral. É longo, notando-se no seu ápice uma ligeira dilatação, o **estigma**, continuando com um curto **estilete**, vindo a seguir o **ovário** (veja a Figura 33-5). No interior do ovário, existem os *óvulos*. O carpelo solitário é componente do **gineceu**, a parte feminina da flor.

Figura 33-4. Estame.

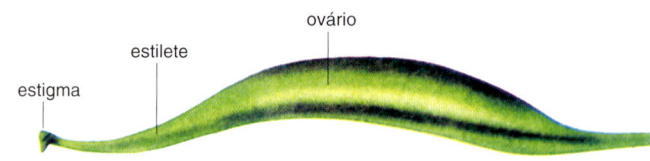

Figura 33-5. Carpelo com ovário em forma de vagem.

Os estames e os carpelos

Estames são folhas alongadas que durante a evolução dobraram-se sobre si mesmas (veja a Figura 33-6), diferenciando-se em duas regiões: (1) o *filete*, porção delgada e alongada que suporta a (2) *antera*, que por sua vez protege bolsas produtoras de grãos de pólen, conhecidas como **sacos polínicos**.

Cada carpelo é uma folha modificada que durante a evolução dobrou-se sobre si mesma, diferenciando-se em três regiões:

- *ovário*, região dilatada que protege os óvulos;
- *estigma*, a porção superior, é a receptora de grãos de pólen;
- *estilete*, a peça intermediária que liga o estigma ao ovário (veja a Figura 33-7).

O carpelo assim modificado passa a ter aspecto de um instrumento muito utilizado na química, conhecido como *pistilo*, motivo pelo qual também é assim denominado. Uma flor pode ter um só carpelo ou vários que, fundindo-se total ou parcialmente, formam lojas.

> Quando estames e carpelos estão presentes na mesma flor, diz-se que ela é *monóclina* (é costume dizer-se, também, que é "hermafrodita"). Ao contrário, se a flor possuir apenas estames ou apenas carpelos, ela é *díclina* (nesse caso, ela tem "sexos" separados). Se uma planta possuir flores monóclinas, ela será *monoica* (do grego, *oikós* = casa). Se, no entanto, a planta possuir apenas flores díclinas, ela será *dioica*.

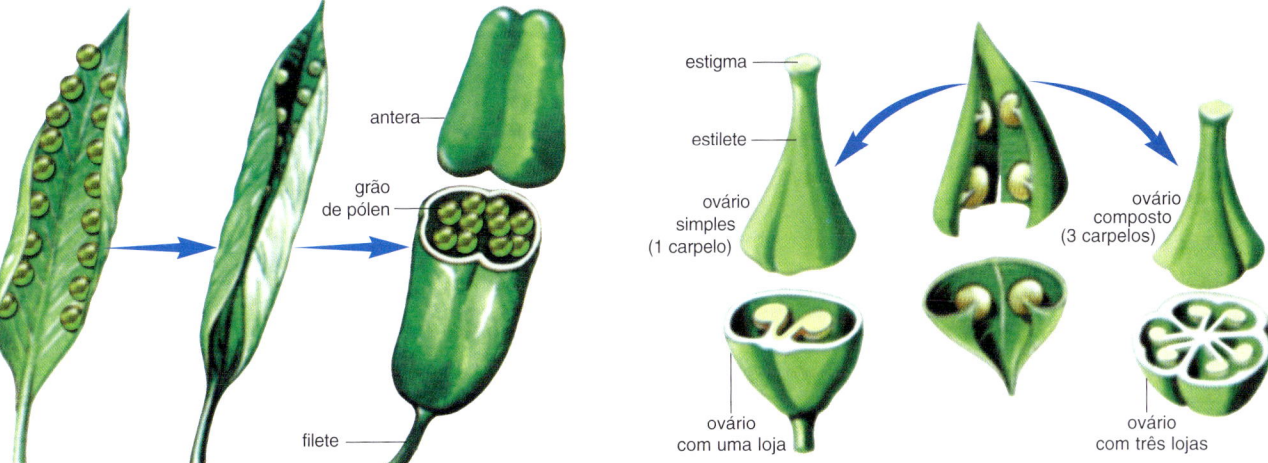

Figura 33-6. A antera é o local em que estão localizados os sacos polínicos.

Figura 33-7. A transformação da folha (carpelo), produtora de óvulos, resulta no pistilo.

Saiba mais

Diagramas florais

O número dos tipos de peças florais estudadas é variável de flor para flor e pode ser representado esquematicamente por um diagrama. Cada tipo pode estar representado por 3, 4 ou 5 peças ou múltiplos desses números. Na flor do *hibisco*, por exemplo, uma planta comum em jardins, há 5 sépalas, 5 pétalas, um número múltiplo de 5 estames e um pistilo cujo ovário é dividido em 5 lojas. No diagrama floral abaixo, note que a flor do hibisco é pentâmera (quantidade de elementos florais em número de 5 ou múltiplo de 5).

(a) Flor de hibisco e seu (b) diagrama floral.

Gimnospermas e angiospermas

Fique por dentro!

Em muitas angiospermas, as flores aparecem isoladas, como é o caso da laranjeira, da rosa etc. Em outras, as flores formam conjuntos, unidas em diferentes tipos de **inflorescências**.

A margarida é um exemplo típico de inflorescência.

A formação dos frutos e das sementes

Para que servem as flores? Após a polinização e a fecundação, a flor sofre uma modificação extraordinária. De todos os componentes que foram vistos anteriormente, acabam sobrando apenas o pedúnculo e o ovário. Todo o restante degenera. O ovário sofre uma grande modificação, se desenvolve e agora dizemos que virou **fruto**. Em seu interior, os óvulos viraram **sementes**.

Assim, a grande novidade das angiospermas, em termos de reprodução, é a presença de frutos. Todos os componentes da flor que estudamos participam do processo reprodutivo que culminará na formação de sementes dentro de um fruto. Em toda angiosperma é assim, mas deve-se lembrar que existem variações: há diferentes formatos de frutos e diferentes quantidades ou até mesmo nenhuma semente.

Quando a planta tem inflorescências para a reprodução, os frutos formados também ficarão reunidos e constituirão as **infrutescências**. É o caso do cacho de uvas, da amora, da jaca e da espiga de milho.

Saiba mais

Pseudofrutos e frutos partenocárpicos

Nos **pseudofrutos**, a porção comestível não corresponde ao ovário desenvolvido. No *caju*, ocorre hipertrofia do *pedúnculo floral*. Na *maçã*, na *pêra* e no *morango*, é o *receptáculo floral* que se desenvolve. Assim, ao comer a polpa de um abacate ou de uma manga, você está se alimentando do fruto verdadeiro. No entanto, ao saborear um caju ou uma maçã, você está mastigando o pseudofruto.

No caso da banana e da laranja de umbigo (baiana), o fruto é **partenocárpico**, ou seja, corresponde ao ovário desenvolvido sem fecundação, logo, sem sementes.

Pense nisso

A diferença entre fruta e fruto

O que se conhece popularmente por "frutas" não tem significado botânico. Fruta é aquilo que tem sabor agradável, às vezes azedo, às vezes doce. É o caso da laranja, pêssego, caju, banana, pera, maçã, morango, amora. Note que nem toda *fruta* é *fruto verdadeiro*.

Já o tomate, a berinjela, o jiló e a abobrinha, entre outros, são frutos verdadeiros, mas não são frutas...

A ciência por trás do fato!

Comer bananas é bom para evitar câimbras?

Vamos começar pelas definições: câimbras são contrações dos músculos do nosso corpo que acontecem de maneira involuntária, intensa e contínua, causando dor no músculo afetado. Elas podem acometer qualquer músculo, mas, em geral, os membros inferiores são os que mais sofrem. As causas das câimbras são muitas e, entre elas, podemos citar falta de alongamento antes de exercícios físicos, interrupção de fluxo sanguíneo e falta de algumas substâncias no organismo, como potássio, cálcio, sódio, magnésio e água.

Como uma das causas mais conhecidas da câimbra é a carência de potássio, um mineral importante para o bom funcionamento dos músculos, a banana ficou famosa como uma das mais importantes armas no combate a essas incômodas contrações. A banana é a fruta mais rica em potássio que se conhece, além de ser uma fonte importante de carboidratos, os principais fornecedores de energia para o organismo. Sendo assim, quando a causa da câimbra for falta de potássio, incluir o consumo de bananas na dieta diária pode realmente ajudar na solução do problema, mas é preciso atentar para o fato de que, como mencionamos acima, as câimbras podem ter outras causas, que irão exigir soluções diferentes.

Fique por dentro!

Morango não é infrutescência. Abacaxi é.

A flor de um morango é uma flor isolada, não é uma inflorescência. Ela possui inúmeros carpelos presos a um receptáculo. Após a reprodução, é o receptáculo que cresce extraordinariamente e passa a ser comestível. Os ovários não crescem e se transformam nos frutos, que são os pontos que você vê no morango.

Já o abacaxi é exemplo de *pseudoinfrutescência partenocárpica*: o que se come, no caso, são os receptáculos hipertrofiados das diversas flores reunidas.

A ciência por trás do fato!

Abacaxi ou mamão depois de comer carne?

Existe uma crença de que comer algumas fatias de abacaxi cruas, ou uma fatia de mamão, ajuda a digestão da carne que ingerimos em uma refeição. Pelo menos, as pessoas que assim procedem afirmam que a digestão da carne fica mais fácil. Por outro lado, muitos restaurantes utilizam o suco do mamão ou de abacaxi como "amaciantes" de carne. Há alguma verdade científica nesse procedimento? A verdade é que há. O abacaxi – uma pseudoinfrutescência partenocárpica – e o mamão – um fruto do tipo baga – possuem em suas polpas enzimas proteases, respectivamente a bromelina e a papaína, que atuam favorecendo a digestão das proteínas da carne.

É por isso que após uma lauta refeição de carne – um churrasco, por exemplo –, as pessoas dizem que se sentem bem ao ingerirem essas frutas. O nosso processo digestivo agradece.

A semente e a futura planta

A semente é o óvulo modificado e desenvolvido (veja a Figura 33-8). Toda semente possui um **envoltório**, mais ou menos rígido, um **embrião inativo** da futura planta e um material de reserva alimentar chamado **endosperma** ou **albúmen**.

Em condições ambientais favoráveis, principalmente de umidade, ocorre a hidratação da semente e pode ser iniciada a germinação.

> Muitas angiospermas são cultivadas pelo homem por fornecerem sementes de alto valor nutritivo. É o caso da soja, do feijão, do amendoim, do milho, do girassol, da ervilha etc.

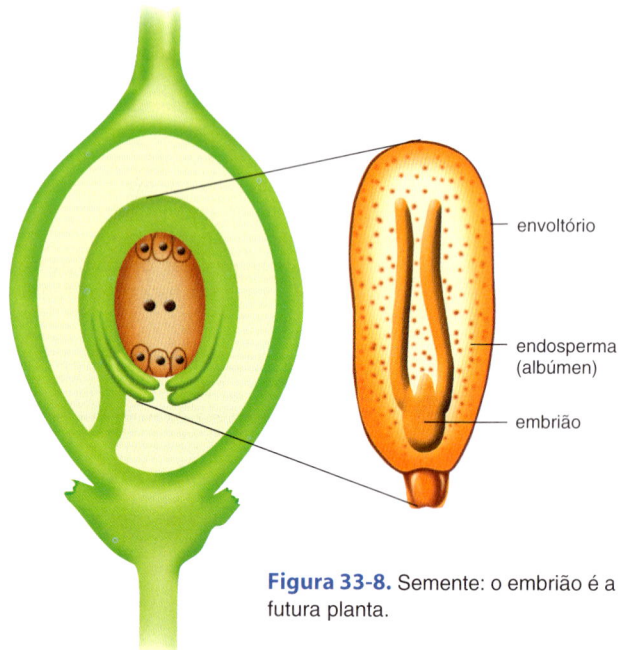

Figura 33-8. Semente: o embrião é a futura planta.

Saiba mais

Pericarpo, a parede do fruto

A figura abaixo mostra um fruto de coco-da-baía aberto, ilustrando a sua parede, o *pericarpo* (do grego, *perí* = em torno de + + *karpós* = fruto), constituída de três camadas: epicarpo (do grego, *epí* = em cima, sobre), mesocarpo (do grego, *mesós* = meio) e endocarpo (do grego, *éndon* = dentro). Destacam-se, também, os dois endospermas, o líquido (a água de coco) e o sólido.

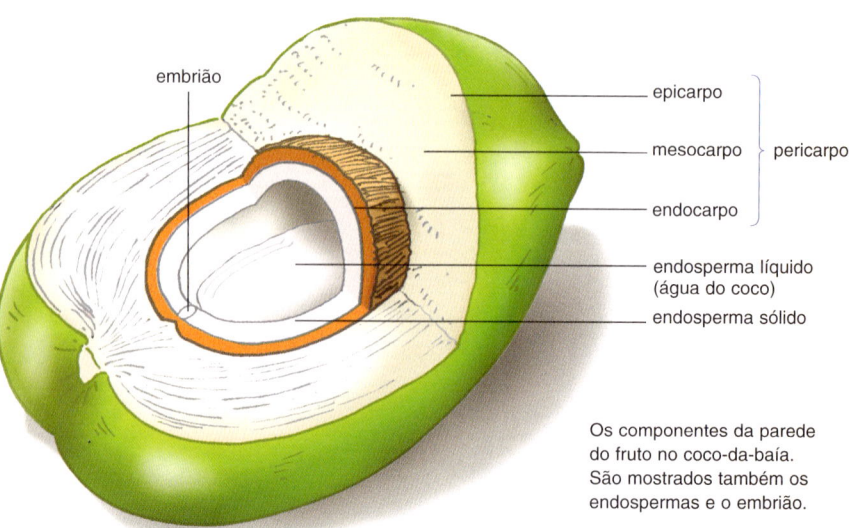

Os componentes da parede do fruto no coco-da-baía. São mostrados também os endospermas e o embrião.

Sementes que se utilizam de diferentes mecanismos de dispersão: (a) coco-da-baía (água), (b) dente-de-leão (vento), (c) picão e (d) carrapicho (animais).

Em muitos frutos comestíveis o *pericarpo é suculento*, podendo ser classificado como *baga* (há muitas sementes livres, como no caso do tomate e da uva) ou *drupa* (de modo geral, apenas uma semente firmemente aderida ao endocarpo, como no caso do pêssego, da manga, da azeitona, da ameixa e do abacate). Por outro lado, há frutos de *pericarpo seco*. Nesse caso, são classificados em duas categorias principais: a) *deiscentes* (abrem-se espontaneamente, como os *legumes* da soja e do feijão e as *cápsulas* do jequitibá e do algodão) e b) *indeiscentes* (caso do *aquênio* do morango, da *cariopse* do milho, do trigo e do arroz, e da *sâmara*, que costuma ter uma expansão alada, no caso do fruto da tipuana, árvore ornamental).

Quanto à dispersão dos descendentes, ela pode se dar por meio das *unidades de dispersão*, constituídas pelas sementes ou pelos frutos. Os veículos de dispersão mais comuns são a água, o vento, animais ou agentes mecânicos. Dispersão pelo vento ocorre na paineira (semente plumosa), no dente-de-leão (fruto plumoso), na tipuana (fruto alado) e no jacarandá-mimoso (semente alada). Dispersão por animais ocorre com os carrapichos e picões, que aderem aos pelos de animais, e com os frutos e as sementes comestíveis, caso da goiaba, cujas sementes são dispersas por aves que se alimentam basicamente da parede dos frutos. A dispersão explosiva (mecânica) de certas sementes ocorre na mamona e na pata-de-vaca. Por fim, a água atua como agente de dispersão de frutos do coco-da-baía.

Sâmara, fruto seco indeiscente de tipuana.

Gimnospermas e angiospermas

Os cotilédones

Todo embrião contido em uma semente de angiosperma é um eixo formado por duas extremidades:

- a **radícula**, que é a primeira estrutura a emergir quando o embrião germina; e
- o **caulículo**, responsável pela formação das primeiras folhas embrionárias.

Uma "folha" embrionária merece especial atenção. É o **cotilédone**. Algumas angiospermas possuem *dois* cotilédones, outras possuem apenas *um* (veja a Figura 33-9). Plantas que possuem *dois* cotilédones são chamadas **eudicotiledôneas** e plantas que possuem *um* cotilédone são chamadas **monocotiledôneas**.

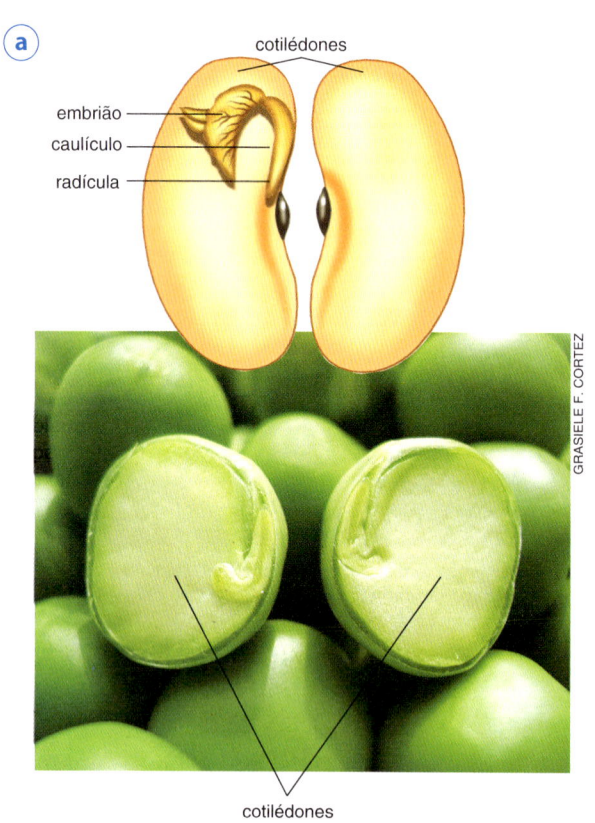
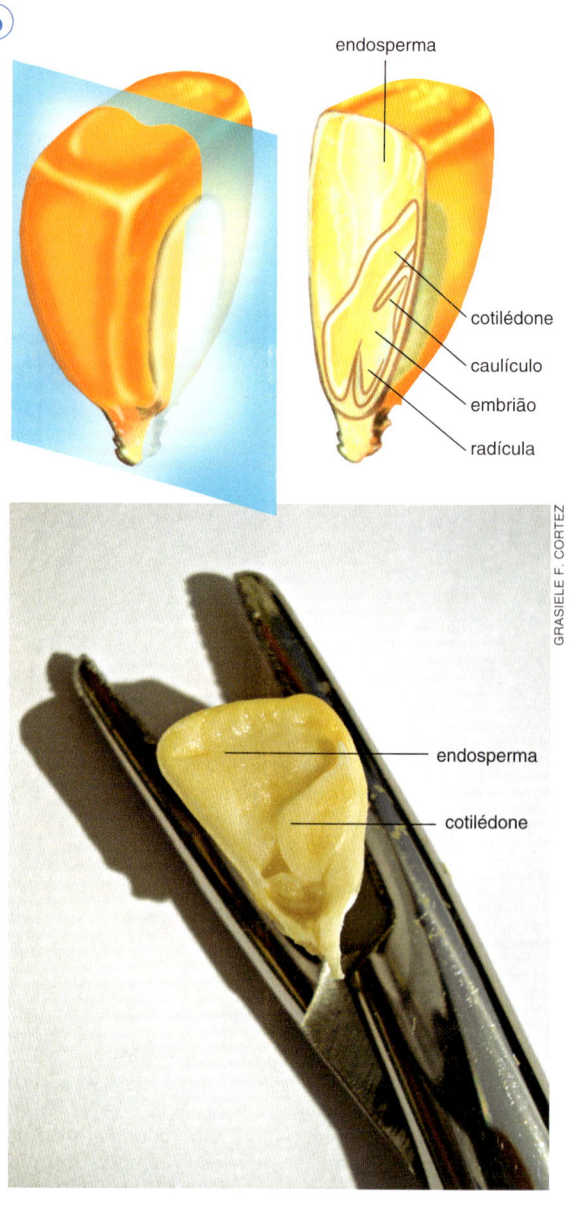

Figura 33-9. (a) No feijão, assim como na ervilha, há dois cotilédones hipertrofiados. Não há endosperma. (b) No milho, o único cotilédone é atrofiado e as reservas ficam no endosperma.

Saiba mais

Eudicotiledôneas?

Novas descobertas, principalmente relacionadas ao material genético, frequentemente levam à reorganização da classificação dos seres vivos. Com as angiospermas (Filo *Anthophyta*) não poderia ser diferente. Tradicionalmente, costumava-se separá-las em dois grandes grupos: *monocotiledôneas* e *dicotiledôneas*, cada qual com suas características diferenciais. Evidências genéticas recentes, no entanto, conduziram à reorganização dessa classificação, reconhecendo a existência de duas grandes classes, a das monocotiledôneas e a das *eudicotiledôneas* (do grego *eu* = bem, bom). A primeira compreende cerca de 90.000 espécies e a segunda pelo menos 200.000 espécies. Juntas, essas duas classes abrangem 97% das espécies de angiospermas. Os 3% restantes são atualmente representados por espécies primitivas, consideradas, por alguns autores, como arcaicas ou básicas, com apenas cerca de 100 espécies, incluídas em poucas famílias. Dentre os representantes atuais desse pequeno grupo, podemos citar os da família *Magnoliaceae* (magnólias) e *Lauraceae* (louro).

Neste livro, em angiospermas estudaremos as duas grandes classes, **monocotiledôneas** e **eudicotiledôneas**.

Diferenças entre Mono e Eudicotiledôneas

A Tabela 33-1 apresenta alguns critérios para diferenciar monocotiledôneas de eudicotiledôneas, além do próprio número de cotilédones.

Tabela 33-1. Principais diferenças entre mono e eudicotiledôneas.

Raiz	Flores	Caule	Folha	Exemplos
Monocotiledôneas				
Lembra uma cabeleira. Os ramos radiculares são equivalentes em tamanho e aparência, não havendo uma raiz que se destaque das demais (raiz fasciculada).	Apresentam estrutura trímera, isto é, os elementos florais de cada tipo são em número de 3 ou múltiplo de 3.	De modo geral não forma tronco, não possui crescimento em espessura devido à inexistência de tecidos que permitam esse crescimento.	Costuma ser estreita e apresentar nervuras paralelas (paralelinérvea).	arroz orquídea palmeira coqueiro trigo abacaxi banana cana-de-açúcar milho grama
Eudicotiledôneas				
Há uma raiz eixo, principal, nitidamente diferenciada das demais, que são ramos laterais curtos da primeira (raiz axial ou pivotante).	Apresentam estrutura tetrâmera ou pentâmera, isto é, os elementos florais de cada tipo são em número de 4 ou 5, ou múltiplos desses números.	Muitas espécies apresentam troncos, isto é, o caule cresce em espessura devido à existência de câmbio, um tecido especializado nesse tipo de crescimento.	Costuma ser palmada, larga e apresenta nervuras que lembram uma rede (reticulinérvea).	beterraba feijão café soja alface amendoim eucalipto

Saiba mais

Leguminosas e gramíneas: duas famílias importantes para o homem

Dentre as eudicotiledôneas, uma família – a das **leguminosas** – destaca-se pela importância econômica, ecológica e alimentar que tem para o homem e para o ambiente. Dessa família fazem parte o feijão e a soja, o amendoim e a alfafa, cuja importância está relacionada ao fato de abrigarem em nódulos de suas raízes as bactérias fixadoras de nitrogênio. É muito utilizado o termo "adubo verde" em agricultura, quando se planta uma leguminosa com a finalidade de enriquecer o solo com compostos nitrogenados, graças à ação das bactérias fixadoras.

Entre as monocotiledôneas, a família das *gramíneas* (poáceas) é extremamente valiosa por apresentar espécies conhecidas pela importância econômica e alimentar, como o arroz, o trigo, a cana-de-açúcar, o milho, o capim etc.

Gimnospermas e angiospermas

A Reprodução Sexuada nas Angiospermas

O ciclo haplontediplonte também está presente, com um aumento da complexidade do esporófito e uma diminuição da complexidade do gametófito. Do mesmo modo que nas gimnospermas, também aqui a produção de esporos ocorrerá nas flores, que *não* são organizadas em estróbilos.

A antera produzirá micrósporos no interior de seus esporângios (veja a Figura 33-10). Eles *não são* liberados da antera e germinam formando gametófitos masculinos (microprotalos).

O gametófito masculino, ou seja, o grão de pólen, é extremamente simples, possuindo apenas duas células: uma vegetativa, responsável pela formação do tubo polínico, e outra, germinativa, que originará dois núcleos gaméticos. Em um certo momento, rompe-se a antera, libertam-se os grãos de pólen e algum agente polinizador poderá levá-los ao estigma da mesma flor ou de outra pertencente a outro indivíduo da mesma espécie. Os megásporos são produzidos nos óvulos. Aqui, como já vimos, os carpelos, formadores dos óvulos, dobram-se sobre si mesmos e formam o ovário, que não existe nas gimnospermas.

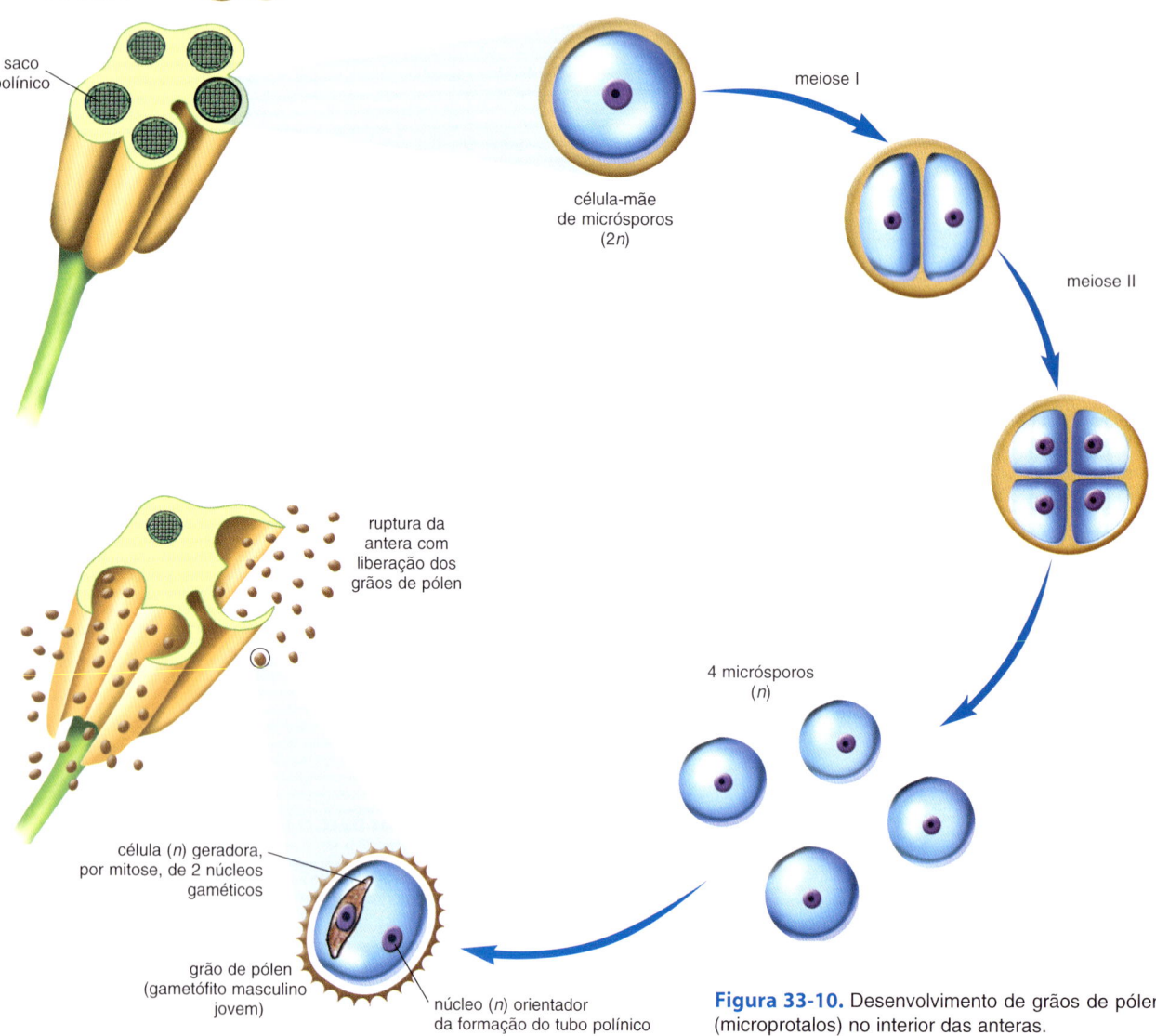

Figura 33-10. Desenvolvimento de grãos de pólen (microprotalos) no interior das anteras.

No interior do óvulo, apenas uma célula-mãe de megásporo, diploide, divide-se por meiose (veja a Figura 33-11). Das quatro células haploides formadas, três degeneram. Apenas a maior diferencia-se no *megásporo funcional*, que se encontra, então, mergulhado no tecido do óvulo. O núcleo do megásporo sofrerá agora três mitoses sucessivas, não havendo citocineses. Surgem, então, oito núcleos, que se redistribuem pelo óvulo. Três migram para o polo próximo da abertura do óvulo, onde originam três células, sendo a central a **oosfera** e as laterais, as **sinérgides**. Três outros núcleos se dirigem para o polo oposto e originam três **células antípodas**. Os outros dois núcleos aparecem isolados no centro do que é *agora* o gametófito feminino.

Esse gametófito, formado por sete células, extremamente reduzido, não possuindo sequer arquegônios, também é chamado de **saco embrionário**, uma vez que logo abrigará um embrião.

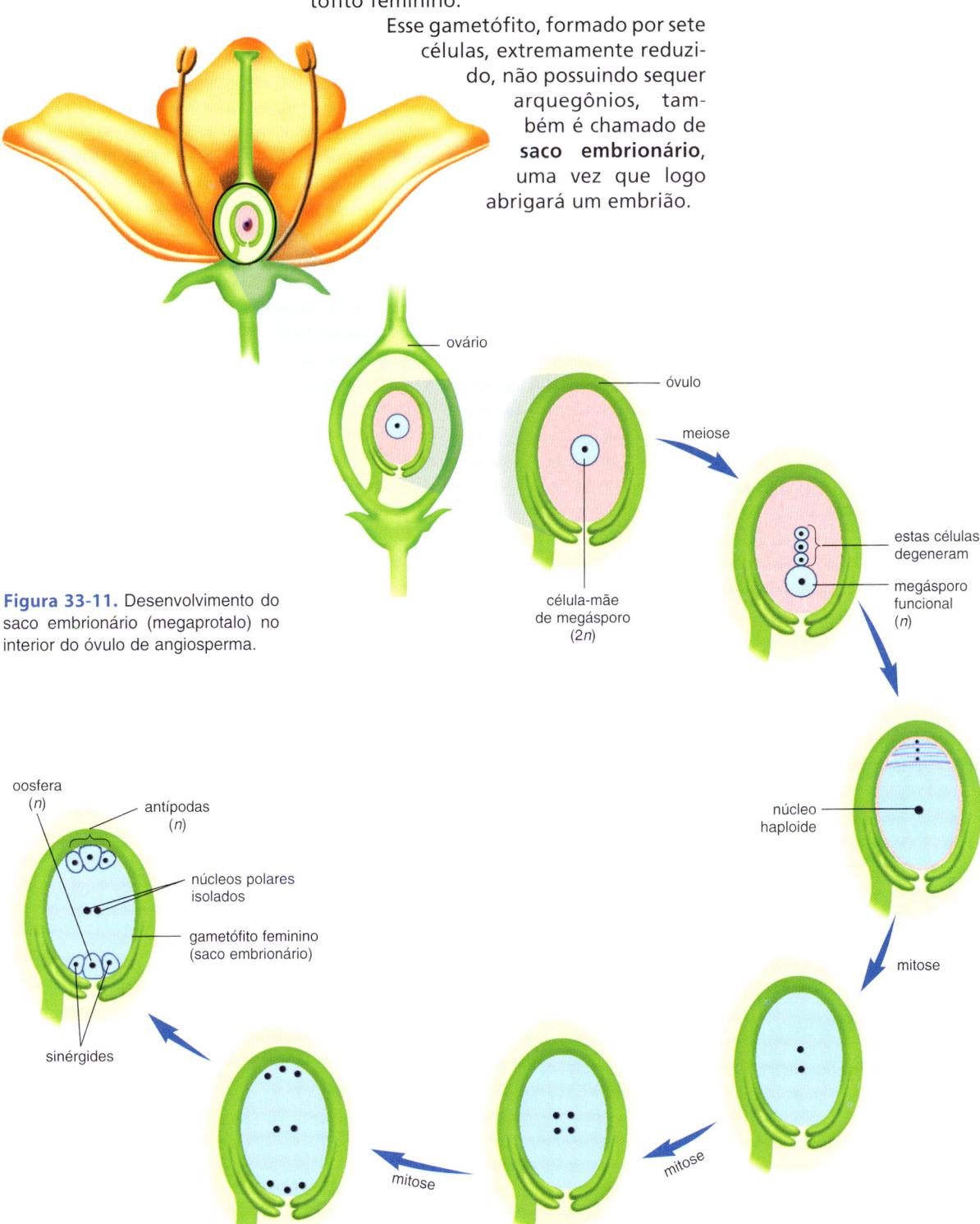

Figura 33-11. Desenvolvimento do saco embrionário (megaprotalo) no interior do óvulo de angiosperma.

A fecundação ocorre depois da polinização

Havendo polinização (transporte de grãos de pólen da antera até o estigma da flor), cada grão de pólen pode crescer ao longo do estilete. Origina-se o tubo polínico, orientado pelo núcleo vegetativo (veja a Figura 33-12). A célula germinativa divide-se por mitose e origina dois núcleos gaméticos haploides (lembre-se, no gametófito, tudo é haploide). Encerrado o crescimento do tubo polínico, o núcleo vegetativo degenera. Um dos dois núcleos gaméticos fecunda a oosfera e origina-se o zigoto diploide.

O segundo núcleo gamético participará da segunda fecundação. Ele se encontra com os dois núcleos isolados no centro do saco embrionário e com eles forma um núcleo triploide. O núcleo triploide inicia sucessivas divisões mitóticas e se multiplica, formando um tecido triploide, cheio de reserva alimentar, que ocupa o espaço que era do gametófito feminino (veja a Figura 33-13). Esse tecido triploide nada mais é do que o *endosperma* (ou endosperma secundário) das sementes de angiospermas, que será consumido pelo embrião durante o seu desenvolvimento.

O ovário com semente dentro se hipertrofia e origina o *fruto*, característico das angiospermas (veja a Figura 33-14). A quantidade de sementes em um fruto depende da quantidade de óvulos que havia no ovário.

> O encontro de gametas nas angiospermas não depende de água ambiental e é facilitado pelo tubo polínico.

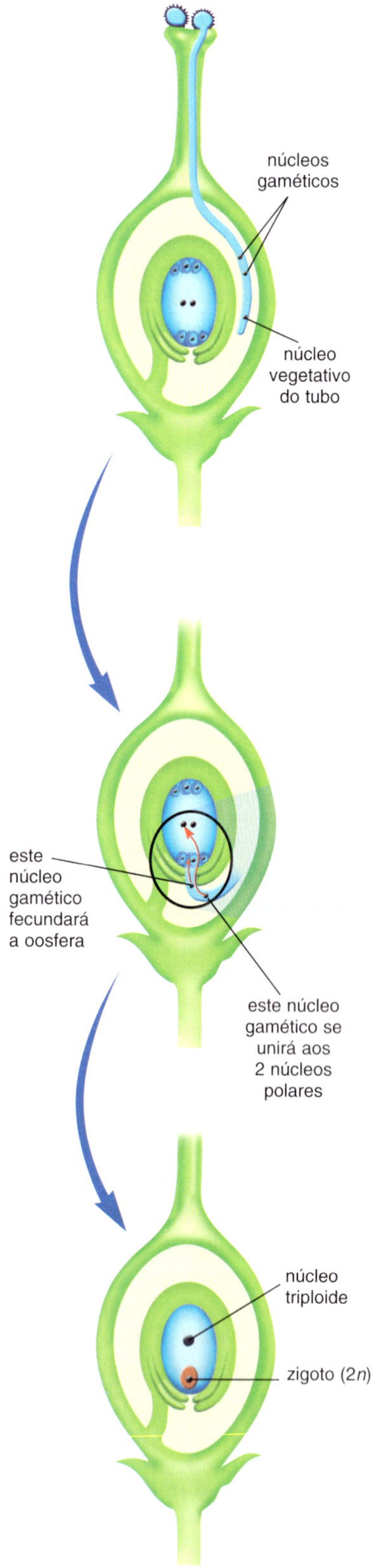

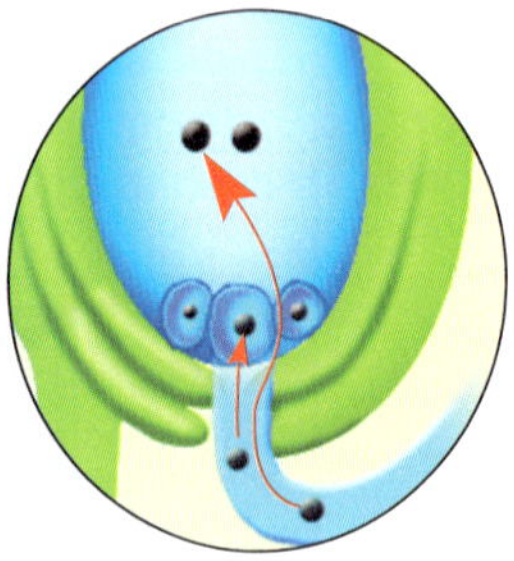

Figura 33-12. Dupla fecundação em angiosperma.

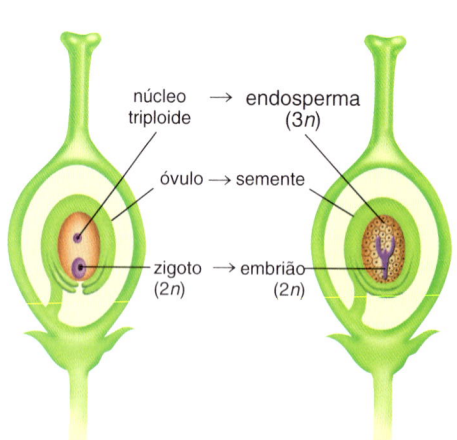

Figura 33-13. O endosperma (albúmen) das sementes de angiospermas é triploide e armazena as reservas nutritivas que serão consumidas pelo embrião.

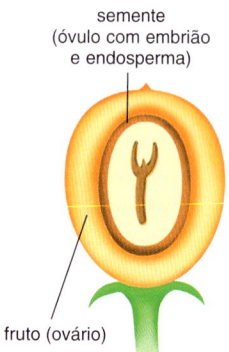

Figura 33-14. A semente é formada pelo óvulo com embrião e endosperma. O fruto é o ovário hipertrofiado.

Saiba mais

Resumo do ciclo reprodutivo em angiospermas

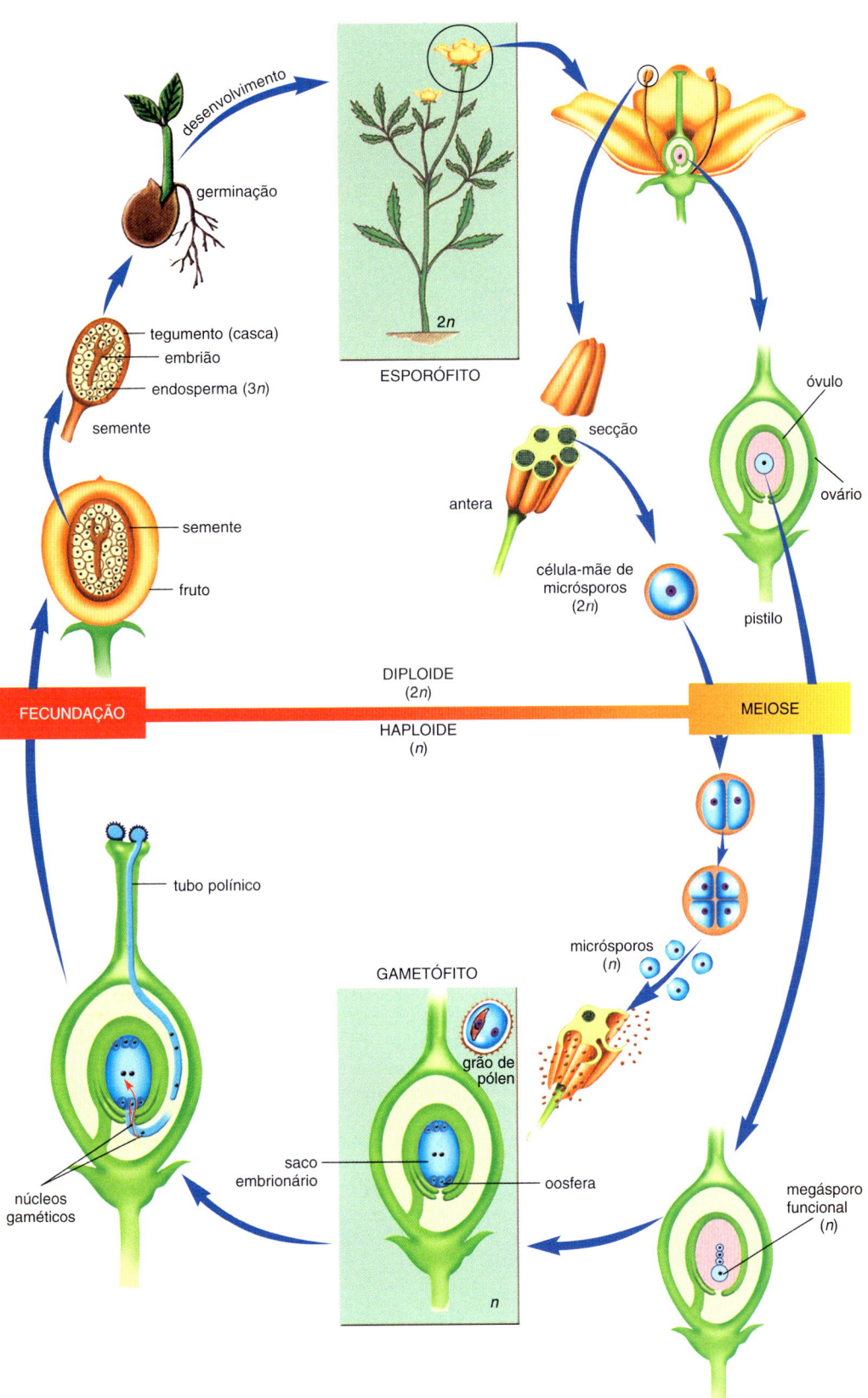

> **Fique por dentro!**
>
> A polinização recebe diferentes denominações, de acordo com os agentes por ela responsáveis. Assim, anemofilia, entomofilia, quiropterofilia, ornitofilia e hidrofilia são os nomes utilizados quando os agentes polinizadores são, respectivamente, o vento, os insetos, os morcegos, as aves e a água.

Os insetos são atraídos pelas cores vistosas das flores. Ao pousarem para se alimentar, grãos de pólen da planta ficam presos em seu corpo. Pousando de flor em flor, eles transportam os grãos de pólen de uma para outra planta.

Polinização: um evento evolutivo das angiospermas

A polinização por um animal depende da atração exercida pela flor que será polinizada (veja a Tabela 33-2). Cores, odores e alimento disponível são fatores que atraem um animal polinizador.

Dos alimentos, dois merecem destaque: um deles, o *néctar*, alimento viscoso, altamente nutritivo, contendo açúcares e aminoácidos, é secretado por glândulas especiais, os *nectários*, localizados na base das pétalas; o outro é representado por *grãos de pólen* comestíveis, avidamente consumidos por alguns insetos.

Tabela 33-2. Características relacionadas à polinização.

Característica	Polinização diurna	Polinização noturna	Polinização pelo vento
Corola	Vistosa e colorida.	Brancas ou escuras.	Se existe, não é vistosa.
Odor	Presente.	Odor forte é o fator de atração.	
Pólen	Pegajoso e em pequena quantidade.	Pouco abundante e pegajoso.	Grãos pequenos, leves e em grande quantidade. Estigmas plumosos.
Exemplos de animais polinizadores	Borboletas, abelhas e aves.	Morcegos, mariposas e besouros.	

A Reprodução Assexuada nas Angiospermas

Muitas angiospermas, assim como as pteridófitas, reproduzem-se assexuadamente. Essa característica é aproveitada pelo homem para a propagação de espécies de interesse alimentar e econômico, de modo muito mais homogêneo que o permitido pela reprodução sexuada com participação das sementes. Os métodos utilizados pelo homem para a propagação vegetativa são: **estaquia, mergulhia, alporquia** e **enxertia**.

Na *estaquia*, fragmentos de caule são obtidos da planta-mãe e enterrados para a obtenção de descendentes geneticamente iguais ao genitor (veja a Figura 33-15). É o método comumente utilizado para o plantio da mandioca, cana-de-açúcar e roseira (na banana, utiliza-se o rizoma – caule subterrâneo – como órgão de propagação vegetativa).

Figura 33-15. Estaquia em mandioca.

A *mergulhia* é mais utilizada em plantas que possuem caules flexíveis: o caule é direcionado para o solo, onde um pedaço é enterrado (veja a Figura 33-16(a)). Após o seu enraizamento, ele é desligado da planta genitora e transplantado para o lugar definitivo.

Na *alporquia*, retira-se um pedaço da casca (sem danificar a parte interna do caule), envolve-se essa porção do caule com terra úmida, cobre-se com plástico e amarram-se as extremidades. Após o enraizamento, corta-se o caule um pouco abaixo do local do enraizamento e planta-se a nova muda no local definitivo (veja a Figura 33-16(b)).

Na *enxertia*, é preciso ter duas plantas: uma – denominada cavalo – que possui sistema radicular intacto e a outra, o cavaleiro, cuja propagação se quer fazer. É preciso que as duas plantas possuam características semelhantes, ou seja, que pertençam à mesma família ou gênero. A enxertia consiste em introduzir o cavaleiro no cavalo para que se desenvolva como se estivesse em sua planta original (veja a Figura 33-17).

Em algumas espécies em que não ocorre reprodução sexuada, como a laranja-da-baía (também chamada de laranja-de-umbigo), esse é o único método de reprodução.

Figura 33-16. (a) Mergulhia, método empregado para a propagação de cajueiros. (b) Na alporquia, o caule é envolto por terra úmida, protegida por plástico, até enraizar.

Figura 33-17. A enxertia é o único método de propagação da laranja-de-umbigo.

As folhas de alguns vegetais se prestam perfeitamente bem para a propagação vegetativa. É o caso das violetas e begônias (como a da foto), cujas folhas, que podem ser criadas inicialmente em água, são transplantadas, após a formação de raízes, para o lugar definitivo.

Passo a passo

1. Das 650 espécies atuais de gimnospermas, as mais conhecidas são árvores coníferas, dotadas de espessos troncos, e as *Cycas*, que se assemelham a palmeiras. A respeito dessas gimnospermas:

a) Cite alguns representantes típicos das coníferas e suas principais características. Quanto às *Cycas*, há uma diferença relativamente às folhas. Qual é essa diferença?
b) Em que regiões da Terra atual são mais encontradas as gimnospermas coníferas?
c) Qual é a principal característica das gimnospermas coníferas, relativamente à reprodução? A que se deve o nome *coníferas*? Qual o significado de *plantas espermáfitas* e quais grupos vegetais são se enquadram nessa denominação?

2. Comparando-se a reprodução das gimnospermas coníferas com a das samambaias, notam-se algumas diferenças. Nas samambaias formam-se soros, estruturas repletas de esporângios produtores de esporos idênticos quanto ao tamanho. Nas gimnospermas, há novidades evolutivas. Com relação a essas novidades, responda:

a) Em que estruturas os esporos das gimnospermas coníferas são produzidos? Como são os esporos, quanto ao tamanho?
b) Os esporos produzidos pelas gimnospermas coníferas não são liberados no ambiente. Então, em que local ocorre o seu desenvolvimento? Nesse caso, qual o resultado do desenvolvimento dos esporos?

3. O que significa polinização, relativamente à reprodução das gimnospermas coníferas? Por meio de qual mecanismo essa polinização ocorre? Qual será a consequência da polinização, caso seja bem-sucedida?

4. O próximo passo na reprodução das gimnospermas coníferas é a fecundação, ou seja, o encontro de gametas.

a) Como ocorre esse encontro gamético? A água ambiental é necessária para ocorrer esse encontro?
b) Quais as consequências da fecundação? Qual a denominação utilizada para esse tipo de fecundação.

5. "Nas gimnospermas coníferas o óvulo e o grão de pólen são correspondentes, respectivamente, ao gameta feminino e ao gameta masculino." Você considera essa afirmação verdadeira ou falsa? Justifique.

6. Nas gimnospermas coníferas a dispersão das sementes ocorre:

a) apenas pelo vento.
b) apenas por meio de animais.
c) pelo vento ou pela ação de animais.
d) apenas pela água.
e) apenas pela água ou pelo vento.

7. Gralhas-azuis eram muito comuns na Região Sul do nosso país. Com o desmatamento acelerado da Mata de Araucárias notou-se uma diminuição progressiva da população daquela espécie de aves. Sabendo-se que elas atuavam como eficientes dispersoras de araucárias pela região, a provável explicação para a diminuição de sua população foi a pequena disponibilidade de alimento, representado, no caso, por:

a) cascas que se desprendiam dos troncos das araucárias.
b) liquens que cresciam nas cascas dos troncos das araucárias.
c) pinhões produzidos pelos estróbilos femininos das araucárias.
d) fungos associados às raízes expostas das araucárias.
e) larvas que se alimentavam dos estróbilos em decomposição.

8. Estamos rodeados de angiospermas por todos os lados. São as mais numerosas, em termos de espécies, entre os vegetais da Terra atual. Com relação a esse grupo vegetal:

a) Qual a principal característica exclusiva do grupo, em termos de reprodução? Cite alguns exemplos de representantes do grupo.
b) Qual o significado de *fanerógamas,* relativamente a gimnospermas e angiospermas?

9. Tratando-se de uma árvore de porte razoável, a pata-de-vaca é plantada em praças e calçadas das cidades e admirada pela beleza de suas flores róseas, vermelhas ou brancas. Como toda árvore, a pata-de-vaca possui um elaborado sistema de fixação ao solo e absorção de água e nutrientes minerais (1), uma espessa porção aérea (2) dotada de muitos galhos, dos quais emergem estruturas laminares (3) responsáveis pela elaboração do alimento orgânico por meio da fotossíntese. Os números 1, 2 e 3 correspondem, na ordem em que são citados, às seguintes estruturas:

a) raízes, tronco e folhas.
b) tronco, raízes e folhas.
c) raízes, tronco e flores.
d) tronco, flores e folhas.
e) raízes, folhas e tronco.

10. Em uma flor completa de angiosperma, o pedúnculo é a porção que emerge do galho e a sua porção discoide terminal corresponde ao receptáculo floral, no qual estão inseridos, de fora para dentro, nesta seqüência, as seguintes peças florais:

a) carpelo(s), estames, sépalas e pétalas.
b) estames, carpelo(s), pétalas e sépalas.
c) sépalas, pétalas, estames e carpelo(s).
d) pétalas, sépalas, estames e carpelo(s).
e) sépalas, pétalas, carpelo(s) e estames.

11. Cálice, corola, androceu e gineceu são termos relacionados, na ordem, a:

a) sépalas, pétalas, estames e carpelo(s).
b) pétalas, sépalas, estames e carpelo(s).
c) sépalas, estames, carpelo(s) e pétalas.
d) estames, carpelo(s), sépalas e pétalas.
e) sépalas, pétalas, carpelo(s) e estames.

12. Utilize o esquema a seguir, que representa uma flor completa de angiosperma, para responder aos itens:

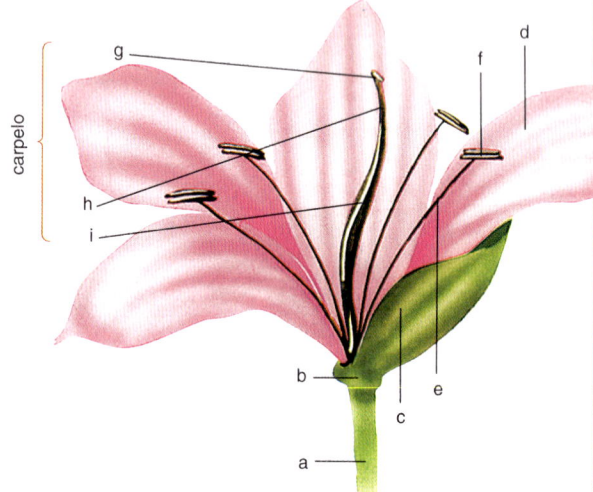

a) Reconheça as estruturas apontadas pelas setas.
b) Qual das estruturas indicadas é responsável pela proteção do botão floral? Qual delas é responsável pela atração de agentes polinizadores?
c) Que funções são atribuídas às estruturas *f* e *g*? Que estruturas estão localizadas no interior da estrutura *i*? Que outra denominação recebe o conjunto formado pelas estruturas *g, h, i*?

d) Quais as estruturas correspondentes ao androceu? Quais as estruturas correspondentes ao gineceu?
e) Qual das estruturas indicadas originará o fruto? Que estruturas originarão as sementes?

13. Associe os termos da coluna numerada com os antecedidos por letras.

1) estame
2) carpelo
3) gineceu
4) androceu
5) produção de grãos de pólen
6) néctar
7) ovário
8) perianto
9) tépalas
10) perigônio
11) flor díclina
12) flor monóclina

a) Em seu interior localizam-se os óvulos.
b) Nome dado a sépalas e pétalas que possuem a mesma cor e formato.
c) Líquido nutritivo apreciado por polinizadores.
d) Flor dotada apenas de carpelos ou estames.
e) Filete e antera.
f) Conjunto formado por cálice e corola.
g) Conjunto de estames.
h) Flor hermafrodita dotada de estames e carpelos.
i) Antera.
j) Estigma, estilete e ovário.
k) Conjunto de carpelos.
l) Conjunto de tépalas.

14. Na série de frases a seguir, reconheça as corretas e indique a soma no final.

(01) Inflorescência é o nome dado ao conjunto de flores de uma planta. Exemplo: milho.
(02) Em um diagrama floral de flor pentâmera, a quantidade de cada tipo de elemento floral é 4 ou múltiplo desse número.
(04) Fruto verdadeiro é o decorrente do desenvolvimento do ovário, podendo conter uma ou mais sementes. Um exemplo é o abacate.
(08) Infrutescência é o nome dado ao conjunto de frutos decorrentes da transformação dos ovários de uma inflorescência. Exemplo: cacho de uva.
(16) Em um pseudofruto, a porção comestível é o ovário desenvolvido, como é o caso da maçã, da pêra, do caju e da parte carnosa do morango.
(32) Fruto partenocárpico é o resultante do desenvolvimento do ovário e contém várias sementes, como é o caso da banana.
(64) Morango e abacaxi são exemplos de infrutescências.

15. Cite os três constituintes normalmente encontrados em uma semente de angiosperma.

16. O embrião existente em uma semente de angiosperma é um eixo cilíndrico constituído de duas extremidades, a radícula e o caulículo, a meio caminho dos quais é encontrada uma estrutura correspondente a uma "folha" embrionária que em algumas sementes comparece aos pares. Esta estrutura corresponde ao:

a) endosperma.
b) cotilédone.
c) albúmen.
d) integumento.
e) tubo polínico.

17. O lírio amarelo é uma planta cuja flor é trímera enquadrando-se, portanto, na subclasse das monocotiledôneas. Por outro lado, a roseira é uma planta que produz vistosas flores pentâmeras, enquadrando-se na subclasse das eudicotiledôneas. Cite as outras três características diferenciais entre essas duas subclasses, referentes ao tipo de sistema radicular, ao tipo de nervação da folha e ao número de cotilédones encontrados no embrião.

18. O esquema abaixo representa um óvulo de angiosperma com as suas sete células.

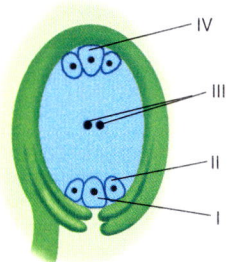

O zigoto e o núcleo primário do endosperma triploide serão originados a partir do encontro dos núcleos gaméticos conduzidos pelo tubo polínico, respectivamente, com:

a) I e III.
b) I e II.
c) II e III.
d) II e IV.
e) I e IV.

19. Considere os seguintes itens:

I – dupla fecundação
II – endosperma triploide
III – tubo polínico com dois núcleos gaméticos
IV – presença de óvulos
V – presença de ovários

a) Quais desses itens correspondem a estruturas ou mecanismos exclusivos das angiospermas?
b) Qual a sequência correta, relativamente à reprodução sexuada nas angiospermas: primeiro, fecundação, depois a polinização, ou o contrário? Justifique sua resposta.
c) Ao estudar o processo reprodutivo sexuado nas angiospermas, um estudante afirmou, incorretamente, que o encontro de gametas depende da existência de água ambiental. Corrija o erro cometido, citando o mecanismo correto do encontro gamético nesse grupo vegetal.

20. Um pesquisador descobriu em uma mata duas plantas com flores. Nas flores da primeira planta, as corolas eram vistosas, coloridas, perfumadas e o pólen liberado pelas anteras era pouco abundante e pegajoso. As flores da segunda planta eram desprovidas de corola, possuíam estigmas plumosos e o pólen era abundante, leve e não pegajoso. Com esses dados, o pesquisador concluiu que os agentes polinizadores dessas plantas deveriam ser, na ordem em que foram citadas:

a) vento e insetos.
b) insetos e água.
c) morcegos e vento.
d) corujas e insetos.
e) insetos e vento.

21. Mamona e soja são angiospermas eudicotiledôneas. Na primeira, as reservas oleosas da semente ficam armazenadas no endosperma, enquanto na semente de soja o óleo é armazenado nos dois cotilédones embrionários hipertrofiados, ou seja, a soja é uma semente que não possui endosperma. Por outro lado, o milho é uma angiosperma monocotiledônea em que as reservas amiláceas da semente ficam armazenadas no endosperma triploide.

Atualmente, é grande o interesse por fontes energéticas que possam diminuir o consumo de combustíveis derivados de petróleo. Utilizando os seus conhecimentos sobre o assunto, assinale a alternativa que relaciona, na ordem, o tipo de biocombustível que é obtido a partir das reservas existentes nas sementes de mamona, de soja e de milho.

a) Biodiesel, etanol e biodiesel.
b) Etanol, biodiesel e biodiesel.
c) Biodiesel, biodiesel e etanol.
d) Etanol, etanol e biodiesel.
e) Biodiesel, etanol e etanol.

22. Os agentes de dispersão dos frutos do coco-da-baía, do dente-de-leão, do carrapicho e das sementes da pata-de-vaca são, na ordem em que estas estruturas estão citadas:

a) água, vento, animais e mecânico.
b) animais, vento, água e animais.
c) água, animais, vento e mecânico.
d) vento, animais, água e animais.
e) água, vento, animais e animais.

23. A propagação vegetativa das plantas é um mecanismo muito utilizado pelo homem para a obtenção de clones de vegetais úteis do ponto de vista ornamental, alimentar ou industrial. O plantio de fragmentos do caule de cana-de-açúcar, conhecidos na agricultura como toletes, é procedimento relacionado ao processo de propagação vegetativa conhecido como:

a) enxertia.
b) alporquia.
c) mergulhia.
d) estaquia.
e) cultura de tecidos.

24. Frutos com pericarpo suculento e carnoso podem ser bagas ou drupas. Frutos secos abrangem os deiscentes (os legumes, por exemplo) ou indeiscentes (os aquênios e cariopses). São exemplos de baga, drupa, legume e cariopse os frutos relacionados na alternativa:

a) pêssego, tomate, vagem de ervilha e milho.
b) tomate, goiaba, vagem de feijão e arroz.
c) uva, laranja, goiaba e melão.
d) tomate, pêssego, vagem de ervilha e trigo.
e) mamão, milho, vagem de soja e frutículos do morango.

25. Questão de interpretação de texto

A chave para produzir um café ainda mais saboroso do que o disponível hoje provavelmente está no DNA de um dos ancestrais do cafeeiro, uma plantinha hoje desprezada pelos agrônomos por ser frágil e difícil de cultivar. É justamente essa espécie, a *Coffea eugenioides*, a responsável por legar aos frutos do cafeeiro mais cultivado comercialmente as características mais cobiçadas, como o alto teor de açúcares. O *Coffea arabica*, cafeeiro mais comum no planeta é um híbrido, resultante do cruzamento natural entre a *C. eugenioides* e outra espécie, a *C. canephora*, há cerca de 1 milhão de anos. O *Coffea arabica*, em vez de possuir duas cópias de cada cromossomo, como ocorre, por exemplo, com os seres humanos, tem quatro cópias de cada cromossomo.

Com as informações do texto e utilizando os seus conhecimentos sobre o assunto, responda:

a) No texto, é citada uma característica que permite afirmar que o cafeeiro é uma angiosperma. Qual é essa característica? De qual estrutura do cafeeiro e de que componente dessa estrutura tal característica é derivada?
b) O cafeeiro é uma planta eudicotiledônea. Cite as principais características de plantas dessa categoria vegetal, relacionadas ao tipo de raiz, ao tipo de nervuras existentes nas folhas e ao número de cotilédones presentes nas sementes.
c) Comparando o cafeeiro com um pinheiro-do-paraná, cite pelo menos duas estruturas comuns às duas plantas e pelo menos duas características exclusivas do cafeeiro.

Questões objetivas

1. (UFSC) A cobertura vegetal original do estado de Santa Catarina compreende dois tipos de formação: florestas e campos. As florestas, que ocupavam 65% do território catarinense, foram bastante reduzidas por efeito de devastação. As florestas nas áreas do planalto serrano apresentam-se sob a forma de florestas mistas de coníferas (araucárias) e latifoliadas e, na baixada e encostas da Serra do Mar, apenas como floresta latifoliada. Os campos ocorrem como manchas dispersas no interior da floresta mista. Os mais importantes são os de São Joaquim, Lages, Curitibanos e Campos Novos.

Adaptado de: ATLAS ESCOLAR DE SANTA CATARINA. Secretaria de Estado de Coordenação Geral e Planejamento. Subsecretaria de Estudos Geográficos e Estatísticos. Rio de Janeiro: Aerofoto Cruzeiro, 1991. p. 26.
Imagem disponível em: <http://www.plantasonya.com.br/dicas-e-curiosidades/gimnospermas.html>. *Acesso em:* 14 set. 2010.

A foto mostra e o texto cita as coníferas (araucárias), uma representante do grupo das gimnospermas. Sobre esse grupo, indique as alternativas corretas e dê sua soma ao final.

(01) o grupo das gimnospermas é evolutivamente mais recente do que o grupo das angiospermas.
(02) ao longo do processo evolutivo das plantas, as gimnospermas apresentaram uma novidade evolutiva em relação às pteridófitas: a presença de sementes.
(04) outra novidade importante apresentada pelas gimnospermas em relação ao grupo das pteridófitas ocorre no processo da fecundação. Este, nas gimnospermas, é independente da presença de água no estado líquido.
(08) as araucárias são plantas monoicas, isto é, plantas que possuem em um mesmo indivíduo flores masculinas e femininas.
(16) o processo de polinização das gimnospermas é dependente de insetos e pássaros, os quais são atraídos pelos nectários na base de suas flores.
(32) as coníferas são vegetais que não atingem grandes alturas (com altura média de 10 metros), com exceção das araucárias.

2. (UFG – GO) Analise a figura a seguir.

Disponível em: <http://www.portalsaofrancisco.com.br>. *Acesso em:* 3 mar. 2010.

Com base na morfologia floral, conclui-se que, nessa flor,

a) O cálice propicia a atração de polinizadores noturnos, impedindo a fecundação cruzada.
b) a corola proporciona um ambiente favorável à germinação dos grãos de pólen, facilitando a fecundação cruzada.
c) o ovário é súpero, dificultando a penetração do tubo polínico para alcançar o óvulo.
d) as anteras posicionam-se acima dos carpelos, facilitando a transferência dos grãos de pólen para o estigma.
e) os verticilos florais reprodutores são desprotegidos da ação do vento, facilitando a ocorrência da polinização cruzada.

3. (UEG – GO) Uma flor é considerada completa quando apresenta quatro conjuntos de folhas modificadas, cada um deles constituindo um verticilo floral. Os botânicos representam os verticilos por meio de diagramas florais, como esquematizado abaixo.

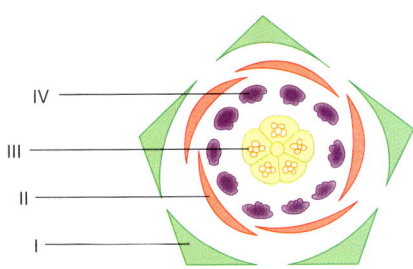

Esquema dos verticilos florais da quaresmeira.

Sobre os elementos florais nas angiospermas, pode-se afirmar:

a) Os elementos florais I e II correspondem, respectivamente, ao carpelo e ao gineceu.
b) O elemento floral III corresponde ao pistilo, que é constituído pelo ovário, estilete e estigma.
c) O elemento floral IV corresponde ao estame, um megasporófilo que forma os óvulos.
d) Os elementos florais II e III são os elementos férteis e correspondem, respectivamente, ao carpelo e ao estame.
e) Os elementos florais III e IV são os elementos estéreis e correspondem, respectivamente, ao perianto e ao perigônio.

4. (UFMS – adaptada) O Brasil é o 3.º país maior produtor de frutas do Mundo (FAO, 2003), incluindo nesse contexto tanto espécies exóticas (laranja, manga e banana) como nativas (caju, maracujá, goiaba e abacaxi) que já possuem cultivos melhorados e produção econômica expressiva.

A banana, o caju, a goiaba e a manga são, respectivamente, exemplos de frutos do tipo:

a) baga, cápsula, pseudofruto e drupa.
b) partenocárpico, pseudofruto, baga e drupa.
c) baga, pseudofruto, composto e drupa.
d) partenocárpico, cápsula, drupa e baga.
e) partenocárpico, pseudofruto, drupa e baga.

5. (PUC – MG) Observe as estruturas vegetais abaixo.

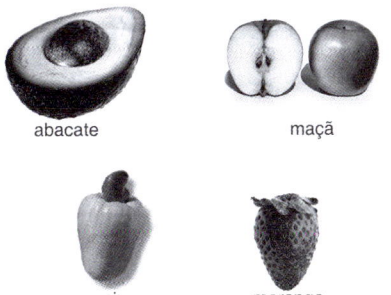

Sobre elas, é **INCORRETO** afirmar:

a) Três delas apresentam parte carnosa comestível derivada da mesma estrutura vegetal.
b) As quatro derivam de componentes constituintes de estruturas florais.
c) Todas apresentam frutos verdadeiros em sua constituição.
d) Todas apresentam sementes derivadas de mesma estrutura vegetal.

6. (UFPE) Nas angiospermas, cada verticilo floral é formado por folhas modificadas; podem ser observados frutos partenocárpicos e pseudofrutos e, certas famílias, podem exibir conjuntos de flores dispostas numa determinada organização, constituindo inflorescências características. Com relação a esse assunto, analise as afirmações abaixo.

(0) Cálice, corola, androceu e gineceu são os quatro verticilos florais observados numa flor completa de angiospermas; o cálice formado por sépalas e a corola formada por pétalas, correspondem ao perianto.
(1) Após a fecundação, a flor perde seus verticilos acessórios e os estames. O óvulo e a oosfera se desenvolvem formando, respectivamente, a semente e o embrião.
(2) Na espiga de milho, cada pequena flor feminina tem um ovário de onde parte um longo estilete, que sai na ponta dessa inflorescência; são conhecidos como 'cabelos do milho'.
(3) Em algumas angiospermas, os frutos são desenvolvidos a partir de ovários cujos óvulos atrofiam e, portanto, não são fecundados. Tais frutos, sem sementes, são chamados partenocárpicos, como, por exemplo, o caju e a maçã.
(4) Enquanto os pseudofrutos simples podem se originar do receptáculo de uma flor com um ovário, como por exemplo, o sapoti, os pseudofrutos compostos originam-se do receptáculo de uma flor com muitos ovários, como por exemplo, o abacaxi.

7. (UFLA – MG) Assinale a alternativa que contém características **APENAS** de monocotiledôneas.

a) Folhas com nervuras paralelas, feixes liberolenhosos do caule difusos, flores trímeras e raízes fasciculadas.
b) Folhas com nervuras paralelas, feixes liberolenhosos do caule ordenados, flores pentâmeras e raízes fasciculadas.
c) Folhas com nervuras ramificadas, feixes liberolenhosos do caule ordenados, flores trímeras e raízes axiais.
d) Folhas com nervuras ramificadas, feixes liberolenhosos do caule ordenados, flores trímeras e raízes fasciculadas.

8. (UFLA – MG) As angiospermas, como as laranjeiras, feijoeiros e cajueiros, têm as sementes contidas nos frutos e constituem o grupo de plantas com maior número de espécies. Apresentam-se, a seguir, quatro proposições com relação à fecundação das angiospermas:

I – É independente da água.
II – Fecundação dupla.
III – Endosperma é derivado da união do núcleo gamético com dois núcleos polares.
IV – Endosperma diploide.

Assinale a alternativa **CORRETA**.

a) Somente as proposições II e III são corretas.
b) Somente as proposições I, III e IV são corretas.
c) Somente as proposições II, III e IV são corretas.
d) Somente as proposições I, II e III são corretas.

9. (UFTM – MG) Os vegetais são classificados em quatro grandes grupos, briófitas, pteridófitas, gimnospermas e angiospermas, sendo este último o maior, com aproximadamente 235.000 espécies conhecidas.

Existem algumas características que são exclusivas das angiospermas; dentre elas, pode-se citar a

a) semente protegida por um tegumento, que envolve o embrião.
b) produção de grãos de pólen, com capacidade de formar o tubo polínico.
c) produção de gametas femininos imóveis, protegidos no interior do arquegônio.
d) dupla fecundação, com a formação do embrião e do endosperma triploide.
e) produção de óvulos no interior do androceu, que se desenvolvem nos frutos.

10. (FUVEST – SP) Ao longo da evolução das plantas, os gametas

a) tornaram-se cada vez mais isolados do meio externo e, assim, protegidos.
b) tornaram-se cada vez mais expostos ao meio externo, o que favorece o sucesso da fecundação.
c) mantiveram-se morfologicamente iguais em todos os grupos.
d) permaneceram dependentes de água, para transporte e fecundação, em todos os grupos.
e) apareceram no mesmo grupo no qual também surgiram os tecidos vasculares como novidade evolutiva.

11. (UNEMAT – MS) O dendograma abaixo mostra algumas características compartilhadas pelos grupos de plantas.

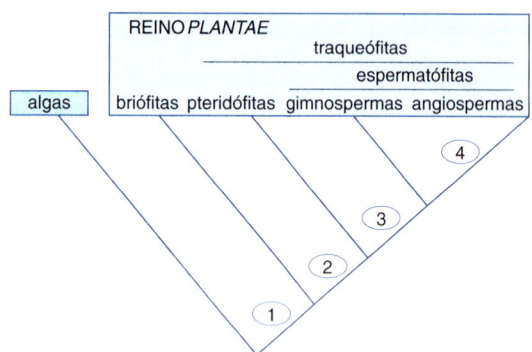

Assinale a alternativa em que ocorre a correspondência dos números ao surgimento de estruturas no decorrer da evolução das plantas.

a) 1. embrião; 2. vasos condutores; 3. semente; 4. flor e fruto.
b) 1. vasos condutores; 2. embrião; 3. semente; 4. flor e fruto.
c) 1. vasos condutores; 2. semente; 3. embrião; 4. flor e fruto.
d) 1. embrião; 2. vasos condutores; 3. flor e fruto; 4. semente.
e) 1. vasos condutores; 2. flor e fruto; 3. semente; 4. embrião.

12. (UFG – GO) Em suas visitas à montanha da Gávea, Darwin registra o seguinte:

Os colibris parecem gostar especialmente desses ermos recantos cheios de sombra. Sempre que via uma dessas criaturinhas zumbindo ao redor de uma flor, com suas asas adejando tão rápidas a ponto de se tornarem quase invisíveis, recordava-me da mariposa esfinges, cujos hábitos e movimentos são, em muitos aspectos, bastante semelhantes.

Para garantir a reprodução sexuada de certas espécies vegetais, pode-se concluir, pelo texto, que

a) pássaros, insetos e plantas vivem harmoniosamente.
b) plantas são fontes de alimentos para os animais.
c) plantas abrigam ninhos e ovos de pássaros.
d) animais utilizam plantas como fonte de fibra na dieta.
e) animais atuam como polinizadores de plantas.

13. (UFMS) Alguns estudantes realizaram um experimento para testar o sistema reprodutivo de determinada espécie vegetal, que possui flores hermafroditas. Com essa finalidade, eles procederam da seguinte maneira: para cada tratamento foram utilizadas 500 flores. No tratamento I, as flores foram usadas como testemunhas, não recebendo nenhuma intervenção por parte dos estudantes; no tratamento II, as flores foram polinizadas manualmente com pólen proveniente da mesma flor (autopolinização) e protegidas posteriormente; no tratamento III, as flores foram inicialmente emasculadas (remoção das anteras), polinizadas com o pólen proveniente de flores diferentes da mesma espécie e, posteriormente, protegidas; no tratamento IV, as flores foram emasculadas (remoção das anteras) e, posteriormente, protegidas, evitando-se assim o processo de polinização. Os resultados obtidos podem ser visualizados no gráfico a seguir.

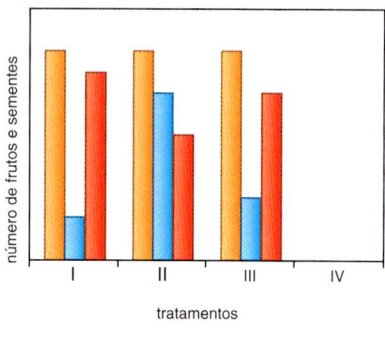

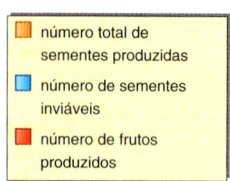

Analisando-se o gráfico, é correto afirmar:

(01) A planta possui mecanismo que impede a autofecundação.
(02) A planta possui mecanismo que impede a polinização cruzada.
(04) A planta não apresenta frutos partenocárpicos.
(08) O sucesso reprodutivo é maior nas plantas com polinização cruzada em relação à autopolinização.
(16) As plantas só se reproduzem através da polinização cruzada.
(32) As plantas reproduzem-se tanto através da polinização cruzada como por autofecundação.

14. (UPE) As afirmativas abaixo se referem a eventos comuns que são observados na reprodução das Angiospermas. Analise-as.

I – O transporte do pólen até o estigma da própria flor ou de outras flores pode ser realizado por diversos tipos de agentes polinizadores, dependendo de processos adaptativos, que as plantas sofreram durante a evolução. Assim, flores polinizadas por animais, por exemplo, geralmente têm características que os atraem, como corola vistosa, glândulas odoríferas e produtoras de substâncias açucaradas.

II – Ocorrendo a polinização, o grão de pólen entra em contato com o estigma de uma flor reprodutivamente compatível, germina e forma o tubo polínico. Esse tubo cresce no interior do estilete, atinge o ovário e penetra no óvulo, através da micrópila.

III – No interior do tubo polínico, um dos núcleos espermáticos degenera, e o outro fecunda a oosfera, formando o zigoto (2n), que se desenvolverá, originando o embrião, o qual será nutrido através de um tecido triploide (3n), denominado de endosperma.

IV – Após a fertilização, o óvulo e o ovário serão modificados, originando a semente e o fruto, respectivamente. Nesse processo, as sinérgides e os núcleos polares se fundem, formando o tecido suspensor.

Somente está CORRETO o que se afirma em

a) I e II.
b) II e III.
c) III e IV.
d) I, II e III.
e) II, III e IV.

15. (UFPE) A partir do conhecimento de que as fanerógamas são capazes de se reproduzir, naturalmente, por propagação vegetativa, o homem desenvolveu diferentes técnicas visando aumentar a produção de plantas de valor econômico. Um desses processos está ilustrado na figura e é denominado:

a) estaquia.
b) mergulhia.
c) alporquia.
d) enxertia.
e) cultura de tecidos.

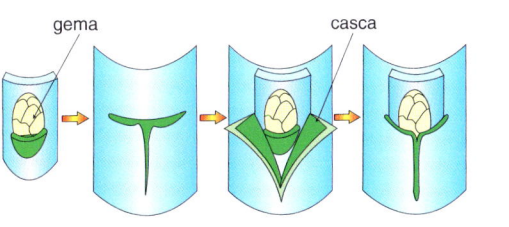

Questões dissertativas

1. (UFF – RJ) Nos angiospermas as flores são estruturas que participam da reprodução sexuada. O desenho abaixo mostra 4 plantas da classe *Angyospermae*.

planta monoica — plantas dioicas — planta hemafrodita

a) Que planta(s) possui/possuem flores monóclinas e quais possuem flores díclinas? Justifique.
b) Em alguns casos as plantas dioicas apresentam nectários e glândulas odoríferas. Estas estruturas estão geralmente menos desenvolvidas em plantas, que apresentam polinização por: anemofilia, entomofilia, ornitofilia ou quiropterofilia? Justifique.
c) Se uma planta (A) apresentasse folha peciolada ou séssil e se outra (B) tivesse folha invaginante, como seriam classificadas em relação à presença dos cotilédones?

2. (UFJF – MG) Uma das características que justifica o grande número de espécies de angiospermas é o surgimento das flores e a presença de frutos protegendo as sementes. Essa estratégia de reprodução ampliou as possibilidades de polinização e a eficiência na dispersão das sementes.

a) De acordo com as características reprodutivas apresentadas na tabela ao lado, identifique o mecanismo de reprodução sexuada utilizado pelas espécies **A** e **B**.

Espécie A	– flores com sépalas, pétalas, androceu e gineceu; – não é necessária a ação de polinizadores; – amadurecimento simultâneo do androceu e gineceu.
Espécie B	– flores com sépalas, pétalas, androceu e gineceu; – a ação de polinizadores é fundamental; – amadurecimento temporalmente diferenciado do androceu e gineceu.

Espécie **A**: _____   Espécie **B**: _____

b) Nas plantas em geral, à exceção das células reprodutivas, todas as células apresentam o mesmo número cromossômico. No entanto, especificamente nas sementes das angiospermas, encontramos tecidos com números cromossômicos diferentes. Que aspecto exclusivo das angiospermas, observado durante a reprodução sexuada, explica a ocorrência desse fato?

c) Considerando uma planta que possua células somáticas com $2n = 20$ cromossomos, quais números cromossômicos você esperaria encontrar nos seguintes tecidos das sementes?

Embrião	
Endosperma	

d) Alternativamente à reprodução sexuada, muitas espécies vegetais utilizam a reprodução assexuada. Essa possibilidade é aproveitada pelo homem principalmente para a propagação de espécies de interesse econômico. Comparativamente à reprodução sexuada, apresente uma vantagem que a reprodução assexuada pode oferecer.

3. (UFBA) A figura esquematiza a relação entre duas espécies de plantas do gênero *Mimulus* com o beija-flor e a abelha mamangaba.

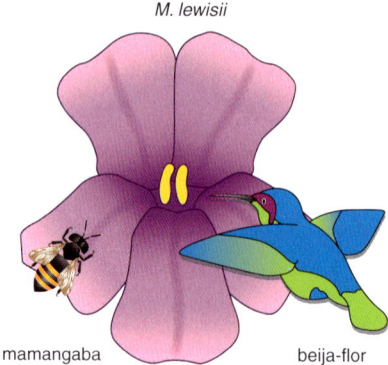

M. lewisii

mamangaba — beija-flor

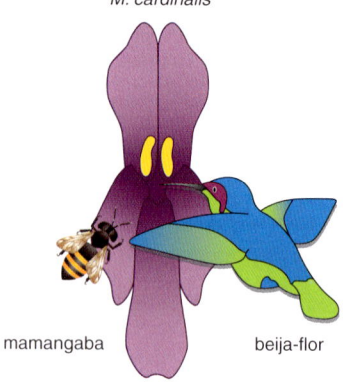

M. cardinalis

mamangaba — beija-flor

A partir da análise da ilustração, apresente duas características decisivas na evolução de cada um dos grupos representados e o significado biológico da relação planta/animal em destaque.

4. (UFPR) Acredita-se que as plantas terrestres evoluíram a partir de algas verdes que conquistaram o ambiente terrestre.

Briófitas e pteridófitas apresentam gametas masculinos flagelados, demonstrando haver ainda nesses grupos uma grande dependência da água para sua reprodução. Nas angiospermas, essa dependência foi eliminada através do desenvolvimento de grãos de pólen.

a) Cite dois meios pelos quais os grãos de pólen podem ser transportados até o estigma das flores.
b) Descreva como, após o grão de pólen alcançar o estigma de uma flor, ocorrerá a fecundação da oosfera e o desenvolvimento do endosperma.

Programas de avaliação seriada

1. (PAS – UFLA – MG) A respeito da estrutura de uma flor, analise as proposições abaixo.

 I – A flor é constituída por conjuntos de folhas modificadas denominadas verticilos florais.
 II – O androceu é formado por folhas modificadas denominadas carpelos.
 III – A corola é formada por folhas modificadas denominadas sépalas.

Assinale a alternativa que descreve **CORRETAMENTE** as afirmativas.

a) Somente as proposições I e II estão corretas.
b) As proposições I, II e III estão corretas.
c) Somente as proposições I e III estão corretas.
d) Somente as proposições II e III estão corretas.
e) Somente a proposição I está correta.

2. (PSIU – UFPI) O núcleo espermático contribui para a formação do zigoto e do endosperma triploide. A dupla fecundação é característica da reprodução de angiospermas. Observando a figura ao lado, identifique corretamente a sequência dos eventos da dupla fecundação, conforme os itens indicativos da figura.

a) A célula generativa divide-se mitoticamente, produzindo duas células espermáticas haploides.
b) A sinérgide degrada-se, um núcleo espermático une-se a dois núcleos polares, formando a primeira célula da geração endospérmica 3n.
c) O tubo polínico contém duas células haploides, a célula generativa e a célula vegetativa.
d) O outro núcleo espermático fertiliza a oosfera, formando o zigoto, a primeira célula da geração esporofítica 2n.
e) As duas células espermáticas penetram no citoplasma de uma sinérgide.

A sequência correta é:

a) 1.C   2.A   3.E   4.B   5.D.
b) 1.C   2.A   3.B   4.E   5.D.
c) 1.A   2.B   3.C   4.E   5.D.
d) 1.A   2.B   3.C   4.D   5.E.
e) 1.B   2.A   3.E   4.D   5.C.

O que saber sobre os... grupos vegetais?

Características	Briófitas (musgos)	Pteridófitas Filicíneas (samambaias)	Gimnospermas Coníferas (pinheiros)	Angiospermas
Tecidos condutores	Não – avasculares.	Sim – vasculares.	Sim – vasculares.	Sim – vasculares.
Habitat (habitual)	Aquático doce e terrestre úmido.	Aquático doce e terrestre úmido.	Terrestre – matas de coníferas.	Aquático e terrestre (ampla distribuição geográfica).
Reprodução	• Ciclo haplontediplonte. • Isósporos.	• Ciclo haplontediplonte. • Isósporos.	• Ciclo haplontediplonte. • Micrósporos e megásporos.	• Ciclo haplontediplonte. • Micrósporos e megásporos.
Gametófito/ encontro de gametas	• Duradouro, autótrofo/sexos separados. • Anterídios e arquegônios presentes. • Fecundação dependente da água ambiental (oogamia)	• Pouco duradouro, pequeno tamanho, autótrofo/hermafrodita. • Arquegônios e anterídios presentes. • Fecundação dependente da água ambiental (oogamia).	• Reduzido. Masculino: grão de pólen (derivado do micrósporo), com poucas células, sem anterídio. Feminino: derivado do megásporo, com arquegônios, dentro do óvulo. • Fecundação independente da água ambiental (sifonogamia), com tubo polínico (gametófito masculino adulto). • Um núcleo gamético apenas fecunda a oosfera e gera o zigoto, que se desenvolve no embrião ($2n$). • Semente com endosperma primário (haploide).	• Reduzido. Masculino: grão de pólen (derivado do micrósporo) com apenas duas células, sem anterídio. Feminino: saco embrionário (derivado do megásporo, sem arquegônios) dentro do óvulo. • Fecundação independente da água ambiental (sifonogamia), com tubo polínico (gametófito masculino adulto). • Dupla fecundação. Um núcleo gamético fecunda a oosfera e gera o zigoto, que se desenvolve no embrião ($2n$). Segundo núcleo gamético se encontra com dois núcleos polares e gera o núcleo primário do endosperma triploide ($3n$). • Semente com endosperma secundário (albúmen, $3n$).

Características	Briófitas (musgos)	Pteridófitas Filicíneas (samambaias)	Gimnospermas Coníferas (pinheiros)	Angiospermas
Esporófito/ dispersão	• Pouco duradouro e dependente do gametófito. • Dispersão por esporos. • Provável origem: Ordoviciano (500 milhões de anos)	• Duradouro, autótrofo e independente do gametófito. • Dispersão por esporos. • Provável origem: Siluriano (438 milhões de anos)	• Duradouro. • Grandes árvores. • Dispersão por sementes. • Não há frutos. • Poucas espécies atuais (550). • Provável origem no Permiano (286 milhões de anos).	• Duradouro, tamanho e formas variadas (lâminas, ervas, arbustos, árvores). • Dispersão por sementes e por frutos. • Grupo dominante da Terra atual (250.000 espécies). • Provável origem no Cretáceo (144 milhões de anos).
Lembrar	• Pequeno porte. • Transporte de água por difusão célula a célula. • Locais úmidos. • Hepáticas e antóceros.	• Propagação por rizoma (caule subterrâneo). • Folhas enroladas na ponta (fetos), folíolos, soros (conjunto de esporângios).	• Estróbilos diferenciados (cones) de sexos separados. Os femininos produzem óvulos que se diferenciarão nas sementes. • Polinização: vento. • Pinheiros, araucárias, pinhões. • *Cycas:* gimnospermas não coníferas.	• Flores (em geral hermafroditas). Cálice, corola, gineceu (onde se localizam os óvulos) e androceu (com antera produtora de grãos de pólen). • Polinização: insetos, aves, morcegos, vento, água. • Fruto: verdadeiro (ovário desenvolvido, com ou sem sementes). • Pseudofruto: maçã, morango (receptáculo), caju (pedúnculo). • Monocotiledôneas e dicotiledôneas.

Unidade 10 — MORFOFISIOLOGIA VEGETAL

Capítulo 34
Os órgãos vegetativos e a nutrição vegetal

As folhas das plantas, um modelo para obtenção de energia

As plantas utilizam a energia do Sol para realizar a fotossíntese e, com isso, produzir os compostos orgânicos necessários para a sua sobrevivência. Durante a fotossíntese, ocorre a hidrólise da água com a liberação de oxigênio e de hidrogênio.

Pois bem, cientistas desenvolveram a folha artificial; um aparato pouco maior que um cartão de crédito, feito de silício, que, mergulhado em 4 litros de água, exposto à luz solar e com a ajuda de um catalisador desenvolvido por eles, é capaz de realizar a hidrólise da água. O objetivo da folha artificial é a obtenção de energia barata para casas ecológicas. A primeira parte do projeto, o desenvolvimento do catalisador que permite a hidrólise, já está feito. Falta agora desenvolver o equipamento necessário para a captação do oxigênio e hidrogênio resultantes do processo.

Você consegue avaliar a importância de equipamentos como esse para o equilíbrio do planeta?

Neste capítulo, você saberá mais sobre os órgãos vegetativos de uma planta, os tecidos de revestimento que a protegem dos agentes agressores do meio, como se dá sua nutrição e quais são os nutrientes importantes para o seu bom desenvolvimento.

Raiz, caule e folha são os **órgãos vegetativos** de uma planta (veja a Figura 34-1). Uma traqueófita padrão possui esses três componentes, cada qual desempenhando funções que contribuem para a sobrevivência do vegetal.

A RAIZ: ÓRGÃO DE ABSORÇÃO

Quase sempre, a raiz é originada a partir da radícula do embrião, localizado na semente (veja a Figura 34-2). A partir dela surgem ramos secundários. No entanto, é frequente surgirem raízes a partir de caules e mesmo de folhas. Essas raízes, conhecidas como **adventícias** (do latim, *advena* = que vem de fora, que nasce fora do lugar habitual), são comuns, por exemplo, na base de um pé de milho (veja a Figura 34-3).

As raízes distribuem-se amplamente pelo solo, mas há algumas plantas que possuem raízes **aéreas**, comuns nas trepadeiras, bromélias e orquídeas, enquanto outras possuem raízes **submersas**, como os aguapés, comuns em represas.

Temos dois tipos básicos de **sistema radicular**, como já vimos na Tabela 33-1: o **pivotante**, em que há uma raiz principal, e o **fasciculado**, em que os ramos radiculares são equivalentes em tamanho e aparência, não apresentando uma raiz principal.

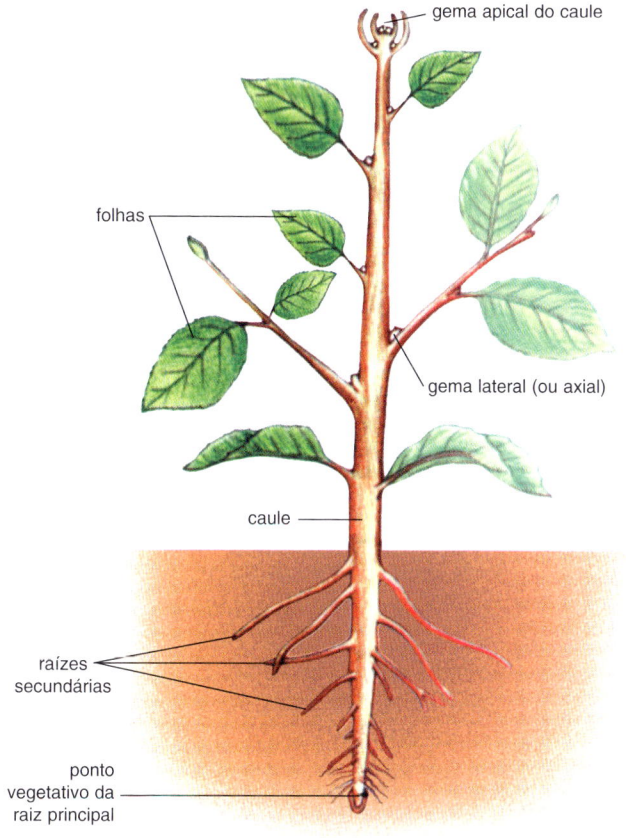

Figura 34-1. Folha, raiz e caule: os órgãos vegetativos de uma traqueófita.

Exemplos de raiz (a) pivotante e (b) fasciculada.

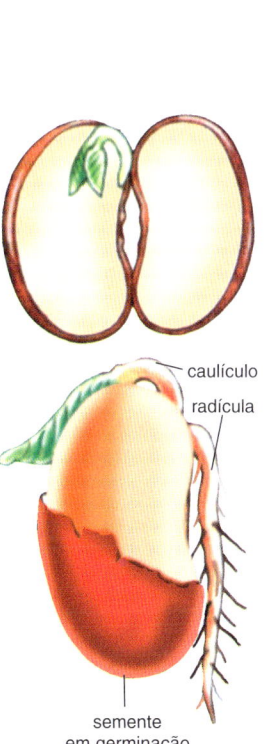

Figura 34-2. A raiz quase sempre é originada da radícula.

Figura 34-3. Raízes adventícias na base de um pé de milho.

Os órgãos vegetativos e a nutrição vegetal

Uma raiz padrão possui partes bem definidas (acompanhe pela Figura 34-4):

- **coifa** – um capuz formado por células vivas que reveste a zona de multiplicação celular. Na ponta da raiz, continuamente novas células são produzidas (por mitose) por um tecido embrionário chamado **meristema**. A coifa protege a região meristemática e auxilia a penetração da raiz no solo;
- **região de distensão** (de crescimento ou de alongamento celular) – é aquela em que as células formadas pelo meristema se alongam e permitem o crescimento da raiz;
- **zona pilífera** – formada por células dotadas de pelos, atua na absorção de água e nutrientes minerais necessários à sobrevivência da planta;
- **região de ramos secundários** (ou zona suberosa) – é aquela em que se nota o brotamento de novas raízes que surgem de regiões internas da raiz principal.

A principal função da raiz é a *absorção dos nutrientes minerais*, sendo que, no solo, também é responsável pela fixação do vegetal ao substrato. Alguns tipos de raízes, no entanto, também desempenham outras funções:

- raízes **tuberosas**, além de efetuar a absorção de nutrientes, são *armazenadoras de reservas*. É o caso da mandioca (aipim, macaxeira), batata-doce e nabo;

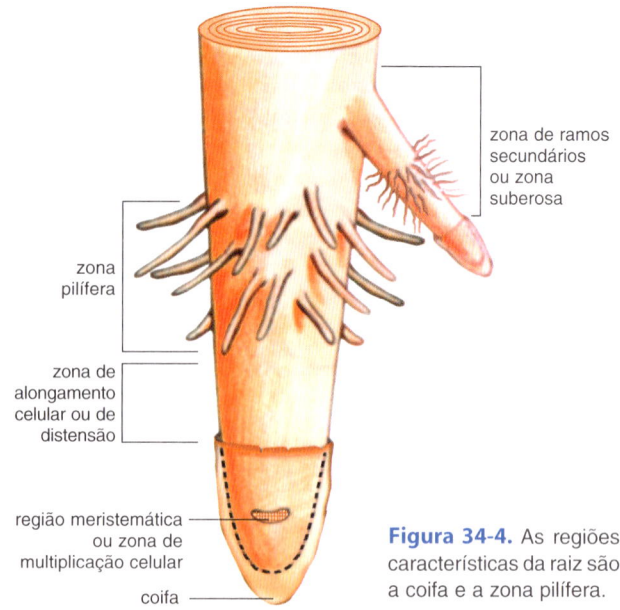

Figura 34-4. As regiões características da raiz são a coifa e a zona pilífera.

Rabanete, cenoura e beterraba são exemplos de raízes tuberosas.

- raízes-**suporte** (também chamadas de **raízes-escoras**) cuja principal função é auxiliar na sustentação da planta. Em geral, são originadas de determinados pontos no caule. Um tipo de raiz-suporte muito comum é a raiz tabular, que recebe esse nome por seu aspecto lembrar uma tábua;
- raízes **respiratórias** (também conhecidas como **pneumatóforos**), comuns em plantas que vivem em *solos pobres em oxigênio*. É o caso das árvores dos manguezais cujo solo quase sempre é alagado e rico em matéria orgânica em decomposição (o alagamento dificulta a penetração do ar no solo e a decomposição é um processo quase sempre aeróbio que consome muito oxigênio);

Raízes tabulares, em figueira-branca da Mata Atlântica.

Detalhe de manguezal. Note os pneumatóforos emergindo do solo encharcado dessa formação ecológica. As trocas gasosas ocorrem por meio de pequenos orifícios (pneumatódios) existentes ao longo de cada raiz aérea.

- **raízes sugadoras** (também conhecidas como **haustórios**) são comuns em plantas parasitas ou hemiparasitas. O *cipó-chumbo* é um exemplo de angiosperma heterótrofa (aclorofilada, incapaz de realizar fotossíntese) cujo corpo é constituído por filamentos amarelados que crescem apoiados em outra planta. Em determinados locais desses filamentos surgem raízes (haustórios) que penetram no caule da planta hospedeira e atingem os vasos do floema, condutores da seiva elaborada, isto é, a seiva rica em substâncias orgânicas produzidas pela fotossíntese. No caso de a planta ser *hemiparasita*, a exemplo da erva-de-passarinho (é clorofilada e, portanto, autótrofa), somente a seiva bruta (água e minerais), que transita pelos vasos lenhosos do xilema, é retirada da planta hospedeira.

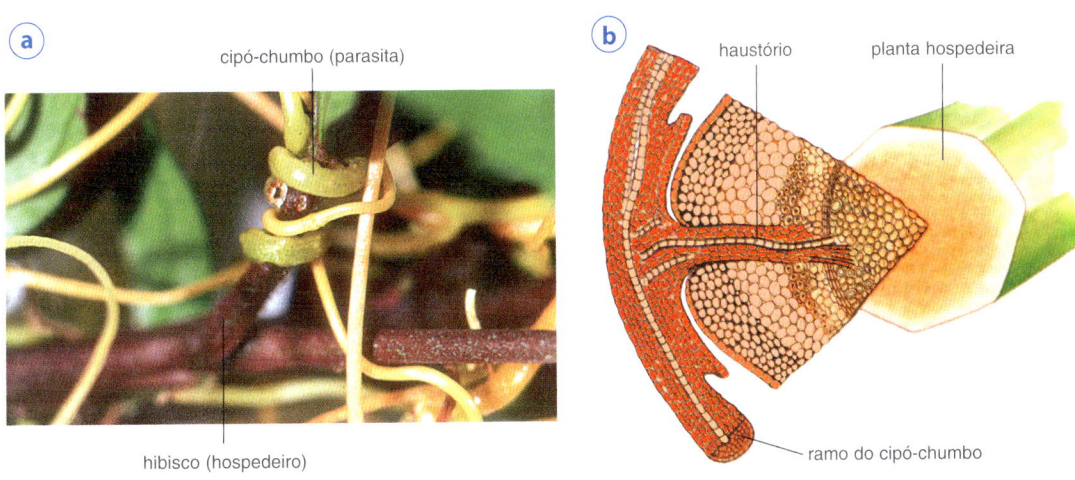

(a) Ramo de hibisco, parasitado por cipó-chumbo, uma holoparasita (do grego, *holo* = total). (b) Detalhe, em corte, da raiz sugadora do cipó-chumbo no interior dos vasos condutores de alimento da planta hospedeira.

> ### Saiba mais
>
> #### Raízes aéreas e raízes estrangulantes
>
> As raízes de algumas plantas parasitas, ao crescerem em direção ao solo, acabam por envolver o tronco da planta hospedeira de tal modo que chegam a "estrangulá-la". Daí serem conhecidas como raízes **estrangulantes**. Outro caso interessante é o das conhecidas orquídeas, cujas raízes são encontradas muitas vezes fora do solo, em contato direto com o ar. Essas raízes são conhecidas como **aéreas**. Bromélias e orquídeas são plantas **epífitas** (do grego, *epi* = em cima + *phutón* = vegetal). Apoiam-se em galhos de árvores em busca de luz. Suas raízes apenas aderem aos galhos. Não são, portanto, plantas parasitas.
>
> Raízes (a) estrangulantes sobre tronco de figueira mata-pau e
> (b) aéreas (velame) de orquídea.

O CAULE: VIA DE CONEXÃO ENTRE RAÍZES E FOLHAS

O caule é um órgão originado do caulículo do embrião. De formato e tamanho extremamente variáveis, é geralmente **aéreo**, mas em algumas plantas pode ser **subterrâneo**.

Entre os caules aéreos, podem ser citados os

- **troncos**, de grande espessura e ramificações variadas, constituindo os galhos;
- **estipes**, típicos das palmeiras e coqueiros, em geral esses caules não apresentam ramificações;
- **colmos**, dotados de nós, típicos do bambu e da cana-de-açúcar.

> Caules muito delgados, como, por exemplo, o de hortaliças, também são conhecidos como **hastes**.

Tipos mais comuns de caule: (a) tronco, (b) estipe e (c) colmo. Em (d) detalhe dos nós e entrenós do caule de bambu.

Fique por dentro!

Nos manguezais, árvores da espécie *Rhizophora mangle* formam caules de sustentação ao solo pouco firme (arenoso ou lodoso).

Manguezal com *Rhizophora mangle*. Ilha da Croa (Maceió, AL).

Os caules **subterrâneos** são conhecidos genericamente como **rizomas**. São comuns, por exemplo, em bananeiras, em que a parte aérea não é um caule, mas um conjunto de folhas embainhadas umas nas outras e originadas do rizoma localizado no solo. Certos rizomas armazenam reservas alimentares e são cultivados para a alimentação humana. É o caso dos **tubérculos** da batatinha (batata-inglesa). Podem existir, ainda, caules subterrâneos modificados. É o caso dos **bulbos**, comuns na cebola e no gladíolo (veja a Figura 34-5). Na cebola, folhas modificadas e armazenadoras de reservas ácidas (catáfilos) partem do caule: de fato, uma pequena porção dura, circular e achatada da qual também se projetam as raízes.

A característica exclusiva dos caules é a existência de gemas laterais (ou axilares). São locais dotados de tecido embrionário (meristema) e que, ao entrarem em atividade, são capazes de originar ramos de caule, raízes, folhas ou flores.

> Gemas laterais são próprias de caule. Em algumas plantas elas podem, excepcionalmente, aparecer na raiz – como no eucalipto, por exemplo.

A principal função do caule é atuar como *via de conexão* entre as raízes e as folhas. Pode, também, ser a sede da fotossíntese quando jovem, verde, ou em vegetais que não possuam folhas ou as possuam modificadas em outras estruturas (como os cactos, em que os espinhos são folhas modificadas). Certos caules podem armazenar reservas úteis para o homem.

Figura 34-5. Caules subterrâneos: (a) rizoma, (b) tubérculos e (c) bulbo. Observe que, na cebola, a parte branca (d) é formada por folhas (catáfilos).

Saiba mais

Alguns caules especiais

Algumas estruturas caulinares apresentam características muito especiais, como as **gavinhas**, os **cladódios** e os **caules volúveis**.

As *gavinhas* são ramos do caule de certas plantas – como de uva, maracujá, chuchu –, que se enrolam ao redor de um suporte, dando maior fixação à planta. Os *cladódios* são caules modificados e adaptados, característicos dos cactos – esses caules podem armazenar água e também realizar a fotossíntese. Os *caules volúveis* são extremamente finos e bastante flexíveis; alguns deles são rastejantes e outros, trepadores.

(a) Maxixe na cerca, no qual se podem ver as gavinhas, (b) cladódios de cactos, (c) caule volúvel ou estolão rastejante de morangueiro e (d) caule volúvel trepador.

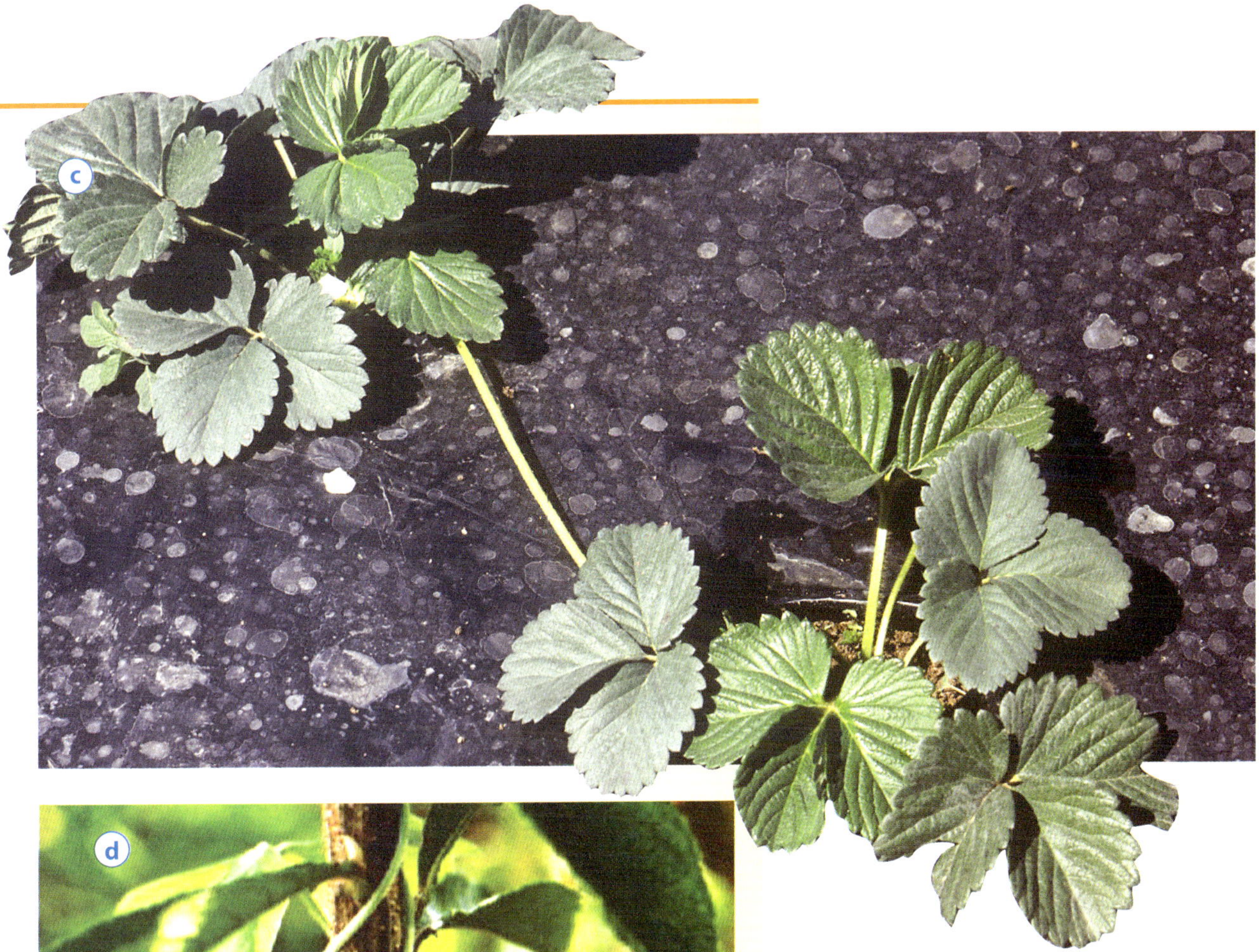

A ciência por trás do fato!

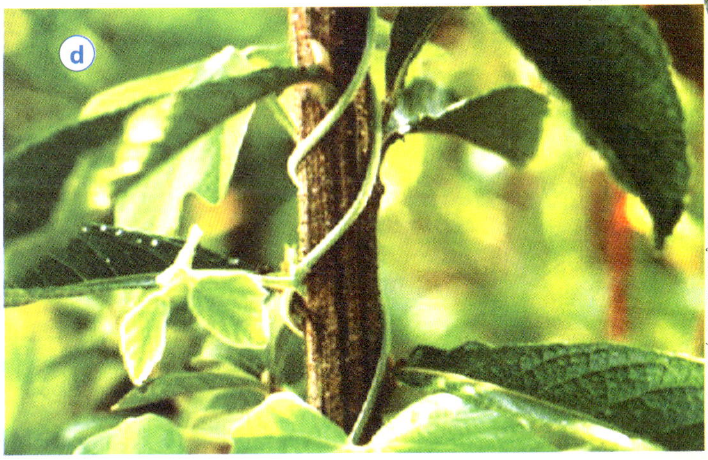

Batata engorda?

Quem é que não aprecia um prato de batatas fritas ou de batatas coradas? Engorda? A batata que consumimos, proveniente de linhagens trazidas da Europa no final do século XVI, é alimento rico em amido e proteínas. Claro que o consumo excessivo pode até engordar. Mas não é só isso que importa. O que realmente conta é que esse tubérculo muitas vezes é a base alimentar exclusiva de muitos povos. Só para se ter uma ideia da sua importância na alimentação, basta lembrar da crise de fome que assolou a Irlanda em 1846. A população daquele país, que se elevou de 4,5 milhões de habitantes em 1800 para 8,5 milhões em 1845 – graças, entre outros fatores, ao consumo de batatas –, decresceu e atingiu a marca de 6,5 milhões de habitantes em 1851. Sabe por quê? A infestação de plantas de batata pelo oomiceto *Phytophthora infestans* praticamente destruiu toda a produção do tubérculo em apenas uma semana, no verão de 1846. Ocorreram cerca de 800.000 mortes, além de haver uma migração maciça de pessoas principalmente para os EUA. Naquela época, cada adulto consumia de 4 a 6 kg de batata por dia! Hoje, embora o oomiceto ainda seja um sério problema para as plantas, o melhoramento genético propiciou a produção de linhagens resistentes e restabeleceu a cultura desse vegetal na Irlanda e em diversos outros países em que as pessoas dependem da batata para a sobrevivência.

A FOLHA: LOCAL DA FOTOSSÍNTESE

De formato extremamente variável, uma folha completa é formada por um "cabinho", o **pecíolo** (veja a Figura 34-6), e uma superfície achatada dotada de duas faces, o **limbo**, percorrido pelas nervuras.

> As folhas podem ser **simples** (um único limbo) ou **compostas** (quando o limbo se apresenta dividido).

A principal função da folha é servir como *local em que é realizada a fotossíntese*. Em algumas plantas, existem folhas modificadas e que exercem funções especializadas, como as folhas aprisionadoras de insetos das plantas insetívoras, e os espinhos dos cactos.

Uma folha sempre é originada a partir da atividade de uma gema lateral do caule.

Existem dois tipos básicos de folhas quanto ao tipo de nervura que apresentam: as **paralelinérveas**, típicas das monocotiledôneas, e as **reticulinérveas**, comuns em eudicotiledôneas.

> Algumas folhas não possuem pecíolo. É o caso das folhas de um pé de milho, que aparecem embainhadas no caule.

Figura 34-6. (a) Folha com pecíolo e limbo. (b) Folha com bainha e limbo.

Folha reticulinérvea.

Folha paralelinérvea.

Saiba mais

Algumas estruturas foliares especiais

Em algumas plantas, principalmente monocotiledôneas, não há um pecíolo propriamente dito, mas sim uma estrutura conhecida pelo nome de **bainha**, que serve como elemento de ligação da folha à planta. É o caso, por exemplo, da folha de milho (reveja a Figura 34-6(b)). Já em eudicotiledôneas, próximas ao pecíolo existem estruturas de formatos diversos – podem ser pontiagudas, laminares ou com a forma de espinhos –, conhecidas por **estípulas**.

O formato e a cor das folhas são muito variáveis e algumas delas chamam a atenção por sua estrutura peculiar. É o caso, por exemplo, das folhas modificadas presentes em plantas carnívoras, cuja adaptação auxilia na captura dos insetos. Também é especialmente interessante a coloração que certas **brácteas**, pequenas folhas modificadas na base das flores, apresentam: de tão coloridas, elas atuam como importante elemento para atração dos insetos.

Estípulas em folha de roseira (ao lado) e em hibisco (abaixo).

PHOTOS.COM

GRASIELE F. CORTEZ

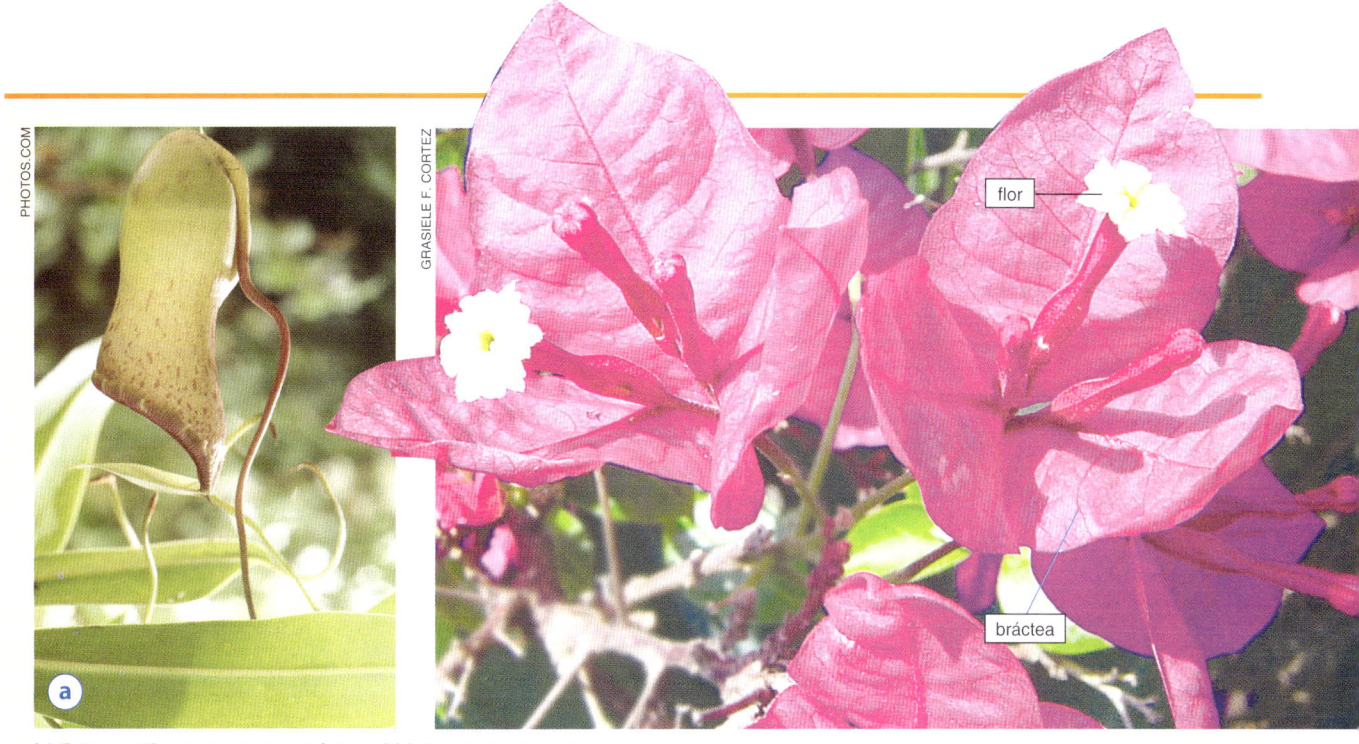

(a) Folha modificada de planta carnívora e (b) brácteas de primavera.

OS TECIDOS VEGETAIS DE PROTEÇÃO

Um violento temporal, uma seca prolongada, um animal herbívoro ou qualquer outro agente agressivo do meio têm de ser enfrentados pela planta imóvel, ao contrário de um animal, que pode se refugiar em lugar seguro até que as condições ambientais se normalizem.

Os tecidos protetores, ou de revestimento, de uma traqueófita são a **epiderme** e o **súber**. A eficiência deles pode garantir a proteção da planta contra diversos agentes agressivos do meio.

O Súber

É um tecido de revestimento existente em raízes e troncos – portanto, em plantas arborescentes adultas –, espesso, formado por várias camadas de *células mortas*. A morte celular, nesse caso, é devida à impregnação de grossas camadas de *suberina* (um material lipídico) nas paredes da célula que fica, assim, oca. Como armazena ar, o súber funciona como um excelente isolante térmico, além de exercer, é claro, um eficiente papel protetor.

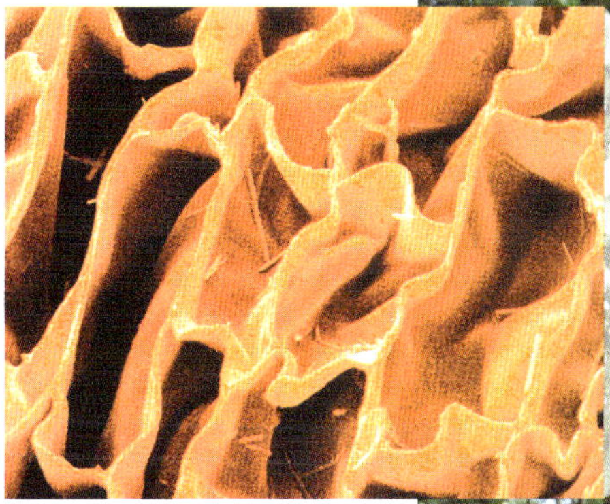

ANDREW SYRED/SPL/LATINSTOCK

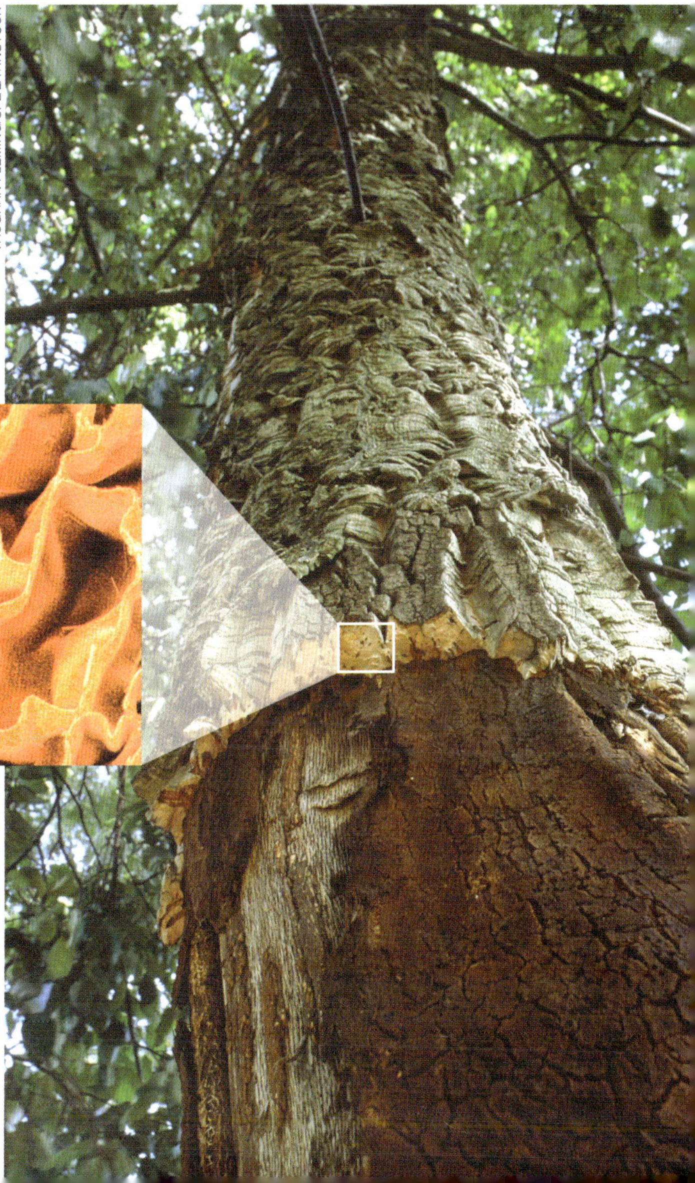

VAUGHAN FLEMING/SPL/LATINSTOCK

A cortiça – utilizada na confecção de rolhas, em equipamento de mergulho e em isolamento acústico e térmico – é extraída do súber de certas espécies de árvores, como o carvalho europeu (na foto, o súber foi parcialmente retirado). No detalhe, estrutura celular do súber, evidenciando seus espaços vazios.

O tronco de uma árvore periodicamente cresce em espessura. Esse crescimento força a ruptura do súber que racha em muitos pontos e acaba se destacando, juntamente com outros tecidos. Antes, porém, a árvore elabora novo súber que substituirá o que vai cair (veja a Figura 34-7). A esse material periodicamente destacado dá-se o nome de **ritidoma**.

A Epiderme

A epiderme das plantas vasculares é um tecido formado, de modo geral, por uma única camada de células de formato irregular, achatadas, vivas e aclorofiladas. É um tecido de revestimento típico de órgãos jovens (raiz, caule e folhas). A epiderme de uma raiz mostra uma camada cilíndrica de revestimento, com uma zona pilífera, cujos pelos nada mais são do que extensões de uma célula epidérmica (veja a Figura 34-8(a)).

Caules jovens também são revestidos por uma fina epiderme não dotada, porém, de pelos.

É na folha que a epiderme possui notáveis especializações: sendo um órgão de face dupla, possui duas epidermes – a superior e a inferior. Uma cutícula, de espessura variável, existente na superfície das duas epidermes, confere uma proteção importante contra perdas de água (veja a Figura 34-8(b)).

Figura 34-7. (a) Ilustração de ritidoma destacando-se de árvore e (b) ritidoma em goiabeira.

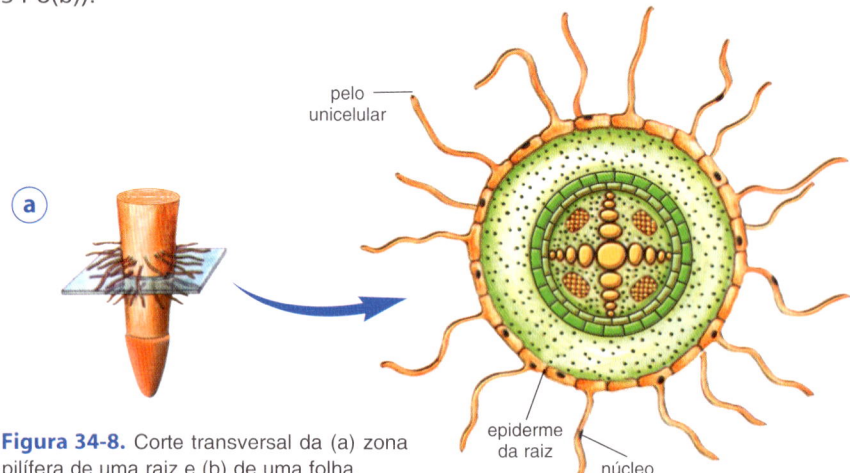

Figura 34-8. Corte transversal da (a) zona pilífera de uma raiz e (b) de uma folha.

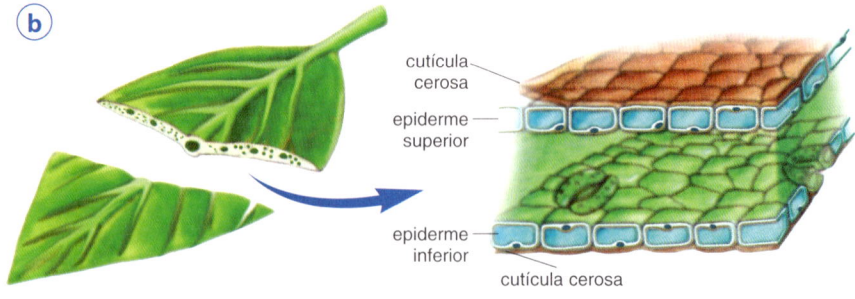

Os anexos da epiderme

Sem dúvida, os estômatos são os anexos mais importantes, relacionados com a troca de gases e água entre as folhas e o meio. Além deles, temos os **acúleos** e os **pelos** (também chamados de tricomas).

Um estômato visto de cima assemelha-se a dois feijões dispostos com as concavidades frente a frente: são as duas **células estomáticas** ou **células-guardas**, que possuem parede celular mais espessa na face côncava e cuja disposição deixa entre elas um espaço denominado **fenda estomática** ou **ostíolo** (veja a Figura 34-9).

> As células estomáticas são as únicas da epiderme que possuem clorofila.

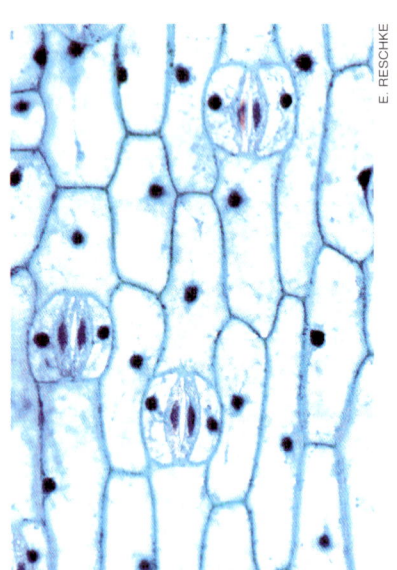

Estômatos da epiderme de uma folha em vista frontal.

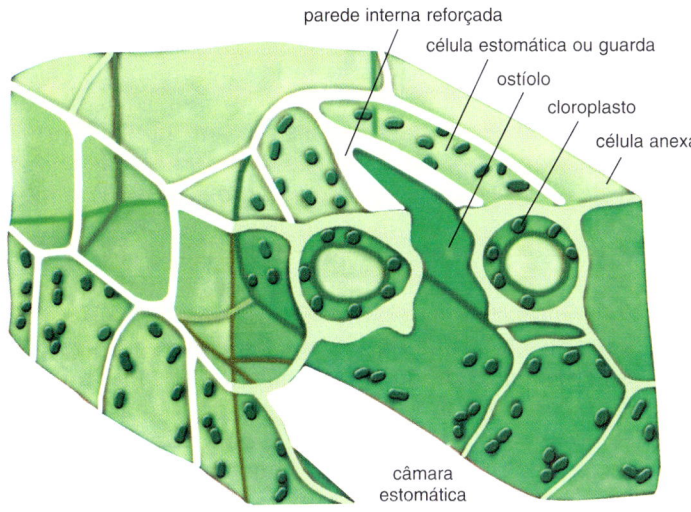

Figura 34-9. Esquema tridimensional de um estômato.

Ao lado de cada célula--guarda há uma **anexa**, que não tem cloroplastos – é uma célula epidérmica comum. Em corte transversal, verifica-se que a fenda estomática dá acesso a um espaço, a **câmara estomática**, intercomunicante com os espaços aéreos do parênquima foliar de preenchimento.

> **Fique por dentro!**
>
> Em plantas que vivem em ambientes mais secos, os estômatos são mais comuns na epiderme inferior. Em plantas aquáticas, cujas folhas flutuam na superfície da água, aparecem na epiderme superior. Na cana-de-açúcar, ambas as epidermes possuem estômatos.

> **Saiba mais**
>
> **A epiderme possui estômatos; o súber possui lenticelas**
>
> A troca de gases entre a planta e o meio ocorre através dos revestimentos *epiderme* e *súber*.
>
> O súber é um tecido espesso, o que dificulta a ocorrência de troca de gases respiratórios. Como vimos, a epiderme possui estômatos para essa função, enquanto no súber são as **lenticelas**, pequenas aberturas, que facilitam o ingresso e a saída de gases nas raízes e nos caules suberificados.
>
> Setor ampliado de corte transversal de caule mostrando lenticela.

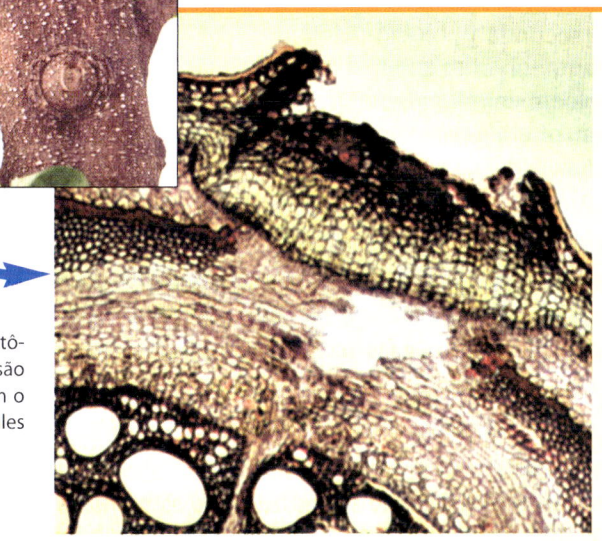

Os **acúleos**, que encontramos no caule das roseiras, na verdade não são espinhos verdadeiros. Eles se formam na epiderme e são fáceis de destacar, ao contrário dos espinhos, que são ramos do caule. Ambos são estruturas de proteção.

As fibras de algodão são **tricomas** (pelos) unicelulares da epiderme das sementes e podem chegar a medir 6 cm. São suaves, elásticas e constituídas principalmente de celulose, o que explica sua elevada capacidade de absorção de água.

> O mentol, substância oleosa, volátil, de odor agradável, é extraído dos tricomas de certas espécies de pimenta.

NUTRIÇÃO VEGETAL

O heterotrofismo conduz, necessariamente, à procura de alimento orgânico e ao seu tratamento, muitas vezes, em sofisticados sistemas digestórios, típicos dos animais mais complexos. Quando falamos em nutrição de um vegetal, precisamos considerar primeiramente o autotrofismo típico da maioria das plantas. Em uma traqueófita, a nutrição orgânica envolve obrigatoriamente a capacidade que o vegetal tem de elaborar o seu próprio alimento orgânico por meio da fotossíntese. Já a nutrição inorgânica, aquela que é baseada na absorção dos nutrientes minerais, é dependente de sua obtenção a partir do substrato em que vive a planta.

Nutrição Inorgânica: Macro e Micronutrientes

Quando falamos em nutrição inorgânica, na verdade estamos nos referindo à absorção dos nutrientes minerais essenciais para um bom desenvolvimento vegetal. Esses nutrientes existem no substrato em que a planta vive (solo, água e, eventualmente, meio aéreo) e sua absorção é realizada principalmente pelas raízes. Muitas vezes, as folhas também executam esse papel. A absorção radicular é efetuada a partir da zona pilífera, região na qual a superfície de absorção é aumentada pela existência dos pelos absorventes.

Quando um nutriente é utilizado em grande quantidade por um vegetal, ele é considerado um **macronutriente**. Se for utilizado em pequena quantidade, é considerado um **micronutriente**. Esses termos não se relacionam com o tamanho do nutriente, e sim com a *quantidade* em que são utilizados.

Entre os micronutrientes, podem ser citados o manganês, o cobre, o zinco e o ferro. A Tabela 34-1 resume o papel de alguns macronutrientes no organismo vegetal.

Tabela 34-1. O papel dos principais macronutrientes.

Nutriente	Papel
Nitrogênio (N)	Essencial para a síntese proteica e de ácidos nucleicos.
Fósforo (P)	Essencial para a síntese de ATP e de ácidos nucleicos.
Potássio (K)	Relacionado às trocas iônicas entre a célula e o meio; envolvido nos movimentos de abertura dos estômatos.
Enxofre (S)	Utilizado para a síntese de aminoácidos essenciais.
Magnésio (Mg)	Componente da molécula de clorofila.

Saiba mais

O húmus

A decomposição de restos vegetais no solo, realizada por fungos, bactérias, minhocas, insetos etc., resulta na mineralização dos nutrientes (carbono, nitrogênio, fósforo, enxofre etc.), que são diretamente assimilados pelas plantas ou formam outros compostos.

O húmus estabiliza a estrutura do solo, aumenta sua aptidão para absorver os íons minerais (potássio, amônio, magnésio, cálcio) e regulariza a umidade, constituindo assim um agente insubstituível de fertilidade e conservação do solo.

Nutrição Orgânica: A Partir da Fotossíntese

A fotossíntese ocorre principalmente nas folhas de uma traqueófita. É conveniente, agora, dar uma noção da morfologia interna desse órgão relacionado com a nutrição orgânica.

Duas epidermes, formadas por células achatadas, revestem uma camada interna constituída basicamente por dois tecidos: o tecido de preenchimento e o tecido condutor. O tecido de preenchimento é conhecido como **parênquima** e é, em geral, constituído por duas camadas de células clorofiladas, vivas (veja a Figura 34-10). A camada próxima à epiderme superior possui células organizadas em uma paliçada e, por isso, recebe o nome de **parênquima paliçádico**. A outra camada, próxima da epiderme inferior, possui células irregulares que se dispõem deixando lacunas entre si, o que dá a essa camada um aspecto de esponja – é o **parênquima lacunoso**. As células dessas camadas são ricas em cloroplastos. O tecido condutor compõe as nervuras. Aqui, os vasos dispõem-se em feixes de tecidos condutores, embainhados por células parenquimáticas especiais.

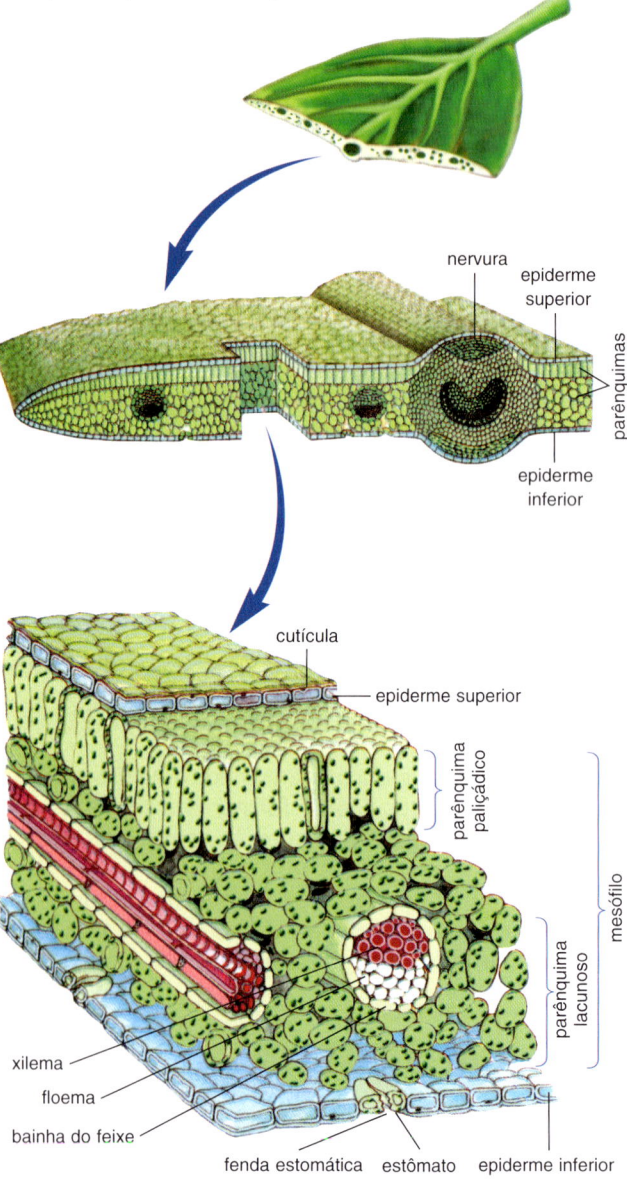

Figura 34-10. Corte transversal de uma folha, evidenciando sua morfologia interna. A reunião do parênquima lacunoso e o paliçádico constitui o parênquima clorofiliano.

Há dois tipos de vasos: os que trazem para a folha a água necessária para a fotossíntese, além de outras substâncias inorgânicas – vasos do *xilema* –, e os que conduzem o alimento produzido pelas folhas para o caule e para a raiz – vasos do *floema*.

Cabe ao **parênquima clorofiliano** (outro nome dado ao conjunto formado pelo parênquima paliçádico e parênquima lacunoso) o papel de nutrir o vegetal com os alimentos orgânicos necessários à sua sobrevivência, a partir da realização da fotossíntese.

As etapas de claro e de escuro da fotossíntese ocorrem nos cloroplastos. Na fase de claro (ou fotoquímica) há a participação da água e da luz, com liberação de oxigênio e produção de ATP e $NADPH_2$. Na fase de escuro (ou puramente química) descrita a seguir, ocorre **o ciclo de Calvin** ou **ciclo das pentoses**, durante o qual há uma sequência de reações com participação do gás carbônico e com a utilização do ATP e do $NADPH_2$, produzidos na fase de claro, resultando em moléculas de glicose.

O ciclo de Calvin

O ciclo começa com a reação de uma molécula de CO_2 com um açúcar de cinco carbonos conhecido como *ribulose difosfato* catalisada pela enzima **rubisco** (ribulose bifosfato carboxilase/oxigenase, **RuBP**), uma das mais abundantes proteínas presentes no reino vegetal (acompanhe pela Figura 34-11). Forma-se um composto instável, de seis carbonos, que logo se quebra em duas moléculas de três carbonos (2 moléculas de *ácido 3-fosfoglicérico* ou *3-fosfoglicerato*, conhecidas como PGA). O ciclo prossegue até que, no final, é produzida uma molécula de glicose e é regenerada a molécula de ribulose difosfato.

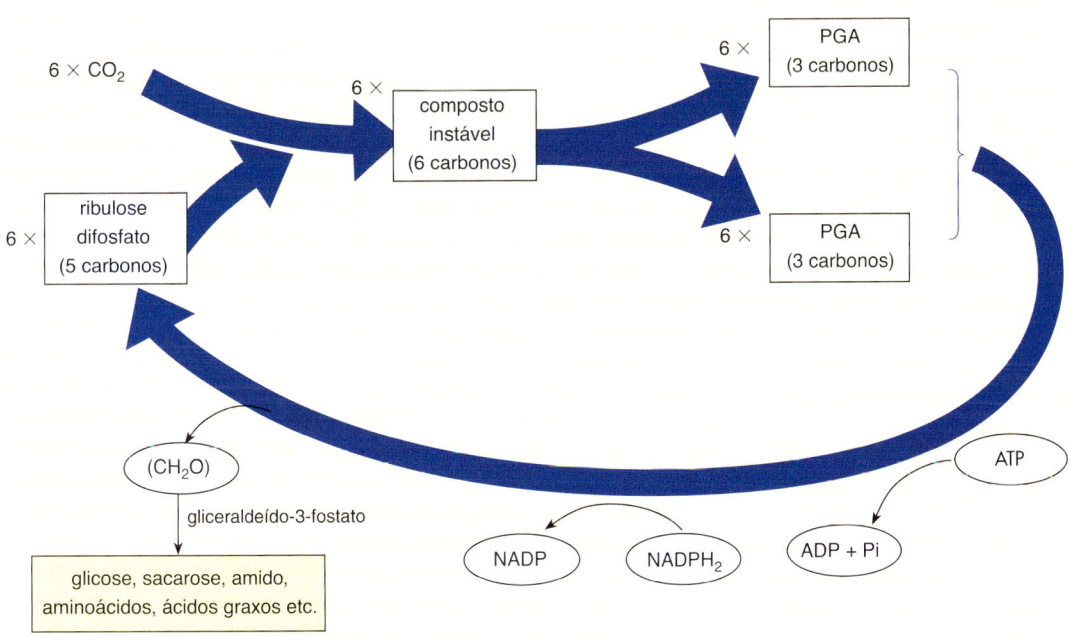

Figura 34-11. O ciclo de Calvin simplificado.

Note, porém, que, para o ciclo ter sentido lógico, é preciso admitir a reação de seis moléculas de CO_2 com seis moléculas de ribulose difosfato, resultando em uma molécula de glicose e a regeneração de outras seis moléculas de ribulose difosfato. A redução do CO_2 é feita a partir do fornecimento de hidrogênios pelo $NADPH_2$ e a energia é fornecida pelo ATP. Lembre-se de que essas duas substâncias foram produzidas na fase de claro. O esquema da Figura 34-11 é uma simplificação do ciclo de Calvin: na verdade, as reações desse ciclo se parecem com as que ocorrem na glicólise, só que em sentido inverso. É correto admitir, também, que o ciclo origina unidades do tipo CH_2O, que poderão ser canalizadas para a síntese de glicose, sacarose, amido e, até, aminoácidos, ácidos graxos e glicerol.

De onde vem o oxigênio da fotossíntese?

Em 1939, após realizar vários experimentos, o pesquisador Robin Hill propôs uma série de reações, as chamadas *reações de Hill*, nas quais tentava elucidar o mecanismo da fotólise da água, fenômeno em que se liberam elétrons, prótons e grupos OH: a partir da união dos OH resultariam água e oxigênio.

Outra evidência de que o O_2 provinha da água surgiu com os experimentos realizados por C. B. van Niel. Trabalhando com bactérias fotossintetizantes que utilizam H_2S para a produção de carboidratos, esse pesquisador estabeleceu a seguinte equação química:

$$CO_2 + 2\ H_2S + luz \xrightarrow{bacterioclorofila} (CH_2O) + H_2O + 2\ S$$

onde (CH_2O) representa a molécula de carboidrato. A partir dessa equação, parecia claro que o H_2S atuava como agente redutor do CO_2. Então, van Niel propôs a seguinte equação genérica para a fotossíntese:

$$CO_2 + 2\ H_2A + luz \xrightarrow{clorofila} (CH_2O) + H_2O + 2\ A$$

na qual H_2A poderia ser representado por água, gás sulfídrico ou qualquer outra substância com poder de reduzir o gás carbônico.

Faltava, porém, uma evidência mais conclusiva de que o oxigênio na fotossíntese das plantas superiores era realmente proveniente da água. Essa evidência, afinal, surgiu após uma experiência realizada em 1941 por Samuel Ruben. Ele forneceu a algas de água doce, do gênero *Chlorella*, água contendo O^{18}, isótopo pesado, radioativo, do O^{16}. Como consequência, verificou que o oxigênio liberado pelas algas era O^{18}, confirmando, assim, a hipótese de van Niel de que, *durante a ocorrência da fotossíntese nas plantas verdes, o oxigênio era proveniente da água e não do gás carbônico*.

As clorofilas e a absorção da luz

Um objeto que possui cor vermelha absorve todos os comprimentos de onda componentes da luz branca, exceto o vermelho, que ele reflete e transmite. O mesmo acontece com as moléculas de clorofila, que são verdes e, portanto, refletem a luz monocromática verde e absorvem os demais comprimentos de onda. Mas uma pergunta que poderíamos fazer é: quais os comprimentos de onda que as clorofilas absorvem melhor? A resposta pode ser obtida em um gráfico, como o da Figura 34-12, que relaciona a quantidade de luz absorvida em função do comprimento de onda, pelas *clorofilas a* e *b*. Ele mostra qual é o *espectro de absorção* dessas duas clorofilas, ou seja, quais faixas de luz as clorofilas *a* e *b* absorvem melhor.

Pelas curvas apresentadas no gráfico, você pode perceber que o *espectro de absorção* das duas clorofilas é praticamente o mesmo. Elas *absorvem melhor na faixa do violeta/azul e na faixa do vermelho*. Nos demais comprimentos de onda, a absorção é praticamente nula.

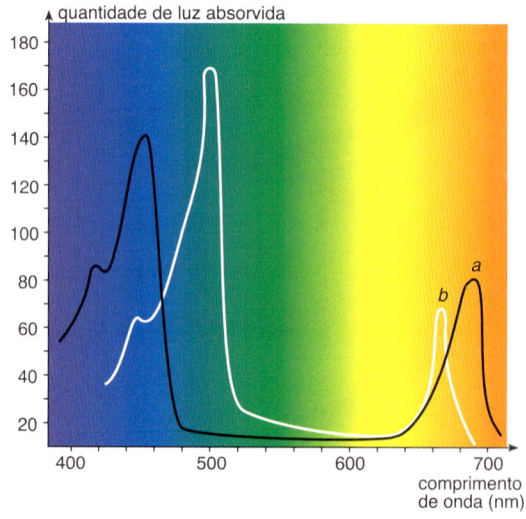

Figura 34-12. Espectro de absorção das clorofilas *a* e *b*.

Saiba mais

Um experimento revelador

Até meados do século XIX não se sabia ao certo como era a interação entre a clorofila e a luz. Foi a partir dos experimentos realizados em 1882 por T. W. Engelmann, pesquisador alemão, que se pôde conhecer melhor esse processo.

Utilizando bactérias aeróbias e a alga filamentosa *Spirogyra*, cujo cloroplasto tem a forma de uma fita helicoidal, Engelmann avaliou a taxa de produção de oxigênio e utilizou esse dado para inferir qual o comprimento de onda de luz que favorece a ocorrência de fotossíntese. Com um prisma, ele decompôs um feixe de luz branca e dirigiu esse espectro luminoso para uma lâmina em que estavam as bactérias aeróbias e a alga *Spirogyra*. Dispôs a alga de tal forma que cada pedaço de um filamento dela recebesse luz de um determinado comprimento de onda (de determinada cor). Passado tempo suficiente para que ocorresse a fotossíntese, Engelmann constatou que havia acúmulo de bactérias em torno da alga nos pontos onde incidiam luz violeta e vermelha.

Esse experimento permitiu a Engelmann constatar o **espectro de ação** da fotossíntese – a relação entre taxa de fotossíntese e comprimento de onda da luz visível.

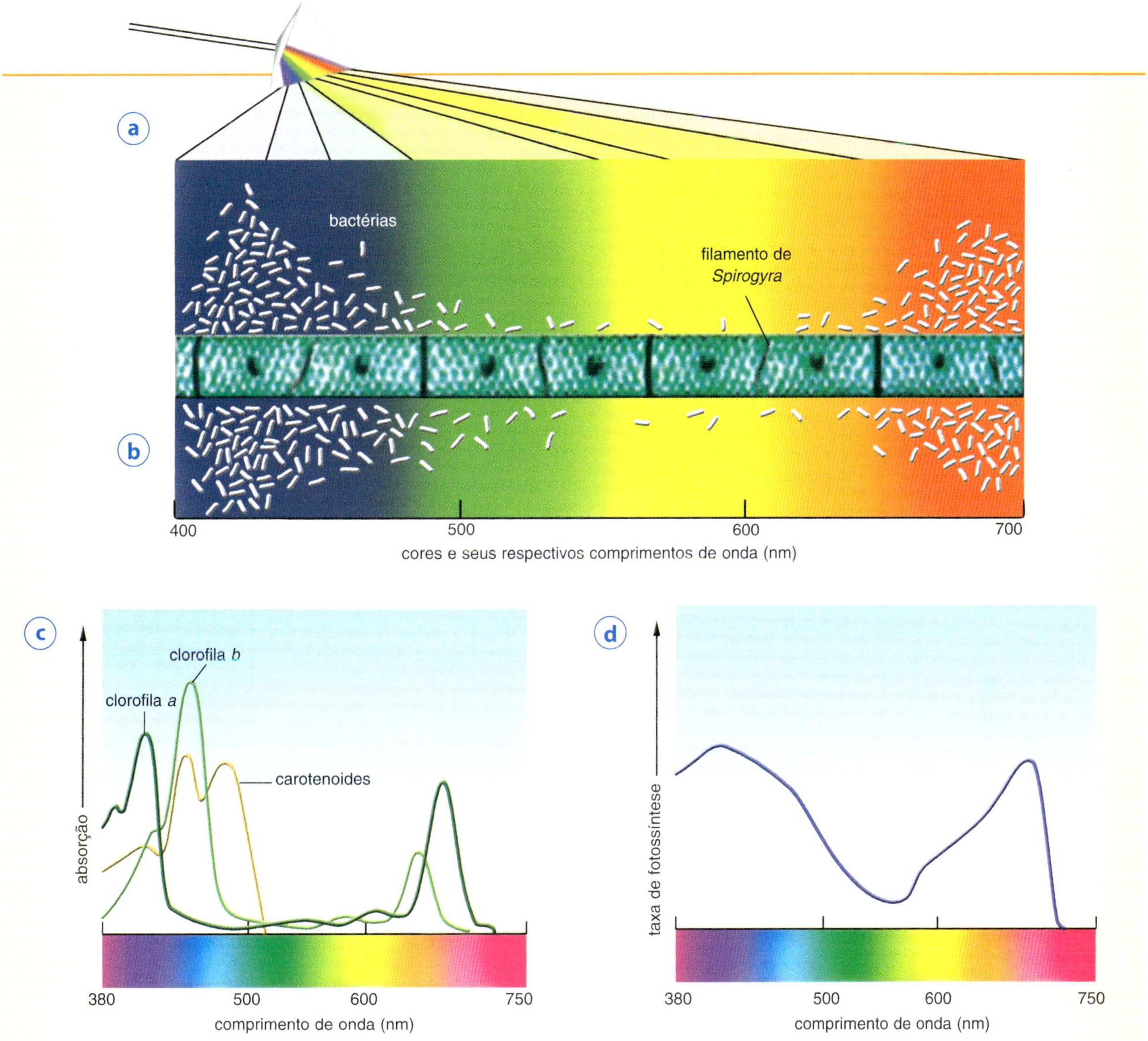

O experimento de Engelmann. (a) A luz branca é decomposta por um prisma de cristal segundo seus comprimentos de onda e ilumina (b) a lâmina em que se encontram a alga e as bactérias aeróbias. Decorrido tempo suficiente para a fotossíntese, observa-se acúmulo de bactérias nas partes do filamento da alga onde incidem os comprimentos de onda correspondentes ao violeta e ao vermelho. (c) Cada pigmento tem seu espectro de absorção próprio. Em (d), espectro de ação da fotossíntese.

Fatores que influenciam a fotossíntese

- **Luz.** A relação entre intensidade luminosa e velocidade de fotossíntese não é linear. Observe a Figura 34-13 e note que, a partir de certo ponto, o aumento da intensidade luminosa não é acompanhado por um aumento na taxa de fotossíntese. Qual o motivo? A resposta é que algum outro fator está "emperrando" o processo.

Qualquer fator que dificulte ou impeça que um processo ocorra é chamado de **fator limitante** daquele processo. No caso, até certo valor de intensidade luminosa, a luz é o fator limitante; porém, a partir de determinada intensidade luminosa é outro o fator que limita a taxa de fotossíntese e a faz ocorrer em ritmo constante. Não adianta aumentar a intensidade luminosa, porque a taxa de fotossíntese não aumenta.

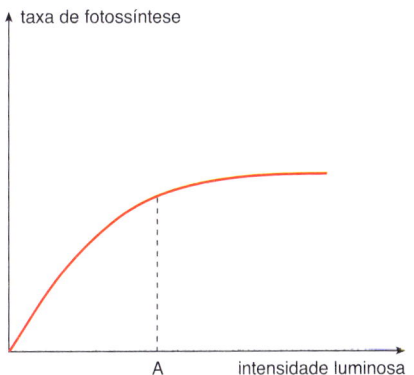

Figura 34-13. Taxa relativa de fotossíntese em função da intensidade luminosa. A luz é o fator limitante até o ponto A.

- **CO_2**. Um dos fatores mais importantes que limita a taxa de fotossíntese na natureza é a **disponibilidade de CO_2**. A Figura 34-14 relaciona a taxa de fotossíntese em função da intensidade luminosa em três diferentes concentrações de CO_2, duas das quais excedem os níveis normalmente encontrados na natureza. Note que a luz é o fator limitante nos valores situados à esquerda das setas. A partir desses valores, é a concentração de CO_2 que passa a ser limitante do processo.

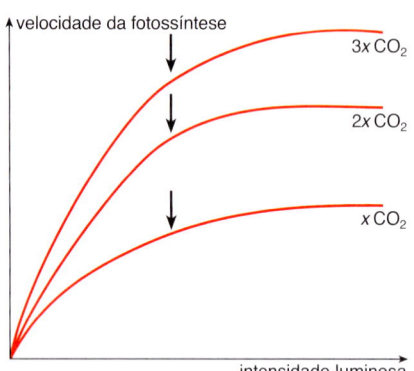

Figura 34-14. Velocidade da fotossíntese com variação do teor de CO_2.

- **Temperatura**. Na fotossíntese há a participação de várias enzimas e a elevação da **temperatura** acima de certo valor pode ocasionar a desnaturação desses catalisadores orgânicos, acarretando a interrupção desse processo em altas temperaturas (veja a Figura 34-15).

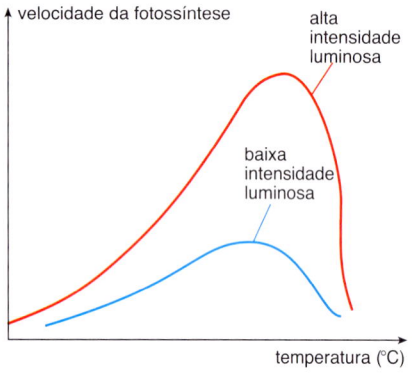

Figura 34-15. A influência da temperatura na fotossíntese.

O ponto de compensação fótico

A Figura 34-16 relaciona as intensidades da fotossíntese e da respiração em função da intensidade luminosa. Note que a respiração segue um ritmo constante e independente da intensidade luminosa. O mesmo não ocorre com a fotossíntese. Ela é nula na ausência de iluminação e apresenta um aumento de velocidade à medida que a intensidade luminosa vai crescendo, até atingir valores que superam a respiração.

Perceba, porém, que há uma *determinada intensidade luminosa* em que as velocidades da respiração e da fotossíntese se igualam. Nesse momento, todo o oxigênio produzido pela planta na fotossíntese é consumido por ela na respiração. As moléculas de glicose que ela produz na fotossíntese são consumidas na respiração. E todo o gás carbônico que ela elimina na respiração é utilizado na fotossíntese.

> A **intensidade luminosa** em que *as velocidades da respiração e da fotossíntese se igualam* é chamada de **ponto de compensação fótico**.

Para que uma planta possa sobreviver, é preciso que, pelo menos durante algumas horas do dia, a intensidade da fotossíntese seja maior do que a da respiração. Isso explica, muitas vezes, o fato de muitas plantas não "irem bem" dentro de nossas casas, já que a intensidade luminosa fica abaixo do ponto de compensação. Como não há "sobras" de alimento, elas ficam impossibilitadas de crescer.

> Plantas que vivem no interior de matas fechadas (plantas umbrófilas) apresentam baixo ponto de compensação e costumam ter coloração verde mais escura, em comparação com as que vivem normalmente em lugares fartamente iluminados (plantas heliófilas).

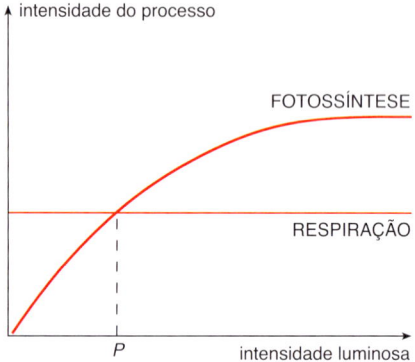

Figura 34-16. Comparação entre fotossíntese e respiração em função da intensidade luminosa. *P* representa o ponto de compensação fótico.

Fique por dentro!

Planta só fotossintetiza durante o dia e respira à noite?

Não. Essa é uma ideia erroneamente difundida pela maioria das pessoas. Como qualquer ser vivo aeróbio, uma planta consome oxigênio e glicose o tempo todo na respiração aeróbia, que ocorre em um ritmo praticamente constante, uma vez que a atividade respiratória de um vegetal é menos intensa e sofre pequenas variações diárias. A fotossíntese, porém, ocorre com intensidade variável durante as horas de luz do dia. À noite, a fotossíntese é nula, enquanto a respiração prossegue em seu ritmo.

Ética & Sociedade

Agricultura orgânica, avanço ou retrocesso?

No início, alguns poucos produtores se aventuravam a comercializar cestas de produtos chamados *orgânicos*, vegetais que foram cultivados sem o uso de produtos químicos sintéticos, como fertilizantes e pesticidas, nem a inclusão de nada geneticamente modificado. Com o tempo, esses produtos começaram a ganhar espaço nas gôndolas dos supermercados e, até mesmo, espaços próprios, como pequenas quitandas. Afinal, os produtores orgânicos defendem que em um solo saudável, não contaminado por sintéticos, os alimentos apresentam qualidade superior.

Entretanto, se de um lado os produtores de orgânicos lutam com a bandeira da sustentabilidade, de outro, toda agricultura convencional, um dos alicerces da economia mundial, defende sua forma de produção, questionando, inclusive, a capacidade de abastecimento da forma de produção orgânica.

A discussão está apenas começando. Estamos longe de saber onde estará o ponto de equilíbrio entre essas duas formas de produção. Em sua opinião, a agricultura orgânica representa um avanço ou um retrocesso das formas de produção?

Passo a passo

1. O ser humano possui numerosos órgãos relacionados à sobrevivência, entre eles o intestino delgado, os pulmões, os rins, o coração etc. Nas plantas adultas, os órgãos responsáveis por manter a planta viva, os chamados *órgãos vegetativos*, são apenas três. A respeito desse assunto responda:

a) Quais são os três órgãos vegetativos de um vegetal vascular adulto?
b) Um dos órgãos citados na resposta da questão anterior é o primeiro a emergir, ao germinar uma semente. Qual é esse órgão? De qual estrutura embrionária esse órgão é originado? Como justificar a constatação de que esse órgão é o primeiro a surgir na germinação de uma semente? Se esse órgão surgir, por exemplo, de caules ou folhas, como é denominado?
c) O órgão citado na resposta do item (b) costuma distribuir-se amplamente pelo solo. No entanto, existem plantas em que esse órgão é aéreo e outras em que fica submerso no meio aquático. Cite um exemplo de planta que se enquadre em cada um desses casos.

2. No esquema abaixo, identifique as regiões típicas de uma raiz, apontadas pelas setas.

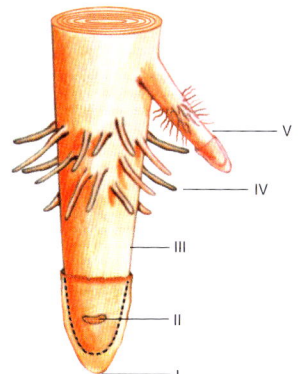

3. Associe os termos numerados com os antecedidos por letras, relativamente às regiões de uma raiz e suas respectivas funções.

1) coifa
2) região de distensão
3) zona pilífera
4) zona suberosa
5) região meristemática

a) absorção de água e nutrientes minerais
b) formação de ramos radiculares
c) capuz protetor da região meristemática
d) região de multiplicação celular
e) região de crescimento celular

4. Nas frases a seguir, reconheça as corretas e indique a soma no final.

(01) Raízes tuberosas são armazenadoras de reservas. São exemplos: mandioca, batata-doce e cenoura.
(02) Raízes respiratórias são encontradas em plantas epífitas que vivem apenas em manguezais.
(04) Raízes-suporte (também chamadas de raízes-escoras) auxiliam a sustentação da planta, de modo geral arborescente.
(08) Raízes estrangulantes são típicas de plantas epífitas. Crescem ao redor de galhos de árvores hospedeiras e acabam por estrangulá-las, provocando sua morte.
(16) Bromélias e orquídeas são plantas parasitas. Possuem raízes aéreas e se apoiam em galhos elevados de árvores de grande porte típicas de matas tropicais.
(32) Raízes sugadoras, encontradas no cipó-chumbo e na erva-de-passarinho, são as que efetuam a absorção de água e nutrientes do solo.
(64) Nos manguezais, certas árvores exteriorizam suas raízes pneumatóforas, de função respiratória.

5. Considere os itens seguintes:

I – O cipó-chumbo (*Cuscuta sp.*) é uma planta aclorofilada, cujas raízes retiram nutrientes orgânicos da planta hospedeira.
II – Bromélias e orquídeas vivem sobre o topo de árvores e assim captam a luz solar com maior facilidade.
III – A erva-de-passarinho é uma planta clorofilada cujas raízes sugam água da planta hospedeira.

As plantas citadas em I, II e III são, nessa ordem:

a) holoparasitas, hemiparasitas e epífitas.
b) hemiparasitas, epífitas e holoparasitas.
c) holoparasitas, epífitas e hemiparasitas.
d) epífitas, holoparasitas e hemiparasitas.
e) hemiparasitas, holoparasitas e epífitas.

6. O caule é um órgão vegetativo que liga as raízes às folhas. De modo geral, ramifica-se e explora o meio aéreo, gerando folhas e flores. Em algumas plantas, porém, o caule é subterrâneo. Algumas plantas possuem, ainda, caules modificados, com características especiais. A respeito desse assunto:

a) Cite os três tipos de caules aéreos e os três tipos de caules subterrâneos relacionados no texto desse capítulo, com os respectivos exemplos. Na germinação de uma semente, de qual estrutura embrionária o caule é originado?
b) Qual a principal característica morfológica de um caule, ao ser comparado, por exemplo, com uma raiz? Qual a função normalmente associada ao caule?
c) Cite os quatro tipos de caule de natureza especial relacionados no texto desse capítulo, com os respectivos exemplos.

7. Reticulinérvea e paralelinérvea são os dois tipos básicos de folhas encontrados em angiospermas. Com relação a esses dois tipos de folhas:
   a) Cite a principal diferença existente entre elas, relativamente à nervação.
   b) Pecíolo e bainha: em que tipo foliar essas estruturas estão normalmente presentes?
   c) Em que subclasse de angiospermas esses tipos foliares são comuns?
   d) Cite a principal função normalmente associada à folha.
   e) Cite as três estruturas foliares especiais relacionadas no texto desse capítulo. Nas plantas "carnívoras", além das folhas normais, associadas à realização de fotossíntese, existem folhas modificadas que executam função específica. Qual é essa função?

8. Caracterize os dois tecidos protetores de uma planta – súber e epiderme – quanto:
   a) ao número de camadas celulares normalmente existentes.
   b) ao órgão (caule, raiz ou folha) em que são normalmente encontrados.
   c) à natureza (células vivas ou mortas) das células neles presentes.
   d) à substância lipídica neles normalmente encontrada.

9. Pelos radiculares, acúleos de roseira, tricomas e estômatos são anexos:
   a) da epiderme.
   b) do súber.
   c) do súber e da epiderme.
   d) de troncos de árvores.
   e) de raízes subterrâneas.

10. Nas frases a seguir, assinale com V as verdadeiras e com F as falsas.
   a) Lenticelas são estruturas responsáveis pelas trocas gasosas, normalmente encontradas no súber que reveste os troncos e raízes de árvores.
   b) As estruturas responsáveis pelas trocas gasosas existentes na epiderme de uma folha são os pelos absorventes.
   c) Células do súber são mortas e suas paredes contêm espessas camadas de suberina.
   d) Células-guardas, ostíolo e célula anexa são estruturas típicas dos estômatos, estruturas encontradas principalmente em folhas.
   e) Do mesmo modo que uma cobra desprende as camadas superficiais queratinizadas de sua pele, também nas árvores ocorre a liberação de pedaços inteiros de casca, que correspondem ao ritidoma.
   f) Entre os Estados do Maranhão e do Piauí existe uma formação de coqueiros (carnaubeiras) de cujas epidermes é extraída uma substância lipídica de uso doméstico e industrial, a cera de carnaúba.

11. A nutrição inorgânica é uma função indispensável para a sobrevivência de uma planta. A respeito desse processo:
   a) Qual o órgão normalmente responsável pela nutrição inorgânica em um vegetal vascular? Qual a região desse órgão em que ocorre a absorção de água e nutrientes minerais?
   b) Qual o significado de macronutriente e micronutriente, relativamente à nutrição inorgânica de um vegetal vascular? Cite um exemplo de cada tipo.

12. Assinale, na tabela abaixo, a alternativa correta em relação ao papel de determinados elementos químicos no metabolismo vegetal.

	Nitrogênio (N)	Fósforo (P)	Magnésio (Mg)
a)	essencial para a síntese de proteínas e ácidos nucleicos	componente de aminoácidos essenciais	componente da molécula de clorofila
b)	relacionado às trocas iônicas entre a célula e o meio	essencial para a síntese de ácidos nucleicos	componente da molécula de DNA
c)	essencial para a síntese de proteínas e ácidos nucleicos	essencial para a síntese de ácidos nucleicos	componente da molécula de clorofila
d)	componente de moléculas de sacarose e glicose	componente da molécula de clorofila	componente exclusivo de moléculas de proteína
e)	essencial para a síntese de proteínas e ácidos nucleicos	essencial para a síntese de ácidos nucleicos	componente de moléculas de sacarose e glicose

13. Reconheça, na figura abaixo, as estruturas indicadas por setas de **I** a **IX**.

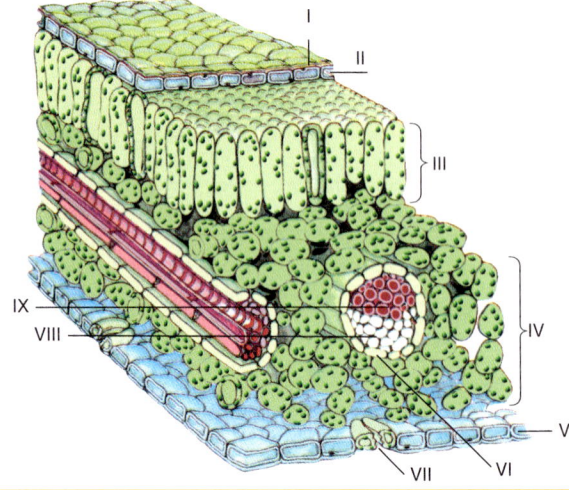

14. Cabe ao parênquima clorofiliano (conjunto formado pelos parênquimas paliçádico e lacunoso) a execução da fotossíntese que produzirá as substâncias orgânicas necessárias à sobrevivência do vegetal. Com relação a esse parênquima e utilizando os seus conhecimentos sobre o assunto:
   a) Cite a organela da célula parenquimática na qual ocorre a fotossíntese.
   b) Considerando que a fotossíntese é realizada em duas etapas, fase de claro e fase de escuro, cite os locais na organela acima citada em que essas duas fases ocorrem.
   c) Cite as principais substâncias participantes das duas fases.
   d) Cite as principais substâncias produzidas em cada uma dessas fases.
   e) Qual a fonte natural de energia para a realização do processo de fotossíntese?

15. Explique como se inicia o ciclo de Calvin e que substância é produzida ao final do processo.

16. Considere as duas reações químicas simplificadas, representadas a seguir:

$$I - CO_2 + H_2S + luz \xrightarrow{\text{bacterioclorofila}} CH_2O + H_2O + 2\,S$$

II – $CO_2 + H_2O + luz \xrightarrow{clorofila} CH_2O + H_2O + O_2$

Levando em conta que essas duas reações simplificadas são relacionadas a processos de fotossíntese, pode-se dizer corretamente que:

a) I ocorre em bactérias e II apenas em plantas.
b) I ocorre em fungos e II em plantas e algas.
c) I ocorre em plantas e II apenas em bactérias.
d) I ocorre em bactérias e II em plantas e algas.
e) I ocorre em bactérias e fungos e II em plantas e algas.

17. Considere as afirmações seguintes, relativas ao processo de fotossíntese:

I – Corresponde a um processo de transformação da energia do Sol em energia química contida em moléculas orgânicas.

II – Utiliza CO_2 e H_2O como matérias-primas e libera O_2, que provém de moléculas de CO_2.

III – Ocorre inteiramente no interior dos cloroplastos, ao contrário da respiração aeróbia, que ocorre inteiramente no hialoplasma da célula vegetal.

Assinale:

a) se somente I estiver correta.
b) se somente II estiver incorreta.
c) se somente I e II estiverem incorretas.
d) se somente II e III estiverem corretas.
e) se todas as afirmações estiverem corretas.

18. Considere os dois processos metabólicos seguintes:

I – respiração aeróbia, em que moléculas orgânicas são degradadas completamente, havendo produção de gás carbônico e água, com liberação de energia, e

II – fotossíntese, em que ocorre a produção de matéria orgânica a partir de água e gás carbônico, com armazenamento da energia solar,

qual desses processos bioenergéticos ocorre em uma planta, em um fungo, em uma alga e no homem?

19. O gráfico abaixo relaciona o espectro de absorção da luz pelas clorofilas a e b em função dos diversos comprimentos de onda da luz branca.

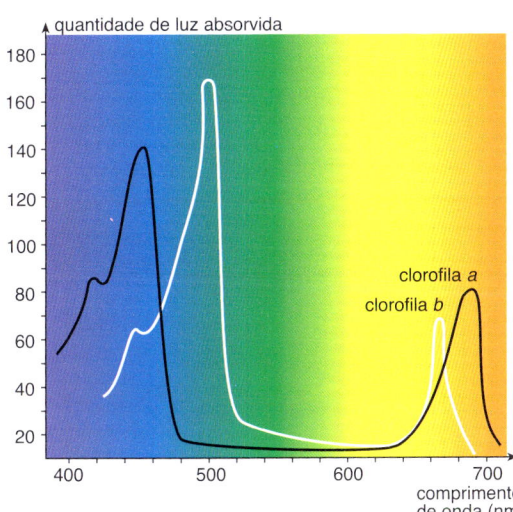

Quatro plantas da mesma espécie foram colocadas em mesmo ambiente e submetidas aos seguintes procedimentos ao longo de três horas. Considere que as demais variáveis experimentais foram as mesmas para as quatro plantas.

Planta	Procedimento
I	iluminada com luz verde
II	iluminada com luz vermelha
III	iluminada com luz azul
IV	iluminada com luz amarela

a) Baseando-se nos dados do gráfico e da tabela que o acompanha, uma pessoa afirmou que a planta I produz mais oxigênio que a planta III. Ela acertou ou errou?
b) Relacione em ordem decrescente a produção de oxigênio pelas quatro plantas ao longo do tempo que durou o procedimento.

20. O gráfico abaixo relaciona a absorção da energia luminosa pelas clorofilas a e b, em função dos comprimentos de onda da luz solar.

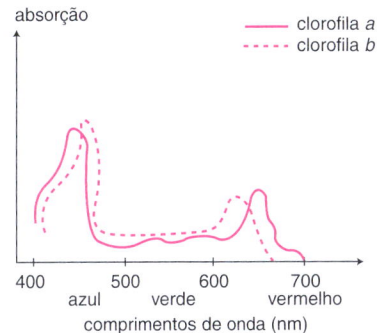

Pela leitura do gráfico percebe-se que uma planta realiza fotossíntese com mais eficiência quando iluminada com luz:

a) verde, apenas.
b) azul, apenas.
c) vermelha, apenas.
d) verde e vermelha.
e) azul e vermelha.

21. Nas frases a seguir, assinale com **V** as verdadeiras e com **F** as falsas.

a) Fator limitante é aquele que faz a velocidade de um determinado processo biológico permanecer a mesma a partir do instante em que sua taxa passa a ser constante.
b) Os fatores limitantes da fotossíntese, usuais na natureza, são a luz, a água, o gás carbônico e a temperatura, embora os nutrientes minerais também possam limitar o processo.
c) Mesmo que a temperatura atinja valores inadequados, ainda assim a fotossíntese prossegue, uma vez que as enzimas participantes das reações químicas não são afetadas.
d) Com valores crescentes de concentração de CO_2, a velocidade da fotossíntese aumenta até que a luz passa a ser o fator limitante.
e) Intensidades luminosas altas ou baixas não afetam a velocidade da fotossíntese em função da temperatura.
f) Ponto de compensação da fotossíntese é uma *determinada intensidade luminosa* na qual as velocidades dos processos de respiração aeróbia e de fotossíntese se igualam.
g) Uma planta só faz fotossíntese durante o dia e só respira aerobicamente durante a noite.

22. O gráfico a seguir representa a velocidade da fotossíntese e da respiração aeróbia em função da intensidade luminosa em uma determinada planta.

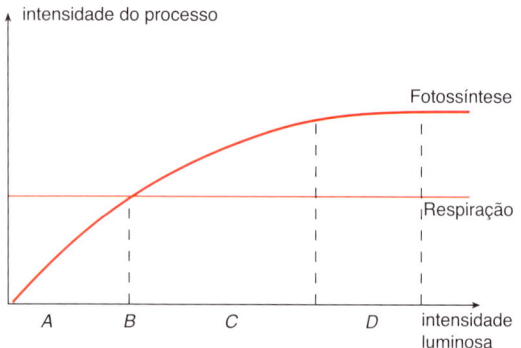

Por meio da leitura do gráfico e utilizando os seus conhecimentos sobre o assunto, avalie as frases a seguir, reconheça as corretas e indique a soma no final.

(01) A intensidade luminosa B representa o ponto de compensação da fotossíntese.
(02) Em A, o consumo de CO_2 na fotossíntese é maior do que a produção desse gás na respiração.
(04) Em B, todo o CO_2 produzido na respiração é consumido na fotossíntese.
(08) Em C, a planta produz menos glicose na fotossíntese do que consome na respiração.
(16) Em D, a partir de determinada intensidade luminosa, a velocidade da fotossíntese é constante.
(32) Em B, toda a glicose produzida na fotossíntese é consumida na respiração.
(64) Se a planta for mantida permanentemente em intensidades luminosas correspondentes ao intervalo A, viverá normalmente e terá crescimento vigoroso.

23. Em matas fechadas é comum encontrarem-se plantas umbrófilas (I), de coloração verde-escura, enquanto as que vivem em locais fartamente iluminados são heliófilas (II), de coloração verde-claro. Isso quer dizer que:

a) os pontos de compensação dos dois tipos de planta são os mesmos.
b) plantas do grupo (I) têm maior ponto de compensação em relação às do grupo (II).
c) plantas do grupo (II) têm menor ponto de compensação em relação às do grupo (I).
d) plantas do grupo (I) têm menor ponto de compensação em relação às do grupo (II).
e) plantas do grupo (II) não possuem ponto de compensação, uma vez que as moléculas de clorofila são destruídas pela iluminação intensa.

24. Seu Miguelim é adepto da agricultura orgânica e em sua chácara só utiliza, para adubar a sua terra, restos de vegetais e sobras dos alimentos que consome. Recentemente, ouviu do seu Anastácio que o húmus de minhoca também era excelente adubo. Seu Anastácio tem razão, porque no húmus de minhoca há inúmeros:

a) aminoácidos liberados pelas fezes dos animais e que serão absorvidos pelos vegetais.
b) compostos orgânicos que, decompostos por ação bacteriana, resultarão em nutrientes minerais úteis para as plantas.
c) compostos inorgânicos que, decompostos por ação bacteriana, resultarão em nutrientes minerais úteis para as plantas.
d) carboidratos, entre eles a glicose, que serão utilizados pelas plantas para a realização do processo de fotossíntese.
e) gases, entre eles o gás carbônico, que as raízes absorvem e utilizam para a realização da fotossíntese em suas células.

25. *Questão de interpretação de texto*

A busca pelo etanol celulósico

A cana-de-açúcar é uma gramínea com alta capacidade fotossintética. Foi selecionada pelo homem para funcionar como uma fábrica biológica de sacarose ($C_{12}H_{22}O_{11}$). É uma molécula que pode ser refinada para a produção de açúcar ou fermentada para produção de etanol. Dentro da cana, a sacarose é estocada com água em uma organela chamada vacúolo, que funciona como um reservatório. Um dos principais desafios para a produção do etanol celulósico é a parede celular: uma rede compacta de moléculas que reveste as células como um tecido, formada principalmente por fibras de celulose. A celulose está organizada em microfibrilas, cada uma com 36 filamentos. Cada filamento é formado por uma corrente de moléculas de glicose. O bagaço de cana é rico em celulose e, consequentemente, em glicose.

Adaptado de: ESCOBAR, H. Na busca por mais etanol, Ciência tenta reinventar a cana. *O Estado de S. Paulo*, São Paulo, 18 abr. 2010. Caderno *Vida*, p. A27.

Utilizando seus conhecimentos sobre o assunto e as informações do texto, responda:

a) Na cana-de-açúcar, a sacarose é armazenada nas células do caule. Nessa planta, o caule é aéreo ou subterrâneo? Qual é a denominação mais usual dada ao caule da cana-de-açúcar? É uma planta mono ou dicotiledônea? Cite as características da planta relacionadas ao tipo de raiz e ao tipo de nervuras existentes nas folhas.
b) A sacarose armazenada nas células da cana é um dissacarídeo constituído de glicose e frutose. Por meio de qual processo bioenergético a glicose é produzida nas folhas dessa planta? Qual a fonte de energia para a realização desse processo bioenergético?
c) Cite os dois "ingredientes moleculares" básicos utilizados pela cana-de-açúcar para a realização desse processo bioenergético. Qual deles é retirado da atmosfera e qual deles é absorvido do solo? Qual a região da raiz da cana-de-açúcar normalmente responsável pela absorção de nutrientes minerais?
d) Cite o macronutriente mineral essencial, absorvido pelas raízes da cana-de-açúcar no solo e utilizado para a construção de moléculas de proteína.

Questões objetivas

1. (UFRGS – RS) Assinale a alternativa que contém somente raízes utilizadas na alimentação.

a) mandioca – rabanete – cenoura – beterraba
b) rabanete – cebola – batata inglesa – alcachofra
c) batata inglesa – inhame – mandioca – beterraba
d) gengibre – beterraba – alho – batata inglesa
e) cebola – mandioca – beterraba – inhame

2. (UFPR) Imagine que você tenha recebido do seu nutricionista a seguinte recomendação para uma dieta: ingerir diariamente uma porção de tubérculos, raízes tuberosas, folhas verdes, frutos do tipo baga e sementes do tipo cariopse. Qual das alternativas abaixo apresenta os vegetais que atendem a dieta indicada?

a) Batata, cenoura, espinafre, uva e milho.
b) Beterraba, rabanete, couve-flor, abacate e arroz.
c) Mandioca, cebola, couve, pêssego e semente de girassol.
d) Nabo, alho, brócolis, tomate e amendoim.
e) Batata-doce, alface, rúcula, acerola e ervilha.

3. (UFU – MG) A cana-de-açúcar é usada para a produção de açúcar e etanol. Nesse processo são produzidos a vinhaça, a torta de filtro e o bagaço, considerados, até pouco tempo, como subprodutos que não tinham utilidade e que deveriam ser descartados. Com os avanços científicos, tem sido possível o uso alternativo desses produtos como, por exemplo, a vinhaça na adubação da lavoura e o bagaço na cogeração de energia elétrica. No cultivo da cana-de-açúcar, as lavouras são alternadas com o plantio de amendoim ou soja, para que haja o enriquecimento do solo.

A parte da cana-de-açúcar usada nas usinas, o amendoim e a soja consumidos pelas pessoas são, respectivamente, as seguintes partes de uma planta:

a) fruto, raiz e raiz.
b) fruto, semente e semente.
c) caule, raiz e semente.
d) caule, semente e semente.

4. (UFJF – MG) Mandioca, arroz e feijão são básicos na culinária brasileira. Sobre esses vegetais é **CORRETO** afirmar que:

a) caule da mandioca e fruto de arroz e feijão são as principais partes comestíveis.
b) apesar de outros constituintes, o amido é a fonte de reserva em maior quantidade nas partes comestíveis dos três vegetais.
c) esses vegetais se tornaram básicos devido a influência de colonização europeia e asiática no país.
d) a nível celular, as reservas obtidas desses vegetais estão armazenadas nos vacúolos.
e) a reserva nutritiva consumida pelo homem seria consumida na propagação sexuada desses vegetais.

5. (UFRGS – RS) Quanto à caracterização de grupos vegetais e suas interações, é correto afirmar que

a) plantas parasitas se fixam nas plantas hospedeiras através de hidatódios.
b) líquens são um exemplo de mutualismo entre algas e fungos.
c) epífitas são plantas parasitas, porque retiram nutrientes da planta hospedeira.
d) orquídeas são angiospermas aclorofiladas saprófitas.
e) musgos são vegetais vasculares clorofilados considerados hemiparasitas.

6. (UEL – PR) As plantas vasculares colonizaram a paisagem terrestre durante o período Devoniano Inferior, há cerca de 410 a 387 milhões de anos. A ocupação do grande número de *habitats* demandou uma grande variedade de formas e adaptações nas plantas.

Com base na morfologia dos diferentes tipos de caules, assinale a alternativa que contém caules adaptados à reprodução assexuada e à fotossíntese, respectivamente.

a) Rizoma e bulbo.
b) Colmo e bulbo.
c) Estolão e rizoma.
d) Cladódio e estolão.
e) Estolão e cladódio.

7. (UFRGS – RS) As plantas apresentam diferentes sistemas caulinares. A coluna da esquerda, abaixo, relaciona tipos de caules; a da direita, exemplos de plantas. Associe adequadamente a coluna da direita à da esquerda.

1 – bulbo   (   ) bananeira
2 – estolão   (   ) bambu
3 – rizoma   (   ) butiá
4 – colmo   (   ) cacto
5 – cladódio
6 – estipe

A sequência correta de preenchimento dos parênteses, de cima para baixo, é

a) 1 – 3 – 4 – 6.
b) 2 – 6 – 4 – 5.
c) 2 – 4 – 5 – 6.
d) 1 – 3 – 5 – 4.
e) 3 – 4 – 6 – 5.

8. (UFG – GO) Um estudante observou no microscópio o corte histológico de um órgão vegetal, o qual revelou os seguintes tecidos e estruturas: epiderme com cutícula e estômatos; células parenquimáticas com cloroplastos; tecido condutor constituído por xilema e floema. Pela descrição, o estudante conclui que este órgão é

a) uma estipe.
b) um tubérculo.
c) um bulbo.
d) um tronco.
e) uma folha.

9. (UFMS) Os vegetais apresentam diferentes tipos de adaptações relacionadas ao ambiente que ocupam. Com relação a essas adaptações, assinale a(s) proposição(ões) correta(s) e indique sua soma ao final.

(01) Os pneumatóforos protegem a planta contra ataque de microorganismos.
(02) As lenticelas favorecem as trocas gasosas.
(04) As gavinhas auxiliam no processo de fotossíntese.
(08) Os espinhos têm função de proteção.
(16) Os haustórios servem para fixação na planta hospedeira.
(32) As raízes escoras auxiliam na sustentação da planta.

10. (UFRGS – RS) Leia o texto abaixo.

No Alasca, o salmão é capturado pelos ursos durante a desova. As partes do peixe não consumidas pelos ursos servem de alimento para outros animais e de fertilizante para as plantas. Já se observou que plantas ribeirinhas de regiões onde os ursos se alimentam de salmão crescem três vezes mais do que plantas de outras áreas. Isso se deve ao fato de que as carcaças de peixe descartadas pelos ursos enriquecem o solo com um dos macronutrientes mais importantes para o crescimento das plantas.

Adaptado de: GENDE, S. M.; QUINN, T. P. O salmão e a floresta. *Scientific American Brasil*, Rio de Janeiro, ano 5, n. 52, p. 86-91, set. 2006.

A que macronutriente o texto se refere?

a) Ao ferro.
b) Ao zinco.
c) Ao cloro.
d) Ao nitrogênio.
e) Ao manganês.

11. (FUVEST – SP) A relação entre produção, consumo e armazenagem de substâncias, na folha e na raiz subterrânea de uma angiosperma, encontra-se corretamente descrita em:

	Folha	Raiz subterrânea
a)	Glicose é produzida, mas não é consumida.	Glicose é armazenada, mas não é consumida.
b)	Glicose é produzida e consumida.	Glicose é consumida e armazenada.
c)	Água é consumida, mas não é armazenada	Água é armazenada, mas não é consumida.
d)	Água é consumida e glicose é produzida.	Glicose é armazenada, mas não é consumida.
e)	Glicose é produzida, mas não é consumida.	Água é consumida e armazenada.

12. (UEMT) A fotossíntese é um processo de formação de matéria orgânica, a partir da água e do gás carbônico, e exige luz para que se realize. Este processo é realizado pelos seres vivos que possuem em suas células pigmentos fotossintetizantes, como a clorofila.

A respeito deste processo, é **correto** afirmar:

a) A fotossíntese apresenta duas fases: a de claro ocorre nos cloroplastos e a de escuro ocorre nas mitocôndrias.
b) Ao final do processo fotossintético, a planta produzirá nitrogênio, água e oxigênio.
c) Na fotossíntese, a fase fotoquímica (reação de claro) ocorre nas partes clorofiladas dos cloroplastos e consiste em duas etapas: a fotólise da água que libera O_2 e a fotofosforilação que produz ATP.
d) A fotossíntese ocorre exclusivamente no cloroplasto, a fase de claro acontece no estroma e a fase de escuro acontece na *grana*, que é rica em clorofila.
e) O objetivo principal da fotossíntese é manter estável a quantidade de oxigênio do planeta, um processo realizado exclusivamente pelas plantas.

13. (UFPel – RS) Quando o sol brilha, plantas verdes decompõem água para extrair elétrons e prótons. Usam essas partículas para transformar dióxido de carbono em glicose e liberam oxigênio como um produto descartável. A utilização de água, como reagente fotossintético, em vez de substâncias mais escassas, como ácido sulfídrico, acabou por permitir o desenvolvimento e a proliferação de vida em praticamente qualquer lugar do planeta.

Scientific American Brasil, n. 89, out. 2009.

Com base nos textos, analise as seguintes afirmativas.

I – Os elétrons liberados na fotólise da água são utilizados para repor aqueles que são perdidos pela clorofila excitada pela luz.

II – Os íons H^+ liberados na fotólise da água se combinam com os elétrons energizados captados pelo NADP, formando $NADPH_2$, que será utilizado na fabricação de glicose.

III – A fotólise da água ocorre no estroma do cloroplasto, e os elétrons liberados na reação percorrem uma cadeia de substâncias presentes na membrana do tilacoide.

IV – A fabricação da glicose ocorre no interior dos tilacoides a partir do CO_2, com a utilização dos prótons e elétrons liberados na fotólise da água.

Estão corretas apenas as afirmativas

a) II e III.
b) I e IV.
c) III e IV.
d) I e II.
e) I e III.

14. (UFMS) Com relação ao processo de fotossíntese, indique as alternativas corretas e dê sua soma ao final.

(01) Os principais pigmentos responsáveis pela captação da energia luminosa são as clorofilas.
(02) A etapa bioquímica ocorre no cloroplasto, na membrana do tilacoide.
(04) A etapa fotoquímica ocorre no cloroplasto, na membrana do tilacoide.
(08) Os produtos da etapa fotoquímica são as moléculas de ATP, NADPH e gliceraldeído.
(16) A Rubisco (ribulose bifosfato carboxilase) é a enzima que catalisa a reação final do Ciclo de Calvin.
(32) O oxigênio liberado para a atmosfera provém da fotólise da água.

15. (PUC – RJ) A figura abaixo mostra um gráfico da taxa de fotossíntese de uma planta quando ela é exposta a diferentes comprimentos de onda.

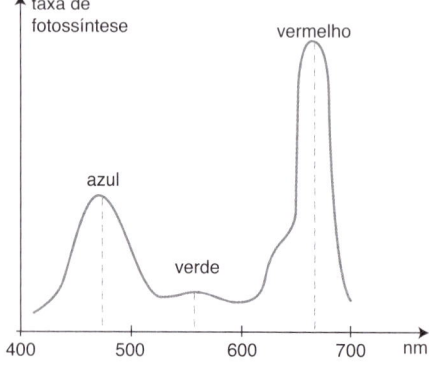

Disponível em: <http://www.vestibulandoweb.com.br/biologia/teoria/fatores-limitantes-fotossíntese.asp>. Acesso em: 15 ago. 2010.

Segundo o gráfico, os fotossistemas dos vegetais

a) absorvem mais energia nos comprimentos de onda na faixa do azul e do vermelho.
b) absorvem mais energia no comprimento de onda na faixa do verde.
c) refletem energia principalmente nos comprimentos de onda na faixa do azul e do vermelho.
d) apresentam a mesma eficiência fotossintética para todo o espectro de luz visível.
e) desviam a luz verde para a síntese de moléculas orgânicas para a biomassa vegetal.

16. (UFMS) O gráfico abaixo mostra a saturação luminosa para duas espécies vegetais (1) e (2) que estão no mesmo ambiente.

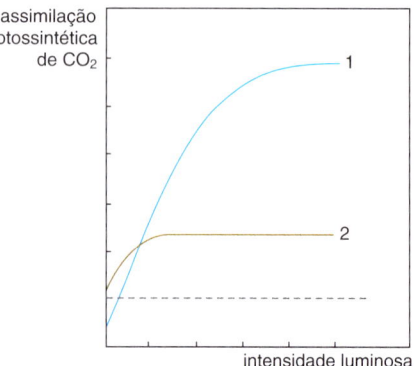

Sobre esse gráfico, indique as alternativas corretas e dê sua soma ao final.

(01) A taxa fotossintética é igual em ambas as espécies.
(02) A espécie 1 é umbrófila (de sombra).
(04) A espécie 1 é helióflia (de sol).
(08) A espécie 2 é umbrófila (de sombra).
(16) A saturação luminosa é variável entre as espécies.
(32) A saturação luminosa é a mesma para as duas espécies.

17. (UFPR) O gráfico abaixo representa o resultado de um experimento em que foi medida a velocidade da fotossíntese em função da temperatura na folha de um vegetal mantida sob iluminação constante.

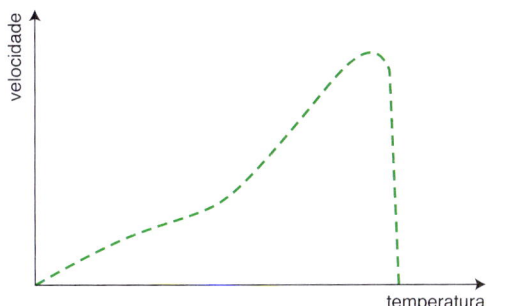

Com base nesse gráfico e nos conhecimentos acerca do processo de fotossíntese, assinale a alternativa correta.

a) A temperatura atua como fator limitante da fotossíntese porque o calor desnatura as proteínas responsáveis pelo processo.
b) O aumento da temperatura ocasiona um aumento na velocidade de fotossíntese porque a entrada de oxigênio na folha torna-se mais rápida com o aumento da temperatura.
c) O aumento da temperatura faz com que a fotossíntese se acelere por conta do aumento da fosforilação cíclica dependente de O_2.
d) Num experimento em que a temperatura fosse mantida constante e a luminosidade fosse aumentando, o resultado permitiria a construção de um gráfico que seria igual ao apresentado.
e) Em temperaturas muito baixas, a velocidade da fotossíntese é pequena em consequência da baixa produção de CO_2 necessário ao processo.

Questões dissertativas

1. (UNICAMP – SP) Em uma excursão de Botânica, um aluno observou que a planta ornamental coroa-de-Cristo (*Euphorbia milli*) crescia um organismo filamentoso de coloração amarela parecido com "fios de ovos". Quando se aproximou, verificou que o organismo filamentoso era uma planta, o cipó-chumbo (*Cuscuta sp.*), que estava produzindo flores e frutos.

a) Que hábito de vida tem essa planta chamada cipó-chumbo? Como ela consegue sobreviver, uma vez que é amarela, não tem clorofila e não faz fotossíntese?
b) Qual a função da clorofila na fotossíntese? Que relação tem essa função com a síntese de ATP e de NADPH?

2. (UFPR) A reação geral resumida da fotossíntese pode ser escrita como:

$$6\ CO_2 + 6\ H_2O \rightarrow C_6H_{12}O_6 + 6\ O_2$$

ou dióxido de carbono + água → glicose + oxigênio

Essa descoberta, no século XIX, fez com que pesquisadores acreditassem que a luz quebrava o gás carbônico, liberando oxigênio para a atmosfera, e que o carbono se combinava com a água para formar carboidratos. Para testar essa hipótese, em 1930 o pesquisador Cornelius van Niel utilizou bactérias que realizam fotossíntese, empregando H_2S (sulfeto de hidrogênio) no lugar da água. O resultado que ele obteve em seus experimentos foi uma prova inicial de que o oxigênio liberado na atmosfera não provém da quebra do CO_2. Baseado nessas informações:

a) Escreva a fórmula geral da reação de fotossíntese realizada pelas bactérias utilizadas por van Niel.
b) Explique como o resultado do experimento de van Niel refuta a hipótese inicial em que os cientistas acreditavam no século XIX.

3. (UFJF – MG) O processo fotossintético é fundamental para a vida das plantas.

a) Explique por que uma planta mantida em uma intensidade de radiação abaixo do seu ponto de compensação luminoso não cresce.
b) O gráfico ao lado representa o comportamento fotossintético da maioria das plantas em resposta ao aumento da temperatura. Apresente uma explicação para a queda observada na taxa de fotossíntese em temperaturas abaixo de 10 ºC e superiores a 50 ºC.

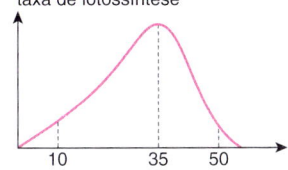

c) "A adubação carbônica é uma técnica utilizada para aumentar a produtividade em estufas. Todavia, em excesso, o CO_2 causa a perda de K^+ pelas células guardas." Considerando essas informações e o gráfico abaixo, explique por que a taxa de fotossíntese sofre redução em concentrações de CO_2 superiores a 1.200 ppm.

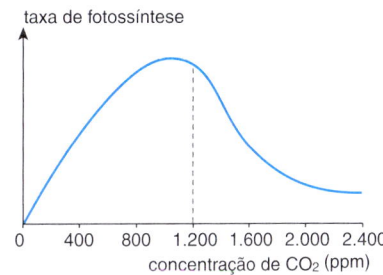

4. (UFG – GO) O gráfico a seguir representa as taxas de fotossíntese (A) e de respiração (B), medidas pela quantidade de CO_2 consumida ou produzida, de uma planta submetida a diferentes intensidades luminosas.

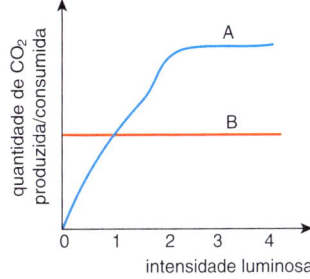

a) Com base na análise do gráfico, o que ocorrerá a essa planta caso a intensidade luminosa permaneça entre os pontos 0 e 1?
b) Explique a variação desses processos, considerando um ciclo natural de 24 horas, com dia e noite, e mantendo-se os demais fatores ambientais constantes (CO_2, temperatura, umidade e nutrientes).

Programas de avaliação seriada

1. (SSA – UPE) A epiderme cobre toda a superfície externa do vegetal, inclusive flores, frutos e sementes. É responsável pela defesa biológica contra a ação de microrganismos e pelo controle da perda de água, sendo dotada de anexos responsáveis por essas funções. Analise o quadro ao lado e estabeleça as **CORRETAS** associações entre os anexos epidérmicos dos vegetais, suas funções e exemplos.

Assinale a alternativa que contém a correlação CORRETA.

a) I B 4 c / II C 3 a / III D 2 d / IV A 1 b.
b) I B 1 c / II A 3 a / III D 2 d / IV C 4 b.
c) I A 2 d / II B 1 b / III C 3 a / IV D 4 c.
d) I C 3 a / II D 4 b / III A 1 c / IV B 2 d.
e) I C 3 a / II D 2 c / III A 4 b / IV B 1 d.

Elemento	Anexo	Função	Exemplo
I	Acúleos A	Estruturas pontiagudas que atuam como elementos de defesa 1	Cactos a
II	Pelos ou tricomas B	Pequenas aberturas nas bordas das folhas que servem para eliminar o excesso de água e sais minerais. 2	Roseiras b
III	Cutícula C	Fina camada de lipídio que recobre a epiderme, impermeabilizando-a e evitando a desidratação. 3	Urtiga c
IV	Hidatódios D	Expansão da epiderme que mantém a umidade e aumenta a superfície de captação de água e sais minerais. 4	Morangueiro d

2. (PSS – UEPG – PR) Joseph Priestley realizou uma experiência demonstrando que os vegetais restauram o ar viciado pela combustão de uma vela, de tal forma que esse ar, depois de restaurado, é capaz de sustentar novamente a combustão ou ainda permitir a respiração de um animal. Sobre o fenômeno testado, assinale a alternativa correta.

a) Essa renovação do ar deve-se à fotossíntese, que absorve CO_2 e produz O_2, além de fabricar açúcar no interior da célula vegetal, nos orgânulos conhecidos como cloroplastos.
b) A experiência realizada por Priestley poderia ter sido realizada na presença ou na ausência de luz.
c) A luz solar fica armazenada como energia química nas moléculas de clorofila do vegetal, para ser utilizada nos períodos em que não há luz solar, garantindo a contínua produção de O_2.
d) As substâncias orgânicas produzidas pela fotossíntese só podem ser transformadas em energia pelo organismo vegetal que a produziu.
e) Na fotossíntese ocorre a liberação de oxigênio proveniente do CO_2.

3. (PSIU – UFPI) A fotossíntese ocorre em dois estágios: 1) as reações de transdução de energia ou reações luminosas; 2) as reações de fixação de carbono ou reações de escuro. Vários processos ocorrem no decorrer dessas reações. Analise as sentenças abaixo, com relação às duas reações, e assinale V, para as verdadeiras, ou F, para as falsas.

1 ( ) Nas reações de transdução de energia, a energia luminosa é absorvida pelas moléculas de clorofila *a* na membrana do tilacoide e é usada indiretamente como força para a síntese de ATP.
2 ( ) Nas reações de transdução de energia, a água é quebrada em gás oxigênio e em átomos de hidrogênio (elétrons e prótons). Os elétrons são, então, capturados pelo $NADP^+$ e H^+, produzindo NADPH.
3 ( ) Nas reações de fixação de carbono, que ocorre na membrana dos tilacoides, os açúcares são sintetizados, a partir do dióxido de carbono e do hidrogênio transportado pelo NADPH.
4 ( ) Nas reações de fixação do carbono, ocorre uma série de reações conhecidas como ciclo de Calvin; nele, o CO_2 é fixado através de uma via de dois carbonos.

4. (PASES – UFV – MG) No gráfico abaixo, o ponto de compensação fótico de uma planta está representado pela letra C.

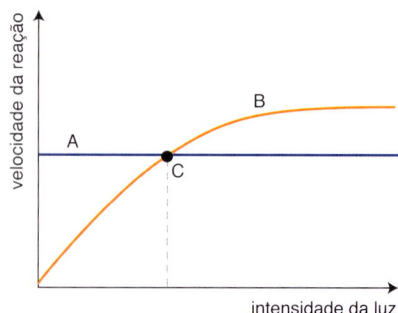

Considerando o gráfico, a afirmativa CORRETA é:

a) A curva A representa a respiração e a B a fotossíntese.
b) A curva A representa a fotossíntese e a B a respiração.
c) A planta tem seu desenvolvimento estimulado abaixo do ponto C.
d) A partir do ponto C, o consumo de carboidratos é maior que a sua produção.

Capítulo 35
As trocas gasosas e o transporte vegetal

Hidroponia

Todos os vegetais clorofilados necessitam, para sua sobrevivência, de C, H e O, bem como dos sais minerais que são, geralmente, retirados do solo. O solo fértil apresenta quantidade razoável de húmus e de nutrientes, que constituem a base de alimentação das plantas. Na hidroponia, o solo é substituído por um meio inerte, onde a planta possa ter sustentação, e os elementos que o vegetal iria retirar da terra são fornecidos por uma solução. Essa técnica é bem difundida em países onde boa parte de seu território é arenosa. Mas, será que o cultivo de vegetais pela hidroponia é vantajoso?

A agricultura tradicional vive um momento de dificuldades: exige muita mão de obra, as péssimas condições de trabalho desestimulam os filhos dos produtores e as incertezas da colheita, aliadas à queda dos preços no período de safra, inviabilizam a contratação de mais pessoal. A mecanização da agricultura também não se apresenta como uma saída viável, pois o agricultor precisa trabalhar durante anos apenas para manter o parque de máquinas e implementos. Assim, os sistemas hidropônicos abriram um caminho precioso de melhoria na qualidade e no preço dos produtos nos centros urbanos.

Neste capítulo, estudaremos as trocas de gases entre a planta e o meio, e o papel fundamental dos vasos condutores na circulação da seiva das plantas.

A troca de gases entre a planta e o meio ocorre através dos revestimentos *epiderme* e *súber*. O oxigênio é necessário para a respiração. O gás carbônico é fundamental para a realização de fotossíntese. Na raiz, o ingresso de oxigênio para as células vivas e a saída de gás carbônico produzido na respiração ocorrem pela epiderme radicular, em uma troca gasosa por difusão simples, o mesmo ocorrendo através da epiderme de caules jovens. Em troncos espessos e nas grossas raízes expostas de muitas árvores cujo revestimento é o súber, as trocas gasosas ocorrem através de orifícios conhecidos como *lenticelas*.

O porte das traqueófitas só foi possível por adaptações que tornaram viável a sustentação do organismo vivo e a disponibilidade e o transporte de água para todas as células.

O Esclerênquima

O esclerênquima é um tecido mais rígido que o colênquima, encontrado em diferentes locais do corpo de uma planta. As células do esclerênquima possuem um espessamento secundário nas paredes, devido à impregnação de lignina (veja a Figura 35-2). As células mais comuns do esclerênquima são as **fibras** e os **esclerídeos**, também chamados **escleritos**.

Figura 35-2. Fibras de esclerênquima.

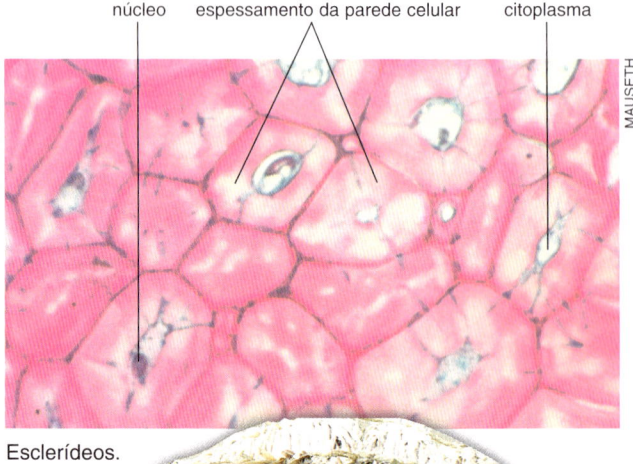

Esclerídeos.

A SUSTENTAÇÃO DAS TRAQUEÓFITAS

A sustentação de uma traqueófita é devida à existência de tecidos especializados para essa função: o **colênquima** e o **esclerênquima**.

O Colênquima

As células do colênquima são alongadas, irregulares e encontram-se dispostas em forma de feixes. Quando cortadas transversalmente, têm aspecto variado. São vivas, nucleadas, e a parede apresenta reforços de celulose mais intensos nos cantos internos da célula, conferindo certa resistência ao esmagamento lateral (veja a Figura 35-1). O colênquima é um tecido flexível, localizado mais externamente no corpo do vegetal e encontrado em estruturas jovens como pecíolo de folhas, extremidade do caule, raízes, frutos e flores.

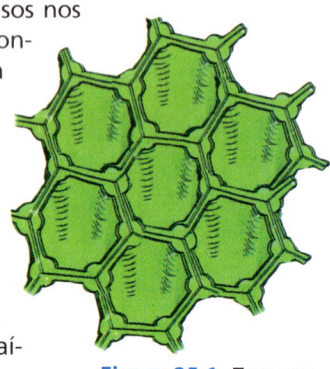

Figura 35-1. Esquema de colênquima.

Fibras de piaçava.

Saiba mais

Linho, piaçava, ráfia, sisal: fibras de esclerênquima

A extração de fibras de esclerênquima é utilizada para a confecção de tapetes, cordas e roupas. Feixes de fibras do caule do linho destinam-se à indústria de roupas. Das folhas do agave retira-se o sisal. A juta é obtida das fibras extraídas do fruto seco de certas plantas. A piaçava (utilizada para a confecção de vassouras e escovas) e a ráfia são fibras extraídas das folhas de certas palmeiras.

OS TECIDOS CONDUTORES DE ÁGUA E DE NUTRIENTES EM TRAQUEÓFITAS

Além das trocas gasosas, um dos maiores problemas de um vegetal terrestre relaciona-se à disponibilidade de água e sua perda, pois para a realização da fotossíntese é fundamental que se consiga, além do gás carbônico, a água. O problema de perda de água através das folhas é, em parte, minimizado pela presença de cutículas lipídicas, nas faces expostas das epidermes, que as impermeabilizam. Porém, isso dificulta as trocas gasosas.

A existência nas traqueófitas de aberturas epidérmicas reguláveis (os estômatos) que possibilitam as trocas gasosas e ao mesmo tempo ajudam a evitar perdas excessivas de vapor-d'água é um mecanismo adaptativo importante.

O transporte de água e nutrientes em uma traqueófita ocorre em parte por difusão de **célula a célula** e, na maior parte do trajeto, ocorre no interior de **vasos condutores**.

Inicialmente, ocorre a absorção de água e nutrientes minerais pela zona pilífera da raiz. Os diferentes tipos de íons são obtidos ativa ou passivamente e a água é absorvida por osmose. Forma-se uma solução aquosa mineral, a **seiva bruta** ou **seiva inorgânica**. Essa solução caminha de célula a célula radicular até atingir os vasos do **xilema** (ou **lenho**) existentes no centro da raiz. A partir daí, o transporte dessa seiva ocorre integralmente dentro dos vasos lenhosos até as folhas. Lá chegando, os nutrientes e a água difundem-se até as células e são utilizados no processo da fotossíntese.

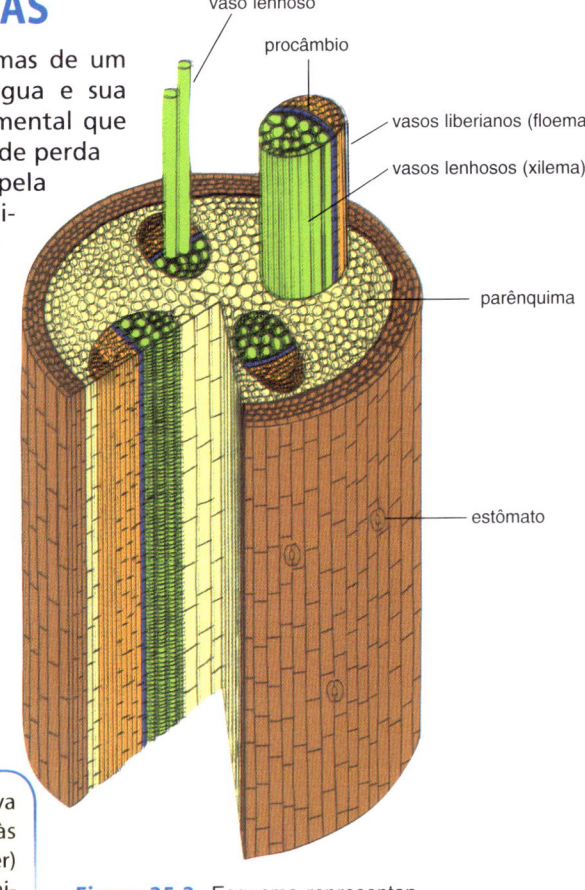

O xilema (lenho) conduz seiva bruta (inorgânica) da raiz às folhas, enquanto o floema (líber) conduz seiva elaborada (orgânica) da folha aos órgãos consumidores ou armazenadores de reserva. No caule, o floema fica disposto mais externamente que o xilema, praticamente colado à casca.

Figura 35-3. Esquema representando a estrutura interna de um tipo de caule. Note que os vasos do floema ficam junto à casca. Os do xilema ficam próximos à medula (região central do caule). O procâmbio é o tecido meristemático formador de vasos no corpo primário da planta.

Os compostos orgânicos elaborados nas células do parênquima clorofiliano das folhas difundem-se para outro conjunto de vasos do tecido condutor chamado **floema** ou **líber** (veja a Figura 35-3). No interior dos vasos liberianos, essa **seiva orgânica** ou **seiva elaborada** é conduzida até atingir as células do caule, de um fruto, de um broto em formação, de uma raiz etc., onde é utilizada ou armazenada.

O Xilema

Os vasos condutores de seiva inorgânica são formados por células mortas. A morte celular é devida à impregnação da célula por *lignina*, um composto aromático e altamente impermeabilizante. A célula deixa de receber nutrientes e morre. Desfaz-se o conteúdo interno da célula, que acaba ficando oca e com as paredes duras já que a lignina possui, também, a propriedade de endurecer a parede celular. A deposição de lignina na parede não é uniforme. A célula, então, endurecida e oca, serve como elemento condutor. Existe, ainda, um parênquima (tecido vivo) interposto que separa grupos de células condutoras. Acredita-se que essas células parenquimáticas secretem diferentes tipos de substâncias que provavelmente auxiliam a preservação dos vasos mortos do xilema.

Existem dois tipos de células condutoras no xilema: **traqueíde** e **elemento de vaso traqueário** (ou xilemático ou, ainda, lenhoso). Traqueídes são células extremamente finas, de pequeno comprimento (em média 4 mm) e diâmetro reduzido (da ordem de 20 mm). Quando funcionais, as traqueídes estão agrupadas em feixes e as extremidades de umas tocam as das outras.

Na extremidade de cada traqueíde, assim como lateralmente, há uma série de **pontuações** ou **poros** (pequeníssimos orifícios) que permitem a passagem de seiva no sentido longitudinal e lateral (veja a Figura 35-4).

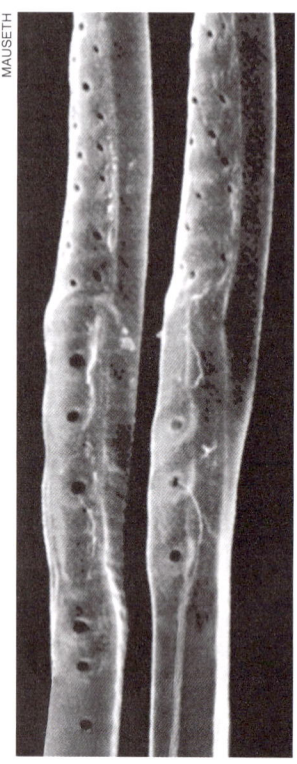

Os pequeníssimos orifícios das traqueídes são chamados pontuações.

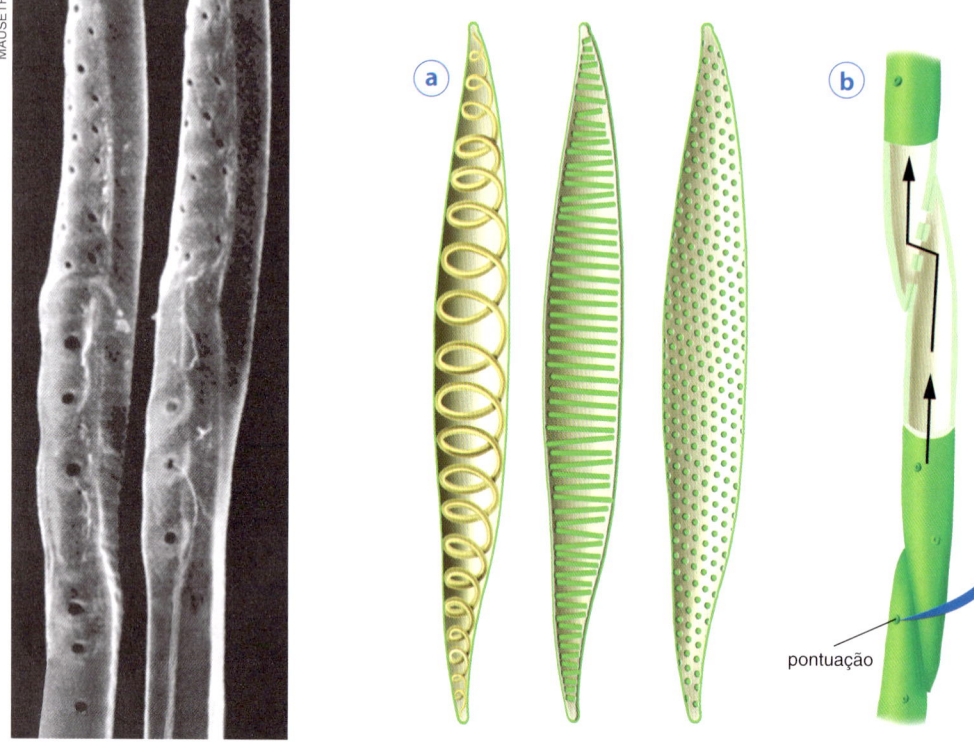

Figura 35-4. Em (a) esquemas de traqueídes em que se evidenciam os reforços de lignina. (b) Traqueíde aberta – as setas mostram o caminho percorrido pela seiva. (c) Detalhe de um poro.

O nome **traqueia** para o vaso condutor é derivado da semelhança que os reforços de lignina do vaso apresentam com os reforços de cartilagem da traqueia humana e os de quitina dos insetos.

Menores que as traqueídes (em média de 1 a 3 mm), porém mais largos (até 300 mm), os elementos de vaso também possuem pontuações laterais que permitem a passagem de seiva. Sua principal característica é que em suas *extremidades* as paredes são *perfuradas*, isto é, não há parede divisória totalmente isolante entre uma e outra célula (veja a Figura 35-5). O vaso formado pela reunião de diversos elementos de vaso é conhecido como **traqueia**.

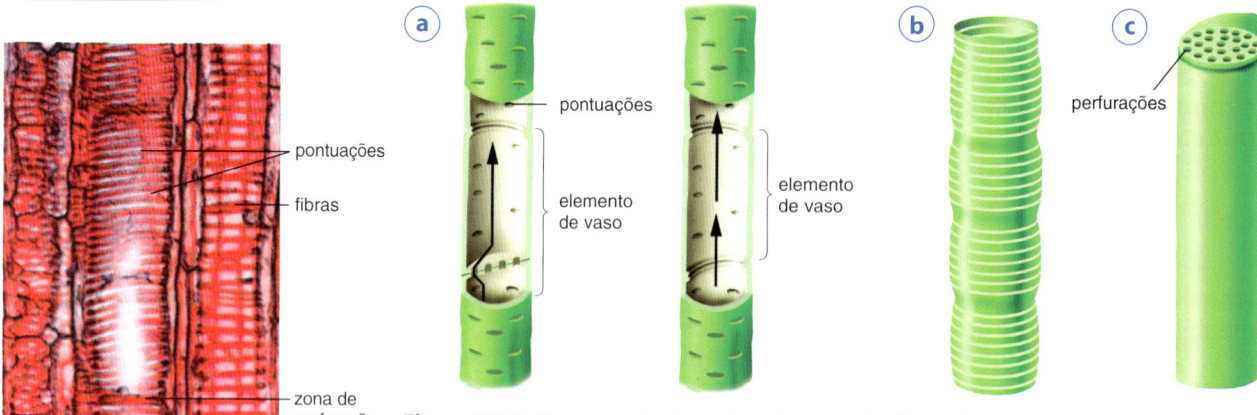

Elementos de vaso em corte longitudinal.

Figura 35-5. Esquema de elementos de vaso. (a) Traqueias, (b) três elementos de vaso conectados: entre eles, (c) placas perfuradas.

— **Fique por dentro!** —

Por ser constituído de células de paredes rígidas, o xilema também participa da sustentação do vegetal.

> **Saiba mais**
>
> ### Xilema: uma importante via de condução
>
> A existência de plantas terrestres altas só se tornou possível quando as plantas adquiriram, no decorrer da evolução, um sistema vascular que permitiu um movimento rápido da água para a parte aérea, onde ocorre a transpiração. As plantas terrestres sem um sistema vascular e com mais de 20 ou 30 cm de altura só poderiam existir em um ambiente extremamente úmido, em que praticamente não ocorresse transpiração. A importância do sistema vascular pode ser demonstrada pelo fato de uma árvore, em um dia quente de verão, mover cerca de 200 litros de água desde as raízes até a superfície das folhas (local onde acontece a evaporação) a mais de 20 ou 30 m de altura.
>
> Para a maioria das plantas, o xilema constitui a parte mais longa da via de condução da água no seu interior. Assim, em uma planta com um metro de altura, cerca de 99,5% do transporte de água ocorre no xilema, e em árvores mais altas, o movimento no xilema representa uma porcentagem ainda maior.

O Floema

Os vasos do floema (também chamado *líber*) são formados por células vivas, cuja parede possui apenas a membrana esquelética celulósica típica das células vegetais e uma fina membrana plasmática. São células altamente especializadas e que perdem o núcleo no decorrer do processo de diferenciação. O seu interior é ocupado pela seiva elaborada (ou seiva orgânica) e por muitas fibras de proteína, típicas do floema. A passagem da seiva orgânica de célula a célula é facilitada pela existência de **placas crivadas** nas paredes terminais das células que se tocam. Através dos crivos, flui a seiva elaborada de uma célula para outra, juntamente com finos filamentos citoplasmáticos, os plasmodesmos (veja a Figura 35-6).

Os orifícios das placas crivadas são revestidos por **calose**, polissacarídeo que obstrui os crivos quando, em alguns vegetais, periodicamente, os vasos crivados ficam sem função. Ao retornarem à atividade, esse calo é desfeito.

Lateralmente aos tubos crivados, existem algumas células delgadas, nucleadas, chamadas **companheiras**, cujo núcleo passa a dirigir também a vida das células condutoras.

Células do floema.

> **Saiba mais**
>
> ### Anel de Malpighi
>
> Uma das maneiras de demonstrar a posição do cilindro de floema na região mais externa da árvore consiste em se retirar um anel completo da casca no tronco principal. Após algum tempo, as raízes morrem em consequência do não recebimento de alimento orgânico. Esse anel liberiano, idealizado por Malpighi, serve para demonstrar que o floema fica junto à casca; o xilema é mais interno e não é afetado pela retirada do anel.
>
>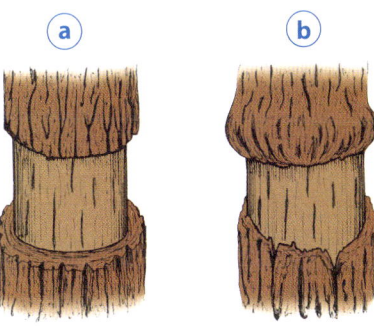
>
> Anel de Malpighi: a retirada de um anel de casca, efetuada no tronco principal, leva a árvore à morte. O espessamento do tronco acima do anel, em (b), é relacionado ao aumento da atividade meristemática nessa região, devido ao acúmulo de compostos orgânicos.

Figura 35-6. Corte longitudinal e transversal do floema, mostrando tubos crivados (formados por células chamadas de *elementos de tubos crivados*) e células companheiras.

As trocas gasosas e o transporte vegetal

A ORGANIZAÇÃO DOS TECIDOS NAS RAÍZES E NOS CAULES

Raízes e caules jovens, cortados transversalmente, mostram que são formados por uma reunião de tecidos. A disposição desses tecidos é específica para cada órgão e constitui a estrutura interna **primária** típica de cada um deles. Uma estrutura **secundária**, mais complexa, pode ser vista quando ocorre um aumento no diâmetro do caule ou da raiz (tema que estudaremos no próximo capítulo).

A Estrutura Primária da Raiz

Uma raiz em estrutura primária, cortada transversalmente na zona pilífera, é constituída por: *epiderme*, *córtex* (um tecido de preenchimento parenquimático), *endoderme* e um cilindro central formado pelo *periciclo* e pelos vasos de *xilema* e de *floema* (veja a Figura 35-7).

as células endodérmicas que, assim, "selecionam" os materiais que atingirão o xilema. Nas monocotiledôneas, o reforço das paredes progride e adquire o aspecto da letra U, que impede totalmente a transferência de substâncias pelo interior das células. Na endoderme dessas plantas, em certas células, próximas aos vasos de xilema, esse espessamento não existe: são as **células de passagem** que permitem o livre trânsito de substâncias em direção aos vasos lenhosos.

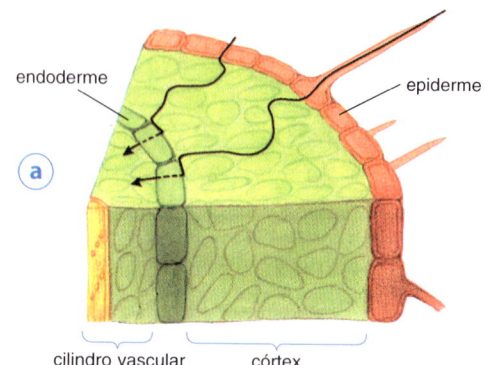

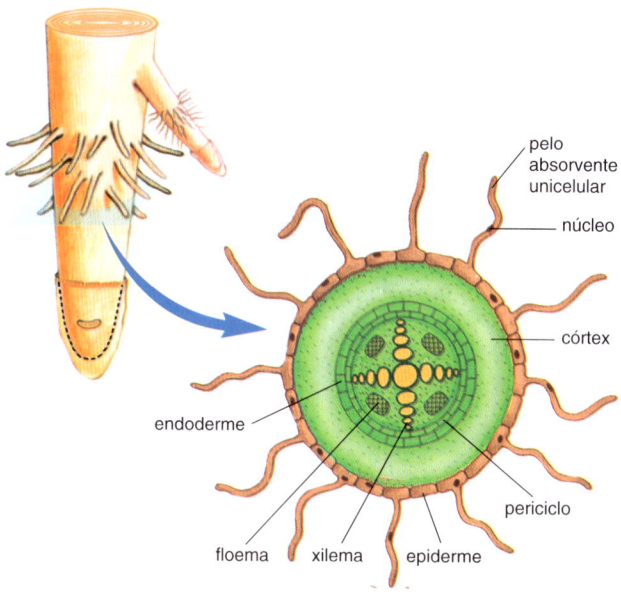

Figura 35-7. Estrutura primária é aquela com a qual o órgão surgiu. Pode ser sucedida, em algumas plantas, pela estrutura secundária.

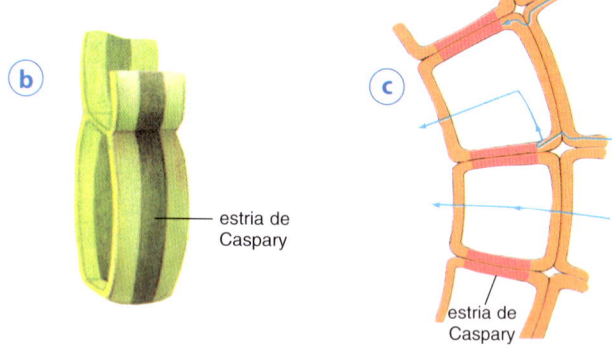

Figura 35-8. A endoderme (a) forma um cilindro de apenas uma célula de espessura, cujas células contêm um espessamento em suas paredes radiais, chamado estria de Caspary (b). Essa estria impede a passagem da água e de substâncias por entre as células, fazendo com que esses materiais sejam forçados a passar através das células endodérmicas (c).

A **epiderme** é formada por uma camada de células, não possui cutícula e algumas de suas células diferenciam-se em pelos absorventes. Através dela ocorrem as trocas gasosas e a absorção dos nutrientes inorgânicos.

O **córtex** é constituído por um parênquima de preenchimento, muitas vezes armazenador de reservas. A **endoderme**, formada por uma camada de células, possui importante função "selecionadora" dos materiais que deverão atingir os vasos condutores. Suas células possuem espessamentos em forma de fita ao longo das paredes radiais. Essas fitas, as chamadas **estrias de Caspary**, são constituídas por suberina e lignina, impedindo, assim, a passagem de água e substâncias por entre as células (veja a Figura 35-8). Isso força as substâncias dissolvidas em água a atravessar

O **periciclo** é formado por uma única camada de células rodeando os vasos condutores. Em raízes de eudicotiledôneas que crescem em espessura, o periciclo é responsável pela formação dos ramos radiculares.

Os vasos do xilema alternam-se com os do floema. Em muitas raízes de eudicotiledôneas, os vasos de xilema dispõem-se formando uma estrela ou cruz, cujo centro possui um grande vaso e os raios são formados por vasos progressivamente mais delgados (veja a Figura 35-9(a)). Os vasos de floema alternam-se com os de xilema e ficam entre os raios. Nas monocotiledôneas, os vasos de xilema espalham-se na periferia e os de floema alternam-se entre eles (veja a Figura 35-9(b)). Nesse caso, o centro da raiz é ocupado por uma medula parenquimática.

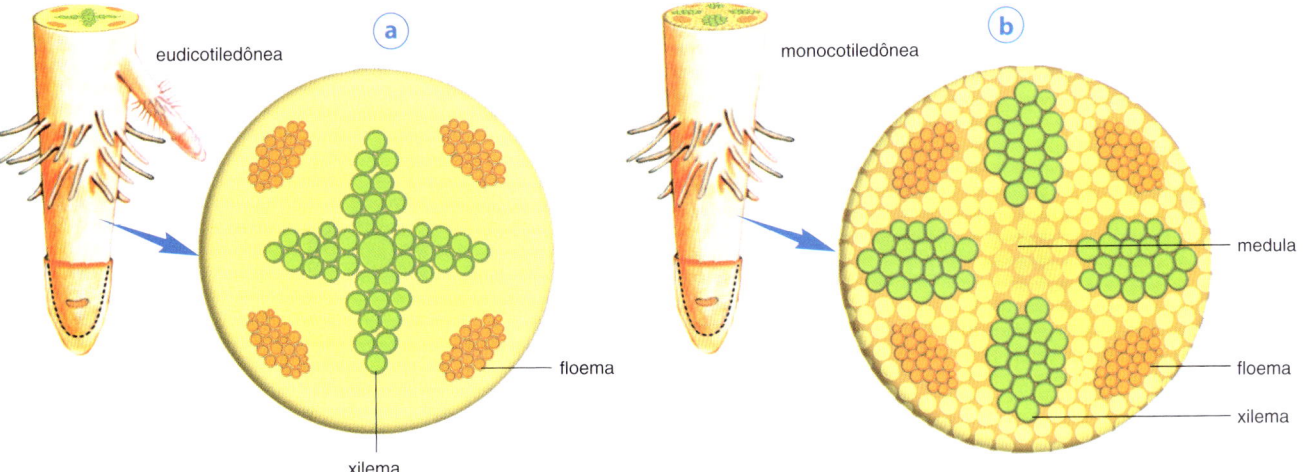

Figura 35-9. Disposição dos vasos condutores em raiz de eudicotiledôneas (a) e de (b) monocotiledôneas. Confira com as fotos a seguir, obtidas a partir de cortes transversais ampliados (microscópio comum).

A Estrutura Primária do Caule

Nos caules, xilema e floema não se encontram alternados e, sim, agrupados formando os chamados *feixes líbero-lenhosos*. Nesses feixes, os vasos de floema ficam do lado de fora e os de xilema ficam do lado de dentro. Nas eudicotiledôneas, os feixes dispõem-se regularmente no interior do caule como se estivessem ao longo de uma circunferência e rodeiam uma medula parenquimática (veja a Figura 35-10(a)).

Nas monocotiledôneas, eles dispõem-se desorganizadamente no interior do parênquima, não existindo córtex nem medula definidos. No interior dos feixes das eudicotiledôneas, existe, ainda, uma camada de tecido meristemático (tecido de caráter embrionário, que dá origem aos vasos condutores), o câmbio interfascicular, inexistente nas monocotiledôneas (veja a Figura 35-10(b)).

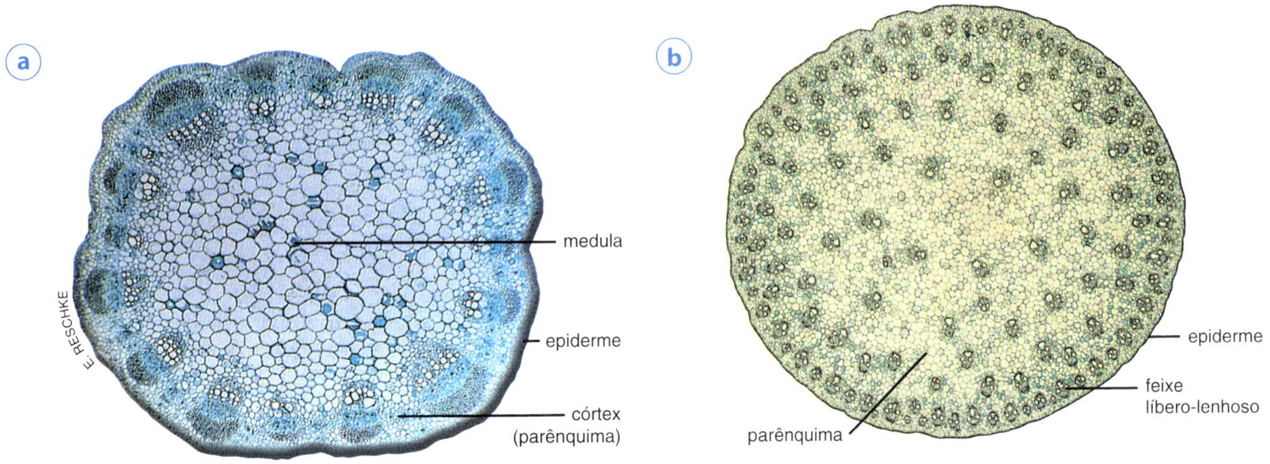

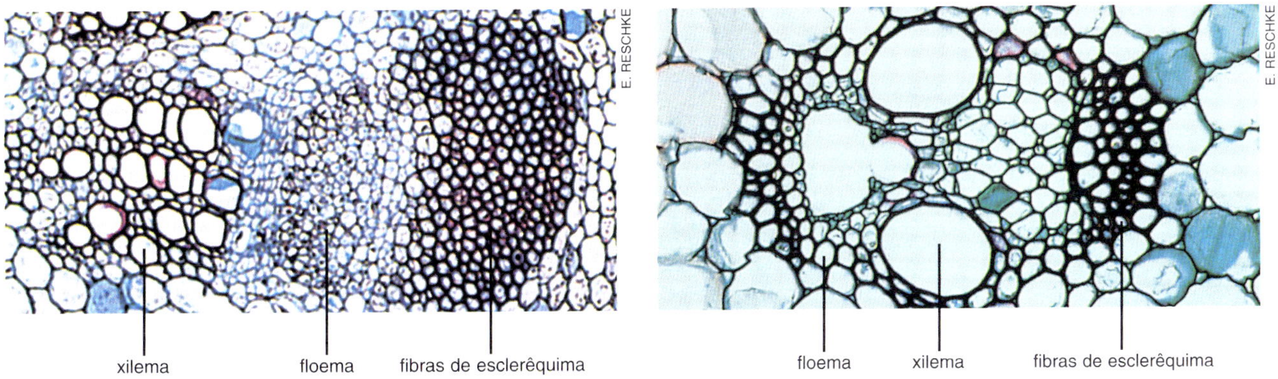

Figura 35-10. Disposição dos vasos condutores em caule de (a) eudicotiledônea e de (b) monocotiledônea. Observe os detalhes dos feixes líbero-lenhosos.

As trocas gasosas e o transporte vegetal

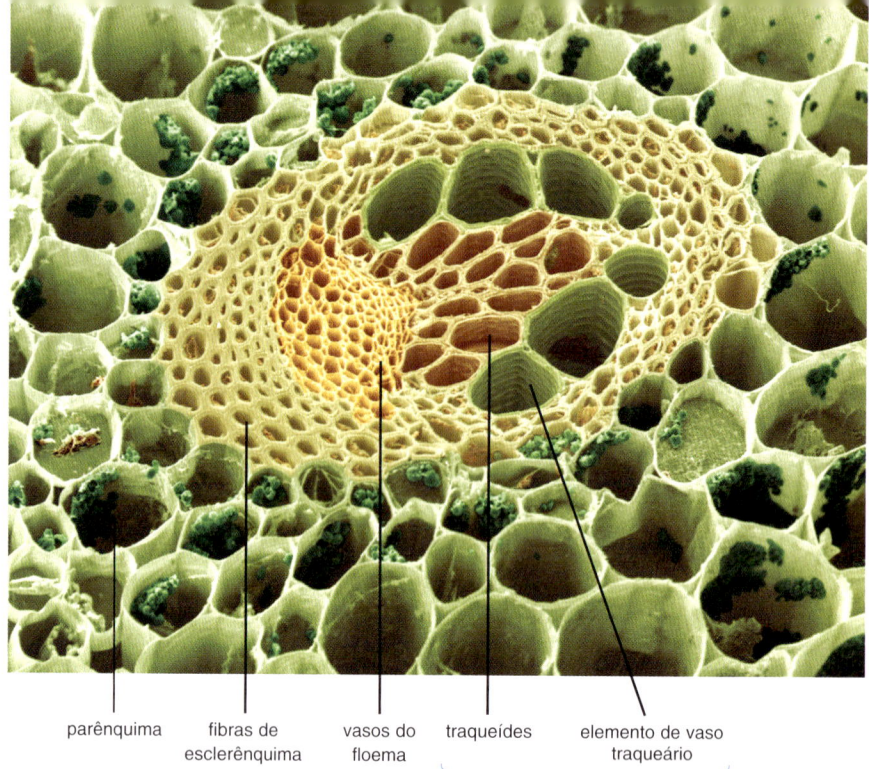

Corte transversal de caule de eudicotiledônea, visto em microscopia eletrônica de varredura, evidenciando um feixe líbero-lenhoso. Contornando o feixe, células parenquimáticas (em verde, cloroplastos). Observe os vasos do xilema (à direita, no feixe), que transportam a seiva bruta; a seiva elaborada é transportada pelos vasos do floema (à esquerda, no feixe).

parênquima — fibras de esclerênquima — vasos do floema — traqueídes — elemento de vaso traqueário

xilema

A CONDUÇÃO DA SEIVA INORGÂNICA

Vimos que as raízes absorvem água do solo através da região dos **pelos absorventes** ou **zona pilífera**. Desta, a água atravessa as células do *córtex*, *endoderme* e *periciclo* da raiz. Na endoderme, o fluxo da água pode ser facilitado pela existência das chamadas células de passagem. A água atinge os vasos do xilema e, a partir desses vasos, atinge a folha. Na folha, ou ela é usada na fotossíntese ou é liberada na transpiração (veja a Figura 35-11).

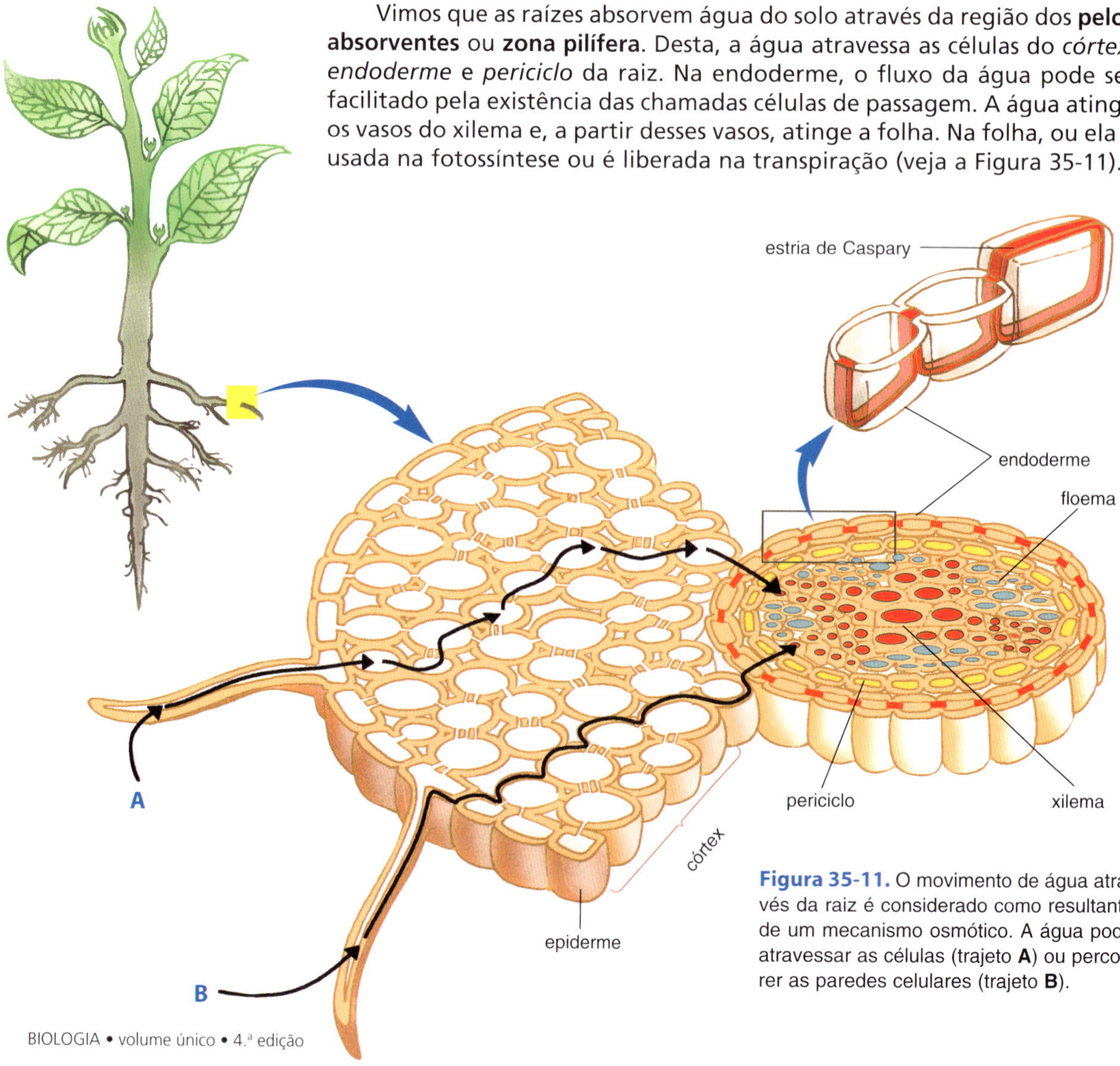

Figura 35-11. O movimento de água através da raiz é considerado como resultante de um mecanismo osmótico. A água pode atravessar as células (trajeto **A**) ou percorrer as paredes celulares (trajeto **B**).

Atribui-se a condução da seiva inorgânica (ou bruta) a alguns mecanismos: *pressão de raiz*, *sucção exercida pelas folhas* e *capilaridade*.

- **A pressão de raiz** – O movimento da água através da raiz é considerado como resultante de um *mecanismo osmótico*. A água que está no solo entra na célula do pelo radicular, cuja concentração é maior que a da solução do solo. A célula radicular é menos concentrada que a célula cortical. Esta, por sua vez, é menos concentrada que a célula endodérmica e, assim por diante, até chegar ao vaso do xilema, cuja solução aquosa é a mais concentrada de todas nesse nível. Assim, é como se a água fosse osmoticamente bombeada, até atingir os vasos do xilema.

Fique por dentro!

Em algumas plantas herbáceas, é possível demonstrar que a seiva do xilema possui pressão maior que a atmosférica: seccionando-se o caule dessas plantas rente ao solo, há uma perda contínua de água pelos vasos lenhosos. Esse fenômeno, observado em videiras seccionadas no início da primavera, é conhecido como **exsudação** de seiva e não ocorre em baixas temperaturas. A inserção de manômetros em caules seccionados revela que a pressão da seiva lenhosa pode atingir valores suficientes para permitir a condução da água até a copa.

Saiba mais

Gutação

Há situações em que a planta, embora saturada de água, continua a absorvê-la. A eliminação do excesso é feita sob a forma de gotas e ocorre através dos **hidatódios**, estruturas semelhantes a estômatos e que ficam nos bordos das folhas, onde terminam as nervuras. Esse gotejamento de água, conhecido como **gutação**, é observado bem cedo, nas manhãs de primavera, após noites relativamente frescas, em ambientes em que o solo e a atmosfera estão saturados de água. A expulsão da água, juntamente com sais minerais e compostos orgânicos, é decorrente da existência de uma pressão de raiz. À medida que a água evapora, ao longo da manhã, a folha fica coberta com cristais das diversas substâncias que com ela foram liberados. Não confundir gutação com orvalho, que corresponde à condensação da água atmosférica na superfície das folhas.

Gutação em folhas de morangueiro.

- **A sucção exercida pelas folhas** – A hipótese mais aceita, atualmente, para o deslocamento da seiva do xilema é a baseada na "sucção" de água que a copa exerce. Essa "sucção" está relacionada com os processos de transpiração e fotossíntese que ocorrem nas folhas. Para que essa "aspiração" seja eficiente, dois pré-requisitos são fundamentais: *inexistência de ar nos vasos de xilema* e uma *força de coesão* entre as moléculas de água. A coesão entre as moléculas de água faz com que elas permaneçam unidas umas às outras e suportem forças extraordinárias, como o próprio peso da coluna líquida no interior dos vasos, que poderiam levá-las a separar-se. A existência de ar nos vasos do xilema romperia essa união e levaria à formação de bolhas que impediriam a ascensão da seiva lenhosa. As paredes dos vasos lenhosos igualmente atraem as moléculas de água e essa *adesão*, juntamente com a *coesão*, é fator fundamental na manutenção de uma coluna contínua de água no interior do vaso.

A transpiração e a fotossíntese removem constantemente água da planta. Essa extração gera uma *tensão* entre as moléculas de água já que a coesão entre elas impede que se separem. A parede do vaso também é tracionada devido à adesão existente entre ela e as moléculas de água. Para que se mantenha a continuidade da coluna líquida, a reposição das moléculas de água retiradas pela copa deve ser feita pela raiz, que, assim, abastece constantemente o xilema.

- **O efeito da capilaridade na condução da seiva** – Os vasos lenhosos são muito delgados, possuem diâmetro capilar. Assim, a ascensão da seiva do xilema ocorre, em parte, por capilaridade. No entanto, por esse mecanismo, a água atinge alturas bem inferiores a 1 metro e, isoladamente, esse fato é insuficiente para explicar a subida da seiva inorgânica.

A Ação dos Estômatos na Regulação Hídrica

O principal papel dos estômatos relaciona-se às trocas gasosas entre a planta e o meio. Os inúmeros poros estomáticos aumentam extraordinariamente a superfície total disponível para o ingresso de gás carbônico e a saída de oxigênio. Mas estômatos abertos são um convite para a saída de moléculas de vapor-d'água, fenômeno conhecido como **transpiração estomatar** e que corresponde à maior parte da água perdida pela planta. Pequena quantidade ainda é perdida pela cutícula, na chamada **transpiração cuticular**. Assim, a **transpiração total**, que corresponde à soma das duas transpirações, remove da planta diariamente grandes volumes de água.

Fique por dentro!

Nas plantas xerófitas, adaptadas a um clima árido ou semiárido, os estômatos são numerosos. Trata-se de uma adaptação que favorece a rápida troca de gases durante a curta estação chuvosa. Frequentemente, localizam-se em depressões ou criptas (pequenas cavidades) da epiderme, protegidos por inúmeros pelos que ajudam a manter uma razoável umidade no "microambiente estomático".

A abertura e o fechamento dos estômatos são influenciados pela *umidade do ar* e pela *luz*:

- a abertura e o fechamento dos estômatos dependem da água existente no interior das células-guarda. Se a planta estiver bem suprida de água, esta é levada pelos vasos condutores às células do parênquima foliar. Do parênquima, ela passa às células-guarda que, ficando túrgidas, ocasionam a abertura do estômato, favorecendo a ocorrência de saída de vapor-d'água para o meio. Se essa vaporização for intensa e a água levada pelos vasos condutores não compensar as perdas, as células-guarda perdem água para as células vizinhas, ficam flácidas e, como consequência, o estômato se fecha. É uma medida de economia de água. Esses movimentos de abertura e fechamento estomático dependentes do teor de água das células-guarda e, claro, da planta são chamados de **movimentos hidroativos** (veja a Figura 35-12);

- na maioria das plantas, a luz permite a abertura dos estômatos enquanto sua falta favorece seu fechamento. A esses movimentos influenciados pela luz dá-se o nome de **movimentos fotoativos**.

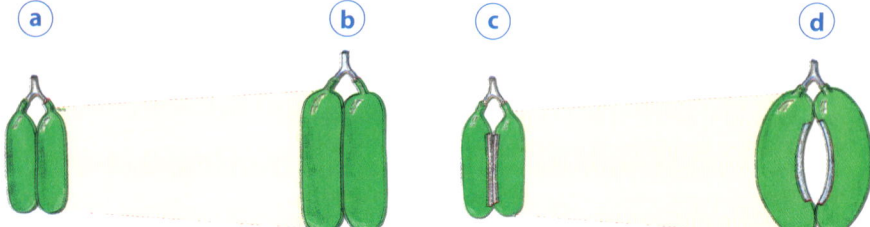

Figura 35-12. Modelo ilustrando o mecanismo hidroativo de abertura estomática. Em (a), duas bexigas iguais são colocadas lado a lado. Em (b), as duas são cheias com ar e distendem-se igualmente. Em (c) e (d) tem-se a mesma situação de (a) e (b), só que agora foi colocado um reforço de fita adesiva em ambas as bexigas. Observe a formação de uma abertura quando as duas bexigas são distendidas.

A participação da luz em movimentos fotoativos

Uma das hipóteses para explicar a participação da luz em movimentos fotoativos está relacionada com a interconversão amido-glicose. Quando as células-guarda recebem luz, elas fazem fotossíntese. O consumo de CO_2 faz a solução dos vacúolos ficar básica. No claro, por ação de uma enzima, o amido armazenado nessas células é hidrolisado e libera moléculas de glicose, as quais, sendo solúveis em água, aumentam a pressão osmótica das células-guarda, que passam a ganhar água – por osmose – das células vizinhas (veja a Figura 35-13). Como consequência, ficam túrgidas e o estômato abre. Ao contrário, no escuro, acumula-se gás carbônico e a solução dos sucos vacuolares das células-guarda fica ácida. Nessas condições, a mesma enzima efetua a polimerização de glicose em amido. As macromoléculas que constituem o amido são *insolúveis* em água, por isso, essa substância não é osmoticamente ativa, e as células-guarda perdem, assim, pressão osmótica. Elas perdem água por osmose para as células vizinhas que, agora, estão mais concentradas. As células estomáticas ficam flácidas e o estômato fecha.

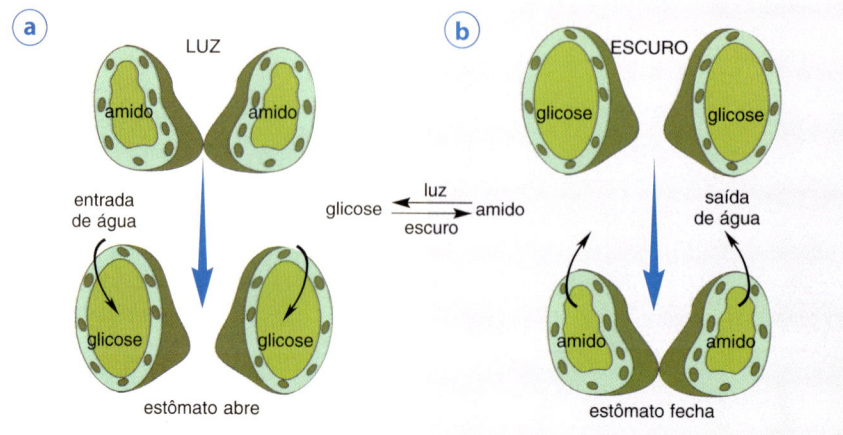

Figura 35-13. Mecanismo enzimático de abertura e fechamento estomático: (a) em presença de luz, a enzima fosforilase atua na conversão de amido em glicose. (b) No escuro, a fosforilase atua na formação de amido.

Mais recentemente, outra hipótese admite que o envolvimento dos íons potássio nos movimentos estomáticos seja mais importante que a interconversão amido-glicose. Experimentalmente, observou-se que, ao serem iluminadas as células-guarda, ocorre um notável ingresso de íons potássio por transporte ativo em seu interior; aumentando a concentração iônica dentro das células-guarda, aumenta a pressão osmótica, as células-guarda ganham água por osmose, ficam túrgidas e o estômato abre. No escuro, ao contrário, os íons potássio abandonam as células estomáticas que, ficando menos concentradas, perdem água para as vizinhas, ficam flácidas e o estômato fecha (veja a Figura 35-14).

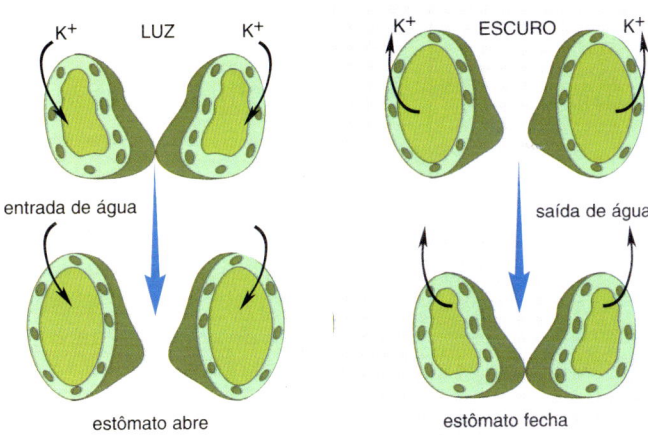

Figura 35-14. Ação dos íons potássio na abertura e no fechamento do estômato.

Saiba mais

Existem certas espécies vegetais nas quais a abertura dos estômatos ocorre à noite, fechando-se durante o dia. Em regiões desérticas, a seleção natural favoreceu plantas que abrem estômatos à noite, ocasião em que a umidade é maior. Ocorre assimilação noturna do gás carbônico, que é convertido em ácidos orgânicos, armazenados nos sucos vacuolares das células. Durante o dia, com os estômatos fechados, os ácidos orgânicos são desfeitos e o gás carbônico assim liberado é utilizado na fotossíntese, mesmo com os estômatos fechados. Esse fenômeno, comum em plantas da família das Crassuláceas, é também observado em plena mata amazônica, onde a competição por aquele gás durante o dia é intensa.

Fique por dentro!

Em ocasiões de deficiência de água na folha, ocorre aumento do teor do hormônio **ácido abscísico**, fato que sugere a participação dessa substância no fechamento estomático. Esse ácido faz com que as células-guarda dos estômatos eliminem potássio, o que, como já foi visto, ocasiona o fechamento destes.

A ciência por trás do fato!

É conveniente regar plantas em um dia de sol forte?

A existência de água no corpo de uma planta é essencial para a abertura dos estômatos, para a condução do líquido às folhas pelos vasos do xilema e, claro, para a realização de fotossíntese e outras reações do metabolismo. A irrigação é essencial para a reposição da água utilizada no metabolismo ou da que é perdida na transpiração vegetal. A sabedoria popular indica, porém, que não é conveniente regar plantas em um dia de sol forte. Por quê?

Ao atingir as folhas, as gotículas de água podem funcionar como lentes convergentes, que podem fazer com que as folhas acabem sendo "queimadas" pelo excesso de luz que as atinge. Então, o prejuízo é quase certo. Qual o melhor procedimento? A resposta é: regar as plantas no início da manhã ou no entardecer. Melhor ainda, à noite.

No caso de ser mesmo necessário regá-las durante um dia de sol forte, então o melhor procedimento é dirigir o jato de água diretamente para o solo, sem atingir as folhas. Esse pequeno cuidado favorece as plantas que, assim, absorverão o precioso líquido e o conduzirão às folhas. Pense nisso toda vez que você regar suas plantas. Elas ficarão eternamente gratas com esse simples procedimento.

A CONDUÇÃO DA SEIVA ELABORADA

A seiva orgânica, elaborada no parênquima das folhas, é lançada nos tubos crivados do floema e conduzida a todas as partes da planta que não são autossuficientes. O transporte é orientado principalmente para a raiz, podendo haver algum movimento em direção ao ápice do caule e das folhas em desenvolvimento. De modo geral, os materiais orgânicos são translocados para órgãos consumidores e de reserva, podendo haver inversão do movimento (isto é, dos órgãos de reserva para regiões em crescimento), quando necessário.

A Hipótese de Münch

A hipótese mais aceita atualmente para a condução da seiva elaborada é a que foi formulada por Münch e se baseia na movimentação de toda a solução do floema, incluindo água e solutos. É a *hipótese do arrastamento mecânico da solução*, também chamada de *hipótese do fluxo em massa da solução*. Por essa hipótese, o transporte de compostos orgânicos seria devido a um deslocamento rápido de moléculas de água que arrastariam, no seu movimento, as moléculas em solução.

A compreensão dessa hipótese fica mais fácil acompanhando-se o modelo sugerido por Münch para a sua explicação.

Observando-se a Figura 35-15, conclui-se que haverá ingresso de água, por osmose, do frasco A para o osmômetro 1, e do frasco B para o osmômetro 2. No entanto, como a solução do osmômetro 1 é mais concentrada, a velocidade de passagem de água do frasco A para o osmômetro 1 é maior. Assim, a água tenderá a se dirigir para o tubo de vidro 1 com velocidade, *arrastando* moléculas de açúcar. Como o osmômetro 2 passa a receber mais água, esta passa para o frasco B. Do frasco B, a água passa para o tubo de vidro 2, em direção ao frasco A.

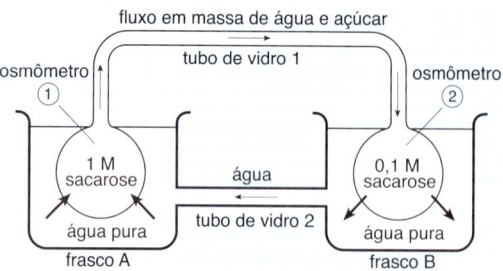

Figura 35-15. Modelo para a hipótese de Münch.

Podemos fazer a correspondência entre o modelo anterior e uma planta:

- o tubo de vidro 1 corresponde ao floema e o tubo de vidro 2 ao xilema;
- o osmômetro 1 corresponde a uma célula do parênquima foliar e o osmômetro 2, a uma célula da raiz;
- o frasco A representa a folha, enquanto o frasco B representa a raiz;
- as células do parênquima foliar realizam fotossíntese e produzem glicose. A concentração dessas células aumenta, o que faz com que absorvam água do xilema das nervuras. O excesso de água absorvida é deslocado para o floema, arrastando moléculas de açúcar em direção aos centros consumidores ou de reserva.

A INTEGRAÇÃO XILEMA-FLOEMA

A Figura 35-16 ilustra a integração existente entre os vasos de xilema e de floema em uma planta. Acompanhe pelos números:

1. o açúcar ingressa nas células do vaso liberiano e provoca aumento de concentração. A água é absorvida, principalmente do vaso de xilema, por osmose;
2. o ingresso de água gera uma pressão que empurra a seiva elaborada ao longo do vaso de floema;
3. chegando à raiz, o açúcar penetra nas células radiculares e a água retorna ao xilema;
4. o xilema reconduz a água em direção aos centros produtores de seiva orgânica.

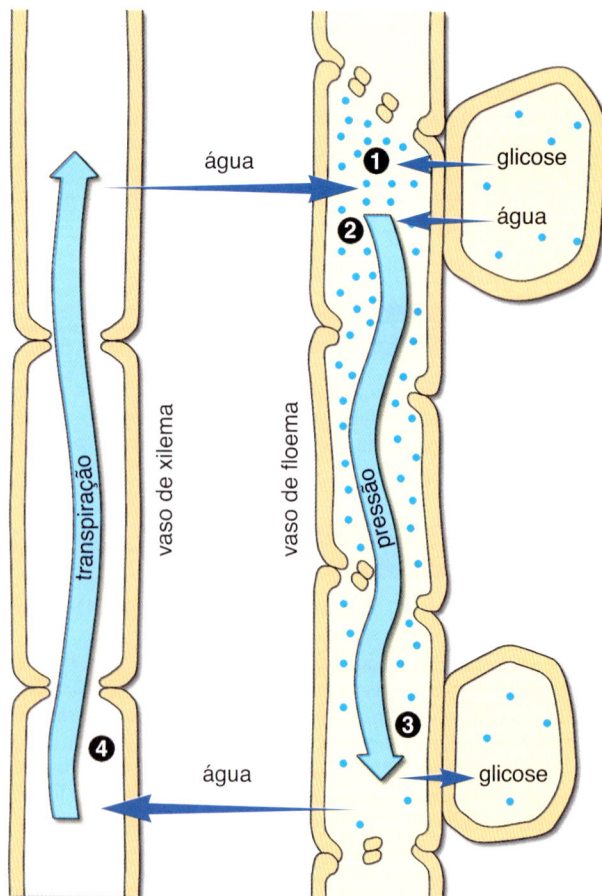

Figura 35-16. Esquema ilustrando a integração entre xilema e floema em uma planta.

Passo a passo

1. Nos vegetais vasculares, a troca de gases ocorre pelos revestimentos corporais. A absorção de água e nutrientes minerais é a função principal das raízes. A respeito desse assunto, responda:

   a) Quais são os revestimentos corporais que possibilitam a ocorrência de trocas gasosas entre o vegetal e o meio de vida? Através de que tecido ocorrem trocas gasosas em uma raiz e em um caule jovem? Em troncos espessos e grossas raízes, através de que estruturas ocorrem trocas gasosas? A que tecido essas estruturas são relacionadas?

   b) Qual o significado de hidroponia, relativamente ao cultivo de vegetais? Cite pelo menos uma vantagem do cultivo de vegetais pela hidroponia.

2. A existência de tecidos especializados na sustentação do organismo de um vegetal vascular foi uma das adaptações que possibilitou a sobrevivência no meio aéreo. São dois os tecidos relacionados a esse papel: colênquima e esclerênquima. Caracterize cada um desses tecidos, citando os tipos celulares mais comuns, se as células são vivas ou mortas, a substância que reveste suas paredes e a sua localização mais frequente.

3. O transporte de água e nutrientes em um vegetal vascular ocorre, em parte, por difusão de célula a célula e, na maior parte, ocorre no interior de *vasos* componentes dos *tecidos condutores* de seivas. A esse respeito:

   a) Quais são os dois tecidos condutores de seivas presentes em um vegetal vascular?

   b) Que tipo de seiva é transportado pelas células condutoras desses tecidos? Qual a constituição dessas seivas? Qual o seu local de origem e qual o seu destino?

4. Considere os itens a seguir:

   I – traqueíde
   II – célula companheira
   III – elemento de vaso traqueário
   IV – placa crivada
   V – parede celular impregnada com lignina
   VI – célula condutora anucleada
   VII – pontuações ou poros nas paredes das células condutoras
   VIII – parede da célula condutora possui apenas celulose
   IX – seiva bruta
   X – seiva elaborada

   a) Quais desses itens se referem ao xilema?
   b) Quais desses itens se referem ao floema?

5. Assinale a alternativa que se refere ao tecido cujas células possuem parede lignificada e que exerce dupla função, uma delas relacionada à condução de seiva.

   a) colênquima   c) xilema   e) parênquima
   b) esclerênquima d) floema

6. Estrutura primária de um vegetal é aquela com a qual ele nasceu. Assim, na estrutura primária do caule de uma eudicotiledônea lenhosa, os vasos de xilema e de floema:

   a) organizam-se em feixes associados ao redor da medula, do mesmo modo que ocorre com a raiz em estrutura primária.
   b) estão dispersos pelo caule, não se reconhecendo nitidamente nem córtex nem medula.
   c) organizam-se em feixes associados ao redor da medula, ao contrário do que ocorre com a raiz, em que esses vasos encontram-se alternados.
   d) estão organizados no caule, não se reconhecendo nitidamente nem córtex nem medula.
   e) organizam-se em um cilindro central que rodeia a medula, ao contrário da raiz em que estão organizados em feixes associados.
   f) estão dispersos pelo caule, deixando nitidamente diferenciados um córtex e uma medula, do mesmo modo que ocorre com a raiz, em que os feixes estão associados.

7. Na série de frases a seguir, assinale com **V** as verdadeiras e com **F** as falsas.

   a) No caule de cana-de-açúcar, uma monocotiledônea, os feixes líbero-lenhosos estão dispersos, não se constatando nitidamente nem córtex nem medula.
   b) Em uma raiz de eudicotiledônea, em estrutura primária, distinguem-se, de fora para dentro: epiderme, córtex, endoderme, periciclo, xilema e floema alternados.
   c) Estrias de Caspary são componentes da endoderme e sua principal função relaciona-se a promover a formação de ramos secundários da raiz.
   d) Em uma raiz, o periciclo é a camada responsável pela seleção dos nutrientes que atingirão o xilema.
   e) Raízes de monocotiledôneas costumam ter uma medula central, ao contrário de raízes lenhosas de eudicotiledôneas em que a região central é ocupada pelo xilema.
   f) Nos feixes líbero-lenhosos de caules de eudicotiledôneas em estrutura primária existe o câmbio (meristema) fascicular, ao contrário dos feixes de monocotiledôneas, em que o câmbio é ausente.

8. A ilustração a seguir representa o corte esquemático da raiz de uma dicotiledônea em estrutura primária.

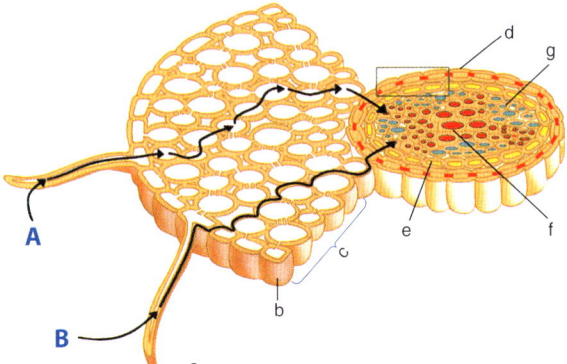

   a) Reconheça as estruturas indicadas pelas setas de **a** até **g**.
   b) A e B representam os trajetos da água até atingir a região central da raiz. Reconheça esses trajetos.
   c) Qual o mecanismo de transporte celular que possibilita a absorção de água na estrutura indicada na letra **a**? Qual deve ser a concentração osmótica dessa estrutura, em relação à concentração osmótica do solo, que permite a entrada de água no seu interior?
   d) Por meio de que mecanismo de transporte celular ocorre o ingresso de íons (nutrientes minerais) provenientes do solo, na estrutura indicada pela letra **a**?

9. Considere os itens a seguir:

   I – pressão (impulso positivo) de raiz
   II – capilaridade
   III – coesão entre moléculas de água
   IV – "sucção" exercida pelas folhas

   a) Que itens se referem a mecanismos de condução de seiva bruta no interior dos vasos lenhosos? Desses itens, qual se refere à hipótese atualmente mais aceita como a melhor explicação para o deslocamento da seiva do xilema?
   b) Qual dos itens se refere à condição básica para que ocorra deslocamento da água ao longo dos vasos lenhosos? Essa condição básica é relacionada à ocorrência de dois processos fisiológicos dos vegetais. Quais são esses processos fisiológicos?

As trocas gasosas e o transporte vegetal

10. Considere o seguinte procedimento: dobra-se a haste de uma planta contendo flores brancas e algumas folhas verdes em um balde com água e efetua-se o seu corte. A seguir, rapidamente mergulha-se a haste em uma solução colorida. Deixa-se o conjunto em ambiente iluminado e bem ventilado (sob a ação de um ventilador, por exemplo). Com o tempo, percebe-se que as pétalas da flor ficam coloridas, revelando que a água, contendo corante:

a) foi empurrada pelas raízes no sentido das pétalas.
b) subiu apenas por capilaridade no sentido das pétalas, colorindo-as.
c) entrou em coesão com a do xilema e graças à transpiração foliar subiu no sentido das pétalas.
d) difundiu-se pelos vasos de floema, atingindo as pétalas que ficaram coloridas.
e) difundiu-se pelo parênquima cortical, atingindo as pétalas que ficaram coloridas.

11. Uma planta de origem africana, *Zamioculcas*, dotada de longas folhas compostas, foi regada em uma noite fria de primavera. Logo ao amanhecer, notou-se que nas pontas das folhas havia pequenas gotas de água (I). Em seguida, seccionando-se completamente uma das longas folhas compostas, rente ao solo existente no vaso, percebeu-se a saída de uma solução aquosa na região do corte (II). Em ambos os casos, o sabor dos líquidos não era adocicado, motivo pelo qual um experiente fisiologista vegetal os reconheceu como sendo derivados da seiva bruta impulsionada pela raiz e transportada pelo xilema.

a) A que fenômeno se refere o que é descrito em I? Qual o fenômeno descrito em II?
b) Através de quais orifícios foliares ocorre a saída de água descrita em I?

12. O esquema a seguir representa um corte da epiderme inferior de uma folha, notando-se um estômato e células do parênquima lacunoso.

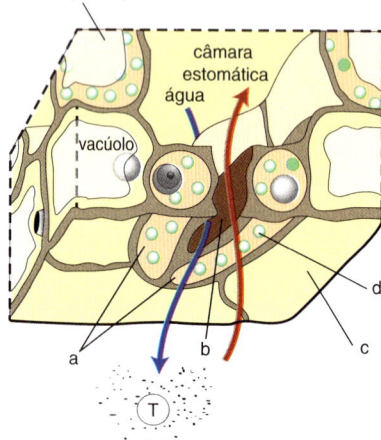

a) Reconheça as estruturas apontadas pelas setas **a**, **c** e **d**, e a região apontada pela seta **b**.
b) A seta vermelha indica o ingresso de gás atmosférico que será utilizado em importante processo bioenergético no parênquima foliar. Qual é esse gás? Qual o processo bioenergético?
c) A seta azul e a letra T simbolizam a saída de vapor-d'água, relacionado a um importante processo fisiológico vegetal. Qual é o processo fisiológico? Cite o outro local da folha por meio do qual esse processo pode ocorrer.
d) Qual a contribuição do processo relacionado ao item anterior, relativamente à condução de seiva bruta no vegetal?

13. Os *movimentos hidroativos* de abertura e fechamento de um estômato relacionam-se com o teor de água existente nos vacúolos das células-guarda. Assim, se as células-guarda ficarem:

a) túrgidas, o estômato fecha.
b) flácidas, o estômato abre.
c) túrgidas, o estômato abre.
d) flácidas, o estômato expele água pelo ostíolo.
e) túrgidas, o estômato absorve água pelo ostíolo.

14. Os *movimentos fotoativos* de abertura e fechamento dos estômatos são relacionados à presença ou à ausência de luz. Na maioria das plantas e com as demais variáveis ambientais (umidade, temperatura etc.) em condições ótimas verifica-se que, ao:

a) serem iluminados, os estômatos abrem.
b) permanecerem no escuro, os estômatos abrem.
c) serem iluminados, os estômatos fecham.
d) permanecerem no escuro, os estômatos abrem e fecham.
e) serem iluminados, os estômatos abrem apenas no período da manhã.

15. Segundo a hipótese da interconversão amido-glicose, aproximando-se o período noturno a ação de uma enzima faz com que a glicose produzida na fotossíntese executada pelas células-guarda seja convertida em amido, em meio ácido (uma vez que à noite essas células só respiram e o CO_2 acidifica o conteúdo da solução dos vacúolos). A concentração de solutos nos vacúolos das células-guarda diminui, ocorre um movimento de água para as células anexas e, como conseqüência, o estômato fecha. Ao longo da manhã, a mesma enzima, agora em condições de acidez menor, atua em sentido contrário, o que resulta em:

a) aumento da concentração dos vacúolos das células-guarda, sem afetar o comportamento do estômato.
b) diminuição da concentração dos vacúolos das células-guarda e fechamento do estômato.
c) aumento da concentração dos vacúolos das células-guarda e perda de água para as células anexas.
d) aumento da concentração dos vacúolos das células-guarda e abertura do estômato.
e) manutenção da concentração dos vacúolos das células-guarda e abertura do estômato.

16. De acordo com a hipótese da atuação de íons potássio na abertura do estômato, ao longo da manhã, sob a ação da luz, ocorre:

a) ingresso maciço de íons potássio nas células-guarda e o estômato abre.
b) perda maciça de íons potássio das células-guarda e o estômato fecha.
c) ingresso maciço de íons potássio nas células-guarda e o estômato não se altera.
d) perda maciça de íons potássio das células-guarda e o estômato não se altera.
e) ingresso maciço de íons potássio das células-guarda, que ficam flácidas.

17. Nas frases a seguir, assinale com **V** as verdadeiras e com **F** as falsas.

a) Transpiração vegetal é a perda de água líquida pelos estômatos e superfícies foliares.
b) Transpiração estomatar é a liberação de vapor d'água pelos estômatos.
c) Transpiração cuticular é a perda de água na forma de vapor pelos estômatos.
d) Transpiração total corresponde à soma das transpirações cuticular e estomatar.
e) Dependendo da umidade relativa do ar, a transpiração vegetal pode variar ao longo do dia.
f) Existem certas espécies vegetais nas quais a abertura dos estômatos ocorre à noite, fechando-se durante o dia. Nessas plantas, ocorre a fixação noturna do gás carbônico.

18. Em um experimento, duas plantas da mesma espécie foram submetidas a condições de luminosidade e de disponibilidade de água diferentes. A planta **A** foi mantida em ambiente iluminado, porém com suprimento inadequado de água no solo e atmosfera seca. A planta **B** foi mantida no escuro, porém com abundância de água no solo. Espera-se que o comportamento dos estômatos das duas plantas, nas condições descritas, seja o de:

a) abrir em **A** e fechar em **B**.
b) fechar em **A** e abrir em **B**.
c) fechar em ambas.
d) abrir em ambas.
e) não se alterar em ambas.

19. Em dia ensolarado, com solo suprido de boa quantidade de água, com razoável umidade relativa do ar e muito vento, espera-se que os estômatos de uma planta estejam abertos ou fechados? Justifique sua resposta.

20. O desenho representa o modelo de Münch para explicar a condução de seiva elaborada nas plantas.

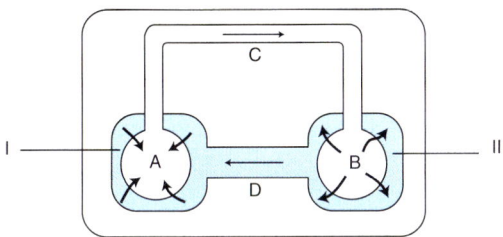

Assinale a alternativa da tabela abaixo que estabelece a correspondência correta entre as partes desse modelo físico com os componentes de uma planta.

	I	II	A	B	C	D
a)	folha	raiz	célula de folha	célula de raiz	vaso de xilema	vaso de floema
b)	raiz	folha	célula de folha	célula de raiz	vaso de xilema	vaso de floema
c)	folha	raiz	célula de raiz	célula de folha	vaso de floema	vaso de xilema
d)	raiz	folha	célula de raiz	célula de folha	vaso de xilema	vaso de floema
e)	folha	raiz	célula de folha	célula de raiz	vaso de floema	vaso de xilema

21. O desenho abaixo mostra esquematicamente a integração existente entre xilema e floema em uma planta hipotética.

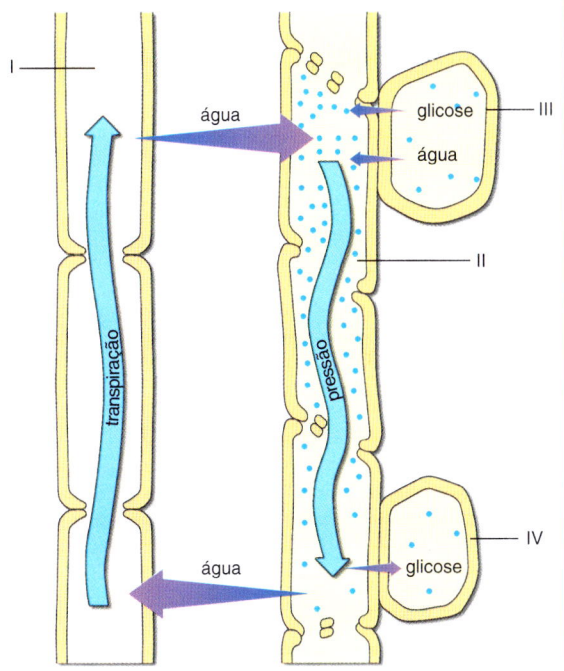

Considere os itens seguintes:

I – representa um vaso de floema;
II – representa um vaso de xilema;
III – representa uma célula de folha;
IV – representa uma célula de raiz.

Fez-se a correspondência correta em:

a) I e II, apenas.
b) I e III, apenas.
c) II e IV, apenas.
d) I e IV, apenas.
e) III e IV, apenas.

22. Questão de interpretação de texto

O manduvi é uma das árvores-símbolo do Pantanal do Mato Grosso. Nos ocos de seus espessos troncos, araras fazem seus ninhos. Seus frutos contêm sementes que são avidamente consumidas por tucanos-tocos, os principais dispersores de novos manduvizinhos pelo ambiente pantaneiro. Graças aos tucanos-tocos, novas árvores de manduvis podem se estabelecer. E novos manduvis representam mais locais para as araras fazerem seus ninhos. As folhas do manduvi constituem uma poderosa "bomba biótica de umidade". Suas numerosas folhas são evaporadores que conseguem devolver água para o ar, mantendo um ciclo de evaporação, condensação, precipitação, absorção, que fazem a umidade se manter no ambiente pantaneiro.

Adaptado de: NOBRE, A. D. *Almanaque Brasil Socioambiental*.
São Paulo: Instituto Socioambiental, 2008, p. 368-9.

Manduvi, árvore favorita das araras, cuja quantidade é um indicador ambiental.

Utilizando os dados do texto e os seus conhecimentos sobre o assunto, responda:

a) Como toda árvore, o manduvi possui um eficiente sistema de sustentação do tronco no meio aéreo e várias estruturas, localizadas no súber, através das quais ocorrem trocas gasosas entre o espesso tronco e o ambiente. Qual o tecido responsável pela eficiente sustentação do tronco no meio aéreo? Quais as estruturas através das quais ocorrem trocas gasosas entre o tronco e o ambiente?
b) O texto relata que as folhas são evaporadores que devolvem água para o ar, constituindo uma poderosa "bomba biótica de umidade". Que denominação é dada para essa evaporação de água pelas folhas da árvore. Através de quais estruturas essa evaporação ocorre?
c) A água evaporada pelas folhas chega até elas por um tecido condutor, que se inicia nas raízes da árvore. Por outro lado, a glicose produzida nas folhas no processo de fotossíntese é conduzida por outro tecido, que a conduz com água e outras substâncias orgânicas a todas as partes da árvore. Quais são esses tecidos condutores, respectivamente? Como são denominadas as seivas que transportam?
d) Pelo menos uma estrutura citada no texto permite concluir que o manduvi é uma árvore angiosperma. Qual é essa estrutura?

Questões objetivas

1. (UFMG) Observe esta figura, em que esta representada uma cultura hidropônica:

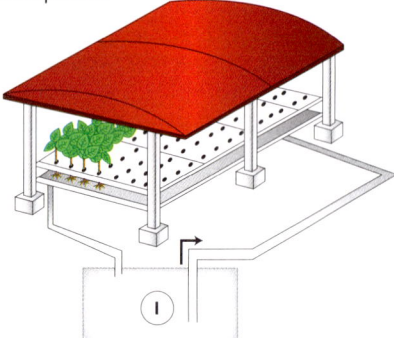

reservatório de solução nutritiva

Considerando-se as informações fornecidas por essa figura e outros conhecimentos sobre o assunto, é **CORRETO** afirmar que a solução nutritiva presente em I deve conter

a) ácidos graxos, que serão utilizados na composição de membranas celulares.
b) glicose, que será utilizada como fonte de energia.
c) nitratos, que serão utilizados na síntese de aminoácidos.
d) proteínas, que serão utilizadas na síntese da clorofila.

2. (UFJF – MG) A clorose variegada das laranjeiras, conhecida como amarelinho, é causada por uma bactéria que, depois de instalada, se multiplica e obstrui o tecido responsável por levar água e nutrientes das raízes para a parte aérea da planta. Entre os sintomas da doença está a diminuição do tamanho dos frutos, tornando-os inviáveis para o consumo. Assinale a alternativa que apresenta o tecido obstruído pela bactéria.

a) parênquima aquífero
b) parênquima clorofiliano
c) colênquima
d) xilema
e) floema

3. (PUC – MG) As madeiras para fins comerciais apresentam características marcantes, como cor, propriedades físicas relacionadas com peso, dureza e resistência. São muito utilizadas na produção, por exemplo, de móveis domésticos e de escritório.

É **INCORRETO** afirmar:

a) A madeira utilizada na confecção de móveis é constituída por lenho, com vasos condutores funcionais e não funcionais.
b) O lenho é tecido predominante em caules de árvores adultas, com duas partes distintas: o cerne e o alburno.
c) O alburno é a parte mais nova, mais periférica, com vasos condutores vivos, onde ocorre o transporte de seiva bruta.
d) O cerne é a parte mais velha e morta, de cor forte e mais resistente, com função de sustentação e não de transporte.

4. (PUC – RJ) A figura a seguir é uma fotomicrografia de um corte de caule em uma dicotiledônea.

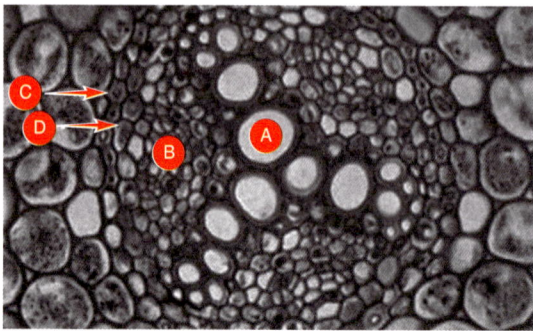

A estrutura assinalada com a letra **A** pertence a um tecido de condução de seiva bruta, cujas células são caracteristicamente mortas. A descrição do tecido refere-se ao

a) floema.
b) xilema.
c) meristema.
d) colênquima.
e) esclerênquima.

5. (UEL – PR) A história da evolução das plantas está relacionada com a ocupação progressiva do ambiente terrestre e o aumento de sua independência da água para a reprodução. O aparecimento do floema e do xilema solucionou o problema do transporte de água e dos alimentos nas plantas que crescem em ambientes terrestres. Com base no texto e nos conhecimentos sobre o tema, assinale a alternativa correta.

a) As principais células de condução do xilema são os elementos crivados e as células companheiras, e as principais células de condução do floema são os elementos traqueais e os elementos de vasos xilemáticos.
b) O xilema, principal tecido condutor de água, também está envolvido na condução das substâncias orgânicas, na sustentação e no armazenamento de substâncias.
c) O floema, além de açúcares, transporta aminoácidos, lipídio, micronutrientes, hormônios, estímulos florais, numerosas proteínas e RNA.
d) As plantas vasculares, briófitas, gimnospermas e angiospermas possuem xilema e floema. Como exemplos, podem-se citar musgos, carvalhos e pinheiros, respectivamente.
e) O floema é responsável pelo transporte da seiva bruta, das raízes até as folhas, e o xilema é responsável pelo transporte da seiva elaborada, das folhas até as raízes.

6. (UNEMAT – MT) A água e os sais minerais penetram na planta através das extremidades das raízes, principalmente na zona dos pelos absorventes. Após atravessar a epiderme, a água e sais, nela dissolvidos, deslocam-se para a região central da raiz e são distribuídos a todas as células da planta.

Sobre o deslocamento de água e sais minerais das raízes até as folhas nas Angiospermas, pode-se afirmar:

a) O deslocamento acontece somente por capilaridade, fenômeno físico que resulta das propriedades de adesão e coesão das moléculas de água.
b) O deslocamento acontece somente pela pressão positiva da raiz que resulta do fato de os sais minerais serem continuamente bombeados para dentro do floema, pelas células de transferência, sendo o retorno ao córtex impedido pelas estrias casparianas.
c) O deslocamento acontece somente pela teoria da coesão-tensão, em que a seiva bruta é deslocada das raízes até as folhas, fundamentalmente devido ao fenômeno da gutação.
d) O deslocamento ocorre somente por osmose, pela diferença de concentração salina que se estabelece entre o cilindro vascular do floema e o córtex.
e) O deslocamento ocorre por capilaridade, pressão positiva da raiz e transpiração e, dentre essas, a transpiração das folhas provocam um aumento de pressão osmótica nas células, que retiram água das células vizinhas que, por sua vez, terminam por retirar água das terminações dos vasos xilemáticos.

7. (UFC – CE) A teoria de Dixon é uma das hipóteses que tenta explicar o transporte de água da raiz até as folhas de árvores com mais de 30 metros de altura, como a castanheira-do-pará. Assinale a alternativa que contém aspectos nos quais se baseia essa teoria.

a) Coesão entre as moléculas de água, adesão entre essas moléculas e as paredes do xilema, tensão gerada no interior dos vasos pela transpiração foliar.

b) Aumento da concentração osmótica no interior dos vasos xilemáticos da raiz, entrada de água por osmose, impulsão da seiva para cima.
c) Semelhança dos vasos do xilema a tubos de diâmetro microscópico, propriedades de adesão e coesão das moléculas de água, ocorrência do fenômeno da capilaridade.
d) Permeabilidade seletiva das células do córtex da raiz, presença da endoderme com as estrias de Caspary, transporte ascendente da seiva bruta.
e) Produção de carboidratos nas folhas, aumento da concentração osmótica nesses órgãos, ascensão da seiva bruta, por osmose e capilaridade, nos vasos do xilema.

8. (PUC – MG) O esquema mostra a retirada de um anel completo da casca, que pode ser executada tanto no caule principal como em apenas um galho de uma árvore frutífera.

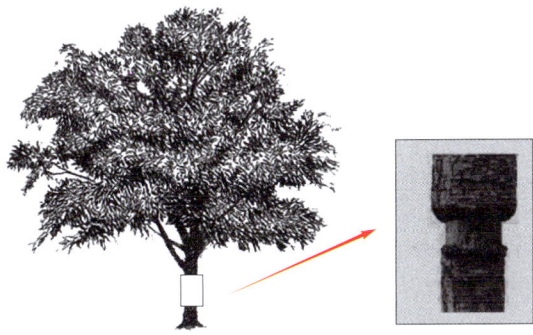

É **INCORRETO** afirmar que, com a remoção do anel de Malpighi:

a) no caule principal, as células radiculares utilizarão suas reservas nutricionais, pois haverá interrupção do fluxo de açúcares em direção às raízes.
b) no caule principal, não se impede a absorção de água e nutrientes minerais, que devem continuar por certo tempo, até a morte das células radiculares.
c) apenas num galho, poderá ocorrer nele, acima do corte, produção de frutos maiores e mais doces.
d) apenas em dois galhos laterais, haverá neles redução fotossintética e diminuição da floração nessas duas regiões.

9. (UNIRIO – RJ) O processo de gutação consiste na eliminação de gotículas de água por estruturas bem definidas, os hidatódios, localizados nas bordas das folhas. Os hidatódios se assemelham aos estômatos, mas em lugar de câmara subestomática há um parênquima aquífero, o epitema, onde terminam os vasos lenhosos das últimas nervuras das folhas.

http://images.google.com.br

Indique a melhor combinação de fatores (temperatura, umidade do ar e água no solo), para que a gutação possa ser observada pela manhã em algumas plantas.

	Temperatura	Umidade Relativa do Ar	Saturação de Água no Solo
a)	baixa	alta	saturado
b)	alta	alta	saturado
c)	baixa	alta	não saturado
d)	alta	baixa	não saturado
e)	baixa	baixa	não saturado

10. (UFSC) A figura abaixo representa, ao centro, o esquema de uma estrutura vegetal chamada estômato.

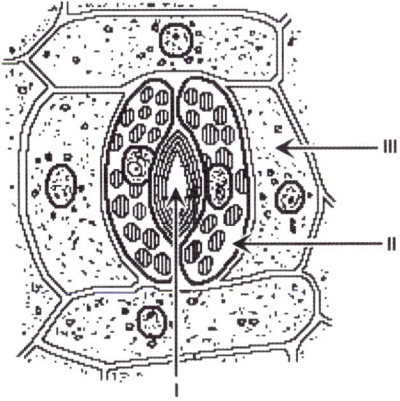

A respeito da estrutura acima e de seu papel fisiológico, indique a(s) proposição(ões) **CORRETA(S)** e dê sua soma ao final.

(01) O funcionamento dos estômatos está associado aos mecanismos de transporte de seiva no vegetal.
(02) A seta **II** da figura indica a presença de cloroplastos nas células estomáticas.
(04) Os estômatos são estruturas encontradas em várias partes do vegetal, especialmente no caule.
(08) A seta **III** indica as células-acessórias ou subsidiárias; através delas ocorre a eliminação da água por transpiração para o exterior do vegetal.
(16) Os estômatos são estruturas muito versáteis, participando inclusive dos mecanismos de defesa vegetal, pois podem produzir e eliminar substâncias tóxicas.
(32) A seta **I** indica a abertura estomática que ocorre entre as células-guarda e por onde se realizam as trocas gasosas nos vegetais.
(64) O funcionamento do estômato é controlado por fatores intracelulares, sendo independente de fatores externos como a luminosidade e a umidade.

11. (UNEMAT – MT) A transpiração corresponde à perda de H_2O sob a forma de vapor. Em plantas, o principal órgão responsável por esse processo é a folha. Sobre o processo de transpiração, assinale a alternativa **correta**.

a) Nas plantas, ocorre a transpiração cuticular e estomática.
b) Nas plantas, ocorre a transpiração por meio de raízes do tipo pneumatóforo.
c) Nas plantas, ocorre transpiração por meio do movimento de translocação da seiva elaborada.
d) Nas plantas, ocorre transpiração por meio do movimento de geotropismo e fototropismo.
e) Nas plantas, ocorre a transpiração influenciada pelos hormônios auxina e giberelina.

12. (UEL – PR) O gráfico a seguir representa a relação entre a transpiração foliar e a abertura estomática em *Zebrina pendula*, verificada em uma determinada condição atmosférica.

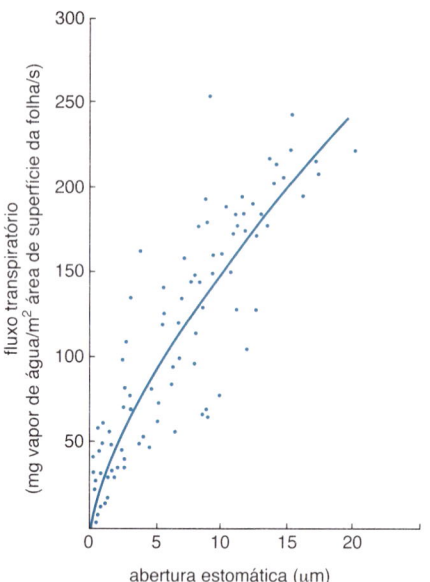

Com base nas informações contidas no gráfico, analise a seguinte afirmativa:

Quando a abertura estomática passa de 15 µm para 20 µm em consequência _____ da turgidez das células-guarda, a quantidade de água perdida por transpiração _____.

Assinale a alternativa que contém, respectivamente, os termos que preenchem corretamente as lacunas.

a) do aumento – aumenta
b) da diminuição – diminui
c) do aumento – diminui
d) da diminuição – aumenta
e) do aumento – se mantém constante

13. (UFC – CE) O professor de botânica montou um experimento para observar o efeito da luz sob a transpiração foliar. Escolheu um arbusto de papoula e encapsulou as extremidades de dez ramos com sacos plásticos transparentes, lacrando-os com barbante para evitar as trocas gasosas. Cobriu a metade dos sacos com papel alumínio e, após 48 horas, observou as diferenças no conteúdo de água acumulada dentro dos sacos, nos dois grupos. Assinale a alternativa que indica o resultado observado mais provável.

a) A quantidade de água nos dois grupos foi igual, devido à inibição da transpiração pela alta umidade relativa que se formou no interior de ambos.
b) O teor de água acumulada foi maior nos sacos plásticos sem a cobertura do papel alumínio, uma vez que a luz induziu a abertura dos estômatos e permitiu uma transpiração mais intensa.
c) A quantidade de água acumulada foi maior nos sacos plásticos envoltos com papel alumínio, uma vez que a ausência de luz solar diminuiu a temperatura dentro dos sacos e a evaporação foliar.
d) A concentração mais elevada de CO_2 no interior dos sacos sem o papel alumínio induziu o fechamento dos estômatos, e a quantidade de água acumulada foi menor.
e) A concentração de oxigênio foi menor nos sacos envoltos com papel alumínio, devido à falta de luz para a fotossíntese, ocasionando a abertura dos estômatos e o aumento da transpiração.

14. (UFMS) Alguns estudantes elaboraram o seguinte experimento: dois ramos de plantas semelhantes foram colocados em dois tubos de ensaio (A e B) contendo a mesma quantidade de água e, posteriormente, esses tubos foram vedados para evitar a evaporação. A planta do tubo A foi mantida intacta enquanto que a planta do tubo B teve suas folhas completamente recobertas com uma camada de vaselina.

O esquema abaixo mostra o nível de água no início (Ni) e no final (Nf) do experimento.

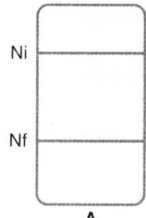 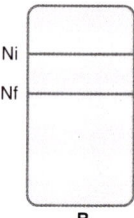

A   B

Com relação a esse experimento, indique as alternativas corretas e dê sua soma ao final.

(01) O nível de água final foi menor no tubo A devido ao funcionamento normal dos estômatos da epiderme foliar.
(02) No tubo A, o processo de transpiração e as trocas gasosas são realizados normalmente.
(04) No tubo B, não está ocorrendo o processo de transpiração e de trocas gasosas.
(08) O nível de água final foi diferente nos dois tubos, devido ao funcionamento normal dos estômatos da epiderme foliar no tubo B, possibilitando a captação de gás carbônico para a realização da fotossíntese e, consequentemente, economizando água do sistema.
(16) O nível de água final foi maior no tubo B, devido ao funcionamento limitado dos estômatos de sua epiderme foliar que, recoberta pela vaselina, impossibilita a realização plena de troca gasosa e economiza água do sistema.
(32) O nível final da água foi diferente nos dois tubos devido ao processo de evaporação.

15. (UNESP) Sobre o processo da transpiração dos vegetais, foram feitas as cinco afirmações seguintes.

I – Em torno de 95% da água absorvida pelas plantas é eliminada pela transpiração, principalmente pelos estômatos.
II – Os estômatos abrem-se quando a turgescência das células-guardas é alta, fechando-se quando esta é baixa.
III – A reação mais imediata da planta à pouca disponibilidade de água no solo é o fechamento dos estômatos.
IV – A consequência do contido na afirmação III será uma diminuição da difusão de CO_2 para o interior das folhas.
V – Considerando a concentração de gás carbônico, a disponibilidade de água no solo, a intensidade luminosa, a temperatura e a concentração de oxigênio, esta última é a que exerce menor efeito sobre o processo de abertura e fechamento dos estômatos.

São corretas as afirmações

a) I e III, apenas.
b) I e IV, apenas.
c) II e IV, apenas.
d) I, II, III e V, apenas.
e) I, II, III, IV e V.

16. (UNIMONTES – MG) O controle de trocas gasosas entre as plantas e seu meio geralmente é feito por estruturas especializadas. A figura a seguir mostra aspectos relacionados a essas estruturas. Analise-a.

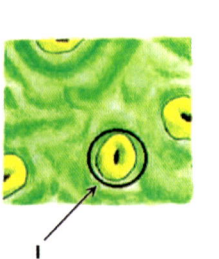 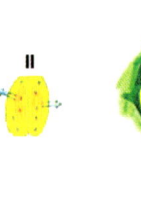 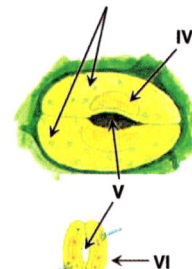

De acordo com a figura e o assunto abordado, analise as alternativas abaixo e assinale a associação **CORRETA.**

a) V – ostíolo.
b) VI – saída de água.
c) I – núcleo.
d) IV – células-guarda.

Questões dissertativas

1. (UFJF – MG) A realização de um cintamento (anelamento), com a retirada total de um anel da casca (anel de Malpighi) pode fornecer diversas informações relacionadas ao transporte de seivas nas plantas.

a) Uma planta foi submetida ao cintamento em um ramo lateral que continha diversos frutos, conforme a figura a seguir. Em comparação ao tamanho dos frutos de outro ramo não submetido ao cintamento, esses frutos ficarão maiores ou menores? Justifique a sua resposta.

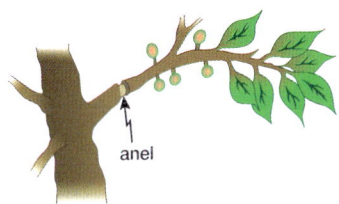

b) Os frutos mantidos no ramo que sofreu o cintamento da casca apresentarão alguma limitação relacionada ao transporte de água e de nutrientes a partir das raízes? Justifique a sua resposta.

c) Caso o cancelamento fosse feito na base do tronco principal, conforme a figura a seguir, qual seria a consequência para a árvore a longo prazo? Justifique a sua resposta.

remoção de anel da casca

2. (UNESP) Na casa de Pedrinho, a caixa-d'água mantinha-se suspensa por quatro grandes pilares. Ao lado da caixa-d'água, um abacateiro tinha a mesma altura, o que fez Pedrinho pensar: "Se, para abastecer as torneiras da casa, a caixa tinha que ficar a certa altura, de tal modo que a água fluísse pela ação da gravidade, como o abacateiro resolvia o problema de transportar a água do solo para as folhas, contra a ação da gravidade?"

Explique como a água do solo pode chegar às partes mais altas da planta.

3. (UNESP)

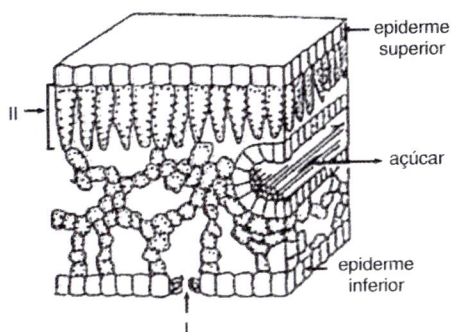

Observe a figura e responda.

a) Qual é o nome da estrutura assinalada em I e o do tecido assinalado em II?

b) Considerando-se que na estrutura I ocorre entrada de CO_2 e saída de H_2O e de O_2, responda em que processo o CO_2 absorvido em I é utilizado e qual a importância desse processo para a manutenção da vida.

4. (UFF – RJ) Com o objetivo de estudar a absorção de água por vegetais terrestres em condições ambientais, foram avaliadas, em uma planta, as velocidades de transpiração pelas folhas e de absorção de água pela raiz. Realizaram-se dois experimentos:

- **experimento 1** – as velocidades foram medidas a cada duas horas, durante as 24 horas do dia, sendo registradas as variações do nível de insolação, da temperatura e da umidade relativa do ar;
- **experimento 2** – realizado poucos dias depois, da mesma forma que o anterior e nas mesmas condições de insolação e de temperatura, porém, com a umidade do ar cerca de duas vezes maior do que a registrada no experimento 1.

Os resultados obtidos estão nos gráficos adiante, identificados como W e Z, onde as medidas de velocidade foram expressas em gramas de água, perdidos pela transpiração ou absorvidos pela raiz a cada duas horas.

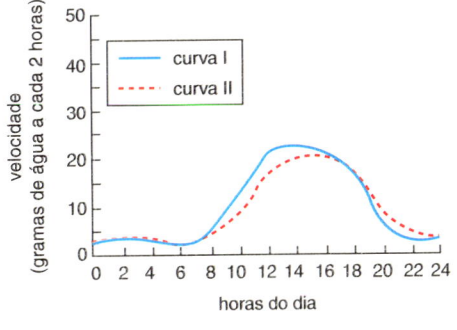

Gráfico W

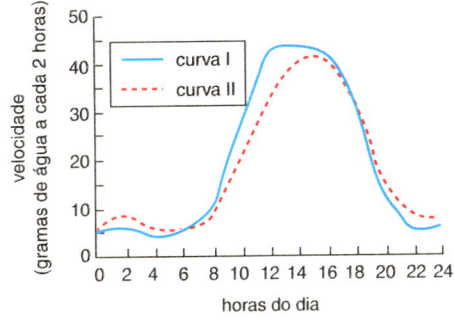

Gráfico Z

a) Identifique as curvas em ambos os gráficos que representam, respectivamente, as velocidades de transpiração pelas folhas e de absorção de água pela raiz. Justifique.

b) Identifique os gráficos que correspondem aos experimentos 1 e 2. Justifique.

Programas de avaliação seriada

1. (PISM – UFJF – MG) Nas plantas, são encontrados diversos tipos de tecidos, cujas funções estão relacionadas à conquista do ambiente terrestre. Analise as afirmativas abaixo que trazem informações sobre esses tecidos.

  I – O xilema, constituído de células vivas na maturidade, é o tecido de condução de água e minerais das folhas para as raízes.
  II – Os parênquimas são tecidos que desempenham várias funções nas plantas, como reserva e assimilação (fotossíntese), sendo os parênquimas de reserva desprovidos de cloroplastos.
  III – A cutícula é um tecido que aumenta a permeabilidade das folhas, intensificando as trocas gasosas.
  IV – Os caules e as raízes jovens apresentam a epiderme como tecido de proteção e revestimento, que é substituída no crescimento secundário pela periderme.
  V – O esclerênquima é um dos tecidos de sustentação das plantas, apresentando fibras resistentes, como as extraídas da juta e do sisal.

Assinale a opção que apresenta somente as afirmativas **CORRETAS**.

a) I, II e III.
b) I, II e V.
c) II, IV e V.
d) II, III e IV.
e) III, IV e V.

2. (PISM – UFJF – MG) Visando demonstrar o papel desempenhado pelas folhas de um vegetal, um professor de botânica montou o seguinte experimento: destacou folhas de uma determinada espécie e, imediatamente, fez pesagens sucessivas das mesmas, cujos resultados são apresentados no Gráfico 1. Também acompanhou a variação da temperatura das folhas destacadas e de folhas não destacadas, repetindo esse processo ao longo de 110 minutos, como apresentado no Gráfico 2.

Considere que todas as folhas possuíam a mesma área foliar e estavam dispostas de forma a receber a mesma quantidade de luz solar.

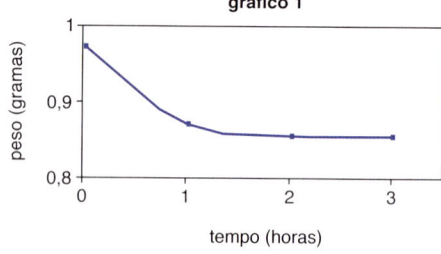

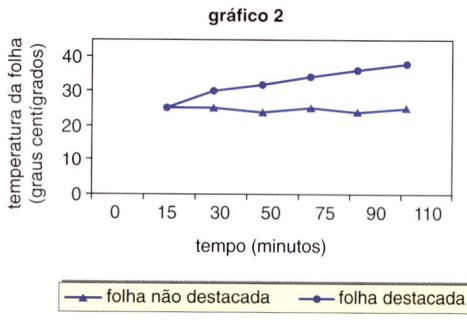

a) Que processo fisiológico pode ser ilustrado com esse experimento? Qual sua importância para as plantas?
b) Que estruturas epidérmicas estão envolvidas no controle do processo fisiológico ilustrado?
c) Qual é a explicação para o aumento da temperatura observado nas folhas destacadas (Gráfico 2)?

Capítulo 36
Crescimento e desenvolvimento

Com um pouco de tecnologia, perdas podem ser evitadas

A fruticultura é, sem dúvida, um dos setores estratégicos para a geração de emprego e renda no Brasil. Atualmente, somos o terceiro maior produtor de frutas, com produção anual de cerca de 40 milhões de toneladas, superados apenas pela China (140 milhões de toneladas anuais) e Índia (60 milhões de toneladas anuais).

Segundo dados do Instituto Brasileiro de Frutas (IBRAF), das quase 40 milhões de toneladas produzidas anualmente, o Brasil exporta 2,1% (± 840 mil toneladas) e absorve, no mercado interno aproximadamente 21 milhões de toneladas; arredondando, se consegue dar destino para, mais ou menos, 22 milhões de toneladas; mas com uma "sobra" estimada em 18 milhões de toneladas anuais.

A análise desses dados remete para as perdas pós-colheita, estimadas na ordem de 50% da produção brasileira; segundo vários autores, uma das principais causas dessas perdas é a falta de tecnologias no manuseio, estocagem e acondicionamento das frutas depois de colhidas. Nesse ponto, os reguladores vegetais podem desempenhar um papel importante para a redução do desperdício.

Reguladores vegetais são substâncias naturais ou sintéticas que, em pequenas concentrações, podem alterar qualquer processo fisiológico das plantas, como, por exemplo, a emissão de raízes, elongação de caules, abscisão de folhas e frutas, maturação de frutas, entre outros, podem desempenhar um papel importante. As principais substâncias utilizadas em fruticultura e que exercem algum tipo de influência sobre as plantas pertencem ao grupo das auxinas, giberelinas, citocininas, etileno e o ácido abscísico, que serão um dos temas deste nosso capítulo.

Adaptado de: SÁ, C. R. L. et al. *Métodos de Controle do Etileno na Qualidade e Conservação Pós-colheita de Frutas.* Fortaleza: Embrapa Agroindústria Tropical, 2008.
FACHINELLO, J. C.; KERSTEN, E. *Fruticultura* – Fundamentos e Prática. EMBRAPA online.

O crescimento de uma angiosperma começa a partir da germinação da semente. A hidratação da semente, por exemplo, ativa o embrião. As reservas contidas no endosperma ou nos cotilédones são hidrolisadas por ação enzimática. As células embrionárias recebem os nutrientes necessários, o metabolismo aumenta e são iniciadas as divisões celulares que conduzirão ao crescimento.

A radícula é a primeira estrutura a emergir; a seguir, exterioriza-se o caulículo e a plântula inicia um longo processo que culminará no vegetal adulto.

QUAL A DIFERENÇA ENTRE CRESCIMENTO E DESENVOLVIMENTO?

Esses dois termos são frequentemente utilizados como sinônimos. No entanto, há uma diferença entre eles.

O **crescimento** corresponde a um *aumento irreversível no tamanho* de um vegetal, e se dá a partir do acréscimo de células resultantes das divisões celulares mitóticas, além do aumento do tamanho individual de cada célula. De modo geral, o crescimento também envolve aumento do volume e da massa do vegetal. O *crescimento* envolve parâmetros quantitativos, mensuráveis (tamanho, massa e volume).

O **desenvolvimento** consiste no surgimento dos diferentes tipos celulares e dos diversos tecidos componentes dos órgãos vegetais. É, certamente, um fenômeno relacionado ao processo de diferenciação celular. O *desenvolvimento* envolve aspectos qualitativos, relacionados ao aumento de complexidade do vegetal.

A ocorrência desses dois processos é simultânea. Um vegetal cresce e se desenvolve ao mesmo tempo.

O MERISTEMA

O tecido meristemático é o responsável pelo crescimento e desenvolvimento de um vegetal. As células desse tecido são vivas, indiferenciadas, pequenas, de parede fina e contêm vários vacúolos pequenos dispersos pelo citoplasma. O núcleo é grande e central.

No embrião, todas as células são meristemáticas. À medida que vai se formando a planta adulta, os meristemas ficam restritos a certos locais do corpo do vegetal (veja a Figura 36-1): os ápices do caule e da raiz; os nós e as gemas laterais do caule; no interior do caule e da raiz, em certas eudicotiledôneas, formam-se verdadeiros cones (câmbio vascular e felogênio) responsáveis pelo crescimento em diâmetro desses órgãos.

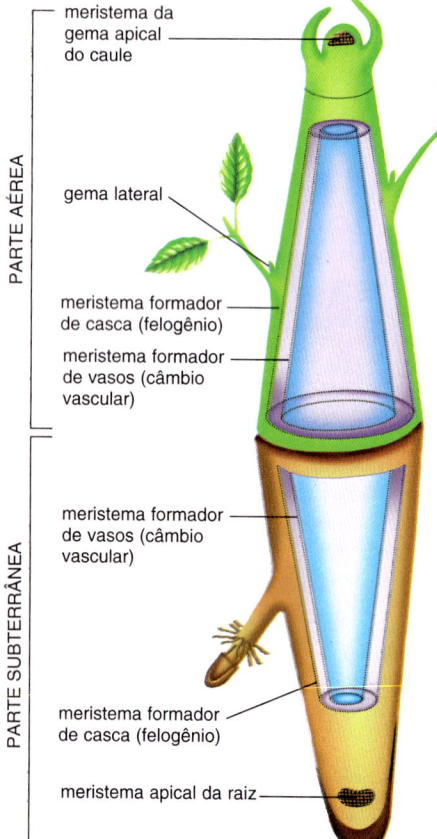

Figura 36-1. Esquema de planta eudicotiledônea e a localização mais frequente dos meristemas.

Meristema primário é o formado por células-filhas de células embrionárias. Encontra-se nos ápices de caule e raiz, e nas gemas laterais. *Meristema secundário* é o que foi originado por células parcialmente desdiferenciadas que se diferenciaram. Encontra-se no felogênio, no câmbio e em regiões de cicatrização.

Características do Meristema: Mitose e Diferenciação

Uma das características marcantes do tecido meristemático é a ocorrência de mitoses. É a partir das células dele originadas que são formados todos os tecidos diferenciados componentes de uma planta, por um processo conhecido como *diferenciação celular*.

Dependendo do local em que as células meristemáticas estejam, elas poderão se diferenciar em células de revestimento, células de preenchimento ou células condutoras. Essa diferenciação envolve, inicialmente, um alongamento da célula, processo facilitado pelo ingresso de água, e, posteriormente, modificações na parede e em seu conteúdo interno.

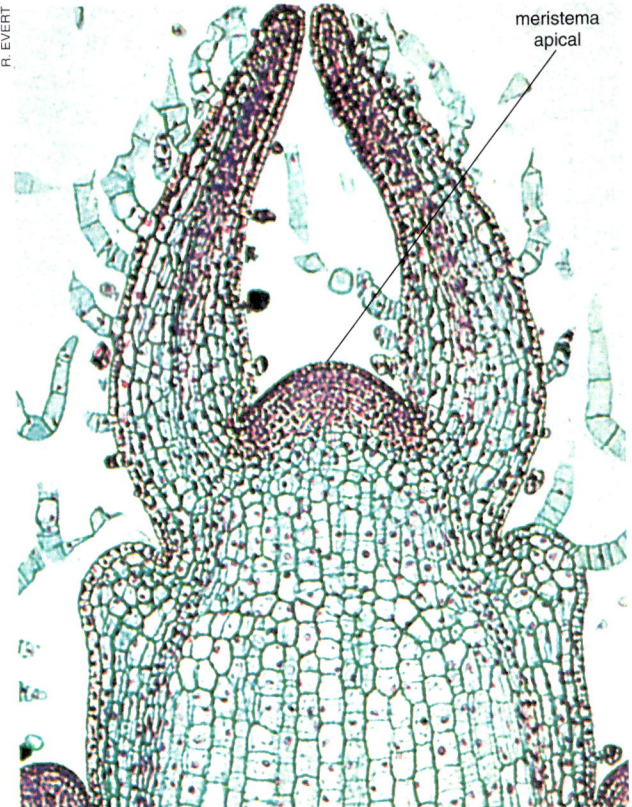

Meristema apical de caule, protegido na gema apical.

Saiba mais

Clonagem vegetal

A foto mostra frascos com plantas jovens crescendo em meio de cultivo apropriado. Sabe como elas foram obtidas? A partir de meristemas de plantas adultas. Células meristemáticas são as "células-tronco" dos vegetais. Atualmente, é comum obter centenas de plantas de batata, tomate, mandioca, abacaxi etc., a partir da utilização do tecido meristemático retirado de plantas adultas (preferencialmente, das gemas apicais do caule). Esse procedimento apresenta a vantagem de economizar espaço para a propagação, bastando que o meio de cultivo seja mantido estéril, para evitar a contaminação por fungos e bactérias. É um avanço em relação aos métodos tradicionais de clonagem, em que se utilizam pedaços de caule ou enxertos.

Durante a diferenciação, pode ocorrer que a célula permaneça em um estádio semidiferenciado. Nessas condições, ela pode sofrer uma desdiferenciação e voltar a ser meristemática (veja a Figura 36-2).

O meristema formado por desdiferenciação é do tipo *secundário*. Já o meristema originado a partir de células embrionárias, isto é, que permanecem meristemáticas, é do tipo *primário*.

Assim, o crescimento de uma planta ocorre:

- em comprimento (o que envolve, também, a formação de ramos pelas gemas e nós dos caules);
- em espessura (do caule e da raiz de certas eudicotiledôneas e gimnospermas).

Figura 36-2. A diferenciação de uma célula. Da fusão dos pequenos vacúolos, surge um único, central. O núcleo e o citoplasma ficam deslocados para a periferia. A célula passa a ser anisodiamétrica, isto é, com dimensões desiguais. A seta tracejada indica um possível processo de desdiferenciação. Nesse caso, a célula volta a ser meristemática.

Crescimento e desenvolvimento

O CRESCIMENTO EM COMPRIMENTO

O crescimento em comprimento é função dos meristemas localizados nos ápices do caule e da raiz. Na raiz, as células meristemáticas dividem-se por mitose e produzem algumas camadas de células-filhas. As células que ficam nas camadas superiores se diferenciarão enquanto as inferiormente situadas permanecem meristemáticas.

As células que se diferenciarão se *alongam* e empurram para baixo as meristemáticas. Estas voltam a se dividir e produzem mais células. As situadas superiormente alongam-se e empurram as meristemáticas que ficam abaixo. Assim, o meristema sempre é deslocado para a ponta.

No caule, o crescimento em comprimento é semelhante. A diferença é que o meristema é sempre empurrado para cima pelas células da região de alongamento. Durante esse empurrar de células, constantemente um grupo de células meristemáticas é deixado nas laterais do caule vindo a constituir as gemas laterais. Essas gemas oportunamente entrarão em atividade e poderão formar ramos, folhas ou flores.

Fique por dentro!

Na raiz, constantemente um grupo de células meristemáticas, localizadas próximo ao ápice, produz células que formarão a coifa, uma espécie de capuz protetor da ponta da raiz. Como o crescimento apical da raiz ocorre no solo, a coifa sofre um desgaste constante. Por esse motivo, uma tarefa importante do meristema apical da raiz é renovar constantemente a coifa, o que redundará em seu próprio benefício.

O CRESCIMENTO EM ESPESSURA DE CAULE E RAIZ

O caule e a raiz de muitas eudicotiledôneas são capazes de crescer em espessura, o que é possível pela ação de dois tecidos meristemáticos, o **câmbio vascular** e o **felogênio**.

O primeiro é responsável pela elaboração de novos vasos de xilema e de floema, por isso é chamado de câmbio vascular. O segundo é responsável pela elaboração anual do novo revestimento da árvore (do caule e da raiz), ou seja, da casca suberosa. Por isso, é também chamado de **câmbio da casca**. Assim, no início de sua existência, tanto o caule como a raiz apresentam a chamada estrutura primária interna que já foi analisada no capítulo dedicado ao transporte. Depois, progressivamente, vai surgindo a chamada estrutura **secundária** que se caracteriza pela elaboração de novos tecidos a partir da atividade do câmbio e do felogênio (veja a Figura 36-3). É importante lembrar que essa descrição não se aplica às monocotiledôneas que, de modo geral, não apresentam crescimento secundário em espessura e, nos poucos casos em que isso acontece, é feito de maneira diversa do que ocorre nas eudicotiledôneas.

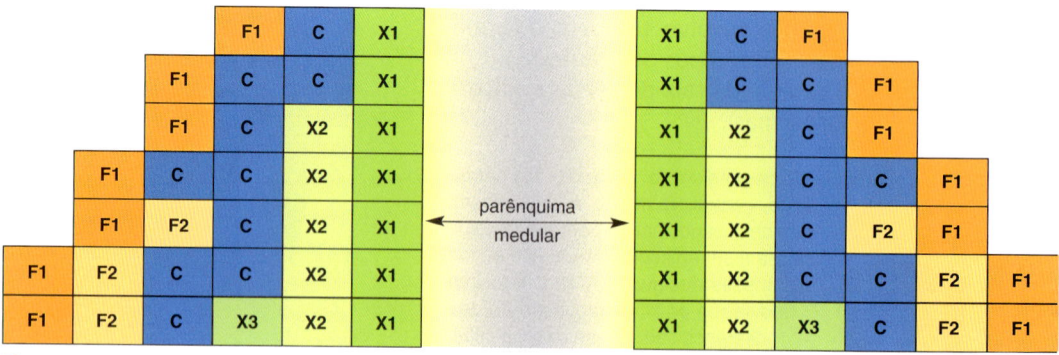

Figura 36-3. Esquema representando a formação das estruturas secundárias por multiplicação e diferenciação de células do câmbio, designadas por C. Observe que as células do câmbio se multiplicam e se diferenciam em xilema (sempre em direção ao centro da estrutura), designado por X, e em floema (na direção oposta), designado por F. Para melhor visualização, não foram representadas as estruturas externas ao floema.

Durante o crescimento em comprimento de um vegetal, regiões já diferenciadas não são deslocadas. Isso ocorre apenas com os meristemas localizados nos ápices caulinares. Assim, marcas feitas na casca de uma árvore deveriam, teoricamente, permanecer na mesma altura em que foram feitas em anos anteriores. Ocorre que a casca das árvores é periodicamente renovada pela atividade do felogênio. Assim, essas inscrições somente devem permanecer se forem mais profundas, até atingirem, por exemplo, o cerne do tronco de uma árvore.

A Figura 36-4 ilustra, de modo esquemático, as diversas fases do crescimento de uma árvore eudicotiledônea. Note que nas regiões apicais, jovens, o vegetal ainda se encontra em estrutura primária. Nas regiões basais, cuja espessura é maior, a estrutura secundária já é bem nítida. Observe na figura:

(a) ápice caulinar jovem em estrutura primária. Internamente ao câmbio vascular nota-se o xilema primário e externamente o floema primário. Nesse nível, a epiderme é o tecido de revestimento;

(b) início do crescimento secundário em espessura. O câmbio vascular deslocou-se e produziu para dentro o xilema secundário (externamente ao xilema primário) e para fora o floema secundário. O floema primário é "empurrado" em direção à casca e com ela se mistura. O felogênio inicia a sua atividade e produz, para fora, a primeira camada de súber e para dentro uma delgada camada de células parenquimáticas, o feloderma. Coletivamente, essas três camadas – feloderme (para dentro), felogênio (no meio) e súber (para fora) constituem a periderme. Nessa altura, a epiderme original rompeu-se e deixa de ser o tecido de revestimento dessa região. Lembre-se de que o súber não é a epiderme modificada. Esta é descartada com o crescimento em espessura. O súber é o novo tecido de revestimento da árvore nesse nível, produzido pelo felogênio;

(c) crescimento em espessura completo. O primeiro anel de crescimento está formado, contendo xilema primário para dentro, circundado pelo xilema secundário. Note a existência de raios xilemáticos constituídos de parênquima associado ao xilema. Externamente ao câmbio vascular, nota-se o floema secundário. A periderme, por sua vez, é formada por feloderma (para dentro), felogênio (no meio) e súber (para fora). O floema primário encontra-se misturado com a periderme. Com um novo ciclo de crescimento em espessura, esse floema será eliminado junto com a primeira casca suberosa. Nesse nível, pequenas fendas no súber, as lenticelas, permitem a ocorrência de trocas gasosas entre o caule e o meio externo.

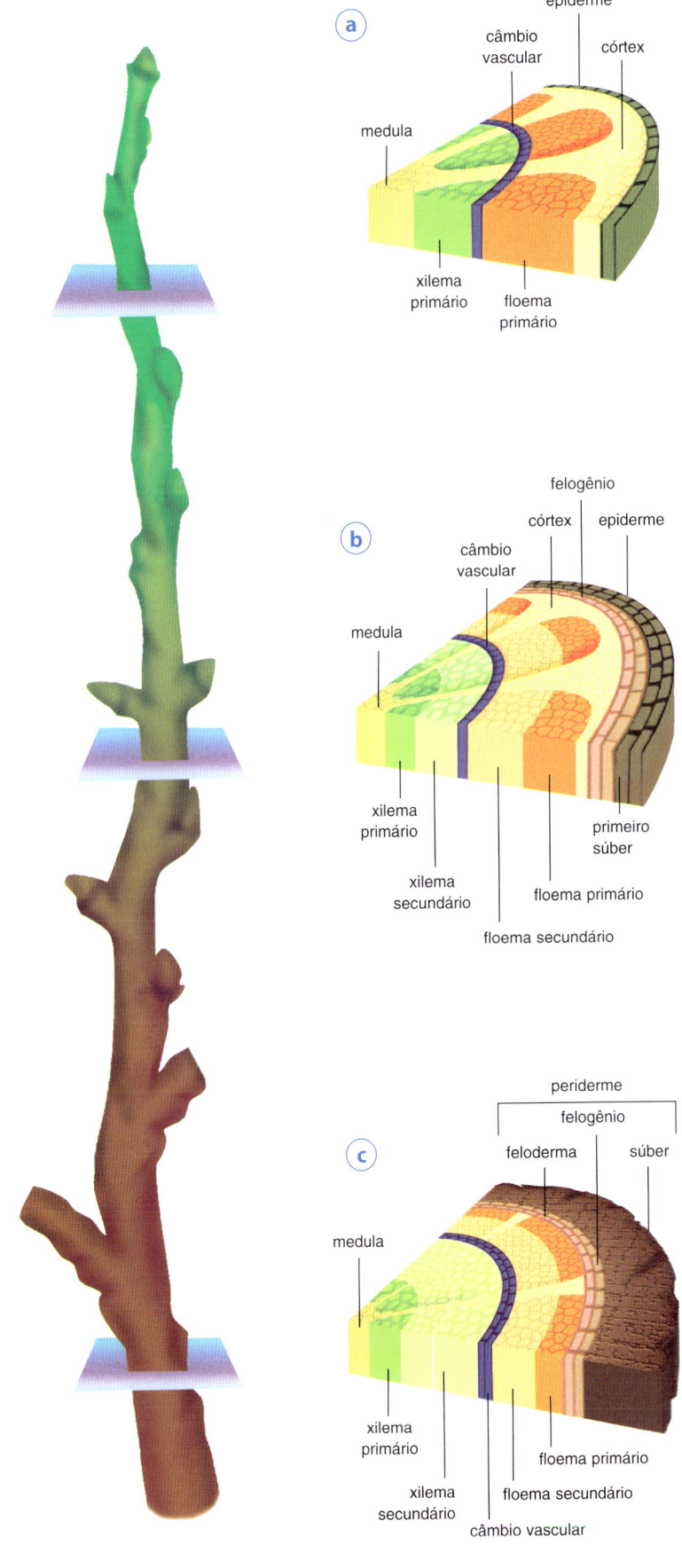

Figura 36-4. Crescimento em espessura de caules.

Saiba mais

Crescimento secundário em espessura em raízes de eudicotiledôneas

Observe, na sequência de figuras abaixo, a ação do câmbio vascular no crescimento em espessura das raízes de eudicotiledôneas lenhosas que permite, à semelhança do que ocorre no caule, que progressivamente sejam formadas novas camadas de xilema, internamente ao câmbio, e de floema, externamente a ele.

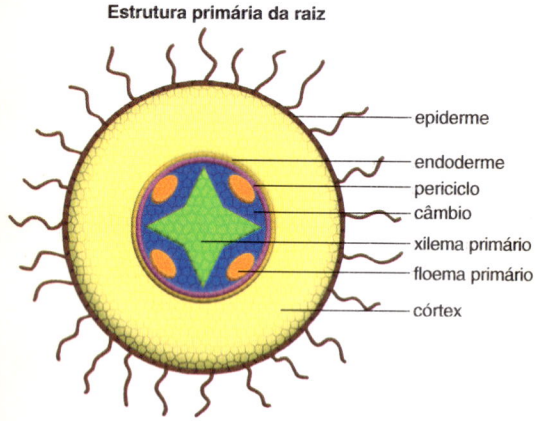

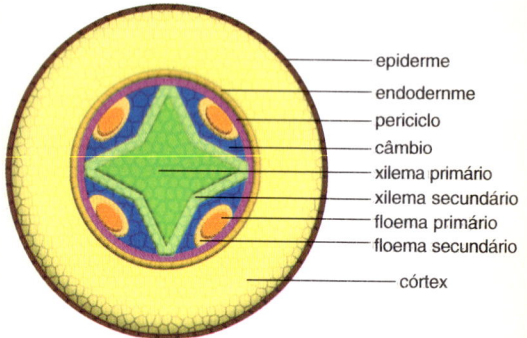

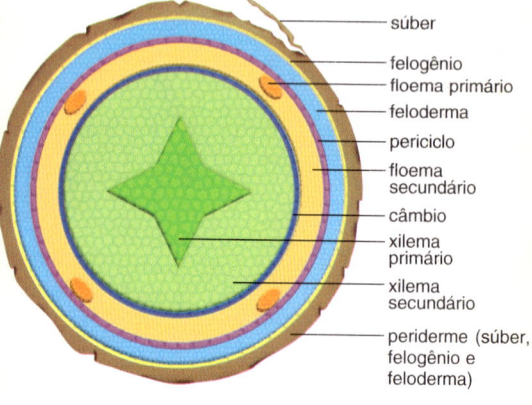

Cerne, Alburno e Casca

Após alguns anos de vida, o tronco de uma árvore é formado por uma sucessão de camadas. A casca, periderme, é constituída, de fora para dentro, por súber, felogênio e feloderma (parênquima), junto da qual existe a camada de floema. A seguir, existe uma camada de câmbio e depois aparece uma camada de lenho funcional, do ano em curso (veja a Figura 36-5). Esse lenho funcional é conhecido na linguagem dos especialistas em madeira pelo nome de *alburno*.

A cada ano que passa, o alburno acaba se incorporando ao cerne, assim que são formados novos vasos lenhosos, substitutos dos que paralisarão a sua atividade.

Figura 36-5. Esquema tridimensional de corte do tronco de uma árvore no qual se notam camadas sucessivas a partir da casca externa (súber).

> **Saiba mais**
>
> **Anéis anuais de crescimento**
>
> Em plantas de regiões temperadas, onde as estações do ano são bem caracterizadas, pode-se calcular a idade de uma árvore por meio da contagem dos chamados **anéis anuais de crescimento**. É preciso considerar os seguintes pontos:
>
> - o crescimento é intenso na primavera (em função da maior quantidade de água), lento no verão e interrompido no inverno;
> - o lenho produzido na primavera (lenho primaveril) é mais abundante que o lenho de verão (estival);
> - lenhos recentes sempre ficam colocados externamente, em relação ao lenho anterior, como consequência da ação do câmbio;
> - entre um lenho primaveril-estival e outro, há sempre uma interrupção que corresponde ao período de inatividade do inverno;
> - formam-se então, anualmente, círculos concêntricos, chamados anéis anuais de crescimento, no cerne e que vão até o alburno.

Seção de tronco de árvore, mostrando sucessivos anéis de crescimento.

OS HORMÔNIOS VEGETAIS

O controle do crescimento e do desenvolvimento depende da ação dos genes das células vegetais e é influenciado por diversos fatores ambientais, entre os quais se destacam a luz, a água, os nutrientes minerais e a temperatura.

A ação gênica é exercida por meio da síntese de substâncias reguladoras do crescimento, dentre as quais se destacam diferentes tipos de "hormônios". Essa ação reguladora é exercida no crescimento vegetativo, na manutenção dos órgãos vegetativos e no crescimento e amadurecimento dos frutos.

As Auxinas

Os hormônios vegetais mais conhecidos são as **auxinas**, substâncias relacionadas à regulação do crescimento. Das auxinas, a mais conhecida é o **AIA** – ácido indolilacético.

O AIA nos vegetais não é produzido apenas em coleóptilos (veja a Figura 36-6). Sua produção também ocorre em embriões nas sementes, em tubos polínicos e até pelas células da parede de ovários em desenvolvimento. Na planta adulta, é produzido nas gemas apicais, principalmente as caulinares. O transporte do AIA é polar, isto é, ocorre apenas dos locais de produção para os locais de ação por meio de células parenquimáticas especiais.

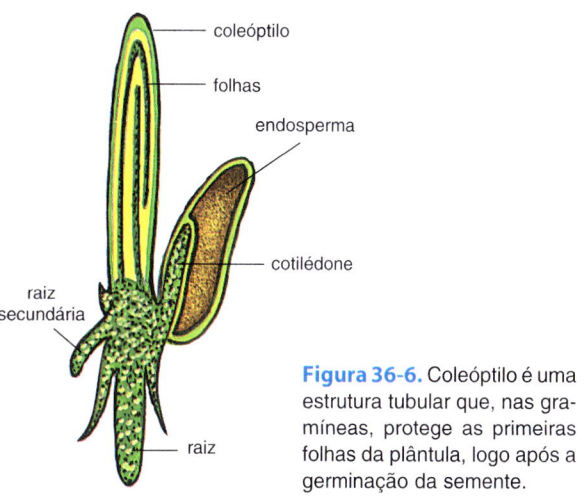

Figura 36-6. Coleóptilo é uma estrutura tubular que, nas gramíneas, protege as primeiras folhas da plântula, logo após a germinação da semente.

O AIA age em pequeníssima quantidade, da ordem de milionésimos de mg, estimulando o crescimento. Uma dose ótima para estimular o crescimento do caule pode inibir o crescimento da raiz (veja a Figura 36-7).

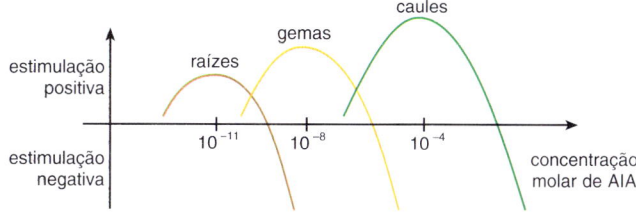

Figura 36-7. Gráfico da sensibilidade de diferentes estruturas de um vegetal a diferentes concentrações de AIA.

Em síntese, com relação ao AIA:

- a raiz e o caule de uma mesma planta reagem diferentemente ao mesmo hormônio;
- a dose ótima para o crescimento da raiz é inferior à dose ótima para o crescimento do caule. A raiz, então, é mais sensível ao AIA do que o caule;
- a dose ótima para o crescimento do caule é inibitória para o crescimento da raiz e também inibe o desenvolvimento das gemas laterais.

Efeito das auxinas

Na dominância apical

As auxinas atuam nos genes das células vegetais, estimulando a síntese de enzimas que promovem um amolecimento da parede celular, possibilitando a distensão das células.

A forma do corpo de muitas plantas, principalmente as do tipo perene, é definida pela ação hormonal. A gema apical, que atua no crescimento longitudinal do caule, produz auxina suficiente para inibir as gemas laterais, deixando-as dormentes. Eliminando-se a gema apical, o crescimento passará a ser promovido pelas gemas laterais ativadas pela ausência de auxina. O vegetal apresentará, então, forma copada: pouca altura e mais galhos.

> Auxinas também atuam na divisão celular em caules, raízes e folhas.

No crescimento sob a luz

Coleóptilos submetidos à iluminação unilateral apresentaram um crescimento em direção oposta à da luz. O AIA desloca-se do lado iluminado para o não iluminado, exercendo aí o seu efeito. A curvatura do coleóptilo será tanto maior quanto maior for o tempo de iluminação, já que mais AIA acaba atingindo o lado oposto.

Se um coleóptilo for iluminado uniformemente, ele crescerá em linha reta, o mesmo acontecendo se ele for deixado no escuro.

Outros efeitos das auxinas

A aplicação de auxinas sobre a superfície do caule promove a **formação de raízes adventícias**, o que é útil na propagação vegetativa por meio de estacas.

> Os grandes criadores de plantas aplicam auxinas sobre a superfície cortada de estacas antes de colocá-las no solo, aumentando sensivelmente a porcentagem de enraizamento.

O nível de auxinas nos tecidos do ovário sobe sensivelmente por ocasião da fecundação, promovendo o **desenvolvimento do fruto**.

A auxina sintética 2,4-D (ácido 2,4-diclorofenoxiacético) é utilizada como **herbicida** e atua somente em plantas eudicotiledôneas.

Raízes de hibisco com e sem auxina.

Fique por dentro!

Partenocarpia

Na natureza, é comum o desenvolvimento de ovários sem que tenha havido a formação de sementes. É o caso da banana. A auxina existente na parede do ovário e também nos tubos polínicos é que garante o crescimento do fruto.

Artificialmente, é possível produzir frutos partenocárpicos por meio da aplicação de auxinas diretamente nos ovários, retirando-se previamente os estames para evitar polinização. Isso é feito para se obter uvas, melancias e tomates sem sementes.

FOTOS: PANTHERMEDIA/KEYDISC

Saiba mais

Os trabalhos de Frits Went

A descoberta da auxina AIA deve-se ao biólogo holandês Frits Went, utilizando coleóptilos de gramíneas. Ele seccionou vários coleóptilos e colocou as pontas sobre blocos de ágar. A seguir, colocou um bloquinho do ágar – que tinha estado em contato com as pontas – sobre um dos lados de um coleóptilo seccionado. O coleóptilo cresceu curvado. Observe o esquema à direita. O lado que cresceu mais, causando a curvatura, foi aquele com o bloquinho de ágar. Went concluiu, então, que isso ocorreu porque uma provável substância promotora do crescimento – a que chamou de **auxina** (do grego, *auxen* = o que faz crescer) – atingiu as células daquele lado, fazendo-as crescer e encurvar o coleóptilo. Outros pesquisadores, por volta de 1940, reconheceram a auxina de Went como sendo o AIA (ácido indolilacético).

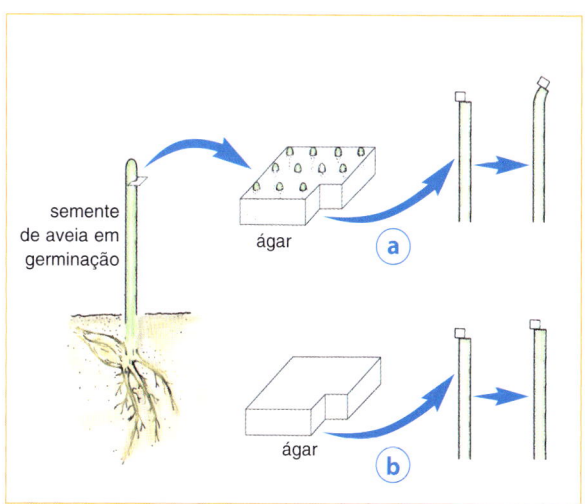

Os trabalhos de Went: (a) pontas de coleóptilo em bloco de ágar. Bloco de ágar que esteve em contato com ponta de coleóptilo é colocado sobre um dos lados do coleóptilo seccionado. (b) Contraprova: bloco de ágar que não esteve em contato com pontas de coleóptilo. Resultado: ausência de curvatura.

Crescimento e desenvolvimento

As Giberelinas

Em uma planta adulta, a giberelina é sintetizada nos mesmos locais em que ocorre a síntese de auxina. O transporte, feito pelo floema, é apolar, isto é, ocorre do ápice para a base e vice-versa.

As giberelinas têm sido usadas com sucesso no crescimento de variedades anãs de certas espécies de plantas que possuem teores normais de AIA. O crescimento, para ocorrer, exige uma ação conjunta de hormônios, entre eles o AIA.

Para a semente germinar, é necessário um estímulo específico. Além da embebição, a luz é um dos importantes sinais indutores ambientais de germinação. O uso de giberelinas torna isso desnecessário e quebra a dormência do embrião, fazendo-o entrar em atividade. O mesmo efeito ocorre na quebra de dormência de gemas laterais. Também têm sido utilizadas giberelinas no desenvolvimento de frutos partenocárpicos, juntamente com auxinas.

As Citocininas

Citocininas são hormônios que estimulam a ocorrência de divisão celular (o nome deriva de citocinese). A molécula das citocininas lembra a base púrica adenina, acreditando-se que seja dela derivada. O principal local de produção desses hormônios na planta adulta é o meristema apical da raiz e o transporte é feito pelo xilema.

Relembrando a interação existente entre os hormônios na regulação do crescimento, também aqui deve-se pensar em uma ação conjunta entre auxina, giberelina e citocinina. Os dois primeiros atuam no crescimento da célula, enquanto a citocinina e o AIA atuam na divisão celular.

As citocininas também são conhecidas como hormônios anti-envelhecimento de folhas e permitem que elas fiquem verdes por mais tempo. Atuam, também, na quebra de dormência de sementes, na floração e no crescimento de frutos.

Observe como o envelhecimento foi retardado na folha verde, tratada com citocinina, comparando com a outra folha que não recebeu o hormônio.

O Etileno

O etileno é um hidrocarboneto insaturado, de natureza gasosa, regulador do crescimento e que atua como hormônio. Sua produção em uma planta normal ocorre praticamente em todas as células e se torna mais abundante nas flores após a polinização e nos frutos em amadurecimento. Sua síntese também se verifica em células danificadas.

Uma banana madura, colocada junto a outras verdes, acelera o amadurecimento das outras por causa do etileno que ela desprende. Por isso, os fruticultores costumam armazenar frutos em câmaras onde é evitado o acúmulo de etileno no ar, retardando, assim, o amadurecimento.

Outro modo de se evitar o amadurecimento dos frutos é enriquecer o ar do armazém com gás carbônico (já que esse gás antagoniza os efeitos do etileno) ou impedir a oxigenação dos frutos (o nível baixo de oxigênio reduz a taxa de síntese de etileno).

O etileno também está envolvido com a queda – abscisão – de folhas e frutos. Esse processo começa com a redução do teor de AIA da folha, seguido pela produção de etileno. Ele estimula a síntese de celulase, enzima que digere as paredes celulósicas, na região de abscisão do pecíolo. Nessa região, surge um meristema de abscisão, em que as células derivadas organizam uma cicatriz que fechará a lacuna produzida com a queda da folha ou do fruto.

O Ácido Abscísico

O ácido abscísico (ABA) é um hormônio vegetal cuja principal ação é impedir a germinação de sementes e de gemas laterais, mantendo-as dormentes. Atua, também, estimulando o fechamento dos estômatos em ocasiões de carência de água nas células das folhas. Há dúvidas quanto a sua ação na abscisão.

> Giberelinas quebram a dormência de sementes, enquanto o ácido abscísico as mantém dormentes.

> **A ciência por trás do fato!**
>
> **As batidas no tronco da mangueira**
>
> Existe uma crença popular de que em mangueira que não dá fruto é preciso dar umas batidas com uma enxada no tronco da árvore para ela produzir mangas. Será que é verdade?
>
> A realidade é que, para uma mangueira florescer e dar frutos, é necessário que ela atinja o estádio de maturidade reprodutiva, após o qual a planta floresce e frutifica. É verdade, também, que a produção de flores (e depois, de frutos) depende da ação de hormônios, principalmente as auxinas e as giberelinas, que, atuando nas gemas laterais do caule, promovem a sua floração e, depois, a frutificação.
>
> As batidas no tronco de uma mangueira com uma enxada provocam a proliferação de células nas regiões feridas, no sentido de cicatrizar os ferimentos. Nesse caso, entra em ação o tecido meristemático, que, ao produzir mais células por mitose, proporciona que muitas delas se diferenciem em tecidos cicatriciais que fechem os ferimentos. Ocorre que essa atividade é desencadeada pela produção de hormônios, principalmente nas gemas terminais do caule, que, ao mesmo tempo em que atuam na proliferação de células e na diferenciação de vários tecidos nas regiões lesadas, agem também nas gemas laterais fazendo-as produzir flores. Os críticos dessa atitude dizem que, por outro lado, os ferimentos produzidos pela enxada podem proporcionar o ingresso de microrganismos patogênicos (bactérias, vírus e fungos) que acabariam por contaminar a planta e acarretar risco de vida a ela. O resultado é que a planta acaba superando os obstáculos e floresce. Simples coincidência ou uma verdade fisiológica? Somente um experimento controlado poderia esclarecer a questão.

FOTOPERIODISMO: A INFLUÊNCIA DA LUZ NO COMPORTAMENTO

A luz é um dos mais importantes sinais ambientais modeladores do comportamento dos seres vivos. A migração animal, a queda de folhas, o surgimento de flores e a germinação de muitas sementes são fenômenos *fotobiológicos* e revelam a influência da luz em sua ocorrência. O que importa, nesses casos, não é a intensidade da luz, mas a repetição periódica das horas de luz do dia.

A percepção de que o comprimento do dia fica menor no outono leva muitos animais a migrarem, assim como aciona a queda das folhas de eudicotiledôneas em regiões temperadas. Já o surgimento das flores ocorre em resposta tanto ao encurtamento como ao alongamento do dia, ambos os casos variando de acordo com a espécie considerada.

A resposta dos seres vivos a essa periodicidade diária da luz é conhecida como **fotoperiodismo**.

O Fitocromo e a Percepção da Luz

A percepção luminosa nos vegetais depende da existência de um pigmento proteico, o **fitocromo**, produzido nas folhas ou em sementes. A partir da estimulação dessa substância, gera-se uma sequência de eventos que culminarão com o fato biológico correspondente, ou seja, floração ou germinação de sementes, por exemplo.

A Floração Depende da Fotoperiodicidade

O início da floração depende da percepção dos períodos de luz pelo fitocromo.

Para a maioria das plantas, existe um certo número de horas de luz necessárias para que surjam as flores. Essa quantidade de horas de luz é conhecida como **fotoperíodo crítico** e é variável de planta para planta.

Plantas que florescem após serem iluminadas com fotoperíodos menores que o crítico são chamadas de *plantas de dia curto*, PDC (ou de noite longa). Plantas que florescem após serem iluminadas com fotoperíodos maiores que o crítico são conhecidas como *plantas de dia longo*, PDL (ou de noite curta). Exemplo: o fotoperíodo crítico de certas variedades de crisântemo é de 12 h e 30 min. Se o comprimento do dia for maior que esse fotoperíodo, não haverá florescimento. Períodos diários com menos de 12 h e 30 min induzirão a floração. O crisântemo, portanto, é uma PDC (ou planta de noite longa). Evidências recentes revelam que é o *período de escuridão contínua* o verdadeiro controlador da floração (veja a Figura 36-8).

> Certas plantas são indiferentes ao fotoperíodo e florescem em determinadas épocas do ano, independentemente do comprimento do dia. É o caso do milho e da abóbora.

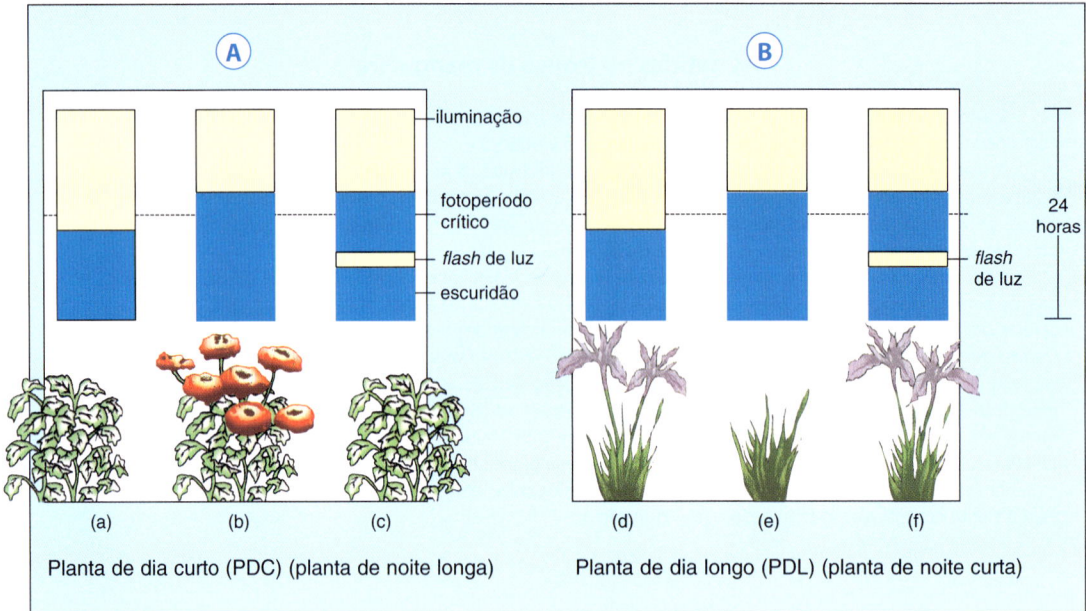

(A) Uma planta de dia curto (noite longa) floresce quando é iluminada com fotoperíodos inferiores ao fotoperíodo crítico (b). O período de escuridão precisa ser contínuo. A interrupção do período de escuridão com *flash* impede o florescimento (c), mesmo que a planta seja iluminada com fotoperíodos inferiores ao crítico.

(B) Uma planta de dia longo (noite curta) floresce quando é iluminada com fotoperíodos superiores ao crítico (d). Um *flash* que interrompa o longo período de escuridão (f) promove a floração, mesmo que a planta seja iluminada com fotoperíodos inferiores ao crítico, uma vez que ele encurta artificialmente o período de escuridão.

Os fatos descritos em (A) e (B) evidenciam que o período de escuridão contínua é que controla a floração.

Figura 36-8. O valor do fotoperíodo crítico isolado é insuficiente para se determinar se uma planta é PDC ou PDL.

Florígeno: O Hormônio Desconhecido

> Acredita-se que o florígeno até possa ser uma giberelina, uma vez que esse hormônio atua estimulando o florescimento de muitas plantas.

Admite-se que todos os eventos relacionados à floração, ou seja, fotoperíodos adequados e percepção da luz pelo fitocromo, acabem levando à síntese de uma substância hormonal, o **florígeno** (do latim, *flos* = flor; do grego, *gennan* = o que gera). Esse hormônio atuaria nas gemas laterais do caule, fazendo-as diferenciar-se em flores. Porém, essa substância ainda não foi isolada, permanecendo a dúvida sobre sua existência.

O EFEITO DO AMBIENTE NA GERMINAÇÃO DAS SEMENTES

A germinação de uma semente depende da existência de condições ambientais favoráveis como umidade, arejamento e temperatura. Se essas condições *ambientais* não forem adequadas, a semente não germina e fica em estado de **quiescência**.

Muitas vezes, mesmo que as condições ambientais sejam adequadas, a germinação não ocorre. Nesse caso, alguma condição interna, específica à semente, bloqueia a atividade do embrião, caracterizando o estado de **dormência**. Um fator de dormência pode ser a impermeabilidade da casca; outro, a presença de inibidores de germinação, como o ácido abscísico. Essas substâncias químicas podem ser removidas com a lavagem intensa das sementes. Na natureza, isso ocorre durante uma chuva forte e prolongada.

> Sementes que germinam ao serem estimuladas pela luz são **fotoblásticas positivas**. As que germinam no escuro são **fotoblásticas negativas**.

A luz é outro fator ambiental que favorece a quebra da dormência. Sementes de alface, por exemplo, somente germinam se forem iluminadas (fotoblastismo positivo). A necessidade de luz para a germinação é um importante fator ecológico em plantas que vivem em matas fechadas. As sementes não germinam em condições de baixa luminosidade e permanecem dormentes.

CORTESIA DO PROF. WELLINGTON B. VIEIRA

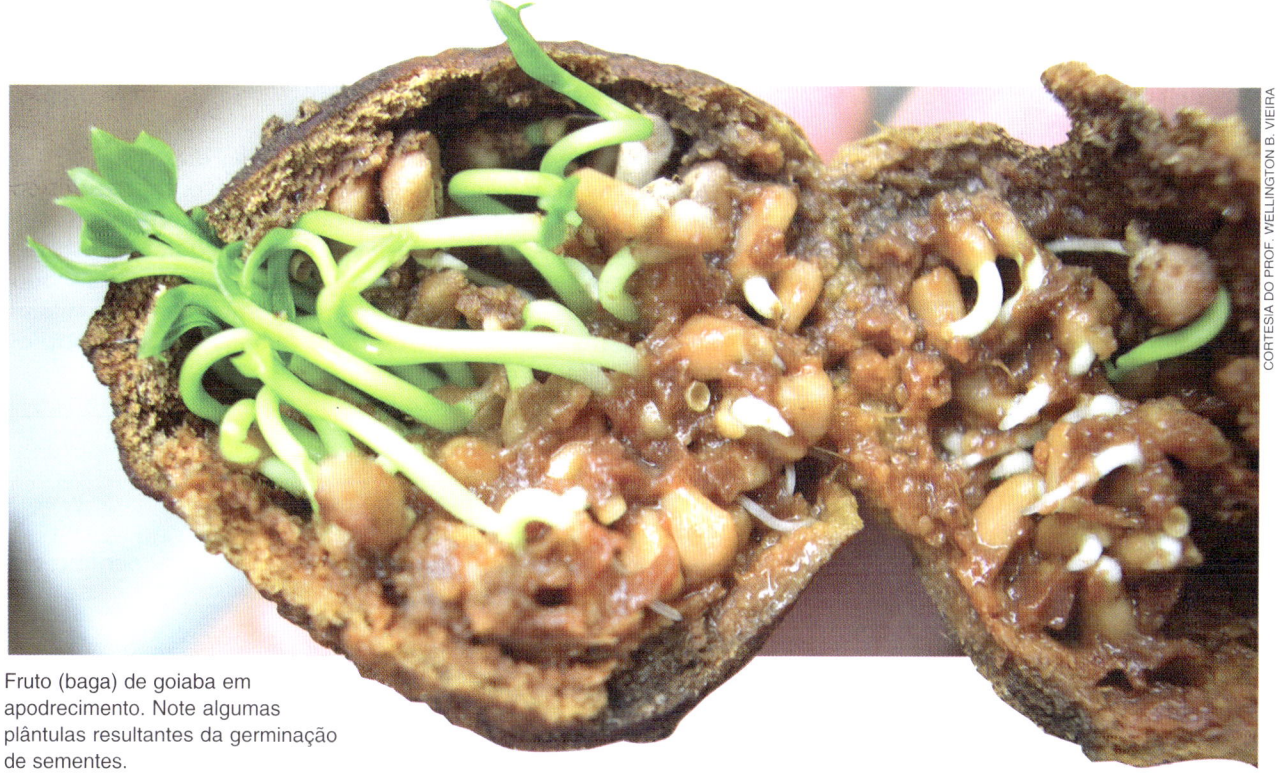

Fruto (baga) de goiaba em apodrecimento. Note algumas plântulas resultantes da germinação de sementes.

Saiba mais

Estiolamento e a procura de luz

Se você puser algumas sementes de feijão para germinar no escuro (dentro de um armário fechado, por exemplo) e comparar com outro grupo de sementes germinando em ambiente iluminado, poderá constatar um fato curioso. As plântulas (plantas jovens) crescidas no escuro ficam pálidas (amareladas), mais compridas e com folhas menores que as crescidas em ambiente iluminado, que têm menor tamanho, são verdes e possuem folhas maiores.

Esse tipo de comportamento, denominado de **estiolamento** (do francês, *étioler* = descorar, enfraquecer), em que se nota a ausência de clorofila nas células, é interpretado como sendo um mecanismo de sobrevivência que aumenta a possibilidade de alcançar a luz, antes que as reservas energéticas armazenadas se esgotem. Nas matas fechadas, é comum observar esse comportamento em inúmeras plantas que se desenvolvem no solo, pouco atingido pela luz solar, quase que inteiramente captada pelas plantas que se desenvolvem nos andares superiores.

Estiolamento em sementes germinando em uma caverna.

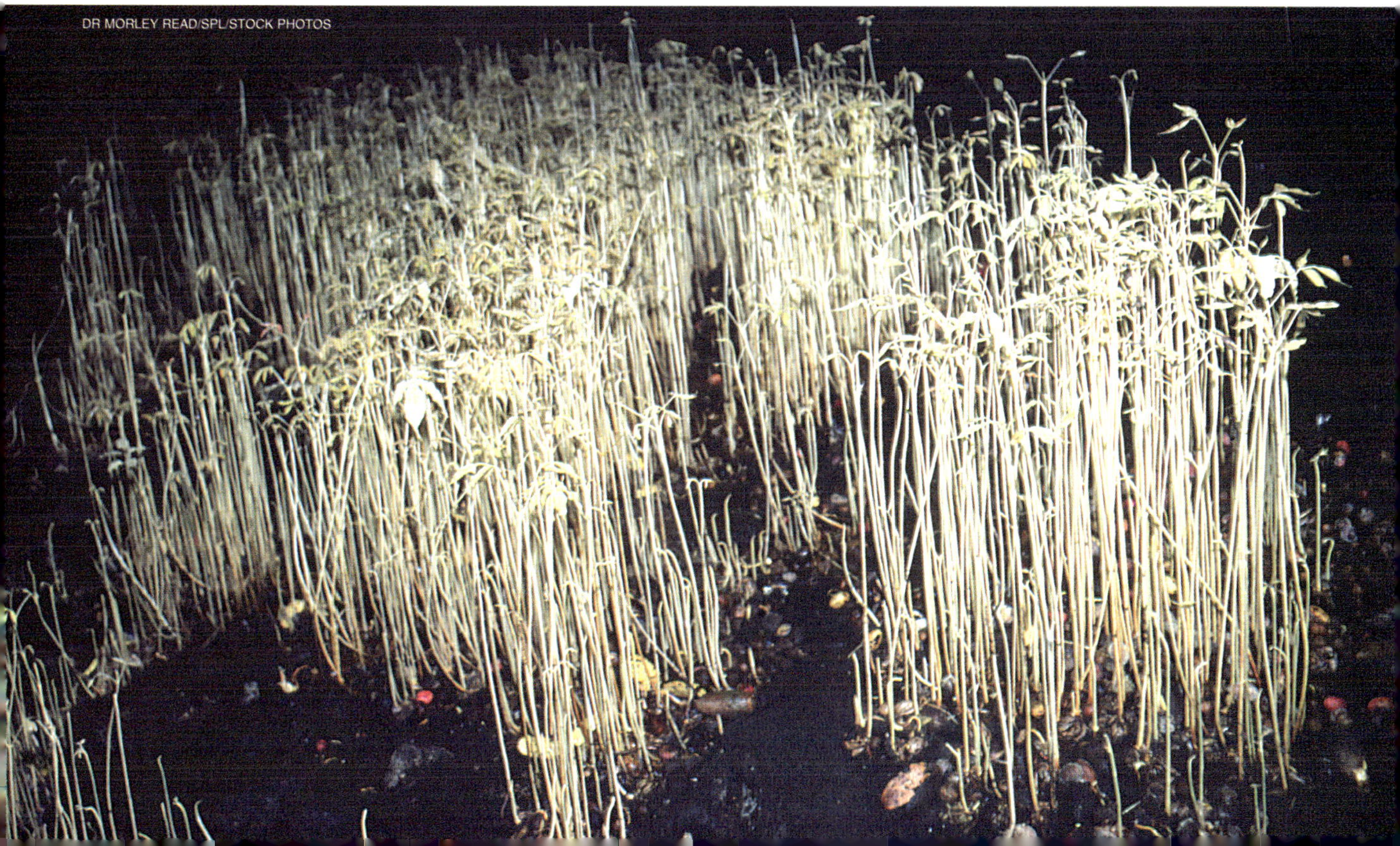

DR MORLEY READ/SPL/STOCK PHOTOS

OS MOVIMENTOS VEGETAIS

Nos vegetais, movimento, de modo geral, não quer dizer deslocamento, ou seja, sair do lugar. Os movimentos por deslocamento, conhecidos por **tactismos**, ocorrem apenas em gametas vegetais, como os anterozoides de briófitas e de pteridófitas. A maioria dos movimentos vegetais é restrita a estruturas como folhas, caule e raiz e ocorre basicamente de dois modos possíveis: por crescimento ou por variação na turgescência de certas células. A sua ocorrência é desencadeada por estímulos ambientais, podendo ou não ser efetuados na direção desses estímulos.

Podemos subdividir os movimentos vegetais em:

- **movimentos por deslocamento: tactismos**;
- **movimentos sem deslocamento:**
  - **tropismos** – dependentes da origem do estímulo e geralmente irreversíveis;
  - **nastismos** – independentes da origem do estímulo e geralmente reversíveis.

Os Tactismos

Nos vegetais, tactismos são movimentos por deslocamento no espaço, presentes apenas em anterozoides (veja a Figura 36-9). O tipo mais comum é o **quimiotactismo**, que ocorre em resposta a estímulo gerado por substâncias químicas. A resposta é sempre dependente da origem e da direção do estímulo.

> Em bactérias e algas unicelulares também podem ocorrer quimiotactismo e fototactismo.

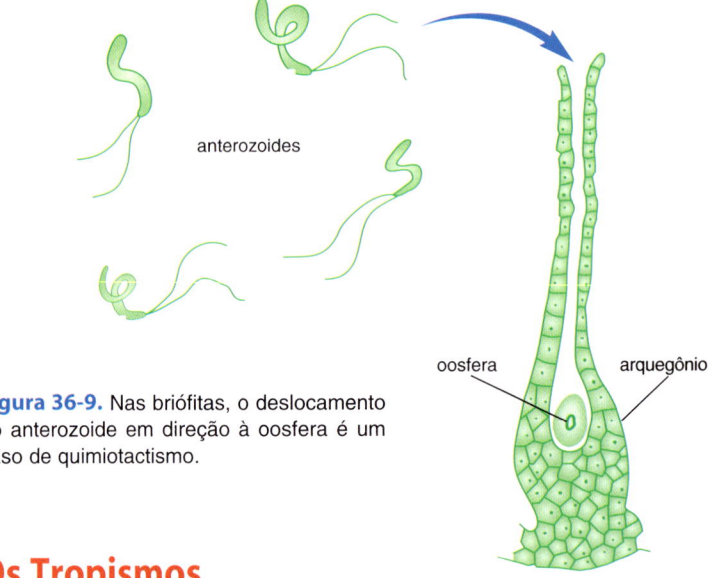

Figura 36-9. Nas briófitas, o deslocamento do anterozoide em direção à oosfera é um caso de quimiotactismo.

Os Tropismos

Tropismos são movimentos **por crescimento** apresentados por caules, raízes e folhas, em resposta a estímulos ambientais, e orientados por eles (veja a Tabela 36-1). O tropismo é **positivo** quando o órgão se aproxima do estímulo e **negativo** quando se afasta.

> Um exemplo de *quimiotropismo* é o que ocorre no crescimento do tubo polínico em direção ao óvulo.
>
> No *tigmotropismo*, gavinhas (ramos do caule de uvas, chuchus e maracujás) executam movimentos de enrolamento ao redor de suportes.

Tabela 36-1. Os tipos mais comuns de tropismos e seus respectivos estímulos.

Tipos de tropismo	Estímulo
Fototropismo	Luz.
Geotropismo (gravitropismo)	Aceleração da gravidade.
Quimiotropismo	Substância química.
Tigmotropismo	Mecânico.

Fototropismo

Caules e raízes são orientados pela luz no seu crescimento. De modo geral, as raízes apresentam fototropismo negativo e os caules, fototropismo positivo (veja a Figura 36-10).

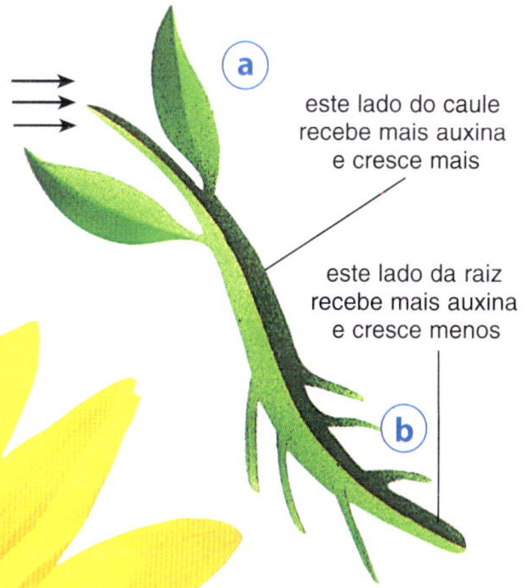

Figura 36-10. (a) No caule, o fototropismo é positivo e, na raiz (b), o fototropismo é negativo.

A orientação dos girassóis em direção ao Sol é um exemplo de fototropismo, denominado heliotropismo.

Geotropismo (gravitropismo)

Se uma planta envasada for colocada horizontalmente sobre uma mesa (veja a Figura 36-11), o caule crescerá curvado para cima e a raiz crescerá curvada para baixo: o caule apresenta geotropismo *negativo* e a raiz apresenta geotropismo *positivo*.

Os Nastismos

Nastismos são movimentos desencadeados por estímulos ambientais, porém não orientados por eles. O movimento não é efetuado na direção do estímulo, isto é, o órgão que executa o nastismo nem se aproxima nem se afasta do agente estimulador, como acontece nos tropismos. Ele ocorre e é independente da direção do estímulo.

Há dois tipos de nastismos: por *crescimento diferencial* e por *variação na turgescência*.

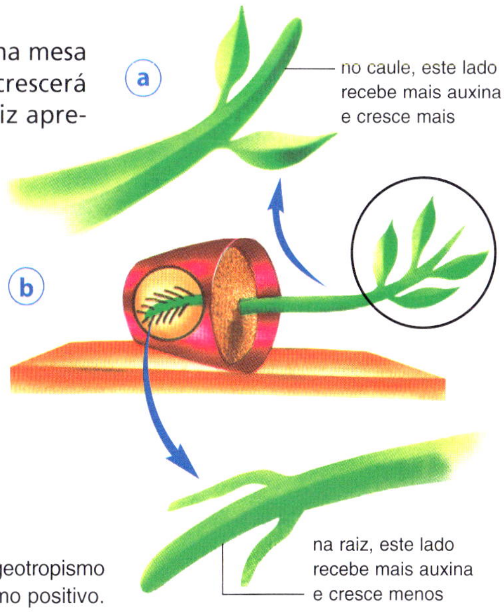

Figura 36-11. (a) O caule apresenta geotropismo negativo e a raiz (b), geotropismo positivo.

Crescimento e desenvolvimento **789**

O crescimento diferencial

Durante a abertura de uma flor, a face superior das pétalas cresce mais que a face inferior, como consequência de diferentes taxas de crescimento das células (veja a Figura 36-12).

Quando a luz é o agente estimulador, fala-se em **fotonastismo** e o movimento é, de modo geral, irreversível. Há casos, porém, em que ele pode ser periodicamente repetido como nas flores da *Victoria amazonica* (vitória-régia), que se abrem durante a noite e se fecham ao amanhecer, e na conhecida onze-horas.

No **termonastismo**, variações de temperatura agem como agente estimulante. É conhecido o caso da tulipa, cuja flor se abre quando a temperatura ambiente sobe para determinado valor e se fecha quando a temperatura cai para certo limite crítico.

— botão floral

esta face da pétala cresceu mais que a outra

Figura 36-12. A abertura de uma flor é um caso típico de nastismo.

Inseto aprisionado por planta carnívora (*Dionaea muscipolar*).

A tulipa exemplifica o fenômeno de termonastismo.

A variação na turgescência

A variação na quantidade de água no interior de certas células tem relação com esse tipo de nastismo. Os casos mais comuns de movimentos relacionados com a turgescência celular são: abertura e fechamento dos estômatos, abaixamento e levantamento das folhas de um pé de feijão, recolhimento dos folíolos da sensitiva e o aprisionamento de insetos pelas folhas de certas plantas insetívoras. Todos esses tipos de movimento são reversíveis.

A ciência por trás do fato!

As plantas fazem mais fotossíntese durante o verão?

A maioria das pessoas acredita que, durante os longos dias do verão, em que as chuvas são abundantes, todas as plantas fazem mais fotossíntese e, graças às inúmeras substâncias sintetizadas nesse processo, produzem mais flores e frutos, certo? Nem sempre. Foi na década de 1920 que os pesquisadores Wightman Garner e Henry Allard demonstraram que plantas mutantes de tabaco, crescendo durante os longos dias do verão norte-americano, atingiram a altura impressionante de mais de cinco metros, porém, não floresceram. No entanto, no inverno, em ambiente de estufa, sob iluminação natural, elas floresceram. E mais, conseguiram fazer com que plantas de tabaco produzissem flores mesmo no verão, mas, com uma condição: reduziam o período de iluminação na estufa, escurecendo-a artificialmente durante algumas horas, simulando os dias curtos do inverno. A importante contribuição de Garner e Allard foi a comprovação de que o *comprimento do dia* é o fator determinante na produção de flores, o que foi confirmado para inúmeras outras plantas. Posteriormente, estabeleceu-se, também que, na verdade, o longo e ininterrupto período de escuridão dessa e de outras plantas conhecidas como plantas de dia curto (ou de noite longa) é que controla a floração, detalhe que também é importante nas inúmeras plantas de dia longo (ou de noite curta).

Ética & Sociedade

Perfume, uma indústria sustentável?

São muitas as versões sobre a origem dos perfumes (do latim, *per fumum* = pela fumaça), desde a elaboração por deuses do Olimpo, passando por odores exalados pelas florestas queimadas, por alquimistas com fórmulas secretas etc. Mas, o que nos interessa no momento, é a matéria-prima usada para a fabricação de essências tão especiais, como, por exemplo, a do perfume eternizado pela atriz Marilyn Monroe, conhecido pelo nome de "Chanel n.º 5". Produzida a partir de linalol, substância extraída do pau-rosa, árvore amazônica que, de tanto ser explorada pela indústria de perfumes de todo o mundo, está praticamente em via de extinção, essa fragrância inicialmente era produzida a partir do tronco da árvore.

Além da desenfreada exploração pela indústria de perfumes, o pau-rosa ainda tem a peculiaridade de não frutificar todos os anos e sua flor, extremamente pequena (1 mm), é polinizada por pequenos insetos. Agora, pesquisadores da Unicamp buscam extrair o linalol a partir de folhas do pau-rosa para evitar sua extinção.

Depois da leitura deste capítulo, que outra técnica você poderia sugerir para auxiliar a recuperar a população dessa árvore?

Passo a passo

1. Com a germinação de uma semente, começa uma longa jornada rumo ao vegetal adulto. A ocorrência de germinação depende de uma sequência precisa de acontecimentos. Um dos fatores que pode propiciar o crescimento e desenvolvimento do embrião na germinação é a presença de luz, mas existe outro fator, igualmente importante, presente no ambiente, sem o qual a germinação não ocorre. Utilizando seus conhecimentos sobre o assunto, responda:

   a) Qual o outro fator importante para ocorrer germinação de uma semente? Existindo esse fator, cite a sequência de acontecimentos que possibilitam o crescimento e o desenvolvimento do embrião.

   b) Qual a primeira estrutura embrionária a emergir durante a germinação da semente? Justifique sua resposta.

   c) Qual a diferença básica entre crescimento e desenvolvimento?

2. É o tecido responsável pela formação das células de todos os demais tecidos de um vegetal. Além disso, é responsável pela ocorrência de crescimento e desenvolvimento do vegetal.

   a) A que tecido o texto se refere? Cite as características básicas das células pertencentes a esse tecido.

   b) No embrião, todas as células são componentes desse tecido. À medida que se forma a planta adulta, células desse tecido ficam restritas a certos locais do corpo do vegetal. Quais são esses locais?

Crescimento e desenvolvimento

3. Nas frases a seguir, reconheça as corretas e indique a soma no final.
(01) Meristema primário é o formado por células derivadas do embrião.
(02) Uma das características marcantes das células meristemáticas é a ocorrência de mitoses.
(04) A partir das células originadas do meristema são formadas as células de todos os tecidos diferenciados de uma planta.
(08) O primeiro sinal de que uma célula está se diferenciando é o seu alongamento, o que é facilitado pelo ingresso de água na célula.
(16) Nos vegetais, admite-se que o processo de diferenciação não tem volta, é irreversível, ou seja, uma vez iniciado, o processo de diferenciação segue até o fim.
(32) Meristema secundário é o que foi originado de células embrionárias.
(64) No processo de clonagem de algumas plantas tem-se utilizado o cultivo de células meristemáticas em tubos de ensaio.

4. Associe os termos numerados com os antecedidos por letras.
1) meristema apical (gema apical) do caule
2) câmbio vascular
3) meristema apical (subapical) da raiz
4) felogênio (câmbio da casca)
5) meristema lateral (gema lateral) do caule
6) periciclo

a) Meristema renovador da casca de uma árvore.
b) Camada que origina ramos secundários de raiz.
c) Crescimento em comprimento do caule.
d) Meristema renovador de vasos de uma árvore.
e) Produção de ramos, folhas e flores no caule.
f) Crescimento em comprimento da raiz.

5. Nas frases a seguir, assinale com V as verdadeiras e com F as falsas.
(01) Os meristemas responsáveis pelo crescimento secundário em espessura de árvores são o câmbio vascular e o felogênio. O primeiro é responsável pela renovação de vasos, enquanto o segundo está relacionado à renovação anual da casca.
(02) Meristemas apicais do caule e os localizados nas pontas das raízes são responsáveis pelo crescimento em comprimento do vegetal.
(04) No início do crescimento secundário em espessura de uma árvore, a epiderme é rompida e substituída pelo súber, tecido que, de agora em diante, constituirá a camada de revestimento.
(08) De fora para dentro, em uma árvore, reconhecem-se, simplificadamente, as seguintes camadas: felogênio, súber, feloderme (parênquima), câmbio vascular, floema, xilema funcional (alburno) e cerne.
(16) Em uma árvore, periderme é o nome dado ao conjunto formado por súber, felogênio e feloderme (parênquima).
(32) Em plantas de regiões temperadas, a estimativa da idade de uma árvore pode ser feita pelo número de anéis de floema do seu cerne.
(64) A cana-de-açúcar, uma monocotiledônea, cresce em espessura graças à existência de câmbio vascular em seu caule.

6. O controle do crescimento e do desenvolvimento de um vegetal é influenciado por vários fatores, dentre os quais se destaca a ação de substâncias reguladoras, produzidas em determinados locais do corpo vegetal.

a) A que substâncias reguladoras o texto se refere? Quais são os reguladores de crescimento mais conhecidos em um vegetal? Cite o hormônio que pertence a essa categoria mais conhecida de reguladores de crescimento.
b) Em quais locais essas substâncias reguladoras de crescimento mais conhecidas são produzidas?
c) Como ocorre o transporte dessas substâncias reguladoras e que doses atuam?

7. O gráfico abaixo ilustra a taxa de crescimento do caule e da raiz de um vegetal em função da dose de AIA que age nesses órgãos. A partir da sua leitura, pode-se dizer que:

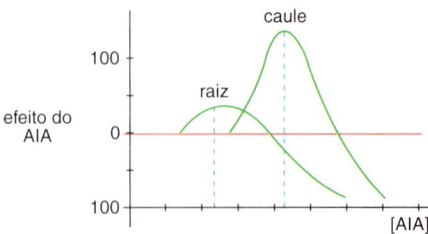

a) uma mesma dose de AIA pode estimular o crescimento do caule e, ao mesmo tempo, inibir o crescimento da raiz.
b) a dose ótima para o crescimento da raiz coincide com a dose ótima para o crescimento do caule.
c) existem concentrações de AIA que inibem o crescimento do caule, mas não interferem com o crescimento da raiz.
d) a dose ótima para o crescimento do caule é também ótima para o crescimento da raiz.
e) não existe uma dose que ao mesmo tempo estimule o crescimento do caule e iniba o crescimento da raiz.

8. Nas frases a seguir, avalie as corretas e indique a soma no final.
(01) Dominância apical é o efeito inibidor da atividade das gemas laterais do caule pela auxina produzida no ápice caulinar.
(02) Na chamada *poda de produção*, os agricultores eliminam as gemas laterais e mantêm as gemas apicais do caule, assim obtendo a ramificação de uma árvore.
(04) Sob iluminação lateral, a auxina produzida no ápice de um coleóptile se desloca para o lado oposto, cujas células crescem mais.
(08) A produção de frutos partenocárpicos pode ser feita por meio da aplicação de auxinas diretamente na parede dos ovários.
(16) A aplicação de auxinas em estacas não tem relação com o aumento da porcentagem de enraizamento.
(32) A auxina sintética 2,4-D atua como herbicida e inibe apenas o crescimento de plantas eudicotiledôneas, de folhas largas.
(64) Coleóptiles mantidos no escuro ou iluminados uniformemente crescerão em linha reta.

9. Auxinas, giberelinas e citocininas são hormônios que atuam conjuntamente na promoção do crescimento vegetal. Com relação ao mecanismo de transporte desses reguladores, sabe-se que ele:
a) é polar na auxina e apolar na giberelina e ambos são transportados por meio da seiva do xilema.
b) é polar na auxina e na citocinina e ambos são transportados por meio da seiva do floema.
c) é apolar na auxina e polar na giberelina e ambos são transportados por meio de células especiais.
d) é polar na auxina e apolar na giberelina, sendo que a auxina é transportada por meio de células especiais.
e) é apolar na auxina e polar na citocinina, sendo que a citocinina é transportada por meio da seiva do xilema.

10. Assinale a alternativa da tabela abaixo que relaciona corretamente as ações dos hormônios citados.

	Giberelina	Citocinina	Etileno	Ácido abscísico
a)	quebra a dormência de sementes	estimula ocorrência de mitose	atua no amadurecimento de frutos	atua no fechamento dos estômatos
b)	mantém sementes dormentes	atua no amadurecimento de frutos	quebra a dormência de sementes	estimula a ocorrência de mitose
c)	quebra a dormência de sementes	estimula a ocorrência de mitose	atua no fechamento dos estômatos	atua no amadurecimento de frutos
d)	mantém a dormência de sementes	atua no amadurecimento de frutos	estimula a ocorrência de mitose	quebra a dormência de sementes
e)	atua no amadurecimento de frutos	quebra a dormência de sementes	atua no fechamento dos estômatos	mantém a dormência de sementes

11. Em algumas cidades do Nordeste brasileiro, próximas da linha do Equador, os dias mais longos do ano (janeiro) são de 12 h e 30 min de luz e os mais curtos (julho) são de 11 h e 30 min de luz. Uma variedade de crisântemo, uma planta de dia curto, tem fotoperíodo crítico de 12 h e 30 min, enquanto uma variedade de "brinco-de-princesa", que é planta de dia longo, tem fotoperíodo crítico de 13 horas. (Informações extraídas de uma questão proposta pela Unicamp em 2003). Tendo em vista essas informações e utilizando os seus conhecimentos sobre o assunto:

a) Que espécie de planta um agricultor dessa região deveria escolher para a comercialização de plantas com flores?
b) Sabendo que a floração em plantas de dia curto é controlada pelo período contínuo de escuridão, o que ocorreria se um "flash" de luz interrompesse o período de escuridão?
c) A percepção do estímulo luminoso, ao que tudo indica, é função de um pigmento localizado nas folhas. Qual é esse pigmento?
d) Imagine que uma planta de dia curto de determinada espécie seja submetida a fotoperíodos adequados por meio da estimulação luminosa de apenas uma de suas folhas. A seguir, essa planta é conectada a uma outra da mesma espécie que não foi submetida ao mesmo estímulo fotoperiódico. O resultado é que ambas florescem. Sugira uma hipótese que explique por que, mesmo que a segunda planta não tenha sido submetida a fotoperíodos indutores de floração, ainda assim ela floresce.

12. Considere os itens seguintes:

I – Não germinação de sementes por conta da ausência de condições ambientais adequadas, como temperatura, umidade e arejamento.
II – Não germinação de sementes por conta de alguma condição própria da semente, como a impermeabilização do tegumento (casca) ou presença de algum inibidor de germinação.
III – Sementes que germinam apenas na presença de luz.
IV – Sementes que germinam apenas na ausência de luz.
V – Plântulas mantidas no escuro ficam amareladas, mais compridas e com folhas menores que as existentes em plantas que crescem em ambiente iluminado.

Associe os itens acima com os termos (a) *fotoblastismo positivo*, (b) *quiescência*, (c) *fotoblastismo negativo* e (d) *dormência*.

13. Associe os termos numerados com os antecedidos por letras, relativamente à ocorrência dos chamados *movimentos vegetais*.

I – tactismo   II – tropismo   III – nastismo

a) Movimento independente da origem do estímulo e geralmente reversível.
b) Movimento por deslocamento, típico de anterozoides de briófitas e pteridófitas.
c) Movimento dependente da origem do estímulo e geralmente irreversível.

14. Nas frases a seguir, assinale com **V** as verdadeiras e com **F** as falsas.

a) Caules que crescem curvados no sentido da luz apresentam fototropismo positivo.
b) O enrolamento de gavinhas de maracujá ao redor de um suporte é um caso de tigmotropismo.
c) De modo geral, as raízes apresentam fototropismo positivo.
d) Normalmente, caules apresentam geotropismo positivo e raízes, geotropismo negativo.
e) O crescimento do tubo polínico no sentido do óvulo é um caso de quimiotropismo.
f) O deslocamento de anterozoides de briófitas até a oosfera é um caso de quimiotactismo.
g) O recolhimento dos folíolos da sensitiva, o abaixamento periódico de folhas de feijão no período noturno e a ação das folhas de certas plantas insetívoras na captura de insetos são casos de nastismo.
h) Na ocorrência de termonastismo, típico, por exemplo, das flores de tulipa, o agente desencadeador do movimento é a variação da luminosidade do ambiente.
i) O mecanismo relacionado à ocorrência de certos tipos de nastismo (o recolhimento dos folíolos da sensitiva, por exemplo) é a variação do estado de turgor de certas células.
j) Inflorescências de girassol apresentam um tipo especial de fototropismo conhecido como heliotropismo.

15. Questão de interpretação de texto

Ah, se pudéssemos utilizar as células-tronco dos vegetais!

É ainda polêmica a utilização de células-tronco embrionárias humanas para a cura de muitas doenças. O problema reside na retirada de tais células do embrião, o que na grande maioria das vezes acarreta a morte embrionária. Tal problema não existe nos vegetais. Todos são dotados de células embrionárias localizadas em determinados pontos do corpo, podendo ser úteis, a qualquer momento, na geração de novas células e tecidos. Em casos de ferimentos ou queda de galhos e folhas, lá estão elas, prontinhas para se multiplicar e refazer as partes perdidas. O homem aprendeu a manipular tais células e cultivá-las, conduzindo à clonagem de plantas de interesse alimentar e comercial. É como se elas pudessem dizer: "utilizem-me, vocês sabem onde nos encontrar". Quantas plantas de cana-de-açúcar, de soja, mandioca, laranja, tomate e tantas mais o homem não aprendeu a produzir, simplesmente utilizando essas células-tronco embrionárias? É de perder a conta.

Utilizando as informações do texto e os seus conhecimentos sobre o assunto, responda:

a) A que tipo de células o texto se refere? A que tecido essas células pertencem?
b) Em que locais do corpo de um vegetal adulto essas células são encontradas?
c) As células citadas atuam no crescimento e no desenvolvimento vegetal. Para tanto, são produtoras da mais importante e mais conhecida substância de natureza hormonal, reguladora do crescimento. Qual é esse regulador de natureza hormonal? Cite pelo menos um tipo de ação relacionada a essa substância.

Questões objetivas

1. (UFT – TO) O esquema abaixo mostra um tecido vegetal, visto ao microscópio.

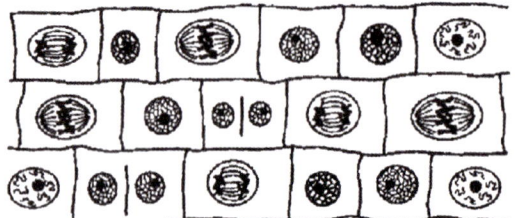

Observa-se que a maioria das células está em processo de divisão mitótica. Este elevado número de células em mitose é característico de:

a) parênquima clorofiliano.
b) tecido meristemático primário.
c) epiderme.
d) tecido meristemático secundário.
e) esclerênquima.

2. (UNESP) A professora explicava aos alunos que alguns tecidos e/ou órgãos são mais indicados para se obter células nas diferentes fases da mitose. Nos animais e vegetais, esses tecidos e/ou órgãos são, respectivamente,

a) medula óssea e meristema.
b) sangue e meristema.
c) medula óssea e esclerênquima.
d) testículo e esclerênquima.
e) testículo e xilema.

3. (PUC – MG) Os caules apresentam características específicas de cada grupo de plantas.

Sobre as figuras apresentadas, é correto afirmar, **EXCETO**:

a) 3 é caule de monocotiledônea, que não apresenta câmbio com crescimento secundário em espessura nem delimitação clara entre córtex e cilindro central.
b) 4 é caule de dicotiledônea apresentando feixes vasculares líbero-lenhosos e há, nesse grupo de plantas, crescimento secundário em espessura.
c) Em 2 encontra-se semente com cotilédones triploides e endosperma bem desenvolvido.
d) A semente representada em 1 apresenta reservas nutritivas no endosperma bem desenvolvido.
e) A semente representada em 1 apresenta reservas nutritivas no endosperma bem desenvolvido e cotilédone reduzido.

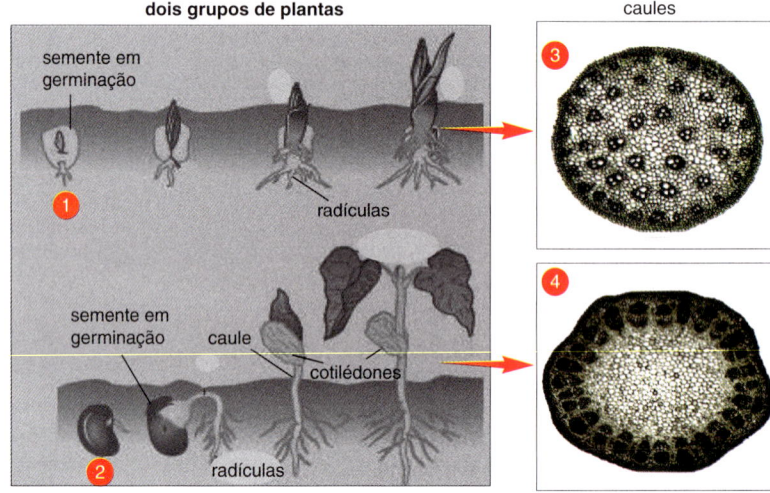

4. (UFMS) Observe o esquema de um caule em desenvolvimento.

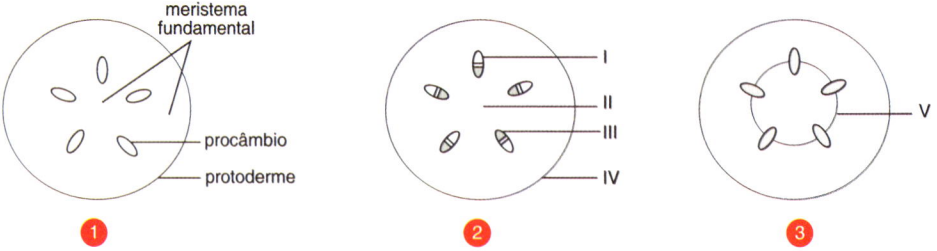

Os números I, II, III, IV e V indicam, respectivamente:

a) xilema primário, medula, floema primário, epiderme e câmbio fascicular.
b) xilema primário, córtex, floema primário, epiderme e câmbio interfascicular.
c) xilema secundário, medula, floema secundário, periderme e câmbio fascicular.
d) floema primário, medula, xilema primário, epiderme e câmbio interfascicular.
e) floema secundário, medula, xilema secundário, periderme e câmbio fascicular.

5. (UFJF – MG) A figura abaixo ilustra o corte transversal do tronco de uma espécie arbórea, destacando alguns tecidos e regiões.

Com base nos aspectos histológicos presentes na figura, é **CORRETO** afirmar que:

a) na casca dessa árvore, visualizam-se seus anéis de crescimento.
b) os anéis de crescimento correspondem às linhas longitudinais observadas na periderme.
c) os anéis de crescimento presentes nos itens 1 e 2 são resultado da ação do item 3 devido à influência sazonal.
d) nas espécies arbóreas brasileiras, a medula é sempre maciça, como observado no item 1, e apresenta os anéis de crescimento destacados.
e) os itens 1, 2, 3, 4 e 5 correspondem aos anéis de crescimento dessa espécie vegetal.

6. (UFRGS – RS) Assinale a alternativa que preenche corretamente as lacunas do parágrafo abaixo, na ordem em que aparecem.

A .... das plantas é composta por diferentes estruturas que fazem parte do seu sistema de revestimento ou proteção. Nela podem ser encontrados o .... e o ...., que atuam no controle da perda de água pela planta.

a) periderme – estômato – câmbio
b) epiderme – câmbio – espinho
c) periderme – acúleo – tricoma
d) protoderme – acúleo – espinho

7. (UEL – PR) Considere o experimento sobre o efeito inibidor de hormônio vegetal no desenvolvimento das gemas laterais, apresentado na figura a seguir.

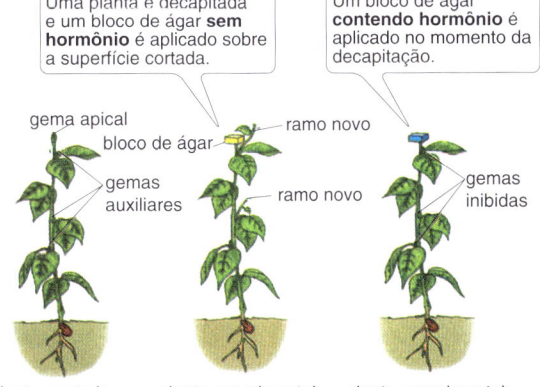

Com base na figura e nos conhecimentos sobre fisiologia vegetal, considere as afirmativas a seguir.

I – A ausência de hormônio produzido pelo meristema apical do caule exerce inibição sobre as gemas laterais, mantendo-as em estado de dormência.
II – As gemas laterais da planta-controle estão inibidas devido ao efeito do hormônio produzido pela gema apical.
III – Os hormônios aplicados na planta decapitada inibem as gemas laterais e, consequentemente, a formação de ramos laterais.
IV – A técnica de poda das gemas apicais tem como objetivo estimular a formação de novos ramos laterais.

Assinale a alternativa correta.

a) Somente as afirmativas I e II são corretas.
b) Somente as afirmativas I e III são corretas.
c) Somente as afirmativas III e IV são corretas.
d) Somente as afirmativas I, II e IV são corretas.
e) Somente as afirmativas II, III e IV são corretas.

8. (UFG – GO) O proprietário de um viveiro deseja incrementar seu lucro com o aumento da produção de mudas provenientes de brotação. Para tanto, solicitou a orientação de um especialista que recomendou o tratamento com o hormônio vegetal

a) ácido abscísico, para propiciar o fechamento estomático.
b) auxina, para promover o enraizamento de estacas.
c) citocinina, para estimular a germinação.
d) etileno, para intensificar a maturação dos frutos.
e) giberelina, para induzir a partenocarpia.

9. (UFPel – RS) Em uma ampla revisão sobre a fisiologia da fixação biológica do nitrogênio em soja, Fagan et al. (2007) relatam que níveis de auxinas, citocininas e etileno estão associados à nodulação em raízes de leguminosas (classe: dicotiledôneas). A divisão celular é modulada pelo gradiente de auxinas e citocininas, promovendo o desenvolvimento do nódulo. Durante a infecção, o rizóbio promove inibição temporária no transporte de auxina, causando seu acúmulo na região do nódulo. Elevados níveis de citosina estão associados com aumento na nodulação.

Adaptado de: FAGAN, E. B. et al. Fisiologia da Fixação Biológica do Nitrogênio em Soja – revisão.
Disponível em: <http://revistaseletronicas.pucrs.br/ojs/index.php/fzva/article/viewfile/2481/1940>.

Com base no texto, analise as seguintes afirmativas:

I – A auxina, que é produzida no meristema apical da planta e é transportada pelo parênquima até as raízes, acumula-se na região do nódulo promovendo o seu desenvolvimento.
II – A citocinina, que é produzida no meristema apical da planta e é transportada até a raiz pelo floema, influencia no crescimento do nódulo por promover a divisão celular.
III – A soja, que apresenta os feixes líbero-lenhosos espalhados pelo caule, tem o seu desenvolvimento dos nódulos influenciado pelo etileno – hormônio vegetal produzido nas folhas.
IV – A soja, que apresenta raiz pivotante e folhas com nervuras reticuladas, tem o desenvolvimento dos nódulos influenciado pela auxina – hormônio que, em doses elevadas, pode inibir a elongação de caule e raiz.

Estão corretas apenas as afirmativas

a) I e IV.   d) II e III.
b) I e III.   e) III e IV.
c) II e IV.   f) I. R.

10. (UFV – MG) A banana é um fruto partenocárpico que, por ser rico em potássio, é consumido pelos principais atletas do mundo.

I – O fenômeno da partenogênese pode ocorrer tanto em plantas como em animais.
II – Por não possuírem sementes e serem formadas em cachos, na parte superior do caule, as bananas estão classificadas no grupo das pteridófitas de frutos múltiplos, ou de infrutescência.
III – O potássio é um eletrólito importante nos processos de contração muscular, na transmissão nervosa e no equilíbrio de fluidos no organismo.
IV – A maturação de bananas pode ser retardada quando essas são armazenadas em câmaras com alta concentração de gás carbônico. Ao contrário, o amadurecimento será mais rápido ao serem armazenadas em ambientes com alta concentração de etileno.

Assinale a alternativa correta.

a) Apenas I, II e IV são verdadeiras.
b) Apenas I, II e III são verdadeiras.
c) Apenas II, III e IV são verdadeiras.
d) Apenas I, III e IV são verdadeiras.

11. (UFF – RJ) Apesar de ser conhecido pela teoria da evolução, Darwin também trabalhou com plantas. Em 1880, ele realizou alguns experimentos e observou, ao cultivar alpiste em solo adequado ao seu crescimento, um movimento do ápice dos coleóptilos.

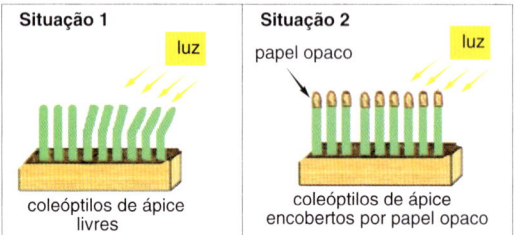

A análise da figura permite dizer que Darwin observou um movimento orientado:

a) pelo tipo de solo utilizado (geotropismo), mediado pelo hormônio auxina.
b) pela presença de luz (fototropismo), mediado pelo hormônio auxina.
c) pela ausência de luz (fototropismo), mediado pelo hormônio giberelina.
d) pelo tipo de solo utilizado (geotropismo), mediado pelo hormônio giberelina.
e) pela presença da luz (fototropismo), mediado pelo hormônio cinetina.

12. (UNESP) A figura reproduz um experimento em que uma planta colocada em um vaso transparente recebe luz lateralmente, no caule e nas raízes, conforme indicam as setas. Após alguns dias, o caule apresenta-se voltado para a fonte de luz e as raízes encontram-se orientadas em sentido oposto. Isso se deve à ação das auxinas, hormônio vegetal que atua no controle do crescimento de caules e raízes, promovendo o alongamento das células.

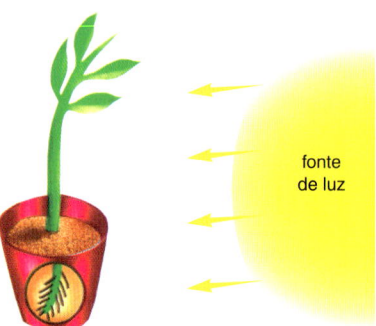

Podemos afirmar corretamente que, no caule, as auxinas promoveram o crescimento do lado

a) não iluminado da planta, enquanto nas raízes promoveram o crescimento do lado iluminado. A inclinação do caule e da raiz deve-se à maior concentração de auxina no lado não iluminado da planta.
b) iluminado da planta, enquanto que nas raízes promoveram o crescimento do lado não iluminado. A inclinação do caule e da raiz deve-se à maior concentração de auxina no lado iluminado da planta.
c) não iluminado da planta, assim como o fizeram nas raízes. A inclinação do caule e da raiz deve-se à maior concentração de auxina no lado iluminado da planta.
d) iluminado da planta, assim como o fizeram nas raízes. A inclinação do caule e da raiz deve-se à maior concentração de auxina no lado iluminado da planta.
e) não iluminado da planta, enquanto nas raízes promoveram o crescimento do lado iluminado. A inclinação do caule deve-se à maior concentração de auxina no lado iluminado, enquanto a inclinação da raiz deve-se à maior concentração de auxina no lado não iluminado.

13. (UNESP – adaptada) Dentre os experimentos que o astronauta brasileiro Marcos Pontes desenvolveu na Estação Espacial Internacional (ISS), um deles foi idealizado por alunos de escolas de São José dos Campos (SP): sementes de feijão foram colocadas para germinar sob diferentes condições de luminosidade e disponibilidade de água. O experimento foi repetido na Terra, nas mesmas condições de luminosidade e disponibilidade de água e pelo mesmo período de tempo adotado na ISS. A comparação dos resultados obtidos no experimento realizado na ISS e naquele realizado na Terra permitiu aos alunos observarem os efeitos da

a) ausência de oxigênio na germinação das sementes.
b) resposta fisiológica das sementes frente às diferentes condições de disponibilidade hídrica.
c) microgravidade no gravitropismo.
d) radiação cósmica no fototropismo.
e) luz e da disponibilidade hídrica no tigmotropismo.

14. (UNESP) O professor chamou a atenção dos alunos para o fato de que todos os ipês-roxos existentes nas imediações da escola floresceram quase que ao mesmo tempo, no início do inverno. Por outro lado, os ipês-amarelos, existentes na mesma área, também floresceram quase que ao mesmo tempo, porém já próximo ao final do inverno. Uma possível explicação para este fato é que ipês-roxos e ipês-amarelos apresentam

a) pontos de compensação fótica diferentes e, provavelmente, são de espécies diferentes.
b) pontos de compensação fótica diferentes, e isto não tem qualquer relação quanto a serem da mesma espécie ou de espécies diferentes.
c) fotoperiodismos diferentes e, provavelmente, são de espécies diferentes.
d) fotoperiodismos diferentes, e isto não tem qualquer relação quanto a serem da mesma espécie ou de espécies diferentes.
e) fototropismos diferentes, e isto não tem qualquer relação quanto a serem da mesma espécie ou de espécies diferentes.

15. (UNIMONTES – MG) A figura abaixo ilustra a germinação da semente do feijão. Analise-a.

As afirmativas abaixo se referem aos eventos que ocorrem durante a germinação. Analise-as e assinale a alternativa **INCORRETA**.

a) As enzimas, presentes na semente, promovem a hidrólise das reservas insolúveis.
b) Os tecidos de reserva são gastos e desaparecem como o endosperma.
c) O estoque de amido é mantido intacto.
d) Os cotilédones morrem e secam-se.

Questões dissertativas

1. (UFF – RJ) Com base nos conhecimentos sobre a anatomia e fisiologia vegetal e nas Figuras I e II:

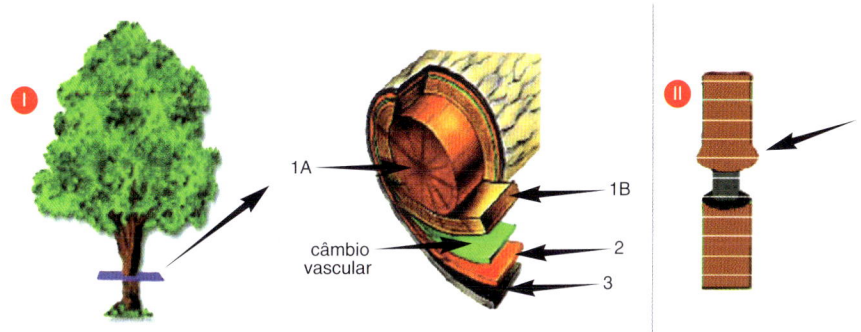

a) Identifique e diferencie funcionalmente as duas regiões 1A e 1B do tronco da árvore mostrada na Figura I.
b) Indique o número do tecido responsável pela condução da seiva elaborada mostrado na Figura I e o nomeie.
c) Justifique o fenômeno apontado pela seta na Figura II que ocorre após o destacamento de um anel completo da casca do tronco da planta (anel de Malpighi).
d) Informe o que acontecerá com a planta após um período prolongado sem esse anel. Explique.

2. (UFTM – MG) O amadurecimento de frutos envolve várias mudanças. Em frutos carnosos, a clorofila é degradada e outros pigmentos podem se formar, mudando a cor do fruto. Simultaneamente, a parte carnosa do fruto amolece como resultado da digestão enzimática da pectina, o principal componente da lamela mediana na parede celular. Durante esse mesmo período, amido e ácidos orgânicos ou, como no caso do abacate, óleos são metabolizados a açúcares.

RAVEN, P. H.; EVERT, R. F.; EICHHORN, S. E.
Biologia Vegetal, 2007.

a) Todo esse processo é precedido, em alguns frutos, pelo aumento na síntese de um hormônio vegetal. Indique uma importância agrícola e ecológica desse hormônio.
b) Considerando que há uma grande perda de frutos e verduras vinculada à produção desse hormônio, durante o transporte de tais alimentos, proponha uma maneira de mitigar esse problema. Justifique sua resposta.

3. (UEG – GO) Os hormônios vegetais controlam o crescimento e o desenvolvimento das plantas ao interferir na divisão, no alongamento e na diferenciação das células. A remoção da gema apical de uma planta promove o desenvolvimento das gemas laterais. Sobre esse assunto, faça o que se pede.

a) Qual o fenômeno responsável pela inibição do desenvolvimento das gemas laterais causada pela presença da gema apical?
b) Qual o hormônio vegetal envolvido nessa inibição?

4. (UFJF – MG) Em muitas plantas, a floração é controlada pelo fotoperíodo, sendo as espécies classificadas como plantas de dias curtos (PDC) ou plantas de dias longos (PDL). Observe a figura abaixo, que ilustra um experimento realizado com PDC e PDL, e responda:

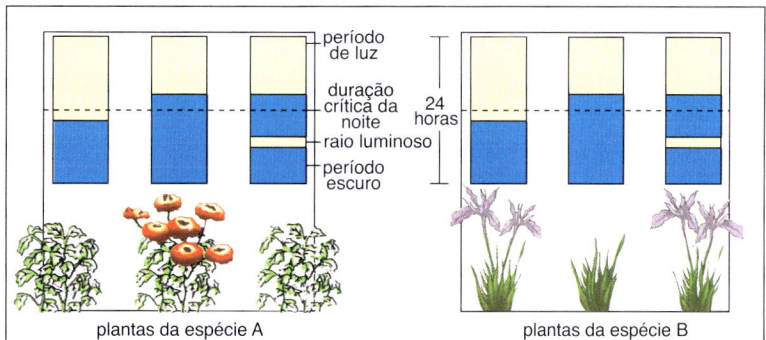

a) Qual a classificação fotoperiódica (PDC ou PDL) das plantas das espécies A e B, considerando os resultados obtidos nos experimentos?
b) O que representa o fotoperíodo crítico para as plantas fotoperiódicas?
c) Explique como é possível a ocorrência de florescimento das plantas A e das plantas B em uma mesma localidade, na mesma época do ano.

Programas de avaliação seriada

1. (PISM – UFJF – MG) O crescimento vegetativo das plantas e outros aspectos do metabolismo são controlados pela ação de substâncias reguladoras, como os hormônios. Associe os hormônios vegetais às respostas apresentadas e assinale a alternativa que apresenta a associação **correta**.

(I) etileno
(II) citocinina
(III) auxina
(IV) giberelina

( ) formação de raízes adventícias
( ) quebra de dormência das sementes
( ) estímulo à divisão celular
( ) amadurecimento de frutos
( ) retarda o envelhecimento das folhas
( ) promove a dominância apical

a) I, IV, III, IV, II, I.
b) III, I, II, III, IV, III.
c) I, II, IV, I, III, IV.
d) III, IV, II, I, II, III.
e) IV, III, I, IV, I, II.

2. (PSIU – UFPI) As plantas possuem a capacidade de responder e fazer ajustes a uma ampla faixa de alterações em seu ambiente externo. Essa capacidade é manifestada principalmente nas mudanças dos padrões de crescimento. Com relação aos principais tipos de movimentos ou respostas de crescimento aos estímulos externos nas plantas, é correto afirmar:

a) Gravitropismo é o crescimento para baixo das raízes e do caule, aparentemente causado pela redistribuição vertical da auxina para o lado superior do caule e da raiz induzida pela gravidade.
b) Fototropismo é o crescimento do sistema caulinar em direção à luz. Pode ser causado por uma redistribuição lateral da auxina para o lado sombreado da estrutura, induzida pela luz.
c) Hidrotropismo é o crescimento de caules em direção a regiões de maior potencial hídrico. As células sensoras estão localizadas no ápice caulinar.
d) Tigmonastia é o movimento resultante do estímulo mecânico, tal como o fechamento de folhas de plantas sensitivas e carnívoras. Resulta da mudança de turgor das células do mesofilo foliar.
e) Nictinastia é o movimento de dormir das folhas, resultante de mudanças de turgor das células vasculares. O fitocromo e o relógio biológico controlam esse movimento.

3. (PISM – UFJF – MG) A figura seguinte representa uma planta em fase inicial de crescimento, mantida horizontalmente em uma superfície plana. As regiões escuras indicam o acúmulo de um hormônio vegetal em resposta à força da gravidade e a região pontilhada as áreas em crescimento. Considerando a figura, responda.

a) Que tipos de tropismo estão manifestando, respectivamente, o caule e a raiz dessa planta?
b) Que hormônio vegetal está envolvido nesse tipo de resposta?
c) Na figura seguinte, identifique a curva que corresponde aos efeitos desse hormônio na raiz. Justifique a sua resposta.

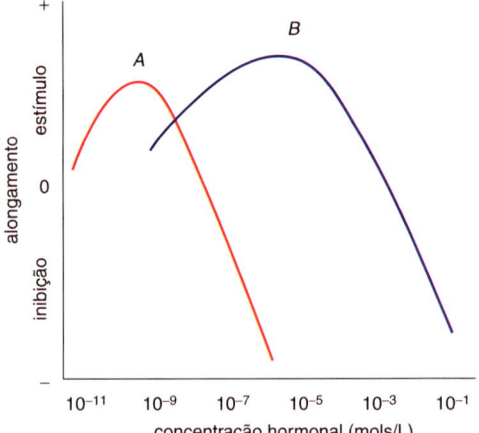

d) O que caracteriza uma resposta do tipo nastismo?

11

GENÉTICA

Unidade

37 Capítulo

Primeira Lei de Mendel e probabilidade associada à Genética

Qual a previsão do tempo para amanhã?

Em todos os meios de comunicação, é comum que seja reportada a previsão do tempo para determinado país, região ou cidade. Quem é que não assiste aos jornais na televisão ou liga o rádio logo de manhã cedo para saber como vai ficar o tempo para as próximas horas ou para o próximo dia?

A previsão do tempo é um dos objetos de estudo da Meteorologia, ciência que estuda as condições atmosféricas. Mas a previsão do tempo não serve só para levarmos um guarda-chuva ao sair de casa em um dia em que a probabilidade de precipitação é alta. A previsão do tempo também é importante durante as viagens para saber que condições enfrentaremos nas estradas. Para a agricultura, as previsões auxiliam os agricultores nas tomadas de decisão sobre a melhor hora para o início do plantio, tendo em vista a possibilidade de enchentes ou geadas, por exemplo.

Esses são alguns exemplos do uso da probabilidade, que é a chance de que algum evento aconteça. Em Genética, a probabilidade também é utilizada com essa mesma finalidade, sendo que sua aplicação tem sido muito útil no aconselhamento de casais cujas famílias possuem casos de malformações ou doenças cuja transmissão é hereditária.

Desde os tempos mais remotos, o homem tomou consciência da importância do macho e da fêmea na geração de seres da mesma espécie, e que características como altura, cor da pele etc. eram transmitidas dos pais para os descendentes. Assim, com certeza, uma cadela, quando cruzar com um cão, irá originar um filhote com características de um cão e nunca de um gato. Mas por quê?

MENDEL, O INICIADOR DA GENÉTICA

Filho de pobres camponeses, Gregor Mendel nasceu em 1822 na cidade de Heizendorf, na época dominada pelo império austríaco. Cursou Matemática e Ciências Naturais na Universidade de Viena, onde se interessou pelas causas da variabilidade em plantas.

Inicia-se aqui a longa trajetória desse que é considerado o "pai da Genética". No mosteiro para onde voltou depois dos estudos, havia uma longa tradição de pesquisa acerca da variabilidade de plantas cultivadas, entre elas a ervilha-de-cheiro. Mendel passou a trabalhar arduamente com essa planta, na tentativa de esclarecer os mecanismos de herança nela envolvidos.

Gregor Mendel (1822-1884).

Na época, outro tema apaixonante estava ocupando a cabeça dos cientistas e leigos: a teoria da evolução biológica de Charles Darwin. Sem perceberem sua grande importância, o trabalho de Mendel logo foi arquivado e esquecido nas bibliotecas europeias.

Mendel morreu, totalmente ignorado, em 1884. No entanto, estavam lançadas as bases para a compreensão dos fundamentos do que viria a ser, mais tarde, chamado de Genética.

A Escolha das Ervilhas para o Estudo

A ervilha é uma planta herbácea leguminosa que pertence ao mesmo grupo do feijão e da soja. Na reprodução, surgem vagens contendo sementes. Sua escolha como material de experiência não foi casual: uma planta fácil de cultivar, de ciclo reprodutivo curto e que produz muitas sementes.

Desde os tempos de Mendel, existiam muitas variedades disponíveis, dotadas de características de fácil comparação. Por exemplo, a variedade que produzia flores púrpuras podia ser comparada com a que produzia flores brancas; a que produzia sementes lisas podia ser comparada à que gerava sementes rugosas, e assim por diante.

Outra vantagem dessas plantas é que estame e pistilo, os componentes envolvidos na reprodução sexuada do vegetal, ficam encerrados no interior da mesma flor, protegidos pelas pétalas. Isso favorece a autopolinização e, por extensão, a autofecundação, formando descendentes com as mesmas características das plantas genitoras (veja a Figura 37-1).

A partir da autopolinização, Mendel produziu e separou diversas *linhagens puras de ervilhas* para as características que ele pretendia estudar. Por exemplo, para cor de flor, plantas de flores de cor púrpura sempre produziam como descendentes plantas de flores púrpuras, o mesmo ocorrendo com o cruzamento de plantas cujas flores eram brancas.

Mendel estudou sete características nas plantas de ervilha: cor da flor, posição da flor no caule, cor da semente, aspecto externo da semente, forma da vagem, cor da vagem e altura da planta.

Figura 37-1. A disposição de estames (filete e antera) e pistilo (ovário, estilete e estigma) na flor da ervilha favorece a autopolinização. Das sementes surgem plantas de ervilhas idênticas à planta-mãe (plantas puras).

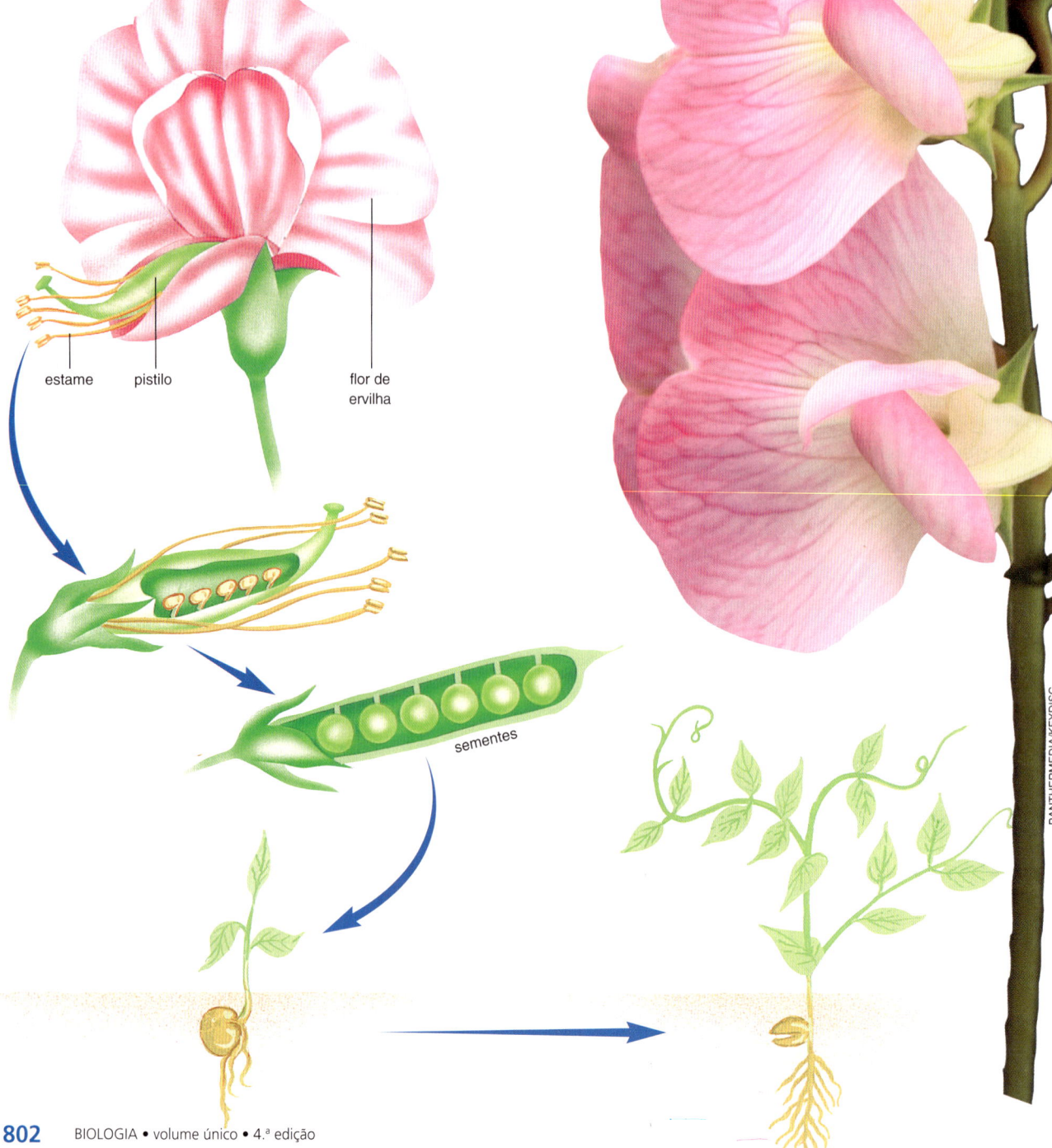

Os Cruzamentos Realizados por Mendel

Depois de obter linhagens puras, Mendel efetuou um cruzamento diferente. Cortou os estames de uma flor proveniente de semente verde e depois depositou, nos estigmas dessa flor, pólen de uma planta proveniente de semente amarela (veja a Figura 37-2). Efetuou, então, artificialmente, uma *polinização cruzada:* pólen de uma planta que produzia apenas semente amarela foi depositado em estigma de outra planta que produziria apenas semente verde, ou seja, cruzou duas plantas puras entre si. Essas duas plantas foram consideradas como a **geração parental** (P), isto é, a dos genitores.

Após repetir o mesmo procedimento diversas vezes, Mendel verificou que todas as sementes originadas desses cruzamentos eram amarelas – a cor verde havia aparentemente "desaparecido" nos descendentes **híbridos** (resultantes do cruzamento de plantas), que Mendel passou a denominar de **geração F_1** (primeira geração filial). Concluiu, então, que a cor amarela "dominava" a cor verde. Chamou o caráter cor amarela da semente de **dominante** e o verde, de **recessivo**.

A seguir, Mendel fez germinar as sementes obtidas em F_1 até surgirem as plantas e as flores. Deixou que se autopolinizassem e aí houve a surpresa: a cor verde das sementes reapareceu na **geração F_2** (segunda geração filial), só que em proporção menor que as de cor amarela: surgiram 6.022 sementes amarelas para 2.001 verdes, o que conduzia à proporção aproximada de 3 : 1. Concluiu que, na verdade, a cor verde das sementes não havia "desaparecido" nas sementes da geração F_1. O que ocorreu é que ela não tinha se manifestado, uma vez que, sendo um **caráter recessivo**, era apenas "dominado" (nas palavras de Mendel) pela cor amarela.

Figura 37-2. Cruzamentos realizados por Mendel: pólen de planta produtora de semente amarela é depositado em estigma de planta produtora de semente verde.

Mendel concluiu que a cor das sementes era determinada por dois **fatores**, cada um determinando o surgimento de uma cor, amarela ou verde. Era necessário definir uma simbologia para representar esses fatores: escolheu a inicial do caráter recessivo. Assim, a letra *v* (inicial de verde), minúscula, simbolizava o fator recessivo – para cor verde – e a letra *V*, maiúscula, o fator dominante – para cor amarela.

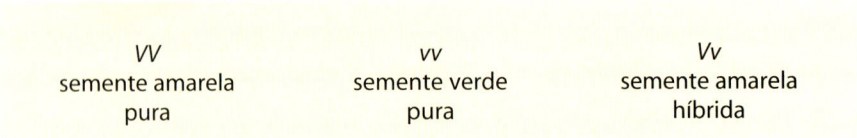

Persistia, porém, uma dúvida: como explicar o desaparecimento da cor verde na geração F_1 e o seu reaparecimento na geração F_2? A resposta surgiu a partir do conhecimento de que cada um dos fatores se separava durante a formação das células reprodutoras, os gametas:

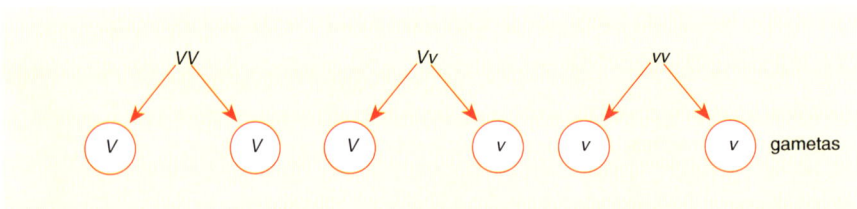

Dessa forma, podemos entender como o material hereditário passa de uma geração para outra. Acompanhe nos esquemas abaixo os procedimentos adotados por Mendel com relação ao caráter *cor da semente* em ervilhas.

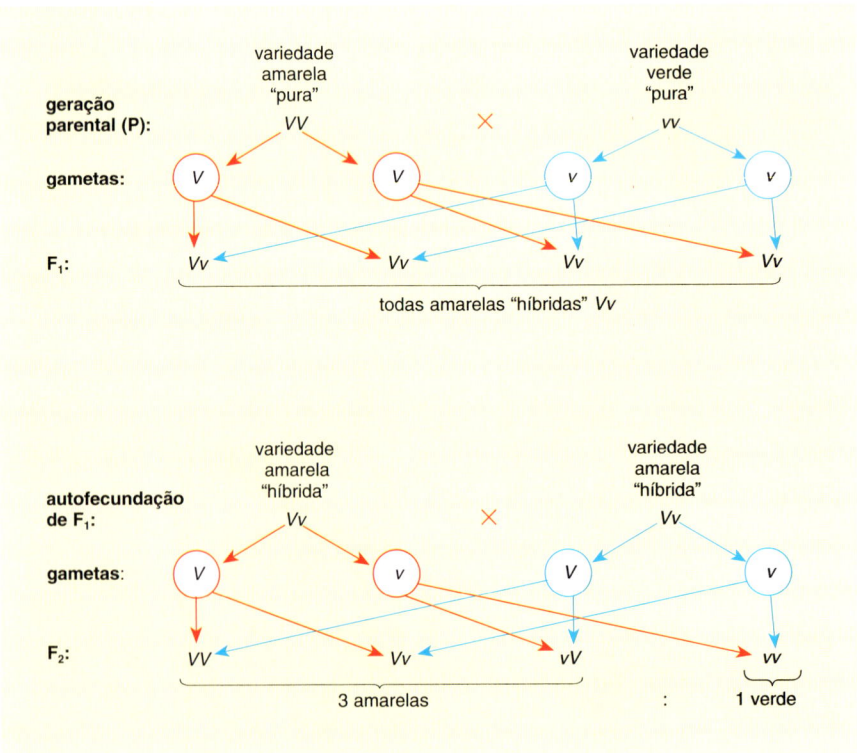

Resultado: em F_2, para cada três sementes amarelas, Mendel obteve uma semente de cor verde. Repetindo o procedimento para outras seis características estudadas nas plantas de ervilha, sempre eram obtidos os mesmos resultados em F_2, ou seja, a proporção de três expressões dominantes para uma recessiva.

Saiba mais

Características estudadas por Mendel em ervilhas

Característica	Dominante	Recessiva	Geração F$_2$ dominantes : recessivas	Proporção
Cor da flor	púrpura	branca	705 : 224	3,15 : 1
Posição da flor no caule	axial	terminal	651 : 207	3,14 : 1
Cor da semente	amarela	verde	6.022 : 2.001	3,01 : 1
Aspecto externo da semente	lisa	rugosa	5.474 : 1.850	2,96 : 1
Forma da vagem	inflada	comprimida	882 : 299	2,95 : 1
Cor da vagem	verde	amarela	428 : 152	2,82 : 1
Caule	longo	curto	787 : 277	2,84 : 1

Primeira Lei de Mendel e probabilidade associada à Genética

A PRIMEIRA LEI DE MENDEL

A comprovação da hipótese de dominância e recessividade nos vários experimentos efetuados por Mendel levou, mais tarde, à formulação da chamada 1.ª Lei de Mendel: *"Cada característica é determinada por dois fatores que se separam na formação dos gametas, onde ocorrem em dose simples"*, isto é, para cada gameta masculino ou feminino encaminha-se apenas um fator.

Mendel não tinha ideia da constituição desses fatores, nem onde se localizavam. Com o passar do tempo, porém, aperfeiçoou-se o estudo da célula e alguns conceitos começaram a fazer parte da rotina dos biólogos: cromossomos, genes, genes alelos, célula diploide, célula haploide, mitose, meiose etc. Tais conceitos mantinham uma estreita relação com o enunciado da 1.ª Lei.

A partir do domínio desses conceitos e com a evolução dos conhecimentos em citogenética, passou-se a admitir que os fatores de Mendel eram, na verdade, os *genes*, pedaços de moléculas de DNA localizados nos cromossomos. Por outro lado, os genes alelos,

> Pode-se associar ao termo separação dos fatores, utilizado por Mendel, o significado de separação dos alelos, evento que ocorre na meiose para a formação de células sexuais, ou gametas.

localizados nos cromossomos homólogos, passaram a ser considerados como os dois fatores mendelianos que atuam na determinação de um caráter. Na meiose, ocorre a separação dos homólogos, indo cada um, em dose simples, para o gameta, que, então, é puro para o caráter em estudo.

Fique por dentro!

A 1.ª Lei de Mendel também é chamada de **Lei da Segregação dos Fatores**, em uma referência à separação dos pares de fatores na formação dos gametas.

CONCEITOS FUNDAMENTAIS EM GENÉTICA

Antes de avançarmos no estudo da Genética, é importante definirmos claramente alguns conceitos fundamentais que, a partir de agora, se farão muito presentes.

Genótipo e Fenótipo

O **genótipo** é a constituição genética de um organismo, isto é, o conjunto de genes alelos que o descendente recebe dos pais. Assim, os possíveis genótipos da cor da semente nas ervilhas são: *VV*, *Vv* e *vv*.

O **fenótipo** é a aparência, ou seja, as manifestações físicas (o que se vê) do genótipo. Resulta da interação do genótipo com o meio ambiente. Dessa forma, não enxergamos nas ervilhas o genótipo *VV* e sim a sua manifestação física que, nesse caso, é a cor amarela (fenótipo). O genótipo *Vv* também expressa a cor amarela, pois o *V* domina o *v*. Já a semente de genótipo *vv* terá um fenótipo verde.

Não é difícil concluir que diferentes genótipos podem ter o mesmo fenótipo devido à existência da dominância. Também é importante entender que o gene recessivo só se manifesta se estiver em dose dupla.

Homozigotos e Heterozigotos

Quando os genes alelos são os mesmos, diz-se que o organismo é **homozigoto** (linhagem pura) para aquela característica. Para a cor da semente de ervilha, há duas linhagens puras: *VV* e *vv*. Quando os genes de um par são diferentes (um dominante e outro recessivo), o organismo é **heterozigoto** (linhagem híbrida) para aquela característica, que é o caso do *Vv*, que resultou do cruzamento do homozigoto dominante (*VV*) com o homozigoto recessivo (*vv*).

Pense nisso

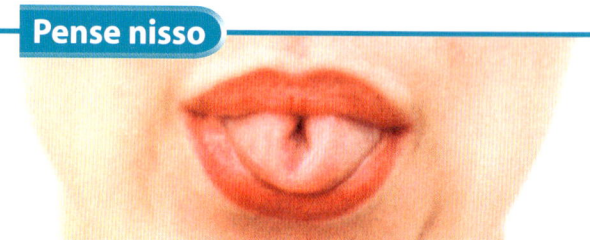

Você enrola a língua?

Se a resposta for sim, então saiba que você possui uma característica dominante. Seu cabelo é liso? Então você é dotado de uma característica recessiva. Assim como esses dois fenótipos, na espécie humana é possível reconhecer a dominância ou a recessividade de inúmeros outros fenótipos, ou de anomalias.

Característica	Dominante	Recessiva
Enrolar a língua	capacidade (*I*)	incapacidade (*i*)
Forma do cabelo	crespo (*L*)	liso (*l*)
Pigmentação da pele	pigmentada (*A*)	albina (*a*)
Sensibilidade ao PTC	sensível (*I*)	insensível (*i*)
Visão	normal (*M*)	míope (*m*)
Queratose	queratose (*N*)	normal (*n*)
Polidactilia	polidáctilo (*N*)	normal (*n*)
Acondroplasia	acondroplásico (*N*)	normal (*n*)
Habilidade manual	destro (*C*)	canhoto (*c*)
Furo no queixo	ausência (*P*)	presença (*p*)
Anemia falciforme*	normalidade (*S*)	anemia (*s*)

* Do inglês, *sickle cell anemia* – motivo pelo qual os genes são representados pelas letras *S* e *s*, respectivamente dominante e recessivo.

Cromossomos Autossômicos

São os relacionados a características comuns aos dois sexos. Em uma mesma espécie, estão presentes em igual número, tanto nos machos como nas fêmeas.

Árvores Genealógicas

Uma ferramenta muito utilizada pelos geneticistas é a elaboração e análise de árvores genealógicas ou **heredogramas** (*pedigrees*, na língua inglesa), que é a história familiar de cruzamentos já ocorridos. A representação da árvore genealógica é feita por símbolos.

O estudo das árvores genealógicas permite:
- fazer a análise de certos traços ou anomalias familiares;
- determinar se a anomalia é condicionada por gene dominante ou recessivo;
- fazer predições a respeito da provável ocorrência da anomalia em futuros descendentes.

Saiba mais

O quadro de cruzamentos (quadrado de Punnett)

Uma forma prática de verificar que descendentes são originados de um cruzamento é montar um quadro onde as colunas e as linhas correspondam aos tipos de gametas masculinos e femininos formados pela meiose durante a gametogênese.

Imaginemos, por exemplo, um cruzamento entre duas plantas de ervilha heterozigotas para cor de semente, conforme indicado abaixo.

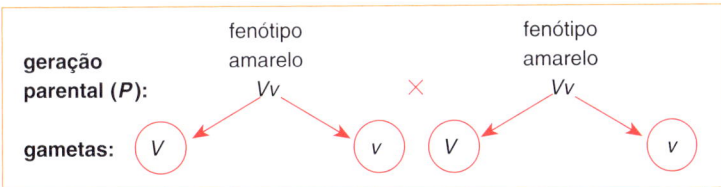

Para verificar que descendentes são originados em F1, monta-se o quadro de cruzamentos, como o esquematizado ao lado.

Verifica-se que, em F_1, o resultado fenotípico é de 3/4 de plantas produtoras de sementes amarelas e 1/4 de plantas produtoras de sementes verdes; porém, o resultado genotípico traduziu-se em 1/4 de plantas homozigotas dominantes (*VV*), 2/4 de plantas heterozigotas (*Vv*) e 1/4 de plantas homozigotas recessivas (*vv*) para o caráter cor da semente.

Gametas maternos	Gametas paternos	
	V	v
V	VV	Vv
v	Vv	vv

Fique por dentro!

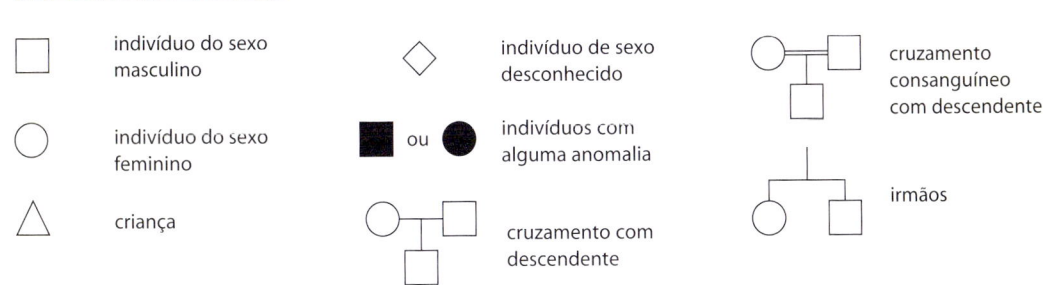

Análise de um heredograma ou *pedigree*

A fenilcetonúria (PKU) é uma doença hereditária resultante da incapacidade do organismo de processar o aminoácido fenilalanina, contido nas proteínas ingeridas. A PKU manifesta-se nos primeiros meses de vida e, se não for tratada, em geral causa retardo mental.

Consideremos um casal de fenótipo normal e que tenha cinco filhos, três com a doença PKU (indicada pelo símbolo escuro) e dois normais (indicados pelo símbolo claro – veja a Figura 37-3(a). A partir desses dados, é possível descobrir se a doença PKU se deve a um gene dominante?

Vamos imaginar que os pais sejam recessivos (*aa*). Nesse caso, como seria possível ter filhos, indicados pelo símbolo escuro, portadores de um gene *A*? Esse gene deveria ter vindo do pai ou da mãe, o que é impossível, pois os supusemos recessivos – veja a Figura 37-3(b).

Podemos considerar, então, que a doença PKU é herdada de modo mendeliano e, com certeza, a condição normal é determinada por um gene dominante. Como consequência, a doença deve-se a um gene recessivo. Em nosso heredograma inicial, o casal é heterozigoto (*Aa*), pois somente dessa maneira se explica como um casal normal pode ter filhos afetados (veja a Figura 37-3(c)).

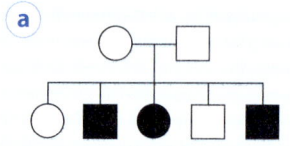 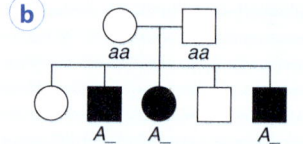 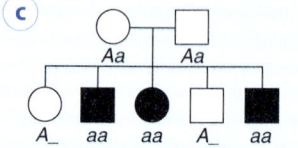

Figura 37-3.

Vamos considerar agora outro cruzamento em que um indivíduo é afetado por albinismo, uma anomalia relacionada à ausência de pigmentação na pele (veja a Figura 37-4(a)). Qual é o caráter condicionado por gene dominante: o albinismo ou a pigmentação normal? Suponhamos, por hipótese, que o albinismo seja condicionado por gene dominante (veja a Figura 37-4(b)). Assim:

fenótipo albino ⟶ genótipos prováveis: *AA* ou *Aa*
fenótipo normal ⟶ genótipo: *aa*

Evidentemente, a hipótese de o albinismo ser condicionado por gene dominante é falsa. O gene *A*, presente no descendente afetado, teria de ser proveniente de um dos progenitores; porém, nenhum deles possui o gene dominante. Logo, essa possibilidade não existe.

Seguindo a hipótese de que o albinismo é condicionado por gene recessivo, teremos:

fenótipo normal ⟶ genótipos: *AA* ou *Aa*
fenótipo albino ⟶ genótipo: *aa*

o que explica o fato de pais normais terem filho albino (veja a Figura 37-4(c)).

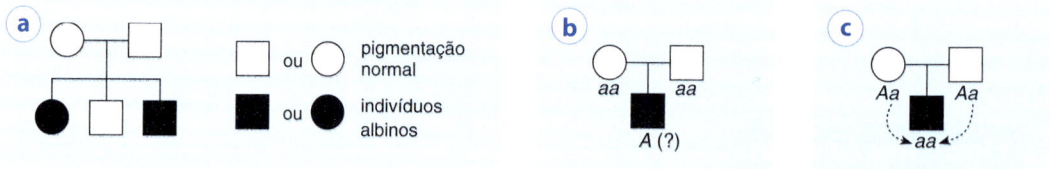

Figura 37-4.

Fique por dentro!

Um caráter é condicionado por genes recessivos quando pais de MESMO fenótipo têm descendente com fenótipo DIFERENTE do deles. Assim, verificamos que a hipótese de o albinismo ser condicionado por gene recessivo é a correta. Sabendo que o albinismo se deve a um gene recessivo, veja o resultado do cruzamento entre dois indivíduos heterozigotos com, por exemplo, três filhos:

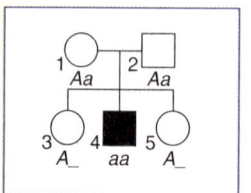

Os indivíduos 1, 2, 3 e 5 são normais, porém o indivíduo 4 é albino. Não temos dúvida quanto ao genótipo dos indivíduos 1 (*Aa*), 2 (*Aa*) e 4 (*aa*). No entanto, não podemos dizer com certeza qual o genótipo dos indivíduos 3 e 5 (podem ser *AA* ou *Aa*).

Nesse caso, tais indivíduos são indicados por *A_*.

Acompanhe este exercício

Do cruzamento de cobaias pretas nasceram 2 cobaias brancas fêmeas, 1 branca macho e 1 preta macho. A cobaia de pelo branco da geração F_1 foi cruzada com um macho de pelo preto homozigoto, resultando em F_2 um macho com pelo preto, que, por sua vez, foi cruzado com uma fêmea também de pelo preto, resultando em F_3 um macho branco. Pergunta-se:

a) Qual dos dois fenótipos é determinado por um gene dominante? Justifique.
b) Construa uma árvore genealógica envolvendo as gerações P, F_1, F_2 e F_3, mostrando os possíveis genótipos.
c) Do cruzamento das cobaias da geração F_2, qual a probabilidade de nascer uma cobaia de mesmo genótipo que seus genitores?

Resolução:

a) O fenótipo pelagem preta deve-se a um gene dominante, pois tanto na geração parental (P) quanto na geração F_2, duas cobaias pretas originaram uma cobaia de pelo branco. Assim,

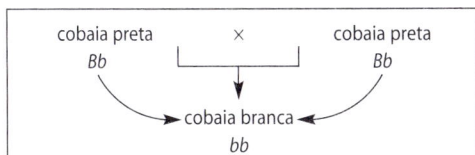

Caso o fenótipo preto fosse devido a um gene recessivo, o genótipo seria *bb*, e não seria possível nascer uma cobaia branca do cruzamento entre cobaias pretas. Assim,

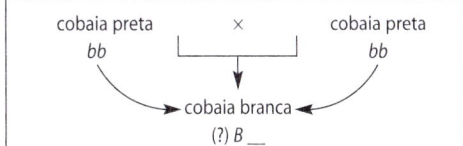

b)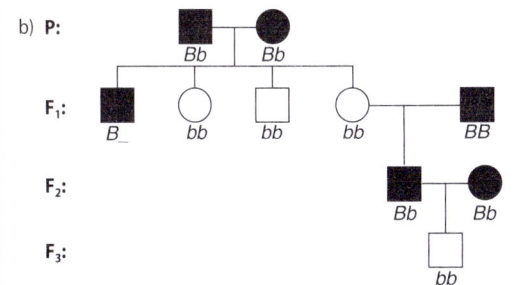

Repare que o macho preto da geração F_1 pode ser *BB* ou *Bb*, fato que pode ser representado por *B__*.

c)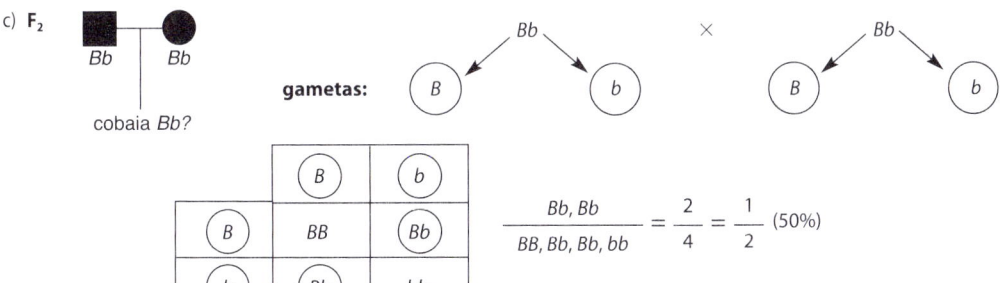

$$\frac{Bb, Bb}{BB, Bb, Bb, bb} = \frac{2}{4} = \frac{1}{2} \ (50\%)$$

A probabilidade de nascer uma cobaia de mesmo genótipo que seus genitores é 50%.

Saiba mais

A 1.ª Lei de Mendel aplicada à genética humana

Algumas disfunções que encontramos devem-se a um fator genético. As mais frequentes são:

- *fenilcetonúria (PKU)*: indivíduos homozigotos recessivos não conseguem processar o aminoácido fenilalanina, que se acumula no organismo e se transforma em ácido fenilpirúvico. Este, por sua vez, impede o desenvolvimento harmonioso do cérebro, causando retardamento mental;
- *albinismo*: é outra anomalia determinada por genes recessivos. Os indivíduos acometidos não fabricam melanina, pigmento que dá cor à pele humana e de outros animais. Os albinos têm pele exageradamente branca, cabelos e pelos louros e pupilas cor-de-rosa;
- *fibrose cística*: anomalia devida a genes alelos recessivos. Os indivíduos acometidos pela anomalia secretam uma quantidade exagerada de muco nos pulmões, levando a graves infecções nas vias respiratórias;
- *acondroplasia*: é determinada por um alelo dominante (*D*), o qual interfere no crescimento ósseo durante o desenvolvimento, resultando em fenótipo anão. Acredita-se que a presença dos alelos *DD* produza um efeito tão grave que chega a ser um genótipo letal;

- *polidactilia*: os portadores apresentam um dedo extra (seis dedos). Trata-se de um fenótipo raro devido também a um gene dominante;
- *braquidactilia*: anomalia rara, em que os portadores apresentam dedos curtos. Deve-se a um gene dominante raro *B*;
- *doença de Huntington*: outra doença acarretada por um gene dominante. Há uma degeneração do sistema nervoso, o indivíduo perde a memória e os movimentos do corpo tornam-se incontroláveis, podendo levar à morte. Manifesta-se tardiamente, por volta dos 40 anos, quando o doente, com alta probabilidade, já teve filhos. O teste de DNA já está disponível, tornando possível àqueles que apresentam um caso de Huntington na família se submeterem a esse teste para saber se são ou não portadores do gene dominante.

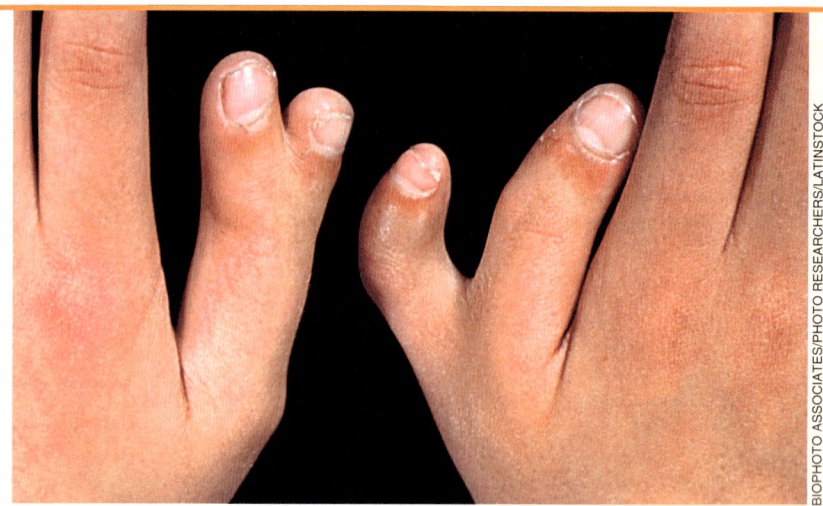

Deformidade em que há um aumento no número de dedos, característica de uma anomalia genética conhecida como polidactilia. Em geral, o dedo extra é retirado cirurgicamente logo após o nascimento.

A ciência por trás do fato!

É verdade que filhos gerados de casamento entre primos têm maior probabilidade de nascerem doentes?

O casamento entre pessoas com laços de sangue, chamado de casamento consanguíneo, é considerado, do ponto de vista genético, uma união de alto risco. O caso mais comum de casamento consanguíneo que se conhece é o casamento entre primos. Principalmente se forem primos em primeiro grau, o ideal é que o casal, antes de ter filhos, procure um geneticista para uma consulta de aconselhamento, em que o especialista fará uma minuciosa investigação genética das famílias envolvidas. Mas por que entre primos em primeiro grau há maior probabilidade de gerar um filho com alguma doença fisiológica ou metabólica? Por que genes raros para determinadas doenças, presentes em um ancestral comum (por exemplo, nos avós), podem ter sido transmitidos para os dois primos normais que se casam? Se ambos forem heterozigotos para a doença, há uma alta probabilidade de gerarem um filho (homozigoto recessivo) com a anomalia. Esse encontro de genes tem baixíssima probabilidade de acontecer entre pessoas que não tenham ascendentes comuns.

Dominância Incompleta ou Parcial

Nem todas as características são herdadas como a cor da semente da ervilha, em que o gene para a cor amarela domina sobre o gene para a cor verde. Muito frequentemente a combinação dos genes alelos diferentes produz um fenótipo intermediário. Essa situação ilustra a chamada **dominância incompleta** ou **parcial**. Um exemplo desse tipo de herança é a cor das flores de maravilha. Elas podem ser vermelhas, brancas ou rosas. Plantas que produzem flores cor-de-rosa são heterozigotas, enquanto os outros dois fenótipos são devidos à condição homozigota. Supondo que o gene *V* determine cor vermelha e o gene *B*, cor branca, teríamos:

VV ⟶ flor vermelha
BB ⟶ flor branca
VB ⟶ flor cor-de-rosa

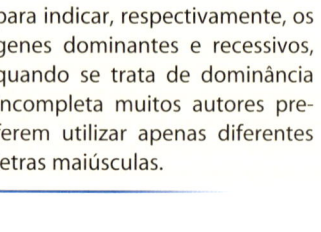

Apesar de anteriormente usarmos letras maiúsculas e minúsculas para indicar, respectivamente, os genes dominantes e recessivos, quando se trata de dominância incompleta muitos autores preferem utilizar apenas diferentes letras maiúsculas.

Fazendo um cruzamento de uma planta de maravilha que produz flores vermelhas com outra que produz flores brancas e analisando os resultados fenotípicos e genotípicos da geração F_1, teríamos:

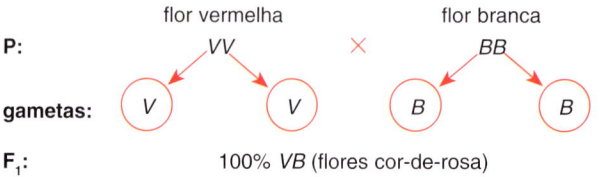

Cruzando, agora, duas plantas heterozigotas (flores cor-de-rosa), teríamos:

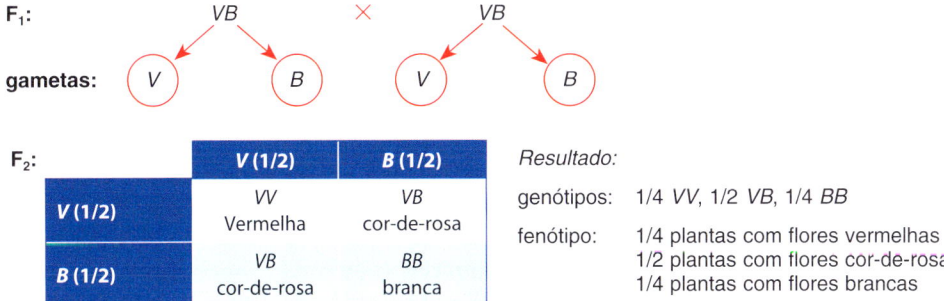

	V (1/2)	B (1/2)
V (1/2)	VV Vermelha	VB cor-de-rosa
B (1/2)	VB cor-de-rosa	BB branca

Resultado:

genótipos: 1/4 VV, 1/2 VB, 1/4 BB

fenótipo: 1/4 plantas com flores vermelhas
1/2 plantas com flores cor-de-rosa
1/4 plantas com flores brancas

Com esses resultados concluímos que entre cruzamentos de heterozigotos não haverá a proporção fenotípica de 3 : 1, e sim 1 : 2 : 1, o que coincide com a proporção genotípica (veja a Figura 37-5).

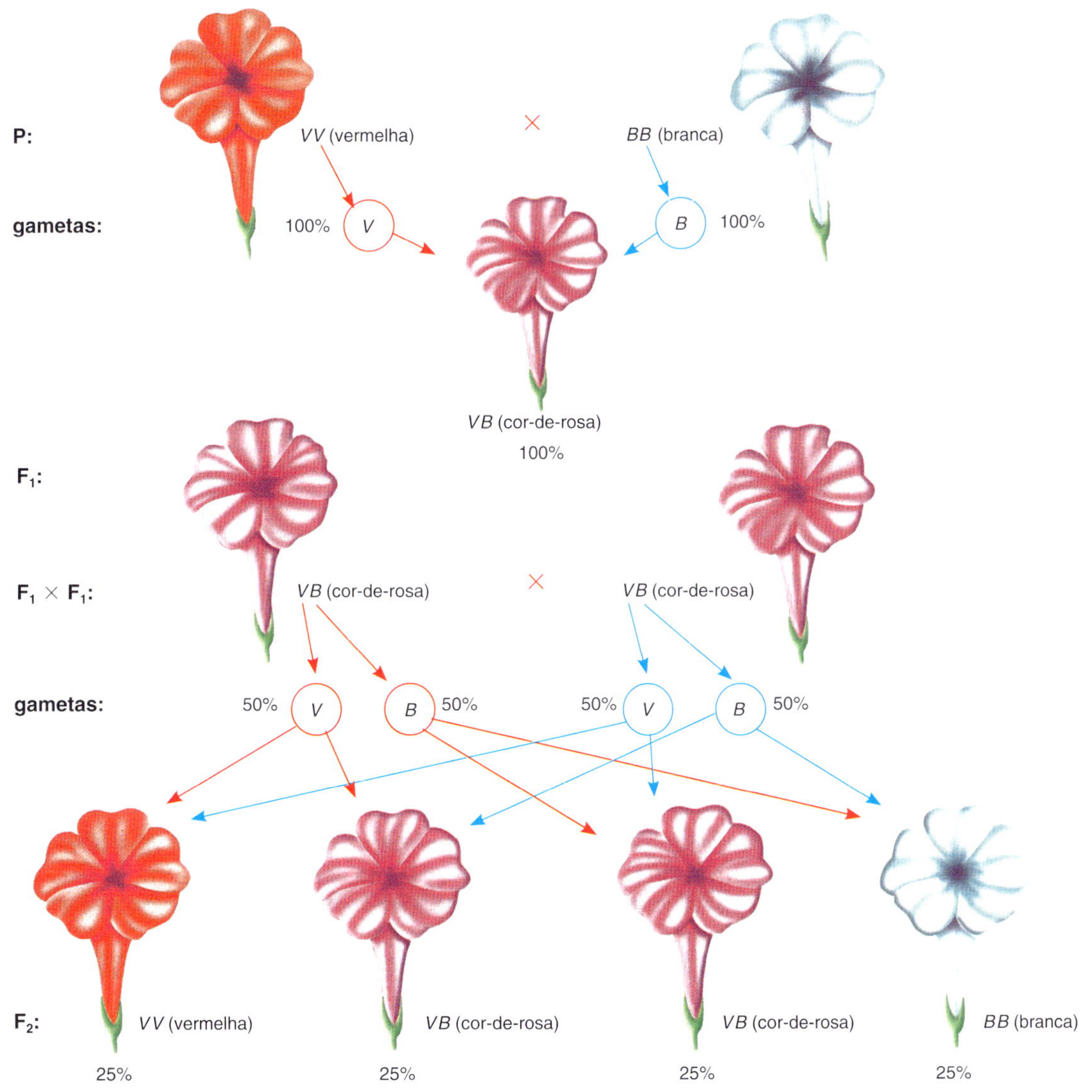

Figura 37-5. Plantas de maravilha de flores vermelhas cruzadas com plantas de flores brancas produzem descendentes cujas flores são cor-de-rosa (heterozigotas). Estas, cruzadas entre si, produzem descendentes nos quais as proporções são de 1/4 de flores vermelhas, 1/2 de flores cor-de-rosa e 1/4 de flores brancas.

Alelos Letais: Os Genes que Matam

As mutações que ocorrem nos seres vivos são totalmente aleatórias e, às vezes, surgem variedades gênicas que provocam a morte do portador antes do nascimento ou, caso ele sobreviva, antes de atingir a maturidade sexual. Esses genes, que conduzem à morte do portador, são conhecidos como **letais**. Por exemplo, em camundongos existe um gene C, dominante, responsável pela coloração amarela da pelagem. O alelo recessivo, c, condiciona pelagem de cor cinza (aguti). No entanto, o genótipo CC provoca a morte dos filhotes ainda na fase intrauterina, enquanto os filhotes Cc, heterozigotos, possuem pelagem amarela e são viáveis. Assim, se cruzarmos dois camundongos heterozigotos, de pelagem amarela, resultará na proporção de 2 : 1 fenótipos entre os descendentes, em vez da proporção de 3 : 1 que seria esperada se fosse um caso clássico de monoibridismo (cruzamento entre dois indivíduos heterozigotos para um único gene). No caso dos camundongos, o homozigoto dominante morre ainda na fase intrauterina, o que conduz à proporção de 2 : 1 (veja a Figura 37-6).

Esse curioso caso de genes letais foi descoberto em 1904 pelo geneticista francês Cuénot, que estranhava o fato de a proporção de 3 : 1 não ser obedecida. Logo, concluiu tratar-se de um caso de gene dominante que atua como letal quando em dose dupla.

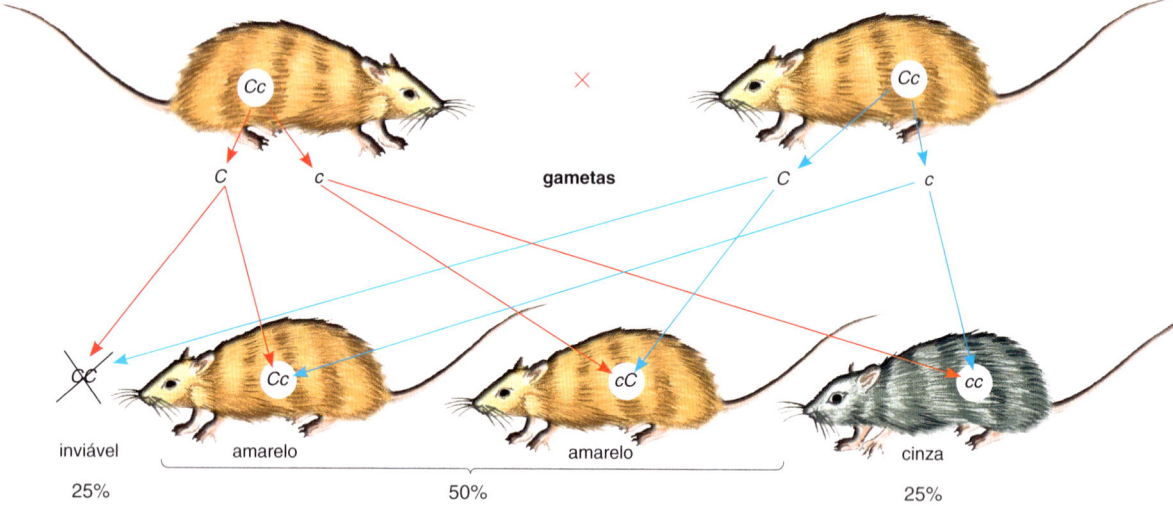

Figura 37-6. O cruzamento de dois camundongos amarelos ($Cc \times Cc$) resulta na proporção de 2 camundongos amarelos para 1 camundongo cinza. O homozigoto CC morre dentro do útero, o que explica a não ocorrência da proporção fenotípica esperada de 3 : 1.

No homem, alguns genes letais provocam a morte do feto. É o caso dos genes para a acondroplasia, por exemplo. Trata-se de uma anomalia provocada por gene dominante que, em dose dupla, acarreta a morte do feto, mas em dose simples ocasiona um tipo de nanismo, entre outras alterações.

Há genes letais no homem que se manifestam depois do nascimento, alguns na infância e outros na idade adulta. Na infância, por exemplo, temos os causadores da fibrose cística e da distrofia muscular de Duchenne (anomalia que acarreta a degeneração na bainha de mielina dos nervos). Dentre os que se expressam tardiamente na vida do portador, estão os causadores da doença de Huntington, em que há a deterioração do tecido nervoso, com perda de células principalmente em uma parte do cérebro, acarretando perda de memória, movimentos involuntários e desequilíbrio emocional.

COMO OS GENES SE MANIFESTAM

Vimos que, em alguns casos, os genes se manifestam com fenótipos bem distintos. Por exemplo, os genes para a cor das sementes em ervilhas manifestam-se com fenótipos bem definidos, sendo encontradas sementes amarelas ou verdes. A essa manifestação gênica bem determinada chamamos de **variação gênica descontínua**, pois não há fenótipos intermediários.

Há herança de características, no entanto, cuja manifestação do gene (também chamada **expressividade**) não determina fenótipos tão definidos, mas sim uma gradação de fenótipos. A essa gradação da expressividade do gene, variando desde um fenótipo que mostra leve expressão da característica até sua expressão total, chamamos de **norma de reação** ou **expressividade variável**. Por exemplo, os portadores de genes para braquidactilia (dedos curtos) podem apresentar fenótipos variando de dedos levemente mais curtos até a total falta deles.

Alguns genes sempre que estão presentes se manifestam – dizemos que são altamente *penetrantes*. Outros possuem uma *penetrância incompleta*, ou seja, apenas uma parcela dos portadores do genótipo apresenta o fenótipo correspondente.

Observe que o conceito de **penetrância** está relacionado à expressividade do gene em um *conjunto de indivíduos*, sendo apresentado em termos percentuais. Assim, por exemplo, podemos falar que a penetrância do gene para doença de Huntington é de 100%, o que quer dizer que 100% dos portadores desse gene apresentam (expressam) o fenótipo correspondente.

HOMOZIGOTO DOMINANTE OU HETEROZIGOTO?

Quando desejamos descobrir o genótipo de um indivíduo de fenótipo dominante, podemos recorrer ao **cruzamento-teste**. Para podermos compreender bem esse processo, vamos analisar o caso de um cruzamento entre cobaias.

Suponha que você tenha uma cobaia de pelagem preta. A pelagem preta desses animais é determinada por um gene dominante *B* e a pelagem branca, por seu alelo recessivo *b*. Então, *BB* resulta em pelagem preta, *Bb* em pelagem preta e *bb* em pelagem branca.

Se sua cobaia é preta, como saber se ela é homozigota (*BB*) ou heterozigota (*Bb*)?

Cruzamento-teste

Nesse tipo de cruzamento, um indivíduo de fenótipo dominante, cujo genótipo queremos conhecer, é cruzado com um homozigoto recessivo. Assim, para determinar o genótipo de sua cobaia de pelagem preta (*B_*), basta cruzá-la com uma cobaia de genótipo recessivo, isto é, promover um cruzamento com uma cobaia de pelagem branca (*bb*), a qual produzirá apenas um tipo de gameta, *b*. Assim, a análise do resultado revelará o(s) tipo(s) de gameta(s) produzido(s) pela cobaia preta e, portanto, seu genótipo. Do cruzamento entre *B_* × *bb* (cruzamento-teste), duas possibilidades poderão ocorrer:

> O cruzamento entre um indivíduo de fenótipo dominante, que tenha genótipo desconhecido, com um indivíduo homozigoto recessivo é chamado de **cruzamento-teste** e o indivíduo recessivo é chamado de **testador**.

- o nascimento de descendentes brancos e pretos em igual proporção. Nesse caso, a cobaia fêmea preta produziu dois tipos de gameta, *B* e *b*, sendo, portanto, heterozigota (*Bb*) – veja a Figura 37-7; ou

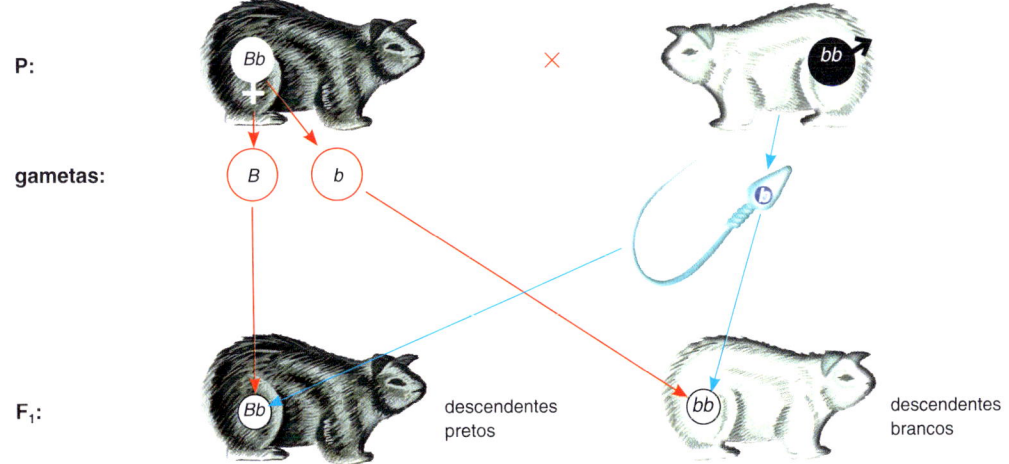

Figura 37-7. Neste cruzamento, o aparecimento de cobaias brancas em F₁ (*bb*) revela que a cobaia preta da geração P também produziu gametas *b*, tratando-se, portanto, de indivíduo heterozigoto (*Bb*).

O **retrocruzamento** é muito utilizado por criadores para definir uma linhagem de plantas ou de animais ou mesmo por pesquisadores para determinar particularidades da herança de determinada característica.

No retrocruzamento, os indivíduos das diferentes gerações (F_1, F_2 etc.) são cruzados com qualquer um dos indivíduos da geração parental (P). Retrocruzamento e cruzamento-teste são coincidentes quando indivíduos de F_1, com fenótipo dominante, são cruzados com indivíduos de fenótipo recessivo da geração parental (P).

- o nascimento apenas de cobaias pretas. Nesse caso, certamente a cobaia preta progenitora é homozigota, *BB* (veja a Figura 37-8).

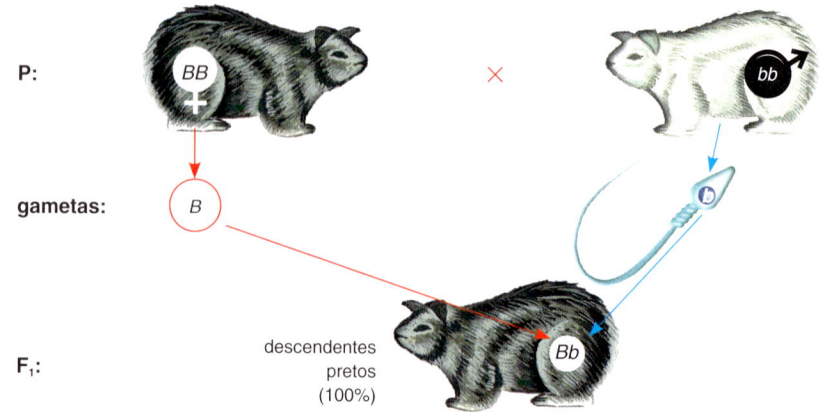

Figura 37-8. Nesse cruzamento, o aparecimento exclusivo de cobaias pretas (*Bb*) em F_1 revela que a cobaia preta parental produziu gametas de um só tipo, *B*, caracterizando-se um caso de homozigose (*BB*).

Pense nisso

Muitas vezes, erramos uma questão de genética por falta de cuidado no encaminhamento do exercício. Para evitar isso, antes de tentar solucionar o problema, é importante considerar algumas questões. As principais são:

1) definir todos os termos científicos do problema. Assim, por exemplo, o aluno precisa saber conceituar corretamente termos como **genótipo**, **fenótipo**, **geração P**, **geração F_1** etc. Por esse motivo, é importante ler, inicialmente, o texto teórico do capítulo, para em seguida resolver os problemas. Muitos alunos começam o estudo diretamente resolvendo o problema com o argumento de que entenderam a aula, *o que está errado, pois a capacidade de retenção do que foi ensinado durante a aula não é alta*, e a leitura, em casa, resgata o que foi esquecido, sedimentando os conceitos;

2) caso o enunciado do problema possa ser reformulado por meio de um **heredograma**, é fundamental fazê-lo, pois você terá uma melhor visão das informações dadas e do que está sendo solicitado, evitando o usual erro de distração;

3) uma vez feito o heredograma, descubra na família quais genótipos são certos e quais são os incertos;

4) é importante separar a informação irrelevante do enunciado, pois você evitará uma armadilha que possa atrapalhá-lo no encaminhamento do problema;

5) é importante fazer suposições corretas para responder ao que está sendo solicitado. Assim, por exemplo, se um casal com uma característica dominante tem um filho recessivo para essa característica, a suposição correta é que os pais são heterozigotos;

6) é muito frequente o aluno usar as regras estatísticas para resolver problemas. Então, é importante ele dominar os principais conceitos estatísticos para usar a regra adequada que o problema solicita. Assim, por exemplo, um casal heterozigoto para determinada característica deseja saber qual a probabilidade de ter 2 filhos, sendo o 1.º heterozigoto e o 2.º homozigoto recessivo.

A resposta será diferente se o enunciado pedir a probabilidade de o mesmo casal ter 2 filhos, um heterozigoto e o outro homozigoto recessivo, pois nesse último caso ele não impõe a ordem, o 1.º poderá ser heterozigoto e o 2.º homozigoto recessivo, ou, ao contrário, o 1.º homozigoto e o 2.º heterozigoto;

7) é importante, ao ler o enunciado, perceber se a resolução de determinado problema é similar à resolução de problemas que você já resolveu. Caso a resposta seja sim, basta ficar atento aos detalhes, pois assim você chegará à resposta correta. No entanto, se a resposta é não, não se sinta inseguro: tente identificar os obstáculos, faça uma frase ou duas descrevendo as dificuldades. Aí volte aos itens discutidos acima e você chegará à resposta correta.

Vamos dar um exemplo de encaminhamento na resolução de um problema de genética: a capacidade de sentir o gosto da feniltiocarbamida é um fenótipo dominante e a incapacidade é recessiva. João e Marta formam um casal que já tem um filho, Marco, insensível. Os pais de João são sensíveis e o irmão de João é insensível. Os pais de Marta são insensíveis. A partir dos dados do enunciado, responda:

a) Quais são os possíveis genótipos de todos os indivíduos citados?
b) Existe a possibilidade de o casal João × Marta ter um filho sensível? Justifique.

Encaminhamento do problema

O aluno deverá saber conceituar *fenótipo dominante e recessivo, genótipo, 1.ª Lei de Mendel* e construir um heredograma.

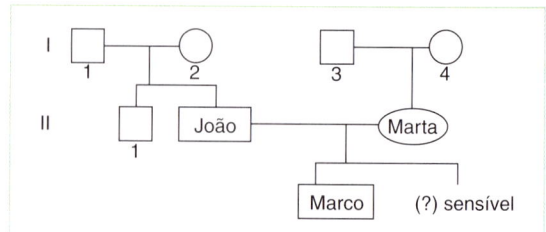

Uma vez construído o heredograma, é mais fácil interpretar os dados e levantar as suposições para responder às duas perguntas.

Suposições: Marta tem pais insensíveis (I-3 × I-4), então ela só pode ser insensível (genótipo *ii*), pois os seus pais também são insensíveis (genótipo *ii*). João tem um filho, Marco, insensível (*ii*), então, ele (João) obrigatoriamente é portador de pelo menos um gene *i*. O seu irmão (II-1) é insensível (*ii*) e os pais dele (I-1 × I-2) são sensíveis, o que nos leva à conclusão de que os pais são heterozigotos (Ii × Ii). Como o enunciado não menciona o fenótipo do João, ele poderá ser *Ii* ou *ii* (não seria *II*, pois teve Marco que é *ii*).

Respostas:

a) Genótipos:
João → *Ii* ou *ii*; Marta → *ii*; irmão de João → *ii*; pais de João → *Ii*; pais de Marta → *ii* ; Marco → *ii*.

b) Sim, desde que João seja *Ii*, pois se ele fosse *ii* só teria filhos insensíveis (*ii*).

INTRODUÇÃO À PROBABILIDADE

Um dos aspectos mais importantes do estudo da Genética é que ele possibilita calcular a **probabilidade** de ocorrência de determinados eventos nos descendentes. Por exemplo, imagine um casal que tem um filho com certa anomalia e deseja saber se um segundo filho poderá ter essa anomalia. A partir da análise da árvore genealógica da família desse casal, pode-se descobrir os genótipos dos pais e calcular a chance de o próximo filho ser normal ou ter a anomalia.

Mas o que é exatamente *probabilidade*?

Podemos conceituar probabilidade (*P*) como sendo o resultado da divisão do número de vezes que um evento esperado pode ocorrer (*r*) pelo número total de resultados possíveis (*n*):

$$P = \frac{r}{n}$$

Por exemplo, qual a probabilidade de, no lançamento de uma moeda, resultar cara (excluindo-se, é claro, a possibilidade de a moeda cair verticalmente)? Em um único lançamento de uma moeda, o número de vezes que cara pode ocorrer (*r*) é 1, e o número de resultados possíveis (*n*), cara ou coroa, é 2, levando a uma probabilidade de ocorrência de cara igual a 1/2.

Vejamos outro exemplo em que podemos calcular com facilidade a ocorrência de eventos aleatórios. Jogando-se um dado, qual a probabilidade de no primeiro lançamento resultar a face com o número 2?

O dado tem seis faces, portanto, o número total de resultados possíveis (*n*) é seis. O evento desejado (*r*) é uma das faces. Assim, podemos esquematizar:

$$P_{(face\ 2)} = 1/6$$

Vejamos dois exemplos de aplicação desse conhecimento à Genética:

a. Um casal, heterozigoto para determinada característica, deseja saber qual a probabilidade de ter uma criança com genótipo homozigoto dominante.

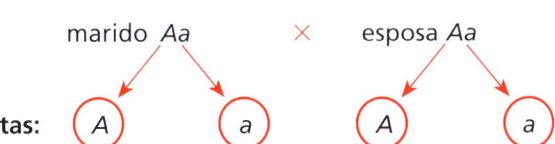

Montando o quadro de cruzamento, teremos:

Gametas	A	a
A	AA	Aa
a	Aa	aa

Logo,

$$P(AA) = \frac{AA}{AA,\ Aa,\ Aa,\ aa} = 1/4\ ou\ 25\%$$

b. Um casal deseja saber qual a probabilidade de ter uma criança do sexo masculino.

$$P(\male) = \frac{sexo\ masculino\ (\male)}{sexo\ masculino\ (\male),\ sexo\ feminino\ (\female)} =$$

$$= 1/2\ ou\ 50\%$$

> ### Saiba mais
>
> **A probabilidade é um número puro**
>
> A probabilidade de ocorrência de um evento é sempre representada por um número puro, isto é, sem unidade de medida (metro, grama, Hertz etc.). Esse número varia sempre de **0** a **1**.
>
> Quando a ocorrência de um evento é **impossível**, sua probabilidade é **0**, ao passo que um evento que com toda certeza ocorrerá tem probabilidade **1**.
>
> Quanto mais próximo de 1 for a probabilidade de um evento, maior a chance de ele ocorrer e, ao contrário, quanto mais próximo de 0 for sua probabilidade, menor a chance de esse evento acontecer.

> ### Pense nisso
>
> **Resultados observados *versus* resultados esperados**
>
> Os resultados experimentais raras vezes estão exatamente de acordo com os resultados esperados. Amostras de uma população de indivíduos frequentemente desviam-se dos resultados previstos, principalmente quando a amostragem é reduzida, mas geralmente se aproximam do resultado previsto à medida que aumenta o tamanho da amostra. Veja um exemplo.
>
> Suponha que o cruzamento entre uma cobaia de pelo preto heterozigota cruzada com um macho homozigoto branco produza 5 descendentes pretos (*Bb*) e 1 branco (*bb*). Teoricamente, dos 6 descendentes, era de esperar que metade fosse preta e a outra metade das cobaias fosse branca; o que obviamente não aconteceu. Porém, o resultado concorda perfeitamente com o resultado teórico esperado, dentro das possibilidades biológicas: se analisarmos o resultado de numerosos cruzamentos entre *Bb* e *bb*, onde nasceram, por exemplo, 100 descendentes, o resultado observado será bem próximo do esperado (50 pretos : 50 brancos).
>
> Em outras palavras, o resultado de uma amostra reduzida pode não ser o esperado, o que pode ser obtido quando trabalhamos com amostras maiores.

Probabilidade de ocorrência de dois ou mais eventos mutuamente excludentes: a regra do "OU"

Até o momento, estudamos a probabilidade de ocorrência de um evento isolado. Na maioria das vezes, no entanto, observamos a ocorrência de dois ou mais eventos. Por exemplo, qual a probabilidade de extrairmos de um baralho com 52 cartas o ás de ouro ou o ás de espada? Perceba que essa situação deve ser entendida como a ocorrência de um evento que exclui a possibilidade de ocorrência dos demais, isto é, seria absurdo imaginar que, simultaneamente, pudéssemos retirar em uma única carta um ás de ouro e um ás de espada!

Quando os eventos são mutuamente excludentes, a probabilidade de ocorrência de qualquer um deles é a **soma** de suas probabilidades individuais.

Assim, no nosso exemplo do baralho, teríamos:

$$P_{(\text{ás de ouro ou ás de espada})} = P_{(\text{ás de ouro})} + P_{(\text{ás de espada})}$$

$$P_{(\text{ás de ouro})} + P_{(\text{ás de espada})} = 1/52 + 1/52 = 2/52 = 1/26$$

A probabilidade de se tirar do baralho o ás de ouro ou o ás de espada é 1/26.

Veja este outro exemplo: qual a probabilidade de um casal, heterozigoto para determinada característica, ter uma criança de genótipo *AA* ou *aa*? Fazendo a separação dos gametas e o quadro de cruzamentos, vemos que:

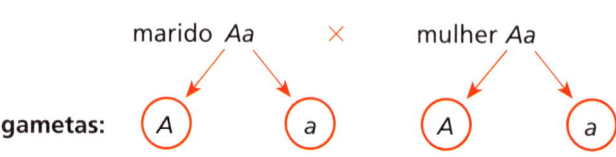

Gametas	A	a
A	AA	Aa
a	Aa	aa

$$P_{(AA)} \text{ ou } P_{(aa)} = P_{(AA)} + P_{(aa)}$$

Probabilidade de ocorrência simultânea de dois ou mais eventos independentes: a regra do "E"

Imagine que lancemos ao ar, simultaneamente, duas moedas. Qual a probabilidade de obtermos cara na primeira e cara na segunda? Perceba que o aparecimento de cara na primeira moeda não influencia o surgimento de cara na segunda moeda. Isso quer dizer que os dois eventos são *independentes*.

Quando os eventos são *independentes*, a probabilidade da ocorrência de ambos simultaneamente é igual ao **produto** de suas probabilidades individuais.

A probabilidade de obtermos cara e cara no lançamento simultâneo é dada, então, pelo produto das probabilidades parciais:

$$P_{(cara\ e\ cara)} = 1/2 \times 1/2 = 1/4$$

Confira pelo quadro ao lado: de fato, são quatro (4) as possibilidades e uma (1) só é a esperada (favorável).

Veja este outro exemplo: um casal heterozigoto para uma dada característica deseja saber qual a probabilidade de ter duas crianças, sendo a primeira heterozigota e a segunda homozigota recessiva.

Obtemos a probabilidade de dois eventos ocorrerem simultaneamente multiplicando as probabilidades de ocorrência de cada um dos eventos.

1.ª moeda	2.ª moeda
Cara	Cara
Cara	Coroa
Coroa	Cara
Coroa	Coroa

Se $P_{(Aa)} = 1/2$ e $P_{(aa)} = 1/4$, então: $P_{(Aa\ e\ aa)} = 1/2 \times 1/4 = 1/8$

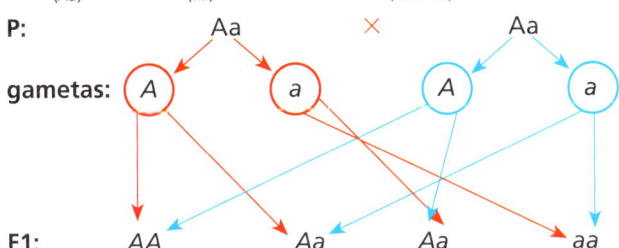

Acompanhe estes exercícios

1. *a.* Qual a probabilidade de um casal ter dois filhos do sexo masculino e um do sexo feminino?

b. Qual a probabilidade de esse casal ter três filhos, sendo os dois primeiros do sexo masculino e o terceiro do sexo feminino?

Resolução:

a. O casal poderá ter os três filhos segundo as combinações abaixo.

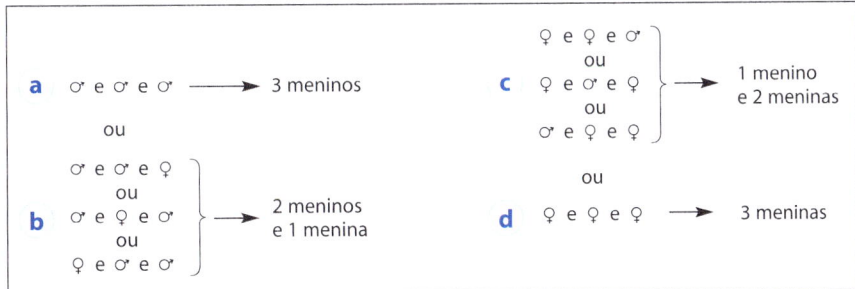

Existem oito combinações possíveis. Destas, o evento dois meninos e uma menina aparece em três oportunidades. Então, a resposta é 3/8.

b. Neste caso, a ordem de nascimento já está imposta, o que não aconteceu no item anterior, em que qualquer combinação serviria. Nesse novo caso, a probabilidade seria:

menino e menino e menina
1/2 × 1/2 × 1/2 = 1/8

Primeira Lei de Mendel e probabilidade associada à Genética

2. Na raça de gado Holstein-Friesian, o alelo dominante R determina a cor preta e branca; o alelo recessivo determina a cor vermelha e branca. Se um touro heterozigoto é cruzado com vacas heterozigotas, pergunta-se:

a. Qual a probabilidade dos dois primeiros descendentes serem pretos e brancos e o último descendente ser vermelho e branco?

b. Qual a probabilidade de os quatro primeiros serem vermelhos e brancos e o último preto e branco?

Resolução:
Para responder aos itens *a* e *b*, devemos aplicar a regra do "e", pois os nascimentos são eventos independentes. Então:

a.   touro heterozigoto   ×   vaca heterozigota

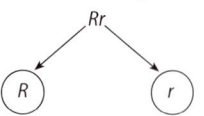   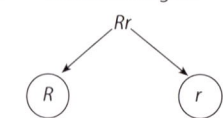

	R	r
R	RR	Rr
r	Rr	rr

descendentes:

1.º preto-branco e 2.º preto-branco e 3.º vermelho-branco

$$\frac{3}{4} \times \frac{3}{4} \times \frac{1}{4} = \frac{9}{64}$$

b. 1.º vermelho-branco e 2.º vermelho-branco e 3.º vermelho-branco e 4.º vermelho-branco e 5.º preto-branco

$$\frac{1}{4} \times \frac{1}{4} \times \frac{1}{4} \times \frac{1}{4} \times \frac{3}{4} = \frac{3}{1.024}$$

PROBABILIDADE CONDICIONAL

Em Genética, muitas vezes encontramos algum problema em que se pede para calcular a probabilidade de um evento sobre o qual já temos uma restrição ou uma condição. Por exemplo: admitindo que a coloração dos olhos seja determinada por um par de alelos, suponha um casal com olhos escuros e que seja heterozigoto para essa característica. O filho do casal também nasceu com olhos escuros. Qual a probabilidade de esse filho também ser heterozigoto? Os pais, sendo heterozigotos para essa característica, produzem dois tipos de gametas, com a mesma probabilidade (1/2 *A*, 1/2 *a*):

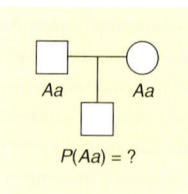

Os possíveis zigotos formados serão *AA*, *Aa*, *Aa* e *aa*. Porém, existe uma condição no enunciado do problema que precisamos levar em conta para obtermos a resposta correta: a criança **não** tem olhos claros. Assim, dos quatro genótipos possíveis, *aa* está eliminado. Neste caso, a probabilidade de a criança ser heterozigota é de 2/3.

$$P(Aa) = \frac{2(Aa)}{1(AA) + 2(Aa)} = \frac{2}{3}$$

Acompanhe este exercício

Os pelos curtos nos coelhos são devidos ao gene dominante (*L*) e os pelos compridos, a seu alelo recessivo (*l*). Analise o heredograma abaixo e responda ao que se pede.

Qual a probabilidade de no acasalamento entre II-2 × II-3 nascer um macho de pelos longos?

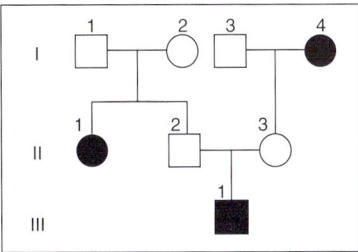

Resolução:

Primeiro, é preciso estabelecer os possíveis genótipos para cada fenótipo. Assim:
- pelos curtos: *L*__ (*LL* ou *Ll*)
- pelos longos: *ll*

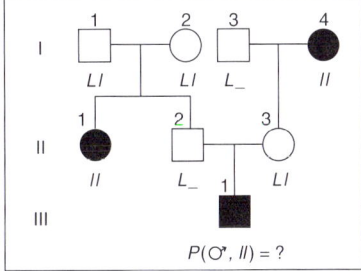

- Todos os indivíduos em branco (□ ou ○) são, de início, *L*__ (pelos curtos) e os em azul (■ ou ●) são *ll* (pelos longos).
- Um casal de indivíduos com pelos curtos (I-1 e I-2), que tenha filhos com pelos longos (II-1), só pode ser heterozigoto (*Ll*).
- Se um indivíduo com pelos curtos tiver um dos progenitores com pelos longos, como é o caso de II-3, então, será certamente *Ll*, pois terá recebido dele, obrigatoriamente, um gene *l*.
- Quanto a I-3 e II-2, permanece a incerteza (*L?*).

Para saber qual a probabilidade de III-1 nascer macho (♂) e com pelos longos (*ll*), é necessário saber, primeiramente, as seguintes probabilidades isoladas para, em seguida, obter o produto de todas elas:

a. *P* de III-1 ser macho ($P = 1/2$);
b. *P* de receber de II-3 (sua mãe) o gene *l* ($P = 1/2$);
c. *P* de que seu pai (II-2) seja heterozigoto (*Ll*) (lembre-se: II-2 não tem pelos longos, então $P = 2/3$);
d. *P* de que II-2, sendo heterozigoto (*Ll*), passe o gene *l* para III-1 ($P = 1/2$).

Logo, a probabilidade de III-1 nascer macho com pelos compridos será calculada pelo produto de todas essas probabilidades isoladas.

$$P(♂ \text{ e } ll) = 1/2 \times 1/2 \times 2/3 \times 1/2 = 2/24 = 1/12$$

Ética & Sociedade

A estatística da saúde

Uma discussão de princípios surgiu com a possibilidade de a genética fornecer dados sobre a probabilidade de uma pessoa desenvolver determinadas doenças baseada em seu mapa genético.

De posse da informação do genoma de seus associados, planos de saúde poderiam estabelecer faixas de preço diferenciadas, dependendo da probabilidade maior ou menor de desenvolvimento de doenças que implicassem alto custo para tratamento, ou mesmo não aceitar segurados que estatisticamente pertencessem a determinados grupos de risco. Para as seguradoras, esse conhecimento significaria maior lucratividade... Mas e para os segurados? Você considera que seria ético os planos de saúde estabelecerem faixas de preço ou rejeitar/aceitar seus segurados com base em seu mapa genético? Por quê?

Passo a passo

1. Associe corretamente os itens antecedidos por letras com os precedidos por números.
   a) objeto de estudo da Genética
   b) 1.ª Lei de Mendel
   c) genótipo
   d) fenótipo

   I – Separação dos fatores na formação dos gametas.
   II – Mecanismos de transmissão da herança.
   III – Constituição gênica do indivíduo; basicamente, ele é constante durante a vida.
   IV – Certo caráter exibido pelo indivíduo muda dependendo da temperatura ambiental.

2. É correto afirmar que o fenótipo do indivíduo é variável e resulta da interação do genótipo com qualquer ambiente? Justifique a resposta.

3. A pelagem arrepiada nas cobaias é condicionada por um gene dominante *L* e a pelagem recessiva pelo seu alelo recessivo *l*. Que tipos de gametas produzem as cobaias *LL*, *Ll* e *ll*?

4. Nos cruzamentos abaixo citados referente à pelagem das cobaias, quais são os genótipos de seus descendentes?
   a) *ll* x *ll*   b) *Ll* x *ll*   c) *Ll* x *Ll*

5. É correto afirmar que uma característica recessiva se expressa desde que o gene esteja em dose dupla? Justifique a resposta

6. Identifique os símbolos usados na confecção dos heredogramas

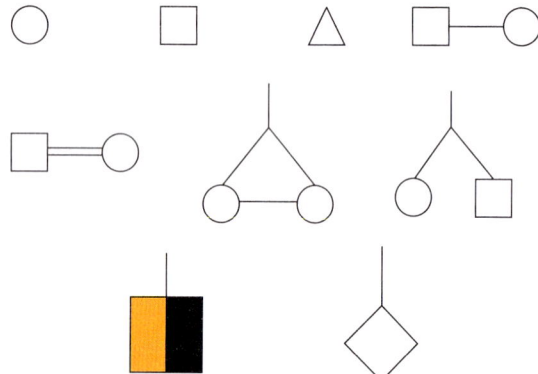

7. Analise cuidadosamente as duas genealogias abaixo, onde os indivíduos assinalados em azul apresentam uma anomalia.

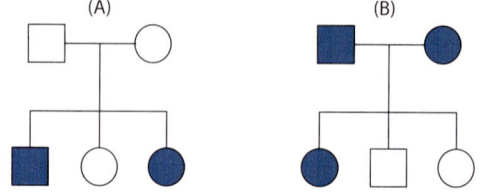

   Pergunta-se: as anomalias representadas nas genealogias (A) e (B) são determinadas por um gene recessivo? Justifique a resposta.

8. Nos ratos, a pelagem preta é condicionada por um gene dominante e a pelagem marrom, por um gene recessivo. Cruzando-se dois ratos homozigotos de pelagem preta e marrom, respectivamente, pergunta-se: como serão os genótipos e fenótipos de F_1 e F_2?

9. No homem, o gene para visão normal é dominante em relação ao seu alelo, que determina miopia. Um homem de visão normal casou-se duas vezes. Com a primeira esposa, de visão normal, teve 7 filhos, todos de visão normal. Com a segunda esposa, também de visão normal, teve 1 filho míope. Quais são os genótipos do homem, das duas esposas e dos filhos?

10. O heredrograma abaixo representa a herança de um par de genes entre os quais há dominância. Analisando cuidadosamente o heredrograma, assinale os indivíduos obrigatoriamente heterozigotos

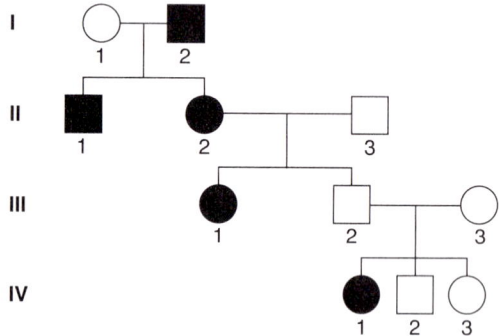

11. Os indivíduos representados em azul apresentam 6 dedos (polidactilia), enquanto os demais são normais (5 dedos). Determine os genótipos de todos os indivíduos da genealogia abaixo.

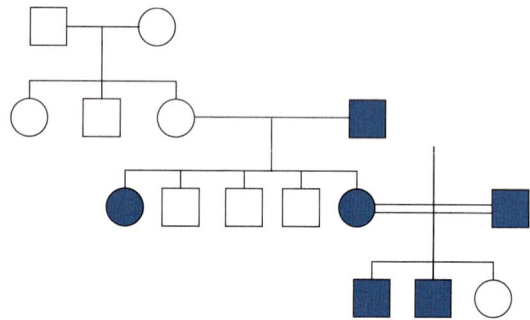

12. Como é chamada a situação onde o cruzamento entre dois heterozigotos para um par de genes alelos originou a proporção fenotípica de 1:2:1 em vez de 3:1?

13. É correto afirmar que a probabilidade de ocorrência simultânea de dois eventos independentes é maior do que a de dois eventos mutuamente excludentes? Justifique a resposta.

14. Qual a probabilidade de um filho herdar o gene *A* de seu pai *Aa*?

15. Um casal já tem 5 filhos do sexo masculino. A probabilidade de o 6.º filho ser do sexo feminino é:
    a) 100%
    b) 50%
    c) 25%
    d) 12,5%
    e) 6,25%

16. A queratose (anomalia da pele) está representada na genealogia abaixo em azul. O casal III$_1$ × III$_2$ deseja saber qual a probabilidade de ter:

a) uma criança com queratose ou normal.
b) três crianças, sendo as duas primeiras normais e a última com queratose.

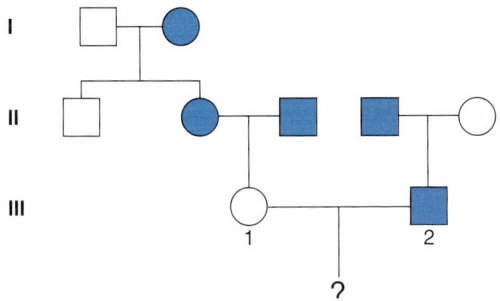

17. O idiotismo amaurótico infantil, que resulta em deficiência mental, cegueira, paralisia e morte precoce, segue a 1.ª Lei de Mendel e deve-se a um fator recessivo. A probabilidade de um casal heterozigoto para essa característica ter um filho normal e outro com idiotismo infantil é

a) 3/4 × 1/4.
b) 3/4 + 1/4.
c) 1/4 × 1/4.
d) 1/4 + 1/4.
e) 1/2 + 1/2.

18. Um casal heterozigoto para visão normal deseja saber qual a probabilidade de ter o primeiro filho do sexo masculino e normal para a visão e o segundo filho do sexo feminino e míope.

19. Na planta maravilha (*Mirabilis jalapa*), não há dominância entre os alelos que determinam a cor vermelha e a branca da flor; a planta heterozigota é rosa. Uma planta vermelha é cruzada com uma planta branca. Caso um F$_1$ for retrocruzado com o tipo parental branco, qual a proporção genotípica e fenotípica esperada nos descendentes?

20. Um casal já tem 5 filhos do sexo feminino. Qual a probabilidade de o 6.º filho ser do sexo feminino?

21. Assinale a(s) proposição(ões) verdadeira(s) e dê a soma ao final.

(01) A probabilidade é o resultado da divisão do número de vezes que um determinado evento pode ocorrer pelo número total de resultados possíveis.
(02) Quando os eventos são mutuamente excludentes, a probabilidade corresponde à soma das probabilidades isoladas. Quando os eventos são independentes, a probabilidade é igual ao produto de suas probabilidades isoladas.
(04) A probabilidade de um casal heterozigoto ter uma criança com genótipo homozigoto dominante ou homozigoto recessivo é 1/4.
(08) Quando um evento impossibilita a ocorrência simultânea de outro, empregamos a regra do E no cálculo de probabilidades.
(16) A probabilidade de um casal, em que o pai é heterozigoto e a mãe é homozigota recessiva, ter dois filhos de sexo masculino, sendo o 1.º homozigoto recessivo e o 2.º heterozigoto, é 1/4.
(32) A probabilidade de ocorrência simultânea de dois ou mais eventos independentes significa que a ocorrência do 1.º evento não influencia a do 2.º evento.
(64) A probabilidade de um casal heterozigoto ter uma criança homozigota dominante ou homozigota recessiva é 1/2.

Questões objetivas

1. (UFMG) Se ingerirem alimentos contaminados por fezes de gatos portadores do *Toxoplasma gondii*, as mulheres grávidas podem transmitir esse agente ao filho.

Considerando-se essas informações e outros conhecimentos sobre o assunto, é **INCORRETO** afirmar que a toxoplasmose assim transmitida se inclui no grupo das doenças

a) congênitas.
b) genéticas.
c) infecciosas.
d) parasitárias.

2. (UFLA – MG) A 1.ª Lei de Mendel refere-se:

a) ao efeito do ambiente para formar o fenótipo.
b) à segregação do par de alelos durante a formação dos gametas.
c) à ocorrência de fenótipos diferentes em uma população.
d) à ocorrência de genótipos diferentes em uma população.
e) à união dos gametas para formar o zigoto.

3. (UNEMAT – MT) A respeito dos conceitos básicos em genética, associe corretamente as colunas.

Coluna I
I – fenótipo
II – alelos
III – permuta genética
IV – cruzamento-teste
V – fenocópias

Coluna II
( ) Atuam sobre a mesma característica, mas não são obrigatoriamente iguais.
( ) Conjunto de características detectáveis de um indivíduo.
( ) Troca de fragmentos de cromossomos homólogos na primeira divisão.
( ) Para determinar se um indivíduo de genótipo desconhecido é homozigoto ou heterozigoto.
( ) Induzidas por fatores ambientais semelhantes a outros fatores determinados por gene.

Assinale a alternativa que apresenta a sequência **correta**.

a) I, II, III, IV e V.
b) I, III, II, IV e V.
c) II, IV, V, I e III.
d) II, I, III, IV e V.
e) III, II, I, IV e V.

4. (UFC – CE) Os termos a seguir fazem parte da nomenclatura genética básica. Assinale as alternativas que trazem o significado correto de cada um desses termos e dê a soma ao final.

(01) GENE é sinônimo de molécula de DNA.
(02) GENÓTIPO é a constituição genética de um indivíduo.
(04) DOMINANTE é um dos membros de um par de alelos que se manifesta inibindo a expressão do outro.
(08) FENÓTIPO é a expressão do gene em determinado ambiente.
(16) GENOMA é o conjunto de todos os alelos de um indivíduo.

5. (UNIR – RO) Assinale a alternativa que apresenta a fase do processo meiótico que se relaciona à 1.ª Lei de Mendel.

a) anáfase II
b) metáfase I
c) mitose
d) telófase I
e) prófase I

6. (UFRR) Johann Gregor Mendel, monge de um mosteiro de Brno, na República Tcheca, ao fazer experiências com ervilhas, concluiu, em 1865, que cada característica do ser vivo é determinada por um par de fatores hereditários, ou seja, que na formação dos gametas esses fatores separam-se, fazendo com que cada gameta contenha um fator relacionado a cada característica.

Além disso, argumentava que diferentes fatores se separavam nesse processo de maneira independente entre si. Estas afirmações correspondem a observações citológicas da meiose, as quais mostram, respectivamente, que:

a) os cromossomos homólogos se separam na fase I e a segregação de um par de cromossomos homólogos é independente da dos demais.
b) os cromossomos homólogos se separam na fase II e a segregação de um par de cromossomos homólogos é independente da dos demais.
c) os cromossomos homólogos se separam na fase II e a segregação de um par de cromossomos homólogos é dependente da dos demais.
d) as cromátides-irmãs se separam na fase I e a segregação de um par de cromossomos homólogos é independente da dos demais.
e) as cromátides-irmãs se separam na fase II e a segregação de um par de cromossomos homólogos é dependente das dos demais.

7. (UNESP) Algumas espécies de aves e mamíferos de climas temperados trocam a plumagem ou a pelagem de acordo com as estações do ano (variações sazonais). No verão, possuem cores escuras, que os confundem com a vegetação e, no inverno, tornam-se claros, ficando pouco visíveis sobre a neve. Essa alternância de fenótipos pode ser atribuída a

a) mutações cíclicas que alteram o fenótipo dos indivíduos, tornando-os mais adaptados ao ambiente.
b) uso e desuso de órgãos e estruturas, que se alteram geneticamente e são transmitidos à próxima geração.
c) maior frequência de indivíduos claros durante o inverno, uma vez que os indivíduos escuros são mais facilmente predados e diminuem em quantidade.
d) aclimatação fisiológica dos organismos a diferentes condições ambientais.
e) recombinação do material genético da geração de inverno, originando os genótipos para coloração escura nos indivíduos da geração de verão.

8. (UFT – TO) Os heredogramas abaixo representam características autossômicas. Os círculos representam as mulheres e os quadrados os homens. Os símbolos cheios indicam que o indivíduo manifesta a característica.

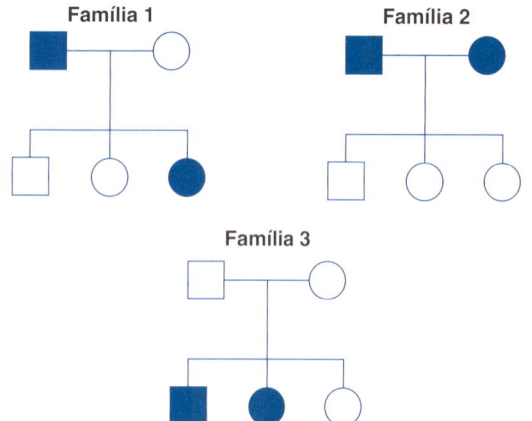

Supondo que não haja mutação, analise os heredogramas e assinale a alternativa errada.

a) As informações disponíveis para a família 1 são insuficientes para a determinação da recessividade ou dominância da doença.
b) A família 2 apresenta uma doença dominante.
c) O genótipo dos pais da família 3 é heterozigoto.
d) Os descendentes da família 3 são todos homozigotos.

9. (UNEMAT – MT) Um casal normal teve dois filhos normais e um filho com albinismo, doença genética, condicionada por um único par de alelos, caracterizada pela ausência de pigmentação na pele, cabelo e olhos.

Com base neste caso, é **correto** afirmar:

a) A anomalia é condicionada por um gene dominante.
b) A probabilidade de o casal ter um próximo filho albino é de 50%.
c) Os pais são homozigotos.
d) O gene para a anomalia é recessivo.
e) Todos os filhos normais são heterozigotos.

10. (UNEMAT – MT) O heredograma a seguir mostra a incidência de polidactilia (presença de dedos extras nas mãos ou nos pés) em um grupo familiar. Considere que a característica está sendo condicionada por um par de genes.

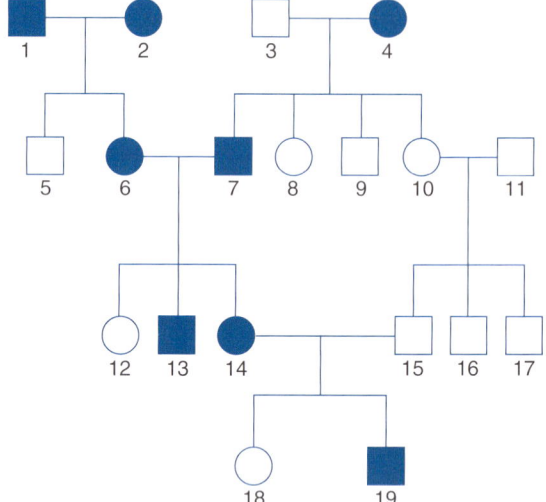

Sabendo-se que os indivíduos marcados em negrito apresentam polidactilia, assinale a alternativa **incorreta**.

a) Trata-se de uma característica genética dominante.
b) A probabilidade de o casal 6 x 7 ter um filho normal é de 25%.
c) Os indivíduos 1, 2, 4, 6, 7 e 19 são polidáctilos com genótipo heterozigoto.
d) O casal 10 x 11 tem 25% de probabilidade de gerar um filho com polidactilia.
e) Se o indivíduo 9 casar-se com uma mulher com genótipo igual ao de sua mãe, a probabilidade desse casal gerar um filho polidáctilo será de 50%.

11. (UFMS) A galactosemia é uma doença que leva a problemas na metabolização da galactose e é causada por um gene autossômico recessivo. Para análise, considere "**G**" para o alelo dominante e "**g**" para o alelo recessivo. Nesse sentido, um homem heterozigoto (*Gg*) casou-se com uma mulher também heterozigota (*Gg*). Em relação às probabilidades de os descendentes desse casal apresentarem galactosemia, indique a(s) proposição(ões) correta(s) e dê sua soma ao final.

(01) Espera-se que nenhum dos descendentes apresente galactosemia.
(02) Espera-se que 50% dos descendentes sejam galactosêmicos.
(04) Espera-se que todos os descendentes apresentem galactosemia.
(08) Espera-se que 25% dos descendentes sejam normais homozigotos (*GG*).
(16) Espera-se que 100% dos descendentes sejam normais heterozigotos (*Gg*).
(32) Espera-se que 25% dos descendentes apresentem galactosemia.

12. (UFSC) A figura a seguir apresenta uma genealogia hipotética.

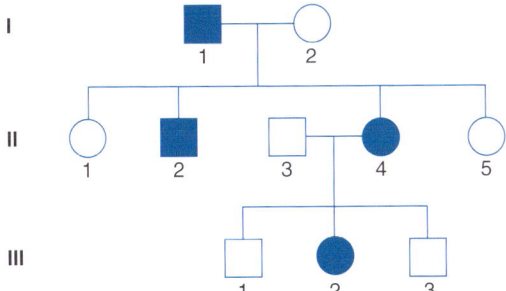

Com relação a essa figura é **CORRETO** afirmar que:

(01) Os indivíduos II-3 e II-4 representam, respectivamente, um homem e uma mulher.
(02) Os indivíduos I-1 e II-2, por exemplo, são indivíduos afetados pela característica que está sendo estudada, enquanto II-1 e III-3 não o são.
(04) III-1 é neto de I-1 e I-2.
(08) III-2 é sobrinho de II-5.
(16) II-3 não tem nenhuma relação genética com I-2.
(32) II-1 é mais jovem do que II-5.
(64) Com exceção de II-3, os demais indivíduos da segunda geração são irmãos.

13. (UFAM) De um casamento entre indivíduos normais para o caráter pigmentação da pele nasceu uma menina albina. Qual a probabilidade de o segundo filho desse casal ser também albino?

a) 100%   b) 85%   c) 60%   d) 25%   e) 10%

14. (UFG – GO) Após seu retorno à Inglaterra, Darwin casou-se com sua prima Emma, com quem teve dez filhos, dos quais três morreram. Suponha que uma dessas mortes tenha sido causada por uma doença autossômica recessiva. Nesse caso, qual seria o genótipo do casal para essa doença?

a) Aa e Aa.   b) AA e aa.   c) AA e Aa.   d) AA e AA.   e) aa e aa.

15. (PUC – MG) Analise o heredograma para um fenótipo recessivo esquematizado a seguir e assinale a afirmativa **INCORRETA**.

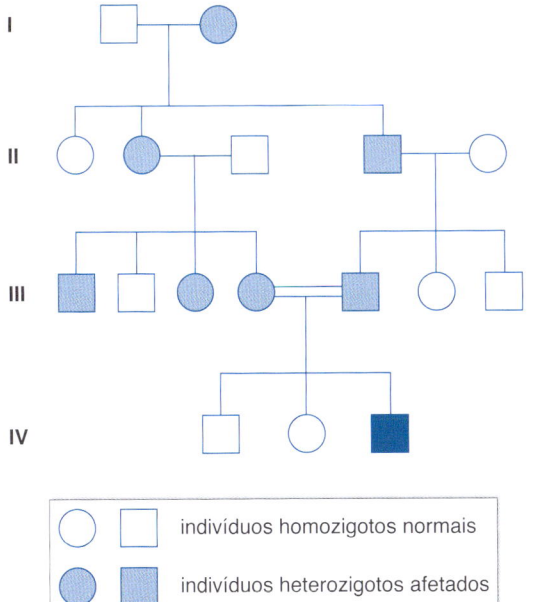

a) As pessoas afetadas possuem pelo menos um dos pais obrigatoriamente afetado.
b) Aproximadamente 1/4 das crianças de pais não afetados pode ser afetada.
c) O fenótipo ocorre igualmente em ambos os sexos.
d) Se um dos pais é heterozigoto, o alelo recessivo pode ser herdado por descendentes fenotipicamente normais.

16. (UFPI) O heredograma adiante representa a herança de um fenótipo anormal na espécie humana. Analise-o e assinale a alternativa correta.

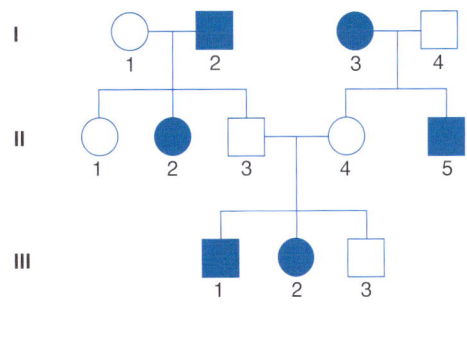

a) Os indivíduos II-3 e II-4 são homozigotos, pois dão origem a indivíduos anormais.
b) O fenótipo anormal é recessivo, pois os indivíduos II-3 e II-4 tiveram crianças anormais.
c) Os indivíduos III-1 e III-2 são heterozigotos, pois são afetados pelo fenótipo anormal.
d) Todos os indivíduos afetados são heterozigotos, pois a característica é dominante.
e) Os indivíduos I-1 e I-4 são homozigotos.

17. (FUVEST – SP) Em uma espécie de planta, a cor das flores é determinada por um par de alelos. Plantas de flores vermelhas cruzadas com plantas de flores brancas produzem plantas de flores cor-de-rosa. Do cruzamento entre plantas de flores cor-de-rosa resultam plantas com flores

a) das três cores, em igual proporção.
b) das três cores, prevalecendo as cor-de-rosa.
c) das três cores, prevalecendo as vermelhas.
d) somente cor-de-rosa.
e) somente vermelhas e brancas, em igual proporção.

18. (UFLA – MG) Os seres vivos são acometidos por várias doenças, que podem ter diversas origens. A exostose múltipla é uma anomalia que se caracteriza por lesões nos ossos e ocorre tanto em seres humanos quanto em cavalos. Segundo os pesquisadores que a estudaram, é determinada por um gene autossômico dominante. Considere um macho afetado, filho de uma fêmea normal, que seja cruzado com uma fêmea também normal. A probabilidade desse cruzamento produzir um descendente (macho ou fêmea) normal é de:

a) 100%.
b) 75%.
c) 50%.
d) 25%.
e) 0%.

19. (UNEMAT – MT) Maria possui a anomalia genética autossômica recessiva chamada galactosemia. Indivíduos galactosêmicos apresentam, entre outras manifestações, a incapacidade de degradar a lactose existente no leite. Maria casou-se com João, homem normal, cujo pai era galactosêmico. Esse casal teve dois filhos do sexo masculino e normais. Maria está grávida da terceira criança e quer saber qual a probabilidade dessa criança ser do sexo feminino e ter a galactosemia.

Assinale a alternativa **correta**.

a) 1/2
b) 1/8
c) 1/4
d) 3/8
e) 3/4

20. (UFRR) O albinismo é condicionado por gene recessivo. Na genealogia abaixo, qual a probabilidade de ser albina uma quarta criança que o casal III.1 e III.2 venha a ter?

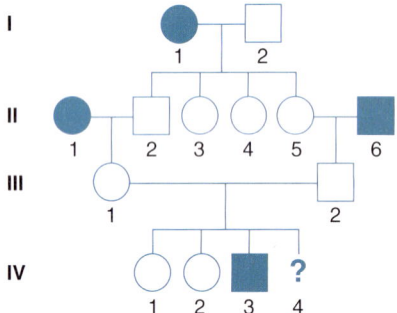

a) 50%
b) 0%
c) 25%
d) 75%
e) 100%

21. (UFF – RJ) A união permanente dos dedos é uma característica condicionada por um gene autossômico dominante em humanos. Considere um casamento entre uma mulher normal e um homem com essa característica, cujo pai era normal. Sabendo que o percentual daqueles que possuem o gene e que o expressam é de 60%, qual proporção de crianças, oriundas de casamentos iguais a este, pode manifestar essa característica?

a) 25%
b) 30%
c) 50%
d) 60%
e) 100%

22. (PUC – Campinas – SP) É voz popular que os casamentos entre casais com parentesco bem próximo, geralmente primos em primeiro grau, podem ter filhos defeituosos. Essa afirmativa **NÃO** é válida para qual opção abaixo?

a) Isso ocorre porque muitas doenças hereditárias são condicionadas por genes recessivos e estão em heterozigose nos pais.
b) Pelo menos um dos pais deve apresentar a anormalidade para algum dos descendentes também apresentar.
c) Indivíduos aparentados têm mais chances de possuir genes recessivos para uma mesma anomalia.
d) Indivíduos aparentados, por terem genótipos semelhantes, têm grandes chances de possuir genes recessivos para as mesmas anomalias.

23. (PUC – Campinas – SP) A síndrome de Kartagener é disfunção genética causada pela falta de uma proteína motora chamada dineína, que conecta pares de microtúbulos periféricos na ultraestrutura do axonema, sendo necessária para o movimento de cílios e flagelos. Sua prevalência é de 1 : 20.000 indivíduos sem apresentar predileção por grupos raciais. O heredograma representa uma família, na qual alguns indivíduos são afetados por essa síndrome.

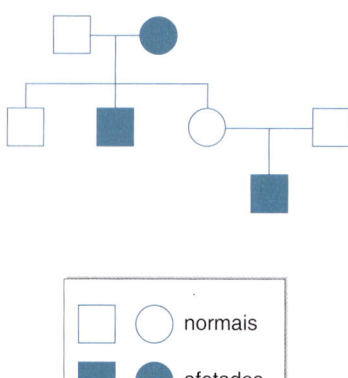

Com base no heredograma e nas características histológicas e fisiológicas humanas, deve-se esperar como consequências dessa disfunção genética, **EXCETO**:

a) Essa anomalia pode causar infertilidade masculina e gravidez nas trompas uterinas.
b) Trata-se de uma herança recessiva, que deve afetar igualmente homens e mulheres.
c) A síndrome pode provocar problemas de absorção intestinal decorrente de alterações ultraestruturais nas microvilosidades.
d) Uma das consequências da síndrome deve ser a predisposição a infecções respiratórias repetidas.

24. (MACKENZIE – SP) Na espécie humana, o gene b condiciona tamanho normal dos dedos das mãos, enquanto o alelo B condiciona dedos anormalmente curtos (braquidactilia). Os indivíduos homozigotos dominantes morrem ao nascer. Um casal, ambos braquidáctilos, tem uma filha normal. Para esse casal, a probabilidade de ter uma criança de sexo masculino braquidáctila é de:

a) 1/4
b) 1/2
c) 2/3
d) 1/3
e) 1/8

25. (U. ANHEMBI MORUMBI – SP) Nas maternidades, é realizado o teste do pezinho com recém-nascidos, com o objetivo de verificar a presença de resíduos do metabolismo do aminoácido fenilalanina. Na presença desses resíduos, fica constatada a alteração genética recessiva, ocasionada por um erro metabólico, que é conhecido por fenilcetonúria. Por se tratar de uma herança genética recessiva, são necessários dois genes iguais para o seu aparecimento. Quando se tem pais normais, porém heterozigotos para essa característica, qual é a probabilidade de se ter filhos com fenilcetonúria?

a) 100%
b) 75%
c) 50%
d) 25%
e) nula

26. (UEL – PR) A alcaptonúria é uma doença hereditária que afeta o metabolismo dos aminoácidos fenilalanina e tirosina. Ela é causada por uma mutação no gene HGD, que codifica a enzima homogentisato-1,2-dioxigenase. A diminuição da atividade dessa enzima, que se expressa principalmente no fígado e nos rins, é acompanhada pelo acúmulo do ácido homogentísico em diversos tecidos, bem como a sua eliminação na urina. Essa substância é oxidada quando em contato com o ar ou com o oxigênio dissolvido nos tecidos, formando um pigmento de coloração marrom-avermelhada, chamado de alcaptona. O acúmulo desse ácido nos tecidos leva ao desenvolvimento de artrite progressiva. O heredograma a seguir indica que os indivíduos I-4 e III-1 apresentam essa doença.

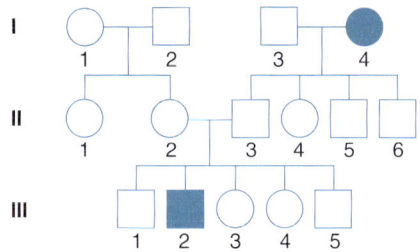

Homem e mulher normais, respectivamente.

Homem e mulher afetados, respectivamente.

Diante de tais informações, é correto afirmar:

a) O indivíduo II-3 tem 50% de probabilidade de ser portador do alelo causador da alcaptonúria.
b) É esperado que esse distúrbio afete uma proporção maior de homens do que de mulheres na população.
c) O indivíduo III-2 irá passar o alelo causador dessa doença apenas para suas filhas e jamais para seus filhos.
d) A probabilidade de que o sexto descendente do casal II-2 e II-3 seja normal e homozigoto é de 75%.
e) O indivíduo III-4 tem 2/3 de probabilidade de ser portador do alelo causador da alcaptonúria.

27. (UEL – PR) Analise a figura a seguir.

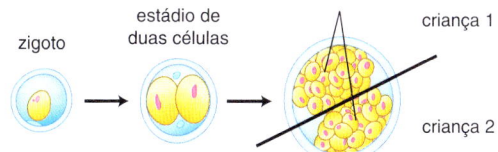

MOORE, K. L.; PERSAUD, T. V. N. *Embriologia Clínica*. Rio de Janeiro: Elsevier, 2008. p. 141.

Com base na figura e nos conhecimentos sobre o tema, assinale a alternativa que caracteriza corretamente as crianças 1 e 2.

a) Os gêmeos originados no esquema são um exemplo de unidade de poliespermia.
b) São gêmeos originados da fecundação de uma célula totipotente com um espermatozoide.
c) São gêmeos originados da fecundação de um óvulo por um espermatozoide, e os dois blastômeros iniciais transformam-se em embriões diferentes.
d) Se a criança 1 tivesse uma doença hereditária, a criança 2 não seria acometida pela anomalia.
e) São crianças do mesmo sexo e muito semelhantes no aspecto físico, e a divisão desse tipo de gêmeos ocorre na fase de mórula.

28. (UPE) O heredograma abaixo representa o padrão de segregação para acondroplasia, uma das formas de nanismo humano, condicionada por um gene que prejudica o crescimento dos ossos durante o desenvolvimento. Essa doença genética humana apresenta letalidade se ocorre em homozigose (*AA*).

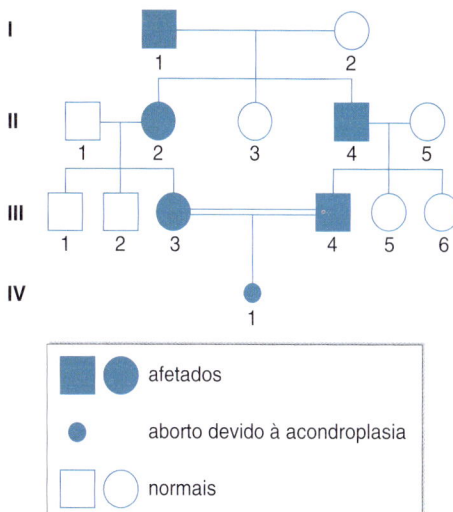

afetados

aborto devido à acondroplasia

normais

Com relação à figura, conclui-se que (assinale na coluna I as alternativas verdadeiras e na coluna II, as falsas):

I	II	
0	0	O padrão de herança do caráter em estudo é autossômico dominante.
1	1	Os indivíduos I-1 e II-2 são homozigotos dominantes para o caráter.
2	2	O casal III-3 e III-4 possui a probabilidade de que, independente do sexo, 1/2 de seus filhos nascidos vivos possam ser normais e 1/2 portadores da doença.
3	3	O indivíduo IV-1 representa um aborto, e seu genótipo é *AA*, que, em condição homozigótica, tem efeito tão severo que causa a morte do portador ainda durante o desenvolvimento embrionário.
4	4	Todos os acondroplásicos nascidos vivos desta genealogia são heterozigotos.

29. (PUC – SP) Uma determinada doença humana segue o padrão de herança autossômica, com os seguintes genótipos e fenótipos:

AA – determina indivíduos normais;
AA_1 – determina uma forma branda da doença;
A_1A_1 – determina uma forma grave da doença.

Sabendo-se que os indivíduos com genótipo A_1A_1 morrem durante a embriogênese, qual a probabilidade do nascimento de uma criança de fenótipo normal a partir de um casal heterozigótico para a doença?

a) 1/2 d) 2/3
b) 1/3 e) 3/4
c) 1/4

Questões dissertativas

1. (UNICAMP – SP) Um *reality show* americano mostra seis membros da família Roloff, na qual um dos pais sofre de um tipo diferente de nanismo. Matt, o pai, tem displasia diastrófica, doença autossômica recessiva (*dd*). Amy, a mãe, tem acondroplasia, doença autossômica dominante (*A_*), a forma mais comum de nanismo, que ocorre em um de cada 15.000 recém-nascidos. Matt e Amy têm quatro filhos: Jeremy, Zachary, Molly e Jacob.

a) Jeremy e Zachary são gêmeos, porém apenas Zachary sofre do mesmo problema que a mãe. Qual a probabilidade de Amy e Matt terem outro filho ou filha com acondroplasia? Qual a probabilidade de o casal ter filho ou filha com displasia distrófica? Explique.

b) Os outros dois filhos, Molly e Jacob, não apresentam nanismo. Se eles se casarem com pessoas normais homozigotas, qual a probabilidade de eles terem filhos distróficos? E com acondroplasia? Dê o genótipo dos filhos.

2. (UNESP) A proibição do aborto não decorre da concepção religiosa de que a vida deve ser protegida porque provém de Deus, mas da constatação científica de que o feto é individualidade diferente da mãe que o gera, porque tem DNA próprio, não se confundindo com o do pai ou o da mãe.

Folha de S.Paulo, 28 maio 2007.

Que argumento pode ser usado para justificar que o feto tem DNA próprio, que não é igual ao do pai ou ao da mãe?

3. (UFLA – MG) Em coelhos, a cor da pelagem é controlada pelo gene **C**. O alelo **C** condiciona fenótipo aguti, e o alelo **c**, fenótipo albino. Um macho aguti e puro (homozigoto) foi cruzado com várias fêmeas albinas e puras. A geração F_1 foi 100% aguti.

a) Quais as segregações genotípicas esperadas na geração F_2 desse cruzamento?

b) O caráter tamanho do pelo também apresenta herança monogênica. O alelo **L** condiciona fenótipo curto, e o alelo **l**, fenótipo longo. Considerando os caracteres cor da pelagem e tamanho do pelo, quais os genótipos e as frequências dos gametas produzidos por um coelho aguti e de pelo curto, de genótipo heterozigótico?

c) Se o coelho aguti e de pelo curto do item **b** for cruzado com fêmeas albinas e de pelos longos, quais as segregações genotípicas esperadas na descendência?

4. (UERJ) Um par de alelos regula a cor dos pelos nos porquinhos da Índia: o alelo dominante *B* produz a pelagem de cor preta e seu alelo recessivo *b* produz a pelagem de cor branca. Para determinar quantos tipos de gametas são produzidos por um desses animais, cujo genótipo homozigoto dominante tem o mesmo fenótipo do indivíduo heterozigoto, é necessário um cruzamento-teste.

Admita que os descendentes da primeira geração do cruzamento-teste de uma fêmea com pelagem preta apresentem tanto pelagem preta quanto pelagem branca.
Descreva o cruzamento-teste realizado e determine o genótipo da fêmea e os genótipos dos descendentes.

5. (UFRJ) O heredograma a seguir mostra a herança de uma doença autossômica recessiva hereditária. Essa doença é muito rara na população à qual pertence esta família. Os indivíduos que entraram na família pelo casamento (II-1 e II-5) são normais e homozigotos. A linha horizontal dupla representa casamentos entre primos. Os indivíduos 6 e 7 marcados na geração IV apresentam a doença, os demais são fenotipicamente normais.

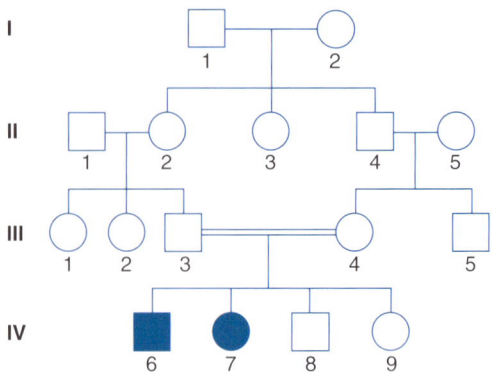

Usando a notação A_1 para o gene normal e A_2 para o gene causador da doença, identifique os indivíduos cujos genótipos podem ser determinados com certeza e determine os genótipos desses indivíduos.

6. (UNESP) Em uma das brincadeiras feitas com os participantes do programa Big Brother Brasil VI, dois irmãos gêmeos monozigóticos apresentaram-se como se fossem uma única pessoa, revezando-se nos contatos com os participantes. Nenhum dos participantes do programa descobriu a farsa. No final do programa, o apresentador referiu-se ao episódio da seguinte forma: Dois espermatozoides mais um óvulo: ... dá uma encrenca univitelínea.

a) Em relação à origem dos gêmeos monozigóticos, o comentário do apresentador está correto? Justifique.

b) Por que razão os gêmeos monozigóticos são tão parecidos fisicamente? Quando diferem em características físicas, qual a razão dessa diferença?

7. (UFG – GO) As figuras **A** e **B** a seguir referem-se aos diferentes tipos de gêmeos humanos.

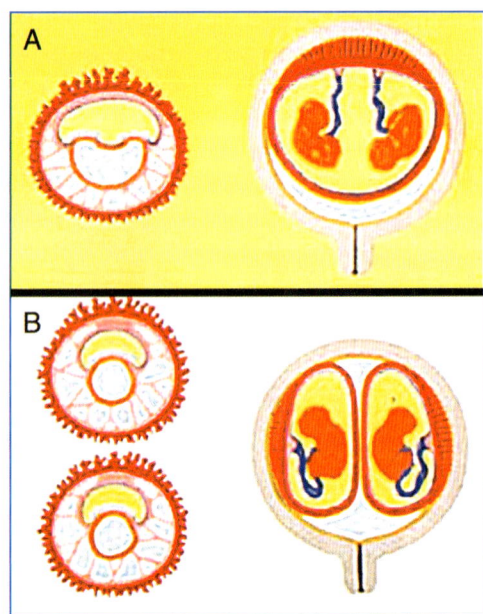

Disponível em: <http://www.3bscientific.es/imagelibrary/V2058_L/posters-grandes/...>.
Acesso em: 8 mar. 2010.

Tendo como base a análise das figuras, explique como ocorre a formação e o desenvolvimento desses gêmeos.

826 BIOLOGIA • volume único • 4.ª edição

Programas de avaliação seriada

1. (PSS – UEPG – PR) A respeito do cruzamento de dois indivíduos híbridos para determinada característica em que há dominância, conforme os experimentos que demonstram a 1.ª Lei de Mendel, assinale o que for correto.

(01) Cinquenta por cento dos indivíduos gerados desse cruzamento terão fenótipo correspondente ao da característica recessiva.
(02) Poderão ser gerados indivíduos com dois tipos de gametas puros.
(04) Setenta e cinco por cento dos indivíduos gerados desse cruzamento terão fenótipo correspondente ao da característica dominante.
(08) Poderão ser gerados indivíduos com dois tipos de fenótipos para três tipos de genótipos diferentes.

2. (PSS – UEPG – PR) A planta *Mirabilis jalapa*, popularmente conhecida como "maravilha", constitui um caso de ausência de dominância entre os alelos que condicionam o caráter "cor das flores". Assim, do cruzamento das flores vermelhas (*VV*) com flores brancas (*BB*) formam-se flores róseas (*VB*). Quanto às explicações desse fenômeno, assinale o que for correto.

(01) Trata-se de um caso de herança intermediária em que não há dominância, e o híbrido possui fenótipo intermediário ao dos indivíduos parentais.
(02) Do cruzamento entre duas plantas homozigóticas opostas, ou seja, entre uma planta de flor vermelha e uma planta de flor branca, surgirá uma geração 100% formada por plantas de flores róseas.
(04) Do cruzamento entre duas plantas híbridas, ou seja, de duas plantas de flores róseas, jamais surgirão plantas homozigóticas.
(08) Do cruzamento entre duas plantas híbridas, ou seja, de duas plantas de flores róseas, poderão surgir plantas de flores brancas, plantas de flores róseas e plantas de flores vermelhas.

3. (PSS – UFPA) A frequência de um caráter fenotípico numa população não significa que este seja dominante. Caracteres pouco frequentes podem ser dominantes, assim como caracteres comuns podem ser recessivos, tais como: cabelos crespos, polidactilia, albinismo e lobo da orelha preso. A respeito desses quatro caracteres, é correto afirmar que o(s)

a) dois primeiros são dominantes e os dois últimos recessivos.
b) dois primeiros são recessivos e os dois últimos dominantes.
c) primeiro é dominante e os três últimos são recessivos.
d) três primeiros são dominantes e o último é recessivo.
e) primeiro é dominante, o segundo e o terceiro são recessivos e o último é dominante.

4. (PSS – UFAL) Genealogias ou heredogramas são representações gráficas da herança de uma determinada característica genética, em uma família. Com relação à herança de uma doença genética ilustrada no heredograma abaixo, analise as proposições seguintes.

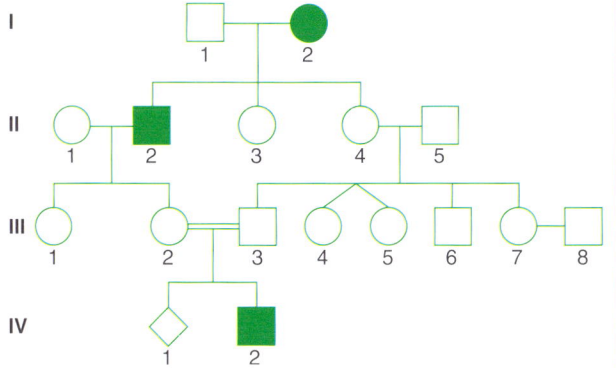

1) Trata-se de um caráter determinado por alelo recessivo.
2) Os indivíduos I-2 e II-2 são homozigóticos recessivos.
3) Os indivíduos III-4 e III-5 são gêmeos univitelinos.
4) Não se tem informação sobre o sexo do indivíduo IV-1.
5) Os cônjuges III-2 e III-3 têm relação de parentesco.

Está(ão) correta(s):

a) 1, 3 e 5 apenas.   d) 1 e 5 apenas.
b) 2 e 4 apenas.   e) 1, 2, 3, 4 e 5.
c) 1 apenas.

5. (PSC – UFAM) São características humanas que obedecem à 1.ª Lei de Mendel:

a) capacidade gustativa para o PTC; forma do lobo da orelha; albinismo; daltonismo; capacidade de enrolar a língua.
b) capacidade gustativa para o PTC; hemofilia; hipertricose; forma do lobo da orelha; daltonismo.
c) capacidade de enrolar a língua; polidactilia; albinismo; hemofilia; daltonismo.
d) capacidade de enrolar a língua; albinismo; polidactilia; forma do lobo da orelha; hipertricose.
e) capacidade gustativa para o PTC; forma do lobo da orelha; capacidade de enrolar a língua; polidactilia; albinismo.

6. (PAES – UNIMONTES – MG) A doença de Huntington é neurodegenerativa fatal, de herança autossômica dominante, caracterizada por movimentos involuntários e demência progressiva. O heredograma abaixo representa a segregação desse gene em uma família. Analise-o.

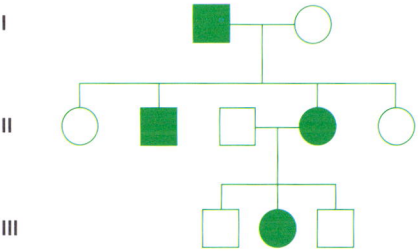

Considerando o heredograma e o assunto abordado, analise as afirmativas abaixo e assinale a alternativa **CORRETA**.

a) A chance de o casal II-3 x II-4 ter outro filho afetado é menor que 50%.
b) Não é possível determinar o genótipo de todos os indivíduos representados no heredograma.
c) Todo indivíduo afetado pela doença apresenta 50% de chance de ter filho afetado, independentemente do genótipo do outro genitor.
d) A probabilidade de o casal I-1 x I-2 ter mais uma menina afetada é maior que 50%.

7. (SSA – UPE) Recentemente, a mídia relatou um fato observado em uma família pernambucana, conforme pode ser lido a seguir:

> (...) Três irmãos que sobrevivem fugindo da luz, procurando alegria no escuro. São filhos de mãe negra. O pai é moreno. (...) por um defeito genético, nasceram albinos. Negros de pele branca. (...) K., 5 anos, R. C., 10 e E. C., 8, (...) na maternidade, nem a mãe mesmo acreditou. Teve certeza de que R. havia sido trocada. Depois veio J., da sua cor. Mesmo com as explicações médicas de que era possível, só com o nascimento de E. e K., albinos, o coração de mãe deu voto de confiança à natureza.
>
> *Fonte:* DRAMA FAMILIAR – À flor da pele. *Jornal do Commercio*, Recife, 30 ago. 2009.

Sabendo-se que o tipo de albinismo que foi registrado nessa reportagem é o de herança genética do tipo autossômica recessiva, qual será o genótipo dos pais das crianças e a probabilidade de o casal ter outro filho albino, sem considerar o sexo?

a) *AA* x *aa*; 1.
b) *Aa* x *aa*; 1/4.
c) *Aa* x *Aa*; 1/4.
d) *Aa* x *aa*; 1/8.
e) *Aa* x *Aa*; 1/8.

8. (PEIES – UFSM – RS) O cruzamento de dois camundongos amarelos heterozigotos resulta em uma proporção de camundongos na descendência de 2 amarelos para 1 preto, pois os embriões amarelos homozigotos formam-se, mas não se desenvolvem, porque o gene responsável pela cor amarela dos pelos em dose dupla é letal. Considerando que *P* = amarelo e *p* = preto, a proporção citada está correta, uma vez que

a) *Pp* sobrevivem.
b) *PP* morrem.
c) *pp* morrem.
d) *PP* e *pp* morrem.
e) *Pp* morrem.

(PEIES – UFSM – RS) Para responder as questões de números **9** e **10**, considere que o heredograma representa um fenótipo recessivo que se manifestou em I-4 e em II-2.

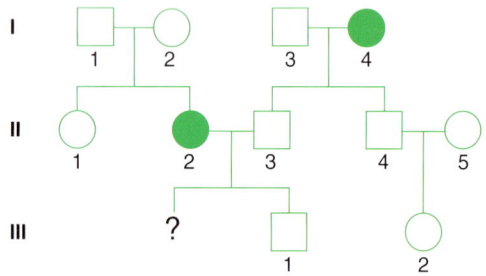

9. Segundo a representação no heredograma, alguns indivíduos são obrigatoriamente heterozigotos e outros podem ser heterozigotos ou homozigotos. Associe a segunda coluna de acordo com a primeira.

1. Indivíduos heterozigotos (obrigatoriamente)
2. Indivíduos que podem ser heterozigotos ou homozigotos

( ) I-1
( ) II-1
( ) II-4
( ) III-1
( ) III-2

A sequência correta é

a) 1 – 2 – 1 – 2 – 1.
b) 1 – 1 – 2 – 1 – 2.
c) 2 – 1 – 2 – 2 – 1.
d) 1 – 2 – 1 – 1 – 2.
e) 2 – 1 – 1 – 2 – 2.

10. Analise as afirmativas abaixo.

I – O casal II-2 e II-3 pode ter filhos com fenótipo recessivo.
II – O casal II-4 e II-5 não poderá ter filhos com fenótipo recessivo.
III – Tanto o casal II-2 e II-3 quanto o casal II-4 e II-5 poderão ter netos com fenótipo recessivo.

Está(ão) correta(s)

a) apenas I.
b) apenas II.
c) apenas III.
d) apenas I e II.
e) apenas I e III.

11. (PSC – UFAM) A fenilcetonúria é uma doença genética de herança autossômica recessiva, causada por uma mutação no gene que codifica a enzima fenilalanina-hidroxilase, ativa no fígado e responsável pela transformação do aminoácido fenilalanina em tirosina. Os pacientes afetados pela fenilcetonúria são:

a) portadores de um alelo recessivo.
b) portadores de um alelo defeituoso.
c) portadores de um alelo dominante.
d) heterozigotos.
e) homozigotos.

12. (PSS – UEPG – PR) O albinismo, despigmentação da pele, da íris dos olhos e dos cabelos, é uma doença transmitida por herança genética autossômica recessiva. Sobre o albinismo, considerando-se um casal que tem pigmentação normal e sabendo-se que o homem é filho de pai normal e mãe albina, e a mulher é filha de mãe normal e pai albino, assinale o que for correto.

(01) A probabilidade de o casal ter um filho albino e do sexo masculino é de 1/4.
(02) A probabilidade de o casal ter uma filha normal e do sexo feminino é de 3/8.
(04) O casal não tem a mínima chance de ter um filho normal que não seja portador.
(08) Pode-se afirmar que tanto a mulher como o homem são heterozigotos, normais, mas portadores da doença.

13. (PSIU – UFPI) Um casal pretende ter um filho, mas ambos possuem registro de fibrose cística na família. (**1**) Qual o único modo pelo qual o homem e a mulher podem ter um filho com fibrose cística? (**2**) Qual a probabilidade de ambos, o homem e a mulher, serem heterozigotos? (**3**) Qual a probabilidade de terem filhos com fibrose cística? (**4**) Qual a probabilidade de os pais serem heterozigotos e de seu primeiro filho ter fibrose cística? A alternativa com as respostas corretas para todas as indagações é:

a) (**1**) os pais devem ser heterozigotos. (**2**) 4/9. (**3**) 1/4. (**4**) 1/9.
b) (**1**) os pais devem ser homozigotos dominantes. (**2**) 2/3. (**3**) 1/4. (**4**) 1/4.
c) (**1**) os pais devem ser homozigotos recessivos. (**2**) 1/4. (**3**) 2/3. (**4**) 4/9.
d) (**1**) os pais devem ser heterozigotos. (**2**) 2/3. (**3**)1/4. (**4**) 1/9.
e) (**1**) os pais devem ser homozigotos recessivos (**2**) 2/3. (**3**) 1/4. (**4**) 1/2.

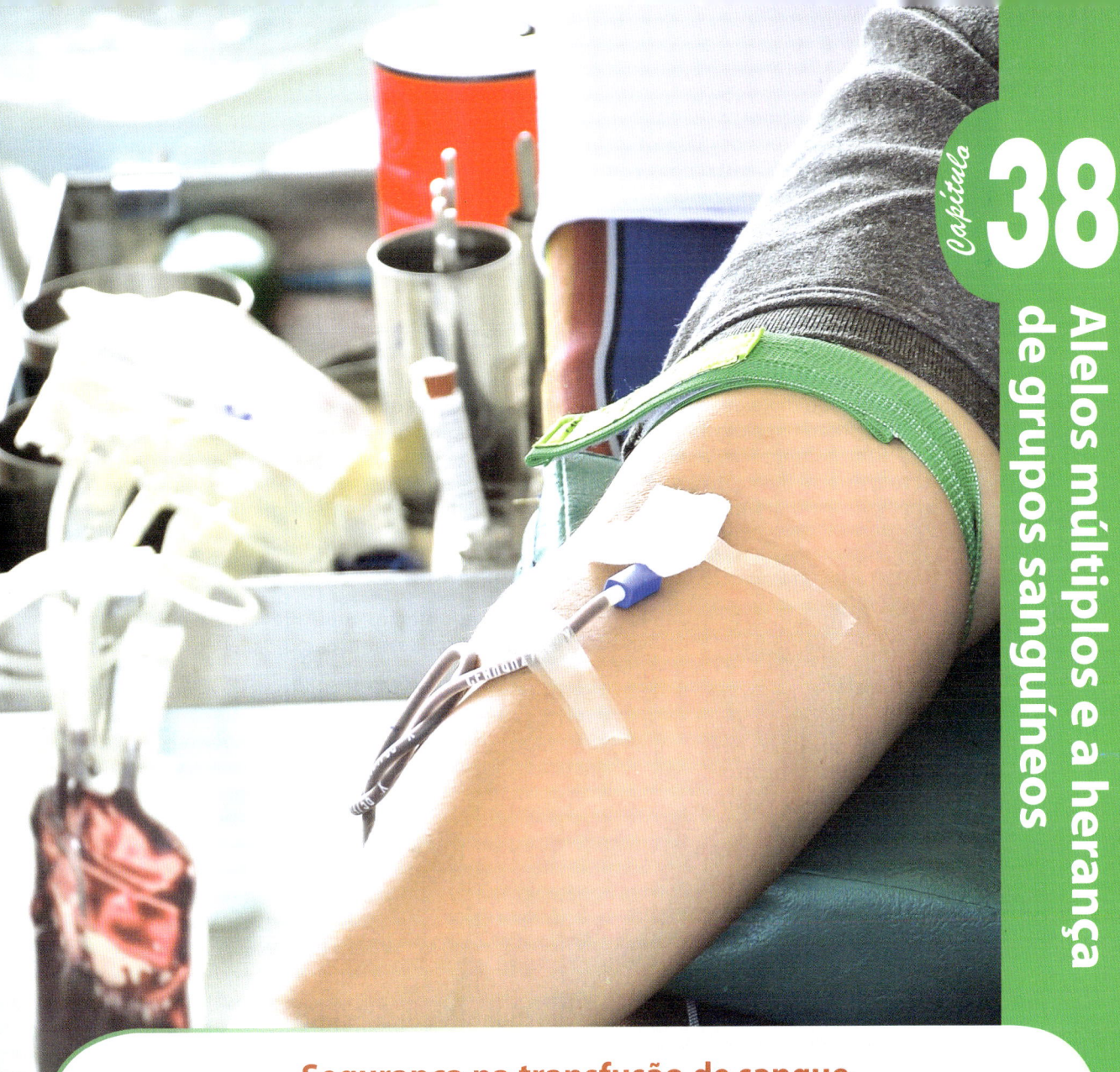

Capítulo 38 — Alelos múltiplos e a herança de grupos sanguíneos

Segurança na transfusão de sangue

O sangue não é exatamente igual em todos os seres humanos. Pequenas diferenças fazem com que o sangue de uma pessoa não possa ser introduzido em outra sob pena de sérios problemas, inclusive de morte. Uma das diferenças mais conhecida é o que chamamos de "grupo sanguíneo": uma classificação que identifica as pessoas como portadoras de sangue do grupo A, B, AB ou O. Cada um deles pode ainda ser classificado como positivo ou negativo, dependendo de determinadas características.

No Brasil, os tipos sanguíneos mais comuns são o O e o A. Juntos eles abrangem 87% da população brasileira, sendo que B e AB correspondem a 10% e a 3% da população, respectivamente.

As pessoas que possuem sangue tipo O negativo são conhecidas como *doadoras universais*, pois esse tipo sanguíneo pode ser utilizado na transfusão em pessoas de outros tipos sanguíneos. O problema é que apenas 9% da população brasileira é do tipo O negativo.

Para que haja sangue disponível para os que necessitam, os indivíduos saudáveis devem doar sangue. Sem isso, muitas vidas são perdidas.

Antes de toda doação, o candidato responde a um questionário sobre sua saúde e comportamento, além de serem aferidos seus batimentos cardíacos, pressão arterial e temperatura. Todo o sangue doado é rigorosamente testado para as doenças passíveis de serem transmitidas por ele, como, por exemplo, AIDS, Chagas e hepatites B e C, antes de ser transfundido.

Atualmente, a transfusão de sangue é um processo bem mais seguro do que já foi anteriormente. Isso aconteceu em função da prática de se selecionar criteriosamente os doadores, bem como das rígidas normas aplicadas para testar, transportar, estocar e transfundir o sangue doado.

Adaptado de: <http://www.prosangue.sp.gov.br/>.
Acesso em: 2 ago. 2011.

Como sabemos, genes alelos são os que atuam na determinação de um mesmo caráter e estão presentes nos mesmos *loci* (plural de *locus*, do latim, local) em cromossomos homólogos. Até agora, estudamos casos em que só existiam dois tipos de alelo para uma dada característica (**alelos simples**), mas há casos em que mais de dois tipos de alelo estão presentes na determinação de um dado caráter na população. Esse tipo de herança é conhecido como **alelos múltiplos** (ou **polialelia**).

ALELOS MÚLTIPLOS NA DETERMINAÇÃO DE UM CARÁTER

Apesar de poderem existir mais de dois alelos para a determinação de um dado caráter, um indivíduo diploide apresenta *apenas um par de alelos* para a determinação dessa característica, isto é, um alelo em cada *locus* do cromossomo que constitui o par homólogo.

São bastante frequentes os casos de alelos múltiplos tanto em animais como em vegetais, mas são clássicos os exemplos de polialelia na determinação da cor da pelagem em coelhos e na determinação dos grupos sanguíneos do sistema ABO em humanos.

A Cor da Pelagem em Coelhos

Ao estudarmos a cor da pelagem em coelhos, notamos quatro fenótipos: *aguti* (ou selvagem), no qual os pelos possuem cor preta ou marrom escura; *chinchila*, em que a pelagem é cinzenta; *himalaia*, em que o corpo é coberto de pelos brancos à exceção das extremidades (orelhas, focinho, patas e cauda, onde os pelos são pretos), e *albino*, pelagem inteiramente branca. Esses quatro fenótipos devem-se a quatro genes diferentes: C (*aguti*), c^{ch} (chinchila), c^h (himalaia), c^a (albino). A relação de dominância entre esses genes é $C > c^{ch} > c^h > c^a$ (veja a Tabela 38-1).

Tabela 38-1. Os diferentes genótipos e seus correspondentes fenótipos na cor da pelagem de coelhos.

Genótipos	Fenótipos
CC; Cc^{ch}; Cc^h; Cc^a	aguti (selvagem)
$c^{ch}c^{ch}$; $c^{ch}c^h$; $c^{ch}c^a$	chinchila
$c^h c^h$; $c^h c^a$	himalaia
$c^a c^a$	albino

A cor da pelagem dos coelhos é um caso de alelos múltiplos.

A diferença na cor da pelagem do coelho em relação à cor da semente das ervilhas é que agora temos mais genes diferentes atuando (4), em relação aos dois genes clássicos. No entanto, é fundamental saber que a 1.ª Lei de Mendel continua sendo obedecida, isto é, para a determinação da cor da pelagem, o coelho terá dois dos quatro genes. A novidade é que o número de genótipos e fenótipos é maior quando comparado, por exemplo, com a cor da semente de ervilha.

O surgimento dos alelos múltiplos (polialelia) deve-se a uma das propriedades do material genético, que é a de sofrer mutações. Assim, acredita-se que a partir do gene C (aguti), por um erro acidental na autoduplicação do DNA, originou-se o gene c^{ch} (chinchila). A existência de alelos múltiplos é interessante para a espécie, pois haverá maior variabilidade genética, possibilitando mais oportunidade para a adaptação ao ambiente (seleção natural).

A título de exemplo, vamos propor um cruzamento com as respectivas proporções de genótipos e fenótipos:

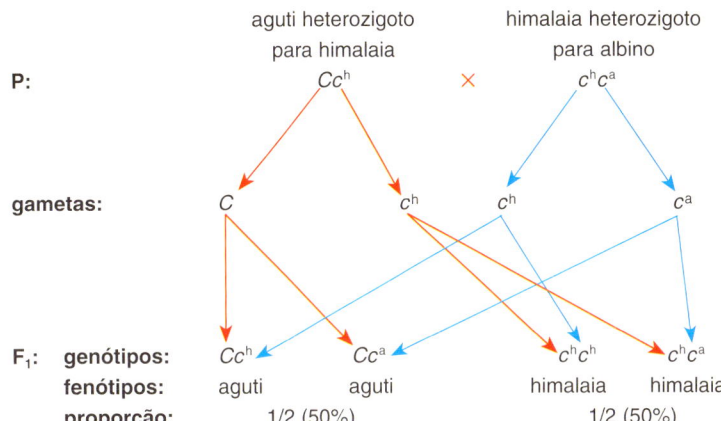

A DETERMINAÇÃO DOS GRUPOS SANGUÍNEOS NO SISTEMA ABO

Na espécie humana, o caso mais conhecido de alelos múltiplos é o relacionado ao sistema sanguíneo ABO. Antes de a Genética ocupar-se do estudo de grupos sanguíneos, a realização de transfusões de sangue levou várias pessoas à morte. Descobriu-se que, muitas vezes, as transfusões provocavam reações do tipo antígeno-anticorpo, levando ao bloqueio de sangue em vasos de pequeno calibre. Nem toda transfusão era possível, evidenciando a existência de incompatibilidade sanguínea entre as pessoas. Cientistas como Karl Landsteiner muito contribuíram para tornar as transfusões sanguíneas viáveis.

> **Fique por dentro!**
>
> **Karl Landsteiner** nasceu em Viena em 1868 e morreu em Nova York em 1943. Desenvolveu inúmeros trabalhos em Imunologia, porém tornou-se famoso com seus estudos sobre os grupos sanguíneos. Foi consagrado com o Prêmio Nobel em 1930.

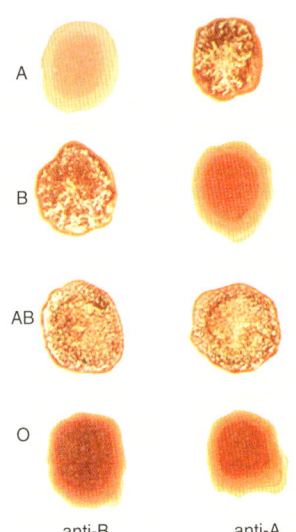

Um método para descobrir o tipo sanguíneo é testar amostras de sangue com aglutininas anti-A e anti-B e observar quando há ou não aglutinação.

Esse mesmo pesquisador classificou os tipos sanguíneos (fenótipos) em **A**, **B**, **AB** e **O**, segundo a presença ou não de tipos de glicoproteínas na superfície das hemácias. Essas glicoproteínas funcionam como antígenos se introduzidas em indivíduos de grupos diferentes e foram denominadas **aglutinogênios**. As aglutininas são anticorpos naturais do sistema ABO; isto é, não necessitam de uma estimulação (aglutinogênio) para serem produzidas.

Dessa forma, indivíduos de fenótipo **A** têm nas hemácias aglutinogênio A e no plasma **aglutinina anti-B**. Os do grupo **B** têm nas hemácias aglutinogênio B e no plasma **aglutinina anti-A**. Pessoas de fenótipo **AB** possuem os dois aglutinogênios e nenhuma das aglutininas. Finalmente, os indivíduos do grupo **O** não têm nenhum dos aglutinogênios nas hemácias, porém, têm as duas aglutininas no plasma (veja a Figura 38-1 e a Tabela 38-2).

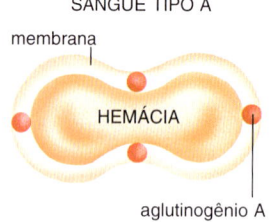
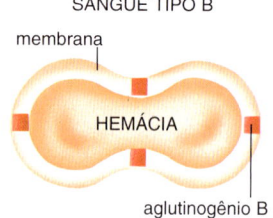
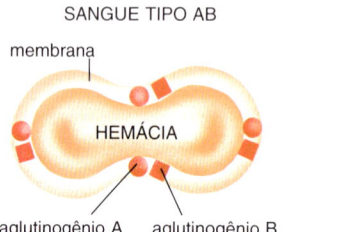
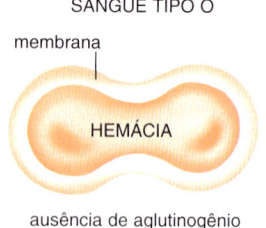

Figura 38-1. Os aglutinogênios estão presentes na membrana das hemácias.

Tabela 38-2. Os tipos sanguíneos do sistema ABO.

Tipo sanguíneo	Aglutinogênios presentes nas hemácias	Aglutininas presentes no plasma
A	A	anti-B
B	B	anti-A
AB	A e B	nenhuma
O	nenhum	anti-A e anti-B

> **Saiba mais**
>
> **Os cuidados nas transfusões de sangue**
>
> Esclarecido o mecanismo que conduz à incompatibilidade, é fundamental o conhecimento prévio do tipo sanguíneo de doadores e receptores para evitar qualquer tipo de acidente envolvendo transfusões. Por exemplo: pessoas de sangue tipo A não podem doar sangue para pessoas com tipo sanguíneo B ou O, já que no plasma dos receptores existem aglutininas anti-A. Sangue tipo A poderá ser doado para receptores de tipo A ou AB, já que nesses casos não existe a aglutinina anti-A no plasma.
>
> Por outro lado, pessoas de tipo sanguíneo O são **doadores universais**, uma vez que não possuem nenhum dos aglutinogênios nas hemácias. Pessoas do tipo AB, por não possuírem nem aglutinina anti-A, nem aglutinina anti-B, atuam como **receptores universais**. Nesse caso, permanece uma dúvida: se for introduzido sangue tipo A (que possui aglutinina anti-B) em um receptor AB, haverá reação de aglutinação? Não, e é simples entender o motivo: de modo geral, o volume sanguíneo transfundido é pequeno. A tendência, portanto, é haver uma diluição das aglutininas no grande volume sanguíneo do receptor ou, ainda, a sua retenção nos tecidos, tornando improvável a ocorrência de aglutinação.

Como Ocorre a Herança dos Grupos Sanguíneos no Sistema ABO?

A produção de aglutinogênios A e B é determinada, respectivamente, pelos genes I^A e I^B. Um terceiro gene, chamado i, condiciona a não produção de aglutinogênios. Trata-se, portanto, de um caso de alelos múltiplos. Entre os genes I^A e I^B há codominância ($I^A = I^B$), mas cada um deles domina o gene i ($I^A > i$ e $I^B > i$). Veja a Tabela 38-3.

Tabela 38-3. Possíveis fenótipos e genótipos do sistema ABO

Genótipos	Fenótipos
A	I^AI^A, I^Ai
B	I^BI^B, I^Bi
AB	I^AI^B
O	ii

A partir desses conhecimentos, fica claro que se uma pessoa do tipo sanguíneo A recebesse sangue tipo B as hemácias contidas no sangue doado seriam aglutinadas pelas aglutininas anti-B do receptor, e vice-versa. Pessoas de tipo sanguíneo O são doadores universais, uma vez que não possuem nenhum dos aglutinogênios na membrana das hemácias. Pessoas do tipo AB, por não possuírem nem aglutinina anti-A nem aglutinina anti-B, atuam como receptoras universais.

Acompanhe estes exercícios

1. Em uma determinada maternidade, Marlene suspeita que houve troca de bebês – seu verdadeiro filho estaria com Clarice. Como identificar os possíveis pais de cada criança e resolver se houve ou não troca de bebês?

Resolução:

A direção da maternidade decidiu colher sangue das duas mulheres envolvidas, da criança que a mãe não reconhece como sendo sua e dos dois homens considerados os pais. O procedimento adotado para solucionar a identificação foi pingar soros anti-A e anti-B em uma lâmina contendo algumas gotas de sangue, conforme o esquema abaixo.

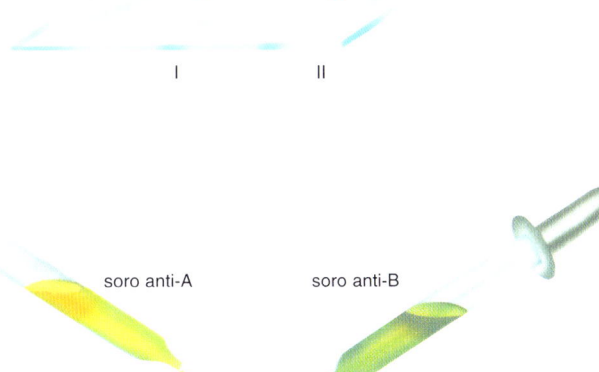

Sabe-se que:
- o sangue de Marlene aglutinou apenas em I
- o sangue de Clarice não aglutinou nem em I nem em II
- o sangue do menino aglutinou em I e II
- o sangue do marido de Marlene aglutinou em I e II
- o sangue do marido de Clarice aglutinou apenas em I

a. No sangue de Marlene existe aglutinogênio A nas hemácias, uma vez que houve aglutinação com o soro anti-A. Marlene possui tipo sanguíneo A.

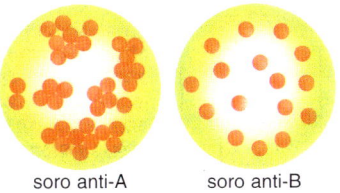

b. No sangue do suposto filho existem os aglutinogênios A e B, já que houve aglutinação com os dois soros. A criança é do tipo sanguíneo AB.

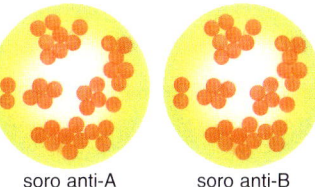

c. O sangue do marido de Marlene aglutinou nos dois soros. O marido possui tipo sanguíneo AB.

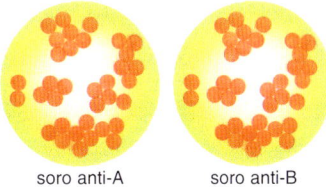

d. O sangue do marido de Clarice aglutinou apenas no soro anti-A. Ele possui tipo sanguíneo A.

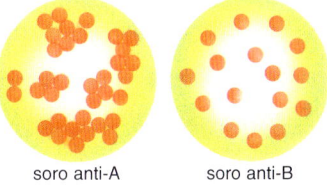

e. O sangue de Clarice não aglutinou em nenhum dos soros. O tipo sanguíneo dela é O.

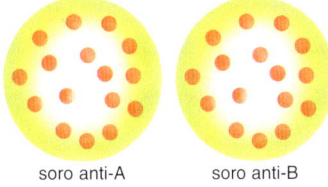

Com todos os fenótipos conhecidos, podemos montar o cruzamento, relacionando com os possíveis genótipos.

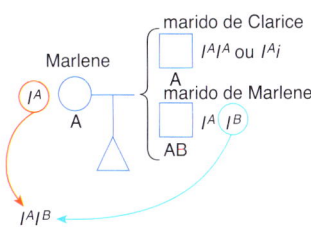

É possível concluir que o marido de Clarice seguramente não é o pai da criança, nem Clarice é a mãe.

O marido de Marlene *provavelmente* é o pai, uma vez que possui tipo sanguíneo AB, tendo transferido o gene I^B para o menino, e Marlene provavelmente é a mãe da criança, uma vez que é do grupo sanguíneo A e poderia ter transmitido o gene I^A para o filho.

Alelos múltiplos e a herança de grupos sanguíneos

2. Um casal em que o marido é do tipo sanguíneo A, filho de pais AB e cuja esposa é do tipo B, filha de pai AB e mãe O, deseja saber a probabilidade de ter duas crianças, a primeira do sexo masculino e tipo sanguíneo AB, e a segunda do sexo feminino e do grupo A.

Resolução:

A genealogia referente a essa família está representada ao lado. Note que se trata de eventos independentes nos quais importa a ordem dos eventos: a probabilidade obtida para a primeira criança (AB e sexo masculino) deve ser multiplicada pela probabilidade obtida para a segunda (A e sexo feminino).

Para a primeira criança ser do grupo AB, depende da probabilidade de que a mãe produza gametas I^B (P = 1/2), já que o pai, sendo I^AI^A, produzirá apenas gametas I^A; a probabilidade de ser do sexo masculino é igual a 1/2. Logo, P(♂ e AB) = 1/2 × 1/2 = 1/4. Seguindo o mesmo raciocínio, para a segunda criança ser do grupo A, depende da probabilidade de que a mãe produza gametas i (P = 1/2); a probabilidade de ser do sexo feminino é 1/2. Logo, P(♀ e A) = 1/2 × 1/2 = 1/4.

Para que os eventos aconteçam nessa ordem, devemos considerar a probabilidade do primeiro e a do segundo, isto é,

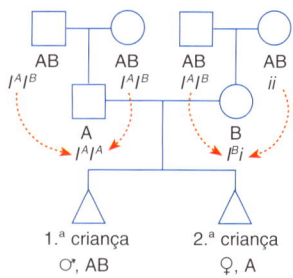

$$P(♂, AB) = \frac{1}{2} \times \frac{1}{2} = \frac{1}{4}$$

$$P(♀, A) = \frac{1}{2} \times \frac{1}{2} = \frac{1}{4}$$

$$P(♂ \text{ e } AB) \text{ e } P(♀ \text{ e } A) = \frac{1}{4} \times \frac{1}{4} = \frac{1}{16}$$

Saiba mais

Fenótipo Bombaim

Os antígenos A e B, presentes nas hemácias dos indivíduos dos grupos sanguíneos A, B e AB, são sintetizados a partir de uma substância H que, por sua vez, é produzida devido a um *gene dominante H*. Com os genótipos HH ou Hh, um indivíduo I^Ai produzirá o antígeno A, e, claro, será do grupo A; caso ele seja I^Bi, fabricará o antígeno B e será do grupo B, e, se for I^AI^B, sintetizará os dois antígenos e será do grupo AB.

Por outro lado, o sangue das pessoas com genótipo *hh* não terá a substância H e, portanto, não fabricará os antígenos A e B, mesmo tendo o genótipo para produzi-los. Assim, um genótipo I^Bihh será classificado como grupo O e não como grupo B. Porém, embora suas hemácias sejam classificadas como pertencentes ao grupo O, visto que ele não produziu antígeno B, geneticamente ele é do grupo B. Esse é o fenótipo **Bombaim**, descoberto na cidade de mesmo nome.

É possível descobrir se um indivíduo é um falso O: basta pingar uma gota de seu sangue em uma lâmina e adicionar a ela o anticorpo anti-H. Se houver aglutinação, o indivíduo possui o antígeno H e é um O verdadeiro. Se não houver aglutinação é porque não há o antígeno H; portanto, o indivíduo é *hh*, um falso O.

O fenótipo Bombaim é extremamente raro, pois o gene *h* tem uma frequência muito baixa na população. Até hoje foram descritos em torno de 30 casos. Vejamos, como exemplo, um caso de fenótipo Bombaim, analisando a genealogia abaixo:

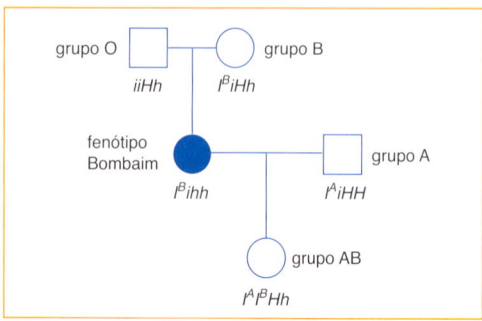

Pense nisso

Como transformar sangues tipos A e B em tipo O?

Na superfície das hemácias de pessoas de sangue tipo A, existem antígenos A, enquanto antígenos B são encontrados na superfície das hemácias de pessoas de sangue tipo B. Esses antígenos são constituídos de moléculas de açúcar ligadas a moléculas de ácidos graxos (lipídios) existentes na membrana das hemácias. O que caracteriza o antígeno A é a presença de três açúcares – galactose, N-acetilglucosamina e fucose, ligados a um açúcar *terminal* denominado de *N*-acetilgalactosamina. No antígeno B, o açúcar *terminal*, ligado aos outros três, é também uma galactose, motivo da diferença entre os dois antígenos. Então o que determina que um sangue seja do tipo A ou B são os açúcares *terminais* expostos na superfície da membrana das hemácias. Em hemácias de uma pessoa do tipo O os açúcares terminais não existem. Assume-se, portanto, que nessas hemácias, relativamente ao sistema ABO, não haja antígenos. Esse é o motivo de se considerar pessoas contendo o sangue tipo O como doadoras universais.

Em transfusões, principalmente em cirurgias de emergência, em que é preciso com urgência do tipo sanguíneo adequado, seria importante o banco de sangue possuir sangue tipo O disponível. Muitas vezes, isso não acontece, o que gera um impasse na equipe cirúrgica. Agora, parece que esse problema pode ser resolvido em um futuro próximo. Um grupo de cientistas, liderado por Henrik Clausen, da Universidade de Copenhagen, Dinamarca, descobriu enzimas, *produzidas por bactérias*, capazes de "limpar" os antígenos A e B da superfície das hemácias, transformando-as em hemácias tipo O. Embora há vinte e cinco anos se tente efetuar a transformação de sangues tipos A e B em tipo O, com sucesso relativo, essa fantástica descoberta promete revolucionar os procedimentos de transfusão necessários principalmente em emergências, em que o paciente não pode esperar.

Extraído e adaptado de:
Pesquisador cria sangue tipo O a partir de outros.
Folha de S.Paulo, São Paulo, 3 abr. 2007, Caderno Ciência, p. A12.

O SISTEMA Rh DE GRUPOS SANGUÍNEOS

Trabalhando com sangue de macacas *Rhesus*, Landsteiner, Wiener e colaboradores descobriram outro grupo sanguíneo, que recebeu o nome de grupo Rh (em alusão ao nome das macacas). Após efetuarem várias injeções de sangue de *Rhesus* em cobaias e coelhos, verificaram que esses animais ficavam sensibilizados e produziam um anticorpo que provocava a aglutinação das hemácias.

Seus estudos levaram à conclusão de que na superfície das hemácias das macacas existia um antígeno, denominado de **fator Rh**, que estimulava a produção de anticorpos (**anti-Rh**), responsáveis pela aglutinação das hemácias nos coelhos e cobaias.

Ao analisar o sangue humano, verificou-se que 85% da população apresenta o **fator Rh** nas hemácias e são classificados como indivíduos do grupo sanguíneo Rh^+. Os 15% restantes não têm o fator Rh e são indivíduos Rh^-. Veja a Figura 38-2.

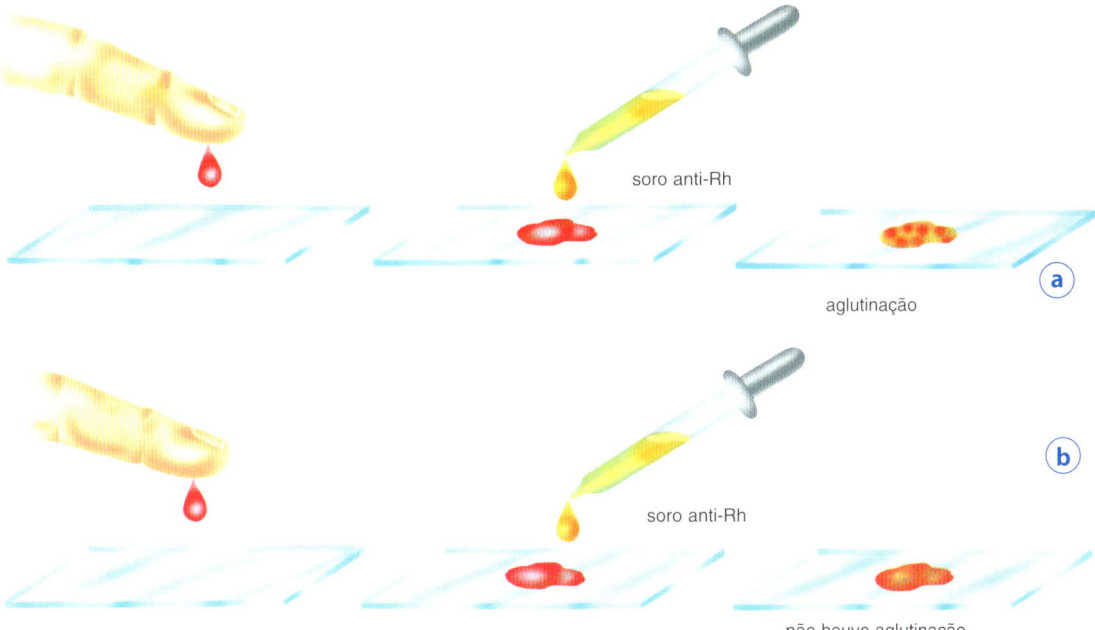

Figura 38-2. Se, em contato com o soro anti-Rh, as hemácias do sangue sofrem aglutinação (a) é porque existe fator Rh no sangue, e este é classificado como Rh^+. Quando não sofrem aglutinação (b), há ausência de fator Rh nas hemácias e esse sangue é classificado como Rh^-.

Ao contrário do que ocorre no grupo AB, os anticorpos anti-Rh não são naturais. Isso quer dizer que sua produção deve ser decorrente de uma sensibilidade prévia. Assim, se uma pessoa Rh^- receber sangue Rh^+ em uma primeira transfusão, ela será sensibilizada e produzirá anticorpos anti-Rh. No caso de haver uma segunda transfusão de sangue Rh^+, poderá ocorrer destruição das hemácias no organismo receptor, revelando incompatibilidade sanguínea.

A Herança do Sistema Rh

Três pares de genes estão envolvidos na herança do fator Rh, tratando-se, portanto, de um caso de alelos múltiplos. Para simplificar, no entanto, considera-se o envolvimento de apenas um desses pares na produção do fator Rh, motivo pelo qual passa a ser considerado um caso de herança mendeliana simples. O gene *R*, dominante, determina a presença do fator Rh, enquanto o gene *r*, recessivo, condiciona a ausência do referido fator (veja a Tabela 38-4).

Tabela 38-4. Os possíveis fenótipos e genótipos relacionados ao sistema Rh.

Genótipos	Fenótipos
Rh^+	*RR, Rr*
Rh^-	*rr*

Doença hemolítica do recém-nascido (eritroblastose fetal)

A doença hemolítica do recém-nascido, também chamada de **eritroblastose fetal**, ocorre em crianças Rh⁺ filhas de mães Rh⁻. Nessas condições, se houver passagem de hemácias fetais contendo fator Rh para o sangue materno, há sensibilização da mãe, que passa a produzir anticorpos anti-Rh. Ao cruzarem a placenta (veja a Figura 38-3), esses anticorpos atingem a corrente sanguínea do feto e provocam a ruptura de hemácias fetais (hemólise).

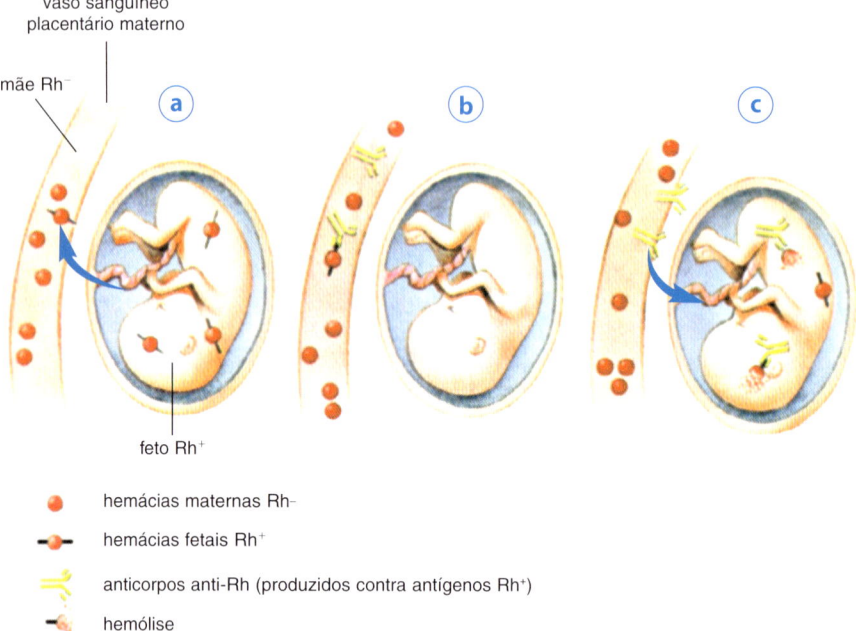

Figura 38-3. Em (a), hemácias do feto ( ) ultrapassam a barreira placentária e estimulam a formação de anticorpos maternos ( ). Em uma gravidez posterior (b), caso o feto seja Rh⁺, (c) os anticorpos maternos reagem com os antígenos das hemácias, levando-as à destruição.

> Na eritroblastose fetal, a criança é sempre heterozigota (*Rr*), o gene *r* é herdado da mãe (*rr*) e o *R* é proveniente do pai (*R⁻*).

De modo geral, a eritroblastose é constatada a partir da segunda gestação de mães Rh⁻. É fácil entender o porquê. Normalmente, nas trocas entre os sangues materno e fetal, verifica-se apenas a passagem de anticorpos e outras substâncias (nutrientes, álcool, O_2, nicotina, CO_2 etc.). As células não conseguem cruzar a barreira placentária. No entanto, próximo ao fim da gravidez, é comum a ocorrência de algumas rupturas placentárias, que favorecem a passagem de sangue do feto para a mãe. Outra possibilidade é que, durante o trabalho de parto, com a ruptura e o desprendimento da placenta, os sangues materno e fetal se misturem. Esses fatos explicam por que o primeiro filho de mulheres Rh⁻ geralmente não apresenta a doença hemolítica. Na primeira gestação, a quantidade de hemácias que atingem a corrente sanguínea materna é pequena e a sensibilização demora a acontecer.

No entanto, se após a primeira gravidez – em que a mãe Rh⁻ ficou sensibilizada por ter um filho Rh⁺ – ocorrer uma segunda gravidez em que o feto também seja Rh⁺, haverá a passagem de anticorpos anti-Rh pela placenta em direção ao sangue fetal, iniciando-se uma destruição maciça de hemácias fetais (hemólise).

Nesses casos, pode haver – em decorrência da destruição da hemoglobina fetal – liberação de pigmentos prejudiciais a alguns órgãos do feto, notadamente o cérebro.

Atualmente, para evitar a eritroblastose fetal, imediatamente após o primeiro parto, a mãe recebe uma injeção de soro contendo anticorpos anti-Rh que destruirão as hemácias Rh⁺ do feto que eventualmente tenham passado para o sangue dela. Assim, a mãe deixará de ser sensibilizada e, em uma segunda gravidez, o feto não correrá o risco de ter a doença.

O SISTEMA MN DE GRUPOS SANGUÍNEOS

Dois outros antígenos foram encontrados na superfície das hemácias humanas, sendo denominados M e N. Analisando o sangue de diversas pessoas, verificou-se que em algumas existia apenas o antígeno M, em outras, somente o N e várias pessoas possuíam os dois antígenos. Foi possível concluir, então, que existiam três grupos nesse sistema: M, N e MN. Os genes que condicionam a produção desses antígenos são apenas dois, que foram simbolizados por L^M e L^N (a letra L é a inicial do descobridor, Landsteiner). Trata-se de um caso de herança mendeliana simples. O genótipo L^ML^M condiciona a produção do antígeno M, e L^NL^N, a do antígeno N. Entre L^M e L^N há codominância, de modo que pessoas com genótipo L^ML^N produzem os dois tipos de antígenos (veja a Tabela 38-5).

> Os sistemas ABO, Rh e MN são independentes. Assim, não há sentido dizer que uma pessoa pertence ao grupo sanguíneo A ou Rh⁺ ou M etc. O correto é dizer que o indivíduo pertence, por exemplo, ao grupo sanguíneo A e Rh⁺ e MN. Outra pessoa poderá pertencer ao grupo B e Rh⁻ e N, e assim por diante.

Tabela 38-5. Possíveis fenótipos e genótipos relativos ao sistema MN.

Fenótipos	Genótipos
M	L^ML^M
N	L^NL^N
MN	L^ML^N

Saiba mais

Alguns autores diferenciam dominância incompleta de codominância. Para esses autores, **dominância incompleta** descreve a situação na qual o fenótipo de um heterozigoto é intermediário ao de dois homozigotos, variando em uma escala fenotípica, podendo estar mais próximo de um ou do outro homozigoto. **Codominância** é o caso em que o heterozigoto mostra os fenótipos de ambos os homozigotos. A determinação do grupo sanguíneo MN é um caso de codominância, pois o indivíduo de genótipo L^ML^N produz o antígeno M e o antígeno N. Outro exemplo é o grupo sangüíneo AB, onde ocorre a produção do aglutinogênio A e B nas hemácias.

Esses mesmos autores concordam que, muitas vezes, os termos dominância incompleta e codominância são um tanto arbitrários, dependendo do nível fenotípico no qual são feitas as observações.

Transfusões no Sistema MN

A produção de anticorpos anti-M ou anti-N ocorre após sensibilização, como acontece com o sistema Rh. Assim, não haverá reação de incompatibilidade se uma pessoa que pertence ao grupo M, por exemplo, receber sangue tipo N, a não ser que ela esteja sensibilizada por transfusão anterior.

Saiba mais

Resumo de sistemas sanguíneos

Sistema ABO

Fenótipos	Genótipos	Aglutinogênio nas hemácias	Aglutininas no plasma
A	I^AI^A, I^Ai	A	anti-B
B	I^BI^B, I^Bi	B	anti-A
AB	I^AI^B	A e B	não há
O	ii	não há	anti-A e anti-B

Transfusões

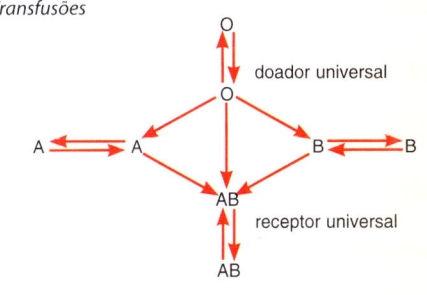

Sistema Rh

Fenótipos	Genótipos	Fator Rh nas hemácias	Anti-Rh
Rh⁺	RR, Rr	sim	não
Rh⁻	rr	não	após sensibilização

Eritroblastose fetal: mãe Rh⁻, feto Rh⁺

Sistema MN

Fenótipos	Genótipos	Fator nas hemácias
M	L^ML^M	fator M
N	L^NL^N	fator N
MN	L^ML^N	fator M e fator N

A ciência por trás do fato!

É verdade que doar sangue deixa o sangue grosso?

Há quem diga que doar sangue emagrece; outros dizem que engorda; há, ainda, os que dizem que vicia! É uma pena que a propagação de mitos como esse faça com que menos de 2% da população brasileira seja doadora regular de sangue.

Um dos mais populares mitos é o de que o sangue "engrossa" ou "afina" depois da doação. A corrente dos que dizem que o sangue engrossa preocupa-se, pois poderia ocorrer maior retirada da parte líquida do sangue (do plasma), tornando-o mais espesso e levando ao entupimento de vasos. Para os que acreditam no contrário, maior quantidade de células e proteínas seria retirada, deixando mais plasma. Com isso, o sangue ficaria mais "aquoso" e poderia levar à anemia.

Tudo isso não passa de mito. Depois da retirada de uma parte do sangue para doação, geralmente em torno de 450 mL, o nosso corpo já começa a reposição do volume e de componentes do sangue, restabelecendo o equilíbrio. Para essa quantidade de sangue doado por um homem saudável, espera-se que no prazo de um dia (24 horas) o volume de sangue (representado pelo plasma) já tenha voltado ao normal. Em aproximadamente um mês, todos os glóbulos vermelhos já terão sido repostos e, em oito semanas, o estoque de ferro também já terá se normalizado. Para as mulheres, os números são parecidos; entretanto, doze semanas são necessárias para a normalização do ferro.

Doar sangue traz benefícios tanto para quem doa como para quem o recebe – a doação salva muitas vidas e não traz qualquer risco para o doador.

Ética & Sociedade

Doação de sangue

Ninguém está livre de precisar de uma transfusão de sangue. Ninguém está livre de sofrer um acidente, de passar por uma cirurgia ou por um procedimento médico em que a transfusão seja absolutamente indispensável.

Como não existe sangue sintético produzido em laboratórios, quem precisa de transfusão tem de contar com a boa vontade de doadores, uma vez que nada substitui o sangue verdadeiro retirado das veias de outro ser humano.

Todos sabemos que é importante doar sangue. Mas, quando chega a nossa vez, sempre encontramos uma desculpa – hoje está frio ou não estou disposto; nesses últimos dias tenho trabalhado muito e ando cansado; será que esse sangue não me vai fazer falta... – e vamos adiando a doação que poderia salvar a vida de uma pessoa.

Sempre é bom frisar que o sangue doado não faz a menor falta para o doador. Consequentemente, nada justifica que as pessoas deixem de doá-lo. O processo é simples, rápido e seguro.

Dra. Maria Angélica Soares é médica,
coordenadora do Hemocentro do Hospital São Paulo da UNIFESP,
Universidade Federal do Estado de São Paulo.
Disponível em:
<http://www.drauziovarella.com.br/entrevistas/dsangue.asp>.
Acesso em: 20 abr. 2012.

Passo a passo

1. No caráter forma da semente em ervilha, o gene *R* determina a forma lisa e seu alelo *r*, forma rugosa. No entanto, um gene pode sofrer várias mutações, produzindo mais de dois alelos. Assim, um gene *A* pode originar A_1, A_2, A_3, diferentes uns dos outros, mas ocupando o mesmo *locus*. A respeito do texto acima, responda:
   a) Qual o nome que se dá a essa série de alelos produzidos por mutação?
   b) É correto afirmar que, existindo em uma população quatro genes alelos diferentes para um mesmo *locus*, cada indivíduo, quando homozigoto, é portador de quatro alelos iguais e, quando heterozigoto, é portador de quatro alelos diferentes? Justifique a resposta.
   c) No caso de existirem dois ou mais genes alelos ocupando o mesmo *locus*, a 1.ª Lei de Mendel pode ser aplicada? Justifique a resposta.
   d) Existindo 3 genes alelos ocupando o mesmo *locus* na população, quantos desses alelos ocorre no gameta de um indivíduo dessa população? e na célula somática?

2. Em 1990, Landsteiner notou que transfusões de sangue entre pessoas resultavam em aglutinação dos glóbulos vermelhos doados com oclusões dos capilares do receptor, provocando, às vezes, morte. No entanto, essas aglutinações não eram gerais, isto é, não ocorriam sempre. Pergunta-se: por que nem sempre ocorre aglutinação?

3. Indique, para cada grupo sanguíneo do sistema ABO, qual seu genótipo, o(s) aglutinogênio(s) presente(s) nos glóbulos vermelhos e a(s) aglutinina(s) do plasma.

4. Como se explica que um indivíduo com aglutinogênio A (grupo sanguíneo tipo A) pode receber sangue de um doador do grupo O que contém aglutinina anti-A?

5. Em coelhos, a cor do pelo é determinada por uma série de alelos múltiplos onde:

   C – selvagem; c^{ch} – chinchila; c^h – himalaia; c^a – albino.

Do cruzamento entre um macho himalaia heterozigoto com uma fêmea albina, qual a probabilidade de nascer:

a) coelhos selvagens?
b) 2 coelhos, sendo o 1.º albino e o 2.º himalaia?
c) 3 coelhos albinos, sendo os dois primeiros machos e o último fêmea?

6. Qual o genótipo do casal de coelhos que, por cruzamento, originou em F_1 a proporção de 75% de descendentes do tipo selvagem e 25% himalaio?

7. Quais os fenótipos, em relação ao grupo sanguíneo ABO, dos descendentes do casal de genótipo $I^A i \times I^B i$?

8. Determine o genótipo do casal na questão a seguir: o sangue da mãe aglutinou com o soro anti-B. Dos filhos, 1/4 possui sangue tipo A, 1/4 sangue tipo AB e 1/2 sangue tipo B.

9. Leia as afirmações a seguir e assinale C para as corretas e E para as incorretas.

I – Deve-se evitar uma transfusão sanguínea de um *doador* A para um *receptor* B, pois as aglutininas anti-B presentes no plasma do doador destruirão todos os aglutinogênios B presentes nos glóbulos vermelhos do receptor, podendo levar à morte.

II – Indivíduos de tipo sanguíneo O são doadores universais, uma vez que não possuem nenhuma das aglutininas no plasma; já os do tipo AB são receptores universais por não possuírem nenhum aglutinogênio no glóbulo vermelho.

III – Um doador do grupo sanguíneo B poderá doar sangue para um receptor sem aglutinina anti-B; o mesmo vale para um doador A, que poderá doar para indivíduos sem aglutinina anti-A.

10. Considerando a genealogia e os grupos sanguíneos (sistemas ABO) de cada indivíduo na figura abaixo, determine qual a probabilidade do indivíduo III-1 ser do sexo masculino e do grupo sanguíneo A.

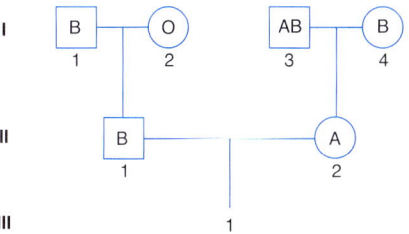

11. Preencha corretamente o quadro abaixo.

Fenótipos	Genótipos	Fator Rh nas hemácias	Anti-Rh
	RR, Rr		
	rr		

12. Uma mulher pertencente ao grupo sanguíneo Rh⁻, que sofreu uma transfusão de sangue Rh⁺, torna-se imunizada contra o antígeno Rh. Quais são as consequências dessa imunização em um filho Rh⁺?

13. Uma mulher de sangue tipo B, que teve eritoblastose fetal ao nascer, tem um filho de sangue tipo O e Rh⁺ e outro do grupo A, Rh⁻.

a) Qual é o genótipo e o fenótipo do pai das duas crianças?
b) Qual a probabilidade de o casal vir a ter um filho do sexo masculino, grupo AB e Rh⁺?

14. A respeito dos itens abaixo, assinale V para as afirmações corretas e F para as incorretas.

a) Há indivíduos sem os antígenos M e N.
b) O genótipo $L^M L^M$ significa a presença do antígeno M nas hemácias.
c) O grupo sanguíneo N tem dois genótipos possíveis.
d) Os indivíduos de genótipo $L^M L^N$ produzem os dois tipos de antígenos.
e) A produção de anticorpo anti-M é natural, isto é, não necessita de sensibilização como ocorre no grupo sanguíneo ABO.

15. Considerando a genealogia e os sistemas sanguíneos ABO, Rh e MN de cada indivíduo na figura abaixo, determine qual a probabilidade de o indivíduo III-1 ser do tipo O, Rh⁻, MN e do sexo feminino.

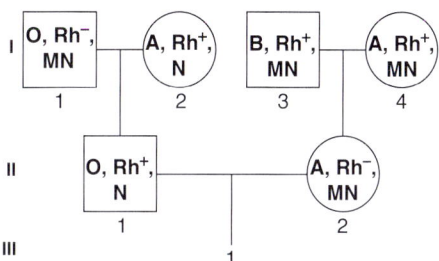

a) 1/4
b) 1/8
c) 1/16
d) 1/32
e) 1/64

16. *Questão de interpretação de texto*

(FGV – SP) AUSTRALIANA MUDA DE GRUPO SANGUÍNEO APÓS TRANSPLANTE

A australiana Demi-Lee Brennan, 15, mudou de grupo sanguíneo, O Rh⁻, e adotou o tipo sanguíneo de seu doador, O Rh⁺, após ter sido submetida a um transplante de fígado, informou a equipe médica do hospital infantil de Westemead, Sydney. A garota tinha nove anos quando fez o transplante. Nove meses depois, os médicos descobriram que havia mudado de grupo sanguíneo, depois que as células-tronco do novo fígado migraram para sua medula óssea. O fato contribuiu para que seu organismo não rejeitasse o órgão transplantado.

Folha online, 24 jan. 2008.

Sobre esse fato, pode-se dizer que a garota

a) não apresentava aglutinogênios anti-A e anti-B em suas hemácias, mas depois do transplante passou a apresentá-los.
b) apresentava aglutininas do sistema ABO em seu plasma sanguíneo, mas depois do transplante deixou de apresentá-las.
c) apresentava o fator Rh, mas não apresentava aglutininas anti-Rh em seu sangue, e depois do transplante passou a apresentá-las.
d) quando adulta, se engravidar de um rapaz de tipo sanguíneo Rh⁻, poderá gerar uma criança de tipo sanguíneo Rh⁺.
e) quando adulta, se engravidar de um rapaz de tipo sanguíneo Rh⁺, não corre o risco de gerar uma criança com eritroblastose fetal.

Questões objetivas

1. (UNESP) Em coelhos, os alelos C, c^{ch}, c^h e c^a condicionam, respectivamente, pelagem tipo selvagem, chinchila, himalaia e albino. Em uma população de coelhos em que estejam presentes os quatros alelos, o número possível de genótipos diferentes será:

a) 4. b) 6. c) 8. d) 10. e) 12.

2. (UFMS) O padrão fenotípico da pelagem de coelhos é determinado por uma série de 4 alelos (alelos múltiplos), como demonstrado na tabela abaixo:

Alelo	Fenótipo
C	aguti
c^{ch}	chinchila
c^h	himalaia
c^a	albino

Com relação à escala de dominância, o alelo C é dominante sobre todos os outros alelos; o alelo c^{ch} é dominante sobre o alelo c^h. Por sua vez, o alelo c^h é dominante sobre o alelo c^a. Em função dos genótipos de cada casal de coelhos, analise os cruzamentos propostos e assinale a(s) alternativa(s) que indica(m) a(s) possibilidade(s) correta(s).

(01) Do cruzamento $c^h c^h \times c^a c^a$, espera-se que 75% dos descendentes sejam himalaias.
(02) Do cruzamento $c^{ch} c^{ch} \times c^h c^a$, espera-se que 25% dos descendentes sejam albinos.
(04) Do cruzamento $c^h c^a \times c^a c^a$, espera-se que 50% dos descendentes sejam himalaias.
(08) Do cruzamento $Cc^{ch} \times c^a c^a$, espera-se que 25% dos descendentes sejam albinos.
(16) Do cruzamento $c^{ch} c^a \times c^{ch} c^a$, espera-se que 75% dos descendentes sejam chinchilas.
(32) Do cruzamento $CC \times c^{ch} c^{ch}$, espera-se que 100% dos descendentes sejam agutis.

3. (MACKENZIE – SP) A respeito de grupos sanguíneos, é correto afirmar que

a) um indivíduo pertencente ao tipo O não tem aglutininas.
b) um indivíduo com aglutinina do tipo B não pode ser filho de pai tipo O.
c) os indivíduos pertencentes ao tipo AB não podem ter filhos que pertençam ao tipo O.
d) um homem pertencente ao tipo A, casado com uma mulher do tipo B, não poderá ter filhos do tipo AB.
e) a ausência de aglutinogênios é característica de indivíduos pertencentes ao tipo AB.

4. (UNESP) Observe as figuras.

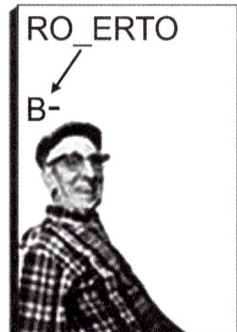

(www.olharvital.ufrj.br, 14.05.2004. Adaptado.)

No caso específico dos pacientes que ilustram os cartazes, ambos usuários de banco de sangue, pode-se dizer que Rafael pode receber sangue de doadores de

a) quatro diferentes tipo sanguíneos, enquanto o Sr. Roberto pode receber sangue de doadores de dois diferentes tipos sanguíneos.
b) dois diferentes tipos sanguíneos, enquanto o Sr. Roberto pode receber sangue de doadores de quatro diferentes tipos sanguíneos.
c) dois diferentes tipos sanguíneos, assim como o Sr. Roberto. Contudo, os dois tipos sanguíneos dos doadores para o Sr. Roberto diferem dos tipos sanguíneos dos doadores para Rafael.
d) dois diferentes tipos sanguíneos, assim como o Sr. Roberto. Contudo, um dos tipos sanguíneos dos doadores para o Sr. Roberto difere de um dos tipos sanguíneos dos doadores para Rafael.
e) um único tipo sanguíneo, assim como o Sr. Roberto. O doador de sangue para Rafael difere em tipo sanguíneo do doador para o Sr. Roberto.

5. (UNESP) Em um acidente de carro, três jovens sofreram graves ferimentos e foram levados a um hospital, onde foi constatada a necessidade de transfusão de sangue devido a uma forte hemorragia nos três acidentados. O hospital possuía em seu estoque 1 litro de sangue do tipo AB, 4 litros do tipo B, 6 litros do tipo A e 10 litros do tipo O. Ao se fazer a tipagem sanguínea dos jovens, verificou-se que o sangue de Carlos era do tipo O, o de Roberto do tipo AB e o de Marcos do tipo A. Considerando apenas o sistema ABO, os jovens para os quais havia maior e menor disponibilidade de sangue em estoque eram, respectivamente,

a) Carlos e Marcos.
b) Marcos e Roberto.
c) Marcos e Carlos.
d) Roberto e Carlos.
e) Roberto e Marcos.

6. (UEM – PR) Em relação ao sistema sanguíneo ABO, assinale o que for correto.

(01) A síntese dos componentes determinantes do sistema ABO é feita pelo retículo endoplasmático e determinada geneticamente.
(02) Indivíduos homozigotos recessivos não podem receber sangue de indivíduos heterozigotos.
(04) Indivíduos heterozigotos não podem receber sangue de indivíduos homozigotos.
(08) Todos os indivíduos homozigotos não podem receber sangue de indivíduos heterozigotos.
(16) Indivíduos homozigotos dominantes podem doar sangue para alguns indivíduos heterozigotos.
(32) A herança do sistema sanguíneo ABO é exemplo de polialelia ou de alelos múltiplos.
(64) A herança do sistema sanguíneo ABO é exemplo de dominância completa entre dois alelos.

7. (UFMS) A herança genética do sistema ABO é dada por alelos múltiplos (polialelia), representados pelos genes alelos "I^A"; "I^B" e "i", os quais proporcionam diferentes tipos de fenótipos e genótipos sanguíneos em humanos. Em relação ao tipo de herança do sistema ABO, identifique as afirmativas corretas e dê sua soma ao final.

(01) O grupo AB apresenta 2 tipos de fenótipos e 4 tipos de genótipos.
(02) Indivíduos do grupo sanguíneo B possuem aglutinogênios B e aglutininas anti-A.
(04) Os genes alelos "I^A" e "I^B" são dominantes em relação a "i".
(08) Uma mulher e um homem, ambos pertencentes ao grupo sanguíneo do tipo O, não apresentam possibilidades de terem filhos do tipo A, B ou AB, mas somente do tipo O.

(16) Indivíduos do grupo sanguíneo do tipo A apresentam apenas 1 (um) tipo de genótipo e dois tipos de fenótipos.

(32) A produção de aglutinogênios é condicionada pela gene alelo "i".

8. (UFAM) As transfusões sanguíneas exigem o conhecimento prévio ou "tipagem" do sangue do receptor e do sangue do doador. Conhecendo-se o sistema sanguíneo ABO, como o quadro abaixo deve ser completado?

Grupo sanguíneo	Pode doar a	Pode receber de
A	A e AB	
B		B e O
AB	AB	
O		O

a) A pode receber de A e O; B pode doar a B e AB; AB pode receber de A, B, AB e O; O pode doar a A, B, AB e O.
b) A pode receber de A e AB; B pode doar a B e O; AB pode receber de A, B, AB e O; O pode doar a A, AB e O.
c) A pode receber somente de A; B pode doar somente a B; AB pode receber de A, B, AB; O pode doar a B, AB e O.
d) A pode receber somente de O; B pode doar somente a AB; AB pode receber de B, AB e O; O pode doar a A, B, AB e O.
e) A pode receber somente de AB; B pode doar a O; AB pode receber de B, AB e O; O pode doar a B, AB e O.

9. (UFOP – MG) As alternativas abaixo são referentes à transfusão de sangue e à herança de grupos sanguíneos. Marque a opção **incorreta**.

a) A eritroblastose fetal é um importante problema de incompatibilidade materno-fetal, vinculado ao fator Rh.
b) A transfusão sanguínea pode aumentar a incidência de doenças como a hepatite B, a AIDS e a hemofilia.
c) Hemácias jovens e ainda nucleadas, observadas no sangue de crianças com doença hemolítica do recém-nascido, são denominadas eritroblastos, o que explica o outro nome dado à doença: eristroblastose fetal.
d) A determinação do sistema Rh tem importância médico-legal em casos de identificação de amostras de sangue ou de investigação de paternidade.

10. (UFLA – MG) O sistema **Rh** em seres humanos é controlado por um gene com dois alelos, dos quais o alelo dominante **R** é responsável pela presença do fator **Rh** nas hemácias e, portanto, fenótipo **Rh⁺**. O alelo recessivo r é responsável pela ausência do fator **Rh** e fenótipo **Rh⁻**.

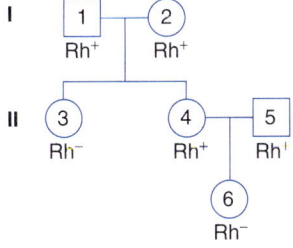

Com base no heredograma acima, determine os genótipos dos indivíduos 1, 2, 3, 4, 5 e 6, respectivamente.

a) RR, Rr, Rr, RR, Rr, RR
b) Rr, Rr, rr, Rr, Rr, rr
c) Rr, Rr, Rr, rr, RR, Rr
d) Rr, Rr, rr, RR, Rr, rr

11. (UFAC) Leia o texto a seguir.

Estudante descobre não ser filha dos pais em aula de genética

Uma aula sobre genética tumultuou a vida de uma família que vive em Campo Grande, Mato Grosso do Sul. Uma estudante descobriu que não poderia ser filha natural dos pais. Miriam Anderson cresceu acreditando que Holmes e Elisa eram os seus pais. Na adolescência, durante uma aula de genética, ela entendeu que o tipo sanguíneo dos pais era incompatível com o dela.

Jornal Hoje – Rede Globo, 29 set. 2008.

Considerando que o tipo sanguíneo de Miriam seja O, Rh⁻, assinale a alternativa que apresenta o provável tipo sanguíneo do casal que confirmaria o drama descrito na reportagem, ou seja, que Holmes e Elisa não poderiam ter gerado Miriam.

a) Pai: AB, Rh⁺ e mãe: O, Rh⁻.
b) Pai: A, Rh⁺ e mãe: B, Rh⁺.
c) Pai: B, Rh⁻ e mãe: B, Rh⁻.
d) Pai: O, Rh⁻ e mãe: A, Rh⁺.
e) Pai: B, Rh⁺ e mãe: A, Rh⁺.

12. (PUC – SP) O sangue de um determinado casal foi testado com a utilização dos soros anti-A, anti-B e anti-Rh (anti-D). Os resultados são mostrados abaixo. O sinal + significa aglutinação de hemácias e – significa ausência de reação.

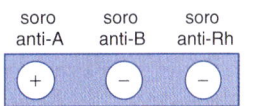
Lâmina I – contém gotas de sangue da mulher misturadas aos três tipos de soro.

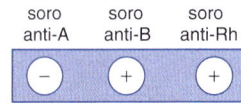
Lâmina II – contém gotas de sangue do homem misturadas aos três tipos de soro.

Esse casal tem uma criança pertencente ao grupo O e Rh negativo. Qual a probabilidade de o casal vir a ter uma criança que apresente aglutinogênios (antígenos) A, B e Rh nas hemáceas?

a) 1/2
b) 1/4
c) 1/8
d) 1/16
e) 3/4

13. (MACKENZIE – SP) Uma mulher pertencente ao tipo sanguíneo A, Rh⁻, filha de mãe tipo O, Rh⁺, casou-se com um homem do tipo B, Rh⁺, filho de pai A, Rh⁻. É correto afirmar que:

a) tanto o homem quanto a mulher são homozigotos para os genes do sistema ABO.
b) esse casal pode ter crianças pertencentes a todos os tipos sanguíneos.
c) essa mulher não poderá ter crianças com eritroblastose fetal.
d) há 50% de probabilidade de esse casal ter uma criança doadora universal.
e) a mulher é heterozigota para o gene do sistema Rh.

14. (MACKENZIE – SP) O quadro representa os resultados dos testes de tipagem sanguínea para um homem, para seu pai e para sua mãe. O sinal + indica que houve aglutinação e o sinal – indica ausência de aglutinação.

	Anti-A	Anti-B	Anti-Rh
Homem	–	+	+
Pai	+	+	+
Mãe	–	–	–

Assinale a alternativa correta.

a) Esse homem tem anticorpos contra o sangue de sua mãe.
b) O pai desse homem é doador universal.
c) Esse homem apresenta aglutinogênio A em suas hemácias.
d) Esse homem poderia ter um irmão pertencente ao tipo O, Rh⁻.
e) Esse homem poderia ter tido eritroblastose fetal ao nascer.

15. (PUC – Campinas – SP) A **doença hemolítica do recém-nascido (DHRN)** é causada pela incompatibilidade sanguínea do fator Rh entre o sangue materno e o sangue do bebê. O problema se manifesta durante a gravidez de mulheres Rh negativo que estejam gerando um filho Rh positivo.

Ao passarem para a mãe, as hemácias do feto, que carregam o fator Rh, desencadearão um processo em que o organismo da mãe começará a produzir anticorpos anti-Rh. Esses anticorpos chegarão, através da placenta, até a circulação do feto, destruindo as suas hemácias.

O heredograma a seguir representa uma família na qual a criança indicada pela seta desenvolveu a DHRN e como terapia recebeu transfusões sanguíneas após o nascimento.

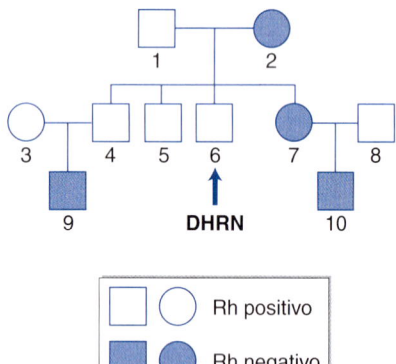

Com base nas informações acima e em seus conhecimentos, é **INCORRETO** afirmar:

a) Após o nascimento, a criança pode ter recebido sangue de um doador Rh negativo que não fosse sua mãe.
b) No heredograma, todos os homens normais representados são heterozigotos para a produção do fator Rh.
c) O indivíduo 4, representado no heredograma, só não desenvolveu a DHRN porque sua mãe deve ter recebido soroterapia preventiva durante a gestação.
d) A chance de o próximo filho do casal 7 x 8 ser Rh positivo é de 50%, mas, mesmo sendo Rh positivo, não é normalmente esperado que desenvolva DHRN.

16. (UPE) Ao receber a tipagem sanguínea AB e B, respectivamente, de seus gêmeos bivitelinos recém-nascidos, um homem questiona a equipe médica sobre uma possível troca de bebês, visto ele ser do grupo sanguíneo A e sua mulher, do tipo O. Além disso, o casal possuía duas filhas de quatro e três anos com tipos sanguíneos O e A, respectivamente. Os médicos alegaram não ter ocorrido troca, pois, naquele dia, apenas o casal havia gerado meninos, enquanto as demais crianças eram meninas.

A equipe médica realizou, então, uma bateria de testes com o casal e os bebês, obtendo os seguintes resultados:

1 – Após teste de DNA, foi revelado que os bebês pertenciam ao casal;
2 – A mãe dos bebês possui o fenótipo Bombaim.

As proposições abaixo estão relacionadas a esses fatos. Assinale verdadeiras em I e falsas em II. Analise-as e conclua.

I	II	
0	0	Os antígenos A e B são sintetizados a partir de uma substância H, devido a um gene H que se manifesta apenas em heterozigose.
1	1	O sangue dos indivíduos de genótipo hh não produz a substância H e, portanto, estes não poderão expressar antígenos A e/ou B, mesmo que possuam o genótipo para produzi-los.
2	2	O genótipo da mãe dos bebês é $I^B I^B$ hh, o que justifica ela ser um falso O e poder ter crianças com antígeno B ou sem antígenos na superfície das hemácias.
3	3	Como o casal possui filhas com tipos O e A, o genótipo do pai dos bebês é, obrigatoriamente, $I^A I^A$ HH.
4	4	A mãe, falso O, por ter o alelo I^B, poderá transmiti-lo aos seus descendentes, que poderão manifestar o fenótipo tipo B, por possuírem um gene H recebido do pai.

17. (UFSC)

Enzimas convertem sangue de todos os tipos em sangue "O"

Um método capaz de transformar em "O" sangue dos tipos A, B e AB foi criado por uma equipe internacional de pesquisadores. A técnica pode pôr fim aos problemas de suprimento nos bancos de sangue, onde falta frequentemente o tipo O negativo, o mais procurado, pois pode ser recebido por qualquer paciente. A compatibilidade é fundamental para a transfusão, pois esses antígenos podem reagir com anticorpos presentes no plasma e levar à morte em alguns casos. A equipe de Qiyong Liu, da empresa ZymeQuest (EUA), obteve enzimas capazes de remover da superfície dos glóbulos vermelhos as moléculas responsáveis pela reação imune. As enzimas foram desenvolvidas em laboratório a partir de proteínas produzidas por bactérias.

Disponível em: <http://www.cienciahoje.uol.com.br/controlPanel/materia/view/68658>.
Acesso em: 16 set. 2009. (Adaptado)

Sobre esse assunto, é **CORRETO** afirmar que:

(01) a incompatibilidade entre grupos sanguíneos deve-se a uma reação imunológica entre proteínas dissolvidas no plasma sanguíneo e moléculas presentes na membrana das hemácias.
(02) ao obter enzimas capazes de suprimir a reação imune, os cientistas podem alterar a herança genética das pessoas quanto ao tipo sanguíneo.
(04) a herança dos grupos sanguíneos do sistema ABO é determinada por um gene com alelos múltiplos.
(08) o sangue das pessoas que apresentam o tipo O recebe essa denominação pois não apresenta o antígeno A ou B (aglutinogênio A ou aglutinogênio B) nem as aglutininas anti-A ou anti-B.
(16) existe um pequeno número de pessoas na população mundial que pode ser erroneamente classificado como pertencente ao grupo sanguíneo O (falso O), embora não possuam genótipo correspondente a esse grupo (fenótipo Bombaim).
(32) para cada fenótipo sanguíneo existente no sistema ABO só existe um genótipo possível que o determine.

18. (UNIMONTES – MG) Considere uma população de 2.000 indivíduos, na qual a distribuição dos diferentes grupos sanguíneos do sistema MN seja a seguinte:

Fenótipo	Número de indivíduos
M	680
MN	950
N	370

Considerando as informações apresentadas e o assunto abordado, a quantidade de genes M nessa população é igual a
a) 950.
b) 2.310.
c) 2.000.
d) 1.630.

Questões dissertativas

1. (UNICAMP – SP) Para desvendar crimes, a polícia científica costuma coletar e analisar diversos resíduos encontrados no local do crime. Na investigação de um assassinato, quatro amostras de resíduos foram analisadas e apresentaram os componentes relacionados na tabela abaixo.

Amostras	Componentes
1	clorofila, ribose e proteínas
2	ptialina e sais
3	quitina
4	queratina e outras proteínas

Com base nos componentes identificados em cada amostra, os investigadores científicos relacionaram uma das amostras a cabelo e as demais a artrópode, planta e saliva.

a) A qual amostra corresponde o cabelo? E a saliva? Indique qual conteúdo de cada uma das amostras permitiu a identificação do material analisado.
b) Sangue do tipo AB Rh⁻ também foi coletado no local. Sabendo-se que o pai da vítima tem o tipo sanguíneo O Rh⁻ e a mãe tem o tipo AB Rh⁺, há possibilidade de o sangue ser da vítima? Justifique sua resposta.

2. (UFES – adaptada) Releia o texto da questão 17, do bloco anterior, e responda ao que se pede.
a) Considerando os padrões de herança envolvidos na determinação dos grupos sanguíneos, no sistema ABO, demonstre quais serão as proporções fenotípica e genotípica esperadas na progênie de um casamento entre um indivíduo portador dos dois antígenos (A e B) e uma mulher que não possui nenhum desses antígenos em suas hemácias.
b) O texto apresenta a seguinte informação: "A equipe de Qiyong Liu, da empresa ZymeQuest (EUA), obteve enzimas capazes de remover da superfície dos glóbulos vermelhos as moléculas responsáveis pela reação imune". Com base nessa informação, responda: essa característica modificada pode ser transmitida para os descendentes dos indivíduos? Justifique a sua resposta.
c) Nas respostas imunológicas são envolvidos diferentes grupos de células, dentre as quais os macrófagos. Caracterize os macrófagos em relação às estruturas e organelas envolvidas em sua ação durante o processo imunológico.

3. (UNICAMP – SP) No início do século XX, o austríaco Karl Landsteiner, misturando o sangue de indivíduos diferentes, verificou que apenas algumas combinações eram compatíveis. Descobriu, assim, a existência do chamado sistema ABO em humanos. No quadro abaixo são mostrados os genótipos possíveis e os aglutinogênios correspondentes a cada tipo sanguíneo.

Tipo sanguíneo	Genótipo	Aglutinogênio
A	$I^A I^A$ ou $I^A i$	A
B	$I^B I^B$ ou $I^B i$	B
AB	$I^A I^B$	A e B
O	ii	nenhum

a) Que tipo ou tipos sanguíneos poderiam ser utilizados em transfusão de sangue para indivíduos de sangue tipo A? Justifique.
b) Uma mulher com tipo sanguíneo A, casada com um homem com tipo sanguíneo B, tem um filho considerado doador de sangue universal. Qual a probabilidade de esse casal ter um(a) filho(a) com tipo sanguíneo AB? Justifique sua resposta.

4. (UNESP) Uma espécie de peixe possui indivíduos verdes, vermelhos, laranjas e amarelos. Esses fenótipos são determinados por um gene com diferentes alelos, como descrito na tabela.

Fenótipos	Genótipos
Verde	GG, GG^1, GG^2
Vermelho	$G^1 G^1$
Laranja	$G^1 G^2$
Amarelo	$G^2 G^2$

Suponha que esses peixes vivam em lagoas onde ocorre despejo de poluentes que não causam sua morte, porém os tornam mais visíveis aos predadores.

a) Em uma dessas lagoas, os peixes amarelos ficam mais visíveis para os predadores, sendo completamente eliminados naquela geração. Haverá a possibilidade de nascerem peixes amarelos na geração seguinte? Explique.
b) Em outra lagoa, os peixes verdes ficam mais visíveis aos predadores e são eliminados naquela geração. Haverá possibilidade de nascerem peixes verdes na geração seguinte? Explique.

5. (UFES) A cor da pelagem em coelhos é determinada por uma série de alelos múltiplos composta pelos genes C, c^1, c^2 e c^3, responsáveis pelos fenótipos aguti, chinchila, himalaio e albino, respectivamente. A ordem de dominância existente entre os genes é $C > c^1 > c^2 > c^3$.

a) Quais as proporções fenotípicas e genotípicas esperadas na progênie do cruzamento entre um coelho aguti (Cc^1) e um coelho chinchila (c^1c^2)?

b) Como você explicaria o aparecimento de coelhos albinos a partir de um cruzamento entre coelhos himalaios?

6. (FUVEST – SP) Um casal afirma que determinada criança achada pela polícia é seu filho desaparecido. Os resultados dos testes para grupos sanguíneos foram:

- suposto pai – Rh^+, A, M.
- suposta mãe – Rh^+, B, M.
- criança – Rh^-, O, N.

Explique como esses resultados excluem ou não a possibilidade de que a criança em questão seja o filho do casal.

Programas de avaliação seriada

1. (PSS – UFS – SE) A genética é o ramo da Biologia que estuda a hereditariedade. Sobre as características hereditárias dos organismos, analise as seguintes informações:

(0) Genes localizados no mesmo cromossomo sempre atuam na mesma característica.
(1) A expressão de um gene é resultado de sua interação com o ambiente e com outros genes.
(2) O genótipo de um indivíduo para determinada característica só pode ser conhecido através de técnicas moleculares.
(3) Existem casos em que dois ou mais genes interagem para produzir um determinado caráter.
(4) Alelos múltiplos são aqueles que afetam mais de um caráter.

2. (PSC – UFAM) No quadro ao lado estão representados os resultados da reação de aglutinação de hemácias de quatro indivíduos, na presença de anticorpos **anti-A**, **anti-B** e **anti-Rh**.

	Anti-A	Anti-B	Anti-Rh
Maria	+	–	+
Pedro	–	+	–
João	+	+	+
Laura	–	–	–

Com base nos resultados apresentados no teste de aglutinação, marque qual das alternativas contém a afirmativa correta.

a) Laura pertence ao grupo sanguíneo O Rh^+.
b) João possui algutininas anti-A e anti-B no plasma.
c) Maria possui aglutinogênio ou antígeno B em suas hemácias.
d) Pedro possui aglutinogênio ou antígeno A em suas hemácias.
e) João pode receber sangue de Maria.

Capítulo 39
Herança e sexo

Daltonismo e direção

O daltonismo é um dos tipos de deficiência visual que acarreta dificuldades na diferenciação das cores primárias, como o verde, o vermelho e o azul. Existem diferentes tipos de daltonismo, sendo o mais frequente aquele que leva a problemas na identificação e visualização das cores verde e vermelha.

A causa do daltonismo é uma alteração em um gene ligado ao cromossomo X, fazendo parte do grupo de anomalias e doenças ligadas ao sexo. Em função desse tipo de herança, o daltonismo é mais frequente em homens do que em mulheres. No Brasil, estima-se que os daltônicos componham de 8 a 10% da população masculina e 0,25 a 1% da população feminina, o que resulta em cerca de 10 a 15 milhões de pessoas.

De maneira geral, a pessoa acometida pelo daltonismo apresenta poucas dificuldades em suas atividades diárias, sendo considerada pouco debilitante. Entretanto, essas pessoas apresentam algumas limitações práticas, como dirigir, por exemplo. Para uma pessoa com dificuldade na distinção do verde e do vermelho, o ato de dirigir pode tornar-se perigoso para si mesmo e para os outros. Afinal, para ela torna-se difícil diferenciar o sinal para parar ou seguir.

A legislação brasileira do Conselho Nacional de Trânsito exige avaliação oftalmológica para quem pretende tirar a carteira de habilitação. Nesse exame de vista, a visão cromática para identificar as cores vermelha, amarela e verde também é avaliada. Se o candidato não conseguir diferenciar essas cores, ele não poderá dirigir.

Neste capítulo você irá aprender um pouco mais sobre a determinação genética do sexo e sobre a herança de algumas anomalias relacionadas ao sexo, como o daltonismo, por exemplo.

Em condições normais, qualquer célula diploide humana contém 23 pares de cromossomos homólogos, isto é, 2n = 46. Desses cromossomos, 44 são **autossomos** e 2 são os **cromossomos sexuais**, também conhecidos como **heterossomos**.

AUTOSSOMOS E HETEROSSOMOS: A FÓRMULA CROMOSSÔMICA DAS CÉLULAS

Os cromossomos autossômicos são os relacionados a características comuns aos dois sexos, enquanto os sexuais são os responsáveis pelas características próprias de cada sexo. A formação de órgãos somáticos, tais como o fígado, o baço, o estômago e outros, deve-se a genes localizados nos autossomos, visto que esses órgãos existem nos dois sexos. O conjunto haploide de autossomos de uma célula é representado pela letra **A**. Por outro lado, a formação dos órgãos reprodutores, testículos e ovários, característicos de cada sexo, é condicionada por genes localizados nos cromossomos sexuais e são representados, de modo geral, por **X** e **Y**. O cromossomo **Y** é exclusivo do sexo masculino. O cromossomo **X** existe na mulher em dose dupla, enquanto no homem ele se encontra em dose simples (veja a Figura 39-1).

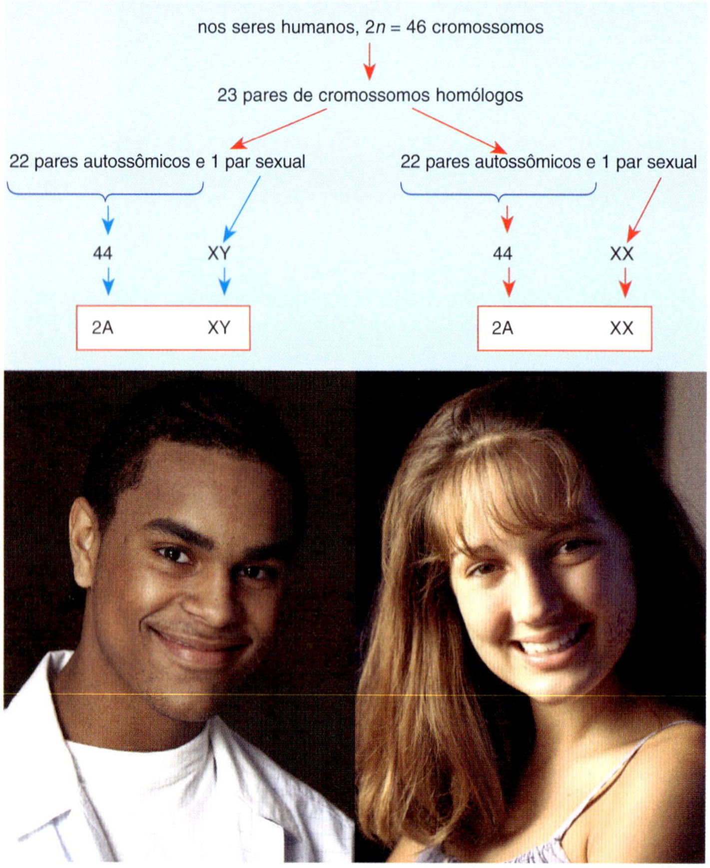

Os Cromossomos Sexuais

O cromossomo **Y** é mais curto e possui menos genes que o cromossomo **X**, além de conter uma porção encurvada, em que existem genes exclusivos do sexo masculino. Observe na Figura 39-2 que uma parte do cromossomo **X** não possui alelos em **Y**, isto é, entre os dois cromossomos há uma região não homóloga.

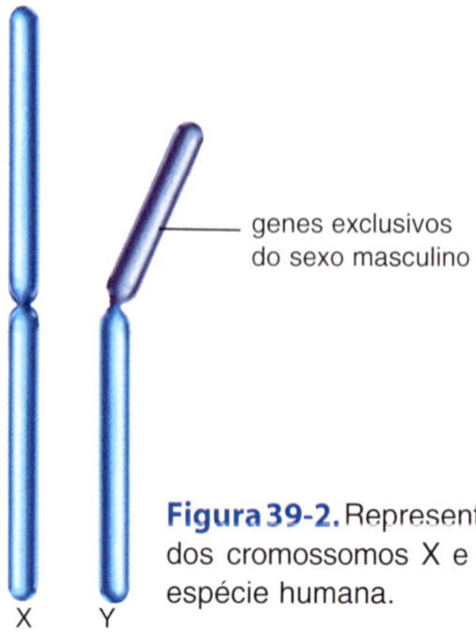

Figura 39-1. Na espécie humana, em indivíduos normais, o cromossomo **Y** é exclusivo do homem e encontra-se em dose única, enquanto na mulher o cromossomo **X** aparece em dose dupla.

DETERMINAÇÃO GENÉTICA DO SEXO

O Sistema XY

Em algumas espécies animais, incluindo a humana, a constituição genética dos indivíduos do sexo masculino é representada por 2AXY e a dos gametas por eles produzidos, AX e AY; na fêmea, cuja constituição genética é indicada por 2AXX, produzem-se apenas gametas AX. No homem, a constituição genética é representada por 44XY e a dos gametas por ele produzidos, 22X e 22Y; na mulher, 44XX e os gametas, 22X. Indivíduos que formam só um tipo de gameta, quanto aos cromossomos sexuais, são denominados **homogaméticos**. Os que produzem dois tipos são chamados de **heterogaméticos**. Na espécie humana, o sexo *feminino* é *homogamético*, enquanto o *masculino* é *heterogamético* (veja a Figura 39-3).

Figura 39-2. Representação dos cromossomos X e Y da espécie humana.

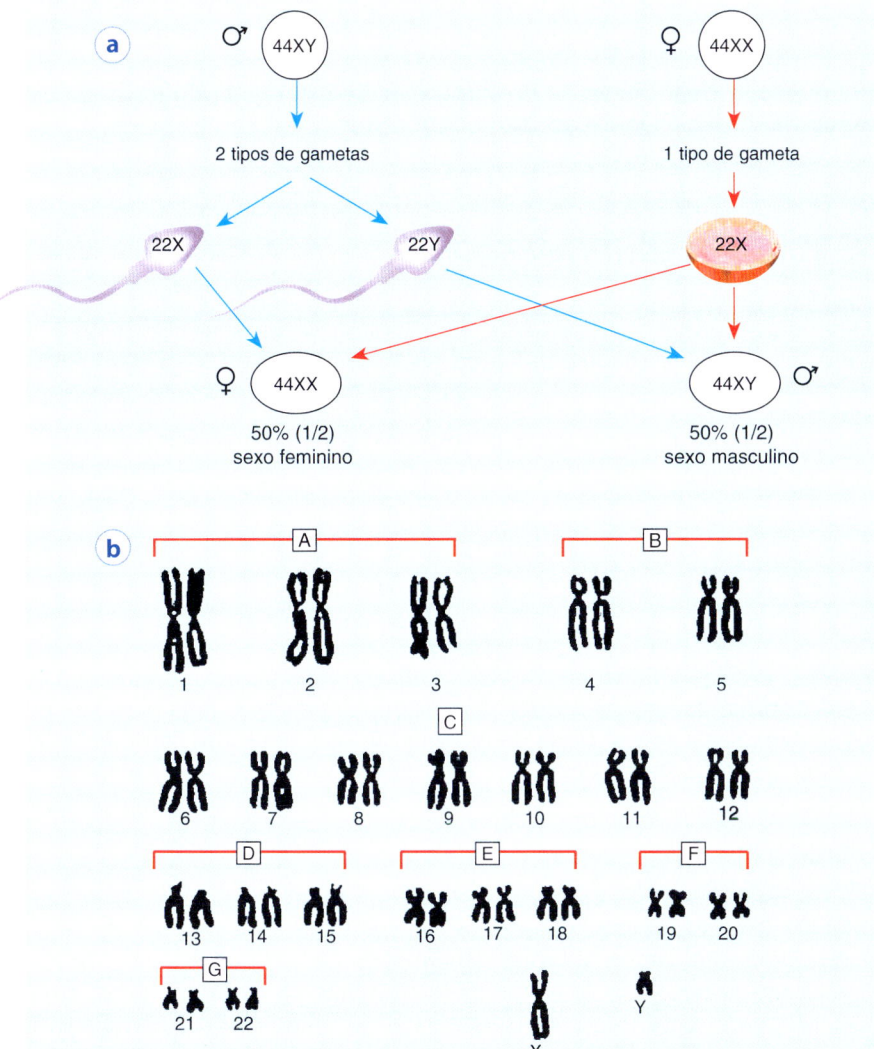

Figura 39-3. (a) Na mulher, a fórmula genética pode ser representada por 44XX (ou 2AXX) e a do homem por 44XY (ou 2AXY). (b) Cariótipo de célula normal de indivíduo do sexo masculino. Notar os cromossomos **X** e **Y**.

Mecanismo de compensação de dose

Em 1949, o pesquisador inglês Murray Barr descobriu que há uma diferença entre os núcleos interfásicos das células masculinas e femininas: na periferia dos núcleos das células femininas dos mamíferos existe uma massa de cromatina que não existe nas células masculinas. Essa cromatina possibilita identificar o sexo celular dos indivíduos pelo simples exame dos núcleos interfásicos: a ela dá-se o nome de **cromatina sexual** ou **corpúsculo de Barr**.

A partir da década de 1960, evidências permitiram que a pesquisadora inglesa Mary Lyon levantasse a hipótese de que cada corpúsculo de Barr seria um cromossomo X que, na célula interfásica, se espirala e se torna inativo; dessa forma, esse corpúsculo cora-se mais intensamente que todos os demais cromossomos, que se encontram ativos e na forma desespiralada de fios de cromatina.

Segundo a hipótese de Lyon, a inativação atinge ao acaso qualquer um dos dois cromossomos X da mulher, seja o proveniente do espermatozoide ou o do óvulo dos progenitores. Alguns autores acreditam que a inativação de um cromossomo X na mulher seria uma forma de igualar a quantidade de genes nos dois sexos. A esse mecanismo chamam de **compensação de dose**. Como a inativação ocorre ao acaso e em uma fase de desenvolvimento na qual o número de células é relativamente pequeno, é de se esperar que

Pense nisso

Temperatura e determinação de sexo

Um caso interessante que relaciona sexo e temperatura ocorre entre os répteis. A temperatura à qual os ovos são submetidos durante seu desenvolvimento tem papel fundamental na determinação do sexo dos filhotes que vão nascer: nas tartarugas (quelônios), por exemplo, uma temperatura mais alta favorece o desenvolvimento de machos.

Agora, pense no aquecimento que nosso planeta vem sofrendo e como isso poderá influenciar a sobrevivência de algumas espécies, como a de tartarugas (teme-se que se a temperatura subir excessivamente a quantidade de fêmeas será extremamente reduzida). Que medidas você tem tomado para ajudar a conter o aquecimento global?

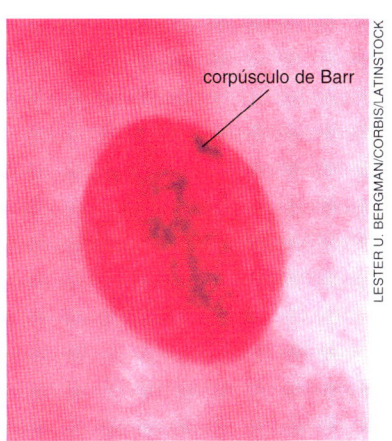

Corpúsculo de Barr em célula epitelial de mulher. Ele é uma massa de cromatina (um cromossomo X inativo), situado na borda do núcleo, e pode ser visto durante a intérfase.

metade das células de uma mulher tenha ativo o X de origem paterna, enquanto que a outra metade tenha o X de origem materna em funcionamento. Por isso, diz-se que as mulheres são "mosaicos", pois – quanto aos cromossomos sexuais – apresentam dois tipos de células.

A determinação do sexo nuclear (presença do corpúsculo de Barr) tem sido utilizada em jogos olímpicos, quando há dúvidas quanto ao sexo do indivíduo.

A ciência por trás do fato!

Dieta da mãe pode afetar o sexo do bebê?

Há quem acredite que se a mulher nos dias anteriores à concepção comer alimentos ricos em magnésio e cálcio, e, em seguida, engravidar, terá uma menina; e se comer alimentos ricos em sódio e potássio e engravidar, então, seu bebê será um menino. É possível?

Como vimos, a determinação genética de uma criança deve-se ao cromossomo X ou Y que o espermatozoide (do pai) carrega no momento da fecundação. Portanto, há que se pesquisar com seriedade para sabermos a relação verdadeira entre dieta da mãe e sexo do bebê, se é que há relação.

Pesquisa publicada no *British Medical Journal* relata que ratas alimentadas com uma dieta rica em gordura tiveram mais filhotes machos do que fêmeas. O artigo também revela que mulheres com doenças no sistema digestivo têm mais filhas do que filhos. Mas será que isso mostra uma relação entre dieta e determinação de sexo ou isso poderia estar relacionado ao fato de que bebês do sexo feminino são mais fortes e conseguem sobreviver melhor a uma dieta deficiente da mãe? Ainda há muito o que pesquisar.

O Sistema X0

Em algumas espécies, principalmente em insetos, o macho não tem o cromossomo **Y**, somente o **X**; a fêmea continua portadora do par cromossômico sexual **X**. Pela ausência do cromossomo sexual **Y**, chamamos a esse sistema de sistema **X0**. As fêmeas são representadas por 2A + XX (homogaméticas) e os machos por 2A + X0 (heterogaméticos).

O Sistema ZW

> Em algumas espécies, a fêmea não tem cromossomo W: elas passam a ser Z0, enquanto os machos continuam a ser ZZ. Note que o sexo heterogamético é o sexo feminino.

Em muitas aves (incluindo os nossos conhecidos galos e galinhas), borboletas e alguns peixes, a composição cromossômica do sexo é oposta à que acabamos de estudar: o sexo *homogamético* é o *masculino*, enquanto as fêmeas são *heterogaméticas*. Também a simbologia utilizada, nesse caso, para não gerar confusão com o sistema XY, é diferente: os cromossomos sexuais dos machos são representados por **ZZ**, enquanto nas fêmeas os cromossomos sexuais são representados por **ZW**.

Abelhas e Partenogênese: Um Caso Especial

Nas abelhas, a determinação sexual difere acentuadamente da que até agora foi estudada. Nesses insetos, o sexo não depende da presença de cromossomos sexuais, e sim da *ploidia*. Assim, *machos* (zangões) são sempre *haploides*, enquanto as fêmeas são *diploides*. A rainha é a única fêmea fértil da colmeia e, por meiose, produz centenas de óvulos, muitos dos quais serão fecundados. Óvulos fecundados originam zigotos que se desenvolvem em fêmeas. Se, na fase larval, essas fêmeas receberem alimentação especial, transformar-se-ão em novas rainhas. Caso contrário, desenvolver-se-ão em operárias, que são estéreis.

Os óvulos não fecundados desenvolvem-se por mitose em machos haploides. Esse processo é chamado de **partenogênese** (do grego, *partheno* = virgem + *génesis* = origem), ou seja, é considerado um processo de desenvolvimento de óvulos não-fertilizados em indivíduos adultos haploides (veja a Figura 39-4).

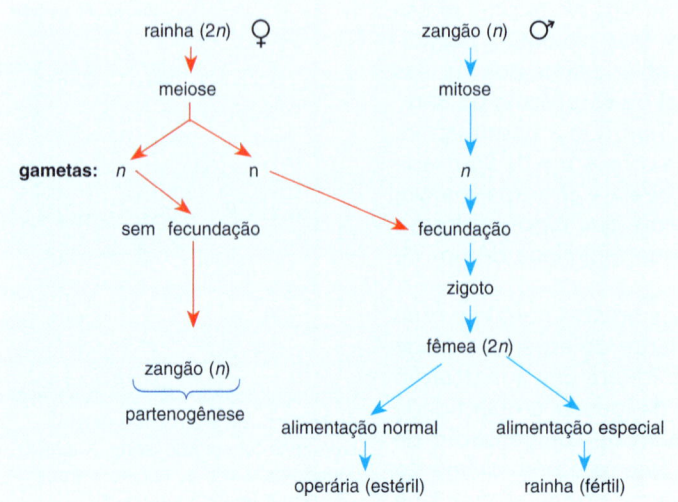

Figura 39-4. Determinação sexual em abelhas.

HERANÇA LIGADA AO SEXO

Em 1910, estudando a herança da cor dos olhos em drosófila, Morgan e seus colaboradores cruzaram uma fêmea pura de olhos vermelhos com um macho mutante de olhos brancos. Obtiveram em F_1 todos os descendentes de olhos vermelhos. Em seguida, cruzaram entre si indivíduos de olhos vermelhos da geração F_1. Na geração F_2 obtiveram a proporção mendeliana de 3 : 1; porém, um fato curioso chamou sua atenção: em F_2 não se observou nenhuma fêmea de olho branco. A conclusão de Morgan foi que a herança da cor dos olhos em drosófila era um caráter ligado ao sexo, estando os genes para esse caráter localizados no cromossomo X, na parte não homóloga ao Y. Em drosófilas, nos machos, só existe um gene para a determinação da cor dos olhos, localizado no único cromossomo X que possuem. O cromossomo Y não possui genes relacionados a essa característica. Nas fêmeas, possuidoras de dois cromossomos X, há um par de genes que condiciona a cor dos olhos. Desse modo, para que um macho de drosófila tenha olhos brancos, apenas um gene é suficiente. Já uma fêmea precisa ter dois genes recessivos para que os olhos sejam brancos (veja a Figura 39-5).

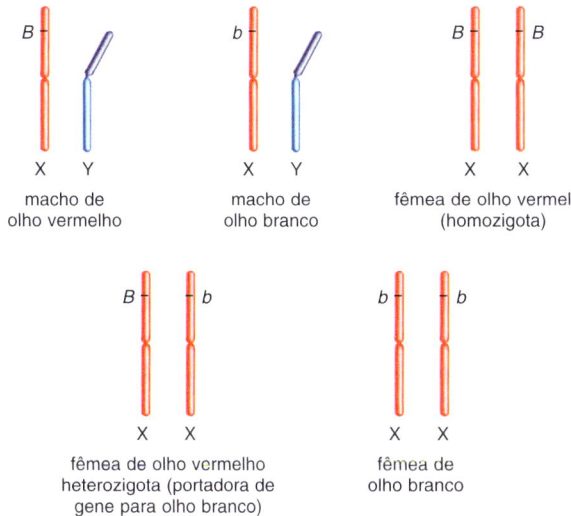

Figura 39-5. Observe que, em drosófilas, não há macho heterozigoto para a cor dos olhos, pois os genes para essa característica encontram-se localizados no cromossomo X, na região não homóloga ao Y. Costuma-se dizer que os machos são hemizigóticos.

Fique por dentro!

Os experimentos de Morgan foram importantes para a determinação de que alguns caracteres são transmitidos às gerações seguintes por meio de genes que se encontram nos cromossomos sexuais.

Graças às experiências realizadas por Morgan e colaboradores foi possível explicar a herança de algumas anomalias ligadas ao sexo no homem, dentre elas o **daltonismo**, a **hemofilia** e a **distrofia muscular de Duchenne**.

Daltonismo: A Incapacidade de Enxergar Certas Cores

No **daltonismo**, também chamado de **cegueira parcial às cores**, o indivíduo é incapaz de distinguir – ou tem uma visão alterada de – uma ou algumas das cores primárias (vermelho, azul e verde).

Existem dois tipos de daltonismo: o **absoluto**, em que a pessoa percebe duas das cores primárias, em geral com dificuldades para distinguir o verde (*deuteranopia*) ou o vermelho (*protanopia*); e o **relativo**, em que o indivíduo é sensível às três cores fundamentais, porém tem alguma dificuldade para distingui-las. É uma anomalia determinada por gene recessivo ligado ao cromossomo X, representado pela letra X^d. O alelo dominante, X^D, condiciona visão normal para cores. A mulher só é daltônica se for homozigota recessiva (X^dX^d), mas basta o alelo X^d para que o homem seja daltônico. Veja a Tabela 39-1.

> A dificuldade para distinguir a cor azul não é uma herança ligada ao sexo, ou seja, o gene que determina essa anomalia não está ligado ao cromossomo X, mas sim a um autossomo.

Tabela 39-1. Diferentes fenótipos para daltonismo, resultante da combinação de gametas.

X^DX^D	mulher normal
X^DX^d	mulher normal portadora
X^dX^d	mulher daltônica
X^DY	homem normal
X^dY	homem daltônico

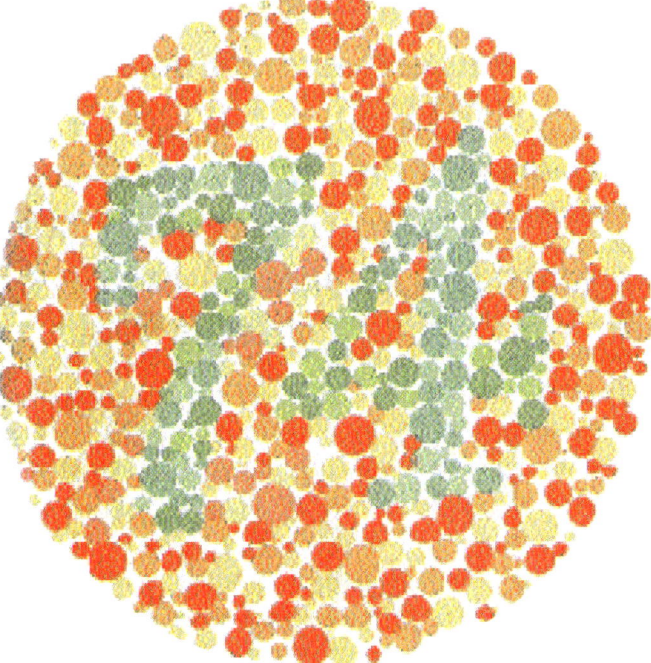

Se você consegue distinguir perfeitamente o número 74 entre as bolinhas da figura acima, então você não é daltônico.

Acompanhe estes exercícios

1. A genealogia abaixo representa uma família com alguns indivíduos daltônicos, os quais estão assinalados em preto. Determine os genótipos de todos os indivíduos envolvidos.

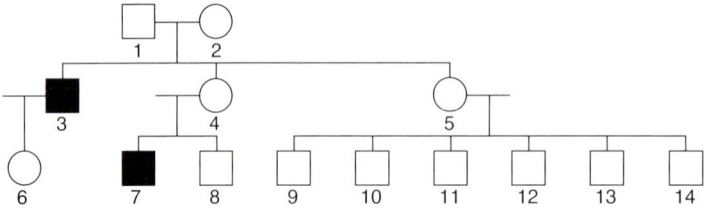

Resolução:

- O genótipo dos homens normais (1 e 8 a 14) é X^DY.
- O genótipo dos homens daltônicos (3 e 7) é X^dY.
- 3 e 7 herdaram, obrigatoriamente, o X^d de suas mães (2 e 4), as quais, sendo normais, devem ser portadoras (X^DX^d).
- A mulher 5, normal, teve seis filhos normais e, com grande probabilidade, seu genótipo é X^DX^D.
- A mulher 6, normal, é portadora do gene para o daltonismo (X^DX^d), já que seu pai, 3, é daltônico.

Veja, a seguir, a mesma genealogia com os genótipos:

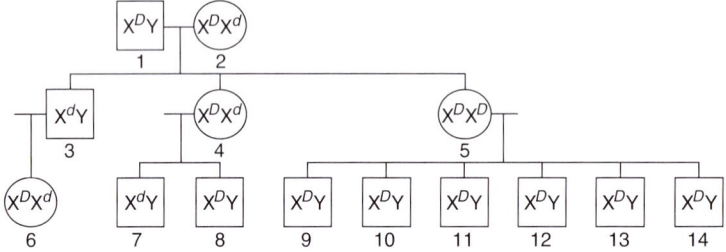

2. Analise cuidadosamente o heredograma abaixo: Que tipo de transmissão para o fenótipo determinado pelo símbolo escuro está ocorrendo? Justifique a resposta.

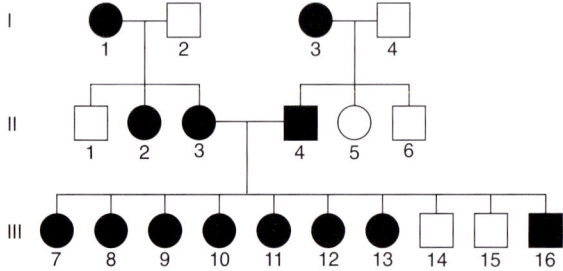

Resolução:

Inicialmente podemos concluir que o fenótipo designado pelo símbolo escuro é determinado por um gene dominante, pois o casal II-3 × II-4 originou indivíduos marcados com símbolo branco (III-14 e III-15) e, portanto, devem ser heterozigotos.

Ao analisarmos a geração III, chama a atenção que nasceram 7 filhas e 3 filhos, e que todas as filhas têm o mesmo fenótipo dos pais. Entre os filhos, 2 são marcados com símbolos brancos e 1, escuro. Caso fosse uma herança autossômica, a probabilidade de nascer crianças com fenótipo designado pelos símbolos escuro e claro seria a mesma, independentemente do sexo. Logo, deveria ter nascido pelo menos uma filha designada pelo símbolo claro. Isso não aconteceu. Trata-se, então, de uma característica ligada ao sexo.

Assim,

Repare que II-3 é X^AX^a e II-4 é X^AY. Logo, todas as suas filhas receberam o X^A do pai; por isso, todas são marcadas pelo símbolo escuro. A mãe II-3 cedeu o X^A para o filho III-16 e X^a para os filhos III-14 e III-15. É claro que o Y desses três filhos veio do pai (II-4).

Para confirmar essa hipótese, repare que a filha II-5 é X^aX^a, sendo que um X^a veio da mãe I-3 (X^AX^a) e o outro veio do pai I-4 (X^aY). A mãe I-3 cedeu X^a para o filho II-6 (X^aY) e o X^a para o II-4 (X^aY).

Concluindo, o símbolo escuro representa uma característica determinada por um gene dominante ligado ao sexo.

Hemofilia: Dificuldade na Coagulação do Sangue

A hemofilia atinge cerca de 300.000 pessoas. É condicionada por gene recessivo, representado por *h*, localizado no cromossomo X. É uma anomalia genética em que o sangue apresenta grandes dificuldades de coagulação. Pode ocasionar a morte do indivíduo por hemorragia incontrolável, mesmo em ferimentos leves, o que explica o fato de as pessoas dificilmente atingirem a idade adulta.

É pouco frequente o nascimento de mulheres hemofílicas, já que a mulher, para apresentar a doença, deve ser descendente de um homem doente (X^hY) e de uma mulher portadora (X^HX^h) ou hemofílica (X^hX^h). Como esse tipo de cruzamento é extremamente raro, acreditava-se que praticamente inexistiriam mulheres hemofílicas. No entanto, já foram relatados casos de hemofílicas, contrariando assim a noção popular de que essas mulheres morreriam por hemorragia após a primeira menstruação (a interrupção do fluxo menstrual deve-se à contração dos vasos sanguíneos do endométrio, e não à coagulação do sangue).

Fique por dentro!

Na hemofilia tipo A, há uma deficiência na produção da globulina anti-hemofílica, que tem sido corrigida com o uso do "fator VIII", preparado a partir do plasma humano.

Acompanhe estes exercícios

1. Analise cuidadosamente o heredograma abaixo. O homem marcado com símbolo escuro é hemofílico (gene recessivo *h* ligado ao sexo) e os indivíduos marcados com símbolo claro são normais.

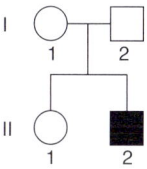

Qual a probabilidade de o casal I-1 × I-2 vir a ter um outro filho hemofílico?

Resolução:

Inicialmente, devemos descobrir o genótipo do casal. O pai (I-2), sendo normal, só pode ser X^HY. A mãe (I-1), também normal, só pode ser X^HX^h, pois foi ela quem transmitiu o X^h para seu filho hemofílico (II-2), X^hY. Logo,

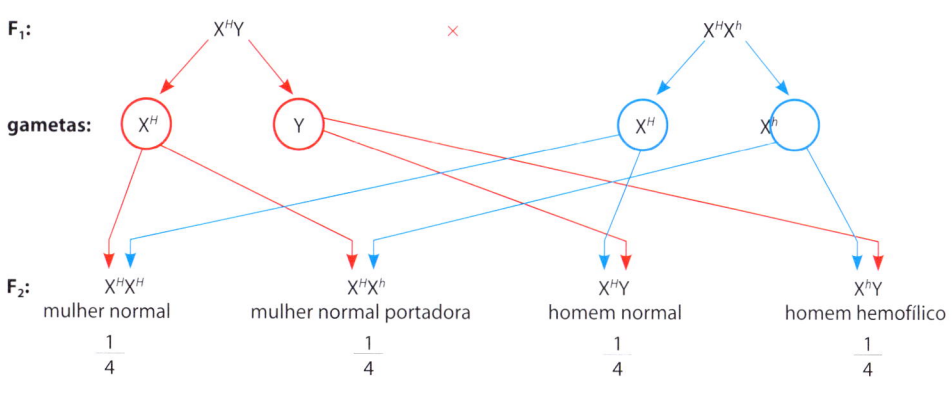

Portanto, a resposta é $\dfrac{1}{4}$.

2. Analise cuidadosamente o heredograma ao lado. Os indivíduos marcados com símbolo escuro são albinos (gene recessivo localizado em certo cromossomo autossômico). O símbolo claro representa uma pele normalmente pigmentada.

O casal I-1 × I-2 deseja saber qual a probabilidade de vir a ter um filho albino.

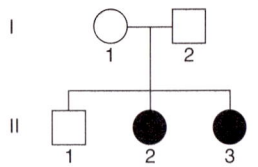

Resolução:
Inicialmente, devemos descobrir o genótipo dos pais. Como eles têm pigmentação normal e tiveram duas filhas albinas (*aa*), só podem ser heterozigotos (*Aa*). Então,

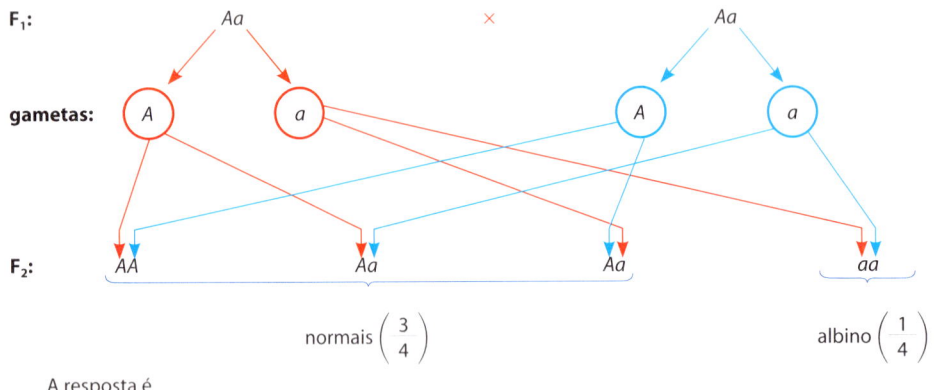

A resposta é

1/4 para ser albino × 1/2 (probabilidade para ser do sexo masculino) = 1/8

Comentário: Observe que, neste caso, multiplicamos por 1/2, pois o albinismo deve-se a um gene localizado em cromossomo autossômico, que é independente dos cromossomos sexuais. No problema anterior, referente à hemofilia, não há necessidade de multiplicar por 1/2, pois o gene já está localizado nos cromossomos sexuais.

Distrofia Muscular de Duchenne: Lenta Degeneração dos Músculos

Disfunção de origem genética, caracterizada por degeneração dos músculos estriados (tanto os dos movimentos voluntários como o do coração), desde branda até severa, levando a uma incapacidade progressiva. Estima-se que na população essa síndrome acometa uma a cada 3.500 pessoas. É condicionada por um gene recessivo ligado ao cromossomo X, afetando todos os homens que carregam esse gene recessivo. Nas mulheres heterozigotas para esse caráter, a doença pode se apresentar de forma branda ou estar totalmente ausente, sendo que, nas homozigotas, ela se apresenta de forma severa.

HERANÇA PARCIALMENTE LIGADA AO SEXO

O cromossomo Y possui uma porção homóloga ao cromossomo X (veja a Figura 39-6). Nessa porção, são compartilhados vários genes alelos entre os dois cromossomos. Esses genes seguem o padrão da herança autossômica e caracterizam a **herança parcialmente ligada ao sexo**.

HERANÇA RESTRITA AO SEXO

O cromossomo Y possui alguns genes que lhe são exclusivos, na porção encurvada que não é homóloga ao X. Esses genes, também conhecidos como **genes holândricos**, caracterizam a chamada **herança restrita ao sexo**.

Figura 39-6. Nos cromossomos sexuais, a localização dos genes caracteriza determinado tipo de herança: a *ligada ao sexo*, no cromossomo X, na porção não homóloga ao Y; a *parcialmente ligada ao sexo*, na porção homóloga ao X e ao Y; e a *restrita ao sexo*, na região não homóloga do cromossomo Y.

Não há dúvida de que a masculinização está ligada ao cromossomo Y. Um gene que tem um papel importante nesse fato é o TDF (iniciais de *testis-determining factor*), também chamado SRY (iniciais de *sex-determining region of Y chromossome*), que codifica o fator determinante de testículos. O gene TDF já foi identificado e está localizado na região não homóloga do cromossomo Y.

Tradicionalmente, a *hipertricose*, ou seja, presença de pelos no pavilhão auditivo dos homens, era citada como um exemplo de herança restrita ao sexo. No entanto, a evidência de que a hipertricose se deve a uma herança ligada ao Y está sendo considerada inconclusiva, pois, em algumas famílias estudadas, os pais com hipertricose tiveram filhos homens com e sem pelos nas bordas das orelhas.

HERANÇA INFLUENCIADA PELO SEXO

Certos casos de herança autossômica sofrem influência dos hormônios sexuais. Na espécie humana, a calvície e o comprimento do dedo indicador são dois exemplos. O gene que condiciona calvície, C, é dominante no homem. Na mulher, a calvície só se manifesta se o alelo dominante C estiver em homozigose. Assim, o genótipo heterozigoto resultará em fenótipos diferentes, influenciado pelo sexo do portador. Veja a Tabela 39-2 e a Figura 39-7.

Tabela 39-2. Calvície no homem e na mulher.

Genótipo	No homem	Na mulher
CC	calvo	calva
Cc	calvo	não calva
cc	não calvo	não calva

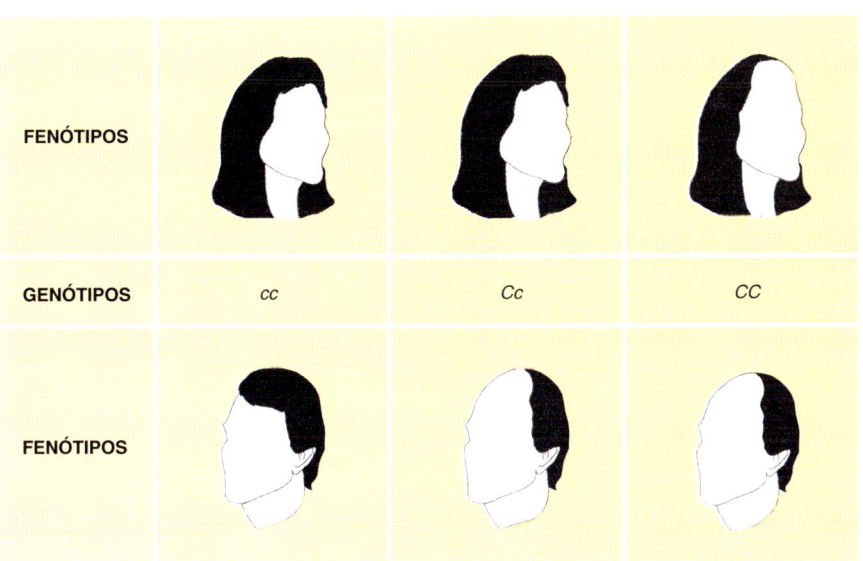

Figura 39-7. A calvície é um caso de herança influenciada pelo sexo. Nas mulheres, é característica que só se manifesta se o alelo dominante estiver em homozigose.

Outro exemplo é o comprimento do dedo indicador: dedo indicador mais longo que o anular é dominante nas mulheres e recessivo nos homens. Dedo indicador mais curto que o anular é dominante nos homens e recessivo nas mulheres.

HERANÇA LIMITADA AO SEXO

Alguns genes autossômicos, portanto não localizados nos cromossomos sexuais, têm sua manifestação determinada em apenas um sexo, muitas vezes em função da presença de alguns hormônios. O homem, por exemplo, pode ter o gene para seios fartos recebido de sua mãe e transmiti-lo às suas filhas, porém, nele, a característica não se manifesta.

Ética & Sociedade

Planejando o futuro?

É possível, por meio de um exame de DNA, saber se uma mulher é portadora ou não do gene que determina a distrofia muscular de Duchenne. Como vimos neste capítulo, a DMD é um caso de herança ligada ao sexo (cromossomo X), em que o gene recessivo, transmitido ao filho por uma mulher normal portadora, causa séria incapacidade física na criança, chegando à letalidade.

Em sua opinião, a fim de que diminuíssem os casos dessa doença, seria ético, antes de engravidar, solicitar a sua parceira que fizesse um exame de DNA para esclarecer se é ou não portadora desse gene? Os hospitais públicos deveriam oferecer gratuitamente esse exame aos interessados em fazê-lo?

Passo a passo

1. Como é denominado o sexo que apresenta só um tipo de gameta, quanto aos cromossomos sexuais, e o que produz dois tipos de gametas?

2. Em *Drosophila melanogaster*, o número diploide de cromossomos é 8. Se designarmos o complemento haploide de autossomos pela letra A, qual será a constituição cromossômica do macho e da fêmea, sabendo que os machos são heterogaméticos? Quantos cromossomos autossômicos e sexuais encontraremos nas células do estômago e nos gametas de um indivíduo dessa espécie?

3. Nas frases a seguir, assinale com V as verdadeiras e com F as falsas.
   a) Os cromossomos sexuais são morfologicamente iguais no homem e diferentes na mulher.
   b) O cromossomo Y é exclusivo do sexo masculino; o cromossomo X existe na mulher e no homem em dose dupla.
   c) Um indivíduo $2n = 46$ cromossomos produz gametas com 23 autossomos.
   d) Em alguns organismos, o sexo heterogamético é o feminino e o homogamético é o masculino. Nesse caso, os cromossomos sexuais são representados por Z ao invés de X e W ao invés de Y, sendo a constituição cromossômica da fêmea 2A + ZW e a do macho 2A + ZZ.
   e) Em algumas espécies de insetos, os machos heterogaméticos não têm o cromossomo Y. As fêmeas homogaméticas possuem o par de homólogos dos cromossomos sexuais. Nesse caso, as fêmeas são representadas por 2A + XX, enquanto os machos são representados por 2A + X0.

4. Uma determinada espécie de mamífero segue a determinação sexual do tipo XY e apresenta no seu cariótipo 40 cromossomos. Quantos cromossomos autossômicos e sexuais encontraremos nas células do estômago e nos gametas de um indivíduo dessa espécie? Justifique a sua resposta.

5. É correto afirmar que o cromossomo X contém genes relacionados exclusivamente com a determinação do sexo? Justifique a resposta.

6. Preencha o quadro abaixo

Daltonismo		Hemofilia	
Genótipo	Fenótipo	Genótipo	Fenótipo
	mulher normal		mulher normal
	mulher normal portadora		mulher normal portadora
	mulher daltônica		mulher hemofílica
	homem normal		homem normal
	homem daltônico		homem hemofílico

7. Qual o genótipo de um casal de visão normal que tem um filho daltônico e uma filha de visão normal?

8. Um homem de visão normal casa-se com uma mulher de visão normal, cujo pai era daltônico. Existe a possibilidade de nascer uma filha daltônica? Justifique a resposta.

9. Nas frases a seguir, assinale com V as verdadeiras e com F as falsas.
   a) Na espécie humana, casos de herança ligada ao sexo, como, por exemplo, daltonismo, são mais frequentes no sexo masculino, pois o homem possui apenas um cromossomo X, enquanto a mulher é dotada de dois cromossomos X.
   b) Um pai daltônico não poderá ter um filho homem daltônico.
   c) Cada homem recebe seu cromossomo X de sua mãe e não o transmite a seus filhos homens.
   d) Na herança ligada ao sexo dominante, a mulher heterozigota transmite à metade de seus filhos homens e à metade de suas filhas; já o homem afetado não transmite a nenhum filho e sim a todas as filhas.
   e) Na herança recessiva ligada ao sexo, as filhas de uma mãe afetada serão obrigatoriamente também afetadas.

10. Analise cuidadosamente o heredograma abaixo, onde os indivíduos assinalados em azul são dotados de uma anomalia ligada ao sexo.

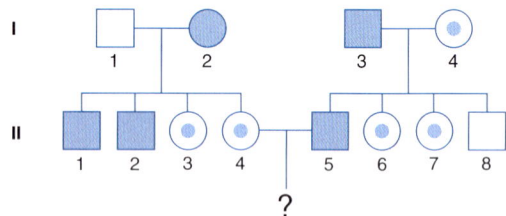

Pergunta-se:
   a) Trata-se de um caso de herança ligada ao sexo dominante ou recessivo? Justifique a resposta.
   b) Quais são os genótipos de todos os indivíduos citados no heredograma?
   c) Qual a probabilidade do casal II-4 x II-5 vir a ter um filho homem afetado pela anomalia?

11. Uma mulher, cuja avó materna é heterozigota para hemofilia e cujos pais são normais, casa-se com um homem normal. O casal tem um filho homem hemofílico. Construa o heredograma da família e calcule a probabilidade de o casal vir a ter 2 filhos homens hemofílicos.

12. Onde está localizado o gene IDF (iniciais de *testis-determin factor*) e qual a sua importância?

13. Após analisar cuidadosamente o heredograma abaixo, pode-se concluir que trata-se de um caso de herança ligada ao sexo dominante? Justifique a resposta.

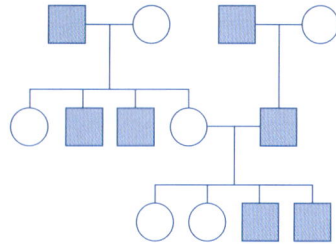

14. A calvície é um caso de herança autossômica influenciada pelo sexo. Um homem não calvo, casado com uma mulher calva, deseja saber como serão seus filhos e suas filhas em relação à calvície.

15. Um homem de visão normal, de pai normal e mãe normal portadora de daltonismo, casa-se com uma mulher normal portadora, cujo pai era daltônico e a mãe normal portadora. Construa o heredograma da família e calcule a probabilidade de esse casal vir a ter um filho daltônico. Justifique a sua resposta.

16. O mesmo casal da questão 15 deseja saber qual a probabilidade de vir a ter uma filha portadora de daltonismo e do grupo sanguíneo O. Sabendo que o casal é do grupo A heterozigoto, justifique a sua resposta.

17. Associe os itens abaixo, referentes à determinação sexual, com as respectivas fórmulas cromossômicas das células, numeradas de I a VI.

a) sexo homogamético
b) sistema X0
c) cromossomos autossômicos
d) cariótipo 2n = 8 cromossomos
e) sexo heterogamético
f) sistema ZW

I – Cromossomos relacionados a características comuns aos dois sexos, como a formação de estômago, pulmões, fígado.
II – Espécie onde o macho apresenta dois cromossomos sexuais iguais, enquanto a fêmea apresenta dois tipos de cromossomos sexuais.
III – Espécie onde o cariótipo dos dois sexos revela que o número não é igual.
IV – Indivíduo que produz gametas com 3 autossomos e 1 cromossomo sexual.
V – O sexo tem dois cromossomos idênticos.
VI – O sexo possui combinação XY ou ZW.

18. Um cidadão inglês de nome Edward Lambert, nascido em 1717, foi denominado "homem porco-espinho", pois tinha a pele escamada e os seus pelos eram semelhantes aos dos ouriços. Ele teve seis filhos homens e todos exibiam o mesmo fenótipo. Essa característica foi transferida de pais para os filhos homens durante quatro gerações e nenhuma das filhas exibiu esse fenótipo. Esse fato pode ser explicado como herança influenciada pelo sexo? Justifique a resposta.

19. Um homem calvo heterozigoto e normal para daltonismo casa-se com uma mulher não calva e normal para daltonismo, cujo pai era calvo e daltônico. O casal deseja saber qual a probabilidade de ter um filho homem calvo e daltônico.

20. Nas abelhas, a determinação do sexo é do tipo partenogênese. Quantos cromossomos serão encontrados nas células somáticas do zangão (macho), sabendo que o número diploide da espécie é 16?

21. *Questão de interpretação de texto*

> **Alternativa para daltonismo**
>
> Macacos daltônicos passaram a enxergar cores após terem sido submetidos a um tratamento baseado em terapia genética. A novidade, descrita na edição desta quinta-feira (17/9) da revista *Nature*, demonstra o potencial da terapia para o tratamento de problemas de visão em humanos.
> Os pesquisadores introduziram genes para fotopigmentação presentes em algumas fêmeas em células fotorreceptoras nas retinas de dois machos adultos. A introdução se deu por meio de vírus inofensivos. Os genes produziram proteínas chamadas opsinas, que atuam para a produção, na retina, de pigmentos sensíveis ao vermelho e ao verde.
> Cinco semanas após o tratamento, testes físicos e comportamentais comprovaram que os animais passaram a distinguir entre as cores verde e vermelho, o que não conseguiam fazer antes da terapia genética.
>
> *Extraído de:* Agência de Notícias da FAPESP, 17 set. 2009.

(PUC – SP) Considerando as informações contidas no texto e supondo que esse tipo de daltonismo encontrado nos macacos seja determinado geneticamente da mesma forma que na espécie humana, um estudante do Ensino Médio fez cinco afirmações. Assinale a única **ERRADA**.

a) As fêmeas doadoras de genes produziam normalmente opsinas.
b) As sequências de nucleotídeos introduzidas nas retinas dos dois machos controlaram, no interior das células fotorreceptoras, os processos de transcrição e tradução gênica.
c) Após o tratamento, os macacos receptores apresentavam gene recessivo localizado no cromossomo X.
d) Originalmente, os macacos receptores apresentavam gene recessivo localizado no cromossomo X.
e) Os vírus utilizados como vetores no experimento foram responsáveis pela transferência de RNA mensageiro de fêmeas para machos.

Questões objetivas

1. (UFMS) Cada espécie animal apresenta um número determinado de cromossomos. Nesse sentido, o homem, o bovino e o equino apresentam número haploide de 23, 30 e 32 cromossomos, respectivamente. Com relação ao número normal de cromossomos, autossomos e sexuais, de gametas (haploides) e células somáticas (diploides), indique a(s) proposição(ões) correta(s) e dê sua soma ao final.

(01) Uma célula epitelial equina apresenta 62 cromossomos autossomos e 2 sexuais.
(02) Um neurônio bovino apresenta 1 cromossomo sexual e 59 autossomos.
(04) Um leucócito humano apresenta 44 cromossomos autossomos e 2 sexuais.
(08) Um espermatozoide equino apresenta 2 cromossomos sexuais e 30 autossomos.
(16) Um óvulo humano apresenta 2 cromossomos sexuais e 21 autossomos.
(32) Um espermatozoide bovino apresenta 29 cromossomos autossomos e 1 sexual.

2. (UNESP) Observe a figura.

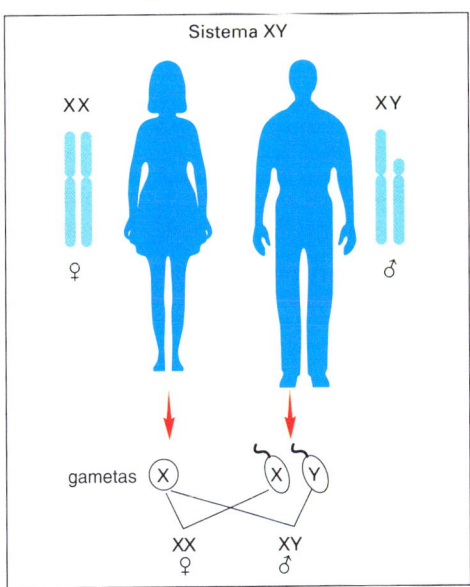

Herança e sexo **855**

No que se refere à determinação Genética do sexo, pode-se dizer que

a) os genes do cromossomo X são todos recessivos, o que implica que, para que se desenvolvam as características sexuais femininas, necessita-se de dois cromossomos X.
b) a presença do cromossomo Y no zigoto determina a formação de testículos no embrião em desenvolvimento.
c) o cromossomo X carrega apenas os genes responsáveis pela diferenciação sexual feminina, enquanto o cromossomo Y carrega apenas os genes responsáveis pela diferenciação sexual masculina.
d) a presença de um único cromossomo sexual determina anomalias no desenvolvimento do indivíduo: síndrome de Turner, se o único cromossomo sexual presente for o X, e síndrome de Klinefelter, se o único cromossomo sexual presente for o Y.
e) os cromossomos X e Y não têm qualquer papel na diferenciação sexual masculina ou feminina, sendo os responsáveis por essa diferenciação os hormônios testosterona e progesterona, respectivamente.

3. (UECE) A geração F_1, resultante do cruzamento hipotético de determinada espécie animal, apresentava cor marrom. Na geração parental, a fêmea era pura e apresentava cor amarela, enquanto os machos, também puros, apresentavam cor marrom. Já na geração F_2, todos os machos apresentavam cor marrom, enquanto as fêmeas apresentavam cor marrom e amarela, na proporção 50% para cada tipo de cor. O cariótipo revelou que as fêmeas apresentavam um cromossomo a menos que os machos. Da análise do problema concluímos que este tipo de herança é ligada ao sexo, onde os machos e as fêmeas são, respectivamente,

a) XY e YY.
b) X0 e XX.
c) ZZ e ZW.
d) ZZ e Z0.

4. (PUC – Campinas – SP) A análise do cariótipo de exemplares de uma dada espécie revelou que o número diploide é idêntico em ambos os sexos e que o sexo heterogamético é o feminino. Com base nesses dados, é possível dizer que o sistema de determinação do sexo nessa espécie é do tipo:

a) XX : XY
b) XX : X0
c) XX : Y0
d) ZZ : ZW
e) ZZ : Z0

5. (UFU – MG) Em uma olimpíada, a ausência de corpúsculo de Barr (cromatina sexual) nas células interfásicas da mucosa bucal pode ser um critério utilizado para a exclusão de atletas de uma competição feminina. Sabendo-se que o corpúsculo de Barr corresponde a um cromossomo X inativo (heterocromatina), analise as seguintes afirmativas:

I – Nas mulheres (assim como nas fêmeas dos mamíferos em geral), o cromossomo X inativo é, preferencialmente, o cromossomo X de origem paterna.
II – A ausência de cromatina sexual, nas células interfásicas da mucosa bucal, permite detectar mulheres com cariótipo masculino (46, XY) que possuem mutação ou deleção no gene SRY.
III – A inativação do cromossomo X faz com que a quantidade de genes ativos nas células das fêmeas dos mamíferos seja igual à quantidade de genes ativos nas células dos machos. A esse mecanismo dá-se o nome de compensação de dose.
IV – O exame de corpúsculo de Barr permite detectar precocemente indivíduos aneuploides com cariótipos: 45, X; 47, XXY; e 47, XYY.

Assinale a alternativa correta.

a) Apenas I e III são verdadeiras.
b) Apenas I e IV são verdadeiras.
c) Apenas II e III são verdadeiras.
d) Apenas II e IV são verdadeiras.

6. (UFSCar – SP) Os machos de abelha originam-se de óvulos não fecundados e são haploides. As fêmeas resultam da fusão entre óvulos e espermatozoides, e são diploides.

Em uma linhagem desses insetos, a cor clara dos olhos é condicionada pelo alelo recessivo **a** de um determinado gene, enquanto a cor escura é condicionada pelo alelo dominante **A**. Uma abelha rainha de olhos escuros, heterozigótica **Aa**, foi inseminada artificialmente com espermatozoides de machos de olhos escuros. Espera-se que a prole dessa rainha tenha a seguinte composição:

	Fêmeas (%)		Machos (%)	
	olhos escuros	olhos claros	olhos escuros	olhos claros
a)	50	50	50	50
b)	50	50	75	25
c)	75	25	75	25
d)	100	–	50	50
e)	100	–	100	–

7. (UFSC) Em relação à determinação cromossômica do sexo e à herança de genes localizados nos cromossomos sexuais, é **CORRETO** afirmar que:

(01) na determinação cromossômica do sexo na espécie humana, o homem é representado como "XX" e a mulher como "XY", sendo ela, portanto, quem determina o sexo dos filhos.
(02) a hemofilia, doença caracterizada pela falha no sistema de coagulação do sangue, constitui-se em um exemplo de herança genética, cujo gene está localizado no cromossomo X.
(04) nenhum dos genes localizados em cromossomos autossômicos tem influência sobre características determinadas por genes presentes em cromossomos sexuais.
(08) X e Y são apenas letras que representam os cromossomos sexuais; na prática, esses dois cromossomos são idênticos quanto aos genes que os compõem.
(16) o daltonismo, caracterizado pela dificuldade em distinguir cores, constitui-se em um exemplo de herança genética, cujo gene está localizado no cromossomo Y, por isso afeta mais os homens que as mulheres.
(32) a cromatina sexual corresponde a um dos cromossomos X, desativado durante o desenvolvimento embrionário feminino.

8. (UFMG) Duas irmãs, que nunca apresentaram problemas de hemorragia, tiveram filhos. Todos eles, após extrações de dente, tinham hemorragia. No entanto, os filhos do irmão das duas mulheres nunca apresentaram esse tipo de problema.

É **CORRETO** afirmar que essa situação reflete, **mais provavelmente**, um padrão de herança

a) dominante ligada ao cromossomo Y.
b) dominante ligada ao cromossomo X.
c) recessiva ligada ao cromossomo X.
d) restrita ao cromossomo Y.

9. (UFMG) Um casal normal para a hemofilia – doença recessiva ligada ao cromossomo X – gerou quatro crianças: duas normais e duas hemofílicas. Considerando-se essas informações e outros conhecimentos sobre o assunto, é **INCORRETO** afirmar que

a) a mãe das crianças é heterozigótica para a hemofilia.
b) a probabilidade de esse casal ter outra criança hemofílica é de 25%.
c) as crianças do sexo feminino têm fenótipo normal.
d) o gene recessivo está presente no avô paterno das crianças.

10. (MACKENZIE – SP) Uma mulher daltônica e pertencente ao tipo sanguíneo B, cujo irmão tem visão normal e pertence ao tipo O, casa-se com um homem de visão normal e pertencente ao tipo sanguíneo AB. A probabilidade de esse casal ter uma criança do sexo feminino, de visão normal e pertencente ao grupo sanguíneo A é de
a) 1.
b) 1/4.
c) 3/4.
d) 1/2.
e) 1/8.

11. (FUVEST – SP) O heredograma abaixo mostra homens afetados por uma doença causada por um gene mutado que está localizado no cromossomo X.

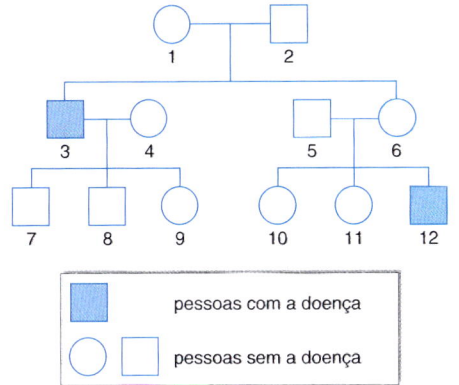

Considere as afirmações:

I – Os indivíduos **1**, **6** e **9** são certamente portadores do gene mutado.
II – Os indivíduos **9** e **10** têm a mesma probabilidade de ter herdado o gene mutado.
III – Os casais **3-4** e **5-6** têm a mesma probabilidade de ter criança afetada pela doença.

Está correto apenas o que se afirma em
a) I.
b) II.
c) III.
d) I e II.
e) II e III.

12. (UEL – PR) A hemofilia é uma doença hereditária recessiva ligada ao cromossomo sexual X, presente em todos os grupos étnicos e em todas as regiões geográficas do mundo. Caracteriza-se por um defeito na coagulação sanguínea, manifestando-se através de sangramentos espontâneos que vão de simples manchas roxas (equimoses) até hemorragias abundantes.

Com base no enunciado e nos conhecimentos sobre o tema, é correto afirmar:
a) Casamento de consanguíneos diminui a probabilidade de nascimento de mulheres hemofílicas.
b) Pais saudáveis de filhos que apresentam hemofilia são heterozigotos.
c) A hemofilia ocorre com a mesma frequência entre homens e mulheres.
d) As crianças do sexo masculino herdam o gene da hemofilia do seu pai.
e) Mulheres hemofílicas são filhas de pai hemofílico e mãe heterozigota para este gene.

13. (UFAM) Um indivíduo é normal para hemofilia. A mãe de sua esposa é portadora do gene para esse caráter patológico. O casal já tem um filho hemofílico. Qual a probabilidade de esse casal ter uma filha portadora?
a) 100%   b) 75%   c) 50%   d) 45%   e) 25%

14. (UFPR) Considere os seguintes cruzamentos entre humanos:

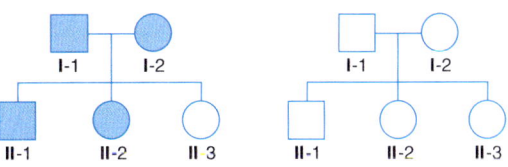

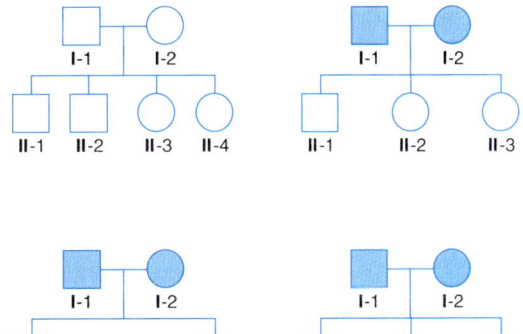

Com base nesses cruzamentos, é correto afirmar que a anomalia presente nos indivíduos assinalados em preto é causada:
a) por um gene autossômico dominante.
b) por um gene dominante ligado ao cromossomo X.
c) por um gene autossômico recessivo.
d) pela ação de um par de genes recessivos ligados ao cromossomo Y.
e) pela ação de dois pares de genes dominantes com interação epistática.

15. (PUC – RJ) A figura abaixo apresenta um heredograma de uma família em que alguns de seus membros apresentam uma doença hereditária chamada fibromatose gengival, que é caracterizada por aumento da gengiva devido à formação de tumores.

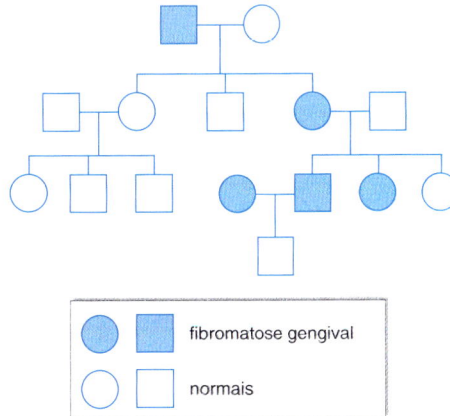

Através da análise desse heredograma, conclui-se que o tipo de herança genética dessa doença é classificado como
a) sexual ligada ao X.
b) sexual ligada ao Y.
c) autossômica recessiva.
d) autossômica dominante.
e) autossômica por codominância.

16. (UNESP) O diagrama representa o padrão de herança de uma doença genética que afeta determinada espécie de animal silvestre, observado a partir de cruzamentos controlados realizados em cativeiro.

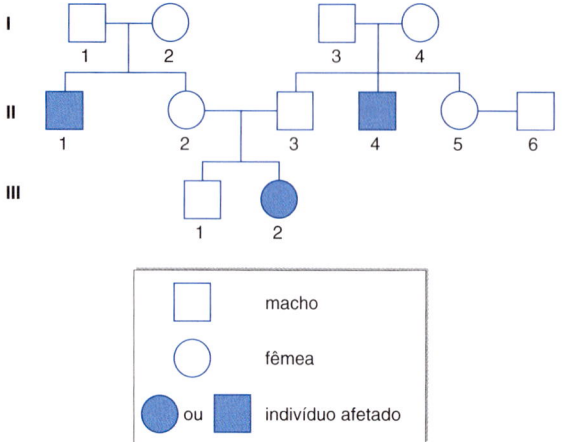

A partir da análise da ocorrência da doença entre os indivíduos nascidos dos diferentes cruzamentos, foram feitas as afirmações a seguir.

I – Trata-se de uma doença autossômica recessiva.
II – Os indivíduos I-1 e I-3 são obrigatoriamente homozigotos dominantes.
III – Não há nenhuma possibilidade de que um filhote nascido do cruzamento entre os indivíduos II-5 e II-6 apresente a doença.
IV – O indivíduo III-1 só deve ser cruzado com o indivíduo II-5, uma vez que são nulas as possibilidades de que desse cruzamento resulte um filhote que apresente a doença.

É verdadeiro o que se afirma em

a) I, apenas.
b) II e III, apenas.
c) I, II e III, apenas.
d) I e IV, apenas.
e) III e IV, apenas.

17. (UFF – RJ – adaptada) Apesar da série de polêmicas sobre os efeitos negativos da mestiçagem racial discutidos no século XIX (...), atualmente a ciência já estabelece que a identidade genética é o que realmente determina a incidência de doenças e anomalias presentes nas populações. Assim, a miscigenação pode diminuir a incidência dessas doenças, ao diminuir estatisticamente o pareamento de genes recessivos naquelas populações.

O heredograma abaixo mostra a ocorrência de determinada anomalia em uma família.

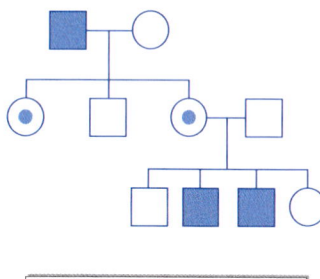

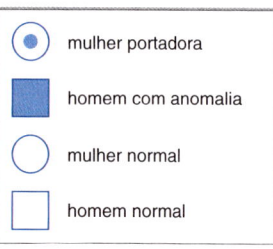

A condição demonstrada no heredograma é herdada como característica:

a) dominante autossômica.
b) recessiva autossômica.
c) recessiva ligada ao cromossomo Y.
d) dominante ligada ao cromossomo X.
e) dominante ligada ao cromossomo X.

18. (FUVEST – SP) No heredograma abaixo, o símbolo ■ representa um homem afetado por uma doença genética rara, causada por mutação em um gene localizado no cromossomo X. Os demais indivíduos são clinicamente normais.

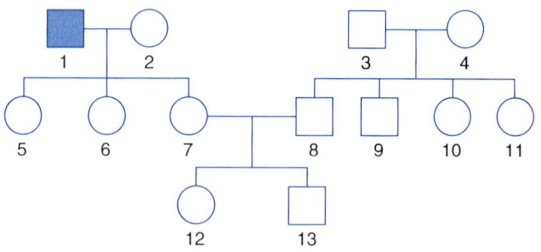

As probabilidades de os indivíduos 7, 12 e 13 serem portadores do alelo mutante são, respectivamente,

a) 0,5; 0,25 e 0,25.
b) 0,5; 0,25 e 0.
c) 1; 0,5 e 0,5.
d) 1; 0,5 e 0.
e) 0; 0 e 0.

19. (UFAC) Na espécie humana, o cromossomo X está presente em indivíduos tanto do sexo feminino quanto do masculino. O cromossomo Y possui genes exclusivos que determinam a herança restrita ao sexo ou herança:

a) autossômica.
b) holândrica.
c) hemofílica.
d) daltônica.
e) retinosquise.

20. (MACKENZIE – SP)

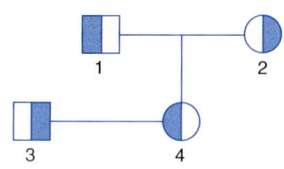

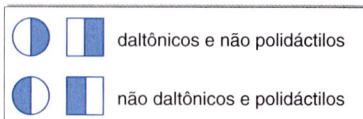

Sabendo que o daltonismo é devido a um gene recessivo localizado no cromossomo X e que a polidactilia é uma herança autossômica dominante, a probabilidade do casal 3 x 4 ter uma filha normal para ambos os caracteres é

a) 1/2.
b) 1/6.
c) 3/4.
d) 1/4.
e) 1/8.

21. (UPE) Em gatos malhados, certas regiões do corpo apresentam coloração preta (X^P) ou amarelo-alaranjada (X^A), relacionadas a genes presentes no cromossomo X, entremeadas por áreas de pelos brancos, condicionadas pela ação de genes autossômicos de caráter recessivo (*bb*). As fêmeas heterozigotas apresentam três cores e recebem a denominação de cálico, enquanto os machos possuem apenas duas cores. No Texas (EUA), ocorreu a clonagem de uma gatinha cálico chamada Rainbow, e, para surpresa dos pesquisadores, o clone que deveria ser idêntico à matriz apresentou um padrão de manchas diferentes da original. Isso ficou conhecido como o caso Carbon Copy ou Copy Cat.

A clonagem da gatinha não foi bem-sucedida devido à(ao)

a) adição de um cromossomo X em certo par, constituindo uma trissomia e elevando a homozigose; por isso, a clonagem de um cálico nunca resultará em um mesmo padrão.
b) deleção de determinada região do cromossomo X, causando um fenótipo diferente do esperado, visto Carbon Copy ter sido criada a partir de um óvulo que se misturou com o núcleo de Rainbow.
c) efeito pleiotrópico, no qual a ação do par de genes é responsável pela ocorrência simultânea de diversas características que ativa os dois cromossomos X da fêmea, no caso de haver clonagem.
d) processo de inativação ao acaso de um dos cromossomos X da fêmea, relacionado a genes que aparecem em heterozigose, resultando em padrão de pelagem diferente, mesmo quando os indivíduos são geneticamente idênticos.
e) tipo de herança quantitativa, em que os genes possuem efeito aditivo e recebem o nome de poligenes. Assim, em cada gata, haverá um padrão de pelagem diferente, pois só funcionará um cromossomo X por indivíduo.

22. (PUC – RJ) A neuropatia óptica hereditária de leber (LHON) é uma doença genética que afeta geralmente jovens e adultos, levando a uma súbita perda de acuidade visual de um ou dois olhos. Ela está relacionada a genes localizados no DNA mitocondrial.

Nesse caso, essa doença seria consequência de uma herança genética

a) materna ou paterna, afetando somente descendentes do sexo feminino.
b) unicamente materna, afetando somente descendentes do sexo feminino.
c) materna ou paterna, afetando descendentes dos dois sexos.
d) unicamente paterna, afetando somente descendentes do sexo masculino.
e) unicamente materna, afetando descendentes dos dois sexos.

23. (UFTM – MG) O gráfico representa a quantidade de DNA ao longo do tempo em um processo de divisão celular:

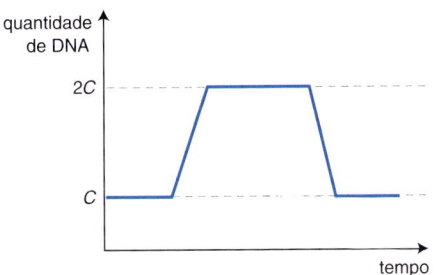

De acordo com o gráfico, pode-se afirmar que essa divisão celular permite a formação de

a) micrósporos em laranjeiras.
b) espermatozoides nos touros.
c) espermatozoides nos zangões.
d) óvulos de fêmeas de mosquito prego.
e) megásporos de coníferas.

24. (PUC – Campinas – SP) Os dois heredogramas abaixo foram montados para que os estudantes pudessem comparar dois tipos de "**herança ligada ao sexo**": na Família I, pode-se estudar a ocorrência de **hemofilia A** (herança na qual os afetados podem apresentar episódios recorrentes de sangramento, devido a uma deficiência no Fator VIII) e, na Família II, pode-se estudar a ocorrência de **raquitismo hipofosfatêmico** (um tipo de raquitismo hereditário caracterizado por uma perda anormal de fosfato nos rins e resistente ao tratamento com vitamina D).

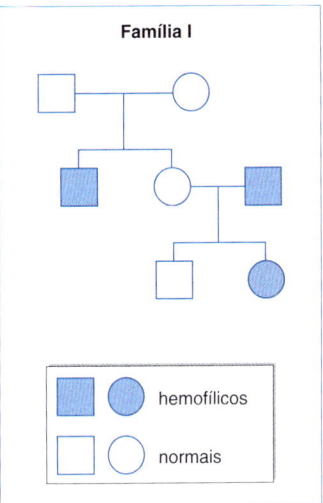

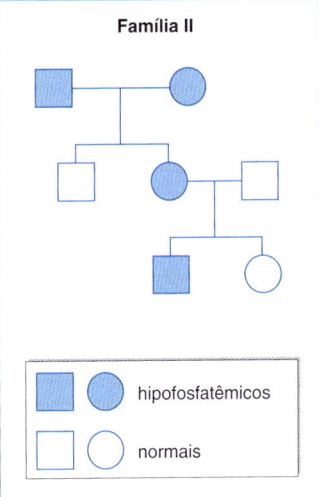

Com base na análise dos heredogramas e em seus conhecimentos sobre o assunto, é correto afirmar, **EXCETO**:

a) Para os dois caracteres estudados, não há transmissão do alelo determinante das anomalias de pai para filhos do sexo masculino.
b) No mundo, nascem mais homens afetados por raquitismo hipofosfatêmico do que mulheres afetadas.
c) A maioria dos indivíduos que nascem com hemofilia A é do sexo masculino.
d) O raquitismo hipofosfatêmico manifesta-se tanto nas mulheres homozigotas como nas heterozigotas.

Herança e sexo **859**

25. (UPE) Sabendo-se que o daltonismo tem herança recessiva ligada ao sexo, e o sistema sanguíneo ABO tem herança autossômica condicionada por uma série de alelos múltiplos, analise a genealogia e, em seguida, assinale a alternativa correta. Para interpretação, os símbolos dos indivíduos têm representados, na metade esquerda, o fenótipo para a visão e, na metade direita, o fenótipo para o grupo sanguíneo.

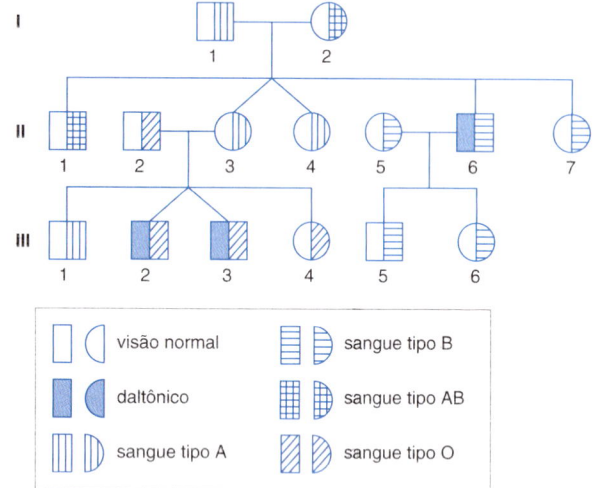

a) Considerando que o pai do indivíduo II-5 é daltônico e de sangue tipo O, a probabilidade de que o casal II-5 x II-6 venha a ter uma criança do sexo masculino, daltônica e de sangue tipo O é de 1/16.
b) Os genótipos dos gêmeos monozigóticos e dizigóticos correspondem a X^dYii e $X^DX^dI^Ai$, respectivamente.
c) Em casos de extrema necessidade, o indivíduo III-6 poderá receber sangue dos indivíduos I-2, II-1, II-5, II-6 e III-5.
d) O indivíduo II-1, casando-se com uma mulher daltônica e de sangue tipo AB, terá 1/4 de probabilidade de ter uma criança do sexo feminino, daltônica e de sangue tipo AB.
e) Os genótipos dos indivíduos III-1 e II-7 são, respectivamente, X^DYI^Ai e $X^DX^dI^BI^B$.

26. (FGV – SP) **Vítimas de Hiroshima no Brasil serão indenizadas**
Os três homens, que pediram para não serem identificados, vão receber US$ 24,7 mil, decidiu um tribunal japonês.

Folha de S.Paulo, 9 fev. 2006.

Emília interessou-se pela notícia. Afinal, acreditava que seu único filho, Mário, portador de hemofilia do tipo A, a mais grave delas, era uma vítima indireta da radiação liberada pela bomba. Emília havia lido que a doença é genética, ligada ao sexo, e muito mais frequente em homens que em mulheres.

O sogro de Emília, Sr. Shiguero, foi um dos sobreviventes da bomba de Hiroshima. Após a guerra, migrou para o Brasil, onde se casou e teve um filho, Takashi. Anos depois, o Sr. Shigero faleceu de leucemia.

Emília, que não tem ascendência oriental, casou-se com Takashi e atribuía a doença de seu filho Mário à herança genética do Shiguero. Depois da notícia do jornal, Emília passou a acreditar que seu filho talvez pudesse se beneficiar com alguma indenização.

Sobre suas convicções quanto à origem da doença de Mário, pode-se dizer que Emília está

a) correta. Do mesmo modo como a radiação provocou a leucemia do Sr. Shiguero, também poderia ter provocado mutações nas células de seu tecido reprodutivo que, transmitidas à Takashi, e deste a seu filho, provocaram a hemofilia de Mário.
b) correta. A hemofilia ocorre mais frequentemente em homens, uma vez que é determinada por um alelo no cromossomo Y. Deste modo, Mário só pode ter herdado esse alelo de seu pai, que, por sua vez, o herdou do Sr. Shiguero.
c) apenas parcialmente correta. Como a hemofilia é um caráter recessivo e só se manifesta nos homozigotos para esse alelo, a doença de seu filho Mário é causada pela presença de um alelo herdado pela via paterna e por outro herdado pela via materna.
d) errada. Como a hemofilia é um caráter dominante, se seu filho Mário tivesse herdado o alelo do pai, que o teria herdado do Sr. Shiguero, todos seriam hemofílicos.
e) errada. É mais provável que a hemofilia de Mário seja determinada por um alelo herdado por via materna, ou que Mário seja portador de uma nova mutação sem qualquer relação com a radiação a que o Sr. Shiguero foi submetido.

27. (UNIMONTES – MG) Eventualmente, na espécie humana, ocorrem as gestações gemelares ou múltiplas. A figura abaixo representa um dos processos que leva a formação de gêmeos do sexo masculino. Analise-a.

As afirmativas abaixo se referem aos gêmeos apresentados. Analise-as e assinale a alternativa **INCORRETA**.

a) Os gêmeos apresentados são do tipo monozigótico.
b) Quanto maior for a discordância de caracteres entre eles, maior a interferência do ambiente.
c) As filhas desses indivíduos herdarão alelos presentes no cromossomo X do óvulo apresentado na figura.
d) As diferenças fenotípicas entre eles devem-se principalmente ao genótipo.

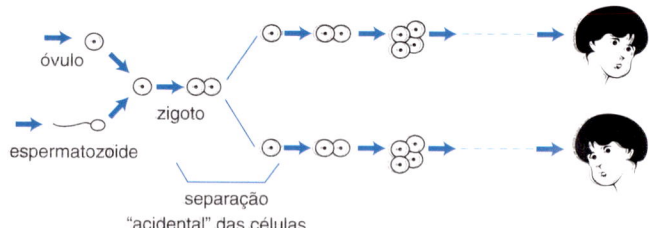

Questões dissertativas

1. (UFPR) Algumas raças de galinhas são criadas especificamente para a postura de ovos. É comum nessas raças a utilização de características fenotípicas que facilitam a determinação do sexo da ave logo após a eclosão do ovo. Em galinhas da raça "Plimouth Rock", um gene dominante "B", ligado ao sexo, produz plumagem barrada nos adultos. O alelo recessivo "b" produz plumagem uniforme. Aves com plumagem barrada podem ser reconhecidas logo após a eclosão por uma mancha branca no topo da cabeça. Sugira um cruzamento que poderia ser utilizado para a seleção precoce de fêmeas destinadas à postura. Lembre-se de que em galinhas o sexo é determinado por um par de cromossomos denominado ZW, sendo o macho homogamético e a fêmea heterogamética.

2. (UFJF – MG) A hemofilia é uma doença hereditária que causa problemas no processo de coagulação sanguínea nos indivíduos doentes. Um dos tipos mais graves de hemofilia, a hemofilia A, é condicionada por um alelo recessivo (*h*), localizado no cromossomo X.

a) Qual sexo você espera que seja mais afetado pela doença? Justifique a sua resposta.
b) Quais as chances de uma mulher normal, filha de pai hemofílico, casada com um homem normal, ter um filho do sexo masculino hemofílico?
c) Quais os possíveis genótipos da mãe da mulher citada no item (b)?
d) Qual é a lei de Mendel que explica o tipo de herança descrito acima?

3. (UFABC – SP) O daltonismo tem herança recessiva ligada ao cromossomo X. Observe o heredograma em que os indivíduos afetados estão representados pelas figuras preenchidas.

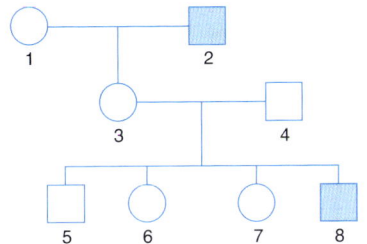

a) Indique, pelo número, quais pessoas podem ter seus genótipos identificados com certeza.
b) Se a mulher 6 se casar com um homem daltônico, qual a probabilidade de gerar uma criança daltônica? Se essa criança for do sexo masculino, qual a probabilidade de que seja daltônico?

4. (UNICAMP – SP) Um senhor calvo, que apresentava pelos em suas orelhas (hipertricose auricular), casou-se com uma mulher não calva, que não apresentava hipertricose auricular. Esse casal teve oito filhos (quatro meninos e quatro meninas). Quando adultos, todos os filhos homens apresentavam pelos em suas orelhas, sendo três deles calvos. Nenhuma das filhas apresentava hipertricose, mas uma era calva e três não eram.

a) Qual é o tipo de herança de cada uma das características mencionadas, isto é, hipertricose auricular e calvície? Justifique.
b) Faça o cruzamento descrito acima e indique os genótipos do filho homem não calvo com hipertricose auricular e da filha calva sem hipertricose auricular.
Obs.: deixe claramente diferenciadas as notações maiúsculas e minúsculas.

5. (UFLA – MG) A calvície é controlada por um par de alelos (*A/a*) que são influenciados pelo sexo. Dessa forma, o alelo (*A*), que causa a calvície, é dominante nos homens e recessivo nas mulheres. Um homem não calvo, casado com uma mulher não calva, deseja saber se é possível vir a ter um filho calvo. Demonstre, argumentando apenas do ponto de vista do genótipo, a possibilidade ou a impossibilidade disso acontecer.

6. (UNESP) APELO ASSEXUAL – CASO ÚNICO NA NATUREZA, ESPÉCIE DE FORMIGA DISPENSOU SEUS MACHOS E DESCOBRIU QUE, AO MENOS PARA ELA, SEXO NÃO VALE A PENA.

Trata-se da *Mycocepurus smithii*, uma espécie de formiga que não tem machos: a rainha bota ovos que crescem sem precisar de fertilização, originando operárias estéreis ou futuras rainhas. Aparentemente, este mecanismo de reprodução traz uma desvantagem, que é a falta de diversidade genética que pode garantir a sobrevivência da espécie em desafios ambientais futuros. Duas hipóteses foram levantadas para explicar a origem destes ovos diploides: a primeira delas diz que os ovos são produzidos por mitoses e permanecem diploides sem passar por uma fase haploide; a segunda sugere que se formam dois ovos haploides que fertilizam um ao outro.

Adaptado de: Unesp Ciência, nov. 2009.

Considere as duas hipóteses apresentadas pelo texto. Cada uma dessas hipóteses, isoladamente, reforça ou fragiliza a suposição de que essa espécie teria desvantagem por perda de variabilidade genética? Justifique suas respostas.

7. (UNESP) Em uma novela da TV, a personagem Safira, preocupada com o relacionamento amoroso de sua filha com seu sobrinho, disse à garota: "Prima com primo não pode. O filho pode nascer com defeito".

a) A frase é verdadeira? Ou seja, nos relacionamentos onde o casal é formado por primos que compartilham um mesmo casal de avós, é maior a probabilidade de a criança nascer com problemas anátomo-fisiológicos? Justifique.
b) Suponha um casal de primos em que ambos são normais, mas são filhos de dois irmãos hemofílicos casados com esposas em cujas famílias não há relato de hemofilia. Se o primeiro filho desse casal de primos for um garoto, qual a probabilidade de também ser hemofílico? Justifique.

8. (UFPR) Um dos dogmas centrais da Biologia é que, na reprodução em humanos, todas as mitocôndrias têm origem materna. Embora, atualmente, saiba-se que é possível herdar mitocôndrias paternas, ainda assim a grande maioria delas provêm da mãe. O que justificaria a predominância de herança materna dessa organela, uma vez que se sabe que tanto os gametas femininos quanto os masculinos contribuem para a formação do zigoto?

9. (UFSCar – SP) Um funcionário trabalhou vários anos em uma indústria química. Durante esse período, teve dois filhos: um menino que apresenta uma grave doença causada por um gene situado no cromossomo X e uma menina que não apresenta a doença. O funcionário quis processar a indústria por responsabilidades na doença de seu filho, mas o médico da empresa afirmou que a acusação não era pertinente.

a) Por que o médico afirmou que a acusação não era pertinente?
b) O alelo causador da doença é dominante ou recessivo? Justifique.

Programas de avaliação seriada

1. (PSS – UFPA) O enunciado "cada característica de um indivíduo está condicionada a um par de fatores os quais ocorrem em dose única em células gaméticas" refere-se ao princípio
a) da 1.ª Lei de Mendel.
b) da partenogênese em insetos.
c) que caracteriza a protandria.
d) da determinação do sexo em sistemas XX/X0.
e) da herança dos grupos sanguíneos.

2. (PSS – UFPA) Muitas doenças metabólicas são causadas por defeitos genéticos de hidrolases lisossomais, do que resulta o acúmulo de substratos não metabolizados. Como exemplo, temos a doença de Fabry, deficiência da enzima alfa-galactosidade ácida que não é produzida pelo organismo ou é produzida em pequena quantidade. Sem essa enzima, as células não removem uma espécie de lipídio chamado globotriaosilceramida ou GL-3, que fica, então, retido nos lisossomos.

O resultado é um acúmulo progressivo dessa molécula nas paredes dos vasos sanguíneos e tecidos, o que leva a danos no coração, rim e cérebro. Uma das formas de aquisição da doença está demonstrada no heredograma abaixo.

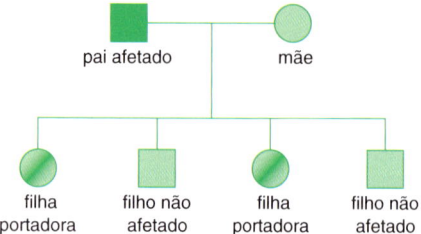

A respeito desse heredograma, é **INCORRETO** afirmar:

a) O gene deficiente que causa a doença de Fabry está localizado no cromossomo X. Tanto os homens como as mulheres podem ter esse gene.
b) Como o único exemplar do gene que o pai afetado tem é deficiente, ele vai transmitir o gene a todas as filhas, mas a nenhum dos filhos.
c) A doença é uma herança recessiva, em que o gene deficiente está localizado no cromossomo Y.
d) As mulheres podem ter um gene deficiente e um gene normal, e, em cada gravidez, terão 50% de probabilidade de transmitir o gene deficiente tanto às filhas como aos filhos.
e) O pai afetado apresenta 100% de probabilidade de transmitir o gene deficiente às filhas.

3. (PSS – UFPA) Analise o heredograma a seguir, que demonstra a segregação de uma característica hereditária considerada em indivíduos afetados.

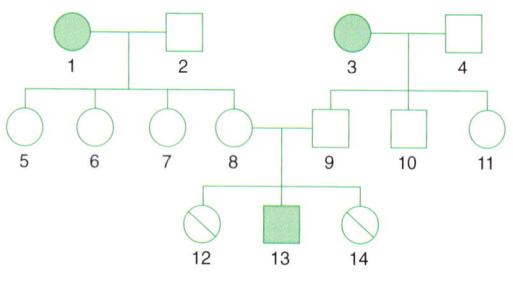

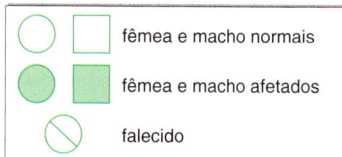

Considerada a análise, é correto afirmar:

a) A característica das fêmeas e machos afetados é recessiva.
b) A característica dos indivíduos afetados é dominante ligada ao sexo.
c) Os indivíduos 2 e 4 são heterozigotos.
d) Os indivíduos enumerados de 5 a 8 são homozigotos dominantes e os indivíduos de 9 a 11 são heterozigotos.
e) Os indivíduos 12 a 14 são homozigotos recessivos portadores letais.

4. (PAES – UNIMONTES – MG) Herança genética ou biológica é o processo pelo qual um organismo ou célula adquire ou se torna predisposto(a) a adquirir características semelhantes à do organismo ou célula que o/a gerou, através de informações codificadas que são transmitidas à descendência. A figura a seguir exemplifica esse processo. Analise-a.

Considerando a figura e o assunto abordado, analise as alternativas abaixo e assinale a **CORRESPONDENTE** ao tipo de herança contemplado na figura.

a) recessiva ligada ao X
b) autossômica dominante
c) autossômica recessiva
d) codominante

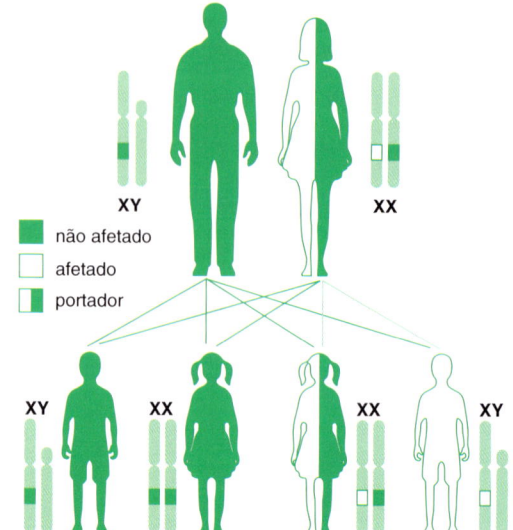

5. (PSIU – UFPI) Analise os heredogramas abaixo, identificando os distúrbios relacionados aos padrões de herança autossômicos e ligados ao sexo. Marque a alternativa que contém somente informações corretas.

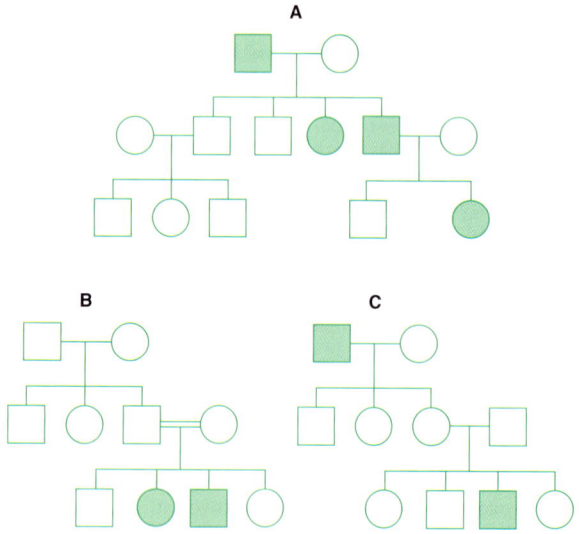

a) A doença de Huntington pode ser associada ao padrão **A**. A fenilcetonúria pode ser associada ao padrão **C**. O daltonismo pode ser associado ao padrão **B**.
b) A doença de Huntington pode ser associada ao padrão **C**. A fenilcetonúria pode ser associada ao padrão **A**. O daltonismo pode ser associado ao padrão **B**.
c) A doença de Huntington pode ser associada ao padrão **C**. A fenilcetonúria pode ser associada ao padrão **B**. O daltonismo pode ser associado ao padrão **A**.
d) A doença de Huntington pode ser associada ao padrão **B**. A fenilcetonúria pode ser associada ao padrão **C**. O daltonismo pode ser associado ao padrão **A**.
e) A doença de Huntington pode ser associada ao padrão **A**. A fenilcetonúria pode ser associada ao padrão **B**. O daltonismo pode ser associado ao padrão **C**.

Capítulo 40
Segunda Lei de Mendel e *linkage*

Muitos genes e poucos cromossomos

Responda rápido: quantos cromossomos temos em nossas células? Quem respondeu que temos 46 cromossomos ou 23 pares de cromossomos acertou. Responda agora a esta outra pergunta: quantos genes temos nesses cromossomos? Esta já é mais difícil, uma vez que o número de genes contidos no genoma humano ainda não foi determinado com exatidão, mas estima-se que apresentemos cerca de 30 mil genes!

Cada um de nossos cromossomos apresenta um conjunto de muitos genes, que estão associados a uma série de diferentes características. Os cientistas e pesquisadores vêm tentando estabelecer a sequência de genes em cada um de nossos cromossomos. Espera-se que esse conhecimento permita estabelecer procedimentos que possibilitem evitar a transmissão de doenças genéticas.

Como vimos no Capítulo 37, as sete características da ervilha estudadas por Mendel diferiam nitidamente umas das outras. Também já sabemos que ele analisou uma característica por vez, chegando a conclusões importantes, sintetizadas em sua 1.ª Lei. Ao prosseguir os estudos, porém, Mendel passou a examinar duas ou mais características simultaneamente. Durante cerca de três anos, ele realizou uma série de experimentos que acabariam, afinal, resultando em sua 2.ª Lei.

OS EXPERIMENTOS DE MENDEL SOBRE DI-HIBRIDISMO

Uma das experiências de Mendel foi analisar duas características de ervilhas simultaneamente: a cor e a forma da semente. Ele cruzou uma planta produtora de sementes amarelas e lisas, homozigota para as duas características, com outra, duplo-homozigota, produtora de sementes verdes e rugosas. Desse cruzamento, resultaram plantas duplo-heterozigotas em F_1, também chamadas **di-híbridas**, que produziam sementes amarelas e lisas, pois – como já vimos – a cor amarela e a forma lisa das sementes são dominantes em ervilhas. Mendel deixou que essas plantas di-híbridas sofressem autofecundação, obtendo, na geração F_2, quatro classes fenotípicas para essas características, na proporção aproximada de 9 : 3 : 3 : 1 (veja a Tabela 40-1). Porém, como poderia explicá-las?

Tabela 40-1. Resultado obtido por Mendel dos cruzamentos entre duas classes fenotípicas.

Classes fenotípicas (cor e forma das sementes)	Quantidade	Proporção aproximada
Amarelas/lisas (dominante/dominante)	315	9
Amarelas rugosas (dominante/recessivo)	101	3
Verdes/lisas (recessivo/dominante)	108	3
Verdes/rugosas (recessivo/recessivo)	32	1

A Análise dos Resultados

Mendel era, acima de tudo, um matemático. A partir dos dados obtidos em F_2, observou que a soma dos indivíduos amarelos (315 + 101) totalizava 416; dos verdes, (108 + 32) era igual a 140, resultando na proporção aproximada de 3 : 1. Contando as sementes lisas (315 + 108) obteve 423 e as rugosas (101 + 32), 133, o que também correspondia à proporção aproximada de 3 : 1.

A presença da proporção 3 : 1 duas vezes permitiu a Mendel deduzir que o caso analisado não era nada mais do que duas proporções independentes de 3 : 1, combinadas de todas as formas possíveis

[(3 amarelas : 1 verde) x (3 lisas : 1 rugosa) = 9 amarelas/lisas : 3 amarelas/rugosas : 3 verdes/lisas : 1 verde/rugosa].

Faltava, porém, dar uma explicação biológica. Ele concluiu que as duas características analisadas eram transmitidas de forma *independente*. Ou seja, a cor e a forma da semente não apresentavam nenhuma vinculação. O fato de a ervilha apresentar, por exemplo, cor amarela, não implicava que, necessariamente, fosse lisa. Esse mesmo raciocínio vale para as outras características estudadas por Mendel.

Essa nova maneira de estudar cruzamentos resultou na 2.ª Lei de Mendel, que pode ser entendida como:

> Em um híbrido, *durante a formação de gametas*, a segregação (separação) dos alelos de um gene para determinada característica é independente da segregação dos alelos de um gene para outra característica.

Suspeitando que as diferentes características da ervilha fossem independentes e utilizando os conhecimentos de sua 1.ª Lei, Mendel formulou a seguinte hipótese: *existe um par de fatores* (agora se sabe que são os genes) *que determina a cor da semente e um par de fatores que determina a forma da semente*. A relação fator/característica pode ser assim esquematizada:

V determina cor amarela da semente, *v* determina cor verde da semente, *R* determina forma lisa da semente e *r* determina forma rugosa da semente.

Utilizando, como exemplo, o di-híbrido *VvRr*, os fatores para as duas características estão juntos no indivíduo, separando-se (segregando-se), porém, independentemente, quando da formação dos gametas. Assim, a probabilidade de o fator *V* acompanhar o *R* na formação de um gameta é a mesma de *V* acompanhar o fator *r*. O mesmo acontece com o fator *v* em relação aos fatores *R* e *r*, visto que, relembremos, a segregação é independente, como ao jogar duas moedas simultaneamente. Logo, a combinação dos fatores durante a formação dos gametas ocorre ao acaso. Podemos esquematizar os tipos de gametas produzidos pelo indivíduo *VvRr* da forma apresentada na Figura 40-1.

Vamos esquematizar na Figura 40-2 os cruzamentos realizados por Mendel, a partir da geração parental, e entender por que ele obteve em F_2 a proporção 9 : 3 : 3 : 1.

Da autofecundação de plantas F_1 resulta:

Figura 40-1.

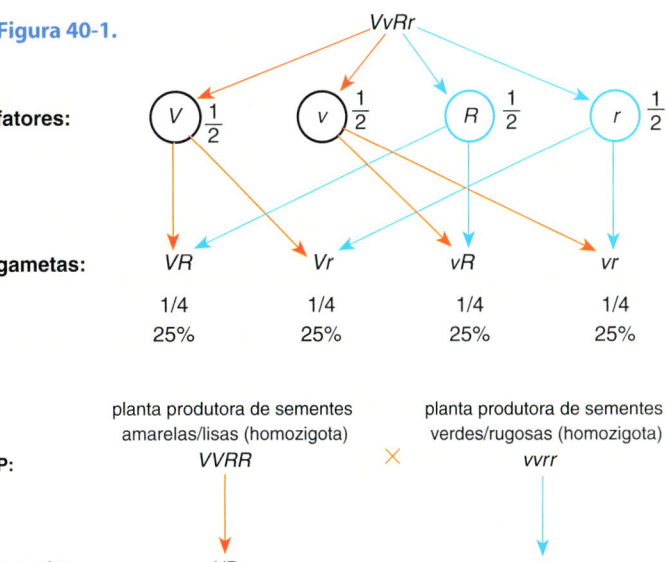

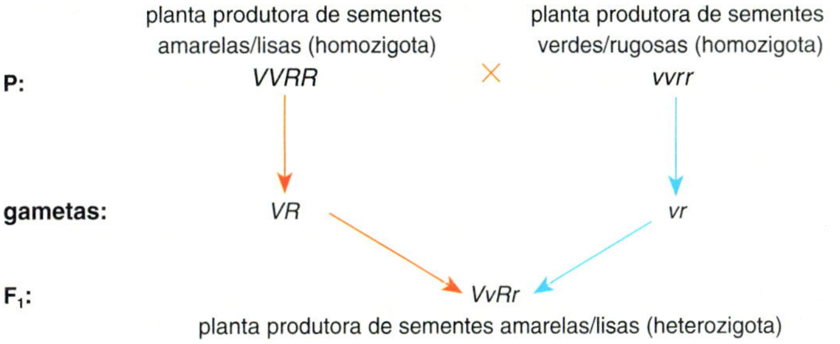

Figura 40-2.

	VvRr ♀				×	*VvRr* ♂			
gametas:	*VR*	*Vr*	*vR*	*vr*		*VR*	*Vr*	*vR*	*vr*
	1/4	1/4	1/4	1/4		1/4	1/4	1/4	1/4

Montando o quadro de cruzamentos, teremos:

♂ \ ♀	***VR* (1/4)**	***Vr* (1/4)**	***vR* (1/4)**	***vr* (1/4)**
***VR* (1/4)**	*VVRR* amarela/lisa (1/16)	*VVRr* amarela/lisa (1/16)	*VrRR* amarela/lisa (1/16)	*VvRr* amarela/lisa (1/16)
***Vr* (1/4)**	*VVRr* amarela/lisa (1/16)	*VVrr* amarela/rugosa (1/16)	*VvRr* amarela/lisa (1/16)	*Vvrr* amarela/rugosa (1/16)
***vR* (1/4)**	*VvRR* amarela/lisa (1/16)	*VvRr* amarela/lisa (1/16)	*vvRR* verde/lisa (1/16)	*vvRr* verde/lisa (1/16)
***vr* (1/4)**	*VvRr* amarela/lisa (1/16)	*Vvrr* amarela/rugosa (1/16)	*vvRr* verde/lisa (1/16)	*vvrr* verde/rugosa (1/16)

Com relação aos fenótipos, existem 9 "casas" com a classe fenotípica amarela/lisa; 3 com a classe amarela/rugosa; 3 com o fenótipo verde/liso e uma casa apenas caracterizando o fenótipo verde/rugoso. Isso confirma a proporção 9 : 3 : 3 : 1 obtida quando ocorre o cruzamento entre dois indivíduos duplo-heterozigotos para duas características independentes.

A 2.ª Lei de Mendel também é conhecida como Lei da Segregação Independente.

Obtendo a Proporção 9 : 3 : 3 : 1 sem Utilizar o Quadro de Cruzamentos

No Capítulo 37, aprendemos a calcular a chance de eventos independentes e simultâneos ocorrerem, utilizando a regra do E. A 2.ª Lei de Mendel é uma aplicação direta dessa regra, permitindo chegar aos mesmos resultados sem a construção trabalhosa do quadro de cruzamentos. Vamos exemplificar, partindo do cruzamento entre duas plantas de ervilha duplo-heterozigotas:

P: VvRr   ×   VvRr

a. Consideremos, primeiro, o resultado do cruzamento das duas características isoladamente:

Vv × Vv	Rr × Rr
3/4 sementes amarelas	3/4 sementes lisas
1/4 sementes verdes	1/4 sementes rugosas

b. Como desejamos considerar as duas características simultaneamente, vamos calcular a probabilidade de obtermos sementes amarelas e lisas, já que se trata de eventos independentes. Assim,

sementes amarelas   E   sementes lisas
      3/4   ×   3/4   = 9/16

c. E a probabilidade de obtermos sementes amarelas e rugosas:

sementes amarelas   E   sementes rugosas
      3/4   ×   1/4   = 3/16

d. Agora, a probabilidade de obtermos sementes verdes e lisas:

sementes verdes   E   sementes lisas
      3/4   ×   3/4   = 3/16

e. Finalmente, a probabilidade de nós obtermos sementes verdes e rugosas:

sementes verdes   E   sementes rugosas
      1/4   ×   1/4   = 1/16

Utilizando a regra do E, chegamos ao mesmo resultado obtido na construção do quadro de cruzamentos, com a vantagem da rapidez na obtenção da resposta.

Acompanhe este exercício

Os tomateiros altos são produzidos pela ação do alelo dominante A e as plantas anãs por seu alelo recessivo a. Os caules peludos são produzidos pelo gene dominante N e os caules sem pelos são produzidos por seu alelo recessivo n.

Os genes que determinam essas duas características segregam-se independentemente.

a) Qual a proporção fenotípica esperada do cruzamento, entre di-híbridos, em que nasceram 256 indivíduos?
b) Qual a proporção genotípica esperada de indivíduos di-híbridos entre os 256 descendentes?

Resolução:

a) Trata-se de um caso envolvendo a 2.ª Lei de Mendel, pois os genes citados segregam-se independentemente, isto é, os genes não alelos estão em cromossomos diferentes. Então, no cruzamento entre $AaNn \times AaNn$, a proporção fenotípica esperada na descendência é de 9 : 3 : 3 : 1. Logo, temos a seguinte proporção esperada de indivíduos:

$\dfrac{9}{16}$ altos, com pelos (= 144 indivíduos) $\dfrac{3}{16}$ anãs, com pelos (= 48 indivíduos)

$\dfrac{3}{16}$ altos, com pelos (= 48 indivíduos) $\dfrac{1}{16}$ anãs, com pelos (= 16 indivíduos)

b) Para responder a esse item, não é necessário montar o quadro de cruzamentos com 16 casas e contar o resultado. Existe uma maneira mais prática. Como se trata de segregação independente, podemos aplicar a regra do "e", pois queremos determinar uma ocorrência simultânea de dois eventos independentes. Assim,

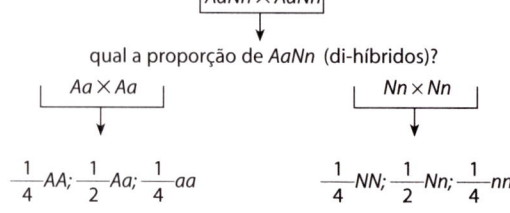

$\dfrac{1}{4}$ AA; $\dfrac{1}{2}$ Aa; $\dfrac{1}{4}$ aa $\dfrac{1}{4}$ NN; $\dfrac{1}{2}$ Nn; $\dfrac{1}{4}$ nn

Logo, a probabilidade de obter indivíduos Aa e Nn é:

$$\dfrac{1}{2} \times \dfrac{1}{2} = \dfrac{1}{4}$$

Assim, teoricamente, a proporção genotípica é 1/4, sendo que 1/4 de 256 é igual a 64 indivíduos com o genótipo pesquisado.

Segregação Independente e Poli-hibridismo

Em seus experimentos, Mendel também considerou a ocorrência simultânea de três características nos cruzamentos. Verificou que a proporção dos fenótipos em F_2 era de 27 : 9 : 9 : 9 : 3 : 3 : 3 : 1, indicando que sua 2.ª Lei também era válida para mais de dois pares de alelos. Mas, quantos tipos de gametas seriam formados quando consideramos vários pares de alelos?

Suponha a constituição genética de indivíduos hipotéticos, representada a seguir, e vamos descobrir juntos os tipos de gametas por eles produzidos, com suas respectivas proporções.

Indivíduos	Constituição genética	Gametas	N.º de tipos
1	aabbcc	abc	apenas um
2	AABBCC	ABC	apenas um
3	Aabbcc	Abc abc	2
4	AaBbcc	ABc Abc aBc abc	4
5	AaBbCc	ABC ABc aBC aBc AbC Abc abC abc	8

Outra maneira de encontrar os tipos de gametas produzidos por um indivíduo é recorrer à fórmula 2^n, onde n representa o número de pares de heterozigotos existentes no genótipo.

Utilizando essa fórmula no nosso exemplo, teríamos:

Indivíduos	Constituição genética	2^n	N.º de tipos
1	aabbcc	2^0	1
2	AABBCC	2^0	1
3	Aabbcc	2^1	2
4	AaBbcc	2^2	4
5	AaBbCc	2^3	8

A Relação Meiose-2.ª Lei de Mendel

Existe uma correspondência entre as *Leis de Mendel* e a meiose. Acompanhe na Figura 40-3 o processo de formação de gametas em uma célula de indivíduo di-híbrido, relacionando-o à 2.ª Lei de Mendel. Note que, durante a meiose, os homólogos se alinham em metáfase e sua separação ocorre ao acaso, em duas possibilidades igualmente viáveis. A segregação independente dos homólogos e, consequentemente, dos *fatores* (genes) que carregam, resulta nos genótipos *VR*, *vr*, *Vr* e *vR* em igual frequência.

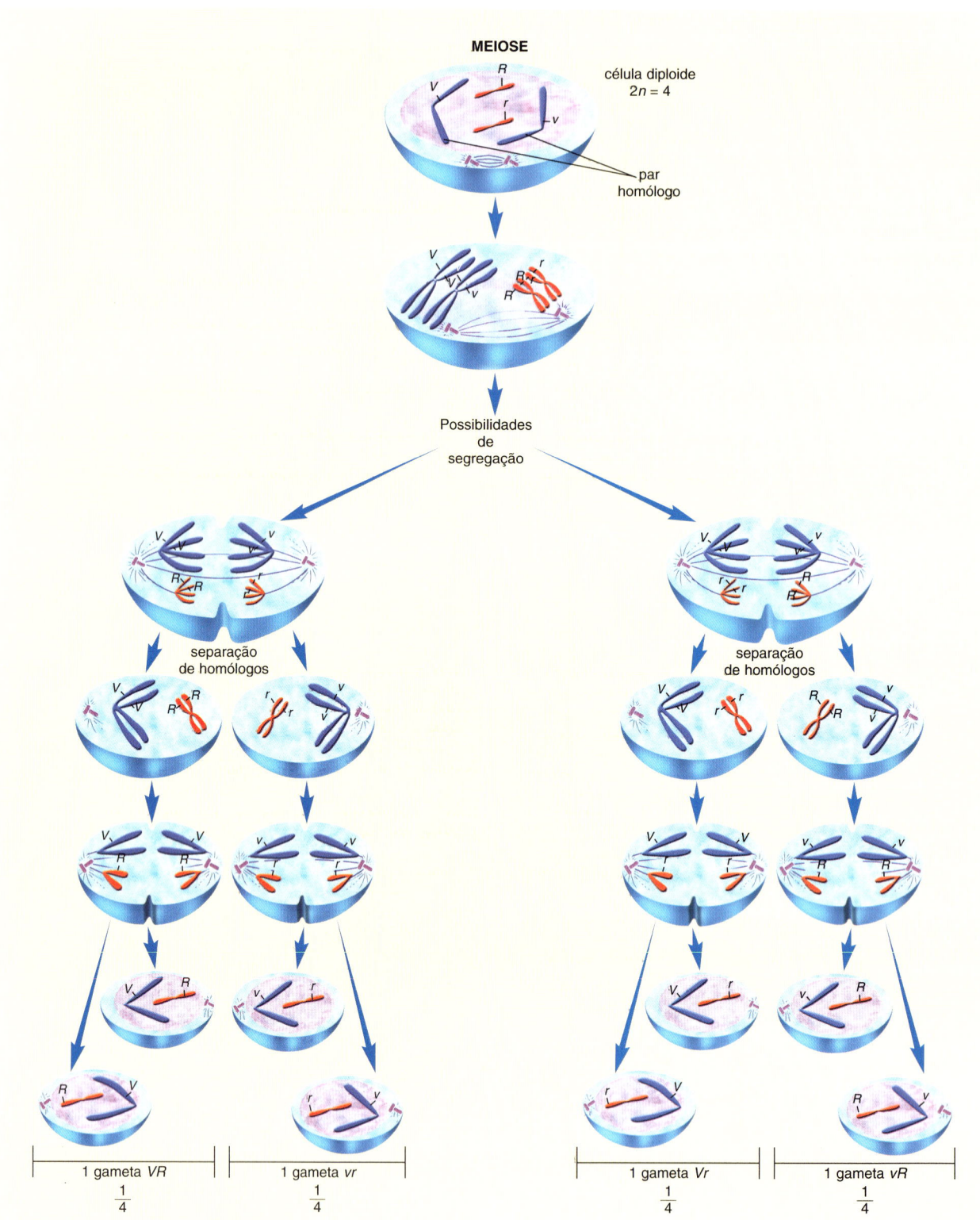

Figura 40-3. A segregação independente ocorre durante a meiose, resultando, num indivíduo di-híbrido, em quatro possibilidades de agrupamentos gênicos de igual probabilidade.

Fique por dentro!

O processo de segregação independente dos alelos e a união ao acaso dos gametas seguem as regras da probabilidade. Nos seres humanos, não é possível realizar cruzamentos controlados e, portanto, a análise genética se dá por meio do acompanhamento de várias gerações de uma mesma família.

A 2.ª Lei de Mendel É sempre Obedecida?

A descoberta de que os genes estão situados nos cromossomos gerou um impasse no entendimento da 2.ª Lei de Mendel. Como vimos, de acordo com essa lei, dois ou mais genes não-alelos segregam-se independentemente, desde que estejam localizados em cromossomos diferentes.

Surge, no entanto, um problema: Mendel afirmava que os genes relacionados a duas ou mais características sempre apresentavam segregação independente. Se essa premissa fosse verdadeira, então haveria um cromossomo para cada gene ou, falando de outro modo, cada cromossomo só teria um gene. Se considerarmos que existe uma infinidade de genes, haveria, então, uma quantidade assombrosa de cromossomos dentro de uma célula, o que não é verdadeiro. Logo, como existem relativamente poucos cromossomos presentes nos núcleos das células e inúmeros genes, é intuitivo concluir que, em cada cromossomo, existe uma infinidade de genes, responsáveis pelas inúmeras características típicas de cada espécie. Dizemos que esses genes presentes *em um mesmo cromossomo* estão *ligados* ou em **linkage** e caminham juntos para a formação dos gametas.

Assim, a 2.ª Lei de Mendel nem sempre é obedecida, bastando para isso que os genes estejam localizados no mesmo cromossomo, ou seja, estejam em *linkage*.

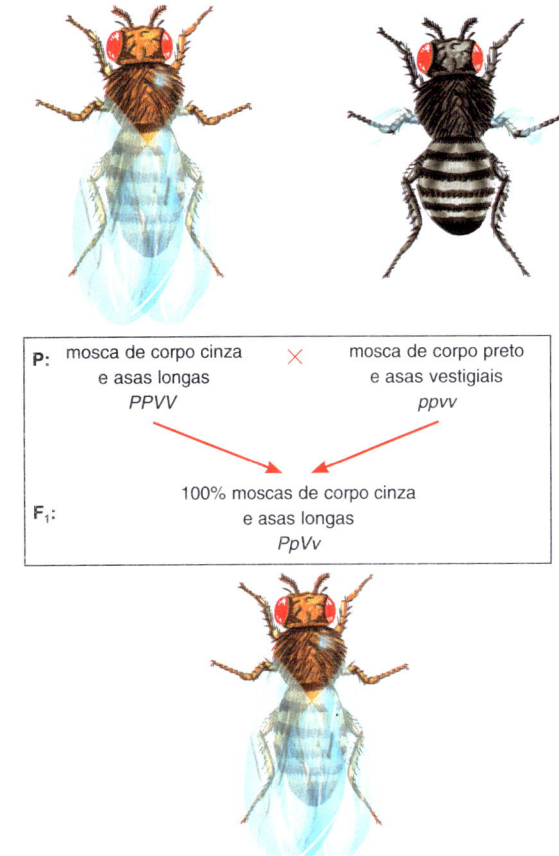

Figura 40-4. Os genes que condicionam corpo cinza e asas longas são dominantes em drosófilas.

LINKAGE

Genes Unidos no mesmo Cromossomo

T. H. Morgan e seus colaboradores trabalharam com *Drosophila melanogaster* e realizaram cruzamentos em que estudaram dois ou mais pares de genes, verificando que, realmente, nem sempre a 2.ª Lei de Mendel era obedecida. Concluíram que esses genes não estavam em cromossomos diferentes, mas, sim, encontravam-se no mesmo cromossomo (em *linkage*).

Um dos Cruzamentos Efetuados por Morgan

Em um de seus experimentos, Morgan cruzou moscas selvagens de corpo cinza e asas longas com mutantes de corpo preto e asas curtas (chamadas de asas *vestigiais*). Todos os descendentes de F_1 apresentavam corpo cinza e asas longas, atestando que o gene que condiciona corpo cinza (*P*) domina o que determina corpo preto (*p*), assim como o gene para asas longas (*V*) é dominante sobre o que condiciona surgimento de asas vestigiais (*v*). Veja a Figura 40-4.

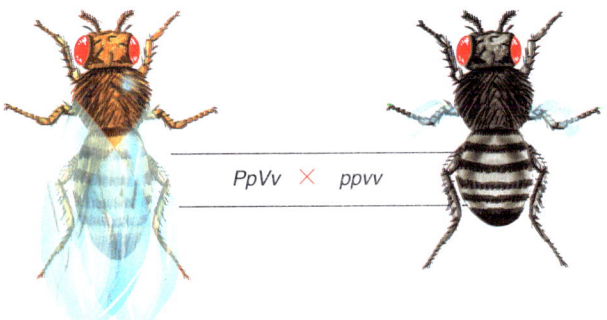

Figura 40-5. Cruzamento-teste realizado por Morgan.

A seguir, Morgan cruzou descendentes de F_1 com duplo-recessivos (ou seja, realizou cruzamentos-testes) (veja a Figura 40-5).

Para Morgan, os resultados dos cruzamentos-testes revelariam se os genes estavam localizados em cromossomos diferentes (segregação independente) ou em um mesmo cromossomo (*linkage*).

Surpreendentemente, porém, nenhum dos resultados esperados foi obtido. A separação e a contagem dos descendentes de F_2 revelaram o seguinte resultado:

- 41,5% de moscas com corpo cinza e asas longas;
- 41,5% de moscas com corpo preto e asas vestigiais;
- 8,5% de moscas com corpo preto e asas longas;
- 8,5% de moscas com corpo cinza e asas vestigiais.

Ao analisar esse resultado, Morgan convenceu-se de que os genes *P* e *V* localizavam-se no mesmo cromossomo. Se estivessem localizados em cromossomos diferentes, a proporção esperada seria outra (1 : 1 : 1 : 1). No entanto, restava a dúvida: como explicar a ocorrência dos fenótipos corpo cinza/asas vestigiais e corpo preto/asas longas?

A resposta não foi difícil de ser obtida. Por essa época, já estava razoavelmente esclarecido o processo da meiose. O cientista F. A. Janssens já havia relatado, inclusive, dois importantes fenômenos relacionados àquele tipo de divisão celular: o pareamento de cromossomos homólogos e a ocorrência de *quiasmas*, durante a prófase I. Como vimos no Capítulo 7, o quiasma é uma figura meiótica decorrente do *crossing-over* (veja a Figura 40-6). O *crossing* (ou permuta) corresponde à quebra seguida da troca de trechos entre cromátides homólogas.

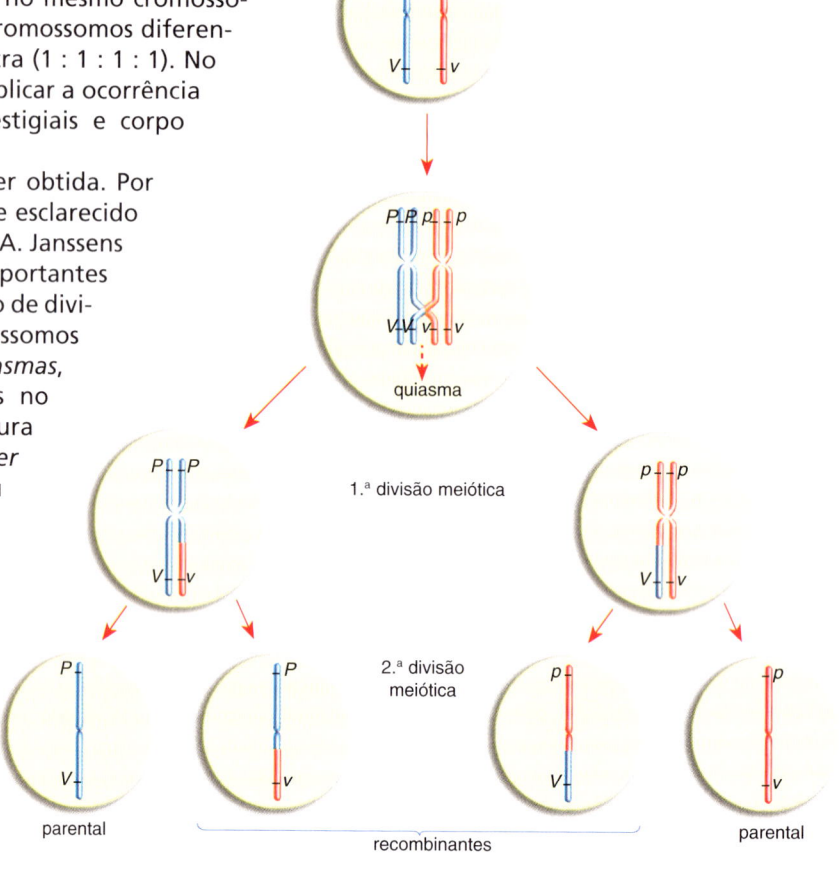

Figura 40-6. Representação esquemática da ocorrência de *crossing* entre cromátides homólogas. Note a presença de *quiasma* (em forma de X), que indica a região em que houve troca de pedaços.

A partir desses conhecimentos, Morgan concluiu que os fenótipos corpo cinza/asas vestigiais e corpo preto/asas longas eram recombinantes e devidos à ocorrência de *crossing-over* (veja a Figura 40-7).

Figura 40-7. Os esquemas resumem o ocorrido no cruzamento de um descendente de F₁ com o duplo-recessivo. Os genes *P* e *V* localizam-se no mesmo cromossomo, ou seja, estão em *linkage*. Mas a ocorrência de permutas (quebras e trocas de pedaços entre cromossomos homólogos) nos heterozigotos faz aparecer os recombinantes. Como as permutas não são frequentes, a porcentagem de recombinantes é menor que a dos tipos originais (parentais).

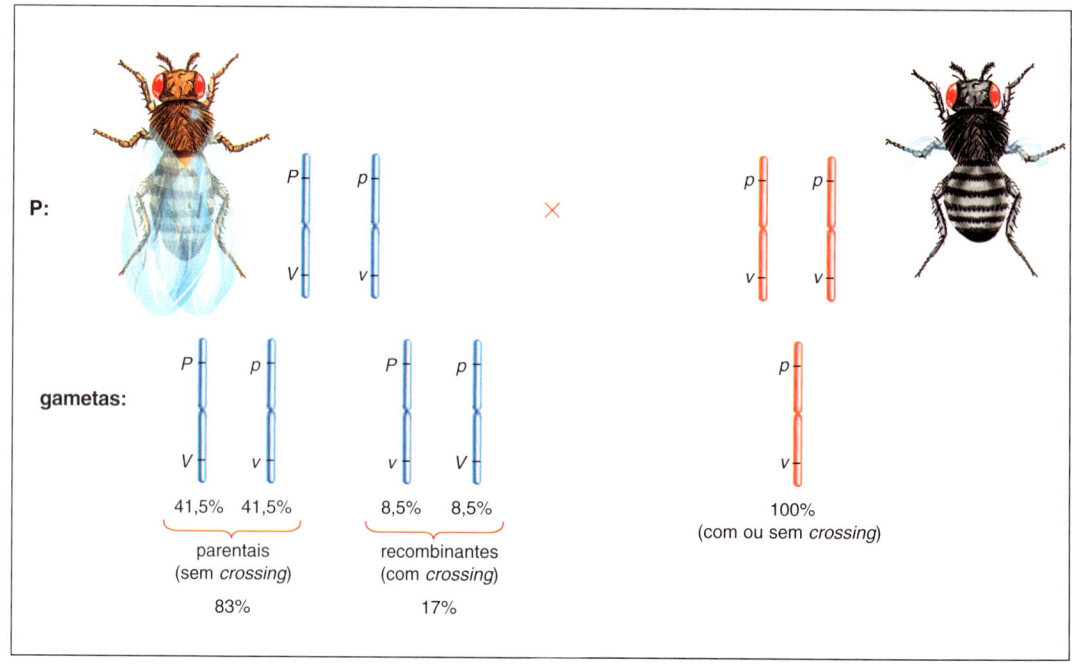

Como Diferenciar Segregação Independente (2.ª Lei de Mendel) de Linkage?

Quando comparamos o comportamento de pares de genes para duas características de acordo com a 2.ª Lei de Mendel com a ocorrência de *linkage* e *crossing-over* em um cruzamento genérico do tipo *AaBb* × *aabb*, verificamos que em todos os casos resultam quatro fenótipos diferentes:

- dominante/dominante;
- dominante/recessivo;
- recessivo/dominante;
- recessivo/recessivo.

A diferença em cada caso está nas proporções obtidas. No caso da 2.ª Lei de Mendel, haverá 25% de cada fenótipo. No *linkage* com *crossing*, todavia, os dois fenótipos parentais surgirão com frequência maior do que as frequências dos recombinantes.

A explicação para isso reside no fato de, durante a meiose, a permuta não ocorrer em todas as células, sendo, na verdade, um evento relativamente raro. Por isso, nos cruzamentos das drosófilas *PpVv* × *ppvv* foram obtidos 83% de indivíduos do tipo parental (sem *crossing*) e 17% do tipo recombinante (resultantes da ocorrência de permutas).

Frequentemente, nos vários cruzamentos realizados do tipo *AaBb* × *aabb*, Morgan obteve somente os dois fenótipos parentais (*AaBb* e *aabb*), na proporção de 50% cada. Para explicar esse resultado, ele sugeriu a hipótese de que os genes ligados ficam tão próximos um do outro que dificultam a ocorrência de *crossing* entre eles. Assim, por exemplo, o gene que determina cor preta do corpo em drosófila e o gene que condiciona cor púrpura dos olhos ficam tão próximos que entre eles não ocorre permuta. Nesse caso, se fizermos um cruzamento-teste entre o duplo-heterozigoto e o duplo-recessivo, teremos nos descendentes apenas dois tipos de fenótipos, que serão correspondentes aos tipos parentais.

Fique por dentro!

Bateson, W. e R. C. Punnett foram os pesquisadores que, no início do século XX (1905-1908), esclareceram as ideias a respeito dos **grupos de *linkage***, ou seja, que ao longo de um cromossomo existem vários genes. Essa hipótese foi sugerida inicialmente por outro pesquisador, Sutton, em 1903. Porém, não conseguindo comprová-la experimentalmente, coube àqueles dois cientistas o esclarecimento experimental daquela hipótese por meio de cruzamentos efetuados com plantas de ervilha.

gametas		FENÓTIPOS E PROPORÇÕES
P — V	P — p, V — v	corpo cinza/asas longas 41,5%
p — v	p — p, v — v	corpo preto/asas vestigiais 41,5%
P — v	P — p, v — v	corpo cinza/asas vestigiais 8,5%
p — V	p — p, V — v	corpo preto/asas longas 8,5%

Saiba mais

Cruzamento entre um duplo-heterozigoto e um duplo-recessivo

Do que estudamos até o momento, sabemos que se cruzarmos um duplo-heterozigoto com um duplo-recessivo, três possíveis situações poderão resultar:

I. Segregação independente (2.ª Lei de Mendel)

II. *Linkage* sem *crossing-over* (ausência de recombinantes)

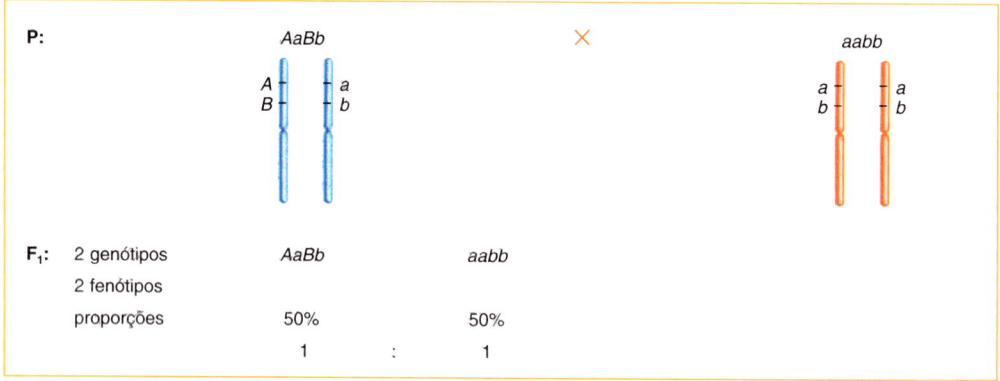

III. *Linkage* com *crossing-over*

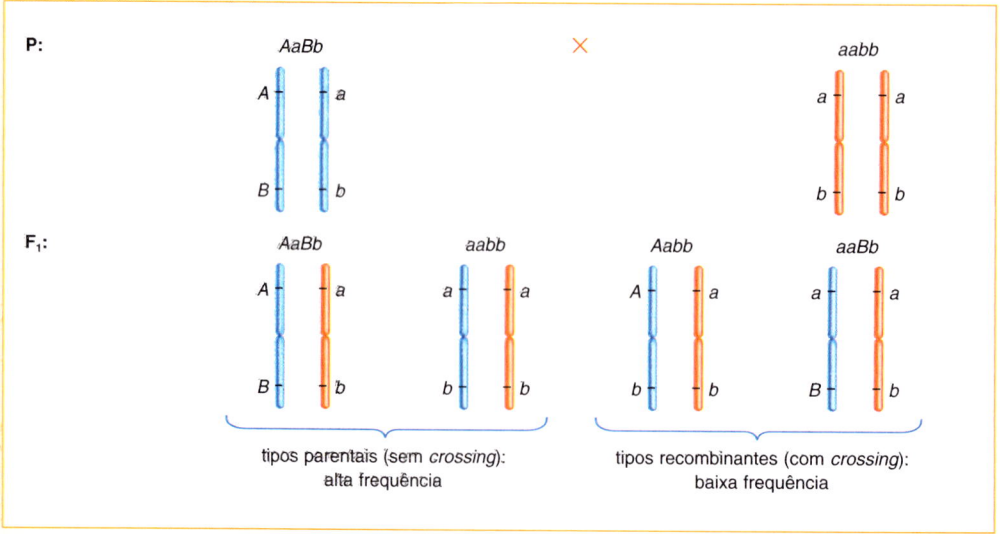

A ORDEM DOS GENES NOS CROMOSSOMOS: A DISPOSIÇÃO CIS E TRANS

Se imaginarmos um duplo-heterozigoto *AaBb*, como devem estar dispostos os genes nos cromossomos?

Há duas possibilidades: na primeira, em um dos cromossomos, situam-se os dois genes dominantes (*A* e *B*), enquanto no homólogo localizam-se os dois recessivos (*a* e *b*), configurando a disposição CIS (do latim, *posição aquém*). Veja a Figura 40-8.

A segunda possibilidade é um gene dominante (*A*) estar acompanhado do recessivo do outro par alelo (*b*), enquanto no homólogo ficam o outro recessivo (*a*) e o dominante (*B*), configurando a disposição TRANS (do latim, *movimento para além de*). Veja a Figura 40-9.

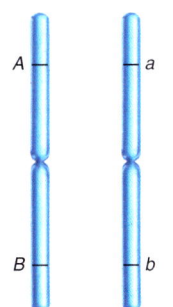

Figura 40-8. Genes em posição CIS nos cromossomos.

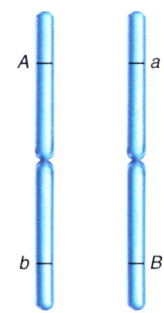

Figura 40-9. Genes em posição TRANS nos cromossomos.

Acompanhe este exercício

Um macho de genótipo *AaBb* foi cruzado com uma fêmea *aabb*, sendo obtidos descendentes nas seguintes proporções fenotípicas:

8%   *aabb*
42% *Aabb*
8%   *AaBb*
42% *aaBb*

a) Trata-se de um caso de segregação independente?
b) De que maneira estão dispostos (CIS ou TRANS) os genes nos cromossomos do macho heterozigoto? Justifique.

Resolução:

a) Não, é um caso de *linkage* com *crossing-over*, em virtude das proporções genotípicas obtidas.

b) O heterozigoto tem disposição TRANS, pois sua constituição é $\frac{A\ b}{a\ B}$. Isto é verificado pelo fato de ter produzido 42% de gametas $\underline{A\ b}$ e 42% de $\underline{a\ B}$. Além disso, produziu 8% de gametas $\underline{A\ B}$ e 8% de $\underline{a\ b}$, devido ao *crossing-over*, reforçando a suposição de disposição TRANS.

Caso a disposição fosse CIS, $\frac{A\ B}{a\ b}$, os gametas produzidos seriam 42% de $\underline{A\ B}$, 42% de $\underline{a\ b}$, 8% de $\underline{A\ b}$ e 8% de $\underline{a\ B}$.

MAPAS GENÉTICOS

Um dos mais jovens discípulos de Morgan, H. A. Sturtevant, de posse dos resultados dos cruzamentos efetuados entre duplo-heterozigotos e duplo-recessivos para diversas características, elaborou várias conclusões:

- os genes devem estar dispostos linearmente no cromossomo, lembrando as pérolas de um colar. Em consequência, o *crossing-over* deveria acontecer com igual probabilidade em qualquer parte do cromossomo;
- a frequência de *crossing-over* deveria refletir, de alguma forma, a distância entre os genes;
- se a porcentagem de *crossing-over* é baixa, então os genes devem estar próximos um do outro, tornando menos provável a quebra e a troca de pedaços entre os homólogos. No entanto, se a porcentagem de indivíduos com fenótipo recombinante for alta, então os genes devem estar mais afastados, favorecendo a ocorrência de *crossing-over* entre eles (veja a Figura 40-10).

A partir dessas conclusões, Sturtevant estava em condições de localizar os genes nos cromossomos, ou seja, construir o chamado **mapa genético**. Havia, porém, problemas a serem resolvidos.

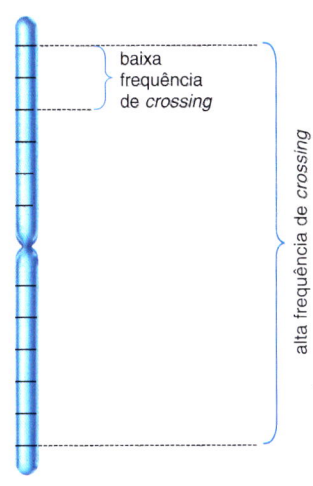

Figura 40-10. A distância dos genes no cromossomo influi, segundo Sturtevant, na frequência de *crossing*.

A Unidade do Mapa Genético

É óbvio que Sturtevant não olhava nem media a distância dos genes ao longo do cromossomo. Ele deduzia a distância entre os genes a partir das frequências percentuais relativas de *crossing-over*, obtidas nos cruzamentos. Assim, ele precisava estabelecer uma unidade-padrão que pudesse refletir a distância relativa existente entre os genes. Convencionou que *uma unidade de recombinação* no mapa genético corresponderia a um intervalo no qual ocorre 1% de *crossing-ove*r. Dessa forma, se entre os descendentes de um cruzamento houver 10% de recombinantes, então a distância entre os dois genes envolvidos será de 10 unidades.

> A unidade de recombinação (u.r.) foi chamada de morganídeo em homenagem ao cientista Thomas Morgan.

Aplicando esses conhecimentos, por exemplo, ao cruzamento-teste entre moscas de corpo cinza/asas longas e moscas de corpo preto/asas vestigiais (*PpVv* × *ppvv*) que estudamos anteriormente, poderemos elaborar o mapa genético para esses caracteres. Vejamos os resultados obtidos nesse cruzamento:

moscas de corpo cinza/asas longas	41,5%	83% sem crossing
moscas de corpo preto/asas vestigiais	41,5%	
moscas de corpo cinza/asas vestigiais	8,5%	17% com crossing
moscas de corpo preto/asas longas	8,5%	

Como a distância entre os genes é dada pela frequência percentual relativa de *crossing*, podemos dizer que a distância entre os genes que determinam a cor do corpo (*P* e *p*) e o tamanho das asas (*V* e *v*) é de 17 unidades de recombinação, abreviadamente, u.r. (veja a Figura 40-11).

Utilizando essa técnica, Sturtevant conseguiu determinar a distância relativa de vários genes nos cromossomos da drosófila.

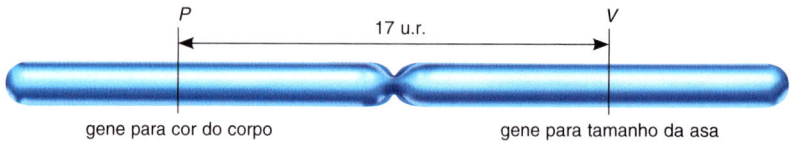

Figura 40-11. Distância entre os genes para cor do corpo e para tamanho da asa.

Passo a passo

1. Nas frases a seguir, assinale com V as verdadeiras e com F as falsas.
  a) Após conhecer o comportamento hereditário de cada caráter isoladamente, Mendel passou a estudar duas ou mais características simultaneamente.
  b) O cruzamento entre organismos que diferem somente em uma característica é chamado de monoibridismo. Diferindo em duas, três ou vários caracteres, o cruzamento é denominado di-hibridismo, tri-hibridismo, poli-hibridismo.
  c) Ao investigar ervilhas que diferiam por dois caracteres simultaneamente, como a cor e a forma da semente, Mendel concluiu que as heranças dos caracteres analisados eram independentes entre si.
  d) Durante a formação dos gametas de um indivíduo duplo-heterozigoto, a separação dos alelos de um gene é independente da segregação dos alelos do outro gene, caracterizando a 2.ª Lei de Mendel.
  e) O cruzamento de dois di-híbridos com resultado de 4 classes fenotípicas na proporção de 9: 3: 3: 1 indica que apenas uma característica foi estudada.

2. Na ervilha, o caráter cor da semente amarela (*V*) domina sobre a verde (*v*); a forma lisa (*R*) da semente domina sobre a forma rugosa (*r*). Pede-se:
  a) os gametas produzidos pelos indivíduos:
     Vvrr, vvRr e VvRr.
  b) as proporções genotípicas e fenotípicas dos descendentes dos seguintes cruzamentos:
     VvRr x vvrr
     vvRr x Vvrr
     VVRr x vvrr

3. Quantos tipos de gametas são produzidos pelos indivíduos abaixo, sabendo que se trata de segregação independente (2.ª Lei de Mendel)?
  a) AaBbCCDd
  b) AABBCCDD
  c) AABbCcDD
  d) AaBbCcDd

4. Associe os itens a seguir, antecedidos por letras, com os respectivos conceitos de genética, relacionados nos itens numerados de I a VIII.

a) proporção fenotípica de 1 : 1 : 1 : 1
b) linhagem pura
c) monoíbrido
d) proporção fenotípica de 9 : 3 : 3 : 1
e) di-híbrido
f) proporção fenotípica de 1 : 2 : 1
g) proporção fenotípica de 1 : 2
h) proporção fenotípica de 3 : 1

I – indivíduo *VVRr*
II – indivíduo *VVRR* ou *vvrr*
III – *Vv*
IV – cruzamento entre dois monoíbridos com dominância
V – cruzamento entre dois di-híbridos com segregação independente
VI – cruzamento entre dois monoíbridos com codominância
VII – cruzamento entre um duplo-heterozigoto e um birrecessivo, segundo a 2.ª Lei de Mendel
VIII – cruzamento entre dois monoíbridos com genes letais

5. Assinale **C** para as afirmações corretas e **E** para as erradas.

a) Para fazer um cruzamento entre os di-híbridos (*VvRr* x *VvRr*), Mendel, inicialmente, cruzou duas linhagens parentais puras iguais.
b) A ervilha amarela lisa diíbrida (heterozigota) *VvRr* produzirá, de acordo com a 2.ª Lei de Mendel, os gametas *VR*, *Vr*, *vR* e *vr* em proporções diferentes, pois a cor da semente da ervilha interfere na forma da semente.
c) De acordo com a 2.ª Lei de Mendel, durante a formação dos gametas, a separação dos alelos de um gene é independente da segregação dos alelos do outro. Então, para calcular a probabilidade de determinado fenótipo ou genótipo nos descendentes, podemos aplicar a regra estatística do "e".
d) Ao cruzar 2 di-híbridos, Mendel percebeu que a proporção fenotípica 9 (dominante-dominante) : 3 (dominante-recessivo) : 3 (recessivo-dominante) : 1 (recessivo-recessivo) não era nada mais do que duas proporções independentes de 3 : 1 combinadas aleatoriamente.

6. No homem, a cor castanha de olhos é dominante (*A*) sobre o alelo recessivo (*a*) que determina olhos azuis. A habilidade para a mão direita ou ser destro (*C*) é dominante sobre a habilidade para a mão esquerda (*c*).

Um homem canhoto, de olhos castanhos, cujo pai tem olhos azuis, casa-se com uma mulher destra pertencente a uma família em que todos os membros foram destros por várias gerações e de olhos castanhos, mas cuja mãe tem olhos azuis. Quais são os genótipos e fenótipos para as duas características citadas e em que proporção são esperados?

Um homem destro de olhos azuis, cujos pais são heterozigotos para as duas características citadas, casa-se com uma mulher canhota de olhos azuis, cujos pais são destros de olhos castanhos. Esse casal tem um filho canhoto de olhos azuis, que se casa com uma mulher destra de olhos castanhos, cuja mãe é destra de olhos azuis e cujo pai é canhoto de olhos azuis. A respeito do texto acima responda às questões **7** e **8**.

7. Construa o heredograma citando os possíveis genótipos dos indivíduos dessa família.

8. Qual a probabilidade do casal canhoto de olhos azuis x destra de olhos castanhos vir a ter um filho do sexo masculino, canhoto e de olhos azuis?

9. A capacidade de enrolar a língua em U e a pigmentação normal da pele são características mendelianas e estão localizadas em cromossomos diferentes. A partir dos dados fornecidos no heredograma abaixo, determine os indivíduos *obrigatoriamente* heterozigotos.

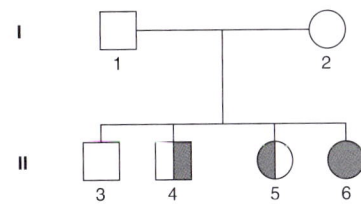

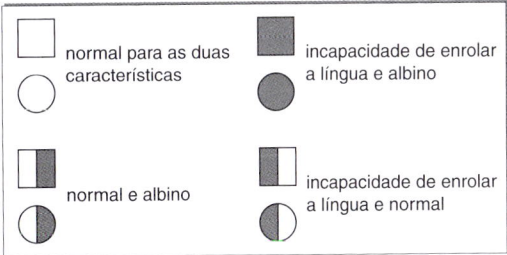

10. Uma mulher de sangue tipo A-M-Rh positivo, casada com um homem de sangue tipo B-N-Rh negativo, tem um filho do grupo O-MN-Rh negativo. O casal deseja saber qual é a probabilidade de ter uma criança do grupo AB-MN-Rh positivo.

11. Ao analisarmos duas ou mais características simultaneamente, é possível afirmar que a 2.ª Lei de Mendel é sempre obedecida? Justifique a resposta.

12. Esquematize um cruzamento entre um duplo-heterozigoto e um birrecessivo, um caso de 2.ª Lei de Mendel (segregação independente) e um caso de *linkage*.

13. Um indivíduo, analisando simultaneamente 5 características em uma espécie 2*n* = 8, concluiu que se trata de um caso de segregação independente (2.ª Lei de Mendel). Isso é correto? Justifique a resposta.

14. Nas frases a seguir, assinale com V as verdadeiras e com F as falsas

a) Na meiose, ocasionalmente, os cromossomos homólogos trocam partes durante um processo chamado *crossing-over*.
b) Durante a meiose, a recombinação gênica gera genótipos diferentes dos genótipos parentais em uma porcentagem maior do que a dos indivíduos parentais não recombinantes.
c) Como os genes estão localizados em ordem linear e uniforme ao longo de um cromossomo, a distância entre dois desses genes e a taxa de recombinação que ocorre entre ambos estão em proporção direta.
d) Na construção do mapa genético, podemos usar a porcentagem de recombinação como indicador quantitativo da distância linear entre dois genes em um cromossomo.
e) Uma unidade de recombinação no mapa genético é uma unidade relativa e corresponde a 1% de indivíduos com fenótipos da geração parental não recombinante.

15. Os genes *A* e *B* estão em um mesmo cromossomo autossômico e sua taxa de recombinação é de 30%. Quais são os tipos de gametas produzidos por um indivíduo $\frac{Ab}{aB}$?

16. Do cruzamento entre um duplo-heterozigoto com um birrecessivo (CcDd x ccdd) nasceram:

2.100 indivíduos CcDd
1.900 indivíduos ccdd
210 indivíduos Ccdd
190 indivíduos ccDd

Pergunta-se:

a) Qual é a disposição dos genes no cromossomo: *cis* ou *trans*?
b) Qual a distância entre os genes?

17. As taxas de recombinação entre 4 genes que pertencem a um grupo de *linkage* são:

AB – 10%; DB – 6%; AC – 13%; BC – 3%; AC – 13%; AD – 4%.

Qual é a sequência desses genes no cromossomo?

18. Nas frases a seguir, assinale com V as corretas e com F as incorretas.

a) Dois pares de genes não alelos, di-híbridos, localizados em cromossomos não homólogos foram submetidos a um cruzamento-teste. O resultado fenotípico esperado é 9 : 3 : 3 : 1.
b) O número de cromossomos dos seres vivos, em geral, é muito menor que o número possível de caracteres. Sabendo que os genes localizam-se nos cromossomos, então cada cromossomo deve transportar mais de um gene, caracterizando o *linkage*.
c) O grupo sanguíneo O, pelo fato de apresentar aglutininas anti-A e anti-B, só pode receber sangue de um indivíduo O.
d) Quando analisamos simultaneamente em um indivíduo os sistemas sanguíneos ABO, MN e fator Rh, estamos tratando de um caso de *linkage*.
e) De modo geral, a eritroblastose fetal se manifesta a partir da 2.ª gravidez, porém, se a mãe receber transfusão de sangue Rh$^+$, a eritroblastose pode ocorrer logo na primeira gravidez.
f) Disposição *cis* e disposição *trans* referem-se à 2.ª Lei de Mendel.
g) Os genes estão dispostos linearmente no cromossomo e a frequência de *crossing-over* reflete a distância relativa entre os genes.

19. A ervilha estudada por Mendel apresenta nas suas células somáticas 14 cromossomos. Quantos genes não alelos devemos analisar simultaneamente para provar a existência de *linkage*? Justifique a resposta.

Questões objetivas

1. (UAM – SP) Importantes conclusões para explicar satisfatoriamente os mecanismos de previsão da herança dos caracteres só vieram à luz com os trabalhos de Gregor Mendel (1822-1884). Através da análise dos resultados obtidos pela autofecundação e cruzamentos entre di-híbridos (heterozigotos para dois caracteres), Mendel pode enunciar a "2.ª Lei de Mendel". Segundo esse princípio,

a) nas células somáticas, os fatores (modernamente: genes) estão sempre aos pares. Durante a formação dos gametas, eles se separam.
b) genótipos idênticos, em meios diferentes, podem acompanhar-se de manifestações fenotípicas diferentes.
c) não há um gene plenamente dominante, nem um gene plenamente recessivo.
d) não ocorre disjunção cromossômica.
e) cada par de fatores (modernamente: alelos) age na manifestação do seu caráter, independentemente, como se os demais não existissem.

2. (FGV – SP) No milho, a cor púrpura dos grãos (A) é dominante em relação à amarela (a) e grãos cheios (B) são dominantes em relação aos murchos (b). Essas duas características são controladas por genes que se distribuem independentemente. Após o cruzamento entre indivíduos heterozigotos para ambos os caracteres, a proporção esperada de descendentes com o fenótipo de grãos amarelos e cheios é:

a) 1/4.
b) 9/16.
c) 3/16.
d) 5/4.
e) 1/16.

3. (MACKENZIE – SP) A fibrose cística e a miopia são causadas por genes autossômicos recessivos. Uma mulher míope e normal para fibrose cística casa-se com um homem normal para ambas as características, filho de pai míope. A primeira criança nascida foi uma menina de visão normal, mas com fibrose. A probabilidade de o casal ter outra menina normal para ambas as características é de

a) 3/8.
b) 1/4.
c) 3/16.
d) 3/4.
e) 1/8.

4. (PUC – PR) Assinale a alternativa que indica os genótipos dos pais que têm ou poderão ter filhos nas seguintes proporções ou percentuais:

25% de filhos canhotos, podendo ter olhos castanhos ou azuis;
75% de filhos destros, podendo ter olhos castanhos ou azuis;
25% de filhos com olhos azuis, podendo ser destros ou canhotos;
75% de filhos com olhos castanhos, podendo ser destros ou canhotos.

Dados: gene para olhos castanhos – C
gene para olhos azuis – c
gene para destro – D
gene para canhoto – d

a) CCDD e CCDD
b) ccdd e ccdd
c) CCdd e ccDD
d) CcDd e CcDd
e) CdDd e ccdd

5. (UFRGS – RS) Se um caráter tem três alelos possíveis, podendo haver seis genótipos, e um segundo caráter apresenta oito genótipos possíveis, quando ambos forem estudados simultaneamente, poderão ocorrer:

a) 7 genótipos.
b) 12 genótipos.
c) 24 genótipos.
d) 48 genótipos.
e) 96 genótipos.

6. (UFPI) "Devo, finalmente, chamar a atenção para a possibilidade do pareamento dos cromossomos paternos e maternos, e sua subsequente separação durante a divisão reducional, constituírem as bases físicas das leis de Mendel."

Walter S. Sutton, 1902.

O que Sutton achava possível sabe-se, hoje, ser verdade, isto é:

I – os genes estão localizados nos cromossomos;
II – dois ou mais genes localizados no mesmo cromossomo são herdados, na maioria dos casos, em gametas diferentes;
III – dois ou mais genes localizados em cromossomos diferentes segregam de maneira independente.

Sobre as afirmativas acima, pode-se dizer que:

a) somente III está correta.
b) I e II estão corretas.
c) II e III estão corretas.
d) I e III estão corretas.
e) somente II está correta.

7. (UECE – adaptada) Quando dois pares de genes estão no mesmo par de cromossomos homólogos, dizemos que ocorre:
   a) ligação gênica, podendo os genes ligados ir para gametas diferentes em consequência de segregação independente.
   b) ligação gênica, podendo os genes ligados ir para gametas diferentes por meio do *crossing-over*.
   c) segregação independente dos genes, podendo se juntar no mesmo gameta por permutação.
   d) segregação independente dos genes, os quais obrigatoriamente irão para gametas diferentes.
   e) ligação gênica, de forma que os genes irão obrigatoriamente para o mesmo gameta.

8. (UEL – PR) Na cultura do pepino, as características de frutos de cor verde brilhante e textura rugosa são expressas por alelos dominantes em relação a frutos de cor verde fosco e textura lisa. Os genes são autossômicos e ligados com uma distância de 30 u.m. (unidade de mapa de ligação).

   Considere o cruzamento entre plantas duplo-heterozigotas em arranjo *cis* para esses genes com plantas duplo-homozigotas de cor verde fosca e textura lisa.

   Com base nas informações e nos conhecimentos sobre o tema, considere as afirmativas a seguir, com as proporções esperadas destes cruzamentos.

   I – 15% dos frutos serão de cor verde fosco e textura rugosa.
   II – 25% dos frutos serão de cor verde fosco e textura lisa.
   III – 25% dos frutos serão de cor verde brilhante e textura lisa.
   IV – 35% dos frutos serão de cor verde brilhante e textura rugosa.

   Assinale a alternativa correta.

   a) Somente as afirmativas I e IV são corretas.
   b) Somente as afirmativas II e III são corretas.
   c) Somente as afirmativas III e IV são corretas.
   d) Somente as afirmativas I, II e III são corretas.
   e) Somente as afirmativas I, II e IV são corretas.

9. (UFMS) Em camundongos, os genes responsáveis por dois diferentes tipos de distúrbios nervosos, gene "camundongos dançantes" (*dc*) e gene "camundongos inquietos" (*iq*), estão localizados no cromossomo 6, separados por 20 u.r. Uma empresa especializada no fornecimento de animais para laboratório, e que mantém um estoque de camundongos fenotipicamente normais, recebeu uma encomenda para fornecer 30 camundongos "dançantes", 30 "inquietos" e 30 "dançantes e inquietos".

   Sabendo-se que os machos e as fêmeas mantidos na empresa são todos heterozigotos em arranjo CIS, é correto considerar que:

   a) é possível produzir somente camundongos normais e camundongos "dançantes e inquietos", pois os genes estão ligados no mesmo cromossomo.
   b) é possível produzir somente camundongos normais, pois os genes estão ligados no mesmo cromossomo e são ambos recessivos.
   c) é possível produzir os animais solicitados, pois, mesmo estando ligados, os genes podem produzir gametas recombinantes.
   d) é perfeitamente possível produzir os animais solicitados, pois os genes estão ligados, mas têm segregação independente.
   e) é possível produzir os animais solicitados, desde que se possa contar com machos e fêmeas homozigotos recessivos sem genes ligados.

10. (PUC – SP) As distâncias entre cinco genes localizados em um grupo de ligação de determinado organismo estão contidas na tabela abaixo:

			Gene		
		A	B	C	D	E
Gene	A	–	8	12	4	1
	B	8	–	4	12	9
	C	12	4	–	16	13
	D	4	12	16	–	3
	E	1	9	13	3	–

Identifique o mapeamento correto para tal grupo de ligação.

a) CBADE
b) EABCD
c) DEABC
d) ABCDE
e) n.d.a.

Questões dissertativas

1. (UFF – RJ) Em meados do século XIX, Gregor Mendel realizou cruzamentos entre pés de ervilha que apresentavam diferentes características morfológicas. Mendel avaliou a herança de fenótipos relacionados com a altura, tipos de flores, morfologia das vagens e sementes. A partir da análise dos resultados desses experimentos ele postulou o que ficou conhecido como as leis de Mendel. Na 1.ª Lei de Mendel ou Lei da Segregação dos Fatores, cada característica morfológica observada nas plantas é determinada por fatores que se encontram em dose dupla nesses organismos. Entretanto, no processo de reprodução ocorre a segregação desses fatores, que são transmitidos de forma simples para uma nova geração.

   Com base nas descobertas realizadas pela biologia celular e molecular, responda às questões a seguir.

   a) Atualmente, como são denominados os fatores citados por Mendel e por que eles se encontravam anteriormente em dose dupla nas plantas?
   b) Qual a macromolécula que compõe esses fatores? Como é denominada e constituída a unidade básica desse polímero?
   c) Explique por que durante o ciclo celular a segregação dos fatores está relacionada com o aumento da variabilidade genética.
   d) Em uma planta de ervilha, os alelos *V* (dominante) e *v* (recessivo) determinam a cor amarela ou verde das sementes e os alelos *R* (dominantes) e *r* (recessivo) determinam a forma lisa ou rugosa das mesmas, respectivamente. A partir da autofecundação de um indivíduo heterozigoto para ambos os alelos, indique os prováveis fenótipos e suas respectivas proporções de acordo com a 2.ª Lei de Mendel.

2. (UEM – PR) Uma abelha rainha tem os seguintes pares de genes alelos que se segregam independentemente: *AaBbDdEe*. Sabendo-se que os zangões se desenvolvem por partenogênese, quantos genótipos diferentes, relativos a esses quatro genes, podem apresentar zangões filhos dessa rainha?

3. (UFABC – SP) O esquema representa uma célula-mãe do grão de pólen que possui a seguinte distribuição de genes:

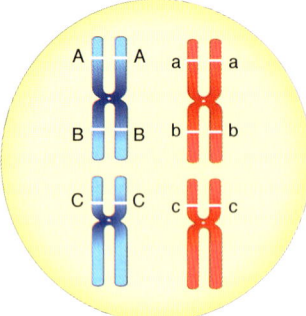

a) Quais serão os genótipos dos micrósporos formados a partir dessa célula-mãe, desconsiderando a ocorrência de *crossing-over*? Justifique.
b) Considere que todos os micrósporos formados sejam viáveis, isto é, darão origem a grãos de pólen, e que as sinérgides presentes no óvulo da planta que será polinizada possuem o genótipo *abc*. Pergunta-se:
Qual a probabilidade de aparecer um embrião com pelo menos um alelo dominante?
Qual o genótipo do endosperma primário formado, caso o segundo núcleo espermático tenha o genótipo *ABC*?

4. (UNIRIO – RJ) Em certa espécie de cobaia, um macho duplo-heterozigoto (pelo e olhos escuros) foi cruzado com uma fêmea de pelo e olhos claros, produzindo, ao longo de suas vidas, 50 descendentes que apresentavam a seguinte distribuição:

46% de indivíduos de pelo e olhos escuros;
46% de indivíduos de pelo e olhos claros;
4% de indivíduos de pelo escuro e olhos claros;
4% de indivíduos de pelo claro e olhos escuros.

Considere que o gene *A*, para pelo escuro, domina o gene *a* para pelo claro, enquanto o gene *B*, para olhos escuros, domina o gene *b* para olhos claros.
Com essas informações e seus conhecimentos genéticos, determine

a) os genótipos dessa prole;
b) os gametas produzidos pelo macho duplo-heterozigoto;
c) que tipo de segregação ocorre neste caso.
d) Considerando a porcentagem da prole gerada e que os genes se localizam linearmente no cromossomo, determine qual é a distância relativa entre o *locus* para cor de pelo e o *locus* para cor dos olhos.

5. (UFT – TO) Durante a gametogênese humana, uma célula diploide é capaz de originar quatro células-filhas haploides. A figura a seguir representa um par de cromossomos homólogos de uma célula gamética (2*n*). Avalie as assertivas a seguir e marque a opção **INCORRETA**.

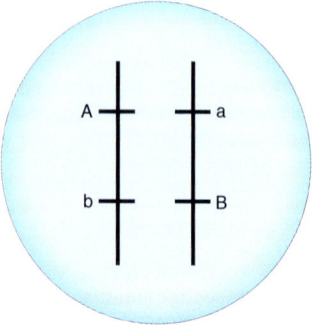

a) Os genes *A* e *b* são considerados ligados, ou em *linkage*, por se situarem em um mesmo cromossomo.
b) Na prófase da primeira divisão meiótica pode ocorrer permuta genética e se os gametas formados forem 50% do tipo *Ab* e 50% do tipo *aB*, pode-se afirmar que esses genes estão em *linkage* completo.
c) A 2.ª Lei de Mendel torna-se inválida para genes que estão ligados, ou em *linkage*, uma vez que as características não se transmitem de forma independente.
d) Considerando que a distância entre os dois *loci* apresentados é de 20 unidades, os gametas serão formados nas seguintes proporções: 40% *Ab*, 10% *AB*, 10% *ab* e 40% *aB*.
e) A taxa de recombinação entre os genes *A* e *B* independe da distância entre os *loci* gênicos no cromossomo.

6. (UNICAMP – SP) Considere um indivíduo heterozigoto para três genes. Os alelos dominantes *A* e *B* estão no mesmo cromossomo. O gene *C* tem segregação independente dos outros dois genes. Se não houver *crossing-over* durante a meiose, a frequência esperada de gametas com genótipo *abc* produzidos por esse indivíduo é de

a) 1/2.   c) 1/6.
b) 1/4.   d) 1/8.

7. (UFRJ) As variações na cor e na forma do fruto de uma espécie diploide de planta estão relacionadas às variações nas sequências do DNA em duas regiões específicas, *vc* e *vf*.

Duas plantas dessa espécie, uma delas apresentando frutos vermelhos e redondos (planta A), outra apresentando frutos brancos e ovais (planta B), tiveram essas regiões cromossômicas sequenciadas.

As relações observadas entre o fenótipo da cor e da forma do fruto e as sequências de pares de nucleotídeos nas regiões *vc* e *vf* nessas duas plantas estão mostradas nos quadros a seguir:

Planta A		
Região cromossômica (fenótipo dos frutos)	Sequência de pares de nucleotídeos	
	Homólogo 1	Homólogo 2
vc (vermelhos)	...GAA... ｜｜｜ ...CTT...	...GAA... ｜｜｜ ...CTT...
vf (redondos)	...ACG... ｜｜｜ ...TCG...	...AGC... ｜｜｜ ...TCG...

Planta B		
Região cromossômica (fenótipo dos frutos)	Sequência de pares de nucleotídeos	
	Homólogo 1	Homólogo 2
vc (brancos)	...TAA... ｜｜｜ ...ATT...	...TAA... ｜｜｜ ...ATT...
vf (ovais)	...AGA... ｜｜｜ ...TCT...	...AGA... ｜｜｜ ...TCT...

Identifique as sequências de pares de nucleotídeos das regiões cromossômicas *vc* e *vf* de uma terceira planta resultante do cruzamento entre a planta A e a planta B. Justifique sua resposta.

8. (FUVEST – SP) Em cobaias, a cor preta é condicionada pelo alelo dominante *D* e a cor marrom, pelo alelo recessivo *d*. Em outro cromossomo, localiza-se o gene responsável pelo padrão da coloração: o alelo dominante *M* determina padrão uniforme (uma única cor) e o alelo recessivo *m*, o padrão malhado (preto/branco ou marrom/branco). O cruzamento de um macho de cor preta uniforme com uma fêmea de cor marrom uniforme produz uma ninhada de oito filhotes: 3 de cor preta uniforme, 3 de cor marrom uniforme, 1 preto e branco e 1 marrom e branco.

a) Quais os genótipos dos pais?
b) Se o filho preto e branco for cruzado com uma fêmea cujo genótipo é igual ao da mãe dele, qual a proporção esperada de descendentes iguais a ele?

9. (UNICAMP – SP) Considere duas linhagens homozigotas de plantas, uma com caule longo e frutos ovais e outra com caule curto e frutos redondos. Os genes para comprimento do caule e forma do fruto segregam-se independentemente. O alelo que determina caule longo é dominante, assim como o alelo para fruto redondo.

a) De que forma podem ser obtidas plantas com caule curto e frutos ovais a partir das linhagens originais? Explique indicando o(s) cruzamento(s). Utilize as letras *A*, *a* para comprimento do caule e *B*, *b* para forma dos frutos.
b) Em que proporção essas plantas de caule curto e frutos ovais serão obtidas?

Programas de avaliação seriada

1. (PSIU – UFPI) *Drosophila melanogaster* com corpo marrom e asas normais (*BbVgvg*) foram cruzadas com *Drosophila melanogaster* com corpo preto e asas vestigiais (*bbvgvg*). Os resultados esperados, segundo as leis de Mendel, eram *BbVgvg* (575); *bbvgvg* (575); *Bbvgvg* (575); *bbVgvg* (575); entretanto, os genótipos observados foram: *BbVgvg* (965); *bbvgvg* (944); *Bbvgvg* (206); *Vgvg* (185). Que conclusão é possível tirar do experimento?

a) O gene da cor do corpo e o gene da cor da asa em *Drosophila melanogaster* estão em cromossomos diferentes e se segregam independentemente.
b) Os genes para a cor do corpo e para o tamanho da asa em *Drosophila melanogaster* estão ligados no mesmo cromossomo e não se segregam independentemente.
c) Os genes para a cor do corpo e para o tamanho da asa em *Drosophila melanogaster* estão ligados no mesmo cromossomo e se segregam independentemente.
d) O gene da cor do corpo e o gene da cor da asa em *Drosophila melanogaster* estão em cromossomos diferentes e não se segregam independentemente.
e) Os genes para a cor do corpo e para o tamanho da asa em *Drosophila melanogaster* são resultados de recombinações, estão em cromossomos diferentes e se segregam independentemente.

2. (PSS – UFPB) Em drosófilas, a característica **cor do corpo amarela** é condicionada por um gene dominante *P* e o **comprimento da asa normal**, por um gene dominante *V*. Os alelos recessivos *p* e *v* condicionam, respectivamente, as características **cor do corpo preta** e **comprimento da asa curto**.

Do cruzamento entre uma fêmea duplo-heterozigota com um macho duplo-recessivo nasceram 300 moscas com as seguintes características:

135 amarelas com asas curtas;
135 pretas com asas normais;
15 amarelas com asas normais;
15 pretas com asas curtas.

De acordo com essas informações, é correto afirmar:

a) Os genes para as duas características estão em pares de cromossomos diferentes.
b) A distância entre os dois locos gênicos é de 45 unidades de recombinação (u.r.).
c) Os genes para as duas características estão no par de cromossomos sexuais.
d) Os genes para as duas características segregam-se independentemente.
e) O arranjo dos genes, nos cromossomos da fêmea utilizada no cruzamento, é representado por $\frac{P \quad v}{p \quad V}$.

3. (PSC – UFAM) Um indivíduo, com genótipo *RrEe*, produz gametas nas seguintes proporções: 25% *RE*, 25% *Re*, 25% *rE* e 25% *re*. Outro indivíduo, com o genótipo *VvLl*, produz gametas nas seguintes proporções: 50% *VL* e 50% *vl*. Podemos concluir que:

a) Os genes *V* e *L* estão ligados e entre eles não ocorre *crossing-over*.
b) Os genes *R* e *E* estão ligados e entre eles não ocorre *crossing-over*.
c) Os genes *R* e *E* segregam-se independentemente e entre eles ocorre o *crossing-over*.
d) Os genes *V* e *L* estão ligados e entre eles ocorre *crossing-over*.
e) Os genes *V* e *L* segregam-se independentemente e entre eles não ocorre *crossing-over*.

4. (PSIU – UFPI) Plantas puras vermelhas e brancas foram cruzadas, e todas as plantas na geração F_1 apresentaram fenótipo cor-de-rosa. As plantas F_1 foram autopolinizadas e produziriam descendência F_2 branca, cor-de-rosa e vermelha. Na discussão do experimento relatado, é correto afirmar que:

a) as plantas da geração F_1 são resultantes de um cruzamento di-híbrido e que os fenótipos recombinantes da geração F_2 estão na razão 9 : 3 : 3 : 1.
b) as plantas da geração F_2 são todas heterozigotas e que ambos os alelos são expressos em codominância, onde dois alelos em um *locus* produzem dois fenótipos e ambos aparecem em indivíduos heterozigotos.
c) as plantas da geração F_1, quando autopolinizadas, dão origem em F_2 a plantas fenotipicamente distribuídas na razão 1 : 2 : 1, pois o alelo para flores vermelhas apresenta dominância incompleta sobre o alelo para flores brancas.
d) as características fenotípicas das plantas da geração F_1 e as da geração F_2 são determinadas por um gene com alelos diferentes e que existe uma dominância hierárquica nas combinações dos genes.
e) as plantas da geração parental são heterozigotas, as da geração F_1 são todas homozigotas e as da geração F_2 são todas heterozigotas e cor-de-rosa.

5. (UFS – SE) Numa determinada espécie de planta, a cor vermelha da flor é determinada pelo alelo **C** de um gene e a altura baixa da planta pelo alelo **A**, ambos dominantes. O alelo **c** quando em homozigose determina flores brancas. Analise as afirmações abaixo.

(0) Plantas fenotipicamente idênticas para a cor das flores podem ser heterozigóticas **Cc** ou homozigóticas **CC**.

(1) Cada gameta dessas plantas será portador de apenas um alelo para a característica altura da planta.

(2) Se os dois genes em análise estiverem localizados em cromossomos diferentes dos descendentes de um cruzamento entre plantas baixas **Aa** com flores vermelhas **Cc**, terão em F$_1$ os seguintes fenótipos: plantas baixas e plantas altas na proporção 3 : 1 e plantas com flores vermelhas e plantas com flores brancas na proporção 3 : 1.

(3) Se os dois genes em análise estiverem localizados no mesmo cromossomo, os descendentes de um cruzamento entre plantas baixas com flores vermelhas **AaCc** terão em F$_1$ os seguintes fenótipos: plantas baixas com flores vermelhas (9) : plantas baixas com flores brancas (3) : plantas altas com flores vermelhas (3) e plantas altas com flores brancas (1). Além disso, haverá alguns recombinantes em uma proporção que dependerá da distância entre os dois genes.

(4) Se os dois genes em análise estiverem no mesmo cromossomo, de acordo com Mendel eles se segregarão de modo independente na meiose.

6. (PEIES – UFMS) Em um indivíduo 2n de genótipo *AaBb*, deveriam, após a meiose, ser formados os meiócitos n, com a seguinte combinação de alelos:

a) *AB, ab, Ab, aB*.
b) *Aa, AB, aB, BB*.
c) *Ab, AB, Bb, aB*.
d) *Ab, Bb, ab, Aa*.
e) *Aa, aB, Bb, Ab*.

7. (UFU – MG) A ervilha de cheiro *Pisum sativum* pode apresentar sementes lisas ou rugosas, nas cores amarela ou verde. Os caracteres amarelo e liso são dominantes. Cruzando-se plantas homozigotas dominantes, tanto para textura como para cor das sementes, com uma planta recessiva para os dois caracteres, obtém-se uma geração F$_1$. Cruzando-se as plantas da geração F$_1$, é correto afirmar que as sementes da geração F$_2$ apresentarão fenótipos:

a) amarelo-liso e amarelo-rugoso na proporção de 13 : 3.
b) somente amarelo-liso.
c) amarelo-liso, amarelo-rugoso, verde-liso e verde-rugoso na proporção de 9 : 3 : 3 : 1.
d) amarelo-rugoso e verde-liso na proporção de 13 : 3.

Capítulo 41
Interações e expressões gênicas e citogenética

Você também é um mutante!

Não, você não leu errado o título deste texto. Você é, sim, um mutante. Claro que não com os poderes dos super-heróis da ficção, como Superman, Hulk e X-Men, entre tantos outros que hoje povoam os livros, televisão e cinema mundial.

Podemos dizer que somos mutantes, pois os cientistas descobriram recentemente que todos nascemos com 60 mutações em nosso código genético. Essas mutações são consideradas eventos normais na evolução humana e ocorrem, naturalmente, durante os processos de divisão celular, não trazendo, na grande maioria dos casos, qualquer problema para o portador.

É importante salientar que as mutações são caracterizadas por diferenças no código genético em relação às células presentes em nossos pais. Mas encontrar essas mutações é, na verdade, uma tarefa árdua. Nosso DNA é formado por uma combinação de 4 "letras", repetidas bilhões de vezes. Acredita-se que nessas mutações, em média, apenas uma a cada 100 milhões de letras do DNA seja alterada a cada nova geração.

Neste capítulo, além de outros tópicos, você aprenderá um pouco mais sobre as mutações genéticas.

Crista ervilha.
Crista rosa.
Crista simples.
Crista noz.

Em todos os casos de herança que analisamos até agora, incluindo a herança ligada ao sexo e os alelos múltiplos, verificamos que cada par de genes está envolvido com a determinação de uma certa característica. Os dois alelos, ocupando o mesmo *locus* no par de cromossomos homólogos, atuam no mesmo caráter.

Há muitos casos, porém, em que vários genes, situados em cromossomos diferentes, somam seus efeitos na determinação de uma mesma característica fenotípica, em uma verdadeira **interação gênica**.

INTERAÇÃO GÊNICA: QUANDO VÁRIOS GENES DETERMINAM O MESMO CARÁTER

Os Experimentos com Crista de Galinha

Dois pesquisadores, Bateson e Punnet, constataram a existência, em galinhas, de quatro formas de crista: *noz*, *rosa*, *ervilha* e *simples*.

Cruzando galos de crista rosa com galinhas de crista ervilha, Bateson e Punnet verificavam que todos os descendentes de F_1 apresentavam crista noz. Do cruzamento entre indivíduos de F_1, foram obtidos em F_2 quatro fenótipos, distribuídos nas proporções

$$9:3:3:1 \left(\frac{9}{16} \text{ noz} : \frac{3}{16} \text{ rosa} : \frac{3}{16} \text{ ervilha} : \frac{1}{16} \text{ simples} \right).$$

Veja a Tabela 41-1.

Tabela 41-1. Genótipos e fenótipos envolvidos na forma da crista de galinha.

Genótipos	R_E_	R_ee	rrE_	rree
Fenótipos da crista	noz (os dois dominantes)	rosa (um dominante)	ervilha (um dominante)	simples (ausência de dominantes)

Com base nesses resultados, poderíamos deduzir que os indivíduos de crista noz da geração F_1 eram duplo-heterozigotos, tendo havido segregação independente entre os genes alelos, durante a formação dos gametas.

Bateson e Punnet concluíram, então, que a forma noz da crista em aves poderia ser atribuída à ação de dois genes dominantes, simbolizados por *R* e *E*. A presença de apenas um dos dominantes, *R* ou *E*, condiciona, respectivamente, as formas rosa e ervilha. A ausência dos dois genes dominantes determina a forma da crista simples.

Acompanhe este exercício

Uma ave de crista simples foi cruzada com outra de crista ervilha, heterozigota. Qual será o resultado fenotípico esperado nos descendentes?

Resolução:

O genótipo da ave com crista simples é *rree*. Quanto à ave de crista ervilha, é preciso notar que, embora o enunciado diga tratar-se de heterozigota, seu genótipo não é *RrEe*, pois, se assim fosse, essa ave teria crista noz. Obrigatoriamente, então, seu genótipo é *rrEe*, em que o par *rr* interage com o par *Ee* (na verdade, este é que corresponde à situação de heterozigose). O cruzamento referido na questão pode ser assim esquematizado:

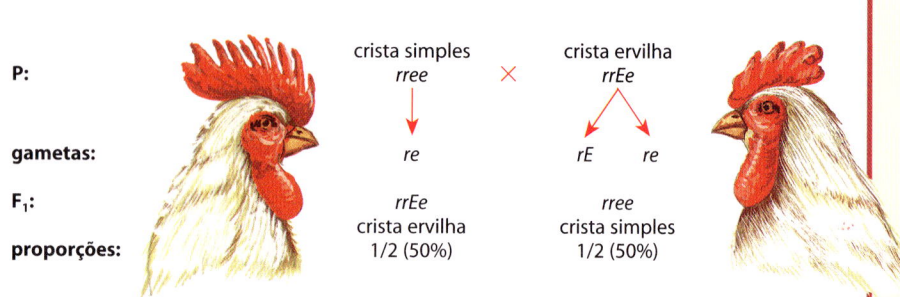

P: crista simples *rree* × crista ervilha *rrEe*

gametas: re ; rE re

F_1: *rrEe* *rree*
crista ervilha crista simples
proporções: 1/2 (50%) 1/2 (50%)

A Forma dos Frutos de Abóbora

Outro exemplo de interação gênica é o que determina a forma dos frutos de abóbora. Estes podem ser encontrados em três formas diferentes: esférica, discoide e alongada.

Nesse caso, também estão envolvidos dois pares de genes que, ao interagir, determinarão a forma da abóbora. A forma discoide é condicionada por dois genes dominantes, *A* e *B*. A forma esférica deve-se à presença de um dos dois dominantes, seja ele *A* ou *B*. A forma alongada é determinada pela interação dos genes recessivos, *a* e *b* (veja a Tabela 41-2).

Tabela 41-2. Genótipos e fenótipos envolvidos na forma da abóbora.

Genótipos	A_B_	A_bb	aaB_	aabb
Fenótipos	discoide	esférica	esférica	alongada

Do cruzamento de duas plantas produtoras de abóboras esféricas de origens diferentes, obtiveram-se em F$_1$ somente abóboras discoides. As plantas da geração F$_1$, intercruzadas, produziram em F$_2$ a proporção de 9/16 abóboras discoides : 6/16 abóboras esféricas : 1/16 abóboras alongadas.

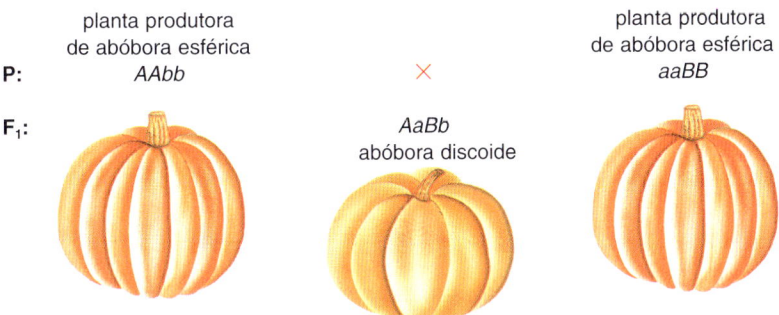

Cruzando os indivíduos de F$_1$, teremos os gametas produzidos e poderemos montar o quadro de cruzamentos e determinar os respectivos fenótipos:

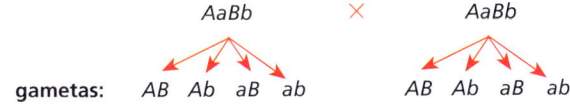

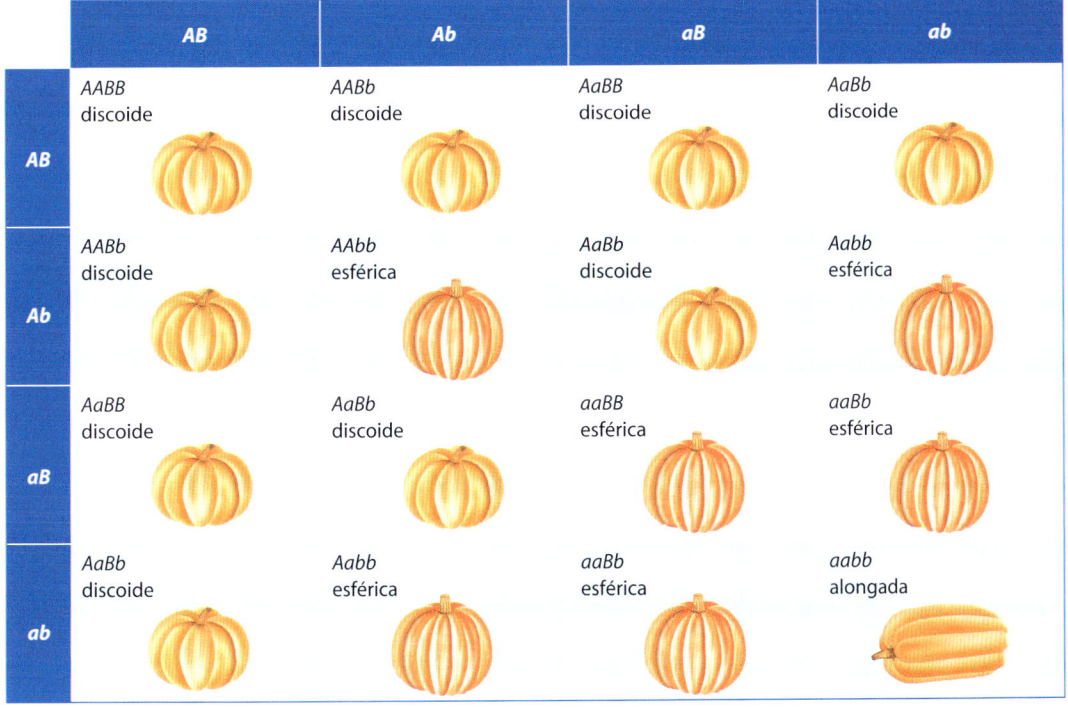

EPISTASIA

É um caso especial de interação gênica, em que um par de genes bloqueia a ação do outro par, inibindo a sua manifestação. O par inibidor é chamado de **epistático**; o par inibido é chamado de **hipostático**.

Há dois tipos de epistasia:

- dominante: em que, no par epistático, é necessário apenas um gene dominante;
- recessiva: quando o par epistático deverá estar em dose dupla.

Epistasia Dominante 12 : 3 : 1

Tabela 41-3. Genótipos e fenótipos envolvidos na cor da pelagem de cães.

Genótipo	Fenótipos
B_I_	branca
bbI_	branca
B_ii	preta
bbii	marrom

Em cães, o gene *I* (dominante), que determina pelagem branca, é epistático e atua inibindo os genes *B* e *b* (hipostáticos). Na ausência do gene epistático *I*, o *B* e *b* se manifestam determinando, respectivamente, pelagem preta e marrom (veja a Tabela 41-3).

Do cruzamento de dois cães de pelagem branca, diíbridos, temos:

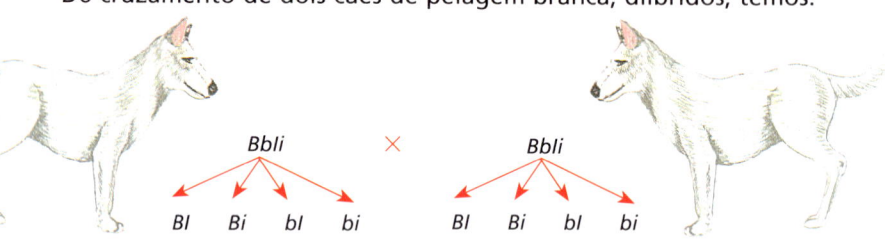

P: BbIi × BbIi

gametas: BI Bi bI bi   BI Bi bI bi

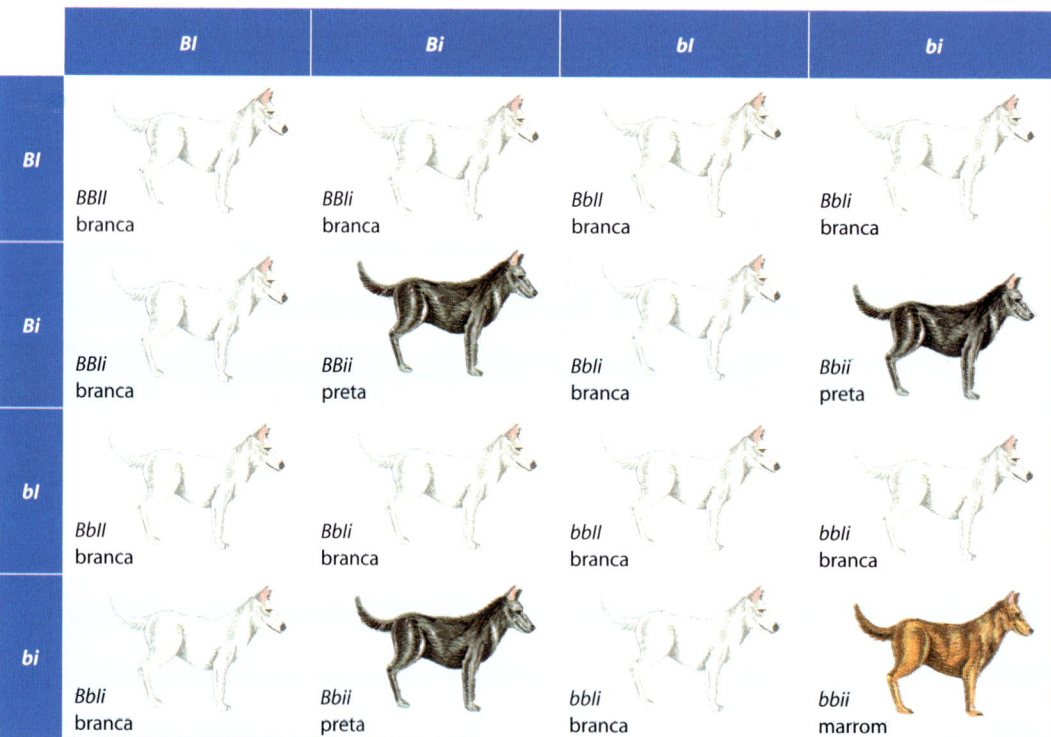

	BI	Bi	bI	bi
BI	BBII branca	BBIi branca	BbII branca	BbIi branca
Bi	BBIi branca	BBii preta	BbIi branca	Bbii preta
bI	BbII branca	BbIi branca	bbII branca	bbIi branca
bi	BbIi branca	Bbii preta	bbIi branca	bbii marrom

A proporção fenotípica obtida é $\frac{12}{16}$ cães de pelagem branca : $\frac{3}{16}$ cães de pelagem preta : $\frac{1}{16}$ cães de pelagem marrom.

Saiba mais

Não se deve confundir o conceito clássico de dominância com o de epistasia. Na dominância, estudada no capítulo referente à 1.ª Lei de Mendel, incluindo alelos múltiplos e herança ligada ao sexo, há uma relação entre genes alelos. Na epistasia, a relação é entre **pares** de genes **não alelos**, localizados, portanto, em cromossomos distintos.

Acompanhe este exercício

Em galinhas, a cor branca deve-se a um gene recessivo c, que determina a não formação de pigmento, em contraposição a seu alelo C, que determina a formação de pigmento. Também é devida a um gene I, que impede a manifestação do gene C, cujo alelo i não impede a manifestação do gene C.

Uma galinha branca, cruzada com o macho colorido 1, produz 100% de descendentes coloridos. Quando cruzada com o macho colorido 2, 50% dos descendentes são coloridos e 50% são brancos.

Determine o genótipo dos três indivíduos.

Resolução:

Trata-se de um caso de epistasia dominante, em que o gene I, epistático, inibe C, que determina a formação de pigmento. Assim,

C_I_ = branco   ccI_ ou ccii = branco   C_ii = colorido

O macho 1 é colorido, então ele tem o par *ii* e, pelo menos, um gene C: pode-se dizer que este macho é homozigoto para C por F$_1$ ser constituída de indivíduos 100% coloridos; caso contrário, haveria 50% de indivíduos brancos. A galinha é branca, então ela só pode ser *ccii*, pois se ela fosse _II, todos os descendentes seriam brancos, e se fosse _Ii, metade dos descendentes seria branca e a outra metade, colorida. Então,

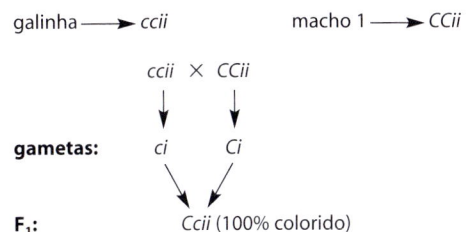

O macho 2 é colorido, logo, ele tem o par *ii* e, como a galinha é *ccii* e os seus descendentes são 50% coloridos e 50% brancos, o macho 2 só pode ser *Ccii*.

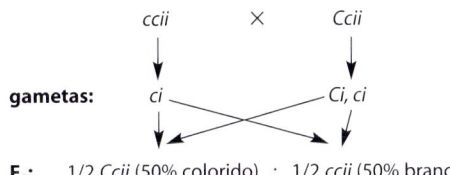

Epistasia Recessiva 9 : 3 : 4

Em ratos, os genes A e a são hipostáticos, determinando respectivamente a pelagem aguti e preta. No entanto, esses genes, na presença do par epistático recessivo *cc*, não se manifestam, e os ratos terão pelagem branca. Nesse caso, a epistasia é recessiva, o gene C não inibe o gene A nem o gene a (veja a Tabela 41-4).

Tabela 41-4. Genótipos e fenótipos envolvidos na coloração de pelagem de ratos.

Genótipos	Fenótipos
A_C_	aguti
aaC_	preto
A_cc	albino
aacc	albino

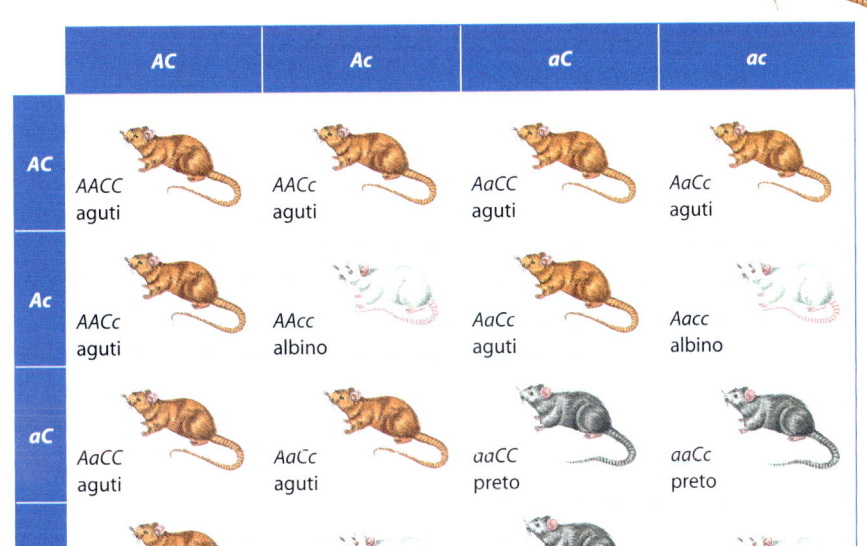

O cruzamento entre dois indivíduos di-híbridos (AaCc x AaCc) resultará na seguinte proporção fenotípica:

$$\frac{9}{16} \text{ agutis} : \frac{4}{16} \text{ albinos} : \frac{3}{16} \text{ pretos}$$

> **Saiba mais**
>
> Nunca é demais lembrar que na epistasia os genes não-alelos também se encontram em cromossomos diferentes (segregação independente); porém, novamente, não é um caso da 2.ª Lei de Mendel, pois só está em questão uma única característica. Além disso, a epistasia requer um par gênico inibidor. Veja o esquema:

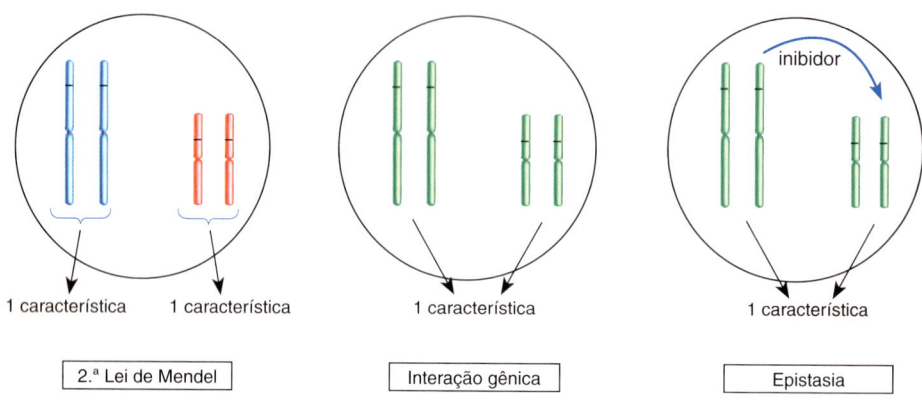

A COR DA FLOR NAS ERVILHAS-DE-CHEIRO: AÇÃO GÊNICA COMPLEMENTAR

Bateson e Punnet descreveram outro caso de interação gênica ao analisarem a herança da cor da flor em plantas de ervilha-de-cheiro. As flores, nessas plantas, podem ter coloração branca ou púrpura.

Cruzando duas plantas de flores brancas de origens diferentes, obtiveram em F_1 somente plantas produtoras de flores púrpura. Esses indivíduos de F_1, intercruzados, produziram em F_2 dois tipos de fenótipos, na proporção de

9/16	:	7/16
plantas produtoras de flores púrpura		plantas produtoras de flores brancas

Neste caso, também temos a interação de dois pares de genes na determinação de um caráter (cor da flor). A cor púrpura é condicionada pela interação dos dois genes dominantes, A e B (A_ B_).

Para a ocorrência de flores de cor branca, temos duas possibilidades:

- a presença de apenas um dos genes dominantes, A ou B (A_bb ou aaB_); ou
- a ausência dos dois genes dominantes (aabb). Veja a Tabela 41-5.

Tabela 41-5. Genótipos e fenótipos envolvidos na determinação da cor das flores de ervilha-de-cheiro.

Genótipos	Fenótipos
A_B_	púrpura
A_bb	branca
aaB_	branca
aabb	branca

Detalhando os cruzamentos realizados com flores brancas de origens diferentes, temos:

P: *AAbb*   ×   *aaBB*
       flores brancas   flores brancas

F₁: *AaBb* flores púrpuras

Do cruzamento de indivíduos de F₁, podemos determinar os gametas e montar o quadro de cruzamentos com suas proporções fenotípicas:

AaBb × *AaBb*

gametas: AB   Ab   aB   ab   AB   Ab   aB   ab

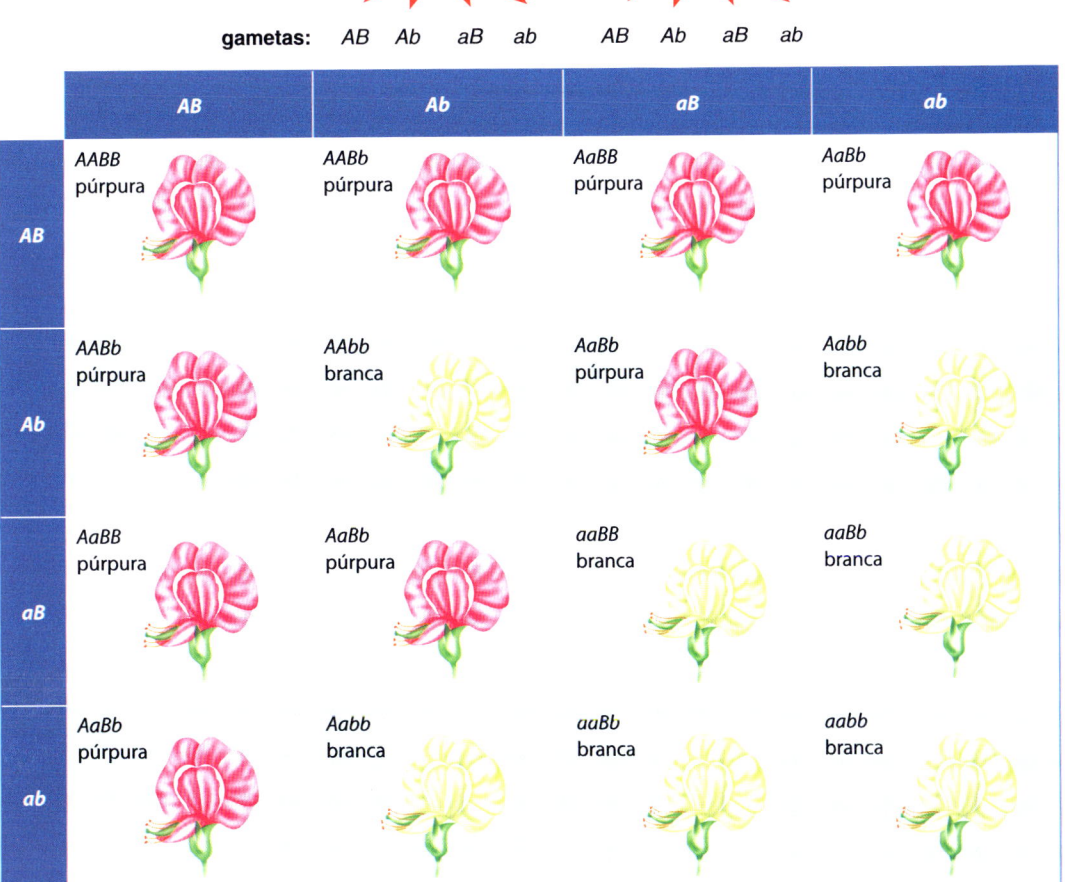

	AB	Ab	aB	ab
AB	AABB púrpura	AABb púrpura	AaBB púrpura	AaBb púrpura
Ab	AABb púrpura	AAbb branca	AaBb púrpura	Aabb branca
aB	AaBB púrpura	AaBb púrpura	aaBB branca	aaBb branca
ab	AaBb púrpura	Aabb branca	aaBb branca	aabb branca

Acompanhe estes exercícios

1. Na espécie humana, os genes *A* e *B*, localizados em cromossomos não homólogos, são responsáveis pela audição normal. Os genes recessivos *a* e *b* determinam surdez congênita. Se um indivíduo for homozigoto *aa* e/ou *bb* será surdo-mudo. Pergunta-se:

  a. Trata-se de um caso típico de 2.ª Lei de Mendel?
  b. Quais são os possíveis genótipos de um indivíduo com surdez congênita e de outro normal?
  c. Qual a probabilidade de um casal *AaBb* × *Aabb* ter uma criança do sexo masculino, normal para audição?

Resolução:

a. Não, trata-se de ação gênica complementar, pois os dois alelos dominantes (*A* e *B*) participam para o indivíduo ter uma audição normal. Também é um caso de epistasia com genes recessivos duplos, visto que *aa* inibe o alelo dominante *B*, assim como *bb* inibe o alelo dominante *A*.

b. indivíduo normal: *A_B_*
   surdez congênita: *aaB_*, *A_bb* e *aabb*

c.   AaBb   ×   Aabb
   gametas: AB, Ab, aB, ab   Ab, ab

	AB	Ab	aB	ab
Ab	normal	surdez	normal	surdez
ab	normal	surdez	surdez	surdez

5/8 surdez : 3/8 normal

A probabilidade de ter uma criança do sexo masculino é 1/2, então:

   criança do sexo masculino   e   normal
              1/2   ×   3/8   =   3/16

2. Na ervilha-de-cheiro, a cor púrpura da corola é devida à presença de dois alelos dominantes *C* e *P*. A falta de qualquer um deles ou de ambos produz flor branca. Quais são as proporções fenotípicas para os cruzamentos abaixo?

  a. *CcPp* × *ccpp*   b. *CcPP* × *CCpp*   c. *CcPP* × *ccpp*   d. *CcPp* × *ccPp*

Resolução:

*C_P_* = púrpura
C_pp / ccP_ / ccpp = branca

a.   CcPp   ×   ccpp
   gametas: CP, Cp, cP, cp   cp

	CP	Cp	cP	cp
cp	púrpura	branca	branca	branca

3/4 branca : 1/4 púrpura

b.   CcPP   ×   CCpp
   gametas: CP, cP   Cp

	CP	cP
Cp	púrpura	púrpura

100% púrpura

c.   CcPP   ×   ccpp
   gametas: CP, cP   cp

	CP	cP
cp	púrpura	branca

1/2 púrpura : 1/2 branca

d.   CcPp   ×   ccPp
   gametas: CP, Cp, cP, cp   cP, cp

	CP	Cp	cP	cp
cP	púrpura	púrpura	branca	branca
cp	púrpura	branca	branca	branca

5/8 branca : 3/8 púrpura

HERANÇA QUANTITATIVA

A herança quantitativa também é um caso particular de interação gênica. Nesse caso, em que os diferentes fenótipos de uma dada característica não mostram variações expressivas, as variações são lentas e contínuas e mudam gradativamente, saindo de um fenótipo "mínimo" até chegar a um fenótipo "máximo". É fácil concluir, portanto, que na herança quantitativa (ou poligênica) os genes possuem efeito **aditivo** e recebem o nome de **poligenes**.

A herança quantitativa é muito frequente na natureza. Algumas características de importância econômica, como produção de carne em gado de corte, produção de milho etc., são exemplos desse tipo de herança. No homem, a estatura, a cor da pele e, inclusive, a inteligência são casos de herança quantitativa.

Herança da Cor da Pele no Homem

Segundo Davenport (1913), a cor da pele na espécie humana é resultante da ação de dois pares de genes (*AaBb*), sem dominância. Dessa forma, *A* e *B* determinam a produção da mesma quantidade do pigmento melanina e possuem efeito aditivo. Logo, conclui-se que deveriam existir cinco tonalidades de cor na pele humana, segundo a quantidade de genes *A* e *B* (veja a Tabela 41-6).

Tabela 41-6. Genótipos e fenótipos envolvidos na coloração da cor da pele dos seres humanos.

Genótipos	Fenótipos
aabb	pele clara
Aabb, *aaBb*	mulato claro
AAbb, *aaBB*, *AaBb*	mulato médio
AABb, *AaBB*	mulato escuro
AABB	pele negra

aumento gradativo da quantidade de pigmento melanina na pele

Vejamos os resultados genotípicos e fenotípicos que seriam obtidos a partir do cruzamento de dois indivíduos mulatos médios, duplo-heterozigotos:

mulato médio × mulato médio
AaBb   *AaBb*

	AB	Ab	aB	ab
AB	AABB negro	AABb mulato escuro	AaBB mulato escuro	AaBb mulato médio
Ab	AABb mulato escuro	AAbb mulato médio	AaBb mulato médio	Aabb mulato claro
aB	AaBB mulato escuro	AaBb mulato médio	aaBB mulato médio	aaBb mulato claro
ab	AaBb mulato médio	Aabb mulato claro	aaBb mulato claro	aabb branco

fenótipos: 1/16 branco : 4/16 mulato claro : 6/16 mulato médio : 4/16 mulato escuro : 1/16 negro

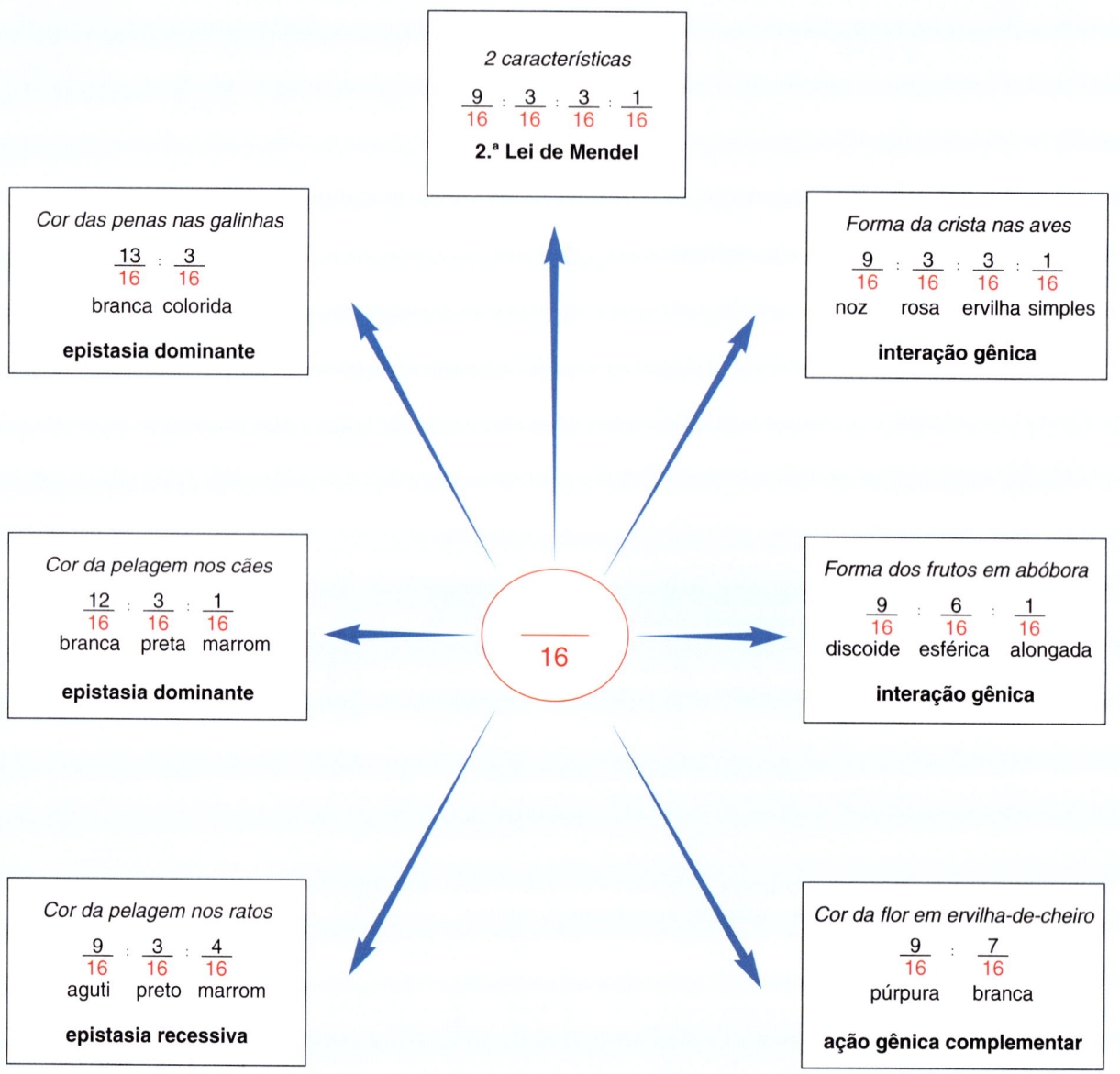

Pense nisso

Um arco-íris em você

Todo professor de Biologia tem de responder, durante as aulas de genética, ao inevitável questionamento sobre como é herdada a cor dos olhos. Contudo, muitos ainda tratam erroneamente essa característica genética como um tipo de herança mendeliana simples, cuja ocorrência é influenciada por um único par de genes associados com a produção de olhos escuros ou claros.

Essa explicação simplista, porém, não mostra como surge toda a imensa variedade de cores presente nos olhos e não esclarece por que pais de olhos castanhos podem ter filhos com olhos castanhos, azuis, verdes ou de qualquer outra tonalidade. A cor dos olhos é uma característica cuja herança é poligênica, um tipo de variação contínua em que os alelos de vários genes influem na coloração final dos olhos. Isso ocorre por meio da produção de proteínas que dirigem a proporção de melanina depositada na íris. Outros genes produzem manchas, raios, anéis e padrões de difusão dos pigmentos.

Adaptado de: <http://cienciahoje.uol.com.br/68074>.
Acesso em: 30 out. 2007.

PLEIOTROPIA: UM PAR DE GENES, VÁRIAS CARACTERÍSTICAS

Pleiotropia (do grego, *pleion* = mais numeroso e *tropos* = afinidade) é o fenômeno em que um par de genes alelos condiciona o aparecimento de *várias características* no mesmo organismo. A pleiotropia mostra que a ideia mendeliana de que cada gene afeta apenas uma característica nem sempre é válida. Por exemplo, certos ratos nascem com costelas espessadas, traqueia estreitada, pulmões com elasticidade diminuída e narinas bloqueadas, o que fatalmente os levará à morte. Todas essas características são devidas à ação de apenas um par de genes; portanto, um caso de pleiotropia.

> Na espécie humana, a síndrome de Laurence-Moon-Biedl é considerada como um caso de pleiotropia. Nela, a ação de um par de genes é responsável pela ocorrência simultânea de retardamento mental, obesidade e desenvolvimento anormal dos órgãos genitais.

MUTAÇÕES E ABERRAÇÕES CROMOSSÔMICAS

Mutação é uma alteração no material genético. Há dois tipos de mutação, a **gênica** e a **cromossômica**, sendo que essa última é conhecida como **aberração** cromossômica.

A **mutação gênica** é uma alteração no gene, devido a mudanças na frequência das bases nitrogenadas do DNA. A **mutação cromossômica** (aberração cromossômica) é uma mudança no número ou na estrutura dos cromossomos.

Saiba mais

Aberrações cromossômicas e evolução

Supõe-se que as aberrações cromossômicas desempenham importante papel na evolução das espécies. Rearranjos cromossômicos provocam aparecimento de novos genótipos, que podem conduzir à origem de novas espécies isoladas reprodutivamente da espécie original.

Aberrações Cromossômicas Numéricas

Euploidia: lotes cromossômicos inteiros

As euploidias (*eu* = verdadeiro e *ploidia* = referente a um lote cromossômico haploide completo) envolvem alterações em lotes haploides inteiros de cromossomos, como resultado de falhas na separação cromossômica, principalmente durante a mitose. Em vegetais, é comum a ocorrência de poliploidização (triploidias, tetraploidias, hexaploidias etc.), levando, muitas vezes, a uma planta mais vigorosa. Em animais, de modo geral, as euploidias são incompatíveis com a vida. Muitos embriões humanos abortados espontaneamente são triploides.

Aneuploidias: as mais comuns

Nas aneuploidias (*an* = negação), a ocorrência mais comum é a falta de um cromossomo ou a presença de um extra. A condição normal para a grande maioria das células humanas é a **dissomia**, ou seja, dois cromossomos homólogos compondo cada par. Qualquer perda ou ganho de cromossomos leva a uma situação de desequilíbrio gênico, que, se não provoca a morte do portador, acarreta sérios danos ao seu desenvolvimento físico e mental. A perda dos dois cromossomos de um mesmo par é conhecida como **nulissomia**. Quando apenas um elemento de determinado par é perdido, fala-se em **monossomia**. O acréscimo de um cromossomo em determinado par constitui a **trissomia**. As aneuploidias resultam de anormalidades meióticas ou mitóticas. Geralmente, são consequências de falhas na separação de cromátides na anáfase, caracterizando uma situação conhecida como *não disjunção cromossômica* (veja a Figura 41-1).

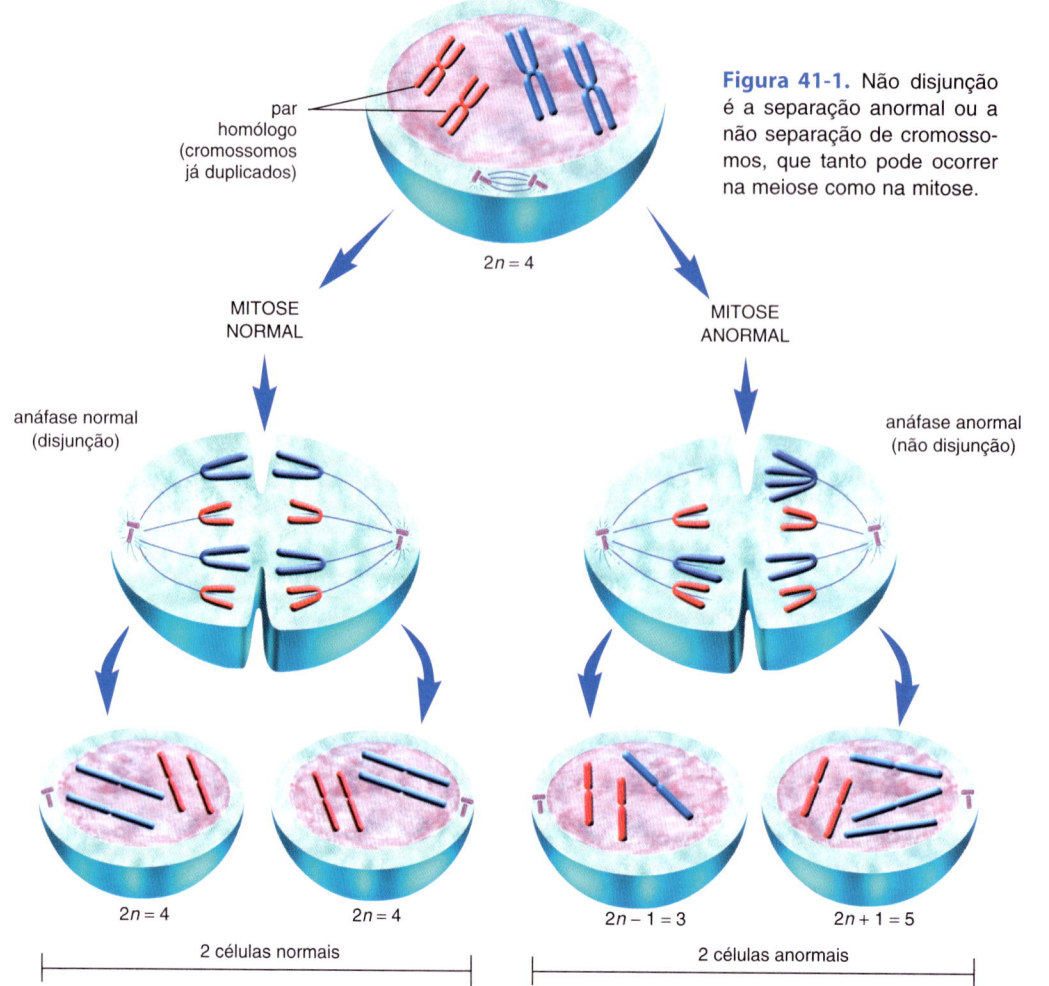

Figura 41-1. Não disjunção é a separação anormal ou a não separação de cromossomos, que tanto pode ocorrer na meiose como na mitose.

Aneuploidias autossômicas

Na espécie humana, as aneuploidias autossômicas mais conhecidas são as trissomias. Nelas, os indivíduos portadores são 45A + XX ou 45A + XY.

> Síndrome é um conjunto de sinais e sintomas que caracterizam uma doença.

Síndrome de Down (mongolismo): trissomia do 21

Os indivíduos portadores dessa anomalia apresentam um cromossomo número 21 a mais. Resulta, de modo geral, da fecundação de um óvulo anômalo por um espermatozoide normal. No óvulo anômalo, existem dois cromossomos 21, em vez de um, e essa situação é consequência da não disjunção cromossômica na meiose que o originou.

Na síndrome de Down, os indivíduos apresentam pregas palpebrais, baixa estatura, fissuras na língua, deformidades cardíacas, prega única na palma da mão (conhecida como prega simiesca) e graus variados de retardamento mental (veja a Figura 41-2).

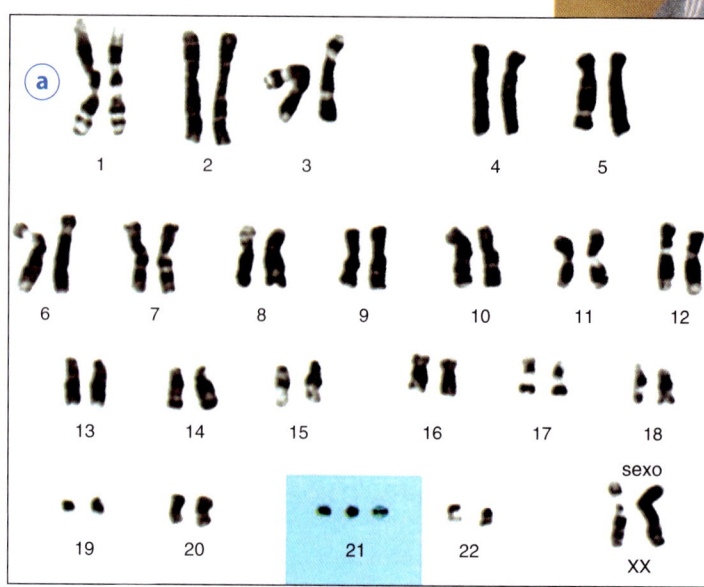

Figura 41-2. (a) Cariótipo de uma menina portadora de síndrome de Down: observe os três cromossomos 21. (b) Menina portadora de síndrome de Down.

> **A ciência por trás do fato!**
>
> ### Síndrome de Down está relacionada à gestação em mulheres de mais idade?
>
> Acredita-se que a incidência dessa síndrome seja maior em filhos de mulheres cuja gravidez ocorreu quando tinham idade mais avançada, mas o risco de ocorrência dessa síndrome existe em qualquer gestação (veja a tabela ao lado). Dados recentes indicam que, em cerca de 25% dos casos, o erro meiótico ocorre em células do pai.
>
> Fonte: HOOK, E. B. *The Journal of the American Medical Association*, n. 249, p. 2034-2038, 1983. Disponível em: <http://www.ds-health.com/risk.htm>. Acesso em: 30. set. 2007.
>
> | Idade da mãe | Número de crianças com síndrome de Down em relação ao número de nascimentos de crianças normais |
> |---|---|
> | 15-19 | 1/1.250 |
> | 20-24 | 1/1.400 |
> | 25-29 | 1/1.100 |
> | 30-31 | 1/900 |
> | 35 | 1/350 |
> | 40 | 1/100 |
> | 41 | 1/85 |
> | 42 | 1/65 |
> | 43 | 1/50 |
> | 44 | 1/40 |
> | 45 e acima | 1/25 |

Síndrome de Edwards: trissomia do 18

Nessa trissomia, os principais sinais e sintomas são deformidades do aparelho auditivo, defeitos cardíacos, espasticidade muscular (contraturas musculares), anomalias renais e anomalias oculares. A morte ocorre, em geral, com aproximadamente um ano de idade.

Síndrome de Patau: trissomia do 13

Dentre os múltiplos defeitos provocados por essa trissomia, estão os que afetam o coração, os rins, o cérebro (microcefalia) e redundam em morte dos portadores entre o primeiro e o terceiro mês de vida.

Aneuploidias em cromossomos sexuais

As aneuploidias envolvendo cromossomos sexuais são resultantes de não disjunções meióticas que podem ocorrer tanto no homem como na mulher. A Tabela 41-7 mostra as aneuploidias em cromossomos sexuais mais comuns em seres humanos.

Tabela 41-7. Aneuploidias mais comuns nos seres humanos.

Nome comum	Tipo de aneuploidia	Fórmula cromossômica
Síndrome de Turner	monossomia	44A + X0 (óvulo sem X + espermatozoide com X)
Síndrome de Klinefelter	trissomia	44A + XXY (óvulo com XX + espermatozoide com Y)
Síndrome do triplo X	trissomia	44A + XXX (óvulo com XX + espermatozoide com X)
Síndrome do duplo Y	trissomia	44A + XYY (óvulo com X + espermatozoide com YY)
Ausência de X	monossomia	44A + Y0 (óvulo sem X + espermatozoide com Y) – indivíduo inviável

Síndrome de Turner (X0)

Pessoas com síndrome de Turner são X0, ou seja, possuem apenas um cromossomo X e ausência do segundo cromossomo sexual (por isso o 0). Fenotipicamente são fêmeas (não possuem cromossomo Y). Os órgãos sexuais internos e externos são pouco desenvolvidos e os indivíduos são estéreis. Aparentemente, o segundo cromossomo X é necessário para que ocorra o desenvolvimento dos ovários.

Síndrome de Klinefelter (XXY)

Portadores da síndrome de Klinefelter assemelham-se a homens normais, mas possuem testículos pequenos e produzem pouco ou nenhum espermatozoide. São normalmente altos e possuem seios um pouco desenvolvidos. Aproximadamente metade dos portadores dessa anomalia apresenta certo grau de retardamento mental.

Síndrome do duplo Y (XYY)

Indivíduos com um cromossomo X e dois Y são fenotipicamente do sexo masculino e férteis. São altos e apresentam grande quantidade de acne no rosto. Muito se discutiu sobre a hipótese de indivíduos XYY terem elevado potencial criminoso. Exaustivos estudos, porém, não confirmam essa tendência.

Síndrome do triplo X (XXX)

São fenotipicamente mulheres, de aparência normal, muitas vezes férteis, embora apresentem certo grau de retardamento mental. Apresentam corpúsculo de Barr.

Ausência de X (Y0)

A ausência do cromossomo X é incompatível com a vida. Os genes existentes nesse cromossomo são indispensáveis para a sobrevivência do indivíduo.

Aberrações Cromossômicas Estruturais

As aberrações estruturais que incidem nos cromossomos são de quatro tipos: deficiência, duplicação, inversão e translocação (veja a Figura 41-3).

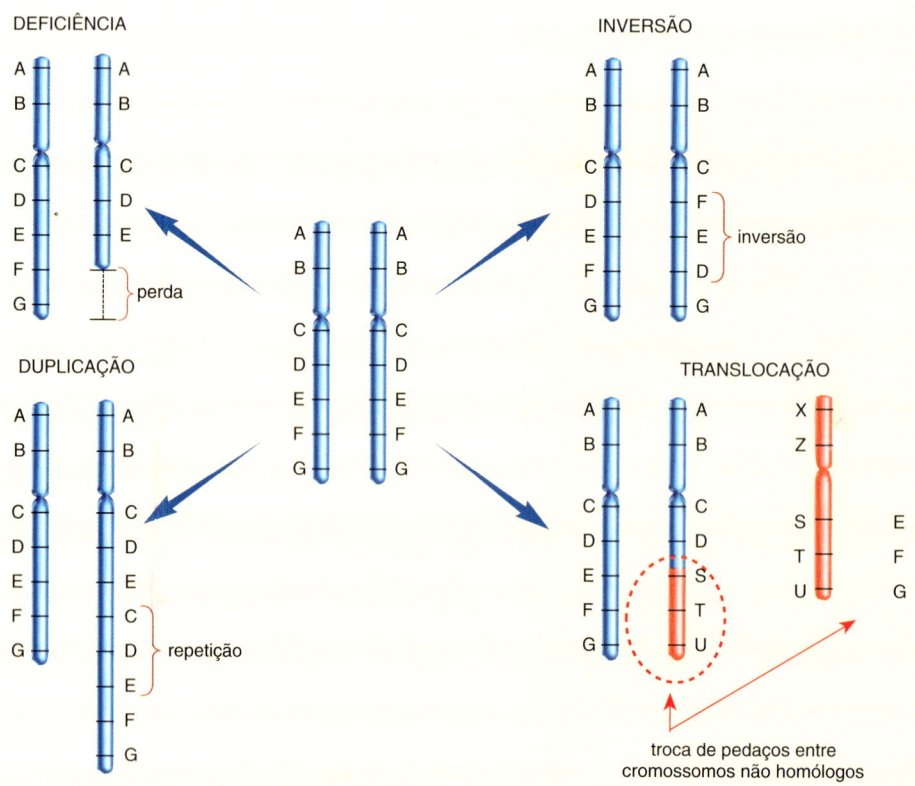

Figura 41-3. Aberrações estruturais.

Deficiência (deleção)

Ocorre perda de um pedaço de cromossomo e dos genes que nele existem. É decorrente de uma quebra, que pode se dar na região do centrômero ou próxima a uma das extremidades do cromossomo.

Duplicação

Na duplicação, há formação de um segmento adicional em um cromossomo. De modo geral, as consequências de uma duplicação são bem toleradas.

Inversão

A inversão resulta da quebra do cromossomo em dois lugares e na reunião das partes com as extremidades trocadas, isto é, sofrem uma rotação de 180°. Como não há perda de material genético, os efeitos no fenótipo, de maneira geral, são pouco perceptíveis. Além disso, acredita-se que as inversões sejam importantes na evolução, por promover arranjos cromossômicos diferentes do original.

Translocação

Na translocação, ocorrem quebras em cromossomos não homólogos, resultando em pedaços que são trocados entre si. Não confunda com *crossing-over*, que envolve troca de pedaços entre cromossomos homólogos.

OS ERROS INATOS DO METABOLISMO E A GENÉTICA

Vamos, agora, fazer uma rápida descrição de duas importantes doenças relacionadas à ação de genes "defeituosos": a **fenilcetonúria** e a **alcaptonúria**.

Fenilcetonúria (PKU)

A fenilcetonúria (PKU) é uma doença genética devida à ação de um gene recessivo que se manifesta em homozigose, cujas consequências podem ser evitadas. As pessoas com essa anomalia são incapazes de produzir uma enzima que atua na conversão do aminoácido fenilalanina no aminoácido tirosina. Sem essa conversão, a fenilalanina acumula-se no sangue e é convertida em substâncias tóxicas que provocam lesões no sistema nervoso, culminando com retardamento mental do portador. Uma dessas substâncias é o ácido fenilpirúvico, excretado pela urina, que explica o nome dado à doença. Uma criança recém-nascida, homozigota recessiva para PKU, tem início de vida saudável, uma vez que as enzimas produzidas pela mãe foram transferidas pela placenta, livrando-a do problema. No entanto, à medida que os dias passam, a enzima acaba e a fenilalanina vai se acumulando.

Na década de 1950, foram desenvolvidos testes bioquímicos para prevenir os sintomas da doença. Um simples exame de sangue (teste do pezinho) pode revelar a presença de excesso de fenilalanina. Reconhecida a existência da doença, as crianças passam a receber alimentação pobre em fenilalanina (lembre-se de que a fenilalanina é importante no metabolismo de construção, uma vez que faz parte da estrutura de muitas proteínas). Crianças assim tratadas chegam à vida adulta normalmente e, mesmo que nessa fase se alimentem de substâncias contendo fenilalanina, já não haverá mais riscos, uma vez que o desenvolvimento do sistema nervoso já estará finalizado.

Alcaptonúria

É outra doença metabólica devida a uma falha no metabolismo da fenilalanina. Durante as reações químicas desse metabolismo, forma-se o ácido homogentísico, uma substância que, por intermédio de uma enzima, é oxidada e se transforma em outra. Se essa enzima não existir, o ácido homogentísico acumula-se no sangue e passa a ser excretado pela urina. Esta, ao ser exposta ao ar, adquire rapidamente a coloração marrom, devido à transformação desse ácido em quinonas coloridas. A detecção de ácido homogentísico na urina é feita por um teste em que gotas de urina são adicionadas a uma solução diluída de cloreto férrico, resultando em coloração ligeiramente azulada, indicativa de sua presença.

Ética & Sociedade

Proteína shank3, uma esperança para o autismo

Autistas são indivíduos que apresentam problemas no estabelecimento de relações sociais e comportamentos repetitivos. O autismo se manifesta em diferentes intensidades, indo desde situações de profunda perturbação até a síndrome de Asperger, em que o portador não apresenta qualquer atraso cognitivo.

Em artigo da revista *Nature*, cientistas publicaram os resultados de uma pesquisa com ratos em que foi alterada, por mutações nos genes que controlam sua produção, a quantidade da proteína shank3. Como resposta, os ratos apresentaram problemas de comportamento similares aos encontrados em autistas. Essa descoberta provavelmente desencadeará estudos para desenvolvimento de medicamentos eficazes no tratamento dessa doença.

Em nosso dia a dia, convivemos com diversas pessoas, com comportamentos, capacidade de aprendizado e níveis de atenção totalmente diferentes uns dos outros. Você já se questionou sobre como pode ser complexo para um professor organizar uma aula de forma a atender todos os perfis de alunos?

Passo a passo

1. Nas frases a seguir, assinale com V as verdadeiras e com F as falsas.

a) Cada caráter analisado por Mendel em plantas de ervilha é determinado por dois alelos, ocorrendo segregação independente dos diferentes genes, sem interferência dos seus efeitos. As proporções fenotípicas 3 : 1 e 9 : 3 : 3 : 1 são características desse tipo de herança.

b) Existem caracteres que são determinados pela interação de dois ou mais pares de genes não alelos, isto é, os diferentes genes interferem entre si na determinação do fenótipo estudado.

c) No caso de interação gênica, não podemos aplicar a lei da segregação independente, pois os genes que interagem estão no mesmo cromossomo.

d) No caso da forma da crista de galinhas, apesar de o cruzamento entre dois diíbridos resultar na proporção fenotípica 9 : 3 : 3 : 1, não se trata de uma herança mendeliana (2.ª Lei de Mendel).

2. Em galinhas, os genes crista "rosa" (*R*) e crista "ervilha" (*E*) interagem produzindo uma ave com crista "noz". Os alelos recessivos *r* e *e*, quando presentes em homozigose, produzem crista "simples".

Qual será a proporção fenotípica dos descendentes nos seguintes cruzamentos:

a) *RrEe* x *rree*?   b) *Rree* x *RREe*?   c) *Rree* x *rrEe*?

3. Ainda em relação à forma da crista nas aves, determine os genótipos paternos cujos descendentes são:

$$\frac{3}{8} \text{ noz} : \frac{3}{8} \text{ rosa} : \frac{1}{8} \text{ ervilha} : \frac{1}{8} \text{ simples}$$

4. Em abóboras, a forma é determinada por 2 pares de genes não alelos onde a interação de dois genes dominantes *A* e *B* condiciona a forma discoide. A presença de apenas um dos tipos de genes dominantes determina a forma esférica, enquanto a interação de dois pares de alelos recessivos *a* e *b* condiciona a forma alongada. Uma abóbora alongada cruzada com uma abóbora discoide produziu a seguinte descendência:

$$\frac{1}{4} \text{ discoide} : \frac{1}{2} \text{ esférico} : \frac{1}{4} \text{ alongado}$$

Determine os genótipos parentais.

5. O cruzamento de duas linhagens de ervilhas de flores brancas produziu em F_1 flores exclusivamente púrpuras. Em F_2, a proporção fenotípica dos descendentes foi de 9 púrpuras : 7 brancas. Pergunta-se:

a) Que tipo de interação está envolvido nesse problema?
b) Quais são os possíveis genótipos das linhagens de flores brancas e púrpuras?
c) Quais são os genótipos das linhagens parentais?

6. Cite o nome do tipo de interação em que dois pares de genes não alelos agem em um mesmo caráter e a expressão de um deles encobre a expressão do outro.

7. Conceitue gene epistático e hipostático.

8. Na espécie humana, a surdez e, consequentemente, a mudez é um caso de epistasia recessiva. A presença dos genes não alelos dominantes *A* e *B* são responsáveis pela condição normal, enquanto os genes recessivos *aa* ou *bb* e *aabb* determinam uma pessoa surdo-muda.

Um casal cujo genótipo é *AaBb* × *AABb* deseja saber qual a probabilidade de nascer um filho homem surdo-mudo.

9. É possível um homem surdo casar-se com uma mulher surda e ter todos os seus filhos com audição normal? Justifique a resposta.

10. Em abóboras, o gene *B* (dominante), que determina fruto branco, é epistático e atua inibindo os genes *A* e *a* (hipostáticos). Na ausência do gene *B*, os genes *A* e *a* se manifestam determinando, respectivamente, fruto amarelo e verde.

a) Quais são os possíveis genótipos dos frutos brancos, amarelos e verdes?
b) Quais são os genótipos parentais do cruzamento abaixo?

amarelo × branco

$$\frac{3}{8} \text{ amarelo} : \frac{1}{8} \text{ verde} : \frac{1}{2} \text{ branco}$$

11. Nas frases a seguir, assinale com V as verdadeiras e com F as falsas.

a) Os caracteres estudados por Mendel são qualitativos, pois segregam-se nos descendentes em classes fenotípicas perfeitamente distintas, como, por exemplo, cor da semente da ervilha: amarela ou verde.

b) Caracteres como peso, altura e cor da pele no homem, entre outros, são quantitativos, pois segregam-se nos descendentes em classes fenotípicas onde estabelece-se uma gradação contínua e quantitativa do fenótipo considerado.

c) As heranças quantitativas são determinadas por dois ou mais pares de genes com efeito aditivo, pois existe dominância entre os genes não alelos.

d) Considerando a cor da pele humana como resultado da reação de dois pares de genes com efeito aditivo (poligenes), o mulato claro e o mulato escuro têm o mesmo número de possíveis genótipos, número este maior que o do mulato médio.

e) Na herança quantitativa, os pares de genes não alelos segregam-se independentemente, pois encontram-se em cromossomos não homólogos.

12. É possível obter um mulato médio heterozigoto a partir de dois mulatos médios homozigotos? Justifique a resposta.

13. Quais são os progenitores no cruzamento abaixo?

P: mulato médio × mulato claro
F_1: 3/8 mulato médio : 3/8 mulato claro
1/8 mulato escuro : 1/8 branco

14. Suponha que, na espécie humana, a pigmentação da pele seja devida a dois pares de genes autossômicos, localizados em cromossomos não homólogos com efeito aditivo. Um indivíduo de pigmentação negra possui 4 genes representados por letras maiúsculas, enquanto um branco apresenta 4 genes representados por letras minúsculas. A partir da genealogia abaixo, qual á a probabilidade do casal 4 e 5 vir a ter uma filha mulata média?

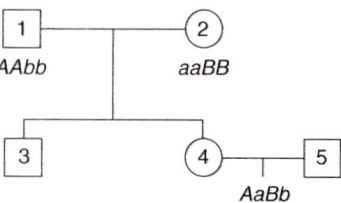

a) 6/16   b) 1/8   c) 3/16   d) 4/16   e) 3/8

15. Suponha que os genes *A*, *B*, *C* e *D* têm efeitos acumulativos e são transmitidos por herança. Um organismo *AABBCCDD* tem 64 centímetros de altura, enquanto outro *aabbccdd* tem 40 centímetros. Pergunta-se:

a) Com quantos centímetros cada gene contribui para a altura do organismo?
b) Quais são os fenótipos esperados na descendência do cruzamento abaixo?

AaBbCCDD × *aabbccdd*

16. Nas frases a seguir, assinale com V as verdadeiras e com F as falsas.
   a) Mutação gênica é uma mudança no número ou na estrutura do cromossomo.
   b) Mutação cromossômica ou aberração cromossômica é uma alteração na frequência das bases nitrogenadas do DNA.
   c) O número de cromossomos, assim como o número e a ordenação dos genes em cada cromossomo, é constante em uma mesma espécie.
   d) Os termos haploides e diploides são usados para definir células com um e dois conjuntos cromossômicos, respectivamente.
   e) O termo euploidia é aplicado à ocorrência de variações no número de cromossomos, abrangendo não grupos inteiros de cromossomos, mas somente parte do grupo.
   f) O termo aneuploidia é aplicado aos organismos que apresentam números múltiplos de um número básico haploide (n) de cromossomos.

17. Associe a relação de mutações cromossômicas numeradas de I a IV com a relação de características que se encontram antecedidas por letras.

   I – nulissomia
   II – euploidia
   III – monossomia
   IV – trissomia

   a) União de um gameta diploide com um haploide normal ou de dois diploides.
   b) Quando falta um cromossomo em um organismo diploide ($2n - 1$).
   c) Quando falta um par de homólogos em um indivíduo.
   d) Acréscimo de um cromossomo em um organismo diploide ($2n + 1$).

18. A aveia, conhecida como abissínia, é um organismo tetraploide com 28 cromossomos. A aveia mais comum, a *Avena sativa*, é um hexaploide. Quantos cromossomos a *Avena sativa* possui em seus cromossomos?

19. Nas frases a seguir, assinale com V as verdadeiras e com F as falsas.
   a) Um indivíduo com síndrome de Down (mongolismo) apresenta um cromossomo 21 a mais; trata-se de uma aneuploidia autossômica do tipo trissomia.
   b) Um indivíduo com síndrome de Turner possui um cariótipo 2AXXY.
   c) As síndromes de Turner e Klinefelter são exemplos de euploidias ligadas a cromossomos sexuais.
   d) Um indivíduo apresenta aspecto masculino, esterilidade, braços e pernas muito longos e poucos pelos no corpo. O seu cariótipo é: 44 + X0.
   e) Os indivíduos com síndrome de Klinefelter possuem 47 cromossomos como número diploide, por terem três cromossomos sexuais.
   f) Síndrome de Klinefelter deve-se à fertilização de um óvulo $n + 1$ autossômico com um espermatozoide normal.

20. Em que fase da divisão celular ocorre a falha que origina a aneuploidia? e que falha é essa?

21. A partir do par de cromossomos homólogos abaixo, esquematize uma deficiência, duplicação, inversão e translação. Confira a sua resposta com os esquemas da pág. 894.

```
A ─┤ ├─ A
B ─┤ ├─ B
C ─┤ ├─ C
D ─┤ ├─ D
E ─┤ ├─ E
F ─┤ ├─ F
```

22. É correto afirmar que na inversão ocorrem quebras seguidas de rotação de 180° entre cromossomos não homólogos? Justifique a resposta.

23. A translação é uma consequência do *crossing-over*? Justifique a resposta.

24. Complete o quadro abaixo, citando o tipo correto de herança. Considere que houve um cruzamento entre 2 diíbridos com segregação independente.

Tipo de herança	Característica	Proporção fenotípica
	2 características	9 : 3 : 3 : 1
	Forma de crista nas aves	9 : 3 : 3 : 1 noz rosa ervilha simples
	Cor da flor em ervilha	9 : 7 púrpura branca
	Cor da pelagem nos cães	12 : 3 : 1 branca preta marrom
	Cor da pelagem nos ratos	9 : 3 : 4 selvagem preto marrom
	Herança da cor da pele no homem	1 : 4 : 6 : 4 : 1 branco mulato mulato mulato negro claro médio escuro

Confira a sua resposta com o esquema da pág. 884.

Questões objetivas

1. (UNICAMP – SP) Nos cães labradores, apenas dois genes autossômicos condicionam as cores preta, chocolate e dourada da pelagem. A produção do pigmento da cor preta é determinada pelo alelo dominante **B** e a do pigmento chocolate, pelo alelo recessivo **b**. O gene **E** também interfere na cor do animal, já que controla a deposição de pigmento na pelagem. A cor dourada é determinada pelo genótipo **ee**.

Uma fêmea dourada cruzou com um macho chocolate e teve filhotes com pelagem preta e filhotes com pelagem chocolate, na mesma proporção. Quando essa mesma fêmea dourada cruzou com um macho preto, nasceram oito filhotes, sendo um chocolate, três pretos e quatro dourados.

a) Qual é o genótipo da fêmea-mãe? Identifique e explique o tipo de interação gênica observada entre os genes envolvidos.
b) Quais são os genótipos do cão preto (pai) e do seu filhote chocolate? Mostre como chegou à resposta.

2. (UFU – MG) A cor da pelagem em cavalos depende, dentre outros fatores, da ação de dois pares de genes *Bb* e *Ww*. O gene *B* determina pelos pretos e o seu alelo *b* determina pelos marrons. O gene dominante *W* "inibe" a manifestação da cor, fazendo com que o pelo fique branco, enquanto o alelo recessivo *w* permite a manifestação da cor.

Cruzando-se indivíduos heterozigotos para os dois pares de genes, obtêm-se:

a) 3 brancos : 1 preto.
b) 9 brancos : 3 pretos : 3 mesclados de marrom e preto : 1 branco.
c) 1 preto : 2 brancos : 1 marrom.
d) 12 brancos : 3 pretos : 1 marrom.
e) 3 pretos : 1 branco.

3. (UFJF – MG) O esquema abaixo ilustra de forma sintética o processo de formação de gametas (meiose) de um indivíduo de genótipo **AaBb**.

a) Complete o esquema:

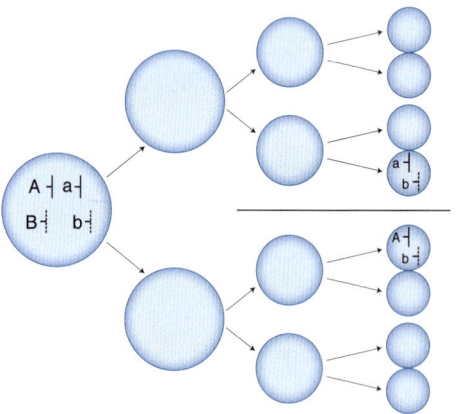

b) Qual é a probabilidade deste indivíduo formar o gameta **ab**? Justifique sua resposta.
c) Qual é a importância da meiose para a manutenção de uma espécie?
d) Considere que os genes **A** e **B** estão envolvidos na determinação da cor das flores. O alelo **A** permite a formação de pigmentos e é dominante sobre o alelo **a**, que inibe a manifestação da cor. O alelo **B** determina a cor vermelha e é dominante sobre o alelo **b**, que determina a cor rosa. Se uma planta de flores vermelhas, oriunda das sementes de uma planta de flores brancas (**aabb**), é autofecundada, que fenótipos são esperados na descendência e em que proporções?

4. (PUC – MG) A pelagem de cães labrador pode ser preta, marrom ou amarela, dependendo da atividade de duas proteínas relacionadas à tirosinase: **TRP-2** e **TRP-1**, produzidas a partir de dois pares de genes alelos dominantes **E** e **B**, de acordo com o esquema abaixo. Os alelos recessivos **e** e **b** não produzem enzimas funcionais.

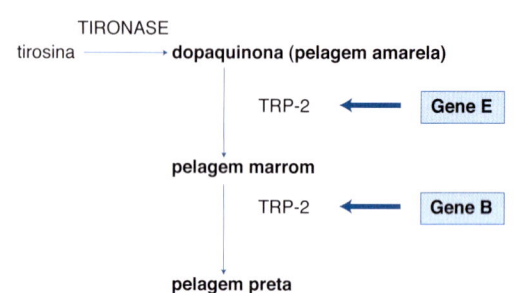

De acordo com as informações dadas, é INCORRETO afirmar:

a) Não se espera que cães de pelagem marrom produzam descendentes com pelagem preta.
b) Não se espera que o cruzamento de cães de pelagem amarela produza descendentes com pelagem marrom.
c) Não se espera o nascimento de descendentes pretos do cruzamento de um cão marrom com uma cadela amarela.
d) O cruzamento de cães com pelagem preta poderia gerar descendentes pretos, marrons ou amarelos.

5. (UFJF – MG) O albinismo é uma alteração genética decorrente da ausência de melanina e que tem como consequência a baixa pigmentação da pele, cabelos e olhos claros e problemas de acuidade visual. Na sequência bioquímica relativa à produção de melanina, apresentada abaixo, o alelo dominante *A* é responsável pela produção de uma enzima que converte fenilalanina em tirosina. O alelo dominante *B*, de forma independente, é responsável pela produção de uma enzima que converte tirosina em melanina. Em qualquer ponto dessa sequência bioquímica, a ausência de um dos alelos dominantes inviabiliza a produção de melanina.

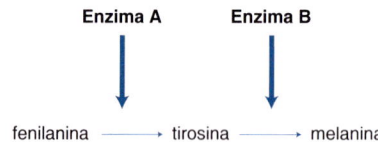

Qual a probabilidade de que um casal de genótipo *AaBb* tenha um descendente que seja albino?

a) 1/16   b) 3/16   c) 7/16   d) 9/16   e) 13/16

6. (UFRGS – RS) A genética da cor da pele, no homem, é um exemplo de herança:

a) ligada ao sexo.
b) polialélica.
c) quantitativa.
d) citoplasmática.
e) pleiotrópica.

7. (UFAC) Com base no conhecimento sobre os processos genéticos, identifique, entre as palavras listadas nos retângulos, aquela que corresponde aos fenômenos descritos nas assertivas a seguir e circule-as.

a) Suponha o indivíduo diíbrido *AaBb* cujas células germinativas entraram no processo de meiose e originarão quatro tipos de gametas, cada tipo na proporção de 25%.

| segregação independente | ligação gênica | genes ligados |

b) Um único par de alelos de uma espécie de mamífero é responsável pela manifestação do formato das orelhas e pelo comprimento do pelo.

| interação gênica | pleiotropia | herança poligênica |

d) Uma determinada doença é manifestada por alelos recessivos. Um casal em que ambos são portadores dessa doença teve todos os filhos, de ambos os sexos, portadores.

| herança ligada ao sexo | herança autossômica | codominância |

c) Cruzou-se uma variedade de grãos brancos com outra variedade de grãos vermelhos. Após o cruzamento entre si dos indivíduos da geração F_2, obtiveram-se grãos brancos, grãos de cores intermediárias e grãos vermelhos.

| herança quantitativa | interação epitásica | hipostasia |

e) Em uma determinada anomalia fenotípica, a população afetada apresenta diferentes intensidades de manifestação do fenótipo, o que pode depender de outros genes ou de outros fatores que influenciam nessa intensidade de manifestação.

| ausência de dominância | penetrância gênica | expressividade gênica |

8. (UCS – RS) Um agricultor verificou que havia muita perda em sua lavoura de trigo, pois o vento derrubava várias plantas. Um vizinho o aconselhou a produzir sementes que dessem origem a plantas com entrenós mais próximos, dificultando a ação do vento. Então, o agricultor decidiu fazer os seguintes cruzamentos:

CRUZAMENTO 1 (AABB = planta com entrenós de 3 cm e alta produtividade / aabb = planta com entrenós de 1 cm e baixa produtividade) → F_1 = 100% **AaBb = 2 cm**

CRUZAMENTO 2 OU AUTOCRUZAMENTO (F_2 = AaBb × AaBb) →

aabb = 1 cm
Aabb ou aaBb = 1,5 cm
AAbb ou AaBb ou aaBB = 2 cm
AABb ou AaBB = 2,5 cm
AABB = 3 cm

Com essa estratégia, o agricultor não atingiu seus objetivos, pois as plantas produzidas apresentaram fenótipos distintos. Assinale a alternativa cujo gráfico representa corretamente a frequência dos fenótipos da F_2.

a)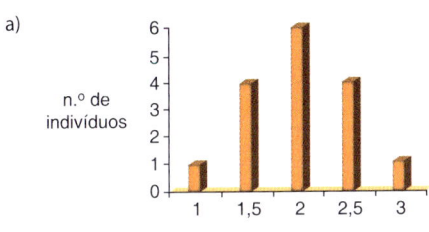

d)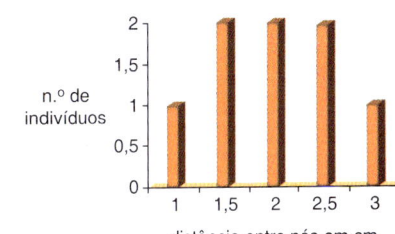

b)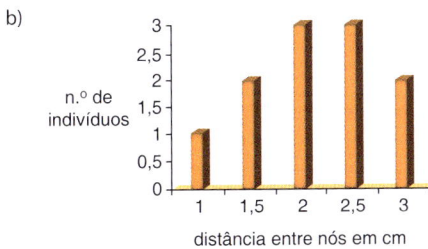

e)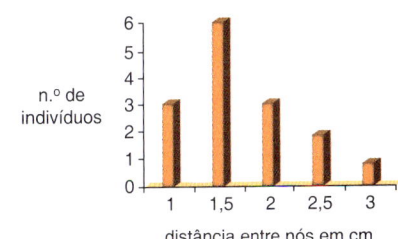

c)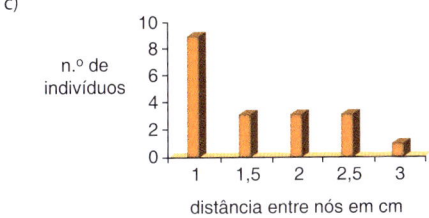

9. (UFAM) Assinale a alternativa **INCORRETA**.
a) Pleiotropia ocorre quando um único par de genes alelos determina, simultaneamente, diversos efeitos fenotípicos em um mesmo indivíduo.
b) As diferentes cores na pelagem dos coelhos é um exemplo de polialelia.
c) Quando um gene de determinado par inibe a ação de genes de outro par não alelo dá-se o nome de interação gênica por epistasia.
d) Na herança gênica quantitativa dois ou mais pares de genes atuam sobre o mesmo caráter; a adição de seus efeitos produz diversas intensidades fenotípicas.
e) Os alelos múltiplos condicionam um caráter que, invariavelmente, irá conduzir à morte do indivíduo.

10. (UNESP) A altura de certa espécie de planta é determinada por dois pares de genes, A e B, e seus respectivos alelos, a e b. Os alelos A e B apresentam efeito aditivo e, quando presentes, cada alelo acrescenta à planta 0,15 m. Verificou-se que plantas dessa espécie variam de 1,00 m a 1,60 m de altura.

Cruzando-se plantas AaBB com aabb pode-se prever que, entre os descendentes,

a) 100% terão 1,30 m de altura.
b) 75% terão 1,30 m e 25% terão 1,45 m de altura.
c) 25% terão 1,00 m e 75% terão 1,60 m de altura.
d) 50% terão 1,15 m e 50% terão 1,30 m de altura.
e) 25% terão 1,15 m, 25% 1,30 m, 25% 1,45 m e 25% 1,60 m de altura.

11. (UNESP) A respeito das mutações gênicas, foram apresentadas as cinco afirmações a seguir.

I – As mutações podem ocorrer tanto em células somáticas como em células germinativas.
II – Somente as mutações ocorridas em células somáticas poderão produzir alterações transmitidas à sua descendência, independente do seu sistema reprodutivo.
III – Apenas as mutações que atingem as células germinativas da espécie humana podem ser transmitidas aos descendentes.
IV – As mutações não podem ser espontâneas, mas apenas causadas por fatores mutagênicos, tais como agentes químicos e físicos.
V – As mutações são fatores importantes na promoção da variabilidade genética e para a evolução das espécies.

Assinale a alternativa que contém todas as afirmações corretas.

a) I, II e III.
b) I, III e V.
c) I, IV e V.
d) II, III e IV.
e) II, III e V.

12. (UnB – DF) O destino e as consequências das mutações são bastante variáveis e dependem de uma série de fatores intrínsecos ao processo. Com relação a esse assunto e suas implicações, julgue os itens de **A** a **C**.

a) Uma mutação em uma célula epidérmica do caule de uma gimnosperma em decorrência de exposição a agentes mutagênicos ambientais não será transmitida à prole do portador da mutação.
b) Se uma mutação do tipo deleção de uma base nitrogenada tiver ocorrido na região codificadora de um gene, ele não será transcrito.
c) Uma mutação, em uma célula epitelial da pele de um anfíbio, decorrente de exposição a agentes mutagênicos ambientais não será transmitida à prole do portador da mutação.

13. (MACKENZIE – SP) Uma das causas possíveis de abortamentos espontâneos são as aneuploidias. A respeito de aneuploidias, assinale a alternativa correta.

a) São alterações nas quais a ploidia das células se apresenta alterada.
b) Sempre são causadas por erros na meiose, durante a gametogênese, não sendo possível sua ocorrência após a fecundação.
c) Há casos em que um indivíduo aneuploide pode sobreviver.
d) Em todos os casos, o indivíduo apresenta cromossomos a mais.
e) A exposição a radiações não constitui fator de risco para a ocorrência desse tipo de situação.

14. (PUC – SP) O esquema abaixo mostra a fecundação de um óvulo cromossomicamente anormal por um espermatozoide cromossomicamente normal. O zigoto resultante originou uma criança do sexo feminino com uma trissomia e daltonismo, pois apresenta três genes recessivos (d), cada um deles localizado em um cromossomo X.

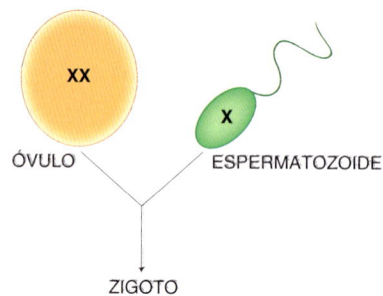

A criança em questão tem

a) 46 cromossomos (2n = 46) e seus progenitores são daltônicos.
b) 46 cromossomos (2n = 46); seu pai é daltônico e sua mãe tem visão normal para as cores.
c) 47 cromossomos (2n = 47) e seus progenitores são daltônicos.
d) 47 cromossomos (2n = 47); seu pai é daltônico e sua mãe pode ou não ser daltônica.
e) 47 cromossomos (2n = 47); seu pai tem visão normal para as cores e sua mãe é daltônica.

15. (UNEMAT – MT) Em uma espécie animal, os indivíduos normais apresentam o conjunto cromossômico 2n = 8. A análise citogênica de um indivíduo revelou o cariótipo esquematizado abaixo.

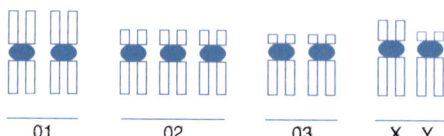

Considerando os dados acima, pode-se afirmar que o indivíduo é:

a) trissômico.
b) haploide.
c) triploide.
d) monossômico.
e) tetraploide.

16. (UFF – RJ) Alguns indivíduos podem apresentar características específicas de síndrome de Down sem o comprometimento do sistema nervoso. Esse fato se deve à presença de tecidos mosaicos, ou seja, tecidos que apresentam células com um número normal de cromossomos e outras células com um cromossomo a mais em um dos pares (trissomia). Este fato é devido a uma falha no mecanismo de divisão celular, denominada de não disjunção.

Assinale a alternativa que identifica a fase da divisão celular em que esta falha ocorreu.

a) anáfase II da meiose
b) anáfase I da meiose
c) anáfase da mitose
d) metáfase da mitose
e) metáfase II da meiose

17. (UFBA) O esquema abaixo representa cromossomos pareados na meiose, evidenciado uma alteração denominada:

a) adição.
b) inversão.
c) deficiência.
d) duplicação.
e) translocação.

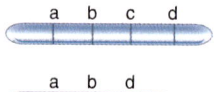

18. (PUC – RS) Supondo que ocorra um evento genético raro em que dois cromossomos não homólogos, de uma mesma célula, quebrem-se e voltem a se soldar, porém com os segmentos trocados, estaríamos verificando a ocorrência de:

a) crossing-over.   c) translocação.   e) deleção.
b) duplicação.   d) inversão.

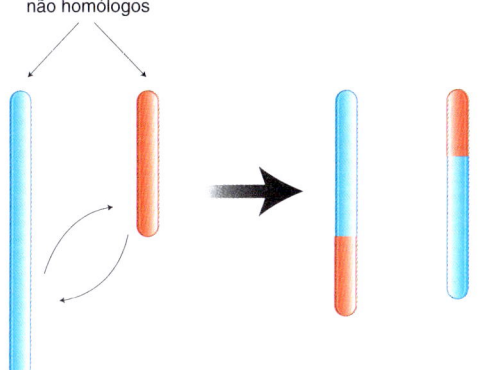

19. (UFAL) Considere o cromossomo esquematizado a seguir.

Assinale a alternativa que representa esse cromossomo após um rearranjo do tipo inversão.

a) a b c — d f g
b) a b c — e d f g
c) a b c — d e p o g
d) a b c — d e f l m
e) a b c — d e e f g

Questões dissertativas

1. (FUVEST – SP) As três cores de pelagem de cães labradores (preta, marrom e dourada) são condicionadas pela interação de dois genes autossômicos, cada um deles com dois alelos: *Ee* e *Bb*. Os cães homozigotos recessivos *ee* não depositam pigmentos nos pelos e apresentam, por isso, pelagem dourada. Já os cães com genótipos *EE* ou *Ee* apresentam pigmento nos pelos, que pode ser preto ou marrom, dependendo do outro gene: os cães homozigotos recessivos *bb* apresentam pelagem marrom, enquanto os com genótipos *BB* ou *Bb* apresentam pelagem preta.

Um labrador macho, com pelagem dourada, foi cruzado com uma fêmea preta e com uma fêmea marrom. Em ambos os cruzamentos, foram produzidos descendentes dourados, pretos e marrons.

a) Qual é o genótipo do macho dourado quanto aos dois genes mencionados?
b) Que tipos de gameta e em que proporção esse macho forma?
c) Qual é o genótipo da fêmea preta?
d) Qual é o genótipo da fêmea marrom?

2. (UnB – DF) A altura dos espécimes de uma determinada planta encontrada no cerrado varia entre 12 cm e 108 cm. Os responsáveis por essa variação são 3 pares de genes com segregação independente, que interferem igualmente na altura da planta. Determine a altura, em centímetros, esperada para a primeira geração de um cruzamento entre dois indivíduos com os genótipos *AABBCC* e *aabbCC*.

3. (FUVEST – SP) Suponha que na espermatogênese de um homem ocorra não disjunção dos cromossomos sexuais na primeira divisão da meiose, isto é, que os cromossomos X e Y migrem juntos para um mesmo polo da célula. Admitindo que a meiose continue normalmente,

a) qual será a constituição cromossômica dos espermatozoides formados nessa meiose, no que se refere aos cromossomos sexuais?
b) quais serão as possíveis constituições cromossômicas de crianças geradas pelos espermatozoides produzidos nessa meiose, no caso de eles fecundarem óvulos normais?

4. (UNICAMP – SP) A síndrome de Down, também chamada trissomia do cromossomo 21, afeta cerca de 0,2% dos recém-nascidos. A síndrome é causada pela presença de um cromossomo 21 a mais nas células dos afetados, isto é, em vez de dois cromossomos 21, a pessoa tem três. A trissomia do cromossomo 21 é originada durante as anáfases I ou II da meiose.

a) Quando ocorre a meiose? Cite um evento que só ocorre na meiose.
b) Explique os processos que ocorrem na anáfase I e na anáfase II que levam à formação de células com três cromossomos 21.

5. (UFRJ) A síndrome do triplo X, ou trissomia do X, afeta uma em cada mil mulheres aproximadamente. Essa anomalia cromossômica se caracteriza pela presença de um cromossomo X a mais em suas células. No entanto, ao contrário das trissomias dos autossomos que causam várias alterações fenotípicas, muitas mulheres com três cromossomos X são aparentemente normais.

Identifique o processo celular específico dos cromossomos X responsável pela ausência de características negativas nas mulheres com trissomia do X.

6. (UNICAMP – SP) Os animais podem sofrer mutações gênicas, que são alterações na sequência de bases nitrogenadas do DNA. As mutações podem ser espontâneas, como resultado de funções celulares normais, ou induzidas, pela ação de agentes mutagênicos, como os raios X. As mutações são consideradas importantes fatores evolutivos.

a) Como as mutações gênicas estão relacionadas com a evolução biológica?
b) Os especialistas afirmam que se deve evitar a excessiva exposição de crianças e de jovens em fase reprodutiva aos raios X, por seu possível efeito sobre os descendentes. Explique por quê.

Programas de avaliação seriada

1. (PSS – UFAL) Correlacione as síndromes genéticas humanas, citadas abaixo, com as suas respectivas características, descritas a seguir:

1) síndrome de Down
2) síndrome de Supermacho
3) síndrome de Klinefelter
4) síndrome de Superfêmea

( ) Indivíduos do sexo feminino com cromossomo X adicional (44 + XXX). Apresentam fenótipo normal e são férteis, mas podem desenvolver retardamento mental.
( ) Indivíduos com trissomia do cromossomo 21 (45 + XX ou XY). Apresentam olhos amendoados, dedos curtos, língua protrusa e retardo mental variado.
( ) Indivíduos do sexo masculino com cromossomo X adicional (44 + XXY). Desenvolvem hipogonadismo e infertilidade.
( ) Indivíduos com cromossomo Y adicional (44 + XYY). Apresentam taxa de testosterona aumentada, inclinação antissocial e aumento de agressividade.

A sequência correta é:

a) 1, 2, 3 e 4.
b) 2, 1, 4 e 3.
c) 3, 2, 4 e 1.
d) 2, 3, 1 e 4.
e) 4, 1, 3 e 2.

2. (PSS – UFAL) Em galináceos, foram observados quatro tipos de cristas: rosa, ervilha, simples e noz. Quando as aves homozigóticas de crista rosa foram cruzadas com aves de crista simples, foram obtidos 75% de aves com crista rosa e apenas 25% com crista simples. Do cruzamento de aves homozigóticas de crista ervilha com aves de crista simples foram obtidos 75% de aves com crista ervilha e apenas 25% com crista simples. Quando aves homozigóticas de crista rosa foram cruzadas com aves homozigóticas de crista ervilha, todos os descendentes F1 apresentaram um novo tipo de crista, o tipo noz. Na F2, produzida a partir do cruzamento de indivíduos F1, foi observado que, para cada 16 descendentes, nove apresentavam crista noz; três, crista rosa; três, crista ervilha e apenas um apresentava crista simples. Esses dados indicam que, na herança da forma da crista nessas aves, tem-se um caso de:

a) pleiotropia, em que quatro alelos de um loco estão envolvidos.
b) interação gênica entre alelos de dois locos distintos.
c) epistasia dominante e recessiva.
d) herança quantitativa.
e) alelos múltiplos.

3. (PSS – UFPA) A síndrome que pode afetar tanto indivíduos do sexo masculino quanto do sexo feminino e que é ocasionada, comumente, pela formação de gametas femininos (óvulos) com dois cromossomos 21 é a

a) síndrome de Klinefelter.
b) síndrome de Turner.
c) síndrome da distrofia muscular.
d) síndrome do raquitismo.
e) síndrome de Down.

4. (PEIES – UFSM – RS) As anomalias genéticas conhecidas como síndrome de Klinefelter e Turner têm algo em comum. Isso se deve ao fato de que Klinefelter é XXY e Turner é X0, significando que as duas síndromes

a) constituem casos de herança dominante ligada ao sexo.
b) representam casos de alterações cromossômicas estruturais.
c) representam casos de aneuploidia.
d) apresentam somente suas células reprodutivas com essa organização cromossômica.
e) são obrigatoriamente decorrentes de não disjunção de cromossomos durante a meiose paterna.

5. (PSIU – UFPI) A síndrome de Turner e a síndrome de Klinefelter são anomalias relacionadas aos cromossomos sexuais na espécie humana. Relacione as síndromes com suas respectivas caracterizações nos portadores:

(a) síndrome de Turner
(b) síndrome de Klinefelter

( ) Cariótipo 2AXXY.
( ) Sexo feminino, baixa estatura, pescoço muito curto e largo.
( ) Cariótipo 2AX0.
( ) Apresenta aspecto masculino, esterilidade, braços e pernas muito longos e pouco pelo no corpo.

Assinale a afirmativa que contém a sequência correta.

a) b, a, a, b.
b) a, a, b, b.
c) b, b, a, a.
d) a, b, b, a.
e) a, b, a, b.

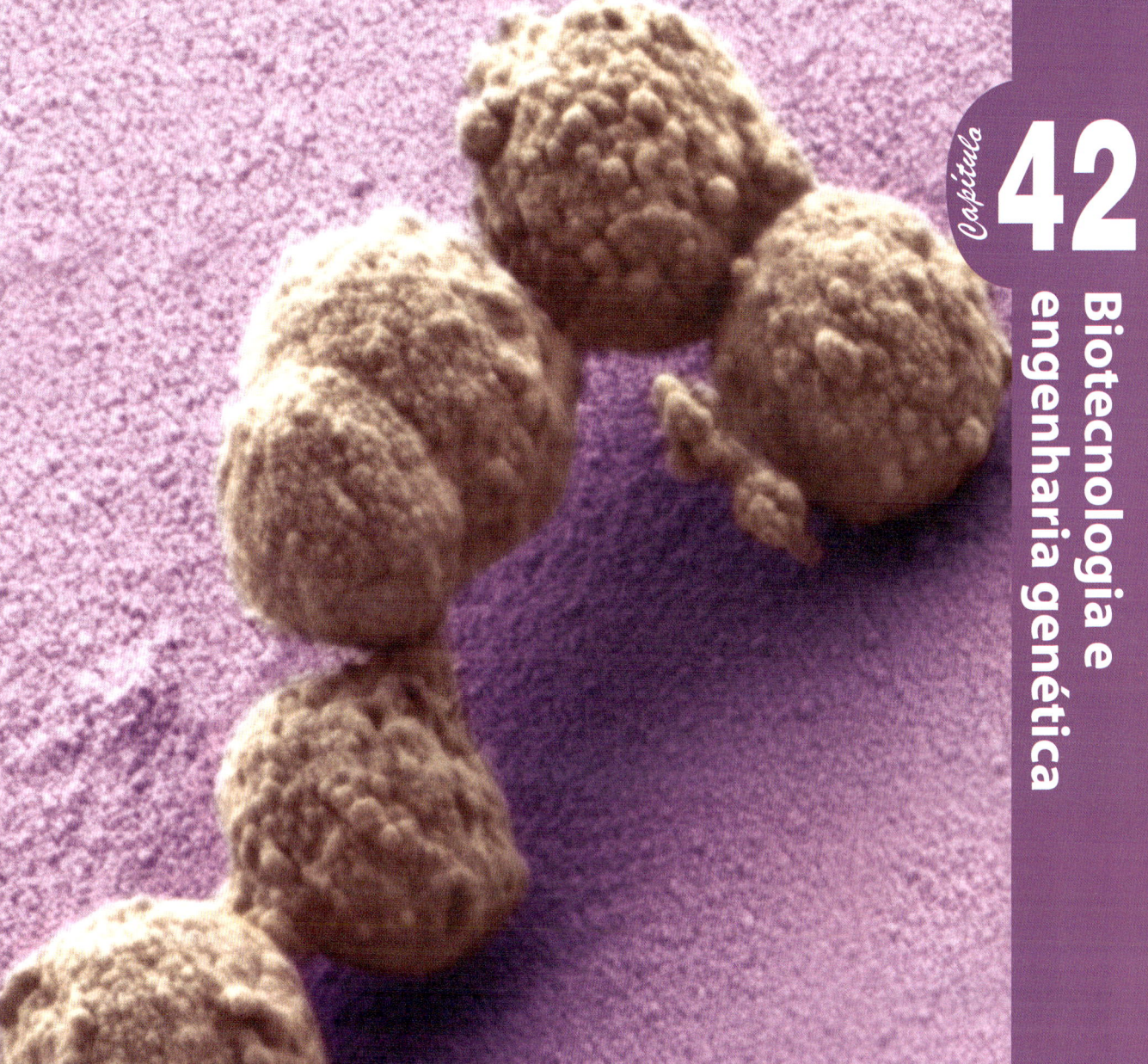

Capítulo 42 — Biotecnologia e engenharia genética

Bactérias sintéticas: um marco para a ciência

Cientistas americanos dizem ter desenvolvido a primeira célula controlada por um genoma sintético. Os especialistas esperam que a técnica possa criar bactérias programadas para resolver problemas ambientais e energéticos, entre outros fins.

O estudo foi publicado em 2010 na edição *online* da revista científica *Science*. Para alguns especialistas, ele representa o início de uma nova era na biologia sintética e, possivelmente, na biotecnologia.

A equipe de pesquisadores já havia conseguido sintetizar quimicamente o genoma de uma bactéria. Eles também haviam feito um transplante de genoma de uma bactéria para outra. Agora, os especialistas juntaram as duas técnicas para criar o que chamaram de "célula sintética", embora apenas o genoma da célula seja sintético – ou seja, a célula que recebe o genoma é uma célula natural, não sintetizada pelo homem.

Os pesquisadores planejam, por exemplo, criar algas que absorvam dióxido de carbono e criem novos hidrocarbonetos. Eles também estão procurando formas de acelerar a fabricação de vacinas. Outros possíveis usos da técnica seriam a criação de novas substâncias químicas, ingredientes para alimentos e métodos para limpeza de água.

Neste capítulo, você irá aprender sobre o fascinante mundo da engenharia genética e da biotecnologia, que envolvem temas como, por exemplo, alimentos transgênicos, terapia gênica e manipulação genética de organismos.

Adaptado de: <http://www.bbc.co.uk/portuguese/noticias/2010/05/100520_bacteria_genoma_sintetico_mv.shtml>.
Acesso em: 8 ago. 2011.

São inúmeras as novidades decorrentes da introdução de genes estranhos no genoma de animais e vegetais, levando à produção dos chamados organismos geneticamente modificados – seres **transgênicos**. Algumas dessas novidades são favoráveis aos organismos, como, por exemplo, a introdução por meio da engenharia genética de genes de bactérias em determinadas plantas, o que lhes confere maior resistência às pragas da lavoura.

MELHORAMENTO GENÉTICO E SELEÇÃO ARTIFICIAL

Há séculos o homem utiliza a prática de **melhoramento** genético para aperfeiçoar espécies animais e vegetais de interesse. Tudo começou quando o homem passou a realizar cruzamentos, seguidos de **seleção artificial**, das variedades que mais lhe interessavam. Esse procedimento originou inúmeras raças de animais e variedades vegetais que, hoje, fazem parte de nosso dia a dia. Cavalos e jumentos são cruzados para produzir híbridos – mulas e burros – utilizados para serviços de tração; o gado leiteiro e o de corte são hoje muito mais produtivos que os de antigamente; plantas como milho, feijão e soja produzem atualmente grãos de excelente valor nutritivo.

Para preservar as qualidades das inúmeras variedades vegetais obtidas em cruzamentos, o homem aprendeu a fazer a **propagação vegetativa**, processo executado principalmente a partir do plantio de pedaços de caule (*estaquia*) ou de enxertos (*enxertia*) das plantas de boa qualidade. Bons exemplos desses processos são a estaquia, atualmente praticada pelo Instituto Florestal de São Paulo, de pedaços de galhos de eucalipto na propagação de variedades produtoras de madeira de excelente qualidade para a construção de casas, e a enxertia de inúmeras variedades de laranja, entre elas a laranja-da-baía, também conhecida como laranja-de-umbigo.

São inúmeros os programas de melhoramento genético, muitos deles associados a fruticultura, gado de corte, fármacos, cana-de-açúcar e grãos. As pesquisas buscam oferecer ao mercado consumidor produtos mais resistentes a pragas, ou de melhor qualidade, ou ainda a possibilidade de, no caso dos tomates, por exemplo, uma colheita mecanizada, aliada a maior resistência do produto durante o transporte. À esquerda na foto, tomates comuns. À direita, a mesma espécie geneticamente modificada apresenta resistência ao transporte e armazenamento. Esse tipo de tomate foi o primeiro produto geneticamente modificado à venda no mercado (1994, EUA).

Pés de laranja-da-baía são produzidos apenas pela propagação vegetativa, por enxertia; nessa variedade de laranja, os frutos não possuem sementes.

Variedades de milho híbrido. Do cruzamento de variedades puras obtêm-se plantas de milho que, cruzadas entre si, originam o milho híbrido. A alta taxa de heterozigose é responsável pela elevada produção de grãos e pelo grande tamanho da espiga de milho híbrido.

Heterozigose ou Vigor do Híbrido

No começo do século, cientistas verificaram que *híbridos* de plantas resultantes do cruzamento de variedades puras eram muito mais *vigorosos* e *produtivos*. Esse efeito, conhecido como **heterose** ou **vigor do híbrido**, é utilizado nos cruzamentos de variedades puras de milho, levando à formação de híbridos produtores de espigas maiores e de melhor qualidade.

O vigor dos híbridos é resultante do acúmulo de genes em heterozigose, o que confere vantagens como maior resistência a pragas e maior produção de grãos. Acredita-se que nas populações naturais a heterose seja um dos mais importantes mecanismos genéticos de geração de variabilidade, essencial para a sobrevivência das espécies.

A DIFERENÇA ENTRE BIOTECNOLOGIA E ENGENHARIA GENÉTICA

Vimos que, desde os tempos antigos, o homem aprendeu, por meio da observação e da experimentação, a praticar o melhoramento de espécies animais e vegetais que apresentassem algum interesse econômico, alimentar ou medicinal. Essas bases deram início a uma tecnologia conhecida por **biotecnologia**, que pode ser definida como o conjunto de técnicas que utilizam organismos vivos ou partes deles para a produção de produtos ou processos para usos específicos. Analisando a definição, podemos pensar que a Biotecnologia já é praticada pelo homem há milhares de anos, quando ele aprendeu a utilizar, por exemplo, microrganismos fermentadores para a produção de pães, iogurtes e vinhos.

Depois do conhecimento da estrutura do DNA, na década de 1950, e do entendimento de seu processo de duplicação e da sua participação na produção de proteínas, surgiu uma vertente da biotecnologia conhecida como **engenharia genética**, que, por meio de técnicas de manipulação do DNA, permite a seleção e modificação de organismos vivos, com a finalidade de obter produtos úteis ao homem e ao meio ambiente.

A MANIPULAÇÃO DOS GENES

Com a elucidação da estrutura da molécula de DNA por Watson e Crick, em 1953, e o reconhecimento de que ela era o principal constituinte dos *genes*, o grande desafio para os cientistas consistia em fazer uma análise detalhada da sua composição nos diversos seres vivos. Sabia-se, também, que as bases nitrogenadas *adenina*, *timina*, *citosina* e *guanina*, componentes dos nucleotídeos, guardavam relação com o processo do código genético que comandava a produção de proteínas. Mas várias dúvidas ainda perturbavam os cientistas: onde começa e onde termina um gene? qual sua sequência de nucleotídeos? quantos genes existem em cada espécie de ser vivo?

A procura por respostas a essas perguntas gerou um intenso trabalho de pesquisa e originou um dos ramos mais promissores e espetaculares da Biologia atual: a engenharia genética. A manipulação dos genes, decorrente das pesquisas, conduziu à necessidade de compreender o significado de novos conceitos relacionados a essa área. Entre esses conceitos, estão os de *enzimas de restrição, sítios-alvo, eletroforese em gel, tecnologia do DNA recombinante, técnica do PCR, biblioteca de DNA, sondas, fingerprint* etc., que serão descritos ao longo deste capítulo. Uma pergunta que você poderia fazer é: por que eu devo conhecer todos esses conceitos e qual a utilidade deles para a minha vida? São comuns, hoje, na imprensa, os relatos da produção de seres transgênicos, de reconstituição de populações de animais em vias de extinção e da pesquisa de paternidade. A cura de doenças e a produção de medicamentos e vacinas são eventos corriqueiros que recorrem aos conhecimentos modernos da genética molecular. A expectativa de todos nós é que esses conhecimentos contribuam para a melhoria do bem-estar da humanidade.

Enzimas de Restrição: As Tesouras Moleculares

A partir da década de 1970, ficou mais fácil analisar a molécula de DNA com o isolamento das **enzimas de restrição** – também chamadas de *endonucleases de restrição*.

São enzimas normalmente produzidas por bactérias e que possuem a propriedade de defendê-las de vírus invasores. Essas substâncias "picotam" a molécula de DNA sempre em determinados pontos, levando à produção de fragmentos contendo pontas adesivas, que podem se ligar a outras pontas de moléculas de DNA que tenham sido cortadas com a mesma enzima.

Uma das primeiras enzimas de restrição a ser isolada foi a EcoRI, produzida pela bactéria *Escherichia coli*. Essa enzima reconhece apenas a sequência GAATTC e atua sempre entre o G e o primeiro A. O local do "corte", o local de ação de uma enzima, é conhecido como **sítio-alvo**. Você pode perguntar por que essa enzima não atua no DNA da própria bactéria? Isso não ocorre devido à existência de outras enzimas protetoras, que impedem a ação da enzima de restrição no material genético da bactéria (veja a Figura 42-1).

> Enzima de restrição atua na fragmentação de moléculas de DNA sempre em determinados pontos, conhecidos como sítios-alvos, levando à produção de fragmentos contendo pontas adesivas. Atuam como verdadeiras tesouras moleculares.

Lembre-se de que, até o momento, com exceção das bactérias não se conhece *nenhum outro ser vivo* que produza enzimas de restrição.

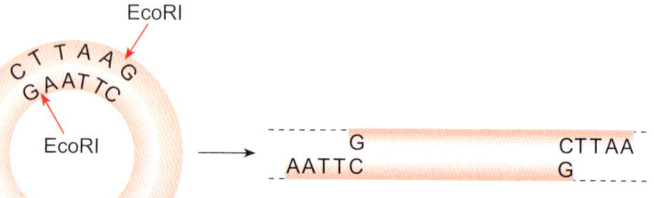

Figura 42-1. A enzima de restrição EcoRI corta a molécula de DNA sempre no mesmo ponto: entre o G e o A da sequência GAATTC.

Outra característica marcante do material genético dos seres vivos é que os mesmos sítios-alvos se repetem ao longo da molécula de DNA, o que permite que essa molécula seja cortada em vários pedaços de tamanhos diferentes, dependendo da quantidade de sítios (veja a Figura 42-2).

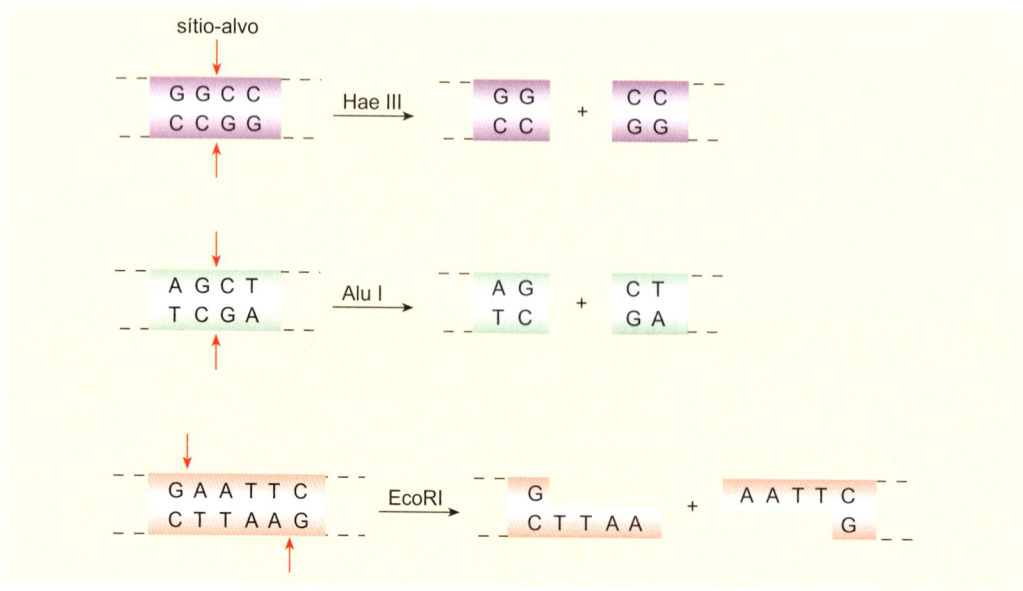

Figura 42-2. Cada enzima de restrição quebra a molécula de DNA sempre em determinado ponto da molécula.

Eletroforese em Gel e a Separação dos Fragmentos de DNA

Como vimos no item anterior, os fragmentos de DNA formados com a ação das enzimas de restrição possuem tamanhos diferentes. Para separá-los, e assim efetuar uma análise individual deles, usamos a técnica de **eletroforese em gel**.

Cada amostra contendo fragmentos de moléculas de DNA é colocada sobre um gel de agarose (substância proveniente de alga vermelha), uma ao lado da outra, em uma mesma linha imaginária. Sabe-se que a molécula de DNA possui carga elétrica negativa e, ao ser submetida a um campo elétrico, migra em direção ao eletrodo positivo (veja a Figura 42-3).

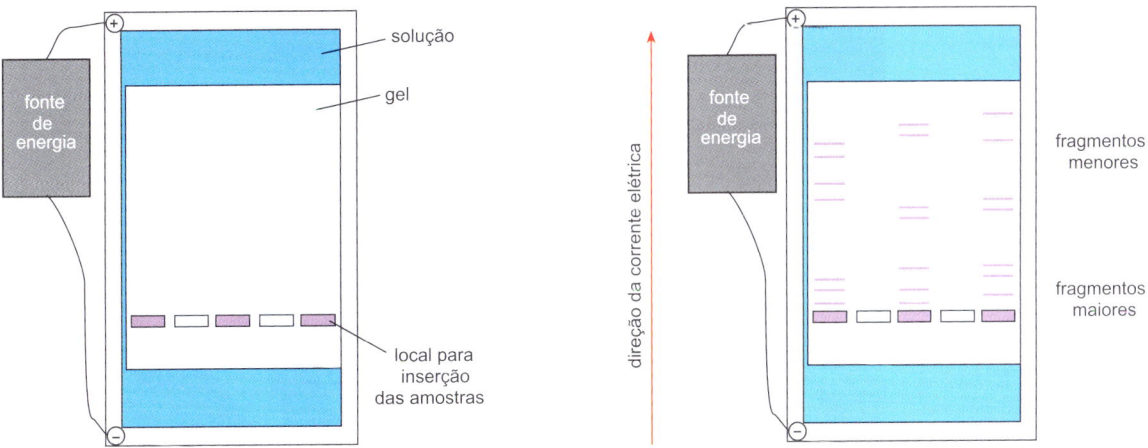

Figura 42-3. Na eletroforese em gel, fragmentos maiores movem-se mais lentamente que os menores, separando-se, desse modo, os pedaços de DNA, que possuem diferentes tamanhos.

Após a separação dos fragmentos moleculares de DNA surge um problema: como visualizá-los? Para isso, basta mergulhá-los em um corante, o brometo de etídio, que possui afinidade pelo DNA e fluoresce (fica visível) vivamente em contato com a luz ultravioleta. Dessa forma, pode-se localizar as bandas que correspondem ao DNA.

Outro método utilizado para visualizar as bandas de DNA é o da autorradiografia. Nele, antes de começar todo o processo, os fragmentos de DNA são marcados com radioisótopo P^{32} ou com um corante luminescente. Ao final do processo, o material sensibiliza um filme fotográfico colocado sobre o gel e, ao ser revelado, mostra a posição de todas as bandas.

Para visualizar os fragmentos de DNA separados, cora-se o material com brometo de etídio, que fluoresce sob luz ultravioleta, revelando as bandas de DNA.

A Multiplicação dos Fragmentos de DNA

Ocorrendo a fragmentação da molécula de DNA com o uso das enzimas de restrição e o seu reconhecimento pela técnica de eletroforese em gel, o próximo passo para **multiplicar (clonar)** os fragmentos obtidos é submetê-los à *tecnologia do* **DNA recombinante** ou, mais recentemente, ao emprego da **técnica do PCR** (*reação em cadeia da polimerase*).

Saiba mais

Dolly: a clonagem de um mamífero

No começo de 1997, um pequeno artigo na revista *Nature* virou manchete por todo o mundo. Dr. Ian Wilmut e seus associados do Rosin Institute, em Edimburgo, Escócia, fizeram o que muitos cientistas acreditavam impossível: a clonagem de um mamífero (uma ovelha, chamada Dolly), usando um núcleo retirado de célula de um tecido adulto.

Os pesquisadores já haviam descoberto que o núcleo de uma célula nas primeiras fases de seu desenvolvimento embrionário, antes de diferenciar-se, podia ser usado para substituir o núcleo de um óvulo. O núcleo dessa célula embrionária direcionaria o desenvolvimento de um novo indivíduo, sem a necessidade de fusão do óvulo com um espermatozoide.

As implicações da pesquisa que gerou Dolly foram impressionantes. (Embora tenham sido feitas 277 tentativas antes de se conseguir o nascimento da ovelha, a técnica é relativamente simples.) Os cientistas conseguiram provar que genes inativos por um longo período de tempo em células adultas especializadas podem se tornar funcionais de novo. Talvez neurônios de regiões afetadas pelo mal de Parkinson possam se dividir, substituindo os que foram danificados. Talvez mais genes para a produção de glóbulos vermelhos possam ser trocados em um paciente anêmico.

Dr. Ian Wilmut e Dolly, o primeiro mamífero clonado.

Quando Dolly foi clonada em 1997, a partir de genes de uma ovelha de 6 anos de idade, os pesquisadores se perguntavam como seria seu processo de envelhecimento e se sua vida seria mais curta do que a de outras ovelhas. Em 1999 já se constatava seu envelhecimento acelerado – a idade de seus cromossomos não era de 3 anos, mas de 9 anos. Em 14 de fevereiro de 2003, Dolly foi sacrificada, aos 6 anos de idade, por sofrer de uma doença pulmonar incurável. Apesar de Ian Wilmut afirmar que a doença de Dolly nada tinha a ver com a clonagem, esse animal – apesar da aparência exterior completamente normal – nasceu com anomalias cromossômicas.

Saiba mais

As bibliotecas de DNA

Um dos objetivos da engenharia genética é isolar determinados genes que interessem à pesquisa. Para alcançar essa meta, um passo fundamental foi construir uma **biblioteca de DNA**, ou seja, uma grande coleção de fragmentos de DNA clonados. Basicamente, há dois tipos de bibliotecas: a *genômica* e a *complementar*.

Na maioria dos seres eucarióticos, os genes constam de curtas sequências codificadoras ativas, os *exons*, interrompidas por sequências não ativas (não codificadoras) que constituem os *introns*, normalmente mais longas. Conclui-se, então, que a porção codificante de um gene, aquela que resultará em um produto, é apenas uma pequena parte do seu comprimento total. Na biblioteca *genômica*, os fragmentos de DNA incluem os exons e os introns.

Na biblioteca *complementar* (cDNA), temos apenas a parte ativa dos genes, os exons.

A tecnologia do DNA recombinante: as bactérias em ação

Para introdução, em uma célula, de um gene (por exemplo, humano) que se quer clonar é necessário seguir alguns passos. Simplificadamente, vamos conhecer esse processo por meio da Figura 42-4.

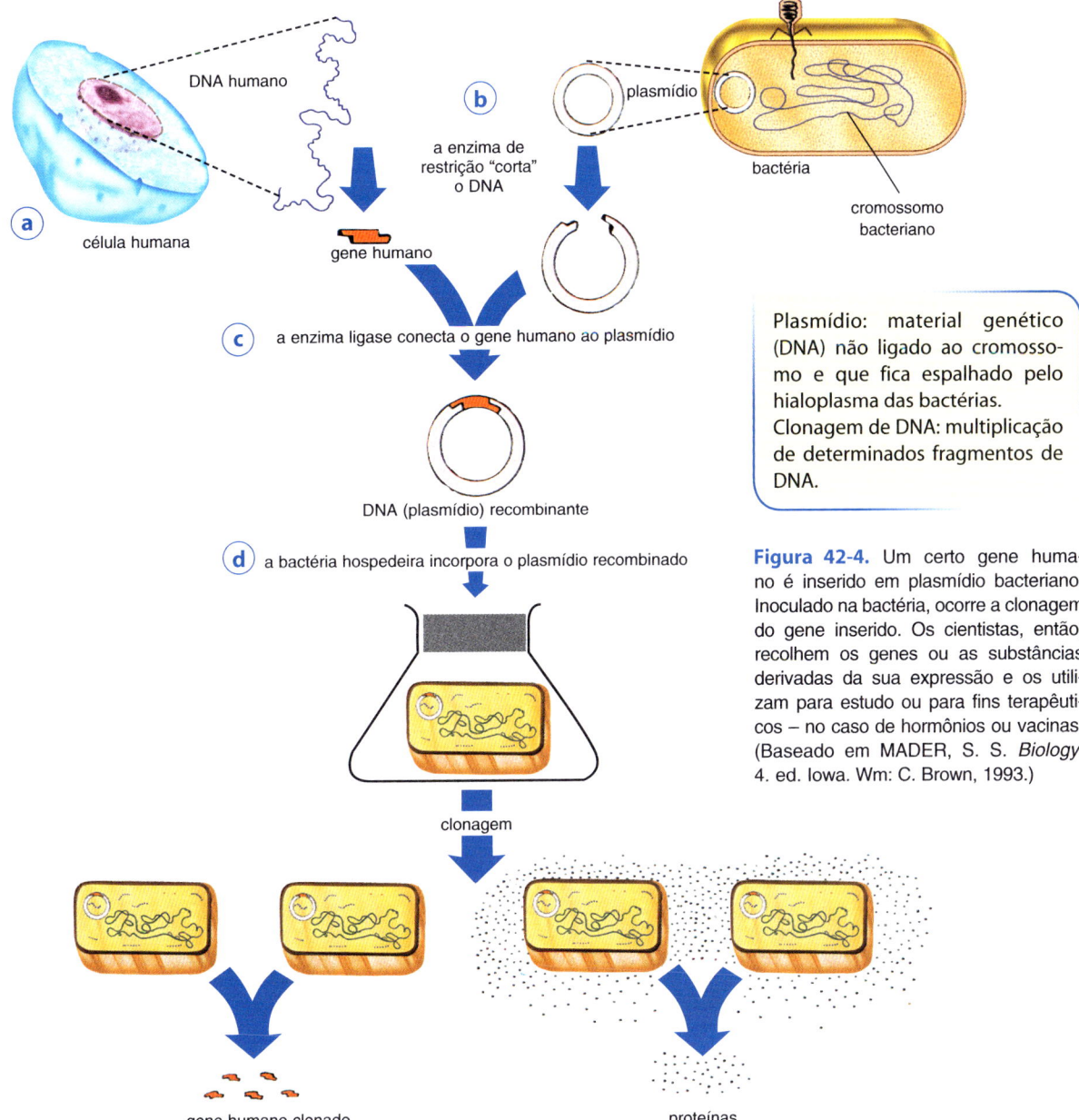

Figura 42-4. Um certo gene humano é inserido em plasmídio bacteriano. Inoculado na bactéria, ocorre a clonagem do gene inserido. Os cientistas, então, recolhem os genes ou as substâncias derivadas da sua expressão e os utilizam para estudo ou para fins terapêuticos – no caso de hormônios ou vacinas. (Baseado em MADER, S. S. *Biology*. 4. ed. Iowa. Wm: C. Brown, 1993.)

Plasmídio: material genético (DNA) não ligado ao cromossomo e que fica espalhado pelo hialoplasma das bactérias.
Clonagem de DNA: multiplicação de determinados fragmentos de DNA.

a. Primeiro, é preciso obter um fragmento de DNA bacteriano (plasmídio) no qual será inserido um fragmento de DNA humano (gene) que se deseja clonar.
b. Tanto o DNA bacteriano como o DNA humano precisam ser "cortados". Esse "corte" é efetuado pelas chamadas *enzimas de restrição*, presentes naturalmente em bactérias. Essas substâncias picotam o DNA sempre em *determinado sítio-alvo*, levando à produção de peças com pontas adesivas.
c. A seguir, o plasmídio é misturado com o fragmento de DNA humano que se deseja clonar. Lembre-se de que o fragmento de DNA possui pontas adesivas que são complementares às do plasmídio, uma vez que a mesma enzima de restrição foi usada para o corte dessas moléculas. Para a união do plasmídio com o fragmento de DNA a ser clonado, utilizam-se enzimas *ligases*, que "colam" o pedaço de DNA nas extremidades adesivas do plasmídio, produzindo o que chamamos de *DNA recombinante* (fragmento de DNA inserido no plasmídio bacteriano). Isso feito, o DNA recombinante é introduzido em uma bactéria hospedeira.
d. A bactéria hospedeira é colocada em um meio nutritivo seletivo – apenas aquelas que possuem o DNA recombinante crescem, formando colônias. Após muitas gerações de bactérias, os plasmídios são retirados e isolam-se os fragmentos de DNA clonados. Outra possibilidade é retirar apenas os produtos de expressão do fragmento de DNA clonado: muitas vezes ele se expressa orientando a síntese de determinada substância. Esta pode ser um hormônio – insulina ou hormônio do crescimento humano, por exemplo – ou uma proteína que, isolada, poderá servir para a confecção de uma vacina. A produção de vacina contra o vírus HIV, causador da AIDS, por essa via, é uma das esperanças da medicina para o controle dessa terrível moléstia.

A técnica do PCR: uma reação em cadeia

Na década de 1980, passou-se a utilizar a técnica do PCR – reação em cadeia da polimerase (do inglês, *polymerase chain reaction*) – para fazer milhares de cópias de um único pedaço de DNA. Essa técnica pode ser realizada em tubos de ensaio e é mais vantajosa que a da tecnologia do DNA recombinante por não necessitar da produção de um plasmídio recombinante nem de bactérias para clonar os fragmentos de DNA.

> **Desnaturação da molécula de DNA:** separação das duas fitas de DNA, por ruptura das pontes de hidrogênio, por meio de alta temperatura ou pH extremo.
>
> **Hibridização do DNA:** tendência dos filamentos de DNA a se unirem novamente, após o retorno das condições normais de temperatura ou pH. O mesmo que renaturação.

Submetendo-se uma molécula de DNA, originada de uma célula humana, a altas temperaturas (cerca de 90 °C) ou a pHs extremos, desfazem-se as pontes de hidrogênio que unem suas fitas, em um processo conhecido como *desnaturação*. Ao recolocar essas fitas em um ambiente em que a temperatura seja a normalmente existente no organismo humano, ou em pH normalmente existente na célula, as fitas tendem a se unir novamente, ou seja, ocorre uma *renaturação*, que também é conhecida pelo nome de *hibridização*. É evidente que, para ocorrer hibridização, é necessário que as duas fitas possuam sequências complementares de bases que permitam o pareamento (veja a Figura 42-5).

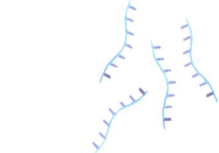

DNA submetido a alta temperatura ou valores extremos de pH

→ desnaturação do DNA →

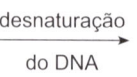

separam-se as fitas do DNA

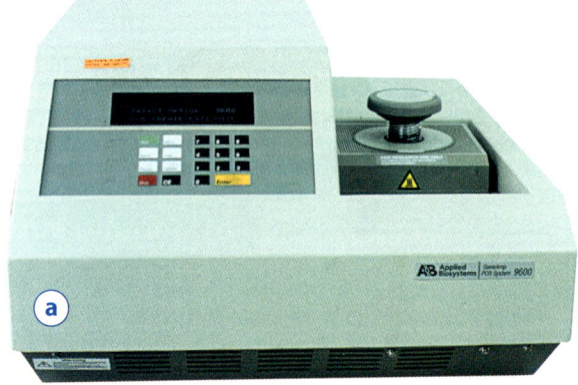

Figura 42-5. Sob altas temperaturas ou pHs extremos ocorre a separação das fitas de DNA. Em condições favoráveis novamente, ocorre a hibridização das fitas.

fitas de DNA submetidas a resfriamento ou baixo valor de pH

→ hibridização →

filamentos de DNA pareiam novamente

Saiba mais

Clonagem de DNA pela técnica do PCR

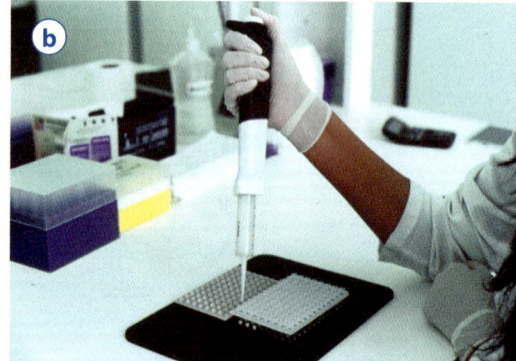

Para realizar a técnica do PCR, os seguintes passos devem ser observados:

a. Obtém-se uma amostra mínima de DNA.

b. Nucleotídeos de DNA deverão estar disponíveis para uso, juntamente com a DNA polimerase e uma pequena seqüência de cerca de vinte bases de DNA, conhecida como *primer* (iniciador).

c. Desnatura-se a molécula de DNA (a 90 °C) que se deseja clonar.

d. Cada fita simples do DNA que foi desnaturado serve de molde para síntese de novas cadeias complementares. Para isso, utiliza-se a DNA polimerase (72 °C), juntamente com o *primer* a 56 °C (sequência iniciadora), que desencadeia a hibridização das sequências complementares nas duas fitas de DNA separadamente.

e. O ciclo é então reiniciado, com nova sequência de desnaturação, atuação da DNA polimerase, do *primer*, hibridização etc., até que ocorra a produção de quatro moléculas de DNA de fita dupla. No terceiro ciclo, haverá a formação de oito moléculas de DNA, e assim sucessivamente, até a obtenção de milhares de moléculas componentes do DNA que se desejava clonar.

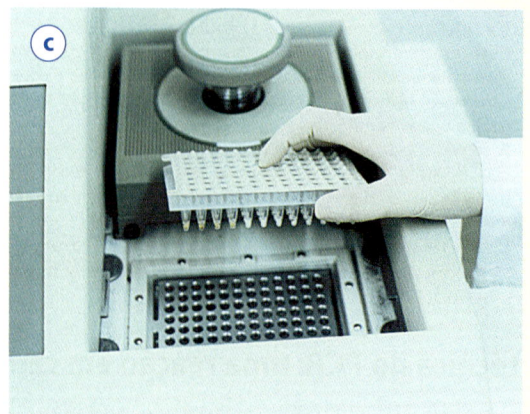

Atualmente, (a) máquinas apropriadas executam todas as etapas do PCR. Cabe aos técnicos colocar o material a ser analisado (b), com *primers*, nucleotídeos e DNA polimerase dentro da máquina (c). O PCR será feito pelo equipamento.

AS SONDAS DE DNA E A LOCALIZAÇÃO DE GENES

Tanto a biblioteca genômica quanto a complementar são constituídas de inúmeros fragmentos de DNA de fita simples, do mesmo modo que em uma biblioteca existem milhares de volumes de livros.

A procura de um livro, na biblioteca, depende do trabalho de uma bibliotecária que, ao conhecer a disposição dos livros nas prateleiras, vai com precisão ao encontro do volume solicitado. No caso da biblioteca genômica, qual o procedimento para se localizar determinado gene? Para a realização dessa tarefa, os cientistas utilizam as *sondas de DNA*, ferramentas corriqueiras nos laboratórios que manipulam o material genético.

Sondas de DNA são filamentos de fita simples de DNA marcados radioativamente ou por um corante luminescente. Sua sequência de bases nitrogenadas é conhecida e corresponde a determinado gene ou parte dele. Misturando-se uma sonda de sequência conhecida de nucleotídeos com fragmentos de DNA de fita simples, ela deverá "pescar", ou seja, hibridizar-se com algum dos fragmentos. Havendo o emparelhamento entre o DNA da sonda e determinado fragmento, é possível determinar a sequência de bases do DNA emparelhado, pois a sequência de bases da sonda é conhecida.

FINGERPRINT: A IMPRESSÃO DIGITAL DO DNA

Até bem pouco tempo, o estudo da herança dos grupos sanguíneos permitia esclarecer com razoável grau de certeza a exclusão da paternidade de determinada criança, ou seja, era possível dizer quem *não* era o pai de determinado recém-nascido. Atualmente, com os métodos de análise do DNA que você aprendeu neste capítulo, é possível resolver, com quase 100% de certeza, praticamente qualquer caso de identidade genética, a exemplo dos casos de paternidade duvidosa.

Cada ser humano possui uma composição genômica única, com exceção dos gêmeos univitelinos. Dizendo de outro modo, dois indivíduos até podem ter partes do material genético idêntico, porém, ao se fazer uma análise de todo o seu genoma, com certeza encontraremos diferenças. Por isso, a análise do DNA serve como uma verdadeira "impressão digital molecular", que é conhecida como *fingerprint do DNA* (do inglês, *fingerprint* = impressão digital).

Para a determinação do *fingerprint*, basta obter uma célula que possua o DNA intacto. Pode-se recorrer ao DNA das células da raiz de um fio de cabelo, células do sangue ou mesmo às que se encontram no esperma humano. A seguir, por meio da técnica do PCR, efetua-se a clonagem do DNA obtido.

VNTR: As Repetições que Auxiliam

Para a determinação da impressão digital molecular (*fingerprint*), os cientistas recorrem aos VNTRs (do inglês, *Variable Number of Tandem Repeats*), que são repetições de pequenas sequências de nucleotídeos (entre 15 e 20 bases nitrogenadas) em determinado gene.

O número de repetições dessas bases, em cada gene, é altamente variável na população humana, constituindo-se de 4 até 40 repetições, dependendo do indivíduo analisado. Assim, ao comparar cromossomos homólogos de diferentes pessoas, é pouco provável que o número de repetições seja o mesmo – daí utilizar-se do VNTR como sendo único para cada indivíduo, à semelhança da impressão digital (veja a Figura 42-6).

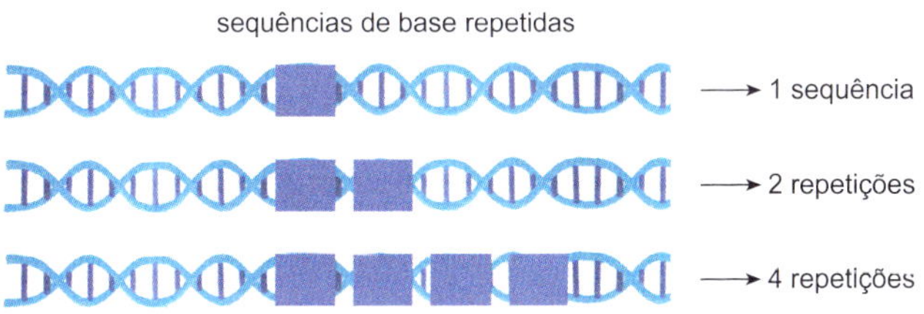

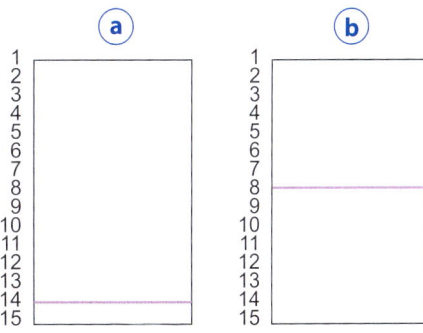

Figura 42-6. O número de repetições de sequências de bases nos genes é característico para cada indivíduo.

Por meio das técnicas já descritas, podem-se visualizar as repetições em uma eletroforese, já que, tendo tamanhos diferentes, os fragmentos repetidos percorrerão distâncias diferentes (veja a Figura 42-7).

Figura 42-7. Esquema ilustrativo de resultado de eletroforese em gel de cromossomos de dois indivíduos diferentes: (a) possui 14 repetições e (b), 8 repetições.

Exemplo de Utilização do *Fingerprint* na Pesquisa de Paternidade

Vejamos um exemplo de aplicação do *fingerprint* de DNA no esclarecimento de um caso de paternidade duvidosa.

Um casal tem 4 filhos. Anos depois do nascimento do último filho, suspeitou-se da ocorrência de troca de bebês na maternidade. Foi realizado o *fingerprint* dos pais e dos quatro filhos na tentativa de resolver o problema e obteve-se o seguinte resultado:

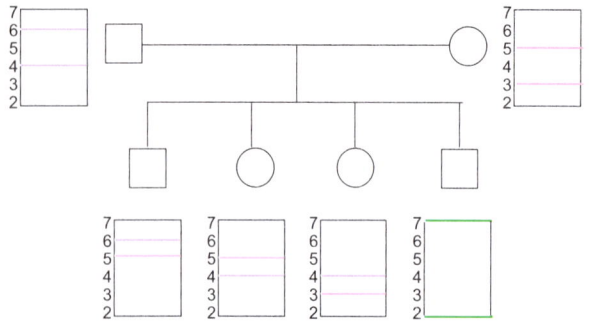

Analisando os VNTRs de determinado par de cromossomos homólogos do pai, nota-se a existência de 4 sequências repetidas em um dos cromossomos e 6 no outro. Com relação à mãe, temos um cromossomo com 3 sequências repetidas e, no homólogo, 5 repetições.

Ao fazer a análise dos *fingerprints* dos três primeiros filhos, contados da esquerda para a direita, nota-se que o primeiro tem 6 e 5 sequências (6 derivadas do pai e 5 da mãe); o segundo filho tem 5 e 4 sequências repetidas (4 provenientes do pai e 5 da mãe); o terceiro filho tem 4 e 3 sequências repetidas (4 que vieram do pai e 3 da mãe). O resultado permite concluir que, com relação aos três primeiros filhos, não houve troca de bebês na maternidade. A análise do *fingerprint* do quarto filho, porém, revela que ele possui 7 e 2 repetições. Esse resultado revela que o quarto filho não pertence ao casal, já que os pais não possuem esses VNTRs.

Saiba mais

Etapas para diagnóstico de inclusão/exclusão de paternidade

1. Inicialmente é feita a coleta do material a ser analisado, em geral sangue, coletado em tubo de ensaio especial, com anticoagulante, corretamente identificado. Em termos jurídicos, recebe o nome de amostra forense.

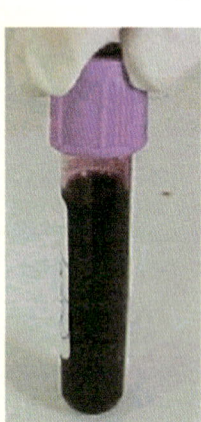

Sangue *in natura*.

2. Por meio de rotinas apropriadas, extrai-se o DNA da amostra.

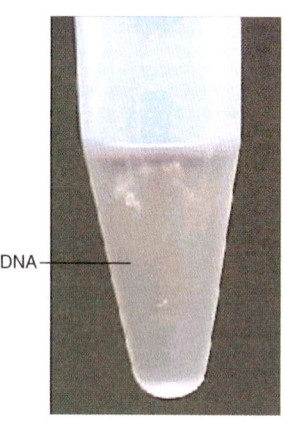

DNA

3. A amostra extraída precisa ser amplificada (clonada), em geral, em torno de 30 vezes, pela técnica do PCR. Todos os elementos necessários (*primer*, nucleotídeos de DNA, DNA polimerase etc.) são colocados em um tubo de ensaio e levados à máquina. A proposta é amplificar (clonar) somente os *loci* que serão usados como *fingerprint*. Como esses *loci* são conhecidos, é fácil conseguir somente a amplificação deles: basta colocar no tubo de ensaio os *primers* específicos para cada um dos *loci* desejados.

Máquina para PCR.

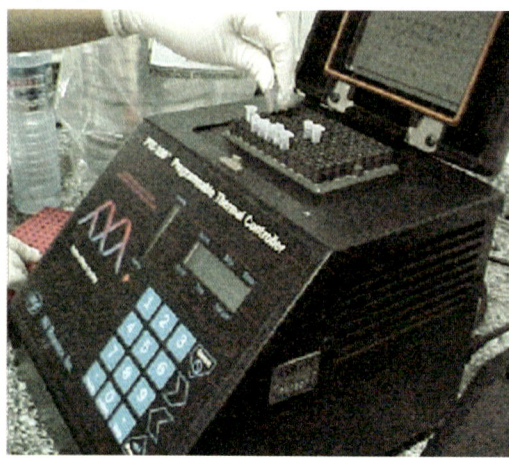

4. As amostras clonadas são coradas com brometo de etídio, que fluoresce sob luz ultravioleta, e submetidas à eletroforese para separação de cada um dos *loci* amplificados.

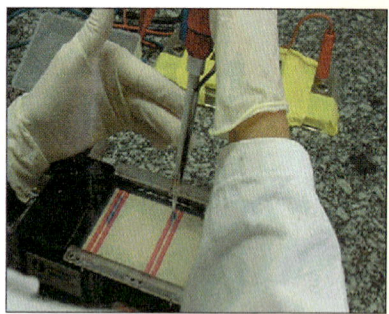

Aparelho portátil para eletroforese.

Gel em solução.

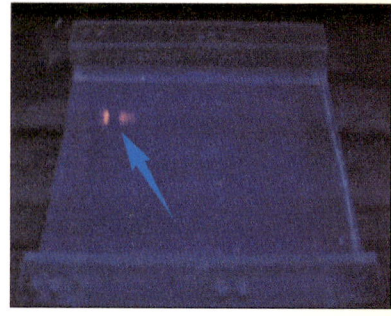

Gel submetido à luz ultravioleta.

5. A partir daí, dá-se a análise e interpretação dos resultados. As bandas que aparecem nas imagens da eletroforese do filho precisam estar coincidentes com as do pai (em geral, em 11 *loci*) para que seja considerado um caso de inclusão de paternidade. Modernamente, os dados obtidos com a eletroforese são projetados em uma tela para a elaboração do diagnóstico.

Exclusão de paternidade: na tela acima, aparecem, na horizontal, 3 gráficos: o superior é a análise do DNA do suposto pai; o central, do filho, e o inferior, da mãe. Os "picos" referem-se a diferentes *loci* analisados para verificar o número (na tela, em vermelho) de sequências de nucleotídeos repetidas (VNTRs) presente em cada *locus*.

Repare que no primeiro *locus* analisado (na tela, à esquerda), os cromossomos homólogos do suposto pai têm 17 e 18 repetições de sequências de nucleotídeos; os do filho têm 16 repetições; e os da mãe, 16 e 19 repetições. Para esse *locus*, a mãe mandou para o filho a informação genética para 16 repetições, assim como o verdadeiro pai, visto que o filho é homozigoto.

O DNA do suposto pai não apresenta essa informação (16 repetições), mas sim 17 e 18 repetições. Para esse primeiro *locus*, o laudo seria de um caso de exclusão de paternidade; porém, para confirmar esse resultado, vamos analisar o segundo *locus*. Nele, a mãe e o filho têm 19 e 25 repetições – a mãe poderia ter enviado ao filho a informação para 19 ou para 25 repetições. Como o suposto pai nesse *locus* tem 20 e 21 repetições, isso confirma que ele não é o pai biológico.

Repare que abaixo do número de repetições (em vermelho) aparece um outro: ele indica o número de pares de nucleotídeos do *locus*.

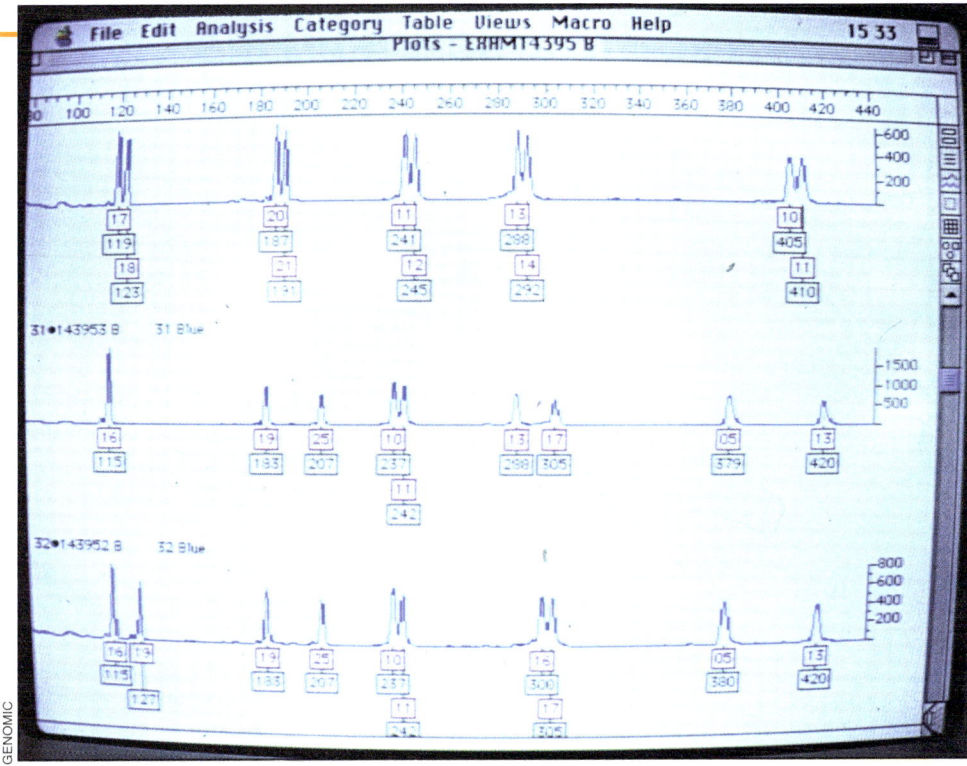

Inclusão de paternidade: seguindo os mesmos critérios estudados para a exclusão de paternidade, vamos analisar na tela de baixo o primeiro *locus* (à esquerda). Nele, o suposto pai tem 16 e 18 repetições, o filho tem 16 e 17 repetições e a mãe, 17 e 18. Então, a mãe transferiu para o filho a informação para 17 repetições e o pai, para 16 repetições. Para esse *locus*, o laudo seria de inclusão de paternidade.

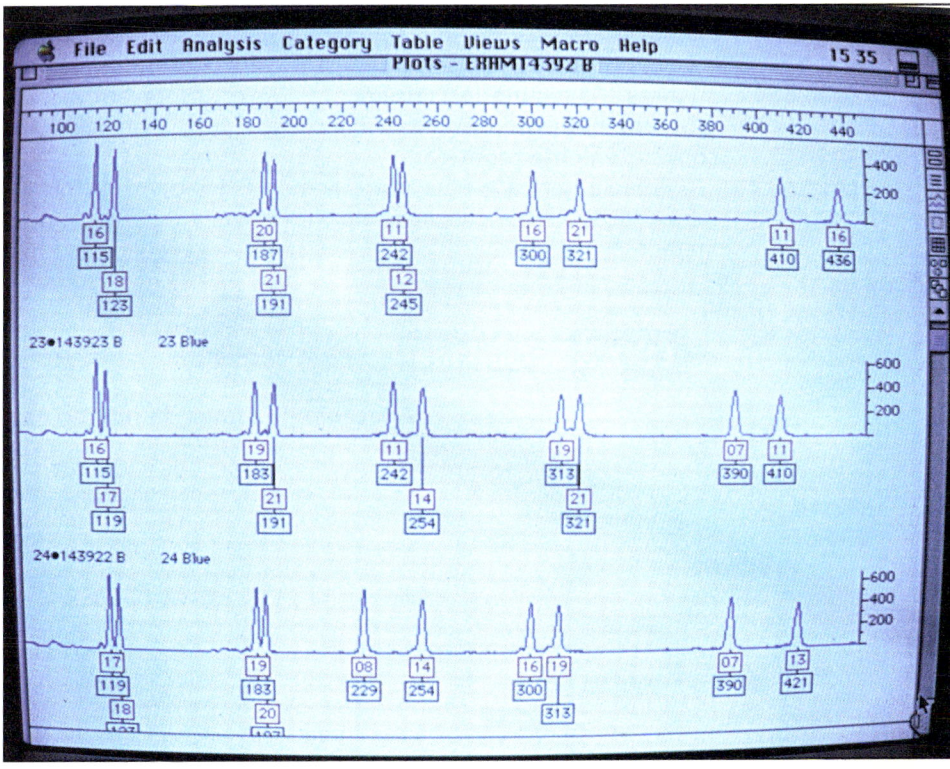

Como podem ocorrer coincidências, é importante analisar outro *locus*. O segundo (sempre à esquerda) mostra no DNA do pai 20 e 21 repetições, no do filho, 19 e 21 repetições e no da mãe, 19 e 20. O filho recebeu da mãe informação para 19 repetições e do pai, para 21 repetições.

Analisando o terceiro, o quarto e o quinto *loci*, observamos que há compatibilidade nas informações genéticas para os VNTRs considerados, atestando que o indivíduo em questão é, de fato, o pai biológico.

PROJETO GENOMA HUMANO: RECONHECENDO NOSSOS GENES

No fim da década de 1980, foi implantado o Projeto Genoma Humano (PGH), cuja finalidade era identificar os 3,2 bilhões de pares de bases de DNA que correspondem ao conjunto de genes dos 46 cromossomos humanos. O governo norte-americano destinou uma verba inicial de 3 bilhões de dólares e dezenas de laboratórios de pesquisas começaram a decifrar o nosso material genético. Mais tarde, outros países, custeados pelos respectivos governos, também entraram nesse projeto. Na década de 1990, a empresa privada norte-americana Celera também entrou no projeto para determinar o sequenciamento de bases do nosso DNA.

Finalmente, em 26 de junho de 2000, foi anunciado pela empresa Celera e pelo consórcio público Genoma Humano o término desse trabalho, com o mapeamento de mais de 90% dos 3 bilhões de letras do código genético humano.

TERAPIA GÊNICA: DNA PARA CURAR DOENÇAS

Um dos sonhos dos cientistas moleculares é utilizar genes normais para substituir genes alterados causadores de diversas doenças humanas.

Uma primeira tentativa está sendo realizada na cura da Síndrome da Imunodeficiência Severa em recém-nascidos, doença provocada pela ausência da enzima adenosina deaminase, o que provoca falhas na resposta imunitária, conduzindo à morte. O gene que codifica para essa enzima foi clonado e injetado com sucesso em leucócitos retirados de crianças afetadas. Em seguida, essas células brancas foram reinjetadas no organismo das crianças. Os resultados são encorajadores, esbarrando, porém, em uma particularidade: glóbulos brancos possuem vida curta e, por esse motivo, a **terapia gênica** precisa ser constantemente repetida.

Terapia gênica é uma das esperanças dos cientistas em termos de cura e/ou tratamento para a AIDS, doença que, a exemplo da citada acima, incide no sistema imunitário dos pacientes afetados.

Ética & Sociedade

A tecnologia a favor da seleção natural

A evolução das pesquisas em Genética tem permitido situações que, até pouco tempo atrás, seriam inimagináveis. No Reino Unido foi apresentado um método de fertilização *in vitro* que envolve três pais biológicos.

Existem alguns distúrbios cerebrais e cardiopatias que são transmitidos pelo DNA mitocondrial. Se, em um casal, a mãe é portadora de algum desses problemas, fatalmente seus filhos receberão essa carga genética.

A nova técnica prevê uma segunda "mãe", que doaria um óvulo a ser fertilizado pelo espermatozoide do pai. Após a fertilização, o núcleo desse óvulo é retirado e o núcleo do óvulo da mãe (também fertilizado) é inserido em seu lugar.

Desse modo, as mitocôndrias do óvulo da mãe não passam para o embrião, mas as informações como cor de olhos e cabelos passam. O embrião resultante herdará a maioria das características genéticas da mãe (que estão no DNA do núcleo do óvulo), mas não os genes defeituosos.

Técnicas como essa têm permitido a casais eliminarem de sua prole a chance de carregarem doenças genéticas dos pais, aumentando sua chance de sobrevivência.

Adaptado de: PASTORE, M. Fertilização com duas mães e um pai é avaliada no Reino Unido. *Disponível em:* <http://www1.folha.uol.com.br/equilibrioesaude/888499--fertilizacao-com-duas-maes-e-um-pai-e-avaliada-no-reino-unido.shtml>. *Acesso em:* 14 mar. 2011.

Você diria que o desenvolvimento de técnicas como essa altera o curso do processo de seleção natural? Por quê?

Passo a passo

1. Assinale V para as frases verdadeiras e F para as falsas.
   a) Os genes fazem proteínas.
   b) Um cromossomo é composto de uma molécula de DNA muito longa que está unida a proteínas chamadas histonas.
   c) Um gene é um segmento de DNA que contém a informação necessária para a formação de uma cadeia de aminoácidos.
   d) Os genes são os depósitos da informação que nos fazem ser quem somos, que nos ligam à nossa espécie e que nos separam das outras.
   e) Os genes não refletem o passado nem determinam o futuro, pois são imutáveis.

A biotecnologia utiliza organismos vivos para solucionar problemas ou elaborar produtos novos e úteis. O homem vem praticando a biotecnologia há 10.000 anos. A "nova biotecnologia", chamada de engenharia genética, tem a mesma finalidade, porém é bem mais recente, pois praticamente começou nos anos de 1960 e 1970. A grande diferença entre as duas é que uma delas utiliza um método empírico.

A respeito do texto acima, responda às questões **2** e **3**.

2. O que é um método empírico? Qual das duas biotecnologias utiliza esse método?

3. Em qual dos métodos você classificaria os itens a seguir?
   a) Cultivar vegetais, domesticar animais, aproveitar as propriedades curativas de algumas plantas.
   b) Cruzamentos seguidos de seleção artificial, como foi o caso de novas variedades de trigos mais produtivos, dando início à Revolução Verde.
   c) A bactéria *Escherichia coli* produz o hormônio de crescimento humano.

4. Associe corretamente as técnicas utilizadas em engenharia genética (numeradas de I a VI) com os itens a seguir.
   I – eletroforese em gel
   II – PCR (reação em cadeia da polimerase)
   III – enzimas de restrição
   IV – DNA recombinante
   V – sítios-alvo
   VI – brometo de etídio
   a) Moléculas responsáveis pelo corte do DNA em pedaços menores.
   b) Corte de DNA feito não de forma aleatória, mas em uma sequência específica.
   c) Procedimento que permite a separação dos pedaços resultantes do corte do DNA.
   d) Visualização dos pedaços cortados.
   e) Gene humano conectado a um plasmídio por meio da utilização da enzima ligase.
   f) Técnica que permite que um gene gere um número ilimitado de cópias, utilizando entre outras substâncias um *primer*.

5. Por que as bactérias produzem as enzimas de restrição?

6. O que são os VNTRs e como podem ser associados ao *fingerprint* (impressão digital)?

7. A respeito dos VNTRs, assinale V para as frases verdadeiras e F para as falsas.
   a) São repetições de sequências de nucleotídeos presentes em todos os cromossomos homólogos.
   b) São repetições de sequências de nucleotídeos (bases nitrogenadas) em determinados genes. Essas repetições estão em todos os indivíduos, porém o número de repetições, normalmente, não é o mesmo.
   c) Em caso de paternidade duvidosa, o resultado dos VNTRs é mais preciso que a determinação do tipo sanguíneo ABO, pois o primeiro permite inclusão ou exclusão de paternidade, enquanto o grupo ABO permite somente exclusão de paternidade.
   d) Devido à variabilidade dos VNTRs de um indivíduo para outro, eles podem funcionar como impressão digital, identificando as pessoas.
   e) Cada indivíduo irá herdar uma variante de cada *locus* de sua mãe e de seu pai.
   f) Ao analisar os VNTRs de um indivíduo, notou-se que, em um par de homólogos, ele tem 20 a 22 repetições de um certo gene. A mãe homozigota para o mesmo gene possui 20 repetições; o pai também será homozigoto com 20 repetições.

8. Qual o nome das células que foram desenvolvidas em novembro de 1998, capazes de existir indefinidamente em placas de laboratório e dar origem a qualquer tipo de células humanas?

9. Um gene codifica uma proteína de importância terapêutica. Esse gene colocado sob o controle de um "promotor" de nome complicado, B-lactoglobulina, é ativo apenas no tecido mamário. Introduzidos em zigotos de ovelhas e implantados em mães adotivas, os genes se expressam somente no tecido mamário e secretam leite com a proteína desejada, que pode ser separada das demais proteínas por técnica de fracionamento. Pergunta-se: essas ovelhas podem ser chamadas de organismos transgênicos? Justifique sua resposta.

10. Qual foi a finalidade do Projeto Genoma Humano?

11. Em que consiste a terapia gênica?

12. **Questão de interpretação de texto**

    (UFTM – MG) Considere o resultado obtido em um estudo realizado com 28 pares de gêmeos. Dentro de cada par, um era ávido corredor de longa distância e o outro um sedentário "de carteirinha".

    (...) Por seis semanas, parte dos gêmeos foi submetida a uma dieta gordurosa e a outra a uma de baixa caloria. Depois, os papéis se inverteram. Ao final, o sangue de todos os voluntários foi recolhido e testado. O resultado mostrou que, se um dos gêmeos comia comida gordurosa e o mau colesterol não subia, com o outro ocorria o mesmo, mesmo que este último não praticasse nenhuma atividade física. E vice-versa.

    Ciência Hoje, ago. 2005.

    A partir da leitura e análise desses resultados, pode-se afirmar que
    a) o fator ambiental é muito mais significativo que o fator genético na regulação do "mau colesterol".
    b) a influência genética é tão mais forte que não é necessária a prática de exercícios físicos para a saúde do coração.
    c) é impossível definir se foram gêmeos dizigóticos ou univitelinos que participaram da referida pesquisa.
    d) o resultado obtido só foi possível porque somente gêmeos idênticos participaram da referida pesquisa.
    e) o projeto genoma humano não oferece nenhum avanço na identificação dos genes que regulam a produção do "mau colesterol".

Questões objetivas

1. (UFG – GO) (...) Mesmo após o término da viagem, Darwin continuou intensamente seus estudos. Em um deles, juntamente com seu filho Francis, observou o crescimento de plantas jovens em direção a um estímulo luminoso, sugerindo, então, a existência de um agente regulador do crescimento. Os relatos feitos por Darwin a esse respeito colaboraram para a base de estudos que culminou em suporte para o desenvolvimento biotecnológico de

a) animais transgênicos.
b) clonagem animal.
c) fertilização in vitro.
d) cultura de tecidos vegetais.
e) frutos partenocárpicos.

2. (UFPE) Através de técnicas da biologia celular, o homem tem desenvolvido grandes projetos, como o de transformar células de bactérias, para que estas produzam substâncias que normalmente não seriam produzidas, tal como a insulina. Sobre este assunto, assinale a alternativa correta.

a) As enzimas de restrição hoje conhecidas são produzidas por diversas indústrias multinacionais, a partir de DNA viral.
b) Organismos que recebem e manifestam genes de outra espécie são denominados transgênicos.
c) As enzimas de restrição agem em sequências inespecíficas de DNA.
d) Cromossomos circulares presentes no citoplasma de bactérias, chamados de bacteriófagos, são vetores do DNA recombinante.
e) Ainda não é possível produzir plantas com genes ativos de insetos.

3. (UFPel – RS) A maioria dos antibióticos em uso hoje é fabricada pelas próprias bactérias. Na natureza elas servem como uma forma de arsenal químico contra adversários. Outras dessas armas naturais podem ser descobertas ou modificadas para se tornarem mais úteis com o uso de técnicas para escaneamento de genomas e manipulação de genes.

Scientific American Brasil, n. 87, ago. 2009.

Com base nos textos sobre biotecnologia, é correto afirmar que

a) para cortar o fragmento de DNA desejado em pontos específicos, são utilizadas polimerases do DNA.
b) a ligação do fragmento de DNA desejado no DNA do organismo mais cooperativo é realizada através da ação de enzimas de restrição.
c) a expressão dos genes de interesse, no organismo transformado, ocorre a partir da união de aminoácidos de acordo com sequência de códons definida pelo RNA transportador.
d) para cortar o fragmento de DNA desejado em pontos específicos, são utilizadas enzimas de restrição.
e) para cortar o fragmento de DNA desejado em pontos específicos, são utilizadas polimerases do RNA.
f) I.R.

4. (UNIRIO – RJ) As doenças genéticas são doenças incuráveis, sendo que algumas têm tratamento. (...) Estas doenças trazem consigo alguns dilemas éticos: É eticamente adequado diagnosticar doenças sem cura? (...) A alternativa mais promissora para o tratamento destas doenças é a terapia gênica, a partir de técnicas de engenharia genética.

Disponível em: <http://www.ufrgs.br/bioetica/biogenrt.htm>.

a) Enzimas de restrição, ou endonucleases de restrição, são proteínas produzidas nos núcleos das células, que "picotam" a molécula de DNA sempre em determinados pontos.
b) Eletroforese em gel é uma técnica que permite a separação e a visualização dos fragmentos moleculares de DNA produzidos pela ação das enzimas de restrição.
c) A tecnologia do DNA recombinante permite a multiplicação de determinados fragmentos de DNA, com a intervenção de plasmídios.
d) A técnica do PCR – reação em cadeia da polimerase (do inglês *polymerase chain reaction*) – faz cópias de um trecho de DNA sem o uso de bactérias para clonar os fragmentos.
e) Os exames de paternidade usam a amplificação da amostra de DNA pela técnica do PCR e da eletroforese em gel para a produção de imagens que serão analisadas e interpretadas.

5. (MACKENZIE – SP) Três em cada quatro pessoas nunca ouviram falar sobre os produtos alterados em laboratório (transgênicos).

Jornal da Tarde, 28 ago. 2010.

A respeito dos transgênicos, são feitas as afirmações abaixo.

I – São sempre indivíduos incapazes de se reproduzir.
II – Aumentam a produtividade dos alimentos.
III – São organismos tanto vegetais quanto animais, produzidos pela engenharia genética, que contêm genes de outra(s) espécie(s).
IV – São vegetais produzidos por radiação, que se tornam resistentes a predadores.

Assinale

a) se somente I e II estiverem corretas.
b) se somente II e III estiverem corretas.
c) se somente I e III estiverem corretas.
d) se somente II e IV estiverem corretas.
e) se somente III e IV estiverem corretas.

6. (UNESP) O primeiro transplante de genes bem-sucedido foi realizado em 1981, por J. W. Gurdon e F. H. Ruddle, para obtenção de camundongos transgênicos, injetando genes da hemoglobina de coelho em zigotos de camundongos, resultando em camundongos com hemoglobina de coelho em suas hemácias. A partir destas informações, pode-se deduzir que:

a) o DNA injetado foi incorporado apenas às hemácias dos camundongos, mas não foi incorporado aos seus genomas.
b) o DNA injetado nos camundongos poderia passar aos seus descendentes somente se fosse incorporado às células somáticas das fêmeas dos camundongos.
c) os camundongos receptores dos genes do coelho tiveram suas hemácias modificadas, mas não poderiam transmitir essa característica aos seus descendentes.
d) os camundongos transgênicos, ao se reproduzirem, transmitiram os genes do coelho aos seus descendentes.
e) o RNAm foi incorporado ao zigoto dos embriões em formação.

7. (UFSCar – SP) Vegetais e animais transgênicos

a) são mutantes que têm o seu genoma alterado por processos como radiação, para desenvolvimento de características específicas.
b) passaram por processo de clonagem, onde sofrem transplantes de órgãos em experiências científicas, para desenvolvimento de fenótipos específicos.
c) têm o seu fenótipo alterado mediante ação de mecanismos físicos ou biológicos, mas não passam as alterações sofridas às gerações seguintes.
d) são seres modificados por biotecnologia aplicável, que consiste na inserção de genes provenientes de outros organismos ao genoma que se deseja modificar.
e) tiveram o seu DNA alterado por variações climáticas, que provocaram a deleção de genes, o que ocasionou modificações nos fenótipos.

8. (UFT – TO) Biotecnologia é a aplicação de conhecimentos da biologia para a produção de novas técnicas, materiais e compostos de uso farmacêutico, médico, agrícola, entre outros de interesses econômicos, ecológicos e éticos. Sobre tecnologia de manipulação genética é **CORRETO** afirmar que:

a) a tecnologia de DNA recombinante baseia-se na troca de pedaços de genes entre organismos de mesma espécie, formando um ser recombinante.
b) a base da clonagem é a tecnologia de transplante de núcleo, onde o núcleo de uma célula diploide é implantado em uma célula reprodutora haploide nucleada da mesma espécie, produzindo uma cópia genética do outro indivíduo.
c) enzimas de restrição são especializadas em cortar fragmentos de DNA em sítios aleatórios da molécula.
d) a tecnologia de amplificação de DNA, ou PCR (Reação em Cadeia da Polimerase), fundamenta-se na produção de muitas cópias de uma região específica do DNA (região-alvo).
e) plasmídios são moléculas circulares de DNA, de função desconhecida, presente no material genético de algumas bactérias.

9. (UFF – RJ)

> A descoberta de um fóssil de bebê mamute, extremamente bem preservado nas estepes congeladas da Rússia, oferece aos pesquisadores melhor oportunidade de obter o genoma de uma espécie extinta (*O Globo*, Ciências, 12 de julho de 2007). A técnica de PCR vem sendo utilizada para a amplificação do DNA nestes estudos.

Para a realização desta técnica, deve-se empregar, além do DNA extraído do mamute usado como molde, as seguintes moléculas:

a) nucleotídeos de uracila, citosina, guanina, adenina, DNA polimerase e *primers* de DNA.
b) nucleotídeos de timina, citosina, guanina, adenina, DNA polimerase e *primers* de DNA.
c) nucleotídeos de uracila, citosina, guanina, adenina, RNA polimerase e *primers* de DNA.
d) nucleotídeos de timina, citosina, guanina, adenina, RNA polimerase e *primers* de DNA.
e) nucleotídeos de timina, citosina, guanina, adenina, RNA polimerase e DNA polimerase.

10. (UFPB) Após a fecundação, a célula-ovo inicia o processo de divisões celulares sucessivas, originando várias células iguais, que, pelo processo de diferenciação celular, irão originar os diversos tecidos do futuro organismo. Esse processo é denominado de totipotência, principal característica das células-tronco embrionárias.

Considere que um grupo de pesquisadores desenvolve estudos com células-tronco não embrionárias e necessita utilizar células com potencial para originar diferentes tipos celulares. Para o sucesso dessa pesquisa, dentre os tipos celulares citados abaixo, o mais recomendado é o de

a) células do epitélio intestinal.
b) células da glia.
c) células adiposas.
d) células da medula óssea vermelha.
e) células musculares.

11. (PUC – SP) Uma década depois de a primeira linhagem de células-tronco embrionárias humanas ter sido isolada nos EUA, o Brasil conseguiu reproduzir a técnica (...). Após 35 tentativas frustradas, o grupo percebeu que uma das linhagens de células cultivadas em gel estava se reproduzindo e mantendo a "pluripotência".

> Brasileiros obtêm células-tronco de embrião humano.
> *Folha de S.Paulo*, São Paulo, 1.º out. 2008.

Células-tronco embrionárias

a) são obtidas de embriões em estágio de nêurula.
b) não podem ser obtidas de embriões em estágio de blastocisto.
c) não são capazes de se diferenciar em células adultas.
d) apresentam o mesmo potencial de diferenciação que as células presentes na medula óssea vermelha.
e) são capazes de se transformar virtualmente em qualquer tipo de tecido humano.

12. (UEL – PR) A manipulação genética de microrganismos, principalmente a manipulação de bactérias, já possibilitou a obtenção de resultados benéficos para a medicina e para outras áreas do conhecimento.

Com base nessa informação e nos conhecimentos sobre a manipulação genética de microrganismos, analise as seguintes afirmativas:

I – São utilizadas pequenas porções circulares de DNA dispersas no citoplasma bacteriano e que têm replicação independente do cromossomo.
II – Promove-se o corte de moléculas de DNA com o uso de enzimas que reconhecem sequências nucleotídicas específicas no DNA.
III – Se duas diferentes moléculas de DNA forem cortadas por uma mesma enzima de restrição, serão reproduzidos iguais conjuntos de fragmentos.
IV – A tecnologia do DNA recombinante (ou engenharia genética) fundamenta-se na fusão de segmentos de DNA de organismos de diferentes espécies para a construção de DNA híbrido.

Assinale a alternativa correta.

a) Somente as afirmativas I e II são corretas.
b) Somente as afirmativas I e III são corretas.
c) Somente as afirmativas III e IV são corretas.
d) Somente as afirmativas I, II e IV são corretas.
e) Somente as afirmativas II, III e IV são corretas.

13. (UFF – RJ)

> Kôkôtêrô voltou-se rapidamente. Viu, no lugar em que enterrara a filha, um arbusto mui alto, que logo se tornou rasteiro assim que se aproximou. Tratou da sepultura. Limpou o solo. A plantinha foi-se mostrando cada vez mais viçosa. Mais tarde, Kôkôtêrô arrancou do solo a raiz da planta: era a mandioca.
>
> BRANDENBURGUER, C. *Lendas dos Nossos Índios*.

A mandioca é um dos principais alimentos cultivados no Brasil até os dias de hoje. Essa planta está associada à cultura de diversos grupos indígenas no território brasileiro, que utilizam a estaquia simples como o principal método de propagação para o cultivo deste vegetal.

Assinale a técnica genética com a qual a estaquia está relacionada.

a) transgênese
b) recombinação genética
c) mutação sítio-dirigida
d) reprodução sexuada induzida
e) clonagem

14. (UERJ) Células adultas removidas de tecidos normais de uma pessoa podem ser infectadas com certos tipos de retrovírus ou com adenovírus geneticamente modificados, a fim de produzir as denominadas células-tronco induzidas. Essa manipulação é feita com a introdução, no genoma viral, de cerca de quatro

Biotecnologia e engenharia genética **917**

genes retirados de células embrionárias humanas, tornando a célula adulta indiferenciada. O uso terapêutico de células-tronco induzidas, no entanto, ainda sofre restrições.

Observe a tabela a seguir.

Consequências do uso de células-tronco em geral.

1. regeneração de qualquer tecido	2. regeneração de poucos tecidos
3. indução impossível de outras doenças	4. indução possível de outras doenças
5. compatibilidade imuno-lógica	6. rejeição imunológica

Células-tronco induzidas originárias de um paciente, se usadas nele próprio, apresentariam as consequências identificadas pelos números:

a) 1, 3 e 6.
b) 1, 4 e 5.
c) 2, 3 e 5.
d) 2, 4 e 6.

15. (PUC – Campinas – SP) Observe e analise o esquema.

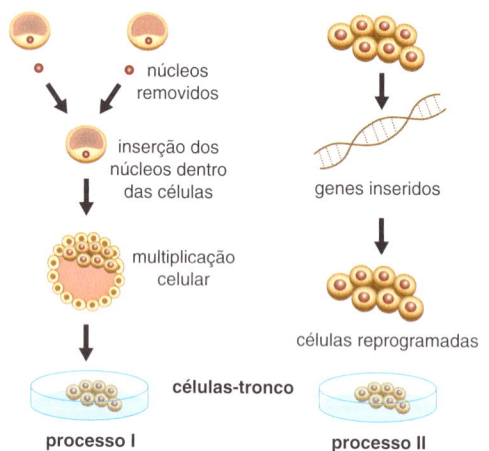

Os processos I e II são usados para a obtenção de células-tronco. Assinale a afirmativa **INCORRETA.**

a) O processo I pode ser utilizado na produção de células-tronco totipotentes.
b) As células obtidas dos processos I e II são consideradas parcialmente diferenciadas ou adultas.
c) No processo II os genes envolvidos na reprogramação dessas células estão relacionados aos programas de diferenciação celular.
d) As células-tronco dos processos I e II podem ser usadas para tratamento de doenças como diabetes e problemas cardíacos.

16. (UFPE) O avanço da biotecnologia tem possibilitado, entre outras coisas, a ampliação do conhecimento sobre o genoma de diferentes organismos, a identificação de genes responsáveis pela manifestação de diferentes doenças e a disponibilização de técnicas que contribuem para a melhoria da vida humana. Com relação a esse tópico, analise as proposições abaixo.

(0) Enzimas de restrição cortam o DNA em diferentes pontos, nos quais há determinadas sequências de bases, que são por elas reconhecidas. Assim, uma enzima (X) de restrição pode cortar o DNA, como mostrado no esquema a seguir:

ENZIMA (X)	Sequências de corte do DNA
RESTRIÇÃO	que (X) reconhece G ↓ G ATCC / CCTAG ↓ G G ↓ A ATCC / CTTAA ↓ G A ↓ A GCTT / TTCGA ↓ A

(1) Duas moléculas de DNA podem diferir quanto à localização dos sítios para atuação de uma mesma enzima de restrição, podendo ser gerados fragmentos de diferentes tamanhos, a partir de cada uma delas.

(2) Algumas bactérias, além de um cromossomo circular, apresentam moléculas menores e circulares de DNA, denominadas plasmídios. Os genes identificados nesses plasmídios não são essenciais à vida do microrganismo; no entanto, podem ser utilizados como DNA vetor.

(3) A amniocentese e a amostragem vilo-coriônica são métodos utilizados para o diagnóstico de doenças genéticas, durante a gravidez da mulher; o segundo método pode ser realizado mais precocemente que o primeiro.

(4) A ovelha Tracy possui, incorporado em um de seus cromossomos, o gene humano para a proteína alfa-1-atitripsina, o qual é capaz de produzir em seu leite a referida proteína. Por isso, é denominada de clone perfeito.

17. (PUC – MG) O esquema representa de forma resumida o processo utilizado na clonagem do primeiro mamífero.

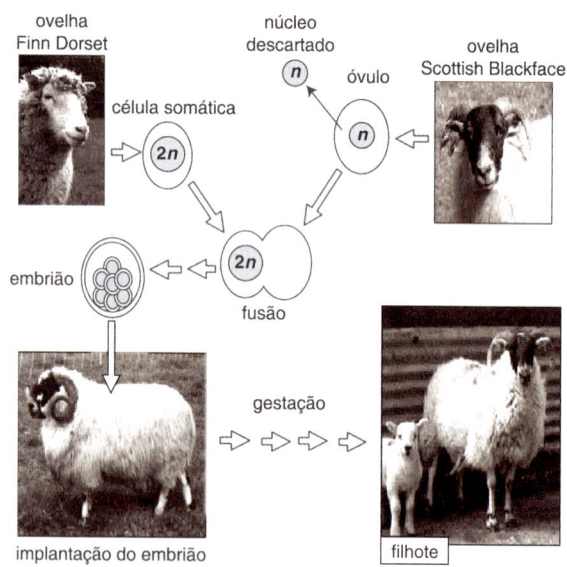

Como base no esquema e em outros conhecimentos sobre o assunto, assinale a afirmativa **INCORRETA.**

a) Se a fusão de dois ovócitos de uma ovelha gerasse um descendente, este deveria ser geneticamente idêntico à doadora dos ovócitos.
b) O filhote produzido por esse processo deve apresentar DNA mitocondrial tanto na ovelha *Finn Dorset* quanto na ovelha *Scottish Blackface*.
c) Não é possível garantir que todas as características observáveis na ovelha doadora da célula somática estejam presentes em seu descendente.
d) O filhote gerado pela ovelha *Scottish Blackface* é dito clone da ovelha *Finn Dorset* por apresentar o mesmo genoma nuclear que esta última.

18. (UNESP) Empresa coreana apresenta cães feitos em clonagem comercial. Cientistas sul-coreanos apresentaram cinco clones de um cachorro e afirmam que a clonagem é a primeira realizada com sucesso para fins comerciais. A clonagem foi feita pela companhia de biotecnologia a pedido de uma cliente norte-americana, que pagou por cinco cópias idênticas de seu falecido cão *pit bull* chamado Booger. Para fazer o clone, os cientistas utilizaram núcleos de células retiradas da orelha do *pit bull* original, os quais foram inseridos em óvulos anucleados de uma fêmea da mesma raça, e posteriormente implantados em barrigas de aluguel de outras cadelas.

Adaptado de: Correio do Brasil, 5 ago. 2008.

Pode-se afirmar que cada um desses clones apresenta

a) 100% dos genes nucleares de Booger, 100% dos genes mitocondriais da fêmea *pit bull* e nenhum material genético da fêmea na qual ocorreu a gestação.
b) 100% dos genes nucleares de Booger, 50% dos genes mitocondriais da fêmea *pit bull* e 50% dos genes mitocondriais da fêmea na qual ocorreu a gestação.
c) 100% dos genes nucleares de Booger, 50% dos genes mitocondriais de Booger, 50% dos genes mitocondriais da fêmea *pit bull* e nenhum material genético da fêmea na qual ocorreu a gestação.
d) 50% dos genes nucleares de Booger, 50% dos genes nucleares da fêmea *pit bull* e 100% dos genes mitocondriais da fêmea na qual ocorreu a gestação.
e) 50% dos genes nucleares de Booger, 50% dos genes nucleares e 50% dos genes mitocondriais da fêmea *pit bull* e 50% dos genes mitocondriais da fêmea na qual ocorreu a gestação.

19. (UFPR) Cientistas sul-coreanos anunciaram a clonagem bem-sucedida de um cachorro. Eles utilizaram a mesma técnica que permitiu a clonagem da ovelha Dolly para criar um clone a partir de um galgo afegão de três anos. O clone, que recebeu o nome de Snuppy, é geneticamente idêntico ao pai, de acordo com testes de DNA.

O Estado de S. Paulo, São Paulo, 3 ago. 2005.

Os testes de DNA mencionados no texto acima apenas confirmam que Snuppy e seu pai são idênticos geneticamente. Isso já era esperado, pois no processo de clonagem:

a) o núcleo de uma célula somática do pai de Snuppy foi transferido para o óvulo receptor.
b) o núcleo de uma célula germinativa do pai de Snuppy foi transferido para o óvulo receptor.
c) o núcleo de uma célula somática do pai de Snuppy foi fundido ao núcleo de uma célula somática receptora.
d) o núcleo de uma célula germinativa do pai de Snuppy foi fundido ao núcleo do óvulo receptor.
e) uma célula germinativa do pai de Snuppy foi implantada no núcleo de uma célula somática receptora.

20. (UFOP – MG) Sobre os modernos testes de paternidade, assinale o que for correto.

a) A probabilidade de erro nos testes de paternidade pelo exame do DNA, segundo alguns cientistas afirmam, é de cerca de 1 caso em 5 bilhões. Na prática, portanto, o exame pode ser considerado 100% seguro.
b) O mais moderno e preciso teste para determinar a paternidade é feito a partir do RNA do indivíduo.
c) Os únicos materiais utilizados para um teste de paternidade são o sangue e o esperma.
d) A comprovação da paternidade pelo exame do DNA é feita comparando-se as "impressões genéticas" dos pais e do filho. Caso as faixas de DNA do filho que equivalem às faixas da mãe forem idênticas às do suposto pai, comprova-se a paternidade.

21. (UPE) O exemplo mostrado no texto a seguir revela o potencial que as ferramentas usadas em genética podem ter para inibir a exploração e o comércio de produtos e espécimes da fauna, auxiliando na conservação das espécies ameaçadas.

Um dos casos mais interessantes da genética molecular forense envolve o comércio ilegal de carne de baleias no Japão e Coreia. A pedido do *Earthrust*, Baker e Palumbi (1996) desenvolveram um sistema para monitorar esse comércio, utilizando sequências de DNAmt e **PCR**, que distinguiam, com confiança, uma variedade de espécies de baleias umas das outras e de golfinhos. As análises revelaram que parte das amostras obtidas em mercados varejistas não era de baleias Minke, as quais o Japão caçava para "fins científicos", mas sim de baleias Azuis, Jubartes, Fin e de Bryde, as quais são protegidas por lei. Além disso, parte da "carne de baleia" era na realidade de golfinhos, botos, ovelhas e cavalos. Assim, além da ilegalidade da caça das baleias, os consumidores estavam sendo ludibriados.

Adaptado de: FANKHAM et al., 2008 – *Genética da Conservação*.

Leia as proposições abaixo sobre a reação em cadeia de polimerase (PCR):

I. Antes da PCR, para se detectarem genes ou VNTRs (número variável de repetições em sequência), havia a obrigação de se ter grande quantidade de DNA-alvo.
II. Pela PCR, promove-se a deleção de trechos do DNA *in vivo*, usando polimerases de DNA.
III. A técnica da PCR permitiu a obtenção de grandes quantidades de fragmentos específicos do DNA por meio da amplificação em ciclos.
IV. O DNA a ser amplificado não pode ser submetido a temperaturas altas, acima de 40 °C, sob pena de desnaturar e não mais renaturar.

Apenas é **CORRETO** afirmar o que está contido nas proposições

a) I e II.
b) I e III.
c) II e III.
d) II e IV.
e) III e IV.

22. (UNIFESP) Nos exames para teste de paternidade, o DNA, quando extraído do sangue, é obtido:

a) das hemácias e dos leucócitos, mas não do plasma.
b) das hemácias, dos leucócitos e do plasma.
c) das hemácias, o principal componente do sangue.
d) dos leucócitos, principais células de defesa do sangue.
e) dos leucócitos e das globulinas, mas não das hemácias.

23. (PUC – MG) A anemia falciforme é uma das doenças hereditárias mais comuns no Brasil, afetando igualmente homens e mulheres. A primeira pista sobre a natureza da alteração molecular da hemoglobina falcêmica (**HbS**) foi obtida por Linus Pauling e colaboradores, que usaram *eletroforese* (processo de separação de proteínas diferentes) para comparar **HbS** com a hemoglobina de adulto normal, a **HbA**.

Uma eletroforese foi executada com cinco amostras de sangue (I, II, III, IV e V), retiradas de diferentes indivíduos de uma família composta por pai, mãe e três filhas, sendo que uma das crianças foi adotada pelo casal.

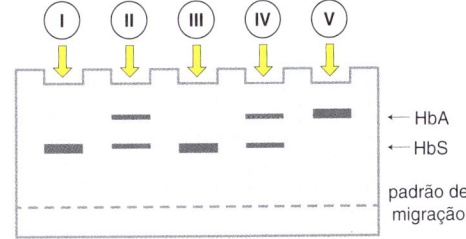

Sabendo que a amostra I pertence ao pai, é correto afirmar, **EXCETO**:

a) A mostra de sangue III certamente pertence a uma das filhas do casal.
b) A filha adotada pode ser heterozigota desde que a mãe adotiva seja homozigota.
c) Se a mãe for heterozigota para os alelos que determinam a anemia falciforme, a amostra V pertence à filha adotada.
d) Se a amostra V foi retirada da mãe, a amostra III só pode ter sido retirada da filha adotada.

24. (UFES) O genoma humano foi mapeado e sua sequência estabelecida pela primeira vez na história da humanidade, anunciaram ontem o presidente norte-americano, Bill Clinton, o primeiro-ministro britânico, Tony Blair, e os representantes dos grupos rivais, o consórcio público internacional Projeto Genoma Humano (PGH) e a empresa norte-americana Celera.

Folha de S.Paulo, São Paulo, 27 jun. 2000. Caderno Ciência.

Leia as proposições a seguir sobre o Projeto Genoma Humano.

I – O sequenciamento do genoma humano possibilitará a identificação dos genes envolvidos em doenças e a criação de novas abordagens preventivas ou de tratamentos mais rápidos e eficazes.
II – O genoma humano pode ser sequenciado a partir de qualquer célula do corpo, com exceção das hemácias.
III – O sequenciamento do genoma humano determinou a posição exata e a função de cada gene, possibilitando a melhor compreensão dos diferentes fenótipos.
IV – O sequenciamento do genoma de outras espécies, como o das bactérias (*Xylela fastidiosa*) e dos camundongos e ratos, é de grande auxílio para o Projeto Genoma Humano.

Considerando as proposições anteriores, pode-se afirmar que estão **CORRETAS**:

a) apenas I e II.
b) apenas II e III.
c) apenas I, III e IV.
d) apenas I, II e IV.
e) todas as proposições.

25. (UFC – CE) No fim de junho de 2000, foi considerado concluído, depois de dez anos de trabalho, o Projeto Genoma Humano, um marco no estudo da Biologia, que recebeu ampla divulgação na imprensa internacional. Numa breve história da Genética, podemos relacionar alguns fatos que marcaram época pela sua importância científica, como segue.

I – Observação da estrutura espiralada do DNA.
II – Estabelecimento das leis de hereditariedade.
III – Surgimento da técnica de identificação das pessoas pelo exame de DNA.
IV – Clonagem do primeiro mamífero a partir de uma célula de um animal adulto.
V – Transformação genética de bactérias para a produção de insulina humana.

Assinale a alternativa que correlaciona os fatos mencionados anteriormente em ordem cronológica crescente.

a) II, V, I, VI, III, IV.
b) II, V, III, I, VI, IV.
c) V, II, IV, I, VI, III.
d) V, II, I, IV, III, VI.
e) IV, III, VI, I, V, II.

26. (UFG – GO) A geneterapia é uma técnica promissora utilizada para substituir ou adicionar nas pessoas portadoras de doenças genéticas uma cópia de um gene alterado. Nesse sentido, os cientistas podem tirar proveito da capacidade que têm os vírus de infectar células humanas, substituindo genes virais causadores de doenças por um gene humano terapêutico. Para que a geneterapia seja realizada com sucesso, após a tradução do RNAm, é necessário que ocorra

a) a inserção do gene em um vetor.
b) o contato do vetor com a célula.
c) o transporte do vetor até o núcleo da célula.
d) a transcrição do gene clonado.
e) a ação da proteína formada.

27. (PUC – MG) **Cientistas criam vírus da influenza modificado que pode originar vacina contra duas enfermidades**

Uma vacina para a doença de Chagas capaz de imunizar os pacientes também contra a gripe. O primeiro passo para a concretização desse objetivo ambicioso acaba de ser dado por cientistas brasileiros. Eles construíram um vírus da influenza modificado que traz em seu material genético um gene do *Trypanosoma cruzi*, protozoário causador da doença de Chagas. A expectativa é que, quando expostos ao novo vírus, animais – e futuramente, humanos – apresentem resposta imunológica contra as duas doenças, ficando protegidos da infecção por ambas.

Ciência Hoje online, set. 2009.

Com base nesse assunto, assinale a afirmativa **INCORRETA**.

a) A ativação do duplo processo de imunização depende de células do sistema imune denominadas linfócitos.
b) O resultado do processo de vacinação é a produção de anticorpos que reconhecem as partículas antigênicas.
c) O processo de inserção de um gene do protozoário no material genético do vírus é denominado de clonagem genômica.
d) O interesse em desenvolver uma vacina contra o mal de Chagas se deve ao fato de essa doença ainda constituir um problema de saúde pública, causado pela domiciliação dos vetores, provocada pela desagregação ambiental.

28. (UNESP) **Eu e meus dois papais**

No futuro, quando alguém fizer aquele velho comentário sobre crianças fofinhas: "Nossa, é a cara do pai!", será preciso perguntar: "Do pai número um ou do número dois?". A ideia parece absurda, mas, em princípio, não tem nada de impossível. A descoberta de que qualquer célula do nosso corpo tem potencial para retornar a um estado primitivo e versátil pode significar que homens são capazes de produzir óvulos, e mulheres têm chance de gerar espermatozoides.

Tudo graças às células iPS (sigla inglesa de "células-tronco pluripotentes induzidas"), cujas capacidades "miraculosas" estão começando a ser estudadas. Elas são funcionalmente idênticas às células-tronco embrionárias, que conseguem dar origem a todos os tecidos do corpo. Em laboratório, as células iPS são revertidas ao estado embrionário por meio de manipulação genética.

Revista Galileu, maio 2009.

Na reportagem, cientistas acenaram com a possibilidade de uma criança ser gerada com o material genético de dois pais, necessitando de uma mulher apenas para a "barriga de aluguel". Um dos pais doaria o espermatozoide e outro uma amostra de células da pele que, revertidas ao estado iPS, dariam origem à um ovócito pronto para ser fecundado *in vitro*. Isto ocorrendo, a criança

a) necessariamente seria do sexo masculino.
b) necessariamente seria do sexo feminino.
c) poderia ser um menino ou uma menina.
d) seria clone genético do homem que forneceu o espermatozoide.
e) seria clone genético do homem que forneceu a célula da pele.

29. (UFMG) No Brasil, travaram-se, recentemente, intensos debates a respeito das pesquisas que envolvem o uso de células-tronco para fins terapêuticos e da legislação que regulamenta esse uso.

Assinale, entre os seguintes argumentos mais frequentemente apresentados nesses debates, aquele que, **do ponto de vista biológico**, é **INCORRETO**.

a) O blastocisto a ser utilizado em tais pesquisas é um emaranhado de inúmeras células sem chance de desenvolvimento.
b) O comércio de embriões assemelha-se muito àquele que põe à venda órgãos de crianças.
c) O embrião, apesar do pequeno tamanho, contém toda a informação genética necessária ao desenvolvimento do organismo.
d) O início da vida ocorre quando, a partir da fusão do óvulo com o espermatozoide, se forma o zigoto.

30. (UnB – DF) Acerca dos organismos transgênicos, julgue os itens abaixo.

a) Transgênicos são organismos produzidos com a tecnologia do DNA recombinante, que permite a inclusão de genes de organismos de espécies diferentes no genoma de bactérias, plantas e animais.
b) Organismos geneticamente modificados podem ser resistentes a produtos químicos como herbicidas, ou agir como inseticidas.
c) Os debates atuais a respeito dos transgênicos resumem-se à questão da rotulagem, isto é, à obrigatoriedade da apresentação, na embalagem de alimentos produzidos com técnicas da biotecnologia, de informação relativa à natureza transgênica do produto.
d) As técnicas de melhoramento genético tradicionais, como a poliploidização, podem ser consideradas exemplos de biotecnologia aplicada à fabricação de organismos transgênicos.

Questões dissertativas

1. (UFU – MG) Pesquisadores brasileiros têm obtido células-tronco adultas a partir de medula óssea extraída da tíbia e do úmero, durante cirurgias rotineiras de reconstrução do ligamento cruzado anterior e reinserção do tendão supraespinal. Até então, as células-tronco só eram extraídas do osso ilíaco. O estudo inova ainda ao cultivar as células em plasma humano, no lugar do soro fetal bovino, como se faz em grande parte dos centros que cultivam células-tronco.

Adaptado de: Cenário XXI, de 26 set. 2008.

Com relação às células-tronco e à técnica descrita, responda:

a) Qual é a vantagem do cultivo de células-tronco em plasma humano, no lugar do soro fetal bovino?
b) Em termos de produto final, o que difere as células-tronco adultas das células-tronco embrionárias?
c) Quais são os principais benefícios que o desenvolvimento dessa técnica poderá trazer futuramente para atletas de alto rendimento?

2. (UFES)

Disponível em: <http://www.uol.com.br/niquel/bau>.
Acesso em: 20 out. 2007.

A engenharia genética é uma realidade, apesar de nem sempre alcançar os resultados esperados pelo pesquisador.

a) Explique por que a situação ilustrada na tirinha pode acontecer quando os genes de dois organismos são manipulados.
b) Na tentativa de obter um organismo híbrido, pode-se deparar com a situação de infertilidade dos indivíduos gerados. Explique por que a infertilidade pode acontecer nos híbridos obtidos pelo cruzamento de duas espécies diferentes, mesmo quando são utilizados outros métodos que não seja a engenharia genética.

3. (UNESP) Uma das preocupações dos ambientalistas com as plantas transgênicas é a possibilidade de que os grãos de pólen dessas plantas venham a fertilizar plantas normais e, com isso, "contaminá-las". Em maio de 2007, pesquisadores da Universidade de Nebraska, EUA, anunciaram um novo tipo de planta geneticamente modificada, resistente a um herbicida chamado Dicamba. Um dos méritos do trabalho foi ter conseguido inserir o gene da resistência no cloroplasto das plantas modificadas.

Essa nova forma de obtenção de plantas transgênicas poderia tranquilizar os ambientalistas quanto à possibilidade de os grãos de pólen dessas plantas virem a fertilizar plantas normais? Justifique.

4. (UNICAMP – SP) Testes de paternidade comparando o DNA presente em amostras biológicas são cada vez mais comuns e são considerados praticamente infalíveis, já que apresentam 99,99% de acerto. Nesses testes podem ser comparados fragmentos do DNA do pai e da mãe com o do filho. Um teste de DNA foi solicitado por uma mulher que queria confirmar a paternidade dos filhos. Ela levou ao laboratório amostras de cabelos dela, do marido, dos dois filhos e de um outro homem que poderia ser o pai. Os resultados obtidos estão mostrados na figura abaixo.

a) Que resultado a análise mostrou em relação à paternidade do filho 1? e do filho 2? Justifique.
b) Em um teste de paternidade, poderia ser utilizado apenas o DNA mitocondrial? Por quê?

5. (UNESP) O texto seguinte foi publicado na seção Painel do Leitor, do jornal *Folha de S.Paulo*, de 2 mar. 2006.

A primeira liberação comercial de uma planta transgênica no Brasil foi a soja RR, da Monsanto. O principal argumento apresentado pela CNTBio para sua liberação foi que se tratava de espécie autógama (autofecundação) e sem parentes silvestres no Brasil. Já a segunda e última liberação, do algodão BT, também da Monsanto, tratou-se de uma espécie alógama (fecundação cruzada) com parentes silvestres no Brasil.

a) O que é uma planta transgênica e por que essas plantas são de interesse comercial?
b) No que se refere ao eventual impacto ecológico consequente da introdução de plantas transgênicas no meio ambiente, qual a diferença entre a planta ser autógama e sem parentes silvestres no Brasil e ser alógama e com parentes silvestres no Brasil?

6. (UNIFAP) O exame de DNA para determinação de paternidade é considerado o maior avanço do século na área forense. Com esse exame, a determinação de paternidade passou a atingir níveis de certeza absoluta. A necessidade do uso desse teste surge em casos amigáveis de confirmação de paternidade, disputas legais para fins de pensão alimentícia e herança, assim como na identificação de crianças trocadas ou sequestradas. O exame consiste em observar e comparar o DNA de *loci* hipervariáveis da criança e do suposto pai. Um dos métodos utilizados nessa técnica é o da PCR (Reação em Cadeia da Polimerase).

Em um caso de investigação de paternidade por meio de DNA, observou-se haver aproximadamente 50% de concordância no padrão de eletroforese para DNA de células somáticas da criança e do suposto pai. (Dado: nessa pesquisa, sequências de DNA das pessoas em comparação são cortadas pelas mesmas enzimas de restrição e cada amostra é submetida a um campo elétrico de acordo com seus pesos moleculares. Os diferentes fragmentos correm em um gel especial devido à ação da força elétrica e formam-se as chamadas bandas de eletroforese. O padrão dessas bandas é único para cada pessoa.)

Dadas essas informações e com base na figura abaixo, responda às proposições *a* e *b*.

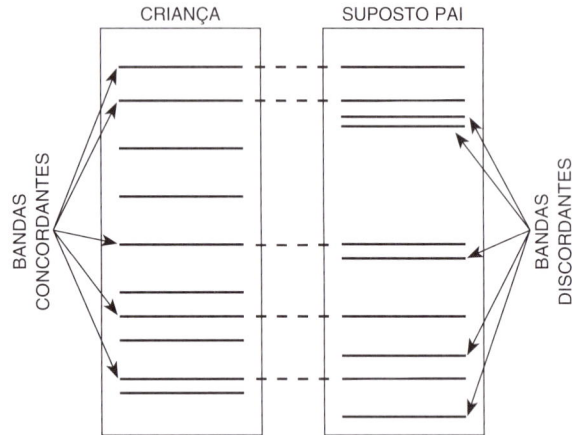

a) O resultado apresentado acima é um caso de inclusão ou exclusão de paternidade? Justifique.
b) No que consiste a técnica da PCR? Essa técnica é baseada em que propriedades do DNA?

Programas de avaliação seriada

1. (PSS – UFS – SE) Identifique as alternativas a seguir com V se forem verdadeiras e com F se forem falsas.

Nas últimas décadas, o uso da tecnologia do DNA recombinante permitiu expressivos avanços tanto na pesquisa quanto na fabricação de produtos para consumo humano.

(0) A figura abaixo mostra as sequências de DNA que são reconhecidas e cortadas pelas enzimas de restrição EcoRI e Hind III (a seta indica a região de corte).

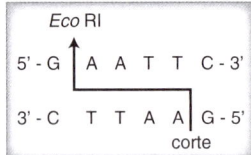 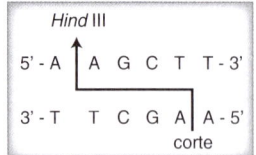

Uma amostra de DNA humano digerido com a enzima EcoRI pode ser ligada a fragmentos de DNA de plasmídio originados por digestão com HindIII, se a enzima ligase for adicionada à mistura.

(1) Um gene humano que codifica um fator de coagulação foi inserido no genoma de uma cabra de tal forma que o fator passou a ser encontrado em seu leite. Essa cabra é transgênica e, por isso, incapaz de se reproduzir e de deixar descendentes.
(2) A técnica da clonagem reprodutiva permite que um clone, como a ovelha Dolly, por exemplo, seja produzido pela introdução do núcleo de um gameta em um óvulo cujo núcleo foi retirado.
(3) O uso de células-tronco embrionárias para fins terapêuticos apresenta implicações éticas porque tais células provêm de embriões humanos.
(4) O gene de uma planta de clima árido que confere resistência à escassez de água foi transferido para o arroz, uma planta de alto valor comercial. Usando a biotecnologia, isso pode ser feito sem necessidade de cruzamento entre espécies sexualmente compatíveis.

2. (PSS – UFAL) Dois cientistas americanos e um japonês ganharam o Nobel de Química em 2008, por suas pesquisas com a proteína fluorescente GFP (Proteína Verde Fluorescente), presente em uma espécie de água-viva. Os genes dessa proteína já foram expressos inclusive em camundongos, que ficaram verdes e fluorescentes. Considerando este fato, é correto afirmar que esses camundongos

a) são clones.
b) apresentam RNA recombinante.
c) tiveram seus cromossomos retirados e substituídos pelos genes para proteína GFP.
d) são transgênicos.
e) ficaram verdes porque foram injetados com a proteína GFP.

3. (PAS – UFLA – MG) Em relação à evolução dos primeiros seres vivos, assinale a alternativa que indica a ordem temporal correta em que esses organismos surgiram.

I – organismos autotróficos
II – organismos heterotróficos anaeróbicos
III – organismos heterotróficos aeróbicos
IV – organismos multicelulares

a) II, I, IV e III.
b) II, I, III e IV.
c) I, II, III e IV.
d) I, III, II e IV.

4. (PAS – UFLA – MG) Plantas transgênicas são produzidas pela engenharia genética, mediante um conjunto de técnicas que permite a manipulação do DNA, conhecida também como tecnologia do DNA recombinante.

Marque a alternativa que mostra os passos corretos na obtenção de uma planta transgênica.

a) DNA modificado, clonagem em um plasmídio, transferência para célula vegetal, seleção de transformantes, vegetal transgênico adulto.
b) DNA modificado, retirada do óvulo, transferência do embrião, seleção de transformantes, vegetal transgênico adulto.
c) Retirada das células da planta doadora, retirada do núcleo, fusão das células, transferência para célula receptora, seleção de transformantes, vegetal transgênico adulto.
d) Retirada das células da planta doadora, clonagem em um plasmídio, retirada do núcleo, fusão das células, transferência para célula vegetal receptora, vegetal transgênico adulto.

5. (PSS – UFS – SE) A manipulação genética e a biotecnologia revolucionaram a Biologia no final do século XX. Esses extraordinários e recentes avanços podem ser observados em diversas áreas, como agricultura, embriologia e medicina. Analise as sentenças abaixo sobre esse tema.

(0) Organismos transgênicos são aqueles que possuem genes de outra espécie.
(1) O genoma de um organismo é o seu código genético.
(2) Na produção artesanal de queijo branco são aplicados princípios de biotecnologia.
(3) A biotecnologia permitiu a produção de hormônios a preços acessíveis.
(4) O melhoramento de plantas é sempre realizado com engenharia genética.

6. (SSA – UPE) A era da biotecnologia, tal qual a Revolução Industrial, a revolução verde e a era da informação, promete grandes vantagens e benefícios à humanidade. Também tem gerado polêmicas e questionamentos acerca dos impactos que possam vir a causar ao homem e aos ecossistemas naturais. Com relação às características das técnicas utilizadas, ao papel desempenhado e aos processos que envolvem a biotecnologia, analise as afirmativas e conclua.

Nas questões a seguir, assinale, na coluna I, as afirmativas verdadeiras e, na coluna II, as falsas.

I	II	
0	0	A terapia gênica e a clonagem são técnicas desenvolvidas pela engenharia genética. Na terapia gênica, genes alterados, cujas deficiências originam diversas doenças humanas, são substituídos por genes normais.
1	1	Com a utilização de células-tronco, temos a possibilidade da cura de várias doenças humanas. Sua maior aplicação é na prevenção da eritroblastose fetal.
2	2	O teste de paternidade é uma metodologia da biotecnologia segura, incluindo a análise do DNA ou o exame bioquímico de identificação dos grupos sanguíneos. Através de qualquer dos métodos, é possível provar que um homem é, de fato, pai de uma criança.
3	3	Organismos transgênicos contêm gene de outras espécies, inseridos através de técnicas de engenharia genética. As mulas, híbridos resultantes do cruzamento entre o jumento *Equuos asinos* e a égua *Equuos caballus*, são exemplos de transgênicos.
4	4	DNA *fingerprint* corresponde à "impressão digital" genética de um indivíduo. Cada ser humano possui uma composição genômica exclusiva.

7. (PAS – UnB – DF) Com o objetivo de desenvolver uma nova droga para o tratamento de esquistossomose, um grupo de cientistas da UNICAMP utilizou camundongos infectados com o *Schistosoma mansoni*. Após ter sido identificado um gene essencial do verme, projetou-se, com o auxílio de um programa de computador, uma molécula do ácido ribonucleico com dupla-fita, que, ao ser injetada nas cobaias, "silenciaria" o gene causador da enfermidade. Uma vez no organismo dos roedores, essa molécula, denominada RNA de interferência – iRNA –, é processada em fragmentos menores, os quais, dentro da célula, se ligam aos mRNAs complementares. Quando encontra o alvo perfeito, o iRNA o destrói, impedindo, assim, que a informação genética seja traduzida em proteínas essenciais à sobrevivência do *Schistosoma mansoni*. Essa nova droga foi injetada na veia caudal de roedores e, em apenas seis dias, eles apresentaram redução do número de vermes. Vale ressaltar que, em organismos eucariotos, o iRNA exerce naturalmente um papel na eliminação de mRNAs anômalos.

Com referência ao assunto abordado no texto acima e considerando os múltiplos aspectos que ele suscita, julgue os itens de **A** a **D**.

a) Infere-se do texto que o iRNA é uma vacina, uma vez que bloqueia o processo de tradução de transcritos, constituindo, assim, estratégia para o tratamento de doenças respiratórias, como, por exemplo, da *influenza* A (H1N1).
b) No organismo humano, as moléculas de iRNA eliminam os mRNAs anômalos, e as células-tronco suprem o organismo de células geneticamente alteradas.
c) As moléculas responsáveis por transmitir as instruções contidas nos genes, a exemplo do iRNA, apresentam dupla-fita.
d) Sabendo-se que a terapia gênica é um tratamento caracterizado pela inserção de um gene funcional em uma célula, para se reduzirem os efeitos de um gene anormal, é correto concluir que o experimento descrito no texto é exemplo de terapia gênica.

8. (PEIES – UFSM – RS) A clonagem de um mamífero tornou-se realidade a partir do nascimento da ovelha Dolly. No processo de clonagem da Dolly, foi utilizada mais de uma ovelha. Quanto à herança, é certo afirmar que as mitocôndrias são

a) herdadas exclusivamente da mãe.
b) herdadas exclusivamente do pai.
c) herdadas do pai e da mãe em proporções iguais.
d) de herança autossômica recessiva.
e) de herança autossômica dominante.

9. (PAIES – UFU – MG) Organismos que recebem e incorporam genes de uma outra espécie são conhecidos como transgênicos. Analise as afirmativas abaixo, relacionadas à produção dos transgênicos.

   I – A técnica de transgenia consiste em extrair o DNA plasmidial de um microrganismo e injetá-lo no núcleo da célula, animal ou vegetal, que se deseja transformar.
   II – Quando o organismo transgênico se reproduz, os genes incorporados são transmitidos aos descendentes.
   III – Por meio da transgenia, foram produzidas plantas resistentes a herbicidas e ao ataque de insetos.

Assinale a alternativa correta.

a) Apenas I e III são verdadeiras.
b) Apenas I e II são verdadeiras.
c) Apenas II e III são verdadeiras.
d) I, II e III são verdadeiras.

10. (PSS – UFPB) A engenharia genética pode ser definida como um conjunto de técnicas de manipulação do DNA. O conhecimento e o uso dessas técnicas têm permitido avanços científicos significativos na Biologia contemporânea.

Com relação aos conceitos e técnicas envolvidos em engenharia genética, identifique as afirmativas corretas.

   I – A produção de hormônios em escala comercial é possível pela tecnologia do DNA recombinante, a exemplo da produção de insulina por bactérias transgênicas.
   II – A eletroforese de fragmentos de DNA é um método seguro para identificar pessoas, por exemplo, em investigações policiais com utilização de vestígios biológicos (sangue, sêmen etc.) e em processos de comprovação de paternidade.
   III – A inserção de uma sequência de DNA exógeno, em uma bactéria, pode ser feita pelo uso de pequenas moléculas de DNA linear existentes nos vírus, denominadas plasmídios.
   IV – Um fragmento de DNA (gene) de um organismo, na produção de produtos transgênicos, é ligado a vetores e introduzido em uma outra célula, que expressará esse gene.
   V – O corte das moléculas de DNA, em sequências específicas, é realizado por enzimas de restrição, que atuam como "tesouras moleculares".

11. (PSIU – UFPI) Células microbianas, plantas e animais são usados na produção de materiais úteis às pessoas, tais como alimentos, remédios e produtos químicos. A respeito do DNA recombinante e da biotecnologia, analise as proposições abaixo e marque a alternativa que contempla somente informações corretas.

a) Uma cópia de DNA pode ser feita a partir de rRNA, constituindo uma biblioteca de DNA. Após a extração do rRNA de um tecido, este é misturado com a enzima transcriptase reversa, um pequeno primer de oligo dT é adicionado e hibridiza-se com a cauda poli A, para a síntese do cDNA, pela transcriptase, em seguida o rRNA é removido, deixando a fita única de cDNA.
b) Fragmentos de DNA, gerados por clivagem com o uso das enzimas de restrição, podem ser separados com a técnica de eletroforese em gel e suas frequências identificadas por sonda de DNA, pela técnica de hibridização molecular.
c) Cromossomos humanos, na construção de uma biblioteca gênica, são quebrados em fragmentos de DNA e inseridos em bactérias, que os replicam sem a necessidade de vetores construídos por fragmentos de cromossomos e plasmídeos.
d) As endonucleases de restrição são usadas na clivagem do DNA em sequências específicas e são produzidas por vírus em defesas de invasões de DNA, por meio das quais as referidas endonucleares, sem alterar o seu DNA, produzem as enzimas que catalisam a clivagem de moléculas de DNA de dupla-hélice.
e) A produção comercial do hormônio do crescimento humano é um exemplo de expressão de genes em camundongo, desde que o gene de interesse possa ser expresso durante a transcrição.

Unidade 12

EVOLUÇÃO

Capítulo 43
Origem da vida e evolução biológica

Qual a possibilidade de existir vida inteligente em nossa galáxia?

Em 1961, Frank Drake, astrônomo norte-americano, desenvolveu e publicou uma equação que pretende estimar o número de civilizações inteligentes em nossa galáxia. Essas civilizações deveriam ter condições de desenvolver tecnologia e seriam, assim, capazes de emitir sinais detectáveis por nós e também de detectar sinais que nós emitimos. Essa equação leva em conta, por exemplo, o número de estrelas que se formam por ano em nossa galáxia, quantas possuiriam sistema planetário, a duração média, em anos, de uma civilização inteligente, entre outras parcelas.

A ciência ajudou a nortear a determinação dos valores para cada uma das parcelas da equação e o resultado foi uma previsão bastante otimista do número máximo possível de civilizações comunicantes em nossa galáxia. Quer saber o resultado? O número encontrado é cerca de 1 milhão! Isso quer dizer que seria possível, só em nossa galáxia, ter 1 milhão de civilizações que, mais do que inteligentes, desenvolveriam tecnologia e seriam capazes de se comunicar conosco.

Adaptado de: <http://www.fisica.ufmg.br/OAP/pas05.htm>.
Acesso em: 10 ago. 2011.

Se é verdade ou apenas um belo exercício de matemática, essa estimativa remonta a uma antiga questão que tem dominado o imaginário popular e de cientistas do mundo todo durante gerações: estamos sozinhos no Universo?

Como surgiu a vida no ambiente terrestre? E como ela evoluiu? Para responder a essas duas questões, pode-se recorrer a argumentos científicos ou não. Ainda é comum a crença segundo a qual a vida teria sido originada e evoluiu a partir da ação de um Criador. Por outro lado, existem muitas evidências científicas, muitas delas apoiadas por procedimentos experimentais, de que a vida surgiu e evoluiu de maneira lenta e progressiva, com a participação ativa de inúmeras substâncias e reações químicas, de processos bioenergéticos e, claro, com a participação constante do ambiente. O estudo científico da origem da vida e da evolução biológica, esta unificadora das diversas áreas biológicas, é um dos mais fascinantes desafios da Biologia atual.

BIG BANG: A FORMAÇÃO DO UNIVERSO

Os cientistas supõem que, há cerca de 10 a 20 bilhões de anos, uma massa compacta de matéria explodiu – o chamado *Big Bang* –, espalhando seus inúmeros fragmentos que se movem até hoje pelo Universo. Acreditam, esses cientistas, que os fragmentos se deslocam continuamente e, por isso, o Universo estaria em contínua expansão.

À medida que esses fragmentos se tornavam mais frios, os átomos de diversos elementos químicos, especialmente hidrogênio e hélio, teriam sido formados.

O Sol teria se formado por volta de 5 bilhões a 10 bilhões de anos atrás. O material que o formava teria sofrido compressões devido a forças de atração gravitacional, e ele teria entrado em ignição, liberando grande quantidade de calor. Com isso, outros elementos, derivados do hélio e do hidrogênio, teriam se formado. Da fusão de elementos liberados pelo Sol, com grandes quantidades de poeira e gases, teriam se originado inúmeros planetas, entre eles a Terra.

Atualmente, há duas correntes de pensamento entre os cientistas com relação à origem da vida na Terra: uma, que teria surgido a partir de outros planetas (panspermia), e outra, que teria se desenvolvido gradativamente em um longo processo de mudança, seleção e evolução.

Segundo a hipótese do *Big Bang*, o Universo teria surgido de uma grande explosão.

Saiba mais

Criacionismo: origem da vida por criação especial

Anterior às tentativas científicas relacionadas à origem da vida, já era difundida a ideia de *criação especial*, segundo a qual a vida é fruto da ação consciente de um Criador. Essa corrente de pensamento, que passou a ser denominada *criacionista*, baseia-se na fé e nos textos bíblicos – principalmente no livro de Gênesis – que relatam a ideia sobre a origem da vida do ponto de vista religioso.

Ao longo da História, muitas controvérsias chegaram a extremos por causa de uma interpretação errônea que não levava em conta o contexto e o caráter muitas vezes poético e simbólico dos textos da Bíblia, que não têm nenhum objetivo científico. Assim, principalmente na Idade Média, uma *interpretação literal* e, portanto, limitada dos textos bíblicos era imposta como dogma e criava uma barreira em relação à ciência que estava – e está – em constante progresso.

O criacionismo, que se opõe à teoria da evolução segundo a qual a vida teria surgido da matéria bruta, tem hoje defensores, que se esforçam em demonstrar que os textos bíblicos, tomados em seu contexto próprio, em nada contradizem as mais novas descobertas científicas.

SHEILA TERRY/SPL/LATINSTOCK

GERAÇÃO ESPONTÂNEA E ABIOGÊNESE: AS PRIMEIRAS IDEIAS SOBRE A ORIGEM DA VIDA

O filósofo Aristóteles (384-322 a.C.) acreditava que a luz do Sol, o material em decomposição ou o lodo poderiam, sob certas condições favoráveis, originar vida. Para ele, certos *princípios ativos* ou *forças vitais* poderiam determinar o surgimento de vida. O ovo de galinha originaria um filhote, devido a um "princípio organizador" que formava apenas esse tipo de ave. Cada tipo de ovo teria um "princípio organizador" diferente. Essas ideias embasaram a chamada origem da vida por **geração espontânea**, que vigorou até meados do século XIX. Quadros famosos do século XII retratavam o surgimento de gansos a partir de frutos de árvores que existiam nas proximidades de mares e pessoas relatavam ter visto carneiros surgindo de árvores que produziam frutos parecidos com melões.

Paracelso (1493-1541), famoso médico do século XV, relatava que, por geração espontânea, ratos, camundongos, rãs e enguias surgiam de uma mistura de ar, água, palha e madeira podre.

Van Helmont (1579-1644), médico belga, tinha uma receita para gerar organismos por geração espontânea. Em uma caixa, ele colocava uma camisa suja e germe de trigo e dizia que, em 21 dias, nasceriam camundongos. Nesse caso, o "princípio ativo" seria o suor presente na camisa suja.

Havia, portanto, a crença de que a vida surgiria a partir de água, lixo e sujeira, uma ideia que foi denominada **abiogênese** (*a* = sem; *bio* = vida; *génesis* = origem).

Durante séculos acreditou-se que seres vivos surgiam espontaneamente e, muitos, transformavam-se. Nesta representação, as folhas que caem desta árvore na água se transformam em peixes; as que caem na terra, em aves.

BIOGÊNESE: VIDA A PARTIR DE VIDA PREEXISTENTE

No século XVII, o biólogo italiano Francesco Redi (1626-1697) tentou negar as ideias de geração espontânea. Ele acreditava na **biogênese**, ou seja, que *a vida só era produzida por vida preexistente*. Pesquisando sobre a origem de larvas de insetos que apareciam em carnes em putrefação, tentou

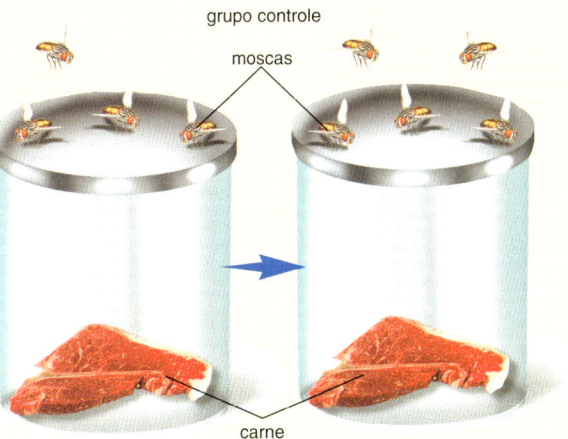

Esse afresco, pintado por Michelângelo no teto da Capela Sistina, na cidade do Vaticano, entre 1508 e 1512, representa o momento em que Deus (à direita) dá alma ao recém-criado Adão (à esquerda) por meio do toque de seus dedos. Acredita-se que, nessa representação, Deus envolve Eva com seu braço esquerdo e sua mão toca o menino Jesus. O artista – Michelângelo Buonarrotti (1475-1564) – foi um dos grandes escultores do Renascimento, além de arquiteto, pintor e poeta.

provar que as larvas só apareciam se a carne fosse contaminada por ovos depositados por insetos que nela pousassem. Veja a Figura 43-1.

No século XVIII, em que já se sabia da existência de microrganismos, o pesquisador Needham efetuou uma série de experimentos com caldo de carne previamente aquecido, na tentativa de demonstrar a ocorrência de geração espontânea. Depois de alguns dias, o caldo ficava turvo pelo aparecimento de microrganismos, fato que, para o pesquisador, indicava a ocorrência de geração espontânea. Outro pesquisador, Spallanzani, tentando refutar a ideia de Needham, fervia o caldo de carne e o colocava em frascos hermeticamente fechados. O caldo não se turvava. Parecia que a ideia de geração espontânea era realmente falsa. Needham, então, contra-atacou, dizendo que a fervura tinha destruído o *princípio ativo* existente na carne. Essa disputa só terminou com os trabalhos de Pasteur que você verá a seguir.

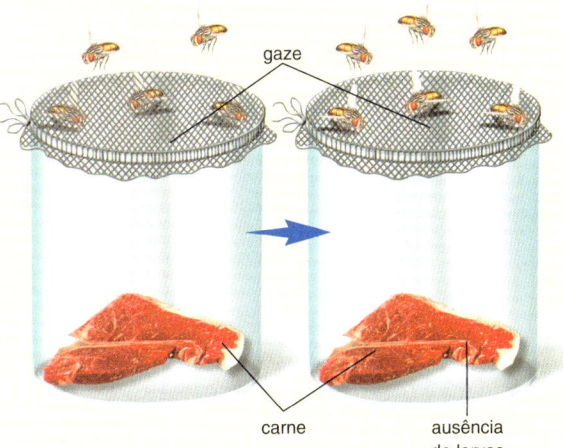

Frasco 1:
Redi colocou pedaços de carne e selou o frasco com uma tampa. Não apareceram larvas. Não se formaram insetos.

Frasco 2:
Redi colocou um pedaço de carne e deixou o frasco aberto. Apareceram larvas que depois se transformaram em insetos.

Frasco 3:
A fim de não impedir a renovação do ar no interior do frasco, Redi colocou um pedaço de carne e cobriu a boca com uma gaze de malha finíssima. Não apareceram larvas na carne. Os insetos, atraídos pelo cheiro da carne, pousavam na gaze e depositavam seus ovos nela. Larvas formadas a partir dos ovos tentavam penetrar pelo tecido, em direção à carne, mas eram removidas.

Figura 43-1. Experimento controlado realizado por Francesco Redi para invalidar as ideias sobre geração espontânea. Esta experiência confirmou a hipótese de que as moscas eram responsáveis pela presença de larvas na carne em decomposição.

Origem da vida e evolução biológica

Saiba mais

O experimento de Pasteur

Em meados do século XIX, Louis Pasteur (1822-1895), cientista francês, elaborou uma série de experimentos que acabaram de vez com a ideia de geração espontânea e confirmaram a ideia de biogênese.

Pasteur preparou um caldo contendo água, açúcar e lêvedo (fungos) em suspensão, colocando-o em dois tipos de frascos:

- alguns frascos tinham um longo pescoço reto;
- outros tinham também longos pescoços, mas estes foram recurvados para que tivessem a forma de um "pescoço de cisne".

Os frascos com os caldos foram fervidos e deixados abertos. Queria assim mostrar que o ar poderia entrar livremente em todos eles.

Resultado: somente os frascos com pescoço reto tinham microrganismos no interior do caldo. Os de "pescoço de cisne" permaneceram estéreis por todo o tempo. Por quê? Ao recurvar os pescoços dos frascos, ele permitia a passagem livre do ar. Os microrganismos, porém, depositavam-se com a sujeira no pescoço recurvado e não contaminavam o caldo que ficava, assim, estéril.

Até hoje, no Instituto Pasteur, em Paris, os frascos originais, contendo os caldos feitos por Pasteur, continuam livres de microrganismos (veja a Figura 43-2).

Louis Pasteur (1822-1895).

O meio de cultura em frasco comum é contaminado rapidamente por bactérias.

Poeira e bactérias retidas nas gotículas de água oriundas da condensação do vapor.

O meio de cultura no frasco com "pescoço de cisne" permaneceu indefinidamente estéril.

Figura 43-2. Experimento de Pasteur.

Se o "pescoço" do frasco é removido, o meio de cultura é rapidamente contaminado.

Pense nisso

Após as experiências de Pasteur e as pesquisas realizadas por outros cientistas, aprendeu-se muita coisa a respeito dos mecanismos das infecções, de como impedir que as pessoas adquirissem doenças bacterianas. Mulheres morriam por infecções pós-parto. Não se sabiam as causas. Lentamente, porém, com os ensinamentos de Pasteur e de outros cientistas, passou-se a esterilizar os objetos de uso nas salas de parto, tomando-se o cuidado, inclusive, de pulverizar substâncias antimicrobianas nas paredes das salas cirúrgicas. Reduziu-se enormemente a taxa de mortalidade entre as parturientes. Começou a se generalizar a ideia de que a vida só se origina de vida preexistente, na Terra atual, e que o ar está cheio de microrganismos que contaminam objetos, alimentos e podem causar doenças.

A HIPÓTESE DE OPARIN

Em 1938, o cientista russo A. I. Oparin publicou a hipótese de que inicialmente a atmosfera da Terra seria formada por uma mistura de gases (metano, amônia e hidrogênio) e muito vapor-d'água. Observe que o oxigênio não estaria livre. Em virtude da alta disponibilidade de hidrogênio e seus elétrons, essa seria uma atmosfera redutora em que não haveria necessidade de muita energia para que se formassem moléculas. Sendo continuamente atingida por descargas elétricas e atravessada por raios ultravioleta do Sol, teria havido a quebra de algumas dessas moléculas e a síntese de determinados compostos orgânicos. Graças aos violentos temporais que se abatiam sobre a Terra, esses compostos teriam sido levados aos oceanos primitivos (veja a Figura 43-3), onde teriam formado um caldo de substâncias orgânicas, como uma "sopa", que constituiu o ponto de partida para a origem da vida.

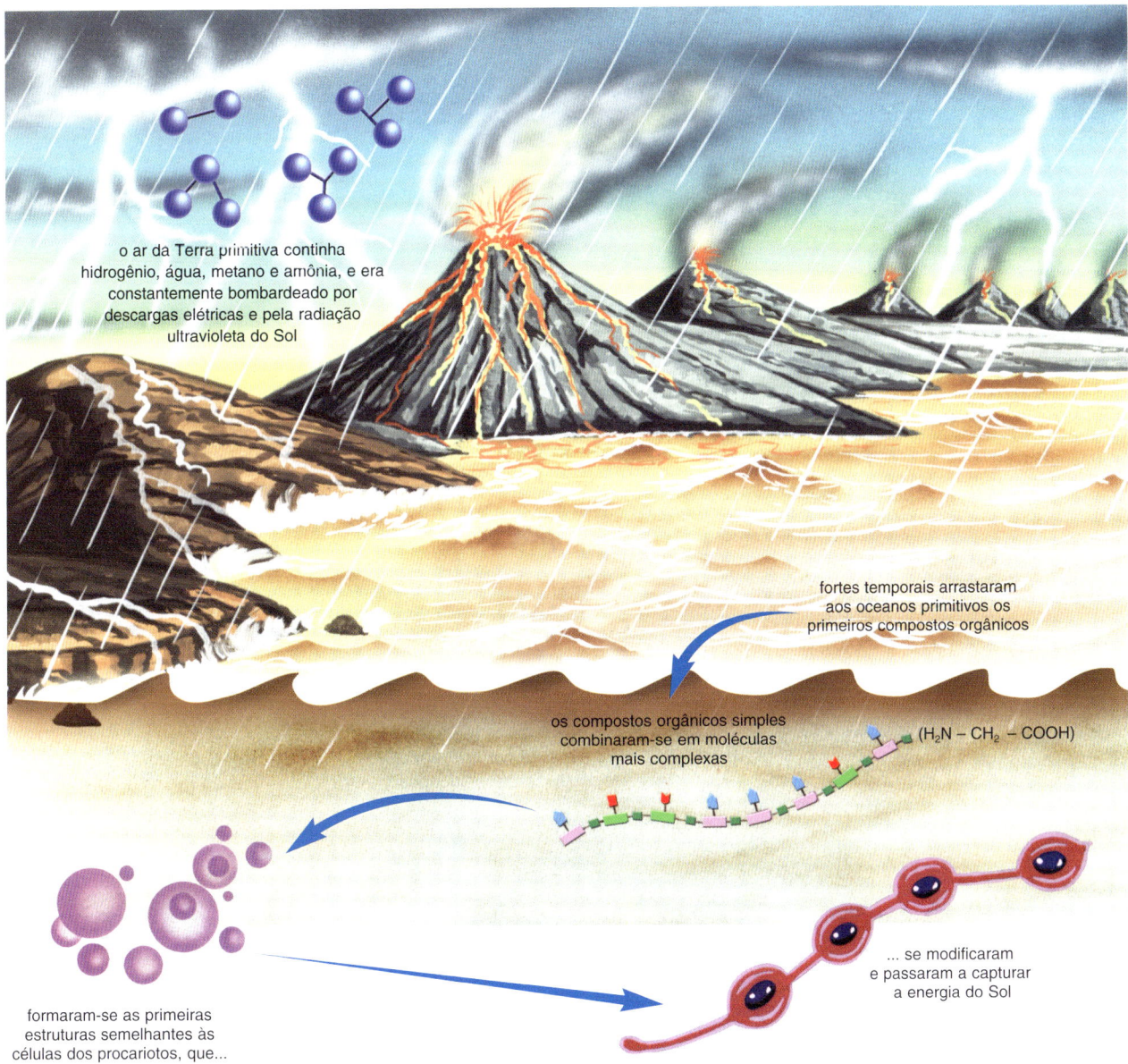

Figura 43-3. A hipótese de Oparin: roteiro provável que culminou com a origem dos primeiros seres vivos.

À medida que as primeiras moléculas orgânicas se formaram, elas teriam se reunido em conjuntos maiores e evoluído em sua complexidade até formarem vesículas separadas do meio ambiente por uma espécie de membrana. A essa estrutura inicial, a essa "vesícula", Oparin chamou de **protobionte**.

> Evidências sugerem que o planeta Terra e o Sistema Solar teriam sido formados há aproximadamente 4,6 bilhões de anos.

Em 1950, dois pesquisadores da Universidade de Chicago, Stanley Miller e Harold Urey, desenvolveram um aparelho em que simularam as condições supostas para a Terra primitiva. Com sucesso, obtiveram resultados que confirmaram a hipótese de Oparin (veja a Figura 43-4).

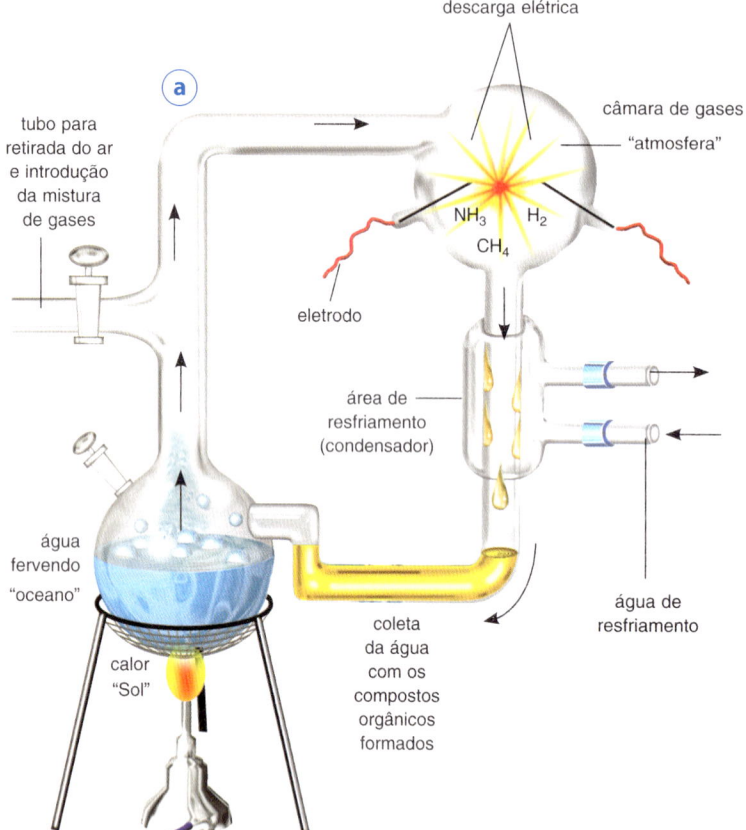

Figura 43-4. Experimento conduzido por Stanley Miller e Harold Urey. (a) Observe que há uma câmara – em que foram colocados vapor-d'água e gases (amônia, hidrogênio e metano), simulando a atmosfera nas etapas iniciais da vida na Terra – bombardeada por descargas elétricas (como se fossem raios), em um balão acima de um condensador com água para resfriar os gases e provocar "chuva" (essa câmara era mantida em torno dos 100 °C para simular as condições primitivas). As gotas dessa "chuva", com quaisquer outras moléculas porventura formadas na "atmosfera", eram recolhidas para outra câmara, o "oceano primitivo", de onde eram coletadas periodicamente e analisadas. (b) Foto do modelo criado.

Inicialmente, obtiveram com seu experimento pequenas moléculas que, com o passar do tempo, se combinaram formando moléculas mais complexas, inclusive os aminoácidos glicina e alanina. Posteriormente, novas pesquisas obtiveram outros aminoácidos e vários compostos de carbono.

Os protobiontes de Oparin receberam diferentes nomes dados pelos cientistas, de acordo com seu conteúdo: **microsferas**, **protocélulas**, **micelas**, **lipossomos** e **coacervados**. Estes possuem uma "membrana" dupla, formada por duas camadas lipídicas, à semelhança das membranas celulares.

Saiba mais

A origem da célula eucariótica

Uma possível hipótese para explicar a origem da célula eucariótica, com o seu sistema de endomembranas, foi proposta por J. D. Robertson, em 1960. Por meio do pregueamento para fora da membrana plasmática (evaginações), teria surgido o sistema de endomembranas e a carioteca. Isso teria resolvido o problema representado pelo aumento do volume celular, compensando a pequena superfície disponível na membrana plasmática para as trocas metabólicas entre a célula e o meio. Veja o esquema a seguir.

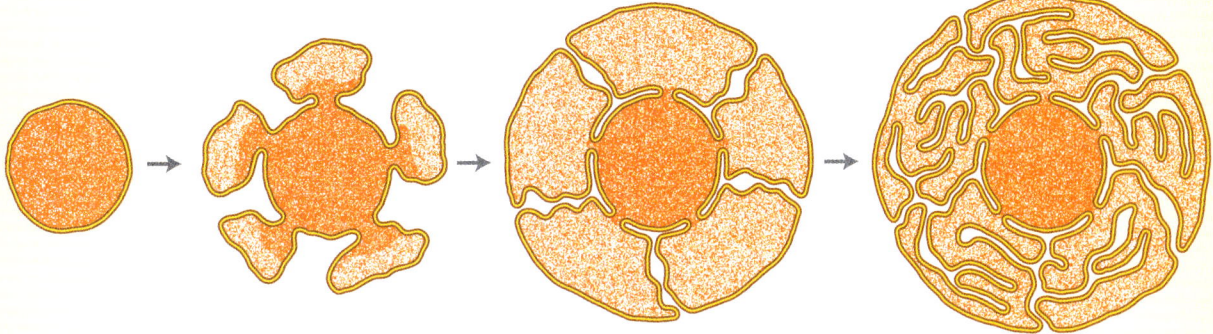

Uma hipótese alternativa, mais recente, admite que a membrana plasmática da primitiva célula procariótica teria sofrido pregueamentos para dentro (invaginações), originando-se, então, o sistema de endomembranas e a carioteca. Veja o esquema a seguir.

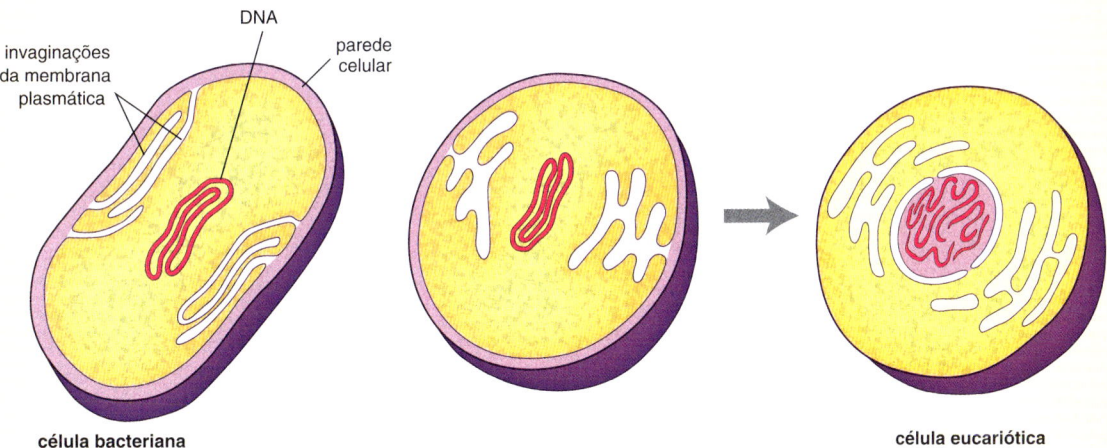

Saiba mais

Ampliando a hipótese de Oparin: proteinoides e ribozimas

No começo da década de 1970, o biólogo Sidney Fox aqueceu, a seco, a 60 °C, uma mistura de aminoácidos. Obteve pequenos polipeptídeos, a que ele chamou de *proteinoides*. A água resultante dessa reação entre aminoácidos evaporou em virtude do aquecimento. Fox quis, com isso, mostrar que pode ter sido possível a união de aminoácidos, apenas com uma fonte de energia, no caso o calor, e sem a presença de água. Faltava esclarecer o possível local em que essa união teria ocorrido.

Recentemente, os cientistas levantaram a hipótese de que a síntese de grandes moléculas orgânicas teria ocorrido na superfície das rochas e da *argila* existente na Terra primitiva. A argila, em particular, teria sido o principal local da síntese. Ela é rica em zinco e ferro, dois metais que costumam atuar como catalisadores em reações químicas. A partir daí, vagarosamente ocorrendo as sínteses, as chuvas se encarregariam de lavar a crosta terrestre e levar as moléculas para os mares, transformando-os no imenso caldo orgânico sugerido por Oparin. Essa descoberta, aliada aos resultados obtidos por Fox, resolveu o problema do local em que possivelmente as sínteses orgânicas teriam ocorrido.

Havia, no entanto, outro problema: as reações químicas ocorrem mais rapidamente na presença de enzimas. Somente a argila, ou os metais nela existentes, não proporcionaria a rapidez necessária para a ocorrência das reações. Atualmente, sugere-se que uma molécula de RNA teria exercido ação enzimática. Além de possuir propriedades informacionais, descobriu-se que o RNA também tem características de enzima, favorecendo a união de aminoácidos. Assim, sugerem os cientistas, RNAs produzidos na superfície de argilas, no passado, teriam o papel de atuar como enzimas na síntese dos primeiros polipeptídeos. Esses RNAs atuariam como enzimas chamadas *ribozimas* e sua ação seria auxiliada pelo zinco existente na argila. Outro dado que apoia essa hipótese é o fato de que, colocando moléculas de RNA em tubo de ensaio com nucleotídeos de RNA, ocorre a síntese de mais RNA sem a necessidade de enzimas.

A Hipótese Heterotrófica

A partir da ideia dessas formas primitivas de vida, entre elas os coacervados, os cientistas sugeriram, então, que as primeiras células se formaram, lentamente, possuindo metabolismo próprio. Cada uma teria sido circundada por uma membrana protetora e, em seu interior, um caldo primitivo celular apresentava um metabolismo simples. Assim, sugere-se que os primeiros organismos celulares vivos da Terra teriam sido os procariotos primitivos, *formas vivas extremamente simples*, semelhantes às bactérias conhecidas atualmente.

Aceitando-se a ideia de que os primeiros seres vivos teriam sido organismos procariotos, fica a pergunta: teriam eles sido heterótrofos, não conseguindo fabricar seu próprio alimento, ou autótrofos, tendo essa capacidade? Tudo leva a crer que os primeiros organismos celulares teriam sido *heterótrofos*. Veja o porquê: a abundância de alimento orgânico nos mares primitivos favorecia o hábito "consumidor de alimentos". Então, bastava a essa "protovida" absorver, do caldo que a circundava, o alimento necessário para sua manutenção e sobrevivência. Além disso, admitir uma hipótese autotrófica para explicar a origem dos seres vivos implica a aceitação, logo de início, da ocorrência de reações químicas muito mais complexas, relacionadas à capacidade de síntese do próprio alimento, exigindo do organismo uma estrutura mais complexa do que aquela encontrada nos primitivos heterótrofos.

Acredita-se, também, que os primeiros heterótrofos possuíam metabolismo anaeróbio, ou seja, obtinham a energia necessária para a vida a partir de reações que não utilizavam oxigênio – possivelmente faziam fermentação, um processo primitivo e anaeróbio de liberação de energia.

E Aparecem os Autótrofos

À medida que a vida "dava certo", os primeiros heterótrofos bem-sucedidos começaram a se multiplicar. O consumo de alimentos apresentou um ritmo maior que o das sínteses de novas moléculas. Quem "comia" sobrevivia e se reproduzia, originando mais descendentes que sobreviviam à custa de alimento orgânico.

Provavelmente, devido a mutações no material genético, algo aconteceu que possibilitou a algumas células a capacidade de produzir o seu próprio alimento a partir de gás carbônico e de água do ambiente, *utilizando a luz solar como fonte de energia para a síntese de matéria orgânica*.

Surgiram, assim, os primeiros seres autótrofos: os primeiros seres *fotossintetizantes*, provavelmente cianobactérias. Isso deve ter ocorrido há cerca de 3,6 bilhões de anos.

O Ar É Modificado pela Vida

O surgimento dos autótrofos modificou radicalmente o panorama terrestre. Liberavam oxigênio. O ar mudou. O oxigênio mudou o curso da vida na Terra. Provavelmente, os primeiros autótrofos eram também fermentadores. E utilizavam a pequena quantidade de gás carbônico disponível para a elaboração de mais alimento orgânico.

Devido a novas mutações no material genético de alguns seres primitivos, uma nova forma de metabolismo energético surgiu: a respiração aeróbia – os heterótrofos que faziam respiração aeróbia eram mais eficientes que os fermentadores, uma vez que o rendimento energético na respiração aeróbia é maior. Quem é mais eficiente na obtenção da energia contida nos alimentos deixa mais descendentes. Os respiradores aeróbios começaram a predominar. Passaram a constituir a maioria dos organismos heterótrofos. O gás carbônico por eles liberado na respiração podia ser utilizado pelos autótrofos fotossintetizantes e, assim, o carbono começava a executar um ciclo que até hoje persiste na Terra, assim como o oxigênio também passou a ser reciclado pelos seres vivos.

A vida na Terra mudava. *O ar passou a ser "feito" pela vida.*

Recentemente foram descobertas na Austrália e em outros locais da Terra certas formações marinhas contendo microfósseis, que foram chamados de **estromatólitos**. Nessas formações, cuja idade estimada é de aproximadamente 3,6 bilhões de anos, detectou-se a presença de moléculas de uma clorofila primitiva. Esses microfósseis parecem-se em tudo com as atuais cianobactérias.

Pense nisso

Ideias recentes, relacionadas à *hipótese autotrófica*, admitem que os primeiros seres vivos podem ter sido microrganismos autótrofos primitivos, semelhantes às arqueas atuais, que, por meio da quimiossíntese ou mecanismo similar, poderiam produzir a matéria orgânica necessária à alimentação e multiplicação dos primeiros microrganismos heterótrofos fermentadores.

Vida Multicelular

Como surgiram os seres multicelulares? Evidências obtidas de estudos geológicos sugerem que os primeiros multicelulares simples surgiram na Terra há cerca de 750 milhões de anos! Antes disso houve o predomínio de vida unicelular, com formas eucarióticas simples. A partir dessa data, surgem os primeiros multicelulares, originados dos unicelulares eucariotos existentes. Desde então, a evolução não mais parou.

Saiba mais

A teoria da origem extraterrestre da vida

Na década de 1970, os astrônomos Fred Hoyle (já falecido) e Chandra Wickramasinghe divulgaram uma controvertida teoria, denominada de *panspermia*, segundo a qual cometas que bombardeavam a Terra teriam trazido os vírus e as bactérias do espaço interestelar que semearam a Terra e deram a largada para a origem da vida no nosso planeta há 4 bilhões de anos. E, para eles, esse processo continua ocorrendo até os dias de hoje.

Recentemente, essa teoria foi ressuscitada por astrônomos americanos que acreditam que meteoritos originados de outros sistemas solares carregam formas simples de vida. O problema representado pela radioatividade existente no espaço seria minimizado, segundo eles, pela espessa camada protetora componente das rochas que carregam microrganismos.

New Scientist, London, n. 2.282, 17 mar. 2001, p. 4.

Saiba mais

O mundo do RNA

Teriam os seres vivos, que contêm DNA como material genético principal, se originado de vírus de RNA? Alguns cientistas acreditam que sim. O argumento principal dos defensores dessa ideia é o de que inúmeros experimentos revelam que a molécula de RNA é portadora de informação genética, além de possuir atividade enzimática. Seres vivos primitivos, dotados apenas de RNA, seriam capazes de absorver nutrientes, replicar e evoluir. De acordo com a hipótese do *"mundo do RNA"*, tais organismos posteriormente teriam originado moléculas de proteína e de DNA, o qual, então, teria assumido as funções originalmente desempenhadas pelas moléculas de RNA.

Para o cientista francês Patrick Forterre, um dos defensores da hipótese, organismos dotados de RNA teriam evoluído em células autorreplicantes que produziriam as próprias proteínas. A partir delas é que os vírus de RNA teriam se originado. Esses vírus de RNA seriam parasitas dessas células primitivas, manipulando-as para a produção de novas cópias de vírus. Posteriormente, ainda segundo a hipótese, o RNA de alguns desses vírus gerou o DNA, constituindo o ponto de partida para a evolução dos três domínios de seres vivos atualmente existentes.

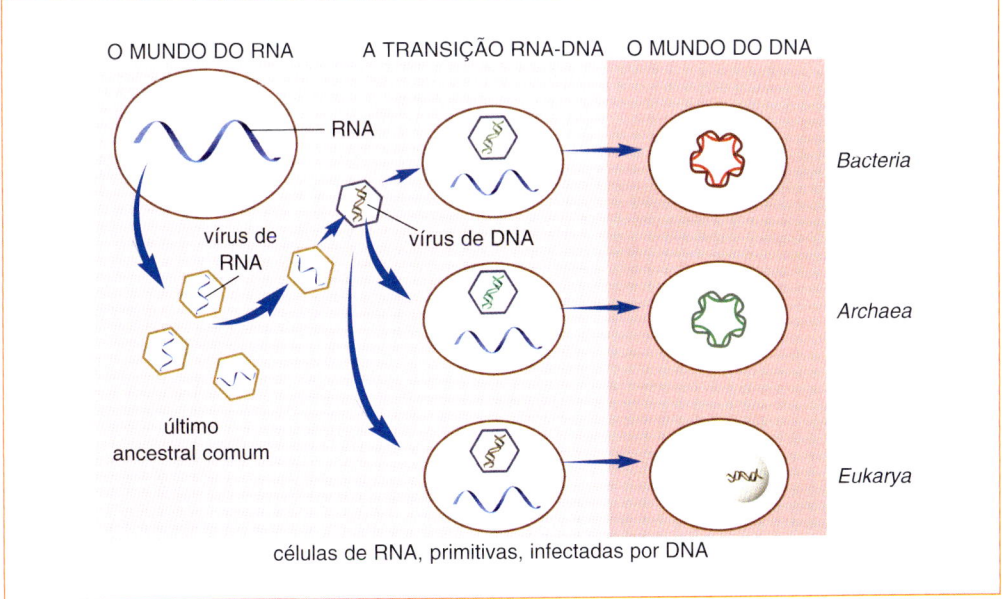

Do mundo do RNA para o mundo do DNA. Segundo essa hipótese, todos os seres vivos atuais compartilham um ancestral comum cujo material genético era o RNA. Desses organismos, teriam se originado os vírus de RNA. Alguns desses vírus, posteriormente, teriam gerado vírus de DNA, que permaneceram em suas células hospedeiras. Ao longo do tempo, esse processo favoreceu a origem dos seres vivos componentes dos três domínios atuais.

Fonte: ZIMMER, C. Did DNA come from viruses? *Science*, EUA, v. 312, n. 5.775, 12 May 2006, p. 870.

> ### Ética & Sociedade
>
> #### Astrobiologia
>
> Astrobiologia é um campo da Biologia que se formalizou no século XX e que trabalha, entre outros temas, com o desenvolvimento de teorias que estudam a existência de vida em outros pontos do Universo, a origem da vida em nosso planeta, o futuro da vida como a conhecemos e a possibilidade de virmos a estabelecer colônias humanas no espaço. Um dos focos das observações dos cientistas é a busca de um planeta que apresente indícios ou possibilidade de desenvolvimento de vida.
>
> Graças à rápida evolução tecnológica dos últimos anos, até início de 2011 já eram conhecidos cerca de 500 planetas exteriores ao Sistema Solar. Um desses planetas, pertencente ao sistema planetário da estrela-anã Gliese 581d, apresenta indícios de clima propício à existência de água no estado líquido e vida.
>
> Se a existência de vida extraterrestre, nesse ou em outro planeta, for confirmada, será necessária a exploração de diversas questões éticas e filosóficas relacionadas à existência de um tipo de vida, inteligência e sociedade potencialmente diferentes das nossas.
>
> Caso um dia fosse confirmada a existência de vida fora do nosso planeta, de que forma você acredita que isso pudesse interferir em sua vida? Por quê?

EVOLUÇÃO BIOLÓGICA: UMA QUESTÃO DE ADAPTAÇÃO

Entre os seres vivos e o meio em que vivem há um ajuste, uma harmonia fundamental para a sobrevivência. O flamingo rosa, por exemplo, abaixa a cabeça até o solo alagadiço em que vive para buscar ali o seu alimento; os beija-flores, com seus longos bicos, estão adaptados à coleta do néctar contido nas flores tubulosas que visitam. A adaptação dos seres vivos ao meio é um fato incontestável. A origem da adaptação, porém, sempre foi discutida.

Na Antiguidade, a ideia de que as espécies seriam *fixas* e *imutáveis* foi defendida pelos filósofos gregos. Os chamados **fixistas** propunham que as espécies vivas já existiam desde a origem do planeta e a extinção de muitas delas

deveu-se a eventos especiais como, por exemplo, catástrofes, que teriam exterminado grupos inteiros de seres vivos. O filósofo grego Aristóteles, grande estudioso da natureza, não admitia a ocorrência de transformação das espécies. Acreditava que os organismos eram distribuídos segundo uma escala que ia do mais simples ao mais complexo. Cada ser vivo, nessa escala, tinha seu lugar definido. Essa visão aristotélica, que perdurou por cerca de 2.000 anos, admitia que as espécies eram **fixas** e **imutáveis**.

Lentamente, a partir do século XIX, uma série de pensadores passou a admitir a ideia da substituição gradual das espécies por outras, por meio de *adaptações a ambientes em contínuo processo de mudança*. Essa corrente de pensamento, **transformista**, explicava a adaptação como um processo dinâmico, ao contrário do que propunham os fixistas. Para o **transformismo**, a adaptação é conseguida por meio de mudanças: à medida que muda o meio, muda a espécie. Os adaptados ao ambiente em mudança sobrevivem. Essa ideia deu origem ao *evolucionismo*.

Evolução biológica é a adaptação das espécies a meios em contínua mudança. Nem sempre a adaptação implica aperfeiçoamento. Muitas vezes, leva a uma simplificação. É o caso, por exemplo, das tênias, vermes achatados parasitas: não tendo tubo digestório, estão perfeitamente adaptadas ao parasitismo no tubo digestório do homem e de outros vertebrados.

Fique por dentro!

Mais recentemente, surgiu uma nova concepção, mais próxima do criacionismo e que recebeu o nome *design inteligente*. Para os defensores dessa tese, uma *mão divina* moldou o curso da evolução. Isso porque, dizem, alguns sistemas biológicos são tão complexos e as diferenças entre as espécies são enormes demais para serem explicadas apenas pelo mecanismo de evolução.

As Evidências da Evolução

O esclarecimento do mecanismo de atuação da evolução biológica somente foi concretamente conseguido a partir dos trabalhos de dois cientistas, o francês Jean Baptiste Lamarck (1744-1829) e o inglês Charles Darwin (1809-1882). A discussão evolucionista, no entanto, levanta grande polêmica. Por esse motivo, é preciso descrever, inicialmente, as principais *evidências da evolução utilizadas pelos evolucionistas em defesa de sua tese*. Dentre as mais utilizadas destacam-se:

- os *fósseis*,
- a *semelhança embriológica e anatômica* existente entre os componentes de alguns grupos animais (notadamente os vertebrados),
- a existência de *estruturas vestigiais* e
- as *evidências bioquímicas* relacionadas a determinadas moléculas comuns a muitos seres vivos.

Fósseis

Fósseis são restos ou vestígios de seres vivos de épocas remotas que ficaram preservados em rochas. Podem ser ossos, dentes, conchas ou até impressões, pegadas ou pistas deixadas por seres vivos.

A preservação de um fóssil depende da ocorrência de uma série de eventos. Se o animal morrer em leitos de água, a correnteza carrega sedimentos que podem cobri-lo, dificultando o ataque de outros organismos que poderiam destruí-lo, favorecendo, assim, sua preservação. A erupção de um vulcão pode levar à fossilização ao soterrar com cinzas os animais e vegetais que viviam nas proximidades. Os rios, ao correr por novos leitos, podem expor camadas contendo fósseis. Igualmente, a atividade erosiva e modeladora do vento, chuva e gelo favorece a exposição dos fósseis incluídos em rochas.

A maioria dos fósseis encontrados pelos paleontologistas não são restos de animais ou vegetais em si, mas "moldes" deixados nas rochas pela decomposição do ser vivo. O molde é preenchido por minerais dissolvidos em água. O mesmo pode ocorrer com pegadas e marcas deixadas por animais nos locais por onde andaram, as quais foram cobertas de *lama*, que posteriormente endureceu. O gelo também funciona como excelente material de preservação.

Fragmentos, como os da foto, ou mesmo espécimes inteiros são conservados em rochas, sob determinadas condições ambiente. Fóssil de um mamute encontrado em um sítio arqueológico em Hot Springs, EUA.

Os fósseis nos dão informações sobre seres vivos já extintos, como o *Archaeopteryx*.

Estes insetos, conservados quase que intactos em âmbar, uma resina vegetal fossilizada, foram datados de 30 milhões de anos.

Esta folha fossilizada, de 40 milhões de anos, ainda tem material orgânico.

Evidências anatômicas e embriológicas

Comparando-se os ossos presentes nos membros anteriores de alguns vertebrados, pode-se perceber a existência de uma semelhança estrutural, reveladora de uma origem comum, relativamente a um ancestral hipotético. Do mesmo modo, o estudo comparado de embriões de diferentes vertebrados, que passam pelas mesmas etapas ao longo do desenvolvimento, sugere que eles provavelmente se originaram de um ancestral comum (veja as Figuras 43-5 e 43-6).

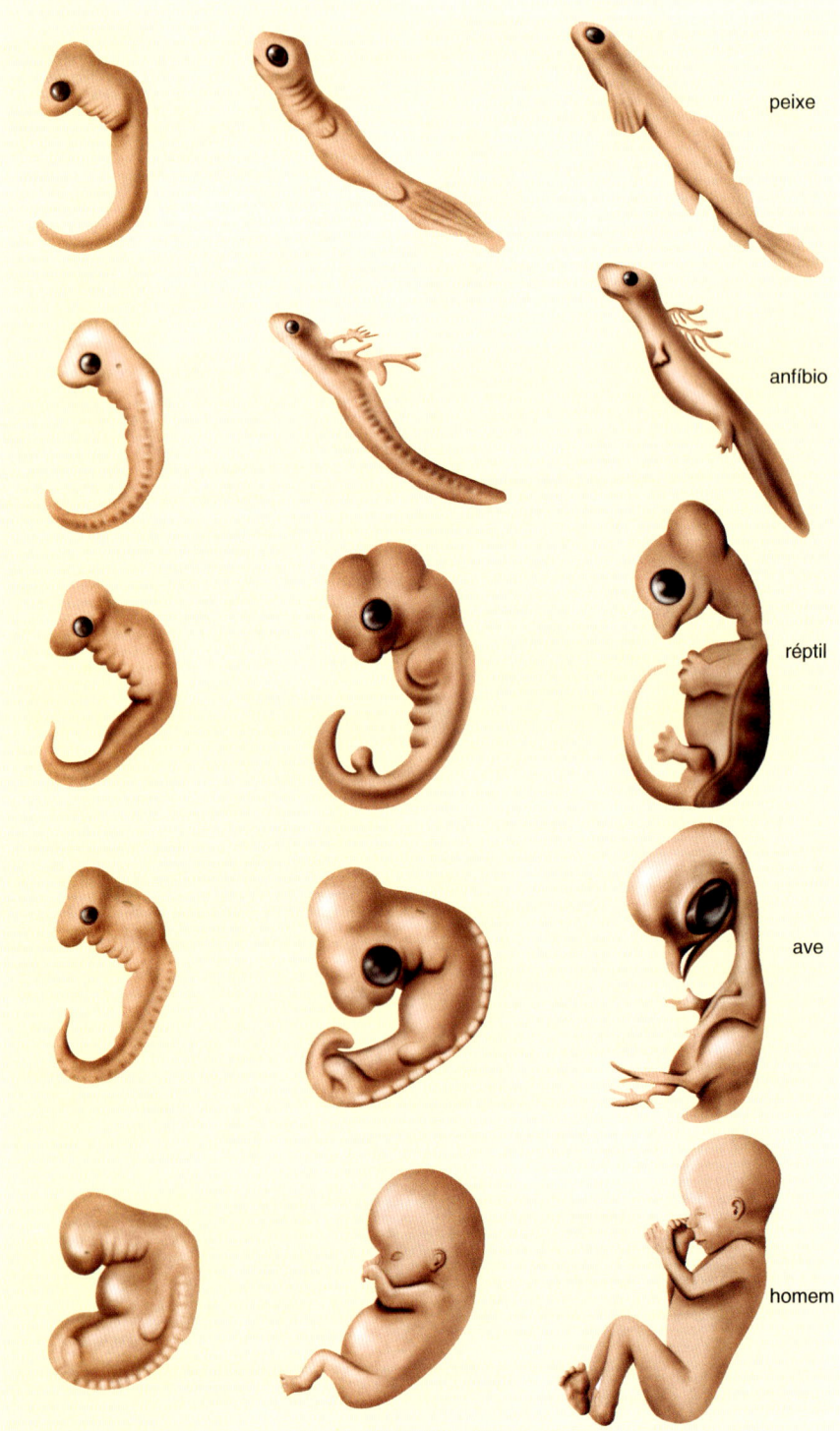

Figura 43-5. Comparação de estruturas anatômicas similares nos membros anteriores de vertebrados.

Figura 43-6. O desenvolvimento embrionário dos vertebrados, nas fases iniciais, é muito parecido.

Estruturas vestigiais

Notadamente entre os vertebrados, as estruturas vestigiais são as desprovidas de função em alguns deles, mas funcionais em outros. Como exemplo pode-se citar o apêndice vermiforme cecal humano, desprovido de função quando comparado aos apêndices funcionais de outros vertebrados (veja a Figura 43-7).

Evidências bioquímicas

Certas proteínas componentes do equipamento bioquímico dos vertebrados mostram-se extremamente semelhantes. É o caso do *citocromo C*, uma molécula participante da cadeia respiratória que ocorre nas mitocôndrias dos vertebrados. A análise da sequência de aminoácidos dessa proteína revelou que entre o homem e o macaco a diferença reside em apenas um aminoácido. Já entre o peixe e o homem, essa diferença sobe para 20 aminoácidos. Esse dado, associado a outras evidências, entre elas as anatômicas existentes entre esses organismos, é revelador da existência de um provável ancestral comum. Veja a Figura 43-8.

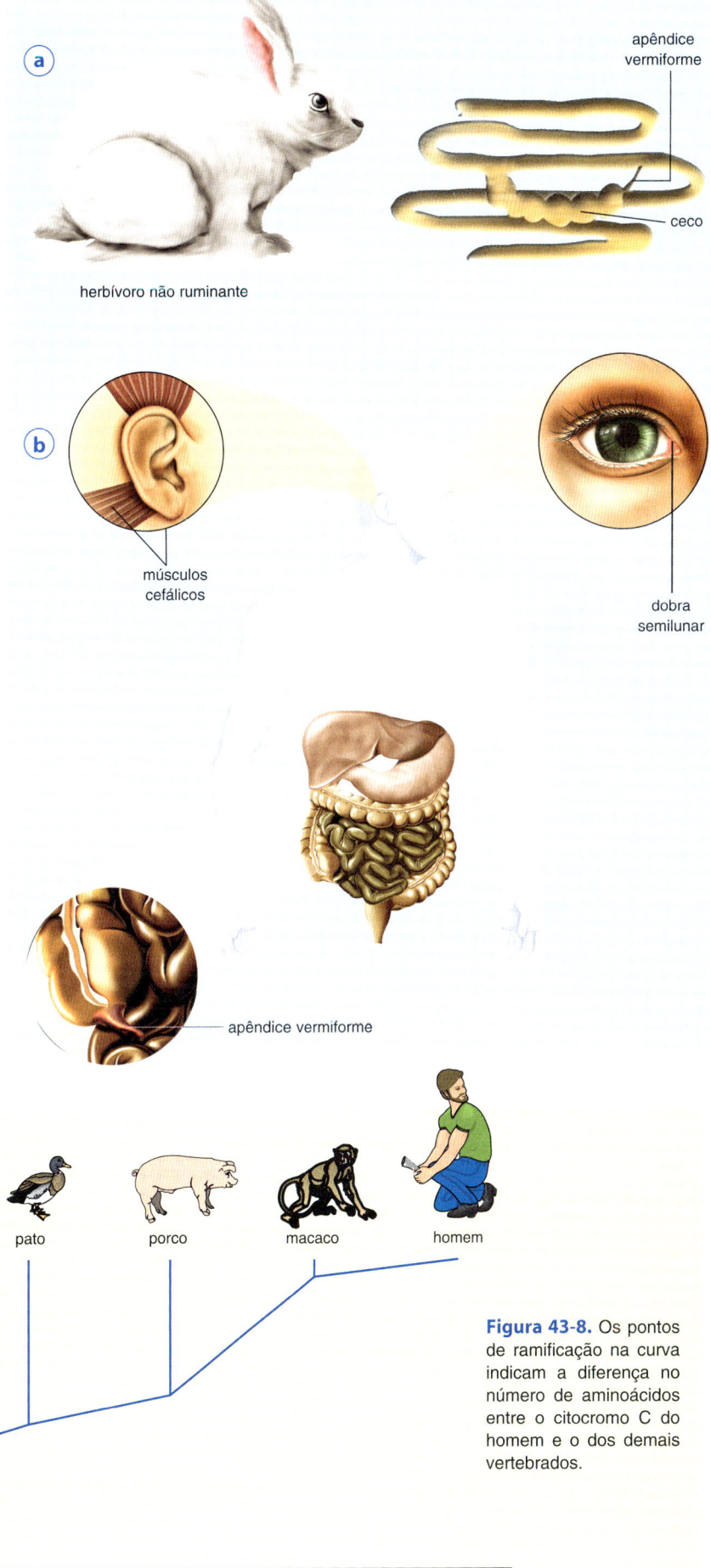

Figura 43-7. Estruturas vestigiais. (a) O ceco presente em herbívoros não ruminantes está presente no homem (b) como estrutura vestigial. Além dele, são considerados vestigiais os músculos cefálicos, que ficam atrás das orelhas, e a membrana nictitante (dobra semilunar).

Figura 43-8. Os pontos de ramificação na curva indicam a diferença no número de aminoácidos entre o citocromo C do homem e o dos demais vertebrados.

Origem da vida e evolução biológica **941**

OS EVOLUCIONISTAS EM AÇÃO: LAMARCK E DARWIN

A partir do século XIX, surgiram algumas tentativas para explicar a evolução biológica. Jean Baptiste Lamarck, francês, e Charles Darwin, inglês, foram os cientistas que elaboraram teorias sobre o mecanismo evolutivo de forma mais coerente. Darwin (1809-1882) elaborou um monumental trabalho científico que revolucionou a Biologia e que, até hoje, persiste como a **Teoria da Seleção Natural** das espécies.

Jean Baptiste Lamarck (1744-1829).

As Ideias de Lamarck

Um dos primeiros adeptos do transformismo foi o biólogo francês Lamarck. No mesmo ano em que nascia Darwin, Jean Baptiste Lamarck (1744-1829) propôs uma ideia aparentemente bem elaborada e lógica. Segundo ele, uma grande mudança no ambiente provocaria em uma espécie a necessidade de se modificar, o que a levaria a mudar os seus hábitos.

Com base nessa premissa, postulou duas leis. A primeira, chamada **Lei do uso e desuso**, afirmava que, se para se adaptar melhor a determinado ambiente fosse necessário o emprego de certo órgão, os seres vivos de uma dada espécie tenderiam a valorizá-lo cada vez mais, utilizando-o com maior frequência, o que levaria esse órgão a se hipertrofiar. Ao contrário, o não uso de determinado órgão levaria à sua atrofia e desaparecimento completo depois de algum tempo.

A segunda lei recebeu o nome, dado por Lamarck, de **Lei da herança dos caracteres adquiridos**. Por meio dela, postulou que qualquer aquisição benéfica durante a vida dos seres vivos seria transmitida aos seus descendentes, que passariam a transmiti-la, por sua vez, às gerações seguintes.

Descartando as ideias de Lamarck

Ao analisarmos a **Lei do uso e desuso** de Lamarck, poderíamos deduzir que ela é válida apenas para órgãos musculares – como exemplo podemos citar os atletas profissionais, os quais, por meio de treinos constantes e intensos, mantêm sua musculatura hipertrofiada. Já a atrofia da musculatura pode ser observada em pessoas portadoras de deficiência física, que as impede de movimentar e exercitar seus membros.

Por outro lado, a 1.ª Lei de Lamarck, em inúmeros casos, não é válida. A cauda de um macaco sul-americano, por exemplo, não cresceu devido ao hábito de o animal se prender aos galhos de uma árvore. A informação para o tamanho da cauda já está presente nos genes desses animais e de modo algum é decorrente do uso continuado dessa estrutura em contato com os galhos. Do mesmo modo, é inimaginável que a atividade diária e continuada de estudos e leituras de textos, por parte de uma pessoa, promova o aumento de tamanho de seu cérebro!

Com relação à **Lei da herança dos caracteres adquiridos**, na realidade, eventos que ocorrem durante a vida de um organismo, alterando alguma característica somática, não podem ser transmitidos à geração seguinte. Assim, por exemplo, é praticamente improvável e inimaginável que a hipertrofia muscular adquirida por um atleta, por meio de exercícios físicos, influencie os genes existentes em seus gametas e passe para os descendentes.

O que uma geração transmite a outra são genes, e os genes transmissíveis já existem em um indivíduo a partir do momento em que houve a fecundação e formou-se o zigoto. Fatos que ocorram durante sua vida não influenciarão, muito menos alterarão, sua constituição genética, a menos que mutações gênicas ocorram em suas células somáticas.

Um argumento decisivo contra o lamarckismo reside na falta de comprovação científica. Todos os experimentos conhecidos, efetuados na tentativa de comprovar as teses lamarckistas, foram infrutíferos.

Observe a cauda preênsil deste macaco sul-americano.

Darwin e a Teoria da Seleção Natural

Imagine dois ratos, um cinzento e outro albino. Em muitos tipos de ambiente, os ratos cinzentos levam vantagem sobre os albinos: eles podem ficar camuflados entre as folhagens de uma mata, enquanto os albinos, mais visíveis, sofrem ataques por parte dos predadores com maior frequência. Com o tempo, a população de ratos cinzentos, menos visada pelos predadores, começa a aumentar, o que denota seu sucesso naquele ambiente. O ambiente, em casos como esse, favorece a sobrevivência dos indivíduos que dispõem de certas características para enfrentar os problemas oferecidos pelo meio.

A esse processo Darwin chamou **seleção natural**. Note que a seleção pressupõe a existência de uma *variabilidade* entre organismos da mesma espécie.

Charles Darwin (1809-1882).

Saiba mais

A ação do ambiente para Lamarck e para Darwin

Lamarck e Darwin foram evolucionistas. Ambos aceitavam a ocorrência de adaptação dos seres ao meio e, para ambos, o ambiente desempenha papel preponderante na adaptação. A diferença fundamental entre as teses por eles desenvolvidas, porém, é o mecanismo de atuação do meio. Para Lamarck, o meio atua induzindo a modificação nos seres vivos. Para Darwin, o meio apenas seleciona as variedades preexistentes que melhor ajustem a espécie ao ambiente de vida.

Darwin reconhecia a existência dessa variabilidade. Sabia também que, na natureza, a quantidade de nascimentos de indivíduos de certa espécie é superior à que o ambiente pode suportar. Além disso, o número de indivíduos de uma população tende a ficar sempre em torno de uma certa quantidade ótima, estável, devido, principalmente, a altas taxas de mortalidade. A mortalidade, no entanto, é maior entre indivíduos menos adaptados ao seu meio.

Fique por dentro!

Darwin era gradualista. Não via a vida evoluindo abruptamente, aos saltos. Considerava as mudanças sofridas pelas espécies como resultantes do acúmulo lento e gradual de pequenas modificações.

Uma longa caminhada rumo à seleção natural

Alguns fatos importantes, ocorridos durante a vida de Darwin, permitiram que ele fosse um grande cientista, responsável pela elaboração da teoria da seleção natural. Vamos relembrar que o trabalho de um cientista envolve a **observação** de fatos que ocorrem à sua volta, a elaboração de uma **hipótese** e a realização de **experimentos** que, caso confirmem a hipótese e sejam reprodutíveis, poderão dar origem a uma **teoria**. Darwin percorreu todos esses passos, conforme vamos relatar a seguir.

- **Observações durante a viagem a bordo do navio *Beagle* e a elaboração da hipótese da seleção natural.** Darwin partiu, como naturalista de bordo, em um navio da armada inglesa para dar a volta ao mundo (veja a Figura 43-9). Durante a viagem, descobriu fósseis de tatus gigantes (diferentes dos pequenos tatus vivos que vira no Brasil!), além de encontrar conchas de moluscos fossilizadas em plena Cordilheira dos Andes (como teriam ido parar lá?). Ao estudar pássaros da família dos fringilídeos – também conhecidos como tentilhões de Darwin – no litoral do Equador e, depois, compará-los aos fringilídeos do arquipélago de Galápagos, Darwin iniciou o longo caminho rumo à elaboração de sua teoria.

Origem da vida e evolução biológica **943**

Os pássaros que observou nas ilhas eram parecidos com os que ele havia observado no continente, mas de espécies diferentes, próprias de cada ilha (atualmente, existem cerca de treze espécies diferentes de tentilhões em Galápagos). Como isso teria acontecido? Darwin supôs que, a partir do continente, os ancestrais dos pássaros teriam se dirigido para as novas ilhas e apenas aqueles já dotados de adaptações às novas características do meio sobreviveram. Estava nascendo aí a **hipótese da seleção natural**. Progressivamente, ao longo do tempo, teriam se formado novas espécies. Ou seja, segundo sua **observação**, as espécies de pássaros fringilídeos encontradas em Galápagos pareciam "descendentes modificadas das espécies sul-americanas". Elaborada a **hipótese**, era necessário confirmá-la por meio de experimentos.

Figura 43-9. A viagem do *Beagle*: o navio deixou a Inglaterra em dezembro de 1831 e chegou ao Brasil no final de fevereiro de 1832. Permaneceu cerca de três anos e meio percorrendo a costa sul-americana. A parada em Galápagos durou pouco mais de um mês. O restante da viagem ao longo do Pacífico – passando pela Austrália, Nova Zelândia, novamente Brasil, até a volta à Inglaterra – levou mais um ano.

- **Os experimentos de seleção artificial.** Darwin sabia que seria impossível efetuar experimentos de seleção natural, ou seja, experimentos relacionados a fatos já ocorridos. Sua engenhosidade e brilhantismo científico levaram-no a elaborar um modelo que simulasse a ação da natureza. Foi então que teve a ideia de recorrer aos chamados experimentos de seleção artificial. Há séculos, o homem percebeu que a variabilidade existente entre os descendentes de animais e plantas permitia-lhe selecionar os melhores, aprimorando e modificando as espécies. Pense nas diversas raças de cães, gado, cavalos e nas diferentes plantas usadas como alimentos, criadas pelo homem para melhor atender às suas necessidades. O próprio Darwin foi um grande criador de variedades de pombos-correio, e obtinha dados de experimentos semelhantes de criadores e de aprimoradores de diversas raças de animais e plantas. Assim, concluiu que, se o homem pode fazer essa seleção, ao modificar várias espécies de interesse em pouco tempo, a natureza, ao longo de milhões de anos e dispondo de uma ampla variabilidade entre os componentes de cada espécie, poderia fazer o mesmo. Assim, sua **hipótese da seleção natural** foi confirmada a partir de experimentos de seleção *artificial*.
- **A leitura de Thomas Malthus.** Faltava, porém, um dado fundamental. Será que o homem também está sujeito à ação da seleção natural? Thomas Malthus, economista-clérigo inglês, em fins do século XVIII, escreveu um tratado no qual constava que a população humana crescia em progressão geométrica, enquanto a produção de alimentos pelo homem ocorria em progressão aritmética, ou seja, em ritmo mais lento. Haveria, assim, disputa pelo alimento, sobrevivendo apenas aqueles que tivessem acesso a ele. Darwin pensou então que, "se a população humana passa por um processo de seleção por causa de alimento, o mesmo deveria ocorrer na natureza com os demais seres vivos".

Thomas Robert Malthus (1766-1834).

Fique por dentro!

A publicação do ensaio de Darwin

Em 1844, Darwin escreveu um ensaio sobre a origem das espécies e a seleção natural. Enviou o trabalho ao amigo e geólogo Charles Lyell que, embora não convencido da ocorrência da evolução biológica, aconselhou Darwin a publicar o ensaio, antes que alguém o fizesse. Em 1858, Darwin recebeu uma carta de Alfred Russel Wallace, um jovem naturalista que coletava espécimes animais na Malásia. Um manuscrito acompanhava a carta, no qual Wallace desenvolvia uma "teoria" da seleção natural, essencialmente idêntica à de Darwin! Wallace pedia a opinião de Darwin, solicitando que enviasse o manuscrito a Lyell para julgamento e possível publicação. Lyell, no entanto, apresentou o manuscrito de Wallace, juntamente com o ensaio de Darwin, em uma reunião na Sociedade Lineana de Londres, em 1.º de julho de 1858. Mais que rapidamente, então, Darwin concluiu seu livro, *A Origem das Espécies*, e o publicou no ano seguinte.

Pense nisso

Resistência à malária: um fascinante exemplo de seleção natural

Na região oeste do continente africano, uma pequena percentagem da população é resistente ao *Plasmodium falciparum*, protozoário causador de uma forma mortal de malária. Uma das explicações para esse fato reside em uma alteração genética responsável pela síntese da hemoglobina S, uma variante da hemoglobina normalmente encontrada nas pessoas adultas, que é do tipo A.

Na hemoglobina S, a estrutura primária da proteína de uma das cadeias é alterada devido à substituição do aminoácido ácido glutâmico pelo aminoácido valina. Havendo uma situação de baixa concentração de oxigênio, comum nos capilares venosos, as moléculas de hemoglobina transformam-se em longos cristais, que precipitam nas hemácias e promovem a deformação dessas células – que adquirem o formato de foice –, além de provocar danos em suas membranas plasmáticas. Os danos provocados nas membranas plasmáticas fazem as células perderem grande quantidade de íons K^+, essenciais para a sobrevivência dos plasmódios que, sem esses íons, acabam morrendo. Percebe-se, então, que a existência de hemoglobina S, em pessoas portadoras simultaneamente dos genes para a produção de hemoglobina normal (tipo A) e de hemoglobina anormal (tipo S) heterozigotas – AS – daquela região africana, acarreta duas consequências: a primeira, que o transporte de oxigênio aos tecidos fica prejudicado, uma vez que as moléculas alteradas não se ligam eficientemente ao oxigênio, embora a existência da hemoglobina normal assegure uma vida razoavelmente saudável; a segunda, que a alteração na molécula impede a sobrevivência dos plasmódios da malária.

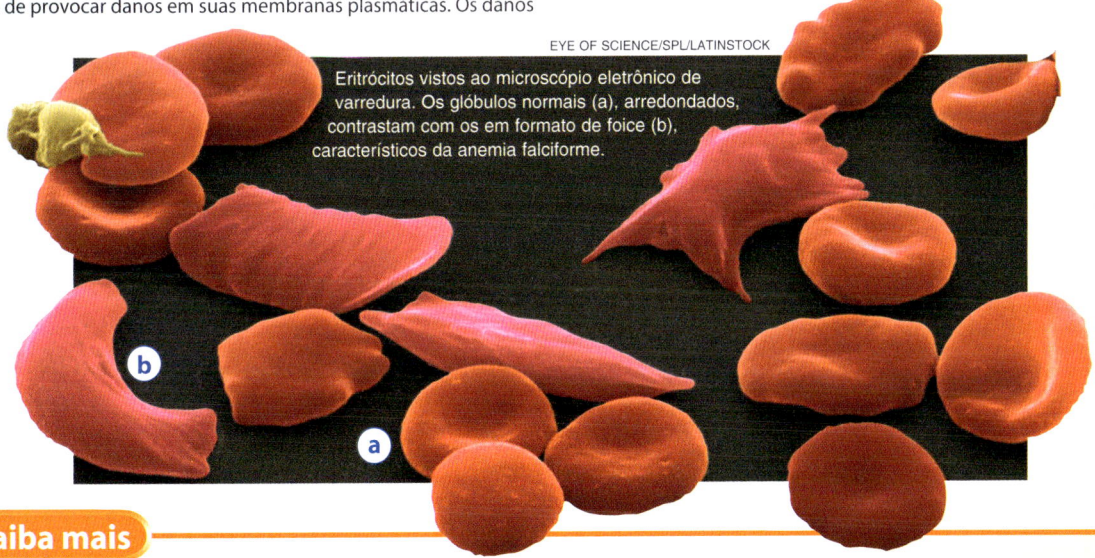

Eritrócitos vistos ao microscópio eletrônico de varredura. Os glóbulos normais (a), arredondados, contrastam com os em formato de foice (b), característicos da anemia falciforme.

Saiba mais

Distinguindo frases lamarckistas de darwinistas

As frases abaixo ilustram dois modos de explicar a espessura da casca dos ovos dos répteis:

Frase 1: os répteis desenvolveram espessas cascas em seus ovos para proteger os embriões contra a dessecação.

Frase 2: por terem casca espessa, os ovos dos répteis protegem melhor os embriões contra a dessecação.

A frase 1, de conotação lamarckista, deixa implícita a ideia de uso e desuso. Note que o *desenvolveram... para* contém a ideia de **finalidade**, ou seja, os répteis, diante da necessidade de proteger seus embriões, aumentaram a espessura das cascas dos ovos para enfrentar um ambiente hostil. Neste caso, o meio ambiente teria induzido a modificação ocorrida com os ovos dos répteis.

O lamarckismo envolve a ocorrência de *adaptação ativa* ao ambiente, ou seja, quando muda o ambiente, o ser vivo reage, sofrendo modificações que o ajustam ao meio. Esse fato não é comprovado cientificamente.

A frase 2 expressa um conceito darwinista. Ovos com casca espessa surgiram no grupo dos répteis como consequência de uma alteração casual nos mecanismos de reprodução. Essa característica favoreceu esse grupo de vertebrados na adaptação ao meio terrestre. Trata-se de um caso de *adaptação passiva*, ou seja, o meio apenas seleciona indivíduos dotados de características adaptativas. O início da frase, *por terem casca espessa*, denota a existência prévia de uma estrutura que contribuiu para o ajuste do grupo ao ambiente.

TEORIA SINTÉTICA DA EVOLUÇÃO

O que Darwin não Sabia: Neodarwinismo

O trabalho de Darwin despertou muita atenção, mas também suscitou críticas. A principal era relativa à origem da variabilidade existente entre os organismos de uma espécie. Darwin não tinha recursos para entender por que os seres vivos apresentavam diferenças individuais. Não chegou sequer a ter conhecimento dos trabalhos que Mendel realizava, cruzando plantas de ervilha.

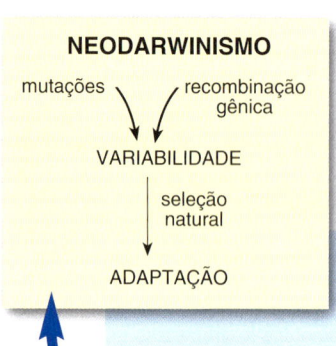

CRONOLOGIA DA IDEIA DE EVOLUÇÃO BIOLÓGICA

1951	Watson, Crick e outros: descoberta do DNA
1940	Teoria Sintética da Evolução (Neodarwinismo)
1911	Morgan: teoria cromossômica da herança
1900	Redescoberta dos trabalhos de Mendel
1865	Mendel: princípios da Genética
1859	Darwin: publicação da obra *A Origem das Espécies*
1858	Wallace: envia carta a Darwin com sua hipótese
1850	
1844	Darwin: ensaio sobre a origem das espécies
1831	Viagem do navio *Beagle* (até 1836)
1830	Lyell: princípios de Geologia
1809	Lamarck: teoria da evolução
1800	Cuvier: catastrofismo
1800	
1798	Malthus: *Ensaio sobre Princípios da População*
1795	Hutton: teoria do gradualismo
1753	Lineu: sistema de classificação biológica
1750	
384-322 a.C.	Aristóteles

O problema só foi resolvido a partir do início do século XX quando, na década de 1920, consolidou-se a teoria cromossômica da herança e iniciou-se o estudo dos genes. Só então ficou fácil entender que *mutações* e *recombinação gênica* são as duas importantes fontes de variabilidade entre indivíduos de uma mesma espécie. Assim, as ideias fundamentais de Darwin serviram de base para o **neodarwinismo**. Também chamado **Teoria Sintética da Evolução** (a partir da década de 40), o neodarwinismo é a consequência da aplicação, pelos modernos evolucionistas, de conhecimentos provenientes da Paleontologia, Taxonomia, Biogeografia e Genética de Populações ao darwinismo.

Saiba mais

Alguns exemplos explicados pelo neodarwinismo

- Partindo-se da existência prévia de variabilidade, uma população bacteriana deve ser formada por dois tipos de indivíduos: os sensíveis e os resistentes. À medida que antibióticos são inadequadamente utilizados no combate a infecções causadas por bactérias, o que na realidade se está fazendo é uma seleção de indivíduos resistentes a determinado antibiótico. Sendo favorecidos, os indivíduos resistentes – pouco abundantes no início – proliferam e promovem a adaptação da população ao ambiente modificado.

JIM VARNEY/SPL/LATINSTOCK

Placa de Petri contendo meio de cultura e bactérias. Sete antibióticos (pequenos discos brancos) foram aplicados à placa. Aqueles em cuja volta se desenvolveu um halo escuro são antibióticos mais efetivos contra as bactérias (canto inferior direito). Observe também que essas bactérias apresentam resistência a alguns antibióticos.

- O mesmo raciocínio pode ser utilizado com relação à resistência de insetos a inseticidas. Aplicados indiscriminadamente em populações de insetos (considerados daninhos em regiões urbanas ou agrícolas), inicialmente constituídas em sua maioria por indivíduos sensíveis, são selecionados favoravelmente os indivíduos resistentes. Do mesmo modo que ocorre com as bactérias, progressivamente as populações de insetos passam a ser constituídas em sua maioria pelas variedades resistentes, adaptadas à nova condição do meio.

- No caso da coloração das mariposas da espécie *Biston betularia*, embora muitas críticas sejam dirigidas aos experimentos de Bernard Kettlewel, efetuados em

1950 com o intuito de confirmar a hipótese de seleção efetuada por pássaros predadores das mariposas, vale o mesmo raciocínio. Em meados do século XIX, a população dessas mariposas nos arredores de Londres era constituída predominantemente por indivíduos de asas claras, embora houvesse algumas de asas escuras, melânicas. Naquela época, os troncos das árvores eram cobertos de liquens, que lhes conferiam uma cor acinzentada. As mariposas melânicas, mais visíveis, eram mais caçadas pelas aves. Na medida em que a industrialização crescente provocou o aumento de resíduos poluentes, os troncos das árvores passaram a ficar escurecidos, devido ao desaparecimento dos liquens (sensíveis aos gases poluentes) e ao excesso de fuligem. As mariposas melânicas, favorecidas pela mudança de coloração do meio, escapavam dos predadores e, como consequência, reproduziam-se mais e deixavam mais descendentes, adaptando a população ao ambiente poluído.

- Outro exemplo, mais sofisticado, é o referente ao belíssimo trabalho do casal Peter e Rosemary Grant a respeito do tamanho dos bicos de tentilhões (pássaros que vivem nas ilhas do arquipélago Galápagos e que foram estudados por Darwin). Nesse estudo, o casal confirmou a relação existente entre a diversidade de formas e de tamanho de bicos das aves e o tipo de alimento (por exemplo, tamanho e consistência de sementes) existente em uma das ilhas do arquipélago. O tipo de alimento, nesse caso, atuou como agente seletivo, favorecendo as variedades dotadas das adaptações que permitiam a sua obtenção.

Biston betularia melânica e de asas claras. Observe como a mariposa de asas escuras é menos visível sobre o fundo escuro.

Algumas espécies de tentilhões de Galápagos, com bicos adaptados ao tipo de alimento encontrado nas ilhas.

Fonte: RAVEN, P. H. *et al. Biology*. 7. ed. New York: McGraw-Hill, 2005.

Origem da vida e evolução biológica

Os Três Tipos de Seleção

A seleção natural é o *processo* que resulta na adaptação de uma população ao meio de vida. O *mecanismo* de atuação da seleção natural, proposto por Darwin e Wallace, permite compreender como ocorre a evolução das espécies. A maioria das características (fenótipos) sobre as quais a seleção natural atua é determinada por muitos pares de genes localizados em diferentes locos gênicos. Nesse sentido, a distribuição dos diferentes fenótipos (que são, claro, determinados pelos genótipos) presentes em uma população pode ser colocada em um gráfico em que a curva tem o formato de sino (curva de Gauss).

A seleção natural é um processo dinâmico. Modificando-se as características do meio, altera-se a seleção. Assim, na dependência de ocorrerem variações nas características do ambiente, três tipos de seleção podem ser descritos, cada qual exercendo determinado efeito em uma população. Os tipos são: seleção direcional, seleção estabilizadora e seleção disruptiva.

Na **seleção direcional**, há o favorecimento de determinado fenótipo *extremo* em detrimento dos outros fenótipos, que são eliminados. É o que ocorre, por exemplo, na resistência de insetos ao se empregarem inseticidas de modo indiscriminado no seu controle e, também, na resistência de bactérias aos antibióticos inadequadamente utilizados no tratamento de infecções. Nesses casos, o fenótipo *extremo* é o constituído pela *variedade* que oferece *maior resistência* às drogas aplicadas.

Na **seleção estabilizadora**, o favorecimento ocorre nos fenótipos (e, como consequência, nos genótipos) *intermediários*, com eliminação dos fenótipos extremos. Um belo exemplo é o da mosca *Eurosta solidaginis*, cuja fêmea deposita ovos em determinada planta. Os ovos desenvolvem-se em larvas que provocam a formação de tumores (denominados *galhas*) na planta hospedeira. Larvas que provocam a formação de galhas pequenas servem de alimento a determinada vespa, enquanto larvas que se desenvolvem em galhas maiores servem de alimento a aves. Nesse caso, as larvas que se desenvolvem em galhas de tamanho intermediário são favorecidas. Quer dizer, as vespas atuam como agentes de seleção de um fenótipo extremo (larvas pequenas, em galhas pequenas), enquanto as aves são os agentes de seleção do outro fenótipo extremo (larvas grandes, em galhas grandes).

Na **seleção disruptiva**, ao contrário, são favorecidos os fenótipos *extremos*, com diminuição progressiva dos intermediários. É o que ocorre com caramujos da espécie *Cepea nemoralis*, cujos indivíduos possuem conchas de dois tipos: marrom escuro e marrom com faixas amarelas. Em matas fechadas, pássaros alimentam-se preferencialmente de caramujos dotados de manchas amareladas nas conchas, mais visíveis, enquanto em locais abertos a preferência é pelos caramujos dotados de conchas marrons, que se destacam na vegetação rala. Então, em matas fechadas são favorecidos os caramujos dotados de conchas marrons, enquanto em locais de vegetação aberta os favorecidos são os de conchas listadas. Você acha que esse mecanismo pode resultar na formação de novas espécies? Pense nisso.

Caramujos da espécie *Cepea nemoralis* com conchas de diferentes tonalidades.

Os gráficos da Figura 43-10 ilustram os três tipos de seleção descritos.

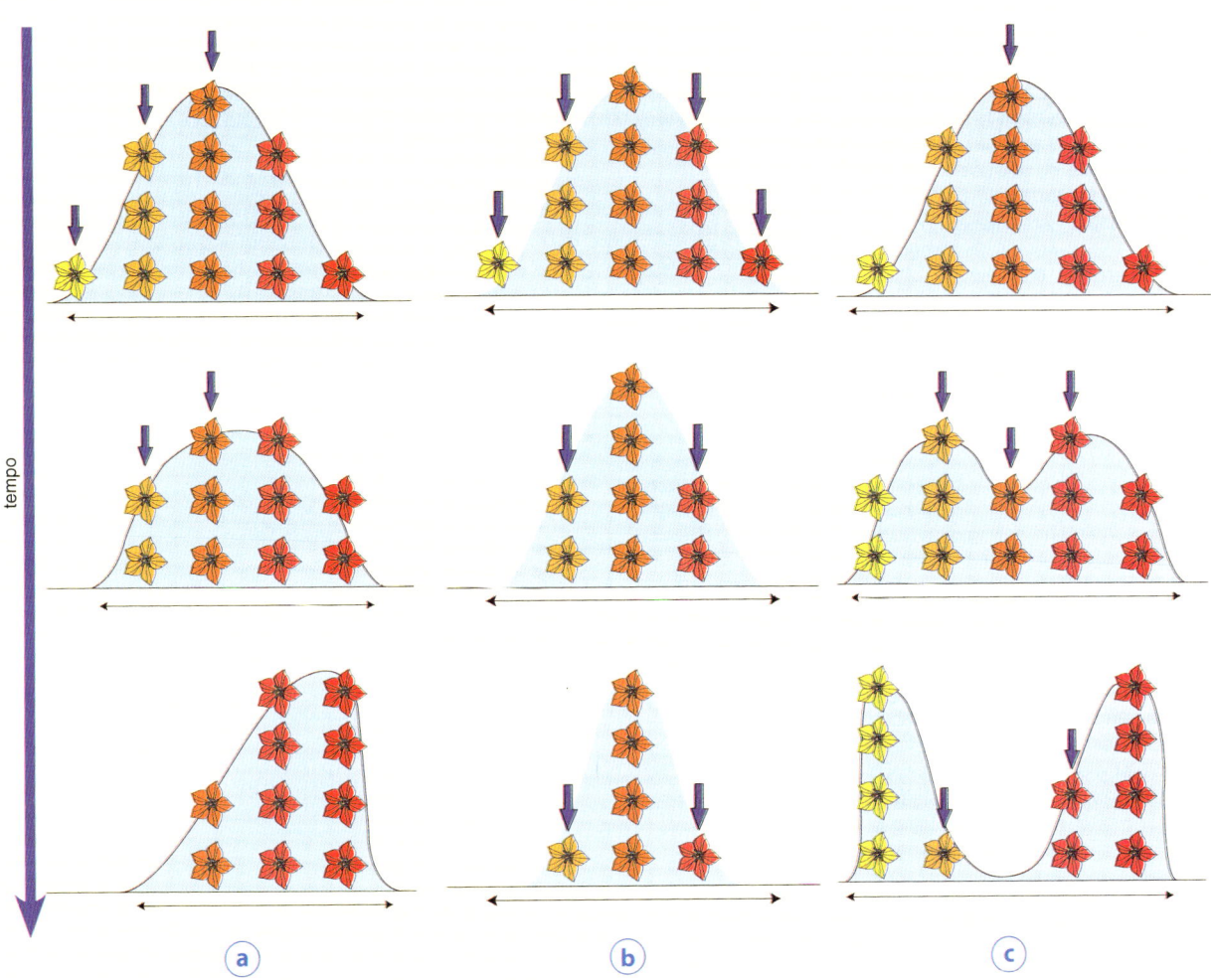

Figura 43-10. (a) Seleção direcional, (b) estabilizadora e (c) disruptiva.

A ciência por trás do fato!

O homem descende do macaco?

Na polêmica apresentação do seu trabalho a respeito do processo de seleção natural e da origem das espécies, Darwin foi acusado de defender a tese de que o homem descendeu dos macacos. Será que isso é verdade? A acusação é injustificada. Darwin nunca afirmou isso. O que ele procurava esclarecer era o fato de que todas as espécies viventes, inclusive a humana, teriam surgido por meio de um longo processo de evolução a partir de seres que os antecederam. Nesse sentido, homens e chimpanzés, que tiveram um ancestral comum, seriam "primos em primeiro grau", fato que provocou a ira de muitos oponentes de Darwin. E não é que o assunto pode ser agora esclarecido, com uma fascinante descoberta na formação Chorora, na Etiópia central?

Um grupo de cientistas etíopes e japoneses encontrou restos fossilizados, na verdade oito dentes, de uma nova espécie de macaco – batizada com o nome *Chororapithecus abyssinicus* (ou macaco abissínio de Chorora) – que viveu há cerca de 10 milhões de anos e está sendo considerado o mais velho parente dos gorilas. Explicando melhor: até agora, os cientistas acreditavam que os gorilas, ao longo da evolução, tivessem se separado dos chimpanzés bem mais tarde. E, depois disso, teria havido a separação das linhagens que originaram os chimpanzés e os hominídeos (família a que pertence a espécie humana). Agora, com essa nova descoberta, tudo leva a crer que a origem do homem é mais antiga, cerca de 9 milhões de anos. E, para completar, essa descoberta é um forte apoio da origem africana tanto dos humanos quanto dos grandes macacos modernos.

Para aqueles que acreditam na evolução biológica, descobertas como essa ajudam a esclarecer a origem dos seres humanos. E, também, a desfazer os mitos baseados em acusações infundadas.

Extraído e adaptado de:
ANGELO, C. Gorila ancestral recua origem humana.
Folha de S.Paulo, São Paulo, 23 ago. 2007, Ciência, p. A20.

Passo a passo

1. Ainda hoje se discute como a Terra surgiu e como a vida nela se desenvolveu. Para explicar a origem do planeta Terra há duas propostas básicas, de natureza exatamente oposta. Para explicar a origem da vida e a sua evolução em nosso planeta há defensores de três possíveis argumentações básicas, duas delas de natureza científica. Tendo lido os itens iniciais deste capítulo, responda:

a) Quais são as duas propostas básicas relativamente à origem do planeta Terra, que o texto acima considera exatamente opostas? Uma das propostas propõe que há cerca de 10 bilhões a 20 bilhões de anos ocorreu um fenômeno de natureza universal, que culminou com a origem de muitos planetas, inclusive a Terra. Então, qual foi esse fenômeno?

b) Quais são as três propostas relativas à origem e evolução da vida na Terra? Quais delas constituem explicações de natureza científica?

2. Geração espontânea, abiogênese e biogênese são termos que foram muito utilizados em épocas em que se discutia bastante a origem da vida em nosso planeta. Filósofos e cientistas do passado propuseram algumas ideias a respeito desse assunto. Leia as frases a seguir e associe cada uma delas àqueles termos e, quando for o caso, ao autor da sua proposição.

a) Luz do Sol, material em decomposição ou o lodo, poderiam, sob certas condições e graças à existência de forças ou princípios vitais, originar vida.

b) Ratos, camundongos e rãs surgiam de uma mistura de ar, água, palha e madeira podre.

c) Camisa suja e germe de trigo fariam nascer, em 21 dias, camundongos, graças a um princípio ativo existente no suor presente na camisa suja.

d) Larvas de insetos que apareciam na carne em putrefação eram decorrentes da postura de ovos na carne, por insetos adultos.

e) Caldo de carne previamente aquecido ficava turvo após alguns dias, devido ao aparecimento de microrganismos.

f) Frascos hermeticamente fechados, com caldo de carne previamente fervido, não turvavam, ou seja, não surgiam microrganismos. Este resultado foi contestado pelo proponente do experimento que consta do item **e**, por julgar que a fervura destruiu o princípio vital.

g) Misturas fervidas de água, açúcar e lêvedos, colocadas em frascos com longos "pescoços" recurvados ("pescoço de cisne"), permaneceram estéreis por todo o tempo. Outros frascos, contendo a mesma mistura, porém sem possuir "pescoços recurvados", foram contaminados por microrganismos.

h) Crença de que a vida só poderia surgir a partir de água, lixo e sujeira.

i) Ideia finalmente aceita pelos cientistas de que "vida só pode surgir a partir de vida preexistente".

3. O cientista russo Oparin propôs que a vida primitiva (o protobionte) teria surgido nos oceanos primitivos da Terra graças à existência, na atmosfera terrestre, de alguns gases e vapor-d'água, com a energia sendo fornecida por descargas elétricas e luz ultravioleta do Sol. Miller e Urey também acreditavam nessa ideia. Qual foi a grande diferença de atitude com relação ao trabalho desses três cientistas?

4. As ilustrações se referem a dois experimentos, efetuados por cientistas que se destacaram por defender hipóteses que, atualmente, são aceitas pela grande maioria dos pensadores científicos. Utilizando seus conhecimentos sobre o assunto responda:

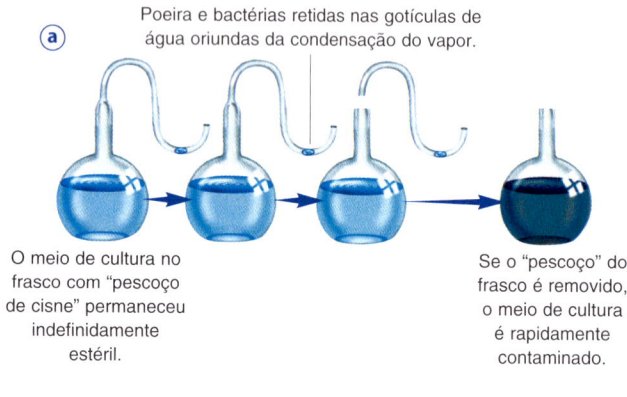
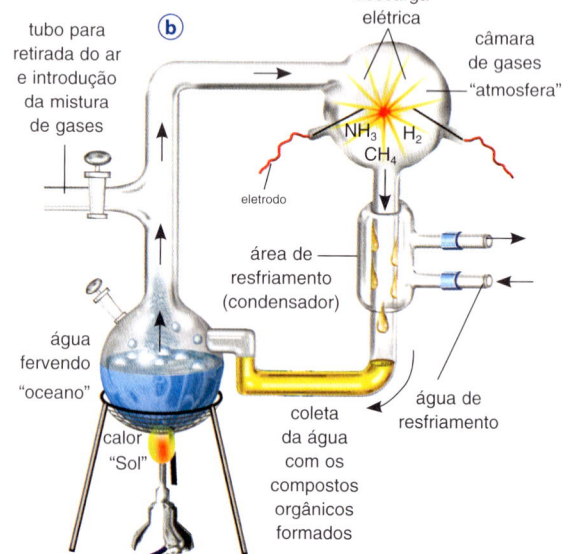

a) A que cientistas se referem, respectivamente, os experimentos *a* e *b*? Em que época esses experimentos foram efetuados?

b) Cite as hipóteses defendidas por esses dois cientistas.

5. Associe os itens antecedidos por números com as frases antecedidas por letras.

I – rochas e argila
II – decorrência do trabalho do biólogo Sidney Fox
III – ribozimas

a) Obtenção de *proteinoides*, pequenos polipeptídeos, a partir do aquecimento, a seco, de uma mistura de aminoácidos.

b) Materiais que poderiam servir de substrato para a síntese de grandes moléculas orgânicas, que teriam sido carregadas para os oceanos pela água das chuvas.

c) Molécula informacional que poderia ter atuado como enzima na união de aminoácidos por ocasião da síntese dos primeiros polipeptídeos que enriqueceram o caldo orgânico dos oceanos primitivos.

6. A hipótese heterotrófica admite que os primeiros seres vivos a surgir nos oceanos primitivos, provavelmente microrganismos procarióticos, deveriam ter sido heterótrofos consumidores do alimento orgânico então existente. Justifique por que os primeiros seres vivos não poderiam ter sido autótrofos fotossintetizantes.

7. O famoso e já falecido astrônomo Carl Sagan, produtor de uma antiga série televisiva filmada, intitulada "Cosmos", foi o autor da famosa frase: *"O ar passou a ser feito pela vida"*. Explique, em poucas palavras, o que motivou o famoso astrônomo a proferir esta célebre frase.

8. Nas frases a seguir, reconheça as corretas e indique a soma no final.
(01) A vida multicelular precedeu a vida unicelular nos primitivos oceanos dotados de um caldo constituído de moléculas orgânicas.
(02) Tudo leva a crer que, devido à sua simplicidade estrutural, os primeiros seres vivos que surgiram nos oceanos primitivos deveriam ter sido microrganismos procariotos.
(04) A vida multicelular deve ter surgido na Terra há aproximadamente 3,6 bilhões de anos.
(08) Pela teoria da panspermia, proposta por F. Hoyle e C. Wickramasinghe, a vida teria surgido na Terra por meio de cometas que bombardeavam o nosso planeta, trazendo vírus e bactérias.
(16) A teoria da panspermia é veementemente negada por cientistas que alegam que a radioatividade existente no espaço exterminaria qualquer forma de vida que tentasse penetrar no nosso planeta.
(32) A hipótese do "mundo do RNA", proposta por alguns cientistas, admite que os primitivos seres vivos não poderiam ser dotados apenas de RNA, uma vez que essa molécula é muito mais complexa que a molécula de DNA.

9. Em termos da origem da adaptação dos seres vivos aos diversos ambientes da Terra, a explicação fixista difere da transformista porque, para os fixistas:
a) as espécies são fixas e imutáveis, negando a ocorrência de evolução dos seres vivos.
b) todas as espécies se transformam ao longo do tempo, argumento não utilizado pelos transformistas.
c) a evolução é um fato incontestável, argumento também utilizado pelos transformistas.
d) as espécies são entidades criadas pelo homem, que as adaptou aos diversos meios de vida.
e) a natureza constantemente cria novas espécies por meio da ocorrência de catástrofes.

10. Ao encontrar, em uma rocha sedimentar, fragmentos fossilizados do esqueleto de um animal que viveu em épocas passadas e compará-los com as estruturas equivalentes de um animal do mesmo grupo que vive nos dias atuais, um paleontólogo adepto do evolucionismo percebe a existência de algumas diferenças e afirma que, sem dúvida, o achado constitui uma:
a) prova direta da ocorrência de evolução biológica.
b) evidência da provável ocorrência de evolução biológica.
c) casualidade, já que o animal foi ali colocado por algum ser humano.
d) prova direta e inegável da ocorrência de catástrofes que exterminaram muitos seres vivos.
e) evidência da extinção proposital de grupos de seres vivos por parte de quem os criou.

11. Com relação às evidências da evolução biológica, responda aos itens abaixo.
a) Que importância possuem as semelhanças anatômicas e embriológicas em animais que pertencem a diferentes classes de vertebrados em termos da ocorrência de evolução biológica?
b) Qual o significado da existência dos músculos cefálicos retroauriculares (localizados atrás do pavilhão auditivo) do homem, ao serem comparados com os mesmos grupos musculares encontrados, por exemplo, em um cavalo?
c) O que significa dizer que praticamente todos os seres vivos da Terra utilizam as mesmas moléculas básicas, incluindo o DNA, o ATP e muitas enzimas, embora possa haver diferenças estruturais em algumas delas?

12. Tanto a teoria da evolução biológica de Lamarck quanto a de Darwin são caracterizadas por premissas básicas. A teoria de Lamarck é constituída de duas leis. Já para Darwin, a evolução viológica é um processo contínuo e dependente da existência de fatores evolutivos. A respeito desse tema e utilizando os seus conhecimentos, responda:
a) Quais são as duas leis características da teoria de Lamarck?
b) Quais são os três fatores evolutivos componentes da teoria de Darwin?

13. a) Consultando o item *"Uma longa caminhada rumo à seleção natural"*, cite os fatos que julgar mais significativos ocorridos durante a vida de Darwin que lhe permitiram elaborar a monumental obra denominada Teoria da Evolução das Espécies por Seleção Natural.
b) Em muitos países, a teoria da seleção natural é também designada de teoria de Darwin-Wallace. Qual a razão para esse procedimento?

14. Para Darwin e Lamarck, ambos evolucionistas, existia um fator fundamental na tentativa de explicar o mecanismo por meio do qual os organismos evoluem. Para Darwin, esse fator é o que seleciona; para Lamarck, o mesmo fator é a causa direta da variação que resulta em novas estruturas adaptativas. O fator mencionado é:
a) a reprodução sexuada.
b) o uso e desuso.
c) a mutação gênica.
d) a transmissão de características.
e) o ambiente.

15. Analise as seguintes frases:
I – O intestino dos vertebrados herbívoros ficou longo devido à necessidade que estes seres tinham de se alimentar continuamente de vegetais.
II – A falta de luz em cavernas foi o fator determinante para a perda de visão dos peixes que vivem nesses ambientes.
III – Por terem o intestino suficientemente longo, favorecendo a lenta digestão de celulose, os vertebrados herbívoros podem alimentar-se constantemente de vegetais.
IV – A coloração esverdeada de certos gafanhotos constitui uma adaptação que lhes permite viver na grama de jardins.

Quais dessas frases estão de acordo com as ideias lamarckistas e quais estão de acordo com as ideias darwinistas?

16. A Teoria Sintética da Evolução, para muitos também denominada de neodarwinismo, preencheu a grande lacuna deixada por Darwin na explicação das causas da variabilidade que, sabemos hoje, correspondem à ocorrência de:
a) reprodução sexuada e reprodução assexuada.
b) mutações e recombinação gênica.
c) mutações e recombinação assexuada.
d) recombinação gênica e reprodução assexuada.
e) seleção natural e adaptação.

17. A resistência de bactérias aos antibióticos, a resistência de insetos aos inseticidas e a adaptação das mariposas da espécie *Biston betularia* a ambientes claros ou escuros, são exemplos da existência de:
a) variabilidade genética prévia entre os componentes das populações.
b) ação do ambiente no sentido de forçar a mudança de comportamento das espécies.
c) desenvolvimento de novas características por meio do uso ou desuso de estruturas.
d) herança de características adquiridas por meio da ocorrência de mutações gênicas.
e) reação dos organismos frente a meios em contínua modificação.

18. Considere os itens seguintes, relativos aos tipos de seleção encontrados nos meios naturais.

I – Favorecimento de fenótipos extremos e desaparecimento dos fenótipos intermediários.
II – Favorecimento de fenótipos intermediários, com eliminação dos fenótipos extremos.
III – Favorecimento de um determinado fenótipo extremo, em detrimento de outros fenótipos.

Os itens acima se relacionam, na ordem em que são citados, às seleções:

a) disruptiva, direcional e estabilizadora.
b) estabilizadora, direcional e disruptiva.
c) disruptiva, estabilizadora e direcional.
d) direcional, disruptiva e estabilizadora.
e) estabilizadora, disruptiva e direcional.

19. *Questão de interpretação de texto*

Serpente devora salamandra venenosa – e sobrevive!

As salamandras movem-se lentamente, sendo presas fáceis para algumas serpentes do gênero *Thamniophis* e outros predadores. Contudo, alguns desses anfíbios *desenvolveram defesas químicas contra a predação* – em outras palavras, eles são venenosos. A salamandra-de-pele-rugosa, *Taricha granulosa*, que vive na costa do Pacífico, na América do Norte, é capaz de armazenar em sua pele uma forte neurotoxina, venenosa, que paralisa nervos e músculos do animal que a ingerir. A maioria dos vertebrados, incluindo as serpentes, morrerá se comer uma dessas salamandras. Entretanto, algumas serpentes podem ingerir essa salamandra e sobreviver, uma vez que são resistentes ao veneno. Mas, pagam um preço por isso. Serpentes resistentes à neurotoxina movem-se lentamente por várias horas, após ingerir uma dessas salamandras, e nunca se movem tão rapidamente quanto as serpentes não resistentes. Portanto, serpentes resistentes ao veneno são mais vulneráveis aos seus próprios predadores do que aquelas sensíveis à neurotoxina.

Adaptado de: SADAVA, D. et al. Vida – A Ciência da Biologia. 8. ed. Porto Alegre: Artmed, p. 486.

a) De acordo com as teorias da evolução biológica de Lamarck e Darwin, como pode ser interpretada a afirmação, existente no texto, de que algumas salamandras *desenvolveram defesas químicas contra a predação* efetuada pelas serpentes?
b) Em termos da teoria da evolução darwiniana, qual o significado da capacidade de produção do veneno neurotóxico pelas salamandras e a capacidade de resistir a esse veneno por parte de algumas serpentes?

Questões objetivas

1. (UFRGS – RS) A primeira coluna, abaixo, apresenta o nome de teorias sobre a evolução da vida na Terra; a segunda, afirmações relacionadas a três dessas teorias. Associe adequadamente as duas colunas.

1 – abiogênese
2 – biogênese
3 – panspermia
4 – evolução química
5 – hipótese autotrófica

( ) Os primeiros seres vivos utilizaram compostos inorgânicos da crosta terrestre para produzir suas substâncias alimentares.
( ) A vida na Terra surgiu a partir da matéria proveniente do espaço cósmico.
( ) Um ser vivo só se origina de outro ser vivo.

A sequência correta de preenchimento dos parênteses, de cima para baixo, é

a) 4 – 2 – 1.   c) 1 – 2 – 4.   e) 5 – 3 – 2.
b) 4 – 3 – 2.   d) 5 – 1 – 3.

2. (UNIRIO – RJ) Em 1936, Alexander Oparin propõe uma nova explicação para a origem da vida. Sua hipótese se resume nos passos descritos no esquema que se segue.

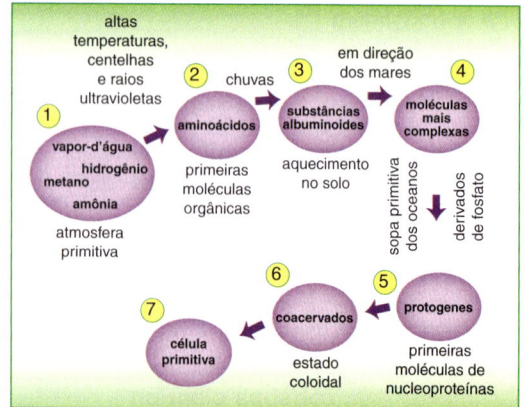

Pela teoria de Oparin, os primeiros seres surgidos na Terra teriam sido

a) heterótrofos e aeróbios.
b) heterótrofos e anaeróbios.
c) autótrofos e anaeróbios.
d) autótrofos e aeróbios.
e) autótrofos e heterótrofos.

3. (UPE) Assinale, na coluna I, as afirmativas verdadeiras e na coluna II, as falsas. O termo "mundo de RNA" foi criado por Gilbert, em 1986, para delinear um cenário no qual a principal molécula ativa na origem da vida era o RNA. Em relação à hipótese do mundo de RNA, conclui-se que

I	II	
0	0	a reprodução e o metabolismo das primeiras formas de vida dependiam das atividades catalíticas e replicativas do RNA.
1	1	ao se multiplicarem, moléculas de RNA produziam versões ligeiramente diferentes entre si; algumas delas tinham maior capacidade de se perpetuarem e de se reproduzirem, transmitindo essas características à descendência.
2	2	o RNA é a única molécula capaz de armazenar informação genética nos primórdios e nos tempos atuais, propriedade que, até alguns anos atrás, se acreditava limitada às proteínas.
3	3	o RNA precedeu o DNA, visto exercer vários papéis na célula, tais como: mensageiro (RNAm), transportador (RNAt), ribossômico (RNAr). Além disso, os ribonucleotídeos são derivados dos desoxirribonucleotídeos, e o DNA não é tão estável quanto o RNA.
4	4	a catálise das ribozimas no mundo de RNA, há bilhões de anos, era muito mais eficiente por causa das baixas temperaturas, quando comparada à catálise atual das enzimas proteicas, o que reforça a hipótese do RNA como molécula inicial.

4. (PUC – RJ) Louis Pasteur derrubou a teoria da abiogênese, comprovando que a vida não surgia espontaneamente. Para isso, ele realizou experimento utilizando um frasco com gargalo em forma de pescoço de cisne que impedia

a) a alteração do pH do líquido dentro do frasco.
b) a alteração da temperatura do líquido dentro do frasco.
c) o contato do oxigênio presente no ar com o líquido dentro do frasco.
d) o contato do vapor-d'água presente no ar com o líquido dentro do frasco.
e) o contato de microrganismos presentes no ar com o líquido dentro do frasco.

5. (PUC – MG) O gráfico representa uma possível evolução da composição relativa de alguns gases na atmosfera terrestre ao longo de 4,6 bilhões de anos. Fatores bióticos e abióticos foram responsáveis pelas alterações na composição relativa e absoluta dos gases atmosféricos.

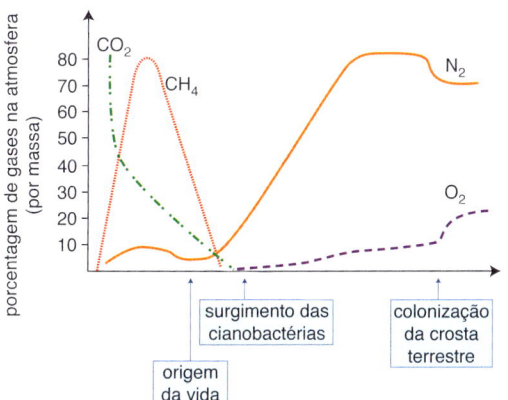

Com base nas informações acima, é **INCORRETO** afirmar que:

a) o metabolismo das cianobactérias contribuiu para o aumento da concentração de O_2 na atmosfera terrestre.
b) a redução dos níveis de nitrogênio, após a colonização da crosta terrestre, pode estar ligada ao aumento da fixação do nitrogênio e à sua imobilização na biomassa.
c) o aumento na concentração de O_2, após a colonização da crosta terrestre, pode ser creditado ao aumento da taxa de fotólise da água.
d) antes das cianobactérias, não existiam organismos autotróficos ou capazes de realizar processos respiratórios.

6. (FUVEST – SP) O conhecimento sobre a origem da variabilidade entre os indivíduos, sobre os mecanismos de herança dessa variabilidade e sobre o comportamento dos genes nas populações foi incorporado à teoria da evolução biológica por seleção natural de Charles Darwin.

Diante disso, considere as seguintes afirmativas:

I – A seleção natural leva ao aumento da frequência populacional das mutações vantajosas num dado ambiente; caso o ambiente mude, essas mesmas mutações podem tornar seus portadores menos adaptados e, assim, diminuir de frequência.
II – A seleção natural é um processo que direciona a adaptação dos indivíduos ao ambiente, atuando sobre a variabilidade populacional gerada de modo casual.
III – A mutação é a causa primária da variabilidade entre os indivíduos, dando origem a material genético novo e ocorrendo sem objetivo adaptativo.

Está correto o que se afirma em

a) I, II e III.
b) I e III, apenas.
c) I e II, apenas.
d) I, apenas.
e) III, apenas.

7. (UFRGS – RS) Charles Darwin, em seu livro *A Origem das Espécies*, reconhece que, em seu sentido literal, o termo *seleção natural* é inadequado.

De acordo com o significado que ele atribuiu a essa expressão, aceito até hoje, seleção *natural* designa

a) a origem comum dos seres vivos.
b) a sobrevivência do mais forte.
c) o surgimento de novas formas.
d) a persistência do mais apto.
e) o aumento da complexidade dos organismos

8. (UNESP) No intervalo da aula de Biologia, um aluno contou a seguinte piada:

Dois cervos conversavam e passeavam pela mata quando um deles gritou:
— Uma onça!!! Vamos correr!!!
Ao que o outro respondeu:
— Não adianta correr, ela é mais veloz do que qualquer um de nós.
— Eu sei. Mas a mim basta ser mais veloz que você.
O diálogo entre os cervos exemplifica um caso de

a) competição interespecífica.
b) competição intraespecífica.
c) seleção natural.
d) irradiação adaptativa.
e) mimetismo.

9. (UFC – CE) Um problema para a teoria da evolução proposta por Charles Darwin no século XIX dizia respeito ao surgimento da variabilidade sobre a qual a seleção poderia atuar. Segundo a Teoria Sintética da Evolução, proposta no século XX, dois fatores que contribuem para o surgimento da variabilidade genética das populações naturais são:

a) mutação e recombinação genética.
b) deriva genética e mutação.
c) seleção natural e especiação.
d) migração e frequência gênica.
e) adaptação e seleção natural.

10. (UFRGS – RS) Uma professora de Biologia explicou aos seus alunos que a quantidade da enzima lactase diminui muito ao longo do desenvolvimento de indivíduos originários de povos orientais, o que impede a degradação efetiva do açúcar do leite. Uma das alunas comentou que essa diminuição deveria ser causada pelo tipo de alimentação característico dos orientais: pobre em leite e seus derivados. A professora ponderou que a aluna havia expressado uma ideia que correspondia ao pensamento de

a) Darwin.
b) Morgan.
c) Lamarck.
d) Crick.
e) Mendel.

11. (UFJF – MG) Em 2009 comemorou-se 200 anos do nascimento de Charles Darwin e 150 anos da publicação do livro *A Origem das Espécies*, obra que coroou um extenso trabalho de Darwin e foi um marco no estudo da Biologia.

Sobre evolução, assinale a(s) proposição(ões) **CORRETA(S)** e dê sua soma ao final.

(01) O frânces Jean Baptiste Lamarck contribuiu de maneira significativa com o trabalho de Darwin, pois ele já defendia a ideia de que a modificação das espécies era devido à seleção natural.
(02) Uma das bases da teoria de Darwin foi a Lei da Herança dos Caracteres Adquiridos, que, embora com mais de 200 anos, se mantém atual até os dias de hoje.
(04) Segundo a hipótese da seleção natural, grandes modificações nos indivíduos são transmitidas de pai para filho.
(08) No livro *A Origem das Espécies*, Darwin formulou a hipótese de que o ambiente selecionava os mais aptos (seleção natural), que tinham mais chances de sobreviver e deixar descendentes.
(16) Os fósseis, a semelhança embriológica entre as espécies e a existência de estruturas vestigiais desprovidas de função nos animais são evidências da evolução.
(32) Segundo Darwin, o aparecimento de novas mutações é influenciado pelo meio ambiente.

12. (UFTM – MG) O texto ilustra um trecho de uma importante descoberta para a Biologia.

(...) Em alguns casos, essas variações – um rabo de macaco mais forte para se pendurar num galho, uma língua de sapo mais forte para capturar uma mosca, uma flor mais colorida para atrair a atenção de um polinizador – são benéficas. Consequentemente, os indivíduos portadores dessas variações sobrevivem por mais tempo e se reproduzem com mais frequência e transmitem essas características aos descendentes, enquanto variações prejudiciais ou menos eficientes são gradativamente exterminadas. "É uma luta pela sobrevivência, na qual os mais fracos e menos perfeitamente organizados devem sempre sucumbir", escreveu Wallace. (...)

Adaptado de: O Estado de S. Paulo, 29 jun. 2008.

Pode-se afirmar que Alfred Russel Wallace assim como

a) Gregor Mendel são os elaboradores das leis de transmissão genética aos descendentes.
b) Jean Baptiste Lamarck são os idealizadores da lei da transmissão dos caracteres adquiridos.
c) Watson e Crick são os descobridores do modelo de dupla-hélice do DNA.
d) Charles Darwin, são os elaboradores da teoria da seleção natural.
e) Thomas Morgan, são os descobridores da presença de genes ligados nos cromossomos.

13. (UFMG) Analise este gráfico, em que está representado o efeito de duas aplicações de inseticida em uma plantação de cana-de-açúcar infestada de cigarrinhas.

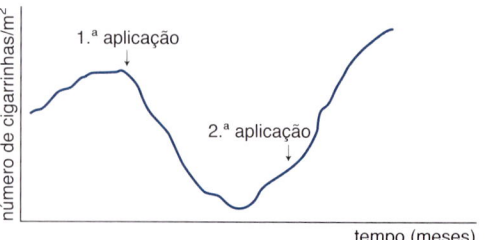

Com base nas informações desse gráfico e em outros conhecimentos sobre o assunto, é **INCORRETO** afirmar que,

a) para ocorrer uma nova redução da população, é necessário mudar o tipo de inseticida ou a forma de controle da cigarrinha.
b) após a primeira aplicação do inseticida, se evidencia a eficiência deste pela queda acentuada no número de cigarrinhas ocorrida nesse período.
c) depois da segunda aplicação do inseticida, os organismos resistentes se tornam mais numerosos que os sensíveis.
d) feita a primeira aplicação do inseticida, ocorre alteração no genótipo dos insetos sensíveis, o que resulta no decrescimento da população.

Questões dissertativas

1. (UFPB) Os cientistas sugerem que os primeiros seres vivos da Terra eram os procariotos primitivos e que seres mais complexos evoluíram a partir destes organismos. Duas hipóteses são propostas para explicar essa evolução:

a) hipótese heterotrófica e
b) hipótese autotrófica. Construa um argumento que defenda a hipótese heterotrófica e outro que defenda a hipótese autotrófica.

2. (UFBA) Como, de cada espécie, nascem muito mais indivíduos do que o número capaz de sobreviver, e como, consequentemente, ocorre uma frequente retomada da luta pela existência, segue-se daí que qualquer ser que sofra uma variação, mínima que seja, capaz de lhe conferir alguma vantagem sobre os demais, dentro das complexas e eventualmente variáveis condições de vida, terá maior condição de sobreviver (...). E, em virtude do poderoso princípio da hereditariedade, qualquer variedade que tenha sido selecionada tenderá a propagar sua nova forma modificada. (DARWIN, 1985, p. 45).

Com base nessas informações,

• identifique o processo sugerido por Darwin que relaciona condições vantajosas e maiores chances de sobrevivência e reprodução;
• explique no contexto da biologia contemporânea o significado da expressão "poderoso princípio da hereditariedade", destacando as duas propriedades sugeridas no texto que são inerentes à sua natureza molecular.

3. (UNICAMP – SP) A evolução biológica é tema amplamente debatido e as teorias evolucionistas são as de Lamarck e Darwin, a que remete a tira do Calvin abaixo.

a) Como a altura da girafa, lembrada pela tira do Calvin, foi utilizada para explicar a teoria de Lamarck?
b) Como a teoria de Darwin poderia explicar a situação relacionada com a altura da girafa?

Adaptado de: <http://rocko.blogia.com/2005/050602-comic-06.05.05-calvin-hobbes-lamarck-y-la-evolucion.php>. Acesso em: 8 dez. 2007.

Programas de avaliação seriada

1. (SSA – UPE) Como surgiu a vida? Essa pergunta sempre inquietou os seres humanos e, para ela, há algumas respostas. As figuras ilustram algumas dessas ideias. Observe-as.

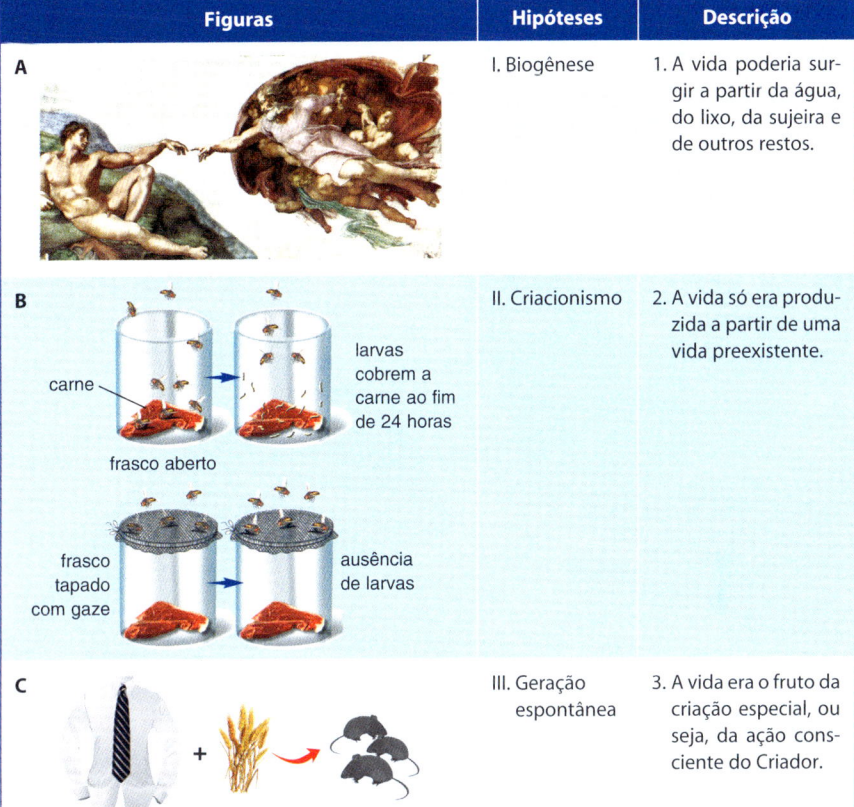

Assinale a alternativa que contém a associação CORRETA das figuras com as hipóteses e sua descrição.

a) A I 1/ B II 2/ C III 3.
b) A III 2 / B I 3 / C II 1.
c) A II 3 / B I 2 / C III 1.
d) A II 1 / B III 2 / C I 3.
e) A I 3 / B III 1 / C II 2

2. (PSS – UFPB) Stanley Miller, sob orientação do químico Harold Urey, demonstrou, em seu experimento realizado no ano de 1953, que em uma mistura de vapor de água e dos gases amônia (NH_3), metano (CH_4) e hidrogênio (H_2), submetida a descargas elétricas, é possível a formação de moléculas orgânicas (probióticas) a partir das condições supostamente existentes na terra primitiva. A figura abaixo ilustra o experimento descrito.

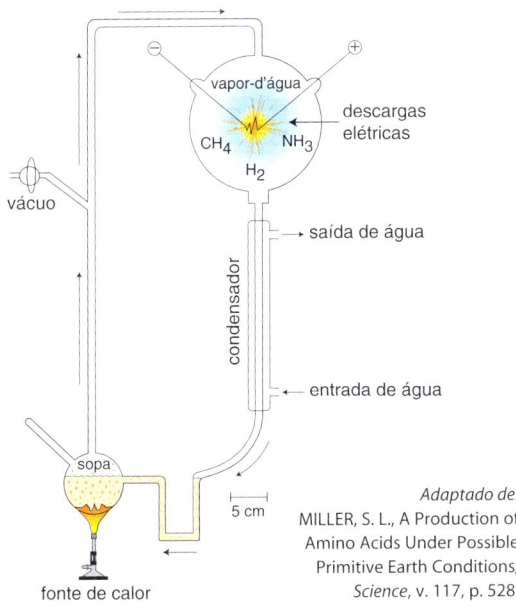

Adaptado de: MILLER, S. L., A Production of Amino Acids Under Possible Primitive Earth Conditions, *Science*, v. 117, p. 528.

Com base nos estudos de Miller e na figura, é correto afirmar que esse experimento

a) apresentou, como resultado, uma "sopa" com todas as moléculas essenciais para originar vida, mesmo que primitiva.
b) mostrou que o surgimento de moléculas probióticas pode ocorrer de acordo com os princípios da geração espontânea.
c) falhou, porque não pode ser repetido por outros pesquisadores.
d) demonstrou, de forma definitiva, a origem da vida na Terra.
e) evidenciou que, nas condições experimentais, a vida não poderia se originar, porque entre os gases utilizados em sua pesquisa não existia oxigênio.

3. (PSIU – UFPI) Leia o trecho a seguir: "Devido ao grande potencial reprodutivo dos seres vivos, as populações naturais de todas as espécies tendem a crescer rapidamente. Entretanto, o tamanho das populações naturais mantém-se relativamente constante ao longo do tempo, pois, a cada geração, morre um grande número de indivíduos e muitos não deixam descendentes. Disso se pode concluir que a maior parte das características de uma geração é herdada dos genitores, e os indivíduos que sobrevivem e se reproduzem possuem características adaptadas às condições ambientais". Essa conclusão resume:

a) as ideias evolucionistas de Lamarck.
b) a teoria criacionista.
c) o conceito darwinista de seleção natural.
d) o conceito malthusiano.
e) o fixismo.

Capítulo 44
Genética de populações e especiação

Amazônia tem uma nova espécie descoberta a cada 3 dias

A Amazônia é realmente uma das regiões do nosso planeta que apresentam uma incrível diversidade de vida, e inclui territórios pertencentes a nove países.

É nesse ambiente que novas espécies animais e vegetais são descobertas a cada momento. É o que informa a organização ambientalista internacional WWF (*World Wildlife Fund* – Fundo Mundial da Natureza), que lançou em 2010 um relatório com as mais de 1.200 novas espécies de animais e vegetais descobertas na Amazônia na última década. Segundo o estudo, intitulado "Amazon Alive!", entre 1999 e 2009 uma nova espécie foi descoberta a cada três dias na região.

Os números comprovam que a Amazônia é dos lugares de maior biodiversidade da Terra: foram catalogados 637 novas plantas, 257 peixes, 216 anfíbios, 55 répteis, 39 mamíferos e 16 pássaros.

Agora é hora de investirmos também na preservação das novas e das já conhecidas espécies animais e vegetais da Amazônia. Devemos investir em ações para permitir que essas espécies tenham condições de sobreviver e se reproduzir, garantido a manutenção da biodiversidade desse bioma tão rico e importante.

Adaptado de: <http://www.bbc.co.uk>.
Acesso em: 10 ago. 2011.

Em Genética, *população* é definida como um conjunto de indivíduos de uma mesma espécie, em determinado tempo e espaço. A população também pode ser definida em termos de seu *pool* de genes, ou seja, pelo conjunto de alelos de todos os genes de todos os indivíduos da população.

AS CARACTERÍSTICAS DOMINANTES SÃO AS MAIS FREQUENTES?

A braquidactilia, presença de dedos curtos, é devida a um gene dominante, enquanto dedos normais são condicionados pelo gene recessivo. Por que, então, na população humana, é raro observarmos indivíduos com seis dedos ou com dedos curtos? Por que os genes dominantes (A, B, C etc.) não eliminam os recessivos (a, b, c etc.) se, afinal, são dominantes?

A predominância de certas características em diferentes populações depende da *frequência* dos genes – dominantes e recessivos – nas populações consideradas.

Para definirmos as frequências dos genes de determinada característica, precisamos primeiramente entender o que é frequência de genes e como ela se relaciona com a frequência dos genótipos.

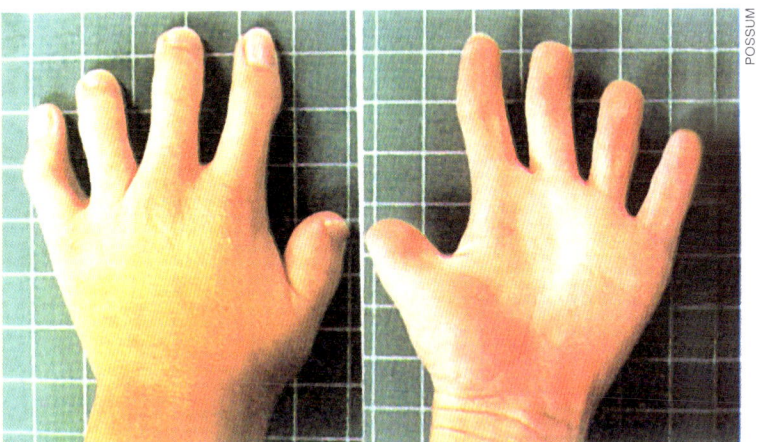

Braquidactilia é uma característica determinada por um gene dominante. Na foto, note que a primeira falange de cada dedo é de tamanho normal, enquanto as outras duas são extremamente curtas.

Acompanhe este exercício

Suponha, por exemplo, que a existência de pessoas albinas em uma população dotada de grande número de indivíduos, em que os cruzamentos ocorrem ao acaso, seja de 1%. Qual a frequência do gene dominante A e do recessivo a nessa população? Qual a probabilidade de encontrarmos um indivíduo homozigoto dominante, AA? Lembre-se de que albinismo é determinado por gene recessivo: assim, indivíduos AA e Aa são normais e os aa são albinos.

Resolução:

Se aa = 1% da população, então, a^2 (ou $a \times a$) = 1% (ou $\frac{1}{100}$).

Calculando a raiz quadrada, obteremos a frequência do alelo a na população. Assim:

$\sqrt{a^2} = \sqrt{\frac{1}{100}}$ de onde $a = \frac{1}{10}$ ou 10% ou 0,1

Em uma população, a soma da frequência do alelo dominante com seu alelo recessivo é sempre 100%. Assim, sendo 10% a frequência de a, temos que a frequência do alelo A nessa população é de 90% (ou 0,9).

Para sabermos qual a probabilidade de encontrarmos um indivíduo AA, relembremos os possíveis genótipos que podem ser encontrados nessa população, com relação ao caráter que está sendo estudado: AA, Aa, aA, aa. Chamemos de p à frequência do alelo dominante na população e de q à frequência do alelo recessivo nessa mesma população. Então, matematicamente, esses genótipos correspondem a

$$(p + q)^2,$$

de onde

$$(p + q)^2 = p^2 + 2pq + q^2$$

ou, no caso presente, $(A + a)^2 = A^2 + 2Aa + a^2$.

A soma $A^2 + 2Aa + a^2$ é sempre igual a 1, pois a soma das probabilidades de um indivíduo daquela população ser AA ou Aa ou aA ou aa é igual a 1 (100%), uma vez que não existe outra possibilidade genotípica.

Desta forma, sabendo que na população A = 90% e a = 10%, podemos concluir que:

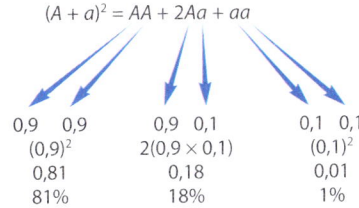

$(A + a)^2 = AA + 2Aa + aa$

0,9 0,9	0,9 0,1	0,1 0,1
$(0,9)^2$	$2(0,9 \times 0,1)$	$(0,1)^2$
0,81	0,18	0,01
81%	18%	1%

Portanto, a possibilidade de encontrarmos um indivíduo homozigoto dominante (AA) na população é de 81% (0,81).

FREQUÊNCIAS GÊNICAS EM UMA POPULAÇÃO AO LONGO DO TEMPO

Verificamos, no problema da seção anterior, que as possibilidades de se encontrar indivíduos AA, Aa e aa em uma determinada população são, respectivamente, 81%, 18% e 1%. Será que na geração seguinte essas probabilidades seriam as mesmas?

A resposta a essa questão foi esclarecida pelos pesquisadores Hardy e Weinberg. Para eles, tudo depende do que acontecer com as frequências dos genes A e a na população. Se continuarem as mesmas, isto é, a frequência de A = 90% e a frequência de a = 10%, então nada mudará. Nesse caso, diz-se que a *população em questão* está em **equilíbrio**, ou seja, suas frequências genotípicas não estão se modificando.

Fatores que Alteram a Frequência Gênica

Cruzamentos preferenciais

Para uma população manter-se em equilíbrio, os indivíduos devem cruzar-se livremente e ao acaso, isto é, não deve haver nenhum tipo de segregação, de escolha preferencial. Em outras palavras, a população deve ser **panmítica** (do grego, *pan* = todo, e do latim, *miscere* = misturar).

Oscilação gênica

Mudanças na frequência gênica em populações pequenas, devidas à ocorrência de fatores casuais incluindo o ambiente, caracterizam o fenômeno conhecido como **oscilação gênica** ou **deriva gênica**. Quando a população é pequena, qualquer fator casual poderá alterar a frequência dos genes.

Migração

O deslocamento de indivíduos entre populações diferentes, pertencentes a uma mesma espécie, é um fato comum na natureza. A saída de indivíduos (emigração) ou a entrada de indivíduos (imigração) interfere na frequência gênica.

Mutação gênica

Mutação gênica é uma alteração na sequência de bases da molécula de DNA, acarretando a transformação, por exemplo, de um gene A em seu alelo recessivo a. Se a mutação ocorrer em células da linhagem germinativa, formadoras dos gametas, indivíduos da geração seguinte poderão herdar o gene mutante, conduzindo a uma modificação da frequência gênica em relação à população original.

Seleção natural

O ambiente pode conduzir a alterações na frequência dos genes. Relembremos o clássico exemplo do melanismo industrial na Inglaterra, no século XIX, por ocasião da Revolução Industrial: mariposas de asas claras (facilmente detectáveis pelos predadores) foram gradativamente substituídas pela variedade melânica, de asas escuras, como consequência de mudanças na coloração do ambiente (para mais escuro), devido à poluição em áreas industriais.

A Lei de Hardy-Weinberg

Tendo estudado os principais fatores que podem alterar as frequências gênicas, podemos apresentar o enunciado completo da Lei de Hardy-Weinberg: "Uma população está em equilíbrio quando ela é **numerosa**, **panmítica**, não está sujeita a **migrações** nem a **mutações** e não sofre a influência da **seleção natural**". Uma população nessas condições obedece à expressão matemática $p^2 + 2pq + q^2 = 1$. Nessa situação, a frequência dos genes não se altera ao longo das gerações.

Saiba mais

Populações reais e a Lei de Hardy-Weinberg

Muito provavelmente, as condições de equilíbrio de Hardy-Weinberg nunca serão alcançadas na natureza. Mutações acontecem com certa frequência e são casuais; migrações são inevitáveis; os cruzamentos muitas vezes são preferenciais; a seleção natural exerce constantemente sua ação. Devemos entender que a Lei de Hardy-Weinberg aplica-se apenas a populações teóricas, que não sofrem mudanças e, como consequência, não evoluem.

Para manter-se em equilíbrio gênico, é necessário que a população seja muito numerosa.

O CONCEITO DE ESPÉCIE BIOLÓGICA E ESPECIAÇÃO

Hoje, a maioria dos biólogos aceita como válido o conceito de que uma espécie é um conjunto de indivíduos que podem se *intercruzar* livremente na natureza, produzindo descendentes férteis. Uma espécie biológica é definida pelo potencial reprodutivo existente entre os seus componentes no **meio natural** (não em laboratório ou em condições controladas e especiais).

O Surgimento de Novas Espécies

Especiação é o nome dado ao *processo de surgimento de novas espécies* a partir de uma *espécie ancestral*. De modo geral, para que isso ocorra, é imprescindível que grupos da espécie original se separem e deixem de se cruzar.

O **isolamento geográfico**, ou seja, a separação física de organismos de uma mesma espécie, pode ocorrer com a *migração* de grupos de organismos para locais diferentes e distantes ou pelo surgimento súbito de *barreiras naturais intransponíveis*, como rios, vales, montanhas, ilhas etc., que impeçam o encontro dos indivíduos da espécie original.

A mudança de ambiente favorece a ação da seleção natural, o que pode levar a uma mudança inicial da composição dos grupos. Se, após longo tempo de isolamento geográfico, os descendentes dos grupos originais voltarem a se encontrar, pode não haver mais a possibilidade de reprodução entre eles. Nesse caso, eles constituem novas espécies.

Isso pode ser evidenciado por meio de diferenças no comportamento reprodutor, de incompatibilidade na estrutura e no tamanho dos órgãos reprodutores, de inexistência de descendentes ou, ainda, da esterilidade dos descendentes, caso existam. Acontecendo alguma dessas possibilidades, as novas espécies formadas estarão em **isolamento reprodutivo**. Veja a Figura 44-1.

> Especiação **geográfica** ou **alopátrica** (do grego, *allós* = outro + *patra* = pátria) é a que ocorre após o **isolamento geográfico** de populações da mesma espécie. É o tipo mais comum de especiação, que pode ter acontecido na origem das diversas espécies amazônicas, em resposta ao surgimento dos Andes.
>
> Especiação **simpátrica** (do grego, *sún* = juntamente) é a que ocorre sem isolamento geográfico, ou seja, na mesma área geográfica em que os seres vivos se encontram. É comum em vegetais e pode, eventualmente, ocorrer em peixes, em que alguns indivíduos da espécie vivem na superfície, enquanto outros vivem em regiões profundas de um mesmo rio durante longo tempo.

Figura 44-1. Um modelo de especiação *alopátrica*, em que as novas espécies se formam em ambientes diferentes, isoladas geograficamente.

> ### Saiba mais
>
> **Anagênese e cladogênese: processos geradores de diversidade biológica**
>
> Na evolução dos seres vivos, admite-se a ocorrência de dois grandes processos que atuam conjuntamente e são responsáveis pela geração de diversidade biológica:
>
> - **anagênese:** pequenas e graduais modificações – que podem ocorrer por mutações, por exemplo – que surgem em uma espécie e se propagam por todas as espécies dela descendentes;
> - **cladogênese:** origem de espécies a partir de uma espécie ancestral, o que é possibilitado pela ocorrência de uma súbita barreira geográfica (construção de uma barragem, por exemplo) ou pela migração de grupos para locais diferentes.
>
>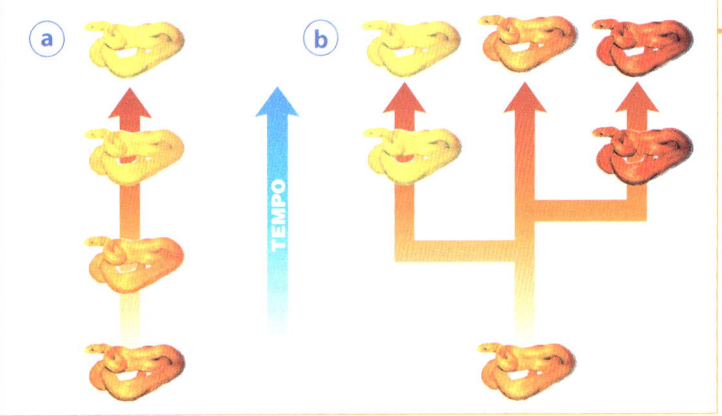
>
> (A) A anagênese corresponde ao acúmulo de modificações herdáveis e que alteram as características de uma espécie. (B) A cladogênese corresponde às várias espécies originadas, de modo geral, por isolamento geográfico de grupos da espécie ancestral.
>
> Adaptado de: AMORIM, D. S. *Fundamentos de Sistemática Filogenética*. Ribeirão Preto: Holos Editora, 2002, p. 21 e 147.

O que são as raças

Nem sempre há isolamento reprodutivo entre grupos que se separam e nem sempre ocorre a formação de novas espécies. O que pode acontecer se o isolamento geográfico for interrompido? Nesse caso, é possível que os componentes dos dois grupos tenham acumulado diferenças que os distinguem entre si, mas que não impedem a geração de descendentes férteis, isto é, os dois grupos ainda pertencem à mesma espécie. Como denominar, então, essas variedades que não chegam a ser novas espécies? Podemos chamá-las de **raças**.

Uma mesma espécie poderá ser formada por diversas raças, **intercruzantes** (que cruzam entre si), mas que apresentam características morfológicas distintas.

Pense nas diferentes raças de cães existentes atualmente e essa ideia ficará bem clara.

O grande *sheepdog* (abaixo) e o pequeno *yorkshire*, apesar de raças diferentes, podem se intercruzar.

Poliploidização: Especiação sem o Isolamento Geográfico

Em muitos vegetais, a ocorrência de erros meióticos envolvendo uma falha na separação dos cromossomos homólogos pode levar à formação de indivíduos *poliploides*. Formam-se gametas diploides que, ao se encontrarem, determinam a formação de zigoto tetraploide. Este originará uma planta fértil, já que cada uma de suas células possui dois conjuntos diploides de cromossomos, provenientes das células gaméticas dos pais, o que favorece a ocorrência de pareamento na meiose. Esse tipo de poliploidia é conhecido como **autopoliploidia**, uma vez que ocorre em células de organismos da mesma espécie. Os indivíduos resultantes são componentes de uma nova espécie. Veja a Figura 44-2.

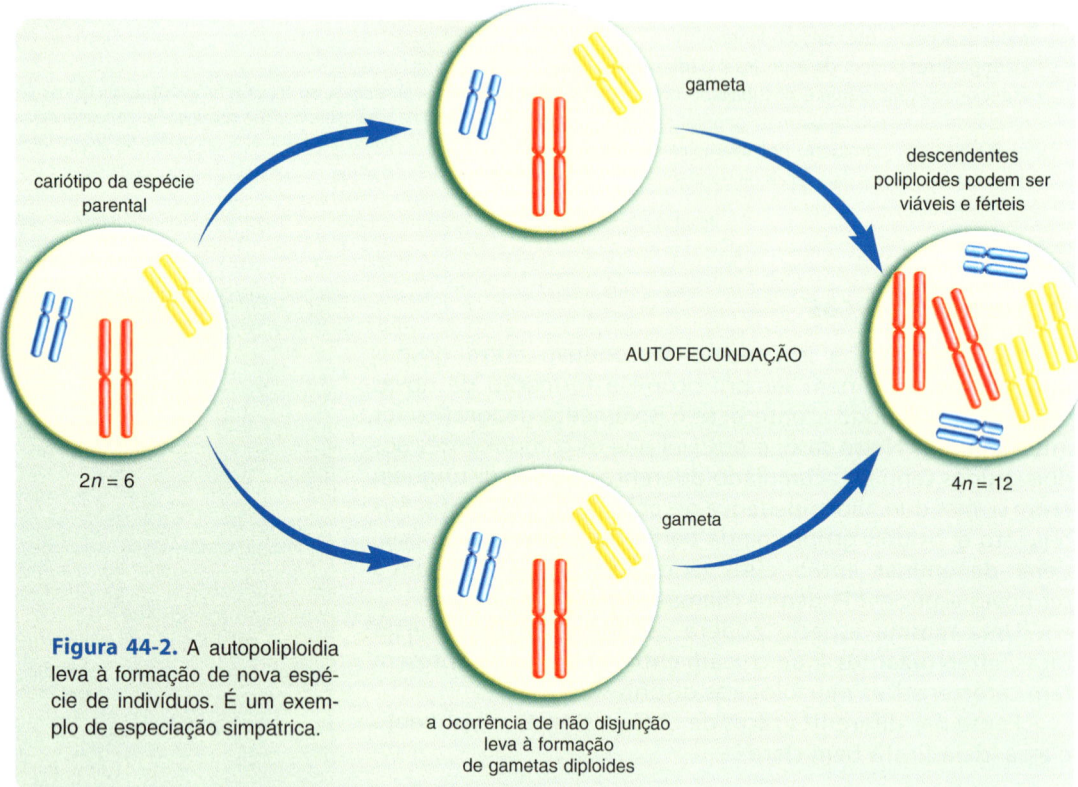

Figura 44-2. A autopoliploidia leva à formação de nova espécie de indivíduos. É um exemplo de especiação simpátrica.

Em outro tipo de poliploidia, a **alopoliploidia**, também comum em vegetais, ocorre inicialmente a fusão de gametas de duas espécies diferentes. O híbrido resultante, de modo geral, é vigoroso, porém estéril, pois os cromossomos de suas células não são homólogos, o que impossibilita o pareamento cromossômico na meiose. No entanto, esse híbrido pode se reproduzir assexuadamente por propagação vegetativa e gerar uma população que se mantém no ambiente por muito tempo.

Pense nisso

É inimaginável o cruzamento de um pequeno pincher com um cão dinamarquês. Diferenças no tamanho da genitália, além de possíveis problemas ligados ao desenvolvimento embrionário, poderão ocorrer. Como, então, garantir que os dois pertencem à mesma espécie? Isso é devido ao **fluxo gênico**. Embora os extremos de uma raça não consigam se cruzar, isso ocorre com os intermediários (pincher com pequinês, pequinês com pitbull, e assim por diante, até chegar ao dinamarquês), o que garante que todos pertencem à mesma espécie.

Isolamento Reprodutivo

O isolamento reprodutivo corresponde a um mecanismo que bloqueia a troca de genes entre as populações das diferentes espécies existentes na natureza.

Não se esqueça de que o conceito de espécie baseia-se justamente na possibilidade de troca de genes entre os organismos, levando a uma descendência fértil. No caso de haver isolamento reprodutivo, ele se manifesta de dois modos:

- por meio do impedimento da formação do híbrido, e nesse caso diz-se que estão atuando os mecanismos de isolamento reprodutivo **pré-zigóticos**, ou seja, que antecedem o zigoto; e
- por meio de alguma alteração que acontece após a formação do zigoto; nesse caso, fala-se na atuação de mecanismos de isolamento reprodutivo **pós-zigóticos**.

Mecanismos pré-zigóticos

Os mecanismos pré-zigóticos mais usuais são:
1. **diferenças comportamentais relativas aos processos de acasalamento entre animais**, tais como cantos de aves, danças nupciais de mamíferos etc.;
2. **barreiras mecânicas**, como a incompatibilidade de tamanho entre os órgãos genitais externos de animais pertencentes a espécies diferentes;
3. **amadurecimento sexual em épocas diferentes**, válido tanto para animais como para vegetais;
4. **utilização de locais de vida (*habitats*) diferentes** de uma mesma área geográfica, o que impede o encontro dos animais.

Mecanismos pós-zigóticos

Entre os mecanismos pós-zigóticos, podem ser citados:
1. **inviabilidade do híbrido:** ocorre morte nas fases iniciais do desenvolvimento;
2. **esterilidade dos híbridos:** embora nasçam, cresçam e muitas vezes sejam vigorosos, os híbridos interespecíficos são estéreis, o que revela incompatibilidade dos lotes cromossômicos herdados de pais de espécies diferentes, implicando, quase sempre, a impossibilidade de ocorrer meiose. Não havendo meiose, não há formação de gametas e, consequentemente, não há reprodução. O exemplo clássico é o do burro e da mula, híbridos interespecíficos resultantes do cruzamento de égua com jumento, pertencentes a duas espécies próximas, porém distintas. É o que ocorre também com o zebroide ou com o zébrulo (híbridos interespecífico, respectivamente, de cavalo com zebra fêmea e de zebra macho com égua);
3. **esterilidade e fraqueza da geração F$_2$:** às vezes, híbridos interespecíficos acasalam-se com sucesso, mas originam descendentes fracos, degenerados, que, se não morrem cedo, são totalmente estéreis.

As fragatas, aves oceânicas, possuem um método curioso de atração sexual: os machos inflam a região do papo, que fica bem avermelhado. Atraídas pela coloração dos papos, as fragatas fêmeas ficam receptivas para o acasalamento.

Saiba mais

Zebroide, mas carinhosamente chamada de "zégua"

Não são incomuns os cruzamentos entre cavalos e zebras fêmeas ou entre zebras machos e éguas. Esses cruzamentos, no entanto, costumam originar indivíduos listrados, mas estéreis, por serem fruto de cruzamento entre animais de espécies diferentes.

São conhecidos cruzamentos entre essas duas espécies animais desde a época colonial na África, sendo que hoje esses animais são criados tanto como *hobby* como para montaria, inclusive nos Estados Unidos.

Surpreendente, no entanto, é a aparência externa de Eclyse, parte listrada e parte lisa, resultado do cruzamento de um cavalo com uma zebra fêmea. Conhecido oficialmente por "zebroide", o resultado desse cruzamento está sendo chamado por muitos de "zégua" ou de "eguebra".

Saiba mais

Elefantes e especiação

Elefantes das *savanas africanas* e os das *florestas africanas* são duas espécies diferentes e não variedades da mesma espécie, como se supunha. É o que foi descoberto com base em evidências genéticas derivadas da comparação de amostras de DNA. Embora morfologicamente semelhantes, são geneticamente diferentes, o que justifica a inclusão em duas espécies distintas.

Fonte: ESCOBAR, H. O DNA da biodiversidade. *O Estado de S. Paulo,* São Paulo, 28 ago. 2011. Caderno Vida, p. A32.

IRRADIAÇÃO ADAPTATIVA

> No processo de irradiação, sempre há um parentesco próximo entre as espécies consideradas.

Há muitos indícios de que a evolução dos grandes grupos de seres vivos foi possível a partir de um grupo ancestral cujos componentes, por meio do processo de especiação, possibilitaram o surgimento de espécies relacionadas.

Assim, a partir de uma espécie inicial, pequenos grupos passaram a conquistar novos ambientes, sofrendo processos de adaptação que lhes possibilitaram a sobrevivência nesses meios. Desse modo, teriam surgido novas espécies que apresentavam muitas características semelhantes com espécies relacionadas e com a ancestral. Esse fenômeno evolutivo é conhecido como **irradiação adaptativa**.

Para que a **irradiação** possa ocorrer, é preciso, em primeiro lugar, que os organismos já possuam em seu equipamento genético as condições necessárias para a ocupação do novo **meio**. Este, por sua vez, constitui-se um segundo fator importante, já que a seleção natural adaptará a composição do grupo ao meio de vida.

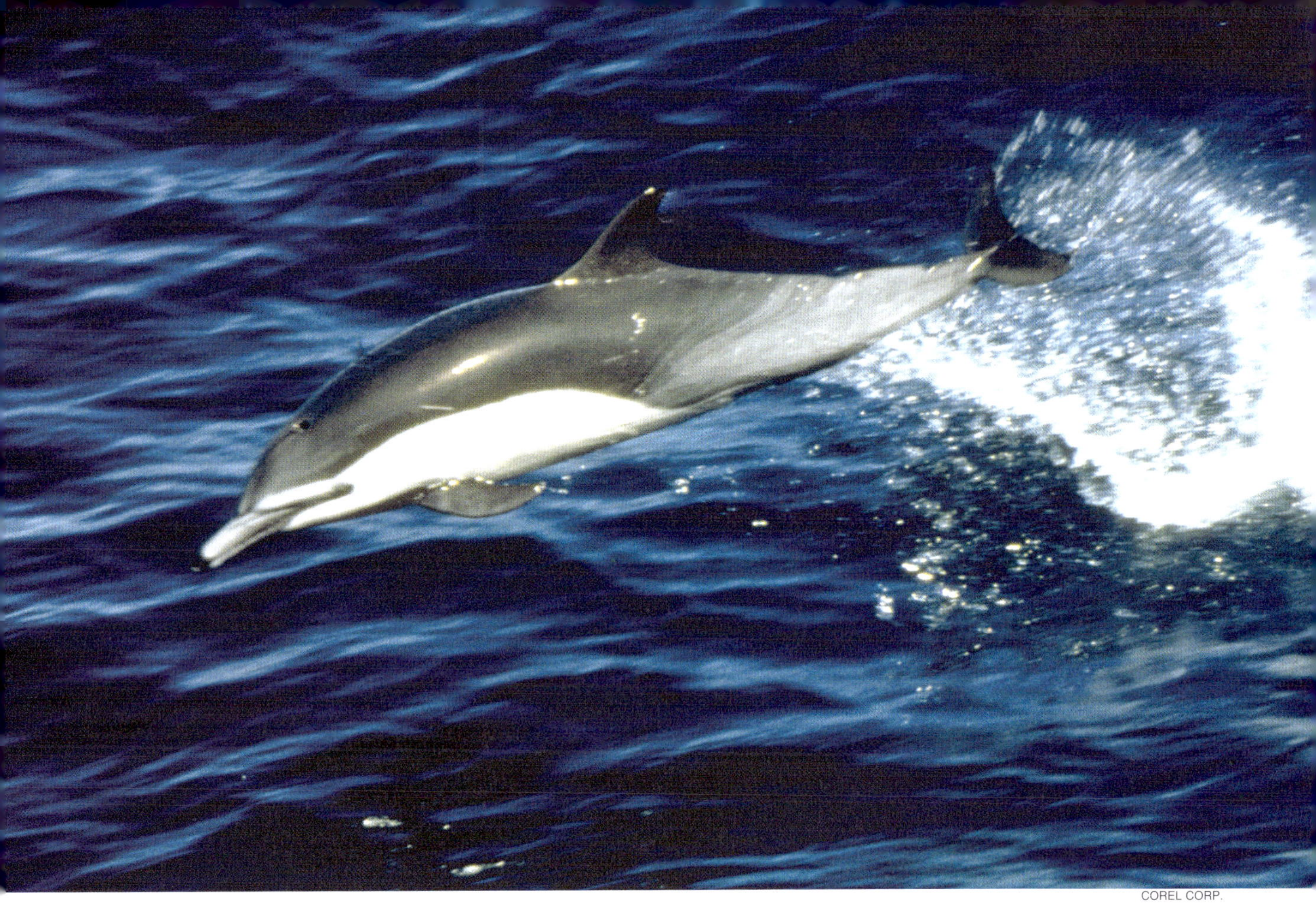

COREL CORP.

CONVERGÊNCIA ADAPTATIVA

A observação de um tubarão e um golfinho evidencia muitas semelhanças morfológicas, embora os dois animais pertençam a grupos distintos. O tubarão é peixe cartilaginoso, respira por brânquias, e suas nadadeiras são membranas carnosas. O golfinho é mamífero, respira por pulmões, e suas nadadeiras escondem ossos semelhantes aos dos nossos membros superiores. Portanto, a semelhança morfológica existente entre os dois **não** revela parentesco evolutivo. De que maneira, então, adquiriram essa grande semelhança externa? Foi a atuação de um mesmo meio, o aquático, que selecionou nas duas espécies a forma corporal ideal (hidrodinâmica) ajustada à natação. Esse fenômeno é conhecido como **convergência adaptativa** ou **evolução convergente**.

O tubarão e o golfinho são exemplos de convergência adaptativa.

PANTHERMEDIA/KEYDISC

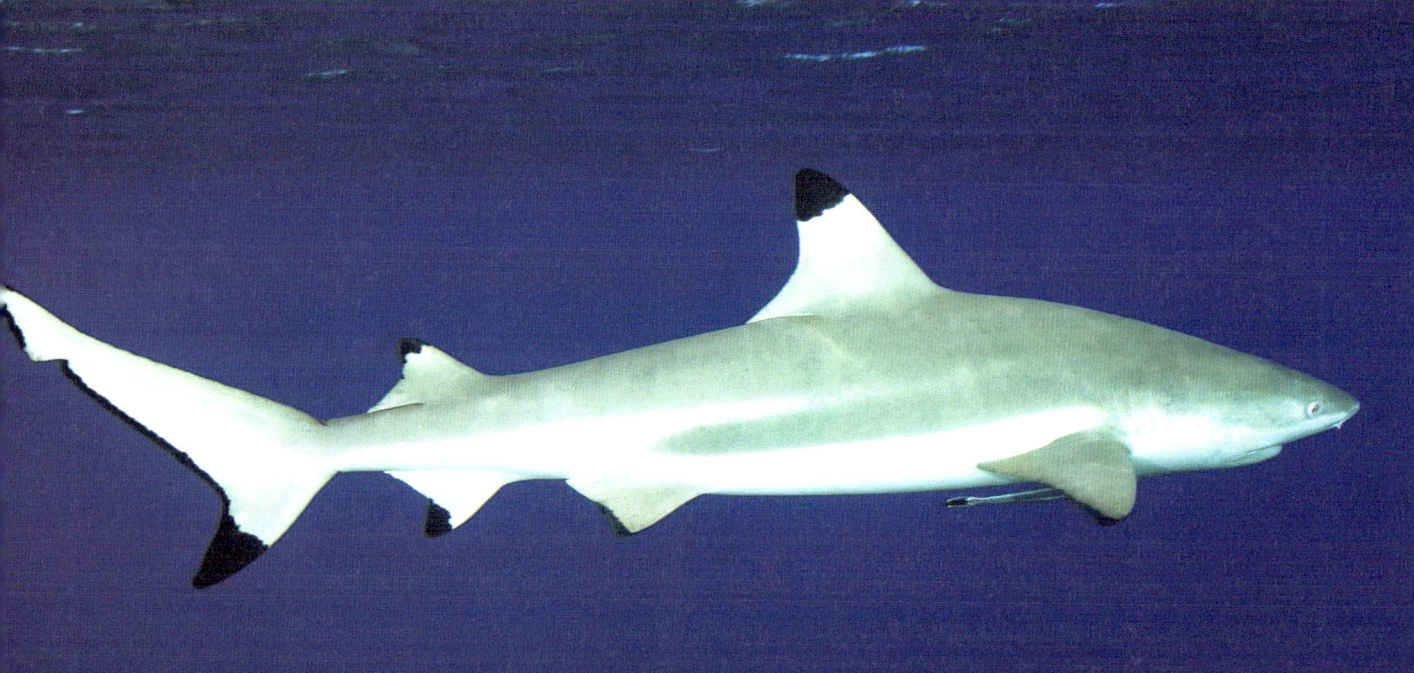

HOMOLOGIA E ANALOGIA

Agora que sabemos o que é irradiação adaptativa e convergência adaptativa, fica fácil entender o significado dos termos homologia e analogia. Ambos são utilizados para comparar órgãos ou estruturas existentes nos seres vivos.

A **homologia** designa a *semelhança de origem* entre dois órgãos pertencentes a dois seres vivos de espécies diferentes, enquanto a **analogia** refere-se à *semelhança de função* executada por órgãos pertencentes a seres vivos de espécies diferentes. Dois órgãos homólogos poderão ser análogos, caso executem a mesma função.

Note que os casos de **homologia** revelam a atuação do processo de **irradiação adaptativa** e denotam um parentesco entre os seres comparados. Já os casos de **analogia** pura, não acompanhados de homologia, revelam a ocorrência de **convergência adaptativa** e não envolvem parentesco próximo entre os seres. Assim, as nadadeiras anteriores de um tubarão são análogas às de uma baleia e ambas são consequência de uma evolução convergente.

A ciência por trás do fato!

Intolerância à lactose

Você é daquelas pessoas que não podem beber leite porque sente cólicas e tem diarreia? Pois é, isso acontece porque, em muitas pessoas, o gene para a produção da enzima lactase, que atua na digestão da lactose existente no leite, para de funcionar após o desmame.

Agora, veja que interessante: 90% das pessoas na Europa conseguem digerir a lactose, o mesmo ocorrendo em pessoas que vivem no leste da África. No caso dos europeus, isso provavelmente ocorreu devido a uma mutação no gene da lactase, ocorrida há uns 7.000 anos, enquanto na população africana deve ter ocorrido entre 2.700 e 6.800 anos atrás. É a seleção natural agindo. Sabe por quê? Porque o leite de vaca recém-extraído é desprovido de agentes causadores de infecção, ao contrário do que ocorre com a água de muitos rios, que é contaminada por agentes patogênicos microscópicos. Então, quem bebia leite e possuía o tal gene para produzir lactase sobrevivia, se reproduzia e produzia descendentes também capazes de digerir lactose.

Outra consequência interessante dessa descoberta é que a ocorrência de mutações no gene da lactase em povos distintos da Europa e da África ilustra um caso de *evolução convergente* (ou *convergência adaptativa*), situação em que, em populações distantes, o mesmo fenômeno ocorre, favorecendo os portadores de genes adaptativos.

Fontes:
- Beber leite é sinal de evolução. *O Estado de S. Paulo*, São Paulo, 27 dez. 2006, Caderno Vida, p. A12 (baseado em artigo de WADE, N., publicado no *The New York Times*, NY).
- KHAMSI, R. A taste for milk shows evolution in action. *New Scientist*, London, 3 Mar. 2007, v. 193, n. 2.593, p. 12.

A cauda de um macaco sul-americano e a cauda de um cachorro são estruturas *homólogas* (os dois animais são mamíferos), mas não são *análogas*, isto é, *não* desempenham a mesma função.

Já as asas de um beija-flor (ave) e as de um morcego (mamífero) são *homólogas* para os evolucionistas, por terem a mesma origem reptiliana, e *análogas* por desempenharem a mesma função.

Ética & Sociedade

Existem as raças humanas?

Uma raça é entendida como uma população cujos membros têm em comum algumas características biológicas hereditárias que os separam fisicamente de outros grupos humanos. As características físicas geralmente levadas em consideração são a pigmentação da pele, a textura do cabelo e os traços faciais. São consideradas as principais raças humanas: branca, negroide, mongoloide, ameríndia e australoide.

Muito se tem pesquisado sobre o assunto. O livro *The History and Geography of Human Genes*, de Luca Cavalli-Sforza, Paolo Menozzi e Alberto Piazza, é uma síntese de mais de 50 anos de pesquisa em genética de populações. Uma das conclusões mais importantes do livro: uma vez descontados os genes responsáveis pelas características superficiais da pele e da estatura, as "raças" humanas são praticamente iguais. (...) O que os olhos veem como diferenças raciais – entre europeus e africanos, por exemplo – são na verdade adaptações ao clima, provocadas pela migração dos humanos de um continente para outro. Uma pessoa de pele clara que vive perto dos trópicos está susceptível a vários riscos, como por exemplo, câncer de pele. Consequentemente, uma pessoa clara vivendo em baixas latitudes tem, teoricamente, menos chance de viver até uma idade reprodutiva e passar seus genes para a cor da pele a seus descendentes. Uma situação similar existe para uma pessoa de pele escura vivendo em latitudes polares. A pele escura filtra a luz solar e tende a privar o indivíduo de vitamina D_3, que se forma na pele exposta ao sol. A falta de vitamina D_3 provoca o raquitismo. Assim, depois de algumas gerações, as pessoas de pele escura são mais frequentemente encontradas perto do Equador e as pessoas de pele clara, em latitudes mais altas.

Existem exceções, claro. Os esquimós têm pele escura e, mesmo assim, vivem no Ártico. Sua dieta inclui óleo de fígado de peixe contendo muita quantidade de vitamina D_3, que previne o raquitismo.

Uma última curiosidade: os bascos são, provavelmente, os descendentes diretos do homem de *Cro-Magnon*, os primeiros humanos a habitar a Europa. Os outros europeus são considerados uma população híbrida, com 65% de genes asiáticos e 35% de genes africanos.

Sendo assim, caem por terra os argumentos dos que pregam a soberania dessa ou daquela "raça" humana!

Baseado em: The story in our genes. *Science*, Washington, v. 145, n. 3, jan. 1995.

Passo a passo

1. O que deverá ocorrer com a frequência genotípica dos descendentes em uma população que está em conformidade com as condições de Hardy-Weinberg?

2. Quais são as condições que permitem a uma população estar em equilíbrio, isto é, apresentar as condições de Hardy-Weinberg?

3. Nas afirmativas abaixo, marque com **V** as verdadeiras e com **F** as falsas.
   a) O estudo da genética das populações visa compreender a composição genética de uma população e os fatores que determinam e alteram essa composição.
   b) A única fonte de variação genética na população é a mutação gênica.
   c) O único fator que altera a composição gênica de uma população é a combinação de mutação com seleção natural.
   d) A frequência de um gene dominante em uma população em equilíbrio de Hardy-Weinberg tende lenta e progressivamente a aumentar devido à seleção natural.
   e) O equilíbrio de Hardy-Weinberg obedece à expressão matemática $p^2 + 2pq + q^2$ e é uma consequência da segregação de alelos na meiose com fecundação dos gametas.

4. A frequência do alelo dominante *T* em uma população em equilíbrio é de 25%. Pergunta-se:
   a) Qual a frequência do alelo recessivo *t*?
   b) Qual a frequência dos genótipos *TT*, *Tt* e *tt*?
   c) Na geração seguinte, qual a probabilidade de um indivíduo ter o fenótipo dominante, independentemente do seu genótipo?

Leia cuidadosamente o texto abaixo e responda aos exercícios **5** e **6**.

Supondo que uma determinada população esteja em equilíbrio, um geneticista estudou uma determinada característica e notou que 9 indivíduos, de um total de 900, possuíam um fenótipo devido a um gene recessivo (*bb*). Os demais indivíduos (891) apresentavam um fenótipo devido a um gene dominante (*B_*).

5. Qual é a frequência do gene dominante e do recessivo nessa população?

6. Analisando 1.000 indivíduos da geração seguinte, quantos deverão ser heterozigotos?

7. O daltonismo na espécie humana deve-se a um gene recessivo ligado ao sexo. Um geneticista, ao fazer um levantamento entre 500 homens de uma população, notou que 20 eram daltônicos. Pergunta-se:
   a) Qual a frequência do gene alelo normal e do gene daltônico nessa população?
   b) Que porcentagem das mulheres dessa população seria daltônica?

8. Na população humana há 16% de indivíduos Rh⁻. Qual a probabilidade de ocorrer:
   a) um casamento entre dois indivíduos Rh⁻?
   b) um casamento entre dois heterozigotos?

9. Nas frases a seguir, assinale com **V** as verdadeiras e com **F** as falsas.
   a) Especiação é o nome dado ao processo de surgimento de novas espécies a partir de uma espécie ancestral.
   b) No processo de especiação, o isolamento reprodutivo antecede o isolamento geográfico.
   c) A formação de raças em uma espécie animal é iniciada, de modo geral, pelo isolamento geográfico de populações.
   d) Populações animais de uma mesma espécie ancestral, que ficaram separadas por muito tempo, poderão, com a eliminação da barreira física que as isolava, constituir raças se ainda houver cruzamento com descendentes férteis.
   e) A seleção natural não exerce nenhum efeito relativamente à especiação em populações de uma espécie que migram para meios diferentes.

10. Associe os itens numerados com os antecedidos por letras, relativamente aos mecanismos de isolamento reprodutivo pré-zigótico.

   I – canários machos são capazes de atrair, pelo canto, apenas fêmeas de sua espécie
   II – amadurecimento sexual em épocas diferentes do ano
   III – tamanhos diferentes de órgãos genitais externos em animais
   IV – viver em locais diferentes de uma mesma área geográfica

   a) isolamento estacional
   b) isolamento por barreiras mecânicas
   c) isolamento comportamental
   d) isolamento por diferença de *habitat*

11. Os meios de comunicação divulgaram recentemente o nascimento, em um zoológico da Alemanha, da "zégua" Eclyse, estéril, resultante do cruzamento entre uma zebra fêmea e um cavalo. Tal fato também se verifica com frequência no cruzamento, efetuado em fazendas, de jumentos com éguas, originando-se burros e mulas, também, de modo geral, estéreis. Sabendo que cavalos, jumentos e zebras são animais de espécies diferentes, embora pertençam ao mesmo gênero – *Equus* –, e utilizando os seus conhecimentos, responda aos itens a seguir.
   a) Pode-se considerar zevalos, mulas e burros como sendo componentes de uma nova espécie? Justifique sua resposta.
   b) Considerando que esses três animais são viáveis e estéreis, porém resultantes do cruzamento de animais de espécies diferentes, a que tipo de isolamento reprodutivo esse caso se refere?
   c) Sabendo-se que no núcleo das células somáticas (diploides) de um jumento existem 62 cromossomos, enquanto no núcleo das células somáticas (diploides) de uma égua existem 64 cromossomos, quantos cromossomos serão encontrados em um óvulo de égua, em um espermatozoide de jumento e em uma célula somática de mula?

12. Qual é a diferença entre convergência adaptativa e irradiação adaptativa?

13. A observação de um tubarão e de um golfinho evidencia a existência de algumas semelhanças morfológicas externas, embora não exista parentesco evolutivo. Como é conhecido esse fenômeno?

14. No arquipélago de Galápagos existem cerca de 13 espécies conhecidas como "tentilhões de Darwin". Acredita-se que todas essas espécies se originaram de uma espécie ancestral cujos representantes provavelmente foram provenientes do continente e se espalharam pelas diferentes ilhas. Como é denominado esse processo evolutivo por meio de dispersão?

15. Nas frases a seguir, assinale com **V** as verdadeiras e com **F** as falsas.
   a) Homologia refere-se a órgãos ou estruturas que sempre exercem a mesma função em seres vivos de espécies diferentes.
   b) Especiação simpátrica é a que ocorre quando os seres vivos habitam regiões geográficas distantes e diferentes.
   c) Analogia refere-se a órgãos ou estruturas que exercem o mesmo tipo de função, presentes em seres vivos de espécies diferentes que vivem em um ambiente similar.
   d) Especiação alopátrica é a que ocorre quando os seres vivos habitam o mesmo tipo de ambiente e, de modo geral, ocorre em vegetais.
   e) Asa de borboleta e asa de beija-flor são exemplos de estruturas análogas.
   f) A pata anterior de um cavalo e o membro superior do homem são exemplos de estruturas análogas.

Questões objetivas

1. (UFU – MG) De acordo com a teoria de Hardy-Weinberg, em uma população em equilíbrio genético as frequências gênicas e genotípicas permanecem constantes ao longo das gerações. Para tanto, é necessário que:

a) a população seja infinitamente grande, os cruzamentos ocorram ao acaso e esteja isenta de fatores evolutivos, tais como mutação, seleção natural e migrações.
b) o tamanho da população seja reduzido, os cruzamentos ocorram ao acaso e esteja sujeita a fatores evolutivos, tais como mutação, seleção natural e migrações.
c) a população seja infinitamente grande, os cruzamentos ocorram de modo preferencial e esteja isenta de fatores evolutivos, tais como mutação, seleção natural e migrações.
d) a população seja de tamanho reduzido, os cruzamentos ocorram de modo preferencial e esteja sujeita a fatores evolutivos, tais como mutação, seleção natural e migrações.

2. (UFPI) Numa certa população de africanos, 9% nascem com anemia falciforme. Qual o percentual da população que possui a vantagem heterozigótica?

a) 9%
b) 19%
c) 42%
d) 81%
e) 91%

3. (UNESP) No estudo da genética de populações, utiliza-se a fórmula $p^2 + 2pq + q^2 = 1$, na qual p indica a frequência do alelo dominante e q indica a frequência do alelo recessivo. Em uma população em equilíbrio de Hardy-Weinberg, espera-se que:

a) o genótipo homozigoto dominante tenha frequência $p^2 = 0,25$, o genótipo heterozigoto tenha frequência de $2pq = 0,5$ e o genótipo homozigoto recessivo tenha frequência $q^2 = 0,25$.
b) haja manutenção do tamanho da população ao longo das gerações.
c) os alelos que expressam fenótipos mais adaptativos sejam favorecidos por seleção natural.
d) a somatória da frequência dos diferentes alelos, ou dos diferentes genótipos, seja igual a 1.
e) ocorra manutenção das mesmas frequências genotípicas ao longo das gerações.

4. (UFES) Um par de genes determina resistência a um fungo que ataca a cana-de-açúcar e os indivíduos suscetíveis (aa) apresentam frequência de 0,25. Em uma população que está em equilíbrio de Hardy-Weinberg, a frequência de heterozigotos será:

a) 15%.
b) 25%.
c) 50%.
d) 75%.
e) 100%.

5. (PUC – Campinas – SP) Embora na espécie humana a aplicação do conceito de raças seja bastante controversa, em muitos animais ocorrem populações da mesma espécie que diferem em determinadas características e estão adaptadas a ambientes diferentes. A condição inicial para o estabelecimento de raças é

a) o isolamento reprodutivo.
b) a seleção natural.
c) o fluxo gênico.
d) o isolamento geográfico.
e) a superioridade do híbrido.

6. (UFF – RJ) Faz 100 anos que Hardy (matemático inglês) e Weinberg (médico alemão) publicaram o teorema fundamental da genética de populações, conhecido como equilíbrio de Hardy-Weinberg. Para se aplicar este princípio, a população deve ser de tamanho:

a) aleatório, visto que não influencia para a aplicação do teorema, já que a probabilidade dos cruzamentos depende de processos migratórios que ocorrem naturalmente nas populações.
b) pequeno, de modo que possam ocorrer cruzamentos de forma experimental, de acordo com as Leis de Mendel, ou seja, os cruzamentos entre indivíduos de diferentes genótipos devem acontecer sempre a partir de alelos heterozigotos.
c) muito grande, para que possam ocorrer cruzamentos seletivos, de acordo com a teoria evolutiva, ou seja, os efeitos da seleção natural a partir de mutações ao acaso devem ser considerados.
d) pequeno, de modo que possam ocorrer cruzamentos entre os organismos mutantes, de acordo com as leis das probabilidades, ou seja, novas características devem ser introduzidas de forma controlada na população.
e) muito grande, de modo que possam ocorrer todos os tipos de cruzamentos possíveis, de acordo com as leis das probabilidades, ou seja, os cruzamentos entre indivíduos de diferentes genótipos devem acontecer completamente ao acaso.

7. (UFF – RJ) A cada ano, a grande marcha africana se repete. São milhares de gnus e zebras, entre outros animais, que migram da Tanzânia e invadem a Reserva Masai Mara, no sudoeste do Quênia, em busca de água e pastos verdes. Durante a viagem, filhotes de gnus e zebras recém-nascidos e animais mais velhos tornam-se presas fáceis para os felinos. Outros animais não resistem e morrem durante a migração. Analise as afirmativas abaixo, que trazem informações sobre fatores que contribuem para a variação na densidade populacional.

I – A limitação de recursos justifica os movimentos migratórios.
II – Os felinos contribuem para regular o tamanho das populações de gnus e zebras.
III – Fatores climáticos não interferem nos processos migratórios.
IV – A velocidade de crescimento das populações de felinos depende da disponibilidade de presas.
V – O tamanho das populações de gnus e zebras não se altera durante a migração.

Assinale a opção que apresenta somente afirmativas **CORRETAS**.

a) I, II e III.
b) I, II e IV.
c) I, III e V.
d) II, IV e V.
e) III, IV e V.

8. (UFPel – RS) Os tucunarés (*Cichla*) vivem em populações separadas em lagos, mas os indivíduos de lagos diferentes usam um rio central para passarem de um local para o outro e conseguem cruzar entre si. Uma bióloga do Instituto Nacional de Pesquisa da Amazônia relata que está ocorrendo um menor fluxo gênico entre as populações desses peixes. Isso pode ser decorrente da abertura de estradas e a construção de barragens, o que está dificultando a passagem dos peixes de um lago para o outro.

Adaptado de: *Ciência Hoje*, Rio de Janeiro, n. 259, v. 44, maio 2009.

Com base no texto, é correto afirmar que

a) o menor fluxo gênico entre as populações de tucunarés é devido a barreiras causadas por mutações genéticas.
b) podem surgir novas espécies de peixes a partir do isolamento de populações, desde que ainda seja possível o cruzamento entre os indivíduos das populações isoladas.
c) os motivos de isolamento dos tucunarés são devidos às interferências humanas. De fato, todos os casos de especiação ocorrem pela ação antrópica.
d) os tucunarés não terão problemas com o isolamento, pois eles fazem partenogênese, em que um óvulo dá origem a um novo indivíduo, não havendo necessidade de reprodução sexuada.
e) como consequência de um provável isolamento geográfico entre as populações de tucunarés, pode ocorrer um processo de especiação.

9. (UPE) Algumas mudanças evolutivas importantes ocorrem com rapidez suficiente para que possam ser documentadas no decorrer de uma ou de algumas vidas científicas. Isto é particularmente provável quando, devido a atividades humanas ou outras causas, o ambiente de uma população muda ou quando uma espécie é introduzida em um novo ambiente. Por exemplo, as mudanças no suprimento alimentar devido à seca nas Ilhas Galápagos causaram, no período de poucos anos, uma mudança evolutiva substancial, embora temporária, no tamanho do bico de um tentilhão; um vírus introduzido na Austrália para controlar os coelhos evoluiu para uma menor virulência em menos de uma década (e a população de coelhos tornou-se mais resistente a ele); os ratos evoluíram para a resistência ao veneno warfarin; desde a II Guerra Mundial, centenas de espécies de insetos que infestam safras e transmitem doenças desenvolveram resistência ao DDT e a outros inseticidas e a rápida evolução da resistência a antibióticos nos microrganismos patogênicos gera um dos mais sérios problemas de saúde pública.

Futuyma, 2002. *Evolução*, Ciência e Sociedade (SBG).

Esses exemplos decorrem da atuação de

a) deriva genética.
b) especiação.
c) migração.
d) mutação cromossômica.
e) seleção direcional.

10. (UFV – MG) Ao realizar estudos de evolução, calouros de uma turma elaboram as seguintes afirmativas sobre os conceitos de especiação:

I – Processo que separa populações geneticamente homogêneas em duas ou mais, as quais podem se tornar isoladas reprodutivamente entre si.
II – No processo de especiação, as modificações da frequência alélica não são importantes, uma vez que a seleção natural atua no fenótipo.
III – Na especiação alopátrica, o ambiente geográfico é um facilitador para que o fluxo gênico aumente a variabilidade dentro da população.

Com base nos princípios evolutivos e nos de especiação, são **INCORRETAS** as afirmativas:

a) I, II e III.
b) I e II, apenas.
c) II e III, apenas.
d) I e III, apenas.

11. (PUC – MG) A evolução biológica poderia ser definida simplesmente como "descendência com modificação". A hipótese básica da teoria evolucionista é que os organismos vivos de hoje são formas modificadas dos seus ancestrais, tendo sido selecionados por acaso ou por valor adaptativo. Assim, a anatomia e a fisiologia comparadas podem fornecer evidências da evolução da vida na Terra.

Sobre esse assunto, é incorreto afirmar:

a) Estruturas homólogas são aquelas que, apesar de desempenharem funções diferentes, apresentam estrutura semelhante e a mesma posição relativa no organismo, indicando mesma origem embriológica e ancestralidade comum.
b) Estruturas que desempenham função similar, mas têm origem embrionária e estrutura anatômica diferentes, são produzidas por um processo de divergência adaptativa.
c) A deriva genética produz oscilação das frequências gênicas, principalmente em populações pequenas e isoladas, e independe da seleção natural.
d) Os ossos da asa dos pássaros, da pata dianteira do cavalo e da nadadeira da baleia são semelhantes e com mesma origem embrionária, tendo sido selecionados por divergência adaptativa.

12. (UNESP) No filme *Espanta Tubarões* (estúdios DreamWorks, 2004), Leny, um tubarão vegetariano que deseja a amizade dos outros peixes, disfarça-se de golfinho e consegue enganar até mesmo outros tubarões. No filme, a transformação não é muito difícil: Lenny coloca um focinho falso e um pouco de maquiagem. Embora o filme veicule uma série de incorreções biológicas, uma vez que se trata de uma fantasia, na biologia a semelhança fenotípica entre tubarões e golfinhos é explicada como resultado de um processo conhecido por

a) camuflagem.
b) mimetismo.
c) divergência adaptativa.
d) convergência adaptativa.
e) homologia.

13. (UFU – MG) Por meio da anatomia e da embriologia comparadas, é possível verificar que os ossos dos membros anteriores de alguns vertebrados têm origem evolutiva comum, embora possam desempenhar funções diferentes. Nas aves, por exemplo, esses ossos atuam no voo, enquanto no homem e na baleia podem ser usados para a natação. Por outro lado, as asas dos insetos e das aves têm origem evolutiva e embrionária diferentes, mas têm a mesma função (voo).

Com relação à origem evolutiva e à função desempenhada, assinale a alternativa correta.

a) As asas dos insetos e as asas das aves são estruturas homólogas.
b) As estruturas análogas podem, por mutação, ser transformadas em estruturas homólogas.
c) Os membros superiores do homem, membros anteriores da baleia e as asas das aves são estruturas homólogas.
d) As asas dos insetos são análogas aos membros superiores do homem.

14. (UFF – RJ) Durante o processo evolutivo, diversos organismos desenvolveram estruturas ou formas corporais semelhantes em função do ambiente em que viviam. Entretanto, existem outros organismos que apresentam órgãos com a mesma origem embrionária, mas que desempenham diferentes funções. Tais processos são denominados, respectivamente, convergência e divergência evolutiva.

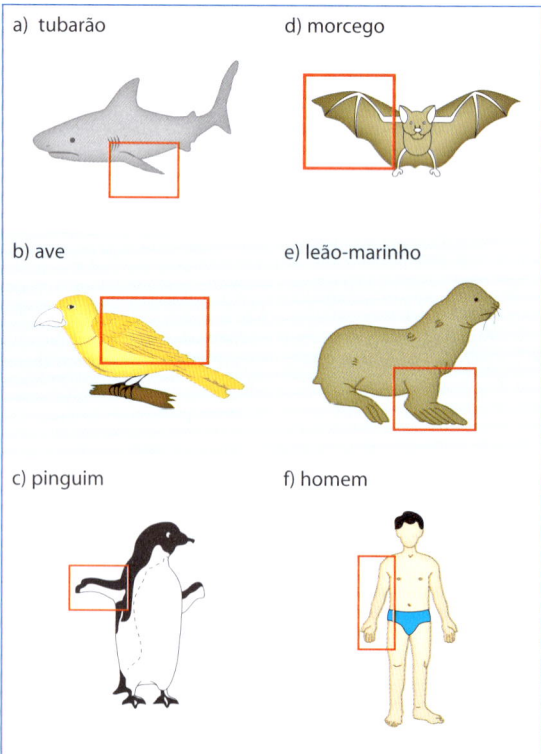

a) tubarão
b) ave
c) pinguim
d) morcego
e) leão-marinho
f) homem

Com base nas estruturas destacadas, assinale a alternativa que agrupa corretamente os animais da figura acima, tendo em vista o processo evolutivo correspondente.

a) convergência – a, c, e
   divergência – b, d, f
b) convergência – a, d, e
   divergência – b, c, f

c) convergência – a, e, f
divergência – b, c, d
d) convergência – a, b, d
divergência – c, e, f
e) convergência – c, e, f
divergência – a, b, d

15. (PUC – MG) A análise morfofuncional das semelhanças e diferenças nas estruturas corporais de diferentes animais fornece subsídios para a classificação filogenética, sendo evidência da evolução biológica. A figura abaixo representa a estrutura interna e externa dos membros anteriores de três animais.

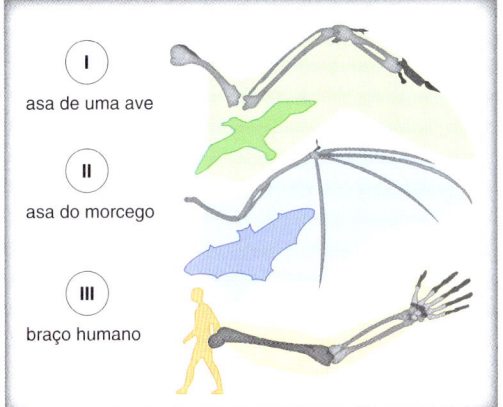

Analisando-se esses apêndices articulados, é **CORRETO** afirmar que:

a) I, II e III surgiram em um processo de divergência adaptativa.
b) I, II e III são órgãos homólogos originados por irradiação adaptativa.
c) II e III são órgãos análogos que indicam ancestralidade comum e função homóloga.
d) I e II são órgãos análogos que foram selecionados por convergência adaptativa.

16. (METODISTA – SP) No filme Avatar, de James Cameron (20th Century Fox, 2009), os nativos de Pandora, chamados Na'Vi, são indivíduos com 3 metros de altura, pele azulada, feições felinas e cauda que lhes facilita o deslocar por entre os galhos das árvores.

Muito embora se trate de uma obra de ficção, na aula de Biologia os Na'Vi foram lembrados. Se esses indivíduos fossem uma espécie real, sem parentesco próximo com as espécies da Terra, e considerando que teriam evoluído em um ambiente com pressões seletivas semelhantes às da Terra, a cauda dos Na'Vi, em relação à cauda dos macacos, seria um exemplo representativo de estruturas

a) homólogas, resultantes de um processo de divergência adaptativa.
b) homólogas, resultantes de um processo de convergência adaptativa.
c) análogas, resultantes de um processo de divergência adaptativa.
d) análogas, resultantes de um processo de convergência adaptativa.
e) vestigiais, resultantes de terem sido herdadas de um ancestral comum, a partir do qual a cauda se modificou.

17. (UNESP) Pode-se dizer que os pelos estão para as penas assim como

a) as asas de um morcego estão para as asas de uma ave, sendo essas estruturas consideradas homólogas.
b) as asas de um inseto estão para as asas de um morcego, sendo essas estruturas consideradas homólogas.
c) as unhas estão para os dedos, sendo essas estruturas consideradas homólogas.
d) as pernas de um cavalo estão para as pernas de um inseto, sendo essas estruturas consideradas análogas.

18. (UFF – RJ) De forma não tão rara, a imprensa divulga a descoberta de uma nova espécie. Mecanismos de isolamento geográfico e/ou reprodutivos contribuem para o processo de especiação. Associe os exemplos numerados com os respectivos mecanismos de isolamento reprodutivo apresentados abaixo.

1. florescimento em épocas diferentes
2. desenvolvimento embrionário irregular
3. alterações nos rituais de acasalamento
4. meiose anômala
5. impedimento da cópula por incompatibilidade dos órgãos reprodutores

( ) isolamento mecânico
( ) isolamento estacional
( ) mortalidade do zigoto
( ) esterilidade do híbrido
( ) isolamento comportamental

Assinale a alternativa que apresenta a associação **CORRETA**.

a) 1, 3, 4, 2 e 5
b) 4, 3, 2, 5 e 1
c) 4, 3, 5, 2 e 1
d) 5, 1, 4, 3 e 2
e) 5, 1, 2, 4 e 3

19. (UFG – GO) Leia a reportagem abaixo.

> **Por que os filhos de casamentos consaguíneos podem nascer com anomalias genéticas?**
>
> A natureza criou um recurso que faz com que determinadas anomalias genéticas fiquem guardadinhas em seu cromossomo esperando para, quem sabe um dia, serem extintas.
>
> Quanto maior o grau de parentesco, maior o risco de ter um filho portador de uma determinada anomalia genética.

Adaptado de: SUPERINTERESSANTE, São Paulo, jul. 2008. p. 52.

Considerando a consanguinidade, a ocorrência dessas anomalias se deve

a) à ação de um gene recessivo que se manifesta em homozigose no indivíduo.
b) a erros na duplicação semiconservativa do DNA na fase de gastrulação.
c) à segregação de genes alelos durante a formação dos gametas em ambos os genitores.
d) a repetições do número de nucleotídeos no gene responsável pela anomalia.
e) à perda dos telômeros durante o processo de clivagem do embrião.

20. (PUC – MG) Quando, em um indivíduo diploide heterozigoto, o fenótipo determinado por apenas um dos alelos se manifesta, diz-se que esse alelo é dominante. Quando um caráter precisa que o alelo esteja em dose dupla (homozigose) para se manifestar, chama-se o alelo de recessivo. É **INCORRETO** afirmar que:

a) um alelo ser dominante não significa que ele seja adaptativamente melhor do que o recessivo.
b) um caráter como a presença de cinco dedos nas mãos é dominante, pois a maioria da população o possui.
c) na espécie humana, existem genes que são dominantes e causam doenças graves na população.
d) um alelo dominante pode ser raro em uma população, enquanto seu recessivo pode ser abundante.

21. (UFSC) Seu José da Silva, um pequeno criador de porcos do Oeste do Estado de Santa Catarina, desejando melhorar a qualidade de sua criação, comprou um porco de raça diferente daquela que ele criava. Preocupado com as consequências de criar este animal junto com os outros porcos, ele discute com seu vizinho sobre o assunto. Parte de seu diálogo é transcrito a seguir:

SR. JOSÉ – O porco que comprei e apelidei de Napoleão é maior, mais forte e possui peso acima da média da raça que crio. Além disso, possui manchas marrons pelo corpo todo. Gostaria que boa parte de minha criação tivesse essas características.
VIZINHO – Seu José, isto vai ser muito difícil de conseguir; melhor o senhor comprar outros porcos com esse "jeitão".

Com base nos conhecimentos de genética, assinale a(s) proposição(ões) **CORRETA(S)** sobre o assunto e dê sua soma ao final.

(01) As preocupações do Sr. José não se justificam, pois animais com fenótipos distintos apresentam, obrigatoriamente, genótipos distintos para as mesmas características.
(02) O vizinho do Sr. José tem razão, pois não se pode obter mistura de características cruzando animais de raças diferentes na mesma espécie.
(04) Atualmente não se pode criar e cruzar porcos de raças diferentes, pois é impossível controlar a seleção das características geneticamente desejadas.
(08) As manchas na pele do porco Napoleão são uma característica determinada geneticamente; já o peso e o tamanho resultam somente da oferta de boa alimentação.
(16) Quando duas raças distintas entram em contato e seus membros passam a cruzar-se livremente, as diferenças raciais tendem a desaparecer nos descendentes devido à mistura de genes.
(32) O melhoramento genético em animais que apresentam características de valor comercial é necessariamente prejudicial ao ser humano, já que não ocorre naturalmente.
(64) Muitas características animais, como a fertilidade, a produção de carne e a resistência a doenças, são condicionadas por genes e dependem muito das condições nas quais os animais são criados.

22. (PUC – MG) O esquema apresenta três possíveis tipos de respostas (gráficos B, C e D) em termos da alteração na distribuição de frequência para o caráter coloração em uma espécie de caracol, decorrentes de três diferentes tipos de seleção natural: estabilizadora (B), direcional (C) e disruptiva (D). A distribuição das frequências na população original é apresentada no gráfico A. Em B, C e D, as linhas pontilhadas representam a composição populacional inicial e as linhas contínuas, a composição final.

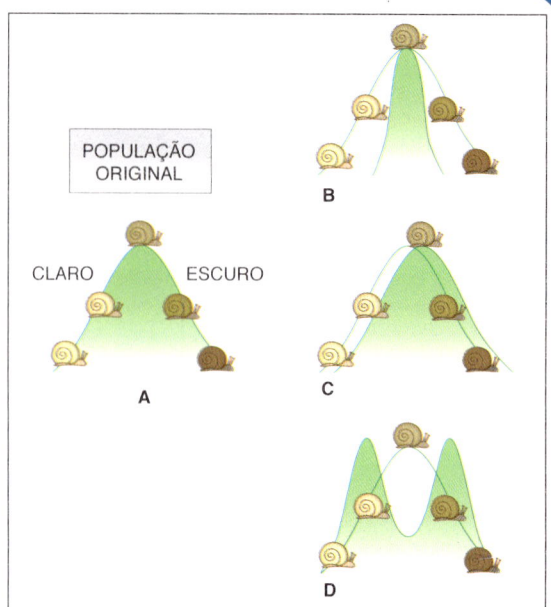

Com base no esquema e em seus conhecimentos sobre o assunto, assinale a afirmativa **INCORRETA**.

a) Na seleção disruptiva, o tipo médio é reduzido com o objetivo de impedir a competição entre os tipos desviantes extremos.
b) Em B, o aumento da pressão seletiva pode favorecer o tipo fenotípico médio, que é mais bem adaptado, em detrimento dos tipos desviantes.
c) O gráfico C pode refletir variações no meio ambiente e a seleção da camuflagem para se esconder de possíveis predadores.
d) A seleção natural está atuando sobre uma população original (gráfico A) mesmo quando não observamos alterações na distribuição das frequências fenotípicas.

Questões dissertativas

1. (FUVEST – SP)

a) As plantas Z e W, embora morfologicamente muito semelhantes, não possuem relação de parentesco próximo. Em ambas, as folhas são modificadas em espinhos. O mapa ao lado mostra suas áreas originais de ocorrência na América do Sul (planta Z) e na África (planta W). Como se explica que essas plantas, que ocorrem em continentes diferentes, apresentem folhas modificadas de maneira semelhante?

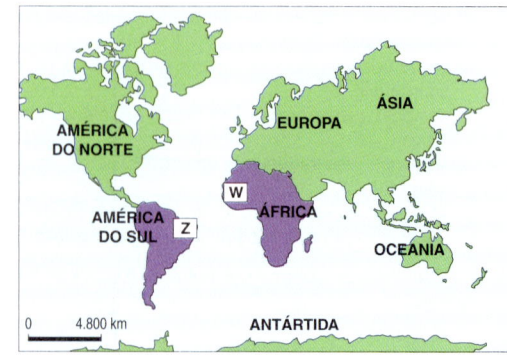

b) Um arbusto possui folhas largas, com estômatos em suas duas faces e alta concentração de clorofila. Cite um bioma brasileiro em que esse arbusto ocorre, relacionando as características da folha com as do bioma.

2. (UFJF – MG) Ao longo do processo evolutivo, as frequências dos genes estão sujeitas a alterações por vários fatores. Considere uma doença em humanos que é determinada por um gene autossômico recessivo e que provoca a morte na infância quando em homozigose. A população X representa um grupo de indivíduos que não tem acesso a qualquer terapia para essa doença. A população Y, por outro lado, representa um grupo de indivíduos que tem acesso a algum tipo de terapia, tornando possível a sobrevivência e a reprodução de indivíduos homozigotos recessivos. No quadro a seguir, encontra-se o número de indivíduos de cada genótipo nas duas populações. Analise-o e responda às seguintes questões:

Genótipos	População X	População Y
AA	8.500	2.500
Aa	1.000	5.000
Aa	500	2.500

a) Calcule as frequências dos genótipos e dos alelos nas populações X e Y.
b) Entre os fatores que afetam a frequência dos genes nas populações, qual deles foi neutralizado na população Y?
c) Quais são as frequências genotípicas nas duas populações, após uma geração de acasalamento ao acaso?
d) Considerando-se que a população Y está em equilíbrio de Hardy-Weinberg, quais são as frequências genotípicas nessa população, após oito gerações de acasalamento ao acaso? Justifique sua resposta.

3. (UFABC – SP) No cladograma a seguir estão indicados os primatas que apresentam um maior grau de parentesco com o homem, de acordo com pesquisadores da área de evolução molecular.

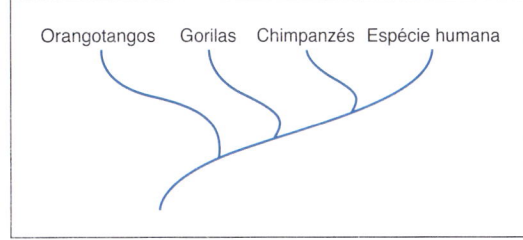

a) Os cientistas conseguiram chegar a essa conclusão baseados em quê?
b) Os diversos primatas devem ter surgido devido à especiação que ocorreu a partir de grupos ancestrais. Os evolucionistas consideram que é improvável que ocorra a formação de novas espécies humanas no futuro. Que argumento reforça essa ideia? Explique.

4. (UNICAMP – SP) As figuras abaixo mostram o isolamento, por um longo período de tempo, de duas populações de uma mesma espécie de planta em consequência do aumento do nível do mar por derretimento de uma geleira.

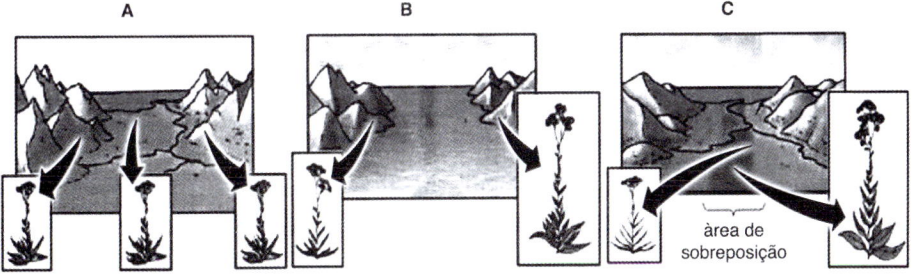

Adaptado de: PURVES, W. K. *et al. Vida* – A Ciência da Biologia. Porto Alegre: Artmed, p. 416.

a) Qual é o tipo de especiação representado nas figuras? Explique.
b) Se o nível do mar voltar a baixar e as duas populações mostradas em **B** recolonizarem a área de sobreposição (Figura **C**), como poderia ser evidenciado que realmente houve especiação? Explique.

5. (UFBA) De forma nunca possível antes, hoje em dia podemos comparar as sequências de DNA não apenas de organismos existentes, mas também de espécimes fósseis, de ancestrais extintos de organismos vivos. (...) essa informação permitiu o desenvolvimento de árvores evolutivas bastante detalhadas. Foi possível demonstrar que, em algumas áreas, todas as plantas são clones umas das outras (...). As sequoias canadenses cresceram como clones de um sistema central de raízes após incêndios nas florestas. Infelizmente, algumas espécies em extinção são representadas por um número muito pequeno de espécimes vivos, e todas possuem parentesco muito próximo. Isso ocorre com todos os gansos nativos do Havaí, com todos os condores da Califórnia e até com algumas espécies de baleias. (CAMPBELL; FARRELL, 2007, p. 272).

Estabeleça a relação entre os processos reprodutivos que mantêm as populações citadas e o risco de extinção a elas associado.

6. (UNICAMP – SP) Em famílias constituídas a partir da união de primos em primeiro grau, é mais alta a ocorrência de distúrbios genéticos, em comparação com famílias formadas por casais que não têm consanguinidade.

a) A que se deve essa maior ocorrência de distúrbios genéticos em uniões consanguíneas?
b) A fenilcetonúria (FCU) é um distúrbio genético que se deve a uma mutação no gene que expressa a enzima responsável pelo metabolismo do aminoácido fenilalanina. Na ausência da enzima, a fenilalanina se acumula no organismo e pode afetar o desenvolvimento neurológico da criança. Esse distúrbio é facilmente detectado no recém-nascido pelo exame do pezinho. No caso de ser constatada a doença, a alimentação dessa criança deve ser controlada. Que tipos de alimento devem ser evitados: os ricos em carboidrato, lipídios ou proteínas? Justifique.

7. (PUC – RJ) A ilustração ao lado apresenta alguns dos diferentes tipos de pombos originados do pombo selvagem:

Adaptado de: <http://www.portalsaofrancisco.com.br/
/alfa/Evolução-dos-seres-vivos/imagens/
/evolução-dos-seres-vivos16g.jpg>.
Acesso em: 15 ago. 2010.

Sabendo-se que esses diferentes tipos podem cruzar entre si e produzir descendentes férteis, é **CORRETO** afirmar que o grupo de pombos da ilustração pertence

a) a espécies distintas e a gêneros diferentes.
b) a espécies diferentes e à mesma raça.
c) à mesma espécie e a diferentes raças.
d) a espécies diferentes e ao mesmo gênero.
e) a espécies distintas e a gêneros associados.

8. (UFES)

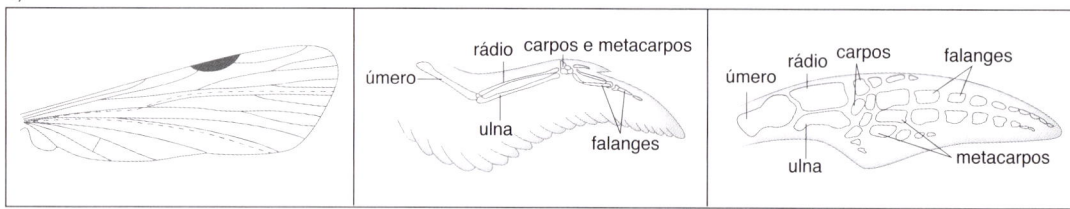

CHAPMAN, R. F. *The insects:* structure and function. 3.ed. Cambridge: Harvard University Press. 1982. p. 919.
AMABIS, J. M.; MARTHO, G. R. *Biologia das populações.* 2. ed. São Paulo: Moderna, 2004.

As estruturas corporais de diferentes animais podem indicar que essas espécies descendem de um ancestral comum, dependendo da organização anatômica e da origem embrionária dessas estruturas e independentemente de suas funções. As figuras acima representam a asa de um inseto, a asa de uma ave e a nadadeira anterior de um golfinho. Com base no exposto, faça o que se pede.

a) Compare a asa do inseto com a da ave, em relação a suas origens evolutivas e suas funções. Explique o evento evolutivo envolvido no surgimento de estruturas com essas condições.
b) Compare a asa da ave com a nadadeira do golfinho, em relação a suas origens evolutivas e suas funções. Explique o evento evolutivo envolvido no surgimento de estruturas com essas condições.
c) Para Lamarck, o surgimento de uma nadadeira do tipo da do golfinho seria em decorrência do desenvolvimento de outro tipo de apêndice, que progressivamente, em cada indivíduo, ao longo das gerações, iria se modificando em decorrência do seu uso para o nado. As modificações adquiridas em cada indivíduo seriam transmitidas para seus descendentes, até que, ao longo das gerações, o apêndice se transformasse em uma nadadeira. Diga se essa hipótese é **correta** ou **não** e justifique a sua resposta.

Programas de avaliação seriada

1. (PSIU – UFPI) A maioria das populações apresenta uma diversidade genética considerável. Marque a alternativa que contém conhecimentos que justificam corretamente a não ocorrência de perda da diversidade genética de uma espécie ao longo do tempo.

a) A deriva genética, a seleção estabilizadora e a seleção direcional não influenciam na perda da diversidade genética dentro da população, pois seus efeitos acontecem somente em grandes populações.
b) Mesmo organismos que normalmente compõem populações de grande tamanho podem, ocasionalmente, sofrer os efeitos do "gargalo-de-garrafa populacionais", em que a diversidade genética não poderá sofrer redução devido à deriva genética.
c) A reprodução sexual aumenta o potencial evolutivo das populações e em grandes populações existem diferenças entre subpopulações. As mutações neutras acumulam-se nas espécies, e pode ocorrer seleção dependente das frequências, pelos polimorfismos.
d) A deriva genética altera as frequências alélicas de algumas populações, mas só pode competir com a seleção natural em populações grandes, onde a diversidade genética existente é mantida em subpopulações distintas.
e) A recombinação genética não influencia na perda e na manutenção da diversidade genética, pois a reprodução sexual não tem interferência nas frequências alélicas.

2. (PSIU – UFPI) Duas populações diferentes de borboletas, em equilíbrio de Hardy-Weinberg, contam, cada uma, com 400 indivíduos diploides. A população 1 é constituída principalmente de indivíduos homozigotos (90 *AA*, 260 *Aa* e 50 *aa*). Analise o que se declara a respeito dessas populações nas afirmativas a seguir e assinale V, para as verdadeiras, ou F, para as falsas.

1 ( ) O *pool* genético e as frequências alélicas são iguais para ambas as populações, mas os alelos estão distribuídos de forma diferente entre genótipos homo e heterozigotos.
2 ( ) As frequências genotípicas, na população 1, para os genótipos *AA*, *Aa* e *aa*, são, respectivamente, 0,45; 0,2 e 0,35. Na população 2, as frequências genotípicas são de 0,22 *AA*; 0,65 *Aa* e 0,12 *aa*.
3 ( ) O *pool* genético e as frequências alélicas são diferentes para ambas as populações, mas os alelos estão distribuídos de forma igual entre genótipos homo e heterozigotos.
4 ( ) A possibilidade de que dois gametas, carregando o alelo *A*, fertilizem-se é de 0,2025; e a probabilidade de fertilização, entre os gametas que carregam o alelo *a*, é de 0,3025.

3. (PSIU – UFPI) Desastres ecológicos, a exemplo do que aconteceu recentemente em municípios piauienses, com as inundações, podem reduzir drasticamente o tamanho de uma população do ponto de vista genético, em que por acaso e não por adaptação ao ambiente, alguns alelos podem ter suas frequências aumentadas ou até mesmo desaparecerem. Esse fenômeno é denominado

a) fluxo gênico.
b) polimorfismo genético.
c) deriva genética.
d) efeito do fundador.
e) seleção disruptiva.

4. (PSS – UFPA) O isolamento geográfico pode favorecer fatores que influenciam na formação de novas espécies, quando

a) a população acumula, durante o isolamento, mutações que a tornam diferente da original e a isolam reprodutivamente.
b) reduz o fluxo gênico e induz a formação de homozigotos recessivos e estéreis.
c) induz a formação de híbridos hermafroditas.
d) induz o cruzamento entre interespécies que permaneceram isoladas numa mesma área, criando raças geográficas híbridas.
e) induz a autofecundação.

5. (SSA – UPE) Casamentos entre parentes próximos, como primos, aumentam as chances de as uniões ciganas gerarem crianças com problemas genéticos, a exemplo da surdez.

O preço de manter a tradição. Jornal do Commercio, Recife, maio 2010.

Sob esse título, o jornal apresenta uma matéria sobre as formas com que grupos ciganos, que vivem no interior nordestino, preservam sua identidade e se mantêm isolados das influências de outras culturas, explicitando interessantes costumes, bem como aspectos sociais e de saúde. Analise as afirmativas abaixo, que abordam questões genéticas relacionadas com o tema.

> I – O aconselhamento genético, realizado por geneticistas especializados, é especialmente indicado nos casos de casamentos consanguíneos ou não em que há histórico de doenças hereditárias na família.
> II – Em casamentos consanguíneos, há aumento da probabilidade de alelos deletérios recessivos encontrarem-se, dando origem a pessoas homozigotas doentes.
> III – Os filhos dos casamentos endogênicos têm graves problemas genéticos, causados pela autofecundação, com maior número de alelos em homozigose.
> IV – Populações isoladas geram mutações de más formações orgânicas e mentais, a exemplo da surdez.
> V – Nas populações pequenas, como no caso dos ciganos, em que os grupos se mantêm isolados por muitas gerações, há uma grande tendência de haver maior variabilidade genética.

Em relação aos problemas genéticos citados, estão CORRETAS as afirmativas

a) I e II.
b) II e III.
c) III e IV.
d) IV e V.
e) I, III, IV e V.

6. (PSS – UFPB) Sabe-se que a primeira etapa da reprodução das angiospermas é a polinização e que, desde o seu surgimento, essas plantas têm utilizado diversas estratégias para terem sucesso em sua reprodução. Uma delas é bem representada pela relação entre a estrutura das peças florais e as características morfológicas do agente polinizador, como ocorre no caso de plantas que apresentam flores com corola de formato tubular e longo e o bico dos beija-flores, ilustrado a seguir.

Disponível em: <http://jucastilho.files.wordpress.com/ /2008/10/ 6968beija_flor.jpg>. Acesso em: 13 nov. 2009.

A interação entre planta e agente polinizador, relatada no texto e demonstrada na figura, é denominada:

a) coevolução.
b) convergência evolutiva.
c) homologia.
d) competição interespecífica.
e) polimorfismo.

7. (PSIU – UFPI) A evolução biológica consiste em modificações da composição genética de uma população ao longo do tempo. Os fatores evolutivos, tais como mutações, fluxo gênico, deriva genética, cruzamento preferencial e seleção natural, modificam as frequências alélicas e genotípicas em uma população. Analise as proposições sobre as mudanças na estrutura genética de populações e marque a alternativa que está totalmente correta.

a) As taxas de mutações são geralmente bastante baixas e são tão lentas que a mutação, sozinha, não pode responder pelas rápidas mudanças genéticas das populações e espécies. As taxas de mutações espontâneas são baixas, e, mesmo que fossem duplicadas, por ação de mutágenos, ainda seriam baixas e, em populações bastante grandes, seus efeitos são tão pequenos que podem ser ignorados.
b) A migração, mesmo sem cruzamentos, pode ocasionar o fluxo gênico e acrescentar novos alelos ao *pool* genético da população a ponto de modificar as frequências de alelos já presentes, caso venham de populações com frequências alélicas diferentes. Entretanto, a taxa de migração, assim como a de mutação, é sempre pequena e não altera as características genéticas da população receptora.
c) A deriva genética só provoca grandes modificações e só compete com a seleção natural em populações grandes, pois, em populações pequenas, seus efeitos são minimizados pelo fato de que esse processo ocorre em poucos *loci* das populações e não influi na direção da mudança das frequências alélicas, mesmo na presença de outro fator evolutivo. Por causa da ação da deriva genética, alelos deletérios têm sua frequência diminuída e alelos vantajosos, em frequências altas, podem ser perdidos.
d) Os cruzamentos, no equilíbrio de Hardy-Weinberg, não podem acontecer ao acaso, e as frequências dos genótipos homo e heterozigotos são alteradas pela seleção natural, logo, ocorrem mudanças na estrutura genética de uma geração para outra.
e) A seleção natural é o único fator evolutivo que adapta as populações aos seus ambientes e atua sempre mantendo constantes as frequências alélicas ao longo do tempo. Como resultado, a seleção natural tende a diminuir a variação genética da população.

Capítulo 45

Tempo geológico e evolução humana

Nosso "primo" distante

A foto que você está vendo é a do geneticista sueco Svante Pääbo, admirando um crânio fóssil de neandertal, um "primo" extinto dos seres humanos, como dizem os cientistas especializados em evolução humana. O sequenciamento de cerca de 60% do DNA de três "indivíduos" dessa "espécie" extinta revelou que seres humanos de origem europeia e asiática, mas não africana, possuem cerca de 1% a 4% de genes neandertais em seu genoma. Esse achado reforça a hipótese de que os neandertais se acasalaram com outros hominídeos e produziram descendentes férteis. E isso teria ocorrido entre 80 mil e 50 mil anos atrás, no Oriente Médio. Segundo o antropólogo John Hawks, da Universidade de Wisconsin, EUA, "o único jeito de explicar esses dados é por cruzamento".

Ainda há dúvida em considerar os neandertais como uma espécie separada em relação aos seres humanos, embora as duas sejam muito próximas e tenham muitas características em comum. Segundo Pääbo, "nada impede o nascimento de híbridos férteis de espécies muito próximas". Em todo caso, esse achado revela que os neandertais podem ter coexistido com os seres humanos modernos. Mais detalhes a respeito de como teria ocorrido a evolução humana é o que você verá nas próximas páginas desse capítulo.

Dados extraídos de: 1) LOPES, R. J. Humanos tiveram filhos com neandertais. *Folha de S.Paulo*, São Paulo, 7 maio 2010. Caderno Ciência, p. A16. 2) Reportagem Local, Pesquisa encerra debate de uma década. *Folha de S.Paulo*, São Paulo, 7 maio 2010. Caderno Ciência, p. A17.

Para qualquer um de nós, 4,6 bilhões de anos, que é a idade aproximada da Terra, é um tempo inimaginável.

Baseados no estudo das rochas e de fósseis, geólogos e paleontologistas construíram tabelas da escala do tempo para tentar traçar a história da Terra. Eles apresentam quatro **eras** geológicas (*Pré-Cambriano* – dividido em Proterozoico e Arqueano –, *Paleozoico*, *Mesozoico* e *Cenozoico*) que, por sua vez, são divididas em **períodos** e estes, em **épocas**.

> Atualmente, dá-se o nome de **eons** a grandes períodos da história da Terra, que englobam algumas eras.

As primeiras formas de vida teriam aparecido no Pré-Cambriano, há cerca de 3,5 bilhões de anos. Tanto as eras como os períodos geológicos não tiveram a mesma duração (veja a Tabela 45-1).

Tabela 45-1. Tabela do tempo geológico.

Eon	Era	Período	Época	Início (milhões de anos)	Principais eventos
Fanerozoico	Cenozoica	Quaternário (Neogeno)	Holoceno	0,01	homem moderno
			Pleistoceno	1,75	última glaciação
			Plioceno	5,30	primeiros hominídeos
		Terciário (Paleogeno)	Mioceno	23,5	
			Oligoceno	33,7	primeiras gramíneas
			Eoceno	53	
			Paleoceno	65	mamíferos começam a se diferenciar e ocupar espaços deixados pelos dinossauros
		Extinção dos dinossauros			
	Mesozoica	Cretáceo		135	início da abertura do Oceano Atlântico, surgem as angiospermas
		Jurássico		203	primeiras aves
		Triássico		250	primeiros dinossauros, primeiros mamíferos
	Extinção de mais de 90% das espécies vivas				
	Paleozoica	Permiano		295	
		Carbonífero		355	formação de muitas jazidas de carvão mineral, primeiros répteis, primeiras coníferas, primeiros insetos voadores
		Devoniano		410	primeiros insetos, primeiros anfíbios, primeiras samambaias e plantas com sementes
		Siluriano		435	primeiras plantas terrestres
		Ordoviciano		500	primeiros peixes
		Cambriano		540	primeiras esponjas, vermes, equinodermos, moluscos, artrópodes e cordados
	Explosão de vida multicelular nos oceanos				
Proterozoico*	Neoproterozoica			1.000	uma única massa continental – Pangea – e um oceano – Pantalassa
	Mesoproterozoica			1.600	
	Paleoproterozoica			2.500	oceanos habitados por algas e bactérias
Surgimento de oxigênio livre na atmosfera					
Arqueano				3.800	bactérias e cianobactérias, primeiras evidências de vida, rochas mais antigas conhecidas na Terra (3,8 bilhões de anos)
Hadeano				4.600	origem da Terra

* Eons Proterozoico e Arqueano são reunidos sob a denominação Pré-Cambriano.

Pense nisso

A história da Terra em um ano?

Dada a dificuldade em "visualizar" e compreender a história do Universo e, em especial, da Terra, Carl Sagan, astrônomo que se tornou famoso por apresentar a ciência, principalmente a Astronomia, de uma forma simples e acessível ao público leigo, recorreu a um exemplo simples e extremamente didático, comparando a história da Terra e do Universo com um calendário. Assinalando os eventos importantes que ocorreram no cosmos durante esse "ano", Sagan nos dá uma boa ideia sobre os acontecimentos no decorrer do tempo.

JAN.	FEV.	MAR.	ABR.	MAIO	JUN.	JUL.	AGO.	SET.	OUT.	NOV.
dia 1.º (± 15 b.a.*): • Big Bang				dia 1.º (± 10 b.a.): • Origem da Via Láctea				dia 9 (± 4,7 b.a.): • Origem do Sistema Solar; dia 14 (± 4,5 b.a.): • Formação da Terra; dia 25 (± 4 b.a.): • Primeiras formas de vida na Terra		dia 12 (± 2 b.a.): • Plantas fotossintetizantes; dia 15 (± 1,7 b.a.): • Primeiros eucariotos

DEZ.

1	2	3	4	5	6	7
Formação da atmosfera de oxigênio (± 1,3 b.a.)						
8	9	10	11	12	13	14
15	16	17	18	19	20	21
	Primeiros vermes (± 650 m.a.*)	Expansão dos invertebrados (± 600 m.a.)	Surgem plâncton e trilobitas (± 560 m.a.)	Primeiros vertebrados e peixes (± 530 m.a.)	Plantas vasculares começam a colonizar a terra (± 480 m.a.)	Primeiros insetos e animais terrestres (± 440 m.a.)
22	23	24	25	26	27	28
Primeiros anfíbios e insetos alados (± 400 m.a.)	Primeiras árvores e répteis (± 360 m.a.)	Primeiros dinossauros (± 320 m.a.)		Primeiros mamíferos (± 240 m.a.)	Primeiras aves (± 200 m.a.)	
29	30	31				
• Extinção dos dinossauros (± 65 m.a.); • Primeiros cetáceos e primeiros primatas (± 60 m.a.)	Primeiros hominídeos e expansão dos grandes mamíferos (± 40 m.a.)	• 23h59min51s – Surge o alfabeto; • 23h59min56s – Nascimento de Cristo; • 23h59min59s – Renascimento na Europa				

* b.a. = bilhões de anos.
* m.a. = milhões de anos.

> **Fique por dentro!**
>
> **A deriva dos continentes**
>
> Segundo a hipótese conhecida como a "deriva dos continentes", a Terra teria sido constituída por um bloco único, a Pangea, que, ao longo do tempo, foi se partindo e os blocos resultantes foram se afastando, formando os continentes hoje existentes. As figuras abaixo ilustram como teria ocorrido essa fragmentação.
>
>
>
> **Carbonífero inferior** – Nesse período, os continentes formavam um único bloco de terra, banhado parcialmente por mares rasos e rodeado por mares profundos.
>
>
>
> **Eoceno** – O bloco continental único começou a fragmentar-se em diversos blocos que iniciaram sua deriva, em várias direções.
>
>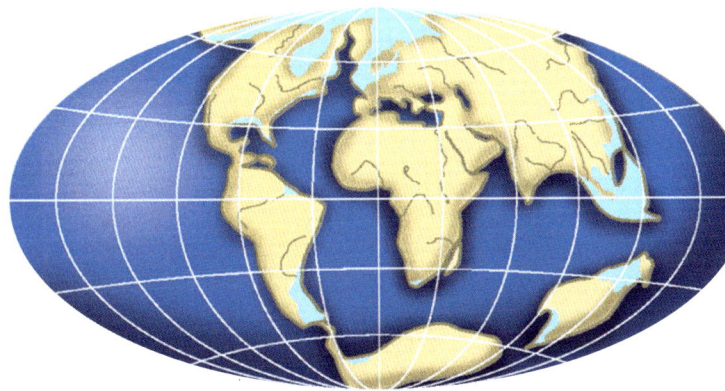
>
> **Pleistoceno** – Apesar de grandes transformações ocorridas em seus contornos, ainda é possível ver como se encaixavam antigamente os continentes, na tentativa de desvendar a fascinante História da Terra.
>
> *Fonte:* MORAES, P. R.; ENS, H. H. *A História da Terra.* São Paulo: HARBRA, 1997, p. 40.

AS GRANDES EXTINÇÕES

A Terra passou por vários períodos de extinção dos seres vivos. Dois deles chamam a atenção pela numerosa quantidade de espécies que desapareceram: o Permiano, durante o qual mais de 90% das espécies vivas da Terra desapareceram, e o Cretáceo, em que, acredita-se, foram extintos os dinossauros.

Das hipóteses levantadas para explicar a extinção dos dinossauros, a mais aceita atualmente é a do choque de um grande meteoro com a Terra. O choque teria provocado a formação de uma densa poeira, que escureceu a Terra, levando-a a um resfriamento pela impossibilidade de penetração da energia luminosa proveniente do Sol e impossibilitando a ocorrência de fotossíntese. Isso teria acarretado o desaparecimento de plantas e dos seres que delas dependiam, direta ou indiretamente, para sobreviver. Irídio – elemento extremamente raro na crosta terrestre, mas abundante em meteoros e cometas – foi encontrado em rochas que correspondem ao Cenozoico, o que confirma essa hipótese.

> **Fique por dentro!**
>
> O primeiro livro da Bíblia, o Gênesis, traz um relato poético sobre a História da Terra e da criação do homem por Deus sem nenhum objetivo científico. A palavra "dia", traduzida do original hebraico *yom*, não significa necessariamente o dia de 24 horas, mas tem a ideia de "um período de tempo", como em português, quando dizemos "hoje em dia".

A ORIGEM DOS PRIMATAS

A partir do Cretáceo, a irradiação dos mamíferos levou à origem de várias ordens, entre elas a dos primatas, na qual se insere o homem.

De habitantes do solo, gradativamente os primatas passaram a viver sobre as árvores, o que foi favorecido por uma modificação na posição dos olhos, que passaram a ser frontalmente situados. A visão binocular possibilitava uma vantagem adaptativa: uma boa noção de profundidade e distância. Acredita-se que sucessivas e várias mudanças ocorreram, levando a uma diminuição da importância do olfato na localização do alimento, andar ereto, aumento progressivo do volume cerebral e oposição do polegar aos demais dedos da mão. Essa última capacidade permite ao homem a manipulação de objetos para a confecção de ferramentas, operação de máquinas e instrumentos de precisão, por exemplo.

A redução no número de filhotes foi compensada pelo cuidado com a prole até longo tempo após o nascimento.

Do grupo primata ancestral, originaram-se dois outros: o dos prossímios (macacos primitivos do tipo társios e lêmures) e o dos antropoides (do grego, *ánthropos* = homem + *eidos* = aspecto).

RUMO À ESPÉCIE HUMANA

A ideia que se tenta passar para as pessoas é que o homem teria surgido no final de um longo processo de evolução, em que estágios sucessivamente mais complexos culminariam no *Homo sapiens* atual, em uma linha reta. Contudo, o mais provável é que algumas espécies com características humanas tenham coexistido, por vezes, na mesma época.

> **Hominoides** designa primatas com características físicas semelhantes às do homem. **Hominídeos** é a família a que pertence o homem atual. Hominídeos ancestrais são as espécies que antecederam a humana (*Homo habilis* e *Homo erectus*), hoje extintas.

As características humanas atuais, como o grande volume cerebral e o andar bípede, também não teriam surgido simultaneamente. Pelos registros fósseis disponíveis, a maioria dos antropólogos concorda que alguns de nossos ancestrais teriam tido pequeno volume cerebral, embora já adotassem a postura ereta.

Por fim, é preciso esclarecer que chimpanzés e homens, como muitas pessoas ainda acreditam, não descendem um do outro. Na verdade, são espécies descendentes de um ancestral comum.

Os Primeiros Antropoides

Os fósseis mais antigos de macacos pertencem ao gênero *Aegyptopithecus*, que foram os iniciantes da linhagem antropoide, há 35 milhões de anos. Viviam em galhos de árvores e tinham o tamanho aproximado de um gato. Drásticas alterações climáticas, ocorridas há cerca de 20 milhões de anos, provocaram a contração das florestas africanas e asiáticas, fazendo com que esses macacos primitivos saíssem em busca de alimento nas savanas então existentes. Um desses grupos primitivos que viviam na África deve ter sido o originador da linhagem da qual surgiram os chimpanzés e os homens. Dados referentes à análise do DNA de ambos sugerem que eles devem ter divergido, a partir dessa espécie ancestral, há cerca de 5 milhões de anos.

Os Australopitecos

Com a descoberta de outros fósseis, ficou claro que os australopitecos eram hominídeos de andar ereto e de mãos e dedos semelhantes aos dos homens. No entanto, o volume cerebral era cerca de 1/3 daquele do homem moderno. Há 3 milhões de anos, estes antropoides primitivos teriam habitado a savana africana. Estima-se que estiveram na região por cerca de 2 milhões de anos e que existiam dois tipos morfológicos: um mais robusto e outro mais franzino.

Em 1974, foi encontrada grande parte de um esqueleto de australopiteco na planície de Afar, na Etiópia. Foi chamado de Lucy, era pequeno (devia medir cerca de 1 metro) e tinha cabeça pouco volumosa. Lucy e fósseis semelhantes posteriormente encontrados foram denominados de *Australopithecus afarensis* e constituem a linhagem mais antiga de australopitecos. Alguns antropólogos acreditam que sejam os ancestrais comuns dos australopitecos e dos componentes do futuro gênero *Homo*. Provavelmente andavam eretos, postura que livrou as mãos e facilitou a procura de alimentos e o cuidado com a prole. A descoberta de pegadas em rochas de 3,5 milhões de anos em Laetoli, na Tanzânia, confirma essa suposição.

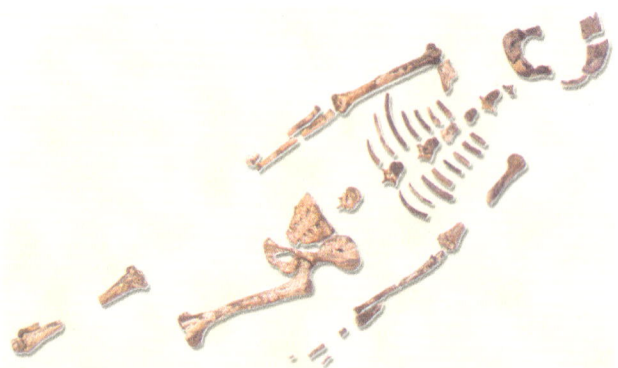

Esqueleto fossilizado de Lucy.

Pegadas fossilizadas de *Homo erectus*, com idade estimada entre 325.000-385.000 anos. Pelo tamanho, as pegadas são de um hominídeo com aproximadamente 1,5 m de altura.

Homo habilis: As Primeiras Ferramentas

O aumento do volume craniano começa a ser detectado em fósseis de cerca de 2 milhões de anos. Juntamente com eles foram descobertas ferramentas simples de pedra. Esses indivíduos eram caçadores, comedores de carniça e colhedores de raízes e frutos. Os australopitecos desapareceram, enquanto o *Homo habilis* deve ter sido o precursor do *Homo erectus* e, a partir deste, teria surgido o *Homo sapiens*.

Os Descendentes do *Homo erectus*

Acredita-se que o *Homo erectus* tenha se originado na África e de lá se irradiado para a Ásia e Europa. Os fósseis conhecidos como *Homo de Java* e *Homo de Pequim* são considerados exemplares dessa espécie. A sobrevivência em climas frios não deve ter sido fácil. Para isso, os *erectus* tiveram de residir em cavernas ou cabanas, fazer fogueiras, cobrir-se com peles de animais que caçavam e criar ferramentas mais sofisticadas que as dos *habilis*.

Entre 130.000 e 35.000 anos atrás, viveram na Europa descendentes do *erectus* que foram denominados de "homens de Neanderthal" (em alusão ao Vale de Neander, na Alemanha, onde foram encontrados fósseis). Comparados com o homem atual, tinham fronte mais saliente e queixo menos proeminente. No entanto, o volume cerebral era maior que o nosso. Os neandertais eram hábeis construtores de ferramentas e participavam de cerimônias fúnebres e de outros rituais. Resta ainda uma dúvida, entre tantas: não se sabe se tinham equipamento anatômico para a fala.

> *Homo de Java*, *Homo de Pequim* e os neandertais são considerados por muitos antropólogos como descendentes ou variedades de *Homo erectus*. Essas variedades são, por vezes, agrupadas em *Homo sapiens* arcaico. Outros antropólogos consideram os neandertais como *Homo sapiens neanderthalensis*.

Ferramentas utilizadas por neandertais, que revelam grande habilidade.

O Aparecimento do *Homo sapiens*

Para muitos antropólogos, os *sapiens* arcaicos que povoaram várias partes da Terra foram os ancestrais do *Homo sapiens* moderno. Segundo essa hipótese, conhecida como **multirregional**, os seres humanos, como somos hoje, teriam evoluído paralelamente em várias partes do planeta.

> A espécie humana recebe atualmente o nome científico de *Homo sapiens* e é composta de diversas etnias intercruzantes, distribuídas por todos os pontos da Terra.

Outra hipótese supõe que os seres humanos modernos teriam surgido em um só continente, a África, há aproximadamente 100.000 anos, a partir do *H. erectus*. Do continente africano, grupos de *H. sapiens* migraram para diversas partes da Terra, deslocando os neandertais e outros descendentes do *erectus* e originando as diversas etnias até hoje conhecidas. O achado de fósseis de crânio dos chamados homens de Cro-Magnon (assim chamados por terem sido descobertos na caverna francesa de mesmo nome) e outros fósseis descobertos em Israel são utilizados como argumentos para a confirmação dessa hipótese, conhecida como **monogenética**.

> Os homens de Cro-Magnon são considerados como pertencentes à espécie *H. sapiens*.

As duas hipóteses mencionadas são hoje intensamente debatidas pelos especialistas em evolução humana. Sabe-se, no entanto, que houve ocasiões na história da evolução humana em que duas ou mais espécies de hominídeos teriam coexistido.

Saiba mais

Primatas atuais

Atualmente, existem três grupos de primatas:

a. os lêmures de Madagascar e os lóris e potos da África tropical e do Sul da Ásia;
b. os társios do Sudeste da Ásia;
c. os antropoides, grupo que inclui os macacos (do Novo e do Velho Mundo) e os hominídeos (gibões, orangotangos, gorilas, chimpanzés, bonobos e o homem).

O registro fóssil indica que os antropoides começaram a apresentar diversificação em relação aos outros primatas há cerca de 50 milhões de anos. A linhagem que originou o homem deve ter se separado da dos outros hominídeos entre 5 milhões e 7 milhões de anos atrás.

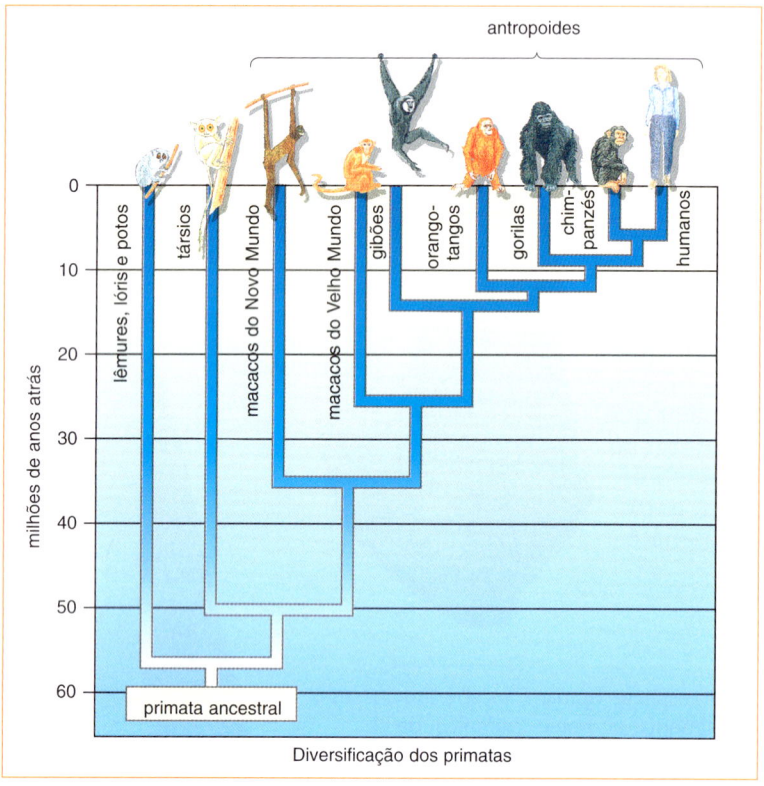

Fonte: CAMPBELL, N. A.; REECE, J. B. *Biology.* 7. ed. San Francisco: Pearson/Benjamin Cummings, 2005, p. 700.

Ética & Sociedade

O que nos diferencia como seres humanos?

Não é o tamanho de nosso cérebro que nos torna especiais. Outros animais, como o golfinho e o elefante, por exemplo, possuem cérebro mais pesado do que o nosso. Também não é a linguagem que nos diferencia, pois tanto em termos de emissão de sons quanto de linguagem gestual outros animais nos igualam. Nossa capacidade mental nos levou à produção de ferramentas, à construção de cidades com complexos sistemas de comunicação e de transporte, mas outras sociedades animais também possuem suas formas de comunicação e divisão de trabalho entre seus indivíduos.

Independentemente de como analisemos a origem e evolução das formas de vida, cada espécie animal tem suas particularidades. Cada uma delas é única, especial. O que nos diferencia, no entanto, nossa vantagem competitiva, é o pensamento simbólico – nossa capacidade para definir estratégias, planejar, solucionar problemas, recriar nosso conhecimento e aplicá-lo em um sem-número de atividades, modificando nossa realidade.

Saiba mais

As novidades a respeito da evolução humana

Recentemente, paleontólogos franceses, trabalhando no Chade, África Central, encontraram restos fossilizados – fragmentos de ossos do crânio, restos de mandíbulas e alguns dentes – daquele que parece ser o ancestral mais antigo do homem moderno. Batizado de *Sahelanthropus tchadensis*, acredita-se que essa nova espécie tenha vivido entre 6 milhões e 7 milhões de anos atrás e represente, por enquanto, o elo que faltava para explicar a evolução dos hominídeos, que culminou com a origem do homem. Nem todos os cientistas, porém, aceitam que essa nova descoberta se relacione com a espécie humana. Para eles, trata-se apenas de um ancestral da linhagem que conduziu à origem do gorila, nada tendo em comum com a evolução humana. Essa confusão pode ser explicada pelo fato de o registro fóssil ser muito fragmentado, isto é, os restos fossilizados disponíveis não são muitos, o que torna difícil estabelecer certezas a respeito da origem das diversas linhagens que conduziram à nossa espécie. O trabalho do paleontólogo é assim mesmo. Pacientemente, é preciso escavar locais em que se suspeita existirem indícios de fósseis e, aos poucos, ir montando o quebra-cabeça que poderá algum dia permitir responder às inúmeras dúvidas que ainda existem sobre a nossa origem por evolução biológica.

O esquema da página seguinte é uma proposta da possível evolução dos hominídeos. É preciso lembrar que os crânios representados muitas vezes são montagens a partir de peças isoladas que foram encontradas. Outras vezes, nem o crânio está disponível, mas apenas os ossos relacionados à cabeça, fragmentos de mandíbulas ou alguns dentes. Cada barra azul corresponde ao tempo em que a espécie citada persistiu na Terra. Note que muitas delas coexistiram. O esquema deixa claro o parentesco evolutivo que existe entre o chimpanzé e o homem, o que é confirmado pela grande semelhança existente no material genético de ambos.

Fontes: Hominid revelations from Chad. *Nature.* Washington, n. 418, p. 133 e 145-151, 11 July 2002. An ancestor to call our own. *Scientific American.* USA, p. 50, Jan. 2003.

Árvore filogenética mostrando as possíveis relações evolutivas da espécie humana. O ponto de interrogação assinala relações de ancestralidade ou de descendência discutíveis (ainda sendo debatidas).

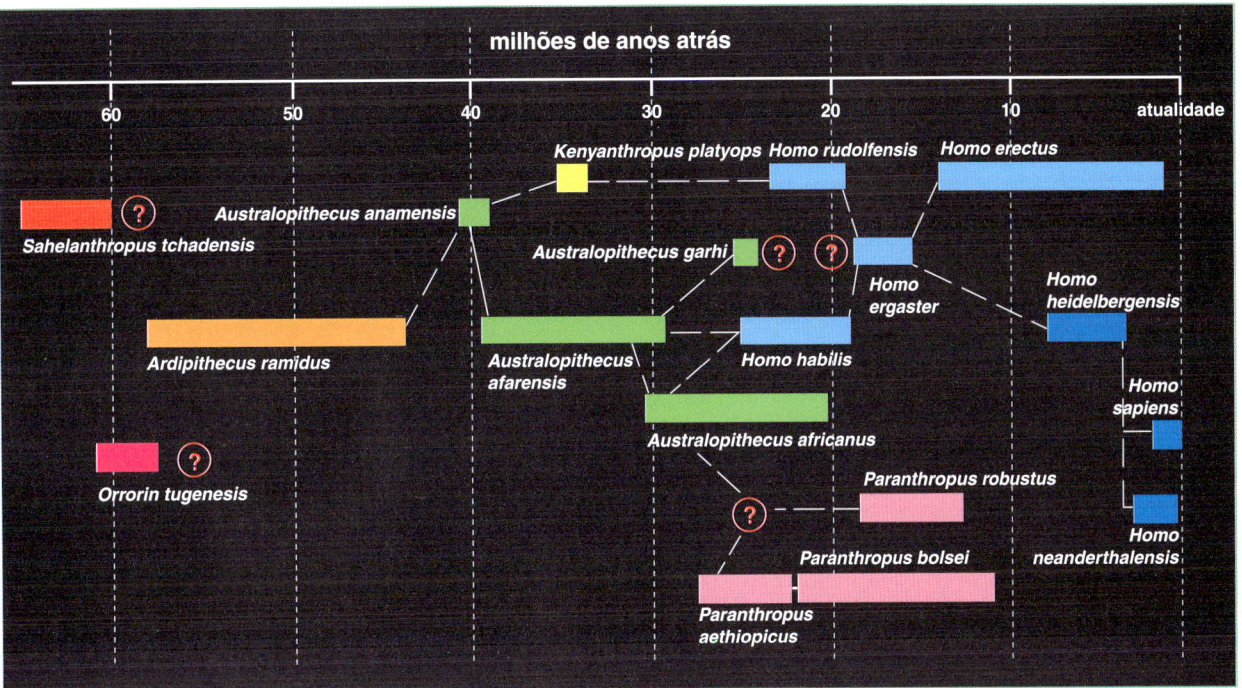

Disponível em: <http://www.mnh.si.edu>. *Acesso em:* 8 jun. 2007.

SMITHSONIAN NATIONAL MUSEUM OF NATURAL HISTORY

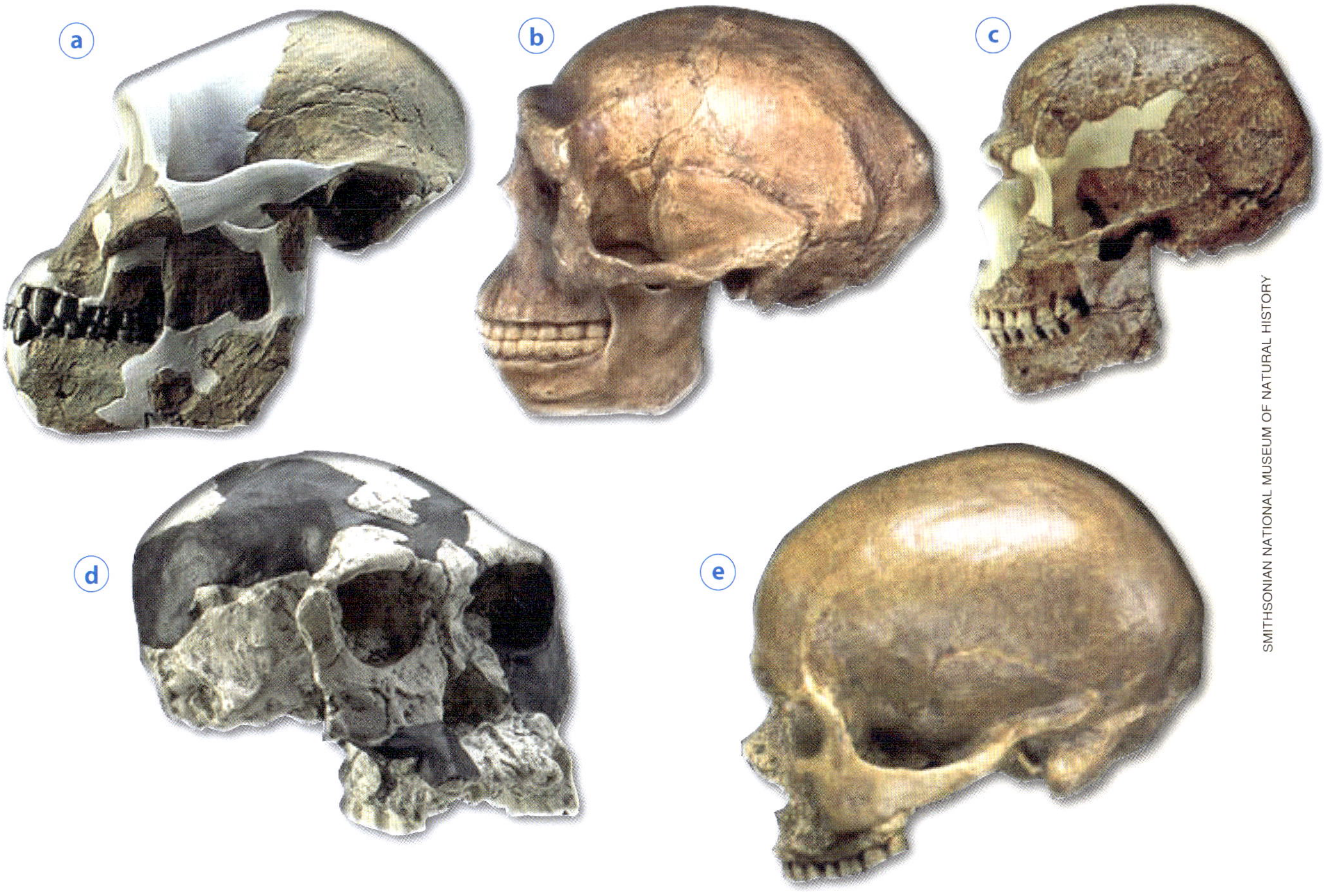

Crânios de (a) *Australopithecus afarensis*, (b) *Homo habilis*, (c) *Homo erectus*, (d-e) *Homo sapiens* (em *d*, crânio de homem de Cro-Magnon). Observe o aumento da caixa craniana (de *a* para *e*) e mandíbula e maxilar menos protrusos (de *a* para *c*).

Passo a passo

1. 4,6 bilhões de anos. Acredita-se que essa é a idade aproximada da Terra em que vivemos. Baseando-se no estudo de rochas e fósseis, cientistas construíram tabelas da escala do tempo, na tentativa de estabelecer o provável roteiro da história da Terra. Por meio dessas tabelas, os cientistas dividem a história da Terra em **eons**, **eras**, **período**s e **épocas**. Consultando a Tabela 45-1, responda:

a) Quais os dois eons que são reunidos sob a denominação de Pré-Cambriano? Cite o eon em que se supõe que provavelmente teriam ocorrido as primeiras evidências de vida, na forma de bactérias e cianobactérias.

b) O surgimento de oxigênio na atmosfera terrestre foi um evento marcante para o desenvolvimento de vida aeróbia em nosso planeta. Entre quais eons esse importante evento teria ocorrido? Cite entre quais eras teria ocorrido a explosão de vida multicelular nos oceanos.

c) Cite os dois eventos que teriam ocorrido no período Triássico, relativamente à vida animal em meio terrestre. Em que época teria surgido o homem moderno?

2. A acentuação do efeito estufa é motivo de preocupação de todos os interessados na saúde do nosso planeta. No entanto, o aquecimento gerado pelo calor da radiação solar que incidia sobre a Terra há bilhões de anos foi fundamental para a evolução da vida. Sem o aquecimento, nosso planeta provavelmente congelaria e talvez você não estivesse lendo estas linhas. Uma hipótese sugerida por alguns cientistas admite que, em eras primitivas, o consumo de matéria orgânica por microrganismos gerou quantidades apreciáveis de um gás, cujo acúmulo na atmosfera absorveu o calor e contribuiu para a evolução da biosfera. O gás em questão, que continua sendo um dos responsáveis pelo aquecimento global, é o:

a) oxigênio.
b) hidrogênio.
c) carbônico.
d) metano.
e) hélio.

3. A extinção de numerosos grupos de seres vivos sempre ocorreu em nosso planeta. Em um desses episódios, cerca de 90% das espécies desapareceram. Em outro episódio, teria ocorrido a extinção dos dinossauros.

a) Cite os períodos em que, respectivamente, esses eventos de extinção provavelmente ocorreram.

b) Para a extinção dos dinossauros, a hipótese proposta foi a de que teria ocorrido um grande evento catastrófico, cujo impacto teria provocado o escurecimento do planeta. Como consequência, teria ocorrido o desaparecimento de muitas espécies vegetais e de seres que delas dependiam. Qual foi esse evento? Que evidência foi sugerida pelos autores da hipótese, na tentativa de confirmá-la?

4. O andar ereto, o aumento progressivo do volume cerebral, a diminuição da capacidade olfativa na localização do alimento e a oposição dos dedos da mão foram fatores que os cientistas acreditam terem sido importantes na evolução dos primatas. Outra característica importante desse processo evolutivo foi, sem dúvida,

a) a existência de núcleo organizado nas células desses animais.
b) a visão binocular, fator que permitiu uma boa noção de profundidade e de distância.
c) a capacidade de digerir a celulose contida nos alimentos de origem vegetal.
d) a habilidade de se deslocar pelo meio com quatro patas.
e) a falta de cuidado com a prole, a exemplo do que ocorre com os peixes.

5. É comum divulgar-se a ideia de que o homem teria surgido no final de um longo processo de evolução, em que estágios sucessivamente mais complexos culminaram no aparecimento do *Homo sapiens*, a espécie humana atual. Essa concepção é:

a) correta, pois a evolução do homem deu-se ao longo de uma linha progressiva e contínua.
b) correta, pois o homem descendeu de espécies mais antigas e pouco evoluídas, como a dos orangotangos.
c) incorreta, pois o mais provável é que algumas espécies com características humanas tenham coexistido.
d) correta, pois a evolução de qualquer grupo de seres vivos sempre caminha no sentido do aumento de complexidade, com extinção total de grupos mais simples.
e) incorreta, pois nenhuma espécie que antecedeu a espécie humana atual é ancestral da nossa espécie.

6. O encontro e o estudo de numerosos fósseis dos chamados *antropoides* é uma tentativa de esclarecer as origens da espécie humana. Um desses fósseis (restos do esqueleto e pegadas), denominado de *Australopithecus afarensis*, foi descoberto em 1974. A partir dessa descoberta, outros fósseis foram reconhecidos, levando os cientistas a estabelecer a provável linhagem que conduziu à espécie humana.

a) Qual foi a denominação dada ao espécime *A. afarensis*, cujos restos fósseis foram descobertos em 1974?
b) Cite os nomes dos dois representantes do gênero *Homo* cujos restos fósseis foram posteriormente descobertos e estudados.
c) *Homo de Java*, *Homo de Pequim* e homens de Neanderthal são três espécimes que se acredita sejam descendentes de um dos representantes do gênero *Homo*, citados na resposta do item **b**. Qual é esse representante?

7. É consenso, há décadas, que o *Homo sapiens* surgiu na África há 200 mil anos e saiu do continente para ocupar todos os cantos do mundo há 60 mil anos. Recentemente, um estudo do genoma de 27 diferentes populações do continente indicou que o "berço" do homem moderno foi a África do Sul. A dispersão geográfica dos humanos a partir do sul é também consistente com achados arqueológicos de artefatos associados ao homem moderno. Além disso, há indicações de que o clima no sul era mais acolhedor entre 60 mil e 70 mil anos atrás.

Adaptado de: BONALUME NETO, R. Homem moderno surgiu no sul da África, diz estudo. *Folha de S.Paulo*, São Paulo, 8 mar. 2011. Caderno Ciência, p. C11.

a) O texto acima é relacionado a uma das hipóteses da origem do homem, a hipótese monogenética, também conhecida como hipótese *fora da África*. Cite o trecho do texto que é relacionado a essa hipótese.

b) Outra hipótese sugerida por alguns cientistas admite que a evolução do homem teria ocorrido em várias partes do planeta, a partir de variedades conhecidas como *Homo sapiens* arcaicos, descendentes do *Homo erectus*. Qual é essa hipótese?

Utilize o esquema do *Saiba mais* relativo a "Primatas atuais" para responder às questões **8** e **9**.

8. A partir da observação do esquema, foram feitas as seguintes afirmações:

I – os macacos do Velho Mundo surgiram na Terra mais ou menos na mesma época que os lêmures.
II – os gibões e os orangotangos são antropoides que surgiram na Terra há cerca de 10 milhões de anos.
IIII – o primata ancestral de todos os seres representados no esquema deve ter surgido na Terra há exatos 50 milhões de anos.

Assinale:

a) se apenas as afirmações I e III forem corretas.
b) se apenas as afirmações II e III forem corretas.
c) se apenas a afirmação I for correta.
d) se todas as afirmações forem corretas.
e) se todas as afirmações forem incorretas.

9. De acordo com o esquema, há aproximadamente quantos milhões de anos é possível dizer que o ancestral comum do homem e dos antropoides gibão, orangotango, gorila e chimpanzé deve ter surgido na Terra?

a) 10
b) 15
c) 20
d) 40
e) 7

10. *Questão de interpretação de texto*

Os ancestrais do homem passaram muito frio na Europa por centenas de milhares de anos, por não saberem ainda controlar o fogo. O uso habitual do fogo, segundo alguns cientistas, só começou entre 400 mil e 300 mil anos, contrariando a hipótese tradicional de que fogueiras controladas teriam sido fundamentais para colonizar o continente europeu quando os *hominídeos* deixaram sua terra de origem, a África. Por outro lado, descobertas recentes mostraram que os neandertais foram bons cozinheiros, ou seja, dominavam o fogo. Sem o domínio do fogo, eles seriam uma espécie bastante frágil. Sem esse domínio, não teriam suportado regiões frias da Europa e da Ásia. Analisando placas bacterianas mineralizadas – tártaro – em dentes de neandertais encontrados no Iraque e na Bélgica, os cientistas encontraram restos de tipo selvagem de trigo e centeio. Por tudo isso, ainda é difícil explicar por que essa espécie, supostamente avançada, desapareceu há cerca de 25.000 anos.

Adaptado de: 1) BONALUME NETO, R.
Homem demorou para dominar fogo, diz estudo.
Folha de S.Paulo, 15 mar. 2011. Caderno Ciência, p. C13.
2) MIOTO, R. Neandertais foram bons cozinheiros.
Folha de S.Paulo, São Paulo, 28 dez. 2010.
Caderno Ciência, p. C9.

Utilizando as informações do texto e seus conhecimentos sobre o assunto:

a) Cite o trecho que se relaciona à hipótese de que a origem do homem moderno ocorreu no continente africano.
b) Cite pelo menos uma evidência que mostra a importância do domínio do fogo pelos ancestrais humanos.
c) Em relação às categorias de classificação utilizadas para os seres vivos, a que categoria taxonômica (espécie, gênero, classe, família, filo, reino) se refere a palavra *hominídeos*, destacada no texto?

Questões objetivas

1. (UFC – CE) A definição de vida é motivo de muitos debates. Segundo a Biologia, o início da vida na Terra deu-se com:

a) o *Big Bang*, que deu origem ao Universo e, consequentemente, à vida.
b) o aumento dos níveis de O_2 atmosférico, que permitiu a proliferação dos seres aeróbios.
c) o surgimento dos coacervados, os quais, em soluções aquosas, são capazes de criar uma membrana, isolando a matéria orgânica do meio externo.
d) o surgimento de uma bicamada fosfolipídica, que envolve moléculas com capacidade de autoduplicação e metabolismo.
e) o resfriamento da atmosfera, que propiciou uma condição favorável para a origem de moléculas precursoras de vida.

2. (UFRGS – RS) Leia o texto abaixo.

Mais de 99% das espécies que surgiram sobre a Terra estão extintas. Cada evento de extinção modifica a fauna e a flora do período seguinte mediante eliminação de alguns tipos de organismos e aumento relativo de outros. Nos últimos séculos, a interação humana, deliberada ou não, passou a desempenhar um papel sem precedentes na história da vida.

Adaptado de: PURVES, W. K. *et al*. Vida – A Ciência da Biologia. 6. ed.
Porto Alegre: Artmed, 2002. p. 391-394.

Considere as seguintes afirmações sobre processos de extinção de espécies.

I – A extinção natural é resultado de constantes modificações dos ecossistemas e da seleção adaptativa.
II – A destruição e a fragmentação do *habitat* são importantes causas de extinção de espécies.
III – A redução acentuada de indivíduos de uma espécie poderá levá-la à extinção por baixa variabilidade genética.

Quais estão corretas?

a) Apenas I.
b) Apenas II.
c) Apenas I e III.
d) Apenas II e III.
e) I, II e III.

3. (UFC – CE) Há cerca de 4,6 bilhões de anos, no planeta Terra tudo era matéria inerte, sem vida. Com o passar do tempo, unidades menores agruparam-se formando **complexos com características específicas (I)**: reserva, memória, autorreplicação. Tais complexos isolaram-se em **sistemas fechados (II)**, e reações para **obtenção de energia (III)** e de replicação passaram a ocorrer de forma ordenada para garantir um equilíbrio. Determinados sistemas aumentaram sua complexidade estrutural e também **capturaram sistemas menores (IV)**; com isso, conseguiram melhores resultados na **obtenção e transformação de energia (V)**. A **associação de sistemas fechados (VI)** aumentou a complexidade e proporcionou maior eficiência com a divisão de tarefas. A competitividade entre sistemas ordenou uma grande diversidade, em que **os mais ajustados permaneciam e se difundiam (VII)**, processo em contínuo andamento.

Preencha os parênteses com o número que acompanha a expressão que se refere a cada um dos elementos a seguir.

( ) multicelularidade ( ) células
( ) biomoléculas ( ) seleção natural
( ) teoria endossimbiótica

4. (UFMS) A figura abaixo mostra uma das possíveis hipóteses sobre a filogenia dos primatas com origem no Velho Mundo, um grupo chamado *Cercopithecidae*. Baseando-se nessa filogenia, assinale a alternativa correta.

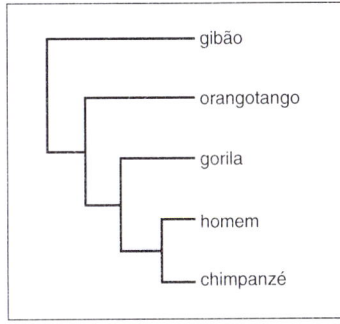

a) O homem surgiu antes dos outros primatas na história evolutiva do grupo.
b) O gorila é mais próximo, filogeneticamente, do homem e do chimpanzé do que do orangotango e do gibão.
c) O chimpanzé é mais próximo, filogeneticamente, do gorila do que do homem.

d) O homem e o gorila deveriam ser incluídos em grupo taxonômico separado dos outros primatas.
e) Não é possível saber se o orangotango é mais próximo filogeneticamente do gibão ou dos outros primatas.

5. (UFMG) Analise esta figura, em que está representada uma possível filogenia dos primatas:

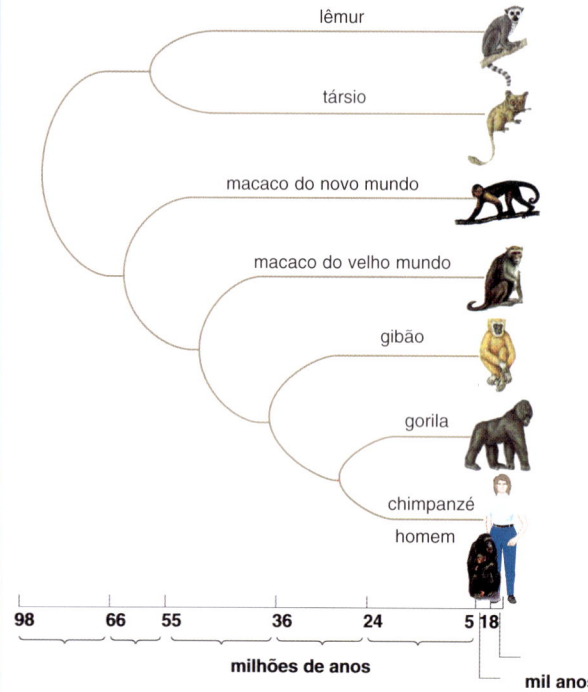

Considerando-se as informações fornecidas por essa figura e outros conhecimentos sobre o assunto, é **INCORRETO** afirmar que

a) a radiação evolutiva ocorreu por volta dos 60 milhões de anos.
b) o bipedismo ocorre no ramo dos humanos.
c) os ancestrais desse grupo eram arborícolas.
d) os humanos descendem dos gorilas.

6. (UNESP) Há cerca de 40.000 anos, duas espécies do gênero *Homo* conviveram na área que hoje corresponde à Europa: *H. sapiens* e *H. neanderthalensis*. Há cerca de 30.000 anos, os neandertais se extinguiram, e tornamo-nos a única espécie do gênero. No início de 2010, pesquisadores alemães anunciaram que, a partir de DNA extraído de ossos fossilizados, foi possível sequenciar cerca de 60% do genoma do neandertal. Ao comparar essas sequências com as sequências de populações modernas do *H. sapiens*, os pesquisadores concluíram que de 1 a 4% do genoma dos europeus e asiáticos é constituído por DNA de neandertais. Contudo, no genoma de populações africanas não há traços de DNA neandertal. Isto significa que

a) os *H. sapiens*, que teriam migrado da Europa e Ásia para a África, lá chegando entrecruzaram com os *H. neanderthalensis*.
b) os *H. sapiens*, que teriam migrado da África para a Europa, lá chegando entrecruzaram com os *H. neanderthalensis*.
c) o *H. sapiens* e o *H. neanderthalensis* não têm um ancestral em comum.

d) a origem do *H. sapiens* foi na Europa, e não na África, como se pensava.
e) a espécie *H. sapiens* surgiu independentemente na África, na Ásia e na Europa.

7. (UFRGS – RS) Estamos comemorando os 200 anos do nascimento de Darwin e os 150 anos da publicação de *A Origem das Espécies*. A teoria evolutiva de Darwin deve ser a mais conhecida e, apesar disso, a mais mal-entendida de todas as teorias científicas. Nesse sentido, a imagem abaixo, que representa um dos principais ícones dos estágios da evolução humana está, na verdade, equivocada.

Considere as seguintes afirmações sobre a evolução humana.

1 – O surgimento do homem é uma consequência lógica do processo evolutivo.
2 – A tendência à diminuição dos pelos corporais reflete a origem europeia do *Homo sapiens*.
3 – Tanto o homem quanto o macaco são seres evoluídos.
4 – Diferentes espécies de hominídeos existiram simultaneamente.

Quais estão corretas?

a) Apenas 2.
b) Apenas 1 e 2.
c) Apenas 3 e 4.
d) Apenas 1, 3 e 4.
e) 1, 2, 3 e 4.

8. (UFRGS – RS) "Os genes que determinam a cor da pele de uma pessoa são uma parte ínfima do conjunto genético humano – apenas seis dos cerca de 22.000 que possuímos", diz a geneticista Maria Catira Bortolini, da Universidade Federal do Rio Grande do Sul.

Adaptado de: Veja, ano 40, n. 22, p. 88, 6 jun. 2007.

Considere as seguintes afirmações sobre a variabilidade encontrada na espécie humana.

I – Grupos humanos de mesma origem geográfica podem apresentar mais variação genética que grupos de diferentes origens geográficas.
II – Na África, a pele escura dos humanos foi selecionada porque os protegia da radiação ultravioleta do Sol.
III – A migração dos humanos para o norte da Europa induziu o surgimento de mutantes de pele clara, para que houvesse melhor aproveitamento da pequena insolação na síntese de vitamina D.

Quais estão corretas, de acordo com a Teoria Sintética da Evolução?

a) Apenas I.
b) Apenas III.
c) Apenas I e II.
d) Apenas II e III.
e) I, II e III.

Questões dissertativas

1. (UNICAMP – SP) Imagine que tenha sido elaborada a hipótese a seguir para explicar a extinção dos dinossauros.

Os dinossauros eram répteis herbívoros que viveram no período Cambriano, há cerca de 600 milhões de anos. Nesse período surgiram as gimnospermas, que foram os primeiros vegetais a ocupar o ambiente terrestre. Essas plantas possuíram vasos pouco desenvolvidos e, por isso, a circulação de seiva elaborada através do xilema não era eficiente, causando a retenção de resíduos metabólicos tóxicos em suas folhas, flores e frutos. Os dinossauros, incapazes de reconhecer o sabor amargo característico das plantas tóxicas, alimentaram-se delas e morreram envenenados.

Há várias informações erradas no texto acima. Indique três delas e explique por que uma das afirmações que você selecionou é errada.

2. (UFBA) O gráfico ao lado registra aspectos da história evolutiva das plantas terrestres, ao longo de milhões de anos.

Com base na interpretação do gráfico, justifique a expansão de espécies a partir do Cretáceo superior.

3. (UFBA) Fisicamente, seres humanos são espécimes biológicas razoavelmente inexpressivas. Para animais tão grandes, nós não somos muito fortes ou rápidos e não temos armas naturais, como caninos e garras. É o cérebro humano, com seu córtex cerebral tremendamente desenvolvido, que realmente nos distingue dos outros animais. Nossos cérebros dão origem a nossas mentes, em explosões de inteligência solitária e na busca coletiva de objetivos comuns, tendo criado maravilhas. Nenhum outro animal poderia esculpir as graciosas colunas do Parthenon, muito menos refletir sobre a beleza desse antigo templo grego. Apenas nós pudemos erradicar a varíola e a poliomielite, domesticar outras formas de vida, penetrar o espaço com foguetes e voar para as estrelas em nossas imaginações.

AUDESIRK E AUDESIRK, p. 444.

A espécie humana, no entanto, não pode ser considerada fora do seu contexto biológico e, sim, inserida entre organismos vivos com os quais compartilha características fundamentais na história evolutiva da vida, mais especialmente com os primatas, conforme representado na ilustração.

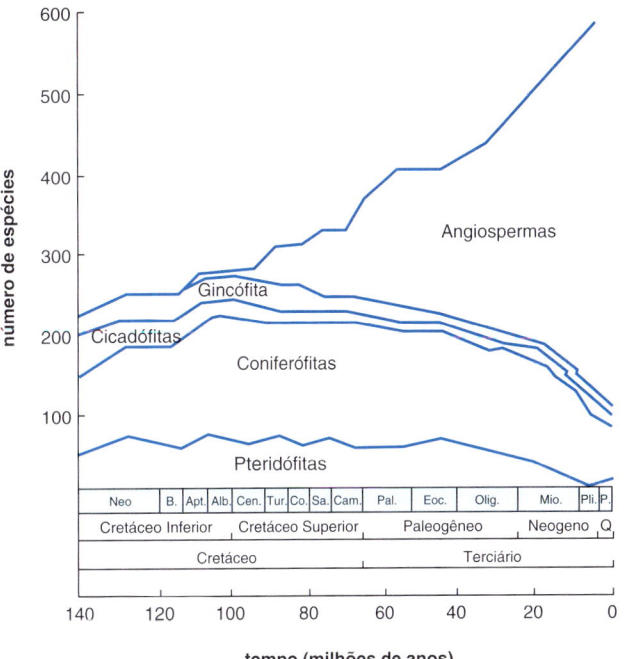

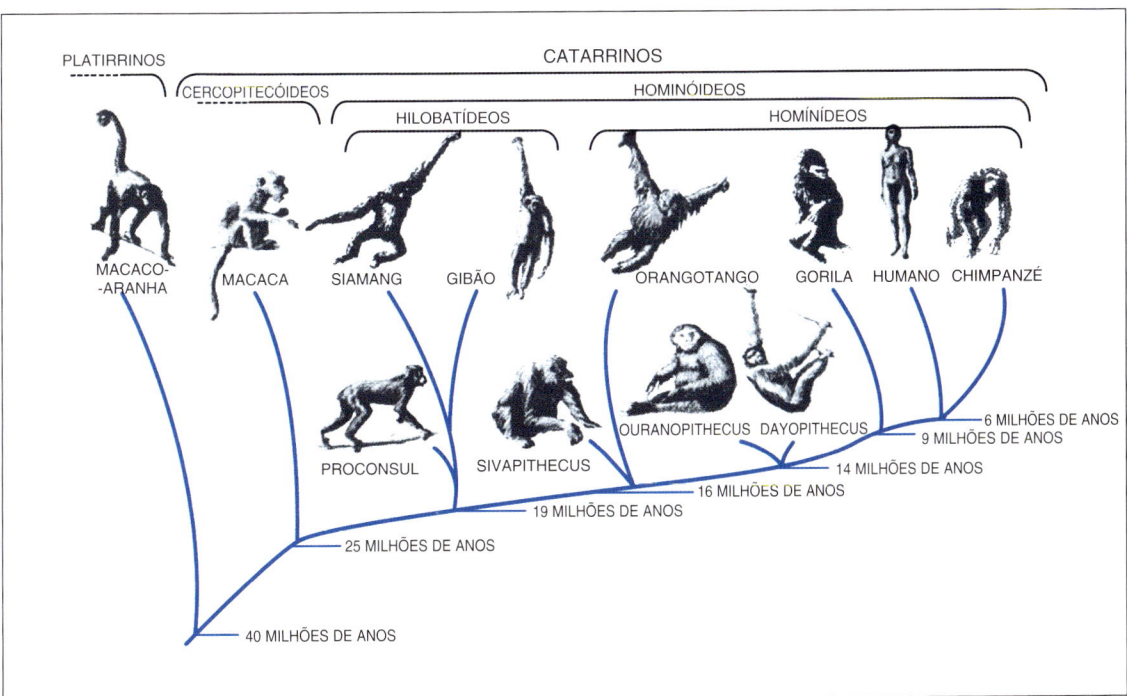

Identifique o mais antigo antropoide que compartilha a ancestralidade com todos os hominóideos e analise as relações evolutivas entre os grupos atuais de hominídeos, considerando a informação genética como base dessas relações.

Programas de avaliação seriada

1. (PSS – UFPB) O processo de evolução atua sobre a variação genética que se encontra disponível nas populações, favorecendo principalmente aquelas formas de maior valor adaptativo dentre a amplitude de variedades disponíveis. Desse modo, a evolução acontece, porque alguns indivíduos sobrevivem e se reproduzem com mais sucesso nas novas condições ambientais.
Com base no texto apresentado e nos processo de evolução biológica e adaptativo das espécies às diferentes condições ambientais, identifique as afirmativas corretas.
 I – Os indivíduos que compõem a população de uma dada espécie são todos idênticos.
 II – Parte da variação entre indivíduos é herdável, isto é, tem base genética e, por isso, capaz de ser transferida aos descendentes.
 III – Ancestrais diferentes deixam um número diferente de descendentes, porém nem todos estes contribuem igualmente para as gerações seguintes.
 IV – Todas as populações poderiam crescer a uma taxa que saturaria o ambiente, mas, devido às condições ambientais e aos potenciais bióticos das espécies, parte dos indivíduos morre antes.
 V – A evolução significa mudança das características herdáveis de uma população ou espécie ao longo do tempo.

2. (SSA – UPE) Observe os animais do filme *A Era do Gelo 3*. Distribuidora: Fox Film.

Scrat e Scratita

Sid, Diego, Manny e Ellie

Crash e Eddie

Em *A Era do Gelo 3*, a preguiça Sid descobre um mundo subterrâneo, onde encontra ovos de dinossauros e resolve adotá-los, forma sua própria família adotiva, só que a mãe dos filhotes, uma dinossaura, vai atrás deles e acaba levando consigo a preguiça. Seus amigos, os mamutes Manny e Ellie, Diego, o tigre dentes-de-sabre, e os gambás Crash e Eddie entram nesse mundo subterrâneo para resgatá-la. Scrat, o esquilo, continua tentando agarrar a noz fujona e, nesse processo, encontra uma rival/paquera, a Scratita.
Sobre as condições da Terra naquele tempo e a classificação dos animais citados no texto, analise as afirmativas abaixo.
 I – Os dinossauros habitaram a Terra durante a era Mesozoica, no período Jurássico, enquanto grandes mamíferos, como os mamutes e tigres dentes-de-sabre, viveram na era Cenozoica, no período Pleistoceno.
 II – Preguiça, esquilos e gambás pertencem à classe *Mammalia*. A preguiça e os esquilos são da ordem *Edentata* (não possuem dentes), enquanto os gambás são marsupiais protetérios (não possuem placenta).
 III – Entre as características dos mamíferos, estão: dentes diferenciados em incisivos, caninos, pré-molares e molares. As presas de marfim representam dentes desenvolvidos nos mamutes. Em carnívoros, como os tigres, os caninos bem desenvolvidos e incisivos afiados representam adaptações a seus hábitos alimentares.
 IV – No Pleistoceno, conhecido como a era ou idade do gelo, houve quatro glaciações que levaram à extinção de muitos mamíferos; a cada glaciação, o clima nas áreas tropicais e subtropicais tornava-se seco, e no período interglacial, ficava quente e úmido.

Somente está **CORRETO** o que se afirma em
a) I e II.
b) II e III.
c) IV.
d) II, III e IV.
e) I, III e IV.

3. (PAES – UNIMONTES – MG) A evolução humana é o processo de mudança e desenvolvimento pelo qual os seres humanos emergiram como uma espécie distinta. É tema de um amplo questionamento científico que busca entender e descrever como a mudança e o desenvolvimento aconteceram. A figura a seguir ilustra o pensamento de uma das teorias evolutivas. Observe-a.

Considerando a figura e o assunto abordado, analise as afirmativas abaixo e assinale a alternativa que representa uma característica correspondente à teoria defendida pelo indivíduo IV.
a) Características hereditárias que contribuem para a sobrevivência e reprodução se tornam mais comuns numa população.
b) O fenótipo é determinado por um trecho genômico do indivíduo, conhecido como genótipo, e também pelo ambiente em que o organismo vive.
c) Noção genética de uma ou mais entidades inteligentes para explicar, por trás de uma série de eventos, a origem do Universo, da vida na Terra ou das próprias espécies de seres vivos.
d) Se os fenótipos apresentam uma base genética, então o genótipo, associado com o fenótipo favorável, terá sua frequência aumentada na geração seguinte.

13 Unidade

ECOLOGIA

Capítulo 46 — Energia e ecossistemas

Biomassa: uma energia brasileira

Biomassa é ainda um termo pouco conhecido fora dos campos da energia e da ecologia, mas nada mais é do que a matéria orgânica, de origem animal ou vegetal, que pode ser utilizada na produção de energia. Podemos considerá-la uma forma indireta de aproveitamento da energia solar absorvida pelas plantas, já que resulta da conversão da luz do Sol em energia química. Para se ter uma ideia da sua participação na matriz energética brasileira, a biomassa responde por 25% da energia consumida no país.

Entre as matérias-primas mais utilizadas para produção da biomassa estão a cana-de-açúcar, a beterraba e o eucalipto (dos quais se extrai álcool), o lixo orgânico (que dá origem ao biogás), a lenha e o carvão vegetal, além de alguns óleos vegetais (amendoim, soja, dendê).

Segundo a Agência Nacional de Energia Elétrica (ANEEL), a imensa superfície do território nacional, quase toda localizada em regiões tropicais e chuvosas, oferece excelentes condições para a produção e o uso energético da biomassa em larga escala. Além da produção de álcool, queima em fornos, caldeiras e outros usos não-comerciais, a biomassa apresenta grande potencial no setor de geração de energia elétrica.

Adaptado de: <http://ambientes.ambientebrasil.com.br> e de <http://www.anel.gov.br>. *Acesso em:* 15 ago. 2011.

Os organismos da Terra não vivem isolados; interagem uns com os outros e com o meio ambiente. Ao estudo dessas interações chamamos **Ecologia**. O termo *ecologia*, cuja criação é atribuída ao naturalista alemão Ernest Haeckel, em 1869, deriva do grego *oikos*, que significa "casa" ou "lugar para viver" e, segundo o ecólogo Eugene P. Odum, possui o significado de "estudo de organismos em sua casa".

ALGUNS CONCEITOS IMPORTANTES

Ao conjunto formado pelos organismos de determinada *espécie*, que vivem em um lugar perfeitamente delimitado e em uma certa época, é dado o nome de **população**. Ao conjunto de todas as populações que se encontram em interação em determinado meio dá-se o nome de **comunidade** (reveja a figura da página 5). É a parte **biótica**, ou seja, o conjunto de todos os seres *vivos*, de espécies diferentes, encontrados no meio. Muitos ecologistas norte-americanos preferem usar o termo **biota** para se referir à *comunidade* e, entre os ecologistas europeus, é utilizado o termo **biocenose**.

Comunidade = biota = = biocenose.

O local (o espaço) onde os organismos de determinada *espécie* vivem é chamado de ***habitat*** – é a "residência" dos organismos, o seu lugar de vida. Já o local onde determinada *comunidade* vive é chamado de **biótopo**. Por exemplo, o *habitat* das piranhas é a *água doce*, como, por exemplo, a do rio Amazonas ou dos rios do complexo do Pantanal; o *biótopo* rio Amazonas é o local onde vivem todas as populações de organismos vivos desse rio, dentre elas, a de piranhas.

Nicho ecológico é a função ou papel desempenhado pelos organismos de determinada espécie em seu ambiente de vida. O nicho inclui, evidentemente, o *habitat*; mas, além disso, envolve as necessidades alimentares, a temperatura ideal de sobrevivência, os locais de refúgio, as interações com os "inimigos" e com os "amigos", os locais de reprodução etc. Uma ideia que precisa ficar clara é que nicho ecológico não é um espaço; portanto, não é ocupado fisicamente. Por exemplo, considerando-se que o *habitat* da piranha é a água doce de um rio amazônico, o seu *nicho ecológico* corresponde ao que ela come (ela é predadora), por quem ela é comida, as alterações ambientais que ela provoca com suas excreções etc.

O conjunto formado por uma *comunidade* e pelos componentes **abióticos**, não vivos, do meio (a água, os gases, a luz, o solo etc.) com os quais ela interage é denominado **ecossistema**.

A Terra é um grande ambiente de vida. Em uma fina camada do planeta, incluindo água, solo e ar, encontram-se os seres vivos. A **biosfera** é a reunião de todos os ecossistemas existentes na Terra.

Floresta de coníferas (também chamada taiga) é um dos biomas da Terra.

Apesar de algumas formigas e pulgões terem o mesmo *habitat*, eles não têm o mesmo nicho ecológico: os pulgões são parasitas, alimentam-se da seiva das plantas e as fêmeas são vivíparas; as formigas cortam folhas da vegetação para alimentar os fungos dos quais se alimentam no formigueiro e sua reprodução envolve a deposição de ovos pela rainha.

Saiba mais

Ecótone e biomas: dois novos conceitos

Se pudéssemos observar a Terra, a bordo de uma espaçonave, logo perceberíamos a existência de três tipos de ambiente: terrestre, marinho e de água doce. Em cada um desses grandes ambientes, podemos imaginar a existência de subdivisões artificialmente construídas, com a finalidade única de facilitar o estudo da vida nesses locais.

Assim, dois outros conceitos são úteis para a compreensão dos problemas relacionados com a ciência do ambiente. São eles: ecótone e bioma. O **ecótone** corresponde a uma *transição* entre duas ou mais comunidades distintas, pertencentes a diferentes ecossistemas. É o caso da área de transição existente, por exemplo, entre o campo e um lago. Considera-se que na área de transição de dois ecossistemas, ou seja, no *ecótone*, há maior diversidade em espécies.

Os **biomas** são considerados subdivisões dos grandes ambientes da Terra (mar, água doce e terrestre), caracterizados *principalmente* pelo componente vegetal. De certo modo, podemos considerar um bioma como sendo um conjunto de ecossistemas relacionados. A Floresta Amazônica é um grande ecossistema, constituído de diversos ecossistemas menores. Florestas semelhantes entre si são, então, artificialmente reunidas para constituir um tipo de bioma. Quando um ecologista diz que pretende estudar um bioma de floresta equatorial pluvial, basta escolher um dos ecossistemas que caracterizam essa formação e iniciar o seu estudo.

O COMPONENTE BIÓTICO DOS ECOSSISTEMAS

De acordo com o modo de obtenção de alimento, a comunidade de um ecossistema, de maneira geral, é constituída por três tipos de seres:

- **produtores:** os seres autótrofos quimiossintetizantes (bactérias) e fotossintetizantes (bactérias, algas e vegetais). Esses últimos transformam a energia solar em energia química nos alimentos produzidos.

- **consumidores**
  primários: os seres herbívoros, isto é, que se alimentam dos produtores (algas, plantas etc.)
  secundários: os carnívoros que se alimentam de consumidores primários (os herbívoros). Poderá ainda haver consumidores **terciários** ou **quaternários**, que se alimentam, respectivamente, de consumidores secundários e terciários.

Independentemente da forma e do tamanho, os organismos autótrofos fotossintetizantes transformam a energia solar em energia química.

Tigres são consumidores secundários. Pássaros e zebras são consumidores primários.

- **decompositores:** as bactérias e os fungos que se alimentam dos restos alimentares dos demais seres vivos. Esses organismos (muitos microscópicos) têm o importante papel de devolver ao ambiente nutrientes minerais que existiam nesses restos alimentares e que poderão, assim, ser *reutilizados* pelos produtores.

Exemplo de fungos decompositores sobre mexerica.

CADEIAS ALIMENTARES: A ENERGIA FLUI AO LONGO DELAS

Nos ecossistemas, existe um fluxo de energia e de nutrientes como elos interligados de uma cadeia, uma **cadeia alimentar**. Nela, os "elos" são chamados de **níveis tróficos** e incluem os produtores, os consumidores (primários, secundários, terciários etc.) e os decompositores.

Veja a cadeia alimentar esquematizada na Figura 46-1: as plantas convertem a energia luminosa do Sol em energia química. Um pássaro, alimentando-se de plantas, transfere para si a energia e os nutrientes presentes nas plantas. O gato, ao comer o pássaro, obtém dele energia e nutrientes. Com a morte de qualquer um desses elementos, decompositores obterão sua energia e nutrientes ao decompô-los em minerais que serão novamente utilizados por plantas ao converter a energia luminosa do Sol em energia química na fotossíntese.

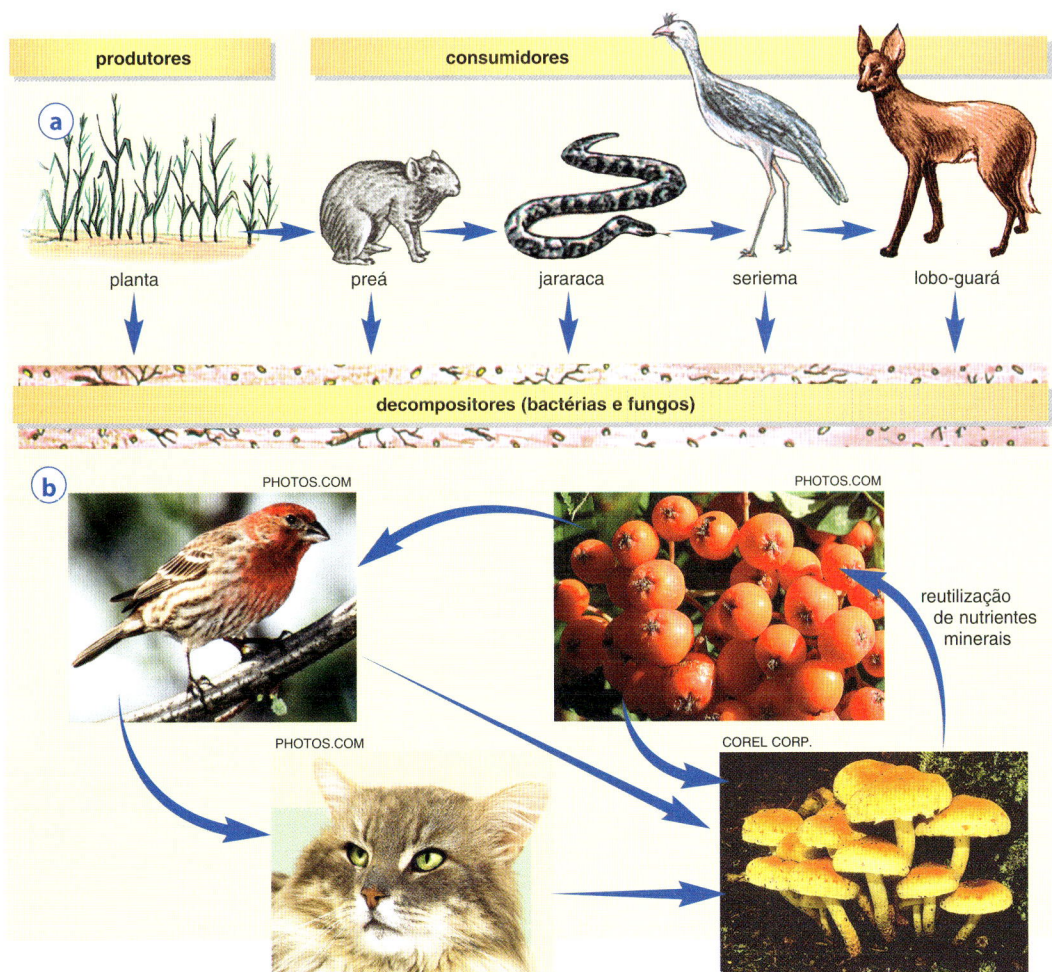

Figura 46-1. Exemplos de cadeia alimentar. Os decompositores, porque promovem a decomposição da matéria orgânica, são considerados *saprófitos* ou *sapróvoros*.

Cadeias de Detritívoros

Nos ecossistemas, a especialização de alguns seres é tão grande, que a tendência atual entre os ecologistas é criar uma nova categoria de consumidores: os comedores de detritos, também conhecidos como **detritívoros**. Nesse caso, são formadas cadeias alimentares separadas daquelas cadeias das quais participam os consumidores habituais. A minhoca, por exemplo, pode alimentar-se de detritos vegetais. Nesse caso, ela atua como detritívora consumidora primária. Uma galinha, ao se alimentar de minhocas, será consumidora secundária. Uma pessoa que se alimenta da carne da galinha ocupará o nível trófico dos consumidores terciários. Os restos liberados pelo tubo digestório da minhoca, assim como os restos dos demais consumidores, servirão de alimento para decompositores, bactérias e fungos (veja a Figura 46-2).

Certos besouros comedores de estrume de vaca podem também ser considerados detritívoros consumidores primários. Uma rã, ao comer esses besouros, atuará no nível dos consumidores secundários. A jararaca, ao se alimentar da rã, estará atuando no nível dos consumidores terciários, e a seriema, ao comer a cobra, será consumidora de quarta ordem.

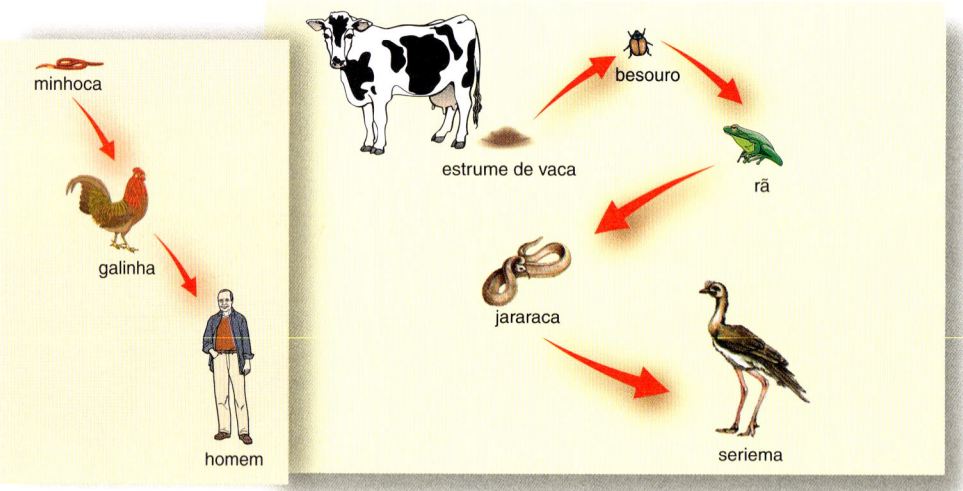

Figura 46-2. Exemplos de cadeias alimentares com a participação de seres detritívoros, como a minhoca e certas espécies de besouro.

Saiba mais

Poucos grandes, muitos pequenos

De modo geral, em uma cadeia alimentar de predadores, o tamanho dos consumidores aumenta a cada nível trófico, mas o número deles diminui.

Em uma cadeia alimentar de parasitas, pelo contrário, o tamanho dos consumidores diminui a cada nível trófico, mas o número deles aumenta.

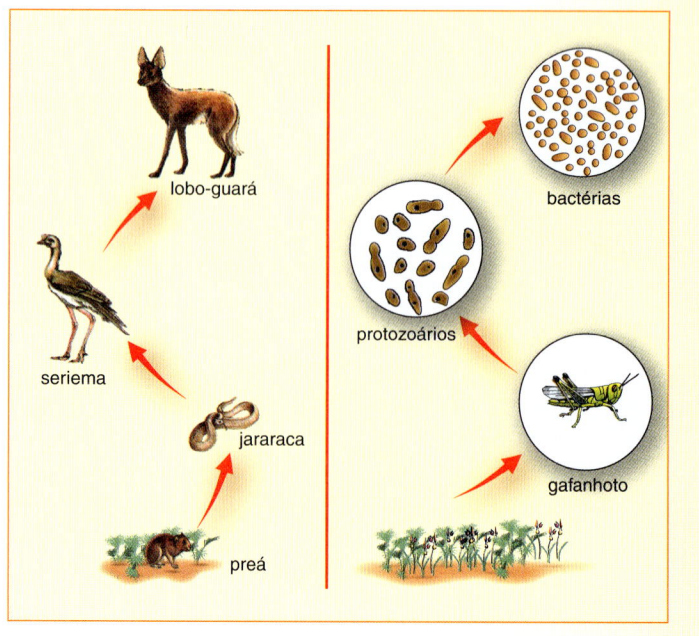

Teia Alimentar

Nos ecossistemas existem diversas cadeias alimentares. A reunião de todas elas constitui uma teia alimentar. Em uma teia, a posição de alguns consumidores pode variar de acordo com a cadeia alimentar da qual participam (veja a Figura 46-3).

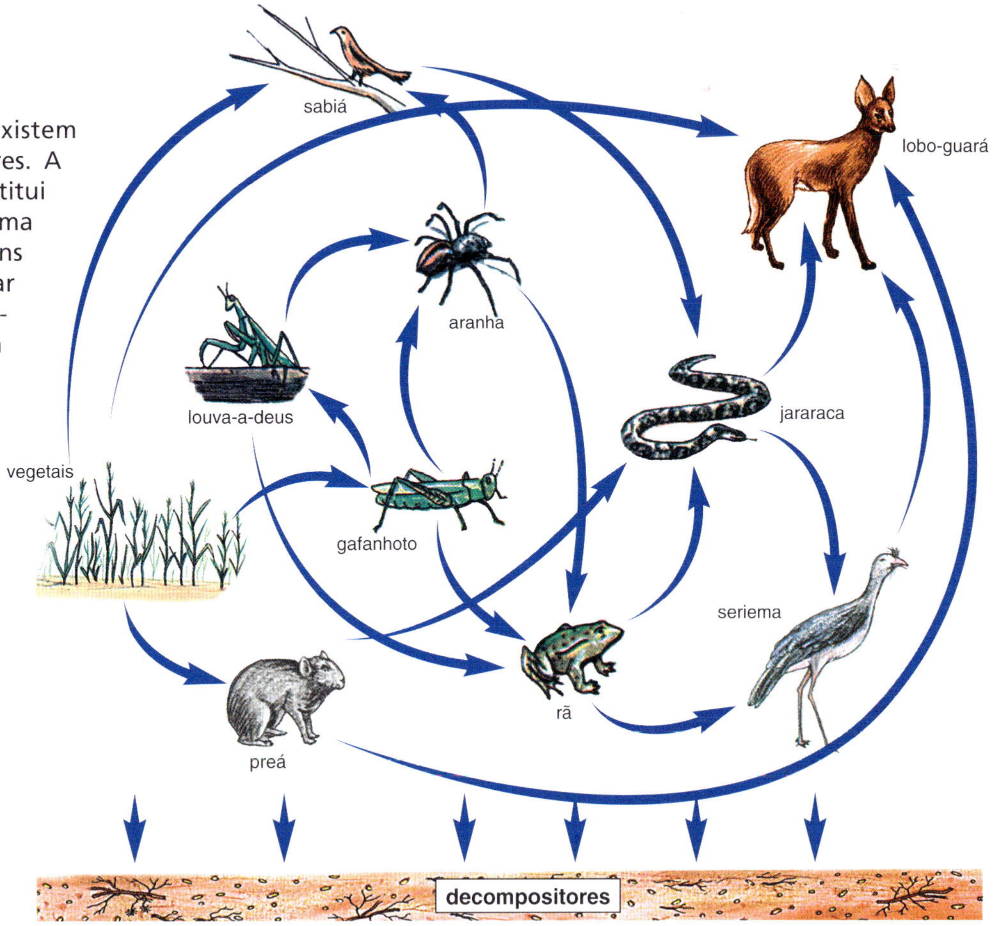

Figura 46-3. Um exemplo de teia alimentar brasileira. Perceba que o lobo-guará, por exemplo, participa de várias cadeias alimentares e ocupa diferentes níveis tróficos. Preá e gafanhoto atuam como consumidores primários, apenas.

Fluxo Unidirecional de Energia no Ecossistema

A energia é essencial para a sobrevivência dos seres vivos que pertencem a uma dada comunidade de um ecossistema. De maneira geral, em um ecossistema, existem seres capazes de realizar fotossíntese. Deles dependem todos os demais seres vivos – é por meio da fotossíntese que a energia oriunda do Sol é capturada pelos organismos fotossintetizantes e transformada em energia química, contida nos alimentos orgânicos sintetizados. Os consumidores, dependendo de sua posição na cadeia trófica, alimentam-se de organismos autótrofos ou de heterótrofos e, durante a realização de suas reações metabólicas, a energia capturada se transforma em calor, que é dissipado pelo ecossistema. Assim, a energia descreve um **fluxo unidirecional**, um dos grandes princípios da Ecologia geral.

PIRÂMIDES ECOLÓGICAS: QUANTIFICANDO OS ECOSSISTEMAS

Pirâmide de Números

Em muitas cadeias alimentares de predatismo, o número de produtores é maior que o de consumidores primários que, por sua vez, são mais abundantes que os consumidores secundários e assim sucessivamente (veja a Figura 46-4).

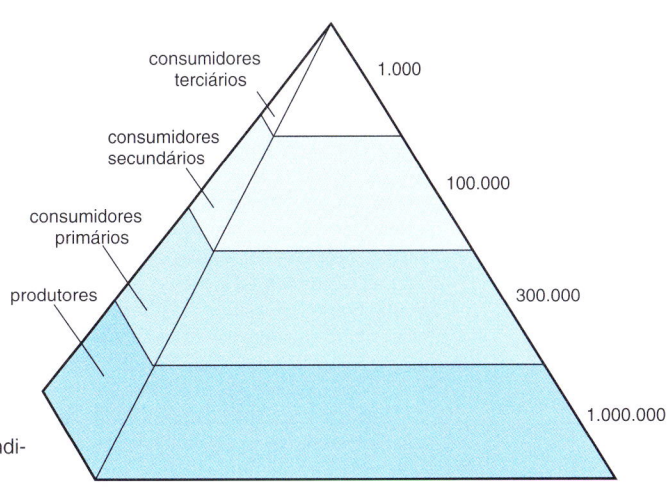

Figura 46-4. Uma pirâmide de números mostra o número de indivíduos de cada nível trófico.

Saiba mais

Quando a cadeia alimentar envolve a participação de parasitas, os últimos níveis tróficos são mais numerosos. A pirâmide de números, então, fica invertida.

Veja como fica a pirâmide invertida, representada de forma plana, outra maneira de construí-la, além da forma tridimensional:

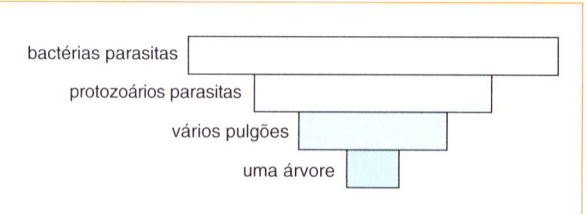

Pirâmide de Biomassa

Pode-se também pensar em pirâmides de biomassa, em que é computada a massa corpórea (biomassa) e não o número de cada nível trófico da cadeia alimentar. O resultado será similar ao encontrado na pirâmide de números: os produtores terão a maior biomassa e constituem a base da pirâmide, decrescendo a biomassa nos níveis superiores (veja a Figura 46-5).

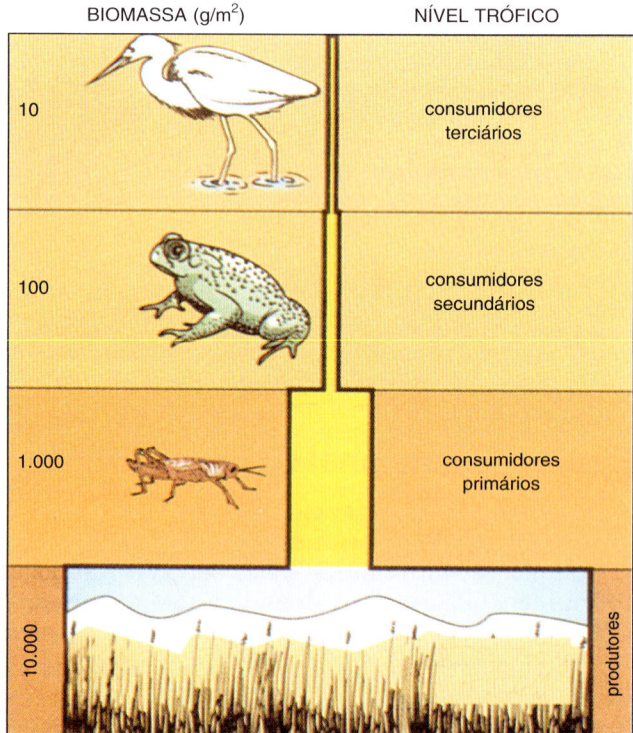

Figura 46-5. Pirâmide de biomassa.

Saiba mais

Ocasionalmente, uma pirâmide de biomassa pode ser invertida. É o que ocorreu em coleta de plâncton, efetuada em determinado dia no Canal da Mancha (Inglaterra). Na ocasião, a massa de fitoplâncton foi pequena, ao contrário do esperado.

Para isso ter acontecido, provavelmente ocorreu um aumento excessivo da quantidade de fitoplâncton nos dias anteriores à coleta, talvez devido ao aumento na oferta de nutrientes nitrogenados e fosfatados.

Essa grande quantidade de fitoplâncton teria favorecido o zooplâncton, que passou a ter mais alimento à sua disposição.

Esse fato não tornou a ocorrer, o que revela que a hipótese do excesso de oferta de nutrientes para o fitoplâncton deveria estar correta.

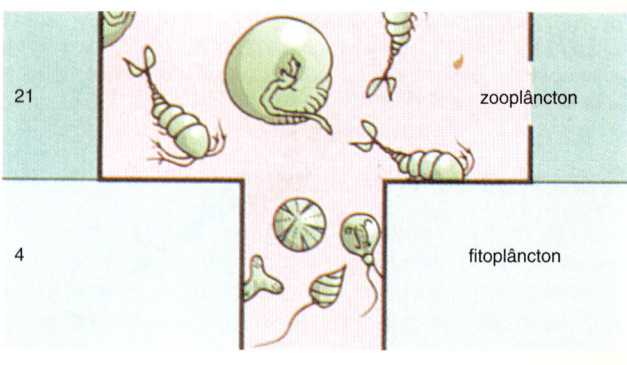

Pirâmide de Energia

O diagrama que melhor reflete o que se passa ao longo da cadeia alimentar é a pirâmide de energia. Em cada nível trófico, há grande consumo de energia nas reações metabólicas. Há liberação de energia sob a forma de calor, que é dissipado pelo ecossistema. A energia restante é armazenada nos tecidos. Os produtores consomem, para sua sobrevivência, grande parte da energia por eles fixada na fotossíntese. Sobra pouco para o nível dos consumidores primários, que utilizarão, no seu metabolismo, boa parte da energia obtida dos produtores.

Isso limita o número dos níveis tróficos a quatro ou, no máximo, cinco e explica a biomassa geralmente decrescente nas cadeias alimentares. Portanto, a quantidade de energia disponível é sempre menor, porque se deve descontar o que é gasto pelas atividades próprias dos organismos de cada nível trófico (veja a Figura 46-6).

Fique por dentro!

A ecologia e as leis da termodinâmica

As transferências energéticas em um ecossistema obedecem a duas leis da Termodinâmica. A primeira delas refere-se às transformações energéticas e resumidamente estabelece que: "a energia não se cria, nem se destrói, apenas é transformada de uma modalidade em outra".

A segunda lei está relacionada às transferências de energia: "a cada transformação da energia, uma parcela é liberada (dissipada) para o ambiente na forma de calor, contribuindo, assim, para o aumento da entropia do sistema".

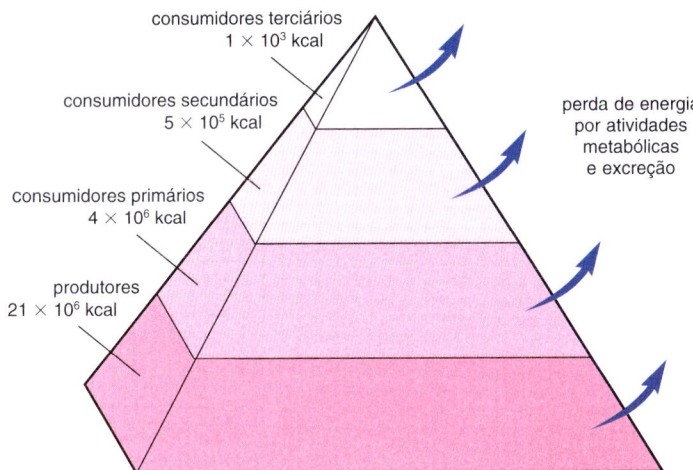

Figura 46-6. Pirâmide de energia: cada nível trófico utiliza uma parcela da energia para as atividades metabólicas dos organismos que dele fazem parte. O restante fica disponível para o nível seguinte.

EFICIÊNCIA ECOLÓGICA

Eficiência ecológica é a porcentagem de energia transferida de um nível trófico para outro, em uma cadeia alimentar. De modo geral, essa eficiência é, aproximadamente, de apenas 10%, ou seja, cerca de 90% da energia total disponível em determinado nível trófico não é transferida para o seguinte, sendo consumida na atividade metabólica dos organismos do próprio nível ou perdida como resto. Em certas comunidades, porém, a eficiência pode chegar a 20%. Note, na Figura 46-7, que os produtores conseguem converter, de modo geral, apenas 1% da energia solar absorvida em produtividade primária bruta.

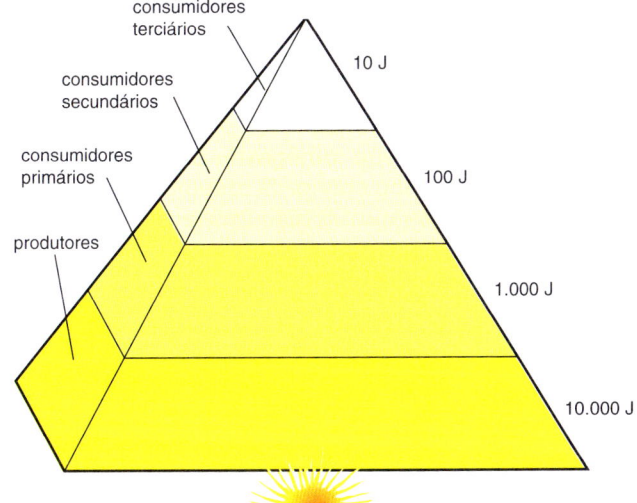

Figura 46-7. Energia nos diversos níveis tróficos, a partir de 1.000.000 J de luz solar.

DDT: Acúmulo nos Consumidores de Último Nível Trófico

O DDT (diclorodifeniltricloroetano) é um inseticida organoclorado que apresenta *efeito cumulativo* nos ecossistemas, por ser biodegradado lentamente. Possui grande afinidade pelo tecido gorduroso dos animais e é de difícil excreção. A pulverização dessa substância em uma lavoura, com o intuito de combater uma praga de gafanhotos, faz com que cada inseto acumule nos tecidos uma taxa de DDT maior do que existia no corpo de cada vegetal do qual ele se alimentou. Uma rã, ao comer alguns desses insetos, terá uma concentração maior do inseticida do que havia no corpo de cada gafanhoto. A jararaca, ao comer algumas rãs, terá nos seus tecidos uma concentração de DDT maior do que havia em cada rã. Isso acaba provocando um acúmulo indesejável de DDT nos gaviões, comedores de cobras, que atuam como consumidores de último nível trófico (veja a Figura 46-8).

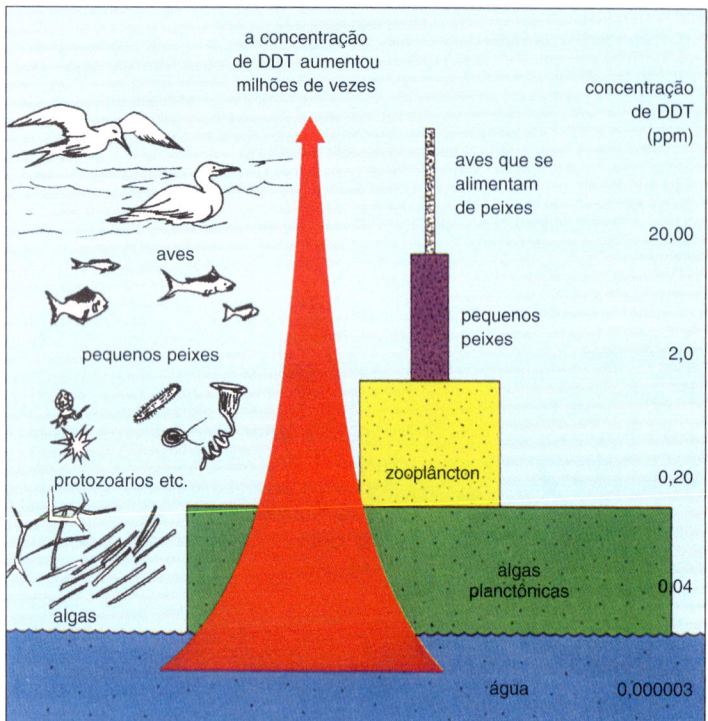

Figura 46-8. O efeito cumulativo do DDT.

A era do DDT em culturas agrícolas trouxe resultados surpreendentes, praticamente dobrando a produção de alimentos. Ainda hoje é utilizado em alguns países tropicais, no controle do pernilongo transmissor da malária. No entanto, o aparecimento cada vez mais frequente de insetos resistentes e o efeito cumulativo que passou a se perceber nos demais seres vivos condenaram o uso do DDT, pelo menos nos países desenvolvidos. Sua complexa estrutura química dificulta a ação decompositora dos microrganismos do solo. A meia-vida dessa substância é de cerca de vinte anos – ou seja, após esse período, metade do DDT aplicado ainda se encontra no ambiente. Por esse motivo é que o DDT é encontrado em tecidos gordurosos de focas e leões-marinhos de regiões polares, seres vivos que vivem em locais distantes dos que receberam a aplicação dessa substância. O espalhamento do DDT ocorre pela água e, ao longo da teia alimentar marinha, acaba atingindo esses consumidores de último nível trófico.

A PRODUTIVIDADE E O ECOSSISTEMA

A atividade de um ecossistema pode ser avaliada pela **produtividade primária bruta** (PPB), que corresponde ao total de matéria orgânica produzida em gramas, durante certo tempo, em determinada área ambiental:

$$PPB = \text{massa de matéria orgânica produzida/tempo/área}$$

Descontando desse total a quantidade de matéria orgânica consumida pela comunidade, durante esse período, na respiração (R), temos a **produtividade primária líquida** (PPL), que pode ser representada pela equação:

$$PPL = PPB - R$$

A produtividade de um ecossistema depende de diversos fatores, dentre os quais os mais importantes são a luz, a água, o gás carbônico e a disponibilidade de nutrientes.

Em ecossistemas estáveis, com frequência, a produção (P) iguala ao consumo (R). Nesse caso, vale a relação P/R = 1.

Saiba mais

A figura abaixo relaciona a produtividade primária líquida de vários ecossistemas naturais, estimada em termos de g/m²/dia.

Pela leitura do esquema, é possível concluir que uma plantação de milho ou de cana-de-açúcar é altamente produtiva? Como justificar essa conclusão?

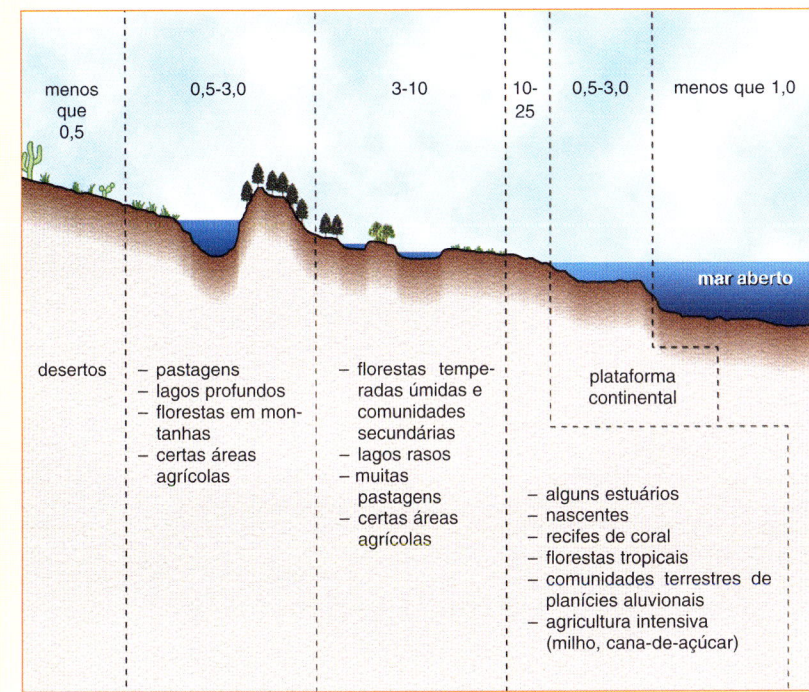

Ética & Sociedade

Baleias e produtividade oceânica

Mais baleias, mais peixes. Essa frase revela que, embora muitas espécies de baleia sejam conhecidas por se alimentarem de peixes, elas também contribuem para o enriquecimento das águas oceânicas com nutrientes minerais. Explicando melhor: ao se movimentarem nos oceanos e se alimentarem de peixes, elas espalham suas fezes que, por sua vez, são decompostas por bactérias. Graças a essa decomposição, a água oceânica é fertilizada por inúmeros nutrientes inorgânicos que favorecem a proliferação de fitoplâncton, a base alimentar das teias marinhas. E, mais fitoplâncton, mais zooplâncton. Mais zooplâncton, mais peixes. Esses grandes cetáceos possuem grande importância na elevação da produtividade marinha. Removê-los por meio da caça impiedosa, pode fazer os oceanos ficarem mais pobres.

Fonte: NICOL, S. Givers of Life. *New Scientist*, London, 9 July 2011, p. 36.

A exploração dos recursos da fauna e da flora é uma necessidade, pois precisamos nos alimentar, nos vestir, nos abrigar. Mas a exploração comercial, quando realizada de forma desmedida, pode levar à extinção das espécies, como é o caso das baleias que estão entre os cetáceos mais ameaçados de extinção.

Se você tivesse uma indústria de perfumes, por exemplo, cuja matéria-prima vegetal fosse uma espécie em vias de extinção, que medidas poderia estabelecer para, continuando com seu negócio, auxiliar na preservação dessa espécie?

A Elevada Produtividade nos Trópicos

As variações na incidência da luz do Sol nas diferentes latitudes podem ser explicadas pela forma esférica da nossa biosfera. A inclinação de cerca de 23,5° da Terra em relação ao seu eixo cria diferenças na incidência da luz solar nos hemisféricos terrestres (veja a Figura 46-9). O ângulo de incidência da radiação solar sofre modificações diárias, devido à rotação da Terra ao redor do Sol. Graças à inclinação apresentada pela Terra, porém, as regiões tropicais são beneficiadas permanentemente por incidência de luz perpendicular à sua superfície, o que condiciona maior teor de energia por quilômetro quadrado. Em consequência, os trópicos apresentam menos variações estacionais do que as observadas nas regiões temperadas e polares.

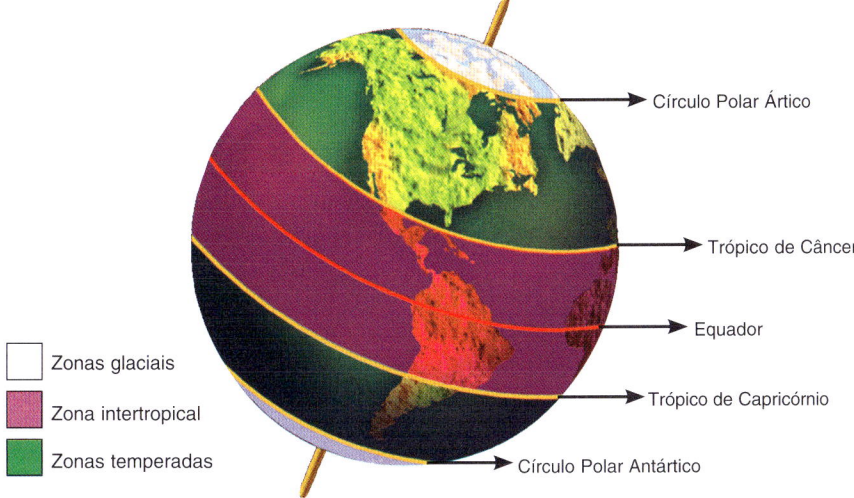

Figura 46-9. A região intertropical recebe diretamente a luz do Sol, perpendicularmente à sua superfície.

A intensa radiação solar na região equatorial é responsável direta pelas altas taxas de evaporação da água de sua superfície, levando à formação de massas de ar quente e úmido que condicionam os altos índices pluviométricos observados. Assim, elevadas temperaturas, intensa radiação solar e muita chuva caracterizam o clima das regiões tropicais e nos fazem entender as luxuriantes formações florestais e a riqueza dos recifes de coral típicos dessas latitudes. Esses fatores reunidos explicam, ainda, a elevada produtividade associada aos referidos ecossistemas.

> **Saiba mais**
>
> A produtividade primária refere-se à atividade dos produtores de um ecossistema. Ao se referir à atividade dos consumidores, fala-se em **produtividade secundária**, um termo relacionado à acumulação de matéria orgânica nos tecidos dos consumidores do ecossistema. A figura ao lado é uma amostra da produtividade secundária que ocorre em um boi (consumidor primário), que se alimenta da vegetação de um pasto. A unidade utilizada para o fluxo de energia é kJ/m²/ano.
>
> Note que do total de energia contida nas plantas de capim que serviram de alimento para o animal apenas uma pequena fração (125 kJ/m²/ano), equivalente à produção secundária, foi efetivamente incorporada nos tecidos.
>
> Alimentar-se somente de carne é uma boa saída para populações carentes de energia? Sugira uma possível solução para o problema.

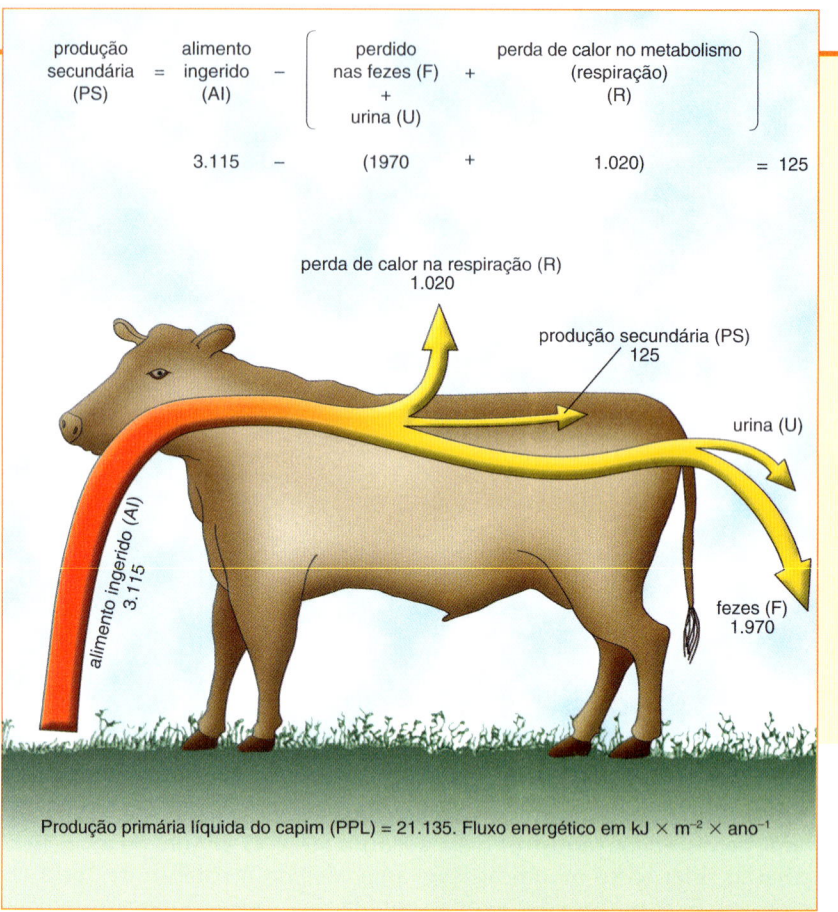

OS FATORES LIMITANTES DO ECOSSISTEMA

Existe um conjunto de fatores físicos considerados limitantes da sobrevivência dos seres componentes dos ecossistemas. Dentre eles, quatro são de máxima importância:

- **luz** – utilizada para a realização da fotossíntese, para a visão e para os fenômenos ligados aos fotoperiodismos;
- **temperatura** – é o fator que regula a distribuição geográfica dos seres vivos. O *trabalho enzimático*, entre outros fatores, está diretamente relacionado à temperatura;
- **água** – é fator limitante de extrema importância para a sobrevivência de uma comunidade. Além de seu envolvimento nas atividades celulares, não podemos nos esquecer da sua importância na fisiologia vegetal (transpiração e condução das seivas). É dos solos que as raízes retiram a água necessária para a sobrevivência dos vegetais;
- **disponibilidade de nutrientes** – é outro fator limitante que merece ser considerado, notadamente em ambientes marinhos.

> Animais *homeotermos*, por serem capazes de regular sua temperatura corporal, estão distribuídos mais amplamente pela Terra que os *heterotermos*.

> O teor de água do ambiente limita a distribuição geográfica de muitos animais e vegetais (lembre-se do caso dos desertos).

Fique por dentro!

No litoral do Cabo Frio (RJ), há uma corrente de ressurgência responsável pela elevada produtividade da região, em virtude da ação da *corrente do Brasil*, que banha a região. Nas proximidades de Vitória (ES), a ressurgência de nutrientes no chamado **Vórtice** (redemoinho) **de Vitória**, também em consequência da corrente do Brasil, é responsável pela elevada produtividade nas águas daquela região.

Saiba mais

Os nutrientes e a ressurgência no litoral peruano

É conhecido o exemplo do litoral peruano onde o teor de nutrientes mostra-se muito elevado. Isso se deve ao fenômeno da *ressurgência* provocado pela corrente fria de Humboldt. Essa corrente marinha, proveniente do Sul, se aquece, à medida que percorre o litoral peruano. Ao subir à temperatura de 4 °C, a massa de água atinge a densidade máxima e afunda. Isso provoca o deslocamento de outra massa de água que estava nas regiões profundas do mar, para essa região, trazendo nutrientes que lá estavam retidos. É como se os nutrientes estivessem ressurgindo, após longo tempo de permanência no fundo do mar.

O fato beneficia o fitoplâncton que, tendo mais nutrientes à disposição, prolifera, aumentando a biomassa. Isso, por sua vez, favorece o aumento do zooplâncton, ou seja, haverá mais alimento para os peixes, cuja quantidade sofrerá um extraordinário aumento. Perceba, assim, que o aumento no teor de nutrientes na água provoca um aumento na produtividade do fitoplâncton, o que leva ao aumento da produtividade pesqueira da região.

De imensa importância ecológica nos *habitats* aquáticos, o **fitoplâncton** é formado por organismos autótrofos, produtores de alimento, em geral algas microscópicas e cianobactérias. É considerado a base alimentar dos ecossistemas aquáticos.

Observe a coloração da água mais clara (verde-amarelada). Ela evidencia a grande atividade biológica em virtude da ressurgência nesse trecho da costa do Peru.

NASA GSFC.
Disponível em: <http://visibleearth.nasa.gov>.
Acesso em: 3 set. 2007.

OS CICLOS BIOGEOQUÍMICOS

O trajeto de uma substância do ambiente abiótico para o mundo dos seres vivos e o seu retorno ao mundo abiótico completam o que chamamos de **ciclo biogeoquímico**. O termo é derivado do fato de que há um movimento cíclico de elementos que formam os organismos vivos ("bio") e o ambiente geológico ("geo"), onde intervêm mudanças químicas. Em qualquer ecossistema existem tais ciclos.

Em qualquer ciclo biogeoquímico existe a retirada do elemento ou substância de sua fonte, sua utilização por seres vivos e posterior devolução para a sua fonte.

Água: A Vida em Fluxo

A evaporação – da água do solo, dos oceanos, rios e lagos – e a transpiração vegetal e animal enriquecem a atmosfera de vapor-d'água. Condensando-se, a água retorna a suas fontes por precipitação. A precipitação sobre o mar é cerca de três vezes superior àquela ocorrida sobre a terra. Caindo nas massas terrestres, a água pode infiltrar-se no solo, ser absorvida pelos vegetais, empregada na fotossíntese, consumida pelos animais e, finalmente, transpirada. Pode, ainda, correr pelos lençóis subterrâneos, unir-se a rios e, eventualmente, ir aos mares, onde novamente evapora, fechando o ciclo (veja a Figura 46-10).

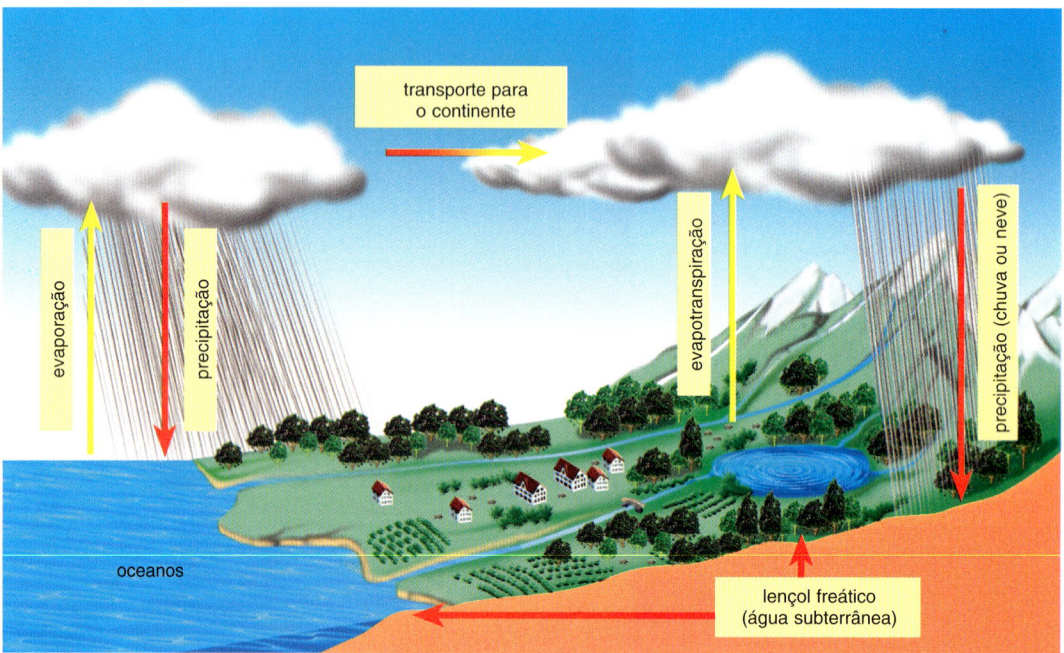

Figura 46-10. O ciclo da água: evaporação, transpiração e precipitação são os principais eventos.

A ciência por trás do fato!

Máquina de chuva na Amazônia?

A tradição popular ensina que árvores de uma mata e chuvas são companheiras inseparáveis. A participação da Mata Amazônica no regime de chuva da região sempre foi motivo de especulação e preocupação. O cientista brasileiro Eneas Salati, ao analisar as proporções de isótopos de oxigênio na precipitação pluviométrica amazônica do Atlântico ao Peru, foi taxativo: a Amazônia produz a maior parte de sua própria chuva. Existe uma "máquina de chuva na Amazônia". Essa "máquina" é essencial para a manutenção da floresta e também garante uma parcela significativa da chuva que cai ao sul da Amazônia, em Mato Grosso, em São Paulo e até mesmo no norte da Argentina. Boa parte da cana-de-açúcar e da soja depende dessa "máquina" de chuva.

Obviamente, o excesso de desmatamento poderá afetar o ciclo hidrológico. A pergunta é: quanto de desmatamento prejudicará a "máquina" de chuva? Pesquisas recentes revelam que ao redor de 40%. Não é só por isso que a Amazônia é importante. O desmatamento e as queimadas também estão envolvidos com o aquecimento global. Aproximadamente 1/5 do aumento anual das concentrações atmosféricas de gases de estufa vem do carbono liberado com o desmatamento. Isso faz do Brasil um dos seis maiores emissores mundiais de gases de estufa.

O Brasil precisa manter a sua "máquina" de chuva. A única opção sensata é passar de uma política de redução do desmatamento para uma de suspensão completa, acompanhada de um maciço reflorestamento.

Adaptado de: LOVEJOY, T. H.; RODRIGUES, G. A máquina de chuva da Amazônia.
Folha de S.Paulo, São Paulo, 25 set. 2007, Opinião, p. A3.

Carbono: Incorporação ao Mundo Orgânico

O carbono existente na atmosfera, na forma de CO_2, entra na composição das moléculas orgânicas dos seres vivos a partir da fotossíntese, e a sua devolução ao meio se dá pela respiração aeróbia, pela decomposição e pela combustão da matéria orgânica fóssil ou não (veja a Figura 46-11).

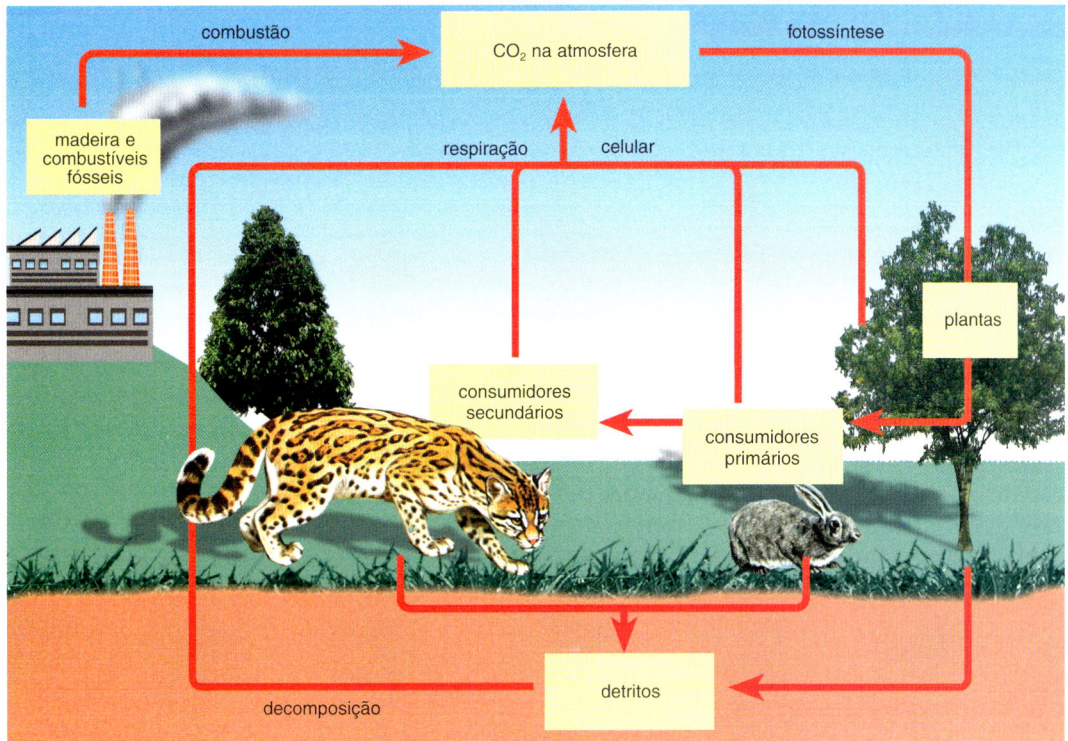

Figura 46-11. O ciclo do carbono: organismos fotossintetizantes fixam o CO_2 em compostos orgânicos que serão utilizados por outros organismos (fotossintetizantes ou não). Por meio da respiração dos organismos e da queima de combustíveis fósseis ou não o CO_2 é devolvido para a atmosfera.

O efeito estufa

A acentuação do efeito estufa provoca o aquecimento excessivo da Terra, causado pelo aumento da taxa de gás carbônico e outros gases de estufa na atmosfera e a consequente retenção de calor gerado pela luz do Sol que atinge a superfície do planeta.

Parte da luz que penetra na atmosfera terrestre é absorvida pelos corpos que existem em sua superfície (rochas, vegetação etc.) e é irradiada de volta para a atmosfera sob a forma de raios infravermelhos, ou seja, de calor. No entanto, apenas uma parte desse calor é irradiada de volta para o espaço, pois a camada de CO_2 atmosférico, que funciona como um cobertor em contínua expansão, deixa entrar a luz, mas bloqueia parcialmente a saída dos raios infravermelhos.

Acredita-se que o aumento contínuo na taxa de CO_2 incremente o aquecimento global. A temperatura da Terra subiria alguns graus até o fim do século XXI (veja a Figura 46-12).

O metano, o vapor-d'água e outros gases também podem causar o efeito estufa.

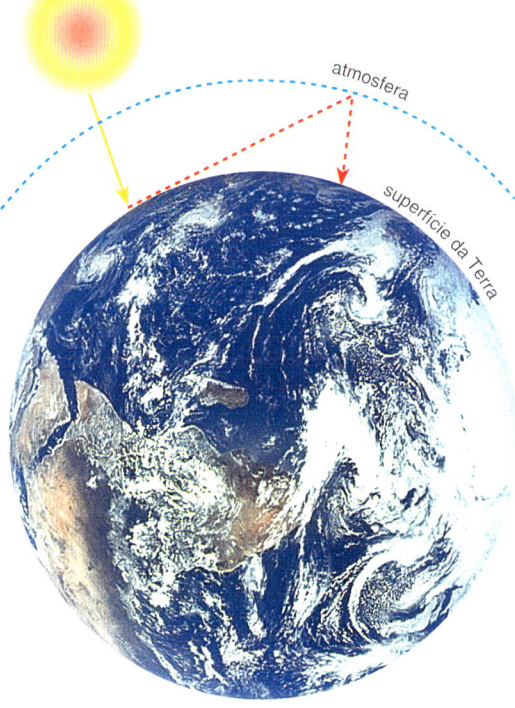

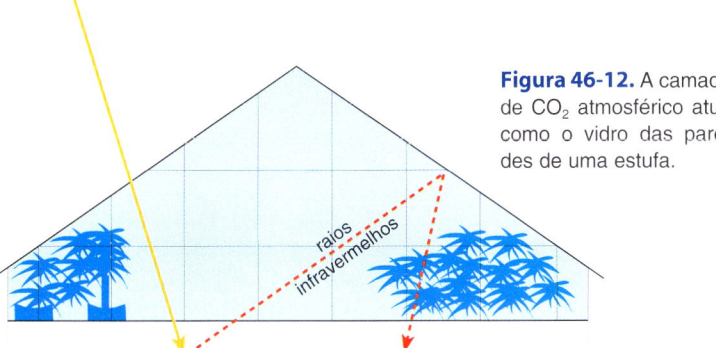

Figura 46-12. A camada de CO_2 atmosférico atua como o vidro das paredes de uma estufa.

A ciência por trás do fato!

É verdade que o aumento do CO_2 significa mais fotossíntese?

Muita gente acredita que o aumento de CO_2 na atmosfera poderia beneficiar as plantas que, assim, realizariam mais fotossíntese, contrabalançando os efeitos maléficos do aumento daquele gás. No entanto, pesquisas recentes revelaram que, embora o aumento da taxa de gás carbônico até possa favorecer a realização de mais fotossíntese, também faz crescer o teor de matéria orgânica no solo, por causa do excesso de restos vegetais e de secreções orgânicas das raízes. Isso faria aumentar a atividade e o número de bactérias e fungos do solo que, para sobreviver, acabariam utilizando maiores quantidades de água e de nutrientes fosfatados e nitrogenados. Com isso, os vegetais teriam menores quantidades daqueles nutrientes e de água, o que provocaria uma diminuição acentuada da produção vegetal e invalidaria a hipótese de que mais gás carbônico significa mais fotossíntese.

Fonte: Looking Beneath the Surface. *Science*. Washington, v. 298, n. 5.600, p. 1903, 6 Dec 2002.

Saiba mais

Uma cronologia das preocupações ambientais

- 1968 – um grupo de 30 pessoas – cientistas, educadores, economistas, humanistas, industriais, entre outros – funda o **Clube de Roma** e elabora o relatório Limites do Crescimento, em que uma das preocupações é a deterioração do meio ambiente.

- 1972 – **Conferência de Estocolmo sobre o Meio Ambiente**, promovida pelas Nações Unidas. Avançam as preocupações com a deterioração ambiental.

- 1988 – no Canadá, o Programa da ONU para o Meio Ambiente cria o **IPCC** (Painel Intergovernamental sobre Mudanças Climáticas) para analisar os impactos das mudanças climáticas.

- 1990 – cientistas informam, por meio do IPCC, que seria necessário reduzir 60% das emissões de CO_2 na atmosfera. A ONU passa a discutir a criação de uma Convenção sobre Mudança Climática.

- Junho de 1992 – os Chefes de Estado de vários países se reuniram no Rio de Janeiro, em uma conferência conhecida por **Eco-92**. O objetivo era tratar dos principais problemas ambientais do planeta Terra. O principal ponto discutido foi a emissão de CO_2, gás que contribui para o aumento do efeito estufa. Nessa ocasião, estabeleceu-se que até o ano 2000 os países reduziriam em 20% a emissão dos gases de estufa, principalmente o CO_2. Os países árabes e os EUA se opuseram.

- 1997 – em Kyoto, Japão, foi assinado o Protocolo de Kyoto, uma espécie de adendo à convenção de 1992. Por esse protocolo, os países desenvolvidos prometeram reduzir em 5%, em média, a emissão de gases que contribuem para o efeito estufa até 2012 (tomando-se como base os níveis de 1990).

- Novembro de 2000 – em Haia, na Holanda, os países signatários da Eco-92 reuniram-se na **COP-6 (Sexta Conferência das Partes)** para decidir as regras do MDL (Mecanismo de Desenvolvimento Limpo), mas fracassaram na tentativa de firmar um acordo que permitisse a confirmação de Kyoto. Em sessão plenária, os ministros dos países aprovaram uma proposta para que oportunamente fosse retomado o tema.

- 28 de março de 2001 – o governo dos Estados Unidos anunciou que não implementaria o Protocolo de Kyoto. Segundo aquele governo, o Protocolo contrariaria os interesses econômicos do país ao exigir uma redução dos gases de estufa. É bom lembrar que aquele país é responsável por cerca de 25% dos 7 bilhões de toneladas de CO_2 que a humanidade lança anualmente na biosfera.

- 2005 – entra em vigor o Protocolo de Kyoto, agora denominado de **Tratado de Kyoto**, assinado por 141 países.

- Maio de 2007 – em Bangcoc, na Tailândia, o **Relatório do IPCC** revela dados assustadores relacionados ao aquecimento global. A taxa de crescimento das emissões de CO_2 foi de aproximadamente 80% entre 1970 e 2004. A projeção média de aumento da temperatura em 2100 em relação a 1990 é de +3 °C e a elevação máxima prevista do nível do mar em 2100 será de +59 cm.

- Outubro de 2010 – Em Nagoya (Japão), 200 países assinaram um tratado sobre a biodiversidade. Países que desejarem explorar a diversidade natural (plantas, animais ou microrganismos) em territórios que não sejam seus, terão de pedir autorização para as nações donas dos recursos.

- Dezembro de 2010 – Em Cancún (México), foi criado o Fundo Verde do Clima, que financiará ações de adaptação e combate à mudança climática nos países em desenvolvimento. Também foi estabelecido um mecanismo para compensar os países tropicais pela redução do desmatamento.

Oxigênio: Responsável pela Vida

O ciclo do oxigênio é praticamente indissociável do ciclo do carbono. Os eventos que ocorrem no ciclo do carbono também se relacionam com o oxigênio. Existe um equilíbrio entre o consumo e a produção desse gás. A respiração aeróbia, a decomposição aeróbia e a formação do gás ozônio são processos que consomem oxigênio, enquanto a fotossíntese e a decomposição do ozônio são fenômenos geradores.

> **Fique por dentro!**
>
> A concentração do gás oxigênio no ar atmosférico – 21% do volume, ou seja, para cada 1 litro de ar atmosférico, existem 210 mL de oxigênio gasoso – tem se mantido constante ao longo dos séculos.
>
> Na queima de combustíveis fósseis, por exemplo, para cada molécula de CO_2 formada, uma molécula de O_2 é consumida. Cerca de 18 bilhões de toneladas (18×10^9 toneladas) de oxigênio atmosférico são consumidas por ano. Esse número é irrisório, se considerarmos a massa total desse gás que circunda a Terra: 1×10^{15} toneladas. Estima-se que seriam necessários 2.000 anos para que a concentração de oxigênio atmosférico caísse de 21% para 20%, se fosse mantido o atual nível de consumo.

A Figura 46-13 mostra os principais eventos relacionados ao ciclo do oxigênio. Perceba que a respiração e a fotossíntese são fenômenos antagônicos no sentido de que o consumo de oxigênio que ocorre no primeiro fenômeno é contrabalançado pela produção desse gás no segundo. Na realização da fotossíntese destacam-se as algas componentes do fitoplâncton e a vegetação que cobre a superfície da Terra.

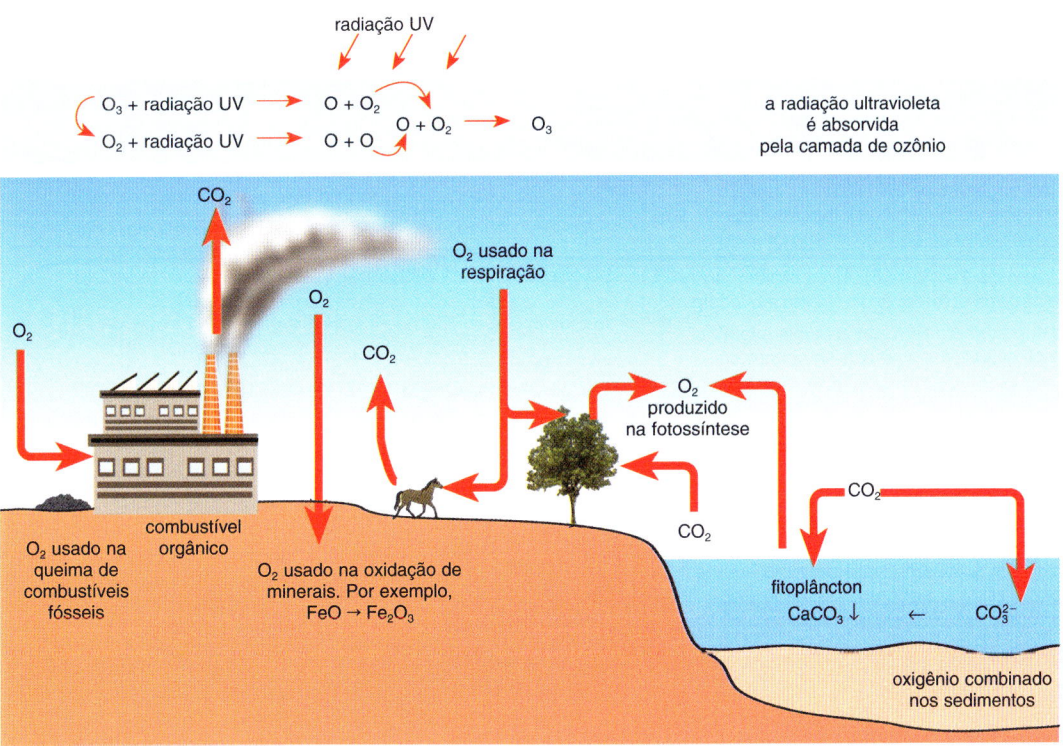

Figura 46-13. Ciclo do oxigênio.

Nitrogênio: A Indispensável Abundância

Assim como o carbono, o nitrogênio é outro elemento indispensável para os seres vivos, e faz parte de moléculas de aminoácidos, proteínas, ácidos nucleicos etc. Cerca de 79% do volume de ar contido na atmosfera é composto de N_2 (nitrogênio gasoso, molecular) e nessa forma ele não é utilizável biologicamente. Para isso, precisa ser transformado em compostos que possam ser absorvidos e aproveitados pelos seres vivos.

Apenas algumas bactérias e as cianobactérias conseguem fazer a chamada **fixação biológica do nitrogênio**, que consiste em convertê-lo em amônia (NH_3), sendo prontamente absorvida por alguns vegetais e utilizada para a síntese dos compostos orgânicos nitrogenados. No solo, no entanto, outras bactérias transformam a amônia em nitritos (NO_2^-) e nitratos (NO_3^-), em um processo denominado **nitrificação**.

Essas três substâncias são utilizadas pelos vegetais para a elaboração de seus compostos orgânicos nitrogenados. Ao longo da teia alimentar, esses compostos nitrogenados são utilizados pelos animais. A decomposição bacteriana e a excreção animal liberam resíduos nitrogenados simples, que são convertidos em amônia, que pela nitrificação é reconvertida em nitritos e nitratos.

> **Fique por dentro!**
>
> Um procedimento bastante utilizado em agricultura é a "rotação de culturas", na qual se alterna o plantio de não leguminosas (o milho, por exemplo), que retiram do solo os nutrientes nitrogenados, com leguminosas (feijão), que devolvem esses nutrientes para o meio.

Outras espécies de bactérias transformam nitratos em N_2, em um processo denominado de **denitrificação** (ou desnitrificação), devolvendo, assim, o nitrogênio gasoso (N_2) para a atmosfera (veja a Figura 46-14).

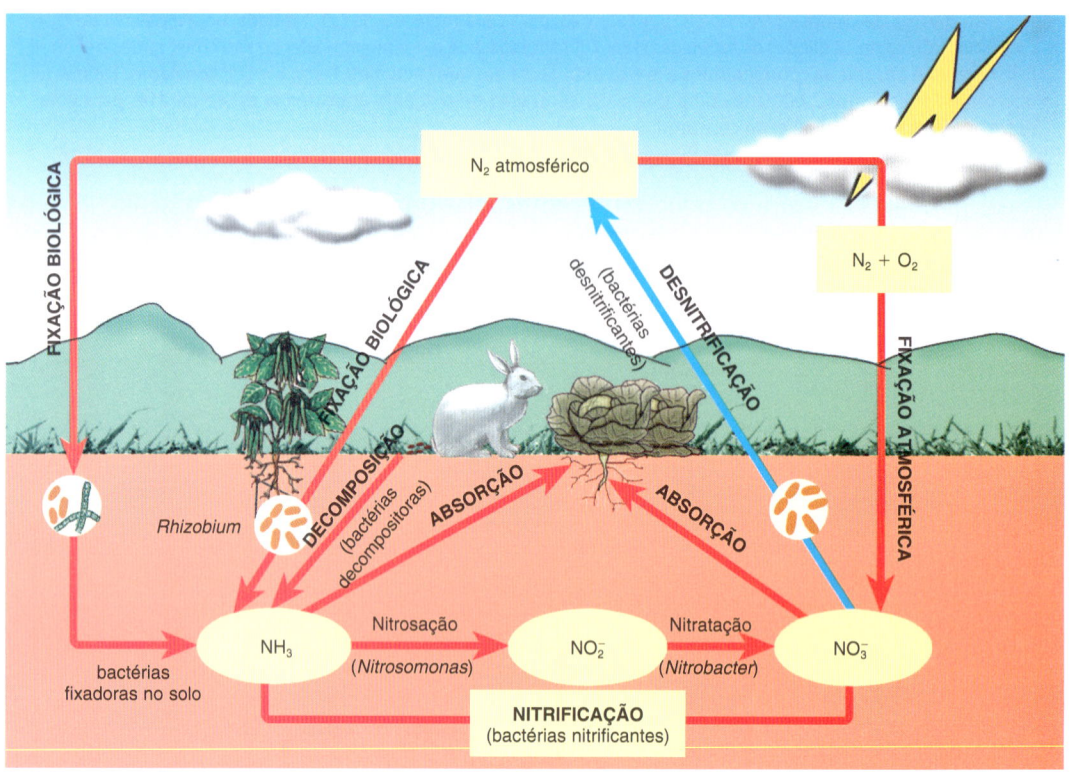

Figura 46-14. O ciclo do nitrogênio.

Saiba mais

A ação das bactérias

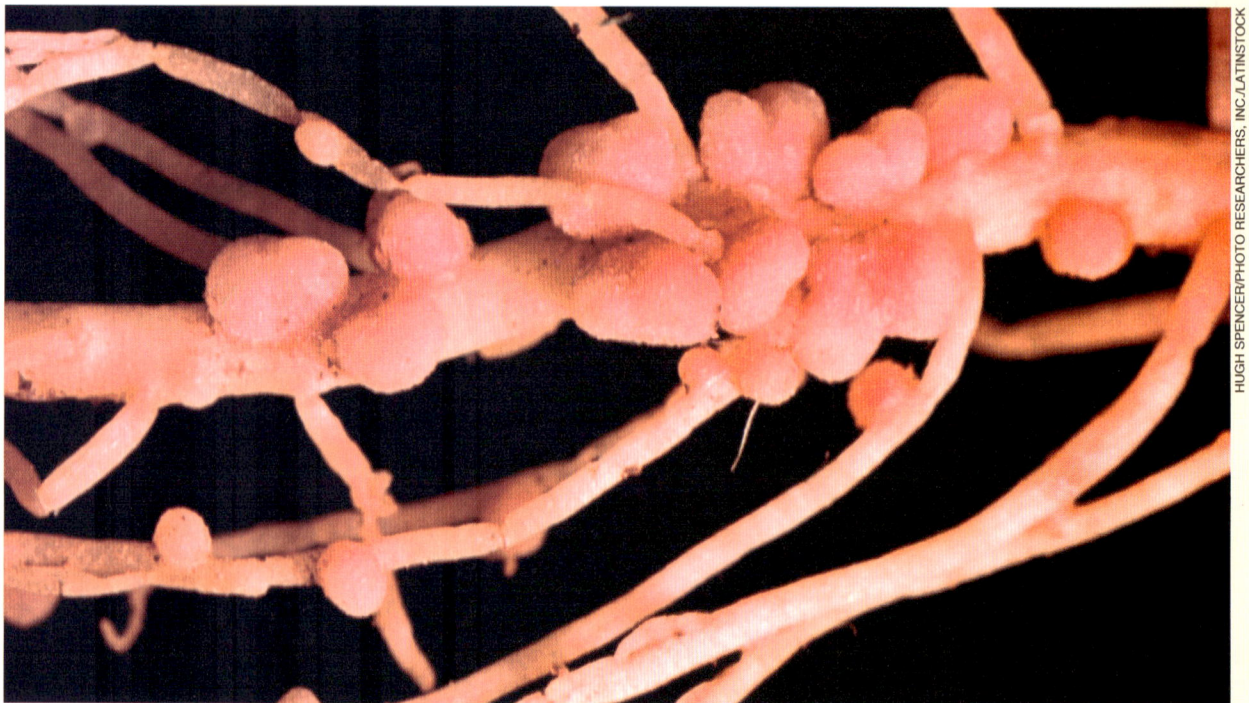

Cada um dos nódulos da raiz dessa leguminosa é composto de milhares de células, cada uma delas contendo bactérias do gênero *Rhizobium*.

É notável a participação de bactérias em praticamente todo o ciclo do nitrogênio. Na *fixação biológica*, entram as *fixadoras de nitrogênio*. Entre as mais importantes, citamos as do gênero *Rhizobium*, que vivem em nódulos de raízes de *leguminosas*, como o feijão e a soja. Entre os agricultores é comum a utilização dessas plantas para o enriquecimento de solos com nutrientes nitrogenados, em uma prática conhecida como "adubação verde" (não confunda com a chamada adubação orgânica em que restos de alimentos, assim como estrume de vaca ou galinha, são utilizados para o enriquecimento mineral do solo).

A **nitrificação**, realizada por espécies de bactérias diferentes das fixadoras, e que vivem livremente nos solos, é efetuada em duas etapas. Na primeira, a amônia é convertida em *nitrito*, e envolve a participação de bactérias do gênero *Nitrosomonas*. Na segunda, o nitrito é convertido em *nitrato*, sendo realizada por bactérias do gênero *Nitrobacter*. Nesses dois processos ocorre consumo de oxigênio. Ambas são bactérias quimiossintetizantes.

A **denitrificação** é executada por outras espécies de bactérias que vivem livres no solo. É um processo anaeróbio e consiste na reconversão de nitritos, nitratos e mesmo amônia em nitrogênio molecular (N_2).

A **amonificação** é outro processo do qual participam bactérias, que transformam os resíduos nitrogenados excretados pelos animais em amônia. O cheiro que sentimos em um banheiro de beira de estrada deve-se à ação amonificante de bactérias, que atuam na ureia por nós excretada. A amônia vai para o solo e beneficia os vegetais ao ser transformada por bactérias nitrificantes em nitritos e nitratos.

Fósforo: Componente Estrutural e Energético

O fósforo é um dos elementos importantes para os seres vivos. Participa da molécula de ATP, de fosfolipídios da membrana plasmática e dos ácidos nucleicos DNA e RNA.

Diferentemente do que ocorre com o carbono, o nitrogênio, o oxigênio e a água, no ciclo do fósforo praticamente não existe a passagem pela atmosfera, já que não são comuns os componentes gasosos contendo fósforo. O fósforo liberado pela erosão de rochas fosfatadas, bem como o utilizado em fertilizantes, é liberado para o solo e absorvido pelas plantas na forma de fosfatos inorgânicos. Circula, a seguir, pelos diversos componentes de uma cadeia alimentar, retornando para o solo pela ação de microrganismos decompositores, que atuam nos restos orgânicos liberados por animais e pela vegetação. No meio aquático, os fosfatos solúveis são utilizados por algas e plantas, que os repassam para os consumidores da teia alimentar aquática. Aves marinhas que se alimentam de peixes depositam o *guano* – excrementos –, rico em fosfatos, nas rochas litorâneas de onde é recolhido para uso como fertilizante agrícola. A excreção animal e a decomposição efetuada por microrganismos devolvem o elemento para a água, podendo ser reutilizado ou fazer parte de sedimentos. Eventualmente, os sedimentos liberam novamente o fosfato para o meio aquático, ou ocorre o retorno para a formação de novas rochas fosfatadas, por ocasião de movimentos da crosta terrestre (veja a Figura 46-15).

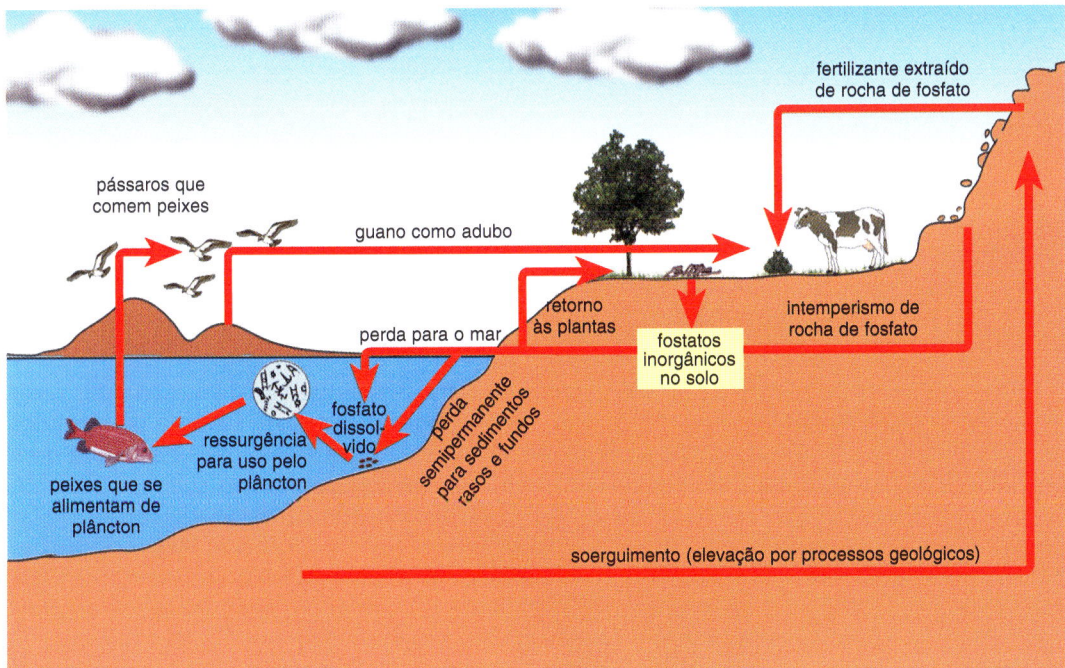

Figura 46-15. Ciclo do fósforo.

Cálcio: Um dos Minerais mais Importantes

O cálcio é um elemento que participa de diversas estruturas dos seres vivos: ossos, conchas, paredes celulares das células vegetais, cascas calcárias de ovos, além de atuar em alguns processos fisiológicos, como a contração muscular e a coagulação do sangue nos vertebrados. As principais fontes desse elemento são as rochas calcárias que, desgastando-se com o tempo, liberam-no para o meio. No solo, é absorvido pelos vegetais e, por meio das cadeias alimentares, passa para os animais. Toneladas de calcário são utilizadas com frequência para a correção da acidez do solo, notadamente nos cerrados brasileiros, procedimento que, ao mesmo tempo, libera o cálcio para uso pela vegetação e pelos animais. Nos oceanos, o cálcio obtido pelos animais pode servir para a construção das suas coberturas calcárias. Com a morte desses seres, ocorre a deposição das estruturas contendo calcário – conchas de moluscos, revestimentos de foraminíferos – no fundo dos oceanos, processo que contribui para a formação dos terrenos e rochas contendo calcário. Movimentos da crosta terrestre favorecem o afloramento desses terrenos, tornando o cálcio novamente disponível para uso pelos seres vivos. Veja o resumo desse ciclo na Figura 46-16.

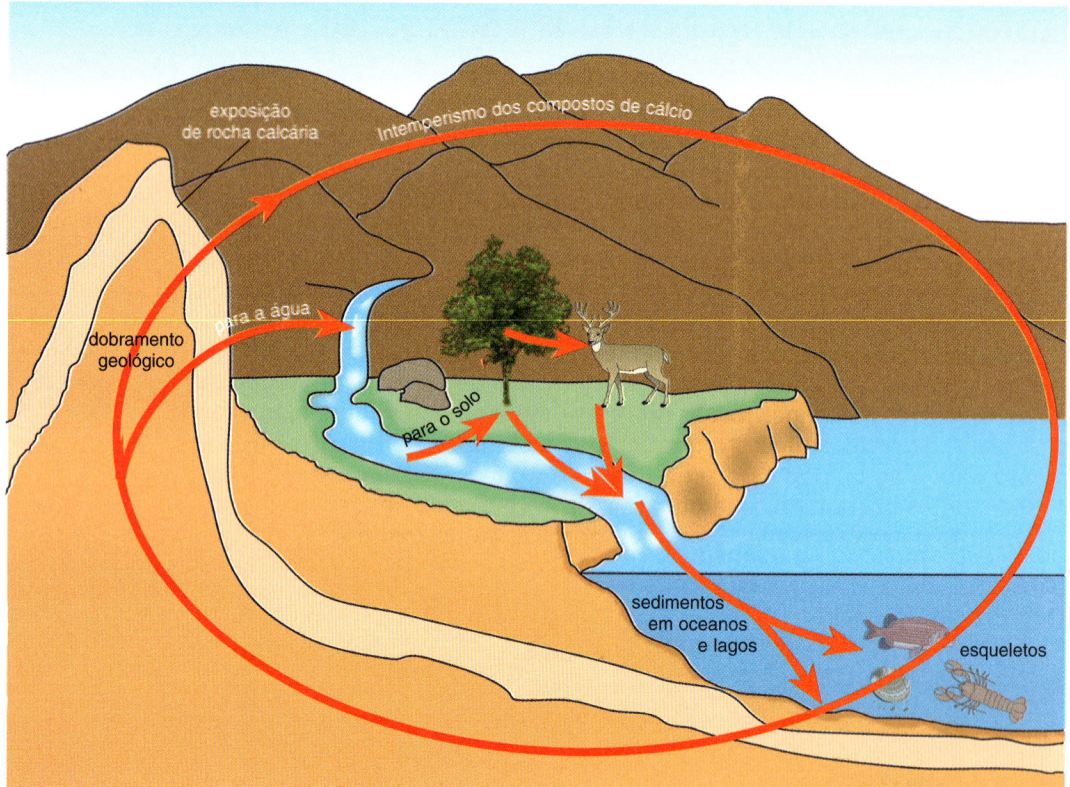

Figura 46-16. Ciclo do cálcio. O ciclo do cálcio não envolve intercâmbio com a atmosfera. O cálcio é um elemento encontrado na crosta rochosa da Terra (litosfera) ou dissolvido na água.

Enxofre: Constituinte das Proteínas

O enxofre é componente de aminoácidos que formam as proteínas da maioria dos seres vivos. Como exemplo, pode-se citar a queratina, proteína presente na pele de vertebrados terrestres. No ciclo resumido desse elemento, mostrado na Figura 46-17, percebe-se que uma de suas origens é decorrente da ação oxidativa e redutora de compostos sulfurosos executada por microrganismos, principalmente aquáticos. Outras fontes desse elemento são as rochas sedimentares, o carvão mineral, o petróleo e as emissões vulcânicas. As precipitações ácidas devolvem consideráveis quantidades de compostos de enxofre para os meios terrestre e aquático. Fertilizantes agrícolas contendo sulfatos liberam enxofre para uso pelos vegetais e o excedente é carregado pela água das chuvas para lagos, rios e mares, incorporando-se no meio aquático para ser utilizado por algas e vegetais, que os repassam para os animais componentes das teias alimentares desses ecossistemas.

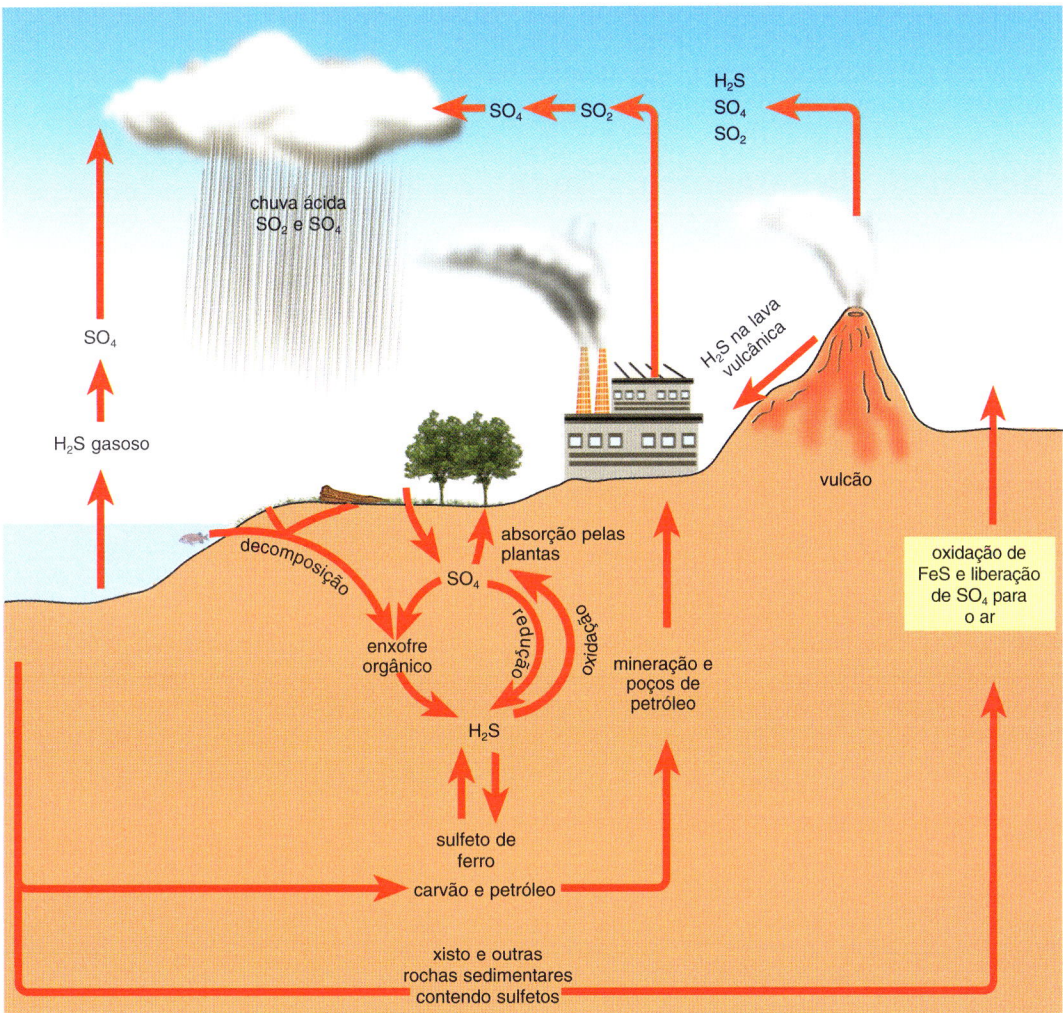

Figura 46-17. Ciclo do enxofre. Sulfatos são reduzidos a sulfetos (H_2S) por bactérias redutoras do sulfato. Ao mesmo tempo, os sulfetos são oxidados por bactérias fotossintetizantes verdes e púrpuras. Os sulfetos presentes no petróleo e em rochas sedimentares são oxidados por ação humana ou natural. Sulfatos são utilizados por seres vivos no metabolismo construtor de matéria orgânica. Microrganismos aeróbios e anaeróbios transformam o enxofre orgânico em sulfatos e sulfetos, respectivamente.

SOLO: AS CONDIÇÕES PARA O CRESCIMENTO DA VEGETAÇÃO

Nos ecossistemas terrestres, o solo é fator determinante para o adequado crescimento da vegetação. É um sistema dinâmico, envolvendo a participação de três componentes: nutrientes minerais, detritos e organismos consumidores de detritos.

Para ser considerado de boa qualidade, o solo precisa ter algumas características importantes. Entre elas, podemos citar: adequado teor de nutrientes minerais; capacidade de retenção de água; porosidade, ou seja, espaços que permitam um razoável arejamento; um correto pH que permita a sobrevivência de raízes e demais seres vivos que habitam o solo.

Nutrientes Minerais

Os nutrientes minerais estão associados à fertilidade do solo. Solo fértil é aquele que possui quantidades razoáveis de nutrientes tais como potássio, fosfato, nitrato, magnésio etc. Esses nutrientes são liberados a partir de um processo denominado **intemperismo**. Trata-se de um conjunto de alterações físico-químicas ocorridas na rocha-mãe ao longo do tempo e que resultam na liberação dos nutrientes nela existentes, tornando-os disponíveis para absorção pelos sistemas radiculares dos vegetais. Caso o solo não possua uma boa capacidade de retenção de nutrientes, pode ocorrer **lixiviação** – isto é, o carregamento dos nutrientes para o lençol freático –, resultando na esterilidade do solo. Os ciclos biogeoquímicos desempenham fundamental importância na manutenção da fertilidade dos solos.

Capacidade de Retenção de Água

Esta é outra condição fundamental para o bom desenvolvimento vegetal. Lembre-se de que, por meio da transpiração, os vegetais liberam enormes volumes de vapor-d'água para o ar.

> Estima-se que cerca de 95% da água absorvida por uma planta será liberada para o ar pela transpiração, sendo os 5% restantes utilizados no metabolismo do vegetal.

Porosidade

O arejamento é outro fator importante para a manutenção da vida no solo. O oxigênio produzido pelas plantas na fotossíntese é liberado para o ar que, penetrando no solo, abastecerá as raízes e uma infinidade de organismos que nele vivem. Solos impermeáveis, compactos, dificultam o arejamento adequado.

pH

O pH do solo também influencia a sobrevivência dos habitantes do solo. Embora solos de boa qualidade sejam ligeiramente ácidos (normalmente em torno de 5,5), a acidez excessiva impossibilita a vida por interferir na atividade enzimática.

As Propriedades Físicas do Solo

Solos de boa qualidade possuem *textura* e *estrutura* adequadas. A textura está relacionada às três partículas comumente encontradas no solo: areia, argila e silte (veja a Tabela 46-1).

Tabela 46-1. Tamanho médio das partículas de areia, silte e argila presentes no solo.

Partícula	Diâmetro (mm)
Areia	0,2 a 0,05
Silte	0,05 a 0,002
Argila	menos de 0,002

Solos excessivamente arenosos ou argilosos impedem o bom desenvolvimento vegetal. Os arenosos são muito porosos e retêm pouca água. O excesso de argila, por outro lado, impermeabiliza o solo e impede a penetração de água, isto é, a água escorre, provoca enxurradas e não é retida. Para ter boa qualidade, o solo deve apresentar boa estrutura, ou seja, deve conter proporções equivalentes de areia, silte e argila. Isso garante a retenção de água e nutrientes, bem como o arejamento e o bom desenvolvimento vegetal.

Fique por dentro!

Boa parte do solo amazônico é ácida (pH de 3,5 a 4,5), pobre em nutrientes e sujeita a lixiviação. A vegetação é mantida graças ao ritmo intenso de decomposição da matéria orgânica que cai das árvores, assim como é rápida a reutilização dos nutrientes pelas raízes. Isso, de certo modo, reduz o tempo de permanência dos nutrientes no solo, minimizando os efeitos da acidez excessiva. Já nos cerrados, a acidez e a infertilidade do solo são acompanhadas por intenso teor de alumínio, tóxico para vegetais não adaptados àquela formação ecológica. Por isso, o plantio de culturas agrícolas deve ser precedido de uma correção da acidez (o que é feito com o uso de adubos contendo calcário), levando-a a valores compatíveis com o desenvolvimento vegetal e promovendo a redução do teor de alumínio.

Saiba mais

Húmus: a camada rica em nutrientes

O acúmulo de resíduos orgânicos decorrentes de folhas, galhos, raízes e restos animais proporciona o desenvolvimento de uma comunidade de detritívoros e decompositores especializada na sua utilização. A ação desses organismos leva à formação de um composto escuro, de odor típico, conhecido como **húmus**, cuja principal característica é a riqueza em nutrientes minerais liberados pela atividade decompositora de bactérias e fungos.

É frequente a utilização, por parte de agricultores brasileiros, do húmus de minhoca, decorrente da atividade detritívora desses anelídeos, para fertilizar o solo.

Criadas em reservatórios contendo estrume de vaca e restos de vegetação, as minhocas alimentam-se dos detritos e liberam suas fezes que servirão de substrato para a ação de bactérias decompositoras.

Canteiros de criação de minhocas, SP.

A atividade dos organismos que vivem no solo integra o húmus com as partículas minerais, estruturando o solo. Quando uma minhoca se alimenta de detritos, ela também ingere os nutrientes minerais existentes no solo. Cerca de 15 toneladas de materiais atravessam o tubo digestório de uma minhoca por ano! À medida que passam pelo tubo digestório, os nutrientes minerais são misturados aos compostos orgânicos e formam uma pasta, conhecida como húmus. Areia, argila e silte são misturados no húmus formando agregados que saem como "bolotas" do tubo digestório dos anelídeos. A atividade perfuradora do solo, executada pelas minhocas, além de fornecer a permeabilidade e o arejamento, espalha essas formações e ajuda a manter o solo sempre bem estruturado.

Ética & Sociedade

Inspeção veicular

Se você ainda não tem sua Carteira Nacional de Habilitação, talvez não saiba o que é a inspeção veicular ambiental. Essa é uma medida adotada na cidade de São Paulo e no Estado do Rio de Janeiro, que consiste em uma verificação do veículo por técnicos que verificam se o motor está regulado, se há emissão de fumaça perceptível, se existem vazamentos ou alterações no escapamento, além de medir os níveis de emissão de poluentes na atmosfera e os de ruído apresentados.

Se o veículo for reprovado, uma avaliação indicando a possível causa do problema é entregue ao proprietário que deverá levar seu automóvel a um mecânico para os devidos ajustes e depois retornar para nova avaliação.

Como resultado, espera-se que, em decorrência de uma melhor qualidade do ar, melhore a qualidade de vida da população, uma vez que a poluição em excesso é responsável por mais de 200 tipos de doenças, dentre as quais estresse, derrame, sinusite, câncer de tireoide, angina etc.

Em sua cidade a inspeção veicular ambiental já é obrigatória? Além dessa medida, que outras você segere devessem ser tomadas a fim de melhorar a qualidade de vida da população?

Passo a passo

1. "A interação dos organismos entre si e com o ambiente é o objeto de estudo da Ecologia. E para melhor compreender essa interação é necessário, inicialmente, dominar o significado de alguns conceitos ecológicos."

Com relação a esse assunto, responda:

a) Que relação existe entre os conceitos de população e comunidade? e entre comunidade e ecossistema? Qual o significado de biosfera?
b) Que relação existe entre os conceitos de *habitat* e de nicho ecológico? O que significa dizer que pulgões e formigas vivem no mesmo *habitat*, embora seu nicho ecológico seja diferente?
c) Biocenose, biota, biótopo e bioma. Qual o significado desses quatro conceitos, todos iniciados com o termo *bio*? Qual o significado de ecótone?

2. Relativamente ao componente biótico de um ecossistema, ou seja, à sua comunidade:

a) Quais são os três tipos de seres que a constituem, relativamente aos seus hábitos alimentares? Qual o significado de cadeia alimentar e de teia alimentar? Qual o significado de nível trófico?
b) Cite as características que diferenciam cadeias alimentares de predadores, de parasitas e de detritívoros.

3. A quantificação das relações alimentares em um ecossistema pode ser feita por meio da construção de diagramas, conhecidos como pirâmides ecológicas. A respeito desse assunto:

a) Diferencie as pirâmides ecológicas de números, de biomassa e de energia. Duas dessas pirâmides podem ter aspecto invertido. Quais são elas?
b) Qual o significado de fluxo unidirecional de energia? Por meio de qual diagrama esse fluxo pode, normalmente, ser representado? Explique por que esse diagrama não pode ser invertido.

4. Os esquemas representam teias alimentares

(I)

[águia → cobra, raposa, perdiz; cobra → camundongo, perdiz; raposa → coelho, camundongo; camundongo, coelho, insetos, perdiz → plantas (raízes, folhagens, flores, frutos e sementes)]

(II)

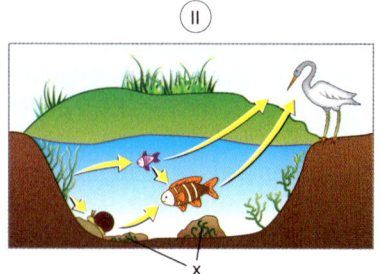

a) Reconheça os níveis tróficos ocupados pelos seres vivos nas teias I e II. Que nível trófico, simbolizado pela letra X na teia II, não foi representado na teia I?
b) Na teia I, qual(is) ser(es) atua(m) exclusivamente como consumidor(es) primário(s) e que animal é simultaneamente consumidor secundário, terciário e quaternário? Na teia II, que ser(es) atua(m) exclusivamente como consumidor(es) primário(s) e que animal atua simultaneamente como consumidor secundário e terciário?
c) Sabendo-se que um determinado agrotóxico que não sofre decomposição se acumula nos tecidos vivos, indique, nessas duas teias, que componentes apresentarão o maior teor desse agrotóxico.

5. Observe os esquemas abaixo, que representam dois tipos de pirâmides ecológicas.

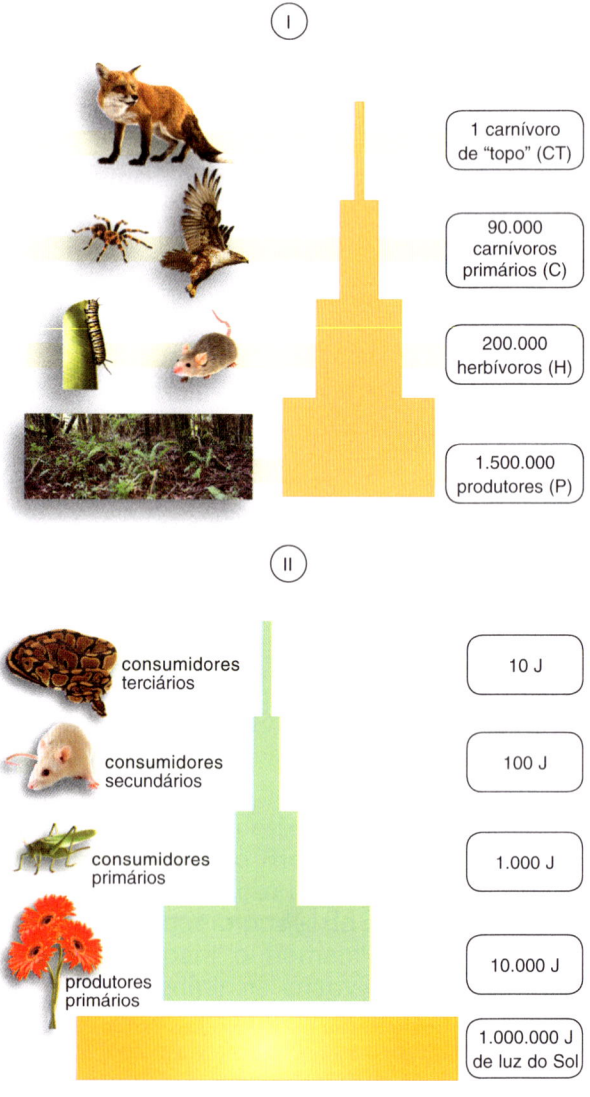

a) Que tipo de pirâmide está representado em I e em II? Explique.
b) Qual pirâmide reflete realmente a ocorrência de fluxo unidirecional de energia? Explique em poucas palavras sua resposta.
c) Qual o significado de eficiência ecológica, ilustrado em uma das pirâmides?

6. Observe os esquemas, que ilustram duas pirâmides energéticas com participação do ser humano.

Uma das preocupações atuais relaciona-se à disponibilidade de alimento para as populações humanas. Em termos de eficiência energética, qual das duas situações ilustradas é melhor, no sentido de alimentar o maior número de pessoas? Justifique sua resposta.

nível trófico

consumidores secundários

consumidores primários

produtores primários

---

7. A atividade de um ecossistema pode ser avaliada por meio de diversos parâmetros, entre os quais se destaca a produtividade, que é dependente de vários fatores limitantes. A respeito desse assunto e utilizando os seus conhecimentos, responda:
   a) O que é *produtividade primária* de um ecossistema? Faça a distinção entre produtividade primária bruta.
   b) Cite os fatores limitantes relacionados à produtividade de um ecossistema.
   c) Por que é comum dizer-se que a produtividade é maior em ecossistemas localizados nas regiões tropicais?

8. O resumo do ciclo da água está representado a seguir

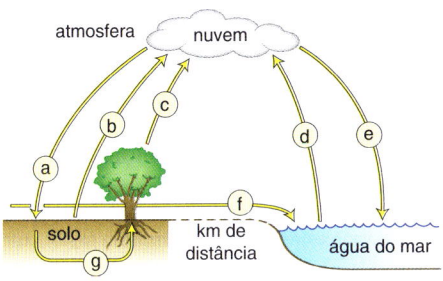

   a) Reconheça os processos indicados por letras que ocorrem no ciclo da água e para efetuar sua resposta utilize os seguintes termos: evaporação da água do solo, precipitação, absorção, transpiração vegetal, evaporação da água do mar, corrente de água do continente para o oceano.
   b) Escreva em poucas palavras o significado de *ciclo biogeoquímico*, utilizando o esquema acima como modelo.

9. O resumo do ciclo do carbono está representado a seguir

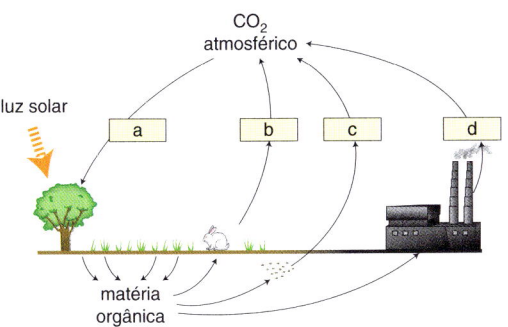

   a) Reconheça os processos indicados pelas letras *a* até *d*.
   b) Para a realização do processo bioenergético simbolizado pela letra *a* as plantas recorrem a três importantes "ingredientes" provenientes do ambiente, dois dos quais já estão representados. Quais são esses dois "ingredientes" e qual o terceiro, que foi omitido no esquema?

10. Com relação ao efeito estufa e à acentuação do aquecimento global decorrente do excesso de emissão de gases de estufa:
   a) Sugira algumas possíveis medidas que devem ser adotadas no sentido de atenuar a acentuação do efeito estufa e o consequente acréscimo da temperatura global dele decorrente.
   b) Cite os dois gases de estufa que contêm o elemento carbono em suas moléculas, cujo excesso é responsabilizado, atualmente, pela acentuação do aquecimento global.

11. Com relação aos ciclos do carbono e do oxigênio, responda:
   a) Por que é possível dizer que esses dois ciclos são relacionados?
   b) Que processo bioenergético é responsável pela produção de oxigênio, mantendo-o a taxas praticamente constantes de aproximadamente 21% da composição do ar atmosférico? Cite os seres vivos responsáveis por essa produção.

12. O resumo do ciclo do nitrogênio está representado no esquema a seguir

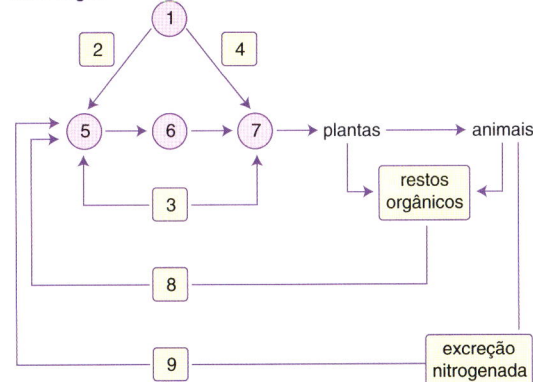

   a) Reconheça os eventos ou substâncias relacionados ao ciclo do nitrogênio, destacados pelos números de 1 a 8.
   b) Excetuando as plantas e os animais relacionados no esquema, que seres vivos microscópicos são participantes diretos das principais etapas do ciclo representado?
   c) Em uma das etapas do ciclo esquematizado, os seres microscópicos que dele participam se encontram em associação com raízes de leguminosas. Qual é essa etapa e como se denominam os seres microscópicos que dela participam?

13. Ainda com relação ao ciclo do nitrogênio acima esquematizado, é comum dizer-se que o plantio de leguminosas, como feijão e soja, é um procedimento agrícola útil para a fertilização de solos com nutrientes nitrogenados inorgânicos.

a) Justifique, em poucas palavras, a razão desse procedimento.
b) Toneladas de nutrientes nitrogenados inorgânicos são produzidas anualmente por métodos biológicos com a participação de microrganismos (1) em ocasiões de tempestades com raios (2) e, ainda, por meio de procedimentos químicos utilizados na indústria de fertilizantes nitrogenados (3). Que termos devem ser utilizados para substituir os números 1, 2 e 3?

14. Os elementos fósforo, cálcio e enxofre participam de importantes eventos fisiológicos, estruturas ou moléculas dos seres vivos. Basicamente, os ciclos desses elementos são sedimentares, o que quer dizer que suas fontes são os sedimentos existentes na superfície terrestre. Excetuando o enxofre, os dois outros elementos não possuem fase atmosférica. A respeito desses elementos e dos ciclos de que participam:

a) Cite exemplos de moléculas ou estruturas orgânicas essenciais para os seres vivos e que os contenham em sua composição química.
b) Cite os mecanismos de ingresso, a partir de suas fontes no meio e a devolução, para o meio, desses três elementos, levando em conta apenas a participação de seres vivos.

15. Nos ecossistemas terrestres, o solo é fator determinante para o adequado crescimento da vegetação. A respeito das propriedades e das características desse importante componente dos ecossistemas:

a) Cite as propriedades (características) essenciais que todo bom solo precisa ter no sentido de manter adequadamente a vegetação que nele se desenvolve.
b) Cite as características relacionadas à *textura* e à *estrutura* do solo. Explique em poucas palavras como essas duas características são relacionadas.

16. *Questão de interpretação de texto*

As emissões de CO_2 (dióxido de carbono) vindas do setor energético voltaram a bater seu recorde histórico em 2010, dificultando ainda mais os esforços para minimizar o aquecimento global. A liberação de gás carbônico na atmosfera em 2010 alcançou a marca de 30,6 gigatoneladas (ou seja, bilhões de toneladas). Trata-se de um aumento de 5% em relação a 2008, ano recordista anterior, durante o qual as emissões tinham chegado a 29,3 bilhões de toneladas. As emissões ligadas ao setor energético respondem pela maior parte do total de gases do efeito estufa lançados na atmosfera. Nesse ritmo, haverá dificuldades para impedir que o planeta aqueça mais de 2 graus Celsius até o fim do século – nível de mudança climática considerado perigoso pelos especialistas. Para evitar esse risco, as emissões máximas até 2020 teriam de parar nos 32 bilhões de toneladas.

Adaptado de: Emissões de gás-estufa no mundo batem novo recorde. *Folha de S.Paulo*, 1.º jun. 2011. Caderno Ciência, p. C11.

Recorrendo aos dados contidos no texto e a seus conhecimentos sobre o assunto, responda:

a) O que é efeito estufa? Por que se diz que a acentuação das emissões dos gases de estufa poderá incrementar o aquecimento global?
b) O texto relata que as emissões ligadas ao setor energético respondem pela maior parte do total de gases de efeito estufa lançados na atmosfera. Cite pelo menos duas outras importantes fontes de emissão desses gases.
c) Cite os dois gases (que contêm o elemento carbono em suas moléculas) mais diretamente relacionados à atual acentuação do efeito estufa na Terra.

Questões objetivas

1. (PUC – RJ) O ano de 2010 foi o Ano Internacional da Biodiversidade e, em outubro, ocorreu a 10.ª Conferência das Partes da Convenção sobre Diversidade Biológica, a COP 10, em Nagoya, Japão. O objetivo da convenção era preservar a biodiversidade, o uso sustentável de seus componentes e fomentar a repartição dos benefícios oriundos da utilização dos recursos genéticos.

Aponte a alternativa que relata a importância da biodiversidade para a manutenção da homeostase no planeta Terra.

a) Quanto maior a biodiversidade, maior a manutenção do patrimônio genético das espécies e menor a chance de sua eliminação por fatores de seleção.
b) Quanto maior a biodiversidade, menor o número de nichos ecológicos ocupados e menor a chance de aparecimento de novas espécies.
c) Quanto menor a biodiversidade, maior a manutenção do patrimônio genético das espécies e menor a chance de aparecimento de novas espécies.
d) Quanto maior a biodiversidade, menor o tamanho das cadeias alimentares, deixando livres *habitats* para novas espécies.
e) Quanto menor a biodiversidade, maior o tamanho das cadeias alimentares e menor a chance de aparecimento de novas espécies invasoras.

2. (UFRGS – RS) A ema (*Rhea americana*), que habita campos e cerrados do Brasil até o Uruguai, e o avestruz (*Struthio camelus*), que habita savanas na África, são espécies afins que vivem em ambientes muito parecidos e que têm hábito alimentar onívoro.

No esquema de uma cadeia trófica com quatro níveis tróficos, a ema pode inserir-se

a) apenas no segundo nível.
b) apenas no terceiro nível.
c) apenas no primeiro e no segundo nível.
d) apenas no terceiro e no quarto nível.
e) apenas no segundo, no terceiro e no quarto nível.

3. (UFTM – MG) Após verificar algumas interações ecológicas em um sítio, um aluno de Biologia montou uma teia alimentar com alguns seres vivos.

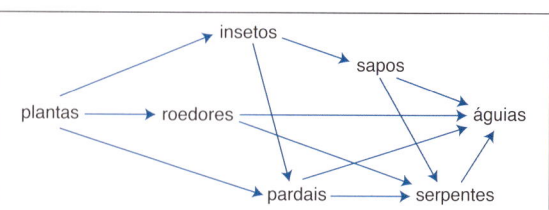

Sobre essa teia alimentar, o aluno fez algumas afirmações.

I – A quantidade de energia recebida pelas águias é a mesma que a recebida pelos pardais e plantas.
II – Insetos, roedores e pardais são consumidores primários e pertencem ao segundo nível trófico.
III – Sapos e pardais podem ser consumidores primários e secundários, respectivamente.
IV – Serpentes podem ser consumidoras secundárias ou terciárias, dependendo dos animais que elas ingerirem.
V – A redução na população de águias irá interferir no tamanho populacional dos demais animais.

É correto apenas o que se afirma em
a) I, II e III.
b) I, III e IV.
c) I, IV e V.
d) II, III e V.
e) II, IV e V.

4. (UFG – GO) Analise o diagrama a seguir.

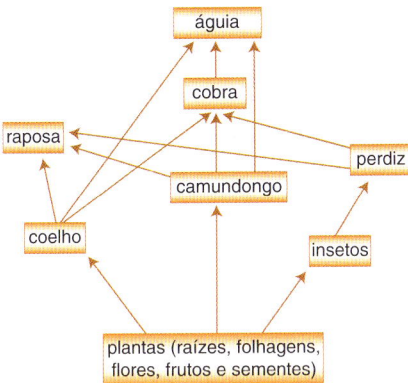

A teia alimentar representada evidencia as relações interespecíficas de uma comunidade que ocorre em vários ecossistemas. No caso da retirada dos consumidores secundários, espera-se inicialmente que a população de

a) consumidores primários diminua.
b) consumidores terciários aumente.
c) produtores diminua.
d) consumidores quaternários aumente.
e) decompositores diminua.

5. (UFPR) Abaixo estão representados três exemplos de cadeias alimentares na coluna da esquerda e, na coluna da direita, três pirâmides que expressam o número relativo de indivíduos em cada nível, em uma situação de equilíbrio ecológico. Relacione as cadeias alimentares da coluna da esquerda com as pirâmides da direita.

1. Árvore → preguiças → pulgas ( )

2. Árvore → cotias → jaguatiricas ( )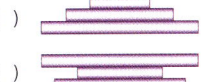

3. Milho → roedores → cobras ( )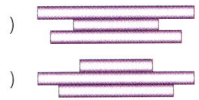

Assinale a alternativa que apresenta a numeração correta da coluna da direita, de cima para baixo.
a) 1 – 2 – 3
b) 1 – 3 – 2
c) 3 – 1 – 2
d) 2 – 1 – 3
e) 3 – 2 – 1

6. (UFJF – MG) As pirâmides abaixo mostram a relação entre produtores (P), consumidores primários (C1), consumidores secundários (C2) e consumidores terciários (C3) de uma floresta tropical nos períodos de chuva e seca.

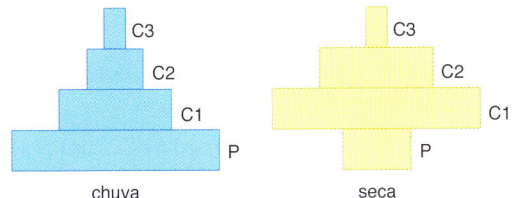

Analisando as pirâmides correspondentes aos períodos de chuva e de seca, é **CORRETO** afirmar que ambas podem representar:

a) o número de indivíduos, o fluxo de energia e a biomassa dentro da cadeia trófica.
b) o número de indivíduos e o fluxo de energia dentro da cadeia trófica.
c) a biomassa e o fluxo de energia dentro da cadeia trófica.
d) a biomassa e o número de indivíduos dentro da cadeia trófica.
e) somente a biomassa dentro da cadeia trófica.

7. (UERJ) A biomassa de quatro tipos de seres vivos existentes em uma pequena lagoa foi medida uma vez por mês, durante o período de um ano. No gráfico abaixo estão mostrados os valores obtidos.

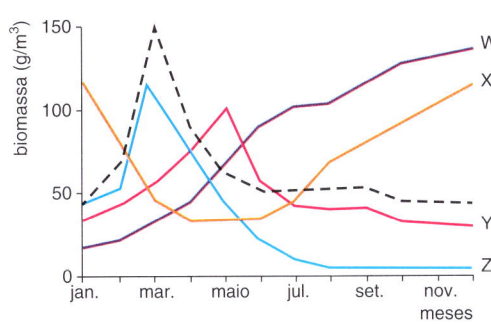

A curva pontilhada representa a variação da biomassa do fitoplâncton. A variação da biomassa do zooplâncton está representada pela curva identificada por:

a) W.
b) X.
c) Y.
d) Z.

8. (PUC – MG) Os conceitos de cadeias alimentares e pirâmides ecológicas foram criados e descritos pela primeira vez em 1923 por Charles Elton durante suas observações da constituição e comportamento alimentar de toda uma comunidade animal em uma ilha do Ártico durante o verão. Com as pirâmides ele pôde elaborar explicações para o fato observável de que animais grandes são raros, enquanto animais pequenos são comuns.

NÍVEIS TRÓFICOS REPRESENTADOS

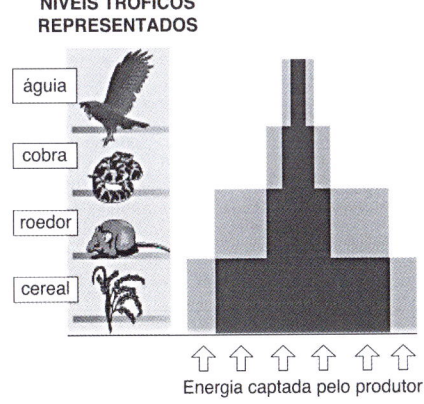

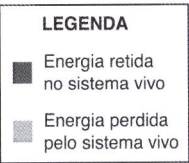

Extraído de: HICKMAN. *Princípios Integrados de Zoologia.* 11. ed. São Paulo: Guanabara-Koogan, 2004.

A figura mostra uma típica pirâmide de energia com quatro níveis tróficos em um ecossistema. Com base na figura e em seus conhecimentos sobre o assunto, assinale a afirmativa **INCORRETA**.

a) Cada organismo na natureza tem seu próprio balanço energético, que é o resultado entre energia obtida e energia retida na sua massa corporal.
b) Espera-se que o desaparecimento do último nível trófico, representado pela águia, determine o aumento de todos os níveis tróficos anteriores.
c) Parte da energia perdida por um consumidor pode ser decorrente da não digestão completa dos alimentos digeridos.
d) É esperado que os roedores retenham um percentual menor da energia adquirida na sua alimentação do que as cobras quando a temperatura ambiente é baixa.

9. (UEL – PR) Nas cadeias alimentares, a energia luminosa solar é transformada em energia química pela ação dos produtores, a qual é transferida para os herbívoros e destes para os carnívoros. Portanto, o fluxo de energia no ecossistema é unidirecional.

Com base nessas informações, considere as afirmativas a seguir:

I – A energia na cadeia alimentar acumula-se gradativamente, alcançando a sua disponibilidade máxima nos carnívoros.
II – A energia armazenada é maior nos produtores quando comparada com a dos carnívoros.
III – A energia fixada pelos produtores é transferida sempre em menor quantidade para os herbívoros.
IV – A energia consumida pelos carnívoros é sempre maior quando comparada com a consumida pelos produtores e herbívoros.

Assinale a alternativa correta.

a) Somente as afirmativas I e IV são corretas.
b) Somente as afirmativas II e III são corretas.
c) Somente as afirmativas III e IV são corretas.
d) Somente as afirmativas I, II e III são corretas.
e) Somente as afirmativas I, II e IV são corretas.

10. (UEL – PR) A Produtividade Primária Bruta (PPB) é o total de matéria orgânica produzida pelos organismos fotossintéticos de um ecossistema, como, por exemplo, um grande lago. Parte dessa matéria orgânica produzida é gasta na respiração celular (R) e apenas a quantidade de energia que sobra fica armazenada na biomassa, constituindo a Produtividade Primária Líquida (PPL). Assim, temos que: PPL = PPB – R. Inicialmente, mediu-se a quantidade de O_2 dissolvido existente em uma garrafa transparente e outra escura, ambas contendo água de um lago, fechadas e mantidas em ambiente iluminado. Após um período, mediu-se novamente o volume de O_2 dissolvido na água das duas garrafas.

Considerando que a quantidade de biomassa (g/cm³) de fitoplâncton é a mesma em ambas as amostras, assinale a alternativa que explica por que é necessário realizar este teste com os dois tipos de garrafas para calcular a PPB do lago.

a) A diminuição da quantidade de O_2 dissolvido na garrafa escura indica quanto O_2 é consumido na respiração na garrafa clara, portanto, a PPB é o valor de O_2 obtido na garrafa escura somado ao valor encontrado na garrafa clara.
b) O aumento da quantidade de O_2 dissolvido na garrafa clara indica quanto O_2 é liberado na fotossíntese e é consumido na respiração na garrafa escura, portanto a PPB é o valor de O_2 obtido na garrafa clara subtraído do valor encontrado na garrafa escura.
c) A diminuição da quantidade de O_2 dissolvido na garrafa escura indica quanto O_2 é liberado na fotossíntese na garrafa clara, portanto a PPB é o valor de O_2 obtido na garrafa escura subtraído do valor encontrado na garrafa clara.
d) O aumento da quantidade de O_2 dissolvido na garrafa escura indica quanto O_2 é consumido na fotossíntese na garrafa clara, portanto a PPB é o valor do O_2 obtido na garrafa clara somado ao valor encontrado na garrafa escura.
e) A diminuição da quantidade de O_2 dissolvido na garrafa clara indica quanto O_2 é consumido na respiração na garrafa escura, portanto a PPB é o valor de O_2 obtido na garrafa escura subtraído ao valor encontrado na garrafa clara.

11. (UFG – GO) O esquema abaixo representa o ciclo do carbono na biosfera.

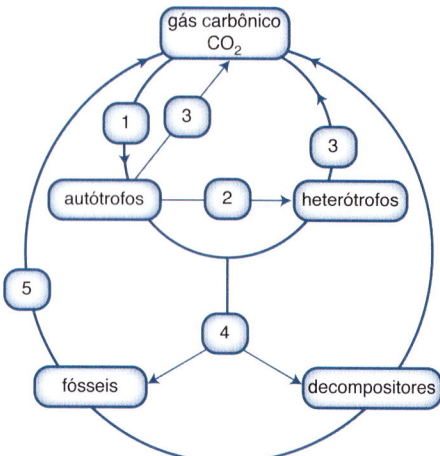

Sobre as etapas desse ciclo biogeoquímico, é correto afirmar que em

a) 1 há produção de gás carbônico e água.
b) 2 há produção de oxigênio e glicose.
c) 3 há consumo de glicose e oxigênio.
d) 4 há consumo de água e gás carbônico.
e) 5 há consumo de água e glicose.

12. (UFT – TO) O gráfico abaixo relaciona a concentração relativa do gás carbônico na atmosfera com o tempo geológico. A partir da sua análise é **CORRETO** afirmar:

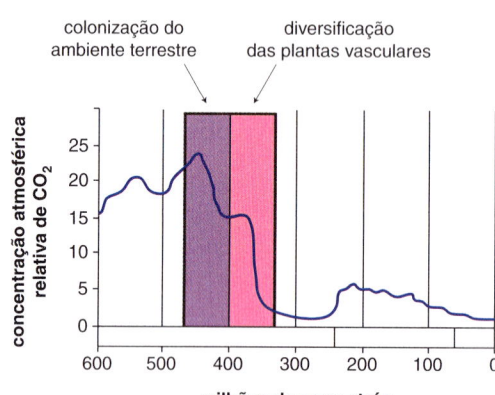

Adaptado de: RICKLEFS, R. E., 2003.

a) O aumento na densidade de consumidores associados aos vegetais contribui para a fixação do carbono na parte vegetativa das plantas.
b) A diversificação das plantas vasculares contribui para a fixação de carbono atmosférico no solo e na superfície terrestre.
c) O desmatamento e a intensificação no consumo de combustíveis fósseis na atualidade poderiam contribuir para a redução do CO_2 atmosférico.
d) A redução da concentração de CO_2 na atmosfera foi acompanhada, provavelmente, pela redução da concentração do oxigênio.
e) O aumento da biomassa vegetal na superfície da terra não teve relação com a redução da concentração de CO_2 atmosférico.

13. (UPE) A vida na Terra está baseada fundamentalmente no elemento carbono, que compõe a estrutura básica de todas as moléculas orgânicas. Em relação à química desse elemento, ao seu ciclo e à dinâmica planetária, analise as proposições e conclua.

I	II	
0	0	É a versatilidade do carbono, cujos átomos podem se ligar entre si e com átomos de outros elementos químicos, que torna possível a existência da grande diversidade de moléculas orgânicas.
1	1	O ciclo do carbono consiste na fixação desse elemento pelos heterótrofos, por meio da fotossíntese ou da respiração, processos que incorporam o carbono proveniente das moléculas de gás carbônico (CO_2) do meio a moléculas orgânicas, que ficam disponíveis para os produtores e, através da cadeia alimentar, para os consumidores e decompositores, que restituem o CO_2 para o meio através da quimiossíntese ou da fermentação.
2	2	O carbono acumulado nos combustíveis fósseis não provém do período Quaternário – época Recente –, tendo sido retirado dos ecossistemas há muito tempo. Com a queima desses combustíveis, como o carvão mineral, o petróleo e o gás natural, ocorreu a liberação desse elemento, o que tem contribuído para diminuir a quantidade de gás carbônico na atmosfera.
3	3	A tectônica de placas desempenha um papel decisivo para a vida na Terra, participando ativamente do ciclo do carbono. Parte do CO_2 atmosférico dissolve-se nos lagos e oceanos, formando, juntamente com o cálcio, o composto carbonato de cálcio ($CaCO_3$), que se deposita no fundo submerso. Nas zonas de colisão, esse composto se decompõe, liberando o CO_2, que retorna à atmosfera e evita o aquecimento da Terra.
4	4	Se não ocorresse a reciclagem de gás carbônico, ocorreria redução na taxa de fotossíntese, ocasionando uma diminuição na oferta de alimento para os seres heterotróficos.

14. (UFMS) Considerando as informações do texto abaixo e o seu conhecimento sobre os efeitos das queimadas no meio ambiente, assinale a alternativa correta.

A paisagem do Pantanal mudou neste período de estiagem. O verde deu lugar ao cinza da fumaça provocada pelas queimadas. Só neste mês de setembro foram mais de 500 focos de incêndio registrados no Estado. O santuário ecológico está ameaçado, e o azul do céu ganhou um novo tom. A grande camada cinza que se vê no alto do Pantanal é resultado de duas semanas de queimadas. Aos poucos o fogo avança e a vegetação frágil do cerrado vai virando pó. (...) O incêndio já destruiu mais de 100 mil hectares. O fogo está concentrado entre os municípios de Aquidauana, Miranda e Corumbá, o coração do Pantanal.

Disponível em: <http://rmtonline.globo.com/noticias.asp>.

a) Há uma grande liberação de CO_2 para a atmosfera contribuindo para o aumento do efeito estufa e do aquecimento global.
b) Diminui a quantidade de O_2 nas áreas em que as queimadas ocorrem.
c) Aumenta o número de espécies de aves que se alimentam de insetos.
d) Aumenta a quantidade de chuvas para a região.
e) Logo após a queimada, há aumento da biomassa local, e depois de alguns dias, perda de parte dessa biomassa.

15. (UFC – CE) Através da reciclagem da matéria, os seres vivos estão em permanente troca com o ambiente. Nesse sentido, a morte de um organismo permite que a matéria orgânica, que compõe seu corpo, seja degradada, e os elementos químicos que a constituíram retornem ao ambiente.

No que se refere às taxas de carbono e oxigênio, marque a alternativa que contém os dois processos responsáveis pela manutenção dessas taxas na atmosfera.

a) Fotossíntese e respiração.
b) Fotossíntese e fecundação.
c) Respiração e calor.
d) Respiração e ciclo de Krebs.
e) Respiração e digestão.

16. (UERJ) O nitrogênio é um dos principais gases que compõem o ar atmosférico. No esquema abaixo, estão resumidas algumas etapas do ciclo biogeoquímico desse gás na natureza.

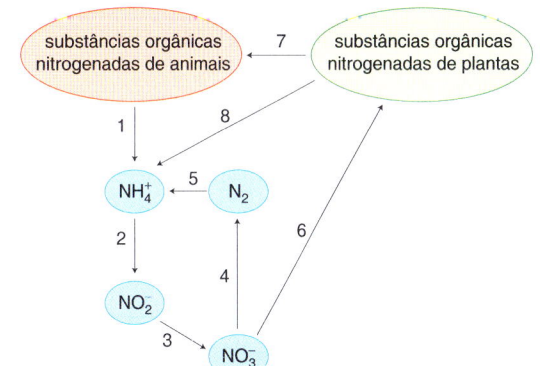

O processo de nitrificação, composto de duas etapas, e o de desnitrificação, ambos realizados por microrganismos, estão identificados, respectivamente, pelos seguintes números:

a) 2 e 3; 4.
b) 1 e 5; 7.
c) 4 e 6; 8.
d) 2 e 5; 1.

17. (UFSC) O esquema abaixo mostra de maneira simplificada o ciclo de nitrogênio na natureza. As letras **A**, **B**, **C**, **D** e **E** indicam processos metabólicos que ocorrem nesse ciclo.

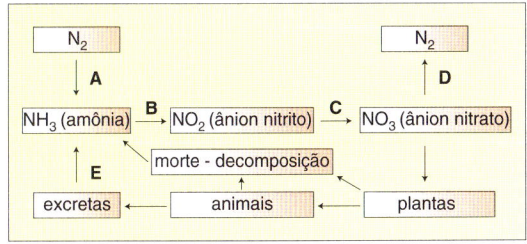

Sobre esse ciclo, indique as alternativas corretas e dê sua soma ao final.

(01) o processo mostrado em A é realizado somente por bactérias simbiontes que vivem no interior das raízes de leguminosas.

(02) as mesmas bactérias que realizam o processo A realizam os processos D e E.
(04) o esquema mostra que produtos nitrogenados originados de animais ou vegetais podem ser reaproveitados no ciclo.
(08) o processo mostrado em D constitui uma etapa fundamental no ciclo, chamada de *fixação do nitrogênio*.
(16) as plantas podem se utilizar diretamente da amônia e não dependem do processo que ocorre em C para obter os produtos nitrogenados.
(32) o processo mostrado em E indica que os animais excretam a amônia.
(64) o nitrogênio é importante para os seres vivos, pois entra na composição molecular dos aminoácidos e dos ácidos nucleicos.

18. (UFMS) Várias espécies de roedores silvestres foram infectadas por uma virose, causando a morte de centenas de indivíduos. Na carcaça desses roedores, há compostos nitrogenados. Sobre o destino desses compostos nitrogenados no meio ambiente, assinale a(s) proposição(ões) correta(s) e dê sua soma ao final.

(01) Os compostos nitrogenados do corpo dos roedores são transformados em amônia por ação de fungos e bactérias decompositores.
(02) A amônia é transformada em nitrito por ação de enzimas digestivas de minhocas que se alimentam de amônia e excretam nitrito.
(04) O nitrito é transformado em nitrato por bactérias quimiossintetizantes do gênero *Nitrobacter*.
(08) O nitrato é um dos compostos nitrogenados que podem ser assimilados pelas raízes das plantas.
(16) O nitrato absorvido pelas raízes das plantas transforma-se novamente em amônia e é consumido por animais pastadores.
(32) A amônia, formada por ação de fungos e bactérias decompositoras, pode ser transformada em nitrogênio por bactérias desnitrificantes e retornar à atmosfera.

19. (UFRGS – RS) Os seres vivos mantêm constantes trocas de matéria com o ambiente mediante processos conhecidos como ciclos biogeoquímicos.

Com base nos ciclos biogeoquímicos, assinale com V (verdadeiro) ou F (falso) as afirmações que seguem.

( ) A atmosfera constitui o principal reservatório de carbono, nitrogênio, fósforo e oxigênio.
( ) No ciclo da água, a evaporação é menor nos oceanos, enquanto a precipitação é menor na superfície terrestre.
( ) O nitrogênio atmosférico (N_2) é incorporado em moléculas orgânicas através da absorção foliar.
( ) Todas as moléculas orgânicas dos seres vivos têm átomos de carbono em sua composição, e seu retorno ao ciclo pode ocorrer através de processos de decomposição.

A sequência correta de preenchimento dos parênteses, de cima para baixo, é

a) V – F – V – V.
b) F – F – F – V.
c) V – V – F – F.
d) F – V – F – V.
e) V – F – V – F.

Questões dissertativas

1. (UNIRIO – RJ) **Homem já 'come' quase metade da Terra**.

Há pouco para comemorar no Dia Mundial do Meio Ambiente, apesar dos esforços de pesquisa e conscientização que marcaram as últimas décadas. As mais de 6 bilhões de pessoas monopolizam hoje 45% de toda a matéria viva produzida em terra firme – e nada indica que essa taxa esteja parando de crescer.

O cálculo, feito por pesquisadores como o americano Paul Ehrlich, da Universidade Stanford, e Stuart Pimm, da Universidade Duke (ambas nos Estados Unidos), é o mais abrangente possível. Os estudos se baseiam em uma medição da produtividade primária – a massa viva produzida pelas plantas a cada ano.

As diferentes medidas de produtividade primária têm sido frequentemente utilizadas nos estudos de ecossistemas. Assim sendo, responda.

a) Qual a diferença entre produtividade primária bruta e produtividade primária líquida?
b) A qual das duas taxas o percentual de 45% mencionado se refere?

2. (UFBA) Causa do desaparecimento definitivo de recursos naturais e territórios, o aquecimento global ameaça provocar deslocamentos cada vez mais maciços das populações, configurando-se uma nova categoria de refugiados – "refugiado climático".

(...) Ao lado da biodiversidade, é a sociodiversidade do planeta que corre perigo. Inúmeras comunidades tradicionais e povos indígenas, detentores de um saber e de uma cultura profundamente arraigados em seu meio ambiente, estão prestes a desaparecer.

ATLAS do Meio Ambiente, 2008, p. 44-45.

Considerando as informações do texto,
• explique um fenômeno associado à atividade humana que promove o aquecimento global;
• apresente um argumento para justificar a relação entre aquecimento global e a ameaça à sociodiversidade.

3. (UFJF – MG) O desenvolvimento de projetos que visam reduzir a progressiva emissão de gases de efeito estufa é o principal objetivo do Protocolo de Kyoto. O Brasil pode contribuir para que esse objetivo seja alcançado através da preservação das florestas nativas e da implantação de projetos de reflorestamento.

a) **Explique** como a manutenção e/ou replantio dessas florestas pode contribuir para a redução do efeito estufa.
b) Em decorrência do grande número de queimadas, o Brasil aparece como um dos países que mais contribui para o aumento do efeito estufa. As queimadas naturais, todavia, são importantes em alguns ecossistemas, como no Cerrado Brasileiro. Apresente **uma** vantagem das queimadas naturais, que ocorrem em menor frequência, e **uma** desvantagem das queimadas não naturais, geralmente muito frequentes. (**Atenção:** desconsidere a contribuição dessas queimadas para o aumento do efeito estufa.)

Programas de avaliação seriada

1. (PSIU – UFPI) Apenas 5% da energia solar que chega à Terra são capturados pela fotossíntese. A energia restante ou é irradiada de volta para a atmosfera como calor ou é consumida pela evaporação da água das plantas ou de outras superfícies. A energia que é capturada pela fotossíntese potencia os processos ecossistêmicos. O fluxo de energia na maioria dos ecossistemas origina-se com a fotossíntese. Sobre o fluxo de energia, é correto afirmar:
   a) A energia flui através dos ecossistemas à medida que os organismos a capturam e armazenam e a transferem para outros organismos quando são ingeridos.
   b) Uns poucos ecossistemas das profundezas oceânicas e cavernas são movidos pela fotossíntese.
   c) A quantidade de energia que flui através de um ecossistema depende apenas da transferência de energia de um nível trófico para outro.
   d) Por meio da agricultura, os seres humanos manipulam a produtividade dos ecossistemas a fim de diminuir o fornecimento de produtos úteis para nós. Na agricultura moderna, a energia necessária para fazer esse trabalho é fornecida pelos combustíveis fósseis.
   e) A produção anual de uma área é determinada pela temperatura e umidade, que são os únicos fatores determinantes.

2. (PAIES – UFU – MG) O esquema a seguir ilustra de forma simplificada algumas etapas do ciclo do nitrogênio nos ecossistemas.

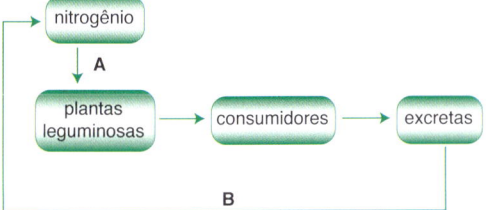

   Com base no esquema, assinale a alternativa correta.
   a) A etapa **B** indica a degradação de compostos nitrogenados, por bactérias nitrificantes, responsáveis pela liberação do gás nitrogênio, que retorna à atmosfera.
   b) A etapa **A** envolve a transformação do nitrogênio atmosférico em amônia, realizada diretamente pelas plantas leguminosas.
   c) A etapa **A** envolve a transformação do nitrogênio atmosférico em nitrato, realizada por bactérias fixadoras que são encontradas no solo ou associadas de forma mutualista às plantas leguminosas.
   d) A mais importante fonte de nitrogênio é a atmosfera, sendo o seu aproveitamento pelos seres vivos dependente da fixação biológica.

3. (PSIU – UFPI) Os ciclos biogeoquímicos correspondem aos padrões dos elementos químicos através dos organismos e dos comportamentos do ambiente físico. Com relação a esses ciclos, analise as proposições abaixo, como verdadeiras, se totalmente corretas, ou como falsas, e, em seguida, marque a alternativa com a sequência correta.
   I – O ciclo hidrológico é determinado pela evaporação da água, principalmente das superfícies oceânicas; porém, ela também evapora dos solos, dos lagos, rios de água doce e das folhas das plantas, mas a quantidade total evaporada é menor do que a quantidade que cai na terra como precipitação.
   II – O dióxido de carbono atmosférico é a fonte imediata de carbono para os organismos terrestres, mas apenas uma pequena fração de carbono na Terra é encontrada na atmosfera. Concentrações crescentes de dióxido de carbono na atmosfera estão alterando os climas e influenciando os processos ecológicos.
   III – O gás nitrogênio (N_2), em sua forma inorgânica, não pode ser usado pela maioria dos organismos, muito embora ele represente 79% da atmosfera. Poucas espécies de bactérias (especialmente as cianobactérias) são capazes de convertê-lo em formas biologicamente úteis, como a amônia, o que se realiza por intermédio de um processo de fixação de nitrogênio.
   IV – O ciclo do fósforo difere dos outros ciclos biogeoquímicos por não possuir uma fase gasosa. O fósforo existe, principalmente, como fosfato ou compostos semelhantes. A maioria dos depósitos de fosfato é de origem marinha. Na terra, o fosfato torna-se disponível por meio do lento intemperismo. Os organismos precisam de fósforo como um componente das moléculas ricas em energia envolvidas no metabolismo.

   A sequência correta é:
   a) V, V, V, V.
   b) F, V, V, V.
   c) V, F, V, V.
   d) F, F, V, V.
   e) V, V, F, F.

Capítulo 47

Dinâmica das populações e das comunidades

7 bilhões?????

No ano de 1804, a população humana atingia a marca do 1 bilhão de pessoas. Em 1927, ou seja, 123 anos depois, já eram 2 bilhões. Esse número dobrou para 4 bilhões em 1974 e, em 1999, 6 bilhões. No dia 31 de outubro de 2011, estimava-se que a população humana atingiria a marca de 7 bilhões de pessoas. Colocadas ombro a ombro, elas caberiam na área correspondente à Ilha de São Luiz, no Estado do Maranhão. Para o ano de 2100, acredita-se que seremos 10 bilhões de pessoas. A Terra aguenta tanta gente?

As preocupações se referem à sustentabilidade, aos recursos naturais disponíveis e, basicamente, à produção de alimentos necessários para abastecer um contingente cada vez mais numeroso de pessoas. No ano de 1798, o economista e clérigo Thomas Malthus dizia que "o poder da população humana é imensuravelmente maior que o poder da Terra de produzir subsistência para o homem". Será verdade? Devemos acreditar na criatividade e inventividade humana, aliada à tecnologia, na procura de soluções para o crescimento populacional humano.

Um dos temas deste capítulo é justamente o estudo dos mecanismos que conduzem à dinâmica do crescimento das populações. Ao mesmo tempo, serão analisadas as interações entre as numerosas espécies componentes das comunidades, incluindo a nossa espécie.

As populações possuem diversas características próprias, mensuráveis. Cada membro de uma população pode nascer, crescer e morrer, mas somente uma população como um todo possui **taxas** de **natalidade**, de **mortalidade** e de **crescimento** específicas, além de possuir um padrão de dispersão no tempo e no espaço.

DINÂMICA DAS POPULAÇÕES

Principais Características de uma População

O tamanho de uma população pode ser avaliado pela **densidade**.

$$\text{Densidade} = \frac{\text{número de indivíduos de uma população}}{\text{unidade de área ou volume ocupado}}$$

A densidade populacional pode sofrer alterações. Mantendo-se fixa a área de distribuição, a população pode aumentar devido a nascimentos ou a imigrações. A diminuição da densidade pode ocorrer como consequência de mortes ou de emigrações.

Curvas de Crescimento

A **curva S** é a de crescimento populacional padrão, a esperada para a maioria das populações existentes na natureza. Ela é caracterizada por uma fase inicial de crescimento lento, em que ocorre o ajuste dos organismos ao meio de vida. A seguir, ocorre um rápido crescimento, do tipo exponencial, que culmina com uma fase de estabilização, na qual a população não mais apresenta crescimento.

Pequenas oscilações em torno de um valor numérico máximo acontecem, e a população, então, permanece em estado de equilíbrio (veja a Figura 47-1).

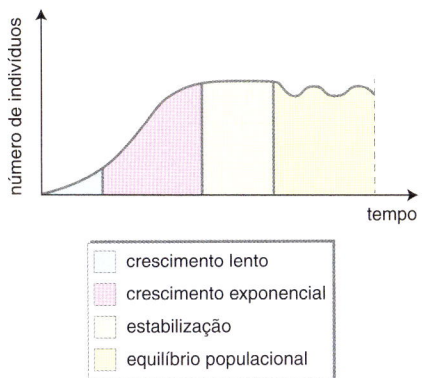

Figura 47-1. Curva S: crescimento populacional padrão.

A **curva J** é típica de populações de algas, por exemplo, nas quais há um crescimento explosivo, geométrico, em função do aumento das disponibilidades de nutrientes do meio. Esse crescimento explosivo é seguido de queda brusca do número de indivíduos, pois, em decorrência do esgotamento dos recursos do meio, a taxa de mortalidade é alta, podendo, inclusive, acarretar a extinção da população no local (veja a Figura 47-2).

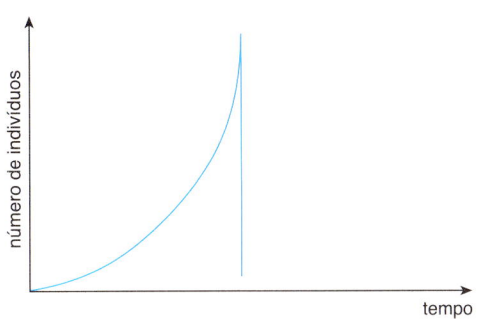

Figura 47-2. Curva J: a extinção em massa.

Fatores que Regulam o Crescimento Populacional

A fase geométrica do crescimento tende a ser ilimitada em função do **potencial biótico** da espécie, ou seja, da *capacidade que possuem os indivíduos de se reproduzir e gerar descendentes em quantidade ilimitada*.

Há, porém, barreiras naturais a esse crescimento sem fim. A disponibilidade de espaço e de alimentos, o clima e a existência de predatismo, parasitismo e competição são fatores de *resistência ambiental* (ou do meio) que regulam o crescimento populacional.

O tamanho populacional acaba atingindo um valor numérico máximo permitido pelo ambiente, a chamada **capacidade limite**, também denominada **capacidade de carga** (veja a Figura 47-3).

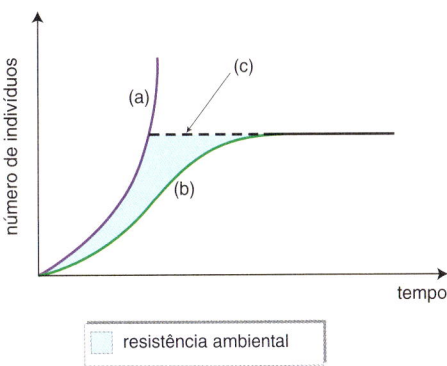

Figura 47-3. A curva (a) representa o potencial biótico da espécie; a curva (b) representa o crescimento populacional padrão; (c) é a capacidade limite do meio. A área entre (a) e (b) representa a resistência ambiental.

Fatores dependentes da densidade

Os chamados **fatores dependentes da densidade** são aqueles que impedem o crescimento populacional excessivo, devido ao grande número de indivíduos existentes em uma dada população: as disputas por *espaço*, *alimento*, *parceiro sexual*, acabam levando à diminuição da taxa reprodutiva e ao aumento da taxa de mortalidade. O *predatismo* e o *parasitismo* são dois outros fatores dependentes da densidade, na medida em que predadores e parasitas encontram mais facilidade de se espalhar entre os indivíduos de uma população numerosa.

Saiba mais

A ruptura do equilíbrio entre as populações de predadores e de suas presas

O gráfico seguinte ilustra o estudo feito por pesquisadores suecos sobre a importância do controle exercido por uma população de predadores (raposas vermelhas da espécie *Vulpes vulpes*) sobre a de suas presas (lebres da espécie *Lepus timidus*, que vivem em montanhas). Até o ano de 1977, havia um equilíbrio entre as duas populações, sendo que o número de presas sempre superava o de predadores. Considere, por exemplo, o ano de 1971. Consultando-se a ordenada da direita percebe-se que o número de presas atingia cerca de 42.000 indivíduos, enquanto o de predadores, segundo a ordenada da esquerda, era de aproximadamente 25.000. A partir do ano de 1978, no entanto, uma epidemia de sarna nas raposas, causada pelo ácaro *Sarcoptes scabiei*, provocou uma queda acentuada do tamanho populacional dos predadores. Como consequência, houve um aumento dramático da população de lebres, o que conduziu a um desequilíbrio entre essa população e a de seus predadores.

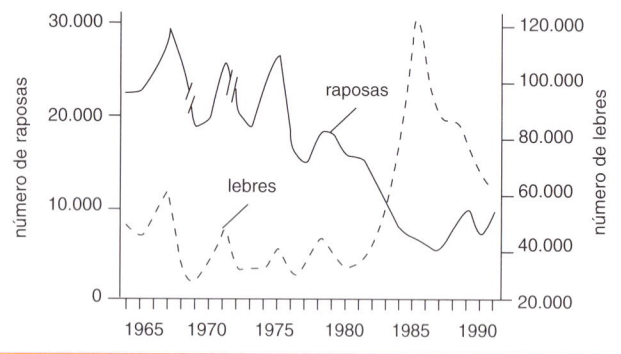

Número de raposas e de lebres das montanhas estimado a partir do registro de capturas efetuadas por caçadores. (Dados de LINDSTRÖM *et al*. In: MOLLES Jr., M. C. *Ecology – Concepts and Applications*. Boston, McGraw-Hill, 1999. p. 263.)

Fique por dentro!

Epidemia, endemia e pandemia

Epidemia é a situação em que ocorre aumento exagerado no número de casos de uma doença, em uma certa população, em determinada época. De modo geral, é causada por vírus e bactérias, que provocam surtos da doença em determinada região. Gripe, dengue e cólera são doenças que costumam ter caráter epidêmico.

Endemia é a situação em que uma doença acomete um número constante de indivíduos de uma população ao longo do tempo. É característica de doenças provocadas por vermes (esquistossomose, teníase, ascaridíase) e protozoários (doença de Chagas, malária etc.). Dependendo da doença, da população afetada e da área considerada, uma endemia para determinado país pode ter um caráter epidêmico para, por exemplo, certo município desse país.

Pandemia é uma situação em que uma epidemia ocorre simultaneamente em vários locais do planeta. É o caso da AIDS.

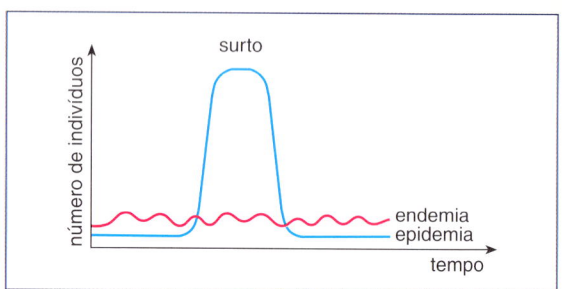

Curvas representativas de epidemia e endemia.

Fatores independentes da densidade

Os **fatores independentes da densidade** não estão relacionados ao tamanho populacional. Afetam a mesma porcentagem de indivíduos, não importando o número deles. Entre esses fatores, o *clima* desempenha importante papel regulador.

Variações violentas das condições climáticas podem atingir diretamente certas populações de animais ou de plantas, até destruí-las. Seria o caso de um inverno rigoroso ou de uma seca extremamente forte, como as que acontecem no Nordeste brasileiro. Inundações ou ondas excepcionalmente fortes de calor possuem o mesmo efeito. De modo indireto, o frio pode diminuir a quantidade de alimentos disponíveis, provocando migrações em certas populações, comuns em algumas espécies de aves e de mamíferos.

Os Ciclos e os Desequilíbrios Populacionais

Estudos sugerem a ocorrência de ciclos periódicos de crescimento e diminuição do tamanho populacional em algumas espécies animais. O interessante nesses ciclos é que muitas vezes os cientistas dispõem dos dados do crescimento, mas dificilmente entram em acordo quanto às causas que o provocam.

A introdução, pelo homem, de um elemento novo nas cadeias e teias alimentares tem mostrado resultados muitas vezes desastrosos. É famoso o caso da introdução pelo homem de coelhos na Austrália, por volta de 1859. Como não havia predadores naturais para esse animal, eles puseram em risco a vegetação nativa.

Saiba mais

Há um exemplo que se tornou um clássico para esclarecer a relação entre uma população de presas e uma de predadores. É o caso dos linces e de suas presas, as lebres canadenses. Como será que essas duas populações se comportam quanto ao número de indivíduos de cada uma delas?

No caso dos linces, é certo que o tamanho populacional oscila em função do tamanho populacional das presas: mais lebres, mais linces. A diminuição da população de presas leva a uma consequente diminuição da população de predadores. Já no caso das lebres, as coisas não são assim tão fáceis de explicar. A hipótese de o tamanho populacional ser regulado apenas pela população de linces tem sido muito contestada. Parece que esse não é o único fator. Existem indícios de que o aumento na quantidade de lebres acaba provocando sérios danos na vegetação que lhes serve de alimento. Com isso, os ciclos apresentados pela população de lebres não seriam regulados apenas pela população dos seus predadores, mas por ciclos apresentados pelos vegetais dos quais se alimentam e talvez por outros fatores ambientais ainda não esclarecidos.

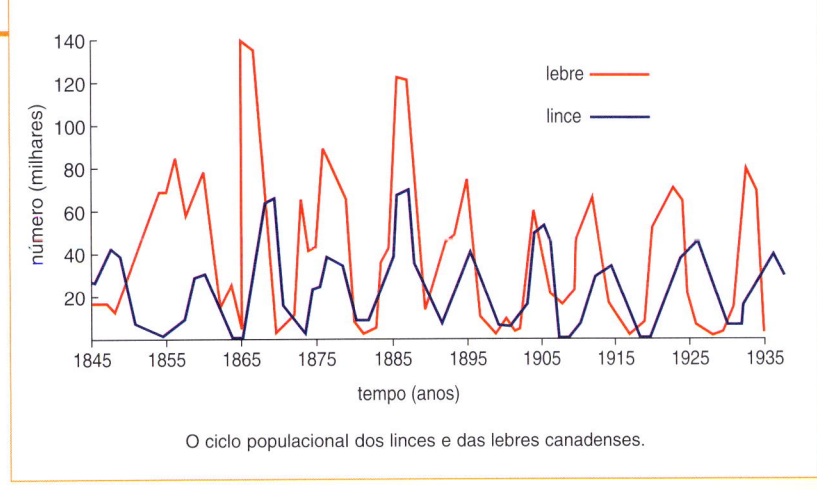

O ciclo populacional dos linces e das lebres canadenses.

Ética & Sociedade

O caso dos búfalos de Rondônia

Um dos casos mais importantes de desequilíbrio ecológico provocado pela interferência do homem na natureza aconteceu aqui no Brasil, no Estado do Pará.

Tudo começou na década de 1950, quando 30 búfalos foram levados da ilha de Marajó para uma fazenda localizada no Estado de Rondônia, a pedido do governo estadual. Tendo sido transportados para uma região bastante carente, a intenção governamental era a de que os animais ajudassem a população, contribuindo com a produção de leite e carne, por exemplo.

O problema é que, apesar da boa intenção, o projeto governamental acabou não vingando e os 30 búfalos, dóceis e adaptados ao convívio humano, foram esquecidos na região e soltos. Com o passar do tempo, este pequeno grupo de animais que se viu, de repente, solto na natureza começou a se espalhar pela região e a se reproduzir.

Atualmente, mais de 50 anos depois de serem levados para a região e soltos, os búfalos se tornaram um enorme problema ecológico. Os animais encontraram condições favoráveis para sua sobrevivência e reprodução e hoje são milhares, com comportamento selvagem e violento, por falta de contato com humanos e domesticação. A situação ficou ainda mais grave quando os animais atingiram a Reserva Ecológica do Vale do Guaporé. Nessa área de conservação ambiental, muitos ecossistemas nativos estão sendo destruídos pelas manadas de búfalos que caminham sobre determinadas regiões alagadas e drenam o solo.

Faça um grupo de discussão com seus colegas de classe, sugerindo possíveis soluções para resolver esse problema ambiental. Para cada sugestão apresentada, não se esqueça de pensar nos prós e contras e nas possíveis consequências geradas por essas possibilidades.

A Espécie Humana e a Capacidade Limite

Como vimos na abertura deste capítulo, o crescimento populacional da espécie humana ocorreu de maneira explosiva nos últimos séculos. Se as atuais taxas de crescimento persistirem, estima-se que a população humana atingirá 8 bilhões de pessoas em 2017.

Esse incremento do tamanho populacional humano tem muito a ver com a evolução cultural da nossa espécie e com os nossos hábitos de sobrevivência. O homem deixou de ser caçador-coletor há cerca de 10.000 anos, abandonou o nomadismo e passou a se fixar em locais definidos da Terra, constituindo grupos envolvidos com a criação de plantas e animais de interesse alimentar. A taxa de natalidade aumentou e, excetuando épocas de guerras, pestes e catástrofes ambientais (terremotos e tsunamis), o crescimento populacional humano passou a ser uma realidade.

Pouco a pouco, no entanto, estão sendo avaliados os riscos do crescimento populacional excessivo. Poluição crescente, aquecimento global, destruição da camada de ozônio, chuva ácida e outros problemas são evidências do desgaste que o planeta vem sofrendo. Na Conferência do Cairo sobre População e Desenvolvimento, realizada em setembro de 1994, mais de 180 países ligados à ONU tentaram chegar a um consenso acerca de uma política que evite a explosão da população humana. Divergências quanto aos métodos de controle da natalidade impedem, até o momento, a adoção de soluções globalizantes, embora em alguns países medidas sérias já estejam em curso, no sentido de controlar o crescimento populacional excessivo da nossa espécie.

Saiba mais

As curvas de sobrevivência

Na figura ao lado, a curva **A** foi obtida a partir do estudo de uma população de ostras em cativeiro. A porcentagem de sobrevivência das larvas, a fase jovem, é pequena; ao se fixarem a um substrato, no entanto, a expectativa de vida aumenta e diminui a mortalidade. A curva **C** é a que se supõe ocorrer em uma população humana, em países em que a porcentagem de sobrevivência é elevada e as mortes ocorrem quando as pessoas atingem certa idade. A curva **B** representa uma situação na qual a taxa de mortalidade permanece constante e se distribui por igual entre as idades.

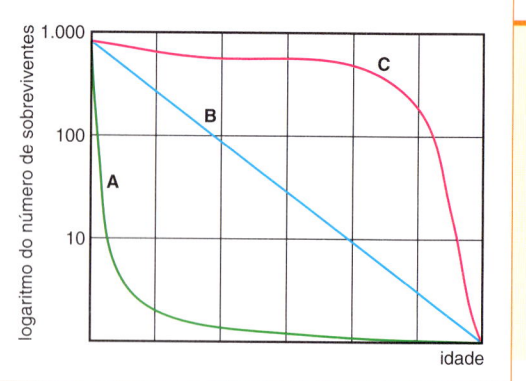

DINÂMICA DAS COMUNIDADES

Em um ecossistema, há muitos tipos de interações entre os componentes das diversas espécies. Algumas interações são mutuamente proveitosas, outras são prejudiciais a ambas as espécies e outras, ainda, beneficiam apenas uma delas, prejudicando ou não a outra. Podemos resumir essas interações como pertencentes a dois tipos básicos:

- **interações harmônicas ou positivas**, em que há apenas benefício para uma ou para ambas as espécies;
- **interações desarmônicas ou negativas**, em que há prejuízo pelo menos para uma das espécies.

Na comunidade, também são importantes as interações intraespecíficas, ou seja, as que ocorrem entre organismos da mesma espécie. A Tabela 47-1 resume as características dos principais tipos de interações biológicas na comunidade.

Tabela 47-1. Principais interações biológicas na comunidade.

Interações biológicas intraespecíficas (entre organismos da mesma espécie)		
Tipo	**Características**	**Exemplos**
Sociedade	Indivíduos unidos comportamentalmente. Divisão de trabalho.	Formigas, abelhas, cupins, babuínos.
Colônia	Indivíduos unidos fisicamente ("grudados" uns aos outros). Pode ou não haver divisão de trabalho.	Algas clorofíceas, bactérias, cianobactérias, caravelas, esponjas, corais.
Competição intraespecífica	Indivíduos da mesma espécie competem por alimento, espaço, parceiro sexual ou por outro recurso do meio.	Carunchos da espécie *Tribolium castaneum* no interior de um pacote de grãos de milho; bactérias de determinada espécie crescendo em meio de cultivo.

Interações biológicas interespecíficas (entre organismos de espécies diferentes)			
	Tipo	**Conceito**	**Simbologia**
Harmônicas (positivas)	Cooperação (mutualismo facultativo)	Benefício para ambos. Não obrigatória.	+/+
	Mutualismo	Benefício para ambos. Obrigatória.	+/+
	Comensalismo • inquilinismo • epifitismo	Benefício apenas para o comensal.	+/0
Desarmônicas (negativas)	Parasitismo • esclavagismo	Prejuízo para o hospedeiro. Prejuízo para a espécie explorada.	+/– +/–
	Predação • herbivorismo	Prejuízo para a presa.	+/–
	Amensalismo • antibiose	Prejuízo para a espécie inibida, sem ou com benefício para a espécie inibidora.	0/– +/–
	Competição	Prejuízo para ambas as espécies.	–/–

Observação: o sinal (+) indica benefício, o (–) indica prejuízo e o (0) indica que a espécie não é afetada.

Relações Intraespecíficas

Embora sejam termos pouco valorizados atualmente, as *sociedades*, as *colônias* e a *competição intraespecífica* são exemplos de interação estabelecida por organismos da *mesma espécie*.

> Competição também pode ocorrer entre indivíduos da mesma espécie (intraespecífica).

Sociedade

Na *sociedade*, os organismos reúnem-se em grandes grupos, nos quais existe um grau elevado de hierarquia e divisão de trabalho, o que aumenta a eficiência do conjunto em termos de sobrevivência da espécie.

> São também sociedades os agrupamentos temporários de babuínos, lobos etc.

É o caso das sociedades permanentes de formigas, cupins, abelhas etc. Nesses casos, tem-se detectado a presença de substâncias conhecidas como *feromônios*, verdadeiros hormônios "sociais" que atuam como reguladores da diferenciação das diversas castas. Entre as formigas, uma rainha de vida longa é a responsável pela produção de feromônios que mantêm as operárias estéreis. A difusão dessas substâncias dá-se boca-a-boca, a partir do encontro das operárias que frequentemente visitam a rainha e distribuem o hormônio esterilizador por todas elas. Isso evita o surgimento de novas rainhas e uma consequente desorganização social, com efeitos danosos para todo o grupo.

Na sociedade das abelhas, há elevado grau de especialização entre os indivíduos: operárias, zangões e abelha-rainha.

Colônia

Na colônia, organismos da mesma espécie encontram-se fundidos uns aos outros fisicamente, constituindo um conjunto coeso. Há colônias móveis, como as de caravela (pertencente ao filo dos cnidários) e as de algas filamentosas. E há colônias fixas, como as de esponjas e as de pólipos (polipeiros), existentes nos recifes de coral.

> Existe uma tendência atual de considerar simbiose qualquer tipo de interação biológica na comunidade. No entanto, há quem prefira dizer que simbiose é apenas a interação biológica harmônica. Houve época em que se considerava simbiose sinônimo de mutualismo.

O coral é um exemplo de colônia de cnidários.

Competição intraespecífica

Verifica-se competição intraespecífica toda vez que os organismos de determinada espécie disputam o espaço e o alimento disponível, bem como, no caso dos animais, os parceiros sexuais. Duas plantas de milho, situadas bem próximas uma da outra, competirão por espaço, água, nutrientes minerais e luz. Caruchos da espécie *Tribolium castaneum* competirão por alimento e espaço no interior de pacote contendo grãos de milho ou de amendoim.

Saiba mais

Canibalismo

Em ocasiões em que a disponibilidade de alimentos ou o espaço de vida tornam-se escassos, pode ocorrer canibalismo. Nessa situação, alguns animais devoram outros da mesma espécie. Em célebre experimento efetuado por John Emlen e seus alunos, na Universidade de Wisconsin, verificou-se que uma população de camundongos criada em condições de abundância de alimentos e em recinto fechado, com impossibilidade de emigração, cresceu exageradamente. A superpopulação, então, verificada no pequeno espaço disponível, resultou em lutas e caça, seguida de canibalismo. Fêmeas deixavam de cuidar dos filhotes e a mortalidade infantil atingiu 100%. A taxa de natalidade permaneceu elevada, No entanto, as lutas, a alta taxa de mortalidade e o canibalismo contribuíram para a manutenção do equilíbrio populacional.

Episódios de canibalismo entre seres humanos podem ter ocorrido em Rapa Nui, uma ilha isolada do Pacífico Sul. A estimativa do tamanho populacional, por volta do ano 1400 era de cerca de 20.000 pessoas. O extenso desmatamento promovido pelos habitantes, que impossibilitou que os mesmos construíssem canoas que serviriam para a coleta de peixes, provocou uma total devastação ambiental. Lutas e canibalismo se seguiram, com redução considerável do tamanho da população. Em 1720, restavam apenas 2.000 famintos habitantes.

Relações Interespecíficas

Interações harmônicas

Cooperação
(Protocooperação ou mutualismo facultativo)

Um exemplo de interação não obrigatória, que poderia ser considerada **cooperação** ou **mutualismo facultativo** é o que ocorre entre o caranguejo *paguro* (também conhecido como

> Na cooperação, os organismos das duas espécies são beneficiados e a interação não é obrigatória.

ermitão e que vive protegido no interior de conchas vazias de caramujos) e uma ou várias *anêmonas*, que ele coloca sobre a concha. As anêmonas servem de camuflagem, aumentando a capacidade predatória do desajeitado paguro, e recebem, em troca, os restos da alimentação do caranguejo.

Outro exemplo é o de pulgões praticamente "colados" aos brotos tenros de uma laranjeira ou de uma roseira. Eles introduzem seus estiletes bucais no floema da planta hospedeira e atuam como parasitas. Pela região anal, liberam o excesso de líquido coletado, na forma de gotículas açucaradas. Isso atrai formigas, que recolhem as gotas para sua alimentação. Em troca, as formigas protegem os pulgões das joaninhas, que são predadoras dos pulgões. Esse tipo de interação também pode ser chamado de mutualismo facultativo.

Em nossas matas, é comum a ocorrência de cooperação (que também pode ser considerada mutualismo facultativo) entre árvores imbaúbas e formigas. As formigas vivem no interior dos pecíolos ocos das longas folhas e atacam animais que, inadvertidamente, tocam na planta. Em troca, as formigas obtêm alimento proteico produzido por glândulas existentes na base do longo pecíolo.

Mutualismo

Trata-se de uma interação obrigatória com *benefício mútuo* para as espécies. Por exemplo:

- no tubo digestivo de ruminantes (bois e vacas), vivem bactérias produtoras de substâncias que atuam na digestão da celulose obtida por aqueles animais. Em troca, as bactérias obtêm amônia, produzida no metabolismo das células dos ruminantes, e sintetizam os aminoácidos necessários para a sua sobrevivência;
- nas micorrizas, ocorre a interação entre fungos e raízes de muitos vegetais. Os fungos ampliam a superfície de absorção de nutrientes para diversas plantas vasculares que, em troca, fornecem alimento orgânico para os fungos;
- os liquens, associação entre algas e fungos, ilustram um dos mais conhecidos exemplos de simbiose mutualística. A alga realiza fotossíntese e fornece oxigênio e alimento orgânico para o fungo; este, por sua vez, provê à alga substâncias inorgânicas fundamentais para a sua sobrevivência, oriundas do fenômeno da decomposição.

Nos liquens, as algas recebem umidade, proteção e substâncias inorgânicas do fungo que, em troca, alimenta-se da matéria orgânica produzida pelas algas.

Epífita (bromélia) apoiada sobre tronco de árvore na Mata Atlântica.

Comensalismo

Nessa interação biológica, há benefício apenas para uma das espécies. Para a outra, não há benefício nem prejuízo. Um exemplo é o comensalismo de transporte (também denominado de *foresia*) entre peixes conhecidos como rêmoras, que se prendem a tubarões e aproveitam os restos da alimentação destes, para os quais não há prejuízo.

Epifitismo

Muitas orquídeas e bromélias são *epífitas*, apoiam-se de modo geral em regiões elevadas de troncos de árvores, beneficiando-se da maior disponibilidade de luz para a realização de fotossíntese. Suas hospedeiras não são prejudicadas (não há parasitismo), nem beneficiadas. Considerando que nessa interação há benefício para uma das espécies (a *epífita*), sem prejuízo nem benefício para a outra (a árvore), ainda é comum caracterizá-la como uma modalidade de comensalismo.

Saiba mais

Nos pastos brasileiros ocorre comensalismo entre bois e garças-vaqueiras. Ao caminharem para se alimentar de capim, os bois causam o deslocamento de pequenos animais (insetos, aranhas e pequenos vertebrados), que servem de alimento para as garças, as quais são beneficiadas, enquanto para os bois não há nem benefício, nem prejuízo. No caso, as garças atuam como predadoras dos pequenos animais.

Fonte: COELHO, A. S.; FIGUEIRA, J. E.; OLIVEIRA, T. D. Atrás do pão de cada dia. *Ciência Hoje*, Rio de Janeiro, n. 229, ago. 2006, p. 68.

Inquilinismo

O inquilinismo é uma modalidade de comensalismo na qual o comensal costuma viver no interior do corpo do hospedeiro, *sem prejudicá-lo nem beneficiá-lo*. É o caso das bactérias *Escherichia coli*, que vivem no interior do intestino grosso do homem.

Interações desarmônicas

Predação (predatismo)

A predação (predatismo) corresponde à relação em que uma espécie (a do predador) usa outra (a da presa) como fonte de alimento, provocando a sua morte. É o tipo predominante de relação na teia alimentar, garantindo a transferência de matéria orgânica para os níveis tróficos mais elevados.

> Muitos autores consideram o herbivorismo um tipo de predatismo. É o caso de vacas que se alimentam de capim.

No predatismo, o predador é beneficiado e a presa é prejudicada.

Parasitismo

Diferentemente de um predador, que mata a sua presa para depois alimentar-se dela, o parasita *explora* o seu hospedeiro durante o seu ciclo de vida. As lesões provocadas pelo parasita, no entanto, podem levar o hospedeiro à morte, causando ou não também a morte do parasita.

No **endoparasitismo**, o hospedeiro abriga o parasita em seu interior. Trata-se, quase sempre, de parasitismo obrigatório. É o que ocorre quando o *Trypanosoma cruzi*, os plasmódios da malária, os vermes tipo *Ascaris*, *Taenia* e muitas bactérias provocam doenças no homem. Quando o parasitismo é externo, permitindo ao parasita a mudança de hospedeiro, fala-se em **ectoparasitismo**. São exemplos os insetos hematófagos (como a pulga), carrapatos, mosquitos, percevejos etc.

Embora em termos individuais se diga que ocorre prejuízo para presas e para hospedeiros, as interações de predadores e presas, bem como as de parasitas e hospedeiros, são importantes na manutenção do equilíbrio populacional das espécies envolvidas.

Competição interespecífica

A competição interespecífica quase sempre se refere à disputa por alimento, espaço, luz para a fotossíntese etc. Esse tipo de interação é bem ilustrado em laboratório, quando se cultivam microrganismos em tubos de ensaio contendo meios de cultivo. *Paramecium aurelia* e *Paramecium caudatum*, quando cultivados separadamente em condições idênticas às dos meios de cultivo, mostram um padrão de crescimento equivalente. Cultivados juntos, em um mesmo meio, os paramécios da espécie *aurelia* apresentam um crescimento populacional muito mais intenso que o da outra espécie, que acaba por se extinguir (veja a Figura 47-4).

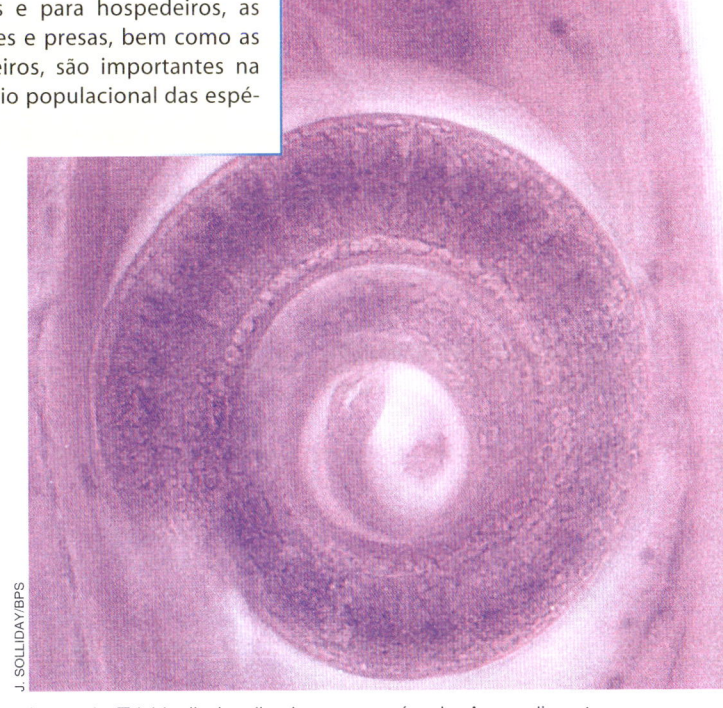

Larva de *Trichinella*, localizada em um músculo. Ao se alimentar de carne contaminada malcozida, o homem adquire o parasita e desenvolve a doença chamada triquinose, com danos para os músculos.

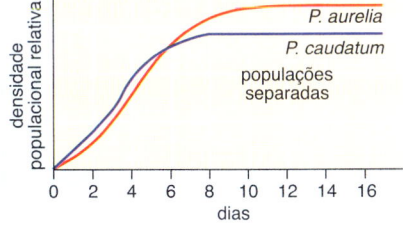
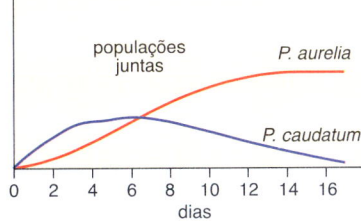

Figura 47-4. Vivendo separadas, as populações das duas espécies de paramécios crescem normalmente. Cultivadas juntas, há prejuízo para ambas. Note que o número máximo de indivíduos não é atingido quando as duas populações crescem juntas.

Saiba mais

Espécies exóticas (invasoras), competição e ausência de predadores e parasitas

O caramujo africano da espécie *Achatina fulica* foi introduzido por criadores no Brasil nos anos 1980, como alternativa ao consumo de escargot. Competiu com sucesso por espaço e alimento com espécies nativas e, como não há predadores naturais dessa espécie nos ambientes que invadiu, o seu número aumentou assustadoramente por todo o país. É considerada uma espécie exótica, que se transformou em uma "praga agrícola" por destruir grandes áreas de vegetação nativa e plantas consumidas por seres humanos.

Esse exemplo mostra que nos ecossistemas há equilíbrio entre as populações de presas, predadores, parasitas, hospedeiros e competidores. Mostra, também, que a introdução de uma espécie exótica, não nativa do ambiente, provoca desequilíbrios na teia alimentar, com eventual eliminação de espécies nativas.

> ### Saiba mais
>
> #### O princípio da exclusão competitiva
>
> No começo do século XX, dois biólogos matemáticos, A. J. Lotka e V. Volterra, a partir de inúmeros cálculos relacionados às curvas de crescimento populacional, levantaram, independentemente, a seguinte hipótese relacionada à competição interespecífica: duas espécies com necessidades similares não poderiam coexistir na mesma comunidade. Uma delas acabaria sendo mais eficiente que a outra no aproveitamento dos recursos do meio e se reproduziria com mais intensidade. Inevitavelmente, a outra espécie seria eliminada. Em 1934, o russo G. F. Gause testou a hipótese de Lotka e Volterra com experimentos de laboratório envolvendo as duas espécies de paramécios descritas. Como vimos, ao crescerem no mesmo meio de cultivo, as espécies iniciam um processo de competição interespecífica, sendo uma delas eliminada. Esses resultados conduziram ao chamado **Princípio da Exclusão Competitiva de Gause**, confirmado, depois, por inúmeros outros experimentos.

> ### Fique por dentro!
>
> Os cães e os leões possuem um hábito curioso. Urinam ao redor de postes e árvores deixando, assim, a sua "marca" em uma certa área do ambiente. Os pássaros machos costumam cantar ao pousar em diversos galhos de árvores do meio em que vivem. O coachar de sapos e rãs machos serve para a delimitação territorial e a atração sexual. Qual a vantagem desses procedimentos? É deixar claro para os outros machos da espécie a **territorialidade**, ou seja, que aquele território tem dono. Isso evita a competição pelo espaço, pelo alimento e pelas fêmeas. Garante reprodução mais tranquila e proteção mais adequada aos filhotes.

> ### Saiba mais
>
> #### Competição por interferência
>
> Um interessante exemplo de competição por um recurso extrínseco ao meio foi observado pelo ecologista britânico John Harper, em 1961. Cultivando duas espécies de uma minúscula angiosperma, do gênero *Lemna*, esse pesquisador elaborou a curva ilustrada ao lado.
>
> Nota-se que, estando isoladas, as duas espécies atingem razoáveis taxas de crescimento no meio aquático. Cultivadas juntas, porém, verificou-se que uma delas acaba se sobressaindo.
>
> O pesquisador concluiu que, na competição pela luz, uma das espécies foi mais hábil, ilustrando, desse modo, o que foi denominado de **competição por interferência**.
>
>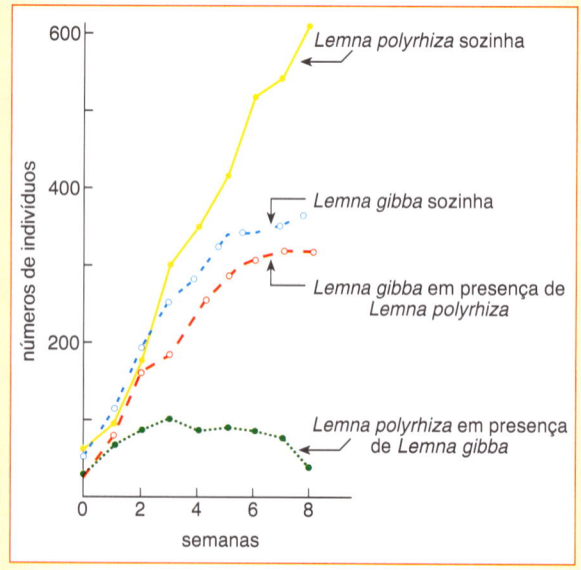

Esclavagismo ("parasitismo social")

No esclavagismo, também denominado "parasitismo social", uma espécie, a "exploradora", beneficia-se dos serviços de outra, a "explorada", que é prejudicada.

É o caso de certos pássaros, como o chupim, que botam ovos no ninho de outra espécie, e esta passa a chocá-los como se fossem seus. Algumas espécies exploradoras chegam a jogar fora os ovos que estavam no ninho da espécie explorada. Outro exemplo é o de certas formigas que "roubam" larvas de formigueiros de outras espécies: com isto, obtêm recursos para aumentar mais o número de indivíduos, os quais incrementam o exército de trabalhadores.

Amensalismo

O amensalismo (ou *antibiose* para alguns autores) é uma modalidade de interação em que uma espécie inibe o desenvolvimento de outra por meio da liberação de "substâncias tóxicas". O exemplo mais notável de amensalismo ocorre nas chamadas *marés vermelhas*:

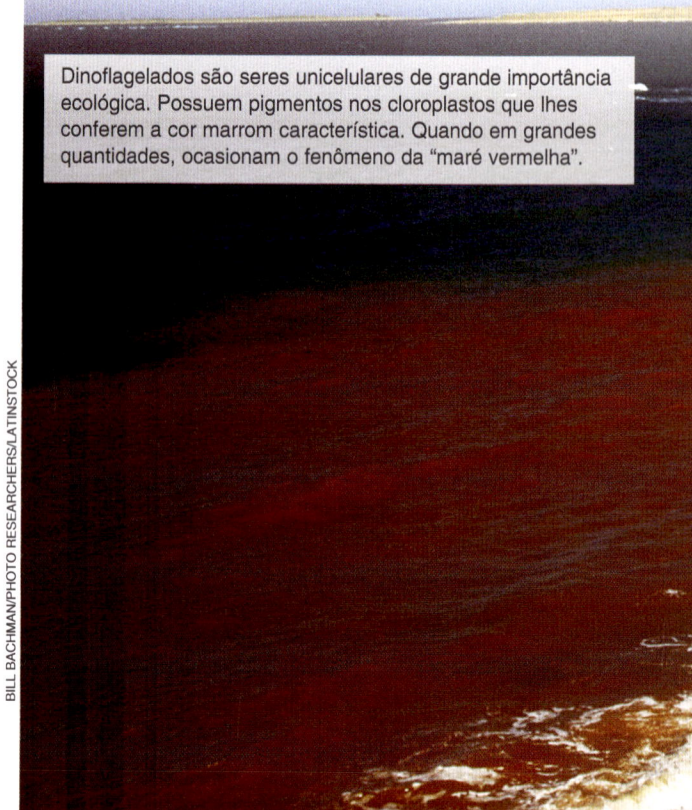

Dinoflagelados são seres unicelulares de grande importância ecológica. Possuem pigmentos nos cloroplastos que lhes conferem a cor marrom característica. Quando em grandes quantidades, ocasionam o fenômeno da "maré vermelha".

a proliferação excessiva de certas algas planctônicas (dinoflagelados, pertencentes ao filo das *dinofíceas*) resulta na liberação de toxinas que acarretam a morte de crustáceos, moluscos e peixes, sendo prejudiciais até mesmo para o homem. Nessa interação não há benefício para as algas.

> Na *antibiose*, ocorre a inibição do crescimento de uma espécie por substâncias liberadas por outra. Fungos do gênero *Penicillium*, crescendo no mesmo meio de cultivo em que existem bactérias, liberam o antibiótico *penicilina*, que mata as bactérias.

Mimetismo, camuflagem e coloração de advertência

Mimetismo: organismos de uma espécie se parecem com os de outra espécie

Observe as ilustrações a seguir. A borboleta da direita é a monarca (*Danaus plexippus*), que possui gosto repugnante aos seus predadores. A da esquerda é a borboleta vice-rei (*Limenitis archippus*), de gosto agradável aos predadores. As duas são muito parecidas, não é mesmo? Acontece que se um predador tentar se alimentar, primeiro, de uma monarca, ele registrará o gosto ruim dessa borboleta e, mesmo que ele veja uma borboleta vice-rei, a evitará, por serem as duas muito parecidas. Qual é a consequência disso para a sobrevivência das borboletas vice-rei? Ao se parecerem com as que possuem gosto ruim – as monarcas – elas escapam de seus predadores.

VICE-REI
(*Limenitis archippus*)

MONARCA
(*Danaus plexippus*)

Mimetismo batesiano

Mimetismo é a situação em que os organismos de uma espécie se parecem com os de outra espécie, na forma, na cor ou em outra característica que lhes seja vantajosa. No caso das borboletas, a monarca é a espécie modelo e a vice-rei é a espécie mimética. Esse tipo de mimetismo de defesa é denominado de **batesiano** (lê-se *beitsiano*) por ter sido estudado e esclarecido pelo cientista William Bates, em 1857, ao longo de suas viagens pela Amazônia.

> **Mimetismo:** organismos de uma espécie se parecem com os de outra.

Conheça outro exemplo de mimetismo batesiano: a vespa à esquerda (superior) possui coloração típica, com faixas escuras e amarelas, e é dotada de ferrão inoculador de veneno. O besouro, à esquerda (inferior), embora possua praticamente a mesma coloração da vespa, não possui ferrão, ou seja, não inocula veneno. Por ser parecido com a vespa, o besouro fica protegido do ataque dos seus predadores.

Mimetismo batesiano em insetos. Note que ambos possuem padrão e coloração semelhantes, porém a vespa (a) possui ferrão e o besouro (b) não. Um animal picado pela vespa registra na memória que insetos com aquele padrão de cor devem ser evitados, o que favorece o besouro.

Mimetismo mülleriano

Veja, na foto a seguir, um exemplo de mimetismo **mülleriano** (lê-se *mileriano*). Esse tipo de mimetismo foi descrito pelo cientista alemão Fritz Muller, em 1878. Todas as borboletas representadas pertencem a diferentes espécies e possuem gosto ruim. Assim, por terem gosto ruim e serem parecidas umas às outras, todas acabam tendo vantagem ao evitar o ataque de predadores.

> No **mimetismo mülleriano**, todos os organismos pertencem a espécies diferentes e possuem a mesma característica adaptativa que lhes permite escapar de predadores.

Mimetismo mülleriano em insetos. Tanto a vespa (a) quanto a abelha (b) possuem padrão e cores semelhantes e o mesmo mecanismo de defesa (ferrão).

Outro exemplo de mimetismo mülleriano é o da vespa à esquerda (superior) que possui ferrão e agride seus predadores quando estes tentam caçá-la. A abelha à esquerda (inferior) também possui ferrão e uma coloração semelhante à da vespa. Pertencem a espécies diferentes, mas ambas são dotadas de adaptações semelhantes e conseguem escapar de seus predadores, caracterizando um exemplo de mimetismo mülleriano.

Camuflagem (coloração críptica ou protetora)

Veja a foto ao lado. Note que o animal representado possui a coloração do ambiente em que vive. Ou seja, o animal está camuflado no meio e assim consegue escapar de seus predadores. A esse tipo de interação entre seres vivos e o ambiente em que vivem denomina-se **camuflagem** ou **coloração protetora** ou, ainda, **coloração críptica** (do grego, *kriptós* = oculto, secreto).

> Sapos parecidos com folhas, bichos-paus semelhantes a gravetos, gafanhotos verdes (esperanças) com formato e cor de folhas verdes são exemplos de **camuflagem** ou **coloração críptica**.

Coloração apossemática ou de advertência

Veja a foto abaixo. O animal representado produz toxinas agressivas aos seus predadores. A coloração intensa e diversificada é uma advertência de que podem ser perigosos. Os predadores, assim, os evitam. Esse tipo de interação entre os seres vivos e o ambiente é denominado de **coloração de advertência** ou **apossemática**.

> **Apossemático:** do grego, *apo* = contrário a, afastar-se + *sema* = sinal, caráter distintivo, marca, ou seja, determinada característica (sinal, marca) de um organismo que se torna um meio de defesa contra predadores.

Louva-a-deus camuflado sobre tronco na Chapada Diamantina. Ibicoara-BA, 2009.

Dinâmica das populações e das comunidades **1033**

Sucessão Ecológica: Comunidade em Mudança

A sucessão ecológica é a sequência de mudanças pelas quais passa uma comunidade ao longo do tempo.

A ação cada vez mais frequente do homem na natureza é uma excelente oportunidade para se estudar o processo de sucessão. Os incêndios florestais, os terrenos decorrentes de abertura de estradas, campos de cultivo abandonados etc. constituem excelente material de estudo da sucessão pelo menos nas fases iniciais (**ecese** e **sere**).

Sucessão primária: da rocha à floresta

Uma rocha vulcânica nua pode um dia vir a abrigar uma floresta? Sim. Essa possibilidade está ligada ao processo de **sucessão ecológica**, um fenômeno de ocupação progressiva de um espaço:

- em uma primeira etapa, conhecida como **ecese**, há a invasão do meio por organismos pioneiros, de modo geral **liquens**; esses organismos produzem substâncias ácidas que desfazem a rocha lentamente, formando um solo rudimentar que favorece a instalação de novos seres, como musgos e samambaias simples;

- em uma segunda fase, a **sere**, há um período de alterações rápidas da comunidade, em que os próprios organismos modificam o meio pela sua atividade penetrante no solo. Isso, aliado à ação contínua dos ventos, da água e da variação da temperatura, acaba criando condições para a instalação de outros grupos de seres vivos. Ocorrem substituições graduais de seres vivos por outros, com mudanças completas na composição da comunidade e das características do solo;

- depois de ocorrerem alterações frequentes durante muito tempo, pode ser atingida a terceira fase, a de **clímax**, representada, por exemplo, por uma floresta exuberante. Essa fase é caracterizada pela estabilidade e maturidade da comunidade, quando poucas alterações são verificadas;

Após incêndios florestais pode ocorrer sucessão. De modo geral, gramíneas e ervas invasoras são as espécies pioneiras.

Musgos crescendo em uma fenda vulcânica.

- na fase de clímax, de maneira geral, a *produção* (P) se iguala ao *consumo* (R). Nessas condições, vale a relação $\frac{P}{R} = 1$;
- no *clímax*, as alterações promovidas pelos fatores físicos (água, ventos, temperatura) são pequenas. A diversidade biológica permanece praticamente constante, podendo haver pequenas alterações na composição da comunidade, que logo atinge novamente o estado de equilíbrio. Nessa fase, a *homeostase*, o estado de equilíbrio dinâmico da comunidade, é mantida ao longo do tempo, de maneira análoga à que ocorre em um organismo que atingiu a maturidade.

A competição é intensa ao longo de todo o processo de sucessão. A substituição de espécies por outras que desempenham a mesma função no ecossistema é uma das características marcantes da sucessão. Espécies pioneiras, próprias da primeira etapa, são substituídas por outras, mais especializadas.

No decorrer do processo de sucessão, observa-se uma *tendência de aumento*:

- da biomassa total da comunidade;
- da diversidade em espécies e, como consequência, da quantidade de nichos ecológicos;
- da produtividade primária bruta;
- da taxa respiratória.

Em contrapartida, verifica-se uma *diminuição*:

- da disponibilidade de nutrientes, uma vez que eles são retidos nos corpos dos organismos componentes da comunidade. Na fase de clímax, representada, por exemplo, por uma floresta tropical, o ciclo de nutrientes é tão rápido que o solo acaba retendo pequena quantidade dos minerais, uma vez que eles são constantemente utilizados pelos vegetais;
- da produtividade primária líquida, que tende a zero no estado de clímax, em função do elevado consumo energético existente na comunidade nessa fase (P/R = 1).

Duas fases de uma sucessão. Em (a), foto depois da erupção do vulcão Santa Helena, Estado de Washington, EUA, em maio de 1980. Em (b), nove anos depois, já se observa a presença de plantas onde antes só havia cinzas.

Fonte: AUDESIRK, T; AUDESIRK, G. *Biology* – life on Earth. 5. ed. New Jersey: Prentice-Hall, 1999.

A ciência por trás do fato!

É verdade que a Floresta Amazônica é o pulmão do mundo?

Na fase de clímax, praticamente todo o oxigênio produzido na fotossíntese é consumido pela respiração dos seres vivos; nada é "exportado". Por esse motivo, é falsa a afirmação de que a Floresta Amazônica seria um "pulmão do mundo", no sentido de ser produtora de oxigênio para o resto do planeta.

Muitas regiões oceânicas atuam como os verdadeiros "pulmões" da Terra. Nesses ecossistemas, o oxigênio resultante da fotossíntese das algas do fitoplâncton é liberado diretamente para a atmosfera.

Sucessão secundária: o lago em transformação

Um lago pode um dia vir a ser uma mata? Sim. O lago vai sendo ocupado por material proveniente da erosão de suas margens e de regiões vizinhas. O lago vai desaparecendo lentamente, surge um solo que é, aos poucos, invadido por sementes de plantas provenientes de matas vizinhas. Começa um processo de alterações frequentes na composição da comunidade, que culmina em uma fase de clímax, semelhante ao que acontece na sucessão primária.

Nem sempre o clímax é representado por uma floresta. A vegetação herbácea de um campo pode desempenhar esse papel. O mesmo podemos afirmar com relação às sucessões que acontecem em meio aquático. Uma represa recém-construída passa por sucessão: a água é invadida, inicialmente, por algas do fitoplâncton, que inauguram uma nova comunidade. A fase de sere envolve a participação de inúmeros microrganismos heterótrofos, que conduzem a represa a um estado estabilizado de equilíbrio dinâmico.

Saiba mais

Fogo e sucessão ecológica

Incêndios florestais costumam ser preocupantes pelos efeitos devastadores que provocam. Quando ocorrem na Mata Amazônica, de modo geral, são acompanhados da destruição generalizada de inúmeras espécies vegetais e animais cujo imenso valor, como banco genético, é de natureza inestimável. Certamente, as florestas tropicais não são adaptadas às queimadas. Esse, no entanto, parece não ser o caso dos nossos cerrados. Cada vez mais tem-se desenvolvido o consenso de que, de certa maneira, a vegetação do cerrado é adaptada ao fogo e de que as queimadas controladas podem até beneficiar a remineralização mais rápida (a devolução dos nutrientes minerais). Essa afirmação, que pode parecer chocante à primeira vista, obedece a critérios científicos que visam a esclarecer o papel das queimadas na vegetação dessa formação ecológica.

A maioria dos vegetais do cerrado mantém estruturas subterrâneas, principalmente na forma de estruturas caulinares, que resistem ao fogo e rebrotam poucos dias após o término da queimada. Quanto às árvores do cerrado, a sua tortuosidade é, de modo geral, explicada como consequência da ação da queimada. Os brotos terminais são destruídos pelo fogo e isso força o surgimento de ramos laterais, resultando no aspecto tortuoso das árvores. A casca espessa da vegetação arbórea atua como verdadeiro isolante térmico, protegendo a planta do intenso calor resultante da queimada. Certas árvores, como o barbatimão, rebrotam com intenso vigor após cada incêndio. No entanto, admite-se que o cerradão, de modo geral, seja o mais vulnerável às queimadas, dando lugar a um campo sujo ou a um campo limpo após incêndios continuados que destroem a vegetação arbórea, levando a uma situação conhecida como **savanização**.

É notável a floração de muitas espécies vegetais após uma queimada. Esse fato favorece a ocorrência de reprodução sexuada, ao atrair numerosas espécies de insetos polinizadores que se beneficiam da enorme quantidade de flores que aparecem. É comum dizer que, após uma queimada, o cerrado assemelha-se a um grande jardim florido. Admite-se, hoje, que não é o estímulo térmico propriamente que induz a floração, mas sim a eliminação total da parte aérea, que leva a uma floração sincrônica de muitas espécies.

A elevada temperatura do ar durante a queimada, até cerca de 800 °C no ponto máximo das chamas, não ocorre no solo, que é relativamente refratário ao calor. Medidas realizadas em alguns experimentos revelam que embora na superfície a temperatura atinja cerca de 74 °C, ela fica pouco acima dos 30 °C a 50 mm de profundidade.

Quanto à remineralização, ou seja, a reposição dos nutrientes minerais no solo, alguns experimentos controlados têm sido efetuados, no sentido de esclarecer a possível utilidade do fogo na reciclagem dos nutrientes e no revigoramento dos espécimes vegetais do cerrado. Sabe-se que após a queimada as cinzas, constituídas basicamente de óxidos de cálcio, potássio e magnésio, permanecem no solo até no máximo 20 a 30 cm de profun-

Sucessão em lago. (a) A terra carregada pela erosão para dentro do lago serve de substrato para as sementes dispersas pelo vento ou pelos pássaros. (b) Com o passar do tempo, as plantas que se desenvolvem servem de suporte para que outras plantas se estabeleçam, até que (c), por fim, o lago fica completamente preenchido por terra e por uma nova comunidade.

Fonte: AUDESIRK, T; AUDESIRK, G. *Op. cit.*

didade, sendo rapidamente reabsorvidas pelos sistemas radiculares superficiais da maioria das plantas. Nesse sentido, o fogo teria o papel de transferir rapidamente minerais retidos em partes velhas dos vegetais para o rebrotamento de partes novas, mais vigorosas. Esse procedimento é muito utilizado por criadores de gado, que queimam o pasto com a finalidade de forçar o rebrote da pastagem.

Paralelamente ao aumento da disponibilidade dos nutrientes, diminui acentuadamente o teor de alumínio, que só começa novamente a aumentar muitos dias após o término da queimada. Esses efeitos acabam beneficiando os herbívoros que têm, assim, uma vegetação fresca para consumir, mesmo nas épocas mais desfavoráveis.

Outro aspecto que tem sido pesquisado é a grande perda de nutrientes para a atmosfera sob a forma de fumaça. Medidas efetuadas demonstram que quase todo o nitrogênio e praticamente a metade do fósforo, do potássio, do cálcio, do magnésio e do enxofre são transferidos da biomassa vegetal para a atmosfera. Retornam, no entanto, para o solo sob a ação de chuvas ou da gravidade, em média cerca de três anos após a queimada. Isso sugere que se as queimadas forem efetuadas a intervalos de três anos, não ocorre alteração significativa no teor total de nutrientes do solo da região.

Parece haver consenso, principalmente entre os ecologistas norte-americanos, de que o fogo controlado e respeitando certa periodicidade, estimula a ocorrência de sucessão secundária, favorecendo a restauração de ecossistemas originais. A prática de se proteger áreas florestais do fogo, por longo tempo, tem-se revelado prejudicial por vários motivos: a invasão de espécies indesejáveis diminui a produtividade de outras espécies mais valiosas; o acúmulo de detritos decorrentes de folhas e galhos mortos leva ao desenvolvimento de inúmeros insetos e de outros espécimes daninhos que provocam diversos danos às árvores; a elevada biomassa de folhas e galhos, se submetida a queimadas de origem criminosa, pode causar prejuízos muito maiores do que os incêndios controlados, já que a matéria combustível representada pelas folhas secas detona incêndios incontroláveis extremamente prejudiciais à flora e à fauna.

Baseado em COUTINHO, L. M. O Cerrado e a Ecologia do Fogo. SBPC: *Revista Ciência Hoje*, Rio de Janeiro, 1993.

Os brotos surgem, após a queimada, muito mais rapidamente. (Parque Nacional das Emas, GO.)

Note a tortuosidade e a casca espessa de uma árvore típica do cerrado!

Ética & Sociedade

Solidariedade, um conceito ecológico

Estudos envolvendo interações entre indivíduos de algumas comunidades podem apresentar resultados inesperados. Durante uma pesquisa realizada na Universidade de Regensburg, Alemanha, cientistas se surpreenderam com o comportamento solidário de uma colônia de formigas. Foram introduzidas, na colônia, formigas infectadas por um fungo; as formigas saudáveis, ao invés de as rejeitarem, empenharam-se em retirar os esporos de fungo das formigas doentes e aumentar a higiene do ninho. Como resultado, não apenas a infecção dos fungos não aumentou nas formigas que estavam saudáveis como, ainda, estas ficaram mais resistentes à infecção.

Em outro continente, na cidade de Detroit, EUA, um estudo realizado com casais de idosos, observados durante cinco anos, mostrou que quando o idoso cuida, não apenas do parceiro, mas de familiares, amigos e vizinhos, quer realizando ações concretas (incluindo ajuda financeira) quer realizando pequenas gentilezas, sua saúde apresentava melhoras mais significativas do que aqueles que apenas recebiam o cuidado de outras pessoas.

Independente de sua idade, reavalie o seu comportamento de dia a dia e verifique se você não pode realizar ações solidárias, cuidar de pessoas próximas a você – independente da idade que tenham – e, com isso, possivelmente, melhorar a sua própria vida.

Passo a passo

1. O "tamanho" de uma população pode variar, dependendo do acréscimo ou da diminuição do número de indivíduos que ocupa determinada região. Para a medida dessa variação, pode-se recorrer às *taxas* e à *densidade* populacional, que podem ser alteradas ao longo do tempo. Utilizando seus conhecimentos sobre esse tema:

a) Cite as *taxas* populacionais mais comumente utilizadas para caracterizar uma população.
b) Conceitue *densidade populacional*. Cite os mecanismos que possibilitam o aumento e a diminuição do tamanho populacional, ou seja, a sua densidade.
c) Utilizando as letras N (nascimentos), M (mortes), I (imigração) e E (emigração), estabeleça as relações que representem o aumento ou a diminuição do tamanho populacional.

2. O ritmo de crescimento de uma população pode ser descrito por meio de *curvas de crescimento populacional*. Considere os gráficos a seguir:

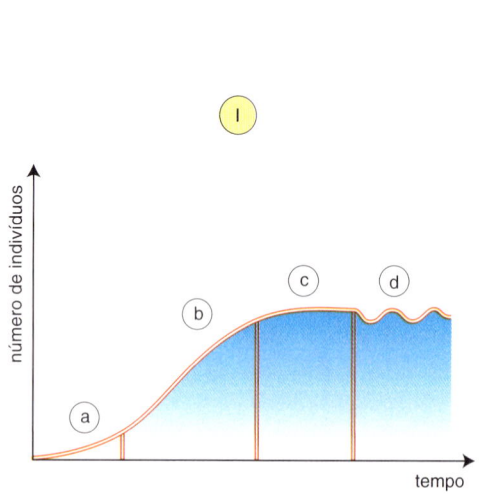
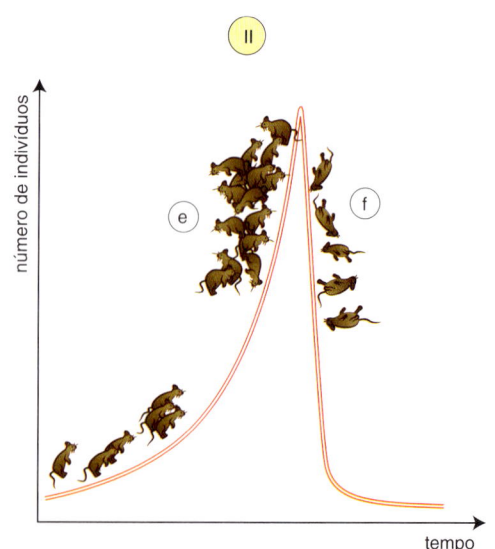

a) Reconheça as curvas de crescimento populacional I e II.
b) Reconheça as fases indicadas por letras em cada uma das curvas, utilizando as seguintes palavras: declínio e morte por falta de alimento, fase de crescimento lento, fase de equilíbrio populacional, crescimento explosivo da população, fase de estabilização, fase de crescimento exponencial.

3. Considere o gráfico a seguir, cujas curvas representam o crescimento hipotético de populações:

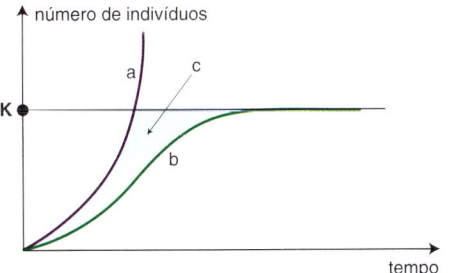

a) Reconheça as curvas *a* e *b*. O que representa a área entre as curvas *a* e *b*, apontada pela seta *c*?
b) Qual o significado do valor K, indicado no eixo das ordenadas?
c) Cite os fatores de resistência ambiental que comumente regulam o crescimento populacional excessivo de uma espécie.

4. O crescimento populacional pode ser afetado por fatores dependentes ou independentes da densidade. Com relação a esse tema:
a) Diferencie fator dependente da densidade e fator independente da densidade.
b) Conceitue epidemia, endemia e pandemia.

5. Considere o gráfico a seguir, cujas curvas representam a variação do número de lebres e de linces canadenses ao longo de vários anos. Após a leitura atenta do gráfico, responda:

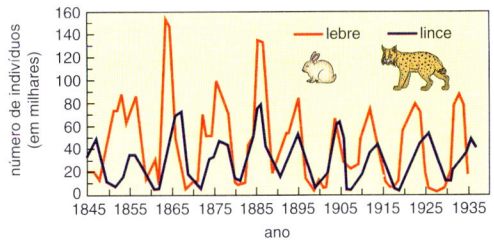

a) O que se pretende ilustrar com as duas curvas oscilantes do gráfico?
b) Imagine que, por alguma razão, a população de linces canadenses fosse exterminada, na tentativa de proteger a população de lebres do ataque de seus predadores. Qual seria a consequência relativamente ao número de lebres e ao ambiente, ao longo de vários anos?

6. As interações entre os componentes de uma comunidade podem ser intraespecíficas ou interespecíficas. As interações interespecíficas, por sua vez, podem ser harmônicas ou desarmônicas. Utilizando seus conhecimentos sobre esse tema:
a) Diferencie os termos interação intraespecífica e interação interespecífica. Cite as duas modalidades mais comuns de interação intraespecífica.
b) Diferencie os termos interação interespecífica harmônica e desarmônica. Estabeleça a classificação usual relativa a esses dois conceitos.
c) Conceitue o termo *simbiose*.

7. Em termos biológicos, as interações intraespecíficas mais comuns são a colônia e a sociedade. A esse respeito:
a) Conceitue colônia e cite os exemplos mais comuns.
b) Conceitue sociedade e cite os exemplos mais comuns, principalmente os relacionados ao grupo dos insetos.

8. As relações interespecíficas harmônicas cooperação e mutualismo são as que envolvem apenas benefício para ambas as espécies participantes. A esse respeito:
a) Estabeleça a diferença entre cooperação (protocooperação ou mutualismo facultativo) e mutualismo.
b) Cite exemplos de cooperação e mutualismo.

9. As interações positivas em que apenas uma das espécies é beneficiada incluem o comensalismo puro, o epifitismo e o inquilinismo. A respeito desse tipo de interação:
a) Estabeleça os conceitos relativos a cada uma delas. O epifitismo corresponde a um tipo de parasitismo? Justifique essa resposta.
b) Cite exemplos de cada um desses tipos de interação positiva.

10. Predação e parasitismo são duas modalidades de interações negativas, em que há prejuízo para uma das espécies participantes. Estabeleça a diferença entre essas duas modalidades de interação negativa e cite exemplos.

11. Nos gráficos a seguir, ilustra-se o crescimento de duas espécies de paramécios. No primeiro, as espécies foram cultivadas separadamente em meios de cultivos. No segundo, as duas espécies foram cultivadas juntas.

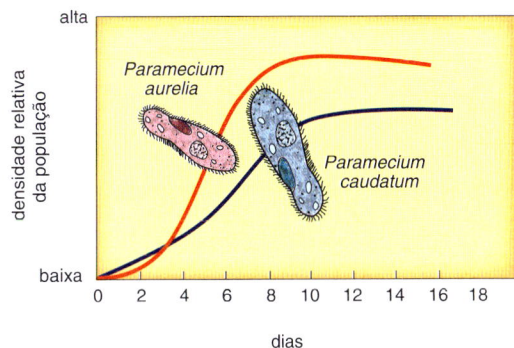

cada espécie cresce sozinha

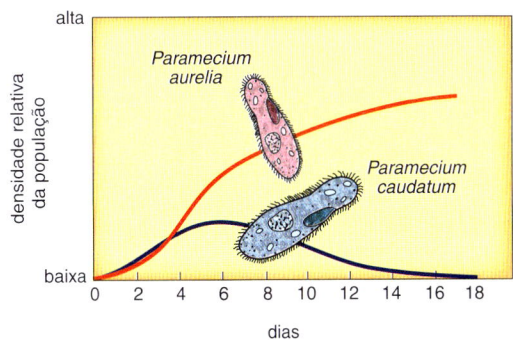

ambas as espécies crescem juntas

Utilizando seus conhecimentos, responda:
a) Que tipo de interação interespecífica desarmônica é ilustrado? Justifique sua resposta. As curvas do gráfico à direita ilustram o Princípio da Exclusão Competitiva. Comente, em poucas palavras, o significado desse princípio.
b) No plantio de mudas de laranjeiras ou outras espécies frutíferas, recomenda-se um espaçamento de pelo menos quatro metros entre uma muda e outra. Explique o motivo desse procedimento.

12. Considere os itens a seguir:

I – O chupim é uma ave que invade o ninho de outras, joga fora os ovos e bota um ovo seu. Os outros pássaros chocam esse ovo e depois alimentam o filhote como se fosse seu, até que abandone o ninho.

II – Fungos do gênero *Penicillium* liberam, em meios de cultura, a substância penicilina, que impede a proliferação de bactérias à sua volta, ficando, assim, com todo o alimento para si.

III – A proliferação de microscópicas algas dinofíceas, causadoras da maré vermelha, acarreta a liberação de toxinas que matam peixes e moluscos, sem beneficiar as citadas algas.

A respeito desses três itens, responda:

a) A que tipo de interação biológica desarmônica eles se referem?
b) Que semelhança e diferença existem entre os tipos de interação descritos nos itens II e III?

Utilize as informações do texto para responder às questões **13**, **14** e **15**.

"O 'nascimento' e o aumento de complexidade de uma comunidade é um evento de longa duração, envolvendo uma série de alterações que se sucedem, até culminar com a maturidade da comunidade, que se mantém praticamente estável ao longo do tempo."

13. a) A que fenômeno ecológico se refere o texto acima?
b) Cite e caracterize as três fases típicas desse fenômeno ecológico.

14. a) Cite os dois tipos que comumente ocorrem, relacionados ao fenômeno descrito no texto.
b) Caracterize cada um dos tipos relacionados na resposta ao item anterior, descrevendo possíveis mecanismos que permitem a ocorrência do citado fenômeno, em ambos os casos.

15. a) Como se comportam a biomassa da comunidade, a diversidade em espécies, a competição interespecífica, a quantidade de nichos ecológicos, a disponibilidade de nutrientes e a taxa respiratória da comunidade, no decorrer do fenômeno descrito no texto?
b) Como se comportam a produtividade primária bruta e a produtividade primária líquida, no decorrer desse fenômeno?

16. *Questão de interpretação de texto*

O equilíbrio entre as espécies na natureza é um verdadeiro quebra-cabeças. Veja o caso do nosso Pantanal. O tucano-toco é o único pássaro que consegue abrir o fruto e engolir a semente do manduvi, sendo assim o principal dispersor de suas sementes. O manduvi, por sua vez, é uma das poucas árvores onde as araras-azuis fazem seus ninhos, em ocos existentes em locais em que havia galhos. Mas é justamente o tucano-toco o maior consumidor de ovos de arara-azul. Então, ficamos assim: se não há tucanos-toco, os manduvis se extinguem, pois não há dispersão de suas sementes e não surgem novos manduvinhos. Isso afeta as araras-azuis, que não têm onde fazer seus ninhos. Se, por outro lado, há muitos tucanos-toco, eles dispersam as sementes dos manduvis, e as araras-azuis têm muito lugar para fazer seus ninhos, mas seus ovos são muito consumidos por eles.

Adaptado de: <http://oglobo.globo.com>.

Com as informações do texto acima e seus conhecimentos sobre as interações biológicas na comunidade, responda: Que tipo de interação biológica ocorre entre:

a) tucanos-toco e manduvis?
b) tucanos-toco e araras-azuis?
c) araras-azuis e manduvis?

Justifique suas respostas.

Questões objetivas

1. (UFMS) Sobre as relações harmônicas e desarmônicas entre seres vivos de uma comunidade, é correto afirmar:

(01) Simbiose, sinônimo de mutualismo, é uma relação harmônica, em que os participantes se beneficiam e mantêm relação de dependência.
(02) Um exemplo de amensalismo (um tipo de relação desarmônica) é a produção de substâncias por fungos que inibem o crescimento de bactérias.
(04) No parasitismo, os componentes dessa relação são denominados parasito (a espécie que se beneficia) e hospedeiro (a espécie que não é prejudicada). Os parasitos que vivem dentro do corpo do hospedeiro são os endoparasitos, e os que vivem sobre o corpo do hospedeiro são os ectoparasitos.
(08) A forésia é considerada uma categoria de comensalismo. Como exemplo dessa relação, os piolhos que vivem sobre pombos e podem utilizar moscas da família *Hippoboscidae* para serem transportados de um pombo para outro.
(16) Alguns protozoários vivem no sistema digestório de cupins, degradando a celulose, e o resultado dessa degradação é utilizado como alimento pelos cupins. A associação entre protozoários e cupins é denominada mutualismo.
(32) O canibalismo é um caso de predação que ocorre quando um animal mata um outro indivíduo da mesma espécie e se alimenta dele.

2. (FUVEST – SP) A partir da contagem de indivíduos de uma população experimental de protozoários, durante determinado tempo, obtiveram-se os pontos e a curva média registrados no gráfico abaixo. Tal gráfico permite avaliar a capacidade limite do ambiente, ou seja, sua carga biótica máxima.

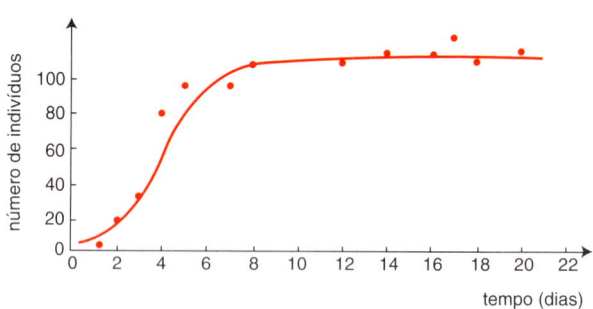

De acordo com o gráfico,

a) a capacidade limite do ambiente cresceu até o dia 6.
b) a capacidade limite do ambiente foi alcançada somente após o dia 20.
c) a taxa de mortalidade superou a de natalidade até o ponto em que a capacidade limite do ambiente foi alcançada.
d) a capacidade limite do ambiente aumentou com o aumento da população.
e) o tamanho da população ficou próximo da capacidade limite do ambiente entre os dias 8 e 20.

3. (FUVEST – SP) Em 1910, cerca de 50 indivíduos de uma espécie de mamíferos foram introduzidos em uma determinada região. O gráfico a seguir mostra quantos indivíduos dessa população foram registrados a cada ano, desde 1910 até 1950.

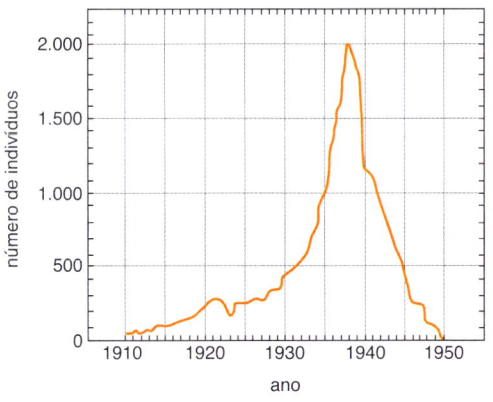

Adaptado de: BSCS Biology – An ecological approach. 5ᵗʰ ed. Kendal/Hunt Pub., 2006.

Esse gráfico mostra que,
a) desde 1910 até 1940, a taxa de natalidade superou a de mortalidade em todos os anos.
b) a partir de 1938, a queda do número de indivíduos foi devida à emigração.
c) no período de 1920 a 1930, o número de nascimentos mais o de imigrantes foi equivalente ao número de mortes mais o de emigrantes.
d) no período de 1935 a 1940, o número de nascimentos mais o de imigrantes superou o número de mortes mais o de emigrantes.
e) no período de 1910 a 1950, o número de nascimentos mais o de imigrantes superou o número de mortes mais o de emigrantes.

4. (UFF – RJ) Os gráficos I, II e III, abaixo, esboçados em uma mesma escala, ilustram modelos teóricos que descrevem a população de três espécies de pássaros ao longo do tempo.

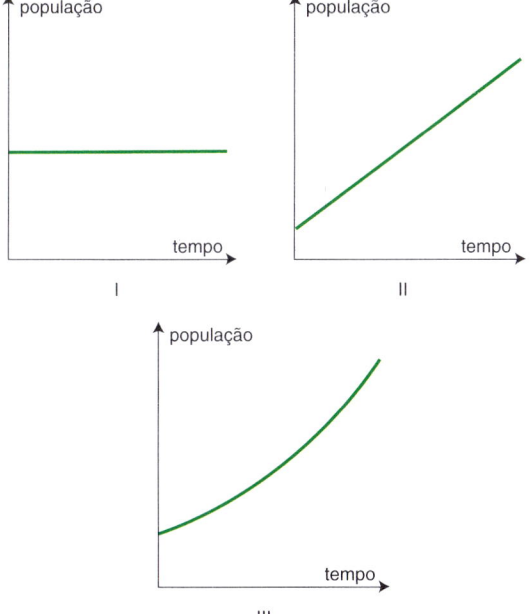

Sabe-se que a população da espécie **A** aumenta 20% ao ano, que a população da espécie **B** aumenta 100 pássaros ao ano e que a população da espécie **C** permanece estável ao longo dos anos.

Assim, a evolução das populações das espécies **A**, **B** e **C**, ao longo do tempo, correspondem, respectivamente, aos gráficos
a) I, III e II.
b) II, I e III.
c) II, III e I.
d) III, I e II.
e) III, II e I.

5. (UFG – GO) Considere duas populações de espécies diferentes de animais que possuem vida relativamente longa. A espécie I gera pequena prole com alta porcentagem de sobreviventes de recém-nascidos (RN) e de jovens (J), com maior taxa de mortalidade na fase adulta (A). A espécie II gera prole numerosa com alta porcentagem de mortalidade entre recém-nascidos. Qual figura representa as curvas de crescimento populacional dessas duas espécies?

a) 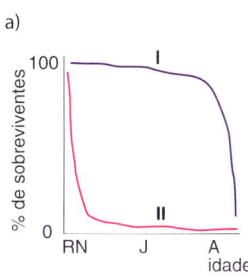   d)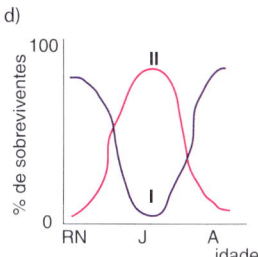

b) 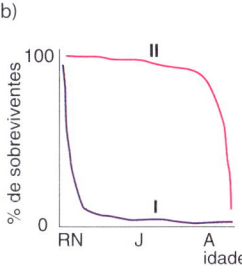   e)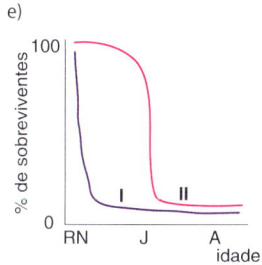

c)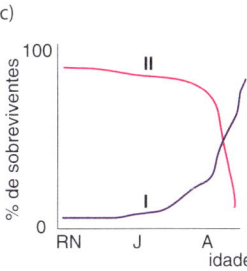

6. (UNESP) Tudo começa com os cupins alados, conhecidos como aleluias ou siriris. Você já deve ter visto uma revoada deles na primavera. São atraídos por luz e calor, e quando caem no solo perdem suas asas. Machos e fêmeas se encontram formando casais e partem em busca de um local onde vão construir os ninhos. São os reis e as rainhas. Dos ovos nascem as ninfas, que se diferenciam em soldados e operários. Estes últimos alimentam toda a população, passando a comida de boca em boca. Mas, como o alimento não é digerido, dependem de protozoários intestinais que transformam a celulose em glicose, para dela obterem a energia.

Mas do que se alimentam? Do tronco da árvore de seu jardim, ou da madeira dos móveis e portas da sua casa. Segundo os especialistas, existem dois tipos de residência: as que têm cupim e as que ainda terão.

Texto extraído de um panfleto publicitário de uma empresa dedetizadora. Adaptado.

No texto, além da relação que os cupins estabelecem com os seres humanos, podem ser identificadas três outras relações ecológicas. A sequência em que aparecem no texto é:

a) sociedade, mutualismo e parasitismo.
b) sociedade, comensalismo e predatismo.
c) sociedade, protocooperação e inquilinismo.
d) colônia, mutualismo e inquilinismo.
e) colônia, parasitismo e predatismo.

7. (UERJ) Na natureza, são frequentes os exemplos de relações benéficas entre indivíduos, mesmo de espécies diferentes, como é o caso do caranguejo paguro e da anêmona. O caranguejo aumenta sua proteção vivendo em conchas abandonadas e permitindo que anêmonas – produtoras de substância urticante contra predadores – se depositem nelas. As anêmonas, por sua vez, ganhando mobilidade, capturam melhor os alimentos.

O tipo de interação descrita é denominada:

a) colônia. b) sociedade. c) amensalismo. d) protocooperação.

8. (UFT – TO) Interações entre organismos ocorrem de muitas formas. Algumas destas envolvem predar e ser predado. Mas os organismos podem também interagir competitivamente, ou podem ser beneficiados pela interação. A tabela abaixo mostra os principais tipos de interações ecológicas possíveis de ocorrer entre organismos de duas espécies.

Analise as assertivas abaixo:

I – A competição pode restringir a distribuição e reduzir a abundância das espécies.

II – Nas interações predador-presa e parasita-hospedeiro, os predadores são geralmente maiores que as presas e os parasitas são menores que seus hospedeiros e vivem fora ou dentro do seu corpo.

Tipos de Interações Ecológicas

		Efeito na espécie 2		
		Prejudicial	Benéfico	Neutro
Efeito na espécie 1	Prejudicial	competição (–/–)	predação ou parasitismo (–/+)	amensalismo (–/0)
	Benéfico	predação ou parasitismo (+/–)	mutualismo (+/+)	comensalismo (+/0)
	Neutro	amensalismo (0/–)	comensalismo (0/+)	–

III – No amensalismo e no parasitismo, uma das espécies que interagem não é afetada.

IV – As plantas têm muitas interações do tipo amensalismo com os animais. Um exemplo dessa interação complexa ocorre entre árvores e formigas: nos caules ou espinhos ocos de algumas espécies de árvores, as formigas constroem seus ninhos, ou se alimentam de néctar; as formigas atacam insetos folívoros, comem larvas e insetos herbívoros e ferroam mamíferos comedores e folhas.

V – Interações entre plantas e seus polinizadores e dispersores de sementes são claramente mutualísticas, embora não sejam puramente mutualísticas.

São verdadeiras as assertivas:

a) I, II, III e V. b) I, II, III e IV. c) I, II e V. d) I, IV e V. e) I, II, III, IV e V.

9. (UFRGS – RS) Considere as seguintes interações entre esses seres vivos de uma comunidade.

1 – As graças-vaqueiras que se alimentam de carrapatos ectoparasitas de búfalos.
2 – Algas e fungos que formam os liquens.
3 – Duas espécies de cracas que convivem em litorais rochosos e utilizam os mesmos recursos.

Os casos referidos em 1, 2 e 3 são, respectivamente, exemplos de

a) comensalismo, mutualismo e predatismo.
b) comensalismo, mutualismo e competição.
c) protocooperação, amensalismo e predatismo.
d) protocooperação, mutualismo e competição.
e) protocooperação, amensalismo e competição.

10. (UFRO) A respeito dos reguladores de uma população, considere:

I – predação
II – competição interespecífica
III – competição intraespecífica
IV – parasitismo

São reguladores

a) I e II, apenas.
b) I, II e III, apenas.
c) II, III e IV, apenas.
d) II e III, apenas.
e) I, II, III e IV.

11. (UFCG – PB) O biólogo alemão Heinrich A. de Bary (1831-1888) propôs em 1879 o conceito de SIMBIOSE (do grego sin, juntos; e bios, vida) para designar a relação ecológica de proximidade e interdependência de certas espécies de uma comunidade, levando-se em consideração a associação de fatores vantajosos e desvantajosos para pelo menos uma das partes. A tabela seguinte apresenta os tipos de simbiose propostos por Bary.

Simbiose	Interação
1. Inquilinismo	A. Os cupins não digerem a celulose da madeira que ingerem, o que é feito por microrganismos que vivem em seu tubo digestório.
2. Comensalismo	B. O cipó-chumbo, planta sem folha, cresce sobre outras plantas, extraindo seiva para a sua nutrição.
3. Mutualismo	C. O tubarão fornece "carona" para a rêmora, que se alimenta dos restos das presas capturadas pelo tubarão.
4. Parasitismo	D. Plantas epífitas que crescem sobre as árvores de grande porte têm a vantagem de obter maior suprimento de luz para a fotossíntese.

Associe os tipos de simbiose da coluna à esquerda com as interações descritas na coluna à direita e marque a alternativa correta.

a) 1D, 2C, 3A e 4B. d) 3A, 1C, 2D e 4B.
b) 1C, 2B, 3A e 4D. e) 1D, 2A, 3B e 4C.
c) 1B, 2C, 3D e 4A.

12. (UFOP – MG) Assinale a opção que indica a relação ecológica ilustrada nos seguintes exemplos:

I – Uma anta está repleta de carrapatos, fixos à sua pele, sugando o seu sangue.
II – A Fasciola hepatica é um platelminto que vive no interior de vesículas e canais biliares de mamíferos.
III – As cigarras são insetos que retiram a seiva elaborada de certas plantas.

a) parasitismo c) mutualismo
b) competição d) canibalismo

13. (UFF – RJ) O estudo do equilíbrio das populações utiliza conceitos matemáticos e biológicos. Dentre os biológicos, destaca-se o conceito de predação, relação entre presa e predador, que tende a estabelecer o equilíbrio entre esses indivíduos.

Levando-se em consideração que não há interferência ou alteração dos fatores ambientais, assinale a opção que melhor representa um exemplo típico de predação, como é o caso observado entre populações de lebres e linces.

a)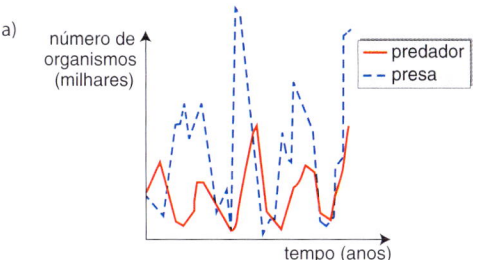

b)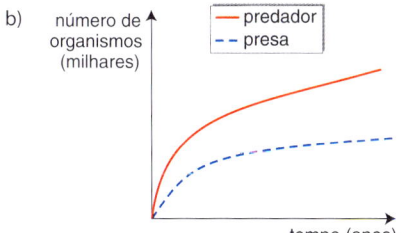

c)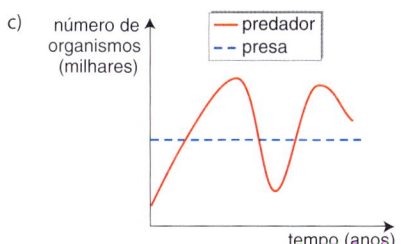

d)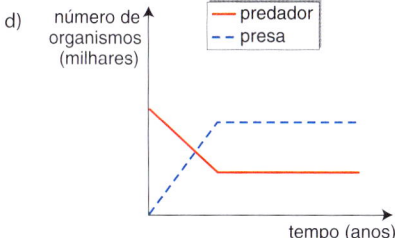

e)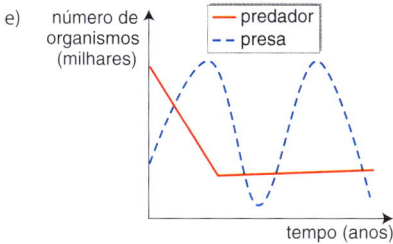

14. (UEL – PR) Os gráficos, a seguir, representam a interação ecológica entre as populações A e B, pertencentes a espécies distintas numa comunidade. O gráfico I representa o crescimento das populações dos organismos A e B ao longo de um período de tempo quando estavam em ambientes isolados e o gráfico II representa o crescimento quando ocupavam o mesmo ambiente e passaram a interagir.

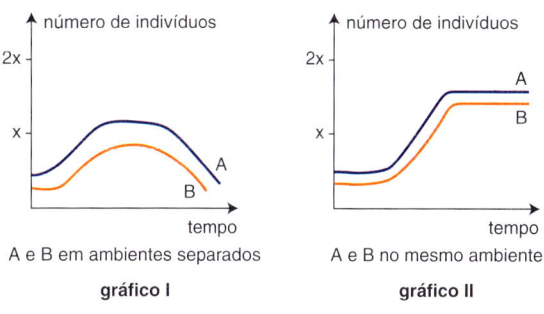

A e B em ambientes separados — gráfico I
A e B no mesmo ambiente — gráfico II

Com base nas informações contidas nos gráficos e nos conhecimentos sobre interações ecológicas, assinale a alternativa correta.

a) As espécies A e B possuem nichos ecológicos distintos, mantendo uma interação ecológica de independência do tipo comensalismo.
b) As espécies A e B possuem o mesmo nicho ecológico, mantendo uma interação ecológica do tipo competição interespecífica.
c) As espécies A e B possuem nichos ecológicos semelhantes, mantendo uma interação ecológica independente do tipo protocooperação.
d) As espécies A e B possuem nichos ecológicos distintos, mantendo uma interação ecológica de dependência obrigatória do tipo mutualismo.
e) As espécies A e B possuem nichos ecológicos semelhantes, mantendo uma interação ecológica dependente não obrigatória do tipo inquilinismo.

15. (UFPel – RS) Difícil imaginar outro animal capaz de emitir um canto parecido com a metálica estridente sonoridade da araponga (*Procnias nudicollis*). Curiosamente, uma perereca dá conta dessa façanha. A perereca-de-marsúpio (*Gastrotecha microdisca*) exibe canto semelhante, que a longas distâncias pode confundir os ouvidos mais apurados. Mas por que animais tão diferentes convergiram para vocalizações tão similares? Cantar parecido com a araponga talvez possa trazer benefícios para a perereca. As duas espécies ocorrem no mesmo ambiente. É durante o período de reprodução dessa perereca que seu canto pode ser ouvido com maior frequência, período esse que está sobreposto à temporada de canto dos machos de araponga. Assim, é sugerido que a perereca-de-marsúpio poderia proteger-se confundindo seus eventuais predadores através do canto semelhante ao da araponga.

Adaptado de: Scientific American Brasil, n. 83, abr. 2009.

Com base no texto, é correto afirmar que pode estar ocorrendo

a) um mimetismo, em que uma espécie apresenta característica semelhante à outra para proteger-se, como a perereca ao imitar o canto da araponga.
b) um mutualismo, em que a característica de uma espécie beneficia a preservação da outra, como o canto semelhante entre as duas espécies que protege a perereca.
c) uma protocooperação, em que os indivíduos são associados, um se beneficia, mas a associação não é obrigatória (a perereca se beneficia, sem prejuízo da araponga).
d) um comensalismo, em que uma espécie ocupa o mesmo ambiente da outra para se proteger, como a perereca, ao ocupar o mesmo nicho da araponga.
e) uma sociedade, em que espécies independentes se organizam cooperativamente para garantir a proteção de, pelo menos, uma delas, no caso a perereca é protegida.

16. (UEL – PR) No nível de organismo, a ecologia procura saber como os indivíduos são afetados pelo seu ambiente e como eles o afetam. No nível de população, a ecologia ocupa-se da presença ou ausência de determinadas espécies, da sua abundância ou raridade e das tendências e flutuações em seus números. A ecologia de comunidades, então, trata da composição ou estrutura de comunidades ecológicas.

Adaptado de: TOWNSEND, C. R. *Fundamentos em Ecologia.* 2. ed. Porto Alegre: Artmed, 2006, p. 28.

Com base no texto e nos conhecimentos sobre o tema, considere as afirmativas a seguir.

I – No mimetismo mülleriano, os organismos palatáveis se desenvolvem de forma idêntica aos impalatáveis, que são rejeitados pelos predadores. Os complexos mimetismos batesianos compreendem as espécies nocivas que usam aparências semelhantes entre si para anunciarem que são impalatáveis.

II – A competição é o uso ou a disputa de um recurso por um ou mais indivíduos consumidores. Quando os indivíduos pertencem à mesma espécie, sua interação é chamada de competição interespecífica. Quando pertencem a espécies diferentes, é chamada de competição intraespecífica.

III – Na protocooperação, duas populações são beneficiadas pela associação, embora as relações não sejam obrigatórias. Quanto ao mutualismo, o crescimento e a sobrevivência de duas populações são beneficiados, sendo que nenhuma delas consegue sobreviver em condições naturais sem a outra.

IV – A competição pode ser inferida por uma mudança no tamanho populacional de uma espécie após a adição ou remoção de outra. Quando duas espécies competem fortemente, a população da primeira espécie é sensível à mudança nos números da segunda, e vice-versa.

Assinale a alternativa correta.

a) Somente as afirmativas I e III são corretas.
b) Somente as afirmativas III e IV são corretas.
c) Somente as afirmativas I e II são corretas.
d) Somente as afirmativas I, II e IV são corretas.
e) Somente as afirmativas II, III e IV são corretas.

17. (UPE) Na tirinha, Calvin se reporta ao crocodilo (quadrinho 1), à camuflagem (quadrinho 2) e à predação (quadrinho 3). Embora saibamos que os crocodilos verdadeiros não vivem na Amazônia (quadrinho 1) e, sim, na África, podemos fazer um paralelo com nossos jacarés, distribuídos por todo o Brasil, que são predadores, embora também convivam em colaboração com aves que entram em sua boca e se alimentam, removendo detritos e sanguessugas das suas gengivas.

Na coluna à esquerda, estão relacionados alguns tipos de relação ecológica interespecíficos (representados por algarismos romanos) e de adaptações decorrentes da seleção natural (representadas por algarismos arábicos) e, na coluna à direita, as definições e/ou exemplos correspondentes (representadas(os) por letras).

Disponível em: <http://depositodocalvin.blogspot.com/search/label/Criaturas-tirinha187>.

I. inquilinismo	1. camuflagem	A. Aumento da quantidade de hemácias em resposta à variação de altitude, compensando a menor concentração de oxigênio.
II. mutualismo	2. coloração de aviso	B. Carcará, que devora um roedor.
III. predação	3. homeostase	C. Duas espécies diferentes assemelham-se em determinadas características, constituindo vantagem para uma ou ambas em relação à outra ou a outras espécies.
IV. protocooperação	4. mimetismo	D. Os indivíduos associados se beneficiam, e a associação não é obrigatória.
		E. Os indivíduos associados se beneficiam, sendo essa associação fundamental à sobrevivência de ambos.
		F. Plantas epífitas sobre árvores.
		G. Propriedade de os membros de determinada espécie apresentarem características que os assemelham ao ambiente em que vivem.
		H. Rãs e sapos coloridos, cujo padrão de cores vivas alerta sobre sua toxicidade.

Assinale a alternativa que mostra a **CORRETA** associação entre tipo de relação e/ou adaptação e seus respectivos exemplos.

a) I-A, II-B, III-C, IV-D, 1-E, 2-F, 3-G, 4-H
b) I-B, II-A, III-F, IV-H, 1-C, 2-D, 3-E, 4-G
c) I-C, II-D, III-E, IV-G, 1-A, 2-B, 3-F, 4-H
d) I-F, II-E, III-B, IV-D, 1-G, 2-H, 3-A, 4-C
e) I-F, II-C, III-H, IV-D, 1-E, 2-B, 3-G, 4-A

18. (UFSC) Quando um pedaço de floresta é destruído pelo fogo e o local fica abandonado, a mata pode se reconstituir dentro de algumas décadas.

Com relação a este assunto, assinale a(s) proposição(ões) **CORRETA(S)** e dê sua soma ao final.

(01) Ao processo de reconstituição do ambiente denomina-se sucessão ecológica.
(02) Comunidades pioneiras colonizam a área e são sucedidas por outras.
(04) O solo descoberto recebe o sol direto e se torna mais seco, favorecendo a germinação das sementes das árvores nativas que eventualmente tenham permanecido no local após o incêndio.
(08) No estágio em que predominam plantas arbustivas, o solo passa a reter mais umidade, favorecendo a germinação de sementes de plantas arbóreas.
(16) Apesar dos danos à vegetação, a fauna sofre pouco nestas condições, uma vez que os animais têm uma alta capacidade de dispersão.
(32) Exemplos de plantas pioneiras são as bromélias epífitas.

19. (UFLA – MG) Analise as seguintes proposições sobre culturas agrícolas destinadas à alimentação humana, as quais constituem ecossistemas simplificados fora do estágio clímax, e, a seguir, marque a alternativa **CORRETA**.

I – Estas culturas agrícolas são mais suscetíveis às pragas, devido à menor quantidade de predadores nesses ecossistemas.
II – A menor variabilidade genética nesse ecossistema torna-o mais sensível ao ataque de pragas.
III – O aumento de áreas cultivadas provoca a destruição de comunidades clímax, acarretando extinção de espécies e erosão do solo.

a) Apenas as proposições II e III estão corretas.
b) Apenas as proposições I e II estão corretas.
c) As proposições I, II e III estão corretas.
d) Apenas as proposições I e III estão corretas.

20. (UFF – RJ) Um aluno, ao fazer uma pesquisa, verificou que uma fêmea de mosca é capaz de pôr em média cento e vinte ovos. Ele considerou que, se metade desses ovos desse origem a fêmeas e que se cada uma delas colocasse também cento e vinte ovos, após sete gerações o número calculado de moscas seria próximo de seis trilhões. Na verdade, isso não acontece, pois a densidade populacional depende de alguns fatores.

Um fator que **NÃO** é determinante para a densidade populacional é a

a) imigração.
b) mortalidade.
c) emigração.
d) natalidade.
e) sucessão ecológica.

21. (UFPE) As comunidades são formadas por populações de diferentes espécies que vivem juntas e interagem entre si, de forma harmônica ou não. Todas as interações, no entanto, são importantes para a manutenção do equilíbrio ecológico. A preservação da natureza e o respeito à manutenção desse equilíbrio é dever de todo cidadão. Analise as afirmações seguintes.

(0) Sucessão ecológica secundária pode ocorrer em locais anteriormente habitados por outras comunidades, onde existiam condições favoráveis ao estabelecimento de seres vivos, como é o caso, por exemplo, de áreas destruídas por queimadas.
(1) A derrubada de florestas só se constitui em uma ação benéfica para o ambiente quando pode promover o espessamento da camada de húmus, anteriormente consumida pelos organismos existentes.
(2) Embora condenáveis sob o ponto de vista da poluição ambiental, as queimadas anuais, realizadas para diferentes cultivos vegetais, propiciam a renovação de micronutrientes e agilizam uma atividade agrícola autossustentável.
(3) Alterações no tamanho da população de uma espécie podem determinar alterações em outras populações que com ela coexistem e interagem em uma comunidade, provocando desequilíbrios ecológicos.
(4) De acordo com o princípio da exclusão competitiva, ou princípio de Gause, duas espécies de uma comunidade podem ter o mesmo nicho ecológico, mas não podem apresentar o mesmo habitat por muito tempo, havendo exclusão de uma delas.

Questões dissertativas

1. (UFJF – MG) Uma área de 750 ha, situada na região do Rio Vermelho, está contaminada por pinheiros (*Pinus sp.*), a espécie vegetal invasora mais comum em Santa Catarina. Esse fenômeno, denominado contaminação, invasão ou poluição biológica, acontece quando são introduzidos vegetais exóticos em determinado local. Essas plantas se adaptam e se naturalizam no novo *habitat*, reduzindo o espaço das espécies nativas e provocando mudanças nos ecossistemas. A contaminação biológica é a segunda maior causa de extinção de espécies no mundo.

Trecho adaptado. *Disponível em:* <www.universia.com.br/html/noticiadentrodocampus didi. html>.

a) Dentre os três gráficos abaixo, qual deles pode ilustrar o crescimento populacional de *Pinus sp.*, de acordo com a situação descrita na região do Rio Vermelho? Justifique sua resposta.

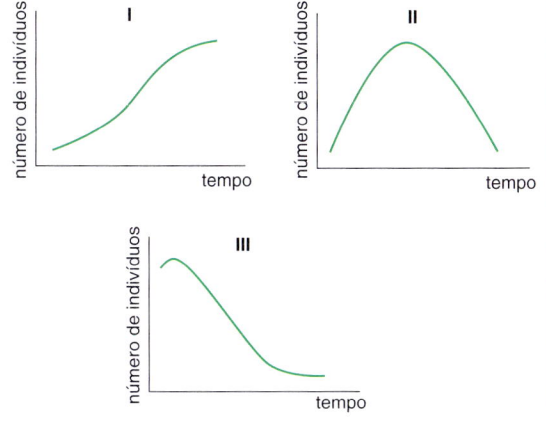

b) Apresente uma justificativa para explicar a naturalização do *Pinus sp.* na região do Rio Vermelho.
c) Cite duas outras causas de extinção, uma para espécies terrestres, outra para aquáticas.
d) Considere uma população de 10 casais de tucanos que passou a colonizar uma ilha do Rio Vermelho. Ao longo de um ano, a taxa de natalidade da população foi de 20%, 5 animais morreram, 3 emigraram e 5 imigraram. Qual é o tamanho da população ao final desse ano?

2. (UFF – RJ) Os cupins se alimentam de madeira, mas não são capazes de digerir a celulose, pois não produzem a enzima responsável pela clivagem deste polissacarídeo. Entretanto, em seu intestino existem os *Tryconinphas*, protozoários flagelados, capazes de realizar essa digestão. Assim, os protozoários utilizam-se de parte do inseto e este, por sua vez, se beneficia da ação dos protozoários.

Com base no texto acima:

a) Identifique a relação ecológica existente entre o cupim e os protozoários. Justifique.
b) Indique os níveis tróficos do cupim e da árvore que fornece a madeira.

3. (UFJF – MG) A sucessão ecológica é um mecanismo natural que abrange mudanças na estrutura das comunidades biológicas, através do tempo. Em uma sucessão ecológica, podemos reconhecer três estágios distintos: comunidade pioneira, comunidade intermediária e comunidade clímax.

a) O **quadro 1** apresenta parâmetros que **não** estão corretamente relacionados com os estágios iniciais e de clímax de uma sucessão primária. Relacione corretamente esses parâmetros com os estágios sucessionais.

Quadro 1

Parâmetros	Estágio inicial da sucessão	Estágio de clímax
Produção primária bruta/consumo	maior que 1	igual a 1
Produção primária líquida	nula	alta
Biomassa	máxima	mínima
Diversidade de espécies	mínima	máxima

b) O esquema abaixo ilustra a sequência ordenada e gradual de um processo de sucessão primária. **Explique** por que os liquens podem ser considerados facilitadores do processo.

Rocha nua → liquens → musgos → ervas → → arbustos → árvores

c) Em uma pesquisa recente, realizou-se um estudo sobre o número de espécies de aves presentes em um campo, em uma região de transição (ecótone) e uma floresta. A figura abaixo mostra os três locais de estudo. Em qual desses locais espera-se encontrar um maior número de espécies de aves? **Justifique** sua resposta.

4. (UNICAMP – SP) Ao estudar os animais de uma mata, pesquisadores encontraram borboletas cuja colaboração se confundia com a dos troncos em que pousavam, mais frequentemente, louva-a-deus e mariposas que se assemelhavam morfologicamente a vespas e a abelhas, e notaram, ainda, a existência de sapos, cobras e borboletas com coloração intensa, variando entre vermelho, laranja e amarelo.

a) No relato dos pesquisadores estão descritos alguns exemplos de adaptações por eles caracterizadas como mimetismo e camuflagem. Identifique no texto um exemplo de camuflagem. Explique uma vantagem dessas adaptações para os animais.
b) No texto são citados vários animais, entre eles sapos e cobras. Esses animais pertencem a grupos de vertebrados que apresentam diferenças relacionadas com a reprodução. Indique duas dessas diferenças.

Programas de avaliação seriada

1. (PISM – UFJF – MG) O funcionamento de um sistema depende das interações que se estabelecem entre seus componentes bióticos e abióticos. A seguir, estão descritas algumas dessas interações ecológicas:

I – Algumas plantas se desenvolvem bem em solos pobres, que contêm bactérias do gênero *Rhizobium*, as quais se associam às suas raízes.
II – Aranhas se alimentam de insetos que ficam presos às suas teias.
III – Quando criadas separadamente, o número de indivíduos de duas espécies de corujas aumenta de acordo com a capacidade de suporte do ambiente. Quando criadas no mesmo ambiente, uma das espécies, por aproveitar melhor o alimento disponível, reduz o número de indivíduos da outra espécie.
IV – Plantas chamadas ervas de passarinho instalam-se sobre outras plantas, retirando delas a seiva produzida pela fotossíntese.

As interações acima descritas referem-se, **respectivamente**, a

a) sociedade, predação, predação, herbivoria.
b) mutualismo, predação, competição, parasitismo.
c) parasitismo, comensalismo, carnivorismo, epifitismo.
d) mutualismo, competição, predação, herbivoria.
e) sociedade, predação, competição, parasitismo.

2. (PEIES – UFSM – RS) Sobre a sucessão ecológica e os fatores que afetam a evolução dos ecossistemas, assinale a alternativa correta.

a) Sucessão secundária ocorre em área antes desabitada, cujas condições iniciais são altamente desfavoráveis à vida, como ocorre em lavas solidificadas de vulcões.
b) O aparecimento de novos nichos ecológicos, durante a sucessão ecológica, leva a uma diminuição da diversidade de espécies na comunidade, devido à competição.
c) O máximo da homeostase é alcançado quando a sucessão atinge o clímax, que é um estado de estabilidade da comunidade (comunidade clímax), quando fatores, como biomassa e biodiversidade, tendem a se manter constantes.
d) Um dos fatores responsáveis pelas condições de vida nas diferentes regiões da Terra é a insolação determinada pelo Sol, cuja variação depende de dois fatores principais: o relevo terrestre e os ventos alísios.
e) Nas regiões equatoriais, o ar fortemente aquecido pelo calor desce e gera uma zona de baixa pressão, ocasionando chuvas regulares.

Capítulo 48
Biomas e fitogeografia do Brasil

Pantanal: um dos muitos tesouros brasileiros

O nome desse bioma remete, à imagem de uma região cheia de brejos e com terrenos alagados. Mas o Pantanal Mato-Grossense não é só isso. Esse incrível bioma é também conhecido por sua grande biodiversidade, sendo considerado pela Organização das Nações Unidas para a Educação, a Ciência e a Cultura – UNESCO como patrimônio natural mundial.

O Pantanal é uma das maiores planícies inundáveis do mundo e 90% de sua área está nos Estados de Mato Grosso e Mato Grosso do Sul. Os 10% restantes encontram-se na parte leste da Bolívia e nordeste do Paraguai. Sua localização favorece o contato com outros biomas brasileiros, como a Floresta Amazônica e o Cerrado, proporcionando uma exuberante diversidade de espécies de animais e plantas.

Aproximadamente 83% da planície do Pantanal está em excelentes condições de conservação e abriga espécies de grandes mamíferos e de aves que praticamente desapareceram em outros estados brasileiros.

As inundações anuais e a baixa fertilidade dos solos são as principais razões pelas quais o Pantanal ainda está praticamente intacto. Essas características naturais impediram a ocupação humana, o avanço da fronteira agrícola e o uso intenso dos solos. Mas, mesmo estando bastante conservado, o Pantanal sofre constantes ameaças. A maior parte delas está relacionada com o desmatamento do Cerrado. A ocupação humana e a atividade pecuária também representam ameaças pela conversão de florestas em pastagens. Também não se pode deixar de citar que a pesca e o turismo sem controle são atividades potencialmente ameaçadoras à integridade desse conjunto de ecossistemas.

Adaptado de: <http://www.conservation.org.br/onde/pantanal/>.
Acesso em: 17 ago. 2011.

Certas regiões da Terra possuem o mesmo tipo de clima, apresentam temperaturas parecidas e praticamente o mesmo índice de precipitação pluviométrica (chuva). Sendo assim, não é de estranhar que tipos parecidos de vegetação sejam encontrados em regiões que apresentam tantas semelhanças de clima.

O mesmo tipo de bioma pode ser encontrado em regiões da Terra com as mesmas características climáticas. Por exemplo, a savana, um bioma terrestre, pode ser encontrado na África ou no Brasil (os cerrados são um exemplo de savana) se bem que a fauna nem sempre é parecida.

OS PRINCIPAIS BIOMAS DO AMBIENTE TERRESTRE

Os principais biomas da Terra atual são: **tundra, floresta de coníferas, floresta decídua temperada, desertos, floresta pluvial tropical, savanas** e **campos**.

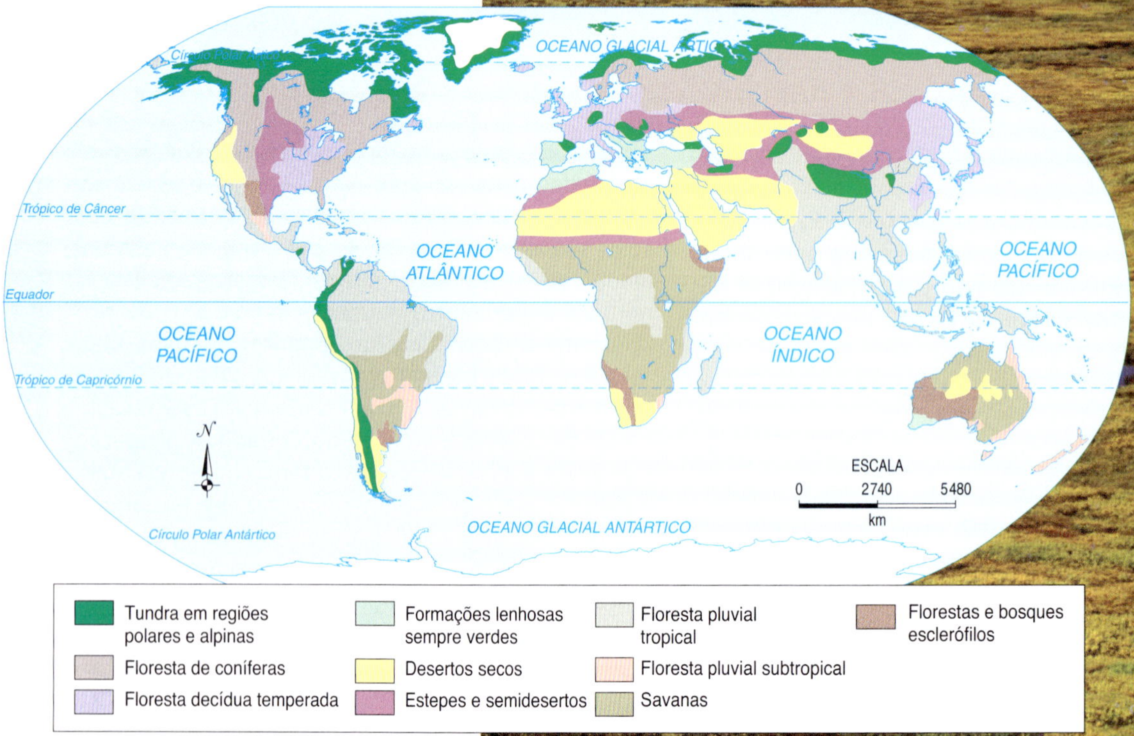

- Tundra em regiões polares e alpinas
- Floresta de coníferas
- Floresta decídua temperada
- Formações lenhosas sempre verdes
- Desertos secos
- Estepes e semidesertos
- Floresta pluvial tropical
- Floresta pluvial subtropical
- Savanas
- Florestas e bosques esclerófilos

Nas montanhas do Himalaia e nas dos Andes, a tundra é o bioma predominante. Esse fato ilustra o princípio de que o ambiente das elevadas altitudes simula o das elevadas latitudes.

Tundra

É um bioma de latitudes elevadas ao norte do planeta, próximo ao Círculo Polar Ártico. Não há árvores, a vegetação é rasteira, de tamanho pequeno, formada principalmente por liquens, musgos e abundantes plantas herbáceas. As temperaturas são extremamente baixas, até −20 °C, no longo inverno (cerca de 10 meses) e baixas, cerca de 5 °C, no curto verão, que é a estação em que as plantas se reproduzem rapidamente e na qual proliferam milhares de insetos. O solo permanentemente congelado – *permafrost* – fica a poucos centímetros abaixo da vegetação.

É nesse bioma que se encontram ursos-polares, caribus e renas (comedores de liquens), lemingues e a coruja do Ártico. Anfíbios e répteis são praticamente inexistentes. Muitos animais, os caribus são um bom exemplo, migram para o Sul durante o outono, à procura de alimento e refúgio.

Tundra.

Biomas e fitogeografia do Brasil **1049**

Floresta de Coníferas (Taiga)

Esse bioma está localizado no hemisfério norte, imediatamente ao sul da tundra. A forma vegetal dominante desse bioma são as coníferas (gimnospermas), pinheiros que portam estruturas de reprodução conhecidas por cones. São também comuns algumas angiospermas decíduas, isto é, árvores que perdem folhas no outono, permanecendo nuas ao longo de todo o inverno.

A fauna é muito pobre, formada principalmente por linces, lebres, raposas, pequenos roedores e algumas aves. Os caribus migradores da tundra também são encontrados à procura de comida e abrigo entre as árvores.

Floresta Decídua Temperada

No hemisfério norte, é encontrada ao sul da floresta de coníferas. É um bioma típico de regiões em que as estações do ano são bem definidas, com uma primavera chuvosa que propicia a exuberância da vegetação, verão quente e inverno rigoroso. O solo é fértil. A vegetação é estratificada, isto é, as árvores distribuem-se por níveis, existindo as de porte elevado formando um dossel (nome dado à cobertura formada pelas árvores de maior porte) uniforme, vindo a seguir as de tamanho progressivamente menor, até as plantas herbáceas. Há uma razoável diversidade de animais, incluindo praticamente todos os grupos conhecidos. A principal característica das árvores é a caducidade das folhas, isto é, em meados do outono, as folhas mudam de cor, inicialmente amarelecem, depois ficam acastanhadas.

Taiga: predominância de coníferas.

Floresta decídua temperada: riqueza de árvores caducifólias.

Desertos

Baixa precipitação pluviométrica (cerca de 250 mm anuais), altas temperaturas e vegetação esparsa altamente adaptada a condições de clima seco caracterizam os desertos. Espalhados por várias partes da Terra, sua flora é específica e formada quase sempre por cactáceas que possuem inúmeras adaptações à falta de água (caules suculentos, espinhos, raízes amplamente difundidas pelo solo etc.). Durante o dia, a temperatura é extremamente elevada e as noites são frias, podendo a temperatura atingir zero grau Celsius. Muitos locais do deserto não possuem nenhuma vegetação, enquanto em outros notam-se arbustos, cactos e alguma vegetação rasteira. Poucos animais, tais como raposas, "ratos-cangurus" e alguns anfíbios e répteis, com pronunciada atividade noturna, escondem-se durante o dia em buracos ou sob pedras.

Desertos.

Floresta Pluvial Tropical

Chuva abundante, temperatura elevada o ano inteiro, clima úmido, são fatores que favoreceram a formação de exuberantes matas em regiões tropicais da América do Sul, África, Sudeste da Ásia e alguns pontos da América do Norte. A vegetação é altamente estratificada, existem árvores de diversos tamanhos, a biodiversidade é magnífica. A parte fértil do solo é pouco espessa em função da rápida reciclagem de nutrientes. Há uma infinidade de fungos em associações com raízes, as conhecidas *micorrizas*. Em virtude dessa rápida reciclagem e da pequena espessura do solo fértil, pode-se dizer que a fertilidade dessas florestas deve-se à vegetação arbórea exuberante.

Uma vez derrubada a mata, em pouco tempo o solo fica pobre. Por esse motivo, esse bioma é o que menos se presta para fins agrícolas.

Vista aérea da floresta pluvial na região equatorial, parte da imensa Floresta Amazônica.

Savanas, Campos e Estepes

Esses biomas correspondem às formações típicas da África, aos nossos cerrados (que incluem vários subtipos) e aos diversos tipos de campos distribuídos pela Terra, entre os quais os nossos pampas gaúchos.

Nas savanas, a vegetação não é exuberante, existindo praticamente dois estratos, o arbóreo – que é esparso – e o herbáceo. A fauna é típica para cada região, sendo bem conhecida a africana, formada por mamíferos de grande porte, tais como elefantes, girafas, leões e zebras, bem como algumas aves famosas, como os avestruzes.

Com relação aos campos, bioma em que predomina a vegetação herbácea, os localizados na América do Norte encontram-se atualmente bastante alterados, sendo utilizados para o cultivo de plantas destinadas à alimentação do homem, tais como soja, milho etc. No Brasil, os pampas gaúchos (chamados também de estepes) correspondem a locais cuja vegetação é predominantemente formada por gramíneas, prestando-se à criação de equinos e bovinos.

Fique por dentro!

Nossos cerrados encontram-se atualmente bastante degradados servindo para o cultivo de espécies com fins alimentares, principalmente a soja.

A ciência por trás do fato!

Solos permanentemente congelados?

Diz a tradição popular que o solo permanentemente congelado da tundra ártica, conhecido como *permafrost*, armazena inúmeros restos de animais, entre eles os mamutes, que por ali viveram tempos atrás. E que esses restos nunca seriam desfeitos, ali permanecendo por milhares de anos. Parece que está acontecendo o contrário.

Estudos do cientista russo Sergei Zimov revelam que, por causa do aquecimento global, o *permafrost* está derretendo. Com o derretimento, bactérias que até então estavam inativas retornariam à atividade decompositora da matéria orgânica ali existente e liberariam toneladas de gás carbônico (CO_2) e metano (CH_4), dois gases de estufa, sendo que o metano é 21 vezes mais potente que o CO_2 na retenção do calor gerado pela radiação solar. Motivo de preocupação? Lembre-se do seguinte: estatísticas revelam que a humanidade emite 7 bilhões de toneladas de carbono por ano; as áreas de *permafrost* contêm 500 bilhões de toneladas de carbono, que podem rapidamente se converter em gases de estufa! Segundo um relatório da ONU, a camada superior do *permafrost* contém mais carbono que a atmosfera. É para ficar preocupado ou não?

Extraído e adaptado de: SOLOVYOV, D.
A vingança do mamute.
Folha de S.Paulo, São Paulo, 23 set. 2007,
Caderno Mais!, p. 9.

OS PRINCIPAIS BIOMAS DO AMBIENTE MARINHO

A principal característica do ambiente marinho é a estabilidade, sofrendo pequena influência das variações climáticas. A temperatura da água, por exemplo, oscila muito pouco durante o dia, o mesmo ocorrendo com suas características físico-químicas.

A vastidão dos mares e oceanos leva-nos a fazer uma divisão arbitrária de ambientes, no sentido de facilitar o estudo tanto da comunidade quanto dos fatores abióticos. Simplificadamente, podemos admitir a existência de uma **região litorânea** (ou nerítica), assentada sobre a **plataforma continental** (0 a 200 m de profundidade) e seguida de uma **região oceânica** (mar aberto). Veja a Figura 48-1.

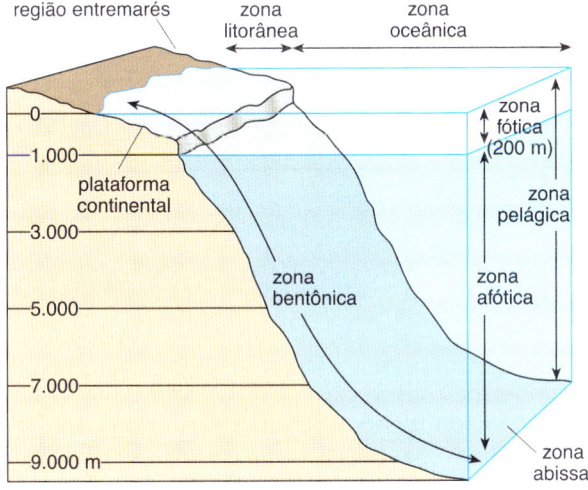

Figura 48-1. Esquema das zonas marinhas.

Cada uma delas apresenta duas regiões:

- a *região pelágica*, em que os organismos nadam ativamente, e
- a *região bentônica*, em que os organismos se utilizam do fundo oceânico para se fixar ou se deslocar (o fundo oceânico, nesse caso, não possui o sentido de profundidade e, sim, o de base sólida explorada pelos seres vivos).

Podemos, então, falar em região pelágica oceânica e em região pelágica litorânea, o mesmo podendo ser feito em relação à bentônica.

A região litorânea pode ser subdividida em três zonas, de acordo com a distribuição das marés:

- *infralitoral*, zona permanentemente coberta de água;
- *mesolitoral*, também conhecida como entremarés, zona que ora fica descoberta, ora coberta pela água;
- *supralitoral*, zona que não costuma ser coberta pela água e abrange todos os locais que sofrem a influência do oceano: as dunas, as restingas e os habitantes típicos dessas regiões, incluindo plantas adaptadas a locais de alta salinidade, bem como insetos, aves, répteis, aranhas etc.

A vida oceânica depende da profundidade de penetração da luz na água. Fora da plataforma continental, a profundidade do oceano aumenta consideravelmente. Há pontos em que ela alcança 11.000 metros (na plataforma continental, a média é de 200 m). Os organismos que vivem em grandes profundidades dependem dos que habitam regiões superficiais. Seres vivos errantes e detritos que caem de regiões superiores constituem o alimento dos habitantes das chamadas regiões abissais. A zona hadal corresponde às regiões com profundidade superior a 6.000 m.

As Comunidades Marinhas

Os habitantes do mar fazem parte de diferentes comunidades; na verdade, divisões da comunidade maior que existe nos oceanos. As principais são: o **plâncton**, o **bentos** e o **nécton**.

Plâncton

O **plâncton** é constituído principalmente de organismos microscópicos livres e flutuantes na massa de água. Sua locomoção a longas distâncias é devida ao próprio movimento das marés. De modo geral, a existência do plâncton é condicionada à profundidade de penetração da luz, a chamada **região fótica**, que normalmente chega até cerca de 200 metros.

É comum considerar o plâncton como formado por dois grandes componentes: o **fitoplâncton**, composto de organismos autótrofos (algas microscópicas e cianobactérias), produtores de alimento, e o **zooplâncton**, constituído por diferentes grupos de animais, geralmente microscópicos, sendo os mais importantes os microcrustáceos. O zooplâncton é o elo da cadeia alimentar que une o fitoplâncton e os demais seres vivos dos oceanos.

Fitoplâncton marinho, visto ao microscópio eletrônico de varredura.

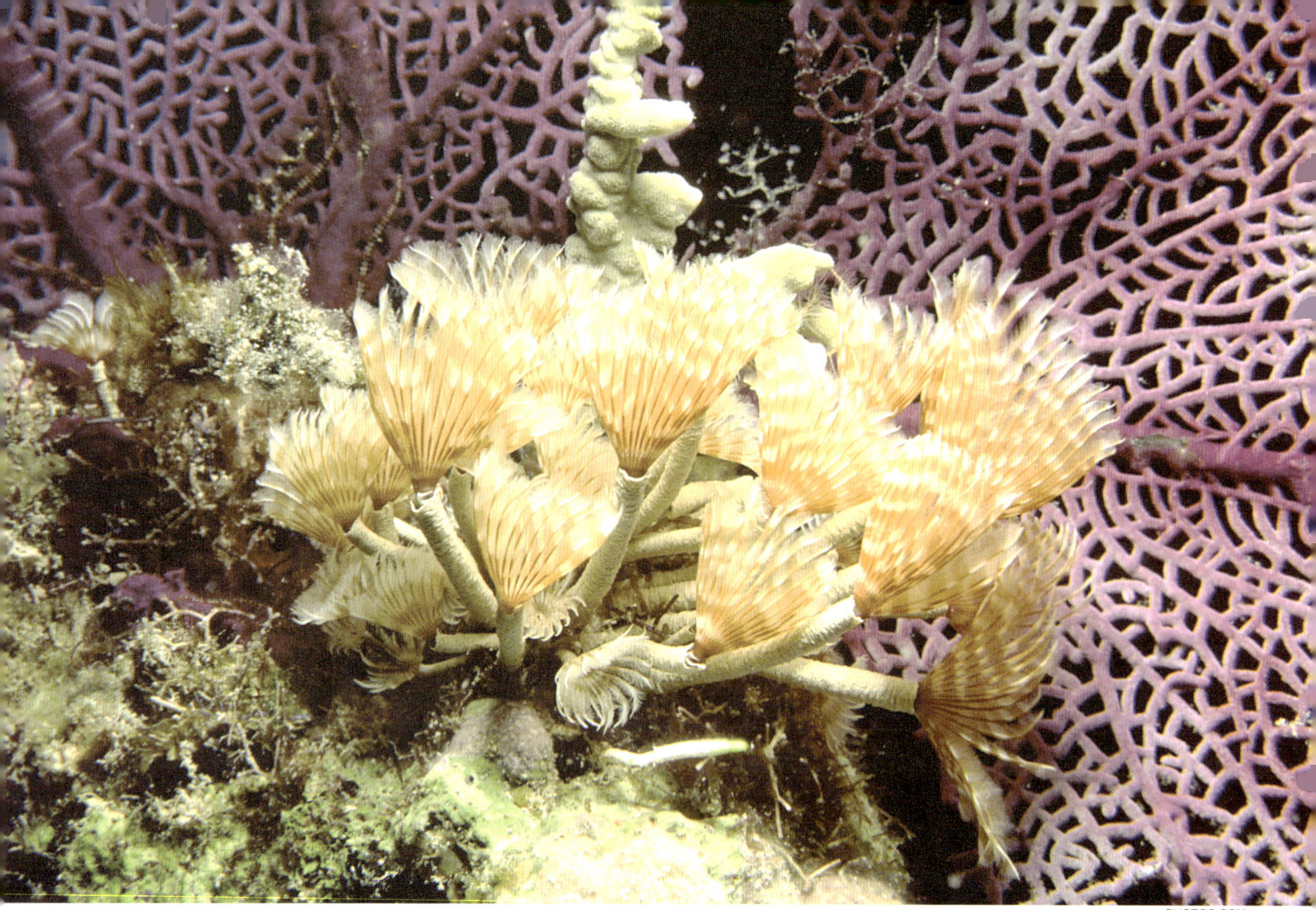

PHOTOS.COM

Seres bentônicos se apoiam no fundo do oceano.

Bentos

O **bentos** é uma comunidade constituída por organismos que habitam a base sólida do mar, o chamado fundo oceânico. Dele fazem parte dois tipos de organismo: os **fixos** (ou **sésseis**), como esponjas, corais, cracas, algas macroscópicas, e os **móveis** (ou **errantes**), como caramujos, caranguejos e lagostas.

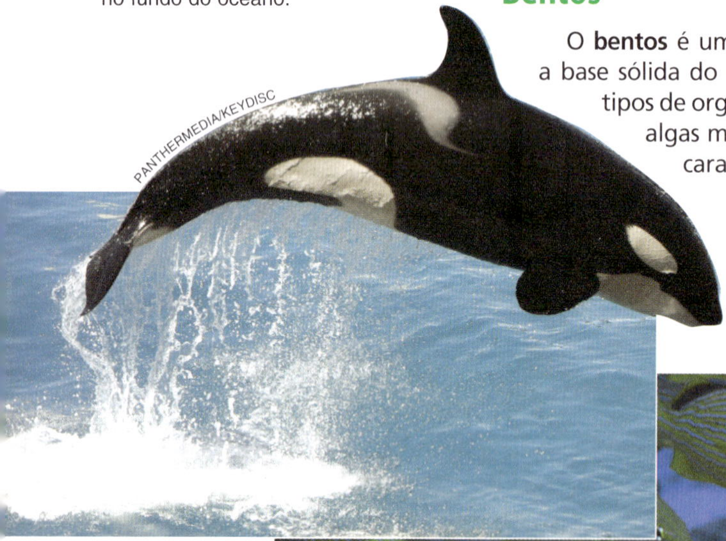

PANTHERMEDIA/KEYDISC

Nécton

O **nécton** é a comunidade formada por organismos nadadores ativos. É o caso de peixes, tartarugas, baleias, focas, lulas etc.

COREL CORP.

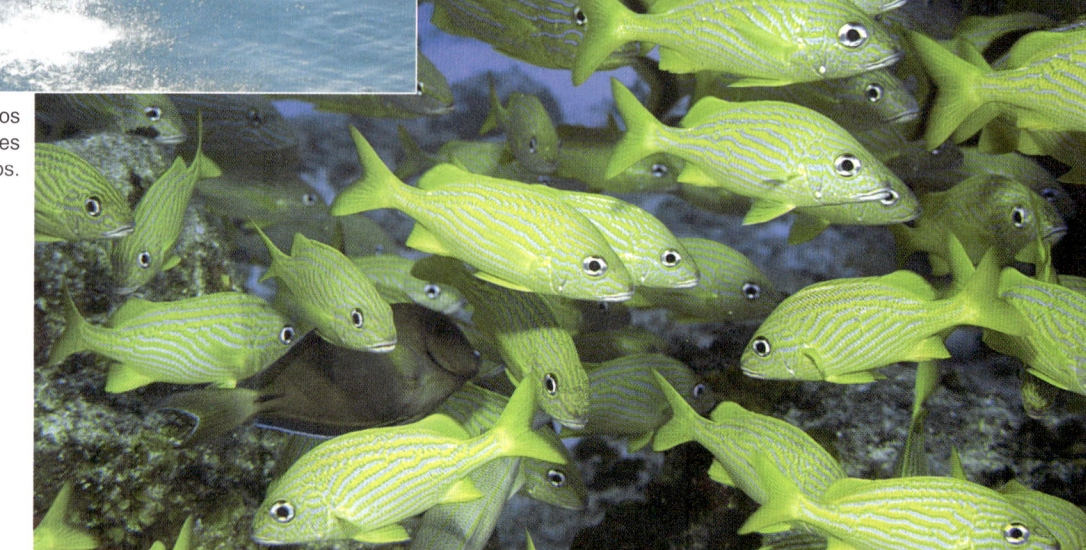

Seres nectônicos são nadadores ativos.

OS PRINCIPAIS BIOMAS DE ÁGUA DOCE

Grande parte da biosfera terrestre é hoje ocupada por água, um meio no qual a vida surgiu há bilhões de anos e expandiu-se para o meio terrestre. O volume de água existente nos mares é muito superior ao das coleções de água doce. A principal diferença entre esses dois ambientes aquáticos é o *teor de sais*, muito pequeno na água doce, ao redor de 1%. Outra diferença reside na *instabilidade* apresentada pelos ecossistemas de água doce. As características físicas e químicas, como temperatura, salinidade e pH, apresentam grande variação. Quanto aos seres vivos, muitos recorrem a formas de resistência, extremamente úteis em ambientes instáveis. É o que acontece, por exemplo, com as esponjas de água doce que recorrem à formação de gêmulas nos períodos de inverno, quando o congelamento de lagos e lagoas dificulta a circulação de oxigênio e nutrientes para esses animais de hábito filtrador.

Em alguns aspectos, no entanto, o mar e a água doce apresentam similaridades. Uma delas está relacionada às categorias de seres vivos componentes das comunidades: a água doce também possui plâncton, bentos e nécton. Há, porém, algumas peculiaridades nesse ambiente, principalmente quando levamos em conta a existência de movimento da massa de água. Assim, podemos pensar em dois tipos de ambiente aquático, quanto a essa característica: *águas paradas* e *águas correntes*. À primeira categoria pertencem os lagos, lagoas, charcos, açudes e represas. Os rios, riachos, córregos e correntezas fazem parte da segunda.

Águas Paradas

Entre lagos e lagoas, a diferença reside na extensão e na profundidade, muito maiores nos primeiros. A distribuição da comunidade nesses ambientes ocorre em três regiões principais:

- **zona litorânea** – local de pouca profundidade e bem iluminado em que predominam as plantas flutuantes, como os aguapés e as salvínias, e as que enraizam no solo, como as taboas. É ambiente propício para o estabelecimento de muitas espécies animais, entre os quais insetos, moluscos, anfíbios e algumas espécies de mamíferos herbívoros, como as antas e capivaras;
- **zona limnética** – sua profundidade vai até onde a luz penetra, caracterizando a região *eufótica*. É a região de predomínio das algas do fitoplâncton, entre elas as diatomáceas, e das cianobactérias, que servem de pasto para componentes do zooplâncton, especialmente rotíferos (um grupo de invertebrados) e microcrustáceos (em especial, as dáfnias ou pulgas-d'água). Por sua vez, o zooplâncton serve de alimento para inúmeras variedades de peixes que são comidos por peixes carnívoros maiores, o que ilustra a diversidade da *teia alimentar* nessa região;
- **zona profunda** – *habitat* de bactérias e fungos decompositores, bem como de alguns animais detritívoros (como os conhecidos tubifex, pequenas minhocas de água doce que servem de alimento para peixes de aquário), cujo alimento são restos orgânicos provenientes das zonas limnética e litorânea.

FABIO COLOMBINI

Os aguapés são representantes da flora de zona litorânea de água doce. Vivem em águas paradas e em alguns rios.

Saiba mais

Lagos eutróficos e oligotróficos

Certos lagos apresentam algumas características relacionadas ao clima da região em que se encontram. Nos chamados **lagos eutróficos** (ricos em nutrientes) de regiões temperadas, a água da superfície congela no inverno, ficando o restante no estado líquido e a 4 °C, temperatura em que a água é mais densa. Se isso não ocorresse e o gelo fosse mais denso que a água em estado líquido, todo o lago ficaria congelado durante o inverno.

Com o derretimento do gelo na primavera, gradualmente ocorre o aquecimento da água, cuja densidade vai aumentando, o que provoca uma circulação hídrica em todo o lago. A água densa, superficial, afunda e força o deslocamento da água dos níveis profundos para cima. Isso leva à uniformização da temperatura e a uma intensa circulação da água do lago. Nutrientes localizados no fundo são conduzidos para a superfície, cuja fertilidade aumenta, o que favorece o fitoplâncton, enquanto o fundo é enriquecido com o oxigênio.

No verão, ocorre o aquecimento da água na camada superior do lago. À medida que a profundidade aumenta, porém, a temperatura cai bruscamente e nas regiões profundas a temperatura é bem baixa. Forma-se entre a camada superior – quente – e a profunda – fria – uma faixa aquática de temperatura intermediária conhecida como **termoclino**, típica desses lagos eutróficos.

Nas regiões tropicais, os lagos apresentam temperatura uniforme praticamente o ano todo. As águas superficiais são permanentemente aquecidas e ocorre circulação de nutrientes apenas na camada superior desses lagos, conhecidos por esse motivo como **oligotróficos** (poucos nutrientes).

Fonte: BSCS. *Ecologia.* São Paulo: EDUSP, 1963.

Águas Correntes

Quanto às águas correntes, cujo exemplo típico são os rios, podemos considerá-las como constituídas por três regiões:

- **região inicial**, de curso rápido, em que a turbulência da água é grande em função de quedas e declives. É local de difícil encontro de seres vivos, dada a grande velocidade apresentada pela água. Somente espécies com eficientes mecanismos de fixação ou de preensão às margens conseguem explorar esse *habitat* e aproveitar a riqueza de oxigênio típica desse local;
- **região média**, de velocidade menor, dotada de vegetação marginal que favorece o enriquecimento de nutrientes na água. Isso propicia a proliferação do fitoplâncton e de seres herbívoros e carnívoros de diferentes espécies;
- **região final**, rica em sedimentos e matéria orgânica que levam à turvação da água e à pobreza em fitoplâncton e dos demais componentes da comunidade aquática.

FITOGEOGRAFIA BRASILEIRA

O Brasil possui enorme extensão territorial e apresenta climas e solos muito variados. Em função dessas características, há uma evidente diversidade de biomas, definidos sobretudo pelo tipo de cobertura vegetal. A Figura 48-2 mostra a *distribuição supostamente original* dos biomas brasileiros.

Figura 48-2. Cada um desses biomas apresenta peculiaridades próprias, tornando-se razoavelmente simples a distinção entre eles pela existência de áreas bem definidas, algumas bem extensas, tais como a caatinga, a floresta pluvial tropical (Floresta Amazônica) e os cerrados.

Saiba mais

Biomas brasileiros

Em maio de 2004, o Instituto Brasileiro de Geografia e Estatística – IBGE divulgou o Mapa dos Biomas do Brasil, mostrado ao lado. Da cobertura original do Brasil, restam grandes "bolsões" ainda preservados.

A ação do homem, apropriando-se dos recursos naturais de forma desregrada, sem levar em conta as consequências e os possíveis impactos ambientais, já teve como resultado a devastação de alguns biomas, como o da Zona de Cocais e o da Mata de Araucárias. Sem uma política pública firme e determinada, em pouco tempo esses biomas – que agora não mais constam do mapa do IBGE – poderão ser tidos como extintos.

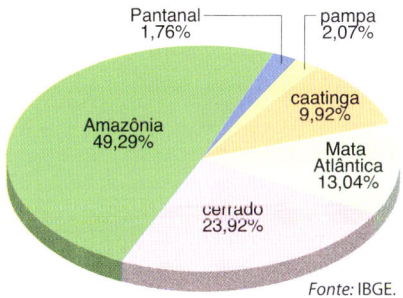

Fonte: IBGE.

Caatinga

- Abundância de cactáceas. O restante da vegetação é constituído por árvores e arbustos caducifólios, ou seja, que perdem as folhas nas estações secas.
- Xerofitismo (conjunto de caracteres apresentados por vegetais de clima seco).
- Temperaturas elevadas. A água é fator limitante. Chuvas escassas (300 a 800 mm/ano). Rios secam no verão.
- 10% do território nacional (800.000 km^2).
- Vegetais típicos: mandacaru, xique-xique, umbu, pau-ferro, juazeiro, barriguda, coroa-de-frade.
- Estados do Maranhão, Piauí, Ceará, Rio Grande do Norte, Paraíba, Pernambuco, Sergipe, Alagoas, Bahia e Norte de Minas.

Caatinga: riqueza em xerófitas.

Cerrado

- Vegetação tipo savana. Árvores esparsas, de tronco retorcido, casca grossa, folhas espessas, ou seja, com características de região seca, conduzindo a um aparente xeromorfismo. Há também vegetais com características de higrofitismo.
- Solo ácido, arenoargiloso, rico em alumínio e pobre em nutrientes. Oligotrofismo do solo.
- A água não é fator limitante. O lençol subterrâneo é profundo (18 m). Estação seca de 5 a 7 meses. Chuvas regulares na estação chuvosa. Temperatura alta.
- No início, ocupava 25% do território nacional (1.500.000 km^2). Hoje, está bastante alterado para fins agrícolas.
- Vegetais típicos: araticum, barbatimão, copaíba, ipê-amarelo, pequizeiro-do-cerrado, pau-terra, fruta-de-lobo, cajueiro-do-cerrado (as raízes alcançam 18 m de comprimento em direção ao lençol freático).
- Estados de Minas Gerais, Goiás, Mato Grosso, Mato Grosso do Sul, Tocantins e São Paulo.

Saiba mais

A dieta do lobo-guará e os cerrados

Embora seja um animal de ampla distribuição geográfica no Brasil, abrangendo desde o extremo sul da bacia amazônica, partes do semiárido nordestino, passando pelo Pantanal Mato-grossense e indo até o Rio Grande do Sul, é nos campos abertos e cerrados que o lobo-guará é mais afamado. Nesses locais, é injustamente acusado de devorar animais de criação, o que foi desmentido em brilhante artigo publicado na revista *Ciência Hoje*, de agosto de 2002, de autoria de pesquisadores do Laboratório de Ecologia Trófica do Departamento de Ecologia da Universidade de São Paulo.

De acordo com os autores, "... trata-se de um animal solitário na maior parte do ano, excetuando a época da reprodução, quando ocorre a formação do casal. Tem o hábito de percorrer grandes distâncias dentro de sua área de vida, que pode variar de 22 km^2 a 132 km^2, caçando durante os períodos crepuscular e noturno".

A partir da análise das fezes desses canídeos colhidas em diversos ecossistemas, entre os quais o Parque Nacional da Serra da Canastra, MG, percebeu-se que a dieta do lobo-guará é extremamente diversificada, constituindo-se de derivados vegetais (entre eles os frutos da lobeira, da gabiroba, de araçás e de goiabeiras), insetos (gafanhotos, grilos, besouros, vespas, formigas), peixes, sapos, lagartos, cobras, aves (perdizes, codornas, inhambus, entre outros), mamíferos (cuícas, gambás, tatus, cutias, pacas, veados e, principalmente, ratos e preás). Constatou-se que a caça de galinhas é baixíssima, não havendo nenhum registro de predação de outras criações.

Os pesquisadores constataram que a grande maioria dos itens consumidos pelo lobo-guará ocorre no cerrado, motivo pelo qual sugerem que a conservação desse tipo de bioma é importante para a sobrevivência da espécie que, por sinal, está relacionada na lista dos animais ameaçados de extinção.

Fonte: Fama Injusta. *Ciência Hoje*, Rio de Janeiro, v. 31, n. 185, p. 71, ago. 2002.

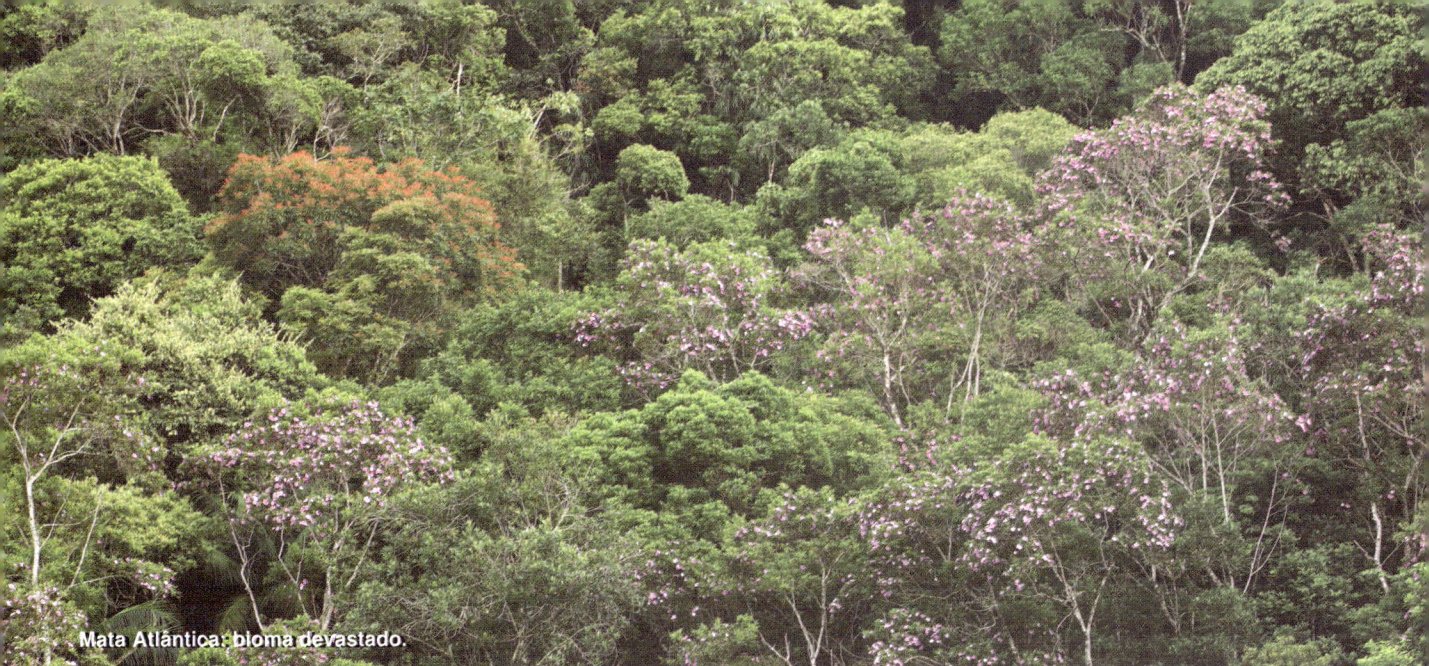

Mata Atlântica: bioma devastado.

FABIO COLOMBINI

Mata Atlântica

- Vegetação exuberante que lembra a Floresta Amazônica. Árvores altas, higrofitismo.
- Região úmida em função dos ventos que sopram do mar. Pluviosidade intensa (na cidade de Itapanhaú, SP, chove cerca de 4.500 mm/ano, ou seja, chove praticamente todos os dias).
- Região devastada. Área original: 1.000.000 km^2 (15% do território nacional). Hoje, apenas 7%.
- Vegetais típicos: manacá-da-serra, cambuci, guapuruvu, angico, suinã, ipê-roxo, pau-brasil.
- Região costeira do Rio Grande do Norte até o sul do Brasil.

Manguezal

- Faixa estreita paralela ao litoral.
- Vegetação composta de poucas espécies. Adaptações à falta de O_2 e ao alto teor de água no solo. Raízes respiratórias (pneumatóforos). Caules de escora.

Fique por dentro!

Recentemente, a Professora Dra. Nanuza Luiza de Menezes, da USP, demonstrou que as "raízes" de sustentação de *Rhizophora mangle* não são raízes de escora. São, na verdade, caules modificados. Assim, seria melhor denominá-las de "**caules de sustentação**".

Manguezal: santuário ecológico.

FABIO COLOMBINI

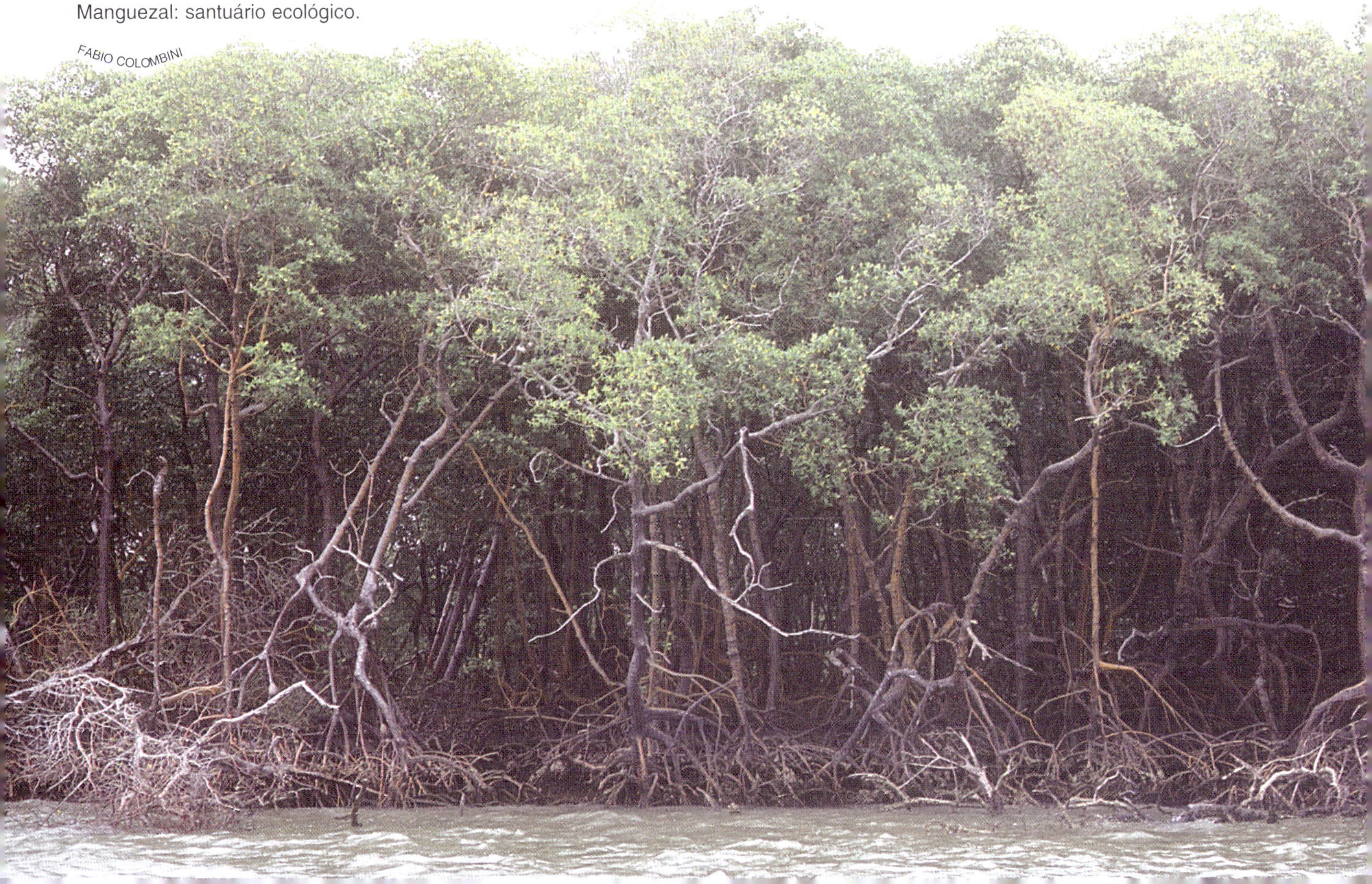

Pampas

- Vegetação constituída predominantemente por gramíneas. Pastagens.
- Distribuição regular de chuvas.
- Estações bem demarcadas.
- Estado do Rio Grande do Sul.

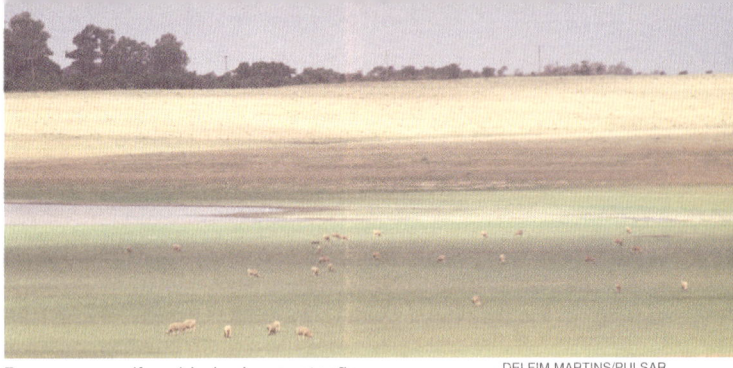

Pampas: a uniformidade da vegetação.

DELFIM MARTINS/PULSAR

Mata de Araucárias

- Vegetação constituída por árvores altas (pinheiro-do-paraná), arbustos (samambaias, xaxim) e gramíneas.
- Temperaturas baixas no inverno.
- Chuvas abundantes.
- Região intensamente devastada nos últimos anos (atualmente, a porcentagem de matas preservadas não chega a 2%, sendo que esse índice já chegou a 60%!).
- Estados do Paraná, Santa Catarina e Rio Grande do Sul.

DELFIM MARTINS/PULSAR

Mata de Araucárias: a mata original de pinheiros hoje está muito reduzida.

Complexo do Pantanal

- Vegetação adaptada a solos encharcados. Fauna abundante.
- Região constituída de áreas de cerrados, florestas secas e zonas alagadas.
- 4,5% do território nacional (393.000 km^2).
- Vegetais típicos: guatambu, jenipapo, pau-de-novato, carandá (palmeira), guaçatonga, ingá.
- Região Centro-Oeste do Brasil.

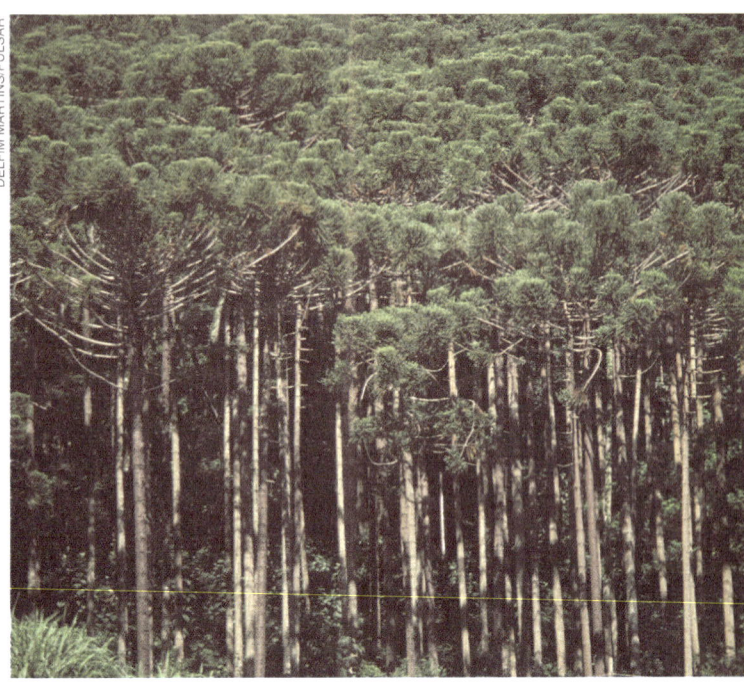

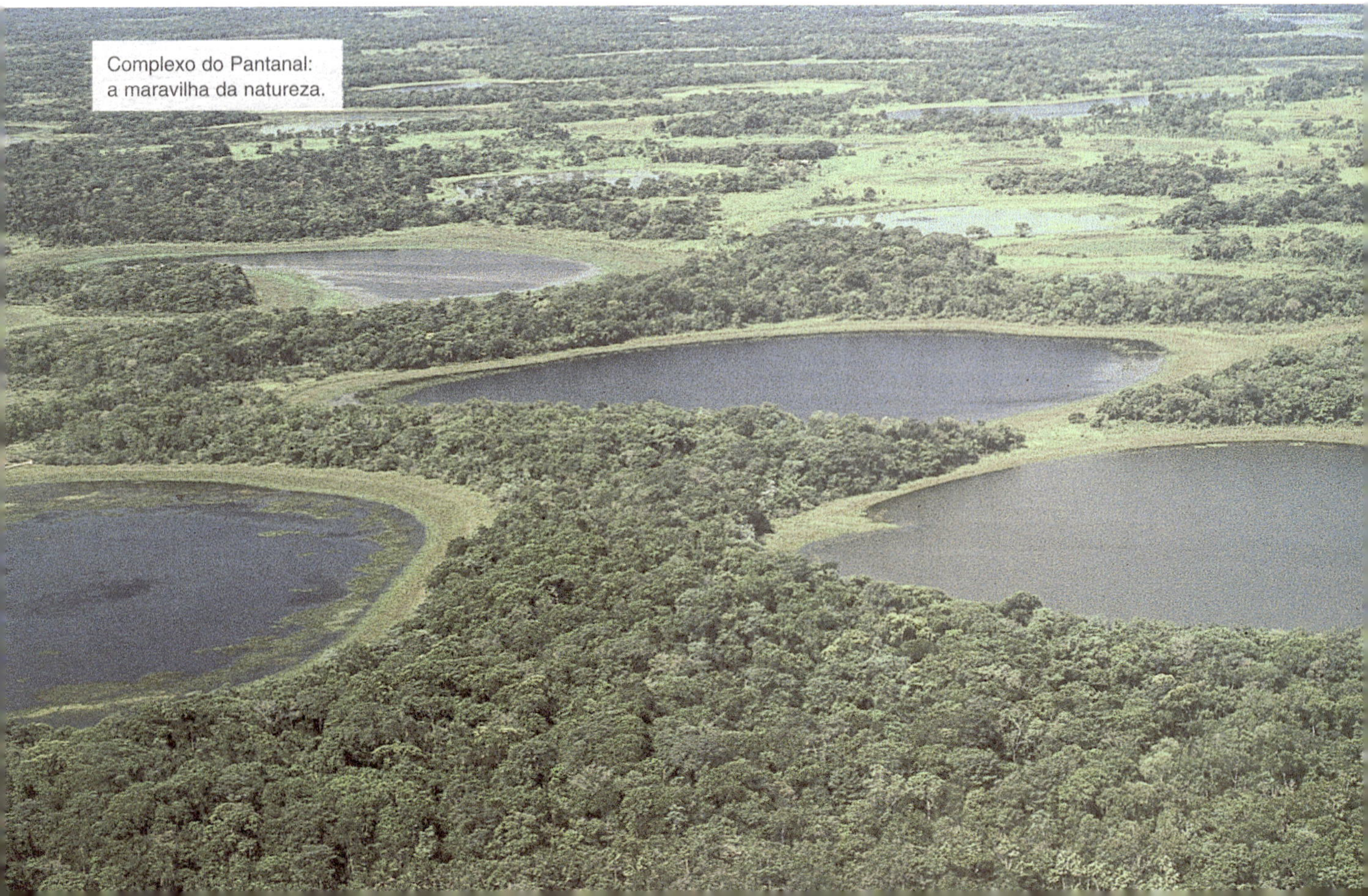

Complexo do Pantanal: a maravilha da natureza.

A exuberância da Floresta Amazônica.

Floresta Amazônica

- Vegetação densa, distribuída por diversos andares ou estratos. Plantas higrófitas. Folhas amplas e brilhantes. O estrato herbáceo é constituído por plantas de pequeno porte que vivem em condições de baixa luminosidade. No segundo estrato, encontram-se arbustos e pequenas palmeiras. A seguir, dois estratos arbóreos intercalados. O último estrato é o das *lianas*, constituído por epífitas (bromélias, orquídeas, musgos e samambaias) e trepadeiras (filodendros).
- Solos geralmente rasos (parte fértil do solo pouco espessa), bem drenados, intensamente lixiviados e ácidos, pobres em nutrientes, do tipo arenoargilosos. Algumas manchas de solo com terra preta (conhecida como terra de índio), humoso e rico em nutrientes.
- Temperatura regularmente elevada. Pluviosidade intensa.
- Grande quantidade de nichos ecológicos. Riqueza em espécies vegetais (cerca de 2.500). Elevada produtividade bruta: cerca de 30 toneladas/ha/ano.
- Elevada intensidade de decomposição de matéria orgânica no solo, gerando nutrientes que são rapidamente absorvidos pela vegetação, constituindo um ciclo de decomposição/absorção extremamente dinâmico. Por isso, a remoção da floresta para fins agrícolas é prejudicial e conduz o solo ao empobrecimento.
- 40% do território brasileiro (3.500.000 km^2).
- Vegetais típicos: cacau, castanha-do-pará, cupuaçu, guaraná, jatobá, maçaranduba, seringueira, mogno, sumaúma.
- Estados do Acre, Amazonas, Pará, Rondônia, Amapá e Roraima.

Zona de Cocais: babaçu e carnaúba.

Zona de Cocais

- Temperatura média anual elevada.
- Vegetais típicos: palmeiras tipo babaçu e carnaúba.
- Chuvas abundantes.
- Estados do Maranhão e Piauí.

Pense nisso

A Mata Atlântica e a exploração ilegal de palmitos

Empada de palmito, pastel de palmito, salada de palmito... só de falar já dá água na boca! O palmito é um dos ingredientes mais nobres e versáteis utilizados na culinária brasileira, mas que, atualmente, se encontra sob risco de extinção. O palmito juçara (*Euterpe edulis*) é uma palmeira nativa da Mata Atlântica e um dos recursos naturais mais explorados desde a década de 1970.

O palmito juçara apresenta um papel central na manutenção da biodiversidade da Mata Atlântica, uma vez que sua semente e seu fruto servem de alimento para diversos animais, como tucanos, sabiás, macucos, periquitos, maritacas, jacus, jacutingas, porcos-do-mato, antas, marsupiais, ratos-de-espinho, esquilos, tatus e capivaras. Além disso, ele serve de alimento para o homem e suas palmeiras fornecem frutos, açúcar, óleo, cera, fibras, material para construções rústicas, matéria-prima para a produção de celulose, entre outros produtos.

O grande problema é que o ciclo de produção do palmito é muito longo. Para termos uma ideia, o palmito leva mais de sete anos para crescer até o tamanho de corte! Isso faz com que plantas ainda jovens também sejam cortadas para se atender à demanda por palmito, o que pode trazer inúmeros problemas ambientais, não havendo tempo, por exemplo, para a regeneração natural das florestas.

A exploração predatória do palmito não traz riscos somente à biodiversidade da Mata Atlântica. Nós, consumidores, também colocamos nossa saúde em risco ao consumirmos palmito extraído de forma ilegal. Quando isso acontece, o palmito é cortado às pressas, cozido e embalado na própria floresta, sem os devidos cuidados de higiene, havendo risco de contaminação e até mesmo de botulismo.

Baseado em: <http://www.sosribeira.org.br>.
Acesso em: 5 nov. 2007.

Ética & Sociedade

A seiva da *Hevea brasiliensis*, um dos primeiros casos de biopirataria

A seiva da seringueira, *Hevea brasiliensis*, o látex, que ainda é uma das matérias-primas mais utilizadas pela indústria, representou para a sociedade brasileira, na virada do século XIX para o XX, a base de sustentação de um dos mais importantes ciclos de nosso desenvolvimento. A Região Norte, nessa época, apresentou um crescimento notável. Infelizmente, a seringueira foi um dos primeiros casos de biopirataria de nossa história. Em 1876, ingleses contrabandearam sementes de *Hevea brasiliensis* para Londres. A espécie foi estudada e enviada para as colônias britânicas na Ásia, onde seu cultivo foi feito de forma intensiva.

Como decorrência dessa biopirataria, e do fato de os custos de produção da borracha na Ásia serem menores que no Brasil, fomos perdendo mercado, e todo o desenvolvimento vislumbrado pela Região Norte acabou por minguar.

Passo a passo

1. "Certas regiões da Terra possuem o mesmo tipo de formação ecológica, com climas semelhantes, temperaturas parecidas e praticamente o mesmo índice de precipitação pluviométrica (chuva). Nessas regiões, tipos parecidos de vegetação e de fauna são encontrados, embora não as mesmas espécies."

  a) A que conceito ecológico a frase acima é relacionada?
  b) A que tipo de ambiente – terrestre ou aquático – esse conceito é mais relacionado?

2. "O mesmo tipo de formação ecológica pode ser encontrado em regiões da Terra com as mesmas características climáticas. Em alguns países da África ou no Brasil esse tipo de formação ecológica possui vegetação de aspecto semelhante, sendo que a fauna é própria de cada país."

  a) A que bioma o texto acima se refere?
  b) No Brasil, a formação ecológica que pertence a esse bioma é conhecida por outro nome. Qual é ele?

As questões **3**, **4** e **5** deverão ser respondidas com base no mapa a seguir, que relaciona os principais biomas encontrados no ambiente terrestre.

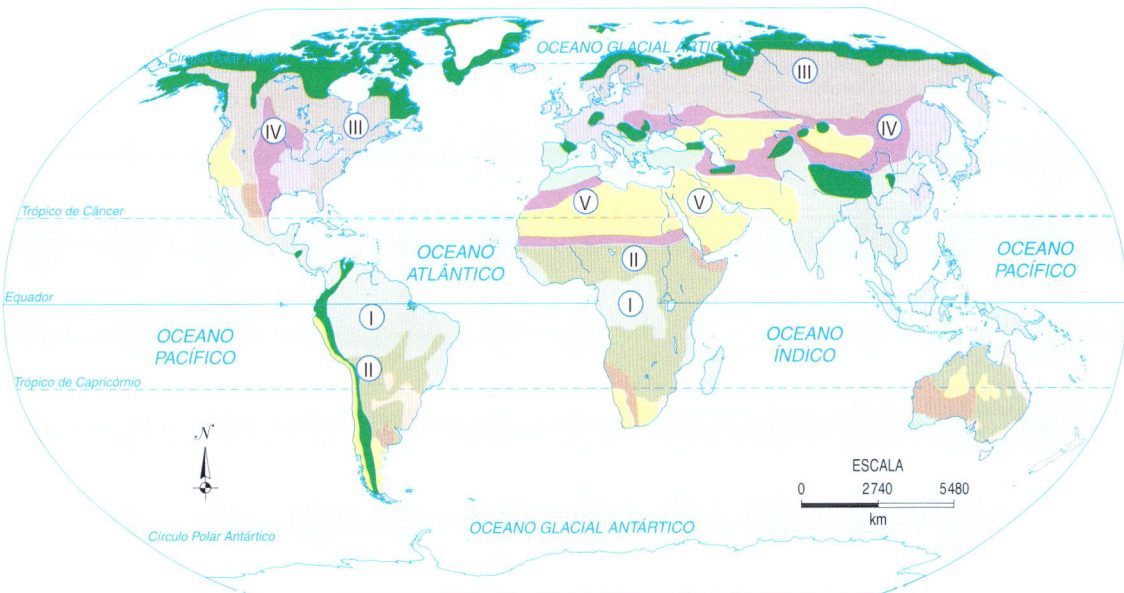

3. Consultando o mapa equivalente que se encontra no texto deste capítulo, responda:
  a) A que biomas pertencem as formações ecológicas indicadas pelos números I a V?
  b) As formações ecológicas indicadas pelo número I no mapa, além de pertencerem ao mesmo bioma, possuem algumas características semelhantes. Cite pelo menos duas delas.

4. Tundra, taiga e floresta decídua temperada são biomas típicos do Hemisfério Norte, localizados em regiões de latitude elevada. Com relação a esses biomas:
  a) Qual o significado do termo *permafrost*, aplicado ao bioma tundra? Cite pelo menos três animais mamíferos típicos desse bioma. Cite o tipo de vegetação predominante nesse bioma.
  b) Qual a formação vegetal arborescente típica, comumente encontrada no bioma taiga? Cite pelo menos dois animais mamíferos típicos desse bioma.
  c) O que significa dizer que a vegetação da floresta decídua temperada é estratificada? Por que se diz que a principal característica da vegetação dessa floresta é a caducidade das folhas?

5. Como se pode notar no mapa, os desertos não se restringem aos dois locais ali indicados com o número V. Com relação a esse bioma:
  a) Cite suas características típicas, relacionadas à precipitação pluviométrica, temperatura e vegetação.
  b) Muitas plantas de deserto possuem adaptações relacionadas à carência hídrica desses biomas. Cite pelo menos duas dessas adaptações.
  c) Comparando a vegetação das savanas com a dos campos e estepes, chama a atenção uma importante diferença, relativa aos estratos da vegetação. Qual é essa diferença?

6. De toda a água que existe no planeta Terra, ela é mais abundante no ambiente marinho. Com relação a esse ambiente:
  a) Cite sua principal característica, relativa à temperatura da água e a interferências climáticas.
  b) "A vastidão dos mares e oceanos leva-nos a fazer uma divisão arbitrária de ambientes." Cite as três regiões cuja existência se pode admitir no ambiente marinho. Para cada uma delas cite as duas regiões típicas em que são encontrados seres vivos.
  c) Dê em poucas palavras o significado de infralitoral, mesolitoral e supralitoral.

Biomas e fitogeografia do Brasil **1063**

7. Os habitantes da comunidade marinha fazem parte de diferentes comunidades menores, conforme é relatado no item "As Comunidades Marinhas", no texto deste capítulo. Relativamente a esse assunto:

   a) Conceitue os termos: plâncton, fitoplâncton, zooplâncton, bentos (fixo e móvel) e nécton.
   b) Cite exemplos de seres vivos que pertencem a cada uma dessas comunidades.
   c) A existência do fitoplâncton é restrita à zona eufótica marinha. Por quê? Qual é o significado de zona eufótica?

O mapa a seguir esquematizado, que mostra a distribuição supostamente original dos biomas brasileiros, servirá para responder às questões **8**, **9** e **10**.

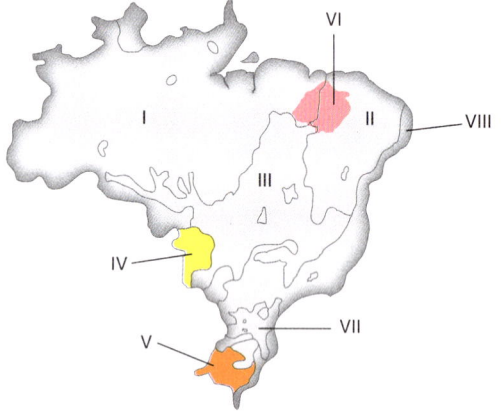

8. a) Reconheça os biomas indicados pelos números de I a VI.
   b) Por que não é possível reconhecer com precisão o bioma indicado pelo número VIII? Justifique a sua resposta.

9. a) Qual é o bioma indicado pelo número VII?
   b) O bioma indicado pelo número V está presente em que estado brasileiro? Qual a principal característica da vegetação e que atividade, decorrente dela, é a mais explorada?

10. Com relação ao bioma indicado pelo número II:
   a) Na cidade de Petrolina, Estado de Pernambuco, existem áreas representativas desse bioma que são irrigadas com a água do Rio São Francisco, possibilitando a criação de plantas de manga, acerola e melão. Cite outros dois estados em que esse bioma, pelo menos na sua formação original, está presente.
   b) Recorrendo ao texto desse capítulo, cite pelo menos duas plantas típicas desse bioma.

11. "No Parque Nacional das Emas, uma reserva de cerrado localizada no Estado de Goiás, a observação da fauna é favorecida, pois a região é bem plana. Veados, tamanduás, seriemas e até o lobo-guará podem ser vistos. À noite, esta região do cerrado fica toda iluminada. É que os cupinzeiros lembram árvores-de-natal, com as pequenas larvas (formas jovens) de vagalume atraindo aleluias (reis e rainhas de cupins) e outros insetos para sua alimentação."

Fonte: FRANCO, J. M. V.; UZUNIAN, A. *Cerrado Brasileiro.* São Paulo: HARBRA, 2004, p. 59.

   a) Consulte o texto deste capítulo e cite pelo menos dois outros estados brasileiros em que o bioma cerrado está presente. Cite as características típicas do solo de um cerrado.
   b) Como são as árvores de um cerrado típico, quanto ao tamanho, aspecto do tronco e a espessura da casca?

12. "São dois biomas de vegetação exuberante. Um deles abrange praticamente toda a costa atlântica brasileira. O outro abrange a Região Norte do Brasil. Em ambos, a vegetação distribui-se em vários estratos. Plantas higrófitas. Muitas epífitas. Pluviosidade intensa. Temperaturas médias elevadas durante o ano. Elevada intensidade de decomposição de matéria orgânica."

   a) A quais biomas o texto acima se refere? Cite pelo menos dois estados em que esses biomas estão presentes.
   b) Cite pelo menos dois vegetais arbóreos típicos desses biomas.

13. "Faixa estreita paralela ao litoral atlântico, é a característica utilizada no reconhecimento desse bioma, presente em muitos estados brasileiros. Solos temporariamente alagados e escurecidos, em função do ritmo das marés e da chegada de matéria orgânica e sedimentos trazidos por rios."

   a) A qual bioma o texto acima se refere?
   b) Cite as duas adaptações típicas das poucas espécies de árvores presentes nesse bioma, sendo uma referente à pobreza em oxigênio no solo e a outra relativa ao caráter lamacento do solo.

14. "É a maior planície alagada do mundo."

   a) A frase acima, dita com frequência por guias turísticos do Mato Grosso e do Mato Grosso do Sul, refere-se a qual ambiente brasileiro?
   b) Cite o nome do importante roedor e da ave símbolo que habitam esse ambiente. Cite pelo menos duas árvores típicas desse ambiente.

15. "Localização entre os Estados do Maranhão e do Piauí, considerada área de transição entre a Floresta Amazônica e a Caatinga. Temperatura média anual elevada, chuvas frequentes e vegetação típica, representada por duas espécies de palmeiras de importância econômica."

   a) A qual bioma o texto se refere?
   b) Cite os nomes das duas espécies de palmeiras presentes nesse bioma e a respectiva importância econômica decorrente da extração de seus derivados.

16. *Questão de interpretação de texto*

A vegetação das serras gaúchas é menos diversa do que a da Floresta Amazônica e da Mata Atlântica. Nas encostas, há paredões de rochas e árvores que sobem por cima deles até os cumes. Mas fazem falta os cipós e as plantas que se apoiam nos galhos elevados das árvores, que armam a festa bagunceira das florestas tropicais, quentes e carregadas de umidade. Nos vales, rios estreitos e caudalosos refletem a luz do Sol, enquanto correm cheios de pressa para desaguar não sei onde.

Fonte: VARELLA, D. Na serra gaúcha. *Folha de S.Paulo,* São Paulo, 2 jul. 2011. Caderno Ilustrada, p. E12.

Com base nas informações do texto e em seus conhecimentos, responda:

   a) No estado a que o autor se refere localiza-se um importante bioma, cuja vegetação herbácea é rasteira e utilizada para a criação de gado. Qual é esse bioma?
   b) O autor cita duas características climáticas típicas das florestas tropicais. Quais são elas?
   c) Outra característica citada pelo autor é uma importante diferença quanto ao número de espécies presentes nas serras gaúchas, em relação às florestas tropicais. Qual é essa característica e como denominá-la? Como se denominam as plantas, citadas no texto, que se apoiam em galhos elevados de árvores nas regiões tropicais?

Questões objetivas

1. (UFAM) Assinale a alternativa que melhor conceitua o termo bioma.
   a) É uma unidade biológica caracterizada de acordo com o macroclima, a fitofisionomia, o solo e a altitude específica.
   b) É a parte viva de um ecossistema.
   c) Compreende o papel (alimentação, reprodução, predação) desempenhado por determinada espécie em seu ambiente.
   d) É o lugar onde vive cada espécie componente da comunidade.
   e) É a massa da matéria orgânica presente nos seres que habitam determinada região do planeta.

2. (UFAC) Assinale a alternativa abaixo que possui o tipo de bioma caracterizado por possuir arbustos e árvores de pequeno porte além de gramíneas, o qual é encontrado na Ásia, na Austrália, na África e nas Américas. Vale ressaltar que no Brasil há um tipo de campo semelhante ao referido bioma, conhecido como cerrado.
   a) deserto   c) ilha   e) savana
   b) estepe   d) mangue

3. (UFRGS – RS) Plantas de deserto nem sempre apresentam adaptações estruturais para a retenção de água.
   Considere as afirmações abaixo, sobre as estratégias adaptativas dessas plantas.
   I – Suas sementes apresentam longos períodos de dormência.
   II – Elas germinam e crescem lentamente, após breve período de umidade no solo.
   III – Elas cumprem seu ciclo de vida completo – de semente a semente – em um período de vários anos.
   Quais estão corretas?
   a) Apenas I.   c) Apenas III.   e) I, II e III.
   b) Apenas II.   d) Apenas I e II.

4. (UFCG – PB) A biosfera está distribuída em biomas, que são caracterizados por grandes comunidades adaptadas às condições ecológicas específicas. Essas comunidades são representadas, dentre outras características, pelo tipo de vegetação predominante. A caatinga é um tipo de bioma exclusivamente brasileiro, que ocupa importante área do território nordestino. Sobre a caatinga é correto afirmar que:
   I – A caatinga está inserida na zona quente e seca, com baixo índice pluviométrico e estação de seca prolongada, caracterizando o semiárido.
   II – A vegetação é adaptada ao clima seco, por isso é chamada do xerófila ou xeromórfica.
   III – A caatinga é, também, caracterizada por uma grande diversidade de espécies animais.
   IV – A vegetação da caatinga é realçada por árvores como o juazeiro e a oiticica, que resistem às condições climáticas, mantendo suas folhas durante a estiagem.
   V – A vegetação da caatinga apresenta raízes pneumatóforas ou raízes respiratórias, com extremidades afloradas e perpendiculares ao solo, em consequência da falta do suprimento de água.
   Assinale a alternativa correta.
   a) I, II e IV.   c) II, III e IV.   e) II, IV e V.
   b) I, II e V.   d) I, IV e V.

5. (UFC – CE) *O território brasileiro, devido a sua magnitude espacial, comporta um mostruário bastante completo de paisagens e ecologias ao Mundo Tropical* (AB' SABER, Aziz. *Domínios de natureza no Brasil*, 2003). Uma dessas paisagens, a Floresta Tropical Amazônica, vem sendo objeto de inúmeras discussões em virtude de sua crescente exploração. Esse bioma caracteriza-se por apresentar:
   a) solo com uma camada superficial pobre em matéria orgânica.
   b) solo dificilmente lixiviado, após destruição de sua cobertura vegetal.
   c) grande diversidade biológica, em virtude da variedade de nichos ecológicos.
   d) vegetação com grandes árvores lenhosas e deciduais com adaptações xeromórficas.
   e) árvore cujas folhas possuem cutícula bastante impermeável, caracterizando plantas perenifólias.

6. (UFG – GO) A figura a seguir representa a precipitação (em mm) e a temperatura média (em °C) de um bioma brasileiro, ao longo de um ano.

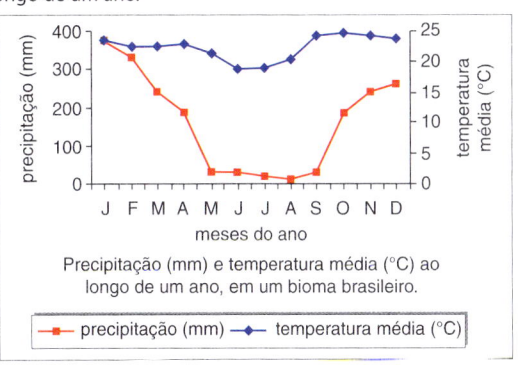

Adaptado de: EAEA/2004.

De acordo com a figura acima, qual bioma está relacionado às condições climáticas apresentadas?
   a) Mata de Araucárias   d) Mata Atlântica
   b) Floresta Amazônica   e) Cerrado
   c) Caatinga

7. (UFTM – MG) A preservação dos biomas é crucial para a manutenção das funções e serviços ecológicos. No caso de fragmentos florestais, é possível que ocorram algumas perturbações naturais e humanas, como a formação de clareiras, a partir da queda de algumas árvores. Em relação às clareiras, pode-se afirmar que
   a) possibilitam, primeiro, o crescimento de plantas ombrófilas, com folhas largas.
   b) permitem que espécies pioneiras de lenhos densos, duráveis e de grande diâmetro ali se estabeleçam.
   c) podem ser expandidas pela ação contínua do fogo, intensificada pela ação antrópica, sem grandes malefícios ecológicos.
   d) dinamizam, inicialmente, o crescimento de plantas que requerem luz, ampliando a riqueza de espécies.
   e) alteram significativamente o ecossistema, gerando novos nichos para o estabelecimento de espécies que vivem na comunidade clímax.

8. (UFRO) É um bioma onde predominam espécies vegetais herbáceas e arbustivas.
   a) Caatinga.   c) Cerrado.   e) Mata Atlântica.
   b) Campos sulinos.   d) Pantanal.

9. (UFRGS – RS) Considere as seguintes afirmações, a respeito de biocombustíveis.
   I – O biodiesel é um tipo de biocombustível que pode substituir, com vantagens ambientais, vários derivados do petróleo.
   II – O babaçu, palmeira com raízes respiratórias, típica do cerrado, é uma das plantas indicadas para a produção de biodiesel.
   III – A implantação de uma monocultura, como a cana-de-açúcar, em áreas de Mata Atlântica implica queimadas, que contribuem para o aumento da temperatura e da erosão do solo.

   Quais estão corretas?
   a) Apenas I.   c) Apenas I e III.   e) I, II e III.
   b) Apenas I e II.   d) Apenas II e III.

10. (UFPR) O mapa abaixo indica quatro biomas brasileiros:

Relacione esses biomas com as seguintes características climáticas:

( ) Clima quente e úmido com chuvas abundantes e regulares e ocorrência marcante de seringueiras e castanheiras.
( ) Chuvas escassas e irregulares, temperatura média elevada e ocorrência marcante de barriguda e aroeira.
( ) Clima semiúmido com uma estação seca e outra chuvosa e ocorrência marcante de angico e lixeira.
( ) Clima temperado com chuvas regulares e estações bem-definidas e ocorrência marcante de pinheiro e imbuia.

Assinale a alternativa que apresenta a ordem correta, de cima para baixo.

a) IV, III, II e I.
b) I, II, III e IV.
c) III, IV, I e II.
d) IV, II, III e I.
e) IV, II, I e III.

11. (UFSC) Sobre as formações fitogeográficas ou Biomas existentes no Brasil, assinale a(s) proposição(ões) **CORRETA(S)** e dê sua soma ao final.

(01) O Cerrado é uma formação fitogeográfica caracterizada por uma floresta tropical que cobre cerca de 40% do território brasileiro, ocorrendo na Região Norte.
(02) O mangue ocorre desde o Amapá até Santa Catarina e desenvolve-se em estuários, sendo utilizados por vários animais marinhos para reprodução.
(04) A caatinga é caracterizada por ser uma floresta úmida da região litorânea do Brasil, hoje muito devastada.
(08) O pampa ocorre na Região Centro-Oeste, onde o clima é quente e seco. A flora e a fauna dessa região são extremamente diversificadas.
(16) A Floresta Amazônica está localizada nos Estados do Maranhão e do Piauí e as árvores típicas dessa formação são as palmeiras e os pinheiros.
(32) O Pantanal ocorre nos Estados do Mato Grosso do Sul e do Mato Grosso, caracterizando-se como uma região plana que é alagada nos meses de cheias dos rios.
(64) A Mata Atlântica é uma formação que se estende de São Paulo ao Sul do país, onde predominam árvores como o babaçu e a carnaúba, e está muito bem preservada.

Questões dissertativas

1. (UFPR) As plantas ocupam os mais variados ambientes do planeta, desde as florestas tropicais úmidas até áreas semidesérticas. Para isso, algumas adaptações morfológicas foram essenciais, tanto para suprir a falta quanto para eliminar o excesso de umidade do ambiente. Com base nessas informações, responda às questões abaixo.

a) Cite três tipos de adaptações mais evidentes nas plantas de regiões mais secas e explique quais as suas funções.
b) Cite duas restrições às quais uma planta de mangue (um ambiente de solo lodoso e salgado) está sujeita, e as respectivas adaptações que permitem às plantas sobreviverem nesse ambiente.

2. (UNICAMP – SP – adaptada) Um botânico estudou intensivamente a vegetação nativa do nordeste brasileiro e descobriu duas espécies novas (W e Z). A espécie W é uma árvore perenifólia, com pouco mais de 25 m de altura, tronco com casca lisa e folhas com ápice longo e agudo. A espécie Z tem caule achatado e verde (clorofilado), folhas reduzidas a espinhos e altura máxima de 3 m.

a) Com base nessas informações, indique em que tipo de formação vegetal o botânico encontrou cada uma das espécies novas.
b) Indique uma característica ambiental específica de cada uma das formações vegetais onde ocorrem as espécies W e Z.

3. (UNICAMP – SP) Sabe-se que a destruição de biomas tem causado grande polêmica entre os ambientalistas e os defensores do agronegócio. Entre 1950 e 1980, com o aumento da cultura da soja, ocorreu a destruição de grandes áreas da Mata Atlântica. Durante as décadas de 1980 e 1990, a produção de soja se expandiu para a Região Centro-Oeste e ocupou grande área do cerrado, e atualmente se observa uma crescente pressão de desmatamento sobre as áreas florestais tropicais no Pará para o seu cultivo. O processo de regeneração natural das áreas desflorestadas é lento e difícil. Um estudo desenvolvido por quatro anos em uma clareira no Estado do Pará mostrou que, nesse período, o número de plantas herbáceas, especialmente gramíneas, foi dominante.

a) Explique essa dominância, considerando que está havendo um processo de sucessão.
b) Áreas não degradadas dos biomas apresentam vegetação com características típicas. Indique duas diferenças entre as formações vegetais do cerrado e as da Floresta Amazônica.
c) Indique uma semelhança entre a vegetação da Mata Atlântica e a da Floresta Amazônica.

4. (UFBA) Fruto de milhões de anos de evolução, o manguezal é um precioso elo natural entre ambientes terrestres e marinhos.

Ecossistema florestal que domina estuários, lagunas e áreas protegidas dos litorais tropicais e subtropicais, ocupa a interface terra-mar influenciada pela maré. (...)

Apenas 70 entre as mais de 500 mil espécies de plantas vasculares são consideradas verdadeiras plantas de manguezais, por só existirem neste *habitat*. (...)

Associada à vegetação dos manguezais existe uma fauna altamente diversificada, constituída de animais residentes, principalmente crustáceos e moluscos, e visitantes (...), como peixes, aves e mamíferos.

A predominância dos manguezais na região entre marés decorre de uma série de adaptações anatômicas e fisiológicas das plantas do mangue. (LACERDA, 2009, p. 76-79.)

A partir da análise do texto, identifique duas das condições ambientais que decorrem da localização dos manguezais na região entre marés e as respectivas adaptações de plantas endêmicas desse ecossistema.

Programas de avaliação seriada

1. (SSA – UPE) Assinale, na coluna I, as afirmativas verdadeiras e, na coluna II, as falsas. Acerca dos biomas brasileiros, representados no mapa a seguir, analise as afirmativas a seguir:

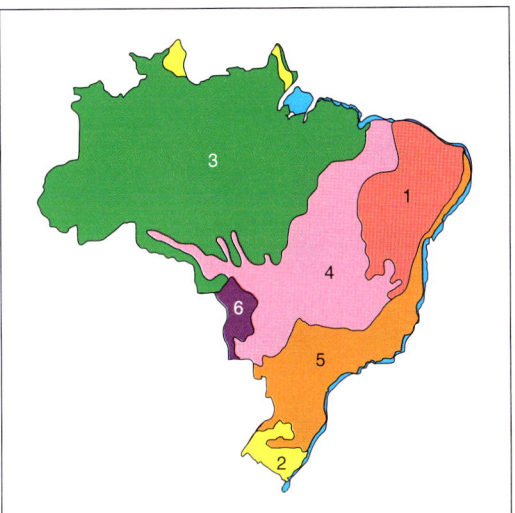

Fonte: <http://www.ibge.gov.br>.

I	II	
0	0	O Bioma (4), que cobre a maior parte do Nordeste brasileiro, apresenta vegetação com caules retorcidos, uma adaptação ao intenso calor local. Suas raízes são profundas para retirar água do lençol freático. O solo é ácido, com grande quantidade de sais de alumínio.
1	1	Os Pampas (1) e a Caatinga (5) são biomas que apresentam a água como fator limitante. As chuvas são escassas e, por isso, a vegetação é pouco desenvolvida, o que lhes habilita à classificação de Campos. São pouco degradados pela ação do homem.
2	2	O Cerrado (4) e a Caatinga (1) são biomas onde encontramos caracterização vegetal de xeromorfismo devido à falta de água no local. As queimadas são fenômenos naturais nesses locais, não causando prejuízo à vida ou ao solo.
3	3	A Mata Atlântica (2) é bastante distinta da Floresta Amazônica em termos de fauna e, principalmente, de flora. O solo da Floresta Amazônica (3) é rico em nutrientes, ao contrário da Mata Atlântica, que é ácido e muito lixiviado.
4	4	Pantanal (6) ou Complexo Pantanal é uma grande planície alegável. É possível encontrar vegetação característica de Cerrado em locais de raras inundações. Há plantas típicas de brejos em partes que ficam constantemente alagadas.

2. (SSA – UPE) Assinale, na coluna I, as afirmativas verdadeiras e, na coluna II, as falsas. O manguezal é um ecossistema costeiro de transição entre os ambientes marinho e terrestre. É considerado, no Brasil, como de preservação permanente, inserido em diversos dispositivos constitucionais. Estende-se ao longo do litoral brasileiro, existindo, em Pernambuco, uma área de cerca de 270 km². O mangue urbano de nossa cidade – Parque dos Manguezais e manguezal do entorno de Suape – tem sido tema de debates veiculados pela imprensa em relação ao valor ambiental, desenvolvimento sustentável e ameaças de desmatamento e destruição de ambientes naturais. Sobre as características dos manguezais, analise as afirmativas e conclua.

I	II	
0	0	Baixa disponibilidade de nutrientes e matéria orgânica faz do mangue uma região de produtividade baixa, com vegetação composta por poucas espécies, limitada por fatores edáficos.
1	1	As plantas do manguezal apresentam elevado potencial osmótico em suas células. É uma adaptação fisiológica do vegetal para, por osmose, retirar água do solo salgado.
2	2	*Rhizophora mangle* e *Avicennia tomentosa* são espécies vegetais características do manguezal. A avicênia possui pneumatóforos ou raízes respiratórias, uma adaptação ao solo encharcado, pobre em oxigênio.
3	3	Sobre a vegetação arbórea, é possível encontrar bromélias e orquídeas epífitas. No solo alagado, as garças alimentam-se de peixes e pequenos vertebrados, que caçam usando seus bicos. A orquídea é uma planta parasita, e a garça, uma ave predadora.
4	4	No solo lodoso, constantemente alagado e pouco aerado, vivem bactérias anaeróbicas produtoras de gases, que conferem a esse bioma um cheiro característico.

3. (PSIU – UFPI) A região semiárida do Brasil, presente quase que exclusivamente nos estados nordestinos, apresenta diferentes formações vegetais, sendo o bioma *caatinga* o mais predominante nesse contexto. O estado do Piauí possui aproximadamente 50% de sua área coberta pela vegetação de caatinga. Com relação a esta, é correto afirmar que:

a) apresenta índices pluviométricos baixos, entre 1.500 e 2.200 mm anuais; solos pouco profundos e úmidos ao longo do ano.
b) a vegetação é formada por plantas adaptadas ao clima seco, apresentando grande escleromorfismo oligotrófico.
c) os solos são relativamente férteis, pobres em minerais e com grande quantidade de alumínio, resultando em vegetações esparsas.
d) a fauna inclui animais como: cascavel, gavião-carcará, cutia, tatupeba, asas-brancas, preás, gambás e lagartos.
e) a vegetação de caatinga está presente apenas nos estados nordestinos.

Capítulo 49
A biosfera agredida

Preocupação ambiental, uma questão de imagem

Estabelecer uma meta de "resíduo zero" em uma indústria, escola ou em nossas casas implica reaproveitar qualquer tipo de resíduo. Assim, o lixo orgânico deve ser encaminhado para compostagem, o material passível de ser reciclado deve ser separado e enviado para os núcleos de reciclagem, o material tóxico (pilhas, baterias etc.) deve ser devolvido à indústria que o produziu, e assim por diante.

Além das ações sobre o encaminhamento dos resíduos, é importante a conscientização das pessoas para buscarem gerar o mínimo possível de lixo. Independente de onde estivermos, se em nossa residência, escola ou local de trabalho, é necessária orientação para que todos se envolvam nessa campanha e, de fato, atuem.

A adesão de muitas empresas à "luta contra o lixo" decorre não apenas de buscar melhoria da qualidade de vida para os funcionários e do meio ambiente, mas também da procura por estabelecer uma imagem pública de empresa responsável. Atualmente, indústrias que não apresentam projetos eficientes de busca de resíduo zero acabam tendo seus produtos rejeitados por uma parcela significativa da população que considera o "comportamento ecológico" do fabricante decisivo para suas escolhas de consumo.

Você, antes de comprar um produto, verifica se a indústria que o produziu se preocupa com o lixo gerado por ela?

A poluição é quase sempre consequência da atividade humana. É causada pela introdução de substâncias que normalmente não estão no ambiente ou que nele existem em pequenas quantidades. Portanto, dizer que poluir é simplesmente sujar é emitir um conceito, senão errado, impreciso. Então, convém deixar claros dois conceitos básicos para o entendimento deste capítulo:

- **poluição** é a introdução de qualquer material ou energia (calor) em quantidades que provocam alterações indesejáveis no ambiente;
- **poluente** é o resíduo introduzido em um ecossistema não adaptado a ele ou que não o suporta nas quantidades em que é introduzido.

Quando fazemos uma análise da poluição, precisamos diferenciar os *resíduos que já existiam na natureza* e cujo teor *aumentou*, devido às atividades do homem, daqueles *resíduos que não existiam na natureza e passaram a se acumular no ambiente, exercendo efeitos danosos*. No primeiro caso, estão o gás carbônico (CO_2) e as fezes humanas. No segundo caso, substâncias como o DDT, o estrôncio-90 e os CFC (clorofluorcarbonos).

Fique por dentro!

Poluentes primários são, em geral, gases como o monóxido de carbono e o dióxido de enxofre, que são subprodutos diretos da queima de combustíveis. Poluentes secundários, a exemplo do gás ozônio, não são emitidos por nenhuma fonte poluidora e são formados naturalmente na atmosfera por meio de reações químicas entre moléculas de hidrocarbonetos e de óxidos de nitrogênio, mediadas pela luz solar.

Fonte: Revista Pesquisa Fapesp. São Paulo, n. 84, fev. 2003, p. 47.

POLUIÇÃO: UM PROBLEMA DA HUMANIDADE

Poluição é hoje um termo incorporado à vida diária do homem. Vive-se poluição, sente-se poluição, respira-se poluição por todos os lados.

Na verdade, a poluição não é um problema recente. A partir do instante em que a espécie humana começou a crescer exageradamente e a ocupar cada vez mais espaços para a sua sobrevivência, o destino dos resíduos produzidos na vida diária passou a ser um problema mais difícil de solucionar. Além disso, a sobrevivência humana depende de se encontrarem novas fontes de energia e de se proporcionar a melhoria do bem-estar individual, que envolve, entre outras coisas, o aprimoramento dos meios de transporte, já que o deslocamento para pontos distantes exige a criação de meios eficientes de locomoção. No entanto, esses meios, associados à modernização das indústrias, contribuem cada vez mais para a liberação, no ambiente, de substâncias que até então não existiam ou existiam em pequena quantidade, e que passam a constituir uma ameaça para a vida na Terra.

A utilização de materiais não biodegradáveis, como sacos e recipientes de plástico e embalagens de alumínio, entre outros, agrava o problema da poluição. Essas substâncias não são atacadas por detritívoros e decompositores, e acumulam-se nos ecossistemas em níveis insuportáveis, contribuindo para a deterioração ambiental.

Usinas termelétricas que utilizam gás natural ou óleo diesel liberam gases poluentes que agravam o efeito estufa.

Fique por dentro!

O estrôncio-90, isótopo radioativo do estrôncio, é subproduto dos testes de armas atômicas e resíduo das usinas nucleares. Parecido com o cálcio, pode ser absorvido pelos vegetais após as chuvas radioativas que o levam ao solo. A partir dos vegetais, pode ser ingerido por animais, como as vacas, incorporando-se ao leite. Quando o leite é ingerido por crianças, o estrôncio-90 incorpora-se aos ossos, que terão certa quantidade de radiação, podendo matar os tecidos vivos e causar câncer.

Árvores que ficam submersas em lagos de hidrelétricas são decompostas por bactérias que produzem metano, gás de estufa 21 vezes mais potente na retenção de calor do que o gás carbônico.

PANTHERMEDIA/KEYDISC

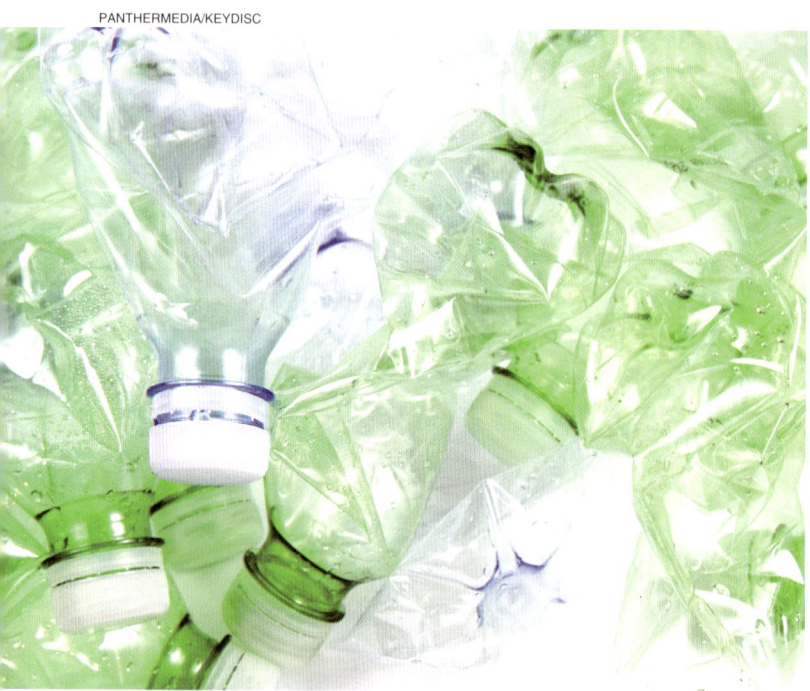

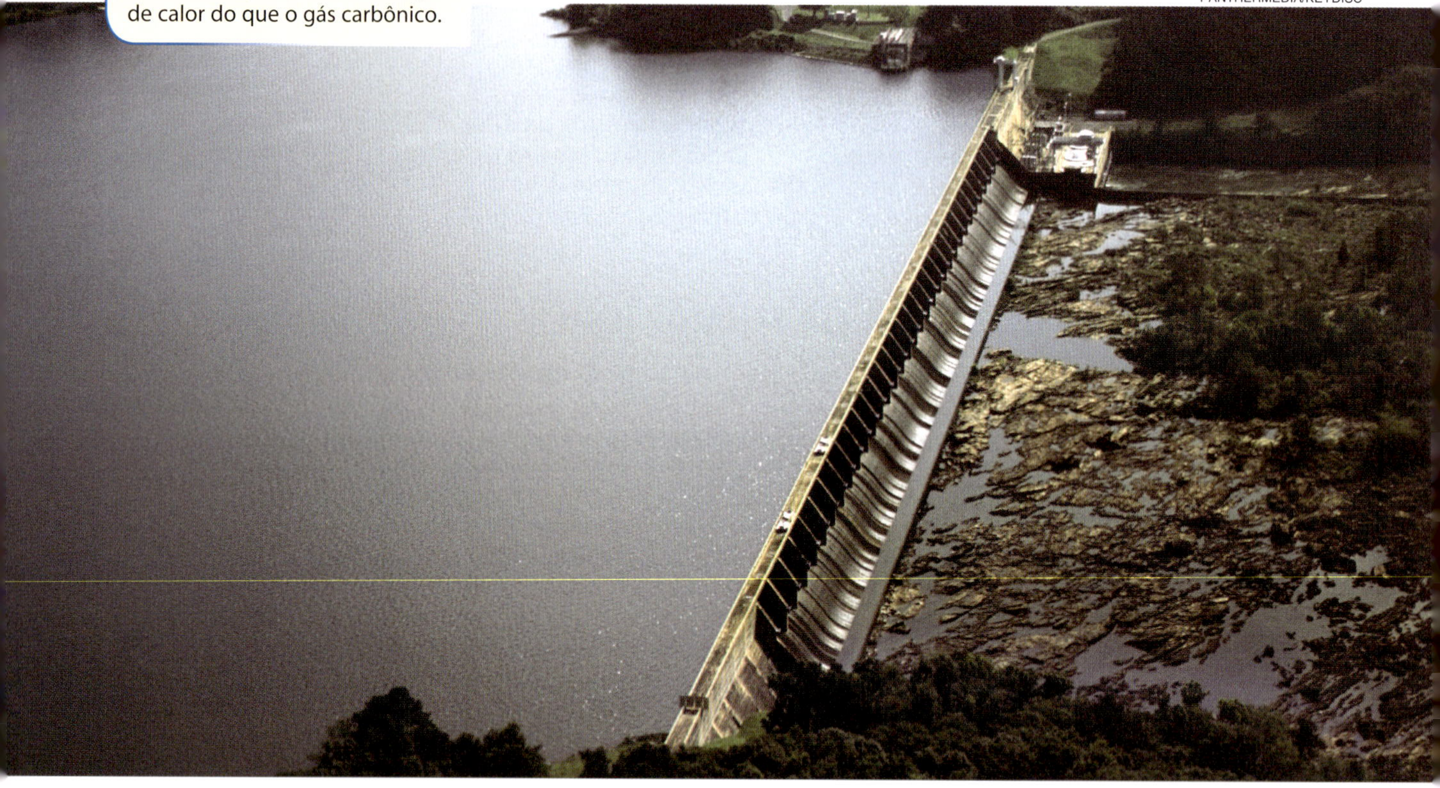

PANTHERMEDIA/KEYDISC

A utilização de embalagens não biodegradáveis – sacos e recipientes plásticos – é um dos maiores problemas para a humanidade.

INVERSÃO TÉRMICA: A CIDADE SUFOCADA

A inversão térmica é bastante conhecida em cidades como São Paulo e traz sérios problemas de saúde à população. O que causa esse fenômeno? Normalmente, as camadas inferiores de ar sobre uma cidade são mais quentes do que as superiores, e tendem a subir, carregando a poeira que se encontra em suspensão. Os ventos carregam os poluentes para longe da cidade.

No entanto, em certas épocas do ano, as camadas inferiores ficam mais frias que as superiores. O ar frio, mais denso, não sobe; por isso, não há circulação vertical, e a concentração de poluentes aumenta. Se houver, além disso, falta de ventos, um denso "manto" de poluentes se mantém sobre a cidade por vários dias (veja a Figura 49-1). Aumentam os casos de problemas respiratórios e de ardor ocular e verifica-se um desconforto físico generalizado.

Figura 49-1. Comparação gráfica entre situações atmosféricas (a) sem e (b) com inversão térmica.

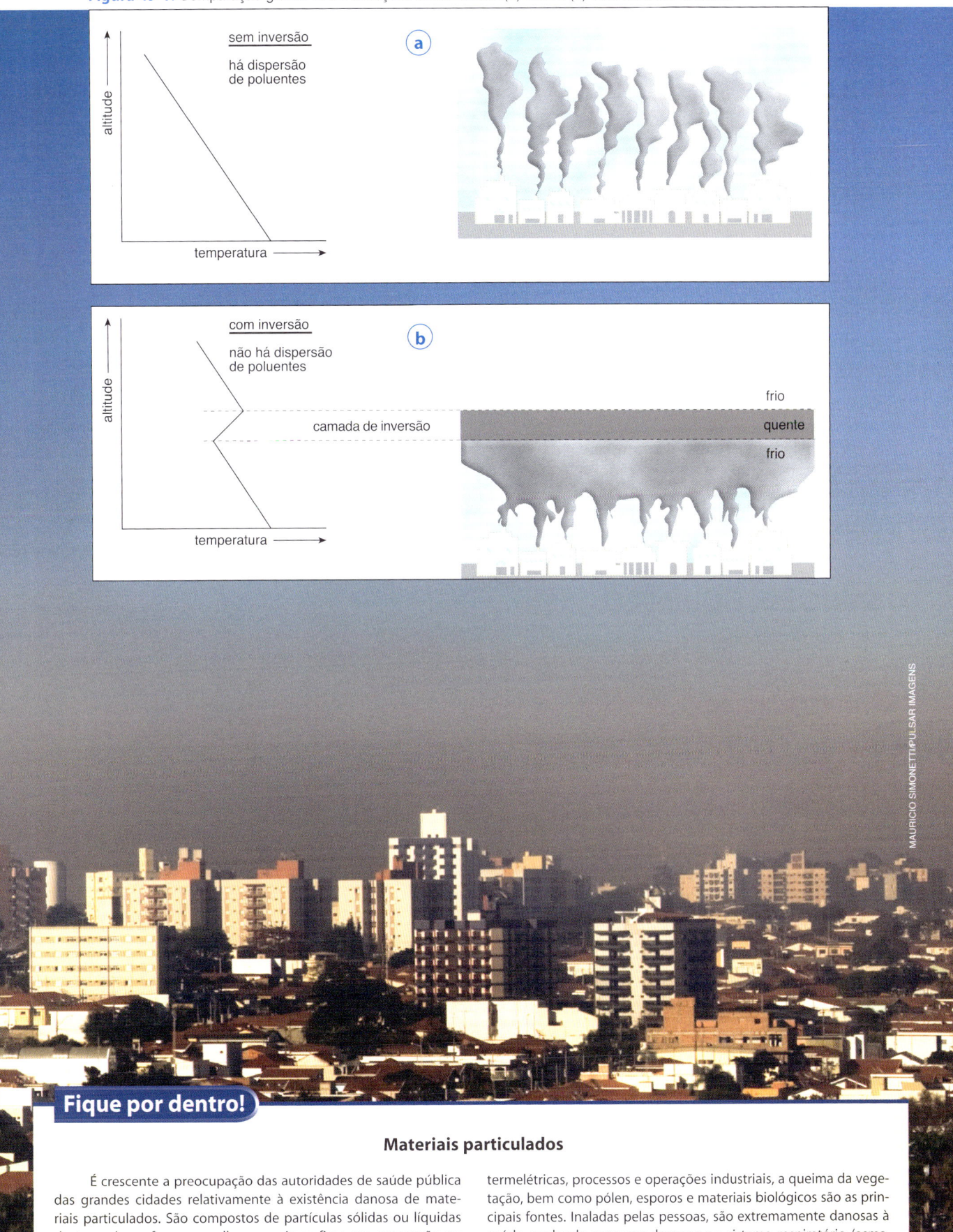

Fique por dentro!

Materiais particulados

É crescente a preocupação das autoridades de saúde pública das grandes cidades relativamente à existência danosa de materiais particulados. São compostos de partículas sólidas ou líquidas de tamanho e forma que lhes permitem ficar em suspensão na atmosfera após a sua emissão. Automóveis, ônibus, caldeiras a óleo, termelétricas, processos e operações industriais, a queima da vegetação, bem como pólen, esporos e materiais biológicos são as principais fontes. Inaladas pelas pessoas, são extremamente danosas à saúde, podendo provocar doenças no sistema respiratório (asma, pneumonias) e no sistema cardiovascular.

CHUVAS ÁCIDAS: CORROEM MONUMENTOS E PULMÕES...

A chuva ácida é uma das principais consequências da poluição do ar. Normalmente, a água da chuva é ácida e o pH é de aproximadamente 5,5, como resultado da formação de ácido carbônico decorrente da reação de gás carbônico com água na atmosfera.

A queima de combustíveis fósseis (carvão e petróleo) libera grandes volumes de óxidos de enxofre e de nitrogênio. Na atmosfera, essas substâncias sofrem oxidação e se convertem em ácido sulfúrico e ácido nítrico. Estes se dissolvem em água e estão presentes nas chuvas que se precipitam sobre as grandes cidades e, com frequência, em pontos distantes dos locais onde são formados. Para a vegetação, entre outros danos, acarretam amarelecimento das folhas e/ou diminuição da folhagem.

O *SMOG* FOTOQUÍMICO

A partir do início da Revolução Industrial, a queima de carvão e, mais recentemente, de combustíveis fósseis provocou um aumento acentuado da concentração de gases no ar das grandes cidades. Essa névoa gasosa cinzenta, misturada a vapor-d'água, é conhecida como *smog industrial* (do inglês, *smog* = neblina), comum em cidades densamente povoadas e industrializadas. Mais recentemente, tem-se falado em s*mog fotoquímico*, devido à participação da luz do Sol no fornecimento de energia para a transformação de certas substâncias em outras, que se acumulam no ar das cidades. É o que ocorre, por exemplo, com a liberação de compostos orgânicos voláteis e gases como o NO_2 que, sob a ação da energia luminosa, convertem-se em outras substâncias, entre elas o ozônio (O_3), conduzindo à formação do *smog*.

> O ozônio decorrente do *smog* fotoquímico pode comprometer a elasticidade dos pulmões, provocando um quadro conhecido como *fibrose pulmonar*.

> A exposição prolongada a óxidos de nitrogênio danifica o sistema imunológico, favorecendo a ocorrência de infecções bacterianas e virais.

A chuva ácida afeta não só organismos vivos como também os monumentos das cidades.

Saiba mais

Energia solar: alternativa energética viável

O Brasil é um país altamente privilegiado no que se refere à abundância de energia solar. É como se o Sol nos "dissesse": por favor, utilizem-me!

Realmente, em muitos locais já é possível utilizar a energia solar para o aquecimento de água, para a geração de energia elétrica (células solares) e, inclusive, para cozinhar. Com relação a essa última modalidade de aplicação, já é possível, de forma simples e barata, construir "fornos solares", recorrendo-se a caixas de papelão revestidas internamente com papéis prateados cuja superfície recebe e reflete a luz solar, que pode ser dirigida para panelas cujo conteúdo (alimentos, água) se quer aquecer.

O uso da energia solar é uma das modalidades de transformação energética mais promissoras, contribuindo para a remodelação da matriz energética de um país e, o que é muito importante, evitando o uso de fontes poluidoras e de madeira na geração de energia.

OS CFCs E O BURACO NA CAMADA DE OZÔNIO

Os *raios ultravioleta*, presentes na luz solar, causam mutações nos seres vivos, modificando suas moléculas de DNA. No homem, o excesso de ultravioleta pode causar câncer de pele. A camada de gás ozônio (O_3) existente na estratosfera é um eficiente filtro de ultravioleta. Na alta atmosfera, esse gás é formado pela exposição de moléculas de oxigênio (O_2) à radiação solar ou às descargas elétricas (reveja o ciclo do oxigênio, Capítulo 46, página 1005).

Detectou-se nos últimos anos, durante o inverno, um grande *buraco* na camada de ozônio, logo acima do Polo Sul. Esse buraco tem aumentado a cada ano, chegando a equiparar-se, em extensão, à América do Norte. Verificou-se que a camada de ozônio também está diminuindo em espessura acima do Polo Norte e em outras regiões do planeta, inclusive no Brasil. Acredita-se que os maiores responsáveis por essa destruição sejam gases chamados CFCs (clorofluorcarbonos), substâncias usadas como gases de refrigeração, em aerossóis (*sprays*) e como matérias-primas para a produção de isopor. Os CFCs, que também atuam como gases de estufa, se decompõem nas altas camadas da atmosfera e destroem as moléculas de ozônio, prejudicando a filtração da radiação ultravioleta. Atualmente, tem-se utilizado o HCFC, menos agressivo à camada de ozônio.

A POLUIÇÃO DA ÁGUA E A EUTROFIZAÇÃO

Esgotos, detergentes e fertilizantes agrícolas que atingem rios, represas e lagos podem provocar a morte de peixes e de outros seres aeróbios? Sim. Isso acontece como consequência da **eutrofização**, processo que aumenta os nutrientes inorgânicos na água, notadamente fosfatos e nitratos. Pode ser natural ou artificial, neste caso como consequência de poluentes gerados pelo homem.

Eutrofização Natural

A eutrofização natural muitas vezes conduz a uma sucessão ecológica na água doce. À medida que um lago envelhece, sedimentos trazidos por chuvas afundam e tornam o lago mais raso. O acúmulo de nutrientes inorgânicos favorece o desenvolvimento de plantas e o que era um lago raso acaba se transformando em um charco. Com o tempo, o lago pode desaparecer.

Eutrofização Causada por Poluição

Na eutrofização artificial, provocada por poluição, o lançamento de esgotos e detergentes na água favorece a proliferação de microrganismos decompositores aeróbios, cuja ação tem dois efeitos: aumento da quantidade de nutrientes minerais (notadamente fosfatos e nitratos) e diminuição da taxa de oxigênio da água. Com o aumento da quantidade de nutrientes, algas e cianobactérias proliferam e conferem uma coloração esverdeada típica à água. Há competição por oxigênio, além de se tornar difícil a realização de fotossíntese nas regiões mais profundas, impedidas de receber luz devido à turbidez da água. Com o tempo, ocorre morte maciça de algas e de cianobactérias e o oxigênio acaba se esgotando devido à ação dos microrganismos decompositores aeróbios. Os peixes e outros seres aeróbios morrem. Com a falta de oxigênio, entram em ação os microrganismos decompositores anaeróbios, cuja atividade metabólica libera substâncias malcheirosas, empobrecendo de vez a comunidade aquática.

A sequência de globos mostra a evolução do buraco na camada de ozônio sobre o Polo Sul.

1980
1990
2000
2012

Fique por dentro!

Alguns resíduos industriais são altamente poluentes. É o caso, por exemplo, do vinhoto e do mercúrio.

O vinhoto (vinhaça, restilo, calda de destilaria) é um resíduo orgânico de destilarias de álcool ou de usinas de açúcar. Para cada litro de álcool produzido são gerados cerca de 10 a 13 litros de vinhoto. Lançado em rios é altamente poluente, uma vez que a sua decomposição por bactérias leva ao esgotamento do oxigênio dissolvido na água, provocando a morte de seres aeróbios. Atualmente, utiliza-se o vinhoto na chamada fertirrigação de canaviais, por ser um material rico em fósforo, nitrogênio e potássio.

O mercúrio contido em resíduos industriais e do garimpo atinge a água e é transformado, por bactérias, em metilmercúrio.

Absorvido pelo plâncton, circula pelas cadeias alimentares e se acumula nos tecidos de peixes consumidos pelo homem. Distúrbios visuais, auditivos e motores são os sintomas decorrentes da intoxicação por esse elemento.

Em 1953, no Japão, o "mal de Minamata" foi causado pela ingestão de peixes contaminados, provocando a morte de cerca de 800 pessoas.

Saiba mais

Além de contaminar a água com microrganismos patogênicos e prejudicar a utilização saudável de rios, lagos e represas para atividades de lazer, o lançamento de esgotos e todo tipo de detritos provoca a proliferação de microrganismos decompositores aeróbios que utilizam grande parte do oxigênio disponível para a execução de suas atividades metabólicas, restando pouco para a respiração dos peixes e outros seres heterótrofos. No limite, ocorre a morte dos peixes.

> Quando se deseja saber se a água de rios, represas ou do mar é contaminada, recorre-se à avaliação da presença de bactérias coliformes fecais. Essas bactérias, habitantes normais do intestino humano, servem como indicadoras da poluição por fezes humanas e, portanto, da má qualidade da água.

A avaliação da concentração de compostos orgânicos em águas poluídas pode ser feita por meio da *Demanda Bioquímica de Oxigênio* (DBO), que é uma estimativa da quantidade de oxigênio consumida pelos microrganismos na decomposição de uma certa quantidade de matéria orgânica. Para a realização desse teste, uma amostra da água a ser analisada é saturada com oxigênio e colocada em um frasco fechado durante cerca de cinco dias. Nesse período, as bactérias degradarão a matéria orgânica e consumirão o oxigênio existente na água. Dosando-se o teor de oxigênio restante após esse período, tem-se uma indicação da concentração de matéria orgânica que existia na água. Quanto mais poluída for a amostra, menor será a quantidade de oxigênio restante. Ou seja, a *demanda* por oxigênio em águas poluídas é *alta*. Em um rio altamente poluído, o consumo de oxigênio pelos microrganismos decompositores aeróbios é elevado e, portanto, a DBO é elevada. Sobra pouco para os peixes, que morrem. A figura a seguir relaciona o teor de oxigênio e a DBO em vários trechos de um rio, que, em determinado ponto, recebe uma descarga de esgoto, passando por um processo de despoluição progressiva ao longo de seu trajeto.

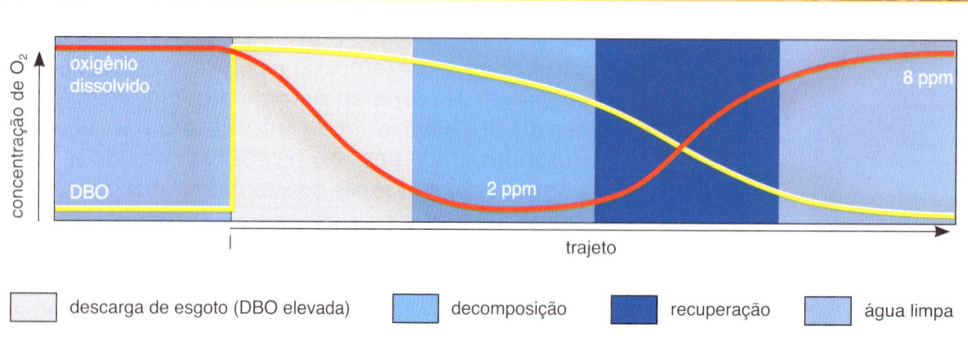

Fonte: CHIRAS, D. D. *Environmental Science.* 6. ed. Canadá: Jones and Bartlett, 2001, p. 505.

O DESTINO DO LIXO NAS GRANDES CIDADES

O lixo acumulado gera doenças. Proliferam ratos, moscas, baratas e outras espécies veiculadoras de microrganismos patogênicos. A leptospirose, por exemplo, doença bacteriana transmitida pela urina de ratos que vivem nos esgotos das grandes cidades, é uma ocorrência constante a cada enchente. Como os ratos proliferam onde há lixo e os seus inimigos naturais não existem mais, a resistência ambiental a esses roedores diminui e sua população aumenta.

A falta de destinação correta do lixo produzido em uma grande cidade é hoje uma preocupação crescente. Ruas, calçadas e córregos servem de local para a descarga de material. Esse lixo acaba se dirigindo a bueiros e rios, provocando poluição.

A construção de aterros sanitários, usinas de reciclagem, incineradores, além – é claro – da educação ambiental, tem-se revelado excelente. A coleta seletiva de lixo, na qual plásticos, vidros, restos orgânicos de alimentos e papéis são depositados em reservatórios e separados, para posterior processamento, é um grande passo para atenuar o problema.

LUCIANA WHITAKER/PULSAR

O lixo produzido pelas cidades é um importante fator de degradação ambiental.

Fique por dentro!

Compostagem e o lixo urbano

Para onde vai o lixo produzido pela sua cidade? O município em que você mora faz coleta seletiva de lixo? Esse tipo de recolhimento do lixo possibilita a separação e destinação adequadas de diversos tipos de resíduos, muitos dos quais extremamente tóxicos para o ambiente e para a comunidade de seres vivos. No caso do lixo orgânico (principalmente restos alimentares), recorre-se à chamada **compostagem**, em que os restos orgânicos amontoados são constantemente misturados. Isso facilita a atuação de fungos e bactérias que recorrem à decomposição aeróbia (com consumo de oxigênio) para efetuar o "desmanche" das macromoléculas orgânicas componentes dos alimentos. A amônia (derivada de restos orgânicos nitrogenados) e o gás carbônico são os principais gases liberados nesse processo. O material resultante da atuação dos microrganismos, o composto, rico em nutrientes minerais, poderá ser utilizado, posteriormente, como fertilizante agrícola. Durante a compostagem que ocorre em lixões, origina-se o **chorume**, um resíduo líquido, de coloração variada. De modo geral, esse líquido escorre para local apropriado, onde é deixado para evaporar, possibilitando o reaproveitamento dos nutrientes que restaram.

Reciclagem: uma solução atenuante para o problema gerado pela poluição provocada pela espécie humana.

A ciência por trás do fato!

Qual o tempo de decomposição de alguns materiais que usamos em nosso dia a dia?

Esta é uma curiosidade frequente e bastante interessante, que nos faz pensar nas coisas que usamos diariamente e, mais importante, no que jogamos fora na natureza. Na tabela a seguir, estão alguns valores de referência para materiais comumente descartados em nosso dia a dia. Mas, atenção: esses valores podem sofrer alterações, já que a degradação dos materiais depende, entre outras coisas, do local do descarte, da disponibilidade de oxigênio e das condições de temperatura, umidade e pH.

Material	Tempo de decomposição
Papel	3 meses em lugar úmido.
Madeira	6 meses em lugar úmido.
Filtro de cigarro	Média de 1 a 2 anos. Quando jogado no campo, a decomposição é mais rápida, em torno de 4 meses; já no asfalto é muito mais lenta.
Chiclete	5 anos.
Metais	Em princípio, não são biodegradáveis. Uma lata de aço demora 10 anos para se oxidar; já a lata de alumínio não se corrói nunca.
Plásticos	Os plásticos existem há aproximadamente 150 anos. Ainda não é possível determinar seu grau de biodegradação (estima-se que alguns tipos poderão levar mais de 500 anos).
Vidros	Não sofrem biodegradação. Por serem formados de areia, carbonato de sódio, cal e outras substâncias inorgânicas, os microrganismos não conseguem digeri-lo. Um objeto de vidro demoraria 4.000 anos para se decompor pela erosão e ação de agentes químicos.

Adaptado de: <http://www.educar.sc.usp.br/ciencias/quimica/qm1-2.htm>. Acesso em: 7 nov. 2007.

CONTROLE BIOLÓGICO DE PRAGAS

À medida que o homem toma consciência de que os inseticidas também o prejudicam, procura recursos menos nocivos e que possam ser igualmente eficientes no combate às pragas vegetais. É o caso do uso de *inimigos naturais de pragas*, capazes de controlar as populações, principalmente dos insetos que competem com o homem. Os canaviais, por exemplo, podem ser protegidos de certas espécies de insetos comedores das folhas da cana-de-açúcar usando-se fungos parasitas desses insetos. É método não poluente, específico, e acarreta prejuízos praticamente desprezíveis para o equilíbrio do ambiente.

A irradiação, com raios gama, de machos de insetos-praga em laboratório, é outra medida útil e que leva à sua esterilização. Soltos na lavoura, encontram-se com muitas fêmeas, não conseguindo, porém, fecundar os óvulos. Assim, declina a população, o que redunda no controle populacional da praga.

> Uma espécie de vespa bota ovos na cabeça de formigas lava-pés. As larvas que surgem dos ovos alimentam-se da região cefálica de suas hospedeiras, matando-as. Esse comportamento favorece o controle do tamanho populacional daquela espécie de formiga.

Ética & Sociedade

Cada um precisa fazer a sua parte!

Muito se tem falado sobre a ação do homem nos desequilíbrios do planeta. Você já deve ter lido nos jornais, ou assistido na TV, reportagens que falam sobre o nível de poluição de nossos rios, a devastação de nossas florestas, o aumento da temperatura do planeta em virtude da acentuação do efeito estufa. Isso tudo parece tão distante de nós, de nossa responsabilidade...

Puro engano. Também somos responsáveis pelo espaço em que vivemos e podemos adotar algumas medidas concretas para – se não recuperar – ao menos não deteriorar ainda mais o mundo à nossa volta, como:

- não usar *spray* que contenha CFC, pois, como vimos, esse produto tem um efeito danoso sobre a camada de ozônio que nos protege dos raios ultravioleta provenientes do Sol;
- não jogar dejetos nos rios e lagos;
- preparar o lixo para a coleta seletiva, embalando separadamente papéis, metais, vidros, plásticos, pilhas e baterias, e lixo orgânico;
- aproveitar melhor os materiais já usados; por exemplo, papéis com verso em branco ainda podem ser usados para rascunho;
- não desperdiçar água durante a escovação dos dentes ou durante o banho, fechando o registro enquanto você se ensaboa ou escova os dentes;
- não deixar torneiras abertas e luzes acesas desnecessariamente.

Passo a passo

Texto para as questões **1** a **3**.

"Quase sempre consequência da atividade humana, a poluição é causada pela introdução de substâncias que normalmente não estão presentes no ambiente ou que nele existem em pequenas quantidades."

1. Utilizando seus conhecimentos sobre o assunto, responda:
   a) Qual pode ser um conceito usual de poluição?
   b) O que é poluente?

2. "Ao se fazer a análise da poluição, é preciso diferenciar os resíduos que já existiam na natureza e cuja quantidade aumentou devido à atividade humana, daqueles que não existiam e passaram a se acumular no ambiente, exercendo efeitos danosos." Cite um exemplo de cada tipo de resíduo relativo à afirmação contida nesse texto.

3. Relativamente à natureza dos poluentes liberados em um ecossistema ou região:
   a) Conceitue poluente primário e cite um exemplo.
   b) Conceitue poluente secundário e cite um exemplo.

4. "A poluição não é problema recente. Tem-se agravado com o crescimento da população humana mundial e a consequente produção de resíduos dela decorrentes na vida diária das pessoas. A procura de novas fontes de energia, não poluidoras, tende a ser uma preocupação constante das autoridades mundiais."

Tendo como base as informações do texto acima e utilizando seus conhecimentos sobre o assunto:
   a) Cite exemplos de resíduos produzidos pelo homem e que, por não serem biodegradáveis, acumulam-se nos ambientes e agravam a poluição. Que medidas poderiam ser sugeridas no sentido de reduzir o impacto causado por esses resíduos nos ecossistemas?
   b) No texto desse capítulo afirma-se que usinas termelétricas que utilizam gás natural ou óleo diesel liberam resíduos que agravam o efeito estufa. Cite um desses resíduos que é liberado na atmosfera e responda por que ele pode acentuar o efeito estufa.

5. "Ao se alagar uma área florestal que será destinada ao represamento de água para a construção de hidrelétrica, ocorre decomposição da vegetação submersa, com liberação de grande quantidade de um gás que é 21 vezes mais potente que o gás carbônico na acentuação do efeito estufa."
   a) A que gás o texto acima se refere? Cite outras possíveis fontes desse gás na natureza.
   b) O estrôncio-90 é um isótopo radioativo do elemento químico estrôncio. Liberado como resíduo em usinas nucleares, pode causar sérios danos à saúde, uma vez que é análogo a um importante elemento químico que participa de tecidos nos seres vivos. Qual é o elemento químico? Que danos à saúde o estrôncio-90 pode causar à saúde humana e de outros seres vivos?

6. No item "Inversão térmica: a cidade sufocada" deste capítulo, afirma-se que esse fenômeno atmosférico, associado à poluição gasosa nas grandes cidades, pode causar danos à saúde, como, por exemplo, desconforto respiratório. Utilizando seus conhecimentos sobre o assunto, responda:
   a) Como é a situação normal, na baixa atmosfera das grandes cidades, sem inversão térmica?
   b) Como é a situação anormal, na baixa atmosfera das grandes cidades, com inversão térmica?

7. "A queima de combustíveis fósseis por indústrias e veículos nas grandes cidades libera grandes volumes de óxidos de enxofre e de nitrogênio, potenciais gases geradores de chuva ácida." Utilizando seus conhecimentos sobre o assunto, responda:
   a) Considerando a existência de grandes volumes de gás carbônico na atmosfera, como é a chuva que cai nas grandes cidades e seus arredores, quanto à acidez?
   b) Por que se diz que a poluição gasosa decorrente da liberação dos óxidos citados acentua a acidez da água das chuvas e ocasiona episódios de chuva ácida? Cite algumas consequências dessa chuva ácida nos equipamentos das grandes cidades e nos seres vivos de modo geral.

Utilize o texto a seguir para responder às questões **8** e **9**.

"A queima de carvão e de combustíveis fósseis nas grandes cidades libera consideráveis volumes de gases voláteis nitrogenados que podem resultar na ocorrência do *smog* fotoquímico."

8. a) Qual o significado de *smog* fotoquímico? Como esse fenômeno ocorre?
   b) Qual a consequência da formação do *smog* fotoquímico, relativamente à substância gerada, ao ocorrer na atmosfera que circunda as grandes cidades?

9. a) Cite a principal consequência – em termos de saúde humana – da produção de gás ozônio (O_3) decorrente do *smog* fotoquímico, principalmente nas grandes cidades industrializadas.
   b) Cite a principal consequência da exposição prolongada a óxidos nitrogenados gerados em grandes cidades industrializadas, em termos de saúde humana.

10. "Por favor, utilizem-me. Eu não custo nada. Sou de graça." Esta frase pode ser aplicada à radiação solar que chega a países situados na região equatorial e tropical, como o Brasil, beneficiados por uma elevada e praticamente constante incidência de radiação solar ao longo do ano. É comum dizer-se, atualmente, que a utilização da luz solar é "ecologicamente correta". A esse respeito:
   a) Cite alguns benefícios decorrentes da utilização da energia solar, em termos de transformação energética. Por que se diz que a utilização de energia solar é "ecologicamente correta"?
   b) Cite outra modalidade de energia, atualmente muito utilizada por alguns países, incluindo o Brasil, favorecidos por intensos ventos, na geração de energia não poluidora.

11. "É gratificante saber que, graças a medidas adotadas por inúmeros países, o buraco na camada de gás ozônio (O_3) localizado na alta atmosfera vem progressivamente reduzindo de tamanho." Utilizando seus conhecimentos sobre o assunto, responda:
   a) Qual a utilidade do gás ozônio (O_3), localizado na alta atmosfera, para a vida na Terra?
   b) Qual a substância, que, produzida por seres humanos e atualmente banida por muitos países, foi responsável pelo surgimento do buraco na camada de ozônio (O_3) na alta atmosfera?

12. "Esgotos (contendo fezes humanas), detergentes e fertilizantes agrícolas que atingem a água de represas, lagos e rios podem propiciar a ocorrência de *eutrofização*, cuja consequência é a morte de seres aeróbios, como os peixes que vivem nesses ambientes." A respeito desse assunto e utilizando seus conhecimentos, responda:
   a) Qual o significado de *eutrofização*, ao ser relacionada a ambientes aquáticos, principalmente rios, lagos e represas? Cite a principal consequência decorrente desse fenômeno, relacionada à proliferação de seres vivos, como, por exemplo, algas microscópicas e bactérias.
   b) Cite os dois tipos de *eutrofização*, um deles decorrente de ação humana, que podem ocorrer nos meios aquáticos.
   c) Explique em poucas palavras por que, em consequência da *eutrofização*, pode ocorrer a morte de seres aeróbios.

1078 BIOLOGIA • volume único • 4.ª edição

13.

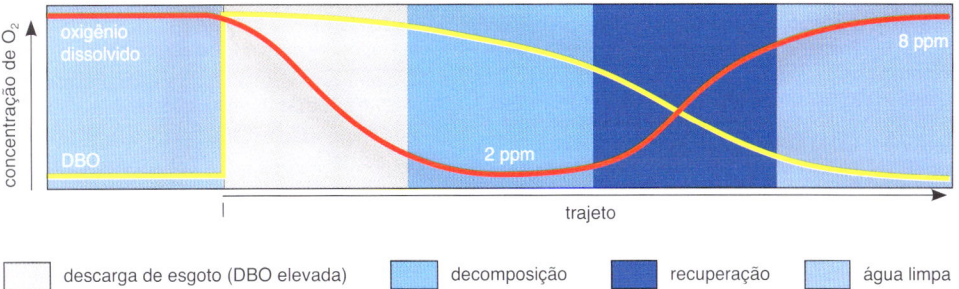

O gráfico acima se refere à variação da concentração do oxigênio dissolvido (curva vermelha) e da DBO (curva amarela) em vários trechos de um rio que atravessa uma grande cidade. A partir da análise do gráfico e dos seus conhecimentos sobre o assunto, responda:
a) Qual o significado de DBO, relativamente a ambientes aquáticos?
b) Explique, em poucas palavras, o comportamento das duas curvas constantes do gráfico. Qual a consequência de uma DBO elevada para a sobrevivência de seres aquáticos aeróbios?
c) Por que a avaliação do índice de coliformes fecais é útil em represas, lagos e rios?

14. "O lixo produzido nas grandes cidades é um importante fator de degradação ambiental. Várias doenças, entre elas, a leptospirose, são consequência da destinação inadequada do lixo urbano." A respeito do assunto descrito no texto e utilizando seus conhecimentos:

a) Cite algumas medidas que poderiam ser adotadas no sentido de atenuar o problema representado pela destinação inadequada do lixo produzido nas grandes cidades.
b) Qual o significado de compostagem e chorume? Qual a sua utilidade no tratamento do lixo?

15. "O controle de pragas agrícolas, notadamente as causadas por insetos e fungos, não é tarefa fácil. A utilização de inseticidas e fungicidas, muitas vezes danosos ao ambiente, está longe de acabar. No entanto, novas modalidades de manejo de pragas agrícolas constantemente têm surgido. Não podemos esquecer, ainda, da utilização de culturas transgênicas, que, embora sejam ainda discutíveis em termos de uma suposta ameaça ambiental, têm sido utilizadas com frequência em muitos países, incluindo o Brasil." Utilizando as informações do texto:

a) Cite as duas modalidades de controle de pragas descritas no texto deste capítulo.
b) Explique as vantagens dessas duas modalidades de controle de pragas.

16. *Questão de interpretação de texto*

"O processo é longo. Você se apaixona por um produto, não resiste ao *design*, compra, leva para casa, usa e descarta. Para onde ele vai? Você joga fora e seu metro quadrado está limpo, mas, as ruas não. As vias reúnem coisas que vão de fezes de cachorro a sofás que não prestam para estar dentro de casa. Para mudar a alta produção de lixo, o consumidor deveria planejar suas compras e ter uma ideia de quanto vai consumir para evitar o desperdício. O tempo de decomposição de cada resíduo varia de fonte para fonte. Sobre o vidro, as informações vão de quatro mil anos a um milhão de anos. Os dados sobre embalagens PET também variam: de cem anos a tempo indeterminado."

Adaptado de: Quanto mais você compra, mais lixo você tem. *Folha de S.Paulo*, São Paulo, 5 jun. 2011. Caderno ESPECIAL ambiente, p. 9.

Utilizando o conteúdo do texto acima e as informações do item *Ética & Sociedade*, do final deste capítulo:

a) Que medidas poderiam ser adotadas no sentido de atenuar a grande quantidade de lixo produzida nas cidades?
b) Cite as soluções que podem ser adotadas no tratamento do lixo orgânico produzido nas grandes cidades.
c) Que palavras poderiam ser utilizadas para sintetizar o conteúdo do texto acima e do item *Ética & Sociedade* do final deste capítulo?

Questões objetivas

1. (UNESP) Para discutir ecologia, a professora citou uma das estrofes do Hino da Campanha da Fraternidade 2011, promovida pela Igreja Católica, cujo lema é Fraternidade e a Vida no Planeta:

(...)
Olha as florestas: pulmão verde e forte!
Sente esse ar que te entreguei tão puro...
Agora, gases disseminam a morte;
O aquecimento queima o teu futuro.
(...)

Sobre essa estrofe do hino, os alunos fizeram as informações:

I – O primeiro verso é uma menção à função fotossintética das florestas, estabelecendo uma analogia entre essa função e a exercida pelo pulmão dos vertebrados, pois cada uma dessas funções retira da atmosfera e nela libera os mesmos gases.

II – O segundo verso é uma referência à atmosfera primitiva da Terra, a qual permitiu o aparecimento das primeiras moléculas orgânicas e, posteriormente, dos primeiros organismos vivos.

III – O terceiro verso faz referência à poluição atmosférica. Gases tóxicos são liberados pela atividade humana, comprometendo a saúde das populações e dos demais organismos.

IV – O quarto verso é referência direta às queimadas, que têm por objetivo a formação de pastos em detrimento da conservação da mata nativa.

É correto o que se afirma em

a) III, apenas.
b) IV, apenas.
c) I e II, apenas.
d) III e IV, apenas.
e) I, II, III e IV.

2. (PUC – RJ) O mau cheiro que vem do lodo das Lagoas da Bacia de Jacarepaguá no Rio de Janeiro e que, desde domingo, empesteia a Barra da Tijuca é uma ameaça aos Jogos Olímpicos de 2016, que terão no bairro o epicentro das competições esportivas. O vento forte, aliado à ressaca, revolveu o fundo das lagoas e liberou gases metano e sulfídrico.

Adaptado de: Jornal O Globo, 18 ago. 2010.

Os gases metano e sulfídrico de que tratam a reportagem são resultantes da

a) respiração aeróbica de microrganismos.
b) respiração anaeróbica de microrganismos.
c) reação do CO_2 produzida por fermentação.
d) biodegradação de metais e material inorgânico do lodo.
e) reação da matéria orgânica com o O_2 trazido pelos ventos.

3. (UEL – PR) O vazamento de petróleo causado pela explosão da plataforma oceânica no Golfo do México, em abril de 2010, provocou um desastre ambiental de grandes proporções. Com relação às possíveis consequências das manchas de petróleo na superfície do oceano, considere as afirmativas a seguir.

I – Interferem na passagem de luz, prejudicando a fotossíntese das algas.
II – Provocam a proliferação de dinoflagelados, causando o fenômeno da "maré vermelha".
III – Modificam o pH da água do oceano, liberando gases que ocasionam o aumento do buraco na camada de ozônio.
IV – Afetam a difusão do oxigênio da atmosfera para a água do oceano.

Assinale a alternativa correta.

a) Somente as afirmativas I e II são corretas.
b) Somente as afirmativas I e IV são corretas.
c) Somente as afirmativas III e IV são corretas.
d) Somente as afirmativas I, II e III são corretas.
e) Somente as afirmativas II, III e IV são corretas.

4. (PUC – RJ) Muitas contaminações do solo por combustíveis orgânicos chegam ao solo subsuperficial, onde a disponibilidade de oxigênio é mais baixa. Assim, uma das propostas existentes no Brasil é a de que a atividade de degradação por microrganismos anaeróbicos presentes nestes solos seja estimulada, já que são ricos em ferro oxidado. Nessa situação, o ferro exerceria função fisiológica equivalente à do oxigênio, que é a de

a) reduzir os poluentes orgânicos.
b) catalisar as reações de hidrólise.
c) aceitar elétrons da cadeia respiratória.
d) doar elétrons para a respiração anaeróbia.
e) complexar-se com os poluentes orgânicos.

5. (UFU – MG) O processo de crescimento e expansão das cidades tem ocorrido sem um planejamento adequado, provocando sérias consequências ao meio ambiente, entre elas a falta de saneamento básico. Nas cidades, o lançamento de dejetos humanos em grande quantidade e sem tratamento nos rios, lagos e mares leva, por exemplo, ao aumento da quantidade de nutrientes disponíveis nesses ambientes. Com isso, ocorre a proliferação de microrganismos aeróbicos que esgotam rapidamente todo o oxigênio dissolvido na água. Consequentemente, todas as formas de vida aquática morrem, incluindo-se aí os próprios microrganismos aeróbicos.

Do ponto de vista biológico, qual processo se pode reconhecer no enunciado desta questão?

a) biodigestão
b) eutrofização
c) inversão térmica
d) chuva ácida

6. (UFSC) O uso doméstico dos recursos hídricos tem preocupado as autoridades ambientais de todo o mundo, tanto no que diz respeito ao desperdício de água quanto à sua conservação.

Um estudo publicado recentemente na *Revista Biotemas* (www.biotemas.ufsc.br) dá conta de que é possível criar peixes (tilápias) em lagoas de estabilização de efluentes domésticos tratados. Segundo o artigo: "O sistema de criação de peixes melhorou a qualidade do efluente gerado, reduzindo as concentrações de nitrogênio orgânico total e diminuindo os sólidos suspensos. As análises de coliformes fecais, *Salmonella sp.* e *Staphylococcus aureus* dos efluentes e da carne dos peixes produzidos ficaram dentro dos padrões exigidos pela OMS (Organização Mundial de Saúde)".

A respeito do assunto, assinale a(s) proposição(ões) **CORRETA(S)** e dê sua soma ao final

(01) Quando uma quantidade excessiva de matéria orgânica é lançada nos rios e lagos pode haver um fenômeno biológico conhecido como eutrofização.
(02) O nitrogênio, sob qualquer forma que se apresente na natureza, não participa da composição química dos seres vivos.
(04) A análise quanto à variação e quantificação de coliformes fecais é um importante indicador do grau de poluição da água por esgotos domésticos.
(08) Salmonelas e estafilococos presentes nas águas são bactérias muito comuns, responsáveis pelo fenômeno biológico conhecido como "maré vermelha".
(16) Existem bactérias capazes de fixar o nitrogênio atmosférico e transferi-lo para o solo e para algumas plantas, como o feijão e a soja.
(32) A água tratada dos efluentes domésticos das lagoas de estabilização citadas no texto acima, por ser tóxica, não pode ser usada para nenhuma finalidade humana.

7. (UFTM – MG) Quando uma cidade despeja os dejetos orgânicos num manancial (por exemplo, um rio ou uma represa), ocorrem naquele ecossistema várias modificações bioquímicas e biológicas que podem deixá-lo poluído.

Um rio poluído apresenta

a) elevado teor de oxigênio dissolvido e alto índice de coliformes fecais.
b) baixo índice de coliformes fecais e baixa DBO (demanda bioquímica de oxigênio).
c) elevada DBO e alto índice de processos anaeróbicos.
d) elevado índice de processos aeróbicos e baixo teor de oxigênio dissolvido.
e) alto índice de coliformes fecais e baixo índice de processos anaeróbicos.

8. (UNESP) O gráfico apresenta a variação do teor de oxigênio da água de um lago ao longo de três dias.

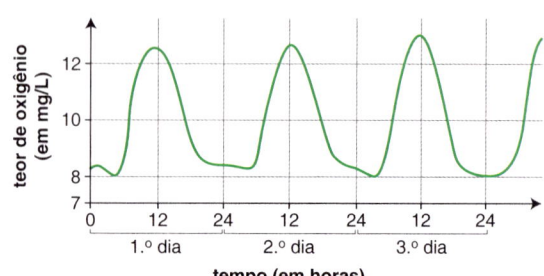

Proposta Curricular do Estado de São Paulo, São Paulo Faz Escola, *Biologia*, Caderno do Aluno, 1.ª série, v. 1, 2009.

Pode-se afirmar que:

a) nesse lago não há peixes, pois, caso houvesse, o consumo de oxigênio seria constante e a linha do gráfico seria uma reta.
b) se, a partir do segundo dia, os dias fossem frios e chuvosos, o pico das curvas estaria abaixo de 12 mg/L.
c) se, a partir do segundo dia, os dias fossem quentes e ensolarados, a linha ascendente se estabilizaria acima de 12 mg/L e permaneceria como uma reta.
d) os picos máximos do teor de oxigênio acontecem a intervalos de 24 horas, coincidindo com as horas mais iluminadas do dia.
e) nesse lago, a concentração de microrganismos anaeróbicos é alta durante a noite e baixa durante o dia, indicando um processo de eutrofização.

9. (UFMG) Analise a tabela a seguir, em que se relaciona a temperatura com a quantidade de oxigênio dissolvido na água.

Temperatura (ºC)	Oxigênio dissolvido na água (cm³/L)
0	10,2
5	8,9
10	7,9
15	4,1
20	6,4
25	5,9
30	5,3

Fonte: CHARBONNEAU, J. P. et al. Enciclopédia de Ecologia. São Paulo: EPU/EDUSP, 1979, p. 120.

Os dados dessa tabela **NÃO** podem ser usados para explicar

a) o predomínio de fermentação anaeróbica em águas a 30 ºC.
b) a eutrofização rápida em temperaturas entre 15 e 20 ºC.
c) a morte dos peixes em águas com temperaturas acima de 30 ºC.
d) o aumento de populações de algas em temperaturas abaixo de 5 ºC.

10. (UFOP – MG) Durante quatro décadas, pelo menos, o plástico petroquímico foi considerado um produto ideal, desde o seu descobrimento. Mas, a partir da década de 40, o plástico passou a ser o vilão ambiental. Seu principal problema ambiental é justamente a característica que já foi apontada como sua maior vantagem: **a resistência**.

Fonte: FERRAZ, P. Jornal da Tarde, São Paulo, 14 maio 1993, p. 14.

Esta resistência significa que o plástico é resistente:

a) à desinfecção.
b) à ação de agrotóxicos.
c) à biodegradação.
d) aos antibióticos.

11. (UFMG) O tratamento de esgoto pode resultar na produção de fertilizantes ricos em nitrogênio e potássio.

Para testar, do ponto de vista sanitário, a eficiência de um determinado método de tratamento de esgoto, um pesquisador contou o número de ovos por espécies de helmintos em duas amostras – uma colhida antes do tratamento e outra, depois dele.

Analise, nestes gráficos, os dados obtidos nessa pesquisa:

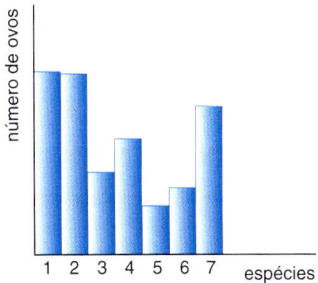
antes do tratamento

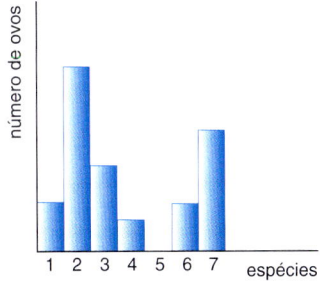
depois do tratamento

A partir da análise desses dois gráficos e considerando-se outros conhecimentos sobre o assunto, é **CORRETO** afirmar que

a) a produção de fertilizantes favorece a diversidade de espécies de helmintos e a proporção de eclosão de ovos.
b) a relação entre o número de ovos e o número de espécies de helmintos é menor antes do tratamento do esgoto.
c) as espécies **1**, **4** e **5** podem ser usadas como indicadores de qualidade ambiental, pois são mais tolerantes a altas taxas de matéria orgânica.
d) as espécies **2**, **3** e **6** são vulneráveis ao tratamento do esgoto, o que possibilita o uso de fertilizantes.

12. (UFPE) Todas as espécies exploram recursos do meio ambiente, causando algum tipo de "impacto" sobre ele. A espécie humana não constitui exceção. Todavia, nos últimos dois séculos, o desenvolvimento da sociedade industrial e a explosão do tamanho populacional têm causado impactos ambientais sem precedentes. O grande desafio da humanidade neste século XXI é o de modificar o antigo conceito desenvolvimentista de progresso. Com relação a esse assunto, analise as proposições seguintes.

(0) Uma das consequências decorrentes da destruição da camada de ozônio pelo homem é o aumento da incidência da radiação ultravioleta proveniente do Sol, relacionada à manifestação de alguns tipos de câncer de pele.
(1) O lançamento de esgotos e de resíduos de adubos fertilizantes nos rios e represas pode desencadear o fenômeno da eutrofização e conduzir a desequilíbrios ecológicos.
(2) Como consequência da adição do composto tetraetila de chumbo à gasolina, observou-se que vegetais cultivados à beira das estradas continham 20 vezes mais chumbo que aqueles de terrenos mais afastados, confirmando o fato de que, em um ecossistema, a maior concentração de resíduos tóxicos se dá nesse nível trófico da cadeia alimentar.
(3) Um dos problemas ambientais decorrentes da industrialização é a poluição atmosférica; chaminés altas lançam ao ar, entre outros materiais, o dióxido de enxofre, o qual pode ser transportado por alguns quilômetros e ocasionar chuvas ácidas em regiões distantes.
(4) A exploração do ouro na Amazônia fez com que toneladas de mercúrio fossem despejadas no meio ambiente e ingressassem nas cadeias tróficas. Esse poluente pode também ser lançado nas águas por indústrias de tintas e de pesticidas.

13. (UNIMONTES – MG) Os agrotóxicos podem alcançar os ambientes aquáticos através da aplicação intencional, deriva e escoamento superficial a partir de áreas onde ocorreram aplicações. A figura ao lado apresenta o movimento dos agrotóxicos em ecossistemas aquáticos. Analise-a.

Considerando a figura e o assunto abordado, analise as afirmativas abaixo e assinale a alternativa **INCORRETA**.

a) Um pássaro carnívoro apresentará maior concentração do resíduo do agrotóxico do que o peixe ingerido por ele.
b) Os indivíduos imaturos são menos suscetíveis aos agentes químicos do que os adultos, devido ao grau de desenvolvimento dos mecanismos de desintoxicação.
c) Os agentes químicos mais lipofílicos têm que ser ingeridos e absorvidos através do trato gastrintestinal dos animais aquáticos.
d) Algumas espécies de algas podem responder de forma positiva à contaminação por agrotóxicos, aumentando a sua proliferação.

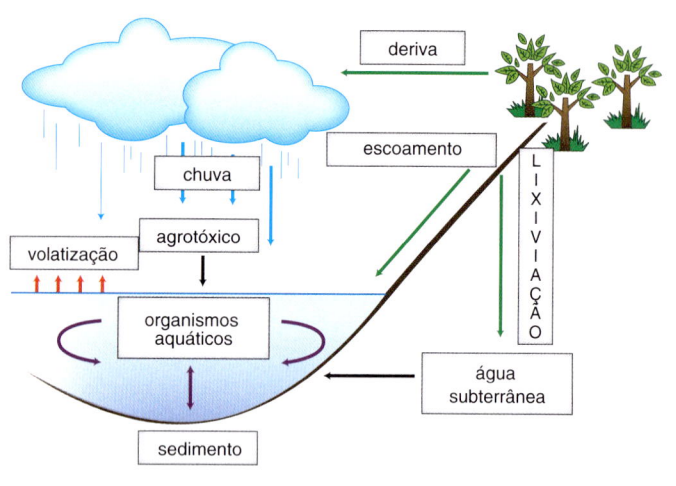

Questões dissertativas

1. (FUVEST – SP) Nos últimos anos, tem aumentado o número de espécies de anfíbios em extinção, mesmo quando esses animais habitam áreas pouco exploradas, como as partes mais altas das montanhas.

a) Ovos ou embriões de certos anfíbios tornam-se inviáveis quando o pH do meio é igual ou inferior a 5 ou quando há excesso de incidência de raios ultravioleta. Cite dois eventos decorrentes da atividade humana que contribuem diretamente para a intensificação desses fatores ambientais que determinam a mortalidade dos ovos e embriões.
b) O aquecimento global tem aumentado a incidência de uma doença de pele causada por fungos (micose) e sapos adultos.
• Que tipo de relação ecológica ocorre entre o fungo causador da micose e o sapo?
• Cite uma função vital diretamente afetada pelo comprometimento da pele do sapo.

2. (UERJ) Em abril de 2010, o incêndio e posterior naufrágio da plataforma petrolífera Deepwater Horizon causou o derramamento de milhões de litros de petróleo no Golfo do México.

Estudos sobre a degradação do petróleo no local mostraram que o uso de dispersantes químicos (capazes de fazer com que o petróleo forme minúsculas gotículas) aumentou muito as populações de bactérias aeróbicas que se alimentam do petróleo. Esse processo pode fazer com que o petróleo seja eliminado mais rapidamente do que se espera. Por outro lado, embora não gere substâncias tóxicas, a intensa atividade microbiana no local pode levar à formação das chamadas Zonas Mortas, nas quais a maior parte dos seres vivos não sobrevive.

a) Explique como os dispersantes aumentam a eficiência bacteriana na degradação do petróleo.
b) Explique de que modo a grande proliferação bacteriana pode levar à formação de Zonas Mortas.

3. (UFTM – MG) A figura ilustra a proteção exercida pelo pigmento melanina contra a ação deletéria dos raios solares ultravioleta sobre as células da epiderme de pessoas de pele clara, escura e albina.

a) Indique a quais tipos de pele se referem X, Y, e Z, e dê a ordem decrescente em que ocorre melanoma (câncer de pele), considerando a mesma intensidade de incidência de raios solares ultravioleta. Justifique sua resposta.
b) Explique por que a destruição da camada de ozônio da atmosfera terrestre é problemática, considerando tanto dimensões ambientais como a da saúde pública.

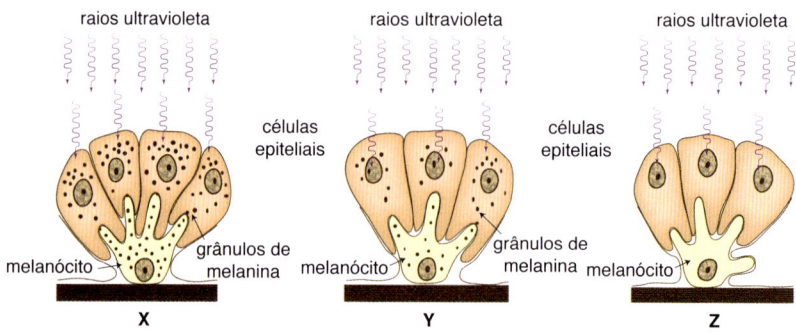

(Luiz C. U. Junqueira e José Carneiro. *Biologia celular e molecular*; 2000.)

4. (UNESP) Em várias cidades brasileiras, a população conta com um serviço de coleta seletiva de lixo, o que permite que vidros, plásticos e papéis, entre outros, possam ser reciclados. Porém, em muitas dessas cidades o lixo orgânico não é reaproveitado, sendo depositado em "lixões" ou aterros sanitários. Uma alternativa para o aproveitamento desse tipo de lixo seria encaminhá-lo para usinas de compostagem. No que consiste o tratamento do lixo orgânico em usinas de compostagem e que produtos podem ser obtidos a partir desse tratamento?

Programas de avaliação seriada

1. (PSS – UEPG – PR) Sobre questões ambientais diversas, assinale a alternativa correta.

a) A principal responsável pelo aquecimento global é a queima de combustíveis fósseis, que libera uma maior quantidade de dióxido de carbono na atmosfera.
b) A chuva ácida não tem ligações com a queima de combustíveis fósseis.
c) A redução da camada de ozônio é maior nas regiões equatoriais do que nas regiões polares.
d) O efeito estufa é acelerado pela utilização dos CFC's, mas, por outro lado, a utilização desses gases aumenta a espessura da camada de ozônio.
e) A destruição das florestas compensa o aumento do efeito estufa, pois elas absorvem oxigênio e liberam dióxido de carbono na atmosfera.

2. (PSS – UFAL) Se uma povoação se estabelece nas margens de uma lagoa, e grandes quantidades de esgoto sem tratamento passam a ser despejadas nesse ecossistema, onde há gramíneas, cobras, caramujos, peixes e outros seres vivos, pode ocorrer uma proliferação muito intensa de bactérias. Subsequentemente, espera-se que ocorra:

1) Morte de caramujos.
2) Morte de peixes.
3) Dificuldade de penetração de luz, diminuição da fotossíntese.
4) Poluição da lagoa, com aumento do número de bactérias anaeróbicas.
5) Desaparecimento de plantas e de diferentes animais.

Está(ão) correta(s):

a) 1, 2, 3, 4 e 5.
b) 1 e 2 apenas.
c) 1, 2 e 3 apenas.
d) 5 apenas.
e) 4 e 5 apenas.

3. (PSIU – UFPI) Com o crescimento demográfico, o lixo urbano também vem crescendo. Em breve, não haverá mais locais para depositá-lo, e isso acarretará vários problemas para a população. É cada vez mais importante educar a população nesse assunto. Sobre o lixo, é **incorreto** afirmar:

a) A reciclagem é o aproveitamento do lixo. Nesse processo, é feita uma triagem para separar os diferentes tipos de lixo para serem reaproveitados depois.
b) O Brasil é um dos países que mais reciclam latas de alumínio do mundo. A reciclagem de plásticos e papel também tem crescido nos últimos anos.
c) A parte orgânica do lixo pode ser degradada por microrganismos em tanques chamados de biodigestores. Na biodigestão, forma-se o metano (CH_3), também chamado de gás natural, que pode ser aproveitado como combustível.
d) Para alguns produtos, o processo de reciclagem ainda custa caro; entretanto, a degradação ambiental aumenta a cada dia, o que acarretará um custo altíssimo para as gerações futuras, caso não haja uma conscientização urgente da importância da reciclagem do lixo.
e) O poder público e a população terão a cada dia que conjugar esforços para resolver os problemas do lixo, seja por meios tecnológicos de reciclagem, seja por meios de ações educativas e de campanhas de conscientização.

4. (SSA – UPE) Os limites da sujeira na Terra: análise feita por cientistas de 13 universidades calcula quanta poluição, destruição e exploração o planeta aguenta.

Superinteressante, maio 2010.

Sobre a ação do homem em relação aos poluentes em termos de níveis atuais, ao limite de segurança e às possíveis catástrofes e destruições do meio ambiente, analise as afirmativas e conclua. Assinale, na coluna I, as afirmativas verdadeiras e, na coluna II, as falsas

I	II	
0	0	A camada de gás ozônio é excelente filtro de radiação ultravioleta. No ser humano, essa radiação pode causar na pele mutação e câncer e este ser transmitido geneticamente à descendência. A destruição da camada de ozônio se deve ao CFC utilizado em aerossóis e em gases de refrigeração.
1	1	O despejo de esgoto sanitário em rios é responsável pela sua eutrofização. É também uma das causas da expansão de doenças parasitárias, como a leishmaniose. A análise da qualidade da água é feita pela quantidade de coliformes fecais (bactérias) nela presentes.
2	2	No lixo acumulado e em água estagnada, proliferam vetores de diversas doenças humanas. O chorume dos lixões infiltra no solo e contamina lençóis freáticos. A cólera é uma doença que pode ser adquirida por ingestão de água contaminada.
3	3	Entre os gases de efeito estufa, temos o dióxido de carbono (CO_2), o metano (CH_4), o óxido nitroso (N_2O) e o vapor-d'água. A queima de combustível fóssil e a decomposição da matéria orgânica dos lixões aumentam a liberação de CO_2 e CH_4, respectivamente.
4	4	A poluição da água e a do solo por substâncias não biodegradáveis, como metais pesados e organoclorados (DDT), afetam os ecossistemas. Essas substâncias se depositam nos tecidos orgânicos, ao longo da cadeia alimentar, havendo um acúmulo crescente nestes.

Bibliografia

ALBERTS, B. *et al. Molecular biology of the cell*. New York: Garland Publishing, 1994.

―――― *Essential cell biology*. New York: Garland Publishing, 1999.

BAKER, G. W.; ALLEN, G. E. *Estudo de biologia*. Trad. E. Kirchner. São Paulo: E. Blücher, 1975.

BIOLOGICAL SCIENCE CURRICULUM STUDY – High School Biology. *Ecologia – versão verde*. Adaptado por O. Frota-Pessoa e M. Krasilchik. São Paulo: Edusp, 1963.

BRIGAGÃO, C. *Dicionário de ecologia*. Rio de Janeiro: Topbooks, 1992.

BRUSCA, R. C.; BRUSCA, G. J. Invertebrados. 2. ed. Rio de Janeiro: Guanabara Koogan, 2007.

BURNS, G. W. *The science of genetics:* an introduction to heredity. 3. ed. New York: Macmillan, 1976.

CAMPBELL, N. A. *Biology*. 3. ed. USA: Benjamin/Cummings, 1993.

―――― ; REECE, J. B. *Biology*. 7. ed. San Francisco: Pearson, 2005.

―――― ; REECE, J. B.; MITCHELL, L. G. *Biology*. 5. ed. Menlo Park: Benjamin/Cummings, 2005.

CHARBONNEAU, J. P. *et al. Enciclopédia de ecologia*. São Paulo: EPU/Edusp, 1979.

CLEFFI, N. M. *Curso de biologia*. São Paulo: HARBRA, 1986. 3 v.

COUTINHO, L. M. O cerrado e a ecologia do fogo. *Ciência Hoje*, Rio de Janeiro, p. 130-8, maio 1992.

CURTIS, H. *Biologia*. Trad. N. Sauaia. Rio de Janeiro: Guanabara Koogan, 1977.

―――― ; BARNES, N. S. *Biology*. 5 ed. New York: Worth Publishers, 1989.

DAJOZ, R. *Ecologia geral*. 2. ed. Trad. M. Guimarães Ferri. Petrópolis/São Paulo: Vozes/Edusp, 1973.

DARWIN, C. *A origem das espécies*. Trad. A. Soares. São Paulo: Univ. de Brasília/Melhoramentos, 1982.

―――― *A origem do homem e a seleção sexual*. Trad. A. Cancian; E. N. Fonseca. São Paulo: Hemus, 1982.

DESMOND, A.; MOORE, J. *Darwin* – a vida de um evolucionista atormentado. Trad. G. Pereira *et al*. São Paulo: Geração Editorial, 1995.

DICIONÁRIO DE ECOLOGIA. [Herder Lexikon] Trad. M. L. A. Correa. São Paulo: Melhoramentos, 1980.

DOBZHANSKY, T. *Genética do processo evolutivo*. Trad. C. A. Mourão. São Paulo: Edusp/Polígono, 1970.

―――― *O homem em evolução*. 2. ed. Trad. J. Manastersky. São Paulo: Edusp/Polígono, 1972.

EHRLICH, P. R. *et al. Ecoscience:* population, resources, environment. 2. ed. San Francisco: W. H. Freeman, 1977.

FERRI, M. G. *Ecologia:* temas e problemas brasileiros. Belo Horizonte/São Paulo: Itatiaia/Edusp, 1974.

―――― *Vegetação brasileira*. Belo Horizonte/São Paulo: Itatiaia/Edusp, 1980.

GARDNER, E. J.; SNUSTAD, D. P. *Genética*. 7. ed. Trad. C. D. Santos *et al*. Rio de Janeiro: Guanabara Koogan, 1984.

GOODLAND, R.; IRWIN, H. *A selva amazônica:* do inferno verde ao deserto vermelho? Trad. R. R. Junqueira. Belo Horizonte/São Paulo: Itatiaia/Edusp, 1975.

GOULD, S. J. *Darwin e os grandes enigmas da vida*. Trad. M. E. Martinez. São Paulo: Martins Fontes, 1987.

―――― *Desde Darwin*; reflexiones sobre historia natural. Madrid: Hermann Blume Ediciones, 1983.

GREEN, N. P. O. *et al. Biological science*. Cambridge: Cambridge University Press, 1990. v. 1, 2.

GUYTON, A. C.; HALL, J. E. *Textbook of medical physiology*. 9. ed. Philadelphia: W. B. Saunders, 1996.

HARRISON, G. A. *et al. Human biology* – an introduction to human evolution, variation, growth and adaptability. 3. ed. Oxford: Oxford University Press, 1988.

HARTL, D. L.; JONES, E. W. *Genetics:* analysis of genes and genomes. 5. ed. London: Jones and Bartlett, 2001.

HERSKOWITZ, I. H. *Principles of genetics*. 2. ed. New York: Macmillan, 1977.

JOLY, A. B. *Conheça a vegetação brasileira*. São Paulo: Edusp/Polígono, 1970.

LEAKEY, R. E.; LEWIN, R. *O povo do lago*; o homem: suas origens, natureza e futuro. Trad. N. Galanti. Brasília/São Paulo: Univ. de Brasília/Melhoramentos, 1988.

―――― *A evolução da humanidade*. Trad. N. Telles. São Paulo: Melhoramentos/Círculo do Livro/Univ. de Brasília, 1981.

LEVINE, L. *Genética*. 2. ed. Trad. M. F. Soares Veiga. São Paulo: E. Blücher, 1977.

LIMA, C. P. *Genética humana*. 3. ed. São Paulo: HARBRA, 1996.

MADIGAN, M. T.; MARTINKO, J. M.; PARKER, J. *Biology of microorganisms*. 10. ed. New Jersey: Prentice-Hall, 2003.

MALAJOVICH, M. A. *Biotecnologia*. Rio de Janeiro: Axcel Books, 2004.

MARGALEF, R. *Ecologia*. Barcelona: Ediciones Omega, 1989.

MARGULIS, L.; SCHWARTZ, K. V. *Cinco reinos*. 3. ed. Rio de Janeiro: Guanabara Koogan, 2001.

MARZZOCO, A.; TORRES, B. B. *Bioquímica básica*. Rio de Janeiro: Guanabara Koogan, 1999.

MAYR, E. *Populações, espécies e evolução*. Trad. H. Reichardt. São Paulo: Nacional/Edusp, 1970.

METTLER, L. E.; GREGG, T. G. *Genética de populações e evolução*. Trad. R. Vencovsky *et al*. São Paulo: Polígono, 1973.

MOODY, P. M. *Introdução à evolução*. Trad. S. Walty. Rio de Janeiro: Univ. de Brasília/Livros Técnicos e Científicos, 1975.

NEBEL, B. J.; WRIGHT, R. T. *Environmental science*. 4. ed. Englewood Cliffs: Prentice-Hall, 1993.

ODUM, E. P. *Ecologia*. Trad. K. G. Hell. São Paulo: Pioneira/Edusp, 1963.

―――― *Fundamentos de ecologia*. 4. ed. Trad. A. M. A. Gomes. Lisboa: Fundação Calouste Gulbenkian, 1973.

PEARCE, F. *O efeito de estufa*. Trad. J. Camacho. Lisboa: Edições 70, 1989.

PETIT, C.; PRÉVOST, G. *Genética e evolução*. Trad. S. A. Gaeta & L. E. Magalhães. São Paulo: E. Blücher/Edusp, 1973.

PILBEAM, D. *A ascendência do homem;* uma introdução à evolução humana. São Paulo: Melhoramentos/Edusp, 1976.

PURVES, W. K. *et al. Life, the science of Biology*. 3. ed. Sunderland: Sinauer Associates, 1992.

RAVEN, P. H. *Biology*. 7. ed. New York: McGraw-Hill, 2005.

―――― ; EVERT, R. F.; EICHHORN, S. *Biologia vegetal*. 6. ed. Rio de Janeiro: Guanabara Koogan, 2001.

―――― ; JOHNSON, G. P. *Biology*. 4. ed. Boston: W. M. C. Brown, 1966.

―――― ; *et al. Environment* – 1995 Version. Orlando: Saunders College Publishing/Harcourt Brace Publishers, 1995.

RAVEN, P. H. B. *et al. Biologia vegetal*. 6. ed. Rio de Janeiro: Guanabara Koogan, 2001

SCOTT, FORESMAN. *Life science*. Glenview: Scott, Foresman, 1990.

SOLOMON, E. P. *et al. Biology*. 3. ed. Orlando: Saunders College Publishing, 1993.

STANSFIELD, W. D. *Genética*. Trad. O. Ágeda. São Paulo: McGraw-Hill, 1976.

STEBBINS, G. L. *Processos de evolução orgânica*. 2. ed. Trad. S. A. Rodrigues. Rio de Janeiro: Edusp/Livros Técnicos e Científicos, 1974.

STRICKBERGER, M. W. *Genética*. Trad. M. Aguadé. Barcelona: Ediciones Omega, 1976.

TATTERSALL, I. *The human odyssey:* four million years of human evolution. New York: Prentice-Hall General Reference, 1993.

WEINER, J. *O bico do tentilhão*; uma história da evolução no nosso tempo. Trad. T. M. Rodrigues. Rio de Janeiro: Rocco, 1995.

WESSELLS, N.; HOPSON, J. L. *Biology*. New York: Random House, 1988.

Crédito das fotos

1, 2, 3, 54, 79, 119, 169, 183, 200, 248, 277, 310, 327, 353, 371, 372, 382, 427, 447, 471, 533, 534, 553, 574, 587, 629, 683, 698, 729, 730, 799, 800, 829, 845, 863, 881, 989, 990, 1020: PANTHERMEDIA/KEYDISC;
53: DR. TORSTEN WITTMANN/SPL/LATINSTOCK; 79: LUIS MOURA;
105: IMAGE BROKER/GLOW IMAGES; 147: PHOTO SHOT/KEYSTONE;
148: CREATIVE COMMONS; 199: JELLYFISH PICTURES/SPL/LATINSTOCK;
220: ZEPHYR/SPL/LATINSTOCK; 247: MARTIN OEGGERLI/SPL/LATINSTOCK;
278, 295: GRASIELE L. FAVATTO CORTEZ;
401: LONDON SCHOOL OF HYGIENE & TROPICAL MEDICINE/SPL/LATINSTOCK;
486: LATINSTOCK/MINDEN PICTURES/MINDEN PICTURES;
602: JUSTIN LUBIN/FOX/EC/GLOWIMAGES;
652: MAURO FERMARIELLO/SPL/LATINSTOCK;
684: DR. JEREMY BURGESS/SPL/LATINSTOCK;
775: RUBENS CHAVES/PULSAR IMAGENS;
903: THOMAS DEERINCK, NCMIR/SPL/LATINSTOCK;
925: NASA – ESA/HUBBLE COLLABORATION; 926: NASA/JPL-CALTECH;
956: KEVIN SCHAFER/CORBIS/LATINSTOCK; 976: MPI/EVA;
1047: THEO ALLOFS/CORBIS/LATINSTOCK; 1068: ROGÉRIO REIS/PULSAR IMAGENS

EC: EVERETT COLLECTION; SPL: SCIENCE PHOTO LIBRARY